2017 全国住房公积金年度报告汇编（上册）

Annual Report for National Housing Provident Funds 2017

住房和城乡建设部住房公积金监管司　主编

中国建筑工业出版社

图书在版编目（CIP）数据

2017全国住房公积金年度报告汇编/住房和城乡建设部住房公积金监管司主编. —北京：中国建筑工业出版社，2018.10
 ISBN 978-7-112-22713-6

Ⅰ.①2… Ⅱ.①住… Ⅲ.①住房基金-公积金制度-研究报告-汇编-中国-2017 Ⅳ.①F299.233.1

中国版本图书馆CIP数据核字（2018）第215314号

责任编辑：尚春明 范业庶 万 李
责任校对：焦 乐

2017全国住房公积金年度报告汇编

住房和城乡建设部住房公积金监管司 主编

*

中国建筑工业出版社出版、发行（北京海淀三里河路9号）
各地新华书店、建筑书店经销
霸州市顺浩图文科技发展有限公司制版
天津翔远印刷有限公司印刷

*

开本：880×1230毫米 1/16 印张：99 字数：2686千字
2018年12月第一版 2018年12月第一次印刷
定价：390.00元（上、下册）
ISBN 978-7-112-22713-6
（32820）

版权所有 翻印必究
如有印装质量问题，可寄本社退换
（邮政编码100037）

《2017 全国住房公积金年度报告汇编》编 写 组 成 员

沈正超　汪雄峰　洪剑英　林　星　张作池

王友志　赵劲松　许起鸿　孙开颜　李　娜

赵　洁　赵　伟　于　桐　代　雷　潘　伟

陈　慧　陈彩林　李　莹　隆亚杞

前　言

　　2017年党的十九大胜利召开，习近平总书记指出："坚持房子是用来住的不是用来炒的定位，加快建立多主体供给、多渠道保障、租购并举的住房制度，促进全体人民住有所居"，为房地产市场平稳健康发展长效机制建设和住房公积金事业发展明确了方向，确定了阶段性历史任务。全行业认真学习贯彻党的十九大精神，不断增强政治意识、大局意识、核心意识、看齐意识，以习近平新时代中国特色社会主义思想为指导，不断推进住房公积金制度改革、扩大制度覆盖范围、加大对基本住房消费支持力度、提升信息化管理水平、提高管理效率和服务水平，为构建新时代住房制度、建立促进房地产市场平稳健康发展的长效机制提供政策性金融支持。

　　全国和各地住房公积金2017年年度报告向社会展示了一份优异的成绩单：住房公积金当年缴存金额、缴存总额、缴存余额均继续保持两位数增长；将在大陆就业的港澳台同胞纳入住房公积金制度，住房公积金缴存惠及面进一步扩大；住房公积金缴存结构更加合理，非公经济缴存职工占比接近一半，已成为新增缴存的主力军；当年住房公积金个人贷款发放速度适当放缓，个人贷款率回归合理区间；住房公积金贷款重点支持中低收入群体购买首套普通住房，住房公积金对基本住房消费的支持作用明显；住房公积金贷款逾期率继续保持较低水平，历史遗留涉险资金清收接近尾声，住房公积金风险防控安全有效；建成并开通全国住房公积金转移接续平台，方便缴存职工跨区域流动，住房公积金服务举措不断创新；全国多个单位和个人荣获国家、省部级以及地市级荣誉称号，住房公积金行业从业人员服务意识和服务水平不断提高。

　　住房公积金制度的稳步发展，得益于党中央、国务院"稳增长、促改革、调结构、惠民生、防风险"等一系列宏观政策措施的有效实施，得益于广大住房公积金缴存职工的支持配合与理解，得益于全行业广大干部职工努力推进监督、管理、服务上水平上台阶。《全国住房公积金年度报告汇编》真实、客观记录了住房公积金事业的发展足迹，让这些年鉴资料得以保存、流传，积累形成传承接续的权威记录，见证了住房公积金制度的成长壮大，以存史资政、鉴往知来。相信这份珍贵史料可以为住房公积金制度改革和住房公积金事业发展研究提供资料支撑，为住房公积金各项政策的完善提供决策参考，也为各地住房公积金监督和管理部门完善和改进工作提供借鉴和参考。

责任重于泰山，事业任重道远。住房公积金行业全体干部职工将不忘初心，牢记使命，全力解决好城镇居民的居住问题，促进全体人民住有所居，为满足人民日益增长的美好生活需要、实现中华民族伟大复兴的中国梦，做出新的更大贡献！

住房和城乡建设部住房公积金监管司

2018 年 10 月

体 例 说 明

一、《2017全国住房公积金年度报告汇编》（以下简称《汇编》）是一部全国住房公积金制度执行情况的年度报告集。

二、《汇编》按照十八届三中全会"建立公开规范的住房公积金制度"要求，力求完整、准确、及时反映全国住房公积金管理、运行的现状、动态和特点。

三、《汇编》收录范围为根据住房城乡建设部、财政部、人民银行《关于健全住房公积金信息披露制度的通知》规定，经正式披露的全国、各省（自治区、直辖市）和设区城市住房公积金管理机构2017年年度报告。部分未纳入设区城市住房公积金管理机构统一管理的分中心独立披露的年度报告未收入《汇编》。

四、为力求真实反映全国住房公积金运行情况，《汇编》中除对以下情况作适当删减外，其余部分均不作修改。

1、部分城市年度报告中未按住房城乡建设部《城市住房公积金2017年年度报告》模板要求编写的部分内容；

2、少数城市年度报告的附录、指标解释（说明）。

五、《汇编》正文中各省（自治区、直辖市）及省（自治区）内各城市的先后次序按国家有关规定排列。排列方式如下：

全国住房公积金2017年年度报告

北京住房公积金2017年年度报告

河北省住房公积金2017年年度报告

  石家庄市住房公积金2017年年度报告

……

全国、各省（自治区、直辖市）年度报告之间设插页隔开。插页上写明省（自治区、直辖市）名及省（自治区）所属各城市名称。

六、为方便查找，附录之后设"城市索引"。索引按城市名称第一个字的拼音字母先后次序排列。如第一个字的字母相同，则按第二个字的字母先后次序排列，以此类推。例如

A

阿坝州

阿克苏地区

阿拉善盟

……

B

巴彦淖尔市

巴中市

白城市

……

目　录

上　册

全国住房公积金 2017 年年度报告 …………………………………………………… 2
北京住房公积金 2017 年年度报告 …………………………………………………… 16
天津市住房公积金 2017 年年度报告 ………………………………………………… 24
河北省住房公积金 2017 年年度报告 ………………………………………………… 30
　石家庄市住房公积金 2017 年年度报告 …………………………………………… 33
　唐山市住房公积金 2017 年年度报告 ……………………………………………… 39
　秦皇岛市住房公积金 2017 年年度报告 …………………………………………… 43
　邯郸市住房公积金 2017 年年度报告 ……………………………………………… 46
　邢台市住房公积金 2017 年年度报告 ……………………………………………… 51
　保定市住房公积金 2017 年年度报告 ……………………………………………… 54
　张家口市住房公积金 2017 年年度报告 …………………………………………… 61
　承德市住房公积金 2017 年年度报告 ……………………………………………… 65
　沧州市住房公积金 2017 年年度报告 ……………………………………………… 68
　廊坊市住房公积金 2017 年年度报告 ……………………………………………… 73
　衡水市住房公积金 2017 年年度报告 ……………………………………………… 77
山西省住房公积金 2017 年年度报告 ………………………………………………… 82
　太原市住房公积金 2017 年年度报告 ……………………………………………… 85
　大同市住房公积金 2017 年年度报告 ……………………………………………… 94
　阳泉市住房公积金 2017 年年度报告 ……………………………………………… 97
　长治市住房公积金 2017 年年度报告 ……………………………………………… 101
　晋城市住房公积金 2017 年年度报告 ……………………………………………… 107
　朔州市住房公积金 2017 年年度报告 ……………………………………………… 111
　晋中市住房公积金 2017 年年度报告 ……………………………………………… 115
　运城市住房公积金 2017 年年度报告 ……………………………………………… 118

忻州市住房公积金 2017 年年度报告 …………………………………………………… 122

临汾市住房公积金 2017 年年度报告 …………………………………………………… 125

吕梁市住房公积金 2017 年年度报告 …………………………………………………… 129

内蒙古自治区住房公积金 2017 年年度报告 …………………………………………… 134

呼和浩特市住房公积金 2017 年年度报告 ……………………………………………… 137

包头市住房公积金 2017 年年度报告 …………………………………………………… 141

乌海市住房公积金 2017 年年度报告 …………………………………………………… 145

赤峰市住房公积金 2017 年年度报告 …………………………………………………… 148

通辽市住房公积金 2017 年年度报告 …………………………………………………… 151

鄂尔多斯市住房公积金 2017 年年度报告 ……………………………………………… 154

呼伦贝尔市住房公积金 2017 年年度报告 ……………………………………………… 158

巴彦淖尔市住房公积金 2017 年年度报告 ……………………………………………… 162

乌兰察布市住房公积金 2017 年年度报告 ……………………………………………… 166

兴安盟住房公积金 2017 年年度报告 …………………………………………………… 169

锡林郭勒盟住房公积金 2017 年年度报告 ……………………………………………… 172

阿拉善盟住房公积金 2017 年年度报告 ………………………………………………… 176

满洲里市住房公积金 2017 年年度报告 ………………………………………………… 179

辽宁省住房公积金 2017 年年度报告 …………………………………………………… 184

沈阳市住房公积金 2017 年年度报告 …………………………………………………… 187

大连市住房公积金 2017 年年度报告 …………………………………………………… 198

鞍山市住房公积金 2017 年年度报告 …………………………………………………… 202

抚顺市住房公积金 2017 年年度报告 …………………………………………………… 206

本溪市住房公积金 2017 年年度报告 …………………………………………………… 210

丹东市住房公积金 2017 年年度报告 …………………………………………………… 214

锦州市住房公积金 2017 年年度报告 …………………………………………………… 217

营口市住房公积金 2017 年年度报告 …………………………………………………… 221

阜新市住房公积金 2017 年年度报告 …………………………………………………… 225

辽阳市住房公积金 2017 年年度报告 …………………………………………………… 228

盘锦市住房公积金 2017 年年度报告 …………………………………………………… 232

铁岭市住房公积金 2017 年年度报告 …………………………………………………… 235

朝阳市住房公积金 2017 年年度报告 …………………………………………………… 238

葫芦岛市住房公积金 2017 年年度报告 ………………………………………………… 241

吉林省住房公积金 2017 年年度报告 …………………………………………………… 246

长春市住房公积金 2017 年年度报告 ··· 249

吉林市住房公积金 2017 年年度报告 ··· 255

四平市住房公积金 2017 年年度报告 ··· 260

辽源市住房公积金 2017 年年度报告 ··· 263

通化市住房公积金 2017 年年度报告 ··· 266

白山市住房公积金 2017 年年度报告 ··· 269

松原市住房公积金 2017 年年度报告 ··· 274

白城市住房公积金 2017 年年度报告 ··· 277

延边州住房公积金 2017 年年度报告 ··· 281

黑龙江省住房公积金 2017 年年度报告 ·· 286

哈尔滨市住房公积金 2017 年年度报告 ··· 291

齐齐哈尔市住房公积金 2017 年年度报告 ··· 295

鸡西市住房公积金 2017 年年度报告 ··· 298

鹤岗市住房公积金 2017 年年度报告 ··· 302

双鸭山市住房公积金 2017 年年度报告 ··· 306

大庆市住房公积金 2017 年年度报告 ··· 310

伊春市住房公积金 2017 年年度报告 ··· 313

佳木斯市住房公积金 2017 年年度报告 ··· 317

七台河市住房公积金 2017 年年度报告 ··· 320

牡丹江市住房公积金 2017 年年度报告 ··· 323

黑河市住房公积金 2017 年年度报告 ··· 328

绥化市住房公积金 2017 年年度报告 ··· 330

大兴安岭地区住房公积金 2017 年年度报告 ··· 333

上海市住房公积金 2017 年年度报告 ··· 338

江苏省住房公积金 2017 年年度报告 ··· 346

南京住房公积金 2017 年年度报告 ··· 349

无锡市住房公积金 2017 年年度报告 ··· 355

徐州市住房公积金 2017 年年度报告 ··· 361

常州市住房公积金 2017 年年度报告 ··· 365

苏州市住房公积金 2017 年年度报告 ··· 369

南通市住房公积金 2017 年年度报告 ··· 380

连云港市住房公积金 2017 年年度报告 ··· 384

淮安市住房公积金 2017 年年度报告 ··· 388

盐城市住房公积金 2017 年年度报告	391
扬州市住房公积金 2017 年年度报告	396
镇江市住房公积金 2017 年年度报告	399
泰州市住房公积金 2017 年年度报告	404
宿迁市住房公积金 2017 年年度报告	409

浙江省住房公积金 2017 年年度报告 ……………………………………………… 416

杭州市住房公积金 2017 年年度报告	419
宁波市住房公积金 2017 年年度报告	428
温州市住房公积金 2017 年年度报告	434
嘉兴市住房公积金 2017 年年度报告	440
湖州市住房公积金 2017 年年度报告	444
绍兴市住房公积金 2017 年年度报告	448
金华市住房公积金 2017 年年度报告	453
衢州市住房公积金 2017 年年度报告	458
舟山市住房公积金 2017 年年度报告	463
台州市住房公积金 2017 年年度报告	468
丽水市住房公积金 2017 年年度报告	472

安徽省住房公积金 2017 年年度报告 ……………………………………………… 480

合肥市住房公积金 2017 年年度报告	483
芜湖市住房公积金 2017 年年度报告	487
蚌埠市住房公积金 2017 年年度报告	492
淮南市住房公积金 2017 年年度报告	495
马鞍山市住房公积金 2017 年年度报告	499
淮北市住房公积金 2017 年年度报告	504
铜陵市住房公积金 2017 年年度报告	507
安庆市住房公积金 2017 年年度报告	511
黄山市住房公积金 2017 年年度报告	514
滁州市住房公积金 2017 年年度报告	518
阜阳市住房公积金 2017 年年度报告	522
宿州市住房公积金 2017 年年度报告	525
六安市住房公积金 2017 年年度报告	528
亳州市住房公积金 2017 年年度报告	532
池州市住房公积金 2017 年年度报告	537

| 宣城市住房公积金 2017 年年度报告 | 540 |

福建省住房公积金 2017 年年度报告 548

福州住房公积金 2017 年年度报告	551
厦门市住房公积金 2017 年年度报告	556
莆田市住房公积金 2017 年年度报告	560
三明市住房公积金 2017 年年度报告	564
泉州市住房公积金 2017 年年度报告	568
漳州市住房公积金 2017 年年度报告	572
南平市住房公积金 2017 年年度报告	576
龙岩市住房公积金 2017 年年度报告	580
宁德市住房公积金 2017 年年度报告	584

江西省住房公积金 2017 年年度报告 590

南昌市住房公积金 2017 年年度报告	593
景德镇市住房公积金 2017 年年度报告	597
萍乡市住房公积金 2017 年年度报告	601
九江市住房公积金 2017 年年度报告	604
新余市住房公积金 2017 年年度报告	610
鹰潭市住房公积金 2017 年年度报告	613
赣州市住房公积金 2017 年年度报告	618
吉安市住房公积金 2017 年年度报告	622
宜春市住房公积金 2017 年年度报告	625
抚州市住房公积金 2017 年年度报告	629
上饶市住房公积金 2017 年年度报告	632

山东省住房公积金 2017 年年度报告 638

济南市住房公积金 2017 年年度报告	643
青岛市住房公积金 2017 年年度报告	647
淄博市住房公积金 2017 年年度报告	652
枣庄市住房公积金 2017 年年度报告	656
东营市住房公积金 2017 年年度报告	660
烟台市住房公积金 2017 年年度报告	667
潍坊市住房公积金 2017 年年度报告	671
济宁市住房公积金 2017 年年度报告	675
泰安市住房公积金 2017 年年度报告	679

威海市住房公积金 2017 年年度报告	683
日照市住房公积金 2017 年年度报告	687
莱芜市住房公积金 2017 年年度报告	691
临沂市住房公积金 2017 年年度报告	694
德州市住房公积金 2017 年年度报告	698
聊城市住房公积金 2017 年年度报告	701
滨州市住房公积金 2017 年年度报告	706
菏泽市住房公积金 2017 年年度报告	710

河南省住房公积金 2017 年年度报告 ········ 716
郑州住房公积金 2017 年年度报告	719
开封市住房公积金 2017 年年度报告	728
洛阳市住房公积金 2017 年年度报告	731
平顶山市住房公积金 2017 年年度报告	735
安阳市住房公积金 2017 年年度报告	739
鹤壁市住房公积金 2017 年年度报告	744
新乡市住房公积金 2017 年年度报告	749
焦作市住房公积金 2017 年年度报告	753
濮阳市住房公积金 2017 年年度报告	757
许昌市住房公积金 2017 年年度报告	761
漯河市住房公积金 2017 年年度报告	765
三门峡市住房公积金 2017 年年度报告	770
南阳市住房公积金 2017 年年度报告	774
商丘市住房公积金 2017 年年度报告	778
信阳市住房公积金 2017 年年度报告	784
周口市住房公积金 2017 年年度报告	788
驻马店市住房公积金 2017 年年度报告	792
济源市住房公积金 2017 年年度报告	795

下　册

湖北省住房公积金 2017 年年度报告 ········ 800
武汉住房公积金 2017 年年度报告	803
黄石市住房公积金 2017 年年度报告	807
十堰市住房公积金 2017 年年度报告	811

宜昌市住房公积金 2017 年年度报告 …… 816

襄阳住房公积金 2017 年年度报告 …… 820

鄂州市住房公积金 2017 年年度报告 …… 824

荆门市住房公积金 2017 年年度报告 …… 827

孝感市住房公积金 2017 年年度报告 …… 831

荆州市住房公积金 2017 年年度报告 …… 835

黄冈市住房公积金 2017 年年度报告 …… 837

咸宁市住房公积金 2017 年年度报告 …… 842

随州市住房公积金 2017 年年度报告 …… 846

恩施土家族苗族自治州住房公积金 2017 年年度报告 …… 850

仙桃市住房公积金 2017 年年度报告 …… 853

潜江市住房公积金 2017 年年度报告 …… 856

天门市住房公积金 2017 年年度报告 …… 859

神农架林区住房公积金 2017 年年度报告 …… 862

湖南省住房公积金 2017 年年度报告 …… 868

长沙市住房公积金 2017 年年度报告 …… 872

株洲市住房公积金 2017 年年度报告 …… 876

湘潭市住房公积金 2017 年年度报告 …… 880

衡阳市住房公积金 2017 年年度报告 …… 884

邵阳市住房公积金 2017 年年度报告 …… 887

岳阳市住房公积金 2017 年年度报告 …… 891

常德市住房公积金 2017 年年度报告 …… 895

张家界市住房公积金 2017 年年度报告 …… 899

益阳市住房公积金 2017 年年度报告 …… 902

郴州市住房公积金 2017 年年度报告 …… 905

永州市住房公积金 2017 年年度报告 …… 909

怀化市住房公积金 2017 年年度报告 …… 914

娄底市住房公积金 2017 年年度报告 …… 919

湘西自治州住房公积金 2017 年年度报告 …… 923

广东省住房公积金 2017 年年度报告 …… 928

广州市住房公积金 2017 年年度报告 …… 932

韶关市住房公积金 2017 年年度报告 …… 937

深圳市住房公积金 2017 年年度报告 …… 940

珠海市住房公积金2017年年度报告 …… 946
汕头市住房公积金2017年年度报告 …… 950
佛山市住房公积金2017年年度报告 …… 954
江门市住房公积金2017年年度报告 …… 959
湛江市住房公积金2017年年度报告 …… 964
茂名市住房公积金2017年年度报告 …… 968
肇庆市住房公积金2017年年度报告 …… 972
惠州市住房公积金2017年年度报告 …… 975
梅州市住房公积金2017年年度报告 …… 979
汕尾市住房公积金2017年年度报告 …… 983
河源市住房公积金2017年年度报告 …… 986
阳江市住房公积金2017年年度报告 …… 989
清远市住房公积金2017年年度报告 …… 993
东莞市住房公积金2017年年度报告 …… 997
中山市住房公积金2017年年度报告 …… 1001
潮州市住房公积金2017年年度报告 …… 1004
揭阳市住房公积金2017年年度报告 …… 1007
云浮市住房公积金2017年年度报告 …… 1011

广西壮族自治区住房公积金2017年年度报告 …… 1016

南宁住房公积金2017年年度报告 …… 1021
柳州市住房公积金2017年年度报告 …… 1030
桂林市住房公积金2017年年度报告 …… 1033
梧州市住房公积金2017年年度报告 …… 1037
北海市住房公积金2017年年度报告 …… 1041
防城港市住房公积金2017年年度报告 …… 1045
钦州市住房公积金2017年年度报告 …… 1049
贵港市住房公积金2017年年度报告 …… 1054
玉林市住房公积金2017年年度报告 …… 1058
百色市住房公积金2017年年度报告 …… 1063
贺州市住房公积金2017年年度报告 …… 1067
河池市住房公积金2017年年度报告 …… 1071
来宾市住房公积金2017年年度报告 …… 1075
崇左市住房公积金2017年年度报告 …… 1078

海南省住房公积金 2017 年年度报告 …… 1084
重庆市住房公积金 2017 年年度报告 …… 1090
四川省住房公积金 2017 年年度报告 …… 1096
 成都住房公积金 2017 年年度报告 …… 1099
 自贡市住房公积金 2017 年年度报告 …… 1104
 攀枝花市住房公积金 2017 年年度报告 …… 1108
 泸州市住房公积金 2017 年年度报告 …… 1112
 德阳市住房公积金 2017 年年度报告 …… 1116
 绵阳市住房公积金 2017 年年度报告 …… 1119
 广元市住房公积金 2017 年年度报告 …… 1123
 遂宁市住房公积金 2017 年年度报告 …… 1126
 内江市住房公积金 2017 年年度报告 …… 1129
 乐山市住房公积金 2017 年年度报告 …… 1132
 南充市住房公积金 2017 年年度报告 …… 1135
 眉山市住房公积金 2017 年年度报告 …… 1139
 宜宾市住房公积金 2017 年年度报告 …… 1143
 广安市住房公积金 2017 年年度报告 …… 1147
 达州市住房公积金 2017 年年度报告 …… 1150
 雅安市住房公积金 2017 年年度报告 …… 1154
 巴中市住房公积金 2017 年年度报告 …… 1157
 资阳市住房公积金 2017 年年度报告 …… 1161
 阿坝州住房公积金 2017 年年度报告 …… 1165
 甘孜藏族自治州住房公积金 2017 年年度报告 …… 1168
 凉山州住房公积金 2017 年年度报告 …… 1171
贵州省住房公积金 2017 年年度报告 …… 1176
 贵阳住房公积金 2017 年年度报告 …… 1179
 六盘水市住房公积金 2017 年年度报告 …… 1183
 遵义市住房公积金 2017 年年度报告 …… 1187
 安顺市住房公积金 2017 年年度报告 …… 1191
 毕节市住房公积金 2017 年年度报告 …… 1195
 铜仁市住房公积金 2017 年年度报告 …… 1198
 黔西南州住房公积金 2017 年年度报告 …… 1202
 黔东南州住房公积金 2017 年年度报告 …… 1205

黔南州住房公积金 2017 年年度报告	1209

云南省住房公积金 2017 年年度报告 ……1216

昆明市住房公积金 2017 年年度报告	1220
曲靖市住房公积金 2017 年年度报告	1224
玉溪市住房公积金 2017 年年度报告	1230
保山市住房公积金 2017 年年度报告	1234
昭通市住房公积金 2017 年年度报告	1238
丽江市住房公积金 2017 年年度报告	1241
普洱市住房公积金 2017 年年度报告	1246
临沧市住房公积金 2017 年年度报告	1250
楚雄州住房公积金 2017 年年度报告	1253
红河哈尼族彝族自治州住房公积金 2017 年年度报告	1257
文山州住房公积金 2017 年年度报告	1260
西双版纳州住房公积金 2017 年年度报告	1263
大理州住房公积金 2017 年年度报告	1265
德宏州住房公积金 2017 年年度报告	1269
怒江州住房公积金 2017 年年度报告	1272
迪庆州住房公积金 2017 年年度报告	1275

西藏自治区住房公积金 2017 年年度报告 ……1280

拉萨市住房公积金 2017 年年度报告	1283
日喀则市住房公积金 2017 年年度报告	1286
昌都市住房公积金 2017 年年度报告	1289
山南市住房公积金 2017 年年度报告	1293
那曲地区住房公积金 2017 年年度报告	1295
阿里地区住房公积金 2017 年年度报告	1298
林芝市住房公积金 2017 年年度报告	1301

甘肃省住房公积金 2017 年年度报告 ……1306

兰州市住房公积金 2017 年年度报告	1310
嘉峪关市住房公积金 2017 年年度报告	1317
金昌市住房公积金 2017 年年度报告	1323
白银市住房公积金 2017 年年度报告	1327
天水市住房公积金 2017 年年度报告	1331
武威市住房公积金 2017 年年度报告	1335

张掖市住房公积金 2017 年年度报告 ·················· 1338

平凉市住房公积金 2017 年年度报告 ·················· 1342

酒泉市住房公积金 2017 年年度报告 ·················· 1346

庆阳市住房公积金 2017 年年度报告 ·················· 1350

定西市住房公积金 2017 年年度报告 ·················· 1353

陇南市住房公积金 2017 年年度报告 ·················· 1357

临夏回族自治州住房公积金 2017 年年度报告 ············ 1360

甘南州住房公积金 2017 年年度报告 ·················· 1364

陕西省住房公积金 2017 年年度报告 ·················· 1370

西安住房公积金 2017 年年度报告 ·················· 1373

铜川市住房公积金 2017 年年度报告 ·················· 1379

宝鸡市住房公积金 2017 年年度报告 ·················· 1382

咸阳市住房公积金 2017 年年度报告 ·················· 1386

渭南市住房公积金 2017 年年度报告 ·················· 1389

延安市住房公积金 2017 年年度报告 ·················· 1393

汉中市住房公积金 2017 年年度报告 ·················· 1397

榆林市住房公积金 2017 年年度报告 ·················· 1402

安康市住房公积金 2017 年年度报告 ·················· 1406

商洛市住房公积金 2017 年年度报告 ·················· 1409

青海省住房公积金 2017 年年度报告 ·················· 1414

西宁住房公积金 2017 年年度报告 ·················· 1417

海东市住房公积金 2017 年年度报告 ·················· 1423

海北州住房公积金 2017 年年度报告 ·················· 1426

黄南州住房公积金 2017 年年度报告 ·················· 1430

海南州住房公积金 2017 年年度报告 ·················· 1432

果洛州住房公积金 2017 年年度报告 ·················· 1435

玉树州住房公积金 2017 年年度报告 ·················· 1438

海西州住房公积金 2017 年年度报告 ·················· 1442

宁夏回族自治区住房公积金 2017 年年度报告 ············ 1448

银川住房公积金 2017 年年度报告 ·················· 1451

石嘴山市住房公积金 2017 年年度报告 ·················· 1457

吴忠市住房公积金 2017 年年度报告 ·················· 1461

固原市住房公积金 2017 年年度报告 ·················· 1465

中卫市住房公积金 2017 年年度报告 ………………………………………………………………… 1468

新疆维吾尔自治区住房公积金 2017 年年度报告 ………………………………………………… 1474

乌鲁木齐市住房公积金 2017 年年度报告 ……………………………………………………… 1477

克拉玛依市住房公积金 2017 年年度报告 ……………………………………………………… 1482

吐鲁番市住房公积金 2017 年年度报告 ………………………………………………………… 1485

哈密市住房公积金 2017 年年度报告 …………………………………………………………… 1489

昌吉州住房公积金 2017 年年度报告 …………………………………………………………… 1493

博尔塔拉蒙古自治州住房公积金 2017 年年度报告 …………………………………………… 1498

巴音郭楞蒙古自治州住房公积金 2017 年年度报告 …………………………………………… 1501

阿克苏地区住房公积金 2017 年年度报告 ……………………………………………………… 1505

克孜勒苏柯尔克孜自治州住房公积金 2017 年年度报告 ……………………………………… 1508

喀什地区住房公积金 2017 年年度报告 ………………………………………………………… 1512

和田地区住房公积金 2017 年年度报告 ………………………………………………………… 1515

伊犁哈萨克自治州住房公积金 2017 年年度报告 ……………………………………………… 1518

塔城地区住房公积金 2017 年年度报告 ………………………………………………………… 1522

阿勒泰地区住房公积金 2017 年年度报告 ……………………………………………………… 1525

新疆生产建设兵团住房公积金 2017 年年度报告 ………………………………………………… 1532

索引 …………………………………………………………………………………………………… 1536

2017 全国住房公积金年度报告汇编

全 国

全国住房公积金 2017 年年度报告[1]

2017 年，在以习近平同志为核心的党中央坚强领导下，住房公积金行业不断增强政治意识、大局意识、核心意识、看齐意识，深入贯彻落实党的十八大和十八届三中、四中、五中、六中全会精神，认真学习贯彻党的十九大精神，以习近平新时代中国特色社会主义思想为指导，以"房子是用来住的，不是用来炒的"为根本遵循，不断扩大住房公积金制度覆盖范围、加大对基本住房消费支持力度、提高管理效率和服务水平，为构建多主体供给、多渠道保障、租购并举的住房制度提供支持，住房公积金制度运行平稳。根据《住房公积金管理条例》和《住房城乡建设部 财政部 中国人民银行关于健全住房公积金信息披露制度的通知》（建金〔2015〕26 号）有关规定，现将全国住房公积金 2017 年年度报告公布如下。

一、机构概况

1. 根据《住房公积金管理条例》规定，住房城乡建设部会同财政部、人民银行负责拟定住房公积金政策，并监督执行。住房城乡建设部设立住房公积金监管司，各省、自治区住房城乡建设厅设立住房公积金监管处（办），分别负责全国、省（自治区）住房公积金日常监管工作。2017 年末，部、省两级住房公积金专职监管人员共 142 人。

2. 直辖市和省、自治区人民政府所在地的市以及其他设区的市（地、州、盟）设立住房公积金管理委员会，作为住房公积金管理决策机构，负责在《住房公积金管理条例》框架内审议住房公积金决策事项，制定和调整住房公积金具体管理措施并监督实施。2017 年末，全国共设有住房公积金管理委员会 342 个。

3. 直辖市和省、自治区人民政府所在地的市以及其他设区的市（地、州、盟）设立住房公积金管理中心，负责住房公积金的管理运作。2017 年末，全国共设有住房公积金管理中心 342 个；未纳入设区城市统一管理的分支机构 149 个，其中，省直分支机构 24 个，石油、电力、煤炭等行业分支机构 77 个，区县分支机构 48 个。全国住房公积金服务网点 3255 个，实现服务全覆盖。全国住房公积金从业人员 4.25 万人，其中，在编 2.69 万人，非在编 1.56 万人。

4. 按照人民银行的规定，住房公积金贷款、结算等金融业务委托住房公积金管理委员会指定的商业银行办理。各城市受委托商业银行主要为工商银行、农业银行、中国银行、建设银行、交通银行等。

二、业务运行情况

（一）缴存。2017 年，住房公积金实缴单位 262.33 万个，实缴职工 13737.22 万人，分别比上年增长 10.11％和 5.15％。新开户单位 37.69 万个，新开户职工 1828.28 万人。

2017 年，住房公积金缴存额 18726.74 亿元，比上年增长 13.06％。

2017 年末，住房公积金缴存总额 124845.12 亿元，缴存余额 51620.74 亿元，分别比上年末增长 17.68％和 13.13％。

住房公积金缴存情况见表 1、表 2 及图 1。

2017年各地区住房公积金缴存情况

表1

地区	实缴单位（万个）	实缴职工（万人）	缴存额（亿元）	缴存总额（亿元）	缴存余额（亿元）
全国	262.33	13737.22	18726.74	124845.12	51620.74
北京	15.83	732.23	1711.59	11116.27	3719.37
天津	5.71	260.95	436.28	3481.41	1232.80
河北	5.58	477.99	545.88	3854.02	1778.10
山西	4.42	336.96	356.44	2365.39	911.14
内蒙古	3.70	230.76	345.33	2324.36	1170.93
辽宁	8.46	476.56	702.97	5691.72	2263.11
吉林	3.61	239.43	297.94	2163.43	1017.82
黑龙江	3.81	281.69	375.92	2835.30	1283.38
上海	35.24	809.91	1133.69	8248.83	3578.39
江苏	26.65	1232.35	1562.51	10013.24	3850.16
浙江	19.54	716.28	1191.01	7991.13	2866.85
安徽	5.65	405.37	546.28	4187.27	1513.12
福建	10.53	374.02	523.77	3530.81	1375.06
江西	4.46	258.20	346.92	1971.63	1038.74
山东	12.99	894.06	1042.01	6857.75	3099.63
河南	7.55	736.09	603.67	3860.69	1907.77
湖北	6.83	465.33	666.91	4034.02	2024.75
湖南	6.06	405.48	530.46	3194.46	1621.57
广东	32.11	1788.57	2035.20	12970.41	4665.83
广西	5.05	279.82	377.65	2503.18	995.93
海南	2.36	99.58	110.83	704.91	339.40
重庆	3.21	246.40	337.68	2103.35	893.12
四川	10.37	598.08	878.01	5417.74	2422.49
贵州	3.87	238.04	315.99	1695.15	865.91
云南	4.76	257.20	465.45	2947.38	1297.35
西藏	0.41	32.78	73.70	407.32	220.63
陕西	5.27	367.74	400.13	2777.21	1148.42
甘肃	3.09	181.90	249.88	1686.23	882.17
青海	0.84	49.64	94.82	656.32	288.73
宁夏	0.94	59.57	95.25	688.97	264.56
新疆	3.15	177.65	337.05	2352.43	970.87
新疆兵团	0.28	26.59	35.52	212.79	112.64

2017年各类型单位住房公积金缴存情况 表2

单位性质	缴存单位（万个）	占比（%）	实缴职工（万人）	占比（%）	新开户职工（万人）	占比（%）
国家机关和事业单位	73.58	28.05	4390.88	31.96	277.13	15.16
国有企业	20.45	7.80	2868.61	20.88	215.48	11.79
城镇集体企业	4.45	1.70	254.24	1.85	30.78	1.68
外商投资企业	10.7	4.08	1296.54	9.44	240.71	13.16
城镇私营企业及其他城镇企业	129.52	49.37	3933.74	28.64	864.52	47.29
民办非企业单位和社会团体	5.91	2.25	219.62	1.6	44.77	2.45
其他类型单位	17.72	6.75	773.59	5.63	154.89	8.47
合计	262.33	100	13737.22	100	1828.28	100

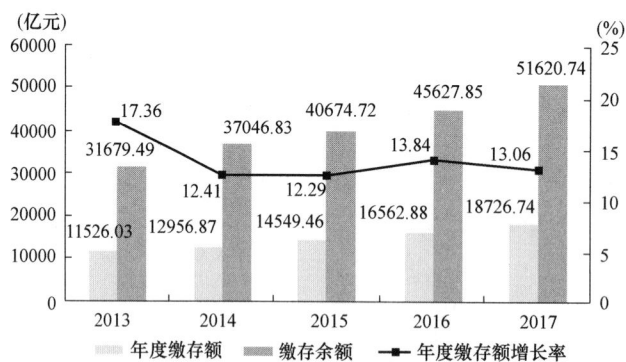

图1　2013~2017年住房公积金缴存金额及增长速度

（二）提取。2017年，住房公积金提取人数4689.49万人，占实缴职工人数的34.14%；提取额12729.80亿元，比上年增长9.49%；提取率[2]67.98%，比上年减少2.22个百分点；住房消费类提取10118.95亿元，非住房消费类提取2610.85亿元。

2017年末，住房公积金提取总额73224.38亿元，占缴存总额的58.65%。

住房公积金提取情况见表3、表4及图2。

2017年各地区住房公积金提取情况 表3

地区	提取额（亿元）	提取率（%）	住房消费提取额（亿元）	非住房消费提取额（亿元）	提取总额（亿元）
全国	12729.80	67.98	10118.95	2610.85	73224.38
北京	1261.91	73.73	1125.17	136.74	7396.91
天津	362.19	83.02	288.30	73.89	2248.61
河北	311.99	57.15	216.99	95.00	2075.92
山西	141.80	39.78	100.11	41.69	1454.24

续表

地区	提取额（亿元）	提取率（％）	住房消费提取额（亿元）	非住房消费提取额（亿元）	提取总额（亿元）
内蒙古	224.62	65.05	165.98	58.64	1153.43
辽宁	508.30	72.31	391.77	116.53	3428.61
吉林	196.89	66.08	138.61	58.28	1145.60
黑龙江	245.52	65.31	175.01	70.51	1551.92
上海	737.09	65.02	605.91	131.18	4670.44
江苏	1151.64	73.70	914.18	237.46	6163.08
浙江	942.25	79.11	781.45	160.80	5124.27
安徽	441.83	80.88	340.88	100.95	2674.15
福建	366.54	69.98	280.58	85.96	2155.76
江西	201.56	58.10	147.23	54.33	932.89
山东	712.40	68.37	563.83	148.57	3758.12
河南	332.86	55.14	243.85	89.01	1952.92
湖北	413.01	61.93	305.62	107.39	2009.27
湖南	314.48	59.28	233.08	81.40	1572.89
广东	1458.17	71.65	1235.91	222.26	8304.58
广西	260.12	68.88	206.23	53.89	1507.25
海南	83.66	75.48	64.64	19.02	365.52
重庆	231.75	68.63	182.20	49.55	1210.22
四川	564.91	64.34	443.54	121.37	2995.26
贵州	174.60	55.25	131.96	42.64	829.24
云南	296.19	63.64	237.87	58.32	1650.03
西藏	42.08	57.10	32.69	9.39	186.69
陕西	220.51	55.11	168.48	52.03	1628.79
甘肃	151.37	60.58	105.45	45.92	804.06
青海	69.00	72.77	51.89	17.11	367.59
宁夏	74.54	78.26	61.55	12.99	424.41
新疆	214.63	63.68	163.24	51.39	1381.56
新疆兵团	21.39	60.22	14.75	6.64	100.15

2017年各类型住房公积金提取情况

表4

提取原因	提取人数（万人）	占比（%）	提取金额（亿元）	占比（%）
购买、建造、翻建、大修自住住房	713.84	15.22	3927.35	30.85
偿还购房贷款本息	2570.31	54.81	5534.93	43.48
租赁住房	495.52	10.57	444.76	3.49
其他住房消费	168.69	3.60	211.91	1.67
离退休	265.03	5.65	1740.78	13.67
丧失劳动能力并与单位终止劳动关系	146.17	3.12	255.94	2.01
出境定居或户口迁出本市	168.49	3.59	198.16	1.56
死亡或宣告死亡	10.29	0.22	50.82	0.40
其他非住房消费	151.15	3.22	365.15	2.87
合计	4689.49	100	12729.80	100

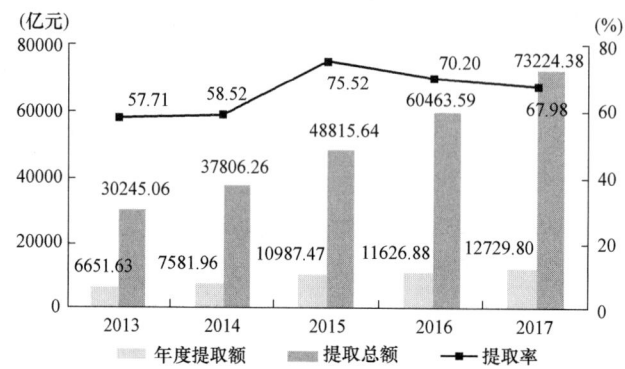

图2　2013～2017年住房公积金提取金额及提取率

（三）贷款。

1. 个人住房贷款

2017年，发放住房公积金个人住房贷款254.76万笔、9534.85亿元，分别比上年降低22.21%和24.93%；回收个人住房贷款5022.86亿元，比上年降低0.23%。

2017年末，累计发放个人住房贷款3082.57万笔、75602.83亿元，分别比上年末增长9.05%和14.44%；个人住房贷款余额45049.78亿元，比上年末增长11.14%；个人住房贷款率[3]87.27%，比上年末减少1.57个百分点。

个人住房贷款情况见表5、表6及图3。

2017年各地区住房公积金个人住房贷款情况

表5

地区	放贷笔数（万笔）	贷款发放额（亿元）	累计放贷笔数（万笔）	贷款总额（亿元）	贷款余额（亿元）	个人住房贷款率（%）
全国	254.76	9534.85	3082.57	75602.83	45049.78	87.27
北京	5.78	535.78	102.77	5527.32	3500.20	94.11
天津	2.80	120.09	94.67	2844.04	1372.43	111.33
河北	6.68	222.31	92.60	2065.30	1338.12	75.26
山西	5.32	179.07	48.73	975.77	656.83	72.09
内蒙古	7.96	265.84	96.33	1677.39	891.47	76.13
辽宁	12.42	419.71	156.65	3382.51	1955.38	86.40
吉林	5.90	198.82	62.80	1323.35	847.34	83.25
黑龙江	7.47	260.13	79.82	1630.10	889.28	69.29
上海	9.28	586.28	243.09	7059.10	3531.01	98.68
江苏	21.57	747.89	279.45	6954.31	3750.63	97.41
浙江	13.09	622.90	164.54	5055.91	2902.47	101.24
安徽	9.77	287.09	116.36	2485.54	1532.12	101.26
福建	5.78	243.58	90.73	2303.90	1373.58	99.89
江西	6.17	213.38	67.67	1532.54	1010.98	97.33
山东	19.09	658.90	183.98	4230.44	2589.11	83.53
河南	10.23	304.01	109.17	2353.71	1543.30	80.90
湖北	10.82	351.62	115.37	2660.31	1639.33	80.96
湖南	11.59	377.10	114.62	2211.99	1415.51	87.29
广东	15.08	661.25	161.82	5291.56	3429.61	73.50
广西	6.70	224.85	61.68	1280.44	879.24	88.28
海南	1.90	79.53	15.13	403.29	304.85	89.82
重庆	5.82	203.95	48.78	1240.39	871.70	97.60
四川	14.20	464.62	135.41	3079.93	2071.41	85.51
贵州	6.42	198.87	59.31	1233.34	840.78	97.10
云南	9.02	328.38	110.82	2010.37	1105.96	85.25
西藏	1.03	56.96	7.09	226.57	138.52	62.78
陕西	7.59	240.78	62.84	1280.01	872.94	76.01
甘肃	5.64	182.83	67.08	1088.04	661.53	74.99
青海	1.92	66.80	23.33	374.93	167.23	57.92
宁夏	2.01	66.92	24.67	450.67	216.78	81.94
新疆	5.24	152.12	80.61	1298.82	712.33	73.37
新疆兵团	0.47	12.49	4.65	70.94	37.81	33.57

2017 年各类型住房公积金个人住房贷款情况　　　　　表6

类　别		发放笔数（万笔）	占比(%)	金额（亿元）	占比(%)
房屋类型	新房	179.72	70.54	6411.67	67.24
	存量商品住房	70.55	27.69	2951.76	30.96
	建造、翻建、大修自住住房	1.53	0.61	70.05	0.74
	其他	2.96	1.16	101.37	1.06
房屋建筑面积	90平方米（含）以下	70.76	27.77	2674.79	28.05
	90至144平方米（含）	156.49	61.43	5645.24	59.21
	144平方米以上	27.51	10.80	1214.82	12.74
支持购房套数	首套	219.7	86.24	8164.91	85.63
	二套及以上	35.06	13.76	1369.94	14.37
贷款职工	单缴存职工	118.63	46.57	4027.02	42.24
	双缴存职工	134.13	52.65	5425.49	56.90
	三人及以上缴存职工	2.00	0.78	82.34	0.86
贷款人年龄	30岁（含）以下	84.87	33.31	3175.74	33.31
	30岁～40岁（含）	97.85	38.41	3891.85	40.82
	40岁～50岁（含）	55.36	21.73	1948.00	20.43
	50岁以上	16.68	6.55	519.26	5.44
收入水平[4]	中、低收入	244.69	96.05	9089.64	95.33
	高收入	10.07	3.95	445.21	4.67

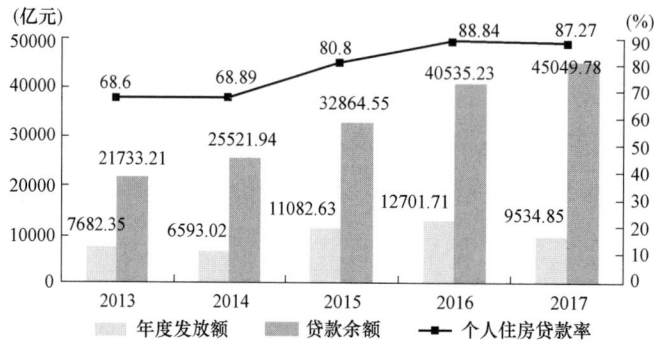

图3　2013～2017年个人住房贷款金额及个人住房贷款率

2. 支持保障性住房建设试点项目贷款

2017年末，经住房城乡建设部会同财政部、人民银行批准，全国已开展住房公积金贷款支持保障性住房建设试点的城市85个，试点项目374个，计划贷款额度1059.99亿元。

2017年，发放试点项目贷款9.62亿元，回收试点项目贷款53.49亿元。

2017年末，累计向373个试点项目发放贷款871.69亿元。累计回收试点项目贷款789.89亿元，试点项目贷款余额81.80亿元。328个试点项目结清贷款本息，63个试点城市全部收回贷款本息。

（四）国债。2017年，兑付、转让、收回国债15.87亿元，2017年末国债余额19.05亿元。

三、业务收支及增值收益情况

(一)业务收入。 2017 年,住房公积金业务收入 1657.69 亿元,比上年增长 8.97%。其中,存款利息 260.09 亿元,委托贷款利息 1387.77 亿元,国债利息 1.01 亿元,其他 8.82 亿元。

(二)业务支出。 2017 年,住房公积金业务支出 894.47 亿元,比上年增长 7.31%。其中,支付缴存职工利息 743.89 亿元,支付受委托银行归集手续费 23.56 亿元、委托贷款手续费 54.22 亿元,公转商贴息、融资成本等其他支出 72.80 亿元。

(三)增值收益。 2017 年,住房公积金增值收益 763.22 亿元,比上年增长 10.98%;增值收益率[5] 1.57%。

(四)增值收益分配。 2017 年,提取住房公积金贷款风险准备金 212.16 亿元,提取管理费用 106.75 亿元,提取城市公共租赁住房(廉租住房)建设补充资金 453.85 亿元,见表 7。

2017 年末,累计提取住房公积金贷款风险准备金 1716.17 亿元,累计提取城市公共租赁住房(廉租住房)建设补充资金 2904.59 亿元。

2017 年各地区住房公积金增值收益及分配情况　　表 7

地区	业务收入(亿元)	业务支出(亿元)	增值收益(亿元)	增值收益率(%)	提取贷款风险准备金(亿元)	提取管理费用(亿元)	提取公租房(廉租房)建设补充资金(亿元)
全国	1657.69	894.47	763.22	1.57	212.16	106.75	453.85
北京	122.84	62.87	59.96	1.72	9.31	0.51	50.15
天津	45.99	30.36	15.63	1.31	1.20	3.69	10.74
河北	53.14	28.12	25.02	1.50	1.73	5.24	18.01
山西	30.65	14.99	15.67	1.92	3.24	3.26	14.19
内蒙古	36.21	17.71	18.50	1.67	7.39	3.83	7.04
辽宁	70.32	37.37	32.95	1.51	9.75	4.38	19.02
吉林	31.32	15.47	15.85	1.63	6.19	2.67	6.99
黑龙江	36.63	19.18	17.45	1.43	4.80	2.72	9.94
上海	122.71	61.24	61.47	1.82	36.31	1.78	23.38
江苏	125.35	77.37	47.98	1.31	22.93	5.48	22.85
浙江	97.07	56.48	40.60	1.48	21.71	4.13	14.76
安徽	54.25	31.06	23.19	1.59	2.37	4.66	16.34
福建	46.24	27.31	18.93	1.46	4.60	1.31	13.01
江西	36.61	20.06	16.55	1.71	2.76	2.60	11.20
山东	96.38	51.09	45.29	1.54	6.99	6.11	33.09
河南	57.10	30.66	26.43	1.49	9.47	4.56	12.66
湖北	67.12	37.28	29.85	1.57	5.03	5.16	18.52

续表

地区	业务收入(亿元)	业务支出(亿元)	增值收益(亿元)	增值收益率(％)	提取贷款风险准备金(亿元)	提取管理费用(亿元)	提取公租房(廉租房)建设补充资金(亿元)
湖南	51.15	24.93	26.21	1.73	4.41	5.72	17.10
广东	149.06	79.04	70.02	1.60	18.96	5.59	45.69
广西	30.31	14.80	15.52	1.65	4.19	2.81	8.52
海南	10.35	5.21	5.14	1.60	3.08	0.63	1.42
重庆	27.72	16.49	11.23	1.33	1.19	2.70	7.33
四川	74.95	36.66	38.29	1.69	9.89	6.86	21.57
贵州	25.57	14.72	10.85	1.35	1.10	3.29	6.46
云南	39.60	19.78	19.82	1.63	2.06	4.73	13.05
西藏	3.91	2.95	0.96	0.47	0.57	0.10	0.28
陕西	33.60	17.42	16.18	1.53	2.85	3.58	9.70
甘肃	30.09	16.50	13.59	1.63	2.80	4.01	6.78
青海	10.96	6.62	4.33	1.56	2.36	0.66	1.25
宁夏	8.25	4.36	3.89	1.53	0.40	0.72	2.78
新疆	28.53	14.59	13.94	1.53	2.30	3.02	8.56
新疆兵团	3.71	1.78	1.93	1.82	0.22	0.24	1.47

（五）管理费用支出。2017年，实际支出管理费用104.61亿元，比上年增长15.53％。其中，人员经费[6]47.74亿元，公用经费[7]11.28亿元，专项经费[8]45.59亿元。

四、资产风险情况

（一）个人住房贷款。2017年末，住房公积金个人住房贷款逾期额10.58亿元，逾期率[9]0.02％；住房公积金个人住房贷款风险准备金余额1691.18亿元，占个人住房贷款余额的3.75％；住房公积金个人住房贷款逾期额与个人住房贷款风险准备金余额的比率为0.63％。

2017年，使用住房公积金个人住房贷款风险准备金核销呆坏账0.19亿元。

（二）支持保障性住房建设试点项目贷款。2017年末，无逾期支持保障性住房建设试点项目贷款，试点项目贷款风险准备金余额13.49亿元，占试点项目贷款余额的16.49％。

（三）历史遗留风险资产。2017年1月至2018年5月，清收住房公积金历史遗留风险资产0.99亿元，清收率65.30％。

截至2018年5月，历史遗留风险资产余额0.53亿元，其中，山东省济南市逾期国债资金3392.06万元，云南省丽江市逾期国债资金1900万元。

五、社会经济效益

（一）缴存扩面取得新进展。2017年，全国净增住房公积金缴存单位24.08万个，净增住房公积金实缴职工672.72万人，见图4。新开户单位数比上年增加5.88万个，新开户职工比上年增加215.41万人。

缴存职工中，城镇私营企业及其他城镇企业、外商投资企业、民办非企业单位和其他类型单位占

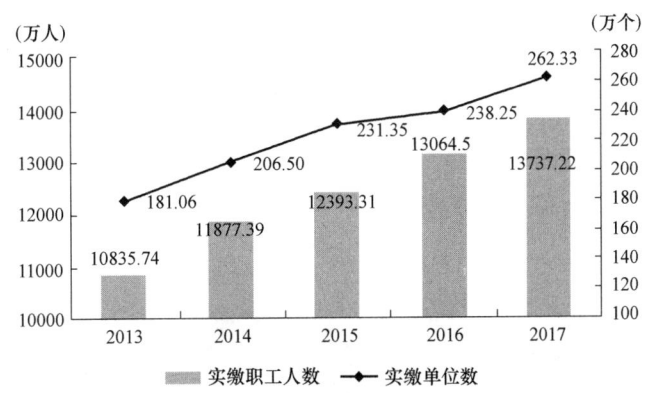

图4 2013~2017年实缴单位数和实缴职工人数

45.31%，比上年增加2.45个百分点，见图5。

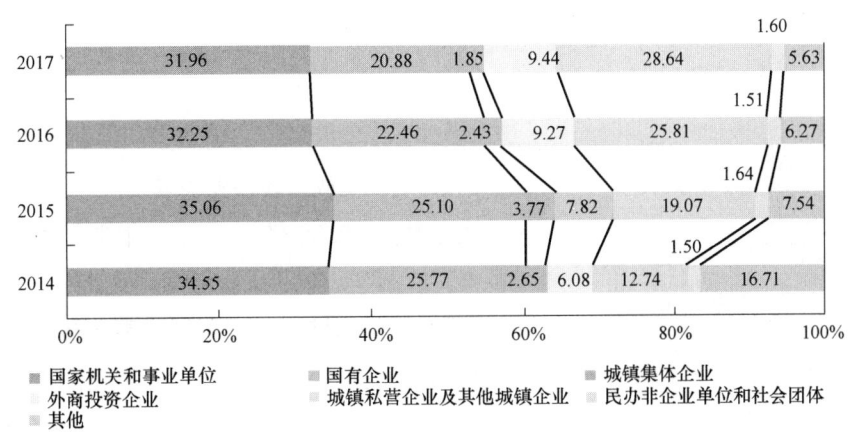

图5 2014~2017年按单位性质分缴存职工人数占比变化

新开户职工中，城镇私营企业及其他城镇企业、外商投资企业、民办非企业单位和其他类型单位的职工占比达71.37%，比上年增加2.26个百分点，见图6；农村转移人口及新毕业大学生等新市民966.28万人。2017年11月末落实在内地就业的港澳台同胞住房公积金待遇后，截至2017年底，有0.69万港澳台同胞纳入住房公积金制度覆盖范围。

（二）基本住房消费支持有力。 2017年，住房租赁提取金额444.76亿元，同比增长22.21%；住房租赁提取人数495.52万人；人均提取金额0.9万元。

2017年发放的个人住房贷款中，中、低收入群体占96.05%，比上年增加1.23个百分点；首套住房贷款占86.24%，比上年增加2.73个百分点；144（含）平方米以下普通住房贷款占89.20%，比上年减少1.07个百分点。

2017年，共发放异地贷款[10] 14.38万笔、492.41亿元；2017年末，累计发放异地贷款54.24万笔、1635.18亿元，余额1289.73亿元。

2017年按收入、套数、面积、年龄分贷款笔数占比见图7。

（三）职工住房消费负担减轻。 2017年，住房公积金住房消费类提取占当年提取额的79.49%。

住房公积金个人住房贷款利率比同期商业性个人住房贷款基准利率低1.65~2个百分点，2017年发

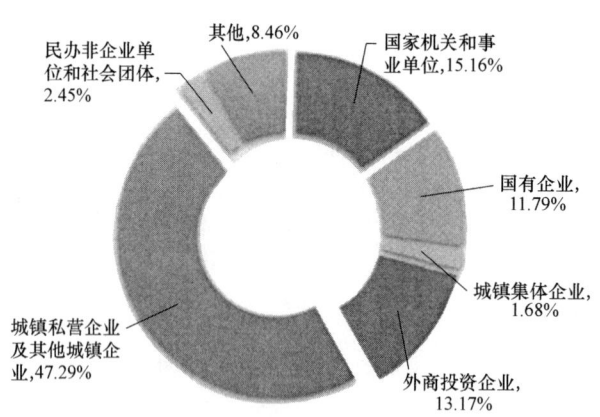

图6 2017年按单位性质分新开户职工人数占比

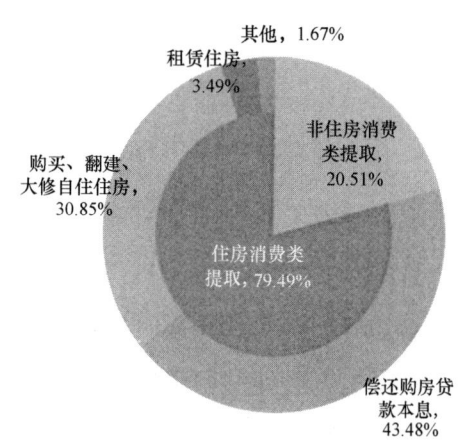

图7 2017年按收入、套数、面积、年龄分贷款笔数占比

放的住房公积金个人住房贷款，可为贷款职工节约利息[11]支出1944.70亿元，平均每笔贷款可节约利息支出7.63万元。

2017年按提取类型分提取金额占比见图8。

2017年，发放公转商贴息贷款[12]13.48万笔、604.35亿元，当年贴息20.86亿元。2017年末，累计发放公转商贴息贷款51.41万笔、2166.00亿元，累计贴息35.94亿元。

（四）促进房地产市场平稳健康发展。2017年，住房公积金住房消费类提取、发放个人住房贷款和公转商贴息贷款共20258.15亿元，占全国商品住宅销售额的18.38%；支持职工购建住房面积[13]3.15亿平方米，占全国商品住宅销售面积的21.76%。

2017年末，住房公积金个人住房贷款率87.27%，比上年回落1.57个百分点；个人住房贷款市场占有率[14]17.06%。

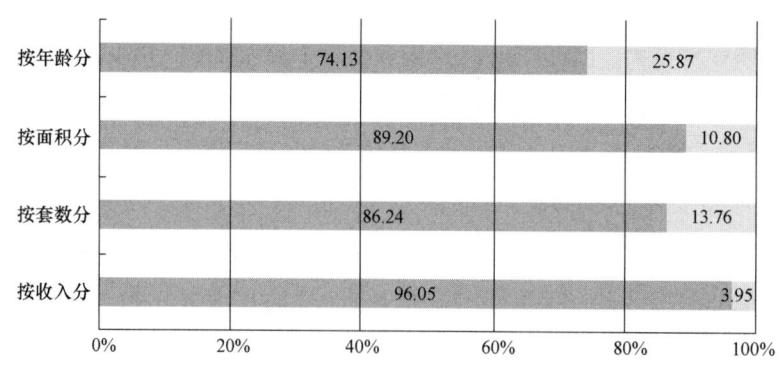

图8 2017年按提取类型分提取金额占比

（五）支持保障性住房建设。 2017年，提取城市公共租赁住房（廉租住房）建设补充资金占当年增值收益的59.43%。2017年末，累计为城市公共租赁住房（廉租住房）建设提供补充资金2904.59亿元。2013~2017年增值收益分配占比见图9。

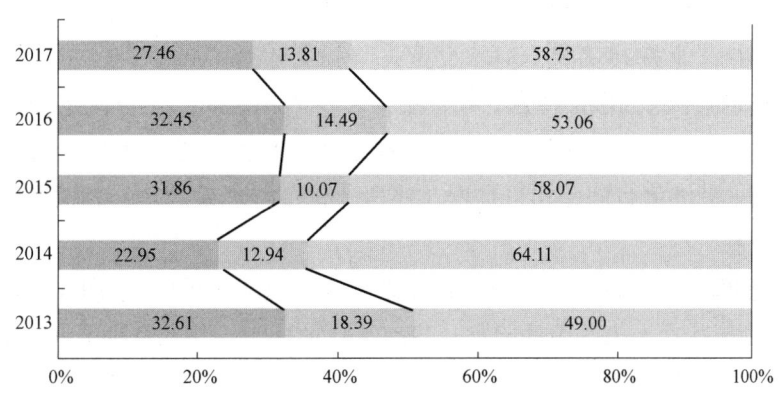

图9　2013~2017年增值收益分配占比

2017年末，累计为373个保障性住房建设项目提供贷款871.69亿元，支持建设保障性住房7127.28万平方米，可以解决约120万户职工家庭住房困难。

六、其他重要事项

（一）维护职工贷款权益。 2017年，住房城乡建设部、财政部、人民银行、原国土资源部联合印发《关于维护住房公积金缴存职工购房贷款权益的通知》（建金〔2017〕246号），明确房地产开发企业不得拒绝缴存职工使用住房公积金贷款购房，并加大联合惩戒力度。各地积极开展专项整治活动，维护缴存职工住房公积金贷款的合法权益。

（二）规范业务管理。 编制归集、提取、贷款、资金管理等住房公积金业务标准，2017年，住房城乡建设部、原质检总局联合发布《住房公积金个人住房贷款业务规范》GB/T 51267—2017、《住房公积金归集业务标准》GB/T 51271—2017，全国住房公积金业务规范体系初步形成。

（三）强化流动性管理。 指导地方根据当地房地产市场发展状况和住房公积金流动性情况，适时调整住房公积金使用政策，住房公积金个人住房贷款率超过100%的省（区、市）由2016年底的8个减少到2017年底的3个。2017年，通过公转商贴息贷款等渠道拓展资金规模906.80亿元，用于支持职工住房消费。

（四）加快信息化建设。 2017年末，366个住房公积金中心、分中心完成住房公积金基础数据标准贯彻和住房公积金结算应用系统接入工作。2017年，通过结算应用系统完成资金结算交易619万笔，交易金额6746亿元，住房公积金资金、业务和财务明细信息实现实时关联匹配，资金管控能力全面增强，财务管理效率大幅提高，服务水平全面提升。

（五）推进综合服务平台建设。 为使缴存单位和缴存职工能更方便的通过信息化渠道办理各项住房公积金业务，提高业务办理效率，全国342个设区城市中，有105个城市基本建成包含全部8种服务渠道的综合服务平台，其他城市也建成部分服务渠道。其中：开通门户网站的城市有295个、使用12329服务热线的城市有 313 个、建成网上业务大厅的城市有 161 个、设置自助终端服务的城市有 233 个、开通官方微信的城市有 241 个、上线手机客户端的城市有 128 个。

（六）开通转移接续平台。 为方便缴存职工跨区域就业，2017 年 7 月建成并开通全国住房公积金转移接续平台，让数据多跑路，让群众少跑腿，实现"账随人走，钱随账走"。截至 2017 年末，各地通过平台共办结住房公积金转移接续业务 19 万笔、54.1 亿元。

（七）落实港澳台同胞住房公积金待遇。 会同财政部、人民银行、国务院港澳办、国务院台办印发《关于在内地（大陆）就业的港澳台同胞享有住房公积金待遇有关问题的意见》（建金〔2017〕237 号），明确在内地（大陆）就业的港澳台同胞均可按照《住房公积金管理条例》和相关政策规定缴存住房公积金，并享有同等使用权利。

（八）加强精神文明建设。 2017 年，全行业创建地市级以上文明单位（行业、窗口）280 个，青年文明号 129 个，工人先锋号 21 个，五一劳动奖章（劳动模范）24 个，三八红旗手（巾帼文明岗）86 个，先进集体和个人 886 个，其他荣誉称号 354 个。

注释：

［1］本报告数据取自各省（区、市）披露的住房公积金年度报告、全国住房公积金统计信息系统及各地报送的数据，对各省（区、市）年度报告中的部分数据进行了修正。指标口径按《住房城乡建设部 财政部 中国人民银行关于健全住房公积金信息披露制度的通知》（建金〔2015〕26 号）和《关于做好＜住房公积金 2017 年年度报告＞披露工作的通知》（建金督函〔2018〕7 号）规定注释。

［2］提取率指当年提取额占当年缴存额的比率。

［3］个人住房贷款率指年度末个人住房贷款余额占年度末住房公积金缴存余额的比率。

［4］中、低收入是指收入低于上年当地社会平均工资 3 倍，高收入是指收入高于上年当地社会平均工资 3 倍（含）。

［5］增值收益率指增值收益与月均缴存余额的比率。

［6］人员经费包括住房公积金管理中心工作人员的基本工资、补助工资、职工福利费、社会保障费、住房公积金、助学金等。

［7］公用经费包括住房公积金管理中心的公务费、业务费、设备购置费、修缮费和其他费用。

［8］专项经费指经财政部门批准的用于指定项目和用途，并要求单独核算的资金。

［9］个人住房贷款逾期率指个人住房贷款逾期额占个人住房贷款余额的比率。

［10］异地贷款指缴存和购房行为不在同一城市的住房公积金个人住房贷款，包括用本市资金为在本市购房的外地缴存职工发放的贷款以及用本市资金为在外地购房的本市缴存职工发放的贷款。

［11］可为贷款职工节约利息指当年获得住房公积金个人住房贷款的职工合同期内所需支付贷款利息总额与申请商业性住房贷款利息总额的差额。商业性住房贷款利率按基准利率测算。

［12］公转商贴息贷款指商业银行向缴存职工发放的个人住房贷款，商业贷款和住房公积金贷款利息之差由住房公积金管理中心承担，所发放的个人住房贷款未计入住房公积金缴存使用情况表。

［13］支持职工购建住房面积指以住房公积金个人住房贷款带动的全部住房消费面积。

［14］个人住房贷款市场占有率指当年住房公积金个人住房贷款余额占全国商业性和住房公积金个人住房贷款余额总和的比率。本指标的统计口径与《全国住房公积金 2016 年年度报告》中同名称指标口径相同，与《全国住房公积金 2015 年年度报告》中同名称指标的统计口径有调整，不可简单同比。

2017 全国住房公积金年度报告汇编

北京市

北京住房公积金2017年年度报告

一、机构概况

（一）住房公积金管理委员会：北京住房公积金管理委员会有30名成员。第十七次管委会全体会议审议通过了2016年住房公积金归集使用计划执行情况和2017年计划，北京住房公积金增值收益2016年收支情况和2017年收支计划，阶段性降低住房公积金缴存比例及缓缴情况的报告。

（二）住房公积金管理中心：北京住房公积金管理中心（以下简称管理中心）为北京市政府直属的全额拨款事业单位。截至2017年底，从业人员869人，其中，在编737人，非在编132人。中心共设置3个分中心：中共中央直属机关分中心（以下简称中直分中心）、中央国家机关分中心（以下简称国管分中心）、北京铁路分中心（以下简称铁路分中心）；内设12个处室和工会，2017年根据市纪检监察体制调整改革的规定，撤销监察处（纪委办公室）；垂直管理20个分支机构（18个管理部和住房公积金贷款中心、结算中心）；下设3个直属事业单位：北京住房公积金客户服务中心、北京市住房贷款担保中心、北京市住房贷款个人信用信息服务中心。分支机构营业网点详情请参见北京住房公积金网http://www.bjgjj.gov.cn/。

二、业务运行情况

（一）缴存：职工当月缴存的住房公积金为单位和本人月缴存额之和，金额为职工上一年月平均工资乘以缴存比例。经北京住房公积金管理委员会第十七次全体会议审议通过，2017住房公积金年度（2017年7月1日至2018年6月30日）继续执行《北京住房公积金管理委员会关于调整住房公积金缴存比例的通知》（京房公积金管委会发〔2016〕2号），北京地区企业住房公积金缴存比例为5%～12%，其他单位缴存比例为12%。单位和个人缴存上限分别为2016年北京市职工月平均工资的3倍乘以缴存比例，职工和单位月缴存额上限均为2774元。

按照《北京住房公积金管理中心关于北京市2017年最低工资标准和基本生活费涉及住房公积金有关问题的通知》（京房公积金发〔2017〕48号），北京市最低工资标准每月不低于2000元，单位职工工资扣除职工住房公积金月缴存额后低于2000元的，职工月缴存额可以降低，以达到最低工资标准为限，单位住房公积金月缴存额不变；北京市基本生活费标准每月不低于1400元，下岗、内退等类似情况职工工资扣除职工住房公积金月缴存额后，低于1400元的，职工月缴存额可以降低，以达到下岗职工基本生活费为限，单位住房公积金月缴存额不变。

为维护职工合法权益，管理中心与工商、地税、人力社保、统计等部门协作，加强对新增私营企业的摸查和住房公积金的催建。2017年实缴单位158263个，实缴职工732.23万人，缴存1711.59亿元，同比分别增长14.4%、5.2%和13.9%。当年新开户单位32121个，新开户职工88.81万人，净增单位（实缴）19961个，净增职工（实缴）36.49万人。截至2017年底，缴存总额11116.27亿元，缴存余额3719.37亿元，同比分别增长18.2%、13.8%。

2017年受理职工维护缴存权益投诉案件2024件，结案1892件，为职工追缴住房公积金2802.8万元。对12个单位不依法办理住房公积金缴存登记、不为职工设立住房公积金账户的违法行为共给予行政处罚14万元。对于不缴、少缴住房公积金的348个单位,向人民法院申请强制执行,维护了职工的合法权益。

2017年,职工住房公积金账户存款利率仍按一年期定期存款基准利率年利率1.5%执行。受管理中心委托办理住房公积金缴存业务的银行为中国工商银行、中国建设银行、中国农业银行、中国银行、交通银行、招商银行、华夏银行、中信银行和北京银行,共计9家,与上年相比无变化。

(二)提取:2017年缴存人提取住房公积金1261.91亿元,同比增长11.5%。其中购房提取1043.34亿元,租房提取81.22亿元,离休和退休提取110.90亿元,其他提取26.46亿元。提取占当年缴存额的比率为73.7%,同比减少1.7个百分点。截至2017年底,提取总额7396.91亿元,同比增长20.6%。

(三)贷款:

1. 住房公积金个人贷款

2017年,配合房地产调控和住房保障政策的实施,管理中心积极采取措施,支持广大缴存职工满足基本住房需求。北京地区全年发放住房公积金个人贷款535.78亿元,涉及住房57818套,回收贷款269.02亿元,同比分别减少50.1%、49.4%、18.9%。其中,北京地方发放456.38亿元,涉及住房47914套,回收222.65亿元;中直分中心发放5.45亿元,涉及住房672套,回收1.92亿元;国管分中心发放62.33亿元,涉及住房6793套,回收38.85亿元;铁路分中心发放11.62亿元,涉及住房2439套,回收5.59亿元。截至2017年底,北京地区累计发放住房公积金个人贷款5527.32亿元,同比增长10.7%,涉及住房102.77万套,同比增长6.0%,在贷住房55.62万套,贷款余额3500.20亿元,同比增长8.3%。

北京地区住房公积金个人贷款率(年末住房公积金个人贷款余额与年末住房公积金缴存余额的比率)为94.1%,比上年同期减少4.8个百分点。

住房公积金个人贷款最高限额为120万元,目前5年期以上贷款利率为3.25%。受委托办理住房公积金个人住房贷款业务的银行为中国工商银行、中国建设银行、中国农业银行、中国银行、交通银行、招商银行、中信银行和北京银行,共计8家,与上年相比无变化。

2. 保障性住房建设项目贷款

按照住房城乡建设部的统一部署,根据市委、市政府工作要求,管理中心累计发放经适房、公租房、棚户区改造定向安置房项目贷款36个,建筑面积共607.5万平方米,涉及66687套住房。2017年,依据合同约定,按照工程进度,向1个项目发放贷款8亿元。2017年实际回收贷款本金0.70亿元。截至2017年底,累计发放项目贷款201.09亿元,在贷项目4个,项目贷款余额30.07亿元。

(四)购买国债:2017年,未发生新购买、兑付、转让国债情况,收回国债1.99亿元。国债抵债资产2.27亿元,国债余额比上年减少1.99亿元。

(五)调剂资金:2017年,当年无调剂其他住房资金,当年归还上年调剂资金70亿元。截至2017年底,调剂总额250亿元,调剂资金余额180亿元。

(六)资金存储:截至2017年底,管理中心住房公积金存款438.12亿元,其中,活期2.34亿元,1年以内定期(含)88.55亿元,1年以上定期137.18亿元,其他(协议、协定、通知存款等)210.05亿元。

（七）**资金运用率**：截至2017年底，资金运用率（住房公积金个人住房贷款余额、项目贷款余额和购买国债余额的总和与缴存余额的比率）95.0%，比上年同期减少4.7个百分点。

三、主要财务数据

（一）**业务收入**：2017年，住房公积金业务收入共计1228393.72万元，同比增加13.9%。其中，北京地方962048.53万元，中直分中心7060.15万元，国管分中心217580.44万元，铁路分中心41704.60万元；存款（含增值收益存款）利息收入107103.32万元，委托贷款利息收入1111597.81万元，国债利息收入388.08万元，其他收入9304.52万元。

（二）**业务支出**：2017年，住房公积金业务支出共计628744.86万元，同比增长7.9%。其中，北京地方501628.31万元，中直分中心3751.76万元，国管分中心102505.59万元，铁路分中心20859.20万元；住房公积金利息支出515692.90万元，归集手续费用支出675.16万元，委托贷款手续费支出54708.38万元，其他支出57668.43万元。

（三）**增值收益**：2017年住房公积金增值收益599648.86万元，同比增加20.9%。其中，北京地方460420.21万元，中直分中心3308.39万元，国管分中心115074.86万元，铁路分中心20845.40万元。增值收益率（增值收益与月均缴存余额的比率）1.7%，比上年同期增加0.1个百分点。

（四）**增值收益分配**：按照《住房公积金管理条例》（中华人民共和国国务院令第350号）和《财政部关于住房公积金财务管理补充规定的通知》（财综字〔1999〕149号）规定，2017年，提取贷款风险准备金93093.43万元，提取管理费用5062.90万元，提取城市廉租房（公共租赁住房）建设补充资金501492.53万元。

2017年，上交财政管理费用59668.34万元。上缴财政城市廉租住房（公共租赁住房）建设补充资金303839.53万元。其中，北京地方上缴303839.53万元。

截至2017年底，贷款（包括住房公积金个人贷款和保障性住房项目贷款）风险准备金余额856860.05万元。累计提取城市廉租住房（公共租赁住房）建设补充资金3160982.21万元。其中，北京地方提取2770607.72万元，中直分中心提取20408.99万元，国管分中心257483.17万元，铁路分中心112482.33万元。

（五）**管理费用支出**：管理中心为全额拨款预算单位。按照《中华人民共和国预算法》（中华人民共和国主席令第21号）、《财政部关于住房公积金财务管理补充规定的通知》（财综字〔1999〕149号）以及《关于印发北京地区住房公积金管理机构调整实施方案的通知》（京政函〔2002〕100号）的规定，经市财政局批复，2017年，人员经费20481.99万元（含社会保障缴费、住房公积金、住房补贴、离退休人员经费等），公用经费2197.23万元，专项经费（主要为公积金贷款资产委托管理费、公积金个人住房贷款贴息经费、综合信息管理系统升级改造、运维服务等业务支出费用）36744.45万元。2017年，管理费用支出59423.68万元，同比增长16.5%。

北京地方管理费用支出46293.76万元，其中，人员、公用、专项经费分别为15939.64万元、1677.29万元、28676.84万元；中直分中心管理费用支出720.75万元，其中，人员、公用、专项经费分别为391.24万元、74.83万元、254.68万元；国管分中心管理费用支出5753.08万元，其中，人员、公用、专项经费分别为1769.53万元、260.77万元、3722.78万元；铁路分中心管理费用支出6656.09万元,其中,人员、公用、专项经费分别为2381.59万元、184.34万元、4090.16万元。

四、资产风险状况

(一)**住房公积金个人住房贷款**:截至2017年底,逾期住房公积金个人贷款801.91万元,住房公积金个人贷款逾期率0.02‰。其中,国管分中心0.18‰。个人贷款风险准备金按贷款余额的1%提取(其中国管分中心按当年可供分配增值收益的60%提取)。2017年,提取个人贷款风险准备金93373.43万元,当年无使用住房公积金个人贷款风险准备金核销金额,住房公积金个人贷款风险准备金余额为834712.47万元,住房公积金个人贷款风险准备金余额与住房公积金个人贷款余额的比率为2.4%,住房公积金个人贷款逾期额与住房公积金个人贷款风险准备金余额的比率为0.1%。

(二)**保障性住房建设项目贷款**:截至2017年底,管理中心的逾期项目贷款已全部收回,无逾期项目贷款。项目贷款风险准备金提取比例为贷款余额的4%。2017年,冲回项目贷款风险准备金280万元,当年无使用项目贷款风险准备金核销金额,项目贷款风险准备金余额为22147.58万元,项目贷款风险准备金余额与项目贷款余额的比率为7.4%。

五、社会经济效益

(一)**缴存业务**:2017年住房公积金实缴人数和缴存额增长率分别为5.2%和13.9%。

其中,缴存单位的构成情况:国家机关和事业单位占7.0%,国有企业占4.3%,城镇集体企业占0.6%,外商投资企业占6.1%,城镇私营企业及其他城镇企业占74.4%,民办非企业单位和社会团体占1.3%,其他占6.3%。

缴存职工的构成情况:按单位性质,国家机关和事业单位职工占17.4%,国有企业职工占20.1%,城镇集体企业职工占0.6%,外商投资企业职工占11.0%,城镇私营企业及其他城镇企业职工占44.9%,民办非企业单位和社会团体职工占0.8%,其他职工占5.2%;按收入水平,中、低收入群体占93.3%,高收入群体占6.7%。

新开户职工的构成情况:按单位性质,国家机关和事业单位占7.3%,国有企业占13.3%,城镇集体企业占0.3%,外商投资企业占7.9%,城镇私营企业及其他城镇企业占60.7%,民办非企业单位和社会团体占1.0%,其他占9.5%;按收入水平,中、低收入群体占98.8%,高收入群体占1.2%。

(二)**提取业务**:2017年,325.73万名缴存职工提取住房公积金1583.40万笔、1261.91亿元。提取的金额中,住房消费提取占89.2%(购买、建造、翻建、大修自住住房占73.8%,偿还购房贷款本息占8.9%,租赁住房占6.4%,其他占0.1%);非住房消费提取占10.8%(离休和退休提取占8.8%,户口迁出本市或出境定居占0.2%,其他占1.9%)。提取职工中,中、低收入占91.2%,高收入占8.8%。

(三)**贷款业务**:

1. 住房公积金个人贷款

2017年支持职工购房480.49万平方米。年末住房公积金个人贷款市场占有率(指2017年末住房公积金个人贷款余额占当地商业性和住房公积金个人贷款余额总和的比率)为26.6%,比上年同期降低1.4个百分点。通过申请住房公积金个人贷款,购房职工减少利息支出(指当年获得住房公积金个人住房贷款的职工在整个贷款期内所需支付贷款利息总额与申请商业性个人住房贷款所需支付贷款利息总额的差额)

约1384096.28万元。

贷款重点支持了购买首套自住和中小户型住房。其中，首套住房贷款52381套、495.17亿元，分别占比为90.6%和92.4%。职工贷款所购住房套数中，90（含）平方米以下占68.0%，90～144（含）平方米占28.2%，144平方米以上占3.8%；新房占35.8%（其中购买保障性住房占27.6%），购买存量商品住房占64.2%。

职工贷款笔数中，单缴存职工申请贷款占53.8%，双缴存职工申请贷款占46.2%。

贷款职工中，30岁（含）以下占23.8%，30岁～40岁（含）占51.7%，40岁～50岁（含）占17.5%，50岁以上占7.0%；首次申请贷款占88.7%，二次及以上申请贷款占11.3%；中、低收入群体占98.7%，高收入群体占1.3%。

2017年，发放异地购房贷款20386.5万元，涉及住房236套，截至2017年底，发放异地购房贷款46882.8万元，异地贷款余额44998.17万元。

2017年，发放公转商贴息贷款10653.9万元，涉及住房94套，支持职工购建房11730.56平方米，贴息1043.79万元。累计发放公转商贴息贷款496098.8万元，涉及住房13525套，累计为缴存职工贴息14192.94万元。

2. 保障性住房建设项目贷款

管理中心已向东城、西城、朝阳、海淀、丰台、房山、顺义、大兴、怀柔、延庆10个区所属企业事业单位及北京市保障性住房投资中心等单位累计发放项目贷款36个，贷款额度291.28亿元。其中，经济适用房项目18个、94.93亿元，棚户区改造安置用房项目7个、121.28亿元，公共租赁住房项目11个、75.07亿元。累计到位资金金额201.09亿元，到位资金余额30.07亿元。截至2017年底，东城、西城、朝阳、海淀、丰台、房山、顺义、大兴、怀柔、延庆下属企业及事业单位共32个项目贷款资金已发放并还清贷款本息。利用住房公积金贷款支持保障性住房建设，有效支持了我市经济适用房、公共租赁住房、棚户区安置用房建设，为解决中低收入家庭住房困难发挥了重要作用。

（四）住房贡献率：住房贡献率（当年个人住房贷款发放额、公转商贴息贷款发放额、项目贷款发放额、住房消费提取额的总和与当年缴存额的比率）为97.6%，比上年减少31.2个百分点。

六、其他重要事项

管理中心于2017年8月8日出台《北京住房公积金管理中心关于进一步改进服务加强住房公积金归集管理有关事项的通知》（京房公积金发〔2017〕58号），提出了优化办事手续，简化提取材料，与相关政府部门加强互联互通，提高审核效率和审核准确性的工作措施，提升服务水平，将风险防控制度化，防范骗提住房公积金风险。

主动参与房地产调控，发挥政策性金融作用。按照市政府统一部署，与北京市住房城乡建设委等四部门联合印发了《关于完善商品住房销售和差别化信贷政策的通知》（京建法〔2017〕3号），实行差别化信贷政策，停止发放25年期以上住房公积金个人贷款；与中国人民银行营业管理部等四部门印发了《关于加强北京地区住房信贷业务风险管理的通知》（银管发〔2017〕68号），对离婚一年内申请贷款的，按二套房贷政策执行。

按照建设"科技强国、网络强国、数字中国、智慧社会"的要求，全力推进新系统建设。完成新系统主体软件开发调整工作，精心组织新旧系统并行测试，有序开展新系统上线准备工作，确保做到2018年8月全面启用"互联网＋住房公积金"新系统。

2017年6月份正式接入住房城乡建设部转移接续平台，简化缴存职工住房公积金异地转移手续。完成新版政务网站、微信服务号、支付宝城市服务和移动客户端对接旧系统的查询和宣传咨询模块开发。通过人工手检和贯标软件扫描等方式，多次检查了数据贯标情况并整改，目前数据贯标率已满足住房城乡建设部要求。

2017 全国住房公积金年度报告汇编

天津市

天津市住房公积金2017年年度报告

一、机构概况

（一）住房公积金管理委员会：住房公积金管理委员会有27名委员，2017年通过召开全体会议和函审方式审议公积金相关事项6次。审议事项主要包括：

1. 天津市2016年住房公积金归集使用情况及2017年住房公积金归集使用计划。
2. 天津市2016年住房公积金增值收益分配意见及2017年住房公积金增值收益计划。
3. 2016年度天津市住房公积金制度执行情况公报。
4. 天津市2017年住房公积金管理工作意见。
5. 天津市2016年住房公积金管理工作情况。
6. 关于租房提取住房公积金有关政策的通知。
7. 关于购买首套住房和保障性住房提取住房公积金有关问题的通知。
8. 关于申请流动资金贷款缓解流动性紧张的方案。
9. 关于调整个人住房公积金（组合）贷款首付款比例的通知。
10. 关于调整2017年住房公积金缴存额的通知。
11. 关于天津经济技术开发区外商投资企业缴存住房公积金有关问题的通知。
12. 关于提取住房公积金有关政策的通知。
13. 关于重新颁布《天津市住房公积金行政执法管理办法》的通知。
14. 关于调整滨海新区企业住房公积金缴存比例有关政策的通知。
15. 关于在津工作外国人住房公积金有关政策的通知。

（二）住房公积金管理中心：住房公积金管理中心为直属于天津市政府的不以营利为目的的自收自支事业单位，目前中心内设22个处室（部门），20个管理部。从业人员673人，全部为在编人员。

二、业务运行情况

（一）缴存：2017年，新开户单位11052家，实缴单位57089家，净增单位9299家；新开户职工33.1万人，实缴职工260.9万人，净增职工19万人；缴存额436.3亿元，同比增长6.2%。2017年末，缴存总额3481.4亿元，同比增长14.3%；缴存余额1232.8亿元，同比增长6.4%。

受委托办理住房公积金缴存业务的银行1家，与上年相同。

（二）提取：2017年，提取额362.2亿元，同比增长3.7%；占当年缴存额的83.0%，比上年减少2个百分点。2017年末，提取总额2248.6亿元，同比增长19.2%。

（三）贷款：

1. **个人住房贷款**：个人住房贷款最高额度60万元，其中，单缴存职工最高额度60万元，双缴存职工最高额度60万元。

2017年，发放个人住房贷款2.8万笔120.1亿元，同比分别下降74.8%、78.0%。

2017年，回收个人住房贷款171.8亿元。

2017年末，累计发放个人住房贷款94.7万笔2844亿元，同比分别增长3.0%、4.4%，贷款余额1372.4亿元，同比下降3.6%。个人住房贷款余额占缴存余额的111.3%，比上年减少11.6个百分点。

受委托办理住房公积金个人住房贷款业务的银行20家，与上年相同。

2. 住房公积金支持保障性住房建设项目贷款： 2017年，未发生保障性住房建设项目贷款发放和回收业务。2017年末，累计发放项目贷款24.8亿元，项目贷款余额0亿元。

(四) 融资： 2017年，融资198亿元，归还72亿元。2017年末，融资总额298亿元，融资余额186亿元。

(五) 资金存储： 2017年末，住房公积金存款65.6亿元。其中，活期0.1亿元，1年（含）以下定期5.5亿元，其他（协定、通知存款等）60亿元。

(六) 资金运用率： 2017年末，住房公积金个人住房贷款余额、项目贷款余额和购买国债余额的总和占缴存余额的111.3%，比上年减少11.6个百分点。

三、主要财务数据

(一) 业务收入： 2017年，业务收入459868万元，同比增长3.7%。存款利息8065万元，委托贷款利息451803万元，国债利息0万元，其他0万元。

(二) 业务支出： 2017年，业务支出303573万元，同比增长9.0%。支付职工住房公积金利息181188万元，归集手续费8726万元，委托贷款手续费22590万元，其他91069万元。

(三) 增值收益： 2017年，增值收益156295万元，同比下降5.3%。增值收益率1.3%，比上年减少0.2个百分点。

2017年，增值收益合计156304万元，其中：当年增值收益156295万元，以前年度待分配增值收益9万元。

(四) 增值收益分配： 2017年，应提取贷款风险准备金12009万元，提取管理费用36890万元，应提取城市廉租住房（公共租赁住房）建设补充资金107405万元。

2017年，上交财政管理费用36890万元。拟上缴财政城市廉租住房（公共租赁住房）建设补充资金107405万元。

2017年末，贷款风险准备金余额284212万元。累计提取城市廉租住房（公共租赁住房）建设补充资金897299万元。

(五) 管理费用支出： 2017年，管理费用支出36890万元，同比增长12.1%。其中，正常经费22812万元，专项经费14078万元。

四、资产风险状况

(一) 个人住房贷款： 2017年末，个人住房贷款逾期额80万元，逾期率0.01‰。

个人贷款风险准备金按当年新发放贷款额的1%提取。2017年，应提取个人贷款风险准备金12009万元，使用个人贷款风险准备金核销呆坏账0万元。2017年末，个人贷款风险准备金余额266285万元，占个人住房贷款余额的1.9%，个人住房贷款逾期额与个人贷款风险准备金余额的比率0.03%。

（二）支持保障性住房建设试点项目贷款：截至 2017 年末，无逾期项目贷款。项目贷款风险准备金提取比例为贷款余额的 4%。2017 年未提取项目贷款风险准备金，未使用项目贷款风险准备金核销呆坏账，项目贷款风险准备金余额 5918 万元，项目贷款逾期额与项目贷款风险准备金余额的比率为 0%。

五、社会经济效益

（一）缴存业务：2017 年，实缴单位数、实缴职工人数和缴存额同比分别增长 13%、5.9% 和 6.2%。

缴存单位中，国家机关和事业单位占 10.5%，国有企业占 3.8%，城镇集体企业占 1.1%，外商投资企业占 1.3%，城镇私营企业及其他城镇企业占 77.4%，民办非企业单位和社会团体占 4.9%，其他占 1%。

缴存职工中，国家机关和事业单位占 18.9%，国有企业占 14.4%，城镇集体企业占 1.7%，外商投资企业占 3.7%，城镇私营企业及其他城镇企业占 58.9%，民办非企业单位和社会团体占 2%，其他占 0.4%；中、低收入占 98.1%，高收入占 1.9%。

新开户职工中，国家机关和事业单位占 4.8%，国有企业占 3.9%，城镇集体企业占 1.6%，外商投资企业占 3.3%，城镇私营企业及其他城镇企业占 82.2%，民办非企业单位和社会团体占 3.8%，其他占 0.4%；中、低收入占 99.7%，高收入占 0.3%。

（二）提取业务：2017 年，130.4 万名缴存职工提取住房公积金 362.2 亿元。

提取金额中，住房消费提取占 79.6%（购买、建造、翻建、大修自住住房占 28.3%，偿还购房贷款本息占 71.5%，租赁住房占 0.2%，其他占 0%）；非住房消费提取占 20.4%（离休和退休提取占 65.1%，完全丧失劳动能力并与单位终止劳动关系提取占 0.002%，户口迁出本市或出境定居占 0.1%，其他占 34.8%）。

提取职工中，中、低收入占 96.9%，高收入占 3.1%。

（三）贷款业务：

1. 个人住房贷款：2017 年，支持职工购建房 269.8 万平方米，年末个人住房贷款市场占有率为 21.4%，比上年减少 5.3 个百分点。通过申请住房公积金个人住房贷款，可节约职工购房利息支出 41.6 亿元。

职工贷款笔数中，购房建筑面积 90（含）平方米以下占 47.8%，90~144（含）平方米占 47.3%，144 平方米以上占 4.9%。购买新房占 77.8%（其中购买保障性住房占 34.5%），购买存量商品住房占 22.2%，建造、翻建、大修自住住房占 0%，其他占 0%。

职工贷款笔数中，单缴存职工申请贷款占 84.3%，双缴存职工申请贷款占 15.7%，三人及以上缴存职工共同申请贷款占 0%。

贷款职工中，30 岁（含）以下占 44.8%，30 岁~40 岁（含）占 35.6%，40 岁~50 岁（含）占 15.1%，50 岁以上占 4.5%；首次申请贷款占 73.3%，二次及以上申请贷款占 26.7%；中、低收入占 99.8%，高收入占 0.2%。

2. 支持保障性住房建设试点项目贷款：2017 年末，累计试点项目 7 个，贷款额度 27.5 亿元，建筑面积 53 万平方米，可解决 8440 户中低收入职工家庭的住房问题。7 个试点项目贷款资金已发放并还清贷款本息。

（四）**住房贡献率**：2017年，个人住房贷款发放额住房消费提取额的总和与当年缴存额的比率为93.6%，比上年减少109.1个百分点。

六、其他重要事项

（一）**住房公积金政策调整及执行情况**。2017年，为扩大住房公积金制度覆盖面，更好地服务缴存单位和职工，先后出台政策鼓励和支持我市经济技术开发区外商投资企业职工、在津工作外国人缴存住房公积金，针对滨海新区企业执行住房公积金缴存比例自主选择政策等；同时结合我市住房公积金管理情况，对贷款政策进行了调整，提高了个人住房公积金贷款首付比例，有效地维护了我市房地产市场健康稳定发展。

（二）**住房公积金业务服务改进情况**。2017年，中心按照国家政策要求落实减轻企业负担各项措施，积极宣传住房公积金政策和制度优势，引导企业提高守法意识，全年实现新建缴存单位11052个，新建缴存职工33.1万人；推出住房公积金贷款提前还款缩期业务，优化预约贷款网上操作流程，预约服务机制运行平稳；中心电子业务综合服务平台高标准通过住房城乡建设部验收，电子渠道各项业务用户满意度持续提升。

（三）**住房公积金行政执法情况**。2017年，中心住房公积金政策宣传和行政执法工作效果显著。全年主动对1.6万个单位进行了政策宣传和上门服务，共受理职工投诉1961件，对643个违法企业进行了立案处理。根据新颁布实施的《住房公积金管理条例》，组织开展全面治理住房公积金套取专项行动，对住房公积金提取违法广告进行全面清理，对非法中介进行严厉打击，建立防控打击套取骗提长效机制，为住房公积金制度健康发展提供有力保障。

（四）**住房公积金信息化建设情况**。2017年，中心以电子公积金业务为核心全面推进信息化建设，先后完成我市政务信息系统整合共享、"互联网＋政务服务"以及"非现金支付"建设等信息化建设重点工作任务，"互联网＋公积金"业务的覆盖面、服务面和受益面不断扩大和延伸，中心在服务渠道和管理手段等方面的信息化程度不断加强，服务经济、服务社会的能力和水平进一步提高。

2017 全国住房公积金年度报告汇编

河北省

石家庄市
唐山市
秦皇岛市
邯郸市
邢台市
保定市
张家口市
承德市
沧州市
廊坊市
衡水市

河北省住房公积金 2017 年年度报告

一、机构概况

（一）住房公积金管理机构：全省共设 11 个设区城市住房公积金管理中心，10 个独立设置的分中心[其中，辛集市和定州市分中心分别隶属于辛集市和定州市两个"省直管县"市政府，河北省直分中心隶属于河北省机关事务管理局，冀东油田分中心、东方物探分中心、华北油田分中心、管道局分中心隶属于中石油股份有限公司，冀中能源邯矿分中心、冀中能源峰峰集团分中心隶属于冀中能源股份有限公司，开滦煤矿分中心隶属于开滦（集团）有限责任公司]。从业人员2199人，其中，在编1545人，非在编654人。

（二）住房公积金监管机构：省住房城乡建设厅、财政厅和中国人民银行石家庄中心支行负责对本省住房公积金管理运行情况进行监督。省住房城乡建设厅设立住房公积金监督管理办公室，负责辖区住房公积金日常监管工作。

二、业务运行情况

（一）缴存：按同口径与上年比较，2017 年，新开户单位 4918 家，实缴单位 55772 家，净增单位 2162 家；新开户职工 43.37 万人，实缴职工 477.99 万人，净增职工 9.63 万人；缴存额 545.88 亿元，同比增长 10.66%。2017 年末，缴存总额 3854.02 亿元，同比增长 16.5%；缴存余额 1778.1 亿元，同比增长 15.15%。

（二）提取：2017 年，提取额 311.99 亿元，同比增长 3.13%；占当年缴存额的 57.15%，比上年减少 4.18 个百分点。2017 年末，提取总额 2075.92 亿元，同比增长 17.69%。

（三）贷款：

1. 个人住房贷款：2017 年，发放个人住房贷款 6.68 万笔 222.31 亿元，同比下降 39.46%、39.75%。回收个人住房贷款 131.02 亿元。

2017 年末，累计发放个人住房贷款 92.60 万笔 2065.30 亿元，贷款余额 1338.12 亿元，同比分别增长 7.78%、12.06%、7.32%。个人住房贷款余额占缴存余额的 75.26%，比上年减少 5.49 个百分点。

2. 住房公积金支持保障性住房建设项目贷款：2017 年，发放支持保障性住房建设项目贷款 0 亿元，回收项目贷款 0.75 亿元。2017 年末，累计发放项目贷款 30.4 亿元，项目贷款余额 5.84 亿元。

（四）购买国债：2017 年，购买国债 0 亿元，兑付、转让、收回国债 0 亿元。2017 年末，国债余额 0.75 亿元，与上年持平。

（五）融资：2017 年，融资 7.02 亿元，归还 13.29 亿元。2017 年末，融资总额 62.51 亿元，融资余额 10.92 亿元。

（六）资金存储：2017 年末，住房公积金存款 473.25 亿元。其中，活期 38.05 亿元，1 年（含）以下定期 202.56 亿元，1 年以上定期 187.44 亿元，其他（协定、通知存款等）45.20 亿元。

（七）资金运用率：2017 年末，住房公积金个人住房贷款余额、项目贷款余额和购买国债余额的总和占缴存余额的 75.63%，比上年减少 5.59 个百分点。

三、主要财务数据

（一）业务收入：2017年，业务收入531439.85万元，同比增长6.22%。其中，存款利息106464.33万元，委托贷款利息424686.43万元，国债利息245.25万元，其他43.84万元。

（二）业务支出：2017年，业务支出281221.22万元，同比增长6.95%。其中，支付职工住房公积金利息252857.28万元，归集手续费1240.20万元，委托贷款手续费17181.63万元，其他9942.11万元。

（三）增值收益：2017年，增值收益250218.63万元，同比增长5.41%；增值收益率1.50%，比上年减少0.13个百分点。

（四）增值收益分配：2017年，提取贷款风险准备金17339.39万元，提取管理费用52408.34万元，提取城市廉租住房（公共租赁住房）建设补充资金180116.61万元。

2017年，上交财政管理费用42721.17万元，上缴财政城市廉租住房（公共租赁住房）建设补充资金176238.37万元。

2017年末，贷款风险准备金余额229144.74万元，累计提取城市廉租住房（公共租赁住房）建设补充资金1231332.24万元。

（五）管理费用支出：2017年，管理费用支出42217.47万元，同比增长7.03%。其中，人员经费22108.38万元，公用经费5020.96万元，专项经费15088.13万元。

四、资产风险状况

（一）个人住房贷款：2017年末，个人住房贷款逾期额1329.12万元，逾期率0.1‰。

2017年，提取个人贷款风险准备金17339.39万元，使用个人贷款风险准备金核销呆坏账0万元。2017年末，个人贷款风险准备金余额220500.71万元，占个人贷款余额的1.65%，个人贷款逾期额与个人贷款风险准备金余额的比率为0.6%。

（二）住房公积金支持保障性住房建设项目贷款：2017年末，逾期项目贷款0万元，逾期率为0。

2017年，提取项目贷款风险准备金0万元，使用项目贷款风险准备金核销呆坏账0万元。2017年末，项目贷款风险准备金余额8644万元，占项目贷款余额的14.80%，项目贷款逾期额与项目贷款风险准备金余额的比率为0。

（三）历史遗留风险资产：2017年末，历史遗留风险资产余额0万元。

五、社会经济效益

（一）缴存业务：2017年，实缴单位数、实缴职工人数和缴存额增长率分别为4.03%、2.06%和10.66%。

缴存单位中，国家机关和事业单位占55.28%，国有企业占16.91%，城镇集体企业占3.26%，外商投资企业占0.77%，城镇私营企业及其他城镇企业占15.21%，民办非企业单位和社会团体占2.18%，其他占6.39%。

缴存职工中，国家机关和事业单位占45.31%，国有企业占28.86%，城镇集体企业占4.65%，外商投资企业占2.57%，城镇私营企业及其他城镇企业占12.13%，民办非企业单位和社会团体占1.20%，

其他占 5.28%；中、低收入占 97.50%，高收入占 2.50%。

新开户职工中，国家机关和事业单位占 22.93%，国有企业占 21.11%，城镇集体企业占 4.88%，外商投资企业占 7.40%，城镇私营企业及其他城镇企业占 29.61%，民办非企业单位和社会团体占 2.89%，其他占 11.18%；中、低收入占 99.37%，高收入占 0.63%。

（二）提取业务：2017 年，119.46 万名缴存职工提取住房公积金 311.99 亿元。

提取金额中，住房消费提取占 81.26%（购买、建造、翻建、大修自住住房占 14.93%，偿还购房贷款本息占 54.67%，租赁住房占 5.11%，其他占 6.55%）；非住房消费提取占 18.74%（离休和退休提取占 8.31%，完全丧失劳动能力并与单位终止劳动关系提取占 1.65%，户口迁出所在市或出境定居占 2.73%，其他占 6.05%）。

提取职工中，中、低收入占 96.21%，高收入占 3.79%。

（三）贷款业务：

1. 个人住房贷款：2017 年，支持职工购建房 762.52 万平方米。年末个人住房贷款市场占有率为 13.97%，比上年同期增加 0.08 个百分点。通过申请住房公积金个人住房贷款，可节约职工购房利息支出 533024.83 万元。

职工贷款笔数中，购房建筑面积 90（含）平方米以下占 20.24%，90~144（含）平方米占 72.51%，144 平方米以上占 7.25%。购买新房占 79.91%（其中购买保障性住房占 0.25%），购买存量商品房占 14.51%，建造、翻建、大修自住住房 0%，其他占 5.58%。

职工贷款笔数中，单缴存职工申请贷款占 32.80%，双缴存职工申请贷款占 67.08%，三人及以上缴存职工共同申请贷款占 0.12%。

贷款职工中，30 岁（含）以下占 28.91%，30 岁~40 岁（含）占 40.46%，40 岁~50 岁（含）占 23.84%，50 岁以上占 6.79%；首次申请贷款占 85.46%，二次及以上申请贷款占 14.54%；中、低收入占 98.56%，高收入占 1.44%。

2. 异地贷款：2017 年，发放异地贷款 5549 笔 198684.38 万元。2017 年末，发放异地贷款总额 1042268.35 万元，异地贷款余额 863038.28 万元。

3. 公转商贴息贷款：2017 年，发放公转商贴息贷款 1291 笔 50258.99 万元，支持职工购建房面积 14.43 万平方米。当年贴息额 212.95 万元。2017 年末，累计发放公转商贴息贷款 1373 笔 54248.88 万元，累计贴息 213.19 万元。

4. 住房公积金支持保障性住房建设项目贷款：2017 年末，全省有住房公积金试点城市 3 个，试点项目 20 个，贷款额度 30.4 亿元，建筑面积 238.99 万平方米，可解决 32104 户中低收入职工家庭的住房问题。12 个试点项目贷款资金已发放并还清贷款本息。

（四）住房贡献率：2017 年，个人住房贷款发放额、公转商贴息贷款发放额、项目贷款发放额、住房消费提取额的总和与当年缴存额的比率为 60.78%，比上年减少 59.18 个百分点。

六、其他重要事项

（一）当年住房公积金政策调整情况：

1. 河北省人民政府办公厅《关于进一步促进全省房地产市场平稳健康发展的实施意见》（冀政办字

〔2017〕45 号）。

2. 河北省人民政府办公厅《关于推动非户籍人口在城市落户的实施意见》（冀政办字〔2017〕8 号）。

3. 河北省住房和城乡建设厅《关于印发〈河北省住房公积金失信行为惩戒管理办法〉的通知》（冀建法〔2017〕5 号）。

（二）当年开展专项监督检查情况。会同省财政厅对全省各住房公积金管理机构 2017 年度业务管理工作开展了考核工作。

（三）当年服务改进情况。在全省统一的业务管理信息系统基础上，于 2017 年 7 月 1 日前，全面完成了异地转移接续平台建设工作，并与全国联网，使住房公积金在全国范围内实现了"账随人走，钱随账走"。各地建立了住房公积金客服中心，开通了"12329"住房公积金服务热线，设立 12329 热线和短信推送服务，开设了微信公共账号，向缴存职工提供政策咨询、数据查询等服务，使缴存单位和职工足不出户，在网上办理住房公积金业务。

（四）当年信息化建设情况。落实审计整改要求，开展"全省统一的住房公积金业务管理信息系统"和"省级住房公积金监管信息系统"建设工作，通过信息化建设固化了业务政策，统一了资金核算方式，设定了职责权限，推行了"管运分离"管理模式。截至 2017 年底，除石家庄、廊坊、保定、定州市外，全省大部分住房公积金管理机构按照要求，实现系统上线稳定运行。

（五）当年住房公积金机构及从业人员所获荣誉情况。

1. 创建文明单位（行业、窗口）。国家级 1 个，省部级 2 个，地市级 7 个。

2. 青年文明号。省部级 1 个，地市级 1 个。

3. 五一劳动奖章（劳动模范）。地市级 1 个。

4. 三八红旗手。地市级 6 个。

5. 先进集体和个人。国家级 2 个，省部级 18 个，地市级 10 个。

6. 其他类。省部级 2 个，地市级 13 个。

石家庄市住房公积金 2017 年年度报告

一、机构概况

（一）住房公积金管理委员会

1. 石家庄住房公积金管理委员会有 29 名委员，2017 年召开一次会议，审议通过的事项主要包括：《石家庄住房公积金管理中心关于 2016 年度住房公积金归集使用计划执行情况及 2017 年度住房公积金归集使用计划的报告》、《石家庄住房公积金 2016 年度报告》、《住房公积金县（市）区管理部办公业务用房租赁管理规定》、《关于对光大银行石家庄分行的考察报告》。

2. 辛集市住房公积金管理委员会有 18 名委员，2017 年召开一次会议，审议通过的事项主要包括：审批 2016 年住房公积金归集、使用计划执行情况；审议 2016 年增值收益分配方案；审批 2017 年住房公积金归集、使用计划；审议关于变更个人贷款风险准备金提取方法的请示；审议关于辛集市住房公积金最高、最低缴存基数标准的请示；审议关于简化住房公积金提取、贷款手续的通知；审议辛集市关于农民工及城镇个体工商户住房公积金建制的实施办法（试行）；审议辛集市住房公积金管理中心失信行为惩戒管理办法；审议关于规范调整住房公积金贷款政策的通知；审议关于调整住房公积金部分提取政策的通知；审议关于进一步调整个人住房贷款政策的通知。

（二）住房公积金管理中心

1. 石家庄住房公积金管理中心为隶属于石家庄市人民政府的不以营利为目的的正县级事业单位，设 12 个科，22 个管理部。从业人员 165 人，其中，在编 155 人，非在编 10 人。

2. 河北省省直住房资金管理中心为河北省机关事务管理局不以营利为目的的自收自支事业单位，设 5 个科。从业人员 36 人，其中，在编 36 人。

3. 辛集市住房公积金管理中心为辛集市不以营利为目的的自收自支事业单位，设 6 个科。从业人员 21 人，其中，在编 11 人，非在编 10 人。

二、业务运行情况

（一）缴存：2017 年，新开户单位 923 家，实缴单位 10676 家，按同一统计指标口径净增单位 317 家；新开户职工 9.93 万人，实缴职工 90.78 万人，净增职工 3.39 万人；缴存额 121.75 亿元，同比增长 15.28%。2017 年末，缴存总额 799.57 亿元，同比增长 17.96%；缴存余额 410.1 亿元，同比增长 16.29%。

石家庄住房公积金管理中心受委托办理住房公积金缴存业务的银行 6 家，比上年增加 0 家。

河北省省直住房资金管理中心受委托办理住房公积金缴存业务的银行 6 家，比上年增加 1 家。

辛集市住房公积金管理中心受委托办理住房公积金缴存业务的银行 8 家，比上年增加 0 家。

（二）提取：2017 年，提取额 64.29 亿元，同比增长 5.83%；占当年缴存额的 52.8%，比上年减少 4.72 个百分点。2017 年末，提取总额 389.47 亿元，同比增长 19.77%。

（三）贷款：

1. **个人住房贷款**：石家庄住房公积金管理中心和河北省省直住房资金管理中心个人住房贷款最高额度 60 万元，其中，单缴存职工最高额度 60 万元，双缴存职工最高额度 60 万元。辛集市住房公积金管理中心个人住房贷款最高额度 60 万元，其中，单缴存职工最高额度 40 万元，双缴存职工最高额度 60 万元。

2017 年，发放个人住房贷款 0.66 万笔 22.95 亿元，同比分别下降 62.71%、65.77%。其中，石家庄住房公积金管理中心发放个人住房贷款 0.5 万笔 16.76 亿元，河北省省直住房资金管理中心发放个人住房贷款 0.1 万笔 4.86 亿元，辛集市住房公积金管理中心发放个人住房贷款 0.06 万笔 1.33 亿元。

2017 年，回收个人住房贷款 24.01 亿元。其中，石家庄住房公积金管理中心 20.5 亿元，河北省省直住房资金管理中心 3.26 亿元，辛集市住房公积金管理中心 0.25 亿元。

2017 年末，累计发放个人住房贷款 15.02 万笔 397.06 亿元，贷款余额 261.31 亿元，同比分别增长 4.6%、6.13%、-0.4%。个人住房贷款余额占缴存余额的 63.72%，比上年减少 10.68 个百分点。

石家庄住房公积金管理中心受委托办理住房公积金个人住房贷款业务的银行 8 家，比上年增加 0 家。

河北省省直住房资金管理中心受委托办理住房公积金个人住房贷款业务的银行5家，比上年增加0家。辛集市住房公积金管理中心受委托办理住房公积金个人住房贷款业务的银行3家，比上年增加0家。

2. **住房公积金支持保障性住房建设项目贷款**：2017年，发放支持保障性住房建设项目贷款0亿元，回收项目贷款0.75亿元。2017年末，累计发放项目贷款8.2亿元，项目贷款余额4.14亿元。

（四）**资金存储**：2017年末，住房公积金存款155.85亿元。其中，活期6.52亿元，1年（含）以下定期104.14亿元，1年以上定期32.15亿元，其他（协定、通知存款等）13.04亿元。

（五）**资金运用率**：2017年末，住房公积金个人住房贷款余额、项目贷款余额和购买国债余额的总和占缴存余额的64.73%，比上年减少11.06个百分点。

三、主要财务数据

（一）**业务收入**：2017年，业务收入117650.89万元，同比增长10.85%。其中，石家庄住房公积金管理中心91078.96万元，河北省省直住房资金管理中心24634.92万元，辛集市住房公积金管理中心1937.01万元；存款利息29983.92万元，委托贷款利息87665.83万元，其他1.14万元。

（二）**业务支出**：2017年，业务支出61379.69万元，同比增长22.46%。其中，石家庄住房公积金管理中心48116.94万元，河北省省直住房资金管理中心12551.16万元，辛集市住房公积金管理中心711.59万元；支付职工住房公积金利息57084.88万元，归集手续费727.4万元，委托贷款手续费3525.79万元，其他41.62万元。

（三）**增值收益**：2017年，增值收益56271.19万元，同比增长0.46%。其中，石家庄住房公积金管理中心42962.02万元，河北省省直住房资金管理中心12083.76万元，辛集市住房公积金管理中心1225.41万元；增值收益率1.47%，比上年减少0.21个百分点。

（四）**增值收益分配**：2017年，提取贷款风险准备金379.08万元，提取管理费用6968.42万元，提取城市廉租住房（公共租赁住房）建设补充资金48923.7万元。

2017年，上交财政管理费用5890.36万元。上缴财政城市廉租住房（公共租赁住房）建设补充资金47383.5万元。其中，石家庄住房公积金管理中心上缴38177.39万元，河北省省直住房资金管理中心上缴8816.69万元，辛集市住房公积金管理中心上缴389.42万元。

2017年末，贷款风险准备金余额40571.08万元。累计提取城市廉租住房（公共租赁住房）建设补充资金275426.4万元。其中，石家庄住房公积金管理中心提取215440.34万元，河北省省直住房资金管理中心提取58633.32万元，辛集市住房公积金管理中心提取1352.74万元。

（五）**管理费用支出**：2017年，管理费用支出6056.79万元，同比下降14.15%。其中，人员经费3960.97万元，公用经费569.97万元，专项经费1525.85万元。

石家庄住房公积金管理中心管理费用支出4826.21万元，其中，人员、公用、专项经费分别为3216.18万元、368.48万元、1241.55万元；河北省省直住房资金管理中心管理费用支出1035.73万元，其中，人员、公用、专项经费分别为639.01万元、153.28万元、243.44万元；辛集市住房公积金管理中心管理费用支出194.85万元，其中，人员、公用、专项经费分别为105.78万元、48.21万元、40.86万元。

四、资产风险状况

（一）个人住房贷款：2017年末，个人住房贷款逾期额463.09万元，逾期率0.18‰。其中，石家庄住房公积金管理中心0.21‰，河北省省直住房资金管理中心0，辛集市住房公积金管理中心0。

个人贷款风险准备金按贷款余额1%提取。2017年，提取个人贷款风险准备金379.07万元，使用个人贷款风险准备金核销呆坏账0万元。2017年末，个人贷款风险准备金余额37835.08万元，占个人住房贷款余额的1.45%，个人住房贷款逾期额与个人贷款风险准备金余额的比率为1.22%。

（二）支持保障性住房建设试点项目贷款：2017年，提取项目贷款风险准备金0万元，使用项目贷款风险准备金核销呆坏账0万元，项目贷款风险准备金余额2736万元，占项目贷款余额的6.61%。

五、社会经济效益

（一）缴存业务：2017年，实缴单位数、实缴职工人数和缴存额同比分别增长3.06%、3.88%和15.28%。

缴存单位中，国家机关和事业单位占46.13%，国有企业占29.11%，城镇集体企业占0.28%，外商投资企业占0.33%，城镇私营企业及其他城镇企业占4.29%，民办非企业单位和社会团体占1.42%，其他占18.44%。

缴存职工中，国家机关和事业单位占36.18%，国有企业占40.22%，城镇集体企业占0.2%，外商投资企业占0.57%，城镇私营企业及其他城镇企业占3.07%，民办非企业单位和社会团体占1.39%，其他占18.37%；中、低收入占93.13%，高收入占6.87%。

新开户职工中，国家机关和事业单位占15.37%，国有企业占50.41%，城镇集体企业占0.23%，外商投资企业占0.33%，城镇私营企业及其他城镇企业占5.1%，民办非企业单位和社会团体占2.46%，其他占26.1%；中、低收入占98.26%，高收入占1.74%。

（二）提取业务：2017年，25.43万名缴存职工提取住房公积金64.29亿元。

提取金额中，住房消费提取占76.98%（购买、建造、翻建、大修自住住房占30.73%，偿还购房贷款本息占33.6%，租赁住房占0.76%，其他占11.89%）；非住房消费提取占23.02%（离休和退休提取占18.91%，完全丧失劳动能力并与单位终止劳动关系提取占0.39%，户口迁出本市或出境定居占0.35%其他占3.37%）。

提取职工中，中、低收入占90.42%，高收入占9.58%。

（三）贷款业务：

1. 个人住房贷款：2017年，支持职工购建房74.86万平方米，年末个人住房贷款市场占有率为12.11%，比上年减少3.72个百分点。通过申请住房公积金个人住房贷款，可节约职工购房利息支出75152.86万元。

职工贷款笔数中，购房建筑面积90（含）平方米以下占21.76%，90~144（含）平方米占72.01%，144平方米以上占6.23%。购买新房占73.28%（其中购买保障性住房占1.2%），购买存量商品住房占26.72%。

职工贷款笔数中，单缴存职工申请贷款占42.02%，双缴存职工申请贷款占57.98%。

贷款职工中，30岁（含）以下占25.16%，30岁~40岁（含）占47.67%，40岁~50岁（含）占22.24%，50岁以上占4.93%；首次申请贷款占95.51%，二次及以上申请贷款占4.49%；中、低收入占94.91%，高收入占5.09%。

2. **异地贷款**：2017年，发放异地贷款638笔23960.6万元。2017年末，发放异地贷款总额303322.5万元，异地贷款余额260345.24万元。

3. **公转商贴息贷款**：2017年，发放公转商贴息贷款12笔284万元，支持职工购建住房面积0.14万平方米，当年贴息额0万元。2017年末，累计发放公转商贴息贷款12笔284万元，累计贴息0万元。

4. **支持保障性住房建设试点项目贷款**：2017年末，累计试点项目7个，贷款额度8.2亿元，建筑面积49.86万平方米，可解决9959户中低收入职工家庭的住房问题。2个试点项目贷款资金已发放并还清贷款本息。

（四）**住房贡献率**：2017年，个人住房贷款发放额、公转商贴息贷款发放额、项目贷款发放额、住房消费提取额的总和与当年缴存额的比率为59.53%，比上年减少45.16个百分点。

六、其他重要事项

（一）**当年机构及职能调整情况、受委托办理缴存贷款业务金融机构变更情况**。石家庄住房公积金管理中心当年无机构及职能调整情况；受委托办理缴存贷款业务金融机构无变更。

河北省省直住房资金管理中心当年无机构及职能调整情况；受委托办理缴存业务的金融机构增加了邮政储蓄银行；受委托办理贷款业务的金融机构无变更。

辛集市住房公积金管理中心当年无机构及职能调整情况；受委托办理缴存业务的金融机构增加了河北银行股份有限公司辛集支行，减少了中信银行辛集支行；受委托办理贷款业务的金融机构无变更。

（二）**当年住房公积金政策调整及执行情况。**

1. **当年缴存基数限额及确定方法、缴存比例。**

2017年，缴存基数最高为石家庄市统计部门公布的2016年度在岗职工月平均工资3倍，即16539元；石家庄住房公积金管理中心执行缴存基数最低为2016年度在岗职工月平均工资的60%，即3308元；河北省省直住房资金管理中心执行缴存基数最低为1650元（2016年度最低工资标准）；辛集市住房公积金管理中心执行缴存基数最低为1590元。

住房公积金单位缴存比例12%，个人缴存比例10%。

2. **当年缴存提取政策调整情况。**

石家庄住房公积金管理中心和河北省省直住房资金管理中心对因死亡、子女购房、物业费等原因办理住房公积金提取的证明材料进行了简化。

辛集市住房公积金管理中心购买第三套普通自住住房的不予办理所有相关提取业务；在辛集市行政区域以外购买普通自住住房的不予办理提取业务；购买普通自住住房屋建筑面积大于$144m^2$的不予办理提取业务；第二次使用住房公积金贷款的不予办理提取业务；从未使用住房公积金的，在本市行政区域内购买普通自住住房的，办理一次提取业务。

3. **当年个人住房贷款最高贷款额度、贷款条件等贷款政策调整情况。**

个人住房贷款最高贷款额度为60万元。

石家庄住房公积金管理中心和河北省省直住房资金管理中心 2017 年购买市内五区首套自住住房的，首付款比例不低于 30%；购买第二套住房的，首付款比例不低于 60%；暂停发放住房公积金异地贷款。

石家庄住房公积金管理中心借款申请人在 2017 年 5 月 4 日以后，与商业银行签署住房贷款《借款合同》的，停止办理住房公积金贷款置换商业银行个人住房贷款业务。

辛集市住房公积金管理中心购买二手房贷款时，所购房屋房龄不得超过 20 年，且贷款年限加房龄一般不超过 40 年；购买二手房为平房、两层普通自住住房的，需经辛集市住房公积金管理中心信贷部门认定，不符合贷款条件的将不予贷款；购买第三套普通自住住房的、购买普通自住住房面积大于 $144m^2$ 的，不予贷款；办理贷款手续时，需提供夫妻双方的《个人信用报告》；《个人信用报告》如出现连续 3 期逾期或累计 6 期逾期的，不予贷款；如借款人或配偶逾期属非恶意欠款的，需相关银行出具《非恶意欠款证明》；购买首套普通自住住房的，最低首付款比例调整至 30%；对购买第二套普通自住住房的最低首付款比例调整至 60%；对离婚后贷款的，离婚时间需满一年方可使用住房公积金贷款购买普通自住住房；停止商转公业务。

4. 当年住房公积金存贷款利率执行标准。

职工住房公积金账户存款利率按一年期定期存款基准利率 1.5% 执行。

住房公积金个人贷款利率执行标准：首套住房个人贷款利率执行中国人民银行公布的公积金贷款利率，即：1~5 年（含）贷款年利率为 2.75%，6~30 年贷款年利率为 3.25%；第二套住房个人贷款利率为同期利率的 1.1 倍，即：1~5 年（含）年利率 3.025%；6~30 年年利率 3.575%。

（三）当年服务改进情况。

石家庄住房公积金管理中心加快了住房公积金综合服务平台建设，全面升级改版短信、微信、门户网站、网上大厅、手机 APP、自助查询机、12329 热线，实现实名认证、归集查询、贷款查询、在线提取、资金秒到、7×24 小时服务等功能，有效提升了服务水平。

河北省省直住房资金管理中心开通了官方 APP，帮助缴存职工了解中心信息，方便职工对个人缴存、贷款等情况进行查询；增设个人 CA 数字认证，有效提高信息安全性，防止职工个人信息泄露；开发双贯标系统，实现了实时结算，提高了住房公积金管理水平。

辛集市住房公积金管理中心为方便各缴存职工办理业务，中心营业大厅增加复印机、老花镜、纸巾、擦鞋机等便民设备；业务大厅设置自助查询终端和自动叫号系统；微信公众号、公积金官方网站优化升级，2017 年公积金业务办理流程、备案楼盘、中介、个人住房公积金账户等查询功能在微信公众号和公积金官方网站上正式开通，为广大缴存职工提供方便。

（四）当年信息化建设情况。

严格按照住房城乡建设部要求，扎实推进住房公积金"双贯标"工作，目前项目建设工作基本完成。

（五）当年住房公积金管理中心及职工所获荣誉情况。

2017 年度，石家庄住房公积金管理中心被评为"2016 年度全省住房公积金业务管理工作优秀单位"、"2016 年度石家庄市法制宣传教育先进集体"、"2016 年度石家庄市五四红旗团委"。河北省省直住房资金管理中心被评为"2016 年度全省住房公积金业务管理工作先进单位"。

唐山市住房公积金 2017 年年度报告

一、机构概况

（一）住房公积金管理委员会：住房公积金管理委员会有 24 名委员，2017 年召开 2 次会议，审议通过的事项主要包括：2017 年度住房公积金归集、使用计划执行情况，《唐山市住房公积金 2016 年年度报告》，并对其他重要事项进行决策，主要包括《关于 2016 年住房公积金增值收益分配方案的报告》、《关于调整有关贷款政策的意见》。

（二）住房公积金管理中心：住房公积金管理中心为市政府不以营利为目的的正县级事业单位，设 10 个处室，17 个分支机构，2 个分中心。市中心从业人员 216 人，其中，在编 183 人，非在编 33 人。开滦分中心从业人员 15 人，在编 15 人，冀东油田分中心从业人员 5 人，在编 5 人。

二、业务运行情况

（一）缴存：2017 年，新开户单位 423 家，实缴单位 5827 家，净增单位 268 家；新开户职工 6.09 万人，实缴职工 66.29 万人，净增职工 1.95 万人；缴存额 77.30 亿元，同比增长 6.43%。2017 年末，缴存总额 631.43 亿元，同比增长 13.95%；缴存余额 305.19 亿元，同比增长 11.58%。

受委托办理住房公积金缴存业务的银行 5 家，与上年持平。

（二）提取：2017 年，提取额 45.61 亿元，同比下降 8.32%；占当年缴存额的 59%，比上年减少 9.5 个百分点。2017 年末，提取总额 326.25 亿元，同比增长 16.26%。

（三）贷款：

1. 个人住房贷款：个人住房贷款最高额度 60 万元，其中，单缴存职工最高额度 60 万元，双缴存职工最高额度 60 万元。

2017 年，发放个人住房贷款 1.49 万笔 50.25 亿元，同比分别下降 11.30%、11.25%。其中，市中心发放个人住房贷款 1.45 万笔 49.06 亿元，开滦分中心发放个人住房贷款 0.04 万笔 1.19 亿元。

2017 年，回收个人住房贷款 24.91 亿元。其中，市中心 23.37 亿元，开滦分中心 1.54 亿元。

2017 年末，累计发放个人住房贷款 17.86 万笔 392.48 亿元，贷款余额 251.84 亿元，同比分别增长 9.10%、14.68%、11.19%。个人住房贷款余额占缴存余额的 82.52%，比上年减少 0.29 个百分点。

受委托办理住房公积金个人住房贷款业务的银行 11 家，比上年减少 1 家。

2. 住房公积金支持保障性住房建设项目贷款：2017 年，发放支持保障性住房建设项目贷款 0 亿元，回收项目贷款 0 亿元。2017 年末，累计发放项目贷款 20.50 亿元，项目贷款余额 0 亿元。

（四）购买国债：2017 年，购买（记账式、凭证式）国债 0 亿元，（兑付、转让、收回）国债 0 亿元。2017 年末，国债余额 0.75 亿元，与上年持平。

（五）融资：2017 年，融资 2.92 亿元，归还 0 亿元。2017 年末，融资总额 12.92 亿元，融资余额 10.92 亿元。

（六）资金存储：2017年末，住房公积金存款58.03亿元。其中，活期0.23亿元，1年（含）以下定期10.09亿元，1年以上定期36.37亿元，其他（协定、通知存款等）11.34亿元。

（七）资金运用率：2017年末，住房公积金个人住房贷款余额、项目贷款余额和购买国债余额的总和占缴存余额的82.76%，比上年减少0.33个百分点。

三、主要财务数据

（一）业务收入：2017年，业务收入98128.70万元，同比下降0.10%。其中，市中心87873.56万元，开滦分中心9728.95万元，冀东油田分中心526.19万元，存款利息19884.58万元，委托贷款利息77990.32万元，国债利息245.25万元，其他8.55万元。

（二）业务支出：2017年，业务支出54177.34万元，同比增长14.32%。其中，市中心48660.46万元，开滦分中心5248.96万元，冀东油田分中心267.92万元，支付职工住房公积金利息44391.09万元，归集手续费0.21万元，委托贷款手续费3899.52万元，其他5886.52万元。

（三）增值收益：2017年，增值收益43951.36万元，同比下降13.55%。其中，市中心39213.10万元，开滦分中心4479.99万元，冀东油田分中心258.27万元，增值收益率1.50%，比上年减少0.40个百分点。

（四）增值收益分配：2017年，提取贷款风险准备金3746.92万元，提取管理费用5290.82万元，提取城市廉租住房（公共租赁住房）建设补充资金34913.62万元。

2017年，上交财政管理费用4550.16万元。上缴财政城市廉租住房（公共租赁住房）建设补充资金41611.76万元。其中，市中心上缴37131.76万元，开滦分中心上缴4480万元，冀东油田分中心上缴0万元。

2017年末，贷款风险准备金余额43204.02万元。累计提取城市廉租住房（公共租赁住房）建设补充资金259067.47万元。其中，市中心提取225467.05万元，开滦分中心提取33530万元，冀东油田分中心提取70.42万元。

（五）管理费用支出：2017年，管理费用支出4384.76万元，同比增长20.06%。其中，人员经费2815.76万元，公用经费342.77万元，专项经费1226.23万元。

市中心管理费用支出3981.03万元，其中，人员、公用、专项经费分别为2526.48万元、228.32万元、1226.23万元；开滦分中心管理费用支出324.71万元，其中，人员、公用、专项经费分别为280.26万元、44.45万元、0万元；冀东油田分中心管理费用支出79.02万元，其中，人员、公用、专项经费分别为9.02万元、70万元、0万元。

四、资产风险状况

（一）个人住房贷款：2017年，提取个人贷款风险准备金3746.92万元，使用个人贷款风险准备金核销呆坏账0万元。2017年末，个人贷款风险准备金余额37976.02万元，占个人住房贷款余额的1.51%。

（二）支持保障性住房建设试点项目贷款：2017年，提取项目贷款风险准备金0万元，使用项目贷款风险准备金核销呆坏账0万元，项目贷款风险准备金余额5228万元。

五、社会经济效益

（一）**缴存业务**：2017年，实缴单位数、实缴职工人数和缴存额同比分别增长4.82％、0.47％和6.43％。

缴存单位中，国家机关和事业单位占54.90％，国有企业占15.43％，城镇集体企业占0.58％，外商投资企业占1.24％，城镇私营企业及其他城镇企业占23.61％，民办非企业单位和社会团体占1.46％，其他占2.78％。

缴存职工中，国家机关和事业单位占34.38％，国有企业占41.16％，城镇集体企业占0.25％，外商投资企业占1.24％，城镇私营企业及其他城镇企业占22％，民办非企业单位和社会团体占0.34％，其他占0.63％；中、低收入占100％，高收入占0％。

新开户职工中，国家机关和事业单位占17.20％，国有企业占14.11％，城镇集体企业占0.72％，外商投资企业占3.01％，城镇私营企业及其他城镇企业占59.91％，民办非企业单位和社会团体占1.08％，其他占3.97％；中、低收入占100％，高收入占0％。

（二）**提取业务**：2017年，18.13万名缴存职工提取住房公积金45.62亿元。

提取金额中，住房消费提取占66.54％（购买、建造、翻建、大修自住住房占30.99％，偿还购房贷款本息占67.77％，租赁住房占0.77％，其他占0.47％）；非住房消费提取占33.46％（离休和退休提取占74.52％，完全丧失劳动能力并与单位终止劳动关系提取占1.73％，户口迁出本市或出境定居占0.09％，其他占23.66％）。

提取职工中，中、低收入占100％，高收入占0％。

（三）**贷款业务**

1. **个人住房贷款**：2017年，支持职工购建房166.59万平方米，年末个人住房贷款市场占有率为46.32％，比上年减少7.66个百分点。通过申请住房公积金个人住房贷款，可节约职工购房利息支出94691.27万元。

职工贷款笔数中，购房建筑面积90（含）平方米以下占16.66％，90～144（含）平方米占71.43％，144平方米以上占11.91％。购买新房占73.99％（其中购买保障性住房占0％），购买存量商品住房占8.17％，建造、翻建、大修自住住房占0％，其他占17.84％。

职工贷款笔数中，单缴存职工申请贷款占28.10％，双缴存职工申请贷款占71.90％，三人及以上缴存职工共同申请贷款占0％。

贷款职工中，30岁（含）以下占38.38％，30岁～40岁（含）占38.23％，40岁～50岁（含）占18.80％，50岁以上占4.59％；首次申请贷款占81.78％，二次及以上申请贷款占18.22％；中、低收入占100％，高收入占0％。

2. **异地贷款**：2017年，发放异地贷款570笔21414.60万元。2017年末，发放异地贷款总额58619.40万元，异地贷款余额48845.14万元。

3. **公转商贴息贷款**：2017年，发放公转商贴息贷款0笔0万元，支持职工购建住房面积0万平方米，当年贴息额0万元。2017年末，累计发放公转商贴息贷款0笔0万元，累计贴息0万元。

4. **支持保障性住房建设试点项目贷款**：2017年末，累计试点项目10个，贷款额度20.50亿元，建筑面积 123.53 万平方米，可解决 13618 户中低收入职工家庭的住房问题。10 个试点项目贷款资金已发放并还清贷款本息。

（四）住房贡献率：2017 年，个人住房贷款发放额、公转商贴息贷款发放额、项目贷款发放额、住房消费提取额的总和与当年缴存额的比率为 104.27%，比上年减少 43.90 个百分点。

六、其他重要事项

（一）当年住房公积金政策调整及执行情况：2017 年，中心印发了《关于 2017 年度住房公积金缴存基数及缴存比例调整工作的通知》（唐公积金〔2017〕27 号），规定 2017 年度住房公积金缴存基数限额及确定方法，最低缴存基数按 2016 年度我市最低工资标准 1650 元执行，低于我市最低工资标准的按最低工资标准执行。最高不超过 2016 年度全市在岗职工月平均工资 4968 元（唐山市统计部门公布）的 3 倍。在我市成立或组建的京津企业分公司（或子公司）、控股企业以及机构管理权限在京津的派出机构，根据《唐山市住房公积金管理中心关于入驻我市京津企业和派出机构执行京津住房公积金缴存政策的通知》（唐公积金〔2016〕49 号）规定，可执行北京、天津的住房公积金缴存政策。

住房公积金缴存比例按如下规定执行：

（1）缴存单位的单位缴存比例为 5%～12%，个人缴存比例为 5%～12%。

（2）企业因经营困难申请降低缴存比例的，按照 2016 年《唐山市住房公积金管理中心关于规范和阶段性适当降低住房公积金缴存比例的通知》相关规定执行。

（3）入驻我市的北京企业和派出机构须执行单位、个人各 12% 的缴存比例。

（4）入驻我市的天津企业和派出机构须执行单位、个人各 11% 的缴存比例。

2017 年，为确保我市缴存职工住房公积金贷款的正常发放，更好的发挥住房公积金互助作用，中心结合实际，暂停办理贷款购房首付提取住房公积金业务。职工住房公积金由唐山市转出市外，可通过全国住房公积金异地转移接续平台办理。

2017 年，根据上级有关要求，结合我市实际，对住房公积金贷款有关政策作出了如下调整：

（1）住房公积金个人贷款申请人属于购买首套自住住房的，首付比例不得低于 30%。

（2）住房公积金个人贷款申请人属于购买第二套住房的，首付比例不得低于 60%。

（3）暂停办理异地贷款、装修贷款、父母为子女购房贷款业务。停止办理商业贷款转公积金贷款业务。

（4）借款人还款能力不足时，仅限于其父母作为共同还款人参与共同还款。

（二）当年服务改进情况：2017 年，中心充分运用"互联网＋"技术，推进综合服务平台建设，完成了网上营业厅、微信、门户网站、短信平台、12329 服务热线等全部建设内容，实现政策发布、账务查询、消息推送、全程客服支持等服务，实现了"多点接入，整体互动、统一服务"的服务效果。

（三）当年信息化建设情况：2017 年，中心圆满完成了住房城乡建设部双贯标与业务信息系统升级改造工作，新系统严按照住房城乡建设部《住房公积金基础数据标准》设计数据库，并接入住房城乡建设部银行结算应用系统，同我市工、农、中、建、交等 11 家银行全部进行联网支付结算，实时获取银行结算数据，实现资金、业务和财务信息的自动平衡匹配。进一步优化了业务流程，完善了系统功能，增强了风险防控能力，提高了工作效率和服务水平。

（四）当年住房公积金管理中心及职工所获荣誉情况： 2017年，中心被评为唐山市文明单位。

秦皇岛市住房公积金2017年年度报告

一、机构概况

（一）**住房公积金管理委员会**：住房公积金管理委员会有24名委员，2017年召开2次会议，审议通过的事项主要包括：一是2017年度住房公积金归集、使用计划执行情况的议案。二是关于调整住房公积金贷款政策的议案。

（二）**住房公积金管理中心**：住房公积金管理中心为直属秦皇岛市政府的不以营利为目的的全额事业单位，设8个科室，4个管理部。从业人员89人，在编55人，非在编34人。

二、业务运行情况

（一）**缴存**：2017年，新开户单位194家，实缴单位3304家，净增单位109家；新开户职工2.65万人，实缴职工28.74万人，净增职工0.99万人；缴存额31.83亿元，同比增长2.15%。2017年末，缴存总额269.53亿元，同比增长13.40%；缴存余额107.12亿元，同比增长10%。

受委托办理住房公积金缴存业务的银行4家，比上年增加0家。

（二）**提取**：2017年，提取额22.09亿元，同比增长2.89%；占当年缴存额的69.40%，比上年增加0.5个百分点。2017年末，提取总额162.41亿元，同比增长15.75%。

（三）**贷款**：

个人住房贷款：个人住房贷款最高额度60万元，其中，单缴存职工最高额度40万元，双缴存职工最高额度60万元。

2017年，发放个人住房贷款0.34万笔11.22亿元，同比分别下降49.25%、53.13%。

2017年，回收个人住房贷款9.24亿元。

2017年末，累计发放个人住房贷款6.16万笔146.98亿元，贷款余额90.02亿元，同比分别增长5.84%、8.26%、2.24%。个人住房贷款余额占缴存余额的84.04%，比上年减少6.38个百分点。

受委托办理住房公积金个人住房贷款业务的银行4家，比上年增加0家。

（四）**融资**：2017年，融资0亿元，归还1亿元。2017年末，融资总额1亿元，融资余额0亿元。

（五）**资金存储**：2017年末，住房公积金存款20.53亿元。其中，活期2.55亿元，1年（含）以下定期14.27亿元，1年以上定期0.98亿元，其他（协定、通知存款等）2.73亿元。

（六）**资金运用率**：2017年末，住房公积金个人住房贷款余额、项目贷款余额和购买国债余额的总和占缴存余额的84.04%，比上年减少6.38个百分点。

三、主要财务数据

（一）**业务收入**：2017年，业务收入32287.33万元，同比增长7.38%。存款利息3424.52万元，委托贷款利息28862.81万元，国债利息0万元，其他0万元。

（二）**业务支出**：2017年，业务支出17145.99万元，同比增长5.08%。支付职工住房公积金利息15635.20万元，归集手续费318.34万元，委托贷款手续费288.63万元，其他903.82万元。

（三）**增值收益**：2017年，增值收益15141.34万元，同比增长10.10%。增值收益率1.48%，比上年增加0个百分点。

（四）**增值收益分配**：2017年，提取贷款风险准备金197.61万元，提取管理费用1697.65万元，提取城市廉租住房（公共租赁住房）建设补充资金13246.08万元。

2017年，上交财政管理费用1697.65万元。上缴财政城市廉租住房（公共租赁住房）建设补充资金13246.08万元。

2017年末，贷款风险准备金余额9002.28万元。累计提取城市廉租住房（公共租赁住房）建设补充资金105984.48万元。

（五）**管理费用支出**：2017年，管理费用支出1401.77万元，同比增长1.36%。其中，人员经费770.48万元，公用经费66.39万元，专项经费564.90万元。

四、资产风险状况

个人住房贷款：2017年末，个人住房贷款逾期额56.49万元，逾期率0.06‰。

个人贷款风险准备金按贷款余额的1%提取。2017年，提取个人贷款风险准备金197.61万元，使用个人贷款风险准备金核销呆坏账0万元。2017年末，个人贷款风险准备金余额9002.28万元，占个人住房贷款余额的1%，个人住房贷款逾期额与个人贷款风险准备金余额的比率为0.63%。

五、社会经济效益

（一）**缴存业务**：2017年，实缴单位数、实缴职工人数和缴存额同比分别增长3.41%、3.57%和2.15%。

缴存单位中，国家机关和事业单位占55.81%，国有企业占13.35%，城镇集体企业占0.58%，外商投资企业占1.57%，城镇私营企业及其他城镇企业占25.91%，民办非企业单位和社会团体占0.85%，其他占1.93%。

缴存职工中，国家机关和事业单位占45.05%，国有企业占25.46%，城镇集体企业占0.64%，外商投资企业占8.71%，城镇私营企业及其他城镇企业占18.66%，民办非企业单位和社会团体占0.14%，其他占1.34%；中、低收入占97.39%，高收入占2.61%。

新开户职工中，国家机关和事业单位占21.03%，国有企业占9.17%，城镇集体企业占0.92%，外商投资企业占22.18%，城镇私营企业及其他城镇企业占43.20%，民办非企业单位和社会团体占0.28%，其他占3.22%；中、低收入占99.54%，高收入占0.46%。

（二）**提取业务**：2017年，7.6万名缴存职工提取住房公积金22.09亿元。

提取金额中，住房消费提取占 76.68%（购买、建造、翻建、大修自住住房占 36.88%，偿还购房贷款本息占 38.93%，租赁住房占 0.86%，其他占 0.01%）；非住房消费提取占 23.32%（离休和退休提取占 18.86%，完全丧失劳动能力并与单位终止劳动关系提取占 0.16%，户口迁出本市或出境定居占 1.99%，其他占 2.31%）。

提取职工中，中、低收入占 96.11%，高收入占 3.89%。

（三）贷款业务：

1. **个人住房贷款：** 2017 年，支持职工购建房 35.57 万平方米，年末个人住房贷款市场占有率为 18.35%，比上年减少 2.92 个百分点。通过申请住房公积金个人住房贷款，可节约职工购房利息支出 22099.46 万元。

职工贷款笔数中，购房建筑面积 90（含）平方米以下占 26.41%，90～144（含）平方米占 68.96%，144 平方米以上占 4.63%。购买新房占 76.95%（其中购买保障性住房占 0.15%），购买存量商品住房占 23.05%，建造、翻建、大修自住住房占 0%，其他占 0%。

职工贷款笔数中，单缴存职工申请贷款占 28.09%，双缴存职工申请贷款占 71.91%。

贷款职工中，30 岁（含）以下占 33.34%，30 岁～40 岁（含）占 39.27%，40 岁～50 岁（含）占 21.48%，50 岁以上占 5.91%；首次申请贷款占 86.25%，二次申请贷款占 13.75%；中、低收入占 97.58%，高收入占 2.42%。

2. **异地贷款：** 2017 年，发放异地贷款 201 笔 7628.50 万元。2017 年末，发放异地贷款总额 52534.60 万元，异地贷款余额 45161.75 万元。

3. **公转商贴息贷款：** 2017 年，发放公转商贴息贷款 1279 笔 49974.99 万元，支持职工购建住房面积 14.29 万平方米，当年贴息额 212.95 万元。2017 年末，累计发放公转商贴息贷款 1361 笔 53964.88 万元，累计贴息 213.19 万元。

（四）住房贡献率： 2017 年，个人住房贷款发放额、公转商贴息贷款发放额、项目贷款发放额、住房消费提取额的总和与当年缴存额的比率为 104%，比上年减少 24 个百分点。

六、其他重要事项

（一）当年住房公积金政策调整及执行情况：

1. 我中心积极配合国家的房地产政策，对我市住房公积金政策进行合理调整并认真贯彻执行。按照省政府办公厅《关于进一步促进全省房地产市场平稳健康发展的实施意见》（冀政办字〔2017〕45 号）和市政府《关于进一步加强房地产市场调控的通知》（秦政字〔2017〕19 号）文件精神，出台了《关于调整住房公积金贷款政策的通知》（秦公积金〔2017〕21 号），2017 年 5 月 16 日起执行。无房且无住房公积金贷款记录的缴存职工家庭，使用住房公积金贷款购买首套普通自住房的，最低首付比例提高至 30%；购买第二套住房最低首付款比例提高至 60%。

2. 2017 年住房公积金贷款利率没有调整，仍按照 2015 年 8 月 26 日的贷款利率政策执行，5 年期以内（含 5 年）贷款利率为 2.75%，5 年期以上贷款利率为 3.25%。

（二）当年服务改进情况：

1. **推进减证便民行动。** 将住房公积金缴存登记纳入了多证合一项目，最大限度地简化了业务流程和各类要件证明，大大方便了广大群众和职工。

2. **开展"服务进企业"行动**。组织业务骨干深入签约楼盘和缴存单位调研走访，广泛宣传住房公积金政策，现场解答购房人、楼盘工作人员、缴存单位职工的业务问题，排查和解决企业发展存在的问题和难点，尽最大努力为企业解决实际困难。

3. **推进信息化服务**。深入推进"网上业务大厅、12329 热线、微信平台、短信告知、手机 APP、自助终端"等综合服务平台建设，实现部分公积金业务网上办理，公积金还贷自动提取试运行，切实提高了住房公积金使用便捷度。

（三）**当年信息化建设情况**：按照政策调整要求，对信息系统进行了升级改造。2017 年对住房城乡建设部部署的"双贯标"（基础数据标准对标和结算应用系统统一）工作进行了前期调研，并列入了 2018 年度预算。

邯郸市住房公积金 2017 年年度报告

一、机构概况

（一）**住房公积金管理委员会**：住房公积金管理委员会有 20 名委员，2017 年召开两次会议，审议通过的事项主要包括：审议通过 2016 年度住房公积金管理工作报告；审议通过 2016 年度市住房公积金财务报告（含增值收益分配方案）；审议通过关于调整我市县（市、区）财政供养人员住房公积金缴存比例的议题；审议通过选择搬迁、装配新址综合服务大厅的议题；审议通过邯郸市住房公积金归集、提取、贷款管理办法（修订）的议题等。

（二）**住房公积金管理中心**：住房公积金管理中心为直属市政府管理的不以营利为目的的自收自支事业单位，设 9 个处（科），18 个管理部，1 个分中心。从业人员 175 人，其中，在编 133 人，非在编 42 人。

二、业务运行情况

（一）**缴存**：2017 年，新开户单位 341 家，实缴单位 4373 家，净增单位－29 家；新开户职工 3.61 万人，实缴职工 42.42 万人，净增职工－1.66 万人；缴存额 38.75 亿元，同比增长 14.61％。2017 年末，缴存总额 302.98 亿元，同比增长 14.67％；缴存余额 140.77 亿元，同比增长 16.67％。

受委托办理住房公积金缴存业务的银行 13 家，比上年增加 2 家。

（二）**提取**：2017 年，提取额 18.65 亿元，同比下降 15.55％；占当年缴存额的 48.08％，比上年减少 17.19 个百分点。2017 年末，提取总额 162.21 亿元，同比增长 12.98％。

（三）**贷款**：

1. **个人住房贷款**：个人住房贷款最高额度 60 万元，其中，单缴存职工最高额度 60 万元，双缴存职工最高额度 60 万元。

2017年，发放个人住房贷款0.74万笔27.08亿元，同比分别下降29.52%、16.03%。其中，市中心发放个人住房贷款0.72万笔26.53亿元，峰峰集团分中心发放个人住房贷款0.02万笔0.55亿元。

2017年，回收个人住房贷款10.37亿元。其中，市中心9.72亿元，峰峰集团分中心0.65亿元。

2017年末，累计发放个人住房贷款7.85万笔170.91亿元，贷款余额116.96亿元，同比分别增长10.41%、18.83%、16.66%。个人住房贷款余额占缴存余额的83.09%，同上年持平。

受委托办理住房公积金个人住房贷款业务的银行7家，比上年增加（减少）0家。

2. **住房公积金支持保障性住房建设项目贷款**：2017年累计发放项目贷款1.7亿元，项目贷款余额1.7亿元。

（四）**融资**：2017年，融资4.1亿元，归还6.1亿元。2017年末，融资总额13.2亿元，融资余额0亿元。

（五）**资金存储**：2017年末，住房公积金存款29.97亿元。其中，活期0亿元，1年（含）以下定期6.54亿元，1年以上定期18.14亿元，其他（协定、通知存款等）5.29亿元。

（六）**资金运用率**：2017年末，住房公积金个人住房贷款余额、项目贷款余额和购买国债余额的总和占缴存余额的84.29%，比上年减少0.21个百分点。

三、主要财务数据

（一）**业务收入**：2017年，业务收入42127.24万元，同比下降0.74%。其中，市中心38052.13万元，峰峰集团分中心4075.11万元；存款利息6091.78万元，委托贷款利息36035.46万元，国债利息0万元，其他0万元。

（二）**业务支出**：2017年，业务支出23666.51万元，同比下降0.75%。其中，市中心21610.89万元，峰峰集团分中心2055.62万元；支付职工住房公积金利息19748.08万元，归集手续费0万元，委托贷款手续费1709.71万元，其他2208.72万元（担保费、融资利息等）。

（三）**增值收益**：2017年，增值收益18460.73万元，同比下降0.72%。其中，市中心16441.24万元，峰峰集团分中心2019.49万元；增值收益率1.42%，比上年减少0.21个百分点。

（四）**增值收益分配**：2017年，提取贷款风险准备金1680万元，提取管理费用5381.89万元，提取城市廉租住房（公共租赁住房）建设补充资金11398.84万元。

2017年，上交财政管理费用5344.94万元。上缴财政城市廉租住房（公共租赁住房）建设补充资金11092.84万元。其中，市中心上缴11092.84万元，峰峰集团分中心上缴0万元。峰峰集团分中心上缴集团公司用于棚户区改造1816.4万元。

2017年末，贷款风险准备金余额13413.35万元。累计提取城市廉租住房（公共租赁住房）建设补充资金105692.01万元。其中，市中心提取93259.59万元，峰峰集团分中心提取12432.42万元。

（五）**管理费用支出**：2017年，管理费用支出4996.55万元，同比增长24.69%。其中，人员经费1053.89万元，公用经费252.99万元，专项经费3689.67万元。

市中心管理费用支出4790.58万元，其中，人员、公用、专项经费分别为973.25万元、162.66万元、3654.67万元；峰峰集团分中心管理费用支出205.97万元，其中，人员、公用、专项经费分别为80.64万元、90.33万元、35万元。

四、资产风险状况

（一）个人住房贷款：2017年末，个人住房贷款逾期额11.4万元，逾期率0.01‰。其中，市中心0‰，峰峰集团分中心0.21‰。

个人贷款风险准备金按贷款余额的1%提取。2017年，提取个人贷款风险准备金1680万元，使用个人贷款风险准备金核销呆坏账0万元。2017年末，个人贷款风险准备金余额12733.35万元，占个人住房贷款余额的1.09%，个人住房贷款逾期额与个人贷款风险准备金余额的比率为0.09%。

（二）支持保障性住房建设试点项目贷款：2017年，提取项目贷款风险准备金0万元，使用项目贷款风险准备金核销呆坏账0万元，项目贷款风险准备金余额680万元，占项目贷款余额的4%。

五、社会经济效益

（一）缴存业务：2017年，实缴单位数、实缴职工人数和缴存额同比分别增长－0.66%、－3.77%和14.61%。

缴存单位中，国家机关和事业单位占58.52%，国有企业占17.45%，城镇集体企业占2.58%，外商投资企业占1.05%，城镇私营企业及其他城镇企业占10.75%，民办非企业单位和社会团体占1.42%，其他占8.23%。

缴存职工中，国家机关和事业单位占51.78%，国有企业占28.52%，城镇集体企业占4.69%，外商投资企业占1.43%，城镇私营企业及其他城镇企业占5.64%，民办非企业单位和社会团体占0.32%，其他占7.62%；中、低收入占98.30%，高收入占1.70%。

新开户职工中，国家机关和事业单位占31.04%，国有企业占7.64%，城镇集体企业占4.84%，外商投资企业占4.13%，城镇私营企业及其他城镇企业占24.67%，民办非企业单位和社会团体占1.27%，其他占26.41%；中、低收入占99.93%，高收入占0.07%。

（二）提取业务：2017年，6.11万名缴存职工提取住房公积金18.65亿元。

提取金额中，住房消费提取占64.20%（购买、建造、翻建、大修自住住房占21.07%，偿还购房贷款本息占40.85%，租赁住房占2.19%，其他占0.09%）；非住房消费提取占35.80%（离休和退休提取占29.40%，完全丧失劳动能力并与单位终止劳动关系提取占0.79%，户口迁出本市或出境定居占0.82%，其他占4.79%）。

提取职工中，中、低收入占95.79%，高收入占4.21%。

（三）贷款业务：

1. **个人住房贷款**：2017年，支持职工购建房104.10万平方米，年末个人住房贷款市场占有率为31.64%，比上年减少0.04个百分点。通过申请住房公积金个人住房贷款，可节约职工购房利息支出63881.68万元。

职工贷款笔数中，购房建筑面积90（含）平方米以下占16.01%，90～144（含）平方米占76.23%，144平方米以上占7.76%。购买新房占81.70%（其中购买保障性住房占0.37%），购买存量商品住房占18.30%，建造、翻建、大修自住住房占0%，其他占0%。

职工贷款笔数中，单缴存职工申请贷款占38.09%，双缴存职工申请贷款占61.63%，三人及以上缴存职工共同申请贷款占0.28%。

贷款职工中,30岁(含)以下占31.96%,30岁～40岁(含)占44.30%,40岁～50岁(含)占19.76%,50岁以上占3.98%;首次申请贷款占93.11%,二次及以上申请贷款占6.89%;中、低收入占98.73%,高收入占1.27%。

2. **异地贷款**:2017年,发放异地贷款945笔37951.60万元。2017年末,发放异地贷款总额117554.3万元,异地贷款余额92959.53万元。

3. **支持保障性住房建设试点项目贷款**:2017年末,累计支持试点项目2个,贷款额度1.7亿元,项目贷款资金已发放,未到期,正常付息。

(四) **住房贡献率**:2017年,个人住房贷款发放额、公转商贴息贷款发放额、项目贷款发放额、住房消费提取额的总和与当年缴存额的比率为100.77%,比上年减少43.68个百分点。

六、其他重要事项

(一) **当年机构及职能调整情况、受委托办理缴存贷款业务金融机构变更情况**:

1. **机构及职能调整情况**:2017年度根据精细化管理要求,为实现管运彻底分离,促进机构进一步完善、程序进一步改进,中心撤销内设机构5个:归集管理处、提取管理处、信贷管理处、执法处、政策法规处;增设内设机构4个:组织人事处、政策指导处、行政执法处、客服管理处。

为方便缴存单位、缴存职工就近办理业务,提供更优质、便利的服务,归集服务大厅、提取服务大厅、信贷服务大厅分别调整为丛台区管理部、开发区管理部、邯山区管理部。

2. **受委托办理缴存贷款业务金融机构变更情况**:为了给缴存单位、缴存职工提供更加便利的金融服务,中心增加办理缴存业务金融机构两家:民生银行和邢台银行;办理贷款业务金融机构没有变更。

(二) **当年住房公积金政策调整及执行情况**:

1. **缴存基数限额及确定方法、缴存比例执行情况**:

(1) 职工住房公积金缴存基数为职工本人上一年度月平均工资。新参加工作的职工从参加工作的第二个月开始缴存住房公积金,月缴存额为职工本人当月工资乘以职工住房公积金缴存比例。单位新调入的职工从调入单位发放工资之日起缴存住房公积金,月缴存额为职工本人当月工资乘以职工住房公积金缴存比例。

(2) 职工住房公积金缴存基数最高不得超过市统计部门公布的上一年度全市在岗职工月平均工资总额的三倍。2017年度邯郸市住房公积金最高缴存基数为12324元。

(3) 职工住房公积金缴存基数最低不得低于上一年度劳动部门规定的职工月最低工资标准。2017年度,邯郸市辖(含丛台区、邯山区、复兴区、峰峰矿区、经济开发区、马头生态工业城)及磁县(含漳河生态科技园区)、武安市区域内职工最低缴存基数执行标准为1590元;永年区、肥乡区、成安县、临漳县、曲周县、鸡泽县、邱县、涉县区域内职工最低缴存基数执行标准为1480元;魏县、大名县、广平县、馆陶县区域内职工最低缴存基数执行标准为1380元。

(4) 单位和职工住房公积金缴存比例,均不得低于职工工资的5%。单位和个人缴存比例最高可以分别提高到职工工资的12%。

2. **2017年度提取政策调整情况**:依据《河北省住房公积金失信行为惩戒管理办法》、《河北省电梯安全管理办法》（省政府令〔2017〕1号）、《河北省住房公积金监督管理办公室＜2017年全省住房公积金管理工作要点＞的通知》（冀房金管〔2017〕6号）等文件，提请邯郸市住房公积金管委会审议，对《邯郸市住房公积金提取管理办法》进行了修改，增加了对纳入失信黑名单的提取行为的控制（5年内不得提取）；增加了老旧住宅小区加装电梯可以提取住房公积金条款；取消了重大疾病、突发事件、最低保障、物业费、子女购房等《住房公积金条例》规定以外的提取业务。

3. 2017年度个人住房公积金贷款政策调整情况：

（1）住房公积金贷款申请人连续足额缴存住房公积金满6个月，欠缴公积金不得超过12个月，住房公积金贷款最高限额60万元，住房公积金贷款利率按人民银行公布利率执行。

（2）根据河北省人民政府办公厅《关于进一步促进全省房地产市场平稳健康发展的实施意见》（冀政办〔2017〕45号）要求，自2017年8月21日起，暂停办理住房公积金异地贷款业务，停止办理"住房公积金贷款置换商业银行个人住房贷款"业务。

4. 当年住房公积金存贷款利率调整及执行情况：按照中国人民银行、住房城乡建设部、财政部《关于完善职工住房公积金账户存款利率形成机制的通知》（银发〔2016〕43号）要求，职工住房公积金账户存款利率统一按一年期定期存款基准利率执行，目前为1.50％。住房公积金贷款利率执行人民银行的规定：五年期以下（含五年）贷款利率2.75％；五年期以上贷款利率3.25％。

（三）当年服务改进情况： 2017年度，中心以精细化管理为抓手，以便民惠民为导向，通过整合市区归集、提取、贷款服务大厅调整为按区域设置邯山区、丛台区、开发区管理部，方便职工就近办理业务。其中开发区管理部率先在科技大厦入驻，全新业务办理理念、流程、环境，得到广大缴存职工和各级人士好评。

同时，在整合服务资源的基础上，中心全面推行"综合柜员制"服务模式，规范了业务经办的流程，削减了不必要的中间环节，在一个柜台即可办理全部业务，避免办事群众来回奔波。

2017年10月开始，中心对综合服务管理系统、知识库、自助终端、微信、网厅等服务渠道进行了开发升级，在进一步优化营业网点柜面服务的基础上，对中心的服务渠道实行统一集中管理，以综合服务管理平台为核心，通过系统之间数据交互实现数据共享和系统联动，增强了业务办理与服务渠道的契合度，提升了综合服务平台的业务承载能力和运行效率，实现服务及管理的精细化，为实现跨部门跨行业的住房公积金服务合作提供了平台基础。

（四）当年信息化建设情况： 根据住房城乡建设部和上级主管部门工作要求，我中心"双贯标"建设从2017年7月24日开始，至11月6日系统正式上线，从政策调整、流程再造、需求编写、程序开发、测试运行到住房城乡建设部"银行结算应用系统"的接入，中心通过反复校验、模拟演练、压力测试、系统安装和培训等环节，高效优质完成了"双贯标"工作，成为了河北省"住房公积金基础数据标准贯彻落实和结算应用系统接入"的首家提交申请验收贯标城市。此次贯标实现了基础数据贯标扎实、数据体系稳定可靠、系统架构改造到位、结算应用安全接入、银行结算安全高效、贯标过程平稳无缝且精准有序。

（五）当年住房公积金管理中心及职工所获荣誉情况： 2017年度，原归集服务大厅被市委宣传部、市直工委评为"最美政务大厅"、邯山区管理部被市直工委评为"优质服务窗口"、丛台区管理部被市直工委评为"党员示范岗"、苏瑶个人被市直工委评为"优秀服务标兵"。

**（六）当年对违反《住房公积金管理条例》和相关法规行为进行行政处罚和申请人民法院强制执行情

况：邯郸市育华中学、邯郸市凌云中学两家单位未按《住房公积金管理条例》的规定为职工办理住房公积金账户设立手续，依照《住房公积金管理条例》第三十七条规定：单位不办理住房公积金缴存登记或者不为本单位职工办理住房公积金账户设立手续的，由住房公积金管理中心责令限期办理；逾期不办理的，处1万元以上5万元以下的罚款。中心分别对以上两家单位出具处罚决定书，各处罚金5万元，并由邯山区法院分别出具《河北省邯郸市行政裁定书（2017）冀0402行审279号》、《河北省邯郸市行政裁定书（2017）冀0402行审280号》裁定。截止报告披露日，以上两家单位已为职工办理账户开立手续，育华中学已正常缴存，凌云中学虽开立账户未正常缴存。

邢台市住房公积金2017年年度报告

一、机构概况

（一）住房公积金管理委员会： 住房公积金管理委员会有17名委员，2017年召开1次会议，审议通过的事项主要包括：邢台市住房公积金管理委员会组成人员调整建议；审议市住房公积金管理中心《2016年度邢台市住房公积金管理工作报告》等。

（二）住房公积金管理中心： 住房公积金管理中心为隶属于邢台市人民政府不以营利为目的的自收自支事业单位，设5个处（科），18个管理部，1个分中心。从业人员174人，其中，在编102人，非在编72人。

二、业务运行情况

（一）缴存： 2017年，新开户单位347家，实缴单位3363家，净增单位326家；新开户职工0.86万人，实缴职工29.88万人，净增职工0.01万人；缴存额30.67亿元，同比增长13.47%。2017年末，缴存总额202.11亿元，同比增长17.90%；缴存余额93.50亿元，同比增长16.02%。

受委托办理住房公积金缴存业务的银行4家，比上年增加（减少）0家。

（二）提取： 2017年，提取额17.76亿元，同比增长12.12%；占当年缴存额的57.91%，比上年减少0.69个百分点。2017年末，提取总额108.61亿元，同比增长19.56%。

（三）贷款： 个人住房贷款：个人住房贷款最高额度60万元，其中，单缴存职工最高额度40万元，双缴存职工最高额度60万元。

2017年，发放个人住房贷款0.59万笔18.86亿元，同比分别下降21.33%、4.51%。其中，市中心发放个人住房贷款0.58万笔18.65亿元，邢矿分中心发放个人住房贷款0.01万笔0.21亿元。

2017年，回收个人住房贷款7.01亿元。其中，市中心6.66亿元，邢矿分中心0.35亿元。

2017年末，累计发放个人住房贷款5.72万笔107.65亿元，贷款余额73.12亿元，同比分别增长11.28%、21.25%、19.34%。个人住房贷款余额占缴存余额的78.20%，比上年增加2.14个百分点。

受委托办理住房公积金个人住房贷款业务的银行 4 家,比上年增加(减少)0 家。

(四)**资金存储**:2017 年末,住房公积金存款 24.01 亿元。其中,活期 0.73 亿元,1 年(含)以下定期 12.16 亿元,1 年以上定期 7.50 亿元,其他(协定、通知存款等)3.62 亿元。

(五)**资金运用率**:2017 年末,住房公积金个人住房贷款余额、项目贷款余额和购买国债余额的总和占缴存余额的 78.20%,比上年增加 2.14 个百分点。

三、主要财务数据

(一)**业务收入**:2017 年,业务收入 27910.08 万元,同比增长 3.77%。其中,市中心 25400.01 万元,邢矿分中心 2510.07 万元;存款利息 6103.49 万元,委托贷款利息 21805.14 万元,国债利息 0 万元,其他 1.45 万元。

(二)**业务支出**:2017 年,业务支出 14527.08 万元,同比下降 5.81%。其中,市中心 12847.27 万元,邢矿分中心 1679.81 万元;支付职工住房公积金利息 13445.84 万元,归集手续费 0 万元,委托贷款手续费 1080.34 万元,其他 0.90 万元。

(三)**增值收益**:2017 年,增值收益 13383.00 万元,同比增长 16.65%。其中,市中心 12552.74 万元,邢矿分中心 830.26 万元;增值收益率 1.60%,比上年增加 0.02 个百分点。

(四)**增值收益分配**:2017 年,提取贷款风险准备金 1198.45 万元,提取管理费用 3469 万元,提取城市廉租住房(公共租赁住房)建设补充资金 8361.26 万元。

2017 年,上交财政管理费用 3605 万元。上缴财政城市廉租住房(公共租赁住房)建设补充资金 6016 万元。其中,市中心上缴 6016 万元,邢矿分中心上缴 0 万元。

2017 年末,贷款风险准备金余额 10104.56 万元。累计提取城市廉租住房(公共租赁住房)建设补充资金 61799.09 万元。其中,市中心提取 50495.74 万元,邢矿分中心提取 11303.35 万元。

(五)**管理费用支出**:2017 年,管理费用支出 3229.35 万元,同比下降 18.36%。其中,人员经费 2142.90 万元,公用经费 275.01 万元,专项经费 811.44 万元。

市中心管理费用支出 3134.31 万元,其中,人员、公用、专项经费分别为 2078.68 万元、249.63 万元、806.00 万元;邢矿分中心管理费用支出 95.04 万元,其中,人员、公用、专项经费分别为 64.22 万元、25.38 万元、5.44 万元。

四、资产风险状况

2017 年末,个人住房贷款逾期额 38.13 万元,逾期率 0.05‰。其中,市中心 0.04‰,邢矿分中心 0.31‰。

个人贷款风险准备金按贷款余额的 1% 提取。2017 年,提取个人贷款风险准备金 1198.45 万元,使用个人贷款风险准备金核销呆坏账 0 万元。2017 年末,个人贷款风险准备金余额 10104.56 万元,占个人住房贷款余额的 1.38%,个人住房贷款逾期额与个人贷款风险准备金余额的比率为 0.38%。

五、社会经济效益

(一)**缴存业务**:2017 年,实缴单位数、实缴职工人数和缴存额同比分别增长 10.73%、-3.92%

和13.47%。

缴存单位中，国家机关和事业单位占49.36%，国有企业占17.42%，城镇集体企业占21.20%，外商投资企业占0.48%，城镇私营企业及其他城镇企业占10.80%，民办非企业单位和社会团体占0.24%，其他占0.50%。

缴存职工中，国家机关和事业单位占45.57%，国有企业占23.96%，城镇集体企业占19.58%，外商投资企业占0.44%，城镇私营企业及其他城镇企业占9.99%，民办非企业单位和社会团体占0.22%，其他占0.24%；中、低收入占95.59%，高收入占0.41%。

新开户职工中，国家机关和事业单位占29.28%，国有企业占23.73%，城镇集体企业占2.94%，外商投资企业占0.86%，城镇私营企业及其他城镇企业占32.00%，民办非企业单位和社会团体占0.22%，其他占10.97%；中、低收入占98.00%，高收入占2.00%。

（二）**提取业务**：2017年，7.09万名缴存职工提取住房公积金17.76亿元。

提取金额中，住房消费提取占73.69%（购买、建造、翻建、大修自住住房占34.12%，偿还购房贷款本息占35.14%，租赁住房占4.33%，其他占0.10%）；非住房消费提取占26.31%（离休和退休提取占21.75%，完全丧失劳动能力并与单位终止劳动关系提取占0.26%，户口迁出本市或出境定居占0.06%，其他占4.24%）。

提取职工中，中、低收入占95.57%，高收入占4.43%。

（三）**贷款业务**：

1. **个人住房贷款**：2017年，支持职工购建房75.33万平方米，年末个人住房贷款市场占有率为12.25%，比上年减少3.43个百分点。通过申请住房公积金个人住房贷款，可节约职工购房利息支出35449.63万元。

职工贷款笔数中，购房建筑面积90（含）平方米以下占8.58%，90~144（含）平方米占74.48%，144平方米以上占16.94%。购买新房占80.62%（其中购买保障性住房占0.80%），购买存量商品住房占19.38%

职工贷款笔数中，单缴存职工申请贷款占56.89%，双缴存职工申请贷款占43.11%，三人及以上缴存职工共同申请贷款占0%。

贷款职工中，30岁（含）以下占21.11%，30岁~40岁（含）占45.45%，40岁~50岁（含）占25.59%，50岁以上占7.85%；首次申请贷款占93.38%，二次及以上申请贷款占6.62%；中、低收入占98.51%，高收入占1.49%。

2. **异地贷款**：2017年，发放异地贷款601笔20028.50万元。2017年末，发放异地贷款总额41221.00万元，异地贷款余额34452.32万元。

（四）**住房贡献率**：2017年，个人住房贷款发放额、公转商贴息贷款发放额、项目贷款发放额、住房消费提取额的总和与当年缴存额的比率为119.40%，比上年减少12.26个百分点。

六、其他重要事项

（一）当年缴存基数限额及确定方法、缴存比例调整情况。我中心《关于核定2017年度财政统发工资职工住房公积金缴存基数的通知》（〔2016〕57号）、《关于核定2017年度企业职工住房公积金缴存基数的

通知》(〔2017〕30号)规定:

1. 2017年度职工缴存住房公积金的月工资基数为2016年度职工本人月平均工资。

2. 工资总额组成:

(1) 机关公务员、工勤人员: 2016年度职工本人月平均工资(含年终一次性奖金)。

(2) 事业单位职工: 2016年度职工本人月平均工资(含奖励性绩效工资)。

(3) 企业职工: 计时工资、计件工资、奖金、津贴和补贴、加班加点工资、特殊情况下支付的工资。

3. 缴存基数上限。职工不超过2016年度全市在岗职工月平均工资的3倍,经计算为12200元;缴存基数下限不低于本地月最低工资标准。

4. 核定后的财政统发工资单位,缴存基数自2017年1月1日至2017年12月31日执行,本年度内不得变更。核定后的企业,缴存基数自2017年7月起执行,本缴存年度内(2017年7月1日至2018年6月30日)不得变更。

(二)当年住房公积金政策调整及执行情况。2017年5月18日出台《邢台市住房公积金失信行为惩戒实施办法(试行)》,进一步规范住房公积金缴存、提取和使用,防范资金安全风险隐患,惩戒住房公积金失信行为,积极推进社会诚信体系建设;2017年6月,缴存单位报送加盖单位公章的《住房公积金提取授权书》后,该单位职工可直接到公积金管理机构申请提取业务,不再提供《邢台市住房公积金提取申请书》;根据《河北省人民政府办公厅关于进一步促进全省房地产市场平稳健康发展的实施意见》(冀政办字〔2017〕45号)文件精神,2017年8月17日起全市暂停受理住房公积金贷款置换商业银行个人住房贷款(即"商转公")业务,个贷率已经达到85%及以上的管理部,同时暂停受理异地贷款业务。

(三)当年住房公积金管理中心及职工所获荣誉情况。邢台市住房公积金管理中心被省住房城乡建设厅住房公积金监督管理办公室考核评定为2016年度优秀单位;归集管理科孙志军同志被授予"全国住房城乡建设系统先进工作者"荣誉称号;机关党总支王素华同志被授予邢台市"三八红旗手"荣誉称号;邢台县管理部张永强同志荣获"邢台市五一劳动奖章"。

保定市住房公积金2017年年度报告

一、机构概况

(一)住房公积金管理委员会:保定中心住房公积金管理委员会有19名委员,2017年召开第十二次会议,审议通过的事项主要包括:《保定市住房公积金管理中心工作报告》、《2016年保定市住房公积金财务收支决算》、《2017年保定市住房公积金财务收支预算》、《保定市住房公积金个人住房贷款管理暂行办法》、《保定市住房公积金个人住房贷款住房套数认定标准》、《保定市住房公积金归集管理暂行办法》、《保定市住房公积金提取管理暂行办法》、《关于增加合作银行的请示》、《各县(市、区)分支机构授权书》。定州住房公积金管理委员会有21名委员,2017年召开2次会议,审议通过的事项主要包括:《定州市2016年住房公积金管理工作报告》、《2016年住房公积金财务决算报告》、《2017年住房公积金财务收支预算编制说明》、《定州市住房公积金2016年年度报告》、《关于购建住房公积金服务大厅的报告》、《定州市住房公积金归集管理暂行办法》、《定州市住房公积金提取管理暂行办法》、《定州市住房公积金个人住房贷款管理暂行办法》。东方物探住房公积金管理委员会有12名委员,2017年召开1次会议,肯定了住房公积金工作的成绩,同意2017年度住房公积金归集使用计划及管理经费预算计划,同意由中心承担住房公积金抵押登记费。对个别职工骗提住房公积金的情况,按照有关规定进行处理。

（二）**住房公积金管理中心**：保定市住房公积金管理中心为直属市人民政府的不以营利为目的的正县级自收自支事业单位,设11个处（科）,8个分中心,17个管理部。从业人员212人,其中,在编160人,非在编52人。定州市住房公积金管理中心为市政府不以营利为目的的财政性资金零补助事业单位,内设5个科室,下设住房公积金服务大厅。从业人员23人,其中在编23人。东方物探住房公积金管理中心为东方地球物理公司不以营利为目的的直属单位,主要负责东方地球物理公司住房公积金的归集、管理、使用和会计核算。中心设3个科室,从业人员9人。

二、业务运行情况

（一）**缴存**：2017年,新开户单位674家,实缴单位5957家,按同口径与去年相比净增单位295家;新开户职工4.53万人,实缴职工57.64万人,按同口径与去年相比净增职工4.16万人;缴存额57.68亿元,同比增长12.31%。2017年末,缴存总额388.22亿元,同比增长17.45%;缴存余额177.7亿元,同比增长19.02%。

保定受委托办理住房公积金缴存业务的银行10家,比上年增加2家。定州受委托办理住房公积金缴存业务的银行8家,与上年相比无增减变化。东方物探受委托办理住房公积金缴存业务的银行1家,比上年增加（减少）0家。

（二）**提取**：2017年,提取额29.28亿元,同比增长16.84%；占当年缴存额的50.76%,比上年增加1.97个百分点。2017年末,提取总额210.53亿元,同比增长16.15%。

（三）**贷款**：

个人住房贷款：个人住房贷款最高额度60万元,其中,单缴存职工最高额度60万元,双缴存职工最高额度60万元。

2017年,发放个人住房贷款0.6万笔19.45亿元,同比分别下降46.17%、47.2%。其中,保定中心发放个人住房贷款5022笔17.21亿元,定州公积金发放个人住房贷款948笔2.13亿元,东方物探中心发放个人住房贷款28笔0.11亿元。

2017年,回收个人住房贷款10.82亿元。其中,保定中心9.99亿元,定州公积金0.7亿元,东方物探0.13亿元。

2017年末,累计发放个人住房贷款8.87万笔189.69亿元,贷款余额128.79亿元,同比分别增长7.26%、11.43%、7.18%。个人住房贷款余额占缴存余额的72.48%,比上年减少8个百分点。

保定受委托办理住房公积金个人住房贷款业务的银行7家。定州受委托办理住房公积金个人住房贷款业务的银行4家。东方物探受委托办理住房公积金个人住房贷款业务的银行1家。

（四）**资金存储**：2017年末,住房公积金存款50.52亿元。其中,活期14.45亿元,1年（含）以下定期15.4亿元,1年以上定期19.87亿元,其他（协定、通知存款等）0.8亿元。

（五）资金运用率：2017年末，住房公积金个人住房贷款余额、项目贷款余额和购买国债余额的总和占缴存余额的72.48%，比上年减少8个百分点。

三、主要财务数据

（一）业务收入：2017年，业务收入48343.77万元，同比增长3.3%。其中，保定中心42251.06万元，定州2480.80万元，东方物探3611.91万元；存款利息7856.66万元，委托贷款利息40464.77万元，其他收入22.34万元。

（二）业务支出：2017年，业务支出26234.57万元，同比下降5.48%。其中，保定中心23650.66万元，定州1349.54万元，东方物探1234.37万元；支付职工住房公积金利息24187.21万元，归集手续费0.05万元，委托贷款手续费2035.06万元，其他12.25万元。

（三）增值收益：2017年，增值收益22109.2万元，同比增长16.1%。其中，保定中心18600.4万元，定州1131.26万元，东方物探2377.54万元；增值收益率1.35%，比上年减少0.06个百分点。

（四）增值收益分配：2017年，提取贷款风险准备金2269.05万元，提取管理费用7933.18万元，提取城市廉租住房（公共租赁住房）建设补充资金11906.97万元。

2017年，上交财政管理费用4784.19万元。上缴财政城市廉租住房（公共租赁住房）建设补充资金20065.14万元。其中，保定上缴财政19340.99万元，定州上缴财政274.27万元，东方物探上缴公司财务部门449.88万元。

2017年末，贷款风险准备金余额19839.54万元。累计提取城市廉租住房（公共租赁住房）建设补充资金111060.88万元。其中，保定提取104144.23万元，定州提取4115.71万元，东方物探提取2800.94万元。

（五）管理费用支出：2017年，管理费用支出4028.55万元，同比增长5.59%。其中，人员经费2217.42万元，公用经费253.89万元，专项经费1557.24万元。

保定管理费用支出3289.45万元，其中，人员、公用、专项经费分别为1758.33万元、168.84万元、1362.28万元；定州管理费用支出478.11万元，其中，人员、公用、专项经费分别为232.31万元、63.53万元、182.27万元；东方物探管理费用支出260.99万元，其中，人员、公用、专项经费分别为226.78万元、21.52万元、12.69万元。

四、资产风险状况

个人住房贷款：2017年末，个人住房贷款逾期额60.6万元，逾期率0.05‰。其中，保定中心0.02‰，定州0.39‰，东方物探0‰。

个人贷款风险准备金按贷款余额的1%提取（东方物探个人贷款风险准备金按增值收益的60%提取）。2017年，提取个人贷款风险准备金2269.05万元，使用个人贷款风险准备金核销呆坏账0万元。2017年末，个人贷款风险准备金余额19839.54万元，占个人住房贷款余额的1.54%，个人住房贷款逾期额与个人贷款风险准备金余额的比率为0.3‰。

五、社会经济效益

（一）缴存业务：2017年，实缴单位数、实缴职工人数和缴存额按同口径与去年相比分别增长

5.21%、7.76%和12.31%。

缴存单位中，国家机关和事业单位占65.35%，国有企业占8.58%，城镇集体企业占13.04%，外商投资企业占0.92%，城镇私营企业及其他城镇企业占8.78%，民办非企业单位和社会团体占0.82%，其他占2.51%。

缴存职工中，国家机关和事业单位占54.39%，国有企业占14.9%，城镇集体企业占22.17%，外商投资企业占0.6%，城镇私营企业及其他城镇企业占5.49%，民办非企业单位和社会团体占0.51%，其他占1.94%；中、低收入占97.7%，高收入占2.3%。

新开户职工中，国家机关和事业单位占30.77%，国有企业占8.96%，城镇集体企业占38.43%，外商投资企业占1.11%，城镇私营企业及其他城镇企业占13.56%，民办非企业单位和社会团体占1.37%，其他占5.8%；中、低收入占99.58%，高收入占0.42%。

（二）**提取业务**：2017年，12.09万名缴存职工提取住房公积金29.28亿元。

提取金额中，住房消费提取占74.48%（购买、建造、翻建、大修自住住房占29.51%，偿还购房贷款本息占39.68%，租赁住房占2.7%，其他占2.59%）；非住房消费提取占25.52%（离休和退休提取占18.13%，完全丧失劳动能力并与单位终止劳动关系提取占4.76%，户口迁出本市或出境定居占0.59%，其他占2.04%）。

提取职工中，中、低收入占97.56%，高收入占2.44%。

（三）**贷款业务**：

1. **个人住房贷款**：2017年，支持职工购建房68.1万平方米，年末个人住房贷款市场占有率为11.19%，比上年减少3.76个百分点。通过申请住房公积金个人住房贷款，可节约职工购房利息支出40764.13万元。

职工贷款笔数中，购房建筑面积90（含）平方米以下占39.58%，90~144（含）平方米占57.72%，144平方米以上占2.7%。购买新房占93.81%（其中购买保障性住房占0%），购买存量商品住房占1.38%，建造、翻建、大修自住住房占0%，其他占4.81%。

职工贷款笔数中，单缴存职工申请贷款占35.75%，双缴存职工申请贷款占63.35%，三人及以上缴存职工共同申请贷款占0.9%。

贷款职工中，30岁（含）以下占33.36%，30岁~40岁（含）占43.78%，40岁~50岁（含）占19.99%，50岁以上占2.87%；首次申请贷款占90.71%，二次及以上申请贷款占9.29%；中、低收入占98.35%，高收入占1.65%。

2. **异地贷款**：2017年，发放异地贷款364笔9772.88万元。2017年末，发放异地贷款总额98637.68万元，异地贷款余额75959.24万元。

（四）**住房贡献率**：2017年，个人住房贷款发放额、公转商贴息贷款发放额、项目贷款发放额、住房消费提取额的总和与当年缴存额的比率为71.54%，比上年减少36.68个百分点。

六、其他重要事项

（一）**当年机构及职能调整情况、受委托办理缴存贷款业务金融机构变更情况**：为进一步扩大住房公积金归集和贷款的覆盖面，确保公积金安全完整和保值增值，保定中心经管委会审议通过，增加河北银行保定分行和沧州银行保定分行两家银行办理公积金缴存贷款业务。

（二）当年住房公积金政策调整及执行情况：

1. 保定中心政策调整及执行情况

（1）归集政策调整情况

1）扩大了缴存范围，增加有条件的城镇单位聘用进城务工人员，用工单位和职工可以缴存住房公积金，城镇个体工商户和自由职业人员可以申请缴存住房公积金。

2）缴存比例调整，把单位为职工缴存住房公积金的比例由10%～15%调整为12%，把个人缴存住房公积金的比例由8%～10%调整为10%。

3）缴存基数上限重新确定，最高基数不得高于本地统计部门公布的上一年度在岗职工月平均工资的3倍，重新测算确定的基数上限为13635元。

4）缴存基数下限规定进行了调整，不得低于本地统计部门公布的上一年度在岗职工月平均工资的60%。

（2）支取政策调整情况

1）完善偿还贷款本息提取规定。职工婚后贷款购买自住住房，偿还住房贷款本息提取住房公积金，除本市住房公积金贷款只需提供身份、关系证件外，其他情况均需提供借款合同、借款凭证、还款对账单。一年提取一次，职工本人及其配偶累计提取金额不超过尚未偿还贷款本息总额。

2）增加未婚子女购买住房提取规定。职工购买或为未婚子女购买自住商品住房提取住房公积金，需提供住建部门备案的商品房买卖合同或不动产登记部门颁发的不动产登记证（或产权产籍管理部门颁发的房屋所有权证）、购房票据。职工为未婚子女购房的还需提供子女未婚和父（母）子（女）关系的相关证件。

职工本人和配偶及其未婚子女可提取合同签订日期或不动产登记证（或房屋所有权证）发证日期之前且不超过购房票据金额的住房公积金。

3）增加大修住房提取住房公积金的相关规定。职工大修（变动或拆换住房部分主体结构）商品住房提取住房公积金，需提供住建部门出具的房屋质量鉴定材料、不动产登记证（或房屋所有权证）和大修费用票据；大修自建房除提供上述规定的相关材料外，还需提供大修前、大修中、大修后的照片。职工本人及其配偶可提取不超过大修费用的住房公积金。

4）增加法院强制执行职工住房公积金相关规定。增加内容为："无住房公积金贷款或贷款已还清且符合提取条件的职工，因法律纠纷，人民法院可依法强制执行其住房公积金账户内的资金偿还债务。"

（3）贷款政策调整情况

1）重新修订了《保定市住房公积金个人住房贷款管理暂行办法》。

2）施行限购政策的县（市）区暂停了使用住房公积金贷款偿还商业银行贷款。

3）施行限购政策的行政区域的首套房和二套房首付比例变更为：首套房首付款比例不低于30%，二套房首付款比例不低于60%。

2. 定州中心政策调整及执行情况

（1）缴存基数调整情况。根据《住房公积金管理条例》和省市有关政策规定，定州中心印发《关于2017年度住房公积金结息对账的通知》，对2017年度（2017年7月1日至2018年6月30日）住房公积金缴存基数，按照统计部门公布的2016年在岗职工年平均工资（工资总额）进行调整，缴存基数最高不超过上年度职工月平均工资的三倍，最低不低于上年度职工最低月工资标准。2017年定州住房公积金缴存基数上限为12390元，下限为1590元。

（2）2017年住房公积金贷款政策调整情况。根据市委、市政府《关于加强全市房地产行业管理的意见》（定发字〔2017〕4号）文件精神，为切实发挥住房公积金职能作用，促进房地产市场平稳健康发展，结合我市实际情况，现将调整住房公积金个人住房贷款相关政策通知如下：

1）提高住房公积金个人住房贷款首付款比例。对使用住房公积金贷款购买首套普通住房的，最低首付款比例调整至30%；对购买第二套住房的，最低首付款比例调整至60%；对购买第三套及以上住房的，不予办理住房公积金贷款。

2）本通知自2017年3月21日起执行。2017年3月21日之前已在公积金大厅收件登记的贷款申请，按原贷款政策执行。

3. 东方物探中心政策调整及执行情况

2017年缴存基数为任丘市统计局发布的2016年度月均工资6726元，缴存基数限额为月均工资水平的三倍即20178元；缴存比例为单位缴纳比例12%，个人缴存比例12%。

（三）当年服务改进情况：保定中心一是牢固树立"为民服务"的宗旨意识，坚持"马上就办、办就办好"，服务窗口全部实行"四零"承诺服务（服务受理零推诿、服务方式零距离、服务质量零差错、服务结果零投诉），按照精细化管理要求，规范业务办理程序，简化贷款、提取手续，提取业务手续齐全的即时办理，贷款业务缩短为业务办理时间。二是将"便民、高效、廉洁、优质"的服务宗旨融入员工行为规范和服务标准中，全面落实住房公积金系统《关于优化服务环境工作人员行为规范》，明确规定工作人员的仪表形象、服务用语、业务流程、办理时限、劳动纪律和岗位分工，认真执行住房公积金服务承诺制度。三是结合一线工作，总结出更切合实际的服务方式，进一步优化"绿色通道"、一站式服务、VIP服务、预约式服务，老年人、军人、残疾人等特殊人群服务等。四是充分发挥大厅优化服务环境领导小组作用，一如既往做好大厅日常管理、政策咨询、对外宣传等工作，通过设立叫号机、咨询台、电子屏、自动查询机，配备写字台、意见箱、签字笔、报刊栏、饮水机、老花镜等便民设施，努力营造优美、整洁、舒适的服务环境。五是积极筹备住房公积金综合服务平台建设。对现有的网站、短信、12329热线、微信平台、自助终端、微博平台渠道进行升级改造，提高其服务能力，建设住房公积金网上营业厅、移动APP，将住房公积金的申请、录入等工作最大化的转移到互联网及移动客户端，向社会提供更多的服务手段。

为贯彻落实住房城乡建设部及河北省关于加强住房公积金管理工作的通知精神，东方物探中心开拓工作思路，积极研究落实新政，提高公积金使用效率，持续提升服务。为使住房公积金政策惠及广大职工，中心加强宣传，及时维护门户网站信息，保持公积金政策的有效性，畅通与公积金业务经办人员及广大职工的沟通渠道，准确解答问题咨询，基于东方地球物理公司瑞信达微信平台，发布公积金新政，方便职工查询个人账户余额，向广大职工深入介绍公积金政策。为进一步优化业务操作，提高工作效率，今年中心对缴存单位的业务回单实现电子化，简化缴存单位票据传递，减少缴存单位往来奔波。把购房提取公积金分为首次提取和非首次提取。首次提取可随时办理，非首次提取按中心安排的时间定期办理。对职工患大病提取公积金，可随时办理，患大病材料时间可追溯到前两年。对提取物业费、租房租金等业务办理时间，也做了详细的安排，进一步促进提高服务质量和效率。

(四)当年信息化建设情况：保定中心认真落实住房城乡建设部《住房公积金基础数据标准》、《住房公积金银行结算数据应用系统接口标准》(以下简称"双贯标")，强化领导、认真筹划、扎实推进，按照两个"标准"对系统功能进行研发和测试，并于2017年4月10日正式上线。一是在数据标准上，"中心"按照住房城乡建设部《住房公积金基础数据标准》，对底层数据架构的数据表一一优化，数据项、字段长度、描述内容都按照标准一一对应，逐条完善，达到了基础数据贯标的要求；二是按照自主管理委托贷款方式对住房公积金贷款模式进行优化，回收分散在各受托银行的贷款数据由"中心"统一管理，实现从受理到回收贷款全业务流程的主动管理，促进了贷款管理的规范化和精细化；三是在住房公积金银行结算数据应用系统接口标准上，改变过去分级核算模式为统一核算模式，实现了与中国建设银行、中国工商银行等十家受托银行的资金在线交易。系统自上线以来运行平稳，实现了提取、贷款、资金结算等业务及时办结、实时到账，其他相关业务开展顺畅，目前已基本达到了"双贯标"验收要求；四是积极推进综合服务平台建设，陆续开通和不断完善12329住房公积金服务热线、中心网站、手机APP、自助终端、政务微博、微信、短信平台等服务渠道功能，开通支付宝城市服务公积金查询功能，深化政务公开，为住房公积金缴存、贷款职工提供及时的通知信息，搭建更广阔、更便捷的政策咨询、查询、交流服务平台。

定州中心新建公积金信息系统由2.0版成功升级为3.5版并独立上线运行，同时开通了门户网站、网上业务大厅、12329服务热线、自助式查询终端、手机APP、微信公众号等网上服务功能，公积金综合服务平台建成使用，成功接入全国公积金异地转移接续平台，实现了"账随人走、钱随账走"。坚持以"互联网＋公积金服务"为载体，加快智慧公积金建设，实现了网上查询、网上缴存、网上贷款申请和网上监管。利用先进的信息技术手段，打造公积金管理服务升级版。

2017年，按照河北省监管办的工作安排，东方物探中心3月上线了住房公积金新的统计系统和异地转移接续平台；6月底上线了住房公积金监管系统；针对基数数据标准和结算应用贯标工作，与项目组进行了充分沟通。

(五)当年住房公积金管理中心及职工所获荣誉情况：保定市住房公积金管理中心贷款管理处处长被授予"全国住房城乡建设系统先进工作者"荣誉称号。保定市住房公积金管理中心归集执法处被授予河北省住房城乡建设系统2016～2017年省级青年文明号集体称号。2017年保定市住房公积金管理中心团委被授予2016年度市直机关五四红旗团组织称号，贷款管理处两名团员被评为优秀共青团员。保定市住房公积金管理中心妇委会被评为2017年度市直机关妇女工作先进集体，妇委会主任被评为市直机关先进妇女工作者，一名工作人员被评为市直机关三八红旗手，两名工作人员家庭被评为市直机关五好文明家庭。

7月17日，定州中心被省住房城乡建设厅、省财政厅授予"河北省住房公积金管理工作先进单位"。10月5日，经省市精神文明建设办公室验收批准，定州市公积金管理中心连续两届被评为"河北省文明单位"。

(六)当年对住房公积金管理人员违规行为的纠正和处理情况等：按照河北省监管办转发的《关于核查骗提住房公积金案件的通知》和《待核实人员名单》，东方物探中心组织专门人员对109名河北省籍涉案人员进行逐一核查，经过查询和核实提取资料，发现并确定1名职工的购房发票和不动产权证书均为虚假材料。

同时，东方物探中心在办理提取业务过程中，经核实发现某一缴存单位7人提供虚假购房材料，拟骗提住房公积金。为此，向上级主管部门做了专门汇报，并与该缴存单位有关领导和经办人员沟通，下达了

《关于对某某某骗提住房公积金的处理意见》，追回已经骗提资金 11.95 万元。按照物探中心《住房公积金缴存提取管理办法》有关规定，取消某某某住房公积金提取资格 3 年，并责成该单位对本人进行批评教育。

为了加大住房公积金失信行为惩戒管理办法的宣传力度，物探中心组织各缴存单位经办人员学习《河北省住房公积金失信行为惩戒管理办法》和《住房公积金缴存提取管理办法》，利用在国家税务局网上查询发票信息、与发证机关核实不动产权证书信息、和开发商电话核实楼盘信息等措施，及时制止骗提住房公积金行为，扼制住了不良风气的蔓延。

张家口市住房公积金 2017 年年度报告

一、机构概况

（一）**住房公积金管理委员会**：住房公积金管理委员会有 25 名委员，2017 年召开 1 次会议，审议通过的事项主要包括 2017 年，召开 1 次全体会议，审议通过 2017 年度住房公积金归集、使用计划情况，并对其他重要事项进行决策，主要包括：1、2017 年 1 月 18 日召开第一次委员会议，通过《张家口市住房公积金管理中心 2017 年住房公积金归集使用计划的报告》通过《张家口市住房公积金管理中心关于 2016 年度住房公积金增值收益分配方案的请示》、通过《张家口市住房公积金管理中心 2016 年工作完成情况》。

（二）**住房公积金管理中心**：住房公积金管理中心为隶属于市政府不以营利为目的的自收自支事业单位，设 13 个科，17 个管理部，0 个分中心。从业人员 313 人，其中，在编 192 人，非在编 121 人。

二、业务运行情况

（一）**缴存**：2017 年，新开户单位 357 家，实缴单位 4567 家，净增单位 165 家；新开户职工 2.11 万人，实缴职工 27.39 万人，净增职工 0.61 万人；缴存额 36.33 亿元，同比增长 9.53％。2017 年末，缴存总额 245.5 亿元，同比增长 17.37％；缴存余额 103.62 亿元，同比增长 23.01％。

受委托办理住房公积金缴存业务的银行 0 家，比上年增加 0 家。

（二）**提取**：2017 年，提取额 16.95 亿元，同比增长 0.41％；占当年缴存额的 46.64％，比上年减少 4.25 个百分点。2017 年末，提取总额 141.88 亿元，同比增长 13.57％。

（三）**贷款**：

个人住房贷款：个人住房贷款最高额度 60 万元，其中，单缴存职工最高额度 60 万元，双缴存职工最高额度 60 万元。

2017 年，发放个人住房贷款 0.49 万笔 16.74 亿元，同比分别下降 45.81％、41.77％。

2017 年，回收个人住房贷款 9.40 亿元。

2017 年末，累计发放个人住房贷款 8.10 万笔 142.04 亿元，贷款余额 79.17 亿元，同比分别增长 6.45%、13.36%、10.22%。个人住房贷款余额占缴存余额的 76.40%，比上年减少 8.87 个百分点。

受委托办理住房公积金个人住房贷款业务的银行 7 家。

（四）**融资**：2017 年末，融资总额 7 亿元，融资余额 0 亿元。

（五）**资金存储**：2017 年末，住房公积金存款 25.13 亿元。其中，活期 2.70 亿元，1 年（含）以下定期 9.76 亿元，1 年以上定期 12.67 亿元，其他（协定、通知存款等）0 亿元。

（六）**资金运用率**：2017 年末，住房公积金个人住房贷款余额、项目贷款余额和购买国债余额的总和占缴存余额的 76.40%，比上年减少 8.87 个百分点。

三、主要财务数据

（一）**业务收入**：2017 年，业务收入 29574.81 万元，同比增长 4.12%。存款利息 4481.60 万元，委托贷款利息 25092.41 万元，国债利息 0 万元，其他 0.8 万元。

（二）**业务支出**：2017 年，业务支出 14357.82 万元，同比下降 11.28%。支付职工住房公积金利息 14056.57 万元，归集手续费 18.28 万元，委托贷款手续费 282.97 万元，其他 0 万元。

（三）**增值收益**：2017 年，增值收益 15216.99 万元，同比增长 24.52%。增值收益率 1.63%，比上年增加 0.01 个百分点。

（四）**增值收益分配**：2017 年，提取贷款风险准备金 0 万元，提取管理费用 3407.44 万元，提取城市廉租住房（公共租赁住房）建设补充资金 11809.55 万元。

2017 年，上交财政管理费用 3407.44 万元。上缴财政城市廉租住房（公共租赁住房）建设补充资金 1821.79 万元。

2017 年末，贷款风险准备金余额 9386.98 万元。累计提取城市廉租住房（公共租赁住房）建设补充资金 54178.20 万元。

（五）**管理费用支出**：2017 年，管理费用支出 5806.76 万元，同比增长 74.13%。其中，人员经费 2578.33 万元，公用经费 1369.67 万元，专项经费 1858.76 万元。

市中心管理费用支出 5806.76 万元，其中，人员、公用、专项经费分别为 2578.33 万元、1369.67 万元、1858.76 万元。

四、资产风险状况

个人住房贷款：2017 年末，个人住房贷款逾期额 104.1 万元，逾期率 0.13‰。

个人贷款风险准备金按（贷款余额或增值收益）的 1% 提取。2017 年，提取个人贷款风险准备金 0 万元，使用个人贷款风险准备金核销呆坏账 0 万元。2017 年末，个人贷款风险准备金余额 9386.98 万元，占个人住房贷款余额的 1.186%，个人住房贷款逾期额与个人贷款风险准备金余额的比率为 1.109%。

五、社会经济效益

（一）**缴存业务**：2017 年，实缴单位数、实缴职工人数和缴存额同比分别增长 3.74%、2.29% 和 9.55%。

缴存单位中，国家机关和事业单位占70.77%，国有企业占20.95%，城镇集体企业占0.07%，外商投资企业占0.02%，城镇私营企业及其他城镇企业占5.74%，民办非企业单位和社会团体占1.12%，其他占1.33%。

缴存职工中，国家机关和事业单位占57.18%，国有企业占37.29%，城镇集体企业占0.01%，外商投资企业占0.01%，城镇私营企业及其他城镇企业占3.83%，民办非企业单位和社会团体占0.6%，其他占1.08%；中、低收入占99.4%，高收入占0.6%。

新开户职工中，国家机关和事业单位占38.85%，国有企业占36.48%，城镇集体企业占0%，外商投资企业占0.13%，城镇私营企业及其他城镇企业占17.06%，民办非企业单位和社会团体占4.36%，其他占3.12%；中、低收入占99.88%，高收入占0.12%。

（二）**提取业务**：2017年，4.55万名缴存职工提取住房公积金16.95亿元。

提取金额中，住房消费提取占40.32%（购买、建造、翻建、大修自住住房占14.78%，偿还购房贷款本息占24.8%，租赁住房占0.74%，其他占0%）；非住房消费提取占59.68%（离休和退休提取占19.66%，完全丧失劳动能力并与单位终止劳动关系提取占1.98%，户口迁出本市或出境定居占0.57%，其他占37.47%）。

提取职工中，中、低收入占99.34%，高收入占0.66%。

（三）**贷款业务**：

1. **个人住房贷款**：2017年，支持职工购建房31.42万平方米，年末个人住房贷款市场占有率为16%，比上年减少27个百分点。通过申请住房公积金个人住房贷款，可节约职工购房利息支出50429.68万元。

职工贷款笔数中，购房建筑面积90（含）平方米以下占18.57%，90~144（含）平方米占76.01%，144平方米以上占5.42%。购买新房占83.59%（其中购买保障性住房占0.1%），购买存量商品住房占16.08%，建造、翻建、大修自住住房占0%，其他占0.33%。

职工贷款笔数中，单缴存职工申请贷款占26.94%，双缴存职工申请贷款占72.94%，三人及以上缴存职工共同申请贷款占0.12%。

贷款职工中，30岁（含）以下占27.10%，30岁~40岁（含）占37.25%，40岁~50岁（含）占28.49%，50岁以上占7.15%；首次申请贷款占75%，二次及以上申请贷款占25%；中、低收入占99%，高收入占1%。

2. **异地贷款**：2017年，发放异地贷款875笔32127.70万元。2017年末，发放异地贷款总额101411.5万元，异地贷款余额95118.01万元。

（四）**住房贡献率**：2017年，个人住房贷款发放额、公转商贴息贷款发放额、项目贷款发放额、住房消费提取额的总和与当年缴存额的比率为64.86%，比上年减少60.52个百分点。

六、其他重要事项

（一）**当年住房公积金政策调整及执行情况**：2017年1月，按规定起草并报张家口市住房公积金管理委员会办公室批准并发布《关于2017年住房公积金缴存工作的通知》（张房金管办〔2017〕1号），对住房公积金的缴存比例、缴存基数等相关问题进行了规范，通过中心各营业场所进行公开发布。

贷款利率和最高贷款额度无变化。贷款政策有适度调整。为充分发挥住房公积金的住房保障作用，促进我市房地产市场平稳健康发展，根据《河北省人民政府办公厅关于进一步促进全省房地产市场平稳健康发展的实施意见》（冀政办字〔2017〕45号文件）及《张家口市人民政府关于加快住房保障和供应体系建设促进房地产市场平稳健康发展的意见》（张政发〔2017〕7号文件），特制定张家口市住房公积金贷款补充细则如下：

1. 扩大住房公积金制度覆盖面，将从业农民工纳入住房公积金制度范围，鼓励个体工商户和自由职业者缴存住房公积金，让更多刚性需求的购房群体，享受低利率的公积金政策。

2. 对于中心城区（桥东区、桥西区、经开区）、怀来县、崇礼区住房公积金政策进行适度调整：

（1）本市户籍无房且无住房公积金贷款、商业银行住房贷款记录的缴存职工家庭，使用住房公积金贷款购买首套普通自住房的，最低首付款比例为30%；

（2）本市户籍已有一套住房或有住房公积金、商业银行住房贷款记录的缴存职工家庭，使用住房公积金贷款购买普通自住房的，公积金贷款首付款比例不低于60%，贷款利率不低于基准利率的1.1倍。

（3）停止办理外地户籍居民家庭住房公积金异地贷款业务。

3. 停止发放三套及以上住房公积金贷款。

4. 停止办理住房公积金贷款置换商业银行个人住房贷款业务。

5. 停止办理用住房公积金贷款为直系亲属购买自住普通住房业务。

6. 缴存职工购买自住普通住房申请住房公积金贷款的，最高月还款额计算方法一律按职工月缴存公积金工资基数与公积金月缴存额之和的60%计算。新参加工作（5年以内）未婚单身职工还款能力不足的可将父母的月缴存公积金工资基数合并计算。

7. 离异的缴存职工，离婚满一年以后方可申请住房公积金贷款。

8. 为防范贷款风险，异地缴存职工、农民工、个体工商户及工作流动性较强的缴存职工，申请住房公积金贷款的担保方式为：以房屋作为抵押、预抵押登记或开发商阶段性担保直至转抵押。

（二）当年服务改进情况：2017年对各营业部、管理部的网络进行了改造升级；给各营业部、管理部营业大厅配置了查询机；综合服务平台也处于计划建设中。

（三）当年信息化建设情况：2017年信息化建设情况如下：新开通了住房公积金网上营业大厅及微信公众号查询公积金信息服务；对住房公积金档案系统进行了升级；接入了住房公积金异地转移接续平台；张家口市住房公积金管理中心"双贯标"项目也已开工建设。

（四）当年住房公积金管理中心及职工所获荣誉情况：2017年4月，中心营业部被全国妇联评为"全国巾帼文明岗"。2017年5月，中心被张家口市精神文明建设委员会评为"文明单位"；8月，被河北省委、省政府评为"文明单位"；11月，被中央精神文明建设指导委员会评为第五届"全国文明单位"。

（五）当年对违反《住房公积金管理条例》和相关法规行为进行行政处罚和申请人民法院强制执行情况：2017年度，通过对23个未及时建制单位上门催建、催缴后，现已按规定建制。对于骗提住房公积金尚未追回的4名缴存职工已登报公告，并联系公安机关办理。

承德市住房公积金 2017 年年度报告

一、机构概况

（一）住房公积金管理委员会：住房公积金管理委员会有 21 名委员。2017 年召开 1 次会议，审议通过的事项主要包括：

1. 会议原则通过了公积金管理中心提出的 2016 年增值收益分配方案，同意提取贷款风险准备金 1372.98 万元；提取管理费 3400 万元；提取廉租住房建设补充资金 8032.55 万元。其中，将管理费和廉租住房建设补充资金合计 11432.55 万元全部上缴市财政。

2. 会议原则通过了《承德市住房公积金 2016 年年度报告》，授权住房公积金管理中心在门户网站、新闻媒体向社会公布，接受社会的监督。

3. 会议明确要求认真贯彻落实《承德市人民政府关于调整住房公积金贷款政策的通知》（承市政字〔2017〕23 号），确保各项政策落实到位。

4. 会议明确要求加快推进信息共享机制的建立，进一步加大与公安、住建、银行、民政、国土、人社等部门的联系，尽快与相关部门业务网络链接，实现信息资源共享。

（二）住房公积金管理中心：住房公积金管理中心为隶属于市政府不以营利为目的的独立事业单位，设 9 个处（科），12 个管理部，0 个分中心。从业人员 99 人，其中，在编 99 人，非在编 0 人。

二、业务运行情况

（一）缴存：2017 年，新开户单位 262 家，实缴单位 3492 家，净增单位 149 家；新开户职工 1.46 万人，实缴职工 24.93 万人，减少职工 0.59 万人；缴存额 29.99 亿元，同比增长 7.06%。2017 年末，缴存总额 195.22 亿元，同比增长 18.15%；缴存余额 92.37 亿元，同比增长（下降）16.04%。

受委托办理住房公积金缴存业务的银行 8 家，比上年增加（减少）0 家。

（二）提取：2017 年，提取额 17.22 亿元，同比增长 3.41%；占当年缴存额的 57.42%，比上年增加 2.02 个百分点。2017 年末，提取总额 102.85 亿元，同比增长 20.1%。

（三）贷款：

个人住房贷款：个人住房贷款最高额度 60 万元，其中，单缴存职工最高额度 40 万元，双缴存职工最高额度 60 万元。

2017 年，发放个人住房贷款 5060 笔 17.46 亿元，同比分别下降 18.23%、12.69%。

2017 年，回收个人住房贷款 7.31 亿元。

2017 年末，累计发放个人住房贷款 4.9967 万笔 107.97 亿元，贷款余额 68.75 亿元，同比分别增长 11.27%、19.30%、17.34%。个人住房贷款余额占缴存余额的 74.43%，比上年增加 0.82 个百分点。

受委托办理住房公积金个人住房贷款业务的银行 8 家，比上年增加（减少）0 家。

（四）资金存储：2017 年末，住房公积金存款 25.09 亿元。其中，活期 3.95 亿元，1 年（含）以下定期0亿元，1年以上定期21.14亿元，其他（协定、通知存款等）0亿元。

（五）资金运用率：2017年末，住房公积金个人住房贷款余额、项目贷款余额和购买国债余额的总和占缴存余额的74.43%，比上年增加0.82个百分点。

三、主要财务数据

（一）业务收入：2017年，业务收入29058.31万元，同比增长13.38%。存款利息9324.5万元，委托贷款利息19733.79万元，国债利息0万元，其他0.02万元。

（二）业务支出：2017年，业务支出13917.30万元，同比增长8.54%。支付职工住房公积金利息13033.36万元，归集手续费0万元，委托贷款手续费882.96万元，其他0.98万元。

（三）增值收益：2017年，增值收益15141.01万元，同比增长18.24%。增值收益率1.75%，比上年增加0.05个百分点。

（四）增值收益分配：2017年，提取贷款风险准备金1020.29万元，提取管理费用2300万元，提取城市廉租住房（公共租赁住房）建设补充资金11820.72万元。

2017年，上交财政管理费用2300万元。上缴财政城市廉租住房（公共租赁住房）建设补充资金11820.72万元。

2017年末，贷款风险准备金余额6879.22万元。累计提取城市廉租住房（公共租赁住房）建设补充资金69573.27万元。

（五）管理费用支出：2017年，管理费用支出2830.06万元，同比增长4.91%。其中，人员经费909.57万元，公用经费671.33万元，专项经费1249.16万元。

四、资产风险状况

个人住房贷款：2017年末，个人住房贷款逾期额14.64万元，逾期率0.021‰。

个人贷款风险准备金按贷款余额的1%提取。2017年，提取个人贷款风险准备金1020.29万元，使用个人贷款风险准备金核销呆坏账0万元。2017年末，个人贷款风险准备金余额6879.22万元，占个人住房贷款余额的1%，个人住房贷款逾期额与个人贷款风险准备金余额的比率为0.002%。

五、社会经济效益

（一）缴存业务：2017年，实缴单位数、实缴职工人数和缴存额同比分别增长4.46%、-2.36%和7.06%。

缴存单位中，国家机关和事业单位占62.92%，国有企业占33.62%，城镇集体企业占0%，外商投资企业占0%，城镇私营企业及其他城镇企业占0%，民办非企业单位和社会团体占0.74%，其他占2.72%。

缴存职工中，国家机关和事业单位占56.88%，国有企业占42%，城镇集体企业占0%，外商投资企业占0%，城镇私营企业及其他城镇企业占0%，民办非企业单位和社会团体占0.15%，其他占0.97%；中、低收入占99.31%，高收入占0.69%。

新开户职工中，国家机关和事业单位占48.52%，国有企业占46.14%，城镇集体企业占0%，外商投资企业占0%，城镇私营企业及其他城镇企业占0%，民办非企业单位和社会团体占0.44%，其他占4.9%；中、低收入占99.6%，高收入占0.4%。

（二）**提取业务**：2017年，54337名缴存职工提取住房公积金17.22亿元。

提取金额中，住房消费提取占67.28%（购买、建造、翻建、大修自住住房占28.56%，偿还购房贷款本息占38.24%，租赁住房占0.11%，其他占0.37%）；非住房消费提取占32.72%（离休和退休提取占21.1%，完全丧失劳动能力并与单位终止劳动关系提取占3.31%，户口迁出本市或出境定居占0.29%，其他占8.02%）。

提取职工中，中、低收入占96.41%，高收入占3.59%。

（三）**贷款业务**：

1. **个人住房贷款**：2017年，支持职工购建房55.69万平方米，年末个人住房贷款市场占有率为16.08%，比上年增加0.4个百分点。通过申请住房公积金个人住房贷款，可节约职工购房利息支出53150万元。

职工贷款笔数中，购房建筑面积90（含）平方米以下占15.97%，90～144（含）平方米占73.72%，144平方米以上占10.31%。购买新房占70%（其中购买保障性住房占0%），购买存量商品住房占20%，建造、翻建、大修自住住房占0%，其他占10%。

职工贷款笔数中，单缴存职工申请贷款占26.6%，双缴存职工申请贷款占73.40%，三人及以上缴存职工共同申请贷款占0%。

贷款职工中，30岁（含）以下占25%，30岁～40岁（含）占35%，40岁～50岁（含）占25%，50岁以上占15%；首次申请贷款占60%，二次及以上申请贷款占40%；中、低收入占99.09%，高收入占0.91%。

2. **异地贷款**：2017年，发放异地贷款818笔28170万元。2017年末，发放异地贷款总额66770万元，异地贷款余额62573.6万元。

（四）**住房贡献率**：2017年，个人住房贷款发放额、公转商贴息贷款发放额、项目贷款发放额、住房消费提取额的总和与当年缴存额的比率为97%，比上年（减少）33.84个百分点。

六、其他重要事项

（一）**当年住房公积金政策调整及执行情况**：2017住房公积金年度的缴存基数上限按照承德市统计局公布的2016年承德市城镇在岗职工月平均工资的300%测算，年度缴存基数上限为13362.5元，年度月缴存额上限为3207元。2017住房公积金年度的缴存基数下限按照以下标准执行：

1. 承德市区（双桥区、双滦区、高新区、营子区）月最低工资标准上调到1590元，2016年度月缴存额下限为159元。

2. 兴隆、平泉、滦平、承德县、宽城月最低工资标准上调到1480元，2016年度月缴存额下限为148元。

3. 丰宁、隆化、围场月最低工资标准上调到1380元，2016年度月缴存额下限为138元。当年缴存比例无变化，提取政策无调整，存款利率为1.5%。

2017年承德市个人住房贷款最高额60万元，2017年贷款政策调整情况如下：

1. 将使用公积金贷款购买首套建筑面积144平方米以下住房的，最低首付款比例调整至30％，购买第二套住房的，调整至60％，购买第三套住房的，不予办理公积金贷款。

2. 将"二套房"认定标准由"以公积金贷款认房"调整为"以贷认房"，对于尚未结清商业住房贷款记录的，不予办理公积金贷款。

3. 暂停办理全市范围内住房公积金异地贷款业务。

4. 停止办理"商转公"置换贷款业务。贷款年利率5年及以下为2.75％，5年以上为3.25％。

（二）当年服务改进情况：

一是提升综合素质。通过开展定期培训、邀请专家讲课、到发达地区考察、实地演练、老同志传帮带等多种方式，有效提升每一名员工的业务水平。11月份，中心组织部分干部职工到燕山大学参加为期一周的干部综合素质提升培训学习班，同时到秦皇岛市中心就精细化管理、综合服务平台建设等内容进行了学习、参观、交流，收到了较好的效果。二是改善营业环境。2017年初投入1000万元为高新区、双滦区管理部购置营业用房，并分别于7月、9月乔迁新址。城区、兴隆县、宽城县新址正在装修。截至目前，全市12个管理部全部实现了办公场所的独立运行和规范管理。三是开展精细管理。将住房公积金精细化管理工作作为近三年的一项重要工作，制订了《承德市住房公积金精细化管理实施方案》，成立了精细化管理工作领导小组，完善梳理各项制度和实施政策100多项，并辑印《承德市住房公积金精细化管理手册》，同时，对中心机关、各管理部外部环境、内务内业、精神风貌等各个方面进行了规范统一。四是创新载体。包括"12329住房公积金服务热线"、承德市公积金门户网站、网上营业厅、承德住房公积金微信公众号、住房公积金手机APP等已开通并向群众提供服务，综合业务服务平台建设顺利开展，目前，大连华信公司正在积极开展工作，已经进入开发、部署、测试阶段，预计5月31日前可试运行。五是开展活动。结合"转优促"活动开展，深入推进了"四化四提"活动（亮化形象，提振内动力；优化服务，提高满意度；量化考核，提升实效性；深化共建，提增影响力），对"四个意识"进行了深入学习讨论。

（三）当年信息化建设情况：2017年我中心已完成结算应用系统接入工作。成立了以主任为组长的双贯标工作领导小组，落实了预算经费，清理历史数据、精简银行账户、优化业务流程工作正在开展。今年，5月1日左右即可进入招标程序。

沧州市住房公积金2017年年度报告

一、机构概况

（一）住房公积金管理委员会

1. 住房公积金管理委员会有43名委员。2017年召开1次会议，审议通过的事项主要包括：会议审议通过了沧州市住房公积金管理中心《2016年度住房公积金归集使用计划执行情况的报告》、《2017年度住房公积金归集使用计划》和《沧州市住房公积金2016年年度报告》，并对其他重要事项进行决策，主要包括审议通过《沧州市居民个人缴存住房公积金委托管理暂行办法》、《2016年度沧州市住房公积金增值收益分配方案》和《关于调整住房公积金贷款政策的请示》。

2. 中国石油天然气股份有限公司华北油田分公司住房公积金管理委员会有21名委员，2017年召开2次全体会议，审议通过2017年度住房公积金归集、使用计划，并审议讨论了其他事项。

（二）住房公积金管理中心

1. 沧州市住房公积金管理中心（以下简称市中心）为隶属于沧州市人民政府的不以营利为目的的参照公务员管理的事业单位，设5个处（科），9个管理部，7个分中心。从业人员319人，其中，在编125人，非在编194人。

2. 中国石油天然气股份有限公司华北油田分公司住房公积金管理中心（以下简称华油中心）为隶属于华北油田公司不以营利为目的的直属单位，设5个科。从业人员20人，其中，在编20人，非在编0人。

二、业务运行情况

（一）**缴存**：2017年，沧州地区新开户单位476家，实缴单位7081家，净增单位187家；新开户职工3.5186万人，实缴职工51.459万人，净增职工2.3万人；缴存额58.31亿元，同比增长8.44%。2017年末，缴存总额429.09亿元，同比增长15.73%；缴存余额172.53亿元，同比增长10.67%。

1. 市中心2017年实缴单位6995家，新开户单位475家，净增单位187家；实缴职工44.51万人，新开户职工3.4692万人，净增职工2.03万人；当年缴存额43.29亿元，同比增长13.49%。

截至2017年底，市中心缴存总额273.78亿元，缴存余额131.72亿元，同比分别增长18.78%、14.74%。

2. 华油中心2017年实缴单位86家，新开户单位1家，净增单位0家；实缴职工6.95万人，新开户职工0.049万人，净增职工-0.27万人；当年缴存额15.02亿元，同比降低3.85%。

沧州地区受委托办理住房公积金缴存业务的银行12家，比上年增加（减少）0家。

（二）**提取**：2017年，沧州地区提取额41.68亿元，同比增长11.41%；占当年缴存额的71.48%，比上年增加1.91个百分点。2017年末，提取总额256.56亿元，同比增长16.25%。

其中1，市中心2017年当年提取额26.37亿元，同比增长7.15%；占当年缴存额的比率60.92%，比上年同期减少3.61个百分点。

截至2017年底，市中心提取总额142.06亿元，同比增长22.8%。

其中2，华油中心2017年当年提取额15.31亿元，同比增长19.61%；占当年缴存额的比率101.93%，比上年同期增加19.98个百分点。

截至2017年底，华油中心提取总额114.5亿元，同比增长15.44%。

（三）**贷款**：

个人住房贷款：市中心个人住房贷款最高额度60万元，其中，双职工家庭最高额度60万元，单职工家庭最高额度40万元。

华油中心个人住房贷款最高额度80万元，其中，双职工家庭最高额度80万元，单职工家庭最高额度60万元。

2017年，沧州地区发放个人住房贷款0.62万笔19.44亿元，同比分别下降54.74%、

57.79%。其中，市中心发放个人住房贷款 0.39 万笔 11.89 亿元，华油中心发放个人住房贷款 0.23 万笔 7.55 亿元。

2017 年，沧州地区回收个人住房贷款 13.95 亿元。其中，市中心 11.12 亿元，华油中心 2.83 亿元。

2017 年末，累计发放个人住房贷款 9.06 万笔 202.95 亿元，贷款余额 132.71 亿元，同比分别增长 7.22%、10.59%、4.31%。个人住房贷款余额占缴存余额的 76.92%，比上年减少 4.69 个百分点。

市中心累计发放个人住房贷款 7.6 万笔、167.64 亿元，贷款余额 109.56 亿元，同比分别增长 5.37%、7.63%、0.7%。个人住房贷款率为 83.17%，比上年同期减少 11.59 个百分点。

市中心受委托办理住房公积金个人住房贷款业务的银行 7 家，比上年增加 1 家。

华油中心累计发放个人住房贷款 1.46 万笔 35.31 亿元，贷款余额 23.15 亿元，同比分别增长 18.75%、27.2%、25.61%。个人住房贷款率为 56.73%，比上年同期增加 11.88 个百分点。

华油中心受委托办理住房公积金个人住房贷款业务的银行 10 家，比上年增加（减少）0 家。

（四）**融资**：2017 年，市中心融资 0 亿元，归还 5.69 亿元。2017 年末，融资总额 9.31 亿元，融资余额 0 亿元。

（五）**资金存储**：2017 年末，住房公积金存款 41.35 亿元。其中，活期 0.25 亿元，1 年（含）以下定期 15.92 亿元，1 年以上定期 17.21 亿元，其他（协定、通知存款等）7.97 亿元。

市中心住房公积金存款额 24.16 亿元。其中，活期 0.23 亿元，1 年以内定期（含）15.92 亿元，1 年以上定期 0.66 亿元，其他（协议、协定、通知存款等）7.35 亿元。

华油中心住房公积金存款额 17.19 亿元。其中，活期 0.02 亿元，1 年以内定期（含）0 亿元，1 年以上定期 16.55 亿元，其他（协议、协定、通知存款等）0.62 亿元。

（六）**资金运用率**：2017 年末，住房公积金个人住房贷款余额、项目贷款余额和购买国债余额的总和占缴存余额的 76.92%，比上年减少 4.69 个百分点。

市中心资金运用率 83.17%，比上年同期减少 11.59 个百分点。

华油中心资金运用率 56.73%，比上年同期增加 11.88 个百分点。

三、主要财务数据

（一）**业务收入**：2017 年，业务收入 55503.86 万元，同比增长 11.15%。其中，市中心 39643.97 万元，华油中心 15859.89 万元；存款利息 12230.68 万元，委托贷款利息 43272.86 万元，国债利息 0 万元，其他 0.32 万元。

（二）**业务支出**：2017 年，业务支出 27710.17 万元，同比减少 4.8%。其中，市中心 20996.31 万元，华油中心 6713.86 万元；支付职工住房公积金利息 24799.22 万元，归集手续费 3.29 万元，委托贷款手续费 2160.04 万元，其他 747.62 万元。

（三）**增值收益**：2017 年，沧州地区增值收益 27793.69 万元，同比增长 33.44%。其中，市中心 18647.67 万元，华油中心 9146.02 万元；增值收益率 1.69%，比上年增加 0.29 个百分点。

（四）**增值收益分配**：2017 年，沧州地区提取贷款风险准备金 5839.37 万元，提取管理费用 6966.69 万元，提取城市廉租住房（公共租赁住房）建设补充资金 14987.62 万元。

2017 年，上交财政管理费用 7059.55 万元。上缴财政城市廉租住房（公共租赁住房）建设补充资金

6713.76万元。其中，市中心上缴4941.38万元，华油中心上缴1772.38万元。

2017年末，贷款风险准备金余额60195.59万元。累计提取城市廉租住房（公共租赁住房）建设补充资金104363.83万元。其中，市中心提取89074.81万元，华油中心提取15289.02万元。

（五）管理费用支出：2017年，管理费用支出4650.63万元，同比减少0.31%。其中，人员经费2483.42万元，公用经费842.81万元，专项经费1324.4万元。

市中心管理费用支出3803.58万元，其中，人员、公用、专项经费分别为2030.92万元、696.66万元、1076万元。

华油中心管理费用支出847.05万元，其中，人员、公用、专项经费分别为452.5万元、146.15万元、248.4万元。

四、资产风险状况

个人住房贷款：2017年末，沧州地区个人住房贷款逾期额267.34万元，逾期率0.244‰。其中，市中心0.244‰，华油中心0‰。

市中心个人贷款风险准备金按（贷款余额）的1%提取。华油中心个人贷款风险准备金按（增值收益）的60%提取。2017年，提取个人贷款风险准备金5839.37万元，使用个人贷款风险准备金核销呆坏账0万元。2017年末，个人贷款风险准备金余额60195.59万元，占个人住房贷款余额的4.54%，个人住房贷款逾期额与个人贷款风险准备金余额的比率为4.58%。

五、社会经济效益

（一）缴存业务：2017年，实缴单位数、实缴职工人数和缴存额同比分别增长2.93%、3.54%和8.44%。

缴存单位中，国家机关和事业单位占55.27%，国有企业占7.44%，城镇集体企业占1.57%，外商投资企业占0.52%，城镇私营企业及其他城镇企业占29.09%，民办非企业单位和社会团体占1.89%，其他占4.22%。

缴存职工中，国家机关和事业单位占49.14%，国有企业占24.43%，城镇集体企业占1.62%，外商投资企业占1.05%，城镇私营企业及其他城镇企业占20.65%，民办非企业单位和社会团体占0.43%，其他占2.68%；中、低收入占99.64%，高收入占0.36%。

新开户职工中，国家机关和事业单位占31.94%，国有企业占13.35%，城镇集体企业占1.8%，外商投资企业占1.72%，城镇私营企业及其他城镇企业占41.42%，民办非企业单位和社会团体占1.57%，其他占8.19%；中、低收入占99.97%，高收入占0.03%。

（二）提取业务：2017年，18.7152万名缴存职工提取住房公积金41.6852亿元。

提取金额中，住房消费提取占77.77%（购买、建造、翻建、大修自住住房占68.77%，偿还购房贷款本息占23.93%，租赁住房占1.59%，其他占5.71%）；非住房消费提取占22.23%（离休和退休提取占72.46%，完全丧失劳动能力并与单位终止劳动关系提取占7.05%，户口迁出本市或出境定居占1.08%，其他占19.41%）。

提取职工中，中、低收入占98.5%，高收入占1.5%。

（三）贷款业务：

1. 个人住房贷款： 2017 年，支持职工购建房 90.08 万平方米，年末个人住房贷款市场占有率为 20.49%，比上年减少 1.85 个百分点。通过申请住房公积金个人住房贷款，可节约职工购房利息支出 34513.58 万元。

职工贷款笔数中，购房建筑面积 90（含）平方米以下占 10.1%，90～144（含）平方米占 86.4%，144 平方米以上占 3.5%。购买新房占 88.15%（其中购买保障性住房占 0.02%），购买存量商品住房占 10.17%，建造、翻建、大修自住住房占 0%，其他占 1.68%。

职工贷款笔数中，单缴存职工申请贷款占 26.57%，双缴存职工申请贷款占 73.43%，三人及以上缴存职工共同申请贷款占 0%。

贷款职工中，30 岁（含）以下占 16.11%，30 岁～40 岁（含）占 29.84%，40 岁～50 岁（含）占 39.67%，50 岁以上占 14.38%；首次申请贷款占 88.65%，二次及以上申请贷款占 11.35%；中、低收入占 97.83%，高收入占 2.17%。

2. 异地贷款： 2017 年，发放异地贷款 103 笔 3485.7 万元。2017 年末，发放异地贷款总额 109762.93 万元，异地贷款余额 65121.45 万元。

（四）住房贡献率： 2017 年，个人住房贷款发放额、公转商贴息贷款发放额、项目贷款发放额、住房消费提取额的总和与当年缴存额的比率为 88.92%，比上年减少 53.68 个百分点。

六、其他重要事项

（一）当年机构及职能调整情况： 2017 年，按照沧州市编委办《关于调整沧州市住房公积金管理中心内设机构人员编制和领导职数的通知》（沧机编字〔2017〕18 号）要求，将机关原有 6 个科室调减为 5 个，综合科与人事教育科进行整合组建办公室，同时机关人员编制职数由 24 名调减为 20 名，科级领导职数由 10 名（6 正 4 副）调减为 6 名（5 正 1 副）。

（二）当年住房公积金政策调整及执行情况： 市中心缴存基数调整情况：自 2017 年 7 月 1 日至 2018 年 6 月 30 日，本市住房公积金缴存基数由 2015 年职工个人月均工资总额，调整为 2016 年职工个人月均工资总额；2017 年度住房公积金缴存基数不得低于 2016 年度本市最低月工资标准 1590 元，原则上不超过本市 2016 年度在岗职工月平均工资总额的 3 倍（14530 元）。

华油中心缴存基数调整情况：2017 年住房公积金年度缴存基数限额为 2016 年任丘市职工月平均工资的三倍，即 20178 元。

（三）当年服务改进情况： 2017 年，经沧州市住房公积金管理委员会同意，分别在沧州市的新华区、运河区和开发区增设了三个业务办理网点，方便职工就近办理业务。

完善沧州公积金网站，增加互动栏目功能，全年回复在线咨询 847 条、处理投诉建议 99 条。

完善"12329"咨询服务流程，全年人工服务总呼叫量 1.1 万次。

2017 年 2 月底短信平台上线，主要为住房公积金借款人提供放款通知、还款提醒、扣款成功、扣款失败及逾期提醒等服务。自运行以来，10 个月共发送信息 108 万条。

（四）当年信息化建设情况：

市中心：一是系统运行平稳，二次功能开发全部完成。归集、个贷、支取、财务、实时结算业务模块运行稳定，在此基础上系统一期核心业务功能的二次开发任务已全部完成，系统功能得以优化完善。二是认真实施住房公积金管理系统"双贯标"，已成功接入全国住房公积金结算应用平台。按照住房城乡建设部要求时限实现在全国异地转移接续平台上办理异地转移接续业务，共办理转移手续503次。

华油中心：2017年5月中心实现住房公积金异地接续平台网络贯通，解决了在不同公积金中心调动的职工公积金接续的问题。7月中心完成河北省住房公积金12329短信平台本地化建设，方便职工随时掌握公积金账户动态。8月华北油田住房公积金手机APP正式上线，受到广大职工的热切关注。9月中心住房公积金"双贯标"工作全面展开，各项工作按计划稳步推进。

（五）当年住房公积金管理中心及职工所获荣誉情况：2017年，沧州市住房公积金管理中心任丘分中心获得全国住房城乡建设系统先进集体称号。盐山县管理部获2014～2017年度市级"青年文明号"称号。在2017年度全市精准脱贫工作中，市管理中心机关李建秋同志获市级"优秀驻村第一书记"表彰，盐山县管理部李世伟同志获市级"优秀驻村工作队员"表彰。

廊坊市住房公积金2017年年度报告

一、机构概况

（一）住房公积金管理委员会

1. 廊坊市住房公积金管理委员会有25名委员，2017年召开1次会议，审议通过的事项主要包括：《2016年公积金管理工作完成情况及2017年工作思路的报告》、《廊坊市住房公积金2016年年度报告》、《廊坊市住房公积金管委会章程》、《廊坊市住房公积金归集管理办法》、《廊坊市住房公积金提取管理办法》、《廊坊市住房公积金个人住房贷款管理办法》、《廊坊市住房公积金管理中心关于2016年度增值收益分配方案》、《新建住宅小区公积金贷款合作准入规定》、《关于规范确定住房公积金贷款业务受委托银行的规定》。

2. 中国石油天然气管道局管道住房公积金管理委员会有16名委员，2017年召开1次会议，审议通过的事项主要包括：《2016年年度报告》、《2016年增值收益分配方案》、《2017年度工作安排》、《公积金贷款政策调整方案》。

（二）住房公积金管理中心

1. 廊坊市住房公积金管理中心为不以营利为目的的独立事业机构，主要负责全市住房公积金的归集、管理、使用和会计核算。中心设5个科室，11个管理部（其中，对廊坊开发区管理部业务监督指导，开发区管理部人员由开发区管委会管理，管理费用由廊坊开发区财政负担）。从业人员180人，其中，在编112人，非在编68人。

2. 中国石油天然气管道局管道住房公积金管理中心为管道局矿区服务事业部不以营利为目的的企业附属单位，设3个科。从业人员9人，其中，在编9人，非在编0人。

二、业务运行情况

（一）**缴存**：与上年同口径比较，2017年，新开户单位329家，实缴单位3979家，净增单位223家；新开户职工7.0512万人，实缴职工39.3548万人，净增职工1.1440万人；缴存额44.17亿元，同比增长10.59%。2017年末，缴存总额279.38亿元，同比增长18.78%；缴存余额114.48亿元，同比增长13.96%。

受委托办理住房公积金缴存业务的银行：廊坊市4家，比上年无增减；石油管道局2家，比上年无增减。

（二）**提取**：2017年，提取额30.15亿元，同比增长3.18%；占当年缴存额的68.26%，比上年减少4.9个百分点。2017年末，提取总额164.91亿元，同比增长22.37%。

（三）**贷款**：

个人住房贷款：个人住房贷款最高额度：廊坊市60万元；石油管道局80万元，其中，单缴存职工最高额度60万元，双缴存职工最高额度80万元。

2017年，发放个人住房贷款0.1264万笔4.74亿元，同比分别下降73.82%、76.89%。2017年，回收个人住房贷款7.23亿元。

2017年末，累计发放个人住房贷款4.2994万笔125.16亿元，贷款余额83.18亿元，同比分别增长3.03%、3.94%、-2.90%。个人住房贷款余额占缴存余额的72.66%，比上年减少12.61个百分点。

受委托办理住房公积金个人住房贷款业务的银行：廊坊市5家，比上年增加1家；石油管道局2家，比上年无变化。

（四）**资金存储**：2017年末，住房公积金存款33.6087亿元。其中，活期3.8815亿元，1年（含）以下定期10.275亿元，1年以上定期19.02亿元，其他（协定、通知存款等）0.4322亿元。

（五）**资金运用率**：2017年末，住房公积金个人住房贷款余额、项目贷款余额和购买国债余额的总和占缴存余额的72.66%，比上年减少12.61个百分点。

三、主要财务数据

（一）**业务收入**：2017年，业务收入33395.09万元，同比增长7.56%。存款利息5370.86万元，委托贷款利息28024.07万元，国债利息0万元，其他0.17万元。

（二）**业务支出**：2017年，业务支出19006.5万元，同比增长20.72%。支付职工住房公积金利息18199.63万元，归集手续费172.64万元，委托贷款手续费557.27万元，其他76.96万元。

（三）**增值收益**：2017年，增值收益14388.60万元，同比下降6%。增值收益率1.35%，比上年减少0.17个百分点。

（四）**增值收益分配**：2017年，提取贷款风险准备金273.61万元，提取管理费用5850万元，提取城市廉租住房（公共租赁住房）建设补充资金8264.99万元。

2017年，上交财政管理费用2076.7万元。上缴财政城市廉租住房（公共租赁住房）建设补充资金11411.2万元。

2017年末，贷款风险准备金余额11321.1万元。累计提取城市廉租住房（公共租赁住房）建设补充

资金 57835.38 万元。

（五）**管理费用支出**：2017 年，管理费用支出 2520.55 万元，同比下降 9.13%。其中，人员经费 1784.32 万元，公用经费 209.1 万元，专项经费 527.22 万元。

四、资产风险状况

个人住房贷款：2017 年末，个人住房贷款逾期额 177.13 万元，逾期率 0.21‰。

个人贷款风险准备金：廊坊市按贷款余额的 1% 提取；石油管道局按增值收益的 60% 提取。

2017 年，提取个人贷款风险准备金 273.61 万元，使用个人贷款风险准备金核销呆坏账 0 万元。2017 年末，个人贷款风险准备金余额 11321.1 万元，占个人住房贷款余额的 1.36%，个人住房贷款逾期额与个人贷款风险准备金余额的比率为 1.56%。

五、社会经济效益

（一）**缴存业务**：2017 年，实缴单位数、实缴职工人数和缴存额同比分别增长 5.94%、2.99% 和 10.59%。

缴存单位中，国家机关和事业单位占 48.91%，国有企业占 6.86%，城镇集体企业占 0.38%，外商投资企业占 2.94%，城镇私营企业及其他城镇企业占 38.55%，民办非企业单位和社会团体占 1.28%，其他占 1.08%。

缴存职工中，国家机关和事业单位占 37.32%，国有企业占 11.59%，城镇集体企业占 0.62%，外商投资企业占 17.35%，城镇私营企业及其他城镇企业占 31.92%，民办非企业单位和社会团体占 0.56%，其他占 0.64%；中、低收入占 97.34%，高收入占 2.66%。

新开户职工中，国家机关和事业单位占 10.51%，国有企业占 3.13%，城镇集体企业占 0.32%，外商投资企业占 30.3%，城镇私营企业及其他城镇企业占 54.37%，民办非企业单位和社会团体占 0.78%，其他占 0.59%；中、低收入占 99.46%，高收入占 0.54%。

（二）**提取业务**：2017 年，11.451 万名缴存职工提取住房公积金 30.15 亿元。

提取金额中，住房消费提取占 79.22%（购买、建造、翻建、大修自住住房占 24.68%，偿还购房贷款本息占 67.39%，租赁住房占 7.93%，其他占 0%）；非住房消费提取占 20.78%（离休和退休提取占 49.57%，完全丧失劳动能力并与单位终止劳动关系提取占 44.75%，户口迁出本市或出境定居占 0.01%，其他占 5.67%）。

提取职工中，中、低收入占 95.23%，高收入占 4.77%。

（三）**贷款业务**：

1. **个人住房贷款**：2017 年，支持职工购建房 12.94 万平方米，年末个人住房贷款市场占有率为 2.46%，比上年减少 0.58 个百分点。通过申请住房公积金个人住房贷款，可节约职工购房利息支出 9760.4 万元。

职工贷款笔数中，购房建筑面积 90（含）平方米以下占 51.74%，90～144（含）平方米占 44.38%，144 平方米以上占 3.88%。购买新房占 55.22%（其中购买保障性住房占 0.08%），购买存量商品住房占 44.78%，建造、翻建、大修自住住房占 0%，其他占 0%。

职工贷款笔数中，单缴存职工申请贷款占 61.47%，双缴存职工申请贷款占 38.53%，三人及以上缴存职工共同申请贷款占 0%。

贷款职工中，30 岁（含）以下占 28.72%，30 岁～40 岁（含）占 50.87%，40 岁～50 岁（含）占 17.96%，50 岁以上占 2.45%；首次申请贷款占 82.59%，二次及以上申请贷款占 17.41%；中、低收入占 98.34%，高收入占 1.66%。

2. **异地贷款**：2017 年，发放异地贷款 101 笔 4282.4 万元。2017 年末，发放异地贷款总额 45131.9 万元，异地贷款余额 39911.46 万元。

（四）**住房贡献率**：2017 年，个人住房贷款发放额、公转商贴息贷款发放额、项目贷款发放额、住房消费提取额的总和与当年缴存额的比率为 64.81%，比上年减少 46.36 个百分点。

六、其他重要事项

（一）**当年机构及职能调整情况**：当年受委托办理贷款业务金融机构增加了兴业银行股份有限公司。

（二）**当年住房公积金政策调整及执行情况：**

1. **当年住房公积金存贷款利率调整及执行情况**：2017 年住房公积金存贷利率无调整。公积金存款利率统一按一年期定期存款基准利率 1.5% 执行。公积金贷款利率，五年以上年利率为 3.25%，五年及以下年利率为 2.75%。

2. **归集缴存政策调整及执行情况**：2017 年 7 月至 2018 年 6 月住房公积金基数上限为 17838 元（即 2017 年廊坊市在岗职工月平均工资的 3 倍）。缴存基数确定：职工住房公积金的缴存基数是职工本人上一年度月平均工资总额。新录用或新调入职工住房公积金的缴存基数为职工本人当月工资总额。单位和个人缴存比例均不得高于职工工资的 12%，不得低于 5%。

3. **廊坊市贷款政策调整：**

（1）提高住房公积金贷款首付比例，缴存职工使用住房公积金贷款购买家庭首套普通住宅的，最低首付款比例调整至 30%；使用住房公积金贷款购买家庭第二套住房的，最低首付款比例调整至 60%。

（2）暂停办理住房公积金异地贷款业务。

（3）停止办理"住房公积金置换商业银行个人住房贷款"业务。

（4）石油管道局当年缴存基数限额及确定方法、缴存比例调整情况：2017 年 6 月 12 日驻冀石油单位公积金管委会确定 2016 年驻冀石油单位住房公积金缴存基数三倍封顶线统一执行 20178 元。缴存比例单位和个人均为 12%。

4. **石油管道局贷款政策的调整情况**：为了使住房公积金低息贷款政策惠及更多的管道职工，管道住房公积金管理中心依管委会研究决定将管道住房公积金贷款额度调整为：公积金个人贷款额度由 35 万元调整为 60 万元；对于同一贷款标的，夫妻双方的贷款额度可合并计算，贷款额度由 70 万元调整为 80 万元。

（三）**当年服务改进情况**：2017 年 11 月 13 日，市本级营业厅由"金光道 36 号中国建设银行股份有限公司廊坊分行办公楼东二层"迁往"银河北路 201 号中房创展大厦南配楼一、二层"；2017 年 12 月 11 日，固安县管理部由新中街 282 号迁往固安市民服务中心（固安县永定路 11 号）开展服务办公。

（四）**当年信息化建设情况**：2017 年 3 月我"中心"启动全省统一的公积金业务管理信息系统建设，

计划于 2018 年 6 月 30 日之前完成基础数据标准贯彻落实和结算应用系统接入。

（五）**当年住房公积金管理中心及职工所获荣誉情况**：荣获全省保障性安居工程住房公积金专项工作考核"优秀"、市级文明单位、市直文明单位、全市政府服务热线优秀承办单位、市政府系统承办人大代表建议提案工作先进单位、"五星级"服务窗口、"四星级"机关、廊坊市党委信息工作先进单位、"我为创城献一策我为创城作贡献"优秀组织奖、无烟党政机关等荣誉。

衡水市住房公积金 2017 年年度报告

一、机构概况

（一）**住房公积金管理委员会**：住房公积金管理委员会有 17 名委员，2017 年召开 1 次会议，审议通过的事项主要包括：《关于 2016 年度住房公积金归集使用计划执行情况及 2017 年度归集使用计划的报告》、《衡水市 2016 年度住房公积金增值收益分配方案》。

（二）**住房公积金管理中心**：住房公积金管理中心为衡水市政府不以营利为目的的自收自支事业单位，设 6 个处（科），12 个管理部，0 个分中心。从业人员 116 人，其中，在编 108 人，非在编 8 人。

二、业务运行情况

（一）**缴存**：2017 年，新开户单位 592 家，实缴单位 3153 家，净增单位 140 家；新开户职工 1.58 万人，实缴职工 19.11 万人，净增职工 0.90 万人；缴存额 19.09 亿元，同比增长 13.70％。2017 年末，缴存总额 110.97 亿元，同比增长 20.78％；缴存余额 60.72 亿元，同比增长 21.61％。

受委托办理住房公积金缴存业务的银行 12 家，比上年增加（减少）0 家。

（二）**提取**：2017 年，提取额 8.30 亿元，同比增长 12.01％；占当年缴存额的 43.48％，比上年减少 0.65 个百分点。2017 年末，提取总额 50.25 亿元，同比增长 19.79％。

（三）**贷款**：

个人住房贷款：个人住房贷款最高额度 60 万元，其中，单缴存职工最高额度 40 万元，双缴存职工最高额度 60 万元。

2017 年，发放个人住房贷款 0.52 万笔 14.11 亿元，同比分别下降 23.08％、22.25％。

2017 年，回收个人住房贷款 6.75 亿元。

2017 年末，累计发放个人住房贷款 4.66 万笔 82.41 亿元，贷款余额 52.27 亿元，同比分别增长 12.56％、20.66％、16.39％。个人住房贷款余额占缴存余额的 86.08％，比上年减少 3.87 个百分点。

受委托办理住房公积金个人住房贷款业务的银行 9 家，比上年增加 1 家。

（四）**融资**：2017 年，融资 0 亿元，归还 0.50 亿元。2017 年末，融资总额 0.50 亿元，融资余额 0 亿元。

（五）**资金存储**：2017 年末，住房公积金存款 9.30 亿元。其中，活期 2.92 亿元，1 年（含）以下定期 4.00 亿元，1 年以上定期 2.38 亿元，其他（协定、通知存款等）0 亿元。

（六）资金运用率：2017 年末，住房公积金个人住房贷款余额、项目贷款余额和购买国债余额的总和占缴存余额的 86.08%，比上年减少 3.87 个百分点。

三、主要财务数据

（一）业务收入：2017 年，业务收入 17459.78 万元，同比增长 18.54%。其中，存款利息 1711.78 万元，委托贷款利息 15738.96 万元，国债利息 0 万元，其他 9.04 万元。

（二）业务支出：2017 年，业务支出 9098.27 万元，同比增长 10.56%。支付职工住房公积金利息 8276.18 万元，归集手续费 0 万元，委托贷款手续费 759.36 万元，其他 62.73 万元。

（三）增值收益：2017 年，增值收益 8361.51 万元，同比增长 28.63%。增值收益率 1.52%，比上年增加 0.06 个百分点。

（四）增值收益分配：2017 年，提取贷款风险准备金 735.00 万元，提取管理费用 3143.25 万元，提取城市廉租住房（公共租赁住房）建设补充资金 4483.26 万元。

2017 年，上交财政管理费用 2005.18 万元。上缴财政城市廉租住房（公共租赁住房）建设补充资金 3239.18 万元。

2017 年末，贷款风险准备金余额 5227 万元。累计提取城市廉租住房（公共租赁住房）建设补充资金 26351.23 万元。

（五）管理费用支出：2017 年，管理费用支出 2311.69 万元，同比增长 9.82%。其中，人员经费 1391.32 万元，公用经费 167.12 万元，专项经费 753.25 万元。

四、资产风险状况

个人住房贷款：2017 年末，个人住房贷款逾期额 136.53 万元，逾期率 0.26‰。

个人贷款风险准备金按（贷款余额或增值收益）的 1% 提取。2017 年，提取个人贷款风险准备金 735.00 万元，使用个人贷款风险准备金核销呆坏账 0 万元。2017 年末，个人贷款风险准备金余额 5227.00 万元，占个人住房贷款余额的 1%，个人住房贷款逾期额与个人贷款风险准备金余额的比率为 2.61%。

五、社会经济效益

（一）缴存业务：2017 年，实缴单位数、实缴职工人数和缴存额同比分别增长 4.03%、4.93% 和 13.70%。

缴存单位中，国家机关和事业单位占 46.43%，国有企业占 6.03%，城镇集体企业占 0.03%，外商投资企业占 0%，城镇私营企业及其他城镇企业占 18.43%，民办非企业单位和社会团体占 18.11%，其他占 10.97%。

缴存职工中，国家机关和事业单位占 59.02%，国有企业占 6.03%，城镇集体企业占 0.01%，外商投资企业占 0%，城镇私营企业及其他城镇企业占 12.92%，民办非企业单位和社会团体占 15.96%，其他占 6.06%；中、低收入占 99.98%，高收入占 0.02%。

新开户职工中，国家机关和事业单位占41.76%，国有企业占1.91%，城镇集体企业占0%，外商投资企业占0%，城镇私营企业及其他城镇企业占7.45%，民办非企业单位和社会团体占39.26%，其他占9.62%；中、低收入占100%，高收入占0%。

（二）**提取业务**：2017年，2.83万名缴存职工提取住房公积金8.30亿元。

提取金额中，住房消费提取占63.15%（购买、建造、翻建、大修自住住房占16.13%，偿还购房贷款本息占45.34%，租赁住房占0.90%，其他占0.78%）；非住房消费提取占36.85%（离休和退休提取占20.84%，完全丧失劳动能力并与单位终止劳动关系提取占0.39%，户口迁出本市或出境定居占0.61%，其他占15.01%）。

提取职工中，中、低收入占99.96%，高收入占0.04%。

（三）**贷款业务**：

1. **个人住房贷款**：2017年，支持职工购建房65.59万平方米，年末个人住房贷款市场占有率为15.83%，比上年减少2.54个百分点。通过申请住房公积金个人住房贷款，可节约职工购房利息支出53132.14万元。

职工贷款笔数中，购房建筑面积90（含）平方米以下占19.02%，90~144（含）平方米占75.49%，144平方米以上占5.49%。购买新房占93.96%（其中购买保障性住房占0.04%），购买存量商品住房占5.74%，建造、翻建、大修自住住房占0%，其他占0.30%。

职工贷款笔数中，单缴存职工申请贷款占11.70%，双缴存职工申请贷款占88.30%，三人及以上缴存职工共同申请贷款占0%。

贷款职工中，30岁（含）以下占23.80%，30岁~40岁（含）占41.94%，40岁~50岁（含）占27.25%，50岁以上占7.01%；首次申请贷款占88.68%，二次及以上申请贷款占11.32%；中、低收入占99.90%，高收入占0.10%。

2. **异地贷款**：2017年，发放异地贷款333笔9861.90万元。2017年末，发放异地贷款总额47302.54万元，异地贷款余额42590.54万元。

（四）**住房贡献率**：2017年，个人住房贷款发放额、公转商贴息贷款发放额、项目贷款发放额、住房消费提取额的总和与当年缴存额的比率为101.59%，比上年减少19.20个百分点。

六、其他重要事项

（一）**当年机构及职能调整情况**：当年受委托办理贷款业务金融机构增加了中国民生银行。

（二）**当年住房公积金政策调整及执行情况**：2017年缴存基数限额为17271元，确定方法为2016年衡水市社会平均工资的三倍。

（三）**当年服务改进情况**：2017年实现了网厅和微信公众号上个人数据的实时查询、网上营业厅正式启用。

（四）**当年信息化建设情况**：基础数据标准贯彻落实和结算应用系统接入已列入2018年预算，争取2018年上半年完成。

（五）**当年住房公积金管理中心及职工所获荣誉情况**：2017年全省保障性安居工程工作目标责任制考核住房公积金管理工作专项考核中被评为"优秀"等次。

2017 全国住房公积金年度报告汇编

山西省

太原市
大同市
阳泉市
长治市
晋城市
朔州市
晋中市
运城市
忻州市
临汾市
吕梁市

山西省住房公积金 2017 年年度报告

一、机构概况

（一）住房公积金管理机构：全省共设 11 个设区城市住房公积金管理中心，6 个独立设置的分中心（其中，省直、焦煤分中心隶属太原市，同煤分中心隶属大同市，阳煤分中心隶属阳泉市，潞安分中心隶属长治市，晋煤分中心隶属晋城市）。从业人员 2150 人，其中，在编 1361 人，非在编 789 人。

（二）住房公积金监管机构：省住房和城乡建设厅、省财政厅和中国人民银行太原中心支行负责对本省住房公积金管理运行情况进行监督。省住房和城乡建设厅设立住房公积金监管处，负责辖区住房公积金日常监管工作。

二、业务运行情况

（一）缴存：2017 年，新开户单位 2295 家，实缴单位 44237 家，净增单位－1688 家；新开户职工 25.98 万人，实缴职工 336.96 万人，净增职工－33.71 万人；缴存额 356.44 亿元，同比增长 32.38%。2017 年末，缴存总额 2365.38 亿元，同比增长 17.75%；缴存余额 911.14 亿元，同比增长 30.82%。

（二）提取：2017 年，提取额 141.80 亿元，同比下降 18.22%；占当年缴存额的 39.78%，比上年减少 24.6 个百分点。2017 年末，提取总额 1454.24 亿元，同比增长 10.81%。

（三）贷款：2017 年，发放个人住房贷款 5.32 万笔 179.07 亿元，同比下降 24.65%、24.22%。回收个人住房贷款 68.07 亿元。

2017 年末，累计发放个人住房贷款 48.73 万笔 975.77 亿元，贷款余额 656.83 亿元，同比分别增长 12.26%、22.48%、20.34%。个人住房贷款余额占缴存余额的 72.09%，比上年减少 6.2 个百分点。

2017 年，发放支持保障性住房建设项目贷款 0.4 亿元，回收项目贷款 0.9 亿元。2017 年末，累计发放项目贷款 10.73 亿元，项目贷款余额 1.6 亿元。

（四）购买国债：2017 年，购买国债 0 亿元，兑付、转让、收回国债 0 亿元。2017 年末，国债余额 0.19 亿元。

（五）资金存储：2017 年末，住房公积金存款 274.56 亿元（含 10.94 亿元住房公积金定期存单质押贷款）。其中，活期 9.63 亿元，1 年（含）以下定期 82.04 亿元，1 年以上定期 160.82 亿元，其他（协定、通知存款等）22.07 亿元。

（六）资金运用率：2017 年末，住房公积金个人住房贷款余额、项目贷款余额和购买国债余额的总和占缴存余额的 72.29%，比上年减少 6.4 个百分点。

三、主要财务数据

（一）业务收入：2017 年，业务收入 306519.64 万元，同比下降 0.02%。其中，存款利息 111861.21 万元，委托贷款利息 194288.50 万元，国债利息 219.39 万元，其他 150.54 万元。

（二）业务支出：2017 年，业务支出 149855.66 万元，同比下降 9.73%。其中，支付职工住房公积金利息118320.62万元，归集手续费0万元，委托贷款手续费9519.18万元，其他22015.86万元（其中，住房公积金质押贷款利息支出21401.49万元）。

（三）**增值收益**：2017年，增值收益156663.98万元，同比增长11.46%；增值收益率1.92%，比上年减少0.16个百分点。

（四）**增值收益分配**：2017年，提取贷款风险准备金32409.17万元，提取管理费用32570.55万元，提取城市廉租住房（公共租赁住房）建设补充资金141882.01万元，年末未分配增值收益105232.89万元。

2017年，上交财政管理费用29579.40万元，上缴财政城市廉租住房（公共租赁住房）建设补充资金113526.03万元。

2017年末，贷款风险准备金余额200631.46万元，累计提取城市廉租住房（公共租赁住房）建设补充资金606462.87万元。

（五）**管理费用支出**：2017年，管理费用支出28062.48万元，同比增长28.60%。其中，人员经费15387.75万元，公用经费2681.92万元，专项经费9992.81万元。

四、资产风险状况

（一）**个人住房贷款**：2017年末，个人住房贷款逾期额12363.05万元，逾期率1.9‰。

2017年，提取个人贷款风险准备金32249.17万元，使用个人贷款风险准备金核销呆坏账0万元。2017年末，个人贷款风险准备金余额199631.26元，占个人贷款余额的3.04%，个人贷款逾期额与个人贷款风险准备金余额的比率为6.19%。

（二）**住房公积金支持保障性住房建设项目贷款**：2017年末，逾期项目贷款0万元，逾期率为0‰。

2017年，提取项目贷款风险准备金160万元，使用项目贷款风险准备金核销呆坏账0万元。2017年末，项目贷款风险准备金余额1000.20万元，占项目贷款余额的6.25%，项目贷款逾期额与项目贷款风险准备金余额的比率为0%。

五、社会经济效益

（一）**缴存业务**：2017年，实缴单位数、实缴职工人数和缴存额增长率分别为-3.68%、-9.09%和32.38%。

缴存单位中，国家机关和事业单位占60.37%，国有企业占14.00%，城镇集体企业占4.44%，外商投资企业占0.64%，城镇私营企业及其他城镇企业占15.78%，民办非企业单位和社会团体占1.24%，其他占3.53%。

缴存职工中，国家机关和事业单位占36.50%，国有企业占41.66%，城镇集体企业占3.94%，外商投资企业占3.11%，城镇私营企业及其他城镇企业占9.93%，民办非企业单位和社会团体占0.60%，其他占4.26%；中、低收入占97.78%，高收入占2.22%。

新开户职工中，国家机关和事业单位占17.84%，国有企业占23.60%，城镇集体企业占4.25%，外商投资企业占22.89%，城镇私营企业及其他城镇企业占23.41%，民办非企业单位和社会团体占1.49%，其他占6.52%；中、低收入占99.15%，高收入占0.85%。

（二）提取业务：2017 年，58.54 万名缴存职工提取住房公积金 141.80 亿元。

提取金额中，住房消费提取占 70.60%（购买、建造、翻建、大修自住住房占 32.80%，偿还购房贷款本息占 18.32%，租赁住房占 18.69%，其他占 0.79%）；非住房消费提取占 29.40%（离休和退休提取占 22.72%，完全丧失劳动能力并与单位终止劳动关系提取占 2.53%，户口迁出所在市或出境定居占 0.35%，其他占 3.80%）。

提取职工中，中、低收入占 97.21%，高收入占 2.79%。

（三）贷款业务：2017 年，支持职工购建房 770.28 万平方米。年末个人住房贷款市场占有率为 26.00%，比上年同期减少 3.1 个百分点。通过申请住房公积金个人住房贷款，可节约职工购房利息支出 467734.47 万元。

职工贷款笔数中，购房建筑面积 90（含）平方米以下占 15.25%，90~144（含）平方米占 69.86%，144 平方米以上占 14.89%。购买新房占 75.71%（其中购买保障性住房占 2.46%），购买存量商品房占 17.15%，建造、翻建、大修自住住房占 1.64%，其他占 5.50%。

职工贷款笔数中，单缴存职工申请贷款占 40.15%，双缴存职工申请贷款占 55.84%，三人及以上缴存职工共同申请贷款占 4.01%。

贷款职工中，30 岁（含）以下占 24.86%，30 岁~40 岁（含）占 41.05%，40 岁~50 岁（含）占 24.35%，50 岁以上占 9.74%；首次申请贷款占 90.38%，二次及以上申请贷款占 9.62%；中、低收入占 95.59%，高收入占 4.41%。

2017 年，发放异地贷款 4775 笔 174142.10 万元。2017 年末，发放异地贷款总额 357275.88 万元，异地贷款余额 327781.08 万元。

2017 年末，全省有住房公积金试点城市 4 个，试点项目 9 个，贷款额度 10.73 亿元，建筑面积 116.04 万平方米，可解决 9744 户中低收入职工家庭的住房问题。8 个试点项目贷款资金已发放并还清贷款本息。

（四）住房贡献率：2017 年，个人住房贷款发放额、公转商贴息贷款发放额、项目贷款发放额、住房消费提取额的总和与当年缴存额的比率为 90.13%，比上年减少 53.45 个百分点。

六、其他重要事项

（一）当年住房公积金政策调整情况：

1. **认真落实"三去一降一补"政策，减轻实体企业成本**。印发《山西省住房和城乡建设厅关于进一步做好企业阶段性降低缴存比例和缓缴住房公积金工作的通知》（晋建金函〔2017〕273 号），提出加强宣传，加快审核工作要求，明确了企业申请将住房公积金缴存比例下调至 5% 或所属城市人民政府规定的最低缴存比例以下时，须经职工代表大会或工会讨论通过。

2. **取消由借款人承担担保费用的担保公司担保方式，减轻借款人负担**。《山西省住房和城乡建设厅对太原市〈关于规范担保公司担保模式的请示〉的批复》（晋建金函〔2017〕523 号），进一步明确取消由借款职工承担担保费用的贷款担保方式，要求积极推行开发商阶段性担保，减轻借款人负担。

3. **明确季节性外来务工人员提取公积金的政策等**。《山西省住房和城乡建设厅关于对公积金提取和贷款政策的批复》（晋建金函〔2017〕1303 号）提出：季节性外来务工人员及撤销、解散、破产企业职工提取住房公积金时需由单位统一组织办理提取手续。住房公积金管理中心不得向第三套房和同一家庭同一套住房发放3次（包括装修贷款）及以上住房公积金贷款。

（二）当年开展监督检查情况：

1. 认真核查骗提骗贷行为。根据《住房和城乡建设部关于核查骗提住房公积金案件的通知》（建金综函〔2017〕104号）和山西省公安厅要求，对骗提骗贷住房公积金案件中涉及我省的28名人员逐一进行排查，收回2人骗贷资金80万元和8人骗提资金53.68万元，参与骗提骗贷人员5年内不得提取住房公积金和申请住房公积金贷款。

2. 开展廉政风险隐患排查。2017年8月8日至9月6日，对运城、吕梁2市住房公积金廉政风险防控工作进行检查。下达《山西省住房和城乡建设厅关于吕梁市住房公积金管理有关问题整改的通知》（晋建金函〔2017〕1302号）、《山西省住房和城乡建设厅关于吕梁市方山县住房公积金管理违规问题整改的通知》（晋建金函〔2017〕1300号）、《山西省住房和城乡建设厅关于运城市住房公积金管理有关问题整改的通知》（晋建金函〔2017〕1301号），指出存在的问题，要求限期整改。

3. 积极督查有关问题整改。对长治、晋城市上年度廉政风险防控检查所提问题下达整改通知，提出整改要求。督促各市对省审计厅全面审计所提问题进行认真整改。

（三）当年服务改进情况： 组织开展全省住房公积金"最多跑一次"课题调研，推动全省住房公积金管理向住房公积金服务转变。一是改善服务环境，增加网点布局，为特殊群体设立绿色通道或专用窗口。二是进一步优化办事流程，简化办理手续，提高办事效率。三是提高信息化服务水平，开通了微信公众号、手机APP、网上办事大厅等服务渠道，将部分线下业务转移到了线上办理，进一步方便人民群众。

（四）当年信息化建设情况： 一是有效推进《住房公积金基础数据标准》和《住房公积金业务系统数据接口标准》的"双贯标"工作，全省11个市"双贯标"工作全面启动，并有8个市通过了部级验收，大大提高了住房公积金管理信息化水平，提升了服务缴存职工和防范资金风险的能力。二是指导督促11个市全部按要求全面启用全国住房公积金异地转移接续平台，为异地转移住房公积金的缴存职工提供便捷服务，让信息多跑路，职工少跑腿。

（五）当年住房公积金机构及从业人员所获荣誉情况： 2017年，我省住房公积金机构荣获国家级文明单位1个，地市级13个；省部级青年文明号6个，地市级1个；省部级五一劳动奖章1个，地市级1个；省部级三八红旗手1个；省部级先进集体和个人10个，地市级10个。

太原市住房公积金2017年年度报告

一、机构概况

（一）住房公积金管理委员会： 太原住房公积金管理委员会有27名委员。

（二）住房公积金管理中心： 太原市住房公积金管理中心为隶属于太原市人民政府不以营利为目的的公益一类事业单位，主要负责全市住房公积金的归集、管理、使用和会计核算。中心下设铁路分中心、省直分中心（未收回）、焦煤分中心（未收回）和14个处室，12个分理处。

市中心及铁路分中心从业人员共计340人，其中，在编226人，非在编114人；

省直分中心设4个处，从业人员27人，其中，在编16人，非在编11人；

焦煤分中心内设9个科室，2个管理部，从业人员91人，在编91人。

二、业务运行情况

（一）缴存：2017年，市中心及铁路分中心新开户单位681家，实缴单位9065家，净增单位311家；新开户职工12.56万人，实缴职工89.57万人，净增职工9.15万人；缴存额110.33亿元，同比增长24.89%。2017年末，缴存总额786.69亿元，同比增长16.31%；缴存余额324.48亿元，同比增长25.59%。

受委托办理住房公积金缴存业务的银行5家，与上年相比无变化。

2017年，省直分中心新开户单位26家，实缴单位323家，净增单位-50家；新开户职工0.22万人，实缴职工1.62万人，净增职工-0.56万人；缴存额1.96亿元，同比增长40%。2017年末，缴存总额8.28亿元，同比增长30.8%；缴存余额5.83亿元，同比增长28.4%。受委托办理住房公积金缴存业务的银行2家，与上年相比无变化。

2017年，焦煤分中心新开户单位4家，实缴单位149家，净增单位4家；新开户职工0.16万人，实缴职工13.05万人，净增职工-2.71万人；缴存额20.51亿元，同比下降42.91%。2017年末，缴存总额144.44亿元，同比增长14.21%；缴存余额43.99亿元。受委托办理住房公积金缴存业务的银行2家，与上年相比无变化。

（二）提取：2017年，市中心及铁路分中心提取额44.21亿元，同比下降8.32%，占当年缴存额的40.07%，比上年减少14.51个百分点，其中，市中心提取额34.93亿元，铁路分中心提取额9.28亿元。2017年末，提取总额462.21亿元，同比增长10.58%。

2017年，省直分中心提取额0.66亿元，同比增长15.79%；占当年缴存额的33.67%，比上年减少7个百分点。2017年末，提取总额2.45亿元，同比增长36.87%。

2017年，焦煤分中心提取额5.82亿元；占当年缴存额的28.38%，比上年减少65.40个百分点。2017年末，提取总额100.44亿元，同比增长6.15%。

（三）贷款：

1. 个人住房贷款：个人住房贷款最高额度80万元，其中，单缴存职工家庭最高额度50万元，双缴存职工家庭最高额度80万元。

2017年，市中心及铁路分中心发放个人住房贷款1.30万笔64.22亿元，同比下降44.44%、42.52%。其中，市中心发放个人住房贷款1.17万笔59.03亿元，铁路分中心发放个人住房贷款0.13万笔5.19亿元。回收个人住房贷款22.93亿元。其中，市中心20.78亿元，铁路分中心2.15亿元。2017年末，累计发放个人住房贷款12.10万笔、364.13亿元、贷款余额275.07亿元，同比分别增长12.04%、21.41%、17.66%。个人住房贷款余额占缴存余额的84.77%，比上年减少5.72个百分点。受委托办理住房公积金个人住房贷款业务的银行15家，比上年增加1家。

2017年，省直分中心发放个人住房贷款0.02万笔0.88亿元，同比分别下降26.97%、24.32%。

2017年，回收个人住房贷款0.32亿元。2017年末，累计发放个人住房贷款0.1万笔4.53亿元，贷款余额3.71亿元，同比分别增长25%、24.1%、17.78%。个人住房贷款余额占缴存余额的63.60%，比上年减少8.58个百分点。受委托办理住房公积金个人住房贷款业务的银行1家，与上年相比无变化。

2017年，焦煤分中心发放个人住房贷款0.07万笔2.02亿元。回收个人住房贷款1.16亿元。2017年末，累计发放个人住房贷款0.64万笔12.80亿元，贷款余额8.66亿元，同比分别增长12.28%、18.63%、11.03%。个人住房贷款余额占缴存余额的19.69%，比上年减少6.92个百分点。受委托办理住房公积金个人住房贷款业务的银行5家，与上年相比无变化。

2. **住房公积金支持保障性住房建设项目贷款**：2017年，市中心发放支持保障性住房建设项目贷款0.40亿元，回收项目贷款0亿元。2017年末，累计发放项目贷款5.20亿元，项目贷款余额1.60亿元。

（四）**融资**：2017年，焦煤分中心融资0亿元，归还22.96亿元。2017年末，融资总额28.68亿元，融资余额0亿元。

（五）**资金存储**：2017年末，市中心及铁路分中心住房公积金存款51.02亿元。其中，市中心住房公积金存款14.63亿元，铁路分中心住房公积金存款36.39亿元。其中，活期2.61亿元，1年以内定期（含）12.20亿元，1年以上定期21.58亿元，其他（协议、协定、通知存款等）14.63亿元。

2017年末，省直分中心住房公积金存款2.22亿元。其中，活期0.49亿元，1年（含）以下定期0.44亿元，1年以上定期1.29亿元。

2017年末，焦煤分中心住房公积金存款39.79亿元。其中，活期0.56亿元，1年（含）以下定期16.01亿元，1年以上定期14.43亿元，其他（协议、协定、通知存款等）8.79亿元。

（六）**资金运用率**：2017年末，市中心及铁路分中心住房公积金个人住房贷款余额、项目贷款余额的总和占缴存余额的85.27%，比上年下降5.68个百分点。

2017年末，省直分中心住房公积金个人住房贷款余额、项目贷款余额和购买国债余额的总和占缴存余额的63.50%，比上年减少8.42个百分点。

2017年末，焦煤分中心住房公积金个人住房贷款余额、项目贷款余额和购买国债余额的总和占缴存余额19.69%，比上年减少6.92个百分点。

三、主要财务数据

（一）**业务收入**：2017年，市中心及铁路分中心业务收入98118.19万元，同比增长4.60%。其中，市中心83444.43万元，铁路分中心14673.76万元；存款利息14880.67万元，委托贷款利息83206.80万元，其他30.72万元。

2017年，省直分中心业务收入1605.88万元，同比增长25.13%。存款利息513.45万元，委托贷款利息1092.43万元。

2017年，焦煤分中心业务收入21075.78万元，同比下降26.65%；存款利息18570.01万元，委托贷款利息2505.1万元，其他0.07万元。

（二）**业务支出**：2017年，市中心及铁路分中心业务支出54940.18万元，同比增长17.08%。其中，市中心46101.51万元，铁路分中心8838.67万元；支付职工住房公积金利息45447.60万元，归集手续费用 0 万元，委托贷款手续费 4161.31 万元，其他 5331.27 万元（其中，存单质押借款利息支出 5182.40 万元）。

2017 年，省直分中心业务支出 730.25 万元，同比增长 14.84%。其中，支付职工住房公积金利息 674.4 万元，归集手续费 0 万元，委托贷款手续费 55.61 万元，其他 0.24 万元。

2017 年，焦煤分中心业务支出 7437.36 万元，同比下降 56.04%。其中，支付职工住房公积金利息 3310.34 万元，归集手续费 0 万元，委托贷款手续费 114.66 万元，其他 4012.36 万元。

（三）增值收益：2017 年，市中心及铁路分中心增值收益 43178.01 万元，同比下降 7.90%。其中，市中心 37342.92 万元，铁路分中心 5835.09 万元；增值收益率 1.46%，比上年减少 0.44 个百分点。

2017 年，省直分中心增值收益 875.63 万元，同比增长 35.24%。增值收益率 2%，比上年增加 0.67 个百分点。

2017 年，焦煤分中心增值收益 13638.41 万元，同比增长 15.46%。其中，增值收益率 3.09%，比上年减少 0.09 个百分点。

（四）增值收益分配：2017 年，市中心及铁路分中心提取贷款风险准备金 4289.05 万元，提取管理费用 6400.49 万元，提取城市廉租房建设补充资金 69147.89 万元（其中，提取 2016 年城市廉租房建设补充资金 36659.42 万元，提取 2017 年城市廉租房建设补充资金 32488.47 万元）。上交财政管理费用 6400.49 万元。市中心上缴财政的城市廉租房建设补充资金 28865.61 万元。2017 年末，贷款风险准备金余额 28147.28 万元。累计提取城市廉租房建设补充资金 264791.45 万元。其中，市中心提取 219595.01 万元，铁路分中心提取 45196.44 万元。

2017 年，省直分中心提取贷款风险准备金 353.98 万元，提取管理费用 605.12 万元。上交财政管理费用 386.43 万元。2017 年末，贷款风险准备金余额 741.04 万元。

2017 年，焦煤分中心提取贷款风险准备金 85.69 万元，提取管理费用 2451.11 万元，提取城市廉租住房（公共租赁住房）建设补充资金 11703.93 万元。2017 年末，贷款风险准备金余额 865.61 万元。累计提取城市廉租住房（公共租赁住房）建设补充资金 28127 万元。

（五）管理费用支出：2017 年，市中心及铁路分中心管理费用支出 6518.25 万元，同比增长 28.65%。其中，人员经费 3526.96 万元，公用经费 331.29 万元，专项经费 2660.00 万元。市中心管理费用支出 5246.19 万元，其中，人员、公用、专项经费分别为 2835.76 万元、269.45 万元、2140.98 万元；铁路分中心管理费用支出 1272.06 万元，其中，人员、公用、专项经费分别为 691.20 万元、61.84 万元、519.02 万元。

2017 年，省直分中心管理费用支出 312.22 万元，同比下降 20.55%。其中，人员经费 195.44 万元，公用经费 8.43 万元，专项经费 108.35 万元。

2017 年，焦煤分中心管理费用支出 2451.11 万元，其中，人员、公用、专项经费分别为 1450 万元、230 万元、771.11 万元。

四、资产风险状况

（一）个人住房贷款：2017 年末，市中心及铁路分中心个人住房贷款逾期额 5830.60 万元，逾期率 2.12‰。其中，市中心 2.26‰，铁路分中心 0.52‰。个人贷款风险准备金按贷款余额的 1% 提取。2017

年，提取个人贷款风险准备金 4129.05 万元，未使用个人贷款风险准备金。2017 年末，个人贷款风险准备金余额为 27507.28 万元，占个人住房贷款余额的 1%，个人贷款逾期额与个人贷款风险准备金余额的比率为 21.20%。

2017 年末，省直分中心个人住房贷款逾期额 0 万元，逾期率 0‰。个人贷款风险准备金按贷款余额的 2% 提取。2017 年，提取个人贷款风险准备金 353.98 万元，未使用个人贷款风险准备金。2017 年末，个人贷款风险准备金余额 741.04 万元，占个人住房贷款余额的 2%，个人住房贷款逾期额与个人贷款风险准备金余额的比率为 0%。

2017 年末，焦煤分中心个人住房贷款逾期额 0 万元，逾期率 0‰。个人贷款风险准备金按（贷款余额或增值收益）的 1% 提取。2017 年，提取个人贷款风险准备金 85.69 万元，未使用个人贷款风险准备金。2017 年末，个人贷款风险准备金余额 865.61 万元，占个人住房贷款余额的 1%，个人住房贷款逾期额与个人贷款风险准备金余额的比率为 0%。

（二）住房公积金支持保障性住房建设项目贷款：2017 年末，市中心无逾期项目贷款。项目贷款风险准备金按贷款余额的 4% 提取。2017 年，提取项目贷款风险准备金 160 万元，未使用项目贷款风险准备金，项目贷款风险准备金余额为 640 万元，占项目贷款余额的 4%，项目贷款逾期额与项目贷款风险准备金余额的比率为 0%。

五、社会经济效益

（一）缴存业务：2017 年，市中心及铁路分中心实缴单位数、实缴职工人数和缴存额同比分别增长 4.66%、2.25% 和 24.89%。缴存单位中，国家机关和事业单位占 38.04%，国有企业占 17.43%，城镇集体企业占 5.70%，外商投资企业占 1.80%，城镇私营企业及其他城镇企业占 33.24%，民办非企业单位和社会团体占 3.15%，其他占 0.64%。缴存职工中，国家机关和事业单位占 21.77%，国有企业占 48.40%，城镇集体企业占 5.63%，外商投资企业占 9.67%，城镇私营企业及其他城镇企业占 13.02%，民办非企业单位和社会团体占 1.39%，其他占 0.12%；中、低收入占 99.60%，高收入占 0.40%。新开户职工中，国家机关和事业单位占 6.21%，国有企业占 17.78%，城镇集体企业占 5.46%，外商投资企业占 45.87%，城镇私营企业及其他城镇企业占 22.14%，民办非企业单位和社会团体占 2.24%，其他占 0.3%；中、低收入占 100.00%，高收入占 0.00%。

2017 年，省直分中心实缴单位数、实缴职工人数分别减少 13.4%、25.7%，缴存额同比增加 40%。缴存单位中，国家机关和事业单位占 95.98%，国有企业占 2.48%，其他占 1.54%。缴存职工中，国家机关和事业单位占 92.57%，国有企业占 7.17%，其他占 0.26%；中、低收入占 99.91%，高收入占 0.09%。新开户职工中，国家机关和事业单位占 46.14%，国有企业占 29.8%，其他占 24.06%；中、低收入占 99.91%，高收入占 0.09%。

2017 年，焦煤分中心实缴单位数、实缴职工人数人和缴存额，同比分别增长 2.76%、-17.54% 和 1799.07%。缴存单位中，国有企业占 100%。缴存职工中，国有企业占 100%；中、低收入占 96.10%，高收入占 3.90%。新开户职工中，国有企业占 100%；中、低收入占 100%，高收入人占 0%。

（二）提取业务：2017 年，市中心及铁路分中心 15.11 万名缴存职工提取住房公积金 44.21 亿元。提取金额中，住房消费提取占 72.72%（购买、建造、翻建、大修自住住房占 31.81%，偿还购房贷款本息占 26.83%，租赁住房占 14.05%，其他占 0.03%）；非住房消费提取占 27.28%（离休和退休提取占 22.77%，完全丧失劳动能力并与单位终止劳动关系提取占 3.66%，户口迁出本市或出境定居占 0.01%，其他占 0.84%）。提取职工中，中、低收入占 99.46%，高收入占 0.54%。

2017 年，省直分中心 0.24 万名缴存职工提取住房公积金 0.66 亿元。提取金额中，住房消费提取占 67.55%（购买、建造、翻建、大修自住住房占 23.54%，偿还购房贷款本息占 26.00%，租赁住房占 17.90%）；非住房消费提取占 32.45%（离休和退休提取占 28.61%，户口迁出本市或出境定居占 2.45%，其他占 1.39%）。提取职工中，中、低收入占 99.67%，高收入占 0.33%。

2017 年，焦煤分中心 1.08 万名缴存职工提取住房公积金 5.82 亿元。提取金额中，住房消费提取占 50.86%（购买、建造、翻建、大修自住住房占 50.86%）；非住房消费提取占 49.14%（离休和退休提取占 38.95%，完全丧失劳动能力并与单位终止劳动关系提取占 1.51%，其他占 8.69%）。提取职工中，中、低收入占 94.67%，高收入占 5.33%。

（三）贷款业务：

1. **个人住房贷款**：2017 年，市中心及铁路分中心支持职工购建房 222.03 万平方米，年末个人住房贷款市场占有率为 19.83%，比上年减少 8.67 个百分点。通过申请住房公积金个人住房贷款，可节约职工购房利息支出 228620.77 万元。职工贷款笔数中，购房建筑面积 90（含）平方米以下占 22.89%，90~144（含）平方米占 61.03%，144 平方米以上占 16.08%。购买新房占 78.33%（其中购买保障性住房占 1.15%），购买存量商品住房占 19.57%，建造、翻建、大修自住住房占 2.10%。职工贷款笔数中，单缴存职工申请贷款占 18.33%，双缴存职工申请贷款占 80.53%，三人缴存职工共同申请贷款占 1.14%。贷款职工中，30 岁（含）以下占 25.45%，30 岁~40 岁（含）占 45.70%，40 岁~50 岁（含）占 21.90%，50 岁以上占 6.95%；首次申请贷款占 99.98%，二次申请贷款占 0.02%；中、低收入占 90.23%，高收入占 9.77%。

2017 年，省直分中心支持职工购建房 2.03 万平方米，年末个人住房贷款市场占有率为 0.27%，比上年减少 1.06 个百分点。通过申请住房公积金个人住房贷款，可节约职工购房利息支出 3484.42 万元。职工贷款笔数中，购房建筑面积 90（含）平方米以下占 26.7%，90~144（含）平方米占 52.84%，144 平方米以上占 20.45%。购买新房占 27.84%，购买存量商品住房占 36.36%，建造、翻建、大修自住住房占 3.41%，其他占 32.39%。职工贷款笔数中，单缴存职工申请贷款占 14.77%，双缴存职工申请贷款占 85.71%。贷款职工中，30 岁（含）以下占 11.93%，30 岁~40 岁（含）占 61.93%，40 岁~50 岁（含）占 18.75%，50 岁以上占 7.39%；首次申请贷款占 90.34%，二次及以上申请贷款占 9.66%；中、低收入占 99.43%，高收入占 0.57%。

2017 年，焦煤分中心支持职工购建房 26.24 万平方米，年末个人住房贷款市场占有率为 0.62%，比上年减少 2.67 个百分点。通过申请住房公积金个人住房贷款，可节约职工购房利息支出 3630 万元。职工贷款笔数中，购房建筑面积 90（含）平方米以下占 9.15%，90~144（含）平方米占 75.82%，144 平方米以上占 15.03%。购买新房占 86.61%（其中购买保障性住房占 35.80%），购买存量商品住房占 1.78%，其他占 11.61%。职工贷款笔数中，单缴存职工申请贷款占 84.29%，双缴存职工申请贷款占 15.71%。贷款职工中，30 岁（含）以下占 35.79%，30 岁~40 岁（含）占 40.03%，40 岁~50 岁（含）占 21.17%，50 岁以上占 3.01%；首次申请贷款占 100%；中、低收入占 97.95%，高收入占 2.05%。

2. 异地贷款：2017年，市中心及铁路分中心发放异地贷款757笔38624万元。2017年末，发放异地贷款总额79986.30万元，异地贷款余额75505.71万元。

2017年，焦煤分中心发放异地贷款6笔325万元。2017年末，发放异地贷款总额325万元，异地贷款余额322.91万元。

3. 住房公积金支持保障性住房建设项目贷款：2017年末，市中心累计试点项目3个，贷款额度6.10亿元，建筑面积41.50万平方米，可解决4297户中低收入职工家庭的住房问题。2个试点项目贷款资金已发放并还清贷款本息。

（四）住房贡献率：2017年，市中心及铁路分中心个人住房贷款发放额、项目贷款发放额、住房消费提取额的总和与当年缴存额的比率为98.64%，比上年同期减少69.08个百分点。

2017年，省直分中心个人住房贷款发放额、公转商贴息贷款发放额、项目贷款发放额、住房消费提取额的总和与当年缴存额的比率为78.8%，比上年减少44.67个百分点。

2017年，焦煤分中心个人住房贷款发放额、公转商贴息贷款发放额、项目贷款发放额、住房消费提取额总和与当年缴存额的比率为38.23%。

六、其他重要事项

（一）当年机构及职能调整情况：2017年9月，我中心为了加强住房公积金个人贷款发放工作，提高资金使用效率，经市财政局批准在光大银行太原分行新开设住房公积金委托贷款专户，专项用于办理住房公积金个人贷款业务。根据财政账户管理"总量不变"的开户原则，中心撤销了开设在交通银行河西支行的项目贷款专用账户。

（二）当年住房公积金政策调整及执行情况：

1. 当年缴存政策调整情况

（1）2017年6月22日发布《关于做好2017年度住房公积金缴存基数和缴存比例调整工作的通知》（并公积金〔2017〕37号），明确了2017年度太原地区住房公积金缴存标准。一是确定最低缴存基数：迎泽、尖草坪、杏花岭、万柏林、晋源、小店、古交为1620元，清徐为1520元，阳曲为1420元，娄烦为1320元。二是确定最高缴存基数：16206元。三是确定缴存比例：住房公积金缴存比例不得低于单位10%、个人6%，不得高于单位12%、个人12%，在上述范围内应当以偶数分别确定单位和个人缴存比例。生产经营困难的企业，可以按照《太原市单位申请降低住房公积金缴存比例或者缓缴相关事项的规定》（并公积金〔2015〕19号）申请降低缴存比例或缓缴。

（2）全面开通异地转移接续业务，实现了职工住房公积金"账随人走、钱随账走"。从2017年4月1日起，我中心正式接入全国住房公积金异地转移接续平台。若职工跨设区城市工作调动或者异地再就业时，调入地或者新工作地公积金中心为职工设立住房公积金账户后，经职工本人或者单位经办人申请，可以直接将原工作地住房公积金账户信息及资金同步进行异地转入。

2. 当年提取政策调整情况

（1）停止办理部分非住房消费类提取。从2017年1月1日起，停止办理享受城镇最低生活保障、患重大疾病造成家庭生活严重困难、因见义勇为造成人身伤害、本人或直系亲属发生不可预见灾难性事故和外来务工人员五种类型的住房公积金提取。

（2）取消购买、建造、翻建、大修自住住房和偿还住房贷款本息父母子女住房公积金互提政策。从2017年4月1日起，购买、建造、翻建、大修自住住房提取申请人只能为所有权人及配偶，偿还住房贷款本息提取申请人只能为借款人及配偶。

（3）调整偿还住房贷款本息提取住房公积金额度。从2017年4月1日起，借款人本人及配偶偿还住房贷款本息合计提取金额不得超过申请日之前12个月内足额还本付息的金额与提前还本付息金额之和。

（4）明确了《房屋所有权证》换领为《不动产权证书》后的提取条件。自2017年4月1日起，在2014年12月底前取得《房屋所有权证》后换领为《不动产权证书》的，或者2015年1月以后取得《房屋所有权证》且办理过住房公积金提取并换领为《不动产权证书》的，均不能再以取得《不动产权证书》申请住房公积金提取。

（5）简化相关提取资料。从2017年4月1日起，职工达到法定退休年龄（男60周岁，女55周岁）且住房公积金账户已经封存，申请销户提取不再提供退休证；取消职工到国外或者港、澳、台地区定居提取住房公积金申请资料中的工资停发证明。

（6）调整解除或终止劳动合同关系提取政策。根据山西省住房与城乡建设厅《关于及时调整住房公积金提取政策的通知》（晋建金函〔2017〕855号）文件规定，从2017年9月1日起，缴存职工与单位终止或者解除劳动合同关系，住房公积金账户由原单位申请办理封存；缴存职工达到法定退休年龄或者符合住房消费相关政策时可以申请提取；缴存职工在太原市行政区域内重新就业，需由原单位申请办理住房公积金账户同城转移；缴存职工在太原市行政区域以外重新就业，需由本人向新单位缴存地住房公积金管理中心申请住房公积金账户异地转移。

3. 当年贷款政策调整情况

为了落实2016年12月中央经济工作会议提出的"房子是用来住的，不是用来炒的"指导思想，配合我市房地产调控目标，鼓励和培育购买刚需住房，抑制投机炒作住房，2017年我中心两次调整个贷政策。

（1）2017年4月1日起，购房最高贷款额度由100万元调整为80万元，且与缴存年限、单双缴存职工挂钩。

（2）停办了装修贷款、第三套购房贷款、非城镇住宅用地建设房屋的贷款。

（3）增加了部分商转公贷款业务并调整了商转公贷款流程。借款人在申请了商业贷款后欲转为公积金贷款，但公积金个人贷款额度不足以全部结清商业性个人住房贷款时，可申请使用住房公积金贷款偿还部分商业贷款，同时将商转公贷款资金划入借款人账户调整为直接划转至借款人贷款银行账户。截至2017年底，我中心已在建设银行、工商银行、交通银行、兴业银行、光大银行、农业银行六家银行开通此业务。

（4）增加二手房商转公贷款办理抵押权顺位后可发放贷款的业务；申请二手房商转公贷款并符合中心其它贷款条件时，申请人可将已在商业银行办理抵押的该房产办理除该商业贷款外的第一抵押权顺位后获得住房公积金个人贷款。

（5）公积金贷款和商业贷款组合贷款的合作银行为：工商银行、中国银行、建设银行、交通银行、光大银行、兴业银行和华夏银行。

4. 当年住房公积金存贷款利率执行标准

2017年，中国人民银行对个人住房公积金贷款利率未做调整，仍执行2016年的标准，即五年期以上个人住房公积金贷款利率为3.25％，五年期以下（含五年）个人住房公积金贷款利率为2.75％。但我中心对购买第二套改善型住房申请公积金贷款实行差别化利率，按照同期首套住房公积金个人贷款利率的1.1倍计息。

（三）服务改进情况：

1. **规范了灵活就业人员住房公积金的建立和使用**。进一步完善了灵活就业人员住房公积金业务承办机构准入条件，按照新标准新增授权三家人力资源服务机构。截至2017年底，灵活就业人员申请设立账户并缴存的共有4029人，已向其中169人发放公积金贷款8011万元，有效地畅通了灵活就业人员公积金缴存使用通道。

2. **实行规范化服务**。积极推行"首问责任制、限时办结制、一次性告知制、服务承诺制、离岗告示制"，全面实行"一站式"服务，推广"预约服务和上门服务"，提升服务水平和服务质量。

3. **畅通服务监督方式**。通过12329服务热线、行风热线、中心门户网站、主任信箱、各业务大厅服务电话和稽查队服务电话进行业务查询、政策咨询、建言献策以及投诉监督。

（四）当年信息化建设情况：

1. **"双贯标"建设工作圆满完成**。按照住房城乡建设部和省住房城乡建设厅要求，完成了住房公积金数据基础和实时结算应用系统"双贯标"建设，并在全省率先通过部省联合检查验收。

2. **实现了住房公积金异地转移接续平台与中心业务核心系统对接工作**。借助住房城乡建设部结算应用系统，建立了住房公积金异地转移接续模块，并将异地转移接续设计嵌入中心核心业务系统，实现了异地转移接续业务与中心核心业务系统无缝对接。

3. **建立健全中心信息化制度建设**。为加强和规范中心信息化管理，出台《2017年度信息化建设实施方案》、《关于成立网络与信息安全领导小组及加强中心网络与信息安全管理工作的通知》、《网络与信息安全管理实施细则（试行）及网络与信息安全保密承诺书》、《网络与信息安全突发事件应急预案（试行）》等制度，进一步健全和完善中心信息化建设及网络与信息安全管理体系，为中心网络与信息安全提供了制度保障。

（五）风险防控情况：为了切实维护广大公积金缴存人的合法权益，打击和处理利用虚假材料套取住房公积金行为，2017年，我中心对铁路分中心、各分理处的提取业务、贷款业务进行了稽核检查，要求各业务承办部门在审核资料时严格把关。2017年，各业务窗口通过询问、上网核查、与相关单位打电话核实等手段及时阻止利用虚假材料套取住房公积金的案件60多起，当场没收虚假资料28套，追回骗提的住房公积金18.05万元，有效遏制了骗提骗贷事件的发生。

（六）当年住房公积金管理中心所获荣誉情况：

1. 2017年1月18日被山西省住房和城乡建设厅评为"2016年度全省住房公积金管理中心优秀单位"。

2. 2017年11月6日被太原市精神文明建设委员会认定为"2016年度文明单位标兵"。

3. 2017年11月10日被山西省住房和城乡建设厅精神文明建设指导委员会办公室命名为"2016年度山西省青年文明号"。

大同市住房公积金 2017 年年度报告

一、机构概况

（一）**住房公积金管理委员会**：住房公积金管理委员会有 25 名委员，2017 年召开 1 次会议，审议通过的事项主要包括：大同市住房公积金 2016 年年度报告；大同市住房公积金关于 2017 年住房公积金归集、使用及增值收益计划建议和 2016 年增值收益分配方案的报告；大同市住房公积金管理中心关于核定 2017 度大同市住房公积金缴存工资基数的议案；大同市住房公积金管理中心关于调整个人住房公积金贷款有关政策的议案；大同市住房公积金管理中心关于信息化建设相关事项的议案。

（二）**住房公积金管理中心**：住房公积金管理中心为市政府直属不以营利为目的的参公事业单位，设 10 个科室，11 个管理部，1 个分中心（同煤分中心目前未纳入中心统一管理）。从业人员 117 人，其中，在编 69 人，非在编 48 人。

二、业务运行情况

（一）**缴存**：2017 年，新开户单位 359 家，实缴单位 3353 家，净增单位 282 家；新开户职工 1.87 万人，实缴职工 29.88 万人，净增职工－4.03 万人；缴存额 35.72 亿元，同比增长 28.26%。2017 年末，缴存总额 240.2 亿元，同比增长 17.53%；缴存余额 68.68 亿元，同比增长 41.62%。

受委托办理住房公积金缴存业务的银行 5 家，本年缴存业务银行没有增加没有减少。

（二）**提取**：2017 年，提取额 15.53 亿元，同比下降 38.65%；占当年缴存额的 43.48%，比上年减少 47.43 个百分点。2017 年末，提取总额 171.52 亿元，同比增长 10.04%。

（三）**贷款**：个人住房贷款：个人住房贷款最高额度 80 万元，其中，单缴存职工最高额度 80 万元，双缴存职工最高额度 80 万元。

2017 年，发放个人住房贷款 0.46 万笔 14.41 亿元，同比分别增长 0.69%、14.18%。其中，市中心发放个人住房贷款 0.34 万笔 10.59 亿元，同煤分中心发放个人住房贷款 0.12 万笔 3.82 亿元。

2017 年，回收个人住房贷款 4.44 亿元。其中，市中心 4.13 亿元，同煤分中心 0.31 亿元。

2017 年末，累计发放个人住房贷款 2.75 万笔 62.72 亿元，贷款余额 47.64 亿元，同比分别增长 20.22%、29.82%、26.47%。个人住房贷款余额占缴存余额的 69.37%，比上年减少 8.29 个百分点。

受委托办理住房公积金个人住房贷款业务的银行 5 家，本年贷款业务银行没有增加没有减少。

（四）**资金存储**：2017 年末，住房公积金存款 25.03 亿元。其中，活期 1.72 亿元，1 年（含）以下定期 15.65 亿元，1 年以上定期 5.73 亿元，其他（协定、通知存款等）1.93 亿元。

（五）**资金运用率**：2017 年末，住房公积金个人住房贷款余额、项目贷款余额和购买国债余额的总和占缴存余额的 69.37%，比上年减少 8.29 个百分点。

三、主要财务数据

（一）**业务收入**：2017年，业务收入19814.67万元，同比增长5.5%。其中，市中心15455.84万元，同煤分中心4358.83万元；存款利息6200.4万元，委托贷款利息13614.27万元。

（二）**业务支出**：2017年，业务支出9665.44万元，同比下降11.26%。其中，市中心8037.94万元，同煤分中心1627.5万元；支付职工住房公积金利息8582.95万元，委托贷款手续费352.3万元，其他730.19万元（含定期存单质押贷款利息支出729.29万元）。

（三）**增值收益**：2017年，增值收益10149.22万元，同比增长28.64%。其中，市中心7417.9万元，同煤分中心2731.32万元；增值收益率1.67%，比上年增加0.43个百分点。

（四）**增值收益分配**：2017年，提取贷款风险准备金1403.34万元，提取城市廉租住房（公共租赁住房）建设补充资金8745.88万元。

2017年，上缴财政城市廉租住房（公共租赁住房）建设补充资金12557.38万元。

2017年末，贷款风险准备金余额6576.87万元。累计提取城市廉租住房（公共租赁住房）建设补充资金52484.26万元。

（五）**管理费用支出**：2017年，管理费用支出2503万元，同比增长146.87%。其中，人员经费760.74万元，公用经费80.55万元，专项经费1661.71万元。

市中心管理费用支出2405.57万元，其中，人员、公用、专项经费分别为702.56万元、41.3万元、1661.71万元；同煤分中心管理费用支出97.43万元，其中，人员、公用经费分别为58.18万元、39.25万元。

四、资产风险状况

个人住房贷款：2017年末，个人住房贷款逾期额815.14万元，逾期率1.71‰。其中，市中心2.01‰，同煤分中心逾期率为零。

个人贷款风险准备金按贷款余额的1%提取。2017年，提取个人贷款风险准备金1403.34万元，当年未使用个人贷款风险准备金核销呆坏账。2017年末，个人贷款风险准备金余额6576.87万元，占个人住房贷款余额1.38%，个人住房贷款逾期额与个人贷款风险准备金余额的比12.39%。

五、社会经济效益

（一）**缴存业务**：2017年，实缴单位数、实缴职工人数同比分别降低24.41%、26.22%，缴存额同比增长28.26%。

缴存单位中，国家机关和事业单位占38.99%，国有企业占27.83%，城镇集体企业占0.59%，外商投资企业占1.84%，城镇私营企业及其他城镇企业占4.04%，民办非企业单位和社会团体占2.71%，其他占24%。

缴存职工中，国家机关和事业单位占39.86%，国有企业占49.92%，城镇集体企业占0.7%，外商投资企业占0.73%，城镇私营企业及其他城镇企业占1.77%，民办非企业单位和社会团体占0.09%，其他占6.93%；中、低收入占92.03%，高收入占7.97%。

新开户职工中，国家机关和事业单位占 36.33%，国有企业占 40.52%，城镇集体企业占 0.44%，外商投资企业占 1.02%，城镇私营企业及其他城镇企业占 11.15%，民办非企业单位和社会团体占 0.19%，其他占 10.35%；中、低收入占 97.26%，高收入占 2.74%。

（二）**提取业务**：2017 年，5.8 万名缴存职工提取住房公积金 15.53 亿元。

提取金额中，住房消费提取占 75.76%（购买、建造、翻建、大修自住住房占 37.66%，偿还购房贷款本息占 11.83%，租赁住房占 21.21%，其他占 5.06%）；非住房消费提取占 24.24%（离休和退休提取占 22.74%，完全丧失劳动能力并与单位终止劳动关系提取占 0.27%，户口迁出本市或出境定居占 1.23%，其他占 0.001%）。

提取职工中，中、低收入占 88.06%，高收入占 11.94%。

（三）**贷款业务**：

1. **个人住房贷款**：2017 年，支持职工购建房 54.26 万平方米，年末个人住房贷款市场占有率为 53%，比上年减少 0.96 个百分点。通过申请住房公积金个人住房贷款，可节约职工购房利息支出 19794.45 万元。

职工贷款笔数中，购房建筑面积 90（含）平方米以下占 7.08%，90～144（含）平方米占 82.08%，144 平方米以上占 10.84%。购买新房占 79.25%，购买存量商品住房占 4.48%，其他（拆迁购房、装修、商转公）占 16.27%。

职工贷款笔数中，单缴存职工申请贷款占 84.27%，双缴存职工申请贷款占 15.73%。

贷款职工中，30 岁（含）以下占 27.68%，30 岁～40 岁（含）占 41.92%，40 岁～50 岁（含）占 22.03%，50 岁以上占 8.37%；首次申请贷款占 99.96%，二次及以上申请贷款占 0.04%；中、低收入占 94.18%，高收入占 5.82%。

2. **异地贷款**：2017 年，发放异地贷款 808 笔 25339.3 万元。2017 年末，发放异地贷款总额 93054.5 万元，异地贷款余额 81241.72 万元。

（四）**住房贡献率**：2017 年，个人住房贷款发放额、住房消费提取额的总和与当年缴存额的比率为 83.82%，比上年减少 52.4 个百分点。

六、其他重要事项

（一）当年住房公积金政策调整及执行情况：

1. **2017 年住房公积金缴存基数**：按照山西省统计信息网发布的《2016 年山西省非私营单位就业人员年平均工资 53705 元》中指出，大同市 2016 年非私营单位就业人员年平均工资为 53804 元，大同市月平均工资据此核定为 4483.66 元。根据建金管〔2005〕5 号文件规定，缴存住房公积金的月工资基数，原则上不应超过职工工作所在地设区城市统计部门公布的上一年度职工月平均工资的 2 倍或 3 倍，不低于当地最低工资标准。据此核定大同市住房公积金 2017 年度职工住房公积金月缴存工资基数上限为 13451 元，职工住房公积金月缴存工资基数下限为 1400 元。

2. **2017 年住房公积金缴存比例**：存单位和个人住房公积金缴存比例最高 12%，最低 5%。

3. **当年个人住房贷款最高贷款额度、贷款条件等贷款政策调整**：2017 年个人住房公积金最高额度为 80 万元，贷款最长年限 30 年。

降低开发企业住房公积金贷款阶段性保证金比例：住房公积金贷款阶段性保证金比例由 10% 降为 5%，上市房地产开发企业一次性降为零。

规范借款人住房贷款征信条件：已结清的助学贷款不再纳入审查范围。

4. 当年住房公积金存贷款利率执行标准：

2017 年职工住房公积金账户存款利率：一年期定期存款基准利率 1.5%。

2017 年住房公积金贷款利率：5 年期以内（含 5 年）执行利率为 2.75%，5 年期以上执行利率为 3.25%。

（二）**当年服务改进情况：** 改善基础设施条件，全面优化服务环境。2017 年上半年顺利搬迁了新的业务办公大楼，新的服务大厅可以同时办理归集、支取、贷款等公积金业务，工农中建交五大合作银行也全部入驻，实现了"一站式"服务。大厅为办事群众安装了中央空调，设置了服务等候区和网缴体验区，安装了叫号机和饮水机，为群众免费复印各类业务资料。

（三）**当年信息化建设情况：** 2017 年 7 月成功接入全国异地转移接续平台，为全市调出的职工和外地调入的职工办理公积金转移手续提供了极大的便利，真正实现了"账随人走，钱随账走"的要求。

2017 年 9 月 22 日，我市住房公积金综合业务管理系统成功上线，实现了科学化、标准化、规范化，风险防控由"人控"升级为"机控"，提升了住房公积金信息化建设水平和风险防控能力，归集实现了自主管理，提取实现了秒级到账，贷款实现了初审委托和中心复核放款的快捷办理模式。

阳泉市住房公积金 2017 年年度报告

一、机构概况

（一）**住房公积金管理委员会：** 住房公积金管理委员会有 29 名委员，2017 年召开一次会议，审议通过的事项主要包括：

1.《关于〈2016 年全市住房公积金归集、使用计划执行情况暨 2017 年住房公积金归集、使用计划的报告〉的批复》。

2.《关于对市住房公积金 2016 年度报告信息披露请示的批复》。

3.《关于调整我市特殊群体办理公积金贷款额度的请示》。

4.《关于放宽购买棚户区改造安置用房等住房项目办理住房公积金贷款业务条件的请示》。

5.《关于调整我市缴存职工住房公积金贷款额度的请示》。

6.《关于增加住房公积金贷款担保方式的请示》。

7.《关于对 2016 年度住房公积金增值收益分配方案的请示》。

（二）**住房公积金管理中心：** 阳泉市住房公积金管理中心为市政府直属参照公务员管理的不以营利为目的的全额事业单位。中心设 6 个科室，4 个管理部，1 个分中心及 1 个综合客户服务中心。从业人员 77 人，其中，在编 41 人，非在编 36 人。

二、业务运行情况

（一）缴存：2017年，新开户单位73家，实缴单位1623家，净增单位17家；新开户职工0.49万人，实缴职工17.84万人，净增职工-0.96万人；缴存额16.03亿元，同比增长62.58％。2017年末，缴存总额119.27亿元，同比增长15.53％；缴存余额32.93亿元，同比增长53.88％。

受委托办理住房公积金缴存业务的银行6家，无新增受托银行。

（二）提取：2017年全年提取4.5亿元，提取占当年缴存额的比率28.07％，比上年同期减少82.88个百分点。2017年末，提取总额86.34亿元，同比增长5.5％。

（三）贷款：

个人住房贷款：个人住房贷款最高额度为80万元，其中，单缴存职工最高额度80万元，双缴存职工最高额度80万元。阳煤分中心个人住房贷款最高额度为50万元。受委托办理住房公积金个人住房贷款业务的银行共计6家，无新增受托银行。

2017年，发放个人住房贷款0.1883万笔5.35亿元，同比分别增长30.67％、60.66％。其中，市中心发放个人住房贷款0.1683万笔5亿元，分中心发放个人住房贷款0.02万笔0.35亿元。

2017年，回收个人住房贷款2.24亿元。其中，市中心1.6亿元，分中心0.64亿元。

2017年，累计发放个人住房贷款2.1236万笔33.49亿元，贷款余额15.88亿元，同比增长12.12％、19.01％、24.45％。个人住房贷款余额占缴存余额的48.22％，比上年同期减少11.41个百分点。

受委托办理住房公积金个人住房贷款业务的银行6家，无新增受托银行。

（四）融资：2017年归还融资4.57亿元。2017年融资总额18.24亿元已全部归还，融资余额为零。

（五）资金存储：2017年底，住房公积金存款额22.2亿元。其中，活期0.58亿元，1年以内定期3.95亿元，1年以上定期15.65亿元，其他（协议、协定、通知存款等）2.02亿元。

（六）资金运用率：2017年末，住房公积金个人住房贷款余额、项目贷款余额和购买国债余额的总和占缴存余额的48.22％，比上年减少11.41个百分点。

三、主要财务数据

（一）业务收入：2017年，住房公积金业务收入共计12954.43万元，同比降低8.48％。存款利息收入8375.95万元，委托贷款利息收入4551.02万元，其他收入27.46万元。

（二）业务支出：2017年，住房公积金业务支出5001.85万元，同比降低28.81％。住房公积金利息支出3689.63万元，委托贷款手续费支出258.56万元，其他支出1053.66万元。

（三）增值收益：2017年，增值收益7952.59万元（市中心5767.89万元，分中心2184.7万元），同比增加11.56％。增值收益率2.87％，比上年同期减少0.01个百分点。

（四）增值收益分配：2017年，提取贷款风险准备金2200.66万元，提取管理费用1158.08万元（市中心1000万元，分中心158.08万元），提取城市廉租房（公共租赁住房）建设补充资金10938.07万元（市中心7260万元，分中心3678.07万元）。

2017年，计划上缴财政管理费用1000万元。上缴城市廉租住房（公共租赁住房）建设补充资金18560万元。其中，市中心上缴7260万元，分中心上缴11300万元。

累计提取城市廉租住房（公共租赁住房）建设补充资金36714.24万元。其中，市中心提取8935.33万元，分中心提取27778.91万元。

（五）管理费用支出：2017年，管理费用支出1179.99万元，同比增长41.3%。其中，人员经费487.1万元，公用经费97.74万元，专项经费595.15万元。

市中心管理费用支出968.1万元，其中，人员、公用、专项经费分别为361.9万元、59.8万元、546.4万元；分中心管理费用支出211.89万元，其中，人员、公用、专项经费分别为125.2万元、37.94万元、48.75万元。

四、资产风险状况

个人住房贷款：截至2017年底，逾期个人住房贷款95.35万元，个人住房贷款逾期率0.6‰。

个人贷款风险准备金按增值收益的60%提取。个人贷款风险准备金余额为10166.54万元，个人贷款风险准备金余额与个人贷款余额的比率为6.4%，个人贷款逾期额与个人贷款风险准备金余额的比率为0.94%。

五、社会经济效益

（一）缴存业务：2017年，实缴单位数、实缴职工人数和缴存额同比分别增长1.05%、-15.77%和62.58%。

缴存单位中，国家机关和事业单位占66.48%，国有企业占26.3%，城镇集体企业占2.46%，外商投资企业占0.37%，城镇私营企业及其他城镇企业占4%，民办非企业单位和社会团体占0.12%，其他占0.27%。

缴存职工中，国家机关和事业单位占25.14%，国有企业占70.38%，城镇集体企业占2.82%，外商投资企业占0.3%，城镇私营企业及其他城镇企业占1.2%，民办非企业单位和社会团体占0.01%，其他占0.15%；中、低收入占98.37%，高收入占1.63%。

新开户职工中，国家机关和事业单位占39.41%，国有企业占33.89%，城镇集体企业占4.27%，外商投资企业占1.21%，城镇私营企业及其他城镇企业占16.58%，民办非企业单位和社会团体占0.1%，其他占4.54%；中、低收入占99.47%，高收入占0.53%。

（二）提取业务：2017年，2.39万名缴存职工提取住房公积金4.5亿元。

提取金额中，住房消费提取占70.57%（购买、建造、翻建、大修自住住房占35.34%，偿还购房贷款本息占14.08%，租赁住房占20.34%，其他占0.81%）；非住房消费提取占29.43%（离休和退休提取占27.05%，完全丧失劳动能力并与单位终止劳动关系提取占0.10%，户口迁出本市或出境定居占0.16%，其他占2.12%）。

提取职工中，中、低收入占99.14%，高收入占0.86%。

（三）贷款业务：

1. **个人住房贷款**：2017年支持职工购建房52.88万平方米，年末个人住房贷款市场占有率为26.47%，比上年同期（增加）3.91百分点。通过申请住房公积金个人住房贷款，可节约职工购房利息支出12708.08万元。

职工贷款所购住房套数中，90（含）平方米以下占13.11%，90～144（含）平方米占60.68%，144平方米以上占26.22%；购买新房占89.16%，购买存量商品住房占2.96%，建造、翻建、大修自住住房占3.38%，其他占4.50%。

职工贷款笔数中，单缴存职工申请贷款占18.97%，双职工申请贷款占81.03%，三人及以上缴存职工共同申请贷款占比为0。

贷款职工中，30岁（含）以下占22.67%，30岁～40岁（含）占35.89%，40岁～50岁（含）占28.96%，50岁以上占12.47%；首次申请贷款占92.86%，二次及以上申请贷款占7.14%；中、低收入占91.81%，高收入占8.19%。

2. **异地贷款**：2017年，发放异地贷款95笔4077.4万元。

2017年末，发放异地贷款总额6713.8万元，异地贷款余额6371.12万元。

（四）住房贡献率：当年个人住房贷款发放额、项目贷款发放额、住房消费提取额的总和与当年缴存额的比率为53.10%，比上年同期减少65.94个百分点。

六、其他重要事项

（一）当年住房公积金政策调整及执行情况：

1. 当年缴存基数限额及确定方法、缴存比例等缴存政策调整情况

（1）当年缴存基数上下限的确定：职工住房公积金月缴存基数最高不得超过12049元（依据统计部门有关数据测算）。

职工住房公积金月缴存基数不得低于阳泉市上一年度确定的最低工资标准：城区、矿区、郊区、开发区的缴存单位不得低于1620元；平定、盂县的缴存单位不得低于1420元。

（2）当年缴存比例的规定：市住房公积金缴存比例仍严格执行以下规定，即缴存比例最低不得低于5%（单位和个人缴存比例均不得低于5%），最高不得高于12%（单位和个人缴存比例均不得高于12%）。

（3）个体工商户和自由职业者住房公积金月缴存额不得低于276元。

2. 当年个人住房贷款最高贷款额度、贷款条件等贷款政策调整情况

（1）当年住房公积金个人住房贷款最高贷款额度调整情况：经2017年5月12日阳泉市住房公积金管理委员会第一次会议审议通过，调整我市缴存职工公积金贷款额度，正常缴存最高可贷额度由目前的60万元调整为80万元；调整我市缴存职工公积金装修贷款额度，正常缴存最高可贷额度由目前的30万元调整为40万元，装修费用由每平方米1500元提高到2000元。严格按照政策调整的规定办理贷款业务。

（2）当年住房公积金政策调整及执行情况：我中心根据2017年5月12日阳泉市住房公积金管理委员会第一次审议通过的议题，以及阳住管发〔2017〕11号～14号文件等，对执行的贷款政策进行了适当调整。我市部分特殊群体以及办理正常缓缴和停缴的企业单位职工，普遍反映目前的最高贷款额度已不能满足购房和改善住房条件的需求，为了维护这些职工的切身利益并结合当地实际，对我市上述特殊群体申请公积金贷款的额度统一进行调整：最高可贷额度为50万元，贷款年限最长不超过20年。

（3）当年住房公积金存贷款利率调整及执行情况

我中心根据银发〔2016〕43号文件规定，自2016年2月21日起，将职工住房公积金账户存款利率，由现行按照归集时间执行活期、三个月存款基准利率，调整为统一按一年期定期存款利率基准利率执行。

从 2015 年 10 月 24 日至今，执行个人住房公积金贷款利率：5 年以下，年利率为 2.75%；5 年以上，年利率为 3.25%。

我中心严格按照文件规定执行。

(二) 当年服务改进情况：

(1) 开通金融网络专线，配置网络环境，搭建异地转移接续平台。2017 年阳泉市住房公积金业务管理系统以直联方式接入了全国住房公积金转移接续平台，异地转出和转入业务所有操作均在系统内处理完成，无需登录转移接续平台办理。

(2) 加大信息平台建设，确保系统稳定运行。首先是加强信息安全管理，积极配合市政府网站改版升级工作，认真接受市互联网安全专项整治组的检查指导，并制定网站安全应急处置预案。其次是推进网站建设，在第一时间在中心官网、市政府政务公开网、掌上阳泉等媒体平台上及时发布信息、政策，全年共发布中心及管理部动态信息 299 篇。第三是做到有问必答，对各种服务平台，凡涉及公积金方面的问题做到及时回复解释，全年共回复门户网公积金政策咨询 183 条，回复处理率达 100%。

(三) 当年信息化建设情况：实现了基础数据标准贯彻落实和结算应用系统接入，以高分顺利通过了住房城乡建设部的"双贯标"验收。

(四) 强化资金运营情况：中心实现了资金池管理，达到了部和省的要求。改变了各县区资金分散管理的状况，资金统一由中心集中管理，提前归还了 4.57 亿元的融资借款。向财政上缴管理费 1000 万元，上缴廉租房补充资金 8755 万元。

(五) 当年住房公积金管理中心及职工所获荣誉情况：中心当年荣获山西省建设系统先进集体。

长治市住房公积金 2017 年年度报告

一、机构概况

(一) 住房公积金管理委员会：住房公积金管理委员会有 25 名委员，2017 年召开 1 次会议，审议通过 2016 年度住房公积金归集、使用计划执行情况，并对其他重要事项进行决策，主要包括《关于长治市保安押运护卫中心等七家单位降低住房公积金缴存比例和缓缴的请示》、《关于上交贷款风险准备金和廉租住房补充资金的请示》等。

(二) 住房公积金管理中心：我市住房公积金管理中心为直属于市政府独立的不以营利为目的的全额事业单位。目前中心内设一室六科，下设 12 个管理部，1 个 12329 热线服务中心，1 个潞矿分中心（暂未理顺）。从业人员 126 人，其中，在编 111 人，非在编（公益岗、集体工）15 人。年度无机构及职能调整情况。市中心无受委托办理缴存贷款业务金融机构变更情况，分中心受委托办理住房公积金缴存业务的银行增加 1 家。

二、业务运行情况

(一) 缴存：2017 年，新开户单位 287 家，实缴单位 4141 家，净增单位 130 家；新开户职工 1.37 万人，实缴职工 25.66 万人，净增职工 -0.11 万人；缴存额 24.85 亿元，同比增长 38.83%。2017 年末，缴存总额 173.87 亿元，同比增长 16.68%；缴存余额 64.06 亿元，同比增长 31.57%。

受委托办理住房公积金缴存业务的银行 7 家，比上年增加 1 家。

（二）提取：2017 年，提取额 9.47 亿元，同比下降 25.37%（其中，市中心增长 2.39%，分中心减少 72.09%）；占当年缴存额的 38.11%，比上年减少 32.78 个百分点。2017 年末，提取总额 109.81 亿元，同比增长 9.44%。

（三）贷款：

个人住房贷款：个人住房贷款最高额度 100 万元，其中，单缴存职工最高额度 100 万元，双缴存职工最高额度 100 万元。（市中心 60 万元，分中心 100 万元）

2017 年，发放个人住房贷款 0.39 万笔 12.30 亿元，同比分别下降 31.58%、24.63%。其中，市中心发放个人住房贷款 0.38 万笔 11.93 亿元，分中心发放个人住房贷款 0.01 万笔 0.37 亿元。

2017 年，回收个人住房贷款 4.33 亿元。其中，市中心 3.78 亿元，分中心 0.55 亿元。

2017 年末，累计发放个人住房贷款 3.21 万笔 64.11 亿元，贷款余额 44.40 亿元，同比分别增长 13.83%、23.74%、21.88%。个人住房贷款余额占缴存余额的 69.32%，比上年减少 5.52 个百分点。

受委托办理住房公积金个人住房贷款业务的银行 6 家，比上年增加 0 家。

（四）资金存储：2017 年末，住房公积金存款 21.01 亿元。其中，活期 0.01 亿元（市中心 0 亿元，分中心 0.01 亿元），1 年（含）以下定期 10.66 亿元，1 年以上定期 9.29 亿元，其他（协定、通知存款等）1.05 亿元。

（五）资金运用率：2017 年末，住房公积金个人住房贷款余额、项目贷款余额和购买国债余额的总和占缴存余额的 69.32%，比上年减少 5.52 个百分点。

三、主要财务数据

（一）业务收入：2017 年，业务收入 18832.99 万元，同比下降 10.69%。其中，市中心 14478.18 万元，分中心 4354.81 万元；存款利息 6092.76 万元，委托贷款利息 12735.53 万元，国债利息 0 万元，其他 4.70 万元。

（二）业务支出：2017 年，业务支出 8720.65 万元，同比增长 20.58%。其中，市中心 6779.39 万元，分中心 1941.26 万元；支付职工住房公积金利息 7733.76 万元，归集手续费 0 万元，委托贷款手续费 973.59 万元，其他 13.30 万元。

（三）增值收益：2017 年，增值收益 10112.34 万元，同比下降 27.01%。其中，市中心 7698.79 万元，分中心 2413.55 万元；增值收益率 1.78%，比上年减少 1.17 个百分点。

（四）增值收益分配：2017 年，提取贷款风险准备金 183.56 万元，提取管理费用 86.39 万元，提取城市廉租住房建设补充资金 14807.82 万元（含当前实现的以前年度廉租住房建设补充资金）。

2017 年，市中心上交财政上年度管理费用 40.32 万元，上缴财政上年度城市廉租住房建设补充资金 14974.19 万元。分中心提取管理费用转入分中心管理户，提取的廉租住房建设补充资金上交潞安集团公司账户。

2017 年末，贷款风险准备金余额 9904.17 万元。累计提取城市廉租住房建设补充资金 81515.77 万元。其中，市中心提取 56806.40 万元，分中心提取 24709.37 万元。

（五）管理费用支出： 2017 年，管理费用支出 1513.43 万元，同比增长 30.34%。其中，人员经费 849.33 万元，公用经费 121.99 万元，专项经费 542.11 万元。

市中心管理费用支出 1366.45 万元，其中，人员、公用、专项经费分别为 715.57 万元、110.37 万元、540.51 万元；分中心管理费用支出 146.98 万元，其中，人员、公用、专项经费分别为 133.76 万元、11.62 万元、1.60 万元。

四、资产风险状况

个人住房贷款：2017 年末，个人住房贷款逾期额 87.95 万元，逾期率 0.20‰。其中，市中心 0.17‰，分中心 0.60‰。

个人贷款风险准备金按贷款余额的 1% 提取。2017 年，提取个人贷款风险准备金 183.56 万元，使用个人贷款风险准备金核销呆坏账 0 万元。2017 年末，个人贷款风险准备金余额 9904.17 万元，占个人住房贷款余额的 2.23%，个人住房贷款逾期额与个人贷款风险准备金余额的比率为 0.89%。

五、社会经济效益

（一）缴存业务： 2017 年，实缴单位数、实缴职工人数和缴存额同比分别增长 4.60%、-0.47% 和 38.83%。

缴存单位中，国家机关和事业单位占 72.78%，国有企业占 18.53%，城镇集体企业占 1.13%，外商投资企业占 0.39%，城镇私营企业及其他城镇企业占 5.92%，民办非企业单位和社会团体占 0.31%，其他占 0.94%。

缴存职工中，国家机关和事业单位占 42.66%，国有企业占 48.18%，城镇集体企业占 1.80%，外商投资企业占 0.79%，城镇私营企业及其他城镇企业占 4.39%，民办非企业单位和社会团体占 0.04%，其他占 2.14%；中、低收入占 99.22%，高收入占 0.78%。

新开户职工中，国家机关和事业单位占 27.88%，国有企业占 47.21%，城镇集体企业占 1.15%，外商投资企业占 1.12%，城镇私营企业及其他城镇企业占 20.70%，民办非企业单位和社会团体占 0.17%，其他占 1.77%；中、低收入占 99.80%，高收入占 0.20%。

（二）提取业务： 2017 年，5.73 万名缴存职工提取住房公积金 9.47 亿元。

提取金额中，住房消费提取占 65.44%（购买、建造、翻建、大修自住住房占 18.47%，偿还购房贷款本息占 19.18%，租赁住房占 26.14%，其他占 1.65%）；非住房消费提取占 34.56%（离休和退休提取占 28.43%，完全丧失劳动能力并与单位终止劳动关系提取占 3.85%，户口迁出本市或出境定居占 0.12%，其他占 2.16%）。

提取职工中，中、低收入占 99.16%，高收入占 0.84%。

（三）贷款业务：

1. **个人住房贷款：** 2017 年，支持职工购建房 46.26 万平方米，年末个人住房贷款市场占有率为 42.46%，比上年减少 1.30 个百分点。通过申请住房公积金个人住房贷款，可节约职工购房利息支出 20972.09 万元。

职工贷款笔数中，购房建筑面积90（含）平方米以下占13.62%，90~144（含）平方米占73.43%，144平方米以上占12.95%。购买新房占94.50%（其中购买保障性住房占1.44%），购买存量商品住房占4.49%，建造、翻建、大修自住住房占0.68%，其他占0.33%。

职工贷款笔数中，单缴存职工申请贷款占62.89%，双缴存职工申请贷款占37.11%，三人及以上缴存职工共同申请贷款占0%。

贷款职工中，30岁（含）以下占33.38%，30岁~40岁（含）占37.90%，40岁~50岁（含）占20.00%，50岁以上占8.72%；首次申请贷款占99.34%，二次及以上申请贷款占0.66%；中、低收入占98.94%，高收入占1.06%。

2. **异地贷款**：2017年，发放异地贷款608笔20445.10万元。2017年末，发放异地贷款总额39704.38万元，异地贷款余额37464.05万元。

(四) 住房贡献率：2017年，个人住房贷款发放额、公转商贴息贷款发放额、项目贷款发放额、住房消费提取额的总和与当年缴存额的比率为74.49%，比上年减少72.83个百分点（其中，市中心减少34.84%，分中心减少332.38%）。

六、其他重要事项

(一) 当年住房公积金政策调整及执行情况

长治市住房公积金管理中心：

1. 缴存政策方面

（1）确定年度缴存上限。根据住房城乡建设部、财政部、中国人民银行《关于住房公积金管理若干具体问题的指导意见》（建金管〔2005〕5号）文件规定，住房公积金缴存基数上限为当地上年度职工月平均工资的3倍，依据长治市统计局统计信息网公布的2016年长治市在岗职工年平均工资50739元，确定我市2017年月住房公积金缴存基数上限为12684元。

（2）继续落实住房城乡建设厅《关于进一步做好企业阶段性降低缴存比例和缓缴住房公积金工作的通知》（晋建金函〔2017〕273号），2017年，为我市7家企业办理降比、缓缴手续，减轻企业负担，增强企业活力。

（3）提高部分县区职工缴存比例。潞城市从3月起提高公积金缴存比例，个人由5%提高至6%，单位由5%提高至12%。沁县从10月起将单位公积金缴存比例由6%上调至7%，并决定每年至少提高一个百分点。

（4）主动作为，帮助困难企业解决实际问题。2017年，中心多次赴长钢集团，调研其因历史原因不能给职工正常缴存公积金，导致职工不能办理公积金贷款的问题。在双方充分沟通、不违背公积金管理原则的基础上，提出了创新性的解决方案。截止2017年底已为67名职工发放贷款1246.1万元，这种创新服务方式为公积金制度作用的发挥拓展了新的思路，赢得了职工的好评。

2. 提取政策方面

（1）按照省住房城乡建设厅《关于及时调整住房公积金提取政策的通知》（晋建金函〔2017〕855号）的要求，缴存职工调离本行政区域或与单位终止、解除劳动关系时，其住房公积金一律先进入封存状态，不到退休年龄、不符合住房消费行为等其他提取条件的不得提取。只有完全丧失劳动能力并与单位终止劳动关系可申请办理此项销户提取业务。

(2) 无房户租房提取，提取额由夫妻双方每年提取不超过 18000 元，调整为每人每年不超过 15000 元。

(3) 取消结清住房商业贷款提取方式。

(4) 取消购买商品房首付款提取方式。

3. 贷款政策方面

经向省住房城乡建设厅请示，省住房城乡建设厅向住房城乡建设部请示，按照住房城乡建设部"对第一次和第三次之间贷款次数的认定由各地视情况灵活掌握"的回复，明确"认贷不认房"中对贷款次数的认定原则，一是同一套住房分多次申请公积金购房贷款（仅限于住房公积金贷款初期因历史原因造成的），按一次贷款记录计算。二是在同一小区因更换住房，结清原住房公积金贷款后再次申请公积金住房贷款，按一次贷款记录计算。

（二）当年服务改进情况

长治市住房公积金管理中心：

1. 简化流程 12 项

（1）归集业务取消纸质档案。

（2）单位信息变更中，取消变更证明。

（3）长治行政区域内职工调动，取消调动手续。

（4）备案合同购房提取，取消购房款收据。

（5）异地备案合同提取，取消购房款收据及网上、电话核实。

（6）偿还公积金贷款提取，取消共同借款人结婚证。

（7）结清住房公积金贷款提取，取消贷款结清证明。

（8）偿还住房商业贷款提取，首次提取后，再次提取取消借款合同、结婚证。

（9）重大疾病提取，取消病案病例及家庭生活困难证明。

（10）离、退休提取，取消离、退休证或退休审批表。

（11）取消提取业务中户籍限制，务工人员参照购房或租房进行提取。

（12）取消所有提取业务中银行卡认证环节。

2. 优化流程 3 项

（1）基数调整业务，按我中心设立的基数上限和下限标准进行核准。缴存基数一年调整一次；职工因调入可临时做基数调整。

（2）遇到自然灾害或者突发事件、造成家庭生活特别困难的，提供职工所在单位出具的遇自然灾害或突发事件造成职工家庭生活特别困难的证明、身份证、结婚证、银行卡。

（3）完全丧失劳动能力并与单位终止劳动关系提取，提供市人力资源和社会保障局劳动能力鉴定委员会出具的《职工工伤与职业病致残等级》、身份证、结婚证、银行卡。

3. 便民服务 3 项

（1）依托支付宝实现公积金账户实时查询。2017 年 8 月，中心依托支付宝的实名账号体系和风险控制措施，叠加人脸、眼纹识别技术，新推出通过支付宝查询公积金信息的服务。除可查询自己住房公积金余额外，还可以查询贷款申请进度、还款日和逾期等详细信息，极大地方便职工掌握自己的公积金账户信息，享受公积金信息化发展带来的便利。

(2) 针对快捷业务增设了快捷办理窗口，如退休提取、还贷提取、单位汇缴等业务按快捷号办理。

(3) 为了更好地服务办事群众，增设综合咨询窗口，减少群众等待时间，提高工作效率。

潞矿分中心：

1. 公积金提取可直接通过网银划入职工账户。

2. 取消贷款和提取中的单身证明。

3. 公积金办理提取实行一次性办结制。

（三）当年信息化建设情况

长治市住房公积金管理中心：

1. 接入全国异地转移接续平台

2017年6月，我中心接入全国异地转移接续平台，实现"账随人走，钱随账走"，至12月底，中心共为63名职工办理了异地转移手续。

2. 通过住房公积金"双贯标"建设验收

"双贯标"是住房公积金行业力推3年的重点工程。2017年8月、10月，中心分别以108分、106分通过了住房城乡建设厅、住房城乡建设部"双贯标"两级验收，在我省已经完成验收的6家地市中，我市验收分值排名第二。"双贯标"的验收完成，提升了我市住房公积金管理、风险防控、为民服务工作能力，进一步构建了我市科学、合理、规范的住房公积金业务数据体系，做到了资金运作的"三通五实时"，即：行政区域内住房公积金通存、通提、通贷，提取实时到账、贷款实时发放、资金按需调拨实时到账、三账实时平衡匹配和业务实时结账，从技术上为高效、优质、廉洁的公积金中心建设提供了更加有力的支持和保证。同时我市的公积金手机APP和网上办公大厅进入测试阶段，将在2018年全面投入使用。

3. 加快信息共享

2017年与市不动产登记部门实现了数据对接，无房提取"一站式"办理。与房产交易部门联网也有了实质性进展。2017年底按照市政府信息中心要求，完成了政务信息融合的前期准备工作。

潞矿分中心：开通公积金微信公众平台，为集团缴存职工提供更加便利快捷的查询服务。

（四）所获荣誉情况

长治市住房公积金管理中心：2017年，我中心在山西省住房和城乡建设系统年度考核中被评为"优秀"等次，中心和信息科获"先进集体"荣誉称号；年度中心通过省级"青年文明号"复核；中心资金运营科和壶关县管理部被市直属机关工作委员会授予"党员先锋号""党员先锋岗"称号。

（五）党风廉政建设工作情况

长治市住房公积金管理中心：2017年，我中心牢牢把握"抓好党建就是最大的政绩"的理念，以"两学一做""三基建设""巡视巡察整改自行'回头看'"为着力点，有力推动中心党的思想、组织、作风、制度、党风廉政建设，工作中：

一是强化教育学习。综合采取6种学习办法，健全7类数字化党员教育平台，探索"微党课"形式，利用内网平台督学，多措并举，使"两学一做"学习教育持续走向深入。

二是抓牢"三基建设"。按时进行支委换届，编制"一汇编、一目录和三手册"，不断巩固和深化"三基建设"成效；并分批次到先进地市开展交流学习，多次赴各县、市、区管理部开展工作调研，进一步提升党组织凝聚力和战斗力。

三是紧盯严抓党风廉政建设。继续签订"一岗双责目标责任考核书",明确"两个主体责任"。坚持全覆盖式外部审计和常态化内部审计,及时查纠问题。开展所有重要时间节点的常态化督查检查和党建工作"灯下黑"专项整治等近 10 次专项督查,保持正风肃纪高压态势。落实市委市政府两批整改任务,对确定的 6 项问题特别是"老大难"问题,以讲政治讲大局的高度严格整改到位。深入开展巡视巡察整改自行"回头看",落实 13 项问题清单、28 项整改清单,用心用力,保障了中心氛围的持久风清气正。

晋城市住房公积金 2017 年年度报告

一、机构概况

(一)住房公积金管理委员会:住房公积金管理委员会有 26 名委员,2017 年召开两次会议,审议通过 2016 年住房公积金计划执行执行情况及财务决算和 2017 年计划及财务预算的报告,并对其他重要事项进行决策,主要包括:

1. 审议《晋城市住房公积金 2016 年年度报告》。
2. 审议《晋城市住房公积金管理委员会章程》。
3. 审议《关于采用购买服务的方式将住房公积金综合服务平台托管的报告》。
4. 审议《关于购置业务用房的报告》。

(二)住房公积金管理中心:住房公积金管理中心为直属于晋城市人民政府不以营利为目的的独立的事业单位,设 8 个科,8 个分中心(晋煤分中心暂未理顺)。从业人员 154 人,其中,在编 105 人,非在编 49 人(含晋煤分中心在编人员 20 人)。

二、业务运行情况

(一)缴存:2017 年,新开户单位 137 家,实缴单位 2401 家,净增单位-126 家;新开户职工 1.42 万人,实缴职工 26.56 万人,净增职工 2.22 万人;缴存额 25.78 亿元(含晋煤分中心 6.75 亿元),同比下降 0.12%。2017 年末,缴存总额 175.41 亿元(含晋煤分中心 67.16 亿元),同比增长 17.21%;缴存余额 67.52 亿元(含晋煤分中心 13.33 亿元),同比增长 12.82%。

受委托办理住房公积金缴存业务的银行 9 家,比上年增加 0 家。

(二)提取:2017 年,提取额 18.10 亿元(含晋煤分中心 7.07 亿元),同比增长 161.18%;占当年缴存额的 70.21%,比上年增加 43.36 个百分点。2017 年末,提取总额 107.9 亿元(含晋煤分中心 53.83 亿元),同比增长 20.16%。

(三)贷款:

个人住房贷款:个人住房贷款最高额度 60 万元,其中,单缴存职工最高额度 60 万元,双缴存职工最高额度 60 万元。

2017 年,发放个人住房贷款 0.44 万笔 11.79 亿元,同比分别下降 18.52%、14.19%。其中,市中心发放个人住房贷款 0.39 万笔 10.5 亿元，晋煤分中心发放个人住房贷款 0.05 万笔 1.29 亿元。

2017 年，回收个人住房贷款 5.57 亿元。其中，市中心 4.12 亿元，晋煤分中心 1.45 亿元。

2017 年末，累计发放个人住房贷款 3.26 万笔 63.1 亿元，贷款余额 41.11 亿元（含晋煤分中心累计发放 0.99 万笔 15.68 亿元，贷款余额 8.1 亿元），同比分别增长 15.6%、23%、17.86%。个人住房贷款余额占缴存余额的 60.89%（市中心 60.92%，晋煤分中心 60.77%），比上年增加 2.61 个百分点。

受委托办理住房公积金个人住房贷款业务的银行 7 家，比上年增加 0 家。

（四）**资金存储**：2017 年末，住房公积金存款 27.99 亿元（含晋煤分中心 6.35 亿元）。其中，活期 0.01 亿元，1 年（含）以下定期 5.07 亿元，1 年以上定期 20.98 亿元，其他（协定、通知存款等）1.93 亿元。

（五）**资金运用率**：2017 年末，住房公积金个人住房贷款余额、项目贷款余额和购买国债余额的总和占缴存余额的 60.89%，比上年增加 2.61 个百分点。

三、主要财务数据

（一）**业务收入**：2017 年，业务收入 23331.45 万元，同比下降 2.11%。其中，市中心 18822.73 万元，晋煤分中心 4508.72 万元；存款利息 11554.52 万元，委托贷款利息 11776.6 万元，国债利息 0 万元，其他 0.33 万元。

（二）**业务支出**：2017 年，业务支出 10286.54 万元，同比下降 4.88%。其中，市中心 8124.96 万元，晋煤分中心 2161.58 万元；支付职工住房公积金利息 9445.58 万元，归集手续费 0 万元，委托贷款手续费 836.98 万元，其他 3.98 万元。

（三）**增值收益**：2017 年，增值收益 13044.91 万元（含晋煤分中心 2347.13 亿元），同比增长 0.2%。增值收益率 1.98%（市中心 2.12%，晋煤分中心 1.5%），比上年减少 0.58 个百分点。

（四）**增值收益分配**：2017 年，提取贷款风险准备金 1024.97 万元，提取管理费用 2852.62 万元，提取城市廉租住房（公共租赁住房）建设补充资金 7777.22 万元。

2017 年，上交财政管理费用 2534.39 万元。上缴财政城市廉租住房（公共租赁住房）建设补充资金 9814.06 万元。其中，市中心上缴 9814.06 万元。

2017 年末，贷款风险准备金余额 9240.74 万元。累计提取城市廉租住房（公共租赁住房）建设补充资金 45879.93 万元。其中，市中心提取 32679.93 万元，晋煤分中心提取 13200 万元。

（五）**管理费用支出**：2017 年，管理费用支出 1737.15 万元，同比下降 25.26%。其中，人员经费 1180.61 万元，公用经费 320.99 万元，专项经费 235.55 万元。

市中心管理费用支出 1384.53 万元，其中，人员、公用、专项经费分别为 960.61 万元、188.37 万元、235.55 万元；晋煤分中心管理费用支出 352.62 万元，其中，人员、公用、专项经费分别为 220 万元、132.62 万元、0 万元。

四、资产风险状况

个人住房贷款：2017 年末，个人住房贷款逾期额 36.71 万元，逾期率 0.09‰。其中，市中心 0.11‰，晋煤分中心 0‰。

个人贷款风险准备金按贷款余额的1%提取（晋煤分中心按当年发放贷款额的3%提取）。2017年，提取个人贷款风险准备金1024.97万元，使用个人贷款风险准备金核销呆坏账0万元。2017年末，个人贷款风险准备金余额9240.74万元，占个人住房贷款余额的2.25%，个人住房贷款逾期额与个人贷款风险准备金余额的比率为0.4%。

五、社会经济效益

（一）**缴存业务**：2017年，实缴单位数、实缴职工人数和缴存额同比分别增长－4.99%、9.12%和－0.12%。

缴存单位中，国家机关和事业单位占25.99%，国有企业占14.04%，城镇集体企业占34.36%，外商投资企业占0.25%，城镇私营企业及其他城镇企业占12.91%，民办非企业单位和社会团体占0.79%，其他占11.66%。

缴存职工中，国家机关和事业单位占14.29%，国有企业占38.66%，城镇集体企业占14.19%，外商投资企业占0.4%，城镇私营企业及其他城镇企业占8.41%，民办非企业单位和社会团体占0.32%，其他占23.73%；中、低收入占98.63%，高收入占1.37%。

新开户职工中，国家机关和事业单位占11.33%，国有企业占36.79%，城镇集体企业占7.18%，外商投资企业占0.63%，城镇私营企业及其他城镇企业占14.22%，民办非企业单位和社会团体占1.95%，其他占27.9%；中、低收入占99.99%，高收入占0.01%。

（二）**提取业务**：2017年，8.5万名缴存职工提取住房公积金18.1亿元。

提取金额中，住房消费提取占82.21%（购买、建造、翻建、大修自住住房占36.35%，偿还购房贷款本息占11.05%，租赁住房占34.81%，其他占0%）；非住房消费提取占17.79%（离休和退休提取占11.27%，完全丧失劳动能力并与单位终止劳动关系提取占0.77%，户口迁出本市或出境定居占0.17%，其他占5.58%）。

提取职工中，中、低收入占97.43%，高收入占2.57%。

（三）**贷款业务**：

1. **个人住房贷款**：2017年，支持职工购建房66.12万平方米，年末个人住房贷款市场占有率为38.01%，比上年减少5.33个百分点。通过申请住房公积金个人住房贷款，可节约职工购房利息支出28440万元（含晋煤分中心2441万元）。

职工贷款笔数中，购房建筑面积90（含）平方米以下占10.21%，90～144（含）平方米占78.08%，144平方米以上占11.71%。购买新房占91.72%（其中购买保障性住房占4.63%），购买存量商品住房占0.5%，建造、翻建、大修自住住房0%，其他占7.78%。

职工贷款笔数中，单缴存职工申请贷款占14.29%，双缴存职工申请贷款占57.08%，三人及以上缴存职工共同申请贷款占28.63%。

贷款职工中，30岁（含）以下占24.84%，30岁～40岁（含）占42.47%，40岁～50岁（含）占25.64%，50岁以上占7.05%；首次申请贷款占39.34%，二次及以上申请贷款占60.66%；中、低收入占99.5%，高收入占0.5%。

2. **异地贷款**：2017年，发放异地贷款23笔738.8万元，累计发放异地贷款总额2865.3万元，异地贷款余额 2539.36 万元。

（四）住房贡献率：2017 年，个人住房贷款发放额、公转商贴息贷款发放额、项目贷款发放额、住房消费提取额的总和与当年缴存额的比率为 103.45%（市中心 99.05%，晋煤分中心 115.9%），比上年增加 33.13 个百分点。

六、其他重要事项

（一）机构及职能调整情况：晋城市住房公积金管理中心主要负责住房公积金管理以及负责公有住房售房款以及市直单位（含条款单位）干部职工住房补贴资金的归集、使用和管理工作。

2017 年，受委托办理缴存贷款业务的银行与上年相同。

（二）住房公积金政策调整及执行情况：

1. 2017 年，缴存基数为 2016 年度职工个人月均工资总额。职工工资总额按照国家统计局《关于工资总额组成的规定》（统制字〔1990〕1 号）计算执行。

调整后的缴存基数不得超过本市统计部门公布的 2016 年度全市在岗职工月均工资的 3 倍，即不超过 13839 元（2016 年度职工月平均工资 4613×3 倍后四舍五入）。职工月均工资总额（实行年薪制的按月均分）未超过上述限额的，以实际月均工资总额作为缴存基数；超过上述限额的，以该限额作为缴存基数。

最低不得低于晋城市人力资源和社会保障局确定的最低工资标准：城区、泽州县、高平、阳城为 1620 元，沁水县 1520 元、陵川县为 1420 元。

2. 2017 年，缴存比例原则上按单位 12%，个人 8% 的标准执行。

3. 上一年度经批准降低缴存比例或者缓缴后效益仍未好转的单位以及本年度符合降低缴存比例或者缓缴条件的单位，由单位及工会组织向市住房公积金管理中心或所在县（市、区）公积金管理机构提出申请，并按要求提供所需资料，经住房公积金管委会或管委会授权管理中心审批后再进行调整。2017 年，市中心共批复同意 10 家单位降低缴存比例，为企业减轻负担 732.36 万元；批复同意 5 家困难企业缓缴住房公积金 5393.5 万元，涉及职工 6203 人。

4. 2017 年，市中心缴存职工持缴存地不动产登记交易中心出具的本人及配偶名下无房产证明，即可申请提取住房公积金支付房租。租住商品住房的一个家庭可一次性提取 3 年住房租金，金额最高不超 6 万元。

5. 2017 年，市中心贷款取消缴存职工收入证明，用个人住房公积金月缴存额推算其月收入，担保人担保不再需要户口本，进一步简化手续，极大地方便了缴存职工。

6. 存贷款利率严格按照中国人民银行公布的最新利率执行。

（三）服务改进情况：

1. 坚持优质、高效、规范化服务，新系统上线后，取消单位审批环节，压缩审批层级，简化办事流程。

2. 充分利用媒体和 12329 热线沟通桥梁作用，及时向缴存职工提供便捷的信息咨询服务，为缴存职工答疑解惑的同时提高业务办理效率。

3. 加强服务投诉的监督处理。维护缴存职工的权益，进一步改进中心服务水平和服务质量。全年无群体性信访事件。

4. 认真开展"六查"，先后对193户装修贷款和839笔购房贷款进行延伸调查，将隐患消灭在萌芽状态。

5. "双贯标"工作圆满完成，各项业务互联互通，实现了"信息多跑路、群众少跑腿"。

6. 全国住房公积金异地转移接续平台连线工作完成，实现"账随人走、钱随账走"，群众办理公积金转移更加方便。

（四）**信息化建设情况**：自省住房城乡建设厅发布关于《住房城乡建设部办公厅关于贯彻落实住房公积金基础数据标准的通知》后，市中心认真落实，组织相关人员，制定实施方案，通过积极协调、研究探讨、专家论证、业务测试、加强培训，于2017年5月正式上线，10月份通过住房城乡建设部验收，目前运行正常，逐步实现"信息多跑路、群众少跑腿"。

（五）**住房公积金管理中心及职工所获荣誉情况**：2017年度，市中心被评为"全省住建系统先进单位"、"市级文明单位"；高平分中心被省人社厅、省住房城乡建设厅授予"全省住房和城乡建设系统先进集体"；城区分中心被市直工委授予"先进党组织"。赵新梅同志被省人社厅、省住房城乡建设厅评为"全省住房和城乡建设系统先进工作者"；李晋萍同志被市总工会评为"先进工作者"；高嘉璐同志被市直工委评为"优秀共产党员"；阳城分中心职工贺向辉家庭被市文明委授予"文明家庭"；陵川分中心赵东升同志和市中心秦云龙同志被市直工委评为"优秀党务工作者"；在政府口举办的"喜迎十九大、巾帼心向党"诗歌朗诵会上，中心荣获二等奖。

（六）**对违反《住房公积金管理条例》和相关法规行为进行行政处罚和申请人民法院强制执行情况**：加大催还力度，采取电话通知、书面通知和上门催收等多种方式积极催收逾期贷款，针对恶意拖欠的，通过强制扣划、诉诸法律等形式解决。2017年，市中心共扣划50名借款人和担保人212.39万元公积金用于归还贷款，并对5名屡催不还的借款人进行起诉，通过司法诉讼进行解决，目前已有3户贷款被执行收回。同时加大力度防止骗提骗贷，依法追回骗提公积金1.98万元。

朔州市住房公积金2017年年度报告

一、机构概况

（一）**住房公积金管理委员会**：住房公积金管理委员会有25名委员，2017年召开1次会议，审议通过2016年度住房公积金归集、使用计划执行情况，并对其他重要事项进行决策，主要包括2016年住房公积金管理工作情况及2017年工作计划；2017年朔州市住房公积金归集、使用计划；2016年朔州市住房公积金增值收益分配方案；朔州市住房公积金2016年年度报告；调整住房公积金相关业务政策。

（二）**住房公积金管理中心**：住房公积金管理中心为直属于朔州市人民政府、不以营利为目的的全额事业单位，主要负责全市住房公积金的归集、管理、使用和会计核算。目前中心内设综合办公室、运行监管科、政策法规科、会计核算科、科技信息科、项目贷款管理科、监察室；下设市区管理部、个人贷款中心、提取与贷后管理中心、12329客户服务中心、平鲁区管理部、山阴县管理部、怀仁县管理部、应县管理部、右玉县管理部和平朔经办机构。从业人员 72 人，其中，在编 8 人，非在编 64 人。

二、业务运行情况

（一）缴存：2017 年，新开户单位 62 家，实缴单位 2302 家，净增单位-244 家；新开户职工 0.6657 万人，实缴职工 11.6025 万人，净增职工-6.88 万人；缴存额 15.7 亿元，同比增长 15.37%。2017 年末，缴存总额 105.43 亿元，同比增长 17.5%；缴存余额 36.38 亿元，同比增长 16.34%。

受委托办理住房公积金缴存业务的银行 4 家。

（二）提取：2017 年，提取额 10.6 亿元，同比增长 36.25%；占当年缴存额的 67.52%，比上年增加 10.36 个百分点。2017 年末，提取总额 69.05 亿元，同比增长 18.14%。

（三）贷款：

1. 个人住房贷款：个人住房贷款最高额度 45 万元，其中，单缴存职工最高额度 45 万元，双缴存职工最高额度 45 万元。

2017 年，发放个人住房贷款 0.2994 万笔 7.42 亿元，同比分别增长 9.03%、10.25%。

2017 年，回收个人住房贷款 3.46 亿元。

2017 年末，累计发放个人住房贷款 2.5 万笔 42.76 亿元，贷款余额 24.45 亿元，同比分别增长 13.64%、21%、19.27%。个人住房贷款余额占缴存余额的 67.21%，比上年增加 1.67 个百分点。

受委托办理住房公积金个人住房贷款业务的银行 4 家，比上年增加 1 家。

2. 住房公积金支持保障性住房建设项目贷款：2017 年，回收项目贷款 0.0955 亿元。2017 年末，累计发放项目贷款 0.0955 亿元。

（四）购买国债：2017 年末，国债余额 0.193072 亿元。

（五）融资：2017 年，归还 3.36 亿元。

（六）资金存储：2017 年末，住房公积金存款 11.20 亿元。其中，活期 0.10 亿元，1 年（含）以下定期 1.15 亿元，1 年以上定期 9.95 亿元。

（七）资金运用率：2017 年末，住房公积金个人住房贷款余额、项目贷款余额和购买国债余额的总和占缴存余额的 67.74%，比上年增加 1.58 个百分点。

三、主要财务数据

（一）业务收入：2017 年，业务收入 13491.25 万元，同比下降 5.8%。存款利息 6015.8 万元，委托贷款利息 7254.84 万元，国债利息 219.39 万元，其他 1.22 万元。

（二）业务支出：2017 年，业务支出 6093.95 万元，同比下降 14.50%。支付职工住房公积金利息 5276.35 万元，委托贷款手续费 252.15 万元，其他 565.45 万元。

（三）增值收益：2017 年，增值收益 7397.3 万元，同比增长 2.82%。增值收益率 2.15%，比上年减少 0.39 个百分点。

（四）增值收益分配：2017 年，提取贷款风险准备金 2445.33 万元，提取管理费用 1461.78 万元，提取城市廉租住房（公共租赁住房）建设补充资金 3490.19 万元。

2017 年，上交财政管理费用 3227 万元。上缴财政城市廉租住房（公共租赁住房）建设补充资金

3944.36万元。

2017年末，贷款风险准备金余额9049.14万元。累计提取城市廉租住房（公共租赁住房）建设补充资金30486.13万元。

（五）**管理费用支出**：2017年，管理费用支出1372.64万元，同比增长4.8%。其中，人员经费534.52万元，公用经费310.22万元，专项经费527.90万元。

四、资产风险状况

（一）**个人住房贷款**：2017年末，个人住房贷款逾期额35.44万元，逾期率0.14‰。

个人贷款风险准备金按贷款余额的1%提取。2017年，提取个人贷款风险准备金2445.33万元。2017年末，个人贷款风险准备金余额9010.94万元，占个人住房贷款余额的3.68%，个人住房贷款逾期额与个人贷款风险准备金余额的比率为0.62%。

（二）**支持保障性住房建设试点项目贷款**：项目贷款风险准备金按贷款余额的4%提取。2017年，项目贷款风险准备金余额38.2万元。

五、社会经济效益

（一）**缴存业务**：2017年，实缴单位数、实缴职工人数同比分别减少9.58%、37.20%，缴存额同比增长15.37%。

缴存单位中，国家机关和事业单位占84.49%，国有企业占7.43%，城镇集体企业占0.22%，外商投资企业占0.26%，城镇私营企业及其他城镇企业占6.60%，民办非企业单位和社会团体占0.52%，其他占0.48%。

缴存职工中，国家机关和事业单位占70.14%，国有企业占20.24%，城镇集体企业占0.24%，外商投资企业占0.58%，城镇私营企业及其他城镇企业占8.54%，民办非企业单位和社会团体占0.12%，其他占0.15%；中、低收入占97.86%，高收入占2.14%。

新开户职工中，国家机关和事业单位占54.92%，国有企业占16.04%，城镇集体企业占0.11%，外商投资企业占3.29%，城镇私营企业及其他城镇企业占25.06%，民办非企业单位和社会团体占0.26%，其他占0.33%；中、低收入占98.90%，高收入占1.10%。

（二）**提取业务**：2017年，3.1611万名缴存职工提取住房公积金10.6亿元。

提取金额中，住房消费提取占91.25%（购买、建造、翻建、大修自住住房占51.30%，偿还购房贷款本息占18.69%，租赁住房占21.21%，其他占0.04%）；非住房消费提取占8.75%（离休和退休提取占8.26%，完全丧失劳动能力并与单位终止劳动关系提取占0%，户口迁出本市或出境定居占0.13%，其他占0.36%）。

提取职工中，中、低收入占98.79%，高收入占1.21%。

（三）**贷款业务**：

1. **个人住房贷款**：2017年，支持职工购建房32.35万平方米，年末个人住房贷款市场占有率为50.51%，比上年减少10.89个百分点。通过申请住房公积金个人住房贷款，可节约职工购房利息支出12000万元。

职工贷款笔数中，购房建筑面积 90（含）平方米以下占 12.86%，90~144（含）平方米占 77.09%，144 平方米以上占 10.05%。购买新房占 99.46%（其中购买保障性住房占 11.92%），购买存量商品住房占 0.54%。

职工贷款笔数中，单缴存职工申请贷款占 77.12%，双缴存职工申请贷款占 22.65%。

贷款职工中，30 岁（含）以下占 34.53%，30 岁~40 岁（含）占 33.4%，40 岁~50 岁（含）占 21.88%，50 岁以上占 10.19%；首次申请贷款占 97.73%，二次及以上申请贷款占 2.27%；中、低收入占 99.06%，高收入占 0.94%。

2. **异地贷款**：2017 年，发放异地贷款 573 笔 15674.70 万元。2017 年末，发放异地贷款总额 36553.50 万元，异地贷款余额 31842.36 万元。

3. **支持保障性住房建设试点项目贷款**：2017 年末，累计试点项目 1 个，贷款额度 0.0955 亿元，建筑面积 1.2 万平方米，可解决 144 户中低收入职工家庭的住房问题。1 个试点项目贷款资金已发放并还清贷款本息。

（四）**住房贡献率**：2017 年，个人住房贷款发放额、公转商贴息贷款发放额、项目贷款发放额、住房消费提取额的总和与当年缴存额的比率为 108.87%，比上年增加 12.62 个百分点。

六、其他重要事项

（一）**机构及职能调整情况、受委托办理缴存贷款业务金融机构变更情况**：新增晋商银行服务大厅办理提取、贷款、还贷业务。

（二）**当年住房公积金政策调整及执行情况**：

1. **缴存基数限额及确定方法、缴存比例等缴存政策调整情况**：按照朔州市统计部门公布的 2016 年度城镇在职职工月平均工资为基数，最高不高于 3 倍，最低不低于 60%（中煤平朔公司最高缴存基数执行山西省 2016 年度社平工资的 3 倍，最低按山西省 2016 年度社平工资执行）。

各县（区）、平朔、市直、驻朔各单位的住房公积金缴存基数上限不超过 12717 元。下限原则上不低于我市统计部门公布的上一年度职工月平均工资的 60%（2543 元），最低不得低于山西省人民政府规定的最低工资标准，其中：一类地区平鲁区和朔城区不得低于 1620 元；二类地区山阴县和怀仁县不得低于 1520 元；三类地区应县和右玉县不得低于 1420 元。

2. **提取政策调整情况**：根据省住房城乡建设厅《关于及时调整住房公积金提取政策的通知》（晋建金函〔2017〕855 号）要求，以全国异地转移接续平台上线运行为契机，及时调整住房公积金提取政策。缴存职工调离本行政区域或与单位终止、解除劳动关系时，其住房公积金一律先进入封存状态，不到退休年龄、不符合住房消费行为等其他提取条件的不得提取。调离手续办结或重新就业的，通过全国住房公积金异地转移接续平台进行转移。

3. **住房公积金存款利率执行标准**：根据中国人民银行、住房城乡建设部、财政部印发《关于完善职工住房公积金账户存款利率形成机制的通知》（银发〔2016〕43 号），自 2016 年 2 月 21 日起，执行个人住房公积金存款新利率。将职工住房公积金账户存款利率，由按照归集时间执行活期和三个月存款基准利率，调整为统一按一年期定期存款基准利率执行，职工住房公积金账户存款利率将统一按一年期定期存款基准利率执行，目前为 1.50%。

4. **住房公积金贷款利率执行标准**：2017 年央行未对公积金贷款利率作调整，执行 2015 年 08 月 26 日调整后的利率，五年期以下（含五年）住房公积金个人住房贷款年利率为 2.75%，五年期以上住房公积金个人住房贷款年利率为 3.25%。

（三）当年服务改进情况：深化结算方式改革，实现了职工所提资金秒到账。借助全国的结算系统，实现了"三账联动"，职工提取资金由过去的一周内到账提速到一秒内到账。同样，个贷及其他业务的办理效率均得到了极大提升。引入互联网服务技术，实现了职工查询 24 小时"零距离"。同支付宝合作，利用其身份认证的先进技术，开通了手机查询业务。现在职工坐在家里就能查询自己的公积金情况，再也不用怕忘记密码，再也不用证明"我就是我"，再也不用跑到营业大厅查询，自己账户里的缴存、贷款、还款、结息情况，随时随地掏出手机一查了然，真正开启了刷脸新时代。优化服务网点布局，实现了职工业务办理"最近化"。通过公开招标，增设 4 家银行服务网点，将中心住房公积金业务受理、初审、复审环节前移至受托银行，授权受托银行办理，实现了就近提供住房公积金服务的目的，彻底改变了过去办业务市区只有一家网点的局面。

（四）当年信息化建设情况：6 月 26 日中心正式接入结算应用系统，7 月 3 日贯标后的系统上线运行，10 月 26 日接受了省、部联合验收，通过专家组对系统运行的现场检测、文档查阅、座谈质询、答疑讨论、客户调查等环节，部、省一致同意以 105.5 分的优异成绩通过了朔州中心"双贯标"验收。综合服务平台已基本建成，预计可按期接受省、部验收。

晋中市住房公积金 2017 年年度报告

一、机构概况

（一）住房公积金管理委员会：晋中市住房公积金管理委员会有 14 名委员，2017 年召开管委会，审议通过的事项主要包括：2016 年住房公积金归集、使用计划执行情况；2016 年住房公积金增值收益及分配方案；2017 年住房公积金归集、使用计划；2017 年度主要工作。

（二）住房公积金管理中心：住房公积金管理中心为直属晋中市人民政府，不以营利为目的的全额事业单位，设 10 个科室，12 个管理部、办事处。从业人员 199 人，其中，在编 124 人，非在编 75 人。

二、业务运行情况

（一）缴存：2017 年，新开户单位 184 家，实缴单位 3848 家，单位减少 185 家；新开户职工 2.11 万人，实缴职工 20.46 万人，职工减少 2.33 万人；缴存额 22 亿元，同比增长 49.25%。2017 年末，缴存总额 113.9 亿元，同比增长 23.94%；缴存余额 51.85 亿元，同比增长 43.87%。

受委托办理住房公积金缴存业务的银行 6 家，比上年增加（减少）0 家。

（二）提取：2017 年住房公积金提取额 6.19 亿元，同比增长 7.28%；占当年缴存额的 28.12%，比上年减少 11.03 个百分点。截至 2017 年末，提取总额 62.05 亿元，同比增长 11.08%。

（三）贷款：

个人住房贷款：个人住房贷款最高额度 80 万元，其中，单缴存职工最高额度 80 万元，双缴存职工最高额度 80 万元。

2017 年，发放个人住房贷款 0.48 万笔 15.93 亿元，同比分别增长 16.68%、34.20%。

2017 年，回收个人住房贷款 3.77 亿元。

2017 年末，累计发放个人住房贷款 2.98 万笔 56.61 亿元，贷款余额 40.47 亿元，同比分别增长 19.68%、39.16%、42.95%。个人住房贷款余额占缴存余额的 78.05%，比上年减少 0.5 个百分点。

受委托办理住房公积金个人住房贷款业务的银行 5 家，比上年增加（减少）0 家。

（四）**融资**：2017 年无融资，当年融资归还 5.62 亿元，融资余额 0 亿元。

（五）**资金存储**：2017 年末，住房公积金存款 12.79 亿元。其中，活期 0.04 亿元，1 年以上定期 8.45 亿元，其他（协定、通知存款等）4.3 亿元。

（六）**资金运用率**：2017 年末，住房公积金个人住房贷款余额、项目贷款余额和购买国债余额的总和占缴存余额的 78.05%，比上年减少 2.74 个百分点。

三、主要财务数据

（一）**业务收入**：2017 年，业务收入 17463.53 万元，同比下降 0.68%。存款利息 6280.76 万元，委托贷款利息 11182.41 万元，国债利息 0 万元，其他 0.36 万元。

（二）**业务支出**：2017 年，业务支出 7898.22 万元，同比下降 13.24%。支付职工住房公积金利息 6469.46 万元，归集手续费 0 万元，委托贷款手续费 622.42 万元，其他 806.34 万元。

（三）**增值收益**：2017 年，增值收益 9565.31 万元，同比增长 12.81%。增值收益率 2.12%，比上年减少 0.39 个百分点。

（四）**增值收益分配**：2017 年，提取贷款风险准备金 0 万元，提取管理费用 4745.89 万元，提取城市廉租住房（公共租赁住房）建设补充资金 4819.42 万元。

2017 年，上交财政管理费用 2000 万元。上缴财政城市廉租住房（公共租赁住房）建设补充资金 3000 万元，同比增加 2000 万元，增长 200%。

2017 年末，贷款风险准备金余额 18043.86 万元。累计提取城市廉租住房（公共租赁住房）建设补充资金 10919.42 万元。

（五）**管理费用支出**：2017 年，管理费用支出 1910.76 万元，同比下降 5.01%。其中人员经费 1459.14 万元，公用经费 225.34 万元，专项经费 226.28 万元。

四、资产风险状况

（一）**个人住房贷款**：2017 年末个人住房贷款逾期额 22.70 万元，逾期率 0.06‰。2017 年提取个人贷款风险准备金 0 万元，使用个人贷款风险准备金核销呆坏账 0 万元。2017 年末个人贷款风险准备金余额 17721.86 万元，占个人住房贷款余额的 4.38%，个人住房贷款逾期额与个人贷款风险准备金余额的比率为 0.13%。

（二）**支持保障性住房建设试点项目贷款**：2017 年项目贷款风险准备金余额 322 万元。

五、社会经济效益

（一）**缴存业务**：2017 年职工实缴单位数、实缴职工人数减少 4.59%、10.22%，缴存额增长49.25%。

缴存单位中，国家机关和事业单位占73.31%，国有企业占7.98%，城镇集体企业占4.36%，外商投资企业占0.39%，城镇私营企业及其他城镇企业占8.37%，民办非企业单位和社会团体占1.09%，其他占4.50%。

缴存职工中，国家机关和事业单位占54.29%，国有企业占22.91%，城镇集体企业占5.33%，外商投资企业占2.42%，城镇私营企业及其他城镇企业占8.21%，民办非企业单位和社会团体占1.15%，其他占5.69%；中、低收入占88.49%，高收入占11.51%。

新开户职工中，国家机关和事业单位占30.18%，国有企业占21.64%，城镇集体企业占9.97%，外商投资企业占3.08%，城镇私营企业及其他城镇企业占13.63%，民办非企业单位和社会团体占1.39%，其他占20.11%；中、低收入占93.22%，高收入占6.78%。

（二）提取业务： 2017年，2.53万名缴存职工提取住房公积金6.19亿元。

提取金额中，住房消费提取占57.74%（购买、建造、翻建、大修自住住房占30.56%，偿还购房贷款本息占17.71%，租赁住房占6.7%，其他占2.77%）；非住房消费提取占42.26%（离休和退休提取占25.43%，完全丧失劳动能力并与单位终止劳动关系提取占2.94%，户口迁出本市或出境定居占1.84%，其他占12.05%）。

提取职工中，中、低收入占86.29%，高收入占13.71%。

（三）贷款业务：

1. 个人住房贷款： 2017年，支持职工购建房57.61万平方米，年末个人住房贷款市场占有率为25.14%，比上年减少0.33个百分点。通过申请住房公积金个人住房贷款，可节约职工购房利息支出31800万元。

职工贷款笔数中，购房建筑面积90（含）平方米以下占19.69%，90～144（含）平方米占68.92%，144平方米以上占11.39%。购买新房占82.18%（其中购买保障性住房占0%），购买存量商品住房占17.41%，建造、翻建、大修自住住房占0.02%，其他占0.39%。

职工贷款笔数中，单缴存职工申请贷款占55.04%，双缴存职工申请贷款占44.69%，三人及以上缴存职工共同申请贷款占0.27%。

贷款职工中，30岁（含）以下占31.81%，30岁～40岁（含）占36.8%，40岁～50岁（含）占23.67%，50岁以上占7.72%；首次申请贷款占91.76%，二次及以上申请贷款占8.24%；中、低收入占91.97%，高收入占8.03%。

2. 异地贷款： 2017年，发放异地贷款822笔35074.20万元。2017年末，发放异地贷款总额47136.1万元，发放异地贷款余额44635.43万元。

3. 支持保障性住房建设试点项目贷款： 2017年末，累计试点项目4个，贷款额度1.44亿元，建筑面积33.34万平方米，可解决3384户中低收入职工家庭的住房问题。4个试点项目贷款资金已发放并还清贷款本息。

（四）住房贡献率： 2017年，个人住房贷款发放额、公转商贴息贷款发放额、项目贷款发放额、住房消费提取额的总和与当年缴存额的比率为88.64%。

六、其他重要事项

（一）当年缴存基数限额及确定方法、缴存比例调整情况： 2017年6月22日发布《关于2017年度住房公积金"控高保低"缴存标准的通知》（市房金管发〔2017〕18号），明确了住房公积金2017年度缴存基数及比例。

一是确定最高和最低缴存基数。单位核定职工缴存住房公积金的月工资基数，最高不得高于市统计部门公布的2016年度全市在岗职工月平均工资的三倍，其中晋中市城区、榆次区、开发区最高上限为14388元/月；最低不低于山西省人民政府2015年度规定的职工最低工资标准。

二是确定缴存比例。单位和职工住房公积金缴存比例分别不低于5%，不高于12%。同一单位职工的缴存比例应一致。

（二）当年住房公积金存贷款利率调整及执行情况：2017年住房公积金存贷款利率未做调整，仍按2016年2月21日的存贷款利率政策执行。职工住房公积金账户存款利率，按一年期定期存款基准利率1.5%执行。个人住房公积金贷款利率，五年期以上个人住房公积金贷款利率为3.25%，五年期以下（含五年）个人住房公积金贷款利率为2.75%。

（三）当年住房公积金个人住房贷款最高贷款额度调整情况：2017年，住房公积金个人住房购房贷款最高贷款额度未做调整。继续保持80万元。

（四）服务改进情况：中心进一步强化服务意识，提升服务效能，全面加强窗口建设。优先把年纪轻、业务精、反应快、态度好的优秀人员充实到一线窗口，为缴存人提供优质服务。同时开展星级服务评比，严格首问负责制，一次性告知制，做到不让政策在窗口截留、不让差错在窗口发生、不让时间在窗口浪费、不让承诺在窗口失信，大厅严格执行首问负责制、一次性告知制、公开承诺制、AB岗制、失职追究制等。

（五）信息化建设情况：中心加强住房公积金互联网平台建设，2017年结合住房城乡建设部的要求，积极推进住房公积金基础数据贯标、住房公积金银行结算数据应用系统接入，综合服务平台的建设使用，对住房公积金系统"双贯标及综合服务平台"项目进行公开招标，北京安泰伟奥公司中标，承办我中心住房公积金新系统的建设服务。2018年2月新系统正式投入使用。

（六）住房公积金管理中心及职工所获荣誉情况：晋中市住房公积金管理中心2017年被山西省住房城乡建设厅表彰，评为先进单位。晋中市住房公积金管理中心榆次区办事处、寿阳管理部被评为晋中市文明单位，介休管理部、开发区办事处被评为晋中市文明服务示范窗口。

运城市住房公积金2017年年度报告

一、机构概况

（一）住房公积金管理委员会：住房公积金管理委员会有20名委员，2017年召开1次会议，会议调整了管委会主任委员、副主任委员及部分委员，审议通过了关于2016年全市住房公积金工作情况和2017年工作要点的报告，关于2016年全市住房公积金归集、使用计划执行情况及2017年住房公积金归集、使用计划的报告，关于2016年全市住房公积金增值收益分配方案和2017年增值收益预算的报告。

（二）住房公积金管理中心：住房公积金管理中心为直属市政府的不以营利为目的的全额事业单位，设7个科（室），16个管理部。从业人员194人，其中，在编165人，非在编29人。

二、业务运行情况

（一）缴存：2017年，新开户单位116家，实缴单位3932家，净增单位82家；新开户职工1.48万人，实缴职工26.38万人，净增职工－4.01万人；缴存额21.81亿元，同比增长31.78%。2017年末，缴存总额133.33亿元，同比增长19.56%；缴存余额62.24亿元，同比增长29.5%。

受委托办理住房公积金缴存业务的银行8家，较去年无变化。

（二）提取：2017年，提取额7.62亿元，同比下降25.22%；占当年缴存额的34.94%，比上年减少26.63个百分点。2017年末，提取总额71.09亿元，同比增长12.02%。

（三）贷款：

1. 个人住房贷款：单双职工个人住房贷款最高额度均为40万元。

2017年，发放个人住房贷款0.64万笔13.94亿元，同比分别下降28.71%、21.46%。

2017年，回收个人住房贷款7.57亿元。

2017年末，累计发放个人住房贷款8.62万笔93.02亿元，贷款余额47.96亿元，同比分别增长7.88%、17.63%、15.34%。个人住房贷款余额占缴存余额的77.06%，比上年减少9.47个百分点。

受委托办理住房公积金个人住房贷款业务的银行4家，与上年相同。

2. 住房公积金支持保障性住房建设项目贷款：2017年末，累计发放项目贷款4亿元，项目贷款余额0。

（四）资金存储：2017年末，住房公积金存款15.03亿元。其中，活期0.01亿元，1年（含）以下定期0.1亿元，1年以上定期12.87亿元，其他（协定、通知存款等）2.05亿元。

（五）资金运用率：2017年末，住房公积金个人住房贷款余额、项目贷款余额和购买国债余额的总和占缴存余额的77.05%，比上年减少9.48个百分点。

三、主要财务数据

（一）业务收入：2017年，业务收入22401.6万元，同比增长16.1%。其中，存款利息7402.83万元，委托贷款利息14994.06万元，其他4.71万元。

（二）业务支出：2017年，业务支出10431.85万元，同比下降15.06%。其中，支付职工住房公积金利息8850.97万元，委托贷款手续费553.45万元，其他1027.43万元（其中质押借款利息支出1021.27万元）。

（三）增值收益：2017年，增值收益11969.75万元，同比增长70.68%。增值收益率2.07%，比上年增加0.61个百分点。

（四）增值收益分配：2017年，提取贷款风险准备金4795.64万元，提取管理费用2150.21万元，提取城市廉租住房（公共租赁住房）建设补充资金5023.9万元。

2017年，上交财政管理费用2438.45万元。

2017年末，贷款风险准备金余额31060.8万元。累计提取城市廉租住房（公共租赁住房）建设补充

资金 18585.78 万元。

（五）管理费用支出：2017 年，管理费用支出 2518.69 万元，同比增长 51.2%。其中，人员经费 1686.85 万元，公用经费 384.1 万元，专项经费 447.74 万元。

四、资产风险状况

（一）个人住房贷款：2017 年末，个人住房贷款逾期额 3068.56 万元，逾期率 6.4‰。

个人贷款风险准备金按增值收益的 1% 提取。2017 年，提取个人贷款风险准备金 4795.64 万元，使用个人贷款风险准备金核销呆坏账 0 万元。2017 年末，个人贷款风险准备金余额 31060.8 万元，占个人住房贷款余额的 6.48%，个人住房贷款逾期额与个人贷款风险准备金余额的比率为 9.88%。

（二）历史遗留风险资产：2017 年末，历史遗留风险资产余额 276.12 万元。

五、社会经济效益

（一）缴存业务：2017 年，实缴单位数、实缴职工人数和缴存额同比分别增长 2.13%、-13.2% 和 31.78%。

缴存单位中，国家机关和事业单位占 68.29%，国有企业占 10.4%，城镇集体企业占 0.76%，外商投资企业占 0.43%，城镇私营企业及其他城镇企业占 14.7%，民办非企业单位和社会团体占 1.3%，其他占 4.12%。

缴存职工中，国家机关和事业单位占 47.45%，国有企业占 34.27%，城镇集体企业占 2.71%，外商投资企业占 0.6%，城镇私营企业及其他城镇企业占 8.67%，民办非企业单位和社会团体占 0.56%，其他占 5.75%；中、低收入占 99.04%，高收入占 0.96%。

新开户职工中，国家机关和事业单位占 16.98%，国有企业占 20.37%，城镇集体企业占 1.35%，外商投资企业占 0.094%，城镇私营企业及其他城镇企业占 49.96%，民办非企业单位和社会团体占 0.96%，其他占 10.28%；中、低收入占 99.35%，高收入占 0.65%。

（二）提取业务：2017 年，7.25 万名缴存职工提取住房公积金 7.62 亿元。

提取金额中，住房消费提取占 66.44%（购买、建造、翻建、大修自住住房占 31.67%，偿还购房贷款本息占 27.66%，租赁住房占 5.49%，其他占 1.61%）；非住房消费提取占 33.56%（离休和退休提取占 26.73%，完全丧失劳动能力并与单位终止劳动关系提取占 2.37%，户口迁出本市或出境定居占 1.6%，其他占 2.86%）。

提取职工中，中、低收入占 99.62%，高收入占 0.38%。

（三）贷款业务

1. 个人住房贷款：2017 年，支持职工购建房 83.97 万平方米，年末个人住房贷款市场占有率为 25.08%，比上年减少 6.05 个百分点。通过申请住房公积金个人住房贷款，可节约职工购房利息支出 29830.96 万元。

职工贷款笔数中，购房建筑面积 90（含）平方米以下占 6.34%，90～144（含）平方米占 72.12%，144 平方米以上占 21.54%。购买新房占 52.45%（其中购买保障性住房占 1.61%），购买存量商品住房占 41.72%，建造、翻建、大修自住住房占 5.11%。

职工贷款笔数中，单缴存职工申请贷款占 57.27％，双缴存职工申请贷款占 42.73％。

贷款职工中，30 岁（含）以下占 19.4％，30 岁～40 岁（含）占 40.13％，40 岁～50 岁（含）占 26.74％，50 岁以上占 13.73％；首次申请贷款占 79.04％，二次及以上申请贷款占 20.96％；中、低收入占 99.5％，高收入占 0.5％。

2. **异地贷款**：2017 年，发放异地贷款 231 笔 5386 万元。2017 年末，发放异地贷款总额 7812 万元，异地贷款余额 7032.58 万元。

3. **支持保障性住房建设试点项目贷款**：2017 年末，累计试点项目 1 个，贷款额度 4 亿元，建筑面积 40 万平方米，可解决 1919 户中低收入职工家庭的住房问题。试点项目贷款资金已发放并还清贷款本息。

(四) **住房贡献率**：2017 年，个人住房贷款发放额、公转商贴息贷款发放额、项目贷款发放额、住房消费提取额的总和与当年缴存额的比率为 98.87％，比上年减少 54.73 个百分点。

六、其他重要事项

(一) **当年住房公积金政策调整及执行情况**：

1. 2017 年 7 月调整核定住房公积金月缴存基数及比例，缴存基数上限按不超过运城市 2016 年度职工月平均工资 3 倍的要求确定为 12478 元，缴存基数下限按 2016 年度月最低工资标准 1620 元执行，职工和单位住房公积金的缴存比例上限为 12％，下限为 5％。

2. 2017 年住房公积金存贷款利率执行 2016 年 2 月 19 日根据《中国人民银行住房城乡建设部财政部关于完善职工住房公积金账户存款利率形成机制的通知》（银发〔2016〕43 号）印发的《关于调整住房公积金存款利率的通知》（运市住金字〔2016〕5 号），自 2016 年 2 月 21 日起，将职工住房公积金账户存款利率由按照归集时间执行活期、三个月存款基准利率，调整为统一按一年期定期存款基准利率执行。

3. 2017 年住房公积金个人住房贷款最高贷款额度执行 2015 年 2 月 26 日《关于发展住房公积金个人住房贷款业务的通知》（运市住金字〔2015〕16 号）规定的全市住房公积金个人住房贷款最高额度 40 万元，最长期限 30 年的标准。

4. 2017 年 1 月 17 日，中心印发《关于住房公积金提取、贷款规定的通知》（运市住金字〔2017〕3 号）；6 月 23 日印发《运城市个体工商户和灵活就业人员住房公积金缴存使用规定（暂行）》（运市住金字〔2017〕21 号）；7 月 18 日印发《关于转发＜山西省住房和城乡建设厅关于及时调整住房公积金提取政策的通知＞的通知》（运市住金字〔2017〕23 号）；10 月 19 日，《关于对住房公积金提取、贷款有关政策的补充规定》（运市住金字〔2017〕45 号），对住房公积金政策不断进行调整，进一步缩短办结时限，降低贷款条件。

(二) **当年服务改进情况**：中心综合服务平台正在筹建，计划于 2018 年建成运行。

(三) **当年信息化建设情况**：2017 年，中心对机房进行扩建改造，新机房拥有全面的环境监测系统、拥有智能门禁、自动灭火，温湿度监测，电力监测、漏水监测、各类故障报警等等功能，极大地提高了信息系统运行的安全性。中心现已完成"双贯标"项目，新系统运行基本正常。新系统现上线运后进一步提升了住房公积金管理的信息化、科学化、规范化水平，职工办理业务更加方便、快捷、高效。根据住房城乡建设部关于全国住房公积金异地转移接续平台工作的要求，中心积极做好异地转移接续相关工作，目前，异地转移接续业务已经集成到中心业务系统中，正在进行相应测试。

（四）当年住房公积金管理中心及职工所获荣誉情况：2017年，中心被省住房城乡建设厅评为"2017年度全省住房城乡建设工作先进单位"，被市文明委评为"2016～2017年度运城市文明单位"。中心芮城管理部主任方革委被省人社厅和住房城乡建设厅评为"山西省住房和城乡建设系统先进工作者"。

忻州市住房公积金2017年年度报告

一、机构概况

（一）住房公积金管理委员会：住房公积金管理委员会有20名委员，2017年召开一次会议，审议通过的事项主要包括：2017年度住房公积金归集、使用计划执行情况，并对其他重要事项进行了审议决议。

（二）住房公积金管理中心：住房公积金管理中心为忻州市政府直属不以营利为目的的全额事业单位，设7个科，14个管理部。从业人员161人，其中，在编77人，非在编84人。

二、业务运行情况

（一）缴存：2017年，新开户单位139家，实缴单位3724家，净增单位-1352家；新开户职工1.23万人，实缴职工15.67万人，净增职工－6.12万人；缴存额15.98亿元，同比增长3.36％。2017年末，缴存总额104.76亿元，同比增长18.01％；缴存余额33.57亿元，同比增长49.50％。

受委托办理住房公积金缴存业务的银行7家，比上年减少1家。

（二）提取：2017年，提取额4.87亿元，下降65.88％；占当年缴存额的30.48％，比上年减少61.74个百分点。2017年末，提取总额71.18亿元，同比增长7.34％。

（三）贷款：

个人住房贷款：个人住房贷款最高额度60万元，其中，单缴存职工最高额度60万元，双缴存职工最高额度60万元。

2017年，发放个人住房贷款0.32万笔9.48亿元，同比分别下降5.59％、增长11.50％

2017年，回收个人住房贷款3.52亿元。

2017年末，累计发放个人住房贷款2.89万笔48.57亿元，贷款余额25.26亿元，同比分别增长12.43％、24.25％、30.89％。个人住房贷款余额占缴存余额的75.24％，比上年减少10.70个百分点。

受委托办理住房公积金个人住房贷款业务的银行5家，与上年相同。

（四）融资：2017年，融资16.07亿元，归还27.52亿元。2017年末，融资总额72.87亿元，融资余额10.94亿元。

（五）资金存储：2017年末，住房公积金存款18.38亿元（含10.94亿元住房公积金定期存单质押贷款）。其中，活期0.01亿元，无1年（含）以下定期，1年以上定期17.49亿元，其他（协定、通知存款等）0.88亿元。

（六）资金运用率：2017年末，住房公积金个人住房贷款余额、项目贷款余额和购买国债余额的总和占缴存余额的75.24%，比上年减少10.70个百分点。

三、主要财务数据

（一）**业务收入**：2017年，业务收入20437.41万元，同比增长4.62%。存款利息13185.37万元，委托贷款利息7181.20万元，无国债利息，其他70.84万元。

（二）**业务支出**：2017年，业务支出11280.51万元，同比下降30.08%；支付职工住房公积金利息2821.22万元，归集手续费0万元，委托贷款手续费347.19万元，其他8112.10万元（其中公积金定期存款存单质押贷款利息支出8105.28万元）。

（三）**增值收益**：2017年，增值收益9156.90万元，同比增长169.32%。增值收益率3.4%，比上年增加1.98个百分点。

（四）**增值收益分配**：2017年，提取贷款风险准备金5494.14万元，提取管理费用3312.00万元，提取城市廉租住房（公共租赁住房）建设补充资金350.76万元。

2017年，上交财政管理费用3312万元。上缴财政城市廉租住房（公共租赁住房）建设补充资金350.76万元。

2017年末，贷款风险准备金余额30180.31万元。累计提取城市廉租住房（公共租赁住房）建设补充资金8653.37万元。

（五）**管理费用支出**：2017年，管理费用支出921.79万元，同比增长40.82%。其中，无人员经费，无公用经费，专项经费921.79万元。

四、资产风险状况

个人住房贷款：2017年末，个人住房贷款逾期额1979.31万元，逾期率7.85‰。

个人贷款风险准备金按增值收益的60%提取。2017年，提取个人贷款风险准备金5494.14万元，使用个人贷款风险准备金核销呆坏账0万元。2017年末，个人贷款风险准备金余额30180.31万元，占个人住房贷款余额的11.95%，个人住房贷款逾期额与个人贷款风险准备金余额的比率为5.88%。

五、社会经济效益

（一）**缴存业务**：2017年，实缴单位数、实缴职工人数和缴存额同比分别增长-26.63%、-28.09%和3.35%。

缴存单位中，国家机关和事业单位占74.65%，国有企业占9.86%，城镇集体企业占5.40%，外商投资企业占0.22%，城镇私营企业及其他城镇企业占3.28%，民办非企业单位和社会团体占0.40%，其他占6.19%。

缴存职工中，国家机关和事业单位占63.05%，国有企业占24.32%，城镇集体企业占4.52%，外商投资企业占0.27%，城镇私营企业及其他城镇企业占2.80%，民办非企业单位和社会团体占0.34%，其他占4.7%；中、低收入占98.32%，高收入占1.68%。

新开户职工中，国家机关和事业单位占49.38%，国有企业占26.79%，城镇集体企业占4.26%，外商投资企业占0.43%，城镇私营企业及其他城镇企业占12.73%，民办非企业单位和社会团体占0.68%，

其他占 5.73%；中、低收入占 99.35%，高收入占 0.65%。

（二）**提取业务**：2017 年，2.41 万名缴存职工提取住房公积金 4.87 亿元。

提取金额中，住房消费提取占 62.78%（购买、建造、翻建、大修自住住房占 14.67%，偿还购房贷款本息占 17.80%，租赁住房占 30.31%，其他占 0%）；非住房消费提取占 37.22%（离休和退休提取占 20.09%，完全丧失劳动能力并与单位终止劳动关系提取占 2.92%，户口迁出本市或出境定居占 0%，其他占 14.21%）。

提取职工中，中、低收入占 97.72%，高收入占 2.28%。

（三）**贷款业务**：

1. **个人住房贷款**：2017 年，支持职工购建房 62.15 万平方米，年末个人住房贷款市场占有率为 47.14%，比上年减少 5.07 个百分点。通过申请住房公积金个人住房贷款，可节约职工购房利息支出 14051.84 万元。

职工贷款笔数中，购房建筑面积 90（含）平方米以下占 12.17%，90~144（含）平方米占 74.95%，144 平方米以上占 12.88%。购买新房占 65.99%（其中购买保障性住房占 0.09%），购买存量商品住房占 34.01%，建造、翻建、大修自住住房占 0%，其他占 0%。

职工贷款笔数中，单缴存职工申请贷款占 15.61%，双缴存职工申请贷款占 84.39%，三人及以上缴存职工共同申请贷款占 0%。

贷款职工中，30 岁（含）以下占 14.82%，30 岁~40 岁（含）占 40.63%，40 岁~50 岁（含）占 27.87%，50 岁以上占 16.68%；首次申请贷款占 85.55%，二次及以上申请贷款占 14.45%；中、低收入占 99.94%，高收入占 0.06%。

2. **异地贷款**：2017 年，发放异地贷款 389 笔 13762 万元。2017 年末，发放异地贷款总额 24697 万元，异地贷款余额 22645.06 万元。

（四）**住房贡献率**：2017 年，个人住房贷款发放额、公转商贴息贷款发放额、项目贷款发放额、住房消费提取额的总和与当年缴存额的比率为 89.77%，比上年减少 41.98 个百分点。

六、其他重要事项

（一）**当年住房公积金政策调整及执行情况**：出台了《灵活就业人员住房公积金贷款管理办法》。

（二）**当年缴存基数和缴存比例调整情况**：按照国家有关规定，根据忻州市统计局公布的 2016 年职工月平均工资和 2016 年忻州市劳动和社会保障局规定的职工月最低工资标准测算，当年月缴存基数最高不超过 11859 元、最低不低于 1520 元，缴存比例执行最高 12%、最低 5%。

（三）**当年住房公积金存款利率执行情况**：2017 年，继续执行《中国人民银行 住房城乡建设部 财政部关于完善职工住房公积金账户存款利率形成机制的通知》（银发〔2016〕43 号）文件要求，按一年期定期存款基准利率 1.5% 执行。

（四）**当年住房公积金个人缴存、提取业务政策调整情况**：

1. 修订了《灵活就业人员住房公积金缴存和使用暂行办法》。

2. 取消提取住房公积金缴存职工单位审核环节。

3. 购买、建造、翻建、大修自住住房（含公寓性住房）提取时限由 5 年调整为 3 年。

（五）当年信息化建设情况：2017年11月按照住房城乡建设部基础数据标准的要求重新改造了12329服务热线接口，升级了自助终端查询系统，对中心网站进行了升级改造。

2017年8月通过市政府采购中心公开采购了"双贯标"信息系统，中标公司为四川久远银海股份有限公司。2017年11月接入住房城乡建设部银行结算系统，12月初"双贯标"系统正式上线，12月20日通过了省级"双贯标"预验收。

（六）当年对住房公积金管理人员违规行为的纠正和处理情况：通过人民法院起诉，正在审理的住房公积金逾期贷款有20户。

临汾市住房公积金2017年年度报告

一、机构概况

（一）**住房公积金管理委员会**：住房公积金管理委员会有25名委员，2017年召开一次会议，审议通过的事项主要包括：临汾市住房公积金管理中心工作报告、2016年度计划执行情况及2017年度计划情况报告、临汾市住房公积金2016年年度报告、《临汾市住房公积金缴存管理办法》、《临汾市住房公积金提取管理办法》、《临汾市住房公积金个人住房贷款管理办法》。

（二）**住房公积金管理中心**：住房公积金管理中心为临汾市人民政府不以营利为目的的副县级事业单位，设9个科，17个管理部。从业人员290人，其中，在编176人，非在编114人（主要是侯马、洪洞机构调整未完成，以及公益性岗位人员）。

二、业务运行情况

（一）**缴存**：2017年，新开户单位192家，实缴单位5133家，净增单位639家；新开户职工1.52万人，实缴职工27.57万人，净增职工-1.19万人；缴存额25亿元，同比增长27.29%。2017年末，缴存总额152.78亿元，同比增长19.56%；缴存余额76.23亿元，同比增长25.77%。

受委托办理住房公积金缴存业务的银行5家，无新增存款银行。

（二）**提取**：2017年，提取额9.37亿元，同比增长42.84%；占当年缴存额的37.48%，比上年增加4.08个百分点。2017年末，提取总额76.54亿元，同比增长13.95%。

（三）**贷款**：

个人住房贷款：个人住房贷款最高额度60万元，其中，单缴存职工最高额度60万元，双缴存职工最高额度60万元。

2017年，发放个人住房贷款0.47万笔15.09亿元，同比分别下降28.79%、25.37%。

2017年，回收个人住房贷款6.59亿元。

2017年末，累计发放个人住房贷款5.73万笔96.09亿元，贷款余额61.01亿元，同比分别增长8.94%、18.61%、16.19%。个人住房贷款余额占缴存余额的80.03%，比上年减少6.62个百分点。

受委托办理住房公积金个人住房贷款业务的银行5家，无新增委贷银行。

（四）**资金存储**：2017年末，住房公积金存款21.85亿元。其中，活期0.72亿元，1年（含）以下定期6.5亿元，1年以上定期12.70亿元，其他（协定、通知存款等）1.93亿元。

（五）**资金运用率**：2017年末，住房公积金个人住房贷款余额、项目贷款余额和购买国债余额的总和占缴存余额的80.03%，比上年减少6.62个百分点。

三、主要财务数据

（一）**业务收入**：2017年，业务收入24678.35万元，同比下降0.2%。存款利息6399.26万元，委托贷款利息18279.02万元，其他0.07万元。

（二）**业务支出**：2017年，业务支出11325.22万元，同比下降13.15%。支付职工住房公积金利息10603.63万元，委托贷款手续费710.95万元，其他10.64万元。

（三）**增值收益**：2017年，增值收益13353.13万元，同比增长14.25%。增值收益率1.9%，比上年减少0.22个百分点。

（四）**增值收益分配**：2017年，提取贷款风险准备金8077.48万元，提取管理费用6237.67万元，提取城市廉租住房（公共租赁住房）建设补充资金1004.41万元。

2017年，上交财政管理费用5258.99万元。上缴财政城市廉租住房（公共租赁住房）建设补充资金9524.46万元。

2017年末，贷款风险准备金余额26716万元。累计提取城市廉租住房（公共租赁住房）建设补充资金18943.77万元。

（五）**管理费用支出**：2017年，管理费用支出3677.31万元，同比增长2.94%。其中，人员经费2288.48万元，公用经费93.59万元，专项经费1295.24万元。

四、资产风险状况

个人住房贷款：2017年末，个人住房贷款逾期额356.08万元，逾期率0.58‰。

个人贷款风险准备金按贷款余额的1.5%提取。2017年，提取个人贷款风险准备金8077.48万元，使用个人贷款风险准备金核销呆坏账0万元。2017年末，个人贷款风险准备金余额26716万元，占个人住房贷款余额的4.38%，个人住房贷款逾期额与个人贷款风险准备金余额的比率为1.33%。

五、社会经济效益

（一）**缴存业务**：2017年，实缴单位数、实缴职工人数和缴存额同比分别增长14.22%、－4.14%和27.29%。

缴存单位中，国家机关和事业单位占56.24%，国有企业占6.14%，城镇集体企业占0.39%，外商投资企业占0.19%，城镇私营企业及其他城镇企业占35.2%，民办非企业单位和社会团体占0.51%，其他占1.33%。

缴存职工中，国家机关和事业单位占47.21%，国有企业占15.03%，城镇集体企业占0.43%，外商投资企业占0.18%，城镇私营企业及其他城镇企业占36.12%，民办非企业单位和社会团体占0.14%，

其他占0.89%；中、低收入占99.97%，高收入占0.03%。

新开户职工中，国家机关和事业单位占27.71%，国有企业占17.88%，城镇集体企业占0.66%，外商投资企业占1.11%，城镇私营企业及其他城镇企业占49.32%，民办非企业单位和社会团体占0.71%，其他占2.61%；中、低收入占99.96%，高收入占0.04%。

（二）提取业务：2017年，3.23万名缴存职工提取住房公积金9.37亿元。

提取金额中，住房消费提取占58.19%（购买、建造、翻建、大修自住住房占28.44%，偿还购房贷款本息占19.29%，租赁住房占9.21%，其他占1.25%）；非住房消费提取占41.81%（离休和退休提取占30.5%，完全丧失劳动能力并与单位终止劳动关系提取占7.86%，户口迁出本市或出境定居占2.35%，其他占1.1%）。

提取职工中，中、低收入占99.97%，高收入占0.03%。

（三）贷款业务：

1. **个人住房贷款**：2017年，支持职工购建房69.81万平方米，年末个人住房贷款市场占有率为36%，比上年减少20.58个百分点。通过申请住房公积金个人住房贷款，可节约职工购房利息支出45397.15万元。

职工贷款笔数中，购房建筑面积90（含）平方米以下占7.27%，90～144（含）平方米占73.84%，144平方米以上占18.89%。购买新房占79.38%（其中购买保障性住房占1.16%），购买存量商品住房占11.68%，建造、翻建、大修自住住房占3.68%，其他占5.26%。

职工贷款笔数中，单缴存职工申请贷款占24.17%，双缴存职工申请贷款占60.75%，三人及以上缴存职工共同申请贷款占15.08%。

贷款职工中，30岁（含）以下占17.6%，30岁～40岁（含）占41.13%，40岁～50岁（含）占28.26%，50岁以上占13.01%；首次申请贷款占99.96%，二次及以上申请贷款占0.04%；中、低收入占99.74%，高收入占0.26%。

2. **异地贷款**：2017年，发放异地贷款267笔9387万元。2017年末，发放异地贷款总额15470.8万元，异地贷款余额15397.95万元。

（四）**住房贡献率**：2017年，个人住房贷款发放额、公转商贴息贷款发放额、项目贷款发放额、住房消费提取额的总和与当年缴存额的比率为82.17%，比上年减少41.05个百分点。

六、其他重要事项

（一）当年住房公积金政策调整及执行情况：

1. 归集方面

（1）将灵活就业人员纳入住房公积金制度体系，无雇工的个体工商户、非全日制从业人员以及其他灵活就业人员，可以申请缴存住房公积金，并按相关规定履行缴存义务，同时享有提取、贷款等权益。

（2）进一步规范缴存单位的缴存行为，断缴的判定条件由连续六个月未缴变更为连续三个月未缴。

（3）鉴于住房城乡建设部组织建设并推广全国住房公积金异地转移接续平台，调整转移业务的适用范围，职工调动工作的，无论是否在本市范围内，均需办理转移业务。

2. 提取方面

（1）放宽提取条件，购买、建造、大修自住住房提取的年限由 3 年延长至 5 年。

（2）简化办理要件，直系亲属关系证明的认定依据范围，由"同一户籍的户口簿或户籍所在地公安部门出具"扩大为"同一户籍的户口簿、公安机关的证明、单位证明、社区证明或者能够证明其是直系亲属的其他证明"。

（3）减少审批环节，取消销户性提取业务流程中单位审核、复审环节，取消非销户性提取业务流程中单位审核、调查、复核环节。

（4）规范提取类型，根据《山西省住房和城乡建设厅关于及时调整住房公积金提取政策的通知》（晋建金函〔2017〕855 号）文件精神并结合我市实际，取消调离本市提取，将与单位解除劳动关系提取修改为完全丧失劳动能力并与单位解除劳动关系。

3. 贷款方面

（1）提高贷款额度，扩大贷款对象。购建房贷款额度由 40 万元提高到 60 万元；缴存职工的直系亲属购房，可申请住房公积金贷款。

（2）延长贷款年限。男、女缴存职工申请住房公积金贷款时，贷款年限一律放宽到借款申请人 65 岁。

（3）提高还款能力。借款人还款能力不足时，可增加辅助还款人，共同承担还款责任。

（4）增加贷款担保方式。新增加了自然人阶段性保证加房产抵押担保方式。

（5）降低贷款担保条件。取消异地贷款必须提供房产抵押的担保限制，取消二手房贷款、装修贷款必须采用所购或所装修房屋进行抵押的限制。

4. 存贷款利率执行情况

2017 年严格按照国家规定的存贷款利率执行。6 月 30 日给缴存职工结息时，职工住房公积金无论是上年结转的，还是当年缴存的，一律按照一年期定期存款基准利率 1.5％执行，所结利息记入到住房公积金个人账户。个人住房公积金贷款利率：五年期以下（含五年）2.75％，五年期以上 3.25％。

（二）当年服务改进情况：认真贯彻落实国家"三去一降一补"政策，阶段性降低企业住房公积金缴存比例，帮助经营困难企业降低成本、助力企业发展。

对住房公积金业务集中、办理批次多的服务项目，或到服务网点办理业务却有困难的缴存职工，开展预约和上门服务。

在服务网点优先为老年人、军人、残障人士等特殊群体设立绿色通道或专用窗口，提供优质、高效的服务。

制定 12329 公积金热线回访制度，对各单位住房公积金业务经办人员及办事职工开展回访，建立相应的回访档案，对发现的问题及时告知各部门并处理，更好地接受广大缴存单位和办事职工监督。同时，中心开通微博，进一步拓宽服务渠道。

（三）当年信息化建设情况：按照住房城乡建设部的要求，我中心于 2017 年 5 月完成全国住房公积金异地转移接续平台的接入工作，7 月 1 日投入使用，全年办理转移业务 100 余笔，这一功能的开通极大地方便了跨设区城市就业人员办理住房公积金异地转移接续业务，使住房公积金在全国范围内实现了"账随人走、钱随账走"，解决了过去职工往返奔波、手续繁杂、时间过长等问题，提高了住房公积金服务效率。2017 年 9 月完成了"双贯标"系统开发、测试和上线工作，开通了结算渠道，实现了交易实时结算，提取、贷款资金秒级到账，以前需要往返银行和中心的业务，现在全部直接在中心完成，业务办理效率大幅提升。

（四）当年住房公积金管理中心及职工所获荣誉情况：2017年我单位荣获国家级文明单位1个，省级先进集体2个，省级青年文明号1个，省级先进个人1人，市级文明单位2个。

吕梁市住房公积金2017年年度报告

一、机构概况

（一）住房公积金管理委员会：住房公积金管理委员会有30名委员，2017年召开2次会议，审议通过的事项主要包括：2016年住房公积金增值收益分配方案、2016年住房公积金归集使用计划执行情况及2017年归集使用计划、吕梁市住房公积金2016年年度报告、聘用临时工作人员、解决县级管理机构调整撤并遗留问题、调整吕梁市住房公积金管理委员会组成人员。

（二）住房公积金管理中心：住房公积金管理中心为市政府直属不以营利为目的的全额事业单位，设8个科，下设11个管理部（另：孝义市住房公积金管理中心和方山县住房公积金管理中心机构尚未理顺）。从业人员233人，其中，在编73人，非在编160人。

二、业务运行情况

（一）缴存：2017年，新开户单位35家，实缴单位4243家，净增单位24家；新开户职工8626人，实缴职工311361人，净增职工5353人；缴存额20.78亿元，同比增长22.81%。2017年末，缴存总额107.03亿元，同比增长24.09%；缴存余额43.37亿元，同比增长58.05%。

受委托办理住房公积金缴存业务的银行6家，比上年减少1家。

（二）提取：2017年，提取额4.85亿元，同比下降33.01%；占当年缴存额的23.34%，比上年增减少19.45个百分点。2017年末，提取总额63.66亿元，同比增长8.27%。

（三）贷款：

个人住房贷款：个人住房贷款最高额度60万元，其中，单缴存职工最高额度40万元，双缴存职工最高额度60万元。

2017年，发放个人住房贷款2351笔6.23亿元，同比分别下降31.64%、36.23%。其中，市中心发放个人住房贷款417笔1.96亿元。

2017年，回收个人住房贷款2.19亿元。其中，市中心0.92亿元。

2017年末，累计发放个人住房贷款1.82万笔33.83亿元，贷款余额21.21亿元，同比分别增长14.81%、22.62%、23.53%。个人住房贷款余额占缴存余额的48.90%，比上年减少13.67个百分点。

受委托办理住房公积金个人住房贷款业务的银行4家，无新增委贷银行。

（四）资金存储：2017年末，住房公积金存款22.61亿元。其中，活期1.77亿元，1年（含）以下定期11.89亿元，1年以上定期6.63亿元，其他（协定、通知存款等）2.32亿元。

（五）资金运用率：2017年末，住房公积金个人住房贷款余额占缴存余额的48.90%，比上年减少13.67个百分点。

三、主要财务数据

（一）业务收入：2017年，业务收入12314.11万元，同比增长30.57%。其中，市中心3919.27万元；存款利息6388.91万元，委托贷款利息5914.63万元，其他10.57万元。

（二）业务支出：2017年，业务支出6043.63万元，同比下降23.29%。其中，市中心1663.83万元；支付职工住房公积金利息5414.71万元，委托贷款手续费280.03万元，其他348.89万元。

（三）增值收益：2017年，增值收益6270.48万元，同比增长303.89%。其中，市中心2255.44万元；增值收益率1.79%，比上年增加1.11个百分点。

（四）增值收益分配：2017年，提取贷款风险准备金2055.32万元，提取管理费用1109.19万元，提取城市廉租住房（公共租赁住房）建设补充资金261.02万元。

2017年，上交财政管理费用330.29万元。上缴财政城市廉租住房（公共租赁住房）建设补充资金231.28万元。其中，市中心上缴165.44万元。

2017年末，贷款风险准备金余额19939.11万元。累计提取城市廉租住房（公共租赁住房）建设补充资金9361.75万元。

（五）管理费用支出：2017年，管理费用支出1446.26万元，同比增长52.28%。其中，人员经费968.58万元，公用经费477.68万元。

市中心管理费用支出1096.74万元，其中，人员、公用经费分别为676.80万元、419.94万元。

四、资产风险状况

个人住房贷款：2017年末，个人住房贷款逾期额203.49万元，逾期率0.96‰。其中，市中心2.39‰。

个人贷款风险准备金按贷款余额的60%提取。2017年，提取个人贷款风险准备金2055.32万元，使用个人贷款风险准备金核销呆坏账0万元。2017年末，个人贷款风险准备金余额19939.11万元，占个人住房贷款余额的9.40%，个人住房贷款逾期额与个人贷款风险准备金余额的比率为1.02%。

五、社会经济效益

（一）缴存业务：2017年，实缴单位数、实缴职工人数和缴存额同比分别增长0.57%、1.75%和22.81%。

缴存单位中，国家机关和事业单位占61.37%，国有企业占22.95%，城镇集体企业占2.47%，外商投资企业占0.24%，城镇私营企业及其他城镇企业占7.45%，民办非企业单位和社会团体占1.11%，其他占4.41%。

缴存职工中，国家机关和事业单位占52.18%，国有企业占30.18%，城镇集体企业占1.98%，外商投资企业占1.45%，城镇私营企业及其他城镇企业占8.96%，民办非企业单位和社会团体占0.54%，其他占4.71%；中、低收入占99.07%，高收入占0.93%。

新开户职工中，国家机关和事业单位占 10.01%，国有企业占 15.35%，城镇集体企业占 0.17%，城镇私营企业及其他城镇企业占 74.37%，民办非企业单位和社会团体占 0.1%；中、低收入占 100%。

（二）提取业务：2017 年，2.14 万名缴存职工提取住房公积金 4.85 亿元。

提取金额中，住房消费提取占 66.22%（购买、建造、翻建、大修自住住房占 14.31%，偿还购房贷款本息占 3.08%，租赁住房占 48.13%，其他占 0.70%）；非住房消费提取占 33.78%（离休和退休提取占 25.04%，完全丧失劳动能力并与单位终止劳动关系提取占 4.83%，户口迁出本市或出境定居占 0.56%，其他占 3.35%）。

提取职工中，中、低收入占 96.87%，高收入占 3.13%。

（三）贷款业务：

1. **个人住房贷款**：2017 年，支持职工购建房 22.86 万平方米，年末个人住房贷款市场占有率为 34.21%，比上年增加 14.96 个百分点。通过申请住房公积金个人住房贷款，可节约职工购房利息支出 11214 万元。

职工贷款笔数中，购房建筑面积 90（含）平方米以下占 42.02%，90~144（含）平方米占 52.02%，144 平方米以上占 5.96%。购买新房占 44.83%（其中购买保障性住房占 0%），购买存量商品住房占 44.79%，建造、翻建、大修自住住房占 0%，其他占 10.38%。

职工贷款笔数中，单缴存职工申请贷款占 31.30%，双缴存职工申请贷款占 68.70%，三人及以上缴存职工共同申请贷款占 0%。

贷款职工中，30 岁（含）以下占 17.52%，30 岁~40 岁（含）占 40.20%，40 岁~50 岁（含）占 30.75%，50 岁以上占 11.53%；首次申请贷款占 100%，二次及以上申请贷款占 0%；中、低收入占 100%，高收入占 0%。

2. **异地贷款**：2017 年，发放异地贷款 267 笔 8488 万元。2017 年末，发放异地贷款总额 8488 万元，异地贷款余额 8102 万元。

（四）住房贡献率：2017 年，个人住房贷款发放额、公转商贴息贷款发放额、项目贷款发放额、住房消费提取额的总和与当年缴存额的比率为 45.47%，比上年减少 44.04 个百分点。

六、其他重要事项

（一）当年机构及职能调整、缴存贷款业务金融机构变更情况：2017 年，我中心增设大厅服务科，主要负责业务大厅的日常管理和正常运营。2017 年，我市受委托办理缴存贷款业务金融机构未变更。

（二）当年住房公积金政策调整及执行情况：

1. **缴存政策调整情况**。吕梁市住房公积金缴存基数为上年度月平均工资，2016 年全市月平均工资为 4436 元，缴存基数上限为 13308 元，下限为 1320 元。2017 年，全市住房公积金缴存比例同上年度一致，垂直管理单位执行比例为：单位部分 12%、个人部分 12%；其他单位执行比例为：单位部分 12%、个人部分 8%。

2. **提取政策调整情况**。2017 年，印发了《关于规范有关企业职工提取住房公积金手续的通知》，采取有效措施，不断规范提取手续，竭力满足广大缴存职工的住房需求，切实做到应提尽提。

3. **贷款政策调整情况**。2017 年，中心先后印发了《关于进一步加强住房公积金贷款管理的通知》和

《关于调整住房公积金提取贷款有关政策的通知》，新增了自然人担保单位，放宽了借款人担保限制，提高了担保额度，简化了贷款流程，全市13个县级管理部实现了贷款业务独立审批，大大提高了工作效率。

4. **住房公积金存贷款利率执行标准**。2017年，个人住房公积金上年结转及当年归集存款利率执行标准为：一年定期利率1.5%。个人住房公积金贷款利率执行标准为：贷款五年期（含）以下年利率为2.75%，贷款五年期以上年利率为3.25%。

（三）**当年服务改进情况**：市中心及13个县级管理部都建立了综合业务大厅。一是提供一次性告知服务。制作住房公积金缴存、提取、贷款业务办理《一次性告知单》。二是推进"一窗受理，集成服务"。优化中心内部机构设置，将全部业务岗位前移至一线柜台，并增加授权，实现窗口办理所有类型业务。三是开展综合业务办理。依托综合业务大厅，邀请房管、不动产登记、银行等部门和单位入驻，实现职工一地一次性办结。

（四）**当年信息化建设情况**：2017年，中心加快推进住房公积金信息化建设工作。于4月27日，在中国山西政府采购网发布了《吕梁市住房公积金管理中心信息系统建设项目招标公告》。5月23日，在中国山西政府采购网发布了《吕梁市住房公积金管理中心信息系统建设项目中标公告》。6月22日，与中标单位山西锐祺科技有限公司签订了合同；7月4日，该公司正式入驻中心，现进入项目实施阶段；8月31日，完成软件需求对接；9月30日，基础数据录入结束；10月30日，数据移植全部完成；11月份，中心先后组织了5次信息系统软件测试培训会，对系统需求进行了细化，对系统性能进行了联合测试，确保各项需求功能落实到位；于11月24日，经请示省住房城乡建设厅同意，向住房城乡建设部上报了测试报告，并递交了信息化建设系统上线申请。

（五）**当年住房公积金管理中心及职工所获荣誉情况**：2017年，中心被省住房城乡建设厅表彰为"全省住房城乡建设工作先进单位"和"精神文明建设工作优秀单位"；被市总工会评为"吕梁市模范职工之家"；被临县县委、县政府表彰为："2017年度驻村帮扶先进单位"；交城县管理部被省住房城乡建设厅评为"山西省住房和城乡建设系统先进集体"；中心大厅服务科被全国妇联评为"2017年度全国巾帼文明岗"。中心副主任郭忠平同志被省住房城乡建设厅评为"山西省住房和城乡建设系统先进工作者"；科技信息科负责人王江涛同志荣获吕梁市"优秀共产党员"称号；工会主席韩小卫同志被市总工会评为"吕梁市优秀工会工作者"。

2017 全国住房公积金年度报告汇编

内蒙古自治区

呼和浩特市
包头市
乌海市
赤峰市
通辽市
鄂尔多斯市
呼伦贝尔市
巴彦淖尔市
乌兰察布市
兴安盟
锡林郭勒盟
阿拉善盟
满洲里市

内蒙古自治区住房公积金 2017 年年度报告

一、机构概况

（一）住房公积金管理机构：全区共设 13 个设区城市住房公积金管理中心，8 个独立设置的分中心（其中，内蒙古住房资金管理中心 1 隶属呼和浩特市，内蒙古电力住房公积金管理部 2 隶属呼和浩特市，国网内蒙古东部电力住房公积金管理部 3 隶属呼和浩特市，北方电力住房公积金管理部 4 隶属呼和浩特市，集通铁路住房公积金管理部 5 隶属呼和浩特市，包钢住房公积金管理分中心 6 隶属包头市，神华准格尔能源住房公积金管理部 7 隶属鄂尔多斯市，二连浩特住房公积金管理中心 8 隶属锡林郭勒盟）。从业人员 1683 人，其中，在编 995 人，非在编 688 人。

（二）住房公积金监管机构：内蒙古自治区住房城乡建设厅、财政厅和人民银行呼和浩特中心支行负责对本区住房公积金管理运行情况进行监督。自治区住房城乡建设厅设立住房公积金监管处，负责辖区住房公积金日常监管工作。

二、业务运行情况

（一）缴存：2017 年，新开户单位 3576 家，实缴单位 37041 家，净增单位 -42 家；新开户职工 28.42 万人，实缴职工 230.76 万人，净增职工 8.77 万人；缴存额 345.33 亿元，同比增长 11.78%。2017 年末，缴存总额 2324.36 亿元，同比增长 18.71%；缴存余额 1170.93 亿元，同比增长 10.54%。

（二）提取：2017 年，提取额 224.62 亿元，同比下降 3.85%；占当年缴存额的 65.04%，比上年减少 10.57 个百分点。2017 年末，提取总额 1153.43 亿元，同比增长 28.34%。

（三）贷款：

1. 个人住房贷款：2017 年，发放个人住房贷款 7.96 万笔 265.84 亿元，同比下降 8.82%、1.65%。回收个人住房贷款 133.99 亿元。

2017 年末，累计发放个人住房贷款 96.33 万笔 1677.39 亿元，贷款余额 891.47 亿元，同比分别增长 9.63%、19.32%、17.34%。个人住房贷款余额占缴存余额的 76.13%，比上年增加 4.41 个百分点。

2. 住房公积金支持保障性住房建设项目贷款：2017 年，发放支持保障性住房建设项目贷款 0 亿元，回收项目贷款 0.065 亿元。2017 年末，累计发放项目贷款 13.22 亿元，项目贷款余额 0.9 亿元。

（四）融资：2017 年，融资 3 亿元，归还 3 亿元。2017 年末，融资总额 4 亿元，融资余额 0 亿元。

（五）资金存储：2017 年末，住房公积金存款 299.14 亿元。其中，活期 46.78 亿元，1 年（含）以下定期 108.64 亿元，1 年以上定期 77.93 亿元，其他（协定、通知存款等）65.79 亿元。

（六）资金运用率：2017 年末，住房公积金个人住房贷款余额、项目贷款余额和购买国债余额的总和占缴存余额的 76.21%，比上年增加 4.4 个百分点。

三、主要财务数据

（一）业务收入：2017 年，业务收入 362066.41 万元，同比增长 8.63%。其中，存款利息 98545.98

万元，委托贷款利息 261592.31 万元，国债利息 0 万元，其他 1928.12 万元。

（二）**业务支出**：2017 年，业务支出 177072.34 万元，同比增长 9.49%。其中，支付职工住房公积金利息 170370.79 万元，归集手续费 57.72 万元，委托贷款手续费 3911.28 万元，其他 2732.55 万元。

（三）**增值收益**：2017 年，增值收益 184994.07 万元，同比增长 7.82%；增值收益率 1.67%，比上年（减少）0.03 个百分点。

（四）**增值收益分配**：2017 年，提取贷款风险准备金 73864.36 万元，提取管理费用 38249.59 万元，提取城市廉租住房（公共租赁住房）建设补充资金 70395.56 万元。

2017 年，上交财政管理费用 44868.95 万元，上缴财政城市廉租住房（公共租赁住房）建设补充资金 52068.74 万元。

2017 年末，贷款风险准备金余额 373343.99 万元，累计提取城市廉租住房（公共租赁住房）建设补充资金 394424.43 万元。

（五）**管理费用支出**：2017 年，管理费用支出 31417.67 万元，同比下降 11.92%。其中，人员经费 13704.19 万元，公用经费 5295.78 万元，专项经费 12417.7 万元。

四、资产风险状况

（一）**个人住房贷款**：2017 年末，个人住房贷款逾期额 5043.45 万元，逾期率 0.6‰。

2017 年，提取个人贷款风险准备金 73864.36 万元，使用个人贷款风险准备金核销呆坏账 0 万元。2017 年末，个人贷款风险准备金余额 372843.99 万元，占个人贷款余额的 4.18%，个人贷款逾期额与个人贷款风险准备金余额的比率为 1.35%。

（二）**住房公积金支持保障性住房建设项目贷款**：2017 年，提取项目贷款风险准备金 0 万元，使用项目贷款风险准备金核销呆坏账 0 万元。2017 年末，项目贷款风险准备金余额 500 万元，占项目贷款余额的 5.56%。

五、社会经济效益

（一）**缴存业务**：2017 年，实缴单位数、实缴职工人数和缴存额增长率分别为 -0.17%、3.48% 和 11.78%。

缴存单位中，国家机关和事业单位占 63.39%，国有企业占 10.03%，城镇集体企业占 1.41%，外商投资企业 0.54%，城镇私营企业及其他城镇企业占 15.9%，民办非企业单位和社会团体占 0.87%，其他占 7.86%。

缴存职工中，国家机关和事业单位占 49.2%，国有企业占 27.25%，城镇集体企业占 1.23%，外商投资企业占 0.71%，城镇私营企业及其他城镇企业占 13.55%，民办非企业单位和社会团体占 0.53%，其他占 7.53%；中、低收入占 98.91%，高收入占 1.09%。

新开户职工中，国家机关和事业单位占 24.29%，国有企业占 29.68%，城镇集体企业占 2.4%，外商投资企业占 1.58%，城镇私营企业及其他城镇企业占 32.52%，民办非企业单位和社会团体占 1.03%，其他占 8.31%；中、低收入占 99.21%，高收入占 0.79%。

（二）**提取业务**：2017 年，65.62 万名缴存职工提取住房公积金 224.62 亿元。

提取金额中，住房消费提取占 73.89%（购买、建造、翻建、大修自住住房占 34.73%，偿还购房贷款本息占 31.02% 租赁住房占 2.97%，其他占 5.17%）；非住房消费提取占 26.11%（离休和退休提取占 17.84%，完全丧失劳动能力并与单位终止劳动关系提取占 2.65%，户口迁出所在市或出境定居占 0.51%，其他占 5.11%）。

提取职工中，中、低收入占 97.29%，高收入占 2.71%。

（三）贷款业务：

1. **个人住房贷款**：2017 年，支持职工购建房 1071.20 万平方米。年末个人住房贷款市场占有率为 37.29%，比上年同期（减少）6.82 个百分点。通过申请住房公积金个人住房贷款，可节约职工购房利息支出 434156.46 万元。

职工贷款笔数中，购房建筑面积 90（含）平方米以下占 18.92%，90~144（含）平方米占 63.83%，144 平方米以上占 17.25%。购买新房占 62.95%（其中购买保障性住房占 0.16%），购买存量商品房占 26.99%，建造、翻建、大修自住住房占 1.01%，其他占 9.05%。

职工贷款笔数中，单缴存职工申请贷款占 46.76%，双缴存职工申请贷款占 53.21%，三人及以上缴存职工共同申请贷款占 0.03%。

贷款职工中，30 岁（含）以下占 28.57%，30 岁~40 岁（含）占 37.77%，40 岁~50 岁（含）占 23.36%，50 岁以上占 10.30%；首次申请贷款占 77.61%，二次及以上申请贷款占 22.39%；中、低收入占 98.11%，高收入占 1.89%。

2. **异地贷款**：2017 年，发放异地贷款 4940 笔 193056.20 万元。2017 年末，发放异地贷款总额 377509.40 万元，异地贷款余额 347863.24 万元。

3. **住房公积金支持保障性住房建设项目贷款**：2017 年末，全省（区）有住房公积金试点城市 2 个，试点项目 9 个，贷款额度 13.22 亿元，建筑面积 146.21 万平方米，可解决 12367 户中低收入职工家庭的住房问题。8 个试点项目贷款资金已发放并还清贷款本息。

（四）**住房贡献率**：2017 年，个人住房贷款发放额、公转商贴息贷款发放额、项目贷款发放额、住房消费提取额的总和与当年缴存额的比率为 124.96%，比上年减少 25.98 个百分点。

六、其他重要事项

（一）**2017 年住房公积金政策调整情况**：继续贯彻落实 2015 年以来出台的有关政策，并加强督查，确保 2015 年以来的各项政策落实到位。

（二）**2017 年开展专项监督检查情况**：2017 年 9 月~10 月，内蒙古自治区财政厅、住房城乡建设厅联合派出检查组，对全区 14 个住房公积金管理中心（包括二连浩特市分中心），7 个企业管理部 2016 年度住房公积金的归集、使用、增值收益分配、费用开支、发放个人贷款等情况及各项制度执行情况进行了监督检查，对检查出的问题，要求逐一整改，消除了资金风险隐患。

（三）**2017 年服务改进情况**：2017 年 3 月印发了《关于推进全区住房公积金异地转移接续平台建设使用工作的通知》（内建金〔2017〕121 号），到 6 月底全区异地转移全部接续，保障了住房公积金缴存职工的合法权益，提高了异地转移接续的办理效率，为广大缴存者提供了更便捷的服务。

（四）**2017 年信息化建设情况**：继续按照 2016 年度全区住房公积金信息系统建设方案要求，规范和加快全区住房公积金信息化建设，积极推进综合服务平台建设工作。内蒙古住房资金管理中心、包头市住房公积金管理中心已完成"双贯标"，并通过验收。其余中心大部分也已完成，正在等待验收。2017年12月印发了《关于加强对互联网＋公积金工作服务管理的通知》（内建金〔2017〕1354号）。

（五）2017年住房公积金机构及从业人员所获荣誉情况：呼和浩特市住房公积金管理中心被评为省级"文明单位"；阿拉善盟住房公积金管理中心、包头市住房公积金管理中心被评为市级"工人先锋号"；赤峰市住房公积金管理中心营业室被评为市级"五一巾帼标兵岗"；呼伦贝尔市住房公积金管理中心其中一个管理部被评为市级"巾帼文明岗"；锡林郭勒盟住房公积金管理中心一名同志被评为市级"妇女岗位建功标兵荣誉称号"；乌兰察布市住房公积金管理中心被评为市级"民族团结进步模范集体称号"；乌海市住房公积金管理中心被中国建设银行住房金融与个人信贷部评为建行"精诚合作伙伴"；锡林郭勒盟住房公积金管理中心锡林浩特管理部被评为"三八红旗集体"。

呼和浩特市住房公积金2017年年度报告

一、机构概况

（一）住房公积金管理委员会：住房公积金管理委员会有15名委员，2017年召开呼和浩特市住房公积金管理委员会第二届第三次会议，审议通过的事项主要包括：2016年住房公积金归集、使用计划执行情况、2017年住房公积金归集、使用计划、2016年住房公积金增值收益分配计划，并对其他重要事项进行决策，主要包括：关于降低企业住房公积金缴存比例的建议；关于规范住房公积金贷款连续缴存期限的建议；关于将个人住房公积金账户缴存余额纳入住房公积金贷款额度计算标准的建议；关于规范住房公积金贷款次数的建议；关于调整租房提取金额计算标准的建议；关于取消直系亲属使用住房公积金的建议。

（二）住房公积金管理中心：住房公积金管理中心为隶属于呼和浩特市住房保障和房屋管理局不以营利为目的的准处级事业单位，设7个处（科），7个管理部，1个分中心。从业人员151人，其中，在编49人，非在编102人。

二、业务运行情况

（一）缴存：2017年，新开户单位1015家，实缴单位5769家，净增单位－299家；新开户职工7.46万人，实缴职工51.47万人，净增职工4.01万人；缴存额89.31亿元，同比增长11.85％。2017年末，缴存总额674.62亿元，同比增长15.26％；缴存余额290.04亿元，同比增长11.97％。

受委托办理住房公积金缴存业务的银行7家，比上年（减少）3家。

（二）提取：2017年，提取额58.30亿元，同比（下降）24.24％；占当年缴存额的65.28％，比上年（减少）31.09个百分点。2017年末，提取总额384.58亿元，同比增长17.87％。

（三）贷款：

个人住房贷款：个人住房贷款最高额度80万元，其中，单缴存职工最高额度50万元，双缴存职工最

高额度 80 万元。

2017 年，发放个人住房贷款 1.57 万笔 66.94 亿元，同比分别（下降）12.78%、3.67%。其中，呼和浩特住房公积金管理中心发放个人住房贷款 1.0240 万笔 41.85 亿元，内蒙古住房资金管理中心发放个人住房贷款 0.2575 万笔 11.18 亿元，内蒙古电力管理部发放个人住房贷款 0.1751 万笔 9.41 亿元，东部电力管理部发放个人住房贷款 0.0741 万笔 3.46 亿元，北方电力管理部发放个人住房贷款 0.0285 万笔 0.88 亿元，集通铁路管理部发放个人住房贷款 0.0055 万笔 0.16 亿元。

2017 年，回收个人住房贷款 19.94 亿元。其中，呼和浩特住房公积金管理中心 11.40 亿元，内蒙古住房资金管理中心 4.67 亿元，内蒙古电力管理部 1.79 亿元，东部电力管理部 1.02 亿元，北方电力管理部 0.90 亿元，集通铁路管理部 0.16 亿元。

2017 年末，累计发放个人住房贷款 16.17 万笔 323.35 亿元，贷款余额 195.92 亿元，同比分别增长 10.75%、26.11%、31.56%。个人住房贷款余额占缴存余额的 67.55%，比上年增加 10.06 个百分点。

受委托办理住房公积金个人住房贷款业务的银行 5 家，比上年增加（减少）0 家。

（四）**融资**：2017 年，融资 3 亿元，归还 3 亿元。2017 年末，融资总额 3 亿元，融资余额 0 亿元。

（五）**资金存储**：2017 年末，住房公积金存款 97.70 亿元。其中，活期 5.69 亿元，1 年（含）以下定期 20.54 亿元，1 年以上定期 45.09 亿元，其他（协定、通知存款等）26.38 亿元。

（六）**资金运用率**：2017 年末，住房公积金个人住房贷款余额、项目贷款余额和购买国债余额的总和占缴存余额的 67.55%，比上年增加 10.06 个百分点。

三、主要财务数据

（一）**业务收入**：2017 年，业务收入 97706.44 万元，同比增长 3.43%。其中，呼和浩特住房公积金管理中心 49460.76 万元，内蒙古住房资金管理中心 15675.84 万元，内蒙古电力管理部 15461.59 万元，东部电力管理部 3561.64 万元，北方电力管理部 10995.80 万元；集通铁路管理部 2550.81 万元。存款利息 41440.00 万元，委托贷款利息 54595.16 万元，国债利息 0 万元，其他 1671.28 万元。

（二）**业务支出**：2017 年，业务支出 40886.63 万元，同比（下降）0.68%。其中，呼和浩特住房公积金管理中心 21613.42 万元，内蒙古住房资金管理中心 7268.63 万元，内蒙古电力管理部 5671.01 万元，东部电力管理部 1686.98 万元，北方电力管理部 2713.93 万元，集通铁路管理部 1932.66 万元；支付职工住房公积金利息 38759.11 万元，归集手续费 43.36 万元，委托贷款手续费 402.86 万元，其他 1681.30 万元。

（三）**增值收益**：2017 年，增值收益 56819.81 万元，同比增长 6.61%。其中，呼和浩特住房公积金管理中心 27847.35 万元，内蒙古住房资金管理中心 8407.21 万元，内蒙古电力管理部 9790.59 万元，东部电力管理部 1874.65 万元，北方电力管理部 8281.87 万元，集通铁路管理部 618.14 万元。增值收益率 2.11%，比上年（减少）0.23 个百分点。

（四）**增值收益分配**：2017 年，提取贷款风险准备金 25919.34 万元，提取管理费用 5201.63 万元，提取城市廉租住房（公共租赁住房）建设补充资金 23214.27 万元。

2017 年，上交财政管理费用 5473.84 万元。上缴财政城市廉租住房（公共租赁住房）建设补充资金 11670.78 万元。其中，呼和浩特住房公积金管理中心上缴 6140.61 万元，内蒙古住房资金管理中心上缴

5530.17万元，内蒙古电力管理部上缴0万元，东部电力管理部上缴0万元，北方电力管理部上缴0万元，集通铁路管理部上缴0万元。

2017年末，贷款风险准备金余额110493.33万元。累计提取城市廉租住房公共租赁住房建设补充资金140023.81万元。其中，呼和浩特住房公积金管理中心提取95425.58万元，内蒙古住房资金管理中心提取30355.02万元，内蒙古电力管理部提取7023.06万元，东部电力管理部提取4108.63万元，北方电力管理部提取3070.52万元，集通铁路管理部提取41.00万元。

（五）管理费用支出：2017年，管理费用支出6406.49万元，同比（下降）37.30%。其中，人员经费2203.97万元，公用经费1172.90万元，专项经费3029.62万元。

呼和浩特住房公积金管理中心管理费用支出2205.53万元，其中，人员、公用、专项经费分别为491.19万元、55.45万元、1658.89万元；内蒙古住房资金管理中心管理费用支出2026.83万元，其中，人员、公用、专项经费分别为753.99万元、450.09万元、822.75万元；内蒙古电力管理部管理费用支出799.57万元，其中，人员、公用、专项经费分别为510.93万元、83.49万元、205.15万元；东部电力管理部管理费用支出207.70万元，其中，人员、公用、专项经费分别为0万元、138.46万元、69.24万元，北方电力管理部管理费用支出669.72万元，其中，人员、公用、专项经费分别为155.00万元、401.34万元、113.38万元；集通铁路管理部管理费用支出497.14万元，其中，人员、公用、专项经费分别为292.86万元、44.07万元、160.21万元。

四、资产风险状况

个人住房贷款：个人贷款风险准备金按（贷款余额或增值收益）的1%提取。2017年，提取个人贷款风险准备金25919.34万元，使用个人贷款风险准备金核销呆坏账0万元。2017年末，个人贷款风险准备金余额110493.33万元，占个人住房贷款余额的5.64%。

五、社会经济效益

（一）缴存业务：2017年，实缴单位数、实缴职工人数和缴存额同比分别增长－4.93%、8.45%和11.85%。

缴存单位中，国家机关和事业单位占43.72%，国有企业占14.06%，城镇集体企业占1.66%，外商投资企业占0.36%，城镇私营企业及其他城镇企业占38.76%，民办非企业单位和社会团体占1.21%，其他占0.23%。

缴存职工中，国家机关和事业单位占32.02%，国有企业占41.76%，城镇集体企业占0.77%，外商投资企业占0.25%，城镇私营企业及其他城镇企业占24.19%，民办非企业单位和社会团体0.11%，其他占0.90%；中、低收入占98.06%，高收入占1.94%。

新开户职工中，国家机关和事业单位占13.88%，国有企业占25.43%，城镇集体企业占1.36%，外商投资企业占0.32%，城镇私营企业及其他城镇企业占56.77%，民办非企业单位和社会团体占0.43%，其他占1.81%；中、低收入占99.36%，高收入占0.64%。

（二）提取业务：2017年，25.37万名缴存职工提取住房公积金58.30亿元。

提取金额中，住房消费提取占75.53%（购买、建造、翻建、大修自住住房占38.92%，偿还购房贷

款本息占 25.23%，租赁住房占 4.16%，其他占 7.22%）；非住房消费提取占 24.47%（离休和退休提取占 17.16%，完全丧失劳动能力并与单位终止劳动关系提取占 3.16%，户口迁出本市或出境定居占 0.57%，其他占 3.58%）。

提取职工中，中、低收入占 95.18%，高收入占 4.82%。

（三）贷款业务：

1. 个人住房贷款：2017 年，支持职工购建房 244.56 万平方米，年末个人住房贷款市场占有率为 35.88%，比上年增加 6.40 个百分点。通过申请住房公积金个人住房贷款，可节约职工购房利息支出 103547.91 万元。

职工贷款笔数中，购房建筑面积 90（含）平方米以下占 23.68%，90～144（含）平方米占 54.76%，144 平方米以上占 21.56%。购买新房占 62.28%（其中购买保障性住房占 0.52%），购买存量商品住房占 37.72%，建造、翻建、大修自住住房占 0%，其他占 0%。

职工贷款笔数中，单缴存职工申请贷款占 68.01%，双缴存职工申请贷款占 31.99%，三人及以上缴存职工共同申请贷款占 0%。

贷款职工中，30 岁（含）以下占 36.29%，30 岁～40 岁（含）占 40.00%，40 岁～50 岁（含）占 17.19%，50 岁以上占 6.52%；首次申请贷款占 86.34%，二次及以上申请贷款占 13.66%；中、低收入占 94.54%，高收入占 5.46%。

2. 异地贷款：2017 年，发放异地贷款 2384 笔 109960.70 万元。2017 年末，发放异地贷款总额 217795.70 万元，异地贷款余额 201964.01 万元。

（四）住房贡献率：2017 年，个人住房贷款发放额、公转商贴息贷款发放额、项目贷款发放额、住房消费提取额的总和与当年缴存额的比率为 123.78%，比上年减少 30.99 个百分点。

六、其他重要事项

（一）当年住房公积金政策调整及执行情况：2017 年，经呼和浩特市住房公积金管理委员会第二届第三次全体会议审议通过，按照内蒙古自治区人民政府《关于印发自治区深入推进供给侧结构性改革着力做好降成本工作实施方案的通知》（内政办发〔2016〕107 号）和内蒙古自治区住房城乡建设厅、内蒙古自治区财政厅《关于降低企业住房公积金缴存比例的通知》（内建金〔2016〕500 号）文件要求，我中心降低了企业住房公积金缴存比例，从 2017 年 1 月 1 日起至 2018 年 12 月 31 日，对企业住房公积金最高缴存比例下调 1～2 个百分点。对生产经营困难的企业，除可降低缴存比例外，还可依法申请缓缴，待企业效益好转后再提高住房公积金缴存比例或恢复缴存，并补缴缓缴的住房公积金；按照住房城乡建设部文件要求，恢复缴存职工建立住房公积金账户并连续缴存住房公积金 6 个月以上可申请住房公积金贷款的规定；将个人住房公积金账户缴存余额纳入住房公积金贷款额度计算标准，计算公式：缴存职工贷款额度＝借款人（包括配偶）申请贷款时上月住房公积金正常缴存余额之和×20 倍，其余贷款额度计算条件保持不变；执行对同一借款人不得发放 3 次及以上住房公积金贷款的规定；调整租房提取金额计算标准；取消直系亲属使用住房公积金的规定。

（二）当年服务改进情况：按照自治区住房城乡建设厅以及市委、市政府的有关要求，我中心着力推进信息惠民和"互联网＋"政务服务，创新并加快电子档案系统建设，开展了一系列卓有成效的工作，成为全区首家实现"核心业务系统内嵌电子档案及电子印鉴"的公积金管理单位,打通了"减证便民"行动的"最后一公里"。缴存单位及职工办理公积金业务,不再提供任何复印件,实现了"无纸化"受理,减少了办事要件,减轻了职工经济负担。

(三) **当年信息化建设情况**:我中心严格按照住房城乡建设部、自治区住房城乡建设厅对"双贯标"工作的统筹部署,认真研究、精心组织、周密安排、循序推进,于 2017 年 5 月 26 日和 2017 年 8 月 28 日,基础数据贯标和银行结算数据应用系统分别上线运行。

(四) **当年住房公积金管理中心所获荣誉情况**:在自治区和市文明委的精心指导下,我中心深入开展创建文明单位活动,实现了住房公积金各项工作和精神文明建设的相互促进、共同提高,取得了良好成效。2017 年,经内蒙古自治区文明办复查继续保留内蒙古自治区文明单位称号。

包头市住房公积金 2017 年年度报告

一、机构概况

(一) **住房公积金管理委员会**:住房公积金管理委员会有 27 名委员,2017 年召开一次会议,会议听取并审议了《包头市住房公积金 2016 年归集使用计划执行情况及 2017 年归集使用计划的报告》、《包头市住房公积金管理中心提请管委会决策事项》及《关于进一步规范住房公积金缴存管理的通知》,对下一步住房公积金管理工作提出了具体要求。

(二) **住房公积金管理中心**:包头市住房公积金管理中心隶属于包头市人民政府,是由市住房保障和房屋管理局代管的不以营利为目的的准处级全额管理事业单位。设 14 个科室,7 个管理部,1 个分中心。从业人员 176 人,其中,在编 100 人,非在编 76 人。

二、业务运行情况

(一) **缴存**:2017 年,新开户单位 418 家,实缴单位 3046 家,净增单位 226 家;新开户职工 2.91 万人,实缴职工 29.43 万人,净增职工 0.58 万人;缴存额 39.03 亿元,同比增长 12.48%。2017 年末,缴存总额 285.19 亿元,同比增长 15.86%;缴存余额 154.17 亿元,同比增长 9.96%。

受委托办理住房公积金缴存业务的银行 4 家,比上年无增减。

(二) **提取**:2017 年,提取额 25.08 亿元,同比下降 2.49%;占当年缴存额的 64.26%,比上年减少 9.86 个百分点。2017 年末,提取总额 131.02 亿元,同比增长 23.67%。

(三) **贷款**:

1. **个人住房贷款**:个人住房贷款最高额度 80 万元,其中,单缴存职工最高额度 80 万元,双缴存职工最高额度 80 万元。

2017 年,发放个人住房贷款 0.9 万笔 34.75 亿元,同比分别下降 2.17%、增长 4.92%。其中,市中心发放个人住房贷款 0.75 万笔 30.26 亿元,包钢分中心发放个人住房贷款 0.14 万笔 4.49 亿元。

2017年，回收个人住房贷款13.57亿元。其中，市中心10.59亿元，包钢分中心2.98亿元。

2017年末，累计发放个人住房贷款7.51万笔192.61亿元，贷款余额126.09亿元，同比分别增长13.62%、22.02%、20.21%。个人住房贷款余额占缴存余额81.78%，比上年增加6.97个百分点。

受委托办理住房公积金个人住房贷款业务的银行4家，与上年无增减。

2. **住房公积金支持保障性住房建设项目贷款**：2017年末，累计发放项目贷款11.72亿元，项目贷款余额0亿元。

（四）**资金存储**：2017年末，住房公积金存款34.14亿元。其中，活期1.56亿元，1年（含）以下定期4.9亿元，1年以上定期15.35亿元，其他（协定、通知存款等）12.33亿元。

（五）**资金运用率**：2017年末，住房公积金个人住房贷款余额、项目贷款余额和购买国债余额的总和占缴存余额的81.78%，比上年增加6.97个百分点。

三、主要财务数据

（一）**业务收入**：2017年，业务收入48608.63万元，同比增长11.64%。其中，市中心34059.84万元，包钢分中心14548.79万元；存款利息11073.59万元，委托贷款利息37509.02万元，国债利息0万元，其他26.02万元。

（二）**业务支出**：2017年，业务支出24427.2万元，同比增长1.88%。其中，市中心17625.66万元，包钢分中心6801.54万元；支付职工住房公积金利息22619.61万元，归集手续费0万元，委托贷款手续费820.04万元，其他987.55万元。

（三）**增值收益**：2017年，增值收益24181.43万元，同比增长23.6%。其中，市中心16434.18万元，包钢分中心7747.25万元，增值收益率1.63%，比上年增加0.19个百分点。

（四）**增值收益分配**：2017年，提取贷款风险准备金13402.53万元，提取管理费用8155.23万元，提取城市廉租住房（公共租赁住房）建设补充资金2623.67万元。

2017年，上交财政管理费用6060.04万元。上缴财政城市廉租住房（公共租赁住房）建设补充资金2695.8万元。其中，市中心上缴2645.8万元，包钢分中心上缴50万元。

2017年末，贷款风险准备金余额58794.34万元。累计提取城市廉租住房（公共租赁住房）建设补充资金19627.93万元。其中，市中心提取19127.93万元，包钢分中心提取500万元。

（五）**管理费用支出**：2017年，管理费用支出3433.34万元，同比下降48.28%。其中，人员经费1280.87万元，公用经费109.8万元，专项经费2042.67万元。

市中心管理费用支出2713.74万元，其中，人员、公用、专项经费分别为847.25万元、67.93万元、1798.56万元；包钢分中心管理费用支出719.6万元，其中，人员、公用、专项经费分别为433.62万元、41.87万元、244.11万元。

四、资产风险状况

个人住房贷款：2017年末，个人住房贷款逾期额0万元，逾期率0‰。其中，市中心0‰，包钢分中心0‰。

个人贷款风险准备金按增值收益的60%提取。2017年，提取个人贷款风险准备金13402.53万元，使用个人贷款风险准备金核销呆坏账 0 万元。2017 年末，个人贷款风险准备金余额 58794.34 万元，占个人住房贷款余额的 4.66%，个人住房贷款逾期额与个人贷款风险准备金余额的比率为 0%。

五、社会经济效益

(一) 缴存业务：2017 年，实缴单位数、实缴职工人数和缴存额同比分别增长 8.01%、2.01% 和 12.48%。

缴存单位中，国家机关和事业单位占 56.80%，国有企业占 15.82%，城镇集体企业占 0.23%，外商投资企业占 3.25%，城镇私营企业及其他城镇企业占 19.86%，民办非企业单位和社会团体占 0%，其他占 4.04%。

缴存职工中，国家机关和事业单位占 34.63%，国有企业占 50.57%，城镇集体企业占 0.11%，外商投资企业占 1.49%，城镇私营企业及其他城镇企业占 12.07%，民办非企业单位和社会团体占 0%，其他占 1.13%；中、低收入占 98.82%，高收入占 1.18%。

新开户职工中，国家机关和事业单位占 21.87%，国有企业占 23.82%，城镇集体企业占 0.12%，外商投资企业占 5.7%，城镇私营企业及其他城镇企业占 38.29%，民办非企业单位和社会团体占 0%，其他占 10.2%；中、低收入占 99.16%，高收入占 0.84%。

(二) 提取业务：2017 年，7.03 万名缴存职工提取住房公积金 25.08 亿元。

提取金额中，住房消费提取占 73.8%（购买、建造、翻建、大修自住住房占 42.53%，偿还购房贷款本息占 29.81%，租赁住房占 1.46%）；非住房消费提取占 26.2%（离休和退休提取占 18.27%，完全丧失劳动能力并与单位终止劳动关系提取占 0.76%，户口迁出本市或出境定居占 0.02%，其他占 7.15%）。

提取职工中，中、低收入占 97.08%，高收入占 2.92%。

(三) 贷款业务：

1. 个人住房贷款：2017 年，支持职工购建房 91.94 万平方米，年末个人住房贷款市场占有率为 24.75%，比上年减少 3.25 个百分点。通过申请住房公积金个人住房贷款，可节约职工购房利息支出 53575.5 万元。

职工贷款笔数中，购房建筑面积 90（含）平方米以下占 26.81%，90～144（含）平方米占 59.82%，144 平方米以上占 13.37%。购买新房占 55%（其中购买保障性住房占 0%），购买存量商品住房占 18.66%，建造、翻建、大修自住住房占 0%，其他占 26.34%。

职工贷款笔数中，单缴存职工申请贷款占 56.69%，双缴存职工申请贷款占 43.31%，三人及以上缴存职工共同申请贷款占 0%。

贷款职工中，30 岁（含）以下占 21.27%，30 岁～40 岁（含）占 45.66%，40 岁～50 岁（含）占 25.54%，50 岁以上占 7.53%；首次申请贷款占 92.04%，二次及以上申请贷款占 7.96%；中、低收入占 98.59%，高收入占 1.41%。

2. 异地贷款：2017 年，发放异地贷款 419 笔 17121.7 万元。2017 年末，发放异地贷款总额 41195.1 万元，异地贷款余额 40878.7 万元。

3. 支持保障性住房建设试点项目贷款：2017 年末，累计试点项目 8 个，贷款额度 11.72 亿元，建筑面积 135.15 万平方米，可解决 11292 户中低收入职工家庭的住房问题。8 个试点项目贷款资金已发放并还清贷款本息。

(四) 住房贡献率: 2017年,个人住房贷款发放额、住房消费提取额的总和与当年缴存额的比率为136.45%,比上年减少15.45个百分点。

六、其他重要事项

1. 适时调整住房公积金使用政策,取消同户籍家庭共同使用住房公积金、"商转公"贷款业务政策,积极应对住房公积金资金流动性风险。健全贷款风险防范机制,重新修订和完善了委托贷款担保和委托银行贷款合作协议,制定业务考核办法,规范业务操作程序。

单位住房公积金缴存基数核定工作规定为,缴存单位可自行选择当年缴存基数调整时间,每年核定一次。缴存基数上限按统计部门公布的不超过本市上年度职工社会平均工资4958元的3倍即14874元执行。缴存基数下限按上年度统计部门公布的最低工资标准1640元执行(其中:土右旗、达茂旗、固阳县的最低工资标准为1540元)。最低单位(个人)各缴存比例为5%,最高单位(个人)缴存比例为12%。

根据中国人民银行规定,个人住房公积金存款利率按一年期定期存款基准利率1.5%执行;贷款利率五年以下(含五年)贷款年利率为2.75%,五年期以上贷款年利率为3.25%。

2. 全面提升办事服务效率。按照住房公积金"双贯标"的工作要求,学习借鉴衢州、长沙等城市中心先进经验做法,全面梳理和精简业务流程,在保证资金安全的前提下,取消了住房公积金贷款审贷会审批、二手房贷款评估等业务环节,实行二手房贷款一站式服务,实现住房公积金销户类提取资金实时到账,同时简化各类业务所需要件28项,有效提升了住房公积金办事效率。完善服务制度,全面推行"一提前、四统一"服务,即提前十分到岗,统一着装、统一亮牌、统一服务用语、统一服务标准。创新服务举措,推出"容缺"受理、上门和延时等特色服务,在市政务中心设置住房公积金自助打印查询机,切实做到民有所需、我有所应。开通了12329短消息服务平台,推出定制短信业务,主动推送缴存提取到账、贷款发放和贷款还贷提醒等各类信息,方便职工及时掌握个人公积金账户动态。同时对12329服务热线进行了升级改造,增加客户评价、工单管理、流量监控等系统功能,进一步提升12329服务热线专业化、精细化水平。

3. 顺应"互联网+"和"大数据"发展趋势,通过技术与业务的深度融合,逐步探索出了住房公积金信息化建设"包头模式",在全区乃至全国发挥了示范引领作用。中心在全区首家将住房公积金业务系统、灾备系统及住房公积金网站同步迁入云计算中心,借助云平台,推动业务系统升级。全区首家住房公积金网站通过信息安全等级保护三级测评,获得国家级认证,网络信息安全防御能力得到显著提升。按照住房城乡建设部要求,率先完成住房城乡建设部住房公积金基础数据标准贯标和住房公积金银行结算应用系统接入(简称"双贯标")工作,顺利通过住房城乡建设部专家组验收。全区首家接入全国住房公积金异地转移接续平台,实现跨地区职工住房公积金适时转移支付。

4. 当年包头市住房公积金管理中心东河区管理部被包头市总工会授予"工人先锋号"的荣誉称号。

5. 严厉打击公积金骗提骗贷,通过公积金网站向社会公布首批骗提骗贷人员名单,进一步加大惩戒力度,营造诚信守法使用住房公积金的社会氛围。

6. 党建工作扎实开展。认真落实全面从严治党的要求,扎实推进"两学一做"学习教育常态化制度化,引导全体干部职工进一步增强"四个意识",树立"四个自信"。深入学习宣传贯彻党的十九大精神。

认真抓好市委巡察组反馈问题的整改，细化工作措施，落实责任部门，确保整改任务按期完成。充分发挥群团组织作用，组织参加健步行、羽毛球比赛、拔河比赛等文体活动，进一步增强职工凝聚力、向心力。

乌海市住房公积金 2017 年年度报告

一、机构概况

（一）**住房公积金管理委员会**：住房公积金管理委员会有 17 名委员，因相关领导岗位调整，2017 年未召开管委会会议。

（二）**住房公积金管理中心**：乌海市住房公积金管理中心为隶属于乌海市住房和城乡建设委员会，不以营利为目的的全额拨款事业单位，中心设 5 个科，3 个管理部。从业人员 38 人，其中在编 25 人，非在编 13 人。

二、业务运行情况

（一）**缴存**：2017 年，新开户单位 32 家，实缴单位 882 家，净增单位 80 家；新开户职工 0.59 万人，实缴职工 6 万人，净增职工 0.12 万人；缴存额 7.05 亿元，同比增长 11.37%。2017 年末，缴存总额 52.23 亿元，同比增长 15.60%；缴存余额 26.41 亿元，同比增长 8.15%。

受委托办理住房公积金缴存业务的银行 2 家，比上年增加（减少）0 家。

（二）**提取**：2017 年，提取额 5.07 亿元，同比增长 14.71%；占当年缴存额的 71.91%，比上年增加 2.05 个百分点。2017 年末，提取总额 25.82 亿元，同比增长 24.43%。

（三）**贷款**：

个人住房贷款：个人住房贷款最高额度 60 万元，其中，单缴存职工最高额度 50 万元，双缴存职工最高额度 60 万元。

2017 年，发放个人住房贷款 0.07 万笔 2.04 亿元，同比分别下降 22.22%、22.73%。2017 年，回收个人住房贷款 2.38 亿元。

2017 年末，累计发放个人住房贷款 1.91 万笔 34.93 亿元，贷款余额 18.51 亿元，同比分别增长 3.8%、6.2%、-1.8%。个人住房贷款余额占缴存余额的 70.09%，比上年减少 7.11 个百分点。

受委托办理住房公积金个人住房贷款业务的银行 1 家，比上年增加（减少）0 家。

（四）**资金存储**：2017 年末，住房公积金存款 8.01 亿元。其中，活期 0.91 亿元，1 年（含）以下定期 0.3 亿元，1 年以上定期 6.6 亿元，其他（协定、通知存款等）0.2 亿元。

（五）**资金运用率**：2017 年末，住房公积金个人住房贷款余额、项目贷款余额和购买国债余额的总和占缴存余额的 70.09%，比上年减少 7.11 个百分点。

三、主要财务数据

（一）**业务收入**：2017 年，业务收入 6416.02 万元，同比下降 18.36%。其中存款利息 418.39 万元，委托贷款利息 5997.63 万元，国债利息 0 万元，其他 0 万元。

（二）**业务支出**：2017 年，业务支出 4130.35 万元，同比增长 23.80%。支付职工住房公积金利息 4129.21 万元，归集手续费 0 万元，委托贷款手续费 0 万元，其他 1.14 万元。

（三）**增值收益**：2017 年，增值收益 2285.67 万元，同比下降 49.47%，增值收益率 0.9%，比上年减少 1.04 个百分点。

（四）**增值收益分配**：2017 年，提取贷款风险准备金 0 万元，提取管理费用 2285.67 万元，提取城市廉租住房（公共租赁住房）建设补充资金 0 万元。

2017 年，上交财政管理费用 1200 万元。上缴财政城市廉租住房（公共租赁住房）建设补充资金 859.24 万元。

2017 年末，贷款风险准备金余额 9480.73 万元。累计提取城市廉租住房（公共租赁住房）建设补充资金 7923.58 万元。

（五）**管理费用支出**：2017 年，管理费用支出 746.98 万元，同比增长 63.64%。其中，人员经费 388.29 万元，公用经费 96.42 万元，专项经费 262.27 万元。

四、资产风险状况

个人住房贷款：2017 年末，个人住房贷款逾期额 0 万元，逾期率 0‰。

个人贷款风险准备金按（贷款余额或增值收益）的 1% 提取。2017 年，提取个人贷款风险准备金 0 万元，使用个人贷款风险准备金核销呆坏账 0 万元。2017 年末，个人贷款风险准备金余额 9480.73 万元，占个人住房贷款余额的 5.12%，个人住房贷款逾期额与个人贷款风险准备金余额的比率为 0%。

五、社会经济效益

（一）**缴存业务**：2017 年，实缴单位数、实缴职工人数和缴存额同比分别增长 9.98%、2.04% 和 11.37%。

缴存单位中，国家机关和事业单位占 69.84%，国有企业占 9.98%，城镇集体企业占 0%，外商投资企业占 0.68%，城镇私营企业及其他城镇企业占 18.37%，民办非企业单位和社会团体占 0.68%，其他占 0.45%。

缴存职工中，国家机关和事业单位占 42.76%，国有企业占 25.21%，城镇集体企业占 0%，外商投资企业占 1.29%，城镇私营企业及其他城镇企业占 30.5%，民办非企业单位和社会团体占 0.18%，其他占 0.06%；中、低收入占 99.12%，高收入占 0.88%。

新开户职工中，国家机关和事业单位占 32.28%，国有企业占 11.19%，城镇集体企业占 0%，外商投资企业占 0.64%，城镇私营企业及其他城镇企业占 55.31%，民办非企业单位和社会团体占 0.07%，其他占 0.51%；中、低收入占 98.43%，高收入占 1.57%。

（二）**提取业务**：2017 年，1.41 万名缴存职工提取住房公积金 5.07 亿元。

提取金额中，住房消费提取占 70.72%（购买、建造、翻建、大修自住住房占 27.02%，偿还购房贷款本息占 36.9%，租赁住房占 3.93%，其他占 2.87%）；非住房消费提取占 29.28%（离休和退休提取占 17.63%，完全丧失劳动能力并与单位终止劳动关系提取占 6.37%，户口迁出本市或出境定居占 1.27%，其他占 4.01%）。

提取职工中，中、低收入占 97.91%，高收入占 2.09%。

(三) **贷款业务**：

1. **个人住房贷款**：2017 年，支持职工购建房 8.8 万平方米，年末个人住房贷款市场占有率为 34.72%，比上年增加 1.27 个百分点。通过申请住房公积金个人住房贷款，可节约职工购房利息支出 2863.96 万元。

职工贷款笔数中，购房建筑面积 90（含）平方米以下 21.65%，90～144（含）平方米占 61.87%，144 平方米以上占 16.48%。购买新房占 66.9%（其中购买保障性住房占 0%），购买存量商品住房占 33.1%。

职工贷款笔数中，单缴存职工申请贷款占 33.66%，双缴存职工申请贷款占 66.34%，三人及以上缴存职工共同申请贷款占 0%。

贷款职工中，30 岁（含）以下占 39.11%，30 岁～40 岁（含）占 38.27%，40 岁～50 岁（含）占 16.06%，50 岁以上占 6.56%；首次申请贷款占 90.36%，二次及以上申请贷款占 9.64%；中、低收入占 99.86%，高收入占 0.14%。

2. **异地贷款**：2017 年，发放异地贷款 75 笔 2498.6 万元。2017 年末，发放异地贷款总额 5227.8 万元，异地贷款余额 4947.36 万元。

(四) **住房贡献率**：2017 年，个人住房贷款发放额、公转商贴息贷款发放额、项目贷款发放额、住房消费提取额的总和与当年缴存额的比率为 79.70%，比上年减少 12.64 个百分点。

六、其他重要事项

(一) **当年住房公积金政策调整及执行情况**：

1. 根据国务院《住房公积金管理条例》的规定和内蒙古自治区《住房公积金管理办法》等相关文件的要求，一是调整公积金缴存基数。2017 年度职工住房公积金月缴存基数上限按 14575 元执行、下限按 1760 元执行。二是调整缴存比例。2017 年度职工本人和单位住房公积金缴存比例为：行政机关、事业单位的职工和单位的住房公积金缴存比例各为 12%，企业的职工和单位的缴存比例各为 5%～11%，其他单位仍各为 5%～12%（不含企业）。

2. 及时纠正执行政策中的偏差，适时调整公积金使用政策，装修提取业务取消"缴存职工有自住住房且与上次使用住房公积金间隔十年以上（含十年）未使用过的可提取住房公积金"政策。继续执行"允许未使用过住房公积金的缴存人提取本人及配偶和同户籍其他直系亲属的住房公积金，用于支付自住住房装修费用"。

3. 个人住房贷款最高贷款额度、贷款条件等贷款政策未调整。

4. 2017 住房公积金存贷款利率执行标准为：职工住房公积金账户存款利率统一按一年期定期存款基准利率（1.5%）执行；贷款利率统一按五年以上公积金贷款利率 3.25%，五年及以下公积金贷款利率为年利率 2.75% 执行。

(二) **当年服务改进情况**：2017 年乌海市住房公积金管理中心从优化服务环境，完善服务举措，提高服务效率，提升服务水平这四方面做了以下工作，一是对搬迁的新大厅进行合理化布置，增加了等候区、咨询台。摆放了绿萝等植物，净化空气的同时美化了办事环境。二是为方便职工办理业务，在大厅新增了复印柜台，同时以前每周五取贷款抵押物档案，改成现在可以随时取，尽量让办事职工少跑一次路。三是加强宣传，利用营业大厅显示屏、电台、网站等多种媒体经常性、广泛性地宣传公积金的各项政策、制度、业务办理流程、中心工作动态，提高公积金工作的透明度，方便社会监督。四是在日常业务办理中，对确有需要的职工实行延时服务，对行动不便的职工进行上门服务，对贷款比较集中的单位实行现场办公。

（三）**当年信息化建设情况**：为进一步打造先进、实用、安全、服务于一体的住房公积金综合业务信息系统，从2016年开始乌海市住房公积金开始筹备公积金管理系统软件的更换，经多方考察比较、项目评审、招投标等环节，最终确定北京安泰伟奥信息技术有限公司开发的住房公积金综合服务及监督管理软件。系统上线后，将实现客户信息、档案资料、资金账户统一管理，各部门信息共享，协同工作；财务统一集中核算，所有资金全部实现网上结算；实现汇缴实时到账、提取实时入卡、贷款实时发放；资金实时划款、财务实时结账、逾期实时提醒、查询实时等功能；实现资金管理效能和公众服务效率双提升，届时职工群众满意度将大大提升。目前该项目已完成项目招标、项目合同签订、项目需求洽谈等前期工作，预计于2018年5月正式上线。

（四）**当年住房公积金管理中心及职工所获荣誉情况**：2017年乌海市住房公积金管理中心被中国建设银行住房金融与个人信贷部评为建行"精诚合作伙伴"。

赤峰市住房公积金2017年年度报告

一、机构概况

（一）**住房公积金管理委员会**：住房公积金管理委员会有16名委员，2017年召开1次会议，审议通过的事项主要包括：赤峰市住房公积金管理委员会组成人员换届；听取赤峰市住房公积金管理中心对2016年公积金运营情况汇报；审议2016年住房公积金财务公告；审议调整部分住房公积金政策。

（二）**住房公积金管理中心**：住房公积金管理中心为赤峰市人民政府办公厅不以营利为目的的全额拨款事业单位，设10个科，12个管理部。从业人员268人，其中，在编149人，非在编119人。

二、业务运行情况

（一）**缴存**：2017年，新开户单位262家，实缴单位4019家，净增单位-916家；新开户职工2.19万人，实缴职工26.80万人，净增职工－3.06万人；缴存额38.92亿元，同比增长17.48%。2017年末，缴存总额247.8亿元，同比增长18.63%；缴存余额136.49亿元，同比增长10.91%。

受委托办理住房公积金缴存业务的银行5家，比上年增加（减少）0家。

（二）**提取**：2017年，提取额25.49亿元，同比增长18.5%；占当年缴存额的65.50%，比上年增加

0.58 个百分点。2017 年末，提取总额 111.31 亿元，同比增长 29.69%。

（三）贷款：

个人住房贷款：个人住房贷款最高额度 80 万元，其中，单缴存职工最高额度 80 万元，双缴存职工最高额度 80 万元。

2017 年，发放个人住房贷款 1.1 万笔 37.27 亿元，同比分别下降 5.17%、4.51%。2017 年，回收个人住房贷款 25.86 亿元。2017 年末，累计发放个人住房贷款 11.45 万笔 241.9 亿元，贷款余额 123.11 亿元，同比分别增长 10.63%、18.21%、10.22%。个人住房贷款余额占缴存余额的 90.2%，比上年（减少）0.56 个百分点。

受委托办理住房公积金个人住房贷款业务的银行 5 家，比上年增加（减少）0 家。

（四）资金存储： 2017 年末，住房公积金存款 16.46 亿元。其中，活期 5.66 亿元，1 年（含）以下定期 8.50 亿元，1 年以上定期 2.30 亿元，其他（协定、通知存款等）0 亿元。

（五）资金运用率： 2017 年末，住房公积金个人住房贷款余额、项目贷款余额和购买国债余额的总和占缴存余额的 90.2%，比上年减少 0.56 个百分点。

三、主要财务数据

（一）业务收入： 2017 年，业务收入 52962.35 万元，同比增长 27.71%。存款利息 15068.83 万元，委托贷款利息 37834.58 万元，国债利息 0 万元，其他 58.94 万元。

（二）业务支出： 2017 年，业务支出 29565.08 万元，同比增长 67.8%。支付职工住房公积金利息 28446.31 万元，归集手续费 0 万元，委托贷款手续费 1110.09 万元，其他 8.68 万元。

（三）增值收益： 2017 年，增值收益 23397.26 万元，同比下降 1.91%。增值收益率 1.82%，比上年（减少）0.23 个百分点。

（四）增值收益分配： 2017 年，提取贷款风险准备金 1600 万元，提取管理费用 4778 万元，提取城市廉租住房（公共租赁住房）建设补充资金 17019.26 万元。

2017 年，上交财政管理费用 10675 万元。上缴财政城市廉租住房（公共租赁住房）建设补充资金 16756.22 万元。

2017 年末，贷款风险准备金余额 13559.88 万元。累计提取城市廉租住房（公共租赁住房）建设补充资金 68216.9 万元。

（五）管理费用支出： 2017 年，管理费用支出 5011.03 万元，同比下降 3.82%。其中，人员经费 2367.76 万元，公用经费 247.93 万元，专项经费 2395.34 万元。

四、资产风险状况

个人住房贷款：2017 年末，个人住房贷款逾期额 3981.05 万元，逾期率 3.20‰。

个人贷款风险准备金按（贷款余额）的 1.1% 提取。2017 年，提取个人贷款风险准备金 1600 万元，使用个人贷款风险准备金核销呆坏账 0 万元。2017 年末，个人贷款风险准备金余额 13559.88 万元，占个人住房贷款余额的 1.1%，个人住房贷款逾期额与个人贷款风险准备金余额的比率为 29.36%。

五、社会经济效益

（一）**缴存业务**：2017年，实缴单位数、实缴职工人数和缴存额同比分别增长－18.56%、－10.25%和17.48%。

缴存单位中，国家机关和事业单位占66.48%，国有企业占10.48%，城镇集体企业占0.05%，外商投资企业占0.3%，城镇私营企业及其他城镇企业占5.05%，民办非企业单位和社会团体占2.13%，其他占15.51%。

缴存职工中，国家机关和事业单位占54.9%，国有企业占19.46%，城镇集体企业占0.02%，外商投资企业占0.27%，城镇私营企业及其他城镇企业占1.34%，民办非企业单位和社会团体占3.21%，其他占20.8%；中、低收入占99.99%，高收入占0.01%。

新开户职工中，国家机关和事业单位占39.49%，国有企业占10.41%，城镇集体企业占0.15%，外商投资企业占2.37%，城镇私营企业及其他城镇企业占7.65%，民办非企业单位和社会团体占8.81%，其他占31.12%；中、低收入占100%，高收入占0%。

（二）**提取业务**：2017年，4.89万名缴存职工提取住房公积金25.49亿元。

提取金额中，住房消费提取占74.61%（购买、建造、翻建、大修自住住房占28.76%，偿还购房贷款本息占45.55%，租赁住房占0.3%，其他占0%）；非住房消费提取占25.39%（离休和退休提取占19.67%，完全丧失劳动能力并与单位终止劳动关系提取占2.68%，户口迁出本市或出境定居占0.08%，其他占2.96%）。

提取职工中，中、低收入占99.94%，高收入占0.06%。

（三）**贷款业务**

1. **个人住房贷款**：2017年，支持职工购建房124.39万平方米，年末个人住房贷款市场占有率为31.25%，比上年减少11.98个百分点。通过申请住房公积金个人住房贷款，可节约职工购房利息支出56797.01万元。

职工贷款笔数中，购房建筑面积90（含）平方米以下占16.56%，90～144（含）平方米占73.81%，144平方米以上占9.63%。购买新房占78.79%（其中购买保障性住房占0%），购买存量商品住房占21.21%，建造、翻建、大修自住住房占0%，其他占0%。

职工贷款笔数中，单缴存职工申请贷款占21.04%，双缴存职工申请贷款占78.95%，三人及以上缴存职工共同申请贷款占0.01%。

贷款职工中，30岁（含）以下占29.09%，30岁～40岁（含）占34.66%，40岁～50岁（含）占25.24%，50岁以上占11.01%；首次申请贷款占86.55%，二次及以上申请贷款占13.45%；中、低收入占99.8%，高收入占0.2%。

2. **异地贷款**：2017年，发放异地贷款563笔19438.1万元。2017年末，发放异地贷款总额22440.1万元，异地贷款余额21652.89万元。

（四）**住房贡献率**：2017年，个人住房贷款发放额、公转商贴息贷款发放额、项目贷款发放额、住房消费提取额的总和与当年缴存额的比率为144.63%，比上年减少23.99个百分点。

通辽市住房公积金 2017 年年度报告

一、机构概况

（一）**住房公积金管理委员会**：住房公积金管理委员会有 20 名委员，2017 年召开 1 次全体会议，审议通过的事项主要包括审议住房公积金增值收益分配方案；各旗县市区要尽快落实财政欠补资金；严格防范住房公积金运行风险；继续推进归集扩面工作。

（二）**住房公积金管理中心**：住房公积金管理中心为隶属于市住建委不以营利为目的的公益一类全额拨款事业单位，主要负责全市住房公积金的归集、管理、使用和会计核算。中心设 7 个科，8 个管理部。从业人员 147 人。其中，在编 78 人，非在编 69 人。

二、业务运行情况

（一）**缴存**：2017 年，新开户单位 203 家，实缴单位 3227 家，净增单位 93 家；新开户职工 1.95 万人，实缴职工 18.44 万人，净增职工 0.63 万人；缴存额 26.34 亿元，同比增长 11.9%。2017 年末，缴存总额 165.51 亿元，同比增长 18.93%；缴存余额 107.22 亿元，同比增长 10.96%。

受委托办理住房公积金缴存业务的银行 5 家，比上年增加（减少）0 家。

（二）**提取**：2017 年，提取额 15.76 亿元，同比增长 17.53%；占当年缴存额的 59.81%，比上年增加 2.86 个百分点。2017 年末，提取总额 58.29 亿元，同比增长 37.04%。

（三）**贷款**：

个人住房贷款：个人住房贷款最高额度 50 万元。其中，单缴存职工最高额度 40 万元，双缴存职工最高额度 50 万元。

2017 年，发放个人住房贷款 0.67 万笔 19.7 亿元，同比下降 13.93%、5.45%。

2017 年，回收个人住房贷款 14.72 亿元。

2017 年末，累计发放个人住房贷款 13.17 万笔 181.52 亿元，贷款余额 87.85 亿元，同比分别增长 5.39%、12.17%、6.01%。个人住房贷款余额占缴存余额的 81.93%，比上年减少 3.82 个百分点。

受委托办理住房公积金个人住房贷款业务的银行 5 家，比上年增加（减少）0 家。

（四）**资金存储**：2017 年末，住房公积金存款 20.24 亿元。其中，活期 19.62 亿元，1 年（含）以下定期 0.62 亿元，1 年以上定期 0 亿元，其他（协定、通知存款等）0 亿元。

（五）**资金运用率**：2017 年末，住房公积金个人住房贷款余额、项目贷款余额和购买国债余额的总和占缴存余额的 81.93%，比上年减少 3.82 个百分点。

三、主要财务数据

（一）**业务收入**：2017 年，业务收入 28912.06 万元，同比增长 9.59%。存款利息 2907.11 万元，委托贷款利息 25978.91 万元，国债利息 0 万元，其他 26.04 万元。

（二）**业务支出**：2017 年，业务支出 15456.86 万元，同比下降 2%。支付职工住房公积金利息

15419.52万元,归集手续费3.47万元,委托贷款手续费33.87万元,其他0万元。

(三) **增值收益**：2017年,增值收益13455.2万元,同比增长26.82%;增值收益率1.32%,比上年增加0.16个百分点。

(四) **增值收益分配**：2017年,提取贷款风险准备金583.53万元,提取管理费用2205万元,提取城市廉租住房（公共租赁住房）建设补充资金10666.67万元。

2017年,上交财政管理费用2205万元。上缴财政城市廉租住房（公共租赁住房）建设补充资金7264.04万元。

2017年末,贷款风险准备金余额8898.92万元。累计提取城市廉租住房（公共租赁住房）建设补充资金61719.4万元。

(五) **管理费用支出**：2017年,管理费用支出1931.83万元,同比增长4.77%。其中,人员经费848.86万元,公用经费906.95万元,专项经费176.02万元。

四、资产风险状况

个人住房贷款：2017年末,个人住房贷款逾期额482.2万元,逾期率0.5‰。

个人贷款风险准备金按不低于年度贷款余额的1%提取。2017年,提取个人贷款风险准备金583.53万元,使用个人贷款风险准备金核销呆坏账0万元。2017年末,个人贷款风险准备金余额8898.92万元,占个人住房贷款余额的1.01%,个人住房贷款逾期额与个人贷款风险准备金余额的比率为5.42%。

五、社会经济效益

(一) **缴存业务**：2017年,实缴单位数、实缴职工人数和缴存额同比分别增长2.97%、3.51%和11.9%。

缴存单位中,国家机关和事业单位占71.8%,国有企业占8.89%,城镇集体企业占1.55%,外商投资企业占0.28%,城镇私营企业及其他城镇企业占15.84%,民办非企业单位和社会团体占1.64%,其他占0%。

缴存职工中,国家机关和事业单位占62.8%,国有企业占19.39%,城镇集体企业占2.05%,外商投资企业占1.82%,城镇私营企业及其他城镇企业占13.64%,民办非企业单位和社会团体占0.3%,其他占0%；中、低收入占99.04%,高收入占0.96%。

新开户职工中,国家机关和事业单位占46.41%,国有企业占9.67%,城镇集体企业占1.17%,外商投资企业占9%,城镇私营企业及其他城镇企业占33.48%,民办非企业单位和社会团体占0.27%,其他占0%；中、低收入占99.5%,高收入占0.5%。

(二) **提取业务**：2017年,3.18万名缴存职工提取住房公积金15.76亿元。

提取金额中,住房消费提取占69.64%（购买、建造、翻建、大修自住住房占27.71%,偿还购房贷款本息占41.82%,租赁住房占0.11%,其他占0%）;非住房消费提取占30.36%（离休和退休提取占24.48%,完全丧失劳动能力并与单位终止劳动关系提取占2.27%,户口迁出本市或出境定居占0%,其他占3.61%）。

提取职工中,中、低收入占99.09%,高收入占0.91%。

(三) 贷款业务：

1. **个人住房贷款：** 2017年，支持职工购建房75.64万平方米，年末个人住房贷款市场占有率为47.78%，比上年减少3.62个百分点。通过申请住房公积金个人住房贷款，可节约职工购房利息支出27511.89万元。

职工贷款笔数中，购房建筑面积90（含）平方米以下占21.04%，90~144（含）平方米占68.97%，144平方米以上占9.99%。购买新房占65.87%（其中购买保障性住房占0%），购买存量商品住房占34.07%，建造、翻建、大修自住住房占0.06%，其他占0%。

职工贷款笔数中，单缴存职工申请贷款占35.11%，双缴存职工申请贷款占64.89%，三人及以上缴存职工共同申请贷款占0%。

贷款职工中，30岁（含）以下占20.65%，30岁~40岁（含）占41.45%，40岁~50岁（含）占24.6%，50岁以上占13.3%；首次申请贷款占71.08%，二次及以上申请贷款占28.92%；中、低收入占98.93%，高收入占1.07%。

2. **异地贷款：** 2017年，发放异地贷款128笔4132万元。2017年末，发放异地贷款总额7550万元，异地贷款余额7145.61万元。

(四) 住房贡献率： 2017年，个人住房贷款发放额、公转商贴息贷款发放额、项目贷款发放额、住房消费提取额的总和与当年缴存额的比率为116.43%，比上年减少10.57个百分点。

六、其他重要事项

(一) 当年住房公积金政策调整及执行情况： 根据通辽市编办《关于市住房公积金管理中心内设机构调整的批复》（通机编办字〔2017〕78号）文件精神，对市住房公积金管理中心内设机构进行调整：撤销房改科，增设稽核科，负责所辖业务范围内住房公积金业务窗口办理的各类业务的稽查、核实工作；将信息督察科分设为信息科和督察科，并承担相应职能。原房改科、信息督察科领导职数继续留用，另为市住房公积金管理中心核增正科级领导职数1名。其他机构编制事宜维持不变。

1. **缴存政策调整情况：** 职工2017年度住房公积金缴存基数为职工本人2016年度月平均工资总额，最低不得低于《内蒙古自治区人民政府办公厅关于调整自治区2015年最低工资标准及非全日制工作小时最低工资标准的通知》（内政办发电〔2015〕53号）规定的各地标准，最高不得超过通辽市统计部门公布的2016年度我市在岗职工月平均工资总额的三倍，即14257.00元。单位和职工个人住房公积金缴存比例应一致，不得低于5%，不得高于12%；2016年12月26日通辽市住房公积金管理委员会下达通知，要求缴存企业从2016年7月1日至2018年12月31日，最高缴存比例按11%执行。

2. **提取政策调整情况：** 一是执行封存职工可申请对冲还贷政策，缓解职工还贷压力，有效减少逾期率；二是由原来的签完对冲还贷协议第二月开始执行调整为当月生效，提高资金使用率；三是实现了跨归集点对冲还贷，扩大职工受益面。

3. **贷款政策调整情况：** 单职工的贷款额度由35万元调整到40万元，双职工的贷款额度由45万元调整到50万元。

(二) 当年服务改进情况： 我中心现已开通的服务渠道包括12329语音查询热线、网站、短信（与移动公司合作）、微信公众号。已开通的服务渠道主要以查询及信息发布为主要功能，其中12329查询热线于 2013 年已开通,今年对语音系统进行了升级,分为自助查询及人工解答服务;网站于 2010 年就已建成,2013 年新增网上查询功能,主要是以发布信息、政策规定、业务指南等;短信于 2014 年开通,主要发送贷款还款、提取、逾期催缴等信息;微信公众号于 2017 年 11 月开通,分为业务查询、业务指南、公共服务功能;手机 APP 于 2018 年 1 月开通,自助终端服务与网上大厅服务渠道计划近期完成测试并开通。

(三)当年信息化建设情况:2017 年中心的最主要是要完成"双贯标"工作,中心领导高度重视,成立了以中心主要领导为组长,各科室负责人为成员的工作小组,信息科配合各科室制定了中心业务系统升级计划。3 月份软件公司驻场到中心,先期完成业务系统的软件、硬件及网络的部署工作,同时,中心领导召集各家合作银行与软件公司沟通,配合中心此次银行结算平台建设工作,信息科充当桥梁,对测试当中出现的问题及需求进行沟通。经过近两个月的中心业务系统与住房城乡建设部结算平台及各家合作银行在虚拟环境中业务测试后,于 4 月底中心向住房城乡建设部及自治区公积金监管处报送上线申请及测试报告。中心于 5 月中旬组织全市业务工作人员进行新系统的培训,信息科搭建环境,方便各位同事尽早熟悉业务系统,保证中心业务的正常开展。于 2017 年 5 月 22 日将新系统直接切换到正式运行环境,完成了基础数据贯标及银行结算平台工作。中心现已提交"双贯标"申请,随时迎接现场验收。

(四)当年对违反《住房公积金管理条例》和相关法规行为进行行政处罚和申请人民法院强制执行情况:2017 年全市共起诉 18 人,标的额(贷款本息合计)共 201.32 万元,其中已结案的有 3 人。

鄂尔多斯市住房公积金 2017 年年度报告

一、机构概况

(一)住房公积金管理委员会:住房公积金管理委员会有 30 名委员,2017 年召开 1 次会议,审议通过的事项主要包括:

1. 关于调整我市住房公积金提取和贷款政策的报告;
2. 关于延长购买公务员二期商品住房职工申请住房公积金贷款有效期限的报告;
3. 关于 2016 年度住房公积金增值收益分配方案的报告;
4. 关于 2016 年预算执行情况及 2017 年预算安排的报告;
5. 鄂尔多斯市住房公积金 2016 年年度报告。

(二)住房公积金管理中心:住房公积金管理中心为隶属于市人民政府(暂由房管局代管)不以营利为目的的差额拨款事业单位,设 6 个处(科),8 个管理部,1 个分中心。从业人员 120 人,其中,在编 70 人,非在编 50 人。

二、业务运行情况

(一)缴存:2017 年,新开户单位 416 家,实缴单位 3699 家,净增单位 331 家;新开户职工 3.10 万人，实缴职工 21.60 万人，净增职工 3.32 万人；缴存额 29.23 亿元，同比增长 8.90%。2017 年末，缴存总额 188.75 亿元，同比增长 18.32%；缴存余额 121.01 亿元，同比增长 11.81%。

受委托办理住房公积金缴存业务的银行 5 家，比上年增加（减少）0 家。

（二）提取：2017 年，提取额 16.45 亿元，同比下降 7.22%；占当年缴存额的 56.27%，比上年减少 9.67 个百分点。2017 年末，提取总额 67.74 亿元，同比增长 32.07%。

（三）贷款：

个人住房贷款：个人住房贷款最高额度 80 万元。其中，单缴存职工最高额度 80 万元，双缴存职工最高额度 80 万元。

2017 年，发放个人住房贷款 0.49 万笔 18.74 亿元，同比分别下降 12.5%、9.47%。其中，市中心发放个人住房贷款 0.47 万笔 18.36 亿元，分中心发放个人住房贷款 0.02 万笔 0.38 亿元。

2017 年，回收个人住房贷款 10.40 亿元。其中，市中心 9.68 亿元，分中心 0.72 亿元。

2017 年末，累计发放个人住房贷款 8.24 万笔 133.08 亿元，贷款余额 71.62 亿元，同比分别增长 6.19%、16.40%、13.20%。个人住房贷款余额占缴存余额的 59.18%，比上年增加 0.72 个百分点。

受委托办理住房公积金个人住房贷款业务的银行 5 家，比上年增加（减少）0 家。

（四）资金存储：2017 年末，住房公积金存款 50.40 亿元。其中，活期 2.23 亿元，1 年（含）以下定期 28.41 亿元，1 年以上定期 1.31 亿元，其他（协定、通知存款等）18.45 亿元。

（五）资金运用率：2017 年末，住房公积金个人住房贷款余额、项目贷款余额和购买国债余额的总和占缴存余额的 59.18%，比上年增加 0.72 个百分点。

三、主要财务数据

（一）业务收入：2017 年，业务收入 31100.89 万元，同比增长 11.07%。其中，市中心 27520.69 万元，分中心 3580.20 万元；存款利息 9841.39 万元，委托贷款利息 21178.81 万元，国债利息 0 万元，其他 80.69 万元。

（二）业务支出：2017 年，业务支出 16704.42 万元，同比增长 3.61%。其中，市中心 14759.72 万元，分中心 1944.70 万元，支付职工住房公积金利息 16609.87 万元，归集手续费 0 万元，委托贷款手续费 72.68 万元，其他 21.87 万元。

（三）增值收益：2017 年，增值收益 14396.47 万元，同比增长 21.19%。其中，市中心 12760.97 万元，分中心 1635.50 万元。增值收益率 1.26%，比上年增加 0.11 个百分点。

（四）增值收益分配：2017 年，提取贷款风险准备金 8642.27 万元，提取管理费用 1652.55 万元，提取城市廉租住房（公共租赁住房）建设补充资金 4101.65 万元。

2017 年，上交财政管理费用 1356.79 万元。上缴财政城市廉租住房（公共租赁住房）建设补充资金 3743.21 万元。其中，市中心上缴 3743.21 万元，分中心上缴（收缴单位）0 万元。

2017 年末，贷款风险准备金余额 53489.07 万元。累计提取城市廉租住房（公共租赁住房）建设补充资金 15342.76 万元。其中，市中心提取 14880.55 万元，分中心提取 462.21 万元。

（五）管理费用支出：2017 年，管理费用支出 2210.88 万元，同比增长 14.40%。其中，人员经费 1223.17 万元，公用经费 583.21 万元，专项经费 404.50 万元。

市中心管理费用支出1973.15万元，其中，人员、公用、专项经费分别为1018.24万元、558.41万元、396.50万元；分中心管理费用支出237.73万元，其中，人员、公用、专项经费分别为204.93万元、24.80万元、8.00万元。

四、资产风险状况

个人住房贷款：2017年末，个人住房贷款逾期额133.20万元，逾期率0.2‰。其中，市中心0.2‰，分中心0‰。

个人贷款风险准备金按增值收益的60%提取。2017年，提取个人贷款风险准备金8642.27万元，使用个人贷款风险准备金核销呆坏账0万元。2017年末，个人贷款风险准备金余额53489.07万元，占个人住房贷款余额的7.47%，个人住房贷款逾期额与个人贷款风险准备金余额的比率为0.25%。

五、社会经济效益

（一）**缴存业务**：2017年，实缴单位数、实缴职工人数和缴存额同比分别增长9.83%、18.16%和8.90%。

缴存单位中，国家机关和事业单位占63.31%，国有企业占8.87%，城镇集体企业占1.16%，外商投资企业占0.41%，城镇私营企业及其他城镇企业占11.79%，民办非企业单位和社会团体占1.32%，其他占13.14%。

缴存职工中，国家机关和事业单位占51.57%，国有企业占18.20%，城镇集体企业占0.66%，外商投资企业占0.36%，城镇私营企业及其他城镇企业占13.59%，民办非企业单位和社会团体占0.56%，其他占15.06%；中、低收入占98.92%，高收入占1.08%。

新开户职工中，国家机关和事业单位占35.62%，国有企业占12.53%，城镇集体企业占1.09%，外商投资企业占0.34%，城镇私营企业及其他城镇企业占33.27%，民办非企业单位和社会团体占1.34%，其他占15.81%；中、低收入占96.60%，高收入占3.40%。

（二）**提取业务**：2017年，3.71万名缴存职工提取住房公积金16.45亿元。

提取金额中，住房消费提取占71.73%（购买、建造、翻建、大修自住住房占35.52%，偿还购房贷款本息占21.75%，租赁住房占10%，其他占4.46%）；非住房消费提取占28.27%（离休和退休提取占15.1%，完全丧失劳动能力并与单位终止劳动关系提取占9.3%，户口迁出本市或出境定居占0%，其他占3.87%）。

提取职工中，中、低收入占98.93%，高收入占1.07%。

（三）**贷款业务**：

1. **个人住房贷款**：2017年，支持职工购建房168.31万平方米，年末个人住房贷款市场占有率为43.55%，比上年减少40.45个百分点。通过申请住房公积金个人住房贷款，可节约职工购房利息支出28514.24万元。

职工贷款笔数中，购房建筑面积90（含）平方米以下占5.54%，90～144（含）平方米占52.45%，144平方米以上占42.01%。购买新房占68.69%（其中购买保障性住房占0%），购买存量商品住房占31.27%，建造、翻建、大修自住住房0.04%，其他占0%。

职工贷款笔数中,单缴存职工申请贷款占 24.56%,双缴存职工申请贷款占 75.44%,三人及以上缴存职工共同申请贷款占 0%。

贷款职工中,30 岁(含)以下占 39.27%,30 岁~40 岁(含)占 42.85%,40 岁~50 岁(含)占 13.19%,50 岁以上占 4.69%;首次申请贷款占 81.69%,二次及以上申请贷款占 18.31%;中、低收入占 99.59%,高收入占 0.41%。

2. **异地贷款**:2017 年,发放异地贷款 106 笔 4076 万元。2017 年末,发放异地贷款总额 8351.00 万元,异地贷款余额 7559.04 万元。

(四)住房贡献率:2017 年,个人住房贷款发放额、公转商贴息贷款发放额、项目贷款发放额、住房消费提取额的总和与当年缴存额的比率为 104.50%,比上年下降 44.49 个百分点。

六、其他重要事项

(一)当年住房公积金政策调整及执行情况:

1. 2017 年住房公积金缴存基数不得低于 2016 年全市在岗职工月平均工资 6208 元 60% 即 3725 元,月平均工资不足 3725 元的按 3725 元基数核定;不得高于 2016 年全市在岗职工月平均工资 6208 元 300% 即 18624 元,月平均工资高于 18624 元的按 18624 元缴存基数核定。单位和职工个人住房公积金缴存比例不得低于 5%,不得高于 12%。

2. 住房公积金提取政策调整情况。一是取消"先支后贷三年内不允许对冲还贷"的限制。二是重大伤病按照城镇职工基本医疗保险相关规定进行认定。当职工或家庭成员近一年发生住院医药费用发票超过 2 万元(含 2 万元)的,也可认定为重大伤病。职工本人、配偶、子女,以及夫妻双方父母合计提取总额不得超过近一年医药费用实际发生金额。三是提取住房公积金支付房屋租赁费用,提取时限以年为单位,每年可提取一次住房公积金。四是提取住房公积金偿还上一年异地住房贷款,按我市政策执行。五是异地购房提取统一提供不动产税票或增值税发票。

3. 住房公积金贷款政策调整情况。一是职工本人及配偶近两年(含)内无 5 期(含)以上住房公积金贷款逾期记录的,可再次申请住房公积金贷款;二是放宽申请贷款保证人资格要求,用工稳定的国有大中型企业在职职工与行政事业单位在职职工具有相同的担保资格。三是职工申请住房公积金贷款,如经贷前调查房屋价格与实际市场价格差距较大的,需再增加一名符合担保条件的保证人或另提供一套房产抵押。四是贷款连续逾期 6 期以上的,先划扣借款人夫妻双方及保人公积金偿还贷款,再起诉执行抵押物。

4. 当年住房公积金存贷款利率调整及执行情况。按照中国人民银行、住房城乡建设部、财政部印发《关于完善职工住房公积金账户存款利率形成机制的通知》(银发〔2016〕43 号)要求,职工住房公积金账户存款利率按一年期定期存款基准利率执行。住房公积金贷款利率按中国人民银行公布的公积金贷款利率执行,贷款年限 5 年(含)以下的年利率为 2.75%,贷款年限在 5 年以上的年利率为 3.25%。

(二)当年服务改进情况:为更好地为各旗区住房公积金缴存职工提供服务,经报请市政府同意,决定为东胜区、准格尔旗、伊金霍洛旗、鄂托克旗四个尚无办公场所的管理部购置办公场所及业务大厅,解决长期租用、借用业务大厅存在的诸多不稳定因素。2017 年进行了考察、选址,因暂无合适的场所,未进行采购,准备 2018 年着手实施。

(三)当年信息化建设情况:2017 年抓紧实施业务系统更新换代工作,现已完成新系统招标、合同签订已结束,正开展需求调研和研发,预计 2018 年 5 月底实现"双贯标"。

(四)当年对违反《住房公积金管理条例》和相关法规行为进行行政处罚和申请人民法院强制执行情况:2017 年,在清收逾期贷款的措施上,主要采取了"三个一批"的办法,即上门催缴一批、强行划扣一批、法律诉讼一批。共上门清收贷款 56 笔 1008 万元,强行划扣 78 笔 800 万元,法律诉讼 228 笔,结案 214 笔。

呼伦贝尔市住房公积金 2017 年年度报告

一、机构概况

(一)住房公积金管理委员会:住房公积金管理委员会有 24 名委员,2017 年召开 6 次会议,审议通过 2017 年度住房公积金归集、使用计划,并对其他重要事项进行决策,主要包括研究批准了 2017 年住房公积金增值收益分配方案、金蝶软件升级事宜、调整住房公积金贷款政策事宜、撤销管理部住房公积金委托存款账户及在农业银行重新开立账户事宜、呼伦贝尔能强机动车尾气检测有限公司缓缴职工住房公积金有关事宜。

(二)住房公积金管理中心:住房公积金管理中心隶属呼伦贝尔市住房和城乡建设委员会,是不以营利为目的的全额事业单位,主要负责全市住房公积金的归集、管理、使用和会计核算。中心设 7 个科室,12 个旗市区管理部。从业人员 141 人,其中,在编 61 人,非在编 80 人。

根据中共中央、国务院《国有林区改革指导意见》(国发〔2015〕6 号)及内蒙古自治区党委、政府《内蒙古大兴安岭重点国有林区改革总体方案》(内党发〔2015〕23 号)文件精神,2017 年 1 月初,内蒙古森工集团住房公积金管理分中心住房公积金业务的移交工作全部完成,其数据不再单独披露。

二、业务运行情况

(一)缴存:2017 年,新开户单位 313 家,实缴单位 4793 家,净增单位-192 家;新开户职工 5.57 万人(含接收内蒙古森工集团住房公积金管理分中心缴存职工 4.27 万人),实缴职工 20.09 万人,净增职工 -0.53 万人;缴存额 40.77 亿元,同比增长 28.73%。2017 年末,缴存总额 218.74 亿元,同比增长 22.91%;缴存余额 90.10 亿元,同比增长 12.50%。

受委托办理住房公积金缴存业务的银行 4 家,与上年保持一致。

(二)提取:2017 年,提取额 21.68 亿元,同比增长 19.38%;占当年缴存额的 53.18%,比上年减少 6.66 个百分点。2017 年末,提取总额 128.64 亿元,同比增长 31.43%。

(三)贷款:

1. 个人住房贷款:本市个人住房贷款最高额度 60.00 万元,装修贷款最高额度 20.00 万元,双职工和单职工家庭个人住房贷款最高额度均为 60.00 万元,装修贷款均为 20.00 万元。

2017 年,发放个人住房贷款 9560 笔 22.27 亿元,同比分别下降 19.78%、5.95%。

2017年，回收个人住房贷款11.51亿元。

2017年末，累计发放个人住房贷款10.32万笔148.73亿元，贷款余额71.64亿元，同比分别增长16.35%、23.26%、17.44%。个人住房贷款余额占缴存余额的79.51%，比上年增加3.34个百分点。

受委托办理住房公积金个人住房贷款业务的银行4家，与上年保持一致。

2. **住房公积金支持保障性住房建设项目贷款**：2017年，未发放保障性住房建设项目贷款，回收项目贷款0.065亿元。2017年末，累计发放项目贷款1.50亿元，项目贷款余额0.90亿元。

（四）**资金存储**：2017年末，住房公积金存款20.34亿元。其中，活期1.29亿元，1年（含）以下定期14.77亿元，1年以上定期2.48亿元，通知存款1.80亿元。

（五）**资金运用率**：2017年末，住房公积金个人住房贷款余额、项目贷款余额和购买国债余额的总和占缴存余额的80.51%，比上年增加3.14个百分点。

三、主要财务数据

（一）**业务收入**：2017年，业务收入27309.08万元，同比增长9.53%。其中，存款利息5946.51万元，委托贷款利息21362.57万元。

（二）**业务支出**：2017年，业务支出10039.64万元，同比增长27.41%。其中，支付职工住房公积金利息9608.32万元，委托贷款手续费429.32万元，其他2.00万元。

（三）**增值收益**：2017年，增值收益17269.44万元，同比增长1.27%。增值收益率2.04%，比上年减少0.20个百分点。

（四）**增值收益分配**：2017年，提取贷款风险准备金10361.66万元，提取管理费用4380.00万元，提取城市廉租住房建设补充资金2527.77万元。

2017年，上交财政管理费用6313.69万元。上缴财政城市廉租住房建设补充资金399.34万元。

2017年末，贷款风险准备金余额44340.60万元。累计提取城市廉租住房建设补充资金4907.11万元。

（五）**管理费用支出**：2017年，管理费用支出2329.65万元，同比增长51.28%。其中，人员经费1225.11万元，公用经费374.34万元，专项经费730.20万元。

四、资产风险状况

（一）**个人住房贷款**：2017年末，个人住房贷款逾期额227.26万元，逾期率0.32‰。

个人贷款风险准备金按增值收益的60%提取。2017年，提取个人贷款风险准备金10361.66万元，使用个人贷款风险准备金核销呆坏账为零。2017年末，个人贷款风险准备金余额43840.60万元，占个人住房贷款余额的6.12%，个人住房贷款逾期额与个人贷款风险准备金余额的比率为0.52%。

（二）**支持保障性住房建设试点项目贷款**：2017年末，逾期项目贷款为零，逾期率为零。

项目贷款风险准备金按贷款余额的4%提取。2017年，项目贷款风险准备金余额500.00万元，占项目贷款余额的5.56%。

五、社会经济效益

（一）**缴存业务**：2017年，实缴单位数、实缴职工人数和缴存额同比分别增长-3.85%、-2.55%

和 34.33%。

缴存单位中，国家机关和事业单位占 53.18%，国有企业占 7.34%，城镇集体企业占 0.25%，外商投资企业占 0.40%，城镇私营企业及其他城镇企业占 10.22%，民办非企业单位和社会团体占 0.27%，其他占 28.34%。

缴存职工中，国家机关和事业单位占 51.58%，国有企业占 15.45%，城镇集体企业占 0.60%，外商投资企业占 1.50%，城镇私营企业及其他城镇企业占 10.53%，民办非企业单位和社会团体占 0.07%，其他占 20.27%；中、低收入占 98.33%，高收入占 1.67%。

新开户职工中，国家机关和事业单位占 6.72%，国有企业占 81.66%，城镇集体企业占 0.06%，外商投资企业占 0.13%，城镇私营企业及其他城镇企业占 10.54%，民办非企业单位和社会团体占 0.12%，其他占 0.77%；中、低收入占 99.89%，高收入占 0.11%。

（二）**提取业务**：2017 年，6.46 万名缴存职工提取住房公积金 21.68 亿元。

提取金额中，住房消费提取占 78.23%（购买、建造、翻建、大修自住住房占 39.26%，偿还购房贷款本息占 45.76%，租赁住房占 6.26%，其他占 8.72%）；非住房消费提取占 21.77%（离休和退休提取占 76.94%，户口迁出本市或出境定居占 2.30%，其他占 20.76%）。

提取职工中，中、低收入占 98.14%，高收入占 1.86%。

（三）**贷款业务**

1. **个人住房贷款**：2017 年，支持职工购建房 83.31 万平方米，年末个人住房贷款市场占有率为 54.12%，比上年减少 2.28 个百分点。通过申请住房公积金个人住房贷款，可节约职工购房利息支出 31441.65 万元。

职工贷款笔数中，购房建筑面积 90（含）平方米以下占 22.83%，90~144（含）平方米占 62.68%，144 平方米以上占 14.49%。购买新房占 38.99%，购买存量商品住房占 28.63%，建造、翻建、大修自住住房占 0.04%，其他占 32.34%。

职工贷款笔数中，单缴存职工申请贷款占 30.45%，双缴存职工申请贷款占 69.55%。

贷款职工中，30 岁（含）以下占 26.73%，30 岁~40 岁（含）占 36.22%，40 岁~50 岁（含）占 25.87%，50 岁以上占 11.18%；首次申请贷款占 36.14%，二次及以上申请贷款占 63.86%；中、低收入占 97.48%，高收入占 2.52%。

2. **异地贷款**：2017 年，发放异地贷款 404 笔 10862.60 万元。2017 年末，发放异地贷款总额 24121.60 万元，异地贷款余额 21523.78 万元。

3. **支持保障性住房建设试点项目贷款**：2017 年末，累计试点项目 1 个，贷款额度 1.50 亿元，建筑面积 11.06 万平方米，可解决 1075 户中低收入职工家庭的住房问题。

（四）**住房贡献率**：2017 年，个人住房贷款发放额、公转商贴息贷款发放额、项目贷款发放额、住房消费提取额的总和与当年缴存额的比率为 96.23%，比上年减少 25.46 个百分点。

六、其他重要事项

（一）**当年住房公积金政策调整及执行情况**：为落实国家和自治区的相关文件要求，进一步提高住房公积金使用率和管理水平，我中心对住房公积金政策作了多项调整，并对《住房公积金归集提取管理办法操作细则》《住房公积金归集提取业务办理规程》进行修订予以完善。

1. 调整本市住房公积金缴存基数和月缴存额上下限：2017年度我市住房公积金缴存基数的上限14597.00元，按不高于统计部门公布的上年度社会平均工资的3倍确定。缴存基数的下限1660.00元，按照呼伦贝尔市人力资源和社会保障部门规定的上年度全市职工月最低工资标准确定，缴存比例范围限定为5％～12％。

2. 住房公积金提取政策调整：2017年制定《呼伦贝尔市住房公积金管理中心骗提套取住房公积金行为防范管理办法》，进一步规范提取审批流程，购房发票须登录国家税务总局全国增值税发票查验平台进行查验，对有疑点的《不动产权证书》、医药票据等须与购房属地的房产交易部门、就诊医院医保科等相关部门取得联系，核实房屋交易和罹患重疾真实性。

简化住房公积金提取手续，按《关于开办林业棚户区改造项目保障性住房住房公积金提取业务的通知》规定，凡购买林业棚户区改造项目保障性住房的职工，取消《不动产权证书》，持销售不动产发票或增值税发票、职工所在单位出具的证明及个人身份证、银行卡即可办理住房公积金提取业务。

3. 个人住房贷款政策调整及执行情况：新实行住房公积金贷款额度与职工缴存住房公积金缴存额挂钩的政策，即：借款申请人申请住房公积金住房贷款额度按其本人及配偶住房公积金账户正常年缴存额（最近月缴存额×12）的20倍计算，计算不足20万元的以20万元确定，贷款额度最高为60万元，且不超过住房总价的80％。住房贷款担保方式采用房产抵押担保方式，贷款额度超过年缴存额20倍的可另提供自然人担保或采用法人担保方式；住房装修贷款额度最高为20万元，且不超过住房总价的25％；取消装修贷款单独办理方式，装修贷款与住房贷款须同时办理。

放宽自然人保证人条件，扩大保证人范围至国有企业正式在编在岗职工。

2017年住房公积金贷款最高额度无调整。

4. 当年住房公积金存贷款利率调整及执行情况：2017年存贷款利率无调整，我中心严格按照人民银行文件规定的利率执行。

（二）当年服务改进情况：我中心作为政府的重要服务窗口，围绕中心整体工作，2017年在服务方面采取了一系列的改进措施，完善了工作制度、优化了服务体系，实现了业务流程优质高效运转，服务职工方面不断提档升级。一是为树立高标准服务形象，中心举办了银行业务、财务、礼仪等多种形式的培训班。二是中心对管理部工作人员进行不定期分批业务培训，并对新增工作人员进行岗前业务培训。三是为牙克石市管理部、根河市管理部租用并装修业务用房，解决了管理部服务窗口不足、服务环境差、设施不到位的问题。

按照住房公积金异地转移接续工作要求，制定了《呼伦贝尔市住房公积金异地转移接续业务操作规程》。通过积极梳理流程、部署网络配置、改造业务系统，于2017年5月8日我中心顺利接入平台。开办异地转移接续业务，职工在转入地住房公积金管理中心携带本人身份证即可办理，大大缩短办理时间，方便跨省市就业人员办理住房公积金异地转移接续业务。平台上线以来，共受理异地公积金转入业务34笔100.40万元；异地转出业务23笔104.70万元。异地转移接续平台确保职工住房公积金账户在异地转移过程中的信息准确和资金安全，有利于连续计算职工缴存年限，支持职工异地使用住房公积金，从而切实保障缴存职工合法权益。

根据国家和自治区要求，我中心充分借助新闻媒体和各种网络渠道，建设综合服务平台。今年1月启动项目，6月正式上线运行。综合服务平台采用"互联网＋服务"方式，包括新建网上业务大厅（含个人用户、单位用户、开发企业版块）、手机APP、微信及已建成的门户网站、自助终端服务、12329服务热线、12329短信共七大服务渠道，为缴存职工提供业务办理、信息查询、信息发布、互动交流等便民服务。截至年末，网上大厅共计信息查询2642笔，业务办理3笔；手机APP共计注册1930人，信息查询40814笔，业务办理134笔；官方微信关注人数为19253人，绑定7796人，信息查询86572笔，业务办理139笔；网站共发布工作动态39条，回复问题207条；为个体工商户查询打印企业信用公示信息共121份；12329热线全年累计受理16383人次。其中，人工接听答复8286人次，自助查询业务（包括业务指南、缴存、贷款余额查询等）8097人次；中心对系统短信平台不断进行更新维护，保证短信系统正常运行，全年累计发送短信1143742条。

（三）当年信息化建设情况：呼伦贝尔市住房公积金管理中心申请以接口方式接入个人征信系统。加入人民银行城域网与取得接口正在同步进行中。目前中心接口开发完成，缴存数据已连续三个月以上报送成功，等待测试报送贷款数据。

为全面响应国家"互联网＋普惠金融"号召，主动引入银行提供多元化金融服务，呼伦贝尔市住房公积金管理中心配合上海浦东发展银行呼伦贝尔分行开展公积金点贷业务，并于2017年6月28日正式开通启用。

中心自2015年正式启动数据贯标工作，通过认真研究、精心组织，于2017年3月27日"双贯标"系统正式上线运行，截至目前通过住房城乡建设部结算系统开通与受托银行工商银行、建设银行、中国银行、农业银行对接的资金支付结算信息服务通道，系统整体运行安全、平稳。

中心住房公积金业务与管理系统经过多年运行及业务范围扩展，原有网络结构和配置的设备，逐渐出现一些不足和有待完善的地方，通过对网络架构的调整，对网络设备的更换，以及安全方面的加固等几个方面，解决中心网络存在的不合理、安全隐患及设备资源不足情况。

（四）当年住房公积金管理中心及职工所获荣誉情况：2017年呼伦贝尔市住房公积金管理中心鄂温克旗管理部，获得呼伦贝尔市"巾帼文明岗"荣誉称号。

巴彦淖尔市住房公积金2017年年度报告

一、机构概况

（一）住房公积金管理委员会：住房公积金管理委员会有18名委员，2017年召开1次会议，审议通过《巴彦淖尔市人民政府办公厅关于印发巴彦淖尔市个人缴存者建立住房公积金制度管理办法（试行）的通知》。

（二）住房公积金管理中心：住房公积金管理中心为巴彦淖尔市住房和城乡建设委员会不以营利为目的的全额拨款准处级事业单位，设6个处（科），7个管理部，0个分中心。从业人员84人，其中，在编50人，非在编34人。

二、业务运行情况

（一）**缴存**：2017年，新开户单位140家，实缴单位2293家，净增单位86家；新开户职工1.3万人，实缴职工13.93万人，净增职工0.54万人；缴存额17.74亿元（其中跨归集点转入0.12万元），同比增长2.97%。2017年末，缴存总额121.22亿元，同比增长17.15%；缴存余额62.59亿元，同比增长5.33%。

受委托办理住房公积金缴存业务的银行5家，比上年增加（减少）0家。

（二）**提取**：2017年，提取额14.57亿元（其中跨归集点转出0.12万元），同比下降14.30%；占当年缴存额的82.14%，比上年减少16.56个百分点。2017年末，提取总额58.63亿元，同比增长33.08%。

（三）**贷款**：

个人住房贷款：个人住房贷款最高额度45万元。其中，单缴存职工最高额度45万元，双缴存职工最高额度45万元。

2017年，发放个人住房贷款0.64万笔20.80亿元，同比分别增长10.70%、21.48%。其中，临河管理部发放个人住房贷款0.40万笔14.06亿元，五原管理部发放个人住房贷款0.04万笔1.28亿元，前旗管理部发放个人住房贷款0.03万笔0.9亿元，中旗管理部发放个人住房贷款0.04万笔0.95亿元，后旗管理部发放个人住房贷款0.04万笔1.21亿元，杭后管理部发放个人住房贷款0.06万笔1.34亿元，磴口管理部发放个人住房贷款0.03万笔1.06亿元。

2017年，回收个人住房贷款8.64亿元。从2017年9月11日住房公积金基础数据贯标及综合服务平台系统上线，回收个人住房贷款不分旗县管理部，全部由市中心统一核算。

2017年末，累计发放个人住房贷款6.99万笔107.68亿元，贷款余额54.66亿元，同比分别增长10.08%、23.95%、28.62%。个人住房贷款余额占缴存余额的87.33%，比上年增加15.81个百分点。

受委托办理住房公积金个人住房贷款业务的银行4家，比上年增加（减少）0家。

（四）**资金存储**：2017年末，住房公积金存款7.65亿元。其中，活期4.15亿元，1年（含）以下定期1.7亿元，1年以上定期1.8亿元，其他（协定、通知存款等）0亿元。

（五）**资金运用率**：2017年末，住房公积金个人住房贷款余额、项目贷款余额和购买国债余额的总和占缴存余额的87.33%，比上年增加15.81个百分点。

三、主要财务数据

（一）**业务收入**：2017年，业务收入17749.09万元，同比增长5.05%。从2017年9月11日住房公积金基础数据贯标及综合服务平台系统上线，业务收入不分旗县管理部，全部由市中心统一核算；存款利息2569.40万元，委托贷款利息15144.11万元，国债利息0万元，其他35.58万元。

（二）**业务支出**：2017年，业务支出9316.17万元，同比下降9.63%。从2017年9月11日住房公积金基础数据贯标及综合服务平台系统上线，业务支出不分旗县管理部，全部由市中心统一核算；支付职工住房公积金利息9235.9万元，归集手续费0.07万元，委托贷款手续费80万元，其他0.2万元。

（三）**增值收益**：2017年，增值收益8432.93万元，同比增长28.02%。从2017年9月11日住房公积金基础数据贯标及综合服务平台系统上线，增值收益不分旗县管理部，全部由市中心统一核算；增值收益率 1.38%，比上年增加 0.26 个百分点。

（四）**增值收益分配**：2017 年，提取贷款风险准备金 5059.76 万元，提取管理费用 1036.34 万元，提取城市廉租住房（公共租赁住房）建设补充资金 2336.83 万元。

2017 年，上交财政管理费用 1036.34 万元。上缴财政城市廉租住房（公共租赁住房）建设补充资金 2336.83 万元。全市实行统一核算，全部由市中心上交。

2017 年末，贷款风险准备金余额 33773 万元。累计提取城市廉租住房（公共租赁住房）建设补充资金 16190.58 万元。全市实行统一核算，全部由市中心上交。

（五）**管理费用支出**：2017 年，管理费用支出 1036.34 万元，同比减少 17.4%。其中，人员经费 239.76 万元，公用经费 196.58 万元，专项经费 600 万元（住房公积金基础数据及综合服务平台系统），全市统一核算。

四、资产风险状况

个人住房贷款：2017 年末，个人住房贷款逾期额 35.69 万元，逾期率 0.10‰。从 2017 年 9 月 11 日住房公积金基础数据贯标及综合服务平台系统上线，个人住房贷款不分旗县管理部，全部由市中心统一核算。

个人贷款风险准备金按增值收益的 60% 提取。2017 年，提取个人贷款风险准备金 5059.75 万元，使用个人贷款风险准备金核销呆坏账 0 万元。2017 年末，个人贷款风险准备金余额 33773 万元，占个人住房贷款余额的 6.18%，个人住房贷款逾期额与个人贷款风险准备金余额的比率为 0.11%。

五、社会经济效益

（一）**缴存业务**：2017 年，实缴单位数、实缴职工人数和缴存额同比分别增长 3.90%、4.02% 和 2.97%。

缴存单位中，国家机关和事业单位占 68.69%，国有企业占 7.89%，城镇集体企业占 11.21%，外商投资企业占 0.09%，城镇私营企业及其他城镇企业占 10.20%，民办非企业单位和社会团体占 0.09%，其他占 1.83%。

缴存职工中，国家机关和事业单位占 56.14%，国有企业占 8.91%，城镇集体企业占 9.63%，外商投资企业占 0.02%，城镇私营企业及其他城镇企业占 5.13%，民办非企业单位和社会团体占 0.31%，其他占 19.86%；中、低收入占 98.70%，高收入占 1.30%。

新开户职工中，国家机关和事业单位占 12.04%，国有企业占 1.85%，城镇集体企业占 36.47%，外商投资企业占 0.03%，城镇私营企业及其他城镇企业占 14.67%，民办非企业单位和社会团体占 0.02%，其他占 34.92%；中、低收入占 99.87%，高收入占 0.13%。

（二）**提取业务**：2017 年，2.9 万名缴存职工提取住房公积金 14.57 亿元。

提取金额中，住房消费提取占 77.22%（购买、建造、翻建、大修自住住房占 26.74%，偿还购房贷款本息占 26.78%，租赁住房占 0.35%，其他占 23.35%）；非住房消费提取占 22.78%（离休和退休提取占 14.57%，完全丧失劳动能力并与单位终止劳动关系提取占 2.78%，户口迁出本市或出境定居占

0.01%，其他占 5.42%）。

提取职工中，中、低收入占 98.43%，高收入占 1.57%。

(三) 贷款业务

1. 个人住房贷款：2017 年，支持职工购建房 76.70 万平方米，年末个人住房贷款市场占有率为 49.93%，比上年减少 7.35 个百分点。通过申请住房公积金个人住房贷款，可节约职工购房利息支出 33703.67 万元。

职工贷款笔数中，购房建筑面积 90（含）平方米以下占 13.68%，90～144（含）平方米占 72.15%，144 平方米以上占 14.17%。购买新房占 77.56%（其中购买保障性住房占 0%），购买存量商品住房占 22.04%，建造、翻建、大修自住住房占 0.02%，其他占 0.38%。

职工贷款笔数中，单缴存职工申请贷款占 70.84%，双缴存职工申请贷款占 29.10%，三人及以上缴存职工共同申请贷款占 0.06%。

贷款职工中，30 岁（含）以下占 27.12%，30 岁～40 岁（含）占 32.97%，40 岁～50 岁（含）占 28.82%，50 岁以上占 11.09%；首次申请贷款占 91.08%，二次及以上申请贷款占 8.92%；中、低收入占 98.33%，高收入占 1.67%。

2. 异地贷款：2017 年，发放异地贷款 356 笔 12110.20 万元。2017 年末，发放异地贷款总额 28736.35 万元，异地贷款余额 22450.97 万元。

(四) 住房贡献率：2017 年，个人住房贷款发放额、公转商贴息贷款发放额、项目贷款发放额、住房消费提取额的总和与当年缴存额的比率为 180.68%，比上年增加 9.12 个百分点。

六、其他重要事项

(一) 当年住房公积金政策调整及执行情况：

1. 2017 年住房公积金政策调整及执行情况：

（1）重新修订《巴彦淖尔市个人缴存者建立住房公积金制度管理办法（试行）》。

（2）允许全额付清房款的借款人可以申请公积金贷款，且借款直接划入借款人账户。

（3）取消在本市范围内跨旗县办理购房贷款借款人在购房地管理部签字环节。

（4）允许个体工商户申请住房贷款或装修贷款业务。

（5）允许个体工商户办理住房公积金贷款时找保证人担保，但保证人必须是在行政、事业单位工作的正式职工或是国有企业工作 5 年以上的中层管理人员。

（6）住房公积金缴存人购买未与我中心签订合作协议的住房时，如果能提供全额付清房款的不动产发票（增值税普通发票）和网签购房合同，且签订购房合同和发票的时间在 1 年以内，经调查核实其购房行为真实有效的可以提供住房公积金贷款，但是需要提供其他现房作为抵押、质押或保证人担保。

（7）根据《关于降低企业住房公积金缴存比例的通知》（内建金〔2016〕500 号），对全市企业单位从 2017 年 1 月 1 日～2018 年 12 月 31 日缴存比例下调 1～2 个百分点。

2. 2017 年缴存基数限额及确定方法、缴存比例调整情况：根据市统计局公布的 2016 年度全市职工月平均工资为 4536 元。按照住房城乡建设部《关于住房公积金管理若干具体问题的指导意见》（建金管〔2005〕5 号）规定，2017 年度全市住房公积金月缴存基数上限为 13608 元。缴存比例：单位、个人分别为12%，企业最低缴存基数为2000元。

3. 2017年发放异地贷款情况： 2017年，共开具异地贷款证明358户，受理异地贷款360户，发放贷款356户、1.211亿元。

（二）当年服务改进情况： 继续实行"双提高"（提高工作效率、提高服务水平）主题实践活动，全面提升服务水平；继续加强我中心网站建设（www.bynegjj.com）和微信公众平台（bs12329）建设。

（三）当年信息化建设情况： 信息系统升级改造即将完成，"双贯标"已经完成，等待住房城乡建设部验收；其余的二期综合服务平台正在建设当中。

乌兰察布市住房公积金2017年年度报告

一、机构概况

（一）住房公积金管理委员会： 住房公积金管理委员会有25名委员，2017年召开1次会议，审议通过的事项主要包括：

听取《乌兰察布市住房公积金管理中心2016年工作总结及2017年工作计划》；审议《乌兰察布市住房公积金2016年年度报告》；审议《乌兰察布市住房公积金管理中心2016年度资金使用计划执行情况及2017年度资金使用计划报告》；审议《乌兰察布市住房公积金管理中心2016年度财务报告》；审议《乌兰察布市住房公积金管理中心2016年度部门决算》；审议《乌兰察布市住房公积金管理中心关于2016年增值收益分配方案及2017年财务预算的报告》；审议《乌兰察布市住房公积金管理中心关于公积金存款专户的情况说明》；审议《乌兰察布市住房公积金管理中心关于调整我市住房公积金使用政策的请示》；审议《乌兰察布市住房公积金管理中心关于解决旗县市财政欠补问题报告》；审议《关于更新住房公积金业务信息管理系统与建设综合服务平台信息系统的报告》；审议《关于报批＜乌兰察布市企业单位降低住房公积金缴存比例实施方案＞的请示》。

（二）住房公积金管理中心： 住房公积金管理中心为隶属于市人民政府的不以营利为目的的财政全额拨款事业单位，内设6个科室，下设10个管理部。从业人员128人，其中，在编97人，非在编31人。

二、业务运行情况

（一）缴存： 2017年，新开户单位92家，实缴单位2576家，净增单位225家；新开户职工1.02万人，实缴职工13.4万人，净增职工1.76万人；缴存额14.23亿元，同比增长2.74%。2017年末，缴存总额82.87亿元，同比增长20.73%；缴存余额50.83亿元，同比增长9.91%。

受委托办理住房公积金缴存业务的银行3家，分别为中国建设银行乌兰察布分行及各旗县市营业部、中国农业银行乌兰察布分行及各旗县市营业部、中国工商银行乌兰察布分行及各旗县市营业部。较上年无变化。

（二）提取： 2017年，提取额9.64亿元，同比增长3.21%；占当年缴存额的67.74%，比上年增加0.3个百分点。2017年末，提取总额32.04亿元，同比增长43.1%。

（三）贷款：

个人住房贷款：个人住房贷款最高额度 60 万元。其中，单缴存职工最高额度 40 万元，双缴存职工最高额度 60 万元。

2017 年，发放个人住房贷款 3982 笔 10.11 亿元，同比分别下降 28.57%、19.44%。

2017 年，回收个人住房贷款 6.35 亿元。

2017 年末，累计发放个人住房贷款 4.76 万笔 72.42 亿元，贷款余额 33.09 亿元，同比分别增长 9.17%、16.23%、12.86%。个人住房贷款余额占缴存余额的 65.1%，比上年增加 1.71 个百分点。

受委托办理住房公积金个人住房贷款业务的银行 2 家，分别为中国建设银行乌兰察布分行及各旗县市营业部、中国农业银行乌兰察布分行及各旗县市营业部。与上年相比无变动。

（四）资金存储：2017 年末，住房公积金存款 18.86 亿元。其中，活期 4.13 亿元，1 年（含）以下定期 14.2 亿元，七天通知存款 0.53 亿元。

（五）资金运用率：2017 年末，住房公积金个人住房贷款余额占缴存余额的 65.1%，比上年增加 1.71 个百分点。

三、主要财务数据

（一）业务收入：2017 年，业务收入 13548.68 万元，同比下降 3.22%。存款利息 3867.39 万元，委托贷款利息 9672.35 万元，其他 8.94 万元。

（二）业务支出：2017 年，业务支出 6606.4 万元，同比增长 4.08%。支付职工住房公积金利息 6499.56 万元，归集手续费 1.28 万元，委托贷款手续费 105.56 万元。

（三）增值收益：2017 年，增值收益 6942.28 万元，同比下降 9.27%。增值收益率 1.45%，比上年减少 0.34 个百分点。

（四）增值收益分配：2017 年，提取贷款风险准备金 4165.37 万元，提取管理费用 2600 万元，提取城市廉租住房建设补充资金 176.91 万元。

2017 年，上交财政管理费用 2600 万元。上缴财政城市廉租住房建设补充资金 460.58 万元。

2017 年末，贷款风险准备金余额 22168.43 万元。累计提取城市廉租住房建设补充资金 2266.16 万元。

（五）管理费用支出：2017 年，管理费用支出 1612.2 万元，同比增长 35.43%。其中，人员经费 1120.13 万元，公用经费 189.97 万元，专项经费 302.1 万元。

四、资产风险状况

个人住房贷款：截至 2017 年末，无个人住房贷款逾期。

个人贷款风险准备金按增值收益的 60% 提取。2017 年，提取个人贷款风险准备金 4165.37 万元。2017 年末，个人贷款风险准备金余额 22168.43 万元，占个人住房贷款余额的 6.7%。

五、社会经济效益

（一）缴存业务：2017 年，实缴单位数、实缴职工人数和缴存额同比分别增长 9.57%、15.22%

和 2.74%。

缴存单位中，国家机关和事业单位占 85.79%，国有企业占 6.05%，外商投资企业占 0.19%，城镇私营企业及其他城镇企业占 7.1%，民办非企业单位和社会团体占 0.7%，其他占 0.17%。

缴存职工中，国家机关和事业单位占 76.94%，国有企业占 12.7%，外商投资企业占 0.11%，城镇私营企业及其他城镇企业占 9.99%，民办非企业单位和社会团体占 0.11%，其他占 0.15%；中、低收入占 99.68%，高收入占 0.32%。

新开户职工中，国家机关和事业单位占 62.33%，国有企业占 8.47%，外商投资企业占 0.14%，城镇私营企业及其他城镇企业占 29%，民办非企业单位和社会团体占 0.06%；中、低收入占 99.76%，高收入占 0.24%。

（二）**提取业务**：2017年，2.16 万名缴存职工提取住房公积金 9.64 亿元。

提取金额中，住房消费提取占 69.07%（购买、建造、翻建、大修自住住房占 45.15%，偿还购房贷款本息占 20.82%，租赁住房占 2.76%，其他占 0.34%）；非住房消费提取占 30.93%（离休和退休提取占 18.14%，完全丧失劳动能力并与单位终止劳动关系提取占 1.5%，户口迁出本市或出境定居占 5.6%，其他占 5.69%）。

提取职工中，中、低收入占 98.87%，高收入占 1.13%。

（三）**贷款业务**：

1. **个人住房贷款**：2017年，支持职工购建房 23.1 万平方米，年末个人住房贷款市场占有率为 27.28%，比上年减少 9.74 个百分点。通过申请住房公积金个人住房贷款，可节约职工购房利息支出 12138.94 万元。

职工贷款笔数中，购房建筑面积 90（含）平方米以下占 11.02%，90～144（含）平方米占 76.2%，144 平方米以上占 12.78%。购买新房占 45.3%，购买存量商品住房占 13.64%，其他占 41.06%。

职工贷款笔数中，单缴存职工申请贷款占 65.22%，双缴存职工申请贷款占 34.78%。

贷款职工中，30 岁（含）以下占 22.12%，30 岁～40 岁（含）占 29.78%，40 岁～50 岁（含）占 26.95%，50 岁以上占 21.15%；首次申请贷款占 71.8%，二次及以上申请贷款占 28.2%；中、低收入占 99.8%，高收入占 0.2%。

2. **异地贷款**：2017年，发放异地贷款 145 笔 4004 万元。2017年末，发放异地贷款总额 6501 万元，异地贷款余额 6089.62 万元。

（四）**住房贡献率**：2017年，个人住房贷款发放额住房消费提取额的总和与当年缴存额的比率为 117.91%，比上年减少 40.09 个百分点。

六、其他重要事项

（一）当年住房公积金政策调整及执行情况：

1. 2017 年缴存基数限额及确定方法、缴存比例调整情况。住房公积金月缴存基数不得低于 2016 年度全市月最低工资标准 1440 元，不得高于全市 2016 年度社平工资的 3 倍 16320 元。

2. 缴存比例不得低于 5%、不得高于 12%。按照内蒙古自治区住房和城乡建设厅、内蒙古自治区财政厅《关于降低企业住房公积金缴存比例的通知》（内建金〔2016〕500 号）以及乌兰察布市住房公积金管委会《关于降低我市企业住房公积金缴存比例的通知》(乌房金委办〔2016〕3号)文件精神,2016年7月1日至2018年12月31日,将企业住房公积金最高缴存比例12%下调1个百分点,按照11%执行。

3. 2017年住房公积金贷款利率:贷款期限五年以下(含五年)执行2.75%,贷款期限五年以上执行3.25%。

2017年住房公积金结息利率是根据中国人民银行、住房和城乡住房城乡建设部、财政部《关于完善职工住房公积金账户存款利率形成机制的通知》(银发〔2016〕43号),将职工住房公积金账户存款,当年归集的住房公积金按照活期计算利息,往年归集的住房公积金按照3个月定期利率计算方法,统一调整为按一年期定期存款基准利率计息。

4. 2017我中心个人住房贷款最高额度为60万元。按照国家提高公积金资金使用率及进一步去库存的要求,我市适时调整住房公积金使用政策具体有:

(1)将城镇私营企业(包括劳务派遣公司)单位职工、进城务工人员、个体工商户最高贷款额度从20万元调整至30万元,原有贷款条件不变。

(2)装修贷款最高额度从20万元调整至30万元,贷款年限不作要求,贷款额度仍按原政策2000元/平方米执行。

(3)单缴职工最高贷款额度由30万元调整至40万元。

(4)针对目前全市住宅平房库存量较大,重新装修需求较多的情况,拟开设平房装修公积金提取业务,提取额度按照所装修房屋产权证载明面积2000元/平方米确定。

(二)当年服务改进情况:

按照住房城乡建设部和自治区监管处对综合服务平台建设要求,乌兰察布市积极推进综合服务平台建设工作,截至2017年底已经开通的服务有12329热线、门户网站、自助查询终端、官方微信、官方微博等5个渠道。2017年,我市各服务网点无变化。

(三)当年信息化建设情况:2017年,中心按照住房城乡建设部关于住房公积金基础数据标准和结算应用系统接入相关要求,启动双贯标信息系统项目建设工作。经管委会审批立项、市财政部门批准项目资金预算,年内已完成符合基础数据标准软件的招标、需求研发工作。于2018年1月上线使用新业务信息管理系统。

(四)当年住房公积金管理中心及职工所获荣誉情况:2017年中心获乌兰察布市民族团结进步模范集体称号。

兴安盟住房公积金2017年年度报告

一、机构概况

(一)住房公积金管理委员会:住房公积金管理委员会有20名委员,2017年召开1次会议,审议通过的事项主要包括:《兴安盟住房公积金管理中心2016年工作报告》、《2016年全盟住房公积金制度执行情况公报》、《2016年度全盟住房公积金财务运行及增值收益分配情况报告》、《2016年全盟住房公积金年度报告》、《2017年全盟住房公积金归集、使用预算（草案）》。

（二）住房公积金管理中心：住房公积金管理中心为隶属于兴安盟行政公署不以营利为目的的自收自支事业单位，设6个处（科），5个管理部，0个分中心。从业人员77人，其中，在编69人，非在编8人。

二、业务运行情况

（一）缴存：2017年，新开户单位122家，实缴单位1963家，净增单位88家；新开户职工0.72万人，实缴职工12.10万人，净增职工1.48万人；缴存额15.55亿元，同比增长1.52%。2017年末，缴存总额88.96亿元，同比增长21.17%；缴存余额44.08亿元，同比增长13.84%。

受委托办理住房公积金缴存业务的银行4家，比上年增加（减少）0家。

（二）提取：2017年，提取额10.18亿元，同比增长23.24%；占当年缴存额的65.47%，比上年增加6.6个百分点。2017年末，提取总额44.88亿元，同比增长29.34%。

（三）贷款：

个人住房贷款：个人住房贷款最高额度60万元。其中，单缴存职工最高额度60万元，双缴存职工最高额度60万元。

2017年，发放个人住房贷款0.47万笔12.03亿元，同比分别增长2.17%、0.25%。2017年，回收个人住房贷款7.70亿元。

2017年末，累计发放个人住房贷款6.13万笔84.95亿元，贷款余额38.76亿元，同比分别增长8.30%、16.50%、12.54%。个人住房贷款余额占缴存余额的87.93%，比上年（减少）1.01个百分点。

受委托办理住房公积金个人住房贷款业务的银行3家，比上年增加（减少）0家。

（四）资金存储：2017年末，住房公积金存款5.64亿元。其中，活期0亿元，1年（含）以下定期0.55亿元，1年以上定期0.4亿元，其他（协定、通知存款等）4.69亿元。

（五）资金运用率：2017年末，住房公积金个人住房贷款余额、项目贷款余额和购买国债余额的总和占缴存余额的87.94%，比上年减少6.23个百分点。

三、主要财务数据

（一）业务收入：2017年，业务收入12483.42万元，同比增长5.48%。存款利息884.09万元，委托贷款利息11596.37万元，国债利息0万元，其他2.96万元。

（二）业务支出：2017年，业务支出6100.25万元，同比增长9.46%。支付职工住房公积金利息6009.20万元，归集手续费0万元，委托贷款手续费88.45万元，其他2.60万元。

（三）增值收益：2017年，增值收益6383.17万元，同比增长1.95%。增值收益率1.57%，比上年减少0.23个百分点。

（四）增值收益分配：2017年，提取贷款风险准备金593.17万元，提取管理费用2290.00万元，提取城市廉租住房（公共租赁住房）建设补充资金3500.00万元。

2017年，上交财政管理费用5258.25万元。上缴财政城市廉租住房（公共租赁住房）建设补充资金

350.00万元。

2017年末，贷款风险准备金余额4037.92万元。累计提取城市廉租住房（公共租赁住房）建设补充资金24686.25万元。

（五）管理费用支出： 2017年，管理费用支出3413.50万元，同比增长230.93%。其中，人员经费837.74万元，公用经费310.91万元，专项经费2264.85万元。

四、资产风险状况

个人住房贷款：2017年末，个人住房贷款逾期额10.55万元，逾期率0.03‰。

个人贷款风险准备金按贷款余额的1%提取。2017年，提取个人贷款风险准备金593.17万元，使用个人贷款风险准备金核销呆坏账0万元。2017年末，个人贷款风险准备金余额4037.92万元，占个人住房贷款余额的1.04%，个人住房贷款逾期额与个人贷款风险准备金余额的比率为0.26%。

五、社会经济效益

（一）缴存业务： 2017年，实缴单位数、实缴职工人数和缴存额同比分别增长4.53%、13.95%和10.81%。

缴存单位中，国家机关和事业单位占81.36%，国有企业占6.37%，城镇集体企业占1.38%，外商投资企业占0.31%，城镇私营企业及其他城镇企业占6.31%，民办非企业单位和社会团体占0.60%，其他占3.67%。

缴存职工中，国家机关和事业单位占69.61%，国有企业占11.24%，城镇集体企业占1.61%，外商投资企业占1.21%，城镇私营企业及其他城镇企业占11.70%，民办非企业单位和社会团体占0.17%，其他占4.46%；中、低收入占100%，高收入占0%。

新开户职工中，国家机关和事业单位占55.03%，国有企业占10.01%，城镇集体企业占2.67%，外商投资企业占0.58%，城镇私营企业及其他城镇企业占22.55%，民办非企业单位和社会团体占0.13%，其他占9.03%；中、低收入占100%，高收入占0%。

（二）提取业务： 2017年，2.42万名缴存职工提取住房公积金10.18亿元。

提取金额中，住房消费提取占73.33%（购买、建造、翻建、大修自住住房占37.35%，偿还购房贷款本息占29.14%，租赁住房占2.35%，其他占4.49%）；非住房消费提取占26.67%（离休和退休提取占17.96%，完全丧失劳动能力并与单位终止劳动关系提取占1.20%，户口迁出本市或出境定居占0%，其他占7.51%）。

提取职工中，中、低收入占100%，高收入占0%。

（三）贷款业务：

1. 个人住房贷款： 2017年，支持职工购建房54.02万平方米，年末个人住房贷款市场占有率为53.25%，比上年减少10.15个百分点。通过申请住房公积金个人住房贷款，可节约职工购房利息支出18980.57万元。

职工贷款笔数中，购房建筑面积90（含）平方米以下占22.39%，90~144（含）平方米占63.18%，144平方米以上占14.43%。购买新房占72.35%（其中购买保障性住房占0.02%），购买存量商品住房占

27.56%，建造、翻建、大修自住住房占 0.09%，其他占 0%。

职工贷款笔数中，单缴存职工申请贷款占 65.41%，双缴存职工申请贷款占 34.55%，三人及以上缴存职工共同申请贷款占 0.04%。

贷款职工中，30 岁（含）以下占 24.37%，30 岁～40 岁（含）占 33.87%，40 岁～50 岁（含）占 27.16%，50 岁以上占 14.60%；首次申请贷款占 70.65%，二次及以上申请贷款占 29.35%；中、低收入占 100%，高收入占 0%。

2. **异地贷款**：2017 年，发放异地贷款 99 笔 2306.5 万元。2017 年末，发放异地贷款总额 3375.20 万元，异地贷款余额 3185.85 万元。

（四）**住房贡献率**：2017 年，个人住房贷款发放额、公转商贴息贷款发放额、项目贷款发放额、住房消费提取额的总和与当年缴存额的比率为 125.40%，比上年减少 13.44 个百分点。

六、其他重要事项

（一）**当年住房公积金政策调整及执行情况**：当年企业住房公积金缴存比例降到 11%，其他无变化。

（二）**当年服务改进情况**：当年升级改版了住房公积金管理网站，推出了微信公众号，综合服务平台建设基本完成。

（三）**当年信息化建设情况**：当年完成了信息系统升级改造，从 3.0 版升级到 4.0 版，完成了基础数据贯标的准备工作，结算应用系统已接入。

（四）**当年住房公积金管理中心及职工所获荣誉情况**：当年获得了盟级（地市级）"两学一做"先进党支部、先进学习型班组。

（五）**当年对违反《住房公积金管理条例》和相关法规行为进行行政处罚和申请人民法院强制执行情况**：对逾期贷款申请人民法院强制执行 3 笔。

锡林郭勒盟住房公积金 2017 年年度报告

一、机构概况

（一）**住房公积金管理委员会**：住房公积金管理委员会有 31 名委员，2017 年召开 1 次会议，审议通过的事项主要包括：

1. 2017 年全盟住房公积金工作情况。
2. 2017 年度全盟住房公积金缴存使用计划执行情况及财务决算。
3. 2018 年度全盟住房公积金缴存使用计划及财务预算。

（二）**住房公积金管理中心**：住房公积金管理中心为隶属于锡林郭勒盟行政公署不以营利为目的的全额事业单位，设 7 个科，12 个管理部。从业人员 141 人，其中，在编 75 人，非在编 66 人。2017 年 7 月，经内蒙古自治区人民政府《关于二连浩特市住房公积金管理中心管理体制的批复》（内政字〔2017〕184

号）文件批复，原锡盟住房公积金管理中心二连浩特分中心改为二连浩特市住房公积金管理中心，直属二连浩特市人民政府，不再隶属于锡盟住房公积金管理中心。二连浩特市住房公积金管理中心从业人员16人，其中，在编10人，非在编6人。

二、业务运行情况

（一）**缴存**：2017年，新开户单位163家，实缴单位2749家，净增单位113家；新开户职工1.12万人，实缴职工10.47万人，净增职工0.18万人；缴存额15.96亿元，同比增长2.5%。2017年末，缴存总额101.96亿元，同比增长18.56%；缴存余额47.99亿元，同比增长10.47%。

受委托办理住房公积金缴存业务的银行4家，与上年持平。

（二）**提取**：2017年，提取额11.41亿元，同比增长9.63%；占当年缴存额的71.46%，比上年增加4.6个百分点。2017年末，提取总额53.98亿元，同比增长26.8%。

（三）**贷款**：

个人住房贷款：个人住房贷款最高额度80万元，不分单职工、双职工家庭。

2017年，发放个人住房贷款4336笔14.17亿元，同比分别增长7.01%、16.71%。其中，盟中心发放个人住房贷款4073笔13.39亿元；二连浩特市中心发放个人住房贷款263笔0.78亿元。

2017年，回收个人住房贷款6.61亿元。其中，盟中心6.28亿元，二连浩特市中心0.33亿元。

2017年末，累计发放个人住房贷款4.63万笔79.03亿元，贷款余额43.72亿元，同比分别增长9.61%、20.36%、19.77%。个人住房贷款余额占缴存余额的95.44%，比上年增加7.39个百分点。

受委托办理住房公积金个人住房贷款业务的银行4家，与上年持平。

（四）**资金存储**：2017年末，住房公积金存款3.86亿元。其中，活期1.47亿元，1年（含）以下定期0.1亿元，1年以上定期2.2亿元，其他（协定、通知存款等）0.09亿元。

（五）**资金运用率**：2017年末，住房公积金个人住房贷款余额、项目贷款余额和购买国债余额的总和占缴存余额的95.44%，比上年增加7.39个百分点。

三、主要财务数据

（一）**业务收入**：2017年，业务收入14861万元，同比增长14.39%。其中，盟中心13494万元，二连浩特中心1368万元；存款利息1822万元，委托贷款利息13036万元，其他3万元。

（二）**业务支出**：2017年，业务支出7598万元，同比减少3.46%。其中，盟中心7098万元，二连浩特中心500万元；支付职工住房公积金利息6957万元，委托贷款手续费641万元。

（三）**增值收益**：2017年，增值收益7263万元，同比增长53.68%。其中，盟中心6396万元，二连浩特中心万元；增值收益率1.51%，比上年增加0.27个百分点。

（四）**增值收益分配**：2017年，提取贷款风险准备金2929万元，提取管理费用1534万元，提取城市廉租住房（公共租赁住房）建设补充资金2800万元。

2017年，上交财政管理费用1230万元。上缴财政城市廉租住房（公共租赁住房）建设补充资金2320万元。其中，盟中心上缴2200万元，二连浩特市中心上缴120万元。

2017年末，贷款风险准备金余额10242万元。累计提取城市廉租住房（公共租赁住房）建设补充资金20862万元。其中，盟中心提取20000万元，二连浩特市中心提取862万元。

（五）管理费用支出： 2017年，管理费用支出2114万元，同比下降26.55%。其中，人员经费1189万元，公用经费972万元，专项经费137万元。

盟中心管理费用支出1891万元，其中，人员、公用、专项经费分别为966万元、788万元、137万元；二连浩特市中心管理费用支出223万元，其中，人员、公用分别为184万元、39万元。

四、资产风险状况

个人住房贷款：2017年末，个人住房贷款逾期额0.27万元，逾期率约为0。

个人贷款风险准备金按贷款余额的1%提取。2017年，提取个人贷款风险准备金2929万元，当年未使用个人贷款风险准备金核销呆坏账。2017年末，个人贷款风险准备金余额10242万元，占个人住房贷款余额的2.24%，个人住房贷款逾期额与个人贷款风险准备金余额的比率为0.03‰。

五、社会经济效益

（一）缴存业务： 2017年，实缴单位数、实缴职工人数和缴存额同比分别增长5.49%、1.81%和2.5%。

缴存单位中，国家机关和事业单位占74.02%，国有企业占10.69%，城镇集体企业占0.65%，城镇私营企业及其他城镇企业占13.46%，民办非企业单位和社会团体占0.33%，其他占0.83%。

缴存职工中，国家机关和事业单位占62.11%，国有企业占20.6%，城镇集体企业占1.82%，城镇私营企业及其他城镇企业占12.55%，民办非企业单位和社会团体占0.12%，其他占2.8%；中、低收入占99.15%，高收入占0.85%。

新开户职工中，国家机关和事业单位占42.58%，国有企业占11.38%，城镇集体企业占1.01%，城镇私营企业及其他城镇企业占29.93%，民办非企业单位和社会团体占0.62%，其他占14.48%；中、低收入占99.27%，高收入占0.73%。

（二）提取业务： 2017年，3.17万名缴存职工提取住房公积金11.41亿元。

提取金额中，住房消费提取占72.3%（购买、建造、翻建、大修自住住房占32.89%，偿还购房贷款本息占31.4%，租赁住房占2.03%，其他占5.98%）；非住房消费提取占27.7%（离休和退休提取占14.07%，完全丧失劳动能力并与单位终止劳动关系提取占2.91%，户口迁出本市或出境定居占0.58%，其他占10.14%）。

提取职工中，中、低收入占96.22%，高收入占3.78%。

（三）贷款业务：

1. 个人住房贷款： 2017年，支持职工购建房57.20万平方米，年末个人住房贷款市场占有率为67%，比上年增加26个百分点。通过申请住房公积金个人住房贷款，可节约职工购房利息支出46287万元。

职工贷款笔数中，购房建筑面积90（含）平方米以下占9.25%，90~144（含）平方米占60.93%，144平方米以上占29.82%。购买新房占82.43%，购买存量商品住房占17.57%。

职工贷款笔数中,单缴存职工申请贷款占 28.85%,双缴存职工申请贷款占 70.85%,三人及以上缴存职工共同申请贷款占 0.3%。

贷款职工中,30 岁(含)以下占 31.33%,30 岁~40 岁(含)占 32.80%,40 岁~50 岁(含)占 22.88%,50 岁以上占 13.21%;首次申请贷款占 77.08%,二次及以上申请贷款占 22.92%;中、低收入占 99.28%,高收入占 0.71%。

2. **异地贷款**:2017 年,发放异地贷款 220 笔 5539.5 万元。2017 年末,发放异地贷款总额 8812 万元,异地贷款余额 8230.09 万元。

(四)**住房贡献率**:2017 年,个人住房贷款发放额、公转商贴息贷款发放额、项目贷款发放额、住房消费提取额的总和与当年缴存额的比率为 160.22%,比上年增加 27.42 个百分点。

六、其他重要事项

(一)**以转型发展为重点,推动制度扩面更高效**。报请盟住房公积金管理委员会印发实施《锡林郭勒盟住房公积金缴存管理办法实施细则》,进一步规范全盟住房公积金缴存管理,切实维护缴存人合法权益。注重扩面的质量、质态,努力在提效上下功夫,全年新扩面非公企业 94 个。继续扎实做好在个体工商户、自由职业者等群体中建立住房公积金制度的全盟推进工作,多方式、多途径加大宣传力度,不断提高社会公众对住房公积金制度的认知度、关注度、满意度和信任度。截至 2017 年底,个体工商户、自由职业者参缴公积金 3190 人,较上年增加 531 人。在抓好现有缴存单位巩固工作的同时,不断提升缴存扩面工作精细化管理度,及时召开缴存单位公积金专管员会议,建立良好联系沟通机制,分门别类采取措施,最大限度地防止和减少欠缴停缴住房公积金现象的发生。经盟住房公积金管理委员会批准,自 2017 年 1 月 1 日起,将企业住房公积金最高缴存比例由 12% 下调为 11%,为全盟参缴住房公积金企业减少年成本支出 1800 余万元。

(二)**以提高水平为目标,推动服务工作更给力**。以盟委组织部"转作风、提效能、促发展"百日攻坚行动和盟政协民主评议监督为契机,深入推进"放管服"改革和服务型公积金建设,巩固各项便民服务举措,积极打造阳光公积金服务品牌。继续优化审批流程,减少审批环节,在 2016 年规范优化业务档案的基础上,再次优化业务办理,精简纸质档案组成材料,提高工作效率。针对偿还银行住房贷款提取行为,采取约定定期划转提取方式,方便了办事群众。盟内期房异地抵押贷款抵押证件实行属地管理,有效防范了办理正式抵押登记时预抵押证件在途风险隐患。报请盟住房公积金管理委员会印发实施《锡林郭勒盟住房公积金失信黑名单管理暂行办法》,强化了对住房公积金失信行为的惩戒和管理。为进一步提高窗口服务规范化、标准化水平,在锡林浩特管理部启动以细化标准让服务岗位亮起来、优化流程让服务效率快起来、强化管理让服务水平高起来、提升效能让办事群众笑起来的"三化一提升"为目标的"业务大厅服务标准化"试点工作,并于去年 11 月份召开全盟现场会,为今年在全盟全面推开进行探索和奠定基础。修订、完善并印发蒙汉文 2018 年度锡林郭勒盟住房公积金缴存、提取、贷款三个告知书,12329 服务热线受理蒙汉语人工咨询及自助查询 6.33 万人次,累计受理 19.66 万人次。发放住房公积金年度个人对账单 12.73 万份,让广大缴存人"手有对账单、心有明白账"。坚持送政策上门,3 月 7 日全盟住房公积金管理委员会工作会议后,及时召开新闻发布会,向社会和公众介绍我盟住房公积金运行情况及缴存、使用新政策,现场回答媒体关注的热点焦点问题;在《锡林郭勒日报》和盟行署门户网站全面、真实、准确、及时公布了《锡林郭勒盟住房公积金 2016 年年度报告》。

（三）**以完善信息化为引领，推动各项工作更优化。** 严格制度、细化分工、明确责任，保障核心业务系统、异地灾备系统、业务监控系统、视频会议系统、12329 热线服务平台等信息管理系统平稳运行，顺利完成住房公积金年度结息、年终决算工作。完成全国住房公积金异地转移接续平台接入相关各项工作，从 7 月 25 日到 2017 年底，通过异地转移接续平台共办理 129 笔异地转入业务、79 笔异地转出业务，实现了"账随人走、钱随账走"。按照住房城乡建设部数据贯标、结算贯标"双贯标"要求，以构建互联网时代公积金新体系、提升用信息化技术运作管理资金的能力为目标，完成全盟住房公积金信息系统更换和综合服务平台建设需求调研等相关工作。

（四）**以公积金文化为导向，推动队伍形象更美丽。** 加快公积金文化建设，全面提升员工队伍整体素养，树立公积金人社会新形象。14 个先进集体、18 名先进个人受到盟住房公积金管委会的表彰和奖励。年内举办业务能力提升培训班 6 期，培训个贷、缴存提取、财务、文秘工作人员 260 余人次。完成对管理部 2016 年目标管理工作考核，召开住房公积金运行形势分析会，及时分析存在问题，安排部署工作。聘请社会中介机构对 2016 年度全盟住房公积金业务和经费使用情况进行全面审计；接受自治区住房城乡建设厅、财政厅 2016 年全区住房公积金目标管理考核并被评为优秀等次。通过业务培训、上挂锻炼、内部稽核检查、外部监督审计等方式，大力提升员工队伍履职能力及懂规矩、守纪律、尽职责自觉性、抗诱惑自律性，夯实事业发展基础，增强全系统的发展活力和动力。加强廉政风险防控，进一步全面排查廉政风险隐患，以《2017 年廉政风险防控工作方案》形式把两大类 40 项业务风险责任到岗、责任到人，构建廉政风险防控长效机制。对盟中心及管理部各业务岗位从"工作职责、工作任务、工作标准、廉政风险"四个方面做了进一步细化和明确，促进机关建设规范化、科学化，推进"一岗双责"具体化。以专题辅导、集中学、自学等方式，深入学习贯彻党的十九大精神，在学懂弄通做实上真下功夫、下真功夫。以"两学一做"学习教育常态化制度化为契机，注重员工思想政治教育，强化"四个意识"，增强"四个自信"。继续加大政风行风建设力度，严防不良风气反弹回潮，促进和保障了整体工作持续健康发展。

阿拉善盟住房公积金 2017 年年度报告

一、机构概况

（一）**住房公积金管理委员会**：住房公积金管理委员会有 21 名委员，2017 年召开第一次会议，审议通过 2017 年度住房公积金归集、使用计划，并对其他重要事项进行决策，主要包括审批《阿拉善盟住房公积金 2016 年年度报告》，审议《阿拉善盟住房公积金 2016 年公积金收支情况和 2017 年收支计划安排》。

（二）**住房公积金管理中心**：住房公积金管理中心为盟住建局管理不以营利为目的的公益一类全额事业单位，设 5 个科室，6 个管理部，从业人员 43 人，其中，在编 34 人，非在编 9 人。

二、业务运行情况

（一）缴存：2017年，新开户单位332家，实缴单位1248家，净增单位48家；新开户职工0.37万人，实缴职工3.82万人，净增职工-0.32万人；缴存额6.64亿元，同比下降20.57%。2017年末，缴存总额60.63亿元，同比增长12.3%；缴存余额27.03亿元，同比下降1.64%。

受委托办理住房公积金缴存业务的银行4家，与上年相同。

（二）提取：2017年，提取额7.09亿元，同比下降5.59%；占当年缴存额的106.78%，比上年增加16.94个百分点。2017年末，提取总额33.6亿元，同比增长26.74%。

（三）贷款：

个人住房贷款：个人住房贷款最高额度50万元。其中，单缴存职工最高额度30万元，双缴存职工最高额度50万元。

2017年，发放个人住房贷款0.17万笔4.57亿元，同比分别增长70%、3.16%。其中，直属管理部发放个人住房贷款0.06万笔1.68亿元，左旗管理部发放个人住房贷款0.04万笔1.08亿元，右旗管理部发放个人住房贷款0.02万笔0.57亿元，吉兰太管理部发放个人住房贷款0.01万笔0.13亿元，乌斯太管理部发放个人住房贷款0.02万笔0.43亿元，额旗管理部发放个人住房贷款0.02万笔0.68亿元。

2017年，回收个人住房贷款4.2亿元。其中，直属管理部1.44亿元，左旗管理部0.97亿元，右旗管理部0.64亿元，吉兰太管理部0.11亿元，乌斯太管理部0.37亿元，额旗管理部0.67亿元。

2017年末，累计发放个人住房贷款2.92万笔47.39亿元，贷款余额14.4亿元，同比分别增长6.18%、10.7%、2.56%。个人住房贷款余额占缴存余额的53.27%，比上年增加2.27个百分点。

受委托办理住房公积金个人住房贷款业务的银行2家，与上年相同。

（四）资金存储：2017年末，住房公积金存款12.81亿元。其中，活期0.81亿元，1年（含）以下定期11.6亿元，1年以上定期0.4亿元。

（五）资金运用率：2017年末，住房公积金个人住房贷款余额、项目贷款余额和购买国债余额的总和占缴存余额的53.27%，比上年增加2.27个百分点。

三、主要财务数据

（一）业务收入：2017年，业务收入6588.19万元，同比下降11.87%。其中，中心2105.11万元，直属管理部1771.02万元，左旗管理部1095.21万元，右旗管理部539.33万元，吉兰太管理部105.27万元，乌斯太管理部390.35万元，额旗管理部581.9万元；存款利息2128.49万元，委托贷款利息4455.08万元，其他4.62万元。

（二）业务支出：2017年，业务支出4244.38万元，同比增长5.4%。其中，中心0.73万元，直属管理部1665.01万元，左旗管理部998.86万元，右旗管理部454.54万元，吉兰太管理部227.13万元，乌斯太管理部483.19万元，额旗管理部414.92万元；支付职工住房公积金利息4178.54万元，归集手续费9.53万元，委托贷款手续费29.59万元，其他（抵押登记费）26.72万元。

（三）增值收益：2017年，增值收益2343.81万元，同比下降32.04%。其中，中心2104.38万元,直属管理部106.01万元,左旗管理部96.35万元,右旗管理部84.8万元,吉兰太管理部－121.86万元,乌斯太管理部－92.85万元,额旗管理部166.98万元;增值收益率0.86%,比上年减少0.34个百分点。

(四)增值收益分配:2017年,提取贷款风险准备金540万元,提取管理费用1311.5万元,提取城市廉租住房(公共租赁住房)建设补充资金492.31万元。

2017年,上交财政管理费用1000万元。上缴财政城市廉租住房(公共租赁住房)建设补充资金1998.94万元。

2017年末,贷款风险准备金余额2879.81万元。累计提取城市廉租住房(公共租赁住房)建设补充资金7732.43万元。

(五)管理费用支出:2017年,管理费用支出757.76万元,同比下降22.34%。其中,人员经费484.39万元,公用经费231.81万元,专项经费41.56万元。

四、资产风险状况

个人住房贷款:个人贷款风险准备金按贷款余额的1.5%提取。2017年,提取个人贷款风险准备金540万元,未使用个人贷款风险准备金核销呆坏账。2017年末,个人贷款风险准备金余额2879.81万元,占个人住房贷款余额的2%。

五、社会经济效益

(一)缴存业务:2017年,实缴单位数、实缴职工人数和缴存额同比分别增长4%、－7.73%和－20.57%。

缴存单位中,国家机关和事业单位占67.15%,国有企业占8.65%,城镇集体企业占0.8%,城镇私营企业及其他城镇企业占11.54%,民办非企业单位和社会团体占0.32%,其他占11.54%。

缴存职工中,国家机关和事业单位占60.67%,国有企业占29.27%,城镇集体企业占1.14%,城镇私营企业及其他城镇企业占7.41%,民办非企业单位和社会团体占0.13%,其他占1.38%;中、低收入占99.62%,高收入占0.38%。

新开户职工中,国家机关和事业单位占38.78%,国有企业占26.57%,城镇集体企业占1.96%,城镇私营企业及其他城镇企业占24.25%,民办非企业单位和社会团体占0.67%,其他占7.77%;中、低收入占97.55%,高收入占2.45%。

(二)提取业务:2017年,1.49万名缴存职工提取住房公积金7.09亿元。

提取金额中,住房消费提取占73.62%(购买、建造、翻建、大修自住住房占18.9%,偿还购房贷款本息占28.77%,租赁住房占0.71%,其他占25.24%);非住房消费提取占26.38%(离休和退休提取占15.23%,完全丧失劳动能力并与单位终止劳动关系提取占3.53%,其他占7.62%)。

提取职工中,中、低收入占98.28%,高收入占1.72%。

(三)贷款业务:

1. 个人住房贷款:2017年,支持职工购建房21.48万平方米,年末个人住房贷款市场占有率为94.98%,比上年增加3.18个百分点。通过申请住房公积金个人住房贷款,可节约职工购房利息支出

15720万元。

职工贷款笔数中，购房建筑面积90（含）平方米以下占7.77%，90～144（含）平方米占75.59%，144平方米以上占16.64%。购买新房占44.4%，购买存量商品住房占9.86%，建造、翻建、大修自住住房占45.74%。

职工贷款笔数中，单缴存职工申请贷款占21.1%，双缴存职工申请贷款占78.9%。

贷款职工中，30岁（含）以下占24.87%，30岁～40岁（含）占34.96%，40岁～50岁（含）占30.09%，50岁以上占10.08%；首次申请贷款占84.99%，二次及以上申请贷款占15.01%；中、低收入占99.3%，高收入占0.7%。

2. **异地贷款**：2017年，发放异地贷款3笔122.2万元。2017年末，发放异地贷款总额182.2万元，异地贷款余额151.78万元。

（四）**住房贡献率**：2017年，个人住房贷款发放额、公转商贴息贷款发放额、项目贷款发放额、住房消费提取额的总和与当年缴存额的比率为147.44%，比上年增加4.44个百分点。

六、其他重要事项

1. 政策方面印发《阿拉善盟自由职业者个人缴存住房公积金规定》和《关于进一步提高住房公积金使用率的意见》办法，放宽停缴、欠缴职工销户条件；对于购买未取得权证房屋允许贷款职工以此房屋为其住房公积金贷款抵押担保；按规定降低企业住房公积金缴存比例；双缴存职工家庭住房公积金个人住房贷款最高贷款额度调增为50万元；装修贷款标准由1500元/平方米提高到2000元/平方米。

利率方面职工住房公积金账户存款利率按一年定期存款基准利率1.50%执行，职工住房公积金贷款五年期以下利率为2.75%，五年期以上利率为3.25%；住房公积金银行存款活期利率按基准利率0.35%执行，定期存款利率按同档标准上浮40%执行。

2. 积极开办异地贷款业务，提供异地转移接续平台服务。
3. 完成工、农、中、建结算应用系统接入工作。"双贯标"工作原计划在2017年年底完成，因需求变动，系统上线时间调整为2018年5月1日，2018年6月30日确保通过住房城乡建设部验收。
4. 2017年中心直属管理部荣获阿拉善盟"工人先锋号"荣誉称号。

满洲里市住房公积金2017年年度报告

一、机构概况

（一）**住房公积金管理委员会**：住房公积金管理委员会有19名委员，2017年召开1次会议，审议通过的事项主要包括：

1. 审议通过了关于《重新聘任市住房公积金管理委员会部分委员的报告》。
2. 审议通过了《关于2016年住房公积金使用情况及2017年住房公积金归集使用计划的报告》、《满洲里市住房公积金管理中心 2016 年年度报告》。

3. 审议通过了《满洲里市住房公积金归集、提取、贷款管理办法实施细则》。

4. 审议通过了《关于住房公积金管理信息系统建设及综合服务平台建设方案的报告》。

（二）住房公积金管理中心：住房公积金管理中心为隶属于人民政府不以营利为目的的自收自支事业单位，设 8 个科室，1 个管理部，0 个分中心。从业人员 35 人，其中，在编 28 人，非在编 7 人。

二、业务运行情况

（一）缴存：2017 年，新开户单位 68 家，实缴单位 777 家，净增单位 48 家；新开户职工 0.13 万人，实缴职工 3.2 万人，净增职工 0.04 万人；缴存额 4.56 亿元，同比下降 11.15%。2017 年末，缴存总额 35.86 亿元，同比增长 14.56%；缴存余额 12.98 亿元，同比增长 5.32%。

受委托办理住房公积金缴存业务的银行 4 家，比上年增加 0 家。

（二）提取：2017 年，提取额 3.90 亿元，同比增长 22.71%；占当年缴存额的 85.60%，比上年增加 23.62 个百分点。2017 年末，提取总额 22.88 亿元，同比增长 20.56%。

（三）贷款：

个人住房贷款：个人住房贷款最高额度 50 万元。其中，单缴存职工最高额度 35 万元，双缴存职工最高额度 50 万元。

2017 年，发放个人住房贷款 0.10 万笔 2.45 亿元，同比分别下降 20.17%、3.94%。

2017 年，回收个人住房贷款 2.11 亿元。

2017 年末，累计发放个人住房贷款 1.81 万笔 25.08 亿元，贷款余额 10.02 亿元，同比分别增长 6.04%、10.85%、3.56%。个人住房贷款余额占缴存余额的 77.16%，比上年减少 1.31 个百分点。

受委托办理住房公积金个人住房贷款业务的银行 3 家，比上年增加 0 家。

（四）资金存储：2017 年末，住房公积金存款 3.03 亿元。其中，活期 0.25 亿元，1 年（含）以下定期 2.45 亿元，1 年以上定期 0 亿元，协定存款 0.33 亿元。

（五）资金运用率：2017 年末，住房公积金个人住房贷款余额、项目贷款余额和购买国债余额的总和占缴存余额的 77.16%，比上年减少 1.31 个百分点。

三、主要财务数据

（一）业务收入：2017 年，业务收入 3820.14 万元，同比增长 10.92%。存款利息 578.66 万元，委托贷款利息 3231.33 万元，国债利息 0 万元，其他 10.15 万元。

（二）业务支出：2017 年，业务支出 1996.48 万元，同比增长 15.89%。支付职工住房公积金利息 1898.75 万元，归集手续费 0 万元，委托贷款手续费 97.24 万元，其他 0.49 万元。

（三）增值收益：2017 年，增值收益 1823.66 万元，同比增长 5.95%。增值收益率 1.45%，比上年减少 0.08 个百分点。

（四）增值收益分配：2017 年，提取贷款风险准备金 67.44 万元，提取管理费用 820.00 万元，提取城市廉租住房（公共租赁住房）建设补充资金 936.22 万元。

2017 年，上交财政管理费用 460.00 万元。上缴财政城市廉租住房（公共租赁住房）建设补充资金

1213.76万元。

2017年末,贷款风险准备金余额1185.67万元。累计提取城市廉租住房(公共租赁住房)建设补充资金4925.52万元。

(五)管理费用支出：2017年,管理费用支出412.82万元,同比下降10.88%。其中,人员经费333.58万元,公用经费48.11万元,专项经费31.13万元。

四、资产风险状况

个人住房贷款：2017年末,个人住房贷款逾期额173.23万元,逾期率1.7‰。

个人贷款风险准备金按不低于年度贷款余额的1%提取。2017年,提取个人贷款风险准备金67.44万元,使用个人贷款风险准备金核销呆坏账0万元。2017年末,个人贷款风险准备金余额1185.67万元,占个人住房贷款余额的1.18%,个人住房贷款逾期额与个人贷款风险准备金余额的比率为14.61%。

五、社会经济效益

(一)缴存业务：2017年,实缴单位数、实缴职工人数和缴存额同比分别增长6.58%、1.34%和－11.15%。

缴存单位中,国家机关和事业单位占61.52%,国有企业占10.55%,城镇集体企业占0.13%,外商投资企业占0.77%,城镇私营企业及其他城镇企业占24.58%,民办非企业单位和社会团体占0.13%,其他占2.32%。

缴存职工中,国家机关和事业单位占34.76%,国有企业占49.75%,城镇集体企业占0.10%,外商投资企业占0.92%,城镇私营企业及其他城镇企业占13.71%,民办非企业单位和社会团体占0.06%,其他占0.70%；中、低收入占98.98%,高收入占1.02%。

新开户职工中,国家机关和事业单位占33.26%,国有企业占16.21%,城镇集体企业占0.61%,外商投资企业占3.12%,城镇私营企业及其他城镇企业占41.93%,民办非企业单位和社会团体占1.52%,其他占3.35%；中、低收入占98.93%,高收入占1.07%。

(二)提取业务：2017年,1.44万名缴存职工提取住房公积金3.90亿元。

提取金额中,住房消费提取占62.83%(购买、建造、翻建、大修自住住房占24.08%,偿还购房贷款本息占38.07%,租赁住房占0.68%,其他占0%)；非住房消费提取占37.17%(离休和退休提取占31.45%,完全丧失劳动能力并与单位终止劳动关系提取占2.18%,户口迁出本市或出境定居占0.40%,其他占3.14%)。

提取职工中,中、低收入占99.44%,高收入占0.56%。

(三)贷款业务：

1. 个人住房贷款：2017年,支持职工购建房11.62万平方米,年末个人住房贷款市场占有率为47.75%,比上年减少9.53个百分点。通过申请住房公积金个人住房贷款,可节约职工购房利息支出3074.12万元。

职工贷款笔数中,购房建筑面积90(含)平方米以下占21.01%,90～144(含)平方米占58.18%,144平方米以上占20.81%。购买新房占30.49%(其中购买保障性住房占0%),购买存量商品住房占

60.89%，建造、翻建、大修自住住房占 0%，其他占 8.62%。

职工贷款笔数中，单缴存职工申请贷款占 64.96%，双缴存职工申请贷款占 35.04%，三人及以上缴存职工共同申请贷款占 0%。

贷款职工中，30 岁（含）以下占 29.33%，30 岁～40 岁（含）占 38.24%，40 岁～50 岁（含）占 25.17%，50 岁以上占 7.26%；首次申请贷款占 84.12%，二次及以上申请贷款占 15.88%；中、低收入占 99.42%，高收入占 0.58%。

2. **异地贷款**：2017 年，发放异地贷款 38 笔 884.10 万元。2017 年末，发放异地贷款总额 3221.35 万元，异地贷款余额 2083.54 万元。

（四）住房贡献率：2017 年，个人住房贷款发放额、公转商贴息贷款发放额、项目贷款发放额、住房消费提取额的总和与当年缴存额的比率为 107.63%，比上年增加 13.33 个百分点。

六、其他重要事项

（一）当年住房公积金政策调整及执行情况：

当年缴存基数上限 15468 元，下限 1760 元。

确认方法：按工资构成计算。

缴存比例调整情况：上限 12%，下限 5%。

当年住房公积金存贷款利率调整及执行情况：严格按照国家规定进行调整。

（二）当年服务改进情况：中心通过政府门户网、报纸宣传住房公积金相关政策。已完成住房公积金 12329 平台建设，顺利开通服务热线，以人工接线方式提供服务，群众可通过自助选择和语音提示查询个人公积金账户信息、贷款信息、业务指南、住房公积金政策等基础服务。

（三）当年信息化建设情况：中心于 2017 年 9 月 4 日经满洲里市住房公积金管理委员会全体委员通过《满洲里市公积金中心业务信息系统升级改造的实施方案》（包括《住房公积金核心业务系统双贯标》和《住房公积金综合服务平台》），已上报满洲里市政府采购中心进入招标阶段，于 2017 年 11 月 2 日开标，2017 年 11 月 28 日与中标软件开发公司签订合同，目前正与软件开发公司积极沟通中，住房公积金核心业务系统双贯标、住房公积金综合服务平台与结算系统的网络连接部署、中心系统集成测试、中心业务合作银行的测试预计 2018 年 6 月份完成。

2017 全国住房公积金年度报告汇编

辽宁省

沈阳市
大连市
鞍山市
抚顺市
本溪市
丹东市
锦州市
营口市
阜新市
辽阳市
盘锦市
铁岭市
朝阳市
葫芦岛市

辽宁省住房公积金 2017 年年度报告

一、机构概况

（一）住房公积金管理机构：全省共设 14 个设区城市住房公积金管理中心，1 个省直住房资金管理中心，5 个独立设置的分中心。从业人员 2193 人，其中，在编 1147 人，非在编 1046 人。

（二）住房公积金监管机构：省住房城乡建设厅、财政厅和中国人民银行沈阳分行负责对本省住房公积金管理运行情况进行监督。省住房城乡建设厅设立住房公积金监管处，负责辖区住房公积金日常监管工作。

二、业务运行情况

（一）缴存：2017 年，新开户单位 9821 家，实缴单位 84634 家，净增单位 2117 家；新开户职工 38.05 万人，实缴职工 476.56 万人，净增职工 2.71 万人；缴存额 702.96 亿元，同比增长 4.39%。2017 年末，缴存总额 5691.71 亿元，同比增长 14.09%；缴存余额 2263.10 亿元，同比增长 9.41%。

（二）提取：2017 年，提取额 508.30 亿元，同比增长 0.87%；占当年缴存额的 72.31%，比上年减少 2.53 个百分点。2017 年末，提取总额 3428.61 亿元，同比增长 17.41%。

（三）贷款：

1. 个人住房贷款：2017 年，发放个人住房贷款 12.41 万笔 419.71 亿元，同比增长 1.22%、2.44%。回收个人住房贷款 227.57 亿元。

2017 年末，累计发放个人住房贷款 156.64 万笔 3382.51 亿元，贷款余额 1955.36 亿元，同比分别增长 8.61%、14.17%、10.89%。个人住房贷款余额占缴存余额的 86.4%，比上年增加 1.1 个百分点。

2. 住房公积金支持保障性住房建设项目贷款：2017 年，发放支持保障性住房建设项目贷款 0 亿元，回收项目贷款 2.3 亿元，累计发放项目贷款 31.98 亿元。2017 年末，还有 1 个试点城市，2 个试点项目贷款余额 11.6 亿元。

（四）购买国债：2017 年，购买国债 0 亿元，兑付、转让、收回国债 0.0021 亿元。2017 年末，国债余额 0.77 亿元，比上年减少 0.0021 亿元。

（五）融资：2017 年，融资 5.58 亿元，归还 6.86 亿元。2017 年末，融资总额 60.79 亿元，融资余额 17.43 亿元。

（六）资金存储：2017 年末，住房公积金存款 326.48 亿元。其中，活期 21.24 亿元，1 年（含）以下定期 173.82 亿元，1 年以上定期 86.43 亿元，其他（协定、通知存款等）44.99 亿元。

（七）资金运用率：2017 年末，住房公积金个人住房贷款余额、项目贷款余额和购买国债余额的总和占缴存余额的 86.95%，比上年增加 0.99 个百分点。

三、主要财务数据

（一）业务收入：2017 年，业务收入 703197.38 万元，同比增长 7.27%。其中，存款利息 94111.27

万元，委托贷款利息 606627.65 万元，国债利息 130 万元，其他 2328.46 万元。

（二）**业务支出**：2017 年，业务支出 373665.67 万元，同比增长 5.94％。其中，支付职工住房公积金利息 326759 万元，归集手续费 9851.53 万元，委托贷款手续费 21893.34 万元，其他 15161.80 万元。

（三）**增值收益**：2017 年，增值收益 329531.71 万元，同比增长 8.82％；增值收益率 1.51％，比上年增加 0.01 个百分点。

（四）**增值收益分配**：2017 年，提取贷款风险准备金 97493.4 万元，提取管理费用 43843.51 万元，提取城市廉租住房（公共租赁住房）建设补充资金 190194.62 万元。

2017 年，上交财政管理费用 38266.7 万元，上缴财政城市廉租住房（公共租赁住房）建设补充资金 159090.94 万元。

2017 年末，贷款风险准备金余额 972580.55 万元，累计提取城市廉租住房（公共租赁住房）建设补充资金 1224570.75 万元。

（五）**管理费用支出**：2017 年，管理费用支出 37149.85 万元，同比下降 5.07％。其中，人员经费 19194.02 万元，公用经费 5305.81 万元，专项经费 12650.02 万元。

四、资产风险状况

（一）**个人住房贷款**：2017 年末，个人住房贷款逾期额 8987.33 万元，逾期率 0.46‰。

2017 年，提取个人贷款风险准备金 97493.4 万元，使用个人贷款风险准备金核销呆坏账 0 万元。2017 年末，个人贷款风险准备金余额 964096.55 万元，占个人贷款余额的 4.93％，个人贷款逾期额与个人贷款风险准备金余额的比率为 0.93％。

（二）**住房公积金支持保障性住房建设项目贷款**：2017 年末，逾期项目贷款 0 万元，逾期率为 0‰。

2017 年，提取项目贷款风险准备金 0 万元，使用项目贷款风险准备金核销呆坏账 0 万元。2017 年末，项目贷款风险准备金余额 8484 万元，占项目贷款余额的 7.31％，项目贷款逾期额与项目贷款风险准备金余额的比率为 0％。

（三）**历史遗留风险资产**：截至目前，历史遗留风险资产余额 5433.2 万元，比 2016 年减少 572.26 万元，历史遗留风险资产回收率为 9.48％。

五、社会经济效益

（一）**缴存业务**：2017 年，实缴单位数、实缴职工人数和缴存额增长率分别为 6.72％、0.57％和 4.39％。

缴存单位中，国家机关和事业单位占 29.7％，国有企业占 7.7％，城镇集体企业占 1.1％，外商投资企业占 4.3％，城镇私营企业及其他城镇企业占 47.8％，民办非企业单位和社会团体占 1.9％，其他占 7.5％。

缴存职工中，国家机关和事业单位占 29.8％，国有企业占 28％，城镇集体企业占 1.6％，外商投资企业占 7.2％，城镇私营企业及其他城镇企业占 28.2％，民办非企业单位和社会团体占 2.8％，其他占 2.4％；中、低收入占 94％，高收入占 6％。

新开户职工中，国家机关和事业单位占 18.6％，国有企业占 15％，城镇集体企业占 1.4％，外商投资企业占 8.3%，城镇私营企业及其他城镇企业占 46.1%，民办非企业单位和社会团体占 4.7%，其他占 5.9%；中、低收入占 94.6%，高收入占 5.4%。

（二）提取业务：2017 年，174.75 万名缴存职工提取住房公积金 508.3 亿元。

提取金额中，住房消费提取占 77.1%（购买、建造、翻建、大修自住住房占 21.6%，偿还购房贷款本息占 74%，租赁住房占 2.7%，其他占 1.7%）；非住房消费提取占 22.9%（离休和退休提取占 75.3%，完全丧失劳动能力并与单位终止劳动关系提取占 5%，户口迁出所在市或出境定居占 1.3%，其他占 18.4%）。

提取职工中，中、低收入占 97.8%，高收入占 2.2%。

（三）贷款业务

1. **个人住房贷款**：2017 年，支持职工购建房 1234.03 万平方米。年末个人住房贷款市场占有率为 25.6%，比上年同期增加 2.7 个百分点。通过申请住房公积金个人住房贷款，可节约职工购房利息支出 709957.93 万元。

职工贷款笔数中，购房建筑面积 90（含）平方米以下占 43.5%，90～144（含）平方米占 50.9%，144 平方米以上占 5.6%。购买新房占 71.8%（其中购买保障性住房占 3.1%），购买存量商品房占 28.2%，建造、翻建、大修自住住房占 0%，其他占 0%。

职工贷款笔数中，单缴存职工申请贷款占 62.2%，双缴存职工申请贷款占 37.6%，三人及以上缴存职工共同申请贷款占 0.2%。

贷款职工中，30 岁（含）以下占 39.2%，30 岁～40 岁（含）占 36.8%，40 岁～50 岁（含）占 16.9%，50 岁以上占 7.1%；首次申请贷款占 85.2%，二次及以上申请贷款占 14.8%；中、低收入占 98.5%，高收入占 1.5%。

2. **异地贷款**：2017 年，发放异地贷款 5487 笔 177324.2 万元。2017 年末，发放异地贷款总额 734499.25 万元，异地贷款余额 538458.39 万元。

3. **公转商贴息贷款**：2017 年，发放公转商贴息贷款 4635 笔 159209.2 万元，支持职工购建房面积 161.78 万平方米。当年贴息额 5598.67 万元。2017 年末，累计发放公转商贴息贷款 20332 笔 771094.20 万元，累计贴息 6464.54 万元。

4. **住房公积金支持保障性住房建设项目贷款**：2017 年末，全省累计有住房公积金试点城市 2 个，试点项目 8 个，贷款额度 31.98 亿元，建筑面积 144.31 万平方米，可解决 22038 户中低收入职工家庭的住房问题。6 个试点项目贷款资金已发放并还清贷款本息。

（四）住房贡献率：2017 年，个人住房贷款发放额、公转商贴息贷款发放额、项目贷款发放额、住房消费提取额的总和与当年缴存额的比率为 117.72%，比上年减少 3.78 个百分点。

六、其他重要事项

（一）规范住房公积金管理工作：为确保住房公积金业务平稳运行，要求各中心把业务平稳运行工作的相关内容，作为管委会会议审议的内容之一。建立健全风险评估机制，政策调整要及时报备，不得随意暂停业务办理，建立健全新闻发言人制度和突发事件报告制度，加强宣传和舆论引导，营造良好社会舆论氛围。

（二）完善我省个人住房异地贷款制度：下发《关于住房公积金异地个人住房贷款几个具体问题的通知》（辽住建金〔2017〕9号），要求各地在原有省内异地贷款业务的基础上，开通全国异地个人住房贷款业务，并对几个具体问题进行了规范，支持职工在全国范围内异地购房需求，保障缴存职工权益。

（三）全面开展住房公积金廉政风险防控工作检查：省住房城乡建设厅统一组织，由厅领导亲自带队，从各中心抽调业务能力强、认真负责的主任、副主任和处（科）长共29人组成7个检查组，对全省住房公积金行业，40项，81个廉政风险点和重点工作开展检查，对全省住房公积金管理机构进行了检查，检查结果全省进行通报，并限期整改，提高全省公积金行业廉政风险防控工作。

（四）加强和改进住房公积金服务工作：一是推动各地住房公积金综合服务平台建设。要求各地中心结合"双贯标"工作，建立住房公积金综合服务平台，开通符合自身需要的服务渠道，为缴存职工提供多种获得信息和办理业务的方式，做到公开、透明、方便、快捷办理各项业务；二是与工商部门共享"多证合一"企业登记信息。要求各市中心分时段下载相关企业信息，对共享信息中涵盖的原有事项信息，不得再要求企业提供额外的证明文件，使统一社会信用代码营业执照成为企业唯一"身份证"，使统一社会信用代码成为企业唯一身份代码。通过掌握企业信息，为归集扩面、执法工作提供依据，更好地发挥住房公积金制度作用。

（五）进一步加强信息化建设工作：一是推进省级住房公积金监管服务平台（12329短信部分）建设工作。各中心陆续接入省级平台，使用12329短号码给缴存职工发送住房公积金业务短信；二是各地分批上线使用全国转移接续平台。方便跨设区城市就业人员办理转移接续业务，实现全国范围内办理转移接续业务；三是继续推动各地"双贯标"工作。3月底在丹东召开全省"双贯标"工作推进会暨丹东中心"双贯标"工作验收现场会。部、省、市组成联合检查验收组，对丹东中心"双贯标"工作全面验收，提升了各地完成"双贯标"工作的决心和信心。

（六）当年住房公积金机构及从业人员所获省部级荣誉情况：大连市住房公积金管理中心通过复评，继续保留"全国文明单位"称号；丹东市住房公积金管理中心荣获"全国住房城建系统先进集体"称号；抚顺市住房公积金管理中心童慧红同志荣获"全国住房城乡建设系统先进工作者"称号；抚顺市住房公积金管理中心荣获"辽宁省思想政治工作先进单位"、辽宁省"人民满意公务员示范单位"；丹东和阜新市住房公积金管理中心荣获辽宁省"文明单位"称号。

沈阳市住房公积金2017年年度报告

一、机构概况

（一）住房公积金管理委员会

1. **沈阳住房公积金管理中心（含铁路分中心，下同）**：住房公积金管理委员会有23名委员，2017年召开1次会议，以函审方式审议公积金相关事项1项，审议通过的事项主要包括：

（1）关于调整沈阳住房公积金管理委员会主任委员、部分副主任委员及委员的意见。

(2) 沈阳住房公积金管理中心 2016 年工作总结及 2017 年工作安排的报告。

(3) 沈阳住房公积金管理中心 2016 年计划执行情况及 2017 年计划安排情况的报告。

(4) 关于优化个人住房公积金贷款额度计算方式的意见。

(5) 关于优化住房公积金集中封存账户销户提取政策的意见。

(6) 关于确定职工对住房公积金请求权利救济期限的意见。

(7) 关于调整 2017 年住房公积金贷款投放计划指标的意见。

2. **电力分中心（含东电管理部，下同）**：住房公积金管理委员会有 9 名委员，2017 年召开 2 次会议，审议通过的事项主要是：同意建立住房公积金"双贯标"系统。

（二）住房公积金管理中心

1. **沈阳住房公积金管理中心**：沈阳住房公积金管理中心为直属于沈阳市政府的不以营利为目的的正局级事业单位，设 12 个处（室），13 个管理部，1 个铁路分中心。从业人员 383 人，其中，在编 213 人，非在编 170 人。

2. **辽宁省省直住房资金管理中心**：辽宁省省直住房资金管理中心为隶属于辽宁省财政厅不以营利为目的的自收自支正处级事业单位，设 7 个部。从业人员 30 人，其中，在编 20 人，非在编 10 人。

3. **电力分中心**：电力分中心由沈阳住房公积金管理中心授权独立经营，不以营利为目的，主要负责国家电网公司系统、中国能源建设集团、部分发电企业驻辽单位住房公积金的归集、管理、使用和会计核算。目前中心内设住房公积金管理处和财务管理处，1 个东电管理部。实有从业人员 16 人，其中在编 13 人，非在编 3 人。

二、业务运行情况

（一）**缴存**：2017 年，新开户单位 3152 家，实缴单位 23235 家，净增单位 1716 家；新开户职工 14.48 万人，实缴职工 135.04 万人，净增职工 3.11 万人；缴存额 234.24 亿元，同比增长 3.84%。2017 年末，缴存总额 1894.01 亿元，同比增长 14.11%；缴存余额 755.16 亿元，同比增长 8.7%。其中：

1. **沈阳住房公积金管理中心**：新开户单位 3135 家，实缴单位 21658 家，净增单位 1710 家；新开户职工 13.62 万人，实缴职工 114.56 万人，净增职工 3.2 万人；缴存额 191.01 亿元，同比增长 3.88%。2017 年末，缴存总额 1482.41 亿元，同比增长 14.79%；缴存余额 618.7 亿元，同比增长 8.38%。

受委托办理住房公积金缴存业务的银行 5 家，与上年一致。

2. **辽宁省省直住房资金管理中心**：新开户单位 17 家，实缴单位 1470 家，净增单位 6 家；新开户职工 0.67 万人，实缴职工 12.71 万人，净增职工 0.07 万人；缴存额 25.31 亿元，同比增长 4.01%。2017 年末，缴存总额 211.28 亿元，同比增长 13.61%；缴存余额 81.91 亿元，同比增长 8.01%。

受委托办理住房公积金缴存业务的银行 4 家，与上年一致。

3. **电力分中心**：新开户单位 0 家，实缴单位 107 家，净增单位 0 家；新开户职工 0.18 万人，实缴职工 7.76 万人，净减职工 0.16 万人；缴存额 17.92 亿元。2017 年末，缴存总额 200.32 亿元；缴存余额 54.55 亿元。

受委托办理住房公积金缴存业务的银行 2 家，与上年一致。

（二）**提取**：2017 年，提取额 173.81 亿元，同比增长 10.17%；占当年缴存额的 74.21%，比上年增加 4.27 个百分点。2017 年末，提取总额 1138.85 亿元，同比增长 18.01%。其中：

1. **沈阳住房公积金管理中心**：提取额 143.19 亿元，同比增长 9.7%；占当年缴存额的 74.97%，比上年增加 3.98 个百分点。2017 年末，提取总额 863.71 亿元，同比增长 19.87%。

2. **辽宁省省直住房资金管理中心**：提取额 19.24 亿元，同比增长 16.16%；占当年缴存额的 76%，比上年增加 7.95 个百分点。2017 年末，提取总额 129.37 亿元，同比增长 17.47%。

3. **电力分中心**：提取额 11.38 亿元，同比增长 6.55%，占当年缴存额的 63.50%，比上年增加 1.98 个百分点，2017 年末，提取总额 145.77 亿元，同比增长 8.47%。

（三）个人住房贷款

1. **沈阳住房公积金管理中心**：个人住房贷款最高额度 80 万元，其中，单缴存职工最高额度 40 万元，双缴存职工最高额度 60 万元，家庭成员三方及以上共同申请贷款的最高额度 80 万元。

2. **辽宁省省直住房资金管理中心**：个人住房贷款最高额度 80 万元，其中，单缴存职工最高额度 40 万元，双缴存职工最高额度 60 万元，三方缴存职工最高额度 80 万元。

3. **电力分中心**：个人住房贷款最高额度 80 万元，其中，单缴存职工最高额度 80 万元，双缴存职工最高额度 80 万元。

2017 年，发放个人住房贷款 4.08 万笔、163.24 亿元，同比分别增长 4.08%、11.18%。其中，沈阳市中心发放个人住房贷款 3.5 万笔、140.28 亿元，同比分别增长 25.45%、16.41%；省直中心发放个人住房贷款 0.42 万笔、15.39 亿元，同比分别下降 11.32%、19.33%；电力分中心发放个人住房贷款 0.15 万笔、7.57 亿元。

2017 年，回收个人住房贷款 83.48 亿元。其中，沈阳市中心回收个人住房贷款 71.60 亿元，省直中心回收个人住房贷款 8.38 亿元，电力分中心回收个人住房贷款 3.5 亿元。

2017 年末，累计发放个人住房贷款 53.17 万笔、1226.9 亿元，贷款余额 705.52 亿元，同比分别增长 8.31%、15.35%、12.74%。个人住房贷款余额占缴存余额的 93.43%，比上年增加 3.35 个百分点。其中：

沈阳住房公积金管理中心：累计发放个人住房贷款 46.65 万笔、1049.93 亿元，贷款余额 596.81 亿元，同比分别增长 8.11%、15.52%、13.0%。个人住房贷款余额占缴存余额的 96.46%，比上年增加 3.95 个百分点。

受委托办理住房公积金个人住房贷款业务的银行 7 家，与上年一致。

辽宁省省直住房资金管理中心：累计发放个人住房贷款 4.56 万笔、123.51 亿元，贷款余额 77.14 亿元，同比分别增长 9.88%、14.22%、9.98%。个人住房贷款余额占缴存余额的 94.18%，比上年增加 1.69 个百分点。

受委托办理住房公积金个人住房贷款业务的银行 1 家，与上年一致。

电力分中心：累计发放个人住房贷款 1.96 万笔、53.46 亿元，贷款余额 31.57 亿元。同比分别增长 8.89%、16.50%、14.76%。个人住房贷款余额占缴存余额的 57.87%，比上年增加 0.57 个百分点。

受委托办理住房公积金个人住房贷款业务的银行 2 家，与上年一致。

（四）**购买国债**：辽宁省省直住房资金管理中心：2017 年末，国债余额 0.44 亿元。

（五）**资金存储**：2017 年末，住房公积金存款 62.28 亿元。其中，活期 3.8 亿元，1 年（含）以下定期 25.58 亿元，1 年以上定期 8.4 亿元，其他（协定）24.50 亿元。其中：

1. **沈阳住房公积金管理中心**：住房公积金存款 35.91 亿元。其中，活期 0.07 亿元，1 年（含）以下定期 12.25 亿元，1 年以上定期 0 亿元，其他（协定）23.59 亿元。

2. **辽宁省省直住房资金管理中心**：住房公积金存款 3.71 亿元。其中，活期 0.01 亿元，1 年（含）以下定期 2.83 亿元，1 年以上定期 0 亿元，其他（协定存款）0.87 亿元。

3. **电力分中心**：住房公积金存款 22.66 亿元。其中，活期 3.72 亿元，1 年（含）以下定期 10.5 亿元，1 年以上定期 8.4 亿元，其他（协定）0.04 亿元。

（六）**资金运用率**：2017 年末，住房公积金个人住房贷款余额、项目贷款余额和购买国债余额的总和占缴存余额的 93.43%，比上年增加 3.35 个百分点。其中：沈阳中心 96.46%，比上年增加 3.95 个百分点；省直中心 94.72%，比上年增加 1.64 个百分点；电力分中心 57.87%，比上年增加 0.57 个百分点。

三、主要财务数据

（一）**业务收入**：2017 年，业务收入 240508.85 万元，同比增长 7.27%。其中，沈阳中心 197243.91 万元，同比增长 6.83%；省直中心 27503.25 万元，同比增长 13.01%；电力分中心 15761.69 万元，同比增长 3.51%。存款利息 20345.91 万元，委托贷款利息 218862.85 万元，国债利息 0 万元，拆借资金利息收入 1300 万元，其他 0.09 万元。

（二）**业务支出**：2017 年，业务支出 133151.17 万元，同比增长 8.93%。其中，沈阳中心 110872.62 万元，省直中心 13936.58 万元，电力分中心 8341.97 万元；支付职工住房公积金利息 107605.08 万元，归集手续费 7878.61 万元，委托贷款手续费 10413.24 万元，支付贴息贷款利息 5574.62 万元，支付拆借资金利息 1300 万元，其他 379.62 万元。

（三）**增值收益**：2017 年，增值收益 107357.68 万元，同比增长 5.29%；增值收益率 1.48%，比上年减少 0.06 个百分点。其中，沈阳中心 86371.29 万元，同比增长 1.32%，增值收益率 1.42%，比上年下降 0.12 个百分点；省直中心 13566.67 万元，同比增长 38.53%。增值收益率 1.7%，比上年增加 0.35 个百分点；电力分中心 7419.72 万元，同比增长 7.20%，增值收益率 1.45%，比上年减少 0.05 个百分点。

（四）**增值收益分配**：2017 年，提取贷款风险准备金 57552.08 万元，提取管理费用 11014.88 万元，提取城市廉租住房（公共租赁住房）建设补充资金 38790.73 万元。

2017 年，上交财政管理费用 10918.28 万元。上缴财政城市廉租住房（公共租赁住房）建设补充资金 31623.07 万元。

2017 年，贷款风险准备金余额 470264.00 万元。累计提取城市廉租住房（公共租赁住房）建设补充资金 271025.43 万元。其中：

1. **沈阳住房公积金管理中心**：2017 年，提取贷款风险准备金 44960.24 万元，提取管理费用 8923.28 万元，提取城市廉租住房（公共租赁住房）建设补充资金 32487.77 万元。

2017 年，上交财政管理费用 8923.28 万元。上缴财政城市廉租住房（公共租赁住房）建设补充资金 29605.80 万元。其中，沈阳市中心本级上缴 23145.67 万元，铁路分中心上缴 6460.13 万元。

2017 年末，贷款风险准备金余额 353760.14 万元。累计提取城市廉租住房（公共租赁住房）建设补充资金 210669.50 万元。

2. 辽宁省省直住房资金管理中心：2017 年，提取贷款风险准备金 8140 万元，提取管理费用 1995 万元，提取城市廉租住房（公共租赁住房）建设补充资金 3431.67 万元。

2017 年，上交财政管理费用 1995 万元。上缴财政城市廉租住房（公共租赁住房）建设补充资金 2017.27 万元。

2017 年末，贷款风险准备金余额 73845.61 万元。累计提取城市廉租住房（公共租赁住房）建设补充资金 33872.26 万元。

3. 电力分中心：2017 年，提取贷款风险准备金 4451.84 万元，提取管理费用 96.6 万元，提取城市廉租住房（公共租赁住房）建设补充资金 2871.29 万元。

2017 年，上交财政管理费用 0 万元。上缴财政城市廉租住房（公共租赁住房）建设补充资金 0 万元。

2017 年末，贷款风险准备金余额 42658.65 万元。累计提取城市廉租住房（公共租赁住房）建设补充资金 26483.67 万元。

（五）管理费用支出：2017 年，管理费用支出 10694.92 万元，同比下降 1.84%。其中，人员经费 5472.55 万元，公用经费 929.13 万元，专项经费 4293.24 万元。其中：

1. 沈阳住房公积金管理中心：管理费用支出 8923.28 万元，同比下降 0.36%。其中，人员经费 4764.84 万元，公用经费 734.98 万元，专项经费 3423.46 万元。

2. 辽宁省省直住房资金管理中心：管理费用支出 1602.31 万元，同比下降 3.12%。其中，人员经费 694.19 万元，公用经费 44.34 万元，专项经费 863.78 万元。

3. 电力分中心：管理费用支出 169.33 万元。同比下降 40.87%。其中，人员经费 13.52 万元，公用经费 149.81 万元，专项经费 6 万元。

四、资产风险状况

（一）个人住房贷款：2017 年末，个人住房贷款逾期额 32.85 万元，逾期率 0.00466‰。其中：沈阳中心逾期率 0.0040‰，省直中心逾期率 0.0113‰，电力分中心逾期率 0‰。

1. 沈阳住房公积金管理中心：本级个人贷款风险准备金按增值收益的 60% 提取，铁路分中心个人贷款风险准备金按贷款余额的 1% 提取。2017 年，提取个人贷款风险准备金 44960.24 万元，使用个人贷款风险准备金核销呆坏账 0 万元。2017 年末，个人贷款风险准备金余额 353760.14 万元，占个人住房贷款余额的 5.93%，个人住房贷款逾期额与个人贷款风险准备金余额的比率为 0.0068%。

2. 辽宁省省直住房资金管理中心：个人贷款风险准备金按增值收益的 60% 提取。2017 年，提取个人贷款风险准备金 8140 万元，使用个人贷款风险准备金核销呆坏账 0 万元。2017 年末，个人贷款风险准备金余额 73845.61 万元，占个人住房贷款余额的 9.57%，个人住房贷款逾期额与个人贷款风险准备金余额的比率为 0.0118%。

3. 电力分中心：个人贷款风险准备金按增值收益的 60% 提取。2017 年，提取个人贷款风险准备金 4451.84 万元，使用个人贷款风险准备金核销呆坏账 0 万元。2017 年末，个人贷款风险准备金余额 42658.64 万元，占个人住房贷款余额的 13.52%，个人住房贷款逾期额与个人贷款风险准备金余额比率为 0%。

(二) 历史遗留风险资产

辽宁省省直住房资金管理中心：2017年末，历史遗留风险资产余额4438.15万元，比上年减少0万元，历史遗留风险资产回收率0%。

五、社会经济效益

（一）缴存业务：2017年，实缴单位数、实缴职工人数和缴存额同比分别增长7.97%、-2.64%和3.84%。

缴存单位中，国家机关和事业单位占21.01%，国有企业占6.61%，城镇集体企业占1.24%，外商投资企业占4.02%，城镇私营企业及其他城镇企业占61.39%，民办非企业单位和社会团体占0.59%，其他占5.14%。

缴存职工中，国家机关和事业单位占22.09%，国有企业占29.05%，城镇集体企业占1.10%，外商投资企业占6.13%，城镇私营企业及其他城镇企业占38.50%，民办非企业单位和社会团体占0.68%，其他占2.45%；中、低收入占83.25%，高收入占16.75%。

新开户职工中，国家机关和事业单位占22.10%，国有企业占17.67%，城镇集体企业占1.17%，外商投资企业占7.61%，城镇私营企业及其他城镇企业占47.83%，民办非企业单位和社会团体占0.83%，其他占2.79%；中、低收入占86.70%，高收入占13.3%。其中：

1. 沈阳住房公积金管理中心：实缴单位数、实缴职工人数和缴存额同比分别增长8.57%、2.87%和3.88%。

缴存单位中，国家机关和事业单位占19%，国有企业占4.95%，城镇集体企业占1.12%，外商投资企业占4.25%，城镇私营企业及其他城镇企业占64.85%，民办非企业单位和社会团体占0.48%，其他占5.83%。

缴存职工中，国家机关和事业单位占20.49%，国有企业占24.53%，城镇集体企业占1.06%，外商投资企业占7.10%，城镇私营企业及其他城镇企业占43.47%，民办非企业单位和社会团体占0.75%，其他占2.61%；中、低收入占81%，高收入占19%。

新开户职工中，国家机关和事业单位占22.61%，国有企业占15.9%，城镇集体企业占1.19%，外商投资企业占7.94%，城镇私营企业及其他城镇企业占48.61%，民办非企业单位和社会团体占0.83%，其他占2.92%；中、低收入占86%，高收入占14%。

2. 辽宁省省直住房资金管理中心：实缴单位数、实缴职工人数和缴存额同比分别增长0.41%、0.55%和4.01%。

缴存单位中，国家机关和事业单位占52.04%，国有企业占25.31%，城镇集体企业占3.13%，外商投资企业占0.88%，城镇私营企业及其他城镇企业占14.83%，民办非企业单位和社会团体占2.24%，其他占1.57%。

缴存职工中，国家机关和事业单位占50.05%，国有企业占28.49%，城镇集体企业占2.11%，外商投资企业占1.14%，城镇私营企业及其他城镇企业占17.31%，民办非企业单位和社会团体占0.52%，其他占0.38%；中、低收入占96.64%，高收入占3.36%。

新开户职工中，国家机关和事业单位占17.86%，国有企业占31.18%，城镇集体企业占1.1%，外商投资企业占 2.92%，城镇私营企业及其他城镇企业占 45.28%，民办非企业单位和社会团体占 1.04%，其他占 0.62%；中、低收入占 97.98%，高收入占 2.02%。

3. **电力分中心**：实缴单位数同比增长 0、实缴职工人数同比下降 1.90%，缴存额同比增长 3.84%。

缴存单位中，国有企业占 83.52%，其他占 16.48%。

缴存职工中，国有企业占 96.67%，其他占 3.33%；中、低收入占 94.91%，高收入占 5.09%。

新开户职工中，国有企业占 98.98%，其他占 1.02%；中、低收入占 97.27%，高收入占 2.73%。

（二）提取业务：2017 年，61.42 万名缴存职工提取住房公积金 173.81 亿元。

提取金额中，住房消费提取占 76.85%（购买、建造、翻建、大修自住住房占 21.44%，偿还购房贷款本息占 74.30%，租赁住房占 3.49%，其他占 0.77%）；非住房消费提取占 23.15%（离休和退休提取占 74.83%，完全丧失劳动能力并与单位终止劳动关系提取占 2.68%，户口迁出本市或出境定居占 0.79%，其他占 21.7%）。

提取职工中，中、低收入占 95.58%，高收入占 4.42%。其中：

1. **沈阳住房公积金管理中心**：54.04 万名缴存职工提取住房公积金 143.2 亿元。

提取金额中，住房消费提取占 77.91%（购买、建造、翻建、大修自住住房占 19.55%，偿还购房贷款本息 75.6%，租赁住房占 3.96%，其他占 0.89%）；非住房消费提取占 22.09%（离休和退休提取占 74.92%，完全丧失劳动能力并与单位终止劳动关系提取占 0.0001%，户口迁出本市或出境定居占 0.17%，其他占 24.91%）。

提取职工中，中、低收入占 98.86%，高收入占 1.14%。

2. **辽宁省省直住房资金管理中心**：4.95 万名缴存职工提取住房公积金 19.24 亿元。

提取金额中，住房消费提取占 74.18%（购买、建造、翻建、大修自住住房占 22.41%，偿还购房贷款本息占 76.25%，租赁住房占 1.34%，其他占 0%）；非住房消费提取占 25.82%（离休和退休提取占 68.11%，完全丧失劳动能力并与单位终止劳动关系提取占 21.74%，户口迁出本市或出境定居占 4.3%，其他占 5.85%）。

提取职工中，中、低收入占 96.03%，高收入占 3.97%。

3. **电力分中心**：2.42 万名缴存职工提取住房公积金 11.38 亿元。

提取金额中，住房消费提取占 68.28%（购买、建造、翻建、大修自住住房占 45.03%，偿还购房贷款本息占 53.68%，租赁住房占 0.27%，其他占 1.02%）；非住房消费提取占 31.72%（离休和退休提取占 83.89%，其他占 16.11%）。

提取职工中，中、低收入占 94.65%，高收入占 5.35%。

（三）贷款业务

1. **个人住房贷款**：2017 年，支持职工购建房 425.49 万平方米，年末个人住房贷款市场占有率为 23.45%，比上年减少 2.95 个百分点。通过申请住房公积金个人住房贷款，可节约职工购房利息支出 355118.35 万元。

职工贷款笔数中，购房建筑面积 90（含）平方米以下占 48.55%，90～144（含）平方米占 46.25%，144 平方米以上占 5.20%。购买新房占 78.81%（其中购买保障性住房占 0.106%），购买存量商品住房占 21.19%，建造、翻建、大修自住住房占 0%，其他占 0.003%。

职工贷款笔数中，单缴存职工申请贷款占 69.13%，双缴存职工申请贷款占 30.30%，三人及以上缴存职工共同申请贷款占 0.57%。

贷款职工中，30 岁（含）以下占 49.35%，30 岁～40 岁（含）占 38%，40 岁～50 岁（含）占 7.56%，50 岁以上占 5.09%；首次申请贷款占 81.10%，二次及以上申请贷款占 18.99%；中、低收入占 99.66%，高收入占 0.34%。其中：

（1）沈阳住房公积金管理中心：支持职工购建房 359.44 万平方米，年末个人住房贷款市场占有率为 22.32%，比上年减少 2.91 个百分点。通过申请住房公积金个人住房贷款，可节约职工购房利息支出 315065.52 万元。

职工贷款笔数中，购房建筑面积 90（含）平方米以下占 50.43%，90～144（含）平方米占 45.15%，144 平方米以上占 4.42%。购买新房占 80.81%（其中购买保障性住房占 0.12%），购买存量商品住房占 19.18%，建造、翻建、大修自住住房占 0%，其他占 0.003%。

职工贷款笔数中，单缴存职工申请贷款占 66.79%，双缴存职工申请贷款占 32.56%，三人及以上缴存职工共同申请贷款占 0.65%。

贷款职工中，30 岁（含）以下占 51.39%，30 岁～40 岁（含）占 37.98%，40 岁～50 岁（含）占 5.77%，50 岁以上占 4.86%；首次申请贷款占 67.65%，二次及以上申请贷款占 32.35%；中、低收入占 99.98%，高收入占 0.02%。

（2）辽宁省省直住房资金管理中心：支持职工购建房 41.49 万平方米，年末个人住房贷款市场占有率为 3.24%，比上年增加 0.44 个百分点。通过申请住房公积金个人住房贷款，可节约职工购房利息支出 27896.72 万元。

职工贷款笔数中，购房建筑面积 90（含）平方米以下占 43.29%，90～144（含）平方米占 48.16%，144 平方米以上占 8.55%。购买新房占 63.13%（其中购买保障性住房占 0），购买存量商品住房占 36.87%，建造、翻建、大修自住住房占 0%，其他占 0%。

职工贷款笔数中，单缴存职工申请贷款占 82.32%，双缴存职工申请贷款占 17.61%，三人及以上缴存职工共同申请贷款占 0.07%。

贷款职工中，30 岁（含）以下占 38.16%，30 岁～40 岁（含）占 41.35%，40 岁～50 岁（含）占 14.93%，50 岁以上占 5.56%；首次申请贷款占 86.56%，二次及以上申请贷款占 13.44%；中、低收入占 98.06%，高收入占 1.94%。

（3）电力分中心：支持职工购建房 24.56 万平方米，年末个人住房贷款市场占有率为 1.35%，比上年增加 0.22 个百分点。通过申请住房公积金个人住房贷款，可节约职工购房利息支出 12156.11 万元。

职工贷款笔数中，购房建筑面积 90（含）平方米以下占 21.08%，90～144（含）平方米占 65.54%，144 平方米以上占 13.38%。购买新房占 76.04%，购买存量商品住房占 23.96%。

职工贷款笔数中，单缴存职工申请贷款占 88.38%，双缴存职工申请贷款占 11.62%。

贷款职工中，30 岁（含）以下占 33.81%，30 岁～40 岁（含）占 29.24%，40 岁～50 岁（含）占 27.74%，50 岁以上占 9.21%；首次申请贷款占 92.62%，二次及以上申请贷款占 7.38%；中、低收入占 97.52%，高收入占 2.48%。

2. **异地贷款**：2017年，发放异地贷款1320笔48464.5万元。2017年末，发放异地贷款总额345509.35万元，异地贷款余额226584.19万元。其中：沈阳中心发放异地贷款1315笔48270.5万元。2017年末，发放异地贷款总额344201.35万元，异地贷款余额225857.90万元；省直中心发放异地贷款5笔194万元。2017年末，发放异地贷款总额1308万元，异地贷款余额726.29万元。

3. **公转商贴息贷款**：2017年，沈阳中心发放公转商贴息贷款3188笔108343.30万元，支持职工购建住房面积146.79万平方米，当年贴息额5574.62万元。2017年末，累计发放公转商贴息贷款18885笔720228.30万元，累计贴息6440.49万元。

(四) **住房贡献率**：2017年，个人住房贷款发放额、公转商贴息贷款发放额、项目贷款发放额、住房消费提取额的总和与当年缴存额的比率为131.33%，比上年减少26个百分点。其中沈阳中心为137.52%，比上年减少29个百分点；省直中心为117.16%，比上年减少10.01个百分点；电力分中心为85.66%，比上年增加5.65个百分点。

六、当年重要事项

(一) 当年住房公积金缴存政策调整情况：

缴存基数情况：沈阳市2017年缴存基数上限为16860元（即全市城镇非私营单位在岗职工2016年平均工资的3倍）；缴存基数下限为本地区社会最低工资标准，全市四个县区缴存基数下限为1230元，其他地区为1530元。

缴存比例情况：当年无调整。

(二) **当年住房公积金提取政策调整情况**：2017年，沈阳住房公积金管理中心调整了集中封存销户提取政策，职工与单位终止劳动关系，符合异地转移接续条件的，办理转移接续手续；不符合的，转入中心集中封存账户，符合提取条件的，可申请销户提取住房公积金。

(三) 当年住房公积金个人贷款政策调整情况：

1. **调整个人贷款额度**。沈阳住房公积金管理中心缴存职工单方缴存住房公积金，贷款最高限额由50万元调至40万元；双方缴存住房公积金，贷款最高限额由70万元调至60万元；家庭成员三方及以上共同申请贷款的最高限额由90万元调至80万元。

2. **调整个人贷款条件**。沈阳住房公积金管理中心调整了首套房和二套房的首付比例，购买商品房，首次申请贷款的最低首付比例为20%，再次申请的最低首付比例为40%；购买存量房，根据房屋竣工使用年限，核定最低首付比例为30%～60%；不受理三次及以上公积金贷款申请。

3. **实行缴存余额和贷款额度挂钩政策**。沈阳住房公积金管理中心为重点保障中低收入群体公积金贷款需求，根据2017年第一次住房公积金管理委员会决议，从2017年6月1日起，调整贷款额度计算方法，即贷款申请人及共同申请人的贷款额度不能超过其申请贷款时公积金账户余额的15倍，职工住房公积金账户余额不足2万元的，按2万元计算贷款额度。

(四) **当年住房公积金存、贷款利率执行标准**：沈阳市当年住房公积金存款定期、活期利率统一按一年定期存款利率1.5%计息；当年住房公积金个人贷款五年以下（含5年）贷款年利率2.75%，五年以上贷款年利率3.25%。

（五）当年服务改进情况：

1. 沈阳住房公积金管理中心：

（1）网厅平台全面建成。一是全面建成服务全市缴存单位和职工的网上办事大厅。2017年，中心优化企业版网厅功能，推出个人网厅业务，实现了单位业务网上办，个人业务手机办，网上大厅成为覆盖沈城任一角落的移动办事大厅。全年共有1.8万家单位开通了住房公积金网厅业务，占全部缴存单位的85.7%，我市单位通过住房公积金网厅办理缴存等业务25.6万笔；共有10.4万名职工注册了个人住房公积金网厅账户，2.1万名职工办理网厅提取住房公积金5.3亿元。二是中心在网厅系统建设过程中，积极倡导和推行跨系统、跨行业、跨部门的系统互联互通及数据共享，与公安、不动产登记、人民银行、8家商业银行联网，与民政部门建立婚姻信息查询专线，共享省建行风险防控和安全保障网银系统平台，即"四网一线一平台"。

（2）"减证便民"成效显著。一是全力做好"午间"及"双休日"延时服务工作。职工个人可以在休息时间办理公积金业务，极大地方便了工作日不便请假的广大职工，有效节省了时间成本和人力成本，全年为1.1万名职工办理业务，累计接待咨询和办理群众4.8万人次。二是提取业务取消单位审批盖章制度。职工提取公积金无需经单位审核盖章，只要符合提取政策即可办理，全年14.5万名提取职工从中受益。三是减少贷款审批要件。取消商品房贷款的销（预）售许可证等4个要件；取消存量房贷款的买卖合同等3个要件。四是减少单位开户要件。企业办理公积金开户所需要件，由原来的5个要件，减少到2种要件，即只提供法人身份证复印件和单位公章即可开户。五是中心建立"容缺办理"制度。当单位和职工办理有关事项，基本符合政策规定条件、主要申报材料齐全，但次要条件或手续有欠缺的，中心相关职能部门对申请事项予以受理和审查，目前共推出10项容缺办理事项。

（3）业务流程不断优化。一是缴存登记无需办理。中心通过"多证合一"共享平台，实现了企业信息互联互通和共享应用，将"住房公积金缴存登记"业务流程由原"现场办理"优化为"远程办理"，即企业在工商部门完成"工商登记"同时完成缴存登记，全年共有804家企业远程办理了住房公积金缴存登记和账户设立业务。二是单位账户转移流程大幅优化。单位账户转移业务，由原来三级审核改为一级审核、备案核查。单位账户转移办结时限由原来的20天，缩短至即时办理。三是提取业务实现"一窗受理"。中心优化核心业务系统，提取交易和银行建立直联数据接口全面实现联网结算，核算资金实时转入职工银行卡，实现业务一窗受理，资金入账秒到。四是贷款投放周期缩短。中心与市不动产登记中心房屋抵押系统联网，进行网上抵押登记，监督银行限时完成组合贷款中的商业贷款投放工作。住房公积金贷款平均投放时限大幅缩短。五是异地转移接续业务开通运行。中心完成与全国住房公积金异地转移接续平台对接，全面启动跨城市就业职工住房公积金异地转移接续工作。全年，1713名来沈工作职工和1361名离沈工作职工从中受益。六是"最多跑一次"改革不断深化。中心推出48项住房公积金"最多跑一次"政务服务事项，占总政务服务事项的77.4%，并在中心门户网站对外公示，自觉接受社会监督，确保便民工作落到实处。

（4）完善公积金综合服务平台。沈阳中心作为试点单位，完成了中心短信平台与省住房城乡建设厅12329短信平台对接工作，月均发送量送100万条。大力完善中心网站、手机APP、微博、12329热线、触摸屏和自助设备等综合服务渠道，全年，受理网站咨询9704起，12329热线电话105万次，市民热线办结率100%，为缴存职工提供实时信息推送和便利快捷办事服务。

2. **辽宁省省直住房资金管理中心**：一是实现了委托按月提取公积金偿还公积金贷款。自 2017 年 1 月 1 日起，中心启动了"委托按月提取公积金偿还省直公积金贷款业务"，全年共为 1067 位借款人办理了"委托按月提取"签约手续。二是实行了延时服务。2017 年，开展了公积金提取业务"延时服务"，利用午休时间为广大缴存职工办理业务，得到广大缴存职工的好评。三是加强了综合服务平台建设。建设并开通了省直服务呼叫中心及管理系统，改进了省直中心门户网站线上信息管理系统，进一步完善了省直公积金移动业务管理系统，为省直公积金移动 APP 上线奠定了基础。

3. **电力分中心**：积极开展业务培训，不断增强经办人员的大局意识、责任意识、服务意识和执行力，持续深化首问负责、一次性告知、一站式办理等服务内容，完善服务手段，创新服务载体，以热情、诚信、高效服务打动职工，职工满意度显著提升。

（六）当年信息化建设情况：

1. **沈阳住房公积金管理中心**：按照住房城乡建设部系统建设要求和中心总体部署，中心在 2016 年着手开展信息系统升级改造建设项目，2017 年中心新一代信息系统获政府部门批准开发建设，目前正在细化和完善开发业务需求书，计划于 2018 年 10 月正式上线运行。基础数据标准贯彻落实和结算应用系统接入两项工作在新的综合业务系统上线时一并实现。

2. **辽宁省省直住房资金管理中心**：根据住房城乡建设部"双贯标"及住房公积金异地转移接续工作要求，开发了住房城乡建设部资金结算通道的部分接口，为实现公积金业务账、资金账、财务账的"三账统一"奠定了基础。开发建设省直公积金转移接续管理系统，于 2017 年 7 月 1 日上线运行。

3. **电力分中心**：积极开展业务培训，不断增强经办人员的大局意识、责任意识、服务意识和执行力，持续深化首问负责、一次性告知、一站式办理等服务内容，完善服务手段，创新服务载体，以热情、诚信、高效服务打动职工，职工满意度显著提升。

（七）当年住房公积金管理中心及职工所获荣誉情况：

1. **沈阳住房公积金管理中心**：2017 年，沈阳中心荣获市直机关工委 2016 年度市直机关党建工作目标管理先进单位；下属 1 个处室、2 个驻区机构荣获沈阳市"文明单位"称号，下属 1 个处室、4 个驻区机构荣获"青年文明号"称号，下属 1 个驻区机构荣获"沈阳市五一巾帼先进集体"称号，下属 3 个处室、2 个驻区机构荣获"先进集体"称号，中心 1 名员工荣获沈阳市妇女联合会授予的沈阳市"三八"红旗手荣誉称号。

2. **辽宁省省直住房资金管理中心**：省直中心有 4 名职工荣获 2017 年度辽宁省财政厅优秀个人，2 名职工荣获辽宁省财政厅 2017 年度文明服务示范标兵称号。

（八）当年对违反《住房公积金管理条例》和相关法规行为进行行政处罚和申请人民法院强制执行情况：

沈阳住房公积金管理中心：2017 年，向 3 家违法企业依法下达《行政强制执行催告书》，并向人民法院申请强制执行欠缴职工住房公积金。其中有 1 家企业主动补缴欠缴职工住房公积金，对限期内仍不补缴职工住房公积金的 2 家单位，经中心依法行政工作领导小组研究决定，下达 2 份《行政处理决定书》。

大连市住房公积金 2017 年年度报告

一、机构概况

（一）住房公积金管理委员会：大连市住房公积金管理委员会有 28 名委员，2017 年召开 3 次会议，审议通过的事项主要包括：

1. 关于调整管委会部分委员和秘书处成员的报告。
2. 关于调整 2016 年个人住房公积金贷款发放计划指标的报告。
3. 关于我市 2016 年住房公积金管理工作情况及 2017 年主要工作安排的报告。
4. 关于 2016 年房改资金财务决算的报告。
5. 关于 2017 年住房公积金计划编制的报告。
6. 大连市住房公积金 2016 年年度报告。
7. 关于放宽引进人才住房公积金政策的报告。
8. 关于利用住房公积金数据支持银行网络消费贷款业务的报告。

（二）住房公积金管理中心：大连市住房公积金管理中心为直属市政府的不以营利为目的的自收自支的正局级事业单位，主要负责全市住房公积金的归集、管理、使用和会计核算等工作。中心设 12 个机关处室，11 个办事处（14 个网点），共有从业人员 418 人，其中，在编 263 人，非在编 155 人。

二、业务运行情况

（一）缴存：2017 年，大连市住房公积金新开户单位 4872 家，实缴单位 32844 家，净增单位 2615 家；新开户职工 10.96 万人，实缴职工 128.27 万人，净增职工 3.04 万人；缴存额 218.87 亿元，同比增长 7.4%。

截至 2017 年末，大连市住房公积金缴存总额 1701.99 亿元，同比增长 14.8%；缴存余额 616.24 亿元，同比增长 7.6%。

大连市受委托办理住房公积金缴存业务的银行有 2 家，比上年增加（减少）0 家。

（二）提取：2017 年，大连市住房公积金提取额 175.35 亿元，同比增长 14.5%；占当年缴存额的 80.1%，比上年同期增加 4.9 个百分点。

截至 2017 年末，大连市住房公积金提取总额 1085.75 亿元，同比增长 19.3%。

（三）贷款：

1. 个人住房贷款：大连市个人住房公积金贷款最高额度 70 万元，其中，单缴存职工最高额度 45 万元，双缴存职工最高额度 70 万元。

2017 年，大连市发放个人住房公积金贷款 3.29 万笔、116.66 亿元，户数、金额同比分别增长 3.8%、4%；回收个人住房公积金贷款 70.17 亿元。

截至 2017 年末，全市累计发放个人住房公积金贷款 42.98 万笔、1069.36 亿元，贷款余额 611.28 亿元，同比分别增长 8.3%、12.2%、8.2%。个人住房公积金贷款余额占缴存余额的 99.2%，比上年增加

0.59个百分点。

大连市受委托办理个人住房公积金贷款业务的银行有3家，比上年增加（减少）0家。

2. **住房公积金支持保障性住房建设项目贷款**：2017年，大连市发放利用住房公积金支持保障性住房建设项目贷款0亿元，回收项目贷款2.3亿元。

截至2017年末，大连市累计发放项目贷款31.7亿元，项目贷款余额11.6亿元。

（四）**融资**：2017年，大连市住房公积金融资额0亿元，当年归还0亿元。截至2017年末，融资总额5亿元，融资余额0亿元。

（五）**资金存储**：截至2017年末，大连市住房公积金存款额0亿元。其中，活期0亿元，1年以内定期（含）0亿元，1年以上定期0亿元，其他（协议、协定、通知存款等）0亿元。全市增值收益结余资金27.38亿元，其中，活期210万元，1年以内定期（含）6亿元，1年以上定期0亿元，协定存款21.36亿元。

（六）**资金运用率**：截至2017年末，大连市个人住房公积金贷款余额、项目贷款余额和购买国债余额的总和占缴存余额的101.1%，比上年增加0.07个百分点。

三、主要财务数据

（一）**业务收入**：2017年，大连市住房公积金业务收入198634.49万元，同比增长6.1%。其中，存款利息收入3603.33万元，委托贷款利息收入195008.99万元，国债利息收入0万元，其他收入22.17万元。

（二）**业务支出**：2017年，大连市住房公积金业务支出100135.31万元，同比增长6.2%。其中，住房公积金利息支出90322.73万元，委托贷款手续费支出4347.3万元，归集手续费支出、为享受城市居民最低生活保障的贷款职工个贷贴息、他项权证登记费、房改资金运营费等支出5465.28万元。

（三）**增值收益**：2017年，大连市住房公积金增值收益98499.18万元，同比增长5.95%；增值收益率1.65%，比上年同期减少0.03个百分点。

（四）**增值收益分配**：2017年，大连市住房公积金提取贷款风险准备金14167.52万元，提取管理费用6756.35万元，提取城市廉租住房（公共租赁住房）建设补充资金77575.31万元。

2017年，大连市住房公积金管理中心上交财政管理费用6871.08万元。上缴财政城市廉租住房（公共租赁住房）建设补充资金70381.24万元。

截至2017年末，大连市住房公积金贷款风险准备金余额196441.44万元。累计提取城市廉租住房（公共租赁住房）建设补充资金494292.58万元。

（五）**管理费用支出**：2017年，大连市住房公积金管理中心管理费用支出6871.08万元（其中，其他房改资金增值收益核销管理费用114.73万元），同比下降9.7%。其中，人员经费4882.06万元，公用经费551.69万元，专项经费1437.33万元（其中，综合业务系统开发建设项目支出93.75万元，摊销以前年度营业场所购置装修项目支出100万元，电子设备及软硬件开发维护费599.62万元，营业场所租金、固定资产购置及维护费等经常性项目支出643.96万元）。

四、资产风险状况

（一）**个人住房贷款**：截至2017年末，大连市个人住房公积金贷款逾期额6764万元，逾期率 1.11‰。

个人贷款风险准备金按当年贷款余额的 3‰ 提取。2017 年，提取个人贷款风险准备金 14167.52 万元，使用个人贷款风险准备金核销呆坏账 0 万元。截至 2017 年末，个人贷款风险准备金余额 188069.44 万元，占个人住房贷款余额的 3.08%，个人住房贷款逾期额与个人贷款风险准备金余额的比率为 3.6%。

（二）支持保障性住房建设试点项目贷款：2017 年，提取项目贷款风险准备金 0 万元，使用项目贷款风险准备金核销呆坏账 0 万元，项目贷款风险准备金余额 8372 万元，占项目贷款余额的 7.22%。

五、社会经济效益

（一）缴存业务：2017 年，大连市实缴住房公积金单位数、实缴职工人数和缴存额同比分别增长 8.7%、2.4%、7.4%。

缴存单位中，国家机关和事业单位占 8.9%，国有企业占 2.7%，城镇集体企业占 0.9%，外商投资企业占 7.4%，城镇私营企业及其他城镇企业占 64%，民办非企业单位和社会团体占 3.4%，其他占 12.7%。

缴存职工中，国家机关和事业单位占 19.6%，国有企业占 9.8%，城镇集体企业占 1%，外商投资企业占 17.2%，城镇私营企业及其他城镇企业占 42.5%，民办非企业单位和社会团体占 7.9%，其他占 2%。

缴存职工中，中、低收入占 97.7%，高收入占 2.3%。

新开户职工中，国家机关和事业单位占 10.6%，国有企业占 4.5%，城镇集体企业占 0.6%，外商投资企业占 13.8%，城镇私营企业及其他城镇企业占 54.3%，民办非企业单位和社会团体占 11.6%，其他占 4.6%。

新开户职工中，中、低收入占 99.5%，高收入占 0.5%。

（二）提取业务：2017 年，大连市有 61.4 万名缴存职工提取住房公积金 175.35 亿元。

提取金额中，住房消费提取占 84.7%（其中，购买、建造、翻建、大修自住住房占 5.9%，偿还购房贷款本息占 91%，租赁住房占 3.1%，其他占 0%）；非住房消费提取占 15.3%（其中，离休和退休提取占 76.1%，完全丧失劳动能力并与单位终止劳动关系提取占 0%，户口迁出本市或出境定居占 0.9%，其他占 23%）。

提取职工中，中、低收入占 96.6%，高收入占 3.4%。

（三）贷款业务：

1. **个人住房贷款**：2017 年，大连市住房公积金支持职工购建房 299.53 万平方米，年末个人住房公积金贷款市场占有率为 23.5%，比上年减少 1.98 个百分点。通过申请个人住房公积金贷款，按当时利率水平测算，在贷款合同约定的存续期内，可节约职工购房利息支出 185218.07 万元。

职工贷款笔数中，购房建筑面积 90（含）平方米以下占 57.76%，90～144（含）平方米占 37.88%，144 平方米以上占 4.36%。购买新房占 61.49%（其中购买保障性住房占 0%），购买存量商品住房占 38.51%，建造、翻建、大修自住住房占 0%，其他占 0%。

职工贷款笔数中，单缴存职工申请贷款占 68.34%，双缴存职工申请贷款占 31.66%，三人及以上缴存职工共同申请贷款占 0%。

贷款职工中，30岁（含）以下占41.99％，30岁～40岁（含）占36.14％，40岁～50岁（含）占17.14％，50岁以上占4.73％；首次申请贷款占86.95％，二次及以上申请贷款占13.05％；中、低收入占97.49％，高收入占2.51％。

2. **异地贷款**：2017年，大连市住房公积金发放异地贷款629笔26908.7万元。

截至2017年末，大连市住房公积金发放异地贷款总额57831万元，异地贷款余额45986.11万元。

3. **支持保障性住房建设试点项目贷款**：截至2017年末，大连市累计有利用住房公积金支持保障性住房建设贷款试点项目6个，贷款额度31.7亿元，建筑面积141万平方米，可解决21608户中低收入职工家庭的住房问题。4个试点项目贷款资金已发放并还清贷款本息。

（四）**住房贡献率**：2017年，大连市个人住房公积金贷款发放额、公转商贴息贷款发放额、项目贷款发放额、住房消费提取额的总和与当年缴存额的比率为121.16％，比上年增加2.62个百分点。

六、其他重要事项

（一）**当年机构及职能调整情况**：2017年，根据《关于全面落实市纪委向市一级党和国家机关派驻纪检机构的方案》（大委办发〔2017〕22号）精神，大连市住房公积金管理中心不再保留内设纪检监察机构，由大连市纪委派驻纪检组。

（二）**当年住房公积金缴存政策调整及执行情况**：调整住房公积金缴存基数。按照国务院《住房公积金管理条例》和大连市人民政府办公厅《关于调整住房公积金缴存比例和基数的通知》，2017年，大连市将住房公积金缴存基数调整为职工2016年月平均工资额。月缴存基数上限为30735元（即全市城镇非私营单位在岗职工2016平均工资的5倍）；下限为市政府公布的最低工资标准，其中，中山区、西岗区、沙河口区、旅顺口区、长海县和先导区1530元；瓦房店市、普兰店市、庄河市1430元。

（三）**当年个人住房公积金贷款政策调整及执行情况**：

1. 开展全国异地贷款。印发了《大连市住房公积金异地个人住房贷款管理办法》（大房金发〔2017〕21号）。

2. 增加转公积金贷款的阶段性担保方式。印发了《大连市转住房公积金贷款管理办法》（大房金发〔2017〕20号）。

3. 当年住房公积金贷款利率：五年期以下（含五年）贷款年利率为2.75％，五年期以上贷款年利率为3.25％。

（四）**当年服务改进情况**：

1. **完善综合服务平台**。大力完善包括网站、手机APP、微博、微信、客服热线、触摸屏和自助设备在内的综合服务平台，方便广大单位、职工群众随时随地了解住房公积金政策和业务，并可通过网上业务大厅办理有关业务；加强民心网、民意网管理，积极参加在线访谈、市民热线等节目，认真做好市民留言、咨询、建议、投诉等回复工作，当年，网站受理咨询3554起，客服热线接听电话163万次，大连政务服务综合平台受理63件，获民意网满意件64件、民心网五星以上件68件，民众诉求办理率、满意率名列全市前茅。

2. **发挥门户网站作用**。截至2017年底，大连市住房公积金管理中心门户网站发布新闻信息203条；微信发布信息102条，关注人数8.5万人；手机APP发布新闻资讯信息53条，手机APP注册人数已超过 7 万人。

3. **建立"网上服务厅"**。单位办理住房公积金缴存、变更，职工办理退休销户、转账还贷款，修改个人及单位信息等事项，均可通过网厅办理。90％以上单位开通了网上业务，网上归集住房公积金比例达 89％以上，应用率达 81％以上。

4. **在办事处大厅设立自助设备**。职工可通过自助设备、网站、手机 APP 等渠道自行办理使用住房公积金提前部分（全部）还款、达到法定退休年龄销户等业务，不需到前台排队。

（五）**当年信息化建设情况**：加强信息化制度管理，完成大连市住房公积金信息化管理制度汇编工作；实现行业系统互联，完成住房城乡建设部资金结算平台上线、个人住房公积金异地转移接续和全国异地贷款等工作；开展了住房公积金网络信用消费贷款项目建设工作，搭建了银行端数据交互平台雏形，实现了住房公积金同银行数据实时交互；完善住房公积金业务系统，完成了公转商贴息贷款模块、个人住房公积金账户拆分、个贷优化等项目的开发工作。

（六）**当年住房公积金管理中心及职工所获荣誉情况**：2017 年，大连市住房公积金管理中心通过复评，继续保留"全国文明单位"称号；获评 2017 年大连市道路交通安全管理绩效考评先进单位、2016 年度大连民意网（民心网）群众诉求办理回复工作先进单位。

2017 年，大连市住房公积金管理中心团委荣获 2016 年度大连市先进团委，甘井子办事处团支部被授予 2016 年-2018 年青年文明号、大连市"五优"青年文明号，花园口（庄河）办事处团支部荣获庄河市"青年文明号"；客户服务处坐席代表荣获 2017 年度大连市团员先锋岗。

2017 年，大连市住房公积金管理中心金州新区（保税区）团总支书记张俏俏荣获 2016 年度大连市优秀共青团干部；普湾新区（普兰店）办事处孔庆柏荣获 2016 年度大连市优秀共青团员；客户服务处杨宇荣获 2016 年度大连民意网（民心网）群众诉求办理回复工作先进个人；办公室刘视未荣获 2017 年大连市道路交通安全管理绩效考核先进个人；办公室王焱荣获 2012~2015 年市档案工作先进个人；秘书处赵霞荣获 2016 年度全市密码安全保密工作先进个人。

（七）**当年对违反《住房公积金管理条例》和相关法规行为进行行政处罚和申请人民法院强制执行情况**：当年，对 1146 家单位住房公积金缴存情况开展检查；受理投诉举报 1080 起，维权金额 1693 万元。对 1146 个违法单位进行立案处理，其中，对 2 家未办理住房公积金缴存登记的违法单位作出行政处罚，合计罚款 10 万元；限期整改违法行为的有 205 家；99 家正在履行执法程序。对 89 家违法单位申请、恢复法院强制执行，执行回款 335 万元；当年，为职工清欠住房公积金 1.65 亿元，其中通过执法清欠 3284 万元。对 1 起骗提住房公积金案件进行处罚。

鞍山市住房公积金 2017 年年度报告

一、机构概况

（一）**住房公积金管理委员会**：住房公积金管理委员会有 25 名委员，2017 年通过 5 次书面审议，审议通过的事项主要包括：

1. 《关于加大支持去库存政策力度调整公积金提取、贷款政策的补充规定上报议题审议结果的批复》。
2. 《提请市公积金管理委员会审议事项的报告》。
3. 《关于印发鞍山市住房公积金〈缴存管理办法〉〈提取管理办法〉〈贷款管理办法〉的通知》。
4. 《关于印发鞍山市住房公积金〈缴存管理办法〉实施细则、〈提取管理办法〉实施细则和〈贷款管理办法〉实施细则的通知》。
5. 《关于市住房公积金管理中心申请处理抵贷资产的批复》。

（二）住房公积金管理中心：住房公积金管理中心为隶属于市政府的不以营利为目的的自收自支的事业单位，设8个处（科），7个办事处，1个分中心。从业人员129人，其中，在编85人，非在编44人。

二、业务运行情况

（一）缴存：2017年，新开户单位188家，实缴单位3359家，净增单位45家；新开户职工1.32万人，实缴职工26.96万人，净增职工0.84万人；缴存额36.86亿元，同比增长1.04%。2017年末，缴存总额381.53亿元，同比增长10.69%；缴存余额128.54亿元，同比增长3.22%。

受委托办理住房公积金缴存业务的银行3家，与上年相比没有增减。

（二）提取：2017年，提取额32.85亿元，同比增长3.24%；占当年缴存额的89.12%，比上年增长1.89个百分点。2017年末，提取总额253亿元，同比增长14.94%。

（三）贷款：

个人住房贷款：个人住房贷款最高额度80万元，其中，单缴存职工最高额度80万元，双缴存职工最高额度80万元。

2017年，发放个人住房贷款0.62万笔19.62亿元，同比分别下降4.62%、2.49%。其中，市中心发放个人住房贷款0.45万笔14.76亿元，鞍钢分中心发放个人住房贷款0.17万笔4.86亿元。

2017年，回收个人住房贷款8.36亿元。其中，市中心4.62亿元，鞍钢分中心3.74亿元。

2017年末，累计发放个人住房贷款6.79万笔134.50亿元，贷款余额85.46亿元，同比分别增长9.87%、17.07%、15.19%。个人住房贷款余额占缴存余额的66.49%，比上年增加6.91个百分点。

受委托办理住房公积金个人住房贷款业务的银行4家，与上年相比没有增减。

（四）购买国债：2017年末，国债余额0.3亿元，与同期相比无增减。

（五）资金存储：2017年末，住房公积金存款45.27亿元。其中，活期3.55亿元，1年（含）以下定期32.77亿元，1年以上定期7.70亿元，其他（协定、通知存款等）1.25亿元。

（六）资金运用率：2017年末，住房公积金个人住房贷款余额、项目贷款余额和购买国债余额的总和占缴存余额的66.72%，比上年减7.78个百分点。

三、主要财务数据

（一）业务收入：2017年，业务收入35919.07万元，同比增长3.94%。其中，市中心19998.40万元，鞍钢分中心15920.67万元；存款利息10268.85万元，委托贷款利息25507万元，国债利息130万元，其他13.22万元。

(二)业务支出：2017年,业务支出21772.01万元,同比减少2.75%。其中,市中心10933.77万元,鞍钢分中心10838.24万元；支付职工住房公积金利息19033.48万元,归集手续费1164.98万元,委托贷款手续费1159.12万元,其他414.43万元。

(三)增值收益：2017年,增值收益14147.06万元,同比增长16.27%。其中,市中心9064.63万元,鞍钢分中心5082.43万元；增值收益率1.10%,比上年增加0.1个百分点。

(四)增值收益分配：2017年,提取贷款风险准备金1014.14万元,提取管理费用5706.50万元。其中,市中心3290.50万元,鞍钢分中心2416万元；提取城市廉租住房（公共租赁住房）建设补充资金7426.42万元。其中,市中心4759.99万元,鞍钢分中心2666.43万元。

2017年,上交财政管理费用3290.50万元。上缴财政城市廉租住房（公共租赁住房）建设补充资金1125万元。其中,市中心上缴1125万元,鞍钢分中心0万元。

2017年末,贷款风险准备金余额49403.16万元。累计提取城市廉租住房（公共租赁住房）建设补充资金76503.26万元。其中,市中心提取17603.99万元,鞍钢分中心提取58899.27万元。

(五)管理费用支出：2017年,管理费用支出3159.35万元,同比增长10.73%。其中,人员经费1354.61万元,公用经费1126.79万元,专项经费677.95万元。

市中心管理费用支出1911.50万元,其中,人员、公用、专项经费分别为782.60万元、788.20万元、340.70万元；鞍钢分中心管理费用支出1247.85万元,其中,人员、公用、专项经费分别为572.01万元、338.59万元、337.25万元。

四、资产风险状况

个人住房贷款：2017年末,个人住房贷款逾期额94.85万元,逾期率0.11‰。其中,市中心0.17‰,鞍钢分中心0‰。

个人贷款风险准备金按贷款余额的1%提取。2017年,提取个人贷款风险准备金1014.14万元,使用个人贷款风险准备金核销呆坏账0万元。2017年末,个人贷款风险准备金余额49403.16万元,占个人住房贷款余额的5.78%,个人住房贷款逾期额与个人贷款风险准备金余额的比率为0.19%。

五、社会经济效益

(一)缴存业务：2017年,实缴单位数、实缴职工人数和缴存额同比分别增长1.36%、-3.26%和-1.28%。

缴存单位中,国家机关和事业单位占56.21%,国有企业占13.61%,城镇集体企业占3.51%,外商投资企业占0.45%,城镇私营企业及其他城镇企业占23.13%,民办非企业单位和社会团体占0.71%,其他占2.38%。

缴存职工中,国家机关和事业单位占32.62%,国有企业占47.18%,城镇集体企业占3.67%,外商投资企业占0.58%,城镇私营企业及其他城镇企业占12.30%,民办非企业单位和社会团体占1.44%,其他占2.21%；中、低收入占98.97%,高收入占1.03%。

新开户职工中,国家机关和事业单位占28.75%,国有企业占9.93%,城镇集体企业占3.93%,外商投资企业占3.26%,城镇私营企业及其他城镇企业占52.67%,民办非企业单位和社会团体占0.60%,

其他占 0.86%；中、低收入占 99.89%，高收入占 0.11%。

（二）提取业务：2017 年，9.99 万名缴存职工提取住房公积金 32.85 亿元。

提取金额中，住房消费提取占 70.71%（购买、建造、翻建、大修自住住房占 58.63%，偿还购房贷款本息占 11.14%，租赁住房占 0.92%，其他占 0.02%）；非住房消费提取占 29.29%（离休和退休提取占 22.42%，完全丧失劳动能力并与单位终止劳动关系提取占 3.48%，户口迁出本市或出境定居占 0.23%，其他占 3.16%）。

提取职工中，中、低收入占 97.93%，高收入占 2.07%。

（三）贷款业务：

1. **个人住房贷款**：2017 年，支持职工购建房 68.92 万平方米，年末个人住房贷款市场占有率为 17.25%，比上年减少 1.55 个百分点。通过申请住房公积金个人住房贷款，可节约职工购房利息支出 2918 万元。

职工贷款笔数中，购房建筑面积 90（含）平方米以下占 27.39%，90~144（含）平方米占 63.03%，144 平方米以上占 9.58%。购买新房占 80.34%（其中购买保障性住房占 58.94%），购买存量商品住房占 19.64%，建造、翻建、大修自住住房占 0%，其他占 0.02%。

职工贷款笔数中，单缴存职工申请贷款占 50.04%，双缴存职工申请贷款占 49.96%，三人及以上缴存职工共同申请贷款占 0%。

贷款职工中，30 岁（含）以下占 22.48%，30 岁~40 岁（含）占 39.18%，40 岁~50 岁（含）占 24.83%，50 岁以上占 13.51%；首次申请贷款占 91.56%，二次及以上申请贷款占 8.44%；中、低收入占 98.36%，高收入占 1.64%。

2. **异地贷款**：2017 年，发放异地贷款 533 笔 18593.20 万元。2017 年末，发放异地贷款总额 52137.80 万元，异地贷款余额 46300.09 万元。

（四）住房贡献率：2017 年，个人住房贷款发放额、公转商贴息贷款发放额、项目贷款发放额、住房消费提取额的总和与当年缴存额的比率为 142.34%，比上年减少 5.46 个百分点。

六、其他重要事项

（一）当年机构及职能调整情况：2017 年按照《关于重新明确市住房公积金管理中心人员编制等事宜的通知》鞍编办发〔2017〕616 号文件，对中心编制和相关业务处室职能进行调整，人员编制由原 85 名调整为 79 名，办公室更名为综合处、法规调研处更名为贷后管理处、贷款管理处更名为贷款审批处、总会计师办公室更名为稽核审计处。

（二）当年住房公积金政策调整及执行情况：

1. 缴存公积金的职工工资基数，应当按照职工本人上一年度月平均工资计算，根据鞍山市人力资源和社会保障局公布的 2016 年我市在岗职工月平均工资为 4013.66 元，按照上年度城市职工月平均工资的 3 倍计算，职工住房公积金月缴存工资基数不能超过 12040 元，缴存额不能超过 2890 元，缴存基数不应超过上年度城市职工月平均工资的 3 倍。超出本市上一年度月人均工资 3 倍以上部分，不计入缴存基数。职工和单位的住房公积金缴存比例不应低于职工月平均工资的 5%，不得高于职工月平均工资的 12%；

2. 个人住房贷款单、双缴存职工最高额度为 80 万元和职工连续缴存住房公积金 3 个月以上可以公积金贷款购房；住房公积金存贷款利率按照国家统一执行标准计算。

（三）当年服务改进情况：经报请政府同意后，将现办公楼二楼近 700 平方米面积改造建设为综合性质的服务大厅，同时采取政府购买服务的方式通过劳务派遣公司招录具有全日制大专以上学历、财经、统专业毕业，年龄在 30 周岁以下的 40 名工作人员来弥补服务窗口用工不足问题，并进行了上岗前的业务和礼仪方面的培训，有效地提高了服务水平。

通过"中心"网站、7 个办事处的电子屏幕对外进行公积金的政策宣传和 12329、5510000 人工服务平台对公积金政策进行解答。

（四）当年信息化建设情况：2017 年，按住房城乡建设部《住房公积金基础数据标准》和《住房公积金结算应用系统接入标准》的要求。为全面落实公积金信息管理系统建设工作，经鞍山市政府同意，市住房公积金管理中心现已对住房公积金信息管理系统进行升级改造，升级后的信息管理系统包括业务操作应用系统（含公积金缴存、提取、贷款等全部业务）、综合服务平台（含网站、短信、终端查询、服务热线等项目）及数据异地灾备等系统。

截至 2017 年 12 月末，中心的住房公积金基础数据已经全部移植到信息管理系统内，完成了信息管理业务操作系统的开发并正式接入住房城乡建设部资金结算平台；将于 2018 年 1 月 15 日正式上线运行，2018 年 6 月接受国家住房城乡建设部对鞍山住房公积金管理中心的"住房公积金基础数据标准贯彻落实和结算应用系统接入情况"检查验收。

抚顺市住房公积金 2017 年年度报告

一、机构概况

（一）住房公积金管理委员会：住房公积金管理委员会有 25 名委员，2017 年召开 1 次会议，审议通过的事项主要包括：《抚顺市住房公积金管理委员会成员调整草案》；《抚顺市住房公积金管理中心工作报告》；《抚顺市住房公积金 2016 年年度报告》；《关于提请审议核销住房公积金涉险资金呆账的报告》。

（二）住房公积金管理中心：住房公积金管理中心为市政府直属不以营利为目的的参照公务员法管理的事业单位，设 9 个处，9 个办事处。从业人员 113 人，其中，在编 41 人，非在编 72 人。

二、业务运行情况

（一）缴存：2017 年，新开户单位 95 家，实缴单位 2105 家，净增单位 143 家；新开户职工 0.80 万人，实缴职工 18.83 万人，净增职工 －0.06 万人；缴存额 23.75 亿元，同比增长 3.62%。2017 年末，缴存总额 223.92 亿元，同比增长 11.86%；缴存余额 87.65 亿元，同比增长 5.64%。

受委托办理住房公积金缴存业务的银行 6 家，比上年增加（减少）0 家。

（二）提取：2017 年，提取额 19.07 亿元，同比增长 5.94%；占当年缴存额的 80.29%，比上年增加

1.76个百分点。2017年末，提取总额136.27亿元，同比增长16.27%。

（三）贷款：

个人住房贷款：个人住房贷款最高额度80万元，其中，单缴存职工最高额度80万元，双缴存职工最高额度80万元。

2017年，发放个人住房贷款0.44万笔12.70亿元，同比分别下降12%、12.47%。

2017年，回收个人住房贷款9.36亿元。

2017年末，累计发放个人住房贷款6.10万笔134.00亿元，贷款余额74.95亿元，同比分别增长7.71%、10.47%、4.66%。个人住房贷款余额占缴存余额的85.51%，比上年减少0.80个百分点。

受委托办理住房公积金个人住房贷款业务的银行3家，比上年增加（减少）0家。

（四）资金存储：2017年末，住房公积金存款14.44亿元。其中，活期3.59亿元，1年（含）以下定期6.85亿元，1年以上定期4亿元，其他（协定、通知存款等）0亿元。

（五）资金运用率：2017年末，住房公积金个人住房贷款余额、项目贷款余额和购买国债余额的总和占缴存余额的85.62%，比上年减少0.85个百分点。

三、主要财务数据

（一）业务收入：2017年，业务收入30597.44万元，同比增长23.02%。存款利息7155.16万元，委托贷款利息23433.97万元，其他8.31万元。

（二）业务支出：2017年，业务支出14265.90万元，同比下降9.65%。支付职工住房公积金利息12892.86万元，归集手续费563.58万元，委托贷款手续费117.02万元，其他692.44万元。

（三）增值收益：2017年，增值收益16331.54万元，同比增长79.81%。增值收益率1.9%，比上年增加0.77个百分点。

（四）增值收益分配：2017年，提取贷款风险准备金333.62万元，提取管理费用1349.71万元，提取城市廉租住房（公共租赁住房）建设补充资金14648.21万元。

2017年，上交财政管理费用1349.71万元。上缴财政城市廉租住房（公共租赁住房）建设补充资金7506.14万元。

2017年末，贷款风险准备金余额35259.43万元。累计提取城市廉租住房（公共租赁住房）建设补充资金70723.90万元。

（五）管理费用支出：2017年，管理费用支出1035.43万元，同比增长4.16%。其中，人员经费415.06万元，公用经费337.40万元，专项经费282.97万元。

四、资产风险状况

（一）个人住房贷款：2017年末，个人住房贷款逾期额0万元，逾期率0‰。

个人贷款风险准备金按贷款余额的1%提取。2017年，提取个人贷款风险准备金333.62万元，使用个人贷款风险准备金核销呆坏账0万元。2017年末，个人贷款风险准备金余额35259.43万元，占个人住房贷款余额的4.71%，个人住房贷款逾期额与个人贷款风险准备金余额的比率为0%。

（二）历史遗留风险资产：2017年末，历史遗留风险资产余额995.05万元，比上年减少300万元，历史遗留风险资产回收率23.17%。

五、社会经济效益

(一) 缴存业务：2017年，实缴单位数、实缴职工人数和缴存额同比分别增长7.29%、-0.34%和3.62%。

缴存单位中，国家机关和事业单位占48.22%，国有企业占35.11%，城镇集体企业占1.99%，外商投资企业占1.99%，城镇私营企业及其他城镇企业占9.79%，民办非企业单位和社会团体占1.09%，其他占1.81%。

缴存职工中，国家机关和事业单位占32.09%，国有企业占57.16%，城镇集体企业占3.61%，外商投资企业占1.01%，城镇私营企业及其他城镇企业占4.76%，民办非企业单位和社会团体占0.40%，其他占0.97%；中、低收入占99.27%，高收入占0.73%。

新开户职工中，国家机关和事业单位占11.53%，国有企业占60.00%，城镇集体企业占0.78%，外商投资企业占2.80%，城镇私营企业及其他城镇企业占21.15%，民办非企业单位和社会团体占1.10%，其他占2.64%；中、低收入占99.55%，高收入占0.45%。

(二) 提取业务：2017年，6.13万名缴存职工提取住房公积金19.07亿元。

提取金额中，住房消费提取占67.11%（购买、建造、翻建、大修自住住房15.21%，偿还购房贷款本息占68.88%，租赁住房占0.45%，其他占15.46%）；非住房消费提取占32.89%（离休和退休提取占76.96%，完全丧失劳动能力并与单位终止劳动关系提取占9.44%，户口迁出本市或出境定居占1.02%，其他占12.58%）。

提取职工中，中、低收入占99.12%，高收入占0.88%。

(三) 贷款业务

1. **个人住房贷款**：2017年，支持职工购建房45.5万平方米，年末个人住房贷款市场占有率为42.7%，比上年减少41.75个百分点。通过申请住房公积金个人住房贷款，可节约职工购房利息支出2095.50万元。

职工贷款笔数中，购房建筑面积90（含）平方米以下占32%，90~144（含）平方米占62%，144平方米以上占6%。购买新房占24%（其中购买保障性住房占0%），购买存量商品住房占29%，建造、翻建、大修自住住房占0%，其他占47%。

职工贷款笔数中，单缴存职工申请贷款占37%，双缴存职工申请贷款占63%，三人及以上缴存职工共同申请贷款占0%。

贷款职工中，30岁（含）以下占25%，30岁~40岁（含）占36%，40岁~50岁（含）占25%，50岁以上占14%；首次申请贷款占86%，二次及以上申请贷款占14%；中、低收入占99%，高收入占1%。

2. **异地贷款**：2017年，发放异地贷款218笔6540.50万元。2017年末，发放异地贷款总额28418.50万元，异地贷款余额22330.47万元。

(四) 住房贡献率：2017年，个人住房贷款发放额、公转商贴息贷款发放额、项目贷款发放额、住房消费提取额的总和与当年缴存额的比率为107.36%，比上年减少9.70个百分点。

六、其他重要事项

(一) 当年机构及职能调整情况：2017年11月22日，抚顺市机构编制委员会下发《关于调整市住房公积金管理中心机构编制事项的通知》（抚编发〔2017〕57号），将编制由42名增至64名，增加22名；增加业务处室3个，增加办事处1个；单位领导职数由5名减至4名，不再设置纪检组长职数。调整后，内部机构由14个增至18个（其中业务处室9个、办事处9个），内部机构领导职数由16名增至21名；人员编制结构为：行政管理人员62名、工勤人员2名。

(二) 当年住房公积金政策调整及执行情况：

1. **当年缴存基数限额及确定方法、缴存比例调整情况。** 2017年住房公积金年度（2017年7月1日至2018年6月30日）单位和职工住房公积金缴存比例不变，仍为各12%。住房公积金缴存比例最低不得低于5%；2017年住房公积金年度的缴存基数为2016年职工月平均工资。2017年度住房公积金缴存基数上限为2016年抚顺市职工月均工资的300%，即13177元。职工住房公积金月缴存基数不得低于抚顺市人力资源和社会保障局公布的抚顺市最低工资标准。

2. **当年个人住房贷款最高贷款额度、贷款条件等贷款政策调整情况。** 借款人购买商品房的，贷款额度上限80万元，原首付统一20%，调整为最低首付20%；套型建筑面积90平方米以上的，首付比例不低于30%；购买二手房的，贷款额度上限40万元，首付比例不低于40%；原连续缴存3个月办理公积金贷款，调整为连续缴存6个月办理公积金贷款。对已有2次住房公积金贷款记录的缴存职工，不再发放三套房贷款。

3. **当年住房公积金存贷款利率执行标准。** 按照中国人民银行、住房城乡建设部、财政部印发《关于完善职工住房公积金账户存款利率形成机制的通知》（银发〔2016〕43号），自2016年2月21日起，职工住房公积金账户存款利率统一按一年期定期存款基准利率执行；按照中国人民银行的规定确定贷款利率，贷款利率为五年及以下2.75%，五年以上3.25%。

(三) 当年服务改进情况：继续严格落实首问负责制、限时办结制、一次性告知制，延续预约办理、延时办理、上门办理等特色服务，以新系统建设为契机，打造便民服务升级版。

一是提取业务简化。公积金提取业务原来只面对缴存单位，职工提取住房公积金由单位统一到各缴存办事处办理，款项划到单位账户，再由单位转交给职工个人，整个过程需十个工作日左右。新系统上线后，公积金提取改为面对职工个人办理，并取消了《支取明细表》，款项直接划入个人银行卡账户，并且实现立等可取。

二是保护职工个人隐私。系统自动生成所有缴存职工的初始密码，由单位到所在办事处领取，职工可以通过中心网上营业厅、自助终端、柜面多种方式修改密码。

三是贷款业务优化。在原来只有一种等额本金的还款方式的基础上，增加了等额本息的还款方式，贷款职工可按照个人意愿自主选择。提前部分还款后还款期限可以选择。取消了申请贷款职工由单位出具的收入证明，贷款职工免填写表格。异地贷款开具住房公积金缴存证明可到就近办事处办理。

四是贷款还款方式优化。由原来月初扣公积金，月中4次银行卡扣款改为统一在还款日（现为20日）做批量业务，优先使用个人公积金账户余额，余额不足部分使用银行卡扣款。次日，扣款成功的发短信提示，余额不足的用短信等方式催款。

五是账户余额变动实时提醒。新系统上线前，个人公积金账户余额提示短信只在年初、年终两次发给贷款职工。新系统上线后，所有的公积金缴存职工在个人公积金账户余额发生变动时，都会收到短信，在发生汇缴、提取、结息、还款等各种业务时，能实时收到住房公积金管理中心发送的短信提示。

六是综合服务平台已全面建成。随着新系统的建设，网站、网上营业厅、微信、微博、手机APP、12329短信、自助查询机等多种服务渠道已陆续开通，12329语音热线电话还会有进一步的提升。

（四）当年信息化建设情况：抚顺市公积金管理信息系统建设项目于2017年初进入实施，经历了需求、开发、测试、培训等各阶段，对数据移植、业务衔接等做出了细致安排，保证了7月10日如期上线运行，上线时即达到住房城乡建设部"双贯标"（数据贯标和结算贯标）标准。2017年已与民政局联通数据，8月初于外市安置了异地备份服务器。新系统运行良好、具备诸多亮点，如提取业务简化手续，实现立等可取等，业务操作更加规范，服务渠道更加多样，得到了缴存单位和职工的高度评价。

（五）当年住房公积金管理中心及职工所获荣誉情况：2017年5月，我中心被抚顺市精神文明建设委员会评为"雷锋号先进集体"，被中共抚顺市委、抚顺市政府评为"先进集体"；2017年6月，被中共辽宁省委宣传部、辽宁省政府国资委、辽宁省总工会、辽宁省思想政治工作研究会评为"辽宁省思想政治工作先进单位"；2017年9月，被中共辽宁省委组织部、辽宁省人力资源和社会保障局、辽宁省公务员局评为"人民满意公务员示范单位"；2017年10月，中心一名同志被人力资源社会保障部、住房城乡建设部授予"全国住房城乡建设系统先进工作者"荣誉称号。

本溪市住房公积金2017年年度报告

一、机构概况

（一）**住房公积金管理委员会**：市住房公积金管理委员会有15名委员，2017年召开1次会议，审议通过的重点事项为关于市住房公积金管理情况的汇报。

（二）**住房公积金管理中心**：市住房公积金管理中心隶属于本溪市财政局，是不以营利为目的的参照公务员管理事业单位，内设7个处室，2个管理部，1个分中心，从业人员65人，其中，在编31人、非在编34人。

二、业务运行情况

（一）**缴存**：2017年，新开户单位179家，实缴单位2660家，净增单位781家；新开户职工0.56万人，实缴职工20.44万人，净增职工2.10万人；缴存额17.88亿元，同比增长2.11%。2017年末，缴存总额168.56亿元，同比增长11.87%；缴存余额61.33亿元，同比增长13.49%。

受委托办理住房公积金缴存业务的银行11家，比上年无增减。

（二）**提取**：2017年，提取额10.59亿元，同比增长8.39%；占当年缴存额的59.23%，比上年增加8.39个百分点。2017年末，提取总额107.23元，同比增长10.96%。

（三）贷款：

个人住房贷款：个人住房贷款最高额度80万元，其中，单缴存职工最高额度80万元，双缴存职工最高额度80万元。

2017年，发放个人住房贷款0.4372万笔10.62亿元，同比分别增长19.93%、15.81%。其中，市中心发放个人住房贷款0.2861万笔7.66亿元，本钢分中心发放个人住房贷款0.1511万笔2.96亿元。

2017年，回收个人住房贷款4.56亿元。其中，市中心3.20亿元，本钢分中心1.36亿元。

2017年末，累计发放个人住房贷款3.78万笔69.51亿元，贷款余额44.23亿元，同比分别增长12.46%、18.03%、15.85%。个人住房贷款余额占缴存余额的72.12%，比上年增加1.47个百分点。

受委托办理住房公积金个人住房贷款业务的银行3家，比上年无增减。

（四）资金存储： 2017年末，住房公积金存款25.33亿元。其中，活期2.52亿元，1年（含）以下定期19.52亿元，1年以上定期3.29亿元，其他（协定、通知存款等）0亿元。

（五）资金运用率： 2017年末，住房公积金个人住房贷款余额、项目贷款余额和购买国债余额的总和占缴存余额的72.13%，比上年增加19.75个百分点。

三、主要财务数据

（一）业务收入： 2017年，业务收入18385.31万元，同比增长7.68%。其中，市中心11152.90万元，本钢分中心7232.41万元；存款利息5441.96万元，委托贷款利息12772.67万元，国债利息0万元，其他170.68万元。

（二）业务支出： 2017年，业务支出8999.30万元，同比增长0.66%。其中，市中心5185.08万元，本钢分中心3814.23万元；支付职工住房公积金利息8155.32万元，归集手续费88万元，委托贷款手续费738.31万元，其他17.67万元。

（三）增值收益： 2017年，增值收益9386.01万元，同比增长15.39%。其中，市中心5967.82万元，本钢分中心3418.19万元；增值收益率1.62%，比上年增加0.23个百分点。

（四）增值收益分配： 2017年，提取贷款风险准备金5789.73万元，提取管理费用984.02万元，提取城市廉租住房（公共租赁住房）建设补充资金2612.25万元。

2017年，上交财政管理费用859.02万元。上缴财政城市廉租住房（公共租赁住房）建设补充资金1369.98万元。其中，市中心上缴1369.98万元，本钢分中心上缴0万元。

2017年末，贷款风险准备金余额40166.26万元。累计提取城市廉租住房（公共租赁住房）建设补充资金16133.94万元。其中，市中心提取4552.67万元，本钢分中心提取11581.27万元。

（五）管理费用支出： 2017年，管理费用支出912.65万元，同比增长47.9%。其中，人员经费367.79万元，公用经费326.80万元，专项经费218.06万元。

市中心管理费用支出859.02万元，其中，人员、公用、专项经费分别为322.86万元、318.10万元、218.06万元；本钢分中心管理费用支出53.63万元，其中，人员、公用、专项经费分别为44.93万元、8.70万元、0万元。

四、资产风险状况

2017年末，个人住房贷款逾期额201.53万元，逾期率0.46‰。其中，市中心0‰，本钢分中心 0.46‰。

个人贷款风险准备金按（贷款余额或增值收益）的 60% 提取。2017 年，提取个人贷款风险准备金 5789.73 万元，使用个人贷款风险准备金核销呆坏账 0 万元。2017 年末，个人贷款风险准备金余额 40166.26 万元，占个人住房贷款余额的 9.08%，个人住房贷款逾期额与个人贷款风险准备金余额的比率为 0.50%。

五、社会经济效益

（一）缴存业务：2017 年，实缴单位数、实缴职工人数和缴存额同比分别增长 41.56%、11.45% 和 2.11%。

缴存单位中，国家机关和事业单位占 44.32%，国有企业占 18.08%，城镇集体企业占 0.75%，外商投资企业占 0.08%，城镇私营企业及其他城镇企业占 36.02%，民办非企业单位和社会团体占 0.45%，其他占 0.3%。

缴存职工中，国家机关和事业单位占 18.33%，国有企业占 51.49%，城镇集体企业占 4.21%，外商投资企业占 4.35%，城镇私营企业及其他城镇企业占 20.66%，民办非企业单位和社会团体占 0.21%，其他占 0.75%；中、低收入占 96.09%，高收入占 3.91%。

新开户职工中，国家机关和事业单位占 8.05%，国有企业占 12.55%，城镇集体企业占 0.66%，外商投资企业占 29.59%，城镇私营企业及其他城镇企业占 17.21%，民办非企业单位和社会团体占 4.60%，其他占 27.34%；中、低收入占 99.20%，高收入占 0.80%。

（二）提取业务：2017 年，4.63 万名缴存职工提取住房公积金 10.59 亿元。

提取金额中，住房消费提取占 71.01%（购买、建造、翻建、大修自住住房占 45.16%，偿还购房贷款本息占 50.15%，租赁住房占 4.69%，其他占 0%）；非住房消费提取占 28.99%（离休和退休提取占 57.86%，完全丧失劳动能力并与单位终止劳动关系提取占 22.63%，户口迁出本市或出境定居占 0.93%，其他占 1.72%）。

提取职工中，中、低收入占 95.87%，高收入占 4.13%。

（三）贷款业务：

1. 个人住房贷款： 2017 年，支持职工购建房 27.69 万平方米，年末个人住房贷款市场占有率为 32.96%，比上年增加 14.21 个百分点。通过申请住房公积金个人住房贷款，可节约职工购房利息支出 10275.24 万元。

职工贷款笔数中，购房建筑面积 90（含）平方米以下占 50.57%，90~144（含）平方米占 45.52%，144 平方米以上占 3.91%。购买新房占 79.09%（其中购买保障性住房占 3.36%），购买存量商品住房占 20.91%，建造、翻建、大修自住住房占 0%，其他占 0%。

职工贷款笔数中，单缴存职工申请贷款占 60.54%，双缴存职工申请贷款占 39.46%，三人及以上缴存职工共同申请贷款占 0%。

贷款职工中，30 岁（含）以下占 19.24%，30 岁~40 岁（含）占 38.63%，40 岁~50 岁（含）占 25.75%，50 岁以上占 16.38%；首次申请贷款占 82.62%，二次及以上申请贷款占 17.38%；中、低收入占 93.12%，高收入占 6.88%。

2. **异地贷款：** 2017年，发放异地贷款165笔4112万元。2017年末，发放异地贷款总额13218万元，异地贷款余额8668万元。

（四）**住房贡献率：** 2017年，个人住房贷款发放额、公转商贴息贷款发放额、项目贷款发放额、住房消费提取额的总和与当年缴存额的比率为98.18%，比上年增加2.68个百分点。

六、其他重要事项

（一）**当年住房公积金政策调整及执行情况：**

1. 缴存住房公积金基数上限是按照职工本人上一年度月平均工资计算。超出本市上一年度月人均工资5倍以上的部分，不计入缴存基数。2017年，市住房中心根据本溪市人力资源和社会保障局发布的《关于公布2016年全省及我市职工平均工资的通知》，我市在岗职工2016年月平均工资为3888.5元，市中心缴存住房公积金的职工工资基数上限按19500元执行；本钢分中心缴存住房公积金的职工工资基数上限按10000元执行，与2015年没有变化（缴存住房公积金的职工工资基数上限为2010年市社平工资的5倍）。

2. 缴存住房公积金基数下限是根据市政府关于最低工资标准的规定，从2017年1月1日起，对全市住房公积金缴存最低工资基数进行调整，调整后住房公积金缴存的最低工资基数为：本溪市区（含高新区）由1050元调整为1320元，按1400元执行；本溪县、桓仁县由900元调整为1200元。

3. 2017年，财政拨款部门或单位缴存比例仍保持10%不变；自收自支单位及企业可根据自身经济状况缴存比例在5%～12%区间内自由选择，经职代会讨论通过后报市中心进行比例调整；本钢分中心缴存比例保持10%不变。

4. 2017年，个人住房公积金贷款最高额度80万元，贷款利率五年以下年利率2.75%，五年以上年利率3.25%。

5. 2017年，个人住房公积金贷款调整退出几项阶段性优惠政策，具体如下：

（1）取消申请人连续缴存住房公积金3个月即可申请贷款的政策，调整为申请人住房公积金连续缴存满6个月才可以申请贷款。

（2）取消直系血亲相互使用住房公积金贷款的优惠政策。其他政策未做调整。

（二）**当年服务改进情况：**

1. 2017年，市中心服务大厅设置书写区和休息等候区，配备桌、椅、电视、纸、笔等设备及用品，为缴存职工提供了方便舒适的办事环境；针对住房公积金缴存职工办理的每项公积金业务，印制通俗易懂、便于携带的公积金业务便利贴，方便缴存职工随时了解公积金业务的办理流程，提高了工作效率。

2. 2017年，本溪市住房公积金网站（www.bxbjj.com）完成了升级改造并开通了住房公积金管理中心微信公众号。

（三）**当年信息化建设情况：** 2017年，按照住房城乡建设部下发的《住房公积金基础数据标准》和《住房公积金银行数据应用系统标准》的要求，市住房公积金管理信息系统进行了升级改造，升级后的管理信息系统包括工作平台、归集提取、转移业务、查询业务、联名卡管理、贷款办理、合作方管理、贷款查询、贷款参数管理、贷后管理等功能。2018年将完成双贯标的测试和上线工作。

（四）**当年住房公积金管理中心及职工所获荣誉情况：** 2017年，市中心荣获"本溪市公共行政服务中心先进分中心",刘卓同志荣获"优质服务标兵"荣誉称号。

丹东市住房公积金 2017 年年度报告

一、机构概况

(一)住房公积金管理委员会:住房公积金管理委员会有 23 名委员,2017 年召开 1 次会议,审议通过的事项主要包括:关于调整部分住房公积金管理委员会成员的意见;关于 2016 年住房公积金计划执行情况和 2017 年计划安排的报告;关于 2016 年住房公积金增值收益分配意见;关于调整我市住房公积金缴存、提取、贷款政策的意见;关于解决住房公积金资金流动性紧张问题的意见;关于公积金中心再次公开出售抵贷资产的意见;关于公积金中心综合服务用房改造工程进展情况的报告。

(二)住房公积金管理中心:住房公积金管理中心为直属丹东市人民政府的不以营利为目的的参照公务员法管理的事业单位,主要负责全市住房公积金的归集、管理、使用和会计核算。中心内设 7 个科室、3 个办事处。从业人员 107 人,其中,在编 43 人,非在编 64 人。

二、业务运行情况

(一)缴存:2017 年,新开户单位 135 家,实缴单位 2628 家,净增单位 69 家;新开户职工 0.79 万人,实缴职工 14.28 万人,净增职工 0.62 万人;缴存额 16.97 亿元,同比增长 11.35%。2017 年末,缴存总额 119.75 亿元,同比增长 16.50%;缴存余额 55.93 亿元,同比增长 9.82%。

受委托办理住房公积金缴存业务的银行 3 家,与上年一致。

(二)提取:2017 年,提取额 11.97 亿元,同比增长 14.76%;占当年缴存额的 70.53%,比上年增加 2.09 个百分点。2017 年末,提取总额 63.82 亿元,同比增长 23.06%。

(三)贷款:

个人住房贷款:个人住房贷款最高额度 80 万元,其中,单缴存职工最高额度 80 万元,双缴存职工最高额度 80 万元。

2017 年,发放个人住房贷款 0.39 万笔 12.19 亿元,同比分别下降 27.78%、24.71%。2017 年,回收个人住房贷款 5.75 亿元。

2017 年末,累计发放个人住房贷款 4.3 万笔 91.53 亿元,贷款余额 52.72 亿元,同比分别增长 10.26%、15.36%、13.92%。个人住房贷款余额占缴存余额的 94.25%,比上年增加 3.39 个百分点。

受委托办理住房公积金个人住房贷款业务的银行 8 家,与上年一致。

(四)融资:2017 年,融资 1.28 亿元,归还 0.86 亿元。

2017 年末,融资总额 2.09 亿元,融资余额 1.23 亿元。

(五)资金存储:2017 年末,住房公积金存款 4.78 亿元。其中,活期 0.02 亿元,1 年(含)以下定期 3.43 亿元,1 年以上定期 1.01 亿元,其他(协定、通知存款等)0.32 亿元。

(六)资金运用率：2017年末，住房公积金个人住房贷款余额、项目贷款余额和购买国债余额的总和占缴存余额的94.25%，比上年增加3.39个百分点。

三、主要财务数据

(一)业务收入：2017年，业务收入17612.28万元，同比增长4.79%。其中，存款利息1956.96万元，委托贷款利息15631.83万元，其他23.49万元。

(二)业务支出：2017年，业务支出8984.41万元，同比增长16.74%。其中，支付职工住房公积金利息8200.67万元，委托贷款手续费644.07万元，其他139.67万元。

(三)增值收益：2017年，增值收益8627.87万元，同比下降5.30%。增值收益率1.59%，比上年减少0.28个百分点。

(四)增值收益分配：2017年，提取贷款风险准备金643.64万元，提取管理费用3055.93万元，提取城市廉租住房（公共租赁住房）建设补充资金4928.30万元。

2017年，上交财政管理费用3055.93万元。上缴财政城市廉租住房（公共租赁住房）建设补充资金5568.05万元。

2017年末，贷款风险准备金余额11418.17万元。累计提取城市廉租住房（公共租赁住房）建设补充资金37081.20万元。

(五)管理费用支出：2017年，管理费用支出1338.52万元，同比下降51.31%。其中，人员经费438.68万元，公用经费87.95万元，专项经费811.89万元。

四、资产风险状况

个人住房贷款：2017年末，个人住房贷款逾期额156.74万元，逾期率0.30‰。

个人贷款风险准备金按当年贷款余额的1%提取。2017年，提取个人贷款风险准备金643.64万元，使用个人贷款风险准备金核销呆坏账0万元。2017年末，个人贷款风险准备金余额11418.17万元，占个人住房贷款余额的2.17%，个人住房贷款逾期额与个人贷款风险准备金余额的比率为1.37%。

五、社会经济效益

(一)缴存业务：2017年，实缴单位数、实缴职工人数和缴存额同比分别增长2.70%、4.54%和11.35%。

缴存单位中，国家机关和事业单位占60.62%，国有企业占9.40%，城镇集体企业占0.15%，外商投资企业占1.22%，城镇私营企业及其他城镇企业占27.85%，民办非企业单位和社会团体占0.76%。

缴存职工中，国家机关和事业单位占49.86%，国有企业占27.34%，城镇集体企业占0.03%，外商投资企业占1.72%，城镇私营企业及其他城镇企业占20.78%，民办非企业单位和社会团体占0.27%；中、低收入占96.84%，高收入占3.16%。

新开户职工中，国家机关和事业单位占18.64%，国有企业占21.19%，城镇集体企业占0.11%，外商投资企业占3.66%，城镇私营企业及其他城镇企业占55.18%，民办非企业单位和社会团体占1.22%；中、低收入占97.89%，高收入占2.11%。

(二)提取业务：2017年，4.43万名缴存职工提取住房公积金11.97亿元。

提取金额中，住房消费提取占74.91%（购买、建造、翻建、大修自住住房占23.87%，偿还购房贷款本息占71.33%，租赁住房占2.36%，其他占2.44%）；非住房消费提取占25.09%（离休和退休提取占89.44%，完全丧失劳动能力并与单位终止劳动关系提取占0.02%，户口迁出本市或出境定居占4.49%，其他占6.05%）。

提取职工中，中、低收入占96.08%，高收入占3.92%。

(三)贷款业务：

1. **个人住房贷款**：2017年，支持职工购建房40.61万平方米，年末个人住房贷款市场占有率为25.45%，比上年减少1.39个百分点。通过申请住房公积金个人住房贷款，可节约职工购房利息支出26929.95万元。

职工贷款笔数中，购房建筑面积90（含）平方米以下占32.53%，90～144（含）平方米占61.23%，144平方米以上占6.24%。购买新房占81.87%，购买存量商品住房占18.13%。

职工贷款笔数中，单缴存职工申请贷款占61.33%，双缴存职工申请贷款占37.58%，三人及以上缴存职工共同申请贷款占1.09%。

贷款职工中，30岁（含）以下占25.31%，30岁～40岁（含）占37.70%，40岁～50岁（含）占24.26%，50岁以上占12.73%；首次申请贷款占86.58%，二次及以上申请贷款占13.42%；中、低收入占97.68%，高收入占2.32%。

2. **异地贷款**：2017年，发放异地贷款260笔8405.90万元。2017年末，发放异地贷款总额31468.90万元，异地贷款余额25669.30万元。

3. **公转商贴息贷款**：2017年，发放公转商贴息贷款1447笔50865.90万元，支持职工购建住房面积14.99万平方米，当年贴息额24.05万元。2017年末，累计发放公转商贴息贷款1447笔50865.90万元，累计贴息24.05万元。

(四)住房贡献率：2017年，个人住房贷款发放额、公转商贴息贷款发放额、项目贷款发放额、住房消费提取额的总和与当年缴存额的比率为154.66%，比上年减少2.16个百分点。

六、其他重要事项

(一)当年住房公积金政策调整及执行情况：

1. **当年缴存基数限额及确定方法、缴存比例调整情况**：2017年，住房公积金月缴存基数为职工本人上一年度月平均工资，上限不超过市统计局公布的丹东市2016年在岗职工人均工资的3倍，即9692元，下限最低市区1320元，东港市、凤城市、宽甸县和大孤山经济区1200元。住房公积金缴存比例为单位和个人各12%，凡住房公积金缴存比例高于12%，一律予以规范调整。

2. **当年住房公积金存贷款利率执行标准**：2017年，职工住房公积金账户存款利率仍统一按一年期定期存款基准利率执行；个人住房公积金贷款利率未发生变化，5年及以下为2.75%，5年以上为3.25%，第二套房个人住房公积金贷款利率按基准利率上浮1.1倍。

(二)当年服务改进情况：加强大厅硬件和软件建设，制定《公积金四项服务标准》，开展"微笑你我他"文明服务工作，提升窗口服务水平。优化办事流程和办事手续，取消证明材料复印件，努力实现"最多跑一趟"的服务目标。开展异地转移接续业务,实现跨地区就业职工的住房公积金"账随人走、钱随账走"。创新服务模式,实行上门服务、预约服务,最大限度为群众提供便捷、高效、优质的服务。

开通公积金个人网上营业厅和单位网上营业厅、手机APP客户端、公积金微信公众号,提供办事大厅、网站、网厅、热线、短信、自助服务终端、微博、微信8种服务渠道于一体的综合服务平台。缴存单位可登录网上营业厅办理缴存职工开户申请、缴存基数变更申请、单位和职工部分信息变更、职工缴存状态变更(封存、启封)、汇补缴业务、公积金缴存线上委托划款等业务及相关业务查询。12329服务热线接听量达到9.5万人次,接通率保持在99%以上。网站回答咨询、公积金微博和微信发布各类信息1万多条。利用手机短信平台,及时向职工发送贷款逾期提醒等服务短信50余万条,为缴存职工提供便捷高效的服务。

(三)当年信息化建设情况:圆满完成"双贯标"验收工作。3月份,公积金中心以较高分数顺利通过住房城乡建设部《住房公积金基础数据标准》和《住房公积金银行结算数据应用系统与公积金中心接口标准》"双贯标"验收工作,是辽宁省第一家且至今为止唯一一家通过住房城乡建设部"双贯标"验收的公积金中心。

(四)当年住房公积金管理中心及职工所获荣誉情况:2017年,经过全体干部职工的积极努力,公积金中心获得"全国住房城建系统先进集体"、"辽宁省文明单位"、"丹东市青年文明号"等荣誉称号。

锦州市住房公积金2017年年度报告

一、机构概况

(一)**住房公积金管理委员会**:住房公积金管理委员会有15名委员,2017年召开1次会议,审议通过的事项主要包括:2016年度住房公积金归集使用计划执行情况、2016年住房公积金管理工作情况报告、2017年公积金收支计划、《关于调整公积金个人住房贷款政策的请示》、《关于调整2017年住房公积金缴存基数及缴存额度上下限的请示》、《关于提高招聘合同制员工工资标准的请示》等。

(二)**住房公积金管理中心**:住房公积金管理中心为隶属于市政府不以营利为目的的参照公务员管理的事业单位,设13个科室,5个管理部。从业人员105人,其中,在编72人,非在编33人。

二、业务运行情况

(一)**缴存**:2017年,新开户单位204家,实缴单位3117家,净增单位163家;新开户职工1.34万人,实缴职工18.59万人,净增职工1.65万人;缴存额20.08亿元,同比增长6.36%。2017年末,缴存总额154.66亿元,同比增长14.92%;缴存余额84.93亿元,同比增长8.42%。

受委托办理住房公积金缴存业务的银行4家,与上年相比没有变化。

(二)**提取**:2017年,提取额13.48亿元,同比增长15.41%;占当年缴存额的67.13%,比上年增加5.27个百分点。2017年末,提取总额69.73亿元,同比增长23.95%。

(三)个人住房贷款:个人住房贷款最高额度 80 万元,其中,单缴存职工最高额度 80 万元,双缴存职工最高额度 80 万元。

2017 年,发放个人住房贷款 0.45 万笔 13.78 亿元,同比分别下降 21.05%、18.32%。2017 年,回收个人住房贷款 6.02 亿元。

2017 年末,累计发放个人住房贷款 4.96 万笔 94.64 亿元,贷款余额 57.54 亿元,同比分别增长 9.98%、17.04%、15.61%。

受委托办理住房公积金个人住房贷款业务的银行 4 家,与上年比没有变化。

(四)资金存储:2017 年末,住房公积金存款 28.30 亿元。其中,活期 0.95 亿元,1 年(含)以下定期 11.90 亿元,1 年以上定期 9.60 亿元,协定存款 5.84 亿元。

(五)资金运用率:2017 年末,住房公积金个人住房贷款余额占缴存余额的 67.75%,比上年增加 4.21 个百分点。

三、主要财务数据

(一)业务收入:2017 年,业务收入 24106.91 万元,同比增长 11.71%。其中,存款利息 6705.97 万元,委托贷款利息 17400.94 万元。

(二)业务支出:2017 年,业务支出 14314.23 万元,同比增长 25.58%。其中,支付职工住房公积金利息 13061.63 万元,归集手续费 377.42 万元,委托贷款手续费 869.37 万元,其他 5.81 万元。

(三)增值收益:2017 年,增值收益 9792.68 万元,同比下降 3.82%。增值收益率 1.19%,比上年减少 0.17 个百分点。

(四)增值收益分配:2017 年,提取贷款风险准备金 5875.61 万元,提取管理费用 1366.69 万元,提取城市廉租住房(公共租赁住房)建设补充资金 2550.38 万元。

2017 年,上交财政管理费用 1366.69 万元。上缴财政城市廉租住房(公共租赁住房)建设补充资金 2941.41 万元。

2017 年末,贷款风险准备金余额 46723.62 万元。累计提取城市廉租住房(公共租赁住房)建设补充资金 19514.84 万元。

(五)管理费用支出:2017 年,管理费用支出 1366.69 万元,同比增长 20.81%。其中,人员经费 768.39 万元,公用经费 117.47 万元,专项经费 480.83 万元。

四、资产风险状况

个人住房贷款:2017 年末,个人住房贷款逾期额 175.02 万元,逾期率 0.3‰。

个人贷款风险准备金按增值收益的 60% 提取。2017 年,提取个人贷款风险准备金 5875.61 万元,使用个人贷款风险准备金核销呆坏账 0 万元。2017 年末,个人贷款风险准备金余额 46723.62 万元,占个人住房贷款余额的 8.12%,个人住房贷款逾期额与个人贷款风险准备金余额的比率为 0.37%。

五、社会经济效益

(一)缴存业务:2017 年,实缴单位数、实缴职工人数和缴存额同比分别增长 5.52%、9.75%

和6.36%。

缴存单位中，国家机关和事业单位占69.10%，国有企业占11.26%，外商投资企业占0.90%，城镇私营企业及其他城镇企业占18.55%，民办非企业单位和社会团体占0.19%。

缴存职工中，国家机关和事业单位占52.28%，国有企业占28.76%，外商投资企业占0.50%，城镇私营企业及其他城镇企业占18.42%，民办非企业单位和社会团体占0.04%；中、低收入占99.27%，高收入占0.73%。

新开户职工中，国家机关和事业单位占38.08%，国有企业占16.76%，外商投资企业占1.77%，城镇私营企业及其他城镇企业占42.98%，民办非企业单位和社会团体占0.41%；中、低收入占97.92%，高收入占2.08%。

（二）提取业务：2017年，2.04万名缴存职工提取住房公积金13.48亿元。

提取金额中，住房消费提取占66.02%（购买、建造、翻建、大修自住住房占23.25%，偿还购房贷款本息占49.52%，租赁住房占0.45%，其他占26.78%）；非住房消费提取占33.98%（离休和退休提取占74.99%，完全丧失劳动能力并与单位终止劳动关系提取占14.12%，户口迁出本市或出境定居占5.55%其他占5.34%）。

提取职工中，中、低收入占99.88%，高收入占0.12%。

（三）贷款业务：

1. **个人住房贷款**：2017年，支持职工购建房45.87万平方米，年末个人住房贷款市场占有率为31.21%。通过申请住房公积金个人住房贷款，可节约职工购房利息支出25841.33万元。

职工贷款笔数中，购房建筑面积90（含）平方米以下占32.27%，90～144（含）平方米占60.77%，144平方米以上占6.96%。购买新房占57.59%，购买存量商品住房占42.41%。

职工贷款笔数中，单缴存职工申请贷款占34.91%，双缴存职工申请贷款占64.91%，三人及以上缴存职工共同申请贷款占0.18%。

贷款职工中，30岁（含）以下占30.43%，30岁～40岁（含）占37.57%，40岁～50岁（含）占24.50%，50岁以上占7.50%；首次申请贷款占88.49%，二次及以上申请贷款占11.51%；中、低收入占99.80%，高收入占0.20%。

2. **异地贷款**：2017年，发放异地贷款192笔6223.20万元。2017年末，累计发放异地贷款1283笔34031.30万元，异地贷款余额25262.45万元。

（四）住房贡献率：2017年，个人住房贷款发放额、住房消费提取额的总和与当年缴存额的比率112.95%，比上年减少20.47个百分点。

六、其他重要事项

（一）当年机构及职能调整情况：为加强公积金廉政风险防控工作，2017年10月26日，经锦州市编制委员会审批设立了稽核科。机构规格为正科级。主要职责是负责拟定全年稽核工作计划、任务；依据《住房公积金管理条例》和相关法规政策对"中心"住房公积金的归集、结算、提取和贷款的发放回收及会计核算、增值收益情况进行稽查复核；定期（季）或不定期进行必要的日常稽核和专案稽核；负责做好稽核资料的原始调查的收集、整理、建档工作；协助和配合财政、审计及其它监管部门对"中心"的审计、监督、检查等工作；负责对会计岗位的移交及办事处负责人离任时进行任期经济责任审计；负责其他稽核任务。

(二) **当年住房公积金政策调整及执行情况：**

1. **缴存基数限额及确定方法、缴存比例调整情况**：职工住房公积金缴存基数不得低于当地最低工资标准，不得高于市统计部门公布的上一年度城市在岗职工月平均工资3倍。职工个人和单位住房公积金的缴存比例不得低于5%、高于12%。

2. **住房公积金个人住房贷款调整情况**：借款人在申请公积金个人住房贷款时，"中心"有权要求异地借款人及流动性比较频繁的单位职工（城镇私营企业及其他城镇企业、外商投资企业、民办非企业单位等），出具劳动合同书（人力资源和社会保障局备案）、医疗保险、养老保险、工资及个人所得税等相关证明。特殊情况需提供保证人为其全部贷款承担担保（保证人必须是本市国家机关或事业单位缴存公积金且无公积金贷款的在职职工，在担保期间，不可以申请公积金贷款和提取业务）。

3. **公积金借款人最低生活费用调整情况**：2017年7月1日调整了公积金借款人最低生活费标准：古塔区、凌河区、太和区、松山新区调整到每人每月600元；其他县（市）区城市调整到每人每月530元。

4. **职工异地购房提取公积金政策调整情况**：2017年11月20日对职工异地购房提取公积金规定作出调整：在本市行政区域以外购买自住住房的职工，需提供购房所在地本人、配偶或子女的户籍证明、本人身份证、购房相关资料，申请办理公积金提取业务。

5. **2017年住房公积金存贷款利率执行标准**。存款利率为1.50%，系人民银行公布的一年期定期存款基准利率；五年期以下（含）贷款年利率为2.75%，五年期以上贷款年利率为3.25%。

(三) **当年服务改进情况**：优化业务流程。"优化"的前提是防范风险，"优化"的目的是方便群众。本着这一宗旨，在实际操作过程中，不断地总结经验和教训，确定关键的有效要件和审批环节，减少审核资料，缩短办理时限。2017年对现行的住房公积金缴存、提取、信贷等业务操作，都进行了梳理和修订，实现了住房公积金优质高效的服务目标。健全服务制度。从机关建设入手，重新修订各项管理制度，出台了《中心工作人员工作纪律规定》，制定了《中心信访工作人员管理办法》，全面实行服务承诺、首问负责、一次性告知、限时办结等服务制度。服务大厅增设两台自动查询机，为缴存职工提供方便。2017年，共受理省民心网转办案件66件，市群众诉求服务平台转办72件。回复率、按时分转率按等指标均为100%，群众好评率100%，综合评分排全省第三名。加强12329住房公积金服务热线和"中心"网站的建设。建立开通多种公积金查询方式，增加"中心"网站的功能，丰富网站内容，密切公积金制度与广大职工的互动关系，网上政策咨询、个人查询、投诉举报等业务也相继开通。

(四) **当年信息化建设情况**：一是"双贯标"圆满完成。根据住房城乡建设部《关于落实基础数据标准贯彻落实和结算应用系统接入工作计划的通知》（建金信函〔2017〕10号）（以下简称"双贯标"）精神，锦州中心与沈阳信正软件有限公司通力合作，"双贯标"工作于2017年3月启动，随着摸底调研、需求认证、系统联调测试、业务人员岗位培训等基础工作陆续完成，核心业务中的账户管理、资金核算方式及业务流程等已基本符合验收标准，全面完成了住房公积金基础数据标准贯彻落实和结算应用系统接入工作。2017年11月27日实时结算系统正式运行，公积金缴存、信贷、提取实现即时到帐，缩短办事时间，确保资金的准确安全。二是建立"异地转移接续平台"。适应新时期人才流动加快的趋势要求，建设开通异地转移接续平台。2017年6月9日开始上线调试模拟运行，6月底完成测试正式运行，上线工作圆满完成，实现了全国住房公积金异地转移网上数据共享，减少了职工因工作调转等情况办理公积金往返多地的麻烦。三是"联名卡"投入使用。同工行、建行、农行、中行合作推行联名卡，更好地为职工提供多元化、全方位的服务。截至2017年12月末，全市3188个单位已有3050个单位完成了联名卡的申报工作，申报单位达到了90%以上，银行完成制卡14.2万人，签约使用的11.7万余人。联名卡开通后，将实现自助查询账户的基本信息、贷款划款、提取划款等实时转账业务全部一卡通，取消提取单位经办人、银行审核等环节，实现审批结束，资金即时到职工本人卡中。

（五）当年住房公积金管理中心及职工所获荣誉情况：市直机关工委授予《先进机关党委》、《党支部规范建设示范点》、《"让基层和群众满意"活动优秀单位》；团市委授予《锦州市优秀青年集体》；市总工会授予《模范职工之家》、《和谐职工之家》、2017年锦州市职工三人制篮球争霸赛组织奖。

（六）当年对违反《住房公积金管理条例》和相关法规行为进行行政处罚和申请人民法院强制执行情况：对于长期恶意拖欠的，"中心"依照法律程序进行清收。起诉了3位借款人，其中2人已结案，正待法院强制执行。1人因涉及刑事案件，待法院定案后再启动审理程序。

营口市住房公积金2017年年度报告

一、机构概况

（一）住房公积金管理委员会：住房公积金管理委员会有21名委员，2017年召开1次会议，审议通过的事项主要包括：《关于加强住房公积金个人贷款风险防范相关事项的请示》、《关于调整部分住房公积金政策的请示》。

（二）住房公积金管理中心：住房公积金管理中心为市政府直属不以营利为目的的财政全额拨款事业单位，设7个科室，6个办事处。从业人员93人，其中，在编46人，非在编47人。

二、业务运行情况

（一）缴存：2017年，新开户单位203家，实缴单位2460家，净增单位125家；新开户职工1.79万人，实缴职工16.08万人，净增职工0.71万人；缴存额17.41亿元，同比增长7.14%。2017年末，缴存总额126.62亿元，同比增长15.94%；缴存余额69.1亿元，同比增长11.58%。

受委托办理住房公积金缴存业务的银行6家，比上年增加0家。

（二）提取：2017年，提取额10.24亿元，同比增长17.97%；占当年缴存额的58.82%，比上年增加5.4个百分点。2017年末，提取总额57.52亿元，同比增长21.66%。

（三）贷款：

个人住房贷款：个人住房贷款最高额度80万元，其中，单缴存职工最高额度80万元，双缴存职工最高额度80万元。

2017年,发放个人住房贷款0.6万笔17.52亿元,同比分别增长36.36%、41.06%。其中,市直办事处发放个人住房贷款0.15万笔4.24亿元,大石桥办事处发放个人住房贷款0.05万笔1.17亿元,盖州办事处发放个人住房贷款0.03万笔0.56亿元,鲅鱼圈办事处发放个人住房贷款0.19万笔5.93亿元,老边办事处发放个人住房贷款0.1万笔2.86亿元,沿海办事处发放个人住房贷款0.05万笔2.06亿元,熊岳办事处发放个人住房贷款0.03万笔0.7亿元。

2017年,回收个人住房贷款6.51亿元。其中,市直办事处2.9亿元,大石桥办事处0.49亿元,盖州办事处0.3亿元,鲅鱼圈办事处1.88亿元,老边办事处0.61亿元,沿海办事处0.25亿元,熊岳办事处0.08亿元。

2017年末,累计发放个人住房贷款5.42万笔100.96亿元,贷款余额63.62亿元,同比分别增长12.45%、21%、20.93%。个人住房贷款余额占缴存余额的92.07%,比上年增加7.12个百分点。

受委托办理住房公积金个人住房贷款业务的银行7家,比上年增加0家。

(四)资金存储:2017年末,住房公积金存款6.75亿元。其中,活期0.83亿元,1年(含)以下定期5.55亿元,1年以上定期0亿元,其他(协定、通知存款等)0.37亿元。

(五)资金运用率:2017年末,住房公积金个人住房贷款余额、项目贷款余额和购买国债余额的总和占缴存余额的92.07%,比上年增加7.12个百分点。

三、主要财务数据

(一)业务收入:2017年,业务收入20390.71万元,同比增长14.06%。其中,市直办事处9512.11万元,大石桥办事处1208.75万元,盖州办事处880.97万元,鲅鱼圈办事处4754.98万元,老边办事处2610.36万元,沿海办事处1047.98万元,熊岳办事处375.56万元。存款利息1891.88万元,委托贷款利息18498.83万元,国债利息0万元,其他0万元。

(二)业务支出:2017年,业务支出10276.37万元,同比下降1.69%。其中,市直办事处5145.11万元,大石桥办事处1103.05万元,盖州办事处483.03万元,鲅鱼圈办事处1665.52万元,老边办事处1026.37万元,沿海办事处457.64万元,熊岳办事处395.65万元;支付职工住房公积金利息9943.69万元,归集手续费153.95万元,委托贷款手续费167.91万元,其他10.82万元。

(三)增值收益:2017年,增值收益10114.34万元,同比增长36.24%。其中,市直办事处4367万元,大石桥办事处105.7万元,盖州办事处397.94万元,鲅鱼圈办事处3089.46万元,老边办事处1583.99万元,沿海办事处590.34万元,熊岳办事处-20.09万元;增值收益率1.54%,比上年增加0.27个百分点。

(四)增值收益分配:2017年,提取贷款风险准备金1101.05万元,提取管理费用889.72万元,提取城市廉租住房(公共租赁住房)建设补充资金8123.57万元。

2017年,上交财政管理费用889.72万元。上缴财政城市廉租住房(公共租赁住房)建设补充资金4655.33万元。

2017年末,贷款风险准备金余额9425.9万元。累计提取城市廉租住房(公共租赁住房)建设补充资金49028.9万元。

(五)管理费用支出:2017年,管理费用支出890.68万元,同比下降45.99%。其中,人员经费

507.56万元，公用经费135.67万元，专项经费247.45万元。

四、资产风险状况

个人住房贷款：2017年末，个人住房贷款逾期额53.29万元，逾期率0.08‰。其中，市直办事处0.01‰，鲅鱼圈办事处0.07‰。

个人贷款风险准备金按贷款余额的1%提取。2017年，提取个人贷款风险准备金1101.05万元，使用个人贷款风险准备金核销呆坏账0万元。2017年末，个人贷款风险准备金余额9425.9万元，占个人住房贷款余额的1.48%，个人住房贷款逾期额与个人贷款风险准备金余额的比率为0.57%。

五、社会经济效益

（一）**缴存业务**：2017年，实缴单位数、实缴职工人数和缴存额同比分别增长5.35%、4.64%和7.16%。

缴存单位中，国家机关和事业单位占54.27%，国有企业占4.76%，城镇集体企业占0.41%，外商投资企业占2.64%，城镇私营企业及其他城镇企业占33.25%，民办非企业单位和社会团体占1.5%，其他占3.17%。

缴存职工中，国家机关和事业单位占39.26%，国有企业占15.91%，城镇集体企业占0.3%，外商投资企业占6.64%，城镇私营企业及其他城镇企业占36.55%，民办非企业单位和社会团体占1.31%，其他占0.03%；中、低收入占99.8%，高收入占0.2%。

新开户职工中，国家机关和事业单位占4.27%，国有企业占21.94%，城镇集体企业占0.06%，外商投资企占5.73%，城镇私营企业及其他城镇企业占60.48%，民办非企业单位和社会团体占0.92%，其他占6.6%；中、低收入占99.98%，高收入占0.02%。

（二）**提取业务**：2017年，4.56万名缴存职工提取住房公积金10.24亿元。

提取金额中，住房消费提取占69.91%（购买、建造、翻建、大修自住住房占23.7%，偿还购房贷款本息占75.63%，租赁住房占0.67%，其他占0%）；非住房消费提取占30.09%（离休和退休提取占65.47%，完全丧失劳动能力并与单位终止劳动关系提取占17.92%，户口迁出本市或出境定居提取占12.9%，其他占3.71%）。

提取职工中，中、低收入占98.63%，高收入占1.37%。

（三）**贷款业务**

1. **个人住房贷款**：2017年，支持职工购建房61.45万平方米，年末个人住房贷款市场占有率为24.89%，比上年增加1.78个百分点。通过申请住房公积金个人住房贷款，可节约职工购房利息支出43353.18万元。

职工贷款笔数中，购房建筑面积90（含）平方米以下占27.17%，90～144（含）平方米占63%，144平方米以上占9.83%。购买新房占81.92%（其中购买保障性住房占0%），购买存量商品住房占18.08%，建造、翻建、大修自住住房占0%，其他占0%。

职工贷款笔数中，单缴存职工申请贷款占77.32%，双缴存职工申请贷款占22.68%，三人及以上缴存职工共同申请贷款占0%。

贷款职工中，30岁（含）以下占46.66%，30岁～40岁（含）占30.54%，40岁～50岁（含）占17.19%，50岁以上占5.61%；首次申请贷款占89.77%，二次及以上申请贷款占10.23%；中、低收入占99.18%，高收入占0.82%。

2. 异地贷款：2017年，发放异地贷款755笔19569.9万元。2017年末，发放异地贷款总额61895万元，异地贷款余额49348.77万元。

（四）住房贡献率：2017年，个人住房贷款发放额、公转商贴息贷款发放额、项目贷款发放额、住房消费提取额的总和与当年缴存额的比率为159.45%，比上年增加29.6个百分点。

六、其他重要事项

（一）当年住房公积金政策调整及执行情况：

1. 住房公积金缴存基数上限调整为11750元。依据《营口市住房公积金管理中心缴存和提取管理暂行办法》（营政发〔2007〕15号）第二章第十五条：职工住房公积金的缴存基数不得超过本市统计部门公布的上一年度职工月平均工资的3倍，2016年人力资源和社会保障局公布全市在岗职工月平均工资为3916.58元，3倍为11750元。

2. 住房公积金缴存比例、提取政策未做调整。

3. 购买商品房最高贷款额度80万元，二手房贷款最高额度为30万元。

4. 购买商品住房贷款的最长期限为30年，二手房贷款的最长期限为15年。目前贷款的利率是（2015年8月26日调整后的利率），五年期以下（含五年）年利率2.75%、五年期以上年利率3.25%。

（二）当年服务改进情况：公积金中心秉承为广大职工履职尽责强服务的理念，把工作当成责任，把管理变为服务，不断改善服务环境，提高工作效率。

1. 认真贯彻执行《营口市优化营商环境十条禁令》要求，通过宣传强化干部职工法规意识、自律意识和服务意识，打造一流营商环境。

2. 开展信息化渠道服务，方便广大职工了解住房公积金相关信息。充分发挥网络平台信息化服务作用，逐步建立综合服务平台统一管理的信息化服务渠道。

3. 简化办事程序，规范服务行为。制定窗口服务化工作实施意见，以治理"慵懒散漫乱"为抓手，通过实行前台综合柜员制、添加叫号机、减免二手房评估费等一系列措施进一步简化办事程序，完善业务办理模式。

（三）当年信息化建设情况：

1. 系统升级改造情况。本年度，根据实际需求进一步对系统进行了优化。在系统中新增功能44项；对已有功能进行变更140项；对系统进行优化10项；技术支持451项。

2. 建立公积金异地接续平台。为方便住房公积金缴存职工办理异地转移业务，建立住房城乡建设部异地转移接续平台，并顺利完成异地接续平台的上线工作。

3. 贯彻落实基础数据标准。8月底，中心向住房城乡建设部监管司、省厅监管处提交基础数据双贯标系统上线申请。9月28日，结算应用系统上线。目前，正在进一步完善双贯标住房城乡建设部验收前的准备工作。

4. 综合服务平台建设。目前中心已建成网站、网上办事大厅、12329短信、12329电话、查询机等便民服务平台，下一步将增加手机 APP、微信等信息化便民服务渠道。

（四）当年住房公积金管理中心及职工所获荣誉情况：

1. 中心办事处业务大厅获营口市"青年文明号"称号。
2. 中心个人获营口市思想政治工作研究成果二等奖。

阜新市住房公积金 2017 年年度报告

一、机构概况

（一）**住房公积金管理委员会**：住房公积金管理委员会有 24 名委员，2017 年召开第七次会议，审议通过的事项主要包括：《阜新市住房公积金管理中心工作报告》、《阜新市住房公积金 2016 年资金运营情况报告》、《阜新市住房公积金 2016 年年度报告》、《阜新市住房公积金缴存管理办法》、《阜新市住房公积金提取管理办法》、《阜新市个人住房公积金贷款管理办法》、《关于贯彻落实住房公积金基础数据和银行结算数据应用系统标准 加快综合服务平台建设的情况报告》、《阜新市住房公积金缴存管理办法》、《阜新市住房公积金提取管理办法》、《阜新市个人住房公积金贷款管理办法》文件起草情况说明。

（二）**住房公积金管理中心**：住房公积金管理中心为直属城市人民政府的不以营利为目的的独立的事业单位，设 8 个处（科），4 个管理部，0 个分中心。从业人员 95 人，其中，在编 48 人，非在编 47 人。

二、业务运行情况

（一）**缴存**：2017 年，新开户单位 53 家，实缴单位 1841 家，净增单位－194 家；新开户职工 1.50 万人，实缴职工 13.77 万人，净增职工 0.59 万人；缴存额 12.44 亿元，同比增长 31.64%。2017 年末，缴存总额 81.28 亿元，同比增长 18.07%；缴存余额 36.22 亿元，同比增长 14.37%。

受委托办理住房公积金缴存业务的银行 8 家，比上年增加 0 家。

（二）**提取**：2017 年，提取额 7.89 亿元，同比增长 7.93%；占当年缴存额的 63.42%，比上年减少 13.93 个百分点。2017 年末，提取总额 45.05 亿元，同比增长 21.20%。

（三）**贷款**

个人住房贷款：个人住房贷款最高额度 80 万元，其中，单缴存职工最高额度 40 万元，双缴存职工最高额度 80 万元。

2017 年，发放个人住房贷款 0.2574 万笔 5.99 亿元，同比分别下降 0.50%、增长 8.12%。其中，市中心发放个人住房贷款 0.2052 万笔 4.93 亿元，阜蒙办事处发放个人住房贷款 0.0205 万笔 0.41 亿元，彰武办事处发放个人住房贷款 0.03 万笔 0.63 亿元，清河门办事处发放个人住房贷款 0.0007 万笔 0.01 亿元，新邱办事处发放个人住房贷款 0.0010 万笔 0.01 亿元。

2017 年，回收个人住房贷款 4.40 亿元。其中，市中心 3.55 亿元，阜蒙办事处 0.40 亿元，彰武办事处 0.42 亿元，清河门办事处 0.02 亿元，新邱办事处 0.01 亿元。

2017年末，累计发放个人住房贷款4.4316万笔57.66亿元，贷款余额30.14亿元，同比分别增长6.17％、11.59％、5.57％。个人住房贷款余额占缴存余额的83.21％，比上年减少6.93个百分点。

受委托办理住房公积金个人住房贷款业务的银行3家，比上年增加0家。

（四）**资金存储**：2017年末，住房公积金存款6.49亿元。其中，活期0.26亿元，1年（含）以下定期5.6亿元，1年以上定期0.4亿元，其他（协定、通知存款等）0.23亿元。

（五）**资金运用率**：2017年末，住房公积金个人住房贷款余额、项目贷款余额和购买国债余额的总和占缴存余额的83.21％，比上年减少6.93个百分点。

三、主要财务数据

（一）**业务收入**：2017年，业务收入12314.18万元，同比增长13.13％。其中，市中心10441.14万元，阜蒙办事处816.55万元，彰武办事处985.57万元，清河门办事处40.64万元，新邱办事处30.28万元；存款利息2930.21万元，委托贷款利息9354.87万元，国债利息0万元，其他29.10万元。

（二）**业务支出**：2017年，业务支出5550.20万元，同比增长9.15％。其中，市中心4071.14万元，阜蒙办事处687.17万元，彰武办事处474.21万元，清河门办事处217.04万元，新邱办事处100.64万元；支付职工住房公积金利息4895.63万元，归集手续费116.44万元，委托贷款手续费467.74万元，其他70.39万元。

（三）**增值收益**：2017年，增值收益6763.98万元，同比增长16.63％。其中，市中心6370.00万元，阜蒙办事处129.39万元，彰武办事处511.36万元，清河门办事处－176.40万元，新邱办事处－70.37万元；增值收益率1.97％，比上年增加0.08个百分点。

（四）**增值收益分配**：2017年，提取贷款风险准备金179.97万元，提取管理费用800万元，提取城市廉租住房（公共租赁住房）建设补充资金5784.01万元。

2017年，上交财政管理费用800万元。上缴财政城市廉租住房（公共租赁住房）建设补充资金4584.70万元。其中，市中心上缴4584.70万元。

2017年末，贷款风险准备金余额3645.25万元。累计提取城市廉租住房（公共租赁住房）建设补充资金25969.82万元。其中，市中心提取25969.82万元。

（五）**管理费用支出**：2017年，管理费用支出950.94万元，同比增长38.80％。其中，人员经费563.88万元，公用经费242.52万元，专项经费144.54万元。

四、资产风险状况

个人住房贷款：2017年末，个人住房贷款逾期额701.82万元，逾期率2.33‰。

个人贷款风险准备金按贷款余额的1％提取。2017年，提取个人贷款风险准备金179.97万元，使用个人贷款风险准备金核销呆坏账0万元。2017年末，个人贷款风险准备金余额3645.25万元，占个人住房贷款余额的1.21％，个人住房贷款逾期额与个人贷款风险准备金余额的比率为19.25％。

五、社会经济效益

（一）**缴存业务**：2017年，实缴单位数、实缴职工人数和缴存额同比分别增长－9.53％、4.48％和31.64％。

缴存单位中，国家机关和事业单位占73.22%，国有企业占11.73%，城镇集体企业占0.49%，外商投资企业占1.03%，城镇私营企业及其他城镇企业占12.39%，民办非企业单位和社会团体占0.38%，其他占0.76%。

缴存职工中，国家机关和事业单位占51.50%，国有企业占23.75%，城镇集体企业占1.71%，外商投资企业占2.40%，城镇私营企业及其他城镇企业占9.77%，民办非企业单位和社会团体占0.07%，其他占10.8%；中、低收入占99.99%，高收入占0.01%。

新开户职工中，国家机关和事业单位占20.67%，国有企业占25.60%，城镇集体企业占0.24%，外商投资企业占5.97%，城镇私营企业及其他城镇企业占17.07%，民办非企业单位和社会团体占0.02%，其他占30.43%；中、低收入占99.96%，高收入占0.04%。

（二）提取业务：2017年，2.75万名缴存职工提取住房公积金7.89亿元。

提取金额中，住房消费提取占71.94%（购买、建造、翻建、大修自住住房占65.88%，偿还购房贷款本息占29.71%，租赁住房占4.41%，其他占0%）；非住房消费提取占28.06%（离休和退休提取占60.33%，完全丧失劳动能力并与单位终止劳动关系提取占0%，户口迁出本市或出境定居占0%，其他占39.67%）。

提取职工中，中、低收入占99.99%，高收入占0.01%。

（三）贷款业务

1. 个人住房贷款：2017年，支持职工购建房27.43万平方米，年末个人住房贷款市场占有率为65.84%，比上年增加24.86个百分点。通过申请住房公积金个人住房贷款，可节约职工购房利息支出5650.95万元。

职工贷款笔数中，购房建筑面积90（含）平方米以下占23.47%，90~144（含）平方米占72.22%，144平方米以上占4.31%。购买新房占73.5%（其中购买保障性住房占0%），购买存量商品住房占26.5%，建造、翻建、大修自住住房占0%，其他占0%。

职工贷款笔数中，单缴存职工申请贷款占32.17%，双缴存职工申请贷款占67.83%，三人及以上缴存职工共同申请贷款占0%。

贷款职工中，30岁（含）以下占34.07%，30岁~40岁（含）占35.86%，40岁~50岁（含）占19.43%，50岁以上占10.64%；首次申请贷款占86.60%，二次及以上申请贷款占13.40%；中、低收入占99.18%，高收入占0.82%。

2. 异地贷款：2017年，发放异地贷款123笔2966万元。2017年末，发放异地贷款总额12845万元，异地贷款余额9649.83万元。

（四）住房贡献率：2017年，个人住房贷款发放额、公转商贴息贷款发放额、项目贷款发放额、住房消费提取额的总和与当年缴存额的比率为93.83%，比上年（减少）22.47个百分点。

六、其他重要事项

（一）当年受委托办理缴存贷款业务金融机构变更情况：经阜新市住房公积金管理委员会审批受托办理缴存贷款业务的金融机构有8家，分别是：工商银行、建设银行、农业银行、中国银行、交通银行、阜新银行、邮储银行、阜蒙县农村信用合作联社，与2016年相比无变化。

（二）当年住房公积金政策调整及执行情况：

1. 当年缴存基数限额及确定方法、缴存比例等缴存政策调整情况：当年住房公积金缴存基数上限为

12400元，下限为1200元，缴存基数上下限的确定方法是依据住房城乡建设部、财政部、中国人民银行《关于住房公积金管理若干具体问题的指导意见》（建金管〔2005〕5号）、《关于办理住房公积金缴存比例及缴存基数的通知》（阜公积金发〔2017〕4号）、《阜新市住房公积金缴存管理办法》（阜公积金委字〔2017〕3号）和《关于调整市本级政府机关、事业单位住房公积金缴存比例和基数的通知》（阜公积金发〔2017〕5号）。当年住房公积金缴存比例执行标准5%～12%，由企业根据经营情况自行确定。当年市本级政府机关、事业单位住房公积金缴存比例由8%调整到12%。

2. 当年提取政策调整情况：2017年，我市经管委会讨论通过，修订了《阜新市住房公积金提取管理办法》（阜公积金委字〔2017〕4号）。当年提取政策调整内容：缩短提取间隔期，将各次提取至少间隔2整年调整为1整年。相应的将每次还贷提取额度调整为1年还贷本息额，每次支付房租提取额度调整为1年房租额。

3. 当年贷款政策调整情况：放宽公积金贷款额度。将现在执行的不超过夫妇双方退休年龄内公积金缴存额的2倍提高到3倍。

4. 当年存贷款利率执行标准：2017年公积金存款利率执行标准为1.5%。

2017年公积金个人住房抵押贷款利率执行标准为：1～5年期（含5年）公积金个人住房抵押贷款利率为2.75%，5年以上公积金个人住房抵押贷款利率为3.25%。

（三）**当年服务改进情况**：一是不断加强中心及县区级服务网点升级改造，目前下设涵盖市中心及两县两区5个营业服务大厅，方便职工就近选择公积金服务网点办理业务。二是继续完善服务设施，在服务网点设立咨询服务台和业务查询机，方便群众办理业务。三是不断改进服务手段，拓宽市民群众咨询公积金政策、解决疑难问题的渠道，通过中心领导班子成员接访制和省民心网、政府12345热线等网上诉求平台处理回复各类留言，满意率达100%，获得了群众普遍认可和好评。四是进一步加强综合服务平台建设，对住房公积金网站进行更新改版，增加了公积金党建、公积金之窗等内容，优化用户查询；完善12329全国统一住房公积金语音自动服务热线、改进公积金查询机的查询模式，积极推进APP开发工作。

（四）**当年信息化建设情况**：保障公积金业务系统正常稳定运行，开发公积金OA管理系统，12329人工服务热线开发上线投入使用。正逐步落实基础数据标准和结算应用系统接入工作。

（五）**当年住房公积金管理中心及职工所获荣誉情况**：2017年，阜新市住房公积金管理中心获省级文明单位和市行政服务中心先进分中心称号，市中心营业大厅获市直机关优质服务窗口称号，阜蒙县办事处荣获阜新市青年文明号。

辽阳市住房公积金2017年年度报告

一、机构概况

（一）**住房公积金管理委员会**：住房公积金管理委员会有18名委员，2017年审议通过的事项主要包括：《辽阳市住房公积金2016年年度报告》、《关于2016年住房公积金财务收支计划完成情况及2017年住房公积金财务收支计划的批复》、《关于进一步化解房地产库存实施住房公积金相关政策的批复》等决议。

（二）住房公积金管理中心：住房公积金管理中心为市政府直属不以营利为目的的参照公务员法管理事业单位，设6个科室，6个办事处。从业人员92人，其中，在编50人，非在编42人。

二、业务运行情况

（一）缴存：2017年，新开户单位67家，实缴单位1787家，净增单位36家；新开户职工1.19万人，实缴职工13.55万人，净增职工0.48万人；缴存额17.89亿元，同比增长7.51%。2017年末，缴存总额143.31亿元，同比增长14.26%；缴存余额60.95亿元，同比增长18.30%。

受委托办理住房公积金缴存业务的银行6家，同上年相比无变化。

（二）提取：2017年，提取额8.46亿元，同比增长12.20%；占当年缴存额的47.29%，比上年增加1.98个百分点。2017年末，提取总额82.36亿元，同比增长11.45%。

（三）贷款：

个人住房贷款：个人住房贷款最高额度80万元，其中，单缴存职工最高额度30万元，双缴存职工最高额度80万元。

2017年，发放个人住房贷款0.1909万笔5.43亿元，同比分别增长-2.35%、1.99%。

2017年，回收个人住房贷款3.81亿元。

2017年末，累计发放个人住房贷款3.03万笔55.90亿元，贷款余额27.64亿元，同比分别增长6.69%、10.76%、6.21%。个人住房贷款余额占缴存余额的45.35%，比上年减少5.17个百分点。

受委托办理住房公积金个人住房贷款业务的银行7家，同上年相比无变化。

（四）购买国债：2017年末，国债余额250.85万元，比上年减少21.41万元。

（五）资金存储：2017年末，住房公积金存款33.53亿元。其中，活期0.12亿元，1年（含）以下定期8.77亿元，1年以上定期22.55亿元，其他（协定、通知存款等）2.09亿元。

（六）资金运用率：2017年末，住房公积金个人住房贷款余额、项目贷款余额和购买国债余额的总和占缴存余额的45.39%，比上年减少5.18个百分点。

三、主要财务数据

（一）业务收入：2017年，业务收入17825.82万元，同比增长12.26%。其中，存款利息9284.15万元，委托贷款利息8541.67万元。

（二）业务支出：2017年，业务支出9015.57万元，同比增长22.17%。其中，支付职工住房公积金利息8525.58万元，归集手续费62.91万元，委托贷款手续费427.08万元。

（三）增值收益：2017年，增值收益8810.25万元，同比增长3.66%。其中，增值收益率1.56%，比上年减少0.24个百分点。

（四）增值收益分配：2017年，提取贷款风险准备金2764.17万元，提取管理费用1200万元，提取城市廉租住房建设补充资金4846.08万元。

2017年，上交财政管理费用1950万元。上缴财政城市廉租住房建设补充资金13239.25万元。

2017年末，贷款风险准备金余额31779.74万元。累计提取城市廉租住房建设补充资金31917.53

万元。

（五）**管理费用支出**：2017年，管理费用支出1306.60万元，同比增长73.81%。其中，人员经费484.62万元，公用经费326.97万元，专项经费495.01万元。

四、资产风险状况

（一）**个人住房贷款**：2017年末，个人住房贷款逾期额101.97万元，逾期率0.37‰。

个人贷款风险准备金按贷款余额的1%提取。2017年，提取个人贷款风险准备金2764.17万元，使用个人贷款风险准备金核销呆坏账0万元。2017年末，个人贷款风险准备金余额31779.74万元，占个人住房贷款余额的11.50%，个人住房贷款逾期额与个人贷款风险准备金余额的比率为0.32%。

（二）**历史遗留风险资产**：2017年末，历史遗留风险资产余额250.85万元（2018年3月已清收），比上年减少21.41万元，历史遗留风险资产回收率87.46%。

五、社会经济效益

（一）**缴存业务**：2017年，实缴单位数、实缴职工人数和缴存额同比分别增长2.06%、3.75%和7.51%。

缴存单位中，国家机关和事业单位占74.09%，国有企业占10.74%，城镇集体企业占1.12%，外商投资企业占1.12%，城镇私营企业及其他城镇企业占12.09%，民办非企业单位和社会团体占0.84%，其他占0%。

缴存职工中，国家机关和事业单位占41.90%，国有企业占38.04%，城镇集体企业占1.31%，外商投资企业占2.04%，城镇私营企业及其他城镇企业占16.35%，民办非企业单位和社会团体占0.36%，其他占0%；中、低收入占99.83%，高收入占0.17%。

新开户职工中，国家机关和事业单位占12.77%，国有企业占15.81%，城镇集体企业占1.70%，外商投资企业占2.40%，城镇私营企业及其他城镇企业占66.34%，民办非企业单位和社会团体占0.98%，其他占0%；中、低收入占99.94%，高收入占0.06%。

（二）**提取业务**：2017年，3.03万名缴存职工提取住房公积金8.46亿元。

提取金额中，住房消费提取占67.12%（购买、建造、翻建、大修自住住房占28.65%，偿还购房贷款本息占56.16%，租赁住房占2.66%，其他占12.53%）；非住房消费提取占32.88%（离休和退休提取占74.20%，完全丧失劳动能力并与单位终止劳动关系提取占15.89%，户口迁出本市或出境定居占5.82%，其他占4.09%）。

提取职工中，中、低收入占99.59%，高收入占0.41%。

（三）**贷款业务**：

1. **个人住房贷款**：2017年，支持职工购建房19.52万平方米，年末个人住房贷款市场占有率为22.95%，比上年增加0.02个百分点。通过申请住房公积金个人住房贷款，可节约职工购房利息支出8796.80万元。

职工贷款笔数中，购房建筑面积90（含）平方米以下占28.65%，90~144（含）平方米占68.36%，144平方米以上占2.99%。购买新房占81.67%，购买存量商品住房占18.33%，建造、翻建、大修自住住房占 0%，其他占 0%。

职工贷款笔数中，单缴存职工申请贷款占 65.79%，双缴存职工申请贷款占 34.21%，三人及以上缴存职工共同申请贷款占 0%。

贷款职工中，30 岁（含）以下占 23.93%，30 岁～40 岁（含）占 39.60%，40 岁～50 岁（含）占 25.67%，50 岁以上占 10.80%；首次申请贷款占 91.57%，二次及以上申请贷款占 8.43%；中、低收入占 99.40%，高收入占 0.60%。

2. 异地贷款： 2017 年，发放异地贷款 51 笔 1043.20 万元。2017 年末，发放异地贷款总额 3370.90 万元，异地贷款余额 2507.34 万元。

（四）住房贡献率： 2017 年，个人住房贷款发放额、公转商贴息贷款发放额、项目贷款发放额、住房消费提取额的总和与当年缴存额的比率为 62.07%，比上年减少 0.48 个百分点。

六、其他重要事项

（一）当年住房公积金政策调整及执行情况：

1. 缴存基数上限根据辽阳市统计局公布的 2016 年全市在岗职工月平均工资 3 倍计算，2017 年住房公积金月缴存基数上限为 13627 元，单位和职工住房公积金月缴存额上限各为 1635 元，合计缴存额不得超过 3270 元。

缴存基数下限根据辽阳市人民政府规定的最低工资标准为依据，2017 年住房公积金月缴存基数下限为 1200 元，单位和职工住房公积金月缴存额下限分别为 144 元，合计月缴存额不得低于 288 元。

2. 按照省、市化解房地产库存工作的部署和要求，为促进我市房地产业健康发展，支持住房公积金缴存职工购买自住住房，维护职工利益，2017 年实施了住房公积金四项政策措施。

（1）我市缴存职工连续足额缴存住房公积金 3 个月（含）以上，职工所在单位连续足额缴存 6 个月（含）以上，即可申请住房公积金贷款。

（2）我市及异地缴存职工在本市区域内购买普通商品住房，最低首付款比例统一调整为 20%。

（3）我市缴存职工在本市区域内购买自住商品住房申请住房公积金贷款时，可同时申请提取职工（含配偶）住房公积金支付购房首付款。

（4）我市缴存职工在本市区域内购买二手房申请住房公积金贷款时，职工可先办理提取住房公积金业务，再申请住房公积金二手房贷款，要求提取金额与贷款金额之和要小于等于房屋总价。

3. 当年住房公积金存贷款利率没有变化。住房公积金存款执行利率为年利率 1.5%；住房公积金贷款执行利率为 1～5 年（含）年利率 2.75%，5 年以上年利率 3.25%。

（二）当年服务改进情况： 改善对外服务环境，深入推进服务网点建设。2017 年我们按标准化服务要求加大硬件投入，先后改造了白塔、辽化、辽阳县、灯塔、弓长岭 5 个办事处，使各办事处的营业面积有所增加，各项功能更加完善。在所有办事处服务大厅都设置了自助查询终端服务设备、饮水机、休息座椅、老花镜等设施和物品，为缴存单位办事人员和职工提供便利。

优化流程提高效率。调整部分缴存业务管理权限实现住房公积金通存通取，多网点分流办理，提高办件速度；优化贷款受理模式、简化贷款流程及要件，贷款办理时间大幅缩短。

配合人社局完善"惠民一卡通"各项功能，拓宽查询渠道，方便缴存职工查询本人公积金情况，为

"智慧辽阳"工程做出贡献。

（三）当年信息化建设情况：2017年11月15日，中心与北京安泰伟奥信息技术有限公司签订《辽阳市住房公积金信息系统双贯标及综合服务平台项目合同》，目前正处于新系统需求完善阶段。新系统能够满足住房城乡建设部双贯标要求，并按照住房城乡建设部规定综合服务平台也同时上线。

盘锦市住房公积金2017年年度报告

一、机构概况

（一）住房公积金管理委员会：住房公积金管理委员会有23名委员，2017年召开1次会议，审议通过的事项主要包括：

1. 关于调整盘锦市住房公积金管理委员会组成人员的情况说明。
2. 关于调整住房公积金相关业务政策的几点建议。

（二）住房公积金管理中心：住房公积金管理中心为隶属于市政府不以营利为目的的参照公务员管理的事业单位，设2个科，5个管理部，1个分中心。从业人员227人，其中，在编54人，非在编173人（其中：市本级69人；油田分中心104人）。

二、业务运行情况

（一）缴存：2017年，新开户单位167家，实缴单位1792家，净增单位165家；新开户职工1.11万人，实缴职工22.08人，净增职工0.51万人；缴存额33.69亿元，同比下降0.12%。2017年末，缴存总额298.65亿元，同比增长12.71%；缴存余额92.86亿元，同比增长27.92%。

受委托办理住房公积金缴存业务的银行6家，比上年增加0家。

（二）提取：2017年，提取额13.42亿元，同比下降－74.37%（其中：市中心提取7.35亿元，同比增长19%；油田分中心提取6.07亿元，同比下降86.85%）；占当年缴存额的39.83%，比上年下降119.71个百分点（其中：市中心比上年增加3个百分点；油田分中心比上年下降185个百分点）。2017年末，提取总额205.79亿元，同比增长7%。

（三）贷款：

个人住房贷款：个人住房贷款最高额度80万元，其中，单缴存职工最高额度50万元，双缴存职工最高额度80万元。

2017年，发放个人住房贷款0.37万笔9.04亿元，同比分别下降9%、7%。其中，市中心发放个人住房贷款0.3万笔7.13亿元，油田分中心发放个人住房贷款0.07万笔1.91亿元。

2017年，回收个人住房贷款5.5亿元。其中，市中心4.3亿元，油田分中心1.2亿元。

2017年末，累计发放个人住房贷款4.73万笔84.04亿元，贷款余额45.25亿元，同比分别增长8.24%、12.05%、8.5%。个人住房贷款余额占缴存余额的48.73%，比上年减少8.73个百分点。

受委托办理住房公积金个人住房贷款业务的银行 6 家，比上年增加（减少）0 家。

（四）资金存储：2017 年末，住房公积金存款 48.37 亿元。其中，活期 4.42 亿元，1 年（含）以下定期 31.56 亿元，1 年以上定期 11.02 亿元，其他（协定、通知存款等）1.37 亿元。

（五）资金运用率：2017 年末，住房公积金个人住房贷款余额、项目贷款余额和购买国债余额的总和占缴存余额的 48.73％，比上年减少 8.73 个百分点。

三、主要财务数据

（一）业务收入：2017 年，业务收入 25354.46 万元，同比增长 18.46％。其中，市中心 14878.69 万元，油田分中心 10475.77 万元；存款利息 11111.66 万元，委托贷款利息 13550.18 万元，国债利息 0 万元，其他 692.62 万元。

（二）业务支出：2017 年，业务支出 14692.55 万元，同比降低 2.72％。其中，市中心 10342.54 万元，油田分中心 4350.01 万元；支付职工住房公积金利息 12931.42 万元，归集手续费 707.78 万元，委托贷款手续费 1053.35 万元。

（三）增值收益：2017 年，增值收益 10661.91 万元，同比增长 69.27％。其中，市中心 4536.15 万元，油田分中心 6125.76 万元；增值收益率 1％，比上年减少 0.36 个百分点。

（四）增值收益分配：2017 年，提取贷款风险准备金 1150.73 万元，提取管理费用 3561.02 万元，提取城市廉租住房（公共租赁住房）建设补充资金 5950.16 万元。

2017 年，上交财政管理费用 1012.79 万元。上缴财政城市廉租住房（公共租赁住房）建设补充资金 3239.63 万元。其中，市中心上缴 3239.63 万元。

2017 年末，贷款风险准备金余额 21320.22 万元。累计提取城市廉租住房（公共租赁住房）建设补充资金 42866.68 万元。其中，市中心提取 13358.39 万元，油田分中心提取 29508.29 万元。

（五）管理费用支出：2017 年，管理费用支出 2236.98 万元，同比增长 0.56％。其中，人员经费 1382.77 万元，公用经费 169.48 万元，专项经费 684.73 万元。

市中心管理费用支出 976.59 万元，其中，人员、公用、专项经费分别为 241.63 万元、67.83 万元、667.13 万元；油田分中心管理费用支出 1260.39 万元，其中，人员、公用、专项经费分别为 1141.14 万元、101.65 万元、17.60 万元。

四、资产风险状况

个人贷款风险准备金按贷款余额的 1％提取。2017 年，提取个人贷款风险准备金 1150.73 万元，使用个人贷款风险准备金核销呆坏账 0 万元。2017 年末，个人贷款风险准备金余额 21320.22 万元，占个人住房贷款余额的 4.71％，个人住房贷款逾期额与个人贷款风险准备金余额的比率为 0％。

五、社会经济效益

（一）缴存业务：2017 年，实缴单位数、实缴职工人数和缴存额同比分别增长 4.92％、0.27％和 －0.12％。

缴存单位中，国家机关和事业单位占 36.10％，国有企业占 32.14％，城镇集体企业占 0.28％，外商投资企业占 1.1%，城镇私营企业及其他城镇企业占 6.47%，民办非企业单位和社会团体占 8.65%，其他占 15.26%。

缴存职工中，国家机关和事业单位占 26.39%，国有企业占 57.78%，城镇集体企业占 1.37%，外商投资企业占 0.65%，城镇私营企业及其他城镇企业占 2.34%，民办非企业单位和社会团体占 3.97%，其他占 7.51%；中、低收入占 96.62%，高收入占 3.38%。

新开户职工中，国家机关和事业单位占 29.77%，国有企业占 8.52%，城镇集体企业占 0.21%，外商投资企业占 0.46%，城镇私营企业及其他城镇企业占 9.61%，民办非企业单位和社会团体占 21.10%，其他占 30.33%；中、低收入占 99.76%，高收入占 0.24%。

（二）提取业务：2017 年，为 3.06 万名缴存职工提取住房公积金 13.42 亿元。

提取金额中，住房消费提取占 67.65%（购买、建造、翻建、大修自住住房占 58.97%，偿还购房贷款本息占 37.53%，租赁住房占 1.66%，其他占 1.84%）；非住房消费提取占 32.35%（离休和退休提取占 75.4%，完全丧失劳动能力并与单位终止劳动关系提取占 11.89%，户口迁出本市或出境定居占 1.18%，其他占 11.53%）。

提取职工中，中、低收入占 98.35%，高收入占 1.65%。

（三）贷款业务：

1. **个人住房贷款**：2017 年，支持职工购建房 34.1 万平方米，年末个人住房贷款市场占有率为 11.34%，比上年减少 21.54 个百分点。通过申请住房公积金个人住房贷款，可节约职工购房利息支出 5692.71 万元。

职工贷款笔数中，购房建筑面积 90（含）平方米以下占 15.01%，90~144（含）平方米占 78.10%，144 平方米以上占 6.89%。购买新房占 82.74%（其中购买保障性住房占 0%），购买存量商品住房占 17.26%。

职工贷款笔数中，单缴存职工申请贷款占 44.29%，双缴存职工申请贷款占 55.71%，三人及以上缴存职工共同申请贷款占 0%。

贷款职工中，30 岁（含）以下占 32.91%，30 岁~40 岁（含）占 31.88%，40 岁~50 岁（含）占 31.91%，50 岁以上占 3.3%；首次申请贷款占 70.01%，二次及以上申请贷款占 29.99%；中、低收入占 98.92%，高收入占 1.08%。

2. **异地贷款**：2017 年，发放异地贷款 14 笔 469 万元。2017 年末，发放异地贷款总额 11078 万元，异地贷款余额 8295 万元。

（四）住房贡献率：2017 年，个人住房贷款发放额、公转商贴息贷款发放额、项目贷款发放额、住房消费提取额的总和与当年缴存额的比率为 53.78%（其中：市中心 99%；油田分中心 27%），比上年减少 99.7 个百分点。

六、其他重要事项

1. **缴存基数的计算口径**：2017 年度缴存住房公积金的月工资基数（以下简称"缴存基数"）为职工本人 2016 年度月平均工资，职工月平均工资应按国家统计局规定列入工资总额统计的项目计算。

2. **缴存基数的上下限**：2017 年度住房公积金缴存基数的上限为 15702 元，即最高不超过全省公布的上年在岗职工月平均工资的3倍；下限为1200元。

3. **缴存比例**：2017年度住房公积金缴存比例不作调整，缴存比例最高不得超过12%，最低不得低于5%。

4. **月缴存额计算**：职工住房公积金的月缴存额为职工个人缴存基数乘以住房公积金缴存比例。职工住房公积金月缴存额计算到元。月缴存额＝缴存基数×缴存比例。

铁岭市住房公积金2017年年度报告

一、机构概况

（一）**住房公积金管理委员会**：住房公积金管理委员会有27名委员，2017年召开2次会议，审议通过的事项主要包括：

1. 审议住房公积金年度报告。
2. 审议住房公积归集、使用计划。
3. 审议住房公积金增值收益分配方案。
4. 其他几个重要事项。

（二）**住房公积金管理中心**：住房公积金管理中心为隶属市财政局不以营利为目的的参公事业单位，设5个科室，7个办事处。从业人员71人。其中，在编34人，非在编37人。铁煤分中心设3个科，从业人员6人，其中，在编5人，非在编1人。

二、业务运行情况

（一）**缴存**：2017年，新开户单位263家，实缴单位3206家，净增单位93家；新开户职工0.72万人，实缴职工16.04万人，净增职工0.2万人；缴存额17.18亿元，同比增长11.7%。2017年末，缴存总额147.49亿元，同比增长13.18%；缴存余额71.15亿元，同比增长11.15%。

铁岭市住房公积金管理中心受委托办理住房公积金缴存业务的银行3家。铁煤分中心受委托办理住房公积金缴存业务的银行5家。

（二）**提取**：2017年，提取额10.04亿元，同比减少1.67%；占当年缴存额的58.44%，比上年减少7.94个百分点。2017年末，提取总额76.34亿元，同比增长15.16%。

（三）**贷款**：

个人住房贷款：个人住房贷款最高额度80万元，其中，单缴存职工最高额度50万元，双缴存职工最高额度80万元。

2017年，发放个人住房贷款0.422万笔8.23亿元，同比分别下降19.23%、8.39%。其中，市中心发放个人住房贷款0.42万笔8.19亿元，分中心发放个人住房贷款0.002万笔0.04亿元。

2017年，回收个人住房贷款4.46亿元。其中，市中心4.42亿元，分中心0.04亿元。

2017年末，累计发放个人住房贷款5.449万笔66.64亿元，贷款余额38.74亿元，同比分别增长8.39％、14.09％、10.78％。个人住房贷款余额占缴存余额的54.45％，比上年减少0.18个百分点。

受委托办理住房公积金个人住房贷款业务的银行3家。铁煤分中心受委托办理住房公积金个人住房贷款业务的银行1家。

（四）资金存储：2017年末，住房公积金存款24.63亿元。其中，活期0.02亿元，1年（含）以下定期1.51亿元，1年以上定期17.78亿元，协定存款5.32亿元。

（五）资金运用率：2017年末，住房公积金个人住房贷款余额占缴存余额的54.45％，比上年减少0.18个百分点。

三、主要财务数据

（一）业务收入：2017年，业务收入19094.07万元，同比减少16.98％。其中，市中心14670.85万元，铁煤分中心4423.22万元，存款利息7345.18万元，委托贷款利息11734.21万元，其他14.68万元。

（二）业务支出：2017年，业务支出11189.25万元，同比减少4.48％。其中，市中心7088.49万元，铁煤分中心4100.76万元，支付职工住房公积金利息10816.48万元，公积金归集手续费1.3万元，委托贷款手续费371.07万元，其他0.4万元。

（三）增值收益：2017年，增值收益7904.82万元，同比减少29.96％。其中，市中心7582.36万元，分中心322.46万元，增值收益率1.17％，比上年减少0.66个百分点。

（四）增值收益分配：2017年，提取贷款风险准备金5968.82万元，提取管理费用1556万元，提取城市廉租住房（公共租赁住房）建设补充资金380万元。

2017年，上缴财政城市廉租住房（公共租赁住房）建设补充资金200万元。

2017年末，贷款风险准备金余额31163.64万元。累计提取城市廉租住房（公共租赁住房）建设补充资金14780.03万元。其中，市中心提取1560万元，铁煤分中心提取13220.03万元。

（五）管理费用支出：2017年，管理费用支出1497.26万元，同比下降34.33％。其中，人员经费605.55万元，公用经费180.81万元，专项经费710.9万元。

市中心管理费用支出1296万元，其中，人员、公用、专项经费分别为494万元、142万元、660万元；铁煤分中心管理费用支出201.26万元，其中，人员、公用、专项经费分别为111.55万元、38.81万元、50.9万元。

四、资产风险状况

个人住房贷款：2017年末，个人住房贷款逾期659.88万元，逾期率1.7‰。其中，市中心1.71‰，铁煤分中心0.4‰。

个人贷款风险准备金按不低于当年增值收益的60％提取。2017年，提取个人贷款风险准备金5968.82万元。2017年末，个人贷款风险准备金余额31163.64万元，占个人住房贷款余额的8.04％，个人住房贷款逾期额与个人贷款风险准备金余额的比率为2.12％。

五、社会经济效益

（一）缴存业务：2017年，实缴单位数、实缴职工人数和缴存额同比分别增长2.99％、－10.73％

和 11.7%。

缴存单位中，国家机关和事业单位占 75.33%，国有企业占 11.32%，城镇集体企业占 0.69%，外商投资企业占 0.8%，城镇私营企业及其他城镇企业占 7.21%，民办非企业单位和社会团体占 0.53%，其他占 4.12%。

缴存职工中，国家机关和事业单位占 43.16%，国有企业占 46.77%，城镇集体企业占 1.71%，外商投资企业占 1.31%，城镇私营企业及其他城镇企业占 6.14%，民办非企业单位和社会团体占 0.54%，其他占 0.37%；中、低收入占 99.2%，高收入占 0.8%。

新开户职工中，国家机关和事业单位占 36.87%，国有企业占 40%，城镇集体企业占 0.6%，外商投资企业占 1.47%，城镇私营企业及其他城镇企业占 17.81%，民办非企业单位和社会团体占 1.22%，其他占 2.03%；中、低收入占 99.92%，高收入占 0.08%。

（二）提取业务：2017 年，2.93 万名缴存职工提取住房公积金 6.78 亿元。

提取金额中，住房消费提取占 60%（购买、建造、翻建、大修自住住房占 40.49%，偿还购房贷款本息占 58.39%，租赁住房占 1.12%）；非住房消费提取占 40%（离休和退休提取占 68.2.%，死亡提取占 2.17%，完全丧失劳动能力并与单位终止劳动关系提取占 2.12%，户口迁出本市或出境定居占 0.05%，其他占 27.46%）。

提取职工中，中、低收入占 99.57%，高收入占 0.43%。

（三）贷款业务

1. **个人住房贷款**：2017 年，支持职工购建房 36.12 万平方米，年末个人住房贷款市场占有率为 25%，比上年增加 3 个百分点。通过申请住房公积金个人住房贷款，可节约职工购房利息支出 1708.21 万元。

职工贷款笔数中，购房建筑面积 90（含）平方米以下占 36.58%，90～144（含）平方米占 57.02%，144 平方米以上占 6.4%。购买新房占 65.17%，购买存量商品住房占 34.83%。

职工贷款笔数中，单缴存职工申请贷款占 55.11%，双缴存职工申请贷款占 44.89%。

贷款职工中，30 岁（含）以下占 23.52%，30 岁～40 岁（含）占 38.8%，40 岁～50 岁（含）占 29.3%，50 岁以上占 8.38%；首次申请贷款占 86.66%，二次及以上申请贷款占 13.34%；中、低收入占 98.7%，高收入占 1.3%。

2. **异地贷款**：2017 年，发放异地贷款 234 笔 5525 万元。2017 年末，发放异地贷款总额 34458.2 万元，异地贷款余额 22479.63 万元。

（四）住房贡献率：2017 年，个人住房贷款发放额、住房消费提取额的总和与当年缴存额的比率为 83.06%，比上年减少 13.07 个百分点。

六、其他重要事项

1. 铁煤分中心 2017 年 7 月份缴存基数限额由原来的 10617 元调整为 10989 元。缴存基数限额为上一年全市在岗职工月平均工资的 3 倍。

2. 铁煤分中心 2017 年 11 月份企业为职工缴存部分比例由 6% 调整为 12%，从 2017 年 1 月份开始执行。

3. 为提高服务水平和管理效率，进一步加快住房公积金信息化建设，我们拟对现有服务网点、服务设施、服务手段、管理模式和公积金管理信息系统进行全面的升级改造。按照住房城乡建设部《公积金基础数据标准》和住房城乡建设部《资金结算平台》的总体要求，我们 2017 年完成了系统前期可行性研究、需求调查及硬件采购，目前正在进行系统开发，预计 2018 年 6 月底前可正式上线实施。上线后公积金缴存人借助公积金网上办事大厅、微信、手机 APP 等综合服务平台和渠道，即可实现网上汇缴、退休支取、贷款申请、信息查询等业务，使我市的公积金管理水平再上新台阶。

朝阳市住房公积金 2017 年年度报告

一、机构概况

（一）**住房公积金管理委员会**：住房公积金管理委员会有 15 名委员，2017 年召开 1 次会议，审议通过的事项主要包括：《朝阳市 2016 年度住房公积金决算及 2017 年预算报告》、《朝阳市住房公积金 2016 年年度报告》、《2017 年度预算重点专项说明》、《住房公积金归集、贷款、提取管理实施细则及调整说明》。

（二）**住房公积金管理中心**：住房公积金管理中心为朝阳市人民政府不以营利为目的的自收自支事业单位，设 10 个科室，5 个办事处。从业人员 137 人，其中，在编 60 人，非在编 77 人。

二、业务运行情况

（一）**缴存**：2017 年，新开户单位 131 家，实缴单位 2594 家，净增单位 110 家；新开户职工 0.71 万人，实缴职工 16.93 万人，职工减少 0.29 万人；缴存额 17.63 亿元，同比增长 7.5%。2017 年末，缴存总额 118.78 亿元，同比增长 17.42%；缴存余额 68.04 亿元，同比增长 9.13%。

受委托办理住房公积金缴存业务的银行 8 家，比上年增加 3 家。

（二）**提取**：2017 年提取额 11.93 亿元，同比增长 14.16%；占当年缴存额的 67.67%，比上年增加 3.98 个百分点。2017 年末，提取总额 50.74 亿元，同比增长 30.74%。

（三）**贷款**：

1. **个人住房贷款**：个人住房贷款最高额度 80 万元，其中，单缴存职工最高额度 80 万元，双缴存职工最高额度 80 万元。

2017 年，发放个人住房贷款 0.41 万笔发放金额 10.22 亿元，同比分别下降 21.15%、18.95%。2017 年，回收个人住房贷款 8.25 亿元。

2017 年末，累计发放个人住房贷款 5.73 万笔 96.37 亿元，贷款余额 57.37 亿元，同比分别增长 7.71%、11.88%、3.57%。个人住房贷款余额占缴存余额的 84.32%，比上年减少 4.52 个百分点。

受委托办理住房公积金个人住房贷款业务的银行 8 家，比上年增加 3 家。

2. **住房公积金支持保障性住房建设项目贷款**：2017 年末，累计发放项目贷款 0.28 亿元，项目贷款余额 0 亿元。

（四）**资金存储**：2017年末，住房公积金存款11.27亿元。其中，活期0.04亿元，1年（含）以下定期7.4亿元，1年以上定期0.12亿元，其他协定存款3.71亿元。

（五）**资金运用率**：2017年末，住房公积金个人住房贷款余额、项目贷款余额和购买国债余额的总和占缴存余额的84.32%，比上年减少4.52个百分点。

三、主要财务数据

（一）**业务收入**：2017年，业务收入20612.54万元，同比增长11.75%。其中，存款利息2378.74万元，委托贷款利息18219.16万元，国债利息0万元，其他14.64万元。

（二）**业务支出**：2017年，业务支出11099.78万元，同比增长6.95%。其中，支付职工住房公积金利息9772.02万元，归集手续费0万元，委托贷款手续费212.29万元，其他1115.47万元。

（三）**增值收益**：2017年，增值收益9512.76万元，同比增长17.93%。增值收益率1.47%，比上年增加0.11个百分点。

（四）**增值收益分配**：2017年，提取贷款风险准备金197.47万元，提取管理费用3765.93万元，提取城市廉租住房（公共租赁住房）建设补充资金5549.36万元。

2017年，上交财政管理费用3765.93万元。上缴财政城市廉租住房（公共租赁住房）建设补充资金4857.14万元。

2017年末，贷款风险准备金余额6500.66万元。累计提取城市廉租住房（公共租赁住房）建设补充资金38225.36万元。

（五）**管理费用支出**：2017年，管理费用支出3020.75万元，同比增长15.6%。其中，人员经费938.5万元，公用经费310.13万元，专项经费1772.12万元。

四、资产风险状况

（一）**个人住房贷款**：2017年末，个人住房贷款逾期额13.64万元，逾期率0.02‰。

个人贷款风险准备金按贷款余额的1%提取。2017年，提取个人贷款风险准备金197.47万元，使用个人贷款风险准备金核销呆坏账0万元。2017年末，个人贷款风险准备金余额6388.66万元，占个人住房贷款余额的1.11%，个人住房贷款逾期额与个人贷款风险准备金余额的比率为3.1%。

（二）**支持保障性住房建设试点项目贷款**：2017年，项目贷款风险准备金余额112万元，占项目贷款余额的0%。

（三）**历史遗留风险资产**：2017年末，历史遗留风险资产余额28.5万元。

五、社会经济效益

（一）**缴存业务**：2017年，实缴单位数、实缴职工人数和缴存额同比分别增长4.43%、减少1.68%和增加7.5%。

缴存单位中，国家机关和事业单位占80.92%，国有企业占5.78%，城镇集体企业占0.85%，外商投资企业占0.89%，城镇私营企业及其他城镇企业占4.05%，民办非企业单位和社会团体占0.69%，其他占6.82%。

缴存职工中，国家机关和事业单位占 73.51%，国有企业占 14.19%，城镇集体企业占 3.0%，外商投资企业占 0.16%，城镇私营企业及其他城镇企业占 3.84%，民办非企业单位和社会团体占 0.13%，其他占 5.17%；中、低收入占 99.41%，高收入占 0.59%。

新开户职工中，国家机关和事业单位占 19.33%，国有企业占 20.96%，城镇集体企业占 20.95%，外商投资企业占 1.04%，城镇私营企业及其他城镇企业占 16.14%，民办非企业单位和社会团体占 0%，其他占 21.58%；中、低收入占 99.65%，高收入占 0.35%。

（二）提取业务：2017 年，4.75 万名缴存职工提取住房公积金 11.93 亿元。

提取金额中，住房消费提取占 73.76%（购买、建造、翻建、大修自住住房占 14.11%，偿还购房贷款本息占 85.04%，租赁住房占 0.83%，其他占 0.02%）；非住房消费提取占 26.24%（离休和退休提取占 76.80%，完全丧失劳动能力并与单位终止劳动关系提取占 15.69%，其他占 7.51%）。

提取职工中，中、低收入占 99.10%，高收入占 0.90%。

（三）贷款业务：

1. 个人住房贷款：2017 年，支持职工购建房 44.14 万平方米，年末个人住房贷款市场占有率为 35.78%，比上年减少 20.66 个百分点。通过申请住房公积金个人住房贷款，可节约职工购房利息支出 9959.64 万元。

职工贷款笔数中，购房建筑面积 90（含）平方米以下占 24.25%，90～144（含）平方米占 69.68%，144 平方米以上占 6.07%。购买新房占 75.48%（其中购买保障性住房占 0%），购买存量商品住房占 24.52%，建造、翻建、大修自住住房占 0%，其他占 0%。

职工贷款笔数中，单缴存职工申请贷款占 30.81%，双缴存职工申请贷款占 69.19%，三人及以上缴存职工共同申请贷款占 0%。

贷款职工中，30 岁（含）以下占 36.36%，30 岁～40 岁（含）占 32.23%，40 岁～50 岁（含）占 20.81%，50 岁以上占 10.60%；首次申请贷款占 89.61%，二次及以上申请贷款占 10.39%；中、低收入占 99.63%，高收入占 0.37%。

2. 异地贷款：2017 年，发放异地贷款 370 笔 8812 万元。2017 年末，发放异地贷款总额 21028 万元，异地贷款余额 19261.93 万元。

3. 支持保障性住房建设试点项目贷款：2017 年末，累计试点项目 2 个，贷款额度 0.28 亿元，建筑面积 2.71 万平方米，可解决 430 户中低收入职工家庭的住房问题。2 个试点项目贷款资金已发放并还清贷款本息。

（四）住房贡献率：2017 年，个人住房贷款发放额、公转商贴息贷款发放额、项目贷款发放额、住房消费提取额的总和与当年缴存额的比率为 125.64%，比上年减少 14.91 个百分点。

六、其他重要事项

1. 2017 年朝阳市统计局公布的 2017 年朝阳市在岗月平均工资标准为 3988 元，以此为依据，规定朝阳市 2016 年度缴存基数最高为 3988×3＝11964 元；最低缴存基数为 3988×60%≈2400 元，各缴存单位以此进行了年度调整，缴存比例严格按照个人和单位分别不低于 5%，不高于 12%。

2. 为方便缴存职工及时了解公积金政策动向及个人账户情况，正式推出微信公众服务平台（朝阳公积金）。

3. 2017年，中心不断加强和改进服务，改变服务制度，加大软硬件投入力度，实行综合柜员制，购置装修龙城办事处办公网点，提高服务能力。

4. 2017中心根据住房城乡建设部要求，将"双贯标"建设标准融入住房公积金信息系统开发建设中，同步开发、同步建设、同步推进。通过实现银行结算应用接口贯标，提取和贷款发放全部能做到实时交易，财务实施统一核算，客户申请资金当场"秒级"到账。

葫芦岛市住房公积金 2017 年年度报告

一、机构概况

（一）**住房公积金管理委员会**：住房公积金管理委员会有 22 名委员。

（二）**住房公积金管理中心**：住房公积金管理中心为市政府直属不以营利为目的的自收自支事业单位，设 9 个科室，6 个办事处。从业人员 114 人，其中，在编 72 人，非在编 42 人。

二、业务运行情况

（一）**缴存**：2017 年，新开户单位 112 家，实缴单位 1006 家，净减单位 456 家；新开户职工 0.78 万人，实缴职工 15.71 万人，净增职工 0.33 万人；缴存额 18.06 亿元，同比增长 5.80%。2017 年末，缴存总额 131.13 亿元，同比增长 15.96%；缴存余额 74.99 亿元，同比增长 13.43%。

受委托办理住房公积金缴存业务的银行 6 家。

（二）**提取**：2017 年，提取额 9.18 亿元，同比下降 15.24%；占当年缴存额的 50.83%，比上年减少 12.61 个百分点。2017 年末，提取总额 56.14 亿元，同比增长 19.55%。

（三）**贷款**：个人住房贷款最高额度 80 万元，其中，单缴存职工最高额度 80 万元，双缴存职工最高额度 80 万元。

2017 年，发放个人住房贷款 0.47 万笔 14.48 亿元，同比分别下降 29.85%、25.13%。

2017 年，回收个人住房贷款 6.96 亿元。2017 年末，累计发放个人住房贷款 5.76 万笔 100.51 亿元，贷款余额 60.90 亿元，同比分别增长 8.88%、16.82%、14.09%。个人住房贷款余额占缴存余额的 81.21%，比上年增加 0.47 个百分点。

受委托办理住房公积金个人住房贷款业务的银行 5 家。

（四）**资金存储**：2017 年末，住房公积金存款 15.03 亿元。其中，活期 1.46 亿元，1 年（含）以下定期 13.02 亿元，1 年以上定期 0.55 亿元。

（五）**资金运用率**：2017 年末，住房公积金个人住房贷款余额、项目贷款余额和购买国债余额的总和占缴存余额的 81.21%，比上年增加 0.47 个百分点。

三、主要财务数据

（一）业务收入：2017年，业务收入21811.24万元，同比增长0.59%。存款利息3691.32万元，委托贷款利息18110.49万元，其他9.43万元。

（二）业务支出：2017年，业务支出10219.63万元，同比增长3.93%。支付职工住房公积金利息10602.41万元，一次性冲减以前年度计提的归集手续费1288.35万元，委托贷款手续费905.47万元，其他0.10万元。

（三）增值收益：2017年，增值收益11591.61万元，同比下降2.19%。增值收益率1.64%，比上年减少0.27个百分点。

（四）增值收益分配：2017年，提取贷款风险准备金754.56万元，提取管理费用1837.05万元，提取城市廉租住房（公共租赁住房）建设补充资金9000万元。

2017年，上交财政管理费用1837.05万元。上缴财政2016年度提取的城市廉租住房（公共租赁住房）建设补充资金7800万元。

2017年末，贷款风险准备金余额19068.67万元。累计提取城市廉租住房（公共租赁住房）建设补充资金36477.26万元。

（五）管理费用支出：2017年，管理费用支出1868万元，同比下降10.11%。其中，人员经费1012万元，公用经费498万元，专项经费358万元。

四、资产风险状况

个人住房贷款：2017年末，个人住房贷款逾期额31.74万元，逾期率0.05‰。个人贷款风险准备金按贷款余额的1%提取。2017年提取个人贷款风险准备金754.56万元。2017年末，个人贷款风险准备金余额19068.67万元，占个人住房贷款余额的3.13%，个人住房贷款逾期额与个人贷款风险准备金余额的比率为0.17%。

五、社会经济效益

（一）缴存业务：2017年，实缴单位数、实缴职工人数和缴存额同比分别增长-31.19%、2.13%和5.80%。

缴存单位中，国家机关和事业单位占36.18%，国有企业占18.59%，城镇集体企业占4.18%，外商投资企业占2.58%，城镇私营企业及其他城镇企业占23.26%，民办非企业单位和社会团体占3.78%，其他占11.43%。

缴存职工中，国家机关和事业单位占47.43%，国有企业占30.11%，城镇集体企业占5.67%，外商投资企业占0.89%，城镇私营企业及其他城镇企业占9.04%，民办非企业单位和社会团体占1.51%，其他占5.35%；中、低收入占97.95%，高收入占2.05%。

新开户职工中，国家机关和事业单位占37.54%，国有企业占13.62%，城镇集体企业占5.81%，外商投资企业占2.65%，城镇私营企业及其他城镇企业占27.06%，民办非企业单位和社会团体占3.17%，其他占10.15%；中、低收入占99.07%，高收入占0.93%。

(二) 提取业务：2017年，31433名缴存职工提取住房公积金9.18亿元。

提取金额中，住房消费提取占67.22%（购买、建造、翻建、大修自住住房占21.38%，偿还购房贷款本息占75.70%，租赁住房占0.39%，其他占2.53%）；非住房消费提取占32.78%（离休和退休提取占86.67%，完全丧失劳动能力并与单位终止劳动关系提取占5.08%，户口迁出本市或出境定居占1.94%，其他占6.31%）。

提取职工中，中、低收入占97%，高收入占3%。

(三) 贷款业务：

1. 个人住房贷款：2017年，支持职工购建房50.55万平方米，年末个人住房贷款市场占有率为32.3%，比上年减少1.83个百分点。通过申请住房公积金个人住房贷款，可节约职工购房利息支出2.64亿元。

职工贷款笔数中，购房建筑面积90（含）平方米以下占27.79%，90～144（含）平方米占64.72%，144平方米以上占7.49%。购买新房占47.7%，购买存量商品住房占52.3%。

职工贷款笔数中，单缴存职工申请贷款占69.47%，双缴存职工申请贷款占30.53%。

贷款职工中，30岁（含）以下占26.98%，30岁～40岁（含）占38.37%，40岁～50岁（含）占24.39%，50岁以上占10.26%；首次申请贷款占95.92%，二次及以上申请贷款占4.08%；中、低收入占97%，高收入占3%。

2. 异地贷款：2017年，发放异地贷款517笔16927.1万元。2017年末，发放异地贷款总额33385.3万元，异地贷款余额29675.06万元。

(四) 住房贡献率：2017年，个人住房贷款发放额、公转商贴息贷款发放额、项目贷款发放额、住房消费提取额的总和与当年缴存额的比率为114.34%，比上年减少62.4个百分点。

六、其他重要事项

(一) 2017年住房公积金政策调整情况：

1. 住房公积金缴存政策

(1) 2017年，我市缴存基数限额确定市本级、连山区、龙港区缴存基数下限为1200元，南票区、兴城市、绥中县、建昌县缴存基数下限为1020元，全市缴存基数限额上限为12678元。

(2) 单位开户增加提供劳动合同、社保缴费核定单。

(3) 个人新增开户增加提供在本单位的社保缴费明细。

2. 住房公积金贷款政策

(1) 将"每笔商品房按揭贷款业务发放贷款金额的10%作为开发企业的风险保证金"调整为"每笔商品房按揭贷款业务贷款发放金额的5%作为开发企业的风险保证金"。

(2) 增加"借款人提前部分还款业务，需借款人自贷款发放之日起正常还款12期后，允许每年申请一次且还款金额不小于5万元"。

(3) 增加"借款人贷款期限变更（缩短）和还款方式变更业务，依据借款人家庭月收入，每五年借款人可申请一次"。

3. 住房公积金提取政策

（1）为保证住房公积金资金安全，将原企业退休、离职职工公积金批量划款至单位账户，委托单位经办人办理发放的形式，调整为将转账支付至个人账户作为提取的唯一方式。

（2）根据住房城乡建设部"住房公积金账户一人一户，账随人走"的政策精神，将职工离职支取公积金时间限定为离职满一年以上且未就业，方可申请提取账户内公积金余额并销户。

（3）新增购房一年内可申请提取本人及配偶公积金。

（4）新增提取公积金账户余额部分偿还公积金贷款业务。

（二）当年服务改进情况：

1. **加强营商环境建设**。制定14项规章制度规范服务进行优秀窗口优秀柜员考评，开展客户代表座谈会对合理化建议进行整改；参加"青年文明号"创建活动；实行营业大厅"5+2"工作制。

2. **拓展信息服务手段**。2017年八项服务渠道全部开通，承担了业务办理、信息查询、信息发布和互动交流服务功能，增强公积金客户的幸福感和获得感。

3. **增进部门协同服务**。接入全国公积金异地转移接续平台与工商部门完成"多证合一"信息共享；开通人民银行征信专线；不动产登记中心、物业办入驻公积金营业大厅；实现十部门联合办公，共同解决服务百姓"最后一公里"难题。

（三）当年信息化建设情况：
贯彻落实住房城乡建设部"双贯标"工作。按照住房城乡建设部基础数据标准完成应用系统和数据库设计开发，业务系统平稳高效运行；资金结算接入住房城乡建设部银行结算系统，实现了公积金资金管理效能和公共服务效率双提升。

（四）当年获得荣誉情况：
荣获葫芦岛市"全市优化营商环境集体二等功"；"脱贫攻坚工作优秀工作队"；"2015—2017年度文明机关"，"2015—2017年度文明科室"。

2017 全国住房公积金年度报告汇编

吉林省

长春市
吉林市
四平市
辽源市
通化市
白山市
松原市
白城市
延边州

吉林省住房公积金 2017 年年度报告

一、机构概况

（一）住房公积金管理机构：全省共设 9 个设区城市住房公积金管理中心，3 个独立设置的分中心（其中，长春省直住房公积金管理分中心隶属吉林省机关事务管理局，长春市住房公积金管理中心电力分中心隶属吉林省电力有限公司，松原市住房公积金管理中心油田分中心隶属中国石油吉林油田分公司）。从业人员 1264 人，其中，在编 732 人，非在编 532 人。

（二）住房公积金监管机构：吉林省住房城乡建设厅会同吉林省财政厅和中国人民银行长春中心支行负责对本省住房公积金管理运行情况进行监督。吉林省住房公积金管理办公室负责辖区住房公积金日常监管工作。

二、业务运行情况

（一）缴存：2017 年，新开户单位 3099 家，实缴单位 36122 家，净增单位 1113 家；新开户职工 22.63 万人，实缴职工 239.43 万人，净增职工 1.51 万人；缴存额 297.97 亿元，同比增长 9.28％。2017 年末，缴存总额 2163.43 亿元，同比增长 15.97％；缴存余额 1017.82 亿元，同比增长 11.02％。

（二）提取：2017 年，提取额 196.9 亿元，同比增长 6.26％；占当年缴存额的 66.08％，比上年减少 1.89 个百分点。2017 年末，提取总额 1145.6 亿元，同比增长 20.75％。

（三）贷款：

1. 个人住房贷款：2017 年，发放个人住房贷款 5.9 万笔 199.8 亿元，同比下降 12.62％、8.47％。回收个人住房贷款 89.14 亿元。

2017 年末，累计发放个人住房贷款 62.79 万笔 1323.35 亿元，贷款余额 847.34 亿元，同比分别增长 10.35％、17.78％、13.69％。个人住房贷款余额占缴存余额的 83.25％，比上年增加 2.89 个百分点。

2. 住房公积金支持保障性住房建设项目贷款：2017 年，发放支持保障性住房建设项目贷款 0 亿元，回收项目贷款 0.48 亿元。2017 年末，累计发放项目贷款 15.6 亿元，项目贷款余额 0.64 亿元。

（四）购买国债：2017 年，购买（记账式、凭证式）国债 0 亿元，（兑付、转让、收回）国债 0 亿元。2017 年末，国债余额 0 亿元。

（五）融资：2017 年，融资 0 亿元，归还 0.5 亿元。2017 年末，融资总额 1 亿元，融资余额 0 亿元。

（六）资金存储：2017 年末，住房公积金存款 182.5 亿元。其中，活期 18.78 亿元，1 年（含）以下定期 57.91 亿元，1 年以上定期 82.43 亿元，其他（协定、通知存款等）23.38 亿元。

（七）资金运用率：2017 年末，住房公积金个人住房贷款余额、项目贷款余额和购买国债余额的总和占缴存余额的 83.31％，比上年增加 2.83 个百分点。

三、主要财务数据

（一）业务收入：2017 年，业务收入 313229.45 万元，同比增长 7.35％。其中，存款利息 61764.86

万元，委托贷款利息 250970.92 万元，国债利息 0 万元，其他 493.68 万元。

（二）**业务支出**：2017 年，业务支出 154726.64 万元，同比增长 4.14%。其中，支付职工住房公积金利息 141882.67 万元，归集手续费 662.66 万元，委托贷款手续费 11394 万元，其他 787.31 万元。

（三）**增值收益**：2017 年，增值收益 158502.82 万元，同比增长 10.64%；增值收益率 1.63%，比上年增加 0 个百分点。

（四）**增值收益分配**：2017 年，提取贷款风险准备金 61894.72 万元，提取管理费用 26684.33 万元，提取公共租赁住房建设补充资金 69923.77 万元。

2017 年，上交财政用于住房公积金管理机构管理费用 31340.37 万元，上缴财政公共租赁住房建设补充资金 57723.06 万元。

2017 年末，贷款风险准备金余额 392084.12 万元，累计提取公共租赁住房建设补充资金 388584.5 万元。

（五）**住房公积金管理中心管理费用支出**：2017 年共支出 27802.68 万元，同比增长 7.82%。其中，人员经费 12507.1 元，公用经费 3940.73 万元，专项经费 11354.85 万元。

四、资产风险状况

（一）**个人住房贷款**：2017 年末，个人住房贷款逾期额 2288.95 万元，逾期率 0.027%。

2017 年，提取个人贷款风险准备金 61894.72 万元，通过努力将已核销的个人住房公积金逾期贷款收回 1.98 万元。2017 年末，个人贷款风险准备金余额 389154.12 万元，占个人贷款余额的 4.59%，个人贷款逾期额与个人贷款风险准备金余额的比率为 0.586%。

（二）**住房公积金支持保障性住房建设项目贷款**：2017 年末，逾期项目贷款 0 万元，逾期率为 0‰。

2017 年，提取项目贷款风险准备金 0 万元，使用项目贷款风险准备金核销呆坏账 0 万元。2017 年末，项目贷款风险准备金余额 2930 万元，占项目贷款余额的 45.78%，项目贷款逾期额与项目贷款风险准备金余额的比率为 0%。

（三）**历史遗留风险资产**：2017 年末，历史遗留风险资产余额 0 万元，比上年减少 0 万元，历史遗留风险资产回收率为 100%。

五、社会经济效益

（一）**缴存业务**：2017 年，实缴单位数、实缴职工人数和缴存额增长率分别为 3.18%、0.64% 和 21.73%。

缴存单位中，国家机关和事业单位占 48.44%，国有企业占 10.14%，城镇集体企业占 2.35%，外商投资企业占 1.31%，城镇私营企业及其他城镇企业占 31.74%，民办非企业单位和社会团体 1.46%，其他占 4.56%。

缴存职工中，国家机关和事业单位占 36.84%，国有企业占 27.62%，城镇集体企业占 2.41%，外商投资企业占 3.12%，城镇私营企业及其他城镇企业占 24.35%，民办非企业单位和社会团体占 1.76%，其他占 3.9%；中、低收入占 97.31%，高收入占 2.69%。

新开户职工中，国家机关和事业单位占 18.1%，国有企业占 14.17%，城镇集体企业占 3.03%，外

商投资企业占 3.52%，城镇私营企业及其他城镇企业占 47.74%，民办非企业单位和社会团体占 4.6%，其他占 8.84%；中、低收入 99.07%，高收入占 0.93%。

（二）**提取业务**：2017 年，64.5 万名缴存职工提取住房公积金 196.9 亿元。

提取金额中，住房消费提取占 70.4%（购买、建造、翻建、大修自住住房占 21.35%，偿还购房贷款本息占 46.6%，租赁住房占 2.42%，其他占 0.03%）；非住房消费提取占 29.6%（离休和退休提取占 19.84%，完全丧失劳动能力并与单位终止劳动关系提取占 5.79%，户口迁出所在市或出境定居占 0.83%，其他占 3.14%）。

提取职工中，中、低收入占 96.12%，高收入占 3.88%。

（三）**贷款业务**：

1. **个人住房贷款**：2017 年，支持职工购建房 599.19 万平方米。年末个人住房贷款市场占有率 26.35%，比上年同期减少 0.88 个百分点。通过申请住房公积金个人住房贷款，可节约职工购房利息支出 342720.46 万元。

职工贷款笔数中，购房建筑面积 90（含）平方米以下占 31.62%，90~144（含）平方米占 58.28%，144 平方米以上占 10.1%。购买新房占 75.01%（其中购买保障性住房占 2.73%），购买存量商品房占 24.37%，建造、翻建、大修自住住房占 0.62%，其他占 0%。

职工贷款笔数中，单缴存职工申请贷款占 47.91%，双缴存职工申请贷款占 51.91%，三人及以上缴存职工共同申请贷款占 0.18%。

贷款职工中，30 岁（含）以下占 32.61%，30 岁~40 岁（含）占 34.99%，40 岁~50 岁（含）占 24.17%，50 岁以上占 8.23%；首次申请贷款占 86.91%，二次及以上申请贷款占 13.09%；中、低收入占 95.98%，高收入占 4.02%。

2. **异地贷款**：2017 年，发放异地贷款 5303 笔 216276.8 万元。2017 年末，发放异地贷款总额 592889.82 万元，异地贷款余额 473794.05 万元。

3. **公转商贴息贷款**：2017 年，发放公转商贴息贷款 700 笔 23835 万元，支持职工购建房面积 11.9 万平方米。当年贴息额 595.46 万元。2017 年末，累计发放公转商贴息贷款 1208 笔 42177 万元，累计贴息 605.44 万元。

4. **住房公积金支持保障性住房建设项目贷款**：2017 年末，全省（区）有住房公积金试点城市 4 个，试点项目 11 个，贷款额度 15.6 亿元，建筑面积 147.4 万平方米，可解决 19130 户中低收入职工家庭的住房问题。9 个试点项目贷款资金已发放并还清贷款本息。

（四）**住房贡献率**：2017 年，个人住房贷款发放额、公转商贴息贷款发放额、项目贷款发放额、住房消费提取额的总和与当年缴存额的比率为 114.05%，比上年减少 14.9 个百分点。

六、其他重要事项

（一）**全面提升服务水平**。按照住房城乡建设部的统一要求，各中心（分中心）于 2017 年 7 月 1 日起上线运行全国住房公积金异地转移接续平台。职工办理住房公积金个人账户异地转移业务不需往返转出、转入住房公积金管理中心，既方便办事职工，又提高资金安全性、数据可靠性。

（二）**开展专项监督检查**。省办对全省住房公积金管理中心进行了廉政风险防控工作现场检查和年度工作考核，通过调阅资料、现场检查、座谈交流等方式更好地开展了住房公积金廉政风险防控工作。同时，对年度管理工作进行考核评比，全省通报。

（三）加快推进信息化建设。 贯彻国家《住房公积金基础数据标准》贯彻落实和银行结算应用系统（以下简称"双贯标"）接入工作有序开展，全省10个中心（分中心）已通过国家验收标准。

（四）政策宣传持续深入开展。 为扩大住房公积金政策群众知晓度，让更多职工享受住房公积金制度的优惠政策，在2015、2016年全省集中政策宣传取得成绩的基础上，2017年8～9月，在全省继续开展了住房公积金政策宣传月活动，各级住房公积金管理部门采取一系列宣传手段，通过各类媒体，以多种形式，全方位、多角度宣传住房公积金政策，取得了积极效果。

长春市住房公积金2017年年度报告

一、机构概况

（一）住房公积金管理委员会

长春市住房公积金管理委员会有26名委员，2017年召开一次会议，审议通过的事项主要包括：《长春市2016年住房公积金计划执行情况和2017年计划编制草案情况》、《长春市住房公积金2016年度报告》、《关于调整住房公积金个人住房贷款政策的通知》及说明、《关于建设住房公积金公租房的报告》。

长春省直住房公积金管理委员会有13名委员，2017年召开一次会议，审议通过的事项有：《长春省直住房公积金管理分中心2016年度本级预算执行情况及2017年度预算情况报告》、《长春省直住房公积金管理分中心2016年住房公积金归集、使用计划执行情况及2017年住房公积金归集、使用计划》、《长春省直住房公积金贷款担保保证金管理办法》、《长春省直住房公积金管理分中心关于2016年度工作情况及2017年度工作计划的报告》和《省直住房公积金2016年年度报告》。

长春电力住房公积金管理中心无管理委员会。

（二）住房公积金管理中心

长春市住房公积金管理中心为直属于长春市人民政府的不以营利为目的的自收自支事业单位，设9个处，8个分中心，从业人员340人，其中，在编174人，非在编166人。

长春省直住房公积金管理中心为吉林省省直机关事务管理局下属不以营利为目的的全额拨款事业单位（参公管理），设6个科，0个管理部，0个分中心。从业人员62人，其中，在编19人，非在编43人。

长春电力住房公积金管理中心为国网吉林省电力有限公司下属不以营利为目的的国有性质单位，设2个科。从业人员9人，其中，在编9人，非在编0人。

二、地区业务运行情况

（一）缴存：2017年，新开户单位1415家，实缴单位12997家，净增单位842家；新开户职工12.20万人，实缴职工114.59万人，净增职工－1.70万人；缴存额155.42亿元，同比增长6.98%。2017年末，缴存总额1163.69亿元，同比增长15.42%；缴存余额518.89亿元，同比增长10.51%。

受委托办理住房公积金缴存业务的银行4家，与上年相同（长春市中心为中国工商银行、中国建设银行、中国农业银行；省直中心为中国建设银行；电力中心为交通银行、中国农业银行）。

（二）**提取**：2017年，提取额106.08亿元，同比增长12.34%；占当年缴存额的68.25%，比上年增加3.26个百分点。2017年末，提取总额644.80亿元，同比增长19.69%。

（三）**贷款**：

个人住房贷款：个人住房贷款最高额度80万元，其中，单缴存职工最高额度50万元（电力中心单职工最高额度为80万元），双缴存职工最高额度80万元。

2017年，发放个人住房贷款2.43万笔106.90亿元，同比分别下降12.05%、9.46%。其中，市中心发放个人住房贷款2.1155万笔92.3575亿元，省直中心发放个人住房贷款0.2551万笔11.8546亿元，电力中心发放个人住房贷款0.0558万笔2.6881亿元。

2017年，回收个人住房贷款44.26亿元。其中，市中心36.85亿元，省直中心6.22亿元，电力中心1.19亿元。

2017年末，累计发放个人住房贷款24.97万笔704.01亿元，贷款余额473.33亿元，同比分别增长10.76%、17.90%、15.25%。个人住房贷款余额占缴存余额的91.22%，比上年增加3.76个百分点。

受委托办理住房公积金个人住房贷款业务的银行12家，与上年相同。

（四）**资金存储**：2017年末，住房公积金存款48.15亿元。其中，活期4.25亿元，1年（含）以下定期25.34亿元，1年以上定期6.60亿元，其他（协定、通知存款等）11.96亿元。

（五）**资金运用率**：2017年末，住房公积金个人住房贷款余额、项目贷款余额和购买国债余额的总和占缴存余额的91.22%，比上年增加3.76个百分点。

三、主要财务数据

（一）**业务收入**：2017年，业务收入160552.61万元，同比增长11.84%。其中，市中心128270.60万元，省直中心23675.28万元，电力中心8606.73万元；存款利息17136.86万元，委托贷款利息143395.64万元，国债利息0万元，其他20.11万元。

（二）**业务支出**：2017年，业务支出79073.52万元，同比增长5.45%。其中，市中心62809.57万元，省直中心11799.71万元，电力中心4464.24万元；支付职工住房公积金利息71827.31万元，归集手续费60.04万元，委托贷款手续费7154.40万元，其他31.77万元。

（三）**增值收益**：2017年，增值收益81479.09万元，同比增长18.82%。其中，市中心65461.03万元，省直中心11875.57万元，电力中心4142.49万元；增值收益率1.64%，比上年增加0.11个百分点。

（四）**增值收益分配**：2017年，提取贷款风险准备金18676.90万元，提取管理费用10353.10万元，提取城市廉租住房（公共租赁住房）建设补充资金52449.09万元。

2017年，上交财政管理费用14436.97万元。上缴财政城市廉租住房（公共租赁住房）建设补充资金45265.66万元。其中，市中心上缴35805.52万元，省直中心上缴（吉林省财政厅）9003.57万元，电力中心上缴（吉林省财政厅）456.57万元。

2017年末，贷款风险准备金余额149478.60万元。累计提取城市廉租住房（公共租赁住房）建设补充资金270412.32万元。其中，市中心提取241581.52万元，省直中心提取21451.65万元，电力中心提取7379.15万元。

（五）管理费用支出：2017年，管理费用支出12873.46万元，同比增长46.38%。其中，人员经费4689.49万元，公用经费1293.61万元，专项经费6890.36万元。

市中心管理费用支出11355.34万元，其中，人员、公用、专项经费分别为4461.33万元、925.50万元、5968.51万元；省直中心管理费用支出757.93万元，其中，人员、公用、专项经费分别为228.16万元、52.04万元、477.73万元；电力中心管理费用支出760.19万元，其中，人员、公用、专项经费分别为0万元、316.07万元、444.12万元。

四、资产风险状况

个人住房贷款：2017年末，个人住房贷款逾期额1387.14万元，逾期率0.293‰。其中，市中心0.337‰，省直中心0.09‰，电力中心0‰。

个人贷款风险准备金，市中心按当年新增贷款余额的1%提取（省直中心和电力中心按增值收益的60%提取）。2017年，提取个人贷款风险准备金18676.90万元，使用个人贷款风险准备金核销呆坏账0万元。2017年末，个人贷款风险准备金余额149328.60万元，占个人住房贷款余额的3.15%，个人住房贷款逾期额与个人贷款风险准备金余额的比率为0.9289%。

五、社会经济效益

（一）缴存业务：2017年，实缴单位数、实缴职工人数和缴存额同比分别增长6.93%、－1.46%和6.98%。

缴存单位中，国家机关和事业单位占29.38%，国有企业占9.71%，城镇集体企业占3.32%，外商投资企业占2.41%，城镇私营企业及其他城镇企业占46.93%，民办非企业单位和社会团体占3.38%，其他占4.87%。

缴存职工中，国家机关和事业单位占26.65%，国有企业占29.99%，城镇集体企业占3.20%，外商投资企业占5.39%，城镇私营企业及其他城镇企业占29.40%，民办非企业单位和社会团体占2.72%，其他占2.65%；中、低收入占95.75%，高收入占4.25%。

新开户职工中，国家机关和事业单位占10.20%，国有企业占13.41%，城镇集体企业占3.25%，外商投资企业占4.71%，城镇私营企业及其他城镇企业占57.74%，民办非企业单位和社会团体占6.58%，其他占4.11%；中、低收入占99.36%，高收入占0.64%。

（二）提取业务：2017年，34.95万名缴存职工提取住房公积金106.08亿元。

提取金额中，住房消费提取占74.12%（购买、建造、翻建、大修自住住房占16.56%，偿还购房贷款本息占54.83%，租赁住房占2.72%，其他占0.01%）；非住房消费提取占25.88%（离休和退休提取占17.18%，完全丧失劳动能力并与单位终止劳动关系提取占5.76%，户口迁出本市或出境定居占1.27%，其他占1.67%）。

提取职工中，中、低收入占94.24%，高收入占5.76%。

（三）贷款业务

1. 个人住房贷款：2017年，支持职工购建房244.39万平方米，年末个人住房贷款市场占有率为23.28%，通过申请住房公积金个人住房贷款，可节约职工购房利息支出233785.85万元。

职工贷款笔数中，购房建筑面积90（含）平方米以下占39.41%，90~144（含）平方米占53.63%，144平方米以上占6.96%。购买新房占71.90%（其中购买保障性住房占0%），购买存量商品住房占28.10%，建造、翻建、大修自住住房占0%，其他占0%。

职工贷款笔数中，单缴存职工申请贷款占64.19%，双缴存职工申请贷款占35.81%，三人及以上缴存职工共同申请贷款占0%。

贷款职工中，30岁（含）以下占40.33%，30岁~40岁（含）占35.36%，40岁~50岁（含）占19.23%，50岁以上占5.08%；首次申请贷款占92.73%，二次及以上申请贷款占7.27%；中、低收入占94.80%，高收入占5.20%。

2. 异地贷款：2017年，发放异地贷款3574笔168659.50万元。2017年末，发放异地贷款总额407556.20万元，异地贷款余额355229.73万元。

3. 支持保障性住房建设试点项目贷款：2017年末，累计试点项目4个，贷款额度10亿元，均为棚户区改造安置用房项目，均已发放并还清贷款。

（四）住房贡献率：2017年，个人住房贷款发放额、公转商贴息贷款发放额、项目贷款发放额、住房消费提取额的总和与当年缴存额的比率为119.37%，比上年减少10.32个百分点。

六、其他重要事项

长春市住房公积金管理中心：

（一）当年住房公积金政策调整及执行情况：

归集方面：2017年，长春市地区住房公积金缴存基数上限为27895元/月，下限为1480元/月；缴存比例上限为单位、个人各缴存12%，下限为单位、个人各缴存7%。

提取方面：区域内提取政策无变化。

贷款方面：个人申请住房公积金新建商品住房贷款有共同借款人的，单笔贷款最高额度为80万元；无共同借款人的，为50万元。申请住房公积金存量住房贷款有共同借款人的，单笔贷款最高额度为60万元；无共同借款人的，为40万元。此外，职工结清首次住房公积金个人住房贷款满2年后可申请第二次贷款；结清第二次住房公积金个人住房贷款满5年后可申请第三次贷款。职工申请使用住房公积金个人住房贷款购买自住住房不超过90平方米（含）的，最低首付款比例为20%；超过90平方米不超过144平方米（含）的，最低首付款比例为30%；超过144平方米的，最低首付款比例为40%，同时还须符合职工使用住房公积金个人住房贷款次数、存量住房房龄等与之相关的最低首付款比例规定。住房公积金个人住房贷款可申请额度在不超过单笔贷款最高额度的前提下，为借款人和共同借款人住房公积金个人账户余额之和的15倍，但月还款额不得超过借款人家庭月工资收入的50%。取消父母与子女住房公积金个人住房贷款互贷业务。

贷款利率执行标准：5年（含五年）以内，年利率2.75%；5年以上至30年，年利率3.25%。

存款利率执行标准：根据银行同期基准利率计算，随受托行利率波动浮动。

（二）当年服务改进情况：

1. **接入市政府"一门式、一张网"工作：** 2017年初，中心进入政务公开"一门式、一张网"，单位办理缴存业务更加便捷，实现了服务渠道多元化。目前全市十一个市、区级政务中心都可办理住房公积金归集缴存相关业务，共计31项。

2. **异地转移接续平台上线运行：** 按照住房城乡建设部的统一要求，中心于2017年7月1日起上线运行全国住房公积金异地转移接续平台。接入平台后，职工办理住房公积金个人账户异地转移业务不需往返转出、转入地公积金中心，既方便办事职工，又提高了资金安全性与数据可靠性，使得业务办理更加便捷、高效，实现了数据多行路，职工少走路，此项工作得到了缴存职工的高度认可。

（三）当年信息化建设情况：

一是圆满完成了住房公积金"双贯标"工作，顺利通过部厅两级联合检查验收。针对目前中心在用的业务与管理信息系统进行全面改造和优化升级，建立科学、合理、规范、实用的住房公积金业务数据体系，为实现各种信息资源的整合和共享、研究分析住房公积金业务的运行情况、促进住房公积金业务信息化健康发展奠定了坚实的基础。同时实现受委托银行资金结算业务全部通过住房城乡建设部统一结算平台实施，大大提升了资金结算效率，为有效防范资金风险、强化住房公积金精细化管理、提升中心对外服务水平发挥了重要基础性保障作用。

二是利用业务系统改造的机会，实施会计账套合并，优化归集、个贷、稽核子系统功能，更好地满足业务需求。利用系统改造的机会，将系统内多账套合并为一个账套，支持全辖办理住房公积金冲还贷业务，使全辖系统内转移业务办理更加方便，进一步完善归集、个贷、稽核子系统功能，较好地满足了日常管理和服务需要。

三是启动住房公积金综合服务平台建设工作。为充分发挥住房公积金作用，更好地满足广大缴存单位及职工日益增长的服务需求，主动适应互联网和移动通信技术发展的新形势，认真谋划、启动综合服务平台建设工作。下一步建成后的综合服务平台将涵盖门户网站、微信、手机APP等八大对外服务渠道，集信息发布、业务办理、信息查询、互动交流等服务功能于一体，具有标准统一、优势互补、使用方便、管理集约等特点和优势，预计新增加的新媒体渠道服务将在2018年上半年陆续向外推出。

（四）当年住房公积金管理中心及职工所获荣誉情况： 2017年，中心机关党委获市直机关先进直属党组织、市直机关"双锋（风）"行动先进单位、市直机关"奋进新时代"主题演讲大赛优秀组织奖、市直机关运动会精神文明奖和赛会优秀组织奖、市直机关开展的"砥砺奋进的五年——喜迎党的十九大"征文比赛优秀组织奖、市直机关"党员小书包"优秀组织金奖、市直机关党建调查研究优秀组织奖；朝阳分中心获市直机关"巾帼文明岗"、2016年度长春市"抢抓机遇、创新发展"窗口行业优质服务竞赛优秀窗口；绿园分中心获长春市先进基层党支部等。

（五）当年对违反《住房公积金管理条例》和相关法规行为进行行政处罚和申请人民法院强制执行情况： 中心按照长春市人民政府法制办公室的"三段式"执法模式，对不办理住房公积金缴存登记、不为职工办理账户设立手续或逾期不缴、少缴住房公积金的单位，依法进行催建催缴。推行"先教育、后整改、再处罚"的"三段式"执法，执法工作注重说理式执法，以教育、说理为主，注重政策宣传。充分考虑企业的自身经营情况，本着"劝其缴存为上策，责其缴存为中策，迫其缴存为下策"的行政执法三步走的原则，开展住房公积金执法检查工作。当年受理市长公开电话、客服中心及各分中心移交的举报投诉、疑难咨询 205 件，均一一查实并与单位积极沟通，除 5 户单位确无缴存能力外，其余单位均已整改到位，切实地维护了职工的合法权益。

同时，中心大力打击违法骗提，在保证合规提取的同时，加大对伪造、变造提取手续的骗提行为的打击力度。检查大额提取电子档案 7333 份，查处、封存骗提账户 287 个，保障中心 1.8 亿资金未被非法套取，追回骗提资金 477.26 万元。

长春省直住房公积金管理中心：

（一）当年机构及职能调整情况、受委托办理缴存贷款业务金融机构变更情况：2017 年，长春省直住房公积金管理中心纳入参照《中华人民共和国公务员法》范围进行管理，职能及缴存贷款业务金融机构没有调整变化。

（二）当年住房公积金政策调整及执行情况：

1. 当年缴存基数限额及确定方法、缴存比例调整情况：2017 年，缴存基数限额及确定方法、缴存比例未作调整。

2. 当年提取政策调整情况：自 2017 年 5 月 8 日起，支取时间与上次支取时间需间隔 12 个月；大病支取的申请人，家庭月收入应在 6000 元以下。

3. 当年个人住房贷款最高贷款额度、贷款条件调整及执行情况：自 2017 年 4 月 1 日起，对公积金二次贷款、商品房及二手房贷款相关政策进行了调整：

（1）职工家庭结清首次住房公积金贷款满 2 年后方可申请第二次公积金贷款，家庭第二次住房公积金贷款结清满 5 年后可申请第三次公积金贷款；

（2）贷款金额不得超过贷款职工缴存余额的 15 倍；

（3）商品房夫妻双方贷款金额不得超过 80 万，单身职工不得超过 50 万；存量房夫妻双方贷款金额不得超过 60 万，单身职工不得超过 40 万；

（4）贷款月还款额不得超过贷款职工缴存基数的 50%。

（三）当年服务改进情况：一是优化办事流程，提高服务效能。按照国务院"放管服"改革要求，中心对租房提取业务办理手续进行简化，取消了租房提取公积金所需的商品房买卖合同（或房屋所有权证）、房屋租赁合同及票据；通过成功接入全国住房公积金异地转移接续平台，简化了省内、省外转出支取业务手续，取消了身份证、职工工作调转相关文件、异地转移通知书及新单位住房公积金接收证明等要件，实现了省内、省外转出业务"零"材料办理。

二是创新服务方式，开展午间不间断服务。为了给缴存职工提供更加高效优质的服务，中心合理调配人员力量，采取午休时间轮流值班的方式"不间断"对外服务。此项举措推出后，中心平均每天利用午休时间办理支取、贷款业务 34 笔，提供业务咨询服务 28 人次，得到了缴存单位及职工的一致好评，引领了窗口服务新风尚，深化了中心服务内涵。

三是以强化行政执法为目的，探索推进"双随机一公开"工作。中心按照省政府要求，结合自身工作实际，认真梳理了住房公积金执法检查工作过程中的各个环节，制定了随机抽查事项清单，明确了随机抽查事项名称、抽查主体、监管对象、抽查内容。按照全覆盖、动态管理的原则，建立了检查人员名录库及检查对象名录库，制定了随机抽查细则，规范了住房公积金监管执法行为，保障缴存单位和缴存职工的合法权益。

（四）当年信息化建设情况：

一是全面完成综合管理信息系统上线工作。经过研发小组工作人员 400 多个日夜的连续奋战，完成了基础数据贯标和结算应用系统接入，省直住房公积金综合管理信息系统以高分顺利通过住房城乡建设部"双贯标"验收。

二是深化部门联合，实现信息互联。2017年4月，中心与民政厅婚姻登记查询系统联网，实时获取职工婚姻数据；2017年5月，顺利接入全国公积金异地转移接续平台，充分发挥了大数据优势，优化流程，为职工提供了更加优质高效的服务。

（五）当年住房公积金管理中心及职工所获荣誉情况：中心荣获省政务大厅2017年度优秀窗口和省机关事务管理局2017年度先进单位。

长春电力住房公积金管理中心：

（一）当年住房公积金政策调整及执行情况：贷款政策调整情况：借款人拥有1套住房尚未结清公积金贷款的缴存职工，无逾期贷款且有还款能力的，申请第2套及以上住房公积金贷款购买普通自住房，最低首付款比例调整为不低于40%。

其他情况无。

（二）当年信息化建设情况：2017年，按照住房城乡建设部"双贯标"工作要求，我中心结合工作实际，制订"双贯标"工作方案，依据《标准》中29张表对公积金核心数据库进行了升级改造，做到存储数据唯一、调用数据准确、一致，更加便于提取、使用和监管，业务统计更加及时准确，查询更加方便快捷。4月，与吉林省建设银行沟通专线联网，建设一主一备专用线路，完成银行结算应用平台接入工作。5月，完成基础数据贯标工作，在岗职工数据填报完成率100%。7月，成功接入住房公积金银行数据应用系统。9月，通过住房城乡建设部和吉林省住房城乡建设厅"双贯标"验收工作。

通过住房公积金"双贯标"工作，建立了规范的数据体系，统一了银行接口，促进了资金安全，实现了业务账、资金账、银行账的三账同步、三账一致、三账互联。

（三）其他需要披露的情况：中心现有缴存单位74家，因缴存单位涉及全省9个地区，为方便缴存职工办理提取、贷款业务，由缴存单位经办人员在本单位收集提取、贷款后统一上报至我中心审批，故我中心从业人员除中心在编9人外，还有不在编的兼职人员130人。

吉林市住房公积金2017年年度报告

一、机构概况

（一）住房公积金管理委员会：住房公积金管理委员会有17名委员，2017年召开1次全体会议，审议通过2016年度住房公积金归集、使用计划执行情况，并对其他重要事项进行决策，主要包括《吉林市住房公积金管理中心工作报告》、《关于2016年计划执行、增值收益分配和2017年计划编制情况的报告》附：吉林市住房公积金2016年年度报告、《关于调整我市个人住房公积金贷款有关政策的议案》。

（二）住房公积金管理中心：吉林市住房公积金管理中心为直属吉林市人民政府不以营利为目的的自收自支事业单位，主要负责全市住房公积金的归集、管理、使用和会计核算。目前中心内设12个处室，下设 9 个分中心，委托管理 1 个管理部（东电管理部）。从业人员 156 人，在编 156 人。

二、业务运行情况

（一）缴存：2017 年，新开户单位 349 家，实缴单位 5222 家，净增单位 12 家；新开户职工 28489 人，实缴职工 326184 人，净增职工 6553 人；缴存额 46.08 亿元，同比增长 12.64%。2017 年末，缴存总额 347.47 亿元，同比增长 15.29%；缴存余额 148.29 亿元，同比增长 10.08%。

受委托办理住房公积金缴存业务的银行 4 家，与去年持平。

（二）提取：2017 年，提取额 32.50 亿元，同比增长 6.49%；占当年缴存额的比率 70.53%，比上年同期减少 4.08 个百分点。2017 年末，提取总额 199.17 亿元，同比增长 19.49%。

（三）贷款：

1. 个人住房贷款：个人住房贷款最高额度 60.00 万元，其中，单缴存职工最高额度 40.00 万元，双缴存职工最高额度 60.00 万元。

2017 年，发放个人住房贷款 9169 笔 25.86 亿元，同比笔数降低 16.89%，金额降低 15.55%。其中，市中心发放个人住房贷款 9118 笔 25.67 亿元，东电管理部发放个人住房贷款 51 笔 0.19 亿元。

2017 年，回收个人住房贷款 14.27 亿元。其中，市中心 14.20 亿元，东电管理部 0.07 亿元。

2017 年末，累计发放个人住房贷款 109176 笔 209.64 亿元，贷款余额 138.48 亿元，同比分别增长 9.16%、14.08%、9.13%。个人住房贷款率为 93.38%，比上年同期减少 0.82 个百分点。

受委托办理住房公积金个人住房贷款业务的银行 6 家，与上年持平。

2. 住房公积金支持保障性住房建设项目贷款：2017 年，未发放支持保障性住房建设项目贷款，应收贷款本金 0.48 亿元，实收贷款本金 0.48 亿元。2017 年底，累计发放项目贷款 2.19 亿元，项目贷款余额 0.64 亿元。

（四）融资：2017 年，当年未发生融资业务，当年归还 2016 年授信贷款 0.50 亿元。2017 年末，融资总额 1.00 亿元，融资余额为零。

（五）资金存储：2017 年末，住房公积金存款额 12.74 亿元。其中，活期 0.11 亿元，1 年以内定期（含）5.22 亿元，1 年以上定期 0.3 亿元，其他（协议、协定、通知存款等）7.11 亿元。

（六）资金运用率：2017 年末，住房公积金个人住房贷款余额、项目贷款余额和购买国债余额的总和占缴存余额的 93.82%，比上年减少 1.18 个百分点。

三、主要财务数据

（一）业务收入：2017 年，业务收入 46467.1 万元，同比增长 9.33%。其中，市中心 45710.81 万元，东电管理部 756.29 万元；存款利息收入 3788.76 万元，委托贷款利息收入 42678.34 万元，无其他收入。

（二）业务支出：2017 年，业务支出 24180.17 万元，同比降低 2.55%。其中，市中心 23665.36 万元，东电管理部 514.81 万元；住房公积金利息支出 21394.90 万元，委托贷款手续费支出 2110.49 万元，其他支出 674.78 万元。

（三）增值收益：2017 年，增值收益 22286.93 万元，同比增长 25.99%。其中，市中心 22045.45 万元，东电管理部 241.48 万元；增值收益率 1.57%，比上年同期增长 0.17 个百分点。

（四）增值收益分配：2017 年，提取贷款风险准备金 13849.75 万元，提取管理费用 5880.65 万元，提取城市廉租房（公共租赁住房）建设补充资金 2556.53 万元。

2017 年，上交财政管理费用 5777.60 万元。上缴财政的城市廉租房（公共租赁住房）建设补充资金 2494.27 万元。

2017 年末，贷款风险准备金余额 76103.19 万元。累计提取城市廉租房（公共租赁住房）建设补充资金 62970.37 万元。其中，市中心提取 62057.27 万元，东电管理部提取 913.10 万元。

（五）管理费用支出：2017 年，管理费用支出 3142.22 万元，同比增长 3.67%。其中，人员经费 2044.18 万元，公用经费 678.16 万元，专项经费 419.88 万元。

市中心管理费用支出 3072.09 万元，其中，人员、公用、专项经费分别为 2044.18 万元、615.95 万元、411.96 万元；东电管理部费用支出 70.13 万元，其中公用经费 62.21 万元，专项经费 7.92 万元。

四、资产风险状况

（一）个人住房贷款：2017 年末，逾期个人住房贷款 170.3 万元。个人住房贷款逾期率 0.12‰。其中，市中心 0.12‰，东电管理部为零。

个人贷款风险准备金按贷款余额的 1% 提取。2017 年，提取个人贷款风险准备金 13847.75 万元，当年未使用个人贷款风险准备金核销。2017 年末，个人贷款风险准备金余额 74975.19 万元，占个人住房贷款余额的 5.41%，个人住房贷款逾期额与个人贷款风险准备金余额的比率为 0.23%。

（二）住房公积金支持保障性住房建设项目贷款：2017 年末，无逾期项目贷款，项目贷款逾期率为零。

项目贷款风险准备金按项目贷款余额的 4% 提取。2017 年未提取项目贷款风险准备金，未使用项目贷款风险准备金核销呆坏账，项目贷款风险准备金余额为 1128.00 万元，占项目贷款余额的 17.63%，项目贷款逾期额与项目贷款风险准备金余额的比率为零。

（三）历史遗留风险资产：2017 年末，历史遗留风险资产全部清理完毕，余额为零，回收率为 100%。

五、社会经济效益

（一）缴存业务：2017 年，实缴单位数、实缴职工人数、缴存额同比增长 0.23%、2.05%、12.64%。

缴存单位中，国家机关和事业单位占 36.30%，国有企业占 10.95%，城镇集体企业占 1.28%，外商投资企业占 0.61%，城镇私营企业及其他城镇企业占 49.14%，民办非企业单位和社会团体占 1.72%。

缴存职工中，国家机关和事业单位占 40.06%，国有企业占 32.83%，城镇集体企业占 1.73%，外商投资企业占 1.03%，城镇私营企业及其他城镇企业占 23.32%，民办非企业单位和社会团体占 1.03%；中、低收入占 98.51%，高收入占 1.49%。

新开户职工中，国家机关和事业单位占 17.93%，国有企业占 21.78%，城镇集体企业占 0.50%，外商投资企业占 1.80%，城镇私营企业及其他城镇企业占 54.85%，民办非企业单位和社会团体占 3.14%；中、低收入占 99.66%，高收入占 0.34%。

（二）提取业务：2017 年，10.96 万人提取住房公积金 32.50 亿元。

提取的金额中，住房消费提取占 65.45%（购买、建造、翻建、大修自住住房占 14.76%，偿还购房贷款本息占 50.49%，租赁住房占 0.2%），非住房消费提取占 34.55%（离休和退休提取占 23.24%，完全丧失劳动能力并与单位终止劳动关系提取占 7.86%，户口迁出本市或出境定居占 0.38%，其他占 3.07%）。提取职工中，中、低收入占 98.14%，高收入占 1.86%。

（三）**贷款业务**

1. **个人住房贷款**：2017 年，支持职工购建房 92.17 万平方米，年末个人住房贷款市场占有率为 34.00%，比上年同期降低 7.2 个百分点。通过申请住房公积金个人住房贷款，可节约职工购房利息支出 2640.00 万元。

职工贷款所购住房套数中，90（含）平方米以下占 38.04%，90～144（含）平方米占 56.79%，144 平方米以上占 5.17%；新房占 70.56%，二手房占 29.44%。

职工贷款笔数中，单职工申请贷款占 72.42%，双职工申请贷款占 27.58%，三人及以上共同申请贷款占比为零。

贷款职工中，30 岁（含）以下占 29.28%，30 岁～40 岁（含）占 32.99%，40 岁～50 岁（含）占 26.86%，50 岁以上占 10.87%；首次申请贷款占 91.55%，二次及以上申请贷款占 8.45%；中、低收入占 99.85%，高收入占 0.15%。

2. **异地贷款**：2017 年，发放异地贷款 348 笔 9314.20 万元。2017 年末，发放异地贷款总额 54203.2 万元，异地贷款余额 33021.26 万元。

3. **公转商贴息贷款**：2017 年，发放公转商贴息贷款 700 笔 23835 万元，支持职工购建房 6.79 万平方米。当年贴息额 595.46 万元。2017 年末，累计发放公转商贴息贷款 1208 笔 42177 万元，累计为缴存职工贴息 605.44 万元。

4. **支持保障性住房建设项目贷款**：2017 年末，累计试点项目 3 个，贷款额度 2.19 亿元，建筑面积共 15.20 万平方米，可解决 2299 户中低收入职工家庭的住房问题。其中，棚户区改造安置用房项目 2 个、额度 1.39 亿元，公共租赁住房项目 1 个、额度 0.80 亿元。1 个试点项目贷款资金已发放并还清贷款本息。

（四）**住房贡献率**：2017 年，个人住房贷款发放额、公转商贴息贷款发放额、项目贷款发放额、住房消费提取额的总和与当年缴存额的比率为 107.44%，比上年同期减少 21.66 个百分点。

六、其他重要事项

（一）**当年政策调整及执行情况**：2017 年，中心按照住房城乡建设部对全国各城市住房公积金使用情况总体要求，始终坚持中央经济工作会议和十九大报告中提出的"房子是用来住的，不是用来炒的"定位，充分释放制度红利，采取有效措施稳定房地产市场发展，努力确保职工首次购房和改善性住房的刚性需求，发挥了住房公积金制度的公平性及互助性作用。一是积极组织落实已出台的"按账户余额倍数核定可贷款额度"和"调整二次住房公积金贷款"两项政策，通过科学理顺贷款流程，调整信息系统参数，加强政策宣传解读力度，实现了机控机审，确保了两项新贷政策的平稳实施。二是落实四届一次管委会精神，综合考虑我市房贷市场供需情况，取消住房公积金贷款"轮候制"，同时停止"公转商"贴息贷款业务，停止划转公积金支付首付款业务。三是对住房公积金贷款提前还款业务进行优化和调整，出台《关于调整住房公积金提前还款业务相关事宜的通知》，集中办理业务，结算平台还款，取消提前还款次数限制，简化提前还款要件等，极大地方便职工提前还款业务的办理，获得职工好评。

（二）当年服务优化情况：2017年，中心不断创新服务举措，规范提高服务水平，按照"纳入体系、确定标准、形成品牌"要求，强化线上线下互动交流，着力"窗口、网厅、语音"三个服务平台建设，做到了以服务强管理，以服务促发展。一是规范服务行为。在全面贯彻《中心窗口规范化服务指导手册》基础上，制定下发《住房公积金"五比五看"服务竞赛方案》，通过开展服务竞赛等载体活动，着力规范工作人员的仪容仪表、形体仪态、服务态度、服务纪律，形成4S服务标准，提升专业化服务水平；开展微笑服务月活动，通过佩戴"笑脸胸章"，烘托服务氛围，保证服务质量。二是梳理完善现有的门户网站、网上办事大厅、自助查询终端、12329服务热线、短信平台、手机APP、官方微信和微博八个服务渠道。不断整合完善建设方案，逐步搭建具备信息查询、业务办理、信息发布、互动交流等功能的综合服务平台框架。三是健全服务质量监督机制。以业务办理全程电子监控为手段，做到柜员视频截图及时反馈，即时掌控服务质态，不断提升服务管理水平；面向全市缴存职工开展"住房公积金十佳服务明星"评比活动，通过中心网站、微信微博平台推广服务明星先进事迹，展示公积金员工风采。

（三）当年信息化建设情况：2017年，中心统一规划，统筹开展"双贯标"、综合服务平台、异地转移接续平台、设备优化等重点项目建设，不断加大对软硬件改造升级投入，推进了信息系统开发建设，为管理运营、业务办理、风险控制和便民服务提供了强有力的技术支撑。一是系统"双贯标"全面启动上线。按住房城乡建设部要求，通过对现有信息系统进行升级改造，完善信息采集29.4万条，梳理办事流程14项，"双贯标"系统顺利上线并验收通过，实现了资金的实时到账、实时记账、实时结算、实时监控，推动了公积金数据体系的科学化、标准化、规范化管理，提高了财务结算与对账效率，提升了风险防控能力。二是对已经上线的异地转移接续平台不断优化，进一步明确业务流程及账务处理程序，确保平台上线后统一按规程办理异地转移接续业务。三是在贷款审批完结、贷款发放及提取业务办理完结三个节点，开通了短信通知功能，使职工第一时间知晓业务办结情况；对部分贷款功能进行新增和优化。信息系统功能逐步完善、优化，极大提升了中心信息化便民服务水平。

（四）当年住房公积金管理中心及职工所获荣誉情况：2017年度，中心在国家、省、市领导的关心支持下取得了一些成绩，主要包括：共青团中央、住房城乡建设部、最高人民法院、国家发展和改革委员会等22个单位联合授予中心"2015—2016年度全国青年文明号"；吉林省创建青年文明号活动组织委员会授予"2016年度吉林省青年文明号集体"；吉林市人民政府办公厅分别授予中心"政务信息上报先进单位及先进信息员"、"2016年度网上宣传先进单位及先进个人"、"政务公开推进工作先进单位及先进个人"、"2016年度全市政府系统调研综合工作优秀撰稿人"；中共吉林市委机关作风建设领导小组办公室分别授予中心个贷分中心、船营分中心"群众满意十佳窗口"和"百佳效能处室"称号，并授予中心两名同志"百优服务标兵"称号；中共吉林市直属机关工作委员会授予中心"市直机关先进党组织"、"优秀共产党员及优秀党务工作者"；吉林市法治宣传教育工作领导小组授予中心"吉林市'六五'普法先进集体"；吉林市档案局授予中心"2016年文件整理归档工作先进单位及先进个人"；共青团吉林市委授予中心一名同志为"2016年度'吉林市青年岗位能手'"；吉林市妇女联合会授予中心一名同志为"吉林市'三八'红旗手"；中国共产党吉林市委员会授予中心一名同志"2014—2016年度吉林市劳动模范"。

（五）当年执法情况：中心积极克服不利因素影响，秉承"广泛宣传、拓展思路、确保重点、加强协调、防范风险"的工作原则，统一思想，形成共识，通过开展"面对面、听实情"大走访活动，全面发动,整体铺开,深入走访。对全市未建制企业实行区域走访摸排、强化宣传引导、拓展服务渠道,尤其针对重点企业实行"参保尽建"政策,扩大了公积金制度覆盖范围。对因经营困难、暂无条件建立公积金制度的企业实行预开户建档,对企业经济效益情况进行动态跟踪,并主动上门为企业送政策送服务,待其经营好转后督促建缴。全年行政处罚案件共计3件,执法开户55家单位,894人纳入体制,年增加缴存额57.9万元。

四平市住房公积金2017年年度报告

一、机构概况

(一)住房公积金管理委员会:四平市住房公积金管理委员会有23名委员,2017年召开1次会议,审议通过的事项主要包括:

2017年3月21日,召开四平市住房公积金管委会三届九次会议。听取和审议《四平市住房公积金2016年年度报告》;听取和审议《四平市住房公积金2017年归集使用计划》(草案);审议通过《四平市住房公积金三届九次会议决议》。

(二)住房公积金管理中心:四平市住房公积金管理中心为隶属于四平市人民政府的公益一类自收自支的事业单位,设9个科室,4个管理部。从业人员114人,其中,在编57人,非在编57人。

二、业务运行情况

(一)缴存:2017年,新开户单位218家,实缴单位2705家,净增单位151家;新开户职工1.20万人,实缴职工13.72万人,净增职工0.46万人;缴存额12.45亿元,同比增长14.64%。2017年末,缴存总额72.62亿元,同比增长20.69%;缴存余额44.20亿元,同比增长22.61%。

受委托办理住房公积金缴存业务的银行5家,与上年相同。

(二)提取:2017年,提取额4.30亿元,同比下降46.32%;占当年缴存额的34.54%,比上年减少39.22个百分点。2017年末,提取总额28.42亿元,同比增长17.83%。

(三)贷款:

个人住房贷款:个人住房贷款最高额度70万元,其中,单缴存职工最高额度70万元,双缴存职工最高额度70万元。

2017年,发放个人住房贷款0.38万笔9.77亿元,同比分别下降11.63%、3.46%。

2017年,回收个人住房贷款4.68亿元。

2017年末,累计发放个人住房贷款4.59万笔、64.75亿元,贷款余额37.12亿元,同比分别增长9.03%、17.77%、15.89%。个人住房贷款余额占缴存余额的83.98%,比上年减少4.87个百分点。

受委托办理住房公积金个人住房贷款业务的银行7家,与上年相同。

(四)资金存储:2017年末,住房公积金存款9.55亿元。其中,活期1.39亿元,1年(含)以下定期1.25亿元,1年以上定期6.91亿元。

（五）**资金运用率**：2017年末，住房公积金个人住房贷款余额占缴存余额的83.98%，比上年下降4.87个百分点。

三、主要财务数据

（一）**业务收入**：2017年，业务收入14714.56万元，同比增长5.93%。存款利息3538.52万元，委托贷款利息11033.66万元，其他142.38万元。

（二）**业务支出**：2017年，业务支出6430.2万元，同比增长9.93%。支付职工住房公积金利息6128.47万元，归集手续费0万元，委托贷款手续费276.96万元，其他24.77万元。

（三）**增值收益**：2017年，增值收益8284.36万元，同比增长3.02%。增值收益率2.04%，比上年增加0.02个百分点。

（四）**增值收益分配**：2017年，提取贷款风险准备金4970.61万元，提取管理费用1698.8万元，提取城市廉租住房（公共租赁住房）建设补充资金1614.95万元。

2017年，上交财政管理费用1800万元。上缴财政城市廉租住房（公共租赁住房）建设补充资金1622.41万元。

2017年末，贷款风险准备金余额22043.23万元。累计提取城市廉租住房（公共租赁住房）建设补充资金3992.64万元。

（五）**管理费用支出**：2017年，管理费用支出1698.80万元，同比增长6.56%。其中，人员经费972.47万元，公用经费316.85万元，专项经费409.48万元。

四、资产风险状况

个人住房贷款：2017年末，个人住房贷款逾期额70.64万元，逾期率0.19‰。

个人贷款风险准备金按增值收益的60%提取。2017年，提取个人贷款风险准备金4970.61万元，使用个人贷款风险准备金核销呆坏账-1.98万元。2017年末，个人贷款风险准备金余额22043.23万元，占个人住房贷款余额的5.94%，个人住房贷款逾期额与个人贷款风险准备金余额的比率为0.32%。

五、社会经济效益

（一）**缴存业务**：2017年，实缴单位数、实缴职工人数和缴存额同比分别增长5.91%、3.47%和14.64%。

缴存单位中，国家机关和事业单位占79.49%，国有企业占2.59%，城镇集体企业占1.7%，外商投资企业占1.2%，城镇私营企业及其他城镇企业占6.95%，民办非企业单位和社会团体占1.63%，其他占6.44%。

缴存职工中，国家机关和事业单位占70.59%，国有企业占3.76%，城镇集体企业占0.9%，外商投资企业占0.51%，城镇私营企业及其他城镇企业占12.25%，民办非企业单位和社会团体占2.36%，其他占9.63%；中、低收入占98.61%，高收入占1.39%。

新开户职工中，国家机关和事业单位占40.58%，国有企业占10.85%，城镇集体企业占8.63%，外商投资企业占4.5%，城镇私营企业及其他城镇企业占0.86%，民办非企业单位和社会团体占4.62%，

其他占29.96%；中、低收入占90.81%，高收入占9.19%。

（二）提取业务：2017年，1.65万名缴存职工提取住房公积金4.30亿元。

提取金额中，住房消费提取占54.11%（购买、建造、翻建、大修自住住房占18.04%，偿还购房贷款本息占35.34%，租赁住房占0.73%）；非住房消费提取占45.89%（离休和退休提取占36.67%，完全丧失劳动能力并与单位终止劳动关系提取占3.99%，户口迁出本市或出境定居占2.14%，其他占3.09%）。

提取职工中，中、低收入占98.04%，高收入占1.96%。

（三）贷款业务

1. 个人住房贷款：2017年，支持职工购建房40.13万平方米，年末个人住房贷款市场占有率为28.99%，比上年减少4.42个百分点。通过申请住房公积金个人住房贷款，可节约职工购房利息支出13445.68万元。

职工贷款笔数中，购房建筑面积90（含）平方米以下占37.07%，90~144（含）平方米占54.98%，144平方米以上占7.95%。购买新房占59.21%（其中购买保障性住房占8.91%），购买存量商品住房占32.22%，建造、翻建、大修自住住房占8.57%，其他占0%。

职工贷款笔数中，单缴存职工申请贷款占28.94%，双缴存职工申请贷款占71.06%。

贷款职工中，30岁（含）以下占28.99%，30岁~40岁（含）占35.28%，40岁~50岁（含）占31.96%，50岁以上占3.77%；首次申请贷款占32.58%，二次及以上申请贷款占67.42%；中、低收入占95.09%，高收入占4.91%。

2. 异地贷款：2017年，发放异地贷款509笔13409.1万元。2017年末，发放异地贷款总额72161.6万元，异地贷款余额37113.22万元。

（四）住房贡献率：2017年，个人住房贷款发放额、住房消费提取额的总和与当年缴存额的比率为97.19%，比上年减少52.99个百分点。

六、其他重要事项

1. 2017年10月针对内设机构进行调整，撤销监察室。当年无缴存贷款业务金融机构变更情况。

2. 当年无缴存基数限额及确定方法、缴存比例等缴存政策调整情况；当年无提取政策调整情况；当年个人住房贷款最高贷款额度70万元、贷款条件等贷款政策无调整情况。

3. 2017年业务大厅工作中实施6s管理，使用高清高拍仪记录电子档案，新增评价器让前来办事职工评价服务情况。新增业务办理指示牌，提醒办事职工该窗口是否可以受理业务。

通过窗口工作人员交流学习实施业务大厅综合柜员制度，并且前台工作人员在接待办事职工时做到"叫号起立，举手示意，三米见微笑，一米见问候，来有迎声，去有送语"，微笑接待每一位办事职工。

12329热线累计接听29163人次，其中政策业务咨询为29045人次，投诉、建议118人次。12329短信累计发送139.58万条。门户网站累计发布171条，其中公开信息查询186150次，个人信息查询148920次，单位信息查询37230次，发布文件下载2314次。网上服务大厅信息查询累计432000次，其中业务办理累计53254次。自助终端累计查询13250次。手机APP累计查询186150次，其中信息发布171条。官方微信公众号累计查询30322次，其中信息发布39条。

4. 通过住房城乡建设部"双贯标"验收。2017年1月10日省住房城乡建设厅在四平市住房公积金管理中心召开了贯标工作检查验收会,一致通过四平市住房公积金管理中心贯标验收,并总结推广先进经验和做法。四平市住房公积金管理中心成为东北三省及内蒙古自治区首家通过住房城乡建设部"双贯标"验收的中心,受到住房城乡建设部和省住房城乡建设厅肯定和表扬。

5. 上线异地灾备系统。2017年7月正式上线住房公积金业务、电子档案数据异地灾备系统。现我中心异地灾备系统实现了不仅将中心数据备份至石家庄对方公司承建的数据灾备中心,且同步备份至联通中国云数据平台,这也使四平市住房公积金管理中心不仅成为省内首家建立异地容灾、备份、自动恢复系统的中心,同时也成为省内率先实现了数据云存储、备份云上跑的中心。

6. 进入"刷脸"时代。积极打造"智慧公积金",年初在省域范围内率先开办微信公众号对冲还贷业务,通过微信办理对冲还贷业务的权重比已超过95%。2017年6月1日正式接入住房城乡建设部异地转移接续平台,实现了"账随人走、钱随账走"的业务办理功能。10月1日,四平市住房公积金管理中心联合阿里旗下蚂蚁金服公司在吉林省内率先推出了支付宝公积金查询服务,我市住房公积金缴存职工可通过经过认证的手机支付宝以"刷脸"的方式确认个人身份,快速查询个人公积金账户缴存、余额、贷款、明细等相关信息。公积金"刷脸"服务的开通,标志着我市公积金身份认证进入更加安全、更加便捷的智能时代。

7. 四平市住房公积金管理中心业务大厅2017年获得中华全国妇女联合会"巾帼文明岗"称号。四平市住房公积金管理中心唐铭璐获得四平市总工会"四平市五一巾帼标兵"称号。四平市住房公积金管理中心咸志峰获得中共四平市委宣传部"2017四平好人·最美市直机关干部"称号。

8. 2017年无对违反《住房公积金管理条例》和相关法规行为进行行政处罚和申请人民法院强制执行情况。

9. 2017年无对住房公积金管理人员违规行为的纠正和处理情况等。

辽源市住房公积金2017年年度报告

一、机构概况

(一)住房公积金管理委员会:住房公积金管理委员会有25名委员,2017年召开1次会议,审议通过的事项主要包括:《关于调整补充本届委员会组成成员的议案》、《关于调整辽源市住房公积金贷款管理办法的部分条款的议案》、《关于辽源市住房公积金个人缴存管理办法的议案》、《关于辽源市个人缴存住房公积金贷款管理规定的议案》和《关于辽源市购房首付提取住房公积金(商业银行贷款)实施细则的议案》5个议案。

(二)住房公积金管理中心:辽源市住房公积金管理中心为直属辽源市人民政府不以营利为目的的正处级事业单位,主要负责全市住房公积金的归集、管理、使用和会计核算。目前中心内设办公室、归集科、信贷科、财务科、信息科、稽核科和档案科共七个科室和一个多功能服务大厅,下设东丰分中心和东辽分中心。从业人员94人，其中，在编34人，非在编60人。

二、业务运行情况

（一）**缴存**：2017年，新开户单位53家，实缴单位1235家，减少单位294家；新开户职工4378人，实缴职工6.20万人，净增职工80人；缴存额7.2亿元，同比增长10.09%。2017年末，缴存总额40.02亿元，同比增长21.93%；缴存余额23.5亿元，同比增长20.51%。

受委托办理住房公积金缴存业务的银行2家，比上年减少1家。

（二）**提取**：2017年，提取额3.2亿元，同比增长16%；占当年缴存额的44.4%，比上年增加3.4个百分点。2017年末，提取总额16.52亿元，同比增长24.02%。

（三）**贷款**：

个人住房贷款：个人住房贷款最高额度80万元，其中，单缴存职工最高额度40万元，双缴存职工最高额度80万元。

2017年，发放个人住房贷款0.18万笔4.98亿元，同比分别下降9.55%、6.56%。2017年，回收个人住房贷款1.04亿元。2017年末，累计发放个人住房贷款1.52万笔26.68亿元，贷款余额16.78亿元，同比分别增长13.48%、28%、22.93%。个人住房贷款余额占缴存余额的71.4%，比上年增加1个百分点。

受委托办理住房公积金个人住房贷款业务的银行3家，与上年无变化。

（四）**资金存储**：2017年末，住房公积金存款7.18亿元。其中，活期0.71亿元，1年（含）以下定期1.07亿元，1年以上定期5.4亿元。

三、主要财务数据

（一）**业务收入**：2017年，业务收入5845万元，同比增长24.86%。存款利息964万元，委托贷款利息4869万元，其他12万元。

（二）**业务支出**：2017年，业务支出2924万元，同比增长22.23%。支付职工住房公积金利息2924万元，归集手续费0.4万元。

（三）**增值收益**：2017年，增值收益2921万元，同比增长27.72%。增值收益率1.23%。

（四）**增值收益分配**：2017年，提取贷款风险准备金2269万元，提取管理费用632万元，提取城市廉租住房（公共租赁住房）建设补充资金20万元。

2017年，上交财政管理费用2082万元。上缴财政城市廉租住房（公共租赁住房）建设补充资金20万元。

2017年末，贷款风险准备金余额4825万元。累计提取城市廉租住房（公共租赁住房）建设补充资金185万元。

（五）**管理费用支出**：2017年，管理费用支出2089万元，同比下降15.32%。其中，人员经费663万元，公用经费144.58万元，专项经费1281万元。

四、资产风险状况

个人住房贷款：2017年末，个人住房贷款逾期额59万元，逾期率0.035‰。个人贷款风险准备金按增值收益的60%提取。2017年，提取个人贷款风险准备金2269万元，使用个人贷款风险准备金核销呆坏账0元。2017年末，个人贷款风险准备金余额4825万元，占个人住房贷款余额的2.87%，个人住房贷款逾期额与个人贷款风险准备金余额的比率为1.22%。

五、社会经济效益

（一）缴存业务：2017年，实缴单位数、实缴职工人数和缴存额同比分别增长－18%、0.09%和10.09%。

缴存单位中，国家机关和事业单位占76%，国有企业占11%，城镇集体企业占0.6%，外商投资企业占0.6%，城镇私营企业及其他城镇企业占8%，民办非企业单位和社会团体占0.2%，其他占3.6%。

缴存职工中，国家机关和事业单位占64.5%，国有企业占22.19%，城镇集体企业占0.59%，外商投资企业占3%，城镇私营企业及其他城镇企业占6.89%，民办非企业单位和社会团体占0.08%，其他占2.75%；中、低收入占99%，高收入占1%。

新开户职工中，国家机关和事业单位占49.86%，国有企业占11.44%，城镇集体企业占1.62%，外商投资企业占4.5%，城镇私营企业及其他城镇企业占20.14%，民办非企业单位和社会团体占0%，其他占12.44%；中、低收入占99.8%，高收入占0.2%。

（二）提取业务：2017年，1.06万名缴存职工提取住房公积金3.20亿元。

提取金额中，住房消费提取占66.53%（购买、建造、翻建、大修自住住房占26.2%，偿还购房贷款本息占39.5%，租赁住房占0.82%，其他占0.01%）；非住房消费提取占33.47%（离休和退休提取占25.6%，完全丧失劳动能力并与单位终止劳动关系提取占2.47%，户口迁出本市或出境定居占1.8%，其他占3.6%）。

提取职工中，中、低收入占99.9%，高收入占0.1%。

（三）贷款业务：

1. **个人住房贷款**：2017年，支持职工购建房19.34万平方米，年末个人住房贷款市场占有率为39%。通过申请住房公积金个人住房贷款，可节约职工购房利息支出820万元。

职工贷款笔数中，购房建筑面积90（含）平方米以下占26.5%，90～144（含）平方米占66.9%，144平方米以上占6.6%。购买新房占66.66%，购买存量商品住房占33.34%。职工贷款笔数中，单缴存职工申请贷款占30%，双缴存职工申请贷款占69.8%，三人及以上缴存职工共同申请贷款占0.2%。贷款职工中，30岁（含）以下占24%，30岁～40岁（含）占32%，40岁～50岁（含）占31%，50岁以上占13%；首次申请贷款占81%，二次及以上申请贷款占19%；中、低收入占97.3%，高收入占2.7%。

2. **异地贷款**：2017年，发放异地贷款69笔2106万元。2017年末，发放异地贷款总额8022万元，异地贷款余额4835万元。

六、其他重要事项

（一）**当年住房公积金政策调整及执行情况**：2017年1月1日起试行了《关于辽源市购房首付提取住房公积金（商业银行贷款）实施细则》，调整了提取政策，增加了在商业银行按揭贷款提取首付款业务，扩大了提取范围。

（二）当年服务改进情况：全面开通了综合服务平台，门户网站、网厅、12329 服务热线 12329、短信、自助终端、微信公众号和微博等七项服务渠道，我中心还开发特色服务渠道，通过手机支付宝"刷脸"查询住房公积金，无需密码登录，更加方便快捷。

（三）当年信息化建设情况：我中心于 2017 年 5 月 2 日完成对原公积金管理系统的升级改造工作，同时接入住房城乡建设部结算应用系统，并于 2017 年 9 月 7 日通过了住房城乡建设部联合吉林省公积金监管办组织的"双贯标"验收工作。

（四）当年住房公积金管理中心及职工所获荣誉情况：我中心 2017 年获得了青年文明号荣誉称号。并有一人获得省部级先进个人。

（五）当年对住房公积金管理人员违规行为的纠正和处理情况：2017 年 8 月，我中心原主任王健因存在严重违反工作纪律，违反国家法律法规规定问题，受到开除党籍、开除公职处分，并移交司法部门。

通化市住房公积金 2017 年年度报告

一、机构概况

（一）住房公积金管理委员会：住房公积金管理委员会有 29 名委员，2017 年召开五届六次会议，审议通过的事项主要包括：《通化市 2016 年度住房公积金归集使用计划执行情况及 2017 年度住房公积金归集使用计划编制情况的报告》、《通化市住房公积金 2016 年年度报告》、《通化市住房公积金增值收益分配办法及 2017 年度增值收益分配方案》、《通化市 2016 年度住房公积金管理费用财务收支决算和 2017 年度管理费用财务收支预算的报告》。

（二）住房公积金管理中心：住房公积金管理中心为隶属通化市政府的全额拨款事业单位，设 10 个科室，6 个管理部。从业人员 94 人，其中，在编 65 人，非在编 29 人。

二、业务运行情况

（一）缴存：2017 年，新开户单位 195 家，实缴单位 3008 家，与 2016 年实缴单位数持平；新开户职工 2.08 万人，实缴职工 15.99 万人，净增职工 0.82 万人；缴存额 13.01 亿元，同比增长 20.24%。2017 年末，缴存总额 83.23 亿元，同比增长 18.53%；缴存余额 48.42 亿元，同比增长 16.09%。

受委托办理住房公积金缴存业务的银行 2 家，与上年相同。

（二）提取：2017 年，提取额 6.3 亿元，同比增长 29.9%；占当年缴存额的 48.42%，比上年增加 3.6 个百分点。2017 年末，提取总额 34.81 亿元，同比增长 22.1%。

（三）贷款：

1. **个人住房贷款**：个人住房贷款最高额度 30 万元，其中，单缴存职工最高额度 30 万元，双缴存职工最高额度 30 万元，家庭贷款总额上不封顶。

2017 年，发放个人住房贷款 0.5974 万笔 15.74 亿元，同比分别增长 26.38%、34.76%。

2017年，回收个人住房贷款4.51亿元。

2017年末，累计发放个人住房贷款4.594万笔75.19亿元，贷款余额41.57亿元，同比分别增长14.94%、26.48%、37.01%。个人住房贷款余额占缴存余额的85.85%，比上年增加13.11个百分点。

受委托办理住房公积金个人住房贷款业务的银行4家，与上年相同（其中2家原住房公积金住房贷款业务受托银行只办理本行已发放贷款的回收业务，不受理新个人住房公积金业务）。

2. 住房公积金支持保障性住房建设项目贷款：2017年末，累计发放项目贷款3.05亿元，项目贷款余额0亿元。

（四）资金存储：2017年末，住房公积金存款7.47亿元。其中，活期0.13亿元，1年（含）以下定期1.15亿元，1年以上定期4.11亿元，协定存款2.08亿元。

（五）资金运用率：2017年末，住房公积金个人住房贷款余额占缴存余额的85.85%，比上年增加13.11个百分点。

三、主要财务数据

（一）业务收入：2017年，业务收入15191.55万元，同比增长18.64%。其中，存款利息3984.29万元，委托贷款利息11202.08万元，其他5.18万元。

（二）业务支出：2017年，业务支出6070.61万元，同比增长15.92%。其中，支付职工住房公积金利息5472.16万元，委托贷款手续费556.44万元，其他42.01万元。

（三）增值收益：2017年，增值收益9120.94万元，同比增长20.52%。

（四）增值收益分配：2017年，提取贷款风险准备金4157.18万元，提取管理费用1300万元，提取城市廉租住房（公共租赁住房）建设补充资金3663.76万元。

2017年，上交财政管理费用1300万元。上缴财政城市廉租住房（公共租赁住房）建设补充资金1026.8万元。2017年末，贷款风险准备金余额21590.08万元。累计提取城市廉租住房（公共租赁住房）建设补充资金7662.74万元。

（五）管理费用支出：2017年，管理费用支出1095万元，同比下降10.74%。其中，人员经费837.79万元，公用经费170.41万元，专项经费86.8万元。

四、资产风险状况

（一）个人住房贷款：2017年末，个人住房贷款逾期额307.8万元，逾期率0.74‰。

个人贷款风险准备金按贷款余额的1%提取。2017年，提取个人贷款风险准备金4157.18万元，使用个人贷款风险准备金核销呆坏账0万元。2017年末，个人贷款风险准备金余额20370.08万元，占个人住房贷款余额的4.9%，个人住房贷款逾期额与个人贷款风险准备金余额的比率为1.51%。

（二）支持保障性住房建设试点项目贷款：2017年末，支持保障性住房建设试点项目贷款全部回收，无逾期项目贷款。截至2017年末，项目贷款风险准备金余额1220万元。

五、社会经济效益

（一）缴存业务：2017年，实缴职工人数和缴存额同比分别增长3.56%和20.24%。

缴存单位中，国家机关和事业单位占69.91%，国有企业占10.04%，城镇集体企业占2.76%，外商投资企业占0.43%，城镇私营企业及其他城镇企业占9.77%，民办非企业单位和社会团体占1%，其他占6.09%。

缴存职工中，国家机关和事业单位占21.18%，国有企业占5.6%，城镇集体企业占2.52%，外商投资企业占0.53%，城镇私营企业及其他城镇企业占47.62%，民办非企业单位和社会团体占0.26%，其他占22.29%；中、低收入占99.51%，高收入占0.49%。

新开户职工中，国家机关和事业单位占19.74%，国有企业占7.07%，城镇集体企业占1.97%，外商投资企业占0.18%，城镇私营企业及其他城镇企业占27.08%，民办非企业单位和社会团体占1.84%，其他占42.13%；中、低收入占99.67%，高收入占0.33%。

（二）**提取业务**：2017年，2.3713万名缴存职工提取住房公积金6.3亿元。

提取金额中，住房消费提取占57.67%（购买、建造、翻建、大修自住住房占18.79%，偿还购房贷款本息占38.08%，租赁住房占0.75%）；非住房消费提取占42.33%（离休和退休提取占30.16%，完全丧失劳动能力并与单位终止劳动关系提取占9.8%，户口迁出本市或出境定居占0.57%，其他占1.8%）。

提取职工中，中、低收入占99.17%，高收入占0.83%。

（三）**贷款业务**：

1. **个人住房贷款**：2017年，支持职工购建房62.39万平方米，年末个人住房贷款市场占有率为41.35%，比上年减少34.65个百分点。通过申请住房公积金个人住房贷款，可节约职工购房利息支出46914.77万元。

职工贷款笔数中，购房建筑面积90（含）平方米以下占54.79%，90~144（含）平方米占38.82%，144平方米以上占6.39%。购买新房占65.53%，购买存量商品住房占34.47%。

职工贷款笔数中，单缴存职工申请贷款占0.47%，双缴存职工申请贷款占98.01%，三人及以上缴存职工共同申请贷款占1.52%。

贷款职工中，30岁（含）以下占29.38%，30岁~40岁（含）占40.53%，40岁~50岁（含）占22.99%，50岁以上占7.1%；首次申请贷款占88.23%，二次及以上申请贷款占11.77%；中、低收入占87.5%，高收入占12.5%。

2. **异地贷款**：2017年，发放异地贷款143笔3791万元。2017年末，发放异地贷款总额10929万元，异地贷款余额8077万元。

3. **支持保障性住房建设试点项目贷款**：2017年末，累计试点项目3个，贷款额度3.05亿元，建筑面积96.1万平方米，可解决10885户中低收入职工家庭的住房问题。3个试点项目贷款资金已发放并还清贷款本息。

（四）**住房贡献率**：2017年，个人住房贷款发放额、公转商贴息贷款发放额、项目贷款发放额、住房消费提取额的总和与当年缴存额的比率为148.85%，比上年增加12.9个百分点。

六、其他重要事项

（一）**当年住房公积金政策调整及执行情况**：2017年，住房公积金缴存提取业务严格按照《缴存办法》、《提取办法》的相关规定执行，政策未进行调整，缴存基数下限为1380元/月，缴存上限调整为

15463.32 元/月，住房公积金缴存比例下限为 5%，上限为 12%。

2017 年个人住房公积金贷款利率严格执行国家有关规定，5 年以下贷款利率 2.75%，5 年以上贷款利率 3.25%。

（二）当年服务改进情况：中心于 2017 年对办事大厅及各管理部进行了服务改进，为了严格管理，提高服务质量，中心对办事大厅提出了要求。

1. 要求办事大厅工作人员各司其职，做好本职工作，不做与工作无关的事，要保证仪表端庄，穿工装上岗，上岗人员一律佩戴中心统一制作的胸牌。

2. 要求窗口工作人员需熟悉本部门业务办理的流程及相关政策，对来中心咨询、办事的人员主动服务，对群众提出的问题，要做到专心听取，细心询问，耐心解答，按照《一次性告知制》的要求，一次性告知申请人需提供的有关材料，严格执行首问负责制。

3. 要求严肃工作纪律，坚决杜绝出现上班迟到早退，随意空岗、串岗、脱岗，工作时间聊天、上网、玩游戏、睡觉，在编不在岗、在岗不尽责等"庸、懒、散"问题。

4. 要求严肃问责，对服务标准不高，办事效率低下，推诿扯皮，敷衍塞责，欺上瞒下，巧立名目，设置障碍，吃拿卡要，损害群众利益问题要进行严肃问责。

（三）当年信息化建设情况：住房公积金管理软件系统开发项目（其中还包括门户网站、网上业务大厅、自助终端、12329 服务热线等综合服务平台建设），继续开发建设。目前，新版门户网站已经开通使用，住房公积金管理软件系统一期工程（包括缴存、贷款、提取、财会等子系统）于 2018 年 4~5 月可以上线使用。住房公积金金融结算应用系统已于 2017 年 11 月正式开通，待住房公积金管理软件系统于 2018 年 4~5 月上线使用时，住房公积金金融结算应用系统即可正式使用，住房公积金管理软件系统即可达到《住房公积金基础数据标准》JGJ/T 320—2014 的要求。

白山市住房公积金 2017 年年度报告

一、机构概况

（一）住房公积金管理委员会：白山市住房公积金管理委员会共有委员 18 名，听取和审议了《2017 年全市住房公积金归集、使用、计划完成情况及 2018 年计划情况的报告》；《白山市住房公积金管理中心 2017 年度财务公报》、《白山市住房公积金 2017 年年度报告》；《关于起草〈白山市住房公积金个人缴存管理办法（试行）〉和修改〈白山市个人住房公积金提取管理办法（试行）〉、〈白山市住房公积金缴存管理办法（试行）〉部分条款的说明》；《贷款管理办法修改意见》。

（二）住房公积金管理中心：住房公积金管理中心为市政府直属不以营利为目的的自收自支事业单位，设 9 个科，5 个管理部。从业人员 71 人，其中，在编 34 人，非在编 37 人。

二、业务运行情况

（一）缴存：2017 年，新开户单位 117 家，实缴单位 1907 家，净增单位 69 家；新开户职工 0.65 万人，实缴职工 9.94 万人，净减职工 0.21 万人；缴存额 9.88 亿元，同比增长 18%。2017 年末，缴存总额 70.17 亿元，同比增长 16%；缴存余额 32.58 亿元，同比增长 4%。

受委托办理住房公积金缴存业务的银行 2 家，与上年持平。

（二）提取：2017 年，提取额 8.66 亿元，同比增长 14%；占当年缴存额的 88%，比上年减少 2 个百分点。2017 年末，提取总额 37.59 亿元，同比增长 30%。

（三）贷款：

1. **个人住房贷款**：个人住房贷款最高额度 50 万元，其中，单缴存职工最高额度 25 万元，双缴存职工最高额度 50 万元。

2017 年，发放个人住房贷款 874 笔 1.7 亿元，同比分别增长 8%、37%。2017 年，回收个人住房贷款 1.52 亿元。2017 年末，累计发放个人住房贷款 1.9 万笔 19.52 亿元，贷款余额 7.57 亿元，同比分别增长 4%、9%、2%。个人住房贷款余额占缴存余额的 23%，与上年持平。

受委托办理住房公积金个人住房贷款业务的银行 5 家，与上年持平。

2. **资金存储**：2017 年末，住房公积金存款 25.01 亿元。其中，活期 3.25 亿元，1 年以上定期 21.76 亿元。

3. **资金运用率**：2017 年末，住房公积金个人住房贷款余额、项目贷款余额和购买国债余额的总和占缴存余额的 23%。

三、主要财务数据

（一）**业务收入**：2017 年，业务收入 9100.43 万元，同比下降 9%。存款利息 6724.31 万元，委托贷款利息 2375.99 万元，其他 0.13 万元。

（二）**业务支出**：2017 年，业务支出 4885.45 万元，同比下降 2%。其中，支付职工住房公积金利息 4759.22 万元，归集手续费 4.69 万元，委托贷款手续费 118.14 万元，其他 3.40 万元。

（三）**增值收益**：2017 年，增值收益 4214.98 万元，同比下降 17%。增值收益率 1.36%，比上年减少 12 个百分点。

（四）**增值收益分配**：2017 年，提取贷款风险准备金 2528.99 万元，提取管理费用 581.18 万元，提取城市廉租住房（公共租赁住房）建设补充资金 1104.81 万元。

2017 年，上交财政管理费用 1441.47 万元。上缴财政城市廉租住房（公共租赁住房）建设补充资金 503.98 万元。

2017 年末，贷款风险准备金余额 16088.44 万元。累计提取城市廉租住房（公共租赁住房）建设补充资金 6654.13 万元。

（五）**管理费用支出**：2017 年，管理费用支出 1048.36 万元，同比增长 19%。其中，人员经费 597.40 万元，公用经费 192 万元，专项经费 258.96 万元。

四、资产风险状况

个人住房贷款：2017 年末，个人住房贷款逾期额 24.35 万元，逾期率 0.3‰。

个人贷款风险准备金按增值收益的 60% 提取。2017 年提取个人贷款风险准备金 2528.99 万元，未使用个人贷款风险准备金核销呆坏账。2017年末,个人贷款风险准备金余额16088.44万元,占个人住房贷款余额的21%,个人住房贷款逾期额与个人贷款风险准备金余额的比率为0.15%。

五、社会经济效益

(一)**缴存业务**:2017年,实缴单位数、实缴职工人数和缴存额同比分别为4%、-2%和18%。

缴存单位中,国家机关和事业单位占73%,国有企业占14%,城镇集体企业占1%,外商投资企业占1%,城镇私营企业及其他城镇企业占7%,民办非企业单位和社会团体占2%,其他占2%。

缴存职工中,国家机关和事业单位占61%,国有企业占28%,城镇集体企业占1%,外商投资企业占2%,城镇私营企业及其他城镇企业占5%,民办非企业单位和社会团体占2%,其他占1%;中、低收入占99.81%,高收入占0.19%。

新开户职工中,国家机关和事业单位占35%,国有企业占36%,城镇集体企业占1%,外商投资企业占7%,城镇私营企业及其他城镇企业占10%,民办非企业单位和社会团体占5%,其他占6%;中、低收入占99.72%,高收入占0.28%。

(二)**提取业务**:2017年,2.64万名缴存职工提取住房公积金8.66亿元。

提取金额中,住房消费提取占57%(购买、建造、翻建、大修自住住房占37%,偿还购房贷款本息占9%,租赁住房占11%,其他占0%);非住房消费提取占43%(离休和退休提取占14%,完全丧失劳动能力并与单位终止劳动关系提取占8%,户口迁出本市或出境定居占1%,其他占20%)。

提取职工中,中、低收入占99.53%,高收入占0.47%。

(三)**贷款业务**:

1.**个人住房贷款**:2017年,支持职工购建房5.06万平方米,年末个人住房贷款市场占有率为38%,比上年增加18个百分点。通过申请住房公积金个人住房贷款,可节约职工购房利息支出2117.07万元。

职工贷款笔数中,购房建筑面积90(含)平方米以下占33%,90~144(含)平方米占58%,144平方米以上占9%。购买新房占42%,购买存量商品住房占7%,建造、翻建、大修自住住房占51%。

职工贷款笔数中,单缴存职工申请贷款占19%,双缴存职工申请贷款占81%。

贷款职工中,30岁(含)以下占16%,30岁~40岁(含)占33%,40岁~50岁(含)占33%,50岁以上占18%;首次申请贷款占100%;中、低收入占98%,高收入占2%。

2.**异地贷款**:2017年,发放异地贷款6笔139万元。截至2017年末,累计发放异地贷款总额2493.3万元,异地贷款余额959.71万元。

(四)**住房贡献率**:2017年,个人住房贷款发放额、公转商贴息贷款发放额、项目贷款发放额、住房消费提取额的总和与当年缴存额的比率为67%,比上年减少6个百分点。

六、其他重要事项

(一)**当年住房公积金政策调整及执行情况**:

1.**白山市住房公积金缴存政策调整情况**:

2017年缴存基数限额及确定方法:

缴存基数限额:缴存基数上限11004.75元/月,未设缴存基数下限。

缴存基数确定方法：职工月平均工资为上年度本人工资总额除以12所得的商，精确到元。

缴存比例：住房公积金缴存比例，下限为5%、上限为12%。

2. 白山市住房公积金提取政策调整情况：

（1）购买、继承或以其他方式获取的自住住房5年以上（以房屋产权证日期为准）且没有使用住房公积金贷款或贷款已经还清的，职工本人及共有人可凭房屋产权证明和契税发票，可一次性提取每平方米不超过1800元，最高提取额不得超过本人及房屋共有人账户余额的50%。

（2）"购买自住住房的，职工本人及共有人可多次提取住房公积金，累计提取额度不超过购房款总金额。"

（3）符合多个提取条件的可合并提取住房公积金，提取额合并计算。

（4）原来的《白山市住房公积金提取管理办法》第十八条、第二款"已经取得房屋产权证明的，且2006年3月1日之前开户，开户以来没有提取过住房公积金（含提取住房公积金偿还贷款）的，材料有效期延长至2006年3月1日。"修改为"已经使用过住房公积金的（含提取住房公积金和使用住房公积金贷款）材料有效期为五年。没有使用过住房公积金的（含提取住房公积金和使用住房公积金贷款）的材料有效期延长至2002年3月24日（只限产权共有人，不含直系亲属）。"

（5）职工本人及配偶所拥有的无籍房、集资房（以《房屋产权证明》记载为准）：应提供《房屋产权证明》、契税发票。无契税发票的应提供《房屋产权证明》，及取暖费、水费、电费发票各一份。修改为"这三种发票中其中的二种"。有契税完税证明的按发票标定的房价计算，无契税发票的按每平方米提取额由1300元提高到1800元。

（6）原规定中"缴纳房租的每年（满12个月）夫妻双方可合计提取不超过一万元住房公积金（含一万元），上一年没有提取的，当年提取额不得超过二万元（含二万元）。"修改为"缴纳房租的每年（满12个月）夫妻双方可合计提取不超过一万二千元住房公积金（含一万二千元），上一年没有提取的，当年提取额不得超过二万四千元（含二万四千元）。"

（7）职工本人及直系亲属患重病、大病提取住房公积金的"应提供县级以上医院出具的加盖医院病案室公章的病历证明、治疗费用结算发票。已经在医保部门报销无法提供治疗费用结算发票的，应提供由医保部门出具的报销凭证原件和病例复印件。"修改为：

凡该医院已经核销应由医保部门报销费用的，应出具加盖医院病案室公章的病历证明、治疗费用结算发票。

该医院未核销应由医保部门报销费用的，须提供由医保部门出具的报销凭证和病例复印件。

在外地医院治疗的，还应提供转院审批材料或在外就医突发疾病证明材料。

提取额度由原来的"自费部分的3倍"提高到自费部分的5倍。

（8）原管理办法"如特殊情况需要划入代办人账户或其他账户的，必须有符合法律规定的授权文件，并做好存档。"修改为"如特殊情况需要划入代办人账户或其他账户的，必须有符合法律规定的授权文件，并做好存档。无法提供符合法律规定的授权文件的，可由职工所在单位代为办理并负责处置。"

（9）子女上大学的材料有效期由3年提高到5年。

（10）本人参军、考入全日制大学或研究生的，应提供入伍通知书、录取通知书。已经入学、入伍的，提供军人证、学生证等。

（11）取消对购买别墅的职工提取住房公积金的限制。

贷款方面：

1. **当年个人住房贷款最高贷款额度：** 单身或单收入最高额度为 25 万元，双职工最高 50 万元。

2. **贷款条件等贷款政策调整情况：**

（1）按揭贷款的，凡是当地住建部门与售房单位签署了《商品房预售资金监管协议书》的，住房公积金贷款必须划入该协议规定的账户。

（2）土地来源为"划拨"的，不予办理住房公积金贷款。

（3）在确定贷款额度时，应充分考虑借款人的还贷能力。每月还贷额不得大于借款人的月总收入（含工资收入和住房公积金）减去其最低生活费（统计部门公布的当地最低生活保障线×共同生活人数）。

（4）确定工资收入的依据：单位缴存住房公积金的按住房公积金的缴存基数计算；工资流水；纳税证明；管理中心认可的其他材料。

（5）原管理办法中的"有贷款未还清的，不可以为他人提供担保"修改为：有贷款未还清的，原则上不可以为他人提供担保，确需担保的，应视贷款余额多少，慎重考虑担保额度。为他人提供贷款担保未解除的，原则上不得申请住房公积金贷款，确需贷款的可考虑担保余额及其还贷能力确定是否可以发放住房公积金贷款及贷款额度，也可以请他人为自己提供再担保。

（6）原管理办法中的装修贷款："每平方米建筑面积不得超过一千五百元，贷款最高上限为二十五万元"修改为"每平方米建筑面积不得超过一千八百元，贷款最高上限为三十万元。"

（7）原管理办法中的"达到法定婚龄以上的单身职工另需提供所在单位出具的单身证明"修改为"达到法定婚龄以上的单身职工另需提供所在单位出具的单身证明（或单身承诺）"。

（8）取消一条"同一户主不得为同一住房办理 2 次装修贷款"。

3. **当年住房公积金存贷款利率执行标准：** 1～5 年 2.75％，6～30 年 3.25％。

（二）**当年服务改进情况：**

1. 根据《住房公积金综合服务平台建设导则》，住房公积金服务渠道除柜面业务办理系统外，已经建立门户网站、官方微信、12329 服务热线、手机短信四种服务渠道，网上大厅、自助终端、手机客户端、官方微博等正在陆续完善建立中。

2. 住房公积金提取实行免填单、免复印件和无纸化电子档案管理模式，开通了对冲还贷业务，取消了住房公积金提取单位审核把关的环节，并接入全国住房公积金结算数据应用系统，实现住房公积金提取业务及时审核、实时到账功能，资金到账后，即刻收到短信提醒，办事效率显著提升。中心将采用先进的信息科技手段，建立全方位的对外服务渠道，一体化的信息工作平台，有效满足缴存单位和职工多元化、个性化服务需求。着力为缴存职工打造一个"管理精细化、服务多维化、体验最优化"的"智慧公积金"系统。

（三）**当年信息化建设情况：** 2017 年对已经上线运行的住房公积金业务系统进行了升级，目前"双贯标"目标任务已经初步完成，缴存、提取和贷款业务已经上线试运行，预计互联网＋公积金工作将在 2018 年 5 月末完成。

松原市住房公积金 2017 年年度报告

一、机构概况

（一）住房公积金管理委员会：住房公积金管理委员会有 29 名委员，2017 年召开 2 次会议，审议通过的事项主要包括：《松原市 2016 年年度报告》《关于市住房公积金管理中心银行账户变更和调整请示》《关于支持光大银行长春分行在松原设立分行的通知》。

（二）住房公积金管理中心：住房公积金管理中心为市政府直属不以营利为目的的正处级事业单位，设 11 个科室，4 个管理部，2 个分中心。从业人员 91 人，其中，在编 61 人，非在编 30 人。

吉林油田分中心为隶属于中国石油吉林油田公司不以盈利为目的的正科级单位，设 2 个科室。从业人员 8 人。

二、业务运行情况

（一）缴存：2017 年，新开户单位 270 家，实缴单位 2923 家，净增单位 64 家；新开户职工 1.01 万人，实缴职工 16.13 万人，净增职工 0.33 万人；缴存额 20.7 亿元，同比增长 0.94%。2017 年末，缴存总额 174.90 亿元，同比增长 13.42%；缴存余额 84.7 亿元，同比增长 10.7%。

受委托办理住房公积金缴存业务的银行 5 家，比上年增加 1 家。

（二）提取：2017 年，提取额 12.52 亿元，同比下降 30.31%；占当年缴存额的 60.46%，比上年减少 27.11 个百分点。2017 年末，提取总额 90.2 亿元，同比增长 16.11%。

（三）贷款：

个人住房贷款：个人住房贷款最高额度 50 万元，其中，单缴存职工最高额度 50 万元，双缴存职工最高额度 50 万元。

2017 年，发放个人住房贷款 0.29 万笔 7.34 亿元，同比分别下降 38.08%、35.7%。其中，市中心发放个人住房贷款 0.18 万笔 5.05 亿元，油田分中心发放个人住房贷款 0.11 万笔 2.29 亿元。

2017 年，回收个人住房贷款 5.47 亿元。其中，市中心 3.3 亿元，油田分中心 2.17 亿元。

2017 年末，累计发放个人住房贷款 4.38 万笔 72.78 亿元，贷款余额 43.72 亿元，同比分别增长 7.21%、11.23%、4.50%。个人住房贷款余额占缴存余额的 51.62%，比上年减少 3.06 个百分点。

受委托办理住房公积金个人住房贷款业务的银行 4 家，比上年增加 0 家。

（四）资金存储：2017 年末，住房公积金存款 41.48 亿元。其中，活期 6.32 亿元，1 年（含）以下定期 12.66 亿元，1 年以上定期 22.5 亿元，其他（协定、通知存款等）0 亿元。

（五）资金运用率：2017 年末，住房公积金个人住房贷款余额、项目贷款余额和购买国债余额的总和占缴存余额的 51.62%，比上年减少 3.06 个百分点。

三、主要财务数据

（一）业务收入：2017 年，业务收入 23409.84 万元，同比增长 2.31%。其中，市中心 13473.58 万元,油田分中心9936.26万元;存款利息13329.25万元,委托贷款利息9796.12万元,国债利息0万元,其他284.47万元。

(二) 业务支出:2017年,业务支出13235.15万元,同比增长12%。其中,市中心7184.39万元,油田分中心6050.76万元;支付职工住房公积金利息12738.91万元,归集手续费7.09万元,委托贷款手续费480.49万元,其他8.65万元。

(三) 增值收益:2017年,增值收益10174.69万元,同比下降8.04%。其中,市中心6289.19万元,油田分中心3885.50万元;增值收益率1.26%,比上年减少0.21个百分点。

(四) 增值收益分配:2017年,提取贷款风险准备金6104.81万元,提取管理费用2121.76万元,提取城市廉租住房(公共租赁住房)建设补充资金1948.12万元。

2017年,上交财政管理费用2048.03万元。上缴财政城市廉租住房(公共租赁住房)建设补充资金2176.12万元。其中,市中心上缴621.01万元,油田分中心上缴(收缴单位)1555.11万元。

2017年末,贷款风险准备金余额36550.17万元。累计提取城市廉租住房(公共租赁住房)建设补充资金15995.94万元。其中,市中心提取3334.91万元,油田分中心提取12661.03万元。

(五) 管理费用支出:2017年,管理费用支出2010.09万元,同比下降45%。其中,人员经费853.46万元,公用经费407.10万元,专项经费749.53万元。

市中心管理费用支出1738.45万元,其中,人员、公用、专项经费分别为731.09万元、354.93万元、652.43万元;油田分中心管理费用支出271.64万元,其中,人员、公用、专项经费分别为122.37万元、52.17万元、97.1万元。

四、资产风险状况

个人住房贷款:2017年末,个人住房贷款逾期额201.50万元,逾期率0.46‰。其中,市中心0.79‰,油田分中心0.2‰。

个人贷款风险准备金按(贷款余额或增值收益)的60%提取。2017年,提取个人贷款风险准备金6104.81万元,使用个人贷款风险准备金核销呆坏账0万元。2017年末,个人贷款风险准备金余额36550.17万元,占个人住房贷款余额的8.36%,个人住房贷款逾期额与个人贷款风险准备金余额的比率为0.55%。

五、社会经济效益

(一) 缴存业务:2017年,实缴单位数、实缴职工人数和缴存额同比分别增长2.2%、2.1%和0.9%。

缴存单位中,国家机关和事业单位占49.43%,国有企业占14%,城镇集体企业占0%,外商投资企业占0.03%,城镇私营企业及其他城镇企业占30%,民办非企业单位和社会团体占0.75%,其他占5.79%。

缴存职工中,国家机关和事业单位占32.52%,国有企业占43.38%,城镇集体企业占0%,外商投资企业占0.13%,城镇私营企业及其他城镇企业占19.68%,民办非企业单位和社会团体占0.5%,其他占3.79%;中、低收入占96%,高收入占4%。

新开户职工中,国家机关和事业单位占12%,国有企业占3%,城镇集体企业占0%,外商投资企业占0%,城镇私营企业及其他城镇企业占85%,民办非企业单位和社会团体占0%,其他占0%;中、低收入占99.97%,高收入占0.03%。

(二)提取业务:2017年,4.01万名缴存职工提取住房公积金12.52亿元。

提取金额中,住房消费提取占71.58%(购买、建造、翻建、大修自住住房占34.81%,偿还购房贷款本息33.65%,租赁住房占1.88%,其他占1.24%);非住房消费提取占28.42%(离休和退休提取占22.01%,完全丧失劳动能力并与单位终止劳动关系提取占2.29%,户口迁出本市或出境定居占0.52%,其他占3.60%)。

提取职工中,中、低收入占95.88%,高收入占4.12%。

(三)贷款业务:

1. **个人住房贷款**:2017年,支持职工购建房22.73万平方米,年末个人住房贷款市场占有率为23%,比上年增加1个百分点。通过申请住房公积金个人住房贷款,可节约职工购房利息支出12257万元。

职工贷款笔数中,购房建筑面积90(含)平方米以下占36%,90~144(含)平方米占58%,144平方米以上占6%。购买新房占62%(其中购买保障性住房占0%),购买存量商品住房占38%,建造、翻建、大修自住住房占0%,其他占0%。

职工贷款笔数中,单缴存职工申请贷款占36%,双缴存职工申请贷款占64%,三人及以上缴存职工共同申请贷款占0%。

贷款职工中,30岁(含)以下占23%,30岁~40岁(含)占29%,40岁~50岁(含)占33%,50岁以上占15%;首次申请贷款占98%,二次及以上申请贷款占2%;中、低收入占99.35%,高收入占0.65%。

2. **异地贷款**:2017年,发放异地贷款100笔2710.3万元。2017年末,发放异地贷款总额5634.6万元,异地贷款余额5270.06万元。

(四)**住房贡献率**:2017年,个人住房贷款发放额、公转商贴息贷款发放额、项目贷款发放额、住房消费提取额的总和与当年缴存额的比率为78.81%,比上年减少34.49个百分点。

六、其他重要事项

(一)当年机构及职能调整情况、受委托办理缴存贷款业务金融机构变更情况:一是2017年,我市住房公积金管理机构及职能无调整情况。二是2017年,我中心缴存业务金融机构由4家增至5家,目前是"中、农、工、建、光大"五大银行;贷款业务金融机构未发生变化,依然是"中、农、工、建"四大国有银行。

(二)当年住房公积金政策调整及执行情况:一是2017年,我中心按照住房城乡建设部要求,严格控制全市各缴存单位和个人的缴存比例在8%-12%之间。同时,缴存基数上限按照吉林省人力资源和社会保障厅《关于印发2015年全省在岗职工平均工资的通知》(吉人社办字〔2016〕60号)规定,不高于松原市在岗职工平均工资3974.00元的3倍11922.00元,缴存基数下限按照《吉林省人民政府关于发布全省最低工资标准的通知》(吉正函〔2015〕102号)规定,不低于松原市最低工资标准1380.00元。二是从2017年1月1日起，我中心将归集缴存业务从银行全面收回，在机关建立了归集业务大厅，由原来的银行归集变为自主归集。

三是2017年，中心下发了《松原市住房公积金管理中心提取管理办法》《松原市住房公积金管理中心个人贷款管理办法》两个文件，规范了我市公积金提取、贷款业务的办理和审批流程，通过建立了房价实地踏查制度实行贷款额度与余额关联，将个人征信纳入贷款管理体系，把好了贷款风险的第一道关口，通过开展商转公贷款、统一户籍提取等新业务，有效提高了我市公积金使用效率。四是国家最近一次调息是2015年8月26日，我中心严格按照国家标准执行贷款利率五年及以下为2.75%，五年以上为3.25%。

（三）当年服务改进情况：2017年，市住房公积金作为窗口单位，始终把服务作为自己的天职。一是抓学习，提高职工综合素质，提高廉洁自律意识，不断增强服务意识。二是抓培训，通过内部培训、组织职工参加上级培训，切实提高职工业务素质，增强业务水平和业务能力。三是抓服务，建立严格规范的业务管理制度，实行政策公开，办事程序公开，办理时限公开，贷款业务办理时限5个工作日，提取业务即来即办。这些举措，显著提高了中心全体干部职工的服务能力，为广大缴存职工营造了良好的服务环境，树立了良好的住房公积金服务形象。

（四）当年信息化建设情况：2017年，市住房公积金管理中心按照国家要求，加强了我市住房公积金信息化建设。6月份，完成了全国住房公积金异地转移接续平台开通工作；10月份，完成了松原市住房公积金机房建设项目；11月份，完成了住房公积金与银行资金结算平台接入工作；12月份，完成了"松原市住房公积金新系统"的上线工作；今年1月份，以全省第三名的成绩顺利通过了住房城乡建设部"双贯标"项目验收。目前，综合服务平台项目正有条不紊地建设中，门户网站、短信平台、手机APP、微信和微博等即将开通，通过开通住房公积金"互联网＋"模式，下一步将实现我市公积金服务方式由人力密集型向科技自助型转变。

（五）当年住房公积金管理中心及职工所获荣誉情况：2017年，我中心有13个人获得了"先进个人"称号。1位县处级领导获得了"优秀领导干部"称号，1位职工获得了市司法局评选的"六、五"普法先进工作者称号。

白城市住房公积金2017年年度报告

一、机构概况

（一）住房公积金管理委员会：住房公积金管理委员会有25名委员，2017年召开1次会议，审议通过的事项主要包括：白城市住房公积金中心2016年预算执行情况和2017年预算草案的报告。

（二）住房公积金管理中心：住房公积金管理中心为市政府不以营利为目的的公益性一类事业单位，设8个处（科），4个管理部，0个分中心。从业人员95人，其中，在编37人，非在编58人。

二、业务运行情况

（一）缴存：2017年，新开户单位122家，实缴单位2285家，净增单位65家；新开户职工0.63万人，实缴职工 9.80 万人，净增职工 1 万人；缴存额 8.14 亿元，同比增长 12.12%。2017 年末，缴存总额 50.48 亿元，同比增长 19.23%；缴存余额 27.52 亿元，同比增长 9.34%。

受委托办理住房公积金缴存业务的银行 4 家，比上年增加 0 家。

（二）提取：2017 年，提取额 5.79 亿元，同比增长 49.61%；占当年缴存额的 71.13%，比上年增加 17.82 个百分点。2017 年末，提取总额 22.96 亿元，同比增长 33.72%。

（三）贷款：

个人住房贷款：个人住房贷款最高额度 70 万元，其中，单缴存职工最高额度 50 万元，双缴存职工最高额度 70 万元。

2017 年，发放个人住房贷款 0.27 万笔 6.67 亿元，同比分别下降 34.15%、15.14%。其中，市中心发放个人住房贷款 0.15 万笔 4.38 亿元。

2017 年，回收个人住房贷款 3.53 亿元。其中，市中心 1.63 亿元。

2017 年末，累计发放个人住房贷款 3.39 万笔 42.38 亿元，贷款余额 23.33 亿元，同比分别增长 8.65%、18.68%、15.67%。个人住房贷款余额占缴存余额的 84.76%，比上年增加 4.61 个百分点。

受委托办理住房公积金个人住房贷款业务的银行 3 家，比上年增加（减少）0 家。

（四）资金存储：2017 年末，住房公积金存款 5.31 亿元。其中，活期 2.05 亿元，1 年（含）以下定期 3.21 亿元，1 年以上定期 0.05 亿元，其他（协定、通知存款等）0 亿元。

（五）资金运用率：2017 年末，住房公积金个人住房贷款余额、项目贷款余额和购买国债余额的总和占缴存余额的 84.77%，比上年增加 4.62 个百分点。

三、主要财务数据

（一）业务收入：2017 年，业务收入 9203.27 万元，同比增长 1.72%。存款利息 2386.62 万元，委托贷款利息 6816.65 万元，国债利息 0 万元，其他 0 万元。

（二）业务支出：2017 年，业务支出 4219.48 万元，同比增长 0.54%。支付职工住房公积金利息 3876.43 万元，归集手续费 2.22 万元，委托贷款手续费 340.83 万元，其他 0 万元。

（三）增值收益：2017 年，增值收益 4983.79 万元，同比增长 2.75%。增值收益率 1.94%，比上年减少 0.15 个百分点。

（四）增值收益分配：2017 年，提取贷款风险准备金 315.16 万元，提取管理费用 1132.15 万元，提取城市廉租住房（公共租赁住房）建设补充资金 3536.48 万元。

2017 年，上交财政管理费用 1612.49 万元。上缴财政城市廉租住房（公共租赁住房）建设补充资金 2744.83 万元。

2017 年末，贷款风险准备金余额 2415.53 万元。累计提取城市廉租住房（公共租赁住房）建设补充资金 9653.36 万元。

（五）管理费用支出：2017 年，管理费用支出 1408.15 万元，同比增长 1.15%。其中，人员经费 600.59 万元，公用经费 138.76 万元，专项经费 668.80 万元。

市中心管理费用支出 1408.15 万元，其中，人员、公用、专项经费分别为 600.59 万元、138.76 万元、668.80 万元。

四、资产风险状况

个人住房贷款：2017年末，个人住房贷款逾期额0万元，逾期率0‰。

个人贷款风险准备金按（贷款余额或增值收益）的1%提取。2017年，提取个人贷款风险准备金315.16万元，使用个人贷款风险准备金核销呆坏账0万元。2017年末，个人贷款风险准备金余额2415.53万元，占个人住房贷款余额的1.03%，个人住房贷款逾期额与个人贷款风险准备金余额的比率为0%。

五、社会经济效益

（一）**缴存业务**：2017年，实缴单位数、实缴职工人数和缴存额同比分别增长2.93%、11.36%和12.12%。

缴存单位中，国家机关和事业单位占78.95%，国有企业占10.85%，城镇集体企业占4.29%，外商投资企业占0.22%，城镇私营企业及其他城镇企业占5.34%，民办非企业单位和社会团体占0.26%，其他占0.09%。

缴存职工中，国家机关和事业单位占70.78%，国有企业占20.64%，城镇集体企业占5.42%，外商投资企业占0.30%，城镇私营企业及其他城镇企业占2.52%，民办非企业单位和社会团体占0.25%，其他占0.09%；中、低收入占98.69%，高收入占1.31%。

新开户职工中，国家机关和事业单位占70.78%，国有企业占20.64%，城镇集体企业占5.43%，外商投资企业占0.30%，城镇私营企业及其他城镇企业占2.57%，民办非企业单位和社会团体占0.25%，其他占0.03%；中、低收入占100%，高收入占0%。

（二）**提取业务**：2017年，18435万名缴存职工提取住房公积金5.79亿元。

提取金额中，住房消费提取占70.09%（购买、建造、翻建、大修自住住房占38.03%，偿还购房贷款本息占26.11%，租赁住房占1.68%，其他占4.27%）；非住房消费提取占29.91%（离休和退休提取占17.94%，完全丧失劳动能力并与单位终止劳动关系提取占2.52%，户口迁出本市或出境定居占0.19%，其他占9.26%）。

提取职工中，中、低收入占97.26%，高收入占2.74%。

（三）**贷款业务**：

1. **个人住房贷款**：2017年，支持职工购建房28.46万平方米，年末个人住房贷款市场占有率为35.01%，比上年增加（减少）0.52个百分点。通过申请住房公积金个人住房贷款，可节约职工购房利息支出1116.40万元。

职工贷款笔数中，购房建筑面积90（含）平方米以下占28.22%，90~144（含）平方米占63.50%，144平方米以上占8.28%。购买新房占73.99%（其中购买保障性住房占0%），购买存量商品住房占25.79%，建造、翻建、大修自住住房占0.22%，其他占0%。

职工贷款笔数中，单缴存职工申请贷款占33.67%，双缴存职工申请贷款占66.00%，三人及以上缴存职工共同申请贷款占0.33%。

贷款职工中，30岁（含）以下占26.64%，30岁~40岁（含）占32.86%，40岁~50岁（含）占

26.85%，50岁以上占13.65%；首次申请贷款占83.66%，二次及以上申请贷款占14.86%；中、低收入占97.65%，高收入占2.35%。

2. **异地贷款**：2017年，发放异地贷款196笔5484.20万元。2017年末，发放异地贷款总额8251.20万元，异地贷款余额7466.09万元。

（四）住房贡献率：2017年，个人住房贷款发放额、公转商贴息贷款发放额、项目贷款发放额、住房消费提取额的总和与当年缴存额的比率为131.82%，比上年减少10.6个百分点。

六、其他重要事项

（一）机构及职能调整情况：2017年调整了管理中心科室职能，将采购电脑、打印机等相关设备及耗材权限由行政科调整到信息科技科；撤销外县（市）管理部受托银行账户，实现住房公积金核算一级管理。

（二）服务改进情况：

1. **改善网点服务环境**：市区管理中心新增设了两个等候休息间，为非办公时间到来的客户提供等候休息的场所。

2. **下放业务审批权限**：原来由市级审批的缴存、提取和个人贷款业务全部下放到各县（市）管理部，缩短了流程，简化了手续，提高了效率。

（三）综合服务平台建设和其他网络载体建设服务情况等：综合服务平台建设方面将采取网站、网上营业厅、微信公众号、手机APP、短信平台、12329服务热线、自助终端等七个渠道为缴存单位和职工提供全方位服务。现12329服务热线、短信平台、自助终端已经开通运，正积极推进与吉林安信公司合作，采用VPN、CA数字证书，开展网厅自助办理单位及个人业务。下一步还将开展与腾讯及阿里巴巴等支付平台合作，利用微信和手机APP在线上办理个人咨询、预约、提取和还贷等业务。

（四）当年信息化建设情况：

1. **信息化建设完成情况**：为了发挥信息化系统在白城住房公积金管理中的辅助、支持和工具作用，提高白城住房公积金业务管理水平、提升服务效能、防范资金风险，于2017年2月开工建设软件系统升级改造项目。新系统以华信永道（北京）科技股份有限公司的第五代住房公积金信息管理平台为基础，结合白城住房公积金管理特点，吸收、借鉴先进中心的管理经验和项目建设经验，从管理模式、业务流程设计、档案管理等方面开发研制。新系统升级改造共分两期进行，一期核心系统徐大筹建历时8个月，完成了项目开发、测试工作，于2017年11月1日正式上线，顺利通过住房城乡建设部"双贯标"检查验收。各项数据移植准确，异地转移接续平台和引港结算数据应用平台运行顺畅，业务工作方便快捷，资金结算准确无误。得到住房城乡建设部联合检查验收组的一致好评。二期综合服务平台建设将于2018年5月完成。

2. **基础数据标准贯彻落实和结算应用系统接入情况：**

（1）贯彻基础数据标准实施情况

中心严格依据住房城乡建设部发布的《住房公积金基础数据标准》JGJ/T 320—2014，制定基础数据标准贯标建设方案，改造中心的住房公积金业务管理信息系统。

基础数据标准"贯标"通过在生产数据库中建立标准数据库实体表的方式实现，包括29张数据表、394个数据项、241个代码项，使标准要求的公积金基础数据在采集、处理和存储、使用等方面得到全面应用，最终实现业务系统"完全贯标"。

（2）接入银行结算数据应用系统实施情况

实现银行结算数据应用系统的接入。

实现全账户覆盖。精简账户，将原有外县管理部的受托银行账户进行销户，我中心5家受托银行，全部成功接入部里结算平台。业务涉及的委托存款专户、委托贷款专户和增值收益专户全部注册到结算系统。

实现全业务覆盖。中心缴存、提取、贷款等公积金结算业务均已纳入银行结算数据应用系统，中心全部资金结算指令均实现由中心系统发起。除定期存款外，缴存、提取、贷款等结算业务全部纳入结算系统，改变了过去资金交易使用支票和网银的方式。

实现全流程覆盖。中心信息系统实现业务驱动财务，以银行推送的到账通知为依据核对生成财务资金凭证，登记银行存款日记账和会计明细账，实现三账实施平衡匹配、三账联动。

实现多维辅助核算。精简科目，科目不超过三级，利用辅助核算项精细管理。业务实现线下向线上的转变，公积金汇缴实时分解、提取实时入卡、资金实时调拨、账户实时监控。

（五）当年住房公积金管理中心及职工所获荣誉情况：刘镭，荣获2017年度政务公开考核工作先进个人。

延边州住房公积金 2017 年年度报告

一、机构概况

（一）**住房公积金管理委员会**：住房公积金管理委员会有35名委员，2017年召开一次会议，审议通过的事项主要包括：

1.《关于调整延边州住房公积金管理委员会主任、副主任的议案》。

2.《延边州审计局关于州住房公积金管理中心2016年住房公积金归集、使用、增值收益分配及财务收支的审计报告》。

3.《延边州财政局关于2016年全州住房公积金财务决算报告及2017年财务预算》。

4.《关于2016年全州住房公积金各项计划指标执行情况说明及2017年各项计划指标草案的报告》。

5.《关于修改＜延边州住房公积金归集使用管理办法＞的情况说明》。

6.《延边州住房公积金2016年年度报告》。

（二）**住房公积金管理中心**：延边州住房公积金管理中心（以下简称"州中心"）为直属于延边州人民政府不以营利为目的的独立的事业单位，目前中心设11个处室，10个管理部。从业人员130人，其中，在编83人，非在编47人。

二、业务运行情况

（一）**缴存**：2017年，新开户单位360家，实缴单位3840家，净增单位218家；新开户职工1.59万

人,实缴职工 20.42 万人,净增职工 0.42 万人;缴存额 25.06 亿元,同比增长 12.83%。2017 年末,缴存总额 160.84 亿元,同比增长 18.46%;缴存余额 89.71 亿元,同比增长 9.12%。

受委托办理住房公积金缴存业务的银行 5 家,与上年相同。

(二)提取:2017 年,提取额 17.55 亿元,同比增长 13.52%;占当年缴存额的 70.03%,比上年增加 0.42 个百分点。2017 年末,提取总额 71.12 亿元,同比增长 32.76%。

(三)贷款:

个人住房贷款:个人住房贷款最高额度 60 万元,其中,单缴存职工最高额度 50 万元,双缴存职工最高额度 60 万元。

2017 年,发放个人住房贷款 0.74 万笔 19.83 亿元,同比分别下降 9.76%、8.41%。

2017 年,回收个人住房贷款 8.09 亿元。

2017 年末,累计发放个人住房贷款 6.53 万笔 108.39 亿元,贷款余额 65.43 亿元,同比分别增长 12.78%、22.41%、21.87%。个人住房贷款余额占缴存余额的 72.94%,比上年增加 7.62 个百分点。

受委托办理住房公积金个人住房贷款业务的银行 7 家,与上年相同。

(四)资金存储:2017 年末,住房公积金存款 25.60 亿元。其中,活期 0.56 亿元,1 年(含)以下定期 8.00 亿元,1 年以上定期 14.80 亿元,其他(协定、通知存款等)2.23 亿元。

(五)资金运用率:2017 年末,住房公积金个人住房贷款余额、项目贷款余额和购买国债余额的总和占缴存余额的 72.94%,比上年增加 7.62 个百分点。

三、主要财务数据

(一)业务收入:2017 年,业务收入 28745.53 万元,同比下降 11.38%。其中存款利息收入 9912.68 万元,委托贷款利息收入 18803.74 万元,其他收入 29.11 万元。

(二)业务支出:2017 年,业务支出 13708.50 万元,同比下降 4.12%。其中,支付职工住房公积金利息 12761.17 万元,归集手续费 588.18 万元,委托贷款手续费 356.27 万元,其他 2.88 万元。

(三)增值收益:2017 年,增值收益 15037.03 万元,同比下降 17.09%。增值收益率 1.75%,比上年减少 0.45 个百分点。

(四)增值收益分配:2017 年,提取贷款风险准备金 9022.03 万元,提取管理费用 2985 万元,提取城市廉租住房(公共租赁住房)建设补充资金 3030 万元。

2017 年,上交财政管理费用 3152.40 万元。上缴财政城市廉租住房(公共租赁住房)建设补充资金 1869.00 万元。

2017 年末,贷款风险准备金余额 62990.58 万元。累计提取城市廉租住房(公共租赁住房)建设补充资金 11058.00 万元。

(五)管理费用支出:2017 年,管理费用支出 2437.13 万元,同比下降 13.37%。其中,人员经费 1248.17 万元,公用经费 599.26 万元,专项经费 589.70 万元。

四、资产风险状况

个人住房贷款:2017 年末,个人住房贷款逾期额 68.22 万元,逾期率 0.1‰。

个人贷款风险准备金按增值收益的60%提取。2017年，提取个人贷款风险准备金9022.03万元，未使用个人贷款风险准备金核销呆坏账。2017年末，个人贷款风险准备金余额62990.58万元，占个人住房贷款余额的9.63%，个人住房贷款逾期额与个人贷款风险准备金余额的比率为0.11%。

五、社会经济效益

（一）**缴存业务**：2017年，实缴单位数、实缴职工人数和缴存额同比分别增长6.02%、2.15%和12.83%。

缴存单位中，国家机关和事业单位占50.70%，国有企业占10.57%，城镇集体企业占2.60%，外商投资企业1.25%，城镇私营企业及其他城镇企业占28.44%，民办非企业单位和社会团体占1.20%，其他占5.24%。

缴存职工中，国家机关和事业单位占45.36%，国有企业占31.58%，城镇集体企业占1.86%，外商投资企业占1.71%，城镇私营企业及其他城镇企业占16.73%，民办非企业单位和社会团体占0.41%，其他占2.35%；中低收入占99.99%，高收入占0.01%。

新开户职工中，国家机关和事业单位占27.23%，国有企业占16.32%，城镇集体企业占3.13%，外商投资企业占3.02%，城镇私营企业及其他城镇企业占38.14%，民办非企业单位和社会团体占1.13%，其他占11.03%；中低收入占99.80%，高收入占0.20%。

（二）**提取业务**：2017年，5.02万名缴存职工提取住房公积金17.55亿元。

提取金额中，住房消费提取占71.71%（购买、建造、翻建、大修自住住房占37%，偿还购房贷款本息占33.12%，租赁住房占1.59%）；非住房消费提取占28.29%（离休和退休提取占22.30%，完全丧失劳动能力并与单位终止劳动关系提取占4.08%，户口迁出本市或出境定居占0.58%，其他占1.33%）。

提取职工中，中低收入占99.98%，高收入占0.02%。

（三）**贷款业务**：

1. **个人住房贷款**：2017年，支持职工购建房73.38万平方米，年末个人住房贷款市场占有率为32.16%，比上年减少1.44个百分点。通过申请住房公积金个人住房贷款，可节约职工购房利息支出29623.69万元。

职工贷款笔数中，购房建筑面积90（含）平方米以下占33.43%，90~144（含）平方米占62.08%，144平方米以上占4.49%。购买新房占70.54%，购买存量商品住房占29.46%。

职工贷款笔数中，单缴存职工申请贷款占29.96%，双缴存职工申请贷款占70.04%。

贷款职工中，30岁（含）以下占26.10%，30岁~40岁（含）占35.76%，40岁~50岁（含）占26.87%，50岁以上占11.27%；首次申请贷款占85.93%，二次及以上申请贷款占14.07%；中低收入占99.66%，高收入占0.34%。

2. **异地贷款**：2017年，发放异地贷款358笔10663.20万元。2017年末，发放异地贷款总额23638.6万元，异地贷款余额21821.10万元。

（四）**住房贡献率**：2017年，个人住房贷款发放额、公转商贴息贷款发放额、项目贷款发放额、住房消费提取额的总和与当年缴存额的比率为129.40%，比上年减少18.50个百分点。

六、其他重要事项

（一）当年住房公积金政策调整及执行情况：2017年单位和个人住房公积金缴存基数上限为12240元，基数下限：延吉市、珲春市和长白山为1380元，其他县（市）为1280元。在不超过缴存上限的前提下，有条件的缴存单位，将奖金、津贴、补贴等收入计入缴存基数，可以将重新核定后的差额部分进行补缴；提取政策上增加限定购房提取时限；贷款政策方面本年住房公积金个人住房贷款最高额度未做调整，规范贷款条件和贷款额度，调整贷款首付比例，取消非所购住房抵押，对借款人及共同还款人收入的认定标准及范围进行规范；2017年住房公积金存款利率没有变化，为1.50%；2017年公积金贷款利率没有变化，五年期以下（含五年）个人住房公积金贷款利率为2.75%；五年期以上个人住房公积金贷款利率为3.25%。

（二）当年服务改进情况：2017年州中心本着"公积金热线系真情"的服务宗旨，按照"让每位客户得到最满意的答复"的服务目标要求，通过传统互联网门户网站、"12329"服务热线、微信公众服务平台多位一体共同构建起住房公积金"信息服务"立体化平台，为全州公积金缴存者提供便捷优质的政策资讯、信息推送、交流互动、民意反馈等全新体验。顾客可足不出户享受住房公积金政策咨询、业务查询等多项服务，极大方便和满足缴存职工的咨询需求，提高了公积金整体服务水平和社会满意度。

（三）当年信息化建设情况：我中心完成贯彻住房公积金基础数据和接入银行结算数据应用系统并上线运行，完成异地转移接续平台接入工作；完成贯彻住房公积金基础数据和接入银行结算应用系统并通过验收；业务数据备份在长白山管理部，实现了异地备份。

（四）当年住房公积金管理中心及职工所获荣誉情况：我中心2017年被中共延边州直机关工委授予五星级党组织；

珲春管理部在全州深化创建"共产党员服务城"活动中荣获"五星级党组织"；

延吉友谊路管理部荣获"全州治安保卫重点单位安保工作先进集体"；

王占国荣获"延边州民族团结进步模范个人"；

金妍妮在延边州"巾帼之美"评选活动中荣获"延边州最美基层妇女工作者"；

杨清娜在延边州"巾帼之美"评选活动中荣获"延边州模范岗位之星"；

杨雨彤在延边州"巾帼之美"评选活动中荣获"延边州模范岗位之星"；

赵成华荣获"全州治安保卫重点单位安保工作先进个人"；

另外，敦化管理部荣获"敦化市上管部门先进单位"；汪清管理部荣获汪清县"先进单位"；孙娜荣获"敦化市文明城市先进个人"；王雪梅获"敦化市文明城市先进个人"。

2017 全国住房公积金年度报告汇编

黑龙江省

哈尔滨市

齐齐哈尔市

鸡西市

鹤岗市

双鸭山市

大庆市

伊春市

佳木斯市

七台河市

牡丹江市

黑河市

绥化市

大兴安岭地区

黑龙江省住房公积金 2017 年年度报告

一、机构概况

（一）**住房公积金管理机构**：全省共设 14 个设区城市住房公积金管理中心，3 个独立设置的分中心（其中，哈尔滨住房公积金管理中心省直分中心隶属黑龙江省机关事务管理局，哈尔滨住房公积金管理中心农垦分中心隶属黑龙江省农垦总局，哈尔滨住房公积金管理中心电力分中心隶属国网黑龙江省电力有限公司）。从业人员 1578 人，其中，在编 1004 人，非在编 574 人。

（二）**住房公积金监管机构**：省住房城乡建设厅、财政厅和人民银行哈尔滨中心支行负责对本省住房公积金管理运行情况进行监督。省住房城乡建设厅设立住房公积金监管处，负责辖区住房公积金日常监管工作。

二、业务运行情况

（一）**缴存**：2017 年，新开户单位 2852 家，实缴单位 38096 家，净增单位 698 家；新开户职工 18.56 万人，实缴职工 281.69 万人，净增职工 4.84 万人；缴存额 375.92 亿元，同比增长 7.56%。2017 年末，缴存总额 2835.30 亿元，同比增长 15.29%；缴存余额 1283.38 亿元，同比增长 11.31%。

2017 年各地市缴存职工人数同去年对比情况见图 1。

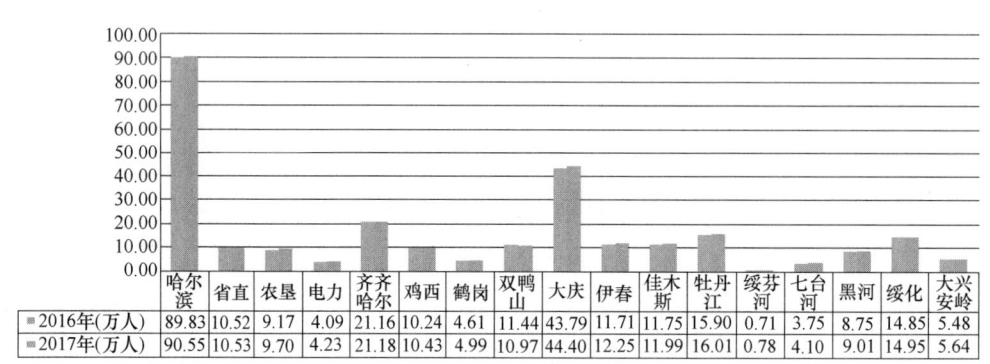

图 1　实缴职工人数统计对比图

（二）**提取**：2017 年，提取额 245.53 亿元，同比增长 11.37%；占当年缴存额的 65.31%，比上年增加 2.23 个百分点。截至 2017 年末，累计提取总额 1551.92 亿元，同比增长 18.79%。

2017 年各地市住房公积金提取额占当年缴存额的比重见图 2。

（三）**贷款**：

1. **个人住房贷款**：2017 年，发放个人住房贷款 7.47 万笔 260.13 亿元，同比增长 3.18%、8.09%。回收个人住房贷款 116.82 亿元。

截至 2017 年末，累计发放个人住房贷款 79.82 万笔 1630.10 亿元，贷款余额 889.28 亿元，同比分别

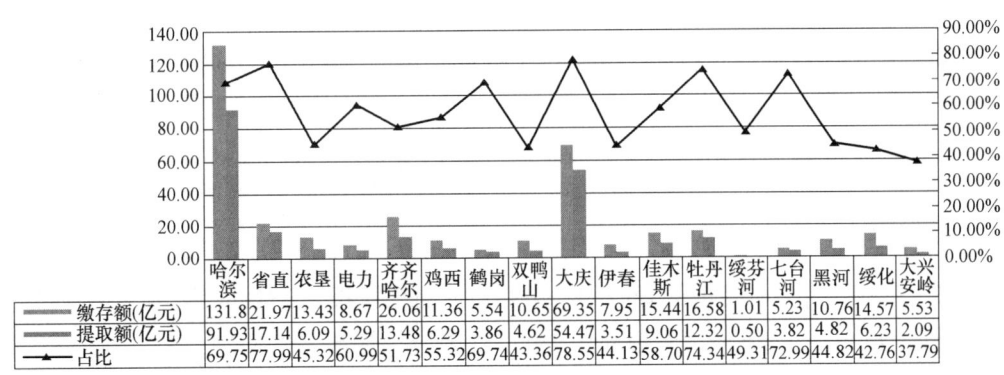

图 2　2017 年住房公积金提取额占当年缴存额比重表

增长 10.32％、18.99％、19.21％。个人住房贷款余额占缴存余额的 69.29％，比上年增加 4.59 个百分点。

2017 年各地市住房公积金个贷率情况见图 3。

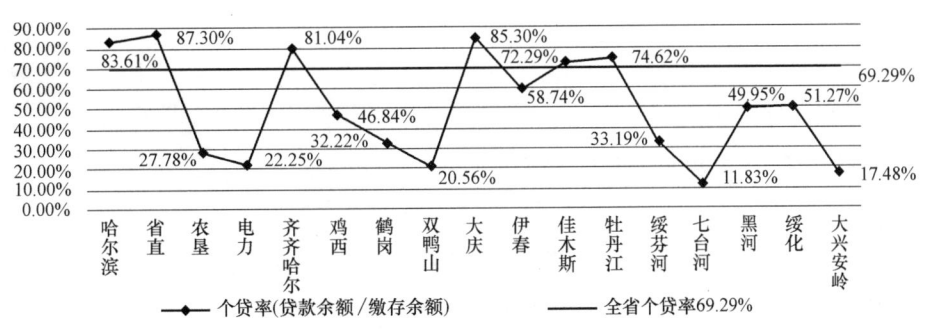

图 3　2017 年住房公积金个贷率情况表

2017 年各地市住房公积金资金使用率情况见图 4。

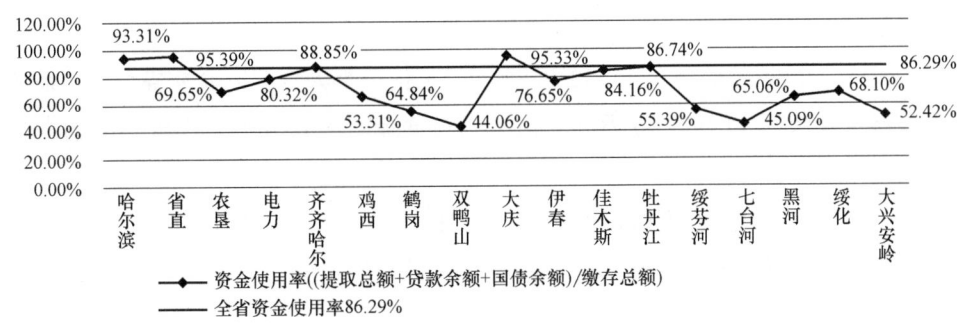

图 4　2017 年住房公积金资金使用率情况表

2. 住房公积金支持保障性住房建设项目贷款：2017 年，剩余项目贷款 1.50 亿元已全部回收，截至 2017 年末，累计发放项目贷款 50.18 亿元。

（四）购买国债：2017 年未购买国债，回收国债 0.80 亿元。2017 年末，国债余额 5.50 亿元，比上年减少 0.80 亿元。

(五)资金存储:2017 年末,住房公积金存款 399.73 亿元。其中,活期 11.31 亿元,1 年(含)以下定期 281.01 亿元,1 年以上定期 75.73 亿元,其他(协定、通知存款等)31.68 亿元。

(六)资金运用率:2017 年末,住房公积金个人住房贷款余额、项目贷款余额和购买国债余额的总和占缴存余额的 69.72%,比上年增加 4.34 个百分点。

三、主要财务数据

(一)业务收入:2017 年,业务收入 366338.77 万元,同比增长 7.13%。其中,存款利息 103812.25 万元,委托贷款利息 259806.29 万元,国债利息 2544.70 万元,其他 175.53 万元。

(二)业务支出:2017 年,业务支出 191827.28 万元,同比增长 12.23%。其中,支付职工住房公积金利息 177048.21 万元,归集手续费 2279.26 万元,委托贷款手续费 9880.23 万元,其他 2619.58 万元。

(三)增值收益:2017 年,增值收益 174511.49 万元,同比增长 2.03%;增值收益率 1.57%,较上年无变化。

(四)增值收益分配:2017 年,提取贷款风险准备金 47952.56 万元,提取管理费用 27175.22 万元,提取城市廉租住房(公共租赁住房)建设补充资金 99383.71 万元所占比例见图 5。

2017 年,上交财政管理费用 27716.83 万元,上缴财政城市廉租住房(公共租赁住房)建设补充资金 95438.32 万元。

2017 年末,贷款风险准备金余额 319655.78 万元,累计提取城市廉租住房(公共租赁住房)建设补充资金 758141.39 万元。

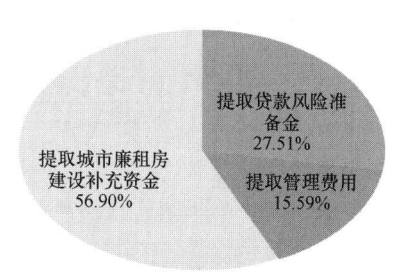

图 5　2017 年全省增值收益分配情况

(五)管理费用支出:2017 年,管理费用支出 24465.07 万元,同比增长 13.66%。其中,人员经费 13118.74 万元,公用经费 3535.27 万元,专项经费 7811.06 万元。

四、资产风险状况

(一)个人住房贷款:2017 年末,个人住房贷款逾期额 4928.34 万元,逾期率 0.6‰。

2017 年,提取个人贷款风险准备金 47952.56 万元,未使用个人贷款风险准备金核销呆坏账。2017 年末,个人贷款风险准备金余额 306023.78 万元,占个人贷款余额的 3.44%,个人贷款逾期额与个人贷款风险准备金余额的比率为 1.61%。

(二)住房公积金支持保障性住房建设项目贷款:2017 年末,无逾期项目贷款。

2017 年,未提取项目贷款风险准备金,未使用项目贷款风险准备金核销呆坏账。2017 年末,项目贷款风险准备金余额 13632 万元。

五、社会经济效益

(一)缴存业务:2017 年,实缴单位数、实缴职工人数和缴存额增长率分别为 1.91%、1.41% 和 7.56%。

缴存单位中,国家机关和事业单位占 55.07%,国有企业占 12.29%,城镇集体企业占 0.95%,外商投资企业占 2.80%,城镇私营企业及其他城镇企业占 17.45%,民办非企业单位和社会团体占 4.03%,

其他占 7.41%。

缴存职工中，国家机关和事业单位占 38.32%，国有企业占 27.54%，城镇集体企业占 1.13%，外商投资企业占 2.71%，城镇私营企业及其他城镇企业占 19.72%，民办非企业单位和社会团体占 6.41%，其他占 4.17%；中、低收入占 98.69%，高收入占 1.31%。

新开户职工中，国家机关和事业单位占 34.30%，国有企业占 18.94%，城镇集体企业占 1.56%，外商投资企业占 2.40%，城镇私营企业及其他城镇企业占 21.08%，民办非企业单位和社会团体占 5.07%，其他占 16.65%；中、低收入占 99.70%，高收入占 0.30%。

（二）提取业务：2017 年，76.87 万名缴存职工提取住房公积金 245.53 亿元。

提取金额中，住房消费提取占 71.49%（购买、建造、翻建、大修自住住房占 28.19%，偿还购房贷款本息占 39.71%，租赁住房占 1.82%，其他占 1.77%）；非住房消费提取占 28.51%（离休和退休提取占 23.36%，完全丧失劳动能力并与单位终止劳动关系提取占 2.44%，户口迁出所在市或出境定居占 0.15%，其他占 2.56%）。

提取职工中，中、低收入占 98.97%，高收入占 1.03%。

2017 年全省住房公积金提取用途分类情况见图 6。

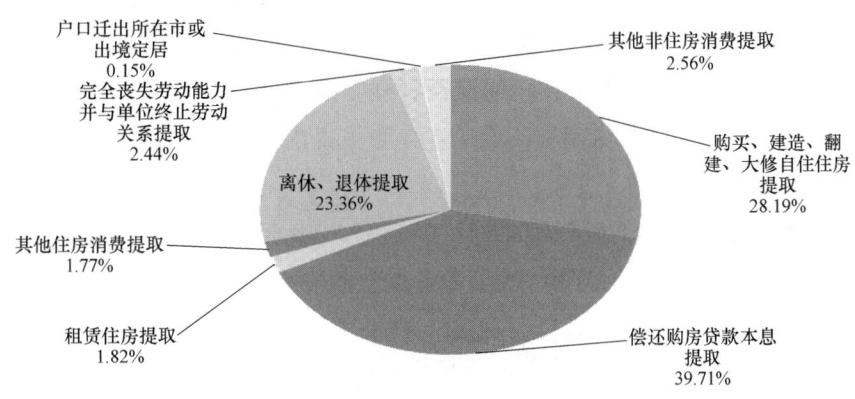

图 6　2017 年全省住房公积金提取用途分类情况

（三）贷款业务：

1. **个人住房贷款**：2017 年，支持职工购建房 788.47 万平方米。年末个人住房贷款市场占有率为 27.39%，比上年同期减少 0.58 个百分点。通过申请住房公积金个人住房贷款，可节约职工购房利息支出 429130 万元。

职工贷款笔数中，购房建筑面积 90（含）平方米以下占 37.73%，90～144（含）平方米占 54.14%，144 平方米以上占 8.13%。购买新房占 58.92%（其中购买保障性住房占 0.006%），购买存量商品房占 38.68%，建造、翻建、大修自住住房占 0.02%，其他占 2.38%。

职工贷款笔数中，单缴存职工申请贷款占 74.37%，双缴存职工申请贷款占 25.56%，三人及以上缴存职工共同申请贷款占 0.07%。

贷款职工中，30 岁（含）以下占 30.11%，30 岁～40 岁（含）占 38.76%，40 岁～50 岁（含）占 23.26%，50 岁以上占 7.87%；首次申请贷款占 82.43%，二次及以上申请贷款占 17.57%；中、低收入

占 98.20%，高收入占 1.80%。

2. **异地贷款**：2017 年，发放异地贷款 5371 笔 211366.70 万元。2017 年末，发放异地贷款总额 620476.73 万元，异地贷款余额 434268.52 万元。

3. **住房公积金支持保障性住房建设项目贷款**：2017 年末，全省有住房公积金试点城市 4 个，试点项目 5 个，发放项目贷款 50.18 亿元，建筑面积 436.71 万平方米，可解决 46026 户中低收入职工家庭的住房问题。5 个试点项目贷款资金已发放并还清贷款本息。

（四）住房贡献率：2017 年，个人住房贷款发放额、公转商贴息贷款发放额、项目贷款发放额、住房消费提取额的总和与当年缴存额的比率为 115.89%，比上年增加 0.25 个百分点。

六、其他重要事项

（一）公积金缴存登记纳入"多证合一"：按照省政府办公厅《关于印发黑龙江省"多证合一"改革实施方案的通知》（黑政办规〔2017〕51 号）要求，全省各中心均已接入省工商局"黑龙江省企业信用信息协同监管系统"，实现企业数据信息共享。有效提高了全省住房公积金缴存登记业务办事效率。

（二）信息化建设情况：

1. **管理系统升级改造**。为适应管理和服务新要求，各公积金管理中心、分中心均对管理系统进行了升级改造。管理水平不断提升、风险防控不断加强、工作效率显著提高。

2. **全省住房公积金 12329 短信服务平台上线运行**。全省住房公积金 12329 短信服务平台正式上线运行，截至 2017 年末，已成功通过 12329 短信平台为缴存职工提供信息服务 27.52 万条。进一步拓宽了住房公积金服务渠道，为缴存职工提供了高效便捷的信息服务。

3. **顺利完成接入全国住房公积金异地转移接续平台任务**。各公积金管理中心、分中心均按要求接入全国住房公积金异地转移接续平台，并通过平台办理住房公积金异地转移接续业务，截至 2017 年末，已通过平台成功办理 2402 笔住房公积金异地转移接续业务。

4. **全力推进住房公积金"双贯标"和综合服务平台建设工作**。各公积金管理中心按照住房城乡建设部总体部署，全力推进住房公积金"双贯标"和综合服务平台建设工作。大庆、农垦公积金管理中心"双贯标"已顺利通过住房城乡建设部验收，有效保证资金运行安全；各公积金管理中心综合服务平台建设有序进行，相继开通门户网站、网上服务大厅、12329 服务热线、手机 APP 等服务渠道，服务能力逐步提升。

（三）从业人员培训情况：

1. **举办了住房公积金异地转移接续培训班**。我厅和省建行联合举办了住房公积金异地转移接续培训班，培训班对公积金异地转移接续平台操作规程和业务办理流程进行了详细讲解，共有 80 余人参加培训，确保了从业人员熟练掌握"全国住房公积金异地转移接续系统"操作，转移接续工作稳步推进。

2. **举办了住房公积金财务管理人员培训班**。培训班从财务管理和会计核算两个方面，对从业人员进行了系统培训，通过培训和互相交流学习，使行业财务管理人员的专业能力得到了进一步的提升。

（四）2017 年所获荣誉情况：

省部级文明单位：牡丹江、佳木斯、鸡西、鹤岗、省直住房公积金管理中心。

省部级青年文明号：牡丹江市住房公积金管理中心。

省部级三八红旗手：牡丹江市住房公积金管理中心。

省部级五一劳动奖章：齐齐哈尔市住房公积金管理中心。

地市级文明单位：农垦住房公积金管理中心。

地市级先进集体和个人：齐齐哈尔、牡丹江、鸡西、伊春市住房公积金管理中心。

民生服务窗口优秀单位：七台河市住房公积金管理中心。

哈尔滨市住房公积金2017年年度报告

一、机构概况

（一）住房公积金管理委员会：住房公积金管理委员会有23名委员，2017年召开两次会议。第一次会议审议通过的主要事项：

1. 审议2016年住房公积金归集使用计划执行情况。
2. 审议2017年住房公积金归集使用计划及财务收支预算。
3. 审议哈尔滨市住房公积金2016年年度（信息披露）报告。
4. 审议我市住房公积金个人贷款设定还款宽限期事宜。
5. 审议将中信银行哈尔滨分行纳入住房公积金业务委托银行名单事宜。
6. 审议我市调整住房公积金个人贷款担保方式事宜。

第二次会议审议通过的主要事项：

审议我市调整住房公积金个人贷款相关政策。

（二）住房公积金管理中心：哈尔滨住房公积金管理中心为直接隶属市政府不以营利为目的的独立事业单位，设十三个处（室），十五个办事处，一个分中心（铁路分中心）。此外，本年度报告中含自主管理独立运作的三个分中心（省直分中心、农垦分中心、电力分中心）数据。从业人员521人，其中，在编314人，非在编207人。

二、业务运行情况

（一）缴存：2017年，新开户单位1151家，实缴单位12634家，净增单位583家；新开户职工8.32万人，实缴职工115万人，净增职工1.4万人；缴存额175.88亿元，同比增长6.24%。2017年末，缴存总额1293.76亿元，同比增长15.73%；缴存余额506.16亿元，同比增长12.3%。

受委托办理住房公积金缴存业务的银行10家，与上年相同。

（二）提取：2017年，提取额120.45亿元，同比增长13.20%，占当年缴存额的68.48%，比上年增加4.21个百分点。2017年末，提取总额787.60亿元，同比增长18.05%。

（三）贷款：

1. **个人住房贷款**：个人住房贷款最高额度70万元，其中，单缴存职工最高额度50万元，双缴存职工最高额度70万元。

2017年,发放个人住房贷款2.9万笔133.08亿元,同比分别增长8.6%、16.02%。回收个人住房贷款47.62亿元。

2017年末,累计发放个人住房贷款25.06万笔654.03亿元,贷款余额388.53亿元,同比分别增长13.14%、25.55%、28.19%。个人住房贷款余额占缴存余额的76.76%,比上年增加9.52个百分点,见表1。

受委托办理住房公积金个人住房贷款业务的银行10家,比上年增加1家。

个人住房贷款情况(单位:万笔、亿元)　　　　　　　　　　　　　　表1

项目	发放		回收额	余额	个人住房贷款率
	笔数	金额			
哈尔滨中心	2.31	105.20	33.49	292.00	109.47%
铁路分中心	0.20	8.78	5.46	29.58	25.10%
省直分中心	0.28	15.00	6.73	50.77	87.31%
农垦分中心	0.08	2.64	1.52	10.43	27.79%
电力分中心	0.03	1.46	0.42	5.75	22.23%
合计	2.90	133.08	47.62	388.53	76.76%

2. 住房公积金支持保障性住房建设项目贷款:2017年,回收项目贷款1.5亿元。2017年末,累计发放项目贷款40亿元,项目贷款余额0亿元。

(四)购买国债:2017年,兑付国债0.5亿元。2017年末,国债余额0亿元,比上年减少0.5亿元。

(五)资金存储:2017年末,住房公积金存款123.99亿元。其中,活期0.18亿元,1年(含)以下定期91.8亿元,1年以上定期17.27亿元,其他(协定、通知存款等)14.74亿元。

(六)资金运用率:2017年末,住房公积金个人住房贷款余额、项目贷款余额和购买国债余额的总和占缴存余额的76.76%,比上年增加9.07个百分点。

三、主要财务数据

(一)业务收入:2017年,业务收入141659.91万元,同比增长9.76%。其中,存款利息32834.77万元,委托贷款利息108606.71万元,国债利息166.3万元,其他52.13万元。

(二)业务支出:2017年,业务支出76628.86万元,同比增长12.4%。其中,支付职工住房公积金利息68026.67万元,归集手续费1445.28万元,委托贷款手续费4677.09万元,其他2479.82万元。

(三)增值收益:2017年,增值收益65031.05万元,同比增长6.82%。增值收益率1.36%,比上年减少0.09个百分点。

(四)增值收益分配:2017年,提取贷款风险准备金35065.03万元,提取管理费用11762.35万元,提取城市廉租住房(公共租赁住房)建设补充资金18203.67万元。

2017年,上交财政管理费用10303.24万元,上缴财政城市廉租住房(公共租赁住房)建设补充资金23075.02万元。

2017年末,贷款风险准备金余额176758万元,累计提取城市廉租住房(公共租赁住房)建设补充资金263787.58万元,见表2。

增值收益分配情况(单位:万元)　　　　　　　　　　　　　　表2

项目	业务收入	业务支出	增值收益	当年上缴廉租房建设补充资金	累计提取廉租房建设补充资金
哈尔滨中心	83665.23	42586.77	41078.46	5327.44	119324.30
铁路分中心	26198.85	16196.65	10002.20	5100	64124.22
省直分中心	16530.57	9213.52	7317.05	6011.45	41718.63
农垦分中心	7558.38	4905.99	2652.39	2258.30	11971.02
电力分中心	7706.88	3725.93	3980.95	4377.83	26649.41
合计	141659.91	76628.86	65031.05	23075.02	263787.58

(五)管理费用支出：2017年,管理费用支出8639.05万元,同比增长11.61%。其中,人员经费4235.46万元,公用经费959.45万元,专项经费3444.14万元。

市中心管理费用支出5129.76万元,其中,人员、公用、专项经费分别为2782.06万元、236.56万元、2111.14万元;铁路分中心管理费用支出865.37万元,其中,人员、公用、专项经费分别为434.39万元、58.99万元、371.99万元;省直分中心管理费用支出778.13万元,其中,人员、公用、专项经费分别为376.26万元、85.08万元、316.79万元;农垦分中心管理费用支出1462.14万元,其中,人员、公用、专项经费分别为642.75万元、538.92万元、280.47万元;电力分中心管理费用支出403.65万元,其中,人员、公用、专项经费分别为0万元、39.9万元、363.75万元。

四、资产风险状况

(一)个人住房贷款：2017年末,个人住房贷款逾期额1407.5万元,逾期率0.36‰。其中,市中心0.42‰,铁路分中心0.054‰,省直分中心0.122‰,农垦分中心0.74‰,电力分中心0‰。

个人贷款风险准备金按贷款余额的1%提取。2017年,提取个人贷款风险准备金35065.03万元,使用个人贷款风险准备金核销呆坏账0万元。2017年末,个人贷款风险准备金余额166358万元,占个人住房贷款余额的4.28%,个人住房贷款逾期额与个人贷款风险准备金余额的比率为0.85%。

(二)支持保障性住房建设试点项目贷款：项目贷款风险准备金按贷款余额的4%提取。2017年末,项目贷款风险准备金余额10400万元。

五、社会经济效益

(一)缴存业务：2017年,实缴单位数、实缴职工人数和缴存额同比分别增长4.84%、1.23%和6.24%。

缴存单位中,国家机关和事业单位占32.79%,国有企业占8.28%,城镇集体企业占0.97%,外商投资企业占7.26%,城镇私营企业及其他城镇企业占28.51%,民办非企业单位和社会团体占9.33%,其他占12.86%。

缴存职工中,国家机关和事业单位占24.40%,国有企业占30.42%,城镇集体企业占0.94%,外商投资企业占5.34%,城镇私营企业及其他城镇企业占18.35%,民办非企业单位和社会团体占14.49%,

其他占 6.06%；中低收入占 98.64%，高收入占 1.36%。

新开户职工中，国家机关和事业单位占 28.99%，国有企业占 15.35%，城镇集体企业占 0.43%，外商投资企业占 3.35%，城镇私营企业及其他城镇企业占 20.90%，民办非企业单位和社会团体占 9.92%，其他占 21.06%；中低收入占 99.7%，高收入占 0.3%。

（二）提取业务： 2017 年，31.93 万名缴存职工提取住房公积金 120.45 亿元。

提取金额中，住房消费提取占 75.63%（购买、建造、翻建、大修自住住房占 30.45%，偿还购房贷款本息占 43.07%，租赁住房占 1.99%，其他占 0.12%）；非住房消费提取占 24.37%（离休和退休提取占 19.72%，完全丧失劳动能力并与单位终止劳动关系提取占 0.58%，户口迁出本市或出境定居占 1.35%，其他占 2.72%）。

提取职工中，中低收入占 96.14%，高收入占 3.86%。

（三）贷款业务：

1. **个人住房贷款：** 2017 年，支持职工购房 302.8 万平方米，年末个人住房贷款市场占有率为 19.64%，比上年减少 0.29 个百分点。通过申请住房公积金个人住房贷款，预计可节约职工购房利息支出 30.7 亿元。

职工贷款笔数中，购房建筑面积 90（含）平方米以下占 34.18%，90～144（含）平方米占 55.64%，144 平方米以上占 10.18%。购买新房占 66.56%，购买存量商品住房占 33.37%，建造自住住房占 0.01%，其他占 0.06%。

职工贷款笔数中，单缴存职工申请贷款占 80.50%，双缴存职工申请贷款占 19.47%，三人及以上缴存职工共同申请贷款占 0.03%。

贷款职工中，30 岁（含）以下占 39.09%，30 岁～40 岁（含）占 39.74%，40 岁～50 岁（含）占 17.15%，50 岁以上占 4.02%；首次申请贷款占 92.39%，二次及以上申请贷款占 7.61%；中低收入占 99.35%，高收入占 0.65%。

2. **异地贷款：** 2017 年，发放异地贷款 2297 笔 115591.5 万元。2017 年末，发放异地贷款总额 328975.03 万元，异地贷款余额 208776.5 万元。

3. **支持保障性住房建设试点项目贷款：** 2017 年末，哈尔滨市累计试点项目 2 个，贷款额度 40 亿元，建筑面积 348 万平方米，可解决 3.39 万户中低收入职工家庭的住房问题。哈尔滨住房公积金管理中心 2 个试点项目贷款资金已发放并已收回全部贷款本息。

（四）住房贡献率： 2017 年，个人住房贷款发放额、公转商贴息贷款发放额、项目贷款发放额、住房消费提取额的总和与当年缴存额的比率为 127%，比上年增加 8 个百分点。

六、其他重要事项

（一）受委托办理缴存贷款业务金融机构变更情况： 经哈尔滨市住房公积金管理委员会 2017 年第一次会议审议通过，将中信银行哈尔滨分行确定为哈尔滨住房公积金个人住房贷款受委托银行。

（二）当年住房公积金政策调整及执行情况：

1. 当年缴存政策调整情况。2017 年住房公积金缴存基数上限为 15646 元，按照 2016 年全市城镇非私营单位在岗人员月平均工资的 3 倍确定；缴存基数下限按照 2017 年度月最低工资标准确定。月缴存额上限调整为 3756 元。缴存比例仍为 8%～12%。

2. 当年个人住房贷款政策调整情况。2017 年 10 月 9 日，哈尔滨市住房公积金管理委员会出台《关于调整住房公积金个人住房贷款政策的通知》（哈房公委发〔2017〕1 号），将单职工贷款最高限额由 60 万元调整至 50 万元，双职工贷款最高限额由 80 万元调整至 70 万元；已结清住房公积金贷款，为改善居住条件再次申请住房公积金贷款，首付款最低比例由 20%调整至 30%；对于第三次及以上申请住房公积金贷款的不予受理。

3. 当年住房公积金存贷款利率执行标准。按照中国人民银行、住房城乡建设部、财政部《关于完善职工住房公积金账户存款利率形成机制的通知》（银发〔2016〕43 号），职工住房公积金账户存款利率，按一年期定期存款基准利率执行，目前为 1.5%。按照中国人民银行《关于下调金融机构人民币贷款和存款基准利率并进一步推进利率市场化改革的通知》（银发〔2015〕265 号），现行五年期以下（含五年）贷款利率为 2.75%，五年期以上贷款利率为 3.25%。

（三）当年服务改进情况：

1. 在主城区 6 个服务网点更新安装新型自助查询打印机 8 台，为职工查询及打印公积金信息提供方便。

2. 网上营业厅于 2017 年 12 月正式上线运行，至年末，已累计受理业务 4.1 万笔。

3. 2017 年 7 月 1 日，启用全国住房公积金异地转移接续平台，全年为职工办理异地转移业务 1516 笔。

4. 按照市政府统一要求，自 2017 年 9 月 9 日起，每周六上午 8：30～11：30（法定节假日除外），在主城区 6 个服务网点开展延时服务工作。

（四）当年信息化建设情况：

1. 哈尔滨市住房公积金信息系统，已完成贯彻全国住房公积金基础数据标准工作，已接入全国统一的住房公积金银行结算数据应用系统，均已通过黑龙江省住房城乡建设厅和住房城乡建设部两级验收。

2. 2017 年 12 月，哈尔滨住房公积金应用级容灾系统正式上线运行。

齐齐哈尔市住房公积金 2017 年年度报告

一、机构概况

（一）住房公积金管理委员会：住房公积金管理委员会有 25 名委员，2017 年召开一次会议，审议通过的事项主要包括：2017 年住房公积金归集、使用计划。

（二）住房公积金管理中心：住房公积金管理中心隶属市政府，是不以营利为目的的公益一类事业单位，设 13 个科室、3 个办事处。从业人员 85 人，其中，在编 32 人，非在编 53 人。

二、业务运行情况

（一）缴存：2017 年，新开户单位 269 家，实缴单位 3526 家，净增单位 360 家；新开户职工 0.93 万人，实缴职工 21.18 万人；缴存额 26.06 亿元，同比增长 8.22%。2017 年末，缴存总额 168.44 亿元，同比增长 18.3%；缴存余额 99.09 亿元，同比增长 14.54%。

受委托办理住房公积金缴存业务的银行 2 家。

(二) 提取：2017 年，提取额 13.48 亿元，同比增长 30.37%；占当年缴存额的 51.73%，比上年增加 8.79 个百分点。2017 年末，提取总额 69.35 亿元，同比增长 24.13%。

(三) 贷款

个人住房贷款：个人住房贷款最高额度 100 万元，其中，单缴存职工最高额度 100 万元，双缴存职工最高额度 100 万元。

2017 年，发放个人住房贷款 0.63 万笔 21.27 亿元，同比分别降低 8.7%、5.34%。

2017 年，回收个人住房贷款 7.56 亿元。

2017 年末，累计发放个人住房贷款 5.82 万笔 121.3 亿元，贷款余额 80.3 亿元，同比分别增长 11.92%、21.3%、20.61%。个人住房贷款占缴存余额的 81.04%，比上年增加 4.08 个百分点。

受委托办理住房公积金贷款业务的银行 4 家。

(四) 资金存储：2017 年末，住房公积金存款 18.79 亿元。其中，活期 3.01 亿元，1 年（含）以下定期 8.57 亿元，1 年以上定期 7.21 亿元。

(五) 资金运用率：2017 年末，住房公积金个人住房贷款余额、项目贷款余额和购买国债余额的总和占缴存余额的 81.04%，比上年增加 4.08 个百分点。

三、主要财务数据

(一) 业务收入：2017 年，业务收入 28397.18 万元，同比增长 15.5%。存款利息 4748.91 万元，委托贷款利息 23576.97 万元，其他 71.3 万元。

(二) 业务支出：2017 年，业务支出 14354.68 万元，同比增长 4.22%。支付职工住房公积金利息 13602.03 万元，委托贷款手续费 752 万元，其他 0.65 万元。

(三) 增值收益：2017 年，增值收益 14042.5 万元，同比增长 29.87%。增值收益率 1.52%，比上年增加 0.12 个百分点。

(四) 增值收益分配：2017 年，提取贷款风险准备金 1371.69 万元，提取管理费用 1226.06 万元，提取城市廉租房（公共租赁住房）建设补充资金 11444.75 万元。

2017 年，上交财政管理费用 1507.76 万元。上缴财政城市廉租房（公共租赁住房）建设补充资金 7686.85 万元。

2017 年末，贷款风险准备金余额 12959.22 万元。累计提取城市廉租房（公共租赁住房）建设补充资金 57315.75 万元。

(五) 管理费用支出：2017 年，管理费用支出 1436.08 万元，同比增长 50.65%。其中：人员经费 664.49 万元，公用经费 133.73 万元，专项经费 637.86 万元。

四、资产风险状况

个人住房贷款：2017 年末，个人住房贷款逾期额 717.67 万元。逾期率 0.89‰。

个人贷款风险准备金按当年新增贷款余额的1‰提取。2017年，提取个人贷款风险准备金1371.69万元。2017年末，个人贷款风险准备金余额为11359.22万元，占个人贷款余额的1.41%，个人住房贷款逾期额与个人贷款风险准备金余额的比率为6.32%。

五、社会经济效益

（一）**缴存业务**：2017年，实缴单位数、实缴职工人数和缴存额同比分别增长11.37%、0.09%和8.22%。

缴存单位中，国家机关和事业单位占76.4%，国有企业占9.9%，城镇集体企业占0.7%，外商投资企业占1.2%，城镇私营企业及其他城镇企业占11%，民办非企业单位和社会团体占0.8%。

缴存职工中，国家机关和事业单位占55.6%，国有企业占33.5%，城镇集体企业占0.5%，外商投资企业占2.1%，城镇私营企业及其他城镇企业占8%，民办非企业单位和社会团体占0.3%；中、低收入占99.1%，高收入占0.9%。

新开户职工中，国家机关和事业单位占43.41%，国有企业占21.32%，城镇集体企业占2.58%，外商投资企业占4.83%，城镇私营企业及其他城镇企业占26.76%，民办非企业单位和社会团体占1.1%；中、低收入占99.73%，高收入占0.27%。

（二）**提取业务**：2017年，5.17万名缴存职工提取住房公积金13.48亿元。

提取的金额中，住房消费提取占56.6%（购买、建造、翻建、大修自住住房占11.28%，偿还购房贷款本息占43.92%，租赁住房占1.4%）；非住房消费提取占43.4%（离休和退休提取占35.67%，完全丧失劳动能力并与单位终止劳动关系提取占3.04%，户口迁出本市或出境定居占2.74%，其他占1.95%）。

（三）**贷款业务**：

1. **个人住房贷款**：2017年，支持职工购建房62.67万平方米，年末个人住房贷款市场占有率为27.69%，比上年增加0.79个百分点。通过申请住房公积金个人住房贷款，可节约职工购房利息支出41759.57万元。

职工贷款笔数中，购房建筑面积90（含）平方米以下占37.67%，90~144（含）平方米占57.59%，144平方米以上占4.74%；购买新房占72.36%，购买存量商品住房占27.64%。

职工贷款笔数中，单职工申请贷款占71.1%，双职工申请贷款占28.9%。

贷款职工中，30岁（含）以下占29.18%，30岁~40岁（含）占33.72%，40岁~50岁（含）占24.15%，50岁以上占12.95%。首次申请贷款占91.63%，二次及以上申请贷款占8.37%；中、低收入占98.95%，高收入占1.05%。

2. **异地贷款**：2017年，发放异地贷款740笔29037.5万元。发放异地贷款总额60225.8万元，异地贷款余额55992.53万元。

（四）**住房贡献率**：2017年，个人住房贷款发放额、住房消费提取额的总和与当年缴存额的比率为110.91%，比上年减少7.09个百分点。

六、其他重要事项

（一）**当年住房公积金政策调整及执行情况**：

1. **继续放宽提取条件**。为更好地发挥住房公积金惠民作用，继续执行租房和大病提取政策，为缴存人解决实际困难的同时，扩大公积金受益面。本期办理大病提取82人，248万元；租房提取2073人，1858万元。

2. **合理放宽贷款政策**。为促进、服务我市重点产业及房地产去库存，推动地方经济的振兴发展，继续执行职工最高贷款额度 100 万元，还款年限延长至退休后 10 年的政策。本期共受理提高贷款额度的 949 笔，6 亿元；延长还款年限的 2371 笔，9.3 亿元。

3. **继续执行异地贷款政策**。为了满足公积金缴存人在异地贷款的需求，继续实施住房公积金异地贷款政策。本期受理异地贷款 740 笔，2.9 亿元；为在外地购房的缴存人开具公积金缴存证明 500 份，使缴存人最大限度地享受公积金带来的优惠。

4. **当年缴存基数限额及确定方法，缴存比例调整情况**。2017 年调整住房公积金缴存基数上限按不超过本市统计部门公布的上一年职工月平均工资的 3 倍的要求，确定为 12640 元，缴存基数下限按上年度劳动部门规定的职工月最低工资标准，确定为 1～9 月份 1270 元，10～12 月份 1450 元。单位和职工的缴存比例不得低于职工缴存基数的 5%，最高不得超过 12%。

（二）当年服务改进情况：

1. **精减业务材料**。在公积金提取方面，取消了户口迁出（迁入）证明、租房证明、房屋有无证明、解除劳动关系证明等 12 项证明及材料；在公积金归集方面，取消了组织机构代码证、社保或医保 2 项证明。

2. **优化服务流程**。围绕着减环节、压时限、放权力，结合《市直机关再造流程工作指导意见》，对住房公积金汇缴、提取、贷款等工作流程进行重新评估、分析。公积金贷款方面，将原来由贷款人手工填写的贷款申请表和合同，改为系统直接打印。

3. **缩短审批时限**。公积金贷款方面，审批由网上三级审批，变为两级审批；审批时限，由以往的三个工作日审批，缩短为当日受理当日审批。公积金归集、提取审批环节，由三级审批变为一级审批；审批时限，购房提取、租房提取等，由原来的三个工作日，变为直接联网查询核实后，一个工作日办结，切实提升工作效率。

4. **增设服务网点**。先后设立克山县、龙江县、富裕县公积金办事处实现县（市）办事处全覆盖。满足周边县（市）区百姓就近办理公积金业务，减少百姓舟车劳顿，解决百姓跑腿问题。

（三）**当年信息化建设情况**：目前数据贯标工作正处于研发测试阶段，预计将在 2018 年 5 月份完成。综合服务平台建设也预计在 2018 年 5 月份全部开通，已经开通的服务渠道有 12329 热线和官方微信。12329 热线具有自助语音功能和 5 个人工坐席，主要提供信息查询和互动交流服务。官方微信主要提供信息查询和互动交流服务功能。

（四）**当年住房公积金管理中心及职工所获荣誉情况**：中心获得全市第 32 届劳模大会先进单位称号；并被市委、市政府命名的"全市百家文明诚信窗口"；被市委宣传部命名为"学雷锋活动示范点"，中心原党组书记、主任荣获省五一劳动奖章。

鸡西市住房公积金 2017 年年度报告

一、机构概况

（一）**住房公积金管理委员会**：鸡西市住房公积金管理委员会有 23 名委员，2017 年召开 1 次全体委员会议，审议通过的事项主要包括：1. 鸡西市住房公积金管理中心关于2017年度住房公积金归集和使用计划编制情况的报告；2. 鸡西市住房公积金管理中心关于2016年度住房公积金增值收益分配方案的报告；3. 鸡西市住房公积金管理中心关于2016年度住房公积金归集和使用计划执行情况的报告；4. 鸡西市住房公积金管理中心关于2017年度经费预算和2016年度经费决算情况的报告；5. 鸡西市住房公积金管理中心关于在龙江银行鸡西分行开立账户的请示。

（二）住房公积金管理中心：鸡西市住房公积金管理中心为鸡西市人民政府直属不以营利为目的的正处级事业单位，设10个科室，4个管理部。从业人员110人，其中，在编86人，非在编24人。

二、业务运行情况

（一）缴存：2017年，新开户单位76家，实缴单位1462家，净增单位－232家；新开户职工1.93万人，实缴职工10.43万人，净增职工0.19万人；缴存额11.36亿元，同比增长36.21％。2017年末，缴存总额67.12亿元，同比增长20.37％；缴存余额44.39亿元，同比增长12.92％。

受委托办理住房公积金缴存业务的银行5家。

（二）提取：2017年，提取额6.28亿元，同比增长26.36％；占当年缴存额的55.28％，比上年减少4.31个百分点。2017年末，提取总额22.73亿元，同比增长38.26％。

（三）贷款：

个人住房贷款：个人住房贷款最高额度50万元。其中，单缴存职工最高额度50万元；双缴存职工最高额度50万元。

2017年，发放个人住房贷款0.23万笔5.35亿元，同比分别增长15％、19.15％。2017年，回收个人住房贷款3.67亿元。

2017年末，累计发放个人住房贷款3.51万笔45.46亿元，贷款余额20.79亿元，同比分别增长7.01％、13.34％、8.73％。个人住房贷款余额占缴存余额的46.83％，比上年减少1.77个百分点。

受委托办理住房公积金个人住房贷款业务的银行4家，比上年增加1家。

（四）资金存储：2017年末，住房公积金存款23.8亿元。其中，活期3.15亿元；1年（含）以下定期9.06亿元；1年以上定期11.59亿元。

（五）资金运用率：2017年末，住房公积金个人住房贷款余额占缴存余额的46.83％，比上年减少1.77个百分点。

三、主要财务数据

（一）业务收入：2017年，业务收入11079.46万元，同比增长5.71％。其中，存款利息4460.73万元；委托贷款利息6618.73万元。

（二）业务支出：2017年，业务支出6300.64万元，同比增长6.02％。其中，支付职工住房公积金利息5947.33万元；归集手续费2.88万元；委托贷款手续费350.43万元。

（三）增值收益：2017年，增值收益4778.82万元，同比增长5.32％。增值收益率1.14％，比上年减少0.06个百分点。

（四）增值收益分配：2017年，提取贷款风险准备金178.82万元，提取管理费用1650万元，提取城市廉租住房（公共租赁住房）建设补充资金 2950 万元。

2017 年，上交财政管理费用 1650 万元。上缴财政城市廉租住房（公共租赁住房）建设补充资金 2500 万元。2017 年末，贷款风险准备金余额 4950.77 万元。累计提取城市廉租住房（公共租赁住房）建设补充资金 14885.4 万元。

（五）管理费用支出：2017 年，管理费用支出 1441.87 万元，同比增长 12.89%。其中，人员经费 976.69 万元；公用经费 227.37 万元；专项经费 237.81 万元。

四、资产风险状况

个人住房贷款：2017 年末，个人住房贷款逾期额 191.61 万元，逾期率 0.92‰。个人贷款风险准备金按贷款余额的 1% 提取。2017 年，提取个人贷款风险准备金 178.82 万元。2017 年末，个人贷款风险准备金余额 4950.77 万元，占个人住房贷款余额的 2.38%，个人住房贷款逾期额与个人贷款风险准备金余额的比率为 3.87%。

五、社会经济效益

（一）缴存业务：2017 年，实缴单位数、实缴职工人数和缴存额同比分别增长 －13.7%、1.86% 和 36.21%。

缴存单位中，国家机关和事业单位占 68.81%，国有企业占 17.65%，城镇集体企业占 2.19%，外商投资企 0.34%，城镇私营企业及其他城镇企业占 4.58%，民办非企业单位和社会团体占 5.61%，其他占 0.82%。

缴存职工中，国家机关和事业单位占 59.83%，国有企业占 31.72%，城镇集体企业占 2.58%，外商投资企业 0.60%，城镇私营企业及其他城镇企业占 3.59%，民办非企业单位和社会团体占 1.01%，其他占 0.67%；中、低收入占 99.25%，高收入占 0.75%。

新开户职工中，国家机关和事业单位占 75.26%，国有企业占 13.83%，城镇集体企业占 1.51%，外商投资企业占 0.45%，城镇私营企业及其他城镇企业占 5.97%，民办非企业单位和社会团体占 1.44%，其他占 1.54%；中、低收入占 99.62%，高收入占 0.38%。

（二）提取业务：2017 年，2.43 万名缴存职工提取住房公积金 6.28 亿元。

提取金额中，住房消费提取占 41.66%（购买、建造、翻建、大修自住住房占 20.46%，偿还购房贷款本息 18.67%，租赁住房占 1.79%，其他占 0.74%）；非住房消费提取占 58.34%（离休和退休提取占 30.45%，完全丧失劳动能力并与单位终止劳动关系提取占 24.67%，户口迁出本市或出境定居占 0.97%，其他占 2.25%）。

提取职工中，中、低收入占 98.25%，高收入 1.75%。

（三）贷款业务：

1. **个人住房贷款**：2017 年，支持职工购建房 48.65 万平方米，年末个人住房贷款市场占有率为 37.88%，比上年增加 23.63%。通过申请住房公积金个人住房贷款，可节约职工购房利息支出 11390.75 万元。

职工贷款笔数中，购房建筑面积 90（含）平方米以下占 41.85%，90～144（含）平方米占 50.52%，

144平方米以上占7.63%。购买新房占71.36%，购买存量商品住房28.64%。

职工贷款笔数中，单缴存职工申请贷款占64.65%，双缴存职工申请贷款占35.35%。

贷款职工中，30岁（含）以下占21.62%，30岁～40岁（含）占34.66%，40岁～50岁（含）占29.82%，50岁以上占13.90%；首次申请贷款占78.16%，二次及以上申请贷款占21.84%；中、低收入占98.61%，高收入占1.39%。

2．**异地贷款**：2017年，发放异地贷款87笔2276.8万元。2017年末，发放异地贷款总额17781.2万元，异地贷款余额4258.59万元。

（四）住房贡献率：2017年，个人住房贷款发放额、住房消费提取额的总和与当年缴存额的比率为70.10%，比上年减少6.64%。

六、其他重要事项

（一）当年住房公积金政策调整及执行情况：依据鸡西市统计局公布的鸡西市2016年在岗职工年平均工资47843元，确定2016年度住房公积金的缴存基数的上限为11961元，确定月缴存额上限为2871元；鸡西市2016年度最低工资标准为1270元，确定月缴存额下限为127元。

根据住房城乡建设部办公厅《关于对住房公积金廉政风险防控情况的通报》要求，2017年7月1日，经鸡西市住房公积金管理委员会全体委员审议通过，规范了我市住房公积金提取条件，住房公积金提取主要用于购买、租赁自住住房，不得超范围提取，严禁放宽非住房消费提取。

（二）当年服务改进情况：鸡西市住房公积金管理中心牢固树立"以服务对象为中心"理念，以便民惠民为宗旨，以住房公积金大数据和互联网＋为依托，按照"更好地服务百姓"的核心要求，从服务对象角度制定和完善政策制度，改进和提升服务水平，全面构建以服务对象为核心的服务机制，在拓展服务渠道、优化办事流程、精简办事环节、简化手续资料上实现明显突破。一是升级网站。优化网站页面布局，拓展网站功能，职工可在"个人公积金查询"进行注册、查询，全新的网站布局更合理更方便职工查询各项信息。二是开通微信公众号。定期发布本市住房公积金政策、业务相关新闻动态以及业务办理指南、热点问题解答和使用服务信息等资讯。截至年底，微信用户已有2325人。三是在营业大厅设置自助查询终端。职工可凭身份证进行自助查询。四是开通12329服务热线与12329短信平台。服务热线可以为职工提供人工服务，完成对职工的答疑和咨询工作，12329短信平台通知服务内容拟涵盖职工公积金提取时间、提取金额；贷款发放、逾期提醒、批扣还款成功失败提醒、贷款审批通过提醒、贷款月还款提示、贷款对冲提醒等信息；12329客服系统全年总呼叫数量为12.64万次，自助语音12.07万次、人工坐席接通量0.56万次，客户满意度99.89%。五是精简办事手续。利用业务管理系统的电子档案功能，建立客户数据信息体系，方便前台调取关联信息用于申请与审批。

（三）当年信息化建设情况：2017年7月20日，鸡西住房公积金管理中心与北京安泰伟奥信息技术有限公司签订了住房公积金管理系统采购合同，正式开启了新信息系统的升级改造工作。经过几个月的攻坚与努力，新信息系统在年底顺利上线试运行，并且完成了基础数据贯标改造与住房城乡建设部结算应用系统的接入，等待住房城乡建设部双贯标验收小组进行验收。

（四）当年对违反《住房公积金管理条例》和相关法规行为进行行政处罚和申请人民法院强制执行情况：2017年鸡西市住房公积金管理中心，对4名公积金个人贷款逾期行为向人民法院提出诉讼，对一家开发企业违反合同规定向人民法院提出诉讼,涉案金额共计129.32万元。清回死亡人员毛某某房屋一户。通过法院执行局强制执行2人逾期贷款,涉案金额共计11.34万元。

（五）住房公积金管理中心及职工所获荣誉情况：我们贯彻"放管服"改革要求,精准落实"四零"服务承诺,扎实开展机关作风整顿、"文明示范窗口"创建、"诚信公积金"活动和"预约服务""上门服务""延时服务"等便民措施,认真梳理并优化再造各项业务流程,公开一次性告知单、工作流程图和投诉举报电话、邮箱等,优化服务发展环境,被省文明委命名为"省级文明示范窗口"。

鹤岗市住房公积金2017年年度报告

一、机构概况

（一）住房公积金管理委员会：住房公积金管理委员会有25名委员,2017年召开1次会议,审议通过的事项主要包括：《2016年的增值收益分配方案》、《2016年住房公积金归集使用计划执行情况》、《2017年的公积金归集使用计划》、《关于调整住房公积金缴存基数的意见》、《关于办理住房公积金归集、贷款业务受托银行的意见》、《关于评估机构入驻鹤岗市住房公积金管理中心办理评估业务的意见》。

（二）住房公积金管理中心：住房公积金管理中心为隶属市人民政府不以营利为目的的参公管理事业单位,设9个科,6个管理部。从业人员59人,其中,在编49人,非在编10人。

二、业务运行情况

（一）缴存：2017年,新开户单位31家,实缴单位912家,净增单位6家；新开户职工0.66万人,实缴职工4.99万人,净增职工0.38万人；缴存额5.54亿元,同比增长15.42%。2017年末,缴存总额51.69亿元,同比增长12.01%；缴存余额35.61亿元,同比增长4.96%。

受委托办理住房公积金缴存业务的银行2家,比上年减少1家。

（二）提取：2017年,提取额3.86亿元,同比下降10.65%；占当年缴存额的69.68%,比上年减少20.32个百分点。2017年末,提取总额16.08亿元,同比增长31.59%。

（三）贷款：

个人住房贷款：个人住房贷款最高额度40万元,其中,单缴存职工最高额度40万元,双缴存职工最高额度80万元。2017年,发放个人住房贷款0.1038万笔2亿元,同比分别下降43.03%、52.16%。其中,市中心发放个人住房贷款0.1038万笔2亿元。2017年,回收个人住房贷款3.71亿元。其中,市中心3.71亿元。2017年末,累计发放个人住房贷款3.52万笔39.80亿元,贷款余额11.47亿元,同比分别增长3.23%、5.32%、-12.98%。个人住房贷款余额占缴存余额的32.21%,比上年减少6.63个百分点。受委托办理住房公积金个人住房贷款业务的银行3家,比上年增加（减少）0家。

（四）资金存储：2017年末,住房公积金存款24.15亿元。其中,活期1.22亿元,1年（含）以下定期22.93亿元，1年以上定期0亿元，其他（协定、通知存款等）0亿元。

（五）资金运用率：2017年末，住房公积金个人住房贷款余额、项目贷款余额和购买国债余额的总和占缴存余额的32.21%，比上年减少6.63个百分点。

三、主要财务数据

（一）业务收入：2017年，业务收入8116.84万元，同比下降4.28%。其中，市中心8116.84万元，存款利息4190.04万元，委托贷款利息3914.89万元，国债利息0万元，其他11.91万元。

（二）业务支出：2017年，业务支出5256.34万元，同比下降4.52%。其中，市中心5256.34万元，支付职工住房公积金利息5065.04万元，归集手续费0万元，委托贷款手续费191.3万元，其他0万元。

（三）增值收益：2017年，增值收益2860.50万元，同比下降3.83%。其中，市中心2860.50万元，增值收益率0.83%，比上年减少0.05个百分点。

（四）增值收益分配：2017年，提取贷款风险准备金1716.30万元。提取管理费用820.20万元。提取城市廉租住房（公共租赁住房）建设补充资金324万元。

2017年，上交财政管理费用820.20万元。上缴财政城市廉租住房（公共租赁住房）建设补充资金324万元。其中，市中心上缴324万元。

2017年末，贷款风险准备金余额11632.11万元。累计提取城市廉租住房（公共租赁住房）建设补充资金6199万元。其中，市中心提取6199万元。

（五）管理费用支出：2017年，管理费用支出1069.49万元，同比增长47.62%。其中，人员经费545.42万元，公用经费228.37万元，专项经费295.7万元。

市中心管理费用支出1069.49万元，其中，人员、公用、专项经费分别为545.42万元、228.37万元、295.70万元。

四、资产风险状况

个人住房贷款：2017年末，个人住房贷款逾期额282.92万元，逾期率2.4‰。其中，市中心2.4‰，个人贷款风险准备金按增值收益的60%提取。2017年，提取个人贷款风险准备金1716.30万元，使用个人贷款风险准备金核销呆坏账0万元。2017年末，个人贷款风险准备金余额11632.11万元，占个人住房贷款余额的10.14%，个人住房贷款逾期额与个人贷款风险准备金余额的比率为2.44%。

五、社会经济效益

（一）缴存业务：2017年，实缴单位数、实缴职工人数和缴存额同比分别增长0.67%、8.25%和15.42%。

缴存单位中，国家机关和事业单位占78.40%，国有企业占13.93%，城镇集体企业占0%，外商投资企业占0.22%，城镇私营企业及其他城镇企业占6.9%，民办非企业单位和社会团体占0.55%，其他占0%。

缴存职工中，国家机关和事业单位占61.07%，国有企业占35.08%，城镇集体企业占0%，外商投资企业占0.19%，城镇私营企业及其他城镇企业占3.59%，民办非企业单位和社会团体占0.07%，其他占 0%；中、低收入占 99.43%，高收入占 0.57%。

新开户职工中，国家机关和事业单位占 15.39%，国有企业占 79.65%，城镇集体企业占 0%，外商投资企业占 0%，城镇私营企业及其他城镇企业占 4.61%，民办非企业单位和社会团体占 0.08%，其他占 0.27%；中、低收入占 99.94%，高收入占 0.06%。

（二）提取业务：2017 年，1.4991 万名缴存职工提取住房公积金 3.86 亿元。

提取金额中，住房消费提取占 33.99%（购买、建造、翻建、大修自住住房占 16.70%，偿还购房贷款本息占 9.15%，租赁住房占 7.83%，其他占 0.31%）；非住房消费提取占 66.01%（离休和退休提取占 46.47%，完全丧失劳动能力并与单位终止劳动关系提取占 15.78%，户口迁出本市或出境定居占 0.63%，其他占 3.13%）。提取职工中，中、低收入占 99.65%，高收入占 0.35%。

（三）贷款业务：

1. **个人住房贷款**：2017 年，支持职工购建房 12.95 万平方米，年末个人住房贷款市场占有率为 38.97%，比上年减少 0.24 个百分点。通过申请住房公积金个人住房贷款，可节约职工购房利息支出 332.51 万元。

职工贷款笔数中，购房建筑面积 90（含）平方米以下占 27.36%，90～144（含）平方米占 43.26%，144 平方米以上占 29.38%。购买新房占 10.21%（其中购买保障性住房占 0%），购买存量商品住房占 89.79%，建造、翻建、大修自住住房占 0%，其他占 0%。

职工贷款笔数中，单缴存职工申请贷款占 64.35%，双缴存职工申请贷款占 35.65%，三人及以上缴存职工共同申请贷款占 0%。

贷款职工中，30 岁（含）以下占 16.86%，30 岁～40 岁（含）占 32.95%，40 岁～50 岁（含）占 32.56%，50 岁以上占 17.63%；首次申请贷款占 86.42%，二次及以上申请贷款占 13.58%；中、低收入占 99.33%，高收入占 0.67%。

2. **异地贷款**：2017 年，发放异地贷款 17 笔 255 万元。2017 年末，发放异地贷款总额 992 万元，异地贷款余额 810.42 万元。

（四）住房贡献率：2017 年，个人住房贷款发放额、公转商贴息贷款发放额、项目贷款发放额、住房消费提取额的总和与当年缴存额的比率为 59.91%，比上年减少 62.90 个百分点。

六、其他重要事项

（一）当年住房公积金政策调整及执行情况：

1. 2017 年 10 月 10 日我中心开始了自主放贷。贷款最高额度未调整仍是 40 万/人。贷款最长期限为 30 年且取消了一年期贷款。贷款利率执行国家标准：五年以下（含）2.75%/年，五年以上为 3.25%/年。

2. 取消了支取三个月后方可贷款的条件要求，现行支取后即可贷款。

3. 自主放贷以后贷款解冻时限为 2 日，原来为 5 个工作日。

4. 当年缴存基数限额及确定方法、缴存比例等缴存政策调整情况。缴存基数依据黑政明传〔2015〕3 号文，2017 年我市城镇从业人员年平均工资为 47265 元，最高月缴存基数为 11816.25 元，最低月缴存基数为我市最低工资标准 1270 元。缴存比例依据建金管〔2005〕5 号文，单位和职工缴存比例不应低于 5%，原则上不高于 12% 的标准。

（二）当年服务改进情况：

1. 开展了创建省级文明单位标兵工作。 中心党组紧紧围绕争创省级文明单位标兵为目标，进行周密部署，精心安排，把文明单位标兵创建工作，作为推动中心各项工作的有力抓手，进一步强化优质服务意识，坚持以人为本、服务社会、心系百姓、情筑家园的理念，不断加强管理，优化服务环境，有效地提高了单位职工的文明素质和业务水平，实现了住房公积金业务管理与文明创建工作的协调发展，使单位精神面貌极大改善，文明程度显著提升，服务质量明显提高，于今年五月初荣获了省级文明单位标兵荣誉称号，有力地推动了我市住房公积金事业的快速发展。

2. 扎实做好"四零"承诺服务活动。 做到服务受理零推诿。严格执行"首问负责制"、"一次性告知制"。明确工作人员在业务处理过程中，对前来中心办事、来访、来电咨询、查询、投诉等人员，负责受理的第一人员，无论是否属于本部门范围的事情，都要认真受理，不得以任何借口推诿、拒绝或拖延处理时间。不能当场处理或不属于职责范围内的，做到一次性向对方说明原因，给予详细的解释。

做到服务方式零距离。实行管运分开，设立综合柜员，进一步简化业务程序。贷款业务取消了单位签字、盖章环节，贷款人持相关要件到中心各营业窗口直接办理；提取和贷款审批程序由三级简化为二级，即由综合柜员办理业务，管理所（部）长审批；对老弱病残孕和行动不便的特殊人员，采取上门服务；对正常工作日不便办理业务的特殊职工，提供预约服务，在工作日中午办理业务，最大限度地满足群众的服务需求；开通了住房公积金微信公众号，在手机上就能了解住房公积金的相关政策和业务动态。

做到服务质量零差错。进一步完善管理制度、岗位责任制和工作标准，严格执行各项规章制度，认真履行岗位职责，遵守工作纪律，严格工作流程，将工作人员差错率纳入年度工作考核，做为年终评比的重要依据。定期集中组织人员加强业务学习和培训，开展网上办公业务培训，计算机软件升级培训，服务礼仪培训，窗口人员做到业务精通。开展内部审计监察工作，中心审计科定期对各管理部、管理所窗口部门和财务科、核算科进行业务审计，查找差错，规范运作，确保工作依法依规、准确无误。

做到服务结果零投诉。通过完善《窗口人员文明服务规范》、《工作人员七不准》等措施，进一步规范职工行为、职业道德，提升了员工素质。积极推行阳光办公，打造阳光服务，通过电子显示屏、中心网站等载体，实行政策、流程、时限"三公开"。公开中心及各部门职责、服务承诺、业务范围、投诉（举报）电话等事项，接受社会监督。畅通诉求渠道，保证"12329"公积金热线畅通，并利用中心网站平台、大厅意见箱等渠道收集群众意见，并及时回复处理。

同时完善服务设施，在各窗口服务场所设置办事指示牌、标志牌，并在向阳服务大厅划分4个不同功能区：一是办理区，进行对全市和矿区公积金业务受理办理；二是宣传区，放置显示屏、摆放宣传册等；三是服务区，放置电子查询机，提供资料查询、打印等服务；四是等候区，设置长椅、饮水机、花镜、应急药箱等，为客户提供方便的服务环境。

3. 抓软件升级、抓业务管理，促进中心快速发展。

一是加快推进住房城乡建设部"双贯标"建设工作。我市住房公积金业务软件系统由过去的3.0版升级为4.0版，新版公积金管理系统于2017年10月10日正式上线运行，并于12月20日通过省公积金监管处验收。新系统上线后的优点是：公积金贷款自主核算，缩短了办理业务时限，减少了银行资金流风险；接入住房城乡建设部资金结算平台系统，职工提取公积金实时到账，提高了服务效能，方便快捷。公积金提取实现"秒级"到账，退休职工过去提取公积金要跑好几趟，现在只需本人携带身份证和退休证到住房公积金管理中心的窗口时时办结。退休职工尚未离开公积金柜台，就能收到公积金"12329"短信平台发送的提取金额到账通知短信。公积金"12329"短信投入使用后，及时向广大缴存职工、贷款职工发送个人开户、公积金支取、贷款发放、贷款还款日提醒、贷款扣款成功、贷款扣款失败、发送验证码等业务短信通知。通过软件系统升级，有效地推动了中心业务的发展，业务办理效率显著提高。

二是加强核算业务，账户资金实行了统一核算。不断健全完善核算管理体系，理顺了与银行之间的计算机记账系统，做到数据准确无误。建立了大核算业务，撤销中心下设县（所）银行账户，实现所有资金往来结算都从业务系统平台划转，有效地规避了资金风险，提高资金使用效率。同时，对全市10.6万缴存职工的个人账户进行了对账核实，做到准确无误，并于2017年6月30日顺利完成了为全市职工年度结息工作。

三是积极做好龙煤鹤矿集团分流人员公积金账户转移工作。按照市政府文件要求，完成了龙煤鹤矿集团第二批分流人员及两供一业5225人的信息采集核实和公积金转移工作，并做好矿区分流人员支取公积金工作，为矿区职工办理公积金支取业务5952笔，支取金额7885万元。

四是加强业务培训，建立了培训学习中心。为做好职工业务培训工作，本着实用节俭的原则，中心在向阳管理所原中心会议室建立培训学习中心，并从原有前台业务撤换下来旧电脑进行维修，为培训中心配备了八台电脑，充分利用会议室的原有多媒体系统，对职工进行业务演示、流程讲解，开展全方位多媒体业务培训和政治学习，特别是在软件升级过程中，多次进行集中业务培训，使业务人员在短时间内达到了新系统操作标准，进一步提高了职工的业务水平。

五是加强诚信体系建设。建立公积金逾期贷款黑名单制度。为加强住房公积金贷后管理，控制贷款逾期恶意不还款违约人员，对连续3个月或累计6个月的逾期人员，经中心催欠后仍恶意拖欠不还款的，列入黑名单，取消其公积金贷款资格。

（三）当年信息化建设情况：我中心采用重建数据库构的数据贯标方式对信息系统进行全面升级改造，同期完成住房城乡建设部住房公积金银行结算数据应用系统接入。2017年10月10日，新版公积金管理系统上线，利用结算平台，实行资金线上办理，完成"双贯标"建设工作，通过了住房城乡建设部、省住房城乡建设厅联合验收。中心还加强了综合服务平台建设，目前已经开通网站、网厅、12329热线、12329短信、微信公众号、自助查询盖章终端，采用多种业务渠道向公众提供服务。

（四）当年住房公积金管理中心及职工所获荣誉情况：我中心荣获省级文明单位标兵。

双鸭山市住房公积金2017年年度报告

一、机构概况

（一）住房公积金管理委员会：住房公积金管理委员会有20名委员，2017年召开1次会议，审议通过的事项主要包括：2017年度住房公积金归集、使用计划执行情况，并对其他重要事项进行决策，主要包括上年度工作情况、预决算执行情况、政策调整事宜及重大资金使用申请等。

（二）住房公积金管理中心：住房公积金管理中心为市政府不以营利为目的的行政职能的副处级事业单位，设17个处（科），6个管理部。从业人员95人，其中，在编62人，非在编33人。

二、业务运行情况

（一）缴存：2017年，新开户单位99家，实缴单位1403家，净增单位－210家；新开户职工0.39万人，实缴职工10.97万人，净增职工0.44万人；缴存额10.65亿元，同比增长19.66%。2017年末，缴存总额65.09亿元，同比增长19.65%；缴存余额45.84亿元，同比增长15.17%。

受委托办理住房公积金缴存业务的银行4家，比上年增加1家。

（二）提取：2017年，提取额4.62亿元，同比增长18.46%；占当年缴存额的43.38%，比上年减少0.42个百分点。2017年末，提取总额19.25亿元，同比增长31.85%。

（三）贷款：

个人住房贷款：个人住房贷款最高额度40万元，其中，单缴存职工最高额度40万元，双缴存职工最高额度50万元。

2017年，发放个人住房贷款0.14万笔2.14亿元，贷款发放笔数同比增长7.69%、发放金额与上年持平。

2017年，回收个人住房贷款1.76亿元。

2017年末，累计发放个人住房贷款2.25万笔24.77亿元，贷款余额9.43亿元，同比分别增长6.64%、9.60%、4.78%。个人住房贷款余额占缴存余额的20.57%，比上年减少2.13个百分点。

受委托办理住房公积金个人住房贷款业务的银行3家。

（四）资金存储：2017年末，住房公积金存款36.42亿元。其中，活期0.60亿元，1年（含）以下定期35.82亿元。

（五）资金运用率：2017年末，住房公积金个人住房贷款余额、项目贷款余额和购买国债余额的总和占缴存余额的20.57%，比上年减少2.13个百分点。

三、主要财务数据

（一）业务收入：2017年，业务收入8969.90万元，同比下降0.56%。存款利息5993.38万元，委托贷款利息2975.51万元。

（二）业务支出：2017年，业务支出6584.56万元，同比增长4.98%。支付职工住房公积金利息6437.20万元，委托贷款手续费147.63万元。

（三）增值收益：2017年，增值收益2384.33万元，同比下降13.23%。增值收益率0.56%，比上年减少0.17个百分点。

（四）增值收益分配：2017年，提取贷款风险准备金193.42万元，提取管理费用689.61万元，提取城市廉租住房（公共租赁住房）建设补充资金1501.31万元。

2017年，上交财政管理费用689.61万元。上缴财政城市廉租住房（公共租赁住房）建设补充资金1501.31万元。

2017年末，贷款风险准备金余额1637.65万元。累计提取城市廉租住房（公共租赁住房）建设补充

资金 14182.31 万元。

（五）**管理费用支出**：2017年，管理费用支出803.02万元，同比增长24%。其中，人员经费585.82万元，公用经费89.5万元，专项经费127.7万元。

四、资产风险状况

个人住房贷款：2017年末，个人住房贷款逾期额43.4万元，逾期率0.46‰。

个人贷款风险准备金按贷款余额或增值收益的1%提取。2017年，提取个人贷款风险准备金193.42万元，2017年末，个人贷款风险准备金余额1637.65万元，占个人住房贷款余额的1.74%，个人住房贷款逾期额与个人贷款风险准备金余额的比率为2.65%。

五、社会经济效益

（一）**缴存业务**：2017年，实缴单位数、实缴职工人数和缴存额同比分别增长-13.02%、4.18%和19.66%。

缴存单位中，国家机关和事业单位占72.15%，国有企业占10.43%，城镇集体企业占0.22%，城镇私营企业及其他城镇企业占2.72%，民办非企业单位和社会团体占4.08%，其他占10.40%。

缴存职工中，国家机关和事业单位占35.3%，国有企业占50.25%，城镇集体企业占0.49%，城镇私营企业及其他城镇企业占2.02%，民办非企业单位和社会团体占8.72%，其他占3.22%；中、低收入占99.98%，高收入占0.02%。

新开户职工中，国家机关和事业单位占32.73%，国有企业占60.07%，城镇私营企业及其他城镇企业占0.56%，其他占6.64%；中、低收入占100%。

（二）**提取业务**：2017年1.55万名缴存职工提取住房公积金4.62亿元。

提取金额中，住房消费提取占44%（购买、建造、翻建、大修自住住房占53.69%，偿还购房贷款本息占33.99%，租赁住房占12.32%）；非住房消费提取占56%（离休和退休提取占69.32%，完全丧失劳动能力并与单位终止劳动关系提取占10.23%，户口迁出本市或出境定居占13.26%，其他占7.19%）。

提取职工中，中、低收入占99.8%，高收入占0.2%。

（三）**贷款业务**：

1. **个人住房贷款**：2017年，支持职工购建房14.59万平方米，年末个人住房贷款市场占有率为49.24%，比上年减少19.21个百分点。通过申请住房公积金个人住房贷款，可节约职工购房利息支出353.12万元。

职工贷款笔数中，购房建筑面积90（含）平方米以下占41%，90~144（含）平方米占49%，144平方米以上占10%。购买新房占49.8%，购买存量商品住房占50.2%。

职工贷款笔数中，单缴存职工申请贷款占39%，双缴存职工申请贷款占61%。

贷款职工中，30岁（含）以下占15%，30岁~40岁（含）占33.8%，40岁~50岁（含）占35%，50岁以上占16.2%；首次申请贷款占42.4%，二次及以上申请贷款占57.6%；中、低收入占86.6%，高收入占13.4%。

2. **异地贷款**：2017年，发放异地贷款64笔997万元。2017年末，发放异地贷款总额1717万元，异地贷款余额 1144 万元。

（四）住房贡献率：2017 年，个人住房贷款发放额、公转商贴息贷款发放额、项目贷款发放额、住房消费提取额的总和与当年缴存额的比率为 38.63%，比上年增加 2.21 个百分点。

六、其他重要事项

（一）机构及职能调整情况、缴存贷款业务金融机构变更情况：2017 年，市住房公积金管理中心机构、职能没有调整变化。增设中国银行双鸭山分行为住房公积金归集银行，受托办理住房公积金缴存提取业务。

（二）当年住房公积金政策调整及执行情况：

1. **当年缴存基数限额及确定方法、缴存比例调整情况。**缴存基数上限以双鸭山市统计部门公布的上一年当地社平工资 3 倍为准，下限以双鸭山市人民政府公布的最低用工工资为准。2017 年上限为 12060 元/月、下限为 1450 元/月。2017 年缴存比例最高为 12%，最低为 5%。

2. **当年住房公积金提取政策调整情况。**经双鸭山市住房公积金管理委员会 2017 年第一次会议审议批准，提取政策作以下调整：

（1）父母或子女患重大疾病可互提公积金。认定病种范围仍为过去规定的 25 种。

（2）2000 年至 2016 年，购房人由于非自身因素未取得购房税务发票，但经政府批准持购房合同、收据办理了房屋产权登记，并获取房屋所有权证和税收缴款书的，可在 2017 年提取公积金。

可以提取的小区：**市区**为翠峰小区 10 栋、龙祥家园 14 栋、农机 2 号楼、水务局住宅楼、佳铁分局 3 栋、向阳家园 7 栋、新德政园 4 栋、康乐小区、集阳住宅楼、杜勒里花园。**宝清县**为成龙家园、平顺家园、新华名苑二期、绿洲新城、绿岛二期、银河花园、天府名苑、物流二期 4 号、5 号、时代新城、颐河庭院、福缘 9 号。

3. **当年住房公积金个人住房贷款政策调整情况。**2017 年，本市未对住房公积金个人住房贷款最高贷款额度进行调整，目前最高贷款额度为 40 万元。

经双鸭山市住房公积金管理委员会 2017 年第一次会议审议批准，贷款政策作以下调整：

（1）省外购房可以申请贷款。职工本人或为其未婚子女在省外购房的，持购房手续及相关证明可申请办理贷款。

（2）取消购房贷款要件获取时间限制。取消在省内外购房获取购房合同、房屋产权证等要件需在五年以内的规定。

4. **当年住房公积金存贷款利率调整及执行情况。**当年职工住房公积金账户存款利率未作调整，按一年期定期存款基准利率 1.5% 执行。

当年住房公积金贷款利率未作调整。目前，贷款 1～5 年期执行 2.75% 的年利率，5 年期以上执行 3.25% 的年利率。

（三）当年服务改进情况：在便民服务方面，所有业务由过去每周固定审批时间改为工作日内随到、随办、随批；完善简化部分提取要件，取消了填写《提取申请表》、《支取单》和加盖财务印鉴程序，对于职工提取住房公积金用于偿还本市住房公积金贷款本息的，无需再提供借款合同和还款明细；个人提取款项由原来只能划入中国银行的银行卡，调整为提取人可根据个人意愿选择中国工商银行、中国建设银行、中国农业银行和中国银行任意一家受委托银行；通过接入全国住房公积金银行结算数据应用系统，做到提取、贷款、缴存等业务实时结算，职工申请提取"秒级"到账；开通了贷款职工公积金账户余额对冲还贷业务，方便职工偿还贷款，减轻还款压力；接入全国住房公积金异地转移接续平台，实现"账随人走，钱随账走"，方便职工在转入地就近、高效办理住房公积金转移业务，避免职工在转入地和转出地往返奔波，确保职工公积金在转移过程中信息准确、资金安全；开通了全国统一12329住房公积金热线查询、网站查询和微信公众号查询，为缴存职工提供多渠道服务，保证查询业务系统数据更新的及时性和准确性；在"中心"网站公布住房公积金政策法规、业务办理服务指南、业务办理所需电子表格、咨询和监督投诉电话，通过微信公众号推送公共信息，充分发挥新媒体作用，让职工能够全方位了解、掌握公积金政策和信息。

（四）当年信息化建设情况：2017年成功接入全国住房公积金异地转移接续平台；根据"双贯标"要求，对公积金管理系统进行全面升级改造，成功接入全国统一的住房公积金银行结算数据应用系统；按照住房城乡建设部要求，加快建设住房公积金综合服务平台，升级了门户网站，建立了微信公众号。

大庆市住房公积金2017年年度报告

一、机构概况

（一）住房公积金管理委员会：本市住房公积金管理委员会有25名委员，2017年，召开1次全体会议，审议通过2017年度住房公积金归集、使用计划执行情况，并对其他重要事项进行决策，主要包括：

1. 审议通过《大庆市住房公积金管理中心2017年度预算报告》。
2. 审议通过《大庆市住房公积金管理中心2017年度工作报告》。

（二）住房公积金管理中心：大庆市住房公积金管理中心为大庆市人民政府直属的不以营利为目的的事业单位，主要负责全市住房公积金的归集、管理、使用和会计核算。中心内设9个科室，下设6个办事处。从业人员97人，其中，在编64人，非在编33人。

二、业务运行情况

（一）缴存：2017年，新开户单位401家，实缴单位3494家，净增单位152家；新开户职工2.3万人，实缴职工44.4万人，净增职工0.61万人；缴存额69.35亿元，同比增长0.86%。

2017年末，缴存总额696.19亿元，同比增长11.06%；缴存余额255.16亿元，同比增长6.19%。

受委托办理住房公积金缴存业务的银行2家。

（二）提取：2017年，提取额54.47亿元，同比下降1.59%；占当年缴存额的78.54%，比上年减少1.95个百分点。2017年末，提取总额441.03亿元，同比增长14.09%。

（三）贷款：

个人住房贷款：个人住房贷款最高额度60万元，其中，单缴存职工最高额度60万元，双缴存职工最高额度60万元。

2017年，发放个人住房贷款1.636万笔49.86亿元，分别同比增长2.38%、下降2.8%。2017年，回收个人住房贷款29.57亿元。

2017年末，累计发放个人住房贷款19.48万笔455.04亿元，贷款余额217.65亿元，同比分别增长9.2%、12.31%、10.28%。个人住房贷款余额占缴存余额的85.31%，比上年增加3.17个百分点。

受委托办理住房公积金个人住房贷款业务的银行10家，比上年增加1家。

（四）**购买国债**：2017年，未购买任何形式的国债，以往年度国债无变化，年末国债余额5亿元。

（五）**资金存储**：2017年末，住房公积金存款额32.57亿元。其中，活期0.06亿元，1年（含）以下定期29.15亿元，协定存款3.36亿元。

（六）**资金运用率**：2017年末，住房公积金个人住房贷款余额、项目贷款余额和购买国债余额的总和占缴存余额的87.26%，比上年增加3.04个百分点。

三、主要财务数据

（一）**业务收入**：2017年，业务收入87148.80万元，同比增长3.56%。存款利息18465.13万元，委托贷款利息66581.25万元，国债利息2090万元，其他12.42万元。

（二）**业务支出**：2017年，业务支出39049.64万元，同比增长27.38%。支付职工住房公积金利息37154.56万元，归集手续费24.50万元，委托贷款手续费1870.58万元。

（三）**增值收益**：2017年，增值收益48099.15万元，同比下降10.09%；增值收益率1.93%，比上年同期减少0.36个百分点。

（四）**增值收益分配**：2017年，提取贷款风险准备金4616.09万元，提取管理费用3476万元，提取城市廉租住房（公共租赁住房）建设补充资金40007.07万元。

2017年，上交财政管理费用3476万元。上缴财政城市廉租住房（公共租赁住房）建设补充资金41168.11万元。

2017年末，贷款风险准备金余额71187.26万元。累计提取城市廉租住房（公共租赁住房）建设补充资金274179.07万元。

（五）**管理费用支出**：2017年，管理费用支出3494.61万元，同比下降1.15%。其中，人员经费1601.72万元，公用经费696.11万元，专项经费1196.78万元。

四、资产风险状况

个人住房贷款：2017年末，个人住房贷款逾期额893.17万元，逾期率0.41‰。

个人贷款风险准备金按贷款余额的1%提取。2017年，提取个人贷款风险准备金4616.09万元。2017年末，个人贷款风险准备金余额71187.26万元，占个人住房贷款余额的3.27%，个人住房贷款逾期额与个人贷款风险准备金余额的比率为1.25%。

五、社会经济效益

（一）**缴存业务**：2017年，实缴单位数、实缴职工人数和缴存额同比分别增长4.55%、1.39%和0.86%。

缴存单位中，国家机关和事业单位占 30.54%，国有企业占 3.78%，城镇集体企业占 0.83%，外商投资企业占 0.72%，城镇私营企业及其他城镇企业占 47.25%，民办非企业单位和社会团体占 1.2%，其他 15.68%。

缴存职工中，国家机关和事业单位占 21.35%，国有企业占 14.30%，城镇集体企业占 1.75%，外商投资企业占 0.82%，城镇私营企业及其他城镇企业占 57.96%，民办非企业单位和社会团体占 0.14%，其他占 3.68%；中、低收入占 99.24%，高收入占 0.76%。

新开户职工中，国家机关和事业单位占 13.39%，国有企业占 1.56%，城镇集体企业占 0.13%，外商投资企业占 0.78%，城镇私营企业及其他城镇企业占 44.14%，民办非企业单位和社会团体占 0.53%，其他占 39.47%；中、低收入占 99.62%，高收入占 0.38%。

（二）提取业务：2017 年，17.89 万名缴存职工提取住房公积金 54.47 亿元。

提取金额中，住房消费提取占 82%（购买、建造、翻建、大修自住住房占 31.8%，偿还购房贷款本息占 49.26%，租赁住房占 0.94%）；非住房消费提取占 18%（离休和退休提取占 15.53%，完全丧失劳动能力并与单位终止劳动关系提取占 0.14%，户口迁出本市或出境定居占 1.32%，其他占 1.01%）。

提取职工中，中、低收入占 100%。

（三）贷款业务：

1. 个人住房贷款：2017 年，支持职工购建房 158.9 万平方米，年末个人住房贷款市场占有率为 59.42%，比上年减少 1.02 个百分点。通过申请住房公积金个人住房贷款，可节约职工购房利息支出 9972 万元。

职工贷款笔数中，购房建筑面积 90（含）平方米以下占 44.7%，90～144（含）平方米占 49.19%，144 平方米以上占 6.11%。购买新房占 35.59%，购买存量商品住房占 64.41%。

职工贷款笔数中，单缴存职工申请贷款占 88.21%，双缴存职工申请贷款占 11.67%，三人及以上缴存职工共同申请贷款占 0.12%。

贷款职工中，30 岁（含）以下占 28.85%，30 岁～40 岁（含）占 40.23%，40 岁～50 岁（含）占 24.21%，50 岁以上占 6.71%；首次申请贷款占 70.46%，二次及以上申请贷款占 29.54%；中、低收入占 95.11%，高收入占 4.89%。

2. 异地贷款：2017 年，发放异地贷款 984 笔 32368.8 万元。2017 年末，发放异地贷款总额 95327.7 万元，异地贷款余额 78797.72 万元。

（四）住房贡献率：2017 年，个人住房贷款发放额、公转商贴息贷款发放额、项目贷款发放额、住房消费提取额的总和与当年缴存额的比率为 136.31%，比上年减少 6.33 个百分点。

六、其他重要事项

（一）当年机构及职能调整情况、受委托办理缴存贷款业务金融机构变更情况：2017 年大庆市住房公积金贷款业务金融机构新增招商银行及兴业银行业务网点各 1 家，减少龙江银行业务网点 3 家。目前受委托办理住房公积金个人住房贷款业务的银行共计 10 家，受理网点共计 28 家。

（二）当年住房公积金政策调整及执行情况：

1. 归集提取方面：

（1）大庆市住房公积金缴存基数每年调整一次。大庆市住房公积金管理中心于 2017 年 8 月 1 日开始缴存基数调整工作。2017年住房公积金缴存基数上限，按照市统计部门公布的上一年全市城镇非私营单位就业人员平均工资的3倍确定，住房公积金缴存基数下限不得低于单位所在地上一年度月最低工资标准。2017年月缴存基数上限：17154元，月缴存基数下限：1450元。

（2）发布《关于调整购买大庆市二手住房提取住房公积金标准的通知》，要求大庆市办理购买本市二手房提取住房公积金业务时，购房人及其配偶、同户的父母、子女提取金额合计不得超过大庆市房产管理局公布的房屋基准价（单价）×所购房屋建筑面积的总价款，实际交易价格低于评估基准价格的，按计税基准价确定。

2. **贷款方面：**

（1）2017年住房公积金贷款利率无调整。当前执行利率1～5年为2.75，6～30年为3.25。

（2）2017年住房公积金个人住房贷款最高贷款额度无调整，仍为60万元（含）。

（三）当年服务改进情况： 大庆市住房公积金服务从2003年开始逐步建设各种服务渠道，截至2017年年底，建设完成国家要求的所有服务渠道（门户网站、网上业务大厅、自助终端、服务热线、手机短信、手机客户端、官方微信、官方微博），建设完成综合服务平台"综合管理系统"，实现了包括接入管理、流量控制、限额控制的"渠道管理系统"，建立了符合国家"等保三级"标准的安全保障体系，建立了包括运行绩效分析、渠道运行指标分析、用户体验评价分析等决策分析内容的分析系统。

服务渠道主要包括门户网站——大庆市住房公积金管理中心官方网站，域名www.dqgjj.cn；网上业务大厅——单位版、个人版、开发商版（服务载体链接在www.dqgjj.cn）自助终端摆放在高新区学府街54号住房公积金中心业务大厅一楼、市政府西门市行政服务中心一楼大厅、让胡路区建行庆房支行二楼住房公积金管局业务大厅；服务热线——12329住房公积金热线，呼号0459—12329；手机短信——12329手机短信，短信服务号12329【大庆市住房公积金管理中心】；手机客户端——"大庆公积金"，支持安卓系统，可在各大安卓手机应用商店下载；官方微信——"大庆市住房公积金"；官方微博——"大庆市住房公积金管理中心官方微博"。

（四）当年信息化建设情况： 2017年完成建设市政府"信息惠民工程"——"智慧公积金"项目，建设完成并上线运行包括归集、贷款、财务、资金管理、综合服务平台、电子档案、行政办公等子系统，完成基础数据标准贯彻落实和结算应用系统接入并通过住房城乡建设部联合省住房城乡建设厅组织的验收，评分115.78分。

伊春市住房公积金2017年年度报告

一、机构概况

（一）公积金管理委员会： 住房公积金管理委员会有20名委员，2017年召开二次会议，审议通过的事项主要包括：2016年住房公积金归集、使用计划执行情况的报告、2017年住房公积归集使用计划、关于西钢集团缓缴住房公积金的请示。

（二）住房公积金管理中心：住房公积金管理中心为隶属于伊春市人民政府不以营利为目的的公益一类事业单位，内设资金信贷科、资金归集科、缴交科、会计科、审计稽核科、综合科6个科室，铁力、嘉荫、南岔、西林、带岭、五营、汤旺河7个管理部。从业人员60人，其中：在编51人，非在编9人。

二、业务运行情况

（一）缴存：2017年，新开户单位78家，实缴单位2232家，净增单位157家；新开户职工0.54万人，实缴职工12.25万人，净增职工0.54万人；缴存额7.95亿元，同比增长18.83%。2017年末，缴存总额43.56亿元，同比增长22.36%；缴存余额25.87亿元，同比增长20.72%。

受委托办理住房公积金缴存业务的银行2家，与上年持平。

（二）提取：2017年，提取额3.51亿元，同比下降1.68%；占当年缴存额的44.15%，比上年减少9.21个百分点。2017年末，提取总额17.69亿元，同比增长24.84%。

（三）贷款：个人住房贷款最高额度80万元，其中，单缴存职工最高额度80万元，双缴存职工最高额度80万元。

2017年，发放个人住房贷款0.23万笔4.06亿元，同比分别下降25.81%、14.53%。2017年，回收个人住房贷款2.59亿元。

2017年末，累计发放个人住房贷款2.41万笔28.50亿元，贷款余额15.20亿元，同比分别增长11.06%、16.61%、10.71%。个人住房贷款余额占缴存余额的58.76%，比上年减少5.32个百分点。

受委托办理住房公积金个人住房贷款业务的银行2家，与上年持平。

（四）购买国债：2017年，收回国债0.30亿元。2017年末，国债余额0.50亿元，比上年减少0.30亿元。

（五）资金存储：2017年末，住房公积金存款10.60亿元。其中，活期0.07亿元，1年（含）以下定期7.11亿元，1年以上定期2.66亿元，协定存款0.76亿元。

（六）资金运用率：2017年末，住房公积金个人住房贷款余额和购买国债余额的总和占缴存余额的60.69%，比上年减少7.14个百分点。

三、主要财务数据

（一）业务收入：2017年，业务收入5865.91万元，同比下降11.41%。存款利息1098.28万元，委托贷款利息4479.11万元，国债利息288.40万元，其他0.12万元。

（二）业务支出：2017年，业务支出3438.70万元，同比增长17.68%。支付职工住房公积金利息3209.77万元，归集手续费2.84万元，委托贷款手续费226.09万元。

（三）增值收益：2017年，增值收益2427.21万元，同比下降34.38%。增值收益率1.03%，比上年减少0.87个百分点。

（四）增值收益分配：2017年，提取贷款风险准备金146.58万元，提取管理费用467.13万元，提取城市廉租住房（公共租赁住房）建设补充资金1813.50万元。

2017年，上交财政管理费用467.13万元，上缴财政城市廉租住房（公共租赁住房）建设补充资金

1813.50万元。

2017年末，贷款风险准备金余额1648.79万元。累计提取城市廉租住房（公共租赁住房）建设补充资金11616.39万元。

（五）管理费用支出：2017年，管理费用全口径支出593.50万元（财政补助拨款126.37万元，从增值收益中列支467.13万元），全口径同比增长7.06%。其中，人员经费494.82万元，公用经费46.85万元，专项经费51.83万元。

四、资产风险状况

2017年末，个人住房贷款逾期额16.86万元，逾期率0.11‰。

个人贷款风险准备金按当年贷款发放与回收差额的1%提取。2017年，提取个人贷款风险准备金146.58万元。2017年末，个人贷款风险准备金余额1648.79万元，占个人住房贷款余额的1.05%，个人住房贷款逾期额与个人贷款风险准备金余额的比率为1.02%。

五、社会经济效益

（一）缴存业务：2017年，实缴单位数、实缴职工人数、缴存额分别同比增长7.57%、4.61%和18.83%。

缴存单位中，国家机关和事业单位占54.70%，国有企业占38.89%，城镇集体企业占1.52%，外商投资企业占0.58%，城镇私营企业及其他城镇企业占2.42%，民办非企业单位和社会团体占0.36%，其他占1.53%。

缴存职工中，国家机关和事业单位占45.06%，国有企业占46.32%，城镇集体企业占0.93%，外商投资企业占0.22%，城镇私营企业及其他城镇企业占6.32%，民办非企业单位和社会团体占0.08%，其他占1.07%；中、低收入占100%。

新开户职工中，国家机关和事业单位占28.53%，国有企业占24.32%，城镇集体企业占21.48%，外商投资企业占5.33%，城镇私营企业及其他城镇企业占10.27%，民办非企业单位和社会团体占6.99%，其他占3.08%；中、低收入占100%。

（二）提取业务：2017年，3.56万名缴存职工提取住房公积金3.51亿元。

提取金额中，住房消费提取占63.86%（购买、建造、翻建、大修自住住房占36.44%，偿还购房贷款本息占19.27%，租赁住房占0.93%，其他占7.22%）；非住房消费提取占36.14%（离休和退休提取占29.24%，完全丧失劳动能力并与单位终止劳动关系提取占4.98%，户口迁出本市或出境定居占0.01%，其他占1.91%），提取职工中，中、低收入占100%。

（三）贷款业务：

1. 个人住房贷款：2017年，支持职工购建房22.10万平方米，年末个人住房贷款市场占有率为66.43%，比上年增加2.03个百分点。通过申请住房公积金个人住房贷款，可节约职工购房利息支出698.19万元。

职工贷款笔数中，购房建筑面积90（含）平方米以下占46.69%，90～144（含）平方米占49.16%，144平方米以上占4.15%。购买新房34.26%，购买存量商品住房占30.10%，其他占35.64%。

职工贷款笔数中,单缴存职工申请贷款占 26.07%,双缴存职工申请贷款占 72.85%,三人及以上缴存职工共同申请贷款占 1.08%。

贷款职工中,30 岁(含)以下占 20.10%,30 岁～40 岁(含)占 28.54%,40 岁～50 岁(含)占 31.10%,50 岁以上占 20.26%;首次申请贷款占 46.38%,二次及以上申请贷款占 53.62%;中、低收入占 85.99%,高收入占 15.01%。

2. **异地贷款**:2017 年,发放异地贷款 114 笔 4002.10 万元。2017 年末,发放异地贷款总额 22908.90 万元,异地贷款余额 14223.32 万元。

(四)住房贡献率:2017 年,个人住房贷款发放额、公转商贴息贷款发放额、项目贷款发放额、住房消费提取额的总和与当年缴存额的比率为 79.25%,比上年减少 29.56 个百分点。

六、其他重要事项

(一)机构调整情况:原基层管理科变更为审计稽核科,主要职能是负责制定、完善、实施管理中心内部控制制度及管理规定及住房公积金各项政策法规、内部控制制度有效性及执行情况的综合审计监督,负责对中心业务科室及县区管理部住房公积金归集、提取、贷款、会计核算等相关日常业务活动进行审计稽核及配合同级财政、审计等部门开展住房公积金管理工作的检查和审计工作,负责市中心档案的接收、存放、借阅、保管等项工作及本单位档案进行规范化管理及中心决定的其他工作。

(二)政策调整及执行情况:

1. **规范缴存比例和缴存基数**。从 2017 年 1 月 1 日起,全部规范未达到缴存最低比例 5% 的单位和超基数标准缴交的单位,职工和单位住房公积金缴存比例不应低于 5%,不得高于 12%;缴存住房公积金的月工资基数最高不得超过职工工作地所在设区城市统计部门公布的上一年度职工平均工资的 3 倍。

2. **提高装修贷款额度**。装修住房最高贷款额度由为原来 10 万元调整到最高不得超过 15 万元。

3. **扩大异地职工贷款范围**由《贷款办法》中规定的"省内其他城市"扩大为"国内其他城市"。根据国家目前去房地产库存的政策,为鼓励异地购房的行为,全国全面放开住房公积金异地贷款,依据国家相关政策,我中心将异地贷款的范围由原来的"省内其他城市职工"扩大为"国内其他城市职工",在伊春地区范围内购买自住住房,由贷款申请人提供住房公积金缴存地的相关证明资料,可在我中心申请办理住房公积金贷款。

(三)服务改进情况:

1. **健全服务制度**。积极推行首问负责制、一次告知制、限时办结制和服务承诺制,工作人员统一着装、立牌上岗,为缴交职工提供便捷服务、规范服务、透明服务,努力做到"一看便知、一问便明、一查便懂、一办便成"。

2. **编制《服务指南》**。领导班子带领业务骨干精心编制《服务指南》,并印发各县(市)区(局)及机关企事业单位,在详细解答住房公积金基本问题的同时,附录业务流程图、《住房公积金贷款按月均还本息表》,为办事职工提供直观参考。

3. **完善便民设施**。为来往办事群众提供老花镜、饮用水,进一步完善便民设施,优化服务环境;通过设置意见箱、开通门户网站、公布投诉电话,进一步畅通监督举报渠道,群众满意度良好。

4. **优化办事流程**。对现有审批流程重新梳理,将原有的三级审批简化为二级审批,取消开具《无婚姻登记证明》手续和现场按手印环节，通过减环节、优流程、压时限、提效率，努力打造"材料最简、盖章最少、时限最短"的业务办理体系。

5. **拓宽服务渠道**。开通"12329"服务热线，以人工和自助服务相结合方式，提供业务咨询、信息查询、投诉建议等服务；建立独立门户网站，及时公布工作动态、办事流程、咨询电话等信息，提供账户查询、贷款计算器等服务；在业务大厅增设自助查询机，实现菜单式查询，进一步提高便民水平。

（四）**信息化建设情况**：

1. **接入全国住房公积金异地转移接续平台**。2017年8月正式接入全国住房公积金异地转移接续平台，在缩短办理时间的同时也确保了职工公积金账户在异地转移过程中的信息准确和资金安全，切实保障职工权益。2017年共办理异地转移接续业务60笔，合计金额582万元。

2. **推进住房公积金"双贯标"建设**。专门成立信息化建设领导小组，积极跟进落实"双贯标"和综合服务平台建设工作，真正让信息多跑路、让群众少跑腿，使管理更加规范、服务更加便捷、群众更加满意。

（五）**单位和个人所获荣誉情况**：2017年度事业单位年度个人考核中，6人被评为优秀等次。

佳木斯市住房公积金2017年年度报告

一、机构概况

（一）**住房公积金管理委员会**：住房公积金管理委员会有32名委员，2017年，召开一次全体会议，审议通过2017年住房公积金归集、使用计划执行情况，并对其他重要事项进行决策，主要包括：审议通过住房公积金管理情况汇报、2017年度增值收益分配方案及住房公积金管理政策调整意见。

（二）**住房公积金管理中心**：住房公积金管理中心为隶属于市政府不以营利为目的的参照公务员管理的事业单位，设14个科，6个管理部。从业人员103人，其中，在编69人，非在编34人。

二、业务运行情况

（一）**缴存**：2017年，新开户单位126家，实缴单位2474家，净增单位20家；新开户职工0.6330万人，实缴职工11.9864万人，净增职工0.2373万人；缴存额15.44亿元，同比增长10.12%。2017年末，缴存总额100.33亿元，同比增长18.18%；缴存余额57.35亿元，同比增长12.52%。

受委托办理住房公积金缴存业务的银行5家。

（二）**提取**：2017年，提取额9.06亿元，同比增长5.84%；占当年缴存额的58.67%，比上年减少2.34个百分点。2017年末，提取总额42.98亿元，同比增长26.7%。

（三）**贷款**：

1. **个人住房贷款**：个人住房贷款最高额度60万元，其中，单缴存职工最高额度60万元，双缴存职工最高额度60万元。

2017年，发放个人住房贷款0.4553万笔12.04亿元，同比下降2.55%、增长3.79%。

2017年回收个人住房贷款5.80亿元。

2017年末，累计发放个人住房贷款4.0763万笔71.68亿元，贷款余额41.46亿元，同比分别增长12.57%、20.21%、17.75%。个人住房贷款余额占缴存余额的72.29%，比上年增加3.21个百分点。

受委托办理住房公积金个人住房贷款业务的银行6家。

2. 住房公积金支持保障性住房建设项目贷款：累计发放项目贷款1.1亿元。

（四）资金存储：2017年末，住房公积金存款15.57亿元。其中，活期0.13亿元，1年（含）以下定期0.3亿元，1年以上定期14.24亿元，其他（协定、通知存款等）0.9亿元。

（五）资金运用率：2017年末，住房公积金个人住房贷款余额、项目贷款余额的总和占缴存余额的74.21%，比上年增加5.13个百分点。

三、主要财务数据

（一）业务收入：2017年，业务收入17511万元，同比增长7.69%。存款利息5299万元，委托贷款利息12210万元，其他2万元。

（二）业务支出：2017年，业务支出8460万元，同比增长0.58%。支付职工住房公积金利息8087万元，委托贷款手续费371万元，其他2万元。

（三）增值收益：2017年，增值收益9051万元，同比增长15.30%。增值收益率1.67%，比上年增加0.05个百分点。

（四）增值收益分配：2017年，提取贷款风险准备金936万元，提取管理费用1596万元，提取城市廉租住房（公共租赁住房）建设补充资金6519万元。

2017年，上交财政管理费用1596万元。上缴财政城市廉租住房（公共租赁住房）建设补充资金5667万元。

2017年末，贷款风险准备金余额6218万元。累计提取城市廉租住房（公共租赁住房）建设补充资金38790万元。

（五）管理费用支出：2017年，管理费用支出1390万元，同比增长21.3%。其中，人员经费905万元，公用经费249万元，专项经费236万元。

四、资产风险状况

个人住房贷款：2017年末，个人住房贷款逾期额191.42万元，逾期率0.46‰。

个人贷款风险准备金按贷款余额的1.5%提取。2017年，提取个人贷款风险准备金936万元。2017年末，个人贷款风险准备金余额6218万元，占个人住房贷款余额的1.5%，个人住房贷款逾期额与个人贷款风险准备金余额的比率为3.07%。

五、社会经济效益

（一）缴存业务：2017年，实缴单位数、实缴职工人数和缴存额同比分别增长0.81%、2.02%和10.12%。

缴存单位中，国家机关和事业单位占75.55%，国有企业占8.41%，城镇集体企业占2.95%，外商投资企业占0.89%，城镇私营企业及其他城镇企业占9.58%，民办非企业单位和社会团体占0.69%，其他占1.93%。

缴存职工中，国家机关和事业单位占63.8%，国有企业占17.6%，城镇集体企业占4.07%，外商投资企业占1.54%，城镇私营企业及其他城镇企业占11.4%，民办非企业单位和社会团体占0.12%，其他占1.47%；中、低收入占98.85%，高收入占1.15%。

新开户职工中，国家机关和事业单位占39.33%，国有企业占10.99%，城镇集体企业占8.23%，外商投资企业占1.74%，城镇私营企业及其他城镇企业占28.27%，民办非企业单位和社会团体占0.26%，其他占11.18%；中、低收入占99.5%，高收入占0.5%。

（二）**提取业务**：2017年，2.7641万名缴存职工提取住房公积金9.06亿元。

提取金额中，住房消费提取占68.45%（购买、建造、翻建、大修自住住房占35.56%，偿还购房贷款本息占30.45%，租赁住房占1.01%，其他占1.43%）；非住房消费提取占31.55%（离休和退休提取占25.32%，完全丧失劳动能力并与单位终止劳动关系提取占3.21%，户口迁出本市或出境定居占1.88%，其他占1.14%）。提取职工中，中、低收入占98.4%，高收入占1.6%。

（三）**贷款业务**：

1. **个人住房贷款**：2017年，支持职工购建房48.2万平方米，年末个人住房贷款市场占有率为47%，比上年增加19个百分点。通过申请住房公积金个人住房贷款，可节约职工购房利息支出21370万元。

职工贷款笔数中，购房建筑面积90（含）平方米以下占31.12%，90~144（含）平方米占60.31%，144平方米以上占8.57%。购买新房占75.4%，购买存量商品住房占24.6%。

职工贷款笔数中，单缴存职工申请贷款占35.12%，双缴存职工申请贷款占64.88%。

贷款职工中，30岁（含）以下占25.65%，30岁~40岁（含）占34.9%，40岁~50岁（含）占28.46%，50岁以上占10.99%；首次申请贷款占67.93%，二次及以上申请贷款占32.07%；中、低收入占98.55%，高收入占1.45%。

2. **异地贷款**：2017年，发放异地贷款407笔10631.6万元。2017年末，发放异地贷款总额41251.6万元，异地贷款余额27210.83万元。

（四）**住房贡献率**：2017年，个人住房贷款发放额、公转商贴息贷款发放额、项目贷款发放额、住房消费提取额的总和与当年缴存额的比率为118.13%，比上年同期减少5.25个百分点。

六、其他重要事项

（一）**当年住房公积金政策调整及执行情况**：2017年，本地住房公积金缴存基数的上限为我市统计部门公布的在岗职工上一年度月平均工资的3倍，上限金额为12402元，缴存基数的下限为我市统计部门公布的在岗职工上一年度月平均工资的60%，下限金额为2480元。

2017年住房公积金贷款利率无调整。当前执行利率1~5年为2.75%，6~30年为3.25%。

（二）**运营管理情况，服务网点、服务设施、综合服务平台建设和其他网络载体建设服务情况**：2017年，中心开通缴存网上业务系统，缴存单位专管员通过网上办事大厅可办理单位职工汇缴、封存、启封、基数调整、信息变更等缴存业务。开通公积金异地转移接续业务，异地就职的缴存职工只需到中心提出申请即可办理公积金账户资金转移业务。

2017年，中心实行了自主核算管理，资金日清日结。

佳木斯市中心在市行政服务中心设置10个业务受理窗口，6个县（市）设立服务网点。中心大厅设有咨询台和自助查询终端。全省第一家公积金中心设置个人征信报告自助查询打印机，目前使用12844人次。开通12329服务热线和短信服务，接受咨询23960人次，发送短信20万余条，中心门户网站、微博、微信、手机APP等自媒体平台均已开通。

今年佳木斯市住房公积金管理中心荣获全国"互联网＋政务服务"先进单位，再次荣获省级文明单位标兵，市党政领导班子考评优秀单位和党风廉政优秀单位等光荣称号。

七台河市住房公积金2017年年度报告

一、机构概况

（一）住房公积金管理委员会：住房公积金管理委员会有22名委员，2017年召开3次会议，审议通过2017年度住房公积金归集、使用计划，并对其他重要事项进行决策，主要包括《七台河市住房公积金2016年年度报告》、《关于为龙煤七台河矿业公司转岗分流人员办理住房公积金销户提取业务的请示》、《关于调整住房公积金缴存基数的通知》、《关于调整和规范住房公积金使用政策的请示》、《关于申请购置计算机硬件设备的请示》等。

（二）住房公积金管理中心：住房公积金管理中心为隶属于市政府不以营利为目的的差额拨款事业单位，设8个科室、2个管理部。从业人员55人，其中，在编36人，非在编19人。

二、业务运行情况

（一）缴存：2017年，新开户单位25家，实缴单位869家，减少单位18家；新开户职工2568人，实缴职工4.1万人，净增职工0.35万人；缴存额5.23亿元，同比增长6.95%。2017年末，缴存总额43.72亿元，同比增长13.59%；缴存余额27.23亿元，同比增长5.5%。

受委托办理住房公积金缴存业务的银行4家，比上年增加2家。

（二）提取：2017年，提取额3.82亿元，同比增长49.8%；占当年缴存额的73.04%，比上年增加21个百分点。2017年末，提取总额16.49亿元，同比增长30.15%。

（三）贷款：

个人住房贷款：个人住房贷款最高额度40万元，其中，单缴存职工最高额度20万元，双缴存职工最高额度40万元。

2017年，发放个人住房贷款0.06万笔，同比持平；发放个人住房贷款1.18亿元，同比增长1.72%。2017年，回收个人住房贷款0.55亿元。

2017年末，累计发放个人住房贷款0.66万笔7.15亿元，贷款余额3.22亿元，同比分别增长10%、

19.57％、24.32％。个人住房贷款余额占缴存余额的11.83％，比上年增加1.8个百分点。

受委托办理住房公积金个人住房贷款业务的银行2家，与上年相同。

（四）**资金存储**：2017年末，住房公积金存款24.07亿元。其中，活期0.13亿元，1年（含）以下定期22.18亿元，1年以上定期1.54亿元，其他（协定、通知存款等）0.22亿元。

（五）**资金运用率**：2017年末，住房公积金个人住房贷款余额占缴存余额的11.83％，比上年增加1.8个百分点。

三、主要财务数据

（一）**业务收入**：2017年，业务收入6151.67万元，同比增长5％。其中，存款利息5226.5万元，委托贷款利息923.77万元，其他1.39万元。

（二）**业务支出**：2017年，业务支出3990.58万元，同比增长9％。其中，支付职工住房公积金利息3984.17万元，归集手续费0万元，委托贷款手续费0万元，其他6.41万元。

（三）**增值收益**：2017年，增值收益2161.08万元，同比下降2.93％。其中，增值收益率0.8％，比上年减少0.1个百分点。

（四）**增值收益分配**：2017年，提取贷款风险准备金1296.65万元，提取管理费用516.43万元，提取城市廉租住房（公共租赁住房）建设补充资金348万元。

2017年，上交财政管理费用890.54万元。

2017年末，贷款风险准备金余额10831.53万元。累计提取城市廉租住房（公共租赁住房）建设补充资金4037.9万元。

（五）**管理费用支出**：2017年，管理费用支出455.51万元，同比增长3.92％。其中，人员经费290.03万元，公用经费165.48万元。

四、资产风险状况

个人住房贷款：2017年末，个人住房贷款逾期额12.64万元，逾期率0.39‰。

个人贷款风险准备金按增值收益的60％提取。2017年，提取个人贷款风险准备金1296.65万元，使用个人贷款风险准备金核销呆坏账0万元。2017年末，个人贷款风险准备金余额10831.53万元，占个人住房贷款余额的33.63％，个人住房贷款逾期额与个人贷款风险准备金余额的比率为0.12％。

五、社会经济效益

（一）**缴存业务**：2017年，实缴单位数同比减少2.03％，实缴职工人数和缴存额同比分别增长9.33％和6.95％。

缴存单位中，国家机关和事业单位占90％，国有企业占5％，城镇集体企业占0.1％，外商投资企业占0.4％，城镇私营企业及其他城镇企业占1.5％，民办非企业单位和社会团体占0.5％，其他占2.5％。

缴存职工中，国家机关和事业单位占78.4％，国有企业占11.4％，城镇集体企业占0.1％，外商投资企业占0.4％，城镇私营企业及其他城镇企业占7.3％，民办非企业单位和社会团体占0.2％，其他占

2.2%；中、低收入占99%，高收入占1%。

新开户职工中，国家机关和事业单位占56.1%，国有企业占27.1%，外商投资企业占0.2%，城镇私营企业及其他城镇企业占13%，民办非企业单位和社会团体占0.3%，其他占3.3%；中、低收入占99.7%，高收入占0.3%。

（二）提取业务：2017年，1.75万名缴存职工提取住房公积金3.82亿元。

提取金额中，住房消费提取占44%（购买、建造、翻建、大修自住住房占34%，偿还购房贷款本息占7%，租赁住房占3%）；非住房消费提取占56%（离休和退休提取占26%，完全丧失劳动能力并与单位终止劳动关系提取占22%，户口迁出本市或出境定居占2%，其他占6%）。

提取职工中，中、低收入占99.7%，高收入占0.3%。

（三）贷款业务：

1. **个人住房贷款**：2017年，支持职工购建房5.74万平方米，年末个人住房贷款市场占有率为21.7%，比上年增加1.7个百分点。通过申请住房公积金个人住房贷款，可节约职工购房利息支出194万元。

职工贷款笔数中，购房建筑面积90（含）平方米以下占74%，90～144（含）平方米占24%，144平方米以上占2%。购买新房占31%，购买存量商品住房占67%，其他占2%。

职工贷款笔数中，单缴存职工申请贷款占66%，双缴存职工申请贷款占34%。

贷款职工中，30岁（含）以下占24%，30岁～40岁（含）占35%，40岁～50岁（含）占28%，50岁以上占13%；首次申请贷款占87%，二次及以上申请贷款占13%；中、低收入占99%，高收入占1%。

2. **异地贷款**：2017年，发放异地贷款40笔789.5万元。2017年末，发放异地贷款总额2157.4万元，异地贷款余额1935.52万元。

（四）住房贡献率：2017年，个人住房贷款发放额、住房消费提取额的总和与当年缴存额的比率为54%，比上年减少4个百分点。

六、其他重要事项

1. 2017年，按我市统计部门公布的2016年全市城镇非私营单位在岗职工年平均工资48695.00元计算，单位和职工住房公积金缴存比例不应低于5%，不高于12%；住房公积金月缴存基数上限为12175.00元、月缴存额上限为2922.00元，月缴存基数下限为2440.00元、月缴存额下限为244.00元。

2. 为了保障我市住房公积金事业健康发展，强化住房公积金资金风险管控，支持住房公积金缴存职工合理自住需求，根据省住房城乡建设厅专项督查整改要求，结合我市住房公积金使用实际，经市住房公积金管理委员会2017年第3次会议审议通过，自2017年11月20日起，对我市住房公积金使用政策作出如下调整：

（1）单职工购房贷款最高贷款限额20万元，双职工购房贷款最高限额由60万元调整为40万元。

（2）对已结清首套住房公积金贷款的缴存职工家庭，为改善居住条件，再次申请第二套住房公积金贷款购买普通自住住房的，首付款最低比例由20%调整至30%。

（3）对已使用过2次及以上住房公积金贷款的缴存职工家庭，不予办理第三套及以上住房公积金贷款。

（4）缴存职工家庭在本市无自住住房且租赁房屋提取住房公积金的，房屋核查范围由同一户籍家庭成员（仅限于配偶、父母、子女）调整为缴存职工及配偶。

（5）将缴存职工家庭在本市无自住住房且租住商品住房的提取额度，由每年可以申请提取10000元调整为租住新兴区、茄子河区、金沙新区及勃利县商品住房的，每年最高可以申请提取4000元，租住桃山区商品住房的，每年最高可以申请提取5000元［具体提取额度执行以下标准：缴存职工家庭所租住住房面积在80平方米（含80平方米）以上的，按照最高额度提取；住房面积在60～80平方米（含60平方米）的，按照最高额度的90％提取；住房面积在60平方米以下的，按照最高额度的80％提取］；两次提取时间应间隔满一年。

（6）将缴存职工所购住房为未满一年再次交易的不予提取住房公积金，调整为缴存职工所购住房为三年内再次上市交易并申请购房提取住房公积金的，如原房屋产权人因该套住房办理过住房公积金提取业务，需要原房屋产权人将所提取住房公积金全额退还至个人住房公积金账户。

（7）将夫妻一方或同一户籍子女在异地工作，并在其工作地购买自住住房申请提取住房公积金的，在本人账户存储余额不足的情形下，可以同时提取同一户籍家庭成员（仅限于配偶、父母、子女）的住房公积金，调整为夫妻一方在异地工作，并在其工作地购买自住住房申请提取住房公积金的，可以提取本人账户内的住房公积金。

3. 为了进一步提升住房公积金信息化技术水平，在市政府的大力支持下，加快推进系统升级及"双贯标"建设工作，整体项目使用资金201万元，建设工期45天。新住房公积金软件管理系统和"双贯标"于2017年10月10日同步上线，并已通过住房城乡建设部的检查验收，为省内第五家顺利通过国家检查验收的中心。新系统和"双贯标"上线后，业务办理由单一柜员改为综合柜员，业务"一站式"办理；住房公积金资金结算由委托银行变成自主核算，中心与银行之间减少了对账、数据交换程序；接入住房城乡建设部资金结算应用系统，资金账户统一核算，公积金缴存、提取、贷款业务"秒到账"；开通月对冲还贷业务，每月可以用个人账户内的住房公积金余额偿还公积金贷款。

4. 住房公积金综合服务平台建设项目已通过市公共资源交易中心完成采购招标工作，项目预算资金249万元，计划2018年6月底前完成平台建设。届时，"互联网＋手机＋公积金"的全新服务模式将基本形成，网站、网上营业厅、手机APP、短信、微信等服务渠道同步开通，缴存单位和职工足不出户就可以自助查询个人信息、办理相关业务，充分享受安全、高效、快捷的公积金服务。

牡丹江市住房公积金2017年年度报告

一、机构概况

（一）住房公积金管理委员会：牡丹江市住房公积金管理委员会有20名委员，2017年，召开1次会议，审议通过2017年度住房公积金归集、使用计划执行情况，并对其他重要事项进行决策，主要包括：

《关于调整牡丹江市住房公积金管理委员会成员的报告》、《牡丹江市2016年住房公积金归集使用计划执行情况及2017年归集使用计划》、《牡丹江市2016年度住房公积金增值收益分配方案》、《关于向牡丹江市所属县（市）分配2015年廉租住房建设补充资金的请示》、《牡丹江市住房公积金管理中心2016年管理费用预算执行情况及2017年管理费用预算》、《牡丹江市住房公积金2016年年度报告》、《牡丹江市住房公积金2017年惠民政策》、《关于购置东宁办事处业务用房的请示》、《牡丹江市住房公积金资金定期存款竞争性谈判管理暂行办法》9项议题。开展1次文件会签，审议通过《关于停办部分住房公积金提取和贷款业务的通知》和《牡丹江市自由职业者建立住房公积金制度管理办法》。

（二）**住房公积金管理中心**：牡丹江市住房公积金管理中心为市政府直属不以营利为目的的自收自支事业单位，主要负责全市住房公积金的归集、管理、使用和会计核算。设11个科（室），8个办事处。从业人员151人，其中，在编87人，非在编64人。

二、业务运行情况

（一）**缴存**：2017年，新开户单位240家，实缴单位2649家，净增单位176家；新开户职工0.88万人，实缴职工16.01万人，净增职工0.1万人；缴存额16.58亿元，同比增长14.90%。2017年末，缴存总额107.45亿元，同比增长18.25%；缴存余额56.15亿元，同比增长8.19%。

受委托办理住房公积金缴存业务的银行2家。

（二）**提取**：2017年，提取额12.32亿元，同比增长22.26%；占当年缴存额的74.31%，比上年增加4.46个百分点。2017年末，提取总额51.29亿元，同比增长31.61%。

（三）**贷款**：

1. **个人住房贷款**：个人住房贷款最高额度未设置上限。

2017年，发放个人住房贷款0.47万笔14.23亿元，同比分别增长40.95%、54.85%。

2017年，回收个人住房贷款4.61亿元。

2017年末，累计发放个人住房贷款3.75万笔67.21亿元，贷款余额41.90亿元，同比分别增长14.33%、26.86%、29.80%。个人住房贷款余额占缴存余额的74.62%，比上年增加12.42个百分点。

受委托办理住房公积金个人住房贷款业务的银行6家。

2. **住房公积金支持保障性住房建设项目贷款**：2017年末，累计发放项目贷款4.08亿元，回收项目贷款本金4.08亿元。

（四）**资金存储**：2017年末，住房公积金存款15.32亿元。其中，活期0.24亿元，1年（含）以下定期12.21亿元，1年以上定期2.87亿元。

（五）**资金运用率**：2017年末，住房公积金个人住房贷款余额、项目贷款余额和购买国债余额的总和占缴存余额的74.62%，比上年增加12.42个百分点。

三、主要财务数据

（一）**业务收入**：2017年，业务收入16056.74万元，同比增长2.96%。其中，存款利息4520.18万元，委托贷款利息11513.21万元，其他23.35万元。

（二）**业务支出**：2017年，业务支出9198.83万元，同比增长10.98%。其中，支付职工住房公积金利息7936.78万元，归集手续费789.29万元，委托贷款手续费460.53万元，其他12.23万元。

（三）**增值收益**：2017年，增值收益6857.91万元，同比下降6.14%。其中，增值收益率1.27%，比上年减少0.18个百分点。

（四）**增值收益分配**：2017年，提取贷款风险准备金1443.00万元，提取管理费用1700.00万元，提取城市廉租住房（公共租赁住房）建设补充资金3714.91万元。

2017年，上交财政管理费用1600.00万元。上缴财政城市廉租住房（公共租赁住房）建设补充资金2916.00万元。

2017年末，贷款风险准备金余额10029.00万元。累计提取城市廉租住房（公共租赁住房）建设补充资金36329.91万元。

（五）**管理费用支出**：2017年，管理费用支出2089.71万元，同比增长3.31%。其中，人员经费1180.46万元，公用经费511.58万元，专项经费397.67万元。

四、资产风险状况

（一）**个人住房贷款**：2017年末，个人住房贷款逾期额396.02万元，逾期率0.95‰。

个人贷款风险准备金按当年贷款余额的1.5%提取。2017年，提取个人贷款风险准备金1443.00万元。2017年末，个人贷款风险准备金余额8397.00万元，占个人住房贷款余额的2.00%，个人住房贷款逾期额与个人贷款风险准备金余额的比率为4.72%。

（二）**支持保障性住房建设试点项目贷款**：2017年末，项目贷款风险准备金余额1632.00万元。

五、社会经济效益

（一）**缴存业务**：2017年，实缴单位数、实缴职工人数和缴存额同比分别增长7.12%、0.68%和14.90%。

缴存单位中，国家机关和事业单位占75.46%，国有企业占12.46%，城镇集体企业占0.23%，外商投资企业占0.30%，城镇私营企业及其他城镇企业占9.63%，民办非企业单位和社会团体占0.87%，其他占1.05%。

缴存职工中，国家机关和事业单位占66.10%，国有企业占12.56%，城镇集体企业占0.13%，外商投资企业占1.34%，城镇私营企业及其他城镇企业占18.81%，民办非企业单位和社会团体占0.1%，其他占0.96%；中、低收入占98.98%，高收入占1.02%。

新开户职工中，国家机关和事业单位占41.65%，国有企业占22.23%，城镇集体企业占0.02%，外商投资企业占2.91%，城镇私营企业及其他城镇企业占28.57%，民办非企业单位和社会团体占0.97%，其他占3.65%；中、低收入占99.48%，高收入占0.52%。

（二）**提取业务**：2017年，45606万名缴存职工提取住房公积金12.32亿元。

提取金额中，住房消费提取占70.53%（购买、建造、翻建、大修自住住房占15.13%，偿还购房贷款本息占27.08%，租赁住房占2.98%，其他占25.34%）；非住房消费提取占29.47%（离休和退休提取占19.63%，完全丧失劳动能力并与单位终止劳动关系提取占4.48%，其他占5.36%）。

提取职工中，中、低收入占98.72%，高收入占1.28%。

（三）**贷款业务**：

1. **个人住房贷款**：2017年，支持职工购建房47.19万平方米，年末个人住房贷款市场占有率为26%，比上年下降3.09个百分点。通过申请住房公积金个人住房贷款，可节约职工购房利息支出23135.62万元。

职工贷款笔数中，购房建筑面积90（含）平方米以下占38.59%，90～144（含）平方米占57.54%，144平方米以上占3.87%。购买新房占59.17%，购买存量商品住房占21.21%，其他占19.62%。

职工贷款笔数中，单缴存职工申请贷款占86.49%，双缴存职工申请贷款占13.51%。

贷款职工中，30岁（含）以下占23.03%，30岁～40岁（含）占36.52%，40岁～50岁（含）占28.44%，50岁以上占12.01%；首次申请贷款占93.99%，二次及以上申请贷款占6.01%；中、低收入占97.55%，高收入占2.45%。

2. **异地贷款**：2017年，发放异地贷款224笔6700.9万元。2017年末，发放异地贷款总额13897.3万元，异地贷款余额11746.13万元。

3. **支持保障性住房建设试点项目贷款**：2017年末，累计试点项目1个，贷款额度4.08亿元，建筑面积19.93万平方米，可解决3426户中低收入职工家庭的住房问题。1个试点项目贷款资金已发放并还清贷款本息。

（四）住房贡献率：2017年，个人住房贷款发放额、住房消费提取额的总和与当年缴存额的比率为138.24%，比上年增加23.14个百分点。

六、其他重要事项

（一）当年机构调整情况：2017年7月20日，市编办批准增设桥北办事处。

（二）当年政策调整及执行情况：

1. 调整本市2017年度住房公积金缴存基数。自2017年7月1日起，市本级职工住房公积金的缴存基数由2015年月平均工资4574.08元调整为2016年月平均工资5065.00元；县（市）缴存基数按照市统计局公布的月平均工资核准确定。

2. 2017年11月1日出台了《牡丹江市自由职业者建立住房公积金制度管理办法》。

3. 开办支付自住住房购房契税、住宅专项维修基金提取住房公积金业务。自2017年4月1日起，缴存人在市行政区域内支付自住住房或异地个人住房贷款支付自住住房契税、住宅专项维修基金的，可提取本人、配偶及同户籍未婚子女住房公积金。提取额度不超过缴纳税金、基金正式发票金额。

4. 开办异地购房贷款支付首付款提取住房公积金业务。自2017年4月1日起，缴存人异地贷款购买自住住房支付首付款的，可提取本人、配偶及其同户籍未婚子女住房公积金。提取额度不超过该笔贷款的首付款金额。

5. 放宽因重大疾病造成家庭生活困难提取住房公积金范围。自2017年4月1日起，缴存人住院医疗费用自费金额大于5万元的（含5万元，病种不做限制）或病种纳入牡丹江市十种特殊慢性病补贴范围住院的，可提取本人及其直系亲属（含夫妻、父母及子女）住房公积金，提取额度不超过住院医疗费用的自付部分。

6. 放宽装修补充资金提取住房公积金条件。自2017年4月1日起，缴存人建立住房公积金账户满5年且连续正常缴存，本人、配偶及其同户籍未婚子女5年内未办理过住房公积金提取和贷款业务的，即可享受提取装修补充资金政策。

自 2017 年 10 月 9 日起停止办理住房公积金装修住房补充资金提取业务。

7. 当年住房公积金个人住房贷款仍然没有最高贷款额度限制。借款人具备还贷能力情况下，个贷额度不设上限，首付款比例不低于 20%。

8. 自 2017 年 10 月 9 日起，停止向第 3 套住房和第 3 次使用住房公积金贷款的缴存职工家庭发放住房公积金个人住房贷款。允许拥有 1 套住房并已结清相应贷款（含住房商业贷款）的缴存职工家庭再次申请使用住房公积金贷款购买普通商品住房。购买第 2 套普通商品住房收款比例不低于 30%，第 2 次使用住房公积金个人住房贷款利率上浮 10%。

9. 自 2017 年 10 月 9 日起，停止办理住房公积金现房（已取得《房屋所有权证》）抵押贷款业务。

10. 自 2017 年 10 月 9 日起，停止办理商业银行个人住房贷款转住房公积金个人住房贷款业务。

（三）当年服务改进情况：

1. 2017 年优化业务流程 4 项，精简贷款业务办理环节 1 项，取消证明材料 7 项，出台提取住房公积金新政 4 项。

2. 研发建设住宅房产估价系统，为 1514 位借款人节省评估费用 184.92 万元，人均 1221.40 元。

3. 接入全国住房公积金异地转移接续平台，为 472 名职工办理异地转移业务。

4. 与市产权处、不动产登记管理局等部门实现联网核查，当日办结业务缩短为即时办结。

5. 启动住房公积金新业务系统"双贯标"及综合服务平台建设工作，现已进入系统开发测试阶段。

6. 江南办事处入驻江南房地产综合服务平台，实现相关业务"一站式"办理。

7. 2017 年 9 月 9 日～12 月 2 日，每周六提供延时服务，共为 121 名职工办理业务。

8. 完成海林、林口、宁安办事处和服务大厅四个迁建装修工程，自有标准化服务场所面积达 1690 平方米。

9. 2017 年，全市业务办理总量 33 万笔，同比增长 21.98%，12329 热线和网站接待咨询 4.62 万人次，同比增长 30.80%，受理投诉 7 起，同比减少 56.25%。

（四）当年信息化建设情况：投资 300 万元用于信息系统升级改造、基础数据标准贯彻落实、结算应用系统接入、综合服务平台系统建设。

（五）当年住房公积金管理中心及职工所获荣誉情况：

1. 荣获省文明办授予的"省级文明示范窗口"荣誉称号。
2. 荣获省总工会授予的"省模范职工之家"荣誉称号。
3. 荣获省妇联授予的"省巾帼建功先进集体"荣誉称号。
4. 荣获 2015～2017 年度"市直机关先进党组织"荣誉称号。
5. 荣获团省委授予的"黑龙江省青年文明号"荣誉称号。
6. 荣获团市委授予的"牡丹江市青年文明号"荣誉称号。
7. 荣获 2015～2017 年度市直机关优秀共产党员。
8. 荣获市妇联授予的牡丹江市"巾帼建功标兵"荣誉称号。

（六）申请人民法院强制执行情况：2017 年催收个贷逾期，通过司法起诉 9 笔，结案 5 笔，追回逾期贷款 87.16 万元。

黑河市住房公积金 2017 年年度报告

一、机构概况

（一）住房公积金管理委员会：住房公积金管理委员会有 22 名委员，2017 年召开 1 次会议，审议通过的事项主要包括：黑河市住房公积金管理委员会委员名单、关于 2016 年住房公积金归集使用计划执行情况和 2017 年住房公积金归集使用计划的报告、黑河市住房公积金 2016 年年度报告。

（二）住房公积金管理中心：住房公积金管理中心为隶属于黑河市人民政府不以营利为目的的差额拨款事业单位，设 7 个科室，6 个管理部。从业人员 81 人，其中，在编 61 人，非在编 20 人。

二、业务运行情况

（一）缴存：2017 年，新开户单位 84 个，实缴单位 1784 个，净增单位－162 个；新开户职工 0.36 万人，实缴职工 9.01 万人，净增职工 0.26 万人；缴存额 10.76 亿元，同比增长 9.35%。2017 年末，缴存总额 74.59 亿元，同比增长 16.86%；缴存余额 52.07 亿元，同比增长 12.88%。

（二）提取：2017 年，提取额 4.82 亿元，同比增长 31.69%；占当年缴存额的 44.80%，比上年增加 7.60 个百分点。2017 年末，提取总额 22.52 亿元，同比增长 27.23%。

（三）贷款：

个人住房贷款：个人住房贷款最高额度 60 万元，其中，单缴存职工最高额度 45 万元，双缴存职工最高额度 60 万元。

2017 年，发放个人住房贷款 0.25 万笔 6.37 亿元，同比分别增长 0%、0.47%。2017 年，回收个人住房贷款 5.06 亿元。

2017 年末，累计发放个人住房贷款 5.17 万笔 60.12 亿元，贷款余额 26.01 亿元，同比分别增长 5.08%、11.85%、5.30%。个人住房贷款余额占缴存余额的 49.95%，比上年减少 3.59 个百分点。

受委托办理住房公积金个人住房贷款业务的银行 3 家，比上年持平。

（四）资金存储：2017 年末，住房公积金存款 27.83 亿元。其中，活期 1.70 亿元，1 年（含）以下定期 24.32 亿元，1 年以上定期 0 亿元，其他（通知存款）1.81 亿元。

（五）资金运用率：2017 年末，住房公积金个人住房贷款余额、项目贷款余额和购买国债余额的总和占缴存余额的 49.95%，比上年减少 3.59 个百分点。

三、主要财务数据

（一）业务收入：2017 年，业务收入 14222.90 万元，同比增长 4.24%。存款利息 5938.26 万元，委托贷款利息 8284.64 万元。

（二）业务支出：2017 年，业务支出 7579.96 万元，同比增长 6.09%。支付职工住房公积金利息 7199.58 万元，委托贷款手续费 378.31 万元，其他 2.07 万元。

（三）增值收益：2017 年，增值收益 6642.94 万元，同比增长 2.20%。增值收益率 1.35%，比上年减少 0.16 个百分点。

（四）增值收益分配：2017 年，提取贷款风险准备金 130.93 万元，提取管理费用 1084.60 万元，提取城市廉租住房（公共租赁住房）建设补充资金 5427.41 万元。

2017 年，上交财政管理费用 1800 万元。上缴财政城市廉租住房（公共租赁住房）建设补充资金 4488.51 万元。

2017 年末，贷款风险准备金余额 3483.86 万元。累计提取城市廉租住房（公共租赁住房）建设补充资金 19941.47 万元。

（五）管理费用支出：2017 年，管理费用支出 1113.72 万元，同比增长 31.90%。其中，人员经费 661.03 万元，公用经费 108.41 万元，专项经费 344.28 万元（其中：双贯标及综合服务平台升级改造支出 275 万元）。

四、资产风险状况

个人住房贷款：2017 年末，个人住房贷款逾期额 51.92 万元，逾期率 0.20‰。

个人贷款风险准备金按当年贷款余额的 1% 提取。2017 年，提取个人贷款风险准备金 130.93 万元，使用个人贷款风险准备金核销呆坏账 0 万元。2017 年末，个人贷款风险准备金余额 3483.86 万元，占个人住房贷款余额的 1.35%，个人住房贷款逾期额与个人贷款风险准备金余额的比率为 1.49‰。

五、社会经济效益

（一）缴存业务：2017 年，实缴单位数、实缴职工人数和缴存额同比分别增长 −8.32%、2.97% 和 9.35%。

缴存单位中，国家机关和事业单位占 71.25%，国有企业占 10.99%，城镇集体企业占 0.56%，外商投资企业占 0.67%，城镇私营企业及其他城镇企业占 4.20%，民办非企业单位和社会团体占 1.29%，其他占 11.04%。

缴存职工中，国家机关和事业单位占 62.36%，国有企业占 21.82%，城镇集体企业占 0.88%，外商投资企业占 1.37%，城镇私营企业及其他城镇企业占 1.23%，民办非企业单位和社会团体占 0.36%，其他占 11.98%；中、低收入占 98.35%，高收入占 1.65%。

新开户职工中，国家机关和事业单位占 47.20%，国有企业占 15.92%，城镇集体企业占 0.39%，外商投资企业占 4.69%，城镇私营企业及其他城镇企业占 6.36%，民办非企业单位和社会团体占 1.97%，其他占 23.47%；中、低收入占 99.39%，高收入占 0.61%。

（二）提取业务：2017 年，1.03 万名缴存职工提取住房公积金 4.82 亿元。

提取金额中，住房消费提取占 48.73%（购买、建造、翻建、大修自住住房占 14.07%，偿还购房贷款本息占 34.01%，租赁住房占 0.58%，其他占 0.07%）；非住房消费提取占 51.27%（离休和退休提取占 40.69%，完全丧失劳动能力并与单位终止劳动关系提取占 5.71%，户口迁出本市或出境定居占 1.86%，其他占 3.01%）。

提取职工中，中、低收入占 97.83%，高收入占 2.17%。

（三）贷款业务：

1. **个人住房贷款**：2017 年，支持职工购建房 28.09 万平方米，年末个人住房贷款市场占有率为 39.55%，比上年减少 3.24 个百分点。通过申请住房公积金个人住房贷款，可节约职工购房利息支出

10157.25万元。

职工贷款笔数中，购房建筑面积90（含）平方米以下占21.68%，90~144（含）平方米占64.65%，144平方米以上占13.67%。购买新房占84.10%（其中购买保障性住房占0%），购买存量商品住房占15.90%，建造、翻建、大修自住住房占0%，其他占0%。

职工贷款笔数中，单缴存职工申请贷款占99.11%，双缴存职工申请贷款占0.89%。

贷款职工中，30岁（含）以下占23.91%，30岁~40岁（含）占35.27%，40岁~50岁（含）占29.53%，50岁以上占11.29%；首次申请贷款占80.50%，二次及以上申请贷款占19.50%；中、低收入占98.54%，高收入占1.46%。

2. **异地贷款**：2017年，发放异地贷款20笔471万元。2017年末，发放异地贷款总额471万元，异地贷款余额452.90万元。

（四）**住房贡献率**：2017年，个人住房贷款发放额、住房消费提取额的总和与当年缴存额的比率为81.04%，比上年减少0.67个百分点。

六、其他重要事项

（一）**当年缴存基数限额及确定方法**。按照《住房公积金管理条例》和《关于住房公积金管理若干具体问题的指导意见》规定，2017年黑河市职工住房公积金月缴存额上限调整为2998.92元，为黑河地区上年月平均工资的3倍，缴存比例上限为个人和单位分别不超过12%。

（二）**信息化建设方面**。购置了DDOS防攻击、网闸、防火墙等网络安全设备加强网络安全防护。与相关部门协作，开展网络安全检查，有效应对"勒索"病毒爆发，保证网络运行安全。为适应业务发展需要，为缴存职工提供更加高效、便捷的服务，按照住房城乡建设部要求，启动住房公积金信息管理系统"双贯标"和综合服务平台升级改造工作，现已接入住房城乡建设部结算应用系统测试环境并完成相关测试，计划于2018年4月正式上线运行。

绥化市住房公积金2017年年度报告

一、机构概况

（一）**住房公积金管理委员会**：住房公积金管理委员会有21名委员。2017年市住房公积金管理委员会审议通过2017年度住房公积金归集、使用计划执行情况的报告，并对其他重要事项进行审议决策，主要包括对调整绥化市住房公积金管理委员会组成人员进行审议、《关于撤销、开设住房公积金专户的申请（绥金管呈〔2017〕3号）》、《绥化市住房公积金管理中心关于2016年工作总结及2017年工作安排（绥金管〔2017〕8号）》、《绥化市住房公积金2016年年度报告（绥金管〔2017〕9号）》、《绥化市住房公积金管理中心关于进一步放宽现房贷款条件的请示（绥金管呈〔2017〕43号）》、对调整住房公积金提取有关政策及简化部分提取手续等事项进行审议等。

（二）住房公积金管理中心：绥化市住房公积金管理中心为隶属绥化市政府不以营利为目的的自筹自支事业单位，主要负责全市住房公积金的归集、管理、使用和会计核算。目前中心内设秘书科、信贷管理科、归集管理科、计划财务审计科、稽查指导科、信息科、内控监督科7个科室，下设肇东、安达、海伦、绥棱、望奎、庆安、兰西、青冈、明水9个管理部。从业人员124人，其中，在编72人，非在编52人。

二、业务运行情况

（一）缴存：2017年，实缴单位3141家，新开户单位182家，净增单位－110家；实缴职工14.95万人，新开户职工0.96万人，净增职工0.1万人；当年缴存额14.57亿元，同比增长10.05%。2017年，缴存总额85.08亿元，同比增长20.66%；缴存余额55.70亿元，同比增长17.61%。

受委托办理住房公积金缴存业务的银行2家，比上年增加0家。

（二）提取：2017年，提取额6.23亿元，同比增长38.75%；占当年缴存额的42.76%，比上年同期增长8.85个百分点。2017年末，提取总额29.37亿元，同比增长26.92%。

（三）贷款：个人住房贷款：个人住房贷款最高额度90万元，其中，单缴存职工最高额度60万元，双缴存职工最高额度90万元。

2017年，发放个人住房贷款0.32万笔7.79亿元，同比增长20.65%、17.85%。2017年，回收个人住房贷款3.49亿元。

2017年末，累计发放个人住房贷款3.5万笔45.51亿元，贷款余额28.56亿元，同比分别增长10.22%、20.65%、17.72%。个人住房贷款率为51.27%，比上年同期增长0.05个百分点。

受委托办理住房公积金个人住房贷款业务的银行4家，比上年增加0家。

（四）资金存储：2017年末，住房公积金存款27.22亿元。其中，活期0.004亿元，1年以内定期（含）19.03亿元，1年以上定期2.30亿元，其他（协定、通知存款等）5.89亿元。

（五）其他：截至2017年底，资金运用率51.27%，比上年同期增加0.05个百分点。

三、主要财务数据

（一）业务收入：2017年，业务收入14476.27万元，同比增长14.61%；存款利息收入5895.59万元，委托贷款利息收入8580.67万元，其他收入0.014万元。

（二）业务支出：2017年，业务支出7675.17万元，同比降低0.38%；住房公积金利息支出7148.76万元，归集手续费用支出7.48万元，委托贷款手续费支出402.90万元，其他支出116.03万元。

（三）增值收益：2017年，增值收益6801.1万元，同比增长38.06%；增值收益率1.33%，比上年同期增加0.18个百分点。

（四）增值收益分配：2017年，提取贷款风险准备金846.13万元，提取管理费用1366.35万元，提取城市廉租房（公共租赁住房）建设补充资金4588.62万元。

2017年，上交财政管理费用1366.35万元。上缴财政的城市廉租房建设补充资金3735.56万元（其中上缴2016年度3401.91万元，2017年度333.65万元）。2017年，贷款风险准备金余额3996.76万元。累计提取城市廉租房建设补充资金12551.38万元。累计提取贷款风险准备金3996.76万元。

(五)管理费用支出：2017年，管理费用支出1366.35万元，同比增长3.65%。其中，人员经费729.10万元，公用经费100.22万元，专项经费537.03万元。

四、资产风险状况

个人住房贷款：截至2017年底，逾期个人住房贷款718.7万元。个人住房贷款逾期率0.25%。

个人贷款风险准备金按贷款余额净增额的2%提取。2017年末，个人贷款风险准备金余额为3996.76万元，占个人住房贷款余额的1.4%，个人住房贷款逾期额与个人贷款风险准备金余额的比率为17.98%。

五、社会经济效益

(一)缴存业务：2017年，实缴单位数、实缴职工人数和缴存额增长率分别为-3.38%、0.67%和10.05%。

缴存单位中，国家机关和事业单位占69.92%，国有企业占18.51%，城镇集体企业占1.18%，城镇私营企业及其他城镇企业占5.51%，其他占4.88%。

缴存职工中，国家机关和事业单位占65.92%，国有企业占21.13%，城镇集体企业占1.23%，城镇私营企业及其他城镇企业占4.15%，其他占7.57%（其中外商投资占0.31%）。缴存职工中，低收入群体占21.65%，中等收入群体占71.88%，高收入群体占6.47%。

新开户职工中，国家机关和事业单位占29.44%，国有企业占33.05%，民办非企业单位和社会团体占0.23%，其他占62.72%，中低收入占100%。

(二)提取业务：2017年，2万名缴存职工提取住房公积金6.23亿元。

提取金额中，住房消费提取占55.48%（购买、建造、翻建、大修自住住房占24.9%，偿还购房贷款本息占29.74%，租赁住房占0.84%）；非住房消费提取占44.52%（离休和退休提取占32.49%，完全丧失劳动能力并与单位终止劳动关系提取占2.98%，死亡占1.62%，其他非住房类消费提取占7.43%）。

提取职工中，中低收入占100%。

(三)贷款业务：

1. **个人住房贷款**：2017年，支持职工购建房32.17万平方米。年末个人住房贷款市场占有率为29.75%，比上年同期增加8.08个百分点。通过申请住房公积金个人住房贷款，可节约职工购房利息支出1456.23万元。

职工贷款笔数中，购房建筑面积90（含）平方米以下占40.87%，90~144（含）平方米占54.36%，144平方米以上占4.77%；购买新房占60%，购买存量商品住房占40%；职工贷款笔数中，单缴存职工申请贷款占38%，双缴存职工申请贷款占62%。

贷款职工中，低收入群体占34.89%，中等收入群体占60.76%，高收入群体占4.35%。

2. **异地贷款**：2017年，发放异地贷款343笔7628.8万元。2017年末，发放异地款总额33600.8万元，异地贷款余额28169万元。

(四)住房贡献率：2017年，个人住房贷款发放额、公转商贴息贷款发放额、项目贷款发放额、住房消费提取额的总和与当年缴存额的比率为77.27%。

六、其他重要事项

为更好贯彻落实住房城乡建设部"双贯标"的具体要求，2017年我中心以群众满意为主旨，进一步加强制度管理，提升信息化建设，优化业务流程，简化办事手续，缩短办结时限，大力推行信息化服务，促进了管理服务水平的有效提升。

1. 将住房城乡建设部的"双贯标"工作与全市信息系统升级及财务统一核算改造工作同步开发、同步推进。经市管委会审批通过：一是自2017年3月，将绥化市住房公积金管理中心及所辖管理部的住房公积金缴存银行进行了变更，分别由农行市分行和建行市分行承办，取消了其他银行及辖区各县市各支行的缴存资金收纳业务；二是全面施行财务统一核算，信贷独立发放，取消与银行等金融机构的委托发放贷款的业务合作；三是2017年8月，新组建了业务服务大厅，设立了综合柜员和业务主管，公积金各项业务全部"提前"到一线窗口办理。

2. 根据市统计部门公布的2016年全市人均工资金额，确定2017年我市公积金缴存基数上限为10950元，职工公积金月缴存额度最高金额为2628元，职工个人和单位匹配金额分别不得超过1314元；公积金的缴存比例执行最低5%，最高12%的标准；放宽了购房支取政策，取消购房行为发生时间距离提取时间不超过一年的限制条件。进一步简化了支取手续要求，取消填写《职工住房公积金支取申请表》的手续环节。开展了职工公积金贷款"月对冲"还款业务。增加了公积金缴存余额一次性冲还贷款提前结清业务。同时，按照要求，取消了大病提取公积金的政策。

3. 积极加强对服务大厅的管理，制定出台了《聘用人员管理办法》、《请假制度规定》等工作纪律要求，提升大厅工作人员的服务能力和服务质量；新增添了查询一体机等服务设备，开通了网络公积金信息查询和手机公积金查询链接，并按照省、市要求全面公开公积金业务信息，推行网络办公。

4. 2017年对公积金软件系统进行了升级改造，实现并达到了住房城乡建设部对住房公积金"双贯标"的要求，于2017年底，通过了省级检查验收。

5. 对5笔逾期贷款进行了法律诉讼，申请了强制执行。

大兴安岭地区住房公积金2017年年度报告

一、机构概况

（一）住房公积金管理委员会：住房公积金管理委员会有17名委员，2017年召开一次会议，审议通过的事项主要包括审议《关于2016年住房公积金归集使用计划执行情况和2017年住房公积金归集使用计划的报告》、《关于调整核定住房公积金贷款风险准备方法的请示》、《大兴安岭地区住房公积金2016年年度报告》、《2017年增值收益分配方案》。

（二）住房公积金管理中心：大兴安岭地区住房公积金管理中心为隶属大兴安岭地区行政公署是不以营利为目的的全额财政预算拨款（参照公务员法管理）事业单位，主要负责全地区住房公积金的归集、管理、使用和会计核算。目前中心内设5个科,下设漠河、呼玛、塔河、新林、呼中、加区、地区7个办事网点。从业人员39人,其中,在编12人,非在编27人。

二、业务运行情况

(一)**缴存**:2017年,新开户单位79家,实缴单位1242家,净增单位-35家;新开户职工0.27万人,实缴职工5.64万人,净增职工0.16万人;缴存额5.53亿元,同比增长10%。2017年末,缴存总额30.7亿元,同比增长21.97%;缴存余额17.7亿元,同比增长24.12%。

(二)**提取**:2017年,提取额2.09亿元,同比增长16.8%;占当年缴存额的38%,比上年增加2.34个百分点。2017年末,提取总额13亿元,同比增长19.16%。

(三)**贷款**

个人住房贷款:个人住房贷款最高额度40万元,其中,单缴存职工最高额度30万元,双缴存职工最高额度40万元。

2017年,发放个人住房贷款0.04万笔0.62亿元,同比分别下降20%、36%。2017年,回收个人住房贷款0.56亿元。

2017年末,累计发放个人住房贷款0.44万笔5.54亿元,贷款余额3.1亿元,同比分别增长7.32%、12.37%、1.97%。个人住房贷款余额占缴存余额的17.48%,比上年减少3.84个百分点。

受委托办理住房公积金个人住房贷款业务的银行两家,为中国建设银行和中国工商银行。

(四)**资金存储**:2017年末,住房公积金存款14.61亿元。其中,活期0.54亿元,1年(含)以下定期0.5亿元,1年以上定期13.57亿元。

(五)**资金运用率**:2017年末,住房公积金个人住房贷款余额、项目贷款余额和购买国债余额的总和占缴存余额的17.48%,比上年减少3.84个百分点。

三、主要财务数据

(一)**业务收入**:2017年,业务收入5182.25万元,同比增长27.49%。存款利息4208.19万元,委托贷款利息974.06万元。

(二)**业务支出**:2017年,业务支出2608.61万元,同比增长40.9%。支付职工住房公积金利息2559.74万元,委托贷款手续费48.7万元,其他0.17万元。

(三)**增值收益**:2017年,增值收益2573.64万元,同比增长16.27%。增值收益率1.64%,比上年减少0.23个百分点。

(四)**增值收益分配**:2017年,提取贷款风险准备金11.52万元,提取管理费用651.23万元,提取城市廉租住房(公共租赁住房)建设补充资金1910.89万元。

2017年,上交财政管理费用1250万元。

2017年末,贷款风险准备金余额3993.25万元。累计提取城市廉租住房(公共租赁住房)建设补充资金2280.23万元。

(五)**管理费用支出**:2017年,管理费用支出254.36万元,同比增长3%。其中,人员经费123.24万元,公用经费12.87万元,专项经费118.25万元。

四、资产风险状况

（一）个人住房贷款：2017年末，个人住房贷款逾期额4.41万元，逾期率0.14‰。

个人贷款风险准备金按贷款余额的2%提取。2017年，提取个人贷款风险准备金11.52万元，没有使用个人贷款风险准备金核销呆坏账。2017年末，个人贷款风险准备金余额3993.25万元，占个人住房贷款余额的12.9%，个人住房贷款逾期额与个人贷款风险准备金余额的比率为0.11%。

五、社会经济效益

（一）缴存业务：2017年，实缴单位数、实缴职工人数和缴存额同比分别减少2.74%、增长2.92%和9.56%。

缴存单位中，国家机关和事业单位占60.3%，国有企业占36.71%，外商投资企业占0.08%，城镇私营企业及其他城镇企业占1.85%，民办非企业单位和社会团体占0.56%，其他占0.5%。

缴存职工中，国家机关和事业单位占45.69%，国有企业占53.28%，外商投资企业占0.028%，城镇私营企业及其他城镇企业占0.86%，民办非企业单位和社会团体占0.05%，其他占0.092%；中、低收入占99.54%，高收入占0.46%。

新开户职工中，国家机关和事业单位占52.17%，国有企业占43.46%，外商投资企业占0.07%，城镇私营企业及其他城镇企业占2.95%，其他占1.35%；中、低收入占99.45%，高收入占0.55%。

（二）提取业务：2017年，0.58万名缴存职工提取住房公积金2.09亿元。

提取金额中，住房消费提取占61.46%（购买、建造、翻建、大修自住住房占34.07%，偿还购房贷款本息占26.55%，租赁住房占0.84%）；非住房消费提取占38.54%（离休和退休提取占31.7%，完全丧失劳动能力并与单位终止劳动关系提取占2.69%，户口迁出本市或出境定居占2.41%，其他1.74%）。

提取职工中，中、低收入占98.98%，高收入占1.02%。

（三）贷款业务：

1. 个人住房贷款：2017年，支持职工购建房3.57万平方米，年末个人住房贷款市场占有率为46.86%，比上年增加7.3个百分点。通过申请住房公积金个人住房贷款，可节约职工购房利息支出666.8万元。

职工贷款笔数中，购房建筑面积90（含）平方米以下占39.22%，90~144（含）平方米占55.18%，144平方米以上占5.6%。购买新房占6.16%，购买存量商品住房占93.84%。

职工贷款笔数中，单缴存职工申请贷款占60.78%，双缴存职工申请贷款占39.22%。

贷款职工中，30岁（含）以下占26.33%，30岁~40岁（含）占32.21%，40岁~50岁（含）占28.57%，50岁以上占12.89%；首次申请贷款占89.92%，二次及以上申请贷款占10.08%；中、低收入占98.88%，高收入占1.12%。

2. 异地贷款：2017年，发放异地贷款25笔479.3万元。2017年末，发放异地贷款总额971.3万元，异地贷款余额599万元。

（四）住房贡献率：2017年，个人住房贷款发放额、公转商贴息贷款发放额、项目贷款发放额、住房消费提取额的总和与当年缴存额的比率为34.36%，比上年减少9.06个百分点。

六、其他重要事项

（一）服务改进情况：完成了异地转移接续平台的搭建，并已投入使用，该平台大大简化了办理转移业务职工的相关手续，同时也确保了资金的安全，公积金账随人走，切实提高了广大职工的满意度。全面开通住房公积金电子语音自助查询系统，我区缴存职工只需要拨打2752345，就可随时查询本人住房公积金账户的缴存和贷款情况。

（二）信息化建设情况：中心成立了数据安全工作领导小组，与银行专业网维人员探讨网络安全、数据安全建设，最终确定建设方案。通过公开招标形式，购买防病毒服务器一台、防病毒软件一套、容灾备份的工控机两台、自动光盘刻录机一台，完成了数据安全和网络安全的建设需要，初步实现了局域网有防病毒软件保驾护航，在加区建行设置异地备份，在漠河设置容灾备份，数据备份实现磁盘备份和光盘备份双保险的安全工作模式；积极推进"双贯标"、综合服务平台和核心业务系统升级工作，经过多次沟通、协调、请示和研讨学习，在有关部门的支持下，项目在2017年底完成招标工作，预计2018年末建成。

（三）缴存基数限额及确定方法：依据建金管〔2015〕5号文《关于住房公积金管理具体问题的指导意见》规定，住房公积金缴交基数上限不超过当地统计局公布的上一年度全区在岗职工月平均工资的3倍。2017年缴存基数上限为11262元/月，是依据统计局公布的2016年末非私营在岗职工月平均工资3754元的3倍确定。单位和职工缴存比例不低于5%，最高不超过12%。

2017 全国住房公积金年度报告汇编

上海市

上海市住房公积金 2017 年年度报告

一、机构概况

（一）住房公积金管理委员会：上海市住房公积金管理委员会（以下简称"管委会"）有 20 名委员，2017 年召开 3 次会议，审议通过的事项主要包括：《关于上海市住房公积金 2016 年计划执行情况以及 2017 年计划安排的报告》、《上海市住房公积金缴存管理办法》、《上海市住房公积金提取管理办法》、《上海市住房公积金个人住房贷款管理办法》、《上海市住房公积金失信行为名单管理办法》、《关于 2017 年—2018 年住房公积金相关业务委托协议方案的报告》、《关于开展 2017 年度全市住房公积金缴存情况执法检查的报告》、《关于 2017 年度上海市调整住房公积金缴存基数、比例以及月缴存额上下限的通知》、《关于 2017 年本市住房公积金个人住房贴息贷款置换方案的报告》、《关于在沪工作的外籍人员、获得境外永久（长期）居留权人员和台湾香港澳门居民进行住房公积金个人住房贷款若干问题的通知》、《关于本市住房公积金综合服务和管理平台项目情况的报告》等。

（二）住房公积金管理中心：上海市公积金管理中心（以下简称"中心"）为直属上海市政府不以营利为目的的独立的事业单位，设 13 个处室，16 个管理部。从业人员 297 人，其中，在编 218 人，非在编 79 人。

二、业务运行情况

（一）缴存：2017 年，新开户单位 5.26 万家，实缴单位 35.24 万家，净增单位 3.85 万家；新开户职工 95.41 万人，实缴职工 809.91 万人，净增职工 45.18 万人；缴存额 1133.69 亿元，同比增长 11.30%。2017 年末，缴存总额 8248.83 亿元，同比增长 15.93%；缴存余额 3578.39 亿元，同比增长 12.46%，见图 1。

受委托办理住房公积金缴存业务的银行 1 家。

（二）提取：2017 年，提取额 737.09 亿元，同比增长 11.79%；占当年缴存额的 65.02%，比上年增加 0.29 个百分点。2017 年末，提取总额 4670.45 亿元，同比增长 18.74%，见图 2。

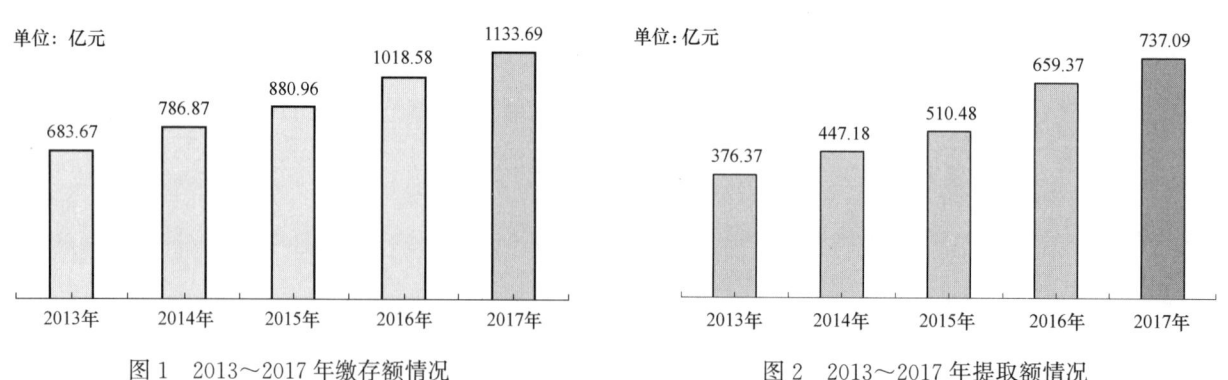

图 1　2013~2017 年缴存额情况　　　　图 2　2013~2017 年提取额情况

（三）贷款：

1. **个人住房贷款**：本市购买首套住房家庭最高贷款额度为 100 万元（个人为 50 万元），缴交补充公积金的最高贷款额度为 120 万元（个人为 60 万元）；本市购买第二套改善型住房家庭最高贷款额度为 80 万元（个人为 40 万元），缴交补充公积金的最高贷款额度为 100 万元（个人为 50 万元）。

2017 年，发放个人住房贷款 9.28 万笔 586.28 亿元（含贴息贷款置换 1.54 万笔 103.5 亿元），同比分别下降 49.29%、50.51%；回收个人住房贷款 313.03 亿元，见图 3。

2017 年末，累计发放个人住房贷款 243.09 万笔 7059.11 亿元，贷款余额 3531.01 亿元，同比分别增长 3.97%、9.06%、8.39%。个人住房贷款余额占缴存余额的 98.68%，比上年减少 3.71 个百分点。

受委托办理住房公积金个人住房贷款业务的银行 19 家。

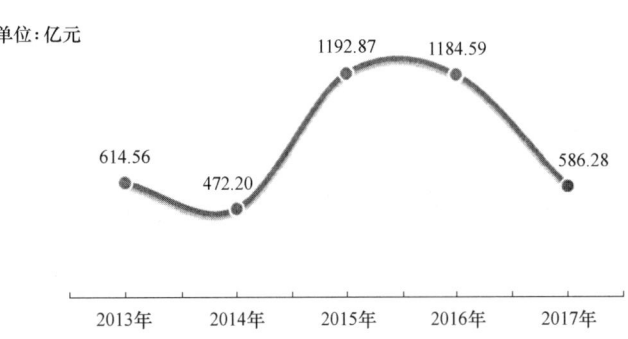

图 3　2013～2017 年住房公积金个人住房贷款发放额情况

2. 住房公积金支持保障性住房建设项目贷款：2017 年，发放支持保障性住房建设项目贷款 1.22 亿元，无应收贷款本金。2017 年末，累计发放项目贷款 96.69 亿元，项目贷款余额 7.20 亿元。

（四）**购买国债**：2017 年未购买国债，至年末国债余额为零。

（五）**融资**：2017 年未进行融资，当年归还 50 亿元。2017 年末，融资总额 217 亿元，融资余额 110 亿元（全部为 2016 年临时借用的个人贷款超额风险准备金）。

（六）**资产证券化**：2017 年末，个人住房贷款资产支持证券的未偿付贷款笔数为 11.05 万笔，本金余额为 260.71 亿元。

（七）**住房公积金贴息贷款**：2017 年，发放住房公积金贴息贷款 1.51 万笔 103.01 亿元，当年贴息额 3.64 亿元。2017 年末，累计发放住房公积金贴息贷款 5.21 万笔 353.72 亿元，累计贴息 4.19 亿元。

（八）**资金存储**：2017 年末，住房公积金存款 185.74 亿元（含临时借用的个人贷款超额风险准备金 110 亿元），存款类型为协议、协定和通知存款。

（九）**资金运用率**：2017 年末，住房公积金个人住房贷款余额、项目贷款余额的总和占缴存余额的 98.88%，比上年减少 3.7 个百分点。

三、主要财务数据

（一）**业务收入**：2017 年，业务收入 122.71 亿元，同比增长 13.19%。其中，存款利息 11.18 亿元，委托贷款利息 109.71 亿元，其他 1.82 亿元。

（二）**业务支出**：2017 年，业务支出 61.24 亿元，同比下降 10.44%。其中，支付职工住房公积金利息 51.24 亿元，归集手续费 2.40 亿元，委托贷款手续费 3.19 亿元，其他 4.41 亿元（含住房公积金贴息贷款利息支出 3.64 亿元）。

（三）**增值收益**：2017 年，住房公积金增值收益 60.44 亿元，同比增长 54.46%。当年增值收益率 1.79%，比上年增加 0.49 个百分点。

城市廉租住房（公共租赁住房）建设补充资金增值收益 1.03 亿元。

（四）增值收益分配：2017年，提取贷款风险准备金36.31亿元，提取管理费用1.78亿元，提取城市廉租住房（公共租赁住房）建设补充资金23.38亿元。

2017年，上交财政管理费用1.78亿元。

2017年末，贷款风险准备金余额297.19亿元。累计提取城市廉租住房（公共租赁住房）建设补充资金183.43亿元。

（五）管理费用支出：2017年，管理费用支出1.88亿元（含经财政批准的2016年度预算延期支出部分），同比增长64.91%。管理费用中，人员经费0.58亿元，同比增长5.45%；公用经费0.22亿元，同比增长29.41%；专项经费1.08亿元（其中上海住房公积金综合服务和管理平台系统建设与原信息系统维护、中心本部搬迁、对外服务网点改善等专项经费0.76亿元），同比增长157.14%。

四、资产风险状况

（一）个人住房贷款：2017年末，个人住房贷款逾期额0.41亿元，逾期率0.116‰。

个人贷款风险准备金按住房公积金增值收益的60%提取。2017年，提取个人贷款风险准备金36.26亿元，当年未使用个人贷款风险准备金核销逾期贷款。2017年末，个人贷款风险准备金余额296.90亿元（含因2016年贷款需求增长较快临时借用的110亿个人贷款超额风险准备金），占个人住房贷款余额的8.41%，个人住房贷款逾期额与个人贷款风险准备金余额的比率为0.14%。

（二）支持保障性住房建设试点项目贷款：2017年末，无项目贷款逾期情况。

项目贷款风险准备金按贷款余额的4%提取。2017年，提取项目贷款风险准备金0.05亿元，当年未使用项目贷款风险准备金核销逾期贷款，项目贷款风险准备金余额0.29亿元，占项目贷款余额的4%，项目贷款逾期额与项目贷款风险准备金余额的比率为0%。

（三）历史遗留风险资产：2017年末无历史遗留风险资产。

五、社会经济效益

（一）缴存业务：2017年，实缴单位数、实缴职工人数和缴存额同比分别增长12.27%、5.91%和11.30%。

缴存单位中，国家机关和事业单位占2.60%，国有企业占2.24%，城镇集体企业占1.20%，外商投资企业占6.99%，城镇私营企业及其他城镇企业占85.30%，民办非企业单位和社会团体占0.61%，其他占1.06%。

缴存职工中，国家机关和事业单位占18.29%，国有企业占12.53%，城镇集体企业占2.01%，外商投资企业占15.86%，城镇私营企业及其他城镇企业占48.58%，民办非企业单位和社会团体占0.83%，其他占1.90%；中、低收入占91.00%，高收入占9.00%，见图4。

新开户职工中，国家机关和事业单位占17.47%，国有企业占6.25%，城镇集体企业占1.41%，外商投资企业占13.35%，城镇私营企业及其他城镇企业占59.56%，民办非企业单位和社会团体占0.47%，其他占1.49%；中、低收入占98.74%，高收入占1.26%。

（二）提取业务：2017年，230.19万名缴存职工提取住房公积金737.09亿元。

提取金额中，住房消费提取占82.20%（偿还购房贷款本息占71.16%，购买、建造、翻建、大修自

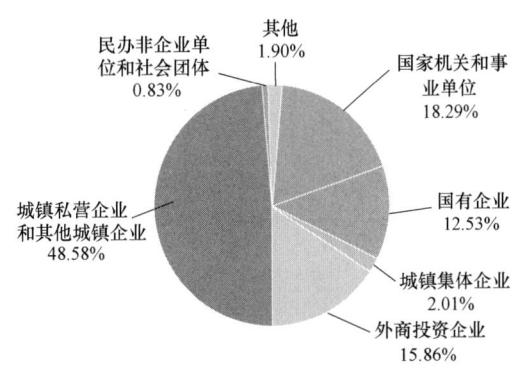

图 4　2017 年实缴职工按所在单位性质分类

住住房占 5.46%，租赁住房占 5.58%，其他占 0.002%）；非住房消费提取占 17.80%（离休和退休占 15.46%，完全丧失劳动能力并与单位终止劳动关系占 0.01%，户口迁出本市或出境定居占 1.96%，其他占 0.37%），见图 5。

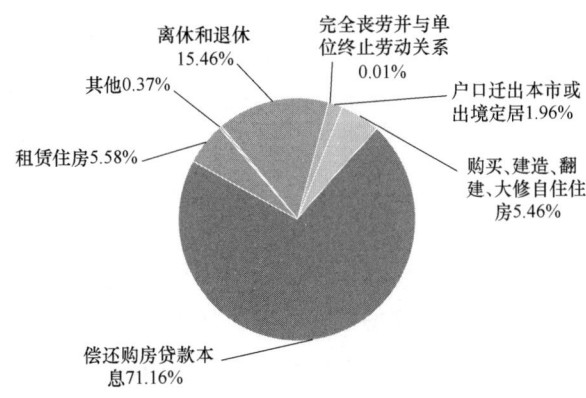

图 5　2017 年住房公积金提取额按提取原因分类

提取职工中，中、低收入占 82.58%，高收入占 17.42%。

（三）贷款业务

1. 个人住房贷款：2017 年，支持职工购建房 787.60 万平方米，年末个人住房贷款市场占有率为 22.07%，比上年减少 0.91 个百分点。通过申请住房公积金个人住房贷款，在贷款合同约定的存续期内可节约职工购房利息支出 123.00 亿元。

职工贷款笔数中，购房建筑面积 90（含）平方米以下占 62.17%，90～144（含）平方米占 31.04%，144 平方米以上占 6.79%。购买新房占 33.31%（其中购买保障性住房占 6.16%），购买存量商品住房占 66.69%，见图 6。

职工贷款笔数中，单缴存职工申请贷款占 50.75%，双缴存职工申请贷款占 48.58%，三人及以上缴存职工共同申请贷款占 0.67%。

贷款职工中，30 岁（含）以下占 34.87%，30 岁～40 岁（含）占 49.76%，40 岁～50 岁（含）占 12.42%，50 岁以上占 2.95%；首次申请贷款占 81.59%，二次及以上申请贷款占 18.41%；中、低收入

占 96.77%，高收入占 3.23%，见图 7。

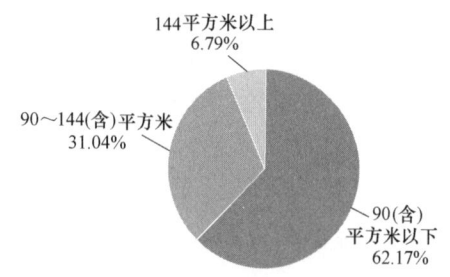

图 6　2017 年个人住房贷款职工贷款笔数按面积分类

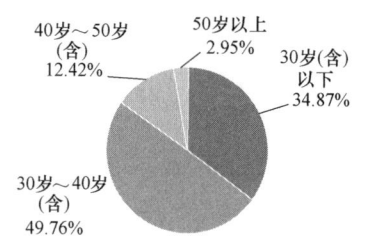

图 7　2017 年个人住房贷款职工按年龄分类

2. **住房公积金贴息贷款**：2017 年，支持职工购建住房面积 137.86 万平方米。

3. **支持保障性住房建设试点项目贷款**：2017 年末，累计试点项目 15 个，贷款额度 119.82 亿元，建筑面积 229.90 万平方米，可解决 28061 户中低收入职工家庭的住房保障问题。13 个试点项目贷款资金已发放并还清贷款本息。

（四）住房贡献率：2017 年，个人住房贷款发放额、住房公积金贴息贷款发放额、项目贷款发放额、住房消费提取额的总和与当年缴存额的比率为 114.35%，在房地产市场稳定和租购并举的背景下，比上年减少 81.16 个百分点。

六、其他重要事项

（一）政策调整情况：

1. 出台缴存、提取和贷款三个管理办法：为适应住房公积金发展改革要求，进一步发挥保障和改善民生功能，加大对本市"租购并举"住房制度的配套服务，加强本市住房公积金缴存、提取、贷款管理，更好地维护缴存单位和职工合法权益，《上海市住房公积金缴存管理办法》、《上海市住房公积金提取管理办法》、《上海市住房公积金个人住房贷款管理办法》在向全社会公开征求意见后，经管委会第 54 次会议审议通过，将于 2018 年 4 月 1 日正式施行。

2. 调整 2017 年度住房公积金缴存基数和月缴存额上下限：自 2017 年 7 月 1 日起，本市职工住房公积金的缴存基数由 2015 年月平均工资调整为 2016 年月平均工资。2017 年度住房公积金月缴存额上限为 2732 元，城镇个体工商户及其雇用人员、自由职业者的住房公积金月缴存额上限为 4682 元。补充住房公积金月缴存额上限为 1952 元。2017 年度住房公积金按职工本人和单位各 7% 的缴存比例所对应的月缴存额下限为 306 元。城镇个体工商户及其雇用人员、自由职业者的住房公积金月缴存额下限参照此标准。2017 年度职工本人和单位住房公积金缴存比例仍为各 7%，补充住房公积金缴存比例为各 1% 至 5%。

继续执行《上海市降低住房公积金缴存比例或缓缴住房公积金管理办法》，生产经营困难企业除可以降低缴存比例外，还可申请缓缴住房公积金。新设立的小型微型企业可以降低缴存比例。

3. 进一步完善购房和继承提取政策：一是 2017 年 1 月 17 日出台《关于进一步加强住房公积金提取审核工作的通知》，进一步明确和规范了购房提取申请时间、审核流程、审批要件等，防范骗提套取行为，确保住房公积金资金安全；二是简化继承提取审批要件。法定第一顺序继承人因职工死亡或者被宣告死亡申请提取住房公积金，取消需要办理继承权公证的规定。

(二) 改革创新情况：一是按照国家"租购并举"政策导向，创新租赁提取业务办理模式。与市房地产经纪行业协会及本市15家大型住房租赁企业合作，推出住房公积金租房提取集中办理业务试点，让职工在家门口就能办理提取住房公积金支付房租；与中国铁路上海局集团有限公司合作，探索对公共租赁住房项目产权方"冲还租"模式，为租住铁路系统公共租赁住房的职工办理提取住房公积金支付房租业务提供方便；二是为确保劳动关系迁出和迁入本市的缴存职工在异地住房消费的权益，中心作为住房城乡建设部第一批上线城市，自3月起通过住房公积金异地转移接续平台，为跨省就业的职工办理转移业务4.43万笔，金额11.33亿元，实现"账随人走，钱随账走"；三是合理调整资产负债结构，创新开展住房公积金贴息贷款置换业务。在本市房地产市场平稳、住房公积金资金紧张缓解的情况下，完成了建行、交行、农商行等7家商业银行的贴息贷款置换1.54万笔，金额103.50亿元。通过开展贴息贷款置换业务增加生息资产，降低贴息成本，有效提升资金管理能力和增值收益。

(三) 改善营商环境情况：

1. **进一步加强"互联网＋公积金"建设，提供精细化、便捷化服务**：中心认真落实党的"十九大"精神，围绕市委市政府提出的"创造良好营商环境"和"放管服"工作要求，进一步优化线上服务流程，不断深入推进以上海住房公积金门户网站为基础并涵盖网上大厅、微博、微信、手机APP、短信等渠道的综合服务平台建设，提升政务服务智慧化水平。一是进一步增加单位网上办理住房公积金业务品种，单位可以在上海住房公积金门户网站办理单位账户设立、汇缴、补缴、转移、封存、停缴、启封、年度基数调整、单位基本信息修改等13项网上业务，基本实现单位足不出户办理住房公积金业务；二是积极拓展个人网上业务办理功能。推出网上办理租赁续提的功能，实现公积金网站、微信和APP三个渠道均可办理租赁续提业务，以及提供公积金账户和贷款受理情况的查询。

2. **进一步推进信息共享和资源整合，让信息多跑路，让老百姓少跑路**：一是推进个人信息查询业务进社区。2017年将个人公积金信息查询业务下沉到社区事务受理服务中心办理，全年共受理查询业务8.13万笔；二是通过开展民政与房产信息的共享核查，让信息多跑路，极大地方便了无房职工办理租赁提取业务。全年共核查民政信息22.32万笔，房产信息38.69万笔，支持了约38万名职工办理租赁提取业务；三是积极推进与江浙两省购房信息互查，提高办理效率和准确性，有效遏制了异地购房骗套取行为。

3. **进一步提升服务效能，优化营商环境**：一是推行单位公积金业务网上培训方式，实现线下和线上培训协同开展，以多样化的培训形式满足缴存单位的不同需求，全年共培训单位11.35万家；二是完成静安区管理部的装修、搬迁和浦东新区管理部新址装修，启动嘉定、宝山两区管理部网点装修，有效增加办理窗口，提高服务效率；三是优化窗口服务环境，全面增加网点电子化、自助化的机具，开设网上体验区，开通wifi功能，加快办事效率，提升群众办事感受度；四是充实服务网点人员力量。全年共招录两批窗口受理文员33人，提高网点服务能力。

(四) 扩覆和执法推进情况：

1. **坚持多管齐下，持续推进制度覆盖面的不断扩大**：一是继续开展全市性住房公积金缴存情况大检查。通过与管委会、市住建委、市总工会联动，借助社保缴费、税务等单位信息共享，提高执法检查工作精准度，共对10.8万家单位发出执法检查通知，通过执法检查实现增加开户单位约1.5万家，增加缴存职工约13.07万人；二是通过执法体制改革试点，组建专业执法团队，加大执法力度，切实维护职工合法权益，不断扩大受益群体覆盖面；三是委托专业会计师事务所开展全市第二次住房公积金缴存专项审计工作，在8、9、10三个月内对1000家单位开展缴存专项审计，通过专项审计实现增加缴存职工近9000人，增加缴存金额1125.40万元。

2. **加强执法监督，维护职工权益**：2017年中心针对违规侵权单位共立案787笔，当年结案787笔，通过立案查处直接为职工追回单位所欠住房公积金1005.55万元。全年发出《责令限期缴存通知书》107份，发出《强制执行申请书》107份。

（五）**加强风险防范建设情况**：一是颁布实施《上海市住房公积金失信行为名单管理办法》，加强住房公积金失信行为的惩戒管理；二是制定住房公积金全面风险管理规程，明确住房公积金业务主要风险类型、风险管理组织架构、风险管理程序及系统控制要求；三是制定《上海市公积金管理中心大额资金存放管理规定》和《上海市公积金管理中心业务授权管理规程》，实行重要业务、资金管理和行政事项的授权管理。

（六）**信息化建设情况**：

1. **核心系统建设取得阶段性成果**：为更好地提升上海住房公积金管理、服务的能级和水平，进一步提高"互联网＋公积金"服务能力，打造对标先进的营商环境，在2016年10月获得市发改委批复建设上海住房公积金综合服务和管理平台项目后，2017年，中心完成了系统开发一期业务需求分析确认、主体应用开发、A级环保节能新型机房建设、新机房信息化配套规划实施和机房搬迁，为中心未来业务拓展奠定了信息化基础。

2. **推进落实"双贯标"工作**：按照住房城乡建设部的统一部署和要求，中心有序推进"双贯标"工作。目前已完成系统业务需求确认，并在需求分析的基础上展开结算通道和基础数据项等内容的梳理，确定贯标方案，协调各方启动系统开发工作。目前19家合作银行中已有18家配合完成了与全国住房公积金结算通道的对接工作。

（七）**荣誉获得情况**：2017年，上海市公积金管理中心共荣获包括第五届全国文明单位、2015－2016年度上海市文明单位、第四批上海市企业文化建设示范基地、2017年度上海市网络安全等级保护工作先进单位等荣誉称号，"沪公积金系列个人住房贷款资产支持证券"项目荣获2016年度上海金融创新成果奖一等奖，@上海公积金荣获2017年上海最佳政务新媒体荣誉称号等15项省部级以上荣誉奖项。

2017 全国住房公积金年度报告汇编

江苏省

南京市
无锡市
徐州市
常州市
苏州市
南通市
连云港市
淮安市
盐城市
扬州市
镇江市
泰州市
宿迁市

江苏省住房公积金 2017 年年度报告

一、机构概况

（一）住房公积金管理机构：全省共设 13 个设区城市住房公积金管理中心，8 个独立设置的分中心（其中，江苏省省级机关住房资金管理中心隶属江苏省省级机关事务管理局，江苏省监狱系统住房公积金管理部隶属江苏省监狱管理局，中国石化集团华东石油局住房公积金管理部隶属中国石化集团华东石油局，徐州矿务集团住房基金管理中心隶属徐州矿务集团有限公司，中国石化集团管道储运公司住房公积金管理中心隶属中国石化集团管道储运公司，大屯煤电（集团）有限责任公司住房公积金管理中心隶属大屯煤电（集团）有限责任公司，扬州市住房公积金管理中心仪化分中心隶属中国石化仪征化纤有限责任公司，江苏石油勘探局住房公积金管理中心隶属中国石化集团江苏石油勘探局有限公司）。从业人员 1838 人，其中，在编 1164 人，非在编 674 人。

（二）住房公积金监管机构：江苏省住房城乡建设厅、财政厅和人民银行南京分行负责对本省住房公积金管理运行情况进行监督。江苏省住房城乡建设厅设立住房公积金监管处，负责辖区住房公积金日常监管工作。

二、业务运行情况

（一）缴存：2017 年，新开户单位 40363 家，实缴单位 266447 家，净增单位 37792 家；新开户职工 205.52 万人，实缴职工 1232.35 万人，净增职工 69.56 万人；缴存额 1562.51 亿元，同比增长 14.67%。2017 年末，缴存总额 10013.24 亿元，同比增长 18.49%；缴存余额 3850.16 亿元，同比增长 11.95%。

（二）提取：2017 年，提取额 1151.64 亿元，同比增长 16.56%；占当年缴存额的 73.70%，比上年增加 1.19 个百分点。2017 年末，提取总额 6163.08 亿元，同比增长 22.98%。

（三）贷款：

1. **个人住房贷款**：2017 年，发放个人住房贷款 21.57 万笔 747.88 亿元，同比下降 20.71%、24.30%。回收个人住房贷款 526.37 亿元。

2017 年末，累计发放个人住房贷款 279.45 万笔 6954.31 亿元，贷款余额 3750.63 亿元，同比分别增长 8.36%、12.05%、6.28%。个人住房贷款余额占缴存余额的 97.41%，比上年减少 5.2 个百分点。

2. **住房公积金支持保障性住房建设项目贷款**：2017 年，发放支持保障性住房建设项目贷款 0 亿元，回收项目贷款 0.54 亿元。2017 年末，累计发放项目贷款 10.583 亿元，项目贷款余额 1.62 亿元。

（四）购买国债：2017 年，购买国债 0 亿元，收回国债 0.8 亿元。2017 年末，国债余额 0.58 亿元，比上年减少 0.8 亿元。

（五）融资：2017 年，融资 167.70 亿元，归还 246.46 亿元。2017 年末，融资总额 576.25 亿元，融资余额 265.57 亿元。

（六）资金存储：2017 年末，住房公积金存款 430.56 亿元。其中，活期 38.9 亿元，1 年（含）以下定期 95.14 亿元，1 年以上定期 45.17 亿元，其他（协定、通知存款等）251.35 亿元。

（七）**资金运用率**：2017年末，住房公积金个人住房贷款余额、项目贷款余额和购买国债余额的总和占缴存余额的97.47%，比上年减少5.24个百分点。

三、主要财务数据

（一）**业务收入**：2017年，业务收入1253498万元，同比增长6.33%。其中，存款利息82670万元，委托贷款利息1162506万元，国债利息1578万元，其他6744万元。

（二）**业务支出**：2017年，业务支出773665万元，同比增长9.51%。其中，支付职工住房公积金利息578824万元，归集手续费39450万元，委托贷款手续费39947万元，其他115444万元。

（三）**增值收益**：2017年，增值收益479833万元，同比增长1.58%；增值收益率1.32%，比上年减少0.13个百分点。

（四）**增值收益分配**：2017年，提取贷款风险准备金229283万元，提取管理费用54792万元，提取城市廉租住房（公共租赁住房）建设补充资金228502万元。

2017年，上交财政管理费用47476万元，上缴财政城市廉租住房（公共租赁住房）建设补充资金177635万元。

2017年末，贷款风险准备金余额1797257万元，累计提取城市廉租住房（公共租赁住房）建设补充资金1786163万元。

（五）**管理费用支出**：2017年，管理费用支出55328万元，同比增长0.39%。其中，人员经费30933万元，公用经费5648万元，专项经费18747万元。

四、资产风险状况

（一）**个人住房贷款**：2017年末，个人住房贷款逾期额3409.68万元，逾期率0.09‰。

2017年，提取个人贷款风险准备金229283万元，使用个人贷款风险准备金核销呆坏账0万元，盐城市住房公积金管理中心使用个人贷款风险准备金152万元购买法院执行周转房。2017年末，个人贷款风险准备金余额1796704万元，占个人贷款余额的4.79%，个人贷款逾期额与个人贷款风险准备金余额的比率为0.19%。

（二）**住房公积金支持保障性住房建设项目贷款**：2017年末，逾期项目贷款0万元，逾期率为0。

2017年，提取项目贷款风险准备金0万元，使用项目贷款风险准备金核销呆坏账0万元。2017年末，项目贷款风险准备金余额553万元，占项目贷款余额的3.41%，项目贷款逾期额与项目贷款风险准备金余额的比率为0。

（三）**历史遗留风险资产**：2017年末，历史遗留风险资产余额0万元，比上年减少8.59万元，历史遗留风险资产回收率为100%。

五、社会经济效益

（一）**缴存业务**：2017年，实缴单位数、实缴职工人数和缴存额增长率分别为16.53%、5.96%和14.67%。

缴存单位中，国家机关和事业单位占16.57%，国有企业占4.43%，城镇集体企业占1.73%，外商

投资企业占 5.06%，城镇私营企业及其他城镇企业占 57.42%，民办非企业单位和社会团体占 1.77%，其他占 13.02%。

缴存职工中，国家机关和事业单位占 21.29%，国有企业占 11.61%，城镇集体企业占 1.59%，外商投资企业占 17.82%，城镇私营企业及其他城镇企业占 36.15%，民办非企业单位和社会团体占 1.14%，其他占 10.4%；中、低收入占 96.76%，高收入占 3.24%。

新开户职工中，国家机关和事业单位占 7.24%，国有企业占 5.1%，城镇集体企业占 1.24%，外商投资企业占 28.24%，城镇私营企业及其他城镇企业占 41.66%，民办非企业单位和社会团体占 1.47%，其他占 15.05%；中、低收入占 97.57%，高收入占 2.43%。

（二）提取业务：2017 年，540 万名缴存职工提取住房公积金 1151.64 亿元。

提取金额中，住房消费提取占 81.42%（购买、建造、翻建、大修自住住房占 30.84%，偿还购房贷款本息占 48.17%，租赁住房占 2.06%，其他占 0.35%）；非住房消费提取占 18.58%（离休和退休提取占 10.85%，完全丧失劳动能力并与单位终止劳动关系提取占 0.7%，户口迁出所在市或出境定居占 4.43%，其他占 2.6%）。

提取职工中，中、低收入占 96.58%，高收入占 3.42%。

（三）贷款业务

1. 个人住房贷款：2017 年，支持职工购建房 2137 万平方米。年末个人住房贷款市场占有率为 13.41%，比上年同期减少 1.65 个百分点。通过申请住房公积金个人住房贷款，可节约职工购房利息支出 1552488 万元。

职工贷款笔数中，购房建筑面积 90（含）平方米以下占 32.61%，90～144（含）平方米占 57.25%，144 平方米以上占 10.14%。购买新房占 52.28%（其中购买保障性住房占 1%），购买存量商品房占 46.4%，建造、翻建、大修自住住房占 0.51%，其他占 0.81%。

职工贷款笔数中，单缴存职工申请贷款占 38.98%，双缴存职工申请贷款占 58.33%，三人及以上缴存职工共同申请贷款占 2.69%。

贷款职工中，30 岁（含）以下占 36.51%，30 岁～40 岁（含）占 38.21%，40 岁～50 岁（含）占 20.56%，50 岁以上占 4.72%；首次申请贷款占 85.93%，二次及以上申请贷款占 14.07%；中、低收入占 96.66%，高收入占 3.34%。

2. 异地贷款：2017 年，发放异地贷款 4028 笔 123919 万元。2017 年末，发放异地贷款总额 262281 万元，异地贷款余额 238743 万元。

3. 公转商贴息贷款：2017 年，发放公转商贴息贷款 17210 笔 638450 万元，支持职工购建房面积 207.93 万平方米。当年贴息额 37335 万元。2017 年末，累计发放公转商贴息贷款 116407 笔 3956741 万元，累计贴息 79841 万元。

4. 住房公积金支持保障性住房建设项目贷款：2017 年末，全省累计有住房公积金试点城市 4 个，试点项目 6 个，贷款额度 37.4 亿元，建筑面积 99.76 万平方米，可解决 12513 户中低收入职工家庭的住房问题。3 个试点项目贷款资金已发放并还清贷款本息。苏州有两个项目没有申请发放住房公积金贷款。

（四）住房贡献率：2017 年，个人住房贷款发放额、公转商贴息贷款发放额、项目贷款发放额、住房消费提取额的总和与当年缴存额的比率为 111.96%，比上年减少 29.78 个百分点。

六、其他重要事项

（一）当年住房公积金政策调整情况：贯彻落实国家房地产市场调控要求，江苏省住房城乡建设厅印发《关于适时调整住房公积金政策确保房地产市场平稳健康发展的通知》（苏建传〔2017〕4号）。

（二）当年开展专项监督检查情况：督促指导徐州市住房公积金管理中心完成涉险资金清收工作；督促徐州矿务集团住房基金管理中心按要求存储住房公积金资金。

（三）当年服务改进情况：积极推进城市住房公积金综合服务平台建设，完成12329省级短信平台建设，南京、无锡、常州、连云港、淮安、盐城、扬州完成住房公积金综合服务平台建设。

（四）当年信息化建设情况：积极推进住房公积金异地转移接续平台建设，全省所有住房公积金管理机构已接入平台，简化了住房公积金异地转移接续业务办理流程，提高了异地转移接续业务办理效率。

积极推进城市住房公积金双贯标工作，无锡、盐城、扬州、连云港完成双贯标工作，全省13个城市中心、6个行业分中心接入住房公积金结算应用系统。

（五）当年住房公积金机构及从业人员所获荣誉情况：2017年，全省住房公积金系统获得：1个国家级、2个省部级、18个地市级文明单位（行业、窗口）；2个国家级、15个省部级、9个地市级青年文明号；2个国家级、16个省部级、88个地市级先进集体和个人；6个省部级、4个地市级工人先锋号；1个省部级、4个地市级三八红旗手（巾帼文明岗）；2个地市级五一劳动奖章（劳动模范）；16个省部级、24个地市级其他荣誉。

（六）当年对住房公积金管理人员违规行为的纠正和处理情况等：2017年，全省未发生住房公积金管理人员违规行为。

（七）其他需要披露的情况：切实保障住房公积金缴存人合法权益，维护住房公积金的正常管理秩序，江苏省住房城乡建设厅联合江苏省高级人民法院印发《关于建立住房公积金执行联动机制的指导意见》（苏高法〔2017〕39号）。

规范提取业务，加强信息共享，与上海、浙江签订《沪苏浙三地住房公积金信息共享多方合作协议》。

南京住房公积金2017年年度报告

一、机构概况

（一）住房公积金管理委员会：住房公积金管理委员会有22名委员，2017年召开一次会议，审议通过的事项主要包括：审阅了南京住房公积金管理中心关于2016年全市住房公积金工作情况和2017年工作打算的报告；审议并投票表决了《南京住房公积金管理委员会章程（修订稿）》，管委会成员调整增补建议，2016年住房公积金计划执行情况和2017年住房公积金计划安排建议，2016年住房公积金增值收益分配建议，南京住房公积金2016年年度报告，省监狱管理局关于申请使用廉租房建设补充资金的情况汇报等事项。

（二）住房公积金管理中心：南京住房公积金管理中心为南京市政府直属的不以营利为目的的自收自支事业单位，主要负责全市住房公积金的归集、管理、使用和会计核算。目前，中心内设办公室、归集管理处、贷款管理处、资金计划处、信息管理处、财务处、审计处、机关党委、组织人事处、客户服务处、稽查支队等11个职能处室；下设省级机关住房公积金管理分中心、铁路住房公积金分中心、江苏省监狱管理局住房公积金管理部、中国石化集团华东石油局住房公积金管理部等4个行业性分支机构，江宁分中心、浦口分中心、六合分中心、溧水分中心、高淳分中心等5个区域性分支机构。从业人员202人，其中，在编138人，非在编64人。目前，5个区域性分支机构和铁路住房公积金分中心已纳入南京住房公积金管理中心统一管理。

二、业务运行情况

（一）缴存：2017年，新开户单位6245家，实缴单位42440家，净增单位3052家；新开户职工29.34万人，实缴职工220.04万人，净增职工13.05万人；缴存额347.65亿元，同比增长13.07%。其中，南京中心本部实缴单位39783家，实缴职工191.49万人，缴存额267.68亿元；省级机关分中心实缴单位2477家，实缴职工20.2万人，缴存额57.58亿元；铁路分中心实缴单位146家，实缴职工6.53万人，缴存额16.98亿元；江苏省监狱管理局管理部实缴单位13家，实缴职工1.45万人，缴存额4.48亿元；华东石油局管理部实缴单位21家，实缴职工0.37万人，缴存额0.93亿元。

2017年末，缴存总额2346.50亿元，同比增长17.39%；缴存余额932.88亿元，同比增长12.04%。

受委托办理住房公积金缴存业务的银行7家，较上年无变化。

（二）提取：2017年，提取额247.15亿元，同比增长6.22%；占当年缴存额的71.09%，比上年减少4.59个百分点。2017年末，提取总额1413.59亿元，同比增长21.19%。

（三）贷款：

1. 个人住房贷款：个人住房贷款最高额度30万元，其中，单缴存职工最高额度30万元，双缴存职工最高额度60万元。

2017年，发放个人住房贷款3.26万笔116.36亿元，同比分别下降32.51%、36.12%。其中，南京中心本部发放个人住房贷款2.88万笔102.89亿元，省级机关分中心发放个人住房贷款0.13万笔5.17亿元，铁路分中心发放个人住房贷款0.20万笔6.91亿元，江苏省监狱管理局管理部发放个人住房贷款0.04万笔1.20亿元，华东石油局管理部发放个人住房贷款0.01万笔0.19亿元。

2017年，回收个人住房贷款110.12亿元。其中，南京中心本部89.25亿元，省级机关分中心14.50亿元，铁路分中心4.97亿元，江苏省监狱管理局管理部1.12亿元，华东石油局管理部0.28亿元。

2017年末，累计发放个人住房贷款60.78万笔1608.35亿元，贷款余额859.74亿元，同比分别增长5.70%、7.80%、0.73%。个人住房贷款余额占缴存余额的92.16%，比上年减少10.34个百分点。

受委托办理住房公积金个人住房贷款业务的银行21家，较上年无变化。

2. 住房公积金支持保障性住房建设项目贷款：2017年，发放支持保障性住房建设项目贷款0亿元，回收项目贷款0.54亿元。2017年末，累计发放项目贷款3亿元，项目贷款余额1.62亿元。

（四）融资：2017年，融资0亿元，归还81.70亿元。截至2017年末，累计融资总额99.20亿元，融资余额为零。

（五）资金存储：2017年末，住房公积金存款89.20亿元。其中，活期8.56亿元，1年（含）以下定期15亿元，1年以上定期11.48亿元，其他（协定、通知存款等）54.16亿元。

南京中心本部住房公积金存款额24.29亿元。其中，活期0亿元，1年以内定期（含）7.20亿元，1年以上定期0亿元，其他（协议、协定、通知存款等）17.09亿元。

省级机关分中心住房公积金存款额51.46亿元。其中，活期8.47亿元，1年以内定期（含）0亿元，1年以上定期11.15亿元，其他（协议、协定、通知存款等）31.84亿元。

铁路分中心住房公积金存款额9.08亿元。其中，活期0亿元，1年以内定期（含）5.83亿元，1年以上定期0亿元，其他（协议、协定、通知存款等）3.25亿元。

江苏省监狱管理局管理部住房公积金存款额2.87亿元。其中，活期0亿元，1年以内定期（含）1.70亿元，1年以上定期0亿元，其他（协议、协定、通知存款等）1.17亿元。

华东石油局管理部住房公积金存款额1.50亿元。其中，活期0.09亿元，1年以内定期（含）0.27亿元，1年以上定期0.33亿元，其他（协议、协定、通知存款等）0.81亿元。

（六）资金运用率：2017年末，住房公积金个人住房贷款余额、项目贷款余额和购买国债余额的总和占缴存余额的92.33%，比上年减少10.43个百分点。

三、主要财务数据

（一）业务收入：2017年，业务收入296709.03万元，同比增长0.25%。其中，南京中心本部236198.43万元，省级机关分中心42130.65万元，铁路分中心14962.85万元，江苏省监狱管理局管理部2680.19万元，华东石油局管理部736.91万元；存款利息20165.97万元，委托贷款利息276524.04万元，国债利息0.00万元，其他19.02万元。

（二）业务支出：2017年，业务支出175224.37万元，同比下降5.89%。其中，南京中心本部141965.41万元，省级机关分中心23934.18万元，铁路分中心7394.80万元，江苏省监狱管理局管理部1499.03万元，华东石油局管理部430.95万元；支付职工住房公积金利息142290.77万元，归集手续费12346.67万元，委托贷款手续费10951.45万元，其他9635.48万元（其中南京中心本部公转商贴息贷款贴息支出9627.47万元）。

（三）增值收益：2017年，增值收益121484.66万元，同比增长10.68%。其中，南京中心本部94233.02万元，省级机关分中心18196.47万元，铁路分中心7568.05万元，江苏省监狱管理局管理部1181.16万元，华东石油局管理部305.96万元；增值收益率1.48%，比上年增加0.10个百分点。

（四）增值收益分配：2017年，提取贷款风险准备金61332.11万元，提取管理费用6908.26万元，提取城市廉租住房（公共租赁住房）建设补充资金53244.28万元。

2017年，上交财政管理费用4485.64万元。上缴财政城市廉租住房（公共租赁住房）建设补充资金27924.72万元。其中，南京中心本部上缴27924.72万元，省级机关分中心上缴0.00万元，铁路分中心上缴0.00万元，江苏省监狱管理局管理部上缴0.00万元，华东石油局管理部上缴0.00万元。

2017年末，贷款风险准备金余额563571.15万元。累计提取城市廉租住房（公共租赁住房）建设补充资金476127.60万元。其中，南京中心本部提取323110.91万元，省级机关分中心提取133726.33万元,铁路分中心提取10443.78万元,江苏省监狱管理局管理部提取8702.17万元,华东石油局管理部提取144.41万元。

(五)管理费用支出:2017年,管理费用支出6536.42万元,同比增长22.52%。其中,人员经费3804.80万元、公用经费310.66万元、专项经费2420.96万元。

南京中心本部管理费用支出4844.21万元,其中,人员、公用、专项经费分别为2898.77万元、203.43万元、1742.01万元;省级机关分中心管理费用支出721.78万元,其中,人员、公用、专项经费分别为376.69万元、0.00万元、345.09万元;铁路分中心管理费用支出845.83万元,其中,人员、公用、专项经费分别为529.34万元、42.44万元、274.05万元;江苏省监狱管理局管理部管理费用支出118.14万元,其中,人员、公用、专项经费分别为0.00万元、64.79万元、53.35万元;华东石油局管理部管理费用支出6.46万元,其中,人员、公用、专项经费分别为0.00万元、0.00万元、6.46万元。

四、资产风险状况

个人住房贷款:2017年末,个人住房贷款逾期额1372.90万元,逾期率0.16‰。其中,南京中心本部0.16‰,省级机关分中心0.19‰,铁路分中心0.01‰,江苏省监狱管理局管理部0.01‰,华东石油局管理部0‰。

个人贷款风险准备金按贷款余额的1%或增值收益的60%提取。2017年,提取个人贷款风险准备金61332.11万元(省级机关分中心2017年度按照贷款余额的1%计算,冲回930.98万元),使用个人贷款风险准备金核销呆坏账0万元。2017年末,个人贷款风险准备金余额563571.15万元,占个人住房贷款余额的6.56%,个人住房贷款逾期额与个人贷款风险准备金余额的比率为0.24%。

五、社会经济效益

(一)缴存业务:2017年,实缴单位数、实缴职工人数和缴存额同比分别增长7.75%、6.30%和13.07%。

缴存单位中,国家机关和事业单位占10.85%,国有企业占5.59%,城镇集体企业占1.85%,外商投资企业占3.62%,城镇私营企业及其他城镇企业占73.26%,民办非企业单位和社会团体占1.23%,其他占3.6%。

缴存职工中,国家机关和事业单位占16.98%,国有企业占15.44%,城镇集体企业占1.22%,外商投资企业占9.22%,城镇私营企业及其他城镇企业占52.82%,民办非企业单位和社会团体占0.64%,其他占3.68%;中、低收入占93.56%,高收入占6.44%。

新开户职工中,国家机关和事业单位占7.88%,国有企业占9.11%,城镇集体企业占0.82%,外商投资企业占9.32%,城镇私营企业及其他城镇企业占68%,民办非企业单位和社会团体占1.11%,其他占3.76%;中、低收入占97.12%,高收入占2.88%。

(二)提取业务:2017年,82.66万名缴存职工提取住房公积金247.15亿元。

提取金额中,住房消费提取占81.55%(购买、建造、翻建、大修自住住房占30.70%,偿还购房贷款本息占42.81%,租赁住房占7.16%,其他占0.88%);非住房消费提取占18.45%(离休和退休提取占13.18%,完全丧失劳动能力并与单位终止劳动关系提取占0.47%,户口迁出本市或出境定居占

3.7%，其他占 1.1%）。

提取职工中，中、低收入占 92.77%，高收入占 7.23%。

(三) 贷款业务：

1. **个人住房贷款**：2017 年，南京中心本部支持职工购建房 238.66 万平方米，年末个人住房贷款市场占有率为 10.78%，比上年减少 1.02 个百分点。通过申请住房公积金个人住房贷款，可节约职工购房利息支出 339539 万元。

职工贷款笔数中，购房建筑面积 90（含）平方米以下占 66.3%，90～144（含）平方米占 31.57%，144 平方米以上占 2.13%。购买新房占 31.47%（其中购买保障性住房占 3.05%），购买存量商品住房占 68.53%，建造、翻建、大修自住住房占 0%，其他占 0%。

职工贷款笔数中，单缴存职工申请贷款占 63.76%，双缴存职工申请贷款占 36.24%，三人及以上缴存职工共同申请贷款占 0%。

贷款职工中，30 岁（含）以下占 49.51%，30 岁～40 岁（含）占 32.24%，40 岁～50 岁（含）占 14.78%，50 岁以上 3.47%；首次申请贷款占 83.72%，二次及以上申请贷款占 16.28%；中、低收入占 97.68%，高收入占 2.32%。

2. **异地贷款**：2017 年，铁路分中心发放异地贷款 1109 万元。2017 年末，发放异地贷款总额 5385.50 万元，异地贷款余额 4641.72 万元。

3. **公转商贴息贷款**：2017 年，发放公转商贴息贷款 575.8 万元，支持职工购建住房面积 0.13 万平方米，当年贴息额 9633.77 万元。2017 年末，累计发放公转商贴息贷款 820255.43 万元，累计贴息 14851.86 万元。

4. **支持保障性住房建设试点项目贷款**：2017 年末，累计试点项目 1 个，贷款额度 3 亿元，建筑面积 19.61 万平方米，可解决 3534 户中低收入职工家庭的住房问题。0 个试点项目贷款资金已发放并还清贷款本息。

(四) **住房贡献率**：2017 年，个人住房贷款发放额、公转商贴息贷款发放额、项目贷款发放额、住房消费提取额的总和与当年缴存额的比率为 91.46%，比上年减少 58.44 个百分点。

六、其他重要事项

(一) 当年住房公积金政策调整及执行情况：

1. 按规定调整了年度缴存基数。2017 年度缴存基数为 2016 年度职工个人月平均工资，最高不超过市统计局公布的南京市 2016 年在岗职工月人均工资的 3 倍（22500 元），最低不低于南京市 2017 年职工最低工资标准（1890 元）。

2. 简化住房公积金转移手续。一是职工在本市转移，直接持新工作单位出具的住房公积金接收函、在新工作单位缴纳社保的证明、身份证到原工作单位缴存银行网点办理账户转移，无需到原工作单位申领《南京住房公积金转移申请单》。二是职工异地转移，直接持身份证、《住房公积金异地转移接续申请表》向中心提出转移申请，中心通过全国住房公积金转移接续平台将其在异地缴存的住房公积金转入本市，无需职工在两地之间往返办理转移手续。

3. 延长租房提取和柜面提取住房公积金偿还住房贷款业务办理时间。将提取住房公积金支付房租业务办理时间由每年的 6 月份至 12 月份调整为全年,柜面提取住房公积金偿还住房贷款业务办理时间由每年 1—12 月份的上半月调整为全月。

4. 推出提取网上办理业务。自 2017 年 9 月 1 日起开展离退休和支付房租网上提取住房公积金业务。

(二)当年服务改进情况:

1. 推进公积金网上缴存、提取和集中代收业务。截至 2017 年底,全市已有 33538 家缴存单位签订了网上缴存业务,开通率达 84.3%;办理网上离退休、租房提取业务 50681 笔,进一步方便广大职工办理公积金业务。

2. 开展业务专项培训。组织 7 家归集业务承办银行柜面人员进行 18 场提取审核和业务操作培训;对 650 家缴存单位开展 20 场网上营业厅业务操作培训;组织 21 家公积金贷款业务承办银行开展贷款政策业务培训共计 12 场。

3. 广泛开展与各部门的信息共享。与市房产局建立房产信息查询机制;与市信息中心建立婚姻信息查询机制;与公安部门建立外地户籍信息交互查询机制;与税务部门开展增值税发票查询机制,有效减少办事材料,显著提高办事效率,进一步防范利用虚假资料骗提的违规行为。

4. 完善公积金综合服务平台。进一步完善优化集柜面服务、"12329"公积金服务热线、网上办事大厅、微信、手机 APP、微博等渠道于一体的服务体系。截至 2017 年底,共接听"12329"公积金服务热线 476486 个;中心门户网站访问量达 94.2 万余次;微信、手机客户端访问量 112 万次;共向缴存职工发送服务类短信 1008 万条;发放公积金联名卡 115 万张,覆盖 60%的缴存职工。

5. 提升柜面服务质量。对中心二楼服务大厅进行功能优化,增设了咨询投诉岗、服务等待区,增加了归集、贷款、CA 证书等业务办理窗口,设置了社保信息查询机、个人征信自助查询机、公积金信息查询机等,方便职工"一站式"办理公积金业务;严格执行大厅巡查制度,做好大厅服务秩序管理,对值班人员开展定期培训;建立公积金服务窗口巡查制度,共走访分中心和承办银行服务窗口 73 个,覆盖了 21 家公积金业务承办银行。

6. 做好多平台信访服务工作。落实《中心信访工作管理办法》,制定《中心信访办理规程》,严格来信来访相关事项办理。截至 2017 年底,共回复网络在线留言 11875 件;答复网络问政 191 条;办结"12345"转办工单 1896 件;市和谐信访系统转办信访件 9 件,市长信箱转来群众信件 36 件,人大提案 4 件,全部按要求办结。

(三)当年信息化建设情况:

1. 保障业务运转。2017 年,南京住房公积金综合业务系统面向全市 416 家网点、2480 名柜员以及 3.98 万单位、191.49 万职工提供服务。系统业务覆盖率达 100%,日均交易量 84.3 万笔,资金结算日均达 4.56 亿元,做到全年安全持续运行无重大差错发生,有效保障了公积金资金和数据的安全。

2. 推进"一张网"建设。根据江苏省和南京市政务服务"一张网"建设工作要求,完成"一张网"业务系统建设项目一期建设工作,实现江苏政务服务网统一登录、服务事项数据上传和江苏政务服务手机 APP 系统对接等,为进一步实现跨层级跨区域信息共享打下重要基础。

3. 推进网上业务开展。2017 年 9 月 1 日,在全国范围内首家与支付宝合作推出基于人脸识别技术的网厅提取业务。该业务采用人脸识别、银行卡校验、短信验证等进行多层面的安全复合交叉验证,突破互联网身份认证的技术难点,在保证信息安全的基础上,真正实现"不见面"审批;大力推进审计信息系统建设，实现在线实时审计和分析，及时做出风险评估、预警及核查。

4. 推进"双贯标"建设。加快推进基础数据标准贯彻落实和结算应用系统接入系统建设工作，于2017年11月完成了双贯标项目的立项、招标工作，成立双贯标项目领导小组和工作小组，推进完成与住房公积金结算数据应用系统的网络连接部署与接口测试工作。

5. 加强系统安全建设，提升系统风险防控能力。顺利完成综合服务平台硬件集成项目的建设任务，提高了综合服务平台性能，改善了用户体验；高分通过信息安全等级保护测评，核心系统符合安全等级保护三级要求；制定了《信息系统灾难备份恢复管理办法》和《信息系统应急预案》，针对主机网络故障应急处置、灾难恢复应急处置组织了两次应急演练，信息系统应急处置能力得到进一步提升。

（四）当年住房公积金管理中心及职工所获荣誉情况：

1. 中心经复查继续保留全国文明单位荣誉称号。
2. 中心归集管理处周敦浩同志获全国住房城乡建设系统先进工作者称号。
3. 中心服务大厅获全省住房城乡建设系统工人先锋号称号。
4. 中心服务大厅继续保留合格的省级青年文明号集体称号。
5. 中心工会获江苏省住房城乡建设系统工会先进集体称号。
6. 中心铁路分中心和财务处获全市机关作风建设先进处室称号；
7. 中心审计处获江苏省内部审计先进集体称号。
8. 中心获2016年度全市城市治理标准化工作先进集体称号。
9. 中心"12329"服务热线获南京市三八红旗集体称号。

（五）当年对违反《住房公积金管理条例》和相关法规行为进行行政处罚和申请人民法院强制执行情况：

1. 对浦口区某休闲用品有限公司未为部分职工缴存在职期间住房公积金的违规行为，向南京市玄武区人民法院申请强制执行；经玄武区法院做出行政裁定（即准予对申请执行人南京住房公积金管理中心作出的行政决定书内容强制执行）后，单位办理了补缴手续并将资金存入至职工住房公积金账户。

2. 对某投资控股有限公司未为职工缴存住房公积金的违规行为，向南京市玄武区人民法院申请强制执行；经玄武区法院做出行政裁定（即准予对申请执行人南京住房公积金管理中心作出的行政决定书内容强制执行）后，单位办理了补缴手续并将资金存入至职工住房公积金账户中。

3. 对某信息产业股份有限公司南京分公司未为职工缴存住房公积金的违规行为，向南京市玄武区人民法院申请强制执行；玄武区法院因被执行人无可供执行的财产，已裁定终结执行程序，待发现确有可供执行条件，可重新申请执行。

无锡市住房公积金2017年年度报告

一、机构概况

（一）**住房公积金管理委员会**：住房公积金管理委员会现有35名委员。2017年召开了一次全体成员会议，听取了无锡市住房公积金管理中心 2016 年工作情况和 2017 年工作计划；审议并通过了《无锡市住房公积金 2016 年年度报告》；审议并通过了《无锡市 2016 年住房公积金财务收支计划执行情况和 2017 年度住房公积金财务收支计划》。

（二）**住房公积金管理中心**：无锡市住房公积金管理中心直属于无锡市政府，不以营利为目的的独立全民事业单位，内设 9 个部室，下设 5 个分中心。从业人员 166 人，其中，在编 82 人，非在编 67 人，服务外包人员 17 人。

二、业务运行情况

（一）**缴存**：2017 年，新开户单位 8544 家，实缴单位 42277 家，净增单位 6092 家；新开户职工 24.71 万人，实缴职工 144.57 万人，净增职工 11.29 万人；缴存额 170.06 亿元，同比增长 13.63%。2017 年末，缴存总额 1145.25 亿元，同比增长 17.44%；缴存余额为 476.42 亿元，同比增长 13.70%。

受委托办理住房公积金缴存业务的银行 8 家，比上年无增减。

（二）**提取**：2017 年，提取额 112.67 亿元，同比增长 13.07%；占当年缴存额的比率为 66.25%，比上年减少 0.33 个百分点。2017 年末，提取总额为 668.83 亿元，同比增长 20.26%。

（三）**贷款**：

1. **个人住房贷款**：个人住房贷款最高贷款额度为 60 万元。其中，单缴存职工最高额度 30 万元，双缴存职工最高额度 60 万元。

2017 年，发放个人住房贷款 2.76 万笔 98.82 亿元，同比分别下降 18.58%、16.02%。其中，市中心发放个人住房贷款 1.47 万笔 50.97 亿元，江阴分中心发放个人住房贷款 0.62 万笔 22.58 亿元，宜兴分中心发放个人住房贷款 0.32 万笔 11.94 亿元，锡山分中心发放个人住房贷款 0.2 万笔 7.72 亿元，惠山分中心发放个人住房贷款 0.15 万笔 5.61 亿元。

2017 年，回收个人住房贷款 62.71 亿元，其中，市中心 40.57 亿元，江阴分中心 9.23 亿元，宜兴分中心 4.4 亿元，锡山分中心 4.51 亿元，惠山分中心 4 亿元。

2017 年末，累计发放个人住房贷款 30.80 万笔、859.51 亿元，贷款余额 438.19 亿元，同比分别增长 9.88%、12.99%、8.98%。个人住房贷款余额占缴存余额的 91.97%，比上年减少 3.99 个百分点。

受委托办理住房公积金个人住房贷款业务的银行 14 家，比上年增加 1 家。

2. **住房公积金支持保障性住房建设项目贷款**：2017 年，未发放支持保障性住房建设项目贷款。2017 年末，累计发放项目贷款 3 亿元，项目贷款余额 0 亿元。

（四）**融资**：2017 年，融资 0 亿元，职工归还 0.03 亿元，中心回购 1.26 亿元。2017 年末，融资总额 1.68 亿元，融资余额 0 亿元。

（五）**资金存储**：2017 年末，住房公积金存款 68.97 亿元。其中，活期 0.04 亿元，1 年（含）以下定期 49.12 亿元，1 年以上定期 0.5 亿元，其他（协定、通知存款等）19.31 亿元。

（六）**资金运用率**：2017 年末，住房公积金个人住房贷款余额、项目贷款余额和购买国债余额的总和占缴存余额的 91.97%，比上年减少 3.99 个百分点。

三、主要财务数据

（一）**业务收入**：2017 年，业务收入 145980.92 万元，同比增长 2.28%。其中，市中心 87883.35 万元，江阴分中心 25036.02 万元，宜兴分中心 13270.61 万元，锡山分中心 10736.6 万元，惠山分中心 9054.34 万元。存款利息 8572.7 万元，委托贷款利息 134458.05 万元，其他 2950.17 万元。

（二）业务支出：2017 年，业务支出 81017.45 万元，同比下降 1.61%。其中，市中心 47542.96 万元，江阴分中心 14516.68 万元，宜兴分中心 7971.12 万元，锡山分中心 6096.15 万元，惠山分中心 4890.54 万元；支付职工住房公积金利息 68009.13 万元，归集手续费 2632.21 万元，委托贷款手续费 4623.69 万元，其他 5752.42 万元。

（三）增值收益：2017 年，增值收益 64963.47 万元，同比增长 7.6%。其中，市中心 40340.39 万元，江阴分中心 10519.34 万元，宜兴分中心 5299.49 万元，锡山分中心 4640.45 万元，惠山分中心 4163.80 万元。增值收益率 1.44%，比上年减少 0.07 个百分点。

（四）增值收益分配：2017 年，提取贷款风险准备金 38978.08 万元，提取管理费用 5277.66 万元，提取城市廉租房（公共租赁住房）建设补充资金 20707.73 万元。

2017 年，上交财政管理费用 5277.66 万元。上缴财政城市廉租房（公共租赁住房）建设补充资金 19057.65 万元。其中，市中心上缴 11302.52 万元，江阴分中心上缴 3849.29 万元，宜兴分中心上缴 2169.47 万元，锡山分中心上缴 836.97 万元，惠山分中心上缴 899.4 万元。

2017 年末，贷款风险准备金余额为 243254.2 万元。累计提取城市廉租房（公共租赁住房）建设补充资金 233067.52 万元。其中，市中心提取 150687.76 万元，江阴分中心提取 43531.45 万元，宜兴分中心提取 18659.96 万元，锡山分中心提取 10320.89 万元，惠山分中心提取 9867.46 万元。

（五）管理费用支出：2017 年，管理费用支出 5425.18 万元，同比增长 12.01%。其中，人员经费 2691.18 万元，公用经费 1651.19 万元，专项经费 1082.81 万元。

市中心管理费用支出 2753.55 万元，其中，人员、公用、专项经费分别为 1345.22 万元、876.23 万元、532.1 万元；江阴分中心管理费用支出 864.81 万元，人员、公用、专项经费分别为 486.52 万元、193.29 万元、185 万元；宜兴分中心管理费用支出 696.57 万元，人员、公用、专项经费分别为 379.97 万元、184.31 万元、132.29 万元；锡山分中心管理费用支出 567.01 万元，人员、公用、专项经费分别为 237.04 万元、219.97 万元、110 万元；惠山分中心管理费用支出 543.24 万元，人员、公用、专项经费分别为 242.43 万元、177.39 万元、123.42 万元。

四、资产风险状况

2017 年末，个人住房贷款逾期额 0 万元，逾期率 0‰。

个人贷款风险准备金按增值收益的 60% 提取。2017 年，提取个人贷款风险准备金 38978.08 万元，使用个人贷款风险准备金核销呆坏账 0 万元。2017 年末，个人贷款风险准备金余额为 243254.2 万元，占个人住房贷款余额的 5.55%，个人住房贷款逾期额与个人贷款风险准备金余额的比率为 0%。

五、社会经济效益

（一）缴存业务：2017 年，实缴单位数、实缴职工人数和缴存额同比分别增长 16.84%、8.47% 和 13.63%。

缴存单位中，国家机关和事业单位占 5.55%，国有企业占 3.33%，城镇集体企业占 3.19%，外商投资企业占 5.13%，城镇私营企业及其他城镇企业占 78.31%，民办非企业单位和社会团体占 1.16%，其他占 3.33%。

缴存职工中，国家机关和事业单位占 11.72%，国有企业占 10.53%，城镇集体企业占 3.99%，外商投资企业占 23.21%，城镇私营企业及其他城镇企业占 48.04%，民办非企业单位和社会团体占 0.75%，其他占 1.76%；中、低收入占 98.17%，高收入占 1.83%。

新开户职工中，国家机关和事业单位占 2.73%，国有企业占 5.61%，城镇集体企业占 3.21%，外商投资企业占 24.13%，城镇私营企业及其他城镇企业占 62.13%，民办非企业单位和社会团体占 0.8%，其他占 1.39%；中、低收入占 99.72%，高收入占 0.28%。

（二）**提取业务**：2017 年，42.91 万名缴存职工提取住房公积金 112.67 亿元。

提取金额中，住房消费提取占 81.43%（购买、建造、翻建、大修自住住房占 37.55%，偿还购房贷款本息占 42.59%，租赁住房占 0.96%，其他占 0.33%）；非住房消费提取占 18.57%（离休和退休提取占 9.74%，完全丧失劳动能力并与单位终止劳动关系提取占 0.02%，户口迁出本市或出境定居占 6.16%，其他占 2.65%）。

提取职工中，中、低收入占 96.74%，高收入占 3.26%。

（三）**贷款业务**：

1. **个人住房贷款**：2017 年，支持职工购建房 301.67 万平方米，年末个人住房贷款市场占有率 19.11%，比上年减少 0.94 个百分点。通过申请住房公积金个人住房贷款，可节约职工购房利息支出 263327.61 万元。

职工贷款笔数中，购房建筑面积 90（含）平方米以下占 40.46%，90～144（含）平方米占 45.82%，144 平方米以上占 13.71%。购买新房占 48.95%（其中购买保障性住房占 2.39%），购买存量商品住房占 51.05%。

职工贷款笔数中，单缴存职工申请贷款占 44.78%，双缴存职工申请贷款占 55.22%。

贷款职工中，30 岁（含）以下占 36.46%，30 岁～40 岁（含）占 39.82%，40 岁～50 岁（含）占 20.35%，50 岁以上占 3.37%；首次申请贷款占 82.35%，二次及以上申请贷款占 17.65%；中、低收入占 97.21%，高收入占 2.79%。

2. **异地贷款**：2017 年，发放异地贷款 494 笔 20254.4 万元。2017 年末，发放异地贷款总额为 42594.6 万元，异地贷款余额为 39953.76 万元。

3. **公转商贴息贷款**：本市贴息贷款政策已于 2008 年 1 月终止，目前剩余贴息贷款 311 户，2017 年贴息额 7.57 万元。2017 年末，累计发放公转商贴息贷款 3131 笔 79629.3 万元，累计贴息 1846.33 万元。

4. **支持保障性住房建设试点项目贷款**：2017 年末，累计试点项目 1 个，贷款额度 3 亿元，建筑面积 6.35 万平方米，可解决 3973 户中低收入职工家庭的住房问题。该试点项目贷款资金已发放并还清贷款本息。

（四）**住房贡献率**：2017 年，个人住房贷款发放额、公转商贴息贷款发放额、项目贷款发放额、住房消费提取额的总和与当年缴存额的比率为 112.06%，比上年减少 20.76 个百分点。

六、其他重要事项

（一）**机构及职能调整情况、承办缴存贷款业务金融机构变更情况**：2017 年，中心未对内设机构及职能进行调整。2017年，本市承办缴存业务金融机构无变化，新增承办贷款业务金融机构一家。

(二)当年住房公积金政策调整及执行情况：

1. 当年缴存基数限额及确定方法、缴存比例调整情况：本市住房公积金管理中心根据管委会批复意见调整住房公积金缴存基数。2017年，根据上一年度全市城镇非私营单位在岗职工平均工资的3倍确定当年缴存基数上限为19500元，缴存基数下限按上年度最低工资标准1770元执行。

国家机关、各类事业单位，单位与职工缴存比例为各12%；各类企业、民办非企业单位、社会团体及其他单位，单位与职工缴存比例一致，由单位在8%～12%之间自行确定。

上一年度微利或亏损的企业，缴存住房公积金确有困难的，经本企业职工代表大会或工会讨论通过，并经市住房公积金管理中心审核，报市住房公积金管理委员会批准后，微利企业可按照不低于6%的比例缴存住房公积金，亏损企业可按照不低于5%的比例缴存住房公积金或申请缓缴。待企业经济效益好转后，再提高缴存比例或者恢复缴存并补缴缓缴部分。

2. 当年提取政策调整情况：2017年，中心共调整提取业务政策2项，具体如下：

(1) 2017年4月19日起，在无锡市区范围内因经济适用房及拆迁安置房上市补缴土地收益的职工，可持职工本人或配偶名下的不动产权利证明、身份证、结婚证、补缴土地收益缴款收据，申请提取本人或配偶账户内的住房公积金。

(2) 2017年11月13日起，职工办理住房公积金提取业务时不再需要提供提取申请单，其他提取条件仍保持不变。

3. 当年个人住房贷款最高贷款额度、贷款条件等贷款政策调整情况：本市住房公积金个人住房贷款最高贷款额度当年无调整，按照借款人及配偶均符合贷款条件，最高贷款额度60万元，借款人一人符合贷款条件，最高贷款额度30万元执行。

2017年，中心对市区第二次公积金贷款的首付比例进行了调整，具体政策如下：自2017年9月25日起，我市市区（含锡山、惠山）第二次公积金贷款，首付比例不得低于房屋总价的40%。江阴市、宜兴市仍按第二次公积金贷款，首付比例不得低于房屋总价的20%执行。

4. 当年住房公积金存贷款利率调整及执行情况：2017年，职工住房公积金账户存款利率继续按照中国人民银行住房城乡建设部、财政部《关于完善职工住房公积金账户存款利率形成机制的通知》（银发〔2016〕43号）规定，按照一年期定期存款基准利率执行。

住房公积金贷款利率继续按照中国人民银行《关于下调金融机构人民币贷款及存款基准利率并进一步推进利率市场化改革的通知》（银发〔2015〕325号）规定执行，五年期以下（含五年）住房公积金个人住房贷款利率为2.75%；五年期以上住房公积金个人住房贷款利率为3.25%。

(三)当年服务改进情况：2017年，我中心继续秉承"精诚敬业，竭诚服务"的宗旨，主动创新公积金服务举措，积极推进"互联网＋公积金"建设，努力提升中心服务效能。

1. 扩大服务覆盖面，提升便民力度。为更好地服务缴存单位及职工，中心积极拓展公积金服务广度。2017年，中心在原有服务网点高覆盖的基础上，又新增了12家银行网点提供公积金延伸服务，同时，江阴、宜兴分中心结合管辖区域范围广的特点，在部分乡镇设立工作联系点，定期开展驻点服务，便于职工就近办理公积金业务。

2. 多种手段并举，提升服务体验。为持续提升优质化服务水平，中心不断强化窗口管理，多措并举做好服务工作。一是推出多元化个性服务。各分支机构积极为残疾人、困难职工提供主动服务、上门服务，着力解决群众困难；为外地职工提供邮寄服务，减少职工往返奔波的辛苦。二是针对租房、补缴土地收益两类提取业务，推出微信公众号预约提取服务，提高提取效率。三是认真做好在线咨询答复及"12329"客服热线服务工作，全年共计提供人工及自助语音服务69.36万个，总接通率为92.02%，满意率达99.98%；受理网上在线咨询2983件，答复及时率100%。

3. 创新服务举措，提升服务实效。为多形式、全方位地开通服务渠道，中心积极推进"互联网＋公积金"建设。一是推出公积金单位网上营业厅。自2017年1月起，单位可通过营业厅查询缴存情况并办理10种缴存业务。至年末，签约单位达24409家，占应缴单位数的58.34%，覆盖缴存职工114.66万人，占应缴职工数的91.21%。二是积极打造移动智能服务。11月27日，基于"无锡公积金"微信公众号，中心在全省率先开通微信端个人网上业务，借助"实名＋刷脸"身份认证、身份证照识别技术，实现退休支取、离开本市支取、委托还贷签、解约业务4项业务全程在线办理，至2017年末，已办理微信端提取业务1.41万笔，占同时期同类业务量的74.26%。

（四）**当年信息化建设情况**：2017年，中心根据住房城乡建设部及省住房城乡建设厅统一部署，积极适应信息技术发展趋势，认真落实信息系统升级改造工作。

一是成功接入异地转移接续平台。中心于6月23日通过web形式成功接入全国住房公积金异地转移接续平台，实现了住房公积金在全国范围内"账随人走，钱随账走"，提高了服务的便捷性和有效性。截至2017年底，已处理完成249笔转入申请及1319笔转出申请。

二是"双贯标"工作进入收尾阶段。中心根据住房城乡建设部工作要求，对公积金基础数据贯标和结算应用系统接入工作，制定了周密的工作计划和实施方案，2017年6月16日完成基础数据标准贯标工作，10月8日完成结算应用系统接入工作，现等待住房城乡建设部检查验收。

（五）**当年住房公积金管理中心及职工所获荣誉情况**：2017年，中心全体员工凝心聚力，立足岗位，建功立业，各项工作得到了广泛认可，收获了一系列集体及个人荣誉，包括省级集体荣誉6项，市级集体荣誉1项，省级个人荣誉1项。

1. **集体荣誉**：中心被评为2016年度省住房和城乡建设系统窗口单位和服务行业优质服务竞赛先进单位，被无锡市公民献血领导小组评为2016年度无偿献血先进集体；中心工会被评为2016年度省住房和城乡建设系统先进产业（局）工会；宜兴分中心被评为2016年度省住房和城乡建设系统女职工工作先进单位；锡山分中心"四心服务"团队被评为2016年度省住房和城乡建设系统"五一巾帼标兵岗"；江阴分中心工会被评为2016年度省住房和城乡建设系统"模范职工小家"。中心营业大厅获得省住房和城乡建设系统2015~2016年度青年文明号称号。

2. **个人荣誉**：中心营业部张辰同志被评为2016年度省住房和城乡建设系统窗口单位和服务行业优质服务竞赛优质服务明星。

（六）**当年对违反《住房公积金管理条例》和相关法规行为进行行政处罚和申请人民法院强制执行情况**：2017年，我中心依法对4家单位作出了行政处罚决定；申请人民法院强制执行案件440起。

（七）**其他需要披露的情况**：2017年，中心进一步拓展与银行的合作广度，新增建行、农行、中行、宁波银行、江阴农商行、苏宁银行6家银行开展公积金个人信用消费贷款及小微企业公积金信用贷款业务，截至2017年底，共向18家小微企业发放公积金企业信用贷款787万元，公积金个人信用贷款余额达

22.17亿元。这一举措既支持了职工个人消费，缓解了小微企业融资难、融资贵的问题，又增强了制度吸引力，提高了单位和职工缴存住房公积金的积极性。

徐州市住房公积金 2017 年年度报告

一、机构概况

（一）住房公积金管理委员会：住房公积金管理委员会有 31 名委员，2017 年召开 1 次会议，审议通过 2016 年度住房公积金归集、使用计划执行情况，并对其他重要事项进行决策，主要包括：听取和审议公积金中心 2016 年工作报告，审议通过 2017 年住房公积金归集使用计划，明确下一步工作要点等。

（二）住房公积金管理中心：徐州市住房公积金管理中心为相当于正处级直属市政府的自收自支事业单位，主要负责全市住房公积金的归集、管理、使用和会计核算。中心现设 13 个处室、2 个市区营业部、7 个管理部、3 个行业分中心。从业人员 189 人，其中，在编 151 人（市中心 133 人、徐矿集团分中心 8 人、管道公司分中心 3 人）、大屯煤电公司分中心 7 人，非在编 38 人。

二、业务运行情况

（一）缴存：2017 年，新开户单位 731 家，实缴单位 11,459 家，净增单位 661 家；新开户职工 4.69 万人，实缴职工 58.94 万人，净增职工－0.50 万人；缴存额 94.79 亿元，同比增长 13.10％，其中，市中心缴存 84.97 亿元，徐矿集团分中心缴存 4.30 亿元，管道公司分中心缴存 1.61 亿元，大屯煤电公司分中心公司缴存 3.91 亿元。2017 年末，缴存总额 716.58 亿元，同比增长 15.24％；缴存余额 316.24 亿元，同比增长 7.60％。

受委托办理住房公积金缴存业务的银行 11 家，比上年增加 1 家。

（二）提取：2017 年，提取额 72.45 亿元，同比增长 21.34％，其中，市中心提取 57.72 亿元，徐矿集团分中心提取 9.02 亿元，管道公司分中心提取 1.45 亿元，大屯煤电分中心公司提取 4.26 亿元。占当年缴存额的 76.43％，比上年增加 5.19 个百分点。2017 年末，提取总额 400.34 亿元，同比增长 22.10％。

（三）贷款：个人住房贷款：个人住房贷款最高额度 50 万元，其中，单缴存职工最高额度 40 万元，双缴存职工最高额度 50 万元。

2017 年，发放个人住房贷款 15775 笔 45.78 亿元，同比分别下降 2.47％、4.09％。其中，市中心发放个人住房贷款 15189 笔 44.35 亿元，徐矿集团分中心发放个人住房贷款 309 笔 0.84 亿元，管道公司分中心发放个人住房贷款 2 笔 35 万元，大屯煤电公司分中心发放个人住房贷款 275 笔 0.59 万元。

2017 年，回收个人住房贷款 36.57 亿元。其中，市中心 33.19 亿元，徐矿集团分中心 1.74 亿元，管道公司分中心 0.03 亿元，大屯煤电公司分中心 1.61 亿元。

2017年末，累计发放个人住房贷款19.66万笔457.36亿元，贷款余额240.84亿元，同比分别增长8.74%、11.12%、3.98%。个人住房贷款余额占缴存余额的76.16%，比上年减少2.65个百分点。

受委托办理住房公积金个人住房贷款业务的银行9家，比上年增加0家。

（四）**购买国债**：2017年，购买（记账式、凭证式）国债0亿元，（兑付、转让、收回）国债0.5亿元。2017年末，国债余额0亿元，比上年减少0.5亿元。

（五）**资金存储**：2017年末，住房公积金存款99.75亿元。其中，活期1.85亿元，1年（含）以下定期12.75亿元，1年以上定期18.38亿元，其他（协定、通知存款等）66.77亿元。

（六）**资金运用率**：2017年末，住房公积金个人住房贷款余额、项目贷款余额和购买国债余额的总和占缴存余额的76.16%，比上年减少2.82个百分点。

三、主要财务数据

（一）**业务收入**：2017年，业务收入88754万元，同比增长5.60%。其中，市中心73640万元，徐矿集团分中心8335万元，管道公司分中心2054万元，大屯煤电公司分中心4725万元；存款利息17216万元，委托贷款利息70481万元，国债利息1057万元，其他0万元。

（二）**业务支出**：2017年，业务支出45708万元，同比增长4.08%。其中，市中心38538万元，徐矿集团分中心3548万元，管道公司分中心838万元，大屯煤电公司分中心2784万元；支付职工住房公积金利息42891万元，归集手续费1232万元，委托贷款手续费－325万元，其他1910万元。

（三）**增值收益**：2017年，增值收益43047万元，同比增长7.36%。其中，市中心35102万元，徐矿集团分中心4787万元，管道公司分中心1216万元，大屯煤电公司分中心1942万元；增值收益率1.36%，比上年增加0.06个百分点。

（四）**增值收益分配**：2017年，提取贷款风险准备金1580万元，提取管理费用4751万元，提取城市廉租住房（公共租赁住房）建设补充资金33846万元。

2017年，市中心上交财政管理费用4197万元。上缴城市廉租住房（公共租赁住房）建设补充资金37298万元，其中，市中心上缴地方财政18714万元，徐矿集团分中心上缴集团总公司18584万元。

2017年末，贷款风险准备金余额35734万元。累计提取城市廉租住房（公共租赁住房）建设补充资金200246万元。其中，市中心提取153067万元，徐矿集团分中心提取47179万元。

（五）**管理费用支出**：2017年，管理费用支出5295.75万元，同比下降41.03%。其中，人员经费3421.06万元，公用经费722.58万元，专项经费1152.11万元。

市中心管理费用支出4450.99万元，其中，人员、公用、专项经费分别为3073.79万元、560.07万元、817.13万元；徐矿集团分中心管理费用支出260.61万元，其中，人员、公用、专项经费分别为188.83万元、55.90万元、15.88万元；管道公司分中心管理费用支出353.75万元，其中，人员、公用、专项经费分别为31.89万元、2.76万元、319.10万元；大屯煤电公司分中心管理费用支出230.40万元，其中，人员、公用、专项经费分别为126.55万元、103.85万元、0万元。

四、资产风险状况

（一）**个人住房贷款**：2017年末，个人住房贷款逾期额92万元，逾期率0.04‰。其中，市中心

0.01‰，徐矿集团分中心 0.14‰，管道公司分中心 0‰，大屯煤电公司分中心 1.14‰。

个人贷款风险准备金按贷款余额的 1.5% 提取。2017 年，提取个人贷款风险准备金 1580 万元，使用个人贷款风险准备金核销呆坏账 0 万元。2017 年末，个人贷款风险准备金余额 35734 万元，占个人住房贷款余额的 1.5%，个人住房贷款逾期额与个人贷款风险准备金余额的比率为 0.26%。

（二）**历史遗留风险资产**：2017 年末，历史遗留风险资产余额 0 万元，比上年减少 9 万元，历史遗留风险资产回收率 100%。

五、社会经济效益

（一）**缴存业务**：2017 年，实缴单位数、实缴职工人数和缴存额同比分别增长 6.12%、－0.84% 和 13.10%。

缴存单位中，国家机关和事业单位占 55.28%，国有企业占 7.95%，城镇集体企业占 2.02%，外商投资企业占 2.63%，城镇私营企业及其他城镇企业占 24.06%，民办非企业单位和社会团体占 1.03%，其他占 7.03%。

缴存职工中，国家机关和事业单位占 49.20%，国有企业占 23.96%，城镇集体企业占 1.53%，外商投资企业占 4.46%，城镇私营企业及其他城镇企业占 16.53%，民办非企业单位和社会团体占 0.64%，其他占 3.68%；中、低收入占 98.67%，高收入占 1.33%。

新开户职工中，国家机关和事业单位占 19.81%，国有企业占 11.77%，城镇集体企业占 1.87%，外商投资企业占 5.76%，城镇私营企业及其他城镇企业占 51.45%，民办非企业单位和社会团体占 2.80%，其他占 6.54%；中、低收入占 99.80%，高收入占 0.20%。

（二）**提取业务**：2017 年，91.55 万名缴存职工提取住房公积金 72.45 亿元。

提取金额中，住房消费提取占 74.07%（购买、建造、翻建、大修自住住房占 37.58%，偿还购房贷款本息占 36.48%，租赁住房占 0.01%，其他占 0%）；非住房消费提取占 25.93%（离休和退休提取占 24.11%，完全丧失劳动能力并与单位终止劳动关系提取占 0.26%，户口迁出本市或出境定居占 0%，其他占 1.56%）。

提取职工中，中、低收入占 95.52%，高收入占 4.48%。

（三）**贷款业务**

1. **个人住房贷款**：2017 年，支持职工购建房 2950 万平方米，年末个人住房贷款市场占有率为 21.32%，比上年减少 5.33 个百分点。通过申请住房公积金个人住房贷款，可节约职工购房利息支出 4.58 亿元。

职工贷款笔数中，购房建筑面积 90（含）平方米以下占 23.11%，90～144（含）平方米占 70.72%，144 平方米以上占 6.17%。购买新房占 72.48%（其中购买保障性住房占 0%），购买存量商品住房占 25.83%，建造、翻建、大修自住住房占 0%，其他占 1.69%。

职工贷款笔数中，单缴存职工申请贷款占 22.28%，双缴存职工申请贷款占 75.13%，三人及以上缴存职工共同申请贷款占 2.59%。

贷款职工中，30 岁（含）以下占 30.59%，30 岁～40 岁（含）占 38.76%，40 岁～50 岁（含）占 25.27%，50 岁以上占 5.38%；首次申请贷款占 81.43%，二次及以上申请贷款占 18.57%；中、低收入

占 96.67%，高收入占 3.33%。

2. **异地贷款**：2017 年，发放异地贷款 39 笔 0.12 亿元。2017 年末，发放异地贷款总额 0.44 亿元，异地贷款余额 0.36 亿元。

3. **公转商贴息贷款**：2017 年，当年发放公转商贴息贷款 0 万元，回收 10.05 亿元，当年贴息额 0.29 亿元。

截至 2017 年底，累计发放公转商贴息贷款 10766 笔 35.05 亿元，累计为缴存职工贴息 1.4 亿元。年末公转商贴息贷款余额 14.38 亿元。

（四）住房贡献率：2017 年，个人住房贷款发放额、公转商贴息贷款发放额、项目贷款发放额、住房消费提取额的总和与当年缴存额的比率为 104.91%，比上年减少 9.33 个百分点。

六、其他重要事项

（一）当年机构及职能调整情况、受委托办理缴存贷款业务金融机构变更情况：2017 年，中心机构及职能未做调整，新增南京银行做为缴存业务承办银行。

（二）当年住房公积金政策调整及执行情况：

1. 缴存比例：2017 年度行政机关、事业单位的职工和单位的住房公积金缴存比例各为 12%，其他性质单位各为 8%~12%。职工个人住房公积金的缴存比例与单位为职工缴存住房公积金的比例保持一致。外商投资企业的缴存比例按市政府相关文件执行。

1998 年 11 月 30 日后参加工作的职工，住房公积金缴存比例和基数除按以上政策执行外，单位另为职工逐月缴存的住房补贴比例为 22%，纳入住房公积金统一管理，补贴基数与住房公积金缴存基数相同。

2. 缴存基数上下限：2017 年度缴存基数下限为 1720 元；缴存基数上限为 15769 元。

3. 2017 年审批降低比例的企业为 6 家。

4. 住房公积金存款利率：2016 年，职工缴存住房公积金按照一年期定期存款利率 1.5% 付息。

5. 住房公积金贷款利率：五年期（含五年）以下为 2.75%，五年期以上为 3.25%。

6. 贷款最高额度：未做调整，仍然为 50 万元。

7. 提取政策调整方面，研究出台《关于规范一次性偿还徐州市商业住房贷款等提取业务的通知》，进一步完善偿还商业贷款、购房首付比例、部分还贷等业务操作流程；研究出台《关于开通网上办理退休提取业务的通知》，优化了退休提取操作流程，达到法定退休年龄职工（男 60 岁、女 55 岁），取消领取住房公积金提取审批表、单位盖章环节，职工本人凭身份证可直接办理提取业务，极大地方便了办事职工。

（三）当年服务改进情况：全面完成管委会二届三次会议做出的"三年完成管理部服务用房购置"的决策部署，各管理部新服务用房全部建成投入使用，服务硬件环境得到了根本改善，在各营业部、管理部服务大厅内设立 9 个自助服务区，每天有上千人在网上自助查询办理业务，大大提升了公积金的智慧化服务水平和服务效率，赢得了职工一致好评。

践行"以人为本，服务于民"的基本理念，"一把手服务承诺"四项内容全部如期实现；结合全市"服务品牌建设年"要求，不断丰富"五比五创"创先争优活动内涵，开展"双零"管理部（营业部）创建活动；全面落实公积金协办员、业务顾问、首问负责、限时办结、AB 角等制度；完善重点项目预约服务、上门服务、延时服务、绿色通道等个性化服务措施，不断加强门户网站、12329 热线、短信平台、微信公众号、智慧公积金 APP 等系统建设，不断提升信息化服务水平，管理部服务网点建设取得重大进展，软硬件服务条件不断改善，努力为全市广大缴存职工营造一流服务环境，群众满意度日益提高。

（四）当年信息化建设情况：利用现代科技手段，大力研发网上办理公积金业务功能，完成了智慧公积金"e网通"（网上业务大厅）并对外发布使用，方便了缴存职工办理业务，提高便民服务的档次。在信息共享方面，实现了公安局个人身份验证查询和民政局婚姻登记情况查询，加上之前已实现共享的产权处房屋产权交易信息、社保中心社保缴纳信息等，打造了一个完整、便捷、高效的信息共享网络，为保障公积金缴存职工的资金安全和权益提供了有力的支持。

认真贯彻落实住房城乡建设部"双贯标"工作，2017年，经过账号测试、需求沟通、修改程序、账号上线、测试各项业务运行、及时处理问题等一系列严格流程，承办银行基本已接入住房城乡建设部住房公积金银行结算应用系统，预计18年验收通过。

（五）当年住房公积金管理中心及职工所获荣誉情况：2017年度，中心获得青年文明号荣誉3次，分别为省部级1次，地市级2次；工人先锋号荣誉3次，分别为省部级2次，地市级1次；先进集体和个人荣誉14次，分别为省部级2次，地市级12次。

（六）当年对违反《住房公积金管理条例》和相关法规行为进行行政处罚和申请人民法院强制执行情况：本年度归集执法立案17起，结案14起，共申请法院强制执行4起案件；另外，以协调处理方式（未立案）纠正13家单位不缴少缴欠缴行为。通过立案执法和协调处理，共计27家单位建制或补缴到位，新增开户人数530人，补缴1972人，增加月缴存金额366万元。

常州市住房公积金2017年年度报告

一、机构概况

（一）**住房公积金管理委员会**：住房公积金管理委员会有22名委员，2017年召开1次会议，审议通过2016年度住房公积金归集使用和财务收支计划执行情况，并对其他重要事项进行了决策，包括《常州市住房公积金2017年归集使用、财务收支计划》、《常州市住房公积金事业"十三五"规划纲要》、《常州市住房公积金管委会章程》、《关于入驻"一办四中心"相关情况的报告》、《关于调整住房公积金贷款政策的报告》、《关于启动银行授信融资方式的报告》等。会议同意增加中国光大银行股份有限公司常州支行承办住房公积金金融业务。

（二）**住房公积金管理中心**：住房公积金管理中心（以下简称"中心"）为直属市政府不以营利为目的的自收自支事业单位，主要负责全市住房公积金的归集、管理、使用和会计核算。中心设7个管理处室，5个办事处，3个分中心。从业人员179人，其中，在编84人，非在编95人。

二、业务运行情况

（一）**缴存**：2017年，新开户单位4432家，其中新开户并缴存单位3914家，实缴单位23961家，净增单位3013家；新开户职工13.88万人，其中新开户并缴存职工13.23万人，实缴职工84.53万人，净增职工6.68万人；缴存额106.94亿元，同比增长16.33%。2017年末，缴存总额686.52亿元，同比增长18.45%；缴存余额274.48亿元，同比增长12.65%。

受委托办理住房公积金缴存业务的银行7家，与上年持平。

（二）提取：2017年，提取额76.12亿元，同比增长23.69%；占当年缴存额的71.18%，比上年增加4.24个百分点。2017年末，提取总额412.04亿元，同比增长22.62%。

（三）贷款：

1. **个人住房贷款**：个人住房贷款最高额度60万元，其中，单缴存职工最高额度30万元，双缴存职工最高额度60万元。

2017年，发放个人住房贷款1.93万笔71.87亿元，同比分别增长10.05%、8.12%。其中，市中心发放个人住房贷款0.94万笔34.67亿元，武进分中心发放个人住房贷款0.48万笔18.09亿元，金坛分中心发放个人住房贷款0.21万笔7.57亿元，溧阳分中心发放个人住房贷款0.3万笔11.54亿元。

2017年，回收个人住房贷款40.85亿元。其中，市中心25.66亿元，武进分中心8.41亿元，金坛分中心2.95亿元，溧阳分中心3.84亿元。

2017年末，累计发放个人住房贷款21.88万笔526.17亿元，贷款余额271.41亿元，同比分别增长9.67%、15.82%、12.90%。个人住房贷款余额占缴存余额的98.88%，比上年增加0.22个百分点。

受委托办理住房公积金个人住房贷款业务的银行10家，比上年增加1家。

2. **住房公积金支持保障性住房建设项目贷款**：2017年，没有发放支持保障性住房建设项目贷款。截止2017年末，累计发放项目贷款1.383亿元，无项目贷款余额。

（四）融资：2017年，融资7.5亿元。截止2017年末，融资总额7.5亿元，融资余额7.5亿元。

（五）资金存储：2017年末，住房公积金存款14.98亿元。其中，活期0.37亿元，1年（含）以下定期0.23亿元，没有1年以上定期存款，其他（协定、通知存款等）14.38亿元。

（六）资金运用率：截止2017年末，资金运用率为98.88%，比上年同期增加0.22个百分点。

三、主要财务数据

（一）**业务收入**：2017年，业务收入86119.73万元，同比增长10.51%。其中，市中心53575.26万元，武进分中心19060.01万元，金坛分中心5857.44万元，溧阳分中心7627.03万元。存款利息3864.67万元，委托贷款利息82234.25万元，其他20.82万元。

（二）**业务支出**：2017年，业务支出58685.66万元，同比增长9.51%。其中，市中心37604.54万元，武进分中心13727.05万元，金坛分中心3108.78万元，溧阳分中心4245.29万元。支付职工住房公积金利息38892.02万元，归集手续费2273.89万元，委托贷款手续费3321.52万元，其他1211.87万元。

（三）**增值收益**：2017年，增值收益27433.72万元，同比增长12.71%。其中，市中心15970.72万元，武进分中心5332.96万元，金坛分中心2748.66万元，溧阳分中心3381.38万元。增值收益率1.06%，比上年增加0.12个百分点。

（四）**增值收益分配**：2017年，提取贷款风险准备金3101.94万元，提取管理费用3305.33万元，提取城市廉租住房（公共租赁住房）建设补充资金21026.45万元。

2017年，上交财政管理费用2374.21万元。上缴财政城市廉租住房（公共租赁住房）建设补充资金18836.39万元。其中，市中心上缴12130.59万元，武进分中心上缴2826.44万元，金坛分中心上缴1854.51万元，溧阳分中心上缴2024.85万元。

2017年末，贷款风险准备金余额70701.13万元。累计提取城市廉租住房（公共租赁住房）建设补充资金201921.66万元。其中，市中心提取134278.38万元，武进分中心提取34459.06万元，金坛分中心提取14816.69万元，溧阳分中心提取18367.53万元。

（五）**管理费用支出**：2017年，管理费用支出3305.33万元，同比增长39.22%。其中，人员经费2405.99万元，公用经费141.22万元，专项经费758.12万元。

四、资产风险状况

个人住房贷款：2017年末，没有发生个人住房贷款逾期，逾期率为零。

个人贷款风险准备金按贷款余额的1‰提取。2017年，提取个人贷款风险准备金3100万元，没有发生使用个人贷款风险准备金核销呆坏账。2017年末，个人贷款风险准备金余额70700万元，占个人住房贷款余额的2.6%，个人住房贷款逾期额与个人贷款风险准备金余额的比率为零。

五、社会经济效益

（一）**缴存业务**：2017年，实缴单位数、实缴职工人数和缴存额同比分别增长14.38%、8.58%和16.33%。

缴存单位中，国家机关和事业单位占8.08%，国有企业占0.63%，城镇集体企业占0.56%，外商投资企业占2.64%，城镇私营企业及其他城镇企业占81.83%，民办非企业单位和社会团体占0.36%，其他占5.9%。

缴存职工中，国家机关和事业单位占15.6%，国有企业占3.17%，城镇集体企业占0.36%，外商投资企业占11.3%，城镇私营企业及其他城镇企业占58.79%，民办非企业单位和社会团体占0.06%，其他占10.73%；中、低收入占92.21%，高收入占7.79%。

新开户职工中，国家机关和事业单位占5.05%，国有企业占1.27%，城镇集体企业占0.23%，外商投资企业占11.57%，城镇私营企业及其他城镇企业占65.68%，民办非企业单位和社会团体占0.08%，其他占16.12%；中、低收入占96.08%，高收入占3.92%。

（二）**提取业务**：2017年，172.65万人次缴存职工提取住房公积金76.12亿元。

提取金额中，住房消费提取占85.37%（购买、建造、翻建、大修自住住房占30.74%，偿还购房贷款本息占66.19%，租赁住房占2.86%，其他占0.22%）；非住房消费提取占14.63%（离休和退休提取占63.09%，完全丧失劳动能力并与单位终止劳动关系提取占6.77%，户口迁出本市或出境定居占26.79%，其他占3.35%）。

提取职工中，中、低收入占88.69%，高收入占11.31%。

（三）**贷款业务**：

1. **个人住房贷款**：2017年，支持职工购建房227万平方米，年末个人住房贷款市场占有率为16.97%，比上年下降1.87个百分点，考虑到我市通过公转商补息贷款额外使3.9万名缴存职工实际享受到了住房公积金住房贷款的低息，我市住房公积金政策性个人住房贷款的实际市场占有率则达到23.19%。通过申请住房公积金个人住房贷款，可节约职工购房利息支出185900万元。

职工贷款笔数中，购房建筑面积90（含）平方米以下占26.39%，90～144（含）平方米占61.78%，144平方米以上占11.83%。购买新房占47.68%，购买存量商品住房占52.32%。

职工贷款笔数中，单缴存职工申请贷款占46.63%，双缴存职工申请贷款占52.37%，三人及以上缴存职工共同申请贷款占1%。

贷款职工中，30岁（含）以下占41.98%，30岁～40岁（含）占38.07%，40岁～50岁（含）占17.11%，50岁以上占2.84%；首次申请贷款占82.82%，二次及以上申请贷款占17.18%；中、低收入占97.01%，高收入占2.99%。

2. **公转商贴息贷款**：2017年，发放公转商贴息贷款6774笔240162.2万元，支持职工购建住房面积75.56万平方米，当年贴息额11547.4万元。2017年末，累计发放公转商贴息贷款39032笔1229456.8万元，累计贴息24754.2万元。

3. **支持保障性住房建设试点项目贷款**：2017年末，累计试点项目1个，累计发放项目贷款1.383亿元，建筑面积11.02万平方米，可解决1751户中低收入职工家庭的住房问题。该试点项目贷款资金已发放并还清贷款本息。

（四）**住房贡献率**：2017年，个人住房贷款发放额、公转商贴息贷款发放额、项目贷款发放额、住房消费提取额的总和与当年缴存额的比率为149.1%，比上年减少33.92个百分点。

（五）**对贷款后困难家庭的帮扶**：对2016年度存量住房公积金贷款家庭中处于居民最低生活保障、特困职工或低保边缘等三类对象开展贷款贴息。全年共向全市94户困难家庭发放住房公积金贷款贴息资金36.89万元。

六、其他重要事项

（一）**机构办公地点变更、内设机构增设情况**：根据市政府统一安排，2017年10月9日起，中心由原延陵中路21号整体迁出，入驻锦绣路2号常州市政务服务中心，同时新设立了政务服务中心办事处，承办市区住房公积金提取、贷款、转移、缴存等各类单位业务和个人业务。原天宁、新北、钟楼办事处停止办理住房公积金个人业务。武进、金坛和溧阳分中心办理住房公积金业务仍保持原有方式与渠道不变。

（二）**住房公积金政策调整及执行情况**：

1. **调整住房公积金缴存基数限额及缴存比例**：2017年住房公积金缴存基数上限为18980元，比上年度增长4.86%；常州市区缴存基数下限为1920元，溧阳市和金坛区1730元。全市各类企业的住房公积金缴存比例为单位和职工各10%～12%；全市机关事业单位住房公积金缴存比例为单位和职工各12%；全市自由职业者、个体工商户等个人缴存者的住房公积金缴存比例统一为20%。

2. **出台服务股改上市企业政策**：2016年10月9日起，中心颁布实施了《关于精准高效服务股改上市企业的意见》（常公积金〔2017〕27号），从减少股改成本、支持企业招引培养人才、开通服务通道、开展高效服务四方面提出10项措施。

3. **调整住房公积金个人住房贷款和提取政策**：3月30日起实施《关于调整我市住房公积金个人住房贷款首付比例的通知》（常公积金委〔2017〕1号），规定二次申请贷款购买自住住房的，最低首付款比例由20%调整为30%。

4月9日起实施《关于调整第二次住房公积金贷款首付比例的通知》(常公积金委〔2017〕5号)，规定二次申请住房公积金贷款的最低首付比例由30%提高至50%。其中二手房贷款、商转公贷款最高可贷款额度不超过总房价的50%。

7月1日起实施《关于提取住房公积金用于偿还住房贷款的具体规定》(常公积金〔2017〕21号)，对逐月提取还贷、提前部分还贷提取、还清贷款提取、偿还商业性住房贷款提取、偿还异地公积金贷款提取等五种提取业务明确办理对象、提取额度和申请材料，新增了住房公积金账户余额与商业银行存款账户组合逐月还贷的新业务。

(三) 当年服务改进情况：

1. **新设服务网点，完善服务环境**。中心增设了常州市政务服务中心办事处，日常提供5个贷款窗口和18个提取缴存等综合窗口，其中贷款窗口提供了住房公积金贷款和担保联合服务的新模式，全部服务窗口实现"综合受理、一窗办结"。

2. **推进综合服务平台建设**。开通"常州住房公积金"微信公众号，提供缴存贷款等个人信息查询服务；网上服务厅新增个人业务功能，5种提取业务、4种还贷业务和4种证明全部可以在网上办结。网上服务厅有1.82万家单位开通单位业务，占全部缴存单位的66%，分流78%以上的柜面单位业务。12329服务热线呼入总量44.6万人次，其中转人工接通量达到18.7万人次；住房公积金网站回答各类咨询5533笔；通过手机短信平台向职工发送电子对账单、政策宣传、贷款逾期提醒、满意度调查等服务短信8.59万条；当年我市住房公积金业务系统接入住房城乡建设部异地转移接续平台，截至12月底共受理职工申请3190笔，帮助职工免除两地奔波，提升异地住房公积金的转入、转出效率。

3. **主动公开信息情况**。依托住房公积金、江苏文明在线、机关党建等网站平台，开展在线调查2次、在线访谈1次，发布中心动态、业务工作、专题专栏等信息300余条；走进583家企业现场开展政策推介会，开展广场、招聘会等现场服务活动54余场，接待职工咨询超过4800余人次，发放住房公积金各类宣传资料2.28万份；在全市电视台、报纸、中吴网等主要媒体发布信息69条，在常州日报开设"公积金点点通"专栏，制作动漫宣传视频，为职工和企业开展全方位宣传。

(四) 当年对违反《住房公积金管理条例》和相关法规进行行政处罚和申请人民法院强制执行情况：全年受理职工投诉举报企业不建、不缴、少缴住房公积金案件286起，共对全市11家企业进行了立案；行政处罚企业2家，罚款4万元；依法向法院申请对2家企业进行强制执行。通过举报投诉、行政执法的处理，追缴到位76万余元，责令限期缴存拟申请强制执行合计200.08万元。

苏州市住房公积金2017年年度报告

一、机构概况

(一) **苏州市住房公积金管理委员会**：住房公积金管理委员会有14名委员，2017年召开2次会议：

1. 第三届十次会议审议并批准了《苏州市住房公积金 2016 年年度报告》《关于苏州市 2016 年住房公积金归集使用计划执行情况和 2017 年住房公积金归集使用计划草案的报告》《关于苏州市 2016 年住房公积金财务收支计划执行情况和 2017 年住房公积金财务收支计划草案的报告》，并对调整我市公积金贷款相关政策，主任委员、副主任委员、委员替补事项进行决策。

2. 第三届十一次会议听取了上半年住房公积金运行情况汇报，审议了调整融资资金利率缓解资金压力、购买公积金贷款风险管理服务事项。

（二）苏州市住房公积金管理中心：住房公积金管理中心为苏州市政府不以营利为目的的公益一类事业单位，主要负责全市（不含工业园区）住房公积金的归集、管理、使用和会计核算。中心内设 9 个职能处室，在所辖四个县级市、五个区设置 9 个分中心和 1 个管理部。从业人员 260 人，其中，参公管理人员 116 人，公益性岗位人员 72 人，服务外包人员 72 人。

（三）苏州工业园区公积金：

1. 苏州工业园区管理委员会负责在工业园区行政区域内组织和推行社会保险（公积金）制度，研究决定园区社会保险（公积金）制度的重大事项和发展规划。

2. 苏州工业园区劳动和社会保障局负责实施工业园区行政区域内的社会保险制度和住房公积金制度。

3. 苏州工业园区社会保险基金和公积金管理中心负责工业园区行政区域内社会保险基金和公积金的管理，负责区内住房公积金的缴存、提取、贷款和基金管理，具体承办园区社会保险运行业务，负责社会保险登记、基金征缴、个人权益记录、社会保险待遇支付等工作。

二、业务运行情况

（一）缴存：2017 年，新开户单位 11385 家（其中园区中心 3368 家），实缴单位 73505 家（其中园区中心 19169 家），净增单位 10515 家（其中园区中心 3119 家）；新开户职工 79.62 万人（其中园区中心 11.8 万人），实缴职工 342.9 万人（其中园区中心 52.59 万人），净增职工 20.52 万人（其中园区中心 4.08 万人）；缴存额 391.5 亿元（其中园区中心 74.96 亿元），同比增长 18.38%。2017 年末，缴存总额 2235.31 亿元（其中园区中心 326.28 亿元），同比增长 21.23%；缴存余额 728.54 亿元（其中园区中心 107.22 亿元），同比增长 16.35%，见图 1。

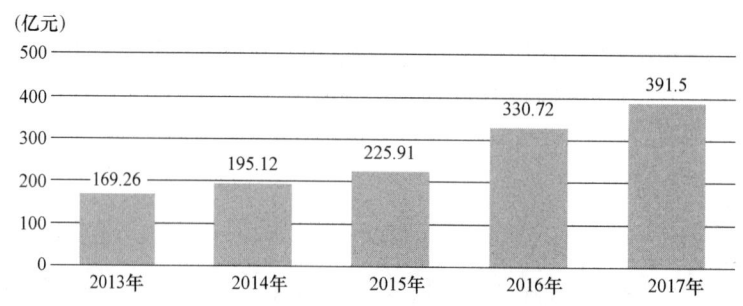

图 1　2013～2017 年缴存额情况

受委托办理住房公积金缴存业务的银行 6 家，同比上年无增减。

（二）提取：2017 年，提取额 289.12 亿元（其中园区中心 52.12 亿元），同比增长 14.92%；占当年缴存额的73.85%，比上年减少2.22个百分点。2017年末，提取总额1506.76亿元（其中园区中心219.06亿元），同比增长23.74%，见图2。

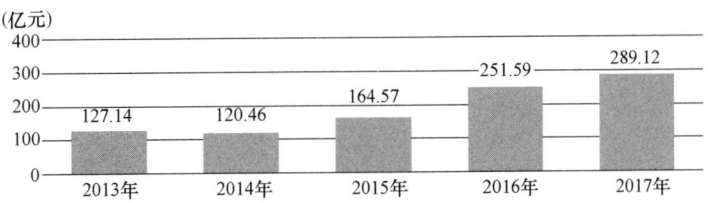

图2　2013~2017年提取额情况

（三）贷款：

1. **个人住房贷款：** 个人住房贷款最高额度70万元。此外，购买套型建筑面积90平方米（含90平方米）以内的住房，且住房总价不超过110万元的职工，首次使用住房公积金贷款，贷款最高限额可计算至住房总价的80%。

首次使用住房公积金贷款的，借款申请人及共同借款申请人中有两人（含）以上共同参与计算可贷额度的，最高贷款额度为70万元；仅借款申请人参与计算可贷额度的，最高贷款额度为45万元。第二次使用住房公积金贷款的，借款申请人及共同借款申请人中有两人（含）以上共同参与计算可贷额度的，最高贷款额度为50万元；仅借款申请人参与计算可贷额度的，最高贷款额度为30万元，见表1。

个人住房贷款最高额度　　　　　　　　　　　　　　　　表1

	首次使用住房公积金贷款	第二次使用住房公积金贷款
借款申请人及共同借款申请人中有两人（含）以上共同参与计算可贷额度	70万	50万
仅借款申请人参与计算可贷额度	45万	30万
购买套型建筑面积90平方米(含90平方米)以内的住房,且住房总价不超过110万元	住房总价的80%	—

2017年，发放个人住房贷款2.45万笔、108.21亿元，同比分别下降51.49%、52.98%，见图3。

其中，张家港分中心发放个人住房贷款0.38万笔、13.95亿元，常熟分中心发放个人住房贷款0.36万笔、15.01亿元，昆山分中心发放个人住房贷款0.54万笔、20.38亿元，太仓分中心发放个人住房贷款0.14万笔、6.42亿元，吴江分中心（含盛泽管理部）发放个人住房贷款0.17万笔、6.59亿元，吴中分中心发放个人住房贷款0.1万笔、3.95亿元，相城分中心发放个人住房贷款0.03万笔、1.52亿元，姑苏分中心发放个人住房贷款0.25万笔、11.55亿元，虎丘分中心发放个人住房贷款0.13万笔、6.38亿元，园区中心发放个人住房贷款0.35万笔、22.46亿元，见图4。

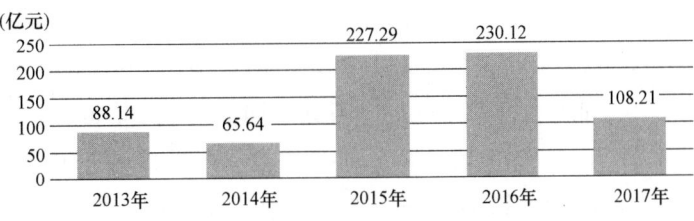

图3　2013~2017年贷款额情况

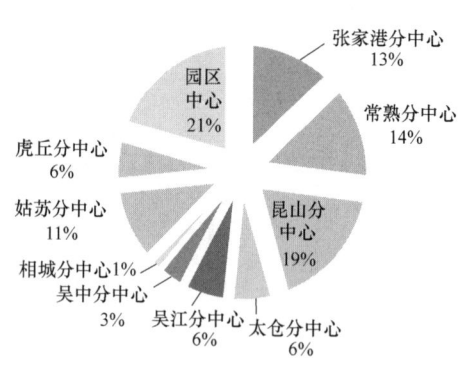

图4　2017年各机构贷款发放额

2017年，回收个人住房贷款71.62亿元。其中，张家港分中心9.24亿元，常熟分中心8.79亿元，昆山分中心13.59亿元，太仓分中心5.37亿元，吴江分中心（含盛泽管理部）4.92亿元，吴中分中心3.76亿元，相城分中心1.97亿元，姑苏分中心10.79亿元，虎丘分中心6.58亿元，园区中心6.61亿元。

2017年末，累计发放个人住房贷款43.61万笔（其中园区中心3.02万笔）、1255.4亿元（其中园区中心131.78亿元），同比分别增长5.95%、9.43%，贷款余额693.77亿元（其中园区中心97.69亿元），同比增长0.46%。个人住房贷款余额占缴存余额的95.23%，比上年减少15.05个百分点。

受委托办理住房公积金个人住房贷款业务的银行16家，同比上年无增减。

2. 住房公积金支持保障性住房建设项目贷款： 2017年未发放项目贷款。2017年末，累计发放项目贷款3.2亿元，无项目贷款余额。

（四）融资： 2017年，融资76.38亿元，归还117.55亿元。2017年末，融资总额296.20亿元，融资余额141.92亿元。

（五）资金存储： 2017年末，住房公积金存款97.5亿元（其中园区中心19.57亿元），其中，一年（含）以下定期存款5.5亿元，1年以上定期存款3.2亿元，其他（协定、通知存款等）88.8亿元。

（六）资金运用率： 2017年末，住房公积金个人住房贷款余额、项目贷款余额和购买国债余额的总和占缴存余额的95.23%，比上年减少15.05个百分点。

三、主要财务数据

（一）业务收入： 2017年，业务收入235563.25万元，同比增长5.02%。其中，市中心（含姑苏分中心、虎丘分中心）58001.81万元，张家港分中心25918.80万元，常熟分中心24156.03万元，昆山分中心44753.11万元，太仓分中心16025.84万元，吴江分中心（含盛泽管理部）15057.83万元，吴中分中心14276.30万元，相城分中心6281.72万元，园区中心31091.8万元；存款利息收入12950.95万元（其中园区中心3030.57万元），委托贷款利息收入221526.65万元（其中园区中心28061.23万元），其他收入1085.65万元。

（二）业务支出： 2017年，业务支出181449.60万元，同比增长26.56%。其中，市中心（含姑苏分中心、虎丘分中心）50126.97万元，张家港分中心18191.40万元，常熟分中心16317.36万元，昆山分中心36605.09万元，太仓分中心13585.10万元，吴江分中心（含盛泽管理部）11410.72万元，吴中分中心11641.84万元，相城分中心4819.59万元，园区中心18751.53万元；住房公积金利息支出

110086.68万元（其中园区中心12759.06万元），归集手续费用支出12214.57万元，委托贷款手续费支出8830.53万元（其中园区中心1403万元），其他支出50317.82万元（其中园区中心4589.47万元）。

（三）**增值收益**：2017年，增值收益54113.65万元，同比下降33.14%。其中，市中心（含姑苏分中心、虎丘分中心）7874.84万元，张家港分中心7727.41万元，常熟分中心7838.68万元，昆山分中心8148.02万元，太仓分中心2440.74万元，吴江分中心（含盛泽管理部）3647.10万元，吴中分中心2634.46万元，相城分中心1462.13万元，园区中心12340.27万元；增值收益率0.80%，比上年同期减少0.58个百分点。

（四）**增值收益分配**：2017年，提取贷款风险准备金29484.77万元（其中园区中心提取2017年贷款风险准备金7404.16万元，补提2015、2016年贷款风险准备金17949.53万元），提取管理费用11091.32万元，提取城市廉租住房（公共租赁住房）建设补充资金43453.44万元（其中园区中心提取2017年城市廉租住房（公共租赁住房）建设补充资金4936.11万元，补提2015、2016年城市廉租住房（公共租赁住房）建设补充资金11966.35万元）。

2017年，上交财政管理费用11091.32万元。上缴财政城市廉租住房（公共租赁住房）建设补充资金25935.93万元。其中，市中心（含姑苏分中心和虎丘分中心）上缴财政3366.83万元，张家港分中心上缴财政8716.75万元，常熟分中心上缴财政6766.25万元，昆山分中心上缴财政2359.17万元，太仓分中心上缴财政565.79万元，吴江分中心（含盛泽管理部）上缴财政2314.10万元，吴中分中心上缴财政1635.66万元，相城分中心上缴财政211.38万元，见表2。

2017年末，贷款风险准备金余额193643.61万元（其中园区中心37331.71万元）。累计提取城市廉租住房（公共租赁住房）建设补充资金285330.13万元。其中，市中心（含姑苏分中心、虎丘分中心）提取102876.16万元，张家港分中心提取37144.63万元，常熟分中心提取36639.26万元，昆山分中心提取39049.64万元，太仓分中心提取13421.53万元，吴江分中心（含盛泽管理部）提取15519.70万元，吴中分中心提取12830.08万元，相城分中心提取2961.32万元，园区中心提取24887.81万元。

2017年各分支机构主要财务数据（单位：万元） 表2

	业务收入	业务支出	增值收益	上缴廉租房(公共租赁住房)建设补充资金
市中心(含姑苏、虎丘分中心)	58001.81	50126.97	7874.84	3366.83
张家港分中心	25918.80	18191.40	7727.41	8716.75
常熟分中心	24156.03	16317.36	7838.68	6766.25
昆山分中心	44753.11	36605.09	8148.02	2359.17
太仓分中心	16025.84	13585.10	2440.74	565.79
吴江分中心(含盛泽管理部)	15057.83	11410.72	3647.10	2314.10
吴中分中心	14276.30	11641.84	2634.46	1635.66
相城分中心	6281.72	4819.59	1462.13	211.38
园区中心	31091.80	18751.53	12340.27	0
合计	235563.25	181149.6	54113.65	25935.93

（五）**管理费用支出**：2017年，管理费用支出11452.80万元，同比增长14.06%。其中，人员经费4893.62万元，公用经费438.68万元，专项经费6120.51万元。市中心（含姑苏分中心、虎丘分中心）管理费用支出5865.66万元，其中，人员、公用、专项经费分别为1998.39万元、173.77万元、3693.50

万元;张家港分中心管理费用支出 794.46 万元,其中,人员、公用、专项经费分别为 471.96 万元、44.99 万元、277.51 万元;常熟分中心管理费用支出 1045.29 万元,其中,人员、公用、专项经费分别为 473.72 万元、41.30 万元、530.27 万元;昆山分中心管理费用支出 999.64 万元,其中,人员、公用、专项经费分别为 478.11 万元、44.69 万元、476.83 万元;太仓分中心管理费用支出 679.97 万元,其中,人员、公用、专项经费分别为 382.46 万元、37.20 万元、260.30 万元;吴江分中心(含盛泽管理部)管理费用支出 940.71 万元,其中,人员、公用、专项经费分别为 500.21 万元、41.86 万元、398.65 万元;吴中分中心管理费用支出 650.25 万元,其中,人员、公用、专项经费分别为 358.65 万元、28.48 万元、263.12 万元;相城分中心管理费用支出 476.83 万元,其中,人员、公用、专项经费分别为 230.12 万元、26.39 万元、220.33 万元,见表3。

2017 年各分支机构管理费用支出情况(单位:万元)　　　　表3

	总计	人员经费	公用经费	专项经费
市中心(含姑苏、虎丘分中心)	5865.66	1998.39	173.77	3693.50
张家港分中心	794.46	471.96	44.99	277.51
常熟分中心	1045.29	473.72	41.30	530.27
昆山分中心	999.64	478.11	44.69	476.83
太仓分中心	679.97	382.46	37.20	260.30
吴江分中心(含盛泽管理部)	940.71	500.21	41.86	398.65
吴中分中心	650.25	358.65	28.48	263.12
相城分中心	476.83	230.12	26.39	220.33
合计	11452.81	4893.62	438.68	6120.51

四、资产风险状况

个人住房贷款:2017 年末,个人住房贷款逾期额 2.56 万元,逾期率 0.0004‰。其中,张家港分中心 0‰、常熟分中心 0.0013‰、昆山分中心 0‰、太仓分中心 0.0022‰、吴江分中心(含盛泽管理部)0‰、吴中分中心 0‰、相城分中心 0.0016‰、姑苏分中心 0‰、虎丘分中心 0.0004‰、园区中心 0‰。

2017 年,按当年住房公积金个人住房贷款净增额的 2.5% 提取个人贷款风险准备金 29484.77 万元(其中园区中心按当年增值收益的 60% 提取个人贷款风险准备金 7404.16 万元,补提 2015、2016 年贷款风险准备金 17949.53 万元),当年未使用个人贷款风险准备金。2017 年末,个人贷款风险准备金余额 193643.61 万元(其中园区中心 37331.71 万元),占个人住房贷款余额的 2.79%,个人住房贷款逾期额与个人贷款风险准备金余额的比率为 0.0013%。

五、社会经济效益

(一)缴存业务:

2017 年,实缴单位数、实缴职工人数和缴存额同比分别增长 11.14%、7.83% 和 18.38%。

缴存单位中,国家机关和事业单位占 6.51%,国有企业占 1.99%,城镇集体企业占 1.40%,外商投资企业占 11.44%,城镇私营企业及其他城镇企业占 73.13%,民办非企业单位和社会团体占 1.59%,其他占 3.94%,见图5。

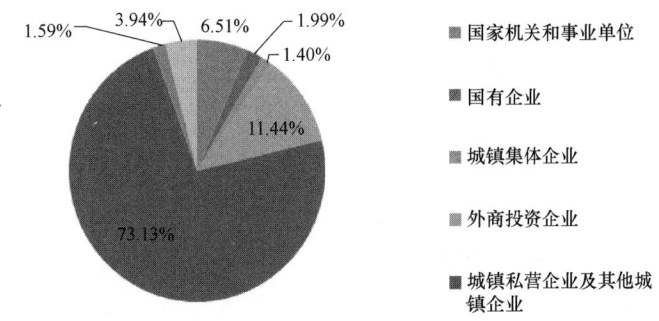

图5　2017年实缴单位性质分类

缴存职工中，国家机关和事业单位占12.69%，国有企业占5.51%，城镇集体企业占1.78%，外商投资企业占36.52%，城镇私营企业及其他城镇企业占40.69%，民办非企业单位和社会团体占1.16%，其他占1.65%；中、低收入占99.9992%，高收入占0.0008%，见图6。

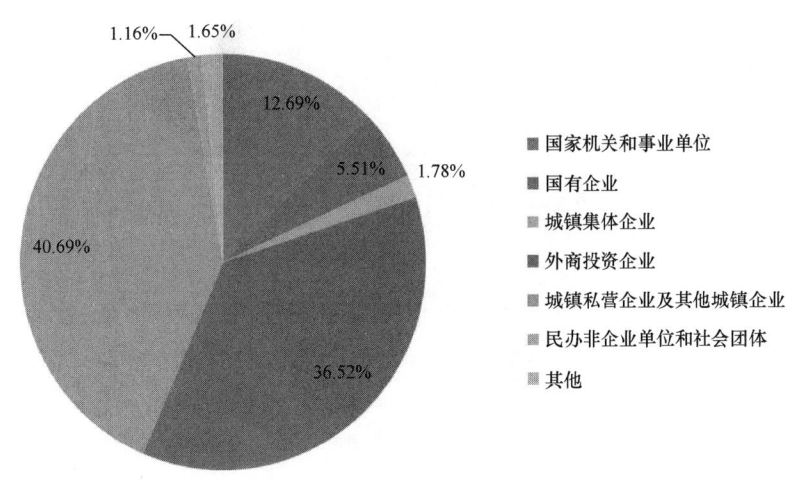

图6　2017年实缴职工数控所在单位性质分类

新开户职工中，国家机关和事业单位占2.78%，国有企业占2.14%，城镇集体企业占1.06%，外商投资企业占58.46%，城镇私营企业及其他城镇企业占33.37%，民办非企业单位和社会团体占1.18%，其他占1.01%；中、低收入占99.9999%，高收入占0.0001%，见图7。

（二）**提取业务**：2017年，138.32万名（其中园区中心28.96万名）缴存职工提取住房公积金289.12亿元（其中园区中心52.12亿元）。

提取金额中，住房消费提取占81.40%（购买、建造、翻建、大修自住住房占25.11%，偿还购房贷款本息占56.10%，租赁住房占0.19%）；非住房消费提取占18.60%（离休和退休提取占7.02%，完全丧失劳动能力并与单位终止劳动关系提取占0.01%，户口迁出本市或出境定居占9.96%，其他占1.61%），见图8。

提取职工中，中、低收入占99.93%，高收入占0.07%，见图8。

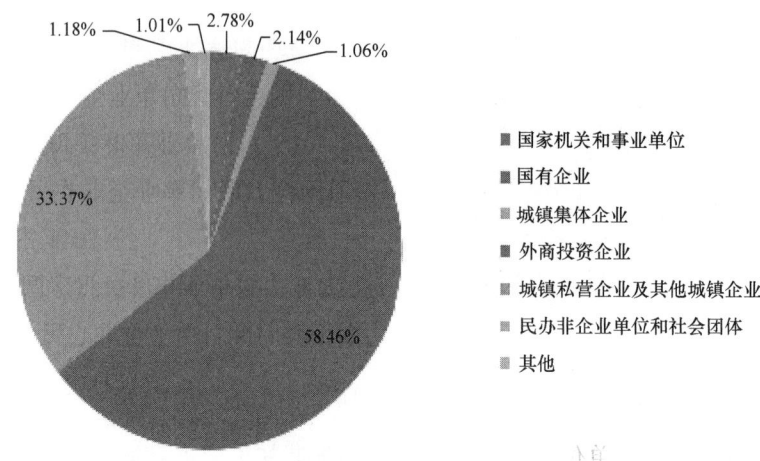

图 7　2017 年新开户职工数所在单位性质分类

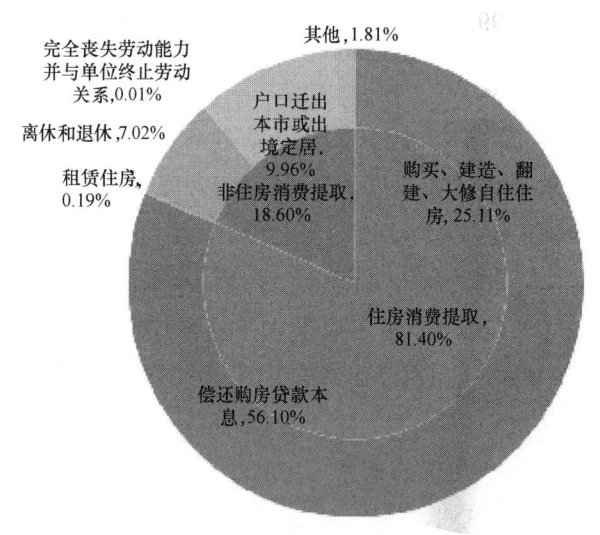

图 8　2017 年提取情况分类

(三) 贷款业务：

1. 个人住房贷款： 2017 年，支持职工购建房 217.04 万平方米，年末个人住房贷款市场占有率为 7.6%，比上年减少 1.36 个百分点。通过申请住房公积金个人住房贷款，可节约职工购房利息支出 319424.25 万元（其中园区中心 50600.25 万元）。

职工贷款笔数中，购房建筑面积 90（含）平方米以下占 39.10%，90~144（含）平方米占 53.87%，144 平方米以上占 7.03%。购买新房占 34.20%（其中购买保障性住房占 0.72%），购买存量商品住房占 65.51%，建造、翻建、大修自住住房占 0.29%，见图 9、图 10。

职工贷款笔数中，单缴存职工申请贷款占 52.05%，双缴存职工申请贷款占 47.40%，三人及以上缴存职工共同申请贷款占 0.55%。

贷款职工中，30 岁（含）以下占 33.41%，30 岁~40 岁（含）占 49.04%，40 岁~50 岁（含）占 15.96%，50 岁以上占 1.59%；首次申请贷款占 92.23%，二次及以上申请贷款占 7.77%；中、低收入占 99.99%，高收入占 0.01%。

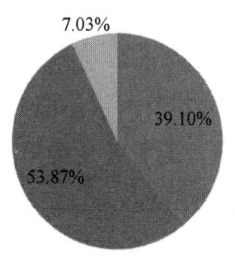
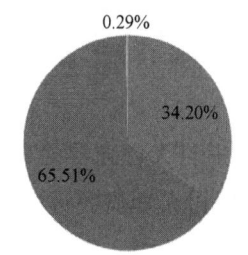

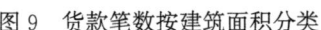

图9　贷款笔数按建筑面积分类　　　　　　　图10　贷款笔数按房屋类型分类

2. **异地贷款**：2017年，未发放异地贷款。

根据苏州缴存职工人员结构实际，大力支持职工回乡贷款，共计开具异地贷款职工住房公积金缴存使用证明7950份。

3. **公转商贴息贷款**：2017年，未发放公转商贴息贷款，当年贴息额1532.31万元。2017年末，累计发放公转商贴息贷款4015笔、147927.40万元，累计贴息4975.34万元。

4. **支持保障性住房建设试点项目贷款**：2017年末，本市累计有住房公积金试点项目3个，贷款额度20亿元，全部用于棚户区改造安置用房项目。建筑面积共62.78万平方米，可解决3255户中低收入职工家庭的住房问题。其中，1个试点项目贷款资金已全部发放并还清贷款本息，鉴于其余两个项目进展情况的实际，两项目不再申请发放住房公积金贷款，苏州利用住房公积金贷款支持保障性住房建设试点项目工作告一段落。

(四) 住房贡献率：2017年，个人住房贷款发放额、公转商贴息贷款发放额、项目贷款发放额、住房消费提取额的总和与当年缴存额的比率为101.49%，比上年减少44.16个百分点。

六、其他重要事项

(一) 当年机构及职能调整情况、受委托办理缴存贷款业务金融机构变更情况：

1. 2017年，根据《中共苏州市委办公室印发〈关于全面落实市纪委向市一级党和国家机关派驻纪检机构的方案〉的通知》（苏办发〔2017〕75号）要求，我中心撤销原监察室。

2. 根据市编办《关于同意调整苏州市住房公积金管理中心内设机构的批复》，我中心缴存执法处更名为"缴存管理处"，设立组织人事处。

3. 2017年，我中心未涉及职能调整或者缴存贷款业务金融机构变更。

(二) 当年住房公积金政策调整及执行情况：

1. **当年缴存基数限额及确定方法、缴存比例等缴存政策调整情况：**

(1) 缴存基数限额：2017年度，苏州住房公积金最高缴存基数为20000元，最低不得低于苏州各地人社部门公布的当地最低社保缴费基数，如职工工资基数确实低于当地最低社保缴费基数的，经住房公积金管理机构核准，按实缴存，但最低不得低于苏州市人力资源和社会保障局公布的当年度最低工资，即1940元。

(2) 确定方法：

最高限额：苏州市统计局公布的上一年度职工月平均工资的3倍；

最低限额：苏州市人力资源和社会保障局公布的当年度最低工资。

（3）缴存比例调整：

各级国家机关、各类企事业单位、民办非企业单位、社会团体及其他单位：单位与职工各8%～12%。

2. 当年提取政策调整情况：2017年，我中心未发生提取政策调整。

3. 当年个人住房贷款最高贷款额度、贷款条件等贷款政策调整情况：2017年，我中心未发生贷款政策调整。

4. 当年住房公积金存贷款利率执行标准等：2017年，住房公积金存贷款利率未作调整。

（三）**当年服务改进情况**：2017年，我中心贯彻落实各级对推进"放管服"工作、加快"互联网+政务服务"、实现"不见面审批（服务）"的要求，积极探索建立"智慧公积金"体系，全力打造"15分钟"实地服务和分中心大厅全业务服务的立体服务体系。

1. 强化信息支撑。以贯彻公积金基础数据标准、公积金信息系统技术规范、公积金综合服务平台三个标准为契机，加快我市第三代公积金综合业务系统建设，全面对接政务服务网。与人社、公安、住建等部门数据互联共享，努力推进与国土、工商、地税等部门数据互联。全面采集职工基础信息，充实、完善公积金数据资料，不断实现公积金规范化、信息化、科学化、安全化管理。

2. 推进简政放权。加快融入全省政务服务"一张网"，在全市首家实现了政务审批事项全程在网上办理，单位办理公积金缴存登记、降比缓缴真正实现"不见面"。除昆山外，均开通在线自助提取服务，办事职工通过自助服务终端自助办理退休提取、外地职工调离本市提取业务，全程仅需1分钟，办理效率在省内领先。在行业内首批利用人脸识别技术认证查询个人公积金账户等智能安全便捷服务，成为全市使用次数最多的城市服务项目。公积金个人网上业务系统启用贷款预申请功能。助推我市不动产登记全业务、全过程"一窗受理、集成服务"，确保不动产交易登记5个工作日内完成。接入全国公积金异地转移接续平台，缴存职工可畅享公积金"账随人走、钱随账走"的便利。

3. 精简提取材料。为进一步发挥住房公积金在帮扶低保特困职工基本生活方面的作用，出台《关于简化低保、低保边缘重病困难对象》，自2018年1月1日起，取消低保、低保边缘重病困难对象的缴存职工提取住房公积金时需提供当地民政部门发放的《城市（镇）居民最低生活保障救济（补助）金领取证》（部分地区为《城乡居民最低生活保障证》）或《低保边缘困难人群生活救助金领取证》（部分地区为《低保边缘重病困难对象救助证》）的规定，调整为直接凭本人住房公积金卡、身份证到缴存地住房公积金服务大厅办理。

4. 增创服务优势。持续推广"苏州公积金"微信公众号，粉丝突破80万人，影响力领先同行。畅通"七位一体"亲民服务渠道，整合完善公积金服务网点布局，进一步提升办事便捷度和环境设施感受度。开展全系统公积金服务规范技能竞赛，继续通过"神秘人"暗访、满意度专项调查、客户需求信息采集等方式，巩固提升全系统服务质量，保持公积金服务在群众中的良好口碑，不断放大"公积金，惠万家"特色服务品牌的社会知名度和感受度。

（四）**当年信息化建设情况**：

1. 部门数据联网共享成效显现，"互联网+"住房公积金应用顺利推进。上半年，推出自助在线办理部分提取业务，完全取消纸质凭证材料；完成与江苏省政务服务"一张网"的系统对接开发，实现公积金缴存登记审批事项业务全流程"一张网"办结；8月份接入江苏省住房城乡建设厅12329统一短信发送平台，实现了向全国手机号发送短信；网上服务平台推出贷款网上申请功能，职工可通过互联网提交贷款申请，缩短现场办理时间；通过与蚂蚁金服合作在省内首批推出了刷脸查询公积金的功能。

2. 进一步改善系统运行环境。组织实施了数据库系统升级，由 Oracle10.0 升级到 Oracle11g，为新老系统数据顺利衔接做好准备。应用系统全面实现虚拟化，系统容错能力和稳定性显著提升。

3. 努力落实住房城乡建设部相关工作要求。做好与全国异地转移接续平台的系统对接，2017 年 6 月按时顺利接入平台。7 月份完成苏州住房公积金新一代综合业务系统建设的招标工作，并将"双贯标"工作要求纳入招标需求。布置相关承办银行开发住房城乡建设部统一结算平台的接口，10 月份启动与部统一结算应用系统的联调测试工作。根据现有系统状况结合住房城乡建设部要求，整合微信、微博、12329 热线、官方网站、自助终端等渠道，10 月底完成了住房公积金综合服务平台的部署。

（五）当年住房公积金管理中心及职工所获荣誉情况：

1. 集体：

（1）市中心机关党总支被市委宣传部、市委组织部命名为"苏州市首批学习型党组织建设示范点"。

（2）市中心机关党总支被苏州市级机关工委评为"2015~2016 年度市级机关十佳先进基层党组织"。

（3）张家港分中心服务大厅被江苏省妇女联合会、江苏省妇女"双学双比""巾帼建功"活动领导小组授予"巾帼文明岗"荣誉称号。

（4）常熟分中心服务大厅被江苏省妇女联合会、江苏省妇女"双学双比""巾帼建功"活动领导小组授予"巾帼文明岗"荣誉称号。

（5）吴中分中心服务大厅被命名为"全省住房城乡建设系统 2015~2016 年度省级青年文明号集体"。张家港、常熟、昆山、太仓、姑苏、虎丘继续确认为省级青年文明号集体。

（6）吴江分中心被苏州市纪委等 8 部门联合确认为苏州市级"廉洁文化示范点"。

（7）吴江分中心被苏州市巾帼建功活动领导小组和苏州市妇女联合会联合评为"巾帼文明岗"。

（8）市中心在 2016 年苏州市"便民杯"优质服务竞赛中荣获"服务规范奖"。

（9）市中心机关党总支被苏州市级机关工委评为"2016 年度机关党建信息工作先进单位"。

（10）市中心团支部被苏州市级机关团工委评为"2015~2016 年度苏州市市级机关先进直属团组织"。

2. 个人：

（1）杨芸同志被评为全省住房城乡建设系统 2015~2016 年度省级青年文明号省级青年岗位能手。

（2）姚胜楠同志被苏州市总工会授予"苏州市五一劳动奖章"。

（3）陈健同志被苏州市级机关工委评为"2015~2016 年度市级机关优秀党务工作者"。

（4）汪叶同志被苏州市级机关工委评为"2015~2016 年度市级机关优秀共产党员"。

（5）罗其军同志在苏州团市委举办的"回答'创新四问'，争做'四创青年'"主题寻访活动中被推选为"苏州四创"好青年。

（6）张洁同志被苏州团市委、市人社局联合授予 2016 年度"苏州市青年岗位能手"称号。

（7）张文骏、张孝文、张敏在 2016 年度苏州市"便民杯"优质服务竞赛活动中，被考核为先进个人。

（8）胡骋宇、李丹在 2016 年度苏州市"寒山闻钟"论坛工作中，被考核为先进个人。

（9）范婷同志被共青团苏州市市级机关工作委员会评为"2015~2016 年度苏州市市级机关优秀团干部"。

（10）龚晓阳同志被共青团苏州市市级机关工作委员会评为"2015～2016年度苏州市市级机关优秀团员"。

（六）其他需要披露的情况：

1. 开展2016年度中低收入家庭购买保障性住房的公积金贷款贴息，全市共计办理贷款贴息1002笔、226.84万元，户均贴息2264元。

2. 继续对长期未使用住房公积金的缴存职工实施奖励补贴机制，全年累计向4.07万名符合条件的职工实施奖励3326万元，人均享受补贴817元。

南通市住房公积金2017年年度报告

一、机构概况

（一）住房公积金管理委员会： 住房公积金管理委员会有25名委员，2017年召开1次会议，审议通过的事项主要包括：

1. 会议听取了市住房公积金管理中心关于2016年工作完成情况和2017年工作打算的汇报，肯定了市住房公积金管理中心2016年取得的各项成绩，要求落实好2017年各项工作安排，密切关注南通房地产市场变化，适时动态调整公积金政策，促进房地产市场的平稳发展。

2. 会议审议通过了《关于2016年住房公积金归集、使用执行情况和2017年归集、使用计划的报告》。2017年住房公积金计划归集95亿元，新建单位1600个；计划发放贷款96亿元，个贷逾期率控制在1.5‰以内；计划业务收入8.97亿元，增值收益3.55亿元；计划融资30亿元以内；确保全年无安全（包括资金安全）责任事故。

3. 会议听取了市财政局关于2016年住房公积金资金审计情况的通报。

4. 会议审议通过了《2016年度住房公积金财务报表审计报告》和《2016年度住房公积金管理费用使用审计报告》。

5. 会议审议通过了《南通市住房公积金2016年增值收益分配方案》。

6. 会议审议通过了《南通市住房公积金管理中心2016年年度报告》，同意发布。

7. 会议审议通过了《关于同意浙商银行股份有限公司南通分行承办住房公积金贷款委托业务的请示》，同意浙商银行股份有限公司南通分行承办住房公积金贷款委托业务。

8. 会议审议通过了《关于调整南通市住房公积金贷款购买第二套住房最低首付款比例的意见》。购买二套住房的家庭申请住房公积金贷款的，最低首付款比例调整至40%。原通金管〔2015〕237号文废止。

9. 会议审议通过了《关于申请住房公积金贷款中住房情况认定的意见》。明确了申请住房公积金贷款的职工家庭的首套房、二套房、二套房以上情况的认定标准。原通金管〔2016〕142号文废止。

（二）住房公积金管理中心： 住房公积金管理中心为市政府直属不以营利为目的的自收自支事业单位，设10个处（科），6个管理部，5个办事处。从业人员125人，其中，在编105人，非在编20人。

二、业务运行情况

（一）**缴存**：2017年，新开户单位2697家，实缴单位17630家，净增单位1819家；新开户职工14.14万人，实缴职工80.20万人，净增职工5.22万人；缴存额102.99亿元，同比增长11.32%。2017年末，缴存总额695.16亿元，同比增长17.39%；缴存余额255.78亿元，同比增长7.89%。

受委托办理住房公积金缴存业务的银行5家，比上年增加0家。

（二）**提取**：2017年，提取额84.29亿元，同比增长22.94%；占当年缴存额的81.84%，比上年增加7.74个百分点。2017年末，提取总额439.38亿元，同比增长23.74%。

（三）**贷款**

个人住房贷款：个人住房贷款最高额度40万元，其中，单缴存职工最高额度40万元，双缴存职工最高额度80万元。

2017年，发放个人住房贷款1.54万笔59.09亿元，同比分别下降21.03%、20.73%。

2017年，回收个人住房贷款35.73亿元。

2017年末，累计发放个人住房贷款23.26万笔531.74亿元，贷款余额282.64亿元，同比分别增长7.09%、12.50%、9.01%。个人住房贷款余额占缴存余额的110.50%，比上年增加1.14个百分点。

受委托办理住房公积金个人住房贷款业务的银行19家，比上年增加1家。

（四）**融资**：2017年，融资10.55亿元，归还4.49亿元。2017年末，融资总额37.13亿元，融资余额31.65亿元。

（五）**资金存储**：2017年末，住房公积金存款0亿元。

（六）**资金运用率**：2017年末，住房公积金个人住房贷款余额、项目贷款余额和购买国债余额的总和占缴存余额的110.50%，比上年增加1.14个百分点。

三、主要财务数据

（一）**业务收入**：2017年，业务收入90534.33万元，同比增长11.52%。其中，存款利息1120.28万元，委托贷款利息89414.05万元，国债利息0万元，其他0万元。

（二）**业务支出**：2017年，业务支出51267.34万元，同比增长4.40%。其中，支付职工住房公积金利息37970.56万元，归集手续费2717.15万元，委托贷款手续费2189.70万元，其他8389.93万元。

（三）**增值收益**：2017年，增值收益39266.99万元，同比增长22.43%。其中，增值收益率1.59%，比上年增加0.18个百分点。

（四）**增值收益分配**：2017年，提取贷款风险准备金23560.19万元，提取管理费用2976.21万元，提取城市廉租住房（公共租赁住房）建设补充资金12730.59万元。

2017年，上交财政管理费用2702.41万元。上缴财政城市廉租住房（公共租赁住房）建设补充资金10127.29万元。

2017年末，贷款风险准备金余额202272.98万元。累计提取城市廉租住房（公共租赁住房）建设补充资金99559.50万元。

（五）**管理费用支出**：2017年，管理费用支出2976.21万元，同比增长10.13%。其中，人员经费

2060.99 万元，公用经费 221.70 万元，专项经费 693.52 万元。

四、资产风险状况

个人住房贷款：2017 年末，个人住房贷款逾期额 1151.86 万元，逾期率 0.41‰。

个人贷款风险准备金按增值收益的 60％提取。2017 年，提取个人贷款风险准备金 23560.19 万元，使用个人贷款风险准备金核销呆坏账 0 万元。2017 年末，个人贷款风险准备金余额 202272.98 万元，占个人住房贷款余额的 7.16％，个人住房贷款逾期额与个人贷款风险准备金余额的比率为 0.57％。

五、社会经济效益

（一）缴存业务：2017 年，实缴单位数、实缴职工人数和缴存额同比分别增长 11.50％、6.96％和 11.32％。

缴存单位中，国家机关和事业单位占 17.31％，国有企业占 2.21％，城镇集体企业占 0，外商投资企业占 1.58％，城镇私营企业及其他城镇企业占 4.83％，民办非企业单位和社会团体占 3.31％，其他占 70.76％。

缴存职工中，国家机关和事业单位占 21.50％，国有企业占 6.95％，城镇集体企业占 0，外商投资企业占 11.12％，城镇私营企业及其他城镇企业占 1.68％，民办非企业单位和社会团体占 1.39％，其他占 57.36％；中、低收入占 88.22％，高收入占 11.78％。

新开户职工中，国家机关和事业单位占 6.42％，国有企业占 2.93％，城镇集体企业占 0，外商投资企业占 6.26％，城镇私营企业及其他城镇企业占 2.13％，民办非企业单位和社会团体占 1.70％，其他占 80.56％；中、低收入占 99.22％，高收入占 0.78％。

（二）提取业务：2017 年，24.97 万名缴存职工提取住房公积金 84.29 亿元。

提取金额中，住房消费提取占 79.96％（购买、建造、翻建、大修自住住房占 43.56％，偿还购房贷款本息占 36.33％，租赁住房占 0.07％，其他占 0％）；非住房消费提取占 20.04％（离休和退休提取占 10.96％，完全丧失劳动能力并与单位终止劳动关系提取占 0.20％，户口迁出本市或出境定居占 0.67％，其他占 8.21％）。

提取职工中，中、低收入占 92.65％，高收入占 7.35％。

（三）贷款业务：

1. 个人住房贷款：2017 年，支持职工购建房 197.56 万平方米。通过申请住房公积金个人住房贷款，可节约职工购房利息支出 10326 万元。

职工贷款笔数中，购房建筑面积 90（含）平方米以下占 13.85％，90～144（含）平方米占 66.40％，144 平方米以上占 19.75％。购买新房占 59.50％（其中购买保障性住房占 0.01％），购买存量商品住房占 40.41％，建造、翻建、大修自住住房占 0.01％，其他占 0.08％。

职工贷款笔数中，单缴存职工申请贷款占 3.43％，双缴存职工申请贷款占 90.64％，三人及以上缴存职工共同申请贷款占 5.93％。

贷款职工中，30 岁（含）以下占 29.67％，30 岁～40 岁（含）占 40.59％，40 岁～50 岁（含）占

22.30%，50 岁以上占 7.44%；首次申请贷款占 84.56%，二次及以上申请贷款占 15.44%；中、低收入占 97.23%，高收入占 2.77%。

2. **异地贷款**：2017 年，发放异地贷款 521 笔 17801.9 万元。2017 年末，发放异地贷款总额 39309.20 万元，异地贷款余额 36442.26 万元（不含系统升级前数据，不包含公转商贷款，异地贷款余额取数日期为 2018 年 3 月 1 日）。

3. **公转商贴息贷款**：2017 年，发放公转商贴息贷款 4383 笔 199793.35 万元，支持职工购建住房面积 58.61 万平方米，当年贴息额 5352.47 万元。2017 年末，累计发放公转商贴息贷款 14387 笔 613597.65 万元，累计贴息 8930.10 万元。（2017 年赎回 2 笔）

（四）**住房贡献率**：2017 年，个人住房贷款发放额、公转商贴息贷款发放额、项目贷款发放额、住房消费提取额的总和与当年缴存额的比率为 142.22%，比上年减少 23.94 个百分点。

六、其他重要事项

（一）当年受委托办理贷款业务金融机构情况：新增加浙商银行。

（二）当年住房公积金政策调整及执行情况：

1. 归集方面：出台《关于清理个人重复开户的通知》和《关于住房公积金个人账户转移相关事宜的通知》，指导各部门开展清理重复开户相关工作，协调受委托银行配合进行。年初系统内有重复账户 5 万多个，至年底已清理了 3 万多户。

2017 年，根据上一年度全市城镇非私营单位在岗职工平均工资的 3 倍确定当年缴存基数限额为 17414 元，缴存基数下限按上年度最低工资标准 1770 元执行，缴存比例为 8%～12%。当年职工住房公积金存款利率为年利率 1.5%，6 月底职工账户结息 3.49 亿元。

2. 贷款方面：根据房地产形势出台各类政策。一是在全市范围内认房认贷，出台了《关于申请住房公积金贷款中住房情况认定的意见》；二是调整购房首付款比例，出台了《关于调整南通市住房公积金贷款购买二套住房最低首付款比例的意见》；三是 3 月底暂停办理"公转商"贷款业务。

（三）当年服务改进情况：

1. 进驻各地政务中心窗口。根据行政审批"三集中三到位"的要求，中心各管理部及政务中心、开发区、港闸区、通州湾办事处在当地的政务服务中心开设了窗口，为群众提供便捷服务。

2. 加大惠民力度。全年共为 6500 户借款人支付抵押登记费 55 万元，支付贷款公证费 133.8 万元，切实减轻了贷款人负担。

3. 加强政务公开。高效办理政务热线、政府信箱、门户网站等流转的来电来件，走进南通电台"民心专列·政风行风热线"栏目和南通政府在线访谈，积极听取回应市民诉求，着力解决热点难点问题。

4. 优化贷款审批流程。为了加快贷款审批速度，采取了及时有效的措施：一是梳理审批流程，简化手续，提高贷款审批速度；二是建立了贷款审批发放轮候制度，职工可查询到本人贷款排队情况，建立了公平公开的贷款秩序。

5. 坚决维护职工权益。去年有部分开发商对新开楼盘拒绝公积金贷款。中心争取了市政府和市房管局的大力支持，约谈了 10 家开发商，督促他们签订了公积金贷款按揭协议，坚决维护职工办理公积金贷款的权利，目前不存在拒贷现象。及时依法处理职工缴存投诉。

(四)当年信息化建设情况：

1. 全力推进"双贯标"工作。中心认真部署，稳步推进，"双贯标"工作进展顺利。

2. 全面接入全国异地转移接续平台。全年中心办理转入1100人，转出496人，减少了群众以往转移时往返奔波的不便，提高了办事效率。

3. 加入了《沪苏浙三地住房公积金信息共享多方合作协议》框架，成为沪苏浙三地全面信息共享的成员单位，建立了公积金中心之间的信息共享机制。

4. 着手打造综合服务平台，完成招标工作。

(五)当年住房公积金管理中心及职工所获荣誉情况：

1. 创建文明单位（行业、窗口）地市级6个。

2. 工人先锋号地市级1个。

3. 三八红旗手（巾帼文明岗）地市级2个。

4. 先进集体和个人省部级1个、地市级5个。

5. 其他地市级3个。

(六)当年对违反《住房公积金管理条例》和相关法规行为进行行政处罚和申请人民法院强制执行情况：全年下发行政处罚决定1家，责令限期缴存15家，完成了追缴公积金2800.32万元。继续落实督办制度，全年下发《督办通知》77份，进一步督促企业建制或增人扩面。

连云港市住房公积金2017年年度报告

一、机构概况

（一）**住房公积金管理委员会**：连云港市住房公积金管理委员会有24名委员，2017年3月28日，召开第三届住房公积金管理委员会第五次会议，审议通过的事项主要包括：《关于连云港市住房公积金2016年决算及2017年预算的报告》、《关于拟公布＜连云港市住房公积金2016年年度报告＞的议案》、《关于拟出台＜摊销连云分中心服务用房购置及改造费用＞的议案》、《关于拟出台＜对住房公积金贷款实行全程担保＞的议案》。

（二）**住房公积金管理中心**：连云港市住房公积金管理中心是直属于市政府的不以营利为目的的自收自支事业单位，设7个处室，6个分中心。从业人员89人，其中，在编53人，非在编36人。

二、业务运行情况

（一）**缴存**：2017年，新开户单位928家，实缴单位6793家，净增单位664家；新开户职工4.07万人，实缴职工36.72万人，净增职工2.01万人；缴存额48.73亿元，同比增长11.05%。2017年末，缴存总额304.11亿元，同比增长19.08%；缴存余额130.36亿元，同比增长9.97%。

受委托办理住房公积金缴存业务的银行8家，与上年相同。

（二）**提取**：2017年，提取额36.92亿元，同比增长21.77%；占当年缴存额的75.76%，比上年增加6.66%。2017年末，提取总额173.75亿元，同比增长26.98%。

（三）**贷款**：

个人住房贷款：个人住房贷款最高额度60万元，其中，单缴存职工最高额度30万元，双缴存职工最高额度60万元。

2017年，发放个人住房贷款1.04万笔36.42亿元，同比分别增长22.39%、23.15%。

2017年，回收个人住房贷款23.26亿元。

2017年末，累计发放个人住房贷款10.78万笔274.21亿元，贷款余额139.94亿元，同比分别增长10.68%、15.31%、10.38%。个人住房贷款余额占缴存余额的107.35%，比上年增加0.4%。

受委托办理住房公积金个人住房贷款业务的银行6家，与上年相同。

（四）**融资**：2017年，融资13.41亿元，归还6.23亿元。2017年末，融资总额21.55亿元，融资余额15.04亿元。

（五）**资金存储**：2017年末，住房公积金存款7.61亿元。其中，活期0.01亿元，1年（含）以下定期2.67亿元，1年以上定期0.25亿元，其他（协定、通知存款等）4.68亿元。

（六）**资金运用率**：2017年末，住房公积金个人住房贷款余额占缴存余额的107.35%，比上年增加0.4%。

三、主要财务数据

（一）**业务收入**：2017年，业务收入45676.04万元，同比增长17.21%。存款利息1782.93万元，委托贷款利息41806.32万元，其他2086.79万元。

（二）**业务支出**：2017年，业务支出26119.65万元，同比增长70.35%。支付职工住房公积金利息18762.7万元，归集手续费1393.44万元，委托贷款手续费1316.79万元，其他4646.72万元。

（三）**增值收益**：2017年，增值收益19556.39万元，同比增长17.27%。增值收益率1.57%，比上年增加0.53%。

（四）**增值收益分配**：2017年，提取贷款风险准备金11603.42万元，提取管理费用3152.97万元，提取城市廉租住房（公共租赁住房）建设补充资金4800万元。

2017年，上交财政管理费用3027.08万元。上缴财政城市廉租住房（公共租赁住房）建设补充资金4500万元。

2017年末，贷款风险准备金余额73565.26万元。累计提取城市廉租住房（公共租赁住房）建设补充资金36955.95万元。

（五）**管理费用支出**：2017年，管理费用支出3464.13万元，同比增长62.21%。其中，人员经费1880.49万元，公用经费74.48万元，专项经费1509.16万元。

四、资产风险状况

个人住房贷款：2017年末，个人住房贷款逾期额58万元，逾期率0.04‰。

个人贷款风险准备金按贷款余额的0.92%提取。2017年，提取个人贷款风险准备金11603.42万元。

2017年末，个人贷款风险准备金余额73565.26万元，占个人住房贷款余额的5.26%，个人住房贷款逾期额与个人贷款风险准备金余额的比率为0.08%。

五、社会经济效益

（一）缴存业务：2017年，实缴单位数、实缴职工人数和缴存额同比分别增长6.93%、10.01%和11.05%。

缴存单位中，国家机关和事业单位占31.04%，国有企业占7.95%，城镇集体企业占1.94%，外商投资企业占2.71%，城镇私营企业及其他城镇企业占52.54%，民办非企业单位和社会团体占2.02%，其他占1.08%。

缴存职工中，国家机关和事业单位占31.66%，国有企业占17.47%，城镇集体企业占1.60%，外商投资企业占5.90%，城镇私营企业及其他城镇企业占42.05%，民办非企业单位和社会团体占0.31%，其他占1.01%；中、低收入占96.28%，高收入占3.72%。

新开户职工中，国家机关和事业单位占15.04%，国有企业占10.34%，城镇集体企业占0.62%，外商投资企业占8.45%，城镇私营企业及其他城镇企业占63.58%，民办非企业单位和社会团体占0.45%，其他占1.52%；中、低收入占93.91%，高收入占6.09%。

（二）提取业务：2017年，12.64万名缴存职工提取住房公积金36.92亿元。

提取金额中，住房消费提取占81.26%（购买、建造、翻建、大修自住住房占16.78%，偿还购房贷款本息占64.16%，租赁住房占0.32%）；非住房消费提取占18.74%（离休和退休提取占11.06%，完全丧失劳动能力并与单位终止劳动关系提取占6.22%，户口迁出本市或出境定居占0.74%，其他占0.72%）。

提取职工中，中、低收入占94.5%，高收入占5.5%。

（三）贷款业务：

1. 个人住房贷款：2017年，支持职工购建房123.47万平方米，年末个人住房贷款市场占有率为17.1%，比上年减少2.88%。通过申请住房公积金个人住房贷款，可节约职工购房利息支出116897.61万元。

职工贷款笔数中，购房建筑面积90（含）平方米以下占15.26%，90～144（含）平方米占71.51%，144平方米以上占13.23%。购买新房占66.93%（其中购买保障性住房占0.77%），购买存量商品住房占28.69%，建造、翻建、大修自住住房占0.01%，其他占4.37%。

职工贷款笔数中，单缴存职工申请贷款占54.29%，双缴存职工申请贷款占45.71%。

贷款职工中，30岁（含）以下占35.18%，30岁～40岁（含）占37.40%，40岁～50岁（含）占22.35%，50岁以上占5.08%；首次申请贷款占84.29%，二次及以上申请贷款占15.71%；中、低收入占95.68%，高收入占4.32%。

2. 异地贷款：2017年，发放异地贷款209笔7170万元。2017年末，发放异地贷款总额12963万元，异地贷款余额11901.95万元。

（四）住房贡献率：2017年，个人住房贷款发放额、公转商贴息贷款发放额、住房消费提取额的总和与当年缴存额的比率为136.3%，比上年减少27.58%。

六、其他重要事项

（一）机构及职能调整情况、缴存贷款业务金融机构变更情况：2017年，为加强机关党的建设和人事教育工作，根据连云港市编办《关于同意调整市住房公积金管理中心内设机构的批复》（连编办〔2017〕143号）精神，连云港中心将原办公室所挂的"人事教育处"独立设置。

本市受委托办理住房公积金缴存业务的银行共计8家，无变更。分别是工商银行、农业银行、中国银行、建设银行、交通银行、邮政储蓄银行、江苏银行、东方农村商业银行；受委托办理住房公积金个人住房贷款业务的银行共计6家，无变更。分别是工商银行、农业银行、中国银行、建设银行、交通银行、江苏银行。

（二）当年住房公积金政策调整及执行情况：

当年住房公积金政策调整及执行情况：印发《关于调整住房公积金政策的通知》（连住公委〔2017〕1号），调整部分住房公积金使用政策，主要是将最低首付款比例由20％调整至30％，停止发放第二套或第二次公积金贷款，暂停商贷转公积金贷等政策。

当年缴存基数限额及确定方法、缴存比例调整情况：2017年，本市住房公积金月缴存基数上限为16000元，依此设定单位和个人月缴存额上限各为1920元，合计为3840元；本市住房公积金月缴存基数下限为2550元，依此设定单位和个人月缴存额下限各为128元，合计为256元。2017年，本市机关事业单位和职工住房公积金缴存比例仍各为12％；各类企业及其他经济组织单位和职工住房公积金缴存比例仍各为5％~12％。

当年提取政策调整情况：印发《关于调整住房公积金政策的通知》（连住公委〔2017〕1号），调整部分住房公积金提取政策，对职工异地购房申请提取公积金的，仅限所购房屋为职工或配偶的户籍所在地或工作所在地；提取时需提供户口簿或社保缴纳凭证，且工作单位与社保缴存单位应一致。印发《关于既有住宅增设电梯提取住房公积金有关规定的通知》（连房公积金〔2017〕15号），对在本市行政区域内的城市既有住宅增设电梯，出资增设电梯的产权所有人及其配偶可以提取住房公积金支付增设电梯个人分摊费用。

当年住房公积金存贷款利率调整及执行情况：存款利率执行上，2017年没有变化，根据中国人民银行、住房城乡建设部、财政部印发《关于完善职工住房公积金账户存款利率形成机制的通知》（银发〔2016〕43号），存款利率按一年期定期存款基准利率执行1.50％。贷款利率执行上，2017年没有变化，根据《中国人民银行关于下调金融机构人民币贷款和存款基准利率并进一步推进利率市场化改革的通知》（银发〔2015〕265号），五年以下（含五年）个人住房公积金贷款利率执行2.75％，五年以上个人住房公积金贷款利率执行3.25％。住房公积金存贷款利率均按照国家利率政策规定的基准利率执行。

当年住房公积金个人住房贷款最高贷款额度调整情况：2017年未做调整。目前本市个人住房贷款最高额度为60万元，其中，借款人双方正常缴存的最高额度60万元，借款人单方正常缴存的最高额度30万元。

（三）当年服务改进情况：2017年，连云港中心继续开展公积金贯标服务培训，对各服务窗口开展6S定位管理。建立连云港智慧公积金指挥中心，购置12台多功能数字大屏，形成监控全覆盖，实时监测八大综合服务平台运行，远程指挥、监督6个县区分中心服务大厅现场工作。开通网上业务大厅，开展指尖自助服务，缴存单位可在网厅直接办理职工个人账户设立、缴存、基本信息变更等全流程业务；职工个人可以在网厅办理明细查询、贷款申请、提取办理、预约办理等个人业务。目前，已建成"12329 服务热线、手机短信、门户网站、微信公众号、政务微博、自助查询机、手机 APP、网上业务大厅"八位一体的综合服务平台，打造为民服务"线上线下旗舰店"。

（四）当年信息化建设情况：2017 年，连云港中心加快"互联网＋公积金"建设步伐，利用大数据信息技术，加快建设综合服务平台，住房公积金服务的渠道和场景更加丰富，服务模式和体验更加新颖。2017 年年初启动住房公积金基础数据标准贯标和全国住房公积金银行结算应用系统接入工作。全市于 2017 年 10 月 15 日，在全省率先接入住房城乡建设部住房公积金结算平台、上线运行，并于 2018 年 3 月通过住房城乡建设部、省住房城乡建设厅联合检查验收。全市于 2017 年 9 月 22 日，在全省率先、苏北第一家完成住房公积金网上业务大厅与江苏政务服务网融合对接，通过江苏政务服务网的一站认证，全面开通全省政务服务网的网站端和移动端的公积金查询、业务办理。

（五）当年住房公积金管理中心及职工所获荣誉情况：2017 年，连云港中心荣获连云港市创建全国卫生城市先进集体，连续三年在全市绩效考评中荣获优秀等次；海州分中心被评为全国巾帼文明岗；会计核算处被评为江苏省住房城乡建设系统工人先锋号。

（六）当年对违反《住房公积金管理条例》和相关法规行为进行行政处罚和申请人民法院强制执行情况：2017 年，连云港中心大力打击骗提、骗贷、套取住房公积金的失信行为，全市共查处公积金骗提骗贷案件 28 件，涉案金额共计 149.7 万元，涉案人员共计 28 人。按照规定，对发现的骗提、骗贷、套取住房公积金行为，除责令退回所提款项外，暂停其 5 年提取和贷款资格，通报有关单位，同时作为失信信息录入社会信用信息系统，构成犯罪的，移送司法机关处理。2017 年，共计 28 人因违反《住房公积金管理条例》和相关法律法规被列入住房公积金失信名单。

淮安市住房公积金 2017 年年度报告

一、机构概况

（一）决策机构。根据《住房公积金管理条例》规定，淮安市住房公积金管理委员会作为全市住房公积金管理的决策机构，现有委员 30 名。主要职责是依据有关法律、法规和政策，制定和调整住房公积金的具体管理措施；拟订住房公积金的具体缴存比例；确定住房公积金个人住房贷款最高贷款额度；审议住房公积金增值收益分配方案；审批住房公积金归集、使用计划及执行情况的报告。

（二）管理机构。根据《住房公积金管理条例》规定，淮安市住房公积金管理中心作为直属市政府的不以营利为目的的事业单位，主要负责全市住房公积金的归集、使用、管理和会计核算。内设 6 个职能部门：办公室、归集执法处、贷款管理处、财务计划处、信息技术处、审计稽核处，下设 2 个服务网点：市区营业部、新区营业部，下设 6 个分支机构：淮阴、淮安、涟水、洪泽、盱眙、金湖分中心。

（三）承办机构。根据中国人民银行有关规定，本市住房公积金缴存、提取金融业务分别委托中国建设银行股份有限公司淮安分行、中国工商银行股份有限公司淮安分行及其分支机构办理；贷款金融业务分别委托中国建设银行股份有限公司淮安分行、中国工商银行股份有限公司淮安分行、中国银行股份有限公司淮安分行、中国农业银行股份有限公司淮安分行及其分支机构办理。

二、业务运行情况

（一）**缴存**：2017年，全市住房公积金开户单位5448家、开户职工48.80万人，缴存49.47亿元、同比增长14.98%；新增住房公积金开户单位609家、新增开户职工6.13万人，净增单位522家、净增职工1.78万人。截至2017年末，全市住房公积金缴存总额301.46亿元、缴存余额106.33亿元。

（二）**提取**：2017年，全市提取住房公积金37.05亿元，占当年住房公积金缴存额的74.89%，比上年同期增加5.24个百分点。截至2017年末，住房公积金提取总额195.13亿元。

（三）**贷款**：2017年，全市发放住房公积金个人住房贷款0.92万笔、28.75亿元，同比分别下降9.99%、8.67%，回收个人住房贷款18.17亿元。截至2017年末，全市累计发放住房公积金个人贷款9.82万笔、200.12亿元、贷款余额108.46亿元。住房公积金个人贷款率为102.01%，比上年同期下降2.23个百分点。

（四）**购买国债**：2017年未购买、兑付国债。年末国债余额979万元为以前年度使用住房公积金购买的国债，依据国家有关规定托管在华泰证券淮安营业部席位。

（五）**资金存储**：截至2017年末，全市住房公积金结余资金存款为2.57亿元（历年计提贷款风险准备金）。

（六）**资金运用**：截至2017年末，全市住房公积金运用率102.10%，比上年同期下降2.24个百分点。

三、主要财务数据

（一）**业务收入**：2017年，全市住房公积金业务收入35457.61万元，同比增长16.53%。其中：住房公积金利息收入909.01万元、委托贷款利息收入34317.73万元、国家债券利息收入186.13万元、其他收入44.74万元。

（二）**业务支出**：2017年，全市住房公积金业务支出15355.18万元，同比增长32.24%。其中：缴存职工个人账户余额的利息支出14667.60万元、归集手续费支出577.62万元、委托贷款手续费支出63.36万元、贷款抵押登记费46.60万元。

（三）**增值收益**：2017年，全市住房公积金增值收益20102.43万元，同比增长6.83%；增值收益率2.01%，比上年同期下降0.11个百分点。

（四）**增值收益分配**：2017年，全市上缴财政公积金中心管理费用2012.36万元，上缴财政城市廉租房建设补充资金18090.07万元。截至2017年末，全市提取住房公积金个人贷款风险准备金25765.18万元，累计上缴城市廉租房建设补充资金75854.90万元。

（五）**管理费用**：2017年，全市管理费用支出2012.36万元，同比增长19.26%。其中：人员经费1454.24万元、公用经费158.96万元、专项经费399.16万元。

四、资产风险状况

2017年末，住房公积金个人贷款逾期26.85万元，住房公积金个人贷款逾期率0.0248‰。截止2017

年末,住房公积金个人贷款风险准备金余额为 25765.18 万元,住房公积金个人贷款风险准备金余额与住房公积金个人贷款余额的比率为 2.38%。

五、社会经济效益

(一) **缴存**:2017 年,住房公积金缴存职工按单位性质,国家机关和事业单位占 41.05%、国有企业占 17.87%、城镇集体企业占 1.24%、外商投资企业占 12.99%、城镇私营企业及其他城镇企业占 25.09%、民办非企业单位和社会团体占 1.12%、其他占 0.64%。

(二) **提取**:2017 年,职工提取住房公积金 37.05 亿元。其中住房消费提取占 85.23%(购买、建造、翻建、大修自住住房占 29.62%、偿还购房贷款本息占 55.60%、租赁住房占 0.01%);账户销户提取占 13.84%(退休提取占 11.93%、完全丧失劳动能力并与单位终止劳动关系提取占 0.27%、不在本市继续工作户口迁出本市和出境定居提取占 1.64%);家庭特困提取占 0.93%。

(三) **贷款**:2017 年全市支持职工购买住房 108.40 万平方米,带动住宅销售 58.26 亿元;职工通过使用住房公积金个人贷款,与商业性个人住房贷款利率相比节约利息支出 2673 万元。截止 2017 年末,全市住房公积金个人贷款余额占全市金融机构商品住房贷款余额的 13.30%。

住房公积金个人贷款所购住房中,90(含)平方米以下占 16.51%,90~144(含)平方米占 72.63%,144 平方米以上占 10.86%;新房占 71.47%,二手房占 28.53%。

(四) **住房贡献率**:2017 年,个人住房贷款发放额、住房消费提取额的总和与当年缴存额的比率为 125.48%,比上年同期下降 7.23 个百分点。

六、其他重要事项

(一) **住房公积金管理委员会议事情况**:2017 年,市住房公积金管理委员会召开三届四次会议,会议审议 2016 年住房公积金归集、使用计划和计划执行情况,审议 2016 年度财务决算情况和 2017 年度财务预算报告,审议住房公积金管理中心工作报告,审议住房公积金缴存、提取、贷款管理实施细则,审议住房公积金贷款融资贴息,研究住房公积金贷款相关政策。

(二) **住房公积金缴存政策执行情况**:

1. **住房公积金缴存基数**:2017 年,市住房公积金管理委员会依据《住房公积金管理条例》规定,调整了住房公积金缴存基数,住房公积金缴存基数为职工本人 2016 年工资总额除以 12,工资总额按照国家统计局规定列入工资总额统计的项目计算,主要包括:计时工资、计件工资、奖金、津贴补贴、加班加点工资、特殊情况下支付的工资。住房公积金缴存基数最高不超过市统计部门公布的上一年度职工月平均工资的 3 倍,最低不低于 2016 年市人社部门规定的职工最低社会保险费缴费基数。

2. **住房公积金缴存比例**:2017 年,本市国家机关、事业单位住房公积金缴存比例单位和职工个人仍各为 12%;各类企业和其他单位的住房公积金缴存比例单位和职工个人仍各为 8%~12%。

(三) **住房公积金存贷款利率执行情况**:根据中国人民银行、住房城乡建设部、财政部印发《关于完善职工住房公积金账户存款利率形成机制的通知》(银发〔2016〕43 号)的规定,自 2016 年 2 月 21 日起,取消职工住房公积金账户存款分段计息,上年结转的个人住房公积金存款利率由 1.10% 上调至 1.50%,当年归集的个人住房公积金存款利率由 0.35% 上调至 1.50%。住房公积金贷款利率保持不变,五年期以上个人住房公积金贷款利率为 3.25%；五年期以下（含五年）个人住房公积金贷款利率为 2.75%。

（四）**住房公积金个人贷款额度执行情况**：2017 年，全市住房公积金个人贷款额度按照借款人的住房公积金账户存储余额、偿还贷款能力、购建住房价款，依据下列标准计算确定：贷款额度不超过申请贷款时住房公积金账户余额的 15 倍；贷款额度不超过购买、建造、大修自住住房应付房价款的 70%（二套房二次贷款不超过 50%）；贷款额度不超过市住房公积金管理委员规定的最高额度（双方连续、足额缴存住房公积金的为 60 万元；一方未缴或停缴 3 个月以上的为 30 万元）。

（五）**住房公积金亲民服务开展情况**：2017 年，中心以"传承恩来精神、打造亲民中心"为主线，秉持"用心服务职工，用行创造价值"的服务理念，坚持把环节最少、服务更优作为服务标准，深化亲民服务内涵。中心服务大厅被住房城乡建设部、团中央授予全国"青年文明号"，中心新区营业部荣获省级"工人先锋号"，洪泽、盱眙分中心服务大厅荣获省级"优质服务窗口"，中心荣获市级"群众满意公共服务单位"，中心团支部荣获市级机关工委"先进团组织"，服务大厅在"101%服务流动红旗"优质服务竞赛活动中荣获年度"优胜部门"。

盐城市住房公积金 2017 年年度报告

一、机构概况

（一）**住房公积金管理委员会**：住房公积金管理委员会有 21 名委员，2017 年召开 1 次会议，审议通过的事项主要包括：关于 2016 年度全市住房公积金归集、使用计划执行情况；关于 2017 年工作任务；关于 2017 年度全市住房公积金融资计划；关于 2017 年度全市住房公积金增值收益分配方案；关于我市住房公积金有关政策调整问题；关于当前和今后一段时期我市住房公积金管理工作要求。

（二）**住房公积金管理中心**：住房公积金管理中心为盐城市政府不以营利为目的的参公事业单位，设 10 个处（科），9 个管理部。从业人员 141 人，其中，在编 101 人，非在编 40 人。

二、业务运行情况

（一）**缴存**：2017 年，新开户单位 1264 家，实缴单位 10711 家，净增单位 1244 家；新开户职工 7.88 万人，实缴职工 52.46 万人，净增职工 3.81 万人；缴存额 63.68 亿元，同比增长 19.88%。2017 年末，缴存总额 361.4 亿元，同比增长 21.39%；缴存余额 127.77 亿元，同比增长 8.75%。

受委托办理住房公积金缴存业务的银行 5 家，没有变动。

（二）**提取**：2017 年，提取额 53.4 亿元，同比增长 29.27%；占当年缴存额的 83.86%，比上年增加 6.09 个百分点。2017 年末，提取总额 233.63 亿元，同比增长 29.63%。

（三）**贷款**：

个人住房贷款：个人住房贷款最高额度 40 万元，其中，单缴存职工最高额度 20 万元，双缴存职工最高额度40万元。

2017年，发放个人住房贷款1.6万笔48.84亿元，同比分别下降17.1%、17.85%。其中，市区发放个人住房贷款0.83万笔25.45亿元，东台管理部发放个人住房贷款0.16万笔4.90亿元，大丰管理部发放个人住房贷款0.21万笔6.01亿元，建湖管理部发放个人住房贷款0.06万笔1.7亿元，射阳管理部发放个人住房贷款0.1万笔3.08亿元，滨海管理部发放个人住房贷款0.11万笔3.56亿元，阜宁管理部发放个人住房贷款0.07万笔2.24亿元，响水管理部发放个人住房贷款0.06万笔1.9亿元。

2017年，回收个人住房贷款23.27亿元。其中，市区12.79亿元，东台管理部1.77亿元，大丰管理部2.44亿元，建湖管理部1.35亿元，射阳管理部1.56亿元，滨海管理部1.49亿元，阜宁管理部1.01亿元，响水管理部0.86亿元。

2017年末，累计发放个人住房贷款14.51万笔294.62亿元，贷款余额181.26亿元，同比分别增长12.4%、19.87%、16.42%。个人住房贷款余额占缴存余额的141.86%，比上年增加9.35个百分点。受委托办理住房公积金个人住房贷款业务的银行8家，无增减。

（四）购买国债：2017年，未购买（记账式、凭证式）国债，年末国债余额0.49亿元，与上年同期持平。

（五）融资：2017年，融资30.95亿元，归还18.49亿元。2017年末，融资总额72.38亿元，融资余额47.66亿元。

（六）资金存储：2017年末，住房公积金存款0亿元。

（七）资金运用率：2017年末，住房公积金个人住房贷款余额、项目贷款余额和购买国债余额的总和占缴存余额的142.25%，比上年增加9.32个百分点。

三、主要财务数据

（一）业务收入：2017年，业务收入48623万元，同比增长12.17%。其中，市区26290万元，东台管理部4719万元，大丰管理部4042万元，建湖管理部3121万元，射阳管理部3295万元，滨海管理部2965万元，阜宁管理部2093万元，响水管理部2098万元。存款利息收入2088万元，委托贷款利息收入46354万元，国债利息收入145万元，其他收入36万元。

（二）业务支出：2017年，业务支出35623万元，同比增长27.75%。其中，市区21425万元，东台管理部2353万元，大丰管理部2997万元，建湖管理部1948万元，射阳管理部2032万元，滨海管理部1825万元，阜宁管理部1808万元，响水管理部1235万元。支付职工住房公积金利息18486万元，归集手续费3096万元，委托贷款手续费3773万元，其他10268万元。

（三）增值收益：2017年，增值收益12999万元，同比下降15.93%。其中，市区4864万元，东台管理部2366万元，大丰管理部1045万元，建湖管理部1173万元，射阳管理部1263万元，滨海管理部1140万元，阜宁管理部285万元，响水管理部863万元。增值收益率1.06%，比上年减少0.36个百分点。

（四）增值收益分配：2017年，提取贷款风险准备金6999万元，提取管理费用2000万元，提取城市廉租住房（公共租赁住房）建设补充资金4000万元。

2017年，上交财政管理费用2000万元。上缴财政城市廉租住房（公共租赁住房）建设补充资金2400万元。

2017年末，贷款风险准备金余额76229万元。累计提取城市廉租住房（公共租赁住房）建设补充资金35215万元。其中，市区20860万元，东台管理部2845万元，大丰管理部2171万元，建湖管理部2239万元，射阳管理部2158万元，滨海管理部1741万元，阜宁管理部1937万元，响水管理部1264万元。

（五）管理费用支出：2017年，管理费用支出3645万元，同比下降9.55%。其中，人员经费2436万元，公用经费1082万元，专项经费127万元。

市区管理费用支出2314万元，其中，人员、公用、专项经费分别为1495万元、692万元、127万元；东台管理部管理费用支出192万元，其中，人员、公用分别为150万元、42万元；大丰管理部管理费用支出198万元，其中，人员、公用分别为140万元、58万元；建湖管理部管理费用支出212万元，其中，人员、公用分别为146万元、66万元；射阳管理部管理费用支出182万元，其中，人员、公用分别为140万元、42万元；滨海管理部管理费用支出214万元，其中，人员、公用分别为128万元、86万元；阜宁管理部管理费用支出182万元，其中，人员、公用分别为125万元、57万元；响水管理部管理费用支出151万元，其中，人员、公用分别为109万元、42万元。

四、资产风险状况

（一）个人住房贷款：2017年末，个人住房贷款逾期额56万元，逾期率0.031‰。其中，市区0.053‰，建湖管理部0.01‰。

个人贷款风险准备金按增值收益的60%提取。2017年，提取个人贷款风险准备金6999万元，使用个人贷款风险准备金152万元购买法院执行周转房。2017年末，个人贷款风险准备金余额76229万元，占个人住房贷款余额的4.21%，个人住房贷款逾期额与个人贷款风险准备金余额的比率为0.073%。

（二）历史遗留风险资产：2017年末，历史遗留风险资产余额2.14万元，比去年同期持平。（两笔机构成立前的2.14万元到期逾期贷款。）

五、社会经济效益

（一）缴存业务：2017年，实缴单位数、实缴职工人数和缴存额同比分别增长11.58%、7.85%和19.87%。

缴存单位中，国家机关和事业单位占39.26%，国有企业占9.22%，城镇集体企业占0%，外商投资企业占0.77%，城镇私营企业及其他城镇企业占40.54%，民办非企业单位和社会团体占4.3%，其他占5.91%。

缴存职工中，国家机关和事业单位占40.58%，国有企业占9.15%，城镇集体企业占0%，外商投资企业占0.56%，城镇私营企业及其他城镇企业占39.18%，民办非企业单位和社会团体占4.36%，其他占6.17%；中、低收入占98.94%，高收入占1.06%。

新开户职工中，国家机关和事业单位占7.53%，国有企业占7.4%，城镇集体企业占0%，外商投资企业占1.08%，城镇私营企业及其他城镇企业占74.4%，民办非企业单位和社会团体占4.09%，其他占5.5%；中、低收入占99.87%，高收入占0.13%。

（二）提取业务：2017年，18.46万名缴存职工提取住房公积金53.4亿元。

提取金额中，住房消费提取占86.12%（购买、建造、翻建、大修自住住房占31.08%，偿还购房贷

款本息占 52.58%,租赁住房占 0.36%,其他占 2.1%);非住房消费提取占 13.88%(离休和退休提取占 9.5%,完全丧失劳动能力并与单位终止劳动关系提取占 0.16%,户口迁出本市或出境定居占 0.03%,其他占 4.19%)。

提取职工中,中、低收入占 98.48%,高收入占 1.52%。

(三)贷款业务:

1. **个人住房贷款**:2017 年,支持职工购建房 187.16 万平方米,年末个人住房贷款市场占有率为 20.06%,比上年减少 2.22 个百分点。通过申请住房公积金个人住房贷款,可节约职工购房利息支出 8100 万元。

职工贷款笔数中,购房建筑面积 90(含)平方米以下占 15.72%,90~144(含)平方米占 76.03%,144 平方米以上占 8.25%。购买新房占 72.95%(其中购买保障性住房占 0.05),购买买存量商品住房占 26.99%,建造、翻建、大修自住住房占 0.06%,其他占 0%。

职工贷款笔数中,单缴存职工申请贷款占 12.27%,双缴存职工申请贷款占 87.73%,三人及以上缴存职工共同申请贷款占 0%。

贷款职工中,30 岁(含)以下占 30.34%,30 岁~40 岁(含)占 32.31%,40 岁~50 岁(含)占 28.42%,50 岁以上占 8.93%;首次申请贷款占 87.24%,二次及以上申请贷款占 12.76%;中、低收入占 98.22%,高收入占 1.78%。

2. **异地贷款**:2017 年,发放异地贷款 717 笔 24072 万元。2017 年末,发放异地贷款总额 55452 万元,异地贷款余额 50894 万元。

3. **公转商贴息贷款**:2017 年,未发放公转商贴息贷款,当年贴息额 14.57 万元。2017 年末,累计发放公转商贴息贷款 1892 笔 37222 万元,累计贴息 125.57 万元。

(四)**住房贡献率**:2017 年,个人住房贷款发放额、公转商贴息贷款发放额、项目贷款发放额、住房消费提取额的总和与当年缴存额的比率为 148.91%,比上年减少 40.76 个百分点。

六、其他重要事项

(一)当年住房公积金政策调整及执行情况:

1. **当年缴存基数限额及确定方法、缴存比例调整情况**:自 2017 年 7 月 1 日起,职工实际工资收入低于市政府公布执行的上年度月最低工资标准的,月缴存工资基数应按月最低工资标准执行(其中:市区、东台、大丰月最低工资标准为 1600 元,建湖、射阳、阜宁、滨海、响水最低工资标准为 1400 元)。

职工住房公积金月缴存工资基数上限为 15500 元。

城镇个体工商户及其雇佣人员、自由职业者的住房公积金月缴存工资基数不低于省政府公布的当年养老保险缴费基数下限(当年未公布的暂时按上年度公布的养老保险缴费基数下限执行)且不低于本人上年度的住房公积金缴存基数。

企业机关事业单位及其职工缴存比例为 12%;企业(含企业化管理的自收自支事业单位)单位及其职工缴存比例仍为 5%~12%。城镇个体工商户及其雇佣人员、自由职业者缴存比例一律为 20%。

2. **当年住房公积金存贷款利率调整及执行情况**:2017 年住房公积金存贷款利率未调整,住房公积金存款利率为 1.5%；贷款利率为五年（含）以内 2.75%，五年以上 3.25%。

3. 当年住房公积金个人住房贷款最高贷款额度调整情况： 自当年 10 月 1 日起，仅一人符合贷款条件的，贷款额最高不超过 20 万元（原为 30 万元）；二人或二人以上符合贷款条件的，贷款额最高不超过 40 万元（原为 50 万元）。

4. 当年住房公积金政策调整及执行情况：

（1）使用过住房公积金贷款的家庭（本人、配偶及未婚子女）暂停办理住房公积金贷款（阜宁县缴存人在阜宁县购房的仍按原规定执行）。

（2）职工及其配偶（或未婚子女）均符合贷款条件的，贷款额不得超过 40 万元；仅一人符合贷款条件的贷款额不得超过 20 万元。

（3）职工及其配偶（或未婚子女）使用过住房公积金的，暂停办理装潢提取。

（4）职工提取住房公积金应优先用于偿还住房公积金贷款，住房公积金贷款结清前不得提取用于偿还商业性个人住房贷款。

（5）困难企业申请降低住房公积金缴存比例的，需提供职工代表大会（工会）决议和财务报表或单位所得税纳税申报表。

（二）当年服务改进情况： 进一步完善综合服务平台。2017 年，新开通微博公众号，进一步扩大在线服务渠道的覆盖面，让职工享受更便捷的住房公积金服务；通过招标投标外包客服中心服务，主要包括 12329 电话服务、其他渠道的在线服务。经过服务外包，12329 公积金热线坐席接通率达 90% 以上。平台运行平稳，通过综合服务平台办理业务的比重在不断加大。

（三）当年信息化建设情况： 信息系统改造项目进展顺利，电子档案、稽核审计、行政执法、决策分析等辅助功能模块已完成测试和上线工作。完成兴业银行和邮储银行接入住房城乡建设部结算平台工作。按照省、市两级相关要求，完成盐城公积金与江苏政务服务网的对接，"不见面"办理公积金业务覆盖全省。

（四）当年住房公积金管理中心及职工所获荣誉情况： 盐城"智慧公积金"系统被江苏省政务服务管理办公室评为"2017 年度江苏政务服务改革创新成果"。大丰管理部被市文明办评为"盐城市文明创建先进集体"，被江苏省住房和城乡建设系统评为"模范职工小家"，被市级机关工委评为"先进基层党支部"。建湖管理部被市文明办表彰为"市级文明单位"。响水管理部被盐城市总工会表彰为"盐城市工人先锋号"。阜宁管理部被江苏省建设工会工作委员会表彰为 2017 年江苏省住房城乡建设系统工人先锋号，被盐城市总工会授予先进集体。

1 名同志被盐城市总工会授予"2017 年度五一劳动奖章"；1 名同志被市档案局表彰为全市档案工作先进个人；1 名同志被市政府办公室表彰为"全市信息工作先进个人"；15 名同志被盐城市总工会授予先进个人。

（五）当年对违反《住房公积金管理条例》和相关法规行为进行行政处罚和申请人民法院强制执行情况： 2017 年，全市共立案 36 件；发行政处罚事先告知书 19 份，发处罚决定书 17 份，建立公积金制度后，终止执法流程 6 件。发行政处罚听证通知书 3 份，组织听证会 2 场次，报送行政复议案件材料 1 份，发行政强制催告书 4 份，申请法院执行处罚款到账 4 件。

扬州市住房公积金 2017 年年度报告

一、机构概况

（一）住房公积金管理委员会：住房公积金管委会有 28 名成员。2017 年召开 1 次会议，审议通过的事项主要包括：2017 年市住房公积金管理中心工作报告、2017 年度住房公积金归集、使用计划执行情况和 2018 年住房公积金归集、使用计划报告、2017 年财务收支决算情况和 2018 年财务预算报告、财政审计情况报告、审计整改情况报告、缓缴企业报告、扬州市住房公积金 2017 年年度报告。

（二）住房公积金管理中心：住房公积金管理中心（下简称"市中心"）为市政府不以营利为目的的自收自支事业单位，设 5 个处室，4 个分中心，3 个管理部，业务指导江苏油田分中心、仪征化纤分中心。从业人员 142 人，其中：在编 85 人，非在编 57 人。

二、业务运行情况

（一）缴存：2017 年，新开户单位 1191 家，实缴单位 10804 家，净增单位 1098 家；新开户职工 6.68 万人，实缴职工 56.56 万人，净增职工 2.19 万人；缴存 66.99 亿元，同比增长 12.0%。2017 年末，缴存总额 459.23 亿元，同比增长 17.1%；缴存余额 180.62 亿元，同比增长 8.8%。

本市受委托办理住房公积金缴存业务的银行共计 13 家。

（二）提取：2017 年，提取额 52.30 亿元，同比增长 25.7%；占当年缴存额的 81.3%，比上年增加 8.9 个百分点。2017 年末，提取总额 278.61 亿元，同比增长 23.2%。

（三）贷款：个人住房贷款最高额度为 50 万元（个贷比超过 95% 的地区可计算贷款额不超过上限的 70%），其中，单职工家庭最高额度 30 万元，双职工家庭最高额度 50 万元，二套及二次以上贷款减半发放。

2017 年，发放个人住房贷款 1.39 万笔 35.65 亿元，同比下降 12%、27%。其中，市中心发放个人住房贷款 1.3 万笔 32.72 亿元，仪征化纤分中心发放个人住房贷款 522 笔 1.51 亿元，江苏油田分中心发放个人住房贷款 384 笔 1.41 亿元。

2017 年，回收个人住房贷款 23.72 亿元。其中，市中心 21.6 亿元，仪征化纤分中心 0.93 亿元，江苏油田分中心 1.16 亿元。

2017 年末，累计发放个人住房贷款 15.47 万笔 340.68 亿元，贷款余额 190.01 亿元，同比增长 9.9%、11.7%、6.7%。个人住房贷款余额占缴存余额的 105.3%，比上年同期减少 2 个百分点。

受委托办理住房公积金个人住房贷款业务的银行共计 13 家。

（四）资金存储：2017 年末，住房公积金存款 29.14 亿元。其中，活期 2.08 亿元，一年（含）以下定期 6.31 亿元、一年以上定期 14.12 亿元，其他（协定、通知存款等）6.63 亿元。

（五）资金运用率：2017 年末，住房公积金个人住房贷款余额、项目贷款余额和购买国债余额的总和占缴存余额的105.3%，比上年减少2个百分点。

三、主要财务数据

（一）**业务收入**：2017年，业务收入6.76亿元，同比增长9%。其中，市中心5.97亿元，仪征化纤分中心3142万元，江苏油田分中心4701万元；存款利息5170万元，委托贷款利息5.65亿元，贴息贷款利息4742万元，增值收益利息656万元，其他482万元，资金运作保持较高水平。

（二）**业务支出**：2017年，业务支出3.97亿元，同比增长4%。其中，市中心3.62亿元，仪征化纤分中心1340万元，江苏油田分中心2153万元；支付职工住房公积金利息2.80亿元、归集手续费用1660万元、委托贷款手续费2123万元、其他7899万元（含贴息贷款利息支出6473万元），各项业务支出均经市住房公积金管委会和财政部门审核批准。

（三）**增值收益**：2017年，增值收益2.78亿元，同比增长16%。其中，市中心2.35亿元，仪征化纤分中心1802万元，江苏油田分中心2549万元；增值收益率为1.6%，同比增长0.06个百分点。

（四）**增值收益分配**：2017年，提取贷款风险准备金1.54亿元，提取管理费用5280万元，提取城市廉租住房（公共租赁住房）建设补充资金6689万元。

2017年，上交财政管理费用3612万元。上缴财政城市廉租住房（公共租赁住房）建设补充资金5501万元。其中，市中心上缴4249万元，仪征化纤分中心上缴130万元，江苏油田分中心上缴1122万元。

2017年末，贷款风险准备金余额10.21亿元。累计提取城市廉租住房（公共租赁住房）建设补充资金6.04亿元。其中，市中心提取4.71亿元，仪征化纤分中心提取1133万元，江苏油田分中心提取1.21亿元。

（五）**管理费用支出**：2017年，管理费用支出4156万元，同比增加41.4%。其中，人员经费2333万元，公用经费575万元，专项经费1248万元。

市中心管理费用支出3550万元，人员、公用、专项经费分别为2245万元、113万元、1192万元；仪征化纤分中心管理费用支出584万元（其中仪征化纤分中心历年综合管理费460万元），人员、公用、专项经费分别为88万元、460万元、36万元；江苏油田分中心管理费用支出22万元，人员、公用、专项经费分别为0万元、2万元、20万元。

四、资产风险状况

个人住房贷款：2017年末，个人住房贷款逾期额184万元，逾期率0.16‰。其中，市中心0.17‰，仪征化纤分中心为0，江苏油田分中心为0。

个人贷款风险准备金市中心按当年增值收益不低于60%提取，各分中心按当年贷款余额不低于1%提取。2017年，提取个人贷款风险准备金1.54亿元，使用个人贷款风险准备金核销呆坏账0万元。2017年末，个人贷款风险准备金余额为10.21亿元，占个人住房贷款余额的5.4%，个人住房贷款逾期额与个人贷款风险准备金余额的比率为0.18%。

五、社会经济效益

（一）**缴存业务**：2017年，实缴单位数、实缴职工人数和缴存额同比分别增长7.4%、3.0%

和12.0%。

缴存单位中，国家机关和事业单位占28.8%，国有企业占6.98%，城镇集体企业占0.05%，外商投资企业占2.72%，民办非企业单位和社会团体占5.43%，城镇私营企业及其他占56.01%。

缴存职工中，国家机关和事业单位占26.1%，国有企业占12.44%，城镇集体企业占0.03%，外商投资企业占8.84%，民办非企业单位和社会团体占3.61%，城镇私营企业及其他占48.99%；中低收入占98.98%，高收入占1.02%。

新开户职工中，国家机关和事业单位占9.61%，国有企业占5.78%，城镇集体企业占0.53%，外商投资企业占10.25%，民办非企业单位和社会团体占2.61%，城镇私营企业及其他占71.22%；中、低收入占99.85%，高收入占0.15%。

（二）提取业务：2017年，19.37万名缴存职工提取住房公积金52.3亿元。

提取金额中，住房消费提取占79.3%（购买、建造、翻建、大修自住住房占33.7%，偿还购房贷款本息占44.9%，租赁住房占0.6%，其他占0.1%）；非住房消费提取占20.7%（离休和退休提取占11.7%，完全丧失劳动能力并与单位终止劳动关系提取占5.3%，户口迁出本市或出境定居占1.1%，其他占2.6%）。

提取职工中，中、低收入占98.74%，高收入占1.26%。

（三）贷款业务：2017年，支持职工购建房约150万平方米，年末个人住房贷款市场占有率为19.4%，比上年同期增加4.3个百分点。通过申请住房公积金个人住房贷款，可节约职工购房利息支出约6.71亿元。

职工贷款笔数中，购房建筑面积90（含）平方米以下占29.4%，90～144（含）平方米占62.0%，144平方米以上占8.6%。购买新房占63.0%，购买存量商品住房占36.6%，建造、翻建、大修自住住房占0.12%，其他占0.28%。

职工贷款笔数中，单缴存职工申请贷款占22.8%，双缴存职工申请贷款占77.0%，三人及以上缴存职工共同申请贷款占0.23%。

贷款职工中，30岁（含）以下占37.4%，30岁～40岁（含）占35.6%，40岁～50岁（含）占23.0%，50岁以上占4.0%；首次申请贷款占97.0%，二次及以上申请贷款占3.0%；中、低收入占98.9%，高收入占1.09%。

2017年末，累计发放公转商贴息贷款4947笔15.98亿元，累计贴息3793万元。

（四）住房贡献率：2017年，个人住房贷款发放额、公转商贴息贷款发放额、项目贷款发放额、住房消费提取额的总和与当年缴存额的比率为115.6%，比上年同期下降35个百分点。

六、其他重要事项

（一）阶段性降低住房公积金缴存比例：根据住房城乡建设部等四部委《关于规范和阶段性适当降低住房公积金缴存比例的通知》精神，2017年，对扬州久美达钢管制品有限公司等2家企业提出的降比申请，经市中心审核，四届一次管委会审议同意降低缴存比例。

（二）广陵管理部正式挂牌，国庆路业务网点对外服务：经市编办批准，广陵管理部正式对外挂牌，国庆路业务网点于6月正式对外服务，市区"一城三点、同城通办、就近就便"服务格局形成。

（三）适度调整使用政策： 2016～2017年期间，经市政府批准，先后出台暂停"商转公"；统一上调首付比例为30%；二次贷款额度减半发放；暂停向购买第三套住房（首次贷款除外）或第三次（含以上）申请贷款的职工发放住房公积金贷款；降低最高贷款限额、降低贷款系数、收紧相关提取政策等措施，有效缓解了资金流动性紧张状况，流动性风险得到有效控制。

镇江市住房公积金2017年年度报告

一、机构概况

（一）住房公积金管理委员会： 住房公积金管理委员会有25名委员，2017年，召开1次全体会议，审议通过的事项主要包括镇江市住房公积金管理中心2016年工作报告及2017年住房公积金指标计划安排；同意新增兴业银行镇江分行、民生银行镇江支行、南京银行镇江分行办理住房公积金贷款业务；住房公积金新区服务中心进驻镇江新区政务服务中心；降低中国能源建设集团江苏省电力建设第三工程有限公司和镇江光宁航海电子科技有限公司住房公积金缴存比例。

（二）住房公积金管理中心： 住房公积金管理中心为直属镇江市人民政府不以营利为目的的依照国家公务员管理的副处级事业单位，内设7个处室（部门），下设3个分中心、1个管理部。从业人员151人，其中，在编65人，非在编86人。

二、业务运行情况

（一）缴存： 2017年，新开户单位1405家，实缴单位9095家，净增单位－540家；新开户职工4.48万人，实缴职工35.69万人，净增职工－9.84万人；缴存额47.55亿元，同比增长10.15%。2017年末，缴存总额338.65亿元，同比增长16.33%；缴存余额120.60亿元，同比增长7.35%。

受委托办理住房公积金缴存业务的银行5家，与上年相同。

（二）提取： 2017年，提取额39.28亿元，同比增长23.60%；占当年缴存额的82.61%，比上年增加8.99个百分点。2017年末，提取总额218.05亿元，同比增长21.97%。

（三）贷款：

个人住房贷款：个人住房贷款最高额度50万元，其中，单缴存职工最高额度30万元，双缴存职工最高额度50万元。

2017年，发放个人住房贷款1.32万笔41.80亿元，同比分别增长17.58%、20.72%。其中，市中心发放0.79万笔25.08亿元，丹阳分中心发放0.25万笔7.48亿元，句容分中心发放0.14万笔4.80亿元，扬中分中心0.10万笔3.12亿元，丹徒管理部发放0.04万笔1.32亿元。

2017年，回收个人住房贷款18.91亿元。其中，市中心回收11.80亿元，丹阳分中心回收2.83亿元，句容分中心回收1.84亿元，扬中分中心回收1.64亿元，丹徒管理部回收0.80亿元。

2017年末，累计发放个人住房贷款13.81万笔263.01亿元，贷款余额143.36亿元，同比分别增长

10.57%、18.90%、19.00%。个人住房贷款率为118.87%,比上年同期增加11.63个百分点。

受委托办理住房公积金个人住房贷款业务的银行15家,比上年增加3家。

(四)购买国债:2017年,购买国债0亿元;收回国债0.30亿元。2017年末,国债余额0亿元,比上年减少0.30亿元。

(五)融资:2017年,融资26亿元,归还13.80亿元。2017年末,融资总额37.70亿元,融资余额21.80亿元。

(六)资金存储:2017年末,住房公积金存款额7.85亿元。其中,活期2.38亿元,1年(含)以下定期0.86亿元,1年以上定期0亿元,其他(协定、通知存款等)4.61亿元。

(七)资金运用率:2017年末,住房公积金个人住房贷款余额、项目贷款余额和购买国债余额的总和占缴存余额的118.87%,比上年增加11.63个百分点。

2017年全市业务运行主要指标见表1。

2017年全市业务运行主要指标表　　　　　表1

部门 项目	市直	丹阳	句容	扬中	丹徒	合计	同比
实缴单位(个)	4995	1286	954	1294	566	9095	−5.60%
实缴职工(万人)	18.56	6.42	3.88	5.15	1.68	35.69	−21.61%
当年缴存额(亿元)	27.58	7.99	5.31	4.04	2.63	47.55	10.15%
缴存总额(亿元)	214.30	51.10	29.82	26.15	17.28	338.65	16.33%
缴存余额(亿元)	70.22	21.73	10.63	12.30	5.72	120.60	7.35%
当年提取额(亿元)	23.98	5.66	4.56	2.72	2.36	39.28	23.60%
提取总额(亿元)	144.08	29.38	19.18	13.85	11.56	218.05	21.97%
贷款累计发放笔数(万笔)	8.35	2.56	1.11	1.36	0.43	13.81	10.57%
贷款累计发放金额(亿元)	162.76	44.94	24.58	20.83	9.90	263.01	18.90%
贷款余额(亿元)	86.28	25.25	14.83	11.56	5.44	143.36	19.00%
融资金额(亿元)	19.30	2.70	4	—	—	26	134.23%
融资归还金额(亿元)	10.60	1.20	2	—	—	13.80	557.14%
融资总额(亿元)	27.70	4	6	—	—	37.70	222.22%
融资余额(亿元)	15.30	2.50	4	—	—	21.80	127.08%

三、主要财务数据

(一)业务收入:2017年,业务收入44528.79万元,同比增长17.87%。其中,市中心26738.89万元,丹阳分中心7628.27万元,句容分中心4589.32万元,扬中分中心3800.79万元,丹徒管理部1771.51万元;存款利息997.34万元,委托贷款利息43331.95万元,国债利息189.89万元,其他9.61万元。

(二)业务支出:2017年,业务支出27290.07万元,同比增长19.03%。其中,市中心17124.99万元,丹阳分中心3999.86万元,句容分中心3322.05万元,扬中分中心1928.26万元,丹徒管理部914.91万元;支付职工住房公积金利息17276.58万元,归集手续费987.02万元,委托贷款手续费1381.16万元,其他7645.31万元。

（三）**增值收益**：2017年，增值收益17238.72万元，同比增长16.08%。其中，市中心9613.90万元，丹阳分中心3628.42万元，句容分中心1267.28万元，扬中分中心1872.53万元，丹徒管理部856.59万元；增值收益率1.48%，比上年增加0.1个百分点。

（四）**增值收益分配**：2017年，提取贷款风险准备金14848.52万元，提取管理费用4336.86万元，提取城市廉租住房（公共租赁住房）建设补充资金2986.68万元。

2017年，上交财政管理费用2810.89万元。上缴财政城市廉租住房（公共租赁住房）建设补充资金3121.32万元。其中，市中心上缴1791.38万元，丹阳分中心上缴769.94万元，句容分中心100万元，扬中分中心60万元，丹徒管理部400万元。

2017年末，贷款风险准备金余额77986.52万元。累计提取城市廉租住房（公共租赁住房）建设补充资金37273.68万元。其中，市中心提取25001.79万元，丹阳分中心提取10298.89万元，句容分中心800万元，扬中分中心213万元，丹徒管理部960万元。

（五）**管理费用支出**：2017年，管理费用支出3483.17万元，同比下降22.09%。其中，人员经费1517.51万元，公用经费90.45万元，专项经费1875.21万元。

市中心管理费用支出1820.05万元，其中，人员、公用、专项经费分别为726.05万元、23.64万元、1070.36万元；丹阳分中心管理费用支出381.74万元，其中，人员、公用、专项经费分别为221.97万元、31.80万元、127.97万元；句容分中心管理费用支出809.76万元，其中，人员、公用、专项经费分别为202.33万元、11.48万元、595.95万元；扬中分中心管理费用支出276.79万元，其中，人员、公用、专项经费分别为199.76万元、10.07万元、66.96万元；丹徒管理部管理费用支出194.83万元，其中，人员、公用、专项经费分别为167.40万元、13.46万元、13.97万元。

四、资产风险状况

个人住房贷款：2017年末，个人住房贷款逾期额393.93万元，逾期率0.27‰。其中，市中心0.34‰，丹阳分中心0.11‰，句容分中心0.28‰，扬中分中心0.13‰，丹徒管理部0.25‰。

个人贷款风险准备金按增值收益的60%提取（独立核算的辖市区按照不低于贷款余额的1%提取）。2017年，提取个人贷款风险准备金14848.5万元，使用个人贷款风险准备金核销呆坏账0万元。2017年末，个人贷款风险准备金余额77986.52万元，占个人住房贷款余额的5.44%，个人住房贷款逾期额与个人贷款风险准备金余额的比率为0.51%。

五、社会经济效益

（一）**缴存业务**：2017年，实缴单位数、实缴职工人数和缴存额增长率分别为-5.60%、-21.61%和10.15%。

缴存单位中，国家机关和事业单位占32.39%，国有企业占6.43%，城镇集体企业占1.88%，外商投资企业占2.33%，城镇私营企业及其他城镇企业占36.34%，民办非企业单位和社会团体占0.18%，其他占20.45%。

缴存职工中，国家机关和事业单位占39.56%，国有企业占13.11%，城镇集体企业占1.23%，外商投资企业占5.42%，城镇私营企业及其他城镇企业占18.13%，民办非企业单位和社会团体占0.23%，

其他占22.32%；中、低收入占98.50%，高收入占1.50%。

新开户职工中，国家机关和事业单位占21.75%，国有企业占5.83%，城镇集体企业占1.12%，外商投资企业占7.85%，城镇私营企业及其他城镇企业占29.82%，民办非企业单位和社会团体占0.22%，其他占33.41%；中、低收入占99.79%，高收入占0.21%。

（二）**提取业务**：2017年，提取人次为79.73万，共提取住房公积金39.28亿元。

提取的金额中，住房消费提取占82.76%（购买、建造、翻建、大修自住住房占32.51%，偿还购房贷款本息占46.13%，租赁住房占4.02%，其他占0.10%）；非住房消费提取占17.24%（离休和退休提取占3.74%，完全丧失劳动能力并与单位终止劳动关系提取占1.02%，户口迁出本市或出境定居占2.11%，其他占10.37%）。

提取职工中，中、低收入占97.79%，高收入占2.21%。

（三）**贷款业务**：

1. **个人住房贷款**：2017年，支持职工购建房157.50万平方米，年末个人住房贷款市场占有率为18.70%。通过申请住房公积金个人住房贷款，可节约职工购房利息支出124138.30万元。

职工贷款笔数中，购房建筑面积90（含）平方米以下占19.91%，90～144（含）平方米占66.01%，144平方米以上占14.08%。购买新房占65.63%（其中购买保障性住房占0%），购买存量商品住房占34.35%，建造、翻建、大修自住住房占0.02%，其他占比为0。

职工贷款笔数中，单缴存职工申请贷款占56.19%，双缴存职工申请贷款占43.62%，三人及以上缴存职工共同申请贷款占0.19%。

贷款职工中，30岁（含）以下占38.02%，30岁～40岁（含）占37.49%，40岁～50岁（含）占20.50%，50岁以上占3.99；首次申请贷款占84.65%，二次及以上申请贷款占15.35%；中、低收入占99.05%，高收入占0.95%。

2. **异地贷款**：2017年，发放异地贷款542笔16405.40万元。2017年末，发放异地贷款总额31307.80万元，异地贷款余额28869.22万元。

3. **公转商贴息贷款**：2017年，发放公转商贴息贷款558笔17726.60万元，支持职工购建住房面积6.56万平方米。当年贴息额207.81万元。2017年末，累计发放公转商贴息贷款2026笔60645.06万元，累计贴息745.29万元。

（四）**住房贡献率**：2017年，个人住房贷款发放额、公转商贴息贷款发放额、住房消费提取额的总和与当年缴存额的比率为160%，比上年增加13个百分点。

六、其他重要事项

（一）**当年受委托办理缴存贷款业务金融机构变更情况**：2017年新增兴业银行镇江分行、民生银行镇江支行和南京银行镇江分行为住房公积金贷款委办银行。

（二）**当年政策调整及执行情况**：

1. **调整缴存比例和基数**。自2017年7月1日起，住房公积金缴存比例企业单位为个人和单位各10%，最高不超过12%，缴存基数上限调整为18100元，下限为1770元，新职工（1998年12月1日及以后参加工作的职工）逐月补贴按市有关规定执行。

2. **调整优化房租提取政策**。自 2017 年 4 月 7 日起，优化房租提取次数，由半年提取一次改为一年提取一次，可提取额度调整为一人户每年最高 8400 元，二人户每年最高 14400 元，三人及三人以上户 19200 元，逾期未办理不累计支付。同时，规范无自有住房审核。

3. **规范住房公积金业务管理**。自 2017 年 11 月 1 日起，进一步加强异地购买自住住房或偿还异地自住住房贷款、支付本市自住住房物业费、本市户籍缴存职工支付房租等行为提取公积金的审核手续，优化调整基础性涉房消费提取业务，规范全市住房公积金自愿缴存制度。

4. **调整公积金贷款使用政策**。2017 年 3 月 24 日调整公积金贷款首付比例及异地贷款政策，缴存职工家庭首次使用公积金贷款的首付比例由 20％调整为 30％；已结清首次公积金贷款的缴存职工家庭，第二次申请公积金贷款的首付比例由原来的 20％调整为 60％。此外，异地缴存的非本市户籍职工，将不得在我市申请公积金贷款。

2017 年 5 月 2 日规范异地购房申请使用公积金。我市缴存职工在异地购买自住房申请提取账户内余额或申请公积金贷款的，所购房须与职工本人、配偶或共同购房直系亲属的户籍地或工作所在地一致。

5. **住房公积金贷款利率执行情况**。2017 年我市住房公积金贷款利率按照中国人民银行规定的利率标准执行。首次贷款 1～5 年（含）年利率为 2.75％，5 年以上为 3.25％，二次贷款利率上浮 10％。

（三）**当年服务改进情况：**

1. **不动产窗口进驻公积金服务大厅**。不动产登记中心进驻公积金窗口，成为全省公积金行业首创，提供贷款申请、审批、抵押、放款"一条龙"办理。2017 年全年共办理业务 17661 笔，其中，抵押登记 7362 笔，注销 3263 笔，发证 7036 笔。

2. **线上办理与线下受理共同优化**。优化自由职业者开户和转移业务操作流程，增加个人影像收集和收件扫描步骤，逐步实现全方位电子化收件，减少纸质材料；开通官方微博，加强公积金政策制度的宣传力度；将个人账户信息查询密码的修改业务前移至窗口，职工只需携带个人身份证件便可重置密码，避免长时间等待。

3. **切实提升窗口人员服务能力**。实行轮岗交流机制，全年安排网点间轮岗 1 次，市区网点窗口间轮岗 4 次；通过 ISO 9001：2015 质量管理体系认证，以质量管理编写、整理窗口管理台账 16 本；继续实行第三方检测制度，围绕服务规范、服务礼仪、服务环境等内容，定期开展培训和现场指导 4 次，实行"神秘人"监督 12 次，收到检测报告 12 份，切实提高住房公积金服务效能。

（四）**当年信息化建设情况：**

1. **成功接入全国住房公积金结算应用系统和异地转移接续平台**。完成住房城乡建设部双贯标工作要求，做好信息系统《基础数据标准》贯彻落实工作，按要求接入全国统一的住房公积金银行结算数据应用系统；按照《住房公积金银行结算数据应用系统与公积金中心公共接口标准》定制开发结算数据交换平台，实现了公积金业务系统与住房城乡建设部住房公积金银行结算数据应用系统的数据交互；接入全国公积金异地转移接续平台，真正实现"账随人走、钱随账走"。

2. **加强资金安全信息保障**。接入商品房备案系统、房屋所有权登记系统和不动产登记系统，切实保障职工账户资金安全；启用指纹登录管理系统。

3. **相关信息数据情况**。2017 年共计发送短信 51469 条；截至 2017 年底，微信公众号累计关注人数 13069 人，发布政策文件 17 条，业务指南 58 条，推送消息 13 条，全年微信查询合计 86993 人次；网站首页点击累计 1474.65 万人次；全年累计发布 27 条微博；利用异地转移接续平台办理转移业务 807 笔，金额 2031.38 万元；12329 公积金热线全年接听量 5.56 万人次，其中 12345 政府热线转接电话 475 次，人工派单 2 次，开展满意度调查 1 次，问卷综合满意率为 96.50%，电话回访满意率为 100%。

（五）当年执法维权情况：针对 6 家缴存单位欠缴少缴住房公积金的违规行为和 3 起住房公积金逾期贷款诉讼，申请人民法院强制执行，均已执行到位。

（六）当年中心及职工所获荣誉情况：

1. 中心荣誉

镇江市住房公积金城区客户服务部继续确认为 2015～2016 年度省级青年文明号（苏建文明〔2017〕321 号）。

镇江市住房公积金城区客户服务部荣获 2016 年度江苏省住房和城乡建设系统窗口单位和服务行业优质服务竞赛活动先进集体（苏建工委〔2017〕4 号）。

镇江市住房公积金城区客户服务部荣获镇江市"双美双优"示范工程第二批示范点（镇创文办〔2017〕11 号）。

镇江市住房公积金城区客户服务部荣获 2017 年度市级机关"十佳群众满意窗口"（镇江市机关作风效能建设领导小组）。

镇江市住房公积金管理中心党支部荣获 2016 年度五星法治型、服务型先进党支部（镇党建〔2017〕2 号）。

镇江市住房公积金管理中心荣获 2016 年度政务公开和新闻发布先进集体（镇江市人民政府办公室）。

镇江市住房公积金管理中心党支部荣获 2016 年度市财政局先进党支部（镇财党委〔2017〕5 号）。

2. 职工个人荣誉

朱贞同志荣获 2016 年度江苏省住房城乡建设系统工会工作委员会优秀工会工作者（苏建工委〔2017〕3 号）。

王振宇同志荣获 2016 年度江苏省住房和城乡建设系统窗口单位和服务行业优质服务竞赛活动先进个人（苏建工委〔2017〕4 号）。

孙媛媛同志荣获 2016 年度全市"网络发言人"先进个人（镇委宣〔2017〕3 号）。

孙媛媛同志荣获 2016 年度政务公开和新闻发布先进个人（镇江市人民政府办公室）。

方黎明、李健、张艳同志荣获 2016 年度市财政局优秀党员（镇财党委〔2017〕2 号）。

于安莉同志荣获 2016 年度市财政局优秀党务工作者（镇财党委〔2017〕3 号）。

泰州市住房公积金 2017 年年度报告

一、机构概况

（一）住房公积金管理委员会：住房公积金管理委员会有 29 名委员，2017 年召开 1 次会议，审议通过的事项主要包括：2016年全市住房公积金工作情况和2017年工作计划、2017年住房公积金相关政策调整情况、泰州市住房公积金2016年年度报告。

（二）住房公积金管理中心：住房公积金管理中心为泰州市政府直属的不以营利为目的的副处级（自收自支）事业单位，设8个处（科），2个管理部，4个分中心。从业人员102人，其中，在编50人，非在编52人。

二、业务运行情况

（一）缴存：2017年，新开户单位840家，实缴单位8291家，净增单位700家；新开户职工6.06万人，实缴职工41.52万人，净增职工0.34万人；缴存额45.94亿元，同比增长15.49%。2017年末，缴存总额291.13亿元，同比增长18.74%；缴存余额128.83亿元，同比增长9.14%。

受委托办理住房公积金缴存业务的银行9家，比上年增加0家。

（二）提取：2017年，提取额35.15亿元，同比增长25.94%；占当年缴存额的76.51%，比上年增加6.35个百分点。2017年末，提取总额162.30亿元，同比增长27.64%。

（三）贷款：

个人住房贷款：个人住房贷款最高额度50万元，其中，单缴存职工最高额度30万元，双缴存职工最高额度50万元。

2017年，发放个人住房贷款1.00万笔33.66亿元，同比分别增长32.51%、40.95%。其中，市中心发放个人住房贷款0.31万笔10.91亿元，海陵管理部发放个人住房贷款0.03万笔1.04亿元，高港管理部发放个人住房贷款0.06万笔1.92亿元，靖江分中心发放个人住房贷款0.19万笔6.28亿元，泰兴分中心发放个人住房贷款0.16万笔5.53亿元，兴化分中心发放个人住房贷款0.12万笔3.83亿元，姜堰分中心发放个人住房贷款0.13万笔4.15亿元。

2017年，回收个人住房贷款19.57亿元。其中，市中心7.81亿元，海陵管理部0.82亿元，高港管理部0.70亿元，靖江分中心2.72亿元，泰兴分中心2.92亿元，兴化分中心2.12亿元，姜堰分中心2.48亿元。

2017年末，累计发放个人住房贷款10.86万笔237.06亿元，贷款余额126.55亿元，同比分别增长10.03%、16.55%、12.53%。个人住房贷款余额占缴存余额的98.23%，比上年增加2.96个百分点。

受委托办理住房公积金个人住房贷款业务的银行19家，比上年增加0家。

（四）资金存储：2017年末，住房公积金存款14.68亿元。其中，活期2.08亿元，1年（含）以下定期8.30亿元，1年以上定期0.88亿元，其他（协定、通知存款等）3.42亿元。

（五）资金运用率：2017年末，住房公积金个人住房贷款余额、项目贷款余额和购买国债余额的总和占缴存余额的98.23%，比上年增加2.96个百分点。

三、主要财务数据

（一）业务收入：2017年，业务收入45547万元，同比增长8.44%。其中，市中心13200万元，海陵管理部2342万元，高港管理部3029万元，靖江分中心8437万元，泰兴分中心8169万元，兴化分中心4778万元，姜堰分中心5592万元；存款利息6795万元，委托贷款利息38751万元，国债利息0万元，其他 1 万元。

（二）**业务支出**：2017 年，业务支出 24458 万元，同比增长 10.70%。其中，市中心 7118 万元，海陵管理部 1694 万元，高港管理部 1524 万元，靖江分中心 3925 万元，泰兴分中心 4365 万元，兴化分中心 2670 万元，姜堰分中心 3162 万元；支付职工住房公积金利息 18542 万元，归集手续费 884 万元，委托贷款手续费 774 万元，其他 4258 万元。

（三）**增值收益**：2017 年，增值收益 21089.16 万元，同比增长 5.93%。其中，市中心 6082.54 万元，海陵管理部 647.75 万元，高港管理部 1505.37 万元，靖江分中心 4511.36 万元，泰兴分中心 3803.73 万元，兴化分中心 2108.53 万元，姜堰分中心 2429.88 万元；增值收益率 1.71%，比上年减少 0.07 个百分点。

（四）**增值收益分配**：2017 年，提取贷款风险准备金 16865.44 万元，提取管理费用 2429.41 万元，提取城市廉租住房（公共租赁住房）建设补充资金 1794.31 万元。

2017 年，上交财政管理费用 2429.41 万元。上缴财政城市廉租住房（公共租赁住房）建设补充资金 1763 万元。其中，市中心上缴 421 万元，海陵管理部上缴 41 万元，靖江分中心上缴 403 万元，泰兴分中心上缴 382 万元，兴化分中心上缴 245 万元，姜堰分中心上缴 271 万元。

2017 年末，贷款风险准备金余额 104302.44 万元。累计提取城市廉租住房（公共租赁住房）建设补充资金 18215.31 万元。其中，市中心提取 4270.31 万元，海陵管理部提取 988 万元，高港管理部提取 161 万元，靖江分中心提取 4046 万元，泰兴分中心提取 4132 万元，兴化分中心提取 2265 万元，姜堰分中心提取 2353 万元。

（五）**管理费用支出**：2017 年，管理费用支出 2428.6 万元，同比增长 4.04%。其中，人员经费 1119.39 万元，公用经费 88.95 万元，专项经费 1220.26 万元。

市中心管理费用支出 876.21 万元，其中，人员、公用、专项经费分别为 461.45 万元、34.41 万元、380.35 万元；海陵管理部管理费用支出 226.8 万元，其中，人员、公用、专项经费分别为 107.00 万元、9.1 万元、110.7 万元；高港管理部管理费用支出 115.34 万元，其中，人员、公用、专项经费分别为 41.42 万元、5.42 万元、68.5 万元；靖江分中心管理费用支出 296.45 万元，其中，人员、公用、专项经费分别为 149.55 万元、11.42 万元、135.48 万元；泰兴分中心管理费用支出 272.15 万元，其中，人员、公用、专项经费分别为 113.65 万元、9.05 万元、149.45 万元；兴化分中心管理费用支出 355.62 万元，其中，人员、公用、专项经费分别为 105.69 万元、9.13 万元、240.80 万元；姜堰分中心管理费用支出 286.03 万元，其中，人员、公用、专项经费分别为 140.61 万元、10.44 万元、134.98 万元。

四、资产风险状况

个人住房贷款：2017 年末，个人住房贷款逾期额 0 万元，逾期率 0‰。其中，市中心 0‰，海陵管理部 0‰，高港管理部 0‰，靖江分中心 0‰，泰兴分中心 0‰，兴化分中心 0‰，姜堰分中心 0‰。

个人贷款风险准备金按贷款余额的 8.2422% 提取。2017 年，提取个人贷款风险准备金 16865.44 万元，使用个人贷款风险准备金核销呆坏账 0 万元。2017 年末，个人贷款风险准备金余额 104302.44 万元，占个人住房贷款余额的 8.2422%，个人住房贷款逾期额与个人贷款风险准备金余额的比率为 0%。

五、社会经济效益

（一）**缴存业务**：2017年，实缴单位数、实缴职工人数和缴存额同比分别增长9.22%、0.82%和15.49%。

缴存单位中，国家机关和事业单位占27.26%，国有企业占9.31%，城镇集体企业占6.12%，外商投资企业占4.12%，城镇私营企业及其他城镇企业占25.16%，民办非企业单位和社会团体占2.60%，其他占25.43%。

缴存职工中，国家机关和事业单位占30.58%，国有企业占10.02%，城镇集体企业占4.6%，外商投资企业占7.62%，城镇私营企业及其他城镇企业占29.93%，民办非企业单位和社会团体占1.36%，其他占15.89%；中、低收入占93.90%，高收入占6.10%。

新开户职工中，国家机关和事业单位占16.65%，国有企业占7.95%，城镇集体企业占3.03%，外商投资企业占9.19%，城镇私营企业及其他城镇企业占27.94%，民办非企业单位和社会团体占2.39%，其他占32.85%；中、低收入占98.89%，高收入占1.11%。

（二）**提取业务**：2017年，12.85万名缴存职工提取住房公积金35.15亿元。

提取金额中，住房消费提取占79.79%（购买、建造、翻建、大修自住住房占36.71%，偿还购房贷款本息占42.31%，租赁住房占0.55%，其他占0.22%）；非住房消费提取占20.21%（离休和退休提取占12.43%，完全丧失劳动能力并与单位终止劳动关系提取占0.0044%，户口迁出本市或出境定居占0.0023%，其他占7.77%）。

提取职工中，中、低收入占89.90%，高收入占10.10%。

（三）**贷款业务**

1. **个人住房贷款**：2017年，支持职工购建房130.57万平方米，年末个人住房贷款市场占有率为19.88%，比上年减少3.12个百分点。通过申请住房公积金个人住房贷款，可节约职工购房利息支出53000万元。

职工贷款笔数中，购房建筑面积90（含）平方米以下占15.16%，90～144（含）平方米占65.29%，144平方米以上占19.55%。购买新房占61.01%（其中购买保障性住房占1.03%），购买存量商品住房占38.82%，建造、翻建、大修自住住房占0.17%，其他占0%。

职工贷款笔数中，单缴存职工申请贷款占18.74%，双缴存职工申请贷款占79.44%，三人及以上缴存职工共同申请贷款占1.82%。

贷款职工中，30岁（含）以下占26.53%，30岁～40岁（含）占42.72%，40岁～50岁（含）占23.99%，50岁以上占6.76%；首次申请贷款占82.28%，二次及以上申请贷款占17.72%；中、低收入占90.22%，高收入占9.78%。

2. **异地贷款**：2017年，发放异地贷款46笔1718万元。2017年末，发放异地贷款总额10425.2万元，异地贷款余额7587.38万元。

3. **公转商贴息贷款**：2017年，发放公转商贴息贷款5483笔180192万元，支持职工购建住房面积67.07万平方米，当年贴息额4258万元。2017年末，累计发放公转商贴息贷款14145笔457763万元，累计贴息5715万元。

(四)住房贡献率：2017年，个人住房贷款发放额、公转商贴息贷款发放额、项目贷款发放额、住房消费提取额的总和与当年缴存额的比率为173.55%，比上年减少6.69个百分点。

六、其他重要事项

(一)当年机构及职能调整情况、受委托办理缴存贷款业务金融机构变更情况：2017年，机构及职能未作任何调整；2017年我市缴存业务金融机构无变更，仍为9家；新增0家贷款业务金融机构，目前我市贷款业务金融机构共有19家。

(二)当年住房公积金政策调整及执行情况：当年缴存基数限额及确定方法、缴存比例等缴存政策调整情况：自2017年7月1日起，单位职工住房公积金月缴存工资基数的上限从15350元上调至18000元，工资基数的下限与2016年保持不变，市区为2328元，靖江、泰兴、兴化为2299元。

当年提取政策调整情况：2017年5月1日起，职工购买按照《泰州市市区存量房交易资金监管办法》规定纳入存量房交易资金监管的存量房，凭不动产权证和契税完税凭证提取住房公积金，在住房公积金贷款放款后申请提取住房公积金的，可以提取现金。

当年个人住房贷款最高贷款额度、贷款条件等贷款政策调整情况：一是2017年住房公积金最高贷款额度未作调整，仍为双职工缴存住房公积金的家庭，住房公积金贷款最高额度为50万元，只有一方符合贷款条件的最高贷款额度为30万元。二是2017年5月1日起，职工在市区购买按照《泰州市市区存量房交易资金监管办法》规定纳入存量房交易资金监管的存量房，凭存量房交易合同、不低于房屋总价30%的首付款存款凭证及其他材料申请办理住房公积金贷款，住房公积金中心进行审批并出具预放款证明给存量房交易资金监管部门，待房产过户并办理抵押登记后进行放款，款项直接转入存量房交易资金监管账户。三是2017年5月1日起，暂停办理商业住房贷款转住房公积金贷款业务。四是2017年5月1日起，停止异地购房在我市办理住房公积金贷款业务。

当年住房公积金存贷款利率执行标准：2017年，泰州市住房公积金管理中心执行的存款利率标准为中国人民银行、住房城乡建设部、财政部《关于完善职工住房公积金账户存款利率形成机制的通知》（银发〔2016〕43号）的规定，住房公积金存款上年结转和当年缴存均按一年期定期存款1.5%的基准利率执行；执行的贷款利率标准为《中国人民银行关于下调金融机构人民币贷款和存款基准利率并进一步推进利率市场化改革的通知》（银发〔2015〕265号），5年期以下（含五年）住房公积金贷款年利率为2.75%，5年期以上至30年（含）的住房公积金贷款年利率为3.25%。

(三)当年服务改进情况：一是完善住房公积金综合服务平台建设。我中心完成了公积金门户网站、12329住房公积金服务热线、省12329公积金短信、微信公众号、手机APP、自助服务等8种公共服务渠道的建设。二是12329住房公积金服务热线进一步扩容，从原4个坐席增加到10个坐席。三是和人社局合作，在社保自助服务系统中开发了公积金自助服务功能，有力推动了我中心和人社系统的信息资源共享，为今后公积金中心与政府各部门实现更广泛的大数据交换共享打下了基础，2017年完成了第一批200余台查询机的部署。四是建立中心领导班子及中层干部定期巡岗值班制度，每人每季度到业务大厅巡岗值班一次以上。

(四)当年信息化建设情况：一是大力推进住房公积金信息系统双贯标工作。根据国家《住房公积金基础数据标准》要求，从数据目录、数据类型、数据标准、数据采集方式、数据质量等方面，对信息系统进行全面升级改造；同时完成全市19家承办银行接入全国住房公积金银行结算系统工作。二是接入全国住房公积金异地转移接续平台。为简化职工办事流程，方便职工办理异地转移业务，我中心接入了全国住房公积金异地转移接续平台，职工在办理公积金异地转移时只要到转入地中心就可以办结全部手续，实现了让数据多跑路、让职工少跑路。三是完成住房公积金司法查控系统一期项目建设。为配合人民法院解决执行难问题，我中心与市中级人民法院构建"点对点"司法网络查控机制，协助人民法院在线办理被执行人住房公积金账户存款查询、冻结、扣划事项。2017年完成了查询项目的建设，后期将继续进行冻结和扣划项目的开发建设。四是加强信息系统和网络安全建设。根据国家《网络安全法》和《住房公积金信息系统建设导则》要求，我中心开展了信息系统安全等级保护三级的备案工作。经过测评，我中心信息系统达到了等保三级的要求。

（五）当年住房公积金管理中心及职工所获荣誉情：2017年，中心先后获得江苏省住房和城乡建设系统女职工工作先进单位、全市项目大突破项目招引先进单位、市深化全国文明城市创建突出贡献集体嘉奖、市级部门预算编制工作先进单位、市2017年度市长信箱人民来信办理工作先进单位、2016年度档案工作先进单位、泰州市模范职工之家等荣誉，中心职工周霞荣获江苏省住房和城乡建设系统窗口单位和服务行业优质服务竞赛活动优质服务明星、翟宇晶荣获2016年度江苏省住房和城乡建设系统优秀工会工作者、蔡君峰荣获江苏省住房和城乡建设系统五一巾帼标兵、肖林荣获市深化全国文明城市创建突出贡献个人嘉奖、史小琴和殷爱华先后荣获泰州市第五届第二批、第三批"我最喜爱的共产党员"荣誉称号。

（六）当年对违反《住房公积金管理条例》和相关法规行为进行行政处罚和申请人民法院强制执行情况：2017年共立案查处5起，均为申请人民法院强制执行案件，5起案件中2起已结案，其余3件正在执法过程中。

宿迁市住房公积金2017年年度报告

一、机构概况

（一）住房公积金管理委员会：住房公积金管理委员会有19名委员，2017年召开3次会议，审议通过2017年度住房公积金归集、使用计划执行情况，并对其他重要事项进行决策，主要包括：1.关于向社会披露《宿迁市住房公积金管理中心2016年年度报告》；2.关于银行融资及使用授信贷款的请示；3.关于2017年增值收益分配建议。

（二）住房公积金管理中心：住房公积金管理中心为直属市政府不以营利为目的的自收自支事业单位，设6个科室，5个管理部。从业人员64人，其中，在编38人，非在编26人。

二、业务运行情况

（一）缴存：2017年，新开户单位610家，实缴单位4033家，净增单位577家；新开户职工44726万人，实缴职工292652万人，净增职工36364万人；缴存额26.21亿元，同比增长20.17%。2017年末，缴存总额 131.93 亿元，同比增长 24.79%；缴存余额 71.28 亿元，同比增长 17.24%。

受委托办理住房公积金缴存业务的银行 6 家，与上年持平。

（二）**提取**：2017 年，提取额 15.73 亿元，同比增长 39.97%；占当年缴存额的 60.02%，比上年增加 8.52 个百分点。2017 年末，提取总额 60.65 亿元，同比增长 35.01%。

（三）**贷款**：

个人住房贷款：个人住房贷款最高额度 50 万元，其中，单缴存职工最高额度 25 万元，双缴存职工最高额度 50 万元。

2017 年，发放个人住房贷款 0.78 万笔 22.65 亿元，同比分别增长 4%、下降 4.3%。

2017 年，回收个人住房贷款 8.48 亿元。

2017 年末，累计发放个人住房贷款 4.2 万笔 106.08 亿元，贷款余额 74.43 亿元，同比分别增长 22.81%、27.15%、23.51%。个人住房贷款余额占缴存余额的 104.42%，比上年增加 5.3 个百分点。

受委托办理住房公积金个人住房贷款业务的银行 3 家，与上年持平。

（四）**融资**：2017 年，融资 1.5 亿元，归还 1 亿元。2017 年末，融资总额 2.5 亿元，融资余额 1.5 亿元。

（五）**资金存储**：2017 年末，住房公积金存款 3.4 亿元。其中，活期 0.01 亿元，其他（协定、通知存款等）3.39 亿元。

（六）**资金运用率**：2017 年末，住房公积金个人住房贷款余额、项目贷款余额和购买国债余额的总和占缴存余额的 104.42%，比上年增加 5.3 个百分点。

三、主要财务数据

（一）**业务收入**：2017 年，业务收入 22422.94 万元，同比增长 24.94%。其中，存款利息 371.77 万元，委托贷款利息 22041.03 万元，其他 10.14 万元。

（二）**业务支出**：2017 年，业务支出 11724.63 万元，同比增长 18%。其中，支付职工住房公积金利息 9901.8 万元，归集手续费 125.77 万元，委托贷款手续费 923.22 万元，其他 773.84 万元。

（三）**增值收益**：2017 年，增值收益 10698.31 万元，同比增长 33.54%。增值收益率 1.60%，比上年增加 0.18 个百分点。

（四）**增值收益分配**：2017 年，提取贷款风险准备金 6418.15 万元，提取管理费用 1271 万元，提取城市廉租住房（公共租赁住房）建设补充资金 4202.31 万元（含以前年度损益调整数 1193.15 万元）。

2017 年，上交财政管理费用 1271 万元。上缴财政城市廉租住房（公共租赁住房）建设补充资金 4202.31 万元。

2017 年末，贷款风险准备金余额 28140.81 万元。累计提取城市廉租住房（公共租赁住房）建设补充资金 19740.88 万元。

（五）**管理费用支出**：2017 年，管理费用支出 1147.23 万元，同比增长 5.34%。其中，人员经费 914.92 万元，公用经费 91.96 万元，专项经费 140.35 万元。

四、资产风险状况

个人住房贷款：2017 年末，个人住房贷款逾期额 70 万元，逾期率 0.09‰。

个人贷款风险准备金按增值收益的60%提取。2017年,提取个人贷款风险准备金6418.15万元,使用个人贷款风险准备金核销呆坏账0万元。2017年末,个人贷款风险准备金余额28140.81万元,占个人住房贷款余额的3.78%,个人住房贷款逾期额与个人贷款风险准备金余额的比率为0.25%。

五、社会经济效益

(一)缴存业务:2017年,实缴单位数、实缴职工人数和缴存额同比分别增长13.86%、36.97%和20.17%。

缴存单位中,国家机关和事业单位占47.53%,国有企业占9.1%,城镇集体企业占1.61%,外商投资企业占1.51%,城镇私营企业及其他城镇企业占25.59%,民办非企业单位和社会团体占3.2%,其他占11.46%。

缴存职工中,国家机关和事业单位占38.71%,国有企业占40.62%,城镇集体企业占1.2%,外商投资企业占2.8%,城镇私营企业及其他城镇企业占9.4%,民办非企业单位和社会团体占1.3%,其他占5.97%;中、低收入占100%,高收入占0%。

新开户职工中,国家机关和事业单位占16.44%,国有企业占10.64%,城镇集体企业占4.32%,外商投资企业占7.7%,城镇私营企业及其他城镇企业占29%,民办非企业单位和社会团体占7.84%,其他占24.06%;中、低收入占100%,高收入占0%。

(二)提取业务:2017年,5.96万名缴存职工提取住房公积金15.73亿元。

提取金额中,住房消费提取占84.99%(购买、建造、翻建、大修自住住房占21.7%,偿还购房贷款本息占62.91%,租赁住房占0.38%,其他占0%);非住房消费提取占15.01%(离休和退休提取占11.55%,完全丧失劳动能力并与单位终止劳动关系提取占0.84%,户口迁出本市或出境定居占1.69%,其他占0.93%)。

提取职工中,中、低收入占100%,高收入占0%。

(三)贷款业务:

1. **个人住房贷款**:2017年,支持职工购建房91.98万平方米,年末个人住房贷款市场占有率为9.21%,比上年减少4.05个百分点。2017年发放的住房公积金个人住房贷款可为贷款职工节约利息支出61796.11万元。

职工贷款笔数中,购房建筑面积90(含)平方米以下占14.95%,90~144(含)平方米占73.52%,144平方米以上占11.53%。购买新房占84.88%,购买存量商品住房占15.12%,建造、翻建、大修自住住房占0%,其他占0%。

职工贷款笔数中,单缴存职工申请贷款占22.29%,双缴存职工申请贷款占77.71%,三人及以上缴存职工共同申请贷款占0%。

贷款职工中,30岁(含)以下占36.83%,30岁~40岁(含)占40.32%,40岁~50岁(含)占17.65%,50岁以上占5.2%;首次申请贷款占99.96%,二次及以上申请贷款占0.04%;中、低收入占100%,高收入占0%。

2. **异地贷款**:2017年,发放异地贷款1425笔34114.1万元。2017年末,发放异地贷款总额64773.31万元,异地贷款余额61761.97万元。

3. 公转商贴息贷款：2017年，发放公转商贴息贷款0笔0万元，支持职工购建住房面积0万平方米，当年贴息额1.64万元。2017年末，累计发放公转商贴息贷款40笔840.08万元，累计贴息3.31万元。

（四）住房贡献率：2017年，个人住房贷款发放额、公转商贴息贷款发放额、项目贷款发放额、住房消费提取额的总和与当年缴存额的比率为137.43%，比上年减少14.24个百分点。

六、其他重要事项

（一）当年住房公积金缴存基数限额及确定方法、缴存比例调整情况：

1. **缴存基数限额：**2017年度，宿迁市住房公积金缴存基数最高工资限额为13962元，最低限额为不低于市人力资源和社会保障部门公布的最低工资标准，即1400元。

2. **确定方法：**最高限额：宿迁市统计局公布的上一年度在职职工月平均工资的3倍；

最低限额：宿迁市人力资源和社会保障局公布的当年最低工资。

3. **缴存比例：**国家机关、事业单位：单位与职工各12%；

各类企业及其他单位：单位和职工各5%~12%。

（二）当年住房公积金存贷款利率调整及执行情况：2017年度，按照央行、住房城乡建设部、财政部印发的《关于完善职工住房公积金账户存款利率形成机制的通知》，各期限住房公积金存款利率仍统一执行1.5%的存款利率。

2017年度，贷款利率没有调整，仍执行原贷款利率，即五年以内（含）贷款2.75%，五年以上贷款利率3.25%。

（四）当年住房公积金个人住房贷款最高贷款额度调整情况：2017年度，宿迁市住房公积金管理中心个人住房公积金贷款最高额度没有变化，仍执行原标准，即：单职工最高贷款额度25万元，双职工家庭最高贷款额度50万元。

（五）当年发放异地贷款情况：2017年，宿迁市住房公积金管理中心共发放异地贷款1425笔、3.42亿元。

（六）当年住房公积金政策调整及执行情况：

1. 为规范缴存业务，我市出台了《关于调整2017年住房公积金缴存基数上限的通知》（宿住房公积金〔2017〕40号）和《关于印发宿迁市住房公积金缴存行政执法操作规程（试行）的通知》（宿住房公积金〔2017〕48号）。

2. 为规范支取业务，我市出台了《关于调整宿迁市住房公积金缴存支取流程和制度部分支取条款的通知》（宿住房公积金〔2017〕26号）、《关于调整住房公积金支取等业务审批制度的通知》（宿住房公积金〔2017〕49号）和《关于宿迁市住房公积金提取业务相关规定进一步补充说明的通知》（宿住房公积金〔2017〕53号）。

3. 为规范贷款业务，我市出台了《关于办理缩短住房公积金贷款借款年限的操作流程》（宿住房公积金〔2017〕12号）、《个人住房公积金贷款平稳有序发放实施细则》（宿住房公积金〔2017〕41号）、《关于进一步完善住房公积金贷款审批程序防范贷款风险的通知》（宿住房公积金〔2017〕45号）、《关于进一步完善二手房公积金贷款办理流程的通知》（宿住房公积金〔2017〕46号）、《关于调整住房公积金异地贷款有关政策的通知》（宿住房公积金〔2017〕63号）、《关于调整二手房住房公积金贷款有关政策的通知》

（宿住房公积金〔2017〕64号）。

（七）**当年服务改进情况**：为方便广大缴存职工查询、打印住房公积金账户和贷款情况，中心于2017年在驻市便民方舟窗口部署了2台自助查询机。该机器通过人脸识别技术实现便捷式自助查询，有效减少了客户等待时间。

（八）**当年信息化建设情况**：

1. 根据住房城乡建设部《住房公积金基础数据标准》、《住房公积金信息系统技术规范》和《住房公积金综合服务平台建设导则》的要求，中心于2017年开始建设"智慧公积金"项目，目前已完成公开招标、需求调研和开发测试，各项功能预计从2018年中旬开始陆续上线运行。

2. 根据国务院"放管服"改革和省市"一张网"建设要求，中心已将涉及住房公积金业务的4大项22子项业务全部在省政务服务网上实现"不见面"审批。

（九）**当年住房公积金管理中心及职工所获荣誉情况**：2017年，中心先后获得省住建系统女职工工作先进单位，驻市政务中心窗口先后被评"红旗窗口"和"十佳窗口"4次，宿城管理部先后被评为"十佳示范窗口"8次，宿豫管理部先后被评为"优质服务窗口"4次，泗阳管理部先后被评为"红旗窗口"4次，泗洪管理部先后被评为"优质服务窗口"4次，沭阳管理部被省工会授予"工人先锋号"荣誉称号。

2017 全国住房公积金年度报告汇编

浙江省

杭州市
宁波市
温州市
嘉兴市
湖州市
绍兴市
金华市
衢州市
舟山市
台州市
丽水市

浙江省住房公积金2017年年度报告

一、机构概况

(一)住房公积金管理机构:全省共设11个设区城市住房公积金管理中心,另设省直单位住房公积金管理中心,16个独立设置的分中心(其中,北仑、镇海、象山、宁海、余姚、慈溪、奉化分中心隶属宁波市中心,嘉善、海盐、海宁、平湖、桐乡分中心隶属嘉兴市中心,常山、开化、龙游、江山分中心隶属衢州市中心)。从业人员1897人,其中,在编991人,非在编906人。

(二)住房公积金监管机构:省住房城乡建设厅、省财政厅和人民银行杭州中心支行负责对本省住房公积金管理运行情况进行监督。省住房城乡建设厅设立住房公积金监管处,负责辖区住房公积金日常监管工作。

二、业务运行情况

(一)缴存:2017年,新开户单位35947家,实缴单位195409家,净增单位26010家;新开户职工133.2万人,实缴职工716.3万人,净增职工58万人;缴存额1191亿元,同比增长14.7%。2017年末,缴存总额7991.1亿元,同比增长17.5%;缴存余额2866.9亿元,同比增长9.5%。

(二)提取:2017年,提取额942.3亿元,同比增长23%;占当年缴存额的79.1%,比上年增加5.3个百分点。2017年末,提取总额5124.3亿元,同比增长22.5%。

(三)贷款:

1. 个人住房贷款:2017年,发放个人住房贷款13.1万笔622.9亿元,同比下降11.5%、9.1%。回收个人住房贷款345.1亿元。

2017年末,累计发放个人住房贷款164.5万笔5055.9亿元,贷款余额2902.4亿元,同比分别增长8.7%、14.1%、10.6%。个人住房贷款余额占缴存余额的101.2%,比上年增加1个百分点。

2. 住房公积金支持保障性住房建设项目贷款:截至2017年底,累计发放项目贷款14.9亿元,所有项目贷款本息已结清。

(四)购买国债:2017年,我省无购买国债情况。

(五)融资:2017年,融资156.2亿元,归还126.1亿元。2017年末,融资总额344.5亿元,融资余额151.1亿元。

(六)资金存储:2017年末,住房公积金存款147.2亿元。其中,活期8.8亿元,1年(含)以下定期17.8亿元,1年以上定期1.8亿元,其他(协定、通知存款等)118.8亿元。

(七)资金运用率:2017年末,住房公积金个人住房贷款余额、项目贷款余额和购买国债余额的总和占缴存余额的101.2%,比上年增加1个百分点。

三、主要财务数据

(一)业务收入:2017年,业务收入97.1亿元,同比增长11.9%。其中,存款利息收入6.7亿元,委托贷款利息收入90.2亿元，国债利息收入0亿元，其他收入0.2亿元。

（二）**业务支出**：2017年，业务支出56.5亿元，同比增长9.9%。其中，支付职工住房公积金利息41.4亿元，归集手续费0.6亿元，委托贷款手续费3.7亿元，其他10.8亿元。

（三）**增值收益**：2017年，增值收益40.6亿元，同比增长14.4%；增值收益率1.5%，与上年持平。

（四）**增值收益分配**：2017年，提取贷款风险准备金21.7亿元，提取管理费用4.1亿元，提取城市廉租住房（公共租赁住房）建设补充资金14.8亿元。

2017年，上交财政管理费用3.6亿元，上缴财政城市廉租住房（公共租赁住房）建设补充资金8.7亿元。

2017年末，贷款风险准备金余额198.4亿元，累计提取城市廉租住房（公共租赁住房）建设补充资金119.6亿元。

（五）**管理费用支出**：2017年，管理费用支出4.9亿元，同比增长8.9%。其中，人员经费2.6亿元，公用经费0.5亿元，专项经费1.8亿元。

四、资产风险状况

（一）**个人住房贷款**：2017年末，个人住房贷款逾期额3098.1万元，逾期率0.011%。

2017年，提取个人贷款风险准备金21.7亿元，使用个人贷款风险准备金核销呆坏账103.3万元。2017年末，个人贷款风险准备金余额198.2亿元，占个人贷款余额的6.8%，个人贷款逾期额与个人贷款风险准备金余额的比率为0.2%。

（二）**住房公积金支持保障性住房建设项目贷款**：2017年末，未发生逾期项目贷款，项目贷款风险准备金余额2577.8万元。

（三）**历史遗留风险资产**：截至2017年底，全省无历史遗留风险资产。

五、社会经济效益

（一）**缴存业务**：2017年，实缴单位数、实缴职工人数和缴存额增长率分别为16.1%、10.1%和14.7%。

缴存单位中，国家机关和事业单位占16.6%，国有企业占5%，城镇集体企业占1.5%，外商投资企业占2.2%，城镇私营企业及其他城镇企业占62.8%，民办非企业单位和社会团体占2.7%，其他占9.2%。

缴存职工中，国家机关和事业单位占24.7%，国有企业占13.3%，城镇集体企业占1.3%，外商投资企业占5.8%，城镇私营企业及其他城镇企业占44.5%，民办非企业单位和社会团体占2.3%，其他占8.1%；中、低收入占94%，高收入占6%。

新开户职工中，国家机关和事业单位占9.2%，国有企业占8.5%，城镇集体企业占1%，外商投资企业占6.6%，城镇私营企业及其他城镇企业占61.5%，民办非企业单位和社会团体占2.5%，其他占10.7%；中、低收入占97.3%，高收入占2.7%。

（二）**提取业务**：2017年，245.4万名缴存职工提取住房公积金942.2亿元。

提取金额中，住房消费提取占83%（购买、建造、翻建、大修自住住房占30.2%，偿还购房贷款本息占50%，租赁住房占2.6%，其他占0.2%）；非住房消费提取占17%（离休和退休提取占9.9%，完全丧失劳动能力并与单位终止劳动关系提取占1.5%，户口迁出所在市或出境定居占2.6%，其他占3%）。

提取职工中，中、低收入占91.6%，高收入占8.4%。

(三) **贷款业务**：

1. **个人住房贷款**：2017年，支持职工购建房1214.4万平方米。年末个人住房贷款市场占有率为15.6%，比上年同期减少1.1个百分点。通过申请住房公积金个人住房贷款，可节约职工购房利息支出116.4亿元。

职工贷款笔数中，购房建筑面积90（含）平方米以下占31%，90~144（含）平方米占52%，144平方米以上占17%。购买新房占50.9%（其中购买保障性住房占1%），购买存量商品房占42%，建造、翻建、大修自住住房占0.1%，其他占7%。

职工贷款笔数中，单缴存职工申请贷款占33.3%，双缴存职工申请贷款占66.3%，三人及以上缴存职工共同申请贷款占0.4%。

贷款职工中，30岁（含）以下33.7%，30岁~40岁（含）占41.4%，40岁~50岁（含）占20%，50岁以上占4.9%；首次申请贷款占82.8%，二次及以上申请贷款占17.2%；中、低收入占92.8%，高收入占7.2%。

2. **异地贷款**：2017年，发放异地贷款5343笔25.6亿元。2017年末，发放异地贷款总额67亿元，异地贷款余额48亿元。

3. **公转商贴息贷款**：2017年，发放公转商贴息贷款2.4万笔133.6亿元，支持职工购建房面积51.7万平方米。当年贴息额5.7亿元。2017年末，累计发放公转商贴息贷款10.7万笔553.8亿元，累计贴息9.5亿元。

4. **住房公积金支持保障性住房建设项目贷款**：2017年末，全省（区）有住房公积金试点城市4个，试点项目10个，贷款额度14.9亿元，建筑面积101.7万平方米，可解决12415户中低收入职工家庭的住房问题。所有试点项目贷款资金已发放并还清贷款本息。

(四) **住房贡献率**：2017年，个人住房贷款发放额、公转商贴息贷款发放额、项目贷款发放额、住房消费提取额的总和与当年缴存额的比率为129.2%，比上年减少22.1个百分点。

六、其他重要事项

(一) **当年住房公积金"最多跑一次"改革实施情况**：按照省委省政府的决策部署，全力推进住房公积金"最多跑一次"改革，到9月底实现住房公积金各项业务办理"最多跑一次"全省全覆盖。通过不断增加服务网点，充分借助银行网点，促进服务窗口向社区和乡镇延伸，切实方便群众办事，逐步推进"就近跑一次"；全面推行"一窗受理、集成办理"，打造"一站式服务平台"，优化简化办理环节，切实加快办理速度，逐步推进"高效跑一次"；以信息化建设为支撑，加快网上办事大厅建设，加快开通住房公积金各项在线办理业务，努力争取让办事企业和群众"一次不要跑"。

(二) **当年住房公积金政策调整情况**：坚持"房子是用来住的，不是用来炒的"定位，适应房地产市场形势变化，适时调整完善住房公积金使用政策，积极支持刚需、抑制过度消费，妥善应对资金流动性不足；借助"多证合一、一证一码"改革契机，从源头督促企业建缴住房公积金，将港澳台同胞纳入住房公积金制度范围，积极探索建立个体工商户、自由职业者等新市民自愿缴存住房公积金制度；有序推进住房公积金支持危旧房改造、绿色建筑、装配式建筑、住宅全装修、旧住宅加装电梯等扶持政策，为创造更加舒适的居住条件做出了更大贡献。

（三）**当年开展专项监督检查情况**：省建设厅会同省财政厅组织开展了 2017 年度住房公积金管理运作情况专项检查，对杭州、宁波、温州、嘉兴、金华、舟山市住房公积金管理中心及下属分中心实施了现场督查，不断规范全省住房公积金管理中心的行政、财务行为。

（四）**当年信息化建设情况**：全省各地切实加快异地接续平台建设，按规定时间全部接入全国异地转移接续平台运行；全力做好住房公积金基础数据"双贯标"工作，6 个地区已通过验收，其余地区正待验收；率先在全国启动省级综合服务平台建设，各地网上服务大厅已全部建成上线并初步建成市级综合服务平台。

（五）**当年住房公积金机构及从业人员所获荣誉情况**：全省各地不断提高服务水平，文明创建再结硕果。省直中心被中央文明委授予"全国文明单位"，湖州市中心顺利通过了"全国文明单位"复评，宁波、温州、嘉兴、绍兴、衢州市中心及永嘉、苍南、缙云等分中心获得或保持省级文明单位称号。湖州、台州、丽水市中心及瑞安、建德分中心被授予"全国巾帼文明岗"荣誉，余杭分中心获得省级"巾帼文明岗"称号。湖州市公积金系统实现了市级"文明单位"和市级"工人先锋号"创建全覆盖。此外，全省公积金系统还有 2 位同志获得"全国三八红旗手"称号，2 位同志获得"全国住房城乡建设系统先进工作者"称号，获得地市级以上先进集体和个人称号 33 个。

（六）**其他需要披露的情况**：省直中心住房公积金 2017 年年度报告并入杭州市住房公积金 2017 年年度报告，报告中的数据作同口径调整。

杭州市住房公积金 2017 年年度报告

一、机构概况

（一）**住房公积金管理委员会**：住房公积金管理委员会有 30 名委员，2017 年召开 1 次会议，审议通过 2016 年住房公积金计划执行情况和 2017 年住房公积金计划草案，制定出台《杭州市个体工商户和自由职业者缴存、使用住房公积金管理办法（试行）》和《杭州市住房公积金行政执法管理办法（试行）》。

（二）**住房公积金管理中心**：杭州住房公积金管理中心为杭州市政府直属的不以营利为目的的参照公务员法管理的事业单位，设 7 个处、8 个分中心、1 个省直中心。从业人员 334 人，其中：在编 172 人，非在编 162 人。

二、业务运行情况

（一）**缴存**：2017 年，新开户单位 16003 家，实缴单位 70054 家，净增单位 12238 家；新开户职工 48.5 万人，实缴职工 245.5 万人，净增职工 24.4 万人；缴存额 432.7 亿元，同比增长 17.2%。2017 年末,缴存总额 2815.1 亿元,同比增长 18.2%;缴存余额 910.3 亿元,同比增长 7.7%。

受委托办理住房公积金缴存业务的银行 5 家,比上年增加 1 家,为省直中心增设的农业银行。

(二) 提取:2017 年,提取额 367.7 亿元,同比增长 29.1%;占当年缴存额的 85.0%,比上年增加 7.9 个百分点。2017 年末,提取总额 1904.8 亿元,同比增长 23.9%。

(三) 贷款:

1. 个人住房贷款:个人住房贷款最高额度 100 万元,其中,单缴存职工最高额度 50 万元,双缴存职工最高额度 100 万元。

2017 年,发放个人住房贷款 3.1 万笔 165.8 亿元,同比分别下降 18.4%、14.5%;回收个人住房贷款 103.9 亿元,见表 1。

2017 年末,累计发放个人住房贷款 40.8 万笔 1513.3 亿元,贷款余额 866.5 亿元,同比分别增长 8.2%、12.3%、7.7%。个人住房贷款余额占缴存余额的 95.2%,比上年无增减。

受委托办理住房公积金个人住房贷款业务的银行 21 家,比上年无增减。

2017 年全市个人住房贷款发放回收情况表 表 1

单位	发放笔数(万笔)	发放金额(亿元)	回收金额(亿元)
市中心	1.1	61.5	47.2
省直中心	0.6	39.2	26.2
萧山分中心	0.2	10.0	8.6
余杭分中心	0.2	12.9	6.3
富阳分中心	0.2	12.3	3.8
临安分中心	0.2	7.2	3.4
建德分中心	0.1	5.9	2.8
桐庐分中心	0.2	7.7	1.9
淳安分中心	0.2	5.9	2.0
铁路分中心	0.1	3.2	1.7
合计	3.1	165.8	103.9

2. 住房公积金支持保障性住房建设项目贷款:2017 年,发放及回收支持保障性住房建设项目贷款均为 0。2017 年末,累计发放项目贷款 7.0 亿元,项目贷款余额为 0。

(四) 融资:2017 年,未开展融资,当年归还个人住房贷款不出表的资产证券化融资资金 1.7 亿元。2017 年末,融资总额 5.0 亿元,均为个人住房贷款不出表的资产证券化融资,融资余额为 0。

(五) 资金存储:2017 年末,住房公积金存款 51.4 亿元。其中,活期 0.2 亿元,1 年(含)以下定期 4.8 亿元,1 年以上定期 0.1 亿元,其他(协定、通知存款等) 46.3 亿元。

(六) 资金运用率:2017 年末,住房公积金个人住房贷款余额、项目贷款余额和购买国债余额的总和占缴存余额的 95.2%,比上年无增减。

三、主要财务数据

(一) 业务收入:2017 年,业务收入 291254.9 万元,同比增长 8.7%。其中,存款利息 19002.1 万元，委托贷款利息272223.0万元，国债利息0，其他29.8万元。

（二）**业务支出**：2017年，业务支出172415.4万元，同比增长3.3%。其中，支付职工住房公积金利息132798.1万元，归集手续费4613.9万元，委托贷款手续费13697.2万元，其他21306.2万元。

（三）**增值收益**：2017年，增值收益118839.5万元，同比增长17.5%。增值收益率1.4%，比上年增加0.1个百分点。

（四）**增值收益分配**：2017年，提取贷款风险准备金51055.8万元，提取管理费用5033.1万元，提取城市廉租住房（公共租赁住房）建设补充资金62750.6万元。

2017年，上交财政管理费用4793.2万元。上缴财政城市廉租住房（公共租赁住房）建设补充资金20007.7万元。

2017年末，贷款风险准备金余额512282.1万元。累计提取城市廉租住房（公共租赁住房）建设补充资金536370.6万元。

（五）**管理费用支出**：2017年，管理费用支出9415.8万元，同比下降10.5%。其中，人员经费4260.3万元，公用经费1033.1万元，专项经费4122.4万元。

主要财务数据见表2～表4。

2017年全市住房公积金资产负债表（单位：万元） 表2

项目	年初数	年末数	项目	年初数	年末数
资产：			负债：		
住房公积金存款	537454.9	514109.9	住房公积金	8453298.4	9103200.5
增值收益存款	467180.6	612108.0	应付利息	61982.2	66978.7
应收利息	8492.6	5001.1	专项应付款	66328.3	109311.3
其他应收款	17526.3	14491.8	其中:城市廉租住房建设补充资金	63691.0	106433.9
委托贷款	8045921.1	8665337.5	其他应付款	33802.2	19383.9
逾期贷款	170.8	108.2	负债合计	8615411.1	9298874.4
国家债券	0.0	0.0			
			净资产：		
			贷款风险准备	461335.2	512282.1
			待分配增值收益	0.0	0.0
			净资产合计	461335.2	512282.1
资产总计	9076746.3	9811156.5	负债及净资产总计	9076746.3	9811156.5

2017年全市住房公积金增值收益及其分配表（单位：万元） 表3

单位	业务收入	业务支出	增值收益	提取贷款风险准备	提取管理费用	城市廉租住房(公共租赁住房)建设补充资金		
						当年提取	当年上缴	累计提取
市中心	131623.6	87207.3	44416.3	6610.1	1329.6	36476.6	20007.7	269029.2
省直中心	82167.5	43222.3	38945.2	23567.5	2794.2	12583.5	0.0	149837.4
萧山分中心	26817.8	16451.6	10366.2	3707.4	0.0	6658.8	0.0	40178.9
余杭分中心	18398.4	10813.5	7584.9	4284.9	0.0	3300.0	0.0	15175.2

续表

单位	业务收入	业务支出	增值收益	提取贷款风险准备	提取管理费用	城市廉租住房(公共租赁住房)建设补充资金		
						当年提取	当年上缴	累计提取
富阳分中心	11427.8	6576.8	4851.0	4236.3	219.0	395.7	0.0	13826.7
临安分中心	7512.1	4666.9	2845.2	2611.2	234.0	0.0	0.0	7245.6
建德分中心	6840.2	3752.3	3087.9	1725.9	411.6	950.4	0.0	12872.1
桐庐分中心	4683.7	3152.3	1531.4	1531.4	0.0	0.0	0.0	6241.7
淳安分中心	5199.5	3151.8	2047.7	2047.7	0.0	0.0	0.0	6744.2
铁路分中心	6634.2	3470.5	3163.7	733.4	44.7	2385.6	0.0	15219.7
合计	291254.9	172415.4	118839.5	51055.8	5033.1	62750.6	20007.7	536370.6

注：全市范围内调剂资金的利息收支及内部收支分摊金额在全市业务收入、业务支出汇总时合并计算。

2017年全市管理费用实际支出情况表（单位：万元） 表4

单位	人员经费	公用经费	专项经费	管理费用合计
市中心	927.9	264.6	1372.6	2565.1
省直中心	574.6	240.6	1572.5	2387.7
萧山分中心	527.6	237.6	154.9	920.1
余杭分中心	616.3	43.6	402.5	1062.4
富阳分中心	296.9	42.7	71.9	411.5
临安分中心	294.3	44.1	129.8	468.2
建德分中心	282.5	38.5	90.6	411.6
桐庐分中心	235.8	21.8	173.0	430.6
淳安分中心	239.5	41.3	88.8	369.6
铁路分中心	264.9	58.3	65.8	389.0
合计	4260.3	1033.1	4122.4	9415.8

注：当年管理费用不列入增值收益分配的有：市中心及铁路分中心的人员经费和公用经费、市中心的部分专项经费（134.5万元）、临安分中心的部分管理费用（234.2万元），以及萧山、余杭、富阳、桐庐、淳安分中心的所有管理费用均由当地财政在预算内安排；铁路分中心部分专项经费（4.8万元）在以前年度上交财政管理费用中列支。

四、资产风险状况

个人住房贷款：2017年末，个人住房贷款逾期额1015.5万元，逾期率0.117‰。其中，市中心0.124‰，省直中心0.176‰，萧山分中心0.035‰，余杭分中心0.024‰，富阳分中心0.001‰，临安分中心0.251‰，铁路分中心0.308‰，建德、桐庐和淳安分中心均为0。

个人贷款风险准备金按住房公积金个人住房贷款余额的5%差额提取（其中：省直中心按个人住房贷款余额的1%提取）。2017年，提取个人贷款风险准备金51055.8万元，未使用个人贷款风险准备金核销。2017年末，个人贷款风险准备金余额512,282.1万元，占个人住房贷款余额的5.9%，个人住房贷款逾期额与个人贷款风险准备金余额的比率为0.2%。

五、社会经济效益

（一）缴存业务：2017年，实缴单位数、实缴职工人数和缴存额同比分别增长21.2%、11.0%

和17.2%。

缴存单位中,国家机关和事业单位占7.9%,国有企业占2.6%,城镇集体企业占0.2%,外商投资企业占1.3%,城镇私营企业及其他城镇企业占82.5%,民办非企业单位和社会团体占1.1%,其他占4.4%。

缴存职工中,国家机关和事业单位占15.6%,国有企业占11.9%,城镇集体企业占0.1%,外商投资企业占4.6%,城镇私营企业及其他城镇企业占62.6%,民办非企业单位和社会团体占0.3%,其他占4.9%;中、低收入占96.5%,高收入占3.5%。

新开户职工中,国家机关和事业单位占4.1%,国有企业占8.5%,城镇集体企业占0.2%,外商投资企业占4.3%,城镇私营企业及其他城镇企业占77.1%,民办非企业单位和社会团体占0.4%,其他占5.4%;中、低收入占99.0%,高收入占1.0%,见表5。

2017年全市住房公积金缴存分类情况表 表5

	类　　别	缴存单位(家)	占比(%)	缴存职工(万人)	占比(%)	新开户职工(万人)	占比(%)
单位性质	国家机关和事业单位	5508	7.9	38.2	15.6	2.0	4.1
	国有企业	1824	2.6	29.2	11.9	4.1	8.5
	城镇集体企业	161	0.2	0.4	0.1	0.1	0.2
	外商投资企业	895	1.3	11.3	4.6	2.1	4.3
	城镇私营企业及其他城镇企业	57764	82.5	153.6	62.6	37.4	77.1
	民办非企业单位和社会团体	802	1.1	0.7	0.3	0.2	0.4
	其他	3100	4.4	12.1	4.9	2.6	5.4
	合计	70054	100.0	245.5	100.0	48.5	100.0
收入水平	中、低收入	—	—	236.8	96.5	48.0	99.0
	高收入	—	—	8.7	3.5	0.5	1.0
	合计	—	—	245.5	100.0	48.5	100.0

注:中、低收入为收入低于或等于2016年杭州市社会平均工资的3倍;高收入为收入高于2016年杭州市社会平均工资的3倍。

(二)提取业务:2017年,93.6万名缴存职工提取住房公积金367.7亿元。

提取金额中,住房消费提取占85.5%(购买、建造、翻建、大修自住住房占14.8%,偿还购房贷款本息占65.8%,租赁住房占4.9%,其他占0.0%);非住房消费提取占14.5%(离休和退休提取占8.0%,完全丧失劳动能力并与单位终止劳动关系提取占0.0%,户口迁出本市或出境定居占4.9%,其他占1.6%),见表6。

提取职工中,中、低收入占94.1%,高收入占5.9%。

2017年全市住房公积金提取分类情况表 表6

	类　　别	人数(万人)	占比(%)	金额(亿元)	占比(%)
住房消费提取	购买、建造、翻建、大修自住住房	5.5	5.9	54.3	14.8
	偿还贷款本息	57.1	61.0	242.2	65.8
	租赁住房	16.3	17.4	17.9	4.9
	其他	0.0	0.0	0.0	0.0
	小计	78.9	84.3	314.4	85.5

续表

类别		人数（万人）	占比(%)	金额（亿元）	占比(%)
非住房消费提取	离休和退休	2.5	2.7	29.6	8.0
	完全丧失劳动能力并与单位终止劳动关系	0.0	0.0	0.0	0.0
	户口迁出本市或出境定居	11.3	12.1	18.0	4.9
	其他	0.9	0.9	5.7	1.6
	小计	14.7	15.7	53.3	14.5
合计		93.6	100.0	367.7	100.0
收入水平	中、低收入	88.1	94.1	318.3	86.6
	高收入	5.5	5.9	49.4	13.4
	合计	93.6	100.0	367.7	100.0

注：1. 户口迁出本市或出境定居提取包括非本地户籍职工终止劳动关系后未在本地重新就业；
  2. 非住房消费提取中的其他提取包括本地户籍职工终止劳动关系后未重新就业满5年或者男性年满50周岁、女性年满45周岁；享受最低生活保障；死亡或宣告死亡；
  3. 中、低收入为收入低于或等于2016年杭州市社会平均工资的3倍；高收入为收入高于2016年杭州市社会平均工资的3倍。

（三）贷款业务：

1. 个人住房贷款：2017年，支持职工购建房323.1万平方米，年末个人住房贷款市场占有率为14.5%（年末个人住房贷款市场占有率＝年末住房公积金个人贷款余额÷年末商业性和住房公积金个人贷款余额总和，含公转商贴息贷款），比上年减少1.9个百分点。通过申请住房公积金个人住房贷款，可节约职工购房利息支出291165.1万元。

职工贷款笔数中，购房建筑面积90（含）平方米以下占48.4%，90～140（含）平方米占41.9%，140平方米以上占9.7%。购买新房占41.9%（其中购买保障性住房占3.2%），购买存量商品住房占58.1%，建造、翻建、大修自住住房占0.0%，其他占0.0%。

职工贷款笔数中，单缴存职工申请贷款占48.4%，双缴存职工申请贷款占51.6%，三人及以上缴存职工共同申请贷款占0.0%。

贷款职工中，30岁（含）以下占35.5%，30岁～40岁（含）占45.2%，40岁～50岁（含）占16.1%，50岁以上占3.2%；首次申请贷款占87.1%，二次及以上申请贷款占12.9%；中、低收入占96.8%，高收入占3.2%，见表7。

2017年全市住房公积金个人住房贷款分类情况表   表7

分类方式	类别	发放笔数（万笔）	占比(%)	金额（亿元）	占比(%)
房屋类型	新房	1.3	41.9	62.6	37.8
	其中：保障性住房	0.1	3.2	2.8	1.7
	存量商品住房	1.8	58.1	103.1	62.2
	建造、翻建、大修自住住房	0.0	0.0	0.0	0.0
	其他	0.0	0.0	0.1	0.0
房屋建筑面积	90平方米（含）以下	1.5	48.4	75.8	45.7
	90～140平方米（含）	1.3	41.9	68.2	41.1
	140平方米以上	0.3	9.7	21.8	13.2

续表

分类方式	类别	发放笔数(万笔)	占比(%)	金额(亿元)	占比(%)
贷款种类	纯公积金贷款	1.3	41.9	68.6	41.4
	组合贷款	1.8	58.1	97.2	58.6
购贷次数	首次	2.7	87.1	141.4	85.3
	二次及以上	0.4	12.9	24.4	14.7
贷款职工	单缴存职工	1.5	48.4	60.8	36.7
	双缴存职工	1.6	51.6	104.9	63.3
	三人及以上缴存职工	0.0	0.0	0.1	0.0
贷款人年龄	30岁(含)以下	1.1	35.5	55.1	33.3
	30岁~40岁(含)	1.4	45.2	74.8	45.1
	40岁~50岁(含)	0.5	16.1	29.4	17.7
	50岁以上	0.1	3.2	6.5	3.9
收入水平	中、低收入	3.0	96.8	156.3	94.3
	高收入	0.1	3.2	9.5	5.7

注：中、低收入为收入低于或等于2016年杭州市社会平均工资的3倍；高收入为收入高于2016年杭州市社会平均工资的3倍。

2. **异地贷款**：2017年，发放异地贷款1058笔75439.0万元。2017年末，发放异地贷款总额220012.9万元，异地贷款余额79167.0万元。

3. **公转商贴息贷款**：2017年，发放公转商贴息贷款（含增量和存量公转商，下同）4198笔239036.7万元，支持职工购建住房面积31.4万平方米，当年贴息额20826.5万元。2017年末，累计发放公转商贴息贷款27131笔1432622.5万元，累计贴息40648.9万元。

4. **支持保障性住房建设试点项目贷款**：2017年末，累计试点项目3个，贷款额度7.0亿元，建筑面积56.9万平方米，可解决6511户中低收入职工家庭的住房问题。3个试点项目贷款资金已发放并还清贷款本息。

（四）**住房贡献率**：2017年，个人住房贷款发放额、公转商贴息贷款发放额、项目贷款发放额、住房消费提取额的总和与当年缴存额的比率为116.5%，比上年减少11.9个百分点。

六、其他重要事项

（一）**当年机构及职能调整情况、受委托办理缴存贷款业务金融机构变更情况**：2017年，机构及职能未作调整，省直中心增设农业银行解放路支行为住房公积金归集银行，增设北京银行杭州分行和浙商银行杭州西湖支行为委贷银行；铁路分中心委贷银行由建设银行杭州西湖支行调整为建设银行杭州中山支行。

（二）**当年住房公积金政策调整及执行情况**：

1. **当年缴存基数限额及确定方法、缴存比例等缴存政策调整情况**：本市住房公积金缴存基数为职工本人2016年度月平均工资，职工工资口径、缴存比例及缴存额计算规则未作调整。缴存基数设定上限和下限，实行"控高保低"，缴存基数上限为21980元（按2016年杭州市职工平均工资87921元/12的3倍确定），其中：淳安分中心上限为16877元（按2016年当地职工平均工资67508元/12的3倍确定）；缴存基数下限为1860元（按2016年杭州市最低月工资标准确定），其中：建德、桐庐、淳安和临安分中心下限为1530元（按2015年当地最低月工资标准确定）。

2. **当年提取政策调整情况**：2017年，本市提取政策未作调整。

3. **当年个人住房贷款最高贷款额度、贷款条件等贷款政策调整情况**：2017年，贷款额度政策未作调整。贷款条件中，自3月2日起，对主城区、萧山、余杭、富阳和大江东产业集聚区，职工家庭购买首套普通自住住房或拥有一套住房并已结清购房贷款的，最低首付比例由20％调整为30％；职工家庭拥有一套住房但未结清相应商业性购房贷款的，再次申请住房公积金贷款购买普通自住住房的，最低贷款首付比例从40％调整为60％。自3月29日起，对主城区、高新开发区（滨江）、经济技术开发区、之江国家旅游度假区以及萧山、余杭、富阳和大江东产业集聚区，职工家庭名下无住房且无住房贷款记录的，购买普通自住住房的，首付款比例不低于30％。职工家庭名下拥有一套住房或无住房但有住房贷款记录的，申请住房公积金贷款购买普通自住住房的，首付款比例不低于60％。职工家庭名下拥有两套及以上住房或未结清住房公积金贷款的，不得申请住房公积金贷款。

4. **当年住房公积金存贷款利率执行标准**：2017年，职工住房公积金存款利率按一年期整存整取定期存款基准利率1.50％执行。年度结息日为每年的6月30日。

个人住房公积金贷款利率，贷款5年（含）之内的基准年利率为2.75％，5年以上的基准年利率为3.25％；第二套房贷款利率按基准利率的1.1倍执行。贷款期限在1年（含）以内的，执行合同利率，遇法定利率调整时不作调整；贷款期限在1年以上的，遇法定利率调整时，自调整的次年1月1日起，按调整后的利率执行。

（三）**当年服务改进情况**：

1. **"最多跑一次"改革**：2017年，为推进"最多跑一次"改革，全市梳理完成4个主项30个子项的办事事项，清理办事材料，实行清单式管理和一次性告知。通过简化业务流程和数据共享，对涉及公民个人的20个办事事项，完成精简材料13项。对离退休、租赁、享受城镇低保提取公积金、提前还贷、异地贷款职工缴存使用证明、个人账户信息查询等多项业务，实现仅凭身份证"一证通"办理。同时，完成30个非权力事项的网上受理和办理。

2. **贷款提能增速**：2017年，围绕贷款审批提能增效，从简化贷款申请材料、扩大贷款受理网点和抵押数据联网核查方式，实施"一次告知、七日审核、三日核准、证到放款"的审批模式，在抵押模式下从贷款申请到放款全流程的审批发放时效提升至最快20日（含不动产抵押登记时间）以内，推出公积金贷款提前结清材料邮寄和提前还款预约服务。省直中心7月起实施贷款担保制度，商品房纯公积金贷款在审批后2个工作日内完成放款，组合贷款在具备银行放款条件下即可放款，截至年末已审批担保贷款0.2万笔，金额12.9亿元；11月设立办证服务大厅，实现贷款审批、抵押办证"只跑一次、一条龙服务、一地办结"，并邀请我爱我家等五家房产中介和公证处入驻提供现场签约和委托公证的增值服务。

3. **网点建设情况**：2017年，新增杭州银行缴存提取业务办理网点6个、进驻城区行政服务中心网点5个（其中，萧山分中心新增网点2个，临安分中心新增网点1个），满足客户"就近办"需要，并在所有进驻城区行政服务中心实行了双休日服务便民举措。

4. **综合服务平台建设情况**：2017年，涵盖网上办事大厅、微信公众号、支付宝城市服务、浙江政务服务网（包括APP）、自助服务终端、服务热线、手机短信等多渠道、多形式的住房公积金综合服务平台全面建成。一是完成了自助终端查询系统改版升级,实现自助打印电子签章;二是推出了支付宝刷脸查询办理公积金服务;三是网上办事大厅全新改版上线,在省内率先全面对接浙江政务服务网,应用省政务网法人和个人用户统一身份认证系统进行实名登录认证,实现了公积金服务事项在浙江政务网申请办理全覆盖,并实现电子签章的网上应用;四是推出了浙江政务服务网 APP 应用,实现个人可在线办理公积金提前还款、提前结清、公积金按月转账终止等业务;五是完成了中心 12329 服务热线系统与全市 12345 咨询服务热线整合工作。

(四)当年信息化建设情况:2017 年,中心加强数据共享应用,实现对接市数据资源、住保房管、国土、地税、民政、残联、社保、市场监管和公安等 9 个部门。截至年末,法人、房产交易合同(公租房租赁合同)、婚姻、残疾人、契税纳税、人口、不动产权属登记和抵押、养老保险参保、低保等信息已实现联网协查。此外,"双贯标"工作有效突破,中心完成住房城乡建设部公积金结算应用平台接入和银行结算账户查询等应用功能上线,并于 6 月成功接入住房城乡建设部异地转移接续平台,并将铁路分中心纳入全市一体化系统,全面实现全市一体化管理。省直中心完成了基础数据贯标、结算系统贯标、购房无房提取、贷款担保程序、贴息贷款置换、抵押权证管理及柜面材料电子扫描等业务功能开发和改造工作。

(五)当年住房公积金管理中心及职工所获荣誉情况:

1. 市中心被评为"杭州市 2015 年~2017 年市级文明机关";
2. 省直中心被中央文明委授予"全国文明单位";
3. 余杭分中心办事大厅荣获省级"巾帼文明岗"称号;
4. 建德分中心荣获"全国巾帼文明岗"。

(六)当年对违反《住房公积金管理条例》和相关法规行为进行行政处罚和申请人民法院强制执行情况:2017 年,出台《杭州市住房公积金行政执法管理办法(试行)》,定期发布公积金失信黑名单,先后认定骗提及严重逾期失信人员三批次。芝麻信用支付宝负面记录栏目在全国率先披露杭州公积金失信信息,并同步扣减失信人员芝麻信用分。市中心结合"双随机"监管要求,开展对上市企业和国有企业的专项执法检查,组织检查 504 家,重点督查建缴不合规企业 21 家,新增缴存职工 2.3 万人。萧山、余杭、富阳 3 个城区先后将住房公积金缴纳事项列入当地劳动合同的示范文本。

2017 年,全市受理职工公积金投诉立案 408 起,调查涉案企业 272 家,通过行政调解解决纠纷案件 162 件,占总案件 82.6%;制发责令整改决定 78 起,申请法院强制执行 5 起,当年结案 196 起,共为 310 名职工追回欠缴公积金 298.9 万元,维护了职工的合法权益。

(七)其他需要披露的情况:

1. 2017 年 3 月,市中心开展存量公转商贴息贷款业务,转让市中心存量贷款 1081 笔,金额 8 亿元。
2. 2017 年,共实施 16 期存款竞争性存放招标投标,合计资金 112.9 亿元。
3. 省直中心住房公积金 2017 年年度报告并入杭州市住房公积金 2017 年年度报告,报告中的数据作同口径调整。
4. 中心组织机构、政策资讯、委托银行、服务网点、业务流程、短信对账、微博微信、支付宝、网上办事大厅及其他信息公开内容详见全市公积金机构网站(市中心网址:www.hzgjj.gov.cn,各分中心和省直中心的网址见市中心和省直中心网站链接)。

宁波市住房公积金 2017 年年度报告

一、机构概况

（一）**住房公积金管理委员会**：住房公积金管理委员会有 29 名委员，2017 年召开 1 次全体会议，审议通过的事项主要包括：《宁波市住房公积金 2016 年归集使用计划执行情况和 2017 年归集使用计划安排的报告》、《关于调整宁波市住房公积金贷款有关政策的建议》、《关于调整宁波市住房公积金提取有关政策的建议》、《关于调整宁波市住房公积金缴存有关政策的建议》以及《关于调整住房公积金最高贷款额度的建议》。通过书面征询委员审议的事项主要有：《宁波市住房公积金 2016 年年度报告》和《关于扩大住房公积金业务承办银行范围的建议》。

（二）**住房公积金管理中心**：宁波市住房公积金管理中心为宁波市政府直属，不以营利为目的实行参照公务员法管理的事业单位，主要负责全市住房公积金的归集、管理、使用和会计核算。中心设 8 个部室，7 个分中心。从业人员 203 人，其中，在编 123 人，非在编 80 人。

二、业务运行情况

（一）**缴存**：2017 年，新开户单位 5947 家，实缴单位 30793 家，净增单位 4280 家；新开户职工 27.94 万人，实缴职工 132.45 万人，净增职工 7.21 万人；缴存额 204.84 亿元，同比增长 14.31%。2017 年末，缴存总额 1396.66 亿元，同比增长 17.19%；缴存余额 458.13 亿元，同比增长 9.79%。

受委托办理住房公积金缴存业务的银行 3 家，与上年无增减。

（二）**提取**：2017 年，提取额 163.99 亿元，同比增长 13.57%；占当年缴存额的 80.06%，比上年减少 0.52 个百分点。2017 年末，提取总额 938.53 亿元，同比增长 21.17%。

（三）**贷款**：

1. **个人住房贷款**：个人住房贷款最高额度 60 万元，其中，单缴存职工最高额度 60 万元，双缴存职工最高额度 60 万元。

2017 年，发放个人住房贷款 1.77 万笔 93.02 亿元，同比增长 10.50%、11.09%。其中，市中心发放个人住房贷款 0.80 万笔 46.90 亿元，镇海分中心发放个人住房贷款 0.12 万笔 6.34 亿元，北仑分中心发放个人住房贷款 0.30 万笔 13.83 亿元，奉化分中心发放个人住房贷款 0.05 万笔 2.43 亿元，余姚分中心发放个人住房贷款 0.14 万笔 6.29 亿元，慈溪分中心发放个人住房贷款 0.21 万笔 9.44 亿元，宁海分中心发放个人住房贷款 0.08 万笔 4.39 亿元，象山分中心发放个人住房贷款 0.07 万笔 3.40 亿元。

2017 年，回收个人住房贷款 55.44 亿元。其中，市中心为 29.57 亿元，镇海分中心为 4.82 亿元，北仑分中心为 7.65 亿元，奉化分中心为 1.88 亿元，余姚分中心为 3.56 亿元，慈溪分中心为 4.10 亿元，宁海分中心为 2.05 亿元，象山分中心为 1.81 亿元。

2017 年末，累计发放个人住房贷款 24.03 万笔 776.67 亿元，贷款余额 431.36 亿元，同比分别增长 7.96%、13.61%、9.54%。个人住房贷款余额占缴存余额的 94.16%，比上年减少 0.21 个百分点。

受委托办理住房公积金个人住房贷款业务的银行 6 家，与上年无增减。

2. 住房公积金支持保障性住房建设项目贷款： 2017年，未发生支持保障性住房建设项目的贷款业务。2017年末，累计发放项目贷款6亿元，均已到期收回，项目贷款余额为零。

（四）**融资**：2017年，融资3.37亿元，归还3.77亿元。2017年末，融资总额14.04亿元，融资余额为零。

（五）**资金存储**：2017年末，住房公积金存款29.53亿元。其中，活期0.21亿元，1年（含）以下定期8.47亿元，1年以上定期0.07亿元，其他（协定、通知存款等）20.78亿元。

（六）**资金运用率**：2017年末，住房公积金个人住房贷款余额、项目贷款余额和购买国债余额的总和占缴存余额的94.16%，比上年减少0.21个百分点。

三、主要财务数据

（一）**业务收入**：2017年，业务收入147868.80万元，同比增长5.39%。其中，市中心77880.66万元，镇海分中心12450.91万元，北仑分中心19748.36万元，奉化分中心4766.02万元，余姚分中心8980.99万元，慈溪分中心13430.51万元，宁海分中心5342.34万元，象山分中心5269.01万元；存款利息13489.95万元，委托贷款利息134371.94万元，国债利息0万元，其他6.91万元。

（二）**业务支出**：2017年，业务支出92000.84万元，同比增长10.62%。其中，市中心49920.79万元，镇海分中心7940.91万元，北仑分中心13530.98万元，奉化分中心2499.20万元，余姚分中心5436.49万元，慈溪分中心7123.25万元，宁海分中心2476.32万元，象山分中心3072.90万元。业务支出主要用于支付职工住房公积金利息63150.06万元，归集手续费1164.31万元，委托贷款手续费6673.36万元，其他21013.11万元。

（三）**增值收益**：2017年，增值收益55867.96万元，同比下降2.22%。其中，市中心27959.87万元，镇海分中心4510.00万元，北仑分中心6217.38万元，奉化分中心2266.82万元，余姚分中心3544.50万元，慈溪分中心6307.26万元，宁海分中心2866.02万元，象山分中心2196.11万元；增值收益率1.28%，比上年减少0.14个百分点。

（四）**增值收益分配**：2017年，提取贷款风险准备金33520.78万元，提取管理费用2761.04万元，提取城市廉租住房（公共租赁住房）建设补充资金19586.14万元。

2017年，上交财政管理费用2205.72万元。上缴财政城市廉租住房（公共租赁住房）建设补充资金19765.31万元。其中，市中心上缴（宁波市财政局）12113.91万元，镇海分中心上缴（宁波市镇海区财政局）1733.72万元，北仑分中心上缴（宁波市北仑区财政局）1877.87万元，奉化分中心上缴（宁波市奉化区财政局）557.21万元，余姚分中心上缴（余姚市财政局）904.10万元，慈溪分中心上缴（慈溪市财政局）1453.26万元，宁海分中心上缴（宁海县财政局）585.03万元，象山分中心上缴（象山县财政局）540.21万元。

2017年末，贷款风险准备金余额343033.03万元。累计提取城市廉租住房（公共租赁住房）建设补充资金177255.27万元。其中，市中心提取107935.10万元，镇海分中心提取16153.48万元，北仑分中心提取18548.69万元，奉化分中心提取3227.35万元，余姚分中心提取9623.47万元，慈溪分中心提取12603.96万元，宁海分中心提取4495.13万元，象山分中心提取4668.09万元。

（五）**管理费用支出**：2017年，管理费用支出7247.92万元，同比增长18.77%。其中，人员经费

4270.71万元，公用经费403.41万元，专项经费2573.80万元。

市中心管理费用支出1942.06万元，其中，人员、公用、专项经费分别为1218.39万元、97.71万元、625.96万元；镇海分中心管理费用支出529.52万元，其中，人员、公用、专项经费分别为394.62万元、31.43万元、103.47万元；北仑分中心管理费用支出1576.40万元，其中，人员、公用、专项经费分别为681.94万元、58.12万元、836.34万元；奉化分中心管理费用支出533.83万元，其中，人员、公用、专项经费分别为395.97万元、48.98万元、88.88万元；余姚分中心管理费用支出545.26万元，其中，人员、公用、专项经费分别为430.36万元、36.56万元、78.34万元；慈溪分中心管理费用支出600.88万元，其中，人员、公用、专项经费分别为408.18万元、57.50万元、135.20万元；宁海分中心管理费用支出549.39万元，其中，人员、公用、专项经费分别为330.24万元、65.91万元、153.24万元；象山分中心管理费用支出970.58万元，其中，人员、公用、专项经费分别为411.01万元、7.20万元、552.37万元。

四、资产风险状况

（一）个人住房贷款：2017年末，个人住房贷款逾期额744.11万元，逾期率0.173‰。其中，市中心0.129‰，镇海分中心为0.124‰，北仑分中心为0.294‰，奉化分中心为0.573‰，余姚分中心为0.002‰，慈溪分中心为0.345‰，宁海分中心为零，象山分中心为0.148‰。

个人贷款风险准备金按增值收益的60%提取。2017年，提取个人贷款风险准备金33520.78万元，使用个人贷款风险准备金核销呆坏账为零。2017年末，个人贷款风险准备金余额341015.25万元，占个人住房贷款余额的7.91%，个人住房贷款逾期额与个人贷款风险准备金余额的比率为0.22%。

（二）支持保障性住房建设试点项目贷款：2017年末，逾期项目贷款为零，逾期率为零。2017年，使用项目贷款风险准备金核销呆坏账为零，项目贷款风险准备金余额2017.78万元。

五、社会经济效益

（一）缴存业务：2017年，实缴单位数、实缴职工人数和缴存额同比分别增长16.14%、5.76%和14.31%。

缴存单位中，国家机关和事业单位占14.6%，国有企业占4.24%，城镇集体企业占1.23%，外商投资企业占4.29%，城镇私营企业及其他城镇企业占36.66%，民办非企业单位和社会团体占4.28%，其他占34.70%。

缴存职工中，国家机关和事业单位占18.49%，国有企业占12.28%，城镇集体企业占1.36%，外商投资企业占10.46%，城镇私营企业及其他城镇企业占27.51%，民办非企业单位和社会团体占3.09%，其他占26.81%；中、低收入占91.95%，高收入占8.05%。

新开户职工中，国家机关和事业单位占6.30%，国有企业占5.48%，城镇集体企业占0.87%，外商投资企业占11.65%，城镇私营企业及其他城镇企业占41.10%，民办非企业单位和社会团体占3.33%，其他占31.27%；中、低收入占92.12%，高收入占7.88%。

（二）提取业务：2017年，44.34万名缴存职工提取住房公积金163.99亿元。

提取金额中，住房消费提取占83.10%（购买、建造、翻建、大修自住住房占38.37%，偿还购房贷

款本息占 44.36%，租赁住房占 0.37%）；非住房消费提取占 16.90%〔离休和退休提取占 8.48%，完全丧失劳动能力并与单位终止劳动关系提取占 4.47%，户口迁出本市或出境定居占 0.13%，其他占 3.82%（主要为失业满五年、死亡、外地转移及个人账户合并等原因的提取）〕。

提取职工中，中、低收入占 91.99%，高收入占 8.01%。

（三）**贷款业务**：

1. **个人住房贷款**：2017 年，支持职工购建房 198.58 万平方米，年末个人住房贷款市场占有率为 12.70%，比上年减少 2.32 个百分点。通过申请住房公积金个人住房贷款，可节约职工购房利息支出 204452.69 万元。

职工贷款笔数中，购房建筑面积 90（含）平方米以下占 32.62%，90～144（含）平方米占 54.41%，144 平方米以上占 12.97%。购买新房占 36.23%，购买存量商品住房占 63.75%，建造、翻建、大修自住住房占 0.02%。

职工贷款笔数中，单缴存职工申请贷款占 27.35%，双缴存职工申请贷款占 71.51%，三人及以上缴存职工共同申请贷款占 1.14%。

贷款职工中，30 岁（含）以下占 44.18%，30 岁～40 岁（含）占 41.09%，40 岁～50 岁（含）占 13.47%，50 岁以上占 1.26%；首次申请贷款占 87.67%，二次及以上申请贷款占 12.33%；中、低收入占 92.40%，高收入占 7.60%。

2. **异地贷款**：2017 年，发放异地贷款 325 笔 18307.42 万元。2017 年末，发放异地贷款总额 56000.87 万元，异地贷款余额 51892.48 万元。

3. **公转商贴息贷款**：2017 年，发放公转商贴息贷款 11416 笔 670119.90 万元，支持职工购建住房面积 135.06 万平方米，当年贴息额 20690.79 万元。2017 年末，累计发放公转商贴息贷款 40140 笔 2373771.10 万元，累计贴息 31311.51 万元。

4. **支持保障性住房建设试点项目贷款**：2017 年末，累计试点项目 3 个，贷款额度 6 亿元，建筑面积 25.34 万平方米，可解决 3121 户中低收入职工家庭的住房问题。3 个试点项目贷款资金已发放并还清贷款本息。

（四）**住房贡献率**：2017 年，个人住房贷款发放额、公转商贴息贷款发放额、项目贷款发放额、住房消费提取额的总和与当年缴存额的比率为 144.65%，比上年减少 37.04 个百分点。

六、其他重要事项

（一）**当年机构及职能调整情况、受委托办理缴存贷款业务金融机构变更情况**：2017 年 12 月，根据市编委办《关于同意调整宁波市住房公积金管理中心机构编制的函》（甬编办函〔2017〕133 号）精神，原鄞州分中心成建制并入市住房公积金管理中心，相应增加内设机构 1 个即鄞州管理部。2017 年 2 月，根据北仑区编委会《关于同意区住房资金管理中心调整内设机构设置的批复》（仑编〔2017〕11 号）精神，北仑分中心将资金管理综合部分设为综合部、计划财务部。

2017 年受委托办理缴存贷款业务金融机构没有调整变化。

（二）**当年住房公积金政策调整及执行情况**：

1. **当年缴存政策调整情况**：2017 年 11 月 29 日，市住房公积金管理委员会出台了《关于调整宁波市住房公积金缴存有关政策的通知》（甬房公委〔2017〕5号），自2017年12月15日起，调整住房公积金管理中心受理单位账户设立办理时限，由"5个工作日"调整为"当场办结"；调整封存职工账户管理方式，设立"封存集中管理户"。封存职工账户由原缴存单位管理调整为统一纳入"封存集中管理户"管理；调整住房公积金转移业务办理方式，由"原工作单位办理转出、新工作单位办理转入"调整为"新工作单位直接办理调入"。

2. 当年缴存基数限额及确定方法、缴存比例等情况：住房公积金缴存基数最高限额33995元，市中心和镇海、北仑、余姚、慈溪4个分中心最低限额1860元，奉化、宁海、象山3个分中心最低限额1530元。单位和个人按职工本人2016年度月平均工资的5%～12%的比例缴存住房公积金，且单位、个人按相同比例缴存。住房公积金月缴存额＝缴存基数×（单位缴存比例＋个人缴存比例）。职工缴存住房公积金的工资基数统一按照国家统计局《关于工资总额组成的规定》计算，具体包括计时工资、计件工资、奖金、津贴和补贴、加班加点工资以及特殊情况下支付的工资。

3. 当年提取政策调整情况：根据《宁波市住房公积金管理委员会关于调整宁波市住房公积金提取有关政策的通知》（甬房公委〔2017〕6号）精神，自2017年12月15日起，我市住房公积金提取政策作如下调整：一是既有多层住宅加装电梯中出资的业主或其配偶可按规定提取住房公积金，提取总额不得超过个人出资部分；二是以下情况不予提取住房公积金或退还已提取的住房公积金：（1）对同一套房屋在12个月内交易2次（含）以上的；（2）缴存职工在3年内以大修原因重复申请提取住房公积金的；（3）缴存职工因购房提取住房公积金后又办理了所购房退房手续的，须将提取的住房公积金退还；三是取消原由单位审核并出具《宁波市住房公积金提取申请书》的要求，调整为依缴存职工本人申请办理住房公积金提取业务；四是缴存职工骗提住房公积金被纳入宁波市住房公积金失信"黑名单"的，3年内禁止提取住房公积金和申请住房公积金个人住房贷款。

4. 当年个人住房贷款最高贷款额度、贷款条件等贷款政策调整情况：根据《宁波市人民政府办公厅关于保持和促进我市房地产市场平稳运行的通知》（甬政办发〔2017〕50号）精神，自2017年4月24日起，我市住房公积金贷款政策作如下调整：一是住房公积金缴存职工家庭购买首套自住住房，或拥有1套住房并已结清相应购房贷款，为改善居住条件再次申请住房公积金贷款购买第2套自住住房的，商品住房贷款最低首付款比例由20%调整为30%，二手住房贷款最低首付款比例由30%调整为40%；二是连续缴存住房公积金满2年的职工，首次申请住房公积金贷款购买家庭首套自住住房的，最高贷款额度由100万元/户调整为80万元/户，其他住房公积金个人住房贷款的最高贷款额度统一调整为60万元/户。

根据《宁波市住房公积金管理委员会关于调整宁波市住房公积金最高贷款额度的通知》（甬房公委〔2017〕2号）精神，自2017年8月1日起，我市住房公积金最高贷款额度作如下调整：一是职工按规定连续缴存住房公积金满2年，首次申请住房公积金贷款购买家庭首套自住住房的，住房公积金最高贷款额度由80万元/户调整到60万元/户；二是职工按规定连续缴存住房公积金满6个月，首次申请住房公积金贷款购买家庭首套自住住房的，住房公积金最高贷款额度由60万元/户调整到40万元/户；三是职工按规定连续缴存住房公积金满6个月，其家庭已拥有1套住房并已结清购房贷款，为改善居住条件第二次申请住房公积金贷款的，住房公积金最高贷款额度由60万元/户调整为40万元。

根据《宁波市住房公积金管理委员会关于调整宁波市住房公积金贷款有关政策的通知》（甬房公委

〔2017〕3号）精神，自 2017 年 8 月 1 日起，我市住房公积金贷款政策作如下调整：一是职工个人住房公积金贷款可贷额度计算公式由"按住房公积金月缴存基数计算"调整为"按住房公积金账户余额的一定倍数计算"。可贷额度＝借款人及其共同借款人在申请贷款日缴存账户余额×倍数，其中：倍数目前按 12 倍确定，可贷额度计算不足 15 万元的，保底贷款额度按 15 万元/户计算；二是借款人、配偶及其共同借款人的个人信用报告或公积金中心业务系统中显示有下列情形之一，并经核实的，暂停受理借款人住房公积金贷款申请：住房公积金贷款还贷曾经连续逾期 3 期（含）以上，或申请贷款日前最近 2 年（不含）内，住房公积金贷款还贷曾经累计逾期 6 期（含）以上的；申请贷款日前最近 2 年（不含）内，商业性个人住房按揭贷款还贷曾经连续逾期 3 期（含）以上，或曾经累计逾期 6 期（含）以上的；申请贷款日，尚有为他人（含单位）提供担保，或个人信用报告显示信用卡、其他贷款等当前有逾期尚未还清的；在申请日前最近 3 年（不含）内，因本人或为他人申请住房公积金贷款提供或出具虚假证明材料、信用不良曾经被起诉过、骗提住房公积金列入失信人员名单等情形之一的；在贷款审批期间停缴住房公积金或住房公积金缴存账户被冻结、查封；三是将现行"具有本市常住户口或本市有效居留身份"规定，调整为"具有常住户口或有效居留身份"。

余姚分中心根据宁波市住房公积金管理委员会办公室《关于落实＜宁波市人民政府办公厅关于保持和促进我市房地产市场平稳运行的通知＞有关事项的说明》，自 2017 年 4 月 24 日起，将"连续缴存住房公积金满 6 个月的职工，最高额度为 60 万元/户；连续缴存住房公积金满 2 年的职工，购买家庭首套自住住房，申请住房公积金贷款最高额度为 70 万元/户；连续缴存住房公积金满 2 年的职工，首次申请住房公积金贷款购买家庭首套自住住房的，最高贷款额度为 80 万元/户。"统一按照《宁波市人民政府办公厅关于保持和促进我市房地产市场平稳运行的通知》（甬政办发〔2017〕50 号）文件精神调整。

5. **当年住房公积金存贷款利率执行标准**：2017 年住房公积金存款利率按照一年期定期存款基准利率 1.5% 执行。年度结息日为每年 6 月 30 日。

当年住房公积金贷款利率未作调整。首套房贷款，1～5 年（含 5 年）期执行 2.75% 的年利率，5 年（不含 5 年）期以上执行 3.25% 的年利率；拥有 1 套住房且尚未结清商业性贷款，为改善居住条件再次申请住房公积金贷款购买第 2 套住房，贷款利率执行不低于同期首套房住房公积金贷款利率的 1.1 倍，分别为：第 2 套住房贷款 1～5 年（含 5 年）期执行 3.025% 的年利率，5 年（不含 5 年）期以上执行 3.575% 的年利率。

（三）**当年服务改进情况**：中心大力推进"最多跑一次"改革，积极践行"以人民为中心"的发展思想，创新推出了简政服务"一窗跑"、快捷服务"就近跑"、特色服务"我来跑"、创新服务"智能跑"、联动服务"数据跑"、高效服务"电话跑"的"六跑"服务新模式，已经实现全部 30 项住房公积金业务办理的"最多跑一次"，有效增强了广大缴存职工的改革获得感。进一步优化窗口设置和完善便民设施，开设"港澳台同胞"、"司法协助"等绿色服务通道，升级改造母婴室，调研引进住房公积金政务服务机器人。积极推行"一证通办"业务，纯公积金贷款及组合贷款的职工和外地户籍职工离职提取住房公积金仅需提供身份证即可办理；开展全国住房公积金异地转移接续平台的接入工作，实现"账随人走、钱随账走"；各分中心牢固树立服务永无止境的理念，不断拓展服务网点、创新服务举措、完善服务设施、推进信息建设，努力为广大缴存职工提供更加便捷、高效、优质的服务。如镇海分中心按照"四减四规范"标准，精简业务材料、优化业务流程、缩短办理时限；北仑分中心推行无午休值班制和延时服务制；奉化和余姚分中心在办事大厅增设自助查询终端；慈溪分中心新增建设银行西门分理处服务网点；宁海分中心在"宁海行政服务"微信公众号推广"预审批"服务；象山分中心在石浦、西周区域增设贷款受理网点。

（四）**当年信息化建设情况**：中心大力推进住房公积金"互联网＋"建设，打破信息孤岛，实现数据共享，积极与浙江省数据管理中心等相关部门对接，完成婚姻、户籍、多证合一等数据的共享调用；启动网上办事大厅升级改造项目，新增退休、纯商贷提取等个人业务的网上办理；完成自助查询一体机的改造，缴存单位和职工可通过自助查询一体机查询和打印住房公积金相关证明；拓宽服务渠道，在建设银行、宁波银行移动客户端推出"公积金支取"业务；实现住房公积金在线排队查询及预约办理、启动开展"公积金点贷"业务，提升住房公积金增值服务水平。

（五）**当年住房公积金管理中心及职工所获荣誉情况**：2017年，中心被评为省级文明单位，并获得省市两级目标责任制考核优秀单位、市级模范职工之家、工会考核优秀单位等一系列荣誉，涌现出了宁波市五一劳动奖章获得者张琳、全市行政审批和公共资源交易系统服务标兵龚佐楚和张琳等先进个人。各分中心比学赶超、创先争优，广泛开展了文明单位、文明窗口、文明行业等各类创建活动，显著提升了我市住房公积金行业管理服务水平。如：北仑分中心被评为市目标管理考核优秀单位，徐信富、余剑英获评市"住房保障工作先进个人"；奉化分中心胡飞虹获评市级优秀志愿者，江财芳获评市级优秀农村指导员；宁海分中心获评市目标管理考核优秀单位和复评保留"市巾帼文明岗"荣誉；等等。

（六）**当年依法行政情况**：中心坚持依法行政，通过宣传发动、部门联动、执法促动等措施，主动作为，攻坚克难，扩面工作有力有序有效。开展"住房公积金宣传月"系列活动，采取上门宣讲、现场咨询、举办专项活动等多种形式进行宣传，提高住房公积金制度的社会认知度；加强与市经信委、市人社局、市统计局、市市场监督管理局等部门的合作，建立信息共享长效机制；出台《宁波市住房公积金失信黑名单管理规定（试行）》，积极推进诚信体系建设；严格落实住房公积金年度验审制度，并合力推进企业上市"凤凰计划"；妥善处理职工来信来访，办结率100%，做到事事有回音，件件有着落。

温州市住房公积金2017年年度报告

一、机构概况

（一）**住房公积金管理委员会**：温州市住房公积金管理委员会有25名委员、13名特邀委员，2017年召开1次会议，审议通过的事项主要包括：温州市2016年住房公积金归集及使用计划执行情况和2017年住房公积金归集及使用计划；温州市2016年住房公积金业务收支、增值收益分配决算和2017年住房公积金业务收支、增值收益分配预算；我市住房公积金若干业务政策规定的调整建议；温州市个人住房公积金贷款楼盘签约管理办法；关于要求开展住房公积金外部融资业务的请示；关于要求审定温州市住房公积金新增委托贷款业务受托银行及受托银行新增服务网点的报告；关于温州市住房公积金2016年年度报告审议情况的报告。

（二）住房公积金管理中心：温州市住房公积金管理中心为温州市人民政府直属的不以营利为目的的参照公务员法管理正处级事业单位，设5个处（科），3个管理部，8个分中心。从业人员252人，其中，在编114人，非在编138人。

二、业务运行情况

（一）缴存：2017年，新开户单位2351家，实缴单位18479家，净增单位1721家；新开户职工7.77万人，实缴职工58.98万人，净增职工3.90万人；缴存额104.76亿元，同比增长10.08%。2017年末，缴存总额736.80亿元，同比增长16.58%；缴存余额341.54亿元，同比增长8.34%。

受委托办理住房公积金缴存业务的银行3家，与上年相同。

（二）提取：2017年，提取额78.46亿元，同比增长27.27%；占当年缴存额的74.89%，比上年增加10.11个百分点。2017年末，提取总额395.26亿元，同比增长24.76%。

（三）贷款：

个人住房贷款：个人住房贷款最高额度80万元，其中，单缴存职工最高额度80万元，双缴存职工最高额度80万元。

2017年，发放个人住房贷款1.17万笔63.69亿元，同比分别下降8.59%、4.78%。其中，市中心发放个人住房贷款0.41万笔23.87亿元，乐清分中心发放个人住房贷款0.15万笔9.73亿元，瑞安分中心发放个人住房贷款0.18万笔10.96亿元，永嘉分中心发放个人住房贷款0.07万笔4.29亿元，洞头分中心发放个人住房贷款0.02万笔0.89亿元，文成分中心发放个人住房贷款0.03万笔1.38亿元，平阳分中心发放个人住房贷款0.11万笔4.29亿元，泰顺分中心发放个人住房贷款0.05万笔2.08亿元，苍南分中心发放个人住房贷款0.15万笔6.22亿元。

2017年，回收个人住房贷款32.88亿元。其中，市中心16.24亿元，乐清分中心3.15亿元，瑞安分中心3.56亿元，永嘉分中心1.58亿元，洞头分中心0.51亿元，文成分中心0.77亿元，平阳分中心2.44亿元，泰顺分中心1.59亿元，苍南分中心3.04亿元。

2017年末，累计发放个人住房贷款17.83万笔558.21亿元，贷款余额338.40亿元，同比分别增长7.02%、12.88%、10.02%。个人住房贷款余额占缴存余额的99.08%，比上年增加1.51个百分点。

受委托办理住房公积金个人住房贷款业务的银行13家（农商行、合作联社、信用社计算为一家），比上年增加1家。

（四）资金存储：2017年末，住房公积金存款5.09亿元。其中，活期0.23亿元，1年（含）以下定期0.09亿元，1年以上定期0.55亿元，其他（协定、通知存款等）4.23亿元。

（五）资金运用率：2017年末，住房公积金个人住房贷款余额、项目贷款余额和购买国债余额的总和占缴存余额的99.08%，比上年增加1.51个百分点。

三、主要财务数据

（一）业务收入：2017年，业务收入111891.94万元，同比增长10.76%。其中，市中心53108.90万元，乐清分中心14044.69万元，瑞安分中心13473.21万元，永嘉分中心7605.70万元，洞头分中心1628.75万元，文成分中心2819.25万元，平阳分中心7194.08万元，泰顺分中心3918.98万元，苍南分中心 10937.48 万元；存款利息 5778.26 万元，委托贷款利息 106104.20 万元，国债利息 0 万元，其他收入 9.47 万元。

（二）业务支出：2017 年，业务支出 55747.79 万元，同比增长 0.84%。其中，市中心 27709.94 万元，乐清分中心 6746.76 万元，瑞安分中心 6397.19 万元，永嘉分中心 3683.79 万元，洞头分中心 911.18 万元，文成分中心 1339.23 万元，平阳分中心 4215.63 万元，泰顺分中心 2345.09 万元，苍南分中心 5238.08 万元，；支付职工住房公积金利息 49950.99 万元，归集手续费 20.71 万元，委托贷款手续费 2048.38 万元，其他支出 3727.70 万元。

（三）增值收益：2017 年，增值收益 56144.15 万元，同比增长 22.76%。其中，市中心 25398.96 万元，乐清分中心 7297.93 万元，瑞安分中心 7076.02 万元，永嘉分中心 3921.91 万元，洞头分中心 717.57 万元，文成分中心 1480.02 万元，平阳分中心 2978.45 万元，泰顺分中心 1573.89 万元，苍南分中心 5699.40 万元；增值收益率 1.70%，比上年增加 0.18 个百分点。

（四）增值收益分配：2017 年，提取贷款风险准备金 27027.75 万元（其中个人贷款风险准备金 23163.11 万元，公转商贷款贴息风险准备金 3864.64 万元），提取管理费用 4462.8 万元，提取城市廉租住房（公共租赁住房）建设补充资金 24653.61 万元。

2017 年，上缴财政管理费用 4462.80 万元。上缴财政城市廉租住房（公共租赁住房）建设补充资金 11653.98 万元。其中，市中心上缴 8643.86 万元，乐清分中心上缴 538.72 万元，瑞安分中心上缴 624.54 万元，永嘉分中心上缴 285.25 万元，洞头分中心上缴 55.15 万元，文成分中心上缴 116.29 万元，平阳分中心上缴 628.58 万元，泰顺分中心上缴 310.25 万元，苍南分中心上缴 451.33 万元，。

2017 年末，贷款风险准备金余额 202034.00 万元（其中个人贷款风险准备金余额 193875.83 万元，公转商贷款贴息风险准备金余额 8158.17 万元）。累计提取城市廉租住房（公共租赁住房）建设补充资金 183310.03 万元。其中，市中心提取 106760.09 万元，乐清分中心提取 18190.37 万元，瑞安分中心提取 21032.00 万元，永嘉分中心提取 8029.78 万元，洞头分中心提取 1292.76 万元，文成分中心提取 2307.14 万元，平阳分中心提取 8130.87 万元，泰顺分中心提取 1785.72 万元，苍南分中心提取 15781.30 万元。

（五）管理费用支出：2017 年，管理费用支出 4485.33 万元，同比增长 4.58%。其中，人员经费 2600.84 万元，公用经费 616.62 万元，专项经费 1267.87 万元。

市中心管理费用支出 1839.67 万元，其中，人员、公用、专项经费分别为 1097.24 万元、173.93 万元、568.50 万元；乐清分中心管理费用支出 540.95 万元，其中，人员、公用、专项经费分别为 263.51 万元、25.06 万元、252.38 万元；瑞安分中心管理费用支出 445.70 万元，其中，人员、公用、专项经费分别为 260.06 万元、23.53 万元、162.11 万元；永嘉分中心管理费用支出 221.00 万元，其中，人员、公用、专项经费分别为 187.97 万元、26.95 万元、6.08 万元；洞头分中心管理费用支出 260.00 万元，其中，人员、公用、专项经费分别为 137.87 万元、15.52 万元、106.61 万元；文成分中心管理费用支出 225.05 万元，其中，人员、公用、专项经费分别为 152.00 万元、73.05 万元、0.00 万元；平阳分中心管理费用支出 332.13 万元，其中，人员、公用、专项经费分别为 175.16 万元、151.04 万元、5.93 万元；泰顺分中心管理费用支出 277.04 万元，其中，人员、公用、专项经费分别为 129.44 万元、10.61 万元、136.99 万元；苍南分中心管理费用支出 343.79 万元，其中，人员、公用、专项经费分别为 197.59 万元、116.93 万元、29.27 万元。

四、资产风险状况

个人住房贷款：2017年末，个人住房贷款逾期额639.73万元，逾期率0.189‰。其中，市中心0.226‰，乐清分中心0.174‰，瑞安分中心0.468‰，永嘉分中心0.00‰，洞头分中心0.008‰，文成分中心0.00‰，平阳分中心0.141‰，泰顺分中心0.00‰，苍南分中心0.0006‰。

个人贷款风险准备金按贷款余额的5.73%提取。2017年，提取个人贷款风险准备金23163.11万元，使用个人贷款风险准备金核销呆坏账0万元。2017年末，个人贷款风险准备金余额193875.83万元，占个人住房贷款余额的5.73%，个人住房贷款逾期额与个人贷款风险准备金余额的比率为0.33%。

五、社会经济效益

（一）**缴存业务**：2017年，实缴单位数、实缴职工人数和缴存额同比分别增长14.08%、7.08%和10.08%。

缴存单位中，国家机关和事业单位占22.59%，国有企业占3.85%，城镇集体企业占1.02%，外商投资企业占0.61%，城镇私营企业及其他城镇企业占63.93%，民办非企业单位和社会团体占1.32%，其他占6.68%。

缴存职工中，国家机关和事业单位占39.63%，国有企业占11.32%，城镇集体企业占0.77%，外商投资企业占1.18%，城镇私营企业及其他城镇企业占41.53%，民办非企业单位和社会团体占0.29%，其他占5.27%；中、低收入占98.52%，高收入占1.48%。

新开户职工中，国家机关和事业单位占16.63%，国有企业占9.30%，城镇集体企业占0.21%，外商投资企业占1.54%，城镇私营企业及其他城镇企业占64.91%，民办非企业单位和社会团体占0.40%，其他占7.01%；中、低收入占99.78%，高收入占0.21%。

（二）**提取业务**：2017年，177490万名缴存职工提取住房公积金78.46亿元。

提取金额中，住房消费提取占78.98%（购买、建造、翻建、大修自住住房占45.08%，偿还购房贷款本息占29.96%，租赁住房占3.94%，其他占0%）；非住房消费提取占21.02%（离休和退休提取占12.48%，完全丧失劳动能力并与单位终止劳动关系提取占3.49%，户口迁出本市或出境定居占0.03%，其他占5.02%）。

提取职工中，中、低收入占97.71%，高收入占2.30%。

（三）**贷款业务**：

1. **个人住房贷款**：2017年，支持职工购建房141.09万平方米，年末个人住房贷款市场占有率为17.50%，比上年减少1.72个百分点。通过申请住房公积金个人住房贷款，可节约职工购房利息支出144344.02万元。

职工贷款笔数中，购房建筑面积90（含）平方米以下占23.83%，90～144（含）平方米占57.15%，144平方米以上占19.03%。购买新房占53.23%，购买存量商品住房占46.77%，其中购买保障性住房占0.49%，建造、翻建、大修自住住房占0.05%。

职工贷款笔数中，单缴存职工申请贷款占21.37%，双缴存职工申请贷款占78.63%，三人及以上缴存职工共同申请贷款占0%。

贷款职工中，30岁（含）以下占25.51%，30岁~40岁（含）占45.77%，40岁~50岁（含）占24.75%，50岁以上占3.97%；首次申请贷款占86.06%，二次及以上申请贷款占13.94%。

2. 异地贷款：2017年，发放异地贷款225笔10944.2万元。2017年末，发放异地贷款总额19059.2万元，异地贷款余额18184.82万元。

3. 公转商贴息贷款：2017年，发放公转商贴息贷款4320笔249945.50万元，支持职工购建住房面积52.52万平方米，当年贴息额4102.49万元。2017年末，累计发放公转商贴息贷款8393笔467064.70万元，累计贴息5957.71万元。

（四）住房贡献率：2017年，个人住房贷款发放额、公转商贴息贷款发放额、项目贷款发放额、住房消费提取额的总和与当年缴存额的比率为159.54%，比上年增加21.66个百分点。

六、其他重要事项

（一）当年机构及职能调整情况、受委托办理缴存贷款业务金融机构变更情况：

1. **当年机构及职能调整情况**。市住房公积金管理中心新增内设机构人事处，主要负责住房公积金机构编制、组织人事、考核考绩、教育培训、劳动工资、计划生育和退休人员的管理服务等工作。

2. **受委托办理缴存贷款业务金融机构变更情况**。采取公开招标的方式，新增贷款业务受托银行为：招商银行股份有限公司温州分行；新增贷款业务受托银行服务网点为：中国银行股份有限公司温州龙湾支行、中国邮政储蓄股份有限公司泰顺县支行、温州银行股份有限公司乐清支行。

（二）当年住房公积金政策调整及执行情况：

1. **当年缴存基数限额及确定方法、缴存比例调整情况**。我市住房公积金缴存实行"控高保低"政策。2017年度住房公积金缴存比例为单位和职工各12%（其中泰顺县的缴存比例仍为10%），以"低门槛进入"原则建立住房公积金的非公有制单位住房公积金缴存比例单位和职工最低不得低于各5%；2017年住房公积金缴存工资基数为职工本人2016年的月平均工资（2016年全市职工月平均工资以统计部门的规定为准），住房公积金月缴存额按职工本人的2016年月平均工资分别乘以单位和职工的住房公积金缴存比例；缴存工资基数下限按照2016年全市职工月平均工资的60%计算确定（其中部分县、市按最低工资标准），缴存工资基数上限按2016年全市职工月平均工资的5倍确定。在温的中央和省属单位缴存住房公积金工资基数参照省平均工资标准执行。

2017年度住房公积金缴存基数（月缴存额）调整企业等单位时间为7月份，市区机关、事业单位住房公积金缴存基数调整时间为8月份，机关、事业单位基本工资调标后的标准、奖金纳入了缴存基数。

2017年度，根据住房城乡建设部、发展改革委、财政部、人民银行《关于规范和阶段性适当降低住房公积金缴存比例的通知》（建金〔2016〕74号）文件要求，我管理中心继续落实降低企业、减轻企业负担精神，实施阶段性降低住房公积金缴存标准政策，全市281家企业降低住房公积金缴存比例，12家企业缓缴住房公积金，企业减负达2831.93万元。

为规范职工贷后的缴存行为，我们对贷前高缴、贷后低缴的问题，规范为按照统计部门公布的上一年度月平均工资标准和当地正常缴存比例计算月缴存额。

2. **当年提取政策调整情况**。将贷款提取留存双方余额调整为仅留存借款人，留存最少12个月的月缴存额调整为留存最少12个月的贷款登记时的月缴存额，优化了提取留存余额政策。

重启个人住房公积金贷款"委托按月提取内转还贷"的签约业务，推进职工办理住房公积金按月还贷业务"最多跑一次"。

推出了公转商贴息贷款按月还贷提取业务，促进更多职工选择"公转商贴息贷款"，缓解我市住房公积金资金压力。

实施了既有住宅加装电梯的提取业务，全力支持缴存职工改善既有住宅居住条件。

对12个月多次频繁交易的同一套住房的提取行为实施了限制，12个月内原则上只核准一次购买该套住房的提取申请，加强防范骗提、套提住房公积金行为。

3. **当年个人住房贷款最高贷款额度、贷款条件等贷款政策调整情况**。为贯彻落实省、市关于进一步推进绿色建筑和建筑工业化发展的若干文件精神，对购买首套房刚性需求职工，住房认定为二星级以上绿色建筑、装配式建筑、全装修的，贷款额度在计算后的基础上可给予上浮10％。

在充分保障职工享受个人住房公积金贷款政策优惠力度不打折的基础上，贷款还款方式增加了按月分期等额本金还款方式。

为适应职工贷后家庭经济收入的变化，增加职工提前部分偿还个人住房公积金贷款方式的选择，即职工可选择减少月供贷款期限不变或者缩短期限月供不变的方式提前部分偿还贷款。

为充分体现住房公积金制度中缴存义务与贷款权利的平衡性原则，将各县（市、区）缴存比例计算职工贷款计算额度统一为当地正常住房公积金缴存比例。

4. **住房公积金存贷款利率调整及执行情况**。2017年度，根据中国人民银行、住房城乡建设部和财政部《关于完善职工住房公积金账户存款利率形成机制的通知》（银发〔2016〕43号）的文件要求，继续执行职工住房公积金账户存款利率，按一年期定期存款基准利率执行（现行一年定期存款基准利率为1.5％）。2017年度住房公积金结息日为6月30日。

2017年度，5年期以下（含5年）的个人住房公积金贷款年利率继续执行2.75％；5年期以上的个人住房公积金贷款年利率继续执行3.25％。

5. **住房公积金管理制度建设情况**。2017年，出台了《温州市个人住房公积金贷款楼盘签约管理办法》、《温州市住房公积金失信黑名单管理实施细则》、《关于加强个人住房公积金逾期贷款催收管理若干意见》、《温州市"公转商"贴息贷款按月还贷委托提取业务实施细则》、《温州市个人自愿缴存住房公积金管理办法》、《温州市住房公积金新增委托贷款业务受托银行及受托银行新增服务网点实施办法》、《温州市住房公积金资金竞争性存放实施细则》等。

（三）**当年住房公积金"最多跑一次"改革落实情况**：2017年，住房公积金4大类30项事项全面实现"最多跑一次"。

一是精简业务流程推进"少跑路"。着力开展业务材料简化、流程再造、"八统一"规范、信息互联互通等工作，总共取消材料19份、优化流程15项、调整审批授权1项、落实信息共享12项。

二是实现区域互通推进"跑近路"。把规模较大的分中心网点延伸至经济发达镇街，增设了平阳水头、苍南龙港等5个服务站。

三是打造智能平台推进"不跑路"。推出了住房公积金网上业务大厅、手机APP、微信等"互联网＋公积金"等业务办理新渠道，线上业务涵盖了归集、提取、贷款、年审三大住房公积金业务主事项，主事项覆盖率达75％。创新推出"住房公积金贷款直通车"，采用"专线连接、直通查询、委托登记、材料互认"等措施，实现了一件事涉及多部门的"不用跑"。

（四）当年信息化建设情况：

一是综合服务平台建设取得新成效。开发完成业务综合管理系统，管理渠道覆盖热线、短信、网站、网厅、微信、微博、手机客户端、自助终端等服务渠道，实现综合服务平台信息查询、信息发布、互动交流、业务办理等功能。其中，网上大厅，支持单位公积金所有日常业务，支持个人网上身份认证、打印缴存证明、办理退（离）休提取和无房租赁提取等业务。

二是完成系统"基础数据贯标"验收。顺利通过住房城乡建设部和省建设厅"基础数据贯标"验收。建成了以国家标准为依据，以《住房公积金基础数据标准》29张数据表为基础的综合管理系统数据库表结构。同时，结合实际业务实现表外扩张，为下一步系统对接，数据共享利用奠定了基础。

三是接入全国银行结算数据应用平台。业务综合管理系统接入全国结算平台试运行和全国异地转移接续平台运行，实现了住房公积金"账随人走，钱随账走"。

（五）当年住房公积金管理中心及职工所获荣誉情况： 2017年度，温州市住房公积金管理中心荣获"省级文明单位"、"省建设系统目标责任制考核优秀单位"、"市直机关十佳服务品牌"等荣誉称号。温州市住房公积金管理中心信息管理处在温州市"万人双评议"活动中荣获"十佳满意单位"称号；永嘉分中心、苍南分中心荣获"省级文明单位"称号；瑞安分中心荣获"全国巾帼文明岗"称号；瑞安分中心、永嘉分中心、平阳分中心、文成分中心、泰顺分中心、苍南分中心等在当地荣获"目标责任制考核优秀单位"称号。

（六）当年对违反《住房公积金管理条例》和相关法规行为进行行政处罚和申请人民法院强制执行情况： 2017年度，查处了乐清育才中学不按规定为本职工办理住房公积金账户设立手续案件，并依法开具了温州市住房公积金首例行政执法案件处罚决定书。

嘉兴市住房公积金2017年年度报告

一、机构概况

（一）**住房公积金管理委员会：** 住房公积金管理委员会有29名委员，2017年召开2次全体会议，审议通过2017年度住房公积金归集、使用计划执行情况，并对其他重要事项进行决策，主要包括《2016年度嘉兴市住房公积金决算报告和2017年度嘉兴市住房公积金预算草案》、《嘉兴市住房公积金2016年年度报告》、《嘉兴市住房公积金个人缴存托管暂行办法》、《关于住房公积金提取政策调整的建议》、《关于增加住房公积金委托贷款银行的建议》。

（二）**住房公积金管理中心：** 嘉兴市住房公积金管理中心为市政府直属的不以营利为目的参照公务员法管理的事业单位，主要负责全市住房公积金的归集、使用、管理和会计核算。目前市中心内设办公室、稽核财务科、归集管理科、使用管理科、资产保全科等5个职能科室，在嘉善、平湖、海盐、海宁和桐乡设5个分中心，其资金独立核算，实行分账管理，并对当地政府负责。从业人员115人，其中，在编80

人，非在编 35 人。

二、业务运行情况

（一）**缴存**：2017 年，新开户单位 2461 家，实缴单位 17619 家，净增单位 2001 家；新开户职工 9.52 万人，实缴职工 58.63 万人，净增职工 4.49 万人；缴存额 87.23 亿元，同比增长 15.89%。2017 年末，缴存总额 566.66 亿元，同比增长 18.19%，缴存余额 202.87 亿元，同比增长 15.21%。

受委托办理住房公积金缴存业务的银行 9 家，与去年比无变化。

（二）**提取**：2017 年，提取额 60.44 亿元，同比增长 12.44%；占当年缴存额的 69.29%，比上年减少 2.12 个百分点。2017 年末，提取总额 363.79 亿元，同比增长 19.92%。

（三）**贷款**：

个人住房贷款：个人住房贷款最高额度 60 万元，其中，单缴存职工最高额度 30 万元，双缴存职工最高额度 60 万元。

2017 年，发放个人住房贷款 0.81 万笔 26.52 亿元，同比分别下降 61.58%、61.15%。其中，市中心发放个人住房贷款 0.24 万笔 7.78 亿元，嘉善县分中心发放个人住房贷款 0.06 万笔 1.80 亿元，平湖市分中心发放个人住房贷款 0.08 万笔 2.34 亿元，海盐县分中心发放个人住房贷款 0.09 万笔 2.54 亿元，海宁市分中心发放个人住房贷款 0.16 万笔 5.63 亿元，桐乡市分中心发放个人住房贷款 0.19 万笔 6.43 亿元。

2017 年，回收个人住房贷款 26.96 亿元。其中，市中心 11.65 亿元，嘉善县分中心 2.26 亿元，平湖市分中心 3.08 亿元，海盐县分中心 3.13 亿元，海宁市分中心 3.44 亿元，桐乡市分中心 3.40 亿元。

2017 年末，累计发放个人住房贷款 16.37 万笔 358.58 亿元，同比分别增长 5.17%、7.99%。贷款余额 197.52 亿元，同比下降 0.22%，个人住房贷款余额占缴存余额的 97.36%，比上年同期减少 15.07 个百分点。

受委托办理住房公积金个人住房贷款业务的银行 16 家，与去年比无变化。

（四）**融资**：2017 年，融资 19.20 亿元，归还 38.80 亿元。2017 年末，融资总额 63.45 亿元，融资余额 9.30 亿元。

（五）**资金存储**：2017 年末，住房公积金存款 16.92 亿元。其中，活期 0.33 亿元，1 年以内定期（含）3.58 亿元，1 年以上定期 0.10 亿元，其他（协定、通知存款等）12.91 亿元。

（六）**资金运用率**：2017 年末，住房公积金个人住房贷款余额、项目贷款余额和购买国债余额的总和占缴存余额的 97.36%，比上年减少 15.07 个百分点。

三、主要财务数据

（一）**业务收入**：2017 年，业务收入 70116.76 万元，同比增长 21.05%。其中，市中心 30856.63 万元，嘉善县分中心 5245.34 万元，平湖市分中心 8911.85 万元，海盐县分中心 8118.56 万元，海宁市分中心 8741.31 万元，桐乡市分中心 8243.07 万元；存款利息 5347.69 万元，委托贷款利息 64767.96 万元，国债利息 0 万元，其他 1.11 万元。

（二）**业务支出**：2017 年，业务支出 41574.38 万元，同比增长 30.62%。其中，市中心 18899.00 万元，嘉善县分中心 2413.87 万元，平湖市分中心 6865.90 万元，海盐县分中心 4369.25 万元，海宁市分中心 4582.46 万元，桐乡市分中心 4443.90 万元；支付职工住房公积金利息 30426.20 万元，归集手续费 3.22 万元，委托贷款手续费 2945.66 万元，其他 8199.30 万元。

（三）增值收益：2017 年，增值收益 28542.38 万元，同比增长 9.38%。其中，市中心 11957.63 万元，嘉善县分中心 2831.47 万元，平湖市分中心 2045.95 万元，海盐县分中心 3749.31 万元，海宁市分中心 4158.85 万元，桐乡市分中心 3799.17 万元；增值收益率 1.51%，比上年减少 0.07 个百分点。

（四）增值收益分配：2017 年，提取贷款风险准备金 18919.07 万元，提取管理费用 3565.62 万元，提取城市廉租房（公共租赁住房）建设补充资金 6057.70 万元。

2017 年，上交财政管理费用 2990.18 万元。上缴财政城市廉租房（公共租赁住房）建设补充资金 6400.32 万元。其中，市中心上缴 1478.16 万元，嘉善县分中心上缴嘉善县财政局 933.28 万元，平湖市分中心上缴平湖市财政局 1286.58 万元，海盐县分中心上缴海盐县财政局 965.64 万元，海宁市分中心上缴海宁市财政局 851.72 万元，桐乡市分中心上缴桐乡市财政局 884.94 万元。

2017 年末，贷款风险准备金余额 156884.50 万元。累计提取城市廉租房（公共租赁住房）建设补充资金 58350.60 万元。其中，市中心提取 21172.10 万元，嘉善县分中心提取 5174.02 万元，平湖市分中心提取 8252.35 万元，海盐县分中心提取 7931.09 万元，海宁市分中心提取 7120.98 万元，桐乡市分中心提取 8700.06 万元，

（五）管理费用支出：2017 年，管理费用支出 3714.69 万元，同比增长 27.24%。其中，人员经费 2396.36 万元，公用经费 548.32 万元，专项经费 770.01 万元。

市中心管理费用支出 1362.04 万元，其中，人员、公用、专项经费分别为 688.10 万元、157.74 万元、516.20 万元；嘉善县分中心管理费用支出 340.56 万元，其中，人员、公用、专项经费分别为 286.36 万元、11.92 万元、42.28 万元；平湖市分中心管理费用支出 412.00 万元，其中，人员、公用、专项经费分别为 288.00 万元、60.00 万元、64.00 万元；海盐县分中心管理费用支出 462.40 万元，其中，人员、公用、专项经费分别为 318.04 万元、62.89 万元、81.47 万元；海宁市分中心管理费用支出 659.95 万元，其中，人员、公用、专项经费分别为 478.62 万元、115.27 万元、66.06 万元；桐乡市分中心管理费用支出 477.74 万元，其中，人员、公用、专项经费分别为 337.24 万元、140.50 万元、0 万元。

四、资产风险状况

个人住房贷款：2017 年末，个人住房贷款逾期额 4.37 万元，逾期率 0.002‰。其中，市中心 0‰，嘉善县分中心 0.019‰，平湖市分中心 0‰，海盐县 0.007‰，海宁市分中心 0‰，桐乡市分中心 0‰。

个人贷款风险准备金按增值收益的 60% 提取（其中市中心经财政部门同意，按 75% 提取）。2017 年，提取个人贷款风险准备金 18919.07 万元，使用个人贷款风险准备金核销呆坏账 0 万元。2017 年末，个人贷款风险准备金余额为 156884.50 万元，占个人住房贷款余额的 7.94%，个人住房贷款逾期额与个人贷款风险准备金余额的比率为 0.003%。

五、社会经济效益

（一）缴存业务：2017 年，实缴单位数、实缴职工人数和缴存额同比分别增长 12.81%、8.29% 和 15.89%。

缴存单位中，国家机关和事业单位占15.97%，国有企业占6.25%，城镇集体企业占3.10%，外商投资企业占4.85%，城镇私营企业及其他城镇企业占61.46%，民办非企业单位和社会团体占3.47%，其他占4.90%。

缴存职工中，国家机关和事业单位占21.98%，国有企业占10.97%，城镇集体企业占2.71%，外商投资企业占13.60%，城镇私营企业及其他城镇企业占42.32%，民办非企业单位和社会团体占2.44%，其他占5.98%；中、低收入占96.45%，高收入占3.55%。

新开户职工中，国家机关和事业单位占11.75%，国有企业占4.70%，城镇集体企业占1.53%，外商投资企业占16.25%，城镇私营企业及其他城镇企业占57.73%，民办非企业单位和社会团体占1.74%，其他占6.29%；中、低收入占99.58%，高收入占0.42%。

（二）提取业务：2017年，17.95万名缴存职工提取住房公积金60.44亿元。

提取金额中，住房消费提取占81.95%（购买、建造、翻建、大修自住住房占38.74%，偿还购房贷款本息占42.56%，租赁住房占0.18%，其他占0.47%）；非住房消费提取占18.05%（离休和退休提取占10.16%，完全丧失劳动能力并与单位终止劳动关系提取占4.01%，户口迁出本市或出境定居占0.84%，其他占3.04%）。

提取职工中，中、低收入占94.36%，高收入占5.64%。

（三）贷款业务：

1. 个人住房贷款：2017年，支持职工购建房101.37万平方米，年末个人住房贷款市场占有率为12.81%，比上年减少4.43个百分点。通过申请住房公积金个人住房贷款，可节约职工购房利息支出46333.80万元。

职工贷款笔数中，购房建筑面积90（含）平方米以下占26.45%，90～144（含）平方米占55.99%，144平方米以上占17.56%。购买新房占46.90%（其中购买保障性住房占0%），购买存量商品住房占51.00%，建造、翻建、大修自住住房占0.27%，其他占1.83%。

职工贷款笔数中，单缴存职工申请贷款占18.13%，双缴存职工申请贷款占79.56%，三人及以上缴存职工共同申请贷款占2.31%。

贷款职工中，30岁（含）以下占38.49%，30岁～40岁（含）占40.01%，40岁～50岁（含）占18.27%，50岁以上占3.23%；首次申请贷款占85.67%，二次及以上申请贷款占14.33%；中、低收入占99.99%，高收入占0.01%。

2. 异地贷款：2017年，发放异地贷款312笔10183.20万元。2017年末，发放异地贷款总额57610.15万元，异地贷款余额48088.91万元。

（四）住房贡献率：2017年，个人住房贷款发放额、公转商贴息贷款发放额、项目贷款发放额、住房消费提取额的总和与当年缴存额的比率为87.19%，比上年减少63.69个百分点。

六、其他重要事项

（一）管委会人员调整情况：本年度因领导调动、分工调整等原因，住房公积金管委会调整了五位委员，新增五位委员根据公积金管委会章程行使委员职责。

（二）住房公积金政策调整及执行情况：

1. 基数调整。本年度全市职工月缴存基数按照职工本人上一年度月平均工资总额确定，最低不低于市统计部门公布的 2016 年度职工月平均工资的 60%，其中确有困难的单位，必须经职工代表大会或工会讨论通过决议，并经当地住房公积金管理中心核准，可按地市政府公布的企业最低工资标准确定；最高原则上不超过当地统计部门公布的 2016 年度职工月平均工资的 3 倍。缴存比例为机关、事业单位 12%，企业单位 8%～12%。

2. 政策调整。2017 年 3 月 27 日出台《关于调整我市住房公积金提取、贷款政策的通知》（嘉公积金〔2017〕13 号），2017 年 5 月 15 日出台《嘉兴市住房公积金个人缴存托管暂行办法》（嘉公积金〔2017〕19 号）。2017 年 9 月 30 日出台《关于规范我市住房公积金提取政策的通知》（嘉公积金〔2017〕34 号）。

（三）信息化建设情况：市中心紧跟"互联网＋"发展新形势，积极推进"双贯标"及综合服务平台建设。

一是构建一网三厅。打造全市统一的业务操作、资金核算网络，开设单位网厅、个人网厅和开发商网厅，实现网上服务全覆盖。网上实现单位业务变更、个人退休封存提取、开发商合作申请等业务办理及查询。

二是打造综合服务渠道。优化柜面业务办理系统外，提供门户网站、网厅、自助设备、12329 服务热线、手机短信、手机客户端和官方微信等多样化服务渠道，实现服务形式全覆盖。

三是推进全城通办事项。全市范围内实现住房公积金"通缴通提通贷通还"业务，缴存单位、职工可在全市范围内就近办理公积金业务，业务办理更加标准、规范。

（四）优化服务情况：

一是聚力流程再造，变"往返跑"为"单程跑"。全市公积金系统全面进驻行政审批服务中心，6 月底前全部实行综合窗口制；市中心与市建行南湖支行合址办公，实现一窗受理、一站办结；全国首批在全市开通住房公积金全国异地转移接续业务，已办理 2539 笔；公积金贷款审批时限由 15 个工作日缩短至 5 个工作日；微信公众号办理纯公积金贷款结清预约服务，缴存职工由原来至少跑三次到最多跑一次。

二是优化线上服务，变"现场跑"为"不用跑"。建立并完成单位、个人和开发商的三网厅服务全覆盖，实现主要业务网上办理；优化柜面业务办理系统，提供门户网站、网厅、自助设备、12329 服务热线、手机短信、手机客户端和官方微信等服务渠道，实现支付宝"刷脸"查询；开发住房公积金手机 APP，与国土、社保等多部门联网，让数据多跑路，让群众少跑腿，实行业务办理"容缺受理"。

三是拓展网点延伸，变"定点跑"为"就近跑"。全省率先在全市范围内通办个人住房公积金贷款申请业务，实现了公积金"通缴通提通贷通还"；全省率先与受托银行合作，全市设立公积金延伸服务网点 240 个（其中市本级 39 个），乡镇网点实现全覆盖。

（五）本年度荣誉获得情况：市本级荣获浙江省建设系统工作目标责任制考核优秀单位、嘉兴市公积金目标责任制考核先进单位、嘉兴市深化接轨上海工作责任制考核先进单位、市级机关部门（单位）工作目标责任责任制暨"五型"机关创建考核一等奖、一名人员获得全国住房城乡建设系统先进工作者称号。

湖州市住房公积金 2017 年年度报告

一、机构概况

（一）住房公积金管理委员会：住房公积金管委会有 28 名委员，2018 年 1 月召开 1 次会议，审议通过的事项主要包括：2017年住房公积金计划执行情况及财务决算和2018年计划及财务预算的报告、湖州市2017年度住房公积金增值收益分配方案、湖州市关于港澳台同胞建立住房公积金制度的实施意见、湖州市住房公积金2017年年度报告等。

（二）住房公积金管理中心：住房公积金管理中心为市政府直属不以营利为目的的参照公务员法管理事业单位，设6个处室，1个直属业务部、2个管理部、3个分中心以及1个缴存托管服务中心。从业人员140人，其中，在编60人，非在编80人。

二、业务运行情况

（一）缴存：2017年，新开户单位2317家，实缴单位14420家，净增单位1799家；新开户职工6.69万人，实缴职工37.68万人，净增职工3.84万人；缴存额48.22亿元，同比增长11.90%。2017年末，缴存总额343.99亿元，同比增长16.30%；缴存余额133.13亿元，同比增长9.52%。

受委托办理住房公积金缴存业务的银行9家，与上年保持一致。

（二）提取：2017年，提取额36.64亿元，同比增长20.57%；占当年缴存额的75.99%，比上年增加5.46个百分点。2017年末，提取总额210.86亿元，同比增长21.03%。

（三）贷款：

1. 个人住房贷款：个人住房贷款最高额度50万元，其中，单缴存职工最高额度40万元，双缴存职工最高额度50万元。

2017年，发放个人住房贷款8946笔，32.87亿元，同比分别下降13.97%、15.98%。其中，市本级发放个人住房贷款4100笔，14.99亿元，德清县中心发放个人住房贷款1252笔，4.71亿元，长兴县分中心发放个人住房贷款1902笔，6.77亿元，安吉县分中心发放个人住房贷款1692笔，6.40亿元。

2017年，回收个人住房贷款17.72亿元。其中，市本级8.70亿元，德清县分中心2.82亿元，长兴县分中心3.09亿元，安吉县分中心3.10亿元。

2017年末，累计发放个人住房贷款104680笔、275.92亿元，贷款余额157.17亿元，同比分别增长9.34%、13.53%、10.67%。个人住房贷款余额占缴存余额的118.06%，比上年增加1.23个百分点。表外个人住房贷款率达到134.49%。

受委托办理住房公积金个人住房贷款业务的银行11家，与上年保持一致。

2. 住房公积金支持保障性住房建设项目贷款：2017年末，累计发放项目贷款1.70亿，已于2015年全额收回，目前项目贷款余额为零。

（四）融资：2017年，融资16.16亿元，归还13.20亿元。2017年末，融资总额41.44亿元，融资余额20.94亿元。

（五）资金存储：2017年末，住房公积金存款1.37亿元。其中，活期0.07亿元，其他（协议、协定、通知存款等）1.3亿元。

（六）资金运用率：2017年末，住房公积金个人住房贷款余额、项目贷款余额和购买国债余额的总和占缴存余额的118.06%，比上年增加1.23个百分点。

三、主要财务数据

（一）业务收入：2017年，业务收入50209.18万元，同比增长12.52%。其中，市本级25375.79万元，德清县分中心 8395.75 万元，长兴县分中心 8706.10 万元，安吉县分中心 7731.54 万元。存款利息 1515.25 万元，委托贷款利息 48693.93 万元。

（二）业务支出：2017 年，业务支出 29241.32 万元，同比增长 5.93%。其中，市本级 14662.02 万元，德清县分中心 4902.71 万元，长兴县分中心 4819.55 万元，安吉县分中心 4857.04 万元。支付职工住房公积金利息 19590.74 万元，归集手续费 7.00 万元，委托贷款手续费 929.52 万元，其他 8714.06 万元。

（三）增值收益：2017 年，增值收益 20967.86 万元，同比增长 23.19%。其中，市本级 10713.76 万元，德清县分中心 3493.05 万元，长兴县分中心 3886.55 万元，安吉县分中心 2874.50 万元。增值收益率 1.64%，比上年增加 0.18 个百分点。

（四）增值收益分配：2017 年，提取贷款风险准备金 10616.74 万元，提取管理费用 5240.52 万元，提取城市廉租住房（公共租赁住房）建设补充资金 5110.60 万元。

2017 年，上缴财政管理费用 2775.52 万元。上缴财政 2016 年度提取的城市廉租住房（公共租赁住房）建设补充资金 4655.22 万元。其中，市本级上缴 2330.96 万元，德清县分中心上缴 769.78 万元，长兴县分中心上缴 948.71 万元，安吉县分中心上缴 605.77 万元。

2017 年末，贷款风险准备金余额 98405.30 万元（包括项目贷款风险准备金 560 万元）。累计提取城市廉租住房（公共租赁住房）建设补充资金 39046.80 万元。其中，市本级提取 17941.81 万元，德清县分中心提取 8253.71 万元，长兴县分中心提取 7018.07 万元，安吉县分中心提取 5833.21 万元。

（五）管理费用支出：2017 年，管理费用支出 4711.91 万元，同比增长 11.21%。其中，人员经费 1978.23 万元，公用经费 123.96 万元，专项经费 2609.72 万元。

市本级管理费用支出 2719.56 万元，其中人员、公用、专项经费分别为 1052.36 万元、62.72 万元、1604.48 万元，专项经费中包含 1188.05 万元的基建支出；德清县分中心管理费用支出 425.28 万元，其中人员、公用、专项经费分别为 312.85 万元、24.42 万元、88.01 万元；长兴县分中心管理费用支出 473.25 万元，其中人员、公用、专项经费分别为 331.97 万元、17.56 万元、123.72 万元；安吉县分中心管理费用支出 1093.82 万元，其中人员、公用、专项经费分别为 281.05 万元、19.26 万元、793.51 万元，专项经费中包含 600 万元的业务用房购置款。

四、资产风险状况

个人住房贷款：2017 年末，个人住房贷款未发生逾期，逾期率为零。

个人贷款风险准备金按增值收益的 60%（市本级、德清、安吉）和新增贷款余额的 1%（长兴）两种方案提取。2017 年，未使用个人贷款风险准备金核销呆坏账。2017 年末，个人贷款风险准备金余额为 97845.30 万元，占个人住房贷款余额的 6.23%，个人贷款逾期额与个人贷款风险准备金余额的比率为零。

五、社会经济效益

（一）缴存业务：2017 年，实缴单位数、实缴职工人数和缴存额同比分别增长为 14.25%、11.34% 和 11.90%。

缴存单位中，国家机关和事业单位占 12.95%，国有企业占 6.89%，城镇集体企业占 6.14%，外商投资企业占 3.37%，城镇私营企业及其他城镇企业占 67.17%，民办非企业单位和社会团体占 3.14%，其他占 0.34%。

缴存职工中，国家机关和事业单位占 24.30%，国有企业占 16.45%，城镇集体企业占 3.18%，外商投资企业占 6.72%，城镇私营企业及其他城镇企业占 39.99%，民办非企业单位和社会团体占 9.27%，其他占 0.09%。中、低收入占 98.70%，高收入占 1.30%。

新开户职工中，国家机关和事业单位占 7.90%，国有企业占 12.53%，城镇集体企业占 2.22%，外商投资企业占 7.75%，城镇私营企业及其他城镇企业占 61.68%，民办非企业单位和社会团体占 7.58%，其他占 0.34%。中、低收入占 99.42%，高收入占 0.58%。

（二）提取业务：2017 年，11.50 万名缴存职工提取住房公积金 36.64 亿元。

提取的金额中，住房消费提取占 79.56%（购买、建造、翻建、大修自住住房占 37.03%，偿还购房贷款本息占 42.12%，租赁住房占 0.33%，其他占 0.08%）；非住房消费提取占 20.44%（离休和退休提取占 13.12%，完全丧失劳动能力并与单位终止劳动关系提取占 0.27%，户口迁出本市或出境定居占 3.86%，其他占 3.19%）。

提取职工中，中、低收入占 97.64%，高收入占 2.36%。

（三）贷款业务：

1. **个人住房贷款**：2017 年，支持职工购建房 118 万平方米，年末个人住房贷款市场占有率为 24.34%，比上年减少 4.09 个百分点。通过申请住房公积金个人住房贷款，可节约职工购房利息支出 113883.12 万元。

职工贷款笔数中，购房建筑面积 90（含）平方米以下占 27.05%，90~144（含）平方米占 55.15%，144 平方米以上占 17.80%。购买新房占 58.34%（其中购买保障性住房占 0.63%），购买存量商品住房占 41.66%。

职工贷款笔数中，单缴存职工申请贷款占 24.68%，双缴存职工申请贷款占 75.32%，三人及以上缴存职工共同申请贷款占比为零。

贷款职工中，30 岁（含）以下占 33.57%，30 岁~40 岁（含）占 39.93%，40 岁~50 岁（含）占 20.78%，50 岁以上占 5.72%；首次申请贷款占 79.11%，二次及以上申请贷款占 20.89%；中、低收入占 98.17%，高收入占 1.83%。

2. **异地贷款**：2017 年，发放异地贷款 506 笔、20951.10 万元。2017 年末，发放异地贷款总额 84437.80 万元，异地贷款余额 74664.78 万元。

3. **公转商贴息贷款**：2017 年，发放公转商贴息贷款 644 笔、25557.10 万元，支持职工购建房 7.78 万平方米。当年贴息额 2155.76 万元。2017 年末，累计发放公转商贴息贷款 10448 笔、370455.80 万元，累计贴息 3497.18 万元。

4. **支持保障性住房建设试点项目贷款**：2017 年末，累计试点项目 3 个，贷款额度 1.70 亿元。其中，棚户区改造安置用房项目 1 个 0.90 亿元，公共租赁住房项目 2 个 0.80 亿元。建筑面积 11.70 万平方米，可解决 1476 户中低收入职工家庭的住房问题。3 个试点项目贷款资金已发放并还清贷款本息。

（四）**住房贡献率**：2017 年，个人住房贷款发放额、公转商贴息贷款发放额、项目贷款发放额、住房消费提取额的总和与当年缴存额的比率为 129.76%，比上年减少 60.54 个百分点。

六、其他重要事项

1. 2017年，全市受委托办理住房公积金缴存贷款业务金融机构未发生变化。

2. 2017年，湖州市统计局公告：2016年度我市职工月平均工资为5365元。公积金中心确认2017年度全市职工住房公积金月工资基数按3219元（职工平均工资的60%）以上执行，最低不得低于当地最低工资标准。各缴存单位在此基础上进行年度调整，2017年，全市缴存单位调整完成率达到96.38%，全市缴存职工调整完成率达到97.45%。

3. 2017年，为进一步促进我市房地产市场平稳健康发展，建立住房公积金缴存使用长效机制，经三届六次管委会审议通过，于3月起调整了贷款可贷额度计算公式，恢复了再次贷款政策。政策调整以来，人均贷款额度由39万元调控至34.5万元，缓解了资金流动性紧张问题。

4. 2017年，中心服务工作主要围绕"最多跑一次"改革落实开展。截止2017年底，跑零次已实现53.33%，跑一次实现100%。一是延伸服务网点。已在全市县、区绝大部分乡镇行政服务中心设立了"公积金服务窗口"，安吉县分中心与工商银行合作开办了我市首家集全部业务门类的银行延伸网点。二是优化服务方式。探索开展"容缺受理"工作，让群众和企业办事"边补正材料，边受理审核"，职工办事减少32种资料复印件、6种证件证明，单位办事少填四类表格，真正方便了职工群众。三是优化办事环境。德清县、安吉县分中心搬迁至新业务大楼办公，中心直属业务部、长兴县分中心、南浔区管理部整体搬迁至当地市民服务中心办公，全市公积金系统办事环境有新提高。

5. 2017年，中心努力打造"智慧型"公积金。一是综合服务平台已全面上线，全部完成了住房城乡建设部《综合服务平台建设导则》中提出的8个智能化服务渠道。二是中心已接入全国异地转移接续平台，方便跨省就业职工就近、高效办理住房公积金异地转移接续业务。三是中心新一代信息系统以高分顺利通过住房城乡建设部"双贯标"验收。四是中心与省厅"多证合一"接口完成对接，可实时查询企业参保登记、工商变更等多项信息，为中心扩面建制和提高服务效率提供了精准的数据支撑。

6. 2017年，中心荣获了全国"巾帼文明岗"荣誉称号；顺利通过了"全国文明单位"复评。德清分中心荣获了"市级工人先锋号"，全市公积金系统实现了市级"文明单位"和市级"工人先锋号"创建全覆盖。

绍兴市住房公积金2017年年度报告

一、机构概况

（一）住房公积金管理委员会：住房公积金管理委员会有21名委员，2017年召开1次会议，审议通过的事项主要包括2017年度住房公积金归集、使用计划，关于住房公积金制度扩面工作的考核办法，关于商业性资金使用情况的报告。

（二）住房公积金管理中心：住房公积金管理中心为直属于绍兴市人民政府不以营利为目的的参照公

务员管理事业单位，设 6 个处，1 个管理部，5 个分中心。从业人员 135 人，其中，在编 89 人，非在编 46 人。

二、业务运行情况

（一）**缴存**：2017 年，新开户单位 1380 家，实缴单位 10256 家，净增单位 756 家；新开户职工 89899 人，实缴职工 475960 人，净增职工 26310 人；缴存额 71.78 亿元，同比增长 14.7%。2017 年末，缴存总额 505.68 亿元，同比增长 16.5%；缴存余额 186.35 亿元，同比增长 11.0%。

受委托办理住房公积金缴存业务的银行 3 家，比上年增加（减少）0 家。

（二）**提取**：2017 年，提取额 53.27 亿元，同比增长 18.9%；占当年缴存额的 74.2%，比上年增加 2.7 个百分点。2017 年末，提取总额 319.34 亿元，同比增长 20.0%。

（三）**贷款**：

1. **个人住房贷款**：个人住房贷款最高额度 60 万元，其中，单缴存职工最高额度 40 万元，双缴存职工最高额度 60 万元。

2017 年，发放个人住房贷款 10063 笔、41.78 亿元，同比分别增长 26.5%、20.8%。其中，市中心发放个人住房贷款 2661 笔、12.23 亿元，柯桥分中心发放个人住房贷款 1467 笔、7.14 亿元，上虞分中心发放个人住房贷款 1870 笔、7.20 亿元，诸暨分中心发放个人住房贷款 1811 笔、7.94 亿元，嵊州分中心发放个人住房贷款 1170 笔、3.74 亿元，新昌分中心发放个人住房贷款 1084 笔、3.53 亿元。

2017 年，回收个人住房贷款 21.49 亿元。其中，市中心 7.44 亿元，柯桥分中心 2.86 亿元，上虞分中心 3.62 亿元，诸暨分中心 3.61 亿元，嵊州分中心 2.00 亿元，新昌分中心 1.96 亿元。

2017 年末，累计发放个人住房贷款 104789 笔、314.67 亿元，贷款余额 184.52 亿元，同比分别增长 10.6%、15.3%、12.4%。个人住房贷款余额占缴存余额的 99.0%，比上年增加 1.1 个百分点。

受委托办理住房公积金个人住房贷款业务的银行 11 家，比上年增加 0 家。

2. **住房公积金支持保障性住房建设项目贷款**：2017 年末，累计发放项目贷款 0.20 亿元，项目贷款余额 0 亿元。

（四）**融资**：2017 年，融资 8.9 亿元，归还 9.5 亿元。2017 年末，融资总额 25.2 亿元，融资余额 8.4 亿元。

（五）**资金存储**：2017 年末，住房公积金存款 11.54 亿元。其中，活期 1.19 亿元，1 年（含）以下定期 0.71 亿元，1 年以上定期 0 亿元，其他（协定、通知存款等）9.64 亿元。

（六）**资金运用率**：2017 年末，个人住房贷款余额、项目贷款余额和购买国债余额的总和占缴存余额的 99.0%，比上年增加 1.1 个百分点。

三、主要财务数据

（一）**业务收入**：2017 年，业务收入 60686.26 万元，同比增长 9.1%。其中，市中心 20361.24 万元，柯桥分中心 8483.98 万元，上虞分中心 9262.17 万元，诸暨分中心 11425.11 万元，嵊州分中心 5728.72 万元，新昌分中心 5425.04 万元；存款利息收入 3751.87 万元，委托贷款利息收入 56928.80 万元，国债利息收入 0 万元，其他收入 5.58 万元。

（二）业务支出：2017年，业务支出36041.20万元，同比增长1.5%。其中，市中心12067.77万元，柯桥分中心4870.74万元，上虞分中心6074.59万元，诸暨分中心7155.53万元，嵊州分中心3160.77万元，新昌分中心2711.80万元；住房公积金利息支出26766.10万元，归集手续费用支出2.60万元，委托贷款手续费支出2146.61万元，其他支出7125.89万元。

（三）增值收益：2017年，增值收益24645.06万元，同比增长22.6%。其中，市中心8293.47万元，柯桥分中心3613.24万元，上虞分中心3187.58万元，诸暨分中心4269.58万元，嵊州分中心2567.94万元，新昌分中心2713.25万元；增值收益率1.39%，比上年同期增加0.12个百分点。

（四）增值收益分配：2017年，提取贷款风险准备金14787.04万元，提取管理费用4070.25万元，提取城市廉租住房（公共租赁住房）建设补充资金5787.77万元。

2017年，上交财政管理费用4070.25万元。上缴财政的城市廉租房（公共租赁住房）建设补充资金4627.98万元。其中，市中心上缴1809.16万元，柯桥分中心上缴726.67万元，上虞分中心上缴358.37万元，诸暨分中心上缴857.10万元，嵊州分中心上缴382.90万元，新昌分中心上缴493.78万元。

2017年末，贷款风险准备金余额134805.27万元。累计提取城市廉租房（公共租赁住房）建设补充资金46754.04万元。其中，市中心提取15777.77万元，柯桥分中心提取6730.56万元，上虞分中心提取6146.94万元，诸暨分中心提取10140.87万元，嵊州分中心提取4324.25万元，新昌分中心提取3633.65万元。

（五）管理费用支出：2017年，管理费用支出4084.22万元，同比增长15.9%。其中，人员经费2327.31万元，公用经费571.73万元，专项经费1185.18万元。市中心管理费用支出1236.03万元，其中，人员、公用、专项经费分别为647.09万元、84.25万元、504.69万元；柯桥分中心管理费用支出547.30万元，其中，人员、公用、专项经费分别为418.26万元、19.04万元、110.00万元；上虞分中心管理费用支出918.96万元，其中，人员、公用、专项经费分别为372.04万元、57.77万元、489.15万元；诸暨分中心管理费用支出520.17万元，其中，人员、公用、专项经费分别为380.50万元、58.33万元、81.34万元；嵊州分中心管理费用支出404.23万元，其中，人员、公用、专项经费分别为249.17万元、155.06万元、0万元；新昌分中心管理费用支出457.53万元，其中，人员、公用、专项经费分别为260.25万元、197.28万元、0万元。

四、资产风险状况

个人住房贷款：2017年末，个人住房贷款逾期额168.98万元，个人住房贷款逾期率0.09‰。其中，市中心0.14‰，柯桥分中心0.20‰，上虞分中心0‰，诸暨分中心0.10‰，嵊州分中心0‰，新昌分中心0‰。

个人贷款风险准备金按增值收益的60%提取。2017年，提取个人贷款风险准备金14787.04万元，使用个人贷款风险准备金核销呆坏账0万元。2017年末，个人贷款风险准备金余额134805.27万元，占个人住房贷款余额的7.31%，个人住房贷款逾期额与个人贷款风险准备金余额的比率为0.13%。

五、社会经济效益

（一）缴存业务：2017年，实缴单位数、实缴职工人数和缴存额同比分别增长8.0%、5.9%

和 14.7%。

缴存单位中，国家机关和事业单位占 21.1%，国有企业占 7.4%，城镇集体企业占 3.1%，外商投资企业占 2.2%，城镇私营企业及其他城镇企业占 61.1%，民办非企业单位和社会团体占 2.3%，其他占 2.8%。

缴存职工中，国家机关和事业单位占 28.4%，国有企业占 16.2%，城镇集体企业占 3.9%，外商投资企业占 4.3%，城镇私营企业及其他城镇企业占 44.1%，民办非企业单位和社会团体占 1.5%，其他占 1.6%；中、低收入占 69.6%，高收入占 30.4%。

新开户职工中，国家机关和事业单位占 12.0%，国有企业占 12.1%，城镇集体企业占 2.0%，外商投资企业占 4.7%，城镇私营企业及其他城镇企业占 65.3%，民办非企业单位和社会团体占 1.7%，其他占 2.2%；中、低收入占 92.5%，高收入占 7.5%。

（二）提取业务：2017 年，137811 名缴存职工提取住房公积金 53.27 亿元。

提取金额中，住房消费提取占 81.7%（购买、建造、翻建、大修自住住房占 40.0%，偿还购房贷款本息占 40.6%，租赁住房占 1.1%，其他占 0%）；非住房消费提取占 18.3%（离休和退休提取占 11.8%，完全丧失劳动能力并与单位终止劳动关系提取占 0.1%，户口迁出本市或出境定居占 0%，其他占 6.4%）。

提取职工中，中、低收入占 47.4%，高收入占 52.6%。

（三）贷款业务：

1. **个人住房贷款**：2017 年，支持职工购建房 140.05 万平方米，年末个人住房贷款市场占有率为 17.4%，比上年增加 1.3 个百分点。通过申请住房公积金个人住房贷款，可节约职工购房利息支出 42553.64 万元。

职工贷款笔数中，购房建筑面积 90（含）平方米以下占 21.7%，90~144（含）平方米占 55.9%，144 平方米以上占 22.4%。购买新房占 63.9%（其中购买保障性住房占 0%），购买存量商品住房占 36.1%，建造、翻建、大修自住住房占 0%，其他占 0%。

职工贷款笔数中，单缴存职工申请贷款占 19.4%，双缴存职工申请贷款占 80.0%，三人及以上缴存职工共同申请贷款占 0.6%。

贷款职工中，30 岁（含）以下占 30.2%，30 岁~40 岁（含）占 43.1%，40 岁~50 岁（含）占 21.3%，50 岁以上占 5.4%；首次申请贷款占 83.6%，二次及以上申请贷款占 16.4%；中、低收入占 46.7%，高收入占 53.3%。

2. **异地贷款**：2017 年，发放异地贷款 866 笔 34212.78 万元。2017 年末，发放异地贷款总额 60481.58 万元，异地贷款余额 55808.27 万元。

3. **公转商贴息贷款**：2017 年，发放公转商贴息贷款 1305 笔 57313.50 万元，支持职工购建住房面积 17.01 万平方米，当年贴息额 4328.69 万元。2017 年末，累计发放公转商贴息贷款 8332 笔 358512.00 万元，累计贴息 6212.77 万元。

4. **支持保障性住房建设试点项目贷款**：2017 年末，累计试点项目 1 个，贷款额度 0.2 亿元，建筑面积 7.8 万平方米，可解决 1307 户中低收入职工家庭的住房问题。1 个试点项目贷款资金已发放并还清贷款本息。

(四)住房贡献率：2017年，个人住房贷款发放额、公转商贴息贷款发放额、项目贷款发放额、住房消费提取额的总和与当年缴存额的比率为126.8%，比上年减少35.2个百分点。

六、其他重要事项

(一)当年住房公积金政策调整及执行情况：

1. 根据《住房公积金管理条例》（国务院令第350号）及市住房公积金管理委员会《关于规范住房公积金缴存工资基数的通知》（绍住金管〔2007〕2号）的相关规定，按市统计局公布的绍兴市2016年度职工平均工资63420元计，我中心核定全市职工每月住房公积金单位和个人最高缴存额分别为3171元，最低分别为159元。

2. 根据人民银行和住房城乡建设部相关文件规定，2017年住房公积金存款利率按一年期定期存款利率1.50%计息；贷款利率，五年期以上个人住房公积金贷款利率3.25%，五年期以下（含五年）个人住房公积金贷款利率2.75%。

3. 根据《关于进一步完善住房公积金相关业务政策的通知》（绍住金管办〔2017〕1号）规定，2017年7月20日起职工申请贷款，最高可贷额度控制在住房公积金账户近一年月均余额的10倍以内。绍兴市区（含越城区、柯桥区、上虞区）贷款最高限额由单职工60万元、双职工80万元分别调整为单职工40万元、双职工60万元。

4. 根据《绍兴市住房公积金管理中心关于进一步优化和完善住房公积金相关业务政策的通知》（绍住金〔2017〕18号），绍兴户籍职工与单位终止劳动关系，新就业续缴住房公积金的，应当办理账户资金转移手续；未重新就业满一年的，凭相关离职证明和身份证，即可提取本人账户内住房公积金余额；男性年满60周岁、女性年满55周岁，单位已经办理个人账户封存手续的退休职工，可凭身份证提取本人账户住房公积金余额；不同的缴存职工购买同一套住房提取住房公积金的间隔时间须在十二个月以上。

(二)当年服务改进情况：

1. 中心持续深化"最多跑一次"改革要求，全面梳理各项业务审批工作，顺利实现所有业务办理"最多跑一次"。

2. 通过利用公积金私有云平台，中心将业务终端延伸到各承办银行网点，缴存职工可直接到相关网点申请办理住房公积金贷款，方便了职工办事。

3. 在新系统升级过程中，中心与支付宝合作，通过支付宝认证登录查询公积金。

(三)当年信息化建设情况：

1. 2017年11月8日起，绍兴市新一代信息管理系统正式上线，贯彻落实住房城乡建设部基础数据标准和结算应用系统的要求。

2. 2017年9月，中心基于绍兴市政务云平台，完成公积金私有云＋云桌面架构部署。

(四)当年住房公积金管理中心及职工所获荣誉情况：

1. 2017年1月，获评2016年度政务热线工作先进集体称号。

2. 2017年1月，被绍兴市行政服务中心评为2016年度最佳分中心。

3. 2017年1月，中心机关党支部获得2016年度市直机关先进基层党组织称号。

4. 2017年1月，中心机关党支部获评2016年度市直机关五星级"五型"基层党组织称号。

5. 2017年1月，获得2016年度全市党委系统信息工作先进单位称号，张英同志获评先进个人称号。

6. 2017年1月，获评2016年度政务信息二等奖，张英同志获评先进个人称号。

7. 2017年2月，在市机关事务管理局2016年度市本级公共机构节能工作考评中获得95分及以上的成绩。

8. 2017年2月，被市财政局评为2016年度市级政府非税收入执收先进单位称号，车粟同志获评先进个人称号。

9. 2017年3月，被省建设厅评为2016年度各市住房城乡建设系统目标责任制考核优秀单位。

10. 2017年3月，获评2015—2016年度市直机关妇女工作先进集体；

11. 2017年3月，中心机关工会获评2016年度市直机关工会先进集体。

12. 2017年3月，中心越城管理部被命名为2016年度绍兴市巾帼文明岗。

13. 2017年6月，陈忱同志获评2017年度"先锋标兵"称号，吴雅玲同志获评2017年度优秀党务工作者称号。

14. 2017年10月，公积金业务办理"承诺制"获评2017年全市机关单位"最佳制度创新"优秀奖。

（五）当年对违反《住房公积金管理条例》和相关法规行为进行行政处罚和申请人民法院强制执行情况：2017年8月18日，中心依据《浙江省住房公积金条例》第三十九条、《绍兴市住房公积金行政执法实施办法》第十三条、《绍兴市住房公积金骗提套取行为处理暂行办法》第十二条的规定，对当事人鲁义林以虚假材料骗提本人住房公积金的行为作出包括列入绍兴市住房公积金管理中心信用黑名单、冻结个人住房公积金账户等的行政处罚。

金华市住房公积金2017年年度报告

一、机构概况

（一）**住房公积金管理委员会**：金华市住房公积金管理委员会有23名委员，2017年召开了一次会议，审议通过的事项主要包括：《关于2016年度全市住房公积金年度预算执行情况的报告》、《关于2016年度全市住房公积金增值收益分配方案的报告》、《关于2017年度全市住房公积金收支计划的报告》、《关于2017年度全市住房公积金管理机构经费收支计划的报告》、《关于金华市本级单位住房资金2016年度预算执行情况及2017年度收支计划的报告》、《金华市住房公积金2016年年度报告》及《金华市住房公积金存量公转商贴息贷款实施细则》。

（二）**住房公积金管理中心**：金华市住房公积金管理中心（以下简称市中心）为直属市人民政府不以营利为目的的参照公务员管理的事业单位，主要负责全市住房公积金的归集、管理、使用和会计核算。市中心设4个职能处室，2个管理部，6个分中心。从业人员190人，其中在编63人，非在编127人。

二、业务运行情况

（一）**缴存**：2017年，新开户单位1905家，实缴单位11077家，净增单位637家；新开户职工8.38

万人，实缴职工 43.60 万人，净增职工 4.48 万人；缴存额 68.67 亿元，同比增长 11.02%。2017 年末，缴存总额 469.98 亿元，同比增长 17.11%；缴存余额 193.56 亿元，同比增长 9.72%。

受委托办理住房公积金缴存业务的银行 5 家，与上年相同。

（二）提取：2017 年，提取额 51.52 亿元，同比增长 33.58%；占当年缴存额的 75.03%，比上年增加 12.67 个百分点。2017 年末，提取总额 276.42 亿元，同比增长 22.91%。

（三）贷款：

个人住房贷款：个人住房贷款最高额度 130 万元（义乌市），其中，单缴存职工最高额度 90 万元，双缴存职工最高额度 130 万元。

2017 年，发放个人住房贷款 11132 笔 53.44 亿元，同比分别下降 15.4%、12.02%。其中，市中心发放个人住房贷款 3458 笔 12.03 亿元，婺城管理部发放个人住房贷款 348 笔 1.3 亿元，金东管理部发放个人住房贷款 274 笔 0.95 亿元，兰溪分中心发放个人住房贷款 1197 笔 3.99 亿元，东阳分中心发放个人住房贷款 1170 笔 5.79 亿元，义乌市中心发放个人住房贷款 1731 笔 15.63 亿元，永康分中心发放个人住房贷款 1064 笔 5.46 亿元，浦江分中心发放个人住房贷款 545 笔 2.9 亿元，武义分中心发放个人住房贷款 779 笔 2.57 亿元，磐安分中心发放个人住房贷款 566 笔 2.82 亿元。

2017 年，回收个人住房贷款 26.78 亿元。其中，市中心 8.63 亿元，婺城管理部 0.81 亿元，金东管理部 0.52 亿元，兰溪分中心 1.89 亿元，东阳分中心 2.4 亿元，义乌市中心 6.15 亿元，永康分中心 2.85 亿元，浦江分中心 1.42 亿元，武义分中心 1.22 亿元，磐安分中心 0.89 亿元。

2017 年末，累计发放个人住房贷款 12.41 万笔 368.24 亿元，贷款余额 212.01 亿元，同比分别增长 9.85%、16.98%、14.39%。个人住房贷款余额占缴存余额的 109.53%，比上年增加 4.47 个百分点。

受委托办理住房公积金个人住房贷款业务的银行 10 家，与上年相同。

（四）融资：2017 年，融资 28.19 亿元，归还 17.01 亿元。2017 年末，融资总额 46.83 亿元，融资余额 27.12 亿元。

（五）资金存储：2017 年末，住房公积金存款 9.24 亿元。其中，活期 5.71 亿元，1 年（含）以下定期 0.19 亿元，1 年以上定期 0.15 亿元，其他（协定、通知存款等）3.19 亿元。

（六）资金运用率：2017 年末，住房公积金个人住房贷款余额、项目贷款余额和购买国债余额的总和占缴存余额的 109.53%，比上年增加 4.47 个百分点。

三、主要财务数据

（一）业务收入：2017 年，业务收入 70117.36 万元，同比增长 15.04%。其中，市中心 22248.89 万元，婺城管理部 1768.27 万元，金东管理部 1282.80 万元，兰溪分中心 5178.78 万元，东阳分中心 7856.48 万元，义乌市中心 13741.17 万元，永康分中心 8317.71 万元，浦江分中心 4272.86 万元，武义分中心 3133.27 万元，磐安分中心 2317.13 万元。存款利息 7585.46 万元，委托贷款利息 62527.65 万元，其他 4.25 万元。

（二）业务支出：2017 年，业务支出 37817.69 万元，同比增长 13.88%。其中，市中心 13415.91 万元，婺城管理部 866.35 万元，金东管理部 630.02 万元，兰溪分中心 3239.50 万元，东阳分中心 3786.41 万元，义乌市中心 7303.68 万元，永康分中心 4085.48 万元，浦江分中心 1756.70 万元，武义分中心

1593.04万元，磐安分中心1140.60万元；支付职工住房公积金利息28394.53万元，归集手续费0.18万元，委托贷款手续费2890.48万元，其他6532.50万元。

（三）增值收益：2017年，增值收益32299.67万元，同比增长16.44％。其中，市中心8832.98万元，婺城管理部901.92万元，金东管理部652.78万元，兰溪分中心1939.28万元，东阳分中心4070.07万元，义乌市中心6437.49万元，永康分中心4232.23万元，浦江分中心2516.16万元，武义分中心1540.23万元，磐安分中心1176.53万元；增值收益率1.74％，比上年增加0.08个百分点。

（四）增值收益分配：2017年，提取贷款风险准备金19379.80万元，提取管理费用3031.63万元，提取城市廉租住房（公共租赁住房）建设补充资金9888.24万元。

2017年，上交财政管理费用3031.65万元。上缴财政城市廉租住房（公共租赁住房）建设补充资金7077.77万元。其中，市中心上缴（金华市财政局）2343.27万元，婺城管理部上缴（婺城区财政局）90.02万元，金东管理部上缴（金东区财政局）143.79万元，兰溪分中心上缴（兰溪市财政局）334.15万元，东阳分中心上缴（东阳市财政局）1097.28万元，义乌市中心上缴（义乌市财政局）658.55万元，永康分中心上缴（永康市财政局）1349.58万元，浦江分中心上缴（浦江县财政局）510.63万元，武义分中心上缴（武义县财政局）404.92万元，磐安分中心上缴（磐安县财政局）145.58万元。

2017年末，贷款风险准备金余额187306.51万元。累计提取城市廉租住房（公共租赁住房）建设补充资金49333.74万元。其中，市中心提取18131.33万元，婺城管理部提取896.74万元，金东管理部提取876.76万元，兰溪分中心提取4324.85万元，东阳分中心提取5173.13万元，义乌市中心提取7397.71万元，永康分中心提取6411.38万元，浦江分中心提取2678.96万元，武义分中心提取2236.49万元，磐安分中心提取1206.39万元。

（五）管理费用支出：2017年，管理费用支出2960.46万元，同比增长16.05％。其中，人员经费2056.29万元，公用经费378.59万元，专项经费525.58万元。

市中心管理费用支出647.24万元，其中，人员、公用、专项经费分别为409.42万元、32.37万元、205.45万元；婺城管理部管理费用支出145.04万元，其中，人员、公用、专项经费分别为85.77万元、42.98万元、16.29万元；金东管理部管理费用支出126.19万元，其中，人员、公用、专项经费分别为107.77万元、15.19万元、3.23万元；兰溪分中心管理费用支出342.92万元，其中，人员、公用、专项经费分别为223.98万元、12.99万元、105.95万元；东阳分中心管理费用支出253.27万元，其中，人员、公用、专项经费分别为115.37万元、130.38万元、7.52万元；义乌市中心管理费用支出537.60万元，其中，人员、公用、专项经费分别为361.96万元、41.78万元、133.86万元；永康分中心管理费用支出237.11万元，其中，人员、公用、专项经费分别为208.54万元、20.90万元、7.67万元；浦江分中心管理费用支出244万元，其中，人员、公用、专项经费分别为207.88万元、23.57万元、12.55万元；武义分中心管理费用支出219.97万元，其中，人员、公用、专项经费分别为175.44万元、36.19万元、8.34万元；磐安分中心管理费用支出207.12万元，其中，人员、公用、专项经费分别为160.16万元、22.24万元、24.72万元。

四、资产风险状况

个人住房贷款：2017年末，个人住房贷款逾期额24.88万元，逾期率0.0117‰。其中，市中心

0.0121‰，金东管理部 0.0443‰，兰溪分中心 0.0062‰，义乌市中心 0.0251‰，永康分中心 0.0056‰，武义分中心 0.0092‰，婺城管理部、东阳分中心、浦江分中心、磐安分中心无逾期。

个人贷款风险准备金按增值收益的 60% 提取。2017 年，提取个人贷款风险准备金 19379.8 万元。2017 年末，个人贷款风险准备金余额 187306.51 万元，占个人住房贷款余额的 8.83%，个人住房贷款逾期额与个人贷款风险准备金余额的比率为 0.01%。

五、社会经济效益

（一）**缴存业务**：2017 年，实缴单位数、实缴职工人数和缴存额同比分别增长 6.1%、11.46% 和 11.02%。

缴存单位中，国家机关和事业单位占 27.27%，国有企业占 6.64%，城镇集体企业占 1.23%，外商投资企业占 1.36%，城镇私营企业及其他城镇企业占 57.18%，民办非企业单位和社会团体占 6.17%，其他占 0.15%。

缴存职工中，国家机关和事业单位占 37.09%，国有企业占 13.14%，城镇集体企业占 1.7%，外商投资企业占 1.93%，城镇私营企业及其他城镇企业占 34.27%，民办非企业单位和社会团体占 8%，其他占 3.87%；中、低收入占 97.81%，高收入占 2.19%。

新开户职工中，国家机关和事业单位占 21.05%，国有企业占 9.32%，城镇集体企业占 3.78%，外商投资企业占 4.09%，城镇私营企业及其他城镇企业占 45.25%，民办非企业单位和社会团体占 10.84%，其他占 5.67%；中、低收入占 98.84%，高收入占 1.16%。

（二）**提取业务**：2017 年，10.85 万名缴存职工提取住房公积金 51.52 亿元。

提取金额中，住房消费提取占 80.1%（购买、建造、翻建、大修自住住房占 40.42%，偿还购房贷款本息占 37.78%，租赁住房占 1.9%）；非住房消费提取占 19.9%（离休和退休提取占 13.08%，完全丧失劳动能力并与单位终止劳动关系提取占 4.19%，户口迁出本市或出境定居占 2.31%，其他占 0.32%）。

提取职工中，中、低收入占 89.81%，高收入占 10.19%。

（三）**贷款业务**：

1. **个人住房贷款**：2017 年，支持职工购建房 135.92 万平方米，年末个人住房贷款市场占有率为 17.61%，比上年减少 2.3 个百分点。通过申请住房公积金个人住房贷款，可节约职工购房利息支出 87064.32 万元。

职工贷款笔数中，购房建筑面积 90（含）平方米以下占 29.82%，90~144（含）平方米占 50.37%，144 平方米以上占 19.81%。购买新房占 57.98%（其中购买保障性住房占 0.5%），购买存量商品住房占 40.75%，建造、翻建、大修自住住房占 1.27%。

职工贷款笔数中，单缴存职工申请贷款占 32.84%，双缴存职工申请贷款占 67.16%，无三人及以上缴存职工共同申请贷款。

贷款职工中，30 岁（含）以下占 31.85%，30 岁~40 岁（含）占 37.9%，40 岁~50 岁（含）占 20.94%，50 岁以上占 9.31%；首次申请贷款占 86.59%，二次及以上申请贷款占 13.41%；中、低收入占 97.34%，高收入占 2.66%。

2. **异地贷款**：2017 年，发放异地贷款 651 笔 31630.1 万元。2017 年末，发放异地贷款总额 71402.10

万元，异地贷款余额59874.17万元。

3. 公转商贴息贷款：2017年，发放公转商贴息贷款663笔28859.20万元，支持职工购建住房面积5.97万平方米，当年贴息额424.29万元。2017年末，累计发放公转商贴息贷款4050笔144243.50万元，累计贴息954.88万元。

（四）住房贡献率：2017年，个人住房贷款发放额、公转商贴息贷款发放额、项目贷款发放额、住房消费提取额的总和与当年缴存额的比率为142.13%，比上年减少17.38个百分点。

六、其他重要事项

1. 按照统计部门上年度在职职工月均工资及有关规定，确定住房公积金缴存工资基数最高不超过26550元，经营困难的单位及职工，可按不低于1660元标准按实确定。住房公积金缴存比例最高不超过12%，为减轻企业负担，企业可适当降低缴存比例，最低不低于5%。

2. 加强公积金信贷政策调控，支持合理自住购房贷款。

（1）2月10日，调整了金华市区住房公积金贷款最高额度，夫妻双方均正常缴存住房公积金的调整为50万元，单方正常缴存住房公积金的调整为25万元。3月26日，金华市区住房公积金贷款政策进行了再次调整。购买金华市区二环路以内住房的公积金贷款，首套住房，首付款比例调整为不低于房价的30%；购买第二套住房，首付款比例调整为不低于房价的60%。最高贷款额度调整为夫妻双方均正常缴存住房公积金的为40万元，职工单方正常缴存住房公积金的为20万元。其他各县（市）根据因城施策原则和各自资金供需状况，都调整了公积金信贷政策。

（2）3月27日，市住房公积金管理委员会印发《金华市住房公积金存量公转商贴息贷款实施细则》，市本级、兰溪、东阳、永康、浦江、磐安等地先后开展公积金存量公转商贴息贷款业务，盘活信贷资产，改善资金紧张状况。

3. 全面推进"最多跑一次"改革工作，服务事项全部实现"最多跑一次"。

（1）优化流程，简化材料。结合省住房城乡建设厅关于推进办事事项"八统一"标准化工作，进一步梳理服务事项，加大办事指南标准化建设工作；持续推进简化材料工作，全年先后简化各种业务办理材料12件，取消公积金提取、转移等业务单位审核盖章环节。

（2）完善网上服务功能，推进服务事项全程网办。目前已开通了涵盖单位办理住房公积金缴存、变更、注销登记、个人免缴与降低缴存比例或者缓缴的审核、公积金账户查询、公积金提取、贷款预审、公积金证明等多个网上办事项目，逐步实现服务事项办理"不用跑"。

（3）拓展延伸服务网点，实现办事"就近跑"。充分借助承办银行网点优势，促进公积金更多业务向承办银行网点延伸，方便群众就近办事。公积金贷款采用一窗受理、联网审批、抵押代办、线上放款的流程，实现了公积金贷款业务受理、审批、抵押、放款全过程"跑一次"，部分提取业务也延伸到银行网点办理，为办事群众提供了更为便捷的服务。

（4）加快信息共享工作，让"数据多跑路"。2017年在各有关部门的大力支持下，已实现了省内个人身份信息、企业营业执照信息、市区内不动产信息、个人银行征信信息等数据信息共享工作，完成了与"一窗受理"平台对接和公积金数据的推送工作。

4. 积极推进信息化建设，提高综合服务能力。

（1）认真完成住房公积金双贯标工作。新开发建设的住房公积金综合管理系统于 2016 年 12 月 21 日接入住房城乡建设部银行结算系统，实现公积金缴存、提取、贷款等业务均从住房城乡建设部银行结算系统实时收付，提高资金管理能力和效率，建立了较为完善的公积金资金、业务和财务综合管理系统。2017 年 10 月份实施了升级完善，11 月上旬上报住房城乡建设部验收。住房公积金异地转移接续平台于 2017 年 6 月份建成上线，顺利实现全国公积金账随人走，快捷转移。住房公积金综合服务平台渠道已开通使用 12329 热线、12329 短信、门户网站、网上大厅、自助终端、手机 APP 等渠道，综合服务平台管理系统建成投入使用。

（2）推进"互联网＋住房公积金"工作。全市各分中心、管理部均实现"互联网＋政务服务"公积金账户查询。登入手机 APP 浙江政务网、手机 APP 支付宝均可查询本人公积金账户信息。2017 年 5 月 23 日成功上线"浙江政务服务网移动 APP 个人明细查询"功能，个人可通过浙江政务服务网 APP 查询本人公积金账户基本信息、贷款基本信息、以及近 3 年公积金缴存提取明细、住房补贴明细、公积金贷款还贷明细及贷款逾期信息。

5. 创先争优工作取得实效。浦江分中心主任获全国住房城乡建设系统先进工作者称号；磐安分中心获城建档案目标管理省一级认定。

衢州市住房公积金 2017 年年度报告

一、机构概况

（一）**住房公积金管理委员会**：住房公积金管理委员会有 29 名委员，2017 年召开 1 次会议，审议通过的事项主要包括：听取《衢州市 2016 年住房公积金管理工作情况和 2017 年工作安排的报告》；审议《衢州市住房公积金管理中心 2016 年年度报告》；审议《关于衢州市 2016 年度住房公积金计划执行情况和 2017 年度收支计划的报告（草案）》；审议《关于做好 2017 年度全市机关、事业单位住房公积金缴存工资基数调整的通知（草案）》和《关于做好 2017 年度全市企业单位住房公积金缴存基数调整和年度验审工作的通知（草案）》。

（二）**住房公积金管理中心**：住房公积金管理中心为直属衢州市人民政府不以营利为目的的副县级参公事业单位，设 6 个处（科），3 个管理部，4 个分中心。从业人员 104 人，其中，在编 53 人，非在编 51 人。

二、业务运行情况

（一）**缴存**：2017 年，新开户单位 499 家，实缴单位 4666 家，净增单位 360 家；新开户职工 2.59 万人，实缴职工 18.83 万人，净增职工 1.79 万人；缴存额 37.38 亿元，同比增长 13.99％。2017 年末，缴存总额 255.48 亿元，同比增长 17.14％；缴存余额 81.28 亿元，同比增长 10.99％。

受委托办理住房公积金缴存业务的银行 5 家，比上年增加（减少）0 家。

（二）提取：2017年，提取额29.33亿元，同比增长16.99%；占当年缴存额的78.46%，比上年增加2.03个百分点。2017年末，提取总额174.2亿元，同比增长20.25%。

（三）贷款：

个人住房贷款：个人住房贷款最高额度60万元，其中，单缴存职工最高额度40万元，双缴存职工最高额度60万元。

2017年，发放个人住房贷款0.76万笔33.53亿元，同比分别下降9.56%、4.17%。其中，市中心发放个人住房贷款0.44万笔19.88亿元，龙游分中心发放个人住房贷款0.11万笔4.22亿元，江山分中心发放个人住房贷款0.09万笔4.28亿元，常山分中心发放个人住房贷款0.06万笔2.15亿元，开化分中心发放个人住房贷款0.06万笔3亿元。

2017年，回收个人住房贷款13.6亿元。其中，市中心7.62亿元，龙游分中心1.91亿元，江山分中心1.68亿元，常山分中心1.09亿元，开化分中心1.3亿元。

2017年末，累计发放个人住房贷款8.51万笔196.99亿元，贷款余额103.29亿元，同比分别增长9.80%、20.51%、23.91%。个人住房贷款余额占缴存余额的127.08%，比上年增加13.24个百分点。

受委托办理住房公积金个人住房贷款业务的银行13家，比上年增加7家。

（四）融资：2017年，融资25.28亿元，归还13.27亿元。2017年末，融资总额38.52亿元，融资余额24.08亿元。

（五）资金存储：2017年末，住房公积金存款5.43亿元。其中，活期0.14亿元，1年（含）以下定期0亿元，1年以上定期0.41亿元，其他（协定、通知存款等）4.88亿元。

（六）资金运用率：2017年末，住房公积金个人住房贷款余额、项目贷款余额和购买国债余额的总和占缴存余额的127.08%，比上年增加13.24个百分点。

三、主要财务数据

（一）业务收入：2017年，业务收入4419.33万元，同比增长27.98%。其中，市中心19331.23万元，龙游分中心4343.46万元，江山分中心4846.22万元，常山分中心2949.49万元，开化分中心2948.93万元；存款利息2255.47万元，委托贷款利息30947.74万元，国债利息0万元，其他1216.12万元。

（二）业务支出：2017年，业务支出21301.72万元，同比增长59.22%。其中，市中心12944.21万元，龙游分中心2737.96万元，江山分中心3007.09万元，常山分中心2009.74万元，开化分中心602.72万元；支付职工住房公积金利息10297.82万元，归集手续费0.52万元，委托贷款手续费1581.23万元，其他9422.15万元。

（三）增值收益：2017年，增值收益13117.61万元，同比下降2.94%。其中，市中心6387.02万元，龙游分中心1605.5万元，江山分中心1839.13万元，常山分中心939.75万元，开化分中心2346.21万元；增值收益率1.7%，比上年减少0.23个百分点。

（四）增值收益分配：2017年，提取贷款风险准备金7870.57万元，提取管理费用3199.57万元，提取城市廉租住房（公共租赁住房）建设补充资金2047.47万元。

2017年，上交财政管理费用3149.78万元。上缴财政城市廉租住房（公共租赁住房）建设补充资金

3298.9万元。其中，市中心上缴1145.58万元，龙游分中心上缴龙游县财政8.22万元，江山分中心上缴江山市财政458.9万元，常山分中心上缴常山县财政1137.11万元，开化分中心上缴开化县财政549.09万元。

2017年末，贷款风险准备金余额70243.22万元。累计提取城市廉租住房（公共租赁住房）建设补充资金20209.15万元。其中，市中心提取11628.26万元，龙游分中心1541.24万元，江山分中心3355.47万元，常山分中心1838.93万元，开化分中心1845.25万元。

（五）管理费用支出： 2017年，管理费用支出2713.8万元，同比下降2.75%。其中，人员经费1219.79万元，公用经费460.39万元，专项经费1033.62万元。

市中心管理费用支出1414.32万元，其中，人员、公用、专项经费分别为460.96万元、80.98万元、872.38万，龙游分中心管理费用支出454.4万元，其中，人员、公用、专项经费分别为267.83万元、186.57万元、0万元；江山分中心管理费用支出291.32万元，其中，人员、公用、专项经费分别为127.08万元、19.24万元、145万元；常山分中心管理费用支出259.15万元，其中，人员、公用、专项经费分别为150.3万元、100.95万元、7.9万元；开化分中心管理费用支出294.61万元，其中，人员、公用、专项经费分别为213.62万元、72.65万元、8.34万元。

四、资产风险状况

个人住房贷款： 2017年末，个人住房贷款逾期额6.65万元，逾期率0.006‰。其中，市中心0.007‰，龙游分中心0.01‰，江山分中心0‰，常山分中心0.02‰，开化分中心0‰。

个人贷款风险准备金按增值收益的60%提取。2017年，提取个人贷款风险准备金7870.57万元，使用个人贷款风险准备金核销呆坏账0万元。2017年末，个人贷款风险准备金余额70243.22万元，占个人住房贷款余额的6.8%，个人住房贷款逾期额与个人贷款风险准备金余额的比率为0.009%。

五、社会经济效益

（一）缴存业务： 2017年，实缴单位数、实缴职工人数和缴存额同比分别增长8.36%、10.48%和13.99%。

缴存单位中，国家机关和事业单位占35.39%，国有企业占10.37%，城镇集体企业占0.96%，外商投资企业占0.99%，城镇私营企业及其他城镇企业占42.56%，民办非企业单位和社会团体占6.11%，其他占3.62%。

缴存职工中，国家机关和事业单位占38.62%，国有企业占23.42%，城镇集体企业占2.64%，外商投资企业占3.57%，城镇私营企业及其他城镇企业占25.69%，民办非企业单位和社会团体占2.96%，其他占3.1%；中、低收入占99.46%，高收入占0.54%。

新开户职工中，国家机关和事业单位占15.98%，国有企业占13.48%，城镇集体企业占2.05%，外商投资企业占6.07%，城镇私营企业及其他城镇企业占44.86%，民办非企业单位和社会团体占5.19%，其他占12.37%；中、低收入占99.84%，高收入占0.16%。

（二）提取业务： 2017年，6.44万名缴存职工提取住房公积金29.33亿元。

提取金额中，住房消费提取占84.95%（购买、建造、翻建、大修自住住房占46.37%，偿还购房贷

款本息占 35.6%，租赁住房占 0.51%，其他占 2.47%）；非住房消费提取占 15.05%（离休和退休提取占 11.7%，完全丧失劳动能力并与单位终止劳动关系提取占 0.5%，户口迁出本市或出境定居占 1.98%，其他占 0.87%）。

提取职工中，中、低收入占 99.28%，高收入占 0.72%。

（三）贷款业务：

1. **个人住房贷款**：2017 年，支持职工购建房 96.47 万平方米，年末个人住房贷款市场占有率为 25.29%，比上年增加 3.4 个百分点。通过申请住房公积金个人住房贷款，可节约职工购房利息支出 82984.1 万元。

职工贷款笔数中，购房建筑面积 90（含）平方米以下占 15.52%，90～144（含）平方米占 55.65%，144 平方米以上占 28.83%。购买新房占 53.88%（其中购买保障性住房占 0%），购买存量商品住房占 0%，建造、翻建、大修自住住房占 0%，其他占 46.12%。

职工贷款笔数中，单缴存职工申请贷款占 21.88%，双缴存职工申请贷款占 77.68%，三人及以上缴存职工共同申请贷款占 0.44%。

贷款职工中，30 岁（含）以下占 31.93%，30 岁～40 岁（含）占 36.01%，40 岁～50 岁（含）占 25.16%，50 岁以上占 6.9%；首次申请贷款占 73.45%，二次及以上申请贷款占 26.55%；中、低收入占 99.92%，高收入占 0.08%。

2. **异地贷款**：2017 年，发放异地贷款 374 笔 13199.5 万元。2017 年末，发放异地贷款总额 26535 万元，异地贷款余额 24600.06 万元。

3. **公转商贴息贷款**：2017 年，发放公转商贴息贷款 548 笔 16724.17 万元，支持职工购建住房面积 7.33 万平方米，当年贴息额 324.51 万元。2017 年末，累计发放公转商贴息贷款 799 笔 25916.17 万元，累计贴息 352.38 万元。

（四）住房贡献率：2017 年，个人住房贷款发放额、公转商贴息贷款发放额、项目贷款发放额、住房消费提取额的总和与当年缴存额的比率为 160.81%，比上年减少 13.77 个百分点。

六、其他重要事项

（一）当年机构及职能调整情况：2017 年 2 月完成全市县（市、区）住房公积金管理机构的归并工作，实现了全市住房公积金的"五统一"管理模式，即统一全市域范围公积金制度、管理、决策、核算、信息系统。根据《衢州市机构编制委员会关于印发衢州市住房公积金管理中心主要职责内设机构和人员编制规定的通知》（衢市编〔2017〕4 号）文件调整机构职能设置如下：市中心增设一名副主任，内设科室从原 4 个科室增设为 6 个科室：办公室、政策法规科、计划统计科、结算运行科、内审稽核科、信息安全科。市中心下设三个直属管理部：柯城管理部、衢江管理部、市直（衢化）管理部。4 个派出机构：龙游分中心、江山分中心、常山分中心、开化分中心。

（二）受委托办理缴存贷款业务金融机构变更情况：

1. 2017 年，缴存业务金融机构没有发生变更。

2. 2017 年中心委托贷款银行新增 7 家：浦发银行衢州分行、中信银行衢州分行、温州银行衢州分行、柯城农商银行、浙商银行衢州分行、北京银行衢州分行、邮储银行衢州分行。

（三）当年政策调整及执行情况：

1. **缴存政策：** 当年缴存基数限额：上限不超过 22248（2016 年市区城镇在岗职工月均工资 7416 元的 3 倍）；下限不低于 1530 元（2015 年 11 月市政府规定的衢州市最低月工资标准为 1530 元）。缴存比例：单位和个人缴存比例：最低各不低于 5%，最高各不超过 12%。取消新市民（农民工、个体工商户和自由职业人员等）缴存公积金的户籍限制。芝麻信用分值做为新市民住房公积金的开户依据。

2. **提取政策：** 职工申请按月还贷提取，须符合个人缴存账户至少留存 12 个月缴存额且还贷满 6 个月条件。办理按月还贷提取还贷满 12 个月后，账户超过 12 个月缴存额的余额，可以用于提前偿还部分住房公积金贷款本金，再次办理时间间隔不少于 12 个月。公积金贷款办理年冲业务，首次办理需还贷满 12 个月条件，再次办理时间间隔不少于 12 个月。

3. **贷款政策：** 职工申请现金方式提前结清住房公积金贷款本金余额，须符合还满公积金贷款 6 个月条件；取消"商转公"贷款政策（即商业性个人住房按揭贷款转住房公积金贷款政策）；

调整贷款额度：夫妻双方最高贷款额度为 60 万元，单方最高贷款额度为 40 万元。最低可贷额度为夫妻双方 30 万元，单方 20 万元；调整购买商品住房首付款比例：对购买首套住房，申请住房公积金贷款的居民家庭，首付比例不低于 30%；对已拥有一套住房，再次购买住房，申请住房公积金贷款的居民家庭，首付比例不低于 50%。购买第二套房为二手房的，纯公积金贷款或公积金组合贷款额度不得超过房产交易契税计税金额的 50%；增加公积金贷款合同变更政策：贷款缩期变更、还款方式变更、委托扣款账户变更、借款人变更；首次使用公积金贷款利率按公积金贷款基准利率执行，二次使用按公积金贷款基准利率上浮 1.1 倍。

（四）当年服务改进情况：

1. 理顺管理体制，全面完成全市域住房公积金管理机构的归并工作，实现了全市域住房公积金制度、管理、决策、核算、信息化"五统一"，为优化服务、提升效率和管控风险提供了有力体制保障。

2. 完成建设综合服务平台，包括自助终端、官方网站、网上办事大厅、手机 APP、微信公众号、微博、短信系统、12329 热线等 8 个渠道的开通，大大拓展了服务渠道。

3. 以"最多跑一次"改革为契机，改造服务大厅、完善服务设施、优化服务手段，大大提升群众的客服体验。

（五）当年信息化建设情况：

1. 2017 年，中心完成了新一代公积金信息管理系统的开发建设，并成功上线运行。新系统实现了公积金业务从委托模式转变为"自主核算、银行代办"，并且在智能化、便民化、安全性等方面都有了较大的提升。

2. 中心完成了双贯标（基础数据贯标和结算方式贯标）的建设，并顺利通过了验收。

3. 构建大数据共享平台，开启了公积金贷款业务办理"无证明"之先河，实现公积金业务"最多跑一次"。

4. 实现公积金异地转移接续功能。

5. 完成综合服务平台建设，提供多渠道的便民自助服务。

6. 引入阿里巴巴"芝麻信用"和"人脸识别认证"技术，在手机 APP 端实现退休职工公积金提取、自由职业人员开户等自助办理，开启公积金业务办理的"零跑腿"时代。

（六）当年住房公积金管理中心及职工所获荣誉情况：

1. 2017年度市级机关部门综合考核中，市公积金中心考核为优秀单位；市公积金中心获2017年度市直机关最佳满意单位；市公积金中心市直管理部服务窗口被评为2017年度"群众最满意窗口"。

2. 省建设厅2017年度目标责任制考核考评中，衢州市公积金管理中心位列全省公积金系统第一名，获"优秀单位"。

3. 2017年4月衢州市公积金管理中心通过了浙江省文明单位复评考核。

4. 2017年7月7日，住房城乡建设部发文《关于印发＜浙江省衢州市住房公积金"最多跑一次"＞改革情况调研报告的通知》（建金政函〔2017〕73号），要求全国公积金系统深入学习衢州市住房公积金"最多跑一次"改革经验做法。

5. 2017年7月19日晚，衢州市住房公积金"最多跑一次"改革亮相央视（CCTV1）政论巨片《将改革进行到底》。

6. 2017年7月24日，熊建平副省长批示《衢州市率先推行住房公积金业务"四统一"改革成效明显》，结合"最多跑一次"改革，在全省推广。

7. 2017年8月1日，浙江省住房城乡建设厅发文《转发关于印发＜浙江省衢州市住房公积金"最多跑一次"改革情况调研报告＞的通知》（函金监字〔2017〕728号），要求全省公积金系统深入学习衢州市住房公积金"最多跑一次"改革经验做法。

8. 2017年10月15日，央视（CCTV2）《对话》节目播出《行政体制改革样浙江样本》专题，重点介绍衢州市"最多跑一次"，衢州公积金中心主任王政理介绍了公积金业务"无证明"办理详情。

9. 中共中央政策研究室主办杂志《学习与研究》第10期刊登《衢州市住房公积金"最多跑一次"》。

10. 衢州市住房公积金管理中心被评为2017年度"通衢网络问政平台"优秀单位。

11. 衢州市住房公积金管理中心被评为2017年度"档案管理优秀单位"。

舟山市住房公积金2017年年度报告

一、机构概况

（一）住房公积金管理委员会： 住房公积金管理委员会有25名委员，2017年召开两次会议，审议通过的事项主要包括：通过了舟山市住房公积金2016年年度报告、2017年度全市住房公积金归集使用计划的报告、2017年度住房公积金增值收益分配方案的报告；通过了舟山市关于规范住房公积金缴存基数的若干意见；通过了调整贷款首付款比例、最高、最低额度、延长公积金缴存人贷款的时间间隔、若资金需求增长过快时，可以适度实施轮候制；通过了同意省农信联社舟山办事处与杭州银行舟山分行为中心发贷银行的建议。

（二）住房公积金管理中心： 住房公积金管理中心为市政府直属不以营利为目的的参照公务员管理事业单位，设4个处（科），0个管理部，4个分中心。从业人员82人，其中，在编48人，非在编34人。

二、业务运行情况

（一）**缴存**：2017年，新开户单位506家，实缴单位3315家，净增单位205家；新开户职工2.84万人，实缴职工13.9万人，净增职工0.68万人；缴存额28.04亿元，同比增长15.60%。2017年末，缴存总额186.69亿元，同比增长17.67%；缴存余额66.43亿元，同比增长9.68%。

受委托办理住房公积金缴存业务的银行9家，比上年增加1家。

（二）**提取**：2017年，提取额22.17亿元，同比增长23.74%；占当年缴存额的79.07%，比上年增加5.21个百分点。2017年末，提取总额120.26亿元，同比增长22.60%。

（三）**贷款**：

个人住房贷款：个人住房贷款最高额度60万元，其中，单缴存职工最高额度60万元，双缴存职工最高额度60万元。

2017年，发放个人住房贷款0.66万笔28.07亿元，同比分别增长51.54%、45.45%。其中，市中心发放个人住房贷款0.42万笔18.71亿元，定海区分中心发放个人住房贷款0.06万笔2.44亿元，普陀区分中心发放个人住房贷款0.10万笔3.95亿元，岱山县分中心发放个人住房贷款0.06万笔2.08亿元，嵊泗县分中心发放个人住房贷款0.02万笔0.90亿元。

2017年，回收个人住房贷款10.09亿元。其中，市中心5.90亿元，定海区分中心0.99亿元，普陀区分中心1.68亿元，岱山县分中心1.02亿元，嵊泗县分中心0.49亿元。

2017年末，累计发放个人住房贷款5.07万笔137.35亿元，贷款余额80.60亿元，同比分别增长14.83%、25.69%、28.71%。个人住房贷款余额占缴存余额的121.34%，比上年增加17.94个百分点。

受委托办理住房公积金个人住房贷款业务的银行9家，比上年增加1家。

（四）**融资**：2017年，融资18.41亿元，归还7.35亿元。2017年末，融资总额23.96亿元，融资余额16.44亿元。

（五）**资金存储**：2017年末，住房公积金存款2.89亿元。其中，活期0.04亿元，1年（含）以下定期0亿元，1年以上定期0.35亿元，其他（协定、通知存款等）2.50亿元。

（六）**资金运用率**：2017年末，住房公积金个人住房贷款余额、项目贷款余额和购买国债余额的总和占缴存余额的121.34%，比上年增加17.94个百分点。

三、主要财务数据

（一）**业务收入**：2017年，业务收入24276万元，同比增长23.74%。其中，市中心14565万元，定海区分中心2382万元，普陀区分中心3926万元，岱山县分中心2144万元，嵊泗县分中心1259万元；存款利息884万元，委托贷款利息23387万元，国债利息0万元，其他5万元。

（二）**业务支出**：2017年，业务支出16471万元，同比增长33.91%。其中，市中心10581万元，定海区分中心1547万元，普陀区分中心2513万元，岱山县分中心1138万元，嵊泗县分中心692万元；支付职工住房公积金利息9631万元，归集手续费7万元，委托贷款手续费1125万元，其他5709万元。

（三）**增值收益**：2017年，增值收益7805万元，同比增长6.65%。其中，市中心3985万元，定海区分中心835万元，普陀区分中心1412万元，岱山县分中心1006万元，嵊泗县分中心567万元；增值收益率 1.23%，比上年减少 0.04 个百分点。

(四) **增值收益分配**：2017 年，提取贷款风险准备金 4683 万元，提取管理费用 2246 万元，提取城市廉租住房（公共租赁住房）建设补充资金 876 万元。

2017 年，上交财政管理费用 1876 万元。上缴财政城市廉租住房（公共租赁住房）建设补充资金 1051 万元。其中，市中心上缴 869 万元，定海区分中心上缴 114 万元，普陀区分中心上缴 13 万元，岱山县分中心上缴 30 万元，嵊泗县分中心上缴 25 万元。

2017 年末，贷款风险准备金余额 51714 万元。累计提取城市廉租住房（公共租赁住房）建设补充资金 12309 万元。其中，市中心提取 8608 万元，定海区分中心提取 673 万元，普陀区分中心提取 2454 万元，岱山县分中心提取 338 万元，嵊泗县分中心提取 236 万元。

(五) **管理费用支出**：2017 年，管理费用支出 1899 万元，同比下降 16.53%。其中，人员经费 1246 万元，公用经费 221 万元，专项经费 432 万元。

市中心管理费用支出 861 万元，其中，人员、公用、专项经费分别为 530 万元、44 万元、287 万元；定海区分中心管理费用支出 262 万元，人员、公用、专项经费分别为 183 万元、19 万元、60 万元；普陀区分中心管理费用支出 377 万元，人员、公用、专项经费分别为 269 万元、85 万元、23 万元；岱山县分中心管理费用支出 219 万元，人员、公用、专项经费分别为 143 万元、38 万元、38 万元；嵊泗县分中心管理费用支出 180 万元，人员、公用、专项经费分别为 121 万元、36 万元、23 万元。

四、资产风险状况

个人住房贷款：2017 年末，个人住房贷款逾期额 14.38 万元，逾期率 0.018‰。其中，市中心 0.027‰，定海区分中心 0‰，普陀区分中心 0.007‰，岱山县分中心 0‰，嵊泗县分中心 0‰。

个人贷款风险准备金按增值收益的 60% 提取。2017 年，提取个人贷款风险准备金 4683 万元，使用个人贷款风险准备金核销呆坏账－6 万元。2017 年末，个人贷款风险准备金余额 51714 万元，占个人住房贷款余额的 6.42%，个人住房贷款逾期额与个人贷款风险准备金余额的比率为 0.0287%。

五、社会经济效益

(一) **缴存业务**：2017 年，实缴单位数、实缴职工人数和缴存额同比分别增长 6.59%、5.13% 和 15.60%。

缴存单位中，国家机关和事业单位占 38.46%，国有企业占 12.13%，城镇集体企业占 0%，外商投资企业占 0.21%，城镇私营企业及其他城镇企业占 40.21%，民办非企业单位和社会团体占 2.08%，其他占 6.91%。

缴存职工中，国家机关和事业单位占 42.08%，国有企业占 15.68%，城镇集体企业占 0%，外商投资企业占 0.77%，城镇私营企业及其他城镇企业占 38.15%，民办非企业单位和社会团体占 0.38%，其他占 2.94%；中、低收入占 98.52%，高收入占 1.48%。

新开户职工中，国家机关和事业单位占 20.93%，国有企业占 16.81%，城镇集体企业占 0%，外商投资企业占 1.40%，城镇私营企业及其他城镇企业占 54.42%，民办非企业单位和社会团体占 0.69%，其他占 5.75%；中、低收入占 99.72%，高收入占 0.28%。

（二）提取业务：2017年，4.73万名缴存职工提取住房公积金22.17亿元。

提取金额中，住房消费提取占81.34%（购买、建造、翻建、大修自住住房占40.52%，偿还购房贷款本息占39.71%，租赁住房占1.11%，其他占0%）；非住房消费提取占18.66%（离休和退休提取占10.60%，完全丧失劳动能力并与单位终止劳动关系提取占0%，户口迁出本市或出境定居占0.37%，其他占7.69%）。

提取职工中，中、低收入占97.69%，高收入占2.31%。

（三）贷款业务：

1. **个人住房贷款**：2017年，支持职工购建房73.09万平方米，年末个人住房贷款市场占有率为18.24%，比上年增加0.97个百分点。通过申请住房公积金个人住房贷款，可节约职工购房利息支出9974.59万元。

职工贷款笔数中，购房建筑面积90（含）平方米以下占34.73%，90~144（含）平方米占58.46%，144平方米以上占6.81%。购买新房占65.10%（其中购买保障性住房占0%），购买存量商品住房占34.90%，建造、翻建、大修自住住房占0%，其他占0%。

职工贷款笔数中，单缴存职工申请贷款占29.51%，双缴存职工申请贷款占70.14%，三人及以上缴存职工共同申请贷款占0.35%。

贷款职工中，30岁（含）以下占30.35%，30岁~40岁（含）占35.86%，40岁~50岁（含）占27.12%，50岁以上占6.67%；首次申请贷款占74.08%，二次及以上申请贷款占25.92%；中、低收入占98.82%，高收入占1.18%。

2. **异地贷款**：2017年，发放异地贷款442笔19369万元。2017年末，发放异地贷款总额32302万元，异地贷款余额30343.70万元。

3. **公转商贴息贷款**：2017年，发放公转商贴息贷款82笔4078万元，支持职工购建住房面积1.02万平方米，当年贴息额1479.72万元。2017年末，累计发放公转商贴息贷款3017笔137092万元，累计贴息2879.57万元。

（四）**住房贡献率**：2017年，个人住房贷款发放额、公转商贴息贷款发放额、项目贷款发放额、住房消费提取额的总和与当年缴存额的比率为165.88%，比上年减少9.88个百分点。

六、其他重要事项

（一）**当年受委托办理缴存贷款业务金融机构变更情况**：缴存贷款业务金融机构增加：省农信联社舟山办事处与杭州舟山分行银行两家。

（二）**当年住房公积金政策调整及执行情况**：

1. **缴存政策调整情况**：2017年度职工住房公积金缴存基数为职工个人2016年度月平均工资。根据"控高保低"政策规定，调整后的缴存基数下限为2819元（2016年舟山市社保缴费最低标准为2819元），上限为20079元（2016年舟山市区城镇在岗职工月平均工资6693元的3倍）。缴存比例最低为5%，最高为12%。

2. **提取政策调整情况**：简化提取提供资料。购买商品房提取不再提供购房合同复印件以备案信息查询表代替；购买二手房购房发票和税单任选一种；支付房屋租金不需要《舟山市租赁自住住房提取公积金审核表》、租赁房屋不动产权证复印件、租赁合同；退休提取不需要退休证或批准退休等有效文件；终止劳动关系提取不需要与单位终止劳动关系证明，与单位终止劳动关系证明由单位办理职工封存时提供。

3. 贷款政策调整情况：

（1）调整购买商品房首付比例。对在 2017 年 7 月 1 日以后购买新建商品房（以房管系统合同备案日期为准），首次申请住房公积金贷款的家庭，首付款比例不低于 20%；对已结清公积金贷款第二次申请的，首付比例调整为 40%。

（2）调整公积金贷款最高额度。首次申请公积金贷款的家庭最高贷款额度调整为 40 万元；对已结清公积金贷款第二次申请的家庭，最高贷款额度调整为 30 万元；取消第三次及以上公积金贷款申请。对《舟山市人才安居工程实施办法》第三章第八条所列的（一）至（十一）类人才（新的人才目录和人才住房保障办法实施后，人才分类以新目录为准），全国、省级劳模，首次申请公积金贷款的上浮可贷额度的 50%，最高不超过 60 万元。

（3）调整公积金贷款最低额度。首次申请公积金贷款的单方缴存家庭，贷款额度不足 15 万元的按 15 万元计算；双方缴存公积金的家庭，贷款额度不足 25 万元的按 25 万元计算。

（4）延长公积金缴存人贷款的时间间隔。2017 年 7 月 1 日起借款人还清公积金贷款后如需再次申请公积金贷款，其申请贷款距上次还清贷款时间间隔不少于 3 个月。

（5）若资金需求增长过快时，可以适度实施轮候制，因政策性因素造成放款时间延迟的，房地产开发企业不得区别对待公积金贷款与商业贷款，确保全市公积金运行安全有序。

（三）当年服务改进情况：

1. 中心办理事项共有提取、贷款、缴存、年审四个大项，细分 30 个子项，目前全部事项实现"最多跑一次"，并且通过与民政、社保、公安、不动产等部门间共享，已有 2 个子项业务实现一证通办。同时依托中心公积金业务系统和综合服务平台，中心将信息查询、单位缴存变更业务放到微信、APP、网厅等线上办理，实现了 7 个子项业务"零次跑"。

2. 实行全市业务通办，大部分业务"就近办"。2017 年 2 月起市中心与四个县区分中心及全部延伸网点实行业务通办，让个人提取公积金和贷款申请不再受缴存地区域限制。

3. 增加公积金延伸服务网点，实现"办事不出岛"。中心在建、工、中、农、浦发、交通、邮储 7 家银行 33 个网点开设公积金延伸服务，群众可就近办理包括个人缴存、提取、贷款在内的绝大部分公积金业务，已覆盖了普陀山、六横、衢山、嵊山等多个小岛和朱家尖、金塘、白泉等多个乡镇，形成了"跨海连小岛，城区到乡镇"的服务新格局。

4. 工作流程再造，实现一窗受理。中心打破原有的归集、提取、贷款分离模式，通过业务流程重塑和系统改造，推出综合办理窗口服务，让群众在一个窗口办理多项业务，实现了"一窗受理，集成服务"。

（四）当年信息化建设情况：2017 年，舟山市住房公积金综合信息管理系统在原有基础上根据"最多跑一次"改革需求进行了优化升级，主要实现了全市业务通办系统改造、与"一窗受理"平台数据对接、与"办件库""法人库"的数据对接。为减少群众办事资料，系统新增了与不动产中心和工商局多证合一的数据共享。同时，系统还新增了黑名单管理功能，有效建立骗提骗贷风险防范机制。在网站上公示贷款轮候进度，做到排队信息实时更新，信息公开更加透明。对照住房城乡建设部"双贯标"新标准，完成了系统"双贯标"整改。

台州市住房公积金 2017 年年度报告

一、机构概况

(一)**住房公积金管理委员会**:住房公积金管理委员会有 26 名委员,2017 年召开一次会议,审议通过的事项主要包括《2016 年住房公积金增值收益及分配情况》、《2016 年台州市住房公积金计划执行情况和 2017 年住房公积金归集使用计划》、《关于调整公积金个人住房贷款相关政策的通知》、《关于进一步加强住房公积金提取审核工作的通知》、《台州市住房公积金委托按月提取还贷管理办法》、《台州市住房公积金管理中心业务延伸网点管理办法》等。

(二)**住房公积金管理中心**:住房公积金管理中心为市政府直属的不以营利为目的的参照管理事业单位,设 4 个处室,9 个分中心。从业人员 200 人,其中,在编 110 人,非在编 90 人。

二、业务运行情况

(一)**缴存**:2017 年,新开户单位 1937 家,实缴单位 8891 家,净增单位 1626 家;新开户职工 7.92 万人,实缴职工 42.30 万人,净增职工 3.67 万人;缴存额 73.25 亿元,同比增长 16.82%。2017 年末,缴存总额 471.36 亿元,同比增长 18.40%;缴存余额 196.75 亿元,同比增长 13.36%。

受委托办理住房公积金缴存业务的银行 5 家,比上年增加 0 家。

(二)**提取**:2017 年,提取额 50.05 亿元,同比增长 17.93%;占当年缴存额的 68.34%,比上年增加 0.65 个百分点。2017 年末,提取总额 274.61 亿元,同比增长 22.28%。

(三)**贷款**:

个人住房贷款:个人住房贷款最高额度 60 万元,其中,单缴存职工最高额度 30 万元,双缴存职工最高额度 60 万元。

2017 年,发放个人住房贷款 1.14 万笔 52.44 亿元,同比分别增长 24.61%、7.23%。其中,市中心发放个人住房贷款 0.20 万笔 8.99 亿元,椒江分中心发放个人住房贷款 0.17 万笔 7.51 亿元,黄岩分中心发放个人住房贷款 0.09 万笔 3.79 亿元,路桥分中心发放个人住房贷款 0.08 万笔 3.70 亿元,临海分中心发放个人住房贷款 0.17 万笔 7.82 亿元,温岭分中心发放个人住房贷款 0.14 万笔 7.36 亿元,玉环分中心发放个人住房贷款 0.07 万笔 3.61 亿元,天台分中心发放个人住房贷款 0.08 万笔 3.62 亿元,仙居分中心发放个人住房贷款 0.07 万笔 3.33 亿元,三门分中心发放个人住房贷款 0.07 万笔 2.71 亿元。

2017 年,回收个人住房贷款 22.30 亿元。其中,市中心 3.53 亿元,椒江分中心 3.08 亿元,黄岩分中心 2.11 亿元,路桥分中心 1.97 亿元,临海分中心 3.22 亿元,温岭分中心 2.97 亿元,玉环分中心 1.58 亿元,天台分中心 1.62 亿元,仙居分中心 0.98 亿元,三门分中心 1.24 亿元。

2017 年末,累计发放个人住房贷款 11.86 万笔 354.80 亿元,贷款余额 207.96 亿元,同比分别增长

10.68%、17.34%、16.95%。个人住房贷款余额占缴存余额的105.70%，比上年增加3.25个百分点。

受委托办理住房公积金个人住房贷款业务的银行5家，比上年增加0家。

（四）**融资**：2017年，融资13.62亿元，归还8.05亿元。2017年末，融资总额37.0亿元，融资余额19.75亿元。

（五）**资金存储**：2017年末，住房公积金存款12.80亿元。其中，活期0.50亿元，其他（协定、通知存款等）12.30亿元。

（六）**资金运用率**：2017年末，住房公积金个人住房贷款余额、项目贷款余额和购买国债余额的总和占缴存余额的105.70%，比上年增加3.25个百分点。

三、主要财务数据

（一）**业务收入**：2017年，业务收入67136.67万元，同比增长14.81%。其中，市中心10073.18万元，椒江分中心9371.96万元，黄岩分中心6016.19万元，路桥分中心5891.14万元，临海分中心8726.64万元，温岭分中心10049.76万元，玉环分中心5496.08万元，天台分中心4722.45万元，仙居分中心3515.31万元，三门分中心3273.96万元；存款利息收入3343.23万元，委托贷款利息收入63581.32万元，国债利息0万元，其他212.12万元。

（二）**业务支出**：2017年，业务支出36948.59万元，同比增长2.51%。其中，市中心6799.14万元，椒江分中心5895.92万元，黄岩分中心3117.93万元，路桥分中心3068.90万元，临海分中心4799.47万元，温岭分中心4664.05万元，玉环分中心2656.95万元，天台分中心2322.11万元，仙居分中心1723.40万元，三门分中心1900.72万元；支付职工住房公积金利息27942.49万元，归集手续费4.01万元，委托贷款手续费1945.52万元，其他7056.57万元。

（三）**增值收益**：2017年，增值收益30188.08万元，同比增长34.60%。其中，市中心3274.04万元，椒江分中心3476.04万元，黄岩分中心2898.26万元，路桥分中心2822.24万元，临海分中心3927.17万元，温岭分中心5385.71万元，玉环分中心2839.13万元，天台分中心2400.34万元，仙居分中心1791.91万元，三门分中心1373.24万元；增值收益率1.62%，比上年同期增加0.24个百分点。

（四）**增值收益分配**：2017年，提取贷款风险准备金18672.46万元，提取管理费用3936.01万元，提取城市廉租住房（公共租赁住房）建设补充资金7579.61万元。

2017年，上交财政管理费用3283.30万元，上缴财政城市廉租房（公共租赁住房）建设补充资金5635.82万元，其中，市中心上缴542.21万元，椒江分中心上缴575.92万元，黄岩分中心上缴557.75万元，路桥分中心上缴466.62万元，临海分中心上缴1096.68万元，温岭分中心上缴1226.59万元，玉环分中心上缴634.55万元，天台分中心上缴349.61万元，仙居分中心上缴87.88万元，三门分中心上缴98.01万元。

2017年末，贷款风险准备金余额146443.52万元。累计提取城市廉租住房（公共租赁住房）建设补充资金52244.37万元。其中，市中心累计提取5253.76万元，椒江分中心提取8615.59万元，黄岩分中心提取4454.17万元，路桥分中心提取4022.08万元，临海分中心提取8341.84万元，温岭分中心提取11905.26万元，玉环分中心提取4324.84万元，天台分中心提取3407.1万元，仙居分中心提取1102.72万元，三门分中心提取817.01万元。

（五）管理费用支出：2017 年，管理费用支出 5298.05 万元，同比增长 66.63%，主要原因为玉环分中心购入办公用房支出 1292.69 万元。其中，人员经费 2340.44 万元，公用经费 440.23 万元，专项经费 2517.38 万元。

市中心管理费用支出 184.52 万元，其中，专项经费为 184.52 万元；椒江分中心管理费用支出 628.11 万元，其中，人员、公用、专项经费分别为 322.40 万元、51.55 万元、254.16 万元；黄岩分中心管理费用支出 465.78 万元，其中，人员、公用、专项经费分别为 333.60 万元、50.72 万元、81.46 万元；路桥分中心管理费用支出 480.01 万元，其中，人员、公用、专项经费分别为 238.07 万元、146.94 万元、95.0 万元；临海分中心管理费用支出 447.98 万元，其中，人员、公用、专项经费分别为 298.34 万元、33.64 万元、116.0 万元；温岭分中心管理费用支出 370.57 万元，其中，人员、公用、专项经费分别为 255.08 万元、34.87 万元、80.62 万元；玉环分中心管理费用支出 1616.75 万元，其中，人员、公用、专项经费分别为 205.75 万元、44.85 万元、1366.15 万元；天台分中心管理费用支出 393.51 万元，其中，人员、公用、专项经费分别为 285.08 万元、31.71 万元、76.72 万元；仙居分中心管理费用支出 421.72 万元，其中，人员、公用、专项经费分别为 218.17 万元、27.85 万元、175.7 万元；三门分中心管理费用支出 289.10 万元，其中，人员、公用、专项经费分别为 183.95 万元、18.10 万元、87.05 万元。

四、资产风险状况

个人住房贷款：2017 年末，逾期个人住房贷款 203.7 万元，逾期率 0.098‰。其中，市中心 0.075‰，椒江分中心 0.126‰，黄岩分中心 0，路桥分中心 0，临海分中心 0.137‰，温岭分中心 0.003‰；玉环分中心 0.467‰，天台分中心 0，仙居分中心 0.22‰，三门分中心 0。

个人贷款风险准备金按不低于增值收益的 60% 提取。2017 年，提取个人贷款风险准备金 18672.46 万元，使用个人贷款风险准备金核销呆坏账 0 万元。2017 年末，个人贷款风险准备金余额 146443.52 万元，占个人住房贷款余额的 7.04%，个人住房贷款逾期额与个人贷款风险准备金余额的比率为 0.13%。

五、社会经济效益

（一）缴存业务：2017 年，实缴单位数、实缴职工人数和缴存额同比分别增长 22.38%、9.49% 和 16.82%。

缴存单位中，国家机关和事业单位占 32.34%，国有企业占 11.22%，城镇集体企业占 1.78%，外商投资企业占 1.1%，城镇私营企业及其他城镇企业占 35.59%，民办非企业单位和社会团体占 4.56%，其他占 13.41%。

缴存职工中，国家机关和事业单位占 37.73%，国有企业占 17.52%，城镇集体企业占 0.90%，外商投资企业占 2.56%，城镇私营企业及其他城镇企业占 35.91%，民办非企业单位和社会团体占 3.12%，其他占 2.26%；中、低收入占 90.12%，高收入占 9.88%。

新开户职工中，国家机关和事业单位占 13.40%，国有企业占 10.53%，城镇集体企业占 0.63%，外商投资企业占 2.87%，城镇私营企业及其他城镇企业占 62.99%，民办非企业单位和社会团体占 3.42%，其他占 6.16%；中、低收入占 99.10%，高收入占 0.90%。

（二）提取业务：2017年，11.56万名缴存职工提取住房公积金50.05亿元。

提取金额中，住房消费提取占77.51%（购买、建造、翻建、大修自住住房占40.34%，偿还购房贷款本息占36.53%，租赁住房占0.34%，其他占0.30%）；非住房消费提取占22.49%（离休和退休提取占12.25%，完全丧失劳动能力并与单位终止劳动关系提取占4.68%，户口迁出本市或出境定居占3.11%，其他占2.45%）。

提取职工中，中、低收入占91.91%，高收入占8.09%。

（三）贷款业务

1. **个人住房贷款**：2017年，支持职工购建房142.96万平方米，年末个人住房贷款市场占有率为17.01%，比上年减少0.67个百分点。通过申请住房公积金个人住房贷款，可节约职工购房利息支出103632万元。

职工贷款笔数中，购房建筑面积90（含）平方米以下占17.05%，90～144（含）平方米占53.66%，144平方米以上占29.29%。购买新房占57.49%（其中购买保障性住房占0%），购买存量商品住房占42.51%，建造、翻建、大修自住住房占0%，其他占0%。

职工贷款笔数中，单缴存职工申请贷款占23.25%，双缴存职工申请贷款占76.75%，三人及以上缴存职工共同申请贷款占0%。

贷款职工中，30岁（含）以下占26.99%，30岁～40岁（含）占44.99%，40岁～50岁（含）占21.94%，50岁以上占6.08%；首次申请贷款占72.32%，二次及以上申请贷款占27.68%；中、低收入占96.15%，高收入占3.85%。

2. **异地贷款**：2017年，发放异地贷款452笔16893.7万元。2017年末，发放异地贷款总额31199.20万元，异地贷款余额27240.41万元。

3. **公转商贴息贷款**：2017年，发放公转商贴息贷款1011笔43992万元，支持职工购建住房面积12.54万平方米，当年贴息额2501.19万元。2017年末，累计发放公转商贴息贷款4506笔213917.70万元，累计贴息3440.35万元。

（四）住房贡献率：2017年，个人住房贷款发放额、公转商贴息贷款发放额、项目贷款发放额、住房消费提取额的总和与当年缴存额的比率为132.35%，比上年减少24.45个百分点。

六、其他重要事项

（一）当年住房公积金政策调整情况：为防范资金风险，保障广大缴存职工权益，出台《关于调整公积金个人住房贷款相关政策的通知》，一般职工每户贷款最高额度从原80万元调整为60万元；为规范中心行政执法程序，加强和改进中心行政执法全过程的记录工作，出台了《行政执法全过程记录制度》和《重大行政执法决定法制审核制度》；为进一步方便办事职工，提高工作效率，印发了《关于调整我市住房公积金缴存和提取若干业务规定的通知》。

（二）当年服务改进情况：以"跑一次、就近跑、不用跑"为服务理念，通过创新"三大联动"，实现"三大转变"，让企业和职工切身感受到公积金服务的高效、优质。一是全市联动，流程再造，实现职工办事"多次跑"转变为"跑一次"；二是城乡联动，业务延伸，实现职工办事"来回跑"转变为"就近跑"；三是信息联动，数据共享，实现职工办事"必须跑"转变为"不用跑"。

（三）当年住房公积金管理中心及职工所获荣誉情况：市中心服务大厅被中华全国妇女联合会授予"全国巾帼文明岗"荣誉，三门分中心获2017年度"台州市模范集体"称号。

（四）当年对违反《住房公积金管理条例》和相关法规行为进行行政处罚和申请人民法院强制执行情况：2017年对2起骗提住房公积金案件申请法院强制执行，现法院执行庭已受理。

丽水市住房公积金2017年年度报告

一、机构概况

（一）**住房公积金管理委员会**：丽水市住房公积金管理委员会委员25名，2017年3月召开管委会第十二次成员会议，审议通过管理中心提交的《关于拓展融资渠道开展存量个人住房公积金贷款转商业性个人住房贷款业务的请示》和《关于调整我市住房公积金贷款、提取政策的建议》，审议通过2016年丽水市住房公积金财务收支决算和2017年丽水市住房公积金财务收支预算，以及《丽水市住房公积金2016年度报告》。

（二）**住房公积金管理中心**：丽水市住房公积金管理中心是直属市政府不以营利为目的参照公务员法管理的事业单位，主要负责全市住房公积金的归集、管理、使用和会计核算。内设综合处（审计稽核处）、归集管理处、使用管理处、计划财务处四个职能处室，下设青田、缙云、遂昌、松阳、云和、庆元、景宁、龙泉八个分中心。从业人员142人，其中，在编79人，非在编63人。

二、业务运行情况

（一）**缴存**：2017年，新开户单位641家，实缴单位5839家，净增单位387家；新开户职工2.04万人，实缴职工16.84万人，净增职工0.89万人；缴存额34.18亿元，同比增长7.3%。2017年末，缴存总额242.68亿元，同比增长16.4%；缴存余额96.49元，同比增长6.0%。

受委托办理住房公积金缴存业务的银行6家，包括建行、工行、农行、中行、农商银行和邮政储蓄银行，与上年持平。

（二）**提取**：2017年，提取额28.70亿元，同比增长30.7%；占当年缴存额的84.0%，比上年增加15个百分点。2017年末，提取总额146.19亿元，同比增长24.4%。

（三）**贷款**：个人住房贷款最高额度90万元，为高层次人才最高贷款限额，其中，单缴存的一般职工最高额度30万元，双缴存的一般职工最高额度60万元。

2017年，发放个人住房贷款0.64万笔31.74亿元，同比分别下降2.9%、9.0%。

2017年，回收个人住房贷款13.92亿元，同比增长33.9%。

2017年末，累计发放个人住房贷款6.67万笔201.17亿元，贷款余额123.09亿元，同比分别增10.7%、18.7%、16.9%。个人住房贷款余额占缴存余额的127.6%，比上年增加12个百分点，见表1。

2017 年全市贷款发放回收情况表　　　　　　　　　　　表1

单位	发放笔数（笔）	发放金额（万元）	回收金额（万元）	贷款余额（万元）
市中心	2970	151682	68289	561285
青田分中心	604	33230	12103	116902
缙云分中心	627	31433	11586	122324
遂昌分中心	591	26488	10917	89123
松阳分中心	309	16475	7138	69991
云和分中心	188	7867	6772	51886
庆元分中心	350	16620	6081	96465
景宁分中心	394	16776	6279	59108
龙泉分中心	408	16852	10022	90777
合计	6441	317423	139188	1230860

受委托办理住房公积金个人住房贷款业务的银行9家，比上年增加2家，包括建行、工行、农行、中行、交行、浦发银行、中信银行、农商行和浙商银行。

（四）融资：2017年，融资23.06亿元，归还15.20亿元。2017年末，融资总额55.06亿元，融资余额25.12亿元。

（五）资金存储：2017年末，住房公积金存款2.38亿元。其中，活期0.22亿元，1年（含）以下定期0亿元，1年以上定期0.05亿元，其他（协定、通知存款等）2.11亿元。

（六）资金运用率：2017年末，住房公积金个人住房贷款余额、项目贷款余额和购买国债余额的总和占缴存余额的127.6%，比上年增加12个百分点。

三、主要财务数据

（一）业务收入：2017年，业务收入42730万元，同比增长22.1%。其中存款利息收入3662万元，委托贷款利息收入38438万元，其他收入631万元。

（二）业务支出：2017年，业务支出共计25187万元，同比增长36.8%。其中住房公积金利息支出14667万元，归集手续费用支出5万元，委托贷款手续费支出1118万元，其他支出9396万元（其中：银行授信贷款利息支出8632万元）。

（三）增值收益：2017年，住房公积金增值收益17544万元，同比增长5.9%。增值收益率1.87%，比上年同期减少0.06个百分点，见表2。

2017 年全市增值收益及分配情况表（单位：万元）　　　　　　表2

机构名称	业务收入		业务支出		增值收益及分配
	业务收入	其中:委托贷款利息收入	业务支出	职工账户余额利息支出	当年增值收益
市中心	18373	17555	14311	4585	4062
青田分中心	4941	3493	2177	2074	2764
缙云分中心	4158	3754	1864	1724	2294
遂昌分中心	3032	2817	1481	1208	1551
松阳分中心	2411	2214	1044	1040	1367

续表

机构名称	业务收入		业务支出		增值收益及分配
	业务收入	其中:委托贷款利息收入	业务支出	职工账户余额利息支出	当年增值收益
云和分中心	1903	1718	861	781	1042
庆元分中心	2683	2139	1181	1006	1502
景宁分中心	2354	1787	952	947	1402
龙泉分中心	2875	2961	1316	1303	1559
合计	42730	38438	25187	14667	17544

(四)增值收益分配：2017年，提取贷款风险准备金10526万元，提取管理费用3715万元，提取城市廉租住房（公共租赁住房）建设补充资金3302万元，见表3。

2017年全市增值收益及分配情况表（单位：万元） 表3

机构名称	增值收益额	当年提取财政管理费用	上缴财政城市廉租房建设补充资金	年末风险准备金余额	累计提取城市廉租房建设补充资金
市中心	4062	1114	746	26516	7250
青田分中心	2764	441	448	9855	2139
缙云分中心	2294	459	464	9760	2317
遂昌分中心	1551	270	370	6741	2838
松阳分中心	1367	201	200	5877	2047
云和分中心	1042	340	47	4552	454
庆元分中心	1052	294	300	5012	1300
景宁分中心	1402	301	203	5086	1341
龙泉分中心	1559	285	279	7601	1113
合计	17544	3715	3057	81000	20799

2017年，上交财政管理费用3798万元。上缴财政城市廉租住房（公共租赁住房）建设补充资金3057万元。

2017年末，贷款风险准备金余额81000万元。累计提取城市廉租住房（公共租赁住房）建设补充资金20799万元。

(五)管理费用支出：2017年，管理费用支出2853万元，同比增长9.2%。其中，人员经费1680万元，公用经费239万元，专项经费934万元，见表4。

2017年全市管理费用支出情况表（单位：万元） 表4

机构名称	人员经费	公用经费	专项经费	管理费用支出合计
市中心	412	46	303	761
青田分中心	147	9	91	247
缙云分中心	125	12	98	235
遂昌分中心	162	41	63	266
松阳分中心	123	10	80	213
云和分中心	175	27	92	294
庆元分中心	125	11	69	205
景宁分中心	157	19	109	285
龙泉分中心	254	64	29	347
合计	1680	239	934	2853

四、资产风险状况

个人住房贷款：截至 2017 年底，逾期个人住房贷款 275.8 万元，个人住房贷款逾期率 0.0224%。其中，市中心 0.0067%，青田分中心 0.0166%，缙云分中心 0，遂昌分中心 0%，松阳分中心 0%，云和分中心 0.0191%，庆元分中心 0.1400%，景宁分中心 0.0023，龙泉分中心 0.0233%。

个人住房贷款风险准备金按增值收益的 60% 提取，当年未使用个人住房贷款风险准备金，个人住房贷款风险准备金余额 81000 万元，个人住房贷款风险准备金余额与个人住房贷款余额的比率为 6.6%，个人住房贷款逾期额与个人住房贷款风险准备金余额的比率为 0.34%。

五、社会经济效益

（一）**缴存业务**：2017 年，住房公积金实缴单位数、实缴职工数和缴存额增长率分别为 7.1%、5.6%、7.3%。

缴存单位中，国家机关和事业单位占 44.0%，国有企业占 8.3%，城镇集体企业占 2.1%、外商投资企业占 0.4%、城镇私营企业及其他城镇企业占 37.2%，民办非企业单位和社会团体占 3.4%，其他占 4.6%。

缴存职工中，国家机关和事业单位占 58.8%，国有企业占 17.7%，城镇集体企业占 3.3%，外商投资企业占 1.1%，城镇私营企业及其他城镇企业占 16.5%，民办非企业单位和社会团体占 1.2%，其他占 1.4%；中、低收入占 99.0%，高收入占 1.0%。

新开户职工中，国家机关和事业单位占 28.9%，国有企业占 11.7%，城镇集体企业占 3.5%，外商投资企业占 1.8%，城镇私营企业及其他城镇企业占 47.9%，民办非企业单位和社会团体占 1.5%，其他占 4.7%；中、低收入占 99.8%，高收入占 0.2%。

（二）**提取业务**：2017 年，12.92 万名缴存职工提取住房公积金 28.70 亿元。

提取金额中，住房消费提取占 80.9%（购买、建造、翻建、大修自住住房占 40.2%，偿还购房贷款本息占 37.3%，租赁住房占 0.5%，其他占 2.9%）；非住房消费提取占 19.1%（离休和退休提取占 14.1%，完全丧失劳动能力并与单位终止劳动关系提取占 1.0%，户口迁出本市或出境定居占 3.5%，其他占 0.5%）。

提取职工中，中、低收入占 96.2%，高收入占 5.8%。

（三）**贷款业务**：

1. **个人住房贷款**：2017 年，支持职工购建房 74.66 万平方米，年末个人住房贷款市场占有率为 36.5%，比上年增加 3.5 个百分点。通过申请住房公积金个人住房贷款，可节约职工购房利息支出 37862 万元。

职工贷款笔数中，购房建筑面积 90（含）平方米以下占 19.2%，90～144（含）平方米占 65.6%，144 平方米以上占 15.2%。购买新房占 67.7%（其中购买保障性住房占 0%），购买存量商品住房占 31.7%，建造、翻建、大修自住住房占 0.6%，其他占 0%。

职工贷款笔数中，单缴存职工申请贷款占 34.9%，双缴存职工申请贷款占 65.1%。

贷款职工中，30 岁（含）以下占 27.4%，30 岁～40 岁（含）占 40.3%，40 岁～50 岁（含）占

26.0%，50 岁以上占 6.3%；首次申请贷款占 75.4%，二次及以上申请贷款占 24.6%；中、低收入占 98.5%，高收入占 1.5%。

2. **异地贷款**：2017 年，发放异地缴存职工贷款 132 笔 5174 万元。2017 年末，发放异地缴存职工贷款总额 10534 万元，异地贷款余额 9723.44 万元。

3. **公转商贴息贷款**：2017 年，本市无公转商贴息贷款，余额为零。2017 年末，累计发放公转商贴息贷款 345 笔 14598 万元，累计贴息 131 万元。

（四）**住房贡献率**：2017 年，个人住房贷款发放额、公转商贴息贷款发放额、项目贷款发放额、住房消费提取额的总和与当年缴存额的比率为 160.8%，比上年增加 16.3 个百分点。

六、其他重要事项

（一）**当年机构及职能调整情况、受委托办理缴存贷款业务金融机构变更情况**：2017 年受委托办理住房公积金缴存业务的银行 6 家，与上年相同。2017 年受委托办理住房公积金个人住房贷款业务的银行 9 家，比上年增加农商银行和浙商银行 2 家银行。

（二）**当年住房公积金政策调整及执行情况**：

1. **当年缴存基数限额及确定方法、缴存比例等缴存政策调整情况**：

控高保低严格：2017 年 6 月开展住房公积金缴存基数调整，住房公积金缴存基数按职工本人 2016 年月平均工资，职工工资按照国家统计局规定的工资总额口径计算，实行"控高保低"。缴存额下限按 2017 年当地最低月工资标准确定为 300 元，缴存额上限按当地统计局提供的在岗职工 2016 年月平均工资的 3 倍确定 5784 元。

缴存比例规范：全市住房公积金缴存比例为单位和个人各 12%，如单位困难，经职工代表大会或者工会讨论通过，可申请缓缴或降低缴存比例，降低后的比例根据单位实际在各 5%（含）至 12% 的范围内执行。

2. **当年提取政策调整情况**：2017 年 4 月出台《关于调整我市住房公积金贷款、提取政策的通知》，对在危旧住宅房屋综合治理过程中，缴存住房公积金的业主维修加固危旧住宅房屋和拆除危旧住宅房屋重建的，可以提取本人、配偶、父母、子女住房公积金账户内的余额。

3. **当年个人住房贷款最高贷款额度、贷款条件等贷款政策调整情况**：

贷款额度调整：2017 年 4 月出台《关于调整我市住房公积金贷款、提取政策的通知》，缴存职工申请个人住房公积金贷款购买自住住房的，首付款最低比例由 20% 调整为 30%；夫妻双方缴存住房公积金的，住房公积金贷款最高限额由 70 万调整为 60 万，一方缴存住房公积金的，住房公积金贷款最高限额由 40 万调整为 30 万。在丽水市行政区域内缴存住房公积金的第一至四类高层次人才，夫妻双方缴存住房公积金的，住房公积金贷款最高限额由 100 万调整为 90 万，仅高层次人才一方缴存住房公积金的，住房公积金贷款最高限额由 70 万调整为 60 万；在丽水市行政区域内缴存住房公积金的第五类高层次人才，夫妻双方缴存住房公积金的，住房公积金贷款最高限额由 80 万调整为 70 万，仅高层次人才一方缴存住房公积金的，住房公积金贷款最高限额由 60 万调整为 50 万。

贷款范围新增：在危旧住宅房屋综合治理过程中，缴存住房公积金的职工提取住房公积金余额尚不足支付维修加固危旧住宅房屋或拆除危旧住宅房屋重建费用的，可以申请住房公积金贷款。

4. **当年住房公积金存贷款利率执行标准**：

个人住房公积金存款利率：根据中国人民银行、住房城乡建设部、财政部2016年2月印发的《关于完善职工住房公积金账户存款利率形成机制的通知》，职工住房公积金账户存款利率，统一按一年期定期存款基准利率执行，年度结息日为每年的6月30日。

个人住房公积金贷款利率：个人住房公积金贷款5年（含）以下的基准年利率为2.75%，5年以上的基准年利率为3.25%；第二套住房个人住房公积金贷款利率按基准利率的1.1倍执行。当年发放的贷款，实行合同利率，遇法定利率调整时调整；存量贷款，遇法定利率调整时，于次年1月1日起，按相应利率档次执行新的利率标准。

（三）当年服务改进情况：

1. **服务网点提升**：全力推进"最多跑一次"改革，市中心与6个分中心陆续进驻各政府行政服务中心，通过与不动产登记中心等窗口的整合，极大地便利办理公积金业务的职工，打破"多头跑、多头等"的局面，进一步提高办事效率。

2. **业务服务拓展**：在完成部分权力下放、业务数据共享和统一政策标准等前期工作后，2017年6月，打破区域、层级限制，实现全市各公积金办事网点通办提取业务，缴存职工可以就近办理提取。整合各贷款合作银行和不动产登记中心工作人员到政府行政服务中心，贷款受理预约轮候期从两个月缩短为随到随办，个人住房公积金贷款业务受理、审批、抵押、放款全流程由"跑三地四趟"到"一地一次办结"的转变。2017年末，100%的服务事项"一站式"办理，100%的服务事项流程优化、材料简化，80%以上的服务事项即时办结。

3. **业务流程精简**：依托数据共享，简化业务办理。2017年6月15日起业务系统接入全国住房公积金异地转移接续平台，异地调动职工只需"就近跑一次"转入地公积金中心，即可实现异地转移业务一站式办理，实现"账随人走，钱随账走"。截至12月底，全市通过平台累计办理公积金异地转移业务380笔，金额0.16亿元。整合资源，分别于4月、9月开展两轮归集、提取、转移环节和材料进行简化，提取全面取消单位盖章，减少退休证、失业证明等材料，减少原件收件6项，减少复印件收件9项，全年为单位和职工减少复印件收件约40万张，节省复印费用约20万元。

4. **融资渠道创新**：及时关注业务运行情况及存量资金状况，实现全市资金合理调剂。积极探索存量"公转商"贴息贷款的资金融入模式，做好授信贷款资金的发放、还款、续贷工作，当年新增向商业银行授信贷款、存量公转商贴息贷款融入6亿元，2017年末对外融入资金余额25.1亿元，有力地支持缴存职工基本住房需求和改善型住房需求。

5. **综合服务水平提升**：开通住房公积金网上办事大厅，方便单位办理缴存业务；"12329"住房公积金服务热线整合并入12345政务服务咨询热线；"12329"短信服务平台与省"12329"短信服务平台对接，月短信发送量16万条；完善浙江政务服务网丽水市住房公积金缴存职工账户信息及行政权力事项公开查询。全年门户网站各栏目发布信息193条，主动公开政府信息31件，通过问政直通车答复网民留言29件，通过统一政务咨询投诉举报平台答复留言17件，各综合服务平台累计提供客服30万人次，网络投诉咨询回复率100%。

6. **资金阳光管控**：规范大额资金管理，授信贷款利率实行竞价管理，2017年开展竞争性贷款招标2次，涉及贷款资金4.8亿元；积极开展住房公积金存量资金竞争性存放，2017年资金竞争性存放招标1次，涉及存款资金1亿元，全市竞争性存放资金1.80亿元。

(四)当年信息化建设情况：

1. **业务系统升级改造**：2017年8月31日，丽水市住房公积金业务管理系统升级版本上线运行，对原版本按住房城乡建设部数据和结算要求进行了较大的优化，提升了系统安全，优化了数据资源，深化了数据应用，为建设综合服务平台，深化公积金各项服务功能打下了坚实基础。目前系统运行稳定高效。

2. **基础数据标准贯彻落实**：丽水市住房公积金业务管理系统严格遵照住房城乡建设部颁布的基础数据标准进行设计，数据项名称、数据类型、长度以及取值范围均与标准一致，并确保所有基础数据表、数据项均以实体表方式存在。贯彻落实住房城乡建设部数据要求，对缴存单位基础信息进行核查，并对部分信息进行了补录与修正；规范职工住房公积金账户管理，个人多账户合户办理，无身份证信息账户补录及清理工作；梳理补录贷款材料信息，公积金业务数据质量有效提升。

3. **结算应用系统接入情况**：丽水市住房公积金所有承办银行账户均已接入结算应用系统，所有结算账户均已在结算应用系统中登记并在银行完成签约。缴存、提取、贷款、资金划转等实现结算应用系统全覆盖，通过接入全国住房公积金结算应用系统，丽水中心实现了所有资金业务线上联机实时结算，资金管控得到进一步加强，资金使用效率大大提升。2017年末，全市累计通过结算应用系统完成的资金结算业务61万笔（含批量业务），结算资金总量达71.76亿元。

（五）当年住房公积金管理中心及职工所获荣誉情况：2017年，市中心获得"全国巾帼文明岗"荣誉称号，缙云分中心获得省级文明单位称号；市中心荣立丽水市创建全国文明城市工作集体三等功，两名同志受到市委市政府个人嘉奖。

（六）当年对违反《住房公积金管理条例》和相关法规行为进行行政处罚和申请人民法院强制执行情况：2017年，通过与税务管理部门建立协查机制，与纪检机构探索建立联合惩戒机制，经过对全市住房公积金提取业务排查，共发现既遂骗提案件3件，追缴住房公积金29万元；加大不良贷款处置力度，及时通过法院诉讼及其他法律手段回收贷款本息，全市共收回逾期贷款和处置不良贷款3笔、金额86.62万元。

2017 全国住房公积金年度报告汇编

安徽省

合肥市
芜湖市
蚌埠市
淮南市
马鞍山市
淮北市
铜陵市
安庆市
黄山市
滁州市
阜阳市
宿州市
六安市
亳州市
池州市
宣城市

安徽省住房公积金 2017 年年度报告

一、机构概况

（一）住房公积金管理机构：全省共设 16 个设区城市住房公积金管理中心，5 个独立设置的分中心。从业人员 1238 人，其中，在编 766 人，非在编 472 人。

（二）住房公积金监管机构：安徽省住房城乡建设厅、财政厅和人民银行合肥中心支行负责对本省住房公积金管理运行情况进行监督。省住房城乡建设厅设立住房公积金监管处，负责辖区住房公积金日常监管工作。

二、业务运行情况

（一）缴存：2017 年，新开户单位 6416 家，实缴单位 56451 家，净增单位 4674 家；新开户职工 57.96 万人，实缴职工 405.38 万人，净增职工 26.97 万人；缴存额 546.29 亿元，同比增长 0.78%。2017 年末，缴存总额 4187.26 亿元，同比增长 15.00%；缴存余额 1513.11 亿元，同比增长 7.41%。

（二）提取：2017 年，提取额 441.83 亿元，同比增长 0.18%；占当年缴存额的 80.88%，比上年减少 0.48% 个百分点。2017 年末，提取总额 2674.14 亿元，同比增长 19.79%。

（三）贷款：

1. **个人住房贷款**：2017 年，发放个人住房贷款 9.77 万笔，287.07 亿元，同比下降 29.56% 和 34.47%。回收个人住房贷款 204.78 亿元。

2017 年末，累计发放个人住房贷款 116.36 万笔，2485.55 亿元，贷款余额 1532.10 亿元，同比分别增长 9.55%、13.06% 和 5.68%。个人住房贷款余额占缴存余额的 101.26%，比上年减少 1.66 个百分点。

2. **住房公积金支持保障性住房建设项目贷款**：2017 年，回收项目贷款 2.43 亿元。2017 年末，累计发放项目贷款 37.94 亿元，项目贷款余额 1.5 亿元。

（四）购买国债：2017 年，兑付国债 0.1 亿元。2017 年末，国债余额 1 亿元，比上年减少 0.1 亿元。

（五）融资：2017 年，融资 138.58 亿元，归还 130.44 亿元。2017 年末，融资总额 355.87 亿元，融资余额 162.51 亿元。

（六）资金存储：2017 年末，住房公积金存款 169.77 亿元。其中，活期 23.12 亿元，1 年（含）以下定期 65.4 亿元，1 年以上定期 19.78 亿元，其他（协定、通知存款等）61.46 亿元。

（七）资金运用率：2017 年末，住房公积金个人住房贷款余额、项目贷款余额和购买国债余额的总和占缴存余额的 101.36%，比上年减少 1.92 个百分点。

三、主要财务数据

（一）业务收入：2017 年，业务收入 542503.65 万元，同比增长 6.17%。其中，存款利息 52061.05 万元，委托贷款利息 473888.2 万元，国债利息 444.21 万元，其他 16110.19 万元。

（二）业务支出：2017 年，业务支出 310645.07 万元，同比增长 5.42%。其中，支付职工住房公积金利息 225099.25 万元，归集手续费 6232.51 万元，委托贷款手续费 19654.01 万元，其他 59659.30 万元。

（三）**增值收益**：2017年，增值收益231858.58万元，同比增长7.19%；增值收益率1.59%，比上年增加0.02个百分点。

（四）**增值收益分配**：2017年，提取贷款风险准备金23647.61万元，当年提取管理费用46600.97万元，提取城市廉租住房（公共租赁住房）建设补充资金163394.94万元。

2017年，上交财政管理费用47097.46万元（含以前年度提取额），上缴财政城市廉租住房（公共租赁住房）建设补充资金148053.36万元。

2017年末，贷款风险准备金余额512275.85万元，累计提取城市廉租住房（公共租赁住房）建设补充资金821262.3万元。

（五）**管理费用支出**：2017年，管理费用支出42225.72万元，同比增长75.04%（主要是芜湖市和滁州市增加了专项经费——财政贴息，保障缴存职工使用住房公积金贷款）。其中，人员经费13995.41万元，公用经费3986.38万元，专项经费24243.93万元。

四、资产风险状况

（一）**个人住房贷款**：2017年末，个人住房贷款逾期额711.42万元，逾期率0.046‰。

2017年，提取个人贷款风险准备金23647.61万元。2017年末，个人贷款风险准备金余额498703.87万元，占个人贷款余额的3.26%，个人贷款逾期额与个人贷款风险准备金余额的比率为0.14%。

（二）**住房公积金支持保障性住房建设项目贷款**：截至2017年末，无逾期项目贷款，项目贷款风险准备金余额13571.98万元。

五、社会经济效益

（一）**缴存业务**：2017年，实缴单位数、实缴职工人数和缴存额增长率分别为5.38%、6.05%和0.78%。

缴存单位中，国家机关和事业单位占51.02%，国有企业占14.16%，城镇集体企业占2.08%，外商投资企业占1.90%，城镇私营企业及其他城镇企业占20.87%，民办非企业单位和社会团体占2.18%，其他占7.79%。

缴存职工中，国家机关和事业单位占38.45%，国有企业占28.12%，城镇集体企业占1.60%，外商投资企业占4.37%，城镇私营企业及其他城镇企业占18.86%，民办非企业单位和社会团体占1.37%，其他占7.23%；中、低收入占96.83%，高收入占3.17%。

新开户职工中，国家机关和事业单位占22.27%，国有企业占17.11%，城镇集体企业占1.45%，外商投资企业占5.14%，城镇私营企业及其他城镇企业占41.09%，民办非企业单位和社会团体占2.42%，其他占10.52%；中、低收入占99.23%，高收入占0.77%。

（二）**提取业务**：2017年，144.73万名缴存职工提取住房公积金441.83亿元。

提取金额中，住房消费提取占77.15%（购买、建造、翻建、大修自住住房占30.14%，偿还购房贷款本息占45.39%，租赁住房占0.92%，其他占0.70%）；非住房消费提取占22.85%（离休和退休提取占15.77%，完全丧失劳动能力并与单位终止劳动关系提取占1.89%，户口迁出所在市或出境定居占1.08%，其他占4.11%）。

提取职工中，中、低收入占 96.49%，高收入占 3.51%。

（三）贷款业务：

1. **个人住房贷款**：2017 年，支持职工购建房 1101.09 万平方米。年末个人住房贷款市场占有率为 15.74%，比上年同期减少 2.12 个百分点。通过申请住房公积金个人住房贷款，可节约职工购房利息支出 535637.47 万元。

职工贷款笔数中，购房建筑面积 90（含）平方米以下占 21.47%，90～144（含）平方米占 72.56%，144 平方米以上占 5.98%。购买新房占 73.69%，购买存量商品房占 25.13%，建造、翻建、大修自住住房占 0.02%，其他占 1.16%。

职工贷款笔数中，单缴存职工申请贷款占 53.86%，双缴存职工申请贷款占 46.10%，三人及以上缴存职工共同申请贷款占 0.04%。

贷款职工中，30 岁（含）以下占 31.70%，30 岁～40 岁（含）占 33.66%，40 岁～50 岁（含）占 25.75%，50 岁以上占 8.89%；首次申请贷款占 85.07%，二次及以上申请贷款占 14.93%；中、低收入占 96.14%，高收入占 3.86%。

2. **异地贷款**：2017 年，发放异地贷款 9854 笔，242498.49 万元。2017 年末，发放异地贷款总额 1152783.74 万元，异地贷款余额 913951.87 万元。

3. **公转商贴息贷款**：2017 年，发放公转商贴息贷款 4324 笔，124431.11 万元，支持职工购建房面积 39.81 万平方米。当年贴息额 1514 万元。2017 年末，累计发放公转商贴息贷款 11067 笔，280764.67 万元，累计贴息 5736.56 万元。

4. **住房公积金支持保障性住房建设项目贷款**：2017 年末，全省有住房公积金试点城市 4 个，试点项目 33 个，贷款额度 40.78 亿元，建筑面积 697.26 万平方米，可解决 72763 户中低收入职工家庭的住房问题。32 个试点项目已还清贷款本息。

（四）住房贡献率：

2017 年，个人住房贷款发放额、公转商贴息贷款发放额、项目贷款发放额、住房消费提取额的总和与当年缴存额的比率为 117.22%，比上年减少 30.59 个百分点。

六、其他重要事项

（一）住房公积金政策调整情况：

1. 2017 年 8 月，省政府办公厅印发了《安徽省人民政府办公厅关于进一步加强住房公积金管理工作的意见》（皖政办秘〔2017〕213 号），将推进住房公积金缴存扩面作为文件的重要内容，首次明确了各用人单位要将为职工缴纳住房公积金的事项列入劳动条款，及时足额为职工缴纳住房公积金，支持将稳定就业的进城务工人员和个体工商户等自由职业者纳入缴存范围等，为住房公积金扩面工作提供了政策支持。

2. 2017 年 12 月，印发了《转发住房城乡建设部、财政部、中国人民银行、国务院港澳事务办公室、国务院台湾事务办公室〈关于在内地（大陆）就业的港澳台同胞享有住房公积金待遇有关问题的意见〉的通知》（建金〔2017〕264 号），部署各地落实相关政策，将在内地就业的港澳台同胞纳入住房公积金政策覆盖范围。

（二）当年开展专项监督检查情况：

1. **开展年度住房公积金业务管理工作考核**。2017年5月会同省财政厅、省审计厅、人民银行合肥中心支行，完成了对全省16个市住房公积金管理中心和5个分中心的现场考核，并对考核结果进行公示和通报。

2. **开展全行业廉政风险防控**。组织全省住房公积金管理中心按照《住房公积金廉政风险防控指引》，开展了住房公积金廉政风险防控自查，查摆问题落实整改。省住房和城乡建设厅组织对部分城市进行抽查。

（三）推进信息化建设，提升综合服务水平：

1. **实现住房公积金异地转移业务通过平台接续**。2017年6月，我省16个市住房公积金管理中心和5个分中心全部接入全国住房公积金异地转移接续平台，实现了对跨城市就业人员住房公积金转移接续业务全部通过平台办理，简化了流程和缩短办理时间，方便跨地区就业职工使用住房公积金。

2. **推进住房公积金基础数据贯标**。2017年安徽省住房城乡建设厅与住房城乡建设部联合组织了三批住房公积金基础数据贯标检查验收，截至年底，全省共有15个市住房公积金管理中心和3个分中心通过了检查验收，验收率达85.7%。

3. **服务改进情况**。不断提升住房公积金管理和服务水平，拓宽住房公积金管理部门与缴存职工的信息互动渠道，筹建了全省住房公积金12329短消息平台，按照《安徽省12329住房公积金短消息服务平台接入实施方案》，推进各地住房公积金中心接入平台。

（四）**全省住房公积金管理机构及从业人员所获荣誉情况**：全省住房公积金行业积极开展精神文明建设，创先争优。2017年共荣获省部级文明单位（行业、窗口）4个、地市级文明单位（行业、窗口）13个；国家级青年文明号2个、省部级2个、地市级1个；五一劳动奖章1个；省部级三八红旗手（巾帼文明岗）1个、地市级1个；获国家级表彰的先进集体2个、省部级表彰的4个、地市级表彰的先进集体和个人25个。

合肥市住房公积金2017年年度报告

一、机构概况

（一）**住房公积金管理委员会**：合肥市住房公积金管理委员会有29名委员，2017年召开第一次全体会议，审议通过2016年度住房公积金归集、使用计划执行情况和2017年计划草案的报告。审议通过2016年住房公积金增值收益分配情况和2017年增值收益计划分配方案的报告。

（二）**住房公积金管理中心**：合肥市住房公积金管理中心为直属合肥市人民政府不以营利为目的的公益二类事业单位，主要负责全市住房公积金的归集、管理、使用和会计核算。中心设9个处室，4个管理部，3个分中心。其中，省直住房公积金管理分中心为独立法人，隶属安徽省机关事务管理局（省委省政府接待办）。从业人员191人，其中，在编90人，非在编101人。

二、业务运行情况

（一）**缴存**：2017 年，新开户单位 1837 家，实缴单位 12303 家，净增单位 1387 家；新开户职工 26.37 万人，实缴职工 114.79 万人，净增职工 11.29 万人；缴存额 157.16 亿元，同比增长 6.72%。2017 年末，缴存总额 1126.39 亿元，同比增长 16.21%；缴存余额 375.62 亿元，同比增长 12.47%。

受委托办理住房公积金缴存业务的银行 4 家，与上年相同。

（二）**提取**：2017 年，提取额 115.51 亿元，同比下降 9.58%；占当年缴存额的 73.50%，比上年减少 13.25 个百分点。2017 年末，提取总额 750.76 亿元，同比增长 18.18%。

（三）**贷款**：

个人住房贷款：个人住房贷款最高额度 55 万元，其中，单缴存职工最高额度 45 万元，双缴存职工最高额度 55 万元。

2017 年，发放个人住房贷款 0.92 万笔 36.75 亿元，同比分别下降 71.78%、71.41%。其中，市中心发放个人住房贷款 0.80 万笔 31.60 亿元，省直分中心发放个人住房贷款 0.12 万笔 5.15 亿元。

2017 年，回收个人住房贷款 45.17 亿元。其中，市中心 33.79 亿元，省直分中心 11.38 亿元。

2017 年末，累计发放个人住房贷款 25.70 万笔 663.13 亿元，贷款余额 403.95 亿元，同比增长 3.67%、同比增长 5.87%、同比减少 2.04%。个人住房贷款余额占缴存余额的 107.54%，比上年减少 15.93 个百分点。

受委托办理住房公积金个人住房贷款业务的银行 15 家，与上年相同。

（四）**购买国债**：2017 年未购买国债，国债余额 1 亿元。

（五）**融资**：2017 年，融资 43.38 亿元，其中，市中心 37.53 亿元，省直分中心 5.85 亿元。当年归还 78.18 亿元。2017 年末，融资总额 172.98 亿元，融资余额 46.71 亿元。其中，市中心融资总额 153.53 亿元，融资余额 43.96 亿元；省直分中心融资总额 19.45 亿元，融资余额 2.75 亿元。

（六）**资金存储**：2017 年末，住房公积金存款 21.23 亿元。其中，活期 5.97 亿元，1 年（含）以下定期 0 亿元，1 年以上定期 0 亿元，其他（协定存款）15.26 亿元。

（七）**资金运用率**：2017 年末，住房公积金个人住房贷款余额、项目贷款余额和购买国债余额的总和占缴存余额的 107.81%，比上年同期减少 15.96 个百分点。

三、主要财务数据

（一）**业务收入**：2017 年，业务收入 129342.02 万元，同比增长 0.996%。其中，市中心 96203.40 万元，省直分中心 33138.62 万元；存款利息 3739.73 万元，委托贷款利息 125174.91 万元，国债利息 418 万元，其他 9.38 万元。

（二）**业务支出**：2017 年，业务支出 83896.68 万元，同比增长 0.29%。其中，市中心 64348.64 万元，省直分中心 19548.04 万元；支付职工住房公积金利息 52834.12 万元，归集手续费 2698.86 万元，委托贷款手续费 5553.34 万元，其他 22810.36 万元（包括融资借款的利息支出 21498.23 万元，其中，市中心 17141 万元，省直分中心 4357.23 万元）。

（三）**增值收益**：2017 年，增值收益 45445.34 万元，同比增长 2.33%。其中，市中心 31854.76 万元，省直分中心 13590.58 万元；增值收益率 1.28%，比上年同期减少 0.08 个百分点。

（四）**增值收益分配**：2017 年，提取贷款风险准备金 55.64 万元，提取管理费用 4068.46 万元，提取城市廉租房（公共租赁住房）建设补充资金 41321.24 万元。

2017 年，上交财政管理费用 4095.46 万元。上缴财政的城市廉租房（公共租赁住房）建设补充资金 36331.90 万元。其中，市中心上缴 24325.30 万元，省直分中心上缴 12006.60 万元。

2017 年末，贷款风险准备金余额 129696.73 万元。累计提取城市廉租房（公共租赁住房）建设补充资金 218782.72 万元。其中，市中心提取 158419.05 万元，省直分中心提取 60363.67 万元。

（五）**管理费用支出**：2017 年，管理费用支出 4044.02 万元，同比下降 9.93%。其中，人员经费 2249.65 万元，公用经费 1295.29 万元，专项经费 499.08 万元。

市中心管理费用支出 3205.45 万元，其中，人员、公用、专项经费分别为 1912.57 万元、1198.48 万元、94.40 万元；省直分中心管理费用支出 838.57 万元，其中，人员、公用、专项经费分别为 337.08 万元、96.81 万元、404.68 万元。

四、资产风险状况

个人住房贷款：2017 年末，个人住房贷款逾期额 104.06 万元，逾期率 0.026‰。其中，市中心 0.038‰，省直分中心 0‰。

个人贷款风险准备金按贷款余额的 1% 提取。2017 年肥西管理部提取个人贷款风险准备金 55.64 万元。当年使用个人贷款风险准备金核销呆坏账 0 万元。2017 年末，个人贷款风险准备金余额为 129696.73 万元，占个人住房贷款余额的 3.21%，个人住房贷款逾期额与个人贷款风险准备金余额的比率为 0.08%。

五、社会经济效益

（一）**缴存业务**：2017 年，实缴单位数、实缴职工人数和缴存额同比分别增长 12.71%、10.91% 和 6.72%。

缴存单位中，国家机关和事业单位占 27.88%，国有企业占 14.96%，城镇集体企业占 0.72%，外商投资企业占 3.04%，城镇私营企业及其他城镇企业占 49.85%，民办非企业单位和社会团体占 2.68%，其他占 0.87%。

缴存职工中，国家机关和事业单位占 23.04%，国有企业占 26.92%，城镇集体企业占 0.47%，外商投资企业占 5.46%，城镇私营企业及其他城镇企业占 41.75%，民办非企业单位和社会团体占 1.69%，其他占 0.67%；中、低收入占 92.32%，高收入占 7.68%。

新开户职工中，国家机关和事业单位占 11.94%，国有企业占 16.04%，城镇集体企业占 0.36%，外商投资企业占 5.64%，城镇私营企业及其他城镇企业占 62.50%，民办非企业单位和社会团体占 2.24%，其他占 1.28%；中、低收入占 99.16%，高收入占 0.84%。

（二）**提取业务**：2017 年，38.76 万名缴存职工提取住房公积金 115.51 亿元。

提取的金额中，住房消费提取占 81.81%（购买、建造、翻建、大修自住住房占 24.11%，偿还购房贷款本息占 73.47%，租赁住房占 2.42%，其他占 0%）；非住房消费提取占 18.19%（离休和退休提取占 70.25%，完全丧失劳动能力并与单位终止劳动关系提取占 2.85%，户口迁出本市或出境定居占 13.36%，其他占 13.54%）。

提取职工中，中、低收入占 91.67%，高收入占 8.33%。

（三）贷款业务：

1. **个人住房贷款**：2017 年，支持职工购建房 87.81 万平方米，年末个人住房贷款市场占有率为 10.49%，比上年减少 0.98 个百分点。通过申请住房公积金个人住房贷款，可节约职工购房利息支出 83446.06 万元。

职工贷款笔数中，购房建筑面积 90（含）平方米以下占 36.03%，90～144（含）平方米占 59.89%，144 平方米以上占 4.08%。购买新房占 66.86%（其中购买保障性住房占 0%），购买存量商品住房占 32.93%，建造、翻建、大修自住住房占 0%，其他占 0.21%。

职工贷款笔数中，单缴存职工申请贷款占 45.14%，双缴存职工申请贷款占 54.53%，三人及以上缴存职工共同申请贷款占 0.33%。

贷款职工中，30 岁（含）以下占 35.42%，30 岁～40 岁（含）占 31.66%，40 岁～50 岁（含）占 23.25%，50 岁以上占 9.67%；首次申请贷款占 85.18%，二次及以上申请贷款占 14.82%；中、低收入占 74.18%，高收入占 25.82%。

2. **异地贷款**：2017 年，发放异地贷款 923 笔 11845.69 万元。2017 年末，发放异地贷款总额 337267.14 万元，异地贷款余额 254196.51 万元。

（四）**住房贡献率**：2017 年，个人住房贷款发放额、公转商贴息贷款发放额、项目贷款发放额、住房消费提取额的总和与当年缴存额的比率为 83.52%，比上年减少 78.53 个百分点。

六、其他重要事项

（一）**当年住房公积金政策调整及执行情况**：

1. 2017 年继续贯彻执行规范和阶段性降低缴存比例政策，住房公积金缴存比例保持 5%～12%。2017 年 7 月 1 日至 2018 年 6 月 30 日，职工住房公积金月缴存基数上限为 18713 元，下限按现行的合肥市最低工资标准 1520 元/月执行。缴存单位在 7、8 两个月调整缴存基数。

2. 为切实维护住房公积金缴存人的合法权益，管理中心与合肥市房地产管理局建立联合工作机制，加强对在本市行政区域内，从事商品房开发建设、经营活动的房地产开发企业，在销售商品房时，不得拒绝符合住房公积金贷款资格的缴存人使用住房公积金贷款购房的监督。对经督促仍拖延、拒绝办理公积金贷款的企业，联合约谈，责令限期改正，对经约谈仍拒不改正的，依法依规进行处理，并将违规行为记入企业信用档案。

（二）**当年信息化建设情况**：2017 年 10 月 27 日 Q3 版本系统上线，充分发挥 G 系统和综合服务平台引领作用，扎实有序地推进和建成以客户为中心，涵盖所有业务板块的住房公积金智能化系统，实现内部资源整合和信息共享。目前在重要系统建设中，广泛使用国产信息技术设备，确保信息系统安全；在服务器和其他计算机之间设置经公安部认证的防火墙，并与国内专业网络安全公司合作，做好安全策略，拒绝外来的恶意攻击，保障信息系统正常运行。

（三）**当年服务改进情况**：

1. 服务更加完美。2017 年在"五心"服务活动成果的基础上，在全系统开展"完美服务、从心开始"

活动,努力营造出以"诚心"换"舒心",以"尽心"换"宽心",以"耐心"换"顺心",以"细心"换"放心",以"贴心"换"安心"的服务环境。做到让数据多跑路、群众少跑路,以"看得见、用得上、有实效"的完美服务打造住房公积金优质品牌。

2. 管理更加规范。一是规范归集扩面。通过与质监、工商、社保、房产等单位的联系,对单位进行调查摸底,及时更新社保、工商等部门提供的信息数据,为增强扩面工作提供准确的数据支持。二是提升贷款管理。在业务系统版本升级过程中,进一步完善决策系统报表及贷款数据,确保报表内容能真实、全面地反映业务发生情况,利用信息化手段提升对贷款受理时限和担保费监督管理的效率,使贷款信息数据更加准确。

3. 监管更加有力。开展实时稽核,防范违规行为。近年来,骗提套取住房公积金的现象一度呈上升趋势,严重扰乱了住房公积金管理秩序,侵害了广大缴存职工合法权益。针对此种现象,积极开展业务实时稽核,进一步加强对提取、贷款审核的监管力度,在住房城乡建设部《关于核查骗提住房公积金案件的通知》(建金综函〔2017〕104号)中,涉及市本级的5户,无一户骗提成功,涉事缴存职工均被当场处理,依法冻结,有力地遏制了各种违规行为。

4. 运作更加安全。一是强化资金管理,合理配置融资结构,防范融资风险,加强资金的日常管理,进一步做好融资借款和归还工作,在防范流动性风险的同时,最大限度地提高资金的使用效率。二是加强贷款风险防控,强化日常监控,严格落实银行、担保公司考核办法,督促受托银行、担保公司加强对逾期贷款的跟踪和催收工作,有效遏制不良贷款的产生,防止了贷款风险的出现。

5. 宣传更加到位。主动到开发园区、人力资源公司开设大讲堂、设立小课堂、发放宣传手册、业务培训等交叉宣传方式,提升政策知晓度;利用合肥市住房公积金公众号、网站、微信、APP等新媒体,定期宣传住房公积金的最新政策;做好合肥市12345市长热线、12329热线回复工作;通过形式多样的宣传,扩大了住房公积金制度的影响力。

6. 抓牢党的十九大精神专题学习,扎实开展"两学一做"教育活动,深入学习党章党规和习近平总书记系列重要讲话精神,从严从实开展好专题教育活动;引导广大党员做讲政治有信念、讲规矩有纪律、讲道德有品行、讲奉献有作为的合格共产党员。加强党风廉政建设,提高防腐拒变能力。

(四)当年住房公积金管理中心及职工所获荣誉情况:2017年管理中心获得安徽省建设系统党员先锋岗,第十一次获省级"住房公积金管理先进单位"、机关党委获得市级"优秀党组织"等荣誉称号。省直分中心获得省直效能建设双十典型案例、省公积金业务管理考核优秀等次。

芜湖市住房公积金2017年年度报告

一、机构概况

(一)**住房公积金管理委员会**:住房公积金管理委员会有29名委员,2017年召开2次会议,审议通过《2016年度住房公积金工作总结和2017年计划安排的报告》、《芜湖市住房公积金2016年度报告》、

2016 年度住房公积金增值收益分配情况、《关于进一步加强住房公积金管理工作的意见》、2017 年度和 2018 年度住房公积金融资计划、《关于加强对委托银行管理的考核办法》、住房公积金流动性风险预警机制、调整住房公积金的最高贷款额度。

（二）住房公积金管理中心：芜湖市住房公积金管理中心为直属芜湖市人民政府的不以营利为目的公益一类事业单位，设 5 个科，4 个管理部，1 个管理处，2 个办事处。从业人员 98 人，其中，在编 45 人，非在编 53 人。

二、业务运行情况

（一）缴存：2017 年，新开户单位 484 家，实缴单位 3748 家，净增单位 364 家（2017 年 1 月我中心"双贯标"后，按照新的标准对上年末实缴单位进行清理、合并了 1791 户，在此基础上 2017 年净增实缴单位 364 家。）；新开户职工 5.3 万人，实缴职工 42.91 万人，净增职工 3.48 万人（2017 年 1 月我中心"双贯标"后，按照新的标准对上年末实缴职工进行清理、合并了 3.84 万人，在此基础上 2017 年净增实缴职工 3.48 万人。）；缴存额 41.98 亿元，同比增长 6.22%。2017 年末，缴存总额 308.51 亿元，同比增长 15.75%；缴存余额 109.35 亿元，同比增长 12.84%。

受委托办理住房公积金缴存业务的银行 3 家，比上年增加（减少）0 家。

（二）提取：2017 年，提取额 29.55 亿元，同比下降 2.06%；占当年缴存额的 70.39%，比上年减少 5.95 个百分点。2017 年末，提取总额 199.16 亿元，同比增长 17.42%。

（三）贷款：

1. 个人住房贷款：个人住房贷款最高额度 50 万元，其中，单缴存职工最高额度 30 万元，双缴存职工最高额度 50 万元。

2017 年，发放个人住房贷款 0.9983 万笔 26.71 亿元，同比分别下降 40.95%、43.04%。

2017 年，回收个人住房贷款 24.14 亿元。

2017 年末，累计发放个人住房贷款 10.7 万笔 209.03 亿元，贷款余额 125.01 亿元，同比分别增长 10.71%、14.66%、2.1%。个人住房贷款余额占缴存余额的 114.32%，比上年减少 12.01 个百分点。

受委托办理住房公积金个人住房贷款业务的银行 16 家，比上年增加 3 家。

2. 住房公积金支持保障性住房建设项目贷款：2017 年，发放支持保障性住房建设项目贷款 0 亿元，回收项目贷款 1 亿元。2017 年末，累计发放项目贷款 4.5 亿元，项目贷款余额 1.5 亿元。

（四）融资：2017 年，融资 22.18 亿元，归还 20.82 亿元。2017 年末，融资总额 58.48 亿元，融资余额 31.48 亿元。

（五）资金存储：2017 年末，住房公积金存款 8.31 亿元。其中，活期 0.27 亿元，其他（协定、通知存款等）8.04 亿元。

（六）资金运用率：2017 年末，住房公积金个人住房贷款余额、项目贷款余额和购买国债余额的总和占缴存余额的 115.7%，比上年减少 13.22 个百分点。

三、主要财务数据

（一）业务收入：2017 年，业务收入 55107.65 万元，同比增长 27.34%。存款利息 2418.48 万元，委托贷款利息 39689.14 万元，其他 13000.03 万元（其中财政补贴融资利息收入 13000 万元）。

（二）**业务支出**：2017 年，业务支出 31071.54 万元，同比增长 33.27%。支付职工住房公积金利息 15900.81 万元，归集手续费 345.7 万元，委托贷款手续费 1655.06 万元，其他 13169.97 万元（其中融资利息支出 13167.41）。

（三）**增值收益**：2017 年，增值收益 24036.11 万元，同比增长 20.42%。增值收益率 2.33%，比上年增加 0.19 个百分点。

（四）**增值收益分配**：2017 年，提取贷款风险准备金 0 万元，提取管理费用 15039.16 万元（其中财政补贴融资利息专项 13000 万元），提取城市廉租住房（公共租赁住房）建设补充资金 8996.95 万元。

2017 年，上交财政管理费用 14122.11 万元。上缴财政城市廉租住房（公共租赁住房）建设补充资金 15837.78 万元。

2017 年末，贷款风险准备金余额 45298.93 万元。累计提取城市廉租住房（公共租赁住房）建设补充资金 60962.23 万元。

（五）**管理费用支出**：2017 年，管理费用支出 15039.16 万元（其中财政补贴融资利息专项 13000 万元），同口径增长 81.7%。其中，人员经费 839.72 万元，公用经费 64.46 万元，专项经费 14134.98 万元（其中财政补贴融资利息专项 13000 万元）。

四、资产风险状况

（一）**个人住房贷款**：2017 年末，个人住房贷款逾期额 0 万元，逾期率 0。

个人贷款风险准备金按贷款余额的 1% 提取。2017 年，提取个人贷款风险准备金 0 万元，使用个人贷款风险准备金核销呆坏账 0 万元。2017 年末，个人贷款风险准备金余额 43498.93 万元，占个人住房贷款余额的 3.48%，个人住房贷款逾期额与个人贷款风险准备金余额的比率为 0‰。

（二）**支持保障性住房建设试点项目贷款**：2017 年，提取项目贷款风险准备金 0 万元，使用项目贷款风险准备金核销呆坏账 0 万元，项目贷款风险准备金余额 1800 万元，占项目贷款余额的 12%。

五、社会经济效益

（一）**缴存业务**：2017 年，实缴单位数、实缴职工人数和缴存额同比分别增长 10.76%、8.82% 和 6.22%。

缴存单位中，国家机关和事业单位占 37.97%，国有企业占 10.7%，城镇集体企业占 1.2%，外商投资企业占 3.73%，城镇私营企业及其他城镇企业占 16.7%，民办非企业单位和社会团体占 1.73%，其他占 27.97%。

缴存职工中，国家机关和事业单位占 22.69%，国有企业占 17.25%，城镇集体企业占 1.6%，外商投资企业占 12.61%，城镇私营企业及其他城镇企业占 18.41%，民办非企业单位和社会团体占 0.96%，其他占 26.48%；中、低收入占 99.66%，高收入占 0.34%。

新开户职工中，国家机关和事业单位占 12.64%，国有企业占 12.27%，城镇集体企业占 1.9%，外商投资企业占 11.67%，城镇私营企业及其他城镇企业占 26.25%，民办非企业单位和社会团体占 1.39%，其他占 33.88%；中、低收入占 99.9%，高收入占 0.1%。

（二）**提取业务**：2017 年，10.39 万名缴存职工提取住房公积金 29.55 亿元。

提取金额中，住房消费提取占 78.18%（购买、建造、翻建、大修自住住房占 28.44%，偿还购房贷款本息占 48.93%，租赁住房占 0.03%，其他占 0.78%）；非住房消费提取占 21.82%（离休和退休提取占 13.82%，完全丧失劳动能力并与单位终止劳动关系提取占 6.66%，户口迁出本市或出境定居占 0.55%，其他占 0.79%）。

提取职工中，中、低收入占 99.66%，高收入占 0.34%。

（三）贷款业务：

1. **个人住房贷款：** 2017 年，支持职工购建房 110.38 万平方米，年末个人住房贷款市场占有率为 17.60%，比上年减少 3.99 个百分点。通过申请住房公积金个人住房贷款，可节约职工购房利息支出 54570.97 万元。

职工贷款笔数中，购房建筑面积 90（含）平方米以下占 26.94%，90~144（含）平方米占 65.89%，144 平方米以上占 7.17%。购买新房占 67.47%（其中购买保障性住房占 0%），购买存量商品住房占 32.53%，建造、翻建、大修自住住房占 0%，其他占 0%。

职工贷款笔数中，单缴存职工申请贷款占 65.48%，双缴存职工申请贷款占 34.52%，三人及以上缴存职工共同申请贷款占 0%。

贷款职工中，30 岁（含）以下占 36.45%，30 岁~40 岁（含）占 37.03%，40 岁~50 岁（含）占 20.07%，50 岁以上占 6.45%；首次申请贷款占 80.97%，二次及以上申请贷款占 19.03%；中、低收入占 97.38%，高收入占 2.62%。

2. **异地贷款：** 2017 年，发放异地贷款 918 笔 21972.5 万元。2017 年末，发放异地贷款总额 100224.4 万元，异地贷款余额 93594.52 万元。

3. **公转商贴息贷款：** 2017 年，未新增发放公转商贴息贷款，当年贴息额 402.51 万元。2017 年末，累计发放公转商贴息贷款 2165 笔 48100 万元，累计贴息 1947.22 万元。

4. **支持保障性住房建设试点项目贷款：** 2017 年末，累计试点项目 4 个，贷款额度 4.5 亿元，建筑面积 123.06 万平方米，可解决 18751 户中低收入职工家庭的住房问题。3 个试点项目贷款资金已发放并还清贷款本息。

（四）住房贡献率： 2017 年，个人住房贷款发放额、公转商贴息贷款发放额、项目贷款发放额、住房消费提取额的总和与当年缴存额的比率为 118.11%，比上年减少 63.74 个百分点。

六、其他重要事项

（一）机构调整情况： 2017 年 5 月，根据芜湖市机构编制委员会《关于调整市公积金中心机构规格的通知》（芜编〔2017〕6 号），市住房公积金管理中心机构规格由副县级调整为正县级，仍为市政府直属事业单位。

2017 年 12 月，根据芜湖市机构编制委员会《关于市公积金管理中心机构编制有关事项的批复》（芜编办〔2017〕271 号），市住房公积金管理中心无为县、芜湖县、繁昌县、南陵县四个管理部机构规格由副科级建制调整为正科级建制。

2017 年经管委会批准增加广发银行、民生银行为贷款业务承办行。

（二）当年住房公积金政策调整及执行情况：

1. **当年缴存基数限额及确定办法、缴存比例情况：** 2017 年住房公积金缴存基数是按照职工本人上年度月平均工资总额来确定，月缴存基数最高不超过统计部门公布的上一年度城镇非私营单位就业人员月平均工资的3倍。2017年芜湖市单位职工住房公积金缴存基数上限为14982元，月缴存基数下限为1030元。缴存比例为10%～12%。

2. **贷款政策：**

（1）暂停受理异地住房公积金缴存人在我市申请住房公积金贷款（享受我市人才引进政策的异地住房公积金缴存人除外）。

（2）住房公积金缴存人家庭结清首次住房公积金贷款6个月后，购买改善性住房并符合二次住房公积金贷款条件的，可以申请二次住房公积金贷款。

（3）二次住房公积金贷款额度不超过住房公积金账户缴存余额的10倍，且不超过月缴存额对应的贷款最高额度。一人月缴存800元（含）以下，贷款最高额度从原20万元调整为15万元；一人月缴存800元以上、1400元（含）以下，贷款最高额度从原25万元调整为20万元；一人月缴存1400元以上，贷款最高额度从原30万元调整为25万元。夫妻双方合计月缴存1600元（含）以下，贷款最高额度从原30万元调整为20万元；夫妻双方合计月缴存1600元以上、2800元（含）以下，贷款最高额度从原40万元调整为30万元；夫妻双方合计月缴存2800元以上，贷款最高额度从原50万元调整为40万元。

上述政策调整自2018年1月1日起执行。在2018年1月1日前已签订网上备案的房屋买卖合同的住房公积金缴存人，申请住房公积金贷款时，按照原贷款政策执行。

（三）当年服务改进情况：

1. 结合公积金窗口特点，制定了"亲切服务"目标考核办法，强化对窗口工作人员监督考核。

2. 畅通群众沟通渠道。提升12329公积金服务热线功能，开展服务热线人员业务技能培训，做好市民心声、市长热线、主任信箱等咨询服务工作。借助微博、微信等新媒体功能，大力宣传公积金政策，通过大江晚报一周关注直播，与群众零距离沟通，为群众答疑解惑。

3. 开展品牌创建活动。以开展"全国文明城市"复检活动和争创全国住建系统先进集体活动为载体，简化服务流程、美化服务环境、细化服务措施、提升服务效能，开展"公积金，惠万家"服务品牌创建活动，实现公积金服务标准化。

4. 建立"互联网+政务服务"平台。对住房公积金权责清单和公共服务清单进一步梳理，在中心门户网站和政府信息公开网予以公开，并纳入安徽政务服务网芜湖政务服务旗舰店运行。推进"放管服"改革，取消单位开具《住房公积金提取申请书》，实施缴存人住房公积金自动转移，满足缴存人足不出户办理住房公积金业务，实现服务"零距离"。

（四）当年信息化建设情况： 完成2017年住房公积金系统的升级工作任务，率先在全省实现公积金业务"双贯标"。实现了中心与受托银行之间资金的直接结算、资金管理实时查询监控、提取资金实时到账等功能，确保资金安全有效运行。2017年6月份，中心正式接入全国住房公积金异地转移接续平台，成为安徽省首家以直连模式接入全国住房公积金异地转移接续平台的中心，实现了"账随人走、钱随账走"，极大地方便了广大缴存人。

（五）当年住房公积金管理中心及职工所获荣誉情况： 2017年度，中心被人社部、住房城乡建设部授予"全国住建系统先进集体"荣誉称号，被省住房城乡建设厅、财政厅评为2016年度住房公积金业务管理工作考核优秀等次，被市委、市政府评为第十三届"市级文明单位标兵"，中心服务大厅被省住房城乡建设厅授予"共产党员先锋岗"荣誉称号。

蚌埠市住房公积金 2017 年年度报告

一、机构概况

(一)住房公积金管理委员会：住房公积金管理委员会有 26 名委员，2017 年召开 2 次会议，审议通过的事项主要包括：

第九次会议通过：我市住房公积金 2016 年年度报告；2016 年度增值收益分配意见；关于调整我市住房公积金贷款有关政策的意见；住房公积金资金运行情况报告。

第十次会议通过：我市住房公积金资金运行情况报告；关于调整我市住房公积金贷款有关政策的意见；关于调整我市住房公积金缴存基数及限额的意见。

(二)住房公积金管理中心：住房公积金管理中心为市政府直属不以营利为目的的公益二类事业单位，设 6 个科，3 个管理部。从业人员 71 人，其中，在编 29 人，非在编 42 人。

二、业务运行情况

(一)缴存：2017 年，新开户单位 333 家，实缴单位 2627 家，净增单位 183 家；新开户职工 2.37 万人，实缴职工 17.88 万人，净增职工 0.74 万人；缴存额 21.99 亿元，同比下降 3.54%。2017 年末，缴存总额 180.28 亿元，同比增长 13.89%；缴存余额 68.18 亿元，同比增长 6.46%。

受委托办理住房公积金缴存业务的银行 3 家，与上年相同。

(二)提取：2017 年，提取额 17.85 亿元，同比增长 5.53%；占当年缴存额的 81.19%，比上年增加 6.95 个百分点。2017 年末，提取总额 112.10 亿元，同比增长 18.94%。

(三)贷款：

个人住房贷款：个人住房贷款最高额度 40 万元，其中，单缴存职工最高额度 20 万元，双缴存职工最高额度 40 万元。

2017 年，发放个人住房贷款 0.69 万笔 19.45 亿元，同比分别下降 9.21%、6.17%。

2017 年，回收个人住房贷款 8.33 亿元。

2017 年末，累计发放个人住房贷款 5.96 万笔 119.62 亿元，贷款余额 81.42 亿元，同比分别增长 13.09%、19.42%、15.82%。个人住房贷款余额占缴存余额的 119.41%，比上年增加 9.66 个百分点。

受委托办理住房公积金个人住房贷款业务的银行 8 家，与上年相同。

(四)融资：2017 年，融资 20 亿元，归还 7 亿元。2017 年末，融资总额 26 亿元，融资余额 19 亿元。

(五)资金存储：2017 年末，住房公积金存款 7.01 亿元。其中，活期 0.08 亿元，1 年以上定期 0.2 亿元，其他（协定、通知存款等）6.73 亿元。

(六)资金运用率：2017 年末，住房公积金个人住房贷款余额、项目贷款余额和购买国债余额的总和占缴存余额的 119.41%，比上年增加 9.66 个百分点。

三、主要财务数据

（一）**业务收入**：2017 年，业务收入 26427.88 万元，同比增长 15.64%。其中，存款利息 1594.15 万元，委托贷款利息 24833.71 万元，其他 0.02 万元。

（二）**业务支出**：2017 年，业务支出 17838.89 万元，同比增长 39.55%。其中，支付职工住房公积金利息 10009.34 万元，委托贷款手续费 1005.20 万元，其他 6824.35 万元。

（三）**增值收益**：2017 年，增值收益 8588.99 万元，同比下降 14.72%。增值收益率 1.30%，比上年减少 0.32 个百分点。

（四）**增值收益分配**：2017 年，提取管理费用 1525.99 万元，提取城市廉租住房（公共租赁住房）建设补充资金 7063 万元。

2017 年，上交财政管理费用 3506.46 万元。上缴财政城市廉租住房（公共租赁住房）建设补充资金 6000 万元。

2017 年末，贷款风险准备金余额 27843.10 万元。累计提取城市廉租住房（公共租赁住房）建设补充资金 32629 万元。

（五）**管理费用支出**：2017 年，管理费用支出 1025.7 万元，同比增长 5.1%。其中，人员经费 693.1 万元，公用经费 332.6 万元。

四、资产风险状况

个人住房贷款：2017 年末，个人住房贷款逾期额 2.57 万元，逾期率 0.003‰。

个人贷款风险准备金按贷款余额的 1% 提取。2017 年末，个人贷款风险准备金余额 27843.10 万元，占个人住房贷款余额的 3.42%，个人住房贷款逾期额与个人贷款风险准备金余额的比率为 0.01%。

五、社会经济效益

（一）**缴存业务**：2017 年，实缴单位数、实缴职工人数和缴存额同比分别增长 7.49%、4.32% 和 −3.54%。

缴存单位中，国家机关和事业单位占 50.93%，国有企业占 12.33%，城镇集体企业占 1.56%，外商投资企业占 2.09%，城镇私营企业及其他城镇企业占 10.89%，民办非企业单位和社会团体占 2.7%，其他占 19.5%。

缴存职工中，国家机关和事业单位占 45.56%，国有企业占 22.78%，城镇集体企业占 2.51%，外商投资企业占 2.75%，城镇私营企业及其他城镇企业占 7.26%，民办非企业单位和社会团体占 1.29%，其他占 17.85%；中、低收入占 97.92%，高收入占 2.08%。

新开户职工中，国家机关和事业单位占 31.95%，国有企业占 15.38%，城镇集体企业占 1.83%，外商投资企业占 2.66%，城镇私营企业及其他城镇企业占 16.59%，民办非企业单位和社会团体占 2.5%，其他占 29.09%；中、低收入占 99.94%，高收入占 0.06%。

（二）**提取业务**：2017 年，6.29 万名缴存职工提取住房公积金 17.85 亿元。

提取金额中，住房消费提取占79.48%（购买、建造、翻建、大修自住住房占26.95%，偿还购房贷款本息占49.06%，租赁住房占2.84%，其他占0.63%）；非住房消费提取占20.52%（离休和退休提取占15.45%，完全丧失劳动能力并与单位终止劳动关系提取占1.21%，户口迁出本市或出境定居占1.93%，其他占1.93%）。

提取职工中，中、低收入占97.44%，高收入占2.56%。

（三）贷款业务：

1. 个人住房贷款：2017年，支持职工购建房77.85万平方米，年末个人住房贷款市场占有率为15.95%，比上年减少1.66个百分点。通过申请住房公积金个人住房贷款，可节约职工购房利息支出34442.27万元。

职工贷款笔数中，购房建筑面积90（含）平方米以下占19.75%，90~144（含）平方米占76.82%，144平方米以上占3.43%。购买新房占84.99%，购买存量商品住房占15.01%。

职工贷款笔数中，单缴存职工申请贷款占65.43%，双缴存职工申请贷款占34.57%。

贷款职工中，30岁（含）以下占35.04%，30岁~40岁（含）占33.93%，40岁~50岁（含）占23.27%，50岁以上占7.76%；首次申请贷款占98.45%，二次及以上申请贷款占1.55%；中、低收入占98.62%，高收入占1.38%。

2. 异地贷款：2017年，发放异地贷款995笔15451万元。2017年末，发放异地贷款总额38237万元，异地贷款余额31133万元。

（四）住房贡献率：2017年，个人住房贷款发放额、公转商贴息贷款发放额、项目贷款发放额、住房消费提取额的总和与当年缴存额的比率为153.01%，比上年增加3.42个百分点。

六、其他重要事项

（一）当年机构及职能调整情况、受委托办理缴存贷款业务金融机构变更情况：

1. 因纪检、监察工作机构改革，原内设的监察室取消。
2. 当年受委托办理住房公积金缴存贷款业务的银行无变动。

（二）当年住房公积金政策调整及执行情况：

1. 当年缴存基数及限额调整情况：根据蚌埠统计局公布的2016年度统计数据，经测算2017年度我市住房公积金月缴存基数上限为16174元，月缴存额上限为单位、个人各1941元。月缴存基数下限为我市最低工资标准1350元，月缴存额下限为单位、个人各68元。缴存基数及限额调整自2017年1月1日起执行。

2. 住房公积金提取、销户、转移政策调整情况：（1）提取、销户业务取消单位盖章环节，凭相关证明材料和身份证、银行卡，即可办理。（2）账户转移取消单位盖章环节，职工本人或单位经办人凭身份证在转出地即可申请办理。（3）住房公积金贷款购房首次提取和纯公积金贷款还贷提取不需要提供证明材料，只需本人身份证、银行卡即可直接办理。

3. 调整单职工住房公积金贷款最高额度：我市缴存职工家庭一方（含单身）按时连续足额缴存住房公积金6个月以上（含6个月）的，住房公积金贷款最高额度调整为20万元。

4. 调整住房公积金贷款首付比例：（1）职工家庭首次使用住房公积金贷款购买自住房，首付比例由不低于20%提高到不低于30%；（2）职工家庭首次使用住房公积金贷款购买自住房已结清相应贷款，为改善居住条件再次申请住房公积金贷款购买自住房的，首付比例不得低于50%。

5. 调整住房公积金贷款额度计算方式：单笔住房公积金贷款额度核定，调整为原则上按照不高于借款职工或其夫妻双方住房公积金账户余额之和的10倍；对于缴存余额较低的，核定额度时按以下标准适度放宽：（1）职工一方连续缴存住房公积金时间满足我市公积金贷款条件，计算可贷额度在10万元以下的，可放宽至10万元；（2）职工夫妻双方连续缴存住房公积金时间均满足我市公积金贷款条件，计算可贷额度在15万元以下的，可放宽至15万元。

以上住房公积金贷款政策调整自2017年10月1日起执行。

（三）当年服务改进情况：

1. 业务服务大厅升级了排队叫号系统模块，使得职工办事更加快捷有序。目前我市已构建包括门户网站、网上大厅、自助终端、官方微博、官方微信、12329热线、12329短信的综合服务平台。

2. 2017年五河、固镇、怀远县管理部分别购置了办公用房（此前三县管理部一直借用当地农业银行的服务大厅作为办公用房），三县管理部的办公条件将得到较大改善。

3. 积极推进互联网＋政务服务，推行网上业务办理，目前已有1485家单位开通使用网上申报缴存，缴存工作效率明显提高。

4. 简化业务流程，取消单位盖章，实行提取办理"免填单"，只需确认本人信息，即可实时提取使用本人住房公积金。

（四）当年信息化建设情况：

1. 完成国家公积金数据库贯标和公积金结算应用系统升级，并顺利通过了住房城乡建设部专家组验收。

2. 完成了公积金中心与人民银行征信系统联网。在中心各网点均设置个人征信查询窗口，方便职工的查询，提高了服务效率。

3. 配合完成全市大数据应用的后期调试工作。

4. 按照住房城乡建设部要求改造业务核算系统，并接入全国结算应用系统。

（五）当年住房公积金管理中心及职工所获荣誉情况：2017年，市公积金中心获全省第九届文明单位、安徽省档案工作目标管理一级单位等称号；业务服务中心获安徽省巾帼文明岗、全市十佳巾帼文明岗称号；征管科获全市十佳科室称号。徐宗浩获全市十佳科长、柏杨获市优秀巾帼志愿者、余金梅获蚌埠市创建文明城市工作先进个人等荣誉。

淮南市住房公积金2017年年度报告

一、机构概况

（一）住房公积金管理委员会：住房公积金管理委员会有31名委员，2017年召开两次会议，审议通过的事项主要包括：审议通过2017年度住房公积金归集、使用计划执行情况，并对其他重要事项进行决策,主要包括:会议审议并原则通过《淮南市 2016 年度住房公积金财务报告》、《淮南市 2016 年度住房公积金增值收益分配方案》、《淮南市住房公积金 2016 年年度报告》;审议《公积金管理委员会章程》、审议《公积金管理委员会议事规则》;审议公积金使用政策;审议支付服务费政策调整方案。

(二)住房公积金管理中心:住房公积金管理中心为直属淮南市人民政府不以营利为目的的自收自支事业单位,设 9 个科(室),2 个管理部和 1 个县分中心、1 个矿业集团分中心。从业人员 81 人,其中,在编 63 人,非在编 18 人。

二、业务运行情况

(一)缴存:2017 年,新开户单位 244 家,实缴单位 3151 家,净增单位 230 家;新开户职工 1.8 万人,实缴职工 26.4 万人,净减职工 0.76 万人;缴存额 37.44 亿元,同比下降 8.98%。2017 年末,缴存总额 412.96 亿元,同比增长 9.97%;缴存余额 142.52 亿元,同比增长 0.32%。

受委托办理住房公积金缴存业务银行 5 家,本年度无变化。

(二)提取:2017 年,提取额 36.98 亿元,同比下降 2.91%;占当年缴存额的 98.77%,比上年增加 6.17 个百分点。2017 年末,提取总额 270.44 亿元,同比增长 15.84%。

(三)贷款:

1. **个人住房贷款**:个人住房贷款最高额度 55 万元,其中,单缴存职工最高额度 40 万元,双缴存职工最高额度 55 万元。

2017 年,发放个人住房贷款 0.73 万笔 20.9 亿元,业务量与上年持平,贷款金额同比增长 6.51%。其中,市中心发放个人住房贷款 4971 笔 14.82 亿元,矿业集团分中心发放个人住房贷款 2341 笔 6.08 亿元。

2017 年,回收个人住房贷款 15.41 亿元。其中,市中心 9.58 亿元,矿业集团分中心 5.83 亿元。

2017 年末,累计发放个人住房贷款 9.14 万笔 192.8 亿元,贷款余额 103.09 亿元,同比分别增长 8.7%、12.16%、5.63%。个人住房贷款余额占缴存余额的 72.34%,比上年增加 3.64 个百分点。

受委托办理住房公积金个人住房贷款业务的银行 8 家,本年度无变化。

2. **住房公积金支持保障性住房建设项目贷款**:2017 年,未发放支持保障性住房建设项目贷款,回收项目贷款 1.43 亿元。2017 年末,累计发放项目贷款 26.87 亿元,已全部回收。

(四)资金存储:2017 年末,住房公积金存款 39.82 亿元。其中,活期 1.77 亿元,1 年(含)以下定期 34.41 亿元,其他(协定、通知存款等)3.64 亿元。

(五)资金运用率:2017 年末,住房公积金个人住房贷款余额、项目贷款余额和购买国债余额的总和占缴存余额的 72.34%,比上年增加 2.63 个百分点。

三、主要财务数据

(一)业务收入:2017 年,业务收入 45233.99 万元,同比下降 7%。其中,市中心 24984.91 万元,矿业集团分中心 20249.08 万元;存款利息 11989.1 万元,委托贷款利息 33201.66 万元,其他 43.23 万元。

(二)业务支出:2017 年,业务支出 25106.28 万元,同比增长 3.49%。其中,市中心 14400.82 万元，矿业集团分中心10705.46万元；支付职工住房公积金利息22346.58万元，归集手续费352.25万元，委托贷款手续费1944.8万元，其他462.64万元。

（三）**增值收益**：2017年，增值收益20127.71万元，同比下降17.43%。其中，市中心10584.09万元，矿业集团分中心9543.62万元；增值收益率1.41%，比上年减少0.31个百分点。

（四）**增值收益分配**：2017年，提取贷款风险准备金0万元，提取管理费用1648.84万元，提取城市廉租住房（公共租赁住房）建设补充资金18478.87万元。

2017年，上交财政管理费用1681.93万元。上缴财政城市廉租住房（公共租赁住房）建设补充资金17958.31万元。其中，市中心上缴10510.65万元，矿业集团分中心上缴财政7447.66万元。

2017年末，贷款风险准备金余额66488.95万元。累计提取城市廉租住房（公共租赁住房）建设补充资金107458.73万元。其中，市中心提取53839.17万元，矿业集团分中心提取53619.56万元。

（五）**管理费用支出**：2017年，管理费用支出1871.15万元，同比增长27.31%。其中，人员经费848.58万元，公用经费36.6万元，专项经费985.97万元。

市中心管理费用支出1451.15万元，其中，人员、公用、专项经费分别为528.68万元、28.6万元、893.87万元；矿业集团分中心管理费用支出420万元，其中，人员、公用、专项经费分别为319.9万元、8万元、92.1万元。

四、资产风险状况

（一）**个人住房贷款**：2017年末，个人住房贷款逾期额0万元，逾期率0‰。

个人贷款风险准备金按贷款余额1%提取。2017年，提取个人贷款风险准备金0万元，使用个人贷款风险准备金核销呆坏账0万元。2017年末，个人贷款风险准备金余额56942.15万元，占个人住房贷款余额的5.52%，个人住房贷款逾期额与个人贷款风险准备金余额的比率为0%。

（二）**支持保障性住房建设试点项目贷款**：2017年末，项目贷款已全部回收。

项目贷款风险准备金按贷款余额的4%提取。2017年，提取项目贷款风险准备金0万元，使用项目贷款风险准备金核销呆坏账0万元，项目贷款风险准备金余额9546.8万元。

（三）**历史遗留风险资产**：截至2017年末，无历史遗留风险资产。

五、社会经济效益

（一）**缴存业务**：2017年，实缴单位数、实缴职工人数和缴存额同比分别增长7.87%、－2.8%和－8.97%。

缴存单位中，国家机关和事业单位占49.89%，国有企业占16.76%，城镇集体企业占4.86%，外商投资企业占1.24%，城镇私营企业及其他城镇企业占17.58%，民办非企业单位和社会团体占1.77%，其他占7.9%。

缴存职工中，国家机关和事业单位占28.13%，国有企业占54.66%，城镇集体企业占2.68%，外商投资企业占1.46%，城镇私营企业及其他城镇企业占3.43%，民办非企业单位和社会团体占2.94%，其他占6.7%；中、低收入占98.62%，高收入占1.38%。

新开户职工中，国家机关和事业单位占19.79%，国有企业占38.2%，城镇集体企业占1.39%，外商投资企业占1.8%，城镇私营企业及其他城镇企业占18.7%，民办非企业单位和社会团体占4.58%，其他占15.54%；中、低收入占99.85%，高收入占0.15%。

（二）提取业务：2017年9.61万名缴存职工提取住房公积金36.98亿元。

提取金额中，住房消费提取占70.74%（购买、建造、翻建、大修自住住房占34.49%，偿还购房贷款本息占32.71%，租赁住房占0.91%，其他占2.63%）；非住房消费提取占29.26%（离休和退休提取占21.16%，完全丧失劳动能力并与单位终止劳动关系提取占5.53%，户口迁出本市或出境定居占0.23%，其他2.34%）。

提取职工中，中、低收入占96.93%，高收入占3.07%。

（三）贷款业务：

1. **个人住房贷款**：2017年，支持职工购建房85.97万平方米，年末个人住房贷款市场占有率为33.32%，比上年减少7.55个百分点。通过申请住房公积金个人住房贷款，可节约职工购房利息支出28083.59万元。

职工贷款笔数中，购房建筑面积90（含）平方米以下占26.23%，90～144（含）平方米占68.65%，144平方米以上占5.11%。购买新房占63.54%，购买存量商品住房占36.32%，其他类住房0.14%。

职工贷款笔数中，单缴存职工申请贷款占50.93%，双缴存职工申请贷款占49.07%。

贷款职工中，30岁（含）以下32.32%，30岁～40岁（含）占37.61%，40岁～50岁（含）占22.73%，50岁以上7.34%；首次申请贷款占73.99%，二次及以上申请贷款占26.01%；中、低收入占97.66%，高收入占2.34%。

2. **异地贷款**：2017年，发放异地贷款962笔28287.8万元。2017年末，发放异地贷款总额66809.6万元，异地贷款余额64367.23万元。

3. **支持保障性住房建设试点项目贷款**：2017年末，累计试点项目23个，贷款额度27.38亿元，建筑面积484.4万平方米，可解决46170户中低收入职工家庭的住房问题。23个试点项目贷款资金已发放并全部回收。

（四）住房贡献率：2017年，个人住房贷款发放额、公转商贴息贷款发放额、项目贷款发放额、住房消费提取额的总和与当年缴存额的比率为125.7%，比上年增加4.99个百分点。

六、其他重要事项

1. 根据《住房公积金管理条例》和《淮南市住房公积金管理办法》等有关规定，按照市统计局公布的2016年度在岗职工人均工资标准，确定2017年度我市住房公积金缴存基数上限为14635元，单位和职工住房公积金缴存额上限各为1756.20元/月，从2017年7月1日起执行。《关于调整我市住房公积金装修提取政策的通知》（〔2017年〕1号）、《关于调整住房公积金有关政策的通知》（〔2017〕8号）、《关于调整我市住房公积金使用政策的通知》（〔2017〕72号）、《关于印发＜淮南市住房公通知积金提取管理办法＞的通知》（〔2017〕73号）等文件，对住房公积金提取政策进行了部分调整。根据国务院《住房公积金管理条例》及省住房城乡建设厅《安徽省住房公积金资金流动性风险预警机制实施办法》，2017年12月15日，经淮南市住房公积金管理委员会三届十一次会议通过，调整我市住房公积金贷款提取使用政策。一是住房公积金贷款最高额度由55万元下调到50万元。二是取消住房公积金装修贷款及装修提取业务。三是取消我市职工异地购房，本地房抵押的贷款政策。四是暂停期房商业贷款转公积金贷款业务。五是严格限制住房公积金贷款发放次数。六是调整非首套房购房首付款比例。以上政策调整从2018年1月1日起执行。

2. 2017年10月，下属寿县管理部办公地址由寿县政务中心搬迁至寿县宾阳大道天玺商住楼2号楼，正式挂牌开始办公。为进一步方便职工办理住房公积金相关业务，2017年3月，经中心党组研究决定计划将新集管理部由凤台县新集镇搬迁至毛集区毛集镇，2017年末，市编办正式批复我中心原新集管理部更名为毛集管理部。经选址、购买、装修后，毛集管理部业务用房拟于2018年5月正式运营。

3. 正式接入住房城乡建设部公积金业务数据结算应用系统，实现中心业务数据与各受托银行数据的实时传递，实现资金实时到账，使职工可在中心办结业务。正式接入全国异地转移接续平台，方便跨省跨地区职工办理异地转移接续业务；建成业务数据异地容灾备份系统，实现了中心业务数据异地存储和备份。

4. 做好"三个结合"，将"公积金质量年"活动与"四零"服务活动、"全面学合肥，对标提效能"活动有机结合，窗口建设与"服务明星""党员先锋示范岗"创建载体有机结合；使得服务更加优质化。2017年3月，市中心以窗口创建为落实主体，被共青团中央等22个部门联合授予"全国青年文明号"。

5. 中心党组从如何防控廉政风险、全面提升住房公积金管理质量入手，市中心所属机构围绕自身业务工作找差距，并进行整改，规范业务操作。组织开展"深化公积金质量控制"6个专题研讨会，并举办"法规培训"和"公积金讲堂"，将公积金法律法规宣传教育与业务工作紧密结合，促进了工作质量和水平的提高。

马鞍山市住房公积金2017年年度报告

一、机构概况

（一）住房公积金管理委员会：住房公积金管理委员会有26名委员，2017年，共召开两次全体会议，审议通过2016年度住房公积金归集、使用计划执行情况，并对其他重要事项进行决策，主要包括：审议通过了2016年年度报告和2017年计划安排；研究关于从马钢分中心调剂资金事宜；研究对单位申请缓交和降低住房公积金缴存比例有关事项；研究推进村居工作者住房公积金缴存情况；通报了2016年度及2017年1~9月县区各载体单位住房公积金归集扩面考核情况；通报2017年1~9月全市住房公积金运行情况；听取了《安徽省人民政府办公厅关于进一步加强住房公积金管理工作的意见》政策解读及我市贯彻意见；调整了部分管委会委员。

（二）住房公积金管理中心：住房公积金管理中心为直属马鞍山市人民政府不以营利为目的的自收自支事业单位，主要负责全市住房公积金的归集、管理、使用和会计核算。中心内设7个科室，3个管理部，1个分中心。从业人员62人，其中，在编45人，非在编17人。

二、业务运行情况

(一) 缴存：2017年，新开户单位234家，实缴单位2477家，净增单位130家；新开户职工2.08万人，实缴职工20.25万人，净增职工0.79万人；当年缴存额32.13亿元，同比增长0.56%。2017年末，缴存总额282.59亿元，同比增长12.83%；缴存余额89.27亿元，同比增长6.2%。

受委托办理住房公积金缴存业务的银行2家，与上年同比没有增加。

(二) 提取：2017年，提取额26.92亿元，同比增长3.37%；占当年缴存额的83.78%，比上年同期增加2.27个百分点。2017年末，提取总额193.32亿元，同比增长16.18%。

(三) 贷款：

个人住房贷款：个人住房贷款最高额度45万元，其中，单缴存职工最高额度30万元，双缴存职工最高额度45万元。

2017年，发放个人住房贷款0.63万笔16.39亿元，同比分别下降14.13%、20.14%。其中，市中心发放个人住房贷款0.52万笔13.53亿元，马钢分中心发放个人住房贷款0.11万笔2.86亿元。

2017年，回收个人住房贷款13.22亿元。其中，市中心9.42亿元，马钢分中心3.81亿元。

2017年末，累计发放个人住房贷款8.86万笔159.55亿元，贷款余额85.44亿元，同比分别增长7.65%、11.46%、3.84%。个人住房贷款余额占缴存余额的95.71%，比上年减少2.17个百分点。

受委托办理住房公积金个人住房贷款业务的银行12家，与上年同比没有增加。

(四) 融资：2017年，融资4.5亿元，归还4.25亿元。2017年末，融资总额8.25亿元，融资余额3.7亿元。

(五) 资金存储：2017年末，住房公积金存款额9.96亿元。其中，活期0.34亿元，1年（含）以下定期4.32亿元，其他（协定、通知存款等）5.3亿元。

(六) 资金运用率：2017年末，住房公积金个人住房贷款余额、项目贷款余额和购买国债余额的总和占缴存余额的95.71%，比上年减少2.17个百分点。

三、主要财务数据

(一) 业务收入：2017年，业务收入29173.84万元，同比增长5.75%。其中，市中心20828.95万元，马钢分中心8344.89万元；存款利息1764.09万元，委托贷款利息27407.28万元，其他2.47万元。

(二) 业务支出：2017年，业务支出11903.77万元，同比下降38.26%。其中，市中心10040.55万元，马钢分中心1863.22万元；支付职工住房公积金利息8232.84万元，归集手续费用576.64万元，委托贷款手续费846.40万元，其他2247.89万元。

(三) 增值收益：2017年，增值收益17270.07万元，同比增长107.86%。其中，市中心10788.39万元，马钢分中心6481.68万元；增值收益率1.98%，比上年增加0.97个百分点。

(四) 增值收益分配：2017年，提取贷款风险准备金0万元，提取管理费用1919.26万元，提取城市廉租房（公共租赁住房）建设补充资金15350.81万元。

2017年，上交财政管理费用1974.10万元。上缴财政城市廉租住房（公共租赁住房）建设补充资金7254.55万元。其中，市中心上缴4812.64万元，马钢分中心上缴2441.91万元。

2017年末，贷款风险准备金余额21798.17万元。累计提取城市廉租住房（公共租赁住房）建设补充资金61468.72万元。其中，市中心提取36534.68万元，马钢分中心提取24934.04万元。

（五）管理费用支出：2017年，管理费用支出1721.16万元，同比增长30.61%。其中，人员经费660.64万元，公用经费159.76万元，专项经费900.76万元。

市中心管理费用支出1173.77万元，其中，人员、公用、专项经费分别为492.87万元、137.86万元、543.04万元；马钢分中心管理费用支出547.39万元，其中，人员、公用、专项经费分别为167.77万元、21.9万元、357.72万元。

四、资产风险状况

个人住房贷款：2017年末，逾期个人住房贷款逾期额2.16万元，逾期率为十万分之二点五。其中，市中心逾期率为十万分之二点五。

2017年，提取个人贷款风险准备金0万元。使用个人贷款风险准备金核销呆坏账0万元，2017年末，个人贷款风险准备金余额21798.17万元，占个人贷款余额的2.55%，个人贷款逾期额与个人贷款风险准备金余额的比率为万分之九点九一。

五、社会经济效益

（一）**缴存业务**：2017年，实缴单位数、实缴职工人数和缴存额同比分别增长5.54%、4.06%和0.56%。

缴存单位中，国家机关和事业单位占43.96%，国有企业占13.48%，城镇集体企业占1.17%，外商投资企业占3.23%，城镇私营企业及其他城镇企业占16.11%，民办非企业单位和社会团体占2.26%，其他占19.79%。

缴存职工中，国家机关和事业单位占28.87%，国有企业占40.85%，城镇集体企业占3.02%，外商投资企业占4.27%，城镇私营企业及其他城镇企业占8.86%，民办非企业单位和社会团体占0.86%，其他占13.27%；中、低收入占98.65%，高收入占1.35%。

新开户职工中，国家机关和事业单位占14.47%，国有企业占33.58%，城镇集体企业占1.07%，外商投资企业占5.89%，城镇私营企业及其他城镇企业占18.21%，民办非企业单位和社会团体占0.88%，其他占25.9%；中、低收入占99.99%，高收入占0.01%。

（二）**提取业务**：2017年，13.34万名缴存职工提取住房公积金26.92亿元。

提取的金额中，住房消费提取占78.05%（购买、建造、翻建、大修自住住房占30.07%，偿还购房贷款本息占47.70%，租赁住房占0.28%）；非住房消费提取占21.95%（离退休提取占17.18%，完全丧失劳动能力并与单位终止劳动关系提取占2.54%，户口迁出本市或出境定居占1.11%，其他占1.12%）。

提取职工中，中、低收入占98.75%，高收入占1.25%。

（三）**贷款业务**

1. **个人住房贷款**：2017年，支持职工购建房69.24万平方米，年末个人住房贷款市场占有率为26.55%，比上年减少6.51个百分点。通过申请住房公积金个人住房贷款，可节约职工购房利息支出35161.10万元。

职工贷款笔数中,购房建筑面积90(含)平方米以下占22.99%,90～144(含)平方米占70.57%,144平方米以上占6.44%;购买新房占61.72%,购买存量商品住房占38.28%。

职工贷款笔数中,单缴存职工申请贷款占34.28%,双缴存职工申请贷款占65.72%。

贷款职工中,30岁(含)以下占31.3%,30岁～40岁(含)占33.19%,40岁～50岁(含)占27.47%,50岁以上占8.04%;首次申请贷款占59.61%,二次及以上申请贷款占40.39%;中、低收入占98.40%,高收入占1.60%。

2. **异地贷款**：2017年,发放异地贷款1211笔30686.5万元。2017年末,发放异地贷款总额51931.5万元,异地贷款余额47472.13万元。

(四) **住房贡献率**：2017年,个人住房贷款发放额、公转商贴息贷款发放额、项目贷款发放额、住房消费提取额的总和与当年缴存额的比率为116.51%,比上年同期减少12.13个百分点。

六、其他重要事项

(一) 当年机构及职能调整情况、受委托办理缴存贷款业务金融机构变更情况：

1. **机构及职能调整情况**：2017年2月,经中心党组会议研究决定,办公室新增内设综合档案室。

2. **缴存贷款业务金融机构变更情况**：受托承办住房公积金贷款业务的银行为十二家,与去年相比没有变更。

(二) 当年住房公积金政策调整及执行情况：

1. **缴存基数限额及确定方法、缴存比例调整情况**：2017年,我市出台了《关于做好2017年度市(区)机关事业单位住房公积金缴存工资基数调整工作的通知》,根据省住房和城乡建设厅等四部门《转发住房城乡建设部发展改革委财政部人民银行关于规范和阶段性适当降低住房公积金缴存比例的通知》及《关于调整我市住房公积金缴存比例的通知》精神,对我市2017年度市(区)机关事业单位住房公积金缴存工资基数进行了调整,明确调整对象、主要内容、办理方式、步骤、时间以及其他相关要求。2017年,我市职工住房公积金缴存基数上限按不超过本市上年职工社会平均工资3倍的要求确定为16182元,单位和个人月缴存额不得高于我市规定最高缴存封顶额(最高缴存封顶额为缴存基数最高限额乘以我市规定的最高缴存比例)。缴存基数下限,原则上不低于当前我市社会保险最低缴费基数(2849元/月)。个体工商户、自由职业等个人缴存者,最高月缴存额为3884元,最低月缴存额400元。缴存比例最高12%,最低5%。

2. **住房公积金存贷款利率调整及执行情况**：中心严格按照中国人民银行、住房城乡建设部、财务部印发的《关于完善职工住房公积金账户存款利率形成机制的通知》(银发〔2016〕43号)规定,对职工住房公积金账户存款利率,不论是上年结转还是当年归集,统一按一年期定期存款利率1.5%计息。

3. **住房公积金个人住房提取政策调整情况**：为防范骗提套取住房公积金的行为,制定了《关于进一步加强住房公积金提取有关问题的规定》,规定凡职工购买住房申请提取住房公积金的,该所购住房在两年内因交易只能提取一次;同时,对未婚子女首次购房以及未婚子女名下虽有住房,但父母从未因未婚子女购房提取过住房公积金的,其父母可以按规定提取一次住房公积金;对具有兄弟姐妹亲属关系的购房,只能够提取主购房人及配偶一方的住房公积金余额,并且限定在其所占产权比例之内;如果职工购房提取本人及配偶公积金后,因故办理退房,购房人应及时将所取的公积金退回本人公积金账户,否则按套取住房公积金行为处理。

(三) 当年服务改进情况：

1. **积极打造综合业务大厅"三亮"形象工程**。一是"亮品牌"——在服务大厅集中进行"阳光智慧公积金，微笑服务伴你行"特色服务品牌展示，制作大型展板，集中展示服务机构、服务内涵、服务机制，体现良好精神风貌，凝聚青年职工争优创先意识；二是"亮形象"——在政务服务中心四楼业务大厅工作区域张贴信用公约海报，摆放"立足岗位创新业，青年文明树新风"宣传栏，并在显著位置摆放了"党员示范岗"、"团员青年服务岗"、"青年文明号开放周"等标志。利用周末休息时间，专门开展"关注体验的精致服务"礼仪培训，将把学到的礼仪和服务知识进一步融入日常工作中，通过外塑形象、内塑修养进一步提升微笑服务品质，打造公积金阳光智慧的良好品牌形象；三是"亮精神"——2017年成立综合业务大厅团支部，配备团员骨干担任团支部委员，组织团员青年志愿者积极参加团市委为配合全国文明城市测评迎检举办的"青年志愿者礼让斑马线文明劝导活动"。综合大厅业务骨干在日常工作中充分利用网络平台、房展宣传平台，市新闻综合广播电台"政风行风热线"直播间平台，将住房公积金缴存、使用等方面存的问题与广大市民进行零距离沟通交流，把公积金人"优质高效贴心"的服务体现在日常，运用在平日。为提高住房公积金的政策执行透明度和公众参与度付出努力。

2. **积极促进综合业务大厅"便民高效"服务形式升级**。

一是自2017年5月，马鞍山市住房公积金管理中心正式接入全国住房公积金异地转移接续平台，实现了便捷、高效的"账随人走，钱随账走"。加入该平台省去了职工在转出地和转入地之间的往返奔波，简化了接续手续，缩短了办理时间，获得市民一致称赞；二是强力推进互联网＋住房公积金建设积极响应市政府网上办事大厅及市政务服务中心网上政务平台，大力推广公积金网上申报业务的开展。各单位通过公积金网上业务缴存平台，基本实现单位业务网络化办理，所有对公业务都可以直接在网上申报，减少了柜面拥堵排队现象，有助于住房公积金服务效能的提升；三是公积金办理业务简化流程，实现了公积金提取、转移业务市县通兑，打破了原来职工仅能在缴存地办理业务的局限。取消公积金提取单位盖章、填写申请表的环节。同时公积金提取业务一经审核办结立即到账；四是优化环境建设力度，美化工作环境，配备现代化办公设备。在综合业务窗口摆放花草、盆景使服务大厅增添温馨感。在大厅醒目位置设置叫号机，配备引导员。在服务大厅设立咨询台和值班岗，为前来办事的企业、群众提供咨询、引导、协办和受理投诉等服务。在咨询台设置医药箱、老花镜、投诉意见箱、宣传资料发放栏，提供多种便民服务举措。服务大厅全体职工统一服装，挂牌上岗，微笑服务。团员佩戴团徽、党员佩戴党徽，并在大厅公布工作人员姓名、照片、工号和服务承诺。管理工作细致入微，群众满意度显著提高。

(四) **当年信息化建设情况**：2016年，中心报经市政府同意，安排专项资金用于新一代住房公积金综合业务信息系统建设，该系统已于2017年11月份正式运行。升级后量质齐升的全新管理、核算、运行模式表明，我市住房公积金管理和服务已进入新时代，意味着"互联网＋住房公积金"步入千家万户，也意味着住房公积金为全市人民服务更超前、更广泛、更便捷、更有效。同年于12月29日顺利通过住房城乡建设部双贯标专家验收组的验收。

(五) **当年住房公积金管理中心及职工所获荣誉情况**：本年度，我中心全力打造的"阳光智慧公积金，微笑服务伴你行"被评为安徽省优质服务优秀品牌；中心综合业务科负责人荣获全省住建系统党员先锋岗称号；中心被市妇联授予三八红旗集体称号；中心业务大厅被授予市直机关"党员示范岗"。

（六）其他需要披露的事项：一是顺利完成市中心整体入驻政务服务中心搬迁工作；二是陆续出台了灵活就业人员、个体工商户、进城务工农村居民建立住房公积金制度，努力做到了制度全覆盖。与市委组织部、市财政局联合下发了《关于建立健全我市村居工作者住房公积金制度的通知》，明确规定各县区要为村居工作者建立住房公积金；三是科学合理调度资金，积极储备融资预案，应对资金流动性风险，2017年，中心共获得多家商业银行20.3亿元的授信额度；四是继续完善内审稽核制度，规范业务流程。采取定期稽核和专项稽核等多层次，全方位方式，对中心资金管理、公积金缴存和使用等所有业务流程进行深入稽核，公积金使用更加安全规范；五是市中心成为全省市级公积金系统首家通过省档案工作规范化管理特级标准验收的单位。

淮北市住房公积金2017年年度报告

一、机构概况

（一）住房公积金管理委员会：住房公积金管理委员会有23名委员，2017年召开1次会议，审议通过的事项主要包括：

1. 淮北市住房公积金管理中心2016年度归集、使用执行情况报告；
2. 淮北市住房公积金管理中心淮北矿业集团分中心2016年度归集、使用执行情况报告；
3. 淮北市住房公积金管理中心皖北煤电集团分中心2016年度归集、使用执行情况报告；
4. 淮北市住房公积金管理中心2016年度增值收益分配方案；
5. 淮北市住房公积金管理中心淮北矿业集团分中心2016年度增值收益分配方案；
6. 淮北市住房公积金管理中心皖北煤电集团分中心2016年度增值收益分配方案；
7. 淮北市住房公积金管理中心2017年度归集、使用计划；
8. 淮北市住房公积金管理中心淮北矿业集团分中心2017年度归集、使用计划；
9. 淮北市住房公积金管理中心皖北煤电集团分中心2017年度归集、使用计划；
10. 淮北市住房公积金2016年年度报告。

（二）住房公积金管理中心：住房公积金管理中心隶属淮北市人民政府，是不以营利为目的的自收自支的事业单位，下设4个科、1个管理部、2个分中心。从业人员57人，其中，在编47人，非在编10人。

二、业务运行情况

（一）缴存：2017年，新开户单位136家，实缴单位1124家，净增单位106家；新开户职工0.73万人，实缴职工19.96万人，净增职工0.86万人；缴存额29.74亿元，同比增长2.59%。2017年末，缴存总额288.3亿元，同比增长11.5%；缴存余额104.98亿元，同比增长5.83%。

受委托办理住房公积金缴存业务的银行2家，比上年增加0家。

（二）**提取**：2017年，提取额23.96亿元，同比下降1.96%；占当年缴存额的80.56%，比上年减少3.74个百分点。2017年末，提取总额183.32亿元，同比增长15.04%。

（三）**贷款**：

个人住房贷款：个人住房贷款最高额度50万元，其中，单缴存职工最高额度40万元，双缴存职工最高额度50万元。

2017年，发放个人住房贷款0.33万笔9.1亿元，同比分别增长13.79%、18.18%。其中，市中心发放个人住房贷款0.227万笔6.87亿元，淮矿分中心发放个人住房贷款0.085万笔1.87亿元，皖北分中心发放个人住房贷款0.014万笔0.36亿元。

2017年，回收个人住房贷款9.71亿元。其中，市中心3.36亿元，淮矿分中心4.83亿元，皖北分中心1.52亿元。

2017年末，累计发放个人住房贷款6.29万笔122.6亿元，贷款余额76.8亿元，同比分别增长5.54%、8.02%、-0.79%。个人住房贷款余额占缴存余额的73.16%，比上年减少4.87个百分点。

受委托办理住房公积金个人住房贷款业务的银行9家，比上年增加0家。

（四）**资金存储**：2017年末，住房公积金存款28.77亿元。其中，活期1.4亿元，1年（含）以下定期17.06亿元，1年以上定期8.03亿元，其他（协定、通知存款等）2.28亿元。

（五）**资金运用率**：2017年末，住房公积金个人住房贷款余额、项目贷款余额和购买国债余额的总和占缴存余额的73.16%，比上年减少4.87个百分点。

三、主要财务数据

（一）**业务收入**：2017年，业务收入29617.15万元，同比增长-2.94%。其中，市中心12653.48万元，淮矿分中心12290.68万元，皖北分中心4672.99万元；存款利息4734.75万元，委托贷款利息24882.26万元，国债利息0万元，其他0.14万元。

（二）**业务支出**：2017年，业务支出14899.99万元，同比下降9.11%。其中，市中心6188.1万元，淮矿分中心5990.68万元，皖北分中心2721.21万元；支付职工住房公积金利息13592.7万元，归集手续费385.36万元，委托贷款手续费921.06万元，其他0.87万元。

（三）**增值收益**：2017年，增值收益14717.16万元，同比增长4.22%。其中，市中心6465.38万元，淮矿分中心6300万元，皖北分中心1951.78万元；增值收益率1.44%，比上年增加0个百分点。

（四）**增值收益分配**：2017年，提取贷款风险准备金0万元，提取管理费用5148.92万元，提取城市廉租住房（公共租赁住房）建设补充资金9568.24万元。

2017年，上交财政管理费用1711.3万元。上缴财政城市廉租住房（公共租赁住房）建设补充资金14683.77万元。其中，市中心上缴5638.75万元，淮矿分中心上缴7292.74万元，皖北分中心上缴1752.28万元。

2017年末，贷款风险准备金余额20274.46万元。累计提取城市廉租住房（公共租赁住房）建设补充资金64520.74万元。其中，市中心提取26503.85万元，淮矿分中心提取31897.96万元，皖北分中心提取6118.93万元。

（五）**管理费用支出**：2017年，管理费用支出1951.76万元，同比增长51.13%。其中，人员经费

831.37万元，公用经费268.47万元，专项经费851.92万元。

市中心管理费用支出763.46万元，其中，人员、公用、专项经费分别为259.68万元、18.78万元、485万元；淮矿分中心管理费用支出568.37万元，其中，人员、公用、专项经费分别为302.71万元、211.84万元、53.82万元；皖北分中心管理费用支出619.93万元，其中，人员、公用、专项经费分别为268.98万元、37.85万元、313.1万元。

四、资产风险状况

个人住房贷款：2017年末，个人住房贷款逾期额307.65万元，逾期率0.4‰。其中，市中心0‰，淮矿分中心0.31‰，皖北分中心0.09‰。

个人贷款风险准备金按贷款余额的1‰提取。2017年，提取个人贷款风险准备金0万元，使用个人贷款风险准备金核销呆坏账0万元，（淮北矿业分中心调账冲减58.74万元）。2017年末，个人贷款风险准备金余额20274.46万元，占个人住房贷款余额的2.64%，个人住房贷款逾期额与个人贷款风险准备金余额的比率为1.52%。

五、社会经济效益

（一）缴存业务：2017年，实缴单位数、实缴职工人数和缴存额同比分别增长10.41%、4.5%和2.59%。

缴存单位中，国家机关和事业单位占46.89%，国有企业占23.31%，城镇集体企业占3.38%，外商投资企业占2.49%，城镇私营企业及其他城镇企业占11.39%，民办非企业单位和社会团体占2.31%，其他占10.23%。

缴存职工中，国家机关和事业单位占22.63%，国有企业占67.96%，城镇集体企业占0.93%，外商投资企业占2.4%，城镇私营企业及其他城镇企业占3.93%，民办非企业单位和社会团体占0.27%，其他占1.88%；中、低收入占96.16%，高收入占3.84%。

新开户职工中，国家机关和事业单位占28.27%，国有企业占21.28%，城镇集体企业占2.28%，外商投资企业占13.75%，城镇私营企业及其他城镇企业占18.47%，民办非企业单位和社会团体占3.05%，其他占12.9%；中、低收入占99.27%，高收入占0.73%。

（二）提取业务：2017年，7.96万名缴存职工提取住房公积金23.96亿元。

提取金额中，住房消费提取占72.39%（购买、建造、翻建、大修自住住房占30.31%，偿还购房贷款本息占42.01%，租赁住房占0.05%，其他占0.02%）；非住房消费提取占27.61%（离休和退休提取占21.62%，完全丧失劳动能力并与单位终止劳动关系提取占1.41%，户口迁出本市或出境定居占0%，其他占4.58%）。

提取职工中，中、低收入占95.06%，高收入占4.94%。

（三）贷款业务：

1. **个人住房贷款**：2017年，支持职工购建房41.84万平方米，年末个人住房贷款市场占有率为41.62%，比上年减少4.07个百分点。通过申请住房公积金个人住房贷款，可节约职工购房利息支出15887万元。

职工贷款笔数中，购房建筑面积 90（含）平方米以下占 27.72%，90～144（含）平方米占 64.77%，144 平方米以上占 7.51%。购买新房占 56.36%（其中购买保障性住房占 0%），购买存量商品住房占 43.64%，建造、翻建、大修自住住房占 0%，其他占 0%。

职工贷款笔数中，单缴存职工申请贷款占 44.71%，双缴存职工申请贷款占 55.29%，三人及以上缴存职工共同申请贷款占 0%。

贷款职工中，30 岁（含）以下占 32.38%，30 岁～40 岁（含）占 39.07%，40 岁～50 岁（含）占 22.75%，50 岁以上占 5.8%；首次申请贷款占 96.96%，二次及以上申请贷款占 3.04%；中、低收入占 95.12%，高收入占 4.88%。

2. **异地贷款**：2017 年，发放异地贷款 630 笔 17934.2 万元。2017 年末，发放异地贷款总额 216153.3 万元，异地贷款余额 138582.91 万元。

（四）住房贡献率：2017 年，个人住房贷款发放额、公转商贴息贷款发放额、项目贷款发放额、住房消费提取额的总和与当年缴存额的比率为 88.93%，比上年减少 4.21 个百分点。

六、其他重要事项

2017 年 7 月住房公积金缴存基数上限从 14758 元下调至 13475 元，按统计部门提供的上年月平均工资的三倍来确定的缴存基数。缴存比例根据《淮北市人民政府关于规范和阶段性当降低住房公积金缴存比例的通知》（淮政秘〔2016〕117 号）文件，最低按 5%最高按 12%来执行。

按照省厅要求，圆满完成住房公积金异地转移接续平台、综合服务平台等信息化建设工作。住房公积金核心业务系统委托中国建设银行开发，于 2017 年 7 月 8 日升级至 2017Q3 版本，已贯彻落实基础数据标准并接入结算应用系统，并通过住房城乡建设部专家组验收。

2017 年中心被市双拥工委评为 2016 年度淮北市双拥工作先进单位；被相山区评为 2016 年度计生工作先进单位。

铜陵市住房公积金 2017 年年度报告

一、机构概况

（一）住房公积金管理委员会：住房公积金管理委员会有 21 名委员，2017 年召开一次会议，审议通过的事项主要包括：

1. 审议通过《关于铜陵市 2016 年住房公积金归集使用计划执行情况和 2017 年住房公积金归集使用计划（草案）的报告》；

2. 审议通过《铜陵市 2016 年住房公积金增值收益分配方案》；

3. 审议通过《铜陵市住房公积金 2016 年年度报告》等议案。

（二）住房公积金管理中心：铜陵市住房公积金管理中心为铜陵市人民政府直属不以营利为目的的公

益一类事业单位（正处级），主要负责全市住房公积金的归集、管理、使用和会计核算。设6个科（室），2个管理部。从业人员39人，其中，在编26人，非在编13人。

二、业务运行情况

（一）缴存：2017年，新开户单位530家，实缴单位2444家，净增单位530家；新开户职工2.84万人，实缴职工14.28万人，净增职工2.4万人；缴存额27.40亿元（含枞阳划转存量9.6亿元），同比增长75.74%。2017年末，缴存总额150.24亿元，同比增长22.3%；缴存余额52.35亿元，同比增长29.78%。

受委托办理住房公积金缴存业务的银行5家，包括工商银行、建设银行、农业银行、中国银行、徽商银行。

（二）提取：2017年，提取额15.38亿元，同比增长27.70%；占当年缴存额的56.15%，比上年减少21.14个百分点。2017年末，提取总额97.89亿元，同比增长18.64%。

（三）贷款：

个人住房贷款：个人住房贷款最高额度40万元，其中，单缴存职工最高额度30万元，双缴存职工最高额度40万元。

2017年，发放个人住房贷款0.67万笔15.15亿元（含枞阳划转存量5.74亿元），同比分别增长148.15%、108.52%。

2017年，回收个人住房贷款5.4亿元。

2017年末，累计发放个人住房贷款3.62万笔71.8亿元，贷款余额44.45亿元，同比分别增长22.61%、26.73%、28.07%。个人住房贷款余额占缴存余额的84.91%，比上年减少1.13个百分点。

受委托办理住房公积金个人住房贷款业务的银行5家。

（四）资金存储：2017年末，住房公积金存款8.53亿元。其中，活期存款2.05亿元，1年（含）以下定期6.48亿元。

（五）资金运用率：2017年末，住房公积金个人住房贷款余额、项目贷款余额和购买国债余额的总和占缴存余额的84.91%，比上年减少1.13个百分点。

三、主要财务数据

（一）业务收入：2017年，业务收入15526.44万元，同比增长30.71%。存款利息1654.1万元，委托贷款利息13869.9万元，其他2.44万元。

（二）业务支出：2017年，业务支出9165.88万元，同比增长27.24%。其中，支付职工住房公积金利息7418.25万元，归集手续费238.13万元，委托贷款手续费233.34万元，其他1276.16万元（主要为公转商贷款贴息支出）。

（三）增值收益：2017年，增值收益6360.57万元，同比增长36.06%。增值收益率1.33%，比上年增加0.12个百分点。

（四）增值收益分配：2017年，提取管理费用729.79万元，提取城市廉租住房（公共租赁住房）建设补充资金 5630.78 万元。

2017 年，上交财政管理费用 582.34 万元。上缴财政城市廉租住房（公共租赁住房）建设补充资金 3956.71 万元。

2017 年末，贷款风险准备金余额 16387.78 万元。累计提取城市廉租住房（公共租赁住房）建设补充资金 26662.82 万元。

（五）管理费用支出：2017 年，管理费用支出 619.55 万元，同比下降 4.13%。其中，人员经费 369.86 万元，公用经费 112.58 万元，专项经费 137.11 万元。

四、资产风险状况

个人住房贷款：2017 年末，个人住房贷款逾期额 32.1 万元，逾期率 0.07‰。

个人贷款风险准备金按增值收益的 60% 提取。2017 年末，个人贷款风险准备金余额 16387.78 万元，占个人住房贷款余额的 3.68%，个人住房贷款逾期额与个人贷款风险准备金余额的比率为 0.19%。

五、社会经济效益

（一）缴存业务：2017 年，实缴单位数、实缴职工人数和缴存额同比分别增长 27.69%、20.31% 和 75.74%。

缴存单位中，国家机关和事业单位占 50.73%，国有企业占 17.68%，城镇集体企业占 0.56%，外商投资企业占 0.85%，城镇私营企业及其他城镇企业占 6.67%，民办非企业单位和社会团体占 0.68%，其他占 22.82%。

缴存职工中，国家机关和事业单位占 40.18%，国有企业占 37.62%，城镇集体企业占 0.62%，外商投资企业占 1.39%，城镇私营企业及其他城镇企业占 4.72%，民办非企业单位和社会团体占 0.24%，其他占 15.23%；中、低收入占 98.2%，高收入占 1.8%。

新开户职工中，国家机关和事业单位占 28.13%，国有企业占 25.67%，城镇集体企业占 0.23%，外商投资企业占 0.65%，城镇私营企业及其他城镇企业占 16.06%，民办非企业单位和社会团体占 1.23%，其他占 28.03%；中、低收入占 99.63%，高收入占 0.37%。

（二）提取业务：2017 年，5.47 万名缴存职工提取住房公积金 15.38 亿元。

提取金额中，住房消费提取占 82.69%（购买、建造、翻建、大修自住住房占 39.19%，偿还购房贷款本息占 39.87%，租赁住房占 0.16%，其他占 3.48%）；非住房消费提取占 17.31%（离休和退休提取占 14.64%，完全丧失劳动能力并与单位终止劳动关系提取占 1.01%，死亡或宣告死亡提取占 0.42%，户口迁出本市或出境定居占 0.25%，其他占 0.99%）。

提取职工中，中、低收入占 97.71%，高收入占 2.29%。

（三）贷款业务：

1. **个人住房贷款**：2017 年，支持职工购建房 76.23 万平方米，年末个人住房贷款市场占有率为 29.35%，比上年增加 0.6 个百分点。通过申请住房公积金个人住房贷款，可节约职工购房利息支出

13373.58万元。

职工贷款笔数中，购房建筑面积90（含）平方米以下占33.23%，90～144（含）平方米占62.83%，144平方米以上占3.94%。购买新房占54.82%，购买存量商品住房占41.64%，其他3.53%。

职工贷款笔数中，单缴存职工申请贷款占71.78%，双缴存职工申请贷款占28.22%。

贷款职工中，30岁（含）以下占30.02%，30岁～40岁（含）占32.14%，40岁～50岁（含）占27.61%，50岁以上占10.23%；首次申请贷款占85.31%，二次及以上申请贷款占14.69%；中、低收入占99.32%，高收入占0.68%。

2. **异地贷款**：2017年，发放异地贷款209笔5451.5万元。2017年末，发放异地贷款总额14418.8万元，异地贷款余额10732.3万元。

3. **公转商贴息贷款**：2017年，未新发放公转商贴息贷款。当年贴息额649.36万元。2017年末，累计发放公转商贴息贷款4575笔108126.56万元，累计贴息3327.21万元。

（四）住房贡献率：2017年，个人住房贷款发放额、公转商贴息贷款发放额、项目贷款发放额、住房消费提取额的总和与当年缴存额的比率为101.71%，比上年减少9.99个百分点。

六、其他重要事项

（一）当年机构及职能调整情况：国务院批准安徽省铜陵市、安庆市部分行政区划调整，安庆市枞阳县划归铜陵市管辖，根据区划调整要求，2017年5月11日，铜陵市与安庆市政府达成了关于枞阳县管理部移交协议，原安庆市住房公积金管理中心枞阳管理部正式划归铜陵市住房公积金管理中心管辖，办理了交接手续。我市平稳接收了枞阳县近2万名职工的住房公积金管理工作，因机构调整，导致我市住房公积金归集增加96078.12万元，贷款增加57356.10万元，贷款风险准备金增加3169.33万元。

（二）当年住房公积金政策调整及执行情况：

1. **当年缴存基数限额及确定方法**：按照2016年本市在职职工月平均工资（5138元）的300%确定本市2017年度住房公积金最高月缴存工资基数为15414元，按照2016年本市在职职工月平均工资（5138元）的60%确定本市2017年度住房公积金最低月缴存工资基数为3083元。

2. **公积金贷款政策调整情况**：2017年11月18日起执行贷款新政，支持城镇居民家庭购买首套及二套房，二次购房申请住房公积金贷款"认房认贷"。

（三）当年服务改进情况：一是正式开通12329住房公积金短消息服务，提高我市住房公积金管理工作的透明度，较好的方便广大职工；二是开通住房公积金网厅业务，住房公积金业务服务实现"线上线下"同步办理；三是开通"铜陵公积金"微信公众号和手机APP等便民服务。

（四）当年信息化建设情况：一是新住房公积金管理系统投入使用，使住房公积金管理和服务水平提高，取得了较好的经济和社会效益；二是住房公积金贯标工作通过住房城乡建设部验收；三是完成枞阳县住房公积金数据迁移工作，与市中心实行了管理、服务的统一；四是完成住房公积金异地转移接续平台开发布置工作，于2017年7月正式接入全国住房公积金异地转移接续平台，方便了职工办理住房公积金异地转移接续业务。

（五）当年所获荣誉情况：2017年，我中心荣获第十九届铜陵市文明单位以及2016年度全市"行风热线"工作优秀单位。

安庆市住房公积金 2017 年年度报告

一、机构概况

（一）住房公积金管理委员会：住房公积金管理委员会有 24 名委员，2017 年召开了 3 次会议，审议通过的事项主要包括：听取并审议《安庆市住房公积金 2016 年年度报告》；听取并审议《2016 年度住房公积金归集使用计划执行情况和 2017 年度归集使用计划报告》；听取并审议《2016 年度市住房公积金增值收益分配方案》；听取并审议《关于解决市住房公积金资金流动性不足的建议案》；听取并审议《关于调整住房公积金贷款政策的建议》等。

（二）住房公积金管理中心：住房公积金管理中心为直属市政府领导的不以营利为目的的公益一类事业单位，设 7 个科（室），5 个管理部，2 个分中心。从业人员 115 人，其中，在编 73 人，非在编 42 人。

二、业务运行情况

（一）缴存：2017 年，新开户单位 184 家，实缴单位 3838 家，净增单位 171 家；新开户职工 1.32 万人，实缴职工 21.93 万人，净增职工 0.36 万人；缴存额 33.81 亿元，同比下降 8.17%。2017 年末，缴存总额 250.05 亿元，同比增长 15.64%；缴存余额 97.19 亿元，同比下降 1.92%。

受委托办理住房公积金缴存业务的银行 3 家，同上年。

（二）提取：2017 年，提取额 35.71 亿元，同比增长 40.81%；占当年缴存额的 105.62%，比上年增加 36.74 个百分点。2017 年末，提取总额 152.86 亿元，同比增长 30.48%。

（三）贷款：

个人住房贷款：个人住房贷款最高额度 45 万元，其中，单缴存职工最高额度 35 万元，双缴存职工最高额度 45 万元。

2017 年，发放个人住房贷款 0.75 万笔 22.71 亿元，同比分别下降 3.85%、13.19%。2017 年，回收个人住房贷款 22.49 亿元。

2017 年末，累计发放个人住房贷款 9.36 万笔 168.3 亿元，贷款余额 91.62 亿元，同比分别增长 8.71%、15.6%、0.25%。个人住房贷款余额占缴存余额的 94.27%，比上年增加 2.03 个百分点。

受委托办理住房公积金个人住房贷款业务的银行 8 家，同上年。

（四）融资：2017 年，融资 1.12 亿元，归还 0 亿元。2017 年末，融资总额 2.77 亿元，融资余额 2.77 亿元。

（五）资金存储：2017 年末，住房公积金存款 8.91 亿元。其中，活期 3.76 亿元，1 年（含）以下定期 0.02 亿元，1 年以上定期 0 亿元，其他（协定、通知存款等）5.12 亿元。

（六）资金运用率：2017 年末，住房公积金个人住房贷款余额、项目贷款余额和购买国债余额的总和占缴存余额的 94.27%，比上年增加 2.03 个百分点。

三、主要财务数据

（一）业务收入：2017 年，业务收入 32889.95 万元，同比下降 8.31%。其中，存款利息 3949.04 万元,委托贷款利息28940.91万元。

（二）业务支出：2017年,业务支出20024.45万元,同比下降2.38%。其中,支付职工住房公积金利息16891.08万元,归集手续费1591.06万元,委托贷款手续费1447.37万元,其他（含公转商贷款贴息）94.95万元。

（三）增值收益：2017年,增值收益12865.50万元,同比下降16.23%；增值收益率1.33%,比上年减少0.3个百分点。

（四）增值收益分配：2017年,提取贷款风险准备金7719.3万元,提取管理费用2228.49万元,提取城市廉租住房（公共租赁住房）建设补充资金2917.71万元。

2017年,上交财政管理费用2228.49万元。上缴财政上年度城市廉租住房（公共租赁住房）建设补充资金3889.87万元。

2017年末,贷款风险准备金余额43971.19万元。累计提取城市廉租住房（公共租赁住房）建设补充资金35694.01万元。

（五）管理费用支出：2017年,管理费用支出1933.19万元,同比下降3.16%。其中,人员经费1122.83万元,公用经费208.37万元,专项经费601.99万元。

四、资产风险状况

个人住房贷款：2017年末,个人住房贷款逾期额0万元,逾期率为0。

个人贷款风险准备金按增值收益的60%提取。2017年,提取个人贷款风险准备金7719.3万元,使用个人贷款风险准备金核销呆坏账0万元。2017年末,个人贷款风险准备金余额43971.19万元,占个人住房贷款余额的4.8%,个人住房贷款逾期额与个人贷款风险准备金余额的比率为0。

五、社会经济效益

（一）缴存业务：2017年,实缴单位数、实缴职工人数和缴存额同比分别增长4.66%、1.67%和-8.17%。

缴存单位中,国家机关和事业单位占70.56%,国有企业占12.4%,城镇集体企业占1.12%,外商投资企业占1.07%,城镇私营企业及其他城镇企业占4.69%,民办非企业单位和社会团体占1.67%,其他占8.49%。

缴存职工中,国家机关和事业单位占58.5%,国有企业占22.44%,城镇集体企业占1.41%,外商投资企业占1.3%,城镇私营企业及其他城镇企业占3.76%,民办非企业单位和社会团体占0.41%,其他占12.18%；中、低收入占98.78%,高收入占1.22%。

新开户职工中,国家机关和事业单位占56.54%,国有企业占17.47%,城镇集体企业占0.49%,外商投资企业占2.72%,城镇私营企业及其他城镇企业占7.07%,民办非企业单位和社会团体占0.71%,其他占15%；中、低收入占92.66%,高收入占7.34%。

（二）提取业务：2017年,4.37万名缴存职工提取住房公积金35.71亿元。

提取金额中,住房消费提取占55.96%（购买、建造、翻建、大修自住住房占23.11%,偿还购房贷款本息占32.27%,租赁住房占0.42%,其他占0.16%）；非住房消费提取占44.04%（离休和退休提取占15.13%，完全丧失劳动能力并与单位终止劳动关系提取占0.01%，户口迁出本市或出境定居占0.78%，枞阳移交销户提取占26.88%，其他占1.24%）。

提取职工中，中、低收入占98.78%，高收入占1.22%。

（三）贷款业务

1. **个人住房贷款**：2017年，支持职工购建房87.41万平方米，年末个人住房贷款市场占有率为22.5%，比上年减少4.67个百分点。通过申请住房公积金个人住房贷款，可节约职工购房利息支出34326.4万元。

职工贷款笔数中，购房建筑面积90（含）平方米以下占13.51%，90~144（含）平方米占77.11%，144平方米以上占9.38%。购买新房占66.53%，购买存量商品住房占33.02%，建造、翻建、大修自住住房占0.19%，其他占0.26%。

职工贷款笔数中，单缴存职工申请贷款占63.42%，双缴存职工申请贷款占36.58%。

贷款职工中，30岁（含）以下占31.51%，30岁~40岁（含）占30.83%，40岁~50岁（含）占26.56%，50岁以上占11.1%；首次申请贷款占88.22%，二次及以上申请贷款占11.78%；中、低收入占98.66%，高收入占1.34%。

2. **异地贷款**：2017年，发放异地贷款423笔13161万元。2017年末，发放异地贷款总额34982.2万元，异地贷款余额31794.35万元。

3. **公转商贴息贷款**：2017年，发放公转商贴息贷款1523笔49888.77万元，支持职工购建住房面积17.09万平方米，当年贴息额94.32万元。2017年末，累计发放公转商贴息贷款1523笔49888.77万元，累计贴息94.32万元。

（四）**住房贡献率**：2017年，个人住房贷款发放额、公转商贴息贷款发放额、项目贷款发放额、住房消费提取额的总和与当年缴存额的比率为141.03%，比上年增加15.58个百分点。

六、其他重要事项

（一）**当年机构及职能调整情况、受委托办理缴存贷款业务金融机构变更情况**：根据国家区划调整要求，2017年5月11日，原安庆市住经房公积金管理中心枞阳县管理部正式划归铜陵市住房公积金管理中心管辖，导致我市提取增加96078.12万元，贷款回收增加57356.1万元；贷款风险准备金减少3169.33万元，减少编制10人。

（二）**当年住房公积金政策调整及执行情况**：2017年度我市职工住房公积金的月缴存工资基数，为2016年度职工个人月平均工资，最低不得低于上一年度我市人社部门规定的职工最低月工资标准1250元，最高不超过统计部门公布的上一年度在岗职工月平均工资的3倍，即13239元，省垂直管理单位执行省直规定标准。单位和职工缴存比例为5%~12%。

2017年9月11日，安庆市政府出台了《关于调整住房公积金贷款政策的意见》（宜政秘〔2017〕208号），全文共三条：（1）凡在我市行政区域内，首次住房公积金贷款已还清第二次申办公积金贷款，购买新建商品住房的，首付比例调整为40%；首次住房公积金贷款已还清第二次申办公积金贷款，购买二手住房的，首付比例调整为50%。（2）停止异地住房公积金缴存职工在我市购房申办住房公积金贷款。（3）本意见自发布之日起执行。本意见执行前已签订商品房网上备案合同并已支付首付款开具发票的，申办公积金贷款仍按《安庆市人民政府关于调整住房公积金贷款和提取政策的意见》（宜政秘〔2016〕228号）执行。

（三）当年服务改进情况：按照便民高效的原则，设置16个服务窗口，配齐配强窗口工作人员。配备自助触摸查询机、叫号系统、扫描仪、身份证识别仪，提高群众办事效率。升级改造住房公积金业务信息管理系统，开通微博微信公众号，提升信息化管理水平。8家公积金业务承办银行，全部设立窗口，将银行业务系统延伸到政务服务中心，全面实施一站式服务。推进窗口标准化管理，实现窗口"三集中、三到位"、公积金业务"最多跑一次"。

（四）当年信息化建设情况：根据住房城乡建设部住房公积金"双贯标"工作部署，完成住房公积金信息系统升级改造，顺利通过信息系统"双贯标"部省联合验收。全面接入全国住房公积金银行结算应用系统，与工、建、农、中、交、徽商等公积金业务承办银行直联，账户余额实时查询、单位汇缴、个人提取、同行和跨行支付、资金调拨、划转委贷基金等实时直连结算，资金实时到账。接入全国住房公积金异地转移接续平台，职工异地调动工作，实现个人住房公积金"账随人走，钱随账走"。

（五）当年住房公积金管理中心及职工所获荣誉情况：2017年，市住房公积金政务中心窗口先后荣获国家级"青年文明号"、省级"青年文明号标兵"称号，2人次获地市级先进个人称号，1人获地市级优秀党员称号。

黄山市住房公积金2017年年度报告

一、机构概况

（一）住房公积金管理委员会：住房公积金管理委员会有29名委员，2017年召开2次会议，审议通过的事项主要包括：审议通过2016年度住房公积金归集、使用计划执行情况，并对其他重要事项进行决策，主要包括审议通过了黄山市2016年度住房公积金年度报告、黄山市2017年住房公积金归集、使用计划和2017年住房公积金增值收益计划及分配方案、有关住房公积金的缴存使用政策调整。

（二）住房公积金管理中心：住房公积金管理中心为直属市政府不以营利为目的的自收自支事业单位，主要负责全市住房公积金的归集、管理、使用和会计核算。中心设6个科室、6个管理部。从业人员56人，其中，在编43人，非在编13人。

二、业务运行情况

（一）缴存：2017年，新开户单位303家，实缴单位3316家，净增单位10家；新开户职工0.96万人，实缴职工10.03万人，净增职工0.36万人；缴存额13.15亿元，同比下降5.66%。2017年末，缴存总额108.78元，同比增长13.75%；缴存余额37.01亿元，同比增长2.09%。

受委托办理住房公积金缴存业务的银行2家，比上年增加（减少）0家。

（二）提取：2017年，提取额12.39亿元，同比增长11.05%；占当年缴存额的94.25%，比上年增加 14.19 个百分点。2017 年末，提取总额 71.77 亿元，同比增长 20.87%。

（三）**贷款**：

个人住房贷款：个人住房贷款最高额度 45 万元，其中，单缴存职工最高额度 35 万元，双缴存职工最高额度 45 万元。

2017 年，发放个人住房贷款 0.35 万笔 9.84 亿元，同比分别增长 4.33%、下降 1.96%。2017 年，回收个人住房贷款 4.85 亿元。2017 年末，累计发放个人住房贷款 3.38 万笔 62.11 亿元，贷款余额 35.81 亿元，同比分别增 11.5%、18.82%、16.19%。个人住房贷款余额占缴存余额的 96.76%，比上年增加 11.73 个百分点。受委托办理住房公积金个人住房贷款业务的银行 8 家，比上年增加 0 家。

（四）**购买国债**：2017 年，购买国债 0 亿元，兑付国债 0.1 亿元。2017 年末，国债余额 0 亿元，比上年减少 0.1 亿元。

（五）**融资**：2017 年，融资 1 亿元，归还 1 亿元。2017 年末，融资总额 1.3 亿元，融资余额 0 亿元。

（六）**资金存储**：2017 年末，住房公积金存款 4.03 亿元。其中，活期 0.49 亿元，1 年（含）以下定期 0.03 亿元，1 年以上定期 1.83 亿元，其他协定存款 1.68 亿元。

（七）**资金运用率**：2017 年末，住房公积金个人住房贷款余额、项目贷款余额和购买国债余额的总和占缴存余额的 96.76%，比上年增加 11.46 个百分点。

三、主要财务数据

（一）**业务收入**：2017 年，业务收入 15584.42 万元，同比增长 10.74%。存款利息 4596.99 万元，委托贷款利息 10961.22 万元，国债利息 26.21 万元，其他 0 万元。

（二）**业务支出**：2017 年，业务支出 8074.28 万元，同比下降 4.58%。支付职工住房公积金利息 7524.88 万元，归集手续费 0 万元，委托贷款手续费 370.36 万元，其他 179.04 万元。

（三）**增值收益**：2017 年，增值收益 7510.14 万元，同比增长 33.84%。增值收益率 2.04%，比上年增加 0.46 个百分点。

（四）**增值收益分配**：2017 年，提取贷款风险准备金 0 万元，提取管理费用 1204.24 万元，提取城市廉租住房（公共租赁住房）建设补充资金 6305.9 万元。

2017 年，上交财政管理费用 1204.24 万元。上缴财政城市廉租住房（公共租赁住房）建设补充资金 4536.29 万元。2017 年末，贷款风险准备金余额 9876.24 万元。累计提取城市廉租住房（公共租赁住房）建设补充资金 20016.07 万元。

（五）**管理费用支出**：2017 年，管理费用支出 1191.67 万元，同比增长 13.8%。其中，人员经费 676.73 万元（含基本工资、津贴补贴、绩效工资、社会保障费、住房公积金及退休人员工资等），公用经费 244.14 万元（含办公、水电、劳务、印刷、宣传、交通、会议、培训、物业管理和维修费等），专项经费 270.8 万元。

四、资产风险状况

个人住房贷款：2017 年末，个人住房贷款逾期额 2.25 万元，逾期率 0.01‰。个人贷款风险准备金按贷款余额的 1% 提取。2017 年，提取个人贷款风险准备金 0 万元，使用个人贷款风险准备金核销呆坏账 0

万元。2017年末,个人贷款风险准备金余额9876.24万元,占个人住房贷款余额的2.76%,个人住房贷款逾期额与个人贷款风险准备金余额的比率为0.02%。

五、社会经济效益

(一)缴存业务:2017年,实缴单位数、实缴职工人数和缴存额同比分别增长0.3%、增长3.61%和减少5.66%。

缴存单位中,国家机关和事业单位占53.71%,国有企业占19.09%,城镇集体企业占2.68%,外商投资企业占1.12%,城镇私营企业及其他城镇企业占19.15%,民办非企业单位和社会团体占1.6%,其他占2.65%。

缴存职工中,国家机关和事业单位占59.76%,国有企业占20.82%,城镇集体企业占1.91%,外商投资企业占1.85%,城镇私营企业及其他城镇企业占11.75%,民办非企业单位和社会团体占2.86%,其他占1.05%;中、低收入占99.93%,高收入占0.07%。

新开户职工中,国家机关和事业单位占38.01%,国有企业占19.87%,城镇集体企业占0.37%,外商投资企业占1.37%,城镇私营企业及其他城镇企业占33.6%,民办非企业单位和社会团体占3.35%,其他占3.43%;中、低收入占100%,高收入占0%。

(二)提取业务:2017年,1.56万名缴存职工提取住房公积金12.39亿元。

提取金额中,住房消费提取占77.85%(购买、建造、翻建、大修自住住房占31.86%,偿还购房贷款本息占44.93%,租赁住房占1.06%,其他占0%);非住房消费提取占22.15%(离休和退休提取占17.19%,完全丧失劳动能力并与单位终止劳动关系提取占1.55%,户口迁出本市或出境定居占0.22%,其他占3.19%)。

提取职工中,中、低收入占99.88%,高收入占0.12%。

(三)贷款业务:

1. **个人住房贷款**:2017年,支持职工购建房40.77万平方米,年末个人住房贷款市场占有率为19.72%,比上年减少2.8个百分点。通过申请住房公积金个人住房贷款,可节约职工购房利息支出17984.47万元。

职工贷款笔数中,购房建筑面积90(含)平方米以下占21.6%,90~144(含)平方米占64.88%,144平方米以上占13.52%。购买新房占76%(其中购买保障性住房占0%),购买存量商品住房占16.1%,建造、翻建、大修自住住房占0.11%,其他占7.79%。

职工贷款笔数中,单缴存职工申请贷款占29.85%,双缴存职工申请贷款占69.89%,三人及以上缴存职工共同申请贷款占0.26%。

贷款职工中,30岁(含)以下占33.11%,30岁~40岁(含)占31.4%,40岁~50岁(含)占25.24%,50岁以上占10.25%;首次申请贷款占97.74%,二次及以上申请贷款占2.26%;中、低收入占99.83%,高收入占0.17%。

2. **异地贷款**:2017年,发放异地贷款372笔10151.8万元。2017年末,发放异地贷款总额26952.1万元,异地贷款余额22111.92万元。

(四)住房贡献率:2017年,个人住房贷款发放额、公转商贴息贷款发放额、项目贷款发放额、住房消费提取额的总和与当年缴存额的比率为148.19%，比上年增加12.95个百分点。

六、其他重要事项

（一）当年机构及职能调整情况：增加自收自支编制7名，增设信息管理科，增加领导职数2名（正科级1名、副科级1名）。

（二）当年住房公积金政策调整及执行情况：

1. **缴存基数限额及确定方法、缴存比例调整情况**。根据我市统计局公布的2016年度黄山市城镇非私营单位在岗职工年平均工资等有关规定测算，2017年7月1日至2018年6月30日，职工住房公积金月缴存基数上限为14831元，单位和个人住房公积金月缴存额上限各为1780元；住房公积金月缴存基数下限为上年度职工基本养老保险最低缴费基数2849元，单位和个人住房公积金月缴存额下限各为142元。中央、省驻黄单位职工按照属地原则，统一执行黄山市职工缴存住房公积金高低限规定。2017年7月1日至2018年6月30日住房公积金缴存比例：职工上一年度月平均工资的5%～12%。

2. **当年提取政策调整情况**。职工因本人或父母、子女购（建）房申请提取住房公积金的，只能提取职工本人及配偶截至购（建）房当月个人住房公积金账户内的存储余额一次，提取总额不得超过首付款、契税、维修基金之和；职工及配偶因偿还个人住房贷款本息的，提取额不超过一年的已还款本息，累计提取总额不得超过贷款本息；职工及配偶未还清住房公积金贷款的，所提取的住房公积金只能用于归还住房公积金贷款。

3. **住房公积金个人住房贷款最高贷款额度情况**。缴存职工家庭首次申请住房公积金贷款，夫妻双方符合贷款条件的，贷款限额为45万元，单方贷款限额为35万元。缴存职工家庭第二次申请住房公积金贷款，夫妻双方符合贷款条件的，最高限额为35万元，单方符合贷款条件的，最高限额为25万元。

4. **住房公积金存贷款利率执行情况**。根据人民银行有关人民币存贷款利率调整的通知文件规定，五年期以下（含五年）、五年期以上个人住房公积金贷款利率分别按2.75%、3.25%执行。

（三）当年服务改进情况：目前，我市充分利用"互联网＋公积金"，搭建了全国住房公积金异地转移接续平台，实现了"账随人走，钱随账走"；实现了12329住房公积金服务热线与12345市长热线的并联转接服务，实行"受理一体化、处理层级化"新体制，全天候集中受理群众咨询诉求；搭建了12329短信服务平台，实现了贷款等业务办理信息的及时推送。新管理信息系统和新服务平台的建设，对我市住房公积金的管理服务具有里程碑的意义，使住房公积金的管理更规范、服务更便捷、资金到账更快捷，群众满意度进一步提升。

（四）当年信息化建设情况：我市大力实施贯彻住房公积金基础数据标准和接入全国住房公积金银行结算数据应用系统"双贯标"工作，历经大半年的需求对接、开发调试、全面更新了住房公积金综合业务管理信息系统，并以高分顺利通过了住房城乡建设部和省厅组织的联合考核验收。

（五）当年住房公积金管理中心及职工所获荣誉情况：市住房公积金管理中心荣获2017年度市级文明单位、荣获2017年度档案行政执法督查优秀单位；市管理中心使用科、黄山区管理部荣获全省住房城乡建设系统共产党员先锋岗（集体）；汪秀美、陈俊荣、李兴彪荣获全省住房城乡建设系统共产党员先锋岗（个人）；夏璐婵荣获全市"网上办事大厅推广"应用先进个人；李兴彪荣获2017年度县级优秀共产党员。

（六）其他需要披露的情况：2017年，按照市委重点工作任务要求，印发了《黄山市灵活就业人员住房公积金缴存扩面实施方案》，今年，我市新增灵活就业人员达 6083 人；按照市纪委"1+N"专项整治工作部署，印发了《关于单位不按规定建立住房公积金制度问题专项整治工作方案》，全市机关事业单位和国有企业通过自查及整改，特别是将编外聘用人员纳入缴存，通过整改新增办理开户缴存 789 人；制发了《黄山市住房公积金封存单位缴存职工个人账户处理办法》，规范了住房公积金个人账户管理；市政府转发《省政府办公厅关于进一步加强住房公积金管理工作的意见》。

滁州市住房公积金 2017 年年度报告

一、机构概况

（一）**住房公积金管理委员会**：住房公积金管理委员会有 25 名委员。2017 年，召开 1 次会议，审议通过的事项主要包括：《关于滁州市住房公积金 2016 年归集使用计划执行情况和 2017 年归集使用计划的报告》、《关于滁州市住房公积金 2016 年年度报告》、《关于滁州市住房公积金 2016 年收支预算执行情况和 2017 年收支预算的报告》、《关于加强流动性管理实施风险预警机制的预案》。

（二）**住房公积金管理中心**：市住房公积金管理中心为直属于市政府不以盈利为目的的正处级事业单位，中心内设 7 个科，分设 1 个分中心 5 个管理部。从业人员 90 人，其中：在编 55 人，非在编 35 人。

二、业务运行情况

（一）**缴存**：2017 年，新开户单位 626 家，实缴单位 3810 家，净增单位 501 家；新开户职工 4.67 万人，实缴职工 21.6 万人，净增职工 3.04 万人；当年缴存 26.99 亿元，同比下降 5.17%。2017 年末，缴存总额 194.47 亿元，同比增长 16.11%；缴存余额 66.59 亿元，同比增长 2.8%。

受委托办理住房公积金缴存业务的银行 2 家，与上年持平。

（二）**提取**：2017 年，提取额 25.17 亿元，同比增长 9.95%；占当年缴存额的比率 93.26%，比上年同期增加 12.83 个百分点。2017 年末，提取总额 127.88 亿元，同比增长 24.51%。

（三）**贷款业务**：

1. **个人住房贷款**：个人住房贷款最高贷款额度 45 万元，其中：单缴存职工最高额度为 35 万元，双缴存职工最高额度为 45 万元。

2017 年，发放个人住房贷款 0.72 万笔 21.02 亿元，同比分别下降 19.1%、15.34%。

2017 年，回收个人住房贷款 10.48 亿元。

2017 年末，累计发放个人住房贷款 6.01 万笔 125.06 亿元，贷款余额 82.02 亿元，同比分别增长 13.61%、20.2%和 14.73%。个人住房贷款余额占缴存余额的 123.18%，比上年同期增加 12.81 个百分点。

受委托办理住房公积金个人贷款业务的银行共计 10 家，比上年增加 0 家。

2. **住房公积金支持保障性住房建设项目贷款**：截至 2017 年底，累计发放的项目贷款 2.57 亿元，已全部提前还清。

（四）**融资**：2017年，融资10.5亿元，当年归还2.26亿元。2017年末，融资总额19.7亿元，融资余额14.70亿元。

（五）**资金存储**：2017年末，住房公积金存款3.29亿元。其中，活期存款0.07亿元，协定存款2.18亿元，定期存款1.04亿元。

（六）**资金运用率**：2017年末，住房公积金个人贷款余额、项目贷款余额和购买国债余额的总额占缴存余额的123.18%，比上年增加12.83个百分点。

三、主要财务数据

（一）**业务收入**：2017年，业务收入28430.01万元，同比增长23.87%，其中：存款利息收入759.07万元，委托贷款利息收入25069.24万元，其他收入2601.70万元。

（二）**业务支出**：2017年，业务支出16138.55万元，同比增长15.16%，其中：住房公积金利息支出10061.68万元，委托贷款手续费支出1356.04万元，其他支出4720.83万元。

（三）**增值收益**：2017年，住房公积金增值收益12291.47万元，同比增长37.53%；增值收益率1.88%，比上年同期增加0.47个百分点。

（四）**增值收益分配**：2017年，提取贷款风险准备金0万元，提取管理费用4591.47万元（其中含融资财政贴息2660万元），提取城市廉租房（公共租赁住房）建设补充资金7700万元。

2017年，上交财政管理费用5478万元，上缴财政的城市廉租房（公共租赁住房）建设补充资金1600万元。

2017年末，贷款风险准备金余额17265.89万元，累计提取城市廉租房（公共租赁住房）建设补充资金26223万元。

（五）**管理费用支出**：2017年，管理费用支出4760.55万元，同比增长233.97%。其中：人员经费1186.65万元，公用经费360.88万元，专项经费3213.02万元（其中含融资财政贴息2394万元）。

四、资产风险状况

（一）**个人住房贷款**：2017年末，个人住房贷款逾期额26.37万元，个人住房贷款逾期率0.03215‰。

个人贷款风险准备金余额为16364.71万元，当年未使用；个人贷款风险准备金余额与个人贷款余额的比率为2%，个人贷款逾期额与个人贷款风险准备金余额的比率为0.16%。

（二）**住房公积金支持保障性住房建设项目贷款**：2017年末，无逾期项目贷款。目前，项目贷款风险准备金余额为901.18万元，当年未使用项目贷款风险准备金。

五、社会经济效益

（一）**缴存业务**：2017年，实缴单位数、实缴职工人数和缴存额同比分别增长15.14%、16.38%、−5.17%。

缴存单位中，国家机关和事业单位占55.64%，国有企业占12.86%，城镇集体企业占1.36%，外商投资企业占2.63%，城镇私营企业及其他城镇企业占19.82%，民办非企业单位和社会团体占3.41%，其他占 4.28%。

缴存职工中，国家机关和事业单位占 45.71%，国有企业占 18.82%，城镇集体企业占 0.7%，外商投资企业占 7.35%，城镇私营企业及其他城镇企业占 19.94%，民办非企业单位和社会团体占 1.99%，其他占 5.49%；中、低收入占 99.48%，高收入占 0.52%。

新开户职工中，国家机关和事业单位占 23.53%，国有企业占 12.98%，城镇集体企业占 1.47%，外商投资企业占 6.37%，城镇私营企业及其他城镇企业占 41.18%，民办非企业单位和社会团体占 4.27%，其他占 10.2%；中、低收入占 99.61%，高收入占 0.39%。

（二）提取业务：2017 年，7.12 万名缴存职工提取住房公积金 25.17 亿元。

提取的金额中，住房消费提取占 84.85%（购买、建造、翻建、大修自住住房占 42%，偿还购房贷款本息占 42.25%，租赁住房占 0.6%，其他占 0%）；非住房消费提取占 15.15%（离休和退休提取占 12.87%，完全丧失劳动能力并与单位终止劳动关系提取占 1.2%，户口迁出本市或出境定居占 0.43%，其他占 0.65%）。

提取职工中，中、低收入占 99.25%，高收入占 0.75%。

（三）贷款业务：

1. **个人住房贷款**：2017 年，支持职工购建房 81.87 万平方米，年末个人住房贷款市场占有率为 14.67%，比上年同期减少 2.21 个百分点。通过申请住房公积金个人住房贷款，可节约职工购房利息支出约 33000 万元。

职工贷款笔数中，购房建筑面积 90（含）平方米以下占 15.38%，90～144（含）平方米占 78.41%，144 平方米以上占 6.21%。购买新房占 86.05%（其中购买保障性住房占 0%），购买存量商品住房占 13.67%，建造、翻建、大修自住住房占 0%，其他占 0.28%。

职工贷款笔数中，单职工申请贷款占 63.59%，双职工申请贷款占 36.41%，三人及以上缴存职工共同申请贷款占 0%。

贷款职工中，30 岁（含）以下占 30.56%，30 岁～40 岁（含）占 31.28%，40 岁～50 岁（含）占 28.32%，50 岁以上占 9.84%；首次申请贷款占 84.56%，二次及以上申请贷款占 15.44%；中低收入占 99.33%，高收入占 0.67%。

2. **异地贷款**：2017 年，发放异地贷款 1057 笔 29218.9 万元。截至 2017 年底，发放异地贷款总额 73076.9 万元，异地贷款余额 66038.9 万元。

3. **住房公积金支持保障性住房建设项目贷款**：2017 年末，本市累计有住房公积金试点项目 2 个，贷款额度 4.9 亿元，建筑面积共 20.44 万平方米，可解决 1664 户中低收入职工家庭的住房问题。2 个试点项目贷款资金已发放并还清贷款本息。

（四）住房贡献率：2017 年，个人住房贷款发放额、项目贷款发放额、住房消费提取额的总和与当年缴存额的比率为 157.28%，比上年同期增加 5.38 个百分点。

六、其他重要事项

（一）当年住房公积金政策调整情况：

1. 根据规定，按照市统计部门公布的上年我市在职职工人均工资测算，经市住房公积金管理委员会批准，2017年度我市住房公积金月最高缴存额调整为单位和职工个人分别不得超过1900元，执行时间为2017年1月至2017年12月。

2. 为合力推进住房公积金建制扩面，市政府出台《关于加快推进住房公积金建制扩面的意见》（滁政秘〔2017〕87号），把缴存住房公积金纳入规范劳动合同文本和劳动集体合同，并建立财政奖补考核机制，以奖促缴。

3. 为更好发挥住房公积金保障住房作用，完善军人住房保障政策，支持现役军人和符合条件的退出现役军人在滁州市（含县市区，下同）购房安居，市住房公积金管委会与滁州军分区、市双拥工委创新出台《滁州市军人使用住房公积金贷款购买住房实施办法》，对现役军人和不满6个月的退役军人，视同正常缴存公积金，只要在滁州购房，同等享受住房公积金贷款。

4. 为规范住房公积金缴存，市政府印发了《住房公积金缴存管理办法》（滁政办〔2017〕25号）。

（二）当年服务改进情况：一是开展"减政便民"行动，改进服务手段，不断简化办件手续，当年共计核减各项材料171份，通过认真开展"减证便民"优化服务事项行动，已经基本实现"无纸化"申办业务，实现办事群众"最多跑一次"，提高了办事效率；二是住房公积金信息系统与银行结算应用系统直连，实现缴存、提取实时到账，高效便民。

（三）当年信息化建设情况：一是开通住房公积金微信公众号；二是连接全国异地转移接续平台；三是住房公积金基础数据贯标并接入商业银行结算应用系统，通过验收；四是中心信息系统接入12329省级短信平台，实现业务信息自动推送。

（四）当年所获荣誉情况：

单位荣誉：

1. 滁州市住房公积金窗口分别荣获人力资源社会保障部和住房城乡建设部"全国住房城乡建设系统先进集体"称号、安徽省住建厅"学雷锋活动示范点"称号、共青团安徽省委"青年文明号标兵"称号、市委宣传部和市文明办"学雷锋活动示范点"称号、市文明办和市妇联"巾帼文明岗"称号、团市委"最美青年志愿服务队"称号。

2. 滁州市住房公积金管理中心在安徽省住建厅2016年度住房公积金业务管理工作考核中获"优秀"等次。

3. 滁州市住房公积金管理中心荣获2017年"机关档案工作目标管理省一级单位"称号。

4. 滁州市住房公积金管理中心获2017年"企业评部门"和"社会评窗口"的"社会满意窗口"称号。

5. 滁州市住房公积金管理中心获中共滁州市委、滁州市人民政府和滁州军分区"爱国拥军模范单位"称号。

6. 滁州市住房公积金管理中心获第十一届滁州市"文明单位标兵"称号。

7. 滁州市住房公积金管理中心团员志愿者服务队获滁州市"最美青年志愿者服务队"称号。

8. 滁州市住房公积金管理中心获市级"公共机构节水型单位"称号。

个人荣誉：

周徐雯同志荣获共青团安徽省委"优秀共青团干部"称号。

姜伟、王蓉二位同志荣获共青团滁州市委"最美青年志愿者"称号。

毛秋玥同志荣获滁州市政务服务中心"优秀党务工作者"称号。

张艳梅同志荣获市政务服务中心考核"优秀"等次。

唐慧、毛秋玥、张旭三位同志荣获市政务服务中心"先进工作者"称号。

王昕烨、张婷婷二位同志荣获市住房公积金管理中心"先进个人"称号。

阜阳市住房公积金2017年年度报告

一、机构概况

(一)住房公积金管理委员会:住房公积金管理委员会有14名委员,2017年审议通过的事项主要包括:审议并通过了2016年度全市住房公积金归集、使用计划执行情况,2017年度全市住房公积金归集、使用计划,2016年度全市住房公积金增值收益分配方案,2016年度决算和2017年度预算,2016年年度报告,调整管委会成员等。

(二)住房公积金管理中心:住房公积金管理中心为直属市政府不以营利为目的的独立核算事业单位,设置6个科室,5个管理部。从业人员62人,其中,在编52人,非在编10人。

二、业务运行情况

(一)缴存:2017年,新开户单位177家,实缴单位3773家,净增单位157家;新开户职工2.1万人,实缴职工25.19万人,净增职工1.01万人;缴存额28.57亿元,同比下降10.30%(因缴存比例下调)。2017年末,缴存总额197.93亿元,同比增长16.87%;缴存余额97.90亿元,同比增长7.65%。

受委托办理住房公积金缴存业务的银行4家,比上年增加0家。

(二)提取:2017年,提取额21.62亿元,同比下降15.68%;占当年缴存额的75.67%,比上年减少4.83个百分点。2017年末,提取总额100.03亿元,同比增长27.57%。

(三)贷款:个人住房贷款:个人住房贷款最高额度40万元,其中,单缴存职工最高额度30万元,双缴存职工最高额度40万元。

2017年,发放个人住房贷款0.81万笔26.09亿元,同比分别下降31.35%、36.52%(因缴存额、融资额下降)。2017年,回收个人住房贷款11.63亿元。

2017年末,累计发放个人住房贷款6.53万笔168.94亿元,贷款余额126.58亿元,同比分别增长14.16%、18.26%、12.90%。个人住房贷款余额占缴存余额的129.30%,比上年增加6.01个百分点。

受委托办理住房公积金个人住房贷款业务的银行12家,比上年增加0家。

(四)融资:2017年,融资14.03亿元,归还5.33亿元。2017年末,融资总额36.48亿元,融资余额27.20亿元。

(五)资金存储:2017年末,住房公积金存款0.97亿元。其中,活期0亿元,1年(含)以下定期0亿元,1年以上定期0亿元,协定存款0.97亿元(中心银行存款在活期账户,但与银行约定,按高于活期存款利率计息)。

(六) 资金运用率: 2017年末,住房公积金个人住房贷款余额、项目贷款余额和购买国债余额的总和占缴存余额的129.30%,比上年增加6.01个百分点。

三、主要财务数据

(一) 业务收入: 2017年,业务收入34979.04万元,同比下降3.01%。存款利息2856.20万元,委托贷款利息31759.18万元,国债利息0万元,其他363.66万元。

(二) 业务支出: 2017年,业务支出20815.89万元,同比下降2.61%。支付职工住房公积金利息16668.68万元,归集手续费2.46万元,委托贷款手续费1027.83万元,其他3116.92万元。

(三) 增值收益: 2017年,增值收益14163.15万元,同比下降3.61%。增值收益率1.5%,比上年减少0.16个百分点(因发放贷款额下降所致)。

(四) 增值收益分配: 2017年,提取贷款风险准备金0万元,提取管理费用1600万元,提取城市廉租住房(公共租赁住房)建设补充资金12563.15万元。

2017年,上交财政管理费用1400万元。上缴财政城市廉租住房(公共租赁住房)建设补充资金13293.75万元。

2017年末,贷款风险准备金余额17957.99万元。累计提取上缴城市廉租住房(公共租赁住房)建设补充资金56082.34万元。

(五) 管理费用支出: 2017年,管理费用支出980.82万元,同比增长2.1%。其中,人员经费515.55万元,公用经费175.27万元,专项经费290万元。

四、资产风险状况

个人住房贷款: 2017年末,个人住房贷款逾期额65.34万元,逾期率0.05‰。

个人贷款风险准备金按贷款余额的1%提取。2017年,提取个人贷款风险准备金0万元,使用个人贷款风险准备金核销呆坏账0万元。2017年末,个人贷款风险准备金余额17957.99万元,占个人住房贷款余额的1.41%,个人住房贷款逾期额与个人贷款风险准备金余额的比率为0.36%。

五、社会经济效益

(一) 缴存业务: 2017年,实缴单位数、实缴职工人数和缴存额同比分别增长4.34%、4.18%和下降10.30%(因缴存比例下调)。

缴存单位中,国家机关和事业单位占73.23%,国有企业占9.68%,城镇集体企业占2.76%,外商投资企业占0.34%,城镇私营企业及其他城镇企业占7.47%,民办非企业单位和社会团体占2.73%,其他占3.79%。

缴存职工中,国家机关和事业单位占65.66%,国有企业占20%,城镇集体企业占1.75%,外商投资企业占0.32%,城镇私营企业及其他城镇企业占7.60%,民办非企业单位和社会团体占1.33%,其他占3.34%;中、低收入占99.64%,高收入占0.36%。

新开户职工中,国家机关和事业单位占50.67%,国有企业占19.75%,城镇集体企业占1.10%,外商投资企业占 0.38%，城镇私营企业及其他城镇企业占 22.53%，民办非企业单位和社会团体占 3.66%，其他占 1.91%；中、低收入占 99.88%，高收入占 0.12%。

（二）提取业务：2017 年，81549 名缴存职工提取住房公积金 21.62 亿元。

提取金额中，住房消费提取占 75.85%（购买、建造、翻建、大修自住住房占 31.96%，偿还购房贷款本息占 42.50%，租赁住房占 0.66%，其他占 0.73%）；非住房消费提取占 24.15%（离休和退休提取占 18.43%，完全丧失劳动能力并与单位终止劳动关系提取占 3.97%，户口迁出本市或出境定居占 0.65%，其他占 1.10%）。

提取职工中，中、低收入占 99.47%，高收入占 0.53%。

（三）贷款业务：

1. 个人住房贷款：2017 年，支持职工购建房 92.33 万平方米，年末个人住房贷款市场占有率为 18.98%，比上年减少 4.04 个百分点。通过申请住房公积金个人住房贷款，可节约职工购房利息支出 51705.19 万元。

职工贷款笔数中，购房建筑面积 90（含）平方米以下占 10.10%，90~144（含）平方米占 85.84%，144 平方米以上占 4.06%。购买新房占 87.48%（其中购买保障性住房占 0%），购买存量商品住房占 12.50%，建造、翻建、大修自住住房占 0%，其他占 0.02%。

职工贷款笔数中，单缴存职工申请贷款占 21.93%，双缴存职工申请贷款占 78.07%，三人及以上缴存职工共同申请贷款占 0%。

贷款职工中，30 岁（含）以下占 26.02%，30 岁~40 岁（含）占 33.61%，40 岁~50 岁（含）占 30.70%，50 岁以上占 9.67%；首次申请贷款占 90.76%，二次及以上申请贷款占 9.24%；中、低收入占 98.67%，高收入占 1.33%。

2. 异地贷款：2017 年，发放异地贷款 45 笔 1479.9 万元。2017 年末，发放异地贷款总额 19718.10 万元，异地贷款余额 17758.96 万元。

（四）住房贡献率：2017 年，个人住房贷款发放额、公转商贴息贷款发放额、项目贷款发放额、住房消费提取额的总和与当年缴存额的比率为 148.67%，比上年减少 46.15 个百分点（按上级要求防控金融风险，2017 年融资低于 2016 年，造成贷款发放额下降）。

六、其他重要事项

（一）当年机构及职能调整情况：为加强住房公积金管理，充分发挥管委会决策功能，根据《住房公积金管理条例》、《阜阳市住房公积金管理委员会章程》有关规定，阜阳市人民政府办公室于 2017 年 10 月 20 日下发《关于调整阜阳市住房公积金管理委员会成员的通知》（阜政办秘〔2017〕159 号），重新调整了管委会成员，现有组成人员 14 名，成员单位涵盖政府主要职能部门和大型企事业单位。

2017 年 5 月，我中心服务大厅搬迁至阜阳市民中心开展业务，受委托办理缴存贷款业务的金融机构未发生变动。

（二）当年住房公积金政策调整及执行情况：从 2017 年元月起，我中心将借款申请人及配偶个人信用信息纳入贷前审查；为落实住房城乡建设部关于住房公积金廉政风险防控精神，根据《住房城乡建设部、财政部、中国人民银行关于发展住房公积金个人住房贷款业务的通知》及省住房公积金监管处相关要求，结合我市实际，停止向缴存职工家庭发放3次及以上住房公积金个人住房贷款。其他政策未发生调整。

（三）**当年服务改进情况**：2017年5月，我中心按照市政府要求正式入驻阜阳市民中心，开展对外服务业务。新业务大厅面积约500平方米，宽敞明亮，标识统一，配备了取号机、查询台、书写台、休息区等服务设施，现有10家委托银行一起入驻。目前13个业务窗口可以同时受理公积金咨询、缴存、贷款、提取、提前还贷等业务，工作人员着装统一，挂牌上岗，举止文明，态度和蔼，充分展示了公积金窗口形象，同时更让缴存职工享受到"一站式"服务的便捷，提高了办事效率。

（四）**当年信息化建设情况**：2017年4月，中心网站完成升级改版，完善了网上查询、新增职工个人流水账查询及贷款明细查询功能，并将以上功能推广到微信客户端及手机App，至12月末，网站点击量达130多万人次，微信及手机App注册用户达三万多人。2017年5月，利用双休日在48小时内完成中心机房的整体搬迁并安装调试成功。2017年6月，上线公积金异地转移接续平台，至年底共受理转出转入职工348人，真正做到"让数据多跑路，让群众少跑路"。2017年8月，完成公积金基础数据贯标工作。截至目前，住房城乡建设部结算应用系统运行良好。

（五）**当年中心及职工获得荣誉情况**：2017年，阜阳市住房公积金管理中心获得阜阳市机关效能建设先进单位称号；服务窗口荣获全省住房城乡建设系统共产党员先锋岗（集体）荣誉称号，张伟同志荣获全省住房城乡建设系统共产党员先锋岗（个人）荣誉称号；荣获第三批全省住房城乡建设系统"学雷锋活动示范点"荣誉称号，张学进同志被授予"岗位学雷锋标兵"荣誉称号；我中心临泉县管理部荣获第十届临泉县文明单位荣誉称号；我中心阜南县管理部荣获第十届阜南县文明单位荣誉称号，李晓敏同志被中共阜南县委、县政府授予"三八红旗手"荣誉称号。

宿州市住房公积金2017年年度报告

一、机构概况

（一）**住房公积金管理委员会**：住房公积金管理委员会有25名委员，2017年召开2次会议，审议通过的事项主要包括：

一次会议：《关于编制执行2017年住房公积金归集、使用计划和增值收益分配方案的意见》；《关于调整住房公积金使用政策和确定住房公积金最高贷款额度及缴存比例的意见》；《宿州市住房公积金2016年年度报告》；《关于住房公积金开展商业银行融资的意见》。

二次会议：《宿州市住房公积金流动性风险预警机制暂行办法》；《宿州市住房公积金提取和贷款失信行为管理暂行办法》；《宿州市个人缴存住房公积金暂行办法》。

（二）**住房公积金管理中心**：住房公积金管理中心为（隶属关系）不以营利为目的的（机构属性）事业单位，设8个处（科），5个管理部，0个分中心。从业人员135人，其中，在编65人，非在编70人。

二、业务运行情况

（一）**缴存**：2017年，新开户单位224家，实缴单位2555家，净增单位169家；新开户职工1.32万

人,实缴职工 15.31 万人,净增职工 0.43 万人;缴存额 20.66 亿元,同比增长 0.68%。2017 年末,缴存总额 138.49 亿元,同比增长 17.53%;缴存余额 62.26 亿元,同比增长 7.66%。

受委托办理住房公积金缴存业务的银行 6 家,比上年增加 3 家。

(二) **提取**:2017 年,提取额 16.23 亿元,同比下降 3.4%;占当年缴存额的 78.56%,比上年减少 3.4 个百分点。2017 年末,提取总额 76.23 亿元,同比增长 27%。

(三) **贷款**:

个人住房贷款:个人住房贷款最高额度 50 万元,其中,单缴存职工最高额度 30 万元,双缴存职工最高额度 50 万元。

2017 年,发放个人住房贷款 0.57 万笔 17.19 亿元,同比下降 33.72%、29.23%。

2017 年,回收个人住房贷款 6.39 亿元。2017 年末,累计发放个人住房贷款 4.25 万笔 88.6 亿元,贷款余额 63.4 亿元,同比分别增长 15.80%、24.07%、20.53%。个人住房贷款余额占缴存余额的 101.81%,比上年增加 10.86 个百分点。

受委托办理住房公积金个人住房贷款业务的银行 7 家,比上年增加(减少)0 家。

(四) **融资**:2017 年,融资 9.43 亿元,归还 5.6 亿元。2017 年末,融资总额 15.47 亿元,融资余额 8.51 亿元。

(五) **资金存储**:2017 年末,住房公积金存款 10.67 亿元。其中,活期 0.73 亿元,1 年(含)以下定期 0 亿元,1 年以上定期 4.45 亿元,其他(协定、通知存款等)5.49 亿元。

(六) **资金运用率**:2017 年末,住房公积金个人住房贷款余额、项目贷款余额和购买国债余额的总和占缴存余额的 101.81%,比上年增加 10.86 个百分点。

三、主要财务数据

(一) **业务收入**:2017 年,业务收入 25585.91 万元,同比增长 4.8%。存款利息 6721.26 万元,委托贷款利息 18863.29 万元,国债利息 0 万元,其他 1.36 万元。

(二) **业务支出**:2017 年,业务支出 13937.29 万元,同比增长 17.38%。支付职工住房公积金利息 10716.21 万元,归集手续费 42.05 万元,委托贷款手续费 875.75 万元,其他 2303.28 万元。

(三) **增值收益**:2017 年,增值收益 11648.61 万元,同比下降 7.04%。增值收益率 1.96%,比上年减少 0.26 个百分点。

(四) **增值收益分配**:2017 年,提取贷款风险准备金 6301.13 万元,提取管理费用 2507.49 万元,提取城市廉租住房(公共租赁住房)建设补充资金 2840 万元。

2017 年,上交财政管理费用 1828.29 万元。上缴财政城市廉租住房(公共租赁住房)建设补充资金 3685.8 万元。2017 年末,贷款风险准备金余额 17853.79 万元。累计提取城市廉租住房(公共租赁住房)建设补充资金 10675.79 万元。

(五) **管理费用支出**:2017 年,管理费用支出 1872.88 万元,同比下降 40.92%。其中,人员经费 1430.04 万元,公用经费 389.7 万元,专项经费 53.14 万元。

四、资产风险状况

个人住房贷款:2017 年末,个人住房贷款逾期额 0 万元,逾期率 0‰。个人贷款风险准备金按贷款余额的1%提取。2017年，提取个人贷款风险准备金6301.12万元，使用个人贷款风险准备金核销呆坏账0万元。2017年末，个人贷款风险准备金余额17853.79万元，占个人住房贷款余额的2.8%，个人住房贷款逾期额与个人贷款风险准备金余额的比率为0%。

五、社会经济效益

（一）缴存业务：2017年，实缴单位数、实缴职工人数和缴存额同比分别增长7.08%、2.89%和0.68%。

缴存单位中，国家机关和事业单位占63.09%，国有企业占14.72%，城镇集体企业占2.74%，外商投资企业占1.06%，城镇私营企业及其他城镇企业占8.3%，民办非企业单位和社会团体占0.74%，其他占9.35%。

缴存职工中，国家机关和事业单位占68.79%，国有企业占16.89%，城镇集体企业占3.33%，外商投资企业占0.94%，城镇私营企业及其他城镇企业占3.88%，民办非企业单位和社会团体占0.25%，其他占5.92%；中、低收入占99.44%，高收入占0.56%。

新开户职工中，国家机关和事业单位占56.35%，国有企业占13.60%，城镇集体企业占0.57%，外商投资企业占2.22%，城镇私营企业及其他城镇企业占10.62%，民办非企业单位和社会团体占0.54%，其他占16.1%；中、低收入占99.77%，高收入占0.23%。

（二）提取业务：2017年，4.44万名缴存职工提取住房公积金16.23亿元。

提取金额中，住房消费提取占77.63%（购买、建造、翻建、大修自住住房占43.61%，偿还购房贷款本息占31.56%，租赁住房占0.31%，其他占2.15%）；非住房消费提取占22.37%（离休和退休提取占19.05%，完全丧失劳动能力并与单位终止劳动关系提取占1.64%，户口迁出本市或出境定居占0.95%，其他占0.73%）。

提取职工中，中、低收入占99.02%，高收入占0.98%。

（三）贷款业务：

1. 个人住房贷款：2017年，支持职工购建房69.11万平方米，年末个人住房贷款市场占有率为17.22%，比上年减少1.87个百分点。通过申请住房公积金个人住房贷款，可节约职工购房利息支出41265.8万元。

职工贷款笔数中，购房建筑面积90（含）平方米以下占15.68%，90~144（含）平方米占79.71%，144平方米以上占4.61%。购买新房占88.06%（其中购买保障性住房占0%），购买存量商品住房占11.87%，建造、翻建、大修自住住房占0%，其他占0.07%。

职工贷款笔数中，单缴存职工申请贷款占62.64%，双缴存职工申请贷款占37.36%，三人及以上缴存职工共同申请贷款占0%。

贷款职工中，30岁（含）以下占27.36%，30岁~40岁（含）占37.28%，40岁~50岁（含）占28%，50岁以上占7.36%；首次申请贷款占90.21%，二次及以上申请贷款占9.79%；中、低收入占99.02%，高收入占0.98%。

2. 异地贷款：2017年，发放异地贷款804笔20902.3万元。2017年末，发放异地贷款总额63286.4万元，异地贷款余额32915.19万元。

3. 公转商贴息贷款：2017年，发放公转商贴息贷款689笔15016.65万元，支持职工购建住房面积3.2万平方米，当年贴息额123.65万元。2017年末，累计发放公转商贴息贷款689笔15016.65万元，累计贴息123.65万元。

（四）住房贡献率：2017年，个人住房贷款发放额、公转商贴息贷款发放额、项目贷款发放额、住房消费提取额的总和与当年缴存额的比率为151.45%，比上年减少31.63个百分点。

六、其他重要事项

1. 当年机构及职能无调整。受委托办理贷款业务金融机构无变化。受委托办理缴存业务金融机构，由2016年度的工行、农行、建行，2017年新增加中行、徽行、交行3家金融机构。

2. 当年住房公积金缴存基数限额及确定方法、缴存比例缴存政策调整情况：单位缴存的住房公积金月工资基数最低不得低于我市劳动部门公布的最低月工资标准；最高不超过我市统计部门公布的上年度职工月平均工资的3倍为14730元。职工和单位住房公积金的缴存比例不得低于5%，最高不超过12%。

当年提取政策调整情况：当年进行两次提取政策调整，一是5月1日起执行：暂停住房公积金装修提取。二是9月25日起执行：（1）大病救助提取：提取额度调整为治疗费用以费用清单自付金额部分为准，每年允许申请提取一次。（2）购买普通商品住房提取：①正常缴存职工提取购买普通商品住房时限为1年（含）内；②职工本人提取不足时，允许提取配偶住房公积金账户内存储余额，双方提取总额不超过实际购房款支出。（3）职工偿还住房贷款提取：正常还贷期内，允许借款本人及其配偶，每年一次（周期为12个月）提取住房公积金账户内存储余额，但每次提取额不得超过当期应偿还贷款本息额。（4）停止提取事项：①停止职工购买普通商品住房5年（含）内一次缴纳契税、维修基金提取；②停止职工每年缴纳物业费提取。

3. 当年服务网点、服务设施均无变化。在服务手段上取消了借款人先领取"贷款申请书"、后申请借款环节，精减了借款人申请贷款时提供的有关要件包括商品房预售许可证复印件等。当年综合服务平台建设基本完成，各项服务渠道全部开通，除网上业务在线办理和集中响应电子服务渠道的业务办理请求外，已初步满足验收条件。

4. 当年圆满完成信息系统升级改造，成功通过"双贯标"工作验收，系统运行基本正常。

5. 当年市中心及砀山管理部分别荣获第七届宿州市文明单位，市中心服务大厅被市妇联、市政务服务中心分别授予"巾帼文明岗"、"红旗窗口"集体荣誉称号，市中心被市直机关工委授予党建工作目标责任制先进单位。市中心行政审批服务科科长赵瑜同志被市直机关工委评为优秀共产党员。

六安市住房公积金2017年年度报告

一、机构概况

（一）住房公积金管理委员会：住房公积金管理委员会有39名委员，2017年召开两次会议，审议通过的事项主要包括：

1. 六安市住房公积金 2016 年年度报告；
2. 关于 2016 年增值收益分配预案；
3. 2017 年住房公积金归集和使用管理计划；
4. 六安市住房公积金行政执法暂行办法（试行）；
5. 六安市住房公积金个人和单位失信行为管理暂行办法（试行）；
6. 六安市住房公积金个人住房组合贷款管理办法（试行）；
7. 调整部分公积金提取和汇缴政策；
8. 六安市个人自愿缴存使用住房公积金暂行办法；
9. 六安市住房公积金二手房贷款实施细则；
10. 修改住房公积金贷款制度部分条款；
11. 取消归还公积金贷款提取业务柜面办理；
12. 公开选择合作银行相关事宜。

（二）住房公积金管理中心：住房公积金管理中心为市政府直属的不以营利为目的的公益二类事业单位，设 9 个科室，7 个管理部，0 个分中心。从业人员 81 人，其中，在编 39 人，非在编 42 人。

二、业务运行情况

（一）缴存：2017 年，新开户 222 单位家，实缴单位 3679 家，净增单位 15 家；新开户职工 2.1 万人，实缴职工 20.73 万人，净增职工 1.37 万人；缴存额 25.01 亿元，同比下降 14.87％。2017 年末，缴存总额 172.56 亿元，同比增长 16.95％；缴存余额 75.65 亿元，同比增长 7.11％。

受委托办理住房公积金缴存业务的银行 5 家，比上年增加 1 家。

（二）提取：2017 年，提取额 19.98 亿元，同比下降 1.62％；占当年缴存额的 79.89％，比上年增加 10.76 个百分点。2017 年末，提取总额 96.91 亿元，同比增长 25.97％。

（三）贷款：

1. **个人住房贷款**：个人住房贷款最高额度 60 万元，其中，单缴存职工最高额度 40 万元，双缴存职工最高额度 60 万元。

2017 年，发放个人住房贷款 0.49 万笔 15.46 亿元，同比分别下降 37.43％、36.95％。

2017 年，回收个人住房贷款 7.87 亿元。

2017 年末，累计发放个人住房贷款 4.96 万笔 110.39 亿元，贷款余额 77.87 亿元，同比分别增长 10.96％、16.29％、10.80％。个人住房贷款余额占缴存余额的 102.95％，比上年增加 3.43 个百分点。

受委托办理住房公积金个人住房贷款业务的银行 8 家，比上年增加 0 家。

2. **住房公积金支持保障性住房建设项目贷款**：2017 年末，累计发放项目贷款 4 亿元，项目贷款余额 0 亿元。

（四）**融资**：2017 年，融资 4 亿元，归还 4 亿元。2017 年末，融资总额 4 亿元，融资余额 0 亿元。

（五）**资金存储**：2017 年末，住房公积金存款 8.19 亿元。其中，活期 0.59 亿元，1 年（含）以下定期 2.38 亿元，1 年以上定期 2.82 亿元，其他（协定、通知存款等）2.40 亿元。

（六）**资金运用率**：2017 年末，住房公积金个人住房贷款余额、项目贷款余额和购买国债余额的总和占缴存余额的 102.95%，比上年增加 3.43 个百分点。

三、主要财务数据

（一）**业务收入**：2017 年，业务收入 27148.00 万元，同比增长 12.89%。存款利息 1655.76 万元，委托贷款利息 25408.36 万元，国债利息 0 万元，其他 83.88 万元。

（二）**业务支出**：2017 年，业务支出 13236.89 万元，同比增长 56.30%。支付职工住房公积金利息 11474.26 万元，归集手续费 0 万元，委托贷款手续费 779.14 万元，其他 983.49 万元。

（三）**增值收益**：2017 年，增值收益 13911.11 万元，同比下降 10.71%。增值收益率 1.92%，比上年减少 0.38 个百分点。

（四）**增值收益分配**：2017 年，提取贷款风险准备金 7786.61 万元，提取管理费用 2113.78 万元，提取城市廉租住房（公共租赁住房）建设补充资金 4010.72 万元。

2017 年，上交财政管理费用 5000 万元。上缴财政城市廉租住房（公共租赁住房）建设补充资金 3554.53 万元。

2017 年末，贷款风险准备金余额 44396.06 万元。累计提取城市廉租住房（公共租赁住房）建设补充资金 15947.95 万元。

（五）**管理费用支出**：2017 年，管理费用支出 2986 万元，同比增长 18.59%。其中，人员经费 1080 万元，公用经费 55 万元，专项经费 1851 万元。

四、资产风险状况

（一）**个人住房贷款**：2017 年末，个人住房贷款逾期额 0 万元，逾期率 0‰。

个人贷款风险准备金按贷款余额的 1% 提取。2017 年，提取个人贷款风险准备金 7786.61 万元，使用个人贷款风险准备金核销呆坏账 0 万元。2017 年末，个人贷款风险准备金余额 43072.06 万元，占个人住房贷款余额的 5.53%，个人住房贷款逾期额与个人贷款风险准备金余额的比率为 0%。

（二）**支持保障性住房建设试点项目贷款**：2017 年，提取项目贷款风险准备金 0 万元，使用项目贷款风险准备金核销呆坏账 0 万元，项目贷款风险准备金余额 1324 万元，占项目贷款余额的 0%。

五、社会经济效益

（一）**缴存业务**：2017 年，实缴单位数、实缴职工人数和缴存额同比分别增长 0.41%、7.08% 和 −14.87%。

缴存单位中，国家机关和事业单位占 71.22%，国有企业占 11.85%，城镇集体企业占 8.07%，外商投资企业占 1.39%，城镇私营企业及其他城镇企业占 5.41%，民办非企业单位和社会团体占 1.39%，其他占 0.67%。

缴存职工中，国家机关和事业单位占 62.16%，国有企业占 19.58%，城镇集体企业占 4.80%，外商投资企业占 2.57%，城镇私营企业及其他城镇企业占 8.44%，民办非企业单位和社会团体占 1.35%，其他占 1.10%；中、低收入占 97.22%，高收入占 2.78%。

新开户职工中，国家机关和事业单位占 50.07%，国有企业占 11.40%，城镇集体企业占 16.44%，外商投资企业占 3.13%，城镇私营企业及其他城镇企业占 12.59%，民办非企业单位和社会团体占 5.20%，其他占 1.17%；中、低收入占 97.21%，高收入占 2.79%。

（二）提取业务：2017 年，11.84 万名缴存职工提取住房公积金 19.98 亿元。

提取金额中，住房消费提取占 78.78%（购买、建造、翻建、大修自住住房占 41.72%，偿还购房贷款本息占 33.35%，租赁住房占 0.55%，其他占 3.16%）；非住房消费提取占 21.22%（离休和退休提取占 17.22%，完全丧失劳动能力并与单位终止劳动关系提取占 1.72%，户口迁出本市或出境定居占 0.17%，其他占 2.11%）。

提取职工中，中、低收入占 97.22%，高收入占 2.78%。

（三）贷款业务：

1. 个人住房贷款：2017 年，支持职工购建房 54.13 万平方米，年末个人住房贷款市场占有率为 12.90%，比上年减少 3.74 个百分点。通过申请住房公积金个人住房贷款，可节约职工购房利息支出 28156.38 万元。

职工贷款笔数中，购房建筑面积 90（含）平方米以下占 18.24%，90～144（含）平方米占 77.34%，144 平方米以上占 4.42%。购买新房占 88.87%（其中购买保障性住房占 0%），购买存量商品住房占 0.02%，建造、翻建、大修自住住房占 0%，其他占 11.11%。

职工贷款笔数中，单缴存职工申请贷款占 82.13%，双缴存职工申请贷款占 17.87%，三人及以上缴存职工共同申请贷款占 0%。

贷款职工中，30 岁（含）以下占 26.66%，30 岁～40 岁（含）占 30.06%，40 岁～50 岁（含）占 31.28%，50 岁以上占 12%；首次申请贷款占 92.02%，二次及以上申请贷款占 7.98%；中、低收入占 97.44%，高收入占 2.56%。

2. 异地贷款：2017 年，发放异地贷款 407 笔 11964.50 万元。2017 年末，发放异地贷款总额 43064.50 万元，异地贷款余额 42801.40 万元。

3. 支持保障性住房建设试点项目贷款：2017 年末，累计试点项目 3 个，贷款额度 4 亿元，建筑面积 69.36 万平方米，可解决 6178 户中低收入职工家庭的住房问题。3 个试点项目贷款资金已发放并还清贷款本息。

（四）住房贡献率：2017 年，个人住房贷款发放额、公转商贴息贷款发放额、项目贷款发放额、住房消费提取额的总和与当年缴存额的比率为 124.75%，比上年减少 13.33 个百分点。

六、其他重要事项

（一）当年机构改革调整变更情况：2017 年，市纪检委派驻纪检组对市中心和市审计局进行执纪监督；撤销市中心开发区管理部、成立法规科；市中心在合肥科技农村商业银行开户，办理一般金融业务。

（二）当年政策调整及执行情况：

1. 扩大缴存范围，提高公积金覆盖面。启动灵活就业人员缴存公积金，联手县区人民政府共同督促推进非公企业建缴住房公积金。

2. 调整部分住房公积金汇缴政策，明确中央、省属驻六安市单位的住房公积金缴存上限参照省直住房公积金规定的上限执行；员额内聘用人员住房公积金与在职人员执行统一缴存政策、统一缴存比例；进一步规范提取行为，完善住房公积金管理使用制度。

3. 将个人住房公积金缴存额度与贷款额度相结合,合理满足职工贷款需求。

4. 引入贷款担保公司,缩短办理时间,保障贷款资金高效安全运行。

5. 出台《六安市住房公积金个人住房组合贷款管理办法(试行)》,与商业银行开展住房公积金组合贷款业务合作,满足缴存职工多样化的贷款需求。

6. 住房资金实行"零余额账户"集中统一管理。县区管理部住房公积金存款账户实行"零余额资金"管理制度;按照一个县区(含设区的城市)一家金融机构只合作一个网点原则精神,对全系统账户进行规范清理。

(三)当年服务改进情况:一是实行综合柜员制。节约缴存职工办事时间,实现人员配置最优化;二是加强"一站式服务"建设。增设服务咨询台,引入合作银行和贷款担保公司,让职工"最多跑一次"推动服务提升;三是完善服务硬件的配置。全市8个服务大厅今年全部完成装修改造并投入使用,优化职工办事环境;四是拓宽服务渠道。

(四)当年信息化建设情况:2017年,以"信息化建设年"为主题,实现组织结构和工作流程的重组优化:一是与省建行联合开发了新一代业务系统,在全省范围内率先上线"住房公积金G系统";二是改版、整合市住房公积金中心网站,全面提升市公积金中心网站建设水平、管理水平和服务水平,按质按时完成网站集约化建设任务;三是通过住房城乡建设部"双贯标"验收工作。

(五)本年度所获荣誉:2017年市中心先后获得安徽省第十一届文明单位、安徽省住建厅年度住房公积金业务管理工作良好等次、市直单位目标绩效考核优秀单位、市直双拥先进单位、市效能建设信息报送先进单位、"两评议一考核"服务群众满意窗口、年度市政务中心表彰的"红旗窗口"称号;吴娟、史芳倩两位同志获得市政务中心表彰的年度先进个人、刘光胜同志荣获"六安市五一劳动奖章"。

亳州市住房公积金2017年年度报告

一、机构概况

(一)住房公积金管理委员会:住房公积金管理委员会有25名委员,2017年管委会审议通过的事项主要包括:

1. 审议批准2016年度全市住房公积金归集、使用计划执行情况;

2. 审议批准2016年度全市住房公积金增值收益分配方案;

3. 审议批准2017年全市住房公积金归集、使用计划;

4. 审议批准亳州市住房公积金融资实施方案;

5. 审议批准《亳州市住房公积金2016年年度报告》。

(二)住房公积金管理中心:住房公积金管理中心为隶属于亳州市人民政府不以营利为目的的自收自支事业单位,设6个科,3个管理部。从业人员46人,其中,在编31人,非在编15人。

二、业务运行情况

（一）缴存：2017年，新开户单位371家，实缴单位2353家，净增单位371家；新开户职工1.96万人，实缴职工12.52万人，净增职工0.40万人；缴存额20.44亿元，同比下降9.71%。2017年末，缴存总额134.78亿元，同比增长17.89%；缴存余额59.07亿元，同比增长8.48%。

受委托办理住房公积金缴存业务的银行8家，与上年一致。

（二）提取：2017年，提取额15.83亿元，同比下降4.50%；占当年缴存额的77.45%，比上年增加4.22个百分点。2017年末，提取总额75.71亿元，同比增长26.44%。

（三）贷款：

个人住房贷款：个人住房贷款最高额度40万元，其中，单缴存职工最高额度30万元，双缴存职工最高额度40万元。

2017年，发放个人住房贷款0.41万笔11.33亿元，同比分别下降9.12%、9.43%。

2017年，回收个人住房贷款6.65亿元。

2017年末，累计发放个人住房贷款3.61万笔80.28亿元，贷款余额56.75亿元，同比分别增长12.81%、16.43%、8.99%。个人住房贷款余额占缴存余额的96.07%，比上年增加0.44个百分点。

受委托办理住房公积金个人住房贷款业务的银行7家，与上年一致。

（四）融资：2017年，融资1.5亿元，归还0元。2017年末，融资总额1.5亿元，融资余额1.5亿元。

（五）资金存储：2017年末，住房公积金存款5.43亿元。其中，活期3.92亿元，1年（含）以下定期0.5亿元，1年以上定期0.95亿元，其他（协定、通知存款等）0.06亿元。

（六）资金运用率：2017年末，住房公积金个人住房贷款余额、项目贷款余额和购买国债余额的总和占缴存余额的96.07%，比上年增加0.44个百分点。

三、主要财务数据

（一）业务收入：2017年，业务收入21341.06万元，同比增长28.30%。存款利息2216.42万元，委托贷款利息19122.76万元，其他1.88万元。

（二）业务支出：2017年，业务支出9148.46万元，同比增长11.17%。支付职工住房公积金利息8421.45万元，委托贷款手续费724.78万元，其他2.23万元。

（三）增值收益：2017年，增值收益12192.60万元，同比增长45.08%。增值收益率2.16%，比上年增加0.61个百分点。

（四）增值收益分配：2017年，提取贷款风险准备金0元，提取管理费用861万元，提取城市廉租住房（公共租赁住房）建设补充资金11331.60万元。

2017年，上交财政管理费用861万元。上缴财政城市廉租住房（公共租赁住房）建设补充资金7576.21万元。

2017年末，贷款风险准备金余额11390.33万元。累计提取城市廉租住房（公共租赁住房）建设补充资金38429.80万元。

(五) 管理费用支出：2017 年，管理费用支出 707.99 万元，同比增长 44.64%。其中，人员经费 419.99 万元，公用经费 102.34 万元，专项经费 185.66 万元。

四、资产风险状况

个人住房贷款：2017 年末，个人住房贷款逾期额 15.59 万元，逾期率 0.027‰，资产风险在可控范围内。

个人贷款风险准备金按贷款余额的 1% 提取。2017 年，未提取个人贷款风险准备金，未使用个人贷款风险准备金核销呆坏账。2017 年末，个人贷款风险准备金余额 11390.33 万元，占个人住房贷款余额的 2.01%，个人住房贷款逾期额与个人贷款风险准备金余额的比率为 0.14%。

五、社会经济效益

(一) 缴存业务：2017 年，实缴单位数、实缴职工人数和缴存额同比分别增长 18.72%、3.30% 和 −9.71%。

缴存单位中，国家机关和事业单位占 69.32%，国有企业占 14.45%，城镇集体企业占 1.87%，外商投资企业占 0.85%，城镇私营企业及其他城镇企业占 9.35%，民办非企业单位和社会团体占 0.93%，其他占 3.23%。

缴存职工中，国家机关和事业单位占 65.70%，国有企业占 24.28%，城镇集体企业占 2.35%，外商投资企业占 0.70%，城镇私营企业及其他城镇企业占 5.50%，民办非企业单位和社会团体占 0.23%，其他占 1.24%；中、低收入占 96.62%，高收入占 3.38%。

新开户职工中，国家机关和事业单位占 56.65%，国有企业占 18.09%，城镇集体企业占 3.24%，外商投资企业占 1.05%，城镇私营企业及其他城镇企业占 15.41%，民办非企业单位和社会团体占 0.60%，其他占 4.96%；中、低收入占 99.72%，高收入占 0.28%。

(二) 提取业务：2017 年，7.02 万名缴存职工提取住房公积金 15.83 亿元。

提取金额中，住房消费提取占 80.14%（购买、建造、翻建、大修自住住房占 39.52%，偿还购房贷款本息占 39.77%，租赁住房占 0.20%，其他占 0.65%）；非住房消费提取占 19.86%（离休和退休提取占 17.07%，完全丧失劳动能力并与单位终止劳动关系提取占 0.60%，户口迁出本市或出境定居占 0.52%，其他占 1.67%）。

提取职工中，中、低收入占 99.85%，高收入占 0.15%。

(三) 贷款业务：

1. 个人住房贷款：2017 年，支持职工购建房 45.65 万平方米，年末个人住房贷款市场占有率为 16.40%，比上年减少 4.01 个百分点。通过申请住房公积金个人住房贷款，可节约职工购房利息支出 23725 万元。

职工贷款笔数中，购房建筑面积 90（含）平方米以下占 7.42%，90~144（含）平方米占 87.63%，144 平方米以上占 4.95%。购买新房占 96.89%，购买存量商品住房占 3.11%。

职工贷款笔数中，单缴存职工申请贷款占 52.57%，双缴存职工申请贷款占 47.43%，三人及以上缴

存职工共同申请贷款占 0%。

贷款职工中，30 岁（含）以下占 29.73%，30 岁～40 岁（含）占 34.06%，40 岁～50 岁（含）占 27.37%，50 岁以上占 8.84%；首次申请贷款占 93.36%，二次及以上申请贷款占 6.64%；中、低收入占 98.19%，高收入占 1.81%。

2. **异地贷款**：2017 年，发放异地贷款 170 笔 4388 万元。2017 年末，发放异地贷款总额 16711 万元，异地贷款余额 14983.86 万元。

（四）住房贡献率：2017 年，个人住房贷款发放额、公转商贴息贷款发放额、项目贷款发放额、住房消费提取额的总和与当年缴存额的比率为 117.46%，比上年增加 1.83 个百分点。

六、其他重要事项

（一）受委托办理缴存贷款业务金融机构变更情况：2017 年为贯彻落实基础数据标准和结算应用系统接入（简称"双贯标"）工作，我单位通过政府采购招标更换了住房公积金管理应用系统，结合系统转换对个人住房贷款管理模式进行了变更，由原来的银行和中心共同核算个人贷款变为中心自主核算，取消了委托贷款银行的委托账户和增值收益账户，银行账户由原来的 49 个减少至 21 个。

（二）当年住房公积金政策调整及执行情况：

1. **缴存限额**：2017 年度，根据亳州市人民政府办公室《关于规范和阶段性适当降低住房公积金缴存比例有关事项的通知》（亳政办秘〔2016〕142 号），我市职工个人月缴存住房公积金最高限额 1400 元，单位月缴存住房公积金最高限额 1400 元。最低缴存限额市（区）单位和职工缴存限额不低于 288 元，涡阳、蒙城、利辛最低缴存限额单位和职工不低于 276 元。

2. **确定方法**：最高缴费基数：缴存住房公积金的月工资基数，最高不得超过亳州市统计局公布的上一年度我市职工月平均工资的 3 倍。最低缴费基数：最低不得低于亳州市人社部门公布的的最低社保缴费基数。

3. **缴存比例调整**：凡我市行政区域内的住房公积金缴存比例高于 12% 的单位，一律予以规范调整，不得超过 12%。各级国家机关、企事业单位、民办非企业单位、社会团体及其他单位缴存比例：5%～12%。

4. 职工住房公积金账户存款利率，继续按一年期定期存款基准利率执行，即年利率 1.5%，2017 年共支付缴存职工个人利息 8421.45 万元，12 万人次。住房公积金贷款利率按照中国人民银行规定利率执行，年利率：5 年以上 3.25%、5 年以下（含 5 年）2.75%，二套房住房公积金贷款利率上浮 10%。首付比例：首套房、二套房均不低于 20%；二手房首付不低于 50%。

（三）当年服务改进情况：根据省住建厅建设住房公积金综合服务平台和亳州市政府建设智慧城市的要求。2017 年，我中心解决了公积金综合服务平台与网上办事大厅的对接工作，打造了住房公积金网上办事大厅"升级版"，不仅提高了办事效率，而且保障了资金安全。我中心"互联网＋住房公积金"应用服务，利用数据中心大数据，整合涉及公积金办理有关数据，实现了住房公积金中心与房产、社保、住建、国土、公安、民政、国税、地税、人民银行等部门信息共享。通过"互联网＋"打造"亳州公积金网上办事大厅"，成为功能齐全、使用便捷、安全高效的住房公积金综合服务平台，实现了服务和业务审批"三个零""三不限""一上两全"。"三个零"即群众办事零跑腿、申报材料零纸质、业务办理零时限；"三不限"即公积金网上办理地点不限、时间不限、平台不限；"一上两全"即群众一次上网，就可"全程网办、全网办结"。"互联网＋公积金"综合服务平台采用密钥和"人脸识别"认证，需上传的各项业务要件资料实行电子化管理，一次采集，多次复用，方便快捷。同时，实行"网厅前台录入，中心后台审批"办理模式，申请人点击在线申办后，系统会对业务自动实时审批、实时到账、人工不干预，通过结算应用系统进行直联支付，让资金"秒速"到账，改变了过去由银行网银支付、时间长、手续多的现象。

（四）当年信息化建设情况：按照《住房城乡建设部办公厅关于贯彻落实住房公积金基础数据标准通知》（建办金〔2014〕51号）和《安徽省住房城乡建设厅转发住房城乡建设部办公厅关于贯彻落实住房公积金基础数据标准通知》（建办发〔2014〕7号）文件要求，启用了住房公积金异地转移接续平台，异地转移实现全网通，真正做到"账随人走，钱随账走"，确保了账户信息准确和资金安全；整合了12329住房公积金热线平台；对照《住房公积金基础数据标准》JGJ/T 320－2014，制定了《亳州市关于贯彻落实住房公积金基础数据标准的实施方案》，并于2017年12月份，一致性通过住房城乡建设部验收组贯标验收工作。全面完成贯彻落实《住房公积金基础数据标准》工作和完成住房公积金信息系统的升级改造工作，将住房公积金信息系统接入全国统一的住房公积金银行结算数据应用系统，实时获取银行结算数据，实现资金、业务和财务信息的自动平衡匹配。

（五）当年制度建设情况：根据安徽省人民政府《关于促进经济持续健康较快发展的意见》（皖政〔2016〕1号）、安徽省住建厅等部门《关于住房公积金管理有关问题的指导意见》（建房改〔2005〕263号）等文件精神，2017年亳州市人民政府办公室出台了《关于进一步加强住房公积金管理工作的实施意见》，把为职工缴存住房公积金列入劳动合同条款并将缴存信息纳入企业征信系统。

（六）当年加强政务公开和信息宣传工作情况：2017年，我中心共受理市长热线网友"在线咨询"286帖，回复市民论坛网友咨询136帖，回复率100%，满意率99%；参加12345在线访谈一次，共回答9位网友市民咨询的15个问题，满意率100%；参加市"政风行风热线"栏目2轮，一把手上线率100%，在线回答市民咨询8条，满意率100%；2017年门户网站网友留言计772条，全部按时回复，满意率100%；咨询主要涉及公积金归集、提取、贷款、查询等多项业务；中心门户网站每月平均访问量约5.5万人次，访问量累计超260万人次。

（七）2017年住房公积金管理中心及职工所获荣誉情况：文明创建方面：亳州中心"互联网＋公积金"网上办事平台被评为2017年安徽省文明行业优质服务优秀品牌、"全国互联网＋政务服务先进单位"、第八届亳州市文明单位、2017年度市长热线办理工作先进单位、亳州市文明窗口单位、2017年亳州市妇联授予亳州中心和窗口"巾帼文明岗"、"三八红旗手"2人"巾帼建功标兵"2人；党建方面：获得"市直先进基层党组织"称号、"2017年度政办优秀党务工作者"1人、"优秀共产党员"2人。

（八）接受监督情况：

1. 接受财政部门的监督，按时编制报送年度预决算报表，管理费用严格按照"收支两条线"管理；

2. 接受社会监督，主动聘请行风监督员，定期召开座谈会了解大众关切，及时解决社会关注的热点问题；

3. 2017年接受市审计局全面审计一次，审计反映问题8条，当年整改6条，剩下2条需商市财政局共同解决，当年整改率达75%。

池州市住房公积金 2017 年年度报告

一、机构概况

（一）**住房公积金管理委员会**：池州市住房公积金管理委员会有 23 名委员，2017 年召开 2 次会议，审议通过的事项主要包括：

1. 2016 年度住房公积金年度报告；
2. 2016 年度住房公积金归集和使用计划执行情况的报告；
3. 2016 年度住房公积金决算；
4. 2016 年度住房公积金增值收益分配方案；
5. 2017 年度住房公积金归集、使用计划；
6. 2017 年度住房公积金预算；
7. 关于调整 2017 年度住房公积金缴存基数及缴存额上下限的通知；
8. 关于光大银行池州支行受托办理住房公积金贷款业务资格的审查意见。

（二）**住房公积金管理中心**：池州市住房公积金管理中心为直属池州市人民政府不以营利为目的的参公管理事业单位，设 6 个科室，4 个管理部。从业人员 48 人，其中，在编 20 人，非在编 28 人。

二、业务运行情况

（一）**缴存**：2017 年，新开户单位 120 家，实缴单位 1826 家，净增单位 77 家；新开户职工 0.76 万人，实缴职工 7.8 万人，净增职工 0.43 万人；缴存额 10.69 亿元，同比增长 2.59%。2017 年末，缴存总额 82.89 亿元，同比增长 14.81%；缴存余额 28.23 亿元，同比增长 6.85%。

受委托办理住房公积金缴存业务的银行 5 家。

（二）**提取**：2017 年，提取额 8.88 亿元，同比增长 2.9%；占当年缴存额的 83.07%，比上年增加 0.25 个百分点。2017 年末，提取总额 54.66 亿元，同比增长 19.40%。

（三）**贷款**：

个人住房贷款：个人住房贷款最高额度 45 万元，其中，单缴存职工最高额度 35 万元，双缴存职工最高额度 45 万元。

2017 年，发放个人住房贷款 0.12 万笔 3.41 亿元，同比分别下降 53.85%、57.43%。

2017 年，回收个人住房贷款 3.7 亿元。

2017 年末，累计发放个人住房贷款 2.65 万笔 46.65 亿元，贷款余额 25.86 亿元，同比分别增长 4.74%、7.89%、−1.11%。个人住房贷款余额占缴存余额的 91.6%，比上年减少 7.38 个百分点。

受委托办理住房公积金个人住房贷款业务的银行 10 家，比上年增加 1 家。

（四）**融资**：2017 年，融资 0 亿元，归还 2 亿元。2017 年末，融资总额 2 亿元，融资余额 0 亿元。

（五）**资金存储**：2017 年末，住房公积金存款 2.39 亿元。其中，活期 0.14 亿元，1 年以上定期 0.66 亿元，其他（协定、通知存款等）1.59 亿元。

（六）资金运用率：2017年末，住房公积金个人住房贷款余额、项目贷款余额和购买国债余额的总和占缴存余额的91.60%，比上年减少7.38个百分点。

三、主要财务数据

（一）业务收入：2017年，业务收入9460.71万元，同比增长7.55%；存款利息1019.53万元，委托贷款利息8441.18万元。

（二）业务支出：2017年，业务支出6172.34万元，同比下降10.78%。支付职工住房公积金利息5832.18万元，委托贷款手续费340.01万元，其他0.15万元。

（三）增值收益：2017年，增值收益3288.37万元，同比增长75.10%。增值收益率1.2%，比上年增加0.48个百分点。

（四）增值收益分配：2017年，提取贷款风险准备金1784.93万元，提取管理费用568.37万元，提取城市廉租住房（公共租赁住房）建设补充资金2720.00万元。

2017年，上交财政管理费用578.03万元。上缴财政城市廉租住房（公共租赁住房）建设补充资金1300万元。

2017年末，贷款风险准备金余额13081.99万元。累计提取城市廉租住房（公共租赁住房）建设补充资金9054.19万元。

（五）管理费用支出：2017年，管理费用支出693.33万元，同比增长30.31%。其中，人员经费519.86万元，公用经费142.97万元，专项经费30.50万元。

四、资产风险状况

个人住房贷款：2017年末，个人住房贷款逾期额10.35万元，逾期率0.04‰。

个人贷款风险准备金按贷款余额的1%提取。2017年末，提取个人贷款风险准备金1784.93万元，个人贷款风险准备金余额13081.99万元，占个人住房贷款余额的5.06%，个人住房贷款逾期额与个人贷款风险准备金余额的比率为0.08%。

五、社会经济效益

（一）缴存业务：2017年，实缴单位数、实缴职工人数和缴存额同比分别增长4.40%、5.83%和2.59%。

缴存单位中，国家机关和事业单位占61.50%，国有企业占13.36%，城镇集体企业占1.21%，外商投资企业占0.88%，城镇私营企业及其他城镇企业占12.32%，民办非企业单位和社会团体占1.37%，其他占9.36%。

缴存职工中，国家机关和事业单位占52.00%，国有企业占26.16%，城镇集体企业占1.41%，外商投资企业占1.64%，城镇私营企业及其他城镇企业占9.52%，民办非企业单位和社会团体占0.33%，其他占8.94%；中、低收入占97.90%，高收入占2.10%。

新开户职工中，国家机关和事业单位占19.62%，国有企业占14.86%，城镇集体企业占0.18%，外商投资企业占1.48%，城镇私营企业及其他城镇企业占29.76%，民办非企业单位和社会团体占1.45%，

其他占 32.65%；中、低收入占 99.45%，高收入占 0.55%。

（二）提取业务：2017 年，2.84 万名缴存职工提取住房公积金 8.88 亿元。

提取金额中，住房消费提取占 79.05%（购买、建造、翻建、大修自住住房占 34.35%，偿还购房贷款本息占 44.59%，租赁住房占 0.11%）；非住房消费提取占 20.95%（离休和退休提取占 17.23%，完全丧失劳动能力并与单位终止劳动关系提取占 1.58%，户口迁出本市或出境定居占 1.24%，其他占 0.90%）。

提取职工中，中、低收入占 97.18%，高收入占 2.82%。

（三）贷款业务

1. **个人住房贷款**：2017 年，支持职工购建房 14.38 万平方米，年末个人住房贷款市场占有率为 15.15%，比上年减少 4.48 个百分点。通过申请住房公积金个人住房贷款，可节约职工购房利息支出 5963.74 万元。

职工贷款笔数中，购房建筑面积 90（含）平方米以下占 12.27%，90～144（含）平方米占 77.35%，144 平方米以上占 10.38%。购买新房占 77.92%（其中购买保障性住房占 0.08%），购买存量商品住房占 22.08%。

职工贷款笔数中，单缴存职工申请贷款占 67.46%，双缴存职工申请贷款占 32.54%。

贷款职工中，30 岁（含）以下占 37.81%，30 岁～40 岁（含）占 31.63%，40 岁～50 岁（含）占 23.06%，50 岁以上占 7.50%；首次申请贷款占 61.61%，二次及以上申请贷款占 38.39%；中、低收入占 97.86%，高收入占 2.14%。

2. **异地贷款**：2017 年，发放异地贷款 128 笔 3223.10 万元。2017 年末，发放异地贷款总额 19124.30 万元，异地贷款余额 16893.99 万元。

3. **公转商贴息贷款**：2017 年，发放公转商贴息贷款 1680 笔 47979.70 万元，支持职工购建住房面积 19.52 万平方米，当年贴息额 198.41 万元。2017 年末，累计发放公转商贴息贷款 1683 笔 48086.70 万元，累计贴息 198.41 万元。

（四）住房贡献率：2017 年，个人住房贷款发放额、公转商贴息贷款发放额、项目贷款发放额、住房消费提取额的总和与当年缴存额的比率为 142.47%，比上年减少 4.46 个百分点。

六、其他重要事项

（一）当年受托银行变动情况：经池州市住房公积金管理委员会 2017 年第二次全体会议审议通过，2017 年新增加光大银行池州支行为受托办理住房公积金贷款业务的银行，其他受委托办理缴存贷款业务金融机构无变动。

（二）当年缴存基数调整变动情况：根据国务院《住房公积金管理条例》规定，单位与职工缴存住房公积金的月工资基数，原则上不应超过市统计部门公布的上一年度职工月平均工资的 3 倍。2017 年，池州市住房公积金管理中心依据市统计局《统计年鉴》提供的数据，测算出本市单位职工缴存的住房公积金单位补贴部分最高金额为每月不超过 3222 元，并及时予以调整。

（三）当年服务改进情况：

1. 全面推行直联支付业务办理。由窗口受理、业务部门审核，提取业务做到"完成审核，即刻到账"，实现"一站式"提取和实时转账，为职工提供了更加便捷高效的服务。

2. 全面推行异地转移接续业务，制定《住房公积金异地转移接续业务指南》，异地转移通过平台办理，缴存人在转入地办理，避免职工两地跑路现象。

(四) 当年信息化建设情况：

1. 按照住房城乡建设部的统一部署，池州市住房公积金管理中心顺利接入全国住房公积金异地转移接续平台，并开展异地转移接续业务。

2. 2017年池州市住房公积金管理中心基础数据双贯标工作顺利通过住房城乡建设部、省住房城乡建设厅联合验收。通过基础数据贯标，办理银行结算直联业务，服务更加安全快捷，提升了住房公积金服务能力。

3. 顺利接入全国征信网络平台，开办个人征信查询业务。由市中心业务科自行查询，改变了过去由委托银行查询征信业务的状况。

4. 建成服务大厅柜面音视频监控系统，实现排队叫号功能。

5. 2017年11月，按省市两级统一的公共服务事项目录清单，编录住房公积金公共服务事项，全部纳入市网上政务服务平台，实现网上在线办理。2017年12月，住房公积金综合服务平台项目已经公开招标，项目建成后将完成业务系统与政务服务一站通的用户身份互认，网上服务门户注册、认证使用省平台统一身份认证系统，同时实现网上政务服务事项共享数据的联网核查和资金的在线实时结算，力求实现让数据多跑路、人少跑路直至"一次不跑"改革目标。

(五) 当年住房公积金管理中心及职工所获荣誉情况：市中心通过市文明委"第八届市文明单位"考核验收；市中心被市双拥工委授予"2016年度市直双拥工作优秀单位"；市中心党支部被市直工委命名为"示范型基层党组织"；市中心综合服务大厅被共青团池州市委员会命名为"青年文明号"；市中心档案管理工作通过池州市档案局组织的考核验收达省一级标准，2017年度档案年检评价为"四星级单位"，档案管理员吴亮同志被评为"优秀档案员"；在市委宣传部开展"党在我心中学做见行动"主题征文活动中，市中心职工胡红平同志作品获"优秀奖"等。

宣城市住房公积金2017年年度报告

一、机构概况

(一) 住房公积金管理委员会：住房公积金管理委员会有27名委员，2017年召开2次会议，审议通过的事项主要包括：《关于宣城皖南农商行申请开办住房公积金贷款业务的建议》、《关于解决住房公积金资金短缺的建议》、《宣城市2016年度住房公积金归集使用计划执行情况和2017年度住房公积金归集使用计划》、《宣城市住房公积金2016年年度报告》、《关于2016年度住房公积金增值收益分配方案的建议》。

(二) 住房公积金管理中心：住房公积金管理中心为市人民政府不以营利为目的的独立事业单位，设5个科，5个管理部，1个分中心。从业人员59人，其中，在编43人，非在编16人。

二、业务运行情况

(一) 缴存：2017年，新开户单位391家，实缴单位3427家，净增单位273家；新开户职工1.28万人，实缴职工 13.8 万人，净增职工 0.77 万人；缴存额 19.13 亿元，同比下降 8.07%。2017 年末，缴存总额 158.04 亿元，同比增长 13.77%；缴存余额 46.94 亿元，同比下降 1.55%。

受委托办理住房公积金缴存业务的银行 4 家，与上年相同。

（二）提取：2017 年，提取额 19.87 亿元，同比增长 9.12%；占当年缴存额的 103.87%，比上年增加 16.36 个百分点。2017 年末，提取总额 111.1 亿元，同比增长 21.78%。

（三）贷款：

个人住房贷款：个人住房贷款最高额度 40 万元，其中，单缴存职工最高额度 40 万元，双缴存职工最高额度 40 万元。

2017 年，发放个人住房贷款 0.58 万笔 15.57 亿元，同比分别增长 1.75%、1.17%。

2017 年，回收个人住房贷款 9.34 亿元。

2017 年末，累计发放个人住房贷款 5.34 万笔 96.69 亿元，贷款余额 52.04 亿元，同比分别增长 12.18%、19.19%、13.6%。个人住房贷款余额占缴存余额的 110.86%，比上年增加 14.79 个百分点。

受委托办理住房公积金个人住房贷款业务的银行 12 家，比上年增加 4 家。

（四）融资：2017 年，融资 6.94 亿元，归还 0 亿元。2017 年末，融资总额 6.94 亿元，融资余额 6.94 亿元。

（五）资金存储：2017 年末，住房公积金存款 2.26 亿元。其中，活期 1.54 亿元，1 年（含）以下定期 0.0005 亿元，其他（协定、通知存款等）0.72 亿元。

（六）资金运用率：2017 年末，住房公积金个人住房贷款余额、项目贷款余额和购买国债余额的总和占缴存余额的 110.86%，比上年增加 14.79 个百分点。

三、主要财务数据

（一）业务收入：2017 年，业务收入 16655.58 万元，同比增长 8.59%。其中，存款利息 392.38 万元，委托贷款利息 16263.2 万元。

（二）业务支出：2017 年，业务支出 9213.9 万元，同比增长 16.05%。其中，支付职工住房公积金利息 7174.19 万元，归集手续费 0 万元，委托贷款手续费 573.53 万元，其他 1466.18 万元。

（三）增值收益：2017 年，增值收益 7441.68 万元，同比增长 0.59%。其中，增值收益率 1.58%，比上年增加 0.02 个百分点。

（四）增值收益分配：2017 年，提取贷款风险准备金 0 万元，提取管理费用 845.71 万元，提取城市廉租住房（公共租赁住房）建设补充资金 6595.97 万元。

2017 年，上交财政管理费用 845.71 万元。上缴财政城市廉租住房（公共租赁住房）建设补充资金 6593.9 万元。

2017 年末，贷款风险准备金余额 8694.25 万元。累计提取城市廉租住房（公共租赁住房）建设补充资金 36712.93 万元。

（五）管理费用支出：2017 年，管理费用支出 826.79 万元，同比增长 23.07%。其中，人员经费 550.84 万元，公用经费 37.95 万元，专项经费 238 万元。

四、资产风险状况

个人住房贷款：2017年末，个人住房贷款逾期额142.98万元，逾期率0.27‰。

个人贷款风险准备金按贷款余额的1‰提取。2017年，提取个人贷款风险准备金0万元，使用个人贷款风险准备金核销呆坏账0万元。2017年末，个人贷款风险准备金余额8694.25万元，占个人住房贷款余额的1.67%，个人住房贷款逾期额与个人贷款风险准备金余额的比率为1.64%。

五、社会经济效益

（一）缴存业务：2017年，实缴单位数、实缴职工人数和缴存额同比分别增长8.66%、5.91%和－8.07%。

缴存单位中，国家机关和事业单位占53.25%，国有企业占14.88%，城镇集体企业占1.26%，外商投资企业占0.88%，城镇私营企业及其他城镇企业占23.02%，民办非企业单位和社会团体占4.14%，其他占2.57%。

缴存职工中，国家机关和事业单位占51.32%，国有企业占15.52%，城镇集体企业占1.72%，外商投资企业占4.17%，城镇私营企业及其他城镇企业占22.98%，民办非企业单位和社会团体占3.15%，其他占1.14%；中、低收入占98.65%，高收入占1.35%。

新开户职工中，国家机关和事业单位占26.67%，国有企业占5.76%，城镇集体企业占0.98%，外商投资企业占4.59%，城镇私营企业及其他城镇企业占39.08%，民办非企业单位和社会团体占4.77%，其他占18.15%；中、低收入占99.08%，高收入占0.92%。

（二）提取业务：2017年，5.57万名缴存职工提取住房公积金19.87亿元。

提取金额中，住房消费提取占82.84%（购买、建造、翻建、大修自住住房占42.41%，偿还购房贷款本息占40.1%，租赁住房占0.33%，其他占0%）；非住房消费提取占17.16%（离休和退休提取占13.48%，完全丧失劳动能力并与单位终止劳动关系提取占1.54%，户口迁出本市或出境定居占0.75%，其他占1.39%）。

提取职工中，中、低收入占98.35%，高收入占1.65%。

（三）贷款业务：

1. 个人住房贷款：2017年，支持职工购建房66.12万平方米，年末个人住房贷款市场占有率为13.33%，比上年下降1.31个百分点。通过申请住房公积金个人住房贷款，可节约职工购房利息支出34545.92万元。

职工贷款笔数中，购房建筑面积90（含）平方米以下占20.39%，90～144（含）平方米占71.72%，144平方米以上占7.89%。购买新房占67.95%，购买存量商品住房占31.86%，建造、翻建、大修自住住房占0.07%，其他占0.12%。

职工贷款笔数中，单缴存职工申请贷款占43.57%，双缴存职工申请贷款占56.43%。

贷款职工中，30岁（含）以下占33.64%，30岁～40岁（含）占33.35%，40岁～50岁（含）占25.15%，50岁以上占7.86%；首次申请贷款占79.75%，二次及以上申请贷款占20.25%；中、低收入占99.47%，高收入占0.53%。

2. **异地贷款**：2017年，发放异地贷款600笔16379.8万元。2017年末，发放异地贷款总额30826.5万元，异地贷款余额28574.70万元。

3. **公转商贴息贷款**：2017年，发放公转商贴息贷款432笔11545.99万元，支持职工购建住房面积4.65万平方米，当年贴息额45.75万元。2017年末，累计发放公转商贴息贷款432笔11545.99万元，累计贴息45.75万元。

（四）**住房贡献率**：2017年，个人住房贷款发放额、公转商贴息贷款发放额、项目贷款发放额、住房消费提取额的总和与当年缴存额的比率为173.45%，比上年增加30.34个百分点。

六、其他重要事项

（一）**当年机构及职能调整情况、受委托办理缴存贷款业务金融机构变更情况**：宣城市住房公积金管理中心为公益一类政府直属类财政全额拨款事业单位，内设营业部、资金管理科、稽核科、业务科、综合科5个科室，辖广德县分中心和郎溪县、宁国市、泾县、绩溪县、旌德县5个管理部，分中心、县（市）管理部属派出机构，与中心实行统一决策、统一管理、统一制度、统一核算。

2017年，受委托办理住房公积金缴存业务的银行4家，与上年相同；受委托办理住房公积金个人住房贷款业务的银行12家，分别是：工行、建行、农行、中行、徽行、交行、浦发行、邮储银行，新增4家：农商行（宣城、郎溪、泾县、绩溪）。

（二）**当年住房公积金政策调整及执行情况：**

1. **住房公积金缴存政策调整**。从2017年1月1日起调整我市住房公积金月缴存额上、下限标准。月缴存额上限：根据宣城市统计局公布的数据，2016年度宣城市区城镇非私营单位在岗人员年平均工资为68819元，即月平均工资为5735元。按照月缴存工资基数不高于上一年度月平均工资3倍的规定，我市2017年度职工住房公积金月缴存基数上限为17205元，缴存比例不得高于12%。单位及个人月缴存额均不得高于2065元，月缴存总额上限为4130元；月缴存额下限：职工住房公积金的月缴存工资基数为职工本人上一年月平均工资，最低缴存基数不得低于本年度社保基金缴纳基数。缴存比例不得低于5%。

2. **住房公积金提取和贷款政策调整**。依据《宣城市人民政府办公室关于调整促进房地产市场健康的实施意见有关政策的通知》（宣政办秘〔2016〕26号），从1月1日起，恢复三套房住房公积金贷款限制。"用足用活公积金，对已还清第一次住房公积金贷款、第二次申请贷款的，一律按首套房公积金贷款政策执行，即首付比例为20%，执行基准公积金贷款利率，第三次申请公积金贷款的不予批准。"

依据《宣城市人民政府办公室关于促进市区房地产市场稳定健康发展的实施意见》（宣政办〔2017〕22号），从7月1日起，调整住房公积金贷款政策。"住房公积金缴存职工家庭首次使用公积金在市区购买新建商品房住房的，公积金贷款金额不超过40万元，首付比例不低房价款的20%；第二次使用公积金在市区购买新建商品房住房的，公积金贷款金额不超过25万元，首付比例不低房价款的30%。住房公积金缴存职工家庭首次使用公积金在市区购买存量住房的，住房公积金贷款金额不超过30万元；第二次使用住房公积金在市区购买存量住房的，房公积金贷款金额不超过15万元。"

发出《关于规范我市异地公积金贷款事项的通知》（宣公积金〔2017〕29号），"自11月1日起，凡在我市办理异地公积金贷款的申请人，需提供本人在我市行政区划内的户籍证明。非我市户籍的异地公积金贷款申请不再受理。"

依据《宣城市人民政府办公室关于进一步加强住房公积金管理工作的实施意见》（宣政办秘〔2017〕252号）精神，从12月4日起，规范个人住房贷款业务。"重点支持缴存人基本住房消费，保障缴存人家庭首次住房公积金贷款需求，限制住房公积金用于非自住类住房消费。缴存职工家庭首次住房公积金贷款还清满一年，可再次申请住房公积金贷款。不向第三次申请住房贷款的缴存职工家庭发放住房公积金贷款；不受理缴存人因直系亲属间住房产权交易的公积金提取和贷款申请，不受理缴存离异一年以内购买住房的公积金提取和贷款申请；停止受理异地住房公积金缴存职工在我市申请住房公积金贷款。"

3. **住房公积金存贷款利率执行标准**。2017年住房公积金存贷款利率未作调整。目前执行的是，职工住房公积金账户存款利率统一按一年期定期存款基准利率（1.50%）执行；五年期以上个人住房公积金贷款利率为3.25%，五年期以下（含五年）个人住房公积金贷款利率为2.75%。

（三）当年服务改进情况：

1. **改进住房公积金提取业务**。一是优化提取业务办理流程。从7月起，综合公积金缴存、提取、贷款、划转、查询和变更等各项业务为一体，实行综合全能柜员制，减少了窗口办事等候时间和办事环节。9月26日，我中心发出《关于进一步简化住房公积金业务办理手续的通知》，对原来须经过缴存职工单位审核后并加盖章才能办理支取业务，现简化到无需单位盖章、无需复印材料，携带相关材料原件，到中心窗口填写相关表格，即可办理。有效地提升了便民服务效能。二是缩短业务办结时限。8月我市"双贯标"工作通过住房城乡建设部验收，实现了提取资金的实时到账，缩短了住房公积金支取办理时限。三是实现公积金"全国漫游"。根据住房城乡建设部要求，我中心6月下旬正式接入全国住房公积金异地转移接续平台，办理转移业务。全国住房公积金实现"互联互通"，"账随人走、钱随账走"。凡从外地转入我市的缴存职工，只需提供有关材料，即可在我中心办理异地公积金转入业务。省去了职工在转入和转出地之间的往返奔波，简化了接续手续。

2. **优化住房公积金贷款流程**。一是精简办理资料。缴存人提交的《贷款申请表》精减为2份，且无需单位盖章，减少了缴存职工往返次数。二是开通贷款网上受理窗口。缴存职工可委托房地产开发商通过我中心门户网站，办理贷款资料的网上申报。三是缩短贷款办结期限。公积金贷款由原来的15个工作日缩短到10个工作日办结审批手续，中心收到抵押登记证明后4个工作日内完成贷款出票通知，等待放款。

3. **综合服务平台建设情况**。一是建立网上办事大厅。加大中心门户网站的建设与维护力度，对网站进行改版，使网站的信息更新迅速、内容丰富，公积金各类信息一目了然，并开辟了网上缴存业务办理和贷款业务受理。二是充分运用新媒体，提升关注度。开通公积金中心官方微信、微博公众号，向缴存职工传播住房公积金信息，制作各种图文并茂、通俗易懂、生动形象的政策解读，更好地满足人民群众对住房公积金的"知情权、监督权和建议权"。三是提升"12329"服务效能。"12329"服务热线可提供自助语音和人工语音两种服务方式。自助语音全天候24小时服务，人工语音电话接听时间为工作日的上午8点至12点，下午2点半至5点半，可帮助缴存职工实时了解公积金政策和业务办理进度等。积极推进手机短信平台建设。

（四）当年信息化建设情况：2017年8月7日，住房城乡建设部、省住房和城乡建设厅组成住房公积金贯标工作联合检查验收组对我中心贯标工作进行了检查验收。检查验收组经过质询、答疑和讨论，一致同意我中心通过贯标验收。基础数据标准贯彻落实和结算应用系统接入帮助我们实现了提取业务、资金内部调拨业务和委贷资金划拨业务实时直联结算，以及缴存托收实时直联收款和账户变动通知匹配入账等主要功能。

（五）当年住房公积金管理中心及职工所获荣誉情况：2017年我们展示新形象。我们全面落实市委、市政府中心工作要求，以党建带群建，高标准完成了文明创建、脱贫攻坚、防汛抗旱和志愿服务等各项工作任务。被市政府办机关党委授予"优秀党支部"，卞宗兰、包辉2名同志被评为"优秀党员"；积极参与我市第二届全民健身运动会，严格遵守纪律，精心组织安排，宣传工作突出，被运动会组委会授予"优秀组织奖"；我中心窗口被市政务服务中心评为"红旗窗口"；在市机关事务管理局开展的节能标兵评选工作中，我中心2次以第一名成绩被评为节能单位；朱琪同志获得全市文明创建先进个人表彰；牛童同志被授予全市"学雷锋标兵"；费莉、牛童2名同志被市政府办评为"双月政办之星"。

（六）2017年度其他需要披露的情况：

一是加强部门联动促公积金缴存。报请市政府出台文件，将公积金缴存纳入依法办事的评价内容。积极协调、联合人社局于3月13日发出《关于依法缴存住房公积金的通知》，要求全市用工单位按照《住房公积金管理条例》依法为职工缴存公积金，并突破性地将依法缴存住房公积金写入《劳动合同》，推动制度建立。

二是规范与受托银行业务合作。为与委托银行之间的合作更加密切，进一步理顺双方之间的合作关系，明确双方的权利和义务，严明有关责任条款，本着"谁承办、谁负责"的原则，从7月1日起在全市使用同一格式的《住房公积金借款合同》；停止向商业银行支付归集手续费，自行承担公积金归集全部工作，减少业务支出；从第二季度开始对受托商业银行实施业务考核，有助于调动受托银行的工作积极性，提升合作双方的工作效能。

三是规范房产开发企业使用公积金行为。12月13日，联合房管局出台《关于进一步规范商品房销售行为的通知》规定房地产开发企业在办理商品房预售许可前，应与市住房公积金管理中心签订《商品房贷款合作协议》，在商品房销售过程中不得拒绝购房人使用公积金贷款购房；规定房地产开发企业取得预售许可证后，十日内一次性公开全部可售房源，按规定价格明码销售。

四是进一步规范我市住房公积金管理。为贯彻落实《安徽省人民政府办公厅关于进一步加强住房公积金管理的工作意见》，11月30日报请市政府出台《宣城市人民政府办公室关于进一步加强住房公积金管理工作的实施意见》。《意见》的实施，对我市住房公积金发展有了明确的指引，在加强住房公积金管理上，有助于进一步贯彻落实《住房公积金管理条例》，切实加大行政执法力度；有助于进一步加强住房公积金管理，完善风险防控措施；有助于保障和维护单位职工享有的住房公积金权益；有助于加强各部门信息共享，协调互助。

五是增强法律意识，提升依法办事能力。9月中旬，我中心与安徽明泉律师事务所正式签订聘用合同，聘请该所为公积金中心的法律顾问，参与公积金中心重大事项的决策以及重要规范性文件的起草、审查。同时，积极组织开展法律知识学习培训，运用法治思维和法治方式加大催收还贷力度。依据中心、委托贷款银行和商品房开发企业三家的合作协议规定，成功收回张某逾期贷款本息合计36.7万元，通过法律诉讼共清理逾期贷款92.4万元，将贷款逾期率有效地控制在1‰以内。

六是拓展融资渠道，保障住房贷款。为缓解贷款资金压力，拓宽贷款资金筹资渠道，保证购房贷款的合理资金需求，进一步增强资金流动性，我中心报经市住房公积金管委会同意，采用短期融资贷款，探索开办"公转商"业务，适度缓解我市住房公积金资金流动性不足。

七是致力防范骗提骗贷行为。近年来提供虚假异地购房资料骗取住房公积金现象频发。首先是加强工作人员的业务学习和提高相关凭证的真伪甄别能力；其次是通过与相关职能部门的联网查询，对职工办理业务提供的信息材料进行核查；对提供虚假信息材料的人员，依据7月出台的《宣城市住房公积金提取和贷款失信行为管理暂行规定》向其所在单位通报，将骗提、骗贷的行为纳入信用记录并予以公开曝光。全年先后发现并查处七起利用虚假异地购房资料骗提公积金的行为，涉及金额达44.93万元，挽回经济损失44.93万元。

八是提升档案管理水平，促进资金安全保障。10月11日，我中心以93.9的高分成绩通过了省级档案管理目标考核，达到了"省一级"标准。公积金档案的标准化管理有效地规范了公积金归集、支取、计息和贷款等相关业务。

2017 全国住房公积金年度报告汇编

福建省

福州市
厦门市
莆田市
三明市
泉州市
漳州市
南平市
龙岩市
宁德市

福建省住房公积金 2017 年年度报告

一、机构概况

(一) 住房公积金管理机构:

全省 9 个设区城市和平潭综合实验区均设有住房公积金管理委员会,作为住房公积金管理决策机构,负责在《住房公积金管理条例》框架内审议住房公积金决策事项,制定和调整住房公积金具体管理措施并监督实施。

全省 9 个设区城市和平潭综合实验区均设有住房公积金管理中心,省会城市福州另设有三个住房公积金管理机构,分别是:福建省直单位住房公积金管理中心(隶属福建省机关事务管理局)、福州住房公积金管理中心铁路分中心(隶属中国铁路南昌局集团有限公司)和福州住房公积金管理中心福建省能源集团分中心(隶属福建省能源集团有限责任公司)。全省设有服务网点 87 个,从业人员 916 人,其中,在编 612 人,非在编 304 人。

(二) 住房公积金监管机构:

福建省住房和城乡建设厅、财政厅和中国人民银行福州中心支行负责对本省住房公积金管理运行情况进行监督。福建省住房城乡建设厅设有住房公积金监管处,负责辖区住房公积金日常监管工作。

二、业务运行情况

(一) 缴存:

2017 年,新开户单位 15658 家,实缴单位 105332 家,净增单位 13211 家;新开户职工 78.1 万人,实缴职工 374.02 万人,净增职工 32.42 万人;缴存额 523.77 亿元,同比增长 13.02%。2017 年末,缴存总额 3530.81 亿元,同比增长 17.42%;缴存余额 1375.06 亿元,同比增长 12.91%。

(二) 提取:

2017 年,提取额 366.54 亿元,同比增长 7.5%;占当年缴存额的 69.98%,比上年减少 3.6 个百分点。2017 年末,提取总额 2155.76 亿元,同比增长 20.49%。

(三) 贷款:

1. **个人住房贷款:** 2017 年,发放个人住房贷款 5.78 万笔 243.58 亿元,同比下降 29.24%、34.19%。回收个人住房贷款 158.24 亿元。2017 年末,累计发放个人住房贷款 90.73 万笔 2303.9 亿元,贷款余额 1373.58 亿元,同比分别增长 6.82%、11.82%、6.62%。个人住房贷款余额占缴存余额的 99.89%,比上年减少 5.89 个百分点。

2. **住房公积金支持保障性住房建设项目贷款:** 2017 年未发放支持保障性住房建设项目贷款,无应还贷款本金。

(四) 购买国债:

2017 年,未购买国债。当年未(兑付、转让、收回)国债,国债余额 0.48 亿元,与上年同期保持不变。

(五) 融资:

2017 年,融资 55.25 亿元,归还 83.03 亿元。2017 年末,融资总额 224.08 亿元,融资余额 103.35 亿元。

(六) 资金存储:

2017 年末,住房公积金存款 117.68 亿元。其中,活期 9.77 亿元,1 年(含)以下定期 43.25 亿元，1 年以上定期 0.36 亿元，其他（协定、通知存款等）64.3 亿元。

（七）**资金运用率**：2017 年末，住房公积金个人住房贷款余额、项目贷款余额和购买国债余额的总和占缴存余额的 99.92%，比上年减少 5.9 个百分点。

三、主要财务数据

（一）**业务收入**：2017 年，业务收入 462411.55 万元，同比增长 10.5%。其中，存款利息 29571.35 万元，委托贷款利息 432557.51 万元，国债利息 161.61 万元，其他 121.08 万元。

（二）**业务支出**：2017 年，业务支出 273141.43 万元，同比增长 12.15%。其中，支付职工住房公积金利息 191902.59 万元，归集手续费 10981.85 万元，委托贷款手续费 12632.92 万元，其他 57624.07 万元。

（三）**增值收益**：2017 年，增值收益 189270.12 万元，同比增长 8.2%；增值收益率 1.46%，比上年减少 0.05 个百分点。

（四）**增值收益分配**：2017 年，提取贷款风险准备金 46039.44 万元，提取管理费用 13119.79 万元，提取城市廉租住房（公共租赁住房）建设补充资金 130110.89 万元。

2017 年，上交财政管理费用 19137.71 万元，上缴财政城市廉租住房（公共租赁住房）建设补充资金 75991.83 万元。

2017 年末，贷款风险准备金余额 563752.65 万元，累计提取城市廉租住房（公共租赁住房）建设补充资金 841462.06 万元。

（五）**管理费用支出**：2017 年，管理费用支出 16781.54 万元，同比增长 20.45%。其中，人员经费 9893.68 万元，公用经费 1337.78 万元，专项经费 5550.08 万元。

四、资产风险状况

（一）**个人住房贷款**：2017 年末，个人住房贷款逾期额 2509.14 万元，逾期率 0.183‰。

2017 年，提取个人贷款风险准备金 46039.44 万元，当年未使用个人贷款风险准备金核销呆坏账。2017 年末，个人贷款风险准备金余额 560692.65 万元，占个人贷款余额的 4.08%，个人贷款逾期额与个人贷款风险准备金余额的比率为 0.45%。

（二）**住房公积金支持保障性住房建设项目贷款**：我省项目贷款于 2015 年已全部结清，无项目贷款逾期情况，全省项目贷款风险准备金余额为 3060 万元，其中厦门贷款风险准备金余额 1840 万元，福州贷款风险准备金余额 1220 万元。

（三）**历史遗留风险资产**：2017 年末，无历史遗留风险资产。

五、社会经济效益

（一）**缴存业务**：2017 年，实缴单位数、实缴职工人数和缴存额增长率分别为 14.34%、9.49% 和 13.02%。

缴存单位中，国家机关和事业单位占 24.32%，国有企业占 9.05%，城镇集体企业占 2.92%，外商投资企业占 4.13%，城镇私营企业及其他城镇企业占 41.6%，民办非企业单位和社会团体占 2.45%，其他占15.53%。

缴存职工中，国家机关和事业单位占30.7%，国有企业占23.79%，城镇集体企业占1.65%，外商投资企业占9.82%，城镇私营企业及其他城镇企业占22.28%，民办非企业单位和社会团体占1.65%，其他占10.11%；中、低收入占97.33%，高收入占2.67%。

新开户职工中，国家机关和事业单位占7.75%，国有企业占12.67%，城镇集体企业占4.03%，外商投资企业占11.38%，城镇私营企业及其他城镇企业占47.13%，民办非企业单位和社会团体占2.81%，其他占14.23%；中、低收入占98.94%，高收入占1.06%。

（二）提取业务：2017年，146.02万名缴存职工提取住房公积金366.54亿元。

提取金额中，住房消费提取占76.55%（购买、建造、翻建、大修自住住房占28.73%，偿还购房贷款本息占46.74%，租赁住房占1.01%，其他占0.07%）；非住房消费提取占23.45%（离休和退休提取占11.38%，完全丧失劳动能力并与单位终止劳动关系提取占6.39%，户口迁出所在市或出境定居占2.65%，其他占3.03%）。

提取职工中，中、低收入占96.62%，高收入占3.38%。

（三）贷款业务：

1. 个人住房贷款：2017年，支持职工购建房648.59万平方米。年末个人住房贷款市场占有率为12.62%，比上年同期减少1.21个百分点。通过申请住房公积金个人住房贷款，可节约职工购房利息支出628066.84万元。

职工贷款笔数中，购房建筑面积90（含）平方米以下占31.43%，90～144（含）平方米占60.85%，144平方米以上占7.72%。购买新房占75.7%（其中购买保障性住房占3.14%），购买存量商品房占23.71%，建造、翻建、大修自住住房占0.2%，其他占0.39%。

职工贷款笔数中，单缴存职工申请贷款占48.39%，双缴存职工申请贷款占51.18%，三人及以上缴存职工共同申请贷款占0.43%。

贷款职工中，30岁（含）以下占33.88%，30岁～40岁（含）占36.96%，40岁～50岁（含）占23.24%，50岁以上占5.92%；首次申请贷款占90.01%，二次及以上申请贷款占9.99%；中、低收入占95.53%，高收入占4.47%。

2. 异地贷款：2017年，发放异地贷款1868笔81160.9万元。2017年末，发放异地贷款总额161449.20万元，异地贷款余额145950.31万元。

3. 公转商贴息贷款：2017年，发放公转商贴息贷款18380笔806124.3万元，支持职工购建房面积213.14万平方米。当年贴息额13772.33万元。2017年末，累计发放公转商贴息贷款32938笔1632041.90万元，累计贴息18991.18万元。

4. 住房公积金支持保障性住房建设项目贷款：2017年，我省未开展住房公积金支持保障性住房建设项目贷款。

（四）住房贡献率：2017年，个人住房贷款发放额、公转商贴息贷款发放额、项目贷款发放额、住房消费提取额的总和与当年缴存额的比率为115.47%，比上年减少38.82个百分点。

六、其他重要事项

1. 2017年3月28日，省住房城乡建设厅联合财政厅、人民银行福州中心支行印发《关于加强住房公积金资金流动性管理的通知》(闽建金〔2017〕1号),《通知》要求停止向第三次(及以上)使用公积金贷款和购买第三套(及以上)住房的职工发放公积金贷款,提高第二次使用公积金贷款的最低首付比例,并要求各地结合当地实际,进一步调整使用政策。11月30日,省住房城乡建设厅印发《关于进一步规范商品房销售中使用住房公积金贷款购房行为的通知》(闽建房〔2017〕8号),明确要求房地产开发企业不得阻挠或拒绝购房人选择使用住房公积金贷款购房。

2. 2017年6月19日,省住房城乡建设厅联合省国土资源厅印发《关于住房公积金管理机构与房地产交易机构、不动产登记机构实现信息共享有关事项的通知》(闽建金〔2017〕2号),推动公积金中心与当地房地产交易登记机构实现信息共享,减轻职工办事要件。全省各住房公积金管理中心(分中心)全面接入全国住房公积金异地转移接续平台,实现"账随人走、钱随账走",满足缴存职工跨地区转移公积金账户和资金需求,减少职工往返奔波。全面推进综合服务平台建设,全省各地基本开通微信、手机App、自助终端、网上服务大厅等多种服务渠道,打造"多元化"服务平台,切实贯彻落实"放管服"改革要求。

3. 启动新版福建省住房公积金综合管理信息系统开发建设,截至2017年底已基本完成系统开发建设工作,进入测试阶段。新版信息系统全面贯彻住房城乡建设部印发的《住房公积金基础数据标准》要求,对接全国结算应用系统和转移接续平台,实现资金实时结算和实时监控,采用全省数据集中的数据管理模式,打破省内公积金中心地域限制,保证了职工账户在全省范围内的唯一性和数据共享。推进各地12329短信、福建公积金APP、微信、网上服务大厅等多种服务渠道建设开通,并通过整合建立"统一登录、多渠道办理"体系,打造外联统一、接口统一、管理统一的公积金综合服务平台。

4. 2017年全省全系统创建地市级以上文明单位7个,青年文明号2个,工人先锋号1个,三八红旗手6个,先进集体和个人6个,其他类荣誉称号5个。其中,国家级荣誉称号2个,省部级荣誉称号7个,地市级荣誉称号18个。

福州住房公积金2017年年度报告

一、机构概况

(一)住房公积金管理委员会:福州住房公积金管理委员会有25名委员,2017年共召开1次全体成员会议,2次主任委员办公会议,审议通过的事项主要包括:

1. 第二届管委会主任委员、副主任委员和委员名单。
2. 各中心《2016年住房公积金计划执行情况和2017年住房公积金计划(草案)的报告》。
3. 《关于加强住房公积金资金流动性管理的通知》。
4. 《关于"闽都英才卡"持有人住房公积金特殊支持政策的暂行规定》。
5. 《关于规范住房公积金部分业务的通知》。
6. 《关于协助有权机关查询、冻结、扣划住房公积金工作管理暂行规定》。

7.《关于调整 2017 年度福州住房公积金缴存基数的通知》。

（二）**住房公积金管理中心**：福州住房公积金管理中心为直属于市政府不以营利为目的的参照公务员法管理的正处级事业单位，主要负责全市住房公积金的归集、管理、使用和会计核算。目前中心内设 7 个处，下设 9 个管理部。从业人员 155 人，其中，在编 88 人，非在编 67 人。

福建省直单位住房公积金管理中心隶属于福建省机关事务管理局，是不以营利为目的的参照公务员法管理的正处级事业单位，主要负责在榕省属单位和中央驻榕单位住房公积金的归集、管理、使用和会计核算。目前中心设 6 个处（科），从业人员 43 人，其中，在编 18 人，非在编 25 人。

福州住房公积金管理中心福建省能源集团分中心隶属于福建省能源集团有限责任公司，是不以营利为目的机构属性单位，主要负责福建省内能源集团公司所属职工住房公积金归集、管理、使用和会计核算。目前中心设 4 个处（科），从业人员 8 人，其中，在编 8 人，非在编 0 人。

福州住房公积金管理中心福州铁路分中心为隶属于中国铁路南昌局集团有限公司的不以营利为目的的正处级国有企业单位，主要负责中国铁路南昌局集团有限公司福建省境内所属各单位、合资铁路公司、铁路集体经济企业以及其他委托单位住房公积金归集、管理、使用和会计核算。目前中心设 5 个科室，从业人员 16 人，其中，在编 16 人，非在编 0 人。

二、业务运行情况

（一）**缴存**：2017 年，新开户单位 3410 家，实缴单位 19273 家，净增单位 1765 家；新开户职工 21.62 万人，实缴职工 89.83 万人，净增职工 5.05 万人；缴存额 150.66 亿元，同比增长 13.78%。2017 年末，缴存总额 1019.37 亿元，同比增长 17.34%；缴存余额 386.33 亿元，同比增长 13.20%。

受委托办理住房公积金缴存业务的银行 6 家，分别是建设银行、工商银行、中国银行、农业银行、兴业银行、福州农村商业银行。

（二）**提取**：2017 年，提取额 105.61 亿元，同比增长 10.55%；占当年缴存额的 70.10%，比上年减少 2.05 个百分点。2017 年末，提取总额 633.04 亿元，同比增长 20.02%。

（三）**贷款**：

1. **个人住房贷款**：个人住房贷款最高额度 60 万元，其中，单缴存职工最高额度 40 万元，双缴存职工最高额度 60 万元。

2017 年，发放个人住房贷款 1.37 万笔 58.88 亿元，同比分别下降 8.40%、20.67%。其中，福州中心发放个人住房贷款 0.54 万笔 22.49 亿元，省直中心发放个人住房贷款 0.6 万笔 27.72 亿元，铁路分中心发放个人住房贷款 0.2 万笔 7.7 亿元，能源分中心发放个人住房贷款 0.03 万笔 0.97 亿元。

2017 年，回收个人住房贷款 37.65 亿元。其中，福州中心 17.71 亿元，省直中心 16.85 亿元，铁路分中心 2.29 亿元，能源分中心 0.8 亿元。

2017 年末，累计发放个人住房贷款 16.87 万笔 562.96 亿元，贷款余额 365.10 亿元，同比分别增长 8.78%、11.68%、6.17%。个人住房贷款余额占缴存余额的 94.50%，比上年减少 6.26 个百分点。

受委托办理住房公积金个人住房贷款业务的银行 7 家，分别是建设银行、工商银行、农业银行、中国银行、交通银行、兴业银行、福州农村商业银行。

2. **住房公积金支持保障性住房建设项目贷款**：2017 年，未发放支持保障性住房建设项目贷款，2017

年末，累计发放项目贷款 4.15 亿元，已于 2013 年 5 月全部回收。

（四）**融资**：2017 年，融资 0.5 亿元，归还 18 亿元。2017 年末，融资总额 24.95 亿元，融资余额 0 元。

（五）**资金存储**：2017 年末，住房公积金存款 23.85 亿元。其中，活期 4.14 亿元，1 年（含）以下定期 12.10 亿元，1 年以上定期 0.36 亿元，其他（协定、通知存款等）7.25 亿元。

（六）**资金运用率**：2017 年末，住房公积金个人住房贷款余额、项目贷款余额和购买国债余额的总和占缴存余额的 94.50%，比上年减少 6.26 个百分点。

三、主要财务数据

（一）**业务收入**：2017 年，业务收入 118310.93 万元，同比增长 2%。其中，福州中心 61607.48 万元，省直中心 45992.30 万元，铁路分中心 8443.21 万元，能源分中心 2267.94 万元；存款利息 6451.69 万元，委托贷款利息 111859.24 万元。

（二）**业务支出**：2017 年，业务支出 70214.27 万元，同比增长 2.77%。其中，福州中心 35840 万元，省直中心 29193.75 万元，铁路分中心 4137.86 万元，能源分中心 1042.66 万元,；支付职工住房公积金利息 54549.03 万元，归集手续费 4298.20 万元，委托贷款手续费 3867.38 万元，其他 7499.66 万元。

（三）**增值收益**：2017 年，增值收益 48096.66 万元，同比增长 0.91%。其中，福州市中心 25767.48 万元，省直中心 16798.55 万元，铁路分中心 4305.35 万元，能源分中心 1225.28 万元；增值收益率 1.32%，比上年减少 0.16 个百分点。

（四）**增值收益分配**：2017 年，提取贷款风险准备金 9344.77 万元，提取管理费用 1370.87 万元，提取城市廉租住房建设补充资金 37381.02 万元。

2017 年，上交财政管理费用 7550 万元。上缴财政城市廉租住房建设补充资金 23427.20 万元。其中，福州中心上缴 13133.11 万元，省直中心上缴 10294.09 万元。

2017 年末，贷款风险准备金余额 151256.12 万元。累计提取城市廉租住房建设补充资金 251854.65 万元。其中，福州中心提取 115998.05 万元，省直中心提取 114110.45 万元，铁路分中心提取 18173.26 万元，能源分中心提取 3572.89 万元。

（五）**管理费用支出**：2017 年，管理费用支出 4212.34 万元，同比增长 20.42%。其中，人员经费 2398.33 万元，公用经费 346.42 万元，专项经费 1467.59 万元。

福州中心管理费用支出 2896.02 万元，其中，人员、公用、专项经费分别为 1462.11 万元、174.76 万元、1259.15 万元；省直中心管理费用支出 617.63 万元，其中，人员、公用、专项经费分别为 464.21 万元、67.50 万元、85.92 万元；铁路分中心管理费用支出 430.86 万元，其中，人员、公用、专项经费分别为 354.39 万元、29.11 万元、47.36 万元；能源分中心管理费用支出 267.83 万元，其中，人员、公用、专项经费分别为 117.62 万元、75.05 万元、75.16 万元。

四、资产风险状况

个人住房贷款：2017 年末，个人住房贷款逾期额 201.58 万元，逾期率 0.055‰。其中，福州市中心 0.068‰，省直中心 0.011‰，铁路分中心 0.219‰，能源分中心 0.057‰。

个人贷款风险准备金按贷款余额的 0.26% 提取。2017 年，提取个人贷款风险准备金 9344.77 万元，使用个人贷款风险准备金核销呆坏账 0 万元。2017 年末,个人贷款风险准备金余额 150036.12 万元,占个人住房贷款余额的 4.11%,个人住房贷款逾期额与个人贷款风险准备金余额的比率为 0.13%。

五、社会经济效益

(一)**缴存业务**:2017 年,实缴单位数、实缴职工人数和缴存额同比分别增长 10.08%、5.96% 和 13.78%。

缴存单位中,国家机关和事业单位占 32.50%,国有企业占 9.54%,城镇集体企业占 1.74%,外商投资企业占 2.43%,城镇私营企业及其他城镇企业占 40.28%,民办非企业单位和社会团体占 2.25%,其他占 11.26%。

缴存职工中,国家机关和事业单位占 27.61%,国有企业占 32.22%,城镇集体企业占 1.27%,外商投资企业 5.75%,城镇私营企业及其他城镇企业占 22.23%,民办非企业单位和社会团体占 1.60%,其他占 9.32%;中、低收入占 96.19%,高收入占 3.81%。

新开户职工中,国家机关和事业单位占 1.89%,国有企业占 11.10%,城镇集体企业占 9.58%,外商投资企业占 4.4%,城镇私营企业及其他城镇企业占 57.08%,民办非企业单位和社会团体占 3.3%,其他占 12.65%;中、低收入占 97.57%,高收入占 2.43%。

(二)**提取业务**:2017 年,50.11 万名缴存职工提取住房公积金 105.61 亿元。

提取金额中,住房消费提取占 75.07%(购买、建造、翻建、大修自住住房占 30.48%,偿还购房贷款本息占 44.34%,租赁住房占 0.2%,其他占 0.05%);非住房消费提取占 24.93%(离休和退休提取占 11.68%,完全丧失劳动能力并与单位终止劳动关系提取占 11.84%,户口迁出本市或出境定居占 0.35%,其他占 1.06%)。

提取职工中,中、低收入占 96.85%,高收入占 3.15%。

(三)**贷款业务**:

1. **个人住房贷款**:2017 年,支持职工购建房 159.19 万平方米,年末个人住房贷款市场占有率为 11.23%,比上年减少 0.89 个百分点。通过申请住房公积金个人住房贷款,可节约职工购房利息支出 111960.64 万元。

职工贷款笔数中,购房建筑面积 90(含)平方米以下占 35.68%,90~144(含)平方米占 58.78%,144 平方米以上占 5.54%。购买新房占 84.99%,购买存量商品住房占 15.01%。

职工贷款笔数中,单缴存职工申请贷款占 57.23%,双缴存职工申请贷款占 42.77%。

贷款职工中,30 岁(含)以下占 37.43%,30 岁~40 岁(含)占 34.93%,40 岁~50 岁(含)占 20.82%,50 岁以上占 6.82%;首次申请贷款占 93.34%,二次及以上申请贷款占 6.66%;中、低收入占 89.34%,高收入占 10.66%。

2. **异地贷款**:2017 年,发放异地贷款 96 笔 4954.40 万元。2017 年末,发放异地贷款总额 32824.40 万元,异地贷款余额 24424.07 万元。

3. **公转商贴息贷款**:2017 年,发放公转商贴息贷款 3290 笔 133762.50 万元,支持职工购建住房面积 45.18 万平方米,当年贴息额 5153.50 万元。2017 年末,累计发放公转商贴息贷款 10257 笔 504380.80 万元,累计贴息 6441.22 万元。

（四）住房贡献率：2017年，个人住房贷款发放额、公转商贴息贷款发放额、项目贷款发放额、住房消费提取额的总和与当年缴存额的比率为100.59%，比上年减少36.64个百分点。

六、其他重要事项

（一）调整公积金贷款和提取政策：

贷款方面：除五城区外，在福州七县（市）范围内购房的职工家庭，首次申请使用住房公积金贷款首付款比例不低于30%，第二次申请首付款比例不低于40%；停止向购买第三套（及以上）住房或第三次申请公积金贷款的职工家庭发放住房公积金贷款；"闽都英才卡"持有人及其配偶在福州地区购房，可从正常缴存住房公积金当月起申请住房公积金贷款，首次申请住房公积金贷款最高额度放宽至最高贷款额度的4倍；职工因工作变动未中断缴存或因离职再就业中断缴存并在3个月内重新建缴住房公积金，可在将原账户余额转移至新账户后合并计算缴存时间。

提取方面：购房及还贷提取只能以夫妻名下的一套住房来申请提取，职工购买自住住房的应一次性申请提取住房公积金，提取金额不得超过首付金额或购房总价；职工申请还贷或委托冲还贷须在偿还购房贷款本息满12个月后办理，委托冲还贷业务终止后再次申请须间隔满12个月；除销户类提取、提前结清贷款类提取、因特殊情形造成家庭严重困难类提取外，其他提取均应间隔满12个月。

（二）规范缴存基数和缴存比例：2017年7月福州地区调整了住房公积金缴存基数，其中除中央驻闽单位外的其他单位及其在职职工住房公积金最高月缴存基数为16908元，福州地区中央驻闽单位及其在职职工住房公积金最高月缴存基数为28180元，2017年7月1日前开户的单位最低月缴存基数为1650元，2017年7月1日后开户单位最低月缴存基数参照省政府最新公布的福州市最低工资标准执行。自2017年1月1日起，福州地区新办理住房公积金缴存登记的城镇集体企业、非公企业、民办非企业单位，缴存比例由各单位根据自身实际在5%（含）至12%（含）之间确定。

（三）存贷款利率执行标准：5年期以下（含）个人住房公积金贷款利率为2.75%，5年期以上个人住房贷款利率为3.25%；个人住房公积金存款利率为1.5%。

（四）提升服务管理水平："放管服"改革成效显著，大力开展"减证便民"专项行动，推进服务提速增效。其中，福州中心取消无法律依据的证明材料1项，取消通过提交有效证件即可证明的材料1项，29个住房公积金公共服务在办事项实现"最多跑一趟"，退休职工网上提取实现"一趟不用跑"；省直中心实现3类缴存、10类提取业务列入省级第一批"一趟不要跑，最多跑一趟"办事清单，合计29项业务实现即到即办、一次办结。

（五）加快推进信息化建设：全面接入住房城乡建设部资金结算应用和异地转移接续平台，完善网站、手机APP、微信公众号、12329短信等八大服务渠道的建设，积极推动建设全省统一的住房公积金综合管理信息系统，并对原有的业务信息系统和网上服务大厅进行功能优化和升级改造，开通网上基数调整、网上预约、网上对账、密码修改和贷款进度查询功能。

（六）加强行政执法力度：2017年福州中心对15起住房公积金建缴违法行为进行行政立案，申请人民法院强制执行2起，并对一企业未为职工建缴住房公积金依法作出罚款1万元的行政处罚，目前已结案5起，其余10起正按程序开展执法；共查实骗取骗贷行为55起，移送公安机关22起、移交市纪委33起。

（七）当年获得荣誉情况：2017年福州中心被省文明办评为2015-2017年省级文明单位，团总支获得了市级"五四奖章"的光荣称号，城区管理部获得了全国"青年文明号"，福清管理部获得了市级"巾帼文明岗"，4名职工分别获得全国、省、市先进个人表彰。

厦门市住房公积金2017年年度报告

一、机构概况

（一）住房公积金管理委员会：住房公积金管理委员会现有28名委员，2017年共召开2次会议，审议通过的事项主要包括：《厦门市住房公积金2016年年度报告》、《厦门市商业银行承办住房公积金金融业务准入退出管理办法》、厦门市2016年度住房公积金决算、厦门市2016年度住房公积金归集使用计划执行情况、厦门市2016年度住房公积金增值收益分配方案、厦门市2017年度住房公积金预算、《厦门市住房公积金缴存比例调整方案》、《厦门市2017年度住房公积金缴存额上下限调整方案》、《机关事业单位新调入人员住房公积金缴存基数计算口径调整方案》、台港澳籍在厦职工继续缴存住房公积金问题、中信银行股份有限公司厦门分行承办住房公积金贷款金融业务问题、关于加强打击和防范住房公积金骗提骗贷行为的意见、2017年住房公积金管理运行情况及2018年工作计划的报告、2016年度住房公积金管理使用审计情况及整改落实情况、关于厦门国际银行股份有限公司厦门分行承办住房公积金金融业务问题。

（二）住房公积金管理中心：住房公积金管理中心为直属厦门市人民政府不以营利为目的的参照公务员法管理事业单位，内设7个科，1个管理部，从业人员63人，其中在编人员47人，非在编人员16人。

二、业务运行情况

（一）缴存：2017年，新开户单位5963家，实缴单位31740家，净增单位4536家；新开户职工24.35万人，实缴职工107.68万人，净增职工9万人；缴存额129.5亿元，同比增长14.53%。2017年末，缴存总额832.01亿元，同比增长18.43%；缴存余额306.36亿元，同比增长16.39%。

受委托办理住房公积金缴存业务的银行7家，与上年保持不变。

（二）提取：2017年，提取额86.37亿元，同比下降0.56%；占当年缴存额的66.69%，比上年减少10.13个百分点。2017年末，提取总额525.65亿元，同比增长19.66%。

（三）贷款：

1. 个人住房贷款：个人住房贷款最高额度100万元，其中，单缴存职工最高额度50万元，双缴存职工最高额度100万元。

2017年，发放个人住房贷款0.36万笔22.35亿元，同比分别下降73.04%、73.95%。

2017年，回收个人住房贷款30.12亿元。

2017年末，累计发放个人住房贷款15.51万笔498.12亿元，贷款余额275.3亿元，同比分别增长2.38%、4.70%，下降2.74%。个人住房贷款余额占缴存余额的89.86%，比上年减少17.68个百分点。

受委托已在办理住房公积金个人住房贷款业务的银行共9家，与上年保持不变。

2. 住房公积金支持保障性住房建设项目贷款：2017年末，累计发放项目贷款4.6亿元，已全部收回，无项目贷款余额。

（四）**融资**：2017年，当年未新增融资，归还24亿元。2017年末，融资总额51.30亿元，融资余额13.30亿元。

（五）**资金存储**：2017年末，住房公积金存款45.88亿元。其中，活期0.05亿元，1年（含）以下定期30.40亿元，协定存款15.43亿元。

（六）**资金运用率**：2017年末，住房公积金个人住房贷款余额、项目贷款余额和购买国债余额的总和占缴存余额的89.86%，比上年减少了17.68个百分点。

三、主要财务数据

（一）**业务收入**：2017年，业务收入99608.09万元，同比增长12.83%。其中，存款利息9392.61万元，委托贷款利息90214.39万元，其他1.09万元。

（二）**业务支出**：2017年，业务支出55573.69万元，同比增长7.99%。其中，支付职工住房公积金利息39872.25万元，归集手续费2196.51万元，委托贷款手续费2601.94万元，贴息支出5764.38万元，融资借款利息支出4976.59万元，其他支出162.02万元。

（三）**增值收益**：2017年，增值收益44034.40万元，同比增长19.58%。增值收益率1.55%，比上年增加0.07个百分点。

（四）**增值收益分配**：2017年，未提取贷款风险准备金，提取管理费用2122.06万元，提取城市廉租住房（公共租赁住房）建设补充资金41912.34万元。

2017年，上交财政管理费用1879.97万元。上缴财政城市廉租住房（公共租赁住房）建设补充资金15079.74万元。

截至2017年末，贷款风险准备金余额115066.96万元。累计提取城市廉租住房（公共租赁住房）建设补充资金219155.85万元。

（五）**管理费用支出**：2017年，管理费用支出2000.77万元，同比增长12.74%。其中，人员经费1206.88万元，公用经费284.74万元，专项经费509.15万元。

四、资产风险状况

（一）**个人住房贷款**：2017年末，个人住房贷款逾期额211.33万元，逾期率0.077‰。

当年未提取个人贷款风险准备金，当年未使用个人贷款风险准备金核销呆坏账。2017年末，个人贷款风险准备金余额113226.96万元，占个人住房贷款余额的4.11%，个人住房贷款逾期额与个人贷款风险准备金余额的比率为0.19%。

（二）**支持保障性住房建设试点项目贷款**：2017年末，项目贷款已全部结清，无项目贷款逾期情况。

当年未计提项目贷款风险准备金，未使用贷款风险准备金核销项目贷款，项目贷款风险准备金余额为1840万元。

五、社会经济效益

(一)缴存业务: 2017 年,实缴单位数、实缴职工人数和缴存额同比分别增长 16.67%、9.38%和 14.53%。

缴存单位中,国家机关和事业单位占 4.38%,国有企业占 5.69%,城镇集体企业占 0.58%,外商投资企业占 6.89%,城镇私营企业及其他城镇企业占 49.04%,民办非企业单位和社会团体占 2.2%,其他占 31.22%。

缴存职工中,国家机关和事业单位占 12.14%,国有企业占 18.14%,城镇集体企业占 1.26%,外商投资企业占 21.68%,城镇私营企业及其他城镇企业占 22.31%,民办非企业单位和社会团体占 1.54%,其他占 22.93%;中、低收入占 96.23%,高收入占 3.77%。

新开户职工中,国家机关和事业单位占 3.83%,国有企业占 13.52%,城镇集体企业占 0.70%,外商投资企业占 22.15%,城镇私营企业及其他城镇企业占 30.33%,民办非企业单位和社会团体占 1.51%,其他占 27.96%;中、低收入占 99.33%,高收入占 0.67%。

(二)提取业务: 2017 年,共有 33.47 万名缴存职工提取住房公积金 86.37 亿元。

提取金额中,住房消费提取占 81.25%(购买、建造、翻建、大修自住住房占 19.84%,偿还购房贷款本息占 58.54%,租赁住房占 2.73%,其他占 0.14%);非住房消费提取占 18.75%(离休和退休提取占 6.82%,完全丧失劳动能力并与单位终止劳动关系提取占 0.98%,户口迁出本市或出境定居占 9.15%,其他占 1.80%)。

提取职工中,中、低收入占 92.38%,高收入占 7.62%。

(三)贷款业务:

1. 个人住房贷款: 2017 年,支持职工购建房 31.42 万平方米,年末个人住房贷款市场占有率为 9.08%,比上年减少 1 个百分点。通过申请住房公积金个人住房贷款,可节约职工购房利息支出 88520.26 万元。

职工贷款笔数中,购房建筑面积 90(含)平方米以下占 60.65%,90~144(含)平方米占 35.38%,144 平方米以上占 3.97%。购买新房占 51.36%(其中购买保障性住房占 11.56%),购买存量商品住房占 43.26%,其他占 5.38%。

职工贷款笔数中,单缴存职工申请贷款占 48.17%,双缴存职工申请贷款占 51.83%。

贷款职工中,30 岁(含)以下占 24.85%,30 岁~40 岁(含)占 53.63%,40 岁~50 岁(含)占 17.97%,50 岁以上占 3.55%;首次申请贷款占 88.05%,二次及以上申请贷款占 11.95%;中、低收入占 82.67%,高收入占 17.33%。

2. 异地贷款: 2017 年,发放异地贷款 120 笔 9040.2 万元。2017 年末,发放异地贷款总额 30510.9 万元,异地贷款余额 28631.61 万元。

3. 公转商贴息贷款: 2017 年,发放公转商贴息贷款 1693 笔 104447.9 万元,支持职工购建住房面积 15.62 万平方米,当年贴息额 5762.26 万元。2017 年末,累计发放公转商贴息贷款 7858 笔 495426.4 万元,累计贴息 9693.38 万元。

4. 支持保障性住房建设试点项目贷款: 截至 2017 年底,本市累计有住房公积金试点项目 2 个,贷款额度 4.6 亿元,均为公共租赁住房项目。其中,滨海公寓项目贷款额度 2.6 亿元,洋唐居住区 A09 地块项目贷款额度 2 亿元。建筑面积共 50.6 万平方米,可解决 8602 户中低收入职工家庭的住房问题。2 个试点项目贷款资金已发放并已还清贷款本息。

（四）**住房贡献率**：2017年，个人住房贷款发放额、公转商贴息贷款发放额、项目贷款发放额、住房消费提取额的总和与当年缴存额的比率为79.50%，比上年减少89.4个百分点。

六、其他重要事项

（一）**对中心内设机构进行了调整**：2017年，经厦门市委编办审批同意，市住房公积金管理中心将归集管理科、计划信贷科整合为业务指导科，增设审批管理科、服务保障科。

（二）**新增住房公积金贷款业务承办机构**：2017年，经市住房公积金管理委员会审议通过，厦门农村商业银行股份有限公司、中信银行股份有限公司厦门分行、厦门国际银行股份有限公司厦门分行获得了住房公积金贷款业务承办资格。截至2017年末，上述3家银行尚未正式开办住房公积金贷款业务。

（三）**明确住房公积金缴存基数计算口径**：自2017年7月1日起，职工住房公积金缴存基数为2016年1月1日至2016年12月31日职工个人月平均工资；新参加工作的职工缴存基数为该职工参加工作第二个月月工资收入；新调入的职工住房公积金缴存基数为该职工调入当月月工资收入。

（四）**调整住房公积金缴存额及缴存比例上下限**：自2017年7月1日起，我市住房公积金月缴存额上限为6922元，下限为150元；缴存比例上限为12%，下限为5%。

（五）**严格执行住房公积金存贷款利率和最高贷款额度**：2017年职工住房公积金账户存款利率为一年期定期存款基准利率即1.5%；5年期以下（含五年）住房公积金贷款利率为2.75%，5年以上住房公积金贷款利率为3.25%。2017年个人住房公积金最高贷款额度保持不变，即单职工最高贷款额度为50万元，双职工最高贷款额度为100万元。

（六）**对住房公积金缴存、提取、贷款政策进行了调整**：缴存方面：6月，市住房公积金管理委员会下发《关于2017年度厦门市住房公积金缴存比例调整事项的通知》，明确自2017年7月1日起，新建立住房公积金制度的单位，可在5%~12%的缴存比例范围内缴存住房公积金；单位申请降低住房公积金缴存比例的，经本单位职工（代表）大会或工会讨论通过，并经市住房公积金管理中心审核，报市住房公积金管理委员会批准后实施。7月，下发了《关于正式施行台港澳籍职工可缴存住房公积金有关政策的通知》，明确我市已缴交社会保险的台港澳籍职工可继续缴存住房公积金。

提取方面：6月，市住房公积金管理委员会下发了《关于打击和防范住房公积金骗提骗贷行为的通知》，明确非本市户籍职工将外地缴存的住房公积金转入本市，转入时间未满一年的，转入资金不得以非本市户籍与单位终止劳动关系的理由申请提取。明确了打击和防范住房公积金骗提骗贷行为的有关事项；7月，开展公积金异地转移接续业务，住房公积金异地转移全部通过全国住房公积金异地转移接续平台办理。10月，职工租住商品住房的，单职工月提取金额上限由600元提高至800元。

贷款方面：3月，将公积金贷款申请条件中的缴存时间调整为申请贷款时前12个月在本市连续按月足额缴存住房公积金。9月，根据厦门市住房公积金风险流动性应急预案的要求，暂停受理利用商业银行信贷资金发放住房公积金贴息贷款业务。9月和12月，两次将住房公积金贷款流动性调节系数分别调整为0.8和1。

（七）**不断创新服务方式，提升服务质量**：2017年，市公积金中心根据上级有关深化"放管服"改革、强力惠民生的部署要求，积极探索"互联网＋公积金"服务模式，按照"一趟不用跑""最多跑一趟"要求，大胆创新，不断提升住房公积金服务质量，基本实现了"群众办事零跑路、申请材料零纸质、业务审批零时限"目标。让缴存职工在深化改革中有更多"获得感"。

一是网上业务全覆盖，群众办事无需跑路。推广网上住房公积金缴存平台运用，升级改造了网上服务大厅和开发手机APP，职工可在电脑或手机终端，直接申请公积金提取，享受"网购"般的客户体验；完善网上公积金贷款预受理平台，让职工足不出户就可评估贷款额度、填报申请要件、办理网上预约；整合了12329热线、网上服务大厅、手机APP、微信、支付宝等渠道，建立多维一体查询体系，职工可随时随地查询公积金账户信息，了解公积金政策，跟踪业务办理进度。

二是部门联网共享数据，群众办事材料基本实现无纸化。加强与工商、社保、公安、民政、建设、不动产等相关部门进行数据联网共享，公积金业务审批由"人工对纸质材料审核"向"系统自动联网查验"转变，最大限度简化职工办理业务申请材料。

三是系统自动审批业务，群众办事即时办结。扩大自动审批业务覆盖范围，外地户口离厦、退休、离休、本市购房提取、租房提取、偿还公积金贷款及所有缴存业务均已实现系统自动审批。住房公积金贷款从申请到放款最快仅需8个工作日。审批时限由原来的一定的工作日变为系统自动"秒批"实时办结。

四是推行周末服务和主动靠前服务。7月，在集美区行政服务中心开设住房公积金提取审核业务窗口并正式对外开放，方便缴存职工就近办理住房公积金提取业务；推出周末轮班办事制度，设立周末办事窗口，每周六、周日（法定节假日除外）正常办理业务，实现公积金办事无休日，服务不断线，解决群众"上班时间没空办事、休息时间没处办事"的困扰，进一步增强人民群众的获得感。

五是推出二维码办事指南，环保便民更提升。在市行政服务中心服务大厅设立公积金办事指南二维码展板，替换原有纸质办事指南，手机扫一扫，就可以轻松获得相应的办事指南，使用便捷，传阅方便，迭代快速，节约环保，群众办事更加便捷高效。

（八）推行互联网＋公积金，大力推进信息化建设： 4月，中心新版门户网站上线；6月，厦门公积金APP个人版、单位版、内审版和网页版审批平台上线，个人住房公积金账户信息、贷款账户信息、贷款能力评估、贷款预受理及29项住房公积金提取业务，实现全程跨部门联网实时自动审批；8月，完成了住房公积金稽核平台（二期）项目开发，完成系统迁移、数据库优化重构，系统上线后大大提高了运行效率；9月，利用蚂蚁金服"人脸识别"技术实现"刷脸登录"；11月，实现通过支付宝城市服务可查询个人住房公积金信息；开发改造中心和银行端系统，利用受委托银行企业网银即可办理住房公积金缴存业务；12月，完成住房公积金贷款受理及自动还贷受理双审合一系统开发建设工作；贯彻住房城乡建设部"双贯标"要求，启动新一代住房公积金综合管理信息系统建设。

（九）当年获得的荣誉： 9月，中心财务会计科被市总工会授予厦门市"工人先锋号"。

莆田市住房公积金2017年年度报告

一、机构概况

（一）住房公积金管理委员会： 住房公积金管理委员会有23名委员，2017年召开4次会议，审议通过的事项主要包括：2017年度住房公积金归集、使用计划执行情况，并对其他重要事项进行决策，主要包括关于调整住房公积金缴存限高保低标准、增加我市干部职工住房公积金缴存基数、调整公积金相关政策等相关事项。

（二）**住房公积金管理中心**：住房公积金管理中心为直属莆田市人民政府不以营利为目的副处级事业单位，设6个科室，4个管理部。从业人员59人，其中，在编42人，非在编17人。

二、业务运行情况

（一）**缴存**：2017年，新开户单位661家，实缴单位5283家，净增单位291家；新开户职工3.69万人，实缴职工19.60万人，减少职工1.63万人；缴存额22.90亿元，同比增长11.54%。2017年末，缴存总额151.60亿元，同比增长17.78%；缴存余额69.73亿元，同比增长12.58%。

受委托办理住房公积金缴存业务的银行4家，与上年相同。

（二）**提取**：2017年，提取额15.10亿元，同比增长3.92%；占当年缴存额的65.94%，比上年减少4.83个百分点。2017年末，提取总额81.87亿元，同比增长22.61%。

（三）**贷款**：

个人住房贷款：个人住房贷款最高额度55万元，其中，单缴存职工最高额度45万元，双缴存职工最高额度55万元。

2017年，发放个人住房贷款0.05万笔2.73亿元，同比分别下降89.58%、88.50%。

2017年，回收个人住房贷款6.47亿元，同比增长15.12%。

2017年末，累计发放个人住房贷款3.97万笔106.89亿元，贷款余额73.33亿元，同比分别增长1.53%、2.62%、-4.85%。个人住房贷款余额占缴存余额的105.16%，比上年减少19.27个百分点。

受委托办理住房公积金个人住房贷款业务的银行5家，与上年相同。

（四）**融资**：2017年，融资0亿元，归还11.65亿元。2017年末，融资总额17.5亿元，融资余额5.5亿元。

（五）**资金存储**：2017年末，住房公积金存款3.19亿元。其中，活期（含协定存款）3.19亿元。

（六）**资金运用率**：2017年末，资金运用率105.16%，比上年同期减少19.27个百分点。

三、主要财务数据

（一）**业务收入**：2017年，业务收入25828.10万元，同比增长8.75%。其中，存款利息1364.05万元，委托贷款利息24464.05万元。

（二）**业务支出**：2017年，业务支出14144.65万元，同比下降0.61%。其中，支付职工住房公积金利息9948.90万元，归集手续费555.49万元，委托贷款手续费696.15万元，其他2944.11万元（主要是支付融资利息及"公转商"贴息支出）。

（三）**增值收益**：2017年，增值收益11683.45万元，同比增长22.74%。其中，增值收益率1.77%，比上年增加0.15个百分点。

（四）**增值收益分配**：2017年，提取贷款风险准备金0万元（原因为已提足），提取管理费用942.54万元，提取城市廉租住房（公共租赁住房）建设补充资金10740.91万元。2017年，上交财政管理费用

803.47万元。上缴财政城市廉租住房（公共租赁住房）建设补充资金1678.27万元。

2017年末，贷款风险准备金余额30142.10万元。累计提取城市廉租住房（公共租赁住房）建设补充资金41196.14万元。

（五）管理费用支出： 2017年，管理费用支出942.54万元，同比增长6.81%。其中，人员经费588.33万元，公用经费51.53万元，专项经费302.68万元。

四、资产风险状况

个人住房贷款：2017年末，个人住房贷款逾期额51.63万元，逾期率0.07‰。

到2017年末，个人贷款风险准备金已提足未再提取，使用个人贷款风险准备金核销呆坏账0万元。2017年末，个人贷款风险准备金余额30142.10万元，占个人住房贷款余额的4.11%，个人住房贷款逾期额与个人贷款风险准备金余额的比率为0.17%。

五、社会经济效益

（一）缴存业务： 2017年，实缴单位数、实缴职工人数和缴存额同比分别增长5.83%、－7.68%和11.54%。

缴存单位中，国家机关和事业单位占43.38%，国有企业占6.66%，城镇集体企业占0.91%，外商投资企业占1.67%，城镇私营企业和其他城镇企业占37.74%，民办非企业单位和社会团体占1.48%，其他占8.16%。

缴存职工中，国家机关和事业单位占36.83%，国有企业占12.73%，城镇集体企业占2.09%，外商投资企业占13.86%，城镇私营企业和其他城镇企业占31%，民办非企业单位和社会团体占0.49%，其他占3.00%；中、低收入占99%、高收入占1.00%。

新开户职工中，国家机关和事业单位占6.97%，国有企业占4.89%，城镇集体企业占0.70%，外商投资企业占34.29%，城镇私营企业及其他城镇企业占52%，民办非企业单位和社会团体占0.35%，其他占0.80%；中、低收入占99.68%，高收入占0.32%。

（二）提取业务： 2017年，4.63万名缴存职工提取住房公积金15.10亿元。

提取金额中，住房消费提取占75.12%（购买、建造、翻建、大修自住住房占27.15%，偿还购房贷款本息占47.90%，租赁住房占0.03%，其他占0.04%）；非住房消费提取占24.88%（离休和退休提取占14.30%，完全丧失劳动能力并与单位终止劳动关系提取占9.68%，户口迁出本市或出境定居占0%，其他占0.90%）。

提取职工中，中、低收入占99.95%，高收入占0.05%。

（三）贷款业务：

1. **个人住房贷款：** 2017年，支持职工购建房5.77万平方米，年末个人住房贷款市场占有率为13.44%，比上年减少3.71个百分点。通过申请住房公积金个人住房贷款，可节约职工购房利息支出6190.68万元。

职工贷款笔数中，购房建筑面积90（含）平方米以下占8.7%，90～144（含）平方米占80.37%，144平方米以上占10.93%。购买新房占86.85%（其中购买保障性住房占2.59%），购买存量商品住房占

13.15%，建造、翻建、大修自住住房占 0%，其他占 0%。

职工贷款笔数中，单缴存职工申请贷款占 21.3%，双缴存职工申请贷款占 78.52%，三人及以上缴存职工共同申请贷款占 0.18%。

贷款职工中，30 岁（含）以下占 28.7%，30 岁~40 岁（含）占 38.15%，40 岁~50 岁（含）占 27.59%，50 岁以上占 5.56%；首次申请贷款占 94.07%，二次及以上申请贷款占 5.93%；中、低收入占 97.04%，高收入占 2.96%。

2. **公转商贴息贷款**：2017 年，发放公转商贴息贷款 3555 笔 167366.70 万元，支持职工购建住房面积 40.39 万平方米，当年贴息额 806.9 万元。2017 年末，累计发放公转商贴息贷款 4534 笔 215322.5 万元，累计贴息 806.9 万元。

（四）**住房贡献率**：2017 年，个人住房贷款发放额、公转商贴息贷款发放额、项目贷款发放额、住房消费提取额的总和与当年缴存额的比率为 134.56%，比上年减少 60.42 个百分点。

六、其他重要事项

（一）**2017 年缴存基数限额及确定方法、缴存比例等缴存政策调整情况**。2017 年 7~8 月期间，单位办理基数调整，月缴工资基数上限：中央驻莆单位及其职工最高月缴存基数为 2016 年莆田市社平工资 4709 元的 5 倍为 23545 元，其他单位及其职工最高月缴存基数为 2016 年莆田市社平工资 4709 元的 3 倍为 14127 元。月缴存工资基数下限：市本级、城厢区、荔城区、涵江区、秀屿区、湄洲湾北岸、湄洲岛辖区单位及其职工的最低月缴存工资基数为 1500 元，仙游县辖区的单位及其职工的最低月缴存工资基数为 1380 元。缴存比例为 5%~12%。

（二）**2017 年住房公积金提取、贷款政策调整情况**。2017 年中心先后连续四次调整收紧住房公积金政策，一是暂停向第三次及第三次以上使用公积金贷款的职工家庭发放贷款；二是停止向购建第三套（及以上）自住住房的职工家庭发放公积金贷款；三是提高首付比例（首次申请公积金贷款首付不少于 30%，第二次申请公积金贷款首付不少于 50%）；四是调整住房公积金贷款额度。双职工缴存家庭贷款最高额度由原来的 65 万调整到 55 万，单职工缴存家庭贷款最高额度由原来的 55 万调整到 45 万。五是实行认房认贷、公积金贷款排队轮候、暂停办理"商转公"贷款业务等政策，严格落实差别化的房地产信贷调控政策，着力解决首次购买刚性购房需求，最大限度满足职工自住和改善型住房需求，保障我市职工合理住房消费需求。

（三）**2017 住房公积金存贷款利率执行标准等**。5 年期以下（含）个人住房公积金贷款利率为 2.75%，5 年期以上个人住房公积金贷款利率为 3.25%；个人住房公积金存款利率为 1.5%。

（四）**2017 年服务改进情况**。一是优化业务流程。上半年，中心积极探索住房公积金服务新举措新办法，简化手续，优化流程，对购买本市商品房办理提取业务，取消收取购房合同复印件；对购买二手房办理贷款业务，取消收取房地产交易手续费用票据材料；开发公司申请楼盘准入，取消收取在建工程抵押、解押证明（含按套解押）材料等。同时在全省公积金系统率先开展使用贷款"三表合一"，所有业务办理做到一表申请、一表办结、一窗受理，受到了广大群众的好评。二是积极打造"最多跑一趟"。1 月，中心在全省公积金系统中率先向我市所有受托银行开展住房公积金提取自动入账业务，即职工办理公积金提取业务，提取资金实时支付到卡，减少到银行办理的环节。2017 年我市有 4 万多名缴存职工享受此项便民措施。3 月，中心向社会公布住房公积金缴存开户登记审核、年度基数调整、提取/转移中偿还住房公积金贷款、离退休、购买商品住房等 30 个公积金审批项目"最多跑一趟"办事清单，占公积金所有审批事项的 81.83%，让职工在材料齐全的情况下只需跑一次就能办好。9 月，李建辉市长到中心调研，对中心推进"放管服"改革工作给予充分肯定。三是开展各类业务培训。4 月上旬，中心举办受委托银行及中心经办人员住房公积金业务培训班，组织经办人员逐条学习受托银行考评中和新旧政策过渡过程中业务办理上存在的问题和需要注意的事项进行了讲解和重点说明，形成了统一规范的业务办理程序。8 月下旬，中心举办了住房公积金标准化服务礼仪培训会和"普法"教育培训会，有效提升全体人员服务意识和依法行政意识。通过各种系列培训，使从业人员业务技能和综合素质得到明显的提升，进一步提高中心工作人员的服务质量和服务水平。四是创新服务方式。8 月，中心执行周末轮班制度，周末时间开放 7 个窗口为群众办理公积金业务，开放的窗口数为我市第一批试点单位最多，受到群众的好评。五是回答 12345 诉求满意率达 100%。

（五）2017 年信息化建设情况。2017 年 5 月实现了与住房城乡建设部银行结算应用系统的上线对接，并开通了全国住房公积金异地转移接续业务，真正做到了"账随人走，钱随账走"。8 月按照信息系统安全等级保护要求对中心网络安全进行优化，增设了入侵防御系统、数据库安全审计系统、运维安全网关等网络安全设备，有效地保证了系统数据的安全。9 月我市为全省首家上线住房公积金云服务平台，实现网上 24 小时自助查询住房公积金贷款办理进度、缴存提取情况，全程网上办理公积金缴存基数核定、离退休提取、估算贷款额度等多项公积金便民服务，为广大缴存职工和单位提供了更为便捷智能的服务。11 月各管理部办事大厅改造升级了自助终端查询机，可自助打印个人缴存证明及异地贷款证明等，进一步方便了缴存职工。

（六）2017 年中心所获荣誉情况。2017 年中心被省精神文明建设指导委员会授予"福建省文明行业创建工作示范点"。

（七）2017 年对违反《住房公积金管理条例》和相关法规行为进行行政处罚和申请人民法院强制执行情况。2017 年中心将逾期贷款催收作为工作的重中之重，为有效化解贷后风险，要求各管理部指定专人进行催讨工作，建立逾期人员台账，每周逾期催讨落实情况上报中心，实时掌握逾期动态。同时聘请律师团队在业务指导和直接参与下，制定"一户一策"方案，对逾期贷款对象采取电话告知、发函催收、上门劝说、单位介入、法律诉讼，直至强制执行等办法，逐户逐笔清收，取得良好成效。2017 年，全市强制扣款偿还 39 人次，向法院起诉追讨 7 人，逾期金额由 233.03 万元下降至 51.63 万元，下降 77.84%，逾期率由 0.316‰下降至 0.070‰，有效地防范了资金风险。

三明市住房公积金 2017 年年度报告

一、机构概况

（一）**住房公积金管理委员会**：住房公积金管理委员会有 25 名委员，2017 年召开 1 次全体会议，审议通过 2016 年度住房公积金归集、使用计划执行情况，并对其他重要事项进行决策，主要包括审议通过了关于调整2017年度住房公积金最高和最低缴存基数的议案、《2017年三明市住房公积金归集、使用计划》和关于部分调整住房公积金贷款政策的议案；召开4次主任办公会议，审议通过了《关于同意向中国邮储银行三明市分行融资贷款的批复》、《关于2016年度住房公积金归集扩面工作考核情况的通报》、《关于利用商业银行信贷资金发放个人住房公积金贴息贷款有关事项的通知》和《关于调整公转商贷款计算贴息使用的商业性住房贷款利率的批复》。

（二）住房公积金管理中心：住房公积金管理中心为直属市人民政府不以营利为目的的财政全额拨款副处级事业单位，设5个科，11个管理部。从业人员86人，其中，在编61人，非在编25人。

二、业务运行情况

（一）缴存：2017年，新开户单位848家，实缴单位7031家，净增单位779家；新开户职工3.94万人，实缴职工21.57万人，净增职工0.83万人；缴存额31.48亿元，同比增长12.35%。2017年末，缴存总额234.84亿元，同比增长15.48%；缴存余额91.11亿元，同比增长10.26%。

受委托办理住房公积金缴存业务的银行4家，与上年持平。

（二）提取：2017年，提取额23.00亿元，同比增长17.56%；占当年缴存额的73.06%，比上年增加3.24个百分点。2017年末，提取总额143.72亿元，同比增长19.05%。

（三）贷款：

个人住房贷款：个人住房贷款最高额度50万元。其中，双职工家庭最高额度50万元，单职工家庭最高额度35万元。2017年7月开始，职工家庭第二次申请住房公积金贷款的双职工最高贷款额度调整为45万元、单职工最高贷款额度调整为30万元。

2017年，发放个人住房贷款0.69万笔23.97亿元，同比分别减少15.95%、13.23%。2017年，回收个人住房贷款12.21亿元。

2017年末，累计发放个人住房贷款10.18万笔186.25亿元，贷款余额107.28亿元，同比分别增长7.31%、14.77%、12.31%。个人住房贷款余额占缴存余额的117.74%，比上年增加2.14个百分点。

受委托办理住房公积金个人住房贷款业务的银行5家，与上年持平。

（四）融资：2017年，当年融资额13.20亿元，当年归还9.36亿元。2017年末，融资总额34.40亿元，融资余额18.07亿元。

（五）资金存储：2017年末，住房公积金存款4.59亿元。其中，活期0.16亿元，其他（协议、协定、通知存款等）4.43亿元。

（六）资金运用率：2017年末，住房公积金个人住房贷款余额、项目贷款余额和购买国债余额的总和占缴存余额的117.74%，比上年增加2.14个百分点。

三、主要财务数据

（一）业务收入：2017年，业务收入34347.11万元，同比增长15.94%。存款利息收入829.63万元，委托贷款利息收入33507.91万元，国债利息收入0万元，其他收入9.57万元。

（二）业务支出：2017年，业务支出22580.53万元，同比增长13.51%。支付职工住房公积金利息12921.98万元，归集手续费783.25万元，委托贷款手续费949.62万元，其他支出7925.68万元。

（三）增值收益：2017年，增值收益11766.58万元，同比增长20.90%。增值收益率1.36%，比上年增加0.11个百分点。

（四）增值收益分配：2017年，提取贷款风险准备金4681.89万元，提取管理费用1700万元，提取城市廉租房（公共租赁住房）建设补充资金5384.69万元。

2017年，上交财政管理费用1883.92万元。上缴财政的城市廉租房（公共租赁住房）建设补充资金1580.34万元。

2017年末，贷款风险准备金余额42910.33万元。累计提取城市廉租房（公共租赁住房）建设补充资金51568.73万元。

（五）管理费用支出：2017年，管理费用支出1259.71万元，同比下降2.60%。其中，人员经费1109.38万元，公用经费101.87万元，专项经费48.46万元。

四、资产风险状况

个人住房贷款：2017年末，个人住房贷款逾期额357.29万元，逾期率0.33‰。

个人贷款风险准备金按贷款余额的0.44%提取。2017年，提取个人贷款风险准备金4681.89万元，使用个人贷款风险准备金核销呆坏账0万元。2017年末，个人贷款风险准备金余额为42910.33万元，占个人贷款余额的4%，个人住房贷款逾期额与个人贷款风险准备金余额的比率为0.83%。

五、社会经济效益

（一）缴存业务：2017年，实缴单位数、实缴职工人数和缴存额同比分别增长12.46%、4.01%和12.35%。

缴存单位中，国家机关和事业单位占41.19%，国有企业占6.36%，城镇集体企业占7.58%，外商投资企业占1.38%，城镇私营企业及其他城镇企业占18.78%，民办非企业单位和社会团体占7.63%，其他占17.08%。

缴存职工中，国家机关和事业单位占41.60%，国有企业占28.50%，城镇集体企业占1.49%，外商投资企业占0.52%，城镇私营企业及其他城镇企业占18.61%，民办非企业单位和社会团体占4.45%，其他占4.83%。中、低收入占99.77%，高收入占0.23%。

新开户职工中，国家机关和事业单位占7.32%，国有企业占8.90%，城镇集体企业占8.11%，外商投资企业占2.02%，城镇私营企业及其他城镇企业占38.48%，民办非企业单位和社会团体占18.76%，其他占16.41%。中、低收入占99.93%，高收入占0.07%。

（二）提取业务：2017年，提取住房公积金9.29万笔23.00亿元。

提取的金额中，住房消费提取占63.05%（购买、建造、翻建、大修自住住房占31.40%，偿还购房贷款本息占31.20%，租赁住房占0.27%，其他占0.18%）；非住房消费提取占36.95%（离休和退休提取占16.10%，完全丧失劳动能力并与单位终止劳动关系提取占5.36%，户口迁出本市或出境定居占0.28%，死亡提取占0.5%，其他占14.71%）。

提取职工中，中、低收入占99.77%，高收入占0.23%。

（三）贷款业务：

1. **个人住房贷款**：2017年，支持职工购建房86.63万平方米，年末个人住房贷款市场占有率为

28.48%，比上年下降 0.21 个百分点。通过申请住房公积金个人住房贷款，可节约职工购房利息支出 75138.77 万元。

职工贷款笔数中，购房建筑面积 90（含）平方米以下占 26.73%，90~144（含）平方米占 67.73%，144 平方米以上占 5.54%；购买新房占 65.95%（其中购买保障性住房占 1.07%），购买存量商品房占 32.28%，建造、翻建、大修自住住房占 0.19%，其他占 1.58%。

职工贷款笔数中，单缴存职工申请贷款占 43.49%，双缴存职工申请贷款占 54.94%，三人及以上缴存职工共同申请贷款占 1.57%。

贷款职工中，30 岁（含）以下占 35.18%，30 岁~40 岁（含）中 30.48%，40 岁~50 岁（含）占 26.45%，50 岁以上占 7.89%；首次申请贷款占 88.70%，二次申请贷款占 11.30%；中、低收入占 99.75%，高收入占 0.25%。

2. **异地贷款**：2017 年，发放异地贷款 320 笔 10812.50 万元。2017 年末，发放异地贷款总额 15136.20 万元，异地贷款余额 14844.40 万元。

3. **公转商贴息贷款**：2017 年，发放公转商贴息贷款 945 笔 33521.60 万元，支持职工购建住房面积 10.77 万平方米，当年贴息额 5.14 万元。2017 年末，累计发放公转商贴息贷款 945 笔 33521.60 万元，累计贴息 5.14 万元。

（四）**住房贡献率**：2017 年，个人住房贷款发放额、公转商贴息贷款发放额、项目贷款发放额、住房消费提取额的总和与当年缴存额的比率为 159.84%，比上年同期增加 11.62 个百分点。

六、其他重要事项

（一）**当年住房公积金贷款政策调整及执行情况**。自 2017 年 7 月 6 日起，职工家庭首次申请住房公积金贷款的，首付比例不低于 30%；第二次申请住房公积金贷款的，首付比例不低于 40%；停止向购买第三套（及以上）住房的职工家庭发放住房公积金贷款，住房套数以购买住房所在地不动产登记查询证明的实际拥有套数为准；调整最高贷款额度，职工家庭第二次申请住房公积金贷款的双职工最高贷款额度调整为 45 万元、单职工最高贷款额度调整为 30 万元；暂停办理"商业贷款转公积金贷款"业务，待全市住房公积金个贷使用率低于 95% 时，按相关规定恢复办理；暂停办理"住房公积金异地个人住房贷款"业务，待全市住房公积金个贷使用率低于 95% 时，按相关规定恢复办理。2017 年 8 月起实行公转商贴息贷款，全年发放公转商贴息贷款 945 笔 33521.60 万元。

（二）**当年缴存基数限额及确定方法、缴存比例调整情况**。2017 年 7 月调整住房公积金缴存基数，缴存基数上限：中央及外省市驻闽单位及其职工为 2016 年度三明市城镇单位在岗职工月平均工资 5226 元的 5 倍即 26130 元；其他单位及其职工为 2016 年度三明市城镇单位在岗职工月平均工资 5226 元的 3 倍即 15678 元；缴存基数下限：最低月缴存工资基数为 2016 年度三明市城镇单位在岗职工月平均工资 5226 元的 0.3 倍，即 1568 元。缴存比例为 5%~12%。

（三）**当年住房公积金存贷款利率调整及执行情况**。5 年期以下（含）个人住房公积金贷款利率为 2.75%，5 年期以上个人住房公积金贷款利率为 3.25%；个人住房公积金存款利率为 1.5%。

（四）**当年服务改进情况**：

1. **推动"一趟不用跑，最多跑一趟"改革方案落地**。响应市委市政府号召，结合深化"放管服"改革，协调推进市区管理部和市区承办银行入驻新行政服务中心，同时以此为契机，率先在市区住房公积金提取业务上推行"一窗办结"模式，改变了职工在公积金中心柜台—银行网点往返的历史，以实实在在的举措便民利民。

2. **推行周末无休服务**。为弘扬"马上就办、真抓实干"精神，各县（市）管理部根据当地政府部门要求推出周末无休便民服务。目前市区、永安、沙县、宁化、大田、将乐等6个管理部实行周末无休工作机制，明溪、清流、建宁、泰宁等4个管理部实行周末预约机制。

3. **开通全国住房公积金异地转移接续业务**。真正做到"账随人走，钱随账走"，简化了办理手续，避免职工在转入地和转出地之间往返奔波，提升住房公积金服务效率，极大地方便职工。2017年，我市共为528位职工办理住房公积金异地转移接续业务。

4. **综合服务平台进一步健全**。在进一步优化住房公积金柜台服务的基础上，依托互联网和移动终端，积极拓展服务渠道，逐步实现了以中心网站、12329热线服务、自助查询服务为基础渠道，以微信公众号和12329短信服务为重点拓展渠道的综合服务平台。其中：中心网站累计点击量达2538.96万人次；12329热线服务32.28万人次（人工服务11.17万人次，自助服务21.11万人次）；共有3.66万人关注微信公众号，发送12329短信服务170.62万条。

5. **简化办事手续**。全市提取住房公积金的9.29万人次中，共有4.09万职工通过逐年冲还贷（还月供和还本金）一次性办结业务，实现了足不出户提取住房公积金，5.2万职工享受到了零表格零公章简化手续带来的便利。

（五）**当年信息化建设情况**。完成信息系统升级改造工作，安装配置历史数据服务器及数据库备份服务器，保障历史数据的查询及业务系统备份正常运行；积极推进基础数据标准贯彻落实；跟进三明市"数据汇聚平台"、"一网通办"等项目，参与信息汇聚共享，优化服务流程；加强信息安全工作，做好安全防范，保障系统正常运行。

泉州市住房公积金2017年年度报告

一、机构概况

（一）**住房公积金管理委员会**：共有委员28名，2017年召开1次会议，审议通过的事项包括：2016年住房公积金管理服务工作及决算情况报告、2017年泉州市住房公积金归集和使用计划（预算）、部署全年工作任务。

（二）**住房公积金管理中心**：为直属市政府不以营利为目的的参照公务员法管理事业单位，主要负责全市住房公积金的归集、管理、使用和会计核算。中心设6个科室，11个派驻管理部。从业人员112人，其中，在编82人，非在编30人。

二、业务运行情况

（一）**缴存**：2017年，新开户单位2800家，实缴单位19296家，净增单位2800家；新开户职工6.59

万人,实缴职工 48.10 万人,实缴职工减少 7.16 万人;缴存额 71.25 亿元,同比增长 12.47%。2017 年末,缴存总额 493.24 亿元,同比增长 16.89%;缴存余额 191.11 亿元,同比增长 11.79%。

受委托办理住房公积金缴存业务的银行 2 家,与上年保持不变。

(二)**提取**:2017 年,提取额 51.09 亿元,同比增长 6.73%;占当年缴存额的 71.71%,比上年减少 3.85 个百分点。2017 年末,提取总额 302.12 亿元,同比增长 20.35%。

(三)**贷款**:

个人住房贷款:个人住房贷款最高额度 60 万元,其中,单缴存职工最高额度 40 万元,双缴存职工最高额度 60 万元。

2017 年,发放个人住房贷款 1.40 万笔 64.59 亿元,同比分别增长 4.78%、11.00%;回收个人住房贷款 25.91 亿元;累计发放个人住房贷款 12.12 万笔 363.80 亿元,贷款余额 228.05 亿元,同比分别增长 12.95%、21.59%、20.43%;个人住房贷款余额占缴存余额的 119.33%,比上年增加 8.55 个百分点。

受委托办理住房公积金个人住房贷款业务的银行 5 家,与上年保持不变。

(四)**融资**:2017 年,融资 32.1 亿元,归还 12.06 亿元。2017 年末,融资总额 66.7 亿元,融资余额 47.14 亿元。

(五)**资金存储**:2017 年末,住房公积金存款 11.79 亿元。其中,活期 1.29 亿元,其他(协定、通知存款等)10.5 亿元。

(六)**资金运用率**:2017 年末,住房公积金个人住房贷款余额、项目贷款余额和购买国债余额的总和占缴存余额的 119.33%,比上年增加 8.55 个百分点。

三、主要财务数据

(一)**业务收入**:2017 年,业务收入 74820.75 万元,同比增长 19.12%。存款利息 5253.76 万元,委托贷款利息 69566.99 万元。

(二)**业务支出**:2017 年,业务支出 52875.99 万元,同比增长 27.09%。支付职工住房公积金利息 30257.3 万元,归集手续费 1068.97 万元,委托贷款手续费 2084.96 万元,低收入职工家庭贴息支出 1.11 万元,其他支出 19463.65 万元。

(三)**增值收益**:2017 年,增值收益 21944.76 万元,同比增长 3.49%。增值收益率 1.21%,比上年减少 0.07 个百分点。

(四)**增值收益分配**:2017 年,提取贷款风险准备金 15474.13 万元,提取管理费用 1659.3 万元,提取城市廉租住房(公共租赁住房)建设补充资金 4811.33 万元。

2017 年,上交财政管理费用 1679.13 万元。上缴财政城市廉租住房(公共租赁住房)建设补充资金 13391.46 万元。

2017 年末,贷款风险准备金余额 91221.79 万元。累计提取城市廉租住房(公共租赁住房)建设补充资金 94478.15 万元。

(五)**管理费用支出**:2017 年,管理费用支出 1596.14 万元,同比减少 4.94%。其中,人员经费 1346.77 万元,公用经费 96.75 万元,专项经费 152.62 万元。

四、资产风险状况

个人住房贷款:2017 年末,个人住房贷款逾期额 666.20 万元,逾期率 0.29‰。

个人贷款风险准备金按贷款余额的0.68%提取。2017年，提取个人贷款风险准备金15474.13万元；个人贷款风险准备金余额91221.79万元，占个人住房贷款余额的4%；个人住房贷款逾期额与个人贷款风险准备金余额的比率为0.73%。

五、社会经济效益

（一）**缴存业务**：2017年，实缴单位数、实缴职工人数和缴存额同比分别增长16.97%、－12.96%和12.47%。

缴存单位中，国家机关和事业单位占11.75%，国有企业占12.53%，城镇集体企业占8.70%，外商投资企业占3.76%，城镇私营企业及其他城镇企业占51.78%，民办非企业单位和社会团体占0.93%，其他占10.55%。

缴存职工中，国家机关和事业单位占37.24%，国有企业占27.22%，城镇集体企业占4.24%，外商投资企业占6.13%，城镇私营企业及其他城镇企业占19.86%，民办非企业单位和社会团体占2.05%，其他占3.26%；中、低收入占97.46%，高收入占2.54%。

新开户职工中，国家机关和事业单位占10.48%，国有企业占13.39%，城镇集体企业占4.27%，外商投资企业占7.46%，城镇私营企业及其他城镇企业占62.09%，民办非企业单位和社会团体占0.82%，其他占1.49%；中、低收入占99.32%，高收入占0.68%。

（二）**提取业务**：2017年，19.27万名缴存职工提取住房公积金51.09亿元。

提取金额中，住房消费提取占82.027%（购买、建造、翻建、大修自住住房占36.569%，偿还购房贷款本息占45.422%，租赁住房占0.036%）；非住房消费提取占17.973%（离休和退休提取占9.761%，完全丧失劳动能力并与单位终止劳动关系提取占5.752%，户口迁出本市或出境定居占0.145%，其他占2.315%）。

提取职工中，中、低收入占98.67%，高收入占1.33%。

（三）**贷款业务**：

1. **个人住房贷款**：2017年，支持职工购建房156.45万平方米，年末个人住房贷款市场占有率为16.60%，比上年减少1.12个百分点。通过申请住房公积金个人住房贷款，可节约职工购房利息支出191842.96万元。

职工贷款笔数中，购房建筑面积90（含）平方米以下占25.27%，90～144（含）平方米占64.61%，144平方米以上占10.12%。购买新房占80.18%，购买存量商品住房占19.82%。

职工贷款笔数中，单缴存职工申请贷款占48.81%，双缴存职工申请贷款占51.19%。

贷款职工中，30岁（含）以下占35.07%，30岁～40岁（含）占43.17%，40岁～50岁（含）占20.28%，50岁以上占1.48%；首次申请贷款占89.55%，二次及以上申请贷款占10.45%；中、低收入占98.35%，高收入占1.65%。

2. **异地贷款**：2017年，发放异地贷款898笔41960.3万元。2017年末，发放异地贷款总额60784.8万元，异地贷款余额56608.26万元。

（四）**住房贡献率**：2017年，个人住房贷款发放额、项目贷款发放额、住房消费提取额的总和与当年缴存额的比率为149.49%，比上年减少6.08个百分点。

六、其他重要事项

(一) 2017 年住房公积金政策调整及执行情况:

1. **2017 年缴存基数限额及确定方法**。根据市统计局统计公布的 2016 年度全市城镇非私营单位在岗职工年平均工资,2017 年我市职工住房公积金最高月缴存工资基数为 14285 元、住房公积金月缴存额上限标准为 3428 元;中央驻闽单位职工住房公积金最高月缴存工资基数为 23809 元、住房公积金月缴存额上限标准为 5714 元。

根据省政府关于我省最低工资标准文件精神,2017 年市直、鲤城区、丰泽区、洛江区、泉港区、石狮市、晋江市、南安市、惠安县(含台商投资区)的职工住房公积金最低月缴存工资基数为其最低月工资标准 1500 元、住房公积金月缴存额下限标准为 150 元;安溪县、永春县、德化县的职工住房公积金最低月缴存工资基数为其最低月工资标准 1380 元、住房公积金月缴存额下限标准为 138 元。

2. **2017 年住房公积金政策调整情况:**

(1) 2017 年 4 月 10 日,为管理好住房公积金资金流动性风险,对住房公积金使用政策进行调整:

①职工家庭第二次申请使用住房公积金贷款购房的,首付款比例不得低于 40%。继续停止向第三次(及以上)使用住房公积金贷款购房的职工家庭发放贷款。②调整住房公积金贷款额度。夫妻双方均缴交住房公积金的,最高贷款额度由 80 万元调整为 60 万元;单方缴交住房公积金的,最高贷款额度仍为 40 万元。③取消本市辖区内购买首套房、首改房允许提取住房公积金直接充当首付款的政策。职工购房提取住房公积金应提供房地产登记备案购房合同及不少于总购房款 20% 首付款发票,以转账方式转入售房单位在银行开设的监管账户内补充首期款。④调整贷款准入条件。职工须连续足额缴存住房公积金满 12 个月,方可申请住房公积金贷款。⑤调整贷款间隔期限。职工家庭已使用过一次住房公积金贷款的,需结清贷款本息满 12 个月后,方可第二次申请公积金贷款。⑥本次政策调整自 2017 年 4 月 10 日起执行,2017 年 4 月 10 日(不含)前办理购房合同登记备案的,适用原政策。

(2) 2017 年 9 月 1 日,为遏制个贷使用率继续上涨,对住房公积金使用政策再次进行调整:

①职工家庭首次申请住房公积金贷款购房的,首付比例不得低于 30%。职工家庭第二次申请住房公积金贷款购房的,首付比例不得低于 50%,第二次住房公积金贷款利率按同期住房公积金个人住房贷款基准利率的 1.1 倍执行。②完善住房公积金套数认定标准。职工申请住房公积金贷款时,应提供住房公积金缴存地及购房所在地的不动产登记机构出具的职工家庭(包括个人、配偶及未成年子女)住房情况书面查询结果证明,并根据职工家庭住房情况书面查询结果证明上显示的名下房产、中国人民银行个人征信系统、住房公积金业务信息系统及贷款台账中购房职工家庭曾有住房公积金贷款记录,按照"认房+认公积金贷"标准认定现有住房套数。继续停止向购买第三套(及以上)住房的职工家庭发放住房公积金贷款。③规范提取间隔期限。除销户类提取、提前结清公积金贷款提取、委托逐月提取还贷业务外,其他类提取业务均应间隔满 12 个月以上。④为防范住房公积金流动性风险,当住房公积金个贷使用率高于 100% 时,市住房公积金管理中心可适时启动贷款发放轮候制度,以满足职工正常的住房公积金提取、贷款需求。⑤本次政策调整自 2017 年 9 月 1 日起执行,2017 年 9 月 1 日(不含)前完成购房合同登记备案的适用原政策。

(二) 2017 年服务改进情况:

1. 参与制作《海丝泉州·人才港湾》政策直通车。着重宣传将新引进人才纳入住房公积金制度覆盖范围对吸引人才、留住人才、提升用人单位特别是非公企业竞争力的重要意义。

2. 将"住房公积金缴存登记"列为新增合并登记的涉企证照事项之一，协同推进"多证合一"改革。

3. 将归集、提取、贷款等业务全面列入网办服务项目，为接入泉州市政务网和省网上办事大厅做充分准备。

（三）2017 年信息化建设情况：从 2017 年 5 月 1 日起，正式接入全国住房公积金异地转移接续平台，方便跨城市调动或离职再就业缴存职工在转入地就近办理转移业务，提高异地转移接续业务办理效率，实现"账随人走，钱随账走"，确保转移资金及信息安全。

（四）2017 年住房公积金管理中心及职工所获荣誉情况：2017 年，市管理中心获评市级文明单位、市机关特色党建项目竞赛活动二等奖，机关党支部及永春县、安溪县、德化县管理部党支部被评为"先进五好党支部"，会计核算科被评为"泉州市巾帼文明岗"，永春管理部获评"学雷锋活动示范点"，2 位同志评为"岗位学雷锋标兵"，1 位同志参加"机关党旗红，'五个泉州'在行动"主题实践活动手机摄影比赛获十佳优秀作品。

漳州市住房公积金 2017 年年度报告

一、机构概况

（一）**住房公积金管理委员会**：住房公积金管理委员会有 29 名委员，2017 年召开 1 次会议，审议通过的事项主要包括：听取并审议市住房公积金管理中心关于 2016 年工作情况、信息披露报告、2017 年工作思路报告，2016 年漳州市住房公积金收支决算和 2017 年住房公积金预算的报告，就开展异地贷款、完善信贷及提取政策进行研究、审议。

（二）**住房公积金管理中心**：住房公积金管理中心为市住建局不以营利为目的的公益一类事业单位，设 8 个科，13 个管理部。从业人员 116 人，其中，在编 71 人，非在编 45 人。

二、业务运行情况

（一）**缴存**：2017 年，新开户单位 805 家，实缴单位 7073 家，净增单位 752 家；新开户职工 5.70 万人，实缴职工 25.74 万人，净增职工 1.35 万人；缴存额 35.26 亿元，同比增长 12.40%。2017 年末，缴存总额 236.26 亿元，同比增长 17.54%；缴存余额 94.66 亿元，同比增长 13.48%。

受委托办理住房公积金缴存业务的银行 3 家，与上年持平。

（二）**提取**：2017 年，提取额 24.01 亿元，同比下降 1.86%；占当年缴存额的 68.10%，比上年减少 9.90 个百分点。2017 年末，提取总额 141.60 亿元，同比增长 20.42%。

（三）**贷款**：

个人住房贷款：个人住房贷款最高额度 80 万元，其中，单缴存职工最高额度 40 万元，双缴存职工最高额度 80 万元。

2017年，发放个人住房贷款0.14万笔6.23亿元，同比分别下降82.93%、78.13%。

2017年，回收个人住房贷款10.97亿元。

2017年末，累计发放个人住房贷款7.41万笔142.20亿元，贷款余额79.19亿元，同比分别增长1.87%、4.58%、减少5.65%。个人住房贷款余额占缴存余额的83.66%，比上年减少16.96个百分点。

受委托办理住房公积金个人住房贷款业务的银行5家，与上年持平。

（四）**购买国债**：2017年，未购买国债。2017年末，国债余额0.48亿元，比上年增加0亿元。

（五）**资金存储**：2017年末，住房公积金存款16.08亿元。其中，活期0.39亿元，1年（含）以下定期0亿元，1年以上定期0亿元，其他（协定、通知存款等）15.69亿元。

（六）**资金运用率**：2017年末，住房公积金个人住房贷款余额、项目贷款余额和购买国债余额的总和占缴存余额的84.16%，比上年减少17.03个百分点。

三、主要财务数据

（一）**业务收入**：2017年，业务收入28730.74万元，同比增长0.36%。其中，存款利息1001.88万元，委托贷款利息26999.95万元，国债利息161.61万元，其他0万元。

（二）**业务支出**：2017年，业务支出14046.24万元，同比增长17.85%。其中，支付职工住房公积金利息10441.77万元，归集手续费821.54万元，委托贷款手续费793.95万元，其他1988.98万元。

（三）**增值收益**：2017年，增值收益14684.50万元，同比下降12.11%。增值收益率1.66%，比上年减少0.29个百分点。

（四）**增值收益分配**：2017年，提取贷款风险准备金0万元，提取管理费用2115万元，提取城市廉租住房（公共租赁住房）建设补充资金12569.50万元。

2017年，上交财政管理费用2200万元。上缴财政城市廉租住房（公共租赁住房）建设补充资金6315.68万元。

2017年末，贷款风险准备金余额34063.74万元。累计提取城市廉租住房（公共租赁住房）建设补充资金46892.58万元。

（五）**管理费用支出**：2017年，管理费用支出1935.29万元，同比增长56.40%。其中，人员经费1155.60万元，公用经费108.39万元，专项经费671.30万元。

四、资产风险状况

个人住房贷款：2017年末，个人住房贷款逾期额18.66万元，逾期率0.02‰。

当年未提取个人贷款风险准备金，当年未使用个人贷款风险准备金核销呆坏账。2017年末，个人贷款风险准备金余额34063.74万元，占个人住房贷款余额的4.30%，个人住房贷款逾期额与个人贷款风险准备金余额的比率为0.05%。

五、社会经济效益

（一）**缴存业务**：2017年，实缴单位数、实缴职工人数和缴存额同比分别增长11.90%、5.52%和12.40%。

缴存单位中，国家机关和事业单位占 38.56%，国有企业占 12.13%，城镇集体企业占 1.94%，外商投资企业占 3.03%，城镇私营企业及其他城镇企业占 37.45%，民办非企业单位和社会团体占 4.12%，其他占 2.77%。

缴存职工中，国家机关和事业单位占 46.02%，国有企业占 20.28%，城镇集体企业占 0.76%，外商投资企业占 7.68%，城镇私营企业及其他城镇企业占 20.31%，民办非企业单位和社会团体占 2.72%，其他占 2.23%；中、低收入占 99.34%，高收入占 0.66%。

新开户职工中，国家机关和事业单位占 21.03%，国有企业占 16.73%，城镇集体企业占 0.58%，外商投资企业占 10.24%，城镇私营企业及其他城镇企业占 44.13%，民办非企业单位和社会团体占 3.64%，其他占 3.65%；中、低收入占 99.60%，高收入占 0.40%。

（二）提取业务：2017 年，9.84 万名缴存职工提取住房公积金 24.01 亿元。

提取金额中，住房消费提取占 77.15%（购买、建造、翻建、大修自住住房占 33.17%，偿还购房贷款本息占 42.93%，租赁住房占 1.05%，其他占 0%）；非住房消费提取占 22.85%（离休和退休提取占 13.70%，完全丧失劳动能力并与单位终止劳动关系提取占 4.76%，户口迁出本市或出境定居占 0.54%，其他占 3.85%）。

提取职工中，中、低收入占 99.09%，高收入占 0.91%。

（三）贷款业务：

1. **个人住房贷款**：2017 年，支持职工购建房 16.55 万平方米，年末个人住房贷款市场占有率为 8.91%，比上年减少 3.96 个百分点。通过申请住房公积金个人住房贷款，可节约职工购房利息支出 91959.41 万元。

职工贷款笔数中，购房建筑面积 90（含）平方米以下占 23.29%，90～144（含）平方米占 65.98%，144 平方米以上占 10.73%。购买新房占 91.77%（其中购买保障性住房占 0%），购买存量商品住房占 3.82%，建造、翻建、大修自住住房占 4.41%，其他占 0%。

职工贷款笔数中，单缴存职工申请贷款占 47.02%，双缴存职工申请贷款占 52.09%，三人及以上缴存职工共同申请贷款占 0.89%。

贷款职工中，30 岁（含）以下占 27.41%，30 岁～40 岁（含）占 37.55%，40 岁～50 岁（含）占 27.70%，50 岁以上占 7.35%；首次申请贷款占 84.20%，二次及以上申请贷款占 15.80%；中、低收入占 98.31%，高收入占 1.69%。

2. **公转商贴息贷款**：2017 年，发放公转商贴息贷款 8685 笔 357601.30 万元，支持职工购建住房面积 98.67 万平方米，当年贴息额 1984.54 万元。2017 年末，累计发放公转商贴息贷款 9132 笔 373966.30 万元，累计贴息 1984.54 万元。

（四）住房贡献率：2017 年，个人住房贷款发放额、公转商贴息贷款发放额、项目贷款发放额、住房消费提取额的总和与当年缴存额的比率为 171.63%，比上年增加 9.7 个百分点。

六、其他重要事项

（一）当年机构及职能调整情况、受委托办理缴存贷款业务金融机构变更情况：2017 年 8 月 1 日，漳州住房公积金管理中心台商投资区管理部正式挂牌运营，原在龙海管理部管辖的属漳州台商投资区辖区内的公积金业务转移到漳州台商投资区管理部办理，方便台投区缴存户的业务办理。

(二)当年住房公积金政策调整及执行情况：

1. **当年缴存基数限额及确定方法、缴存比例调整情况**：从2017年7月1日起，上限标准：缴存比例为12％、缴存基数按月平均工资的3倍计算为15270元（5090×3倍），月缴存额（包括个人及单位缴存部分）由上年的3374元调整为3664元；中央驻闽单位最高缴存基数按月平均工资的5倍计算为23430元（5090×5倍），月缴存额上限调整为6108元。下限标准：缴存比例为5％，缴存基数芗城区、龙文区、龙海市、漳浦县、长泰县、东山县、招商局漳州开发区1500元，月缴存额调整为150元，云霄县、诏安县、南靖县、平和县、华安县缴存基数1380元，月缴存额调整为138元。

2. **当年住房公积金个人住房贷款最高贷款额度调整情况**：2017年住房公积金个人住房贷款最高贷款额度未调整。

3. **当年住房公积金存贷款利率调整及执行情况**：2017年住房公积金存贷款利率未调整。职工住房公积金账户存款利率按一年期定期存款基准利率1.5％执行；住房公积金贷款年利率为：5年（含）以下2.75％，5年以上3.25％。

4. **住房公积金政策调整情况**：2017年4月8日，对我市住房公积金政策进行调整，一是职工家庭申请使用住房公积金购买新建商品住房的，第二套住房首付比例不低于40％（华安县、常山开发区不低于20％）。职工家庭申请使用住房公积金购、建第二套自住住房的，贷款利率按基准利率的1.1倍执行。停止购、建第三套（及以上）自住住房的职工家庭使用住房公积金。二是职工家庭第二次申请使用住房公积金贷款购买新建商品住房的，首付款比例不低于40％（华安县、常山开发区不低于20％）。职工家庭第二次申请使用住房公积金购、建自住住房的，贷款利率按基准利率的1.1倍执行。停止第三次（及以上）购、建自住住房的职工家庭使用住房公积金。

2017年11月14日，漳州市住房公积金管理中心研究制订"在漳台港澳职工同等享受归集及使用公积金政策"，实施在漳港澳台职工享有同等住房公积金政策，进一步扩大公积金优惠政策的覆盖面。

(三)当年服务改进情况：2017年6月8日正式接入全国住房公积金异地转移接续平台，缴存职工住房公积金转入和转出均可通过该平台办理，通过采取"转入地受理、转入地审核"的运行模式，办事效率得到大幅提升，在全国范围内实现了"账随人走，钱随账走"。极大方便了跨城市调动或离职再就业缴存职工在转入地就近办理转移业务，提高异地转移接续业务办理效率。截至2017年度，共办理异地转入305笔，异地转出301笔。

2017年8月1日，推出周末轮班办事制度，设立周末办事窗口，每周六、周日（法定节假日除外）正常办理业务，实现公积金办事无休日，解决群众"上班时间没空办事、休息时间没处办事"的困扰，进一步增强人民群众的获得感。

2017年10月9日，开通一站式现金提取业务，方便客户办理现金提取业务，减少现金提取办理环节，客户在公积金窗口办结后不用到银行办理手续，直接转入本人银行卡，提升办理速度。

全面提升住房公积金便民服务水平。开设12329住房公积金服务热线、门户网站、手机APP、微信公众号等通道，方便缴存职工多渠道了解各项公积金政策及缴存、贷款账户情况，免费为缴存职工提供12329短信通知服务，2017当年访问量：门户网站累计点击量达118万人次；12329热线服务5.9万人次（其中人工服务1.44万人次，自助语音服务4.46万人次）；共有3.2万人关注微信公众号，发送12329短信服务309.06万条。

提升住房公积金贷款放款时效。2017年住房公积金贷款审批时限在法定15天的时限内缩短到8天的基础上，再次缩短1天，审批时限缩短到7天以内。

（四）当年信息化建设情况：推进信息化建设，按照三级等保要求对整个业务系统及门户网站的安全进行优化，增设了入侵防御系统、数据库安全审计系统、运维安全网关等网络安全设备，并通过福建省网络与信息安全测评中心的专业测评。业务系统及门户网站的安全等级均被认定为三级。

积极配合业务信息系统的升级准备工作，确保基础数据标准贯彻落实。2017年10月完成全国住房公积金结算数据应用系统接入。

南平市住房公积金2017年年度报告

一、机构概况

（一）**住房公积金管理委员会**：住房公积金管理委员会有26名委员，2017年召开1次会议，审议通过的事项主要包括：南平市住房公积金管理中心《关于2016年度住房公积金决算和2017年度预算编制的报告》、市财政局《关于南平市住房公积金2016年度决算情况和2017年度预算（计划）草案的审核意见》和调整住房公积金最高最低缴存限额、开办住房公积金贷款部分还本业务、调整住房公积金贷款政策、在住房公积金贷款中增加共同还款人、建设住房公积金业务查询数据平台和系统三级安全等级保护。

（二）**住房公积金管理中心**：住房公积金管理中心为直属南平市人民政府不以营利为目的的财政核拨事业单位，主要负责全市住房公积金的归集、管理、使用和会计核算。中心设6个科，10个管理部。从业人员79人，其中，在编56人，非在编23人。

二、业务运行情况

（一）**缴存**：2017年，新开户单位265家，实缴单位5609家，净增单位223家；新开户职工2.45万人，实缴职工17.65万人，净增职工0.25万人；缴存额25.87亿元，同比增长12.97%。2017年末，缴存总额176.26亿元，同比增长17.21%；缴存余额76.43亿元，同比增长10.90%。

受委托办理住房公积金缴存业务的银行4家，比上年增加1家。

（二）**提取**：2017年，提取额18.36亿元，同比增长21.35%；占当年缴存额的70.97%，比上年增加4.90个百分点。2017年末，提取总额99.83亿元，同比增长22.55%。

（三）**贷款**：

个人住房贷款：个人住房贷款最高额度45万元，其中，单缴存职工最高额度35万元，双缴存职工最高额度45万元。

2017年，发放个人住房贷款0.57万笔17.50亿元，同比分别增长16.33%、21.36%。

2017年，回收个人住房贷款8.10亿元。

2017年末，累计发放个人住房贷款6.22万笔117.98亿元，贷款余额71.53亿元，同比分别增长10.09％、17.42％、15.13％。个人住房贷款余额占缴存余额的93.59％，比上年增加3.44个百分点。

受委托办理住房公积金个人住房贷款业务的银行5家，比上年增加1家。

（四）资金存储：2017年末，住房公积金存款5.48亿元。其中，活期0.15亿元，1年（含）以下定期0亿元，1年以上定期0亿元，协定存款5.33亿元。

（五）资金运用率：2017年末，住房公积金个人住房贷款余额、项目贷款余额和购买国债余额的总和占缴存余额的93.59％，比上年增加3.44个百分点。

三、主要财务数据

（一）业务收入：2017年，业务收入23450.39万元，同比增长12.73％。存款利息1514.75万元，委托贷款利息21935.64万元，国债利息0万元，其他0万元。

（二）业务支出：2017年，业务支出12096.82万元，同比下降1.28％。支付职工住房公积金利息10787.06万元，归集手续费548.88万元，委托贷款手续费712.58万元，其他48.30万元。

（三）增值收益：2017年，增值收益11353.57万元，同比增长32.79％。增值收益率1.58％，比上年增加0.36个百分点。

（四）增值收益分配：2017年，提取贷款风险准备金3813.84万元，提取管理费用942.71万元，提取城市廉租住房（公共租赁住房）建设补充资金6597.02万元。

2017年，上交财政管理费用942.71万元。上缴财政城市廉租住房（公共租赁住房）建设补充资金4518.38万元。

2017年末，贷款风险准备金余额28611.54万元。累计提取城市廉租住房（公共租赁住房）建设补充资金46046.68万元。

（五）管理费用支出：2017年，管理费用支出989.63万元，同比增长18.99％。其中，人员经费768.57万元，公用经费45.15万元，专项经费175.91万元。

四、资产风险状况

个人住房贷款：2017年末，个人住房贷款逾期额287.04万元，逾期率0.4013‰。

个人贷款风险准备金按年末贷款余额的0.53％提取。2017年，提取个人贷款风险准备金3813.84万元，使用个人贷款风险准备金核销呆坏账0万元。2017年末，个人贷款风险准备金余额28611.54万元，占个人住房贷款余额的4％，个人住房贷款逾期额与个人贷款风险准备金余额的比率为1％。

五、社会经济效益

（一）缴存业务：2017年，实缴单位数、实缴职工人数和缴存额同比分别增长4.14％、1.44％和12.97％。

缴存单位中，国家机关和事业单位占58.33％，国有企业占13.44％，城镇集体企业占1.04％，外商投资企业占0.44％，城镇私营企业及其他城镇企业占21.53％，民办非企业单位和社会团体占3.78％，其他占1.44％。

缴存职工中，国家机关和事业单位占 50.41%，国有企业占 24.15%，城镇集体企业占 0.51%，外商投资企业占 0.39%，城镇私营企业及其他城镇企业占 23.57%，民办非企业单位和社会团体占 0.68%，其他占 0.29%；中、低收入占 98.65%，高收入占 1.35%。

新开户职工中，国家机关和事业单位占 33.58%，国有企业占 14.34%，城镇集体企业占 0.42%，外商投资企业占 0.78%，城镇私营企业及其他城镇企业占 48.80%，民办非企业单位和社会团体占 1.20%，其他占 0.88%；中、低收入占 99.77%，高收入占 0.23%。

（二）提取业务：2017 年，有 5.57 万名职工提取住房公积金 18.36 亿元。

提取金额中，住房消费提取占 66.71%（购买、建造、翻建、大修自住住房占 27.85%，偿还购房贷款本息占 38.69%，租赁住房占 0.17%，其他占 0%）；非住房消费提取占 33.29%（离休和退休提取占 20.52%，完全丧失劳动能力并与单位终止劳动关系提取占 3.82%，户口迁出本市或出境定居占 4.03%，其他占 4.92%）。

提取职工中，中、低收入占 98.03%，高收入占 1.97%。

（三）贷款业务：

1. 个人住房贷款：2017 年，支持职工购建房 59.51 万平方米，年末个人住房贷款市场占有率为 17.88%，比上年减少 0.9 个百分点。通过申请住房公积金个人住房贷款，可节约职工购房利息支出 32743.24 万元。

职工贷款笔数中，购房建筑面积 90（含）平方米以下占 32.67%，90～144（含）平方米占 62.75%，144 平方米以上占 4.58%。购买新房占 69.42%（其中购买保障性住房占 0%），购买存量商品住房占 29.66%，建造、翻建、大修自住住房占 0.38%，其他占 0.54%。

职工贷款笔数中，单缴存职工申请贷款占 57.54%，双缴存职工申请贷款占 42.22%，三人及以上缴存职工共同申请贷款占 0.24%。

贷款职工中，30 岁（含）以下占 34.58%，30 岁～40 岁（含）占 28.65%，40 岁～50 岁（含）占 27.56%，50 岁以上占 9.21%；首次申请贷款占 91.29%，二次及以上申请贷款占 8.71%；中、低收入占 99.33%，高收入占 0.67%。

2. 异地贷款：2017 年，发放异地贷款 283 笔 8362.20 万元。2017 年末，发放异地贷款总额 10219.70 万元，异地贷款余额 9879.46 万元。

（四）住房贡献率：2017 年，个人住房贷款发放额、公转商贴息贷款发放额、项目贷款发放额、住房消费提取额的总和与当年缴存额的比率为 115%，比上年增加 4.83 个百分点。

六、其他重要事项

（一）积极拓展制度覆盖面。始终坚持"巩固存量、扩大增量"的总思路，根据市政府办《关于进一步扩大住房公积金制度覆盖面的通知》，督促缴存单位按月足额缴存，并做好"一人多户"账户清理、缴存基数调整、基数核定工作，进一步规范缴存管理，切实维护缴存人的合法权益。同时，将业务手续费与受托银行考评结果挂钩，充分调动员工及受托银行积极性，加大执法力度；扎实做好在个体工商户、交通协管员等群体中建缴住房公积金推进工作；积极开展住房公积金宣传月活动，通过中心门户网站、微信、南平综合广播、南平电视台、闽北日报等途径加大宣传力度，不断提高社会公众对住房公积金制度的认知度、关注度。2017年人均年缴存额1.46万元，同比增长10.61%，职工住房资金积累进一步增加。

（二）切实保障职工住房需求。坚持"房子是用来住的，不是用来炒的"定位，按照国家和省上宏观调控政策及时调整我市住房公积金贷款政策，推出住房公积金部分还本金业务。2017年，受一二线城市限购以及武夷新区建设进展加速等因素影响，我市房地产市场发展较为活跃，当年职工提取住房公积金18.36亿元，同比增长21.35%，当年发放住房公积金贷款17.50亿元，同比增长21.36%，通过管理部之间内部调拨资金2.6亿元，平均每笔贷款金额30.72万元，比上年增加1.34万元，去库存面积41.14万平方米，有力保障了我市缴存职工多层次的住房需求。

（三）不断提升服务效能。出台了"最多跑一趟"办事清单，30项住房公积金业务办理事项实现标准化、规范化；制定了《南平市住房公积金归集、提取、贷款业务操作规程》，进一步压缩各类业务审批办理时限，促进业务规范；开通了住房公积金电子化档案管理系统，提高办事效率；实行周末轮班办事制度，有效解决部分办事群众"上班时间没空办事、休息时间没处办事"的困扰；积极对接全国住房公积金异地转移接续平台，开展异地转移接续业务，2017年共办理208笔异地转入业务、214笔异地转出业务，真正实现了让"数据多跑路，职工少跑腿"；与市不动产登记中心实现信息共享，业务防控能力得到进一步增强；安装了远程视频监控系统，强化监督检查机制；新增中国银行为受托办理缴存贷款业务金融机构，引入竞争机制，助推受托银行提升服务水平。全市住房公积金系统创建文明单位（行业、窗口）5个，青年文明号1个，巾帼文明岗4个。

（四）加快构建服务平台。逐步形成集12329服务热线、12329短信、12345政务热线、门户网站、微信公众号、个人对账单、自助查询终端于一体的综合服务体系。2017年，12329服务热线提供人工语音服务8813人次，接通率为98.47%；发放12329短信89.08万条，短信服务覆盖率达36.93%；12345政务热线共收信件32封，答复满意率为100%；中心门户网站受理网上在线咨询284条、主任信箱信件64封，答复满意率100%，发布政策法规、工作动态等信息100篇；微信公众号关注人数1697人，全年发送推文12篇；发送住房公积金个人对账单21.84万份，自助查询机访问量达3.77万人次，方便职工了解掌握住房公积金缴存和使用情况。

（五）逐步强化防控措施。一是增强业务核查能力。建立电子档案、实现房产信息联网查询的方式，实时查询掌握职工的购房、贷款等有关信息数据，有效遏制骗取套取公积金行为。二是建立逾期贷款通报制度。要求各管理部专人负责催收，对已经出现的逾期贷款，分析产生原因，建立责任催收机制，采取有效措施，及时清收，确保逾期率尽快降至合理水平。三是配合外部监督检查。积极配合市财政局委托武夷会计师事务所对2016年度住房公积金收支决算及经费收支情况进行全面审计，接受省住房城乡建设厅检查小组廉政风险防控专项督查，主动公布住房公积金财务收支情况报告、住房公积金年度报告，积极落实信息公开工作，提高公积金管理透明度。

（六）强化内审考评力度。重点对廉政风险防控工作、离任审计、"三公"经费、内控管理、贷款办理时限、廉政风险防控工作以及缴存、使用和财务收支情况进行专项审计检查，强化干部纪律意识。年中完成对各管理部2016年度业务与管理工作考评和受托银行金融业务2016年度考评工作，将考评结果与个人绩效、业务手续费挂钩，强化结果运用，促进内部管理水平的提高。

龙岩市住房公积金 2017 年年度报告

一、机构概况

（一）**住房公积金管理委员会**：住房公积金管理委员会有 24 名委员，2017 年召开 1 次会议，审议通过的事项主要包括：2016 年度住房公积金归集使用计划执行情况及增值收益分配方案、2017 年度住房公积金归集使用计划，住房公积金贷款相关政策调整，龙岩市住房公积金 2016 年年度报告，龙岩市利用商业银行信贷资金发放个人住房公积金贴息贷款暂行办法，公积金贷款贴息由财政预算列支的请示，邮储银行和交行对龙岩市住房公积金管理中心开展授信贷款服务的申请等议案。

（二）**住房公积金管理中心**：住房公积金管理中心为直属于市人民政府不以营利为目的的全额拨款事业单位，设 5 个科室，7 个管理部。从业人员 81 人，其中，在编 48 人，非在编 33 人。

二、业务运行情况

（一）**缴存**：2017 年，新开户单位 446 家，实缴单位 5257 家，净增单位 150 家；新开户职工 2.62 万人，实缴职工 20.13 万人，净增职工 0.44 万人；缴存额 28.2 亿元，同比增长 9.51%。2017 年末，缴存总额 206.51 亿元，同比增长 15.82%；缴存余额 76.18 亿元，同比增长 7.98%。

受委托办理住房公积金缴存业务的银行 4 家，比上年增加（减少）0 家。

（二）**提取**：2017 年，提取额 22.58 亿元，同比增长 16.81%；占当年缴存额的 80.07%，比上年增加 5.01 个百分点。

2017 年末，提取总额 130.33 亿元，同比增长 20.95%。

（三）**贷款**：

个人住房贷款：个人住房贷款最高额度 45 万元，其中，单缴存职工最高额度 35 万元，双缴存职工最高额度 45 万元。

2017 年，发放个人住房贷款 5673 笔 19.64 亿元，同比分别下降 33.54%、39.64%。

2017 年，回收个人住房贷款 13.67 亿元。

2017 年末，累计发放个人住房贷款 104091 笔 170.04 亿元，贷款余额 91.89 亿元，同比分别增长 5.76%、13.06%、6.96%。个人住房贷款余额占缴存余额 120.62%，比上年减少 1.15 个百分点。

受委托办理住房公积金个人住房贷款业务的银行 5 家，比上年增加（减少）0 家。

（四）**融资**：2017 年，融资 8.9 亿元，归还 7.06 亿元。2017 年末，融资总额 26.85 亿元，融资余额 18.99 亿元。

（五）**资金存储**：2017 年末，住房公积金存款 3.85 亿元。其中，活期 0.23 亿元，1 年（含）以下定期 0 亿元，1 年以上定期 0 亿元，其他（协定、通知存款等）3.62 亿元。

（六）**资金运用率**：2017 年末，住房公积金个人住房贷款余额、项目贷款余额和购买国债余额的总和占缴存余额的 120.62%，比上年减少 1.15 个百分点。

三、主要财务数据

（一）业务收入：2017年，业务收入30658.39万元，同比增长17.11%。存款利息1272.12万元，委托贷款利息29385.97万元，其他0.3万元。

（二）业务支出：2017年，业务支出17754.19万元，同比增长26.61%。支付职工住房公积金利息10653.57万元，归集手续费282.62万元，委托贷款手续费402.13万元，其他6415.87万元。

（三）增值收益：2017年，增值收益12904.20万元，同比增长6.16%。增值收益率1.76%，比上年减少0.03个百分点。

（四）增值收益分配：2017年，提取贷款风险准备金6389.21万元，提取管理费用1023.87万元，提取城市廉租住房（公共租赁住房）建设补充资金5491.12万元。

2017年，上交财政管理费用1023.87万元。上缴财政城市廉租住房（公共租赁住房）建设补充资金4027.56万元。

2017年末，贷款风险准备金余额37732.79万元。累计提取城市廉租住房（公共租赁住房）建设补充资金47271.93万元。

（五）管理费用支出：2017年，管理费用支出2602.32万元，同比增长75.75%。其中，人员经费496.76万元，公用经费63.29万元，专项经费2042.27万元（含财政返还授信贷款贴息支出1421.66万元）。

四、资产风险状况

个人住房贷款：2017年末，个人住房贷款逾期额320.68万元，逾期率0.35‰。

个人贷款风险准备金按贷款余额的1%提取。2017年，提取个人贷款风险准备金6389.21万元，使用个人贷款风险准备金核销呆坏账0万元。2017年末，个人贷款风险准备金余额37732.79万元，占个人住房贷款余额的4.1%，个人住房贷款逾期额与个人贷款风险准备金余额的比率为0.85%。

五、社会经济效益

（一）缴存业务：2017年，实缴单位数、实缴职工人数和缴存额同比分别增长2.94%、2.22%和9.51%。

缴存单位中，国家机关和事业单位占40.71%，国有企业占7.46%，城镇集体企业占0.72%，外商投资企业占8.66%，城镇私营企业及其他城镇企业占37.45%，民办非企业单位和社会团体占0.36%，其他占4.64%。

缴存职工中，国家机关和事业单位占54.66%，国有企业占23.95%，城镇集体企业占1.04%，外商投资企业0.26%，城镇私营企业及其他城镇企业占16.38%，民办非企业单位和社会团体占0.1%，其他占3.61%；中、低收入占98.36%，高收入占1.64%。

新开户职工中，国家机关和事业单位占23.41%，国有企业占37.15%，城镇集体企业占1.51%，外商投资企业占0.69%，城镇私营企业及其他城镇企业占18.34%，民办非企业单位和社会团体占0.09%，其他占18.81%；中、低收入占97.35%，高收入占2.65%。

（二）提取业务：2017年，76976名缴存职工提取住房公积金22.58亿元。

提取金额中，住房消费提取占79.07%（购买、建造、翻建、大修自住住房占36.74%，偿还购房贷款本息占40.05%，租赁住房占2.12%，其他占0.16%）；非住房消费提取占20.93%（离休和退休提取占12.09%，完全丧失劳动能力并与单位终止劳动关系提取占5.35%，户口迁出本市或出境定居占0.94%，其他占2.55%）。

提取职工中，中、低收入占98.94%，高收入占1.06%。

（三）贷款业务：

1. **个人住房贷款**：2017年，支持职工购建房59.34万平方米，年末个人住房贷款市场占有率为22.17%，比上年减少3.8个百分点。通过申请住房公积金个人住房贷款，可节约职工购房利息支出40062万元。

职工贷款笔数中，购房建筑面积90（含）平方米以下占32.4%，90~144（含）平方米占58.59%，144平方米以上占9.01%。购买新房占68.69%（其中购买保障性住房占5.11%），购买存量商品住房占31.31%，建造、翻建、大修自住住房占0%，其他占0%。

职工贷款笔数中，单缴存职工申请贷款占18.62%，双缴存职工申请贷款占79.39%，三人及以上缴存职工共同申请贷款占1.99%。

贷款职工中，30岁（含）以下占29.23%，30岁~40岁（含）占33.53%，40岁~50岁（含）占26.85%，50岁以上占10.39%；首次申请贷款占85.88%，二次及以上申请贷款占14.12%；中、低收入占99.53%，高收入占0.47%。

2. **异地贷款**：2017年，发放异地贷款8笔301.1万元。

2017年末，发放异地贷款总额4143万元，异地贷款余额3941.7万元。

3. **公转商贴息贷款**：2017年，发放公转商贴息贷款34笔1135.3万元，支持职工购建住房面积0.31万平方米，当年贴息额0.18万元。2017年末，累计发放公转商贴息贷款34笔1135.3万元，累计贴息0.18万元。

（四）**住房贡献率**：2017年，个人住房贷款发放额、公转商贴息贷款发放额、项目贷款发放额、住房消费提取额的总和与当年缴存额的比率为133.33%，比上年减少53.5个百分点。

六、其他重要事项

（一）**规范住房公积金缴存基数和比例**：龙岩市除中央驻岩单位外的其他单位及其职工月2017年度缴存基数上限不超过市统计局公布的2016年龙岩市在岗职工平均工资的3倍14832元；中央驻岩单位及其职工月缴存基数上限不超过2016年龙岩市在岗职工平均工资的5倍24720元。月缴存基数下限原则上不得低于我市人社部门公布的最低工资标准，市本级、新罗区最低月缴存工资基数1500元；漳平市、永定区、上杭县最低月缴存工资基数1380元；武平县、长汀县、连城县最低月缴存工资基数1280元。缴存比例为单位和职工各5%~12%。

（二）**适时调整政策，确保资金安全**：为加强流动性风险防控，保障资金安全，促进公积金事业平稳健康发展，2017年两次调整住房公积金使用政策。

自2017年4月1日起：龙岩中心城市住房公积金贷款最高额度由55万元下调至45万元；永定区

维持最高额度45万元；漳平、上杭、连城、长汀、武平最高额度由45万元下调至35万元。调整首付比例；停办三次及三套以上贷款；暂停商转公业务；停办异地贷款；贷款取消担保人；明确规定年还款额最高不得超过借款人家庭年收入的60％；省外购房提取增加户口或工作证明；调整提取公积金还款方式。

自2017年9月1日起，龙岩市住房公积金使用政策再次作出调整：在龙岩中心城区和永定区购房的，单职工最高贷款额度由45万元调整为35万元，双职工最高贷款额度45万元保持不变；长汀、上杭、连城、武平、漳平购房的，单职工最高贷款额度由35万元下调为25万元，双职工最高贷款额度保持35万元不变。调整借款申请人缴存公积金期限及购房提取的相关规定；暂停办理一次"手工逐年提取按月冲还贷"业务；停办两次（含）以上公积金贷款职工的再次购建房提取和偿还商业住房贷款提取申请。

（三）严格执行住房公积金存贷款利率标准：2017年存贷款利率未调整。住房公积金账户存款利率统一按一年期定期存款基准利率1.50％执行；五年（含）以下贷款年利率2.75％，五年以上贷款年利率3.25％。

（四）创新服务举措，深化改革成效：

一是简化服务流程，打造"高效率"服务环境。纯公积金贷款的年还贷提取、个人公积金账户转移，提供身份证即可；取消支取和贷款业务的单位盖章和填单环节；下放贷款审批权限至分管副主任，启用贷款审批专用章；将贷款审批时限压缩至7个工作日，支取缴存业务均实现即时办结。

二是创新服务模式，打造"银政联合"政务服务。中心集合各公积金承办银行共同进驻市行政服务中心，实现公积金咨询、查询、收件、受理、审批、资金划转的"一站式"办理。设立驻行政服务中心总负责人，建立疑难问题协调处理机制，确保群众在窗口一站式办结。同时，针对近两年住房公积金政策调整相对密集、职工需求量快速增长的特点，及时做好窗口服务应急预案的启动，实施人员轮岗、顶岗、加班，引导人流，实行周六上班制，全力做好服务工作，确保窗口稳定。

三是丰富服务渠道，打造"多元化"服务平台。开通"龙岩公积金"微信公众号和公积金查询平台，民众通过登录龙岩公积金官网、下载福建公积金APP或关注"龙岩公积金"微信公众号等方式，可更快更便捷地查询住房公积金最新政策法规和工作动态，查询归集、提取、贷款等业务，让办事群众了解相关政策、清楚办事流程、所需资料及办理地点等事项，真正兑现"让数据多跑路，让群众少跑路"的承诺。

四是拓展线上服务功能，打造"最多跑一趟"服务大厅。将30项审批事项全部进驻龙岩公共服务网网上办事大厅，100％实现"最多跑一趟"，其中"一趟不用跑"网上办结事项16项，网上预受理、窗口办结事项14项。申请人可以登录龙岩市公共服务网、e龙岩手机APP自助办理公积金，办理方式更加简便多样，实现了住房公积金业务从线上查询到办理的飞跃式突破。

（五）加快推进信息化建设：接入全国结算应用系统，实现公积金异地转移接续业务；接入人行征信系统，为贷款和提取业务提供征信查询功能；与龙岩市公共服务网、e龙岩客户端实现信息共享；加强信息安全工作，做好安全防范，保障系统和网站正常运行。

（六）所获荣誉：2017年，龙岩市住房公积金管理中心荣获市级文明单位、省级文明行业示范点荣誉称号。

宁德市住房公积金 2017 年年度报告

一、机构概况

（一）**住房公积金管理委员会**：住房公积金管理委员会有 25 名委员，2017 年召开第十二次全体（扩大）会议，审议通过的事项主要包括：《宁德市住房公积金管理中心 2016 年工作情况及 2017 年工作计划的报告》《宁德市住房公积金 2016 年年度报告》《宁德市住房公积金 2016 年财务收支情况的报告》《宁德市住房公积金 2017 年财务收支及增值收益预算（草案）》《宁德市住房公积金管理中心关于调整住房公积金贷款和提取等有关规定的请示》《宁德市住房公积金管理中心关于编制 2017 年度住房公积金归集和使用计划的请示》。

（二）**住房公积金管理中心**：住房公积金管理中心为直属宁德市人民政府的不以营利为目的的参照公务员法管理的事业单位，内设 6 个科室，10 个办事处（营业部）。从业人员 88 人，其中，在编 70 人，非在编 18 人。

二、业务运行情况

（一）**缴存**：2017 年，新开户单位 370 家，实缴单位 4251 家，净增单位 132 家；新开户职工 6.81 万人，实缴职工 22.13 万人，净增职工 5.62 万人；缴存额 25.50 亿元，同比增长 9.49%。2017 年末，缴存总额 163.76 亿元，同比增长 18.44%；缴存余额 76.44 亿元，同比增长 10.85%。

受委托办理住房公积金缴存业务的银行 5 家，与上年一致。

（二）**提取**：2017 年，提取额 18.02 亿元，同比增长 13.55%；占当年缴存额的 70.67%，比上年增加 2.53 个百分点。2017 年末，提取总额 87.32 亿元，同比增长 25.98%。

（三）**贷款**：

个人住房贷款：个人住房贷款最高额度 70 万元，其中，单缴存职工最高额度 40 万元，双缴存职工最高额度 70 万元。

2017 年，发放个人住房贷款 0.63 万笔 26.88 亿元，同比分别增长 18.26%、16.84%。2017 年，回收个人住房贷款 12.73 亿元。

2017 年末，累计发放个人住房贷款 7.88 万笔 147.55 亿元，贷款余额 75.15 亿元，同比分别增长 8.65%、22.27%、23.20%。个人住房贷款余额占缴存余额的 98.31%，比上年增加 9.85 个百分点。

受委托办理住房公积金个人住房贷款业务的银行 4 家，与上年一致。

（四）**资金存储**：2017 年末，住房公积金存款 2.66 亿元。其中，活期 0.16 亿元，1 年（含）以下定期 0.75 亿元，1 年以上定期 0 亿元，其他（协定、通知存款等）1.75 亿元。

（五）**资金运用率**：2017 年末，住房公积金个人住房贷款余额、项目贷款余额和购买国债余额的总和占缴存余额的 98.31%，比上年增加 9.85 个百分点。

三、主要财务数据

（一）**业务收入**：2017 年，业务收入 24301.98 万元，同比增长 18.18%。其中，存款利息 1809.73 万元,委托贷款利息22492.25万元,国债利息0万元,其他0万元。

（二）**业务支出**：2017年,业务支出12476.69万元,同比增长40.76%。其中,支付职工住房公积金利息11544.77万元,归集手续费342.37万元,委托贷款手续费460.29万元,其他129.26万元。

（三）**增值收益**：2017年,增值收益11825.29万元,同比增长1.07%；增值收益率1.61%,比上年减少0.17个百分点。

（四）**增值收益分配**：2017年,提取贷款风险准备金5658.28万元,提取管理费用1024.01万元,提取城市廉租住房（公共租赁住房）建设补充资金5143.00万元。

2017年,上交财政管理费用1024.01万元。上缴财政城市廉租住房（公共租赁住房）建设补充资金5888.00万元。

2017年末,贷款风险准备金余额30058.77万元。累计提取城市廉租住房（公共租赁住房）建设补充资金41195.45万元。

（五）**管理费用支出**：2017年,管理费用支出1023.37万元,同比下降7.95%。其中,人员经费728.16万元,公用经费236.03万元,专项经费59.18万元。

四、资产风险状况

个人住房贷款：2017年末,个人住房贷款逾期额360.94万元,逾期率0.48‰。

个人贷款风险准备金按贷款余额的0.75%提取。2017年,提取个人贷款风险准备金5658.28万元,使用个人贷款风险准备金核销呆坏账0万元,收回2016年已核销呆坏账1.12万元。2017年末,个人贷款风险准备金余额30058.78万元,占个人住房贷款余额的4%,个人住房贷款逾期额与个人贷款风险准备金余额的比率为1.20%。

五、社会经济效益

（一）**缴存业务**：2017年,实缴单位数、实缴职工人数和缴存额同比分别增长3.20%、34.04%和9.49%。

缴存单位中,国家机关和事业单位占50.04%,国有企业占13.55%,城镇集体企业占1.46%,外商投资企业占0.80%,城镇私营企业及其他城镇企业占29.50%,民办非企业单位和社会团体占2.86%,其他占1.79%。

缴存职工中,国家机关和事业单位占46.52%,国有企业占18.70%,城镇集体企业占1.80%,外商投资企业占1.23%,城镇私营企业及其他城镇企业占30.14%,民办非企业单位和社会团体占0.90%,其他占0.71%；中、低收入占98.74%,高收入占1.26%。

新开户职工中,国家机关和事业单位占11.46%,国有企业占6.36%,城镇集体企业占2.85%,外商投资企业占1.24%,城镇私营企业及其他城镇企业占76.23%,民办非企业单位和社会团体占0.92%,其他占0.94%；中、低收入占99.56%,高收入占0.44%。

（二）**提取业务**：2017年,5.55万名缴存职工提取住房公积金18.02亿元。

提取金额中,住房消费提取占72.03%（购买、建造、翻建、大修自住住房占22.14%,偿还购房贷款本息占48.35%,租赁住房占1.54%,其他占0%）；非住房消费提取占27.97%（离休和退休提取占

13.78%，完全丧失劳动能力并与单位终止劳动关系提取占 6.59%，户口迁出本市或出境定居占 1.07%，其他占 6.53%）。

提取职工中，中、低收入占 98.03%，高收入占 1.97%。

（三）贷款业务：

1. **个人住房贷款**：2017 年，支持职工购建房 71.85 万平方米，年末个人住房贷款市场占有率为 16.52%，比上年增加 0.29 个百分点。通过申请住房公积金个人住房贷款，可节约职工购房利息支出 55219.02 万元。

职工贷款笔数中，购房建筑面积 90（含）平方米以下占 26.72%，90～144（含）平方米占 60.72%，144 平方米以上占 12.56%。购买新房占 77.31%（其中购买保障性住房占 5.88%），购买存量商品住房占 22.37%，建造、翻建、大修自住住房占 0.32%，其他占 0%。

职工贷款笔数中，单缴存职工申请贷款占 55.07%，双缴存职工申请贷款占 44.92%，三人及以上缴存职工共同申请贷款占 0.01%。

贷款职工中，30 岁（含）以下占 32.47%，30 岁～40 岁（含）占 35.74%，40 岁～50 岁（含）占 26.05%，50 岁以上占 5.74%；首次申请贷款占 84.88%，二次及以上申请贷款占 15.12%；中、低收入占 97.51%，高收入占 2.49%。

2. **异地贷款**：2017 年，发放异地贷款 114 笔 4178.2 万元。2017 年末，发放异地贷款总额 4738.2 万元，异地贷款余额 4626.36 万元。

（四）**住房贡献率**：2017 年，个人住房贷款发放额、公转商贴息贷款发放额、项目贷款发放额、住房消费提取额的总和与当年缴存额的比率为 156.31%，比上年增加 8.56 个百分点。

六、其他重要事项

（一）**当年缴存基数限额及确定方法、缴存比例调整情况**：2017 年住房公积金缴存基数为职工 2016 年度月平均工资总额。职工工资总额构成按国家统计局《关于工资总额组成的规定》（国家统计局第 1 号令）规定的工资总额口径计算。

2017 年 7 月调整住房公积金缴存基数限额：中央、外省市驻宁单位及其职工最高月缴存基数为 25545 元，其他缴存单位及其职工最高月缴存基数为 15327 元，缴存单位及其职工最低月缴存基数为 1280 元。

2017 年度，缴存单位及其员工的住房公积金缴存比例为各 5%～12%。

（二）**当年住房公积金存贷款利率执行情况**：2017 年住房公积金账户存款利率为 1.50%。

2017 年，住房公积金贷款年利率为：5 年（含）以下 2.75%，5 年以上 3.25%。

（三）**当年住房公积金个人住房贷款最高贷款额度调整情况**：2017 年 6 月 10 日起，取消"双职工缴存住房公积金家庭在宁德、福安、福鼎、霞浦、古田中心城区内购买 144 平方米以上新建自住商品住房最高贷款额度可提高到 100 万元，在屏南、寿宁、周宁、柘荣中心城区内购买 144 平方米以上新建自住商品住房最高贷款额度可提高到 80 万元"的规定；同时，购买、建造、翻建、大修自住住房所在地位于宁德、福安、福鼎、霞浦、古田中心城区内的，单职工缴存住房公积金的家庭最高贷款额度调整为 40 万元；购买、建造、翻建、大修自住住房所在地位于屏南、寿宁、周宁、柘荣中心城区内的，单职工缴存住房公积金的家庭最高贷款额度调整为 35 万元；在各县（市、区）中心城区外、城市规划区内的，单职工缴存住房公积金的家庭最高贷款额度调整为 20 万元。2017 年 7 月 26 日起，购买、建造、翻建、大修自住住房所在地位于宁德、福安、福鼎、霞浦、古田中心城区内的，双职工缴存住房公积金的家庭最高贷款额度调整为 70 万元。

（四）当年住房公积金政策调整及执行情况：

提取方面：2017 年 6 月 10 日起，所购二手房（上一道产权来源为自建房、翻建房或购买新建商品住房的除外）在 12 个月内存在两次（含）以上交易记录，且上一道权利人已提取住房公积金的，不能申请提取住房公积金；2017 年 6 月 12 日起，开展住房公积金异地转移接续业务，使住房公积金在全国范围内实现"账随人走，钱随账走"。

贷款方面：2017 年 6 月 10 日起，调整住房公积金贷款收入认定标准，贷款的家庭收入按借款申请人在本行政区域内正常连续缴存（含异地正常缴存转入）住房公积金一年（含）以上的工资基数认定。2017 年 7 月 26 日起，职工家庭第一次（不含信用担保贷款，下同）申请使用住房公积金贷款购房的，首付比例不低于 30%；职工家庭第二次申请使用住房公积金贷款在同一城区购房的，首付比例不低于 40%；停止向第三次（及以上）使用住房公积金贷款在同一城区购房的职工家庭发放贷款；停止向在同一城区购买第三套（及以上）使用住房公积金贷款在同一城区购房的职工家庭发放贷款。

（五）当年服务改进情况：

1. **流程再造提速增效，服务升级利民惠企**。从"压放消降"四个方面着手，通过压缩贷款审批时限等 6 项办理时限、下放楼盘备案审批等 6 项业务权限、取消填写提取申请表等 8 项不必要收件、降低楼盘保证金比例等 8 项受理门槛，共计 28 项具体措施，进行流程再造，提速增效。

2. **推进住房公积金综合信息服务平台建设**。初步建成集门户网站、自助终端、12329 热线、12329 短信通、微信公众号、微博为一体的住房公积金综合服务平台。

3. **实现住房公积金业务进驻行政服务中心**。先后有市直营业部、福安办事处、屏南办事处等入驻当地行政服务中心，进一步提高了工作效能和服务水平。

（六）当年信息化建设情况：一是完成住房公积金网络查询天翼云平台的网络搭建，并配备相应的网安设备；二是完成全国住房公积金异地转移接续平台及结算应用系统接入工作。

2017 全国住房公积金年度报告汇编

江西省

南昌市
景德镇市
萍乡市
九江齐
新余市
鹰潭市
赣州市
吉安市
宜春市
抚州市
上饶市

江西省住房公积金 2017 年年度报告

一、机构概况

（一）**住房公积金管理机构**：全省共设 11 个设区城市住房公积金管理中心，2 个独立设置的分中心（其中，省直分中心隶属省住房和城乡建设厅，铁路分中心隶属南昌铁路局）。从业人员 1263 人，其中，在编 757 人，非在编 506 人。

（二）**住房公积金监管机构**：省住房和城乡建设厅、省财政厅和人民银行南昌中心支行负责对本省住房公积金管理运行情况进行监督。省住房城乡建设厅设立住房公积金监管处，负责辖区住房公积金日常监管工作。

二、业务运行情况

（一）**缴存**：2017 年，新开户单位 3125 家，实缴单位 44649 家，净增单位 259 家；新开户职工 28.4 万人，实缴职工 258.2 万人，净增职工 13.72 万人；缴存额 346.92 亿元，同比增长 14.53%。2017 年末，缴存总额 1971.63 亿元，同比增长 21.35%；缴存余额 1038.74 亿元，同比增长 16.27%。

（二）**提取**：2017 年，提取额 201.57 亿元，同比增长 12.41%；占当年缴存额的 58.1%，比上年减少 1.1 个百分点。2017 年末，提取总额 932.89 亿元，同比增长 27.56%。

（三）**贷款**：

1. **个人住房贷款**：2017 年，发放个人住房贷款 6.17 万笔 213.37 亿元，同比下降 27.24%、33.18%。回收个人住房贷款 106.16 亿元。

2017 年末，累计发放个人住房贷款 67.67 万笔 1532.54 亿元，贷款余额 1010.98 亿元，同比分别增长 10.05%、16.18%、11.86%。个人住房贷款余额占缴存余额的 97.33%，比上年减少 3.83 个百分点。

2. **住房公积金支持保障性住房建设项目贷款**：2017 年，发放支持保障性住房建设项目贷款 0 亿元，回收项目贷款 1.48 亿元。2017 年末，累计发放项目贷款 6.79 亿元，项目贷款余额 1.4 亿元。

（四）**购买国债**：2017 年，购买国债 0 亿元，兑付国债 0.05 亿元。2017 年末，国债余额 0 亿元，比上年减少 0.05 亿元。

（五）**融资**：2017 年，融资 29.47 亿元，归还 86.13 亿元。2017 年末，融资总额 169.83 亿元，融资余额 63.32 亿元。

（六）**资金存储**：2017 年末，住房公积金存款 115.53 亿元。其中，活期 35.92 亿元，1 年（含）以下定期 7.25 亿元，1 年以上定期 47.94 亿元，其他（协定、通知存款等）24.32 亿元。

（七）**资金运用率**：2017 年末，住房公积金个人住房贷款余额、项目贷款余额和购买国债余额的总和占缴存余额的 97.46%，比上年减少 4.03 个百分点。

三、主要财务数据

（一）**业务收入**：2017 年，业务收入 366115.52 万元，同比增长 13.09%。其中，存款利息 40963.89 万元，委托贷款利息 314906.32 万元，国债利息 62.35 万元，其他 10182.95 万元。

（二）**业务支出**：2017 年，业务支出 200591.11 万元，同比增长 14.99%。其中，支付职工住房公积金利息 142007.76 万元，归集手续费 16.75 万元，委托贷款手续费 13118.92 万元，其他 45447.68 万元。

（三）**增值收益**：2017 年，增值收益 165524.39 万元，同比增长 10.88%；增值收益率 1.7%，比上年减少 0.09 个百分点。

（四）**增值收益分配**：2017 年，提取贷款风险准备金 28625.82 万元，提取管理费用 26040.2 万元，提取城市廉租住房（公共租赁住房）建设补充资金 111959.71 万元。

2017 年，上交财政管理费用 25969.11 万元，上缴财政城市廉租住房（公共租赁住房）建设补充资金 62934.81 万元。

2017 年末，贷款风险准备金余额 207760.22 万元，累计提取城市廉租住房（公共租赁住房）建设补充资金 647972.5 万元。

（五）**管理费用支出**：2017 年，管理费用支出 21785.27 万元，同比增长 9.18%。其中，人员经费 13957.82 万元，公用经费 3922.39 万元，专项经费 3905.05 万元。

四、资产风险状况

（一）**个人住房贷款**：2017 年末，个人住房贷款逾期额 1029.34 万元，逾期率 0.1‰。

2017 年，提取个人贷款风险准备金 27636.12 万元，使用个人贷款风险准备金核销呆坏账 0 万元。2017 年末，个人贷款风险准备金余额 207200.22 万元，占个人贷款余额的 2.06%，个人贷款逾期额与个人贷款风险准备金余额的比率为 0.5%。

（二）**住房公积金支持保障性住房建设项目贷款**：2017 年末，逾期项目贷款 0 万元，逾期率为 0‰。

2017 年，提取项目贷款风险准备金 －989.7 万元，使用项目贷款风险准备金核销呆坏账 0 万元。2017 年末，项目贷款风险准备金余额 560 万元，占项目贷款余额的 4%，项目贷款逾期额与项目贷款风险准备金余额的比率为 0%。

（三）**历史遗留风险资产**：2017 年末，历史遗留风险资产余额 0 万元，比上年减少 0 万元，历史遗留风险资产回收率为 0%。

五、社会经济效益

（一）**缴存业务**：2017 年，实缴单位数、实缴职工人数和缴存额增长率分别为 0.58%、5.61% 和 14.53%。

缴存单位中，国家机关和事业单位占 64.21%，国有企业占 11.75%，城镇集体企业占 3.64%，外商投资企业占 1.53%，城镇私营企业及其他城镇企业占 12.63%，民办非企业单位和社会团体占 2.28%，其他占 3.96%。

缴存职工中，国家机关和事业单位占 50.04%，国有企业占 24.64%，城镇集体企业占 4.45%，外商

投资企业占 4.05%，城镇私营企业及其他城镇企业占 12.41%，民办非企业单位和社会团体占 2.17%，其他占 2.24%；中、低收入占 95.37%，高收入占 4.63%。

新开户职工中，国家机关和事业单位占 30.61%，国有企业占 18.32%，城镇集体企业占 4.55%，外商投资企业占 6.43%，城镇私营企业及其他城镇企业占 28%，民办非企业单位和社会团体占 0.13%，其他占 11.96%；中、低收入占 97.8%，高收入占 2.2%。

（二）**提取业务**：2017 年，73.7 万名缴存职工提取住房公积金 201.57 亿元。

提取金额中，住房消费提取占 83.44%（购买、建造、翻建、大修自住住房占 10.96%，偿还购房贷款本息占 59.85%，租赁住房占 2.85%，其他占 9.78%）；非住房消费提取占 16.56%（离休和退休提取占 7.16%，完全丧失劳动能力并与单位终止劳动关系提取占 6.22%，户口迁出所在市或出境定居占 1.36%，其他占 1.82%）。

提取职工中，中、低收入占 95.89%，高收入占 4.11%。

（三）**贷款业务**：

1. **个人住房贷款**：2017 年，支持职工购建房 910.02 万平方米。年末个人住房贷款市场占有率为 24.56%，比上年同期减少 9.36 个百分点。通过申请住房公积金个人住房贷款，可节约职工购房利息支出 447435.22 万元。

职工贷款笔数中，购房建筑面积 90（含）平方米以下占 13.48%，90~144（含）平方米占 76.2%，144 平方米以上占 10.32%。购买新房占 75.04%（其中购买保障性住房占 1.12%），购买存量商品房占 23.94%，建造、翻建、大修自住住房占 0.16%，其他占 0.86%。

职工贷款笔数中，单缴存职工申请贷款占 42.14%，双缴存职工申请贷款占 57.73%，三人及以上缴存职工共同申请贷款占 0.13%。

贷款职工中，30 岁（含）以下占 31.27%，30 岁~40 岁（含）占 33.12%，40 岁~50 岁（含）占 26.57%，50 岁以上占 9.04%；首次申请贷款占 90.03%，二次及以上申请贷款占 9.97%；中、低收入占 97.15%，高收入占 2.85%。

2. **异地贷款**：2017 年，发放异地贷款 2999 笔 86825.4 万元。2017 年末，发放异地贷款总额 317460.1 万元，异地贷款余额 287140.57 万元。

3. **公转商贴息贷款**：2017 年，发放公转商贴息贷款 2358 笔 86067 万元，支持职工购建房面积 24.43 万平方米。当年贴息额 2145.18 万元。2017 年末，累计发放公转商贴息贷款 5887 笔 218116.4 万元，累计贴息 2423.67 万元。

4. **住房公积金支持保障性住房建设项目贷款**：2017 年末，全省有住房公积金试点城市 2 个，试点项目 6 个，贷款额度 6.79 亿元，建筑面积 68.18 万平方米，可解决 11652 户中低收入职工家庭的住房问题。5 个试点项目贷款资金已发放并还清贷款本息。

（四）**住房贡献率**：2017 年，个人住房贷款发放额、公转商贴息贷款发放额、项目贷款发放额、住房消费提取额的总和与当年缴存额的比率为 106.36%，比上年减少 40.92 个百分点。

六、其他重要事项

（一）**当年住房公积金政策调整情况**：省级层面未对住房公积金使用政策做调整。

（二）当年开展专项监督检查情况：

1. 6月上旬，对景德镇和抚州管理中心进行了住房公积金廉政风险防控专项检查。重点在全面落实风险防控工作部署、长效机制建立，全面排查风险隐患，制定风险防控措施，以及近2年审计发现问题的整改情况进行了检查。

2. 11月上旬至中旬，围绕目标完成、政策落实、信息化建设、缴存扩面、降缴缓缴、专项稽核、宣传报道7个方面，组成4个督导小组对全省13个管理中心进行了专项督导检查。

（三）当年服务改进情况：

1. 全省各住房公积金管理及所辖办事处，严格落实首问责任制、服务承诺制、限时办结制等制度，推行上门服务、延时服务、预约服务等特色服务，积极打造门户网站、12329住房公积金热线、手机APP等住房公积金信息综合服务平台。

2. 全省13个管理中心于6月30日前全部接入全国住房公积金异地转移接续平台，实现了"账随人走、钱随账走"。截至2017年12月底，全省累计发生转入3166笔，转入金额7412.1万元；转出2330笔，转出金额6394.4万元。

（四）当年信息化建设情况：

1. 萍乡、新余、南昌等9个管理中心按照《住房公积金基础数据标准》和《住房公积金银行结算数据应用系统公积金中心接口标准》要求，年底已基本完成了系统升级改造。其他管理中心也在有序推进系统升级改造。

2. 新余管理中心在全省率先实现了在房管、不动产、民政等多个部门间信息查询共享，实现了"让数据多跑路、让群众少跑路"的目标。

3. 南昌管理中心已基本建成住房公积金综合服务平台，包括：网厅、12329热线、微信等综合管理服务系统，其他管理中心也在有序推进综合服务平台建设。

（五）当年住房公积金机构及从业人员所获荣誉情况： 全省各管理中心共获得10项行业、窗口文明单位；1项青年文明号称号；1项五一劳动奖章；26项先进集体和个人。其中：鹰潭、吉安、省直管理中心3个单位获得国家级文明单位；新余、鹰潭、上饶、省直管理中心4个单位省级文明单位；南昌、景德镇、鹰潭管理中心3个单位获得地市级文明单位。吉安管理中心获得省级青年文明号称号。上饶管理中心获得1项地市级五一劳动奖章。省直管理中心获得省级先进集体和个人；九江、景德镇、鹰潭、上饶管理中心4个单位省获得共25项先进集体和个人。

（六）其他需要披露的情况： 九江市住房公积金管理中心下辖星子县办事处更名为庐山办事处；庐山办事处更名为庐山风景区办事处；九江县办事处更名为柴桑区办事处。

南昌市住房公积金2017年年度报告

一、机构概况

（一）住房公积金管理委员会： 南昌住房公积金管理委员会共有29名委员，2017年召开1次会议。

审议通过南昌住房公积金管理中心 2016 年度住房公积金归集、使用执行情况和 2017 年度住房公积金归集、使用计划，审议通过市财政部门关于南昌住房公积金管理中心 2016 年度会计决算审核报告和关于 2017 年专项经费预算审核意见的通知，以及市审计部门关于南昌住房公积金管理中心 2016 年度财务收支情况审计报告。

（二）住房公积金管理中心：南昌住房公积金管理中心（以下简称"管理中心"）为直属南昌市人民政府不以营利为目的的全额拨款事业单位，主要负责全市住房公积金的归集、管理、使用和会计核算。管理中心设七个科室、五个县（区）办事处及省直、铁路两个分中心。从业人员 158 人（含分中心），其中，在编 102 人，非在编 56 人。

二、业务运行情况

（一）缴存：2017 年，新开户单位 1257 家，实缴单位 8919 家，净增单位 550 家；新开户职工 10.41 万人，实缴职工 72.25 万人，净增职工 5.56 万人；缴存额 118.39 亿元，同比增长 17.56%。2017 年末，缴存总额 727.24 亿元，同比增长 19.44%；缴存余额 319.19 亿元，同比增长 14.17%。

受委托办理住房公积金缴存业务的银行 2 家，与上年持平。

（二）提取：2017 年，提取额 78.78 亿元，同比增长 16.64%；占当年缴存额的 66.54%，比上年减少 0.52 个百分点。2017 年末，提取总额 408.05 亿元，同比增长 23.93%。

（三）贷款：

个人住房贷款：个人住房贷款最高额度 60 万元，其中，单缴存职工最高额度 50 万元，双缴存职工最高额度 60 万元。

2017 年，发放个人住房贷款 9109 笔 34.41 亿元，同比分别下降 56.83%、63.24%。其中，市中心发放个人住房贷款 5581 笔 20.87 亿元，省直分中心发放个人住房贷款 1832 笔 7.11 亿元，铁路分中心发放个人住房贷款 1696 笔 6.43 亿元。

2017 年，回收个人住房贷款 37.78 亿元。其中，市中心 19.53 亿元，省直分中心 9.46 亿元，铁路分中心 8.79 亿元。

2017 年末，累计发放个人住房贷款 17.98 万笔 508.09 亿元，同比分别增长 5.71%、7.26%。贷款余额 311.21 亿元，同比减少 1.07%。个人住房贷款余额占缴存余额的 97.50%，比上年减少 15 个百分点。

受委托办理住房公积金个人住房贷款业务的银行 9 家，与上年持平。

（四）融资：2017 年，融资 5.59 亿元，归还 30 亿元。2017 年末，融资总额 52.59 亿元，融资余额 19.59 亿元。

（五）资金存储：2017 年末，住房公积金存款 31.37 亿元。其中，活期 0.05 亿元，1 年（含）以下定期 0.09 亿元，1 年以上定期 9.17 亿元，其他（协定、通知存款等）22.06 亿元。

（六）资金运用率：2017 年末，住房公积金个人住房贷款余额、项目贷款余额和购买国债余额的总和占缴存余额的 97.50%，比上年减少 15 个百分点。

三、主要财务数据

（一）业务收入：2017 年，业务收入 114990.30 万元，同比增长 8.92%。其中，市中心 68402.10 万元,省直分中心30709.29万元,铁路分中心15878.91万元;存款利息7413.97万元,委托贷款利息102994.05万元,其他4582.28万元。

(二) **业务支出**：2017年,业务支出63809.08万元,同比下降5.78%。其中,市中心41094.04万元,省直分中心16013.18万元,铁路分中心6701.86万元;支付职工住房公积金利息43002.21万元,委托贷款手续费5108.40万元,其他15698.47万元。

(三) **增值收益**：2017年,增值收益51181.22万元,同比增长35.23%。其中,市中心27308.06万元,省直分中心14696.11万元,铁路分中心9177.05万元;增值收益率1.70%,比上年增加0.27个百分点。

(四) **增值收益分配**：2017年,提取贷款风险准备金286.14万元,提取管理费用3988.60万元,提取城市廉租住房（公共租赁住房）建设补充资金46906.48万元。

2017年,上交财政管理费用3988.60万元。上缴财政城市廉租住房（公共租赁住房）建设补充资金13366.64万元。其中,市中心上缴6483.90万元,省直分中心上缴江西省财政厅财政专户6882.74万元,铁路分中心上缴0万元。

2017年末,贷款风险准备金余额72193.31万元。累计提取城市廉租住房（公共租赁住房）建设补充资金264628.73万元。其中,市中心提取142812.33万元,省直分中心提取74876.32万元,铁路分中心提取46940.08万元。

(五) **管理费用支出**：2017年,管理费用支出4018.39万元,与上年持平。其中,人员经费2785.40万元,公用经费452.69万元,专项经费780.30万元。

市中心管理费用支出2080.84万元,其中,人员、公用、专项经费分别为1370.83万元、243.10万元、466.91万元;省直分中心管理费用支出1274.11万元,其中,人员、公用、专项经费分别为958.19万元、120.88万元、195.04万元;铁路分中心管理费用支出663.44万元,其中,人员、公用、专项经费分别为456.38万元、88.71万元、118.35万元。

四、资产风险状况

个人住房贷款：2017年末,个人住房贷款逾期额117.85万元,逾期率0.04‰。其中,市中心0.05‰,省直分中心0.02‰,铁路分中心0.01‰。

个人贷款风险准备金按新增贷款余额的2%提取。2017年,提取个人贷款风险准备金286.14万元,使用个人贷款风险准备金核销呆坏账0万元。2017年末,个人贷款风险准备金余额72193.31万元,占个人住房贷款余额的2.32%,个人住房贷款逾期额与个人贷款风险准备金余额的比率为0.16%。

五、社会经济效益

(一) **缴存业务**：2017年,实缴单位数、实缴职工人数和缴存额同比分别增长6.57%、8.34%和17.56%。

缴存单位中,国家机关和事业单位占32.84%,国有企业占12.87%,城镇集体企业占6.40%,外商投资企业占1.91%,城镇私营企业及其他城镇企业占36.95%,民办非企业单位和社会团体占6.99%,其他占2.04%。

缴存职工中，国家机关和事业单位占32.67%，国有企业占31.90%，城镇集体企业占3.11%，外商投资企业占5.28%，城镇私营企业及其他城镇企业占20.04%，民办非企业单位和社会团体占6.20%，其他占0.80%；中、低收入占96.91%，高收入占3.09%。

新开户职工中，国家机关和事业单位占14.96%，国有企业占19.65%，城镇集体企业占2.16%，外商投资企业占6.93%，城镇私营企业及其他城镇企业占43.18%，民办非企业单位和社会团体占10.77%，其他占2.35%；中、低收入占99.99%，高收入占0.01%。

（二）提取业务：2017年，33.57万名缴存职工提取住房公积金78.78亿元。

提取金额中，住房消费提取占81.32%（购买、建造、翻建、大修自住住房占32.90%，偿还购房贷款本息占47.09%，租赁住房占1.33%）；非住房消费提取占18.68%（离休和退休提取占14.65%，完全丧失劳动能力并与单位终止劳动关系提取占1.73%，户口迁出本市或出境定居占1.46%，其他占0.84%）。

提取职工中，中、低收入占99.81%，高收入占0.19%。

（三）贷款业务：

1. **个人住房贷款**：2017年，支持职工购建房96.20万平方米，年末个人住房贷款市场占有率为5.38%，比上年减少12.77个百分点。通过申请住房公积金个人住房贷款，可节约职工购房利息支出80568.19万元。

职工贷款笔数中，购房建筑面积90（含）平方米以下占22.37%，90~144（含）平方米占71.87%，144平方米以上占5.76%。购买新房占85.77%，购买存量商品住房占14.23%。

职工贷款笔数中，单缴存职工申请贷款占62.26%，双缴存职工申请贷款占36.95%，三人及以上缴存职工共同申请贷款占0.79%。

贷款职工中，30岁（含）以下占38.73%，30岁~40岁（含）占33.04%，40岁~50岁（含）占20.90%，50岁以上占7.33%；首次申请贷款占93.17%，二次及以上申请贷款占6.83%；中、低收入占99.33%，高收入占0.67%。

2. **异地贷款**：2017年，发放异地贷款36笔1785.70万元。2017年末，发放异地贷款总额11457.50万元，异地贷款余额10791.83万元。

3. **公转商贴息贷款**：2017年，发放公转商贴息贷款2358笔86067万元，支持职工购建住房面积24.43万平方米，当年贴息额2145.18万元。2017年末，累计发放公转商贴息贷款5887笔218116.40万元，累计贴息2423.67万元。

（四）住房贡献率：2017年，个人住房贷款发放额、公转商贴息贷款发放额、项目贷款发放额、住房消费提取额的总和与当年缴存额的比率为90.46%，比上年减少71.30个百分点。

六、其他重要事项

1. 按照"控高保低"要求，严格规范缴存。经管委会审批通过，管理中心确定我市2017年度住房公积金月缴存额上限为3948元（含单位、个人两部分），下限为260元（含单位、个人两部分），缴存比例按单位、个人各12%执行。同时根据管委会严格控制缴存上限的要求，管理中心对226家超2016年上限缴存的单位下发了整改通知，至2017年6月底已全部整改到位。

2. 实施差别化贷款政策。根据房地产市场形势的变化和国家房地产调控有关要求，经管委会批准，管理中心于 2017 年 3 月 8 日调整了住房公积金贷款政策：对已经使用过住房公积金贷款的缴存职工，停止发放住房公积金贷款；调整住房公积金贷款可贷额度的确定方式。在确定个人住房公积金贷款可贷额度时，根据借款人的公积金缴存状况、账户余额、缴存时间及剩余缴存年限等因素综合判断其可贷额度及还款能力。

3. 为切实深化"放管服"改革，实现让"数据多跑路，职工少跑腿"，今年以来，管理中心通过大量的前期调研，结合系统改造，陆续推出了购房协议提取、商贷按年委托提取、退休自助提取、贷款按月对冲还款、贷款提前结清余额对冲、贷款缩期六项便民服务举措。新举措给缴存职工提供更为高效便捷的住房公积金服务，得到了媒体的广泛关注和报道，更受到了广大缴存职工的普遍欢迎。

4. 按照住房城乡建设部《住房公积金基础数据标准》和《住房公积金银行结算数据应用系统公积金中心接口标准》（以下简称"双贯标"）要求，管理中心对系统进行升级建设，并于 2017 年 12 月正式接入全国平台。目前管理中心各项业务运行平稳，计划在今年申报住房城乡建设部进行实地验收。

5. 对接异地转移接续平台，简化异地转移手续。为方便跨设区城市就业人员办理住房公积金异地转移接续业务，住房城乡建设部组织开发了全国住房公积金异地转移接续平台，管理中心严格按照住房城乡建设部统一部署要求，于 2017 年 4 月提前成功接入全国住房公积金异地转移接续平台。通过转移接续平台，管理中心可直接为职工办理异地调入或调出业务，避免职工在两地中心来回奔波。

景德镇市住房公积金 2017 年年度报告

一、机构概况

（一）住房公积金管理委员会：住房公积金管理委员会有 24 名委员，2017 年召开 1 次会议，审议通过的事项主要包括：（《关于调整住房公积金月缴存额上下限的请示》、《关于调整住房公积金使用政策的请示》、《关于防控住房公积金贷款风险增加置业担保流程的请示》）。

（二）住房公积金管理中心：住房公积金管理中心为（市政府）不以营利为目的的（自收自支）事业单位，设 7 个科，3 个管理部。从业人员 112 人，其中，在编 57 人，非在编 55 人。

二、业务运行情况

（一）缴存：2017 年，新开户单位 92 家，实缴单位 1508 家，净增单位 74 家；新开户职工 1.25 万人，实缴职工 10.18 万人，净增职工 0.54 万人；缴存额 12.86 亿元，同比增长 17.66%。2017 年末，缴存总额 71.79 亿元，同比增长 21.82%；缴存余额 39.52 亿元，同比增长 14.12%。

受委托办理住房公积金缴存业务的银行 9 家。

（二）提取：2017 年，提取额 7.97 亿元，同比增长 8.33%；占当年缴存额的 61.93%，比上年减少 5 个百分点。2017 年末，提取总额 32.27 亿元，同比增长 32.8%。

（三）贷款：

个人住房贷款：个人住房贷款最高额度 50 万元，其中，单缴存职工最高额度 35 万元，双缴存职工最高额度 50 万元。

2017 年，发放个人住房贷款 0.4 万笔 12.6 亿元，同比分别增长 25.15%、26.6%。其中，市中心发放个人住房贷款 0.25 万笔 8.01 亿元，乐平办事处发放个人住房贷款 0.1 万笔 3.16 亿元，浮梁办事处发放个人住房贷款 0.05 万笔 1.43 亿元。

2017 年，回收个人住房贷款 3.76 亿元。其中，市中心 2.43 亿元，乐平办事处 0.93 亿元，浮梁办事处 0.4 亿元。

2017 年末，累计发放个人住房贷款 2.84 万笔 54.73 亿元，贷款余额 34.88 亿元，同比分别增长 16.4%、20.96%、33.9%。个人住房贷款余额占缴存余额的 88.24%，比上年增加 13 个百分点。

受委托办理住房公积金个人住房贷款业务的银行 7 家。

（四）资金存储： 2017 年末，住房公积金存款 5.13 亿元。其中，活期 0.58 亿元，1 年（含）以下定期 0.06 亿元，1 年以上定期 2.23 亿元，其他（协定、通知存款等）2.26 亿元。

（五）资金运用率： 2017 年末，住房公积金个人住房贷款余额占缴存余额的 88.24%，比上年增加 13 个百分点。

三、主要财务数据

（一）业务收入： 2017 年，业务收入 11774.18 万元，同比增长 6.49%。其中存款利息 1676.28 万元，委托贷款利息 9768.78 万元，其他 329.12 万元。

（二）业务支出： 2017 年，业务支出 6395.58 万元，同比增长 10.27%。其中支付职工住房公积金利息 5527.97 万元，归集手续费 0 万元，委托贷款手续费 119.82 万元，其他 747.79 万元。

（三）增值收益： 2017 年，增值收益 5378.59 万元，同比增长 2.33%。增值收益率 1.44%，比上年减少 0.15 个百分点。

（四）增值收益分配： 2017 年，提取贷款风险准备金 883.87 万元，提取管理费用 1723.9 万元，提取城市廉租住房（公共租赁住房）建设补充资金 2770.83 万元。

2017 年，上交财政管理费用 1800 万元。上缴财政城市廉租住房（公共租赁住房）建设补充资金 350 万元。

2017 年末，贷款风险准备金余额 3487.74 万元。累计提取城市廉租住房（公共租赁住房）建设补充资金 16771.83 万元。

（五）管理费用支出： 2017 年，管理费用支出 1723.89 万元，同比下降 8.25%。其中，人员经费 976.96 万元，公用经费 446.93 万元，专项经费 300 万元。

四、资产风险状况

个人住房贷款：2017 年末，个人住房贷款逾期额 75.6 万元，逾期率 0.22‰。其中，市中心 0.15‰，乐平办事处 0.04‰，浮梁办事处 0.96‰。

个人贷款风险准备金按贷款余额或增值收益的 1% 提取。2017 年，提取个人贷款风险准备金 883.87

万元，使用个人贷款风险准备金核销呆坏账 0 万元。2017 年末，个人贷款风险准备金余额 3487.74 万元，占个人住房贷款余额的 1%，个人住房贷款逾期额与个人贷款风险准备金余额的比率为 8.55%。

五、社会经济效益

（一）缴存业务：2017 年，实缴单位数、实缴职工人数和缴存额同比分别增长 5.16%、5.54% 和 17.73%。

缴存单位中，国家机关和事业单位占 56.5%，国有企业占 21.8%，城镇集体企业占 21.7%。

缴存职工中，国家机关和事业单位占 63.6%，国有企业 18.96%，城镇集体企业占 17.44%；中、低收入占 98.16%，高收入占 1.84%。

新开户职工中，国家机关和事业单位占 25%，国有企业 31.72%，城镇集体企业占 43.28%；中、低收入占 97.83%，高收入占 2.17%。

（二）提取业务：2017 年，2.02 万名缴存职工提取住房公积金 7.97 亿元。

提取金额中，住房消费提取占 74.22%（购买、建造、翻建、大修自住住房占 31.9%，偿还购房贷款本息占 41.7%，租赁住房占 0.62%，其他占 0%）；非住房消费提取占 25.78%（离休和退休提取占 16.67%，完全丧失劳动能力并与单位终止劳动关系提取占 6.49%，户口迁出本市或出境定居占 1.88%，其他占 0.74%）。

提取职工中，中、低收入占 97.87%，高收入占 2.13%。

（三）贷款业务：

1. **个人住房贷款**：2017 年，支持职工购建房 46.39 万平方米，年末个人住房贷款市场占有率为 19.56%，比上年减少 5 个百分点。通过申请住房公积金个人住房贷款，可节约职工购房利息支出约 19535.71 万元。

职工贷款笔数中，购房建筑面积 90（含）平方米以下占 18.34%，90~144（含）平方米占 74.7%，144 平方米以上占 6.96%。购买新房占 69.64%（其中购买保障性住房占 16.71%），购买存量商品住房占 26.86%，其他占 3.5%。

职工贷款笔数中，单缴存职工申请贷款占 20.98%，双缴存职工申请贷款占 79.02%。

贷款职工中，30 岁（含）以下占 32.34%，30 岁~40 岁（含）占 33.22%，40 岁~50 岁（含）占 26.76%，50 岁以上占 7.68%；首次申请贷款占 68.25%，二次及以上申请贷款占 31.75%；中、低收入占 91.31%，高收入占 8.69%。

2. **异地贷款**：2017 年，发放异地贷款 426 笔 11412.4 万元。2017 年末，发放异地贷款总额 19950.4 万元，异地贷款余额 18181.7 万元。

（四）住房贡献率：2017 年，个人住房贷款发放额、住房消费提取额的总和与当年缴存额的比率为 121.18%，比上年增加 8 个百分点。

六、其他重要事项

（一）当年机构及职能调整情况、受委托办理缴存贷款业务金融机构变更情况：2017 年新增三家委托办理个人住房公积金贷款业务的银行，分别是：市招商银行、市上饶银行、市邮政储蓄银行。

(二)当年住房公积金政策调整及执行情况: 2017年,经市住房公积金管理委员会四届一次全体会议审议通过,自2017年7月1日起,就住房公积金有关使用政策作了如下调整和完善:

1. 调整"可提可贷"政策

将"职工新购买住房,可凭购房网签合同、不动产专用收据、利益相关人授权证明先提取本人、配偶及父母、子女住房公积金账户的结存资金,提取额度不超过购房首付款以内的价款;再申请住房公积金贷款的,还款期间,可根据情况允许其按年或按月提取贷款人及配偶公积金账户内余额用于还贷;职工新购住房未使用公积金贷款的,职工可凭购房合同每年提取一次本人及配偶公积金账户内的资金,累计提取不超过购房合同载明的价款。"调整为:

"缴存职工购买自住住房且未申请住房公积金贷款的,提供房产管理部门登记备案的购房合同(或网签合同)和不低于购房总额20%的付款发票(或税务专用收据)可提取住房公积金。对付款凭证提供首付收据或部分发票提取的,资金汇转入售房单位;对提供全额发票提取的可转入个人账户。允许提取一次本人、配偶住房公积金账户的储存余额,提取额度不超过购房合同载明的价款,同时可提取购房人双方父母、子女的住房公积金储存余额。"

将"未使用过住房公积金提取和贷款的,缴存职工凭2010年1月1日以后的购房合同或建房合法审批手续,一次性提取本人、配偶住房公积金账户上的结存资金,提取额度不超过购房合同载明的价款或建房总造价。"调整为:

"未使用过住房公积金提取和贷款的,缴存职工凭2015年7月1日以后的购房合同或建房合法审批手续,一次性提取本人、配偶住房公积金账户上的结存资金,提取额度不超过购房合同载明的价款或建房总造价。"

"职工购房使用住房公积金贷款的,仅可办理住房公积金按年提取和提取住房公积金期末结清住房公积金贷款余额,其他提取不再办理。"

2. 完善住房公积金异地贷款手续

住房公积金异地贷款应支持异地缴存职工在我市购买自住住房。凡本人或配偶的户籍在我市行政区域内的,缴存职工应凭户籍证明、就业地住房公积金管理中心出具的缴存使用证明等材料,均可提出异地贷款申请。申请贷款中,还需提供一名本地住房公积金缴存职工作为其还款联系人。异地缴存住房公积金且没有住房公积金贷款的职工,在我市购房申请住房公积金贷款时,首付比例不低于30%;已申请了一次住房公积金贷款且结清的,在我市购房申请住房公积金贷款时,首付比例不低于50%;不向已有二次使用住房公积金贷款的异地缴存职工发放住房公积金贷款。

3. 调整住房公积金贷款首付比例

购买新建商品房,第一次使用住房公积金贷款的职工家庭,贷款最低首付比例为20%;第二次使用住房公积金贷款的职工家庭,贷款最低首付款比例不得低于40%。购买二手房,第一次使用住房公积金贷款的职工家庭,贷款最低首付比例不低于40%,第二次使用住房公积金贷款的职工家庭,贷款最低首付比例不低于50%。已有2次住房公积金贷款记录的职工家庭,不得发放住房公积金贷款。

4. 停办"商转公"贷款业务

暂停我市缴存职工商业银行个人住房按揭贷款转住房公积金个人住房贷款。

5. 调整住房公积金月缴存额上下限

住房公积金单位和个人月缴存额上限为2994元(单位1497元、个人1497元),单位和个人月缴存额下限为 250 元（单位 125 元、个人 125 元）。

（三）当年服务改进情况：2017 年 9 月开通支付宝查询个人住房公积金业务。

（四）当年住房公积金管理中心及职工所获荣誉情况：2017 年度景德镇市住房公积金管理中心荣获四项荣誉，分别是：

1. 景德镇市第十五届（2014—2016 年度）文明单位
2. 2017 年度公共机构节能工作优秀市直单位
3. 2017 年度人口和计划生育工作先进单位
4. 2017 年度全市社会治安综合治理目标管理先进单位

萍乡市住房公积金 2017 年年度报告

一、机构概况

（一）住房公积金管理委员会：住房公积金管理委员会有 24 名委员，2017 年召开 1 次会议，审议通过的事项主要包括：《关于 2016 年住房公积金归集使用财务收支情况和住房公积金管理工作及 2017 年住房公积金归集使用财务收支计划的报告》、《萍乡市住房公积金 2016 年年度公告》、《关于萍乡市职工个人住房公积金贷款实施办法（讨论稿）》、《关于向商业银行申请授信贷款额度的请示》和有关银行申请住房公积金委托贷款合作资格的事宜。

（二）住房公积金管理中心：住房公积金管理中心为直属萍乡市人民政府不以营利为目的的自收自支事业单位，设 7 个科，4 个管理部。从业人员 90 人，其中，在编 70 人，非在编 20 人。

二、业务运行情况

（一）缴存：2017 年，新开户单位 106 家，实缴单位 1568 家，净增单位 73 家；新开户职工 0.86 万人，实缴职工 10.26 万人，净增职工 0.20 万人；缴存额 14.55 亿元，同比增长 38.84%。2017 年末，缴存总额 70.66 亿元，同比增长 25.93%；缴存余额 42.83 亿元，同比增长 22.30%。

受委托办理住房公积金缴存业务的银行 6 家，比上年增加（减少）0 家。

（二）提取：2017 年，提取额 6.73 亿元，同比增长 21.26%；占当年缴存额的 49.67%，比上年减少 3.29 个百分点。2017 年末，提取总额 27.83 亿元，同比增长 31.96%。

（三）贷款：

个人住房贷款：个人住房贷款最高额度 55 万元，其中，单缴存职工最高额度 55 万元，双缴存职工最高额度 55 万元。

2017 年，发放个人住房贷款 0.2362 万笔 8.31 亿元，同比分别下降 29.64%、22.55%。其中，市中心发放个人住房贷款 0.1659 万笔 6.37 亿元，芦溪办事处发放个人住房贷款 0.0332 万笔 0.90 亿元，上栗办事处发放个人住房贷款 0.0154 万笔 0.42 亿元，莲花办事处发放个人住房贷款 0.0137 万笔 0.44 亿元，湘东办事处发放个人住房贷款 0.0080 万笔 0.18 亿元。

2017 年，回收个人住房贷款 2.4 亿元。其中，市中心 1.94 亿元，芦溪办事处 0.16 亿元，上栗办事处 0.10 亿元，莲花办事处 0.13 亿元，湘东办事处 0.07 亿元。

2017 年末，累计发放个人住房贷款 2.2789 万笔 43.04 亿元，贷款余额 30.45 亿元，同比分别增长 11.56%、23.93%、24.08%。个人住房贷款余额占缴存余额的 71.09%，比上年增加 1.02 个百分点。

受委托办理住房公积金个人住房贷款业务的银行 7 家，比上年增加 2 家。

（四）资金存储：2017 年末，住房公积金存款 12.52 亿元。其中，活期 4.45 亿元，1 年（含）以下定期 1.5 亿元，1 年以上定期 6.47 亿元，其他（协定、通知存款等）0.10 亿元。

（五）资金运用率：2017 年末，住房公积金个人住房贷款余额、项目贷款余额和购买国债余额的总和占缴存余额的 71.09%，比上年增加 1.02 个百分点。

三、主要财务数据

（一）业务收入：2017 年，业务收入 13348.76 万元，同比增长 4.83%。其中，存款利息 4771 万元，委托贷款利息 8576.67 万元，国债利息 0 万元，其他 1.09 万元。

（二）业务支出：2017 年，业务支出 6638.76 万元，同比增长 50.41%。其中，支付职工住房公积金利息 6054.56 万元，归集手续费 0 万元，委托贷款手续费 584.20 万元，其他 0 万元。

（三）增值收益：2017 年，增值收益 6710 万元，同比下降 19.34%。

（四）增值收益分配：2017 年，提取贷款风险准备金 600 万元，提取管理费用 1458 万元，提取城市廉租住房（公共租赁住房）建设补充资金 4752.24 万元。未分配增值收益 238 万元。

2017 年，上交财政管理费用 1458 万元。上缴财政城市廉租住房（公共租赁住房）建设补充资金 4752.24 万元。

2017 年末，贷款风险准备金余额 2005 万元。累计提取城市廉租住房（公共租赁住房）建设补充资金 26479.52 万元。

（五）管理费用支出：2017 年，管理费用支出 1458 万元，同比增长 11.50%。其中，人员经费 914 万元，公用经费 239 万元，专项经费 305 万元。

四、资产风险状况

个人住房贷款：2017 年末，个人住房贷款逾期额 199.21 万元，逾期率 0.7‰。

个人贷款风险准备金按贷款余额的 1%提取。2017 年，提取个人贷款风险准备金 600 万元，使用个人贷款风险准备金核销呆坏账 0 万元。2017 年末，个人贷款风险准备金余额 2005 万元，占个人住房贷款余额的 0.66%，个人住房贷款逾期额与个人贷款风险准备金余额的比率为 9.94%。

五、社会经济效益

（一）缴存业务：2017 年，实缴单位数、实缴职工人数和缴存额同比分别增长 3.79%、－14.85%和 38.84%。

缴存单位中，国家机关和事业单位占 72.07%，国有企业占 8.61%，城镇集体企业占 1.14%，外商投资企业占0.64%，城镇私营企业及其他城镇企业占8.29%，民办非企业单位和社会团体占1.34%，其他占7.91%。

缴存职工中，国家机关和事业单位占60.15%，国有企业占25.87%，城镇集体企业占0.67%，外商投资企业占0.85%，城镇私营企业及其他城镇企业占6.49%，民办非企业单位和社会团体占0.71%，其他占5.26%；中、低收入占99.55%，高收入占0.45%。

新开户职工中，国家机关和事业单位占38.98%，国有企业占17.60%，城镇集体企业占0.86%，外商投资企业占1.22%，城镇私营企业及其他城镇企业占17.61%，民办非企业单位和社会团体占2.46%，其他占21.27%；中、低收入占99.84%，高收入占0.16%。

（二）提取业务：2017年，2.1087万名缴存职工提取住房公积金6.73亿元。

提取金额中，住房消费提取占64.87%（购买、建造、翻建、大修自住住房占39.86%，偿还购房贷款本息占24.89%，租赁住房占0.12%，其他占0%）；非住房消费提取占35.13%（离休和退休提取占25.74%，完全丧失劳动能力并与单位终止劳动关系提取占5.88%，户口迁出本市或出境定居占1.38%，其他占2.13%）。

提取职工中，中、低收入占99.41%，高收入占0.59%。

（三）贷款业务：

1. **个人住房贷款**：2017年，支持职工购建房108.41万平方米，年末个人住房贷款市场占有率为28.79%，比上年减少2.54个百分点。通过申请住房公积金个人住房贷款，可节约职工购房利息支出40188万元。

职工贷款笔数中，购房建筑面积90（含）平方米以下占14.77%，90～144（含）平方米占60.29%，144平方米以上占24.94%。购买新房占81.20%（其中购买保障性住房占0%），购买存量商品住房占14.31%，建造、翻建、大修自住住房占0.38%，其他占4.11%。

职工贷款笔数中，单缴存职工申请贷款占25.87%，双缴存职工申请贷款占73.96%，三人及以上缴存职工共同申请贷款占0.17%。

贷款职工中，30岁（含）以下占30.44%，30岁～40岁（含）占36.88%，40岁～50岁（含）占24.26%，50岁以上占8.42%；首次申请贷款占92.51%，二次及以上申请贷款占7.49%；中、低收入占99.36%，高收入占0.64%。

2. **异地贷款**：2017年，发放异地贷款127笔4312.10万元。2017年末，发放异地贷款总额8610.30万元，异地贷款余额8105.27万元。

（四）住房贡献率：2017年，个人住房贷款发放额、公转商贴息贷款发放额、项目贷款发放额、住房消费提取额的总和与当年缴存额的比率为109.82%，比上年减少30.64个百分点。

六、其他重要事项

（一）当年机构及职能调整情况、受委托办理缴存贷款业务金融机构变更情况：2017年新增江西银行萍乡分行、赣州银行萍乡分行为我市住房公积金委托贷款业务承办银行。

（二）当年住房公积金政策调整及执行情况：

1. 2017年1月1日起，本市住房公积金缴存企业单位应执行调整后的住房公积金缴存基数，缴存基数为2016年1月1日至12月31日职工个人月平均工资。2017年1月1日起新参加工作的职工，缴存基数为该职工参加工作第二个月月工资收入；2017年1月1日起新调入的职工，缴存基数为该职工调入当月月工资收入。工资总额口径按国家统计局《关于工资总额组成的规定》（国家统计局令〔1990〕第1号）规定执行。

2. 二手房贷款房款认定依据调整为二手房的贷款比例不超过购房合同交易金额的70%。

3. 贷款管理办法新增一条条款明确借款可贷额度核算规定；借款人可贷额度原则上以申请人家庭收入为主要核算依据，月还贷金额不超过家庭收入的50%，申请人家庭收入参照其住房公积金缴存基数；申请人有未还清的其他贷款和贷款担保的，管理中心评估核算其贷款额度时应与借款人（含共同借款人）住房公积金月缴存额挂钩，住房公积金月缴存额应不低于月还款额的80%。

4. 2017年度住房公积金贷款利率，执行的是2015年10月24日中国人民银行公布的利率，个人住房公积金贷款利率五年以下（含五年）为2.75%、五年以上为3.25%；住房公积金存款利率，执行的是2016年2月21日调整的利率，按一年期定期存款基准利率1.5%执行；

（三）当年服务改进情况：

1. 开通了公积金贷款委托按月冲贷业务。将原来的按年冲贷改为按月冲贷，大大减轻了职工的还贷压力，使得还贷更方便、更快捷。

2. 成功接入全国住房公积金异地转移接续平台。平台的上线，让符合条件的职工可以直接办理公积金转移业务，做到"账随人走，钱随账走"简化了办理手续，提高了住房公积金服务效率。

3. 中心营业大厅新增自助查询机，方便了群众住房公积金业务办理。

4. 推广运用住房公积金综合服务平台并接入住房城乡建设部资金结算应用系统平台。2017年9月11日上线运行萍乡市住房公积金"综合服务平台"，并同时开通了12329服务热线、12329短信平台、自助终端、门户网站、官方微信等服务渠道，提高了公积金服务效率和质量，尽量做到"让数据多跑路、让职工少跑腿"。

（四）当年信息化建设情况：

1. 上线运行"双贯标"新系统，完成了住房城乡建设部"双贯标"的准备工作。中心严格对照住房公积金基础数据标准，新系统相关数据库表名、字段名及字段长度，均按照标准编写。2017年9月11日上线运行新业务信息系统，并实现了基础数据贯标和结算平台的接入工作，中心计划于2018年初完成"双贯标"验收。

2. 强化安全管理，确保中心信息系统和门户网站安全。采取多种安全防护措施，完成系统、应用软件的安全加固，定期做好系统各业务模块管理维护工作，及时处理系统运行过程中出现的问题，确保信息系统和门户网站稳定运行及数据信息安全。

九江市住房公积金2017年年度报告

一、机构概况

（一）住房公积金管理委员会：住房公积金管理委员会有25名委员，2017年召开1次会议，会议听取了 2016 年度及 2017 年 1 至 4 月份九江市住房公积金管理情况的报告，并对其他重要事项进行决策，审议通过的事项主要包括：改选了市住房公积金管理委员会副主任委员、调整了部分委员；审议并确定了九江市住房公积金管理中心庐山西海办事处归集银行；审议并原则同意了关于调整、规范住房公积金使用政策的建议。

（二）住房公积金管理中心：住房公积金管理中心为九江市住房保障和房产管理局下属的不以营利为目的的自收自支事业单位，中心内设 8 个科室，下设 14 个办事处。从业人员 139 人，其中，在编 81 人，非在编 58 人。

二、业务运行情况

（一）缴存：2017 年，新开户单位 259 家，实缴单位 5139 家，净增单位 252 家；新开户职工 3.54 万人，实缴职工 31.38 万人，净增职工 3.08 万人；缴存额 30.94 亿元，同比增长 13.75%。2017 年末，缴存总额 183.16 亿元，同比增长 20.33%；缴存余额 89.89 亿元，同比增长 15.42%。

受委托办理住房公积金缴存业务的银行 3 家，与上年相同。

（二）提取：2017 年，提取额 18.93 亿元，同比增长 17.14%；占当年缴存额的 61.18%，比上年增加 1.77 个百分点。2017 年末，提取总额 93.27 亿元，同比增长 25.46%。

（三）贷款：

1. **个人住房贷款**：个人住房贷款最高额度 35 万元，其中，单缴存职工最高额度 25 万元，双缴存职工最高额度 35 万元。

2017 年，发放个人住房贷款 0.88 万笔 21.61 亿元，同比分别下降 17.11%、29.71%。其中，市中心发放个人住房贷款 4087 笔 10.95 亿元，浔阳办事处发放个人住房贷款 740 笔 1.85 亿元，修水县办事处发放个人住房贷款 752 笔 1.61 亿元，武宁县办事处发放个人住房贷款 439 笔 1.07 亿元，永修县办事处发放个人住房贷款 368 笔 0.84 亿元，共青城市办事处发放个人住房贷款 209 笔 0.44 亿元，德安县办事处发放个人住房贷款 221 笔 0.51 亿元，庐山市办事处发放个人住房贷款 176 笔 0.46 亿元，柴桑区办事处发放个人住房贷款 291 笔 0.61 亿元，都昌县办事处发放个人住房贷款 288 笔 0.73 亿元，湖口县办事处发放个人住房贷款 225 笔 0.50 亿元，彭泽县办事处发放个人住房贷款 489 笔 1.02 亿元，瑞昌市办事处发放个人住房贷款 465 笔 1.02 亿元。

2017 年，回收个人住房贷款 11.67 亿元。其中，市中心 6.35 亿元，浔阳办事处 1.12 亿元，修水县办事处 0.60 亿元，武宁县办事处 0.37 亿元，永修县办事处 0.47 亿元，共青城市办事处 0.22 亿元，德安县办事处 0.23 亿元，庐山市办事处 0.28 亿元，柴桑区办事处 0.29 亿元，都昌县办事处 0.36 亿元，湖口县办事处 0.63 亿元，彭泽县办事处 0.20 亿元，瑞昌市办事处 0.56 亿元。

2017 年末，累计发放个人住房贷款 7.47 万笔 149.78 亿元，贷款余额 84.65 亿元，同比分别增长 13.35%、16.86%、13.30%。个人住房贷款余额占缴存余额的 94.17%，比上年减少 1.76 个百分点。

受委托办理住房公积金个人住房贷款业务的银行 6 家，与上年相同。

2. **住房公积金支持保障性住房建设项目贷款**：2017 年，发放支持保障性住房建设项目贷款 0 亿元，回收项目贷款 1.48 亿元。2017 年末，累计发放项目贷款 3.79 亿元，项目贷款余额 0 亿元。

（四）融资：2017年，融资2.40亿元，归还9.92亿元。2017年末，融资总额9.92亿元，融资余额0亿元。

（五）资金存储：2017年末，住房公积金存款11.94亿元。其中，活期5.11亿元，1年（含）以下定期2.04亿元，1年以上定期4.79亿元，其他（协定、通知存款等）0亿元。

（六）资金运用率：2017年末，住房公积金个人住房贷款余额、项目贷款余额和购买国债余额的总和占缴存余额的94.17%，比上年减少3.66个百分点。

三、主要财务数据

（一）业务收入：2017年，业务收入30549.02万元，同比增长16.55%。其中，市中心15984.45万元，浔阳办事处3092.43万元，修水县办事处1803.57万元，武宁县办事处1046.63万元，永修县办事处890.07万元，共青城市办事处496.46万元，德安县办事处721.51万元，庐山市办事处628.63万元，柴桑区办事处705.90万元，都昌县办事处1110.88万元，湖口县办事处1305.37万元，彭泽县办事处827.44万元，瑞昌市办事处1637.05万元，庐山风景区办事处298.63万元；存款利息3420.80万元，委托贷款利息26864.07万元，国债利息0万元，其他264.15万元。

（二）业务支出：2017年，业务支出15066.43万元，同比增长56.99%。其中，市中心7890.64万元，浔阳办事处1113.03万元，修水县办事处738.76万元，武宁县办事处476.28万元，永修县办事处637.90万元，共青城市办事处212.99万元，德安县办事处356.33万元，庐山市办事处298.77万元，柴桑区办事处503.47万元，都昌县办事处664.49万元，湖口县办事处706.70万元，彭泽县办事处465.94万元，瑞昌市办事处824.75万元，庐山风景区办事处176.38万元；支付职工住房公积金利息12703.20万元，归集手续费0万元，委托贷款手续费1284.16万元，其他1079.07万元。

（三）增值收益：2017年，增值收益15482.59万元，同比下降6.81%。其中，市中心8093.81万元，浔阳办事处1979.40万元，修水县办事处1064.81万元，武宁县办事处570.35万元，永修县办事处252.17万元，共青城市办事处283.47万元，德安县办事处365.18万元，庐山市办事处329.86万元，柴桑区办事处202.43万元，都昌县办事处446.39万元，湖口县办事处598.67万元，彭泽县办事处361.50万元，瑞昌市办事处812.30万元，庐山风景区办事处122.25万元；增值收益率1.85%，比上年减少0.44个百分点。

（四）增值收益分配：2017年，提取贷款风险准备金3.96万元，提取管理费用1948.67万元，提取城市廉租住房（公共租赁住房）建设补充资金13529.96万元。

2017年，上交财政管理费用1948.67万元。上缴财政城市廉租住房（公共租赁住房）建设补充资金12807.97万元。由市中心上缴。

2017年末，贷款风险准备金余额14121.22万元。累计提取城市廉租住房（公共租赁住房）建设补充资金64540.89万元。由市中心提取。

（五）管理费用支出：2017年，管理费用支出1696.83万元，同比增长12.97%。其中，人员经费1148.80万元，公用经费250.79万元，专项经费297.24万元。

市中心管理费用支出1245.63万元，其中，人员、公用、专项经费分别为1062.26万元、177.90万元、5.47万元；浔阳办事处管理费用支出12.72万元，其中，人员、公用、专项经费分别为4.72万元、

6.06万元、1.94万元；修水县办事处管理费用支出20.66万元，其中，人员、公用、专项经费分别为8.52万元、11.65万元、0.49万元；武宁县办事处管理费用支出16.64万元，其中，人员、公用、专项经费分别为7.57万元、5.86万元、3.21万元；永修县办事处管理费用支出10.89万元，其中，人员、公用、专项经费分别为7.20万元、3.69万元、0万元；共青城市办事处管理费用支出286.31万元，其中，人员、公用、专项经费分别为5.02万元、3.62万元、277.67万元；德安县办事处管理费用支出8.17万元，其中，人员、公用、专项经费分别为4.99万元、3.13万元、0.05万元；庐山市办事处管理费用支出8.82万元，其中，人员、公用、专项经费分别为5.81万元、3.01万元、0万元；柴桑区办事处管理费用支出8.74万元，其中，人员、公用、专项经费分别为3.67万元、4.99万元、0.08万元；都昌县办事处管理费用支出18.90万元，其中，人员、公用、专项经费分别为12.09万元、6.70万元、0.11万元；湖口县办事处管理费用支出11.98万元，其中，人员、公用、专项经费分别为4.39万元、7.59万元、0万元；彭泽县办事处管理费用支出16.02万元，其中，人员、公用、专项经费分别为6.74万元、6.55万元、2.73万元；瑞昌市办事处管理费用支出16.23万元，其中，人员、公用、专项经费分别为10.68万元、5.55万元、0万元；庐山风景区办事处管理费用支出15.12万元，其中，人员、公用、专项经费分别为5.14万元、4.49万元、5.49万元。

四、资产风险状况

（一）个人住房贷款：2017年末，个人住房贷款逾期额161.01万元，逾期率0.19‰。其中，市中心0.28‰，浔阳办事处0‰，修水县办事处0‰，武宁县办事处0.38‰，永修县办事处0‰，共青城市办事处0‰，德安县办事处0‰，庐山市办事处0‰，柴桑区办事处0‰，都昌县办事处0.67‰，湖口县办事处0.04‰，彭泽县办事处0‰，瑞昌市办事处0.01‰。

个人贷款风险准备金按贷款余额的1%提取。2017年，提取个人贷款风险准备金993.65万元，使用个人贷款风险准备金核销呆坏账0万元。2017年末，个人贷款风险准备金余额14121.22万元，占个人住房贷款余额的1.67%，个人住房贷款逾期额与个人贷款风险准备金余额的比率为1.14%。

（二）支持保障性住房建设试点项目贷款：2017年末，逾期项目贷款0万元，逾期率0‰。

项目贷款风险准备金按贷款余额的4%提取。2017年，提取项目贷款风险准备金－989.69万元，使用项目贷款风险准备金核销呆坏账0万元，项目贷款风险准备金余额0万元，占项目贷款余额的0%，项目贷款逾期额与项目贷款风险准备金余额的比率为0%。

五、社会经济效益

（一）缴存业务：2017年，实缴单位数、实缴职工人数和缴存额同比分别增长5.16%、10.88%和13.75%。

缴存单位中，国家机关和事业单位占70.52%，国有企业占13.56%，城镇集体企业占1.98%，外商投资企业占1.97%，城镇私营企业及其他城镇企业占8.58%，民办非企业单位和社会团体占1.05%，其他占2.34%。

缴存职工中，国家机关和事业单位占30.27%，国有企业占39.39%，城镇集体企业占12.90%，外商投资企业占7.69%，城镇私营企业及其他城镇企业占8.87%，民办非企业单位和社会团体占0.41%，

其他占 0.47%；中、低收入占 98.74%，高收入占 1.26%。

新开户职工中，国家机关和事业单位占 44.21%，国有企业占 15.20%，城镇集体企业占 0.25%，外商投资企业占 10.43%，城镇私营企业及其他城镇企业占 24.87%，民办非企业单位和社会团体占 0.72%，其他占 4.32%；中、低收入占 99.40%，高收入占 0.60%。

（二）提取业务：2017 年，6.85 万名缴存职工提取住房公积金 18.93 亿元。

提取金额中，住房消费提取占 75.28%（购买、建造、翻建、大修自住住房占 28.86%，偿还购房贷款本息占 46.29%，租赁住房占 0.07%，其他占 0.06%）；非住房消费提取占 24.72%（离休和退休提取占 19.45%，完全丧失劳动能力并与单位终止劳动关系提取占 3.75%，户口迁出本市或出境定居占 0.99%，其他占 0.53%）。

提取职工中，中、低收入占 97.70%，高收入占 2.30%。

（三）贷款业务：

1. 个人住房贷款：2017 年，支持职工购建房 158.02 万平方米，年末个人住房贷款市场占有率为 15.61%，比上年增加 1.45 个百分点。通过申请住房公积金个人住房贷款，可节约职工购房利息支出 36093.37 万元。

职工贷款笔数中，购房建筑面积 90（含）平方米以下占 12.21%，90～144（含）平方米占 80.31%，144 平方米以上占 7.48%。购买新房占 80.80%（其中购买保障性住房占 0.14%），购买存量商品住房占 19.20%，建造、翻建、大修自住住房占 0%，其他占 0%。

职工贷款笔数中，单缴存职工申请贷款占 64.99%，双缴存职工申请贷款占 35.01%，三人及以上缴存职工共同申请贷款占 0%。

贷款职工中，30 岁（含）以下占 31.79%，30 岁～40 岁（含）占 34.29%，40 岁～50 岁（含）占 25.47%，50 岁以上占 8.45%；首次申请贷款占 98.83%，二次及以上申请贷款占 1.17%；中、低收入占 98.39%，高收入占 1.61%。

2. 异地贷款：2017 年，发放异地贷款 580 笔 15373.20 万元。2017 年末，发放异地贷款总额 65918.60 万元，异地贷款余额 60501.54 万元。

3. 支持保障性住房建设试点项目贷款：2017 年末，累计试点项目 3 个，贷款额度 3.79 亿元，建筑面积 42.95 万平方米，可解决 7304 户中低收入职工家庭的住房问题。3 个试点项目贷款资金已发放并还清贷款本息。

（四）住房贡献率：2017 年，个人住房贷款发放额、公转商贴息贷款发放额、项目贷款发放额、住房消费提取额的总和与当年缴存额的比率为 115.00%，比上年减少 45.28 个百分点。

六、其他重要事项

（一）当年机构及职能调整情况、受委托办理缴存贷款业务金融机构变更情况：2017 年 11 月 20 日，经市委编办批准，九江市住房公积金管理中心撤销归集科、信贷科，设立运营管理科；撤销财务科，设立计划财务科、会计核算科；撤销项目贷款科，设立市直业务科；星子县办事处更名为庐山市办事处；庐山办事处更名为庐山风景区办事处；九江县办事处更名柴桑区办事处。

2017 年受委托办理缴存贷款业务金融机构无变更。

(二)当年住房公积金政策调整及执行情况：

一是调整住房公积金缴存上下限额。依据九江市统计局公布的2016年度九江市在岗职工月平均工资及"缴存住房公积金的月平均工资不得超过职工工作地所在设区城市上一年度职工月平均工资的3倍"和"单位和职工住房公积金缴存比例不高于12%"的规定计算，2017年度九江市住房公积金缴存额上限为3380元/月。

住房公积金缴存额下限依据《江西省人民政府办公厅关于调整最低工资标准的通知》（赣府厅字〔2015〕107号）中九江市最低工资标准及"单位和职工住房公积金缴存比例不低于5%"的规定计算，2017年度九江市住房公积金缴存额下限为144元/月。

二是调整和规范住房公积金使用政策。2017年6月14日，经九江市住房公积金管理委员会第12次全体委员会议研究决定，对住房公积金使用政策进行了调整和规范，具体如下：

1. 对申请首套住房公积金贷款购买普通自住住房的缴存职工家庭，首付比例仍为20%。

2. 对商品住宅库存消化周期不足6个月的市县，已使用过住房公积金贷款（含省内、省外，下同）的缴存职工家庭，暂停发放住房公积金贷款。对商品住宅库存消化周期为6~12（含）个月的市县，对已结清首套住房公积金贷款的缴存职工家庭，为改善居住条件，再次申请第二套住房公积金贷款购买普通自住住房的，最低首付比例提高为40%。对已使用过2次及以上的住房公积金贷款的缴存职工家庭，暂停发放第三套及以上住房公积金贷款。

3. 为防范住房公积金贷款风险，职工申请贷款时，本人及配偶任何一方的贷款或贷记卡，在近36个月内有连续3期或累计6期以上的逾期记录或准贷记卡透支超过180天以上未还记录的，属恶意拖欠的，不得申请住房公积金贷款。

4. 对已使用过2次及以上住房公积金贷款的缴存职工家庭，尚未结清住房贷款的，仍可办理住房公积金还贷提取；结清住房贷款的，如再次购房，暂停办理住房公积金购房、还贷提取。

5. 提取住房公积金，仅限于本人及配偶购买、建造、翻建、大修自住住房，偿还自住住房贷款本息以及无房职工支付自住住房租金。取消职工购买、建造、翻建、大修自住住房和偿还自住住房贷款本息可使用父母、子女住房公积金的规定。

三是严格执行住房公积金存贷款利率。住房公积金账户存款利率根据人民银行、住房城乡建设部、财政部要求，统一按一年期定期存款基准利率（1.50%）计息。五年以上住房公积金贷款年利率为3.25%，五年及以下公积金贷款年利率为2.75%。

(三)当年服务改进情况：

一是升级12329客户服务热线。将12329客户服务热线从原来的2个自助语音查询通道扩展到2个人工坐席、8个自助语音查询通道，及时、快捷、有效地解决公积金缴存职工政策咨询、投诉、建议等问题。2017年共接听来电126811人次，其中人工接听17223人次，自助语音109588人次。

二是开通12329住房公积金短信平台。按照住房城乡建设部的部署和要求，2017年4月我市开通了12329住房公积金短信平台，中心所有信息如贷款审批、签约业务到期提醒、职工账户结息信息等均由12329短信平台推送，成为全省首家。全年共推送12329短信50余万条，每月平均推送短信约4万条。

（四）当年信息化建设情况：

一是实现住房公积金数据异地云端自动容灾。2017年6月中旬我中心正式启动住房公积金数据异地云端自动容灾备份，加强数据安全保障。目前，我市所有住房公积金数据将同时实时异地备份在江西省电信公司专业机房及数据云端，如发生事故，可确保对事故发生前1秒的数据进行恢复，进一步保障了我市住房公积金数据安全。

二是接入"全国住房公积金异地转移接续平台"。根据住房城乡建设部统一部署，九江市住房公积金管理中心于2017年6月接入"全国住房公积金异地转移接续平台"，并印发《关于开展住房公积金异地转移接续业务的通知》（九房公字〔2017〕8号），在全市全面开通职工住房公积金个人账户异地转移接续业务。2017年当年办理账户转入业务133笔，金额321.08万元，办理账户转出业务92笔，金额205.45万元，更好适应了住房公积金缴存职工异地流动，跨城市转移住房公积金的业务需求。

三是开展住房公积金"双贯标"工作。根据住房城乡建设部"双贯标"要求，九江市住房公积金管理中心于2017年8月组织技术人员赴石家庄进行业务系统升级的前期调研学习，根据计划部署，新的业务系统预计于2018年4月上线。

（五）当年住房公积金管理中心及职工所获荣誉情况： 中心市直服务大厅获得市行政服务中心"文明大厅"、"基础建设先进单位"称号。

新余市住房公积金2017年年度报告

一、机构概况

（一）住房公积金管理委员会： 住房公积金管理委员会有18名委员，2017年召开1次会议，审议通过的事项主要包括：2016年度公积金增值收益分配方案、增加委托贷款银行、缴存上下限和系统平台建设事项。

（二）住房公积金管理中心： 住房公积金管理中心为市政府不以营利为目的的社会公益类事业单位，主要负责全市住房公积金的归集、管理、使用和会计核算。中心设6个科室，1个办事处。从业人员34人，其中，在编31人，非在编3人。

二、业务运行情况

（一）缴存： 2017年，新开户单位75家，实缴单位1016家，净增单位54家；新开户职工0.55万人，实缴职工8.93万人，净增职工0.15万人；缴存额11.02亿元，同比增长19.12%。2017年末，缴存总额67.77亿元，同比增长19.52%；缴存余额30.83亿元，同比增长11.3%。受委托办理住房公积金缴存业务的银行2家，无变化。

（二）提取： 2017年，提取额7.89亿元，同比增长9.85%；占当年缴存额的71.58%，比上年减少6.05个百分点。2017年末，提取总额36.94亿元，同比增长27.36%。

（三）贷款：

个人住房贷款：个人住房贷款最高额度60万元，其中，单缴存职工最高额度60万元，双缴存职工最高额度60万元。

2017年，发放个人住房贷款0.27万笔7.9亿元，同比分别下降10.6%、10.25%。其中，市中心发放个人住房贷款0.24万笔7.2亿元，分宜办事处发放个人住房贷款0.03万笔0.7亿元。2017年，回收个人住房贷款2.48亿元。其中，市中心2.3亿元，分宜办事处0.18亿元。

2017年末，累计发放个人住房贷款2.09万笔40.45亿元，贷款余额25.34亿元，同比分别增长14.68%、24.26%、27.19%。个人住房贷款余额占缴存余额的82.2%，比上年增加10.27个百分点。受委托办理住房公积金个人住房贷款业务的银行9家，比上年增加3家。

（四）资金存储： 2017年末，住房公积金存款5.52亿元。其中，活期1.72亿元，1年（含）以下定期1.97亿元，1年以上定期1.83亿元。

（五）资金运用率： 2017年末，住房公积金个人住房贷款余额、项目贷款余额和购买国债余额的总和占缴存余额的82.2%，比上年增加10.27个百分点。

三、主要财务数据

（一）业务收入： 2017年，业务收入10951.02万元，同比增长19.23%。其中，市中心9782.6万元，分宜办事处1168.42万元；存款利息3293.66万元，委托贷款利息7421.16万元，其他236.2万元。

（二）业务支出： 2017年，业务支出4239.62万元，同比增长3.45%。其中，市中心3614.77万元，分宜办事处624.85万元；支付职工住房公积金利息3976.48万元，委托贷款手续费249.72万元，其他13.42万元。

（三）增值收益： 2017年，增值收益6711.4万元，同比增长31.94%。其中，市中心6167.83万元，分宜办事处543.57万元；增值收益率2.35%，比上年增加0.41个百分点。

（四）增值收益分配： 2017年，提取贷款风险准备金1083.34万元，提取管理费用525.9万元，提取城市廉租住房（公共租赁住房）建设补充资金5102.16万元。

2017年，上交财政管理费用525.9万元。上缴财政城市廉租住房（公共租赁住房）建设补充资金3459.76万元。其中，市中心上缴2862.63万元，分宜办事处上缴597.13万元。

2017年末，贷款风险准备金余额5068.21万元。累计提取城市廉租住房（公共租赁住房）建设补充资金24942.16万元。其中，市中心提取21051.59万元，分宜办事处提取3890.57万元。

（五）管理费用支出： 2017年，管理费用支出847.35万元，同比增长44.04%。其中，人员经费473.22万元，公用经费128.23万元，专项经费245.9万元。

市中心管理费用支出787.35万元，其中，人员、公用、专项经费分别为434.02万元、107.43万元、245.9万元；分中心管理费用支出60万元，其中，人员、公用、专项经费分别为39.2万元、20.8万元、0万元；

四、资产风险状况

个人住房贷款：2017年末，个人住房贷款逾期额2.14万元，逾期率0.008‰。其中，市中心

0.008‰，分宜办事处0‰。

个人贷款风险准备金按贷款余额的2%提取。2017年，提取个人贷款风险准备金1083.34万元，当年无核销呆坏账。2017年末，个人贷款风险准备金余额5068.21万元，占个人住房贷款余额的2%，个人住房贷款逾期额与个人贷款风险准备金余额的比率为0.04%。

五、社会经济效益

（一）**缴存业务**：2017年，实缴单位数、实缴职工人数和缴存额同比分别增长5.61%、1.68%和19.12%。

缴存单位中，国家机关和事业单位占53.61%，国有企业占23.39%，城镇集体企业占2.7%，外商投资企业占3.26%，城镇私营企业及其他城镇企业占15.28%，民办非企业单位和社会团体占1.07%，其他占0.69%。

缴存职工中，国家机关和事业单位占34.6%，国有企业占48.21%，城镇集体企业占0.56%，外商投资企业占6.5%，城镇私营企业及其他城镇企业占9.75%，民办非企业单位和社会团体占0.27%，其他占0.11%；中、低收入占91.93%，高收入占8.07%。

新开户职工中，国家机关和事业单位占27.04%，国有企业占17.2%，城镇集体企业占0.42%，外商投资企业占19.42%，城镇私营企业及其他城镇企业占35.5%，民办非企业单位和社会团体占0.09%，其他占0.33%；中、低收入占95.62%，高收入占4.38%。

（二）**提取业务**：2017年，2.51万名缴存职工提取住房公积金7.89亿元。

提取金额中，住房消费提取占78.09%（购买、建造、翻建、大修自住住房占44.94%，偿还购房贷款本息占32.29%，租赁住房占0.86%）；非住房消费提取占21.91%（离休和退休提取占16.64%，完全丧失劳动能力并与单位终止劳动关系提取占2.29%，户口迁出本市或出境定居占0.68%，其他占2.29%）。

提取职工中，中、低收入占88.73%，高收入占11.27%。

（三）**贷款业务**：

1. **个人住房贷款**：2017年，支持职工购建房32.75万平方米，年末个人住房贷款市场占有率为14.64%，比上年增加1.78个百分点。通过申请住房公积金个人住房贷款，可节约职工购房利息支出21174.35万元。

职工贷款笔数中，购房建筑面积90（含）平方米以下占13.84%，90～144（含）平方米占72.7%，144平方米以上占13.46%。购买新房占76.81%，购买存量商品住房占23.19%。

职工贷款笔数中，单缴存职工申请贷款占19.15%，双缴存职工申请贷款占80.85%，三人及以上缴存职工共同申请贷款占0%。

贷款职工中，30岁（含）以下占23.78%，30岁～40岁（含）占37.32%，40岁～50岁（含）占30.29%，50岁以上占8.6%；首次申请贷款占91.55%，二次及以上申请贷款占8.45%；中、低收入占96.32%，高收入占3.68%。

2. **异地贷款**：2017年，发放异地贷款322笔7782.5万元。2017年末，发放异地贷款总额24991.8万元，异地贷款余额22777.77万元。

（四）**住房贡献率**：2017年，个人住房贷款发放额、公转商贴息贷款发放额、项目贷款发放额、住房消费提取额的总和与当年缴存额的比率为 127.58%，比上年减少 30.42 个百分点。

六、其他重要事项

（一）当年受委托办理贷款业务金融机构变更情况：新增市邮储银行、九江银行新余分行、江西银行新余分行为我市住房公积金委托贷款银行。

（二）当年住房公积金政策调整及执行情况：

缴存基数限额调整情况：2017 年住房公积金月缴存上限为 3776 元，月缴存下限为 144 元，住房公积金缴存比例不低于 5%，不高于 12%。

提取政策调整情况：取消了 2010 年以后购房再提取政策，调整为购房 12 个月内提取一次，提取金额不超购房款。调整偿还贷款提取政策，提取金额不超当年还款额。

贷款政策调整情况：暂停办理商业住房贷款转住房公积金贷款业务。

住房公积金存贷款利率执行标准。公积金存款利率：为当年归集和上年结转的公积金统一按一年期定期存款基准利率 1.50% 执行。公积金贷款利率：五年期以下为 2.75%，五年期以上为 3.25%。

（三）当年服务改进情况：严格落实首问责任制、服务承诺制、限时办结制等制度，推行上门服务、延时服务、预约服务等特色服务，积极打造"门户网站、12329 服务热线、手机微信"三位一体公积金信息服务平台，网站点击次数突破 18 万人次，服务热线共接听 12122 人次，服务大厅实行了午休、双休照常上班制度。

（四）当年信息化建设情况：2017 年我市住房公积金信息化建设工作以落实住房城乡建设部"双贯标"工作部署为重点，全面推进公积金系统的科学升级，接入住房城乡建设部银行结算应用系统并上线运行，覆盖中心"全账户、全业务、全流程"。按照基础数据标准规定，修正、补全、完善了系统基础数据。接入全市人口基础数据库，借助"大数据"，提高业务办理准确性。

（五）当年所获荣誉情况：2017 年中心先后获省文明单位、市先进基层党组织、综合治理、新农村建设帮扶先进单位等荣誉称号。

鹰潭市住房公积金 2017 年年度报告

一、机构概况

（一）住房公积金管理委员会：住房公积金管理委员会有 25 名委员，管委会审议通过 2017 年度住房公积归集、使用计划执行情况，并对其他重要事项进行决策。

（二）住房公积金管理中心：鹰潭市住房公积金管理中心为市政府直属不以营利为目的的公益一类事业单位，主要负责全市住房公积金的归集、管理、使用、和会计核算。目前中心内设 4 个科室，3 个办事处，从业人员 49 人，其中，在编 34 人，非在编 15 人。

二、业务运行情况

（一）**缴存**：2017年，新开户单位51家，实缴单位1335家，实缴单位净增48家；新开户职工0.5万人，实缴职工6.99万人，实缴职工净增0.41万人；当年缴存额9.4亿元，同比增长11.9%。截至2017年底，缴存总额56.03亿元，缴存余额30.06亿元，分别同比增长20.18%、16.29%。

受委托办理住房公积金缴存业务的银行3家，与上年相同。

（二）**提取**：2017年，提取额5.2亿元，同比下降20%；占当年缴存额的55.32%，比上年减少22.06个百分点。截至2017年底，提取总额25.97亿元，同比增长25.04%。

（三）**贷款**：

个人住房贷款：个人住房贷款最高额度70万元，其中，单缴存职工最高额度50万元，双缴存职工最高额度70万元。

2017年，发放个人住房贷款2263笔7亿元，同比分别下降26.98%、30.97%。其中，市中心发放个人住房贷款1118笔3.78亿元，贵溪办事处发放个人住房贷款856笔2.31亿元，余江办事处发放个人住房贷款289笔0.91亿元。

2017年，回收个人住房贷款3.07亿元。其中，市中心1.82亿元，贵溪办事处0.93亿元，余江办事处0.32亿元。

2017年末，累计发放个人住房贷款1.74万笔39.2亿元，贷款余额25.93亿元，同比分别增长16%、21.74%、7.86%。个人住房贷款余额占缴存余额的86.26%，比上年增加1.17个百分点。

受委托办理住房公积金个人住房贷款业务的银行5家，与上年相同。

（四）**融资**：2017年，融资2亿元，归还3.4亿元。2017年末，融资总额4.55亿元，融资余额1.15亿元。

（五）**资金存储**：2017年末，住房公积金存款6.47亿元。其中，活期0.95亿元，1年（含）以下定期0.81亿元，1年以上定期4.71亿元。

（六）**资金运用率**：2017年末，住房公积金个人住房贷款余额、项目贷款余额和购买国债余额的总和占缴存余额的86.26%，比上年增加1.17个百分点。

三、主要财务数据

（一）**业务收入**：2017年，业务收入11241.83万元，同比增长19.38%。其中，市中心6402.56万元，贵溪办事处3704.89万元，余江办事处1134.38万元，存款利息2547.17万元，增值收益存款利息2.42万元，委托贷款利息7889.21万元，其他803.03万元。

（二）**业务支出**：2017年，业务支出5859.9万元，同比增长19.72%。其中，市中心3531.76万元，贵溪办事处1815.25万元，余江办事处512.89万元，支付职工住房公积金利息4165.2万元，归集手续费0万元，委托贷款手续费149.62万元，其他607.16万元，短期借款利息支出937.02万元。

（三）**增值收益**：2017年，增值收益5381.92万元，同比增长19.02%。其中，市中心2870.8万元，贵溪办事处1889.64万元，余江办事处621.48万元，增值收益率1.92%，比上年增加0.1个百分点。

（四）**增值收益分配**：2017年，提取贷款风险准备金393.06万元，提取管理费用945.22万元，提取城市廉租住房（公共租赁住房）建设补充资金 4043.64 万元。

2017 年，上交财政管理费用 875.22 万元。上缴财政城市廉租住房（公共租赁住房）建设补充资金 2323.24 万元。

2017 年末，贷款风险准备金余额 2592.82 万元。累计提取城市廉租住房（公共租赁住房）建设补充资金 21336.01 万元。

（五）管理费用支出：2017 年，管理费用支出 997.44 万元，同比增长 7.66%。其中，人员经费 464.63 万元，公用经费 179.02 万元，专项经费 353.79 万元。

市中心管理费用支出 788.12 万元，其中，人员、公用、专项经费分别为 319.59 万元、114.74 万元、353.79 万元；贵溪办事处管理费用支出 121.97 万元，其中，人员、公用、专项经费分别为 80.65 万元、41.32 万元、0 万元；余江办事处管理费用支出 71.47 万元，其中，人员、公用、专项经费分别为 51.51 万元、19.96 万元、0 万元；龙虎山办事处管理费用支出 15.88 万元，其中，人员、公用、专项经费分别为 12.88 万元、3 万元、0 万元。

四、资产风险状况

个人住房贷款：截至 2017 年底，个人住房贷款逾期额 0 万元，逾期率为 0。

个人贷款风险准备金按贷款余额的 1% 提取。2017 年，提取个人贷款风险准备金 393.06 万元，使用个人贷款风险准备金核销呆坏账 0 万元。2017 年末，个人贷款风险准备金余额 2592.82 万元，占个人住房贷款余额的 1%，个人住房贷款逾期额与个人贷款风险准备金余额的比率为 0。

五、社会经济效益

（一）缴存业务：2017 年，实缴单位数、实缴职工人数和缴存额同比分别增长 3.70%、6.23% 和 11.9%。

缴存单位中，国家机关和事业单位占 66.22%，国有企业占 8.01%，外商投资企业占 2.17%，城镇私营企业及其他城镇企业占 3.15%，民办非企业单位和社会团体占 11.46%，其他占 8.99%。

缴存职工中，国家机关和事业单位占 59.62%，国有企业占 24.66%，外商投资企业占 2.49%，城镇私营企业及其他城镇企业占 0.76%，民办非企业单位和社会团体 10.52%，其他占 1.95%；中、低收入占 99.01%，高收入占 0.99%。

新开户职工中，国家机关和事业单位占 38.80%，国有企业占 15.58%，外商投资企业占 5.95%，城镇私营企业及其他城镇企业占 1.67%，民办非企业单位和社会团体占 27.45%，其他占 10.55%；中、低收入占 99.53%，高收入占 0.47%。

（二）提取业务：2017 年，12480 名缴存职工提取住房公积金 5.19 亿元。

提取金额中，住房消费提取占 65.09%（购买、建造、翻建、大修自住住房占 35.02%，偿还购房贷款本息占 4.12%，租赁住房占 1.38%，其他占 24.57%）；非住房消费提取占 34.91%（离休和退休提取占 22.99%，完全丧失劳动能力并与单位终止劳动关系提取占 6.13%，户口迁出本市或出境定居占 3.27%，其他占 2.52%）。

提取职工中，中、低收入占 98.78%，高收入占 1.22%。

(三) 贷款业务：

1. **个人住房贷款**：2017 年，支持职工购建房 26.89 万平方米，年末个人住房贷款市场占有率为 42.47%，比上年减少 9.55 个百分点。通过申请住房公积金个人住房贷款，可节约职工购房利息支出 28676.18 万元。

职工贷款笔数中，购房建筑面积 90（含）平方米以下占 15.60%，90~144（含）平方米占 77.15%，144 平方米以上占 7.25%。购买新房占 88.29%，其他占 11.71%。

职工贷款笔数中，单缴存职工申请贷款占 23.77%，双缴存职工申请贷款占 76.23%。

贷款职工中，30 岁（含）以下占 31.82%，30 岁~40 岁（含）占 33.49%，40 岁~50 岁（含）占 25.94%，50 岁以上占 8.75%；首次申请贷款占 93.68%，二次及以上申请贷款占 6.32%；中、低收入占 99.29%，高收入占 0.71%。

2. **异地贷款**：2017 年，发放异地贷款 203 笔 6412 万元。2017 年末，发放异地贷款总额 13979.9 万元，异地贷款余额 13336.92 万元。

(四) **住房贡献率**：2017 年，个人住房贷款发放额、公转商贴息贷款发放额、项目贷款发放额、住房消费提取额的总和与当年缴存额的比率为 129.73%，比上年减少 53.01 个百分点。

六、其他重要事项

(一) 当年住房公积金存贷款利率调整及执行情况。

1. **2017 年住房公积金存款利率调整及执行情况**：2017 年住房公积金存款利率未调整，执行原利率。即统一按一年期基准利率 1.5%。

2. **2017 年住房公积金贷款利率调整及执行情况**：2017 年住房公积金贷款利率未调整，执行原利率。即 5 年（含）及以下贷款利率为 2.75%，5 年以上贷款利率为 3.25%。

(二) 当年公积金政策及执行情况。

1. **缴存方面**

缴存基数限额及确定方法、缴存比例调整情况。根据住房城乡建设部、财政部、中国人民银行《关于住房公积金管理若干具体问题的指导意见》（建金管〔2005〕5 号）中第二条"单位和职工缴存比例不应低于 5%，原则上不高于 12%"和第三条"缴存住房公积金的月工资基数，原则上不应超过职工工作地所在设区城市统计部门公布的上一年度月平均工资的 2 倍或 3 倍"精神，结合省政府《关于转发省建设厅关于住房公积金政策向中低收入家庭倾斜指导意见的通知》（赣府厅发〔2007〕29 号）第 1 条第 3 款"加大归集力度，努力提高住房公积金覆盖面，提高住房公积金最低缴存标准，各地困难企业职工最低住房公积金月缴存基数不得低于上一年度当地月平均工资的 60%，缴存比例不低于 5%，有条件的可适当上浮，增强中低收入职工住房消费实力"的要求，结合我市实际，以我市统计局 2016 年度职工月平均工资数据计算为依据，确定 2017 年鹰潭市职工住房公积金月缴存额（含单位、个人两部分）最高原则上不超过 3576 元，最低不得低于 262 元。

2. **提取方面**

（1）提取和贷款并行，总额不突破总房价，现调整为提取和贷款并行，总额不突破总房价 80%。

（2）取消放宽贷款与提取的购房时限，将放宽贷款与提取的购房时限 3 年之内调整回 1 年之内。

（3）开通"商转公"贷款：缴存职工购买住房时申请了商业住房贷款目前尚有余额的，在不超过我市公积金最高贷款额，并符合转成住房公积金贷款其他条件的，可以向市住房公积金管理中心申请"商转公"贷款，同时允许提取（含按年提取）住房公积金偿还商业银行住房贷款。

（4）简化重大疾病的提取手续：本人、父母、配偶及其受监护子女患重大疾病提取住房公积金手续时（重大疾病仅限附表中所列九种疾病类型），申请人只需第一次申请大病提取时提供相关证明材料，经市住房公积金管理中心审核通过后即可全额提取（留100元余额），以后每年度均可提取一次住房公积金且无需提供相关材料。

（5）允许失独家庭提取住房公积金的通知：为进一步提高我市住房公积金的使用效率，切实降低住房公积金使用门槛，扩大住房公积金受益人群，最大限度地惠利于住房公积金职工。根据国家、省、市等相关部门对计生特殊困难家庭抚助的精神，经市住房公积金管理中心讨论研究，并报经市住房公积金管委会批准，决定从人文关怀独生子女伤残、死亡家庭的特殊困难和抚慰出发，将女方年满45周岁的独生子女伤残（依法鉴定为三级以上）或死亡的特殊困难家庭夫妻，经审核相关材料确定后，可以一次性提取夫妻双方的住房公积金（留100元余额）。

3. 信贷方面

（1）增加新的贷款还款方式。在原有"等额本息还款法"的还款方式基础上增加"等额本金还款法"还款方式，即同时提供"等额本息还款法"和"等额本金还款法"，由贷款职工在申请公积金贷款时根据自己的意愿任选其中一种还款方式。

（2）开通"商转公"贷款。住房公积金缴存职工购买住房时申请了商业住房贷款目前尚有余额的，在不超过我市公积金最高贷款额，并符合转成住房公积金贷款其他条件的，可以向市住房公积金管理中心申请"商转公"贷款。

（三）信息化建设情况。

（1）开通公积金异地转接平台。2017年7月1日我中心已正式开通了住房公积金异地转移接续平台，方便了跨省、市就业职工更便捷的办理住房公积金转移接续业务。截至目前，我中心通过该平台办理公积金转接400余起。

（2）更换核心业务系统。一是我"中心"投入290余万元与大型软件开发及互联网信息服务企业——神玥软件合作，采用该公司功能更为强大，操作更加便捷神玥4.0系统办理公积金业务。当前我中心正在全力推进新系统上线各项准备工作，保障新系统于2018年3月底完成。新系统上线后，具有多种核算并存、贷款自主核算、财务自动处理、机控能力增强、数据实时交换等优点。二是为保障新系统的顺利运行，中心又投入了100万元用于服务器、办公电脑等硬件设备升级。三是根据办公需要，安装了内、外网，并分开使用，确保系统运营网络安全。

（3）开发综合服务平台。我市住房公积金综合服务共有门户网站、服务热线、手机短信、官方微博、官方微信、网上业务大厅、自助终端、手机客户端8大平台。一是职工可通过网站了解住房公积金最新政策信息、业务办理程序和公积金管理动态等，同时还可下载各类业务表格；二是职工可通过拨打12329热线进行公积金咨询答疑、投诉举报等；三是开通短信提示按年提取还贷服务。针对信贷职工经常忘记对应月份办理"按年提取还贷"业务，我中心通过移动公司短信平台为每个住房公积金贷款职工提供短信提醒服务，每月温馨提示贷款职工及时办理按年提取还贷手续。下一步我中心将加强与网络运营商合作，拟以

12329 为全市公积金缴存对象短信号推送公积金信息。四是职工通过关注我中心官方微博、微信号就可迅速便捷地查询住房公积金最新政策法规和工作动态，查询归集、提取、贷款等业务。五是开通新的服务方式，正在合作建立手机 APP，并拟与支付宝签订刷脸协议，为广大公积金缴存对象提供方便快捷的查询服务。

（4）推动信息数据共享。为切实打造"智慧公积金"，我中心拟与有关部门一起开发接口，推动建立与人民银行、不动产登记、公安、工商、房产交易、税务、民政、社保、征信系统等数据共享，提升管理服务现代化水平。

（四）当年住房公积金管理中心及职工所获荣誉情况：2017 年，我中心在保持公积金事业稳步健康发展的同时，其他各项事业也获得了可喜的成绩。精神文明创建方面，我单位荣获市级文明单位，并先后成功通过省级和全国文明单位复核；绩效管理方面，荣获全市良好；社会治安综合治理方面，荣获全市优秀单位；公共机构节能方面，荣获全市先进单位；计划生育方面，荣获全市先进单位；体育方面，荣获全市群众体育先进单位；挂点帮扶方面，我单位精准扶贫、新农村建设帮扶等工作扎实，取得了良好的成效，荣获全市新农村建设先进帮扶单位，得到了市领导的充分肯定。

赣州市住房公积金 2017 年年度报告

一、机构概况

（一）**住房公积金管理委员会**：住房公积金管理委员会有 25 名委员，2017 年召开 1 次全体会议，审议通过的事项主要包括：《关于要求审批 2017 年住房公积金资金运营计划的请示》、《关于确定 2017 年我市住房公积金缴存比例及缴存基数的请示》、《关于要求对住房公积金业务运行管理系统进行升级改造的请示》、《关于调整住房公积金提取和贷款政策的请示》、《关于市金盛源担保有限公司与市住房公积金管理中心开展置业担保业务的请示》、《关于要求增加中信银行和交通银行开展住房公积金委托贷款等相关业务的请示》和《关于公布赣州市住房公积金 2016 年年度报告的请示》。

（二）**住房公积金管理中心**：住房公积金管理中心为直属于市政府、由市财政局代管不以营利为目的副县级自收自支事业单位，主要负责全市住房公积金的归集、管理、使用和会计核算。中心设 6 个科室，18 个办事处。从业人员 192 人，其中，在编 118 人，非在编 74 人。

二、业务运行情况

（一）**缴存**：2017 年，新开户单位 547 家，实缴单位 7070 家，净增单位 263 家；新开户职工 4.92 万人，实缴职工 37.03 万人，净增职工 4.62 万人；缴存额 43.77 亿元，同比增长 11.69%。2017 年末，缴存总额 243.82 亿元，同比增长 21.88%；缴存余额 154.75 亿元，同比增长 14.31%。

受委托办理住房公积金缴存业务的银行 5 家，比上年增加（减少）0 家。

（二）**提取**：2017年，提取额24.39亿元，同比增长24.76%；占当年缴存额的55.72%，比上年增加5.83个百分点。2017年末，提取总额89.07亿元，同比增长37.73%。

（三）**贷款**：

个人住房贷款：个人住房贷款最高额度中心城区50万元，其他县（市）40万元。

2017年，发放个人住房贷款0.81万笔30.8亿元，同比分别下降40%、46.8%。

2017年，回收个人住房贷款15.85亿元。

2017年末，累计发放个人住房贷款12.25万笔248.42亿元，贷款余额178.21亿元，同比分别增长7.46%、14.15%、9.16%。个人住房贷款余额占缴存余额的115.16%，比上年减少4.51个百分点。

受委托办理住房公积金个人住房贷款业务的银行6家，比上年增加1家。

（四）**融资**：2017年，融资4亿元，归还13.65亿元。2017年末，融资总额48.4亿元，融资余额28.37亿元。

（五）**资金存储**：2017年末，住房公积金存款6.03亿元。其中，活期5.99亿元，1年（含）以下定期0亿元，1年以上定期0.04亿元，其他（协定、通知存款等）0亿元。

（六）**资金运用率**：2017年末，住房公积金个人住房贷款余额、项目贷款余额和购买国债余额的总和占缴存余额的115.16%，比上年减少5.48个百分点。

三、主要财务数据

（一）**业务收入**：2017年，业务收入58659.16万元，同比增长14.19%。存款利息1286.87万元，委托贷款利息55745.14万元，国债利息62.36万元，其他1564.79万元。

（二）**业务支出**：2017年，业务支出40713.6万元，同比增长22.88%。支付职工住房公积金利息21783.42万元，归集手续费0万元，委托贷款手续费2623.3万元，其他16306.88万元。

（三）**增值收益**：2017年，增值收益17945.56万元，同比下降1.61%。增值收益率1.24%，比上年减少0.21个百分点。

（四）**增值收益分配**：2017年，提取贷款风险准备金1500.54万元，提取管理费用7025.07万元，提取城市廉租住房（公共租赁住房）建设补充资金9419.95万元。

2017年，上交财政管理费用7025.07万元。上缴财政城市廉租住房（公共租赁住房）建设补充资金10780.88万元。

2017年末，贷款风险准备金余额17826.97万元。累计提取城市廉租住房（公共租赁住房）建设补充资金72545.81万元。

（五）**管理费用支出**：2017年，管理费用支出3119.1万元，同比增长2.89%。其中，人员经费2163.14万元，公用经费445.34万元，专项经费510.62万元。

四、资产风险状况

个人住房贷款：2017年末，个人住房贷款逾期额67.48万元，逾期率0.04‰。

个人贷款风险准备金按（贷款余额或增值收益）的1%提取。2017年，提取个人贷款风险准备金1500.54万元，使用个人贷款风险准备金核销呆坏账0万元。2017年末，个人贷款风险准备金余额

17826.97万元，占个人住房贷款余额的1%，个人住房贷款逾期额与个人贷款风险准备金余额的比率为0.38%。

五、社会经济效益

（一）缴存业务：2017年，实缴单位数、实缴职工人数和缴存额同比分别增长3.86%、14.25%和11.68%。

缴存单位中，国家机关和事业单位占65.91%，国有企业占11.95%，城镇集体企业占0.85%，外商投资企业占0.1%，城镇私营企业及其他城镇企业占6.61%，民办非企业单位和社会团体占8.94%，其他占5.64%。

缴存职工中，国家机关和事业单位占62.51%，国有企业占19.78%，城镇集体企业1.05%，外商投资企业占0.32%，城镇私营企业及其他城镇企业占5.25%，民办非企业单位和社会团体占3.96%，其他占7.13%；中、低收入占99.11%，高收入占0.89%。

新开户职工中，国家机关和事业单位占40.03%，国有企业占22.3%，城镇集体企业占1.06%，外商投资企业占0.46%，城镇私营企业及其他城镇企业占9.32%，民办非企业单位和社会团体占6.63%，其他20.2%；中、低收入占99.66%，高收入占0.34%。

（二）提取业务：2017年，8.72万名缴存职工提取住房公积金24.39亿元。

提取金额中，住房消费提取占71.69%（购买、建造、翻建、大修自住住房占15.51%，偿还购房贷款本息占55.58%，租赁住房占0.6%，其他占0%）；非住房消费提取占28.31%（离休和退休提取占21.09%，完全丧失劳动能力并与单位终止劳动关系提取占0.01%，户口迁出本市或出境定居1%，其他占6.21%）。

提取职工中，中、低收入占97.09%，高收入占2.91%。

（三）贷款业务：

1. 个人住房贷款：2017年，支持职工购建房100.06万平方米，年末个人住房贷款市场占有率为16.71%，比上年减少3.65个百分点。通过申请住房公积金个人住房贷款，可节约职工购房利息支出36923.19万元。

职工贷款笔数中，购房建筑面积90（含）平方米以下占11.17%，90～144（含）平方米占77.44%，144平方米以上占11.39%。购买新房占70.44%（其中购买保障性住房占0.04%），购买存量商品住房29.13%，建造、翻建、大修自住住房占0.43%，其他占0%。

职工贷款笔数中，单缴存职工申请贷款占21.08%，双缴存职工申请贷款占78.92%，三人及以上缴存职工共同申请贷款占0%。

贷款职工中，30岁（含）以下占42.1%，30岁～40岁（含）占31.5%，40岁～50岁（含）占21.22%，50岁以上占5.18%；首次申请贷款占93.85%，二次及以上申请贷款占6.15%；中、低收入占99.43%，高收入占0.57%。

2. 异地贷款：2017年，发放异地贷款61笔2441.8万元。2017年末，发放异地贷款总额20884.4万元，异地贷款余额18237.3万元。

（四）住房贡献率：2017年，个人住房贷款发放额、公转商贴息贷款发放额、项目贷款发放额、住房消费提取额的总和与当年缴存额的比率为110.33%，比上年减少73.89个百分点。

六、其他重要事项

（一）**当年机构及职能调整情况、受委托办理缴存贷款业务金融机构变更情况**：受委托办理住房公积金个人住房贷款业务的银行增加招商银行1家。

（二）**当年住房公积金政策调整及执行情况**：

1. **当年缴存基数限额及确定方法、缴存比例等缴存政策调整情况**：

（1）当年缴存基数限额及确定方法：①缴存住房公积金应按月工资总额为缴存基数（月工资总额按照国家统计部门规定的工资总额计算口径核实），但最高不超过本市统计部门公布的上一年度职工月平均工资的3倍，最低缴存基数按2015年确定的标准执行（按照本市统计部门公布的上一年度职工月平均工资的60%）。中心城区（含南康区、赣县区）月缴存基数上限为13977元，下限为2468元，月缴存额上限为3354元（含单位、个人两部门，下同），下限为246元；其他各县（市）月缴存基数上限为11964元，下限为1910元，月缴存额上限为2872元，下限为192元。②城镇个体工商户月缴存住房公积金的工资基数，按照缴存人上一年度月平均纳税收入计算。

（2）当年缴存比例：我市行政、事业单位住房公积金缴存比例仍按单位和个人各位12%执行，其他单位住房公积金缴存比例可根据单位实际情况仍按单位和个人各为5%～12%。

2. **当年提取政策调整情况**：2017年2月，调整了以购（建）房名义申请提取住房公积金的，其土地性质必须是国有出让或国有划拨。购（建）房土地是集体土地性质的，不能提取住房公积金；购买二套住房申请住房公积金提取的首付款比例不低于房价款的70%。

3. **当年个人住房贷款最高贷款、贷款条件等贷款政策调整情况**：个人住房贷款：中心城区个人住房贷款最高额度50万元，其中单缴存职工最高额度40万元，或按计算公式计算可贷金额；其他县（市）个人住房贷款最高额度40万元，其中单缴存职工最高额度30万元，或按计算公式计算可贷金额。

2017年2月，调整了"以购（建）房名义申请住房公积金贷款的，其土地性质必须是国有出让或国有划拨。购（建）房土地是集体土地性质的，不能申请住房公积金贷款"；暂停办理"省内异地贷款"业务；购买二套住房申请住房公积金贷款的首付款比例不低于房价款的70%。

4. **当年住房公积金贷款利率执行标准**：住房公积金贷款利率按照中国人民银行规定利率执行。贷款年限1～5年的，按年息2.75%执行，贷款年限6～30年的，按年息3.25%执行。

（三）**当年服务改进情况**：

1. 按照上级有关文件规定，市中心重新完善《公共服务事项清单》，梳理了20项服务事项，对外公开了办理时限、办理要件和办理梳程，方便缴存人前来办理各项住房公积金业务。

2. 按照《简政放权减证减时利企便民专项活动方案》要求，结合目前实际，市中心对各项业务在办理程序和要件上进行了精简。其中涉及公积金转移2项，公积金提取6项，公积金贷款2项。

3. 全年12329热线总的呼入次数共计32120次，接通率达96%以上，答复满意率和基本满意率均达到100%。

（四）**当年信息化建设情况**：对市住房公积金管理中心门户网站进行了升级改造。

（五）**当年住房公积金管理中心及职工所获荣誉情况**：荣获"赣州市第九届文明单位"、"社会治安综合治理先进单位"、"先进专业办事大厅"称号；1人被评为"创建全国文明城市"优秀志愿者。

吉安市住房公积金 2017 年年度报告

一、机构概况

（一）**住房公积金管理委员会**：住房公积金管理委员会有 25 名委员，2017 年召开 1 次会议，审议通过的事项主要包括：审议了 2017 年住房公积金增值分配方案、审议调整了部分管理政策、审议通过了 2017 年住房公积金基数比例、审议通过了 2018 年归集使用计划等。

（二）**住房公积金管理中心**：住房公积金管理中心为直属吉安市政府不以营利为目的的独立的参公管理事业单位，设 4 个科，11 个管理部。从业人员 113 人，其中，在编 67 人，非在编 46 人。

二、业务运行情况

（一）**缴存**：2017 年，新开户单位 201 家，实缴单位 6176 家，净增单位 169 家；新开户职工 0.82 万人，实缴职工 22.76 万人，净增职工 0.32 万人；缴存额 27.99 亿元，同比增长 14.99%。2017 年末，缴存总额 146.59 亿元，同比增长 23.6%；缴存余额 85.77 亿元，同比增长 21.14%。

受委托办理住房公积金缴存业务的银行 11 家，未新增银行。

（二）**提取**：2017 年，提取额 13.02 亿元，同比增长 6.14%；占当年缴存额的 46.52%，比上年减少 3.85 个百分点。2017 年末，提取总额 60.82 亿元，同比增长 27.24%。

（三）**贷款**：

个人住房贷款：个人住房贷款最高额度 50 万元，其中，单缴存职工最高额度 50 万元，双缴存职工最高额度 50 万元。

2017 年，发放个人住房贷款 0.75 万笔 27.05 亿元，同比分别下降 12.69%、9.9%，回收个人住房贷款 8.5 亿元见表 1。

个人住房贷款数据 表1

办事处名称	全年贷款发放笔数（笔）	全年贷款发放金额（万元）	全年贷款回收额（万元）
市本级	3588	133441.70	42093.54
井冈山市	355	10441.80	2754.16
吉安县	447	16004.90	5573.96
新干县	252	9889.00	3475.34
永丰县	140	5097.90	3609.99
峡江县	191	6647.50	1993.00
吉水县	216	8319.90	3581.24
泰和县	712	24026.50	6516.20
万安县	349	12997.10	3521.89
遂川县	533	18442.10	4921.03
安福县	442	17475.90	4877.89
永新县	262	7683.30	2107.22
合计	7487	270467.60	85025.45

2017年末，累计发放个人住房贷款6.58万笔129.34亿元，贷款余额95.54亿元，同比分别增长14.43%、26.44%、24.08%。个人住房贷款余额占缴存余额的111.4%，比上年增加2.64个百分点。

受委托办理住房公积金个人住房贷款业务的银行7家，无新增。

（四）**融资**：2017年，融资14.48亿元，归还18.78亿元。2017年末，融资总额40.07亿元，融资余额11.8亿元。

（五）**资金存储**：2017年末，住房公积金存款5.57亿元。其中，活期4.54亿元，1年（含）以下定期0亿元，1年以上定期1.02亿元，其他（协定、通知存款等）0亿元。

（六）**资金运用率**：2017年末，住房公积金个人住房贷款余额、项目贷款余额和购买国债余额的总和占缴存余额的111.4%，比上年增加2.64个百分点。

三、主要财务数据

（一）**业务收入**：2017年，业务收入31380.87万元，同比增长20.04%。其中，存款利息2214.84万元，委托贷款利息28510.32万元，国债利息0万元，其他655.71万元。

（二）**业务支出**：2017年，业务支出17831.72万元，同比增长9.9%。其中，支付职工住房公积金利息10849.73万元，归集手续费6万元，委托贷款手续费863.12万元，其他6112.88万元。

（三）**增值收益**：2017年，增值收益13549.14万元，同比增长36.61%。增值收益率1.73%，比上年增加0.33个百分点。

（四）**增值收益分配**：2017年，提取贷款风险准备金9554.47万元，提取管理费用1700万元，提取城市廉租房（公共租赁住房）建设补充资金2294.67万元。

2017年，上交财政管理费用1716.74万元。上缴财政城市廉租住房（公共租赁住房）建设补充资金501.01万元。

2017年末，贷款风险准备金余额34245.11万元。累计提取城市廉租住房（公共租赁住房）建设补充资金31420.59万元。

（五）**管理费用支出**：2017年，管理费用支出1615.48万元，同比下降13.55%。其中，人员经费1289.04万元，公用经费297.91万元，专项经费28.53万元。

四、资产风险状况

个人住房贷款：2017年末，个人住房贷款逾期额4.15万元，逾期率0.004‰。

个人贷款风险准备金按贷款余额的1%提取。2017年，提取个人贷款风险准备金9554.47万元，使用个人贷款风险准备金核销呆坏账0万元。2017年末，个人贷款风险准备金余额34245.11万元，占个人住房贷款余额的3.58%，个人住房贷款逾期额与个人贷款风险准备金余额的比率为0.01%。

五、社会经济效益

（一）**缴存业务**：2017年，实缴单位数、实缴职工人数和缴存额同比分别增长3.36%、4.45%和14.99%。

缴存单位中，国家机关和事业单位占68.21%，国有企业占13.82%，城镇集体企业占3.52%，外商

投资企业占 3.94%，城镇私营企业及其他城镇企业占 6.29%，民办非企业单位和社会团体占 3.73%，其他占 0.49%；中、低收入占 99.19%，高收入占 0.81%。

新开户职工中，国家机关和事业单位占 19.38%，国有企业占 3.03%，城镇集体企业占 41.96%，外商投资企业占 18.38%，城镇私营企业及其他城镇企业占 15.22%，民办非企业单位和社会团体占 1.74%，其他占 0.29%；中、低收入占 90.91%，高收入占 9.09%。

（二）**提取业务**：2017 年，4.74 万名缴存职工提取住房公积金 13.02 亿元。

提取金额中，住房消费提取占 64.75%（购买、建造、翻建、大修自住住房占 23.43%，偿还购房贷款本息占 40.94%，租赁住房占 0.65%，其他占 0%）；非住房消费提取占 35.25%（离休和退休提取占 24.03%，完全丧失劳动能力并与单位终止劳动关系提取占 3.69%，户口迁出本市或出境定居占 6.3%，其他占 1.23%）。

提取职工中，中、低收入占 98.12%，高收入占 1.88%。

（三）**贷款业务**：

1. **个人住房贷款**：2017 年，支持职工购建房 70.21 万平方米，年末个人住房贷款市场占有率为 21.08%，比上年（减少 3.25 个百分点。通过申请住房公积金个人住房贷款，可节约职工购房利息支出 2231.36 万元。

职工贷款笔数中，购房建筑面积 90（含）平方米以下占 7.34%，90～144（含）平方米占 79.85%，144 平方米以上占 12.81%。购买新房占 89.48%（其中购买保障性住房占 0%），购买存量商品住房占 10.22%，建造、翻建、大修自住住房占 0.3%，其他占 0%。

职工贷款笔数中，单缴存职工申请贷款占 61.35%，双缴存职工申请贷款占 38.65%，三人及以上缴存职工共同申请贷款占 0%。

贷款职工中，30 岁（含）以下占 18.79%，30 岁～40 岁（含）占 31.2%，40 岁～50 岁（含）占 34.3%，50 岁以上占 15.71%；首次申请贷款占 70.22%，二次及以上申请贷款占 29.78%；中、低收入占 98.62%，高收入占 1.38%。

2. **异地贷款**：2017 年，发放异地贷款 507 笔 11342.5 万元。2017 年末，发放异地贷款总额 78288.4 万元，异地贷款余额 70361.15 万元。

（四）**住房贡献率**：2017 年，个人住房贷款发放额、公转商贴息贷款发放额、项目贷款发放额、住房消费提取额的总和与当年缴存额的比率为 143.16%，比上年减少 17.69 个百分点。

六、其他重要事项

（一）当年缴存基数限额及确定方法、缴存比例调整情况：

1. **缴存比例**：职工和单位同比例缴交，均按不低于 5% 不高于 12% 缴交；市直、县（市、区）单位财政配套比例 12%。

2. **缴存基数**：缴存基数为职工上年度平均工资，平均工资应按国家统计局规定列入工资总额统计的项目计算，其中财政配套基数为职工基本工资加津补贴（绩效工资），允许单位利用自有资金在政策规定范围内贴补财政配套不足住房公积金。市直、县（市、区）单位职工月计缴基数最高原则上不应超过市统计部门公布的上一年度职工月平均工资的 3 倍。

（二）当年住房公积金存贷款利率调整及执行情况：住房公积金存款利率执行 1.5%。住房公积金贷款利率执行五年（含）以下 2.75%，五年以上 3.25%。

（三）当年住房公积金个人住房贷款最高贷款额度调整情况：2017 年住房公积金个人住房贷款最高贷款额度为 50 万元。

（四）当年住房公积金管理中心及职工所获荣誉情况：获人力资源社会保障部、住房城乡建设部表彰为全国住房城乡建设系统先进集体；获江西省第十四届文明单位；获吉安市直单位绩效管理考评优秀单位；获全市政府信息公开工作先进市直单位；获全市社会治安综合治理目标管理优秀市直单位；获法治吉安建设优秀单位；获行政服务工作考评优秀市直单位；获全市公共机构节能考核工作优秀市直单位；获机关党建工作目标管理考评先进单位。

（五）当年住房公积金政策调整及执行情况：

1. 提取政策调整：

一是非销户提取额度依据个人住房公积金账户余额确定，提后须保留不低于 5000 元余额（含委托还贷提取）。

二是租房提取额度依据租住地租金标准和租住面积据实确定，但最高不得提取超过月租金 1000 元标准的上一年度租房租金总额。

2. 贷款政策调整：

一是缴存住房公积金职工购买首套自住住房申请住房公积金贷款，最低首付比例为 20%。

二是购买第二套自住住房申请住房公积金贷款，首付比例不得低于 40%，利率上浮 10%。不向在本市范围内（含所辖县市区）已有 2 套住房或使用了 2 次住房公积金贷款的职工发放住房公积金贷款。

（六）当年服务改进情况：

一是升级 12329 服务热线。在提供自助查询住房公积金缴存、贷款余额信息的基础上，增设人工坐席服务，选调业务熟悉工作人员专人专线接听热线电话，及时为来电人答疑解难。二是拓展服务渠道。以推进互联网和移动终端服务为重点，通过自助查询机、微信公众号、门户网站等媒介，丰富服务渠道，形成类型多样、互为补充的一体化服务体系。三是加快系统建设。按照住房城乡建设部关于贯彻落实住房公积金基础数据标准和接入结算应用系统的要求，中心坚持以服务缴存单位和缴存职工为导向，充分利用"互联网+"技术，结合业务发展需求，对现有系统软件进行升级改造。目前已完成了信息化建设项目招标工作和业务需求调研，正在进行新系统研发工作，预计今年 3 月底可基本实现住房公积金基础数据、结算应用系统"双贯标"及综合服务平台上线测试工作。

宜春市住房公积金 2017 年年度报告

一、机构概况

（一）住房公积金管理委员会：住房公积金管理委员会有 17 名委员，2017 年召开 1 次会议，审议通过的事项主要包括：2017年财务预算执行情况；2018年预算计划研究明确了有关支取、贷款的具体问题；研究住房公积金综合服务系统建设的问题。

（二）住房公积金管理中心：住房公积金管理中心为直属市政府的不以营利为目的的自收自支的事业单位，设5个处（科），9个县市办事处。从业人员102人，其中，在编57人，非在编45人。

二、业务运行情况

（一）缴存：2017年，新开户单位140家，实缴单位3934家，净增单位140家；新开户职工2.18万人，实缴职工22.78万人，净增职工0.68万人；缴存额28.38亿元，同比增长7.54%。2017年末，缴存总额151.64亿元，同比增长23.03%；缴存余额76.61亿元，同比增长13.08%。

受委托办理住房公积金缴存业务的银行4家，比上年增加0家。

（二）提取：2017年，提取额19.52亿元，同比增长22.38%；占当年缴存额的68.78%，比上年增加8.34个百分点。2017年末，提取总额75.03亿元，同比增长35.19%。

（三）贷款：

个人住房贷款：个人住房贷款最高额度50万元，其中，单缴存职工最高额度50万元，双缴存职工最高额度50万元。

2017年，发放个人住房贷款0.58万笔19.58亿元，同比分别下降6.45%、3.36%。其中，市中心发放个人住房贷款0.16万笔5.73亿元，袁州区发放个人住房贷款0.06万笔1.97亿元，丰城办事处发放个人住房贷款0.1万笔3.3亿元，高安办事处发放个人住房贷款0.07万笔2.5亿元，樟树办事处发放个人住房贷款0.05万笔1.61亿元，上高办事处发放个人住房贷款0.04万笔1.43亿元，万载办事处发放个人住房贷款0.03万笔1.10亿元，宜丰办事处发放个人住房贷款0.02万笔0.46亿元，奉新办事处发放个人住房贷款0.02万笔0.52亿元，铜鼓办事处发放个人住房贷款0.02万笔0.48亿元，靖安办事处发放个人住房贷款0.01万笔0.48亿元。

2017年，回收个人住房贷款6.71亿元。其中，市中心2.03亿元，袁州区0.57亿元，丰城办事处1.23亿元，高安办事处0.96亿元，樟树办事处0.51亿元，上高办事处0.45亿元，万载办事处0.26亿元，宜丰办事处0.18亿元，奉新办事处0.24亿元，铜鼓办事处0.11亿元，靖安办事处0.17亿元。

2017年末，累计发放个人住房贷款5.74万笔106.41亿元，贷款余额72.39亿元，同比分别增长11.24%、22.56%、21.62%。个人住房贷款余额占缴存余额的94.50%，比上年增加6.5个百分点。

受委托办理住房公积金个人住房贷款业务的银行10家，比上年增加4家。

（四）资金存储：2017年末，住房公积金存款8.54亿元。其中，活期6.01亿元，1年（含）以下定期0亿元，1年以上定期2.53亿元，其他（协定、通知存款等）0亿元。

（五）资金运用率：2017年末，住房公积金个人住房贷款余额、项目贷款余额和购买国债余额的总和占缴存余额的94.50%，比上年增加6.5个百分点。

三、主要财务数据

（一）业务收入：2017年，业务收入24985.25万元，同比下降3.02%。其中，市中心7050.28万元，袁州区1881.67万元，丰城办事处4956.99万元，高安办事处3552.13万元，樟树办事处2266.28万元，上高办事处 1728.76 万元，万载办事处 804.49 万元，宜丰办事处 610.69 万元，奉新办事处 946.21 万元，铜鼓办事处 423.70 万元，靖安办事处 764.05 万元；存款利息 3155.58 万元，委托贷款利息 21490.78 万元，国债利息 0 万元，其他 338.89 万元。

（二）业务支出：2017 年，业务支出 10866.83 万元，同比增长 12.52%。其中，市中心 2053.96 万元，袁州区 717.15 万元，丰城办事处 2381.91 万元，高安办事处 1481.38 万元，樟树办事处 849.42 万元，上高办事处 888.69 万元，万载办事处 707.10 万元，宜丰办事处 527.67 万元，奉新办事处 536.30 万元，铜鼓办事处 339.16 万元，靖安办事处 384.09 万元；支付职工住房公积金利息 10507.93 万元，归集手续费 1.75 万元，委托贷款手续费 213.33 万元，其他 143.82 万元。

（三）增值收益：2017 年，增值收益 14118.42 万元，同比下降 12.33%。其中，市中心 4996.32 万元，袁州区 1164.52 万元，丰城办事处 2575.08 万元，高安办事处 2070.75 万元，樟树办事处 1416.86 万元，上高办事处 840.07 万元，万载办事处 97.39 万元，宜丰办事处 83.02 万元，奉新办事处 409.91 万元，铜鼓办事处 84.54 万元，靖安办事处 379.96 万元；增值收益率 1.96%，比上年减少 0.56 个百分点。

（四）增值收益分配：2017 年，提取贷款风险准备金 7239 万元，提取管理费用 1797.28 万元，提取城市廉租住房（公共租赁住房）建设补充资金 5082.14 万元。

2017 年，上交财政管理费用 1633.35 万元。上缴财政城市廉租住房（公共租赁住房）建设补充资金 0 万元。其中，市中心上缴 0 万元，袁州区上缴财政 0 万元，丰城办事处上缴财政 0 万元，高安办事处上缴财政 0 万元，樟树办事处上缴财政 0 万元，上高办事处上缴财政 0 万元，万载办事处上缴财政 0 万元，宜丰办事处上缴财政 0 万元，奉新办事处上缴财政 0 万元，铜鼓办事处上缴财政 0 万元，靖安办事处上缴财政 0 万元。

2017 年末，贷款风险准备金余额 27733.49 万元。累计提取城市廉租住房（公共租赁住房）建设补充资金 42900.33 万元。其中，市中心提取 42900.33 万元，袁州区提取 0 万元，丰城办事处提取 0 万元，高安办事处提取 0 万元，樟树办事处提取 0 万元，上高办事处提取 0 万元，万载办事处提取 0 万元，宜丰办事处提取 0 万元，奉新办事处提取 0 万元，铜鼓办事处提取 0 万元，靖安办事处提取 0 万元。

（五）管理费用支出：2017 年，管理费用支出 1797.28 万元，同比增长 18.17%。其中，人员经费 1385.18 万元，公用经费 325.96 万元，专项经费 86.14 万元。

市中心管理费用支出 1591.51 万元，其中，人员、公用、专项经费分别为 1385.18 万元、202.45 万元、3.88 万元；丰城办事处管理费用支出 17.18 万元，其中，人员、公用、专项经费分别为 0 万元、17.18 万元、0 万元；高安办事处管理费用支出 32.98 万元，其中，人员、公用、专项经费分别为 0 万元、12.99 万元、19.99 万元；樟树办事处管理费用支出 25.91 万元，其中，人员、公用、专项经费分别为 0 万元、15.83 万元、10.08 万元；上高办事处管理费用支出 16.98 万元，其中，人员、公用、专项经费分别为 0 万元、16.98 万元、0 万元；万载办事处管理费用支出 25.35 万元，其中，人员、公用、专项经费分别为 0 万元、10.47 万元、14.88 万元；宜丰办事处管理费用支出 12.83 万元，其中，人员、公用、专项经费分别为 0 万元、12.83 万元、0 万元；奉新办事处管理费用支出 13.12 万元，其中，人员、公用、专项经费分别为 0 万元、13.12 万元、0 万元；铜鼓办事处管理费用支出 12.20 万元，其中，人员、公用、专项经费分别为 0 万元、12.20 万元、0 万元；靖安办事处管理费用支出 49.22 万元，其中，人员、公用、专项经费分别为 0 万元、11.91 万元、37.31 万元。

四、资产风险状况

个人住房贷款：2017年末，个人住房贷款逾期额0.69万元，逾期率0.00095‰。其中，市中心0.00077‰，袁州区0‰，丰城办事处0.00382‰，高安办事处0‰，樟树办事处0‰，上高办事处0‰，万载办事处0‰，宜丰办事处0‰，奉新办事处0‰，铜鼓办事处0‰，靖安办事处0‰。

个人贷款风险准备金按贷款余额的1%提取。2017年，提取个人贷款风险准备金7239万元，使用个人贷款风险准备金核销呆坏账0万元。2017年末，个人贷款风险准备金余额27733.49万元，占个人住房贷款余额的3.83%，个人住房贷款逾期额与个人贷款风险准备金余额的比率为0.0025%。

五、社会经济效益

（一）**缴存业务**：2017年，实缴单位数、实缴职工人数和缴存额同比分别增长3.69%、3.08%和23.03%。

缴存单位中，国家机关和事业单位占61.21%，国有企业占14.87%，城镇集体企业占3.92%，外商投资企业占1.09%，城镇私营企业及其他城镇企业占13.37%，民办非企业单位和社会团体占0.79%，其他占4.75%。

缴存职工中，国家机关和事业单位占54%，国有企业占22.35%，城镇集体企业占1.26%，外商投资企业占10.31%，城镇私营企业及其他城镇企业占10.82%，民办非企业单位和社会团体占0.71%，其他占0.55%；中、低收入占99.61%，高收入占0.39%。

新开户职工中，国家机关和事业单位占39.24%，国有企业占13.97%，城镇集体企业占1.28%，外商投资企业占18.17%，城镇私营企业及其他城镇企业占23.16%，民办非企业单位和社会团体占1.89%，其他占2.29%；中、低收入占99.70%，高收入占0.3%。

（二）**提取业务**：2017年，6.2万名缴存职工提取住房公积金19.52亿元。

提取金额中，住房消费提取占73.65%（购买、建造、翻建、大修自住住房占58.72%，偿还购房贷款本息占39.99%，租赁住房占1.29%，其他占0%）；非住房消费提取占26.35%（离休和退休提取占63.49%，完全丧失劳动能力并与单位终止劳动关系提取占20.87%，户口迁出本市或出境定居占11.34%，其他占4.30%）。

提取职工中，中、低收入占99.39%，高收入占0.61%。

（三）**贷款业务**：

1. **个人住房贷款**：2017年，支持职工购建房73.44万平方米，年末个人住房贷款市场占有率为15%，比上年减少5个百分点。通过申请住房公积金个人住房贷款，可节约职工购房利息支出56701万元。

职工贷款笔数中，购房建筑面积90（含）平方米以下占9.31%，90~144（含）平方米占75.11%，144平方米以上占15.58%。购买新房占75.68%（其中购买保障性住房占0%），购买存量商品住房占24.32%，建造、翻建、大修自住住房占0%，其他占0%。

职工贷款笔数中，单缴存职工申请贷款占60.17%，双缴存职工申请贷款占39.83%，三人及以上缴存职工共同申请贷款占0%。

贷款职工中，30 岁（含）以下占 29.10%，30 岁～40 岁（含）占 32.46%，40 岁～50 岁（含）占 29.21%，50 岁以上占 9.23%；首次申请贷款占 88.36%，二次及以上申请贷款占 11.64%；中、低收入占 99.69%，高收入占 0.31%。

2. **异地贷款**：2017 年，发放异地贷款 115 笔 3284 万元。2017 年末，发放异地贷款总额 11401.2 万元，异地贷款余额 10568.32 万元。

（四）**住房贡献率**：2017 年，个人住房贷款发放额、公转商贴息贷款发放额、项目贷款发放额、住房消费提取额的总和与当年缴存额的比率为 119.66%，比上年减少 3.83 个百分点。

抚州市住房公积金 2017 年年度报告

一、机构概况

（一）**住房公积金管理委员会**：住房公积金管理委员会有 21 名委员，2017 年召开 1 次会议，审议通过的事项主要包括：《抚州市住房公积金 2016 年度归集和使用计划执行情况暨 2017 年工作计划的报告》；《抚州市住房公积金 2016 年度报告》；《关于确定和公布执行我市住房公积金缴存金额上、下限统一标准的请示》；《关于抚州市住房公积金委托金融业务考核办法的请示》。

（二）**住房公积金管理中心**：住房公积金管理中心为直属市人民政府不以营利为目的的事业单位，设 6 个科，11 个办事处。从业人员 108 人，其中，在编 60 人，非在编 48 人。

二、业务运行情况

（一）**缴存**：2017 年，新开户单位 169 家，实缴单位 3365 家，净增单位 169 家；新开户职工 1.8 万人，实缴职工 14.37 万人，净增职工 0.6 万人；缴存额 18.96 亿元，同比增长 20%。2017 年末，缴存总额 93.3 亿元，同比增长 25%；缴存余额 64.54 亿元，同比增长 18%。

受委托办理住房公积金缴存业务的银行 7 家，比上年增加（减少）0 家。

（二）**提取**：2017 年，提取额 8.95 亿元，同比增长 41%；占当年缴存额的 45%，比上年增加 7 个百分点。2017 年末，提取总额 28.79 亿元，同比增长 45%。

（三）**贷款**：

个人住房贷款：个人住房贷款最高额度 50 万元，其中，单缴存职工最高额度 50 万元，双缴存职工最高额度 50 万元。

2017 年，发放个人住房贷款 0.55 万笔 20.14 亿元，同比分别增长 22%、24.8%。

2017 年，回收个人住房贷款 5.7 亿元。

2017 年末，累计发放个人住房贷款 3.9 万笔 80.7 亿元，贷款余额 55.92 亿元，同比分别增长 16.5%、33.2%、34.8%。个人住房贷款余额占缴存余额的 86.6%，比上年增加 10.5 个百分点。

受委托办理住房公积金个人住房贷款业务的银行3家，比上年增加0家。

（四）资金存储：2017年末，住房公积金存款13.54亿元。其中，活期4.5亿元，1年（含）以下定期0.76亿元，1年以上定期8.28亿元，其他（协定、通知存款等）0亿元。

（五）资金运用率：2017年末，住房公积金个人住房贷款余额、项目贷款余额和购买国债余额的总和占缴存余额的86.6%，比上年增加10.5个百分点。

三、主要财务数据

（一）业务收入：2017年，业务收入23235.6万元，同比增长18.58%。其中，存款利息6395.85万元，委托贷款利息16203.21万元，国债利息0万元，其他636.54万元。

（二）业务支出：2017年，业务支出10237.94万元，同比增长34.24%。其中，支付职工住房公积金利息9339.08万元，归集手续费0万元，委托贷款手续费791.26万元，其他107.6万元。

（三）增值收益：2017年，增值收益12997.66万元，同比增长8.6%。其中，增值收益率2.1%，比上年减少0.2个百分点。

（四）增值收益分配：2017年，提取贷款风险准备金5591.75万元，提取管理费用2220.94万元，提取城市廉租住房（公共租赁住房）建设补充资金5184.97万元。

2017年，上交财政管理费用2220.94万元。上缴财政城市廉租住房（公共租赁住房）建设补充资金6446.19万元。

2017年末，贷款风险准备金余额20217.43万元。累计提取城市廉租住房（公共租赁住房）建设补充资金23111.72万元。

（五）管理费用支出：2017年，管理费用支出1978.99万元，同比增长52.6%。其中，人员经费1125.04万元，公用经费206.88万元，专项经费647.07万元。

市中心管理费用支出1978.99万元，其中，人员、公用、专项经费分别为1125.04万元、206.88万元、647.07万元。

四、资产风险状况

个人住房贷款：2017年末，个人住房贷款逾期额111.84万元，逾期率0.2‰。

个人贷款风险准备金按贷款余额的1%提取。2017年，提取个人贷款风险准备金5591.75万元，使用个人贷款风险准备金核销呆坏账0万元。2017年末，个人贷款风险准备金余额20217.43万元，占个人住房贷款余额的3.62%，个人住房贷款逾期额与个人贷款风险准备金余额的比率为0.55%。

五、社会经济效益

（一）缴存业务：2017年，实缴单位数、实缴职工人数和缴存额同比分别增长2.27%、4.89%和20%。

缴存单位中，国家机关和事业单位占80.4%，国有企业占8.83%，城镇集体企业占0.23%，外商投资企业占0.42%，城镇私营企业及其他城镇企业占8.55%，民办非企业单位和社会团体占0.92%，其他占0.65%。

缴存职工中，国家机关和事业单位占71.3%，国有企业占14.3%，城镇集体企业占0.67%，外商投资企业占1.01%，城镇私营企业及其他城镇企业占12.17%，民办非企业单位和社会团体占0.3%，其他占0.25%；中、低收入占99.5%，高收入占0.5%。

新开户职工中，国家机关和事业单位占52.5%，国有企业占10.5%，城镇集体企业占2.2%，外商投资企业占1.2%，城镇私营企业及其他城镇企业占32.7%，民办非企业单位和社会团体占0.1%，其他占0.8%；中、低收入占99.9%，高收入占0.1%。

（二）提取业务：2017年，2.24万名缴存职工提取住房公积金8.95亿元。

提取金额中，住房消费提取占61.57%（购买、建造、翻建、大修自住住房占33.22%，偿还购房贷款本息占66.49%，租赁住房占0.29%，其他占0%）；非住房消费提取占38.43%（离休和退休提取占92.12%，完全丧失劳动能力并与单位终止劳动关系提取占0%，户口迁出本市或出境定居占4.32%，其他占3.56%）。

提取职工中，中、低收入占99.2%，高收入占0.8%。

（三）贷款业务：

1. 个人住房贷款：2017年，支持职工购建房64.1万平方米，年末个人住房贷款市场占有率为14.18%，比上年增加1.03个百分点。通过申请住房公积金个人住房贷款，可节约职工购房利息支出104540.3万元。

职工贷款笔数中，购房建筑面积90（含）平方米以下占12.3%，90~144（含）平方米占82.5%，144平方米以上占5.2%。购买新房占77.4%（其中购买保障性住房占0%），购买存量商品住房占20%，建造、翻建、大修自住住房占0%，其他占2.6%。

职工贷款笔数中，单缴存职工申请贷款占19.5%，双缴存职工申请贷款占80.47%，三人及以上缴存职工共同申请贷款占0.03%。

贷款职工中，30岁（含）以下占25.5%，30岁~40岁（含）占31.9%，40岁~50岁（含）占31.2%，50岁以上占11.4%；首次申请贷款占92.7%，二次及以上申请贷款占7.3%；中、低收入占99.88%，高收入占0.12%。

2. 异地贷款：2017年，发放异地贷款263笔9235.4万元。2017年末，发放异地贷款总额22878.8万元，异地贷款余额17795.9万元。

（四）住房贡献率：2017年，个人住房贷款发放额、公转商贴息贷款发放额、项目贷款发放额、住房消费提取额的总和与当年缴存额的比率为133.4%，比上年增加6.2个百分点。

六、其他重要事项

1. 按照干部选拔任用的规定，经市委组织部批准任命，市中心增设总会计师1名，副主任1名，并任市中心党组成员，领导班子得到充实加强。对全市住房公积金机构的中层正职干部进行了轮岗交流，有10名市中心科长和县区办事处主任上、下或交叉调动，总调整面达66.66%，县区间交流面达81.81%。

2. 根据住房城乡建设部等四部行建金管〔2005〕5号文件规定和抚州市统计局公布的上年度数据，报经市住房公积金管理委员会审议批准，向社会公布了调整职工月缴存住房公积金额度上、下限统一执行标准：最高限为2972元/月，最低限为248元/月（单位和个人共同缴存数）。当年住房公积金提取、贷款的使用政策无调整，存贷款利率严格按照央行规定执行。

3. 继续加强和改进服务，在全系统开展"精细化管理年"活动，强化窗口作风建设和现场管理，实行综合柜员制，对办结提取、信贷业务客户全部电话回访监督，提升了服务效能和水平。在服务网点方面，新购置的南丰县、金溪县办事处办公服务场地完成装修入驻；资溪县办事处新购置的办公服务场地已完成招标采购；乐安县办事处办公服务场地完成整体改造装修；市中心服务大厅进行了扩容装修，全市50%的服务网点硬件环境得到明显的优化改善。市中心信息系统机房开展了二级等保的建设；市中心顺利上线全国异地转移平台。经管委会批准，制订出台对委托银行的考核办法，促进了配合和服务效率的提高。

4. 全市住房公积金信息系统双贯标、综合服务平台项目升级改造建设方案，在年底经市政务信息办组织专家评审和审查通过，转入申报立项、申请招标采购阶段。

5. 2017年度，市中心被评为市级文明单位、全市综合考核评价优秀单位、全市综合治理先进单位、全市绩效管理先进单位、全市计划生育先进单位、全市节能减排先进单位；党总支被评为市直优秀基层党组织、第四党支部被评为市直先进党支部。中国建设银行总行向市中心颁发"精诚合作伙伴"牌匾。

6. 市中心与市中级人民法院联合印发《关于规范涉及住房公积金案件执行和加强相互协作配合的若干意见》（修订版），加强了协调配合与统一规范。3月份，通过申请法院强制执行，市中心追回一笔逾期长达20期、金额18.27万元的贷款。

上饶市住房公积金2017年年度报告

一、机构概况

（一）住房公积金管理委员会：住房公积金管理委员会有26名委员，2017年召开两次会议，审议通过的事项主要包括：审议通过了2016年度住房公积金决算暨2017年度预算报告和上饶市住房公积金2016年年度报告；研究确定了2017年上饶市住房公积金缴存上下限标准，研究出台了《上饶市住房公积金管委会关于调整和规范住房公积金使用政策的通知》，改选了部分管委会委员等一系列重要事项。

（二）住房公积金管理中心：住房公积金管理中心为直属市人民政府不以营利为目的的参照公务员管理的事业单位，设10个科（室），13个管理部，1个分中心。从业人员166人，其中，在编80人，非在编86人。

二、业务运行情况

（一）缴存：2017年，新开户单位228家，实缴单位4619家，净增单位228家；新开户职工16166万人，实缴职工212807万人，净增职工7037万人；缴存额30.62亿元，同比增长19.71%。2017年末，缴存总额159.61亿元，同比增长23.74%；缴存余额104.76亿元，同比增长24.31%。

受委托办理住房公积金缴存业务的银行6家，与上年无变化。

（二）提取：2017年，提取额10.13亿元，同比下降30.66%；占当年缴存额的32.2%，比上年减少23.39个百分点。2017年末，提取总额54.85亿元，同比增长22.65%。

（三）贷款：

1. **个人住房贷款**：个人住房贷款最高额度50万元，不区分单缴存职工和双缴存职工。

2017年，发放个人住房贷款5732笔23.97亿元，同比分别下降29.63%、22.6%。

2017年，回收个人住房贷款8.21亿元。

2017年末，累计发放个人住房贷款5.6万笔132.34亿元，贷款余额96.46亿元，同比分别增长11.33%、22.12%、19.54%。个人住房贷款余额占缴存余额的92.08%，比上年减少3.67个百分点。

受委托办理住房公积金个人住房贷款业务的银行9家，比上年增加1家。

2. **住房公积金支持保障性住房建设项目贷款**：2017年，发放支持保障性住房建设项目贷款0亿元，回收项目贷款0亿元。2017年末，累计发放项目贷款3亿元，项目贷款余额1.4亿元。

（四）融资：2017年，融资1亿元，归还10.39亿元。2017年末，融资总额14.3亿元，融资余额2.41亿元。

（五）资金存储：2017年末，住房公积金存款8.9亿元。其中，活期2.02亿元，1年（含）以下定期0亿元，1年以上定期6.88亿元，其他（协定、通知存款等）0亿元。

（六）资金运用率：2017年末，住房公积金个人住房贷款余额、项目贷款余额和购买国债余额的总和占缴存余额的93.41%，比上年减少4个百分点。

三、主要财务数据

（一）业务收入：2017年，业务收入35010.94万元，同比增长31.22%。其中，存款利息4080.41万元，委托贷款利息29724.27万元，国债利息0万元，其他1206.26万元。

（二）业务支出：2017年，业务支出18931.65万元，同比增长67.57%。其中，支付职工住房公积金利息14097.98万元，归集手续费9万元，委托贷款手续费1131.99万元，其他3692.68万元。

（三）增值收益：2017年，增值收益16079.29万元，同比增长4.53%。增值收益率1.7%，比上年减少0.29个百分点。

（四）增值收益分配：2017年，提取贷款风险准备金500万元，提取管理费用2706.62万元，提取城市廉租住房（公共租赁住房）建设补充资金12872.67万元。

2017年，上交财政管理费用2706.62万元。上缴财政城市廉租住房（公共租赁住房）建设补充资金12872.67万元。

2017年末，贷款风险准备金余额8268.92万元。累计提取城市廉租住房（公共租赁住房）建设补充资金59294.9万元。

（五）管理费用支出：2017年，管理费用支出2532.51万元，同比下降4.99%。其中，人员经费1232.41万元，公用经费949.64万元，专项经费350.46万元。

四、资产风险状况

个人住房贷款：2017年末，个人住房贷款逾期额289.37万元，逾期率0.3‰。

个人贷款风险准备金按贷款余额的1%提取。2017年,提取个人贷款风险准备金500万元,使用个人贷款风险准备金核销呆坏账0万元。2017年末,个人贷款风险准备金余额7768.92万元,占个人住房贷款余额的0.81%,个人住房贷款逾期额与个人贷款风险准备金余额的比率为3.78%。

五、社会经济效益

(一)**缴存业务**:2017年,实缴单位数、实缴职工人数和缴存额同比分别下降22.55%、5.92%和增长19.71%。

缴存单位中,国家机关和事业单位占78.93%,国有企业占11.95%,城镇集体企业占0.65%,外商投资企业占0.02%,城镇私营企业及其他城镇企业占7.75%,民办非企业单位和社会团体占0.37%,其他占0.7%。

缴存职工中,国家机关和事业单位占66.26%,国有企业占26.07%,城镇集体企业占0.49%,外商投资企业占0.02%,城镇私营企业及其他城镇企业占6.94%,民办非企业单位和社会团体占0.14%,其他占0.1%;中、低收入占64%,高收入占36%。

新开户职工中,国家机关和事业单位占41.11%,国有企业占17.97%,城镇集体企业占2.83%,外商投资企业占0.14%,城镇私营企业及其他城镇企业占36.74%,民办非企业单位和社会团体占0.69%,其他占0.52%;中、低收入占73.01%,高收入占26.99%。

(二)**提取业务**:2017年,3.46万名缴存职工提取住房公积金10.13亿元。

提取金额中,住房消费提取占56.17%(购买、建造、翻建、大修自住住房占17.97%,偿还购房贷款本息占36.33%,租赁住房占1.68%,其他占0.19%);非住房消费提取占43.83%(离休和退休提取占37.31%,完全丧失劳动能力并与单位终止劳动关系提取占5.23%,户口迁出本市或出境定居占1.09%,其他占0.2%)。

提取职工中,中、低收入占64.1%,高收入占35.9%。

(三)**贷款业务**:

1. **个人住房贷款**:2017年,支持职工购建房138.18万平方米,年末个人住房贷款市场占有率为18.36%,比上年减少3.52个百分点。通过申请住房公积金个人住房贷款,可节约职工购房利息支出20803.57万元。

职工贷款笔数中,购房建筑面积90(含)平方米以下占9.49%,90~144(含)平方米占75.59%,144平方米以上占14.95%。购买新房占29.95%(其中购买保障性住房占0.02%),购买存量商品住房占69.38%,建造、翻建、大修自住住房占0.54%,其他占0.13%。

职工贷款笔数中,单缴存职工申请贷款占21.67%,双缴存职工申请贷款占78.33%,三人及以上缴存职工共同申请贷款占0%。

贷款职工中,30岁(含)以下占29.95%,30岁~40岁(含)占34.32%,40岁~50岁(含)占27.08%,50岁以上占8.65%;首次申请贷款占96.79%,二次及以上申请贷款占3.21%;中、低收入占85%,高收入占15%。

2. **异地贷款**:2017年,发放异地贷款359笔13443.8万元。2017年末,发放异地贷款总额39498.8万元,异地贷款余额36482.52万元。

3. 支持保障性住房建设试点项目贷款： 2017年末，累计试点项目3个，贷款额度3亿元，建筑面积25.22万平方米，可解决4348户中低收入职工家庭的住房问题。2个试点项目贷款资金已发放并还清贷款本息。

(四) 住房贡献率： 2017年，个人住房贷款发放额、公转商贴息贷款发放额、项目贷款发放额、住房消费提取额的总和与当年缴存额的比率为113.37%，比上年减少47.28个百分点。

六、其他重要事项

(一) 当年机构及职能调整情况、受委托办理缴存贷款业务金融机构变更情况。 2017年，市住房公积金管理中心没有机构及职能调整情况。为了进一步调动银行在提升住房公积金服务水平，方便广大职工办理住房公积金金融业务，增加了江西银行上饶分行为我市住房公积金金融业务承办银行，目前，江西银行上饶分行已开展业务。

(二) 当年住房公积金政策调整及执行情况。 调整上饶市住房公积金缴存上、下限，调整后，我市职工住房公积金最高月缴存上限为3259元（含单位、个人两部分），中央、省驻饶单位职工住房公积金最高月缴存上限参照南昌市在职职工年平均工资计算为3948元（含单位、个人两部分），我市职工住房公积金月缴存下限为452元（含单位、个人两部分）；继续严格执行了根据住房城乡建设部、发改委、财政部、人民银行《关于规范和阶段性适当降低住房公积金缴存比例的通知》；研究出台了《上饶市住房公积金管委会关于调整和规范住房公积金使用政策的通知》，实行了差别化贷款政策，暂停了户籍不在我市的异地缴存职工向我市申请住房公积金贷款，调整了贷款申请使用年限、住房公积金还款能力计算方法、住房公积金贷款额度与住房公积金缴存职工账户余额挂钩政策，取消了"缴存职工本人为子女在本市购买自住住房时，可以申请住房公积金个人贷款"的规定；严格执行了央行《关于完善职工住房公积金存款利率形成机制的通知》，将职工个人账户中的住房公积金存款利率统一调整为一年期定期存款利率计息。

(三) 当年服务改进情况。 不断拓展线上服务。已形成集"12329"客服热线、免费短信、门户网站、微信公众号于一体的服务体系；加强窗口规范化管理，严格执行首问负责制等各项服务制度，开展上门服务等便民服务新举措，实施窗口业务量考核；对条件成熟的婺源县管理部实施服务大厅改造升级，为缴存职工办理业务营造温馨、便利的环境；实现了异地转移接续，于6月成功接入全国住房公积金异地转移接续平台。

(四) 当年信息化建设情况。 全力推进"双贯标"工作，完成了"双贯标"部分硬件和软件采购工作，与软件开发商完成了需求谈判，基础数据采集工作有序进行，加快了档案数字化步伐，完成了档案规范化整理和数字化招标工作。

(五) 当年住房公积金管理中心及职工所获荣誉情况。 2017年，市住房公积金管理中心荣获江西省第十四届文明单位，市直分中心、上饶县管理部、弋阳县管理部、铅山县管理部、余干县管理部荣获上饶市文明单位，邹宋敏同志荣获上饶市五四青年奖章等多项单位和个人荣誉。

(六) 当年对住房公积金管理人员违规行为的纠正和处理情况。 对横峰县管理部等两例违反有关纪律规定的进行了及时处理，给予相关责任人党纪政纪处分；玉山住房公积金骗贷案正在依法处置。

2017 全国住房公积金年度报告汇编

山东省

济南市
青岛市
淄博市
枣庄市
东营市
烟台市
潍坊市
济宁市
泰安市
威海市
日照市
莱芜市
临沂市
德州市
聊城市
滨州市
菏泽市

山东省住房公积金 2017 年年度报告

一、机构概况

（一）**住房公积金管理机构**：全省共设 17 个设区城市住房公积金管理中心，5 个独立设置的分中心（其中，济南住房公积金管理中心山东电力集团分中心隶属国网山东省电力公司，济南住房公积金管理中心济钢分中心隶属济钢集团有限公司，济南住房公积金管理中心济南铁路分中心隶属中国铁路济南局集团有限公司，东营市住房公积金管理中心胜利油田分中心隶属中国石化集团胜利石油管理局有限公司，莱芜市住房公积金管理中心莱钢分中心隶属莱芜钢铁集团有限公司）。从业人员 2715 人，其中在编 1587 人，非在编 1128 人。

（二）**住房公积金监管机构**：省住房城乡建设厅、省财政厅和人民银行济南分行负责对全省住房公积金管理运行情况进行监督。省住房城乡建设厅设立住房公积金监管处，负责全省住房公积金日常监管工作。

二、业务运行情况

（一）**缴存**：全年新开户单位 21102 家，实缴单位 129849 家，净增单位 12432 家；新开户职工 101.23 万人，实缴职工 894.06 万人，净增职工 21.82 万人；当年缴存额 1042.01 亿元，同比增长 13.89%，见图 1。

2017 年末，缴存总额 6857.75 亿元，同比增长 17.92%；缴存余额 3099.63 亿元，同比增长 11.9%。

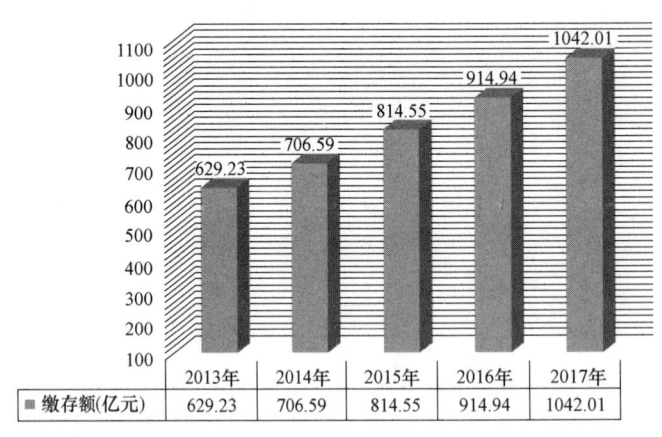

图 1　2013～2017 年全省住房公积金缴存情况图

（二）**提取**：全年提取额为 712.40 亿元，同比增长 5.77%；占当年缴存额的比率 68.37%，比上年同期减少 5.24 个百分点，见图 2。

2017 年末，提取总额 3758.12 亿元，同比增长 23.39%。

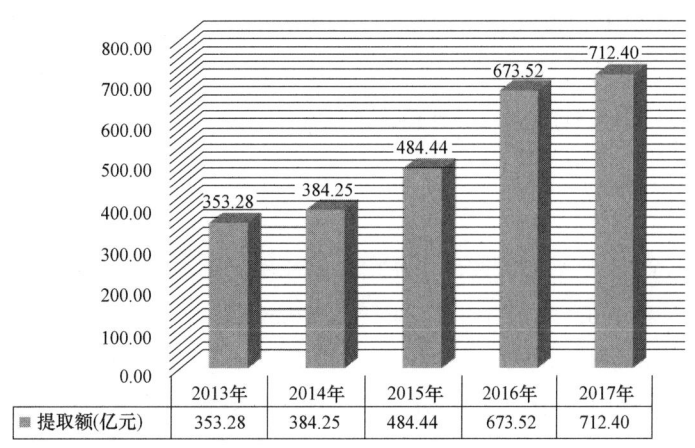

图 2　2013～2017 年全省住房公积金提取情况图

（三）贷款：

1. 个人住房贷款：全年发放个人住房贷款 19.09 万笔 658.90 亿元，同比分别下降 12.91%、11.70%。全年回收个人住房贷款 312.64 亿元。

2017 年末，累计发放个人住房贷款 183.99 万笔 4230.44 亿元，贷款余额 2589.12 亿元，同比分别增长 11.57%、18.45%、15.44%。个人住房贷款余额占缴存余额的 83.53%（个贷率），比上年增加 2.56 个百分点，见图 3。

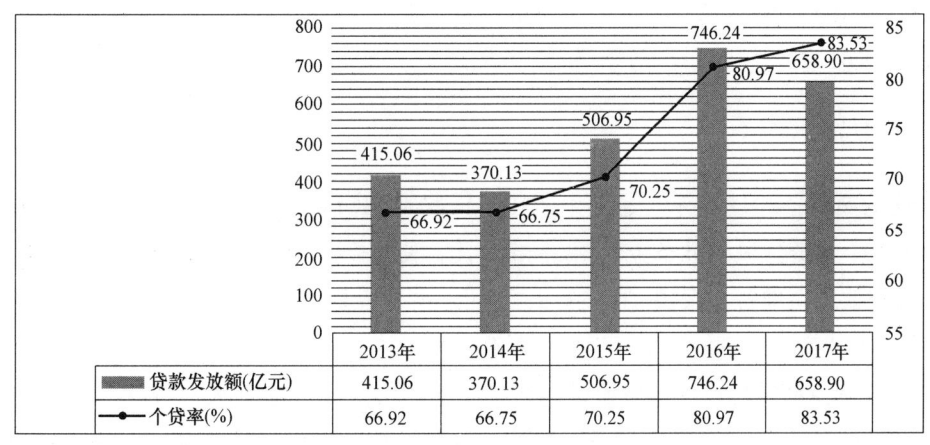

图 3　2013～2017 年全省住房公积金贷款情况图

2. 住房公积金支持保障性住房建设项目贷款：2017 年，未发放支持保障性住房建设项目贷款，回收项目贷款 0.10 亿元。

2017 年末，累计发放项目贷款 23.20 亿元，项目贷款余额 0.19 亿元。

（四）购买国债：全年未购买国债，未兑付、转让、收回国债，国债余额 0.34 亿元，比上年同期持平。

（五）**资金存储**：2017年末，全省住房公积金存款547.47亿元。其中，活期22.25亿元，1年以内定期（含）133.88亿元，1年以上定期182.83亿元，其他（协定、通知存款等）208.51亿元。

（六）**资金运用率**：2017年末，住房公积金个人住房贷款余额、项目贷款余额和购买国债余额的总和占缴存余额的83.55%，比上年同期增加2.56个百分点。

三、主要财务数据

（一）**业务收入**：全年业务收入963782.47万元，同比增长5.41%。其中，存款利息收入167869.92万元，委托贷款利息收入788933.25万元，其他收入6979.30万元。

（二）**业务支出**：全年业务支出510884.71万元，同比增长5.66%。其中，住房公积金利息支出455442.35万元，归集手续费用支出21238.04万元，委托贷款手续费支出30450.27万元，其他支出3754.05万元。

（三）**增值收益**：全年增值收益452897.76万元，同比增长5.12%；增值收益率1.54%，比上年同期减少0.07个百分点。

（四）**增值收益分配**：全年提取贷款风险准备金69881.45万元，提取管理费用61121.02万元，提取城市廉租房（公共租赁住房）建设补充资金330940.06万元。

全年上交财政管理费用54363.35万元，上缴财政的城市廉租房（公共租赁住房）建设补充资金260598.64万元。

2017年末，贷款风险准备金余额521173.97万元，累计提取城市廉租房（公共租赁住房）建设补充资金2145001.06万元。

（五）**管理费用支出**：全年管理费用支出56847.92万元，同比增长7.88%。其中，人员经费23113.34万元，公用经费9881.22万元（青岛市调整管理费用核算内容，原口径列支的专项经费支出2226.40万元，计入公用经费核算），专项经费23853.36万元。

四、资产风险状况

（一）**个人住房贷款**：2017年末，逾期个人住房贷款4384.19万元，个人住房贷款逾期率0.17‰。

2017年，提取个人贷款风险准备金69921.45万元，使用个人贷款风险准备金核销呆坏账7.42万元。2017年末，个人贷款风险准备金余额519463.95万元，占个人贷款余额的2%，个人贷款逾期额与个人贷款风险准备金余额的比率为0.84%。

（二）**住房公积金支持保障性住房建设项目贷款**：2017年末，无逾期项目贷款。2017年，提取项目贷款风险准备金－40.00万元，未使用项目贷款风险准备金核销呆坏账。2017年末，项目贷款风险准备金余额1710万元，占项目贷款余额的90%。

（三）**历史遗留风险资产**：截至2016年底，历史遗留风险资产余额3392.07万元，比上年同期持平。

五、社会经济效益

（一）**缴存业务**：2017年，实缴单位数、实缴职工人数和缴存额增长率分别为10.59%、2.50%和13.89%。

缴存单位中,国家机关和事业单位占 26.82%,国有企业占 13.33%,城镇集体企业占 4.28%,外商投资企业占 4.34%,城镇私营企业及其他城镇企业占 39.52%,民办非企业单位和社会团体占 2.34%,其他占 9.37%,见图 4。

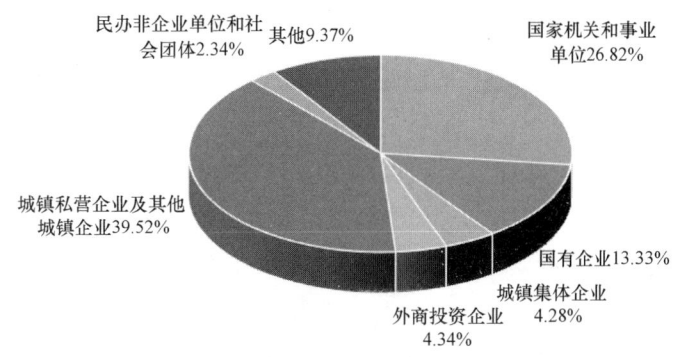

图 4　2017 年缴存单位按单位性质分类占比图

缴存职工中,国家机关和事业单位占 31.60%,国有企业占 25.39%,城镇集体企业占 3.44%,外商投资企业占 6.55%,城镇私营企业及其他城镇企业占 24.77%,民办非企业单位和社会团体占 1.63%,其他占 6.62%;中、低收入占 97.28%,高收入占 2.72%,见图 5。

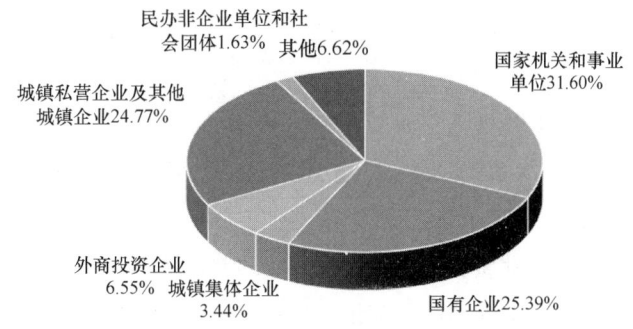

图 5　2017 年实缴职工人数按所在单位性质分类占比图

新开户职工中,国家机关和事业单位占 17.35%,国有企业占 19.56%,城镇集体企业占 2.81%,外商投资企业占 6.41%,城镇私营企业及其他城镇企业占 38.49%,民办非企业单位和社会团体占 2.66%,其他占 12.72%;中、低收入占 99.00%,高收入占 1.00%,见图 6。

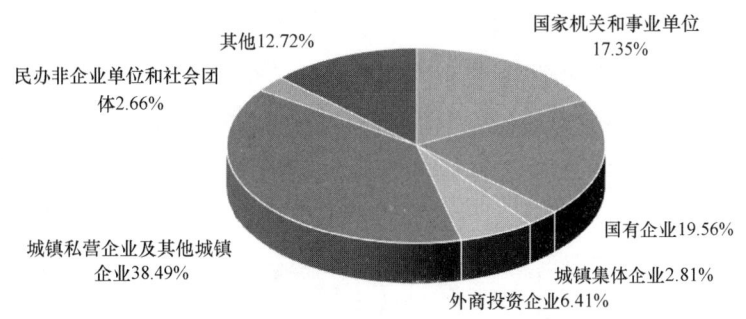

图 6　2017 年新开户职工人数按所在单位性质分类占比图

(二)提取业务:2017 年,269.21 万名缴存职工提取住房公积金 712.40 亿元。

提取金额中,住房消费提取占 79.14%(购买、建造、翻建、大修自住住房占 32.30%,偿还购房贷

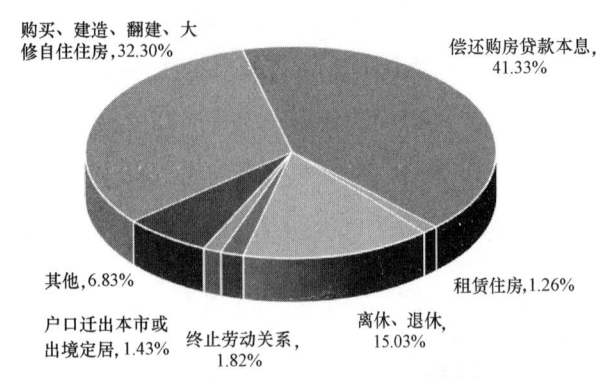

图 7 2017 年提取额按提取原因分类占比图

款本息占 41.33%，租赁住房占 1.26%，其他占 4.25%）；非住房消费提取占 20.86%（离休和退休提取占 15.03%，完全丧失劳动能力并与单位终止劳动关系提取占 1.82%，户口迁出所在市或出境定居占 1.43%，其他占 2.58%），见图 7。

提取职工中，中、低收入占 95.34%，高收入占 4.66%。

（三）贷款业务：

1. **个人住房贷款**：2017 年，支持职工购建房 2266.14 万平方米。年末个人住房贷款市场占有率为 16.03%，比上年同期减少 0.40 个百分点。通过申请住房公积金个人住房贷款，可节约职工购房利息支出 1410634.86 万元。

职工贷款笔数中，购房建筑面积 90（含）平方米以下占 16.27%，90～144（含）平方米占 66.13%，144 平方米以上占 17.60%；购买新房占 82.58%（其中购买保障性住房占 0.87%），购买存量商品房占 17.30%，其他占 0.12%。

职工贷款笔数中，单职工申请贷款占 41.16%，双职工申请贷款占 58.60%，三人及以上共同申请贷款占 0.24%。

贷款职工中，30 岁（含）以下占 29.94%，30～40 岁（含）占 39.73%，40～50 岁（含）占 23.47%，50 岁以上占 6.86%；首次申请贷款占 86.16%，二次及以上申请贷款占 13.84%；中、低收入占 95.14%，高收入占 4.86%。

2. **异地贷款**：2017 年，发放异地贷款 9749 笔 339049.11 万元。

2017 年末，发放异地贷款总额 847025.61 万元，异地贷款余额 727316.15 万元。

3. **公转商贴息贷款**：2017 年，发放公转商贴息贷款 7240 笔 238964.32 万元，支持职工购建房面积 96.44 万平方米。当年贴息额 4706.45 万元。

2017 年末，累计发放公转商贴息贷款 13690 笔 442900.32 万元，累计贴息 5312.19 万元。

4. **住房公积金支持保障性住房建设项目贷款**：2017 年末，全省累计有住房公积金试点城市 4 个，试点项目 22 个，贷款额度 24.28 亿元，建筑面积共 172.77 万平方米，可解决 22297 户中低收入职工家庭的住房问题。其中，经济适用房项目 18 个、额度 13.18 亿元，棚户区改造安置用房项目 2 个、额度 4.1 亿元，公共租赁住房项目 2 个、额度 7 亿元。21 个试点项目贷款资金已发放并还清贷款本息。

（四）住房贡献率：2017 年，个人住房贷款发放额、公转商贴息贷款发放额、项目贷款发放额、住房消费提取额的总和与当年缴存额的比率为 119.64%，比上年减少 23.52 个百分点。

六、其他重要事项

（一）开展全省住房公积金行业文明创建活动：编制印发了《山东省住房公积金行业文明创建试点工作规划》，制定了文明示范窗口、文明服务标兵的评选标准和实施细则，以创建促发展，提升行业文明程度，推动全省住房公积金事业健康发展。

（二）住房公积金政策调整情况：

1. 深入贯彻中央和省关于"房子是用来住的，不是用来炒的"的定位和省委、省政府相关部署，结合我省实际，印发了《关于进一步规范和完善全省住房公积金管理的通知》（鲁建金字〔2017〕7 号），调整了购房贷款首付款比例，放宽了租房提取有关政策。

2. 切实维护广大职工合法权益，扩大住房公积金制度覆盖面，印发了《关于进一步扩大住房公积金制度受益范围的通知》（鲁建金字〔2017〕19 号），将个体工商户、自由职业者纳入住房公积金缴存范围。

（三）开展专项检查情况： 组织开展了全省廉政风险防控检查，从长效机制建设、资金安全管理、防控措施落实、审计整改情况四方面进行了全面检查，堵塞风险隐患，落实廉政责任，加强风险防范。

（四）服务改进情况： 坚持以"人民为中心"的发展思想，深化"放管服"改革，不断提高管理服务水平。一是精简办理要件。优化业务流程，减少审批环节，缩短办理时限，提高服务效率。将住房公积金缴纳登记纳入第一批"多证合一"事项。二是扎实推进综合服务平台建设。11 个城市开通 12329 热线、短信、网厅和微信公众号，8 个城市建成综合服务平台，为缴存单位和职工提供多渠道在线服务，提高了业务办理离柜率。三是做好异地转移接续工作。完成与全国异地转移接续平台的接入工作，实现了"账随人走、钱随账走"，方便了缴存职工异地转移使用住房公积金。全行业创建省级文明单位 15 个、青年文明号 16 个（国家级 2 个）、国家级三八红旗手 1 个、全国巾帼文明岗 1 个、其他省级荣誉称号 18 个。

济南市住房公积金 2017 年年度报告

一、机构概况

（一）住房公积金管理委员会： 住房公积金管理委员会有 30 名委员，2017 年召开两次会议，审议通过《关于住房公积金 2016 年计划执行情况和 2017 年计划安排的报告》；《济南市住房公积金 2016 年年度报告》；增值收益分配方案及部分公积金政策调整等议题。

（二）住房公积金管理中心： 住房公积金管理中心为直属济南市政府的不以营利为目的的参公事业单位，主要负责全市住房公积金的归集、管理和会计核算。中心设 7 个处，3 个分中心。从业人员 146 人，其中，在编 86 人，非在编 60 人。

二、业务运行情况

（一）缴存： 2017 年，新开户单位 3914 家，实缴单位 19588 家，净增单位 2836 家；新开户职工 16.26 万人，实缴职工 136.41 万人，净增职工 2.55 万人；缴存额 198.92 亿元，同比增长 11.61%。2017 年末，缴存总额 1373.97 亿元，同比增长 16.93%；缴存余额 596.4 亿元，同比增长 8.87%。

受委托办理住房公积金缴存业务的银行 5 家，与上年相同。

（二）**提取**：2017年，提取额150.34亿元，同比增长17.9%；占当年缴存额的75.58%，比上年增加4.03个百分点。2017年末，提取总额777.57亿元，同比增长23.97%。

（三）**贷款**：

1. **个人住房贷款**：个人住房贷款最高额度60万元，其中，单缴存职工最高额度30万元，双缴存职工最高额度60万元。

2017年，发放个人住房贷款2.02万笔84.15亿元，同比分别下降46.98%、49.55%。其中，市中心发放个人住房贷款1.74万笔73.27亿元，电力分中心发放个人住房贷款0.04万笔1.97亿元，济钢分中心发放个人住房贷款0.02万笔0.76亿元，铁路分中心发放个人住房贷款0.22万笔8.15亿元。

2017年，回收个人住房贷款52.12亿元。其中，市中心44.12亿元，电力分中心1.99亿元，济钢分中心2.19亿元，铁路分中心3.82亿元。

2017年末，累计发放个人住房贷款24.53万笔752.06亿元，贷款余额451.44亿元，同比分别增长8.97%、12.6%、7.64%。个人住房贷款余额占缴存余额的75.69%，比上年减少0.87个百分点。

受委托办理住房公积金个人住房贷款业务的银行为14家，与上年相同。

2. **住房公积金支持保障性住房建设项目贷款**：2017年，无支持保障性住房建设项目贷款发放额及回收额。2011年至2013年共向中大南棚改安置房和文庄公租房发放保障性住房项目贷款10亿元，贷款本息于2014年8月全部收回，2017年末无项目贷款余额。

（四）**购买国债**：2017年，无国债交易及回收行为。2017年末，国债余额0.34亿元，与上年持平。

（五）**资金存储**：2017年末，住房公积金存款147.09亿元。其中，活期0.2亿元，1年（含）以下定期8.15亿元，1年以上定期64.04亿元，其他（协定、通知存款、大额存单等）74.7亿元。

（六）**资金运用率**：2017年末，住房公积金个人住房贷款余额、项目贷款余额和购买国债余额的总和占缴存余额的75.75%，比上年减少0.87个百分点。

三、主要财务数据

（一）**业务收入**：2017年，业务收入179364.55万元，同比增长5.52%。其中，市中心128830.81万元，电力分中心18859.31万元，济钢分中心5138.11万元，铁路分中心26536.32万元；存款利息36503.85万元，委托贷款利息142851.14万元，其他9.56万元。

（二）**业务支出**：2017年，业务支出100279.02万元，同比增长2.29%。其中，市中心75063.53万元，电力分中心8713.54万元，济钢分中心2862.49万元，铁路分中心13639.46万元；支付职工住房公积金利息86901.27万元，归集手续费6595.55万元，委托贷款手续费6680.97万元，其他101.23万元。

（三）**增值收益**：2017年，增值收益79085.53万元，同比增长9.91%。其中，市中心53767.28万元，电力分中心10145.77万元，济钢分中心2275.62万元，铁路分中心12896.86万元；增值收益率1.37%，与上年持平。

（四）**增值收益分配**：2017年，提取贷款风险准备金7238.57万元，提取管理费用2234.81万元，提取城市廉租住房（公共租赁住房）建设补充资金69612.15万元。

2017年，上交财政管理费用1848.79万元。上缴财政城市廉租住房（公共租赁住房）建设补充资金30923.51万元。其中，市中心上缴30923.51万元。

2017年末，贷款风险准备金余额91581.95万元。累计提取城市廉租住房（公共租赁住房）建设补充资金467191.96万元。其中，市中心提取302547.01万元，电力分中心63234.23万元，济钢分中心20149.03万元，铁路分中心81261.69万元。

（五）**管理费用支出**：2017年，管理费用支出3286.76万元，同比增长18.07%。其中，人员经费1376.19万元，公用经费240.97万元，专项经费1669.6万元。

市中心管理费用支出2872.4万元，其中，人员、公用、专项经费分别为1210.37万元、73.27万元、1588.76万元；电力分中心管理费用支出84.45万元，均为公用经费；济钢分中心管理费用支出179.01万元，其中，人员、公用、专项经费分别为35.81万元、65.02万元、78.18万元；铁路分中心管理费用支出150.9万元，其中，人员、公用、专项经费分别为130.01万元、18.23万元、2.66万元。

四、资产风险状况

（一）**个人住房贷款**：2017年末，个人住房贷款逾期额1101.89万元，逾期率0.24‰。其中，市中心0.22‰，电力分中心0.01‰，济钢分中心1.33‰，铁路分中心0.34‰。

个人贷款风险准备金按贷款余额的2%提取。2017年，提取个人贷款风险准备金7238.57万元，使用个人贷款风险准备金核销呆坏账7.42万元。2017年末，个人贷款风险准备金余额91581.95万元，占个人住房贷款余额的2.03%，个人住房贷款逾期额与个人贷款风险准备金余额的比率为1.2%。

（二）**支持保障性住房建设试点项目贷款**：已全部回收。

（三）**历史遗留风险资产**：2017年末，历史遗留风险资产余额3392.07万元，与上年持平。

五、社会经济效益

（一）**缴存业务**：2017年，实缴单位数、实缴职工人数和缴存额同比分别增长16.93%、1.9%和11.61%。

缴存单位中，国家机关和事业单位占11.29%，国有企业占12.06%，城镇集体企业占7.73%，外商投资企业占0.73%，城镇私营企业及其他城镇企业占63.71%，民办非企业单位和社会团体占3.29%，其他占1.19%。

缴存职工中，国家机关和事业单位占19.59%，国有企业占18.84%，城镇集体企业占1.24%，外商投资企业占1.33%，城镇私营企业及其他城镇企业占55.64%，民办非企业单位和社会团体占2.93%，其他占0.43%；中、低收入占94.61%，高收入占5.39%。

新开户职工中，国家机关和事业单位占9.44%，国有企业占8.41%，城镇集体企业占0.65%，外商投资企业占1.52%，城镇私营企业及其他城镇企业占73.72%，民办非企业单位和社会团体占4.61%，其他占1.65%；中、低收入占99.17%，高收入占0.83%。

（二）**提取业务**：2017年，39.55万名缴存职工提取住房公积金150.34亿元。

提取金额中，住房消费提取占78.4%（购买、建造、翻建、大修自住住房占34.84%，偿还购房贷款本息占41.2%，租赁住房占1.25%，其他占1.11%）；非住房消费提取占21.6%（离休和退休提取占14.62%，完全丧失劳动能力并与单位终止劳动关系提取占3.98%，户口迁出本市或出境定居占1.5%，其他占1.5%）。

提取职工中，中、低收入占 89.72%，高收入占 10.28%。

（三）贷款业务：

1. **个人住房贷款：** 2017 年，支持职工购建房 219.72 万平方米，年末个人住房贷款市场占有率为 16.5%，比上年减少 7.58 个百分点。通过申请住房公积金个人住房贷款，可节约职工购房利息支出 202564.31 万元。

职工贷款笔数中，购房建筑面积 90（含）平方米以下占 26.57%，90～144（含）平方米占 62.88%，144 平方米以上占 10.55%。购买新房占 91.2%（其中购买保障性住房占 0.64%），购买存量商品住房占 8.8%。

职工贷款笔数中，单缴存职工申请贷款占 21.85%，双缴存职工申请贷款占 77.09%，三人及以上缴存职工共同申请贷款占 1.06%。

贷款职工中，30 岁（含）以下占 24.25%，30 岁～40 岁（含）占 48.14%，40 岁～50 岁（含）占 20.77%，50 岁以上占 6.84%；首次申请贷款占 61.8%，二次及以上申请贷款占 38.2%；中、低收入占 95.5%，高收入占 4.5%。

2. **异地贷款：** 2017 年，发放异地贷款 744 笔 38974.3 万元。2017 年末，发放异地贷款总额 171597.3 万元，异地贷款余额 136224.85 万元。

3. **支持保障性住房建设试点项目贷款：** 2017 年未发放保障性住房项目贷款。累计试点项目 2 个，发放贷款额度 10 亿元，截至 2014 年已回收贷款本息。

（四）住房贡献率： 2017 年，个人住房贷款发放额、公转商贴息贷款发放额、项目贷款发放额、住房消费提取额的总和与当年缴存额的比率为 101.55%，比上年减少 51.35 个百分点。

六、其他重要事项

（一）政策调整及执行情况：

1. **缴存比例和缴存基数：** 2017 年度个人所得税税前扣除最高住房公积金月缴存基数为 15999 元。最低住房公积金月缴存基数分为两档，单位住所地为历下区、市中区、槐荫区、天桥区、历城区的最低住房公积金月缴存基数为 1810 元；单位住所地为长清区、章丘区、平阴县、济阳县、商河县的最低住房公积金月缴存基数为 1640 元。所有缴存单位和个人的缴存比例均不低于 5%，不高于 12%。

2. **提取政策：** 取消提取住房公积金支付住宅维修资金政策。

3. **贷款政策：** 实施"认房又认贷"的差别化贷款政策。本市户籍缴存职工、无住房且无住房贷款（含公积金贷款、商业贷款）记录，申请公积金贷款的视为首套房贷款，贷款政策不变。本市户籍缴存职工家庭已拥有一套住房或虽无住房但有住房贷款（含公积金贷款、商业贷款）记录的，申请住房贷款均视为第二套住房贷款，最低首付比例提高至 60%，公积金贷款利率执行基准利率的 1.1 倍。禁止向已拥有 2 套及以上职工家庭和已使用过 2 次及以上住房公积金贷款的家庭发放公积金贷款。非本市户籍家庭购买住房，公积金贷款最低首付比例提高至 60%。非济南户籍在我市就业，与用人单位签订正式劳动合同的全日制大学本科（含本科）以上学历的大学生及我市引进的海内外高层次人才，在济南行政区域内购买自住商品住房，最低首付款比例为 30%。

(二)服务改进情况：

1. **提供延时服务**：市政务服务中心公积金窗口午休时间安排工作人员轮流值班，为办理业务的职工提供服务。

2. **简化材料**：提取业务取消材料复印件；取消公积金提取业务单位审核盖章环节，职工不再提供《济南住房公积金提取申请审批表》；职工办理公积金同城个人账户转移的，《住房公积金转移凭证》不再要求转出单位加盖公章。

3. **流程优化**：提取实现直联支付，做到"柜面审核，资金即时到账"。办理商贷按月委托提取业务，实现"窗口一次签约、资金每月自动到账"。建成启用公积金转移接续平台，在全国范围内实现住房公积金"账随人走，钱随账走"。创新抵押登记费用统一结算工作，个人住房公积金按揭贷款房屋抵押业务实行市登记中心先免费办理业务、公积金中心后统一结算付款的快捷操作模式，节省了借款人先缴费后到公积金中心报销费用的步骤。公积金服务大厅配置查询机，职工可查询个人住房公积金缴存使用等信息。

(三)信息化建设情况：新一代贷款核心业务系统正式上线运行，获选"智慧城市示范工程"，实现了核心系统建设、服务平台优化、审批电子化、系统迁云。全面完成基础数据和结算应用系统接入"双贯标"工作，公积金异地转移接续平台上线运行。

(四)所获荣誉：

1. 公积金中心保持省文明单位称号。

2. 公积金服务大厅保持省工人先锋号、省青年文明号、市工人先锋号。

3. 计划财务处获得市巾帼文明岗称号，公积金中心1人获选全国住房城乡建设系统先进工作者，2人分别获选山东省住房城乡建设系统二等功和三等功。

(五)行政处罚及申请法院强制执行情况：向法院申请强制执行两起欠缴公积金行为，共计金额224002.74元。

青岛市住房公积金2017年年度报告

一、机构概况

(一)住房公积金管理委员会：青岛市住房公积金管委会有委员23名，当年召开管委会全体会议1次，审议通过2017年度住房公积金归集、使用计划执行情况，并对其他重要事项进行决策，主要包括审议通过了《关于我市2016年住房公积金工作开展情况和2017年工作要点的汇报》《青岛市住房公积金2016年年度报告》《2016年住房公积金财务报告》《关于修订我市住房公积金提取管理办法有关情况的汇报》和《关于调整我市住房公积金贷款最低首付款比例有关情况的汇报》。

(二)住房公积金管理中心：青岛市住房公积金管理中心为直属青岛市人民政府的不以营利为目的的自收自支事业单位，主要负责全市住房公积金的归集、管理、使用和会计核算等工作。内设办公室、组织人事处、稽核处、会计处、贷款处、归集处、科技信息处、法律事务处、客户服务处9个处室，下设市南管理处、市北管理处、李沧管理处、崂山管理处、黄岛管理处、城阳管理处、青岛经济技术开发区管理处、即墨管理处、胶州管理处、平度管理处、莱西管理处11个管理处。从业人员304人，其中，在编229人，非在编75人。

二、业务运行情况

（一）**住房公积金缴存情况**：2017年，新开户单位8264家，实缴单位40145家，净增单位4627家；新开户职工20.54万人，实缴职工151.74万人，净增职工10.07万人；缴存额195.11亿元，同比增长9.16%。2017年末，缴存总额1407.29亿元，同比增长16.1%；缴存余额521.48亿元，同比增长9.49%。

受委托办理住房公积金缴存业务的银行5家，与上年相比，无变化。

（二）**住房公积金提取情况**：2017年，提取额149.93亿元，同比增长10.54%；占当年缴存额的76.84%，比上年增加0.95个百分点。

2017年末，提取总额885.81亿元，同比增长20.37%。

（三）**住房公积金贷款情况**：

1. **个人住房贷款**：个人住房贷款最高额度60万元，其中，单缴存职工最高额度36万元，双缴存职工最高额度60万元。

2017年，发放个人住房贷款1.62万笔55.81亿元，同比分别下降32.82%、33.2%。

2017年，回收个人住房贷款47.80亿元。

2017年末，累计发放个人住房贷款30.61万笔761.13亿元，贷款余额443.68亿元，同比分别增长5.6%、7.91%、1.84%。个人住房贷款余额占缴存余额的85.08%，比上年减少6.39个百分点。

受委托办理住房公积金个人住房贷款业务的银行13家，与上年相比，无变化。

2. **住房公积金支持保障性住房建设项目贷款**：2017年，未发放支持保障性住房建设项目贷款。截至2017年底，累计发放项目贷款4.6亿元，已于2014年6月全部回收。

（四）**资金存储**：2017年末，住房公积金存款88.42亿元。其中，活期0.01亿元，1年（含）以下定期38.63亿元，1年以上定期11.95亿元，其他（协定、通知存款等）37.83亿元。

（五）**资金运用率**：2017年末，住房公积金个人住房贷款余额、项目贷款余额和购买国债余额的总和占缴存余额的85.08%，比上年减少6.39个百分点。

三、主要财务数据

（一）**业务收入**：2017年，业务收入157733.39万元，同比增长6.77%。其中，存款利息14636.69万元，委托贷款利息143089.07万元，其他7.63万元。

（二）**业务支出**：2017年，业务支出75676.23万元，同比下降4.78%。其中，支付职工住房公积金利息75346.22万元，归集手续费170.00万元，委托贷款手续费60.00万元，其他100.01万元。

（三）**增值收益**：2017年，增值收益82057.16万元，同比增长20.22%。增值收益率1.64%，比上年增加0.16个百分点。

（四）**增值收益分配**：2017年，提取贷款风险准备金1601.75万元，提取管理费用9713.01万元，提取城市廉租住房（公共租赁住房）建设补充资金 70742.40 万元。

2017 年，上交财政管理费用 9713.01 万元。上缴财政城市廉租住房（公共租赁住房）建设补充资金 50885.16 万元。

2017 年末，贷款风险准备金余额 88735.43 万元。累计提取城市廉租住房（公共租赁住房）建设补充资金 469205.13 万元。

（五）管理费用支出：2017 年，管理费用支出 7286.21 万元，同比下降 14.55%。其中，人员经费 4040.07 万元，公用经费 3246.14 万元。根据财政预算相关要求，专项经费并入公用经费统一核算。公用经费主要是营业用房及设备维修改造费、住房公积金业务系统风险防控和业务模式及信息化规划设计等支出。

四、资产风险状况

（一）个人住房贷款：2017 年末，个人住房贷款逾期额 1120.14 万元，逾期率 0.25‰。

个人贷款风险准备金按贷款余额的 2% 提取。2017 年，提取个人贷款风险准备金 1601.75 万元，未发生使用个人贷款风险准备金核销呆坏账情况。2017 年末，个人贷款风险准备金余额 88735.43 万元，占个人住房贷款余额的 2%，个人住房贷款逾期额与个人贷款风险准备金余额的比率为 1.26%。

（二）住房公积金支持保障性住房建设项目贷款：保障性住房建设贷款项目已于 2014 年 6 月全部按期收回。

五、社会经济效益

（一）缴存业务：2017 年，实缴单位数、实缴职工人数和缴存额同比分别增长 13.03%、7.1% 和 9.16%。

缴存单位中，国家机关和事业单位占 9.47%，国有企业占 9.55%，城镇集体企业占 2.77%，外商投资企业占 8.61%，城镇私营企业及其他城镇企业占 56.77%，民办非企业单位和社会团体占 2.54%，其他占 10.29%。

缴存职工中，国家机关和事业单位占 19.7%，国有企业占 25%，城镇集体企业占 3.71%，外商投资企业占 13.84%，城镇私营企业及其他城镇企业占 26.32%，民办非企业单位和社会团体占 1.66%，其他占 9.77%；中、低收入占 96.32%，高收入占 3.68%。

新开户职工中，国家机关和事业单位占 7.49%，国有企业占 15.15%，城镇集体企业占 3.33%，外商投资企业占 15.03%，城镇私营企业及其他城镇企业占 43.22%，民办非企业单位和社会团体占 3.67%，其他占 12.11%；中、低收入占 98.4%，高收入占 1.6%。

（二）提取业务：2017 年，48.11 万名缴存职工提取住房公积金 149.93 亿元。

提取金额中，住房消费提取占 82.3%（购买、建造、翻建、大修自住住房占 33.94%，偿还购房贷款本息占 48.17%，租赁住房占 0.19%）；非住房消费提取占 17.7%（离休和退休提取占 12.69%，完全丧失劳动能力并与单位终止劳动关系提取占 0.58%，户口迁出本市或出境定居占 3.81%，其他占 0.62%）。

提取职工中，中、低收入占 93.09%，高收入占 6.91%。

（三）贷款业务：

1. 个人住房贷款：2017 年，支持职工购建房 168.76 万平方米，年末个人住房贷款市场占有率为

11.98%，比上年减少2.15个百分点。通过申请住房公积金个人住房贷款，可节约职工购房利息支出99392.79万元。

职工贷款笔数中，购房建筑面积90（含）平方米以下占34.42%，90~144（含）平方米占60.41%，144平方米以上占5.17%。购买新房占86.15%（其中购买保障性住房占6%），购买存量商品住房占13.85%。

职工贷款笔数中，单缴存职工申请贷款占59.76%，双缴存职工申请贷款占40.24%。

贷款职工中，30岁（含）以下占27.15%，30岁~40岁（含）占38.02%，40岁~50岁（含）占25.37%，50岁以上占9.46%；首次申请贷款占90.44%，二次及以上申请贷款占9.56%；中、低收入占95.9%，高收入占4.1%。

2. **异地贷款**：2017年，发放异地贷款225笔8521万元。

2017年末，发放异地贷款总额23173.5万元，异地贷款余额21422.57万元。

3. **住房公积金支持保障性住房建设项目贷款**：截至2017年底，本市累计有住房公积金试点项目1个，属经济适用房项目，贷款额度4.6亿元，建筑面积共15.44万平方米，可解决1843户中低收入职工家庭的住房问题，该试点项目本息已于2014年6月全部按期收回。

（四）住房贡献率：2017年，个人住房贷款发放额、住房消费提取额的总和与当年缴存额的比率为91.85%，比上年减少18.44个百分点。

六、其他重要事项

（一）当年住房公积金政策调整及执行情况：

1. **当年缴存基数限额及确定方法、缴存比例调整情况**：自2017年7月1日起，本市职工住房公积金缴存基数由2015年职工月平均工资调整为2016年职工月平均工资。根据青岛市统计部门公布的2016年青岛市在岗职工年平均工资，确定2017年度住房公积金缴存基数原则上不超过14729.25元，有条件的单位可以适当提高住房公积金缴存基数，但最高不得超过24548.75元。各（区）市最低住房公积金缴存基数分别按照本市上一年度用人单位月平均最低工资标准（六区为1664.17元，四市为1508.33元）确定。单位和职工各自的住房公积金缴存比例不应低于5%，最高不得超过12%。单位和职工住房公积金月缴存额上限，原则上各不得超过1768元。有条件的单位，单位和职工最高住房公积金月缴存额各不得超过2946元。单位和职工住房公积金月缴存额下限，六区分别为83元、四市分别为75元。

2. **当年住房公积金提取政策调整情况**：修订了《青岛市住房公积金提取管理办法》，自2017年5月1日起施行，一是取消了部分提取限制条件，取消异地购房提取公积金，需要房屋坐落地与职工或配偶实际工作地或户籍所在地一致的限制条件；取消偿还购房贷款本息提取公积金最后提取时间限制。二是简化完善了购房提取、偿还本市住房公积金贷款本息提取等提取要件。

3. **当年住房公积金存贷款利率调整及执行情况**：当年住房公积金存贷款利率未作调整。

目前，首次贷款1~5年期执行2.75%的年利率，5年期以上执行3.25%的年利率；二次贷款利率按照首次贷款利率的1.1倍执行，分别为：二次贷款1~5年期执行3.025%的年利率，5年期以上执行3.575%的年利率。

4. **当年住房公积金个人住房贷款政策调整情况**：2017年，本市住房公积金个人住房贷款最高贷款额度未作调整，目前最高贷款额度分别为新建住房 60 万元、二手房 35 万元。

自 2017 年 3 月 16 日起，对公积金贷款最低首付款比例相关政策进行了调整：

一是将首次和二次公积金贷款购买新建住房（含经济适用房）的最低首付款比例由 20％统一调整至 30％。

二是将首次和二次公积金贷款购买二手房的最低首付款比例由 30％统一调整至 40％；同时继续执行首付款比例与房龄挂钩的政策：房龄在 10 年以内的，首付款比例不低于 40％；10 年以上（不含 10 年）房龄，房龄增加以 5 年为一档，首付款比例相应提高 10％。

（二）当年服务改进情况：

一是 2017 年 1 月推出因偿还本市商业性个人住房贷款本息使用网上营业厅提取住房公积金业务，并于 11 月将网上提取服务延伸至"青岛公积金"微信公众号。缴存职工开通该项业务后，即可足不出户通过网厅或微信自助提取公积金偿还商贷。业务开展以来，积极推进合作银行扩容，逐步扩大网上提取可支银行范围。截至 2017 年底，建设银行、交通银行、农业银行、工商银行、邮储银行和招商银行 6 家银行的网厅商贷提取业务已正式上线运行。

二是 2017 年 5 月正式接入全国住房公积金异地转移接续平台。接入平台后，跨城市就业的缴存职工无需在转入地和转出地之间往返奔波，只要在转入地即可办理完成住房公积金异地转移接续业务。

三是在全辖营业大厅部署无线 WiFi 上网环境，为客户免费提供无线上网服务，方便客户现场自助查询住房公积金信息和办理相关业务。

（三）当年信息化建设情况：

一是完成核心系统升级第三方咨询工作。对业务、信息化和组织机构调整三个方面进行专项规划设计，完成了《业务模式规划报告》《信息化蓝图设计报告》《应用系统实施路线规划报告》《IT 需求及开发管理标准与规范》《组织设置建议报告》《系统升级立项报告》及业务流程说明书的编写工作。

二是改造完善公积金业务软件系统。改造完善了 46 个公积金交易程序，包括：升级贷款抵押登记费程序、异地转移接续业务程序、接入省 12329 短信平台等。

三是优化网厅、微信系统。完成单位版网厅建行 UKey 的升级工作，新增网厅单位缴存公积金账单付款方式，与 6 家银行开通网厅商贷提取业务功能，完成网厅商贷提取、贷款缩期等业务在微信智慧营业厅的部署工作。

四是推出支付宝"刷脸"认证功能。依托支付宝的实名账号体系和风险控制措施，叠加人脸、眼纹生物识别技术，在全省率先推出了住房公积金"刷脸"认证功能。缴存职工通过支付宝 APP 查询个人公积金信息，只需通过人脸认证即可登录，免去输入用户名和密码环节，业务办理更加便捷安全。

（四）当年住房公积金管理中心及职工所获荣誉情况：

2017 年度，青岛市住房公积金管理中心被山东省精神文明建设委员会授予"省级文明单位"称号，被青岛市政务服务和公共资源交易管理办公室评为"2017 年度示范窗口单位"和"2017 年四季度示范窗口单位"。所属市南管理处和即墨管理处被山东省住房城乡建设厅评为"全省住房公积金行业文明服务示范窗口"。

2017 年 3 月，青岛市住房公积金管理中心客户服务处被共青团中央命名为"全国青年文明号"。

本年度山东省住房城乡建设厅授予青岛市住房公积金管理中心胶州管理处"先进集体"称号，授予

14名职工"全省住房公积金行业文明服务标兵"称号,记二等功一人次,记三等功一人次。4名职工被青岛市政务服务和公共资源交易管理办公室评为"2017年度服务标兵",3名职工被评为"2017年四季度服务标兵",3名职工被评为"2017年三季度服务标兵"。

(五)当年对违反《住房公积金管理条例》和相关法规行为进行行政处罚和申请人民法院强制执行情况: 2017年,对违反《住房公积金管理条例》和相关法规行为进行行政处罚的案件97件,申请人民法院强制执行案件69件。共为577名职工追缴住房公积金4035290元。

淄博市住房公积金2017年年度报告

一、机构概况

(一)**住房公积金管理委员会:** 住房公积金管理委员会有38名委员,2017年召开一次会议,审议通过的事项主要包括:会议审批通过了《淄博市住房公积金2016年筹集使用计划执行情况的报告》、《淄博市住房公积金2016年度工作报告》、《淄博市住房公积金2017年度筹集使用计划》等文件、方案。会议研究调整了我市若干项住房公积金提取、贷款政策。会议对下一步住房公积金管理工作提出了要求:主要有要积极推进公积金缴存扩面工作;要进一步完善住房公积金使用政策;要加强公积金运营风险防范;要进一步提升为民服务水平等。

(二)**住房公积金管理中心:** 住房公积金管理中心为淄博市人民政府直属的不以营利为目的的独立的事业单位,设2个分中心、8个科室,10个管理部。从业人员169,其中,在编97人,合同用工人员72人。

二、业务运行情况

(一)**缴存:** 2017年,新开户单位758家,实缴单位6215家,净增单位571家;新开户职工5.19万人,实缴职工55.48万人,净增职工2.66万人;缴存额58.28亿元,同比增长9.88%。2017年末,累计缴存总额379.6亿元,同比增长18.14%;缴存余额216.69亿元,同比增长13.08%。

受委托办理住房公积金缴存业务的银行10家,比上年增加5家。

(二)**提取:** 2017年,提取额33.21亿元,同比增长23.39%;占当年缴存额的56.98%,比上年增加6.24个百分点。2017年末,累计提取总额162.91亿元,同比增长25.61%。

(三)**贷款:**

1. **个人住房贷款:** 个人住房贷款最高额度60万元,其中,单缴存职工最高额度60万元,双缴存职工最高额度60万元。

2017年,发放个人住房贷款1.16万笔45.04亿元,同比分别下降19.1%、18.77%。

2017年,回收个人住房贷款本金17.48亿元。

2017年末，累计发放个人住房贷款12.38万笔、283.5亿元，贷款余额194.16亿元，同比分别增长10.34%、18.89%、16.54%。个人住房贷款余额占缴存余额的89.6%，比上年增加2.65个百分点。

受委托办理住房公积金个人住房贷款业务的银行10家，比上年增加5家。

2. **住房公积金支持保障性住房建设项目贷款**：2017年，未发放支持保障性住房建设项目贷款。2017年末，累计发放项目贷款5.68亿元，无项目贷款余额。

（四）**资金存储**：2017年末，住房公积金存款22.53亿元。其中，活期3.58亿元，1年（含）以下定期4.1亿元，1年以上定期14.85亿元。

（五）**资金运用率**：2017年末，住房公积金个人住房贷款余额、项目贷款余额和购买国债余额的总和占缴存余额的89.6%，比上年增加2.65个百分点。

三、主要财务数据

（一）**业务收入**：2017年，业务收入65794.53万元，同比下降7.14%。其中：存款利息5076.06万元，委托贷款利息59076.84万元，其他1641.63万元。

（二）**业务支出**：2017年，业务支出33780.01万元，同比增长10.19%。其中：支付职工住房公积金利息29139.06万元，归集手续费1774.5万元，委托贷款手续费2859.8万元，其他6.65万元。

（三）**增值收益**：2017年，增值收益32014.52万元，同比下降20.36%。增值收益率1.56%，比上年减少0.69个百分点。

（四）**增值收益分配**：2017年，提取贷款风险准备金5500万元，提取管理费用4500万元，提取公共租赁住房建设补充资金22014.52万元。

2017年，上交2016年度财政管理费用4127万元。上缴2016年度财政公共租赁住房建设补充资金27774万元。

2017年末，贷款风险准备金余额38918万元。累计提取公共租赁住房建设补充资金138193.52万元。

（五）**管理费用支出**：2017年，管理费用支出4043.66万元，同比增长14.72%。其中，（1）人员经费1554.58万元，主要包括工资福利性支出1215.16万元、对个人和家庭补助支出339.42万元。（2）公用经费190.78万元，包括因公出国0万元、公务接待0.63万元、公务用车56.99万元。（3）专项经费2298.3万元，主要包括住房公积金业务信息系统建设维护费726.39万元，12329综合服务平台建设、运维费95.12万元，住房公积金服务大厅房屋租赁费350万元。

四、资产风险状况

（一）**个人住房贷款**：2017年末，个人住房贷款逾期额586.41万元，逾期率0.3‰。

个人贷款风险准备金按贷款余额的2%提取。2017年，提取个人贷款风险准备金5500万元，未使用个人贷款风险准备金核销呆坏账。2017年末，个人贷款风险准备金余额为38918万元，占个人住房贷款余额的2%，个人住房贷款逾期额与个人贷款风险准备金余额的比率为1.51%。

（二）**住房公积金支持保障性住房建设项目贷款**：2017年末，项目贷款已全部结清，无逾期。2017年，未提取项目贷款风险准备金，未使用项目贷款风险准备金核销呆坏账，项目贷款风险准备金余额为1634万元。

五、社会经济效益

(一)缴存业务：2017年，实缴单位数、实缴职工人数和缴存额同比分别增长10.12%、5.03%和9.88%。

缴存单位中，国家机关和事业单位占35.61%，国有企业占9.41%，城镇集体企业占4.51%，外商投资企业占2.69%，城镇私营企业及其他城镇企业占32.89%，民办非企业单位和社会团体占3.94%，其他占10.95%。

缴存职工中，国家机关和事业单位占25.39%，国有企业占26.62%，城镇集体企业占7.59%，外商投资企业占4.76%，城镇私营企业及其他城镇企业占25.54%，民办非企业单位和社会团体占3.16%，其他占6.94%；中、低收入占99.62%，高收入占0.38%。

新开户职工中，国家机关和事业单位占14.19%，国有企业占13.06%，城镇集体企业占18.23%，外商投资企业占4.6%，城镇私营企业及其他城镇企业占43.25%，民办非企业单位和社会团体占3.65%，其他占3.02%；中、低收入占99.96%，高收入占0.04%。

(二)提取业务：2017年，12.92万名缴存职工提取住房公积金33.21亿元。

提取的金额中，住房消费提取占71.55%（购买、建造、翻建、大修自住住房占27.54%，偿还购房贷款本息占42.77%，租赁住房占1.14%，其他占0.1%）；非住房消费提取占28.45%（离休和退休提取占23.34%，完全丧失劳动能力并与单位终止劳动关系提取占2.95%，户口迁出本市或出境定居占0.57%，其他占1.59%）。

(三)贷款业务：

1. 个人住房贷款：2017年，支持职工购建房137.51万平方米，年末个人住房贷款市场占有率为25.2%，比上年增加0.39个百分点。通过申请住房公积金个人住房贷款，可节约职工购房利息支出107683.72万元。

职工贷款笔数中，购房建筑面积90（含）平方米以下占14.6%，90～144（含）平方米占71.56%，144平方米以上占13.84%；购买新房占63.03%（其中购买保障性住房占0.52%），购买存量商品住房占36.97%。

职工贷款笔数中，单缴存职工申请贷款占64.93%，双缴存职工申请贷款占34.8%，三人及以上缴存职工共同申请贷款占0.27%。

贷款职工中，30岁（含）以下占33.08%，30岁～40岁（含）占41.6%，40岁～50岁（含）占20.13%，50岁以上占5.19%；首次申请贷款占91.83%，二次及以上申请贷款占8.17%；中、低收入占99.7%，高收入占0.3%。

2. 异地贷款：2017年，发放异地贷款445笔、17395.4万元。2017年末，发放异地贷款总额36428.2万元，异地贷款余额33676.5万元。

3. 住房公积金支持保障性住房建设项目贷款：2017年末，累计试点项目12个，贷款额度5.68亿元，建筑面积56.38万平方米，可解决6777户中低收入职工家庭的住房问题。12个试点项目贷款资金已发放并还清贷款本息。

(四)住房贡献率：2017年，个人住房贷款发放额、公转商贴息贷款发放额、项目贷款发放额、住房消费提取额的总和与当年缴存额的比率为118.04%，比上年减少23.11个百分点。

六、其他重要事项

（一）当年机构及职能调整情况、受委托办理缴存贷款业务金融机构变更情况：2017年，机构及职能无调整，受委托办理住房公积金缴存、贷款业务的银行增加到10家，比上年增加了5家。10家受托银行分别是建设银行、工商银行、农业银行、中国银行、交通银行、齐商银行、青岛银行、邮储银行、中信银行和威海银行。

（二）当年住房公积金政策调整及执行情况：

1. **缴存基数调整情况**：缴存基数为职工本人上一年度月平均工资。职工月平均工资应当按照统计部门列入工资总额统计的项目计算。住房公积金缴存基数作为职工申请住房公积金贷款的工资收入认定标准。缴存基数最高不得超过我市统计部门公布的上一年度在岗职工月平均工资的3倍，2017年我市住房公积金月缴存基数最高不超过15482.01元（我市统计部门公布的2016年度在岗职工月平均工资为5160.67元）。最低月缴存基数按各区县最低工资标准确定。

2. **缴存比例调整情况**：严格执行控高保低政策。单位和职工住房公积金缴存比例均不得低于5%，不得高于12%。凡缴存比例高于12%的，一律予以规范调整。自2016年7月1日起，至2018年4月30日，企业可以根据自身生产经营状况，经职工代表大会或工会讨论通过后，在5%至12%之间自行确定合适的住房公积金缴存比例。为企业办理降低缴存比例或缓缴作为降低实体经济企业成本，推进供给侧结构性改革的重要任务之一。全年为50家单位、1.5万人办理降低缴存比例或缓缴手续，为企业及职工减少资金支出1.2亿元。

3. **当年提取政策调整情况**：购买第三套及以上住房的职工家庭不得申请办理住房公积金购房提取。职工本人及配偶租住商品住房，提供房管部门出具的房屋租赁备案证明及完税发票的，可按实际房租支出全额提取。租房提取额不与住房公积金月缴存额挂钩。

4. **当年个人住房贷款最高贷款额度**：当年我市住房公积金贷款最高额度为60万元。

5. **当年贷款政策调整情况**：（1）缴存职工家庭使用住房公积金个人贷款购买首套普通自住住房的，住房公积金贷款首付款比例不得低于30%；购买第二套房的住房公积金贷款首付款比例不得低于40%。（2）不得向购买第三套及以上住房或者已使用过两次及以上住房公积金个人贷款的缴存职工家庭发放住房公积金个人贷款。出现住房公积金贷款轮候时，首套房贷款者优先。有一笔商业银行个人住房贷款余额的，视其拥有一套住房。

6. **当年住房公积金存贷款利率执行标准**：2017年，我市职工住房公积金账户存款按一年期定期存款基准利率1.5%计息。住房公积金贷款利率，执行五年期以下（含五年）个人住房公积金贷款利率2.75%，五年期以上个人住房公积金贷款利率3.25%。自2017年3月31日起，所购房屋为第二套住房的住房公积金个人贷款利率不得低于同期首套住房公积金个人住房贷款利率的1.1倍。

（三）当年服务改进情况：2017年，中心利用信息化服务缴存单位、缴存职工的水平取得实质性进展，综合服务平台建设稳步推进，服务手段和渠道更加多样。"互联网＋住房公积金"迈出坚实步伐，综合服务平台机房建成并投入使用，住房城乡建设部要求的综合服务平台8个渠道基本建成。开通了12329服务热线24小时自助语音服务，职工可以随时拨打热线了解公积金业务办理流程、明白纸，进行个人公积金账户情况查询，12329 人工服务更加标准规范，全年接听热线 7 万余；实现了与山东省住房城乡建设厅 12329 短信服务平台的对接，使用全国统一的 12329 短号码为职工发送最新政策、账户余额、贷款还款提醒等，全年免费为职工推送短信 700 万条；微信、手机 APP 整体升级上线运行，职工可以全面查询个人公积金账户的缴存、提取、贷款情况，非常方便，现关注人数已达到 8 万余人；此外网上服务厅建设取得新的进展，开通了住房公积金网上查询和业务预约两项服务，尤其是业务预约，按照约定时间可以随时办理业务，节省了取号等待时间，受到职工好评。

（四）当年信息化建设情况：业务信息化系统各项功能进一步优化完善，完成了基础数据贯标，系统数据更加标准、规范；结算用应用系统通过开发、测试，于 12 月 18 日上线运行，已经通过绿灯测试，目前运行稳定。

（五）当年住房公积金管理中心及职工所获荣誉情况：2017 年，集体荣誉上：中心获"省级文明单位"；张店管理部、周村管理部、桓台管理部获"省级青年文明号"；市直管理部、博山管理部、淄川管理部、临淄管理部、高青管理部、沂源管理部、高新区管理部获"市级青年文明号"；市直管理部获"全省住房城乡建设系统先进集体"。个人荣誉上：获"市级巾帼建功标兵"1 名，获"全省住房城乡建设系统先进个人"1 名。

（六）当年对违反《住房公积金管理条例》和相关法规行为进行行政处罚和申请人民法院强制执行情况：2017 年行政处罚案件 1 起，处罚金额 1 万元。无申请人民法院强制执行的情况。

枣庄市住房公积金 2017 年年度报告

一、机构概况

（一）住房公积金管理委员会：住房公积金管理委员会有 28 名委员，2017 年召开 2 次会议，审议通过的事项主要包括：《关于 2016 年住房公积金计划执行情况和 2017 年住房公积金计划编制情况的报告》、《关于调整住房公积金有关政策的通知》。

（二）住房公积金管理中心：住房公积金管理中心为枣庄市人民政府不以营利为目的的全额事业单位，设 4 个科，6 个管理部，2 个分中心，2 个分理处。从业人员 90 人，其中，在编 47 人，非在编 43 人。

二、业务运行情况

（一）缴存：2017 年，新开户单位 426 家，实缴单位 2793 家，净增单位 333 家；新开户职工 2.87 万人，实缴职工 25.74 万人，净增职工 1.42 万人；缴存额 32.71 亿元，同比增长 15.30%。2017 年末，缴存总额 218.41 亿元，同比增长 17.61%；缴存余额 105.41 亿元，同比增长 9.29%。

受委托办理住房公积金缴存业务的银行 5 家，比上年增加（减少）0 家。

（二）提取：2017 年，提取额 23.75 亿元，同比增长 11.63%；占当年缴存额的 72.61%，比上年减少 2.38 个百分点。2017 年末，提取总额 113 亿元，同比增长 26.61％。

（三）贷款：

个人住房贷款：个人住房贷款最高额度 50 万元，其中，单缴存职工最高额度 30 万元，双缴存职工最高额度 50 万元。

2017 年，发放个人住房贷款 0.66 万笔 21.01 亿元，同比分别增长 24.69％、30.53％。

2017 年，回收个人住房贷款 11.18 亿元。

2017 年末，累计发放个人住房贷款 6.77 万笔 142.13 亿元，贷款余额 88.62 亿元，同比分别增长 10.79％、17.35％、12.48％。个人住房贷款余额占缴存余额的 84.07％，比上年增加 2.38 个百分点。

受委托办理住房公积金个人住房贷款业务的银行 5 家，与去年相比无变化。

（四）资金存储：2017 年末，住房公积金存款 19.87 亿元。其中，活期 2.31 亿元，1 年（含）以下定期 9.38 亿元，1 年以上定期 8.18 亿元，其他（协定、通知存款等）无。

（五）资金运用率：2017 年末，住房公积金个人住房贷款余额、项目贷款余额和购买国债余额的总和占缴存余额的 84.08％，比上年增加 2.39 个百分点。

三、主要财务数据

（一）业务收入：2017 年，业务收入 32002.54 万元，同比增长 0.16％。存款利息 5344.00 万元，委托贷款利息 26654.45 万元，国债利息 0 万元，其他 4.09 万元。

（二）业务支出：2017 年，业务支出 20596.20 万元，同比增长 11.03％。支付职工住房公积金利息 15446.86 万元，归集手续费 1631.39 万元，委托贷款手续费 1329.03 万元，其他 2188.92 万元。

（三）增值收益：2017 年，增值收益 11406.34 万元，同比下降 14.89％。增值收益率 1.11％，比上年减少 0.32 个百分点。

（四）增值收益分配：2017 年，提取贷款风险准备金 1966.58 万元，提取管理费用 2076.54 万元，提取城市廉租住房（公共租赁住房）建设补充资金 7363.22 万元。

2017 年，上交财政管理费用 3067.25 万元。上缴财政城市廉租住房（公共租赁住房）建设补充资金 8932.75 万元。

2017 年末，贷款风险准备金余额 17724.99 万元。累计提取城市廉租住房（公共租赁住房）建设补充资金 79978.44 万元。

（五）管理费用支出：2017 年，管理费用支出 2365.27 万元，同比下降 24.14％。其中，人员经费 883.73 万元，公用经费 316.74 万元，专项经费 1164.80 万元。

四、资产风险状况

个人住房贷款：2017 年末，个人住房贷款逾期额 133.45 万元，逾期率 0.15‰。

个人贷款风险准备金按贷款余额的 2％提取。2017 年，提取个人贷款风险准备金 1966.58 万元，未使用个人贷款风险准备金核销呆坏账。2017 年末，个人贷款风险准备金余额 17724.99 万元，占个人住房贷款余额的 2％，个人住房贷款逾期额与个人贷款风险准备金余额的比率为 0.75％。

五、社会经济效益

(一)缴存业务：2017年,实缴单位数、实缴职工人数和缴存额同比分别增长13.54%、5.86%和15.30%。

缴存单位中,国家机关和事业单位占41.82%,国有企业占12.14%,城镇集体企业占4.19%,外商投资企业占1.54%,城镇私营企业及其他城镇企业占8.49%,民办非企业单位和社会团体占2.18%,其他占29.64%。

缴存职工中,国家机关和事业单位占38.82%,国有企业占30.47%,城镇集体企业占3.04%,外商投资企业占1.67%,城镇私营企业及其他城镇企业占9.20%,民办非企业单位和社会团体占0.24%,其他占16.56%；中、低收入占99.14%,高收入占0.86%。

新开户职工中,国家机关和事业单位占34.38%,国有企业占19.01%,城镇集体企业占0.91%,外商投资企业占2.75%,城镇私营企业及其他城镇企业占10.15%,民办非企业单位和社会团体占1.21%,其他占31.59%；中、低收入占99.16%,高收入占0.84%。

(二)提取业务：2017年,7.63万名缴存职工提取住房公积金23.75亿元。

提取金额中,住房消费提取占79.37%(购买、建造、翻建、大修自住住房占25.41%,偿还购房贷款本息占53.88%,租赁住房占0.01%,其他占0.07%)；非住房消费提取占20.63%(离休和退休提取占20.17%,完全丧失劳动能力并与单位终止劳动关系提取占0.04%,户口迁出本市或出境定居占0%,其他占0.42%)。

提取职工中,中、低收入占98.62%,高收入占1.38%。

(三)贷款业务：

1. 个人住房贷款：2017年,支持职工购建房85.04万平方米,年末个人住房贷款市场占有率为26.45%,比上年减少2.64个百分点。通过申请住房公积金个人住房贷款,可节约职工购房利息支出33807.44万元。

职工贷款笔数中,购房建筑面积90(含)平方米以下占15.7%,90~144(含)平方米占67.19%,144平方米以上占17.11%。购买新房占84.23%(其中购买保障性住房占1.76%),购买存量商品住房占14.67%,建造、翻建、大修自住住房占0%,其他占1.10%。

职工贷款笔数中,单缴存职工申请贷款占54.43%,双缴存职工申请贷款占45.20%,三人及以上缴存职工共同申请贷款占0.37%。

贷款职工中,30岁(含)以下占21.82%,30岁~40岁(含)占39.33%,40岁~50岁(含)占29.17%,50岁以上占9.68%；首次申请贷款占94.14%,二次及以上申请贷款占5.86%；中、低收入占96.71%,高收入占3.29%。

2. 异地贷款：2017年,发放异地贷款505笔15154.41万元。2017年末,发放异地贷款总额33582.91万元,异地贷款余额29450.34万元。

3. 公转商贴息贷款：2017年,发放公转商贴息贷款1839笔60590.30万元,支持职工购建住房面积23.04万平方米,当年贴息额2184万元。2017年末,累计发放公转商贴息贷款5003笔160567.80万元,累计贴息2789.74万元。

（四）住房贡献率：2017年，个人住房贷款发放额、公转商贴息贷款发放额、项目贷款发放额、住房消费提取额的总和与当年缴存额的比率为140.41%，比上年减少12.73个百分点。

六、其他重要事项

（一）当年住房公积金政策调整及执行情况：包括当年缴存基数限额及确定方法、缴存比例等缴存政策调整情况；当年提取政策调整情况；当年个人住房贷款最高贷款额度、贷款条件等贷款政策调整情况；当年住房公积金存贷款利率执行标准等。

1. **当年缴存基数限额及确定方法、缴存比例调整情况：**

（1）按照国务院《住房公积金管理条例》，2017年6月26日印发《关于确定我市2017年度住房公积金执行"控高保低"缴存标准的通知》（枣住公〔2017〕15号），对我市2017年度住房公积金执行"控高保低"缴存标准予以确定。

（2）当年职工缴存住房公积金的月工资基数：最高是13448元/月，最低是1470元/月；缴存比例：单位和个人分别是5%~12%；月缴存额：最高3228元/月，最低147元/月。

2. **当年提取政策调整情况：**

（1）为贯彻落实山东省人民政府办公厅《关于进一步加强房地产市场调控工作的通知》（鲁政办发〔2017〕59号）及省住房城乡建设厅、省财政厅、人行济南分行《关于进一步规范和完善全省住房公积金管理的通知》（鲁建金字〔2017〕7号）要求，支持职工自主性购房需求，抑制投资投机性购房，2017年9月7日印发《关于调整住房公积金有关政策的通知》（枣住公管〔2017〕3号），租房提取额不与住房公积金月缴存额挂钩。

（2）为进一步加强住房公积金管理，完善住房公积金提取和贷款使用办法，2017年10月26日印发《关于规范住房公积金相关业务的指导意见》（枣住公〔2017〕82号），取消住房公积金提取申请表格的填写，进一步细化住房公积金提取政策。

3. **当年个人住房贷款最高贷款额度、贷款条件等贷款政策调整情况：**

住房公积金最高贷款额度：双缴存职工最高额度50万元，单缴存职工最高额度30万元；正常连续缴存6个月，可申请住房公积金贷款，最长贷款年限不超过30年。

4. **当年住房公积金存贷款利率执行标准**：严格执行中国人民银行、住房城乡建设部、财政部《关于完善职工住房公积金账户存款利率形成机制的通知》，公积金存款利率统一按照一年期定期存款基准利率即1.5%执行；个人住房公积金贷款利率：5年以下（含5年）是2.75%，5年以上是3.25%。

（二）当年服务改进情况：2017年是市中心改进服务的工作年，无论是从硬件建设还是从软件管理都是紧紧围绕"服务"这个根本宗旨。

2017年，在硬件建设方面，市中心按照规范化服务窗口标准新购置的山亭管理部管理与业务用房于2017年9月30日正式搬迁启用；新购置的光明路市中心管理部管理与业务用房已完成装修，具备使用功能。以上两个服务大厅按照标准要求，新配备了自助查询机、自助服务终端、叫号机、室内政策宣传显示屏、室外宣传条屏等硬件设备，规划设置了填单区、客户等待区、客户接待室。已购置了滕州分中心、峄城管理部、台儿庄管理部的管理与业务用房。

市中心按照住房城乡建设部"互联网＋公积金"的建设要求，建设完成综合服务平台，开通了网站、网上服务厅、手机 APP、短信、微信（支付宝）查询、微博、12329 语音服务热线、自助服务终端八种服务渠道，实现了移动服务、网上服务、多载体服务。

（三）**当年信息化建设情况**：市中心于 2017 年 4 月启动了双贯标建设流程，经过招标、考察、提需求、硬件改造、测试、培训等多个重要环节，于 12 月 1 日，完全按照住房城乡建设部"双贯标"要求，建设完成符合住房城乡建设部住房公积金基础数据标准的信息系统。同时，接入所有资金账户接入住房城乡建设部资金结算平台，所有资金结算业务全部在资金结算平台进行线上结算。经过 2 个月的运行，目前运行平稳。

（四）**当年住房公积金管理中心及职工所获荣誉情况**：2017 年，枣庄市住房公积金管理中心荣获"省级文明单位"、"全市经济社会发展综合考核先进集体"、"全省住房城乡建设系统先进集体"、"基层党建示范点"、"优质党建品牌"荣誉称号；滕州分中心、峄城管理部、台儿庄管理部分别荣获"全市住房公积金管理工作先进集体"荣誉称号；西城分理处荣获"全省住房公积金行业文明服务窗口"荣誉称号；西城分理处继续保持"省级青年文明号"荣誉称号，滕州分中心和东城分理处分别荣获"市级青年文明号"荣誉称号。

2017 年，受表彰的"枣庄市经济发展综合考核先进个人二等功"1 人，"全省住房城乡建设系统先进个人三等功"1 人，"全省住房公积金行业文明服务标兵"4 人，"全市住房公积金管理工作先进个人三等功"5 人，"全市住房公积金管理工作先进个人嘉奖"13 人，"市政务服务标兵"1 人。

东营市住房公积金 2017 年年度报告

一、机构概况

（一）**住房公积金管理委员会**：市中心住房公积金管理委员会有 25 名委员，2017 年，召开 1 次全体会议，审议通过 2016 年度住房公积金归集、使用计划执行情况，并对其他重要事项进行决策，主要包括：审议市住房公积金管理中心（含胜利油田分中心）2016 年度工作报告；审议市住房公积金管理中心（含胜利油田分中心）2016 年度决算和 2017 年度预算报告；审议市住房公积金管理中心（含胜利油田分中心）2016 年年度报告。

（二）**住房公积金管理中心**：市住房公积金管理中心（以下简称市中心）为市政府不以营利为目的的全额事业单位，设 6 个科，6 个管理部，1 个分中心。从业人员 69 人，其中，在编 40 人，非在编 29 人。

胜利油田分中心为企业集团机关部门不以营利为目的的企业单位，设 6 个科，1 个中心服务大厅，10 个管理部。从业人员 413 人，其中，在编 130 人，非在编 283 人。

二、业务运行情况

（一）**缴存**：2017 年，新开户单位 373 家，实缴单位 2603 家，净增单位 232 家；新开户职工 3 万人，实缴职工35.48万人，净增职工0.89万人；缴存额55.25亿元，同比增长4.99%。2017年末，缴存总额515.37亿元，同比增长12.01%；缴存余额161.03亿元，同比下降3.72%。其中：

市中心新开户单位366家，实缴单位2489家，净增单位228家；新开户职工2.76万人，实缴职工16.68万人，净增职工1.4万人；缴存额24.2亿元，同比增长16.23%。2017年末，缴存总额155.57亿元，同比增长18.42%；缴存余额61亿元，同比增长17.26%。受委托办理住房公积金缴存业务的银行3家，与上年相比无变化。

胜利油田分中心新开户单位7家，实缴单位114家，净增单位4家；新开户职工0.24万人，实缴职工18.8万人，净增职工－0.51万人；缴存额31.05亿元，同比下降2.36%。2017年末，缴存总额359.79亿元，同比增长9.44%；缴存余额100.03亿元，同比下降13.19%。受委托办理住房公积金缴存业务的银行2家，与上年相比无变化。

（二）**提取**：2017年，提取额61.47亿元，同比增长9.92%；占当年缴存额的111.26%，比上年增加4.99个百分点。2017年末，提取总额354.34亿元，同比增长20.99%。其中：

市中心提取额15.23亿元，同比增长2.56%；占当年缴存额的62.93%，比上年减少8.4个百分点。2017年末，提取总额94.58亿元，同比增长19.19%。

胜利油田分中心提取额46.25亿元，同比增长12.59%；占当年缴存额的148.96%，比上年增加19.79个百分点。2017年末，提取总额259.76亿元，同比增长21.66%。

（三）**贷款**：

个人住房贷款：市中心个人住房贷款最高额度40万元，其中，单缴存职工最高额度20万元，双缴存职工最高额度40万元。胜利油田分中心个人住房贷款最高额度50万元，其中，单缴存职工最高额度30万元，双缴存职工最高额度50万元。

2017年，发放个人住房贷款0.87万笔28.29亿元，同比分别增长3.42%、10.98%。其中，市中心发放个人住房贷款0.52万笔17.62亿元，胜利油田分中心发放个人住房贷款0.35万笔10.67亿元。

2017年，回收个人住房贷款11.87亿元。其中，市中心6.74亿元，胜利油田分中心5.13亿元。

2017年末，累计发放个人住房贷款9.62万笔164.45亿元，贷款余额92.66亿元，同比分别增长9.92%、20.78%、21.54%。个人住房贷款余额占缴存余额的57.54%，比上年增加11.96个百分点。其中：

市中心累计发放个人住房贷款5.63万笔100.66亿元，贷款余额58.56亿元，同比分别增长10.18%、21.22%、22.82%。个人住房贷款余额占缴存余额的96%，比上年增加4.34个百分点。受委托办理住房公积金个人住房贷款业务的银行6家，与去年相比无变化。

胜利油田分中心累计发放个人住房贷款3.99万笔63.79亿元，贷款余额34.1亿元，同比分别增长9.62%、20.10%、19.4%。个人住房贷款余额占缴存余额的34.09%，比上年增加9.31个百分点。受委托办理住房公积金个人住房贷款业务的银行7家，比上年增加1家。

（四）**资金存储**：2017年末，住房公积金存款71.23亿元。其中，活期0.03亿元，1年（含）以下定期2亿元，1年以上定期25.45亿元，其他（协定、通知存款等）43.75亿元。

市中心住房公积金存款3.24亿元。其中，活期0.02亿元，1年（含）以下定期2亿元，1年以上定期0亿元，其他（协定、通知存款等）1.22亿元。

胜利油田分中心住房公积金存款 67.99 亿元。其中，活期 0.01 亿元，1 年（含）以下定期 0 亿元，1 年以上定期 25.45 亿元，其他（协定、通知存款等）42.53 亿元。

（五）资金运用率：2017 年末，住房公积金个人住房贷款余额、项目贷款余额和购买国债余额的总和占缴存余额的 57.54%，比上年增加 11.96 个百分点。

市中心住房公积金个人住房贷款余额、项目贷款余额和购买国债余额的总和占缴存余额的 96%，比上年增加 4.34 个百分点。

胜利油田分中心住房公积金个人住房贷款余额、项目贷款余额和购买国债余额的总和占缴存余额的 34.09%，比上年增加 9.31 个百分点。

三、主要财务数据

（一）业务收入：2017 年，业务收入 59242.99 万元，同比下降 3.21%。其中，市中心 18219.49 万元，胜利油田分中心 41023.5 万元；存款利息 31904.26 万元，委托贷款利息 27338.67 万元，国债利息 0 万元，其他 0.06 万元。

（二）业务支出：2017 年，业务支出 28097.8 万元，同比下降 9.08%。其中，市中心 10707.7 万元，胜利油田分中心 17390.1 万元；支付职工住房公积金利息 26037.8 万元，归集手续费 1089.01 万元，委托贷款手续费 952.29 万元，其他 18.7 万元。

（三）增值收益：2017 年，增值收益 31145.19 万元，同比增长 2.78%。其中，市中心 7511.79 万元，胜利油田分中心 23633.4 万元；增值收益率 1.91%，比上年增加 0.08 个百分点。

（四）增值收益分配：2017 年，提取贷款风险准备金 3284.82 万元，提取管理费用 4595.27 万元，提取城市廉租住房（公共租赁住房）建设补充资金 23265.1 万元。

2017 年，上交财政管理费用 800 万元。上缴财政城市廉租住房（公共租赁住房）建设补充资金 2410.36 万元。其中，市中心上缴 2410.36 万元。

2017 年末，贷款风险准备金余额 18532.6 万元。累计提取城市廉租住房（公共租赁住房）建设补充资金 193760.25 万元。其中，市中心提取 36020.51 万元，胜利油田分中心提取 157739.74 万元。

（五）管理费用支出：2017 年，管理费用支出 3717.78 万元，同比增长 1.49%。其中，人员经费 600.54 万元，公用经费 2115.13 万元，专项经费 1002.11 万元。

市中心管理费用支出 1082.04 万元，其中，人员、公用、专项经费分别为 600.54 万元、65.35 万元、416.15 万元；胜利油田分中心管理费用支出 2635.74 万元，其中，人员、公用、专项经费分别为 0 万元、2049.78 万元、585.96 万元。

四、资产风险状况

个人住房贷款：2017 年末，个人住房贷款逾期额 0 万元，逾期率 0‰。

个人贷款风险准备金按贷款余额的 2% 提取。2017 年，提取个人贷款风险准备金 3284.82 万元，使用个人贷款风险准备金核销呆坏账 0 万元。2017 年末，个人贷款风险准备金余额 18532.6 万元，占个人住房贷款余额的 2%。

五、社会经济效益

（一）缴存业务：2017年，实缴单位数、实缴职工人数和缴存额同比分别增长9.78%、2.58%和4.99%。其中市中心实缴单位数、实缴职工人数和缴存额同比分别增长10.08%、9.16%和16.23%。胜利油田分中心实缴单位数、实缴职工人数和缴存额同比分别增长3.64%、-2.64%和-2.36%。

缴存单位中，国家机关和事业单位占38.46%，国有企业占14.52%，城镇集体企业占0.19%，外商投资企业占1.23%，城镇私营企业及其他城镇企业占34.04%，民办非企业单位和社会团体占1.96%，其他占9.6%。

缴存职工中，国家机关和事业单位占20.18%，国有企业占59.65%，城镇集体企业占0.07%，外商投资企业占0.86%，城镇私营企业及其他城镇企业占13.93%，民办非企业单位和社会团体占0.5%，其他占4.81%；中、低收入占99.23%，高收入占0.77%。

新开户职工中，国家机关和事业单位占9.63%，国有企业占14.16%，城镇集体企业占0.03%，外商投资企业占2.59%，城镇私营企业及其他城镇企业占53.09%，民办非企业单位和社会团体占1.81%，其他占18.69%；中、低收入占99.86%，高收入占0.14%。

（二）提取业务：2017年，25.03万名缴存职工提取住房公积金61.47亿元。

提取金额中，住房消费提取占88.68%（购买、建造、翻建、大修自住住房占38.06%，偿还购房贷款本息占18.01%，租赁住房占1.5%，其他占31.11%）；非住房消费提取占11.32%（离休和退休提取占9.42%，完全丧失劳动能力并与单位终止劳动关系提取占0.92%，户口迁出本市或出境定居占0.48%，其他占0.50%）。

提取职工中，中、低收入占98.22%，高收入占1.78%。

（三）贷款业务：

1. 个人住房贷款：2017年，支持职工购建房123.68万平方米，年末个人住房贷款市场占有率为23.18%，比上年增加5.37个百分点。通过申请住房公积金个人住房贷款，可节约职工购房利息支出39246.84万元。

职工贷款笔数中，购房建筑面积90（含）平方米以下占11.45%，90~144（含）平方米占55.33%，144平方米以上占33.22%。购买新房占75.54%（其中购买保障性住房占0%），购买存量商品住房占24.46%，建造、翻建、大修自住住房占0%，其他占0%。

职工贷款笔数中，单缴存职工申请贷款占22.28%，双缴存职工申请贷款占76.77%，三人及以上缴存职工共同申请贷款占0.95%。

贷款职工中，30岁（含）以下占31.06%，30岁~40岁（含）占38.02%，40岁~50岁（含）占26.36%，50岁以上占4.56%；首次申请贷款占83.22%，二次及以上申请贷款占16.78%；中、低收入占98.68%，高收入占1.32%。

2. 异地贷款：2017年，发放异地贷款23笔699万元。2017年末，发放异地贷款总额1629万元，异地贷款余额1495.42万元。其中：市中心发放异地贷款21笔609万元。2017年末，发放异地贷款总额1539万元，异地贷款余额1409.17万元。胜利油田分中心发放异地贷款2笔90万元。2017年末，发放异地贷款总额90万元，异地贷款余额86.25万元。

(四)住房贡献率：2017年，个人住房贷款发放额、公转商贴息贷款发放额、项目贷款发放额、住房消费提取额的总和与当年缴存额的比率为149.88%，比上年增加6.46个百分点。其中：市中心为125.62%，比上年同期下降14.48个百分点。胜利油田分中心为168.8%，比上年同期增加23.2个百分点。

六、其他重要事项

(一)机构及职能调整情况、缴存贷款业务金融机构变更情况：2017年6月，市编办批复设立中心机关党委专职副书记（正科级）。

(二)当年住房公积金政策调整及执行情况：

1. **当年缴存基数限额及确定方法、缴存比例等缴存政策调整情况**。依据《东营市住房公积金归集管理办法》和东营市统计局公布的2016年度我市城镇在岗职工年平均工资标准。公布了我市2017年度东营市住房公积金缴存基数、比例、缴存额上下限标准。缴存基数上限为18282元，缴存基数下限为1810元。月缴存额上限为4388元，即单位、个人各不高于2194元；月缴存额下限为182元，即单位和个人各不低于91元。

2. **当年提取政策调整情况**。一是调整本市户籍职工离职销户提取条件，本市户籍职工与单位解除劳动关系的，由解除关系后即可提取调整为解除劳动关系满12个月以上，未再就业或新就业单位未缴存住房公积金的，可申请销户提取本人的住房公积金。二是调整偿还住房公积金贷款提取条件。正常还款期间归还公积金贷款提取时，账户内至少留存6个月缴存额。

3. **当年个人住房贷款最高贷款额度、贷款条件等贷款政策调整情况**。一是调整贷款申请条件，职工申请贷款时，借款人及共同申请人公积金账户留存6个月的缴存额。二是调整首付比例，职工购买首套自住房的，最低首付款比例按30%执行；购买第二套自住房的，首付款比例按40%执行。三是调整贷款额度，贷款额度由最高50万元调整为40万元，一人缴存住房公积金的由最高30万元调整为20万元。四是控制贷款使用次数。第二次申请贷款的，须首次贷款结清满一年，且贷款利率按同期公积金贷款利率的1.1倍执行，首付款比例按40%执行。借款人及共同借款人贷款使用次数合并计算。不再向已经两次及以上使用贷款的缴存职工家庭发放公积金贷款。五是规范贷款资金支付方式，贷款资金直接划入售房人在银行开设的账户内。六是允许产权共有人共同申请贷款。七是暂停商业住房贷款转住房公积金贷款业务，适时实行贷款轮候。

4. **当年住房公积金存贷款利率执行标准情况**。2017年度存贷款利率按中国人民银行公布的利率标准确定。目前执行情况：（1）存款利率：1.5%。（2）贷款利率：首套房5年以内住房公积金贷款利率2.75%，5年以上住房公积金贷款利率3.25%；二套房住房公积金贷款利率执行同期首套个人公积金贷款利率的1.1倍即：5年以内住房公积金贷款利率3.025%，5年以上住房公积金贷款利率3.575%。

(三)当年服务改进情况：一是加强服务建设，积极推行一站式服务。2017年8月份，中心整合市直服务大厅与开发区管理部服务大厅，建设了宽敞明亮的办事大厅，配备了叫号机、座椅、电子显示屏、服务评价器等设备，为广大职工提供了温馨文明的办事环境，服务方式更加多样，服务手段更加完善。积极在县区推行大厅服务，在5个县区管理部建设了办事大厅，改善了群众办事环境，提升了办事效能。二是开展集中上门服务。不断完善党员先锋服务队上门服务制度，对需集中办理的业务，及时组织开展上门服务。先后上门为广北实业总公司、金辰公司等单位职工办理业务，切实为企业职工提供便利服务。三是在全省率先开通住房公积金异地转移接续平台。2017年4月份，我市在全省率先开通住房公积金异地转移接续平台，实现了"账随人走，钱随账走"，解决了过去职工往返奔波、手续繁杂、时间过长等问题，提高了服务的便捷性和有效性。四是大力推进"互联网＋公积金"服务体系建设。2017年末"住房公积金互联网＋信息系统"全面上线运行。新系统全面贯彻以缴存职工为中心的管理理念，全面推行网上业务受理。新系统上线后，东营中心下设的各管理部之间实现通办、通提、通贷，在前期优化各项业务流程和要件的基础上，最大限度地增加线上业务种类和线上服务功能。新系统还增加了影像档案与业务系统的紧密联动，实现纸质证明材料转变为影像档案，缴存职工在办理业务时，只需提供资料原件，不再提供复印件。互联网＋信息系统的综合服务平台整合了网站、网上服务大厅、微信、手机APP、短信、热线6大服务渠道，结合各县区服务大厅的线下支撑，实现了线上线下相融合的一体化政务服务。住房公积金手机客户端除了账户密码登录外，还支持支付宝授权登录或刷脸登录。互联网＋信息系统与综合服务平台共同为服务对象打造"轻松一点服务无限"的多样服务场景，实现了职工住房公积金缴存资金实时到账、实时计息，提取资金实时入账，贷款资金实时拨付，个人住房公积金账户信息实时更新，切实做到了"让数据多跑路，让职工少跑腿"。

（四）当年信息化建设情况：一是全年共开展了4次信息化培训和2次信息化调研，进一步明确信息化建设的思路。二是2017年下半年全力推进互联网＋信息系统建设。新上线的互联网＋信息系统与综合服务平台在实施过程中严格按照住房城乡建设部"双贯标"要求，坚持"双贯标"与信息系统提升工作两手抓、双促进，同步实施与推进，因此新系统全面符合《住房公积金基础数据标准》和《住房公积金银行结算数据应用系统与公积金中心接口标准》的要求。三是加强网络和信息安全建设。先后改造了数据中心机房和网络架构，购置了多项多功能网络安全设备，提升了数据灾备能力，网络安全防护能力达到了信息安全等级防护三级水平。综合服务平台建成综合管理系统和数据中心，实现了统一服务管理、统一数据接口、统一身份认证、统一安全控制，为网上和移动业务平台提供了有力的安全保障。

（五）当年住房公积金管理中心及职工所获荣誉情况：2017年中心通过省级文明单位复审，获得全省住房城乡建设系统先进集体，全市政务信息公开工作优秀等次，三八女职工健步行组织奖，第一党支部被评为先进基层党组织等荣誉称号；杨波被授予全省住房城乡建设系统先进个人。

胜利油田分中心：

（一）当年机构及职能调整情况、受委托办理缴存贷款业务金融机构变更情况：分中心以建立健全住房公积金便民服务网点，向缴存职工提供更加优质高效服务为目的，新设立了10个住房公积金管理部，直接受理区域内住房公积金提取、贷款等业务，明显缩短了业务办理周期，进一步提升了办理时效和服务质量。

（二）当年住房公积金政策调整及执行情况：

1. 当年缴存基数限额及确定方法、缴存比例等缴存政策调整情况。

（1）2017年度缴存基数为职工本人2016年度月平均工资，职工月平均工资低于省直管企业平均工资60％的，按60％计算缴存基数；超过省直管企业300％的，按300％计算缴存基数。单位和职工住房公积金月缴存基数上限为17513元，缴存基数的下限为3503元。

（2）职工和单位住房公积金缴存比例分别为7％和12％，各缴存单位可根据本单位经济效益情况调整缴存比例，但职工和单位住房公积金缴存比例均不得低于5%高于12%。生产经营确有困难单位可依法申请办理缓缴。

2. 当年提取政策调整情况。 一是职工缴存住房公积金满10年，且最近连续10年未办理购房提取或装修提取的（不包括因直系亲属购房或装修提取），可一次性提取本人和配偶的住房公积金用于住房装修。每套住房最高提取额度不超过14.4万元。二是缴存职工凭有效购房凭证，可每年提取一次住房公积金，累计提取额度不超过购房款总额。三是缴存职工因本人、配偶、父母、子女患重大疾病导致家庭生活困难的，提取住房公积金额度不超过城镇居民基本医疗保险统筹费用结算单所列费用和因病支出的其他费用的总额。

3. 当年个人住房贷款最高贷款额度、贷款条件等贷款政策调整情况。 一是单缴存职工家庭最高贷款额度30万元，双缴存职工家庭最高贷款额度50万元。二是逐步在德州、滨州、烟台、济南等地开通住房公积金异地贷款，以异地银行委托方式，跨地区进行资金发放和抵押登记。

4. 当年住房公积金存贷款利率执行标准。 按国家规定，职工住房公积金账户存款利率统一按一年期定期存款基准利率执行。2017年为1.50%；贷款五年期（含）以下2.75%，五年期以上3.25%。

（三）当年服务改进情况：

一是合理布局服务网点，特色优势更加鲜明。针对油田矿区工作范围线长面广、基层单位多、一线员工分散、野外作业等实际，分中心借助油田资源发挥自身优势，以"哪里有油田员工，哪里就有公积金服务"为目标，不断健全便民服务网络，按生产生活区域新设立了10个住房公积金管理部，直接受理服务范围内缴存员工住房公积金提取、贷款业务。在此基础上，不断创新服务举措，建立了"流动服务大厅"，根据需要随时上井场、下基层、到现场，全年开展一站式现场服务1次、贷款直通554笔、预约上门11人次，开展基层业务培训13期2050人次，同时在各单位设立配齐专兼职业务员，极大延伸了服务半径，满足了基层和一线需求，员工服务满意度持续上升。二是进一步精简流程手续，业务办理更加高效。在强化内控管理，实现中心、管理部、缴存单位的档案资料、业务处理、风险管控一体化管理要求的基础上，根据上级有关要求精神和各管理部业务情况，大力推行月冲还贷、公积金联名卡（胜利一卡通）、批量办理业务、电子影像文档等，进一步减少了审批环节，精减了业务要件，简化了办理手续，各项业务实现了高效快速办理。目前，分中心办理住房公积金提取最多只需2份要件，月冲还贷、单位批量提取业务等实现了零要件；办理住房公积金贷款取消了1个审批环节，精减了3份材料，减少了员工往返管理部和银行的次数，实行贷款绿色直通，在一个工作日内可办结申请、审核和审批，办事效率显著提高。三是持续推进信息化建设，服务渠道更加多元。分中心按照《住房公积金综合服务平台建设导则》，一方面充分利用"互联网＋"技术，积极推进综合服务平台八大服务渠道建设。以建设门户网站、网上业务大厅、微信服务为重点，不断丰富已上线开通的12329语音和短信、网上查询、手机APP等服务内容，初步形成了集网络、语音、短信、在线互动等新一代、多元化服务渠道，促进了公积金服务从人工到智能、从线下到线上、从局部到整体的转变。另一方面，中心大厅和管理部按业务场所设施、功能需求标准，区分了办理区、等候区，设置了排队机、休息椅，放置了公积金政策问答、业务流程手册、报刊读物等，为员工办事提供了良好条件和环境。

（四）当年信息化建设情况： 分中心认真贯彻落实住房城乡建设部、省住房城乡建设厅实施"双贯标"工作的部署要求，强化领导，精心组织，统筹运行方案研讨、整体设计、系统研发、覆盖测试、上线运行等工作，按计划完成了基础数据标准改造和住房城乡建设部结算应用系统接入，并实现了油田员工住房信息数据跨部门互联互通。目前，公积金提取、贷款发放、按月冲还贷、批量业务等全部通过住房城乡建设部结算应用平台执行，公积金提取可当天办结、即时到账，贷款资金可线上审批划款，实现了"让数据多跑路，让员工少跑腿"。

（五）当年住房公积金管理中心及职工所获荣誉情况：分中心一人获得地市级双文明先进个人；《住房公积金在创和谐促发展中的政策创新与应用》的课题获地市级企业管理现代化创新成果二等奖。

烟台市住房公积金2017年年度报告

一、机构概况

（一）**住房公积金管理委员会**：住房公积金管理委员会有23名委员，2017年召开1次会议，通报了2016年主要财务指标完成情况、增值收益实现及分配情况、主要工作开展情况，审议通过2017年度住房公积金财务收支计划安排意见。

（二）**住房公积金管理中心**：住房公积金管理中心为直属烟台市政府的不以营利为目的的正处级全额拨款事业单位，主要负责全市住房公积金的归集、管理、使用和会计核算。中心设9个科，7个管理部，7个分中心。从业人员165人，其中，在编153人，非在编12人。

二、业务运行情况

（一）**缴存**：2017年，新开户单位829家，实缴单位9736家，净增单位570家；新开户职工11.76万人，实缴职工80.2万人，减少职工1.67万人；缴存额83.56亿元，同比增长14.73%。2017年末，缴存总额513.5亿元，同比增长19.44%；缴存余额241.05亿元，同比增长13.87%。

受委托办理住房公积金缴存业务的银行3家。

（二）**提取**：2017年，提取额54.19亿元，同比增长20.52%；占当年缴存额的64.85%，比上年增加3.11个百分点。2017年末，提取总额272.45亿元，同比增长24.83%。

（三）**贷款**：

个人住房贷款：个人住房贷款最高额度45万元，其中，单缴存职工最高额度45万元，双缴存职工最高额度45万元。

2017年，发放个人住房贷款1.5万笔51.93亿元，同比分别下降18.03%、12.75%。

2017年，回收个人住房贷款18.64亿元。

2017年末，累计发放个人住房贷款13.51万笔323.93亿元，贷款余额227.82亿元，同比分别增长12.53%、19.09%、17.11%。个人住房贷款余额占缴存余额的94.51%，比上年增加2.61个百分点。

受委托办理住房公积金个人住房贷款业务的银行7家。

（四）**资金存储**：2017年末，住房公积金存款14.85亿元。其中，1年（含）以下定期1.8亿元，1年以上定期2.49亿元，其他（协定、通知存款等）10.56亿元。

(五）资金运用率：2017 年末，住房公积金个人住房贷款余额、项目贷款余额和购买国债余额的总和占缴存余额的 94.51%，比上年增加 2.61 个百分点。

三、主要财务数据

(一）业务收入：2017 年，业务收入 76701.46 万元，同比增长 10.8%。其中，存款利息 6931.29 万元，委托贷款利息 69770.17 万元。

(二）业务支出：2017 年，业务支出 41746.93 万元，同比增长 1.13%。其中，支付职工住房公积金利息 37623.63 万元，归集手续费 625.17 万元，委托贷款手续费 3498.13 万元。

(三）增值收益：2017 年，增值收益 34954.53 万元，同比增长 25.08%。增值收益率 1.5%，比上年增加 0.09 个百分点。

(四）增值收益分配：2017 年，提取贷款风险准备金 6676.76 万元，提取管理费用 1650.46 万元，提取城市廉租住房（公共租赁住房）建设补充资金 26627.31 万元。

2017 年，上交财政管理费用 1650.46 万元。上缴财政城市廉租住房（公共租赁住房）建设补充资金 26627.31 万元。

2017 年末，贷款风险准备金余额 45583.76 万元。累计提取城市廉租住房（公共租赁住房）建设补充资金 145566.31 万元。

(五）管理费用支出：2017 年，管理费用支出 4081.8 万元，同比增长 18.11%。其中，人员经费 2588.31 万元，公用经费 693.78 万元，专项经费 799.71 万元。

四、资产风险状况

个人住房贷款：2017 年末，个人住房贷款逾期额 0 万元。

个人贷款风险准备金按贷款余额的 2% 提取。2017 年，提取个人贷款风险准备金 6676.76 万元，使用个人贷款风险准备金核销呆坏账 0 万元。2017 年末，个人贷款风险准备金余额 45583.76 万元，占个人住房贷款余额的 2%，个人住房贷款逾期额与个人贷款风险准备金余额的比率为 0%。

五、社会经济效益

(一）缴存业务：2017 年，实缴单位数、实缴职工人数和缴存额同比分别增长 6.22%、-2.04% 和 14.74%。

缴存单位中，国家机关和事业单位占 33.18%，国有企业占 32.18%，城镇集体企业占 0.82%，外商投资企业占 8.91%，城镇私营企业及其他城镇企业占 22.2%，民办非企业单位和社会团体占 1.58%，其他占 1.13%。

缴存职工中，国家机关和事业单位占 24.88%，国有企业占 34.06%，城镇集体企业占 1%，外商投资企业占 22.83%，城镇私营企业及其他城镇企业占 15.67%，民办非企业单位和社会团体占 0.75%，其他占 0.81%；中、低收入占 98.48%，高收入占 1.52%。

新开户职工中，国家机关和事业单位占 34.87%，国有企业占 57.92%，民办非企业单位和社会团体占 1.15%，其他占 6.06%；中、低收入占 98.5%，高收入占 1.5%。

（二）提取业务：2017年，20.35万名缴存职工提取住房公积金54.19亿元。

提取金额中，住房消费提取占77.16%（购买、建造、翻建、大修自住住房占18.4%，偿还购房贷款本息占57.75%，租赁住房占0.98%，其他占0.03%）；非住房消费提取占22.84%（离休和退休提取占15.31%，完全丧失劳动能力并与单位终止劳动关系提取占0.0035%，户口迁出本市或出境定居占0.01%，其他占7.52%）。

提取职工中，中、低收入占98.67%，高收入占1.33%。

（三）贷款业务：

1. 个人住房贷款：2017年，支持职工购建房153.21万平方米，年末个人住房贷款市场占有率为23%，比上年减少5个百分点。通过申请住房公积金个人住房贷款，可节约职工购房利息支出27880万元。

职工贷款笔数中，购房建筑面积90（含）平方米以下占28.83%，90～144（含）平方米占64.55%，144平方米以上占6.62%。购买新房占78.94%（其中购买保障性住房占0.17%），购买存量商品住房占21.06%。

职工贷款笔数中，单缴存职工申请贷款占61%，双缴存职工申请贷款占38.81%，三人及以上缴存职工共同申请贷款占0.19%。

贷款职工中，30岁（含）以下占44.19%，30岁～40岁（含）占30.48%，40岁～50岁（含）占21.24%，50岁以上占4.09%；首次申请贷款占87.68%，二次及以上申请贷款占12.32%；中、低收入占70.02%，高收入占29.98%。

2. 异地贷款：2017年，发放异地贷款503笔18189万元。2017年末，发放异地贷款总额87006万元，异地贷款余额79869.17万元。

（四）住房贡献率：2017年，个人住房贷款发放额、住房消费提取额的总和与当年缴存额的比率为112.18%，比上年减少16.45个百分点。

六、其他重要事项

（一）贷款政策调整及执行情况：2017年6月29日，山东省住房和城乡建设厅、山东省财政厅和中国人民银行济南分行联合下发《关于进一步规范和完善全省住房公积金管理的通知》（鲁建金字〔2017〕7号），通知中要求公积金贷款实行差别化信贷政策。2017年8月15日，烟台市人民政府根据省三部门的通知要求下发了《关于进一步促进房地产市场健康发展的意见》（烟政办发〔2017〕23号），中心根据省文件通知精神和市政府意见，于2017年8月16日出台《关于贯彻落实烟台市人民政府办公室〈关于进一步促进房地产市场健康发展的意见〉的实施意见》（烟住〔2017〕28号），并于出台当日正式实施。意见内容如下：

1. 实行差别化信贷政策。借款人家庭（包括借款人、配偶及未成年子女，下同）购买首套房的住房公积金贷款首付比例不得低于30%，购买第二套房的住房公积金贷款首付比例不得低于40%；购买第二套房的贷款利率，不得低于同期首套住房公积金个人住房贷款利率的1.1倍。不得向购买第三套及以上住房或者已经两次使用公积金贷款的缴存职工家庭发放住房公积金个人住房贷款。

2. 调整借款申请人缴存条件。由"申请住房公积金贷款之月前连续按期足额缴存住房公积金6个月

(含）以上"调整为"申请住房公积金贷款之月前连续按期足额缴存住房公积金 12 个月（含）以上"。

（二）当年缴存基数限额及确定方法、缴存比例调整情况：

最高基数确定方法：烟台市统计部门公布的上一年度职工月平均工资的 3 倍。最低基数确定方法：不低于年度最低工资标准。

2017 年 1 月 1 日～2017 年 6 月 30 日：烟台市行政区域内职工住房公积金最高缴存基数为 14976 元；最低缴存基数莱阳市、栖霞市、海阳市、长岛县为 1550 元，市直及其他县市区均为 1710 元。（《关于确定 2016 年度住房公积金最高、最低缴存基数的通知》烟住〔2016〕16 号）

2017 年 7 月 1 日～2017 年 12 月 31 日：烟台市行政区域内职工住房公积金最高缴存基数为 16055 元；最低缴存基数莱阳市、栖霞市、海阳市、长岛县为 1640 元，市直及其他县市区均为 1810 元。（《关于确定 2017 年度住房公积金最高、最低缴存基数的通知》烟住〔2017〕20 号）

据《关于阶段性降低住房公积金缴存比例的通知》（建金〔2016〕74 号文）要求，已将住房公积金缴存比例高于 12％的，全部予以调整，且允许生产经营困难的企业单位申请适当降低住房公积金缴存比例。

现缴存比例执行标准：单位和职工缴存比例不低于 6％，不高于 12％，生产经营困难的企业单位可申请适当降低住房公积金缴存比例，最低不低于单位和职工各 5％。

（三）当年服务改进情况：顺利接入 12329 短信息服务省平台及开通短信服务试运行。12329 短信息服务是综合服务平台 8 项服务渠道之一，是住房城乡建设部、省住房城乡建设厅重点推进工作之一。2017 年，我中心完成了与山东省住房公积金 12329 短信业务省平台的对接工作。现该项目处于试运行阶段，开通了 16 类业务短信服务。

（四）当年信息化建设情况：住房城乡建设部"双贯标"工作取得较大进展。第一，贯彻住房公积金基础数据标准的业务系统已经成功上线，现业务系统运行正常。第二，接入住房城乡建设部资金结算平台也是双贯标工作之一，现中心端业务接口已经满足了接入结算系统的技术要求。目前已经完成了光大银行、农业银行、中国银行、交通银行的系统联网测试，工商银行、建设银行、恒丰银行等正在测试中。正式接入上线将在各项业务准备工作到位后实施。

个人征信查询业务在全市推广。2017 年，全市所有分支机构均已开通了个人征信查询业务，实现了中心业务中的个人征信授权自主查询。全年提供个人征信查询服务 12911 次；报送贷款征信数据 12 次 118 万人次；上报缴存单位数共 12 次 12.5 万户次。

（五）当年住房公积金管理中心及职工所获荣誉情况：全国住房城乡建设系统先进集体（人力资源部、住房城乡建设部）；福山管理部被省人社厅、省公务员局和省住房城乡建设厅联合表彰为"全省住建系统先进集体"；2017 年度省级文明单位；全市事业单位绩效考核被评为 A 级单位；烟台市"网上民声"工作先进窗口单位；烟台市女职工建功立业标兵岗（市总工会）；程建丽被评为全省住建系统先进个人。

（六）当年对违反《住房公积金管理条例》和相关法规行为进行行政处罚和申请人民法院强制执行情况：2017 年对违反《住房公积金管理条例》和相关法规共申请人民法院强制执行 3 起案件，均在执行中，维护了部分职工的合法权益。

潍坊市住房公积金 2017 年年度报告

一、机构概况

（一）**住房公积金管理委员会**：住房公积金管理委员会有 39 名委员，2017 年召开 1 次会议，审议通过的事项主要包括：《潍坊市住房公积金管理工作报告》、《潍坊市住房公积金 2016 年归集使用计划执行情况报告》、《潍坊市住房公积金 2016 年增值收益分配方案》、《潍坊市住房公积金 2017 年归集使用计划》、《关于调整住房公积金政策的建议》。

（二）**住房公积金管理中心**：住房公积金管理中心为隶属于潍坊市人民政府不以营利为目的的全额拨款事业单位，设 8 个分中心，8 个管理部，8 个科室。从业人员 236 人，其中，在编 164 人，非在编 72 人。

二、业务运行情况

（一）**缴存**：2017 年，新开户单位 1310 家，实缴单位 6691 家，净增单位 649 家；新开户职工 6.98 万人，实缴职工 60.74 万人，净增职工 3.38 万人；缴存额 62.1 亿元，同比增长 16.04%。2017 年末，缴存总额 387.92 亿元，同比增长 19.06%；缴存余额 182.42 亿元，同比增长 17.71%。

受委托办理住房公积金缴存业务的银行 5 家，与上年一致。

（二）**提取**：2017 年，提取额 34.66 亿元，同比增长 11.16%；占当年缴存额的 55.81%，比上年减少 2.45 个百分点。2017 年末，提取总额 205.50 亿元，同比增长 20.29%。

（三）**贷款**：

个人住房贷款：个人住房贷款最高额度 40 万元，其中，单缴存职工最高额度 40 万元，双缴存职工最高额度 40 万元。

2017 年，发放个人住房贷款 1.44 万笔 42.9 亿元，同比分别下降 19.07%、16.35%。

2017 年，回收个人住房贷款 17.19 亿元。

2017 年末，累计发放个人住房贷款 11.22 万笔 238.30 亿元，贷款余额 161.31 亿元，同比分别增 14.74%、21.95%、18.96%。个人住房贷款余额占缴存余额的 88.43%，比上年增加 0.93 个百分点。

受委托办理住房公积金个人住房贷款业务的银行 18 家，与上年一致。

（四）**资金存储**：2017 年末，住房公积金存款 24.62 亿元。其中，活期 0.015 亿元，1 年（含）以下定期 11.78 亿元，1 年以上定期 1.45 亿元，其他（协定、通知存款等）11.375 亿元。

（五）**资金运用率**：2017 年末，住房公积金个人住房贷款余额、项目贷款余额和购买国债余额的总和占缴存余额的 88.43%，比上年增加 0.93 个百分点。

三、主要财务数据

（一）**业务收入**：2017 年，业务收入 54814.07 万元，同比增长 16.53%。存款利息 5617.25 万元，委托贷款利息 49105.9 万元，国债利息收入 0.00 万元，其他 90.92 万元。

（二）**业务支出**：2017 年，业务支出 27525.9 万元，同比增长 11.38%。支付职工住房公积金利息 25083.83 万元，归集手续费 0.00 万元，委托贷款手续费 2438.91 万元，其他 3.16 万元。

（三）**增值收益**：2017 年，增值收益 27288.17 万元，同比增长 22.24%。增值收益率 1.61%，比上年增加 0.06 个百分点。

（四）**增值收益分配**：2017 年，提取贷款风险准备 5141.44 万元，提取管理费用 5300 万元，提取城市廉租住房（公共租赁住房）建设补充资金 16846.73 万元。

2017 年，上交财政管理费用 5300.00 万元。上缴财政城市廉租住房（公共租赁住房）建设补充资金 16846.73 万元。

2017 年末，贷款风险准备金余额 32262.66 万元。累计提取城市廉租住房（公共租赁住房）建设补充资金 75605.89 万元。

（五）**管理费用支出**：2017 年，管理费用支出 5078.38 万元，同比增长 11.75%。其中，人员经费 2701.31 万元，公用经费 201.69 万元，专项经费 2175.38 万元。

四、资产风险状况

个人住房贷款：2017 年末，个人住房贷款逾期额 364.84 万元，逾期率 0.23‰。

个人贷款风险准备金按贷款余额的 2% 提取。2017 年，提取个人贷款风险准备金 5141.44 万元。2017 年末，个人贷款风险准备金余额 32262.66 万元，占个人住房贷款余额的 2%，个人住房贷款逾期额与个人贷款风险准备金余额的比率为 1.13%。

五、社会经济效益

（一）**缴存业务**：2017 年，实缴单位数、实缴职工人数和缴存额同比分别增长 10.74%、5.90% 和 16.04%。

缴存单位中，国家机关和事业单位占 38.38%，国有企业占 8.89%，城镇集体企业占 2.14%，外商投资企业占 2.41%，城镇私营企业及其他城镇企业占 17.71%，民办非企业单位和社会团体占 0.13%，其他占 30.34%。

缴存职工中，国家机关和事业单位占 40.18%，国有企业占 16.66%，城镇集体企业占 1.46%，外商投资企业占 6.18%，城镇私营企业及其他城镇企业占 17.03%，民办非企业单位和社会团体占 1.75%，其他占 16.74%；中、低收入占 98.86%，高收入占 1.14%。

新开户职工中，国家机关和事业单位占 14.77%，国有企业占 7.79%，城镇集体企业占 1.84%，外商投资企业占 15.75%，城镇私营企业及其他城镇企业占 27.49%，民办非企业单位和社会团体占 4.26%，其他占 28.10%；中、低收入占 99.87%，高收入占 0.13%。

（二）**提取业务**：2017 年，36.38 万名缴存职工提取住房公积金 34.66 亿元。

提取金额中，住房消费提取占 77.32%（购买、建造、翻建、大修自住住房占 27.10%，偿还购房贷款本息占 47.76%，租赁住房占 0.52%，其他占 1.94%）；非住房消费提取占 22.68%（离休和退休提取占 17.55%，完全丧失劳动能力并与单位终止劳动关系提取占 2.75%，户口迁出本市或出境定居占 0.49%，其他占 1.89%)。

提取职工中，中、低收入占 97.32%，高收入占 2.68%。

(三) 贷款业务：

1. **个人住房贷款**：2017 年，支持职工购建房 182.44 万平方米，年末个人住房贷款市场占有率为 12.63%，比上年减少 0.66 个百分点。通过申请住房公积金个人住房贷款，可节约职工购房利息支出 56665.42 万元。

职工贷款笔数中，购房建筑面积 90（含）平方米以下占 8.6%，90～144（含）平方米占 73.43%，144 平方米以上占 17.97%。购买新房占 80.56%，购买存量商品住房占 19.44%。

职工贷款笔数中，单缴存职工申请贷款占 62.18%，双缴存职工申请贷款占 37.82%，三人及以上缴存职工共同申请贷款占 0%。

贷款职工中，30 岁（含）以下占 20.68%，30 岁～40 岁（含）占 44.11%，40 岁～50 岁（含）占 25.92%，50 岁以上占 9.29%；首次申请贷款占 93.33%，二次及以上申请贷款占 6.67%；中、低收入占 99.89%，高收入占 0.11%。

2. **异地贷款**：2017 年，发放异地贷款 425 笔 13298.6 万元。2017 年末，发放异地贷款总额 30618.7 万元，异地贷款余额 28277.20 万元。

(四) **住房贡献率**：2017 年，个人住房贷款发放额、公转商贴息贷款发放额、项目贷款发放额、住房消费提取额的总和与当年缴存额的比率为 112.23%，比上年减少 29.37 个百分点。

六、其他重要事项

(一) 当年机构及职能调整情况、受委托办理缴存贷款业务金融机构变更情况：

1. 2017 年，由于市住房公积金管理委员会部分组成人员工作变动，为便于工作开展，经委员会成员所在单位同意，对市住房公积金管理委员会组成人员中的 18 位进行了调整。

2. 受委托办理缴存贷款业务金融机构无变更。

(二) 当年住房公积金政策调整及执行情况：

1. 当年缴存基数限额及确定方法、缴存比例等缴存政策调整情况。按照住房公积金缴存基数不得高于职工工作地所在市统计部门公布的上一年度职工月平均工资的 3 倍，不得低于上一年度省人社部门公布的职工工作地月最低工资标准，2017 年度我市住房公积金月缴存基数上限为 15454 元，下限为 1810 元和 1640 元。其中，潍城区、寒亭区、坊子区、奎文区、诸城市、寿光市、高新区、经济区、滨海区、峡山区执行 1810 元。青州市、安丘市、高密市、昌邑市、临朐县、昌乐县执行 1640 元。单位、职工缴存比例，最高不得超过各 12%、最低不低于各 6%。灵活就业人员缴存比例最低为 12%，最高为 24%。

2. 当年提取政策调整情况。2017 年 2 月 24 日起调整部分住房公积金提取政策：(1) 明确办理购房提取需提供网签登记备案合同和不动产增值税发票；(2) 暂停执行除夫妻外的家庭成员购房提取的规定；(3) 暂停执行无房职工每年按固定额度办理租房提取的规定；(4) 暂停执行每年按固定额度办理物业费提取的规定；(5) 暂停执行每年按固定额度办理住宅专项维修资金提取的规定。

3. 当年个人住房贷款最高贷款额度、贷款条件等贷款政策调整情况。2017 年最高贷款额度为 40 万元。2017 年 2 月 24 日起调整部分住房公积金贷款政策：(1) 取消承诺人政策；(2) 恢复执行连续足额缴存公积金满 12 个月才能申请公积金贷款的政策；（3）暂停执行住房商业贷款转公积金贷款政策；（4）申请贷款需提供网签备案合同和交纳首付款的增值税发票；（5）取消可以共有人或第三人房产作抵押办理公积金贷款的规定；（6）取消借款人已付清全款的，可将借款资金划入借款人账户的规定；（7）取消对部分提前还款的次数限制；（8）恢复月还款额不得超过家庭月收入 50% 或 40% 的规定；（9）加强对职工申请公积金贷款前存在补缴公积金情况的相关资料的认定，调整补缴公积金的审核环节；（10）实行公积金贷款轮候发放。自 2017 年 9 月 10 日起，调整部分贷款政策：（1）提高公积金贷款首付款比例，首套住房首付款比例不低于总房款的 30%，第二套住房首付款比例不低于总房款的 40%，首次使用住房公积金贷款已还清（含本市外）的，无论在本市名下有无住房，再次使用公积金贷款的，按照第二套住房执行。（2）调整第二套住房的公积金贷款利率。第二套房的公积金贷款利率执行基准利率的 1.1 倍。同时，取消"购买第二套改善型普通住房的缴存职工（已婚的按家庭计算）申请公积金贷款时没有未还清住房贷款的，享受首套房公积金基准利率"的优惠政策。（3）明确不予公积金贷款的情形。不得向购买第三套及以上住房的缴存职工家庭发放住房公积金贷款、不得向非本市户籍居民家庭购买第二套及以上住房的缴存职工发放住房公积金贷款。（4）对期房、现房、二手房不再进行区分轮候，实行首套住房优先于第二套住房发放。

4. 当年住房公积金存贷款利率执行标准。基准利率：首套房 1~5 年（含 5 年）为 2.75%，5~30 年为 3.25%；二套房在基准利率上上浮 10%，即 1~5 年（含 5 年）为 3.025%，5~30 年为 3.575%。

（三）当年服务改进情况：

1. 完善综合服务平台功能。通过网站、网上服务厅、12329 热线、短信、微信等多种渠道，为单位和职工提供便捷服务，缴存职工足不出户可查询公积金账户余额、贷款业务的办理进度、轮候排名情况和相关政策。

2. 完成了全国异地转移接续平台的接入工作。实现异地转移接续线上操作，缴存职工在转入地一次申请即可办结，解决了职工异地转移公积金往返奔波的问题。

3. 增加支付宝刷脸认证查询公积金。该项目上线运行，为职工查询公积金增加了查询渠道，成为继青岛后全省第二家推出此项服务的中心。

4. 增设服务网点。在潍坊市主城区（包括奎文、潍城、坊子、寒亭、经济、高新）开展由部分受委托银行网点受理公积金贷款业务，主城区办理公积金贷款业务网点由 5 个增加到 33 个，借款人可根据距离网点远近等自身情况，自主选择确定申请办理公积金贷款手续的银行网点，为借款人就近办公积金贷款提供更大便利。

5. 公积金业务延伸至镇（街）园区。依托合作银行，在全市经济总量较大、职工人数较多的镇（街）园区选取了 11 家银行网点受理住房公积金缴存、提取、贷款等业务，打通公积金服务"最后一公里"。

（四）当年信息化建设情况：

1. 建设住房公积金镇（街）园区网点业务系统。将信息系统通信线路及使用权限延伸到镇（街）园区，方便了用户在镇（街）园区进行公积金的缴存、提取、贷款业务，乡镇网点主要代办住房公积金账户设立登记、缴存、转移、提取、贷款业务。

2. 升级公积金门户网站服务功能。在对门户网站进行安全加固的同时，采用 HTML5 技术对网站页面进行了全新的设计，同步并支持移动端展示。

3. 升级公积金微信公众号服务功能。对微信公众号的功能菜单和页面风格进行了调整，个人中心中新增了贷款办理进度查询功能，新增智能客服，可提供7×24小时全天候服务。

4. 建设支付宝住房公积金查询项目。与蚂蚁金服合作，依托支付宝实名认证体系和风险管控措施，叠加人脸、眼纹等多因子生物识别技术，通过刷脸认证，查询个人公积金信息。

5. 拓展网上营业厅功能。新增个人贷款办理进度查询功能，通过网站查询贷款办理进度情况，轮候排名情况。单位缴存业务网上办结率超过60%。

6. 升级建设住房公积金核心业务系统。住房公积金核心业务系统根据实际工作的需要，进行了多项改造完善，如增加"骗提骗贷提取退回"等功能。

7. 贯彻落实"双贯标"项目。按照住房城乡建设部"双贯标"（基础数据贯标、结算平台贯标）建设要求，至2017年12月底，"基础数据贯标"部分已经上线运行，并按照住房城乡建设部基础数据贯标工具的检测报告进行优化整改，准备后续验收工作。"结算平台贯标"按原订计划正在开发中。

（五）当年住房公积金管理中心及职工所获荣誉情况：

1. 根据省文明委〔2017〕26号文件，潍坊市住房公积金管理中心做为复查合格单位，被授予2017年度省级文明单位称号。

2. 根据省人社办发〔2017〕90号文件，潍坊市住房公积金管理中心被表彰为全省住房城乡建设系统先进集体；主要负责人被表彰为全省住房城乡建设系统先进个人，记三等功。

3. 根据潍直工发〔2017〕95号文件，潍坊市住房公积金管理中心综合科被评为2017年度市直机关"共产党员先锋岗"，1名同志被评为2017年度市直机关"优秀服务标兵"。

4. 根据鲁信安协〔2017〕32号文件，潍坊市住房公积金管理中心客户服务科1名同志被表彰为2017年度网络安全保护工作先进个人。

（六）当年对违反《住房公积金管理条例》和相关法规行为进行行政处罚和申请人民法院强制执行情况：2017年我中心对潍坊市肿瘤医院欠缴原职工刘红玲住房公积金一案作出责令单位为其补缴住房公积金的行政处理决定书（潍公积金决字〔2017〕1号），潍坊市肿瘤医院已履行决定书为刘红玲补缴住房公积金5440.8元（大写：伍仟肆佰肆拾元捌角）；对赵兰盾投诉昌邑市富兴水泥有限责任公司欠缴住房公积金一案，我中心于2017年4月14日向高新区人民法院申请行政强制执行，2017年5月8日收到高新区人民法院作出的（2017）鲁0791行审12号受理案件通知书和行政裁定书；2017年10月16日我中心按规定将高新区人民法院强制执行所得罚没收入款80000.00元（大写：捌万元整）上缴国库。

济宁市住房公积金2017年年度报告

一、机构概况

（一）住房公积金管理委员会：住房公积金管理委员会有25名委员，2017年召开1次会议，审议通过的事项主要包括：

1. 审议2017年度住房公积金归集、贷款、增值收益计划。

2. 审议《济宁市住房公积金 2016 年年度报告》。
3. 审议 2016 年度住房公积金增值收益分配方案。
4. 审议 2016 年度廉租住房建设补充资金分配方案。
5. 批准市住房公积金管理中心出台相关文件，开通农民工、个体工商户、自由职业者缴存住房公积金"绿色通道"。
6. 批准市住房公积金管理中心通过政府购买服务的形式，委托第三方承担逾期不良贷款催收业务。下一步按照有关程序申请增设机构，进一步做好资金安全管理工作。

（二）住房公积金管理中心：住房公积金管理中心为直属市政府不以营利为目的的县级全额预算管理事业单位，设 8 个科，12 个管理部，4 个分中心。从业人员 91 人，其中，在编 91 人，非在编 0 人。

二、业务运行情况

（一）缴存：2017 年，新开户单位 883 家，实缴单位 7969 家，净增单位 995 家；新开户职工 6.25 万人，实缴职工 56.65 万人，净增职工 0.33 万人；缴存额 65.58 亿元，同比增长 7.09％。2017 年末，缴存总额 443.09 亿元，同比增长 17.37％；缴存余额 217.37 亿元，同比增长 10.37％。

受委托办理住房公积金缴存业务的银行 6 家，较上年没有变化。

（二）提取：2017 年，提取额 45.16 亿元，同比增长 7.32％；占当年缴存额的 68.86％，比上年增加 0.15 个百分点。2017 年末，提取总额 225.72 亿元，同比增长 25.01％。

（三）贷款：

个人住房贷款：个人住房贷款最高额度 40 万元，其中，单缴存职工最高额度 40 万元，双缴存职工最高额度 40 万元。

2017 年，发放个人住房贷款 1.49 万笔 46.02 亿元，同比分别下降 5.10％、1.67％。

2017 年，回收个人住房贷款 22.49 亿元。

2017 年末，累计发放个人住房贷款 14.34 万笔 318.62 亿元，贷款余额 205.18 亿元，同比分别增长 11.60％、16.88％、12.96％。个人住房贷款余额占缴存余额的 94.39％，比上年增加 2.16 个百分点。

受委托办理住房公积金个人住房贷款业务的银行 14 家，比上年增加 3 家（新增委托办理住房公积金个人住房贷款业务的银行为广发银行股份有限公司济宁分行、济宁农村商业银行股份有限公司、济宁儒商村镇银行股份有限公司）。

（四）资金存储：2017 年末，住房公积金存款 17.27 亿元。其中，活期 0 亿元，1 年（含）以下定期 13.15 亿元，1 年以上定期 1.15 亿元，其他（协定、通知存款等）2.97 亿元。

（五）资金运用率：2017 年末，住房公积金个人住房贷款余额、项目贷款余额和购买国债余额的总和占缴存余额的 94.39％，比上年增加 2.16 个百分点。

三、主要财务数据

（一）业务收入：2017 年，业务收入 69043.57 万元，同比下降 3.71％。其中，存款利息 4028.31 万元，委托贷款利息 62725.92 万元，国债利息 0 万元，其他 2289.34 万元。

（二）业务支出：2017 年，业务支出 38652.26 万元，同比增长 1.22％。其中，支付职工住房公积金利息31436.87万元，归集手续费3048.86万元，委托贷款手续费2924.25万元，其他（贴息贷款利息支出）1242.28万元。

（三）**增值收益**：2017年，增值收益30391.31万元，同比下降9.32%（2017年12月按照要求冲销往年已计提、不需支付的手续费共计2255.18万元，本年度增值收益包含冲销部分）。其中，增值收益率1.45%，比上年减少0.33个百分点。

（四）**增值收益分配**：2017年，提取贷款风险准备4707.26万元，提取管理费用7626.53万元，提取城市廉租住房（公共租赁住房）建设补充资金18057.52万元。

2017年，上交财政管理费用7626.53万元。上缴财政城市廉租住房（公共租赁住房）建设补充资金23820.15万元。

2017年末，贷款风险准备金余额41035.67万元。累计提取城市廉租住房（公共租赁住房）建设补充资金108937.46万元。

（五）**管理费用支出**：2017年，管理费用支出7343.11万元，同比增长22.07%。其中，人员经费1366.03万元，公用经费126.28万元，专项经费5850.80万元（专项经费主要项目包括：全市住房公积金服务场所建设费用、住房公积金业务系统升级维护、派遣人员劳务费、办公硬件采购费用、物业管理费、专网租用维护费、大宗印刷费等）。

四、资产风险状况

个人住房贷款：2017年末，个人住房贷款逾期额177.52万元，逾期率0.09‰。

个人贷款风险准备金按贷款余额的2%提取。2017年，提取个人贷款风险准备金4707.26万元，使用个人贷款风险准备金核销呆坏账0万元。2017年末，个人贷款风险准备金余额41035.67万元，占个人住房贷款余额的2%，个人住房贷款逾期额与个人贷款风险准备金余额的比率为0.43%。

五、社会经济效益

（一）**缴存业务**：2017年，实缴单位数、实缴职工人数和缴存额同比分别增长14.30%、0.59%和7.09%。

缴存单位中，国家机关和事业单位占28.27%，国有企业占25.99%，城镇集体企业占10.70%，外商投资企业占2.38%，城镇私营企业及其他城镇企业占15.99%，民办非企业单位和社会团体占4.14%，其他占12.53%。

缴存职工中，国家机关和事业单位占34.33%，国有企业占34.03%，城镇集体企业占6.06%，外商投资企业占1.24%，城镇私营企业及其他城镇企业占7.42%，民办非企业单位和社会团体占1.09%，其他占15.83%；中、低收入占98.78%，高收入占1.22%。

新开户职工中，国家机关和事业单位占21.53%，国有企业占13.70%，城镇集体企业占1.14%，外商投资企业占2.23%，城镇私营企业及其他城镇企业占32.27%，民办非企业单位和社会团体占1.22%，其他占27.91%；中、低收入占98.79%，高收入占1.21%。

（二）**提取业务**：2017年，18.81万名缴存职工提取住房公积金45.16亿元。

提取金额中，住房消费提取占78.46%（购买、建造、翻建、大修自住住房占43.38%，偿还购房贷

款本息占30.58%，租赁住房占4.50%，其他占0%）；非住房消费提取占21.54%（离休和退休提取占16.11%，完全丧失劳动能力并与单位终止劳动关系提取占0.07%，户口迁出本市或出境定居占1.32%，其他占4.04%）。

提取职工中，中、低收入占97%，高收入占3%。

（三）贷款业务：

1. **个人住房贷款**：2017年，支持职工购建房170.83万平方米，年末个人住房贷款市场占有率为66.91%，比上年增加33.92个百分点。通过申请住房公积金个人住房贷款，可节约职工购房利息支出9987.90万元。

职工贷款笔数中，购房建筑面积90（含）平方米以下占9.78%，90～144（含）平方米占69.29%，144平方米以上占20.93%。购买新房占82.89%（其中购买保障性住房1.81%），购买存量商品住房占17.11%，建造、翻建、大修自住住房占0%，其他占0%。

职工贷款笔数中，单缴存职工申请贷款占18.15%，双缴存职工申请贷款占81.85%，三人及以上缴存职工共同申请贷款占0%。

贷款职工中，30岁（含）以下占29.43%，30岁～40岁（含）占39.67%，40岁～50岁（含）占22.77%，50岁以上占8.13%；首次申请贷款占86.07%，二次及以上申请贷款占13.93%；中、低收入占99.55%，高收入占0.45%。

2. **异地贷款**：2017年，发放异地贷款6笔207万元。2017年末，发放异地贷款总额55761.60万元，异地贷款余额48858.96万元。

3. **公转商贴息贷款**：2017年，发放公转商贴息贷款3301笔96054.32万元，支持职工购建住房面积39.74万平方米，当年贴息额1242.33万元。2017年末，累计发放公转商贴息贷款6050笔179284.52万元，累计贴息1242.33万元。

（四）**住房贡献率**：2017年，个人住房贷款发放额、公转商贴息贷款发放额、项目贷款发放额、住房消费提取额的总和与当年缴存额的比率为138.84%，比上年减少3.84个百分点。

六、其他重要事项

（一）**当年机构及职能调整情况、受委托办理缴存贷款业务金融机构变更情况**：我市依据《济宁市个人住房公积金贷款受托银行准入管理暂行办法》，2017年新增3家贷款受托银行，分别为广发银行股份有限公司济宁分行、济宁农村商业银行股份有限公司、济宁儒商村镇银行股份有限公司，截至2017年底，受委托办理住房公积金个人住房贷款业务的银行14家。

（二）**当年住房公积金政策调整及执行情况**：

1. 为扩大住房公积金覆盖范围，2017年，中心出台了《济宁市个体工商户、自由职业者住房公积金缴存管理暂行办法》，开通了公积金缴存"绿色通道"。

2. 为满足职工提取需求，出台《关于调整住房公积金提取收款账户的通知》，允许将资金划转至与提取人信息吻合的银行储蓄账户；重新修订了《济宁市委托提取住房公积金归还个人住房公积金贷款管理办法》，方便了职工办理委托提取业务；出台了《关于调整部分住房公积金使用政策的通知》，防范了资金流动性风险，确保我市住房公积金安全高效运行。

3. 结合当前贷款政策执行情况，修订出台《济宁市个人住房公积金贷款管理办法》（济政发〔2017〕25号），明确贷款担保方式：抵押、保证、质押，按照防范风险优先的原则，确定每笔公积金贷款担保方式；明确贷款次数确定首付款比例，首次贷款的首付款比例不低于30%，第二次使用公积金贷款的首付款比例不低于40%；按时足额缴存住房公积金在1年以上。

（三）当年服务改进情况： 出台了《文明行业标准》、《窗口服务规范》、《投诉管理办法》、《一次性告知制》、《首问负责制》、《限时办结制》、《服务质量考核实施细则》等制度，形成了规范的服务管理制度体系。不断完善12329服务热线功能，满足群众咨询、投诉等需求。优化网站、手机APP、微博、微信、自助终端服务功能，提供更便捷高效的公共服务。

（四）当年信息化建设情况： 推进"智慧公积金"建设，协调公安、民政、人社、房产交易等部门，建立"大数据"平台，实现了住房公积金与户籍、婚姻、殡葬、社保、住房等信息数据的互联互通，减少了职工提供各类证明要件的数量。加快推进"双贯标"工作进程，已完成系统开发，正在进行各银行与结算平台的对接测试。12329综合服务平台建设，开通了官方网站、网上服务大厅、短信平台、微信、微博等多种信息化服务渠道，有效提高了服务效能。

（五）当年住房公积金管理中心及职工所获荣誉情况： 2017年度我单位通过省、市级文明单位复审，先后荣获三次先进集体和个人荣誉称号。

（六）其他事项： 按照国家、省、市关于"放管服"改革工作的决策部署，及时、扎实开展工作，取得了许多创新性成果。修订完善权力清单和责任清单，优化公共服务事项，精简审批流程。简化了3种业务流程，精简了8项证明材料，申请住房公积金贷款所需复印材料由136页精简为24页。为实现"最多跑一次"目标，设立个贷审批中心，整合中心、银行、房产交易、不动产等部门，实现了同一时间、同一地点的"一条龙"服务，由原来需要职工跑4个部门，变为只跑1个部门，大大方便了职工。

泰安市住房公积金2017年年度报告

一、机构概况

（一）住房公积金管理委员会： 住房公积金管理委员会有28名委员，2017年召开1次会议，审议通过的事项主要包括：《关于2016年全市住房公积金工作完成情况及2017年工作计划的报告》、《关于加强进城务工人员住房公积金缴存提取管理的意见》、《关于授权委托市住房公积金管理中心审批单位降低住房公积金缴存比例或缓缴的意见》、《关于调整住房公积金个人贷款最高额度的意见》。

（二）住房公积金管理中心： 住房公积金管理中心为（直属泰安市政府的）不以营利为目的的（全额）事业单位，设7个科，6个管理部，2个分中心。从业人员98人，其中，在编58人，非在编40人。

二、业务运行情况

（一）缴存： 2017年，新开户单位456家，实缴单位3896家，净增单位416家；新开户职工4万人，实缴职工 42.20 万人，净增职工 7.56 万人；缴存额 33.57 亿元，同比增长 13.80%。2017 年末，缴存总额 232.38 亿元，同比增长 16.89%；缴存余额 95.10 亿元，同比增长 10.66%。

受委托办理住房公积金缴存业务的银行 7 家，较上年没有变化。

（二）提取：2017 年，提取额 24.42 亿元，同比下降 56.28%；占当年缴存额的 72.72%，比上年减少 116.55 个百分点。2017 年末，提取总额 137.28 亿元，同比增长 21.63%。

（三）贷款：

1. **个人住房贷款**：个人住房贷款最高额度 60 万元，其中，单缴存职工最高额度 30 万元，双缴存职工最高额度 60 万元。

2017 年，发放个人住房贷款 0.64 万笔 22.84 亿元，同比分别下降 14.28%、14.17%。

2017 年，回收个人住房贷款 9.11 亿元。

2017 年末，累计发放个人住房贷款 7.24 万笔 139.61 亿元，贷款余额 80.13 亿元，同比分别增长 9.64%、19.56%、20.66%。个人住房贷款余额占缴存余额的 84.26%，比上年增加 7 个百分点。

受委托办理住房公积金个人住房贷款业务的银行 5 家，与上年持平。

2. **住房公积金支持保障性住房建设项目贷款**：2017 年，未发放支持保障性住房建设项目贷款，回收项目贷款 0.1 亿元。2017 年末，累计发放项目贷款 2.92 亿元，项目贷款余额 0.19 亿元。

（四）资金存储：2017 年末，住房公积金存款 15.80 亿元。其中，活期 0.01 亿元，1 年（含）以下定期 3.18 亿元，1 年以上定期 9.24 亿元，协定存款 3.37 亿元。

（五）资金运用率：2017 年末，住房公积金个人住房贷款余额、项目贷款余额和购买国债余额的总和占缴存余额的 84.46%，比上年增加 6.86 个百分点。

三、主要财务数据

（一）业务收入：2017 年，业务收入 30266.32 万元，同比下降 20.74%。存款利息 6518 万元，委托贷款利息 23733.37 万元，其他 14.95 万元。

（二）业务支出：2017 年，业务支出 14875.55 万元，同比增长 6.64%。支付职工住房公积金利息 13634.10 万元，归集手续费 50 万元，委托贷款手续费 1186.70 万元，其他 4.75 万元。

（三）增值收益：2017 年，增值收益 15390.77 万元，同比下降 36.50%。增值收益率 1.70%，比上年减少 0.74 个百分点。

（四）增值收益分配：2017 年，提取贷款风险准备金 2704.40 万元，提取管理费用 3840.20 万元，提取城市廉租住房建设补充资金 8846.17 万元。

2017 年，上交财政管理费用 3840.20 万元。上缴财政城市廉租住房建设补充资金 17669.00 万元。

2017 年末，贷款风险准备金余额 16101.40 万元。累计提取城市廉租住房建设补充资金 104460.17 万元。

（五）管理费用支出：2017 年，管理费用支出 3697.23 万元，同比增长 11.60%。其中人员经费 843.30 万元，公用经费 92.54 万元，专项经费 2761.39 万元。

四、资产风险状况

（一）个人住房贷款：2017 年末，个人住房贷款逾期额 199.96 万元，逾期率 0.25‰。

个人贷款风险准备金按贷款余额的2%提取。2017年,提取个人贷款风险准备金2744.40万元,使用个人贷款风险准备金核销呆坏账0万元。2017年末,个人贷款风险准备金余额16025.40万元,占个人住房贷款余额的2%,个人住房贷款逾期额与个人贷款风险准备金余额的比率为1.25%。

(二)支持保障性住房建设试点项目贷款:2017年末,逾期项目贷款0万元,逾期率为0。2017年,提取项目贷款风险准备金-40万元,使用项目贷款风险准备金核销呆坏账0万元,项目贷款风险准备金余额76万元,占项目贷款余额的4%。

五、社会经济效益

(一)缴存业务:2017年,实缴单位数、实缴职工人数和缴存额同比分别增长11.95%、21.82%和13.80%。

缴存单位中,国家机关和事业单位占59.37%,国有企业占7.70%,城镇集体企业占3.67%,外商投资企业占1.33%,城镇私营企业及其他城镇企业占27.26%,民办非企业单位和社会团体占0.57%,其他占0.10%。

缴存职工中,国家机关和事业单位占48.83%,国有企业占28.44%,城镇集体企业占3.78%,外商投资企业占1.67%,城镇私营企业及其他城镇企业占17.10%,民办非企业单位和社会团体占0.17%,其他占0.01%;中、低收入占88.74%,高收入占11.26%。

新开户职工中,国家机关和事业单位占23.85%,国有企业占32.43%,城镇集体企业占4.28%,外商投资企业占1.94%,城镇私营企业及其他城镇企业占37.02%,民办非企业单位和社会团体占0.44%,其他占0.04%;中、低收入占95.46%,高收入占4.54%。

(二)提取业务:2017年,10.67万名缴存职工提取住房公积金24.42亿元。

提取金额中,住房消费提取占82.32%(购买、建造、翻建、大修自住住房占26.25%,偿还购房贷款本息占24.01%,租赁住房占5.80%,其他占26.26%);非住房消费提取占17.68%(离休和退休提取占12.27%,完全丧失劳动能力并与单位终止劳动关系提取占3.13%,户口迁出本市或出境定居占0.08%,其他占2.21%)。

提取职工中,中、低收入占83.6%,高收入占16.40%。

(三)贷款业务:

1. 个人住房贷款:2017年,支持职工购建房72.84万平方米,年末个人住房贷款市场占有率为13.84%,比上年减少1.16个百分点。通过申请住房公积金个人住房贷款,可节约职工购房利息支出6768.70万元。

职工贷款笔数中,购房建筑面积90(含)平方米以下占14.10%,90~144(含)平方米占77.54%,144平方米以上占8.36%。购买新房占78.47%(其中购买保障性住房占0.02%),购买存量商品住房占21.53%,建造、翻建、大修自住住房占0%,其他占0%。

职工贷款笔数中,单缴存职工申请贷款占53.39%,双缴存职工申请贷款占46.61%,三人及以上缴存职工共同申请贷款占0%。

贷款职工中,30岁(含)以下占29.72%,30岁~40岁(含)占39.93%,40岁~50岁(含)占24.25%,50岁以上占6.10%;首次申请贷款占99.03%,二次及以上申请贷款占0.97%;中、低收入占

84.52%，高收入占 15.48%。

2. **异地贷款**：2017 年，发放异地贷款 430 笔 13977 万元。2017 年末，发放异地贷款总额 21779 万元，异地贷款余额 20725 万元。

3. **支持保障性住房建设试点项目贷款**：2017 年末，累计试点项目 7 个，贷款额度 4 亿元，建筑面积 20.6 万平方米，可解决 2580 户中低收入职工家庭的住房问题。6 个试点项目贷款资金已发放并还清贷款本息。

（四）**住房贡献率**：2017 年，个人住房贷款发放额、公转商贴息贷款发放额、项目贷款发放额、住房消费提取额的总和与当年缴存额的比率为 127.90%，比上年减少 137.10 个百分点。

六、其他重要事项

（一）**当年机构及职能调整情况，受委托办理缴存贷款业务金融机构变更情况**：

1. 泰安市住房公积金管理中心现内设综合科、征管科、计财科、信贷科、法规审计科、信息技术科、机关党委等职能科室，下辖 6 个县市区管理部、2 个矿业集团分中心。市中心对各管理部、分中心实行"四统一"管理，即统一决策、统一管理、统一制度、统一核算。

2. 本年度缴存贷款业务金融机构没有变更。

（二）**当年住房公积金政策调整及执行情况**：

1. **当年缴存基数限额及确定方法、缴存比例等缴存政策调整情况**：（1）月缴存工资基数上下限。根据泰安市统计局提供的 2016 年泰安市在岗职工平均工资及《山东省人民政府关于公布全省最低工资标准的通知》（鲁政字〔2017〕86 号），2017 年度泰安行政区内职工住房公积金月缴存工资基数上限为 13872 元，月缴存工资基数下限为：泰山区、新泰市、肥城市 1640 元，岱岳区、宁阳县、东平县 1470 元。（2）月缴存额上下限。根据《关于调整住房公积金缴存比例的通知》（泰财住房〔2013〕4 号）规定，我市住房公积金单位和个人的缴存比例为各 12%。因此，2017 年度泰安行政区内职工住房公积金最高月缴存额单位和职工分别为 1665 元；最低月缴存额单位和职工分别为：泰山区、新泰市、肥城市 197 元，岱岳区、宁阳县、东平县 176 元。

2. **当年个人住房贷款政策调整情况**：按照中央、省、市各项要求，推出多项住房公积金贷款新政。一是打破区域限制，开展了住房公积金通贷业务。二是联合五大银行，推出组合贷款业务。三是规范完善"冲还贷"业务，轻借款人还款压力，满足缴存职工购房需求，改善职工居住条件。四是规范了公积金按揭贷款管理和担保保证金管理。

3. **当年住房公积金存贷款利率执行标准**：本年度未调整住房公积金存贷款利率。

（三）**当年服务工作情况**：一是加强服务大厅建设，完成了岱岳区和新泰市的公积金服务大厅建设，并投入使用，泰山区服务大厅 2018 年初即可建成投入使用。二是落实"放管服"改革要求，实施业务"瘦身"。面向社会公开了 5 项服务承诺，提取审批由五级简化为两级，办理时限由 10 个工作日减为 7 个工作日，贷款审批由五级简化为三级，办理时限由 15 个工作日缩减为 12 个工作日。三是实施了标准化、精细化、人性化服务，大厅人员统一培训，挂牌上岗，微笑服务，使用文明用语，工作柜台摆放整齐划一。陆续增设了多种便民设施，为客户提供了温馨周到服务。四是积极做好各类咨询提问回复，全年共回复市政府门户网站问题 12 条、12345 便民热线 390 条、泰安民生网问题 145 条、中心门户网站问题

571 条。

（四）当年信息化建设情况：按照住房城乡建设部、省住房城乡建设厅要求，认真组织开展了"双贯标"工作，成立了"双贯标"工作领导小组，制定了实施方案和工作计划，学习了外地经验，加强了与各委托银行的协调对接，完成了与各委托银行的签约工作。截至年底，"双贯标"各项程序全部安装完成。同时接入了全国住房公积金异地转移接续平台，启用了住房公积金自助打印服务系统，完善了公积金综合服务平台建设，信息技术支撑作用进一步增强。

（五）当年住房公积金管理中心及职工所获荣誉情况：当年中心获得"全国巾帼文明岗"、"省级青年文明号"、"全省住房城乡建设系统先进集体"、"市直机关十佳服务品牌"等荣誉称号。

威海市住房公积金 2017 年年度报告

一、机构概况

（一）住房公积金管理委员会：住房公积金管理委员会有 25 名委员，2017 年召开 1 次会议，审议通过 2016 年度住房公积金归集使用计划执行情况和 2017 年度住房公积金归集使用计划，并对其他重要事项进行决策，主要包括调整住房公积金管理委员会委员、暂停执行部分住房公积金政策等。

（二）住房公积金管理中心：住房公积金管理中心为直属市政府不以营利为目的的独立的事业单位，设 11 个科，8 个管理部。从业人员 156 人，其中，在编 67 人，非在编 89 人。

二、业务运行情况

（一）缴存：2017 年，新开户单位 579 家，实缴单位 5212 家，累计缴存单位 7109 家，净增单位 517 家；新开户职工 4.01 万人，实缴职工 34.93 万人，累计缴存职工 53.44 万人，净增职工 2.84 万人；缴存额 35.09 亿元，同比增长 13.64%。2017 年末，缴存总额 225.15 亿元，同比增长 18.46%；缴存余额 116.87 亿元，同比增长 14.60%。

受委托办理住房公积金缴存业务的银行 3 家，与上年相比无变化。

（二）提取：2017 年，提取额 20.20 亿元，同比增长 2.47%；占当年缴存额的 57.57%，比上年减少 6.27 个百分点。2017 年末，提取总额 108.28 亿元，同比增长 22.93%。

（三）贷款：

个人住房贷款：个人住房贷款最高额度 50 万元，其中，单缴存职工最高额度 40 万元，双缴存职工最高额度 50 万元。

2017 年，发放个人住房贷款 9789 笔 34.19 亿元，同比分别增长 0.40%、6.53%。

2017 年，回收个人住房贷款 11.75 亿元。

2017 年末，累计发放个人住房贷款 7.74 万笔 183.05 亿元，贷款余额 111.51 亿元，同比分别增长 14.49%、22.97%、25.20%。个人住房贷款余额占缴存余额的 95.41%，比上年增加 8.08 个百分点。

受委托办理住房公积金个人住房贷款业务的银行7家，与上年相比无变化。

（四）资金存储：2017年末，住房公积金存款7亿元。其中，活期0.12亿元，1年（含）以下定期0.35亿元，1年以上定期1.66亿元，其他（协定、通知存款等）4.87亿元。

（五）资金运用率：2017年末，住房公积金个人住房贷款余额占缴存余额的95.41%，比上年增加8.08个百分点。

三、主要财务数据

（一）业务收入：2017年，业务收入35785.69万元，同比增长14.60%。存款利息2268.05万元，委托贷款利息33517.27万元，其他0.37万元。

（二）业务支出：2017年，业务支出19876.28万元，同比增长14.03%。支付职工住房公积金利息16444.88万元，归集手续费1690.09万元，委托贷款手续费1675.88万元，其他65.43万元。

（三）增值收益：2017年，增值收益15909.41万元，同比增长15.33%。增值收益率1.46%，比上年增加0.03个百分点。

（四）增值收益分配：2017年，提取贷款风险准备金4488.86万元，提取管理费用3519万元，提取城市廉租住房（公共租赁住房）建设补充资金7901.55万元。

2017年，上交财政管理费用3634万元。上缴财政城市廉租住房（公共租赁住房）建设补充资金5642.54万元。

2017年末，贷款风险准备金余额22301.42万元。累计提取城市廉租住房（公共租赁住房）建设补充资金46718.03万元。

（五）管理费用支出：2017年，管理费用支出3470.93万元，同比增长6.63%。其中，人员经费1621.06万元，公用经费609.60万元，专项经费1240.27万元。

四、资产风险状况

个人住房贷款：2017年末，个人住房贷款逾期额1.5万元，逾期率0.001‰。

个人贷款风险准备金按贷款余额2%提取。2017年，提取个人贷款风险准备金4488.86万元。2017年末，个人贷款风险准备金余额22301.42万元，占个人住房贷款余额的2%，个人住房贷款逾期额与个人贷款风险准备金余额的比率为0.007%。

五、社会经济效益

（一）缴存业务：2017年，实缴单位数、实缴职工人数和缴存额同比分别增长0.27%、1.06%和13.64%。

缴存单位中，国家机关和事业单位占33.95%，国有企业占6.58%，城镇集体企业占2.61%，外商投资企业占3.93%，城镇私营企业及其他城镇企业占50.06%，民办非企业单位和社会团体占1.07%，其他占1.80%。

缴存职工中，国家机关和事业单位占25.47%，国有企业占12.12%，城镇集体企业占4.11%，外商投资企业占9.75%，城镇私营企业及其他城镇企业占47.21%，民办非企业单位和社会团体占0.39%，

其他占 0.95%；中、低收入占 96.36%，高收入占 3.64%。

新开户职工中，国家机关和事业单位占 9.35%，国有企业占 7.17%，城镇集体企业占 2.32%，外商投资企业占 13.34%，城镇私营企业及其他城镇企业占 65.31%，民办非企业单位和社会团体占 1.21%，其他占 1.30%；中、低收入占 99.52%，高收入占 0.48%。

（二）提取业务：2017 年，8.9 万名缴存职工提取住房公积金 20.20 亿元。

提取金额中，住房消费提取占 77.03%（购买、建造、翻建、大修自住住房占 27.67%，偿还购房贷款本息占 48.92%，租赁住房占 0.44%，其他占 0%）；非住房消费提取占 22.97%（离休和退休提取占 17.31%，完全丧失劳动能力并与单位终止劳动关系提取占 0.01%，户口迁出本市或出境定居占 0.70%，其他占 4.95%）。

提取职工中，中、低收入占 94.39%，高收入占 5.61%。

（三）贷款业务：

1. **个人住房贷款**：2017 年，支持职工购建房 81.59 万平方米，年末个人住房贷款市场占有率为 18.20%，比上年减少 0.25 个百分点。通过申请住房公积金个人住房贷款，可节约职工购房利息支出 67560.39 万元。

职工贷款笔数中，购房建筑面积 90（含）平方米以下占 30.83%，90~144（含）平方米占 52%，144 平方米以上占 17.17%。购买新房占 69.4%（其中购买保障性住房占 0.02%），购买存量商品住房占 30.60%。

职工贷款笔数中，单缴存职工申请贷款占 27.33%，双缴存职工申请贷款占 72.67%，没有三人及以上缴存职工共同申请贷款的。

贷款职工中，30 岁（含）以下占 27.79%，30 岁~40 岁（含）占 42.41%，40 岁~50 岁（含）占 23.12%，50 岁以上占 6.68%；首次申请贷款占 62.2%，二次及以上申请贷款占 37.8%；中、低收入占 94.58%，高收入占 5.42%。

2. **异地贷款**：2017 年，发放异地贷款 417 笔 15131.20 万元。2017 年末，发放异地贷款总额 31442.20 万元，异地贷款余额 29183.66 万元。

（四）住房贡献率：2017 年，个人住房贷款发放额、住房消费提取额的总和与当年缴存额的比率为 141.80%，比上年减少 13.28 个百分点。

六、其他重要事项

（一）当年住房公积金政策调整及执行情况：

1. **当年缴存基数限额及确定方法、缴存比例等缴存政策调整情况**。2017 年度职工住房公积金缴存基数按照职工本人 2016 年度月平均工资总额核定，下限不低于威海市最低工资标准，上限不高于威海市 2016 年度职工月平均工资的 3 倍。具体执行标准：最高缴存基数 14200 元，最低缴存基数 1810 元。

2017 年度职工和单位分别缴存住房公积金的比例不低于 8%，最高不高于 12%。缴存确有困难的单位，经本单位职工代表大会或工会会员代表讨论通过，并经市住房公积金管理中心审核，报市住房公积金管理委员会批准后，可申请降低缴存比例，原则不低于 5%，待单位经济效益好转后，再提高缴存比例或者补缴。

2. 当年提取政策调整情况。 5月4日发布了《关于暂停执行部分住房公积金政策的通知》（威住〔2017〕9号），调整了2项提取政策：一是暂停执行"缴存职工不使用住房公积金贷款的，购买普通自住住房后，可在取得有效购房凭证1年内，一次性同时提取职工本人及配偶、父母、子女的住房公积金"的规定，恢复执行"缴存职工不使用住房公积金贷款的，购买普通自住住房后，可在取得有效购房凭证1年内，一次性同时提取职工本人及配偶的住房公积金"规定。二是暂停执行"申请使用住房公积金个人贷款后，可在1年内一次性提取职工本人及配偶的住房公积金，用于支付的购房首付款"的规定。

3. 当年个人住房贷款最高贷款额度、贷款条件等贷款政策调整情况。 5月4日，发布了《关于暂停执行部分住房公积金政策的通知》（威住〔2017〕9号），调整了2项贷款政策：一是暂停执行"职工连续足额缴存住房公积金6个月（含）以上，可申请住房公积金个人住房贷款"的规定，恢复执行"职工连续足额缴存住房公积金12个月（含）以上，可申请住房公积金个人住房贷款"的规定。二是暂停执行"夫妻双方均符合贷款条件的职工家庭，最高贷款额度环翠区、高区、经区、临港区为60万元"的规定，恢复执行"借款人及配偶均符合住房公积金贷款条件，最高贷款额度为50万元"的规定。

9月1日，根据市政府办公室《关于加强市区房地产市场调控工作的意见》（威政办发〔2017〕13号），调整了4项贷款政策：一是提高首付比例，将首套住房公积金贷款首付比例由20%提高至30%，购买第二套房的公积金贷款首付比例不得低于40%。二是贷款额度不得超过住房公积金账户余额的20倍。三是不得向购买第三套以上住房及已经两次使用住房公积金贷款的缴存职工家庭发放住房公积金贷款。四是暂停发放异地住房公积金贷款。

4. 当年住房公积金存贷款利率执行标准。 2017年，职工住房公积金账户存款利率按照一年期定期存款基准利率执行。住房公积金贷款利率为五年以下2.75%，五年以上3.25%。

（二）当年服务改进情况：

1. 开展业务专项培训。 对133家缴存单位开展2场网上营业厅业务操作培训，同时广泛征求缴存单位和职工的意见建议，不断完善相关业务和系统流程。

2. 推进网上缴存业务。 截至2017年底，全市已有921家缴存单位签订了网上缴存业务，全年网上缴存公积金2.6亿元，进一步方便单位办理汇缴业务。

3. 简化审批流程，提高服务效率。 按照上级"放管服"改革要求，广泛开展与国土、民政、社保、公安等部门的信息共享利用，全面简化审批流程，单位11项缴存业务全部实现零跑腿办理，职工20项提取业务实现"只跑一次腿"办理。

4. 完善公积金综合服务平台。 全面完成门户网站、网上服务厅、微信、12329热线、12329短信、自助服务终端、手机APP、微博等综合服务平台八大渠道建设任务。2017年，共接听"12329"公积金服务热线39600个，接通率达98%；门户网站访问量达32万余次，回复在线留言4000件；微信、手机客户端访问量240万次；共向缴存职工发送服务类短信66万条。

（三）当年信息化建设情况： 按照住房城乡建设部"双贯标"的要求，结合管理中心信息系统的现状，完成"双贯标"项目建设方案，并顺利通过专家论证，为2018年按期完成系统建设任务打好了基础。同时为精简财务记账和提高科学管理水平，开发建设了财务多维总账系统，引入辅助核算项，将公积金管理中心的财务科目设置从多级简化为一到两级，实现财务核算简约化、财务分析和账务查询多维化。

（四）当年住房公积金管理中心及职工所获荣誉情况： 2017年市住房公积金管理中心被授予省级文明

单位；市区管理部被授予国家级青年文明号、省住房城乡建设系统先进集体；高区、荣成、文登3个管理部被授予省级青年文明号；市区、高区、荣成3个管理部被授予省级巾帼文明岗；经区、乳山、石岛3个管理部被授予市级青年文明号、市级巾帼文明岗；2名工作人员被评为全省住房城乡建设系统先进个人。

日照市住房公积金2017年年度报告

一、机构概况

（一）住房公积金管理委员会：住房公积金管委会有29名委员，2017年召开1次会议，审议通过的事项主要包括：《关于日照市2016年住房公积金归集、使用计划执行情况和2017年工作计划的报告》、《2016年住房公积金预算执行情况的报告》、《2016年住房公积金增值收益分配建议的报告》、《日照市住房公积金2016年年度报告》4个报告和《日照市住房公积金归集管理办法》、《日照市住房公积金提取管理办法》、《日照市个人住房公积金贷款管理办法》3个办法。

（二）住房公积金管理中心：日照市住房公积金管理中心为市政府直属管理的不以营利为目的全额事业单位，设4个科，6个管理部。从业人员84人，其中，在编47人，非在编37人。

二、业务运行情况

（一）缴存：2017年，新开户单位388家，实缴单位3056家，净增单位298家；新开户职工2.49万人，实缴职工20.02万人，净增职工1.28万人；缴存额28.18亿元，同比增长18.84%。2017年末，缴存总额151.67亿元，同比增长22.83%；缴存余额72.93亿元，同比增长16.30%。

受委托办理住房公积金缴存业务的银行5家，和上年比较没有增减变化。

（二）提取：2017年，提取额17.96亿元，同比增长15.96%；占当年缴存额的63.72%，比上年减少1.58个百分点。2017年末，提取总额78.73亿元，同比增长29.55%。

（三）贷款：

个人住房贷款：在本市东港区、日照经济技术开发区和山海天旅游度假区范围内购房的，个人住房贷款最高额度为50万元。其中，双职工家庭最高额度50万元，单职工家庭最高额度30万元；在本市其他区县范围内购房的，个人住房贷款最高额度为40万元，其中，双职工家庭最高额度40万元，单职工家庭最高额度25万元。

2017年，发放个人住房贷款0.63万笔19.27亿元，分别同比减少12.01%、11.45%。

2017年，回收个人住房贷款7.27亿元。

2017年末，累计发放个人住房贷款5.03万笔99.85亿元，贷款余额66.94亿元，同比分别增长14.26%、23.92%、21.85%。个人住房贷款余额占缴存余额的91.78%，比上年增加4.18个百分点。

受委托办理住房公积金个人住房贷款业务的银行5家，和上年比较没有增减变化。

（四）资金存储：2017年末，住房公积金存款额6.00亿元。其中，活期0.95亿元，1年（含）以下定期 4.7 亿元，1 年以上定期 0.35 亿元。

（五）**资金运用率**：2017 年末，住房公积金个人住房贷款余额、项目贷款余额和购买国债余额的总和占缴存余额的 91.78%，比上年增加 4.18 个百分点。

三、主要财务数据

（一）**业务收入**：2017 年，业务收入 25235.22 万元，同比增加 21.08%。其中，存款利息 5073.11 万元，委托贷款利息 20162.11 万元。

（二）**业务支出**：2017 年，业务支出 12559.22 万元，同比增加 53.48%。其中，支付职工住房公积金利息 10270.99 万元，委托贷款手续费 1008.11 万元，贴息补贴 1280.12 万元。

（三）**增值收益**：2017 年，增值收益 12676.00 万元，同比增长 0.13%。增值收益率 1.85%，比上年同期减少 0.25 个百分点。

（四）**增值收益分配**：2017 年，提取贷款风险准备金 2400.58 万元，提取管理费用 591.23 万元，提取城市廉租房（公共租赁住房）建设补充资金 9684.19 万元。

2017 年，上交财政管理费用 626.00 万元。上缴财政城市廉租房（公共租赁住房）建设补充资金 8940.53 万元。

2017 年末，贷款风险准备金余额 13387.11 万元。累计提取城市廉租房（公共租赁住房）建设补充资金 35968.64 万元。

（五）**管理费用支出**：2017 年，管理费用支出 1151.68 万元，同比增长 57.37%。其中，人员经费 423.28 万元，公用经费 79.15 万元，专项经费 649.25 万元。

四、资产风险状况

2017 年末，个人住房贷款逾期额 27.98 万元。个人住房贷款逾期率 0.04‰。

个人贷款风险准备金按贷款余额的 2% 提取。2017 年，提取个人贷款风险准备金 2400.58 万元，未使用个人贷款风险准备金核销呆坏账。2017 年末，个人贷款风险准备金余额 13387.11 万元，占个人住房贷款余额的 2%，个人贷款逾期额与个人贷款风险准备金余额的比率为 0.21%。

五、社会经济效益

（一）**缴存业务**：2017 年，实缴单位数、实缴职工人数和缴存额增长率分别为 10.80%、6.84% 和 18.84%。

缴存单位中，国家机关和事业单位占 42.02%，国有企业占 13.29%，城镇集体企业占 1.70%，外商投资企业占 2.88%，城镇私营企业及其他城镇企业占 26.60%，民办非企业单位和社会团体占 2.32%，其他占 11.19%。

缴存职工中，国家机关和事业单位占 36.15%，国有企业占 23.73%，城镇集体企业占 1.35%，外商投资企业占 5.12%，城镇私营企业及其他城镇企业占 28.97%，民办非企业单位和社会团体占 0.60%，其他占 4.08%。中低收入占 98.01%，高收入占 1.99%。

新开户职工中，国家机关和事业单位占 19.87%，国有企业占 16.94%，城镇集体企业占 2.06%，外

商投资企业占4.80%，城镇私营企业及其他城镇企业占51.30%，民办非企业单位和社会团体占0.95%，其他占4.08%。中低收入占99.61%，高收入占0.39%。

（二）提取业务：2017年，5.73万名缴存职工提取住房公积金17.96亿元。

提取的金额中，住房消费提取占85.08%（购买、建造、翻建、大修自住住房占39.44%，偿还购房贷款本息占44.52%，租赁住房、缴物业费和住宅专项维修资金等住房消费占1.12%）；非住房消费提取占14.92%（离休和退休提取占10.07%，完全丧失劳动能力并与单位终止劳动关系提取占3.82%，户口迁出本市或出境定居占0.33%，其他非住房消费提取占0.70%）。

提取职工中，中、低收入占97.09%，高收入占2.91%。

（三）贷款业务：

1. 个人住房贷款：2017年，支持职工购建房79.00万平方米，年末个人住房贷款市场占有率为17.04%，比上年同期减少0.18个百分点。通过申请个人住房贷款，为职工节省购房利息支出29955.69万元。

住房公积金贷款所购住房套数中，90（含）平方米以下占14.75%，90～144（含）平方米占66.67%，144平方米以上占18.58%；购买新房占75.99%，购买存量商品住房占24.01%。

职工贷款笔数中，单缴存职工申请贷款占53.15%，双缴存职工申请贷款占46.85%。

公积金贷款职工中，30岁（含）以下占23.90%，30岁～40岁（含）占41.45%，40岁～50岁（含）占26.49%，50岁以上占8.16%；首次申请贷款占82.33%，二次及以上申请贷款占17.67%；中、低收入占98.9%，高收入占1.1%。

2. 公转商贴息贷款：2017年，发放公转商贴息贷款2108笔82695.00万元，支持职工购建住房面积33.66万平方米，当年贴息额1280.12万元。累计发放贴息贷款2637笔103048.00万元，累计贴息额1280.12万元。

（四）住房贡献率：2017年，个人住房公积金贷款发放额、公转商贴息贷款发放额、项目贷款发放额、住房消费提取额的总和与当年缴存额的比率为151.95%，比上年减少3.32个百分点。

六、其他重要事项

（一）当年机构及职能调整情况：对内设机构进行了调整：市直管理部更名为市直管理一部，承担市直和山海天旅游度假区区域的单位和企业住房公积金服务工作；增设市直管理二部，承担日照市经济技术开发区区域的单位和企业住房公积金服务工作。

（二）当年住房公积金政策调整及执行情况：

1. 调整公积金缴存基数。日照市住房公积金管理中心《关于调整2017年度住房公积金缴存基数和核对缴存单位基础信息工作的通知》（日住金〔2017〕13号）规定，住房公积金月缴存基数上限为市统计部门公布的上年度职工月平均工资的3倍，下限为省政府公布的我市最低工资标准。据此2017年7月1日～2018年6月30日住房公积金月缴存基数，调整为最高限额14774元，最低限额1640元。

2. 提取方面政策调整。（1）扩大了提取人范围：对购房后不申请贷款的职工，提取范围从购房人本人、配偶扩大到了购房人父母、子女。（2）扩大了可提取情形范围：可提取情形从《住房公积金管理条例》规定的6大类扩展到了14大类。明确规定了新型社区购房、购买拆迁安置房、购买保障性住房、购买拍卖住房，在外地购买自住房、归还外地商业性住房贷款、归还外地公积金贷款、缴纳物业费、住宅专项维修资金等，都可以提取公积金。（3）扩大了租房可提取额度：年租房提取额度，由原来可提取年房租12000元以内超过家庭收入12%以上部分，增大到了年可提12000元。

3. **贷款方面政策调整**。（1）调整可贷额度计算方式。一是按照权利和义务对等原则，根据省政府《关于完善公积金管理体制扩大住房消费的指导意见》规定，取消贷款额与职工账户缴存余额挂钩的限制，增大已缴存时间系数，体现借款人贷款前缴存贡献。可贷额度计算方式由原来以缴存余额、月缴存额和可贷年限等因素综合计算，调整为主要以月缴存额、可贷年限和已缴存时间系数计算贷款额度。缴存时间系数，连续缴存时间6个月至1年（含1年）的，设为0.5，每增加1年，缴存时间系数增加0.1，最高为3。（2）优化贷款担保方式。一是按照住房城乡建设部等三部门《关于发展住房公积金个人住房贷款业务的通知》规定，贷款担保将原来以公积金缴存人信用为主调整为以所购住房抵押为主。二是优化缴存人担保资质，缴存人缴存公积金3年及以上、具有本市常住户籍才有担保资格；调整担保额度计算公式，降低担保额度。（3）实行差别化信贷政策。日照市住房公积金管理委员会印发《关于进一步规范和完善全市住房公积金管理的意见》（日公委发〔2017〕7号）规定：申请公积金贷款职工须满足已连续足额缴存住房公积金满12个月以上，且申请贷款时职工个人账户余额不低于12个月的缴存额的条件。首次申请住房公积金贷款的，首付款比例不低于30%；第二次申请住房公积金贷款的，首付款比例不低于40%。严格落实公积金贷款利率政策，购买第二套住房的公积金贷款利率按不低于同期首套住房公积金贷款利率的1.1倍执行。停止向已经使用过两次（含）以上住房公积金贷款的缴存职工家庭发放住房公积金贷款。

（三）当年服务改进情况：

1. 推出单位公积金缴存类业务、个人公积金查询类业务、委托按月还贷提取3项"零跑腿"服务事项。开办"委托按月还贷提取"业务，实现公积金还贷提取零跑腿，2017年末，已签约委托按月还贷提取12152人，约占存量贷款户数的40%，总提取额达8529万元，进一步方便了职工，减轻了借款家庭的还款压力。

2. 推出"提取申请表取消单位盖公章"、"异地贷款缴存证明开具"、"异地转移接续"3项"只跑一次腿"服务事项。

3. 推出"压减偿还商业性住房贷款本息提取材料"、"取消退休提取证明材料"2项"少跑腿"业务事项。

4. 推出"我来替你跑"上门服务事项，深入北京路威海路、港一区、山钢等大型生活区和企业提供公积金政策咨询和业务办理服务，2017年共计上门40余次，服务2400多人次。

5. 优化12329短信提醒，免费为职工推送提取资金到账、贷款还款到账、贷款发放到账、贷款还款失败等提醒短信。

6. 实施住房公积金增值服务，在确保数据信息安全的情况下，与浦发、中信、广大银行合作开展网络消费贷业务，解决职工消费资金需求。

7. 积极完善微信公众号功能，新增公积金和贷款信息实时查询、贷款额度计算、还款额计算等功能。截至2017年底，关注公众号的职工已达4万余人。

（四）当年信息化建设情况：

1. 于2017年6月底，接入全国住房公积金异地转移接续平台，职工可以直接在转入地住房公积金管理中心就近办理转移业务，公积金在全国范围内实现"账随人走，钱随账走"。

2. 按进度完成了住房城乡建设部公积金基础数据标准化及银行结算应用系统项目的部署上线工作，并于2017年6月开始，正式使用全国银行结算应用系统办理资金收支业务。日照属全省最早贯彻落实该项目三个地市之一，省住房城乡建设厅于5月份选择在日照召开该项目现场推进会。

3. 首次使用"桌面云终端技术"，在新成立的市直二部部署实施，提高了系统运行速度，方便了设备统一管理。

4. 升级改造办公区、区县管理部视频监控系统。

（五）当年住房公积金管理中心及职工所获荣誉情况：2017年顺利通过省级文明单位复查，并先后获得山东省征信业务劳动技能竞赛"优秀组织奖"、全省住房城乡建设系统先进集体、全市妇女工作先进单位等15项集体荣誉称号。

（六）其他需要披露的情况：2017年，配合市财政局从经费管理、预算执行、业务合规性、执行中央"八项规定"精神等方面对2016年度账务进行审计；配合省住房城乡建设厅从长效机制、资金安全管理、业务办理防控措施、其他防控措施等方面对廉政风险防控安排工作进行了全面检查。同时，严查公积金骗提行为，2017年查实公积金骗提案件3件，追回骗提资金18800元。

莱芜市住房公积金2017年年度报告

一、机构概况

（一）住房公积金管理委员会：住房公积金管理委员会有32名委员，2017年召开2次会议，审议通过的事项主要包括：调整管委会组成人员；听取住房公积金管理中心2016年度工作完成情况和2017年度计划；听取管委会成员意见和建议；调整公积金业务政策。

（二）住房公积金管理中心：莱芜市住房公积金管理中心为直属莱芜市人民政府的不以营利为目的的全额事业单位，目前中心内设5个科，下设2个管理部，1个分中心。市中心（含管理部）从业人员35人，其中，在编26人，非在编9人；莱钢分中心从业人员8人。

二、业务运行情况

（一）缴存：2017年，新开户单位102家，实缴单位970家，净增单位19家；新开户职工0.93万人，实缴职工10.15万人，净减少实缴职工0.24万人；缴存额14.99亿元，同比增长28.78%。2017年末，缴存总额108.57亿元，同比增长16.02%；缴存余额39.32亿元，同比增长18.26%。

受委托办理住房公积金缴存业务的银行7家，比上年没有变动。

（二）提取：2017年，提取额8.92亿元，同比下降60.98%；占当年缴存额的59.51%，比上年减少136.86个百分点。2017年末，提取总额69.25亿元，同比增长14.79%。

（三）贷款：

个人住房贷款：个人住房贷款最高额度40万元，其中，市中心单缴存职工最高额度40万元，双缴存职工最高额度 40 万元；莱钢分中心单职工最高额度 30 万元，双职工最高额度 40 万元。

2017 年，发放个人住房贷款 2606 笔 9.28 亿元，同比分别增长 59.78%、83.44%。其中，市中心发放个人住房贷款 2032 笔 7.62 亿元，莱钢分中心发放个人住房贷款 574 笔 1.66 亿元。

2017 年，回收个人住房贷款 2.46 亿元。其中，市中心 1.64 亿元，莱钢分中心 0.82 亿元。

2017 年末，累计发放个人住房贷款 22969 笔 42.35 亿元，贷款余额 19.28 亿元，同比分别增长 12.80%、28.08%、54.86%。个人住房贷款余额占缴存余额的 49.03%，比上年增加 11.57 个百分点。

受委托办理住房公积金个人住房贷款业务的银行 5 家，与上年相比没有变动。

（四）资金存储：2017 年末，住房公积金存款 20.90 亿元。其中，活期 12.92 亿元，1 年（含）以下定期 7.25 亿元，1 年以上定期 0.73 亿元。

（五）资金运用率：2017 年末，住房公积金个人住房贷款余额、项目贷款余额和购买国债余额的总和占缴存余额的 49.03%，比上年增加 11.57 个百分点。

三、主要财务数据

（一）业务收入：2017 年，业务收入 8002.53 万元，同比下降 33.40%。其中，市中心 4606.28 万元，莱钢分中心 3396.25 万元；存款利息 2990.51 万元，委托贷款利息 4985.75 万元，其他 26.27 万元。

（二）业务支出：2017 年，业务支出 4814.30 万元，同比下降 38.54%。其中，市中心 2715.53 万元，莱钢分中心 2098.77 万元；支付职工住房公积金利息 4582.90 万元，委托贷款手续费 230.74 万元，其他支出 0.66 万元。

（三）增值收益：2017 年，增值收益 3188.23 万元，同比下降 23.77%。其中，市中心 1890.75 万元，莱钢分中心 1297.48 万元；增值收益率 0.89%，比上年减少 0.70 个百分点。

（四）增值收益分配：2017 年，提取贷款风险准备金 1196.18 万元，提取管理费用 869.08 万元，提取城市廉租住房（公共租赁住房）建设补充资金 1122.97 万元。

2017 年，上交财政管理费用 930.64 万元。上缴财政城市廉租住房（公共租赁住房）建设补充资金 1503.38 万元。其中，市中心上缴 1503.38 万元。

2017 年末，贷款风险准备金余额 4093.97 万元。累计提取城市廉租住房（公共租赁住房）建设补充资金 11930.31 万元。其中，市中心提取 6611.26 万元，莱钢分中心提取 5319.05 万元。

（五）管理费用支出：2017 年，管理费用支出 930.64 万元，同比增长 28.30%。其中，人员经费 405.59 万元，公用经费 133.69 万元，专项经费 391.36 万元。

市中心管理费用支出 614.66 万元，其中，人员、公用、专项经费分别为 239.27 万元、104.03 万元、271.36 万元；莱钢分中心管理费用支出 315.98 万元，其中，人员、公用、专项经费分别为 166.32 万元、29.66 万元、120 万元。

四、资产风险状况

个人住房贷款：2017 年末，个人住房贷款逾期额 20.74 万元，逾期率 0.11‰。其中，市中心 0.07‰，莱钢分中心 0.27‰。

个人贷款风险准备金按贷款余额的 2% 提取。2017 年，提取个人贷款风险准备金 1196.18 万元，没有使用个人贷款风险准备金核销呆坏账。2017年末，个人贷款风险准备金余额4093.97万元，占个人住房贷款余额的2.12%，个人住房贷款逾期额与个人贷款风险准备金余额的比率为0.51%。

五、社会经济效益

（一）缴存业务：2017年，实缴单位数、实缴职工人数和缴存额同比分别增长2.00%、-2.31%和28.77%。

缴存单位中，国家机关和事业单位占48.87%，国有企业占10.52%，城镇集体企业占20.72%，城镇私营企业及其他城镇企业占18.14%，民办非企业单位和社会团体占0.82%，其他占0.93%。

缴存职工中，国家机关和事业单位占31.73%，国有企业占45.51%，城镇集体企业占8.67%，城镇私营企业及其他城镇企业占13.68%，民办非企业单位和社会团体占0.1%，其他占0.31%；中、低收入占97.58%，高收入占2.42%。

新开户职工中，国家机关和事业单位占4.40%，国有企业占33.10%，城镇集体企业占10.05%，城镇私营企业及其他城镇企业占51.44%，其他占1.01%；中、低收入占99.72%，高收入占0.28%。

（二）提取业务：2017年，4.95万名缴存职工提取住房公积金8.92亿元。

提取金额中，住房消费提取占62.10%（购买、建造、翻建、大修自住住房占37.59%，偿还购房贷款本息占20.31%，租赁住房占0.68%，其他占3.52%）；非住房消费提取占37.90%（离休和退休提取占18.22%，完全丧失劳动能力并与单位终止劳动关系提取占0.23%，其他占19.45%）。

提取职工中，中、低收入占98.66%，高收入占1.34%。

（三）贷款业务：

1. **个人住房贷款**：2017年，支持职工购建房26.32万平方米，年末个人住房贷款市场占有率为19.69%，比上年增加0.4个百分点。通过申请住房公积金个人住房贷款，可节约职工购房利息支出15632.79万元。

职工贷款笔数中，购房建筑面积90（含）平方米以下占16.81%，90~144（含）平方米占63.16%，144平方米以上占20.03%。购买新房79.16%（其中购买保障性住房占0.08%），购买存量商品住房占20.72%，其他占0.12%。职工贷款笔数中，单缴存职工申请贷款占48.66%，双缴存职工申请贷款占51.34%。

贷款职工中，30岁（含）以下占18.73%，30岁~40岁（含）占43.78%，40岁~50岁（含）占30.24%，50岁以上占7.25%；首次申请贷款占80.62%，二次及以上申请贷款占19.38%；中、低收入占98.20%，高收入占1.8%。

2. **异地贷款**：2017年，发放异地贷款186笔6590万元。2017年末，发放异地贷款总额34733.20万元，异地贷款余额15487.75万元。

（四）住房贡献率：2017年，个人住房贷款发放额、公转商贴息贷款发放额、项目贷款发放额、住房消费提取额的总和与当年缴存额的比率为98.89%，比上年减少22.74个百分点。

六、其他重要事项

（一）当年机构及职能调整情况：市房地产管理局所属的市住房公积金管理委员会办公室划归市住房

公积金管理中心管理，编制3人。

(二) **当年住房公积金政策调整及执行情况**：

1. **缴存基数限额及缴存比例**。2017年，我市单位和职工月缴存住房公积金基数，最低不低于山东省人民政府公布的莱芜地区最低月工资标准1640元，最高基数不高于市统计部门公布的上年度我市在职职工月平均工资4584.5元的3倍即13753.5元。我市行政区域范围内单位和职工住房公积金缴存比例不得低于各5%，不得高于各12%。各单位比例调整时，需报市住房公积金管理中心审批。

2. **提取政策调整情况**。职工取得规定购房手续1年内可办理住房公积金提取，同一职工同一套房屋限提取一次；取消购买商品住房可提又可贷的规定，调整偿还购房贷款提取政策，提取额不超过上年度还款本息总额，选择组合贷款的，提取额不超过上年度住房公积金贷款还款本息与商业性住房贷款本息总额；职工已办理个人住房公积金贷款的，不得申请除偿还公积金贷款本息以外的其他类型提取；支持租房提取，职工连续足额缴存住房公积金满3个月，本人及配偶在我市无自有住房且租赁住房的，可按年提取住房公积金支付房租；规范其他提取政策。取消原住房装修提取、大学生学杂费提取。

3. **个人住房贷款政策调整情况**。调整住房公积金贷款（含异地贷款）最高额度，由50万元调整到40万元；取得符合条件的购房手续1年内可办理住房公积金贷款；调整公积金贷款购房首付款比例，购买首套房的住房公积金贷款首付款比例不得低于30%，购买第二套房的住房公积金贷款首付比例不得低于40%，不得向购买第三套及以上住房或已经两次使用住房公积金贷款的缴存职工家庭发放住房公积金个人住房贷款；公积金贷款向首套房倾斜，出现住房公积金贷款轮候时，首套房贷款者优先。

(三) **信息化建设情况**：将"双贯标"及综合服务平台建设工作列为2017年信息化工作的重点，与中心业务系统建设相结合，形成了在业务系统建设中同步实现"双贯标"要求及综合服务平台建设的工作总思路。2017年10月完成相关项目的招标工作，业务项目及综合服务平台建设工作正式展开，有序推进。

(四) **所获荣誉情况**：市中心被莱芜市文明委员会评为市级文明单位，莱钢分中心被莱钢集团评为十佳文明窗口、巾帼建功岗。

临沂市住房公积金2017年年度报告

一、机构概况

(一) **住房公积金管理委员会**：临沂市住房公积金管理委员会有33名委员，2017年召开一次会议，审议通过的事项主要包括：《2016年度临沂市住房公积金工作报告》、《临沂市住房公积金管理委员会2017年第一次全体会议决议》和2017年度住房公积金归集、使用计划。

(二) **住房公积金管理中心**：临沂市住房公积金管理中心为隶属市政府的不以营利为目的的正县级事业单位，设6个科室（综合科、计会科、贷款管理科、征管科、督查科、业务科），11个管理部（兰山、罗庄、河东、郯城、兰陵、莒南、蒙阴、平邑、费县、沂南、临沭），1个分中心（沂水）。从业人员184人，其中，在编82人，非在编102人。

二、业务运行情况

（一）**缴存**：2017年，新开户单位812家，实缴单位5413家，净增单位590家；新开户职工5.6万人，实缴职工60.74万人，净增职工3.10万人；缴存额69.29亿元，同比增长37.52%。2017年末，缴存总额323.45亿元，同比增长27.26%；缴存余额165.56亿元，同比增长27.36%。

受委托办理住房公积金缴存业务的银行6家，与上年一致。

（二）**提取**：2017年，提取额33.72亿元，同比增长14.54%；占当年缴存额的48.66%，比上年减少9.76个百分点。2017年末，提取总额157.89亿元，同比增长27.16%。

（三）**贷款**：

个人住房贷款：个人住房贷款最高额度50万元，其中，单缴存职工最高额度50万元，双缴存职工最高额度50万元。

2017年，发放个人住房贷款2.32万笔87.53亿元，同比分别增长17.58%、41.98%。

2017年，回收个人住房贷款49.17亿元。

2017年末，累计发放个人住房贷款15.48万笔321.27亿元，贷款余额148.59亿元，同比分别增长17.63%、37.45%、34.8%。个人住房贷款余额占缴存余额的89.75%，比上年增加4.95个百分点。

受委托办理住房公积金个人住房贷款业务的银行5家，与上年一致。

（四）**资金存储**：2017年末，住房公积金存款17.27亿元。其中，活期0.28亿元，1年（含）以下定期7.8亿元，1年以上定期3.9亿元，其他（协定、通知存款等）5.29亿元。

（五）**资金运用率**：2017年末，住房公积金个人住房贷款余额、项目贷款余额和购买国债余额的总和占缴存余额的89.75%，比上年增加4.95个百分点。

三、主要财务数据

（一）**业务收入**：2017年，业务收入57479.38万元，同比增长29.61%。存款利息13456.54万元，委托贷款利息41129.43万元，其他2893.41万元。

（二）**业务支出**：2017年，业务支出38179.40万元，同比增长35.29%。支付职工住房公积金利息33975.12万元，归集手续费2146.29万元，委托贷款手续费2056.47万元，其他1.52万元。

（三）**增值收益**：2017年，增值收益19299.98万元，同比增长19.67%。增值收益率1.33%，比上年减少0.01个百分点。

（四）**增值收益分配**：2017年，提取贷款风险准备金7672.85万元，提取管理费用2362.00万元，提取城市廉租住房（公共租赁住房）建设补充资金9265.13万元。

2017年，上交财政管理费用2362.00万元。上缴财政城市廉租住房（公共租赁住房）建设补充资金8792.69万元。

2017年末，贷款风险准备金余额29718.33万元。累计提取城市廉租住房（公共租赁住房）建设补充资金83760.65万元。

（五）**管理费用支出**：2017年，管理费用支出2030.07万元，同比增长14.33%。其中，人员经费1448.13万元，公用经费175.28万元，专项经费406.66万元。

四、资产风险状况

个人住房贷款：2017年末，个人住房贷款逾期额0元，逾期率为0。

个人贷款风险准备金按贷款余额的2%提取。2017年，提取个人贷款风险准备金7672.84万元，当年未发生使用个人贷款风险准备金核销呆坏账情况。2017年末，个人贷款风险准备金余额29718.33万元，占个人住房贷款余额的2%，个人住房贷款逾期额与个人贷款风险准备金余额的比率为0。

五、社会经济效益

（一）**缴存业务**：2017年，实缴单位数、实缴职工人数和缴存额同比分别增长12.23%、5.38%和37.52%。

缴存单位中，国家机关和事业单位占41.57%，国有企业占10.1%，城镇集体企业占5.99%，外商投资企业占1.98%，城镇私营企业及其他城镇企业占24.11%，民办非企业单位和社会团体占2.36%，其他占13.89%。

缴存职工中，国家机关和事业单位占44.35%，国有企业占17.19%，城镇集体企业占10.91%，外商投资企业占4.24%，城镇私营企业及其他城镇企业占15.8%，民办非企业单位和社会团体占1.45%，其他占6.06%；中、低收入占99.08%，高收入占0.92%。

新开户职工中，国家机关和事业单位占13.08%，国有企业占15.82%，城镇集体企业占1.01%，外商投资企业占1.50%，城镇私营企业及其他城镇企业占27.89%，民办非企业单位和社会团体占1.84%，其他占38.86%；中、低收入占99.5%，高收入占0.5%。

（二）**提取业务**：2017年，11.7万名缴存职工提取住房公积金33.72亿元。

提取金额中，住房消费提取占73.77%（购买、建造、翻建、大修自住住房占26.56%，偿还购房贷款本息占45.61%，租赁住房占1.04%，其他占0.57%）；非住房消费提取占26.23%（离休和退休提取占15.0%，完全丧失劳动能力并与单位终止劳动关系提取占0.08%，户口迁出本市或出境定居占0.23%，其他占10.91%）。

提取职工中，中、低收入占98.51%，高收入占1.49%。

（三）**贷款业务**：

1. **个人住房贷款**：2017年，支持职工购建房309.68万平方米，年末个人住房贷款市场占有率为11.17%，比上年增加0.15个百分点。通过申请住房公积金个人住房贷款，可节约职工购房利息支出266350.69万元。

职工贷款笔数中，购房建筑面积90（含）平方米以下占5.49%，90~144（含）平方米占59.08%，144平方米以上占35.43%。购买新房占86.54%（其中购买保障性住房占0.26%），购买存量商品住房占13.45%，建造、翻建、大修自住住房占0.01%。

职工贷款笔数中，单缴存职工申请贷款占27.0%，双缴存职工申请贷款占73.0%，无三人及以上缴存职工共同申请贷款情况。

贷款职工中，30岁（含）以下占31.44%，30岁~40岁（含）占39.32%，40岁~50岁（含）占22.92%，50岁以上占6.32%；首次申请贷款占86.35%，二次及以上申请贷款占13.65%；中、低收入占 98.88%，高收入占 1.12%。

2. **异地贷款**：2017年，发放异地贷款1968笔73150.0万元。2017年末，发放异地贷款总额114697.0万元，异地贷款余额90231.52万元。

（四）**住房贡献率**：2017年，个人住房贷款发放额、公转商贴息贷款发放额、项目贷款发放额、住房消费提取额的总和与当年缴存额的比率为162.23%，比上年减少5.58个百分点。

六、其他重要事项

（一）当年住房公积金政策调整及执行情况：

1. **缴存政策调整情况**：一是调整了缴存基数。自2017年7月1日起，临沂市职工住房公积金月缴存基数按照本人2016年度月平均工资总额核定。2017年度住房公积金最高月缴存基数为15009元；最低月缴存基数市辖区为1640元，九县为1470元。单位和职工缴存比例不得高于各12%，困难企业调低缴存比例需经职工代表大会或工会讨论通过后，并经市住房公积金管理中心审核，最低不得低于各5%。二是简化了缴存登记手续。自2017年10月1日起，企业单位在设立住房公积金缴存账户时，可不再提供营业执照、法人身份证、授权书。

2. **提取政策调整情况**：2017年12月20日，市住房公积金管理中心印发了《关于简化住房公积金提取手续的通知》，自2018年1月1日起，进一步简化了提取手续：一是取消职工提取住房公积金业务单位盖章环节。职工持本人身份证及相关提取证明材料，到缴存所在地住房公积金管理中心业务窗口当面填写申请表办理提取。二是提取住房公积金偿还住房公积金贷款的，取消《跨县区提取住房公积金还贷通知单》。职工持本人身份证及相关提取证明材料，到缴存所在地住房公积金管理中心业务窗口申请提取。

3. **贷款政策调整情况**：按照中央"房子是用来住的，不是用来炒的"定位和省、市有关政策，2017年12月6日，市住房公积金管委会印发了《关于调整住房公积金贷款有关政策的通知》（临住管字〔2017〕2号），自2018年1月1日起，对部分贷款政策作出调整：一是调整住房公积金贷款首付比例，首次申请住房公积金贷款的，最低首付比例由20%调整为30%；第二次申请住房公积金贷款的，最低首付比例由20%调整为40%。二是恢复倍数法确定贷款额度，住房公积金贷款额度不得高于借款申请人及配偶住房公积金账户正常缴存余额的15倍。三是异地住房公积金贷款政策暂停执行，在临沂市范围内没有缴存住房公积金，在我市购房的，不再受理其住房公积金贷款申请。贷款最高额度仍为50万元，其他贷款政策未作调整。

4. **存贷款利率执行标准情况**：当年存贷款利率未作调整。职工住房公积金账户存款利率，按一年期定期存款基准利率1.5%执行。首次贷款的，五年期以下（含五年）执行2.75%的年利率，五年期以上执行3.25%的年利率。二次贷款利率按照首次贷款利率的1.1倍执行。

（二）当年服务改进情况：

1. **实现了住房公积金事项"整链条"办理**。严格落实《临沂市住房公积金事项"整链条"办理实施方案》（临政办发〔2017〕179号），建立了住房公积金业务办理信息跨部门查询和容缺办理机制，市住房公积金管理中心业务科（市直服务大厅）与民政、人社、国土、房产等部门实现了信息共享，服务质效进一步提升。

2. **启动了住房公积金行业文明创建工作**。按照省住房城乡建设厅统一部署安排，4月份，深入开展了住房公积金政策宣传月活动，有效提高了制度的社会知晓度。莒南县、临沭县等管理部入驻了当地的政务服务中心，实现了"一窗受理、一站办公"。

3. **进一步拓宽了服务渠道**。门户网站新增了住房公积金账单、贷款审批、贷款余额等便民查询功能，开通了政务微博、微信等，按要求接入了全国住房公积金异地转移接续平台，市直服务大厅开通了自助语音服务系统，24小时全天候提供政策咨询服务。在市委督查落实委员会通报的全市12345热线年度考核中，位列第7名。

（三）**当年信息化建设情况**：按照住房城乡建设部"双贯标"（《住房公积金基础数据标准》、《住房公积金银行结算数据应用系统与公积金中心接口标准》）要求，成立了专项工作领导小组和6个职能组，积极推动建设贯标系统。2018年6月底前，将全面完成"双贯标"工作。

（四）**当年住房公积金管理中心及职工所获荣誉情况**：临沂市住房公积金管理中心顺利通过省级文明单位复查验收。业务科（市直服务大厅）被省人社厅、省住房城乡建设厅、省公务员局授予"全省住房城乡建设系统先进集体"荣誉称号，被市总工会授予临沂市"工人先锋号"荣誉称号。兰山区、罗庄区管理部分别荣获市直"三八红旗集体"、"工人先锋号"荣誉称号。1名同志被授予"全省住房城乡建设系统先进个人"荣誉称号，并记三等功。1名同志被授予"临沂市三八红旗手"荣誉称号。

德州市住房公积金2017年年度报告

一、机构概况

（一）**住房公积金管理委员会**：住房公积金管理委员会有27名委员，2017年召开2次会议，审议通过的事项主要包括：德州市住房公积金管理委员会章程、关于调整德州市住房公积金使用政策的决定。

（二）**住房公积金管理中心**：住房公积金管理中心为隶属市政府不以营利为目的的参公事业单位，设5个处（科），12个管理部，0个分中心。从业人员107人，其中，在编71人，非在编36人。

二、业务运行情况

（一）**缴存**：2017年，新开户单位825家，实缴单位4513家，净增单位721家；新开户职工3.76万人，实缴职工35.22万人，净增职工2.1万人；缴存额28.89亿元，同比增16.82%。2017年末，缴存总额138.81亿元，同比增长26.28%；缴存余额86.67亿元，同比增长19.25%。

受委托办理住房公积金缴存业务的银行5家，比上年增加0家。

（二）**提取**：2017年，提取额14.90亿元，同比增长18.09%；占当年缴存额的51.57%，比上年增加0.56个百分点。2017年末，提取总额52.14亿元，同比增长40.01%。

（三）**贷款**：

个人住房贷款：个人住房贷款最高额度40万元，其中，单缴存职工最高额度30万元，双缴存职工最高额度40万元。

2017年，发放个人住房贷款0.89万笔24.81亿元，同比分别增长3.34%、5.13%。

2017年，回收个人住房贷款10.16亿元。

2017年末，累计发放个人住房贷款4.59万笔106.71亿元，贷款余额71.54亿元，同比分别增长23.92%、30.29%、25.75%。个人住房贷款余额占缴存余额的82.54%，比上年增加4.27个百分点。

受委托办理住房公积金个人住房贷款业务的银行6家，比上年增加1家。

（四）资金存储：2017年末，住房公积金存款17.50亿元。其中，活期1.65亿元，1年（含）以下定期12.81亿元，1年以上定期3.04亿元，其他（协定、通知存款等）0亿元。

（五）资金运用率：2017年末，住房公积金个人住房贷款余额占缴存余额的82.54%，比上年增加4.27个百分点。

三、主要财务数据

（一）业务收入：2017年，业务收入26764.25万元，同比增长15.99%。其中，存款利息5590.84万元，委托贷款利息21173.41万元，其他0万元。

（二）业务支出：2017年，业务支出12708.15万元，同比增长14.21%。其中，支付职工住房公积金利息11754.91万元，归集手续费0万元，委托贷款手续费949.20万元，其他4.04万元。

（三）增值收益：2017年，增值收益14056.10万元，同比增长17.64%。增值收益率1.77%，比上年减少0.02个百分点。

（四）增值收益分配：2017年，提取贷款风险准备金2929.07万元，提取管理费用1068万元，提取城市廉租住房（公共租赁住房）建设补充资金10059.03万元。

2017年，上交财政管理费用482.47万元。上缴财政城市廉租住房（公共租赁住房）建设补充资金8338.48万元。

2017年末，贷款风险准备金余额14307.43万元。累计提取城市廉租住房（公共租赁住房）建设补充资金41897.83万元。

（五）管理费用支出：2017年，管理费用支出1352.08万元，同比下降13.54%。其中，人员经费989.66万元，公用经费76.14万元，专项经费286.28万元。

四、资产风险状况

个人住房贷款：2017年末，个人住房贷款逾期额0万元，逾期0‰。

个人贷款风险准备金按贷款余额的2%提取。2017年，提取个人贷款风险准备金2929.07万元，使用个人贷款风险准备金核销呆坏账0万元。2017年末，个人贷款风险准备金余额14307.43万元，占个人住房贷款余额的2%，个人住房贷款逾期额与个人贷款风险准备金余额的比率为0%。

五、社会经济效益

（一）缴存业务：2017年，实缴单位数、实缴职工人数和缴存额同比分别增长19.01%、6.34%和16.82%。

缴存单位中，国家机关和事业单位占50.05%，国有企业占28.07%，城镇集体企业占2.04%，外商

投资企业占 0.49%，城镇私营企业及其他城镇企业占 14.47%，民办非企业单位和社会团体占 0.51%，其他占 4.37%。

缴存职工中，国家机关和事业单位占 47.29%，国有企业占 40.09%，城镇集体企业占 1.07%，外商投资企业占 1.1%，城镇私营企业及其他城镇企业占 8.86%，民办非企业单位和社会团体占 0.13%，其他占 1.46%；中、低收入占 99.08%，高收入占 0.92%。

新开户职工中，国家机关和事业单位占 33.22%，国有企业占 32.71%，城镇集体企业占 2.85%，外商投资企业 3.35%，城镇私营企业及其他城镇企业占 20.49%，民办非企业单位和社会团体占 0.1%，其他占 7.28%；中、低收入占 99.9%，高收入占 0.1%。

（二）**提取业务**：2017 年，7.20 万名缴存职工提取住房公积金 14.90 亿元。

提取金额中，住房消费提取占 75.47%（购买、建造、翻建、大修自住住房占 33.84%，偿还购房贷款本息占 38.74%，租赁住房占 2.18%，其他占 0.71%）；非住房消费提取占 24.53%（离休和退休提取占 19.24%，完全丧失劳动能力并与单位终止劳动关系提取占 3.66%，户口迁出本市或出境定居占 0.88%，其他占 0.75%）。

提取职工中，中、低收入占 99.41%，高收入占 0.59%。

（三）**贷款业务**：

1. **个人住房贷款**：2017 年，支持职工购建房 122.85 万平方米，年末个人住房贷款市场占有率为 13.1%，比上年减少 0.41 个百分点。通过申请住房公积金个人住房贷款，可节约职工购房利息支出 48243 万元。

职工贷款笔数中，购房建筑面积 90（含）平方米以下占 13.2%，90～144（含）平方米占 78%，144 平方米以上占 8.8%。购买新房占 82.05%，购买存量商品住房占 17.95%。

职工贷款笔数中，单缴存职工申请贷款占 20.45%，双缴存职工申请贷款占 79.55%。

贷款职工中，30 岁（含）以下占 30.25%，30 岁～40 岁（含）占 37.67%，40 岁～50 岁（含）占 24.87%，50 岁以上占 7.21%；首次申请贷款占 99.65%，二次及以上申请贷款占 0.35%；中、低收入占 95.01%，高收入占 4.99%。

2. **异地贷款**：2017 年，发放异地贷款 422 笔 11849 万元。2017 年末，发放异地贷款总额 25584 万元，异地贷款余 23033 万元。

（四）**住房贡献率**：2017 年，个人住房贷款发放额、住房消费提取额的总和与当年缴存额的比率为 124.79%，比上年减少 10.51 个百分点。

六、其他重要事项

（一）**当年机构及职能调整情况、受委托办理缴存贷款业务金融机构变更情况**：2017 年 8 月，市管理中心新增设审计稽核科、经济技术开发区管理部，增强中心内控审计能力，降低风险，提升服务水平。

（二）**当年住房公积金政策调整及执行情况**：2017 年度住房公积金最高月缴存基数为 15686 元。按照单位和职工缴存住房公积金的最高缴存比例不得超过各 12% 的要求，月最高缴存额为 3764.64 元。最低月缴存基数为 1470 元，职工月工资低于 1470 元的也按 1470 元执行，按照单位和职工缴存住房公积金的最低缴存比例不低于各 5% 的要求，2017 年度月最低缴存额为 147 元。

根据省、市房地产市场调控工作部署，迅速行动，召开管委会会议，审议通过了《关于调整德州市住房公积金使用政策的决定》，调整贷款、提取政策，提高首付比例并严禁第三套房的贷款、提取，同时"认房又认贷"，有效抑制了炒房行为。制定《关于规范、调整住房公积金提取审核条件的暂行规定》，取消3类非住房消费类提取，有力支持了租房消费。

制定组合贷款实施细则，在全市执行商业银行贷款加住房公积金贷款的政策，积极开展异地贷款业务。

简化业务办理手续。取消二手房贷款评估，积极与担保公司协商设置担保费用上限，贷款申请减少收入证明、德州地区外房产证明等材料5种，减少评估审批环节1个，贷款审批资料瘦身为一张表，由借款人自主选择银行。同时制定实施《业务受托银行综合评价意见》，从服务态度、办理时限等方面促进受托银行提速增效，公积金贷款审批时限压缩至10个工作日；在借款人及配偶和剩余担保人的公积金账户余额之和不低于贷款余额的情况下，允许部分担保人使用公积金，实行自然人担保的，可变更为担保公司担保；销户类提取在单位注明封存原因的前提下，可实现零资料提取；缴存开户手续大幅简化，现在仅需填写汇缴清册、汇缴总表。服务流程的优化大大方便了群众。

（三）当年服务改进情况：增设运河开发区服务大厅，设立6个办事窗口，可办理公积金全部业务，形成了贯通东西的服务网络。

建设了12329热线平台，增设人工坐席，规范热线受理，提高热线接通率。加上12345市民热线系统受理咨询，承载力成倍增长。同时，开通12329短信平台，可及时向职工发送结息、冲抵、逾期提醒等信息。

接入全国公积金异地转移接续平台，跨地区转移公积金实现了数据多跑路、群众少跑腿，异地转移接续公积金可实现实时转移，保证数据安全的同时方便职工使用。

开通微信公众号，推送政策信息同时实现自助查询，足不出户了解公积金政策变动。

（四）当年信息化建设情况：双贯标工作软件开发已经完成，结算平台系统向住房城乡建设部报送了测试方案；网上服务大厅建设工作已经起步，初步具备了查询、在线咨询等功能，为下一步功能全覆盖打下了基础。

（五）当年住房公积金管理中心及职工所获荣誉情况：2017年，获得省级文明单位、省住建系统先进集体、德州市协同发展综合考评二等奖、德州市五一劳动奖章等荣誉称号，1名同志被评为省住建系统先进个人。

聊城市住房公积金2017年年度报告

一、机构概况

（一）**住房公积金管理委员会**：住房公积金管理委员会共有28名委员，2017年召开1次会议，审议通过的事项主要包括：2017年度住房公积金归集、使用计划执行情况，并对其他重要事项进行决策，主要包括《聊城市住房公积金个体工商户和自由职业者缴存使用管理办法》、《关于调整2017年度住房公积金月缴存额上下限的通知》、《关于调整住房公积金贷款、提取有关政策的通知》等。

（二）**住房公积金管理中心**：聊城市住房公积金管理中心为直接隶属市政府不以营利为目的的正县级公益一类事业单位，设7个科，10个管理部。从业人员110人，其中，在编41人，非在编69人。

二、业务运行情况

（一）**缴存**：2017年，新开户单位359家，实缴单位4007家；新开户职工2.64万人，实缴职工37.18万人，净增职工0.57万人；缴存额28.10亿元，同比增长15.31%。2017年末，缴存总额170.77亿元，同比增长19.69%；缴存余额109.20亿元，同比增长12.55%。

受委托办理住房公积金缴存业务的银行4家，和上年一样。

（二）**提取**：2017年，提取额15.92亿元，同比增长14.92%；占当年缴存额的56.65%，比上年减少0.19个百分点。2017年末，提取总额61.57亿元，同比增长34.88%。

（三）**贷款**：

个人住房贷款：个人住房贷款最高额度50万元，其中，单缴存职工最高额度50万元，双缴存职工最高额度50万元。

2017年，发放个人住房贷款9175笔30.32亿元，同比分别增长16.26%、22.57%。

2017年，回收个人住房贷款11.51亿元。

2017年末，累计发放个人住房贷款10.30万笔155.38亿元，贷款余额81.30亿元，同比分别增长9.77%、24.25%、30.1%。个人住房贷款余额占缴存余额的74.45%，比上年增加10.04个百分点。

受委托办理住房公积金个人住房贷款业务的银行4家，和上年一样。

（四）**资金存储**：2017年末，住房公积金存款28.66亿元。其中，活期0.02亿元，1年（含）以下定期2.88亿元，1年以上定期21.17亿元，其他（协定、通知存款等）4.59亿元。

（五）**资金运用率**：2017年末，住房公积金个人住房贷款余额占缴存余额的74.45%，比上年增加10.04个百分点。

三、主要财务数据

（一）**业务收入**：2017年，业务收入33582.41万元，同比增长6.83%。其中，存款利息10203.41万元，委托贷款利息23379.00万元。

（二）**业务支出**：2017年，业务支出15933.84万元，同比增长25.15%。支付职工住房公积金利息15224.16万元，归集手续费0万元，委托贷款手续费696.62万元，其他13.06万元。

（三）**增值收益**：2017年，增值收益17648.57万元，同比下降5.64%。增值收益率1.71%，比上年减少0.34个百分点。

（四）**增值收益分配**：2017年，提取贷款风险准备金3760.68万元，提取管理费用1404.89万元，提取城市廉租住房（公共租赁住房）建设补充资金12483万元。

2017年，上交财政管理费用2555万元。上缴财政城市廉租住房（公共租赁住房）建设补充资金13210万元。

2017 年末，贷款风险准备金余额 16263.88 万元。累计提取城市廉租住房（公共租赁住房）建设补充资金 76420.60 万元。

（五）管理费用支出：2017 年，管理费用支出 1840.03 万元，同比增长 0.49%。其中，人员经费 593.85 万元，公用经费 1000 万元，专项经费 246.18 万元。

四、资产风险状况

个人住房贷款：2017 年末，个人住房贷款逾期额 458.6 万元，逾期率 0.56‰。

个人贷款风险准备金按贷款余额的 2% 提取。2017 年，提取个人贷款风险准备金 3760.68 万元。2017 年末，个人贷款风险准备金余额 16263.88 万元，占个人住房贷款余额的 2%，个人住房贷款逾期额与个人贷款风险准备金余额的比率为 2.82%。

五、社会经济效益

（一）缴存业务：2017 年，实缴单位数、实缴职工人数和缴存额同比分别增长 11.06%、1.57% 和 15.31%。

缴存单位中，国家机关和事业单位占 48.86%，国有企业占 7.94%，城镇集体企业占 6.89%，外商投资企业占 0.57%，城镇私营企业及其他城镇企业占 20.74%，民办非企业单位和社会团体占 0.52%，其他占 14.48%。

缴存职工中，国家机关和事业单位占 45.02%，国有企业占 14.48%，城镇集体企业占 2.14%，外商投资企业占 1.04%，城镇私营企业及其他城镇企业占 26.09%，民办非企业单位和社会团体占 0.40%，其他占 10.83%；中、低收入占 98.65%，高收入占 1.35%。

新开户职工中，国家机关和事业单位占 25.62%，国有企业占 13.78%，城镇集体企业占 4.98%，外商投资企业占 1.23%，城镇私营企业及其他城镇企业占 19.61%，民办非企业单位和社会团体占 0.34%，其他占 34.44%；中、低收入占 99.59%，高收入占 0.41%。

（二）提取业务：2017 年，3.8 万名缴存职工提取住房公积金 15.92 亿元。

提取金额中，住房消费提取占 73.81%（购买、建造、翻建、大修自住住房占 35.37%，偿还购房贷款本息占 27.12%，租赁住房占 0.27%，其他占 11.05%）；非住房消费提取占 26.19%（离休和退休提取占 19.75%，完全丧失劳动能力并与单位终止劳动关系提取占 4.81%，户口迁出本市或出境定居占 0.55%，其他占 1.08%）。

提取职工中，中、低收入占 99.55%，高收入占 0.45%。

（三）贷款业务：

1. **个人住房贷款**：2017 年，支持职工购建房 114.32 万平方米，年末个人住房贷款市场占有率为 18.69%，比上年减少 0.96 个百分点。通过申请住房公积金个人住房贷款，可节约职工购房利息支出 4.72 亿元。

职工贷款笔数中，购房建筑面积 90（含）平方米以下占 8.93%，90～144（含）平方米占 71.06%，144 平方米以上占 20.01%。购买新房占 85.56%（其中购买保障性住房占 0.02%），购买存量商品住房占 14.13%，其他占 0.31%。

职工贷款笔数中,单缴存职工申请贷款占 14.44%,双缴存职工申请贷款占 84.65%,三人及以上缴存职工共同申请贷款占 0.91%。

贷款职工中,30 岁(含)以下占 20.14%,30 岁~40 岁(含)占 45.21%,40 岁~50 岁(含)占 26.4%,50 岁以上占 8.25%;首次申请贷款占 94.20%,二次及以上申请贷款占 5.80%;中、低收入占 95.75%,高收入占 4.25%。

2. **异地贷款**:2017 年,发放异地贷款 621 笔 22024.6 万元。2017 年末,发放异地贷款总额 37458.3 万元,异地贷款余额 35308.98 万元。

(四)**住房贡献率**:2017 年,个人住房贷款发放额、住房消费提取额的总和与当年缴存额的比率为 164.59%,比上年增加 19.80 个百分点。

六、其他重要事项

(一)当年缴存基数限额及确定方法、缴存比例调整情况:

1. 当年公积金最高缴存基数和最低缴存基数。本市职工住房公积金最高缴存基数为聊城市统计局公布的 2016 年度在岗职工月平均工资的 3 倍,即 13805.7 元;最低缴存基数根据山东省人民政府 2017 年 5 月 27 日《公布全省最低工资标准的通知》,执行的企业最低工资标准,即 1470 元。月工资额未超过月平均工资 3 倍的,以实际工资额计算住房公积金月缴存额。

2. 月缴存额上下限。2017 年度住房公积金月缴存额上限为 3313.36 元。计算公式:4601.9×3×12%+4601.9×3×12%=3313.36 元。

2017 年度住房公积金月缴存额下限为 147 元。1470×5%+1470×5%=147 元。

3. 住房公积金缴存比例。2017 年度住房公积金缴存比例:最低为单位和个人各 5%,二者相加共 10%;最高为单位和个人各 12%,二者相加共 24%,超出此缴存比例的单位,自 2017 年 7 月 1 日起一律按此规定执行。

(二)**当年住房公积金存贷款利率调整及执行情况**:目前,5 年以下(含 5 年)住房公积金贷款年利率为 2.75%,5 年以上住房公积金贷款年利率为 3.25%,是公积金历史上最低的贷款利率。

根据中国人民银行、住房城乡建设部、财政部印发《关于完善职工住房公积金账户存款利率形成机制的通知》(银发〔2016〕43 号),自 2016 年 2 月 21 日起,将职工住房公积金账户存款利率,由现行按照归集时间执行活期和三个月存款基准利率,调整为统一按一年期定期存款基准利率 1.50% 执行。

(三)**当年住房公积金个人住房贷款最高贷款额度调整情况**:住房公积金贷款额度为 50 万元。职工家庭夫妇有一方正常连续缴存住房公积金,符合我市贷款办法规定条件且具备偿还能力,即可申请住房公积金贷款最高额度 50 万元。取消职工家庭夫妇单方与双方缴存住房公积金申请贷款额度的差别。住房公积金贷款年限提高至 25 年,其中:住房公积金房产抵押贷款年限提高至 25 年,住房公积金保证贷款年限为 15 年。住房公积金贷款年限放宽至法定退休年龄后 5 年。

(四)**当年住房公积金其他业务政策调整情况**:根据省住房和城乡建设厅《关于深化放管服改革进一步优化政务环境的实施意见》(鲁建发〔2017〕4 号文)要求,公积金业务窗口必须执行全市统一的业务要件要求,不得在规定的业务要件外再要求其他要件。缴存方面,取消过去规定的新开户单位提交单位设立批准文件或营业执照副本原件及复印件要件,调整后只需提供:《聊城市住房公积金汇缴清册》、《聊城市住房公积金单位账户设立申请表》。

(五) 当年服务改进情况：

1. **从群众利益出发，严格落实公积金惠民政策**。住房公积金全体干部职工团结奋进，切实转变思想观念，拓宽思路，创新作为，上级政策规定全部不折不扣地落实到位，以积极有效的措施，加快释放资金存量，"能提则提，能贷则贷"。为进一步规范住房公积金管理，降低门槛，放宽条件，提高使用效率，加大对职工住房消费的支持力度，落实好"圆梦亲情贷"、异地贷款、自住住房装修可提取、大病可提取、生活困难家庭子女上大学可提取等惠民政策。中心充分发挥职能作用，切实提高了资金使用效率，扩大了职工收益群体，践行住房公积金"取之于民，用之于民"的服务宗旨。

2. **积极作为，不断提升服务水平**。在全中心倡导为缴存人全身心服务的理念，全身心打造"诚心、倾心、贴心、虚心、尽心"的"五心级"服务品牌。开展了服务大厅规范化整治工作，召开了规范化整治推进会，组织管理部主任进行了现场观摩，中心服务大厅和各管理部根据工作需要，重新规划了服务大厅布置，做到了制度上墙、流程上墙，服务大厅面貌焕然一新。重新制定了《聊城市住房公积金管理中心服务窗口工作人员服务规范》，对每位工作人员的工作纪律、仪容仪表、服务态度和服务水平等进行规范。定期对窗口人员组织培训，并增设服务满意评测系统，对窗口人员实行满意度考评。开展窗口党员先锋岗、六好标兵、巾帼文明岗争创活动。统一印制了贷款、支取业务明白纸，让职工对贷款、提取所需手续流程一目了然。在服务大厅严格执行首问负责制、限时办结制、一次性告知制、服务承诺制、责任追究制等五项制度，实行"一站式、一条龙"服务，并将服务内容、程序、办结时限和违诺责任向社会公开，全面构建行政监督、社会监督、行业监督、舆论监督"四位一体"的监督体系。通过一系列便民利民举措，服务渠道更加便利，服务手段不断丰富，服务流程更加科学，服务水平大幅提升。2017年中心荣获山东省文明单位、政风行风热线"群众满意十佳上线单位"、阳谷县管理部荣获山东省住房城乡建设厅先进集体荣誉称号。

(六) 当年信息化建设情况：

1. **开通了公积金12329人工服务热线**。按照住房城乡建设部和省厅的要求，中心通过购买社会服务的方式，于五月份开通了12329公积金人工服务热线。热线自开通以来，共受理政策咨询2万人次，架起了与群众交流沟通的桥梁，提高了住房公积金管理的服务水平，增强了住房公积金管理工作透明度，形成了有效的社会监督，维护了缴存职工合法权益。

2. **完成了省专家组对公积金"双贯标"的验收工作**。年初以来，市公积金管理中心认真落实住房城乡建设部《住房公积金基础数据标准》和《住房公积金银行结算数据应用系统公积金中心接口标准》要求（简称"双贯标工作"），对信息系统升级改造，实现了住房城乡建设部统一的数据标准和接口标准，并接入银行住房城乡建设部住房公积金银行结算应用系统，实现了与受托银行进行直连支付结算、实时获取银行结算数据。结合"公积金中心自主核算，委托银行办理业务"的特点，采用"银行前台录入，中心后台审批"的业务办理模式，兼容直联支付、网银支付和经办银行支付三种支付方式，有效解决我中心经办从业人员少，业务办理效率低的问题。下半年省公积金信息化建设验收组，对我们的公积金业务系统"双贯标"成果进行了验收，给予了较高的评价。

3. **完成了公积金综合服务平台建设**。今年从9月份开始，依托互联网，充分利用"互联网+"技术，通过公开招标，市公积金管理中心与江苏富深协通科技股份有限公司开发研制了住房公积金综合服务平台，开通了网上业务大厅、12329短信、自助服务终端、手机客户端、官方微信和微博等多种服务渠道，以保障我市几十万户缴存职工，在信息查询、业务办理、信息发布、互动交流中的个性化需求，按照省监管部门的要求，于12月下旬全面完成了建设任务。

4. **完成了公积金电子档案建设**。今年在系统改造升级的基础上，我们加强公积金电子档案系统建设，实现了数据信息在中心公积金业务内完全（或分级）共享，业务人员可更为方便快捷地获取档案信息资源。

（七）**当年行政执法情况**：2017年对违反《住房公积金管理条例》和相关法规的行为进行了执法，共下发了123份催建催缴通知书。

（八）**加强风险防范**：在加大提取和贷款力度的同时，要防范骗提骗贷行为，严格业务审批和贷后管理，确保资金安全。提高住房公积金贷款风险准备金提取比例，由贷款余额的1%提高到2%。住房公积金贷款率超过85%时，聊城市住房公积金管理中心将报请市住房公积金管委会及时调整住房公积金使用政策，确保住房公积金业务持续健康发展。

滨州市住房公积金2017年年度报告

一、机构概况

（一）**住房公积金管理委员会**：住房公积金管理委员会有25名委员，2017年召开一次会议，审议通过的事项主要包括：听取市住房公积金管理中心2016年工作报告和市财政局、市银监分局对住房公积金和受托商业银行监管情况的汇报，研究审议2016年住房公积金归集使用计划执行情况及2017年归集使用计划的报告和市住房公积金管理中心提请审议的有关问题。

（二）**住房公积金管理中心**：住房公积金管理中心为滨州市人民政府不以营利为目的事业单位，设9个科，9个管理部。从业人员95人，其中，在编61人，非在编34人。

二、业务运行情况

（一）**缴存**：2017年，新开户单位479家，实缴单位3565家，净增单位343家；新开户职工2.29万人，实缴职工21.58万人，净增职工1.1万人；缴存额23.50亿元，同比增长21.73%。2017年末，缴存总额124.18亿元，同比增长23.34%；缴存余额77.06亿元，同比增长18.53%。

受委托办理住房公积金缴存业务的银行4家与上年持平。

（二）**提取**：2017年，提取额11.45亿元，同比增长23.33%；占当年缴存额的48.72%，比上年减少0.64个百分点。2017年末，提取总额47.13亿元，同比增长32.09%。

（三）**贷款**：

个人住房贷款：个人住房贷款最高额度50万元，其中，单缴存职工最高额度50万元，双缴存职工最高额度50万元。

2017年，发放个人住房贷款0.58万笔23.21亿元，同比分别增长－4.92%、7.45%。2017年，回收个人住房贷款6.95亿元。

2017年末，累计发放个人住房贷款4.75万笔107.12亿元，贷款余额66.82亿元，同比分别增长13.91%、27.66%、32.19%。个人住房贷款余额占缴存余额的86.71%，比上年增加8.94个百分点。

受委托办理住房公积金个人住房贷款业务的银行4家，与上年持平。

（四）**资金存储**：2017年末，住房公积金存款10.77亿元。其中，活期0.15亿元，1年（含）以下定期0.72亿元，1年以上定期7.83亿元，其他（协定、通知存款等）2.07亿元。

（五）**资金运用率**：2017年末，住房公积金个人住房贷款余额、项目贷款余额和购买国债余额的总和占缴存余额的86.71%，比上年增加8.94个百分点。

三、主要财务数据

（一）**业务收入**：2017年，业务收入23483.56万元，同比增长17.35%。存款利息3991.81万元，委托贷款利息19491.75万元，国债利息0万元，其他0万元。

（二）**业务支出**：2017年，业务支出12840.59万元，同比增长7.96%。支付职工住房公积金利息10735.77万元，归集手续费1126.58万元，委托贷款手续费974.59万元，其他3.65万元。

（三）**增值收益**：2017年，增值收益10642.97万元，同比增长31.13%。增值收益率1.49%，比上年增加0.14个百分点。

（四）**增值收益分配**：2017年，提取贷款风险准备金3252.34万元，提取管理费用1400.00万元，提取城市廉租住房（公共租赁住房）建设补充资金5990.63万元。

2017年，上交财政管理费用1350.00万元。上缴财政城市廉租住房（公共租赁住房）建设补充资金3687.28万元。

2017年末，贷款风险准备金余额13363.17万元。累计提取城市廉租住房（公共租赁住房）建设补充资金34232.91万元。

（五）**管理费用支出**：2017年，管理费用支出1809.64万元，同比增长40.65%。其中，人员经费872.82万元，公用经费49.57万元，专项经费887.25万元。

四、资产风险状况

个人住房贷款：2017年末，个人住房贷款逾期额184.44万元，逾期率0.276‰。

个人贷款风险准备金按贷款余额的2%提取。2017年，提取个人贷款风险准备金3252.34万元，使用个人贷款风险准备金核销呆坏账0万元。2017年末，个人贷款风险准备金余额13363.17万元，占个人住房贷款余额的2.00%，个人住房贷款逾期额与个人贷款风险准备金余额的比率为1.38%。

五、社会经济效益

（一）**缴存业务**：2017年，实缴单位数、实缴职工人数和缴存额同比分别增长10.65%、5.37%和21.73%。

缴存单位中，国家机关和事业单位占49.62%，国有企业占10.35%，城镇集体企业占5.25%，外商

投资企业占 1.43%，城镇私营企业及其他城镇企业占 12.65%，民办非企业单位和社会团体占 3.31%，其他占 17.39%。

缴存职工中，国家机关和事业单位占 49.59%，国有企业占 14.94%，城镇集体企业占 4.02%，外商投资企业占 3.62%，城镇私营企业及其他城镇企业占 9.56%，民办非企业单位和社会团体占 4.71%，其他占 13.56%；中、低收入占 100%，高收入占 0%。

新开户职工中，国家机关和事业单位占 21.82%，国有企业占 12.56%，城镇集体企业占 7.64%，外商投资企业占 7.17%，城镇私营企业及其他城镇企业占 19.71%，民办非企业单位和社会团体占 8.39%，其他占 22.71%；中、低收入占 100%，高收入占 0%。

（二）提取业务：2017 年，3 万名缴存职工提取住房公积金 11.45 亿元。

提取金额中，住房消费提取占 71.37%（购买、建造、翻建、大修自住住房占 27.98%，偿还购房贷款本息占 41.81%，租赁住房占 1.57%，其他占 0.01%）；非住房消费提取占 28.63%（离休和退休提取占 20.64%，完全丧失劳动能力并与单位终止劳动关系提取占 4.68%，户口迁出本市或出境定居占 2.12%，其他占 1.19%）。

提取职工中，中、低收入占 100%，高收入占 0%。

（三）贷款业务：

1. 个人住房贷款：2017 年，支持职工购建房 80.78 万平方米，年末个人住房贷款市场占有率为 24.20%，比上年增加 7.39 个百分点。通过申请住房公积金个人住房贷款，可节约职工购房利息支出 76593 万元。

职工贷款笔数中，购房建筑面积 90（含）平方米以下占 3.39%，90～144（含）平方米占 64.40%，144 平方米以上占 32.21%。购买新房占 88.66%（其中购买保障性住房占 0.28%），购买存量商品住房占 9.00%，建造、翻建、大修自住住房占 0%，其他占 2.34%。

职工贷款笔数中，单缴存职工申请贷款占 47.72%，双缴存职工申请贷款占 52.28%，三人及以上缴存职工共同申请贷款占 0%。

贷款职工中，30 岁（含）以下占 64.02%，30 岁～40 岁（含）占 26.62%，40 岁～50 岁（含）占 9.17%，50 岁以上占 0.19%；首次申请贷款占 93.59%，二次及以上申请贷款占 6.41%；中、低收入占 100%，高收入占 0%。

2. 异地贷款：2017 年，发放异地贷款 304 笔 12092 万元。2017 年末，发放异地贷款总额 20451 万元，异地贷款余额 19417 万元。

（四）住房贡献率：2017 年，个人住房贷款发放额、公转商贴息贷款发放额、项目贷款发放额、住房消费提取额的总和与当年缴存额的比率为 133.56%，比上年减少 13.75 个百分点。

六、其他重要事项

（一）当年机构及职能调整情况：2017 年滨州市住房公积金管理中心新增市直机关管理部，负责市直机关单位职工缴存、贷款、支取等业务。

（二）当年住房公积金政策调整及执行情况：

1. 当年缴存基数限额及确定方法：我市按照"控高保低"的原则确定每年住房公积金的缴存基数限额，

并及时发布了《关于公布2017年度缴存住房公积金工资基数标准的通知》（滨住金发〔2017〕33号）。

（1）2017年度职工住房公积金最高缴存基数为市统计部门公布的上年度职工月平均工资的3倍，为14665元。职工月平均工资超过以上限额的，最高按14665元为住房公积金缴存工资基数；月工资未超过14665的，以实际工资额计算住房公积金缴存工资基数。

（2）2017年度职工住房公积金最低缴存基数为《山东省人民政府关于公布全省最低工资标准的通知》（鲁政字〔2017〕86号）公布的市直及各县区的最低工资标准。2017年度滨州市惠民县、阳信县、无棣县、沾化区行政区域内职工最低工资缴存基数为1470元，市直、滨城区、开发区、高新区、北海新区、博兴县和邹平县行政区域内职工住房公积金最低缴存工资基数为1640元。职工月工资低于该限额的，以该限额为住房公积金月缴存工资基数；工资高于该限额的，以实际工资额计算住房公积金月缴存工资基数。

（3）联合市财政局发布了《关于调整市直机关事业单位住房公积金计提基数的通知》（滨财综字〔2017〕49号）对市直机关事业单位住房公积金工资基数进行了调整。

（4）市直、滨城区、开发区、高新区、北海新区、惠民县以工资总额扣除独生子女费、住房补贴、取暖补助、物业补贴后的余额计算公积金工资基数；邹平县以工资总额扣除独生子女费、取暖补助、特殊岗位津贴后的余额计算公积金工资基数；博兴县、沾化区、无棣县、阳信以基本工资加津贴补贴计算公积金工资基数。

2. 缴存比例调整情况： 根据国务院《住房公积金管理条例》（国务院令第350号）和《山东省人民政府办公厅关于进一步加强住房公积金管理工作的意见》（鲁政办字〔2014〕10号）要求，我市住房公积金缴存单位和职工住房公积金的缴存比例均不得低于各5%，不得高于各12%。

（1）2017年度由于各县区经济财力不同代发单位缴存比例也有所不同。其中：市直、滨城区、高新区、开发区、北海新区、博兴县、邹平县财政代发单位缴存比例为单位、个人各12%；惠民县、阳信县、无棣县、沾化区财政代发单位缴存比例为单位、个人各8%。

（2）企业单位缴存比例参照机关事业单位的缴存比例执行。

3. 贷款情况： 2017年滨州市住房公积金管理中心个人住房贷款最高贷款额度仍执行2016年的政策，抵押贷款最高额度及年限为50万30年，信用贷款最高额度及年限为40万20年。

2017年1月1日至7月10日贷款首套房及二套房首付款比例均不得低于20%，自7月11日起执行鲁建金字〔2017〕7号文件，购买首套房首付款比例不得低于30%，购买第二套房的首付款比例不得低于40%。

2017年贷款年利率：1~5年（含）为2.75%，5年以上3.25%。

4. 提取情况： 2017年提取政策未作调整。

（三）当年服务改进情况： 我中心先后开通网站、微博、微信、12329热线、12329短信、自助查询终端6种服务渠道，主要涉及信息查询、信息发布等功能。

2017年我中心先后对综合服务平台硬件建设和软件建设进行公开招标。根据综合服务平台的建设要求对中心网络环境进行重新设计改造，总体划分为内部核心区、数据交换区、外部互联区，目前网络环境已经基本搭建完成，综合服务平台正在进一步开发调试。

（四）当年信息化建设情况： 2017年，我中心完成贷款模式转换工作，中心贷款实现自主核算，大大提高了提取、放贷等业务的办理效率，标志着我中心财务、业务核算水平和信息化水平迈上了新的台阶。

基础数据标准贯彻落实和结算应用系统接入工作已完成方案设计和招标工作。目前已进入系统开发和联网测试阶段，预计在2018年上半年完成项目建设。

（五）当年住房公积金管理中心及职工所获荣誉情况： 我中心自2012年被授予"市级精神文明单位"并保持至今，2017年末被省住房城乡建设厅授予"全省住房城乡建设系统先进集体"荣誉称号，惠民管理部连续3年被评为市级文明服务窗口，刘健同志荣立"全省住房城乡建设系统先进个人三等功"。

菏泽市住房公积金2017年年度报告

一、机构概况

（一）住房公积金管理委员会： 住房公积金管理委员会有32名委员，2017年召开1次会议，审议通过的事项主要包括：

1. 会议听取并审议了菏泽市住房公积金管理中心主任张宪春同志对全市住房公积金管理运行情况和2018年业务工作计划的汇报。

2. 会议通过了《菏泽市住房公积金管理中心2018年业务工作计划》。

（二）住房公积金管理中心： 住房公积金管理中心为市政府不以营利为目的的全额事业单位，设8个科，11个管理部。从业人员155人，其中，在编88人，非在编67人。

二、业务运行情况

（一）缴存： 2017年，新开户单位345家，实缴单位3477家，净增单位213家；新开户职工2.65万人，实缴职工29.60万人，净增职工2.39万人；缴存额28.88亿元，同比增长32.28%。2017年末，缴存总额143.61亿元，同比增长25.17%；缴存余额95.07亿元，同比增长21.29%。

受委托办理住房公积金缴存业务的银行7家，与上年相比没有变化。

（二）提取： 2017年，提取额12.19亿元，同比增长36.66%；占当年缴存额的42.21%，比上年增加1.34个百分点。2017年末，提取总额48.54亿元，同比增长33.55%。

（三）贷款：

个人住房贷款：个人住房贷款最高额度50万元，其中，单缴存职工最高额度30万元，双缴存职工最高额度50万元。

2017年，发放个人住房贷款1.11万笔32.28亿元，同比分别增长26.11%、33.83%。

2017年，回收个人住房贷款5.49亿元。

2017年末，累计发放个人住房贷款3.57万笔90.97亿元，贷款余额78.14亿元，同比分别增长45.33%、55.00%、52.20%。个人住房贷款余额占缴存余额的82.19%，比上年增加16.69个百分点。

受委托办理住房公积金个人住房贷款业务的银行7家，与上年相比没有变化。

（四）**资金存储**：2017年末，住房公积金存款17.69亿元。其中，1年（含）以下定期5.2亿元，1年以上定期5.35亿元，其他（协定、通知存款等）7.14亿元。

（五）**资金运用率**：2017年末，住房公积金个人住房贷款余额、项目贷款余额和购买国债余额的总和占缴存余额的82.19%，比上年增加16.69个百分点。

三、主要财务数据

（一）**业务收入**：2017年，业务收入28486.01万元，同比增长21.16%。其中，存款利息7735.94万元，委托贷款利息20748.99万元，其他1.07万元。

（二）**业务支出**：2017年，业务支出12743.04万元，同比增长23.06%。其中，支付职工住房公积金利息11803.99万元，归集手续费10.47万元，委托贷款手续费928.58万元。

（三）**增值收益**：2017年，增值收益15742.97万元，同比增长19.66%。其中，增值收益率1.81%，比上年减少0.04个百分点。

（四）**增值收益分配**：2017年，提取贷款风险准备金5359.31万元，提取管理费用8370万元，提取城市廉租住房（公共租赁住房）建设补充资金11058.43万元。

2017年，上交财政管理费用4450万元。上缴财政城市廉租住房（公共租赁住房）建设补充资金4594.77万元。

2017年末，贷款风险准备金余额15628.18万元。累计提取城市廉租住房（公共租赁住房）建设补充资金31172.95万元。

（五）**管理费用支出**：2017年，管理费用支出3362.65万元，同比增长30.28%。其中，人员经费804.89万元，公用经费533.74万元，专项经费2024.02万元。

四、资产风险状况

个人住房贷款：2017年末，个人住房贷款逾期额6.72万元，逾期率0.008‰。

个人贷款风险准备金按贷款余额的2%提取。2017年，提取个人贷款风险准备金5359.31万元，当年未使用个人贷款风险准备金核销呆坏账。2017年末，个人贷款风险准备金余额15628.18万元，占个人住房贷款余额的2%，个人住房贷款逾期额与个人贷款风险准备金余额的比率为0.04‰。

五、社会经济效益

（一）**缴存业务**：2017年，实缴单位数、实缴职工人数和缴存额同比分别增长6.53%、8.78%和32.30%。

缴存单位中，国家机关和事业单位占66.27%，国有企业占10.47%，城镇集体企业占1.18%，外商投资企业占0.75%，城镇私营企业及其他城镇企业占10.18%，民办非企业单位和社会团体占2.21%，其他占8.94%。

缴存职工中，国家机关和事业单位占67.16%，国有企业占13.85%，城镇集体企业占1.62%，外商投资企业占1.19%，城镇私营企业及其他城镇企业占5.67%，民办非企业单位和社会团体占4.49%，其他占6.02%；中、低收入占99.80%，高收入占0.20%。

新开户职工中，国家机关和事业单位占36.99%，国有企业占14.29%，城镇集体企业占0.05%，外商投资企业占14.28%，城镇私营企业及其他城镇企业占33.05%，民办非企业单位和社会团体占0.13%，其他占1.21%；中、低收入占99.98%，高收入占0.02%。

（二）**提取业务**：2017年，44716万名缴存职工提取住房公积金12.19亿元。

提取金额中，住房消费提取占72.71%（购买、建造、翻建、大修自住住房占33.47%，偿还购房贷款本息占38.61%，租赁住房占0.57%，其他占0.06%）；非住房消费提取占27.29%（离休和退休提取占22.08%，完全丧失劳动能力并与单位终止劳动关系提取占1.71%，户口迁出本市或出境定居占2.04%，其他占1.46%）。

提取职工中，中、低收入占99.97%，高收入占0.03%。

（三）**贷款业务**：

1. **个人住房贷款**：2017年，支持职工购建房140.3万平方米，年末个人住房贷款市场占有率为14.06%，比上年减少0.44个百分点。通过申请住房公积金个人住房贷款，可节约职工购房利息支出53773.73万元。

职工贷款笔数中，购房建筑面积90（含）平方米以下占5.32%，90～144（含）平方米占79.39%，144平方米以上占15.29%。购买新房占98.66%，购买存量商品住房占1.34%。

职工贷款笔数中，单缴存职工申请贷款占69.04%，双缴存职工申请贷款占30.95%，三人及以上缴存职工共同申请贷款占0.01%。

贷款职工中，30岁（含）以下占33.41%，30岁～40岁（含）占33.9%，40岁～50岁（含）占25.8%，50岁以上占6.89%；首次申请贷款占100%；中、低收入占99.79%，高收入占0.21%。

2. **异地贷款**：2017年，发放异地贷款2525笔71796.6万元。2017年末，发放异地贷款总额121083.7万元，异地贷款余额114654.23万元。

（四）**住房贡献率**：2017年，个人住房贷款发放额、公转商贴息贷款发放额、项目贷款发放额、住房消费提取额的总和与当年缴存额的比率为142.48%，比上年减少8.87个百分点。

六、其他重要事项

（一）**当年住房公积金政策调整及执行情况**：根据菏泽市人民政府办公室《关于对住房公积金有关管理规定进行调整的通知》（菏政办发〔2008〕67号）文件规定，缴存住房公积金的月工资基数不应超过市统计部门公布的上一年度市本级月平均工资的3倍。从2017年7月1日至2018年6月30日，全市住房公积金的最高月缴存基数调整为17079元，最高缴存比率为12%，单位和个人最高月缴存额分别调整为2050元。

全市缴存住房公积金的最低月工资基数按照《山东省人民政府关于公布全省最低工资标准的通知》（鲁政字〔2017〕86号）公布的最低工资标准执行。从2017年7月1日至2018年6月30日，全市住房公积金的最低月缴存基数调整为1470元，最低缴存比率为5%，单位和个人最低月缴存额分别调整为74元。

职工实际工资基数高于最高缴存基数的，按最高缴存基数17079元缴存；职工实际工资基数低于最低缴存基数的，按最低缴存基数1470元缴存；职工实际工资基数介于最高和最低缴存基数之间的，按实际工资基数缴存。

(二) 当年个人住房贷款政策调整情况：

1. **关于调整住房公积金有关政策：**

（1）提高双职工缴存住房公积金家庭的最高可贷额度。夫妻双方均正常缴存公积金的，最高贷款额度由40万元提高到50万元；双职工家庭单方缴存公积金或单身职工正常缴存公积金的，最高可贷额度仍为30万元。

（2）使用个人住房公积金余额逐月冲抵还贷的时限。由借款人须用自有资金还款12个月方可申请公积金余额逐月还贷，调整为借款人、配偶及共同借款人的住房公积金余额足够归还12个月贷款本息的，在还款的当月即可申请办理逐月冲抵还贷业务；已发放公积金贷款，借款人可在每月20日前申请办理该业务。当借款人、配偶及共同借款人公积金余额不足以冲抵当月应还贷款本息时，借款人须用自有资金继续还贷，待公积金余额足以归还12个月应还贷款本息时，可重新申办该业务。

2. **关于调整住房公积金个人住房贷款政策：**

（1）调整公积金贷款首付款比例及二套房公积金贷款利率。首套房公积金贷款比例由原来的不得低于房价的20%调整为不得低于房价的30%；二套房的首付款比例由原来的20%调整为40%，同时将购买第二套房的公积金贷款利率调整为首套房的1.1倍；二手房的公积金贷款首付款比例统一为40%。

（2）调整公积金贷款额度计算方法。单笔（每户）贷款额度的具体计算方法是：

公积金贷款额度＝公积金账户当前余额×3＋当前公积金月缴存额×当前至法定离退休年龄总月数×2。

（3）暂时停止住房公积金个人住房异地贷款业务。

（4）调整公积金贷款后断缴公积金的政策。一是申请公积金贷款时超过3个月未缴存公积金的，公积金中心不予受理；二是对贷款后连续6个月未缴存公积金的，从第7个月开始对该借款人的公积金贷款执行商业银行贷款利率。同时要求异地贷款职工每年2月底前向我市公积金中心提供上一年度的公积金缴存清单。

3. **调整公积金贷款逾期处罚政策。** 借款人用自有资金还款期间，逾期1个月的，延缓6个月申请逐月冲转还贷业务；逾期2个月的，延缓12个月申请逐月冲转还贷业务；逾期3个月的，3年内不得办理逐月冲转还贷业务。

(三) **个人住房公积金贷款利率政策**：个人住房公积金贷款利率执行国家规定的政策性利率。贷款期限在1年以内（含1年）的，实行合同利率。贷款期限在1年以上的，遇国家法定利率调整，于次年1月1日起，按相应贷款利率档次执行。目前，5年期以下（含5年）住房公积金贷款年利率为2.75%，5年期以上住房公积金贷款年利率为3.25%。

(四) 当年服务改进情况：

1. **优化公共服务流程**。一是办理个人二手房住房公积金贷款业务时，借助市地税局"存量房交易价格评估系统"，凡该系统内有记录的二手房，不再要求职工提供由房地产评估中介机构出具的《房屋价格评估报告》，最大程度上为职工节省贷款费用。二是利用现代通讯方便的特点，建立了住房公积金贷款微信群，对需要整改的资料在第一时间及时通知开发企业和受托银行，形成公积金中心、开发企业和受托银行的三方信息互动，缩短了审批时间，节约了往返路程，提高了工作效率。

2. **加快软硬件升级改造步伐**。一是对软件系统进行了升级，由原来的 2.0 版本升级到 3.5 版本，已于年底前投入使用。二是对硬件系统进行了全面升级改造。三是开展了 12329 综合信息服务平台及短信平台。四是档案信息化、电子化工作已完成招标采购，正在加速建设。

3. **加大基础设施建设力度**。目前，市直、成武与鄄城服务大厅投入使用；曹县服务大厅已完成装修，正在为尽快为投入使用做准备；单县服务大厅装修建设基本完成，郓城、巨野、东明的服务大厅已完成采购及装修设计。争取早日为全市干部职工提供更为优质的服务环境。

4. **把住房公积金不动产抵押业务延伸至中心服务大厅窗口办理**。为贯彻落实十九大精神，按照优先保障民生，增强人民生活获得感和幸福感的要求，切实转变服务观念，把"放管服"具体落实到实处，提高行政办事效率，让群众只跑一次，菏泽市住房公积金管理中心本着人民至上的理念，经研究，将菏泽市不动产登记有关住房公积金抵押业务延伸至市住房公积金管理中心服务大厅窗口办理。

5. **安装自助打印终端系统**。为进一步方便群众办理业务，提高办事效率，减少客户等待时间，在服务大厅安装了自助打印系统。该系统无需叫号，操作简单，包含了职工缴存证明和详细明细打印、个人住房公积金贷款还款明细打印、异地贷款缴存证明及回执打印、住房公积金贷款结清证明打印、职工单位汇补缴书打印的打印功能。

（五）当年信息化建设情况：

1. 中心采用安泰伟奥公司的业务软件系统，目前已完成软件升级工作，由 2.0 系统升级到 3.5 系统。在系统升级计划初期，中心就明确要求安泰伟奥公司严格按照住房城乡建设部发布的住房公积金基础数据标准来进行数据库改造，目前新的业务系统已投入使用。

2. 接入住房城乡建设部结算平台情况。中心已完成与建行专线连接工作，按照要求采用的是联通、移动一主一备双线路。经过测试，已于 2017 年底前正式投入使用。

（六）**当年住房公积金中心及职工所获荣誉情况**：一是菏泽市住房公积金管理中心被山东省人力资源和社会保障厅、山东省住房和城乡建设厅、山东省公务员局评为全省住房城乡建设系统先进集体。二是菏泽市住房公积金管理中心 2017 年被菏泽市文明办评为"省级文明单位"荣誉称号。三是菏泽市住房公积金管理中心市直开发区服务大厅被山东省住房和城乡建设厅评为全省住房公积金行业文明服务示范窗口。四是菏泽市住房公积金管理中心东明管理部宋翠莲、郓城管理部胡佩华、单县管理部高红梅、曹县管理部钟丽被山东省住房和城乡建设厅评为全省住房公积金行业文明服务标兵。

2017 全国住房公积金年度报告汇编

河南省

郑州市　三门峡市
开封市　南阳市
洛阳市　商丘市
平顶山市　信阳市
安阳市　周口市
鹤壁市　驻马店市
新乡市　济源市
焦作市
濮阳市
许昌市
漯河市

河南省住房公积金 2017 年年度报告

一、机构概况

（一）**住房公积金管理机构**：全省共设 18 个省辖市住房公积金管理中心，9 个直管县（市）住房公积金管理中心，11 个独立设置的分中心（其中，河南省省直机关住房资金管理中心隶属河南省机关事务管理局，郑州住房公积金管理中心省电力分中心隶属国网河南省电力公司，郑州住房公积金管理中心铁路分中心隶属中国铁路郑州局集团有限公司，河南省煤炭行业住房资金管理中心隶属河南省工业和信息化委员会，郑州住房公积金管理中心黄委会管理部隶属黄河水利委员会机关服务局，洛阳市住房公积金管理中心铁路分中心隶属中国铁路郑州局集团有限公司，焦作煤业（集团）有限责任公司住房公积金管理中心隶属焦作煤业（集团）有限责任公司，中原石油勘探局住房公积金管理中心隶属中原石油勘探局有限公司，三门峡市住房公积金管理中心义煤集团分中心隶属义马煤业集团股份有限公司，南阳市住房公积金管理中心河南油田分中心隶属河南石油勘探局有限公司，永城市住房公积金管理中心永煤分中心隶属永城煤电控股集团有限公司）。从业人员 2173 人，其中，在编 1313 人，非在编 860 人。

（二）**住房公积金监管机构**：河南省住房和城乡建设厅、河南省财政厅和中国人民银行郑州中心支行负责对本省住房公积金管理运行情况进行监督。河南省住房和城乡建设厅设立住房公积金监管处，负责辖区住房公积金日常监管工作。

二、业务运行情况

（一）**缴存**：2017 年，新开户单位 6646 家，实缴单位 75445 家，净增单位 6213 家；新开户职工 77.88 万人，实缴职工 736.08 万人，净增职工 93.47 万人；缴存额 603.66 亿元，同比增长 19.3%。2017 年末，缴存总额 3860.69 亿元，同比增长 18.5%；缴存余额 1907.77 亿元，同比增长 16.5%。

（二）**提取**：2017 年，提取额 332.86 亿元，同比增长 5.8%；占当年缴存额的 55.1%，比上年减少 7.1 个百分点。2017 年末，提取总额 1952.92 亿元，同比增长 20.5%。

（三）**贷款**：

1. **个人住房贷款**：2017 年，发放个人住房贷款 10.23 万笔 304.02 亿元，同比下降 34.8%、34.8%。回收个人住房贷款 151.63 亿元。

2017 年末，累计发放个人住房贷款 109.17 万笔 2353.71 亿元，贷款余额 1543.30 亿元，同比分别增长 10.3%、14.8%、11.0%。个人住房贷款余额占缴存余额的 80.9%，比上年减少 4.1 个百分点。

2. **住房公积金支持保障性住房建设项目贷款**：2017 年，未发放支持保障性住房建设项目贷款，回收项目贷款 0.28 亿元。2017 年末，累计发放项目贷款 10.58 亿元，项目贷款余额 0 亿元。

（四）**购买国债**：2017 年，未购买国债，未兑付、转让、收回国债。2017 年末，国债余额 0 亿元，比上年减少 0 亿元。

（五）**融资**：2017 年，融资 12.29 亿元，归还 44.74 亿元。2017 年末，融资总额 102.94 亿元，融资余额 40.77 亿元。

（六）资金存储：2017 年末，住房公积金存款 406.28 亿元。其中，活期 27.18 亿元，1 年（含）以下定期 239.25 亿元，1 年以上定期 53.72 亿元，其他（协定、通知存款等）86.13 亿元。

（七）资金运用率：2017 年末，住房公积金个人住房贷款余额、项目贷款余额和购买国债余额的总和占缴存余额的 80.9%，比上年减少 4.1 个百分点。

三、主要财务数据

（一）业务收入：2017 年，业务收入 57.10 亿元，同比增长 8.2%。其中，存款利息 9.29 亿元，委托贷款利息 47.79 亿元，国债利息 0 亿元，其他 0.02 亿元。

（二）业务支出：2017 年，业务支出 30.66 亿元，同比增长 11.1%。其中，支付职工住房公积金利息 27.15 亿元，归集手续费 0.51 亿元，委托贷款手续费 1.85 亿元，其他 1.15 亿元。

（三）增值收益：2017 年，增值收益 26.66 亿元（含上年未分配增值收益 0.22 亿元），同比增长 5.9%；增值收益率 1.5%，比上年减少 0.2 个百分点。

（四）增值收益分配：2017 年，提取贷款风险准备金 9.47 亿元，提取管理费用 4.56 亿元，提取城市廉租住房（公共租赁住房）建设补充资金 12.66 亿元，年末未弥补损失 0.03 亿元。

2017 年，上交财政管理费用 3.32 亿元，上缴财政城市廉租住房（公共租赁住房）建设补充资金 13.33 亿元。

2017 年末，贷款风险准备金余额 66.87 亿元，累计提取城市廉租住房（公共租赁住房）建设补充资金 79.68 亿元。

（五）管理费用支出：2017 年，管理费用支出 3.67 亿元，同比增长 20.5%。其中，人员经费 1.59 亿元，公用经费 0.53 亿元，专项经费 1.55 亿元。

四、资产风险状况

（一）个人住房贷款：2017 年末，个人住房贷款逾期额 0.67 亿元，逾期率 0.4‰。

2017 年，提取个人贷款风险准备金 9.47 亿元，使用个人贷款风险准备金核销呆坏账 0 亿元。2017 年末，个人贷款风险准备金余额 66.68 亿元，占个人贷款余额的 4.3%，个人贷款逾期额与个人贷款风险准备金余额的比率为 1.0%。

（二）住房公积金支持保障性住房建设项目贷款：2017 年末，逾期项目贷款 0 亿元，逾期率为 0‰。

2017 年，提取项目贷款风险准备金 0 亿元，使用项目贷款风险准备金核销呆坏账 0 亿元。2017 年末，项目贷款风险准备金余额 0.19 亿元，项目贷款逾期额与项目贷款风险准备金余额的比率为 0%。

（三）历史遗留风险资产：2017 年末，无历史遗留风险资产。

五、社会经济效益

（一）缴存业务：2017 年，实缴单位数、实缴职工人数和缴存额增长率分别为 7.7%、14.6% 和 19.3%。

缴存单位中，国家机关和事业单位占 55.4%，国有企业占 12.6%，城镇集体企业占 1.9%，外商投资企业占 1.5%，城镇私营企业及其他城镇企业占 17.3%，民办非企业单位和社会团体占 2.3%，其他占 9.0%。

缴存职工中，国家机关和事业单位占39.0%，国有企业占24.5%，城镇集体企业占1.7%，外商投资企业占15.1%，城镇私营企业及其他城镇企业占11.8%，民办非企业单位和社会团体占1.3%，其他占6.6%；中、低收入占97.9%，高收入占2.1%。

新开户职工中，国家机关和事业单位占21.9%，国有企业占16.0%，城镇集体企业占2.0%，外商投资企业占18.3%，城镇私营企业及其他城镇企业占27.0%，民办非企业单位和社会团体占3.4%，其他占11.4%；中、低收入占99.4%，高收入占0.6%。

（二）提取业务：2017年，131.18万名缴存职工提取住房公积金332.86亿元。

提取金额中，住房消费提取占73.3%（购买、建造、翻建、大修自住住房占50.7%，偿还购房贷款本息占45.2%，租赁住房占2.7%，其他占1.4%）；非住房消费提取占26.7%（离休和退休提取占68.1%，完全丧失劳动能力并与单位终止劳动关系提取占19.9%，户口迁出所在市或出境定居占3.4%，其他占8.6%）。

提取职工中，中、低收入占97.1%，高收入占2.9%。

（三）贷款业务：

1. 个人住房贷款：2017年，支持职工购建房1155.77万平方米。年末个人住房贷款市场占有率为14.6%，比上年同期减少5.3个百分点。通过申请住房公积金个人住房贷款，可节约职工购房利息支出62.74亿元。

职工贷款笔数中，购房建筑面积90（含）平方米以下占17.7%，90~144（含）平方米占71.8%，144平方米以上占10.5%。购买新房占81.1%（其中购买保障性住房占1.3%），购买存量商品房占17.9%，建造、翻建、大修自住住房占0.1%，其他占0.9%。

职工贷款笔数中，单缴存职工申请贷款占44.6%，双缴存职工申请贷款占54.8%，三人及以上缴存职工共同申请贷款占0.6%。

贷款职工中，30岁（含）以下占29.0%，30岁~40岁（含）占40.4%，40岁~50岁（含）占24.1%，50岁以上占6.5%；首次申请贷款占93.8%，二次及以上申请贷款占6.2%；中、低收入占97.1%，高收入占2.9%。

2. 异地贷款：2017年，发放异地贷款1.02万笔31.37亿元。2017年末，发放异地贷款总额121.73亿元，异地贷款余额100.32亿元。

3. 公转商贴息贷款：2017年，发放公转商贴息贷款0.21万笔5.77亿元，支持职工购建房面积23.78万平方米。当年贴息额0.74亿元。2017年末，累计发放公转商贴息贷款2.25万笔60.00亿元，累计贴息1.25亿元。

4. 住房公积金支持保障性住房建设项目贷款：2017年末，全省有住房公积金试点城市4个，试点项目13个，贷款额度22亿元，建筑面积245万平方米，可解决24283户中低收入职工家庭的住房问题。13个试点项目贷款资金已发放并还清贷款本息。

（四）住房贡献率：2017年，个人住房贷款发放额、公转商贴息贷款发放额、项目贷款发放额、住房消费提取额的总和与当年缴存额的比率为91.7%，比上年减少55.6个百分点。

六、其他重要事项

（一）当年住房公积金政策调整情况。 当年未进行政策调整。

（二）当年开展专项监督检查情况。对濮阳、新乡、开封、安阳等四城市8家管理机构的住房公积金归集、管理和使用情况开展了住房公积金行业内审，强化了对各地政策执行、业务合规、风险控制等方面的监管。

（三）当年服务改进情况。

1. **加快网点建设**。根据住房城乡建设部、国家发改委联合发布的《住房公积金管理业务用房建设标准》，各中心积极加强综合性业务办事大厅的建设，并根据业务发展需要合理增设服务网点。目前，全省共有住房公积金服务网点162个，其中自行购置95个、租赁45个、政府提供22个。

2. **优化服务环境**。各中心在办事大厅内安装自动叫号系统、公积金账户查询系统、自助查询终端、电子显示屏等设施，张贴发放公积金宣传册、业务办理指南等资料，配备咨询台、书写台、休息座椅、饮水机、意见箱等服务设施，营造整洁舒适、秩序良好、高效便捷的服务环境。

3. **提高服务效率**。各中心在加强风险防范的基础上，优化缴存、提取、贷款、查询等业务流程，规范办事程序，提高服务效率。

4. **丰富服务手段**。按照住房城乡建设部要求，各中心积极建设涵盖门户网站、网上业务大厅、12329热线、12329短信、手机APP、官方微信和官方微博等多种服务渠道的综合性服务平台，为缴存单位和缴存职工提供便捷、高效、安全的服务，实现业务办理由"群众跑腿"到"信息跑路"。

（四）当年信息化建设情况。

1. **升级改造公积金业务信息管理系统**。各中心积极升级改造公积金业务信息管理系统，通过参数配置，在系统内部设置了多项控制红线，以"靠制度规范、靠机器管人"形式实现风险防控的目标，最大限度地避免了人为干预。

2. **接入全国异地转移接续平台**。按照省政府"互联网＋政务服务"要求，我省所有住房公积金管理机构已全面接入全国住房公积金异地转移接续平台，实现了"账随人走，钱随账走"，达到了让信息多跑路、群众少跑腿的目标，提升了住房公积金服务效率。截至12月底，全省已通过平台办理转入业务6725笔1.60亿元、转出业务4664笔1.09亿元。

3. **落实"双贯标"工作**。各中心按照住房城乡建设部统一部署，积极推进《住房公积金基础数据标准》贯彻落实、接入银行结算应用系统工作（即双贯标工作），数据质量有效提高，资金管控全面加强，核算效率大幅提升，服务能力明显增强。目前，驻马店、洛阳、平顶山、焦作、汝州、中原油田6个单位已通过部省联合验收。

（五）当年住房公积金机构及从业人员所获荣誉情况。10个中心获得文明单位（行业、窗口）、1个中心获得青年文明号、6个中心获得五一劳动奖章（劳动模范）、7个中心获得三八红旗手（巾帼文明岗）等。

郑州住房公积金2017年年度报告

一、机构概况

（一）**住房公积金管理委员会**：郑州住房公积金管理委员会有24名委员，2017年召开1次全体会议，审议通过了以下重要事项：2017年3月31日，第40次会议审议通过了《郑州住房公积金2016年年度报告》、《郑州住房公积金2016年度财务收支决算执行情况及2017年归集、使用计划》、《郑州住房公积金管理中心关于建立流动性风险预警长效机制的意见》、《郑州住房公积金管理中心关于取消九种重大疾病提取住房公积金有关规定的请示》，并选举了主任委员。

（二）住房公积金管理中心：郑州住房公积金管理中心（以下简称郑州中心）为直属郑州市政府不以营利为目的的财政全供事业单位，主要负责全市住房公积金的归集、管理、使用和会计核算。中心设13个处室，6个管理部，2个分中心。从业人员269人，其中，在编120人，非在编149人。

此外，郑州地区还有河南省省直机关住房资金管理中心（以下简称省直机关中心）、郑州住房公积金管理中心铁路分中心（以下简称铁路分中心）、郑州住房公积金管理中心省电力分中心（以下简称省电力分中心）、河南省煤炭行业住房资金管理中心（以下简称省煤炭中心）、郑州住房公积金管理中心黄委会管理部（以下简称黄委会管理部），负责省直及行业系统的住房公积金管理工作。

二、业务运行情况

（一）缴存：2017年，新开户单位1939家，实缴单位18652家，净增单位1138家；新开户职工36.24万人，实缴职工277.05万人，净增职工91.08万人；缴存额201.15亿元，同比增长14.98%。2017年末，缴存总额1337.66亿元，同比增长17.7%；缴存余额595.46亿元，同比增长14.95%，见图1、图2。

受委托办理住房公积金缴存业务的银行8家，与上年一致。

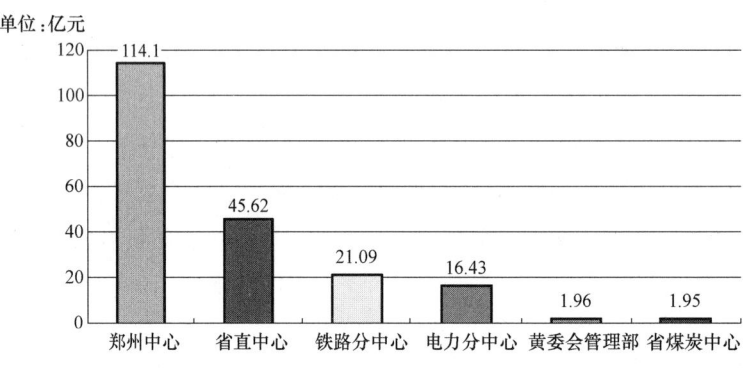

图1　2017年住房公积金缴存情况

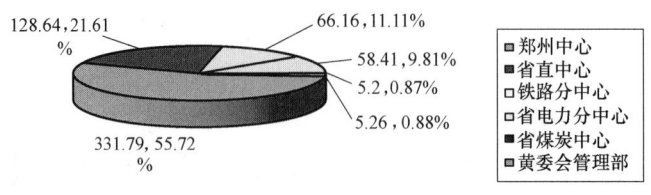

图2　2017年住房公积金缴存余额情况（单位：亿元）

（二）提取：2017年，提取额123.71亿元，同比增长6.77%；占当年缴存额的61.5%，比上年减少4.73个百分点。2017年末，提取总额742.21亿元，同比增长20%，见图3。

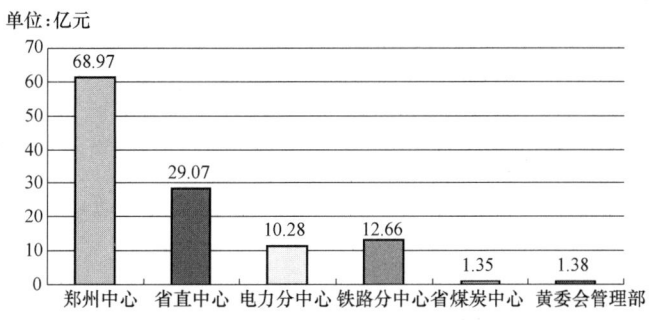

图 3 2017 年住房公积金提取情况

(三)贷款:

1. 个人住房贷款: 个人住房贷款最高额度 60 万元,其中,单缴存职工最高额度 40 万元,双缴存职工最高额度 60 万元。2017 年,发放个人住房贷款 1.54 万笔 55.21 亿元,因受郑州地区限贷限售限价调控影响,同比分别下降 58.83%、61.77%。其中,郑州中心发放个人住房贷款 0.95 万笔 32.46 亿元;铁路分中心发放 0.19 万笔 6.47 亿元;省电力分中心发放 0.24 万笔 10.22 亿元;省煤炭中心发放 0.008 万笔 0.31 亿元;黄委会管理部发放 0.004 万笔 0.17 亿元;省直机关中心发放 0.15 万笔 5.58 亿元。

2017 年,回收个人住房贷款 40.15 亿元。其中,郑州中心 22.22 亿元,省直机关中心 8.27 亿元,铁路分中心 5.39 亿元,省电力分中心 3.89 亿元,省煤炭中心 0.36 亿元,黄委会管理部 0.02 亿元。

截至 2017 年底,累计发放个人住房贷款 28.65 万笔 765.12 亿元,贷款余额 482.94 亿元,同比分别增长 5.64%、7.78%、3.22%。个人住房贷款率为 81.1%,比上年同期减少 9.22 个百分点,见图 4~图 6。

受委托办理住房公积金个人住房贷款业务的银行 9 家,比上年减少 1 家。

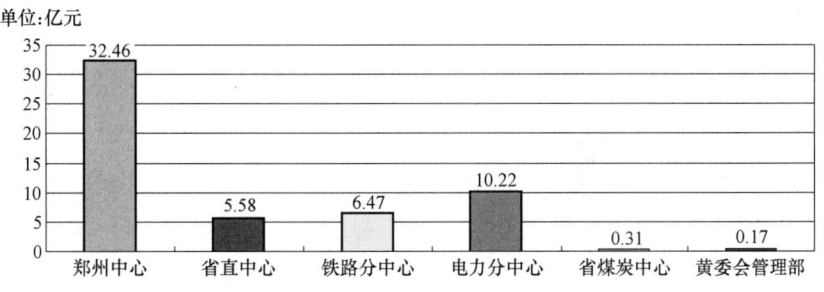

图 4 2017 年住房公积金个人住房贷款发放额

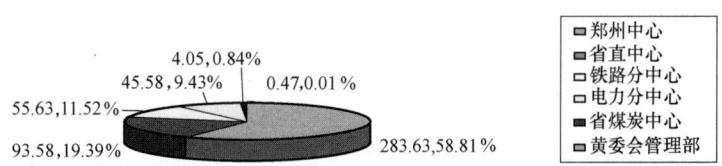

图 5 2017 年个人住房公积金贷款余额情况(单位:亿元)

2. 住房公积金支持保障性住房建设项目贷款: 2017 年,没有发放支持保障性住房建设项目贷款。截至 2017 年底,累计发放项目贷款 1.6 亿元。保障性住房建设项目贷款已全部结清。

(四)融资: 2017 年,郑州中心向灵活就业人员发放贴息贷款 11 笔 251.8 万元。郑州中心归还融资

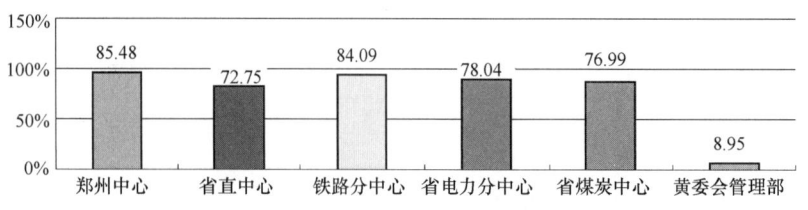

图 6　2017 年住房公积金个人住房贷款使用率情况

11.88 亿元（其中 6 亿元商业银行流动资金贷款，5.88 亿元公转商贷款）。截至 2017 年末，融资总额 47.92 亿元，其中郑州中心 45.42 亿元（包括流动资金贷款 6 亿元和公转商贷款 39.42 亿元），省电力分中心 2.50 亿元。郑州中心融资余额（公转商贷款）33.54 亿元。

（五）**资金存储**：2017 年末，住房公积金存款 120.80 亿元。其中，活期 0.23 亿元，1 年（含）以下定期 100.9 亿元，1 年以上定期 3.03 亿元，其他（协定、通知存款等）16.64 亿元，见图 7。

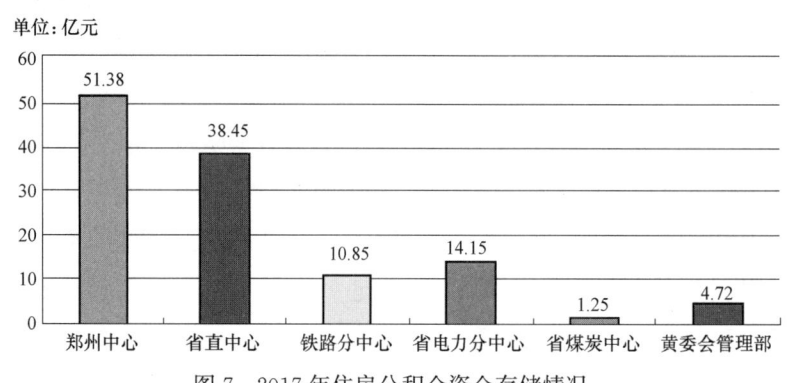

图 7　2017 年住房公积金资金存储情况

（六）**资金运用率**：2017 年末，住房公积金个人住房贷款余额、项目贷款余额和购买国债余额的总和占缴存余额的 81.1%，比上年减少 9.2 个百分点，见图 8。

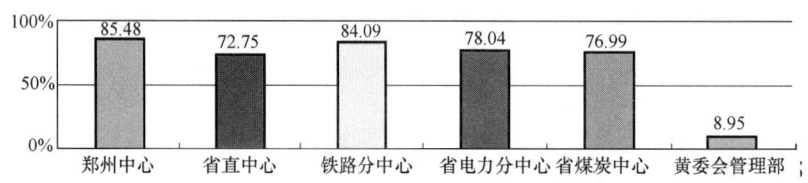

图 8　2017 年住房公积金资金运用率情况

三、主要财务数据

（一）**业务收入**：2017 年，业务收入 174512.48 万元，同比增长 6.21%。其中，郑州中心 96499.35 万元，省直机关中心 36172.96 万元，铁路分中心 20647.92 万元，省电力分中心 18778.31 万元，省煤炭中心 1553.44 万元，黄委会管理部 860.5 万元；存款利息收入 18882.22 万元，委托贷款利息收入 155627.34 万元，其他收入 2.92 万元。

（二）**业务支出**：2017 年，业务支出 99581.32 万元，同比增长 8.32%。其中，郑州中心 57604.88 万元，省直机关中心 20432.09 万元，铁路分中心 10637.66 万元，省电力分中心 9374.64 万元，省煤炭中心 822.21 万元，黄委会管理部 709.84 万元；住房公积金利息支出 88488.38 万元，归集手续费支出 3166.25

万元，委托贷款手续费支出5644.50万元，其他支出2282.19万元。

（三）增值收益： 2017年当年实现增值收益74931.16万元，同比增长3.52%。其中，郑州中心38894.47万元，省直机关中心15740.87万元，铁路分中心10010.26万元，省电力分中心9403.67万元，省煤炭中心731.23万元，黄委会管理部150.66万元；增值收益率1.34%，比上年减少0.15个百分点，见图9。

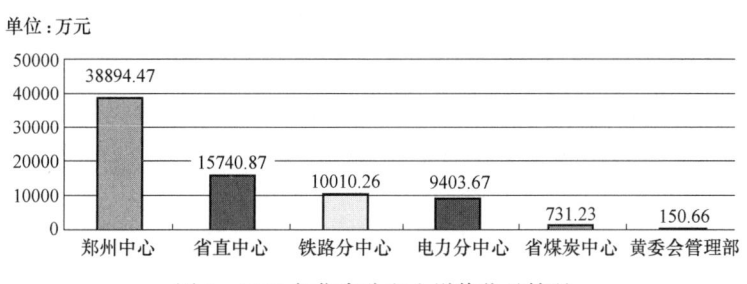

图9 2017年住房公积金增值收益情况

（四）增值收益分配： 2017年，提取贷款风险准备金17023.71万元，提取管理费用6753.24万元，提取城市廉租住房（公共租赁住房）建设补充资金51154.21万元。

2017年，上缴财政管理费用5730.89万元。上缴财政城市廉租住房（公共租赁住房）建设补充资金36262.82万元。其中，郑州中心上缴管理费用3556.93万元，电力分中心上缴管理费用1171.26万元，省直机关中心上缴管理费用1002.7万元；郑州中心上缴城市廉租住房建设补充资金28340.98万元，省直机关中心上缴城市廉租住房建设补充资金7921.84万元。

2017年末，贷款风险准备金余额179607.08万元。累计提取城市廉租住房（公共租赁住房）建设补充资金342151.74万元。其中，郑州中心提取217626.42万元，铁路分中心提取32329.24万元，电力分中心提取21970.27万元，省煤炭中心提取95.63万元，省直机关分中心提取70130.18万元

（五）管理费用支出： 2017年，管理费用支出8060.96万元，同比增长9.45%。其中，人员经费3355.87万元，公用经费977.94万元，专项经费3727.15万元。

郑州中心管理费用支出4664.5万元，其中，人员、公用、专项经费分别为1999.43万元、562.91万元、2102.16万元；铁路分中心管理费用支出720.93万元，其中，人员、公用、专项经费分别为473.32万元、144.21万元、103.4万元；电力分中心管理费用支出1205.21万元，其中，人员、公用、专项经费分别为0万元、80.89万元、1124.32万元；省煤炭中心管理费用支出301.87万元，其中，人员、公用、专项经费分别为174.18万元、110.39万元、17.3万元；黄委会管理部管理费用支出127.84万元，其中，人员、公用、专项经费分别为107.87万元、19.97万元、0万元；省直机关分中心管理费用支出1040.61万元，其中，人员、公用、专项经费分别为601.07万元、59.57万元、379.97万元。

四、资产风险状况

（一）个人住房贷款： 2017年末，个人住房贷款逾期额474.54万元，逾期率0.1‰。其中，郑州中心0.12‰，省直机关分中心0.04‰，铁路分中心0.10‰，电力分中心0.05‰。

个人贷款风险准备金按新增贷款余额的1%提取。2017年，提取个人贷款风险准备金17023.71万元，2017年末，个人贷款风险准备金余额179607.08万元，占个人住房贷款余额的3.72%，个人住房贷款逾

期额与个人贷款风险准备金余额的比率为 0.26%。

（二）支持保障性住房建设试点项目贷款：截至 2017 年底，贷款全部收回。项目贷款风险准备金按贷款余额的 4% 提取，项目贷款风险准备金余额为 520 万元。

五、社会经济效益

（一）缴存业务： 2017 年，实缴单位数和缴存额同比分别增长 31.61% 和 14.98%，实缴职工人数同比增加 48.87%。

缴存单位中，国家机关和事业单位占 26.16%，国有企业占 17.20%，城镇集体企业占 0.75%，外商投资企业占 1.94%，城镇私营企业及其他城镇企业占 33.04%，民办非企业单位和社会团体占 2.18%，其他占 18.73%，见图 10。

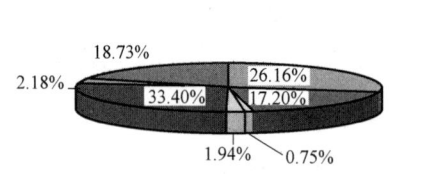
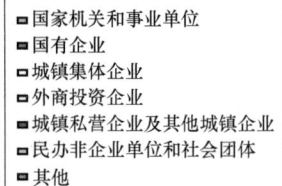

图 10　2017 年缴存单位性质构成情况

缴存职工中，国家机关和事业单位占 21.66%，国有企业占 31%，城镇集体企业占 0.55%，外商投资企业占 19.76%，城镇私营企业及其他城镇企业占 15.91%，民办非企业单位和社会团体占 1.43%，其他占 9.69%；中、低收入占 98.3%，高收入占 1.7%，见图 11。

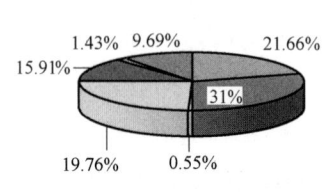
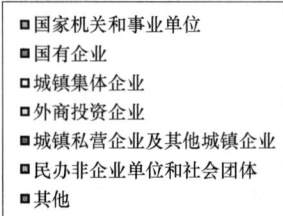

图 11　2017 年缴存职工单位性质构成情况

新开户职工中，国家机关和事业单位占 11.35%，国有企业占 13.11%，城镇集体企业占 0.77%，外商投资企业占 31.48%，城镇私营企业及其他城镇企业占 29.92%，民办非企业单位和社会团体占 1.97%，其他占 11.40%；中、低收入占 99.96%，高收入占 0.04%，见图 12。

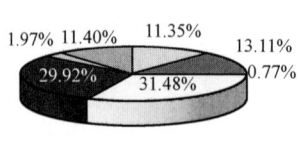

图 12　2017 年新开户缴存职工单位性质构成情况

(二)提取业务：2017 年，共有 59.43 万名缴存职工提取住房公积金 123.71 亿元。

提取金额中，住房消费提取占 75.36%（购买、建造、翻建、大修自住住房占 44.62%，偿还购房贷款本息占 30.03%，租赁住房占 0.69%，其他占 0.02%）；非住房消费提取占 24.64%（离休和退休提取占 14.24%，完全丧失劳动能力并与单位终止劳动关系提取占 8.24%，户口迁出本市或出境定居占 1.63%，其他占 0.53%）。

提取职工中，中、低收入占 86.99%，高收入占 13.01%，见图 13。

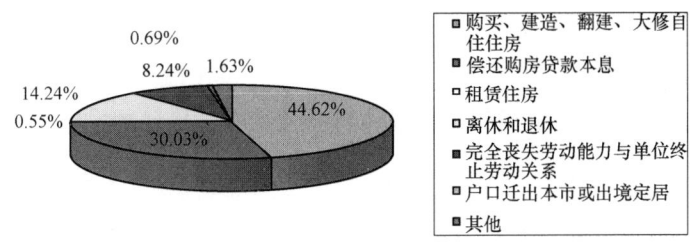

图 13　2017 年缴存职工提取原因分类情况

(三)贷款业务

1. **个人住房贷款**：2017 年，支持职工购建房 202.38 万平方米，年末个人住房贷款市场占有率为 13.92%，比上年增加 0.42 个百分点。通过申请住房公积金个人住房贷款，可节约职工购房利息支出 123503.95 万元。

职工贷款笔数中，购房建筑面积 90（含）平方米以下占 34.15%，90～144（含）平方米占 56.01%，144 平方米以上占 9.84%。购买新房占 88.13%（其中购买保障性住房占 5.44%），购买存量商品住房占 11.87%，见图 14。

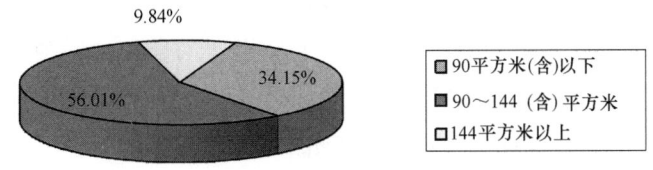

图 14　2016 年公积金个人住房贷款户型分类情况

职工贷款笔数中，单缴存职工申请贷款占 58.68%，双缴存职工申请贷款占 40.51%，三人及以上缴存职工共同申请贷款占 0.81%，见图 15。

贷款职工中，30 岁（含）以下占 31.29%，30 岁～40 岁（含）占 37.75%，40 岁～50 岁（含）占 25.21%，50 岁以上占 5.75%；首次申请贷款占 90.82%，二次及以上申请贷款占 9.18%；中、低收入占 95.41%，高收入占 4.59%，见图 16。

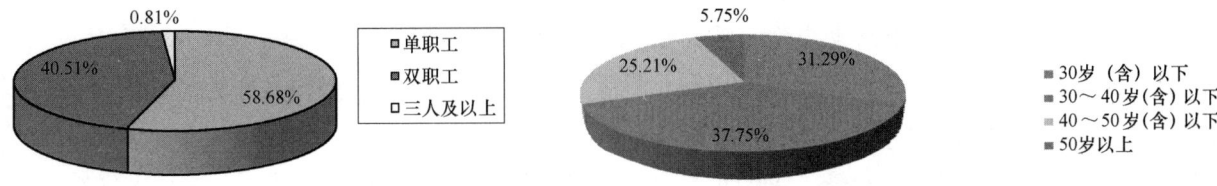

图 15　2017 年公积金个人住房贷款职工分类占比情况　　图 16　2017 年公积金个人住房贷款职工年龄分类占比情况

2. **异地贷款**：2017 年，发放异地贷款 1447 笔 56825.7 万元。2017 年末，发放异地贷款总额 237760.64 万元，异地贷款余额 173360.72 万元。

3. **公转商贴息贷款**：2017 年，郑州中心向灵活就业人员发放贴息贷款 11 笔 251.8 万元，支持购房面积 0.89 万平方米。当年贴息额 5191.53 万元。截至 2017 年末，累计发放公转商贴息贷款 15857 笔 419190.23 万元，累计贴息 9458.68 万元。

4. **支持保障性住房建设试点项目贷款**：截至 2017 年末，累计试点项目 2 个，贷款额度 1.6 亿元，建筑面积 87.84 万平方米，解决了 7752 户中低收入职工家庭的住房问题。2 个试点项目贷款资金已全部收回。

（四）**住房贡献率**：2017 年，个人住房贷款发放额、公转商贴息贷款发放额、项目贷款发放额、住房消费提取额的总和与当年缴存额的比率为 73.82%，比上年同期减少 59 个百分点。

六、其他重要事项

（一）**当年机构及职能调整情况、受委托办理缴存贷款业务金融机构变更情况**：2017 年省电力分中心增加了中国银行为归集、贷款业务受托银行；黄委会管理部增加了中国银行、中信银行为缴存业务受托银行。

（二）**当年住房公积金政策调整及执行情况**：

1. **住房公积金缴存基数限额及确定方法、缴存比例情况、当年提取政策调整情况**：

（1）郑州中心、省直机关中心、省煤炭中心、黄委会管理部、铁路分中心 2017 年度住房公积金缴存基数执行不超过郑州市统计局公布的 2016 年度职工月平均工资的三倍，确定 2017 年度缴存基数上限为 15292 元，月缴存额 3670 元。省电力分中心 2017 年度住房公积金缴存基数执行不超过郑州市统计局公布的 2016 年度郑州市职工月平均工资的三倍，确定 2017 年度缴存基数上限为 15287 元，月缴存额 3057 元。郑州中心、省直机关中心、省煤炭中心缴存基数下限执行郑州市最低工资标准 1600 元，月缴存额 160 元；黄委会管理部、省电力分中心缴存基数下限执行郑州市最低工资标准 1600 元，月缴存额 320 元；铁路分中心缴存基数下限执行最低工资标准 1600 元，月缴存额 384 元。

（2）2017 年度住房公积金缴存比例，郑州中心、省直机关中心、省煤炭中心为单位和职工个人各 5%～12%；黄委会管理部为单位和职工各 10%～12%；省电力分中心为单位 12%，职工 8%；铁路分中心住房公积金缴存比例为单位和职工各 12%。

（3）郑州中心自 2017 年 5 月 2 日取消因职工本人或直系亲属患九种重大疾病可提取住房公积金的有关规定；电力分中心停止了大修住房提取业务。

2. **住房公积金存、贷款利率执行情况**：

（1）2017 年职工住房公积金账户存款利率，仍然统一按照一年期定期存款基准利率 1.50% 执行。

（2）2017 年住房公积金个人住房贷款利率未调整，继续执行中国人民银行发布的五年以内 2.75%、五年以上 3.25% 的利率。

3. **住房公积金个人住房贷款最高贷款额度、贷款条件调整情况**：郑州中心 2017 年度最高贷款额度未作调整，仍为 60 万元，还款能力按月还款额不超过家庭收入的 60% 认定，单笔贷款额度为依据借款人家庭住房公积金缴存账户余额核定，个人住房贷款政策的其他内容未进行调整。省煤炭中心2017年度对贷款额度作了调整，由原来的夫妻双方均为本中心缴存职工最高贷款60万元和单身职工或夫妻双方仅一方为本中心缴存职工最高贷款40万调整为：夫妻双方均为本中心缴存职工购买首套房最高贷款60万元；购买二套房最高贷款50万元；单身职工或夫妻双方仅一方在本中心正常缴存的购买首套房最高贷款50万元；购买二套房最高贷款40万元；购买首套房贷款不受缴存余额限制。铁路分中心2017年6月1日起，住房公积金贷款最高额度由45万元调整至60万元。

（三）当年服务改进情况： 郑州中心一是开展了行政服务"减证便民"和效能低下专项整治等活动，取消不必要证明14项，保留证明3项，完成2类效能低下问题的整改工作；持续推行政务服务"一口受理"工作，简化优化公共服务流程。二是严格落实一次性告知制、首问负责制、服务承诺制等相关制度；持续开展窗口服务、主动问询、延时服务、公休日服务等多元化的服务方式。三是实施二次办理无需排队、老弱孕开通绿色通道、全年午间不休息等特色服务。四是实施窗口预约、网站预约、微信预约、支付宝预约"四位一体"预约服务，实现"一次认证、多点互联"，全年累计预约提取和贷款业务13885笔，完成集体件预约办理401件，完成4次贷款专场审批业务，办理预约贷款集体件281笔。五是12329客服热线2017年度全年电话总量543780个，平均每天2184个，人工接听热线136232个，平均每天543个，接通率94.79%，满意率92.35%。处理网络回复4563帖，微博平台发送信息494条，心通桥市长信箱限时回复率、办结率均为100%。

省煤炭分中心一是设专人负责与缴存职工的QQ群、微信群联系，二是优化办公环境，业务大厅增设报刊栏，对前台业务人员开展礼仪培训。

电力分中心开通了郑州住房公积金12329客服热线，2017年全年电话总量3000个。

（四）当年信息化建设情况： 2017年郑州中心一是完善了住房公积金微信服务平台，新增了刷脸认证服务，在支付宝的"城市服务"中，开展住房公积金查询和业务预约办理等服务。二是银行结算应用系统接入工作已向住房城乡建设部监管司递交了测试申请，各家受托银行已配合完成了测试，计划与新业务系统（G系统）同时上线。

郑州中心、省直机关中心、省电力分中心、铁路分中心、省煤炭中心、黄委会管理部，2017年正式接入并启用全国住房公积金异地转移接续平台，其中，郑州中心办理转出业务1726笔，共计3658.85万元。

省电力分中心一是新业务系统已经正式上线。二是完成了综合服务平台建设工作。三是完成了河南省住房公积金数据容灾备份实施工作和数据异地远程灾备系统建设。

（五）当年住房公积金管理中心及职工所获荣誉情况： 郑州中心客服中心和百花路大厅获得"郑州市青年文明号"称号。省直分中心获得"全国五一劳动奖状"（集体）。

（六）当年对违反《住房公积金管理条例》和相关法规行为进行行政处罚和申请人民法院强制执行情况： 郑州中心依据国务院《住房公积金管理条例》第三十七条之规定，对河南金马凯旋房地产开发有限公司行政处罚4万元，对河南富顺实业集团有限公司行政处罚4万元，对郑州公建物业服务有限公司行政处罚1万元；依据《行政强制法》相关规定，对新密市第一人民医院、河南富顺实业集团有限公司申请人民法院强制执行。

开封市住房公积金 2017 年年度报告

一、机构概况

(一) 住房公积金管理委员会：住房公积金管理委员会有 16 名委员，2017 年，召开 1 次全体会议，审议通过的事项主要包括：原则同意市财政局对市住房公积金管理中心 2016 年住房公积金增值收益分配方案及使用情况的审核意见；会议原则同意市住房公积金管理中心调整我市住房公积金个人住房贷款额度核定方法；会议原则同意由市住房公积金管理中心制定《开封市灵活就业人员住房公积金缴存使用暂行办法》。

(二) 住房公积金管理中心：住房公积金管理中心为（隶属于开封市政府）不以营利为目的的（自收自支）事业单位，主要负责全市住房公积金的归集、管理、使用和会计核算。中心设 7 个处（科），4 个管理部。从业人员 65 人，其中，在编 65 人，非在编 0 人。

二、业务运行情况

(一) 缴存：2017 年，新开户单位 183 家，实缴单位 2611 家，净增单位 175 家；新开户职工 1.44 万人，实缴职工 19.54 万人，净增职工 1.3 万人；缴存额 13.64 亿元，同比增长 21.24%。2017 年末，缴存总额 79.29 亿元，同比增长 20.8%；缴存余额 47.42 亿元，同比增长 21.56%。

受委托办理住房公积金缴存业务的银行 8 家，比上年增加 0 家。

(二) 提取：2017 年，提取额 5.24 亿元，同比增长 15.42%；占当年缴存额的比率 38.42%，比上年减少 1.94 个百分点。2017 年末，提取总额 31.87 亿元，同比增长 19.68%。

(三) 贷款：

个人住房贷款：个人住房贷款最高额度 50 万元，其中，单缴存职工最高额度 50 万元，双缴存职工最高额度 50 万元。

2017 年，发放个人住房贷款 0.17 万笔 5.17 亿元，同比分别下降 55.26%、55.81%。其中：市中心发放个人住房贷款 0.14 万笔 4.5 亿元，兰考发放个人住房贷款 0.03 万笔 0.67 亿元。

2017 年，回收个人住房贷款 3.34 亿元。其中，市中心回收 2.96 亿元，兰考回收 0.38 亿元。

2017 年末，累计发放个人住房贷款 2.86 万笔 54.19 亿元，贷款余额 38.86 亿元，同比分别增长 6.32%、10.55%、4.94%。个人住房贷款余额占缴存余额的 81.95%，比上年减少 12.97 个百分点。

受委托办理住房公积金个人住房贷款业务的银行 6 家，比上年增加 0 家。

(四) 融资：2017 年，融资额 0.5 亿元，当年归还 2 亿元。2017 年末，融资总额 2.5 亿元，融资余额 0 亿元。

(五) 资金存储：2017 年末，住房公积金存款 8.62 亿元。其中，活期 4.72 亿元，1 年以内定期（含）3.9 亿元，1 年以上定期 0 亿元，其他（协议、协定、通知存款等）0 亿元。

(六) 资金运用率：2017 年末，住房公积金个人住房贷款余额、项目贷款余额和购买国债余额的总和占缴存余额的 81.95%，比上年减少 12.97 个百分点。

三、主要财务数据

（一）业务收入：2017 年，业务收入 13229.4 万元，同比增长 14.46%；其中，市中心 11963.33 万元，兰考 1266.07 万元；存款利息收入 693.35 万元，委托贷款利息收入 12536.05 万元，国债利息收入 0 万元。

（二）业务支出：2017 年，业务支出 6900.27 万元，同比增长 24.82%；其中，市中心 5949.02 万元，兰考 951.25 万元；支付职工住房公积金利息 6170.91 万元，归集手续费用支出 0 万元，委托贷款手续费支出 579.16 万元，其他支出 150.2 万元。

（三）增值收益：2017 年，增值收益 6329.13 万元，同比增长 4.96%；其中，市中心 6014.31 万元，兰考 314.82 万元；增值收益率 1.46%，比上年（减少）0.21 个百分点。

（四）增值收益分配：2017 年，提取贷款风险准备金 3834.82 万元，提取管理费用 1936.62 万元，提取城市廉租房（公共租赁住房）建设补充资金 557.69 万元。

2017 年，上交财政管理费用 1628.13 万元。上缴财政的城市廉租住房（公共租赁住房）建设补充资金 1354.12 万元。其中，市中心上缴 1314.12 万元，兰考上缴 40 万元。

2017 年末，贷款风险准备金余额 15510.51 万元。累计提取城市廉租房（公共租赁住房）建设补充资金 12729.15 万元。其中，市中心提取 12579.15 万元，兰考提取 150 万元。

（五）管理费用支出：2017 年，管理费用支出 1394.26 万元，同比增长 27.28%。其中，人员经费 698.11 万元，公用经费 75.32 万元，专项经费 620.83 万元。

市中心管理费用支出 1103.68 万元，其中，人员、公用、专项经费分别为 646.11 万元、20.32 万元、437.25 万元；兰考管理费用支出 290.58 万元，其中人员、公用、专项经费分别为 52 万元、55 万元、183.58 万元。

四、资产风险状况

个人住房贷款：2017 年末，个人住房贷款逾期额 20.32 万元，逾期率 0.1‰。其中，市中心 0.06‰。

个人贷款风险准备金按（贷款余额）的 1% 提取。2017 年，提取个人贷款风险准备金 3834.82 万元，使用个人贷款风险准备金核销 0 万元。2017 年末，个人贷款风险准备金余额为 15510.51 万元，占个人贷款余额的 3.99%，个人贷款逾期额与个人贷款风险准备金余额的比率为 0.13%。

五、社会经济效益

（一）缴存业务：2017 年，实缴单位数、实缴职工人数和缴存额增长率分别为 7.01%、5.22% 和 21.24%。

缴存单位中，国家机关和事业单位占 51.32%，国有企业占 17.89%，城镇集体企业占 12.49%，外商投资企业占 9.15%，城镇私营企业及其他城镇企业占 5.36%，民办非企业单位和社会团体占 1.95%，其他占 1.84%。

缴存职工中，国家机关和事业单位占 51.56%，国有企业占 17.72%，城镇集体企业占 10.5%，外商

投资企业占 10.54%，城镇私营企业及其他城镇企业占 5.28%，民办非企业单位和社会团体占 1.95%，其他占 2.45%。中、低收入群体占 95.94%，高收入群体占 4.06%。

新开户职工中，国家机关和事业单位占 12.06%，国有企业占 3.32%，城镇集体企业占 33.27%，外商投资企业占 21.68%，城镇私营企业及其他城镇企业占 29.56%，民办非企业单位和社会团体占 0%，其他占 0.11%；中、低收入占 95.93%，高收入占 4.07%。

（二）提取业务：2017 年，2.57 万名缴存职工提取住房公积金 5.24 亿元。

提取金额中，住房消费提取占 64.45%（购买、建造、翻建、大修自住住房占 22.4%，偿还购房贷款本息占 40.52%，租赁住房占 1.04%，其他占 0.49%）；非住房消费提取占 35.55%（离休和退休提取占 27.42%，完全丧失劳动能力并与单位终止劳动关系提取占 3.36%，户口迁出本市或出境定居占 3.24%，其他占 1.52%）。

提取职工中，中、低收入占 96.5%，高收入占 3.5%。

（三）贷款业务：

1. **个人住房贷款**：2017 年，支持职工购建房 31.95 万平方米，年末个人住房贷款市场占有率为 10.84%，比上年（减少）5.07 个百分点。通过申请住房公积金个人住房贷款，可节约职工购房利息支出 25278.95 万元。

职工贷款笔数中，购房建筑面积 90（含）平方米以下占 12.93%，90～144（含）平方米占 72.56%，144 平方米以上占 14.51%。购买新房占 75.26%（其中购买保障性住房占 0%），购买存量商品住房占 19.33%，建造、翻建、大修自住住房占 0.53%，其他占 4.88%。

职工贷款笔数中，单缴存职工申请贷款占 39.25%，双缴存职工申请贷款占 60.75%，三人及以上缴存职工共同申请贷款占 0%。

贷款职工中，30 岁（含）以下占 22.09%，30 岁～40 岁（含）占 39.42%，40 岁～50 岁（含）占 24.62%，50 岁以上占 13.87%；首次申请贷款占 83.2%，二次及以上申请贷款占 16.8%；中、低收入占 79.79%，高收入占 20.21%。

2. **异地贷款**：2017 年，发放异地贷款 22 笔 471 万元。2017 年末，发放异地贷款总额 1193 万元，异地贷款余额 1137.33 万元。

（四）住房贡献率：2017 年，个人住房贷款发放额、公转商贴息贷款发放额、项目贷款发放额、住房消费提取额的总和与当年缴存额的比率为 62.66%，比上年同期（减少）67.68 个百分点。

六、其他重要事项

1. 当年缴存基数限额及确定方法。缴存调整情况：根据开封市统计局公布的相关信息，2017 年我市调整了住房公积金缴存基数，按不超过本市上年度在岗职工月均工资 3 倍的要求确定为 12201 元，公积金缴存上限为 2928 元，缴存比例为 5%～12%。

2. 为了进一步扩大住房公积金制度受益范围，增强住房消费能力，强化住房公积金的社会保障功能，结合我市实际，出台了《开封市灵活就业人员住房公积金缴存使用暂行管理办法》。

3. 为进一步加强住房公积金管理，充分发挥住房公积金制度的互助性、保障性，正确引导合理住房消费，满足更多缴存职工贷款需求，体现住房公积金制度的公平性，加强贷款风险防范，调整了我市住房公积金个人住房贷款额度的核定。

4. 公积金业务新系统－G系统上线工作全面展开，数转工作平稳推进，信息化建设、双贯标落实工作紧张有序逐步进行。

5. 中心与市社保中心协商后接入一条社保专线，方便工作开展。

6. 市中心领导带领全体职工共同努力，继续保持省级文明单位的殊荣。

洛阳市住房公积金2017年年度报告

一、机构概况

（一）**住房公积金管理委员会**：住房公积金管委会有25名成员，2017年，召开1次全体会议，会议表决：免去尚朝阳同志管委会委员、主任委员，免去李学章管委会委员、副主任委员，免去杨晓阳、刘红延、张国亮、张月玲、袁剑、张成现、许红星、张家新等8名同志管委会委员；增选吴孟铎同志为管委会委员、主任委员，增选李晋同志为管委会委员、副主任委员，增选张松建、闫晓峰、寇兴禹、高彩霞、吉建宾、张建设、李晓东、田鹏等8名同志为管委会委员。会议听取了《洛阳市住房公积金管理中心2016年度工作报告》。会议审议批准了《洛阳市住房公积金2016年年度报告》、《洛阳市2016年度住房公积金收支决算和2017年度住房公积金收支预算情况的报告》；会议通过了《洛阳市住房公积金信用信息管理办法》、《关于协助人民法院强制划拨被执行人个人住房公积金账户余额的办法》、《洛阳市住房公积金提取管理办法》、《洛阳市住房公积金组合贷款实施细则（试行）》、《市公积金中心2016年度向商业银行申请使用短期信用贷款的情况报告》、《洛阳市住房公积金降低缴存比例和缓缴政策执行情况的报告》。

（二）**住房公积金管理中心**：洛阳市住房公积金管理中心为市政府不以营利为目的的参照公务员管理事业单位，主要负责全市住房公积金的归集、管理、使用和会计核算。中心内设6个科，10个管理部，1个分中心。从业人员174人，其中，在编76人，非在编98人。

二、业务运行情况

（一）**缴存**：2017年，新开户单位708家，实缴单位6260家，净增单位－22家；新开户职工4.11万人，实缴职工52.51万人，净增职工0.70万人。缴存额59.70亿元，同比增长13.1%。2017年末，缴存总额412.26亿元，缴存余额184.89亿元，同比分别增长16.9%、10.9%。

受委托办理住房公积金缴存业务的银行13家，比上年无增减。

（二）**提取**：2017年，全年提取41.44亿元，同比增长10.9%；占当年缴存额的比率69.4%，比上年同期减少1.3个百分点。

截至2017年底，提取总额227.37亿元，同比增长22.3%。

（三）**贷款**：

1. **个人住房贷款**：市中心个人住房贷款最高额度为40万元，双职工家庭与单职工家庭最高额度相同。铁路分中心个人住房贷款最高贷款额度为 60 万元，双职工家庭与单职工家庭最高额度相同。

2017 年，发放个人住房贷款 1.01 万笔 28.77 亿元，同比下降 30.8％、31.2％。其中，市中心发放个人住房贷款 0.93 万笔 26.31 亿元，铁路分中心发放个人住房贷款 0.08 万笔 2.46 亿元。

2017 年，回收个人住房贷款 19.83 亿元，其中，市中心 18.21 亿元，铁路分中心 1.62 亿元。

截至 2017 年底，累计发放个人住房贷款 12.60 万笔 275.21 亿元，贷款余额 170.21 亿元，同比分别增长 8.7％、增长 11.7％、增长 5.6％。个人住房贷款余额占缴存余额的 92.1％，比上年减少 4.7 个百分点。

受委托办理住房公积金个人住房贷款业务的银行 7 家，比上年无增减。

2. 住房公积金支持保障性住房建设项目贷款：2017 年，未发放支持保障性住房建设项目贷款。

2017 年末，累计发放项目贷款 8.00 亿元，项目贷款余额为零。

（四）融资：2017 年当年未融资。2017 年末，融资总额 6.40 亿元，融资余额 0 亿元。

（五）资金存储：2017 年末，住房公积金存款 18.15 亿元。其中，活期 0.15 亿元，1 年以内定期（含）3.47 亿元，1 年以上定期 2.87 亿元，其他（协定、通知存款等）11.66 亿元。

（六）资金运用率：2017 年末，住房公积金个人住房贷款余额、项目贷款余额和购买国债余额的总和占缴存余额的 92.1％，比上年减少 4.7 个百分点。

三、主要财务数据

（一）业务收入：2017 年，业务收入 58940.56 万元，同比增长 8.5％。其中，市中心 52541.25 万元，铁路分中心 6399.31 万元。存款利息收入 4914.36 万元，委托贷款利息收入 54021.56 万元，其他收入 4.64 万元。

（二）业务支出：2017 年，业务支出共计 30508.87 万元，同比下降 4.7％。其中，市中心 26920.92 万元，铁路分中心 3587.95 万元。住房公积金利息支出 27304.31 万元，归集手续费用支出 151.70 万元，委托贷款手续费支出 1547.05 万元，其他支出 1505.81 万元。

（三）增值收益：2017 年，增值收益 28431.69 万元，同比增长 27.3％。其中，市中心 25620.33 万元，铁路分中心 2811.36 万元。增值收益率 1.6％，比上年同期增加 0.2 个百分点。

（四）增值收益分配：2017 年，提取贷款风险准备金 16917.08 万元，提取管理费用 1959.65 万元，提取城市廉租住房（公共租赁住房）建设补充资金 9554.96 万元。

2017 年，上交财政管理费用 1664.07 万元，上缴财政的城市廉租住房（公共租赁住房）建设补充资金 6318.41 万元。

截至 2017 年末，贷款风险准备金余额 121526.86 万元，累计提取城市廉租住房（公共租赁住房）建设补充资金 63217.66 万元。

（五）管理费用支出：2017 年，管理费用支出 2142.32 万元，同比增长 38.1％。其中，人员经费 1190.82 万元，公用经费 255.44 万元，专项经费 696.06 万元。

市中心管理费用支出 1779.47 万元，人员、公用、专项经费分别为 924.05 万元、230.80 万元、624.62 万元；铁路分中心管理费用支出 362.85 万元，人员、公用、专项经费分别为 266.77 万元、24.64 万元、71.44 万元。

四、资产风险状况

（一）**个人住房贷款**：2017年末，个人住房贷款无逾期贷款。

个人贷款风险准备金，市中心按增值收益的60%提取，铁路分中心按贷款余额的1%提取。个人贷款风险准备金余额为120406.86万元，占个人贷款余额的7.1%。

（二）**支持保障性住房建设试点项目贷款**：2017年末，项目贷款无逾期贷款。

项目贷款风险准备金按贷款余额的4%提取。项目贷款风险准备金余额为1120.00万元，项目贷款无余额。

五、社会经济效益

（一）**缴存业务**：2017年，实缴单位数、实缴职工人数和缴存额同比分别增长－0.4%、1.3%和13.1%。

缴存单位中，国家机关和事业单位占42.3%，国有企业占15.1%，城镇集体企业占1.9%，外商投资企业占1.5%，城镇私营企业及其他城镇企业占21.2%，民办非企业单位和社会团体占3.3%，其他占14.7%。

缴存职工中，国家机关和事业单位占31.6%，国有企业占39.4%，城镇集体企业占1.4%，外商投资企业占3.5%，城镇私营企业及其他城镇企业占13.9%，民办非企业单位和社会团体占1.2%，其他占9.0%。

新开户职工中，国家机关和事业单位占18.6%，国有企业占30.0%，城镇集体企业占1.4%，外商投资企业占6.9%，城镇私营企业及其他城镇企业占32.6%，民办非企业单位和社会团体占3.7%，自由职业者占1.1%，其他占5.7%；中、低收入占100%，高收入群体占0%。

（二）**提取业务**：2017年，16.72万名缴存职工提取住房公积金108.30万笔41.44亿元。

提取的金额中，住房消费提取占77.2%（购买、建造、翻建、大修自住住房占30.9%，偿还购房贷款本息占45.7%，租赁住房占0.4%，物业费占0.1%，其他占0.1%）；非住房消费提取占22.8%（离休和退休提取占16.8%，户口迁出本市或出境定居占0.1%，完全丧失劳动能力并与单位终止劳动关系提取占0.1%，死亡占0.9%，其他占4.9%）。

提取职工中，中、低收入占99.2%，高收入占0.8%。

（三）**贷款业务**。

1. **个人住房贷款**：2017年，支持职工购建房117.41万平方米，年末个人住房贷款市场占有率为22.0%，比上年同期降低3.5个百分点。通过申请住房公积金个人住房贷款，可节约职工购房利息支出56477.62万元。

职工贷款所购住房套数中，90（含）平方米以下占24.3%，90～144（含）平方米占65.7%，144平方米以上占10.0%；购买新房占88.3%，（其中购买保障性住房占6.6%），购买存量商品住房占11.7%。

职工贷款笔数中，单缴存职工申请贷款占64.0%，双缴存职工申请贷款占36.0%，三人及以上缴存职工共同申请贷款占0%。

贷款职工中，30岁（含）以下占27.1%，30岁～40岁（含）占38.6%，40岁～50岁（含）占

26.7%，50岁以上占7.6%；首次申请贷款占93.2%，二次及以上申请贷款占6.8%；中、低收入占99.7%，高收入占0.3%。

2. **异地贷款**：2017年，发放省内异地贷款610笔17170.80万元。2017年末，发放省内异地贷款总额72047.95万元，异地贷款余额44728.80万元。

3. **支持保障性住房建设试点项目贷款**：2017年末，累计试点项目9个，贷款额度8.70亿元。均为经济适用房项目。建筑面积121.60万平方米，可解决13511户中低收入职工家庭的住房问题。9个试点项目贷款资金已全部发放完毕，并于2016年7月全部还清贷款本息。

（四）**住房贡献率**：2017年，个人住房贷款发放额、项目贷款发放额、住房消费提取额的总和与当年缴存额的比率为101.8%，比上年同期减少37.3个百分点。

六、其他重要事项

（一）**中心机构设置情况**：中心内设办公室（首问服务科）、计划财务科、公积金归集科、信贷管理科、信息技术科、审计稽核科等6个职能科及市区营业部、机关党支部、纪检（监察）室，下设偃师、新安、伊川、栾川、孟津、吉利、宜阳、嵩县、洛宁、汝阳10个管理部和铁路分中心。

（二）**当年住房公积金管理中心所获荣誉情况**：洛阳市住房公积金管理中心2017年被授予市级"文明单位"称号。

（三）**基数调整情况**：2017年6月下旬调整住房公积金缴存基数，缴存基数上限按不超过本市上年职工社会平均工资3倍的要求确定为11454元，缴存基数下限按上年度最低工资标准1600元执行，缴存比例为5%～12%。

（四）**信息化建设情况**：中心依托"洛阳智慧城市——政务云平台"进行部署新的系统平台，按照技术一体化、基础信息一体化、业务流程一体化的建设思路，历经业务需求分析、现场开发测试完善、外联接口（住房城乡建设部资金结算平台、人行征信、12329短信、CA认证等）联调测试、历史数据迁移、网络及设备环境准备、柜员培训授权等环节。6月7日，中心正式通过住房城乡建设部资金结算平台发起业务；6月12日，新一代住房公积金信息系统同步在13个网点正式上线运行，实现了全省同行业第一家全系统依托云平台部署；8月28日，中心以全省同行业第一家直连方式接入全国住房公积金异地转移接续平台；9月26日，完成了住房公积金容灾备份项目安装部署；拓展推出了个人网厅、单位网厅、微信公众号、手机APP、支付宝查询公积金等"互联网"便民服务功能，通过了人行"金融城域网"接入工作验收，完成了业务网络升级。与房管局建立了部门间系统平台协查机制，实现了不动产信息数据共享。11月13日，通过了住房城乡建设部（厅）联合检查组"双贯标"工作验收，完成了综合服务平台建设的工作要求，实现了我市公积金业务信息系统平台跨越式发展。

（五）**当年住房公积金业务政策调整情况**：

1. 全面贯彻落实省政府办公厅《关于进一步扩大住房公积金制度保障范围的实施意见》（豫政办〔2016〕223号）文件精神，结合洛阳实际，对相关内容进行了细化和完善。在征求我市相关部门意见的基础上，市政府常务会议通过，并以市政府办公室名义印发了《关于进一步扩大住房公积金制度保障范围的实施意见》（洛政办〔2017〕42号）。

2. 5月11日，洛阳市住房公积金管委会二届三次会议通过了《洛阳市住房公积金信用信息管理办法》，对单位和个人住房公积金信用信息的归集、管理、使用等方面做了明确规定，同时，建立与"信用洛阳"、国家企业信用信息公示系统（河南）信用信息互联共享机制，推行行业"黑名单"制度，通过推进行业信用管理，倡导依法缴存、诚信使用住房公积金。

3. 洛阳市住房公积金管委会二届三次会议对《住房公积金提取管理办法》进行修订完善，通过了《关于法院强制划拨个人住房公积金问题的办理意见》，并于2017年5月17日正式发布实施。

4. 根据《市政府关于清理规范市政府部门证明事项的通知》精神，中心取消了房产信息、未（再）婚、亲属关系等12项证明，并对涉及住房公积金取消证明事项后的业务办理进行了规范。

5. 洛阳市住房公积金管委会二届三次会议通过了《洛阳市住房公积金组合贷款实施细则（试行）》，并于2017年5月17日正式发布实施。

（六）当年服务改进情况：

1. 对市区营业大厅进行了整合装修，将原来的汇缴大厅和个贷大厅合二为一，成立综合服务大厅，全面推进综合柜员制度。

2. 着力推进"互联网＋公积金"工作，从新梳理业务流程，减少办理要件，精简业务环节，提高业务办理标准化程度。积极推广"网上公积金"和"手机公积金"。提升个人和单位业务网上办理体验，使服务对象足不出户就能感受到住房公积金"互联网＋"的便利。

3. 开通了手机APP、微信等8大服务渠道，初步构建了"数字化公积金信息服务"的服务新模式，实现了服务从"被动"到"主动"、从"人工"到"智能"、从"线下"到"线上"的根本性转变。

平顶山市住房公积金2017年年度报告

一、机构概况

（一）**住房公积金管理委员会**：平顶山市住房公积金管理委员会有23名委员，2017年召开3次会议，审议通过的事项主要包括：《平顶山市2016年住房公积金归集、使用计划执行情况及2017年住房公积金归集、使用计划的报告》、《平顶山市2017年1至5月住房公积金归集、使用计划执行情况的报告》、《平顶山市住房公积金逾期贷款催收管理暂行办法（草案）》、《关于同意平顶山市财信投资担保有限公司承办住房公积金贷款委外催收业务的决定（草案）》、《平顶山市住房公积金管理中心2017—2019年信息化建设规划（草案）》、《平顶山市2017年1至10月住房公积金归集、使用计划执行情况的报告》、《关于保持住房公积金业务平稳运行有关问题的通知（草案）》。

（二）**住房公积金管理中心**：住房公积金管理中心为直属平顶山市人民政府的不以营利为目的的独立的事业单位，设6个科，10个管理部，1个分中心。从业人员149人，其中，在编98人，非在编51人。另辖内含汝州市住房公积金管理中心，从业人员31人，其中，在编11人，非在编20人。

二、业务运行情况

（一）**缴存**：2017年，新开户单位261家，实缴单位3446家，净增单位127家；新开户职工2.09万

人，实缴职工 36.86 万人，净增职工 1.76 万人；缴存额 30.23 亿元，同比增长 34.74%。2017 年末，缴存总额 262.98 亿元，同比增长 12.99%；缴存余额 142.25 亿元，同比增长 7.86%。

受委托办理住房公积金缴存业务的银行 7 家。

（二）提取：2017 年，提取额 19.87 亿元，同比下降 10.51%；占当年缴存额的 65.72%，比上年减少 33.21 个百分点。2017 年末，提取总额 120.72 亿元，同比增长 19.7%。

（三）贷款：

1. 个人住房贷款：平顶山市个人住房贷款最高额度 55 万元，其中，单缴存职工最高额度 55 万元，双缴存职工最高额度 55 万元。汝州市个人住房贷款最高额度 45 万元。

2017 年，发放个人住房贷款 0.76 万笔 22.03 亿元，同比分别下降 11.84%、3.19%。其中，市中心发放个人住房贷款 0.51 万笔 15.44 亿元，平煤分中心发放个人住房贷款 0.16 万笔 3.95 亿元，汝州市发放个人住房贷款 0.09 万笔 2.64 亿元。

2017 年，回收个人住房贷款 8.22 亿元。其中，市中心 5.23 亿元，平煤分中心 2.34 亿元，汝州市 0.65 亿元。

2017 年末，累计发放个人住房贷款 7.04 万笔 126.85 亿元，贷款余额 89.39 亿元，同比分别增长 12.1%、21.01%、18.27%。个人住房贷款余额占缴存余额的 62.84%，比上年增加 5.53 个百分点。

平顶山市受委托办理住房公积金个人住房贷款业务的银行 6 家。汝州市受委托办理住房公积金个人住房贷款业务的银行 3 家。

2. 住房公积金支持保障性住房建设项目贷款：2017 年，中心未发放项目贷款，当年回收以前年度项目贷款 0.28 亿元。2017 年末，累计发放项目贷款 0.68 亿元，目前该项目贷款已全额收回本息。

（四）资金存储：2017 年末，住房公积金存款 55.6 亿元。其中，活期 0.21 亿元，1 年（含）以下定期 44.9 亿元，1 年以上定期 1.12 亿元，其他（协定、通知存款等）9.37 亿元。

（五）资金运用率：2017 年末，住房公积金个人住房贷款余额、项目贷款余额和购买国债余额的总和占缴存余额的 62.84%，比上年增加 5.32 个百分点。

三、主要财务数据

（一）业务收入：2017 年，业务收入 37452.69 万元，同比增长 1.85%。其中，市中心 21400.92 万元，平煤分中心 14015.07 万元，汝州市 2036.7 万元；存款利息 10805.62 万元，委托贷款利息 26604.72 万元，其他 42.35 万元。

（二）业务支出：2017 年，业务支出 20963.12 万元，同比增长 1.89%。其中，市中心 11280.82 万元，平煤分中心 8556.93 万元，汝州市 1125.37 万元；支付职工住房公积金利息 19697.99 万元，委托贷款手续费 1260.83 万元，其他 4.3 万元。

（三）增值收益：2017 年，增值收益 16489.58 万元，同比增长 1.8%。其中，市中心 10120.1 万元，平煤分中心 5458.15 万元，汝州市 911.33 万元；增值收益率 1.22%，比上年无增减。

（四）增值收益分配：2017 年，提取贷款风险准备金 9611.08 万元，提取管理费用 2067.05 万元，提取城市廉租住房（公共租赁住房）建设补充资金 4811.45 万元。

2017 年，上交财政管理费用 2272.26 万元。上缴财政城市廉租住房（公共租赁住房）建设补充资金

4581.57万元。其中，市中心上缴2346.46万元，平煤分中心上缴（收缴单位）2235.11万元。

说明：上交财政的管理费用和城市廉租房建设补充资金是2016年度的提取额，在2017年初上交财政；提取的管理费用和城市廉租房建设补充资金是2017年当年提取额，此款项要在2018年年初上交财政。

2017年末，贷款风险准备金余额66005.48万元。累计提取城市廉租住房（公共租赁住房）建设补充资金35117.49万元。其中，市中心提取19736.76万元，平煤分中心提取15009.13万元，汝州市371.6万元。

（五）管理费用支出：2017年，管理费用支出2860.58万元，同比增长45.39%。其中，人员经费1447.91万元，公用经费1316.91万元，专项经费95.76万元。

市中心管理费用支出1815.18万元，其中，人员、公用、专项经费分别为1134.11万元、585.31万元、95.76万元；平煤分中心管理费用支出813.88万元，其中，人员、公用经费分别为224.42万元、589.46万元；汝州市管理费用支出231.52万元，其中，人员、公用经费分别为89.38万元、142.14万元。

四、资产风险状况

（一）个人住房贷款：2017年末，个人住房贷款逾期额2416.07万元，逾期率2.7‰。其中，市中心3.17‰，平煤分中心2.2‰，汝州市0.54‰。

平顶山市个人住房公积金贷款风险准备金按增值收益的60%提取，汝州市住房公积金个人贷款风险准备金按贷款余额的1%提取。2017年，提取个人贷款风险准备金9611.08万元。2017年末，个人贷款风险准备金余额65781.48万元，占个人住房贷款余额的7.36%，个人住房贷款逾期额与个人贷款风险准备金余额的比率为3.85%。

（二）支持保障性住房建设试点项目贷款：2017年，项目贷款风险准备金余额224万元。目前我市项目贷款已全额收回本息，余额为零，不再计提项目贷款风险准备金。

五、社会经济效益

（一）缴存业务：2017年，实缴单位数、实缴职工人数和缴存额同比分别增长3.83%、5.01%和34.74%。

缴存单位中，国家机关和事业单位占71.62%，国有企业占11.52%，城镇集体企业占1.04%，外商投资企业占1.97%，城镇私营企业及其他城镇企业占11.03%，民办非企业单位和社会团体占2.38%，其他占0.44%。

缴存职工中，国家机关和事业单位占39.34%，国有企业占44.66%，城镇集体企业占0.83%，外商投资企业占2.58%，城镇私营企业及其他城镇企业占11.54%，民办非企业单位和社会团体占0.24%，其他占0.81%；中、低收入占98.23%，高收入占1.77%。

新开户职工中，国家机关和事业单位占23.57%，国有企业占34.94%，城镇集体企业占0.91%，外商投资企业占2.07%，城镇私营企业及其他城镇企业占28.18%，民办非企业单位和社会团体占0.54%，其他占9.79%；中、低收入占98.01%，高收入占1.99%。

（二）提取业务：2017年，5.52万名缴存职工提取住房公积金19.87亿元。

提取金额中，住房消费提取占71.62%（购买、建造、翻建、大修自住住房占36.23%，偿还购房贷款本息占30.83%，租赁住房占4.56%）；非住房消费提取占28.38%（离休和退休提取占21.78%，户口迁出本市或出境定居占 4.51%，其他占 2.09%）。

提取职工中，中、低收入占 97.83%，高收入占 2.17%。

（三）贷款业务：

1. **个人住房贷款**：2017 年，支持职工购建房 90.03 万平方米，年末个人住房贷款市场占有率为 32.01%，比上年减少 7.47 个百分点。通过申请住房公积金个人住房贷款，可节约职工购房利息支出 35047.71 万元。

职工贷款笔数中，购房建筑面积 90（含）平方米以下占 15.99%，90～144（含）平方米占 71.32%，144 平方米以上占 12.69%。购买新房占 77.87%，购买存量商品住房占 21.54%，建造、翻建、大修自住住房 0.59%。

职工贷款笔数中，单缴存职工申请贷款占 29.93%，双缴存职工申请贷款占 69.43%，三人及以上缴存职工共同申请贷款占 0.64%。

贷款职工中，30 岁（含）以下占 28.89%，30 岁～40 岁（含）占 41.13%，40 岁～50 岁（含）占 24.35%，50 岁以上占 5.63%；首次申请贷款占 90.97%，二次及以上申请贷款占 9.03%；中、低收入占 97.31%，高收入占 2.69%。

2. **异地贷款**：2017 年，发放异地贷款 431 笔 13732.9 万元。2017 年末，发放异地贷款总额 26466.25 万元，异地贷款余额 23314.18 万元。

3. **支持保障性住房建设试点项目贷款**：2017 年，我市没有新增支持保障性住房建设项目贷款，累计发放项目贷款 6800 万元，该项目贷款已全部收回本息。

（四）**住房贡献率**：2017 年，个人住房贷款发放额、公转商贴息贷款发放额、项目贷款发放额、住房消费提取额的总和与当年缴存额的比率为 120.84%，比上年减少 54.49 个百分点。

六、其他重要事项

（一）**机构及职能调整、受委托办理缴存贷款业务金融机构变更情况**：2017 年度平顶山市住房公积金管理中心机构及职能未作调整。我市受委托办理住房公积金缴存业务的银行共 7 家，分别是建行、工行、中行、农行、平顶山银行、交通银行、兴业银行。受委托办理住房公积金个人住房贷款业务的银行共 6 家，分别是建行、工行、中行、农行、平顶山银行、交通银行，缴存贷款业务金融机构比上年无增减。

（二）**住房公积金政策调整及执行情况**：

1. 2017 年度我市住房公积金缴存基数上限为 11553 元，按照平顶山市统计部门公布的 2016 年度全市在岗职工月平均工资的 3 倍确定。2017 年度缴存基数下限分别为 1600 元（市区、舞钢市、石龙区）、1450 元（宝丰县、郏县）、1300 元（鲁山县、叶县），按照平顶山市人力资源和社会保障部门确定的 2016 年度职工最低工资标准确定。

2. 根据《平顶山市人民政府办公室关于进一步扩大住房公积金制度受益范围的实施意见》，把平顶山市行政区域内的各类城镇单位及其在职职工（含人事代理人员、劳务派遣人员、进城务工人员等）、城镇个体工商户、自由职业者都纳入住房公积金缴存范围；按照《平顶山市住房公积金管理委员会关于保持住房公积金业务平稳运行有关问题的通知》要求，进一步规范住房公积金使用，保障住房公积金安全运行，合理引导住房需求，支持我市房地产市场可持续稳定健康发展。

3. 2017年职工住房公积金账户存款利率，按一年期定期存款基准利率1.5%执行；住房公积金贷款利率5年以下执行2.75%，5年以上执行3.25%。

（三）服务改进情况：一是贴近职工需求，提高办事效率。中心进一步深化"放管服"改革，扎实开展"减证便民"专项行动，通过提交现有证照材料、出具申请人书面承诺、与相关部门实现信息共享等方式，取消8项住房公积金业务办理中需要开具的各类证明，让数据多跑路，让群众少跑腿；按照"马上就办，办就办好"的要求，市住房公积金中心面向社会公开承诺，对住房公积金缴存、提取、贷款三个方面的28个办理事项，实行一站式办理、一次性办结，单位和职工只需跑一趟即可办完承诺的所有业务；二是与市国土资源局联合下发《关于平顶山市不动产登记业务入驻市住房公积金服务大厅的实施意见》，大大缩短了抵押手续办理时限，方便群众办事，提高工作效率。三是坚持上门服务，针对偏远矿区的实际情况，组织人员上门集中为职工办理住房公积金提取、贷款手续，方便缴存职工；深入楼盘开盘现场，落实公积金贷款优惠政策，集中办理贷款业务。四是舞钢市住房公积金管理部入驻舞钢市行政审批服务中心，为舞钢市缴存职工提供便捷高效的一站式服务。2017年，中心、分中心及各管理部服务大厅日均接待办理职工500人次，办理提取业务196笔，提取、贷款1250万元，没有出现职工投诉、资金延期拨付等问题。全市12329住房公积金服务热线共接受政策咨询23171人次，回复各类网民留言298件。

（四）信息化建设情况：2017年，中心进一步加强基础设施和信息化建设，经过中心全体工作人员的共同努力，住房公积金G系统于2017年10月16日正式上线。上线后，我市住房公积金在资金管理方面实现了"三个统一"，即银行账户统一监管、资金统一调拨、财务统一核算；业务办理方面实现了"五个实时"，即汇缴实时分摊、提取实时到账、账户实时监控、业务实时结算、数据实时分析，通过业务驱动财务，使财务管理内部风险控制达到一个新高度，管理水平得到全面提升，服务更加高效便捷。11月15日，我市住房公积金"双贯标"工作以全省第一名的成绩顺利通过住房城乡建设部、省住房城乡建设厅的检查验收，成为全省第一批通过检查验收的中心，这标志着我市住房公积金"双贯标"工作走在了全国前列。

2017年，中心利用"互联网+"技术，积极与蚂蚁金服、支付宝开展合作，缴存职工可通过"刷脸"查询住房公积金；开通住房公积金微信、微博、手机APP等服务平台，方便缴存职工利用新媒体进行政策咨询和信息查询；成功接入全国异地转移接续平台，实现"账随人走，钱随账走"的转移接续目标，我市的住房公积金信息化建设跃上了一个新的台阶。

（五）住房公积金管理中心及职工所获荣誉情况：2017年，中心顺利通过省级文明单位复查验收，并被省爱卫会命名为省级卫生先进单位。

安阳市住房公积金2017年年度报告

一、机构概况

（一）住房公积金管理委员会：安阳市住房公积金管理委员会有25名委员，2017年召开1次会议，审议通过的事项主要包括：审议通过了《2016年安阳市住房公积金归集、使用计划执行情况及2017年住房公积金归集、使用计划》、《安阳市住房公积金2016年决算报告及2017年预算报告》、《安阳市住房公积金2016年增值收益分配方案》；审议通过了《安阳市住房公积金2016年年度报告》；批准购置安阳县管理部服务大厅。

省直管县滑县住房公积金管理委员会是住房公积金归集、管理和使用的决策机构，现有15名委员。2017年管委会审议通过《滑县住房公积金2016年年度报告》并对2017年归集、提取、贷款等各项调整事项进行决策。

（二）住房公积金管理中心： 安阳市住房公积金管理中心为市政府直属的不以营利为目的的财政全供事业单位，目前设有11个科，6个管理部。从业人员103人，其中，在编50人，非在编53人。

滑县住房公积金管理中心为隶属于滑县人民政府的不以盈利为目的的财政全供事业单位，主要负责全县住房公积金的归集、管理、使用和会计核算。目前中心内设5个科室。

二、业务运行情况

（一）缴存： 2017年，全市新开户单位307家，实缴单位3267家，净增单位232家；新开户职工1.74万人，实缴职工22.35万人，净增职工0.73万人；缴存额23.24亿元，同比增长27.5%。2017年末，缴存总额169.34亿元，同比增长15.9%；缴存余额69.99亿元，同比增长19.4%。

市中心受委托办理住房公积金缴存业务的银行12家，比上年增加（减少）0家。

滑县受委托办理住房公积金缴存业务的银行1家。

（二）提取： 2017年，提取额11.88亿元，同比增长（下降）0%；占当年缴存额的51.11%，比上年减少14.1个百分点。2017年末，提取总额99.35亿元，同比增长13.6%。

（三）贷款：

1. 个人住房贷款： 个人住房贷款最高额度40万元（其中，单缴存职工最高额度30万元，双缴存职工最高额度40万元）。

2017年，发放个人住房贷款0.47万笔12.36亿元，同比分别下降19%、23.3%（其中，市中心发放个人住房贷款0.39万笔10.10亿元，滑县发放个人住房贷款802笔2.26亿元）。

2017年，回收个人住房贷款7.67亿元（其中，市中心6.88亿元，滑县0.79亿元）。

2017年末，累计发放个人住房贷款5.38万笔105.05亿元，贷款余额58.73亿元，同比分别增长9.6%、8.6%、8.7%。个人住房贷款余额占缴存余额的83.9%，比上年减少8.2个百分点。

市中心受委托办理住房公积金个人住房贷款业务的银行7家，比上年增加1家。

滑县受委托办理住房公积金个人住房贷款业务的银行2家。

2. 住房公积金支持保障性住房建设项目贷款： 2017年，发放支持保障性住房建设项目贷款0亿元，回收项目贷款0亿元。2017年末，累计发放项目贷款0.30亿元，项目贷款余额0亿元。

（四）融资： 2017年，融资0.90亿元，归还2.61亿元。2017年末，融资总额3.34亿元，融资余额0亿元。

（五）资金存储： 2017年末，住房公积金存款12.52亿元。其中，活期0.08亿元，1年（含）以下定期2.70亿元，1年以上定期3.82亿元，其他（协定、通知存款等）5.92亿元。

（六）资金运用率： 2017年末，住房公积金个人住房贷款余额、项目贷款余额和购买国债余额的总和占缴存余额的83.9%，比上年减少8.3个百分点。

三、主要财务数据

（一）**业务收入**：2017年，业务收入21758.72万元，同比增长9.4%（其中，市中心19420.82万元，滑县2337.90万元）；存款利息3017.65万元，委托贷款利息18740.31万元，国债利息0万元，其他0.76万元。

（二）**业务支出**：2017年，业务支出11297.09万元，同比增长5.4%（其中，市中心10245.34万元，滑县1051.75万元）；支付职工住房公积金利息9833.82万元，归集手续费393.78万元，委托贷款手续费883.34万元，其他186.15万元。

（三）**增值收益**：2017年，增值收益10461.63万元，同比增长14.0%（其中，市中心9175.48万元，滑县1286.15万元）；增值收益率1.6%，比上年减少0.1个百分点。

（四）**增值收益分配**：2017年，提取贷款风险准备金6065.01万元，提取管理费用1511.49万元，提取城市廉租住房（公共租赁住房）建设补充资金2885.13万元。

2017年，上交财政管理费用1502.35万元。上缴财政城市廉租住房（公共租赁住房）建设补充资金2449.88万元（其中，市中心上缴1847.81万元，滑县上缴602.07万元）。

2017年末，贷款风险准备金余额46715.29万元。累计提取城市廉租住房（公共租赁住房）建设补充资金17043.91万元（其中，市中心提取14706.12万元，滑县提取2337.79万元）。

（五）**管理费用支出**：2017年，管理费用支出1243.13万元，同比下降53.9%。其中，人员经费637.98万元，公用经费351.03万元，专项经费254.12万元。

市中心管理费用支出1046.28万元，其中，人员、公用、专项经费分别为606.15万元、302.28万元、137.85万元；滑县管理费用支出196.85万元，其中，人员、公用、专项经费分别为31.83万元、48.75万元、116.27万元。

四、资产风险状况

（一）**个人住房贷款**：2017年末，个人住房贷款逾期额84.79万元，逾期率0.14‰（其中，市中心0.16‰，滑县0.02‰）。

个人贷款风险准备金按增值收益的60%提取（滑县按贷款余额的1%提取）。2017年，提取个人贷款风险准备金6065.01万元，使用个人贷款风险准备金核销呆坏账0万元。2017年末，个人贷款风险准备金余额46621.69万元，占个人住房贷款余额的7.9%，个人住房贷款逾期额与个人贷款风险准备金余额的比率为0.2%。

（二）**支持保障性住房建设试点项目贷款**：2017年末，逾期项目贷款0万元，逾期率0‰。

项目贷款风险准备金按贷款余额的4%提取。2017年，提取项目贷款风险准备金0万元，使用项目贷款风险准备金核销呆坏账0万元，项目贷款风险准备金余额83.6万元，占项目贷款余额的0%。

五、社会经济效益

（一）**缴存业务**：2017年，实缴单位数、实缴职工人数和缴存额同比分别增长7.8%、3.4%

和 27.5%。

缴存单位中，国家机关和事业单位占 72.8%，国有企业占 10.2%，城镇集体企业占 1.0%，外商投资企业占 0.7%，城镇私营企业及其他城镇企业占 10.1%，民办非企业单位和社会团体占 0.8%，其他占 4.4%。

缴存职工中，国家机关和事业单位占 57.9%，国有企业占 28.3%，城镇集体企业占 1.6%，外商投资企业占 1.3%，城镇私营企业及其他城镇企业占 6.8%，民办非企业单位和社会团体占 0.6%，其他占 3.5%；中、低收入占 99.1%，高收入占 0.9%。

新开户职工中，国家机关和事业单位占 43.4%，国有企业占 20.4%，城镇集体企业占 2.3%，外商投资企业占 2.2%，城镇私营企业及其他城镇企业占 21.3%，民办非企业单位和社会团体占 1.6%，其他占 8.8%；中、低收入占 99.8%，高收入占 0.2%。

（二）**提取业务**：2017 年，5.64 万名缴存职工提取住房公积金 11.88 亿元。

提取金额中，住房消费提取占 75.1%（购买、建造、翻建、大修自住住房占 20.5%，偿还购房贷款本息占 47.5%，租赁住房占 1.4%，其他占 5.7%）；非住房消费提取占 24.9%（离休和退休提取占 18.8%，完全丧失劳动能力并与单位终止劳动关系提取占 4.4%，户口迁出本市或出境定居占 1.2%，其他占 0.5%）。

提取职工中，中、低收入占 98.9%，高收入占 1.1%。

（三）**贷款业务**：

1. **个人住房贷款**：2017 年，支持职工购建房 61.24 万平方米，年末个人住房贷款市场占有率为 13.6%，比上年减少 3.1 个百分点。通过申请住房公积金个人住房贷款，可节约职工购房利息支出 26580.97 万元。

职工贷款笔数中，购房建筑面积 90（含）平方米以下占 7.5%，90～144（含）平方米占 72.6%，144 平方米以上占 19.9%。购买新房占 97.18%（其中购买保障性住房占 1.1%），购买存量商品住房占 2.8%，建造、翻建、大修自住住房占 0%，其他占 0.02%（滑县装修贷款 1 笔）。

职工贷款笔数中，单缴存职工申请贷款占 56.7%，双缴存职工申请贷款占 43.3%，三人及以上缴存职工共同申请贷款占 0%。

贷款职工中，30 岁（含）以下占 20.3%，30 岁～40 岁（含）占 44.9%，40 岁～50 岁（含）占 29.5%，50 岁以上占 5.3%；首次申请贷款占 94.7%，二次及以上申请贷款占 5.3%；中、低收入占 98.9%，高收入占 1.1%。

2. **异地贷款**：2017 年，发放异地贷款 74 笔 2114 万元。2017 年末，发放异地贷款总额 8299.3 万元，异地贷款余额 6973.25 万元。

3. **支持保障性住房建设试点项目贷款**：2017 年末，市中心累计试点项目 1 个，贷款额度 0.30 亿元，建筑面积 13.11 万平方米，可解决 118 户中低收入职工家庭的住房问题。1 个试点项目贷款资金已发放并还清贷款本息。

（四）**住房贡献率**：2017 年，个人住房贷款发放额、公转商贴息贷款发放额、项目贷款发放额、住房消费提取额的总和与当年缴存额的比率为 91.6%，比上年减少 49.1 个百分点。

六、其他重要事项

（一）**当年机构及职能调整情况、受委托办理缴存贷款业务金融机构变更情况**：2017 年，安阳市住房公积金管理中心当年机构及职能没有调整情况。受委托办理住房公积金个人住房贷款业务的银行 7 家，比上年增加 1 家。受委托办理缴存业务金融机构无变动。

滑县住房公积金管理中心主要负责全县住房公积金的核算、管理工作，承办全县住房公积金的业务办理等相关服务。当年缴存业务金融机构为中国农业银行；受托办理个人住房公积金贷款业务的金融机构为中国农业银行和中国银行。

（二）**当年住房公积金政策调整及执行情况**：

1. **当年缴存基数限额及确定方法、缴存比例等缴存政策调整情况**：2017 年度住房公积金缴存基数为职工本人 2016 年度月平均工资。缴存基数按照最高不超过统计部门公布的 2016 年月平均工资三倍（含），最低不低于 2016 年最低工资标准确定；2017 年度全市住房公积金缴存基数的上限为 11604 元。住房公积金缴存基数下限安阳市区为 1600 元；林州市、安阳县、汤阴县为 1450 元；内黄县为 1300 元；滑县为 1420 元。

2017 年度住房公积金月缴存额上限为 2784 元。住房公积金月缴存额下限安阳市区为 160 元；林州市、安阳县、汤阴县为 146 元；内黄县为 130 元；滑县为 142 元。

各缴存单位住房公积金缴存比例均在 5%～12% 范围内（滑县自主缴存比例为 20%）。

2. **当年提取政策调整情况**：安阳市住房公积金管理中心取消以下提取证明材料：

（1）职工建造、翻建大修自住住房提取住房公积金，取消村（居）民委员会出具的建房证明；

（2）职工购买自住公有住房提取住房公积金，取消房改部门批准的出售公有住房文件、房管部门出具的分户计算表；

（3）职工夫妻一方在行政区域外购房提取住房公积金，取消外地职工所在单位出具的外地工作部门证明；

（4）职工购买村、镇集资建房（城中村）提取住房公积金，取消提供城中村小区建房批文；

（5）职工购买选择产权调换方式的安置房提取住房公积金，取消市房屋征收办出具的房屋征收信息确认书；

（6）职工与单位终止劳动关系办理公积金提取，取消职工所在单位出具的终止劳动关系证明，改为提供与所在单位终止劳动关系的原始材料；

（7）职工内退停缴一年以上办理公积金提取，取消职工所在单位出具的内退证明，改为提供内退原始材料。

3. **当年个人住房贷款最高贷款额度、贷款条件等贷款政策调整情况；当年住房公积金存贷款利率执行标准等**：

（1）当年个人住房贷款最高贷款额度未做调整；

（2）滑县当年住房公积金异地贷款担保（缴存职工担保后，不能申请住房公积金提取和贷款业务）调整为：借款人不出现严重逾期时，不影响担保人住房消费类提取和使用住房公积金贷款；

（3）当年归集存款利率按照《关于完善职工住房公积金账户存款利率形成机制的通知》（银发〔2016〕43 号）文件要求执行一年期定期存款基准利率 1.5%，贷款利率按照《中国人民银行决定下调存贷款基准利率并降低存款准备金率》的通知要求，五年以下（含）2.75%，五年以上 3.25% 执行。

（三）**当年服务改进情况**：自 2015 年起，中心积极部署各县区网点建设工作，启动各县市管理部网点迁建及内部升级,先后完成了汤阴、林州管理部的购置。在优化和改善网点柜面服务、硬件建设的基础上,积极推进各管理部服务大厅"三化"(硬件设施人性化、服务礼仪标准化、管理责任具体化)建设的深入开展。

1. 2017年,市区管理二部和内黄管理部新的服务大厅均已完成购置和装修。市区管理二部网点建设,完成了市区东西两个自有服务网点的布局,将更加方便市区西部近十万缴存职工。

2. 强力推进"三化"建设,营造人性化服务环境,提升高品质服务。2017年,中心市区一部、二部和林州管理部大厅内部建设突出人性化和舒适性。对服务功能区域实现模块化设置,对缴存职工办理业务实行精细化操作,灵活设置业务窗口,扩充自助服务区,升级等候区设施。添置了电视机、智能排号系统、饮水机、海报机、无线wifi、手机充电器等设备,致力打造"形象优美、布局合理、功能齐全、服务周到"的标准化公积金服务网点,为网点范围内的缴存职工提供快捷、舒适、高品质的公积金服务体验。

3. 加强窗口服务人员礼仪培训,有效塑造良好窗口形象。2017年中心聘请焦作住房公积金中心礼仪内训师,对全体人员进行了礼仪培训,通过礼仪和服务情景培训,窗口人员对语言、礼节沟通及复杂问题处理,有了良好的改进和提升,杜绝和减少了服务简单粗暴、态度生硬、语气冷漠等问题的发生,提高了窗口人员的服务素质。另外,各管理部在业务办理时对老弱病残职工提供代写提取申请书、预约上门等服务,为特定人员办理公积金业务开辟了绿色通道。

4. 综合服务平台完备健全。住房公积金网上服务大厅、微信、自助终端、门户网站、短信平台、12329服务热线、手机APP、微博等八大服务渠道畅通健全。2017年,支付宝城市服务全新上线,首次利用"人脸识别"技术,实现"刷脸"认证免密码登录公积金账户,缴存职工可以随时查询自己的账户情况。

(四)当年信息化建设情况:

1. 2017年底,市中心已经按计划完成了住房公积金新老数据的迁移和转换,完成了住房公积金基础数据贯标,顺利接入银行结算数据应用系统,实现与受托银行实时联网交易结算,做好了住房城乡建设部和省住房城乡建设厅专家组的联合验收准备工作。

2. 2017年7月,市中心顺利接通全国住房公积金异地转移接续平台。接入全国转移接续平台,实现异地转移一次办清。职工只需向转入地提出申请,即可通过平台一次性办理住房公积金转移接续业务,实现了"账随人走、钱随账走"。

(五)当年住房公积金管理中心及职工所获荣誉情况: 2017年,市住房公积金管理中心先后获得全省住房城乡建设系统全局性重大任务攻坚突出贡献单位、市直机关工委"两学一做"学习教育知识竞赛先进组织单位、文峰区"最美志愿服务站"等荣誉,并被河南省住房和城乡建设厅通报表扬。1人被评为河南省住房和城乡建设系统劳动模范,1人被评为安阳市三八红旗手。

鹤壁市住房公积金2017年年度报告

一、机构概况

(一)住房公积金管理委员会: 住房公积金管理委员会有25名委员,2017年审议通过的事项主要包括：《关于修订住房公积金贷款转账方式的通知》、《关于批复住房公积金2016年年度报告的通知》、《关于批复住房公积金2016年增值收益分配的通知》、《关于调整住房公积金贷款核定有关事项的通知》、《关于印发〈鹤壁市灵活就业人员住房公积金缴存使用管理办法（试行）〉的通知》、《关于与金澜国际二期和湘兰名苑两个问题楼盘合作的通知》等。

（二）**住房公积金管理中心**：住房公积金管理中心为鹤壁市人民政府下属不以营利为目的的财政全供事业单位，设6个科室，3个管理部，1个分中心。从业人员71人，其中，在编38人，劳务派遣公司人员33人。

二、业务运行情况

（一）**缴存**：2017年新开户单位126家，实缴单位1,712家，净增单位53家；新开户职工1.47万人，实缴职工9.78万人，净增职工比去年同期减少1.48万人；缴存额8.59亿元，同比增长6.40%。2017年末，缴存总额72.45亿元，同比增长13.45%；缴存余额30.68亿元，同比增长14.48%。

受委托办理住房公积金缴存业务的银行7家，2017年缴存业务的银行无增减变化，与上年相同。

（二）**提取**：2017年提取额4.71亿元，同比下降20.51%；占当年缴存额的54.76%，比上年减少18.52个百分点。2017年末，提取总额41.77亿元，同比增长12.70%。

（三）**贷款**：

个人住房贷款：个人住房贷款最高额度50万元，其中，单缴存职工最高额度25万元，双缴存职工最高额度50万元。

2017年发放个人住房贷款2649笔6.97亿元，同比分别下降9.84%、14.70%。其中，市中心发放个人住房贷款2573笔6.78亿元，分中心发放个人住房贷款76笔0.19亿元。

2017年回收个人住房贷款4.38亿元。其中，市中心3.55亿元，分中心0.83亿元。

2017年末累计发放个人住房贷款3.61万笔53.65亿元，贷款余额28.91亿元，同比分别增长8.08%、14.96%、9.84%。个人住房贷款余额占缴存余额的94.24%，比上年减少3.99个百分点。

受委托办理住房公积金个人住房贷款业务的银行4家，2017年贷款业务的银行无增减变化，与上年相同。

（四）**融资**：2017年没有融资，在年初已归还银行授信融资1亿元。年末无融资余额。

（五）**资金存储**：2017年末住房公积金存款2.54亿元。其中，活期0.05亿元，1年（含）以下定期0.15亿元，1年以上定期0.12亿元，其他（协定、通知存款等）2.22亿元。

（六）**资金运用率**：2017年末住房公积金个人住房贷款余额占缴存余额的94.24%，比上年减少3.99个百分点。我市没有开展项目贷款和购买国债业务。

三、主要财务数据

（一）**业务收入**：2017年业务收入9825.72万元，同比增长4.22%。其中，市中心7345.19万元，分中心2480.53万元；存款利息1123.41万元，委托贷款利息8698.47万元，其他（委托贷款逾期罚息）3.84万元。

（二）**业务支出**：2017年业务支出5707.02万元，同比增长2.52%。其中，市中心4244.47万元，分中心 1462.55 万元；支付职工住房公积金利息 4559.60 万元，委托贷款手续费 413.52 万元，其他（支付银行授信资金的利息和公转商贴息）733.90 万元。

（三）**增值收益**：2017 年增值收益 4118.70 万元，同比增长 6.67%。其中，市中心 3100.72 万元，分中心 1017.98 万元；增值收益率 1.43%，比上年减少 0.08 个百分点。

（四）**增值收益分配**：2017 年提取贷款风险准备金 2471.22 万元，提取管理费用 1613 万元，提取城市廉租住房（公共租赁住房）建设补充资金 34.48 万元。

2017 年上交财政管理费用 505.40 万元。上缴财政城市廉租住房（公共租赁住房）建设补充资金 1039.12 万元。其中，市中心上缴 804.04 万元，分中心上缴 235.08 万元。

2017 年末贷款风险准备金余额 23623.07 万元。累计提取城市廉租住房（公共租赁住房）建设补充资金 6334.76 万元。其中，市中心提取 2821.18 万元，分中心提取 3513.58 万元。

（五）**管理费用支出**：2017 年管理费用支出 889.31 万元，同比增长 44.41%。其中，人员经费 564.60 万元，公用经费 116.90 万元，专项经费 207.81 万元。

市中心管理费用支出 682.74 万元，其中人员、公用、专项经费分别为 386.56 万元、88.37 万元、207.81 万元；分中心管理费用支出 206.57 万元，其中人员、公用经费分别为 178.04 万元、28.53 万元。

四、资产风险状况

个人住房贷款：个人贷款风险准备金按增值收益的 60% 提取。2017 年提取个人贷款风险准备金 2471.22 万元。2017 年末个人贷款风险准备金余额 23623.07 万元，占个人住房贷款余额的 8.17%。

五、社会经济效益

（一）**缴存业务**：2017 年实缴单位数、实缴职工人数和缴存额同比分别增长 3.19%、-13.16% 和 6.40%。

缴存单位中，国家机关和事业单位占 66.65%，国有企业占 16.41%，城镇集体企业占 2.10%，外商投资企业占 0.23%，城镇私营企业及其他城镇企业占 9.87%，民办非企业单位和社会团体占 1.34%，其他占 3.40%。

缴存职工中，国家机关和事业单位占 43.53%，国有企业占 33.41%，城镇集体企业占 2.43%，外商投资企业占 7.49%，城镇私营企业及其他城镇企业占 8.45%，民办非企业单位和社会团体占 0.51%，其他占 4.18%；中、低收入占 98.68%，高收入占 1.32%。

新开户职工中，国家机关和事业单位占 22.45%，国有企业占 39.12%，城镇集体企业占 1.09%，外商投资企业占 9.64%，城镇私营企业及其他城镇企业占 11.96%，民办非企业单位和社会团体占 0.94%，其他占 14.80%；中、低收入占 99.42%，高收入占 0.58%。

（二）**提取业务**：2017 年 1.87 万名缴存职工提取住房公积金 4.71 亿元。

提取金额中，住房消费提取占 65.16%（购买、建造、翻建、大修自住住房占 30.08%，偿还购房贷款本息占 34.18%，租赁住房占 0.90%）；非住房消费提取占 34.84%（离休和退休提取占 16.64%，完全丧失劳动能力并与单位终止劳动关系提取占 6.81%，户口迁出本市或出境定居占 1.02%，其他占 10.37%）。

提取职工中，中、低收入占 98.44%，高收入占 1.56%。

（三）贷款业务：

1. **个人住房贷款：** 2017 年支持职工购建房 30.94 万平方米，年末个人住房贷款市场占有率为 21.21%，比上年减少 11.68 个百分点。通过申请住房公积金个人住房贷款，可节约职工购房利息支出 20629.41 万元。

职工贷款笔数中，购房建筑面积 90（含）平方米以下占 12.99%，90～144（含）平方米占 79.28%，144 平方米以上占 7.73%。购买新房占 78.26%，其他占 21.74%。

职工贷款笔数中，单缴存职工申请贷款占 59.49%，双缴存职工申请贷款占 40.51%。

贷款职工中，30 岁（含）以下占 32.31%，30 岁～40 岁（含）占 37.71%，40 岁～50 岁（含）占 24.01%，50 岁以上占 5.97%；首次申请贷款占 92.49%，二次及以上申请贷款占 7.51%；中、低收入占 98.30%，高收入占 1.70%。

2. **异地贷款：** 2017 年发放异地贷款 97 笔 2678.30 万元。2017 年末，发放异地贷款总额 8908.60 万元，异地贷款余额 7988.59 万元。

3. **公转商贴息贷款：** 2017 年，发放公转商贴息贷款 464 笔 12885.34 万元，支持职工购建住房面积 5.52 万平方米，当年贴息额 303.47 万元。2017 年末，累计发放公转商贴息贷款 854 笔 23364.04 万元，累计贴息 321.75 万元。年末公转商贴息贷款业务中心已全部回购，无余额。

（四）住房贡献率： 2017 年个人住房贷款发放额、公转商贴息贷款发放额、住房消费提取额的总和与当年缴存额的比率为 131.79%，比上年减少 39.11 个百分点。

六、其他重要事项

（一）当年机构及职能调整情况： 为深入贯彻住房城乡建设部双贯标和综合服务平台等信息化建设工作要求，按照《河南省人民政府办公厅关于进一步扩大住房公积金制度受益范围的若干意见》（豫政办〔2016〕223 号）文件精神，中心积极争取编制，及时调整完善组织机构及职能。

1. **单设执法科。** 因中心人员少，业务量大，目前就一人，临时从其他科室抽调人员组成执法队，负责中心行政执法工作，重点开展全市行政事业单位、医院、学校、企业等单位住房公积金建制扩面、催缴等工作。

2. **成立信息科，与办公室一个机构两块牌子。** 加强信息技术力量，明确工作职责，推进信息化建设目标任务台账，重点做好住房城乡建设部"双贯标"、综合服务平台和市政府"互联网＋政务服务"等信息化建设工作，运用信息技术手段，持续推出便民服务举措。

3. **成立市区管理部。** 促进管理职能和业务办理职能相分离，市区服务大厅更加专注于服务市中心直管单位和缴存职工以及广大自主缴存者。

受委托办理缴存贷款业务金融机构变更情况。缴存贷款业务金融机构没有增减，与上年相同。

（二）当年住房公积金政策调整及执行情况：

1. **当年缴存基数限额及确定方法、缴存比例等缴存政策调整情况：** 2017 年 7 月份，对我市现行的住房公积金缴存基数进行调整。各单位按 2016 年底应发工资全额核定新的住房公积金缴存基数，其中行政事业单位包含津补贴部分。缴存基数最高不超过市统计局公布的 2016 年度全市职工月平均工资 3512 元的

3 倍，即 10536 元，最低按市统计局公布的 2016 年度全市最低工资标准核定，即市区 1600 元、淇县 1450 元、浚县 1300 元。

我市职工住房公积金的缴存基数、缴存比例每年核定一次。职工和单位住房公积金缴存比例均不得低于职工本人住房公积金缴存基数的 5%，最高不得超过 12%。

为保障住房公积金缴存职工合法权益，方便跨设区城市就业人员办理住房公积金异地转移接续业务制定政策，2017 年 7 月 6 日，出台《鹤壁市住房公积金管理中心关于印发〈异地转移接续平台业务办理规定〉的通知》（鹤公积金〔2017〕19 号）。

为进一步扩大住房公积金制度受益范围，充分发挥住房公积金制度在住房保障方面的作用结合我市实际，2017 年 7 月 28 日出台《鹤壁市住房公积金管理中心关于转发〈鹤壁市住房公积金管理委员会关于印发鹤壁市灵活就业人员住房公积金缴存使用管理办法（试行）的通知〉的通知》（鹤公积金〔2017〕21 号）。

2. **当年提取政策调整情况**：为了加强对住房公积金的使用管理，真正发挥住房公积金的住房保障作用，解决同一套个人住房频繁过户支取公积金的问题，满足购房人的真实住房需求，2017 年 12 月 11 日出台《鹤壁市住房公积金管理中心关于完善住房公积金提取管理实施细则的通知》（鹤公积金〔2017〕37 号）。

3. **当年个人住房贷款最高贷款额度、贷款条件等贷款政策调整情况**：2017 年 5 月 18 日出台《鹤壁市住房公积金管理中心关于调整住房公积金贷款核定有关事项的调整》（鹤公积金〔2017〕11 号）文件，对当年住房公积金个人住房贷款最高贷款额度、贷款条件等贷款政策进行调整。

个人住房贷款额度按照夫妻双方账户余额乘以 15 倍确定，以 1 万元作为保底账户余额（账户余额不足 1 万元时按照 1 万元认定）。双职工连续正常缴存的，首套房最高贷款额度为 50 万元，单职工连续正常缴存的，最高贷款额度为 25 万元；双职工连续正常缴存的，二套房最高贷款额度为 45 万元，单职工连续正常缴存的，最高贷款额度为 20 万元。月还款额不超过家庭收入的 50%。

个人住房贷款条件调整如下：贷款条件中关于缴存时间的规定，由连续正常足额缴存 6 个月以上延长至连续正常足额缴存 12 个月以上方可申请贷款。

4. **当年住房公积金存贷款利率执行标准等**：存贷款利率没有调整，职工住房公积金账户存款利率统一按一年期定期利率 1.50% 执行；住房公积金贷款五年以上利率为 3.25%，五年期以下利率为 2.75%，二套房贷款利率执行基准利率的 1.1 倍。

（三）**当年服务改进情况**：深化"放管服"改革，进一步转变职能，简政放权，贯彻落实《鹤壁市人民政府办公室关于取消一批市政府部门证明事项的通知》（鹤政办〔2017〕31 号）文件精神，中心取消各类证明 30 项，切实为群众办理支取、贷款等各项业务提供便利。各服务大厅设置大堂经理岗位，做到"来有迎声，走有送声，问有答声"，开展"首问负责制"、"限时办结制"、"一次讲清制"，优化柜面服务。实现微信、网站、12329 语音多渠道查询个人及单位住房公积金信息。综合服务平台建设方面，学习部分地市综合服务平台建设情况，听取并观看部分软件开发商的系统演示，初步拟定我市综合服务平台建设规划，拟定于 2018 年建设完成。

（四）**当年信息化建设情况**：我市 2016 年底完成"基础数据贯标"后，为进一步推进住房公积金"双贯标建设"，于 2017 年对核心业务系统进行了一系列升级，同年 6 月接入"异地转移接续平台"，异地转移接续转入79笔，转出39笔；11月实现贷款核算模式变更，由原委托银行核算模式变更为贷款自主核算模式，并完成"结算应用系统"接入工作，实现住房公积金"双贯标建设"。目前各项平台业务运行良好，截至2017年12月31日，结算平台办理业务1378笔。

（五）当年住房公积金管理中心及职工所获荣誉情况：中心获省住房城乡建设厅"服务工作先进单位"荣誉称号，市区管理部荣获鹤壁市"三八红旗集体"荣誉称号。

新乡市住房公积金2017年年度报告

一、机构概况

（一）住房公积金管理委员会：新乡市住房公积金管理委员会有25名委员，2017年召开1次会议，审议通过的事项主要包括：《新乡市住房公积金2016年年度报告》。

省直管长垣县住房公积金管理委员会有15名委员，2017年召开1次会议，审议通过的事项主要包括：《长垣县进城务工农民、个体工商户、自由职业者住房公积金缴存适用明细》。

（二）住房公积金管理中心：新乡市住房公积金管理中心为不以营利为目的的（财政全供事业单位）事业单位，设6个（科），7个管理部。从业人员69人，其中，在编44人，非在编25人。

省直管长垣县住房公积金管理中心为隶属长垣县人民政府，不以营利为目的的财政全供事业单位，主要负责全市住房公积金的归集、管理、使用和会计核算。设六个科。从业人员14人，其中，在编5人，非在编9人。

二、业务运行情况

（一）缴存：2017年，新开户单位210家，实缴单位3123家，净增单位108家；新开户职工3.43万人，实缴职工28.14万人，净增职工0.01万人；缴存额24.14亿元，同比增长21.5%。2017年末，缴存总额142.05亿元，同比增长20.5%；缴存余额77.81亿元，同比增长30.4%。

受委托办理住房公积金缴存业务的银行3家，比上年增加（减少）0家。

（二）提取：2017年，提取额10.96亿元，同比（下降）2.2%；占当年缴存额的45.4%，比上年（减少）11个百分点。2017年末，提取总额64.23亿元，同比增长20.6%。

（三）贷款：

个人住房贷款：个人住房贷款最高额度55万元（长垣县40万元），其中，单缴存职工最高额度55万元（长垣县40万元），双缴存职工最高额度55万元。

2017年，发放个人住房贷款0.59万笔17.64亿元，同比分别（下降）25.3%、22.5%。2017年，回收个人住房贷款5.57亿元。2017年末，累计发放个人住房贷款4.02万笔91.60亿元，贷款余额72.71亿元，同比分别增长17.3%、23.9%、19.9%。个人住房贷款余额占缴存余额的93.4%，比上年减少0.4个百分点。

受委托办理住房公积金个人住房贷款业务的银行 3 家（长垣县 2 家），比上年增加（减少）0 家。

（四）融资：2017 年，融资 0 亿元，归还 7 亿元。2017 年末，融资总额 10.9 亿元，融资余额 0 亿元。

（五）资金存储：2017 年末，住房公积金存款 7.07 亿元。其中，活期 0.89 亿元，1 年（含）以下定期 1.93 亿元，1 年以上定期 0.52 亿元，其他（协定、通知存款等）3.73 亿元。

（六）资金运用率：2017 年末，住房公积金个人住房贷款余额、项目贷款余额和购买国债余额的总和占缴存余额的 93.4%，比上年减少 0.5 个百分点。

三、主要财务数据：

（一）业务收入：2017 年，业务收入 26135.33 万元，同比增长 8%。存款利息 4135.44 万元，委托贷款利息 21980.77 万元，国债利息 19.12 万元，其他 0 万元。

（二）业务支出：2017 年，业务支出 12084.19 万元，同比增长 19.6%。支付职工住房公积金利息 10656.09 万元，归集手续费 47.27 万元，委托贷款手续费 1062.91 万元，其他 317.92 万元。

（三）增值收益：2017 年，增值收益 14051.14 万元，同比（下降）0.3%。增值收益率 2%，比上年（减少）0.3 个百分点。

（四）增值收益分配：2017 年，提取贷款风险准备金 3456.76 万元，提取管理费用 1894.16 万元，提取城市廉租住房（公共租赁住房）建设补充资金 10973.46 万元。

2017 年，上交财政管理费用 983.86 万元。上缴财政城市廉租住房（公共租赁住房）建设补充资金 21270.80 万元。2017 年末，贷款风险准备金余额 24282.26 万元。累计提取城市廉租住房（公共租赁住房）建设补充资金 44287.71 万元。

（五）管理费用支出：2017 年，管理费用支出 960.71 万元，同比（下降）32.7%。其中，人员经费 486.47 万元，公用经费 52.08 万元，专项经费 422.16 万元。

四、资产风险状况

个人住房贷款：2017 年末，个人住房贷款逾期额 61.97 万元，逾期率 0.08‰。个人贷款风险准备金按（贷款余额）的 3% 提取（长垣县按 1%）。2017 年，提取个人贷款风险准备金 3456.76 万元，使用个人贷款风险准备金核销呆坏账 0 万元。2017 年末，个人贷款风险准备金余额 24282.26 万元，占个人住房贷款余额的 3.3%，个人住房贷款逾期额与个人贷款风险准备金余额的比率为 0.3%。

五、社会经济效益

（一）缴存业务：2017 年，实缴单位数、实缴职工人数和缴存额同比分别增长 3.6%、0% 和 21.5%。

缴存单位中，国家机关和事业单位占 61.8%，国有企业占 9.2%，城镇集体企业占 1.4%，外商投资企业占 0.4%，城镇私营企业及其他城镇企业占 7%，民办非企业单位和社会团体占 2.3%，其他占 17.9%。

缴存职工中，国家机关和事业单位占 55.1%，国有企业占 19.3%，城镇集体企业占 0.6%，外商投资企业占 1.7%，城镇私营企业及其他城镇企业占 4.1%，民办非企业单位和社会团体占 0.6%，其他占 18.6%；中、低收入占 99.1%，高收入占 0.9%。

新开户职工中，国家机关和事业单位占44%，国有企业占14%，城镇集体企业占0.5%，外商投资企业占0.9%，城镇私营企业及其他城镇企业占5.1%，民办非企业单位和社会团体占0.6%，其他占34.9%；中、低收入占99.7%，高收入占0.3%。

（二）**提取业务**：2017年，4.72万名缴存职工提取住房公积金10.96亿元。

提取金额中，住房消费提取占66.2%（购买、建造、翻建、大修自住住房占27.3%，偿还购房贷款本息占36%，租赁住房占2.7%，其他占0.2%）；非住房消费提取占33.8%（离休和退休提取占25.4%，完全丧失劳动能力并与单位终止劳动关系提取占5.4%，户口迁出本市或出境定居占2%，其他占1%）。

提取职工中，中、低收入占98.6%，高收入占1.4%。

（三）**贷款业务**：

1. **个人住房贷款**：2017年，支持职工购建房76.61万平方米，年末个人住房贷款市场占有率为13.4%，比上年（减少）3.6个百分点。通过申请住房公积金个人住房贷款，可节约职工购房利息支出23604.73万元。

职工贷款笔数中，购房建筑面积90（含）平方米以下占11.3%，90~144（含）平方米占79.8%，144平方米以上占8.9%。购买新房占85.6%（其中购买保障性住房占0%），购买存量商品住房占14.4%，建造、翻建、大修自住住房占0%，其他占0%。

职工贷款笔数中，单缴存职工申请贷款占24.3%，双缴存职工申请贷款占75.7%，三人及以上缴存职工共同申请贷款占0%。

贷款职工中，30岁（含）以下占37.4%，30岁~40岁（含）占37.4%，40岁~50岁（含）占20.8%，50岁以上占4.4%；首次申请贷款占97.2%，二次及以上申请贷款占2.8%；中、低收入占98.6%，高收入占1.4%。

2. **异地贷款**：2017年，发放异地贷款785笔25528万元。2017年末，发放异地贷款总额50898.50万元，异地贷款余额46802.61万元。

（四）**住房贡献率**：2017年，个人住房贷款发放额、公转商贴息贷款发放额、项目贷款发放额、住房消费提取额的总和与当年缴存额的比率为103.1%，比上年（减少）54.5个百分点。

六、其他重要事项

（一）**当年住房公积金政策调整及执行情况**：

1. **归集业务调整情况**：按照《关于住房公积金管理若干问题的指导意见》和《违规发放津贴补贴行为处分规定》文件精神及新乡市人民政府新政文〔2017〕162号文公布的2016年新乡市最低工资标准1720元，确定工资基数申报的最低限额为1720元；在岗职工平均工资3764元，确定工资基数申报的全市最高限额为3764的三倍11292元。控高限低后，2017年共有2336个单位，193481名职工变更了缴存基数；50个单位，9131名职工变更了缴存比例，当年缴存基数和比例无一例超标。

2. **贷款业务的调整情况**：2017年新乡市住房公积金贷款利率没有调整。目前执行的贷款年利率5年（含）以下2.75%，5年以上3.25%；二套房利率按国家政策执行。自2015年6月1日起，公积金个人住房贷款单笔最高贷款额度由45万元提高到55万元，2017年没有调整。

3. **政策调整情况**：新乡市停止向《个人信用报告》在最近5年内有6个月及以上逾期或发生90天以

上逾期的缴存职工家庭发放住房公积金个人住房贷款。

长垣县为加强住房公积金管理，切实维护广大缴存职工合法权益，经住房公积金管理委员会研究决定，缴存比例由原来的10%上调为12%。依据长垣县统计部门提供的2016年度全县职工年平均工资标准，调整住房公积金的缴存基数最低标准为1705元，最高为10232元；单方缴存比例最低为5%，最高为12%。并及时下发《关于核定2017年度住房公积金缴存比例和基数的通知》。

2017年长垣县制定出台了《关于进一步扩大住房公积金制度受益范围的若干意见》，将个体工商户、自由职业者、进城务工人员等群体纳入了住房公积金保障范围。

（二）当年服务改进情况：

1. 公积金网点服务设施及服务手段情况

根据豫建住保〔2011〕10号文件精神，为了更好地服务广大公积金缴存职工，新乡市住房公积金管理中心为各县（市）管理站购买营业网点用房，改善服务环境。截至2016年底，七个县（市）管理站营业网点用房已全部购买完毕，具体购置情况：2013年12月分别采购新乡县管理站营业网点用房512.92平方米，金额6538840元，辉县市管理站营业网点用房317.42平方米，金额1778748.8元，原阳县管理站营业网点用房319.62平方米，金额1862182.13元；2014年10月采购延津县管理站营业网点用房223.48平方米，金额1465582元；2014年11月采购封丘县管理站营业网点用房379平方米，金额3880439.52元；2016年5月采购卫辉市管理站营业网点用房337.05平方米，金额2792510元；2016年11月采购获嘉县管理站营业网点用房386.4平方米，金额2318400元。七个县（市）管理站总面积2475.89平方米，合计金额20636702.45元。截至目前，已有六个县（市）管理站迁入新址办公，获嘉县管理站营业网点已装修完毕，家具家电等配套设备也均已到位，随时可投入使用。已搬迁的管理站实现了统一门牌、标识，在各服务大厅均设置叫号机、查询机、配备休息座椅、饮水机、写字台、老花镜、便民箱、报刊架等服务设施，并在大厅显眼位置配置LED屏滚动播出各项政策制度及办理流程，为办事群众提供方便，确保了各县（市）管理站办公环境和服务环境的进一步优化。

2. 综合服务平台建设情况

（1）充分发挥12329公积金热线作用，做好公积金政策的咨询和解释工作。2017年全年12329公积金热线电话人工话务量12425个，自助语音查询话务量51716个，电话回复170个。12329公积金热线维护了缴存职工的知情权、监督权，保障了缴存职工的合法权益，成为单位和职工了解公积金政策的便捷通道、公积金中心与广大缴存职工沟通的重要桥梁。

（2）加快了网站更新速度，及时更新《提取指南》和《贷款专栏》中的相关内容，让广大缴存职工及时熟悉、了解公积金提取和贷款政策。据统计，2017年12329客服人员快速、准确、及时回答网站《百姓问答》栏目问题3485个。

（3）近年来，住房公积金缴存职工流动性日益增强，住房公积金异地转移接续业务大量增加。为保障住房公积金缴存职工合法权益，方便跨设区城市就业人员办理住房公积金异地转移接续业务，我中心住房公积金异地转移接续平台按照住房城乡建设部要求于2017年7月1日正式上线运行。截至2017年12月31日，中心已通过平台办理业务357笔，极大地方便了缴存职工的异地转移接续业务办理。

（三）当年信息化建设情况：建立诚信管理模块，震慑套提骗贷公积金行为。按照《新乡市住房公积金管理委员会关于进一步强化住房公积金归集放宽提取使用条件的通知》（新公积金管〔2015〕2号）文件精神，在我市公积金业务管理系统中建立了诚信管理模块，这将对个别缴存职工采取欺骗手段，以各种名义套提骗贷住房公积金的行为形成强大震慑。

（四）当年住房公积金管理中心及职工所获荣誉情况：

新乡市住房公积金管理中心及职工所获荣誉情况：

单位：荣获市级文明单位；河南省住房公积金管理工作先进单位；2016年全市棚户区（城中村）改造工作先进单位；新乡市行政审批服务先进大厅。

职工个人：河南省住房公积金管理工作先进个人4人；新乡市行政审批服务先进个人1人；新乡市优秀工会工作者1人；新乡市优秀工会积极分子1人；

长垣县住房公积金管理中心及职工所获荣誉情况：

2017年长垣县住房公积金管理中心被授予"县级文明单位（标兵）"称号、"三八红旗集体"称号，王静同志荣获"三八红旗手"称号。

（五）当年对违反《住房公积金管理条例》和相关法规行为进行行政处罚和申请人民法院强制执行情况： 2017年中心对违反《住房公积金管理条例》，已建户但不为职工正常缴存住房公积金的新乡市起重设备厂有限公司，依据〔2017〕豫07行审1号《行政裁定书》之决定，已向新乡市中级人民法院申请强制执行。

（六）其他需要披露的情况：

1. 2017年按照省住房城乡建设厅内审组要求，新乡市住房公积金管理中心往年提取的应付委托银行归集手续费2273.24万元，调入待分配增值收益，年末提取城市廉租住房（公共租赁住房）建设补充资金增加2273.24万元。

2. 本年缴存单位和缴存职工统计口径变动，缴存单位和缴存职工分别为3123家和28.14万人，数据变化较大，为保持数据的可比性，将上年的缴存单位和缴存职工按新的统计口径并计算增长率。

焦作市住房公积金2017年年度报告

一、机构概况

（一）住房公积金管理委员会： 住房公积金管理委员会有25名委员，2017年召开一次会议，审议通过的事项主要包括：《焦作市住房公积金管理委员会关于进一步为南水北调绿化带征迁群众提供住房公积金优惠政策的通知》、《焦作市住房公积金管理委员会关于推出住房公积金金融惠民工程的通知》、《焦作市住房公积金管理委员会关于调整住房公积金有关政策的通知》等文件。

（二）住房公积金管理中心： 住房公积金管理中心为焦作市政府不以营利为目的的自收自支事业单位，设12个科，8个管理部。从业人员109人，其中，在编67人，非在编42人；焦煤中心设2个科，从业人员14人，其中，在编14人。

二、业务运行情况

（一）缴存：2017年，新开户单位363家，实缴单位3772家，净增单位257家；新开户职工2.25万人，实缴职工25.6万人，净增职工0.58万人；缴存额24.12亿元，同比增长19.47%。2017年末，缴存总额149.54亿元，同比增长19.23%；缴存余额77.56亿元，同比增长15.02%。

受委托办理住房公积金缴存业务的银行4家，比上年增加0家。

（二）提取：2017年，提取额13.98亿元，同比增长9.91%；占当年缴存额的57.96%，比上年减少5.04个百分点。2017年末，提取总额71.98亿元，同比增长24.1%。

（三）贷款：

个人住房贷款：个人住房贷款最高额度50万元，其中，单缴存职工最高额度50万元，双缴存职工最高额度50万元。

2017年，发放个人住房贷款0.74万笔21.57亿元，同比分别增长2.78%、9.27%。其中，市中心发放个人住房贷款0.71万笔20.77亿元，焦煤中心发放个人住房贷款0.3万笔0.8亿元。

2017年，回收个人住房贷款7.74亿元。其中，市中心7.19亿元，焦煤中心0.55亿元。

2017年末，累计发放个人住房贷款6.55万笔120.88亿元，贷款余额79.43亿元，同比分别增长12.54%、21.73%、21.08%。个人住房贷款余额占缴存余额的102.41%，比上年增加5.12个百分点。

受委托办理住房公积金个人住房贷款业务的银行8家，比上年增加0家。

（四）融资：2017年，融资7.7亿元，归还7.7亿元。2017年末，融资总额13.7亿元，融资余额5.2亿元。

（五）资金存储：2017年末，住房公积金存款6.51亿。其中，活期4.46亿元，1年（含）以下定期0.49亿元，1年以上定期0.5亿元，其他（协定、通知存款等）1.06亿元。

（六）资金运用率：2017年末，住房公积金个人住房贷款余额、项目贷款余额和购买国债余额的总和占缴存余额的102.41%，比上年增加5.12个百分点。

三、主要财务数据

（一）业务收入：2017年，业务收入26173.69万元，同比增长19.44%。其中，市中心24731.66万元，焦煤中心1442.04万元；存款利息2865.86万元，委托贷款利息23232.45万元，国债利息0万元，其他75.38万元。

（二）业务支出：2017年，业务支出14402.42万元，同比增长33.43%。其中，市中心13415.48万元，焦煤中心986.95万元；支付职工住房公积金利息10599.1万元，归集手续费1018.27万元，委托贷款手续费402.37万元，其他2382.68万元。

（三）增值收益：2017年，增值收益11771.27万元，同比增长5.86%。其中，市中心11316.18万元，焦煤中心455.10万元；增值收益率1.62%，比上年减少0.14个百分点。

（四）增值收益分配：2017年，提取贷款风险准备金4452.09万元，提取管理费用3272.5万元，提取城市廉租住房（公共租赁住房）建设补充资金4301.13万元。

2017年，上交财政管理费用2808.84万元。上缴财政城市廉租住房（公共租赁住房）建设补充资金

3641.37万元。其中，市中心上缴3641.37万元，焦煤中心上缴0万元。

2017年末，贷款风险准备金余额23590.83万元。累计提取城市廉租住房（公共租赁住房）建设补充资金33120.11万元。其中，市中心提取28357.65万元，焦煤中心提取4762.46万元。

（五）管理费用支出： 2017年，管理费用支出2386.42万元，同比增长63.48%。其中，人员经费916.92万元，公用经费120.25万元，专项经费1349.25万元。

市中心管理费用支出2199.04万元，其中，人员、公用、专项经费分别为761.25万元、120.25万元、1317.54万元；焦煤中心管理费用支出187.38万元，其中，人员、公用、专项经费分别为155.67万元、0万元、31.71万元。

四、资产风险状况

个人住房贷款：2017年末，个人住房贷款逾期额513.56万元，逾期率0.65‰。其中，市中心0.68‰，焦煤中心0‰。

个人贷款风险准备金按贷款余额的3.22%提取。2017年，提取个人贷款风险准备金4452.09万元，使用个人贷款风险准备金核销呆坏账0万元。2017年末，个人贷款风险准备金余额23590.83万元，占个人住房贷款余额的2.97%，个人住房贷款逾期额与个人贷款风险准备金余额的比率为2.18%。

五、社会经济效益

（一）缴存业务： 2017年，实缴单位数、实缴职工人数和缴存额同比分别增长7.25%、2.30%和19.47%。

缴存单位中，国家机关和事业单位占62.38%，国有企业占8.96%，城镇集体企业占3.47%，外商投资企业占0.66%，城镇私营企业及其他城镇企业占19.38%，民办非企业单位和社会团体占2.39%，其他占2.76%。

缴存职工中，国家机关和事业单位占44.21%，国有企业占26.52%，城镇集体企业占8.12%，外商投资企业占1.21%，城镇私营企业及其他城镇企业占14.74%，民办非企业单位和社会团体占1%，其他占4.2%；中、低收入占98.42%，高收入占1.58%。

新开户职工中，国家机关和事业单位占20.66%，国有企业占20.59%，城镇集体企业占4.76%，外商投资企业占2.83%，城镇私营企业及其他城镇企业占30.32%，民办非企业单位和社会团体占1.67%，其他占19.17%；中、低收入占99.77%，高收入占0.23%。

（二）提取业务： 2017年，7.67万名缴存职工提取住房公积金13.98亿元。

提取金额中，住房消费提取占73.91%（购买、建造、翻建、大修自住住房占35.66%，偿还购房贷款本息占35.09%，租赁住房占2.86%，其他占0.3%）；非住房消费提取占26.09%（离休和退休提取占19.58%，完全丧失劳动能力并与单位终止劳动关系提取占3.86%，户口迁出本市或出境定居占1.31%，其他占1.34%）。

提取职工中，中、低收入占94.91%，高收入占5.09%。

（三）贷款业务：

1. **个人住房贷款：** 2017年，支持职工购建房105.08万平方米，年末个人住房贷款市场占有率为

33.33%，比上年减少 4.65 个百分点。通过申请住房公积金个人住房贷款，可节约职工购房利息支出 70529 万元。

职工贷款笔数中，购房建筑面积 90（含）平方米以下占 11.47%，90~144（含）平方米占 77.63%，144 平方米以上占 10.9%。购买新房占 83.64%，购买存量商品住房占 14.93%，建造、翻建、大修自住住房占 0.07%，其他占 1.36%。

职工贷款笔数中，单缴存职工申请贷款占 60.11%，双缴存职工申请贷款占 39.88%，三人及以上缴存职工共同申请贷款占 0.01%。

贷款职工中，30 岁（含）以下占 30.47%，30 岁~40 岁（含）占 41.05%，40 岁~50 岁（含）占 24.06%，50 岁以上占 4.42%；首次申请贷款占 98.03%，二次及以上申请贷款占 1.97%；中、低收入占 97.27%，高收入占 2.73%。

2. **异地贷款**：2017 年，发放异地贷款 589 笔 16431.7 万元。2017 年末，发放异地贷款总额 47348.3 万元，异地贷款余额 39297.75 万元。

（四）住房贡献率：2017 年，个人住房贷款发放额、公转商贴息贷款发放额、项目贷款发放额、住房消费提取额的总和与当年缴存额的比率为 132.3%，比上年减少 14.46 个百分点。

六、其他重要事项

2017 年我中心自我拉高标杆，瞄准全省、全国一流目标，发扬敢为人先净胜，坚持创新驱动，独创焦作市管理六步法法，推进标准化建设，努力打造金字服务招牌。实现了从管理型中心向服务型中心转变，从粗放化向精细化转变。初步建立形成了以行政审批、风险控制、优质服务、现场管理、监督考核、安全应急六大类 138 项的《焦作市住房公积金标准体系》，中心上上下下焕发出勃勃生机，各项工作全面提升，业务指标快速增长，制度效用显著发挥。

（一）缴存基数、缴存比例调整工作：

1. 按照住房公积金月缴存基数原则上不得超过统计部门公布的上一年度职工月平均工资三倍的意见，依据市统计局公布的我市 2016 年在岗职工平均工资 46106 元，确定 2017 年度住房公积金的月缴存基数的上限为 11526 元，月缴存额上限为 2766 元；住房公积金缴存基数下限依照焦作市 2016 年度最低工资标准，焦作市区、沁阳市、孟州市为 1600 元，月缴存额下限 160 元；修武县、武陟县、博爱县、温县为 1450 元，月缴存额下限为 146 元。

2. 2017 年度自主缴存者月缴存基数上限为 11526 元，月缴存额上限为 2766 元；月缴存基数下限为 3842 元，月缴存额下限为 384 元。

（二）提取政策及贷款政策调整情况：

1. 职工购买自住住房只允许提取购房人本人及配偶的住房公积金账户余额，提取额度不能超过账户余额的 80% 且不超过总房价；暂停承租本行政区域内其他自住住房的提取业务，承租本行政区域内廉租房和公共租赁住房的可以提取公积金用于支付房租；法院扣划职工住房公积金的，须符合销户提取条件才可办理，支取金额以法院的执行款为准，且被执行人住房公积金账户余额不得为零；自主缴存专户住房公积金停缴一年后才可以办理销户提取手续。

2. 按照国家政策规定，住房公积金贷款个贷率超过 85% 的城市要及时调整住房公积金使用政策，确保住房公积金业务持续健康发展。根据我市住房公积金资金运行和房地产市场的实际情况，全市住房公积金个贷率目前已达到102.41%（其中，市中心个贷率已达到109.4%），已大大超过国家规定的85%的个贷率红线，因此今年两次适当调整贷款政策，暂停了异地贷款，提高了贷款首付比例，贷款首付比例从20%提高到30%；住房公积金贷款额度计算从提供薪资证明和银行流水调整为按公积金账户余额及缴存年限计算贷款额度、暂停直系亲属家庭成员提供代际互助等19项贷款政策。

（三）**综合服务平台及信息化建设情况**：中心现已开通渠道有门户网站、网上服务大厅、自助终端、12329热线、手机短信、手机客户端、微信和微博八大服务渠道并创建24小时自助终端服务大厅等，通过多渠道以方便群众服务群众。同时为贯彻住房城乡建设部"双贯标"工作，根据相应要求结合中心的业务模式及管理要求对业务程序进行升级改造。经过升级改造，使得中心业务系统符合了住房城乡建设部《基础数据标准》和《住房公积金银行结算数据应用系统与公积金中心接口标准》。经住房城乡建设部验收小组验收，中心系统现已在符合"双贯标"要求，并顺利接入住房城乡建设部组织开发的全国住房公积金异地转移接续平台。

（四）**当年住房公积金管理中心及职工所获荣誉情况**：2017年我中心荣获"全国住建系统先进单位"，2人荣获市五一劳动奖章，3人荣获市三八红旗手的荣誉。

（五）**当年执法情况**：2017年我中心对违反《住房公积金管理条例》和相关法规行为进行行政处罚的2家单位进行处罚。

濮阳市住房公积金2017年年度报告

一、机构概况

（一）**住房公积金管理委员会**：住房公积金管理委员会有25名委员，2017年召开2次会议，审议通过的事项主要包括：《关于2016年归集使用计划执行情况及2017年归集使用计划安排的报告》、《濮阳市住房公积金2016年年度报告（草案）》、《2016年住房公积金增值收益分配方案（草案）》、《关于调整住房公积金提取政策的报告》和《关于暂时降低自住住房贷款额度的报告》等事项。

（二）**住房公积金管理中心**：住房公积金管理中心为直属濮阳市人民政府的不以营利为目的的全供事业单位，主要负责全市住房公积金的归集、管理、使用和会计核算。中心设5个科，6个管理部，1个分中心。从业人员92人，其中，在编62人，非在编30人。

二、业务运行情况

（一）**缴存**：2017年，新开户单位263家，实缴单位2723家，净增单位200家；新开户职工2.06万人，实缴职工26.58万人，净增职工0.12万人；缴存额28.89亿元，同比增长10.1%。2017年末，缴存总额219.80亿元，同比增长15.1%；缴存余额81.39亿元，同比增长14.7%。

受委托办理住房公积金缴存业务的银行6家，比上年增加0家。

（二）提取：2017年，提取额18.46亿元，同比下降12.4%；占当年缴存额的63.9%，比上年减少16.4个百分点。2017年末，提取总额138.40亿元，同比增长15.4%。

（三）贷款：

个人住房贷款：个人住房贷款最高额度45万元，其中，单缴存职工最高额度45万元，双缴存职工最高额度45万元。

2017年，发放个人住房贷款0.72万笔20.22亿元，同比分别增长7.5%、9.4%。其中，市中心发放个人住房贷款0.50万笔14.26亿元，中原油田分中心发放个人住房贷款0.22万笔5.96亿元。

2017年，回收个人住房贷款8.73亿元。其中，市中心5.65亿元，中原油田分中心3.08亿元。

2017年末，累计发放个人住房贷款5.98万笔110.39亿元，贷款余额70.74亿元，同比分别增长13.6%、22.4%、19.4%。个人住房贷款余额占缴存余额的86.9%，比上年增加3.4个百分点。

受委托办理住房公积金个人住房贷款业务的银行6家，比上年增加1家。

（四）融资：2017年，融资0.80亿元，归还1.00亿元。2017年末，融资总额1.00亿元，融资余额0.00亿元。

（五）资金存储：2017年末，住房公积金存款12.60亿元（含中原油田分中心9.02亿元）。其中，活期0.91亿元，1年（含）以下定期7.24亿元，1年以上定期0.00亿元，其他（协定、通知存款等）4.45亿元。

（六）资金运用率：2017年末，住房公积金个人住房贷款余额、项目贷款余额和购买国债余额的总和占缴存余额的86.9%，比上年增加3.4个百分点。

三、主要财务数据

（一）业务收入：2017年，业务收入24872.97万元，同比增长2.1%。其中，市中心13900.91万元，中原油田分中心10972.06万元；存款利息2968.38万元，委托贷款利息21186.35万元，国债利息0万元，其他7.93万元。

（二）业务支出：2017年，业务支出12900.12万元，同比增长28.8%。其中，市中心7353.61万元，中原油田分中心5546.51万元；支付职工住房公积金利息11507.55万元，归集手续费0.00万元，委托贷款手续费1089.32万元，其他303.25万元。

（三）增值收益：2017年，增值收益11972.85万元，同比下降16.5%。其中，市中心6547.30万元，中原油田分中心5425.55万元；增值收益率1.6%，比上年减少0.5个百分点。

（四）增值收益分配：2017年，提取贷款风险准备金6661.50万元，提取管理费用1888.00万元，提取城市廉租住房（公共租赁住房）建设补充资金3423.35万元。

2017年，上交财政管理费用1105.16万元。上缴财政城市廉租住房（公共租赁住房）建设补充资金1166.74万元。其中，市中心上缴1166.74万元，中原油田分中心上缴0.00万元。

2017年末，贷款风险准备金余额38480.95万元。累计提取城市廉租住房（公共租赁住房）建设补充资金27766.51万元。其中，市中心提取11248.81万元，中原油田分中心提取16517.70万元。

（五）管理费用支出：2017年，管理费用支出1520.27万元，同比增加10.7%。其中，人员经费904.84万元，公用经费217.07万元，专项经费398.36万元。

市中心管理费用支出 900.23 万元，其中，人员、公用、专项经费分别为 411.44 万元、109.46 万元、379.33 万元；中原油田分中心管理费用支出 620.04 万元，其中，人员、公用、专项经费分别为 493.40 万元、107.61 万元、19.03 万元。

四、资产风险状况

个人住房贷款：2017 年末，个人住房贷款逾期额 1130.93 万元，逾期率 1.6‰。其中，市中心 2.4‰，中原油田分中心 0.3‰。

个人贷款风险准备金按增值收益的 60% 提取。2017 年，提取个人贷款风险准备金 6661.50 万元，使用个人贷款风险准备金核销呆坏账 0.00 万元。2017 年末，个人贷款风险准备金余额 38480.95 万元，占个人住房贷款余额的 5.4%，个人住房贷款逾期额与个人贷款风险准备金余额的比率 2.9%。

五、社会经济效益

（一）缴存业务：2017 年，实缴单位数、实缴职工人数和缴存额同比分别增长 8.4%、0.5% 和 10.1%。

缴存单位中，国家机关和事业单位占 62.9%，国有企业占 12.3%，城镇集体企业占 0.9%，外商投资企业占 0.5%，城镇私营企业及其他城镇企业占 17.2%，民办非企业单位和社会团体占 3.7%，其他占 2.5%。

缴存职工中，国家机关和事业单位占 44.5%，国有企业占 37.8%，城镇集体企业占 0.6%，外商投资企业占 0.5%，城镇私营企业及其他城镇企业占 14.1%，民办非企业单位和社会团体占 1.0%，其他占 1.5%；中、低收入占 95.1%，高收入占 4.9%。

新开户职工中，国家机关和事业单位占 32.5%，国有企业占 15.7%，城镇集体企业占 1.3%，外商投资企业占 0.5%，城镇私营企业及其他城镇企业占 26.6%，民办非企业单位和社会团体占 8.6%，其他占 14.8%；中、低收入占 96.8%，高收入占 3.2%。

（二）提取业务：2017 年，6.12 万名缴存职工提取住房公积金 18.46 亿元。

提取金额中，住房消费提取占 82.4%（购买、建造、翻建、大修自住住房占 39.8%，偿还购房贷款本息占 32.3%，租赁住房占 2.5%，其他占 7.8%）；非住房消费提取占 17.6%（离休和退休提取占 13.4%，完全丧失劳动能力并与单位终止劳动关系提取占 1.1%，户口迁出本市或出境定居占 0.0%，其他占 3.1%）。

提取职工中，中、低收入占 85.7%，高收入占 14.3%。

（三）贷款业务：

1. 个人住房贷款：2017 年，支持职工购建房 72.42 万平方米，年末个人住房贷款市场占有率为 31.3%，比上年增加 0.1 个百分点。通过申请住房公积金个人住房贷款，可节约职工购房利息支出 47623 万元。

职工贷款笔数中，购房建筑面积 90（含）平方米以下占 13.3%，90~144（含）平方米占 79.3%，144 平方米以上占 7.4%。购买新房占 84.3%（其中购买保障性住房占 12%），购买存量商品住房占 15.7%，建造、翻建、大修自住住房占 0%，其他占 0%。

职工贷款笔数中，单缴存职工申请贷款占63.1%，双缴存职工申请贷款占36.9%，三人及以上缴存职工共同申请贷款占0%。

贷款职工中，30岁（含）以下占26.1%，30岁~40岁（含）占39.7%，40岁~50岁（含）占28.6%，50岁以上占5.6%；首次申请贷款占81.6%，二次及以上申请贷款占18.4%；中、低收入占93.9%，高收入占6.1%。

2. **异地贷款**：2017年，发放异地贷款926笔28434.10万元。2017年末，发放异地贷款总额58868.9万元，异地贷款余额53140.49万元。

（四）住房贡献率：2017年，个人住房贷款发放额、公转商贴息贷款发放额、项目贷款发放额、住房消费提取额的总和与当年缴存额的比率为122.7%，比上年减少18.3个百分点。

六、其他重要事项

（一）当年机构及职能调整情况、受委托办理缴存贷款业务金融机构变更情况：中心机构及职能均无调整；缴存业务金融机构未发生变化，贷款业务金融机构增加1家。

（二）当年住房公积金政策调整及执行情况：

1. **当年缴存基数限额及确定方法、缴存比例调整情况**：2017年7月，对我市缴存基数限额进行调整。按照住房公积金月缴存基数原则上不得超过统计部门公布的上一年度职工平均工资三倍的意见，2016年全市城镇非私营单位在岗职工年平均工资为46227元，平均每月工资收入为3852.25元，确定2017年度住房公积金月缴存基数上限为11556.75元，单位和职工个人住房公积金月缴存总额上限为2774元；缴存基数的下限按照濮阳市最低工资标准执行，市区月缴存基数的下限为1450元，月缴存总额下限为145元，濮阳县、清丰县、南乐县、范县、台前县月缴存基数下限为1300元，月缴存总额下限为130元。

2. **当年提取政策调整情况**：2017年3月和9月，对照《住房公积金管理条例》，对住房公积金提取政策进行了两次调整，调整后，职工有下列情形之一的，可以提取职工住房公积金账户内的存储余额：购买、建造、翻建或者大修自住住房的（不超过两年）；退休的；完全丧失劳动能力，并与单位终止劳动关系的；出境定居的；偿还购房贷款本息的；在缴存地无自有住房且租赁住房的；与所在单位终止劳动关系后，满三年未重新就业的（户籍不在我市辖区的，当年即可办理）；户口迁出本省行政区域的；住房公积金管理委员会规定的其他情形。

3. **当年个人住房贷款最高贷款额度、贷款条件等贷款政策调整情况**：2017年3月29日起，暂时下调我市住房公积金个人住房贷款单笔最高额度，市城区从60万元降至45万元，各县从45万元降至35万元。11月20日起，连续正常缴存住房公积金六个月（含）以上，可以申请住房公积金贷款。

4. **当年住房公积金存贷款利率调整及执行情况**：当年归集和上年结转的个人住房公积金存款利均为1.5%。五年期以上个人住房公积金贷款利率为3.25%，五年期以下（含五年）个人住房公积金贷款利率为2.75%；二套房贷款在上述利率基础上上浮10%执行。

（三）当年服务改进情况：

1. 通过公开招标投标为濮阳县管理部购置独立办公业务用房246平方米。

2. 推进住房公积金综合服务平台建设。2017年9月1日，完成了我中心综合服务平台建设工作，新建了我中心门户网站（www.pygjj.gov.cn），拓展了服务渠道，提升了服务效能。网站开通了网上住房公积金查询和网上业务大厅。

(四) 当年信息化建设情况：2017年我中心将基础数据标准贯彻落实和结算应用系统接入项目列入了财政预算，并按项目进度加快开展招标投标工作。成立了以主要领导负总责的"双贯标"工作领导小组，明确了工作任务及时间节点，有序推进。

许昌市住房公积金2017年年度报告

一、机构概况

(一) 住房公积金管理委员会：住房公积金管理委员会有26名委员，2017年召开1次会议，审议通过了2016年度住房公积金归集使用计划执行情况及2017年归集使用计划，并对加强住房公积金流动性风险防控规范使用政策、住房公积金业务系统"双贯标"、自主缴存者住房公积金缴存比例等其他重要事项进行了决策。

(二) 住房公积金管理中心：许昌市住房公积金管理中心为直属市政府不以营利为目的的事业单位，主要负责全市住房公积金的归集、管理、使用和会计核算。中心内设7个科室，下设7个管理部。从业人员81人，其中，在编45人，非在编36人。

二、业务运行情况

(一) 缴存：2017年，新开户单位194家，实缴单位2980家，净增单位193家；新开户职工2.33万人，实缴职工21.95万人，净增职工1.13万人；缴存额22.41亿元，同比增长19.8%。2017年末，缴存总额118.59亿元，同比增长23.3%；缴存余额60.89亿元，同比增长16.5%。

受委托办理住房公积金缴存业务的银行8家。

(二) 提取：2017年，提取额13.78亿元，同比增长10.5%；占当年缴存额的61.4%，比上年减少5.3个百分点。2017年末，提取总额57.7亿元，同比增长31.4%。

(三) 贷款：

个人住房贷款：个人住房贷款最高额度50万元，其中，单缴存职工最高额度50万元，双缴存职工最高额度50万元。

2017年，发放个人住房贷款0.44万笔16.39亿元，同比分别下降42.9%、32.5%。

2017年，回收个人住房贷款6.98亿元。

2017年末，累计发放个人住房贷款3.72万笔92.98亿元，贷款余额60.05亿元，同比分别增长13.4%、21.4%、18.6%。个人住房贷款余额占缴存余额的98.6%，比上年增加1.7个百分点。

受委托办理住房公积金个人住房贷款业务的银行9家。

(四) 融资：2017年，融资0亿元，归还1亿元。2017年末，融资总额8亿元，融资余额0亿元。

(五) 资金存储：2017年末，住房公积金协定存款0.86亿元。

（六）资金运用率：2017年末，住房公积金个人住房贷款余额、项目贷款余额和购买国债余额的总和占缴存余额的98.6%，比上年增加1.7个百分点。

三、主要财务数据

（一）业务收入：2017年，业务收入21232.12万元，同比下降22.5%。存款利息3085.15万元，委托贷款利息17777.92万元，其他369.05万元。

（二）业务支出：2017年，业务支出9664.78万元，同比增长6.8%。支付职工住房公积金利息7671.27万元，归集手续费0万元，委托贷款手续费856.76万元，其他1136.75万元。

（三）增值收益：2017年，增值收益11567.34万元，同比（1.83亿）下降36.9%。增值收益率2.1%，比上年减少1.4个百分点。

（四）增值收益分配：2017年，提取贷款风险准备金2823.36万元，提取管理费用1683.15万元，提取城市廉租住房建设补充资金7060.82万元。

2017年，上交财政管理费用722.71万元。上缴财政城市廉租住房（公共租赁住房）建设补充资金6612.08万元。

2017年末，贷款风险准备金余额22537.57万元。累计提取城市廉租住房建设补充资金28543.72万元。

（五）管理费用支出：2017年，管理费用支出791.03万元，同比增长39.4%。其中，人员经费562.56万元，公用经费84.52万元，专项经费143.95万元。

四、资产风险状况

个人住房贷款：2017年末，个人住房贷款逾期额234.17万元，逾期率0.36‰。

个人贷款风险准备金按年度贷款余额的3%提取。2017年，提取个人贷款风险准备金2823.36万元，使用个人贷款风险准备金核销呆坏账0元。2017年末，个人贷款风险准备金余额22537.57万元，占个人住房贷款余额的3.8%，个人住房贷款逾期额与个人贷款风险准备金余额的比率为1%。

五、社会经济效益

（一）缴存业务：2017年，实缴单位数、实缴职工人数和缴存额同比分别增长4.3%、5.4%和19.8%。

缴存单位中，国家机关和事业单位占60.1%，国有企业占10.9%，城镇集体企业占2.9%，外商投资企业占2%，城镇私营企业及其他城镇企业占23.2%，民办非企业单位和社会团体占0.8%，其他占0.1%。

缴存职工中，国家机关和事业单位占52.8%，国有企业占18.4%，城镇集体企业占2.2%，外商投资企业占1.1%，城镇私营企业及其他城镇企业占24.4%，民办非企业单位和社会团体占0.8%，其他占0.3%；中、低收入占100%。

新开户职工中，国家机关和事业单位占25.9%，国有企业占16%，城镇集体企业占2.9%，外商投资企业占0.7%，城镇私营企业及其他城镇企业占44%，民办非企业单位和社会团体占5.1%，其他占

5.4%；中、低收入占 100%。

（二）**提取业务**：2017 年，5.51 万名缴存职工提取住房公积金 13.78 亿元。

提取金额中，住房消费提取占 78.5%（购买、建造、翻建、大修自住住房占 28.6%，偿还购房贷款本息占 45.5%，租赁住房占 1.5%，其他占 2.9%）；非住房消费提取占 21.5%（离休和退休提取占 15.1%，完全丧失劳动能力并与单位终止劳动关系提取占 3.1%，户口迁出本市或出境定居占 2.6%，其他占 0.7%）。

提取职工中，中、低收入占 100%。

（三）**贷款业务**：

1. **个人住房贷款**：2017 年，支持职工购建房 54.43 万平方米，年末个人住房贷款市场占有率为 20%，比上年减少 2.9 个百分点。通过申请住房公积金个人住房贷款，可节约职工购房利息支出 29893.90 万元。

职工贷款笔数中，购房建筑面积 90（含）平方米以下占 14%，90～144（含）平方米占 74.9%，144 平方米以上占 11.1%。购买新房占 91.6%，购买存量商品住房占 8.4%。

职工贷款笔数中，单职工缴存申请贷款占 61.4%，双职工缴存申请贷款占 38.6%。

贷款职工中，30 岁（含）以下占 28.9%，30 岁～40 岁（含）占 41.8%，40 岁～50 岁（含）占 24.1%，50 岁以上占 5.2%；首次申请贷款占 94.6%，二次及以上申请贷款占 5.4%；中、低收入占 99.5%，高收入占 0.5%。

2. **异地贷款**：2017 年，发放异地贷款 492 笔 16218.3 万元。2017 年末，发放异地贷款总额 44877.1 万元，异地贷款余额 42265.92 万元。

3. **公转商贴息贷款**：2017 年，发放公转商贴息贷款 369 笔 12266.79 万元，支持职工购建住房面积 4.5 万平方米，当年贴息额 1049.14 万元。2017 年末，累计发放公转商贴息贷款 2887 笔 86860.27 万元，累计贴息 1582.71 万元。

（四）**住房贡献率**：2017 年，个人住房贷款发放额、公转商贴息贷款发放额、项目贷款发放额、住房消费提取额的总和与当年缴存额的比率为 126.6%，比上年减少 58.7 个百分点。

六、其他重要事项

（一）**当年机构及职能调整情况、缴存贷款业务金融机构变更情况**：2017 年，完成市直服务大厅及办公场地的购置、搬迁及服务设施配置，中心各部门及市直服务大厅由许昌市财政综合大楼搬迁至许昌市创业服务中心，更加便民利民。

当年新增浦发银行许昌分行作为住房公积金业务办理受托银行。

（二）**当年住房公积金政策调整及执行情况**：

1. **缴存及提取政策调整**：扩大制度受益范围。2017 年 4 月，中心出台了《关于印发〈许昌市进城务工人员住房公积金缴存使用管理办法（试行）〉的通知》（许公积金〔2017〕14 号），将进城务工人员等灵活就业人员纳入全市住房公积金制度范围，并于 2017 年 5 月 1 日开始施行。

规范提取使用政策。2017 年 4 月，中心出台了《关于加强住房公积金流动性风险防控规范使用政策的通知》（许公积金〔2017〕13 号），对我市住房公积金提取政策作了进一步的规范，并于 2017 年 5 月 1

日开始施行。

2. 缴存基数、限额、比例政策调整：当年住房公积金缴存基数上限为12059元，下限为：市直、魏都区、长葛市1600元，禹州市、鄢陵县、建安区、襄城县1450元。

缴存比例最高12%，最低5%。

3. 贷款政策调整及存贷款利率执行标准：进一步完善贷款使用政策。2017年4月，中心出台了《关于加强住房公积金流动性风险防控规范使用政策的通知》（许公积金〔2017〕13号），对住房公积金个人住房贷款实施贷款额度动态调控，防范流动性风险；办理住房公积金贷款的楼盘销售项目，多层楼盘主体建设需封顶，高层楼盘主体建设需建到2/3以上，防范楼盘风险；进一步加强借款人信用审核，防范贷款逾期风险。

进一步简化贷款办理手续。2017年7月27日，中心印发了《关于简化住房公积金个人二手住房贷款业务办理有关问题的通知》（许公积金〔2017〕22号），对我市住房公积金个人二手住房贷款政策进行了进一步规范和简化，取消贷款办理中6项证明材料，二手房贷款办理实现"只跑一次腿"。

2017年，我市住房公积金个人住房贷款最高贷款额度没有调整，最高贷款额不超过50万元。

住房公积金存款利率为1.50%。

住房公积金贷款利率：五年期（含五年）以下为2.75%，五年期以上为3.25%；二套普通商品房贷款利率上浮10%。

（三）当年服务改进情况： 2017年，中心深入贯彻落实"放管服"要求，创新完善服务举措，不断提升服务效能。一是简化办理手续。重新梳理中心权责清单，清理、取消住房公积金业务办理18项证明材料，优化流程，业务办理基本实现"只进一个门、只找一个人、只跑一次腿"。二是改善服务环境。按"放管服"改革及市政府有关要求，完成市直服务大厅场地购置及配套设施安装、调试，优化岗位人员配置，进一步充实一线力量，实现"审批事项向一个部门集中，审批部门向服务大厅集中，保障服务大厅审批事项到位、审批权限到位"，更加方便群众办事。三是提升服务质量。组织开展"跟随群众跑一次"活动，领导班子和部门负责人亲身体验业务办理流程、服务质量、办事效率及"放管服"政策落实情况，感受群众满意度，现场征求意见建议，查找问题不足，认真加以整改。进一步加强工作作风及服务质量考核，严格落实首问负责、一次性告知、限时办结、服务承诺等制度，不断提升服务质量。

（四）当年信息化建设情况：

1. 完善系统功能配置。加快推进"互联网＋公积金服务"，与市政务云中心完成数据资源共享网络配置，全市首批实现数据实时查询，电子政务外网与中心业务网络互联互通，27项依申请权力事项纳入省政务服务平台，达到业务网上申请、受理、审核、查询的二级响应深度；增开12329服务热线电信短信网关，完善综合服务平台；接入全国住房公积金异地转移接续平台，实现全国范围内"账随人走、钱随账走"。

2. 积极推进系统"双贯标"。按照住房城乡建设部业务系统"双贯标"及"综合服务平台"建设要求，组织实施项目软件硬件招标、系统需求调研、开发测试等工作，加强与业务受托银行、政务云中心对接协调，审慎开展历史数据移植、校验，加快推进系统"双贯标"，确保系统按时上线安全运行。

3. 加强网络安全防护。进一步修订完善网络安全相关制度，将门户网站系统整体迁移部署到市政府政务云中心。完善异地容灾备份系统功能配置，提高网络安全防护等级，保障网络安全稳定运行。

(五)当年住房公积金管理中心及职工所获荣誉情况：

1. 中心被许昌市委评为"机关党的建设红旗单位"。
2. 中心有3人被河南省住房城乡建设厅评为"住房公积金管理工作先进个人"。
3. 中心有1人被河南省建设工会评为"五一劳动模范"。

(六)当年对违反《住房公积金管理条例》和相关法规行为进行行政处罚和申请人民法院强制执行情况： 2017年，中心严厉打击各类住房公积金失信行为，全市立案查处骗提套取住房公积金违法行为26起，市公安机关已抓获相关犯罪嫌疑人8人，其中3人因犯伪造国家机关印章罪分别获刑。加大住房公积金逾期贷款催收力度，当年11户贷款逾期户被起诉立案追缴追偿，开庭判决9户，收回逾期贷款本息31.27万元，其余3户按照法律程序正在处理。及时查纠3家拒绝、限制职工使用公积金贷款购房的开发企业，切实维护缴存职工合法权益。

漯河市住房公积金2017年年度报告

一、机构概况

(一)住房公积金管理委员会： 住房公积金管理委员会有28名委员，2017年召开1次会议，审议通过的事项主要包括《漯河市住房公积金管理中心2016年工作报告》、《漯河市住房公积金管理中心2016年年度报告》、《漯河市住房公积金管理中心2016年年度决算和2017年年度预算方案》、《漯河市住房公积金管理中心关于调整我市住房公积金有关使用规定的报告》、《漯河市住房公积金管理中心关于建立住房公积金资金使用及风险防范有关工作制度的报告》、《漯河市进城务工人员、个体工商户、自由职业人员住房公积金缴存与使用管理暂行办法》。

(二)住房公积金管理中心： 住房公积金管理中心为直属漯河市人民政府管理的不以营利为目的的财政全供事业单位，设10个科(室)，2个管理部，0个分中心。从业人员77人，其中，在编77人，非在编0人。

二、业务运行情况

(一)缴存： 2017年，新开户单位257家，实缴单位2395家，净增单位214家；新开户职工1.55万人，实缴职工23.23万人，净增职工0.25万人；缴存额13.07亿元，同比增长26.89%。2017年末，缴存总额68.19亿元，同比增长23.71%；缴存余额45.02亿元，同比增长21.12%。

受委托办理住房公积金缴存业务的银行网点11家，比上年增加5家。

(二)提取： 2017年，提取额5.22亿元，同比增长9.66%；占当年缴存额的39.94%，比上年减少6.27个百分点。2017年末，提取总额23.17亿元，同比增长29.08%。

(三)贷款：

个人住房贷款：个人住房贷款最高额度40万元，其中，单缴存职工最高额度30万元，双缴存职工最

高额度 40 万元。

2017 年，发放个人住房贷款 0.32 万笔 7.59 亿元，同比分别下降 11.11%、10.18‰。

2017 年，回收个人住房贷款 4.71 亿元。

2017 年末，累计发放个人住房贷款 3.62 万笔 60.79 亿元，贷款余额 36.5 亿元，同比分别增长 9.7%、14.27%、8.57%。个人住房贷款余额占缴存余额的 81.07%，比上年减少 9.38 个百分点。

受委托办理住房公积金个人住房贷款业务的银行网点 10 家，比上年增加 3 家。

（四）融资：2017 年，融资 0 亿元，归还 5 亿元。2017 年末，融资总额 5 亿元，融资余额 0 亿元。

（五）资金存储：2017 年末，住房公积金存款 9.23 亿元。其中，活期 0.26 亿元，1 年（含）以下定期 8.2 亿元，1 年以上定期 0 亿元，其他（协定、通知存款等）0.77 亿元。

（六）资金运用率：2017 年末，住房公积金个人住房贷款余额、项目贷款余额和购买国债余额的总和占缴存余额的 81.07%，比上年减少 9.38 个百分点。

三、主要财务数据

（一）业务收入：2017 年，业务收入 13295.98 万元，同比增长 13.71%。存款利息 1912.50 万元，委托贷款利息 11382.60 万元，国债利息 0 万元，其他 0.88 万元。

（二）业务支出：2017 年，业务支出 8320.20 万元，同比增长 17.75%。支付职工住房公积金利息 5977.33 万元，归集手续费 322.08 万元，委托贷款手续费 518.20 万元，其他 1502.59 万元。

（三）增值收益：2017 年，增值收益 4975.78 万元，同比增长 7.54%。增值收益率 1.22%，比上年减少 0.18 个百分点。

（四）增值收益分配：2017 年，提取贷款风险准备金 288 万元，提取管理费用 2515 万元，提取城市廉租住房（公共租赁住房）建设补充资金 2172.78 万元。

2017 年，上交财政管理费用 2696 万元。上缴财政城市廉租住房（公共租赁住房）建设补充资金 1479.03 万元。

2017 年末，贷款风险准备金余额 3707.39 万元。累计提取城市廉租住房（公共租赁住房）建设补充资金 18048.55 万元。

（五）管理费用支出：2017 年，管理费用支出 1974.90 万元，同比增长 141.88%。其中，人员经费 844.72 万元，公用经费 69.42 万元，专项经费 1060.76 万元。

四、资产风险状况

个人住房贷款：2017 年末，个人住房贷款逾期额 394.34 万元，逾期率 1.08‰。

个人贷款风险准备金按当年末贷款余额的 1% 提取。2017 年，提取个人贷款风险准备金 288 万元，使用个人贷款风险准备金核销呆坏账 0 万元。2017 年末，个人贷款风险准备金余额 3707.39 万元，占个人住房贷款余额的 1.02%，个人住房贷款逾期额与个人贷款风险准备金余额的比率为 10.64%。

五、社会经济效益

（一）缴存业务：2017 年，实缴单位数、实缴职工人数和缴存额同比分别增长 9.81%、1.08%

和 26.89%。

缴存单位中，国家机关和事业单位占 38.12%，国有企业占 9.84%，城镇集体企业占 2.92%，外商投资企业占 32.9%，城镇私营企业及其他城镇企业占 9.96%，民办非企业单位和社会团体占 1.65%，其他占 4.61%。

缴存职工中，国家机关和事业单位占 49.57%，国有企业占 11.51%，城镇集体企业占 3.13%，外商投资企业占 19.77%，城镇私营企业及其他城镇企业占 9.82%，民办非企业单位和社会团体占 1.64%，其他占 4.56%；中、低收入占 99.81%，高收入占 0.19%。

新开户职工中，国家机关和事业单位占 18.74%，国有企业占 7.28%，城镇集体企业占 4.34%，外商投资企业占 31.4%，城镇私营企业及其他城镇企业 21.54%，民办非企业单位和社会团体占 3.32%，其他占 13.38%；中、低收入占 99.8%，高收入占 0.2%。

（二）**提取业务**：2017 年，2.04 万名缴存职工提取住房公积金 5.22 亿元。

提取金额中，住房消费提取占 62.56%（购买、建造、翻建、大修自住住房占 30.43%，偿还购房贷款本息占 32.01%，租赁住房占 0.07%，其他占 0.05%）；非住房消费提取占 37.44%（离休和退休提取占 19.48%，完全丧失劳动能力并与单位终止劳动关系提取占 15.27%，户口迁出本市或出境定居占 1.75%，其他占 0.94%）。

提取职工中，中、低收入占 99.23%，高收入占 0.77%。

（三）**贷款业务**：

1. **个人住房贷款**：2017 年，支持职工购建房 36.64 万平方米，年末个人住房贷款市场占有率为 19.48%，比上年增加 4.51 个百分点。通过申请住房公积金个人住房贷款，可节约职工购房利息支出 1252.44 万元。

职工贷款笔数中，购房建筑面积 90（含）平方米以下占 17.63%，90～144（含）平方米占 72.27%，144 平方米以上占 10.1%。购买新房占 62.48%（其中购买保障性住房占 0%），购买存量商品住房占 37.49%，建造、翻建、大修自住住房占 0.03%，其他占 0%。

职工贷款笔数中，单缴存职工申请贷款占 69.72%，双缴存职工申请贷款占 30.28%，三人及以上缴存职工共同申请贷款占 0%。

贷款职工中，30 岁（含）以下占 33.93%，30 岁～40 岁（含）占 41.33%，40 岁～50 岁（含）占 20.43%，50 岁以上占 4.31%；首次申请贷款占 100%，二次及以上申请贷款占 0%；中、低收入占 99.34%，高收入占 0.66%。

2. **异地贷款**：2017 年，发放异地贷款 389 笔 9207.6 万元。2017 年末，发放异地贷款总额 25745.3 万元，异地贷款余额 23521.45 万元。

3. **公转商贴息贷款**：2017 年，发放公转商贴息贷款 1253 笔 32517 万元，支持职工购建住房面积 13.67 万平方米，当年贴息额 872.24 万元。2017 年末，累计发放公转商贴息贷款 2869 笔 70846 万元，累计贴息 1105.04 万元。

（四）**住房贡献率**：2017 年，个人住房贷款发放额、公转商贴息贷款发放额、项目贷款发放额、住房消费提取额的总和与当年缴存额的比率为 107.96%，比上年减少 40.39 个百分点。

六、其他重要事项

(一) 当年机构及职能调整情况、受委托办理缴存贷款业务金融机构变更情况：

1. **机构及职能调整情况**：漯河市住房公积金管理中心内设机构10个，分别是办公室、财务科、行政审批服务科、财产保全科、信息中心、档案科、稽核审计科、执法室、城区管理一部、城区管理二部；经办网点2个，分别是临颍县住房公积金管理部和舞阳县住房公积金管理部。

2. **缴存贷款业务金融机构变更情况**：本市2017年受委托办理住房公积金缴存业务的银行网点有11家，包括中行漯河铁东开发区支行、中行漯河郾城支行、中行漯河交通路支行、中行漯河临颍县支行、农行漯河临颍县支行、中原银行漯河分行、中原银行临颍县支行、中行漯河舞阳县支行、建行漯河嵩山路支行、建行漯河黄山路支行、邮政储蓄银行漯河分行。本市2017年受委托办理住房公积金贷款业务的银行网点有10家，包括工行营业部、建行黄山路支行、中行交通路支行、中原银行郾城支行、邮储银行沙北支行、农行黄河路支行、中行舞阳县支行、中行临颍县支行、农行临颍县支行、中原银行临颍县支行

(二) 当年住房公积金政策调整及执行情况：

1. **当年缴存基数限额及确定方法、缴存比例等缴存政策调整情况**：2017年度住房公积金月缴存工资基数为职工本人当年月平均工资，职工月平均工资应按照国家统计局规定列入工资总额统计的项目计算。根据住房公积金月缴存基数原则上不得超出统计部门公布的上一年度职工月平均工资3倍的规定，2016年度漯河市在岗职工年均工资45838元，据此确定2017年度住房公积金月缴存工资基数的上限11460为元，根据单位和个人住房公积金缴存比例均不得超过12%的规定，住房公积金月缴存额的上限设为2750元；根据漯河市社平工资的60%计算，住房公积金月缴存基数的下限为2292元，根据单位和个人住房公积金缴存比例均不得低于5%的规定，住房公积金月缴存额的下限设为229.2元。职工应发工资额未达到最低公积金缴存基数的单位，应提供2016年连续3个月的工资表、财务报表，报市住房公积金管理中心审核后，可按上一年度职工月平均工资执行。2017年度漯河住房公积金缴存比例为单位和职工个人各5%~12%。

根据《漯河市进城务工人员、个体工商户、自由职业人员住房公积金缴存与使用管理暂行办法》，2017年5月起，进城务工人员、个体工商户、自由职业人员纳入住房公积金缴存范围，按照自愿原则，自主缴存，月缴存基数及月缴存额必须在上下限标准范围内。

2. **当年提取政策调整情况**：(1) 取消职工一年内仅可使用一套购房手续提取住房公积金限制；(2) 提取住房公积金偿还住房贷款的，应根据不同情况，符合下列规定给予办理：①偿还公转商贴息贷款提取，需要提供购房合同、借款合同、贷款余额表；②职工偿还住房贷款提取公积金时，应先偿还公积金贷款或公转商贴息贷款；公积金贷款或公转商贴息贷款结清后，职工当年方可提取公积金偿还商业住房贷款；③提取夫妻双方的住房公积金，偿还公积金贷款或公转商贴息贷款时，贷款档案资料显示夫妻关系证明的，不需再提供婚姻关系证明；④提取公积金偿还贷款累计金额不得超过贷款总额，单笔提取金额不得超过当前贷款余额；(3) 职工使用公积金贷款后，又提取父母或子女的住房公积金的，所提取的住房公积金只能用于偿还住房公积金贷款；(4) 所购买房屋产权为共有的，根据提取申请人的产权比例确定提取额度，不显示所占比例的，按人均购房金额确定提取额度；(5) 因调离、离退休、解除劳动关系提取公积金时，不再提供提取申请书；(6) 购买二手房时，提供购房发票、契税完税凭证、过户后的房屋所有权证或不动产权证书，不再提供购房合同或协议；(7) 在两县办理公积金贷款后，在城区办理提取业务的，不再

提供购房手续,由受理人在提取申请书上签字后可直接办理提取业务;(8)取消异地购房提取、异地购房还贷提取业务;(9)取消"因突发事件造成家庭生活严重困难"的提取业务。

3. 当年个人住房贷款最高贷款额度、贷款条件等贷款政策调整情况: 2017年贷款额度规定,双职工家庭夫妻双方连续足额缴存住房公积金的,最高贷款额度为40万元,单职工家庭一方连续足额缴存住房公积金的,最高贷款额度为30万元。

贷款额度核算标准调整情况:(1)不能超过购买房屋价格的80%(如不以所购房屋做抵押的,贷款不能超过抵押房屋价值的70%;以所购房屋抵押的,土地性质为出让的最高可贷房屋价值的80%,土地性质为划拨的最高可贷房屋价值的70%);(2)每月还款额不能超过申请人的还款能力(月还款能力为职工月缴存公积金工资基数的50%;借款人及配偶,存在商业银行贷款或对外担保行为的,月还款能力按照(夫妻月工资基数之和-商贷或担保月还款额)/2进行计算);(3)单笔贷款额度不得高于夫妻双方住房公积金账户余额的15~20倍(缴存余额不足1万元的,按1万元认定;缴存时间不满1年的,按余额的15倍,缴存时间超过1年的,每超过1年倍数值增加1,最高倍数值为20倍);(4)不得高于我市规定的最高贷款额度。申请额度不超过任何一项限额的,以申请额度作为贷款额;超过任何一项限额的,以其中最低限额为贷款额。

贷款人条件调整情况:(1)缴存人连续缴存住房公积金6个月方可申请住房公积金贷款;(2)以近24个月征信记录为准,借款人及配偶连续3个月以上或累计6个月以上存在逾期记录的,均不再受理其贷款申请;(3)以近24个月征信记录为准,借款人及配偶出现连续3个月或累计5~6个月的逾期记录,应当办理赋予强制执行效力的债权文书的公证手续,且贷款年限不超过法定退休年限;(4)根据助学贷款使用及偿还的实际情况,借款人及配偶助学贷款发生逾期但已结清的,不列入个人信用状况审核范围;(5)借款人及配偶任意一方银行征信报告显示呆账记录的,均不再受理其公积金贷款申请;(6)以夫妻双方还款能力共同核算取得住房公积金贷款的,离婚后,在原贷款余额低于借款人单方贷款额度的情况下,非主借款人一方可申请住房公积金贷款;(7)离婚夫妻之间、夫妻之间、父母与子女之间房产买卖方式过户的,购房人不能申请住房公积金贷款;(8)购房后申请办理住房公积金贷款的,时效由购买后3年之内调整为1年之内。

贷款担保调整情况:(1)土地性质为划拨土地的自建房暂不允许抵押;土地性质为划拨土地的商品房,贷款额度不超过抵押物价值的70%;(2)担保方式为房产抵押的,应以购买房屋作为抵押物,且还款期间不得更换。如所购房屋无法抵押,可提供其他房产抵押或两名本市在职财政全供人员进行贷款保证;(3)自然人保证更换为房屋抵押的,必须以所购房屋作为抵押物;以其他房屋抵押的,更换时只能以所购房屋作为抵押物;(4)借款人在还款期间出现违约行为的,不再变更担保。

4. 当年住房公积金存贷款利率执行标准: 根据人民银行公布的存贷款基准利率、《人民币利率管理规定》(银发〔1999〕77号)、《关于完善职工住房公积金账户存款利率形成机制的通知》、《住房公积金条例》等相关规定,2017年上年结转和当年缴存住房公积金存款统一按一年期定期存款基准利率(1.5%)计算存款利息。2017年住房公积金贷款首套房执行基准利率,二套房利率上浮10%执行。住房公积金贷款利率,五年以下(含五年)贷款基准利率为2.75%,五年以上(至30年)贷款基准利率为3.25%。

(三)当年服务改进情况:

漯河市住房公积金管理中心服务改进情况:(1)建立缴存微信群,方便职工咨询政策;(2)开展上门服务和延时服务，方便了缴存职工；（3）设置自助查询机，完成自助化服务。全市缴存职工持身份证，可在自助终端机查询、打印个人公积金缴存、提取、贷款情况；（4）开通叫号机，并配有专门的工作人员进行引导和维持秩序，使业务办理更加方便有序，提升窗口的服务水平；（5）加强与银行合作，通过"互联网＋"平台，借助职工住房公积金缴存信息资源，促使银行推出多种金融消费产品，满足缴存职工需求；（6）深化与银行合作，先后在中、农、工、建、邮储、中原银行等24个网点设立窗口，方便群众办理个人缴存业务。

（四）当年信息化建设情况：

漯河市住房公积金管理中心信息化建设情况：（1）门户网站进行了改版重建，相比老页面，新页面更加简洁明了，并增加了新版块，公示了住房公积金相关政策法规及公积金缴存、提取、贷款等业务办理流程；（2）对自助服务终端查询系统界面进行了重新编写，公积金网络查询实现了新突破，使缴存职工查询到的信息更及时更全面；（3）完成中心门户网站及机房的风险评估工作，通过评估能够及时发现中心信息系统面临的主要安全问题，严格检查整改，确保业务系统和门户网站的安全运行；（4）顺利接入全国转移接续平台并成功开展为缴存职工办理异地转移接续业务；（5）完成了住房公积金综合服务平台建设工作；（6）完成2017年国家级重要信息系统和重点网站安全执法现场检查工作；（7）完成中心业务系统和省市政务网的对接工作。

（五）当年住房公积金管理中心及职工所获荣誉情况：

漯河市住房公积金管理中心及职工所获主要荣誉：（1）省住房城乡建设厅授予中心"河南省2016年度住房公积金服务先进单位"；（2）省住房城乡建设厅授予中心"2016年度全省住房和城乡建设系统工会工作先进单位"；（3）中心职工姚春丽、袁伟、宋晓勇、王雪平、李会玲、顾琳被省住房城乡建设厅授予"河南省2016年度住房公积金服务先进个人"，马红正被省住房城乡建设厅授予"全省住房城乡建设系统依法行政工作先进个人"；（4）中心职工齐月梅被省建设工会授予："2016年度全省住房和城乡建设系统十佳工会主席"（5）2017年4月中心窗口被河南省住房城乡建设厅、省建设工会授予"河南省建设五一巾帼标兵岗"；（6）2017年4月中心窗口被漯河市行政服务中心党组授予"2016年度十佳红旗窗口"；（7）2017年11月中心窗口被漯河市文明办、团市委授予"共青团青年先锋岗"；（8）市总工会授予中心"读书征文优秀组织单位"、"漯河市十佳优秀工会工作先进单位"、授予中心女职工委员会"漯河市女职工工作先进单位"；（9）市政府工会工委授予中心工会"2017年十佳先进单位"，授予中心舞阳管理部"2017年十佳先进窗口"；（10）市财政局授予中心"2015年度部门决算审编工作先进单位"；（11）中心职工李锦垟被授予河南省人民政府道路交通三年整治工作先进个人等。

三门峡市住房公积金2017年年度报告

一、机构概况

（一）住房公积金管理委员会： 三门峡市住房公积金管理委员会有22名委员，2017年，召开4次会议，审议通过2017年度住房公积金归集、使用计划执行情况，并对其他重要事项进行决策，主要包括《三门峡市住房公积金管理中心关于调整住房公积金政策的请示》、《三门峡市住房公积金管理中心关于设立住房公积金商务中心区营业部的请示》、《三门峡市住房公积金管理中心关于为商务中心区公寓式商务房办理住房公积金贷款的请示》、《三门峡市住房公积金管理中心关于采购公积金业务系统软件的请示》等。

（二）住房公积金管理中心：三门峡市住房公积金管理中心为直属市政府不以营利为目的的财政全供事业单位。目前中心内设办公室、归集管理科、支取管理科、信贷科、信息中心、计划财务和稽核科6个科室，下设义马、渑池、陕州区、灵宝、卢氏5个管理部和义煤集团分中心。市中心从业人员65人，其中，在编33人，非在编32人。义煤集团分中心从业人员17人。

二、业务运行情况

（一）缴存：2017年，新开户单位129家，实缴单位2698家，净增单位0家；新开户职工1.52万人，实缴职工18.09万人，净增职工4120人；缴存额17.52亿元，同比增长21.58％。2017年末，缴存总额118.98亿元，同比增长17.26％；缴存余额54.03亿元，同比增长2.25％。

受委托办理住房公积金缴存业务的银行8家，较上年无变化。

（二）提取：2017年，提取额12.12亿元，同比增长2.71％；占当年缴存额的69.18％，比上年减少12.71个百分点。2017年末，提取总额64.96亿元，同比增长22.94％。

（三）贷款：

个人住房贷款：个人住房贷款最高额度50万元，其中，单缴存职工最高额度50万元，双缴存职工最高额度50万元。

2017年，发放个人住房贷款3541笔11.12亿元，同比分别下降29.04％、20.57％。其中，市中心发放个人住房贷款3355笔10.62亿元，义煤分中心发放个人住房贷款186笔5035.78万元。

2017年，回收个人住房贷款2.99亿元。其中，市中心2.69亿元，义煤集团分中心0.33亿元。

2017年末，累计发放个人住房贷款2.18万笔48.99亿元，贷款余额38.97亿元，同比分别增长19.13％、29.4％、26.28％。个人住房贷款余额占缴存余额的72.13％，比上年增加8.66个百分点，其中，市中心个人住房贷款余额占缴存余额的93.6％，比上年增加11.4个百分点；义煤集团分中心个人住房贷款余额占缴存余额的20.29％，比上年同期下降0.21％。

受委托办理住房公积金个人住房贷款业务的银行7家，较上年无变化。

（四）融资：2017年，融资1.3亿元，归还3.84亿元。2017年末，融资总额8.96亿元，融资余额0元。

（五）资金存储：2017年末，住房公积金存款16.98亿元。其中，活期2.31亿元，1年（含）以下定期2.38亿元，1年以上定期3.59亿元，其他（协定、通知存款等）8.7亿元。

（六）资金运用率：2017年末，住房公积金个人住房贷款余额、项目贷款余额和购买国债余额的总和占缴存余额的72.13％，比上年增加8.66个百分点。

三、主要财务数据

（一）业务收入：2017年，业务收入18255.51万元，同比增长31.67％。其中，市中心14760.02万元，义煤集团分中心 3495.49 万元；存款利息 6692.79 万元，委托贷款利息 11512.24 万元，其他 50.48 万元。

（二）**业务支出**：2017 年，业务支出 11100.11 万元，同比增长 33.91%。其中，市中心 8698.54 万元，义煤集团分中心 2401.57 万元；支付职工住房公积金利息 10537.82 万元，委托贷款手续费 551.98 万元，其他 10.31 万元。

（三）**增值收益**：2017 年，增值收益 7155.4 万元，同比增长 28.34%。其中，市中心 6061.48 万元，义煤集团分中心 1093.92 万元。增值收益率 1.39%，比上年增加 0.19 个百分点。

（四）**增值收益分配**：2017 年，提取贷款风险准备金 3896.53 万元，提取管理费用 2017.03 万元，提取城市廉租住房（公共租赁住房）建设补充资金 1241.84 万元。

2017 年，上交财政管理费用 1500 万元，其中市中心上缴 1500 万元。上缴财政城市廉租住房（公共租赁住房）建设补充资金 985.51 万元，其中，市中心上缴 985.51 万元。

2017 年末，贷款风险准备金余额 14210.62 万元。累计提取城市廉租住房（公共租赁住房）建设补充资金 28094.68 万元。其中，市中心提取 17523.62 万元，义煤集团分中心提取 10571.06 万元。

（五）**管理费用支出**：2017 年，管理费用支出 878.63 万元，同比增长 50.43%。其中，人员经费 455.39 万元，公用经费 67.24 万元，专项经费 356 万元。

市中心管理费用支出 807.68 万元，其中，人员、公用、专项经费分别为 426.87 万元、24.81 万元、356 万元；义煤集团分中心管理费用支出 70.95 万元，其中，人员、公用经费分别为 28.52 万元、42.43 万元。

四、资产风险状况

个人住房贷款：2017 年末，个人住房贷款逾期额 167 万元，逾期率 0.43‰。其中，市中心 0.47‰。

个人贷款风险准备金按贷款余额的 1% 提取。2017 年，提取个人贷款风险准备金 3896.53 万元，使用个人贷款风险准备金核销呆坏账 0 万元。2017 年末，个人贷款风险准备金余额 14210.62 万元，占个人住房贷款余额的 3.65%，个人住房贷款逾期额与个人贷款风险准备金余额的比率为 1.18%。

五、社会经济效益

（一）**缴存业务**：2017 年，实缴单位数同比减少 0.3%、实缴职工人数和缴存额同比分别增长 1.29% 和 21.58%。

缴存单位中，国家机关和事业单位占 64.49%，国有企业占 20.02%，城镇集体企业占 1.48%，外商投资企业占 0.7%，城镇私营企业及其他城镇企业占 10.86%，民办非企业单位和社会团体占 1.04%，其他占 1.14%。

缴存职工中，国家机关和事业单位占 39.85%，国有企业占 52.05%，城镇集体企业占 0.61%，外商投资企业占 0.38%，城镇私营企业及其他城镇企业占 6.55%，民办非企业单位和社会团体占 0.1%，其他占 0.46%；中、低收入占 98.02%，高收入占 1.98%。

新开户职工中，国家机关和事业单位占 30.42%，国有企业占 42.34%，城镇集体企业占 3.02%，外商投资企业占 1.79%，城镇私营企业及其他城镇企业占 21.07%，民办非企业单位和社会团体占 0.12%，

其他占 1.24%；中、低收入占 99.57%，高收入占 0.43%。

（二）提取业务：2017 年，4.1 万名缴存职工提取住房公积金 12.12 亿元。

提取金额中，住房消费提取占 71.88%（购买、建造、翻建、大修自住住房占 38.45%，偿还购房贷款本息占 19.98%，租赁住房占 13.45%，其他占 0%）；非住房消费提取占 28.12%（离休和退休提取占 18.85%，完全丧失劳动能力并与单位终止劳动关系提取占 4.22%，户口迁出本市或出境定居占 0.01%，其他占 5.04%）。

提取职工中，中、低收入占 97%，高收入占 3%。

（三）贷款业务：

1. 个人住房贷款：2017 年，支持职工购建房 18.1 万平方米，年末个人住房贷款市场占有率为 53.58%，比上年减少 10.74 个百分点。通过申请住房公积金个人住房贷款，可节约职工购房利息支出 39531.7 万元。

职工贷款笔数中，购房建筑面积 90（含）平方米以下占 11.1%，90～144（含）平方米占 73.11%，144 平方米以上占 15.79%。购买新房占 92.85%（其中购买保障性住房占 0%），购买存量商品住房占 6.67%，建造、翻建、大修自住住房占 0%，其他占 0.48%。

职工贷款笔数中，单缴存职工申请贷款占 35.19%，双缴存职工申请贷款占 64.81%，三人及以上缴存职工共同申请贷款占 0%。

贷款职工中，30 岁（含）以下占 40.07%，30 岁～40 岁（含）占 32.31%，40 岁～50 岁（含）占 21.49%，50 岁以上占 6.13%；首次申请贷款占 99.41%，二次及以上申请贷款占 0.59%；中、低收入占 97.83%，高收入占 2.17%。

2. 异地贷款：2017 年，发放异地贷款 452 笔 14124.3 万元。2017 年末，发放异地贷款总额 28585.4 万元，异地贷款余额 27408.5 万元。

（四）住房贡献率：2017 年，个人住房贷款发放额、公转商贴息贷款发放额、项目贷款发放额、住房消费提取额的总和与当年缴存额的比率为 113.22%，比上年减少 65.9 个百分点。

六、其他重要事项

（一）持续推进缴存扩面：贯彻落实《三门峡市人民政府办公室关于进一步扩大住房公积金制度收益范围的实施意见》（三政办〔2017〕69 号）文件精神，进一步扩大住房公积金制度受益范围，发挥住房公积金制度的住房保障功能。

（二）当年住房公积金政策调整情况：贯彻落实省住房城乡建设厅《河南省住房和城乡建设厅转发住房和城乡建设部办公厅关于保持住房公积金业务平稳运行有关问题的通知》（建办金〔2017〕9 号）的文件精神，市住房公积金管理委员会出台《三门峡市住房公积金管理委员会关于调整住房公积金政策的批复》（三公管〔2017〕1 号文），对住房公积金提取、贷款政策进行了调整。

（三）当年服务改进情况：深入开展效能革命，不断提高服务质量。一是进一步优化服务网点布局。2017 年 6 月建成住房公积金商务中心区营业部，为商务中心区及周边地区群众就近办理业务提供便利，有力地支持了商务中心区的发展。二是优化审批和服务流程。在业务大厅实行综合柜员制，每个窗口均可独立办理住房公积金缴存、提取、贷款等各项业务。

（四）信息化建设情况：积极推进住房公积金信息化建设，着力完善多元化服务。一是做好业务系统升级软件招标的各项准备工作。根据住房城乡建设部双贯标和综合服务平台建设要求，以及中心信息化建设计划，制订中心的业务系统软件升级工作计划，于12月中旬进行了公开招标采购。二是做好异地转移接续平台工作。于6月15日正式接入全国联网平台。三是不断完善12329服务热线和短信平台。缴存职工可以通过12329短信服务平台获取缴交、支取、贷款发放及还款等业务的提示短信，通过12329服务热线24小时自助语音服务了解住房公积金方面的政策法规等信息，进行业务咨询及投诉建议等，缴存职工的信息查询渠道更加丰富。四是按照2017年三门峡市行政服务工作会议的部署安排，积极做好与市行政服务中心的对接工作，通过与联通公司签约，完成了市中心与各管理部、商务区营业部的10M联网线路测试开通工作。

南阳市住房公积金2017年年度报告

一、机构概况

（一）住房公积金管理委员会：住房公积金管理委员会有42名委员，2017年召开7次会议，审议通过的事项主要有：《南阳市住房公积金缴存管理办法》，《南阳市灵活就业人员住房公积金缴存管理暂行办法》，《南阳市住房公积金提取实施细则》，《南阳市住房公积金贷款实施细则》，《南阳市人民政府办公室关于进一步扩大住房公积金制度受益范围的实施意见》。

（二）住房公积金管理中心：住房公积金管理中心隶属于南阳市人民政府不以营利为目的财政全供事业单位，设15个（科），12个管理部，2个分中心。从业人员135人，其中，在编84人，非在编51人。

二、业务运行情况

（一）缴存：2017年，新开户单位293家，实缴单位5301家，净增单位295家；新开户职工3.85万人，实缴职工46.81万人，净增职工1.60万人；缴存额33.32亿元，同比增长19.5%。2017年末，缴存总额203.70亿元，同比增长19.5%；缴存余额127.89亿元，同比增长18.4%。

受委托办理住房公积金缴存业务的银行15家，比上年减少4家。

（二）提取：2017年，提取额13.43亿元，同比增长19.2%；占当年缴存额的40.3%，比上年减少0.1个百分点。2017年末，提取总额75.81亿元，同比增长21.5%。

（三）贷款：

个人住房贷款：个人住房贷款最高额度50万元，其中，单缴存职工最高额度40万元，双缴存职工最高额度50万元。

2017年，发放个人住房贷款0.64万笔17.98亿元，同比分别下降0.35%、10.24%。其中，市中心发放个人住房贷款0.60万笔15.86亿元，油田分中心发放个人住房贷款0.02万笔0.83亿元，邓州分中心发放个人住房贷款0.05万笔1.29亿元。

2017 年，回收个人住房贷款 7.52 亿元。其中，市中心 6.39 亿元，油田分中心 0.65 亿元，邓州分中心 0.48 亿元。

2017 年末，累计发放个人住房贷款 6.32 万笔 110.94 亿元，贷款余额 73.08 亿元，同比分别增长 11.8%、19.3%、16.7%。个人住房贷款余额占缴存余额的 57.2%，比上年减少 0.8 个百分点。

受委托办理住房公积金个人住房贷款业务的银行 11 家，比上年增加（减少）0 家。

（四）资金存储：2017 年末，住房公积金存款 57.49 亿元。其中，活期 2.57 亿元，1 年（含）以下定期 33.4 亿元，1 年以上定期 3.2 亿元，其他（协定、通知存款等）18.32 亿元。

（五）资金运用率：2017 年末，住房公积金个人住房贷款余额、项目贷款余额和购买国债余额的总和占缴存余额的 57.6%，比上年减少 15.8 个百分点。

三、主要财务数据

（一）业务收入：2017 年，业务收入 31483.09 万元，同比增长 9.6%。其中，市中心 26594.05 万元，油田分中心 3121.83 万元，邓州分中心 1767.21 万元；存款利息 9503.94 万元，委托贷款利息 21964.82 万元，国债利息 0 万元，其他 14.33 万元。

（二）业务支出：2017 年，业务支出 19638.55 万元，同比增长 14.1%。其中，市中心 15897.30 万元，油田分中心 2660.77 万元，邓州分中心 1080.48 万元；支付职工住房公积金利息 18623.61 万元，归集手续费 6.66 万元，委托贷款手续费 923.93 万元，其他 84.35 万元。

（三）增值收益：2017 年，增值收益 11844.54 万元，同比增长 2.9%。其中，市中心 10696.74 万元，油田分中心 461.07 万元，邓州分中心 686.73 万元；增值收益率 1.02%，比上年减少 0.18 个百分点。

（四）增值收益分配：2017 年，提取贷款风险准备金 1345.49 万元，提取管理费用 2277.03 万元，提取城市廉租住房（公共租赁住房）建设补充资金 8222.02 万元。

2017 年，上交财政管理费用 1958.52 万元。上缴财政城市廉租住房（公共租赁住房）建设补充资金 6597.81 万元。其中，市中心上缴 1850.20 万元，油田分中心上缴 0 万元，邓州分中心上缴 108.32 万元。

2017 年末，贷款风险准备金余额 15519.94 万元。累计提取城市廉租住房（公共租赁住房）建设补充资金 49468.30 万元。其中，市中心提取 41573.47 万元，油田分中心提取 6411.58 万元，邓州分中心提取 1483.25 万元。

（五）管理费用支出：2017 年，管理费用支出 4538.05 万元，同比增长 78.7%。其中，人员经费 1115.17 万元，公用经费 116.70 万元，专项经费 3306.18 万元。

市中心管理费用支出 4093.8 万元，其中，人员、公用、专项经费分别为 805.93 万元、9.28 万元、3278.61 万元；油田分中心管理费用支出 278.28 万元，其中，人员、公用、专项经费分别为 209.68 万元、41.03 万元、27.57 万元；邓州分中心管理费用支出 165.95 万元，其中，人员、公用、专项经费分别为 99.56 万元、66.39 万元、0 万元。

四、资产风险状况

个人住房贷款：2017 年末，个人住房贷款逾期额 324.37 万元，逾期率 0.4‰。其中，市中心 0.4‰，油田分中心 0.1‰，邓州分中心 0.5‰。

个人贷款风险准备金按贷款余额的 1‰ 提取。2017 年,提取个人贷款风险准备金 1345.48 万元,使用个人贷款风险准备金核销呆坏账 0 万元。2017 年末,个人贷款风险准备金余额 15519.94 万元,占个人住房贷款余额的 2.0%,个人住房贷款逾期额与个人贷款风险准备金余额的比率为 1.9%。

五、社会经济效益

(一)**缴存业务**:2017 年,实缴单位数、实缴职工人数和缴存额同比分别增长 5.9%、4.7% 和 19.5%。

缴存单位中,国家机关和事业单位占 68.7% 国有企业占 10.6%,城镇集体企业占 2.6%,外商投资企业占 0.9%,城镇私营企业及其他城镇企业占 3.8%,民办非企业单位和社会团体占 4.6%,其他占 8.8%。

缴存职工中,国家机关和事业单位占 66.1% 国有企业占 15.3%,城镇集体企业占 2.4%,外商投资企业占 0.8%,城镇私营企业及其他城镇企业占 3.2%,民办非企业单位和社会团体占 4.1%,其他占 8.1%;中、低收入占 96.4%,高收入占 3.6%。

新开户职工中,国家机关和事业单位占 23.9% 国有企业占 10.9%,城镇集体企业占 4.9%,外商投资企业占 5.5%,城镇私营企业及其他城镇企业占 37.4%,民办非企业单位和社会团体占 15.9%,其他占 1.5%;中、低收入占 98.3%,高收入占 1.7%。

(二)**提取业务**:2017 年,6.57 万名缴存职工提取住房公积金 13.43 亿元。

提取金额中,住房消费提取占 52.9%(购买、建造、翻建、大修自住住房占 52.9%,偿还购房贷款本息占 36.8% 租赁住房占 9.1%,其他占 1.2%);非住房消费提取占 47.1%(离休和退休提取占 60.3% 完全丧失劳动能力并与单位终止劳动关系提取占 31.2%,户口迁出本市或出境定居占 0.7%,其他占 7.8%)。提取职工中,中、低收入占 94.6%,高收入占 5.4%。

(三)**贷款业务**:

1. **个人住房贷款**:2017 年,支持职工购建房 94.07 万平方米,年末个人住房贷款市场占有率为 15.5%,比上年增加(减少)7.5 个百分点。通过申请住房公积金个人住房贷款,可节约职工购房利息支出 7197.52 万元。

职工贷款笔数中,购房建筑面积 90(含)平方米以下占 13.1%,90~144(含)平方米占 72.8%,144 平方米以上占 14.1%。购买新房占 53.4%(其中购买保障性住房占 0%),购买存量商品住房占 46.2%,建造、翻建、大修自住住房占 0.4%,其他占 0%。

职工贷款笔数中,单缴存职工申请贷款占 58.3%,双缴存职工申请贷款占 41.7%,三人及以上缴存职工共同申请贷款占 0% 贷款职工中,30 岁(含)以下占 19.5%,30 岁~40 岁(含)占 43.1%,40 岁~50 岁(含)占 28.9%,50 岁以上占 8.5%;首次申请贷款占 94.3%,二次及以上申请贷款占 5.7%;中、低收入占 97.6%,高收入占 2.4%。

2. **异地贷款**:2017 年发放异地贷款 405 笔 10240.70 万元。2017 年末,发放异地贷款总额 17297 万元,异地贷款余额 16182.79 万元。

(四)**住房贡献率**:2017 年,个人住房贷款发放额、公转商贴息贷款发放额、项目贷款发放额、住房消费提取额的总和与当年缴存额的比率为 94.3%,比上年减少 47.3 个百分点。

六、其他重要事项

（一）南阳住房公积金管理中心

1. **当年缴存基数限额及确定方法、缴存比例调整情况**：按照国务院、河南省两级《住房公积金管理条例》之规定，各缴存单位每年7月1日起到市住房公积金管理中心所属管理部变更住房公积金的缴存基数，住房公积金的缴存基数每年核定一次，以职工上一年度的月平均工资作为下一年度的月缴存基数。2017年住房公积金缴存年度为（2017年7月1日至2018年6月30日），缴存比例为单位和职工个人各5%~12%。根据南阳市统计局公布的2016年全市城镇非私营单位在岗职工年平均工资为47815元，确定2017年缴存年度全市住房公积金月缴存基数上限为11953.75元（即2016年全市城镇非私营单位在岗职工月平均工资的3倍47815/12×3＝11953.75元），单位和职工个人月缴存额上限均为1434.45元（11953.75×12%＝1434.45元）；市直、宛城区、卧龙区、高新区、城乡一体化示范区、鸭河工区、官庄工区住房公积金月缴存基数下限为1450元〔即最低工资标准单位和职工个人月缴存额下限均为72.50元（1450×5%＝72.50元）〕；其他县住房公积金月缴存基数下限为1300元（即最低工资标准），单位和职工个人月缴存额下限均为65元（1300×5%＝65元）。各缴存单位根据各自实际情况，确定2017年缴存年度住房公积金的缴存比例，做好住房公积金缴存基数的核定工作。单位和职工个人住房公积金的缴存比例及月缴存额超过上限和低于下限的单位，各管理部将不再受理。

2. **加强信息化建设，夯实"软硬件"基础**：引进了目前国内最先进的公积金管理"G"系统，为落实国家对公积金管理"双贯标"要求筑牢平台。同时，在风险掌控、资金运行、程序设计、运转效率、准确快速等方面都得到强化。投入1300万元为"G"系统配备了先进的软、硬件设备，在中心主机房和西峡建设了系统灾备机房，确保了我市公积金安全、快捷、高效运作。

中心上下通过几年努力，建成了面积1500平方米的综合服务大厅，中心机关于年初迁入新的办公楼，并完善了相关硬件设施，设置了"五室一小"，彻底改变了中心自组建以来一直依托银行租房办公的现状；先后购置建设了11家县区管理部，并在全市服务大厅建设上实现了"五统一"即："logo统一、背景墙统一、服务标准统一、业务办理统一、办公器具统一"；引进了建行一个支行和住房贷款机构与公积金合署办公，在大厅设置了银行窗口协助办公。同时，"三个集中统一"管理新模式基本形成，实行归集集中统一管理、信贷集中统一审批、资金统一支付核算，前台受理审核业务，中台设立集中统一审批，形成全市审批、拨付、核算的集中统一管理。

3. **2017年南阳公当年住房公积金管理中心及职工所获荣誉情况**：河南省住房公积金管理工作先进单位及河南省住房公积金工作先进个人5名，河南省文明单位，南阳市行政审批服务工作先进单位和先进工作者1名，第一届南阳市文明家庭2户，南阳市综治和平安建设工作考评优秀单位。

4. **当年住房公积金其他业务政策调整情况**：出台了《南阳市住房公积金缴存管理办法》，《南阳市灵活就业人员住房公积金缴存管理暂行办法》，《南阳市住房公积金提取实施细则》，《南阳市住房公积金贷款实施细则》，《南阳市人民政府办公室关于进一步扩大住房公积金制度受益范围的实施意见》。

（二）油田分中心重要事项：

1. **当年缴存基数限额调整情况**：2017年7月1日起个人住房公积金缴存基数上限调整为河南油田全

民职工平均工资的 3 倍 17940 元。

2. **当年提取政策调整情况**：出台了《河南油田住房公积金提取实施细则》，规范了提取管理；取消了职工及其直系亲属患重大疾病提取，增加了职工领取城镇最低生活保障金提取；职工办理住房消费类提取，单位住房公积金管理员不再审核。

3. **当年住房公积金其他业务政策调整情况**：出台了《河南油田住房公积金缴存管理办法》，规范了缴存管理。出台了《河南油田住房公积金贷款实施细则》，规范了贷款管理。

4. **当年信息化建设情况**：2017 年 6 月底接入全国住房公积金异地转移接续平台，7 月正式上线运行。职工办理住房公积金异地转移业务无需两地奔波，可直接通过平台办理转移接续业务。

（三）邓州分中心重要事项情况：

1. **当年住房公积金政策调整及执行情况**：当年缴存基数限额及确定方法、缴存比例等缴存政策调整情况；当年提取政策调整情况；当年个人住房贷款最高贷款额度、贷款条件等贷款政策调整情况；当年住房公积金存贷款利率执行标准等。

2. **当年服务改进情况**：包括服务网点、服务设施、服务手段、综合服务平台建设和其他网络载体建设服务情况等。

3. **当年信息化建设情况**：包括信息系统升级改造情况，基础数据标准贯彻落实和结算应用系统接入情况等。

4. **当年住房公积金管理中心及职工所获荣誉情况**：文明单位（行业、窗口）、青年文明号、工人先锋号、五一劳动奖章（劳动模范）、三八红旗手（巾帼文明岗）、先进集体和个人等。

5. **其他事项**：当年对违反《住房公积金管理条例》和相关法规行为进行行政处罚和申请人民法院强制执行情况，当年对住房公积金管理人员违规行为的纠正和处理情况等。

商丘市住房公积金 2017 年年度报告

一、机构概况

（一）**住房公积金管理委员会**：住房公积金管理委员会有 28 名委员，2017 年召开 2 次会议，审议通过的事项主要包括：《关于住房公积金缴存管理有关问题的建议》、《商丘市进城务工人员城镇个体工商户自由职业者缴存住房公积金实施细则》、《关于调整住房公积金使用有关规定的通知》、《关于住房公积金按揭贷款合作事项的通告》等。

（二）**住房公积金管理中心**：商丘市住房公积金管理中心为市政府直属不以营利为目的的公益一类事业单位。中心内设 6 个科，10 个管理部。从业人员 87 人，其中，在编 54 人，非在编 33 人。

二、业务运行情况

（一）**缴存**：2017 年，新开户单位 428 家，实缴单位 3122 家，净增单位 329 家；新开户职工 3.08 万人，实缴职工 28.35 万人，净增职工 1.4 万人；缴存额 24.84 亿元，同比增长 28.04%。2017 年末，缴存总额 128.21 亿元，同比增长 24.03%；缴存余额 79.08 亿元，同比增长 26.44%。

受委托办理住房公积金缴存业务的银行 6 家，比上年增加（减少）0 家。

（二）提取：2017 年，提取额 8.02 亿元，同比下降 4.75%；占当年缴存额的 32.29%，比上年减少 11.11 个百分点。2017 年末，提取总额 49.13 亿元，同比增长 11.38%。

（三）贷款：

个人住房贷款：个人住房贷款最高额度 50 万元，其中，单缴存职工最高额度 30 万元，双缴存职工最高额度 50 万元。永城市住房公积金管理中心个人住房贷款最高额度 40 万元，其中，单缴存职工最高额度 40 万元，双缴存职工最高额度 40 万元。永煤分中心个人住房贷款最高额度 50 万元，其中，单缴存职工最高额度 50 万元，双缴存职工最高额度 50 万元。

2017 年，发放个人住房贷款 0.66 万笔 17.66 亿元，同比分别下降 27.96%、29.02%。其中，市中心发放个人住房贷款 0.6 万笔 15.85 亿元，永城市住房公积金管理中心发放个人住房贷款 0.05 万笔 1.29 亿元，永煤分中心发放个人住房贷款 0.02 万笔 0.52 亿元。

2017 年，回收个人住房贷款 4.95 亿元。其中，市中心 4.34 亿元，永城市住房公积金管理中心 0.38 亿元，永煤分中心 0.23 亿元。

2017 年末，累计发放个人住房贷款 3.95 万笔 77.97 亿元，贷款余额 60.22 亿元，同比分别增长 25.8%、29.24%、26.7%。个人住房贷款余额占缴存余额的 83.9%，比上年增加 0.2 个百分点。

受委托办理住房公积金个人住房贷款业务的银行 4 家，比上年增加（减少）0 家。

（四）资金存储：2017 年末，住房公积金存款 21.697 亿元。其中，活期 2.893 亿元，1 年（含）以下定期 10.11 亿元，1 年以上定期 7.07 亿元，协定 1.624 亿元。

（五）资金运用率：2017 年末，住房公积金个人住房贷款余额、项目贷款余额和购买国债余额的总和占缴存余额的 83.9%，比上年增加 0.2 个百分点。

三、主要财务数据

（一）业务收入：2017 年，业务收入 26876.18 万元，同比增长 33.48%，其中，市中心 18884.3 万元，永城市住房公积金管理中心 1656.68 万元，永煤分中心 6335.2 万元；存款利息 9475.27 万元，委托贷款利息 17400.93 万元，国债利息 0 万元，其他 0.02 万元。

（二）业务支出：2017 年，业务支出 10919.12 万元，同比增长 18.3%。其中，市中心 8795.07 万元，永城市住房公积金管理中心 952.2 万元，永煤分中心 1171.85 万元；支付职工住房公积金利息 10415.05 万元，归集手续费 0 万元，委托贷款手续费 501.4 万元，其他 2.91 万元。

（三）增值收益：2017 年，增值收益 15957.06 万元，同比增长 44.37%。其中，市中心 10089.23 万元，永城市住房公积金管理中心 704.49 万元，永煤分中心 5163.34 万元；增值收益率 1.94%，比上年增加 0.24 个百分点。

（四）增值收益分配：2017 年，提取贷款风险准备金 4342.73 万元，提取管理费用 2409.15 万元，提取城市廉租住房（公共租赁住房）建设补充资金 9205.18 万元。

2017 年，上交财政管理费用 1463.6 万元。上缴财政城市廉租住房（公共租赁住房）建设补充资金

7325.4万元。其中，市中心上缴8314万元，永城市住房公积金管理中心上缴（收缴单位）475万元，永煤分中心上缴（收缴单位）0万元。

2017年末，贷款风险准备金余额12763.89万元。累计提取城市廉租住房（公共租赁住房）建设补充资金26381.59万元。其中，市中心提取23391.7万元，永城市住房公积金管理中心提取900万元，永煤分中心提取2089.89万元。

（五）管理费用支出：2017年，管理费用支出1694.57万元，同比下降41.8%。其中，人员经费751.7万元，公用经费300万元，专项经费642.87万元。

市中心管理费用支出1439.12万元，其中，人员、公用、专项经费分别为649.91万元、233.54万元、555.67万元；永城市住房公积金管理中心管理费用支出98.41万元，其中，人员、公用、专项经费分别为0万元、42.87万元、55.54万元；永煤分中心管理费用支出157.04万元，其中，人员、公用、专项经费分别为101.79万元、23.59万元、31.66万元。

四、资产风险状况

个人住房贷款：2017年末，个人住房贷款逾期额144.43万元，逾期率0.2‰。其中，市中心0.11‰，永城市住房公积金管理中心1.91‰，永煤分中心0‰。

个人贷款风险准备金按贷款余额的1%提取。2017年，提取个人贷款风险准备金4342.73万元，使用个人贷款风险准备金核销呆坏账0万元。2017年末，个人贷款风险准备金余额12763.89万元，占个人住房贷款余额的1.78%，个人住房贷款逾期额与个人贷款风险准备金余额的比率为1.33%。

五、社会经济效益

（一）缴存业务：2017年，实缴单位数、实缴职工人数和缴存额同比分别增长11.78%、8.58%和28.04%。

缴存单位中，国家机关和事业单位占72.44%，国有企业占9.74%，城镇集体企业占0.9%，外商投资企业占0.64%，城镇私营企业及其他城镇企业占14.48%，民办非企业单位和社会团体占0.9%，其他占0.9%。

缴存职工中，国家机关和事业单位占68.53%，国有企业占21.26%，城镇集体企业占0.75%，外商投资企业占0.36%，城镇私营企业及其他城镇企业占8.1%，民办非企业单位和社会团体占0.8%，其他占0.21%；中、低收入占73.63%，高收入占26.37%。

新开户职工中，国家机关和事业单位占51.56%，国有企业占12.86%，城镇集体企业占0.86%，外商投资企业占0.86%，城镇私营企业及其他城镇企业占30.62%，民办非企业单位和社会团体占2%，其他占1.23%；中、低收入占87.95%，高收入占12.05%。

（二）提取业务：2017年，4.45万名缴存职工提取住房公积金8.02亿元。

提取金额中，住房消费提取占65%（购买、建造、翻建、大修自住住房占35.96%，偿还购房贷款本息占20.75%，租赁住房占4.7%，其他占3.59%）；非住房消费提取占35%（离休和退休提取占23.93%，完全丧失劳动能力并与单位终止劳动关系提取占5.28%，户口迁出本市或出境定居占2.4%，其他占3.39%）。

提取职工中，中、低收入占98.93％，高收入占1.07％。

（三）贷款业务：

1. **个人住房贷款**：2017年，支持职工购建房80.73万平方米，年末个人住房贷款市场占有率为31.72％，比上年增加11.35个百分点。通过申请住房公积金个人住房贷款，可节约职工购房利息支出51442.18万元。

职工贷款笔数中，购房建筑面积90（含）平方米以下占9.68％，90～144（含）平方米占80.44％，144平方米以上占9.88％。购买新房占82.45％（其中购买保障性住房占0％），购买存量商品住房占17.12％，建造、翻建、大修自住住房占0.43％，其他占0％。

职工贷款笔数中，单缴存职工申请贷款占25.11％，双缴存职工申请贷款占74.89％，三人及以上缴存职工共同申请贷款占0％。

贷款职工中，30岁（含）以下占28.03％，30岁～40岁（含）占43.96％，40岁～50岁（含）占22.59％，50岁以上占5.42％；首次申请贷款占97.48％，二次及以上申请贷款占2.52％；中、低收入占97.16％，高收入占2.84％。

2. **异地贷款**：2017年，发放异地贷款907笔23316.9万元。2017年末，发放异地贷款总额56266.9万元，异地贷款余额52557.06万元。

（四）**住房贡献率**：2017年，个人住房贷款发放额、公转商贴息贷款发放额、项目贷款发放额、住房消费提取额的总和与当年缴存额的比率为103.38％，比上年减少67.92个百分点。

六、其他重要事项

（一）**当年机构及职能调整情况**：内设机构及派出机构：市住房公积金管理中心机构规格相当于正处级，为市政府直属事业单位，经费实行财政全额拨款。内设机构6个：办公室、计划财务科、归集科、信贷科、审计稽核科、信息技术科。下设10个服务网点：市直管理部、梁园区管理部、睢阳区管理部、夏邑县管理部、虞城县管理部、柘城县管理部、宁陵县管理部、睢县管理部、民权县管理部、神火分中心。

（二）**当年住房公积金政策调整及执行情况**：

1. 商丘市住房公积金管理委员会关于印发《商丘市进城务工人员城镇个体工商户自由职业者缴存住房公积金实施细则》的通知（商公积金委〔2017〕5号）

主要内容：商丘市区域内有稳定就业且有合法经济收入、已年满18周岁且未满法定退休年龄、具有商丘市常驻户口或已办理商丘市《居住证》（《暂住证》）的进城务工人员、商丘市区域内领取营业执照的个体工商户、自由职业者（以下统称自主缴存者），均可自愿缴存住房公积金，并享有《住房公积金管理条例》规定的各项权利。

自主缴存者的住房公积金月缴存额等于月缴存基数乘以缴存比例。缴存比例最低为10％，最高为24％。月缴存基数不高于我市统计部门公布的上一年度在岗职工月平均工资的1.2倍，不低于我市统计部门公布的上一年度在岗职工月平均工资的0.8倍。

自主缴存者在自愿停缴或达到法定退休年龄，且没有住房公积金贷款或贷款已经还清的，可随时办理一次性销户提取手续。自愿停缴并办理销户提取的，两年内不得用同一种方式重新建立个人住房公积金账户。

自主缴存者取得住房公积金贷款后，连续3个月停缴住房公积金的，中心有权提前收回贷款本息。

2. 商丘市住房公积金管理中心关于做好2017～2018年度住房公积金缴存基数和缴存比例调整工作的通知（商公积金〔2017〕45号）主要内容：住房公积金缴存基数的核定：住房公积金的缴存基数为职工本人上一年度月平均工资，工资项目以国家统计局规定列入工资总额统计的项目计算。缴存基数核定后年度内保持不变。

住房公积金缴存基数的上限及下限：商丘市2017～2018年住房公积金最高月缴存基数为11877元，最低月缴存基数为1450元。

自由职业人员缴存基数上限不得超过11877元，下限为我市职工上年度月平均工资，即3959元。

住房公积金缴存比例：单位和职工住房公积金缴存比例不应低于5%，不得高于12%，同一缴存单位的职工应当执行相同缴存比例。

住房公积金月缴存额上下限

单位和职工住房公积金月缴存额上限，各不得超过1425元。

单位和职工住房公积金月缴存额下限，分别按照本市上一年度用人单位月平均最低工资标准和最低缴存比例确定，为72.5元。

单位和职工缴存住房公积金分别不得高于月缴存额上限，不得低于月缴存额下限。

3. 商丘市住房公积金管理委员会关于住房公积金缴存管理有关问题的通知（商公积金委〔2017〕3号）

主要内容：若单位实际汇缴金额与中心核定的系统内月缴款金额不一致、未核定先汇缴的，中心将做退款处理；连续3个月不能正常汇缴的，中心将严格按照《商丘市住房公积金提取管理办法（试行）》、《商丘市住房公积金贷款管理办法》办理该单位职工提取和贷款业务。

4. 商丘市住房公积金管理中心关于调整住房公积金有关业务规定的通知（商公积金〔2017〕91号）

（1）配偶未缴存住房公积金的（商公积金〔2017〕91号）

取消：单位证明及收入证明；

调整：按照商丘市上一年人均最低收入水平计算配偶收入。

（2）家庭房屋套数的认定（商公积金〔2017〕91号）

取消：不再提供房屋套数证明；

调整：调整为由中心函询相关部门，以函询结果认定职工家庭住房套数。

（3）未婚证明（商公积金〔2017〕91号）

取消：不再提供未婚证明；

调整：调整为以职工书面承诺为依据，认定其未婚事实。

（4）企业办理住房公积金注销、变更登记业务的，不再提供工商部门出具的注销、变更证明，调整为提供破产文件。

（5）职工办理身份信息变更、停止缴存住房公积金业务的，不再提供户籍证明、个人信息变更证明及个人封存证明等，调整为由单位提供汇缴变动清册。

（6）异地缴存住房公积金，在我市申请住房公积金贷款的职工，不再提供借款人单位证明及代缴证明，调整为按照异地缴存明细上的信息为依据，认定工作单位。

（7）职工申请住房公积金贷款，配偶未缴存住房公积金的，不再提供借款人配偶单位证明及收入证明，按照商丘市上一年人均最低收入水平计算配偶工资收入。

（8）职工死亡，由他人提取其住房公积金的，不再提供死亡证明，调整为提供火化证（医学死亡鉴定书、法院宣告死亡证书）或注销户口的户口本。不再由单位办理提取业务，调整为由公证部门出具的公证书确认的合法提取人办理。

（9）职工因与单位终止劳动关系满一年未再就业，申请提取住房公积金的，不再提供离职证明，调整为提供与单位终止劳动关系合同，并填写未重新就业承诺。

（10）职工因自建住房申请提取住房公积金的，不再提供乡镇政府部门开具的有效规划证明，只认可土地使用证（宅基地使用证）、建设工程规划许可证。

（11）职工因调离本市需要转移住房公积金的，不再提供离职证明和任职手续，直接通过全国住房公积金异地接续平台办理。

（12）职工因出境定居申请提取住房公积金的，不再提供出境定居证明，调整为提供国外永久居住证。

（13）职工因支付拆迁安置房费用申请提取公积金的，不再提供安置房证明，调整为提供拆迁安置补偿协议和征收安置文件。

（14）职工因丧失劳动能力与单位解除劳动关系，不再提供丧失劳动能力证明，调整为提供与单位终止劳动关系合同和伤残证。

（15）子女（父母）因购房申请提取父母（子女）住房公积金的，不再提供关系证明，调整为提供能够反映亲属关系的户口本。

（16）职工因大修自住住房申请提取公积金的，不再提供危房鉴定证明，调整为提供危房鉴定书。

（17）职工因办理住房公积金贷款和因租房申请提取住房公积金时，不再提供房屋套数证明，调整为由中心函询相关部门，以函询结果认定职工家庭住房套数。

（18）职工因申请住房公积金贷款和因租房申请提取住房公积金时，不再提供未婚证明，调整为以职工书面承诺为依据，认定其未婚事实。

5. 商丘市住房公积金管理中心关于提取有关问题的通知

主要内容：在职工住房公积金贷款未结清的情况下，其个人缴存账户封存，在贷款未结清前，不得以任何原因支取其个人住房公积金账户余额。

职工已办理逐月冲还住房公积金贷款业务期间，其个人住房公积金账户被封存的，应立即停止办理该职工冲还贷业务。

商丘市住房公积金管理中心关于简化业务要件及流程有关问题的通知（商公积金〔2017〕129号）。

主要内容：

（1）办理公积金冲还贷业务的，取消正常还款12个月的规定，账户余额充足可随时办理。

（2）办理公积金冲还贷业务的，取消支取后满12月申请的规定，账户余额充足可随时办理。

（3）完全丧失劳动能力提取的，不再要求提供与单位终止劳动关系合同，按照系统内停缴年月日受理。

（4）判刑人员提取的，不再要求提供与单位终止劳动关系合同，按照系统内停缴年月日受理。

（5）购建房父母、子女提取的，户口本不在一起可提供出生证或单位人事档案并加盖单位行政章或人事章。

（6）租房提取的，提取人配偶无法到现场签订房屋查询授权书的，可由提取人本人携带配偶身份证、结婚证或户口本代为查询。

（7）提取人和配偶只有一套农私房且不在工作地可以申请租房提取。

（三）当年住房公积金存贷款利率执行标准：

存款：根据中国人民银行、住房城乡建设部、财政部印发《关于完善职工住房公积金账户存款利率形成机制的通知》（银发〔2016〕43号），职工住房公积金按照一年期定期存款基准利率1.5%结息。

贷款：住房公积金贷款利率执行情况：五年以上利率是3.25%，五年以下利率是2.75%；购买第二套住房的，贷款利率为同期首套个人住房贷款利率的1.1倍。

（四）当年服务改进情况： 和贷款受托银行实行"一站式"办公，受托银行入驻公积金服务大厅，职工办理银行卡或进行征信查询不必再跑来跑去；服务大厅实行综合岗位制度，业务合理分流，缩短缴存职工等待时间；规范服务人员管理，服务大厅人员统一着工作装、佩戴工作牌、讲文明用语、行规范礼仪；加强服务人员队伍建设，定期开展文明礼仪培训及讲座活动，组织信息化系统培训，赴模范公积金中心参观学习；加大服务监管力度，服务大厅窗口服务实现全程监控，中心网站、电台、报刊和服务窗口等渠道公布投诉电话和咨询电话；在业务系统中增添纪检监察系统，对业务办理时限进行实时监控。

（五）当年信息化建设情况： 对住房公积金综合服务平台内容进行完善，住房公积金手机APP建成，官方微信升级完成，为缴存职工提供移动端更高效便捷的服务；住房公积金综合服务平台各渠道运行良好，网站内容全面、界面美观、数据更新及时，12329短信平台及时向缴存单位、缴存职工发送业务短信，单位网上办事大厅为缴存单位办理缴存业务，个人网上办事大厅受理缴存职工贷款、提取预约业务，自助查询服务终端提供查询、打印缴存明细、缴存证明等；建设完成异地高可用容灾数据备份系统、省住房城乡建设厅容灾备份系统，保障了公积金业务数据的安全；接入住房城乡建设部异地转移接续平台，实现公积金异地转移公积金接续业务的线上办理；完成住房城乡建设部要求的公积金业务信息系统"双贯标"（即基础数据标准贯彻落实和结算应用系统接入）工作的调研及立项。

（六）当年住房公积金管理中心及职工所获荣誉情况： 2017市级文明单位标兵、河南省建设五一巾帼标兵岗、青年文明号、河南省住建系统十佳工会。

信阳市住房公积金2017年年度报告

一、机构概况

（一）住房公积金管理委员会： 住房公积金管理委员会有25名委员，2017年召开2次会议，审议通过的事项主要包括：

1.《2016年度住房公积金管理中心报告》。

2.《信阳市住房公积金2016年年度报告》（信息披露报告）。

3. 《增值收益分配方案》。

4. 《信阳市个人自愿缴存、使用住房公积金管理办法（试行）》。

（二）住房公积金管理中心：住房公积金管理中心为市政府直属不以营利为目的的财政全供事业单位，设7个科，10个管理部。从业人员85人，其中，在编51人，非在编34人。

二、业务运行情况

（一）缴存：2017年，新开户单位253家，实缴单位4507家，净增单位253家；新开户职工1.59万人，实缴职工24.65万人，净增职工-0.34万人；缴存额24.14亿元，同比增长30.21%。2017年末，缴存总额114.26亿元，同比增长26.77%；缴存余额71.08亿元，同比增长27.73%。

受委托办理住房公积金缴存业务的银行6家，比上年增加（减少）0家。

（二）提取：2017年，提取额8.71亿元，同比增长31.77%；占当年缴存额的36.11%，比上年增加0.46个百分点。2017年末，提取总额43.19亿元，同比增长25.26%。

（三）贷款：

个人住房贷款：个人住房贷款最高额度50万元，其中，单缴存职工最高额度40万元，双缴存职工最高额度50万元。

2017年，发放个人住房贷款0.36万11.79亿元，同比分别下降37.93%、33.2%。

2017年，回收个人住房贷款5.07亿元。

2017年末，累计发放个人住房贷款3.43万笔76.69亿元，贷款余额57.5亿元，同比分别增长11.73%、18.17%、13.23%。个人住房贷款余额占缴存余额的80.89%，比上年减少10.35个百分点。

受委托办理住房公积金个人住房贷款业务的银4家，比上年增加0家。

（四）融资：2017年，融资0亿元，归还1.18亿元。2017年末，融资总额1.18亿元，融资余额0亿元。

（五）资金存储：2017年末，住房公积金存款15.05亿元。其中，活期1.56亿元，1年（含）以下定期10.25亿元，1年以上定期2.44亿元，其他（协定、通知存款等）0.8亿元。

（六）资金运用率：2017年末，住房公积金个人住房贷款余额、项目贷款余额和购买国债余额的总和占缴存余额的80.89%，比上年（减少）10.35个百分点。

三、主要财务数据

（一）业务收入：2017年，业务收入19457.7万元，同比增长4.66%。其中，存款利息1519.09万元，委托贷款利息17842.89万元，国债利息0万元，其他95.72万元。

（二）业务支出：2017年，业务支出9168.75万元，同比增长25.93%。其中，支付职工住房公积金利息8239.51万元，归集手续费0万元，委托贷款手续费546.08万元，其他383.16万元。

（三）增值收益：2017年，增值收益10288.95万元，同比下降9.03%。

（四）增值收益分配：2017年，提取贷款风险准备金1344.4万元，提取管理费用6317.35万元，提取城市廉租住房（公共租赁住房）建设补充资金2627.2万元。

2017年，上交财政管理费用2163.01万元。上缴财政城市廉租住房（公共租赁住房）建设补充资金

2361.33万元。

2017年末,贷款风险准备金余额12141.41万元。累计提取城市廉租住房(公共租赁住房)建设补充资金18119.54万元。

(五)管理费用支出:2017年,管理费用支出2030.39万元,同比增长23.82%。其中,人员经费685.69万元,公用经费441.91万元,专项经费902.79万元。

四、资产风险状况

个人住房贷款:2017年末,个人住房贷款逾期额326.43万元,逾期率0.57‰。

个人贷款风险准备金按贷款余额的2%提取。2017年,提取个人贷款风险准备金1344.39万元,使用个人贷款风险准备金核销呆坏账0万元。2017年末,个人贷款风险准备金余额12141.41万元,占个人住房贷款余额的2.1%,个人住房贷款逾期额与个人贷款风险准备金余额的比率为2.69%。

五、社会经济效益

(一)缴存业务:2017年,实缴单位数、实缴职工人数和缴存额同比分别增长5.95%、-1.37%和30.21%。

缴存单位中,国家机关和事业单位占78.82%,国有企业占9.94%,城镇集体企业占0.41%,外商投资企业占0.38%,城镇私营企业及其他城镇企业占7.81%,民办非企业单位和社会团体占2.54%,其他占0.1%。

缴存职工中,国家机关和事业单位占77.31%,国有企业占15.48%,城镇集体企业占0.9%,外商投资企业占0.61%,城镇私营企业及其他城镇企业占5.6%,民办非企业单位和社会团体占0.09%,其他占0.01%;中、低收入占92.14%,高收入占7.86%。

新开户职工中,国家机关和事业单位占59.27%,国有企业占8.99%,城镇集体企业占0.6%,外商投资企业占0.11%,城镇私营企业及其他城镇企业占24.55%,民办非企业单位和社会团体占3.48%,其他占3%;中、低收入占95.39%,高收入占4.61%。

(二)提取业务:2017年,2.97万名缴存职工提取住房公积金8.71亿元。

提取金额中,住房消费提取占54.31%(购买、建造、翻建、大修自住住房占10.44%,偿还购房贷款本息占83.02%,租赁住房占6.54%,其他占0%);非住房消费提取占45.69%(离休和退休提取占94.04%,完全丧失劳动能力并与单位终止劳动关系提取占3.26%,户口迁出本市或出境定居占2.47%,其他占0.23%)。

提取职工中,中、低收入占97.38%,高收入占2.62%。

(三)贷款业务:

1. **个人住房贷款**:2017年,支持职工购建房42.69万平方米,年末个人住房贷款市场占有率为14.44%,比上年减少6.85个百分点。通过申请住房公积金个人住房贷款,可节约职工购房利息支出23251.32万元。

职工贷款笔数中,购房建筑面积90(含)平方米以下占19.12%,90~144(含)平方米占71.26%,144平方米以上占9.62%。购买新房占89.62%(其中购买保障性住房占2.86%),购买存量商品住房占

10.18%，建造、翻建、大修自住住房占 0.2%，其他占 0%。

职工贷款笔数中，单缴存职工申请贷款占 30.64%，双缴存职工申请贷款占 69.36%，三人及以上缴存职工共同申请贷款占 0%。

贷款职工中，30 岁（含）以下占 13.27%，30 岁～40 岁（含）占 38.23%，40 岁～50 岁（含）占 30.16%，50 岁以上占 18.34%；首次申请贷款占 96.77%，二次及以上申请贷款占 3.23%；中、低收入占 97.76%，高收入占 2.24%。

2. **异地贷款**：2017 年，发放异地贷款 0 笔 0 万元。2017 年末，发放异地贷款总额 12777.27 万元，异地贷款余额 12136.52 万元。

(四) 住房贡献率：2017 年，个人住房贷款发放额、公转商贴息贷款发放额、项目贷款发放额、住房消费提取额的总和与当年缴存额的比率为 68.43%，比上年减少 48.72 个百分点。

六、其他重要事项

(一) 当年住房公积金政策调整及执行情况：

1. 根据《关于调整住房公积金缴存基数的通知》（信房金字〔2017〕19 号）文件精神的要求，自 2017 年 7 月起，将全市住房公积金最高缴存基数由目前的 10326 元调整为 11353 元，住房公积金最高月缴存额调整为单位和个人各 1362 元；住房公积金最低缴存基数市本级仍为 1450 元，各县仍为 1300 元，住房公积金最低月缴存额市本级为单位和个人各 73 元，各县为单位和个人各 65 元。

2. 为进一步扩大住房公积金制度受益范围，维护职工合法权益，推动全市住房公积金事业持续健康发展，根据《住房公积金管理条例》（国务院令第 350 号）、《河南省住房公积金管理条例》和《河南省人民政府办公厅关于进一步扩大住房公积金制度受益范围的若干意见》（豫政办〔2016〕223 号）要求，结合我市实际情况，2017 年 5 月 26 日，出台了《信阳市人民政府办公室关于进一步扩大住房公积金制度受益范围的实施意见》（信政办〔2017〕63 号），对各类主体特别是全市范围内的政府购买服务人员、警务辅助人员、特岗教师、农村电工、街道居委会干部、民营学校教职工、民营医院医护人员七类重点群体，采取分类有序推进缴存工作。

3. 为进一步扩大住房公积金制度覆盖面，充分发挥住房公积金制度的普惠性，根据《河南省人民政府扩大住房公积金制度受益范围的若干意见》（豫政办〔2016〕223 号）和《信阳市人民政府办公室关于进一步扩大住房公积金制度受益范围的实施意见》（信政办〔2017〕63 号）的相关规定，结合本市实际，2017 年 12 月 20 日印发《信阳市自主缴存人员住房公积金缴存与使用管理暂行办法》（信房金字〔2017〕46 号），本办法自印发之日起执行，将农民工和自由职业者、个体工商户等常住人口纳入住房公积金覆盖范围，逐步实现住房公积金制度全覆盖。

(二) 当年服务改进情况：2017 年，浉河、商城管理部搬迁至新的服务网点，服务基础设施得到大力改善，服务水平得到显著提升。

2017 年，下放了 25 万元（含）以下贷款的审批权限，由各管理部自主审批，减少了审批环节，提高了贷款效率。

2017 年，我市住房公积金信息化建设发展迅速，完成了中心电子档案和机房改造建设工作。同时完成了异地接续平台建设工作。

（三）当年信息化建设情况：按照住房城乡建设部要求，2017年我中心大力推进基础数据"双贯标"和综合服务平台建设。为推进该项工作，成立了信阳市住房公积金G系统联合上线项目领导小组。于2017年6月开始推进新开发G系统的数据转换、测试、上线工作，并抽调专门人员脱岗进行数据分析、转换及采集工作。在每周二召开一次G系统项目上线工作促进会，解决遇到的问题。目前，数据转换和系统的采集测试工作现已进入关键环节。预计2018年上半年完成该项工作。

综合服务平台建设已完成12329语音、12329短信平台、门户网站、官方微博、官方微信的建设工作，其他服务渠道正在大力筹备中，待新研发的信息系统通过双贯标标准后将全面推进。

（四）当年住房公积金管理中心及职工所获荣誉情况：

单位获得荣誉：

1. 信阳市住房公积金管理中心获得2017年度河南省住房公积金缴存扩面工作突出单位。
2. 信阳市住房公积金管理中心省级文明单位通过复审可延长两年保留荣誉称号，并享受相应奖励。
3. 信阳市住房公积金管理中心平安建设被评为全市2016年先进单位，并通过复审，可连续三年保留，并享受相应奖励。
4. 信阳市住房公积金管理中心获得2017年命名的市级卫生先进单位。
5. 浉河管理部获得团市委"青年文明号"荣誉。

个人获得荣誉：

1. 任庆利被评为2017年度优秀市政协委员。
2. 梁雪华、易成梅、刘平三位同志被评为"全省住房公积金工作表现突出个人"。

周口市住房公积金2017年年度报告

一、机构概况

（一）住房公积金管理委员会：住房公积金管理委员会有34名委员，2017年召开1次会议，审议通过的事项主要包括：《2016年度住房公积金归集、使用计划执行情况》、《2017年度住房公积金归集、使用计划》、《周口市住房公积金2016年年度报告》、《周口市灵活就业人员自主缴存使用住房公积金管理办法（试行）》、《周口市住房公积金诚信黑名单管理办法》。

（二）住房公积金管理中心：住房公积金管理中心是直属于周口市人民政府管理的不以营利为目的的全供事业单位，设7个科室，11个管理部，1个分中心。从业人员89人，其中，在编58人，非在编31人。

二、业务运行情况

（一）缴存：2017年，新开户单位269家，实缴单位3439家，净增单位269家；新开户职工3.83万人，实缴职工34.36万人，净增职工2.88万人；缴存额18.52亿元，同比增长28.7%。2017年末，缴存总额 86.81 亿元，同比增长 27.12%；缴存余额 53.08 亿元，同比增长 25.28%。

受委托办理住房公积金缴存业务的银行 7 家，比上年增加 0 家。

（二）提取：2017 年，提取额 7.81 亿元，同比增长 37.99%；占当年缴存额的 42.17%，比上年增加 2.84 个百分点。2017 年末，提取总额 33.73 亿元，同比增长 30.18%。

（三）贷款：

个人住房贷款：个人住房贷款最高额度 45 万元，其中，单缴存职工最高额度 45 万元，双缴存职工最高额度 45 万元。

2017 年，发放个人住房贷款 0.51 万笔 14.4 亿元，同比分别增长 6.25%、12.5%。

2017 年，回收个人住房贷款 2.95 亿元。

2017 年末，累计发放个人住房贷款 2.32 万笔 56.06 亿元，贷款余额 44.79 亿元，同比分别增长 28.18%、34.57%、34.38%。个人住房贷款余额占缴存余额的 84.38%，比上年增加 5.72 个百分点。

受委托办理住房公积金个人住房贷款业务的银行 5 家，比上年增加 0 家。

（四）资金存储：2017 年末，住房公积金存款 8.97 亿元。其中，活期 0.72 亿元，1 年（含）以下定期 8.25 亿元。

（五）资金运用率：2017 年末，住房公积金个人住房贷款余额、项目贷款余额和购买国债余额的总和占缴存余额的 84.38%，比上年增加 5.72 个百分点。

三、主要财务数据

（一）业务收入：2017 年，业务收入 14643.93 万元，同比增长 17.91%。其中，市中心 13564.23 万元，鹿邑中心 1079.7 万元；存款利息 1976.13 万元，委托贷款利息 12423.57 万元，其他 244.23 万元。

（二）业务支出：2017 年，业务支出 8053.59 万元，同比增长 3.45%。其中，市中心 7509.32 万元，鹿邑中心 544.27 万元；支付职工住房公积金利息 7160.14 万元，归集手续费 0.48 万元，委托贷款手续费 886.36 万元，其他 6.61 万元。

（三）增值收益：2017 年，增值收益 6590.34 万元，同比增长 42.18%。其中，市中心 6054.91 万元，鹿邑中心 535.43 万元；增值收益率 1.37%，比上年增加 0.22 个百分点。

（四）增值收益分配：2017 年，提取贷款风险准备金 3860.58 万元，提取管理费用 1707.8 万元，提取城市廉租住房（公共租赁住房）建设补充资金 1021.96 万元。

2017 年，上交财政管理费用 1664.12 万元。上缴财政城市廉租住房（公共租赁住房）建设补充资金 303.35 万元。2017 年末，贷款风险准备金余额 20149.24 万元。累计提取城市廉租住房（公共租赁住房）建设补充资金 3942.31 万元。其中，市中心提取 3707.71 万元，鹿邑中心提取 234.6 万元。

（五）管理费用支出：2017 年，管理费用支出 1339.46 万元，同比增长 73.56%。其中，人员经费 479.16 万元，公用经费 301.99 万元，专项经费 558.31 万元。

市中心管理费用支出 1237 万元，其中，人员、公用、专项经费分别为 435 万元、266 万元、536 万元；鹿邑中心管理费用支出 102.46 万元，其中，人员、公用、专项经费分别为 44.16 万元、35.99 万元、22.31 万元。

四、资产风险状况

个人住房贷款：2017年末，个人住房贷款逾期额66.28万元，逾期率0.16‰。

个人贷款风险准备金按增值收益的60%提取。2017年，提取个人贷款风险准备金3860.58万元，使用个人贷款风险准备金核销呆坏账0万元。2017年末，个人贷款风险准备金余额20149.24万元，占个人住房贷款余额的4.5%，个人住房贷款逾期额与个人贷款风险准备金余额的比率为0.32%。

五、社会经济效益

（一）缴存业务：2017年，实缴单位数、实缴职工人数和缴存额同比分别增长8.42%、0.29%和28.7%。

缴存单位中，国家机关和事业单位占82.26%，国有企业占6.43%，城镇集体企业占2.21%，外商投资企业占0.7%，城镇私营企业及其他城镇企业占6.45%，民办非企业单位和社会团体占1.57%，其他占0.38%。

缴存职工中，国家机关和事业单位占72.72%，国有企业占13.02%，城镇集体企业占3.19%，外商投资企业占2.33%，城镇私营企业及其他城镇企业占5.89%，民办非企业单位和社会团体占2.34%，其他占0.51%；中、低收入占96.24%，高收入占3.76%。

新开户职工中，国家机关和事业单位占39.13%，国有企业占7.85%，城镇集体企业占2.97%，外商投资企业占4.63%，城镇私营企业及其他城镇企业占16.52%，民办非企业单位和社会团体占7.88%，其他占21.02%；中、低收入占98.66%，高收入占1.34%。

（二）提取业务：2017年，2.93万名缴存职工提取住房公积金7.81亿元。

提取金额中，住房消费提取占68.18%（购买、建造、翻建、大修自住住房占40.83%，偿还购房贷款本息占26.05%，租赁住房占1.3%，其他占0%）；非住房消费提取占31.82%（离休和退休提取占23.62%，完全丧失劳动能力并与单位终止劳动关系提取占3.04%，户口迁出本市或出境定居占2.16%，其他占3%）。

提取职工中，中、低收入占76.39%，高收入占23.61%。

（三）贷款业务：

1. 个人住房贷款：2017年，支持职工购建房152.73万平方米，年末个人住房贷款市场占有率为41.06%，比上年增加0.26个百分点。通过申请住房公积金个人住房贷款，可节约职工购房利息支出46537.25万元。

职工贷款笔数中，购房建筑面积90（含）平方米以下占26.37%，90~144（含）平方米占66.75%，144平方米以上占6.88%。购买新房占25.83%（其中购买保障性住房占0%），购买存量商品住房占73.57%，建造、翻建、大修自住住房占0.6%，其他占0%。

职工贷款笔数中，单缴存职工申请贷款占10.79%，双缴存职工申请贷款占89.21%，三人及以上缴存职工共同申请贷款占0%。

贷款职工中，30岁（含）以下占36.02%，30岁~40岁（含）占40.91%，40岁~50岁（含）占18.31%，50岁以上占4.76%；首次申请贷款占99.98%，二次及以上申请贷款占0.02%；中、低收入占

93.68%,高收入占 6.32%。

2. **异地贷款**:2017 年,发放异地贷款 748 笔 20480.7 万元。2017 年末,发放异地贷款总额 35662.6 万元,异地贷款余额 33660.6 万元。

(四)住房贡献率:2017 年,个人住房贷款发放额、公转商贴息贷款发放额、项目贷款发放额、住房消费提取额的总和与当年缴存额的比率为 119.98%,比上年增加 1.03 个百分点。

六、其他重要事项

(一)政策调整及执行情况:2017 年 3 月 28 日,周口市人民政府办公室出台了《关于印发周口市进一步扩大住房公积金制度受益范围实施办法的通知》(周政办〔2017〕27 号),强力助推了我市住房公积金制度的扩面工作;加强部门联动,市住房公积金中心积极与工商、人社、总工会等部门联合协作,将缴存住房公积金纳入劳动合同示范文本和企业集体合同,作为"重合同守信用"、"诚信单位"评选的必备条件,形成建制扩面工作合力;完善落实举措,相继出台了《周口市灵活就业人员自主缴存使用住房公积金管理办法(试行)》、《周口市住房公积金诚信黑名单管理办法》等一系列新政,畅通灵活就业人员住房公积金的缴存和使用,实现灵活就业人员与单位缴存职工的并轨统一,享有同等的权利和规范的管理,为住房公积金"全民共享"打下坚实基础。全年新增缴存人员 36876 名,其中新市民 29412 人,实现了制度扩面的新突破。

(二)住房公积金缴存限额:周口市统计部门公布的 2016 年度周口市在岗职工平均工资为 46355 元,根据"住房公积金月缴存基数原则上不超过职工工作所在地设区城市统计部门公布的上一年度职工月平均工资三倍,不低于职工工作所在地设区城市上一年度单位就业人员平均工资的 60%"的规定,2017 年我市住房公积金年度月缴存基数上限为 11589 元,单位和职工个人月缴存总额上限为 2781 元;住房公积金月缴存基数下限为 2318 元,单位和职工个人月缴存总额下限为 232 元。对确有困难的单位,经职工代表大会或工会讨论通过后,经公积金中心核准,可按河南省政府公布的周口市最低工资标准(1450 元/月)确定缴存基数,计算缴存额。

(三)住房公积金缴存比例:2017 年度周口市住房公积金缴存比例一般应为单位和职工各 5%~12%。根据周口市统计部门公布的 2016 年度周口市在岗职工平均工资 46355 元的标准,其中对单位缴存职工 2016 年度平均工资达到或超过当年全市平均工资水平的,单位和个人缴存比例均不得低于 10%;达到当年全市平均工资水平 80%(37084 元)的,单位和个人缴存比例均不得低于 8%;同一单位职工须执行同一缴存比例。

(四)住房公积金贷款:当年个贷最高额度为 45 万元,在完善风险防控的基础上,维持较为宽松的贷款政策,贷款利率 5 年以上 3.25%(年利率),5 年以下 2.75%(年利率)。当年个贷率达 84.38%,较上年增加 5.72 个百分点。

(五)服务改进情况:按照布局合理、功能齐全、标识明显、指引清晰、安全舒适的原则,持续加强公积金服务窗口建设,十一个派出机构的服务大厅统一配备自助查询机、自动填单机、叫号机、休息椅、饮水机等便民服务设施,实现对全市缴存群众服务的全覆盖;年内又对商水、沈丘、西华、黄泛区、周口监狱管理部的综合服务大厅进行了进一步整修建设,为办事群众营造了更加便捷舒适的服务环境;以"双贯标"工作为契机,完善了住房公积金综合服务平台,将传统的等待群众上门的服务模式转变为主动为全市缴存人员服务的模式，有效解决了群众办事"多头跑、重复跑"等问题。

（六）信息化建设情况：按照住房城乡建设部"标准化、规范化、精细化"的原则要求，坚持"高标准、高起点、高质量"推动"双贯标"工作，当年完成了"双贯标"建设任务，公积金业务新系统已正式上线运行；完成了住房公积金综合服务平台建设工作。实现了"管理主体由人防向机防转变、审批手段由形式审核向实质审核转变、服务方式由人力密集型向科技自助型转变、管理模式由粗放型向精细化转变、内部防控由阶段性向实时性转变"。

（七）获奖荣誉情况：

1. 中共周口市委、周口市人民政府授予"年度四制工作综合考评优秀领导班子"。
2. 中共周口市委、周口市人民政府授予"创建河南省文明城市工作先进集体"。
3. 周口市人民政府授予"年度全市政府系统政务信息工作先进单位"。
4. 河南省住房和城乡建设厅授予"年度住房公积金服务工作先进单位"。
5. 河南省住房和城乡建设厅授予"全系统新闻信息宣传工作先进单位"。
6. 中共周口市委市直机关工作委员会授予"先进基层党总支部"。
7. 中共周口市委组织部颁发"抓党建促脱贫攻坚知识竞赛最佳组织奖"。
8. 周口市精神文明建设指导委员会授予"优秀志愿服务组织"。
9. 周口市总工会颁发"五一劳动奖状"。
10. 周口市妇女联合会授予"周口市三八红旗集体"。
11. 周口市节能办授予"全市公共机构节能工作先进单位"。

驻马店市住房公积金 2017 年年度报告

一、机构概况

（一）**住房公积金管理委员会**：驻马店市住房公积金管理委员会有 29 名委员，2017 年召开 1 次会议，审议通过 2017 年度住房公积金归集、使用计划执行情况，并对其他重要事项进行决策，主要包括审议通过《驻马店市住房公积金 2016 年年度报告》、《关于我市 3 家单位申请降低住房公积金缴存比例的通知》、《关于驻马店市住房公积金管理中心 2017 年部门预算（草案）的报告》等事项。

新蔡县住房公积金管理委员会有 32 名委员，2017 年召开 2 次会议，审议通过的事项主要包括：审议返还财政局补贴资金、扩大住房公积金缴存覆盖收益面、公积金新的贷款、支取政策调整等。

（二）**住房公积金管理中心**：驻马店市住房公积金管理中心为直属于市人民政府不以营利为目的的全供事业单位，设 8 个科室，10 个管理部。从业人员 110 人，其中，在编 60 人，非在编 50 人。

新蔡县住房公积金管理中心为新蔡县政府直管的不以营利为目的的社会公共服务类事业单位，设 5 个股室，从业人员 16 人，其中，在编 9 人，非在编 7 人。

二、业务运行情况

（一）**缴存**：2017年，新开户单位292家，实缴单位3940家，净增单位244家；新开户职工2.71万人，实缴职工25.80万人，净增职工1.85万人；缴存额26.60亿元，同比增长27.95%。2017年末，缴存总额126.69亿元，同比增长26.29%；缴存余额74.61亿元，同比增长27.41%。

受委托办理住房公积金缴存业务的银行8家，比上年增加0家。

（二）**提取**：2017年，提取额10.22亿元，同比增长18.15%；占当年缴存额的38.42%，比上年减少3.13个百分点。2017年末，提取总额52.11亿元，同比增长24.40%

（三）**贷款**：个人住房贷款最高额度50万元，其中，单缴存职工最高额度40万元，双缴存职工最高额度50万元。

2017年，发放个人住房贷款0.484万笔12.25亿元，同比分别下降50.10%、49.86%。

2017年，回收个人住房贷款8.33亿元。

2017年末，累计发放个人住房贷款4.80万笔90.04亿元，贷款余额56.65亿元，同比分别增长12.94%、16.67%、7.45%。个人住房贷款余额占缴存余额的75.93%，比上年减少14.08个百分点。

受委托办理住房公积金个人住房贷款业务的银行7家，比上年增加0家。

（四）**融资**：2017年，融资0亿元，归还4.98亿元。2017年末，融资总额0亿元，融资余额0亿元。

（五）**资金存储**：2017年末，住房公积金存款20.57亿元。其中，活期3.84亿元，1年（含）以下定期0.46亿元，1年以上定期16.12亿元，其他0.15亿元。

（六）**资金运用率**：2017年末，住房公积金个人住房贷款余额、项目贷款余额和购买国债余额的总和占缴存余额的75.93%，比上年减少14.08个百分点。

三、主要财务数据

（一）**业务收入**：2017年，业务收入23415.65万元，同比增长21.69%。存款利息5753.24万元，委托贷款利息17661.27万元，国债利息0万元，其他1.14万元。

（二）**业务支出**：2017年，业务支出10767.46万元，同比增长20.02%。支付职工住房公积金利息9769.27万元，归集手续费0万元，委托贷款手续费443.79万元，其他554.40万元。

（三）**增值收益**：2017年，增值收益12648.19万元，同比增长23.14%。增值收益率1.90%，比上年减少0.09个百分点。

（四）**增值收益分配**：2017年，提取贷款风险准备金5665.00万元，提取管理费用3766万元，提取城市廉租住房建设补充资金3217.19万元。

2017年，上交财政管理费用1377.32万元。上缴财政城市廉租住房建设补充资金3227.36万元。

2017年末，贷款风险准备金余额24824.42万元。累计提取城市廉租住房（公共租赁住房）建设补充资金19562.91万元。

（五）**管理费用支出**：2017年，管理费用支出1226.84万元，同比增长12.24%。其中，人员经费772.73万元，公用经费227.04万元，专项经费227.07万元。

四、资产风险状况

个人住房贷款:2017年末,个人住房贷款逾期额17.95万元,逾期率万分之0.32。

个人贷款风险准备金按贷款余额的1%提取。2017年,提取个人贷款风险准备金5665.00万元,使用个人贷款风险准备金核销呆坏账0万元。2017年末,个人贷款风险准备金余额24824.42万元,占个人住房贷款余额的4.38%,个人住房贷款逾期额与个人贷款风险准备金余额的比率为0.07%。

五、社会经济效益

(一)缴存业务:2017年,实缴单位数、实缴职工人数和缴存额同比分别增长11.43%、2.79%和27.95%。

缴存单位中,国家机关和事业单位占70.46%,国有企业占8.45%,城镇集体企业占2.2%,外商投资企业占1.85%,城镇私营企业及其他城镇企业占12.87%,民办非企业单位和社会团体占2.32%,其他占1.85%。

缴存职工中,国家机关和事业单位占64%,国有企业占16%,城镇集体企业占4%,外商投资企业占3%,城镇私营企业及其他城镇企业占8%,民办非企业单位和社会团体占1%,其他占4%;中、低收入占93.73%,高收入占6.27%。

新开户职工中,国家机关和事业单位占47%,国有企业占16%,城镇集体企业占4%,外商投资企业占3%,城镇私营企业及其他城镇企业占22%,民办非企业单位和社会团体占2%,其他占6%;中、低收入占98.22%,高收入占1.78%。

(二)提取业务:2017年,7.21万名缴存职工提取住房公积金10.22亿元。

提取金额中,住房消费提取占71.72%(购买、建造、翻建、大修自住住房占18.79%,偿还购房贷款本息占47.26%,租赁住房占2.25%,其他占3.42%);非住房消费提取占28.28%(离休和退休提取占22.80%,完全丧失劳动能力并与单位终止劳动关系提取占3.43%,户口迁出本市或出境定居占0%,其他占2.05%)。

提取职工中,中、低收入占96.05%,高收入占3.95%。

(三)贷款业务:

1. **个人住房贷款**:2017年,支持职工购建房60.56万平方米,年末个人住房贷款市场占有率为16.15%,比上年减少3.44个百分点。通过申请住房公积金个人住房贷款,可节约职工购房利息支出28147.23万元。

职工贷款笔数中,购房建筑面积90(含)平方米以下占12.08%,90~144(含)平方米占81.41%,144平方米以上占6.51%。购买新房占97.87%(其中购买保障性住房占0%),购买存量商品住房占2.13%,建造、翻建、大修自住住房占0%,其他占0%。

职工贷款笔数中,单缴存职工申请贷款占20.57%,双缴存职工申请贷款占78.66%,三人及以上缴存职工共同申请贷款占0.77%。

贷款职工中,30岁(含)以下占19.88%,30岁~40岁(含)占42.56%,40岁~50岁(含)占29.54%,50岁以上占8.02%;首次申请贷款占88.87%,二次及以上申请贷款占11.13%;中、低收入占 98.24%，高收入占 1.76%。

2. **异地贷款**：2017 年，发放异地贷款 333 笔 6343.50 万元。2017 年末，累计发放异地贷款总额 31376.70 万元，异地贷款余额 21373.64 万元。

(四) **住房贡献率**：2017 年，个人住房贷款发放额、公转商贴息贷款发放额、项目贷款发放额、住房消费提取额的总和与当年缴存额的比率为 84.47%，比上年减少 62.79 个百分点。

六、其他重要事项

1. 驻马店市受委托办理住房公积金缴存业务的银行共计 8 家，受委托办理住房公积金个人住房贷款业务的银行共计 7 家，均与上年相比没有变化。新蔡县新增 3 家合作银行，分别是新蔡农商银行、中原银行、中国银行。

2. 住房公积金政策调整情况：驻马店市将住房公积金个人首套普通住房贷款最低首付款比例，由房屋总价的 20%，恢复为正常状态下的最低首付款比例 30%。新蔡县凡个体工商户、自由职业者、农民等均可以以个人的名义自主缴存住房公积金，并且和正式缴存职工一样平等的享受相关的贷款、提取政策；重新规范调整了支取政策，较之前更加的严格完善。

驻马店市当年缴存基数限额及确定方法、缴存比例调整情况：2017 年，住房公积金缴存基数上限按照不超过本市上年职工月平均工资 3 倍的要求，确定为 11170 元，缴存基数下限按上年度最低工资标准 1570 元执行，缴存比例为 8%～12%。2017 年，市直、各县区财政供养单位缴存比例为 12%。

当年住房公积金存贷款利率、住房公积金个人住房贷款最高贷款额度没有调整。2017 年 6 月 30 日，驻马店市公积金年度结息执行的存款利率为 1.5%，共向职工支付利息 79232000.46 元，新蔡县共向职工支付利息 575.13 万元。

3. 在信息化建设上，驻马店市通过了"双贯标"验收。开展了自主放款业务，贷款到账较以前缩短 10 个工作日左右；开展月冲还贷业务，将借款人家庭公积金账户余额办理支取还贷由一年一次，调整为可以按照月冲的方式进行还贷。新蔡县上线了"双贯标"新系统，开展了 12329 语音热线、12329 短信、微信平台、微博平台以及综合服务平台等各项便民措施的建设工作。

济源市住房公积金 2017 年年度报告

一、机构概况

(一) **住房公积金管理委员会**：住房公积金管理委员会有 21 名委员，2017 年召开 2 次会议，审议通过的事项主要包括：

1. 济源市城镇个体工商户、自由职业者、进城务工人员住房公积金缴存与使用管理办法；
2. 关于取消重大疾病提取住房公积金的申请；
3. 关于发行公积金联名卡的申请；

4. 关于增加农行济源分行为业务合作行的申请；
5. 关于中原辊轴公司降低缴存比例的建议；
6. 关于重新开通"冲还贷"业务的申请；
7. 关于增加中原银行济源分行为业务合作行的申请；
8. 关于移动通信公司降低缴存比例的建议；
9. 关于悉诺信息技术有限公司降低缴存比例的建议。

（二）**住房公积金管理中心**：住房公积金管理中心为济源市人民政府直属的不以营利为目的的财政全供事业单位，设5个科。从业人员39人，其中，在编14人，非在编25人。

二、业务运行情况

（一）**缴存**：2017年，新开户单位133家，实缴单位1080家，净减单位114家；新开户职工1.33万人，实缴职工10.85万人，净增职工0.91万人；缴存额6.26亿元，同比增长11.39%。2017年末，缴存总额36.14亿元，同比增长20.91%，缴存余额25.21亿元，同比增长20.27%。

受委托办理住房公积金缴存业务的银行6家，比上年增加2家。

（二）**提取**：2017年，提取额2.0亿元，同比增长33.33%；占当年缴存额的31.95%，比上年增加5.26个百分点。2017年末，提取总额10.93亿元，同比增长22.4%。

（三）**贷款**：

个人住房贷款：个人住房贷款最高额度40万元，其中，单缴存职工最高额度25万元，双缴存职工最高额度40万元。

2017年，发放个人住房贷款0.14万笔3.35亿元，同比分别增长－12.5%、3.72%。其中，市中心发放个人住房贷款0.14万笔3.35亿元。

2017年，回收个人住房贷款2.1亿元。其中，市中心2.1亿元。

2017年末，累计发放个人住房贷款1.77万笔29.57亿元，贷款余额18.36亿元，同比分别增长9.26%、12.78%、7.24%。个人住房贷款余额占缴存余额的72.8%，比上年减少8.88个百分点。

受委托办理住房公积金个人住房贷款业务的银行5家，比上年增加2家。

（四）**资金存储**：2017年末，住房公积金存款6.92亿元。其中，活期0.03亿元，1年（含）以下定期2.42亿元，1年以上定期3.82亿元，其他（协定、通知存款等）0.65亿元。

（五）**资金运用率**：2017年末，住房公积金个人住房贷款余额、项目贷款余额和购买国债余额的总和占缴存余额的72.80%，比上年减少8.88个百分点。

三、主要财务数据

（一）**业务收入**：2017年，业务收入7076.65万元，同比增长15.48%。其中，市中心7076.65万元；存款利息1294.71万元，委托贷款利息5781.94万元，国债利息0万元，其他0万元。

（二）**业务支出**：2017年，业务支出3342.89万元，同比增长15.06%。其中，市中心3342.89万元；支付职工住房公积金利息3065.34万元，归集手续费0万元，委托贷款手续费276.98万元，其他0.57万元。

(三) 增值收益：2017年，增值收益3733.76万元，同比增长15.85%。其中，市中心3733.76万元；增值收益率1.61%，比上年减少0.09个百分点。

(四) 增值收益分配：2017年，提取贷款风险准备金115.76万元，提取管理费用487.75万元，提取城市廉租住房（公共租赁住房）建设补充资金3130.25万元。

2017年，上交财政管理费用487.75万元。上缴财政城市廉租住房（公共租赁住房）建设补充资金2846.64万元。其中，市中心上缴2846.64万元。

2017年末，贷款风险准备金余额1827.75万元。累计提取城市廉租住房（公共租赁住房）建设补充资金16124.46万元。其中，市中心提取16124.46万元。

(五) 管理费用支出：2017年，管理费用支出479.75万元，同比增长11.27%。其中，人员经费146.15万元，公用经费42.28万元，专项经费291.32万元。

市中心管理费用支出487.75万元，其中，人员、公用、专项经费分别为146.15万元、42.28万元、291.32万元。

四、资产风险状况

个人住房贷款：2017年末，个人住房贷款逾期额111.80万元，逾期率0.61‰。其中，市中心0.61‰。

个人贷款风险准备金按（贷款余额或增值收益）的1%提取。2017年，提取个人贷款风险准备金115.76万元，使用个人贷款风险准备金核销呆坏账0万元。2017年末，个人贷款风险准备金余额1827.75万元，占个人住房贷款余额的1%，个人住房贷款逾期额与个人贷款风险准备金余额的比率为6.12%。

五、社会经济效益

(一) 缴存业务：2017年，实缴单位数、实缴职工人数和缴存额同比分别增长-9.63%、9.15%和11.39%。

缴存单位中，国家机关和事业单位占44.95%，国有企业占7.88%，城镇集体企业占1.76%，外商投资企业占0.93%，城镇私营企业及其他城镇企业占24.37%，民办非企业单位和社会团体占2.32%，其他占17.79%。

缴存职工中，国家机关和事业单位占17.73%，国有企业占24.33%，城镇集体企业占1.95%，外商投资企业占36.39%，城镇私营企业及其他城镇企业占12.73%，民办非企业单位和社会团体占0.79%，其他占6.08%；中、低收入占99.63%，高收入占0.37%。

新开户职工中，国家机关和事业单位占11.22%，国有企业占9.63%，城镇集体企业占2.12%，外商投资企业占62.85%，城镇私营企业及其他城镇企业占3.64%，民办非企业单位和社会团体占0.77%，其他占9.77%；中、低收入占99.93%，高收入占0.07%。

(二) 提取业务：2017年，0.95万名缴存职工提取住房公积金2.0亿元。

提取金额中，住房消费提取占60.16%（购买、建造、翻建、大修自住住房占17.58%，偿还购房贷款本息占42.3%，租赁住房占0.28%，其他占0.13%）；非住房消费提取39.84%（离休和退休提取占

28.16%，完全丧失劳动能力并与单位终止劳动关系提取占 10.01%，户口迁出本市或出境定居占 0.44%，其他占 1.1%)。

提取职工中，中、低收入占 99.31%，高收入占 0.69%。

(三) 贷款业务：

1. 个人住房贷款：2017 年，支持职工购建房 100.43 万平方米，年末个人住房贷款市场占有率为 30.96%，比上年减少 0.16 个百分点。通过申请住房公积金个人住房贷款，可节约职工购房利息支出 7012.77 万元。

职工贷款笔数中，购房建筑面积 90（含）平方米以下占 5.73%，90~144（含）平方米占 78.33%，144 平方米以上占 15.94%。购买新房占 69.84%（其中购买保障性住房占 0%），购买存量商品住房占 29.47%，建造、翻建、大修自住住房占 0.69%，其他占 0%。

职工贷款笔数中，单缴存职工申请贷款占 64.73%，双缴存职工申请贷款占 35.27%，三人及以上缴存职工共同申请贷款占 0%。

贷款职工中，30 岁（含）以下占 40.1%，30 岁~40 岁（含）占 35.68%，40 岁~50 岁（含）占 22.49%，50 岁以上占 1.73%；首次申请贷款占 95.79%，二次及以上申请贷款占 4.21%；中、低收入占 99.79%，高收入占 0.21%。

2. 异地贷款：2017 年，发放异地贷款 60 笔 1363 万元。2017 年末，发放异地贷款总额 4123.8 万元，异地贷款余额 3648.64 万元。

(四) 住房贡献率：2017 年，个人住房贷款发放额、公转商贴息贷款发放额、项目贷款发放额、住房消费提取额的总和与当年缴存额的比率为 59.11%，比上年减少 13.35 个百分点。

六、其他重要事项

1. 2017 年 5 月 3 日召开了三届十四次管委会，会议确定了增加中国农业银行济源分行为济源市住房公积金管理中心委托归集、贷款银行；2017 年 9 月 26 日，召开了三届十五次管委会，会议确定增加中原银行济源分行为济源市住房公积金管理中心委托归集、贷款银行。

2. 2017 年 5 月 3 日分别出台了《济源市城镇个体工商户、自由职业者、进城务工人员住房公积金缴存与使用管理办法》、《关于取消重大疾病提取住房公积金有关规定的决定》、《关于重新开通"冲还贷"业务的决定》；2017 年 7 月 1 日下发了《关于调整 2017 年度住房公积金缴存基数的通知》，对全市住房公积金最低、最高缴费基数进行确认。

3. 12329 语音及短信平台、中心官网、微信公众号、自助查询设备已经投入使用。网上营业厅正在开发中，预计 2018 年 6 月前建设完成综合服务平台。

4. 中心业务管理系统（包含电子档案管理）升级完成，基础数据标准已经贯彻落实，结算平台正在建设，预计 2018 年 5 月份完成。

5. 2017 年中心蝉联市级文明单位，综合服务科荣获市级文明服务窗口及 6 个雷锋岗称号，2 名工作人员获得省住房公积金先进个人称号，3 名工作人员获得市级先进个人称号。

2017 全国住房公积金年度报告汇编

Annual Report for National Housing Provident Funds 2017

（下册）

住房和城乡建设部住房公积金监管司　主编

中国建筑工业出版社

目　录

上　册

全国住房公积金 2017 年年度报告	2
北京住房公积金 2017 年年度报告	16
天津市住房公积金 2017 年年度报告	24
河北省住房公积金 2017 年年度报告	30
石家庄市住房公积金 2017 年年度报告	33
唐山市住房公积金 2017 年年度报告	39
秦皇岛市住房公积金 2017 年年度报告	43
邯郸市住房公积金 2017 年年度报告	46
邢台市住房公积金 2017 年年度报告	51
保定市住房公积金 2017 年年度报告	54
张家口市住房公积金 2017 年年度报告	61
承德市住房公积金 2017 年年度报告	65
沧州市住房公积金 2017 年年度报告	68
廊坊市住房公积金 2017 年年度报告	73
衡水市住房公积金 2017 年年度报告	77
山西省住房公积金 2017 年年度报告	82
太原市住房公积金 2017 年年度报告	85
大同市住房公积金 2017 年年度报告	94
阳泉市住房公积金 2017 年年度报告	97
长治市住房公积金 2017 年年度报告	101
晋城市住房公积金 2017 年年度报告	107
朔州市住房公积金 2017 年年度报告	111
晋中市住房公积金 2017 年年度报告	115
运城市住房公积金 2017 年年度报告	118

忻州市住房公积金 2017 年年度报告	122
临汾市住房公积金 2017 年年度报告	125
吕梁市住房公积金 2017 年年度报告	129

内蒙古自治区住房公积金 2017 年年度报告 …………………………………… 134

呼和浩特市住房公积金 2017 年年度报告	137
包头市住房公积金 2017 年年度报告	141
乌海市住房公积金 2017 年年度报告	145
赤峰市住房公积金 2017 年年度报告	148
通辽市住房公积金 2017 年年度报告	151
鄂尔多斯市住房公积金 2017 年年度报告	154
呼伦贝尔市住房公积金 2017 年年度报告	158
巴彦淖尔市住房公积金 2017 年年度报告	162
乌兰察布市住房公积金 2017 年年度报告	166
兴安盟住房公积金 2017 年年度报告	169
锡林郭勒盟住房公积金 2017 年年度报告	172
阿拉善盟住房公积金 2017 年年度报告	176
满洲里市住房公积金 2017 年年度报告	179

辽宁省住房公积金 2017 年年度报告 …………………………………………… 184

沈阳市住房公积金 2017 年年度报告	187
大连市住房公积金 2017 年年度报告	198
鞍山市住房公积金 2017 年年度报告	202
抚顺市住房公积金 2017 年年度报告	206
本溪市住房公积金 2017 年年度报告	210
丹东市住房公积金 2017 年年度报告	214
锦州市住房公积金 2017 年年度报告	217
营口市住房公积金 2017 年年度报告	221
阜新市住房公积金 2017 年年度报告	225
辽阳市住房公积金 2017 年年度报告	228
盘锦市住房公积金 2017 年年度报告	232
铁岭市住房公积金 2017 年年度报告	235
朝阳市住房公积金 2017 年年度报告	238
葫芦岛市住房公积金 2017 年年度报告	241

吉林省住房公积金 2017 年年度报告 …………………………………………… 246

长春市住房公积金 2017 年年度报告 ······ 249

吉林市住房公积金 2017 年年度报告 ······ 255

四平市住房公积金 2017 年年度报告 ······ 260

辽源市住房公积金 2017 年年度报告 ······ 263

通化市住房公积金 2017 年年度报告 ······ 266

白山市住房公积金 2017 年年度报告 ······ 269

松原市住房公积金 2017 年年度报告 ······ 274

白城市住房公积金 2017 年年度报告 ······ 277

延边州住房公积金 2017 年年度报告 ······ 281

黑龙江省住房公积金 2017 年年度报告 ······ 286

哈尔滨市住房公积金 2017 年年度报告 ······ 291

齐齐哈尔市住房公积金 2017 年年度报告 ······ 295

鸡西市住房公积金 2017 年年度报告 ······ 298

鹤岗市住房公积金 2017 年年度报告 ······ 302

双鸭山市住房公积金 2017 年年度报告 ······ 306

大庆市住房公积金 2017 年年度报告 ······ 310

伊春市住房公积金 2017 年年度报告 ······ 313

佳木斯市住房公积金 2017 年年度报告 ······ 317

七台河市住房公积金 2017 年年度报告 ······ 320

牡丹江市住房公积金 2017 年年度报告 ······ 323

黑河市住房公积金 2017 年年度报告 ······ 328

绥化市住房公积金 2017 年年度报告 ······ 330

大兴安岭地区住房公积金 2017 年年度报告 ······ 333

上海市住房公积金 2017 年年度报告 ······ 338

江苏省住房公积金 2017 年年度报告 ······ 346

南京住房公积金 2017 年年度报告 ······ 349

无锡市住房公积金 2017 年年度报告 ······ 355

徐州市住房公积金 2017 年年度报告 ······ 361

常州市住房公积金 2017 年年度报告 ······ 365

苏州市住房公积金 2017 年年度报告 ······ 369

南通市住房公积金 2017 年年度报告 ······ 380

连云港市住房公积金 2017 年年度报告 ······ 384

淮安市住房公积金 2017 年年度报告 ······ 388

盐城市住房公积金 2017 年年度报告 …………………………………………………… 391

扬州市住房公积金 2017 年年度报告 …………………………………………………… 396

镇江市住房公积金 2017 年年度报告 …………………………………………………… 399

泰州市住房公积金 2017 年年度报告 …………………………………………………… 404

宿迁市住房公积金 2017 年年度报告 …………………………………………………… 409

浙江省住房公积金 2017 年年度报告 416

杭州市住房公积金 2017 年年度报告 …………………………………………………… 419

宁波市住房公积金 2017 年年度报告 …………………………………………………… 428

温州市住房公积金 2017 年年度报告 …………………………………………………… 434

嘉兴市住房公积金 2017 年年度报告 …………………………………………………… 440

湖州市住房公积金 2017 年年度报告 …………………………………………………… 444

绍兴市住房公积金 2017 年年度报告 …………………………………………………… 448

金华市住房公积金 2017 年年度报告 …………………………………………………… 453

衢州市住房公积金 2017 年年度报告 …………………………………………………… 458

舟山市住房公积金 2017 年年度报告 …………………………………………………… 463

台州市住房公积金 2017 年年度报告 …………………………………………………… 468

丽水市住房公积金 2017 年年度报告 …………………………………………………… 472

安徽省住房公积金 2017 年年度报告 480

合肥市住房公积金 2017 年年度报告 …………………………………………………… 483

芜湖市住房公积金 2017 年年度报告 …………………………………………………… 487

蚌埠市住房公积金 2017 年年度报告 …………………………………………………… 492

淮南市住房公积金 2017 年年度报告 …………………………………………………… 495

马鞍山市住房公积金 2017 年年度报告 ………………………………………………… 499

淮北市住房公积金 2017 年年度报告 …………………………………………………… 504

铜陵市住房公积金 2017 年年度报告 …………………………………………………… 507

安庆市住房公积金 2017 年年度报告 …………………………………………………… 511

黄山市住房公积金 2017 年年度报告 …………………………………………………… 514

滁州市住房公积金 2017 年年度报告 …………………………………………………… 518

阜阳市住房公积金 2017 年年度报告 …………………………………………………… 522

宿州市住房公积金 2017 年年度报告 …………………………………………………… 525

六安市住房公积金 2017 年年度报告 …………………………………………………… 528

亳州市住房公积金 2017 年年度报告 …………………………………………………… 532

池州市住房公积金 2017 年年度报告 …………………………………………………… 537

| 宣城市住房公积金 2017 年年度报告 | 540 |

福建省住房公积金 2017 年年度报告 ... 548

福州住房公积金 2017 年年度报告	551
厦门市住房公积金 2017 年年度报告	556
莆田市住房公积金 2017 年年度报告	560
三明市住房公积金 2017 年年度报告	564
泉州市住房公积金 2017 年年度报告	568
漳州市住房公积金 2017 年年度报告	572
南平市住房公积金 2017 年年度报告	576
龙岩市住房公积金 2017 年年度报告	580
宁德市住房公积金 2017 年年度报告	584

江西省住房公积金 2017 年年度报告 ... 590

南昌市住房公积金 2017 年年度报告	593
景德镇市住房公积金 2017 年年度报告	597
萍乡市住房公积金 2017 年年度报告	601
九江市住房公积金 2017 年年度报告	604
新余市住房公积金 2017 年年度报告	610
鹰潭市住房公积金 2017 年年度报告	613
赣州市住房公积金 2017 年年度报告	618
吉安市住房公积金 2017 年年度报告	622
宜春市住房公积金 2017 年年度报告	625
抚州市住房公积金 2017 年年度报告	629
上饶市住房公积金 2017 年年度报告	632

山东省住房公积金 2017 年年度报告 ... 638

济南市住房公积金 2017 年年度报告	643
青岛市住房公积金 2017 年年度报告	647
淄博市住房公积金 2017 年年度报告	652
枣庄市住房公积金 2017 年年度报告	656
东营市住房公积金 2017 年年度报告	660
烟台市住房公积金 2017 年年度报告	667
潍坊市住房公积金 2017 年年度报告	671
济宁市住房公积金 2017 年年度报告	675
泰安市住房公积金 2017 年年度报告	679

威海市住房公积金 2017 年年度报告	683
日照市住房公积金 2017 年年度报告	687
莱芜市住房公积金 2017 年年度报告	691
临沂市住房公积金 2017 年年度报告	694
德州市住房公积金 2017 年年度报告	698
聊城市住房公积金 2017 年年度报告	701
滨州市住房公积金 2017 年年度报告	706
菏泽市住房公积金 2017 年年度报告	710

河南省住房公积金 2017 年年度报告 ········ 716

郑州住房公积金 2017 年年度报告	719
开封市住房公积金 2017 年年度报告	728
洛阳市住房公积金 2017 年年度报告	731
平顶山市住房公积金 2017 年年度报告	735
安阳市住房公积金 2017 年年度报告	739
鹤壁市住房公积金 2017 年年度报告	744
新乡市住房公积金 2017 年年度报告	749
焦作市住房公积金 2017 年年度报告	753
濮阳市住房公积金 2017 年年度报告	757
许昌市住房公积金 2017 年年度报告	761
漯河市住房公积金 2017 年年度报告	765
三门峡市住房公积金 2017 年年度报告	770
南阳市住房公积金 2017 年年度报告	774
商丘市住房公积金 2017 年年度报告	778
信阳市住房公积金 2017 年年度报告	784
周口市住房公积金 2017 年年度报告	788
驻马店市住房公积金 2017 年年度报告	792
济源市住房公积金 2017 年年度报告	795

下　　册

湖北省住房公积金 2017 年年度报告 ········ 800

武汉住房公积金 2017 年年度报告	803
黄石市住房公积金 2017 年年度报告	807
十堰市住房公积金 2017 年年度报告	811

宜昌市住房公积金2017年年度报告 ……………………………………………………………… 816

襄阳住房公积金2017年年度报告 ………………………………………………………………… 820

鄂州市住房公积金2017年年度报告 ……………………………………………………………… 824

荆门市住房公积金2017年年度报告 ……………………………………………………………… 827

孝感市住房公积金2017年年度报告 ……………………………………………………………… 831

荆州市住房公积金2017年年度报告 ……………………………………………………………… 835

黄冈市住房公积金2017年年度报告 ……………………………………………………………… 837

咸宁市住房公积金2017年年度报告 ……………………………………………………………… 842

随州市住房公积金2017年年度报告 ……………………………………………………………… 846

恩施土家族苗族自治州住房公积金2017年年度报告 …………………………………………… 850

仙桃市住房公积金2017年年度报告 ……………………………………………………………… 853

潜江市住房公积金2017年年度报告 ……………………………………………………………… 856

天门市住房公积金2017年年度报告 ……………………………………………………………… 859

神农架林区住房公积金2017年年度报告 ………………………………………………………… 862

湖南省住房公积金2017年年度报告 868

长沙市住房公积金2017年年度报告 ……………………………………………………………… 872

株洲市住房公积金2017年年度报告 ……………………………………………………………… 876

湘潭市住房公积金2017年年度报告 ……………………………………………………………… 880

衡阳市住房公积金2017年年度报告 ……………………………………………………………… 884

邵阳市住房公积金2017年年度报告 ……………………………………………………………… 887

岳阳市住房公积金2017年年度报告 ……………………………………………………………… 891

常德市住房公积金2017年年度报告 ……………………………………………………………… 895

张家界市住房公积金2017年年度报告 …………………………………………………………… 899

益阳市住房公积金2017年年度报告 ……………………………………………………………… 902

郴州市住房公积金2017年年度报告 ……………………………………………………………… 905

永州市住房公积金2017年年度报告 ……………………………………………………………… 909

怀化市住房公积金2017年年度报告 ……………………………………………………………… 914

娄底市住房公积金2017年年度报告 ……………………………………………………………… 919

湘西自治州住房公积金2017年年度报告 ………………………………………………………… 923

广东省住房公积金2017年年度报告 928

广州市住房公积金2017年年度报告 ……………………………………………………………… 932

韶关市住房公积金2017年年度报告 ……………………………………………………………… 937

深圳市住房公积金2017年年度报告 ……………………………………………………………… 940

珠海市住房公积金 2017 年年度报告	946
汕头市住房公积金 2017 年年度报告	950
佛山市住房公积金 2017 年年度报告	954
江门市住房公积金 2017 年年度报告	959
湛江市住房公积金 2017 年年度报告	964
茂名市住房公积金 2017 年年度报告	968
肇庆市住房公积金 2017 年年度报告	972
惠州市住房公积金 2017 年年度报告	975
梅州市住房公积金 2017 年年度报告	979
汕尾市住房公积金 2017 年年度报告	983
河源市住房公积金 2017 年年度报告	986
阳江市住房公积金 2017 年年度报告	989
清远市住房公积金 2017 年年度报告	993
东莞市住房公积金 2017 年年度报告	997
中山市住房公积金 2017 年年度报告	1001
潮州市住房公积金 2017 年年度报告	1004
揭阳市住房公积金 2017 年年度报告	1007
云浮市住房公积金 2017 年年度报告	1011

广西壮族自治区住房公积金 2017 年年度报告 ……… 1016

南宁住房公积金 2017 年年度报告	1021
柳州市住房公积金 2017 年年度报告	1030
桂林市住房公积金 2017 年年度报告	1033
梧州市住房公积金 2017 年年度报告	1037
北海市住房公积金 2017 年年度报告	1041
防城港市住房公积金 2017 年年度报告	1045
钦州市住房公积金 2017 年年度报告	1049
贵港市住房公积金 2017 年年度报告	1054
玉林市住房公积金 2017 年年度报告	1058
百色市住房公积金 2017 年年度报告	1063
贺州市住房公积金 2017 年年度报告	1067
河池市住房公积金 2017 年年度报告	1071
来宾市住房公积金 2017 年年度报告	1075
崇左市住房公积金 2017 年年度报告	1078

海南省住房公积金 2017 年年度报告 ……………………………………………………………… 1084
重庆市住房公积金 2017 年年度报告 ……………………………………………………………… 1090
四川省住房公积金 2017 年年度报告 ……………………………………………………………… 1096
 成都住房公积金 2017 年年度报告 ……………………………………………………………… 1099
 自贡市住房公积金 2017 年年度报告 …………………………………………………………… 1104
 攀枝花市住房公积金 2017 年年度报告 ………………………………………………………… 1108
 泸州市住房公积金 2017 年年度报告 …………………………………………………………… 1112
 德阳市住房公积金 2017 年年度报告 …………………………………………………………… 1116
 绵阳市住房公积金 2017 年年度报告 …………………………………………………………… 1119
 广元市住房公积金 2017 年年度报告 …………………………………………………………… 1123
 遂宁市住房公积金 2017 年年度报告 …………………………………………………………… 1126
 内江市住房公积金 2017 年年度报告 …………………………………………………………… 1129
 乐山市住房公积金 2017 年年度报告 …………………………………………………………… 1132
 南充市住房公积金 2017 年年度报告 …………………………………………………………… 1135
 眉山市住房公积金 2017 年年度报告 …………………………………………………………… 1139
 宜宾市住房公积金 2017 年年度报告 …………………………………………………………… 1143
 广安市住房公积金 2017 年年度报告 …………………………………………………………… 1147
 达州市住房公积金 2017 年年度报告 …………………………………………………………… 1150
 雅安市住房公积金 2017 年年度报告 …………………………………………………………… 1154
 巴中市住房公积金 2017 年年度报告 …………………………………………………………… 1157
 资阳市住房公积金 2017 年年度报告 …………………………………………………………… 1161
 阿坝州住房公积金 2017 年年度报告 …………………………………………………………… 1165
 甘孜藏族自治州住房公积金 2017 年年度报告 ………………………………………………… 1168
 凉山州住房公积金 2017 年年度报告 …………………………………………………………… 1171
贵州省住房公积金 2017 年年度报告 ……………………………………………………………… 1176
 贵阳住房公积金 2017 年年度报告 ……………………………………………………………… 1179
 六盘水市住房公积金 2017 年年度报告 ………………………………………………………… 1183
 遵义市住房公积金 2017 年年度报告 …………………………………………………………… 1187
 安顺市住房公积金 2017 年年度报告 …………………………………………………………… 1191
 毕节市住房公积金 2017 年年度报告 …………………………………………………………… 1195
 铜仁市住房公积金 2017 年年度报告 …………………………………………………………… 1198
 黔西南州住房公积金 2017 年年度报告 ………………………………………………………… 1202
 黔东南州住房公积金 2017 年年度报告 ………………………………………………………… 1205

黔南州住房公积金 2017 年年度报告 ………………………………………………………… 1209

云南省住房公积金 2017 年年度报告 ……………………………………………………… 1216
　　昆明市住房公积金 2017 年年度报告 ………………………………………………………… 1220
　　曲靖市住房公积金 2017 年年度报告 ………………………………………………………… 1224
　　玉溪市住房公积金 2017 年年度报告 ………………………………………………………… 1230
　　保山市住房公积金 2017 年年度报告 ………………………………………………………… 1234
　　昭通市住房公积金 2017 年年度报告 ………………………………………………………… 1238
　　丽江市住房公积金 2017 年年度报告 ………………………………………………………… 1241
　　普洱市住房公积金 2017 年年度报告 ………………………………………………………… 1246
　　临沧市住房公积金 2017 年年度报告 ………………………………………………………… 1250
　　楚雄州住房公积金 2017 年年度报告 ………………………………………………………… 1253
　　红河哈尼族彝族自治州住房公积金 2017 年年度报告 ……………………………………… 1257
　　文山州住房公积金 2017 年年度报告 ………………………………………………………… 1260
　　西双版纳州住房公积金 2017 年年度报告 …………………………………………………… 1263
　　大理州住房公积金 2017 年年度报告 ………………………………………………………… 1265
　　德宏州住房公积金 2017 年年度报告 ………………………………………………………… 1269
　　怒江州住房公积金 2017 年年度报告 ………………………………………………………… 1272
　　迪庆州住房公积金 2017 年年度报告 ………………………………………………………… 1275

西藏自治区住房公积金 2017 年年度报告 …………………………………………………… 1280
　　拉萨市住房公积金 2017 年年度报告 ………………………………………………………… 1283
　　日喀则市住房公积金 2017 年年度报告 ……………………………………………………… 1286
　　昌都市住房公积金 2017 年年度报告 ………………………………………………………… 1289
　　山南市住房公积金 2017 年年度报告 ………………………………………………………… 1293
　　那曲地区住房公积金 2017 年年度报告 ……………………………………………………… 1295
　　阿里地区住房公积金 2017 年年度报告 ……………………………………………………… 1298
　　林芝市住房公积金 2017 年年度报告 ………………………………………………………… 1301

甘肃省住房公积金 2017 年年度报告 ………………………………………………………… 1306
　　兰州市住房公积金 2017 年年度报告 ………………………………………………………… 1310
　　嘉峪关市住房公积金 2017 年年度报告 ……………………………………………………… 1317
　　金昌市住房公积金 2017 年年度报告 ………………………………………………………… 1323
　　白银市住房公积金 2017 年年度报告 ………………………………………………………… 1327
　　天水市住房公积金 2017 年年度报告 ………………………………………………………… 1331
　　武威市住房公积金 2017 年年度报告 ………………………………………………………… 1335

张掖市住房公积金 2017 年年度报告 …… 1338
平凉市住房公积金 2017 年年度报告 …… 1342
酒泉市住房公积金 2017 年年度报告 …… 1346
庆阳市住房公积金 2017 年年度报告 …… 1350
定西市住房公积金 2017 年年度报告 …… 1353
陇南市住房公积金 2017 年年度报告 …… 1357
临夏回族自治州住房公积金 2017 年年度报告 …… 1360
甘南州住房公积金 2017 年年度报告 …… 1364

陕西省住房公积金 2017 年年度报告 …… 1370

西安住房公积金 2017 年年度报告 …… 1373
铜川市住房公积金 2017 年年度报告 …… 1379
宝鸡市住房公积金 2017 年年度报告 …… 1382
咸阳市住房公积金 2017 年年度报告 …… 1386
渭南市住房公积金 2017 年年度报告 …… 1389
延安市住房公积金 2017 年年度报告 …… 1393
汉中市住房公积金 2017 年年度报告 …… 1397
榆林市住房公积金 2017 年年度报告 …… 1402
安康市住房公积金 2017 年年度报告 …… 1406
商洛市住房公积金 2017 年年度报告 …… 1409

青海省住房公积金 2017 年年度报告 …… 1414

西宁住房公积金 2017 年年度报告 …… 1417
海东市住房公积金 2017 年年度报告 …… 1423
海北州住房公积金 2017 年年度报告 …… 1426
黄南州住房公积金 2017 年年度报告 …… 1430
海南州住房公积金 2017 年年度报告 …… 1432
果洛州住房公积金 2017 年年度报告 …… 1435
玉树州住房公积金 2017 年年度报告 …… 1438
海西州住房公积金 2017 年年度报告 …… 1442

宁夏回族自治区住房公积金 2017 年年度报告 …… 1448

银川住房公积金 2017 年年度报告 …… 1451
石嘴山市住房公积金 2017 年年度报告 …… 1457
吴忠市住房公积金 2017 年年度报告 …… 1461
固原市住房公积金 2017 年年度报告 …… 1465

| 中卫市住房公积金 2017 年年度报告 | 1468 |

新疆维吾尔自治区住房公积金 2017 年年度报告 —— 1474

乌鲁木齐市住房公积金 2017 年年度报告	1477
克拉玛依市住房公积金 2017 年年度报告	1482
吐鲁番市住房公积金 2017 年年度报告	1485
哈密市住房公积金 2017 年年度报告	1489
昌吉州住房公积金 2017 年年度报告	1493
博尔塔拉蒙古自治州住房公积金 2017 年年度报告	1498
巴音郭楞蒙古自治州住房公积金 2017 年年度报告	1501
阿克苏地区住房公积金 2017 年年度报告	1505
克孜勒苏柯尔克孜自治州住房公积金 2017 年年度报告	1508
喀什地区住房公积金 2017 年年度报告	1512
和田地区住房公积金 2017 年年度报告	1515
伊犁哈萨克自治州住房公积金 2017 年年度报告	1518
塔城地区住房公积金 2017 年年度报告	1522
阿勒泰地区住房公积金 2017 年年度报告	1525

新疆生产建设兵团住房公积金 2017 年年度报告 —— 1532

索引 —— 1536

2017 全国住房公积金年度报告汇编

湖北省

- 武汉市
- 黄石市
- 十堰市
- 宜昌市
- 襄阳市
- 鄂州市
- 荆门市
- 孝感市
- 荆州市
- 黄冈市
- 咸宁市
- 随州市
- 恩施土家族苗族自治州
- 仙桃市
- 潜江市
- 天门市
- 神农架林区

湖北省住房公积金 2017 年年度报告

一、机构概况

(一) 住房公积金管理机构：全省共设 17 个设区城市住房公积金管理中心，5 个独立设置的分中心。从业人员 2104 人，其中，在编 1339 人，非在编 765 人。

(二) 住房公积金监管机构：湖北省住房和城乡建设厅、财政厅和人民银行武汉分行负责对本省住房公积金管理运行情况进行监督。湖北省住房和城乡建设厅设立住房公积金监管处，负责辖区住房公积金日常监管工作。

二、业务运行情况

(一) 缴存：2017 年，新开户单位 7547 家，实缴单位 68322 家，净增单位 1431 家；新开户职工 55.86 万人，实缴职工 465.33 万人，净增职工 16.24 万人；缴存额 666.91 亿元，同比增长 16.99%。2017 年末，缴存总额 4034.02 亿元，同比增长 19.81%；缴存余额 2024.75 亿元，同比增长 14.34%。

(二) 提取：2017 年，提取额 413.00 亿元，同比增长 19.61%；占当年缴存额的 61.93%，比上年增加 1.36 个百分点。2017 年末，提取总额 2009.26 亿元，同比增长 28.87%。

(三) 贷款：

1. **个人住房贷款**：2017 年，发放个人住房贷款 10.82 万笔 351.62 亿元，同比下降 22.05%、20.40%。回收个人住房贷款 193.49 亿元。

2017 年末，累计发放个人住房贷款 115.37 万笔 2660.31 亿元，贷款余额 1639.33 亿元，同比分别增长 10.35%、15.23%、10.67%。个人住房贷款余额占缴存余额的 80.96%，比上年减少 2.68 个百分点。

2. **住房公积金支持保障性住房建设项目贷款**：2017 年，发放支持保障性住房建设项目贷款 0 亿元，回收项目贷款 0 亿元。2017 年末，累计发放项目贷款 7.3 亿元，项目贷款余额 0 亿元。

(四) 购买国债：2017 年，购买（记账式、凭证式）国债 0 亿元，（兑付、转让、收回）国债 0 亿元。2017 年末，国债余额 0.27 亿元，比上年减少 0 亿元。

(五) 融资：2017 年，融资 4.09 亿元，归还 50.87 亿元。2017 年末，融资总额 187.90 亿元，融资余额 18.94 亿元。

(六) 资金存储：2017 年末，住房公积金存款 473.37 亿元。其中，活期 49.86 亿元，1 年（含）以下定期 71.56 亿元，1 年以上定期 206.56 亿元，其他（协定、通知存款等）145.39 亿元。

(七) 资金运用率：2017 年末，住房公积金个人住房贷款余额、项目贷款余额和购买国债余额的总和占缴存余额的 80.98%，比上年减少 2.68 个百分点。

三、主要财务数据

(一) 业务收入：2017 年，业务收入 67.12 亿元，同比增长 10.70%。其中，存款利息 15.07 亿元，委托贷款利息 51.57 亿元，国债利息 93.77 万元，其他 4714.80 万元。

（二）**业务支出**：2017 年，业务支出 37.27 亿元，同比增长 25.95%。其中，支付职工住房公积金利息 32.33 亿元，归集手续费 1.51 亿元，委托贷款手续费 2.28 亿元，其他 1.15 亿元。

（三）**增值收益**：2017 年，增值收益 29.85 亿元，同比下降 3.83%；增值收益率 1.57%，比上年减少 0.30 个百分点。

（四）**增值收益分配**：2017 年，提取贷款风险准备金 5.03 亿元，提取管理费用 5.16 亿元，提取城市廉租住房（公共租赁住房）建设补充资金 18.52 亿元。

2017 年，上交财政管理费用 5.61 亿元，上缴财政城市廉租住房（公共租赁住房）建设补充资金 21.51 亿元。

2017 年末，贷款风险准备金余额 40.18 亿元，累计提取城市廉租住房（公共租赁住房）建设补充资金 110.12 亿元。

（五）**管理费用支出**：2017 年，管理费用支出 5.25 亿元，同比增长（下降）7.36%。其中，人员经费 2.51 亿元，公用经费 6249.08 万元，专项经费 2.12 亿元。

四、资产风险状况

（一）**个人住房贷款**：2017 年末，个人住房贷款逾期额 4660.94 万元，逾期率 0.28‰。

2017 年，提取个人贷款风险准备金 5.03 亿元，使用个人贷款风险准备金核销呆坏账 0 万元。2017 年末，个人贷款风险准备金余额 40.26 亿元，占个人贷款余额的 2.46%，个人贷款逾期额与个人贷款风险准备金余额的比率为 1.16%。

（二）**住房公积金支持保障性住房建设项目贷款**：2017 年末，逾期项目贷款 0 万元，逾期率为 0‰。

2017 年，提取项目贷款风险准备金 0 万元，使用项目贷款风险准备金核销呆坏账 0 万元。2017 年末，项目贷款风险准备金余额 820 万元，占项目贷款余额的 0%，项目贷款逾期额与项目贷款风险准备金余额的比率为 0%。

（三）**历史遗留风险资产**：2017 年末，历史遗留风险资产余额 0 万元，比上年减少 0 万元，历史遗留风险资产回收率为 0%。

五、社会经济效益

（一）**缴存业务**：2017 年，实缴单位数、实缴职工人数和缴存额增长率分别为 2.14%、3.62% 和 16.99%。

缴存单位中，国家机关和事业单位占 46.03%，国有企业占 10.95%，城镇集体企业占 1.91%，外商投资企业占 3.82%，城镇私营企业及其他城镇企业占 26.58%，民办非企业单位和社会团体占 4.01%，其他占 6.70%。

缴存职工中，国家机关和事业单位占 37.98%，国有企业占 25.70%，城镇集体企业占 2.06%，外商投资企业占 9.88%，城镇私营企业及其他城镇企业占 18.64%，民办非企业单位和社会团体占 2.19%，其他占 3.55%；中、低收入占 97.70%，高收入占 6.30%。

新开户职工中，国家机关和事业单位占 23.46%，国有企业占 12.77%，城镇集体企业占 1.68%，外

商投资企业占 8.27%，城镇私营企业及其他城镇企业占 43.94%，民办非企业单位和社会团体占 5.07%，其他占 4.81%；中、低收入占 97.56%，高收入占 2.44%。

（二）提取业务：2017 年，92.29 万名缴存职工提取住房公积金 413 亿元。

提取金额中，住房消费提取占 73.98%（购买、建造、翻建、大修自住住房占 26.72%，偿还购房贷款本息占 43.77%，租赁住房占 2.43%，其他占 1.06%）；非住房消费提取占 26.01%（离休和退休提取占 19.38%，完全丧失劳动能力并与单位终止劳动关系提取占 4.17%，户口迁出所在市或出境定居占 0.64%，其他占 1.82%）。

提取职工中，中、低收入占 84.86%，高收入占 15.14%。

（三）贷款业务：

1. 个人住房贷款：2017 年，支持职工购建房 1212.54 万平方米。年末个人住房贷款市场占有率为 17.30%，比上年同期减少 2.15 个百分点。通过申请住房公积金个人住房贷款，可节约职工购房利息支出 70.32 亿元。

职工贷款笔数中，购房建筑面积 90（含）平方米以下占 19.30%，90～144（含）平方米占 71.81%，144 平方米以上占 8.89%。购买新房占 80.04%（其中购买保障性住房占 0%），购买存量商品房占 15.08%，建造、翻建、大修自住住房占 2.11%，其他占 2.77%。

职工贷款笔数中，单缴存职工申请贷款占 44.44%，双缴存职工申请贷款占 51.70%，三人及以上缴存职工共同申请贷款占 3.86%。

贷款职工中，30 岁（含）以下占 31.75%，30 岁～40 岁（含）占 33.30%，40 岁～50 岁（含）占 25.56%，50 岁以上占 9.39%；首次申请贷款占 89.88%，二次及以上申请贷款占 10.12%；中、低收入占 91.00%，高收入占 9.00%。

2. 异地贷款：2017 年，发放异地贷款 5585 笔 16.84 亿元。2017 年末，发放异地贷款总额 51.18 亿元，异地贷款余额 36.68 亿元。

3. 公转商贴息贷款：2017 年，发放公转商贴息贷款 999 笔 2.88 亿元，支持职工购建房面积 11.99 万平方米。当年贴息额 0 亿元。2017 年末，累计发放公转商贴息贷款 999 笔 2.88 亿元，累计贴息 0 万元。

4. 住房公积金支持保障性住房建设项目贷款：2017 年末，全省（区）有住房公积金试点城市 4 个，试点项目 4 个，贷款额度 7.30 亿元，建筑面积 76.21 万平方米，可解决 10244 户中低收入职工家庭的住房问题。4 个试点项目贷款资金已发放并还清贷款本息。

（四）住房贡献率：2017 年，个人住房贷款发放额、公转商贴息贷款发放额、项目贷款发放额、住房消费提取额的总和与当年缴存额的比率为 98.97%，比上年减少 18.12 个百分点。

六、其他重要事项

（一）当年住房公积金政策调整情况：

1. 关于做好住房公积金异地转移接续工作的通知（鄂建办〔2017〕231 号）。
2. 关于做好全省住房公积金综合服务平台建设及评价工作的通知（鄂建办〔2017〕362 号）。

（二）当年开展专项监督检查情况：

1. 关于对 2016 年度全省住房公积金管理工作进行考核的通知（鄂建办〔2017〕219 号）。

2. 关于对2016年度住房公积金管理工作进行抽查的通知（鄂建金管函〔2017〕4号）。

（三）当年住房公积金机构及从业人员所获荣誉情况：

1. 获得集体荣誉。2017年全省共计获得19个文明单位（行业、窗口），其中省部级6个，地市级13个；2个青年文明号，省部级和地市级各一个。

2. 获得个人荣誉。从业人员有15人获得地市级三八红旗手，56人获得先进集体和个人称号，其中国家级一个，省部级15个，地市级50个；其他地市级荣誉18个。

武汉住房公积金2017年年度报告

一、机构概况

（一）住房公积金管理委员会：武汉住房公积金管理委员会现有27名委员，2017年召开会议1次，审议通过的事项主要包括：

1. 关于调整武汉住房公积金管理委员会部分委员人选的建议和关于调整武汉住房公积金管理委员会主任委员、副主任委员人选的建议；

2. 武汉住房公积金2016年年度报告；

3. 武汉住房公积金2016年归集使用计划执行情况及2017年归集使用计划（草案）；

4. 2016年财务收支预算执行情况和2017年公积金财务收支预算；

5. 武汉住房公积金2016年管理工作情况及2017年重点工作。

（二）住房公积金管理中心：住房公积金管理中心为武汉市政府直属不以营利为目的正局级事业单位，设6个处，10个分中心。从业人员263人，其中，在编149人，非在编114人。

二、业务运行情况

（一）缴存：2017年，新开户单位3679家，实缴单位23976家，净增单位2622家；新开户职工29.83万人，实缴职工205.31万人，净增职工11.65万人；缴存额327.15亿元，同比增长14.89%。2017年末，缴存总额2084.91亿元，同比增长18.61%；缴存余额982.92亿元，同比增长12.94%。

受委托办理住房公积金缴存业务的银行17家，与上年持平。

（二）提取：2017年，提取额214.52亿元，同比增长21.97%；占当年缴存额的65.57%，比上年增加3.80个百分点。2017年末，提取总额1101.99亿元，同比增长24.17%。

（三）贷款：

1. 个人住房贷款：个人住房贷款最高额度50万元，其中，单缴存职工最高额度50万元，双缴存职工最高额度50万元。

2017年，发放个人住房贷款3.18万笔122.44亿元，同比分别下降32.08%、32.01%。

2017年，回收个人住房贷款107.43亿元。

2017年末，累计发放个人住房贷款52.75万笔1514.54亿元，贷款余额883.28亿元，同比分别增长6.42%、8.8%、1.73%。个人住房贷款余额占缴存余额的89.86%，比上年减少9.91个百分点。

受委托办理住房公积金个人住房贷款业务的银行19家，与上年持平。

2. **住房公积金支持保障性住房建设项目贷款**：2017年，发放支持保障性住房建设项目贷款0亿元，回收项目贷款0亿元。2017年末，累计发放项目贷款4亿元，项目贷款余额0亿元。

（四）**融资**：2017年，融资0亿元，归还2.51亿元。截至2017年末，历年融资总额111.16亿元，融资余额15.12亿元。

（五）**资金存储**：2017年末，住房公积金存款145.38亿元。其中，活期0.67亿元，1年（含）以下定期19.06亿元，1年以上定期0亿元，协定115.50亿元，通知存款10.15亿元。

（六）**资金运用率**：2017年末，住房公积金个人住房贷款余额、项目贷款余额和购买国债余额的总和占缴存余额的89.89%，比上年减少9.91个百分点。

三、主要财务数据

（一）**业务收入**：2017年，业务收入304379.77万元，同比增长6.43%。存款利息10683.77万元，委托贷款利息293584.68万元，国债利息94.30万元，其他17.02万元。

（二）**业务支出**：2017年，业务支出181912.86万元，同比增长29.06%。支付职工住房公积金利息154724.78万元，归集手续费12229.50万元，委托贷款手续费14948.29万元，其他10.29万元。

（三）**增值收益**：2017年，增值收益122466.91万元，同比下降15.57%。增值收益率1.32%，比上年减少0.46个百分点。

（四）**增值收益分配**：2017年，提取贷款风险准备18365.66万元，提取管理费用5800万元，提取城市廉租住房（公共租赁住房）建设补充资金98301.25万元。

2017年，上交财政管理费用5800万元。上缴财政城市廉租住房（公共租赁住房）建设补充资金108879.74万元。

2017年末，贷款风险准备金余额231386.28万元。累计提取城市廉租住房（公共租赁住房）建设补充资金621693.83万元。

（五）**管理费用支出**：2017年，管理费用支出10365.17万元，同比下降4.8%。其中，人员经费3839.04万元，公用经费367.91万元，专项经费6158.22万元。

四、资产风险状况

（一）**个人住房贷款**：2017年末，个人住房贷款逾期额2151.39万元，逾期率0.24‰。

个人贷款风险准备金按贷款余额的0.21%提取。2017年，提取个人贷款风险准备金18365.66万元，使用个人贷款风险准备金核销呆坏账0万元。2017年末，个人贷款风险准备金余额230786.28万元，占个人住房贷款余额的2.61%，个人住房贷款逾期额与个人贷款风险准备金余额的比率为0.93%。

（二）**支持保障性住房建设试点项目贷款**：2017年，提取项目贷款风险准备金0万元，使用项目贷款风险准备金核销呆坏账0万元，项目贷款风险准备金余额600万元，占项目贷款余额的0%，项目贷款逾期额与项目贷款风险准备金余额的比率为0%。

五、社会经济效益

（一）**缴存业务**：2017年，实缴单位数、实缴职工人数和缴存额同比分别增长12.27%、6.02%和14.89%。

缴存单位中，国家机关和事业单位占19.85%，国有企业占12.63%，城镇集体企业占2.71%，外商投资企业占8.98%，城镇私营企业及其他城镇企业占50.14%，民办非企业单位和社会团体占5.49%，其他占0.20%。

缴存职工中，国家机关和事业单位占21.71%，国有企业占27.54%，城镇集体企业占3.32%，外商投资企业占18.31%，城镇私营企业及其他城镇企业占25.90%，民办非企业单位和社会团体占3.05%，其他占0.17%；中、低收入占95.84%，高收入占4.16%。

新开户职工中，国家机关和事业单位占16.43%，国有企业占13.75%，城镇集体企业占2.25%，外商投资企业占10.12%，城镇私营企业及其他城镇企业占52.46%，民办非企业单位和社会团体占4.89%，其他占0.10%；中、低收入占99.48%，高收入占0.52%。

（二）**提取业务**：2017年，22.39万名缴存职工提取住房公积金214.52亿元。

提取金额中，住房消费提取占75.94%（购买、建造、翻建、大修自住住房占15.26%，偿还购房贷款本息占57.35%，租赁住房占3.33%）；非住房消费提取占24.06%（离休和退休提取占17.64%，完全丧失劳动能力并与单位终止劳动关系提取占5.59%，户口迁出本市或出境定居占0.69%，其他占0.14%）。

提取职工中，中、低收入占96.60%，高收入占3.40%。

（三）**贷款业务**：

1. **个人住房贷款**：2017年，支持职工购建房332.05万平方米，年末个人住房贷款市场占有率为15.19%，比上年减少2.63个百分点。通过申请住房公积金个人住房贷款，可节约职工购房利息支出401915.64万元。

职工贷款笔数中，购房建筑面积90（含）平方米以下占34.95%，90~144（含）平方米占60.89%，144平方米以上占4.16%。购买新房占80.39%（其中购买保障性住房占0%），购买存量商品住房占19.61%，建造、翻建、大修自住住房占0%，其他占0%。

职工贷款笔数中，单缴存职工申请贷款占38.11%，双缴存职工申请贷款占61.89%，三人及以上缴存职工共同申请贷款占0%。

贷款职工中，30岁（含）以下占40.33%，30岁~40岁（含）占36.97%，40岁~50岁（含）占18%，50岁以上占4.7%；首次申请贷款占98.77%，二次及以上申请贷款占1.23%；中、低收入占98.62%，高收入占1.38%。

2. **异地贷款**：2017年，发放异地贷款10笔396.6万元。2017年末，发放异地贷款总额1236.5万元，异地贷款余额1168.41万元。

3. **支持保障性住房建设试点项目贷款**：2017年末，累计试点项目1个，贷款额度4亿元，建筑面积52.87万平方米，可解决6600户中低收入职工家庭的住房问题。试点项目贷款资金已发放并还清贷款本息。

（四）**住房贡献率**：2017年，个人住房贷款发放额、公转商贴息贷款发放额、项目贷款发放额、住房消费提取额的总和与当年缴存额的比率为87.22%，比上年减少23.75个百分点。

六、其他重要事项

（一）当年住房公积金政策调整及执行情况：

1. **住房公积金存贷款利率执行情况**。2017年6月30日年度结息，当年新增和上年结转的公积金利率未进行调整，仍按结息日挂牌公告的一年期定期存款利率1.50%执行。当年住房公积金销户提取按当日挂牌的公积金存款利率执行。

当年住房公积金贷款利率未进行调整，五年期以下（含五年）贷款年利率仍按2.75%执行，五年期以上贷款年利率仍按3.25%执行。2017年各阶段新发放的贷款按发放日挂牌的公积金贷款利率执行。

2. **当年住房公积金缴存基数比例执行情况**。2017年缴存比例继续执行武汉地区现行政策，即职工和单位的住房公积金缴存比例均不得低于8%；有条件的单位可以根据实际情况提高缴存比例，但最高比例均不得超过12%。2017年武汉地区最低缴存基数：主城区内最低每月不能低于1550元，远城区每月不能低于1,320元。

（二）当年服务改进情况：

1. **改进商事企业缴存登记方式**。将单位住房公积金缴存登记纳入"多证合一、一照一码"商事登记范围，实现企业住房公积金缴存登记与商事登记其他业务"一站式"办理，简化了企业办理住房公积金缴存登记业务手续。

2. **将缴存住房公积金纳入积分入户指标体系**。在武汉连续缴纳住房公积金的职工，可按缴存年限累计积分，最高可享受30分的加分支持，既增强住房公积金制度吸引力，又帮助了外地户籍缴存职工落户武汉。2017年符合住房公积金加分条件的有728人。

3. **接入全国异地转移接续平台**。2017年6月30日，武汉公积金中心以系统直连模式接入全国异地转移接续平台，实现了异地转移业务"一次办，一站办"。自接入平台以来，共为9379位缴存职工办结了异地转移接续业务，涉及转移资金2.76亿元。

4. **提高公积金贷款服务效能**。深入推进互联网与公积金融合发展，通过与房产、不动产、民政、征信等职能部门信息共享，实现贷款审核要素互联核验；积极运用大数据精准分析，完善现有公积金数字信息化审批功能；实现纸质材料报送系统登记交接功能，有效管控贷款办理时限。

5. **创新公积金贷款放款方式**。对符合"资质等级高、开发实力强、企业信誉好、楼盘储备多、职工投诉少"等条件和标准的房地产开发企业，采取凭"抵押收件单"放款，进一步提高公积金贷款办贷效率，压缩公积金贷款办理周期。

6. **推动公积金服务"三办"改革**。首批确定了"马上办"事项46件、"网上办"事项20件、"一次办"事项47件，并制定了办事指南表向社会公布运行。

7. **取消了贷款楼盘项目备案要求**。通过与市房管局建立商品住房预售（现售）项目信息互联互通机制，取消了房地产开发企业贷款项目备案要求。房地产开发企业在本市开发建设的楼盘项目，可直接受理缴存职工的公积金个人贷款申请，不需要到武汉公积金中心进行项目备案登记。项目备案由"多次办"改革为"不用办"。

（三）当年信息化建设情况：2017年中心信息化建设实际投入885.7万元预算。确保了住房公积金综合业务平台稳定运行，支持了创新业务的拓展，完成了公积金私有云的建设及投产上线，增加了职工个人自由缴存的归集、提取和结息功能，基本实现住房城乡建设部基础数据贯标，正在稳步推进住房城乡建设部结算平台接入测试。

1. **推进职能部门信息联网共享**。与民政、人民银行、房管、不动产登记、工商等部门建立信息联网查询机制，基本实现了"让数据多跑腿，让职工少跑路"。

2. **不断拓展网上业务范围**。新推出了在线政策咨询服务、网上自助还贷等服务。目前，已有低收入提取、离退休提取、租房提取等3项个人提取业务，以及委托扣划还款变更、贷款期限变更等4项还贷业务，都可在网上自助办理。

3. **加强综合服务平台建设**。新增加"融e联"服务渠道，单位网上业务系统涵盖95%的业务功能，实现7×24小时不间断服务，对柜面业务的替代率超过70%。武汉公积金微信公众号和网站分获"2017年度中国优秀政务新媒体奖（微博微信）"和"2017年度中国政务网站优秀奖"。

（四）当年住房公积金管理中心及职工所获荣誉情况：

1. **获得集体荣誉**。2017年武汉住房公积金管理中心评为市级文明单位，省直分中心评为全国住房城乡建设系统先进集体、全市"十优满意单位"；

2. **获得个人荣誉**。从业人员有1人评为全国住房城乡建设系统先进个人；18人评为市级先进个人。

（五）当年行政处罚和强制执行情况：对湖北武汉华江物业有限公司，下发了《责令改正通知书》（武公中责改（2017）第1号），责令其依照《住房公积金管理条例》，履行住房公积金缴存义务。无申请法院强制执行的情况。

（六）当年其他需要披露的情况：

1. **防控资金流动性风险**。根据2016年国务院第三次大督察反馈意见中关于"高度重视住房公积金流动性缺口，防范融资运营风险"的整改要求，积极规范公积金贷款业务管理，个贷率降至89.86%，资金流动性紧张风险明显缓解。

2. **开展拒办公积金贷款问题整治**。积极会同市房管部门联合发文，对查实确有拒绝公积金贷款行为的房地产开发企业，组织进行约谈，依法责令其检查、改正，并在房地产开发企业信用信息系统予以公示，坚决维护缴存职工购买刚性基本住房的公积金贷款权益。

3. **规范开展公积金贷款资产证券化业务**。为缓解流动性紧张风险，2016年3月10日，经住房城乡建设部、人民银行批准，在全国银行间债券市场成功发行"武汉公积金2016年第一期个人住房贷款资产支持证券"20.41亿元，按照发行规则，本期资产支持证券不能提前终止，公积金中心按期进行信息披露、偿还本息。

黄石市住房公积金2017年年度报告

一、机构概况

（一）住房公积金管理委员会：住房公积金管理委员会有23名委员，2017年，召开1次全体会议，审议通过2017年度住房公积金归集、使用计划执行情况，并对其他重要事项进行决策，主要包括：《黄石市住房公积金管理工作情况报告》、关于《黄石市住房公积金2016年预算执行情况和2017年预算》的报告、《关于进一步放宽我市住房公积金使用政策的报告》。

（二）住房公积金管理中心：住房公积金管理中心为直属于市人民政府不以营利为目的的独立的公益类事业单位，主要负责全市住房公积金的归集、管理、使用和核算。中心设7个科（室、部），4个管理部，1个分中心、1个办事处。从业人员74人，其中，在编66人，非在编8人。

二、业务运行情况

（一）缴存：2017年，实缴单位2881家，新开户单位326家，净增单位－690家；实缴职工18.45万人，新开户职工2.36万人，净增职工0.07万人；当年缴存额23.34亿元，同比增长17.36%。

截至2017年底，缴存总额153.52亿元，缴存余额90.68亿元，同比分别增长17.93%、10.16%。

受托办理公积金缴存业务银行11家，比上年减少2家。

（二）提取：2017年，当年提取额14.98亿元，同比增长32.94%；占当年缴存额的比率64.17%，比上年同期增加7.53个百分点。

截至2017年底，提取总额62.85亿元，同比增长31.29%。

（三）贷款：

1. **个人住房贷款**：个人住房贷款最高额度60万元，其中，双职工家庭最高额度60万元，单职工家庭50万元。

2017年，发放个人住房贷款0.7万笔25.01亿元，同比增长30.55%、41.13%。其中，市中心发放个贷0.43万笔16.39亿元，大冶分中心发放个贷0.13万笔4.4亿元，阳新办事处发放个贷0.14万笔4.22亿元。

2017年，回收个人住房贷款8.18亿元。其中，市中心6.1亿元，大冶分中心1.4亿元，阳新办事处0.68亿元。

截至2017年底，累计发放个人住房贷款5.36万笔115.69亿元，贷款余额74.58亿元，同比分别增长15.02%、27.59%、29.16%。个人住房贷款率为82.24%，比上年同期增加12.09个百分点。

受委托办理住房公积金个人住房贷款业务的银行6家，比上年增加1家。

2. **住房公积金支持保障性住房建设项目贷款**：截至2017年，累计发放项目贷款0.4亿元，余额为零。

（四）融资：2017年，当年未融资，归还0亿元。

截至2017年底，融资总额1亿元，融资余额0亿元。

（五）资金存储：截至2017年底，住房公积金存款额20.06亿元。其中，活期1.68亿元，1年以内定期（含）10.4亿元，1年以上定期5.85亿元，其他（协定存款）2.13亿元。

（六）其他：截至2017年底，资金运用率82.24%，比上年同期增加12.09个百分点。

三、主要财务数据

（一）业务收入：2017年，业务收入37344.84万元（并账统一核算），同比增长44.61%。其中，存款利息收入15845.67万元，委托贷款利息收入21499.17万元，国债利息收入0万元，其他收入0万元。

(二) 业务支出：2017年，业务支出23037.64万元，同比增长80.9%。其中，住房公积金利息支出22801.95万元，归集手续费用支出0万元，委托贷款手续费支出222.31万元，其他支出13.38万元。

(三) 增值收益：2017年，增值收益14307.2万元，同比增长9.3%。年末增值收益率1.62%，比上年同期减少0.04个百分点。

(四) 增值收益分配：2017年，提取贷款风险准备金0万元（另：上年增值收益分配决算调整减少200万元），提取管理费用1800万元，提取城市廉租房（公共租赁住房）建设补充资金12507.19万元。

2017年，上交财政管理费用1548万元（未含上年增值收益分配决算调整增加200万元）。上缴财政的城市廉租房（公共租赁住房）建设补充资金11200万元。其中，市中心上缴10140万元，大冶分中心上缴660万元，阳新办事处上缴400万元。

截至2017年底，贷款风险准备金余额32078.56万元。累计提取城市廉租房（公共租赁住房）建设补充资金49671.24万元。其中，市中心提取44166.24万元，大冶分中心提取3485万元，阳新办事处提取2020万元。

(五) 管理费用支出：2017年，管理费用支出1764.54万元，同比下降9.09%。其中，人员经费1235.98万元，公用经费408万元，专项经费120.56万元。

四、资产风险状况

个人住房贷款：截至2017年底，逾期个人住房贷款0万元。个人住房贷款逾期率0‰。其中，市中心0‰，大冶分中心0‰，阳新办事处0‰。

个人贷款风险准备金按当年新增贷款余额的1%提取。当年使用个人贷款风险准备金核销0万元，个人贷款风险准备金余额为32078.56万元，个人贷款风险准备金余额与个人贷款余额的比率为4.3%（以前年度按照当年实现增值收益的60%计提风险准备金或按年末个人住房贷款余额的1%），个人贷款逾期额与个人贷款风险准备金余额的比率为0%。

五、社会经济效益

(一) 缴存业务：2017年，实缴单位数、实缴职工人数和缴存额增长率分别为3.36%、13.44%和17.36%。

缴存单位中，国家机关和事业单位占51.23%，国有企业占10.65%，城镇集体企业占2.5%，外商投资企业占1.6%，城镇私营企业及其他城镇企业占26.07%，民办非企业单位和社会团体占5.52%，其他占2.43%。

缴存职工中，国家机关和事业单位占36.17%，国有企业占26.65%，城镇集体企业占2.32%，外商投资企业占14.74%，城镇私营企业及其他城镇企业占18.52%，民办非企业单位和社会团体占1.02%，其他占0.58%；中、低收入占93.49%，高收入占6.51%。

新开户职工中，国家机关和事业单位占26.52%，国有企业占9.41%，城镇集体企业占2.42%，外商投资企业占19.57%，城镇私营企业及其他城镇企业占36.28%，民办非企业单位和社会团体占2.16%，其他占3.64%；中、低收入占99.2%，高收入占0.8%。

(二) 提取业务：2017年，提取住房公积金5.75万笔14.98亿元。

提取的金额中，住房消费提取占 64.46%（购买、建造、翻建、大修自住住房占 17.79%，偿还购房贷款本息占 44.11%，租赁住房占 0.16%，其他占 2.4%）；非住房消费提取占 35.54%（离退休和去世提取占 24.73%，完全丧失劳动能力并与单位终止劳动关系提取占 1.73%，户口迁出本市或出境定居占 0.26%，其他占 8.82%）。

（三）**贷款业务**：

1. **个人住房贷款**：2017 年，支持职工购建房 85.67 万平方米，年末个人住房贷款市场占有率为 32.6%，比上年减少 4.63 个百分点。通过申请住房公积金个人住房贷款，可节约职工购房利息支出 4126.98 万元。

职工贷款笔数中，购房建筑面积 90（含）平方米以下占 7.59%，90～144（含）平方米占 82.05%，144 平方米以上占 10.36%。购买新房占 91.3%（其中购买保障性住房占 0%），购买存量商品住房占 8.51%，建造、翻建、大修自住住房占 0.07%，其他占 0.12%。

职工贷款笔数中，单缴存职工申请贷款占 16.34%，双缴存职工申请贷款占 72.11%，三人及以上缴存职工共同申请贷款占 11.55%。

贷款职工中，30 岁（含）以下占 29.27%，30 岁～40 岁（含）占 32.45%，40 岁～50 岁（含）占 29.81%，50 岁以上占 8.47%；首次申请贷款占 93.86%，二次及以上申请贷款占 6.14%；中、低收入占 93.01%，高收入占 6.99%。

2. **异地贷款**：2017 年，发放异地贷款 323 笔 12049 万元。2017 年末，发放异地贷款总额 22992.5 万元，异地贷款余额 21469.69 万元。

3. **住房公积金支持保障性住房建设项目贷款**：截至 2017 年底，本市累计有住房公积金试点项目 1 个，贷款额度 0.4 亿元，建筑面积共 16.7 万平方米，可解决 2800 户中低收入职工家庭的住房问题。其中，经济适用房项目 0 个、额度 0 亿元，棚户区改造安置用房项目 0 个、额度 0 亿元，公共租赁住房项目 1 个、额度 0.4 亿元。1 个试点项目贷款资金已发放并还清贷款本息。

（四）**住房贡献率**：2017 年，个人住房贷款发放额、公转商贴息贷款发放额、项目贷款发放额、住房消费提取额的总和与当年缴存额的比率为 171.33%，比上年同期增加 25.57 个百分点。

六、其他重要事项

（一）**当年缴存基数限额确定方法、缴存比例调整情况**：

缴存基数的确定方法：国家机关及参公管理事业单位职工住房公积金余额缴存基数原则上不得高于我市社平工资的 3 倍；省及以上直管单位参照上级主管部门有关规定执行；其他单位职工住房公积金月缴存基数在社平工资 3 倍以内的免征个人所得税，超出部分并入职工个人当期的工资、薪金收入，按照规定计征个人所得税。2016 年黄石市统计局公布的社平工资为 3713 元。

（二）**当年住房公积金存贷款利率调整及执行情况**：

严格执行中国人民银行公布的公积金存贷款利率。目前，我市公积金执行央行公布的存款基准利率，自 2016 年 2 月 21 日开始，上年结转部分和当年新增的活期缴存额均按一年期定存利率 1.5% 计息。贷款基准利率：5 年以下贷款年利率 2.75%，5 年以上贷款年利率 3.25%。二套房贷利率执行同期同档次基准利率上浮 10%。

(三) 当年住房公积金放宽使用政策情况：

1. **四届一次管委会审议通过放宽职工购买自住住房提取住房公积金的次数限制**

职工购买自住住房，未申请住房公积金个人住房贷款的，在取得有效购房凭证（缴纳购房契税或办理《不动产登记证》）5年内，每年都可以提取1次职工本人及配偶、父母、子女的住房公积金，且累计提取金额不得超过实际支付的购房款（二手存量房以"评估价"、"合同金额"孰低为上限）。

2. **放宽公积金借款人使用公积金余额偿还贷款的限制**

办理了个人住房公积金贷款且尚未结清贷款本息的职工，每月可按顺序依次划扣借款人本人、配偶、父母、子女的个人住房公积金账户存储资金，用于偿还借款人当期应还住房公积金贷款本息，不再只限于扣划上期缴存额。

借款人个人住房公积金账户必须留足6个月当期应还贷款本息余额，配偶、父母、子女个人公积金账户必须留足6个月住房公积金月缴存额。如果划扣的公积金不足以偿还当期应还贷款本息，由借款人自行向还款账户补足还款额。

个人住房公积金账户处于"质押担保"或"司法冻结"状态的，不得为借款人办理该项业务。

以上相关政策由市住房公积金管理中心制订实施细则，经新系统功能开发完善后从2017年9月1日起开始执行。

(四) 当年服务改进情况：2017年，黄石市住房公积金中心秉承"便民、利民、惠民"的服务理念，不断提高住房公积金服务质量，扩大住房公积金制度影响力。一是加大服务明察暗访督查力度。二是增强干部职工责任意识。三是强化党员干部服务意识。

(五) 当年信息化建设情况：2017年2月13日全国首家4.0版本住房公积金管理系统——"神玥"软件在黄石市正式上线。同年7月1日，我市接入住房城乡建设部异地转移接续平台。9月27日，我市基础数据标准和住房城乡建设部结算应用系统的"双贯标"验收一次性过关。

十堰市住房公积金2017年年度报告

一、机构概况

(一) **住房公积金管理委员会**：住房公积金管理委员会有20名委员，2017年召开1次会议，审议通过的事项主要包括：《2016年度全市住房公积金增值收益分配方案》和《2017年度十堰住房公积金归集和使用计划》。

(二) **住房公积金管理中心**：住房公积金管理中心为市政府直属不以营利为目的的正县级事业单位，设6个处（科），3个管理部，1个分中心。从业人员232人，其中，在编136人，非在编96人。

二、业务运行情况

(一) **缴存**：2017年，新开户单位379家，实缴单位3671家，净增单位184家；新开户职工2.52万人，实缴职工 26.13 万人，净增职工 3.11 万人；缴存额 34.96 亿元，同比增长 14.06%。2017 年末，缴存总额 232.98 亿元，同比增长 17.65%；缴存余额 120.84 亿元，同比增长 12.18%。

受委托办理住房公积金缴存业务的银行 12 家，比上年增加 3 家。

（二）提取：2017 年，提取额 21.85 亿元，同比增长 25.86%；占当年缴存额的 62.5%，比上年增加 5.86 个百分点。2017 年末，提取总额 112.14 亿元，同比增长 24.21%。

（三）贷款：

个人住房贷款：个人住房贷款最高额度 70 万元，其中，市中心个人住房贷款最高额度 50 万元，单缴存职工最高额度 50 万元，双缴存职工最高额度 50 万元；东风分中心个人住房贷款最高额度 70 万元，单缴存职工最高额度 70 万元，双缴存职工最高额度 70 万元。

2017 年，发放个人住房贷款 0.68 万笔 21.24 亿元，同比分别增长 19.30%、30.10%。其中，市中心发放个人住房贷款 0.58 万笔 18.17 亿元，东风分中心发放个人住房贷款 0.1 万笔 3.4 亿元。

2017 年，回收个人住房贷款 5.67 亿元。其中，市中心 4.87 亿元，东风分中心 0.80 亿元。

2017 年末，累计发放个人住房贷款 4.45 万笔 88.17 亿元，贷款余额 60.20 亿元，同比分别增长 18.04%、31.73%、34.89%。个人住房贷款余额占缴存余额的 49.82%，比上年增加 8.39 个百分点。

受委托办理住房公积金个人住房贷款业务的银行 6 家，比上年增加 0 家。

（四）资金存储：2017 年末，住房公积金存款 61.16 亿元。其中，活期 0.36 亿元，1 年（含）以下定期 16.52 亿元，1 年以上定期 41.67 亿元，其他（协定、通知存款等）2.61 亿元。

（五）资金运用率：2017 年末，住房公积金个人住房贷款余额、项目贷款余额和购买国债余额的总和占缴存余额的 49.82%，比上年增加 8.39 个百分点。

三、主要财务数据

（一）业务收入：2017 年，业务收入 38205.47 万元，同比增长 3.40%。其中，市中心 31733.32 万元，东风分中心 6472.15 万元；存款利息 21814.46 万元，委托贷款利息 16340.11 万元，国债利息 0 万元，其他 50.90 万元。

（二）业务支出：2017 年，业务支出 18377.85 万元，同比增长 17.86%。其中，市中心 15173.27 万元，东风分中心 3204.58 万元；支付职工住房公积金利息 17491.61 万元，归集手续费 101.09 万元，委托贷款手续费 776.30 万元，其他 8.85 万元。

（三）增值收益：2017 年，增值收益 19827.63 万元，同比下降 7.16%。其中，市中心 16560.06 万元，东风分中心 3267.57 万元；增值收益率 1.75%，比上年减少 0.38 个百分点。

（四）增值收益分配：2017 年，提取贷款风险准备金 6019.99 万元，提取管理费用 3424.18 万元，提取城市廉租住房（公共租赁住房）建设补充资金 10383.46 万元。

2017 年，上交财政管理费用 2901.29 万元。上缴财政城市廉租住房（公共租赁住房）建设补充资金 10604.93 万元。其中，市中心上缴 8354.31 万元，东风分中心上缴（收缴单位）2250.62 万元

2017 年末，贷款风险准备金余额 20250.19 万元。累计提取城市廉租住房（公共租赁住房）建设补充资金 58713.83 万元。其中，市中心提取 44905.95 万元，东风分中心提取 13807.88 万元。

（五）管理费用支出：2017 年，管理费用支出 3214.11 万元，同比增长（下降）22.09%。其中，人员经费 1559.94 万元，公用经费 1208.40 万元，专项经费 445.77 万元。

市中心管理费用支出2883.34万元,其中,人员、公用、专项经费分别为1436.13万元、1163.71万元、283.50万元;东风分中心管理费用支出330.77万元,其中,人员、公用、专项经费分别为123.81万元、44.69万元、162.27万元。

四、资产风险状况

个人住房贷款：2017年末,个人住房贷款逾期额122.79万元,逾期率0.25‰。其中,市中心0.25‰,东风分中心0‰。

个人贷款风险准备金按(贷款余额)的1%提取。2017年,提取个人贷款风险准备金6019.99万元,使用个人贷款风险准备金核销呆坏账0万元。2017年末,个人贷款风险准备金余额20250.19万元,占个人住房贷款余额的3.36%,个人住房贷款逾期额与个人贷款风险准备金余额的比率为0.61%。

五、社会经济效益

(一)缴存业务：2017年,实缴单位数、实缴职工人数和缴存额同比分别增长5.3%、13.51%和14.06%。

缴存单位中,国家机关和事业单位占62.93%,国有企业占13.08%,城镇集体企业占0.95%,外商投资企业占0.63%,城镇私营企业及其他城镇企业占13.24%,民办非企业单位和社会团体占4.36%,其他占4.80%。

缴存职工中,国家机关和事业单位占46.01%,国有企业占40.39%,城镇集体企业占0.91%,外商投资企业占0.43%,城镇私营企业及其他城镇企业占9.69%,民办非企业单位和社会团体占0.90%,其他占1.67%;中、低收入占97.26%,高收入占2.74%。

新开户职工中,国家机关和事业单位占25.69%,国有企业占22.53%,城镇集体企业占1.21%,外商投资企业占0.81%,城镇私营企业及其他城镇企业占30.41%,民办非企业单位和社会团体占6.08%,其他占13.27%;中、低收入占99.32%,高收入占0.68%。

(二)提取业务：2017年,6.45万名缴存职工提取住房公积金21.85亿元。

提取金额中,住房消费提取占72.24%(购买、建造、翻建、大修自住住房占45.26%,偿还购房贷款本息占25.32%,租赁住房占0.20%,其他占1.46%);非住房消费提取占27.76%(离休和退休提取占20.52%,完全丧失劳动能力并与单位终止劳动关系提取占2.14%,户口迁出本市或出境定居占0.70%,其他占4.40%)。

提取职工中,中、低收入占96.75%,高收入占3.25%。

(三)贷款业务：

1. 个人住房贷款：2017年,支持职工购建房74.99万平方米(其中:64.51万平方米,东风10.48万平方米),年末个人住房贷款市场占有率为23.99%,比上年增加4.31个百分点。通过申请住房公积金个人住房贷款,可节约职工购房利息支出52019.8万元。

职工贷款笔数中,购房建筑面积90(含)平方米以下占18.20%,90~144(含)平方米占77.15%,144平方米以上占4.65%。购买新房占81%(其中购买保障性住房占0%),购买存量商品住房占17.60%,建造、翻建、大修自住住房占0%,其他占1.4%。

职工贷款笔数中，单缴存职工申请贷款占 39.76%，双缴存职工申请贷款占 60.20%，三人及以上缴存职工共同申请贷款占 0.04%。

贷款职工中，30 岁（含）以下占 39.35%，30 岁～40 岁（含）占 29.34%，40 岁～50 岁（含）占 23.54%，50 岁以上占 7.77%；首次申请贷款占 97.82%，二次及以上申请贷款占 2.18%；中、低收入占 98.12%，高收入占 1.88%。

2. 异地贷款：2017 年，发放异地贷款 445 笔 14817.70 万元。2017 年末，发放异地贷款总额 26179 万元，异地贷款余额 21916.57 万元。

（四）住房贡献率：2017 年，个人住房贷款发放额、公转商贴息贷款发放额、项目贷款发放额、住房消费提取额的总和与当年缴存额的比率为 106.46%，比上年减少 0.33 个百分点。

六、其他重要事项

（一）当年机构及职能调整情况、受委托办理缴存贷款业务金融机构变更情况：

由于市政府相关领导调整，进行了管委会委员调整，调整后的第三届管委会委员共 20 人，分别是：周锋、黎贵英、胡建明、杨文学、李馥秀、江新生、魏红、王雅芳、张清甫、金华、张俊国、杨斐然、曾中阳、陈万和、李东晖、罗杰、王遂众、孔庆阁、骆玮玮、雷红。

当年存贷业务金融机构变更情况为：新增 3 家归集银行招商银行、汉口银行、邮储银行。

（二）当年住房公积金政策调整及执行情况：

当年住房公积金政策调整情况为：

1. 取消家庭房产登记查询，允许一个家庭两次使用住房公积金贷款购房。对首次使用住房公积金贷款的，按首套房贷款政策执行；第二次使用住房公积金贷款时，对之前已有住房公积金贷款余额的按二套房贷款政策执行，对之前没有住房公积金贷款余额的按首套房贷款政策执行。

2. 取消异地缴存职工在十堰辖区内购房申请住房公积金贷款的户籍限制。

3. 缴存职工为父母、子女购房可使用住房公积金贷款。

4. 取消对个体工商户、自由职业者、进城务工人员、灵活就业人员住房使用公积金的限制性条件，同等享受正常缴存职工使用住房公积金的政策待遇。

5. 职工使用住房公积金贷款购房，对一次性付清房款的允许借款人用已有住房作抵押。

6. 缴存职工在异地购房，尊重本人的意愿可在十堰申请住房公积金贷款。

7. 降低贷款保证金缴交比例，全市统一按贷款金额的 5% 缴纳。

8. 装修自住住房可提取住房公积金，最高提取额度为 25 万元。

9. 实行委托按月划扣住房公积金用于偿还住房公积金贷款本息。

10. 缴存职工购买住房可允许先提取住房公积金再申请住房公积金贷款。首套房提取公积金金额与公积金贷款金额之和不超过房价的 80%；二套房提取住房公积金金额与公积金贷款金额之和不超过房价的 70%。

11. 对住房公积金贷款无逾期记录的职工再次购买住房、偿还商业住房贷款本息可提取住房公积金。

12. 对住房公积金贷款无逾期记录的职工，提前全部或部分偿还住房公积金贷款本息可先提取住房公积金，后办理偿还住房公积金贷款手续。

除第九条待业务软件网络改造升级后开始执行，其余十一条自 6 月 12 日起开始执行。

(三) 当年服务改进情况：

当年服务改进情况为：

1. 提取审批流程由 9 级审批改为 6 级审批；

2. 提取办理时间由原来的 3~5 个工作日改为即来即办即走；

3. 取消原提取审批表需单位盖章；

4. 简化相关手续。压缩贷款流程，取消贷款申请书中加盖行政公章。贷款流程由：前台首受人受理→办事处、管理部副主任复核→办事处、管理部主任审批确认→贷款管理科稽核→管理中心领导终审审批→承办银行审核并办理相关手续→房地产企业或借款人办理不动产抵押登记手续，期房的缴交保证金→向承办银行划拨委托贷款资金→承办银行发放贷款（共：15 个工作日）；压缩贷款办理时间，由 15 个工作日缩短到 9 个工作日。各分支机构受理面签→各分支机构副主任、主任复核、审批→承办银行审核并办理相关手续→房地产企业或借款人办理不动产抵押登记手续，期房的缴交保证金→贷款管理科通过业务稽核贷款政策资料的合规性、完整性→向承办银行划拨委托贷款资金→承办银行发放贷款（共：9 个工作日）。

5. 提高服务质量。开通上门服务、绿色通道、延时服务。

(四) 当年信息化建设情况：

1. **规范基础数据**。对历史数据按照《住房公积金基础数据标准》的要求进行梳理，建设标准的底层数据体系。通过业务系统规范基础数据的录入采集，确保数据的完整性和准确性。

2. **规范工作流程**。对管理中心的业务流程进行梳理与规范化调整，使业务经办的流程更加便捷高效；面向业务经办的流程实现可视可控的全生命周期过程管理，实现有证可查和有据可依。

3. **规范人员配置**。实现业务流程和业务岗位的灵活设置，建立系统权限体系，实现业务经办的分级管理。推动管理资源的整合完善，辅助十堰住房公积金管理中心提高管理效率。

4. **拓宽服务渠道**。新系统将在优化营业网点柜面服务的基础上，以互联网和移动终端为载体，拓宽服务渠道，完成综合服务平台建设，形成类型多样、互为补充的一体化服务体系，满足缴存单位和缴存职工的多元化、个性化服务需求。

5. **规避风险**。通过建设风险防控平台，在廉政、业务操作和资金运营等方面，从权限、流程、操作和运营管理等角度，对风险节点进行严格的控制，形成完善的风险防控机制。

6. **降低成本，提高效率**。新一代核心业务系统支持根据业务经办和管理的需求调整岗位人员和权限，可有效地提高社会办事效率，降低运营和服务成本。

7. **实时结算，政务协同**。通过业务协同平台的建设，一方面通过对接住房城乡建设部的银行结算数据应用系统或与银行定制开发的直连接口实现资金的实时结算；另一方面，通过与其他政务部门信息系统的对接，实现信息的互联互通、即时查询，保证业务的效率和安全性。

(五) 当年住房公积金管理中心及职工所获荣誉情况：

2017 年 12 月 20 日，湖北省委印发《中共湖北省委湖北省人民政府关于命名表彰 2014—2016 年度省级文明城市和文明村镇、2015—2016 年度省级文明单位、第一届省级文明家庭和文明单位（校园）的决定》（鄂文〔2017〕97 号），授予十堰住房公积金管理中心 2015—2016 年度省级文明单位称号。

2017年10月31日,十堰市档案局(十档〔2017〕29号)文件授予十堰住房公积金管理中心"2017年市直及驻市档案工作达标先进单位"荣誉称号。

2017年6月30日,十堰市委十堰市人民政府(十文〔2017〕21号)文件授予十堰住房公积金管理中心"2016-2017年度市级精神文明系列创建先进集体"荣誉称号。

2017年3月20日,十堰市档案局(十档〔2017〕11号)文件授予十堰住房公积金管理中心"十堰市十佳市直机关示范档案室"荣誉称号。

2017年3月20日,十堰市委办公室十堰市政府办公室(十办文〔2017〕11号)文件授予十堰住房公积金管理中心"2016年度市直单位综合目标考评先进单位和达标单位"荣誉称号。

2017年2月26日,市委、市政府十文〔2017〕6号文件授予十堰住房公积金管理中心"2016年度社会治安综合治理先进单位"荣誉称号。

2017年2月26日,市委办、市政府办十办文〔2017〕5号文件授予十堰住房公积金管理中心法治十堰建设绩效考核优秀领导班子荣誉称号。

2017年1月18日,十堰市档案局(十档〔2017〕3号)文件授予十堰住房公积金管理中心"2016年十堰市档案工作先进系统"荣誉称号。

宜昌市住房公积金2017年年度报告

一、机构概况

(一)**住房公积金管理委员会**:住房公积金管理委员会有21名委员,2017年召开2次会议,审议通过的事项主要包括:

1. 审议并批准《关于2016年宜昌市住房公积金归集、使用、效益计划执行情况与2017年计划(草案)的报告》。

2. 审议并批准《宜昌市住房公积金2016年年度报告》。

3. 审议并批准《宜昌市住房公积金行政执法实施办法(试行)》、《宜昌市查处骗提套取住房公积金行为办法(试行)》。

4. 审议并批准《宜昌市住房公积金管理委员会关于调整全市住房公积金使用政策的通知》。

5. 选举市住房公积金管理委员会主任和增选、改选部分委员。

(二)**住房公积金管理中心**:住房公积金管理中心为市政府直属的不以营利为目的的公益二类事业单位,主要负责全市住房公积金的归集、管理、使用和会计核算。中心设14个科室,9个县市区营业部,2个分中心。从业人员236人,其中在编146人,非在编90人。

二、业务运行情况

(一)**缴存**:2017年,新开户单位452家,实缴单位5621家,净增单位502家;新开户职工3.91万人，实缴职工 37.31 万人，净增职工 1.94 万人；缴存额 51.14 亿元，同比增长 13.69%。2017 年末，缴存总额 305.94 亿元，同比增长 20.07%；缴存余额 135.36 亿元，同比增长 16.91%。

受委托办理住房公积金缴存业务的银行 10 家，与上年持平。

（二）提取：2017 年，提取额 31.56 亿元，同比增长 3.58%；占当年缴存额的 61.71%，比上年减少 6.03 个百分点。2017 年末，提取总额 170.58 亿元，同比增长 22.7%。

（三）贷款：

个人住房贷款：个人住房贷款最高额度 50 万元，其中单缴存职工最高额度 40 万元，双缴存职工最高额度 50 万元。

2017 年，发放个人住房贷款 0.8 万笔 28.1 亿元，同比分别下降 40.3%、39.53%。其中市中心发放个人住房贷款 7061 笔 24.34 亿元，三峡分中心发放个人住房贷款 294 笔 1.34 亿元，葛洲坝分中心发放个人住房贷款 658 笔 2.42 亿元。

2017 年，回收个人住房贷款 12.59 亿元。其中市中心 10.68 亿元，三峡分中心 0.9 亿元，葛洲坝分中心 1.01 亿元。

2017 年末，累计发放个人住房贷款 8.6 万笔 184.19 亿元，贷款余额 123.95 亿元，同比分别增长 10.26%、18%、14.3%。个人住房贷款余额占缴存余额的 91.57%，比上年减少 2.09 个百分点。

受委托办理住房公积金个人住房贷款业务的银行 8 家，与上年持平。

（四）融资：2017 年，融资 0 亿元，归还 14.2 亿元。2017 年末，融资总额 22.2 亿元，融资余额 3.5 亿元。

（五）资金存储：2017 年末，住房公积金存款 24.44 亿元。其中活期 0.81 亿元，1 年（含）以下定期 2.5 亿元，1 年以上定期 16.26 亿元，其他（协定、通知存款等）4.87 亿元。

（六）资金运用率：2017 年末，住房公积金个人住房贷款余额占缴存余额的 91.57%，比上年减少 2.09 个百分点。

三、主要财务数据

（一）业务收入：2017 年，业务收入 53589.52 万元，同比增长 12.74%。其中市中心 45562.57 万元，三峡分中心 2485.94 万元，葛洲坝分中心 5541.01 万元；存款利息 13170.67 万元，委托贷款利息 36460.58 万元，其他 3958.27 万元。

（二）业务支出：2017 年，业务支出 30328.8 万元，同比增长 30.04%。其中市中心 26389.98 万元，三峡分中心 1407.68 万元，葛洲坝分中心 2531.14 万元；支付职工住房公积金利息 19585.34 万元，归集手续费 1379.32 万元，委托贷款手续费 1891.32 万元，其他 7472.82 万元。

（三）增值收益：2017 年，增值收益 23260.72 万元，同比下降 3.92%。其中市中心 19172.59 万元，三峡分中心 1078.26 万元，葛洲坝分中心 3009.87 万元；增值收益率 1.84%，比上年减少 0.37 个百分点。

（四）增值收益分配：2017 年，提取贷款风险准备金 1388.52 万元，提取管理费用 8630.42 万元，提取城市廉租住房建设补充资金 13638.98 万元。

2017 年，上交财政管理费用 10663.29 万元。上缴财政城市廉租住房建设补充资金 8702.26 万元。其中市中心上缴财政7646.48万元，三峡分中心上缴中国长江三峡集团有限公司1055.78万元，葛洲坝分中心未上缴。

2017年末，贷款风险准备金余额13347.46万元。累计提取城市廉租住房建设补充资金78840.3万元。其中市中心提取65778.52万元，三峡分中心提取4701.09万元，葛洲坝分中心提取8360.69万元。

（五）管理费用支出：2017年，管理费用支出6798.16万元，同比增长8.56%。其中人员经费4213.77万元，公用经费1258.55万元，专项经费1325.84万元。

市中心管理费用支出5673.11万元，其中人员、公用、专项经费分别为3221.85万元、1174.85万元、1276.41万元；三峡分中心管理费用支出206.59万元，其中人员、公用、专项经费分别为199.11万元、7.48万元、0万元；葛洲坝分中心管理费用支出918.46万元，其中人员、公用、专项经费分别为792.81万元、76.22万元、49.43万元。

四、资产风险状况

（一）个人住房贷款：2017年末，个人住房贷款逾期额171.93万元，逾期率0.14‰。其中市中心0.15‰，葛洲坝分中心0.05‰，三峡分中心无逾期。

个人贷款风险准备金按贷款余额的1%提取。2017年，提取个人贷款风险准备金1388.52万元，使用个人贷款风险准备金核销呆坏账0万元。2017年末，个人贷款风险准备金余额13127.46万元，占个人住房贷款余额的1.06%，个人住房贷款逾期额与个人贷款风险准备金余额的比率为1.31%。

（二）支持保障性住房建设试点项目贷款：2017年末，项目贷款风险准备金余额220万元。

五、社会经济效益

（一）缴存业务：2017年，实缴单位数、实缴职工人数和缴存额同比分别增长9.81%、25.88%和13.69%。

缴存单位中，国家机关和事业单位占49.42%，国有企业占10.8%，城镇集体企业占3.95%，外商投资企业占1.92%，城镇私营企业及其他城镇企业占19.87%，民办非企业单位和社会团体占1.53%，其他占12.51%。

缴存职工中，国家机关和事业单位占32.85%，国有企业占37.95%，城镇集体企业占0.67%，外商投资企业占1.9%，城镇私营企业及其他城镇企业占18.11%，民办非企业单位和社会团体占1.56%，其他占6.96%；中、低收入占89.38%，高收入占10.62%。

新开户职工中，国家机关和事业单位占6.03%，国有企业占10.81%，外商投资企业占1.99%，城镇私营企业及其他城镇企业占75.59%，民办非企业单位和社会团体占3.43%，其他占2.15%；中、低收入占99.04%，高收入占0.96%。

（二）提取业务：2017年，22.52万名缴存职工提取住房公积金31.56亿元。

提取金额中，住房消费提取占73.61%（购买、建造、翻建、大修自住住房占35.24%，偿还购房贷款本息占36.74%，租赁住房占1.6%，其他占0.03%）；非住房消费提取占26.39%（离休和退休提取占18.53%，完全丧失劳动能力并与单位终止劳动关系提取占2%，户口迁出本市或出境定居占1.2%，其他占4.66%）。

提取职工中,中、低收入占81.36%,高收入占18.64%。

(三) 贷款业务

1. 个人住房贷款:2017年,支持职工购建房93.39万平方米,年末个人住房贷款市场占有率为24.31%,比上年减少33.94个百分点。通过申请住房公积金个人住房贷款,可节约职工购房利息支出39238.41万元。

职工贷款笔数中,购房建筑面积90(含)平方米以下占17.03%,90~144(含)平方米占77.59%,144平方米以上占5.38%。购买新房占75.38%,购买存量商品住房占22.39%,建造、翻建、大修自住住房占0.12%,其他占2.11%。

职工贷款笔数中,单缴存职工申请贷款占51.77%,双缴存职工申请贷款占45.21%,三人及以上缴存职工共同申请贷款占3.02%。

贷款职工中,30岁(含)以下占34.34%,30岁~40岁(含)占37.4%,40岁~50岁(含)占24.88%,50岁以上占3.38%;首次申请贷款占62.9%,二次申请贷款占37.1%;中、低收入占91.27%,高收入占8.73%。

2. 异地贷款:2017年,发放异地贷款324笔14797.7万元。2017年末,发放异地贷款总额223389.5万元,异地贷款余额112644.34万元。

(四) 住房贡献率

2017年,个人住房贷款发放额、住房消费提取额的总和与当年缴存额的比率为100.38%,比上年减少57.39个百分点。

六、其他重要事项

(一) 中心机构及职能调整情况、受委托办理缴存贷款业务金融机构变更情况:2017年,中心机构及职能未调整。中心共委托10家商业银行办理住房公积金缴存业务,与上年持平;委托8家商业银行办理住房公积金个人住房贷款业务,与上年持平。委托办理缴存贷款业务金融机构均经宜昌市住房公积金管理委员会审议通过。

(二) 住房公积金政策调整及执行情况:

1. 调整2017年度住房公积金缴存额上下限。全市缴存职工住房公积金月缴存额上限调至3322元,月缴存额下限调至132元,缴存比例保持5%~12%(单边)不变。全市灵活就业人员住房公积金月缴存额上限调至3322元,月缴存额下限调至400元,缴存比例调整为24%(双边)。

2. 调整公积金使用政策。自2017年7月15日起,在区分首套和二套购房的前提下,调高首付比例:将首套房建筑面积在144平方米以上的首付款比例调至30%;将第二套改善型购房的首付比例调至50%,二套房在提取公积金和申请公积金贷款两种方式中只能选择其中一种;停止向已有2次及以上购房贷款记录(含公积金和商业银行贷款)的职工家庭发放公积金贷款。调整贷款最高额度,将双职工正常缴存公积金的家庭贷款最高额度下调为50万元,单职工正常缴存公积金的家庭贷款最高额度下调为40万元;同时实行公积金可贷额度与缴存余额、缴存时间、还款能力挂钩,其中缴存时间不足一年的系数为0.5、缴存时间满一年不足两年的系数为0.8、将公积金贷款的还款能力系数下调为0.35。将缴存职工及配偶名下登记的所有住房纳入公积金贷款家庭房屋套数核定范围。

3. 住房公积金存贷款利率。当年新增职工住房公积金和上年结转的职工住房公积金存款利率为

1.5%。首套房贷款利率五年以下（含五年）为 2.75%，五年以上为 3.25%，二套房均上浮 10%。

（三）服务改进情况：

1. **简化服务流程。**一是在全省率先推行公积金期房贷款预告登记、抵押、放款一站式办理，减少群众往返办理次数。二是取消提取、委托还贷申请书等证明材料。三是将公积金贷款抵押办证费、代办服务费由群众支付改为中心支付，户均节省成本 280 元，实现全部业务零收费目标。

2. **提升服务质量。**一是出台《关于进一步加强作风建设的通知》，重修《服务窗口作风建设规范》，加强服务作风督办考核。二是开办"五位一体服务提升训练营"，规范临柜职工服务礼仪。三是对城区营业部服务大厅全面升级，合理布置功能区，统一标识标牌。在全市各营业部服务大厅安装智能叫号系统。一马路营业部服务环境提档升级，五峰营业部服务大厅投入使用，当阳营业部服务大厅顺利封顶，枝江营业部服务大厅焕然一新。

3. **建设服务系统。**一是完成全国住房公积金异地转移接续平台对接，实现"账随人走、钱随账走"。二是加快推动公积金业务系统与房查、银行征信、婚姻查询等系统数据互联互通、信息共享。

（四）信息化建设情况： 2017 年初，中心拟定了住房公积金双贯标信息系统建设方案。市政府智慧城市建设办公室批复同意宜昌公积金双贯标信息系统部署在市政府三峡云计算中心。2017 年 6 月，中心完成信息系统建设的招标工作，2017 年 8 月确定系统需求，2017 年 12 月完成基础数据标准和结算平台接入的系统开发，2017 年 12 月 16 日双贯标信息系统进入测试阶段。截至 2017 年 12 底，已有 1388 个单位开通网上业务。

（五）获得荣誉情况： 2017 年，中心被省委、省政府表彰为 2015—2016 年度省级文明单位，被市委表彰为 2015—2016 年度市级文明单位、2016 年度党建工作先进单位，被市综治委表彰为 2016 年度综治（平安建设）工作目标管理考评优胜单位，中心直属机关党委被市委市直机关工委表彰为 2016—2017 年度红旗党委。

党组成员、总会计师栾方顶被市委、市政府评为全市争创全国文明城市"三连冠"突出贡献个人。

（六）对违反《住房公积金管理条例》和相关法规行为进行行政处罚和申请人民法院强制执行情况： 2017 年下半年，中心为维护职工合法权益，在宜昌城区开展住房公积金"双随机一公开"执法检查。在宜昌事前事中监督平台上随机抽取了 25 名执法人员和 17 家企业作为执法检查对象，宣传引导 11 家企业建立公积金制度，向 1 家不开户企业下发《责令限期办理通知书》。

襄阳住房公积金 2017 年年度报告

一、机构概况

（一）住房公积金管理委员会：住房公积金管理委员会有 23 名委员，2017 年 8 月召开第十三次会议，审议了《关于襄阳住房公积金管理中心 2016 年工作报告及 2017 年工作安排的报告》，《关于 2016 年住房公积金增值收益分配的报告》，《关于襄阳住房公积金 2017 年归集使用计划的报告》。

（二）住房公积金管理中心：襄阳住房公积金管理中心是直属襄阳市人民政府领导不以营利为目的的

正县级事业单位，主要负责全市住房公积金的归集、管理、使用和会计核算。中心内设六个科室，下设两个管理部和七个办事处。从业人员191人，其中，在编122人，非在编69人。

二、业务运行情况

（一）缴存：2017年，新开户单位388家，实缴单位4589家，同比2016年实缴单位5892家，下降22.11%；新开户职工32667人，实缴职工308727人，与2016年实缴职工280701人相比，净增28026人；缴存额37.16亿元，同比增长17.08%。2017年末，缴存总额216.63亿元，同比增长20.71%；缴存余额111.68亿元，同比增长20.15%。

受委托办理住房公积金缴存业务的银行15家，比上年增加4家。

（二）提取：2017年，提取额18.43亿元，同比下降2.38%；占当年缴存额的49.6%，比上年减少10个百分点。2017年末，提取总额104.95亿元，同比增长21.30%。

（三）贷款：

个人住房贷款：个人住房贷款最高额度60万元，其中，单缴存职工最高额度60万元，双缴存职工最高额度60万元。

2017年，发放个人住房贷款5160笔17.23亿元，同比分别下降56.33%、54.54%。其中，市中心发放个人住房贷款2687笔10.27亿元，襄城发放个人住房贷款178笔0.72亿元，樊城发放个人住房贷款132笔0.53亿元，襄州发放个人住房贷款195笔0.72亿元，南漳发放个人住房贷款323笔0.82亿元，宜城发放个人住房贷款301笔0.81亿元，谷城发放个人住房贷款540笔1.26亿元，枣阳发放个人住房贷款357笔0.92亿元，老河口发放个人住房贷款333笔0.87亿元，保康发放个人住房贷款114笔0.31亿元。

2017年，回收个人住房贷款8.55亿元。其中，市中心5.94亿元，襄城0.22亿元，樊城0.35亿元，襄州0.43亿元，南漳0.30亿元，宜城0.29亿元，谷城0.31亿元，枣阳0.32亿元，老河口0.22亿元，保康0.17亿元。

2017年末，累计发放个人住房贷款52624笔124.51亿元，贷款余额91.87亿元，同比分别增长10.87%、16.06%、10.43%。个人住房贷款余额占缴存余额的82.26%，比上年减少7个百分点。

受委托办理住房公积金个人住房贷款业务的银行4家，与上年相比无变化。

（四）融资：2017年当年无新增融资借款。当年归还本金15.62亿元，利息0.24亿元。截至2017年末，融资总额29.77亿元，借款已全部还清。

（五）资金存储：2017年末，住房公积金存款28.15亿元。其中，活期15.59亿元，1年（含）以下定期2.22亿元，1年以上定期10.34亿元。

（六）资金运用率：2017年末，住房公积金个人住房贷款余额、项目贷款余额和购买国债余额的总和占缴存余额的82.26%，比上年减少7个百分点。

三、主要财务数据

（一）业务收入：2017年，业务收入36414万元，同比下降6.73%。存款利息7553万元，委托贷款利息28856万元，其他5万元。

（二）业务支出：2017年，业务支出18915万元，同比增长4.87%。支付职工住房公积金利息17685

万元，归集手续费 1 万元，委托贷款手续费 1222 万元，其他 7 万元。

（三）增值收益：2017 年，增值收益 17499 万元，同比下降 16.7%。增值收益率 1.70%，比上年减少 0.74 个百分点。

（四）增值收益分配：2017 年，提取贷款风险准备金 2116 万元，拟提取管理费用 3831 万元，拟提取城市廉租住房（公共租赁住房）建设补充资金 11552 万元。

2017 年，上交财政管理费用 6513 万元。上缴财政城市廉租住房（公共租赁住房）建设补充资金 12669 万元。其中，市中心上缴 6522 万元，襄城上缴 252 万元，樊城上缴 471 万元，襄州上缴 1662 万元，南漳上缴 741 万元，宜城上缴 651 万元，谷城上缴 815 万元，枣阳上缴 441 万元，老河口上缴 661 万元，保康上缴 453 万元。

2017 年末，贷款风险准备金余额 8319 万元。累计提取城市廉租住房（公共租赁住房）建设补充资金 70016 万元。其中，市中心提取 47595.15 万元，襄城提取 1142.72 万元，樊城提取 1689.26 万元，襄州提取 5563.01 万元，南漳提取 2292.37 万元，宜城提取 2750.11 万元，谷城提取 3479.9 万元，枣阳提取 2028.25 万元，老河口提取 1851.18 万元，保康提取 1624.05 万元。

（五）管理费用支出：2017 年，管理费用支出 4720.04 万元，同比增长 63.44%。其中，人员经费 1623.92 万元，公用经费 186.3 万元，专项经费 2909.82 万元。

人员经费中，工资福利支出为 1448.11 万元，对个人和家庭的补助为 175.81 万元；专项经费中，信息系统建设及维护费 340.76 万元，活动经费及扶贫费 140.3 万元，办公设备购置费 38.12 万元，公积金业务发展费 542.35 万元，业务宣传费 59.6 万元，襄城、樊城购置服务大厅 1548.29 万元，枣阳购置服务大厅 240.4 万元。

四、资产风险状况

个人住房贷款：2017 年末，个人住房贷款逾期额 175 万元，逾期率 0.19‰。

个人贷款风险准备金按贷款余额的 1% 核定。2017 年，提取个人贷款风险准备金 2116 万元，使用个人贷款风险准备金核销呆坏账 0 万元。2017 年末，提取个人贷款风险准备金前余额为 8319 万元，占个人住房贷款余额的 0.91%，个人住房贷款逾期额与个人贷款风险准备金余额的比率为 2.10%。

五、社会经济效益

（一）缴存业务：2017 年，实缴职工人数和缴存额同比分别增长 9.98% 和 17.08%。

缴存单位中，国家机关和事业单位占 64.46%，国有企业占 6.56%，城镇集体企业占 0.5%，外商投资企业占 1.42%，城镇私营企业及其他城镇企业占 3.97%，民办非企业单位和社会团体占 4.88%，其他占 18.21%。

缴存职工中，国家机关和事业单位占 64.20%，国有企业占 16.53%，城镇集体企业占 0.37%，外商投资企业占 3.52%，城镇私营企业及其他城镇企业占 2.30%，民办非企业单位和社会团体占 5.41%，其他占 7.67%；中、低收入占 89.94%，高收入占 10.06%。

新开户职工中，国家机关和事业单位占 40.40%，国有企业占 8.59%，城镇集体企业占 0.58%，外商投资企业占 8.06%，城镇私营企业及其他城镇企业占 9.85%，民办非企业单位和社会团体占 18.92%，其他占 13.60%；中、低收入占 89.64%，高收入占 10.36%。

（二）提取业务：2017年，57173名缴存职工提取住房公积金18.43亿元。

提取金额中，住房消费提取占73.45%（购买、建造、翻建、大修自住住房占31.43%，偿还购房贷款本息占39.95%，租赁住房占1.43%，其他占0.64%）；非住房消费提取占26.55%（离休和退休提取占21.06%，完全丧失劳动能力并与单位终止劳动关系提取占3.50%，户口迁出本市或出境定居占0.58%，其他占1.41%）。

提取职工中，中、低收入占85.17%，高收入占14.83%。

（三）贷款业务：

1. **个人住房贷款**：2017年，支持职工购建房66万平方米，年末个人住房贷款市场占有率为22%，比上年减少8个百分点。通过申请住房公积金个人住房贷款，可节约职工购房利息支出74003万元。

职工贷款笔数中，购房建筑面积90（含）平方米以下占10.91%，90～144（含）平方米占81.76%，144平方米以上占7.33%。购买新房占78.95%，购买存量商品住房占20.76%，其他占0.29%。

职工贷款笔数中，单缴存职工申请贷款占78.43%，双缴存职工申请贷款占21.26%，三人及以上缴存职工共同申请贷款占0.31%。

贷款职工中，30岁（含）以下占23.06%，30岁～40岁（含）占38.41%，40岁～50岁（含）占29.28%，50岁以上占9.25%；首次申请贷款占99.96%，二次及以上申请贷款占0.04%；中、低收入占88.76%，高收入占11.24%。

2. **异地贷款**：2017年，发放异地贷款485笔15527万元。2017年末，发放异地贷款总额31395万元，异地贷款余额29669万元。

（四）**住房贡献率**：2017年，个人住房贷款发放额、公转商贴息贷款发放额、项目贷款发放额、住房消费提取额的总和与当年缴存额的比率为82.78%，比上年减少81个百分点。

六、其他重要事项

1. 为促进房地产市场平稳健康发展，进一步加强住房公积金贷款规范管理，切实防控住房公积金流动性风险，确保住房公积金业务可持续发展，2017年1月1日起，中心对部分贷款政策作出了调整（购房合同网签备案时间在2016年12月31日之后的按此新政执行）：缴存职工家庭（借款人、配偶及未成年子女）使用住房公积金个人住房贷款购买首套普通自住住房，贷款首付款比例不得低于30%；购买第二套普通自住住房，最低首付款比例不得低于50%，贷款利率按不低于同期住房公积金个人住房贷款基准利率的1.1倍标准执行。不再向购买第三套普通自住住房的缴存职工家庭发放住房公积金个人住房贷款；不再向已有两次住房公积金贷款记录的缴存职工家庭发放住房公积金贷款。缴存职工家庭拥有住房认定，以缴存职工（含配偶及未成年子女）工作所在地、户籍所在地县（市、区）及以上房屋产权管理部门，分别出具的家庭拥有成套住房证明作为认定依据；缴存职工及配偶个人征信报告反映有1笔尚未结清的商业性个人住房贷款信息的，应确认为缴存职工家庭拥有住房1套。

2. 2017年，我们将综合信息管理系统由3.5版本升级为4.0版本，与工农中建交等14家商业银行完成了系统接入工作，开展住房公积金资金实时结算业务。并接入了住房城乡建设部全国住房公积金异地转移接续平台，解决了过去职工住房公积金异地转移往返奔波、手续繁杂、费时费力费神等问题。中心于8月向省住房城乡建设厅申请"双贯标"验收，在9月国家住房城乡建设部和省住房城乡建设厅联合检查验收中，襄阳住房公积金信息管理系统"双贯标"一次性通过检查验收。

鄂州市住房公积金 2017 年年度报告

一、机构概况

（一）住房公积金管理委员会：住房公积金管理委员会有 20 名委员，2017 年召开二次会议，审议通过的事项主要包括：《2016 年住房公积金管理工作报告》、《鄂州市 2016 年度住房公积金制度执行情况的报告》、《鄂州市住房公积金缴存管理暂行办法》（讨论稿）、《鄂州市住房公积金提取管理暂行办法》（讨论稿）、《鄂州市住房公积金个人贷款管理暂行办法》（讨论稿）。

（二）住房公积金管理中心：住房公积金管理中心为直属市人民政府不以营利为目的的参公管理事业单位，设四个处（科），从业人员 21 人，其中，在编 15 人，非在编 6 人。

二、业务运行情况

（一）缴存：2017 年，新开户单位 73 家，实缴单位 832 家，新开户职工 2969 人，实缴职工 7.19 万人；缴存额 8.62 亿元，同比增长 7.78%。2017 年末，缴存总额 59.26 亿元，同比增长 17.04%；缴存余额 29.26 亿元，同比增长 8.46%。

受委托办理住房公积金缴存业务的银行 8 家，与上年相同。

（二）提取：2017 年，提取额 6.34 亿元，同比下降 2.57%；占当年缴存额的 73.54%，比上年同期减少 7.79 个百分点。2017 年末，提取总额 30 亿元，同比增长 26.8%。

（三）贷款：

个人住房贷款：个人住房贷款最高额度 40 万元，其中，单缴存职工最高额度 40 万元，双缴存职工最高额度 40 万元。

2017 年，发放个人住房贷款 0.24 万笔，同比下降 0.37%，贷款金额 6.78 亿元，同比增长 5.58%。其中，市中心发放个人住房贷款 0.24 万笔 6.78 亿元。

2017 年，回收个人住房贷款 3.57 亿元。

2017 年末，累计发放个人住房贷款 2.50 万笔 45.17 亿元，贷款余额 21.21 亿元，同比分别增长 1.06%、17.67%、17.83%。个人住房贷款余额占缴存余额的 72.50%，比上年增加 5.78 个百分点。

受委托办理住房公积金个人住房贷款业务的银行 5 家，与上年无变化。

（四）资金存储：2017 年末，住房公积金存款 8.83 亿元。其中，活期 4.52 亿元，1 年（含）以下定期 0 亿元，1 年以上定期 4.31 亿元，其他（协定、通知存款等）0 亿元。

（五）资金运用率：2017 年末，住房公积金个人住房贷款余额、项目贷款余额和购买国债余额的总和占缴存余额的 72.50%，比上年增加 5.78 个百分点。

三、主要财务数据

（一）**业务收入**：2017年，业务收入11239.25万元，同比增长30.30%。存款利息4417.92万元，委托贷款利息6491.39万元，国债利息0万元，其他329.94万元。

（二）**业务支出**：2017年，业务支出4681.59万元，同比增长69.93%。支付职工住房公积金利息4360.92万元，归集手续费5万元，委托贷款手续费315.4万元，其他0.27万元。

（三）**增值收益**：2017年，增值收益6557.66万元，同比增长11.71%。增值收益率2.35%，比上年减少0.03个百分点。

（四）**增值收益分配**：2017年，提取贷款风险准备金3934万元，提取管理费用1024万元，提取城市廉租住房（公共租赁住房）建设补充资金1599.66万元。

2017年，上交财政管理费用2348万元。上缴财政城市廉租住房（公共租赁住房）建设补充资金0万元。

2017年末，贷款风险准备金余额21482万元。累计提取城市廉租住房（公共租赁住房）建设补充资金6395.66万元。

（五）**管理费用支出**：2017年，管理费用支出602万元，同比增长25.42%。其中，人员经费388.1万元，公用经费74.5万元，专项经费139.4万元。

市中心管理费用支出602万元，其中，人员、公用、专项经费分别为388.1万元、74.5万元、139.4万元。

四、资产风险状况

个人住房贷款：2017年末，个人住房贷款逾期额159.6万元，逾期率0.8‰。

个人贷款风险准备金按增值收益的60%提取。2017年，提取个人贷款风险准备金3934万元，使用个人贷款风险准备金核销呆坏账0万元。2017年末，个人贷款风险准备金余额21482万元，占个人住房贷款余额的10.12%，个人住房贷款逾期额与个人贷款风险准备金余额的比率为0.74%。

五、社会经济效益

（一）**缴存业务**：2017年，实缴单位数、实缴职工人数和缴存额同比分别增长-28.40%、-5.19%和7.78%。

缴存单位中，国家机关和事业单位占60.69%，国有企业占12.02%，城镇集体企业占0%，外商投资企业占0.72%，城镇私营企业及其他城镇企业占5.76%，民办非企业单位和社会团体占1.32%，其他占19.49%。

缴存职工中，国家机关和事业单位占39.62%，国有企业占32.07%，城镇集体企业占0%，外商投资企业占0.94%，城镇私营企业及其他城镇企业占5.34%，民办非企业单位和社会团体占0.75%，其他占21.28%；中、低收入占69.46%，高收入占30.54%。

新开户职工中，国家机关和事业单位占32.97%，国有企业占9.20%，城镇集体企业占0%，外商投资企业占6.06%，城镇私营企业及其他城镇企业占10.35%，民办非企业单位和社会团体占2.42%，其他占39%；中、低收入占56.38%，高收入占43.62%。

（二）**提取业务**：2017年，14844万名缴存职工提取住房公积金6.34亿元。

提取金额中，住房消费提取占74.16%（购买、建造、翻建、大修自住住房占26.54%，偿还购房贷

款本息占47.01%，租赁住房占0.44%，其他占0.17%）；非住房消费提取占25.84%（离休和退休提取占18.76%，完全丧失劳动能力并与单位终止劳动关系提取占4.54%，户口迁出本市或出境定居占0.63%，死亡占0.72%，其他占1.19%）。

提取职工中，中、低收入占79.97%，高收入占20.03%。

（三）贷款业务：

1. **个人住房贷款**：2017年，支持职工购建房26万平方米，年末个人住房贷款市场占有率为14.30%，比上年减少7.84个百分点。通过申请住房公积金个人住房贷款，可节约职工购房利息支出15966万元。

职工贷款笔数中，购房建筑面积90（含）平方米以下占21.35%，90~144（含）平方米占70%，144平方米以上占8.65%。购买新房占65.27%（其中购买保障性住房占0%），购买存量商品住房占34.73%，建造、翻建、大修自住住房占0%，其他占0%。

职工贷款笔数中，单缴存职工申请贷款占24.14%，双缴存职工申请贷款占75.86%，三人及以上缴存职工共同申请贷款占0%。

贷款职工中，30岁（含）以下占21.81%，30岁~40岁（含）占29.33%，40岁~50岁（含）占37.06%，50岁以上占11.8%；首次申请贷款占99.97%，二次及以上申请贷款占0.08%；中、低收入占86.72%，高收入占13.28%。

2. **异地贷款**：2017年，发放异地贷款176笔4412.62万元。2017年末，发放异地贷款总额9783.26万元，异地贷款余额9342.75万元。

（四）**住房贡献率**：2017年，个人住房贷款发放额、公转商贴息贷款发放额、项目贷款发放额、住房消费提取额的总和与当年缴存额的比率为133.26%，比上年减少10.27个百分点。

六、其他重要事项

1. 2017年度对住房公积金缴存基数进行了调整：（1）各缴存单位2017年职工住房公积金的月缴存基数为上年度月平均工资（月平均工资=年工资总额÷12）。职工工资总额计算口径按《国家统计局关于认真贯彻执行〈关于工资总额组成的规定〉的通知》（统制字〔1990〕1号）执行。（2）职工住房公积金月缴存基数原则上不得高于上年度我市社平工资的三倍（以统计部门公布的数据为准）。省及以上直管单位参照上级主管部门有关规定执行。职工住房公积金月缴存基数在社平工资三倍以内的免征个人所得税。超出部分并入职工个人当期的工资、薪金收入并按照规定（财税〔2006〕10号）计征个人所得税。（3）为保障低收入职工的合法权益，依据湖北省人民政府《关于调整全省最低工资标准的通知》（鄂政发〔2015〕49号）规定，2017年度鄂州地区在岗职工的住房公积金最低月缴存基数不得低于1225元。（4）各单位应在核实缴存基数后一个月内，将核定基数情况告知职工本人，以维护职工合法权益。

2. 2017年住房公积金缴存比例执行政策为：职工和单位的住房公积金缴存比例均不得低于8%；有条件的单位可以根据各自的实际情况提高缴存比例，但最高比例均不得超过12%。缴存住房公积金确有困难的单位经本单位职工代表大会或工会讨论通过，并报鄂州住房公积金管理中心审核，鄂州住房公积金管理委员会批准后，可以阶段性适当降低住房公积金缴存比例或缓缴住房公积金，待单位经济效益好转后补缴。各缴存单位每年应为本单位职工调整一次住房公积金月缴存额。2017年度各缴存单位集中调整时间为 7 月至 12 月，已作调整的单位，调整有效，不再重新调整。具体办理，先办理调整业务，再办理相应的补缴手续。

3. 今年 6 月 27 日，市住房公积金管理委员会召开四届二次会议，审议通过了《鄂州市住房公积金缴存管理暂行办法》、《鄂州市住房公积金提取管理暂行办法》、《鄂州市住房公积金个人贷款管理暂行办法》。3 个管理办法的出台，进一步规范了我市住房公积金缴存、提取、贷款政策，进一步健全了监督管理机制，进一步提高了管理运营透明度。修订和颁布 3 个管理办法，使我市住房公积金的管理工作进一步规范化、制度化、科学化，更加具有可操作性。（1）规范了缴存政策。1）明确定时发布当年住房公积金缴存比例及缴存限额。2）明确住房公积金缴存工资基数每年调整核定一次，一年不变。3）规定单位缴存时，应核算准确，不得多缴或少缴。4）允许缴存困难单位在一定期限内可以降低缴存比例或缓缴。5）限高保低，缴存更加公平。（2）规范了提取政策。1）按照国务院《住房公积金管理条例》确定销户提取和非销户提取八种情形。2）加大对以欺骗手段提取公积金的查处力度。（3）规范了贷款政策。1）进一步明确贷款对象及条件。2）规定贷款额度根据借款人及配偶月缴存额、缴存比例、缴存时间和缴存余额综合确定，改变过去主要依靠评估和人为操作的手法。

4. 去年 6 月，市住房公积金管委会审议通过住房公积金管理信息系统升级建设方案。今年 3 月，经过公开招标，成功开标。经过 4 个月的研发，7 月 11 日，市住房公积金管理中心新一代管理信息系统成功上线运行，新系统的上线运行进一步提高了我市住房公积金管理水平和服务效率。并且，9 月 26 日，新管理信息系统顺利通过了住房城乡建设部《住房公积金基础数据标准》和《住房公积金银行结算数据应用系统公积金中心接口标准》"双贯标"考核验收。新管理信息系统的上线运行，使我中心公积金业务办理进入一个全新的时代。（1）服务更便捷，职工办理公积金业务，无需到单位开具证明，不用在单位、公积金中心、银行往返，到公积金中心服务大厅就可以直接办理。新系统通过归集、个贷、提取等业务系统互联，中心各业务部门在同一个软件平台上协同办公，单位缴存业务和职工个人办理业务在服务大厅柜台就可以"一站式"完成。（2）办理更高效。中心所有银行账户、所有资金结算业务全部通过结算系统结算，实现了汇缴实时到账、提取实时到卡、贷款实时发放、资金实时调拨、账户实时监管、业务实时结算，彻底改变了以前业务办理拖延、核算滞后的局面，业务办理效率明显提高。（3）资金更安全。新系统建立流程管理系统，在每笔住房公积金业务办理流程中，都可实时跟踪到办理时间、办理人员和办理意见，对办理流程全程进行实时监控，进一步保障了资金安全。

2017 年，我中心被市委市政府授予市级"文明单位"；个人获湖北省住建系统先进个人、鄂州市优秀党务工作者各一人，中心服务大厅被市妇联授予市级"巾帼文明岗"光荣称号。

荆门市住房公积金 2017 年年度报告

一、机构概况

（一）**住房公积金管理委员会**：住房公积金管理委员会有 19 名委员，2017 年召开了一次会议，审议通过的事项主要包括：2016年度住房公积金归集使用计划执行情况（荆门市住房公积金2016年年度报告）；2017年度住房公积金归集使用计划；调整住房公积金缴存上下限和困难企业降比和缓缴政策；调整中心城区住房公积金提取和个贷使用政策。

（二）住房公积金管理中心：住房公积金管理中心为直属于市政府不以营利为目的的正县级事业单位，设7个科室，4个办事处，1个管理部，1个分中心。从业人员175人，其中，在编114人，非在编61人。

二、业务运行情况

（一）缴存：2017年，新开户单位335家，实缴单位3242家，净增单位212家；新开户职工1.8万人，实缴职工16.58万人，净增职工0.76万人；缴存额24.47亿元，同比增长22.78%。2017年末，缴存总额144.09亿元，同比增长20.46%；缴存余额77亿元，同比增长16.19%。

受委托办理住房公积金缴存业务的银行6家，比上年增加（减少）0家。

（二）提取：2017年，提取额13.75亿元，同比增长11.9%；占当年缴存额的56.19%，比上年增加1.49个百分点。2017年末，提取总额67.09亿元，同比增长25.8%。

（三）贷款：

个人住房贷款：个人住房贷款最高额度40万元，其中，单缴存职工最高额度40万元，双缴存职工最高额度40万元。

2017年，发放个人住房贷款0.68万笔17.73亿元，同比分别下降31.46%、26.43%。其中，市中心发放个人住房贷款0.64万笔16.67亿元，沙洋监狱分中心发放个人住房贷款0.04万笔1.06亿元。

2017年，回收个人住房贷款6.92亿元。其中，市中心6.25亿元，沙洋监狱分中心0.67亿元。

2017年末，累计发放个人住房贷款6.31万笔94.86亿元，贷款余额61.50亿元，同比分别增长12.13%、22.99%、21.33%。个人住房贷款余额占缴存余额的79.87%，比上年增加3.38个百分点。

受委托办理住房公积金个人住房贷款业务的银行4家。

（四）融资：2017年，融资0亿元，归还3.7亿元。2017年末，融资总额3.7亿元，融资余额0亿元。

（五）资金存储：2017年末，住房公积金存款19.48亿元。其中，活期0.05亿元，1年（含）以下定期2.58亿元，1年以上定期13.44亿元，其他（协定、通知存款等）3.41亿元。

（六）资金运用率：2017年末，住房公积金个人住房贷款余额占缴存余额的79.87%，比上年增加3.38个百分点。

三、主要财务数据

（一）业务收入：2017年，业务收入28142.99万元，同比增长22.77%。其中，市中心26473.03万元，沙洋监狱分中心1669.96万元；存款利息9616.71万元，委托贷款利息18522.76万元，其他3.52万元。

（二）业务支出：2017年，业务支出14757.81万元，同比增长10.83%。其中，市中心13946.94万元，沙洋监狱分中心810.87万元；支付职工住房公积金利息13393.55万元，归集手续费3万元，委托贷款手续费640.77万元，其他720.49万元（其中融资财务费用689.63万元）。

（三）**增值收益**：2017年，增值收益13385.18万元，同比增长39.31%。其中，市中心12526.09万元，沙洋监狱分中心859.09万元；增值收益率1.86%，比上年增加0.34个百分点。

（四）**增值收益分配**：2017年，提取贷款风险准备金616.05万元，提取管理费用4052.39万元，提取城市廉租住房（公共租赁住房）建设补充资金1971.92万元。

2017年，上交财政管理费用4052.39万元。上缴财政城市廉租住房（公共租赁住房）建设补充资金1151.50万元。其中，市中心上缴1151.50万元。

2017年末，贷款风险准备金余额11489.08万元。累计提取城市廉租住房（公共租赁住房）建设补充资金26693.13万元。其中，市中心提取21424.46万元，沙洋监狱分中心提取5568.67万元。

（五）**管理费用支出**：2017年，管理费用支出4035.51万元，同比下降29.61%。其中，人员经费2630.55万元，公用经费379.74万元，专项经费1025.22万元。

市中心管理费用支出3914.61万元，其中，人员、公用、专项经费分别为2599.86万元、368.77万元、945.98万元；沙洋监狱分中心管理费用支出120.90万元，其中，人员、公用、专项经费分别为30.69万元、10.98万元、79.24万元。

四、资产风险状况

个人住房贷款：2017年末，个人住房贷款逾期额293.17万元，逾期率0.48‰。其中，市中心0.5‰，沙洋监狱分中心无逾期贷款。

个人贷款风险准备金按（贷款余额）的1%提取。2017年，提取个人贷款风险准备金616.05万元，使用个人贷款风险准备金核销呆坏账0万元。2017年末，个人贷款风险准备金余额11489.08万元，占个人住房贷款余额的1.87%，个人住房贷款逾期额与个人贷款风险准备金余额的比率为2.55%。

五、社会经济效益

（一）**缴存业务**：2017年，实缴单位数、实缴职工人数和缴存额同比分别增长7.5%、4.77%和22.78%。

缴存单位中，国家机关和事业单位占60.70%，国有企业占9.78%，城镇集体企业占0.98%，外商投资企业占0.18%，城镇私营企业及其他城镇企业占23.42%，民办非企业单位和社会团体占3.46%，其他占1.48%。

缴存职工中，国家机关和事业单位占50.11%，国有企业占20.35%，城镇集体企业占1.4%，外商投资企业占0.29%，城镇私营企业及其他城镇企业占26.90%，民办非企业单位和社会团体占0.84%，其他占0.11%；中、低收入占99.67%，高收入占0.33%。

新开户职工中，国家机关和事业单位占22.80%，国有企业占12.05%，城镇集体企业占1.18%，外商投资企业占0.14%，城镇私营企业及其他城镇企业占55.26%，民办非企业单位和社会团体占3.44%，其他占5.13%；中、低收入占99.85%，高收入占0.15%。

（二）**提取业务**：2017年，3.2万名缴存职工提取住房公积金13.75亿元。

提取金额中，住房消费提取占71.71%（购买、建造、翻建、大修自住住房占44.79%，偿还购房贷

款本息占 25.75%，租赁住房占 1.16%，其他占 0.01%）；非住房消费提取占 28.29%（离休和退休提取占 23.35%，完全丧失劳动能力并与单位终止劳动关系提取占 3.2%，户口迁出本市或出境定居占 0.15%，其他占 1.59%）。

提取职工中，中、低收入占 96.15%，高收入占 3.85%。

（三）贷款业务：

1. **个人住房贷款**：2017 年，支持职工购建房 85.69 万平方米，年末个人住房贷款市场占有率为 31.57%，比上年增加 3.57 个百分点。通过申请住房公积金个人住房贷款，可节约职工购房利息支出 2.35 亿元。

职工贷款笔数中，购房建筑面积 90（含）平方米以下占 15.18%，90～144（含）平方米占 79.09%，144 平方米以上占 5.73%。购买新房占 94.76%，购买存量商品住房占 1.67%，建造、翻建、大修自住住房占 1.31%，其他占 2.26%。

职工贷款笔数中，单缴存职工申请贷款占 58.42%，双缴存职工申请贷款占 27.37%，三人及以上缴存职工共同申请贷款占 14.21%。

贷款职工中，30 岁（含）以下占 30.82%，30 岁～40 岁（含）占 30.38%，40 岁～50 岁（含）占 27.67%，50 岁以上占 11.13%；首次申请贷款占 93.88%，二次及以上申请贷款占 6.12%；中、低收入占 96.48%，高收入占 3.52%。

2. **异地贷款**：2017 年，发放异地贷款 858 笔 22646.50 万元。2017 年末，发放异地贷款总额 37906 万元，异地贷款余额 35594.71 万元。

（四）住房贡献率：2017 年，个人住房贷款发放额、住房消费提取额的总和与当年缴存额的比率为 112.75%，比上年减少 49.92 个百分点。

六、其他重要事项

（一）当年机构及职能调整情况、受托办理缴存贷款业务金融机构变更情况：2017 年 12 月 23 日，经市编办批准，设立石化管理部，为中心内设科室。

（二）当年住房公积金政策调整及执行情况：

1. **缴存基数限额及确定方法、缴存比例等缴存政策调整情况**：根据国务院《住房公积金管理条例》，本市 2017 年 6 月 22 日发布《关于做好 2017 年度住房公积金年审工作的通知》，对 2017 年度本市缴存基数确定方法及缴存限额、缴存比例调整情况进行了明确，单位和个人住房公积金缴存比例最高各为 12%，最低各为 5%，住房公积金缴存基数上限不高于上年度社平工资的三倍，最低不低于上年度全市最低工资标准。

继续实施进城务工人员、个体工商户和创新创业人员个人自愿缴存住房公积金模式，申请人凭个人身份证明、从业资格证明及稳定收入证明，可以申请以个人名义缴存住房公积金。

2. **当年个人住房贷款最高贷款额度、贷款条件等贷款政策调整情况**：无。

3. **提取和贷款政策调整情况**：根据省住房城乡建设厅《关于进一步规范住房公积金使用有关问题的通知》，经市住房公积金管理委员会审议通过，2017 年市中心下发《关于调整中心城区住房公积金使用政策的通知》，从 11 月 1 日起，缴存职工为父母或子女购房使用住房公积金，提取和贷款只能任选其一；调整住房公积金个人贷款住房套数的认定标准，对已办理两次及以上的住房公积金贷款且实有房屋套数超过两套的职工家庭，停止发放住房公积金贷款。

为进一步简化住房公积金业务办理流程，2017年6月22日下发《关于简化住房公积金提取业务流程的通知》，从2017年7月1日起取消转移和提取由缴存职工单位盖章核实的环节。

4. **当年住房公积金存贷款利率执行标准情况**：根据中国人民银行、住房城乡建设部、财政部《关于完善职工住房公积金账户存款利率形成机制的通知》（银发〔2016〕43号）、中国人民银行《关于下调金融机构人民币贷款和存款基准利率并进一步推进利率市场化改革的通知》（银发〔2015〕265号），自2016年2月21日起本市将职工住房公积金账户存款利率调整为统一按一年定期存款基准利率执行，现存款利率为1.5%。从2015年8月26日起本市执行的住房公积金五年期以下（含五年）贷款利率为2.75%，五年期以上贷款利率为3.25%。

（三）当年服务改进情况：制定出台《荆门住房公积金管理中心窗口配置标准》、《荆门住房公积金管理中心窗口服务标准》、《荆门住房公积金管理中心营业大厅工作人员行为规范》和《中心客户服务投诉处理管理办法》，规范窗口服务标准，提升窗口服务水平。

基本建设完成网上服务大厅并推广应用，为单位、个人、开发商三类用户群体提供线上公积金服务，方便缴存单位和职工办理住房公积金业务。

（四）当年信息化建设情况：

1. 加快实施"双贯标"工作，2017年9月28日，顺利通过住房城乡建设部和湖北省住房城乡建设厅对贯彻落实《住房公积金基础数据标准》JGJ/T 320—2014和《接入住房公积金银行结算数据应用系统接口标准》（简称"双贯标"）的检查验收。

2. 启动住房公积金贷款数据回迁工作，确定公积金贷款银行数据迁移方案，转变贷款管理模式，落实住房城乡建设部信息化建设导则要求。

3. 加强信息系统安全建设力度，基本完成信息系统等级保护评测与整改工作，确保中心数据更加安全规范。

（五）当年住房公积金管理中心及职工所获荣誉情况：当年住房公积金管理中心获"荆门市履职尽责综合考评优秀等次"、"荆门市党建先进单位"、"优质服务窗口单位"；中心京山办事处荣获荆门市"青年文明号"；中心职工郭长敏同志荣获"荆门五一劳动奖章"。

孝感市住房公积金2017年年度报告

一、机构概况

（一）住房公积金管理委员会：住房公积金管理委员会有22名委员，2017年召开一次会议，审议通过的事项主要包括：2016年度住房公积金归集、使用计划执行情况和2017年度归集使用计划的报告、2016年住房公积金增值收益分配方案、2016年度财务收支决算与2017年度财务收支预算的报告等。并对其他重要事项进行决策，主要包括：孝感市住房公积金管理委员会章程、孝感市住房公积金 2016 年年度报告、关于规范我市住房公积金使用政策的通知、关于落实《关于不动产登记收费标准等有关问题的通知》的通知、关于落实住房城乡建设部《关于住房公积金异地个人住房贷款若干具体问题的通知》的通知。

（二）**住房公积金管理中心**：住房公积金管理中心为不以营利为目的的事业单位，设 5 个科室，1 个营业部，7 个办事处。从业人员 191 人。

二、业务运行情况

（一）**缴存**：2017 年，新开户单位 352 家，实缴单位 4192 家，净增单位 352 家；新开户职工 2 万人，实缴职工 23 万人，净增职工 0.47 万人；缴存额 25 亿元，同比增长 35%。2017 年末，缴存总额 131 亿元，同比增长 28%；缴存余额 75 亿元，同比增长 22%。

受委托办理住房公积金缴存业务的银行 11 家，与上年相同。

（二）**提取**：2017 年，提取额 12 亿元，与上年持平。占当年缴存额 48%，比上年减少 14 个百分点。2017 年末，提取总额 56 亿元，同比增长 31%。

（三）**贷款**：

个人住房贷款：个人住房贷款最高额度 50 万元，其中，单缴存职工最高额度 50 万元，双缴存职工最高额度 50 万元。

2017 年，发放个人住房贷款 4868 笔 13 亿元，同比分别下降 25%、29%。其中，市本级发放个人住房贷款 1979 笔 5.6 亿元。

2017 年，回收个人住房贷款 5 亿元。其中，市本级回收 1.8 亿元。

2017 年末，累计发放个人住房贷款 41305 笔 79 亿元，贷款余额 55 亿元，同比分别增长 12%、21%、17%。个人住房贷款余额占缴存余额的 74%，比上年减少 2.84 个百分点。

受委托办理住房公积金个人住房贷款业务的银行 9 家，与上年相同。

（四）**融资**：2017 年在财政融资 0.99 亿，2017 年归还财政融资及银行融资 6.11 亿元。2017 年末，融资总额 10.178 亿元，融资余额 0 元。

（五）**资金存储**：2017 年末，住房公积金存款 20.1 亿元。其中，活期 4.7 亿元，1 年（含）以下定期 4.6 亿元，1 年以上定期 10.6 亿元，其他（协定、通知存款等）0.2 亿元。

（六）**资金运用率**：2017 年末，住房公积金个人住房贷款余额、项目贷款余额和购买国债余额的总和占缴存余额的 74%，比上年减少 2.84 个百分点。

三、主要财务数据

（一）**业务收入**：2017 年，业务收入 22762 万元，同比增长 6%（其中，市本级业务收入 8250 万元）；存款利息 5847 万元，委托贷款利息 16879 万元，其他 36 万元。

（二）**业务支出**：2017 年，业务支出 11913 万元，同比增长 6%。其中，市本级 4236 万元；支付职工住房公积金利息 10633 万元，归集手续费 0.67 万元，委托贷款手续费 342.53 万元，其他 936.8 万元。

（三）**增值收益**：2017 年，增值收益 10849 万元，同比增长 13%。其中，市本级 4013 万元；增值收益率1.6%，比上年减少0.1个百分点。

（四）增值收益分配：2017年，提取贷款风险准备金1870万元，提取管理费用4746万元，提取城市廉租住房（公共租赁住房）建设补充资金4858万元。

2017年，上交财政管理费用2958万元。上缴财政城市廉租住房（公共租赁住房）建设补充资金4506万元。其中，市本级上缴2444万元。

2017年末，贷款风险准备金余额9239万元。累计提取城市廉租住房（公共租赁住房）建设补充资金32625万元。其中，市本级提取21302万元。

（五）管理费用支出：2017年，管理费用支出4133万元，同比增长39%。其中，人员经费1824万元，公用经费227万元，专项经费2082万元。

市本级管理费用支出688万元，其中，人员、公用、专项经费分别为346万元、53万元、289万元。

四、资产风险状况

个人住房贷款：2017年末，个人住房贷款逾期额299万元，逾期率0.5‰。其中，市本级0.1‰。

个人贷款风险准备金按贷款余额的1%提取。2017年，提取个人贷款风险准备金1870万元，使用个人贷款风险准备金核销呆坏账0万元。2017年末，个人贷款风险准备金余额9239万元，占个人住房贷款余额1.6%，个人住房贷款逾期额与个人贷款风险准备金余额的比率为3.2%。

五、社会经济效益

（一）缴存业务：2017年，实缴单位数、实缴职工人数和缴存额同比分别增长9%、2%和35%。

缴存单位中，国家机关和事业单位占45%，国有企业占5%，城镇集体企业占0.4%，外商投资企业占0.8%，城镇私营企业及其他城镇企业占7%，民办非企业单位和社会团体占2.8%，其他占39%。

缴存职工中，国家机关和事业单位占52%，国有企业占10%，城镇集体企业占0.5%，外商投资企业占4%，城镇私营企业及其他城镇企业占7%，民办非企业单位和社会团体占1.5%，其他占25%；中、低收入占92%，高收入占18%。

新开户职工中，国家机关和事业单位占25%，国有企业占7%，城镇集体企业占0.3%，外商投资企业占16%，城镇私营企业及其他城镇企业占25%，民办非企业单位和社会团体占2.7%，其他占24%；中、低收入占94%，高收入占5%。

（二）提取业务：2017年，5万名缴存职工提取住房公积金12亿元。

提取金额中，住房消费提取占66%（购买、建造、翻建、大修自住住房占27%，偿还购房贷款本息占35%，租赁住房占0.4%，其他占3.6%）；非住房消费提取占34%（离休和退休提取28%，完全丧失劳动能力并与单位终止劳动关系提取占1%，户口迁出本市或出境定居占1%，其他占4%）。

提取职工中，中、低收入占95%，高收入占5%。

（三）贷款业务：

1. 个人住房贷款：2017年，支持职工购建房54万平方米，年末个人住房贷款市场占有率为21%，比上年增加2个百分点。通过申请住房公积金个人住房贷款，可节约职工购房利息支出2000万元。

职工贷款笔数中，购房建筑面积90（含）平方米以下占9%，90～144（含）平方米占87%，144平方米以上占 4%。购买新房占 86%，购买存量商品住房占 11%，其他占 3%。

职工贷款笔数中，单缴存职工申请贷款占 53%，双缴存职工申请贷款占 47%，三人及以上缴存职工共同申请贷款占 0%。

贷款职工中，30 岁（含）以下占 21%，30 岁～40 岁（含）占 34%，40 岁～50 岁（含）占 34%，50 岁以上占 1%；首次申请贷款占 90%，二次及以上申请贷款占 10%；中、低收入占 71%，高收入占 29%。

2. **异地贷款**：2017 年，发放异地贷款 234 笔 6618 万元。2017 年末，发放异地贷款总额 18748 万元，异地贷款余额 17403 万元。

(四) 住房贡献率：2017 年，个人住房贷款发放额、公转商贴息贷款发放额、项目贷款发放额、住房消费提取额的总和与当年缴存额的比率为 78%，比上年减少 67 个百分点。

六、其他重要事项

(一) 当年缴存基数限额及确定方法、缴存比例调整情况：2017 年《孝感住房公积金管理中心关于调整 2017 年度住房公积金缴存额度的通知》（孝公管委发〔2017〕2 号）规定：2017 年度职工住房公积金月缴存基数应按 2016 年度职工本人月平均工资（即职工 2016 年度工资总额÷12）核定。核定我市各地 2017 年度职工住房公积金月缴存额度上下限为：每月最高缴存限额孝感城区（含孝南）职工个人和单位每月合计不超过 4528 元，汉川不超过 3724 元，应城不超过 3286 元，云梦不超过 2588 元，安陆不超过 2830 元，大悟不超过 3264 元，孝昌不超过 2522 元；最低缴存额孝感城区（含孝南）职工个人和单位每月合计不低于 373 元，汉川不低于 320 元，应城不低于 324 元，云梦不低于 294 元，安陆不低于 304 元，大悟不低于 333 元，孝昌不低于 326 元。

省级及以上直管单位住房公积金缴存限额可以参照上级主管部门有关规定执行。

(二) 当年住房公积金政策调整及执行情况：2017 年孝感住房公积金管理中心先后印发《关于进一步规范我市住房公积金使用政策的通知》、《关于住房公积金使用政策的若干解释》、《关于继续执行孝感市住房公积金管委会关于明确住房公积金使用政策的通知》、《孝感住房公积金管理中心逾期贷款管理办法》。贷款最高额度 50 万元，没有调整。继续执行孝公管委发〔2016〕2 号的住房公积金使用政策。住房公积金贷款实行套数和次数结合的认定方式。住房公积金贷款利率按人民银行公布的利率标准执行。

(三) 当年信息化建设情况：孝感住房公积金管理中心按照上级统一要求，已于 2017 年 6 月接入《全国住房公积金异地转移接续平台》，累计办理全国公积金转移 200 余笔，实现了公积金"账随人走"的全国漫游功能。

孝感公积金中心从 2017 年开始实施"公积金双贯标"项目，于 2017 年 12 月 4 日成功上线。新上线的业务系统实现了《基础数据标准》和《结算应用系统接入》两个规范，新的业务系统基本涵盖了中心所有的财务收支行为，贷款放款更是从之前的银行放款改为中心直接放款模式，极大地方便了公积金贷款人。

孝感公积金中心将依托"双贯标"，清理历史数据、规范财务操作、理顺业务流程，不断完善和丰富业务品种，以崭新的姿态迎接住房城乡建设部"双贯标"验收，充分发挥公积金在住房保障中的作用。

(四) 当年住房公积金管理中心及职工所获荣誉情况：人力资源社会保障部、住房城乡建设部授予中心党组书记、主任冯圣明同志全国住房城乡建设系统先进工作者。

(五)当年对违反《住房公积金管理条例》和相关法规行为进行行政处罚和申请人民法院强制执行情况：喷达汽车精密部件（上海）有限公司孝感分公司（以下简称喷达公司孝感分公司）在2014年2月20日在孝感住房公积金管理中心办理住房公积金缴存登记以来，只为五名员工设立了住房公积金账户并缴存了住房公积金，其他的员工并没有设立住房公积金账户和缴存住房公积金。针对喷达公司孝感分公司逾期不为其他部分员工缴存住房公积金的违法事实，孝感住房公积金管理中心下达了行政处罚决定书〔2017〕1号。

荆州市住房公积金2017年年度报告

一、机构概况

(一)住房公积金管理委员会：住房公积金管理委员会有25名委员，2018年召开会议，审议通过的事项主要包括：荆州住房公积金管理中心2017年计划执行情况暨2018年度计划任务；荆州住房公积金管理中心关于2017年增值收益及分配情况的报告。

(二)住房公积金管理中心：住房公积金管理中心为隶属荆州市政府不以营利为目的的（机构属性）事业单位，设8个科9个管理部，从业人员130人，其中，在编104人，非在编26人。

二、业务运行情况

(一)缴存：2017年，新开户单位294家，实缴单位5733家，净增单位234家；新开户职工2.11万人，实缴职工30.33万人，净增职工6.93万人；缴存额30.15亿元，同比增长22.3%。2017年末，缴存总额167.44亿元，同比增长21.9%；缴存余额86.75亿元，同比增长14.6%。

受委托办理住房公积金缴存业务的银行7家，比上年增加0家。

(二)提取：2017年，提取额19.09亿元，同比增长18.5%；占当年缴存额的63.31%，比上年增加-2.07个百分点。2017年末，提取总额80.69亿元，同比增长31%。

(三)贷款：

个人住房贷款：个人住房贷款最高额度45万元，其中，单缴存职工最高额度40万元，双缴存职工最高额度45万元。

2017年，发放个人住房贷款6780笔20.90亿元，同比分别增长8%、16.6%。其中，中心城区发放个人住房贷款2829笔9.50亿元，各县（市）办事处总共发放个人住房贷款3951笔11.40亿元。回收个人住房贷款7.62亿元。其中，中心城区4.61亿元，各县市办事处共计3.01亿元。

2017年末，累计发放个人住房贷款53067笔97.19亿元，贷款余额63.24亿元，同比分别增长14.7%、27.4%、26.56%。个人住房贷款余额占缴存余额的73%，比上年增加6.97个百分点。

受委托办理住房公积金个人住房贷款业务的银行6家，比上年增加0家。

(四)融资：2017年，融资0.5亿元，归还0.5亿元。2017年末，融资总额0.5亿元，融资余额0

亿元。

（五）**资金存储**：2017年末，住房公积金存款25.49亿元。其中，活期1.23亿元，1年（含）以下定期3.2亿元，1年以上定期18.18亿元，其他（协定、通知存款等）2.88亿元。

（六）**资金运用率**：2017年末，住房公积金个人住房贷款余额、项目贷款余额和购买国债余额的总和占缴存余额的72.90%，比上年增加6.87个百分点。

三、主要财务数据

（一）**业务收入**：2017年，业务收入27732.33万元，同比增长9.76%。其中，中心城区12781.15万元，各县市区办事处14951.18万元；存款利息收入9340.29万元，委托贷款利息收入18312.49万元，国债利息0万元，其他收入79.55万元。

（二）**业务支出**：2017年，业务支出14046.73万元，同比增长11.83%。其中，中心城区6314.14万元，各县市区办事处7732.59万元；支付职工住房公积金利息12860.30万元，归集手续费328.90万元，委托贷款手续费857.53万元，其他0万元。

（三）**增值收益**：2017年，实现增值收益13685.60万元，同比增长7.71%。其中，中心城区实现6467万元，各县市区办事处实现7218.60万元；增值收益率1.70%，比上年减少0.1个百分点。

（四）**增值收益分配**：2017年提取贷款风险准备金475.68万元，提取管理费用2966.73万元，提取城市廉租住房（公共租赁住房）建设补充资金10243.19万元。

2017年，上交财政管理费用2966.73万元。上缴财政城市廉租住房（公共租赁住房）建设补充资金10243.19万元。其中，中心城区上缴5248.30万元，各县市区办事处4994.89万元。

2017年末，贷款风险准备金余额为6522.80万元。累计提取城市廉租住房（公共租赁住房）建设补充资金为5.85亿元。其中，中心城区累计提取3.34亿元，各县市区办事处累计提取2.51亿元。

（五）**管理费用支出**：2017年，管理费用支出2712.84万元，同比下降12.19%。其中，人员经费1403.79万元，公用经费213.31万元，专项经费1095.74万元。

中心城区管理费用支出1140.68万元，其中人员、公用、专项经费分别为615.31万元、104.45万元、420.92万元；各县市区办事处管理费用支出1572.16万元，其中人员、公用、专项经费分别为788.48万元、108.86万元、674.82万元。

四、资产风险状况

个人住房贷款：2017年末，个人住房贷款逾期额92.40万元，逾期率0.015‰。其中，中心城区0.018‰，各县市区办事处0.011‰。

个人贷款风险准备金按贷款余额的1%提取。2017年，提取个人贷款风险准备金475.68万元，使用个人贷款风险准备金核销呆、坏账0万元。2017年末，个人贷款风险准备金余额为6522.80万元，占个人住房贷款余额的1.03%，个人住房贷款逾期额与个人贷款风险准备金余额的比率为1.42%。

五、社会经济效益

（一）**缴存业务**：2017年，实缴单位数、实缴职工人数和缴存额同比分别增长4.3%、29.62%

和22.4%。

缴存单位中，国家机关和事业单位占62.01%，国有企业占16.5%，股份制企业占5.38%，城镇集体企业占0.96%，外商投资企业占0.98%，城镇私营企业及其他城镇企业占7.78%，民办非企业单位和社会团体0.59%，其他占5.8%。

缴存职工中，国家机关和事业单位占49.06%，国有企业占22.84%，城镇集体企业占0.88%，外商投资企业占4.5%，城镇私营企业及其他城镇企业占20.93%，民办非企业单位和社会团体占0.1%，其他占1.69%。

缴存职工中，低收入群体占24%，中等收入群体占68%，高收入群体占8%。

（二）提取业务：2017年，全市个人提取住房公积金38925笔19.09亿元。提取的金额中，住房消费提取占76.59%（购买、建造、翻建、大修自住住房占59.8%，偿还购房贷款本息占31.44%，租赁住房占2.2%，其他占6.56%）；非住房消费提取占23.41%（离休和退休提取占75.76%，完全丧失劳动能力并与单位终止劳动关系提取占15.70%，户口迁出本市或出境定居占1.39%，其他占7.15%）。

（三）贷款业务：

1. 个人住房贷款：2017年，支持职工购建房77.18万平方米，年末个人住房贷款市场占有率为13.76%。通过申请住房公积金个人住房贷款，可节约职工购房利息支出4.19亿元。

职工贷款所购住房套数中，90（含）平方米以下占29.39%，90～144（含）平方米占65.45%，144平方米以上占5.16%；新房占77.92%，二手房占22.08%。

职工贷款笔数中，单职工申请贷款占63.99%，双职工申请贷款占34.68%，三人及以上共同申请贷款占1.33%。

贷款职工中，低收入群体占17%，中等收入群体占58%，高收入群体占25%。

2. 异地贷款：2017年发放异地贷款483笔14562万，异地贷款余额22278.4万元。

（四）住房贡献率：2017年，个人住房贷款发放额、公转商贴息贷款发放额、项目贷款发放额、住房消费提取额的总和与当年缴存额的比率为117.79%，比上年增加－20.32个百分点。

六、其他重要事项：

2017年6月28日出台《关于调整住房公积金使用政策的通知》（荆金管〔2017〕32号）；2017年9月14日下发《关于省级以上直管驻荆单位职工住房公积金缴存基数调整的通知》（荆金管〔2017〕49号）。

2017年，荆州住房公积金管理中心获得省、市文明单位称号。

黄冈市住房公积金2017年年度报告

一、机构概况

（一）住房公积金管理委员会：住房公积金管理委员会有15名委员，2017年召开了一次全体会议，审议通过的事项主要包括：《2017年度住房公积金归集、使用计划执行情况》、《关于2016年工作情况及2017年工作计划的报告》、《2016年度中心本级财务决算和2017年度财务预算的报告》、《关于调整住房公积金提取业务有关事项的补充通知》、《关于完善全市住房公积金委托贷款暂行办法等相关规定的通知》、《黄冈住房公积金2016年年度报告》；研究决定2017年度全市住房公积金单位补贴缴交上限继续保持2016年度的每月1623元，下限每月180元，其中非公企业职工、进城务工人员、个体工商户、灵活就业人员缴交下限调整为每月100元。

（二）住房公积金管理中心：住房公积金管理中心为直属黄冈市人民政府的不以营利为目的的参照公务员管理事业单位，设5个科（室），10个办事处。从业人员204人，其中，在编149人，非在编55人。

二、业务运行情况

（一）缴存：2017年，新开户单位388家，实缴单位4206家，净增单位357家；新开户职工26449人，实缴职工216865人；缴存额31.52亿元，同比增长25.06%。2017年末，缴存总额161.90亿元，同比增长24.17%；缴存余额95.07亿元，同比增长15.58%。

受委托办理住房公积金缴存业务的银行7家，比上年减少1家。

（二）提取：2017年，提取额18.70亿元，同比增加47.60%；占当年缴存额的59.34%，比上年增加9.06个百分点。2017年末，提取总额66.83亿元，同比增长38.85%。

（三）贷款：

个人住房贷款：个人住房贷款最高额度40万元，其中，单缴存职工最高额度40万元，双缴存职工最高额度40万元。

2017年，发放个人住房贷款10763笔29.40亿元，同比分别增长15.73%、24.63%。其中，市中心发放个人住房贷款1898笔5.24亿元，黄州办事处发放个人住房贷款487笔1.44亿元，团风办事处发放个人住房贷款499笔1.28亿元，红安办事处发放个人住房贷款931笔2.64亿元，麻城办事处发放个人住房贷款1434笔3.91亿元，英山办事处发放个人住房贷款619笔1.71亿元，罗田办事处发放个人住房贷款796笔2.01亿元，浠水办事处发放个人住房贷款1015笔2.79亿元，蕲春办事处发放个人住房贷款888笔2.51亿元，武穴办事处发放个人住房贷款1158笔3.04亿元，黄梅办事处发放个人住房贷款1038笔2.83亿元。

2017年，回收个人住房贷款7.29亿元。其中，市中心0.83亿元，黄州办事处0.41亿元，团风办事处0.36亿元，红安办事处0.60亿元，麻城办事处0.98亿元，英山办事处0.63亿元，罗田办事处0.55亿元，浠水办事处0.71亿元，蕲春办事处0.74亿元，武穴办事处0.91亿元，黄梅办事处0.58亿元。

2017年末，累计发放个人住房贷款54878笔95.59亿元，贷款余额67.94亿元，同比分别增长24.40%、44.43%、48.21%。个人住房贷款余额占缴存余额的71.46%，比上年增加15.73个百分点。

受委托办理住房公积金个人住房贷款业务的银行6家，比上年增加0家。

（四）资金存储：2017年末，住房公积金存款30.70亿元。其中，活期5.84亿元，1年（含）以下定期3.13亿元，1年以上定期21.01亿元，其他（协定、通知存款等）0.72亿元。

（五）资金运用率：2017年末，住房公积金个人住房贷款余额、项目贷款余额和购买国债余额的总和占缴存余额的71.46%，比上年增加15.73个百分点。

三、主要财务数据

(一) **业务收入**：2017年，业务收入40495.55万元，同比增长63.08%。其中，市中心8906.09万元，黄州办事处2312.75万元，团风办事处1433.13万元，红安办事处2890.79万元，麻城办事处4594.04万元，英山办事处2130.89万元，罗田办事处3342.35万元，浠水办事处2907.88万元，蕲春办事处4430.78万元，武穴办事处4034.80万元，黄梅办事处3512.05万元。存款利息22072.03万元，委托贷款利息18422.85万元，国债利息0万元，其他0.67万元。

(二) **业务支出**：2017年，业务支出20526.99万元，同比增长56.31%。其中，市中心2953.53万元，黄州办事处710.01万元，团风办事处708.50万元，红安办事处1459.79万元，麻城办事处1705.11万元，英山办事处1053.77万元，罗田办事处1689.02万元，浠水办事处2107.88万元，蕲春办事处3750.78万元，武穴办事处3028.80万元，黄梅办事处1359.80万元。支付职工住房公积金利息19547.82万元，归集手续费170.76万元，委托贷款手续费640.21万元，其他168.20万元。

(三) **增值收益**：2017年，增值收益19968.56万元，同比增长70.69%。其中，市中心5952.56万元，黄州办事处1602.74万元，团风办事处724.63万元，红安办事处1431万元，麻城办事处2888.94万元，英山办事处1077.11万元，罗田办事处1653.33万元，浠水办事处800万元，蕲春办事处680万元，武穴办事处1006万元，黄梅办事处2152.25万元。增值收益率2.22%，比上年同期增加0.71个百分点。

(四) **增值收益分配**：2017年，提取贷款风险准备金9360.86万元，提取管理费用4091.75万元，提取城市廉租房（公共租赁住房）建设补充资金6515.95万元。

2017年，上交财政管理费用3911.12万元。上缴财政的城市廉租房（公共租赁住房）建设补充资金5525.39万元。其中，市中心上缴563万元。

2017年末，贷款风险准备金余额20442.73万元。累计提取城市廉租房（公共租赁住房）建设补充资金16275.37万元。

(五) **管理费用支出**：2017年，管理费用支出3954.77万元，同比增加29.33%。其中，人员经费2424.90万元，公用经费678.80万元，专项经费851.07万元。

市中心管理费用支出462.09万元，人员、公用、专项经费分别为356.55万元、94.46万元、11.08万元。

四、资产风险状况

个人住房贷款：2017年末，个人住房贷款逾期额73.23万元，逾期率0.11‰。其中，市中心0.03‰，黄州办事处0.03‰，团风办事处0.19‰，红安办事处0.04‰，麻城办事处0.10‰，英山办事处0.18‰，罗田办事处0.13‰，浠水办事处0.01‰，蕲春办事处0.12‰，武穴办事处0.19‰，黄梅办事处0.23‰。

个人贷款风险准备金按不低于年末贷款余额的1%提取。2017年，提取个人贷款风险准备金9360.86万元，使用个人贷款风险准备金核销呆坏账0万元。2017年末，个人贷款风险准备金余额20442.73万元，占个人住房贷款余额的3.01%，个人住房贷款逾期额与个人贷款风险准备金余额的比率为1.83%。

五、社会经济效益

（一）**缴存业务**：2017年，实缴单位数、实缴职工人数和缴存额同比分别增长27.61%、4.46%和25.06%。

缴存单位中，国家机关和事业单位占75.65%，国有企业占7.85%，城镇集体企业占1.66%，外商投资企业占0.43%，城镇私营企业及其他城镇企业占10.58%，民办非企业单位和社会团体占2.95%，其他占0.88%。

缴存职工中，国家机关和事业单位占70.48%，国有企业占13.96%，城镇集体企业占1.95%，外商投资企业占1.49%，城镇私营企业及其他城镇企业占9.53%，民办非企业单位和社会团体占1.82%，其他占0.77%。中、低收入占87.53%，高收入占12.47%。

新开户职工中，国家机关和事业单位占51.09%，国有企业占7.43%，城镇集体企业占2.01%，外商投资企业占1.73%，城镇私营企业及其他城镇企业占26.43%，民办非企业单位和社会团体占6.76%，其他占4.55%；中、低收入占95.97%，高收入占4.03%。

（二）**提取业务**：2017年，64920名缴存职工提取住房公积金18.70亿元。

提取金额中，住房消费提取占74.71%（购买、建造、翻建、大修自住住房占44.27%，偿还购房贷款本息占23.09%，租赁住房占0.27%，其他占7.08%）；非住房消费提取占25.29%（离休和退休提取占19.97%，完全丧失劳动能力并与单位终止劳动关系提取占2.87%，户口迁出本市或出境定居占2.46%，其他占0%）。

提取职工中，中、低收入占84.52%，高收入占15.48%。

（三）**贷款业务**：

1. **个人住房贷款**：2017年，支持职工购建房117.01万平方米，年末个人住房贷款市场占有率为34.50%，比上年增加14.07个百分点。通过申请住房公积金个人住房贷款，可节约职工购房利息支出48511.22万元。

职工贷款笔数中，购房建筑面积90（含）平方米以下占10.42%，90~144（含）平方米占71.18%，144平方米以上占18.40%；购买新房占67.18%（其中购买保障性住房占0%），购买存量商品住房占8.81%，建造、翻建、大修自住住房占8.62%，其他占15.39%。

职工贷款笔数中，单缴存职工申请贷款占53.48%，双缴存职工申请贷款占37.61%，三人及以上缴存职工共同申请贷款占8.91%。

贷款职工中，30岁（含）以下占22.25%，30岁~40岁（含）占30.12%，40岁~50岁（含）占30.88%，50岁以上占16.75%；首次申请贷款占88.87%，二次及以上申请贷款占11.13%；中、低收入占88.64%，高收入群体占11.36%。

2. **异地贷款**：2017年，发放异地贷款941笔26668.30万元。2017年末，发放异地贷款总额35102.90万元，异地贷款余额33716.80万元。

（四）**住房贡献率**：2017年，个人住房贷款发放额、公转商贴息贷款发放额、项目贷款发放额、住房消费提取额的总和与当年缴存额的比率为137.61%，比上年同期减少6.26个百分点。

六、其他重要事项

（一）当年机构及职能调整情况、受委托办理缴存贷款业务金融机构变更情况：2017年，机构和职能无调整；受委托办理住房公积金缴存业务的银行为工、农、中、建、交、农商、邮储7家银行，比上年减少了招商银行1家；受委托办理住房公积金贷款业务的银行为工、农、中、建、交、农商6家银行，无变更。

（二）当年住房公积金政策调整及执行情况：

1. 当年缴存基数限额及确定方法、缴存比例等缴存政策调整情况：我中心按照黄冈市住房公积金管委会2017年度第一次全体会议纪要要求，2017年度全市住房公积金单位补贴缴交上限继续保持2016年度的每月1623元，下限每月180元，其中非公企业、进城务工人员、个体工商户、灵活就业人员缴交下限调整为每月100元。我市住房公积金缴存比例的确定标准是严格按照《住房公积金管理条例》执行，职工和单位住房公积金的缴存比例不高于职工上一年度月平均工资的12%，不低于职工上一年度月平均工资的5%。

2. 当年提取政策调整情况：根据2017年市住房公积金管委会研究意见，发布了《关于调整住房公积金提取业务有关事项的补充通知》（黄金委〔2017〕2号）文件，内容包括：

（1）提高自住房提取的额度。职工购买、建造、大修自住房提取额度以不超过房屋总价为限；同一套房装修提取总额不超过20万元。

（2）扩大提取范围。购房提取范围扩大到房改房、集资房、棚改房。

（3）充分发挥代际互助功能。在不突破房屋总价的前提下，可同时提取本人及配偶、父母（含岳父母）、子女公积金。一次性申报时，提取须征得家庭成员本人同意，并到场签字确认。

（4）改进支取还贷方式。不论是职工公积金贷款还是在商业银行办理的住房贷款，可每年提取还贷一次，也可将原还贷方式转为按月划扣公积金还贷方式。质押贷款的，在贷款合同签订的担保金额不变的情况下，可提前支取本人和配偶公积金还贷。

（5）简化办事流程。对退休、解除劳动合同、调动等销户提取，系统内可比对身份证号码的，职工本人直接凭有关证明填写申请（审批单），随到随取，无需再加盖单位公章。

（6）开辟绿色通道。对无单位的灵活就业人员，建立专门缴存集体户统一管理。灵活就业人员销户提取可凭身份证随到随办。

3. 当年个人住房贷款最高贷款额度、贷款条件等贷款政策调整情况：《关于印发〈黄冈住房公积金委托贷款暂行办法〉的通知》（黄金委〔2017〕3号）文件中对贷款最高贷款额度、贷款条件等调整政策为：

最高贷款额度：单笔贷款不得超过40万元，进城务工人员、个体工商户、自由职业者单笔贷款不超过30万元，装修贷款不超过20万元。

贷款条件：

（1）持有合法的身份证件，且具有完全的民事行为能力；

（2）建立住房公积金制度六个月以上，并连续足额缴存住房公积金，异地缴存住房公积金转回的，异地缴存时间可合并计算；异地公积金缴存职工需在中心（办事处）一次性缴交6000元建立异地缴存账户；

（3）具有稳定的职业和收入，信用状况良好，有偿还贷款本息的能力；

（4）本人或配偶、父母或子女购买、建造、翻建、大修、装修具有完全产权的自住住房；

（5）提供购买、建造、翻建、大修、装修自住住房的有效合同或相关证明；购买二手房办理贷款，须提供《中华人民共和国税收通用完税证》；

(6) 提供委托人认可的担保；

(7) 借款人夫妻双方均无尚未还清的住房公积金贷款或数额较大，可能影响贷款偿还能力的债务；

(8) 按政策规定比例付清购房首付款；建房应先自筹房屋造价的30%；

(9) 符合委托人规定的其他条件。

4．当年住房公积金存贷款利率执行标准：2017年，职工住房公积金账户存款利率为1.50%；公积金贷款利率为：五年以上公积金贷款年利率3.25%，五年及以下公积金贷款年利率2.75%。

（三）当年服务改进情况：

1．市直和黄州、团风、麻城、英山、罗田、武穴、黄梅7个办事处开通了按月划扣公积金还公积金贷款业务。

2．市中心2017年6月底接入全国住房公积金异地转移接续平台，7月份平台正式上线运行使用，无需职工往返跑路，只需在现在的缴存地公积金中心办理职工公积金转移业务。

3．麻城、黄州办事处分别对其服务大厅进行了改造升级，更加方便缴存职工快速便捷办理业务；

4．接入湖北省综合服务平台"12329"热线服务工作启动，热线接听席位费用45万元已列入2018年部门预算，并与黄冈市采购办公室衔接，将采用单一来源方式进行政府采购，预计2018年6月底前完成接入工作。

（四）当年信息化建设情况："双贯标"工作积极稳步推进，完成了"双贯标"项目政府公开招标，采购程序做到了合法合规，确定武汉长达公司为中标供应商，中标价格为418万元；"双贯标"项目建设于11月7日启动，武汉长达技术人员于11月16日派人入驻中心开发建设。目前，系统建设方面，已完成了市中心、武穴、英山、黄州、红安、蕲春办事处新系统上线运行，工、农、中、建、交、农商、邮储七家银行银行结算系统正式上线使用，历史基础数据补录工作基本完成，办事处业务数据统一迁移到市中心工作正在有序推进，预计本月6号前十个办事处数据全部迁移到位；机房建设方面，完成了二楼机房和一楼电池房装修改造升级，采购的服务器、防火墙、机柜、UPS电池等硬件设备已安装调试到位并都已经正常运行工作。按照项目实施计划安排，2018年1月底可以向省住房城乡建设厅申请项目初步验收，2018年3月向住房城乡建设部申请项目验收评审。

（五）当年住房公积金管理中心及职工所获荣誉情况：2017年，麻城办事处、罗田办事处、武穴办事处荣获2015—2016年度省级文明单位；红安办事处、英山办事处荣获2015—2016年度市级文明单位；麻城办事处服务大厅被授予"学雷锋活动示范点"称号；英山办事处获得英山县直优质服务单位；麻城办事处袁江坤同志被评为麻城市第六届劳动模范。

咸宁市住房公积金2017年年度报告

一、机构概况

（一）住房公积金管理委员会：住房公积金管理委员会有20名委员，2017年，召开0次全体会议。

（二）住房公积金管理中心：住房公积金管理中心为咸宁市人民政府不以营利为目的的参照公务员法管理的事业单位，设5个（科），6个管理部，0个分中心。从业人员102人，其中，在编74人，非在编28人。

二、业务运行情况

（一）缴存：2017年，新开户单位190家，实缴单位2221家，净增单位190家；新开户职工1.24万人，实缴职工11.20万人，净增职工0.82万人（新业务系统进行数据整理）；缴存额16.98亿元，同比增长12.33%。2017年末，缴存总额84.24亿元，同比分别增长24.75%，缴存余额54.48亿元，同比分别增长14.95%。

受委托办理住房公积金缴存业务的银行16家，比上年增加2家。

（二）提取：2017年，提取额9.90亿元，同比增加43.99%；占当年缴存额的比率57.44%，比上年增加12.63个百分点。2017年末，提取总额29.76亿元，同比增长48.15%。

（三）贷款：

个人住房贷款：个人住房贷款最高额度40万元，其中，双职工家庭最高额度40万元，单职工家庭最高额度30万元。

2017年，发放个人住房贷款0.38万笔10.18亿元，同比减少25.61%、21.36%。其中，市中心发放个人住房贷款0.16万笔4.50亿元，咸安区发放个人住房贷款0.05万笔1.31亿元，嘉鱼县发放个人住房贷款0.02万笔0.38亿元，赤壁市发放个人住房贷款0.07万笔1.79亿元，通城县发放个人住房贷款0.01万笔0.24亿元，崇阳县发放个人住房贷款0.03万笔0.94亿元，通山县发放个人住房贷款0.04万笔1.02亿元。

2017年，回收个人住房贷款6.32亿元。其中，市中心2.39亿元，咸安区0.66亿元，嘉鱼县0.60亿元，赤壁市1.12亿元，通城县0.48亿元，崇阳县0.57亿元，通山县0.50亿元。

2017年末，累计发放个人住房贷款4.15万笔55.64亿元，贷款余额32.66亿元，同比分别增长9.92%、22.40%、13.38%。个人住房贷款余额占缴存余额的68.90%，比上年同期增加8.13个百分点。

受委托办理住房公积金个人住房贷款业务的银行8家，比上年增加1家。

（四）购买国债：2017年，购买（记账式、凭证式）国债0亿元；（兑付、转让、收回）国债0亿元，国债余额0.02亿元，比上年同期减少0亿元。

（五）融资：2017年，融资0.00亿元，归还1.50亿元。2017年末，融资总额3.90亿元，融资余额0.00亿元。

（六）资金存储：2017年末，住房公积金存款23.86亿元。其中，活期4.85亿元，1年以内定期（含）4.34亿元，1年以上定期14.63亿元，其他（协议、协定、通知存款等）0.04亿元。

（七）资金运用率：2017年末，住房公积金个人住房贷款余额，项目贷款余额和购买国债余额的总和占缴存余额的59.98%，比上年减少0.83个百分点。

三、主要财务数据

（一）业务收入：2017年，业务收入20816.35万元，同比增长24.36%。其中，市中心6821.65万元，咸安区1852.24万元，嘉鱼县1951.99万元，赤壁市4252.58万元，通城县2129.77万元，崇阳县1862.87万元，通山县1945.25万元；存款利息9911.69万元，委托贷款利息10803.96万元，国债利息-0.53万元，其他101.23万元。

（二）业务支出：2017年，业务支出9574.01万元，同比增加4.36%。其中，市中心3792.56万元，咸安区1188.87万元，嘉鱼县760.78万元，赤壁市1069.56万元，通城县1044.05万元，崇阳县572.43万元，通山县1145.76万元；支付职工住房公积金利息7168.20万元，归集手续费用870.53万元，委托贷款手续费492.94万元，其他1042.34万元。

（三）增值收益：2017年，增值收益11242.34万元，同比增长48.61%。其中，市中心3102.38万元，咸安区701.40万元，嘉鱼县1175.85万元，赤壁市3083.32万元，通城县1093.07万元，崇阳县1258.47万元，通山县827.85万元；增值收益率2.19%，比上年同期增加0.60个百分点。

（四）增值收益分配：2017年，提取贷款风险准备金784.38万元，提取管理费用2655.30万元，提取城市廉租房（公共租赁住房）建设补充资金2949.89万元。

2017年，上交财政管理费用3966.78万元。上缴财政的城市廉租房（公共租赁住房）建设补充资金3548.18万元。其中，市中心上缴1034.25万元，咸安区上缴40.00万元，嘉鱼县上缴245.00万元，赤壁市上缴1286.67万元，通城县上缴100.00万元，崇阳县上缴522.41万元，通山县上缴319.85万元。

2017年末，贷款风险准备金余额6483.73万元。累计提取城市廉租房（公共租赁住房）建设补充资金8703.08万元。其中，市中心提取2538.83万元。

（五）管理费用支出：2017年，管理费用支出2303.86万元，同比增长2.67%。其中，人员经费1004.26万元，公用经费603.31万元，专项经费696.29万元。

其中市中心本级管理费用支出660.72万元，其中，人员、公用、专项经费分别为252.75万元、151.02万元、256.95万元；咸安办事处管理费用支出401.00万元，其中，人员、公用、专项经费分别为141.70万元、81.50万元、177.80万元；嘉鱼办事处管理费用支出121.60万元，其中，人员、公用、专项经费分别为83.12万元、38.48万元、0.00万元；赤壁办事处管理费用支出356.48万元，其中，人员、公用、专项经费分别为219.11万元、122.00万元、15.37万元；通城办事处管理费用支出289.06万元，其中，人员、公用、专项经费分别为128.58万元、75.31万元、85.17万元；崇阳办事处管理费用支出207.00万元，其中，人员、公用、专项经费分别为104.00万元、80.00万元、23.00万元；通山办事处管理费用支出268.00万元，其中，人员、公用、专项经费分别为75.00万元、55.00万元、138.00万元。

四、资产风险状况

个人住房贷款：2017年末，个人住房贷款逾期额1024.97万元。逾期率3.14‰。其中，市中心0.91‰；咸安区1.12‰；嘉鱼县2.78‰；赤壁市2.96‰；通城县5.57‰；崇阳县3.06‰；通山县2.89‰。

个人贷款风险准备金按（贷款余额）的1%提取。2017年，提取个人贷款风险准备金784.38万元，使用个人贷款风险准备金核销呆坏账0.00万元，2017年末，个人贷款风险准备金余额6483.73万元，占个人住房贷款余额的1.99%，个人住房贷款逾期额与个人贷款风险准备金余额的比率为15.81%。

五、社会经济效益

（一）**缴存业务**：2017年，实缴单位数、实缴职工人数和缴存额同比分别增长7.22%、7.30%和12.33%。

缴存单位中，国家机关和事业单位占65.28%，国有企业占9.41%，城镇集体企业占1.13%，外商投资企业占0.58%，城镇私营企业及其他城镇企业占6.08%，民办非企业单位和社会团体占1.49%，其他占16.03%。

缴存职工中，国家机关和事业单位占60.76%，国有企业占17.38%，城镇集体企业占1.80%，外商投资企业占1.47%，城镇私营企业及其他城镇企业占4.48%，民办非企业单位和社会团体占0.56%，其他占13.55%，中低收入占80.44%，高收入占19.56%。

新开户职工中，国家机关和事业单位占25.95%，国有企业占15.46%，城镇集体企业占3.58%，外商投资企业占1.54%，城镇私营企业及其他城镇企业占11.72%，民办非企业单位和社会团体占2.04%，其他占39.71%，中低收入占91.60%，高收入占8.40%。

（二）**提取业务**：2017年，2.65万名缴存职工提取住房公积金9.90亿元。

提取的金额中，住房消费提取占67.46%（购买、建造、翻建、大修自住住房占18.36%，偿还购房贷款本息占44.56%，租赁住房占3.56%，其他占0.98%）；非住房消费提取占32.54%（离休和退休提取占13.98%，完全丧失劳动能力并与单位终止劳动关系提取占11.60%，户口迁出本市或出境定居占0.83%，其他占6.13%）。

（三）**贷款业务**：

1. 个人住房贷款：2017年，支持职工购建房35.11万平方米，年末个人住房贷款市场占有率为21.54%，比上年减少16.90个百分点。通过申请住房公积金个人住房贷款，可节约职工购房利息支出1680.17万元。

职工贷款所购住房套数中，购房建筑面积90（含）平方米以下占12.54%，90～144（含）平方米占72.33%，144平方米以上占15.13%；购买新房占89.85%（其中购买保障性住房占0.00%），购买存量商品住房占2.13%，建造、翻修、大修自住住房占1.01%。其他占9.14%。

职工贷款笔数中，单职工申请贷款占24.43%，双职工申请贷款占65.80%，三人及以上共同申请贷款占9.77%。

贷款职工中，30岁（含）以下占28.09%，30岁～40岁（含）占33.88%，40岁～50岁（含）占26.87%，50岁以上占11.16%，首次申请贷款占88.65%，二次及以上申请贷款占11.35%，中、低收入占88.01%，高收入占11.99%。

2. 异地贷款：2017年，发放异地贷款486笔12088.20万元。2017年末，发放异地贷款总额25604.50万元，异地贷款余额15027.37万元。

（四）**住房贡献率**：2017年，个人住房贷款发放额、公转商贴息贷款发放额、项目贷款发放额、住房消费提取额的总和与当年缴存额的比率为98.44%，比上年同期减少33.68个百分点。

六、其他重要事项

（一）**当年住房公积金政策调整及执行情况**：咸公积金〔2017〕6号文件，根据湖北省最低工资标准确定，2017年度我市住房公积金的月缴存基数不得低于1225元。根据咸宁市统计局公布上一年度职工月平均工资3倍标准确定2017年度我市住房公积金的月最高缴存额为3676元（单位、个人各半）。缴存比例为10%，同时允许有条件单位在此比例上提高1~2个百分点，有困难的单位可下调1~5个百分点。

当年住房公积金存贷款利率及最高贷款额度等未进行调整，住房公积金贷款利率仍然按五年以上公积金贷款利率3.25%、五年及以下公积金贷款利率为年利率2.75%；个人住房贷款最高贷款额度仍然按双职工家庭最高额度40万元，单职工家庭最高额度30万元。

2017年咸宁市住房公积金管理委员会重新修订并出台了《咸宁市住房公积金贷款管理办法》和《咸宁市住房公积金提取管理办法》（咸公积金管〔2017〕1号）。

（二）当年服务改进情况：2017年咸安、嘉鱼、赤壁办事处对原有办公与服务大厅等进行了重新装饰，通山办事处迁入了680平方米的新办公场所；综合服务平台建设已初具规模，12329热线、短信、微信、微博全面开通；启动信息安全等级保护3级测评工作，中标测评服务商已基本完成第一阶段的测评工作。

（三）当年信息化建设情况：咸宁市住房公积金管理信息系统建设工作也紧锣密鼓地进行之中，2017年7月成功实现了咸宁市住房公积金核心业务系统新旧系统的切换运行，基本实现了住房城乡建设部双贯标的要求，目前综合服务平台及其外围子系统正在开发建设之中。

（四）当年对违反《住房公积金管理条例》和相关法规行为进行行政处罚和申请人民法院强制执行情况：委托律师代理办理个人住房公积金贷款借款人王明冲25万元、米南湖（共同借款人龚渐香）10万元、陈飞（共同借款人罗素每）20万元借款严重违约纠纷案，已进入相应调解与司法流程。

随州市住房公积金2017年年度报告

一、机构概况

（一）住房公积金管理委员会：住房公积金管理委员会有19名委员，2017年召开会议审议通过的事项主要包括：

1. 原则同意市住房公积金管理中心《2016年财务决算报告》和《2017年财务预算报告》。
2. 同意市住房公积金管理中心根据资金供给情况，贷款发放实行按计划轮候制度。
3. 同意2017年办理住房公积金个人住房贷款转商业性个人住房贴息贷款规模不超过3亿元。
4. 原则同意市住房公积金管理中心提交的关于调整和规范住房公积金使用政策的建议事项；2017年1月12日印发《随州市住房公积金个人住房贷款转商业性个人住房贴息贷款管理暂行办法》（随公管委〔2017〕1号）；2017年2月15日印发《关于2017年度住房公积金缴存有关事项的通知》（随公管委〔2017〕2号）；2017年4月20日印发《关于调整和规范住房公积金使用政策的通知》（随公管委〔2017〕3号）；2017年5月5日印发《关于做好2017年非公企业、民办学校和社区居委会住房公积金扩面建制工作的通知》（随公管委〔2017〕4号）。

（二）住房公积金管理中心：住房公积金管理中心为直属随州市人民政府不以营利为目的的公益二类事业单位，设6个科室，1个直属营业部，2个办事处。从业人员39人，其中，在编22人，非在编17人。

二、业务运行情况

（一）缴存：2017年，新开户单位166家，实缴单位1877家，净增单位149家；新开户职工0.83万人，实缴职工7.73万人，净增职工0.18万人；缴存额9.46亿元，同比增长19.29%。2017年末，缴存总额43.50亿元，同比增长27.79%；缴存余额27.10亿元，同比增长21.58%。

受委托办理住房公积金缴存业务的银行8家，比上年增加1家。

（二）提取：2017年，提取额4.65亿元，同比增长15.38%；占当年缴存额的49.15%，比上年减少1.67个百分点。2017年末，提取总额16.40亿元，同比增长39.57%。

（三）贷款：

个人住房贷款：个人住房贷款最高额度30万元，其中，单缴存职工最高额度30万元，双缴存职工最高额度30万元。

2017年，发放个人住房贷款0.31万笔8.34亿元，同比分别增长3.33%、3.09%。

2017年，回收个人住房贷款2.77亿元。

2017年末，累计发放个人住房贷款1.38万笔30.79亿元，贷款余额23.07亿元，同比分别增长28.97%、37.15%、31.83%。个人住房贷款余额占缴存余额的85.13%，比上年增加6.62个百分点。

受委托办理住房公积金个人住房贷款业务的银行5家，比上年增加1家。

（四）融资：2017年，融资2.60亿元，归还4.93亿元。2017年末，融资总额7.74亿元，融资余额0.32亿元。

（五）资金存储：2017年末，住房公积金存款4.21亿元。其中，活期0.72亿元，1年以上定期2.66亿元，其他（协定、通知存款等）0.83亿元。

（六）资金运用率：2017年末，住房公积金个人住房贷款余额、项目贷款余额和购买国债余额的总和占缴存余额的85.13%，比上年增加6.62个百分点。

三、主要财务数据

（一）业务收入：2017年，业务收入9215.33万元，同比增长13.78%。存款利息2241.52万元，委托贷款利息6973.47万元，其他0.34万元。

（二）业务支出：2017年，业务支出4599.54万元，同比增长9.32%。支付职工住房公积金利息3631.85万元，银行贷款利息及银行业务费967.69万元。

（三）增值收益：2017年，增值收益4615.79万元，同比增长18.59%。增值收益率1.89%，比上年减少0.06个百分点。

（四）增值收益分配：2017年，提取贷款风险准备金2306.69万元，提取管理费用1324万元，提取城市廉租住房（公共租赁住房）建设补充资金140万元。

2017年，上交财政管理费用1158万元。上缴财政城市廉租住房（公共租赁住房）建设补充资金590

万元。

2017年末，贷款风险准备金余额7368.59万元。累计提取城市廉租住房（公共租赁住房）建设补充资金6396.95万元。

（五）管理费用支出：2017年，管理费用支出899.37万元，同比下降70.78%。其中，人员经费588.87万元，公用经费46.42万元，专项经费264.08万元。

四、资产风险状况

个人住房贷款：2017年末，个人住房贷款逾期额49.22万元，逾期率0.21‰。

个人贷款风险准备金按贷款余额的1%提取。2017年，提取个人贷款风险准备金2306.69万元，使用个人贷款风险准备金核销呆坏账0万元。2017年末，个人贷款风险准备金余额7368.59万元，占个人住房贷款余额的3.19%，个人住房贷款逾期额与个人贷款风险准备金余额的比率为0.67%。

五、社会经济效益

（一）缴存业务：2017年，实缴单位数、实缴职工人数和缴存额同比分别增长8.62%、2.44%和19.29%。

缴存单位中，国家机关和事业单位占65.64%，国有企业占7.57%，城镇集体企业占0.48%，外商投资企业占1.33%，城镇私营企业及其他城镇企业占16.25%，民办非企业单位和社会团体占7.73%，其他占1%。

缴存职工中，国家机关和事业单位占57.79%，国有企业占17.63%，城镇集体企业占0.50%，外商投资企业占3.34%，城镇私营企业及其他城镇企业占17.46%，民办非企业单位和社会团体占1.41%，其他占1.87%；中、低收入占97.26%，高收入占2.74%。

新开户职工中，国家机关和事业单位占26.82%，国有企业占11.54%，城镇集体企业占0.06%，外商投资企业占6.39%，城镇私营企业及其他城镇企业占40.76%，民办非企业单位和社会团体占2.44%，其他占11.99%；中、低收入占98.71%，高收入占1.29%。

（二）提取业务：2017年，1.72万名缴存职工提取住房公积金4.65亿元。

提取金额中，住房消费提取占71.06%（购买、建造、翻建、大修自住住房占32.98%，偿还购房贷款本息占36.47%，租赁住房占0.35%，其他占1.26%）；非住房消费提取占28.94%（离休和退休提取占21.57%，完全丧失劳动能力并与单位终止劳动关系提取占4.41%，户口迁出本市或出境定居占0.61%，其他占2.35%）。

提取职工中，中、低收入占94.13%，高收入占5.87%。

（三）贷款业务：

1. 个人住房贷款：2017年，支持职工购建房37.50万平方米，年末个人住房贷款市场占有率为16.04%。通过申请住房公积金个人住房贷款，可节约职工购房利息支出12065万元。

职工贷款笔数中，购房建筑面积90（含）平方米以下占8.12%，90~144（含）平方米占82.94%，144平方米以上占8.94%。购买新房占71.37%（其中购买保障性住房占0%），购买存量商品住房占28.23%，建造、翻建、大修自住住房占0%，其他占0.4%。

职工贷款笔数中,单缴存职工申请贷款占 73.90%,双缴存职工申请贷款占 26.10%,三人及以上缴存职工共同申请贷款占 0%。

贷款职工中,30 岁(含)以下占 31.72%,30 岁~40 岁(含)占 31.13%,40 岁~50 岁(含)占 26.67%,50 岁以上占 10.48%;首次申请贷款占 97.24%,二次及以上申请贷款占 2.76%;中、低收入占 97.90%,高收入占 2.10%。

2. **异地贷款**:2017 年,发放异地贷款 564 笔 15807.98 万元。2017 年末,发放异地贷款总额 43955.78 万元,异地贷款余额 35452.37 万元。

3. **公转商贴息贷款**:2017 年,发放公转商贴息贷款 999 笔 28780.90 万元,支持职工购建住房面积 11.99 万平方米,当年贴息额 0 万元(2018 年 1 月,发放上年度贴息贷款贴息资金 164.24 万元)。2017 年末,累计发放公转商贴息贷款 999 笔 28780.90 万元,累计贴息 0 万元。

(四)**住房贡献率**:2017 年,个人住房贷款发放额、公转商贴息贷款发放额、项目贷款发放额、住房消费提取额的总和与当年缴存额的比率为 153.48%,比上年增加 10.96 个百分点。

六、其他重要事项

(一)**受委托办理缴存贷款业务金融机构变更情况**:为方便单位和个人办理住房公积金业务,市住房公积金管理委员会按照人民银行有关规定,指定交通银行随州分行为新增归集委托银行。随州住房公积金管理中心在交通银行随州分行营业部设立了住房公积金专户。

(二)**住房公积金政策调整及执行情况**:

1. **住房公积金缴存**:

(1)住房公积金缴存基数及比例。住房公积金缴存基数不得低于省政府明确的当地上年度职工最低月工资标准,不得超过我市统计部门公布的上年度职工月平均工资的 3 倍。缴存比例不得低于 10%(单位和个人各 5%),不得高于 24%(单位和个人各 12%)。

(2)住房公积金缴存基数的计算口径。缴存单位 2017 年度职工住房公积金的月缴存基数为 2016 年度年工资总额除以 12;职工月平均工资标准以职工所在地统计部门公布的数据为准;职工养老保险最低缴费基数以职工所在地人社部门公布的数据为准。

(3)住房公积金月缴存额上下限。2017 年我市住房公积金月缴存额上限为:市城区(含曾都区、随州高新区、市直、垂直单位)2730 元(单位和个人缴存数合计)。随县(含大洪山风景名胜区)2520 元(单位和个人缴存数合计),广水市 2480 元(单位和个人缴存数合计)。月缴存额下限定为:市城区 130 元(单位和个人缴存数合计),随县、广水市 110 元(单位和个人缴存数合计)。

2. **住房公积金提取**:职工因购房、偿还住房贷款等提取住房公积金,提取限额调整为不超过个人账户余额的 70%。

3. **住房公积金个人委托贷款**:

(1)规范贷款申请时限和条件。连续足额缴存住房公积金 6 个月(不含一次性补缴)以上的职工可以申请住房公积金贷款;欠缴住房公积金 6 个月以上的职工不能申请住房公积金贷款;职工家庭所购房屋为第三套及以上住房或已使用过两次及以上公积金贷款的,不能申请住房公积金贷款。

(2)调整公积金二套住房贷款政策。职工家庭未使用过住房公积金贷款且本人、配偶及未成年子女名下无自有产权住房,因购房申请住房公积金贷款的认定为首套住房贷款,首付款比例不低于20%,贷款利率执行人民银行公布的公积金贷款基准利率;职工本人、配偶及未成年子女名下已有一套住房,因再次购房申请住房公积金贷款的认定为二套住房贷款,首付款比例调整为不低于40%,贷款利率执行人民银行公布的公积金贷款基准利率的1.1倍;职工家庭已使用过一次住房公积金贷款,因购买首套住房再次申请住房公积金贷款的认定为二次住房贷款,首付款比例调整为不低于40%,贷款利率执行人民银行公布的公积金贷款基准利率。

(3) 调整贷款额度与计算方式。住房公积金最高贷款额度调整为30万元。可贷额度按照不超过职工本人及配偶公积金账户余额的10倍计算。贷款额度与提取总额之和不超过购房合同总价款。月还款额度不超过家庭经济收入的50%。

4. 住房公积金利率:存款年利率1.5%。贷款利率:五年以内(含五年)年利率2.75%,五年以上年利率3.25%。

(三) 服务改进情况:

1. 优化服务环境:业务大厅安装了LED大显示屏、公共WIFI,配备了书写台、老花镜、充电基站、药箱、雨伞便民设施;设置"导引岗"为职工提供政策解释、办理业务要件整理、人员分流和指引工作。设置"客服中心岗"为职工办理房产网查,设置"综合柜员"为职工提供缴存、提取、贷款等柜面服务。

2. 加强信息化建设:上线了全国异地转移接续平台。按照住房城乡建设部统一规划,管理中心作为全国第一批上线的单位,于2017年3月底正式上线;新版的单位网上营业厅于2017年8月底正式上线,功能在原来的基础上扩充了20多个功能模块,实现了单位信息查询、信息维护、状态变更、转入转出、缴存支付等单位业务全覆盖;成像系统正式上线,实现了业务办理可追溯和便捷检索;实现了与市不动产登记局的联网对接,职工申请贷款、办理抵押一站式办结。

(四) 认真做好信访投诉处理工作:

1. 畅通职工表达诉求渠道:安排专人负责收集、受理市长热线、公积金12329热线、中心门户网站、随州论坛、云上随州、阳光信访等平台职工投诉件及转办件,及时处理,及时回复。

2. 坚持"有诉必应、有案必查、查必有果",依法履职:今年,共处理缴存职工投诉案件12起,其中一起已申请法院进行强制执行;共办理市信访局转办件3起,都有明确答复。

恩施土家族苗族自治州住房公积金2017年年度报告

一、机构概况

(一) **住房公积金管理委员会**:住房公积金管理委员会有24名委员,2017年召开六届一次会议,审议通过的事项主要包括:《州住房公积金管理委员会六届一次全会工作报告》、恩施州2017年住房公积金归集使用及增值收益计划(草案)》、《恩施州2016年度住房公积金归集使用、资产负债及增值收益计划执行情况的报告(草案)》、《关于对我州住房公积金个人贷款、提取相关政策进行调整的请示》。

(二) 住房公积金管理中心：住房公积金管理中心为直属恩施州人民政府的不以营利为目的的正县级事业单位，设8个科室，1个州直营业部，8个县市办事处。从业人员128人，其中，在编69人，非在编59人。

二、业务运行情况

(一) 缴存：2017年，新开户单位272家，实缴单位2782家，净增单位169家；新开户职工1.58万人，实缴职工13.53万人，净增职工0.77万人；缴存额26.33亿元，同比增长23.56%。2017年末，缴存总额119.41亿元，同比增长28.29%；缴存余额70.30亿元，同比增长18.58%。

受委托办理住房公积金缴存业务的银行7家。

(二) 提取：2017年，提取额15.31亿元，同比增长26.63%；占当年缴存额的58.16%，比上年增加1.83个百分点。2017年末，提取总额49.11亿元，同比增40.60%。

(三) 贷款：

个人住房贷款：个人住房贷款最高额度40万元，其中，单缴存职工最高额度40万元，双缴存职工最高额度40万元。

2017年，发放个人住房贷款0.70万笔21.88亿元，同比分别增长－11.74%、5.96%。

2017年，回收个人住房贷款7.94亿元。

2017年末，累计发放个人住房贷款6.60万笔89.72亿元，贷款余额50.59亿元，同比分别增长11.86%、32.53%、38.03%。个人住房贷款余额占缴存余额的71.96%，比上年增加10.13个百分点。

受委托办理住房公积金个人住房贷款业务的银行5家。

(四) 融资：2017年，融资0亿元，归还1.81亿元。2017年末，融资总额2亿元，融资余额0亿元。

(五) 资金存储：2017年末，住房公积金存款20.79亿元。其中，活期5.99亿元，1年（含）以下定期1.40亿元，1年以上定期13.40亿元，其他（协定、通知存款等）0亿元。

(六) 资金运用率：2017年末，住房公积金个人住房贷款余额、项目贷款余额和购买国债余额的总和占缴存余额的71.96%，比上年增加10.14个百分点。

三、主要财务数据

(一) 业务收入：2017年，业务收入20155.95万元，同比下降5.96%。其中，存款利息5501.15万元，委托贷款利息14548.33万元，国债利息0万元，其他106.46万元。

(二) 业务支出：2017年，业务支出10152.58万元，同比增长5.76%。支付职工住房公积金利息9899.84万元，归集手续费0万元，委托贷款手续费51.84万元，其他200.90万元。

(三) 增值收益：2017年，增值收益10003.37万元，同比下降15.48%。增值收益率1.55%，比上年减少0.66个百分点。

(四) 增值收益分配：2017年，提取贷款风险准备金1393.76万元，提取管理费用5200万元，提取城市廉租住房建设补充资金3409.60万元。

2017年，上交财政管理费用6500万元。上缴财政城市廉租住房建设补充资金10538万元。

2017年末，贷款风险准备金余额5058.84万元。累计提取城市廉租住房建设补充资金20737.60万元。

（五）管理费用支出：2017年，管理费用支出4170.19万元，同比增长125.78%。其中，人员经费1213.66万元，公用经费292.86万元，专项经费2663.67万元。

四、资产风险状况

个人住房贷款：2017年末，个人住房贷款逾期额32.02万元，逾期率0.06‰。

个人贷款风险准备金按贷款余额的1%提取。2017年，提取个人贷款风险准备金1393.76万元，使用个人贷款风险准备金核销呆坏账0万元。2017年末，个人贷款风险准备金余额5058.84万元，占个人住房贷款余额的1%，个人住房贷款逾期额与个人贷款风险准备金余额的比率为0.63%。

五、社会经济效益

（一）缴存业务：2017年，实缴单位数、实缴职工人数和缴存额同比分别增长6.5%、6%和27.38%。

缴存单位中，国家机关和事业单位占64.10%，国有企业占8.70%，城镇集体企业占0.50%，外商投资企业占0.32%，城镇私营企业及其他城镇企业占16.93%，民办非企业单位和社会团体占8.12%，其他占1.33%。

缴存职工中，国家机关和事业单位占69.15%，国有企业占15.93%，城镇集体企业占0.37%，外商投资企业占0.15%，城镇私营企业及其他城镇企业占11.68%，民办非企业单位和社会团体占2.45%，其他占0.27%；中、低收入占81.51%，高收入占18.49%。

新开户职工中，国家机关和事业单位占55.74%，国有企业占7.32%，城镇集体企业占0.5%，外商投资企业占0.35%，城镇私营企业及其他城镇企业占30.35%，民办非企业单位和社会团体占5.17%，其他占0.57%；中、低收入占82.00%，高收入占18.00%。

（二）提取业务：2017年，1.93万名缴存职工提取住房公积金15.31亿元。

提取金额中，住房消费提取占80.90%（购买、建造、翻建、大修自住住房占40.40%，偿还购房贷款本息占28.53%，租赁住房占7.59%，其他占4.38%）；非住房消费提取占19.10%（离休和退休提取占15.15%，完全丧失劳动能力并与单位终止劳动关系提取占1.92%，户口迁出本市或出境定居占1.08%，其他占0.95%）。

提取职工中，中、低收入占76.85%，高收入占23.15%。

（三）贷款业务：

1. **个人住房贷款**：2017年，支持职工购建房88.95万平方米，年末个人住房贷款市场占有率为22%，比上年减少9个百分点。通过申请住房公积金个人住房贷款，可节约职工购房利息支出5000万元。

职工贷款笔数中，购房建筑面积90（含）平方米以下占5.88%，90~144（含）平方米占75.43%，144平方米以上占18.69%。购买新房占80.84%（其中购买保障性住房占0.01%），购买存量商品住房占11.28%，建造、翻建、大修自住住房占2.04%，其他占5.84%。

职工贷款笔数中，单缴存职工申请贷款占51.28%，双缴存职工申请贷款占41.57%，三人及以上缴存职工共同申请贷款占7.15%。

贷款职工中，30岁（含）以下占22.41%，30岁~40岁（含）占29.57%，40岁~50岁（含）占

32.90%，50岁以上占15.12%；首次申请贷款占73.95%，二次及以上申请贷款占26.05%；中、低收入占75.27%，高收入占24.73%。

2. **异地贷款**：2017年，发放异地贷款122笔4158.50万元。2017年末，发放异地贷款总额4158.50万元，异地贷款余额4106.60万元。

（四）住房贡献率：2017年，个人住房贷款发放额、公转商贴息贷款发放额、项目贷款发放额、住房消费提取额的总和与当年缴存额的比率为130.15%，比上年减少14.12个百分点。

六、其他重要事项

1. 恩施州住房公积金管理中心于2017年9月1日起实现财务统一核算，实现四统一。下设8个办事处资金全部上收至中心开设的银行账户。

2. 恩施州2017年月缴存上线调整为3890元，缴存下限200元、缴存比例5%至12%；恩施州住房公积金管理中心2017年个人住房贷款最高限额40万元，未做调整。

3. 2017年，中心投资1035万元用于为恩施市办事处、来凤县办事处购置办公楼及装修宣恩县办事处办公楼。

4. 历时三年，恩施州共计投入600万元用于公积金核心系统及综合服务平台建设及完善，目前已经通过住房城乡建设部"双贯标"验收。

仙桃市住房公积金2017年年度报告

一、机构概况

（一）住房公积金管理委员会：住房公积金管理委员会有12名委员，2017年召开1次会议，审议通过的事项主要包括：《仙桃住房公积金管理中心2016年年度报告》、《2016年度住房公积金归集、使用计划执行情况及2017年住房公积金归集、使用计划报告》、《关于建立进城务工人员、个体工商户、自由职业者住房公积金制度的请示》、《关于进一步规范省垂直单位（含跨区域单位）住房公积金缴存基数的请示》。

（二）住房公积金管理中心：住房公积金管理中心为直属仙桃市政府管理不以营利为目的的参公事业单位，设5个科，0个管理部，0个分中心。从业人员26人，其中，在编18人，非在编8人。

二、业务运行情况

（一）缴存：2017年，新开户单位95家，实缴单位881家，净增单位8家；新开户职工0.71万人，实缴职工4.84万人，净增职工0.61万人；缴存额4.89亿元，同比增长33.61%。2017年末，缴存总额25.78亿元，同比增长23.41%；缴存余额14.02亿元，同比增长18.54%。

受委托办理住房公积金缴存业务的银行7家，比上年减少1家。

（二）提取：2017年，提取额2.68亿元，同比增长50.56%；占当年缴存额的56.07%，比上年增加

7.44个百分点。2017年末，提取总额11.76亿元，同比增长29.52%。

（三）贷款：

个人住房贷款：个人住房贷款最高额度40万元，其中，单缴存职工最高额度40万元，双缴存职工最高额度40万元。

2017年，发放个人住房贷款0.09万笔2.2亿元，同比分别下降0.46%、增长12.82%。

2017年，回收个人住房贷款0.87亿元。

2017年末，累计发放个人住房贷款0.74万笔8.62亿元，贷款余额5.12亿元，同比分别增长7.69%、34.27%、35.09%。个人住房贷款余额占缴存余额的36.52%，比上年增加13.91个百分点。

受委托办理住房公积金个人住房贷款业务的银行3家，比上年增加（减少）0家。

资金存储：2017年末，住房公积金存款8.91亿元。其中，活期0.38亿元，1年（含）以下定期0.3亿元，1年以上定期8.23亿元。

（四）资金运用率： 2017年末，住房公积金个人住房贷款余额、项目贷款余额和购买国债余额的总和占缴存余额的36.52%，比上年增加13.91个百分点。

三、主要财务数据

（一）业务收入： 2017年，业务收入4709.73万元，同比增长9.39%。存款利息3232.33万元，委托贷款利息1477.40万元。

（二）业务支出： 2017年，业务支出2131.63万元，同比增长31.42%。支付职工住房公积金利息2072.47万元，归集手续费0万元，委托贷款手续费58.38万元，其他0.78万元。

（三）增值收益： 2017年，增值收益2578.10万元，同比下降3.93%。增值收益率1.84%，比上年减少0.39个百分点。

（四）增值收益分配： 2017年，提取贷款风险准备金511.81万元，提取管理费用384.43万元，提取城市廉租住房（公共租赁住房）建设补充资金1681.86万元。

2017年，上交财政管理费用917.42万元。上缴财政城市廉租住房（公共租赁住房）建设补充资金1387.53万元。

2017年末，贷款风险准备金余额2527.33万元。累计提取城市廉租住房（公共租赁住房）建设补充资金9518.02万元。

（五）管理费用支出： 2017年，管理费用支出699.02万元，同比增长77.5%。其中，人员经费299.01万元，公用经费81.15万元，专项经费318.86万元。

四、资产风险状况

个人住房贷款：2017年末，个人住房贷款逾期额1.84万元，逾期率0.04‰。

个人贷款风险准备金按贷款余额的1%提取。2017年，提取个人贷款风险准备金511.81万元，使用个人贷款风险准备金核销呆坏账0万元。2017年末，个人贷款风险准备金余额2527.33万元，占个人住房贷款余额的4.94%，个人住房贷款逾期额与个人贷款风险准备金余额的比率为0.07%。

五、社会经济效益

（一）**缴存业务**：2017年，实缴单位数、实缴职工人数和缴存额同比分别增长12.71%、15.13%和33.61%。

缴存单位中，国家机关和事业单位占65.45%，国有企业占6.98%，城镇集体企业占0.23%，外商投资企业占2.17%，城镇私营企业及其他城镇企业占23.46%，民办非企业单位和社会团体占1.37%，其他占0.34%。

缴存职工中，国家机关和事业单位占63.11%，国有企业占11.4%，城镇集体企业占0.15%，外商投资企业占3.67%，城镇私营企业及其他城镇企业占20%，民办非企业单位和社会团体占1.09%，其他占0.58%；中、低收入占99.58%，高收入占0.42%。

（二）**提取业务**：2017年，0.8万名缴存职工提取住房公积金2.68亿元。

提取金额中，住房消费提取占74.08%（购买、建造、翻建、大修自住住房占49.16%，偿还购房贷款本息占23.7%，租赁住房占0.64%，其他占0.58%）；非住房消费提取占25.92%（离休和退休提取占18.77%，完全丧失劳动能力并与单位终止劳动关系提取占4.44%，户口迁出本市或出境定居占1.88%，其他占0.83%）。

（三）**贷款业务**

1. **个人住房贷款**：2017年，支持职工购建房5.5万平方米，年末个人住房贷款市场占有率为10%，比上年增加1.2个百分点。通过申请住房公积金个人住房贷款，可节约职工购房利息支出3300万元。

职工贷款笔数中，购房建筑面积90（含）平方米以下占11.2%，90～144（含）平方米占83%，144平方米以上占5.8%。

职工贷款笔数中，单缴存职工申请贷款占20.13%，双缴存职工申请贷款占79.87%，三人及以上缴存职工共同申请贷款占0%。

2. **异地贷款**：2017年，发放异地贷款134笔3840.20万元。2017年末，发放异地贷款总额8156万元，异地贷款余额6997万元。

（四）**住房贡献率**：2017年，个人住房贷款发放额、公转商贴息贷款发放额、项目贷款发放额、住房消费提取额的总和与当年缴存额的比率为86.73%，比上年减少2.61个百分点。

六、其他重要事项

1. 建立进城务工人员、个体工商户、自由职业者住房公积金制度。
2. 加入住房公积金异地转移接续平台。
3. 2017年公积金缴存基数下限为1225元，缴存额下限为122元；缴存基数上限10190元，缴存额上限2446元。公积金贷款不再区分单双方缴存，额度均为最高40万元。开展装修贷款业务。公积金质押贷款额度由现行的不超过担保总额的1.2倍提高到2倍。驻仙垂管单位住房公积金缴存基数参照武汉住房公积金缴存标准执行。将单位缴纳住房公积金列入《劳动合同》。
4. 通过信息系统的建设，简化业务流程，统一结算手段，加强内部稽核，提高中心管理水平和服务能力。打造综合服务平台，推进"移动公积金"，使大量业务可以直接网上办结，实现"数据多跑路"的目标。中心还改造服务大厅，建设了更舒适的等候区、体验区，配备了排队叫号机和 50 寸查询机。使缴存人充分体验到了"互联网＋公积金"带来的安全、高效、便捷的优质服务。

5.2017 年进行了信息系统建设项目，贯彻了系统基数数据标准和完成了结算应用系统的接入，并顺利通过了住房城乡建设部专家组的验收。

潜江市住房公积金 2017 年年度报告

一、机构概况

（一）**住房公积金管理委员会**：住房公积金管理委员会有 9 名委员，2017 年召开 2 次会议，审议通过的事项主要包括：《市住房公积金管理中心 2016 年工作报告》、《市住房公积金管理中心 2016 年住房公积金归集、使用计划执行情况的报告》、《市住房公积金管理中心 2017 年住房公积金归集和使用计划的报告》、《市住房公积金管理中心 2016 年住房公积金增值收益分配方案》、《市住房公积金管理中心 2017 年管理费用预算方案》、《市住房公积金管理中心关于追加信息系统建设项目经费的报告》、《潜江市住房公积金 2016 年年度报告》，并讨论研究了我市住房公积金个人贷款政策调整以及灵活就业人员缴存和使用住房公积金管理办法。审议 2016 年度财务决算情况及年度工作报告；审议 2017 年度工作方案；审议 2017 年度归集使用计划。

（二）**住房公积金管理中心**：住房公积金管理中心为市政府直属不以营利为目的的事业单位，设 3 个科，0 个管理部，1 个分中心。从业人员 47 人，其中，在编 35 人，非在编 12 人。

二、业务运行情况

（一）**缴存**：2017 年，新开户单位 49 家，实缴单位 721 家，净增单位 42 家；新开户职工 0.2216 万人，实缴职工 7.2 万人，净增职工 0.0551 万人；缴存额 9.17 亿元，同比增长 9.7％。2017 年末，缴存总额 75.11 亿元，同比增长 13.9％；缴存余额 37.12 亿元，同比增长 7.9％。

受委托办理住房公积金缴存业务的银行 7 家，比上年增加（减少）0 家。

（二）**提取**：2017 年，提取额 6.44 亿元，同比增长 19.04％；占当年缴存额的 70.23％，比上年增加 42.39 个百分点。2017 年末，提取总额 37.99 亿元，同比增长 20.45％。

（三）**贷款**：

个人住房贷款：个人住房贷款最高额度 40 万元，其中，单缴存职工最高额度 40 万元，双缴存职工最高额度 40 万元。

2017 年，发放个人住房贷款 0.1282 万笔 2.24 亿元，同比分别下降 37.37％、50.44％。其中，市中心发放个人住房贷款 0.1021 万笔 1.41 亿元，分中心发放个人住房贷款 0.0261 万笔 0.83 亿元。

2017 年，回收个人住房贷款 2.02 亿元。其中，市中心 0.75 亿元，分中心 1.27 亿元。

2017 年末，累计发放个人住房贷款 1.4838 万笔 22.96 亿元，贷款余额 14.71 亿元，同比分别增长

9.46%、10.83%、1.52%。个人住房贷款余额占缴存余额的 39.63%，比上年增加 2.51 个百分点。

受委托办理住房公积金个人住房贷款业务的银行 5 家，比上年增加（减少）0 家。

（四）**资金存储**：2017 年末，住房公积金存款 24.757 亿元。其中，活期 2.08 亿元，1 年（含）以下定期 1.3 亿元，1 年以上定期 20.21 亿元，其他（协定、通知存款等）1.166 亿元。

（五）**资金运用率**：2017 年末，住房公积金个人住房贷款余额、项目贷款余额和购买国债余额的总和占缴存余额的 39.63%，比上年增加 1.99 个百分点。

三、主要财务数据

（一）**业务收入**：2017 年，业务收入 11230.14 万元，同比增长 54.96%。其中，市中心 4130.53 万元，分中心 7099.61 万元；存款利息 7240.82 万元，委托贷款利息 3988.75 万元，国债利息 0 万元，其他 0.57 万元。

（二）**业务支出**：2017 年，业务支出 5524.80 万元，同比增长 10.73%。其中，市中心 2001.09 万元，分中心 3575.71 万元，支付职工住房公积金利息 5282.78 万元，归集手续费 28.1 万元，委托贷款手续费 213.11 万元，其他 0.81 万元。

（三）**增值收益**：2017 年，增值收益 5705.34 万元，同比下降 30.83%。其中，市中心 2129.44 万元，分中心 3575.90 万元；增值收益率 1.59%，比上年减少 0.24 个百分点。

（四）**增值收益分配**：2017 年，提取贷款风险准备金 1257.57 万元，提取管理费用 0 万元，提取城市廉租住房（公共租赁住房）建设补充资金 4447.77 万元。

2017 年，上交财政管理费用 918.25 万元。上缴财政城市廉租住房（公共租赁住房）建设补充资金 4076.59 万元。其中，市中心上缴 500.7 万元，分中心上缴（收缴单位）3575.89 万元。

2017 年末，贷款风险准备金余额 5074.51 万元。累计提取城市廉租住房（公共租赁住房）建设补充资金 32387.51 万元。其中，市中心提取 2373.66 万元，分中心提取 30013.85 万元。

（五）**管理费用支出**：2017 年，管理费用支出 1111.85 万元，同比增长 83.75%。其中，人员经费 559.18 万元，公用经费 100.43 万元，专项经费 452.24 万元。

市中心管理费用支出 667.44 万元，其中，人员、公用、专项经费分别为 331.53 万元、37.17 万元、298.74 万元；分中心管理费用支出 444.41 万元，其中，人员、公用、专项经费分别为 227.65 万元、63.26 万元、153.5 万元。

四、资产风险状况

个人住房贷款：2017 年末，个人住房贷款逾期额 6.8 万元，逾期率 0.2‰。

个人贷款风险准备金按（贷款余额）的 4% 提取。2017 年，提取个人贷款风险准备金 1257.57 万元，使用个人贷款风险准备金核销呆坏账 0 万元。2017 年末，个人贷款风险准备金余额 5074.51 万元，占个人住房贷款余额的 3.4%，个人住房贷款逾期额与个人贷款风险准备金余额的比率为 0.015%。

五、社会经济效益

（一）**缴存业务**：2017 年，实缴单位数、实缴职工人数和缴存额同比分别减少 4.23%、增长 6.07%

和增长 26.25%。

缴存单位中，国家机关和事业单位占 74.13%，国有企业占 7.57%，城镇集体企业占 0%，外商投资企业占 0.47%，城镇私营企业及其他城镇企业占 11.83%，民办非企业单位和社会团体占 5.36%，其他占 0.63%。

缴存职工中，国家机关和事业单位占 70.92%，国有企业占 17.50%，城镇集体企业占 0%，外商投资企业占 1.44%，城镇私营企业及其他城镇企业占 9.17%，民办非企业单位和社会团体占 0.95%，其他占 0.02%；中、低收入占 96.35%，高收入占 3.65%。

新开户职工中，国家机关和事业单位占 52.44%，国有企业占 36.55%，城镇集体企业占 0%，外商投资企业占 1.8%，城镇私营企业及其他城镇企业占 12.74%，民办非企业单位和社会团体占 2.25%，其他占 0.1%；中、低收入占 99.82%，高收入占 0.18%。

（二）提取业务：2017 年，1.6579 万名缴存职工提取住房公积金 6.44 亿元。

提取金额中，住房消费提取占 65.87%（购买、建造、翻建、大修自住住房占 43.61%，偿还购房贷款本息占 19.86%，租赁住房占 0.2%，其他占 2.2%）；非住房消费提取占 34.13%（离休和退休提取占 28.62%，完全丧失劳动能力并与单位终止劳动关系提取占 4.51%，户口迁出本市或出境定居占 0.2%，其他占 0.8%）。

提取职工中，中、低收入占 99.62%，高收入占 0.38%。

（三）贷款业务：

个人住房贷款：2017 年，支持职工购建房 24.46 万平方米，年末个人住房贷款市场占有率为 11.75%，比上年增加 3.5 个百分点。通过申请住房公积金个人住房贷款，可节约职工购房利息支出 942.74 万元。

职工贷款笔数中，购房建筑面积 90（含）平方米以下占 12.6%，90~144（含）平方米占 69.3%，144 平方米以上占 18.1%。购买新房占 21.06%（其中购买保障性住房占 0%），购买存量商品住房占 0%，建造、翻建、大修自住住房占 78.75%，其他占 0.2%。

职工贷款笔数中，单缴存职工申请贷款占 94.6%，双缴存职工申请贷款占 5.4%，三人及以上缴存职工共同申请贷款占 0%。

贷款职工中，30 岁（含）以下占 14.11%，30 岁~40 岁（含）占 25.95%，40 岁~50 岁（含）占 43.29%，50 岁以上占 16.65%；首次申请贷款占 63.37%，二次及以上申请贷款占 36.63%；中、低收入占 100%，高收入占 0%。

（四）住房贡献率：2017 年，个人住房贷款发放额、公转商贴息贷款发放额、项目贷款发放额、住房消费提取额的总和与当年缴存额的比率为 71.13%，比上年减少 13.77 个百分点。

六、其他重要事项

（一）当年机构及职能调整情况、受委托办理缴存贷款业务金融机构变更情况：2017 年，中心机构及职能未调整；受委托办理缴存贷款业务金融机构未调整。

（二）当年住房公积金政策调整及执行情况：2017 年，我市住房公积金缴存基数最高限额为我市 2016 年社会平均工资的三倍，最低限额为我市 2016 年最低工资标准。缴存比例由 6%~12%，调整为

5%～12%。

2017年，我市提取政策未调整。

2017年，我市对住房公积金个人住房贷款政策进行了调整。①调整公积金质押贷款比例。将质押贷款比例由1∶1.5调整为1∶2；②调整现住房抵押贷款额度。现住房抵押贷款额度由15万元调整为20万元，贷款年限维持1～20年不变；③期房转为现房的公积金个人贷款仍按原有期房按揭贷款政策执行；④推出二手房抵押贷款。职工购买二手房两年内，在取得不动产权证书后，凭交易契税发票，按成交额50%的比例确定贷款额，不需要第三方评估，贷款最高额度为20万元，贷款年限为1～20年；⑤推出商贷转公贷。职工可将个人住房商业贷款转为个人住房公积金贷款，可贷额度按职工住房商业贷款的结清余额确定，最高贷款额度为40万元，贷款年限为1～30年。

2017年，中心严格按照中国人民银行有关住房公积金存贷款利率规定，适时进行调整。

（三）**当年服务改进情况**：2017年，中心按照上级有关要求，预购省级综合服务平台席位一个，建成中心短信平台，开通微信公众号。

（四）**当年信息化建设情况**：2017年，按照住房城乡建设部要求，对中心信息系统进行了升级改造；基础数据标准贯彻落实和结算应用系统接入工作基本完成，现新系统正上线试运行。

天门市住房公积金2017年年度报告

一、机构概况

（一）**住房公积金管理委员会**：住房公积金管理委员会有13名委员，2017年召开1次会议，审议通过的事项主要包括：《2017年住房公积金增值收益分配方案》、《住房公积金2017年年度报告》。

（二）**住房公积金管理中心**：住房公积金管理中心是不以营利为目的的独立事业单位，设5个科，1个办公室，无分中心。从业人员32人，其中，在编24人，非在编8人。

二、业务运行情况

（一）**缴存**：2017年，新开户单位91家，实缴单位551家，比上年减少21家；新开户职工0.29万人，实缴职工3.01万人，净增职工0.18万人；缴存额4.57亿元，同比增长36.83%。2017年末，缴存总额22.5亿元，同比增长25.49%；缴存余额13.64亿元，同比增长23.44%。

受委托办理住房公积金缴存业务的银行7家，与上年一致。

（二）**提取**：2017年，提取额1.98亿元，同比增54.68%；占当年缴存43.33%，比上年增加5.01个百分点。2017年末，提取总额8.86亿元，同比增长28.78%。

（三）**贷款**：

个人住房贷款：个人住房贷款最高额度40万元，其中，单缴存职工最高额度40万元，双缴存职工最高额度40万元。

2017年，发放个人住房贷款0.14万笔3.77亿元，笔数同比下降1.09%，金额增长10.56%。

2017年末，累计发放个人住房贷0.65万笔10.66亿元，贷款余额为7.94亿元，同比分别增长20.52%、54.72%、59.12%。本年收回贷款金额0.82亿元。个人住房贷款余额占缴存余额的58.21%，比上年增加13.05个百分点。

受委托办理住房公积金个人住房贷款业务的银行7家，与上年一致。

（四）资金存储：2017年末，住房公积金存款5.23亿元。其中，活期0.04亿元，1年以上定期4.33亿元，其他（协定、通知存款等）0.86亿元。

（五）资金运用率：2017年末，住房公积金个人住房贷款余额、项目贷款余额和购买国债余额的总和占缴存余额的58.21%，比上年增加13.05个百分点。

三、主要财务数据

（一）业务收入：2017年，业务收入3869.83万元，同比增长20.3%。其中，存款利息1907.21万元，委托贷款利息1962.62万元。

（二）业务支出：2017年，业务支出1863.13万元，同比增长33.44%。其中：支付职工住房公积金利息1790.7万元，委托贷款手续费72.46万元。

（三）增值收益：2017年，增值收益2006.69万元，同比增长10.22%。其中，增值收益率1.6%，比上年减少0.4个百分点。

（四）增值收益分配：2017年，提取贷款风险准备金0万元（上年已提足），提取管理费用1015.6万元，提取城市廉租住房（公共租赁住房）建设补充资金991.09万元。

2017年，上交财政管理费用1479.95万元。上缴财政城市廉租住房（公共租赁住房）建设补充资金340.73万元。

2017年末，贷款风险准备金余额1330.76万元。累计提取城市廉租住房（公共租赁住房）建设补充资金3543.83万元。

（五）管理费用支出：2017年，管理费用支出869.07万元，同比增长193.23%。其中，人员经费250.08万元，公用经费76.98万元，专项经费542.01万元。

四、资产风险状况

个人住房贷款：2017年末，个人住房贷款逾期额111.41万元，逾期率1.4‰。

个人贷款风险准备金按增值收益的60%提取。2017年，提取个人贷款风险准备金0万元，使用个人贷款风险准备金核销呆坏账0万元。2017年末，个人贷款风险准备金余额1330.76万元，占个人住房贷款余额的1.68%，个人住房贷款逾期额与个人贷款风险准备金余额的比率为8.37%。

五、社会经济效益

（一）缴存业务：2017年，实缴单位数、实缴职工人数和缴存额同比分别减少3.67%、增加6.40%和增加36.83%。

缴存单位中，国家机关和事业单位占74.95%，国有企业占10.16%，城镇集体企业占4.90%，外商

投资企业占 5.08%，城镇私营企业及其他城镇企业占 1.99%，民办非企业单位和社会团体占 1.81%，其他占 1.14%。

缴存职工中，国家机关和事业单位占 70.00%，国有企业占 14.00%，城镇集体企业占 1.29%，外商投资企业占 6.59%，城镇私营企业及其他城镇企业占 6.89%，民办非企业单位和社会团体占 0.51%，其他占 0.72%；中、低收入占 90.03%，高收入占 9.97%。

新开户职工中，国家机关和事业单位占 69.97%，国有企业占 13.99%，城镇集体企业占 1.31%，外商投资企业占 6.60%，城镇私营企业及其他城镇企业占 6.91%，民办非企业单位和社会团体占 0.21%，其他占 1.01%；中、低收入占 89.96%，高收入占 10.04%。

（二）**提取业务**：2017 年，0.52 万名缴存职工提取住房公积金 1.98 亿元。

提取金额中，住房消费提取占 67.29%（购买、建造、翻建、大修自住住房占 41.92%，偿还购房贷款本息占 19.02%，租赁住房占 1.84%，其他占 4.51%）；非住房消费提取占 32.71%（离休和退休提取占 29.80%，完全丧失劳动能力并与单位终止劳动关系提取占 1.41%，其他 1.50%）。

提取职工中，中、低收入占 87.82%，高收入占 12.18%。

（三）**贷款业务**：

1. **个人住房贷款**：2017 年，支持职工购建房 17.73 万平方米，年末个人住房贷款市场占有率为 14.52%，比上减少 13.01 个百分点。通过申请住房公积金个人住房贷款，可节约职工购房利息支出 4708.26 万元。

职工贷款笔数中，购房建筑面积 90（含）平方米以下占 11.36%，90~144（含）平方米占 82.33%，144 平方米以上占 6.31%。购买新房占 85.85%，建造、翻建、大修自住住房占 14.15%。

职工贷款笔数中，单缴存职工申请贷款占 40.98%，双缴存职工申请贷款占 49.63%，三人及以上缴存职工共同申请贷款占 9.39%。

贷款职工中，30 岁（含）以下占 13.19%，30 岁~40 岁（含）占 23.61%，40 岁~50 岁（含）占 42.15%，50 岁以上占 21.05%；首次申请贷款占 86.21%，二次及以上申请贷款占 13.79%；中、低收入占 90.25%，高收入占 9.75%。

2. **异地贷款**：2017 年，发放异地贷款 52 笔，1507 万。2017 年末，发放异地贷款总额 2295.1 万元，异地贷款余额 2212.75 万元。

（四）**住房贡献率**：2017 年，个人住房贷款发放额、公转商贴息贷款发放额、项目贷款发放额、住房消费提取额的总和与当年缴存额的比率为 125.82%，比上年减少 2.62 个百分点。

六、其他重要事项

（一）**新系统上线运行情况**：按照住房城乡建设部的统一安排和部署，中心投资 679 万元对住房公积金业务系统进行达标建设。通过项目立项、预算申报、编制建设方案、建设方案评审、公开招标投标、项目建设等环节，目前"双贯标"新业务系统已正式上线运行，系统实现了住房公积金全国基础数据统一和接入银行结算数据采集系统，进一步规范了住房公积金管理和业务办理流程，实现了资金的秒级到账，有效增强了预防和防范重抵御风险能力，提高了业务办理实效，人民群众满意率普遍提升。

（二）**当年政策调整情况**：经市住房公积金管理委员会批准同意，出台了《天门市住房公积金缴存管理办法》、《天门市住房公积金提取管理办法》、《天门市住房公积金贷款管理办法》和《天门市单位和个人住房公积金失信行为管理办法》四个管理办法；在四个管理办法的基础上，制定了《天门市住房公积金提取指南》、《天门市住房公积金贷款指南》、《天门市住房公积金还款指南》和《天门市住房公积金缴存指南》四个业务办理指南。

（三）当年服务改进情况：

1. 中心在新业务系统的基础上，依据《天门市住房公积金缴存管理办法》等四个管理办法和《天门市住房公积金提取操作指南》等四个业务操作指南的规定，明确了各类业务办理的要件和时限，进一步优化了受理审批流程，明确了人员职责，压缩了办结期限，提高了办事效率。归集类业务随到随办，销户提取类业务现场办结，资金秒级到账；非销户类提取业务 2 个工作日审批办结；贷款类业务 3 个工作日审批办结。

2. 为进一步提升我市住房公积金服务水平，打造政策性住宅金融机构，中心报请市人民政府同意，将城投大厦一楼按照银行服务业标准，建设了住房公积金营业部，配置标准化办事窗口、智能化办公一体系统，安装了全天候监控安防系统、排队叫号系统、智能服务评价系统、直饮机、空调等设施，为住房公积金缴存单位和职工提供一站式优质服务窗口。

3. 为进一步加强我市住房公积金服务管理，市住房公积金管理中心印发了《考勤管理制度》等七个内部管理制度，出台了《天门市住房公积金劳务派遣人员考核管理办法》、《服务大厅工作人员绩效考核办法》和《天门市住房公积金受托银行考核管理办法》，进行了作风大整顿和廉政风险点自查整改，有力促进了工作作风的大转变，助力了各项工作的推进，干部职工的精神面貌焕然一新，工作效率大幅提升。

（四）服务监督体系日趋健全：

1. 畅通投诉举报渠道，中心专门设有信访接待室、服务监督台、意见箱，及时处理各类投诉来访。

2. 对各类业务操作权限进行统一授权、集中管理、台账留痕；对各类技术参数进行系统设置，规避人为因素影响，有效规范和防范各类业务操作风险。

神农架林区住房公积金 2017 年年度报告

一、机构概况

（一）**住房公积金管理委员会**：住房公积金管理委员会有 10 名委员，2017 年召开 1 次会议，审议通过的事项主要包括：住房公积金中心汇报 2016 年工作（书面汇报）；报告神农架林区住房公积金 2016 年归集使用计划执行情况；审议住房公积金 2016 年年度报告；审议住房公积金 2016 年归集使用计划；审议决定其他事项；

（二）**住房公积金管理中心**：住房公积金管理中心为林区人民政府不以营利为目的的公益一类事业单位。从业人员 10 人，其中，在编 6 人，非在编 4 人。

二、业务运行情况

（一）缴存：2017年，新开户单位17家，实缴单位346家，净增单位16家；新开户职工763人，实缴职工7997人，净增职工316人；缴存额1.32亿元，同比增长52.66%。2017年末，缴存总额5.7亿元，同比增长30.43%；缴存余额3.98亿元，同比增长24.38%。受委托办理住房公积金缴存业务的银行7家。

（二）提取：2017年，提取额0.54亿元，同比增长94.29%；占当年缴存额的42.6%，比上年增加9.13个百分点。2017年末，提取总额1.71亿元，同比增长46.24%。

（三）贷款：

个人住房贷款：个人住房贷款最高额度35万元，其中，单缴存职工最高额度10万元，双缴存职工最高额度35万元。

2017年，发放个人住房贷款370笔0.96亿元，同比分别增长3.64%、19.25%。

2017年，回收个人住房贷款0.36亿元。2017年末，累计发放个人住房贷款2024笔3.34亿元，贷款余额2.32亿元，同比分别增长22.37%、40.34%、34.88%。个人住房贷款余额占缴存余额的58.2%，比上年增加4.52个百分点。

受委托办理住房公积金个人住房贷款业务的银行2家。

（四）资金存储：2017年末，住房公积金存款1.78亿元。其中，活期0.34亿元，1年以上定期1.44亿元。

（五）资金运用率：2017年末，住房公积金个人住房贷款余额、项目贷款余额和购买国债余额的总和占缴存余额的58.29%，比上年增加4.61个百分点。

三、主要财务数据

（一）业务收入：2017年，业务收入898.52万元，同比增长2.86%。存款利息278.09万元，委托贷款利息620.43万元。

（二）业务支出：2017年，业务支出404.82万元，同比下降36.84%。支付职工住房公积金利息381.29万元，委托贷款手续费23.48万元，其他0.05万元。

（三）增值收益：2017年，增值收益493.71万元，同比增长112.33%。增值收益率1.34%，比上年减少3.66个百分点。

（四）增值收益分配：2017年，提取贷款风险准备金56万元，提取管理费用420万元，提取城市廉租住房（公共租赁住房）建设补充资金17.71万元。

2017年，上交财政管理费用420万元。上缴财政城市廉租住房（公共租赁住房）建设补充资金17.71万元。

2017年末，贷款风险准备金余额232.59万元。累计提取城市廉租住房（公共租赁住房）建设补充资金116.3万元。

（五）管理费用支出：2017年，管理费用支出160万元，同比增长33.18%。其中，人员经费22.38万元，公用经费44.88万元，专项经费92.74万元。

四、资产风险状况

个人住房贷款：2017年末，个人住房贷款逾期率为零。

个人贷款风险准备金按贷款余额的1%提取。2017年，提取个人贷款风险准备金56万元，使用个人贷款风险准备金核销呆坏账0万元。2017年末，个人贷款风险准备金余额232.59万元，占个人住房贷款余额的1%。

五、社会经济效益

（一）**缴存业务**：2017年，实缴单位数、实缴职工人数和缴存额同比分别增长8.42%、4.3%和35.11%。

缴存单位中，国家机关和事业单位占61.19%，国有企业占15.98%，城镇集体企业占9.13%，城镇私营企业及其他城镇企业占10.04%，民办非企业单位和社会团体占1.83%，其他占1.83%。

缴存职工中，国家机关和事业单位占56.4%，国有企业占25.85%，城镇集体企业占6.45%，城镇私营企业及其他城镇企业占6.9%，民办非企业单位和社会团体占0.07，其他占4.42%；中、低收入占95%，高收入占5%。

新开户职工中，国家机关和事业单位占24.46%，国有企业占59.57%，城镇集体企业占8.51%，城镇私营企业及其他城镇企业占7.46%，中、低收入占100%，高收入占0%。

（二）**提取业务**：2017年，1056名缴存职工提取住房公积金0.54亿元。

提取金额中，住房消费提取占71.43%（购买、建造、翻建、大修自住住房占29.2%，偿还购房贷款本息占37.88%，租赁住房占0.37%，其他占3.98%）；非住房消费提取占28.57%（离休和退休提取占18.49%，完全丧失劳动能力并与单位终止劳动关系提取占4.8%，户口迁出本市或出境定居占4.1%，其他占1.18%）。

提取职工中，中、低收入占85.98%，高收入占14.02%。

（三）**贷款业务**：

个人住房贷款：2017年，支持职工购建房3.22万平方米，年末个人住房贷款市场占有率为72.15%，比上年增加15.59个百分点。通过申请住房公积金个人住房贷款，可节约职工购房利息支出549.78万元。

职工贷款笔数中，购房建筑面积90（含）平方米以下占15.95%，90～144（含）平方米占69.46%，144平方米以上占14.59%。购买存量商品住房占83.78%，建造、翻建、大修自住住房占16.22%。

职工贷款笔数中，单缴存职工申请贷款占12.97%，双缴存职工申请贷款占80.81%，三人及以上缴存职工共同申请贷款占6.22%。

贷款职工中，30岁（含）以下占19.73%，30岁～40岁（含）占30.54%，40岁～50岁（含）占38.92%，50岁以上占10.81%；首次申请贷款占81%，二次及以上申请贷款占19%；中、低收入占91.08%，高收入占8.92%。

（四）**住房贡献率**：2017年，个人住房贷款发放额、公转商贴息贷款发放额、项目贷款发放额、住房消费提取额的总和与当年缴存额的比率为101.67%，比上年减少1.61个百分点。

六、其他重要事项

（一）当年受委托办理缴存贷款业务金融机构情况：神农架林区缴存业务金融机构为林区建行、林区工行、林区农行、林区中行、林区农商银行、林区邮政储蓄银行、林区楚农商村镇银行；贷款业务金融机构为林区农行、林区农商行。

（二）当年住房公积金政策调整及执行情况：

1. 2017年缴存基数限额及确定方法、缴存比例调整情况：神农架林区2017年住房公积金缴存基数限额按林区统计局公布的2016年职工月平均工资的3倍执行；林区行政事业单位、中央、省属驻神农架林区的企业、事业单位和实行垂直管理的部门按上一年月平均工资总额的12%执行；其他单位按上一年月平均工资总额的5%～12%执行。

2. 2017年住房公积金存贷款利率调整及执行情况：根据中国人民银行、住房城乡建设部、财政部印发《关于完善职工住房公积金账户存款利率形成机制的通知》（银发〔2016〕43号）要求，从2016年2月21日起，职工住房公积金账户存款利率，由现行按照归集时间执行活期和三个月存款基准利率，调整为统一按一年期定期存款基准利率1.50%执行。

2017年住房公积金贷款利率未作调整。仍按五年期以上个人住房公积金贷款利率3.25%，五年期以下（含五年）个人住房公积金贷款利率2.75%执行。

3. 2017年住房公积金个人住房贷款最高贷款额度调整情况：神农架林区住房公积金最高贷款额度为35万元。

（三）当年服务改进情况：一是在中心服务大厅增设了查询终端两台，叫号设备一台；二是开通了手机微信查询通道；三是开通了住房公积金短信平台，账户变动同步推送短信信息。

（四）当年信息化建设情况：一是按照住房城乡建设部、省住房城乡建设厅关于贯彻《住房公积金基础数据标准》的要求，中心提早谋划、提前准备，稳步推进住房公积金基础数据标准和与银行实时结算数据标准"双贯标"工作。目前住房公积金数据贯标已完成，银行结算系统正式上线运行，实现了住房公积金支取、贷款秒级到账，取得了预期效果，切实方便了缴存职工业务的办理。二是完善住房公积金查询平台。缴存职工可通过网站、微信公众号查询通道实时查询相关政策和个人缴存、贷款、还贷情况。三是开通住房公积金短信平台，及时告知缴存职工账户变动情况，方便群众及时掌握自己住房公积金的动态，了解住房公积金政策。

2017 全国住房公积金年度报告汇编

湖南省

长沙市
株洲市
湘潭市
衡阳市
邵阳市
岳阳市
常德市
张家界市
益阳市
郴州市
永州市
怀化市
娄底市
湘西自治州

湖南省住房公积金 2017 年年度报告

一、机构概况

（一）住房公积金管理机构：全省共设 14 个设区城市住房公积金管理中心，2 个独立设置的分中心（其中，湖南省直住房公积金管理中心隶属湖南省机关事务局，长沙住房公积金管理中心铁路分中心，隶属长沙住房公积金管理中心）。从业人员 1920 人，其中，在编 1214 人，非在编 706 人。

（二）住房公积金监管机构：湖南省住房城乡建设厅、财政厅和人民银行长沙中心支行负责对本省住房公积金管理运行情况进行监督。省住房城乡建设厅设立住房公积金监督管理办公室，负责所属住房公积金日常监管工作。

二、业务运行情况

（一）缴存：2017 年，新开户单位 6651 家，实缴单位 60581 家，净增单位 178 家；新开户职工 53.04 万人，实缴职工 405.48 万人，净增职工 30.26 万人；缴存额 530.46 亿元，同比增长 15.72%。2017 年末，缴存总额 3194.45 亿元，同比增长 19.91%；缴存余额 1621.57 亿元，同比增长 15.37%。

（二）提取：2017 年，提取额 314.49 亿元，同比增长 18.39%；占当年缴存额的 59.29%，比上年增加 1.34 个百分点。2017 年末，提取总额 1572.89 亿元，同比增长 24.99%。

（三）贷款：

1. **个人住房贷款**：2017 年，发放个人住房贷款 11.59 万笔 377.1 亿元，同比增长 0.17%、6.52%。回收个人住房贷款 145.86 亿元。

2017 年末，累计发放个人住房贷款 114.62 万笔 2211.99 亿元，贷款余额 1415.51 亿元，同比分别增长 11.3%、20.55%、19.53%。个人住房贷款余额占缴存余额的 87.3%，比上年增加 3.04 个百分点。

2. **住房公积金支持保障性住房建设项目贷款**：2017 年，未发放支持保障性住房建设项目贷款，回收项目贷款 6.39 亿元。2017 年末，累计发放项目贷款 26.74 亿元，项目贷款余额 0.4 亿元。

（四）购买国债：2017 年，未购买国债，未兑付、转让、收回国债。2017 年末，国债余额为零，与上年一致。

（五）融资：2017 年，融资 21.5 亿元，归还 22.66 亿元。2017 年末，融资总额 66.04 亿元，融资余额 13.94 亿元。

（六）资金存储：2017 年末，住房公积金存款 262.64 亿元。其中，活期 17.85 亿元，1 年（含）以下定期 45.04 亿元，1 年以上定期 136.24 亿元，其他（协定、通知存款等）63.51 亿元。

（七）资金运用率：2017 年末，住房公积金个人住房贷款余额、项目贷款余额和购买国债余额的总和占缴存余额的 87.32%，比上年增加 2.58 个百分点。

三、主要财务数据

（一）业务收入：2017 年，业务收入 511468.98 万元，同比增长 9.03%。其中，存款利息 85380.52 万元，委托贷款利息 424960.47 万元，国债利息 0 万元，其他 1127.99 万元。

（二）业务支出：2017 年，业务支出 249332.17 万元，同比增长 10.2%。其中，支付职工住房公积金利息 227045.96 万元，归集手续费 2060.22 万元，委托贷款手续费 8683.97 万元，其他 11542.02 万元。

（三）增值收益：2017 年，增值收益 262136.81 万元，同比增长 7.94%；增值收益率 1.73%，比上年增加 0.12 个百分点。

（四）增值收益分配：2017 年，提取贷款风险准备金 44078.63 万元，提取管理费用 57233.33 万元，提取城市廉租住房（公共租赁住房）建设补充资金 170985.16 万元。

2017 年，上交财政管理费用 51876.18 万元，上缴财政城市廉租住房（公共租赁住房）建设补充资金 157020.49 万元。

2017 年末，贷款风险准备金余额 292318.07 万元，累计提取城市廉租住房（公共租赁住房）建设补充资金 977549.53 万元。

（五）管理费用支出：2017 年管理费用支出 56252.51 万元，同比增长 9.71%。其中，人员经费 23884.43 万元，公用经费 7550.3 万元，专项经费 24817.78 万元。

四、资产风险状况

（一）个人住房贷款：2017 年末，个人住房贷款逾期额 950.79 万元，逾期率 0.1‰。

2017 年，提取个人贷款风险准备金 46634.63 万元，使用个人贷款风险准备金核销呆坏账 0 万元。2017 年末，个人贷款风险准备金余额 292318.07 万元，占个人贷款余额的 2.06%，个人贷款逾期额与个人贷款风险准备金余额的比率为 0.4%。

（二）住房公积金支持保障性住房建设项目贷款：2017 年末，逾期项目贷款 0 万元，逾期率为 0‰。

2017 年，提取项目贷款风险准备金 -2556 万元，使用项目贷款风险准备金核销呆坏账 0 万元。2017 年末，项目贷款风险准备金余额 160 万元，占项目贷款余额的 4%，项目贷款逾期额与项目贷款风险准备金余额的比率为 0%。

（三）历史遗留风险资产：截至 2017 年底，历史遗留风险资产余额为零。

五、社会经济效益

（一）缴存业务：2017 年，实缴单位数、实缴职工人数和缴存额增长率分别为 0.29%、8.06% 和 15.72%。

缴存单位中，国家机关和事业单位占 54.51%，国有企业占 10.49%，城镇集体企业占 0.89%，外商投资企业占 1.48%，城镇私营企业及其他城镇企业占 21.67%，民办非企业单位和社会团体占 3.82%，其他占 7.14%。

缴存职工中，国家机关和事业单位占 47%，国有企业占 22.75%，城镇集体企业占 0.82%，外商投资企业占 4.99%，城镇私营企业及其他城镇企业占 18.39%，民办非企业单位和社会团体占 1.81%，其他占 4.24%；中、低收入占 97.88%，高收入占 2.12%。

新开户职工中，国家机关和事业单位占 22.99%，国有企业占 11.69%，城镇集体企业占 1.85%，外商投资企业占 10.43%，城镇私营企业及其他城镇企业占 39.50%，民办非企业单位和社会团体占 3.81%，其他占 9.73%；中、低收入占 98.37%，高收入占 1.63%。

（二）提取业务：2017 年，107.99 万名缴存职工提取住房公积金 314.49 亿元。

提取金额中，住房消费提取占 74.12%（购买、建造、翻建、大修自住住房占 29.26%，偿还购房贷款本息占 44.10%，租赁住房占 0.66%，其他占 0.1%；非住房消费提取占 25.88%（离休和退休提取占 18.04%，完全丧失劳动能力并与单位终止劳动关系提取占 4.33%，户口迁出所在市或出境定居占 0.64%，其他占 2.87%）。

提取职工中，中、低收入占 94.97%，高收入占 5.03%。

（三）贷款业务：

1. **个人住房贷款**：2017 年，支持职工购建房 1414.11 万平方米。年末个人住房贷款市场占有率为 14.43%，比上年同期减少 9.94 个百分点。通过申请住房公积金个人住房贷款，可节约职工购房利息支出 632518.02 万元。

职工贷款笔数中，购房建筑面积 90（含）平方米以下占 14.03%，90~144（含）平方米占 73.48%，144 平方米以上占 12.49%。购买新房占 84.23%（其中购买保障性住房占 0.09%），购买存量商品房占 13.82%，建造、翻建、大修自住住房占 0.69%，其他占 1.26%。

职工贷款笔数中，单缴存职工申请贷款占 40.93%，双缴存职工申请贷款占 58.93%，三人及以上缴存职工共同申请贷款占 0.14%。

贷款职工中，30 岁（含）以下占 35.65%，30 岁~40 岁（含）占 37.13%，40 岁~50 岁（含）占 22.16%，50 岁以上占 5.06%；首次申请贷款占 85.79%，二次及以上申请贷款占 14.21%；中、低收入占 96.55%，高收入占 3.45%。

2. **异地贷款**：2017 年，发放异地贷款 7954 笔 258845.54 万元。2017 年末，发放异地贷款总额 733096.96 万元，异地贷款余额 608289.92 万元。

3. **公转商贴息贷款**：2017 年，发放公转商贴息贷款 1835 笔 41669.31 万元，支持职工购建房面积 16.63 万平方米。当年贴息额 704.21 万元。2017 年末，累计发放公转商贴息贷款 4251 笔 109282.11 万元，累计贴息 1309.45 万元。

4. **住房公积金支持保障性住房建设项目贷款**：2017 年末，全省（区）有住房公积金试点城市 3 个，试点项目 16 个，贷款额度 26.74 亿元，建筑面积 267.75 万平方米，可解决 23323 户中低收入职工家庭的住房问题。15 个试点项目贷款资金已发放并还清贷款本息。

（四）住房贡献率：2017 年，个人住房贷款发放额、公转商贴息贷款发放额、项目贷款发放额、住房消费提取额的总和与当年缴存额的比率为 115.81%，比上年减少 11.83 个百分点。

六、其他重要事项

（一）当年住房公积金政策调整情况：修订下发住房公积金管理中心业务管理工作考核办法。2017 年 11 月，湖南省住房和城乡建设厅、湖南省财政厅印发《湖南省住房公积金管理中心业务管理工作暂行考核办法》的通知（湘建金〔2017〕208号）。

（二）当年开展专项监督检查情况：

1. 2017年1~3月，省审计厅对我省6个市公积金中心开展审计。省审计厅对6个市公积金中心进行专项审计，并形成详细审计报告。省住房公积金监管办根据省领导批示精神与省审计厅审计报告提出的问题建议，制订了详细整改措施，下发了情况通报和整改通知，审计发现问题已基本整改到位。

2. 开展"住房公积金政策规范年"专项活动。2017年7月，省住房公积金监管办在全省公积金系统启动了"住房公积金政策规范年"专项活动，下发有关通知，赴14各市州住房公积金管理中心开展督查，清理不合规定、不合理的"土政策"，通报各市州政策清理情况。

3. 开展廉政风险防控检查。2017年10~11月，组织专人分2组对全省14个市州进行了廉政风险防控专项检查，并将检查情况通报了全省。

（三）当年服务改进情况：

1. 提高12329热线便民服务质量。2017年3~4月，省住房公积金监管办通报了2016年度全省住房公积金热线考核情况。

2. 启用全国住房公积金异地转移接续平台。根据住房城乡建设部通知要求，在全省正式启用全国住房公积金异地转移接续平台。要求各市州公积金中心和建设银行完成专线连接工作，确保按时上线，保障住房公积金缴存职工合法权益，方便职工办理住房公积金异地转移接续业务。

（四）当年信息化建设情况：

1. 信息系统"双贯标"工作。召开全省住房公积金"双贯标"工作推进会，赴部分市州开展督办，全面推动全省"双贯标"工作，完成了12个市住房公积金信息系统"双贯标"部、省联合验收。

2. 综合服务平台建设。启动了全省住房公积金综合服务平台建设，整合全省住房公积金网站、微信、语音、短信等对外服务渠道，方便职工网上咨询和办理业务，提高了缴存职工的满意度。

（五）当年住房公积金机构及从业人员所获荣誉情况：文明单位5个，其中国家级3个，省部级1个，地市级1个；青年文明号8个，其中国家级2个，地市级6个；巾帼文明岗5个，国家级1个，地市级4个；全国住建系统先进集体1个；全国住建系统先进个人2个；其他荣誉32个，其中省部级4个，地市级28个。

（六）其他需要披露的情况：

1. 推进公积金行业《工作手册》编制工作。召开专门会议，要求市州住房公积金管理中心从"内容、标准、依据、流程"四个方面编制工作手册，拟定岗位说明书，通过编制《工作手册》，推进住房公积金管理标准化、制度化。

2. 落实省级监管部门政策合规性审查制度。加强对市州的政策合规性审查，在对市州拟出台政策进行合规性审查中提出意见40余条。

3. 着力建立中层干部定期轮岗制度。要求市州出台制度，明确定期轮岗人员范围和轮岗时间，防范廉政风险。2017年，已有13个市州管理中心出台并执行了轮岗制度，未出台的管理中心也已制定了出台时间表。

长沙市住房公积金 2017 年年度报告

一、机构概况

（一）住房公积金管理委员会：住房公积金管理委员会有 27 名委员，2017 年召开 2 次会议，审议通过的事项主要包括：《长沙市住房公积金管理委员会议事规则》、《长沙市住房公积金 2016 年年度报告》、《2016 年度长沙住房公积金归集、使用计划执行情况报告》、《2016 年度长沙住房公积金增值收益分配方案报告》等。

（二）住房公积金管理中心：住房公积金管理中心为直属长沙市人民政府，不以营利为目的的正县级事业单位，设 17 个处（科），12 个管理部，1 个铁路分中心，1 个省直分中心。从业人员 273 人，其中，在编 158 人，非在编 115 人。

二、业务运行情况

（一）缴存：2017 年，新开户单位 3014 家，实缴单位 15808 家，净增单位 2839 家；新开户职工 26.43 万人，实缴职工 137.42 万人，净增职工 14.16 万人；缴存额 176.29 亿元，同比增长 17.39%。2017 年末，缴存总额 1068.58 亿元，同比增长 19.76%；缴存余额 546.14 亿元，同比增长 17.23%。

受委托办理住房公积金缴存业务的银行 6 家，与上年无变化。

（二）提取：2017 年，提取额 96 亿元，同比增长 19.21%；占当年缴存额的 54.46%，比上年增加 0.83 个百分点。2017 年末，提取总额 522.44 亿元，同比增长 22.51%。

（三）贷款：

1. **个人住房贷款**：个人住房贷款最高额度 60 万元，其中，单缴存职工最高额度 60 万元，双缴存职工最高额度 60 万元。

2017 年，发放个人住房贷款 2.72 万笔 111.31 亿元，同比分别下降 4.56%、增长 3.14%。其中，市中心发放住房贷款 2.04 万笔 80.65 亿元，省直分中心发放 0.68 万笔 30.66 亿元。

2017 年，回收个人住房贷款 41.38 亿元。其中，市中心 25.57 亿元，省直分中心 15.81 亿元。

2017 年末，累计发放个人住房贷款 26.21 万笔 680.67 亿元，贷款余额 460 亿元，同比分别增长 11.53%、19.55%、17.92%。个人住房贷款余额占缴存余额的 84.23%，比上年增加 0.49 个百分点。

受委托办理住房公积金个人住房贷款业务的银行 10 家，比上年增加 1 家。

2. **住房公积金支持保障性住房建设项目贷款**：2017 年，回收项目贷款 5 亿元。2017 年末，累计发放项目贷款 21.08 亿元，项目贷款余额 0.4 亿元。

（四）资金存储：2017 年末，住房公积金存款 94.09 亿元。其中，活期 23.94 亿元，1 年（含）以下定期 19.43 亿元，1 年以上定期 44.08 亿元，其他（协定、通知存款等）6.64 亿元。

（五）资金运用率：2017 年末，住房公积金个人住房贷款余额、项目贷款余额和购买国债余额的总和占缴存余额的 84.3%，比上年下降 0.59 个百分点。

三、主要财务数据

（一）**业务收入**：2017 年，业务收入 159835.21 万元，同比增长 7.27%。其中，市中心 101523.73 万元，省直分中心 58311.48 万元；存款利息 18942.32 万元，委托贷款利息 140890.36 万元，其他 2.53 万元。

（二）**业务支出**：2017 年，业务支出 84767.11 万元，同比增长 8.35%。其中，市中心 52647.2 万元，省直分中心 32119.91 万元；支付职工住房公积金利息 75568.32 万元，归集手续费 1419.05 万元，委托贷款手续费 4888.9 万元，其他 2890.84 万元。

（三）**增值收益**：2017 年，增值收益 75068.1 万元，同比增长 6.07%。其中，市中心 48876.53 万元，省直分中心 26191.57 万元；增值收益率 1.47%，比上年降低 0.17 个百分点。

（四）**增值收益分配**：2017 年，提取贷款风险准备金 11984.53 万元，提取管理费用 8472.51 万元，提取城市廉租住房（公共租赁住房）建设补充资金 54611.06 万元。

2017 年，上交财政管理费用 3221.88 万元。上缴财政城市廉租住房（公共租赁住房）建设补充资金 52144.73 万元。其中，市中心上缴 28891.02 万元，省直分中心上缴 19389.62 万元。

2017 年末，贷款风险准备金余额 92160.86 万元。累计提取城市廉租住房（公共租赁住房）建设补充资金 380100.09 万元。其中，市中心提取 230263.92 万元，省直分中心提取 149836.18 万元。

（五）**管理费用支出**：2017 年，管理费用支出 11926.99 万元，同比增长 62.5%。其中，人员经费 3956.52 万元，公用经费 414.57 万元，专项经费 7555.9 万元。

四、资产风险状况

（一）**个人住房贷款**：2017 年末，个人住房贷款逾期额 0 万元（代偿后），逾期率 0‰。

个人贷款风险准备金按贷款余额的 2% 提取。2017 年，提取个人贷款风险准备金 13984.54 万元，未使用个人贷款风险准备金核销呆坏账。2017 年末，个人贷款风险准备金余额 92000.86 万元，占个人住房贷款余额的 2%，个人住房贷款逾期额与个人贷款风险准备金余额的比率为 0%。

（二）**支持保障性住房建设试点项目贷款**：无逾期项目贷款。

项目贷款风险准备金按贷款余额 4% 提取。2017 年，提取项目贷款风险准备金－2000 万元，未使用项目贷款风险准备金核销呆坏账，项目贷款风险准备金余额 160 万元，占项目贷款余额的 4%。

五、社会经济效益

（一）**缴存业务**：2017 年，实缴单位数、实缴职工人数和缴存额同比分别增长 11.39%、16.8% 和 17.39%。

缴存单位中，国家机关和事业单位占 21.87%，国有企业占 9.82%，城镇集体企业占 0.25%，外商投资企业占 2.63%，城镇私营企业及其他城镇企业占 45.78%，民办非企业单位和社会团体占 5.44%，其他占 14.21%。

缴存职工中，国家机关和事业单位占 23.21%，国有企业占 25.79%，城镇集体企业占 0.13%，外商投资企业占 10.99%，城镇私营企业及其他城镇企业占 31.56%，民办非企业单位和社会团体占 2.63%，

其他占5.69%；中、低收入占98.3%，高收入占1.7%。

新开户职工中，国家机关和事业单位占7.29%，国有企业占13.09%，城镇集体企业占0.09%，外商投资企业占16.35%，城镇私营企业及其他城镇企业占49.25%，民办非企业单位和社会团体占3.91%，其他占10.02%；中、低收入占98.83%，高收入占1.17%。

（二）提取业务：2017年，33.79万名缴存职工提取住房公积金96亿元。

提取金额中，住房消费提取占77.01%（购买、建造、翻建、大修自住住房占7.08%，偿还购房贷款本息占68.1%，租赁住房占1.83%）；非住房消费提取占22.99%（离休和退休提取占4.97%，完全丧失劳动能力并与单位终止劳动关系提取占12.63%，户口迁出本市或出境定居占0.32%，其他占5.07%）。

提取职工中，中、低收入占93.14%，高收入占6.86%。

（三）贷款业务：

1. **个人住房贷款**：2017年，支持职工购建房300.16万平方米，年末个人住房贷款市场占有率为7.47%，比上年减少6.15个百分点。通过申请住房公积金个人住房贷款，可节约职工购房利息支出197208.83万元。

职工贷款笔数中，购房建筑面积90（含）平方米以下占24.53%，90～144（含）平方米占67.95%，144平方米以上占7.52%。购买新房占74.73%（其中购买保障性住房占0.09%），购买存量商品住房占20.49%，其他占4.78%。

职工贷款笔数中，单缴存职工申请贷款占44.01%，双缴存职工申请贷款占55.75%，三人及以上缴存职工共同申请贷款占0.24%。

贷款职工中，30岁（含）以下占51.34%，30岁～40岁（含）占36.28%，40岁～50岁（含）占10.42%，50岁以上占1.96%；首次申请贷款占96.41%，二次及以上申请贷款占3.59%；中、低收入占96.44%，高收入占3.56%。

2. **异地贷款**：2017年，发放异地贷款1905笔77086.2万元。2017年末，发放异地贷款总额333542.6万元，异地贷款余额257377.21万元。

3. **支持保障性住房建设试点项目贷款**：2017年，发放支持保障性住房建设试点项目贷款0亿元。2017年末，累计发放试点项目贷款21.08亿元，累计回收项目贷款本金20.68亿元（含当年回收5亿元），项目贷款余额0.4亿元于2018年1月已全部收回。

（四）住房贡献率：2017年，个人住房贷款发放额、公转商贴息贷款发放额、项目贷款发放额、住房消费提取额的总和与当年缴存额的比率为102.64%，比上年降低1.44个百分点。

六、其他重要事项

（一）当年住房公积金政策调整及执行情况：

1. 2017年，长沙市单位和职工住房公积金最低缴存比例为8%，最高缴存比例为12%。凡住房公积金缴存比例高于12%的，一律予以规范调整，不得超过12%。

2017年，长沙市单位和职工住房公积金月缴存基数为职工本人上一年度月平均工资，即上年度全年税前总收入（包括工资、奖金、年终绩效奖励和各种津补贴）除以12之金额。职工住房公积金缴存基数原则上最高不超过长沙市统计局公布的上一年度职工月平均工资的3倍，超出部分缴存的住房公积金计入个人当月的工资收入，并按规定缴交个人所得税。月缴存基数不得低于我市人力资源和社会保障部门发布的2016年度最低月工资标准（芙蓉区、天心区、岳麓区、开福区、雨花区、望城区、长沙高新区、长沙经开区最低工资标准1390元/月，长沙县、浏阳市、宁乡县最低工资标准为1250元/月）。

根据长沙市统计局公布的"2016年长沙市城镇在岗职工年平均工资为77782元"计算，2016年度长沙市城镇职工月平均工资为6481.83元。因此，2017年职工住房公积金月最高缴存基数为19445元。

2. 取消了《长沙住房公积金管理中心个人提取住房公积金申请（审批）书》，职工办理住房公积金提取业务只需携带身份证、本人银行卡及相对应提取情形的证明资料即可；暂停办理购房地不在湖南省行政区域内的异地购房提取；职工因购买、建造自住住房及偿还住房贷款本息提取住房公积金套数认定以有效房产状况为准，注销房产情况不计；职工与单位终止或解除劳动关系，应在办理住房公积金账户封存手续6个月以后或者住房公积金停缴满2年且账户为封存状态下申请提取住房公积金，职工可以申请提取其住房公积金账户内全部存储余额并注销个人账户，不再需要提供户籍证明资料。

3. 根据长沙市政府办公厅《关于进一步促进房地产市场平稳健康发展的通知》（长政办函〔2017〕38号）文件精神，为充分发挥住房公积金制度保障作用，一是提高购买首套房个人住房组合贷款最低首付款比例。职工家庭（含夫妻双方）申请个人住房组合贷款购买首套自有住房的，最低首付款比例由20%提高至30%。提高购买二套房住房公积金贷款最低首付款比例。二是对拥有一套自有住房（面积不超过144平方米）并已结清相应购房贷款的住房公积金缴存职工家庭（含夫妻双方），为改善居住条件再次申请住房公积金贷款购买普通自住房的，最低首付款比例由20%提高至35%；对拥有一套自有住房（面积不超过144平方米）但未结清相应购房贷款的住房公积金缴存职工家庭（含夫妻双方），为改善居住条件再次申请住房公积金贷款购买普通自住房的，最低首付款比例由40%提高至45%。三是停止执行"职工连续缴存住房公积金五年以上，且自缴存之日起夫妻双方均未使用过住房公积金（包括提取和贷款），其家庭已有两套（含）以下住房，且住房建筑面积合计不超过230平方米，再次购买改善性住房，可以申请住房公积金贷款，执行住房公积金二套房贷款政策"的规定。

4. 存款利率：职工住房公积金账户存款利率，由按照归集时间执行活期和三个月存款基准利率，调整为统一按一年期定期存款基准利率执行。

贷款利率：1～5年（含）以下2.75%，5年以上3.25%。

（二）当年服务改进情况：

1. 2017年，为方便缴存职工就近办理业务，科学合理调配市区服务网点，完成了市中心开福区、芙蓉区管理部服务网点搬迁工作，搬迁后地址：芙蓉区管理部位于芙蓉区蔡锷中路伍家井1号长沙二手房交易市场四楼；开福区管理部位于开福区金马路377号福天兴业综合楼三楼（开福区人民法院对面）。

2. 新增出境定居提取、享受最低生活保障提取等网上业务。微信端增加智能客服功能；综合服务平台新增自助终端服务，支持在自助机上进行公积金业务查询以及流水打印业务。截至2017年12月底，微信公众号关注量突破30万人，网上服务厅注册近10万个（含单位和个人），手机APP注册近2万人，移动终端办结在线提取业务1.4万笔1.6亿元，占中心提取办结笔数的10%。12329热线共接听业务咨询、查询电话90万个，满意率达到99.6%。积极运行全国异地转移接续平台，简化职工异地转移手续，支持缴存职工"钱随人走"，目前，已支持缴存职工转出办结1059笔、转入办结3410笔。

(三)当年信息化建设情况:

1. 2017年11月,正式上线使用市中心信息系统二期工程,主要包括领导决策系统、稽核审计系统、行政执法系统、绩效考核系统和办公平台。

12月15日,市中心新一代住房公积金管理信息系统通过省住房公积金监督管理办公室、市电政办、市发改委、市经信委、市财政局组织的联合验收。

2. 2017年11月,省直分中心正式上线4.0版住房公积金综合信息系统,并顺利通过住房城乡建设部"双贯标"验收。

(四)当年住房公积金管理中心及职工所获荣誉情况: 2017年11月,作为我省住建系统唯一一家入选单位,市中心成功创建"全国文明单位";2017年12月1日,市中心雨花区管理部、天心区管理部获得长沙市"巾帼文明岗"荣誉称号。

(五)当年对违反《住房公积金管理条例》和相关法规行为进行行政处罚和申请人民法院强制执行情况: 2017年初,市中心将执法大队单列,调优配强执法队伍,增强行政执法力量,同时增设远程服务部,处理、协调各类投诉工单,全年共处理各类投诉工单1359件。

今年以来,关于开发商企业拒绝职工使用住房公积金贷款的投诉日益增多,市中心正面、及时回应"楼盘拒贷公积金"舆情,通过开展上门宣传、召开楼盘座谈会、下达责令整改通知书等方式展开行政执法,维护缴存职工使用住房公积金贷款的合法权益。对拒不整改的开发商企业,积极协调住建委、工商局、发改委等有关部门开展联合执法6次。绝大多数楼盘积极整改,全市开发楼盘拒绝公积金贷款的现象得到了有效的控制。

株洲市住房公积金2017年年度报告

一、机构概况

(一)住房公积金管理委员会:住房公积金管理委员会有26名委员,2017年召开1次会议,审议通过的事项主要包括:

增补选举市第三届住房公积金管理委员会主任委员;
审议市住房公积金管理中心2016年度工作计划执行情况报告暨2017年度工作计划报告;
审议市住房公积金管理中心拟向社会公布的2016年度住房公积金财务情况公告;
审议市住房公积金管理中心2016年度住房公积金增值收益分配方案;
审议市住房公积金管理中心对三届四次管委会会议监管意见整改情况报告;
审议市住房公积金管理中心购置住房公积金管理部业务用房情况报告;
听取市财政局2016年度住房公积金监管情况报告;
听取市审计局2016年度住房公积金归集、管理、使用审计情况报告;
听取人民银行市中心支行2016年度住房公积金账户监督情况报告;

听取株洲银监分局 2016 年度住房公积金受托银行监管情况报告；

审议市住房公积金管理中心 2017 年度目标管理考核办法。

（二）住房公积金管理中心：住房公积金管理中心为直属于市人民政府的不以营利为目的的正处级公益一类事业单位，主要负责全市住房公积金的归集、管理、使用和会计核算。中心内设 8 个科室，1 个机关党委，下辖 8 个管理部。全额拨款事业编制 84 人。从业人员 129 人，其中，在编 81 人，非在编 48 人。

二、业务运行情况

（一）缴存：2017 年，新开户单位 356 家，实缴单位 3150 家，净增单位 278 家；新开户职工 23418 人，实缴职工 27.84 万人，净增职工 3413 人；缴存额 39.20 亿元，同比增长 10.49%。2017 年末，缴存总额 257.82 亿元，同比增长 17.93%；缴存余额 117.28 亿元，同比增长 11.14%。

受委托办理住房公积金缴存业务的银行 6 家，比上年相比无变化。

（二）提取：2017 年，提取额 27.44 亿元，同比增长 22.18%；占当年缴存额的 70.01%，比上年增加 6.3 个百分点。2017 年末，提取总额 140.54 亿元，同比增长 24.26%。

（三）贷款：

个人住房贷款：个人住房贷款最高额度 50 万元，其中，单缴存职工最高额度 40 万元，双缴存职工最高额度 50 万元。2017 年，发放个人住房贷款 0.8216 万笔 25.09 亿元，同比分别下降 5.73%、增加 3.51%。回收个人住房贷款 12.31 亿元。

2017 年末，累计发放个人住房贷款 8.3591 万笔 179.67 亿元，贷款余额 104.95 亿元，同比分别增长 10.90%、16.23%、13.86%。个人住房贷款余额占缴存余额的 89.49%，比上年增加 2.14 个百分点。

受委托办理住房公积金个人住房贷款业务的银行 6 家，比上年增加 2 家。

（四）资金存储：2017 年末，住房公积金存款 14.36 亿元。其中，活期 0.91 亿元，1 年（含）以下定期 1.3 亿元，1 年以上定期 12.16 亿元，其他（协定、通知存款等）0 亿元。

（五）资金运用率：2017 年末，住房公积金个人住房贷款余额、项目贷款余额和购买国债余额的总和占缴存余额的 89.49%，比上年增加 2.14 个百分点。

三、主要财务数据

（一）业务收入：2017 年，业务收入 37627.35 万元，同比增长 15.15%；存款利息 5829.12 万元，委托贷款利息 31678.62 万元，其他 119.62 万元。

（二）业务支出：2017 年，业务支出 17849.27 万元，同比增长 1.07%；支付职工住房公积金利息 16711.69 万元，委托贷款手续费 210.10 万元，其他 927.48 万元。

（三）增值收益：2017 年，增值收益 19778.08 万元，同比增长 12%；增值收益率 1.72%，比上年减少 0.06 个百分点。

（四）增值收益分配：2017 年，提取贷款风险准备金 2555.04 万元，提取管理费用 6169.91 万元（含事业发展资金 861.15 万元），提取城市廉租住房（公共租赁住房）建设补充资金 11053.13 万元。

2017 年，上交财政管理费用 6169.91 万元（含事业发展资金 861.15 万元）。上缴财政城市廉租住房（公共租赁住房）建设补充资金 11053.13 万元。

2017年末,贷款风险准备金余额20989.84万元。累计提取城市廉租住房(公共租赁住房)建设补充资金93526.54万元。

(五)管理费用支出:2017年,管理费用支出4954.09万元,同比增长67.19%。其中,人员经费1962.74万元,公用经费946.03万元,专项经费2045.32万元。

四、资产风险状况

个人住房贷款:截至2017年底,逾期个人住房贷款5.31万元。

个人住房贷款逾期率0.01‰。

个人贷款风险准备金按贷款余额的2%提取。当年使用个人贷款风险准备金核销0万元,个人贷款风险准备金余额为20989.84万元,个人贷款风险准备金余额与个人贷款余额的比率为2%,个人贷款逾期额与个人贷款风险准备金余额的比率为0.025%。

五、社会经济效益

(一)缴存业务:2017年,实缴单位数、实缴职工人数和缴存额同比分别增长0.83%、12.94%和10.49%。

缴存单位中,国家机关和事业单位占47.84%,国有企业占14.76%,城镇集体企业占0.95%,外商投资企业占1.18%,城镇私营企业及其他城镇企业占30.76%,民办非企业单位和社会团体占3.33%,其他占1.18%。

缴存职工中,国家机关和事业单位占41.52%,国有企业占35.62%,城镇集体企业占0.34%,外商投资企业占1.43%,城镇私营企业及其他城镇企业占19.84%,民办非企业单位和社会团体占1.17%,其他占0.08%。

新开户职工中,国家机关和事业单位占22.96%,国有企业占19.56%,城镇集体企业占0.06%,外商投资企业占1.34%,城镇私营企业及其他城镇企业占52.70%,民办非企业单位和社会团体占3.04%,其他占0.34%。

(二)提取业务:2017年,9.09万名缴存职工提取住房公积金27.44亿元。

提取金额中,住房消费提取占77.67%(购买、建造、翻建、大修自住住房占31.75%,偿还购房贷款本息占45.53%,租赁住房占0.39%);非住房消费提取占22.33%(离休和退休提取占17.64%,完全丧失劳动能力并与单位终止劳动关系提取占2.41%,户口迁出本市或出境定居占1.6%,其他占0.68%)。

(三)贷款业务:

1. **个人住房贷款**:2017年,支持职工购建房99.37万平方米,年末个人住房贷款市场占有率为21.58%,比上年下降0.81个百分点。通过申请住房公积金个人住房贷款,可节约职工购房利息支出71591.87万元。

职工贷款笔数中,购房建筑面积90(含)平方米以下占15.79%,90~144(含)平方米占70.70%,144平方米以上占13.51%。购买新房占87.04%(其中购买保障性住房占0%),购买存量商品住房占12.86%,建造、翻建、大修自住住房占0.10%。

职工贷款笔数中,单缴存职工申请贷款占31.32%,双缴存职工申请贷款占68.31%,三人及以上缴存职工共同申请贷款占0.37%。

贷款职工中,30岁(含)以下占42.67%,30岁~40岁(含)占33.35%,40岁~50岁(含)占

21.02%,50岁以上占2.96%;首次申请贷款占85.63%,二次及以上申请贷款占14.37%。

2. **异地贷款**:2017年,发放异地贷款488笔14967.5万元。2017年末,发放异地贷款总额51963.3万元,异地贷款余额44406.92万元。

(四) **住房贡献率**:2017年,个人住房贷款发放额、住房消费提取额的总和与当年缴存额的比率为118.37%,比上年增加0.16个百分点。

六、其他重要事项

(一) **当年住房公积金政策调整及执行情况**:2017年,为积极响应市委号召,出台了《高层次人才住房公积金优惠政策》,满足了株洲市高层次人才的购房需求,助力株洲市人才发展战略的实施;为大力支持合理住房刚性需求,制定了《住房公积金异地个人贷款实施细则》,进一步将异地贷款受理范围扩大到全国,支持在外就业株洲籍职工返乡购房;为加强住房公积金业务管理,规范住房公积金业务行为,制定了《株洲市住房公积金归集管理办法》、《株洲市住房公积金提取管理办法》、《株洲市住房公积金贷款管理办法》,以进一步加强住房公积金政策调控力度,有效防控个贷率过高带来的资金流动性风险,确保资金整体运行安全,切实维护广大缴存职工的合法权益。

(二) **当年缴存基数限额及确定方法、缴存比例调整情况**:根据国务院《住房公积金管理条例》和三部委《关于住房公积金管理若干具体问题的指导意见》,以上年度本市职工社会平均工资为当年住房公积金缴存基数,最高缴存基数不超过市统计局公布的上年度全市在岗职工人均月工资的3倍。2017年7月1日至8月31日,本市进行住房公积金年审,根据测算,规定缴存额上限为3566元(单位和职工个人缴交合计),下限为240元(单位和职工个人缴交合计)。缴存比例为5%~12%,允许经营困难的企业在5%~12%的范围内,申请适当降低缴存比例。按程序同意3家企业降低缴存比例,共少缴98.59万元。

(三) **当年住房公积金存贷款利率调整及执行情况**:当年本市住房公积金存贷款利率无调整,从2017年2月21日开始,将职工住房公积金账户存款利率,由按照归集时间执行活期和三个月存款基准利率,调整为统一按一年期定期存款基准利率(1.5%)为职工计付存款利息。

(四) **当年服务优化情况**:在服务设施方面,2017年10月,中心完成业务用房搬迁改造工程,正式搬迁至新楼对外服务。告别了面积狭小、光线阴暗、纵深不够、设施陈旧、噪音严重的旧服务大厅,迎来了宽敞明亮、设施先进、功能齐全、环境优美的新服务大厅,设置咨询台、叫号机、查询机等现代化便民服务设施,每个座席都有视频监控和录音系统,雨伞、药品、开水等便民措施全部到位。创造性地引入受托银行智能服务系统、房产备案登记查询系统,设立不动产登记、担保服务和开发企业的办事窗口,实现公积金贷款受理面签、房产网签备案、办理预告预抵、放款等业务的"一站式"办理。2017年,中心按市住房公积金管委会决议,先后启动了荷塘管理部和醴陵管理部业务用房购置工程。中心将逐步统一标准、统一风格建设住房公积金服务大厅,为全市职工提供更加高效、舒适、便捷的服务设施。在服务平台方面:一是开发完善中心网站服务功能,中心网站提供住房公积金网上服务大厅、政策发布、业务指南、场景服务、中心工作动态、在线咨询、文件及表格下载等各项服务,全年答复网上职工业务咨询3712余条,发布各类新闻文书稿件138篇。二是保障12329服务热线正常运行,全年呼入热线电话总量75121次,其中人工接听52758次,自助语音电话量22363次,人工接通率87.56%,满意率99.49%;全年受理各类投诉8笔,回访职工262人次。三是充分发挥短信平台服务功能,全年免费向缴存单位和个人发送住房公积金相关法规政策、缴存提取及贷款业务相关信息共计 864542 条。在服务规范方面：一是进一步规范窗口服务，完善了《株洲市住房公积金管理中心窗口服务准则》，严格落实"首问责任制"、"一次性告知"要求。二是进一步简化办事流程，取消职工办理住房公积金提取业务提交提取审批表并由职工所在单位盖章的要求，职工携相关资料在服务大厅可即到即办，当场办结；取消职工个人住房公积金账户必须绑定中国建设银行龙卡，职工可持本人身份证自行选择中、农、工、建、交、邮储等银行的储蓄卡绑定个人住房公积金账户。三是进一步帮扶企业发展，允许大龄人员占比高的企业缓交住房公积金，经营困难的企业适当降低缴交比例或基数，降低企业成本。四是做好住房公积金贷款贴息，2017 年共向 49 户已办理住房公积金个人住房贷款的城市低收入职工家庭或因重大疾病或重大灾害致贫的家庭发放贷款贴息 25.57 万元，平均每户职工家庭可获贴息 5219 元，有效缓解低收入家庭还贷压力。

（五）当年信息建设情况：中心新一代住房公积金业务信息系统于 2017 年 1 月 15 日正式上线运行。新系统采用住房城乡建设部资金结算平台，实现了资金集中统一管理、实时结算及贷款的自主核算等，理顺了各项业务的操作流程，强化了风险防控，极大提高了工作效率，资金管理更加安全高效，群众办事更加方便。2017 年 9 月 13 日，住房城乡建设部和省住房城乡建设厅联合检查验收组对中心新一代信息系统落实"双贯标"（贯彻落实住房城乡建设部《住房公积金基础数据标准》及《住房公积金银行结算数据应用系统与公积金中心接口标准》）工作情况进行了检查验收，株洲是省内第三家通过验收的中心。

同时，根据部、省要求，新系统开通了集门户网站、网上营业厅（单位、个人、开发商）、呼叫中心、短信平台、自助终端、移动互联（APP、微信）等渠道为一体的综合服务平台，各渠道于 2017 年 3 月开始陆续上线运行。株洲是省内继长沙之后第二家综合服务平台上线的中心。以新系统建设为契机，大力加强信息共享工作，中心目前已建立了与人行、公安、房产、国土等部门的信息共享机制。

为确保系统运行安全，中心重新规划网络，内网与外网严格物理隔离，通过硬件防火墙、入侵防御、桌面行为等安全设备，实现对垃圾信息、非法访问的有效过滤，终端全部安装正版操作系统及网络版杀毒软件。同时以中心业务办公用房改造为契机，按照国际 T3 标准建设核心机房，新机房采用了模块化机房设计，配置了精密空调、新风系统、自动灭火装置、防雷接地装置、数据监控中心、动力环境监控等设施，强化了信息系统运行环境的安全管理，为安全、高效、便民的信息化服务提供有力保障。

（六）当年对违反《住房公积金管理条例》和相关法规行为进行行政处罚和申请人民法院强制执行情况：2017 年，中心就株洲锻压机床有限公司经多次书面催告仍不履行为职工办理账户设立手续义务的行为，作出行政处罚决定。因株洲锻压机床有限公司在多次书面通知后仍未按时补缴职工住房公积金的违规行为，依法向天元区法院申请强制执行。另外，共有 41 名骗提骗贷行为人被列入株洲市住房公积金失信行为黑名单。

湘潭市住房公积金 2017 年年度报告

一、机构概况

（一）住房公积金管理委员会：住房公积金管理委员会有 21 名委员，2017 年召开 3 次会议，审议通过的事项主要包括：《2016年度住房公积金增值收益及其分配方案》、《关于湘潭市住房公积金管理中心调整财务管理模式的报告》、《关于2017年住房公积金归集、使用计划的报告》、《关于市住房公积金管委会换届工作建议方案》、《湘潭市住房公积金2016年年度报告》、《关于省审计厅〈审计报告〉所指出问题的整改方案》、《关于住房公积金贷款政策调整建议的报告》、《关于拓宽外部融资渠道的请示》、《关于实施"双贯标"工作的请示》、《关于确定2017年度湘潭市住房公积金最高和最低月缴存额的请示》、《湘潭市住房公积金缴存管理办法》、《湘潭市住房公积金提取管理办法》。

（二）住房公积金管理中心：住房公积金管理中心为（湘潭市人民政府办公室）不以营利为目的的公益一类事业单位，设7个科（未含纪检监察室），3个管理部。从业人员78人，其中，在编40人，非在编38人。

二、业务运行情况

（一）缴存：2017年，新开户单位234家，实缴单位1991家，净增单位140家；新开户职工1.74万人，实缴职工17.01万人，净增职工0.41万人；缴存额24.38亿元，同比增长13.13%。2017年末，缴存总额176.38亿元，同比增长16.04%；缴存余额64.23亿元，同比增长8.92%。

受委托办理住房公积金缴存业务的银行4家，比上年减少7家。

（二）提取：2017年，提取额19.12亿元，同比增长19.13%；占当年缴存额的78.42%，比上年增加3.94个百分点。2017年末，提取总额112.15亿元，同比增长20.54%。

（三）贷款：

1. **个人住房贷款**：个人住房贷款最高额度50万元，其中，单缴存职工最高额度40万元，双缴存职工最高额度50万元。

2017年，发放个人住房贷款0.72万笔21.42亿元，同比分别增长28.57%、36.78%。

2017年，回收个人住房贷款7.55亿元（包含出让的"公转商"贷款0.11亿元）。

2017年末，累计发放个人住房贷款6.78万笔105.9亿元，贷款余额64.66亿元（不含出让的"公转商"贷款0.11亿元），同比分别增长11.88%、25.37%、27.31%。个人住房贷款余额占缴存余额的100.67%，比上年增加14.53个百分点。

受委托办理住房公积金个人住房贷款业务的银行4家，比上年增加0家。

2. **住房公积金支持保障性住房建设项目贷款**：2017年，未发放支持保障性住房建设项目贷款，回收项目贷款0.37亿元。2017年末，累计发放项目贷款1.1亿元，项目贷款余额为0。

（四）融资：2017年，融资1.5亿元，归还2.1亿元。2017年末，融资总额9.53亿元，融资余额为0。

（五）资金存储：2017年末，住房公积金存款3.86亿元（含贷款风险准备金存款、保证金存款）。其中，活期0.06亿元，1年（含）以下定期1.49亿元，1年以上定期0.53亿元，其他（协定、通知存款等）1.78亿元。

（六）资金运用率：2017年末，住房公积金个人住房贷款余额、项目贷款余额和购买国债余额的总和占缴存余额的100.67%，比上年增加13.9个百分点。

三、主要财务数据

（一）**业务收入**：2017年，业务收入21144.51万元，同比增长7.64%。其中，存款利息2184.72万元，委托贷款利息18722.6万元，增值收益存款利息收入14.03万元，国债利息为0，其他223.16万元。

（二）**业务支出**：2017年，业务支出10381.39万元，同比下降0.22%。其中，支付职工住房公积金利息9365.23万元，归集手续费为－25.07万元，委托贷款手续费83.49万元，其他957.74万元。

（三）**增值收益**：2017年，增值收益10763.12万元，同比增长16.49%。增值收益率1.74%，比上年增加0.1个百分点。

（四）**增值收益分配**：2017年，提取贷款风险准备金2625.14万元，提取管理费用1807.01万元，提取城市廉租住房（公共租赁住房）建设补充资金6330.97万元。

2017年，上交财政管理费用1807.01万元。上缴财政城市廉租住房（公共租赁住房）建设补充资金6330.97万元。

2017年末，贷款风险准备金余额12931.96万元。累计提取城市廉租住房（公共租赁住房）建设补充资金56853.01万元。

（五）**管理费用支出**：2017年，管理费用支出1784.06万元，同比下降14.06%。其中，人员经费670.28万元，公用经费277.86万元，专项经费835.92万元。

四、资产风险状况

（一）**个人住房贷款**：2017年末，个人住房贷款逾期额8.67万元，逾期率0.013‰。

个人贷款风险准备金按（64.66亿元）的2%提取。2017年，提取个人贷款风险准备金2625.14万元，未使用个人贷款风险准备金核销呆坏账。2017年末，个人贷款风险准备金余额12931.96万元，占个人住房贷款余额的2%，个人住房贷款逾期额与个人贷款风险准备金余额的比率为0.07%。

（二）**支持保障性住房建设试点项目贷款**：2017年末，无逾期项目贷款。

项目贷款风险准备金按贷款余额的4%提取。2017年，冲回项目贷款风险准备金148万元，未使用项目贷款风险准备金核销呆坏账，项目贷款风险准备金余额为0。

五、社会经济效益

（一）**缴存业务**：2017年，实缴单位数、实缴职工人数和缴存额同比分别增长7.56%、2.47%和13.13%。

缴存单位中，国家机关和事业单位占58.67%，国有企业占14.01%，城镇集体企业占1%，外商投资企业占1.8%，城镇私营企业及其他城镇企业占20.54%，民办非企业单位和社会团体占1.66%，其他占2.32%。

缴存职工中，国家机关和事业单位占45.46%，国有企业占36.48%，城镇集体企业占0.36%，外商投资企业占2.95%，城镇私营企业及其他城镇企业占11.49%，民办非企业单位和社会团体占1.2%，其他占2.06%；中、低收入占98.34%，高收入占1.66%。

新开户职工中，国家机关和事业单位占26.33%，国有企业占11%，城镇集体企业占0.38%，外商投资企业占7.78%，城镇私营企业及其他城镇企业占41.9%，民办非企业单位和社会团体占1.93%，其他占10.68%；中、低收入占99.48%，高收入占0.52%。

（二）提取业务：2017年，7.67万名缴存职工提取住房公积金19.12亿元。

提取金额中，住房消费提取占82.38%（购买、建造、翻建、大修自住住房占38.26%，偿还购房贷款本息占43.67%，租赁住房占0.45%，其他占0%）；非住房消费提取占17.62%（离休和退休提取占14.06%，完全丧失劳动能力并与单位终止劳动关系提取占2.26%，户口迁出本市或出境定居占0.55%，其他占0.75%）。

提取职工中，中、低收入占98.03%，高收入占1.97%。

（三）贷款业务：

1. 个人住房贷款：2017年，支持职工购建房98.1万平方米，年末个人住房贷款市场占有率为25.79%，比上年减少2.53个百分点。通过申请住房公积金个人住房贷款，可节约职工购房利息支出3748.5万元。

职工贷款笔数中，购房建筑面积90（含）平方米以下占12.31%，90～144（含）平方米占74.26%，144平方米以上占13.43%。购买新房占76.28%，购买存量商品住房占23.72%，建造、翻建、大修自住住房占0%，其他占0%。

职工贷款笔数中，单缴存职工申请贷款占60.31%，双缴存职工申请贷款占39.45%，三人及以上缴存职工共同申请贷款占0.24%。

贷款职工中，30岁（含）以下占26.52%，30岁～40岁（含）占38.15%，40岁～50岁（含）占27.43%，50岁以上占7.9%；首次申请贷款占83.06%，二次及以上申请贷款占16.94%；中、低收入占97.1%，高收入占2.9%。

2. 异地贷款：2017年，发放异地贷款716笔19300.4万元。2017年末，发放异地贷款总额42019.42万元，异地贷款余额37437.98万元。

3. 支持保障性住房建设试点项目贷款：2017年末，累计试点项目1个，贷款额度1.1亿元，建筑面积4.25万平方米，可解决386户中低收入职工家庭的住房问题。1个试点项目贷款资金已发放并还清贷款本息。

（四）住房贡献率：2017年，个人住房贷款发放额、公转商贴息贷款发放额、项目贷款发放额、住房消费提取额的总和与当年缴存额的比率为166.72%，比上年增加33.15个百分点。

六、其他重要事项

（一）当年机构及职能调整情况、受委托办理缴存贷款业务金融机构变更情况：2017年，中心机构及职能未调整；受委托办理缴存业务金融机构由11家减少到4家，贷款机构未变动，为4家。

（二）当年住房公积金政策调整及执行情况：2017年，湘潭市住房公积金缴存基数限额为14154元，其确定方法，是根据建设部、财政部、中国人民银行《关于住房公积金管理若干具体问题的指导意见》（建金管〔2005〕号）的规定："职工和单位缴存住房公积金的月工资基数分别为职工上一年度月平均工资，最高额不超过职工工作地所设区城市统计部门公布的上年度在岗职工月平均工资的3倍"。

2017年个人住房贷款，双方都缴存公积金的，最高贷款贷款额度为50万元；一方缴存公积金的，最高贷款贷款额度为 40 万元。

2017 年调整住房公积金贷款政策，停止受理购买 200 平方米及以上或购房价值超过 150 万元的非普通住房的住房公积金贷款申请，停止发放动用住房公积金支持保障性住房项目贷款。

2017 年住房公积金存款利率按同期银行一年定期存款利率执行，为 1.5%；贷款利率 5 年以内为 2.75%，5 年以上为 3.25%。

（三）当年服务改进情况：中心自主研发异地贷款职工查询系统，方便在湘潭贷款的异地公积金缴存职工查询贷款信息；接通全国住房公积金异地转移接续平台，实现了"账随人走，钱随账走"；信息系统升级上线，实现通取通贷、实时到账；实现财务集中核算，全市（含县市）缴存职工可在中心任意业务网点办理公积金提取业务和申请还贷业务；进一步拓展短信推送的服务范围，实现通知缴存职工缴存信息和贷款流程；率先在全省住房公积金系统中实现了与公安、民政、人社、工商、房产局、人民银行等多部门联网。

（四）当年信息化建设情况：2017 年 11 月 1 日中心信息系统升级完成，正式上线，贯彻落实了住房公积金基础数据标准和住房公积金银行结算数据应用系统与公积金中心接口标准，12 月 25 日中心以优异的成绩通过了国家住房城乡建设部的关于两项标准贯彻情况的验收检查工作。

（五）当年住房公积金管理中心及职工所获荣誉情况：2017 年中心获得的荣誉有：获得两项国家专利（为湖南住房公积金系统首次获得的国家专利），荣获"湖南省文明卫生单位"、全市"五好党支部"、全市"党员示范窗口"等荣誉称号；

个人获得的荣誉有：湖南省住房公积金系统"道德模范"、全市创建全国文明城市工作"优秀个人"、市级"党员先锋岗"、"优秀共产党员"、"优秀党务工作者"等荣誉称号。

衡阳市住房公积金 2017 年年度报告

一、机构概况

（一）**住房公积金管理委员会**：住房公积金管理委员会有 29 名委员，2017 年召开 2 次会议，审议通过的事项主要包括：《关于 2016 年度衡阳市住房公积金归集、使用执行情况及 2017 年度归集、使用计划安排情况的报告》、《衡阳市住房公积金管理中心关于 2014 年度县市区增值收益分配计划情况的报告》、《关于调整衡阳市 2017 年度住房公积金缴存比例和缴存限额的方案》、《关于调整衡阳市住房公积金相关政策的方案》、《关于 2015 年度、2016 年度衡阳市住房公积金增值收益分配计划情况的方案》

（二）**住房公积金管理中心**：住房公积金管理中心为直属衡阳市人民政府的不以营利为目的的正处级事业单位，内设 9 个科室，下设 2 个营业部和 8 个管理部。从业人员 152 人，其中，在编 119 人，非在编 33 人。

二、业务运行情况

（一）**缴存**：2017 年，新开户单位 344 家，实缴单位 3678 家，净增单位 328 家；新开户职工 2.39 万人,实缴职工 29.94 万人,净增职工 0.76 万人;缴存额 32.82 亿元,同比增长 9.25%。2017 年末,缴存总额 204.43 亿元,同比增长 19.12%;缴存余额 95.66 亿元,同比增长 7.86%。

受委托办理住房公积金缴存业务的银行 8 家,和上年相比无变化。

(二)提取:2017 年,提取额 25.85 亿元,同比增长 11.82%;占当年缴存额的 78.76%,比上年增加 1.83 个百分点。2017 年末,提取总额 108.76 亿元,同比增长 31.16%。

(三)贷款:

个人住房贷款:个人住房贷款最高额度 50 万元,其中,单缴存职工最高额度 50 万元,双缴存职工最高额度 50 万元。

2017 年,发放个人住房贷款 1.02 万笔 31.92 亿元,同比分别增长 21.43%、26.79%。

2017 年,回收个人住房贷款 9.43 亿元。

2017 年末,累计发放个人住房贷款 7.33 万笔 136.15 亿元,贷款余额 84.47 亿元,同比分别增长 16.16%、30.64%、36.29%。个人住房贷款余额占缴存余额的 88.30%,比上年增加 18.42 个百分点。

受委托办理住房公积金个人住房贷款业务的银行 7 家,和上年相比无变化。

(四)融资:2017 年,融资 5 亿元,归还 4.5 亿元。2017 年末,融资总额 7.5 亿元,融资余额 2 亿元。

(五)资金存储:2017 年末,住房公积金存款 17.63 亿元。其中,活期 3.64 亿元,1 年(含)以下定期 0 亿元,1 年以上定期 13.99 亿元,其他 0 亿元。

(六)资金运用率:2017 年末,住房公积金个人住房贷款余额、项目贷款余额和购买国债余额的总和占缴存余额的 88.30%,比上年增加 18.42 个百分点。

三、主要财务数据

(一)业务收入:2017 年,业务收入 33603.25 万元,同比增长 6.25%;存款利息 10183.66 万元,委托贷款利 23178.64 万元,国债利息 0 万元,其他 240.95 万元。

(二)业务支出:2017 年,业务支出 15333.58 万元,同比增长 12.25%;支付职工住房公积金利息 13958.10 万元,归集手续费 0 万元,委托贷款手续费 292.39 万元,其他 1083.09 万元。

(三)增值收益:2017 年,增值收益 18269.67 万元,同比增长 1.69%;增值收益率 1.95%,比上年减少 0.14 个百分点。

(四)增值收益分配:2017 年,提取贷款风险准备金 4499.15 万元,提取管理费用 2734.06 万元,提取城市廉租住房(公共租赁住房)建设补充资金 21013.62 万元。

2017 年,上交财政管理费用 2734.06 万元。上缴财政城市廉租住房(公共租赁住房)建设补充资金 10473.51 万元。

2017 年末,贷款风险准备金余额 16894.77 万元。累计提取城市廉租住房(公共租赁住房)建设补充资金 71564.57 万元。

(五)管理费用支出:2017 年,管理费用支出 2869.75 万元,同比下降 8.94%。其中,人员经费 1923.87 万元(含社会保障费),公用经费 232.83 万元,专项经费 713.05 万元。

四、资产风险状况

个人住房贷款：2017 年末，个人住房贷款逾期额 236.61 万元，逾期率 0.280‰。

个人贷款风险准备金按贷款余额的 2% 提取。2017 年，提取个人贷款风险准备金 4499.15 万元，使用个人贷款风险准备金核销呆坏账 0 万元。2017 年末，个人贷款风险准备金余额 16894.77 万元，占个人住房贷款余额的 2%，个人住房贷款逾期额与个人贷款风险准备金余额的比率为 1.40%。

五、社会经济效益

（一）缴存业务： 2017 年，实缴单位数、实缴职工人数和缴存额同比分别增长 11.86%、5.50% 和 9.25%。

缴存单位中，国家机关和事业单位占 70.53%，国有企业占 7.37%，外商投资企业占 1.03%，城镇私营企业及其他城镇企业占 15.44%，民办非企业单位和社会团体占 2.88%，其他占 2.75%。

缴存职工中，国家机关和事业单位占 61.17%，国有企业占 12.97%，外商投资企业占 4.18%，城镇私营企业及其他城镇企业占 19.23%，民办非企业单位和社会团体占 0.32%，其他占 2.13%；中、低收入占 99.37%，高收入占 0.63%。

新开户职工中，国家机关和事业单位占 36.57%，国有企业占 7.41%，外商投资企业占 15.46%，城镇私营企业及其他城镇企业占 31.49%，民办非企业单位和社会团体占 5.6%，其他占 3.47%；中、低收入占 99.92%，高收入占 0.08%。

（二）提取业务： 2017 年，8.27 万名缴存职工提取住房公积金 25.85 亿元。

提取金额中，住房消费提取占 79.25%（购买、建造、翻建、大修自住住房占 46.66%，偿还购房贷款本息占 30.54%，租赁住房占 2.05%，）；非住房消费提取占 20.75%（离休和退休提取占 16.23%，户口迁出本市或出境定居占 0.42%，其他占 4.1%）。

提取职工中，中、低收入占 97.91%，高收入占 2.09%。

（三）贷款业务：

1. 个人住房贷款：2017 年，支持职工购建房 110.68 万平方米，年末个人住房贷款市场占有率为 19.63%，比上年减少 0.38 个百分点。通过申请住房公积金个人住房贷款，可节约职工购房利息支出 44349.66 万元。

职工贷款笔数中，购房建筑面积 90（含）平方米以下占 12.06%，90～144（含）平方米占 72.90%，144 平方米以上占 15.04%。购买新房占 96.70%，购买存量商品住房占 1.98%，建造、翻建、大修自住住房占 1.32%。

职工贷款笔数中，单缴存职工申请贷款占 23.71%，双缴存职工申请贷款占 76.06%，三人及以上缴存职工共同申请贷款占 0.23%。

贷款职工中，30 岁（含）以下占 29.05%，30 岁～40 岁（含）占 37.28%，40 岁～50 岁（含）占 26.51%，50 岁以上占 7.16%；首次申请贷款占 90.03%，二次及以上申请贷款占 9.97%；中、低收入占 98.68%，高收入占 1.32%。

2. 异地贷款：2017 年，发放异地贷款 409 笔 10841.50 万元。2017 年末，发放异地贷款总额 18379.00 万元，异地贷款余额 17773.00 万元。

（四）住房贡献率： 2017 年，个人住房贷款发放额、公转商贴息贷款发放额、项目贷款发放额、住房消费提取额的总和与当年缴存额的比率为 159.66%，比上年增加 15.25 个百分点。

六、其他重要事项

（一）当年住房公积金政策调整及执行情况：

1. 当年缴存基数限额及确定方法、缴存比例调整情况：本市2017年单位和职工住房公积金最低缴存比例各为6%，最高缴存比例各为12%；市属各缴存单位其单位和职工缴存住房公积金最低月缴存额之和不得低于154元，最高月缴存额之和不得超过3488元；中央和省属单位其单位和职工缴存住房公积金最低月缴存额之和不得低于224元，最高月缴存额之和不得超过4668元；经湖南省人民政府批准的银行业其住房公积金最高月缴存额之和不得超过5814元/月。

2. 当年住房公积金政策调整及执行情况：

（1）从12月1日起，职工在两年内购买、建造、翻建或大修自住住房的，可申请住房公积金贷款，提取与贷款总金额不得超过购买、建造、翻建或大修自住住房总价款，最高贷款限额为50万元。

（2）支持首套（次）自住住房贷款，限制二套（次）自住住房贷款，禁止三套（次）及以上自住住房贷款。

（3）停止执行以下政策规定：

① 子女为父母购房或父母为子女购房贷款。

② 子女和父母提取住房公积金为父母或子女购房。

（二）当年服务改进情况：

1. 在服务设施方面为更好地方便群众、服务群众，12月29日，衡阳市住房公积金管理中心衡阳县管理部新的服务大厅正式启用。

2. 2017年6月，我中心正式接入由住房城乡建设部组织开发的全国住房公积金异地转移继续平台，从2017年7月1日起，住房公积金异地转移接续业务已能够经过该平台办理。

3. 积极推进综合服务平台建设工作，2017年底我中心开通了"公积金12329"手机APP。截至目前已经开通门户网站、12329短信平台、12329热线、12329手机APP、12329自助语音查询、自助查询终端、官方微信多种服务渠道。

（三）当年信息化建设情况：2017年度，我中心按照住房城乡建设部及省监管办的要求，积极推进住房公积金"双贯标"工作。我中心于2017年9月27日完成了新一代公积金业务系统的招标，新系统于2018年1月正式上线。

（四）当年住房公积金管理中心及职工所获荣誉情况：中心顺利通过全国文明单位复评。张海域同志被评为全国住房城乡建设系统先进工作者。

邵阳市住房公积金2017年年度报告

一、机构概况

（一）住房公积金管理委员会：住房公积金管理委员会有28名委员，2017年召开2次会议，审议通

过的事项主要包括：2017年度归集、使用计划；住房公积金2016年度公报和2017年度经费预算；同意中心购置北塔区服务大厅；同意取消住房公积金贷款机构担保业务；同意调整北塔管理部服务大厅购置预算；同意2018年贷款任务变更考核方式；同意调整部分住房公积金政策；同意中心支付市不动产登记中心（原市产权处）网点服务费。

（二）住房公积金管理中心：住房公积金管理中心为直属邵阳市人民政府的不以营利为目的的独立的事业单位，主要负责全市住房公积金的归集、管理、使用和会计核算。设10个科室，12个管理部。从业人员139人，其中，正式人员139人。

二、业务运行情况

（一）缴存：2017年，新开户单位267家，实缴单位4193家，净增单位-79家；新开户职工2.33万人，实缴职工20.86万人，净增职工0.53万人；缴存额30.16亿元（含向缴存职工结息1.22亿元），同比增长15%。2017年末，缴存总额156.62亿元，同比增长24%；缴存余额99.28亿元，同比增长19%。

受委托办理住房公积金缴存业务的银行12家，比上年增加（减少）0家。

（二）提取：2017年，提取额14.55亿元，同比增长29%；占当年缴存额的48%，比上年增加5个百分点。2017年末，提取总额57.35亿元，同比增长34%。

（三）贷款：

个人住房贷款：个人住房贷款最高额度50万元，其中，单缴存职工最高额度35万元，双缴存职工最高额度50万元。

2017年，发放个人住房贷款0.8万笔24.57亿元，同比分别增长0%、下降1%。2017年，回收个人住房贷款9.3亿元。

2017年末，累计发放个人住房贷款7.29万笔133.77亿元，贷款余额86.63亿元，同比分别增长12%、23%、21%。个人住房贷款余额占缴存余额的87%，比上年增加2个百分点。

受委托办理住房公积金个人住房贷款业务的银行5家，比上年增加（减少）0家。

（四）资金存储：2017年末，住房公积金存款15.85亿元。其中，活期2.74亿元，1年（含）以下定期0亿元，1年以上定期13.11亿元，其他（协定、通知存款等）0亿元。

（五）资金运用率：2017年末，住房公积金个人住房贷款余额、项目贷款余额和购买国债余额的总和占缴存余额的87%，比上年增加2个百分点。

三、主要财务数据

（一）业务收入：2017年，业务收入31221.41万元，同比增长15%。其中，存款利息5383.36万元，委托贷款利息25526.7万元，国债利息0万元，其他311.35万元。

（二）业务支出：2017年，业务支出14815.57万元，同比增长26%。其中，支付职工住房公积金利息13540.06万元，归集手续费0万元，委托贷款手续费1271.81万元，其他3.7万元。

（三）增值收益：2017年，增值收益16405.85万元，同比增长7%。其中，增值收益率1.8%，比上年减少0.02个百分点。

（四）增值收益分配：2017年，提取贷款风险准备金3053.42万元，提取管理费用4068.43万元，提取城市廉租住房（公共租赁住房）建设补充资金9284万元。

2017年，上交财政管理费用4068.43万元。上缴财政城市廉租住房（公共租赁住房）建设补充资金8529万元。

2017年末，贷款风险准备金余额17326.09万元。累计提取城市廉租住房（公共租赁住房）建设补充资金46416万元。

（五）管理费用支出： 2017年，管理费用支出3977.01万元，同比下降19.91%。其中，人员经费2201.97万元，公用经费943.96万元，专项经费831.07万元。

四、资产风险状况

个人住房贷款：2017年末，个人住房贷款逾期额1.44万元，逾期率0‰。

个人贷款风险准备金按贷款余额的2%差额提取。2017年，提取个人贷款风险准备金3053.42万元，使用个人贷款风险准备金核销呆坏账0万元。2017年末，个人贷款风险准备金余额17326.09万元，占个人住房贷款余额的2%，个人住房贷款逾期额与个人贷款风险准备金余额的比率为0%。

五、社会经济效益

（一）缴存业务： 2017年，实缴单位数、实缴职工人数和缴存额同比分别增长-1.84%、2.56%和19%。

缴存单位中，国家机关和事业单位占83.28%，国有企业占7.63%，城镇集体企业占0.19%，外商投资企业占0.1%，城镇私营企业及其他城镇企业占6.65%，民办非企业单位和社会团体占1.69%，其他占0.46%。

缴存职工中，国家机关和事业单位占75.05%，国有企业占14.33%，城镇集体企业占0.33%，外商投资企业占0.44%，城镇私营企业及其他城镇企业占9.49%，民办非企业单位和社会团体占0.29%，其他占0.07%；中、低收入占99%，高收入占1%。

新开户职工中，国家机关和事业单位占62%，国有企业占9%，城镇集体企业占0.8%，外商投资企业占1%，城镇私营企业及其他城镇企业占27%，民办非企业单位和社会团体占0.2%，其他占0%；中、低收入占99.8%，高收入占0.2%。

（二）提取业务： 2017年，4.67万名缴存职工提取住房公积金14.55亿元。

提取金额中，住房消费提取占75.81%（购买、建造、翻建、大修自住住房占27.68%，偿还购房贷款本息占47.06%，租赁住房占0.03%，其他占1.04%）；非住房消费提取占24.19%（离休和退休提取占20.76%，完全丧失劳动能力并与单位终止劳动关系提取占1.89%，户口迁出本市或出境定居占0.67%，其他占0.87%）。

提取职工中，中、低收入占99%，高收入占1%。

（三）贷款业务：

1. 个人住房贷款： 2017年，支持职工购建房173.96万平方米，年末个人住房贷款市场占有率为36%，比上年减少1个百分点。通过申请住房公积金个人住房贷款，可节约职工购房利息支出64740万元。

职工贷款笔数中,购房建筑面积 90(含)平方米以下占 6.47%,90~144(含)平方米占 85.94%,144 平方米以上占 7.59%。购买新房占 92.66%(其中购买保障性住房占 0.9%),购买存量商品住房占 4.99%,建造、翻建、大修自住住房占 2.35%,其他占 0%。

职工贷款笔数中,单缴存职工申请贷款占 38%,双缴存职工申请贷款占 62%,三人及以上缴存职工共同申请贷款占 0%。

贷款职工中,30 岁(含)以下占 26%,30 岁~40 岁(含)占 48%,40 岁~50 岁(含)占 24%,50 岁以上占 2%;首次申请贷款占 65%,二次及以上申请贷款占 35%;中、低收入占 97%,高收入占 3%。

2. **异地贷款**:2017 年,发放异地贷款 165 笔 4961 万元。2017 年末,发放异地贷款总额 11819 万元,异地贷款余额 10550 万元。

(四)**住房贡献率**:2017 年,个人住房贷款发放额、公转商贴息贷款发放额、项目贷款发放额、住房消费提取额的总和与当年缴存额的比率为 118%,比上年减少 14 个百分点。

六、其他重要事项

(一)**当年住房公积金政策调整及执行情况**:目前我市缴存比例一律不得高于 12%,不得低于 5%;缴存基数为职工本人上一年度月平均工资,一律不得超过邵阳市统计部门公布的上一年度的职工月平均工资的 3 倍。按照市统计局公布的邵阳市 2016 年度在岗职工工资标准,2017 年我市职工个人住房公积金最高月缴存基数为 13083 元,个人最高月缴存额为 1570 元,单位配套补贴最高每月为 1570 元,职工月缴存总额不得超过 3140 元。最低单位和个人月缴存额均为 64 元,职工月缴存总额不得低于 128 元。

修订了终止劳动合同提取政策:

1. 缴存职工为邵阳本地户籍的,与单位终止劳动关系申请提取本人住房公积金的,必须封存一年以上且未再就业的,方可办理业务。

2. 缴存职工非邵阳本地户籍的,与单位终止劳动关系申请提取本人住房公积金的,个人账户封存后即可办理销户提取;但一年内不能再次在本中心开设新的账户,且再次开户后不得补缴住房公积金。

修订了异地购房提取政策:

1. 提供职工本人、配偶或直系亲属其中任意一人的户籍证明或单位证明(省内购房的可以不提供);

2. 已取得不动产权证的,提供不动产权证、购房发票、契税凭证、房屋维修基金票据和购房资金支付凭证等;

3. 未取得不动产权证的,提供购房合同、购房发票和购房资金支付凭证等。

进一步简化了贷款手续,单身职工在申请贷款时不需要再提供婚姻状况证明,只需要签一份《婚姻状况承诺书》即可。

与市公安局联合印发《关于加大对住房公积金骗提骗贷行为打击力度的通知》,职工以欺骗手段违法提取本人住房公积金账户内的存储余额或贷款的,责令限期退回骗提骗贷资金,同时将其纳入中心黑名单,取消该职工 3 年内住房公积金提取和贷款资格,并视情况向其工作单位通报。对伪造合同、伪造不动产权证、出具虚假证明、编造虚假住房消费以及牟取不当利益等违法行为的机构及其人员,移送有关部门依法处理;对构成犯罪的,依法追究其刑事责任。

当年住房公积金存贷款利率调整及执行情况。职工住房公积金账户存款利率统一按一年期定期存款基准利率执行，目前为 1.50%。当前执行的住房公积金贷款利率，1～5 年（含 5 年）为 2.75%；5～30 年（含 30 年）为 3.25%。

（二）当年服务改进情况：逐步实现服务网点"全覆盖"。目前双清管理部服务大厅投入使用在即，北塔管理部已完成了服务大厅的采购，后续工作在持续推进，基本改变市本级仅一个服务大厅的现状，为市本级三区职工群众就近办理住房公积金业务提供了便利。

（三）当年信息化建设情况：中心通过了全国住房公积金基础数据贯标和资金结算平台"双贯标"验收，成功接入全国异地转移接续平台。

（四）当年住房公积金管理中心及职工所获荣誉情况：中心荣获全国第五届全国文明单位称号，被评为全省住房公积金管理工作先进单位、全市绩效考核先进单位、全市综合治理工作先进单位、全市综合治理（平安单位）、全市人口和计划生育工作先进单位、全市食品安全示范单位，荣获全市"干部成长感恩谁"主题征文活动优秀组织奖；杨涛同志被评为省级住房公积金道德模范，周晓祥、李一逸同志被评为市级创国卫先进个人，李明学、王俪桦、胡亚男分别荣获全市"干部成长感恩谁"主题征文活动第一名和并列第二名。

岳阳市住房公积金 2017 年年度报告

一、机构概况

（一）住房公积金管理委员会：住房公积金管理委员会有 37 名委员，2017 年召开第一次会议，审议通过的事项主要包括：

1. 《岳阳市 2017 年度住房公积金归集、使用计划》。
2. 《岳阳市住房公积金 2016 年年度报告》。
3. 《关于批准汨罗市管理部业务服务大厅改造经费的请示》。
4. 《关于修订〈岳阳市住房公积金个人住房贷款管理办法〉的请示》。
5. 《关于修订〈岳阳市住房公积金提取管理办法〉的请示》。
6. 《岳阳市住房公积金管理中心内部授权管理办法》。
7. 《关于批准浦发银行、广发银行和长沙银行委托承办我市住房公积金金融业务资格的请示》。
8. 《关于批准湖南省农村信用社联合社岳阳办事处开设下辖县级行社住房公积金零余额账户的请示》。

（二）住房公积金管理中心：住房公积金管理中心为直属市人民政府归口市政府办公室管理的不以营利为目的的自筹自支事业单位，设 7 个科室，11 个管理部，1 个执法稽查大队。从业人员 208 人，其中，在编 126 人，非在编 82 人。

二、业务运行情况

（一）缴存：2017 年，新开户单位 560 家，实缴单位 4255 家，净增单位－239 家；新开户职工 3.15

万人，实缴职工 26.21 万人，净增职工 2.72 万人；缴存额 35.3 亿元，同比增长 20.93%。2017 年末，缴存总额 211.54 亿元，同比增长 20.03%；缴存余额 113.53 亿元，同比增长 14.7%。

受委托办理住房公积金缴存业务的银行 14 家，比上年增加 3 家。

（二）**提取**：2017 年，提取额 20.75 亿元，同比增长 10.78%；占当年缴存额的 58.78%，比上年减少 5.39 个百分点。2017 年末，提取总额 98.01 亿元，同比增长 26.84%。

（三）**贷款**：

1. **个人住房贷款**：个人住房贷款最高额度 60 万元，其中，单缴存职工最高额度 60 万元，双缴存职工最高额度 60 万元。

2017 年，发放个人住房贷款 0.92 万笔 31.3 亿元，同比分别增长 1.1%、10.64%。

2017 年，回收个人住房贷款 9.75 亿元。

2017 年末，累计发放个人住房贷款 7.08 万笔 142.43 亿元，贷款余额 99.19 亿元，同比分别增长 14.94%、28.17%、27.74%。个人住房贷款余额占缴存余额的 87.37%，比上年增加 8.92 个百分点。

受委托办理住房公积金个人住房贷款业务的银行 6 家，比上年增加 1 家。

2. **住房公积金支持保障性住房建设项目贷款**：2017 年，发放支持保障性住房建设项目贷款 0 亿元，回收项目贷款 1.02 亿元。2017 年末，累计发放项目贷款 4.56 亿元，项目贷款余额 0 亿元。

（四）**融资**：2017 年，融资 3.7 亿元，归还 1.5 亿元。2017 年末，融资总额 16.7 亿元，融资余额 2.2 亿元。

（五）**资金存储**：2017 年末，住房公积金存款 17.44 亿元。其中，活期 0.29 亿元，1 年（含）以下定期 0 亿元，1 年以上定期 13.72 亿元，其他（协定、通知存款等）3.43 亿元。

（六）**资金运用率**：2017 年末，住房公积金个人住房贷款余额、项目贷款余额和购买国债余额的总和占缴存余额的 87.37%，比上年增加 7.89 个百分点。

三、主要财务数据

（一）**业务收入**：2017 年，业务收入 44503.96 万元，同比增长 16.26%。存款利息 14528.29 万元，委托贷款利息 29973.32 万元，国债利息 0 万元，其他 2.35 万元。

（二）**业务支出**：2017 年，业务支出 16903.96 万元，同比下降 15.82%。其中，支付职工住房公积金利息 16036.97 万元，归集手续费 0 万元，委托贷款手续费 503.63 万元，其他 363.36 万元。

（三）**增值收益**：2017 年，增值收益 27600 万元，同比增长 51.65%。增值收益率 2.58%，比上年增加 0.65 个百分点。

（四）**增值收益分配**：2017 年，提取贷款风险准备金 4280 万元，提取管理费用 4649.23 万元，提取城市廉租住房（公共租赁住房）建设补充资金 18670.77 万元。

2017 年，上交财政管理费用 4634.23 万元。上缴财政城市廉租住房（公共租赁住房）建设补充资金 10312.8 万元。

2017 年末，贷款风险准备金余额 19840.01 万元。累计提取城市廉租住房（公共租赁住房）建设补充资金 73257.39 万元。

（五）**管理费用支出**：2017 年，管理费用支出 3266.32 万元，同比下降 8%。其中，人员经费

2005.96万元，公用经费1052.19万元，专项经费208.17万元。

四、资产风险状况

个人住房贷款：2017年末，个人住房贷款逾期额152.76万元，逾期率0.15‰。

个人贷款风险准备金按贷款余额的2%提取。2017年，提取个人贷款风险准备金4280万元，使用个人贷款风险准备金核销呆坏账0万元。2017年末，个人贷款风险准备金余额19840.01万元，占个人住房贷款余额的2%，个人住房贷款逾期额与个人贷款风险准备金余额的比率为0.77%。

五、社会经济效益

（一）缴存业务：2017年，实缴单位数、实缴职工人数和缴存额同比分别增长－5.32%、11.58%和20.93%。

缴存单位中，国家机关和事业单位占62.49%，国有企业占8.83%，城镇集体企业占1.78%，外商投资企业占1.71%，城镇私营企业及其他城镇企业占19.45%，民办非企业单位和社会团体占4.79%，其他占0.95%。

缴存职工中，国家机关和事业单位占57.02%，国有企业占23.13%，城镇集体企业占2.08%，外商投资企业占1.61%，城镇私营企业及其他城镇企业占10.66%，民办非企业单位和社会团体占4.56%，其他占0.94%；中、低收入占92.36%，高收入占7.64%。

新开户职工中，国家机关和事业单位占40.35%，国有企业占11.45%，城镇集体企业占3.12%，外商投资企业占4.78%，城镇私营企业及其他城镇企业占27.78%，民办非企业单位和社会团体占11.51%，其他占1.01%；中、低收入占96.72%，高收入占3.28%。

（二）提取业务：2017年，5.77万名缴存职工提取住房公积金20.75亿元。

提取金额中，住房消费提取占73.05%（购买、建造、翻建、大修自住住房占38.19%，偿还购房贷款本息占33.41%，租赁住房占1.45%，其他占0%）；非住房消费提取占26.95%（离休和退休提取占20.54%，完全丧失劳动能力并与单位终止劳动关系提取占4.18%，户口迁出本市或出境定居占0.6%，其他占1.63%）。

提取职工中，中、低收入占88.74%，高收入占11.26%。

（三）贷款业务：

1. 个人住房贷款：2017年，支持职工购建房113.83万平方米，年末个人住房贷款市场占有率为31.65%，比上年减少3.05个百分点。通过申请住房公积金个人住房贷款，可节约职工购房利息支出53000万元。

职工贷款笔数中，购房建筑面积90（含）平方米以下占13.09%，90～144（含）平方米占74.8%，144平方米以上占12.11%。购买新房占83.47%（其中购买保障性住房占0%），购买存量商品住房占16.53%，建造、翻建、大修自住住房占0%，其他占0%。

职工贷款笔数中，单缴存职工申请贷款占25.44%，双缴存职工申请贷款占74.56%，三人及以上缴存职工共同申请贷款占0%。

贷款职工中，30岁（含）以下占30.47%，30岁～40岁（含）占34.45%，40岁～50岁（含）占

28.8%，50岁以上占6.28%；首次申请贷款占59.98%，二次及以上申请贷款占40.02%；中、低收入占91.54%，高收入占8.46%。

2. 异地贷款：2017年，发放异地贷款864笔31360万元。2017年末，发放异地贷款总额59183.5万元，异地贷款余额54339.32万元。

3. 支持保障性住房建设试点项目贷款：2017年末，累计试点项目5个，贷款额度4.56亿元，建筑面积65.97万平方米，可解决5231户中低收入职工家庭的住房问题。5个试点项目贷款资金已发放并还清贷款本息。

（四）住房贡献率：2017年，个人住房贷款发放额、公转商贴息贷款发放额、项目贷款发放额、住房消费提取额的总和与当年缴存额的比率为131.60%，比上年减少12.46个百分点。

六、其他重要事项

（一）当年机构及职能调整情况、受委托办理缴存贷款业务金融机构变更情况：2017年管理中心机构及职能无调整。

2017年受托办理缴存业务的金融机构为14家，分别为工商银行、农业银行、中国银行、建设银行、交通银行、华融湘江银行、邮政储蓄银行、兴业银行、中信银行、光大银行、湖南岳阳农村商业银行、浦发银行、广发银行、长沙银行。本年度受托办理缴存业务的金融机构增加3家，分别为浦发银行、广发银行、长沙银行。

2017年度受托办理个人住房贷款业务的金融机构为6家，分别为：工商银行、农业银行、中国银行、建设银行、交通银行、华融湘江银行。

2017年度撤销受托银行县级管理部归集专户53个，撤销增值收益专户7个，撤销项目贷款专户1个。截至2017年末，管理中心在14个受托金融机构开设住房公积金专户14个，开设增值收益专户1个。

（二）当年住房公积金政策调整及执行情况：2017年我市缴存标准为：最低不低于150元。根据管委会批复执行。最高不超过2940元，中央、省属单位不超过4668元。确定标准是根据2016年度岳阳市职工平均工资的三倍乘以12%的缴存比例。

当年提取政策调整情况：2017年岳阳市住房公积金提取政策发生了一次调整，内容为：根据最新《岳阳市住房公积金提取管理办法》（岳政办发〔2017〕24号），主要内容包括：

（1）取消了二套房和省外购房的提取。

（2）解除劳动关系提取本市职工时限改为一年。

（3）取消了大病提取。

当年贷款政策调整情况：

1. 2017年岳阳市住房公积金贷款政策发生了一次调整，内容为：根据最新《岳阳市住房公积金个人贷款管理办法》（岳政办发〔2017〕25号），主要内容包括：

（1）取消子女为父母购房向管理中心申请贷款，执行凡在本市缴存住房公积金且具有完全民事行为能力的职工及其配偶或未成年子女，在本市范围内合法购买住房，可向管理中心申请贷款。

（2）取消可取可贷政策。申请贷款前办理过住房公积金购房提取手续，且与本次贷款所购住房系同一套的，在补齐提取部分后方能申请贷款。

（3）第三次及以上申请贷款或购买第三套及以上住房的，不得发放贷款。

（4）对于购买房价较高的住房，贷款需求超过岳阳市住房公积金管理委员会规定的贷款最高额度，且又具备贷款条件的借款人，可在申请贷款时，以本次所购住房作为抵押，同时申请商业银行个人住房贷款（组合贷款）。

（5）贷款回收采用按月等额本息还款法和等额本金还款法两种还款方式供借款人自行选择，具体计算方法按照中国人民银行的有关规定执行。

2. 岳阳市住房公积金贷款最高额度未发生调整，为60万元。

3. 2017年住房公积金贷款利率执行标准与2016年一致，未发生调整。

（三）**当年信息化建设情况**：已通过住房城乡建设部"双贯标"验收。

（四）**当年住房公积金管理中心及职工所获荣誉情况**：获评"湖南省文明标兵单位"称号。

（五）**当年对违反《住房公积金管理条例》和相关法规行为进行行政处罚和申请人民法院强制执行情况**：依据《住房公积金管理条例》，2017年9月16日对未按时进行汇缴的岳阳市岳化医院通过市中院强制执行划扣3936286元。

常德市住房公积金2017年年度报告

一、机构概况

（一）**市住房公积金管理委员会**：我市住房公积金管理委员会共有33名委员，2017年3月召开了市住房公积金管委会三届三次全体会议，审议通过了《2016年全市住房公积金年度报告及2017年住房公积金运作计划》。

（二）**市住房公积金管理中心**：市住房公积金管理中心为直属市人民政府不以营利为目的的全额拨款事业单位，设8个科室，11个管理部。从业人员151人，其中，在编109人，非在编42人。

二、业务运行情况

（一）**缴存**：2017年，新开户单位280家，实缴单位4514家，净增单位-504家；新开户职工2.39万人，实缴职工27.06万人，净增职工1.06万人；缴存额35.7亿元，同比增长8.87%。2017年末，缴存总额220.95亿元，同比增长19.27%；缴存余额107.22亿元，同比增长13.94%。

受委托办理住房公积金缴存业务的银行11家，和上年比没有变化。

（二）**提取**：2017年，提取额22.58亿元，同比增长16.99%，占当年缴存额的63.25%，比上年增加4.39个百分点。2017年末，提取总额113.73亿元，同比增长24.77%。

（三）**贷款**：个人住房贷款最高额度50万元，其中，单缴存职工最高额度40万元，双缴存职工最高额度50万元。

2017年，发放个人住房贷款0.7409万笔23.82亿元，同比分别下降10.62%、8.04%；回收个人住房贷款 9.61 亿元。

2017 年末，累计发放个人住房贷款 7.2029 万笔 148.94 亿元，贷款余额 97.46 亿元，同比分别增长 11.47%、19.04%、17.07%。个人住房贷款余额占缴存余额的 90.90%，比上年增加 2.43 个百分点。

受委托办理住房公积金个人住房贷款业务的银行 4 家，和上年比没有变化。中心未开展住房公积金支持保障性住房建设项目贷款。

（四）**融资**：2017 年，融资 9.8 亿元，归还 9.68 亿元。2017 年末，融资总额 23.475 亿元，融资余额 8.6 亿元。

（五）**资金存储**：2017 年末，住房公积金存款 20.44 亿元。其中，活期 0.02 亿元，无 1 年（含）以下定期存款，1 年以上定期 15.02 亿元，其他（协定、通知存款等）5.40 亿元。

（六）**资金运用率**：2017 年末，住房公积金个人住房贷款余额、项目贷款余额和购买国债余额的总和占缴存余额的 90.90%，比上年增加 2.43 个百分点。

三、主要财务数据

（一）**业务收入**：2017 年，业务收入 34610.18 万元，同比增长 3.11%。存款利息 5583.87 万元，委托贷款利息 29018.78 万元，无国债利息，其他 7.53 万元。

（二）**业务支出**：2017 年，业务支出 18644.36 万元，同比下降 3.77%。支付职工住房公积金利息 15123.08 万元，无归集手续费和委托贷款手续费，其他 3521.28 万元。

（三）**增值收益**：2017 年，增值收益 15965.83 万元，同比增长 12.50%。增值收益率 1.59%，比上年减少 0.34 个百分点。

（四）**增值收益分配**：2017 年，提取贷款风险准备金 2841.39 万元，提取管理费用 7996.11 万元，提取城市廉租住房（公共租赁住房）建设补充资金 5128.33 万元。

2017 年，上交财政管理费用 7904.59 万元。上缴财政城市廉租住房（公共租赁住房）建设补充资金 5128.33 万元。

2017 年末，贷款风险准备金余额 19491.34 万元。累计提取城市廉租住房（公共租赁住房）建设补充资金 14078.33 万元。

（五）**管理费用支出**：2017 年，管理费用支出 7996.11 万元，同比下降 1.86%。其中，人员经费 1430.62 万元，公用经费 885.51 万元，专项经费 5679.98 万元。

四、资产风险状况

2017 年末，个人住房贷款逾期额 28.16 万元，逾期率 0.029‰。

个人贷款风险准备金按贷款余额的 2% 提取。2017 年，提取个人贷款风险准备金 2841.39 万元，没有使用个人贷款风险准备金核销呆坏账。2017 年末，个人贷款风险准备金余额 19491.34 万元，占个人住房贷款余额的 2%，个人住房贷款逾期额与个人贷款风险准备金余额的比率为 0.14%。中心未开展住房公积金支持保障性住房建设试点项目贷款，无历史遗留风险资产。

五、社会经济效益

（一）**缴存业务**：2017 年，实缴单位数、实缴职工人数和缴存额同比分别增长 -10.04%、4.08%

和 8.87%。

缴存单位中，国家机关和事业单位占 49.98%，国有企业占 9.06%，城镇集体企业占 0.69%，外商投资企业占 0.91%，城镇私营企业及其他城镇企业占 15.91%，民办非企业单位和社会团体占 4.76%，其他占 18.69%。

缴存职工中，国家机关和事业单位占 54.18%，国有企业占 18.17%，城镇集体企业占 0.8%，外商投资企业占 2.42%，城镇私营企业及其他城镇企业占 14.34%，民办非企业单位和社会团体占 1.69%，其他占 8.40%；中、低收入占 99.74%，高收入占 0.26%。

新开户职工中，国家机关和事业单位占 29.69%，国有企业占 8.77%，城镇集体企业占 0.94%，外商投资企业占 8.49%，城镇私营企业及其他城镇企业占 38.64%，民办非企业单位和社会团体占 4.40%，其他占 9.07%；中、低收入占 99.89%，高收入占 0.11%。

（二）提取业务：2017 年，7.02 万名缴存职工提取住房公积金 22.58 亿元。

提取金额中，住房消费提取占 67.70%（购买、建造、翻建、大修自住住房占 33.36%，偿还购房贷款本息占 33.68%，租赁住房占 0.63%，其他占 0.03%）；非住房消费提取占 32.30%（离休和退休提取占 22.80%，完全丧失劳动能力并与单位终止劳动关系提取占 3.22%，户口迁出本市或出境定居占 0.99%，其他占 5.29%）。

提取职工中，中、低收入占 98.67%，高收入占 1.33%。

（三）贷款业务：

1. **个人住房贷款**：2017 年，支持职工购建房 90.28 万平方米，年末个人住房贷款市场占有率为 24.59%，比上年减少 5.97 个百分点。通过申请住房公积金个人住房贷款，可节约职工购房利息支出 3856.12 万元。

职工贷款笔数中，购房建筑面积 90（含）平方米以下占 11.16%，90～144（含）平方米占 78.18%，144 平方米以上占 10.66%。购买新房占 86.03%（其中购买保障性住房占 0%），购买存量商品住房占 12.75%，建造、翻建、大修自住住房占 0.18%，其他占 1.04%。

职工贷款笔数中，单缴存职工申请贷款占 64.65%，双缴存职工申请贷款占 35.35%，没有发生三人及以上缴存职工共同申请贷款行为。

贷款职工中，30 岁（含）以下占 30.52%，30 岁～40 岁（含）占 34.85%，40 岁～50 岁（含）占 28.96%，50 岁以上占 5.67%；首次申请贷款占 85.82%，二次及以上申请贷款占 14.18%；中、低收入占 99.41%，高收入占 0.59%。

2. **异地贷款**：2017 年，发放异地贷款 541 笔 17297.64 万元。2017 年末，发放异地贷款总额 38690.44 万元，异地贷款余额 24300.22 万元。

（四）住房贡献率：2017 年，个人住房贷款发放额、公转商贴息贷款发放额、项目贷款发放额、住房消费提取额的总和与当年缴存额的比率为 109.55%，比上年减少 10.49 个百分点。

六、其他重要事项

（一）当年机构及职能调整情况：2017 年 8 月 24 日，中共常德市委机构编制委员会印发了《关于明确市纪委派驻纪检组有关机构编制事项的通知》（常编发〔2017〕12 号），中心内设机构及职能进行了调整：中心由市纪委派驻市财政局纪检组直接监督，核销中心纪检组和监察室。

（二）**缴存贷款业务金融机构变更情况**：2017年，我市住房公积金缴存贷款业务金融机构和上年无变化。

（三）**当年住房公积金政策调整及执行情况**：2017年3月召开的市住房公积金管委会三届三次全会没有调整住房公积金政策。

（四）**当年缴存基数限额及确定方法、缴存比例等缴存政策调整情况**：根据常德市武陵区统计局提供的武陵区（含市直）2016年度在岗人员月平均工资（5275元）的3倍确定最高缴存基数，规定月缴存总额不得超过3798元（5275×3×12％×2＝3798元），最低不得低于200元。

（五）**当年住房公积金存贷款利率调整及执行情况**：2017年，住房公积金存贷款利率无调整。公积金个人结息利率按一年期定期存款基准利率执行。贷款利率：5年以下（含5年）的年利率为2.75％，5年以上的年利率为3.25％。

（六）**当年住房公积金个人住房贷款最高贷款额度调整情况**：2017年住房公积金最高贷款额双职工缴存户为50万元，单职工缴存户为40万元，最高贷款额度与2016年一样，无调整情况。

（七）**当年服务改进情况：**

1. **窗口服务改进情况：**

（1）服务场所改进：临澧、安乡、桃源3个管理部搬迁至新服务场所，外观、内设规范统一，大厅等待区叫号机、座椅、触摸屏查询机一应俱全，方便群众办事。经开区、武陵、石门3个管理部新服务大厅装修工程正在进行。

（2）服务水平改进：中心成立了标准化服务考评小组，制定了服务考评细则，对管理部每月考核，提高了服务质量。贷款时间压缩为一个月内，即在正常情况下，从收齐资料至贷款发放，一个月内完成。直属管理部引进了不动产登记部门工作人员合署办公，方便了借款人一站式办理贷款抵押手续。

2. **信息化服务情况**：建设了全新的单位网厅、个人网厅和开发商网厅，开通了"常德公积金"官方微信和"我的常德"APP公积金栏目，全年发送公积金免费短信300多万条，打造了"互联网＋公积金"新型服务模式。

（八）**当年信息化建设情况**：信息系统建设已完成基础数据贯标、实时结算平台贯标、贷款自主核算、网上服务大厅建设等11项具体目标，顺利通过了住房城乡建设部"双贯标"验收，实现了三账自动核对，提高了对账效率，确保了数据准确。实施异地实时备份，加强了中心数据安全和资金安全。完成新业务系统在云计算中心的部署，向云计算中心免费申请了15台服务器、2台存储等硬件设备。做好了异地转移接续平台的网络连接、系统调试，"让信息多跑路，让群众少跑腿"成为现实。

（九）**当年住房公积金管理中心及职工所获荣誉情况**：2017年，常德市住房公积金管理中心荣获了"市级文明单位"、"全市优化经济环境工作优秀单位"、"全市脱贫攻坚工作驻村帮扶优秀单位"、"全市综治管理工作优秀单位"、"全市档案管理工作先进单位"、"全市内部审计工作先进单位"、"全市优秀网站"荣誉称号，直属管理部获"全国巾帼文明岗"荣誉称号，经开区管理部创建为市级"青年文明号"，石门、临澧、鼎城、汉寿、桃源管理部获评"区（县）直绩效评估良好单位"。

张家界市住房公积金 2017 年年度报告

一、机构概况

(一) 住房公积金管理委员会：住房公积金管理委员会有 18 名委员，2017 年召开 1 次会议，审议通过的事项主要包括：《2016 年住房公积金归集使用计划执行情况的报告和 2017 年住房公积金归集使用计划》、《关于调整住房公积金缴存提取贷款相关政策的通知》、《关于增加住房公积金业务承办银行问题》、《关于解决永定区管理部营业用房问题》。

(二) 住房公积金管理中心：张家界市住房公积金管理中心为直属市人民政府管理的具有行政职能的不以营利为目的的自收自支事业单位，设四个科室，四个管理部。从业人员 45 人，其中，在编 29 人，非在编 16 人。

二、业务运行情况

(一) 缴存：2017 年，新开户单位 200 家，实缴单位 1975 家，净增单位 200 家；新开户职工 1.32 万人，实缴职工 7.37 万人，净增职工 0.9 万人；缴存额 9.84 亿元，同比增长 32.08%。2017 年末，缴存总额 58.84 亿元，同比增长 20.09%；缴存余额 23.93 亿元，同比增长 18.94%。

受委托办理住房公积金缴存业务的银行 8 家，比上年增加 1 家。

(二) 提取：2017 年，提取额 6.02 亿元，同比增长 23.62%；占当年缴存额的 61%，比上年减少 4 个百分点。2017 年末，提取总额 34.9 亿元，同比增长 20.85%。

(三) 贷款：

个人住房贷款：个人住房贷款最高额度 50 万元，其中，单缴存职工最高额度 30 万元，双缴存职工最高额度 50 万元。

2017 年，发放个人住房贷款 0.22 万笔 6.9 亿元，同比分别增长 22.22%、31.43%。

2017 年，回收个人住房贷款 2 亿元。

2017 年末，累计发放个人住房贷款 1.88 万笔 31.22 亿元，贷款余额 20.38 亿元，同比分别增长 13.94%、28.43%、31.74%。个人住房贷款余额占缴存余额的 85.17%，比上年增加 8 个百分点。

受委托办理住房公积金个人住房贷款业务的银行 5 家，比上年增加 1 家。

(四) 资金存储：2017 年末，住房公积金存款 5.2 亿元。其中，活期 0.78 亿元，1 年（含）以下定期 0.4 亿元，1 年以上定期 3.78 亿元，协定存款 0.24 亿元。

(五) 资金运用率：2017 年末，住房公积金个人住房贷款余额、项目贷款余额和购买国债余额的总和占缴存余额的 85%，比上年增加 8 个百分点。

三、主要财务数据

(一) 业务收入：2017 年，业务收入 8851.63 万元，同比增长 29.8%。存款利息收入 3145.49 万元，委托贷款利息收入 5698.03 万元，其他收入 8.11 万元。

（二）业务支出：2017年，业务支出3020.12万元，同比增长9.73%。支付职工住房公积金利息3020.12万元。

（三）增值收益：2017年，增值收益5831.51万元，同比增长43.38%。增值收益率2.61%，比上年增加0.47个百分点。

（四）增值收益分配：2017年，提取贷款风险准备金991.6万元，提取管理费用976万元，提取城市廉租住房（公共租赁住房）建设补充资金3863.91万元。

2017年，上交财政管理费用976万元。上缴财政城市廉租住房（公共租赁住房）建设补充资金3472.79万元。

2017年末，贷款风险准备金余额4084.65万元。累计提取城市廉租住房（公共租赁住房）建设补充资金13288.21万元。

（五）管理费用支出：2017年，管理费用支出1153.03万元，同比下降29.04%。其中，人员经费595.62万元，公用经费296.55万元，专项经费260.86万元。

四、资产风险状况

个人住房贷款：2017年末，个人住房贷款逾期额26.36万元，逾期率0.129‰。

个人贷款风险准备金按贷款余额的2%提取。2017年，提取个人贷款风险准备金991.6万元。2017年末，个人贷款风险准备金余额4084.65万元，占个人住房贷款余额的2%，个人住房贷款逾期额与个人贷款风险准备金余额的比率为0.65%。

五、社会经济效益

（一）缴存业务：2017年，实缴单位数、实缴职工人数和缴存额同比分别增长11.27%、13.98%和32.08%。

缴存单位中，国家机关和事业单位占82%，国有企业占9%，城镇集体企业占7%，其他占2%。

缴存职工中，国家机关和事业单位占73%，国有企业占18%，城镇集体企业占7%，其他占2%；中、低收入占84%，高收入占16%。

新开户职工中，国家机关和事业单位占30%，国有企业占15%，城镇集体企业占31%，其他占24%；中、低收入占76%，高收入占24%。

（二）提取业务：2017年，1.45万名缴存职工提取住房公积金6.02亿元。

提取金额中，住房消费提取占73.88%（购买、建造、翻建、大修自住住房占40.64%，偿还购房贷款本息占29.37%，租赁住房占3.87%）；非住房消费提取占26.12%（离休和退休提取占15.47%，完全丧失劳动能力并与单位终止劳动关系提取占2.74%，户口迁出本市或出境定居占2.5%，其他占5.41%）。

提取职工中，中、低收入占84%，高收入占16%。

（三）贷款业务：

1. **个人住房贷款**：2017年，支持职工购建房38.99万平方米，年末个人住房贷款市场占有率为18.23%，比上年增加0.19个百分点。通过申请住房公积金个人住房贷款，可节约职工购房利息支出

12057.55万元。

职工贷款笔数中，购房建筑面积90（含）平方米以下占24%，90~144（含）平方米占56%，144平方米以上占20%。购买新房占82%，购买存量商品住房占13%，建造、翻建、大修自住住房占2%，其他占3%。

职工贷款笔数中，单缴存职工申请贷款占25%，双缴存职工申请贷款占75%。

贷款职工中，30岁（含）以下占19%，30岁~40岁（含）占39%，40岁~50岁（含）占31%，50岁以上占11%；首次申请贷款占91%，二次及以上申请贷款占9%；中、低收入占79%，高收入占21%。

2. **异地贷款**：2017年，发放异地贷款108笔3211.7万元。2017年末，发放异地贷款总额7337.1万元，异地贷款余额6512.56万元。

(四) **住房贡献率**：2017年，个人住房贷款发放额、公转商贴息贷款发放额、项目贷款发放额、住房消费提取额的总和与当年缴存额的比率为115.43%，比上年减少27.25个百分点。

六、其他重要事项

(一) **当年机构及职能调整情况、受委托办理缴存贷款业务金融机构变更情况**：新增交通银行为受委托办理住房公积金缴存业务的银行，新增华融湘江银行为受委托办理住房公积金个人住房贷款业务的银行。

(二) **当年住房公积金政策调整及执行情况**：住房公积金缴存基数以张家界市统计局公布的在岗职工月平均工资4855元为标准确定，最高不超过月平均工资的3倍，最高缴存额不允许超过3496元，最低缴存额不允许低于200元。缴存比例为5%~12%。

当年提取政策调整情况：取消住房公积金提取比例的限制，做到应提尽提；细化住房公积金提取范围，同意缴交房租、物业费、契税、房屋维修基金，患重特大疾病，遭受重、特大灾害造成家庭严重困难提取；缴交房租提取额度，原则上不超过12000元/年，缴交契税，房屋维修基金、物业费，提取额度不超过发票额度。

当年住房公积金存贷款利率执行标准：严格执行中国人民银行的相关规定，当年归集的个人住房公积金存款和上年结转的个人住房公积金存款利率统一按一年期定期存款基准利率执行，目前为1.50%。

(三) **当年服务改进情况**：

1. 中心领导班子重视业务用房条件改善，成效突出，中心和4个区县管理部通过购买、代建等形式，已经全部解决了业务用房，基础设施建设适应业务发展的需求。

2. 继续发挥市中心和管理部营业大厅、12329服务热线、短信平台和中心微信公众号的服务优势，提高网点服务水平。

3. 强化查询工作，不断更新完善信息系统服务硬件设备。公布大厅查询电话，添置大厅排队报号系统、自助查询系统等设施，强化自住终端查询功能。

4. 建立住房公积金微信群、QQ群，将辖区内缴存单位专管员、合作楼盘销售员集合起来，采取在线沟通的方式，解疑释惑，进行业务指导，同时深化与房产交流系统、人民银行征信系统、工商、社保等部门的信息共享，实现信息多跑路，职工少跑腿。

(四) **当年信息化建设情况**：继续巩固"双贯标"成果，完善公积金业务系统升级，顺利开通全国住房公积金转移接续平台。充分发挥信息系统的作用,将提取、贷款业务资料在收件时实行电子档案拍照留存。

益阳市住房公积金 2017 年年度报告

一、机构概况

(一)住房公积金管理委员会:住房公积金管理委员会有 41 名委员,2017 年召开 1 次会议,审议通过的事项主要包括:《2016 年住房公积金预算执行、决算审核和 2017 年住房公积金年度预算报告》、《关于调整住房公积金贷款风险准备金率的报告》、《住房公积金增值净收益分配原则》、《2017-2018 年度住房公积金缴存标准》、《进一步规范住房公积金缴存行为的实施意见》、《住房公积金贷款政策调整的实施意见》、《住房公积金失信行为处理暂行办法》、《住房公积金业务合作银行管理办法》等文件。

住房公积金管理委员会设住房公积金监督管理委员会为常设机构,代行住房公积金管理委员会闭会期间相关职能。住房公积金监督管理委员会有委员 8 名,2017 年召开 3 次会议,审议通过的事项主要包括:《个人住房贷款保证担保协议(补充协议)》、《住房公积金工作目标责任状》、《关于调整住房公积金贷款政策的通知》、《新的贷后服务和贷款资产管理实施方案(修订稿)》和季度《住房公积金运行简报》等。

(二)住房公积金管理中心:住房公积金管理中心为直属益阳市人民政府不以营利为目的的公益类事业单位,设 3 个管理科室,9 个管理部(营业部),1 个办事处。从业人员 80 人,其中,在编 28 人,非在编 52 人。

二、业务运行情况

(一)缴存:2017 年,新开户单位 204 家,实缴单位 2536 家,减少单位 140 家;新开户职工 2.95 万人,实缴职工 19.31 万人,净增职工 0.45 万人;缴存额 25.74 亿元,同比增长 16.37%。2017 年末,缴存总额 144.43 亿元,同比增长 21.69%;缴存余额 70.09 亿元,同比增长 16.35%。

受委托办理住房公积金缴存业务的银行 9 家,比上年增加 0 家。

(二)提取:2017 年,提取额 15.89 亿元,同比增长 31.67%;占当年缴存额的 61.73%,比上年增加 7.18 个百分点。2017 年末,提取总额 74.34 亿元,同比增长 27.19%。

(三)贷款:

个人住房贷款:个人住房贷款最高额度 35 万元,其中,单缴存职工最高额度 35 万元,双缴存职工最高额度 35 万元。

2017 年,发放个人住房贷款 0.92 万笔 21.54 亿元,同比分别增长 0.15%、7.78%。

2017 年,回收个人住房贷款 9.84 亿元。

2017 年末,累计发放个人住房贷款 7.83 万笔 120.97 亿元,贷款余额 72.56 亿元,同比分别增长

13.35%、21.67%、19.23%。个人住房贷款余额占缴存余额的103.51%，比上年增加2.49个百分点。

受委托办理住房公积金个人住房贷款业务的银行2家，比上年增加0家。

（四）融资：2017年，融资0亿元，归还0.52亿元。2017年末，融资总额2亿元，融资余额1.14亿元。

（五）资金存储：2017年末，住房公积金存款4.15亿元。其中，活期0.25亿元，1年（含）以下定期0.70亿元，其他（协定、通知存款等）3.20亿元。

（六）资金运用率：2017年末，住房公积金个人住房贷款余额、项目贷款余额和购买国债余额的总和占缴存余额的103.51%，比上年增加3.51个百分点。

三、主要财务数据

（一）业务收入：2017年，业务收入22119.27万元，同比增长16.00%。其中，存款利息527.59万元，委托贷款利息21591.68万元。

（二）业务支出：2017年，业务支出11524.11万元，同比增长17.96%。其中，支付职工住房公积金利息9713.80万元，归集手续费271.08万元，委托贷款手续费777.85万元，其他761.38万元。

（三）增值收益：2017年，增值收益10595.16万元，同比增长13.94%。增值收益率1.64%，比上年减少0.06个百分点。

（四）增值收益分配：2017年，提取贷款风险准备金1357.21万元，提取管理费用3567.09万元，提取城市廉租住房（公共租赁住房）建设补充资金5670.86万元。

2017年，上交财政管理费用3567.09万元。上缴财政城市廉租住房（公共租赁住房）建设补充资金3432.91万元（根据年终决算，已于2018年1月全额上缴完成）。

2017年末，贷款风险准备金余额15962.12万元。累计提取城市廉租住房（公共租赁住房）建设补充资金42656.53万元。

（五）管理费用支出：2017年，管理费用支出3264.07万元，同比增长70.55%。其中，人员经费1260.74万元，公用经费371.52万元，专项经费1631.81万元。

四、资产风险状况

个人住房贷款：2017年末，个人住房贷款逾期额19.52万元，逾期率0.027‰。

个人贷款风险准备金按贷款余额的2.20%提取。2017年，提取个人贷款风险准备金1357.21万元，使用个人贷款风险准备金核销呆坏账0万元。2017年末，个人贷款风险准备金余额15962.12万元，占个人住房贷款余额的2.20%，个人住房贷款逾期额与个人贷款风险准备金余额的比率为0.12%。

五、社会经济效益

（一）缴存业务：2017年，实缴单位数同比减少5.23%，实缴职工人数和缴存额同比分别增长2.40%和16.37%。

缴存单位中，国家机关和事业单位占52.88%，国有企业占10.37%，城镇集体企业占1.26%，外商投资企业占1.10%，城镇私营企业及其他城镇企业占21.85%，民办非企业单位和社会团体占11.83%，自由职业者占0.04%，其他占0.67%。

缴存职工中，国家机关和事业单位占 55.84%，国有企业占 13.45%，城镇集体企业占 2.02%，外商投资企业占 0.92%，城镇私营企业及其他城镇企业占 16.28%，民办非企业单位和社会团体占 1.65%，自由职业者占 9.59%，其他占 0.25%；中、低收入占 98.05%，高收入占 1.95%。

新开户职工中，国家机关和事业单位占 26.69%，国有企业占 5.70%，城镇集体企业占 1.48%，外商投资企业占 1.49%，城镇私营企业及其他城镇企业占 32.94%，民办非企业单位和社会团体占 4.04%，自由职业者占 26.70%，其他占 0.94%；中、低收入占 99.35%，高收入占 0.65%。

（二）**提取业务**：2017 年，7.93 万名缴存职工提取住房公积金 15.89 亿元。

提取金额中，住房消费提取占 74.32%（购买、建造、翻建、大修自住住房占 19.73%，偿还购房贷款本息占 54.42%，租赁住房占 0.17%）；非住房消费提取占 25.68%（离休和退休提取占 19.25%，完全丧失劳动能力并与单位终止劳动关系提取占 4.64%，户口迁出本市或出境定居占 0.59%，其他占 1.20%）。

提取职工中，中、低收入占 94.30%，高收入占 5.70%。

（三）**贷款业务**：

1. **个人住房贷款**：2017 年，支持职工购建房 111.21 万平方米，年末个人住房贷款市场占有率为 37.69%，比上年减少 3.97 个百分点。通过申请住房公积金个人住房贷款，可节约职工购房利息支出 49854.14 万元。

职工贷款笔数中，购房建筑面积 90（含）平方米以下占 10.22%，90~144（含）平方米占 79.69%，144 平方米以上占 10.69%。购买新房占 78.01%，购买存量商品住房占 21.99%。

职工贷款笔数中，单缴存职工申请贷款占 79.63%，双缴存职工申请贷款占 20.37%，三人及以上缴存职工共同申请贷款占 0%。

贷款职工中，30 岁（含）以下占 35.45%，30 岁~40 岁（含）占 35.81%，40 岁~50 岁（含）占 21.62%，50 岁以上占 7.12%；首次申请贷款占 91.95%，二次及以上申请贷款占 8.05%；中、低收入占 97.74%，高收入占 2.26%。

2. **异地贷款**：2017 年，发放异地贷款 665 笔 16292.6 万元。2017 年末，发放异地贷款总额 33330.20 万元，异地贷款余额 28801.24 万元。

3. **公转商贴息贷款**：2017 年，发放公转商贴息贷款 1043 笔、19928.31 万元，支持职工购建住房面积 5.54 万平方米，当年贴息额 414.52 万元。2017 年末，累计发放公转商贴息贷款 1948 笔、39837.11 万元，累计贴息 515.31 万元。

（四）**住房贡献率**：2017 年，个人住房贷款发放额、公转商贴息贷款发放额、项目贷款发放额、住房消费提取额的总和与当年缴存额的比率为 137.32%，比上年减少 3.14 个百分点。

六、其他重要事项

（一）**当年机构及职能调整情况、受委托办理缴存贷款业务金融机构变更情况**：住房公积金管理机构及职能未发生调整。住房公积金管理模式仍为全自营，所有缴存、贷款业务均由住房公积金管理中心独立承办。

（二）**当年住房公积金政策调整及执行情况**：

1. 缴存基数限额。上限 13971 元，下限 2794.2 元。

2. 确定方法。缴存基数上、下限原则上不超过和不低于益阳统计部门公布的上一年度职工月平均工资（4657元）的3倍和60%。

3. 缴存比例。与2016年度一致，仍为5%~12%。

4. 当年提取政策调整情况：未调整。

5. 当年个人住房贷款最高贷款额度、贷款条件等贷款政策调整情况。最高贷款额度与2016年一致，仍为35万元。贷款政策根据住房公积金贷款次数、购房所在地拥有的房屋套数和所购住房建筑面积等要素进行了调整。

6. 当年住房公积金存贷款利率执行标准。职工住房公积金账户存款利率按一年期定期存款基准利率（1.5%）执行。住房公积金个人住房贷款5年期内（含）贷款年利率为2.75%，5年期以上贷款年利率为3.25%。

（三）**当年服务改进情况**：完成沅江管理部的搬迁和标准化建设，启动了安化管理部的搬迁和标准化建设，提请益阳市人民政府分设市营业部和高新区管理部。推进缴存、贷款业务的网上办理，上线了自助缴存和贷款系统，并纳入年度重点工作进行绩效考核。

（四）**当年信息化建设情况**：启动了信息系统升级改造，完成了基础数据标准贯彻落实和结算应用系统的接入。

（五）**当年住房公积金管理中心及职工所获荣誉情况**：全国文明单位（复查通过）。益阳市管理创新奖（人事制度改革），并被湖南省委改革办在改革内刊（《改革专报》）上专题推介。益阳市社会治安综合治理优秀单位。

郴州市住房公积金2017年年度报告

一、机构概况

（一）**住房公积金管理委员会**：住房公积金管理委员会有24名委员，2017年召开1次会议，选举产生第四届住房公积金管理委员会委员，审议并表决通过了《关于〈郴州市住房公积金管理中心2017年度住房资金财务收支计划〉审核意见的说明》、《郴州市住房公积金2016年年度报告》、《2017年郴州市住房公积金管理工作要点》。

（二）**住房公积金管理中心**：住房公积金管理中心为直属于市人民政府的不以营利为目的的自收自支事业单位，设7个科，12个管理部。从业人员160人，其中，在编84人，非在编76人。

二、业务运行情况

（一）**缴存**：2017年，新开户单位252家，实缴单位3954家（不包括封存、停缴和缓缴单位838个），净增单位－652家；新开户职工2.05万人，实缴职工21.59万人（不包括封存、停缴和缓缴职工3.27万人），净增职工－2.92万人。今年净增单位和净增职工都出现了负数，是因为今年实缴单位和实缴职工的统计口径与去年相比发生变化，剔除了封存、停缴和缓缴数，导致实缴单位数与实缴人数减少，致使净增单位数与净增职工数出现负增长；缴存额31.04亿元，同比增长21.63%。2017年末，缴存总额178.27亿元，同比增长21.09%；缴存余额97.93亿元，同比增长18.2%。

受委托办理住房公积金缴存业务的银行15家，与上年一致。

（二）**提取**：2017年，提取额15.96亿元，同比增长44.7%；占当年缴存额的51.42%，比上年增加8.2个百分点。2017年末，提取总额80.35亿元，同比增长24.8%。

（三）**贷款**：

个人住房贷款：个人住房贷款最高额度50万元，其中，单缴存职工最高额度50万元，双缴存职工最高额度50万元。

2017年，发放个人住房贷款0.56万笔15.17亿元，同比分别下降0.18%、下降4%。其中，市直管理部发放个人住房贷款0.12万笔3.57亿元，北湖区管理部发放个人住房贷款0.05万笔1.54亿元，苏仙区管理部发放个人住房贷款0.04万笔1.04亿元，资兴市管理部发放个人住房贷款0.02万笔0.57亿元，桂阳县管理部发放个人住房贷款0.06万笔1.52亿元，宜章县管理部发放个人住房贷款0.11万笔3.1亿元，永兴县管理部发放个人住房贷款0.04万笔1.04亿元，嘉禾县管理部发放个人住房贷款0.02万笔0.41亿元，临武县管理部发放个人住房贷款0.03万笔0.59亿元，汝城县管理部发放个人住房贷款0.04万笔0.97亿元，桂东县管理部发放个人住房贷款0.01万笔0.36亿元，安仁县管理部发放个人住房贷款0.02万笔0.46亿元。

2017年，回收个人住房贷款7.5亿元。其中，市直管理部2.14亿元，北湖区管理部0.55亿元，苏仙区管理部0.62亿元，资兴市管理部0.57亿元，桂阳县管理部0.69亿元，宜章县管理部0.64亿元，永兴县管理部0.55亿元，嘉禾县管理部0.38亿元，临武县管理部0.34亿元，汝城县管理部0.51亿元，桂东县管理部0.2亿元，安仁县管理部0.31亿元。

2017年末，累计发放个人住房贷款7.3万笔120.1亿元，贷款余额74.51亿元，同比分别增长8.25%、14.46%、11.48%。个人住房贷款余额占缴存余额的76.09%，比上年减少4.59个百分点。

受委托办理住房公积金个人住房贷款业务的银行5家，与上年一致。

（四）**融资**：2017年未融资。年末融资总额1.3亿元，融资余额为零。

（五）**资金存储**：2017年末，住房公积金存款25.4亿元。其中，活期0.15亿元，1年（含）以下定期9.03亿元，1年以上定期5.78亿元，协定存款10.44亿元。

（六）**资金运用率**：2017年末，住房公积金个人住房贷款余额、项目贷款余额和购买国债余额的总和占缴存余额的76.09%，比上年减少4.59个百分点。

三、主要财务数据

（一）**业务收入**：2017年，业务收入29163.07万元，同比增长7.63%。其中，市中心3791.73万元，市直管理部7366.19万元，北湖区管理部2273.49万元，苏仙区管理部2249.23万元，资兴市管理部2058.17万元，桂阳县管理部2550.96万元，宜章县管理部2186.1万元，永兴县管理部1441.54万元，嘉禾县管理部1121.2万元，临武县管理部1045.88万元，汝城县管理部1431.83万元，桂东县管理部684.5万元，安仁县管理部962.25万元；存款利息6183.51万元，委托贷款利息22974.58万元，国债利息为零，其他 4.98 万元。

（二）**业务支出**：2017 年，业务支出 13421.22 万元，同比增长 46.27%。其中，市本级－5006.15 万元，市直管理部 5612.43 万元，北湖区管理部 1101.82 万元，苏仙区管理部 1009.91 万元，资兴市管理部 1978.01 万元，桂阳县管理部 2029.81 万元，宜章县管理部 1447.47 万元，永兴县管理部 1239.93 万元，嘉禾县管理部 824.59 万元，临武县管理部 903.31 万元，汝城县管理部 963.66 万元，桂东县管理部 514.27 万元，安仁县管理部 802.16 万元；支付职工住房公积金利息 12965.96 万元，归集手续费为零，委托贷款手续费为零，其他支出 455.26 万元，其中贷款资产管理费 400 万元，印花税 18.47 万元，逾期贷款诉讼相关费用 1.63 万元，业务相关表格印制费 9.02 万元，公积金综合服务平台运营费用 21.92 万元，银行日常手续费 4.22 万元。费用经财政局批复同意从业务支出列支。

（三）**增值收益**：2017 年，增值收益 15741.85 万元，同比下降 12.15%。其中，市中心 8797.89 万元，市直管理部 1753.76 万元，北湖区管理部 1171.67 万元，苏仙区管理部 1239.32 万元，资兴市管理部 80.16 万元，桂阳县管理部 521.14 万元，宜章县管理部 738.63 万元，永兴县管理部 201.6 万元，嘉禾县管理部 296.61 万元，临武县管理部 142.57 万元，汝城县管理部 468.17 万元，桂东县管理部 170.24 万元，安仁县管理部 160.09 万元；增值收益率 1.75%，比上年减少 0.62 个百分点。

（四）**增值收益分配**：2017 年，提取贷款风险准备金 1534.39 万元，提取管理费用 3650.43 万元，提取城市廉租住房建设补充资金 10557.03 万元。

2017 年，上交财政管理费用 3650.43 万元。上缴财政城市廉租住房建设补充资金 24184.21 万元。全部由市本级统一上缴。

2017 年末，贷款风险准备金余额 14902.87 万元。累计提取城市廉租住房（公共租赁住房）建设补充资金 64461.25 万元。贷款风险准备金和城市廉租住房建设补充资金由市本级统一提取，不需各管理部自行提取。

（五）**管理费用支出**：2017 年，管理费用支出 3381.05 万元，同比增长 2%。其中，人员经费 2187.3 万元，公用经费 185.94 万元，专项经费 1007.81 万元。

中心管理费用实行统一核算，管理部公用、专项经费实行报账制度。2017 年，市中心管理费用支出 3113.84 万元，其中，人员、公用、专项经费分别为 2187.3 万元、128.97 万元、797.57 万元；12 个管理部管理费用支出 267.21 万元，其中，人员经费由市中心统一列支，公用、专项经费分别为 56.97 万元、210.24 万元。

四、资产风险状况

个人住房贷款：2017 年末，个人住房贷款逾期额 146.24 万元，逾期率 0.2‰。其中，市直部 0.48‰，宜章县管理部 0.4‰，永兴县管理部 0.01‰，嘉禾县管理部 0.23‰，其他管理部逾期率均为零。

个人贷款风险准备金按贷款的 2% 提取。2017 年，提取个人贷款风险准备金 1534.39 万元，未使用个人贷款风险准备金核销呆坏账。2017 年末，个人贷款风险准备金余额 14902.87 万元，占个人住房贷款余额的 2%，个人住房贷款逾期额与个人贷款风险准备金余额的比率为 0.98%。

五、社会经济效益

（一）**缴存业务**：2017 年，实缴单位数、实缴职工人数和缴存额同比分别增长－14.16%、－11.9%

和 21.63%。

缴存单位中，国家机关和事业单位占 69.87%，国有企业占 10.24%，城镇集体企业占 0.96%，外商投资企业占 0.58%，城镇私营企业及其他城镇企业占 11.18%，民办非企业单位和社会团体占 2.68%，其他占 4.49%。

缴存职工中，国家机关和事业单位占 61.61%，国有企业占 24.51%，城镇集体企业占 1.12%，外商投资企业占 1.5%，城镇私营企业及其他城镇企业占 7.36%，民办非企业单位和社会团体占 0.57%，其他占 3.33%；中、低收入占 98.9%，高收入占 1.1%。

新开户职工中，国家机关和事业单位占 47.25%，国有企业占 11.94%，城镇集体企业占 1.1%，外商投资企业占 2.55%，城镇私营企业及其他城镇企业占 27.62%，民办非企业单位和社会团体占 1.9%，其他占 7.64%；中、低收入占 98.63%，高收入占 1.37%。

（二）**提取业务**：2017 年，4.75 万名缴存职工提取住房公积金 15.96 亿元。

提取金额中，住房消费提取占 66.36%（购买、建造、翻建、大修自住住房占 32.26%，偿还购房贷款本息占 33.66%，租赁住房占 0.44%，其他占 0%）；非住房消费提取占 33.64%（离休和退休提取占 22.11%，完全丧失劳动能力并与单位终止劳动关系提取占 4.53%，户口迁出本市或出境定居占 4.88%，其他占 2.12%）。

提取职工中，中、低收入占 95.78%，高收入占 4.22%。

（三）**贷款业务**：

1. **个人住房贷款**：2017 年，支持职工购建房 77.88 万平方米，年末个人住房贷款市场占有率为 22.35%，比上年减少 3.62 个百分点。通过申请住房公积金个人住房贷款，可节约职工购房利息支出 27888.19 万元。

职工贷款笔数中，购房建筑面积 90（含）平方米以下占 7.79%，90～144（含）平方米占 76.93%，144 平方米以上占 15.28%。购买新房占 87.27%（其中购买保障性住房占 0%），购买存量商品住房占 10.57%，建造、翻建、大修自住住房占 2.16%。

职工贷款笔数中，单缴存职工申请贷款占 45.71%，双缴存职工申请贷款占 54.29%，三人及以上缴存职工共同申请贷款占 0%。

贷款职工中，30 岁（含）以下占 32.2%，30 岁～40 岁（含）占 36.09%，40 岁～50 岁（含）占 26.33%，50 岁以上占 5.38%；首次申请贷款占 80%，二次及以上申请贷款占 20%；中、低收入占 99.17%，高收入占 0.83%。

2. **异地贷款**：2017 年，发放异地贷款 247 笔 6579 万元。2017 年末，发放异地贷款总额 22851 万元，异地贷款余额 20988.98 万元。

（四）**住房贡献率**：2017 年，个人住房贷款发放额、公转商贴息贷款发放额、项目贷款发放额、住房消费提取额的总和与当年缴存额的比率为 82.98%，比上年减少 22.15 个百分点。

六、其他重要事项

（一）当年住房公积金政策调整及执行情况：

1. 当年缴存基数限额及确定方法、缴存比例等缴存政策调整情况。2017 年我市行政、事业单位及职工个人住房公积金缴存比例统一调整为各 12%。其他单位缴存比例为 5%～12%，具体比例由各单位根据实际情况确定。非公企业参照执行。根据住房公积金缴存基数相关规定和郴州市统计局公布的上年度全市在岗职工月平均工资测算，2017年度我市单位和职工个人住房公积金月缴存额最高上限各为1667元，即两者合计不得超过3334元。中央、省属驻市单位住房公积金的工资基数和月缴存额最高上限可以按其上级主管部门的规定执行。

2. 当年提取政策调整情况。符合条件的购房支取由原来只能提取本人及配偶账户的住房公积金余额调整为可提取本人、配偶、父母及子女账户的住房公积金余额；与单位终止劳动关系的，提供与单位终止劳动关系证明可办理提取、销户手续，取消原对办理时间限制的相关规定。

3. 当年个人住房贷款最高贷款额度、贷款条件等贷款政策调整情况。贷款政策进行了部分调整，单、双缴职工个人住房贷款最高额度均为50万元，贷款年限最长为35年，计算还款最长年限男不超过65岁、女不超过60岁。对贷款审核资料也进行了简化，工资收入可以按职工住房公积金缴交基数推算认定，原则上不再提供工资证明。如客户对推定存疑或有特殊需要，可自行提供银行工资流水单作认定依据；《贷款申请清册表》取消单位盖章；办证时间在两年内（含两年）的不动产权证可通过契税发票进行价值认定，不需再评估抵押价值。

4. 当年住房公积金存贷款利率执行标准。贷款年利率五年以上3.25%，五年以下（含五年）2.75%。

（二）当年服务改进情况：推行"一次办结"改革，优化办事流程、提升服务水平、缩短办理时限。12个管理部基本建成了办事大厅，市直及多个县（市、区）管理部还全员或派员入驻政务服务中心。综合服务平台建设达到了住房城乡建设部住房公积金信息化建设规范要求和标准，基本满足中心自主管理和运作的要求。2017年6月29日，全新开发建设的门户网站、手机APP、微信公众号正式上线。

（三）当年信息化建设情况：2017年6月12日，郴州公积金业务管理系统（G系统）正式上线，同时接入住房城乡建设部结算应用系统，并于2018年1月26日顺利通过住房城乡建设部"双贯标"验收。

（四）当年住房公积金管理中心及职工所获荣誉情况：2017年获评2015～2016年度全国青年文明号；获市政府考核先进个人13人。

（五）当年对违反《住房公积金管理条例》和相关法规行为进行行政处罚和申请人民法院强制执行情况：当年没有进行行政处罚和申请人民法院强制执行的情况。

（六）其他需要披露的情况：当年市本级业务支出为负数，主要是由于系统升级，2017年12月市本级不再计提全市2017年下半年应付职工利息，由各管理部每月自行计提。而2017年6月冲销了2016年12月计提的全市应付职工利息，导致了市本级业务支出出现负数的情况。

永州市住房公积金2017年年度报告

一、机构概况

（一）住房公积金管理委员会：住房公积金管理委员会有32名委员，2017年召开一次会议，审议通过的事项主要包括：2016年度住房公积金归集、使用计划执行情况和2017年度住房公积金归集、使用计划；市住房公积金2016年年度报告；市住房公积金2016年预算执行情况和2017年预算草案以及《永州市住房公积金管理工作考核办法》。并对其他重要事项进行决策，主要包括：同意对驻永银行业机构职工住房公积金缴存比例、缴存基数进行规范和调整。同意2016年全市住房公积金管理工作考核表彰意见。同意增加中国银行为我市住房公积金业务受委托银行。

（二）**住房公积金管理中心**：永州市住房公积金管理中心为直属于市政府不以营利为目的的副处级事业单位，主要负责全市住房公积金的归集、管理、使用和会计核算。中心内设综合管理科、资金归集科、资金营运科、法规稽查科、财务核算科、信息管理科、资金结算科、人事科等8个科室，下设1个直属营业部和冷水滩管理部、零陵管理部、祁阳管理部、东安管理部、双牌管理部、道县管理部、江永管理部、江华管理部、宁远管理部、新田管理部、蓝山管理部等11个县区管理部。从业人员162人，其中，在编91人，非在编71人。

二、业务运行情况

（一）**缴存**：2017年，新开户单位328家，实缴单位4333家，净增单位65家；新开户职工1.68万人，实缴职工23.6万人，净增职工1.35万人；缴存额27.36亿元，同比增长18.65%。2017年末，缴存总额150.97亿元，同比增长22.14%；缴存余额87.74亿元，同比增长17.33%。

受委托办理住房公积金缴存业务的银行7家，比上年增加1家。

（二）**提取**：2017年，提取额14.4亿元，同比增长32.6%；占当年缴存额的52.63%，比上年增加5.54个百分点。2017年末，提取总额63.24亿元，同比增长29.54%。

（三）**贷款**：个人住房贷款：个人住房贷款最高额度45万元，其中，单缴存职工最高额度45万元，双缴存职工最高额度45万元。

2017年，发放个人住房贷款0.67万笔22亿元，同比分别增长11.08%、18.28%。其中，直属营业部发放个人住房贷款0.15万笔5.48亿元，冷水滩管理部发放个人住房贷款0.06万笔1.93亿元，零陵管理部发放个人住房贷款0.11万笔3.71亿元，祁阳管理部发放个人住房贷款0.06万笔1.95亿元，东安管理部发放个人住房贷款0.06万笔1.4亿元，双牌管理部发放个人住房贷款0.01万笔0.35亿元，道县管理部发放个人住房贷款0.04万笔1.2亿元，江永管理部发放个人住房贷款0.03万笔0.67亿元，江华管理部发放个人住房贷款0.05万笔1.45亿元，宁远管理部发放个人住房贷款0.05万笔1.63亿元，新田管理部发放个人住房贷款0.02万笔0.72亿元，蓝山管理部发放个人住房贷款0.04万笔1.50亿元。

2017年，回收个人住房贷款7.48亿元。其中，市直属营业2.04亿元，冷水滩管理部0.63亿元，零陵管理部0.92亿元，祁阳管理部0.59亿元，东安管理部0.49亿元，双牌管理部0.20亿元，道县管理部0.41亿元，江永管理部0.22亿元，江华管理部0.57亿元，宁远管理部0.57亿元，新田管理部0.32亿元，蓝山管理部0.52亿元。

2017年末，累计发放个人住房贷款7.77万笔119.80亿元，贷款余额75.79亿元，同比分别增长9.47%、22.50%、23.70%。个人住房贷款余额占缴存余额的86.38%，比上年增加4.45个百分点。

受委托办理住房公积金个人住房贷款业务的银行8家，比上年增加1家。

（四）**资金存储**：2017年末，住房公积金存款17.06亿元。其中，活期0.43亿元，1年（含）以下定期4.38亿元，1年以上定期5.48亿元，其他（协定、通知存款等）6.77亿元。

（五）资金运用率：2017年末，住房公积金个人住房贷款余额、项目贷款余额和购买国债余额的总和占缴存余额的86.38%，比上年增加4.45个百分点。

三、主要财务数据

（一）业务收入：2017年，业务收入26802.21万元，同比增长11.29%。其中，存款利息4187.47万元，委托贷款利息22614.43万元，国债利息0万元，其他0.31万元。

（二）业务支出：2017年，业务支出13242.01万元，同比增长45.92%。其中，支付职工住房公积金利息12258.66万元，归集手续费262.65万元，委托贷款手续费226.14万元，其他494.56万元。

（三）增值收益：2017年，增值收益13560.2万元，同比下降9.65%。其中，增值收益率1.67%，比上年减少0.5个百分点。

（四）增值收益分配：2017年，提取贷款风险准备金2904万元，提取管理费用3370.4万元，提取城市廉租住房（公共租赁住房）建设补充资金7285.8万元。

2017年，上交财政管理费用3370.4万元。上缴财政城市廉租住房（公共租赁住房）建设补充资金7285.8万元。

2017年末，贷款风险准备金余额15157.9万元。累计提取城市廉租住房（公共租赁住房）建设补充资金25263.13万元。

（五）管理费用支出：2017年，管理费用支出3218.93万元，同比下降0.35%。其中，人员经费1747.64万元，公用经费438.43万元，专项经费1032.86万元。

四、资产风险状况

个人住房贷款：2017年末，个人住房贷款逾期额111.85万元，逾期率0.15‰。其中，市直属营业0.29‰，冷水滩管理部0.14‰，零陵管理部0.19‰，祁阳管理部0.00‰，东安管理部0.00‰，双牌管理部0.74‰，道县管理部0.07‰，江永管理部0.29‰，江华管理部0.00‰，宁远管理部0.01‰，新田管理部0.03‰，蓝山管理部0.13‰。

个人贷款风险准备金按贷款余额的2%提取。2017年，提取个人贷款风险准备金2904万元，使用个人贷款风险准备金核销呆坏账0万元。2017年末，个人贷款风险准备金余额15157.9万元，占个人住房贷款余额的2%，个人住房贷款逾期额与个人贷款风险准备金余额的比率为0.74%。

五、社会经济效益

（一）缴存业务：2017年，实缴单位数、实缴职工人数和缴存额同比分别增长1.52%、6.07%和18.65%。

缴存单位中，国家机关和事业单位占67.01%，国有企业占15.6%，城镇集体企业占0.76%，外商投资企业占4.12%，城镇私营企业及其他城镇企业占7.1%，民办非企业单位和社会团体占2.1%，其他占3.31%。

缴存职工中，国家机关和事业单位占66.79%，国有企业占15.64%，城镇集体企业占0.78%，外商投资企业占4.14%，城镇私营企业及其他城镇企业占7.12%，民办非企业单位和社会团体占2.2%，其他占 3.33%；中、低收入占 99.36%，高收入占 0.64%。

新开户职工中，国家机关和事业单位占 41.05%，国有企业占 8.77%，城镇集体企业占 0.58%，外商投资企业占 12.38%，城镇私营企业及其他城镇企业占 26.48%，民办非企业单位和社会团体占 5.05%，其他占 5.69%；中、低收入占 99.8%，高收入占 0.2%。

（二）提取业务：2017 年，4.85 万名缴存职工提取住房公积金 14.4 亿元。

提取金额中，住房消费提取占 72.89%（购买、建造、翻建、大修自住住房占 33.64%，偿还购房贷款本息占 38.94%，租赁住房占 0.31%，其他占 0%）；非住房消费提取占 27.11%（离休和退休提取占 19.36%，完全丧失劳动能力并与单位终止劳动关系提取占 4.54%，户口迁出本市或出境定居占 0.56%，其他占 2.65%）。

提取职工中，中、低收入占 98.28%，高收入占 1.72%。

（三）贷款业务：

1. 个人住房贷款：2017 年，支持职工购建房 89.89 万平方米，年末个人住房贷款市场占有率为 32.79%，比上年减少 6.04 个百分点。通过申请住房公积金个人住房贷款，可节约职工购房利息支出 3636.08 万元。

职工贷款笔数中，购房建筑面积 90（含）平方米以下占 4.15%，90～144（含）平方米占 78.71%，144 平方米以上占 17.14%。购买新房占 95.35%（其中购买保障性住房占 0%），购买存量商品住房占 2.52%，建造、翻建、大修自住住房占 2.13%，其他占 0%。

职工贷款笔数中，单缴存职工申请贷款占 30.79%，双缴存职工申请贷款占 69.21%，三人及以上缴存职工共同申请贷款占 0%。

贷款职工中，30 岁（含）以下占 37.56%，30 岁～40 岁（含）占 35.36%，40 岁～50 岁（含）占 21.60%，50 岁以上占 5.48%；首次申请贷款占 85.8%，二次及以上申请贷款占 14.20%；中、低收入占 98.94%，高收入占 1.06%。

2. 异地贷款：2017 年，发放异地贷款 1073 笔 34382 万元。2017 年末，发放异地贷款总额 46246 万元，异地贷款余额 44602.66 万元。

3. 公转商贴息贷款：2017 年，发放公转商贴息贷款 0 笔 0 万元，支持职工购建住房面积 0 万平方米，当年贴息额 286.19 万元。2017 年末，累计发放公转商贴息贷款 1059 笔 35807.4 万元，累计贴息 504.45 万元。

（四）住房贡献率：2017 年，个人住房贷款发放额、公转商贴息贷款发放额、项目贷款发放额、住房消费提取额的总和与当年缴存额的比率为 118.79%，比上年减少 10.21 个百分点。

六、其他重要事项

（一）当年机构及职能调整情况、受委托办理缴存贷款业务金融机构变更情况：2017 年，永州市住房公积金管理中心机构及职能未做调整；受委托办理住房公积金缴存、贷款业务金融机构新增一家，即中国银行。

（二）当年住房公积金政策调整及执行情况：

1. 当年缴存基数限额及确定方法、缴存比例等缴存政策调整情况：

最高、最低缴存额：严格按照市住房公积金管理委员会二届八次会议纪要及相关规定执行，即：（1）

2017年1～6月，市住房公积金月缴存额为单位和个人最高均不得高于1337元/月，最低均不得低于57元/月，中央、省属单位按长沙标准执行；（2）2017年7～12月，市住房公积金月缴存额为单位和个人最高均不得高于1574元/月，最低均不得低于57元/月，中央、省属单位按长沙标准执行。

缴存比例：2017年度住房公积金缴存比例单位和个人最低均不得低于5%，最高均不得高于12%。

2. 当年住房公积金存贷款利率执行标准：

（1）当年住房公积金存款利率执行情况：根据中国人民银行、住房城乡建设部、财政部印发《关于完善职工住房公积金账户存款利率形成机制的通知》（银发〔2017〕43号）的规定，2017年住房公积金存款利率统一执行1.50%。

（2）当年住房公积金贷款利率执行情况：根据《中国人民银行关于下调金融机构人民币贷款和存款基准利率并进一步推进利率市场化改革的通知》（银发〔2015〕325号）的规定，2017年住房公积金贷款利率执行5年以下（含5年）2.75%，5年以上3.25%；二次住房公积金贷款，贷款利率按基准利率的1.1倍执行。

（三）当年服务改进情况：全面落实住房公积金"一站式"服务、"首问负责制"、"一次性告知制"、"限时办结制"、"服务承诺制"等服务制度，力推预约上门服务、延时下班服务、周六上午照常上班等便民举措，实行了服务大厅业务操作轮岗，进一步简化、减少审批资料、手续和流程，提高办事效率和群众满意度。重新调整、修改和完善了18项内部管理制度，开展了不动产抵押权登记收费清理清退，举办了服务礼仪培训、道德讲堂和各项文明创建活动，严厉打击了骗取住房公积金虚假中介广告，加速推进便民服务场地建设，改善了服务环境和设施，为职工群众办事提供了更为便捷高效的便民服务，树立了住房公积金便民、利民、惠民的品牌服务形象。

（四）当年信息化建设情况：深入推进业务拓展创新和信息化建设，抽调人员组建信息化建设工作小组，完成了住房公积金新版业务操作系统软件需求开发，加快推进了新版业务操作系统的开发和测试。按照住房城乡建设部"双贯标"的工作要求，全面开展了住房公积金基础数据和业务数据大清理，进一步夯实了住房公积金基础工作，为新系统上线运行提供了基础保障。按要求接入了结算应用系统，实现了统一核算、集中结算。

（五）当年住房公积金管理中心及职工所获荣誉情况：2017年，中心所属零陵、东安、江华等管理部获市"文明窗口单位"，东安、祁阳、双牌、道县、江永等管理部获市"青年文明号"，祁阳、江永管理部获市"巾帼文明岗"，法规稽查科获省内部审计师协会"内部审计先进单位"，零陵管理部获区"社会管理综合治理工作平安单位"，道县管理部获县"目标管理考核先进单位"，江永管理部获县"民调测评先进单位"，新田管理部获县"社会治安综合治理考核优秀单位"，蓝山管理部获县"社会管理综合治理民调工作先进单位"。赵小玉获市"巾帼建功标兵"，涂桔茬、唐超、蒋慕蓉获市"青年岗位能手"，唐超获市"优秀共产党员"，魏燕、雷倩获市"优秀共青团干部"，唐婉晨获市"优秀共青团员"，李丽娟获市"青年志愿者优秀个人"，张黎获零陵区"法治政府建设工作先进个人"，周长明获江永县"创省文明县城先进个人"，谢思敏获江华县"农村危房改造先进个人"，谢吉生获道县"精准扶贫先进个人"，等等。

（六）当年对住房公积金管理人员违规行为的纠正和处理情况等：2017年度，中心不断加大和创新业务稽核方式、手段和覆盖面，及时查处、纠正和整改违规行为、不规范操作问题，全年共开展了7次业务现场稽核、6次业务抽样送审稽核和48500笔网上稽核，发布了5个业务稽核通报和专项稽核通报，对发现的问题及时进行了交办和督促整改，对相关责任人进行了处罚，对极个别管理部还进行了业务整顿和中心主任约谈。

（七）**其他需要披露的情况：**

1. **将市直行政事业单位政府绩效奖和第13月工资全额纳入缴交基数**。从2017年1月1日起，市本级财政供养人员政府绩效奖和13个月奖励工资两部分全额纳入住房公积金缴交基数和财政补贴基数，缴交比例为12%。

2. **简化业务审批流程**。按照"合法、统一、简便、高效"的原则对住房公积金归集、提取和贷款业务全过程的进行梳理，重新设置业务流程，该简化的手续一律简化，该减少的资料一律减少，该缩减的流程一律缩减，对流程、手续、资料等方面18项具体内容进行了大简化，实现了业务办理大提速，群众满意度大提升。

3. **全面启用全国住房公积金异地转移接续平台**。根据住房城乡建设部《关于正式启用全国住房公积金异地转移接续平台的通知》（建金服函〔2017〕23号）及永州市住房公积金管理委员会二届十次会议精神，我市自2017年7月1日起，正式启用全国住房公积金异地转移接续平台，同时，废止原职工调离本市可以办理住房公积金提取的规定。2017年7月1日后，职工调离本市到外地工作并缴存住房公积金的，不再办理调离本市提取，只能通过平台办理异地转移手续。

怀化市住房公积金2017年年度报告

一、机构概况

（一）**住房公积金管理委员会**。怀化市住房公积金管理委员会（以下简称管委会）有27名委员，2017年召开两次会议。4月28日召开的四届一次会议审议通过的事项主要包括：《关于2016年全市住房公积金管理工作情况和2017年工作设想的汇报》、《关于2016年住房公积金归集使用与增值收益计划执行情况及2017年计划预算的审核意见》、《怀化市住房公积金2016年年度报告》、《关于2015～2016年度市住房公积金审计监督情况的报告》；10月26日召开的四届二次会议审议通过的事项主要包括：《关于2017年1～10月全市住房公积金管理运行工作情况的汇报》，《关于2017年度预算核减和2018年专项资金预算项目立项的审核意见》，《怀化市住房公积金缴存管理办法》、《怀化市住房公积金提取管理办法》、《怀化市住房公积金个人住房贷款管理办法》修订情况的汇报，《关于申请核销历史呆坏账的情况汇报》。

（二）**住房公积金管理中心**。住房公积金管理中心为怀化市人民政府的不以营利为目的的自收自支事业单位，设7个科，13个管理部。从业人员125人，其中，在编82人，非在编43人。

二、业务运行情况

（一）**缴存**。2017年，新开户单位153家，实缴单位5468家，净增单位－21家；新开户职工1.88万人，实缴职工 17.88 万人，净增职工 0.12 万人；缴存额 25.16 亿元，同比增长 16.77%。2017 年末，缴存总额 143.84 亿元，同比增长 21.12%；缴存余额 80.49 亿元，同比增长 15.64%。

受委托办理住房公积金缴存业务的银行 8 家，与上年保持一致。

（二）提取。2017 年，提取额 14.28 亿元，同比增长 16.16%；占当年缴存额的 56.75%，比上年减少 0.3 个百分点。2017 年末，提取总额 63.34 亿元，同比增长 29.1%。

（三）贷款：

个人住房贷款：个人住房贷款最高额度 50 万元，其中，单缴存职工最高额度 50 万元，双缴存职工最高额度 50 万元。

2017 年，发放个人住房贷款 5627 笔 16.43 亿元，同比分别下降 13.52%、3.39%。

2017 年，回收个人住房贷款 8.03 亿元。

2017 年末，累计发放个人住房贷款 7.17 万笔 116.43 亿元，贷款余额 74.03 亿元，同比分别增长 8.51%、16.43%、12.79%。个人住房贷款余额占缴存余额的 91.97%，比上年减少 2.32 个百分点。

受委托办理住房公积金个人住房贷款业务的银行 7 家，与上年保持一致。

（四）资金存储。2017 年末，住房公积金存款 8.67 亿元。其中，活期 5.56 亿元，1 年（含）以下定期 2.33 亿元，1 年以上定期 0.785 亿元，其他（协定、通知存款等）0 亿元。

（五）资金运用率。2017 年末，住房公积金个人住房贷款余额、项目贷款余额和购买国债余额的总和占缴存余额的 91.97%，比上年减少 2.32 个百分点。

三、主要财务数据

（一）业务收入。2017 年，业务收入 25668.94 万元，同比增长 9.65%。其中，存款利息 2964.48 万元，委托贷款利息 22703.74 万元，国债利息 0 万元，其他 0.72 万元。

（二）业务支出。2017 年，业务支出 11535.78 万元，同比增长 8.06%。其中支付职工住房公积金利息 11521.98 万元，归集手续费 0 万元，委托贷款手续费 0 万元，其他 13.8 万元。

（三）增值收益。2017 年，增值收益 14133.16 万元，同比增长 11%。增值收益率 1.9%，比上年增加 0.09 个百分点。

（四）增值收益分配。2017 年，提取贷款风险准备金 1679.16 万元，提取管理费用 3512.71 万元，提取城市廉租住房（公共租赁住房）建设补充资金 8941.29 万元。

2017 年，上交财政管理费用 3435.51 万元。上缴财政城市廉租住房（公共租赁住房）建设补充资金 8075.78 万元。

2017 年末，贷款风险准备金余额 14806.21 万元。累计提取城市廉租住房（公共租赁住房）建设补充资金 47373.66 万元。

（五）管理费用支出。2017 年，管理费用支出 3133.09 万元，同比下降 17.29%。其中，人员经费 1626.13 万元，公用经费 789.74 万元，专项经费 717.22 万元。

四、资产风险状况

（一）个人住房贷款。2017 年末，个人住房贷款逾期额 43.46 万元，逾期率 0.058‰。

（二）贷款风险准备金。 2017 年，个人贷款风险准备金按贷款余额的 2% 提取，提取个人贷款风险准备金 1679.16 万元，使用个人贷款风险准备金核销呆坏账 0 万元。2017 年末，个人贷款风险准备金余额 14806.21 万元，占个人住房贷款余额的 2%，个人住房贷款逾期额与个人贷款风险准备金余额的比率为 0.29%。

五、社会经济效益

（一）缴存业务。 2017 年，实缴单位数、实缴职工人数和缴存额同比分别增长 -0.38%、1.47% 和 16.75%。

缴存单位中，国家机关和事业单位占 72.44%，国有企业占 14.98%，城镇集体企业占 1.21%，外商投资企业占 0.29%，城镇私营企业及其他城镇企业占 10.44%，民办非企业单位和社会团体占 0.3%，其他占 0.34%。

缴存职工中，国家机关和事业单位占 64.32%，国有企业占 27.08%，城镇集体企业占 0.11%，外商投资企业占 0.93%，城镇私营企业及其他城镇企业占 6.86%，民办非企业单位和社会团体占 0.22%，其他占 0.48%；中、低收入占 98.19%，高收入占 1.81%。

新开户职工中，国家机关和事业单位占 52.4%，国有企业占 9.74%，城镇集体企业占 0.84%，外商投资企业占 1.16%，城镇私营企业及其他城镇企业占 19.18%，民办非企业单位和社会团体占 0.79%，其他占 15.89%；中、低收入占 97.8%，高收入占 2.2%。

（二）提取业务。 2017 年，48623 万名缴存职工提取住房公积金 14.28 亿元。

提取金额中，住房消费提取占 71%（购买、建造、翻建、大修自住住房占 26.31%，偿还购房贷款本息占 44.4%，租赁住房占 0.29%，其他占 0%）；非住房消费提取占 29%（离休和退休提取占 18.77%，完全丧失劳动能力并与单位终止劳动关系提取占 7.56%，户口迁出本市或出境定居占 0.63%，其他占 2.04%）。

提取职工中，中、低收入占 97.4%，高收入占 2.6%。

（三）贷款业务：

1. 个人住房贷款： 2017 年，支持职工购建房 71.54 万平方米，年末个人住房贷款市场占有率为 24.24%，比上年减少 2.93 个百分点。通过申请住房公积金个人住房贷款，可节约职工购房利息支出 45590.84 万元。

职工贷款笔数中，购房建筑面积 90（含）平方米以下占 9.03%，90～144（含）平方米占 76.31%，144 平方米以上占 14.66%。购买新房占 84.74%，购买存量商品住房占 14.75%，建造、翻建、大修自住住房占 0.51%，其他占 0%。

职工贷款笔数中，单缴存职工申请贷款占 29.73%，双缴存职工申请贷款占 69.63%，三人及以上缴存职工共同申请贷款占 0.64%。

贷款职工中，30 岁（含）以下占 27.21%，30 岁～40 岁（含）占 40.57%，40 岁～50 岁（含）占 26.89%，50 岁以上占 5.53%；首次申请贷款占 87.2%，二次及以上申请贷款占 12.8%；中、低收入占 98.12%，高收入占 1.88%。

2. 异地贷款： 2017 年，发放异地贷款 145 笔 4329.5 万元。2017 年末，发放异地贷款总额 10777.5

万元，异地贷款余额 9358.53 万元。

（四）住房贡献率。 2017 年，个人住房贷款发放额、公转商贴息贷款发放额、项目贷款发放额、住房消费提取额的总和与当年缴存额的比率为 105.6%，比上年减少 30.37 个百分点。

六、其他重要事项

（一）当年机构及职能调整情况、受委托办理缴存贷款业务金融机构变更情况：

1. **市住房公积金管理委员会调整。** 2017 年 4 月底管委会严格按照《住房公积金管理条例》（以下简称《条例》）和国务院《关于进一步加强住房公积金管理的通知》（国发〔2002〕12 号）等有关规定，坚持"三个三分之一"的原则规范了管委会组成人员的设置，按规定程序选举产生了新一届管委会。目前，管委会由 27 名委员组成，其中政府及财政、人民银行等有关部门负责人 9 人，工会和职工代表 9 人，单位代表 9 人。

2. **规范银行账户管理。** 根据《住房公积金银行结算数据应用系统公积金中心接口标准》的要求，我中心取消了与工、农、中、建、交等 8 家受托银行的个性化实时结算直联，注销了各县市区原有银行归集、提取和贷款账户，实行全业务、全账户接入住房城乡建设部银行结算系统进行结算。2017 年全市共注销 43 个银行账户，仅保留 16 个银行账户（7 个委贷账户、8 个归集账户、1 个增值收益账户）。

（二）当年住房公积金政策调整及执行情况：

1. **缴存基数限额调整情况及确定方法。**

（1）缴存基数限额。2017 年度怀化市职工住房公积金最高月缴存额为 3290 元，最低月缴存额分两类核定，即市直、鹤城区、中方县在职职工为 154 元，沅陵县等 11 县市区在职职工为 136 元；驻怀中央、省属直管单位职工最高月缴存额为 4668 元；个体工商户、自由职业者、返乡务工人员最低缴存额为统计部门对外发布的在岗职工上年度月平均工资的 12%，月缴存 548 元。

（2）缴存基数确定方法。我市职工住房公积金缴存基数由怀化市住房公积金管理中心每年核准调整一次。职工月缴存基数按照职工本人上年度全年税前总收入额（包括工资、奖金、年终绩效奖励和各种津补贴）除以 12 个月的方式核算确定，但目前我市暂未将奖金纳入缴存基数核算。个体工商户、自由职业者住房公积金缴存基数为其上一年度月平均收入，且不得低于上年度怀化市统计部门公布的在岗职工月平均工资额、不得高于上年度怀化市统计部门公布的在岗职工月平均工资额的 3 倍。缴存比例按 12% 至 24% 申报。

（3）规范全市银行业机构职工月缴存基数。按照《湖南省人民政府办公厅关于调整湖南银行业机构职工住房公积金缴存基数和比例的复函》（湘政办函〔2016〕104 号）规定，进一步规范了全市银行业机构职工公积金缴存。

2. **缴存比例调整情况。** 2017 年度怀化市单位和职工住房公积金缴存比例执行 6%～12% 的标准；2017 年，全市共有 2 个县调整了缴存比例，即麻阳将财政供养人员缴存比例由 9% 提高至 10%，会同由 10% 提高至 12%。

3. **当年提取政策调整情况。** 根据《怀化市人民政府办公室关于促进住房消费的实施意见》（怀政办发〔2016〕37 号），对无房缴存职工租赁自住进一步明确了提取标准，未婚单身在市城区租房每月最高提取 700 元，其他县市区租房每月最高提取 600 元，已婚缴存职工（含配偶）在市城区租房每月最高提取 1300

元,其他县市区租房每月最高提取1200元;出台了《关于调整和规范部分缴存使用业务操作细则的通知》(怀市公积金发〔2017〕8号)进一步明确规定各提取业务经办人员在处理每笔提取业务时,务必认真核实申请人配偶、父母、子女等关联人员的住房公积金账户是否存在提取记录,经核查确认其当前提取金额与其关联人员提取金额未超过购房总价后,方可办理提取业务,杜绝超额或重复提取现象的发生,防止多提,打击骗提;出台了《怀化市住房公积金管理中心关于印发〈怀化市住房公积金管理中心提取使用审批事中事后监管制度〉等系列监管制度的通知》(怀市公积金发〔2017〕21号),进一步加强了住房公积金提取监管力度,严防内外勾结,防止骗提。

4. **当年个人住房贷款最高贷款额度、贷款条件等贷款政策调整情况**。出台了《怀化市住房公积金管理中心转发怀化市人民政府办公室〈关于促进住房消费的实施意见〉的通知》(怀市公积金发〔2016〕19号)文件规定,自2017年1月中心将最高可贷额度上调至50万元(执行期1年),进一步明确首次购房贷款认定及最低首付比例可以降低到10%的条件,全面开展了异地贷款。出台了《怀化市住房公积金管理中心关于印发〈怀化市住房公积金管理中心提取使用审批事中事后监管制度〉等系列监管制度的通知》(怀市公积金发〔2017〕21号),进一步加强了住房公积金贷款审批监管力度,严防内外勾结,防止骗贷。

5. **存贷利率调整及执行情况**。住房公积金存款利率严格执行中国人民银行、住房城乡建设部、财政部印发《关于完善职工住房公积金账户存款利率形成机制的通知》(银发〔2016〕43号)规定,统一按一年期定期存款基准利率1.5%执行。个人住房公积金住房贷款利率严格按国家规定执行,即贷款期限5年以下(含5年)的按年利率2.75%执行,5年以上的按年利率3.25%执行;二套房贷在基准利率基础上上浮10%。

(三)当年服务改进情况:

一是创新服务制度。中心除了持续严抓一次性告知、首问负责、限时办结、延时服务、上门服务、集中服务、预约服务、"6+6"柜面服务礼仪(站相迎、笑相问、双手接、快准办、双手递、站相送)等文明服务制度的执行,同时实行值班领导每周不少于2次日常巡查、内务定位管理常态化巡查,创新出台《怀化市住房公积金管理中心关于推行"神秘人"制度的通知》、《怀化市住房公积金管理中心工作人员轻微违规行为24分制》,外聘"神秘人"不定期明察暗访、突击检查等措施,进一步加强了对全员作风和服务的全过程内部监管。二是完善服务流程。通过新版业务系统实现了各项业务审核、审批的智能推送和提取、贷款资金的实时支付功能,进一步精简、优化业务程序,从流程设计上切实减少群众往返跑的次数。目前,缴存、提取、贷款业务全部集中在一个大厅办理,单项业务实行流水线作业,资料审核和内部流转全部由窗口工作人员负责完成,实现了"一窗口受理"、"一条龙操作"、"一站式审批"。贷款、提取业务资金划转全部实现实时支付,省去了办事群众跑银行的环节,贷款、提取业务资金划转实现实时支付,放款业务现场办结时限仅需几分钟。三是提升服务手段。全面接入住房城乡建设部银行结算系统,每笔业务交易成功后,以银行到账通知为业务记账依据,系统能根据银行交易流水号,自动匹配交易记录,自动记业务账,实时生成财务凭证,从而实现业务账、财务账、资金账三账合一,从原来分类管理提升到综合柜员管理。主动融入"智慧怀化"建设,全面升级了业务信息管理系统和办公配套硬件设备,提高业务系统三级联网传输速率,开通了微信、门户网站手机版,12329全天候热线服务以及12329免费手机短信,让缴存人足不出户可了解个人住房公积金账户信息,不出各办事大厅即可收到已办理提取或贷款的款项,真正实现了"让数据多跑路,让群众少跑腿"。专门制作了《住房公积金个人住房贷款服务指南》,并将缴存、提取、贷款等便民服务卡置放在各大楼盘，进一步方便购房群众。四是优化服务环境。全面改善了办公服务环境，中心机关和通道、洪江区管理部办公楼搬迁入住新办公服务场所，除麻阳、洪江市2个管理部外，中心所属其他11个管理部均进驻新的办公服务场所，并配备和完善了相应软硬件设施，做到了净化亮化美化；围绕精益现场、精益流程、精益礼仪、精益服务"四个精益"，开展了8S（即整顿、整理、清洁、素养、安全、节约、规范、服务）现场定位管理，逐步实行了标准化建设、规范化管理。

（四）当年信息化建设情况：

一是完成了"四个平台建设"。为全力提升现代智能支撑水平，减少人为干预的建设目标，2017年中心按照住房城乡建设部《住房公积金综合服务平台建设导则》的要求，完成了与住房城乡建设部异地转移接续平台、银行结算平台接口对接，融入了全省12329综合服务平台，融入了"智慧怀化"大数据平台等"四个平台建设"。二是顺利通过住房城乡建设部"双贯标"检查验收。按照住房城乡建设部《住房公积金基础数据标准》、《住房公积金银行结算数据应用系统与公积金中心接口标准》两个标准要求，我市2018年1月顺利通过住房城乡建设部"双贯标"检查验收。三是完成机房的标准化建设。2017年中心以"双贯标"为契机，全面升级更新软件系统，按照标准化建设要求完成了机房建设和搬迁工作。中心通过加快信息化建设步伐，不仅实现了变"群众奔波"为"信息跑腿"，为群众提供更加人性化服务，而且逐步实现流程"电脑系统固化"、权限"电脑后台控制"、风险"电脑自助预警"，责任追溯"电脑源头监督"，"智能"监管能力不断提高。

（五）当年住房公积金管理中心及职工所获荣誉情况： 2017年11月，中心荣获第五届"全国文明单位"荣誉称号。

（六）当年对住房公积金管理人员违规行为的纠正和处理情况等： 全年共下发稽核通报28份，下达整改意见58条，纠正3类违规行为，问责处罚了7人次，对2人次违反作风建设规定的现象给予了内部通报批评或警告处分；对7人进行了诫勉谈话。

娄底市住房公积金2017年年度报告

一、机构概况

（一）住房公积金管理委员会： 住房公积金管理委员会有28名委员，2017年召开了一次会议，审议通过的事项主要包括：审议市住房公积金管理委员会办公室关于调整市住房公积金管理委员会主任、副主任和部分委员的建议方案，听取并审议了市住房公积金管理中心主任所作的2016年工作情况和2017年工作安排以及提请管委会决策的问题的汇报，听取了监管小组所作的关于2016年全市住房公积金工作管理监督情况的汇报。会议决定：住房公积金业务办理继续实行"一站式"服务，由市人民政府副秘书长、市住房公积金管委会办公室主任罗光才同志协调市政务中心、市房地产管理局、市不动产登记中心、市住房公积金管理中心于2月底前拿出具体意见；原则同意将住房公积金管理工作纳入市人民政府对县市区人民政府（管委会）绩效评估，请市绩效办依程序报审。

(二)住房公积金管理中心：住房公积金管理中心为直属娄底市人民政府的不以营利为目的的事业单位。设8个科、7个管理部。从业人员118人，其中：在编63人，非在编55人。

二、业务运行情况

(一)缴存：2017年，新开户单位208家，实缴单位1768家，净增单位208家；新开户职工1.35万人，实缴职工17.28万人，净增职工0.38万人；缴存额20.05亿元，同比增长13.47%。2017年末，缴存总额129.83亿元，同比增长18.26%；缴存余额64.57亿元，同比增长11.29%。

受委托办理住房公积金缴存业务的银行8家，同比持平。

(二)提取：2017年，提取额13.49亿元，同比下降10.37%；占当年缴存额的67.27%，同比减少17.89个百分点。2017年末，提取总额65.25亿元，同比增长26.06%。

(三)贷款：

个人住房贷款：个人住房贷款最高额度50万元，其中，单缴存职工最高额度50万元，双缴存职工最高额度50万元。

2017年，发放个人住房贷款0.53万笔15.33亿元，同比分别增长5.53%、11.57%。其中，市中心发放个人住房贷款0.53万笔15.33亿元。

2017年，回收个人住房贷款6.67亿元。其中，市中心6.67亿元。

2017年末，累计发放个人住房贷款7.32万笔99.97亿元，贷款余额54.61亿元，同比分别增长7.96%、18.11%、18.85%。个人住房贷款余额占缴存余额的84.57%，同比增加5.38个百分点。

受委托办理住房公积金个人住房贷款业务的银行8家，同比持平。

(四)资金存储：2017年末，住房公积金存款12.51亿元。其中，活期0.89亿元，1年(含)以下定期4.58亿元，1年以上定期5.05亿元，其他(协定、通知存款等)1.99亿元。

(五)资金运用率：2017年末，住房公积金个人住房贷款余额和购买国债余额的总和占缴存余额的84.57%，同比增加5.38个百分点。

三、主要财务数据

(一)业务收入：2017年，业务收入19693.43万元，同比减少11.85%。其中，市中心19830.21万元；存款利息3524.73万元，委托贷款利息16168.7万元。

(二)业务支出：2017年，业务支出10839.28万元，同比增长8.96%。其中，市中心10839.28万元；支付职工住房公积金利息10215.77万元，归集手续费129.61万元，委托贷款手续费429.66万元，其他64.23万元(服务大厅房产税和土地税支出)。

(三)增值收益：2017年，增值收益8854.15万元，同比下降28.37%。其中，市中心8990.93万元；增值收益率1.44%，同比减少0.72个百分点。

(四)增值收益分配：2017年，提取贷款风险准备金2598.62万元，提取管理费用2386.89万元，提取城市廉租住房(公共租赁住房)建设补充资金4005.42万元。

2017年，上交财政管理费用2386.89万元。上缴财政城市廉租住房(公共租赁住房)建设补充资金4005.42万元。

2017年末，贷款风险准备金余额16382.57万元。累计提取城市廉租住房（公共租赁住房）建设补充资金38440.71万元。

（五）管理费用支出：2017年，管理费用支出2386.89万元，同比增长1.32%。其中，人员经费1198.07万元，公用经费549.99万元，专项经费638.83万元。

四、资产风险状况

个人住房贷款：2017年末，个人住房贷款逾期额170.41万元，逾期率0.3‰。

个人贷款风险准备金按贷款余额的3%提取。2017年，提取个人贷款风险准备金2598.62万元，使用个人贷款风险准备金核销呆坏账0万元。2017年末，个人贷款风险准备金余额16382.57万元，占个人住房贷款余额的3%，个人住房贷款逾期额与个人贷款风险准备金余额的比率为1.04%。

五、社会经济效益

（一）缴存业务：2017年，实缴单位数、实缴职工人数和缴存额同比分别增长8.95%、2.74%和13.47%。

缴存单位中，国家机关和事业单位占66.57%，国有企业占9.36%，城镇集体企业占2.58%，外商投资企业占0.44%，城镇私营企业及其他城镇企业占7.41%，民办非企业单位和社会团体占12.01%，其他占1.63%。

缴存职工中，国家机关和事业单位占60.76%，国有企业占21.91%，城镇集体企业占4.07%，外商投资企业占0.55%，城镇私营企业及其他城镇企业占6.96%，民办非企业单位和社会团体占4.04%，其他占1.71%；中、低收入占98.65%，高收入占1.35%。

新开户职工中，国家机关和事业单位占28.61%，国有企业占20.78%，城镇集体企业占4.85%，外商投资企业占0.93%，城镇私营企业及其他城镇企业占16.08%，民办非企业单位和社会团体占19.06%，其他占9.76%；中、低收入占99.16%，高收入占0.84%。

（二）提取业务：2017年，4.06万名缴存职工提取住房公积金13.51亿元。

提取金额中，住房消费提取占77.65%（购买、建造、翻建、大修自住住房占41.25%，偿还购房贷款本息占35.71%，租赁住房占0.69%）；非住房消费提取占22.35%（离休和退休提取占17.25%，完全丧失劳动能力并与单位终止劳动关系提取占3.14%，户口迁出本市或出境定居占0.67%，其他占1.29%）。

提取职工中，中、低收入占94.17%，高收入占5.83%。

（三）贷款业务：

1. 个人住房贷款：2017年，支持职工购建房78.91万平方米，年末个人住房贷款市场占有率为33%，同比增加1个百分点。通过申请住房公积金个人住房贷款，可节约职工购房利息支出26764万元。

职工贷款笔数中，购房建筑面积90（含）平方米以下占8.8%，90~144（含）平方米占65.71%，144平方米以上占25.49%。购买新房占61.98%（其中购买保障性住房占0%），购买存量商品住房占99.75%，建造、翻建、大修自住住房占0.04%，其他占0.21%。

职工贷款笔数中，单缴存职工申请贷款占45%，双缴存职工申请贷款占55%。

贷款职工中，30岁（含）以下占23.53%，30岁～40岁（含）占38.90%，40岁～50岁（含）占28.86%，50岁以上占8.71%；首次申请贷款占84.70%，二次及以上申请贷款占15.30%；中、低收入占77.69%，高收入占22.31%。

2. **异地贷款**：2017年，发放异地贷款556笔16276万元。2017年末，发放异地贷款总额50546万元，异地贷款余额46164万元。

（四）住房贡献率：2017年，个人住房贷款发放额、住房消费提取额的总和与当年缴存额的比率为128.71%，同比减少18.94个百分点。

六、其他重要事项

（一）当年缴存基数限额及确定方法、缴存比例调整情况：

1. 2017年住房公积金缴存基数为职工本人上一年度月平均工资，即职工上一年度个人工资总额（包括工资、奖金、年终绩效奖励和各种津补贴）除以12个月的金额，最高不得超过市统计局公布的上一年度全市在岗职工月平均工资的3倍（12133元），最低不得低于市人力资源和社会保障局公布的2016年月最低工资标准（1130元）。

2. 2017年度住房公积金缴存比例仍为单位和职工均不低于5%，不高于12%。凡缴存比例高于此比例，一律予以规范调整，不得超过12%。单位和职工的住房公积金缴存比例应当相同，同一单位的职工住房公积金缴存比例应当相同。

3. 2017年度我市职工住房公积金月最高缴存额为2912元，即单位和个人月缴存额均不得超过1456元。

4. 根据《湖南省人民政府办公厅关于调整湖南银行业机构职工住房公积金缴存基数和比例的复函》（湘政办函〔2016〕104号）文件精神，银行业机构职工住房公积金缴存比例由不得超过20%调整为不得超过12%，月缴存基数上限按照不超过职工工作所在地设区城市统计部门公布的上一年度职工月平均工资的5倍执行。

5. 调整后的住房公积金缴存基数从2017年7月1日起执行。调整后无论工资增减与否，本年度月缴存额不再变更。

（二）当年信息化建设情况：

1. 11月完成了电子档案建设政府采购招投标程序，并与中标商签订了合作协议。

2. 12月26日通过了住房城乡建设部和湖南省住房城乡建设厅联合检查验收组关于贯彻住房公积金基础数据标准、接入住房公积金结算应用系统的贯标检查验收。

3. 12月与娄底市不动产登记中心签订了联网协议。

（三）当年服务改进情况：

1. 娄底市住房公积金管理中心与娄底市不动产登记中心达成合议协议，由娄底市不动产登记中心在市直单位管理部、钢城管理部、娄星区管理部各派驻一名工作人员在三个管理部服务大厅现场办理相关不动产登记业务。

2. 新化县管理部与新化县不动产登记中心达成协议，派驻一名工作人员在新化县管理部服务大厅现场办理相关不动产登记业务。

3. 冷水江市管理部与冷水江市不动产登记中心达成协议，派驻一名工作人员冷水江市管理部现场办理相关不动产登记业务。

（四）打击骗提骗贷，强化风险防控，确保住房资金安全：2017年2月，冷水江市管理部就冷水江市区有非法中介通过网上发布非法信息骗提住房公积金向冷水江市公安局报案。冷水江市公安局通过立案侦查，已追回骗提住房公积金19.07万元，没收非法中介违法所得1.25万元，抓获涉案中介人员3人，其中行政拘留2人。据近期落网的此犯罪团伙的湖南省总代理供认，近两年来在全省共提供了500余笔骗提骗贷资料，几乎覆盖全省各地州市中心。目前，已应冷水江市公安局要求向省住房公积金监督管理办公室报告后，已要求全省各中心协助冷水江市公安局取证，拉开了全省住房公积金系统打击住房公积金骗提骗贷的新阶段。

湘西自治州住房公积金2017年年度报告

一、机构概况

（一）住房公积金管理委员会：住房公积金管理委员会有29名委员，2017年召开2次会议，审议通过的事项主要包括：《湘西自治州住房公积金2016年年度报告》、《湘西自治州住房公积金管理中心2017年工作报告》、《湘西自治州住房公积金管理中心2016年预算执行情况和2017年预算草案报告》、《湘西州住房公积金二手房抵押贷款管理办法》和"个人贷款政策的调整"。

（二）住房公积金管理中心：住房公积金管理中心为隶属湘西土家族苗族自治州人民政府办公室管理，不以营利为目的的自收自支事业单位，设9个处（科），10个管理部，0个分中心。从业人员100人，其中，在编65人，非在编35人。

二、业务运行情况

（一）缴存：2017年，新开户单位251家，实缴单位2958家，净增单位69家；新开户职工1.04万人，实缴职工12.10万人，净增职工0.66万人；缴存额17.41亿元，同比增长12.46%。2017年末，缴存总额91.94亿元，同比增长23.36%；缴存余额53.47亿元，同比增长20.92%。

受委托办理住房公积金缴存业务的银行8家，比上年增加（减少）0家。

（二）提取：2017年，提取额8.16亿元，同比增长2.38%；占当年缴存额的46.87%，比上年减少4.62个百分点。2017年末，提取总额38.47亿元，同比增长26.92%。

（三）贷款：

个人住房贷款：个人住房贷款最高额度35万元，其中，单缴存职工最高额度35万元，双缴存职工最高额度35万元。

2017年，发放个人住房贷款3718笔10.29亿元，同比分别下降19.57%、10.85%。其中，吉首地区发放个人住房贷款1840笔5.13亿元；龙山县发放个人住房贷款240笔0.72亿元；永顺县发放个人住房贷款422笔1.19亿元；保靖县发放个人住房贷款248笔0.64亿元；花垣县发放个人住房贷款173笔0.43亿元；凤凰县发放个人住房贷款415笔1.17亿元；泸溪县发放个人住房贷款256笔0.72亿元；古丈县发放个人住房贷款124笔0.29亿元。

2017年，回收个人住房贷款5.01亿元。其中，吉首地区2.75亿元，龙山县0.42亿元，永顺县0.38亿元，保靖县0.3亿元，花垣县0.26亿元，凤凰县0.37亿元，泸溪县0.3亿元，古丈县0.23亿元。

2017年末，累计发放个人住房贷款5.04万笔75.98亿元，贷款余额46.27亿元，同比分别增长7.85%、15.66%、12.85%。个人住房贷款余额占缴存余额的86.53%，比上年减少6.18个百分点。

受委托办理住房公积金个人住房贷款业务的银行4家，比上年增加（减少）0家。

（四）融资：2017年，融资1.5亿元，归还3.3541亿元。2017年末，融资总额5.5441亿元，融资余额0亿元。

（五）资金存储：2017年末，住房公积金存款7.99亿元。其中，活期0.03亿元，1年（含）以下定期1.4亿元，1年以上定期2.75亿元，其他（协定、通知存款等）3.81亿元。

（六）资金运用率：2017年末，住房公积金个人住房贷款余额、项目贷款余额和购买国债余额的总和占缴存余额的86.53%，比上年增加（减少）6.18个百分点。

三、主要财务数据

（一）业务收入：2017年，业务收入16624.56万元，同比增长16.23%。其中，存款利息收入2197.88万元，委托贷款利息收入14220.31万元，国债利息收入0万元，其他收入206.37万元。

（二）业务支出：2017年，业务支出7054.41万元，同比增长12%。其中，住房公积金利息支出7046.21万元，归集手续费用支出2.88万元，委托贷款手续费支出0万元，其他支出5.32万元。

（三）增值收益：2017年，增值收益9570.14万元，同比增长19.59%。增值收益率1.97%，比上年同期减少0.03个百分点。

（四）增值收益分配：2017年，提取贷款风险准备金1583万元，提取管理费用3872.55万元，提取城市廉租住房（公共租赁住房）建设补充资金4114.59万元。

2017年，上交财政管理费用3872.55万元。上缴财政城市廉租住房（公共租赁住房）建设补充资金4114.59万元。

2017年末，贷款风险准备金余额11546.88万元。累计提取城市廉租住房（公共租赁住房）建设补充资金10270.11万元。

（五）管理费用支出：2017年，管理费用支出2941.13万元，同比增长3.7%。其中，人员经费1116.97万元，公用经费165.18万元，专项经费1658.98万元。

四、资产风险状况

个人住房贷款：2017年末，个人住房贷款逾期额0万元，逾期率0‰。

个人贷款风险准备金按（贷款净增额）的3%提取。2017年，提取个人贷款风险准备金1583万元，使用个人贷款风险准备金核销呆坏账0万元。2017年末，个人贷款风险准备金余额11546.88万元，占个人住房贷款余额的2.50%，个人住房贷款逾期额与个人贷款风险准备金余额的比率为0%。

五、社会经济效益

（一）缴存业务：2017年，实缴单位数、实缴职工人数和缴存额同比分别增长2.39%、5.76%和12.47%。

缴存单位中，国家机关和事业单位占74.51%，国有企业占7.23%，城镇集体企业占0.95%，外商投资企业占0%，城镇私营企业及其他城镇企业占3.65%，民办非企业单位和社会团体占2.7%，其他占10.96%。

缴存职工中，国家机关和事业单位占74.98%，国有企业占15.25%，城镇集体企业占0.53%，外商投资企业占0%，城镇私营企业及其他城镇企业占6.65%，民办非企业单位和社会团体占1.28%，其他占1.31%；中、低收入占99.62%，高收入占0.38%。

新开户职工中，国家机关和事业单位占64.25%，国有企业占1.13%，城镇集体企业占22.2%，外商投资企业占0%，城镇私营企业及其他城镇企业占6.99%，民办非企业单位和社会团体占0%，其他占5.43%；中、低收入占99.87%，高收入占0.13%。

（二）提取业务：2017年，3.8万名缴存职工提取住房公积金8.16亿元。

提取金额中，住房消费提取占77.52%（购买、建造、翻建、大修自住住房占19.85%，偿还购房贷款本息占57.48%，租赁住房占0.19%，其他占0%）；非住房消费提取占22.48%（离休和退休提取占17.16%，完全丧失劳动能力并与单位终止劳动关系提取占2.4%，户口迁出本市或出境定居占0.96%，其他占1.96%）。

提取职工中，中、低收入占99.76%，高收入占0.24%。

（三）贷款业务：

1. 个人住房贷款：2017年，支持职工购建房46.48万平方米，年末个人住房贷款市场占有率为44.26%，比上年增加1.73个百分点。通过申请住房公积金个人住房贷款，可节约职工购房利息支出28232.24万元。

职工贷款笔数中，购房建筑面积90（含）平方米以下占10.09%，90～144（含）平方米占72.78%，144平方米以上占17.13%。购买新房占77.97%（其中购买保障性住房占0%），购买存量商品住房占18.8%，建造、翻建、大修自住住房占3.23%，其他占0%。

职工贷款笔数中，单缴存职工申请贷款占30.07%，双缴存职工申请贷款占69.93%，三人及以上缴存职工共同申请贷款占0%。

贷款职工中，30岁（含）以下占27.33%，30岁～40岁（含）占35.69%，40岁～50岁（含）占28.29%，50岁以上占8.69%；首次申请贷款占79.13%，二次及以上申请贷款占20.87%；中、低收入占87.2%，高收入占12.8%。

2. 异地贷款：2017年，发放异地贷款72笔1960.5万元。2017年末，发放异地贷款总额5326万元，异地贷款余额4833.72万元。

3. 公转商贴息贷款：2017年，发放公转商贴息贷款792笔21741万元，支持职工购建住房面积11.09万平方米，当年贴息额3.5万元（为上年度贴息）。2017年末，累计发放公转商贴息贷款1243笔33637.6万元，累计贴息3.5万元。

(四)住房贡献率:2017年,个人住房贷款发放额、公转商贴息贷款发放额、项目贷款发放额、住房消费提取额的总和与当年缴存额的比率为107.93%,比上年减少17.24个百分点。

六、其他重要事项

(一)当年住房公积金政策调整及执行情况:

1. 汇缴政策:住房公积金最高月缴存额由最高缴存基数和最高缴存比例确定。最高缴存基数为上一年度全州在岗职工月平均工资的3倍,最高缴存比例为12%。上年度,全州在岗职工月平均工资为4906.8元,其3倍为14721元,故2017年住房公积金单位和职工最高月缴额之和为3534元。个体工商户和自由职业者最低月缴存额仍为966元,最高月缴存额与全州机关、事业、国有企业单位职工相同,即3534元。中心仍保留200元作为最低月缴存额。

2. 提取政策:因工作关系转出本州的自2018年1月1日起不得提取住房公积金。偿还贷款本息,增加"偿还公转商贷款本息"和"偿还异地公积金贷款本息"两项。

3. 贷款政策:最高贷款额度保持35万元不变。对第2次申请住房公积金贷款的首付比例由20%提高到40%,取消第3次住房公积金贷款申请。可贷额度按职工个人最长可贷年限和账户余额确定,取消按月缴存额确定可贷额度的规定。取消"延长还贷时间"政策。取消缴存人(含子女、父母)在我州以外城市购房贷款申请。取消缴存人父母购买、建造、大修住房贷款申请。"期房申请现房抵押"的贷款资金由划入个人账户改变为划入售房单位账户。调整二手房评估办法,取消二手房贷款评估,其购房总价及抵押价值按《增值税普通发票》"价税合计"金额确定。其他类型的散户贷款,房屋抵押价值仍由中心评估。

4. 住房公积金按人民银行一年期定期存款基准利率为职工计息,目前为1.5%;住房公积金贷款利率5年期以内(含)按照2.75%计息,5年期以上按照3.25%计息,第二次贷款按同档利率上浮10%计息。

(二)当年服务改进情况:2017年我中心利用党报党刊、12329服务热线、《湘西住房公积金》内刊、微信等载体,开展全方位、多样化的政策宣传。对官方网站进行改版,进一步完善网络服务,为住房公积金缴存户提供更有效的服务。

(三)当年信息化建设情况:全面推行核心数据"双贯标"与综合服务平台建设"双升级",年末,住房公积金信息化平台建设完成了项目评审、招标投标、需求征集、基础数据整理和新系统开发培训等工作,目前,各项工作进展顺利,业务系统已经上线,待住房城乡建设部验收。

(四)当年住房公积金管理中心及职工所获荣誉情况:中心荣获全国青年文明号、全省住房公积金管理优秀单位、一名职工2017年12月被授予"全国住房城乡建设系统先进工作者"。

2017 全国住房公积金年度报告汇编

广东省

广州市　梅州市
韶关市　汕尾市
深圳市　河源市
珠海市　阳江市
汕头市　清远市
佛山市　东莞市
江门市　中山市
湛江市　潮州市
茂名市　揭阳市
肇庆市　云浮市
惠州市

广东省住房公积金 2017 年年度报告

一、机构概况

（一）**住房公积金管理机构**：全省共设 21 个设区城市住房公积金管理中心，12 个独立设置的分中心（其中，广州铁路分中心隶属广州住房公积金管理中心；汕尾城区分中心、红海湾分中心、海丰分中心、陆河分中心、陆丰分中心隶属汕尾市住房公积金管理中心；河源源城区分中心、紫金县分中心、龙川县分中心、连平县分中心、和平县分中心、东源县分中心隶属河源市住房公积金管理中心）。从业人员 2268 人，其中，在编 1143 人，非在编 1125 人。

（二）**住房公积金监管机构**：省住房城乡建设厅、财政厅和人民银行广州分行负责对本省住房公积金管理运行情况进行监督。省住房城乡建设厅设立住房公积金监管处，负责辖区住房公积金日常监管工作。

二、业务运行情况

（一）**缴存**：2017 年，新开户单位 61818 家，实缴单位 321064 家，净增单位 45898 家；新开户职工 348.78 万人，实缴职工 1788.57 万人，净增职工 129.47 万人；缴存额 2035.20 亿元，同比增加 14.75%。2017 年末，缴存总额 12970.40 亿元，同比增加 18.61%；缴存余额 4665.83 亿元，同比增加 14.11%。

（二）**提取**：2017 年，提取额 1458.17 亿元，同比增加 10.30%；占当年缴存额的 71.65%，比上年减少 2.89 个百分点。2017 年末，提取总额 8304.57 亿元，同比增长增加 21.30%。

（三）**贷款**：

1. **个人住房贷款**：2017 年，发放个人住房贷款 15.08 万笔 661.25 亿元，同比减少 25.08%、27.91%。回收个人住房贷款 360.00 亿元。

2017 年末，累计发放个人住房贷款 161.82 万笔 5291.56 亿元，贷款余额 3,429.61 亿元，同比分别增加 10.28%、14.28%、增加 9.63%。个人住房贷款余额占缴存余额的 73.50%，比上年减少 3.01 个百分点。

2. **住房公积金支持保障性住房建设项目贷款**：2017 年，发放支持保障性住房建设项目贷款 0 亿元，回收项目贷款 1.55 亿元。2017 年末，累计发放项目贷款 28.25 亿元，项目贷款余额 0.05 亿元。

（四）**购买国债**：2017 年，购买（记账式、凭证式）国债 0.00 亿元，兑付、转让、收回国债 10.65 亿元。2017 年末，国债余额 4.03 亿元，比上年减少 10.65 亿元。

（五）**融资**：2017 年，融资 12.48 亿元，归还 20.09 亿元。2017 年末，融资总额 31.01 亿元，融资余额 10.92 亿元。

（六）**资金存储**：2017 年末，住房公积金存款 1280.17 亿元。其中，活期 23.02 亿元，1 年（含）以下定期 181.52 亿元，1 年以上定期 813.16 亿元，其他（协定、通知存款等）262.47 亿元。

（七）**资金运用率**：2017 年末，住房公积金个人住房贷款余额、项目贷款余额和购买国债余额的总和占缴存余额的 73.59%，比上年减少 3.25 个百分点。

三、主要财务数据

（一）**业务收入**：2017 年，业务收入 1490596.11 万元，同比增加 6.16%。其中，存款利息 411722.86 万元，委托贷款利息 1076010.86 万元，国债利息 1929.80 万元，其他 932.59 万元。

（二）**业务支出**：2017 年，业务支出 785351.19 万元，同比增加 5.26%。其中，支付职工住房公积金利息 669705.32 万元，归集手续费 49041.71 万元，委托贷款手续费 48829.53 万元，其他 17774.63 万元。

（三）**增值收益**：2017 年，增值收益 705244.92 万元，同比增加 7.19%；增值收益率 1.61%，比上年减少 0.31 个百分点。

（四）**增值收益分配**：2017 年，提取贷款风险准备金 194584.79 万元，提取管理费用 55940.80 万元，提取城市廉租住房（公共租赁住房）建设补充资金 456895.63 万元。

2017 年，上交财政管理费用 77635 万元，上缴财政城市廉租住房（公共租赁住房）建设补充资金 439114 万元。

2017 年末，贷款风险准备金余额 1198806.57 万元，累计提取城市廉租住房（公共租赁住房）建设补充资金 2812663.95 万元。

（五）**管理费用支出**：2017 年，管理费用支出 64414.95 万元，同比增加 10.60%。其中，人员经费 24050.99 万元，公用经费 3489.89 万元，专项经费 36874.07 万元。

四、资产风险状况

（一）**个人住房贷款**：2017 年末，个人住房贷款逾期额 10297.10 万元，逾期率 0.30‰。

2017 年，提取个人贷款风险准备金 195184.79 万元，使用个人贷款风险准备金核销呆坏账 5014.43 万元。2017 年末，个人贷款风险准备金余额 1198806.57 万元，占个人贷款余额的 3.50%，个人贷款逾期额与个人贷款风险准备金余额的比率为 0.86%。

（二）**住房公积金支持保障性住房建设项目贷款**：2017 年末，逾期项目贷款 0 万元，逾期率为 0‰。

2017 年，提取项目贷款风险准备金 −600.00 万元，使用项目贷款风险准备金核销呆坏账 0 万元。2017 年末，项目贷款风险准备金余额 0 万元，占项目贷款余额的 0%，项目贷款逾期额与项目贷款风险准备金余额的比率为 0%。

（三）**历史遗留风险资产**：2017 年末，历史遗留风险资产余额 2978.98 万元，比上年增加 0 万元，历史遗留风险资产回收率为 0%。

五、社会经济效益

（一）**缴存业务**：2017 年，实缴单位数、实缴职工人数和缴存额分别为增加 16.67%、增加 8.31% 和增加 14.75%。

缴存单位中，国家机关和事业单位占 12.49%，国有企业占 4.40%，城镇集体企业占 1.05%，外商投资企业占 7.46%，城镇私营企业及其他城镇企业占 62.35%，民办非企业单位和社会团体占 3.58%，其他占 8.67%。

缴存职工中，国家机关和事业单位占 18.10%，国有企业占 9.75%，城镇集体企业占 1.34%，外商投资企业占 20.61%，城镇私营企业及其他城镇企业占 41.63%，民办非企业单位和社会团体占 1.76%，

其他占 6.81%；中、低收入占 94.56%，高收入占 5.44%。

新开户职工中，国家机关和事业单位占 6.42%，国有企业占 5.62%，城镇集体企业占 1.09%，外商投资企业占 22.00%，城镇私营企业及其他城镇企业占 55.96%，民办非企业单位和社会团体占 2.27%，其他占 6.64%；中、低收入占 94.62%，高收入占 5.38%。

（二）提取业务：2017 年，640.85 万名缴存职工提取住房公积金 1458.17 亿元。

提取金额中，住房消费提取占 85.49%（购买、建造、翻建、大修自住住房占 19.01%，偿还购房贷款本息占 52.90%，租赁住房占 8.13%，其他占 5.45%）；非住房消费提取占 14.51%（离休和退休提取占 7.76%，完全丧失劳动能力并与单位终止劳动关系提取占 0.52%，户口迁出所在市或出境定居占 2.55%，其他占 3.68%）。

提取职工中，中、低收入占 89.46%，高收入占 10.54%。

（三）贷款业务：

1. **个人住房贷款**：2017 年，支持职工购建房 1885.84 万平方米。年末个人住房贷款市场占有率为 9.42%，比上年同期减少 1.78 个百分点。通过申请住房公积金个人住房贷款，可节约职工购房利息支出 1444403.79 万元。

职工贷款笔数中，购房建筑面积 90（含）平方米以下占 37.65%，90~144（含）平方米占 51.27%，144 平方米以上占 11.08%。购买新房占 56.96%（其中购买保障性住房占 2.10%），购买存量商品房占 41.39%，建造、翻建、大修自住住房占 0.11%，其他占 1.54%。

职工贷款笔数中，单缴存职工申请贷款占 54.24%，双缴存职工申请贷款占 45.54%，三人及以上缴存职工共同申请贷款占 0.22%。

贷款职工中，30 岁（含）以下占 30.37%，30 岁~40 岁（含）占 44.32%，40 岁~50 岁（含）占 20.55%，50 岁以上占 4.76%；首次申请贷款占 90.99%，二次及以上申请贷款占 9.01%；中、低收入占 89.51%，高收入占 10.49%。

2. **异地贷款**：2017 年，发放异地贷款 7559.00 笔 241658.92 万元。2017 年末，发放异地贷款总额 1112624.79 万元，异地贷款余额 845257.01 万元。

3. **公转商贴息贷款**：2017 年，发放公转商贴息贷款 10324.00 笔 519693.50 万元，支持职工购建房面积 97.25 万平方米。当年贴息额 12133.85 万元。2017 年末，累计发放公转商贴息贷款 33725.00 笔 1399096.90 万元，累计贴息 16801.40 万元。

4. **住房公积金支持保障性住房建设项目贷款**：2017 年末，全省有住房公积金试点城市 2 个，试点项目 4 个，贷款额度 3.77 亿元，建筑面积 21.94 万平方米，可解决 2860.00 户中低收入职工家庭的住房问题。3 个试点项目贷款资金已发放并还清贷款本息。

（四）住房贡献率：2017 年，个人住房贷款发放额、公转商贴息贷款发放额、项目贷款发放额、住房消费提取额的总和与当年缴存额的比率为 96.30%，比上年减少 20.17 个百分点。

六、其他重要事项

（一）当年住房公积金政策调整情况：

1.《广东省住房和城乡建设厅关于加快推进住房公积金信息化"双贯标"工作的通知》（粤建金函

〔2017〕163号）。

2.《广东省住房和城乡建设厅转发住房城乡建设部住房公积金监管司关于正式启用全国住房公积金异地转移接续平台的通知》（粤建金函〔2017〕917号）。

3.《广东省住房和城乡建设厅转发住房城乡建设部住房公积金监管司关于开展住房公积金综合服务平台评价工作的通知》（粤建金函〔2017〕1979号）。

4.《广东省住房和城乡建设厅转发住房城乡建设部办公厅关于保持住房公积金业务平稳运行有关问题的通知》（粤建金〔2017〕163号）。

5.《广东省住房和城乡建设厅关于印发〈广东省住房公积金资金流动性风险预警和管理的指导意见〉的通知》（粤建金〔2017〕252号）。

（二）当年开展专项监督检查情况：

1. **流动性风险防控检查**：2017年3月，省住房城乡建设厅分管厅长带队到肇庆、清远两地，以及四会、佛冈两县；住房公积金监管处处长带队到珠海、江门调研住房公积金资金流动性风险问题。针对多地面临的较为严峻的形势，在此基础上，研究和制定了《广东省住房公积金资金流动性风险预警和管理的指导意见》，要求各地以此作为政策科学调整的依据，要加大对风险预判机制的研究，对每项政策造成的影响进行清晰评估；同时要加强与住房保障和房地产市场调控的联动，政策调整要符合全局形势的判断。

2. **各地政策落实情况督查**：2017年，省住房城乡建设厅按照《广东省供给侧结构性改革降成本行动计划（2016～2018）》行动计划指引，督促各地严格执行住房城乡建设部等四部委《关于规范和阶段性适当降低住房公积金缴存比例的通知》（建金〔2016〕74号），11月，组织全省住房公积金管理中心对规范工作进行自查，并会同省财政厅、省台办和省总工会联合对部分地区规范工作进行抽查。经检查，我省各地均严格贯彻落实国家政策，确保政策执行到位，截至12月末，我省为企业降低住房公积金缴存成本约153.6亿元，其中，10400多家企业降低住房公积金缴存比例，涉及人数超过78万人。完成了年度为企业单位降低住房公积金缴存成本150亿元的目标。

（三）**当年服务改进情况**：2017年4月，省住房城乡建设厅为落实国务院推动1亿非户籍人口在城市落户工作，按照住房城乡建设部建设住房公积金异地转移接续平台的统一部署，推动全省各地公积金中心都按照既定时间表，依次完成平台上线工作。至2017年7月1日，我省与全国平台同步上线运行，全面开展职工个人住房公积金异地转移接续业务。

（四）当年信息化建设情况：

1. **建成省级监管平台（一期）**：2017年，省住房城乡建设厅启动的省级住房公积金监管平台（一期）建设项目，经过一年多的开发和建设，完成了系统开发，厅到试点地市专用网络已接通，11月，项目顺利通过验收。目前，1个试点地市标准数据正常推送，待其他地市业务系统贯标成功，平台将接通与其他地市的专用网络通道，采集其他地市的标准数据，平台正常运行、发挥作用，依托此平台，将实现对全省各地住房公积金业务实时监控，最终实现省级全局性的资金安全监管。

2. **"双贯标"工作稳步推进**：2017年，省住房城乡建设厅按照住房城乡建设部关于贯彻基础数据标准和银行结算应用系统与公积金中心接口标准（简称"双贯标"）要求，组织全省各地按照"双贯标"标准进行系统设计、建设和验收，并确保按计划完成任务。对推动全省"双贯标"工作任务的完成取得了积极的效果。8月18日，茂名中心的"双贯标"工作通过部省"双贯标"工作联合检查验收组的检查验收，成为我省第一家"双贯标"通过验收的中心。截至 12 月末，茂名、中山、肇庆、云浮、韶关共 5 家中心的"双贯标"工作顺利通过部省"双贯标"工作联合检查验收组的检查验收。

3. 加快"综合服务平台"建设：2017 年，省住房城乡建设厅按照《住房城乡建设部关于加快建设住房公积金综合服务平台的通知》（建金〔2016〕14 号）要求，组织全省各地陆续开通了综合服务平台所需的服务渠道，并实现了信息查询、信息发布、互动交流和业务办理 4 大功能。12 月，开展了综合服务平台评价和验收工作，东莞、江门、中山、肇庆中心通过了检查验收，广州、深圳、茂名中心通过检查确认，自此，全省共 7 家中心基本建成了综合服务平台。其中：东莞、肇庆 2 个中心建立了渠道综合管理系统，实现了服务渠道的统一管理。

广州市住房公积金 2017 年年度报告

一、机构概况

（一）住房公积金管理委员会：住房公积金管理委员会有 30 名委员，2017 年召开 2 次会议，审议通过的事项主要包括：《关于调整广州市住房公积金管理委员会委员的意见》、《关于调整 2016 年度住房公积金贷款额度的意见》、《2017 年度广州市住房公积金归集、使用及业务收支计划》、《关于市住房公积金管理委员会委员换届的意见》、《广州市住房公积金管理委员会章程（修订稿）》、《2016 年广州市住房公积金业务收支决算和增值收益安排》、《广州市个人自愿缴存使用住房公积金办法》、《关于加大住房公积金对职工改善居住条件支持力度的通知》、《关于增加创兴银行为住房公积金归集业务承办银行的意见》、《广州住房公积金 2016 年年度报告》等。

（二）住房公积金管理中心：住房公积金管理中心为隶属于广州市人民政府不以营利为目的的参照公务员法管理的公益一类事业单位，设 10 个部（室），8 个管理部，1 个分中心，4 个办事处。从业人员 547 人，其中，在编 208 人，非在编 339 人。

二、业务运行情况

（一）缴存：2017 年，新开户单位 17955 家，实缴单位 73641 家，净增单位 12819 家；新开户职工 79.94 万人，实缴职工 425.10 万人，净增职工 34.49 万人；缴存额 678.28 亿元，同比增加 9.69%。2017 年末，缴存总额 5165.85 亿元，同比增加 15.11%；缴存余额 1473.96 亿元，同比增加 8.89%。

受委托办理住房公积金缴存业务的银行 14 家，比上年增加 1 家。

（二）提取：2017 年，提取额 557.92 亿元，同比增加 6.56%；占当年缴存额的 82.25%，比上年减少 2.42 个百分点。2017 年末，提取总额 3691.89 亿元，同比增加 17.80%。

（三）贷款：

1. **个人住房贷款：**个人住房贷款最高额度 100.00 万元，其中，单缴存职工最高额度 60.00 万元，双缴存职工最高额度 100.00 万元。

2017年，发放个人住房贷款3.22万笔195.35亿元，同比分别减少33.81%、减少34.41%。其中，市中心发放个人住房贷款3.16万笔191.98亿元，铁路分中心发放个人住房贷款0.06万笔3.37亿元。

2017年，回收个人住房贷款140.04亿元。其中，市中心138.06亿元，铁路分中心1.98亿元。

2017年末，累计发放个人住房贷款49.69万笔2050.91亿元，贷款余额1182.61亿元，同比分别增加6.93%、增加10.53%、增加4.91%。个人住房贷款余额占缴存余额的80.23%，比上年减少3.05个百分点。

受委托办理住房公积金个人住房贷款业务的银行17家，与上年相同。

2. **住房公积金支持保障性住房建设项目贷款**：2017年，未发放支持保障性住房建设项目贷款。2017年末，累计发放项目贷款24.70亿元，无项目贷款余额。

（四）**购买国债**：2017年，无购买（记账式、凭证式）国债，兑付国债10.00亿元。2017年末，国债余额2.00亿元，比上年减少10.00亿元。

（五）**资金存储**：2017年末，住房公积金存款292.86亿元。其中，活期0.10亿元，1年（含）以下定期37.80亿元，1年以上定期109.95亿元，其他（协定、通知存款等）145.02亿元。

（六）**资金运用率**：2017年末，住房公积金个人住房贷款余额、项目贷款余额和购买国债余额的总和占缴存余额的80.37%，比上年减少3.80个百分点。

三、主要财务数据

（一）**业务收入**：2017年，业务收入468927.34万元，同比增加3.77%。其中，市中心454303.82万元，铁路分中心14623.52万元；存款利息84926.63万元，委托贷款利息382460.46万元，国债利息1540.25万元，无其他收入。

（二）**业务支出**：2017年，业务支出242901.52万元，同比减少1.27%。其中，市中心235587.89万元，铁路分中心7313.63万元；支付职工住房公积金利息203429.03万元，归集手续费13608.61万元，委托贷款手续费19318.86万元，其他6545.03万元。

（三）**增值收益**：2017年，增值收益226025.82万元，同比增加9.79%。其中，市中心218715.93万元，铁路分中心7309.89万元；增值收益率1.60%，比上年增加0.03个百分点。

（四）**增值收益分配**：2017年，提取贷款风险准备金16594.27万元，提取管理费用13094.68万元，提取城市廉租住房（公共租赁住房）建设补充资金196336.87万元。

2017年，上交财政管理费用17966.36万元。上缴财政城市廉租住房（公共租赁住房）建设补充资金139337.03万元。其中，市中心上缴132826.70万元，铁路分中心上缴6510.33万元。

2017年末，贷款风险准备金余额354783.68万元。累计提取城市廉租住房（公共租赁住房）建设补充资金1390602.85万元。其中，市中心提取1346618.67万元，铁路分中心提取43984.18万元。

（五）**管理费用支出**：2017年，管理费用支出21000.54万元，同比减少8.27%。其中，人员经费5494.19万元，公用经费512.46万元，专项经费14993.89万元。

市中心管理费用支出18469.71万元，其中，人员、公用、专项经费分别为3856.15万元、354.73万元、14258.82万元；铁路分中心管理费用支出880.41万元，其中，人员、公用、专项经费分别为602.62万元、52.41万元、225.37万元；番禺办事处管理费用支出394.60万元，其中，人员、公用、专项经费分别为 261.96 万元、28.64 万元、104.00 万元；花都办事处管理费用支出 492.42 万元，其中，人员、公用、专项经费分别为 289.73 万元、23.57 万元、179.13 万元；增城办事处管理费用支出 479.34 万元，其中，人员、公用、专项经费分别为 300.81 万元、33.60 万元、144.93 万元；从化办事处管理费用支出 284.06 万元，其中，人员、公用、专项经费分别为 182.92 万元、19.5 万元、81.64 万元。

四、资产风险状况

（一）个人住房贷款：2017 年末，个人住房贷款逾期额 5880.12 万元，逾期率 0.50‰。其中，市中心 0.50‰，铁路分中心未发生逾期。

个人贷款风险准备金按贷款余额的 3.00% 提取。2017 年，提取个人贷款风险准备金 16594.27 万元，无使用个人贷款风险准备金核销呆坏账。2017 年末，个人贷款风险准备金余额 354783.68 万元，占个人住房贷款余额的 3.00%，个人住房贷款逾期额与个人贷款风险准备金余额的比率为 1.66%。

（二）历史遗留风险资产：2017 年末，历史遗留风险资产余额 2978.98 万元，与上年相同。

五、社会经济效益

（一）缴存业务：2017 年，实缴单位数、实缴职工人数和缴存额同比分别增加 21.08%、增加 8.83% 和增加 9.69%。

缴存单位中，国家机关和事业单位占 8.60%，国有企业占 1.70%，城镇集体企业占 0.30%，外商投资企业占 7.40%，城镇私营企业及其他城镇企业占 73.90%，民办非企业单位和社会团体占 4.10%，其他占 4.00%。

缴存职工中，国家机关和事业单位占 16.20%，国有企业占 6.30%，城镇集体企业占 0.60%，外商投资企业占 17.20%，城镇私营企业及其他城镇企业占 53.20%，民办非企业单位和社会团体占 2.20%，其他占 4.30%；中、低收入占 95.00%，高收入占 5.00%。

新开户职工中，国家机关和事业单位占 6.00%，国有企业占 2.90%，城镇集体企业占 0.60%，外商投资企业占 16.20%，城镇私营企业及其他城镇企业占 66.30%，民办非企业单位和社会团体占 2.30%，其他占 5.70%；中、低收入占 99.50%，高收入占 0.50%。

（二）提取业务：2017 年，204.60 万名缴存职工提取住房公积金 557.92 亿元。

提取金额中，住房消费提取占 85.50%（购买、建造、翻建、大修自住住房占 12.50%，偿还购房贷款本息占 68.20%，租赁住房占 0.90%，其他占 3.90%）；非住房消费提取占 14.50%（离休和退休提取占 7.70%，完全丧失劳动能力并与单位终止劳动关系提取占 0.0025%，户口迁出本市或出境定居占 0.10%，其他占 6.70%）。

提取职工中，中、低收入占 89.50%，高收入占 10.50%。

（三）贷款业务：

1. 个人住房贷款：2017 年，支持职工购建房 276.86 万平方米，年末个人住房贷款市场占有率为 15.68%，比上年减少 2.41 个百分点。通过申请住房公积金个人住房贷款，可节约职工购房利息支出 410977.31 万元。

职工贷款笔数中，购房建筑面积 90（含）平方米以下占 57.17%，90～144（含）平方米占 40.50%，

144平方米以上占2.33%。购买新房占28.96%（其中购买保障性住房占0.00%），购买存量商品住房占71.04%，建造、翻建、大修自住住房占0.00%，其他占0.00%。

职工贷款笔数中，单缴存职工申请贷款占71.71%，双缴存职工申请贷款占28.28%，三人及以上缴存职工共同申请贷款占0.01%。

贷款职工中，30岁（含）以下占42.72%，30岁～40岁（含）占43.66%，40岁～50岁（含）占11.94%，50岁以上占1.68%；首次申请贷款占88.42%，二次及以上申请贷款占11.58%；中、低收入占96.99%，高收入占3.01%。

2. **异地贷款**：2017年，发放异地贷款191.00笔11056.70万元。2017年末，发放异地贷款总额48152.70万元，异地贷款余额41038.92万元。

3. **公转商贴息贷款**：2017年，发放公转商贴息贷款6621.00笔425702.50万元，支持职工购建住房面积57.97万平方米，当年贴息额6465.63万元。2017年末，累计发放公转商贴息贷款13946.00笔896422.50万元，累计贴息8605.74万元。

（四）**住房贡献率**：2017年，个人住房贷款发放额、公转商贴息贷款发放额、项目贷款发放额、住房消费提取额的总和与当年缴存额的比率为105.40%，比上年减少23.13个百分点。

六、其他重要事项

（一）**受委托办理缴存贷款业务金融机构变更情况**：2017年增加创兴银行广州分行为住房公积金归集业务承办银行，进一步方便群众办事。

（二）**当年住房公积金政策调整及执行情况**：

1. **当年缴存政策调整情况**：11月1日，《广州市个人自愿缴存使用住房公积金办法》（穗公积金中心规字〔2017〕2号）正式实施，明确将灵活就业人员、个体工商户及其雇佣人员、在本市就业的台港澳人员及拥有永久居留权的外国人等四类人群纳入缴存范围。

2. **当年提取政策调整情况**：9月8日，发布了《广州住房公积金管理中心关于加大住房公积金对缴存人改善居住条件支持力度的通知》（穗公积金中心规字〔2017〕1号），将职工租赁自住住房申请提取住房公积金的月提取最高限额由原来的不超过上年度社平工资2倍的30%，提高至2倍的40%。同时，放开既有住宅加装电梯的提取情形，支持职工及家庭改善居住条件。

3. **当年贷款政策调整情况**：3月20日，发布了《广州住房公积金管理中心贯彻落实广州市人民政府办公厅关于进一步完善我市房地产市场平稳健康发展政策有关问题的通知》（穗公积金中心〔2017〕11号），对申请住房公积金贷款最低首付款比例进行了调整。对本市无住房且无住房贷款记录的职工，申请公积金贷款执行最低首付款比例30%的规定；对本市无住房但已有结清住房贷款记录的职工，申请公积金贷款执行最低首付款比例40%的规定；对本市拥有1套住房且无住房贷款记录的，或拥有1套住房且贷款已还清的职工，申请公积金贷款执行最低首付款比例50%的规定；对有1笔未结清住房贷款记录的职工，申请公积金贷款执行最低首付款比例70%的规定；对购买非普通住房的职工，申请公积金贷款执行最低首付款比例70%的规定。

3月31日，发布了《广州住房公积金管理中心贯彻落实广州市人民政府办公厅关于进一步加强房地产市场调控的通知》（穗公积金中心〔2017〕13号），将申请公积金贷款的缴存条件调整为"本市户籍职工连续足额缴存1年以上（含），非本市户籍职工连续足额缴存2年以上（含）"。

（三）当年服务改进情况：2017年，中心持续优化服务，通过创新模式，强化监督，促进服务水平上台阶。

一是持续优化服务。实现了中心现有窗口单位主要公共区域的免费公共Wi-Fi覆盖，办事群众只需关注中心微信公众号即可免费使用，进一步提升公共服务质量。简化提取申请材料，缴存职工提取资料原件已扫描进归集系统的无需提供复印件，进一步简化提取资料的扫描内容和要求。不断深化跨部门信息联网，实现了房产、户籍、社保、工商等相关数据的实时获取，做到数据多跑路、群众少跑腿。

二是创新服务模式。通过不动产登记中心在中心贷款业务大厅定期驻点办公方式缩短服务距离，将"两头申请"变成"一门服务"，逐步打造从公积金贷款和房屋交易一次排队、一步到位的"一站式"服务平台。

三是强化服务监督。采取委托第三方测评方式，定期对下属单位的窗口建设、服务质量及人员岗位履职情况、工作状态、服务态度等情况进行明察暗访，查找薄弱环节，强化整改规范，进一步深化中心服务体系建设。

（四）当年信息化建设情况：

1. **加快推进第二代住房公积金业务系统项目建设**：中心第二代住房公积金业务系统项目整体已进入了开发阶段，网上办事大厅升级改造建设与新系统配套建设。

2. **顺利完成住房公积金异地转移接续平台接入工作**：按照住房城乡建设部的统一部署，中心顺利接入全国住房公积金异地转移接续平台。通过及时接入全国异地转移接续平台，简化了缴存职工办理跨省市转移住房公积金账户的手续，同时让个人转移账户的资金流转更具安全性。

3. **全力提升网上综合服务功能**：为拓展住房公积金服务渠道，提高服务效率中心现已搭建好对外综合服务平台。住房公积金服务渠道除柜面业务办理系统外，还包括门户网站、网上业务大厅、自助终端、服务热线、手机短信、手机客户端、官方微信等七种服务渠道。

2017年，首次推出"微信刷脸登录"、"微信密码重置"两项新功能，开启了广州公积金刷脸服务时代，缴存职工可以通过微信公众号以刷脸方式进行登录及密码重置。在微信公众号和网上办事大厅上同步推出了自愿缴存功能，目前已上线的有自愿缴存封存、自愿账户启封、自愿缴存汇缴、自愿缴存补缴、托收信息查询五个功能。

（五）当年住房公积金管理中心及职工所获荣誉情况：2017年，中心获得"中国政务服务优秀实践案例奖"、"2016年度广州市计划生育达标考核优秀集团单位"。

中心海珠管理部、荔湾管理部获得"2016年度广州市青年文明号"。

李伟灏同志获得"2016～2017年度广州市优秀共青团员"；许宇杰、陈超同志获得"2016～2017年度广州市人力资源和社会保障局"优秀共青团干部；陈颖茵、郭晓君、莫嘉欣、秦嘉棋、黄依、罗康丽、陈丹、陈诗雅、梁定开、林洪发、贺丹丹、陈子洋同志获得"2016～2017年度广州市人力资源和社会保障局系统优秀共青团员"。

（六）当年对违反《住房公积金管理条例》和相关法规行为进行行政处罚和申请人民法院强制执行情况：2017年，全年就单位未依法设立住房公积金账户共立案督缴1707宗，比上年增长169.67%，对54

个单位进行行政处罚，申请法院强制执行 39 宗。

2017 年，全年就职工投诉单位未依法缴存住房公积金案件立案 12946 宗，比上年增长 7.23%%，向单位发出《责令限期办理决定书》10142 份，为职工成功追缴单位未依法缴存的住房公积金 1.125 亿元，申请法院强制执行 4232 宗。

韶关市住房公积金 2017 年年度报告

一、机构概况

（一）**住房公积金管理委员会**：住房公积金管理委员会有 29 名委员，2017 年召开 1 次会议，审议通过的事项主要包括：《韶关市住房公积金 2016 年年度报告》；《关于 2017 年度韶关市住房公积金财务收支预算的审核意见》；《韶关市住房公积金增值收益分配方案》；《关于调整住房公积金政策的建议》；《关于核销罗光明住房公积金贷款呆账的申请》。

（二）**住房公积金管理中心**：住房公积金管理中心为市政府直属（住管局代管）不以营利为目的的参照公务员管理公益一类事业单位，设 4 个科，8 个管理部。从业人员 94 人，其中，在编 46 人，非在编 48 人。

二、业务运行情况

（一）**缴存**：2017 年，新开户单位 374 家，实缴单位 4039 家，净增单位 281 家；新开户职工 2.16 万人，实缴职工 21.27 万人，净增职工 0.97 万人；缴存额 31.67 亿元，同比增加 5.54%。2017 年末，缴存总额 248.76 亿元，同比增加 14.59%；缴存余额 78.91 亿元，同比增加 6.58%。

受委托办理住房公积金缴存业务的银行 7 家，比上年增加 0 家。

（二）**提取**：2017 年，提取额 26.80 亿元，同比增加 12.05%；占当年缴存额的 84.62%，比上年增加 4.91 个百分点。2017 年末，提取总额 169.85 亿元，同比增加 18.74%。

（三）**贷款**：

个人住房贷款：个人住房贷款最高额度 40.00 万元，其中，单缴存职工最高额度 25.00 万元，双缴存职工最高额度 40.00 万元。

2017 年，发放个人住房贷款 0.60 万笔 19.01 亿元，同比分别增加 6.27%、增加 14.92%。

2017 年，回收个人住房贷款 6.64 亿元。

2017 年末，累计发放个人住房贷款 5.95 万笔 104.33 亿元，贷款余额 72.37 亿元，同比分别增加 11.30%、增加 22.27%、增加 20.60%。个人住房贷款余额占缴存余额的 91.71%，比上年增加 10.67 个百分点。

受委托办理住房公积金个人住房贷款业务的银行 9 家，比上年增加 0 家。

（四）**资金存储**：2017 年末，住房公积金存款 9.38 亿元。其中，活期 0.26 亿元，1 年（含）以下定期 0.00 亿元，1 年以上定期 7.58 亿元，其他（协定、通知存款等）1.54 亿元。

（五）**资金运用率**：2017 年末，住房公积金个人住房贷款余额、项目贷款余额和购买国债余额的总和占缴存余额的 91.71%，比上年增加 10.67 个百分点。

三、主要财务数据

（一）业务收入：2017 年，业务收入 28790.46 万元，同比减少 3.38%。存款利息 7689.84 万元，委托贷款利息 21100.52 万元，国债利息 0.00 万元，其他 0.10 万元。

（二）业务支出：2017 年，业务支出 11963.13 万元，同比减少 6.81%。支付职工住房公积金利息 10888.80 万元，归集手续费 0.00 万元，委托贷款手续费 1074.21 万元，其他 0.12 万元。

（三）增值收益：2017 年，增值收益 16827.34 万元，同比减少 0.79%。增值收益率 2.18%，比上年减少 0.18 个百分点。

（四）增值收益分配：2017 年，提取贷款风险准备金 1128.55 万元，提取管理费用 1332.40 万元，提取城市廉租住房（公共租赁住房）建设补充资金 14366.39 万元。

2017 年，上交财政管理费用 1332.40 万元。上缴财政城市廉租住房（公共租赁住房）建设补充资金 14480.39 万元。

2017 年末，贷款风险准备金余额 7236.75 万元。累计提取城市廉租住房（公共租赁住房）建设补充资金 81810.22 万元。

（五）管理费用支出：2017 年，管理费用支出 1491.40 万元，同比增加 12.24%。其中，人员经费 697.63 万元，公用经费 206.21 万元，专项经费 587.56 万元。

四、资产风险状况

个人住房贷款：2017 年末，个人住房贷款逾期额 251.98 万元，逾期率 0.35‰。

个人贷款风险准备金按贷款余额的 1.00% 提取。2017 年，提取个人贷款风险准备金 1128.55 万元，使用个人贷款风险准备金核销呆坏账 0.00 万元。2017 年末，个人贷款风险准备金余额 7236.75 万元，占个人住房贷款余额的 1.00%，个人住房贷款逾期额与个人贷款风险准备金余额的比率为 3.48%。

五、社会经济效益

（一）缴存业务：2017 年，实缴单位数、实缴职工人数和缴存额同比分别增加 7.48%、增加 4.77% 和增加 5.54%。

缴存单位中，国家机关和事业单位占 45.01%，国有企业占 10.75%，城镇集体企业占 1.86%，外商投资企业占 1.54%，城镇私营企业及其他城镇企业占 36.27%，民办非企业单位和社会团体占 3.11%，其他占 1.46%。

缴存职工中，国家机关和事业单位占 46.48%，国有企业占 27.31%，城镇集体企业占 1.69%，外商投资企业占 3.21%，城镇私营企业及其他城镇企业占 17.59%，民办非企业单位和社会团体占 0.87%，其他占 2.85%；中、低收入占 97.94%，高收入占 2.06%。

新开户职工中，国家机关和事业单位占 24.02%，国有企业占 12.45%，城镇集体企业占 1.66%，外商投资企业占 8.98%，城镇私营企业及其他城镇企业占 42.50%，民办非企业单位和社会团体占 1.81%，其他占 8.58%；中、低收入占 99.81%，高收入占 0.19%。

（二）提取业务：2017年，6.72万名缴存职工提取住房公积金26.80亿元。

提取金额中，住房消费提取占81.99%（购买、建造、翻建、大修自住住房占23.82%，偿还购房贷款本息占57.65%，租赁住房占0.02%，其他占0.50%）；非住房消费提取占18.01%（离休和退休提取占14.28%，完全丧失劳动能力并与单位终止劳动关系提取占0.07%，户口迁出本市或出境定居占1.05%，其他占2.61%）。

提取职工中，中、低收入占96.33%，高收入占3.67%。

（三）贷款业务：

1. 个人住房贷款：2017年，支持职工购建房86.89万平方米，年末个人住房贷款市场占有率为16.55%，比上年减少1.00个百分点。通过申请住房公积金个人住房贷款，可节约职工购房利息支出37675.15万元。

职工贷款笔数中，购房建筑面积90（含）平方米以下占6.61%，90～144（含）平方米占77.60%，144平方米以上占15.79%。购买新房占80.63%（其中购买保障性住房占2.78%），购买存量商品住房占19.37%，建造、翻建、大修自住住房占0.00%，其他占0.00%。

职工贷款笔数中，单缴存职工申请贷款占53.64%，双缴存职工申请贷款占45.96%，三人及以上缴存职工共同申请贷款占0.40%。

贷款职工中，30岁（含）以下占28.91%，30岁～40岁（含）占31.35%，40岁～50岁（含）占31.08%，50岁以上占8.66%；首次申请贷款占91.45%，二次及以上申请贷款占8.55%；中、低收入占97.28%，高收入占2.72%。

2. 异地贷款：2017年，发放异地贷款97.00笔3266.07万元。2017年末，发放异地贷款总额6987.57万元，异地贷款余额6529.27万元。

（四）住房贡献率：2017年，个人住房贷款发放额、公转商贴息贷款发放额、项目贷款发放额、住房消费提取额的总和与当年缴存额的比率为129.39%，比上年增加8.68个百分点。

六、其他重要事项

（一）当年住房公积金政策调整及执行情况：

1. 缴存基数调整情况。根据韶关市住房公积金管理委员会《关于2017年度住房公积金缴存调整工作的通知》，住房公积金缴存基数为职工个人2016年度月平均工资，不高于当地2016年职工月平均工资的3倍，不低于当地最低工资标准。2017年7月1日至2018年6月30日，本市住房公积金缴存基数上限为15366元，下限为1210元。最低缴存比例为5%，最高缴存比例为12%。

2. 提取政策调整情况。购房提取申请人由父母子女调整为配偶或房产权属人。

3. 贷款政策调整情况。一是降低了最高贷款额度，在本市市区（武江区、浈江区、曲江区）购买住房的，单人申请最高贷款额度由30万元调整为25万元，二人（含）以上共同申请最高贷款额度由50万元调整为40万元。在本市辖属县（市）购买住房的，单人申请最高贷款额度由30万元调整为20万元，二人（含）以上共同申请最高贷款额度由40万元调整为30万元。二是贷款额与缴存时限挂钩，根据借款人缴存时限不同，具体贷款额度按最高限额的100%、70%、50%申请。

4. 当年利率执行标准。归集的个人住房公积金存款利率为1.5%，上年结转的个人住房公积金存款利率为1.5%。五年期以上个人住房公积金贷款利率为3.25%，五年期以下（含五年）个人住房公积金贷款利率为2.75%。

（二）当年服务改进情况：

1. **优化服务环境**。在休息区增设座椅、免费提供无线上网、书刊报刊阅读、茶水供应等服务。在办事大厅设立志愿者服务站，为办事群众提供业务咨询及资料预审服务，并增设排队叫号系统，对个人和单位业务进行分类叫号，实现智能分流，改善办事大厅公共秩序，提高办事效率。

2. **拓宽服务渠道**。开通"韶关市住房公积金管理中心"微信公众号，实时推送政策资讯，方便职工查询个人公积金账户信息、业务办理进度等。

（三）当年信息化建设情况：

1. **数据贯标，增强资金结算能力**。建立更为科学、合理、规范的业务数据体系，提高基础数据质量；接入银行结算应用系统，资金流转实时结算，公积金提取由划转到单位账户改变为直接划入个人账户，提高了资金到账效率，于12月28日顺利通过住房城乡建设部"双贯标"验收。

2. **系统升级，提升财务核算水平**。通过对核心系统升级改造，所有业务实行线上操作和监管，管理模式由受托银行系统核算转为中心业务系统自主核算；精简银行账户，取消了委托贷款专户和各县（市、区）开设的归集户，银行账户由80个减至10个，实现统一核算。

3. **数据共享，简化业务办理流程**。接入全国住房公积金异地转移接续平台，实现城市间职工住房公积金异地转移接续业务在同一平台上操作；与各承办银行联网，直接获取商业性购房贷款还款数据，简化提取资料。

（四）**当年所获荣誉情况**：市中心服务窗口被评为2016~2017年度"韶关市文明示范窗口"；仁化办事处被授予广东省"巾帼文明岗"称号。

（五）**当年行政执法情况**：2017年，对10名职工投诉单位未缴存住房公积金进行立案处理，发出《核查通知书》10份、《责令限期办理补缴决定书》6份，完成相关行政复议5宗、行政诉讼2宗，已办结案件1宗。向未建缴住房公积金的单位发放催缴函5008份。通过行政执法为职工依法追缴住房公积金10908元。

深圳市住房公积金2017年年度报告

一、机构概况

（一）**住房公积金管理委员会**：住房公积金管理委员会为深圳市住房公积金管理的决策机构，由市政府分管市领导担任管委会主任，现有委员21名，主要由职工代表、单位代表和政府职能部门负责人及有关专家组成。

住房公积金管理委员会主要职责为依据有关法律、法规和政策，制定和调整住房公积金的具体管理措施，并监督实施；拟订住房公积金的具体缴存比例；审批住房公积金年度归集、使用计划及计划执行情况的报告；审批住房公积金年度财务收支预算、决算；审批住房公积金增值收益分配方案；审批住房公积金呆坏账核销申请；审议住房公积金年度公报以及需要决策的其他事项等。

2017年召开1次会议，审议通过《深圳市2016年住房公积金运行情况及2017年住房公积金归集使用和财务收支计划的报告》，并对其他重要事项进行决策，主要包括审议《深圳市住房公积金贷款管理规定》、《关于调整我市住房公积金租房提取政策有关问题的请示》等议题。

（二）住房公积金管理中心：深圳市住房公积金管理中心为市政府直属、由市住房和建设局代管、不以营利为目的的经费自理事业单位，为深圳市法定机构试点单位，主要负责全市住房公积金的归集、管理、使用和会计核算。中心内设综合管理部、人力资源部、政策法规部、计划财务部、归集管理部、贷款管理部、审计稽核部、互联网应用发展部、信息管理部和事务受理部10个部门，下设福田管理部、宝安管理部和龙岗管理部3个管理部，从业人员243人。

二、业务运行情况

（一）缴存：2017年，新开户单位（不含尚未缴存）24458家，实缴单位133767家，净增单位18295家；新开户职工（不含尚未缴存）125.40万人，实缴职工605.97万人，净增职工38.27万人；缴存额566.85亿元，同比增长32.23%，见图1。

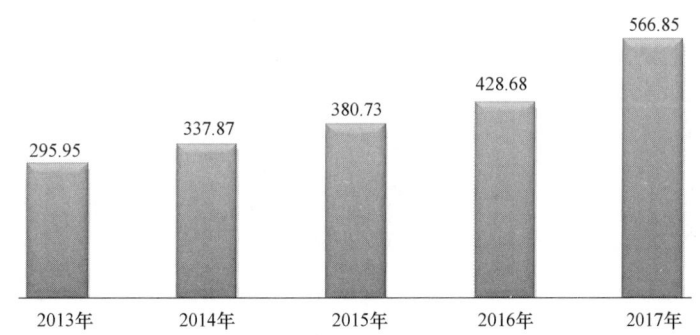

图1　2013~2017年缴存额情况（单位：亿元）

截至2017年底，累计缴存总额2475.44亿元，同比增长29.70%；缴存余额1366.86亿元，同比增长24.69%。

受委托办理住房公积金缴存业务的银行7家，与上年相同。

（二）提取：2017年，提取额296.17亿元，同比增长28.07%；占当年缴存额的52.25%，比上年同期减少1.69个百分点，见图2。

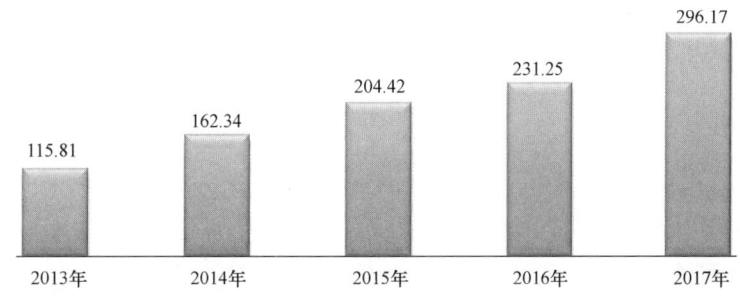

图2　2013~2017年提取额情况（单位：亿元）

截至2017年底，累计提取总额1108.58亿元，同比增长36.46%。

(三)贷款:

个人住房贷款:个人住房贷款最高额度90万元,其中,单缴存职工最高额度50万元,双缴存职工最高额度90万元。

2017年，发放个人住房贷款2.82万笔、181.73亿元，同比分别下降17.93%、16.79%，见图3。

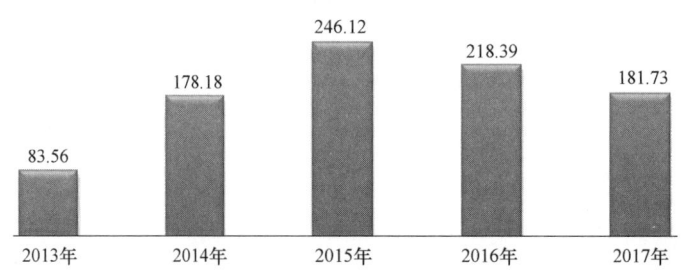

图3 2013~2017年住房公积金个人住房贷款发放情况（单位：亿元）

2017年，回收个人住房贷款58.16亿元。

截至2017年底，累计发放个人住房贷款15.86万笔、915.94亿元，贷款余额764.96亿元，同比分别增长21.66%、24.75%、19.27%。个人住房贷款余额占缴存余额的55.96%，比上年同期减少2.55个百分点。

受委托办理住房公积金个人住房贷款业务的银行10家，与上年相同。

(四)资金存储: 2017年底，住房公积金存款609.99亿元。其中，活期存款51.25亿元（普通活期存款0.01亿元，协定存款51.24亿元），1年以上定期558.74亿元。

(五)资金运用率: 2017年底，住房公积金个人住房贷款余额占缴存余额的55.96%，比上年同期减少2.55个百分点。

三、主要财务数据

(一)业务收入: 2017年，业务收入455227.34万元，同比增长7.34%。存款利息收入225058.79万元，委托贷款利息收入230168.24万元，其他0.31万元。

(二)业务支出: 2017年，业务支出204746.79万元，同比增长10.37%。住房公积金利息支出185091.42万元，归集手续费支出11362.79万元，委托贷款手续费支出8192.52万元，其他支出100.06万元。

(三)增值收益: 2017年，增值收益250480.55万元，同比增长4.98%。增值收益率2.04%，比上年同期减少0.33个百分点。

(四)增值收益分配: 2017年，计提贷款风险准备金150288.33万元，计提管理费用9826.00万元，计提公共租赁住房等保障性住房建设资金90366.22万元。

2017年，上交财政管理费用9826.00万元。上缴财政2016年度公共租赁住房等保障性住房建设资金83132.81万元。

截至 2017 年底，贷款风险准备金余额 552836.41 万元。累计提取公共租赁住房等保障性住房建设资金 299400.46 万元。

（五）**管理费用支出**：2017 年，当年管理费用支出 9651.83 万元，同比增长 6.55%。其中，人员工资、社会保险、住房公积金、年金等人员经费 4285.02 万元，公用经费 239.33 万元，办公场所租金、物业管理费、电费、业务开展经费以及行政执法经费等项目经费 5127.48 万元。

四、资产风险状况

个人住房贷款：2017 年底，个人住房贷款逾期额 360.37 万元，逾期率 0.05‰。

个人贷款风险准备金按增值收益的 60% 提取。2017 年，提取个人贷款风险准备金 150288.33 万元，使用个人贷款风险准备金核销呆坏账 0 万元。2017 年底，个人贷款风险准备金余额 552836.41 万元，占个人住房贷款余额的 7.23%，个人住房贷款逾期额与个人贷款风险准备金余额的比率为 0.07%。

五、社会经济效益

（一）**缴存业务**：2017 年，实缴单位数、实缴职工人数和缴存额同比分别增长 15.84%、6.74% 和 32.23%。

缴存单位中，国家机关和事业单位占 2.21%，国有企业占 3.84%，城镇集体企业占 0.51%，外商投资企业占 8.26%，城镇私营企业及其他城镇企业占 72.74%，民办非企业单位和社会团体占 3.33%，其他占 9.11%。

缴存职工中，国家机关和事业单位占 3.59%，国有企业占 12.39%，城镇集体企业占 1.29%，外商投资企业占 28.62%，城镇私营企业及其他城镇企业占 46.54%，民办非企业单位和社会团体占 1.86%，其他占 5.71%。

新开户职工中，国家机关和事业单位占 1.32%，国有企业占 7.62%，城镇集体企业占 0.99%，外商投资企业占 26.04%，城镇私营企业及其他城镇企业占 55.84%，民办非企业单位和社会团体占 2.42%，其他占 5.77%。

（二）**提取业务**：2017 年，192.14 万名缴存职工提取住房公积金 296.17 亿元。

提取金额中，住房消费提取占 87.60%（购买、建造、翻建、大修自住住房占 15.89%，偿还购房贷款本息占 29.68%，租赁住房占 28.44%，其他占 13.59%）；非住房消费提取占 12.40%（离休和退休提取占 4.94%，完全丧失劳动能力并与单位终止劳动关系提取占 0.002%，户口迁出本市或出境定居占 6.478%，其他占 0.98%）。

（三）**贷款业务**：

1. **个人住房贷款**：2017 年，支持职工购建房 227.03 万平方米，年末个人住房贷款市场占有率为 6.68%，比上年增加 0.61 个百分点。当年申请的住房公积金个人住房贷款，可节约职工购房利息支出 523277.28 万元。

职工贷款笔数中，购房建筑面积 90（含）平方米以下占 81.18%，90~144（含）平方米占 16.34%，144 平方米以上占 2.48%。

职工申请贷款品种中，商业贷款转公积金贷款占 62.50%，存量商品房贷款占 25.25%，新建商品房贷款占 2.74%，保障性住房贷款占 9.51%。

职工贷款笔数中，单缴存职工申请贷款占 27.95%，双缴存职工申请贷款占 71.78%，三人及以上缴存职工共同申请贷款占 0.27%。

贷款职工中，30 岁（含）以下占 25.64%，30 岁~40 岁（含）占 59.53%，40 岁~50 岁（含）占 13.14%，50 岁以上占 1.69%；首次申请贷款占 97.19%，二次及以上申请贷款占 2.81%。

2. 异地贷款：2017 年，对在异地就业且缴存住房公积金但在本市购买首套自住住房的本市户籍职工发放公积金贷款 133 笔、9368.50 万元。截至 2017 年底，发放异地贷款总额 20893.20 万元，异地贷款余额 19573.24 万元。

（四）住房贡献率：2017 年，个人住房贷款发放额、住房消费提取额的总和与当年缴存额的比率为 77.83%，比上年同期减少 20.60 个百分点。

六、其他重要事项

（一）当年住房公积金政策调整及执行情况：

1. 缴存政策调整情况。

（1）2017 年 1 月 20 日，经深圳市住房公积金管理委员会批准，中心发布《深圳市住房公积金管理中心关于阶段性调整住房公积金缴存基数上限的通知》，对本市缴存基数上限进行明确，有效落实了《广东省供给侧结构性改革降成本行动计划（2016~2018）》以及《深圳市供给侧结构性改革降成本优环境行动计划（2016~2018 年）》的有关规定。

（2）2017 年 6 月 1 日，经深圳市住房公积金管理委员会批准，新版《深圳市住房公积金缴存管理规定》正式实施。新规进一步扩大了缴存主体范围，增加了港澳台居民和外籍人士自愿缴存住房公积金的内容，并明确了港澳居民持有港澳居民来往内地通行证、台湾居民持有台湾居民来往大陆通行证、外籍人士持有护照等身份证明文件即可在深圳缴存公积金。

（3）2017 年 6 月 26 日，根据国务院《住房公积金管理条例》和《深圳市住房公积金管理暂行办法》的规定，中心发布《关于做好 2017 年住房公积金缴存基数和缴存比例调整工作的通知》，对 2017 年度本市缴存基数确定方法及缴存限额、缴存比例调整情况进行了明确，并要求缴存单位于 2017 年 7 月 1 日起执行调整后的缴存基数上下限。

2. 提取政策调整情况。 2017 年 11 月 14 日，根据《住房公积金管理条例》和《深圳市住房公积金管理暂行办法》，结合深圳实际，我市对用于支付房租和其他住房消费的住房公积金提取额度进行了调整：职工提取住房公积金用于支付房租的，每月可提取额由不超过申请当月应缴存额的 50% 调高到 65%；提取住房公积金用于其他住房消费的，每月可提取额由不超过申请当月应缴存额的 30% 调高到 40%。

此举是深圳贯彻落实党的十九大精神，培育和发展我市住房租赁市场的惠民举措，同时，有效落实了《国务院办公厅关于加快培育和发展住房租赁市场的若干意见》（国办发〔2016〕39 号）和《广东省人民政府办公厅关于加快培育和发展住房租赁市场的实施意见》（粤府办〔2017〕7 号）的有关要求，进一步提高了职工的住房消费支付能力。

3. 贷款政策调整情况。 2017 年 9 月 28 日，经深圳市住房公积金管理委员会批准，新版《深圳市住房公积金贷款管理规定》正式实施。新规落实人才安居政策要求、明确将人才住房纳入公积金贷款支持范围，同时将子女纳入代际支持机制，明确申请人配偶在申请贷款时可不作为共同申请人。新政还增加了不予受理的情形，明确了信用标准，并明确公积金贷款超期未发放情形的处理，进一步提升深圳公积金贷款服务水平。

（二）当年服务优化情况：

1. **全国率先实现将住房公积金缴存单位登记纳入商事登记"多证合一"**。2017年3月1日，我市住房公积金单位缴存登记正式纳入商事登记"多证合一"，实现住房公积金缴存登记与商事登记"一表申请、一门受理、一次审核、信息互认"的"一站式"办理。企业在商事登记部门进行商事登记的同时，可一并办理住房公积金单位缴存登记，进一步提高了我市政务服务效率，为企业节约了办事成本，同时对于督促企业依法缴存住房公积金、维护劳动者的合法权益起到了积极作用。

2. **正式启动公积金组合贷款业务流程合并试点工作**。2017年5月起，中心启动组合贷款业务办理流程合并试运行工作，进一步优化公积金组合贷款业务流程、精简办事材料，试运行期间，公积金组合贷款申请材料从现有的42项减少到30项以内，职工签字数量从现有业务模式的50个，大幅缩减到24个左右，组合贷款审批时效也从现有的8个工作日，缩减到5个工作日，进一步提高了组合贷款审批效率，合并后的业务模式待试运行成熟后将面向全市进行推广。

3. **住房公积金便民服务持续创新发展**。2017年5月，支付宝城市服务功能升级，新增公积金快速查询账户信息、资金明细账、贷款进度等功能，同时对"刷脸"核身验证功能进行了流程优化，进一步提升用户体验。截至2017年底，254.07万职工通过支付宝"刷脸"使用公积金服务。

2017年10月，"深圳公积金"微信小程序正式上线，新增个人信息查询功能，微信公积金服务功能进一步丰富和优化。截至2017年底，微信公众号关注人数达252.71万，全年累计通过微信办理提取、归集、贷款业务超过200万笔，有效缓解了柜面压力。

（三）当年信息化建设情况：2017年，中心以"互联共享"为核心，开展信息化建设工作，进一步推进中心业务的创新发展，提升信息安全管理能力。

1. **实现数据共享广度和深度的持续加力，推进服务创新**。

（1）2017年5月26日，中心接入全国住房公积金异地转移接续平台，通过全国统一平台的信息共享，职工无需再往返两地，只需在转入地申请即可办理公积金异地转移业务，进一步提升办事效率，切实践行了"让数据多跑路、群众少跑腿"。

（2）2017年，中心加强与我市商业银行的泛金融合作，建设商行联网平台，为职工申请个人商业消费贷款产品提供便利，并推进租赁贷、小企业信用贷等新型泛金融产品的开发，进一步提升了公积金制度的影响力。

2. **持续优化系统、拓展互联网渠道，支撑公积金业务可持续发展**。

（1）2017年，通过系统改造升级，有力支撑了我市公积金缴存、提取、贷款三大政策全面升级，切实保障了政策发布与业务实施的顺利衔接。

（2）2017年，通过系统基础架构的持续优化改造，保障"互联网＋公积金"便民服务渠道平稳快速发展。

3. **加强信息安全管理，保障系统平稳运行**。

（1）2017年，中心持续加强信息安全防护和日常检查工作，确保公积金信息系统安全稳定运行。今年，公积金核心业务系统通过国家安全等级三级保护测评，有力保障了缴存职工的资金安全、账户信息安全。

（2）2017年，灾备中心建设工作基本完成，已实现部分业务系统的上线运行，大幅提高了系统运行的可持续性和业务连续性，进一步加强了对信息系统和数据的安全保障。

（四）当年对违反《住房公积金管理条例》和相关法规行为进行行政处罚和申请人民法院强制执行情况： 2017年本市住房公积金缴存执法案件立案5164件，结案3729件，为3700多名投诉职工追缴了住房公积金；对1家单位作出行政处罚决定；申请法院强制执行案件936件，切实维护了我市住房公积金缴存职工的合法权益。

（五）当年所获荣誉情况：

1. 2017年1月6日，在由南方都市报主办的"第四届南都街坊口碑榜点赞礼"活动中，中心凭"公积金业务微信办"入选深圳市民眼中的百件优秀民生实事，最终获评三十强称号。

2. 2017年6月8日，在由市网信办和市网络媒体协会举办的"第十一届深圳市网络文化奖"评选活动中，公积金中心微信公众号荣获"年度十佳政务自媒体"。

3. 2017年7月25日，在深圳市举办的"党建杯"创新大赛（服务创优组）决赛中，中心凭借"公积金掌上智能服务开创高效零跑时代"的民生项目，从全市149个单位的409个项目中脱颖而出，荣获一等奖。

4. 2017年9月27日，在第二届全国政务服务论坛暨政务服务国际博览会上，中心凭借在微信和支付宝推出的创新服务获得"互联网＋政务服务"创新奖。

珠海市住房公积金2017年年度报告

一、机构概况

（一）住房公积金管理委员会：住房公积金管理委员会有25名委员，2017年召开1次会议，审议通过的事项主要包括：2016年住房公积金归集使用计划执行情况报告、2016年住房公积金增值收益分配方案、2017年住房公积金归集使用计划。

（二）住房公积金管理中心：住房公积金管理中心为（珠海市政府直属管理）不以营利为目的的（公益一类）事业单位，设5个科，4个管理部。从业人员63人，其中，在编25人，非在编38人。

二、业务运行情况

（一）缴存：2017年，新开户单位1020家，实缴单位9331家，净增单位1020家；新开户职工15.71万人，实缴职工91.05万人，净增职工8.03万人；缴存额66.26亿元，同比增长10.17%。2017年末，缴存总额500.75亿元，同比增长15.25%；缴存余额98.54亿元，同比增长17.61%。

受委托办理住房公积金缴存业务的银行5家，与上年持平。

（二）**提取**：2017年，提取额51.51亿元，同比下降7.92%；占当年缴存额的77.73%，比上年减少15.28个百分点。2017年末，提取总额402.21亿元，同比增长14.69%。

（三）**贷款**：

个人住房贷款：个人住房贷款最高额度50万元，其中，单缴存职工最高额度30万元，双缴存职工最高额度50万元。

2017年，发放个人住房贷款0.49万笔3.96亿元，同比分别减少38.66%、90.96%。

2017年，回收个人住房贷款7.87亿元。

2017年末，累计发放个人住房贷款7.38万笔138.42亿元，贷款余额72.37亿元，同比分别增长7.19%、2.95%、贷款余额同比减少5.12%。个人住房贷款余额占缴存余额的73.44%，比上年减少17.60个百分点。

受委托办理住房公积金个人住房贷款业务的银行15家，比上年增加1家。

（四）**购买国债**：2017年，没有购买记账式、凭证式国债，没有兑付、转让、收回国债。2017年末，国债余额1亿元，与上年持平。

（五）**资金存储**：2017年末，住房公积金存款33.83亿元。其中，活期0亿元，1年（含）以下定期1.50亿元，1年以上定期16.95亿元，其他（协定、通知存款等）15.38亿元。

（六）**资金运用率**：2017年末，住房公积金个人住房贷款余额、项目贷款余额和购买国债余额的总和占缴存余额的74.46%，比上年减少17.78个百分点。

三、主要财务数据

（一）**业务收入**：2017年，业务收入26737.31万元，同比减少5.16%。存款利息2855.86万元，委托贷款利息23554.45万元，国债利息327万元，其他0万元。

（二）**业务支出**：2017年，业务支出16307.59万元，同比增长14.71%。支付职工住房公积金利息13379.86万元，归集手续费1917.43万元，委托贷款手续费1009.67万元，其他0.64万元。

（三）**增值收益**：2017年，增值收益10429.72万元，同比减少25.37%。增值收益率1.15%，比上年减少0.5个百分点。

（四）**增值收益分配**：2017年，提取贷款风险准备金7300.80万元，提取管理费用2350万元，提取城市廉租住房（公共租赁住房）建设补充资金778.92万元。

2017年，上交财政管理费用2250万元。上缴财政城市廉租住房（公共租赁住房）建设补充资金1250万元。

2017年末，贷款风险准备金余额75429.34万元。累计提取城市廉租住房（公共租赁住房）建设补充资金14601.94万元。

（五）**管理费用支出**：2017年，管理费用支出2909.48万元，同比增长241.36%。其中，人员经费890.59万元，公用经费139.97万元，专项经费1878.93万元。

四、资产风险状况

个人住房贷款：2017年末，个人住房贷款逾期额21.78万元，逾期率0.03‰。

个人贷款风险准备金按增值收益的70%提取。2017年，提取个人贷款风险准备金7300.80万元，使用个人贷款风险准备金核销呆坏账0万元。2017年末,个人贷款风险准备金余额75429.34万元,占个人住房贷款余额的10.42%,个人住房贷款逾期额与个人贷款风险准备金余额的比率为0.03%。

五、社会经济效益

(一)**缴存业务**:2017年,实缴单位数、实缴职工人数和缴存额同比分别增长12.27%、9.68%和10.17%。

缴存单位中,国家机关和事业单位占1.86%,国有企业占0.79%,城镇集体企业占0.41%,外商投资企业占2.31%,城镇私营企业及其他城镇企业占23.56%,民办非企业单位和社会团体占0.77%,其他占70.30%。

缴存职工中,国家机关和事业单位占3.90%,国有企业占1.12%,城镇集体企业占0.35%,外商投资企业占16.49%,城镇私营企业及其他城镇企业占27.24%,民办非企业单位和社会团体占0.88%,其他占50.02%;中、低收入占97.04%,高收入占2.96%。

新开户职工中,国家机关和事业单位占0.72%,国有企业占0.78%,城镇集体企业占0.29%,外商投资企业占17.76%,城镇私营企业及其他城镇企业占34.39%,民办非企业单位和社会团体占1.26%,其他占44.80%;中、低收入占99.82%,高收入占0.18%。

(二)**提取业务**:2017年,13.89万名缴存职工提取住房公积金51.51亿元。

提取金额中,住房消费提取占90%(购买、建造、翻建、大修自住住房占31%,偿还购房贷款本息占35%,租赁住房占17%,其他占7%);非住房消费提取占10%(离休和退休提取占3.7%,完全丧失劳动能力并与单位终止劳动关系提取占4.3%,户口迁出本市或出境定居占1.2%,其他占0.8%)。

提取职工中,中、低收入占96%,高收入占4%。

(三)**贷款业务**:

1. **个人住房贷款**:2017年,支持职工购建房53.75万平方米,年末个人住房贷款市场占有率为11.01%,比上年减少3.57个百分点。通过申请住房公积金个人住房贷款,可节约职工购房利息支出1849.38万元。

职工贷款笔数中,购房建筑面积90(含)平方米以下占53.61%,90~144(含)平方米占45.30%,144平方米以上占1.09%。购买新房58.20%(其中购买保障性住房占0%),购买存量商品住房占41.80%,建造、翻建、大修自住住房占0%,其他占0%。

职工贷款笔数中,单缴存职工申请贷款占79.7%,双缴存职工申请贷款占20.3%,三人及以上缴存职工共同申请贷款占0%。

贷款职工中,30岁(含)以下占36.61%,30岁~40岁(含)占46.80%,40岁~50岁(含)占14.31%,50岁以上占2.28%;首次申请贷款占77.70%,二次及以上申请贷款占22.30%;中、低收入占79.50%,高收入占20.50%。

2. **异地贷款**:2017年,发放异地贷款50笔1135万元。2017年末,发放异地贷款总额87362万元,异地贷款余额48024.12万元。

3. **公转商贴息贷款**:2017年,发放公转商贴息贷款2881笔68011万元,支持职工购建住房面积29.32万平方米,当年贴息额4309.61万元。2017年末,累计发放公转商贴息贷款16028笔385506万元,累计贴息 6369.31 万元。

（四）住房贡献率：2017 年，个人住房贷款发放额、公转商贴息贷款发放额、项目贷款发放额、住房消费提取额的总和与当年缴存额的比率为 85.88%，比上年减少 117.51 个百分点。

六、其他重要事项

（一）当年机构及职能调整情况、受委托办理缴存贷款业务金融机构变更情况：

1. **机构及职能调整情况**：2017 年 11 月 20 日，珠海市机构编制委员会办公室同意设立珠海市住房公积金管理中心高新管理部，为珠海市住房公积金管理中心派出机构，主要负责高新区住房公积金的归集、提取、贷款日常业务管理服务。

2. **受委托办理缴存贷款业务金融机构变更情况**：2017 年新增广东发展银行 1 家贷款业务承办银行。

（二）当年住房公积金政策调整及执行情况：

1. **当年缴存基数限额及确定方法、缴存比例调整情况**。2017 年度珠海市干部职工缴存住房公积金的月工资基数不得超过 18732 元，月缴存额上限为 4496 元；月工资基数不得低于 1650 元，月缴存额下限为 166 元。根据粤府〔2016〕15 号、粤建金〔2016〕126 号、珠府〔2016〕38 号提出的"降低住房公积金缴存比例，将住房公积金缴存上限从 20% 降低至 12%，缴存基数上限从月平均工资的 5 倍降低到 3 倍"要求，2016 年珠海市社平工资是 6244 元。$6244 \times 3 \times 12\% \times 2 = 4496$ 元。2016 年珠海市最低工资标准 1650 元，$1650 \times 5\% = 83$ 元（四舍五入），$83 \times 2 = 166$ 元。

2. **当年提取政策无调整**。

3. **当年个人住房贷款最高贷款额度、贷款条件等贷款政策无调整**。

4. **当年住房公积金存贷款利率调整及执行情况**。严格执行央行 2015 年 10 月 24 日起贷款利率，五年及以下个人住房公积金贷款利率为 2.75%，五年以上个人住房公积金贷款利率为 3.25%。按照 2016 年 2 月 17 日人民银行、住房城乡建设部、财政部印发的《关于完善职工住房公积金账户存款利率形成机制的通知》，支付给缴存职工的利息从原来三个月存款基准利率计付，调整为按一年期定期存款基准利率计付。

（三）当年服务改进情况：

1. **服务网点**：2017 年 3 月 28 日，派出机构金湾管理部正式对外服务，通办全市范围内住房公积金提取等日常业务，全年共接待群众 2.79 万人，办理业务 1.03 万件（金湾管理部位于珠海市金湾区三灶金海岸大道海华新村 2 号综合楼二楼）。

2. **服务手段**：2017 年 6 月 28 日，正式接入全国住房公积金异地转移接续平台，职工可在转入地一次性完成公积金转移，全年共受理异地转入申请 995 份，异地转出 523 份。

3. **综合服务平台**：推进综合服务平台建设，已建设完成中心门户网站、网上服务大厅、官方微信公众号、官方微博、手机 APP、热线电话、自助终端机、短信服务等八大渠道建设。

4. **其他网络载体建设**：整合支付宝，实现刷脸登录；应用钉钉进行业务协同办理。

（四）当年信息化建设情况：从 2016 年 11 月启动新一代住房公积金信息系统建设工作，按住房城乡建设部双贯标的要求，加快推进新系统建设的功能设计、建设招标、需求分析、建设实施等环节，并于 2017 年 11 月完成结算应用系统接入工作，于 2017 年 12 月顺利完成数据迁移，实现新建公积金信息系统正式上线运行。2017 年 12 月底报请双贯标验收申请。

（五）当年住房公积金管理中心及职工所获荣誉情况：2个服务窗口被评为珠海市"五星级窗口"，1个服务窗口被评为"四星级窗口"。

（六）当年对违反《住房公积金管理条例》和相关法规行为进行行政处罚和申请人民法院强制执行情况：2017年针对骗提住房公积金行为下发29份处理情况通报。

汕头市住房公积金2017年年度报告

一、机构概况

（一）住房公积金管理委员会：住房公积金管理委员会有25名委员，2017年召开1次全体会议，审议通过2017年度住房公积金归集、使用计划执行情况，并对其他重要事项进行决策。

（二）住房公积金管理中心：汕头市住房公积金管理中心为直属于汕头市人民政府（暂由市房产管理局代管）不以营利为目的的公益一类事业单位，主要负责全市住房公积金的归集、管理、使用和会计核算。目前中心内设6个股室，下设4个管理部。从业人员77人，其中，在编49人，非在编28人。

二、业务运行情况

（一）缴存：2017年，新开户单位871家，实缴单位4124家，净增单位871家；新开户职工4.13万人，实缴职工26.56万人，净增职工1.65万人；缴存额37.39亿元，同比增长6.01%。2017年末，缴存总额267.24亿元，同比增长16.27%；缴存余额100.98亿元，同比增长1.03%。

受委托办理住房公积金缴存业务的银行5家，比上年增加（减少）0家。

（二）提取：2017年，提取额36.36亿元，同比增长30.79%；占当年缴存额的97.25%，比上年增加18.43个百分点。2017年末，提取总额166.26亿元，同比增长27.99%。

（三）贷款：

个人住房贷款：个人住房贷款最高额度70万元，其中，单缴存职工最高额度40万元，双缴存职工最高额度70万元。

2017年，发放个人住房贷款0.5923万笔25.76亿元，同比分别下降22.99%、20.69%。

2017年，回收个人住房贷款8.76亿元。

2017年末，累计发放个人住房贷款3.2652万笔116.61亿元，贷款余额89.95亿元，同比分别增长22.16%、28.34%、23.3%。个人住房贷款余额占缴存余额的89.08%，比上年增加16.09个百分点。

受委托办理住房公积金个人住房贷款业务的银行9家，比上年增加0家。

（四）融资：2017年，融资3亿元，归还4.9亿元。2017年末，融资总额5.9亿元，融资余额1亿元。

（五）资金存储：2017年末，住房公积金存款11.03亿元。其中，活期0.03亿元，1年（含）以下定期 0.2 亿元，1 年以上定期 8.95 亿元，其他（协定、通知存款等）1.85 亿元。

（六）**资金运用率**：2017 年末，住房公积金个人住房贷款余额、项目贷款余额和购买国债余额的总和占缴存余额的 89.08%，比上年增加 16.09 个百分点。

三、主要财务数据

（一）**业务收入**：2017 年，业务收入 46318.27 万元，同比增长 4.4%。其中，存款利息 19494.61 万元，委托贷款利息 26823.05 万元，国债利息 0 万元，其他 0.61 万元。

（二）**业务支出**：2017 年，业务支出 19523.42 万元，同比增长 20.42%。其中，支付职工住房公积金利息 15194.98 万元，归集手续费 1007.61 万元，委托贷款手续费 1376.08 万元，其他 1944.75 万元。

（三）**增值收益**：2017 年，增值收益 26794.85 万元，同比下降 4.83%。其中，增值收益率 2.66%，比上年减少 0.22 个百分点。

（四）**增值收益分配**：2017 年，提取贷款风险准备金 1700.45 万元，提取管理费用 1052.36 万元，提取城市廉租住房（公共租赁住房）建设补充资金 24042.04 万元。

2017 年，上交财政管理费用 957.88 万元。上缴财政城市廉租住房（公共租赁住房）建设补充资金 24564.92 万元。

2017 年末，贷款风险准备金余额 8995.49 万元。累计提取城市廉租住房（公共租赁住房）建设补充资金 91282.46 万元。

（五）**管理费用支出**：2017 年，管理费用支出 1164.86 万元，同比下降 4.41%。其中，人员经费 618.74 万元，公用经费 43.32 万元，专项经费 502.8 万元。

市中心管理费用支出 1164.86 万元，其中，人员、公用、专项经费分别为 618.74 万元、43.32 万元、502.8 万元。

四、资产风险状况

个人住房贷款：2017 年末，个人住房贷款逾期额 3.18 万元，逾期率 0.0035‰。

个人贷款风险准备金按贷款余额的 1% 提取。2017 年，提取个人贷款风险准备金 1700.45 万元，使用个人贷款风险准备金核销呆坏账 0 万元。2017 年末，个人贷款风险准备金余额 8995.49 万元，占个人住房贷款余额的 1%，个人住房贷款逾期额与个人贷款风险准备金余额的比率为 0.04%。

五、社会经济效益

（一）**缴存业务**：2017 年，实缴单位数、实缴职工人数和缴存额同比分别增长 26.78%、6.64% 和 6.03%。

缴存单位中，国家机关和事业单位占 37.75%，国有企业占 8.34%，城镇集体企业占 0.52%，外商投资企业占 1.33%，城镇私营企业及其他城镇企业占 47.28%，民办非企业单位和社会团体占 1.53%，其他占 3.25%。

缴存职工中，国家机关和事业单位占 47.54%，国有企业占 17.59%，城镇集体企业占 0.42%，外商

投资企业占 1.34%，城镇私营企业及其他城镇企业占 31.54%，民办非企业单位和社会团体占 0.84%，其他占 0.73%；中、低收入占 95.13%，高收入占 4.87%。

新开户职工中，国家机关和事业单位占 13.25%，国有企业占 8.54%，城镇集体企业占 0.07%，外商投资企业占 3.82%，城镇私营企业及其他城镇企业占 69.53%，民办非企业单位和社会团体占 1.31%，其他占 3.48%；中、低收入占 99.14%，高收入占 0.86%。

（二）提取业务：2017 年，14.85 万名缴存职工提取住房公积金 36.36 亿元。

提取金额中，住房消费提取占 82.79%（购买、建造、翻建、大修自住住房占 49.94%，偿还购房贷款本息占 25.29%，租赁住房占 4%，其他占 3.56%）；非住房消费提取占 17.21%（离休和退休提取占 12.41%，完全丧失劳动能力并与单位终止劳动关系提取占 0.86%，户口迁出本市或出境定居占 3.24%，其他占 0.7%）。

提取职工中，中、低收入占 94.86%，高收入占 5.14%。

（三）贷款业务：

1. **个人住房贷款**：2017 年，支持职工购建房 79.17 万平方米，年末个人住房贷款市场占有率为 27.82%，比上年减少 19.18 个百分点。通过申请住房公积金个人住房贷款，可节约职工购房利息支出 42869.41 万元。

职工贷款笔数中，购房建筑面积 90（含）平方米以下占 18.25%，90～144（含）平方米占 56.91%，144 平方米以上占 24.84%。购买新房占 78.71%，购买存量商品住房占 21.29%，建造、翻建、大修自住住房占 0%，其他占 0%。

职工贷款笔数中，单缴存职工申请贷款占 64.04%，双缴存职工申请贷款占 35.96%，三人及以上缴存职工共同申请贷款占 0%。

贷款职工中，30 岁（含）以下占 24.46%，30 岁～40 岁（含）占 37.79%，40 岁～50 岁（含）占 29.56%，50 岁以上占 8.19%；首次申请贷款占 95.05%，二次及以上申请贷款占 4.95%；中、低收入占 87.39%，高收入占 12.61%。

2. **异地贷款**：2017 年，发放异地贷款 440 笔 20362 万元。2017 年末，发放异地贷款总额 41061 万元，异地贷款余额 36926.21 万元。

3. **公转商贴息贷款**：2017 年，发放公转商贴息贷款 18 笔 810 万元，支持职工购建住房面积 0.23 万平方米，当年贴息额 0.4 万元。2017 年末，累计发放公转商贴息贷款 18 笔 810 万元，累计贴息 0.4 万元。

（四）住房贡献率：2017 年，个人住房贷款发放额、公转商贴息贷款发放额、项目贷款发放额、住房消费提取额的总和与当年缴存额的比率为 149.61%，比上年减少 5.88 个百分点。

六、其他重要事项

（一）当年机构及职能调整情况、受委托办理缴存贷款业务金融机构变更等情况：根据《关于汕头市住房公积金管理中心机构规格升格为副处级的批复》（汕机编发〔2017〕50 号），汕头市住房公积金管理中心机构规格由正科级升格为副处级。目前机构编制方案正在市编制部门审批中。

2017 年度受委托办理缴存贷款业务金融机构没有变更。

(二)当年住房公积金政策调整及执行等情况：

1. 根据国务院《住房公积金管理条例》、中国人民银行《贷款通则》等有关规定，报请市住房公积金管理委员会印发《汕头市个人住房公积金购房贷款转商业贴息贷款实施办法》（汕房金管〔2017〕1号），并于2017年9月20日启动了该项工作。

2. 自2017年1月1日起，中心城区取消二手房住房公积金贷款房产现值评估制度，为二手房公积金贷款职工减轻了一大笔评估费用，进一步方便服务缴存职工办理住房公积金贷款，提高办事效率，减轻职工负担。

3. 当年缴存基数限额及确定方法、缴存比例调整情况：根据省住房城乡建设厅等四部门《转发住房城乡建设部等部门关于规范和阶段性适当降低住房公积金缴存比例的通知》（粤建金〔2016〕126号）及《汕头市住房公积金归集管理办法》（汕房金管〔2016〕1号）等规定，中心发布了《关于调整二〇一七年度汕头市职工住房公积金最高缴存额有关问题的通知》（汕房金通〔2017〕19号），确定我市（含区县）2017年度（2017年7月1日至2018年6月30日）职工最高缴存基数为23280元，职工个人缴存和单位为职工缴存的住房公积金月最高缴存额各为2793.00元。缴存比例一律不得超过12%。

4. 鉴于我市住房公积金资金运用率在2017年2月底已达到88%，中心从2017年3月1日起，取消公积金贷款偿还期限可延至借款人法定退休年龄后5年的规定。其他提取、个人住房贷款最高贷款额度等无调整情况。

5. 2017年，我市住房公积金存贷款利率按人民银行公布利率执行，5年期（含）以下贷款年利率为2.75%，5年期以上的贷款年利率为3.25%；第二次利用住房公积金贷款购房的贷款年利率按照同期公积金贷款年利率上浮10%。

(三)当年服务改进情况：

1. 中心对原住房公积金租房提取条件再次进行简化，并自2017年3月20日起，将该办事事项授权给各归集业务受托银行直接办理。

2. 2017年8月份，成功接入全国住房公积金异地转移接续平台。结束了缴存职工调出（或调入）到异地城市，转移本人住房公积金需两地来回奔波的历史。

3. 中心对住房公积金各项业务再次梳理、简化，自2017年11月20日起，中心目前10项归集业务，除"单位住房公积金降低缴存比例（低于5%）或缓缴"须在管委会批准后三个工作日办结外，其余9项提速为即办件；住房公积金提取业务17项基本实现立等办结；公积金贷款业务从受理开始的审核时限实现3个工作日办结。

4. 自2017年11月起，中心按照公平、公开、透明的原则，按公积金贷款业务件符合放款条件的时间先后顺序进行排队发放，并将上述措施在公积金中心微信平台等媒介公开，接受社会各界的监督。

(四)当年信息化建设情况：

1. 接入全国住房公积金异地转移接续平台。

2. 在我市住房公积金管理信息系统中增加"公转商"贴息贷款子系统。

(五)当年住房公积金管理中心及职工所获荣誉情况：根据汕市直团字〔2017〕16号，中心团支部被共青团汕头市直属机关工作委员会授予"市直先进基层团组织"。

佛山市住房公积金 2017 年年度报告

一、机构概况

（一）住房公积金管理委员会：佛山市住房公积金管理委员会有 24 名委员，2017 年 3 月 10 日召开第十六次会议，审议通过的事项主要包括：

1. 《佛山市 2016 年度住房公积金财务和管理情况报告》。
2. 《2016 年度住房公积金增值收益分配预案》。
3. 《关于调整公积金租房提取和无房提取标准的提议》。
4. 《关于延续给予年结转的职工住房公积金补贴的提议》。
5. 《关于调整住房公积金业务承办银行准入标准和退出制度的提议》。
6. 《关于确认公积金业务承办银行的提议》。

2018 年 2 月 12 日召开第十七次会议，审议通过的事项主要包括：

1. 《关于推举市住房公积金管理委员会副主任委员的提议》。
2. 《佛山市 2017 年度住房公积金财务和管理情况报告》。
3. 《关于审议 2017 年度住房公积金增值收益分配预案的提议》。
4. 《关于调整我市租房提取和无房提取公积金标准的提议》。
5. 《关于延续给予年结转的职工住房公积金补贴的提议》。
6. 《关于确认承办公积金贷款业务银行的提议》。

（二）住房公积金管理中心：佛山市住房公积金管理中心为直属佛山市人民政府不以营利为目的的"参公管理"事业单位，设 6 个科，4 个管理部。从业人员 80 人，其中，在编 60 人，非在编 20 人。

二、业务运行情况

（一）缴存：2017 年，实缴单位 10279 家；新开户职工 17.87 万人，实缴职工 131.13 万人，净增职工 14.65 万人（减去职工退休注销等 2.61 万名、转移外地 0.60 万名）；缴存额 122.96 亿元，同比增长 9.60%。2017 年末，缴存总额 797.70 亿元；缴存余额 245.02 亿元。

（二）提取：2017 年，提取额 90.03 亿元，同比增长 12.85%；占当年缴存额的 73.22%，比上年增加 2.10 个百分点。2017 年末，提取总额 552.67 亿元。

（三）贷款：

1. 个人住房贷款：个人住房贷款最高额度 40 万元，其中，单缴存职工最高额度 40 万元，双缴存职工最高额度 80 万元。

2017 年，发放个人住房贷款 0.66 万笔、28.09 亿元，同比分别下降 58.85%、56.32%。

2017 年，回收个人住房贷款 23.89 亿元；至 2017 年末，累计收回贷款 128.37 亿元。

2017 年末，累计发放个人住房贷款 12.94 万笔、355.96 亿元，贷款余额 227.59 亿元。个人住房贷款余额占缴存余额的92.89%，比上年减少12.44个百分点。

受委托办理住房公积金个人住房贷款业务的银行5家，比上年增加1家。

2. **住房公积金支持保障性住房建设项目贷款**：2017年，没有发放支持保障性住房建设项目贷款，回收项目贷款0.0508亿元。2017年末，累计发放项目贷款0.25亿元，项目贷款余额0.045亿元。

（四）**融资**：2017年，没有融资事项。2016年发行债券融资11亿元，于2017年全部赎回。

（五）**资金存储**：2017年末，住房公积金存款23.46亿元。其中，活期2.46亿元，1年（含）以下定期21亿元。

（六）**资金运用率**：2017年末，住房公积金个人住房贷款余额、项目贷款余额和购买国债余额的总和占缴存余额的92.89%，比上年减少12.44个百分点。

三、主要财务数据

（一）**业务收入**：2017年，业务收入74956.85万元，同比增长6.08%。其中，存款利息1208.71万元，委托贷款利息73748.14万元。

（二）**业务支出**：2017年，业务支出50186.44万元，同比增长8.89%。其中，支付职工住房公积金利息23419.38万元，支付职工年结转后住房公积金存款补贴19936.53万元，归集手续费233.38万元，委托贷款手续费2699.18万元，债券赎回财务成本3897.97万元。

（三）**增值收益**：2017年，增值收益24770.40万元，同比增长1.04%；增值收益率1.10%，比上年减少0.15个百分点。

（四）**增值收益分配**：2017年，提取贷款风险准备金0万元（贷款风险准备金余额24126万元，已达规定额度，本年不需计提贷款风险准备金），提取管理费用2800万元，提取城市廉租住房（公共租赁住房）建设补充资金21970.40万元。

2017年，上交财政管理费用2800万元。上缴财政城市廉租住房（公共租赁住房）建设补充资金21970.40万元。

2017年末，贷款风险准备金余额24126万元。累计提取城市廉租住房（公共租赁住房）建设补充资金147556.85万元。

（五）**管理费用支出**：2017年，管理费用支出2764.30万元，同比增长16.99%。其中，人员经费1280.28万元，公用经费96.14万元，专项经费1387.88万元。

四、资产风险状况

（一）**个人住房贷款**：2017年末，个人住房贷款逾期额478.84万元，逾期率0.21‰。

2017年，贷款风险准备金余额24126万元，已达规定额度，本年不需计提贷款风险准备金。2017年末，个人贷款风险准备金余额24108万元（未含项目贷款风险准备金），占个人住房贷款余额的1.06%，个人住房贷款逾期额与个人贷款风险准备金余额的比率为1.99%。

（二）**支持保障性住房建设试点项目贷款**：没有逾期项目贷款。2017年，不需提取项目贷款风险准备金，也没有项目贷款呆坏账需核销，项目贷款风险准备金余额18万元，占项目贷款余额的4%。

五、社会经济效益

（一）**缴存业务**：2017年，实缴单位数、实缴职工人数和缴存额同比分别增长6.42%、12.84%和9.60%。

缴存单位中，国家机关和事业单位占15.52%，国有企业占6.01%，城镇集体企业占1.81%，外商投资企业占7.13%，城镇私营企业及其他城镇企业占59.80%，民办非企业单位和社会团体占4.22%，其他占5.51%。

缴存职工中，国家机关和事业单位占30.21%，国有企业占4.26%，城镇集体企业占1.05%，外商投资企业占17.05%，城镇私营企业及其他城镇企业占44.02%，民办非企业单位和社会团体占1.11%，其他占2.30%；中、低收入占89.41%，高收入占10.59%。

新开户职工中，国家机关和事业单位占7.79%，国有企业占2.89%，城镇集体企业占1.93%，外商投资企业占24.54%，城镇私营企业及其他城镇企业占58.20%，民办非企业单位和社会团体占1.58%，其他占3.07%；中、低收入占10.59%，高收入占89.41%。

（二）**提取业务**：2017年，43.88万名缴存职工提取住房公积金90.03亿元。

提取金额中，住房消费提取占89.52%（购买、建造、翻建、大修自住住房占26.55%，偿还购房贷款本息占60.76%，租赁住房占2.21%，其他占0%）；非住房消费提取占10.48%（离休和退休提取占6.25%，完全丧失劳动能力并与单位终止劳动关系提取占0.00%，转移市外和出境定居占1.94%，其他占2.29%）。

提取职工中，中、低收入占82.00%，高收入占18.00%。

（三）**贷款业务**：

1. **个人住房贷款**：2017年，支持职工购建房82.78万平方米，年末个人住房贷款市场占有率为7.26%，比上年减少5个百分点。通过申请住房公积金个人住房贷款，可节约职工购房利息支出65,132.96万元。

职工贷款笔数中，购房建筑面积90（含）平方米以下占30.20%，90～144（含）平方米占69.80%，144平方米以上占0%。购买新房占66.79%（其中购买保障性住房占0%），购买存量商品住房占33.21%，建造、翻建、大修自住住房占0.00%，其他占0%。

职工贷款笔数中，单缴存职工申请贷款占67.28%，双缴存职工申请贷款占32.72%，三人及以上缴存职工共同申请贷款占0%。

贷款职工中，30岁（含）以下占13.60%，30岁～40岁（含）占51.10%，40岁～50岁（含）占26.94%，50岁以上占8.36%；首次申请贷款占97.64%，二次及以上申请贷款占2.36%；中、低收入占80.25%，高收入占19.75%。

2. **异地贷款**：2017年，发放异地贷款551笔18138.15万元。2017年末，发放异地贷款总额286160.69万元，异地贷款余额194574.41万元。

3. **支持保障性住房建设试点项目贷款**：2017年末，累计试点项目1个，贷款额度0.25亿元，建筑面积3.62万平方米，可解决540户中低收入职工家庭的住房问题。试点项目贷款资金已发放，余额0.045亿元。

（四）住房贡献率：2017年，个人住房贷款发放额、项目贷款发放额、住房消费提取额的总和与当年缴存额的比率为88.39％，比上年减少33.87个百分点。

六、其他重要事项

（一）按照国家供给侧改革工作要求，规范住房公积金缴存比例，为企业减负。 严格按照相关规定，核定我市各缴存单位和职工具体缴存住房公积金的工资基数和缴存比例。缴存住房公积金的工资基数，按照《住房公积金管理条例》的规定执行即上一年度职工工资收入，缴存比例最高不超过12％、最低不得低于5％。

根据《住房公积金管理条例》第二十条规定，对缴存公积金有困难并经单位职代会或工会审议通过，申请降低公积金缴存比例的16家单位（涉及职工人数6.61万名），按法定审议流程同意他们降低公积金缴存比例。按同口径测算，共为16家企业减负2.49亿元。

对批复同意降低公积金缴存比例的企业，职工不服提起行政复议的1宗，行政诉讼一审1宗、二审1宗，行政复议和行政诉讼均为管理中心胜诉。

（二）继续实施给予我市职工住房公积金年结转存款补贴。 2015年，我市率先在全国实施给予职工住房公积金存款补贴，补贴率为1％；2017年下半年，补贴率从1％提高至1.2％，全年给予补贴1.99亿元，三年累计给予补贴4.15亿元，使我市公积金制度不仅只惠及公积金贷款职工，还惠及提供结余资金的职工，更充分地体现了公积金制度的公平性。

（三）提取政策逐步向租赁住房倾斜，扩大住房公积金制度受益面。 2017年7月1日起，我市职工申报无房提取住房公积金标准不再分区划分，以公租房租金标准最高的区来核定，减少审批环节，整体上提高了职工无房提取住房公积金的额度。当年无房提取人数、提取金额同比增长分别为79.21％、85.11％。

（四）依法开展行政执法工作，维护职工合法权益。 根据职工实名申告以及职工提供的有效证据，2017年执法情况如下：

行政强制：立案882宗，结案560宗，作出行政处理决定116宗。行政处罚：立案213宗，结案144宗，作出行政处罚决定15宗。行政执法涉及需补交公积金的人数139,609名。

职工或单位不服管理中心行政处理决定或行政处罚，提起行政复议的9宗；提起行政诉讼，一审24宗，二审13宗。行政复议、行政诉讼，全部均为管理中心胜诉。

（五）有效调控公积金流动性紧张的现象，确保我市公积金安全运作。 由于房地产市场的影响，职工公积金使用需求剧增，导致期初我市公积金存贷比率居高，至2017年底调控至92.89％，并且净现金流从当年2月开始实现正值，直至年底共11个月均为正值。全年没有出现省规定的预警状态，确保资金安全同时满足我市缴存职工对资金的使用之需，没有出现影响公积金业务正常开展的情况。

（六）探索住房公积金证券化的试行工作顺利结束。 2016年，为解决资金流动性偏紧，我市按照国家规定探索公积金贷款证券化，发行债券融资11亿元。2017年，资金流动性偏紧有效缓解，赎回所有债券，同时结清债券应付利息。

（七）加强公积金业务承办银行考核，提高公积金业务服务质量。 根据《住房公积金管理条例》第十二、三十五条规定和市住房公积金管理委员会的决议，管理中心与承办银行签订服务委托协议，形成民事法律关系；根据协议中《考核制度》关于服务质量、管理质量和网络管理质量三类15项指标，对各承办银行进行考核。

2017年的考核情况如下：年度总"出错率"1.36%。其中，交通银行佛山分行0.88%、建设银行佛山市分行1.22%、农业银行佛山分行1.25%、工商银行佛山分行3.05%。

中国银行佛山分行于2017年下半年重新承办相关业务，半年期间"出错率"4.55%，由于不满一年，故暂不列入当年考核评分。

（八）职工反映公积金贷款放款慢的问题。我市从2008年三季开始实施贷款登记制度，登记内容共五个环节：银行受理办理用时、管理中心办理（审核）用时、借款职工与银行签订借款合同和办理抵押手续用时、管理中心发出款项、银行向开发商（出售方）放款。历年公积金贷款办理用时，见表1。

历年公积金贷款办理用时　　　　　　　　　　　　　　　　表1

年　度	2009年	2010年	2011年	2012年	2013年
银行受理办理用时(天)	10.17	5.67	2.91	2.11	1.10
管理中心办理审核用时(天)	4.23	3.43	4.77	4.38	3.21
上两个环节合计用时(天)	14.40	9.10	7.68	6.49	4.31
签借款合同办抵押手续(天)	7.48	7.6	14.62	21.36	24.98
管理中心发出款项(天)	1.88	1.76	1.98	1.97	0.77
银行向开发商放款(天)	3.82	2.61	2.08	1.81	1.84
全部完成合计用时(天)	27.58	21.07	26.36	31.63	31.81
年　度	2014年	2015年	2016年	2017年	
银行受理办理用时(天)	0.77	0.36	0.29	0.22	
管理中心办理审核用时(天)	3.04	3.73	3.87	3.31	
上两个环节合计用时(天)	3.81	4.09	4.16	3.53	
签借款合同办抵押手续(天)	27.78	22.17	30.26	40.96	
管理中心发出款项(天)	0.76	0.83	0.76	0.83	
银行向开发商放款(天)	1.64	1.51	1.60	1.47	
全部完成合计用时(天)	34.99	28.60	36.78	46.79	

2017年12月国家四部委下发《关于维护住房公积金缴存职工购房贷款权益的通知》（建金〔2017〕246号），要求"自受理贷款申请之日起10个工作日内完成审批工作"，等于我市贷款登记制度中承办银行受理办理环节、管理中心办理（审核）环节合计用时。我市公积金贷款办理用时，从2010年起没有超出国家现时规定的用时范围。

公积金贷款放款慢的原因主要有三个：一是职工未能及时提供有效购房资料（如预售备案未登记。这个情况不在贷款登记制度五个环节的记录范围），致使贷款申请不能生效而延时；二是职工未及时签订借款合同而延时；三是抵押手续未能及时完成而延时。

针对出现的情况，管理中心在职权授权范围内采取以下措施，一是加强对承办银行的考核，对受理办理环节超过规定用时的，按拒绝受理公积金贷款登记，一年内出现三宗的提请市住房公积金管理委员会作退出承办之列处理。二是加快与市住房城乡建设部门建立电子信息化交换机制，以便实时掌握职工购房信息，加快审核速度。

（九）前台业务量。2017年前台业务量186.06万宗。历年全市前台业务量情况，见表2。

历年全市前台业务量　　　　　　　　　　　　　　表2

年度	2007年	2008年	2009年	2010年	2011年	2012年
万宗	69.3	62.2	53	60.2	76.44	86.29
同比		−10.3%	−14.8%	13.6%	27%	12.9%
年度	2013年	2014年	2015年	2016年	2017年	
万宗	117.0	138.1	151.4	184.732	186.0612	
同比	35.6%	18%	9.6%	22.02%	0.72%	

（十）管理考核计分。按照住房城乡建设部、财政部颁布的《住房公积金管理中心业务管理工作考核办法》，2017年我市自查得分109.22分；其中：业绩考核54.22分，管理工作考核55分。

江门市住房公积金2017年年度报告

一、机构概况

（一）**住房公积金管理委员会**：住房公积金管理委员会有25名委员，2017年召开1次会议，审议通过的事项主要包括：《江门市2016年度住房公积金归集、使用指导计划执行情况报告》、《关于审议江门市2016年度住房公积金增值收益分配方案的请示》、《关于审议〈江门市住房公积金2016年年度报告〉的请示》、《关于审批江门市2017年度住房公积金归集、使用指导计划的请示》、《关于调整江门市住房公积金贷款部分规定的请示》等。

（二）**住房公积金管理中心**：住房公积金管理中心为直属市政府，由市住房城乡建设局代管的不以营利为目的的参公事业单位，设5个部，5个管理部。从业人员82人，其中，在编43人，非在编39人。

二、业务运行情况

（一）**缴存**：2017年，新开户单位580家，实缴单位6139家，净增单位409家；新开户职工6.91万人，实缴职工33.90万人，净增职工1.27万人；缴存额47.63亿元，同比增长2.92%。2017年末，缴存总额366.70亿元，同比增长14.93%；缴存余额106.22亿元，同比增长2.83%。

受委托办理住房公积金缴存业务的银行8家，与上年持平。

（二）**提取**：2017年，提取额44.70亿元，同比增长5.21%；占当年缴存额的93.86%，比上年增加2.05个百分点。2017年末，提取总额260.48亿元，同比增长20.72%。

(三) 贷款:

1. **个人住房贷款**: 个人住房贷款最高额度50万元, 其中, 单缴存职工最高额度25万元, 两个或以上缴存职工最高额度50万元。

2017年, 发放个人住房贷款0.58万笔19.21亿元, 同比分别下降36.86%、32.59%。其中, 市中心发放个人住房贷款0.22万笔7.86亿元, 新会管理部发放个人住房贷款0.11万笔3.89亿元, 台山管理部发放个人住房贷款0.10万笔2.94亿元, 开平管理部发放个人住房贷款0.08万笔2.36亿元, 鹤山管理部发放个人住房贷款0.03万笔0.85亿元, 恩平管理部发放个人住房贷款0.04万笔1.31亿元。

2017年, 回收个人住房贷款12.31亿元。其中, 市中心4.54亿元, 新会管理部2.96亿元, 台山管理部1.50亿元, 开平管理部1.65亿元, 鹤山管理部1.11亿元, 恩平管理部0.55亿元。

2017年末, 累计发放个人住房贷款7.76万笔166.46亿元, 贷款余额103.77亿元, 同比分别增长8.14%、13.05%、7.12%。个人住房贷款余额占缴存余额的97.69%, 比上年增加3.91个百分点。

受委托办理住房公积金个人住房贷款业务的银行14家, 与上年持平。

2. **住房公积金支持保障性住房建设项目贷款**: 2017年, 没有发放支持保障性住房建设项目贷款, 回收项目贷款1.5亿元。2017年末, 累计发放项目贷款3.3亿元, 项目贷款余额0亿元。

(四) **融资**: 2017年, 融资0.23亿元, 归还0.85亿元。2017年末, 融资总额1.39亿元, 融资余额0.54亿元。

(五) **资金存储**: 2017年末, 住房公积金存款5.36亿元。其中, 活期0.99亿元, 1年以上定期0.1亿元, 其他(协定、通知存款等)4.27亿元。

(六) **资金运用率**: 2017年末, 住房公积金个人住房贷款余额、项目贷款余额和购买国债余额的总和占缴存余额的97.69%, 比上年增加2.46个百分点。

三、主要财务数据

(一) **业务收入**: 2017年, 业务收入34174.27万元, 同比增长24.93%。其中, 市中心13116.46万元, 新会管理部7694.26万元, 台山管理部4243.81万元, 开平管理部4579.82万元, 鹤山管理部2655.07万元, 恩平管理部1884.85万元; 存款利息1031.15万元, 委托贷款利息33143.09万元, 其他0.03万元。

(二) **业务支出**: 2017年, 业务支出19603.19万元, 同比下降6.11%。其中, 市中心7444.33万元, 新会管理部4356.99万元, 台山管理部2409.72万元, 开平管理部2560.77万元, 鹤山管理部1705.31万元, 恩平管理部1126.07万元; 支付职工住房公积金利息15783.16万元, 归集手续费1922.96万元, 委托贷款手续费1619.34万元, 其他277.73万元。

(三) **增值收益**: 2017年, 增值收益14571.08万元, 同比增长125.01%。其中, 市中心5672.12万元, 新会管理部3337.27万元, 台山管理部1834.08万元, 开平管理部2019.05万元, 鹤山管理部949.77万元, 恩平管理部758.79万元; 增值收益率1.39%, 比上年增加0.76个百分点。

(四) **增值收益分配**: 2017年, 提取贷款风险准备金1388.23万元, 提取管理费用1690.38万元, 提取城市廉租(公共租赁)住房建设补充资金12092.48万元。

2017年, 上交财政管理费用1282.12万元。上缴财政城市廉租(公共租赁)住房建设补充资金4840.05万元。其中, 新会管理部上缴2513.12万元, 台山管理部上缴189.08万元, 开平管理部上缴

1065.22万元，鹤山管理部上缴762.63万元，恩平管理部上缴310万元。

2017年末，贷款风险准备金余额10402.23万元。累计提取城市廉租（公共租赁）住房建设补充资金90280.29万元。其中，市中心提取30890.79万元，新会管理部提取20341.99万元，台山管理部提取11283.61万元，开平管理部提取13994.88万元，鹤山管理部提取8866.99万元，恩平管理部提取4902.03万元。

（五）**管理费用支出**：2017年，管理费用支出1186.66万元，同比下降11.47%。其中，人员经费727.73万元，公用经费49.80万元，专项经费409.13万元。

市中心管理费用支出570.14万元，其中，人员、公用、专项经费分别为327.65万元、31.39万元、211.10万元；新会管理部管理费用支出169.04万元，其中，人员、公用、专项经费分别为94.10万元、6.15万元、68.79万元；台山管理部管理费用支出147.12万元，其中，人员、公用、专项经费分别为106.20万元、3.73万元、37.19万元；开平管理部管理费用支出115.99万元，其中，人员、公用、专项经费分别为85.68万元、4.14万元、26.17万元；鹤山管理部管理费用支出95.89万元，其中，人员、公用、专项经费分别为84.55万元、4.39万元、6.95万元；恩平管理部管理费用支出88.48万元，其中，人员、公用、专项经费分别为29.55万元、0万元、58.93万元。

四、资产风险状况

个人住房贷款：2017年末，个人住房贷款逾期额78.70万元，逾期率0.08‰。其中，市中心0.11‰，新会管理部0.12‰，开平管理部0.05‰，鹤山管理部0.02‰。

个人贷款风险准备金按贷款余额的1%提取。2017年，提取个人贷款风险准备金1388.23万元，没有使用个人贷款风险准备金核销呆坏账。2017年末，个人贷款风险准备金余额10402.23万元，占个人住房贷款余额的1%，个人住房贷款逾期额与个人贷款风险准备金余额的比率为0.76%。

五、社会经济效益

（一）**缴存业务**：2017年，实缴单位数、实缴职工人数和缴存额同比分别增长7.14%、3.91%和2.92%。

缴存单位中，国家机关和事业单位占32.20%，国有企业占11.42%，城镇集体企业占3.80%，外商投资企业占8.26%，城镇私营企业及其他城镇企业占37.90%，民办非企业单位和社会团体占4.63%，其他占1.79%。

缴存职工中，国家机关和事业单位占35.07%，国有企业占15.07%，城镇集体企业占1.75%，外商投资企业占21.18%，城镇私营企业及其他城镇企业占25.01%，民办非企业单位和社会团体占1.09%，其他占0.83%；中、低收入占89.34%，高收入占10.66%。

新开户职工中，国家机关和事业单位占11.49%，国有企业占9.04%，城镇集体企业占1.83%，外商投资企业占25.57%，城镇私营企业及其他城镇企业占49.19%，民办非企业单位和社会团体占1.53%，其他占1.35%；中、低收入占99.14%，高收入占0.86%。

（二）**提取业务**：2017年，14.14万名缴存职工提取住房公积金44.70亿元。

提取金额中，住房消费提取占80.97%（购买、建造、翻建、大修自住住房占30.48%，偿还购房贷

款本息占 48.54%，租赁住房占 1.33%，其他占 0.62%）；非住房消费提取占 19.03%（离休和退休提取占 8.96%，完全丧失劳动能力并与单位终止劳动关系提取占 1.43%，户口迁出本市或出境定居占 2.92%，其他占 5.72%）。

提取职工中，中、低收入占 75.82%，高收入占 24.18%。

（三）贷款业务：

1. 个人住房贷款：2017 年，支持职工购建房 65.44 万平方米，年末个人住房贷款市场占有率为 11.10%，比上年减少 2.48 个百分点。通过申请住房公积金个人住房贷款，可节约职工购房利息支出 33505.2 万元。

职工贷款笔数中，购房建筑面积 90（含）平方米以下占 17.97%，90~144（含）平方米占 70.45%，144 平方米以上占 11.58%。购买新房占 85.25%，购买存量商品住房占 14.75%。

职工贷款笔数中，单缴存职工申请贷款占 60.89%，双缴存职工申请贷款占 38.92%，三人及以上缴存职工共同申请贷款占 0.19%。

贷款职工中，30 岁（含）以下占 30.89%，30 岁~40 岁（含）占 38.87%，40 岁~50 岁（含）占 25.87%，50 岁以上占 4.37%；首次申请贷款占 87.10%，二次及以上申请贷款占 12.90%；中、低收入占 84.53%，高收入占 15.47%。

2. 异地贷款：2017 年，发放异地贷款 667 笔 19706.4 万元。2017 年末，发放异地贷款总额 78205 万元，异地贷款余额 60884.66 万元。

3. 公转商贴息贷款：2017 年，发放公转商贴息贷款 487 笔 16735.7 万元，支持职工购建住房面积 5.54 万平方米，当年贴息额 51.35 万元。

4. 支持保障性住房建设试点项目贷款：2017 年末，累计试点项目 3 个，贷款额度 3.3 亿元，建筑面积 18.32 万平方米，可解决 2320 户中低收入职工家庭的住房问题。3 个试点项目贷款资金已发放并还清贷款本息。

（四）住房贡献率：2017 年，个人住房贷款发放额、公转商贴息贷款发放额、项目贷款发放额、住房消费提取额的总和与当年缴存额的比率为 119.85%，比上年减少 18.23 个百分点。

六、其他重要事项

（一）当年受委托办理贷款业务金融机构变更情况：2017 年，受委托办理贷款业务的金融机构增加了中信银行股份有限公司江门分行，减少了交通银行股份有限公司江门分行。

（二）当年住房公积金政策调整及执行情况：

1. 当年缴存政策调整情况：根据《江门市人民政府印发〈江门市关于进一步加快民营经济发展的若干措施〉的通知》（江府〔2016〕22 号）精神，从 2017 年 1 月 1 日起，我市降低民营企业住房公积金月缴存基数上限，最高不得超过我市统计部门公布的上一年度职工月平均工资的 3 倍。

根据《广东省住房和城乡建设厅、广东省发展和改革委员会、广东省财政厅、中国人民银行广州分行转发住房城乡建设部等部门关于规范和阶段性适当降低住房公积金缴存比例的通知》（粤建金〔2016〕126 号）和《江门市人民政府印发〈江门市关于进一步加快民营经济发展的若干措施〉的通知》（江府〔2016〕22 号）规定，公布了《关于 2017 年度住房公积金缴存调整有关问题的通知》（江房金字〔2017〕40 号），从7月1日起开展2017年度住房公积金缴存调整工作。

2017年度住房公积金月缴存基数为2016年度职工本人月平均工资，且不能超过规定的限额。蓬江区、江海区、新会区住房公积金月缴存基数上限为27766.25元，民营企业住房公积金月缴存基数上限为16659.75元。台山市、开平市、鹤山市、恩平市住房公积金月缴存基数上限为25569.15元，民营企业住房公积金月缴存基数上限为15341.49元。全市住房公积金月缴存基数下限均为1350元。职工2016年度月平均工资在上下限之间的，按实计缴，高于月缴存基数上限的按月缴存基数上限计缴。

2. 当年贷款政策调整情况：

（1）调整住房公积金贷款最高额度。2017年3月1日起，降低蓬江区、江海区、新会区住房公积金个人住房贷款首套房贷款最高额度，单缴存职工申请调整为25万元，两个或以上缴存职工共同申请调整为50万元。降低全市住房公积金个人住房贷款第二套房贷款最高额度，单缴存职工申请调整为20万元，两个或以上缴存职工共同申请调整为40万元。

（2）调整住房公积金个人住房贷款房屋套数认定标准。2017年3月1日起，职工家庭成员（包括借款人、配偶及未成年子女）没有住房公积金贷款记录的，认定为首套房贷款；职工家庭成员有过一次住房公积金贷款记录且已还清的，认定为第二套房贷款；职工家庭成员累计有过两次或两次以上住房公积金贷款记录的，停止发放住房公积金个人住房贷款。

（3）开办贴息贷款。2017年3月1日起，蓬江区、江海区、新会区和鹤山市开办贴息贷款。

（4）停办商业性个人住房贷款转住房公积金个人住房贷款。2017年7月1日起，台山市停办商业性个人住房贷款转住房公积金个人住房贷款。2017年8月1日起，开平市停办商业性个人住房贷款转住房公积金个人住房贷款。

3. 当年住房公积金存贷款利率执行标准： 2017年，我市住房公积金账户存款利率没有调整，按一年期定期存款基准利率（1.50%）执行。

2017年，我市住房公积金个人住房贷款利率没有调整，5年期（含）以下贷款年利率为2.75%，5年期以上至30年（含）的贷款年利率为3.25%。首套房贷款利率按照中国人民银行公布的基准利率执行，第二套房贷款利率按照同期首套房贷款利率上浮10%执行。

（三）当年服务改进情况：

1. **启用异地转移接续平台**。2017年6月30日，我市与全国其他城市公积金中心同步启用全国住房公积金异地转移接续平台，方便跨省市就业人员办理住房公积金转移接续业务。截至2017年末，受理异地转移业务579笔1265万元，其中转入业务333笔，转出业务246笔。

2. **基本建成综合服务平台**。建成12329热线、短信平台、门户网站、网上办事大厅、自助终端、官方微信、微博等服务平台，为缴存职工、缴存单位提供业务咨询、个人账户信息查询、预审业务办理、业务预约等服务，并通过省住房城乡建设厅验收。

（四）当年信息化建设情况： 对业务信息系统进行了升级改造，按照住房城乡建设部要求对贯彻基础数据标准和结算应用系统项目立项。

（五）当年所获荣誉情况： 2017年5月，市中心余慧琛同志被共青团江门市委员会评为"2016年度江门市优秀共青团员"。

湛江市住房公积金 2017 年年度报告

一、机构概况

（一）住房公积金管理委员会：湛江市住房公积金管理委员会有 25 名委员，2017 年召开四届一次会议，审议通过的事项主要包括：

1. 审议市住房公积金管理中心 2016 年工作总结及 2017 年工作计划报告；
2. 审议《2017 年湛江市住房公积金归集使用计划》；
3. 审议《住房公积金增值收益分配及廉（公）租住房建设补充资金安排》；
4. 审议《关于调整 2017 年度住房公积金缴存基数的通知》；
5. 审议市农村信用合作联社关于五家县联社承办住房公积金归集和贷款业务的请示；
6. 审议招商银行湛江分行承办住房公积金业务资格的请示；
7. 审议《湛江市住房公积金行政执法管理办法》；
8. 审议《湛江市住房公积金行政处罚自由裁量权规定》；
9. 关于《湛江市住房公积金 2016 年年度报告》的情况说明。

（二）住房公积金管理中心：湛江市住房公积金管理中心为市政府直属的不以营利为目的的独立事业单位，主要负责全市住房公积金的归集、管理、使用和会计核算等。中心内设综合科、财务科、筹集科、贷款科等 4 个科室以及雷州、廉江、吴川、遂溪、徐闻等 5 个办事处，办事处为市住房公积金中心派出机构，分别负责各县（市）住房公积金管理工作。从业人员 98 人，其中，在编 55 人，非在编 43 人。

二、业务运行情况

（一）缴存：2017 年，新开户单位 1018 家，实缴单位 7270 家，净增单位 771 家；新开户职工 3.67 万人，实缴职工 34.70 万人，净增职工 1.44 万人；缴存额 49.84 亿元，同比增长 7.12%。2017 年末，缴存总额 356.01 亿元，同比增长 16.28%；缴存余额 137.88 亿元，同比增长 6.96%。

受委托办理住房公积金缴存业务的银行 6 家，比上年增加 0 家。

（二）提取：2017 年，提取额 40.86 亿元，同比增长 22.19%；占当年缴存额的 81.99%，比上年增加 10.11 个百分点。2017 年末，提取总额 218.13 亿元，同比增长 23.05%。

（三）贷款：

个人住房贷款：个人住房贷款最高额度 40 万元（精装房 45 万元），其中，单缴存职工最高额度 20 万元（精装房 23 万元），双缴存职工最高额度 40 万元（精装房 45 万元）。

2017 年，发放个人住房贷款 1.01 万笔 27.82 亿元，同比分别增长 0.50%、减少 8.77%。

2017 年，回收个人住房贷款 14.37 亿元。

2017 年末，累计发放个人住房贷款 7.69 万笔 195.08 亿元，贷款余额 129.28 亿元，同比分别增长 15.20%、16.63%、11.61%。个人住房贷款余额占缴存余额的 93.77%，比上年增加 3.90 个百分点。

受委托办理住房公积金个人住房贷款业务的银行8家，比上年增加0家。

（四）购买国债：2017年，市住房公积金中心没有购买国债，（兑付、转让、收回）国债0亿元。2017年末，国债余额0.49亿元，比上年减少0元。

（五）资金存储：2017年末，住房公积金存款10.39亿元。其中，活期2.99亿元，1年（含）以下定期7.40亿元，1年以上定期0亿元，其他（协定、通知存款等）0亿元。

（六）资金运用率：2017年末，住房公积金个人住房贷款余额、项目贷款余额和购买国债余额的总和占缴存余额的94.12%，比上年增加3.88个百分点。

三、主要财务数据

（一）业务收入：2017年，业务收入42108.75万元，同比增长9.63%。其中，存款利息2381.16万元，委托贷款利息39560.71万元，国债利息166.88万元，其他0万元。

（二）业务支出：2017年，业务支出23026.66万元，同比下降11.41%。其中，支付职工住房公积金利息18695.60万元，归集手续费2349.20万元，委托贷款手续费1975.84万元，其他6.02万元。

（三）增值收益：2017年，增值收益19082.09万元，同比增长53.69%。其中，增值收益率1.43%，比上年增加0.42个百分点。

（四）增值收益分配：2017年，提取贷款风险准备金1344.97万元，提取管理费用1949.72万元，提取城市廉租住房（公共租赁住房）建设补充资金15787.40万元。

2017年，上交财政管理费用1949.72万元。上缴财政城市廉租住房（公共租赁住房）建设补充资金13676.06万元。

2017年末，贷款风险准备金余额12928.40万元。累计提取城市廉租住房（公共租赁住房）建设补充资金95596.42万元。

（五）管理费用支出：2017年，管理费用支出1925.35万元，同比增长18.03%。其中，人员经费686.57万元，公用经费116.16万元，专项经费1122.62万元。

四、资产风险状况

个人住房贷款：2017年末，个人住房贷款逾期额455.81万元，逾期率0.35‰。

个人贷款风险准备金按贷款余额的1%提取。2017年，提取个人贷款风险准备金1344.97万元，使用个人贷款风险准备金核销呆坏账0万元。2017年末，个人贷款风险准备金余额12928.40万元，占个人住房贷款余额的1%，个人住房贷款逾期额与个人贷款风险准备金余额的比率为3.53%。

五、社会经济效益

（一）缴存业务：2017年，实缴单位数、实缴职工人数和缴存额同比分别增长11.86%、4.33%和7.12%。

缴存单位中，国家机关和事业单位占34.73%，国有企业占27.63%，城镇集体企业占2.09%，外商投资企业占1.42%，城镇私营企业及其他城镇企业占30.40%，民办非企业单位和社会团体占2.90%，其他占 0.83%。

缴存职工中，国家机关和事业单位占 48.92%，国有企业占 30.80%，城镇集体企业占 2.28%，外商投资企业占 2.78%，城镇私营企业及其他城镇企业占 13.45%，民办非企业单位和社会团体占 1.71%，其他占 0.06%；中、低收入占 96.07%，高收入占 3.93%。

新开户职工中，国家机关和事业单位占 22.55%，国有企业占 16.84%，城镇集体企业占 2.36%，外商投资企业占 4.98%，城镇私营企业及其他城镇企业占 49.29%，民办非企业单位和社会团体占 3.71%，其他占 0.27%；中、低收入占 99.37%，高收入占 0.63%。

（二）提取业务：2017 年，10.95 万名缴存职工提取住房公积金 40.86 亿元。

提取金额中，住房消费提取占 79.23%（购买、建造、翻建、大修自住住房占 44.58%，偿还购房贷款本息占 34.64%，租赁住房占 0.01%，其他占 0%）；非住房消费提取占 20.77%（离休和退休提取占 14.94%，完全丧失劳动能力并与单位终止劳动关系提取占 0.05%，户口迁出本市或出境定居占 0.98%，其他占 4.80%）。

提取职工中，中、低收入占 90.20%，高收入占 9.80%。

（三）贷款业务：

1. **个人住房贷款**：2017 年，支持职工购建房 113.80 万平方米，年末个人住房贷款市场占有率为 25.49%，比上年减少 0.88 个百分点。通过申请住房公积金个人住房贷款，可节约职工购房利息支出 76,988.41 万元。

职工贷款笔数中，购房建筑面积 90（含）平方米以下占 17.97%，90～144（含）平方米占 71.98%，144 平方米以上占 10.05%。购买新房占 88.10%（其中购买保障性住房占 0%），购买存量商品住房占 11.89%，建造、翻建、大修自住住房占 0.01%，其他占 0%。

职工贷款笔数中，单缴存职工申请贷款占 96.39%，双缴存职工申请贷款占 3.61%，三人及以上缴存职工共同申请贷款占 0%。

贷款职工中，30 岁（含）以下占 31.05%，30 岁～40 岁（含）占 32.39%，40 岁～50 岁（含）占 27.93%，50 岁以上占 8.63%；首次申请贷款占 94.60%，二次及以上申请贷款占 5.40%；中、低收入占 94.39%，高收入占 5.61%。

2. **异地贷款**：2017 年，发放异地贷款 578 笔 15005.60 万元。2017 年末，发放异地贷款总额 98818.60 万元，异地贷款余额 69031.94 万元。

（四）住房贡献率：2017 年，个人住房贷款发放额、公转商贴息贷款发放额、项目贷款发放额、住房消费提取额的总和与当年缴存额的比率为 120.78%，比上年增加 0.26 个百分点。

六、其他重要事项

（一）当年机构及职能调整情况、受委托办理缴存贷款业务金融机构变更情况：2017 年，本市受委托办理住房公积金缴存业务的银行共计六家，受委托办理住房公积金贷款业务的银行共计八家，对比上年均没有变化。

（二）当年住房公积金政策调整及执行情况：

1. **住房公积金缴存基数限额及确定方法**：本缴存年度（2017 年 7 月 1 日至 2018 年 6 月 30 日）的缴

存月工资基数不得低于本市的最低月工资标准（1210元），原则上不得超过本市当地统计部门公布的上一年度职工月平均工资总额的3倍，即缴存月工资基数的上限分别为：湛江市区16806元；廉江市12810元；雷州市9207元；吴川市11559元；遂溪县12654元；徐闻县11388元。经济效益好的缴存单位，可按月均工资基数据实缴存，但最高不得超过：湛江市区28010元；廉江市21350元；雷州市15345元；吴川市19265元；遂溪县21090元；徐闻县18980元。工资总额按国家统计局《关于工资总额组成的规定》（统制字〔1990〕1号）计算。

2. 住房公积贷款额度、条件及政策调整情况：2017年3月7日印发《关于调整湛江市住房公积金个人住房贷款政策有关问题的通知》（湛公积金委〔2017〕1号），自2017年4月1日起，原来的按4个档次缴存年限核定贷款额度调整为按5个档次缴存年限核定贷款额度，每户最高贷款额度原则上不超过40万元（精装房45万元）；同时因个贷率已超过90%，暂停异地缴存职工的住房公积金贷款申请（与湛江市住房公积金管理中心签订业务合作协议的城市除外）。

3. 住房公积金存贷款利率执行标准：市住房公积金中心存贷款利率按中国人民银行规定执行。住房公积金个人住房贷款期限为1至5年（含5年）的，贷款年利率为2.75%；贷款期限为5年以上的，贷款年利率为3.25%。

（三）当年服务改进情况：

住房公积金业务及服务创新情况：

（1）创新服务提效能。建立了综合电子档案管理系统，实现业务电子化办理；建成使用住房公积金联名卡，实现"一柜办结、即时到账"；开通使用异地转移接续平台，实现"账随人走，钱随账走"；建立综合服务大厅，实行"一体化"办事，群众办理住房公积金业务更加高效。

（2）打通"最后一公里"。深入开展上门服务、实现"上门一站式服务"；预约服务、延时服务，坚持延长上班服务时间，为最后一名办事群众办结业务；志愿者服务，群众办理业务更加便捷、高效，始终以主动、优质、高效、特色的住房公积金服务，连接了"服务最后一公里"，实现"群众办事最多跑一次"，只要办事群众需要，只要群众办事方便，随时做好服务群众的工作。2017年，中心到湛江市华盛新城城市花园等72个开发楼盘开展贷款、提取等政策业务培训78次，培训楼盘工作人员1013人次。到湛江银帆花园等42个楼盘上门服务42次，集中办理贷款549笔。开展预约办件服务1958次，办理提取业务5368件。

（3）建设综合服务平台。优化服务方式方法，构建"互联网＋住房公积金政务服务"，实现"让信息多跑路，群众少跑腿"的服务方式，使住房公积金办事群众"最多跑一次"，甚至不需要跑腿，通过住房公积金系统服务终端逐步实现缴存职工不需要到公积金中心就能办理好住房公积金业务，轻松使用住房公积金。

（四）当年信息化建设情况：2017年，积极开展档案数据化管理工作，进一步完善和优化业务系统架构，建立了综合电子档案管理系统；对现有住房公积金业务管理系统进行技术保障运维服务，保障业务管理系统的稳定和实用性；资金管理系统正式上线运行，各办事处住房公积金专户实行零余额管理，加强资金统筹管理有利于扩大资金规模化；同时根据住房城乡建设部"双贯标"和全面深化"放管服"改革的要求，结合中心立足"社会保障、金融管理、政务服务"的工作需求，加快推进新一代智慧住房公积金信息管理系统的建设工作。

(五)当年住房公积金管理中心及职工所获荣誉情况:2017年,市住房公积金中心被评为全国住房城乡建设系统先进集体、湛江市"标兵窗口单位"、湛江市十大书香单位、湛江市先进职工之家,荣获广东省直单位第五届工作技能大赛暨县(市)邀请赛优秀组织奖、湛江市"学精神、鼓干劲"机关工作技能大赛工作创优类第三名、湛江市职工学习党的十九大精神知识竞赛三等奖。

(六)当年对违反《住房公积金管理条例》和相关法规行为进行行政处罚和申请人民法院强制执行情况:2017年6月作出对不办理住房公积金缴存登记的广东半岛集团有限公司处2万元罚款的决定。

茂名市住房公积金 2017 年年度报告

一、机构概况

(一)住房公积金管理委员会:市住房公积金管理委员会有22名委员,2017年,召开了两次全体会议,审议通过了2016年度住房公积金归集、使用计划执行情况报告,听取了中心2017年1~5月住房公积金工作报告,并对其他重要事项进行决策,主要包括2017年度住房公积金归集计划和使用计划、2016年度住房公积金增值收益分配方案、2016年年度报告,以及调整住房公积金有关使用政策和继续开展贷款融资解决资金流动性不足等相关事项。

(二)住房公积金管理中心:市住房公积金管理中心为直属市人民政府不以营利为目的的参照公务员管理的副处级事业单位,设6个科,4个管理部。从业人员94人,其中,在编51人,非在编43人。

二、业务运行情况

(一)缴存:2017年,新开户单位328家,实缴单位4183家,净增单位45家;新开户职工2.24万人,实缴职工23.92万人,净增职工0.14万人;缴存额33.75亿元,同比增长9.68%。2017年末,缴存总额233.91亿元,同比增长16.86%;缴存余额99.29亿元,同比增长6.58%。

受委托办理住房公积金缴存业务的银行7家,与上年相同。

(二)提取:2017年,提取额27.62亿元,同比增长26.35%;占当年缴存额的81.84%,比上年增加10.80个百分点。2017年末,提取总额134.62亿元,同比增长25.81%。

(三)贷款:

个人住房贷款:个人住房贷款最高额度45万元,其中,单缴存职工最高额度30万元,双缴存职工最高额度45万元。

2017年,发放个人住房贷款0.74万笔22.87亿元,同比分别增长16.16%、6.74%。2017年,回收个人住房贷款9.45亿元。

2017年末，累计发放个人住房贷款5.41万笔140.10亿元，贷款余额92.96亿元，同比分别增长15.92%、19.52%、16.88%。个人住房贷款余额占缴存余额的93.63%，比上年增加8.26个百分点。

受委托办理住房公积金个人住房贷款业务的银行7家，与上年相同。

（四）**购买国债**：2017年，没有购买国债，没有兑付国债。2017年末，国债余额0.3亿元，与上年相同。

（五）**融资**：2017年，融资1.15亿元，归还1.98亿元。2017年末，融资总额2.33亿元，融资余额0.35亿元。

（六）**资金存储**：2017年末，住房公积金存款8.31亿元。其中，活期0.02亿元，1年以上定期4.24亿元，其他（协定、通知存款等）4.05亿元。

（七）**资金运用率**：2017年末，住房公积金个人住房贷款余额和购买国债余额的总和占缴存余额的93.93%，比上年增加8.23个百分点。

三、主要财务数据

（一）**业务收入**：2017年，业务收入33307.57万元，同比增长5.78%。存款利息收入5759.54万元，委托贷款利息收入27970.56万元，国债利息收入－422.53万元（于2017年4月5日，根据茂盈恒信专审字〔2017〕第11号对应收利息-国债利息的差额调账，会计凭证号第0083号），无其他收入。

（二）**业务支出**：2017年，业务支出16787.74万元，同比下降1.13%。支付住房公积金利息支出14647.54万元，归集手续费支出316.82万元，委托贷款手续费支出1392.48万元，其他支出430.90万元。

（三）**增值收益**：2017年，增值收益16519.82万元，同比增长13.87%。增值收益率1.70%，比上年增加0.08个百分点。

（四）**增值收益分配**：2017年，提取贷款风险准备金6661.82万元，提取管理费用1493万元，提取城市廉租住房（公共租赁住房）建设补充资金8365万元。

2017年，上交财政管理费用1533万元。上缴财政城市廉租住房（公共租赁住房）建设补充资金10944万元。

2017年末，贷款风险准备金余额18593.57万元。累计提取城市廉租住房（公共租赁住房）建设补充资金82254.69万元。

（五）**管理费用支出**：2017年，管理费用支出1978.83万元，同比增长4.45%。其中，人员经费1093.99万元，公用经费109.75万元，专项经费775.09万元。

四、资产风险状况

个人住房贷款：2017年末，个人住房贷款逾期额227.30万元，逾期率0.24‰。

个人贷款风险准备金按贷款余额的2.00%提取。2017年，提取个人贷款风险准备金6661.82万元，当年未使用个人贷款风险准备金核销，2017年末，个人贷款风险准备金余额18593.57万元，占个人住房贷款余额的2.00%，个人住房贷款逾期额与个人贷款风险准备金余额的比率为1.22%。

五、社会经济效益

（一）**缴存业务**：2017年，实缴单位数、实缴职工人数和缴存额同比分别增长1.09%、0.59%和9.68%。

缴存单位中，国家机关和事业单位占70.05%，国有企业占7.67%，城镇集体企业占1.63%，外商投资企业占3.68%，城镇私营企业及其他城镇企业占10.73%，民办非企业单位和社会团体占1.10%，其他占5.14%。

缴存职工中，国家机关和事业单位占66.41%，国有企业占12.82%，城镇集体企业占2.12%，外商投资企业占4.19%，城镇私营企业及其他城镇企业占6.54%，民办非企业单位和社会团体占0.22%，其他占7.70%；中、低收入占98.55%，高收入占1.45%。

新开户职工中，国家机关和事业单位占34.11%，国有企业占8.50%，城镇集体企业占1.61%，外商投资企业占3.17%，城镇私营企业及其他城镇企业占36.00%，民办非企业单位和社会团体占1.52%，其他占15.09%；中、低收入占99.86%，高收入占0.14%。

（二）**提取业务**：2017年，5.75万名缴存职工提取住房公积金27.62亿元。

提取金额中，住房消费提取占82.17%（购买、建造、翻建、大修自住住房占46.75%，偿还购房贷款本息占35.08%，租赁住房占0.23%，其他占0.11%）；非住房消费提取占17.83%（离休和退休提取占15.06%，完全丧失劳动能力并与单位终止劳动关系提取占1.27%，户口迁出本市或出境定居占0.79%，其他占0.71%）。

提取职工中，中、低收入占97.89%，高收入占2.11%。

（三）**贷款业务**：

1. **个人住房贷款**：2017年，支持职工购建房96.65万平方米，年末个人住房贷款市场占有率为21.20%，比上年减少2.44个百分点。通过申请住房公积金个人住房贷款，可节约职工购房利息支出47590万元。

职工贷款笔数中，购房建筑面积90（含）平方米以下占6.95%，90~144（含）平方米占68.07%，144平方米以上占24.98%。购买新房占90.93%，购买存量商品住房占9.07%。

职工贷款笔数中，单缴存职工申请贷款占17.21%，双缴存职工申请贷款占81.58%，三人及以上缴存职工共同申请贷款占1.21%。

贷款职工中，30岁（含）以下占17.66%，30岁~40岁（含）占40.42%，40岁~50岁（含）占32.15%，50岁以上占9.77%；首次申请贷款占90.60%，二次及以上申请贷款占9.40%；中、低收入占98.32%，高收入占1.68%。

2. **异地贷款**：2017年，发放异地贷款802笔20146万元。2017年末，发放异地贷款总额54071.30万元，异地贷款余额48990.71万元。

（四）**住房贡献率**：2017年，个人住房贷款发放额、住房消费提取额的总和与当年缴存额的比率为135.03%，比上年增加6.33个百分点。

六、其他重要事项

（一）**当年住房公积金政策调整及执行情况**：一是调整缴存基数限额。按照市统计局提供的2016年度市直及各区、县级市在岗职工月平均工资数据的3倍，确定了2017年度市直以及各区、县级市缴存基数上限分别为：即市区（含市直、茂南、电白，下同）17832元、高州14567元、化州13219元、信宜13808元。经济效益好的缴存单位，职工月平均工资市区高于17832元，高州高于14567元，化州高于13219元，信宜高于13808元的，暂可据实申报职工的缴存基数，但市区不得高于29720元，高州不得高于24279元，化州不得高于22032元，信宜不得高于23013元。全市缴存基数不低于1210元。二是对住房公积金有关使用政策进行调整。①暂停预提取使用职工本人及配偶账户内的住房公积金交付首期房款；②职工连续足额缴存住房公积金一年（含）以上方可申请住房公积金个人住房贷款。③职工只有在本人或其配偶住房公积金缴存地、工作所在地或户籍所在地购买住房，方可申请提取本人及配偶账户的住房公积金购买住房或偿还住房贷款。职工或其配偶在非本人住房公积金缴存地、工作所在地或户籍所在地购房，不予办理住房公积金提取购房或偿还住房贷款（与茂名市住房公积金管理中心签订业务合作协议的北海市、钦州市、防城港市、玉林市、海口市、儋州市、湛江市、肇庆市、阳江市、云浮市除外）；④两人（含）以上申请住房公积金贷款购买同一套普通自住住房最高贷款额度由60万元调整为45万元，一人申请住房公积金贷款最高贷款额度由40万元调整为30万元，贷款最高额度不能超过职工住房公积金账户余额的8倍，贷款最低起贷额度为10万元；⑤加强征信管理，对借款申请人及其配偶或共同申请人在征信系统内有连续3期、累计6期未按时还款的，或有骗提、骗贷住房公积金行为的，5年内不予审批其住房公积金个人住房贷款。

（二）当年服务改进情况：一是进一步发挥在线客户服务平台作用，全年为职工提供热线电话服务10922人次，网上答复437件，提供语音服务12556人次。二是依托新一代住房公积金综合管理信息系统，实现了住房公积金提取业务一柜办结，职工办完手续后，系统直接向其关联银行卡划款，资金实时到账，结束了职工到中心柜台办理提取审批后还要到银行"二次排队"取款的历史；推出了住房公积金按月对冲还贷、逐年还贷提取业务；三是打造了公积金综合服务平台，开通了12329热线、12329短信、政务网站、网上办事大厅、微信公众号、手机APP、自助终端、微博等八大服务渠道，实现了信息查询、信息发布、互动交流和部分业务办理功能，大大提升了中心的服务水平，受了职工的普遍好评。

（三）当年信息化建设情况：一是全力抓好中心新一代住房公积金综合信息管理系统的建设工作。2017年5月22日，中心新系统全面上线运行，实现了信息系统的更新换代和住房城乡建设部"两个标准"的贯彻落实。新系统的成功上线，推进了我市住房公积金业务数据体系的科学化、标准化、规范化建设，提升了住房公积金信息化建设水平、风险防控能力、业务服务质量和综合管理效率。8月18日，中心"双贯标"工作顺利通过了住房城乡建设部和省住房城乡建设厅"双贯标"检查组的验收，成为我省首家完成"双贯标"工作并通过验收的单位；二是根据省住房城乡建设厅的要求，积极配合完成了省级住房公积金监管信息系统项目落地的相关工作；三是按照省住房城乡建设厅、省信息中心以及市政管办的要求，按时完成了住房公积金缴存信息查询服务的接口接入工作，进一步提高了公积金的便民服务水平。

（四）当年对违反《住房公积金管理条例》和相关法规行为进行行政处罚和申请人民法院强制执行情况：针对部分单位不按规定建立住房公积金制度或停缴的现象，共发出催缴通知书4000份，进行电话和上门催缴近600人次；行政执法15宗。

肇庆市住房公积金 2017 年年度报告

一、机构概况

（一）**住房公积金管理委员会**。住房公积金管理委员会有 21 名委员，2017 年召开了 1 次会议，审议通过的事项主要包括：

1. 审议通过《肇庆市住房公积金 2016 年年度报告》；
2. 审议通过 2016 年度住房公积金增值收益分配方案；
3. 审议通过流动性资金贷款；
4. 审议通过住房公积金购房贴息贷款业务。

（二）**住房公积金管理中心**。住房公积金管理中心为直属肇庆市人民政府的不以营利为目的的参公事业单位，主要负责全市住房公积金的归集、管理、使用和会计核算。中心内设业务部、贷款部、综合部、财务部、稽核内审部、法规部、信息部、档案部、12329 热线部共 9 个部室，下设鼎湖、高要、四会、广宁、德庆、封开、怀集、高新区 8 个住房公积金管理部。从业人员 127 人，其中，在编 39 人，非在编 88 人。

二、业务运行情况

（一）**缴存**。2017 年，新开户单位 367 家，实缴单位 3608 家，净增单位 240 家；新开户职工 3.09 万人，实缴职工 23.35 万人，净增职工 1.64 万人；缴存额 29.85 亿元，同比增长 9.5%。2017 年末，缴存总额 186.59 亿元，同比增长 19.04%；缴存余额 65.4 亿元，同比增长 4.31%。

受委托办理住房公积金缴存业务的银行 15 家，银行数量与去年持平。

（二）**提取**。2017 年，提取额 27.16 亿元，同比下降 0.26%；占当年缴存额的 90.99%，比上年减少 8.9 个百分点。2017 年末，提取总额 121.2 亿元，同比增长 28.88%。

（三）**贷款**。

个人住房贷款：个人住房贷款最高额度 28 万元，其中，单位缴存职工最高额度 28 万元，双缴存职工最高额度 56 万元。

2017 年，发放个人住房贷款 0.66 万笔 18.05 亿元，同比分别增长-9.59%、-6.14%。

2017 年，回收个人住房贷款 6.25 亿元。

2017 年末，累计发放个人住房贷款 5.00 万笔 99.92 亿元，贷款余额 70.08 亿元，同比分别增长 15.21%、22.05%、20.27%。个人住房贷款余额占缴存余额的 107.16%，比上年增加 14.22 个百分点。

受委托办理住房公积金个人住房贷款业务的银行 14 家，与去年持平。

（四）**融资**。2017 年，融资 6.001 亿元，归还 0.0055 亿元。2017 年末，融资总额 6.001 亿元，融资余额 5.9955 亿元。

（五）**资金存储**。2017 年末，住房公积金存款 2.36 亿元。其中，活期 0.05 亿元，1 年（含）以下定期 0.45 亿元，1 年以上定期 0 亿元，其他（协定、通知存款等）1.86 亿元。

（六）资金运用率。2017 年末，住房公积金个人住房贷款余额、项目贷款余额和购买国债余额的总和占缴存余额的 107.16%，比上年增加 14.22 个百分点。

三、主要财务数据

（一）业务收入。2017 年，业务收入 21191.32 万元，同比增长 4.44%。存款利息－333.18 万元，委托贷款利息 21515.4 万元，国债利息 0 万元，其他 9.1 万元。

（二）业务支出。2017 年，业务支出 13696.03 万元，同比增长 5.36%。支付职工住房公积金利息 9653.63 万元，归集手续费 1440.88 万元，委托贷款手续费 1075.94 万元，其他 1525.58 万元。

（三）增值收益。2017 年，增值收益 7495.29 万元，同比增长 2.79%。增值收益率 1.17%，比上年增加 0 个百分点。

（四）增值收益分配。2017 年，提取贷款风险准备金 1180.33 万元，提取管理费用 3255.33 万元，提取城市廉租住房（公共租赁住房）建设补充资金 3059.63 万元。

2017 年，上交财政管理费用 3255.33 万元。上缴财政城市廉租住房（公共租赁住房）建设补充资金 3330.31 万元。

2017 年末，贷款风险准备金余额 7007.76 万元。累计提取城市廉租住房（公共租赁住房）建设补充资金 42467.36 万元。

（五）管理费用支出。2017 年，管理费用支出 2302.11 万元，同比增长 4.03%。其中，人员经费 640.00 万元，公用经费 65.44 万元，专项经费 1596.67 万元。

四、资产风险状况

个人住房贷款：2017 年末，个人住房贷款逾期额 924.96 万元，逾期率 1.32‰。

个人贷款风险准备金按贷款余额的 1% 提取。2017 年，提取个人贷款风险准备金 1180.33 万元，使用个人贷款风险准备金核销呆坏账 0 万元。2017 年末，个人贷款风险准备金余额 7007.76 万元，占个人住房贷款余额的 1%，个人住房贷款逾期额与个人贷款风险准备金余额的比率为 13.2%。

五、社会经济效益

（一）缴存业务。2017 年，实缴单位数、实缴职工人数和缴存额同比分别增长 7.13%、5.53% 和 9.52%。

缴存单位中，国家机关和事业单位占 47.78%，国有企业占 16.49%，城镇集体企业占 3.1%，外商投资企业占 0.89%，城镇私营企业及其他城镇企业占 25.19%，民办非企业单位和社会团体占 2.61%，其他占 3.94%。

缴存职工中，国家机关和事业单位占 50.74%，国有企业占 21.5%，城镇集体企业占 2.78%，外商投资企业占 2.66%，城镇私营企业及其他城镇企业占 20.46%，民办非企业单位和社会团体占 0.02%，其他占 1.84%；中、低收入占 97.4%，高收入占 2.6%。

新开户职工中，国家机关和事业单位占 19.32%，国有企业占 11.20%，城镇集体企业占 2%，外商投资企业占1.74%，城镇私营企业及其他城镇企业占49.29%，民办非企业单位和社会团体占0.01%，其他占16.44%；中、低收入占99.8%，高收入占0.2%。

（二）提取业务。2017年，8.69万名缴存职工提取住房公积金27.16亿元。

提取金额中，住房消费提取占87.21%（购买、建造、翻建、大修自住住房占14.28%，偿还购房贷款本息占72.27%，租赁住房占0.65%，其他占0.01%）；非住房消费提取占12.79%（离休和退休提取占9.69%，完全丧失劳动能力并与单位终止劳动关系提取占0.01%，户口迁出本市或出境定居占1.5%，其他占1.59%）。

提取职工中，中、低收入占95.84%，高收入占4.16%。

（三）贷款业务。

1. **个人住房贷款**：2017年，支持职工购建房79.97万平方米，年末个人住房贷款市场占有率为3.75%，比上年减少11.54个百分点。通过申请住房公积金个人住房贷款，可节约职工购房利息支出2978.3万元。

职工贷款笔数中，购房建筑面积90（含）平方米以下占10.03%，90～144（含）平方米占76.09%，144平方米以上占13.88%。购买新房占80.71%（其中购买保障性住房占1%），购买存量商品住房占19.27%，建造、翻建、大修自住住房占0.02%，其他占0%。

职工贷款笔数中，单缴存职工申请贷款占70.81%，双缴存职工申请贷款占29.11%，三人及以上缴存职工共同申请贷款占0.08%。

贷款职工中，30岁（含）以下占35.28%，30岁～40岁（含）占35.10%，40岁～50岁（含）占23.01%，50岁以上占6.61%；首次申请贷款占95.56%，二次及以上申请贷款占4.44%；中、低收入占90.9%，高收入占9.10%。

2. **异地贷款**：2017年，发放异地贷款752笔19225万元。2017年末，发放异地贷款总额45942.7万元，异地贷款余额42263.36万元。

（四）住房贡献率。2017年，个人住房贷款发放额、公转商贴息贷款发放额、项目贷款发放额、住房消费提取额的总和与当年缴存额的比率为139.81%，比上年减少19.95个百分点。

六、其他重要事项

（一）2017年缴存基数限额及确定方法、缴存比例调整情况。

1. **缴存基数**：住房公积金缴存基数为职工本人上年度月平均工资总额，且月缴存基数不得超过肇庆市统计部门公布的2016年度职工月平均工资的5倍。2016年度我市城镇在岗职工月平均工资最高为5659.00元，2017年度住房公积金月缴存基数最高限额为：5659.00×5=28295.00元。同时，职工住房公积金月缴存基数超过本市统计部门公布的2016年度职工月平均工资3倍或缴存比例分别超过12%的，需计征个人所得税。2017年度住房公积金缴存基数从2017年7月1日起执行。

2. **缴存比例**：根据相关文件规定，目前我市的住房公积金缴存比例是职工上一年度月平均工资的5%-12%。

（二）2017年住房公积金存贷款利率调整及执行情况。2017年住房公积金的存贷款利率仍执行《中国人民银行关于下调金融机构人民币贷款和存款基准利率并进一步推进利率市场化改革的通知》（银发〔2015〕

265号）的标准。其中，五年期以下（含五年）贷款利率为2.75%；五年期以上贷款利率为3.25%。

（三）**开展流动资金贷款业务，紧急应对资金风险**。近两年来，住房城乡建设部和省住房城乡建设厅等部门就用足用好住房公积金，积极为去库存服务，多次召开会议并下发文件进行指导部署。为了贯彻上级部门的指示要求，我市也出台了一系列措施降低了住房公积金贷款门槛，放宽了住房公积金提取和贷款条件。新政的实施使职工贷款、提取等资金需求的激增，住房公积金流动性不足的问题不断显现，使我市公积金流动资金紧张形势前所未有。为紧急应对资金风险，经市住房公积金管理委员会批准，向商业银行借入流动资金6.001亿元用于发放住房公积金贷款。

（四）**信息化建设情况**。

1. 完成了公积金综合服务平台的建设，将原有7大服务渠道（12329热线、12329短信、官方网站、网上办事大厅、自助服务终端、微信、手机APP）进行了整合，实现后台统一认证、统一管理，统一分析。同时在网上办事大厅增加了个人开户、个人退休提取及电子签章功能，在微信和手机APP增加了个人退休提取功能，在自助服务终端增加了个人异地贷款证明打印功能。

2. 完成了"双贯标"建设，即系统基础数据贯彻标准和系统结算应用接入贯彻标准。根据住房城乡建设部"双贯标"的要求，完成了对业务信息系统的改造升级并通过了住房城乡建设部的验收。

（五）**当年对违反《住房公积金管理条例》和相关法规行为进行行政处罚和申请人民法院强制执行情况**。2017年有1宗单位少缴住房公积金的行政诉讼案件结案，肇庆市住房公积金管理中心胜诉，并向人民法院申请了强制执行，已执行完毕。

惠州市住房公积金2017年年度报告

一、机构概况

（一）**住房公积金管理委员会**：住房公积金管理委员会有31名委员，2017年召开1次会议，审议通过的事项主要包括：《2016年度惠州市住房公积金增值收益分配方案》《2016年度惠州市住房公积金归集、使用计划执行情况的报告》《2016年度惠州市住房公积金财务报告》《惠州市住房公积金2016年年度报告》《2017年度惠州市住房公积金归集、使用计划的报告》《2017年度惠州市住房公积金结余资金转存定期的计划》，审议批准《关于将信息化建设、政策宣传、购买服务人员等费用在住房公积金成本列支的请示》《关于惠州市住房公积金运营和监管系统升级改造的请示》《关于提高住房公积金贷款额度的请示》，原则通过了《关于进一步规范缴存基数、缴存比例和缴存信息的请示》。

（二）**住房公积金管理中心**：住房公积金管理中心为直属市人民政府不以营利为目的的参公管理事业单位，设4个处（科），6个管理部，0个分中心。从业人员78人，其中，在编53人，非在编25人。

二、业务运行情况

（一）**缴存**：2017年，新开户单位954家，实缴单位6225家，净增单位162家；新开户职工21.66

万人,实缴职工60.65万人,净增职工4.16万人;缴存额63.93亿元,同比增长9.25%。2017年末,缴存总额395.25亿元,同比增长19.30%;缴存余额145.91亿元,同比增长14.10%。

受委托办理住房公积金缴存业务的银行10家,比上年增长0家。

(二)提取:2017年,提取额45.90亿元,同比增长9.58%;占当年缴存额的71.79%,比上年增加0.21个百分点。2017年末,提取总额249.34亿元,同比增长22.56%。

(三)贷款:

个人住房贷款:个人住房贷款最高额度50.00万元,其中,单缴存职工最高额度30.00万元,双缴存职工最高额度50.00万元。

2017年,发放个人住房贷款0.46万笔14.07亿元,同比分别减少57.59%、减少48.41%。

2017年,回收个人住房贷款13.36亿元。

2017年末,累计发放个人住房贷款8.44万笔173.03亿元,贷款余额108.37亿元,同比分别增长5.74%、增长8.85%、增长0.66%。个人住房贷款余额占缴存余额的74.27%,比上年减少9.92个百分点。

受委托办理住房公积金个人住房贷款业务的银行18家,比上年增加0家。

(四)资金存储:2017年末,住房公积金存款37.54亿元。其中,活期0.83亿元,1年(含)以下定期20.59亿元,1年以上定期14.44亿元,其他(协定、通知存款等)1.68亿元。

(五)资金运用率:2017年末,住房公积金个人住房贷款余额、项目贷款余额和购买国债余额的总和占缴存余额的74.27%,比上年减少9.92个百分点。

三、主要财务数据

(一)业务收入:2017年,业务收入44549.03万元,同比增长8.01%。存款利息8896.25万元,委托贷款利息35652.78万元,国债利息0.00万元,其他0.00万元。

(二)业务支出:2017年,业务支出25982.50万元,同比减少3.68%。支付职工住房公积金利息21389.06万元,归集手续费2748.63万元,委托贷款手续费1781.74万元,其他63.08万元。

(三)增值收益:2017年,增值收益18566.53万元,同比增长30.09%。增值收益率1.35%,比上年增长0.15个百分点。

(四)增值收益分配:2017年,提取贷款风险准备金4716.53万元,提取管理费用1850.00万元,提取城市廉租住房(公共租赁住房)建设补充资金12000.00万元。

2017年,上交财政管理费用1850.00万元。上缴财政城市廉租住房(公共租赁住房)建设补充资金10000.00万元。

2017年末,贷款风险准备金余额22944.26万元。累计提取城市廉租住房(公共租赁住房)建设补充资金85247.00万元。

(五)管理费用支出:2017年,管理费用支出1920.04万元,同比增长1.48%。其中,人员经费1128.58万元,公用经费142.35万元,专项经费649.11万元。

四、资产风险状况

个人住房贷款:2017年末,个人住房贷款逾期额770.70万元,逾期率0.71‰。

个人贷款风险准备金按贷款余额的 2.00% 提取。2017 年,提取个人贷款风险准备金 4716.53 万元,使用个人贷款风险准备金核销呆坏账 0.00 万元。2017 年末,个人贷款风险准备金余额 22944.26 万元,占个人住房贷款余额的 2.12%,个人住房贷款逾期额与个人贷款风险准备金余额的比率为 3.36%。

五、社会经济效益

(一) 缴存业务:2017 年,实缴单位数、实缴职工人数和缴存额同比分别增长 2.67%、增长 7.37% 和增长 9.25%。

缴存单位中,国家机关和事业单位占 28.26%,国有企业占 6.32%,城镇集体企业占 2.31%,外商投资企业占 10.52%,城镇私营企业及其他城镇企业占 44.76%,民办非企业单位和社会团体占 6.35%,其他占 1.48%。

缴存职工中,国家机关和事业单位占 24.45%,国有企业占 6.95%,城镇集体企业占 0.62%,外商投资企业占 23.37%,城镇私营企业及其他城镇企业占 41.70%,民办非企业单位和社会团体占 2.16%,其他占 0.75%;中、低收入占 98.63%,高收入占 1.37%。

新开户职工中,国家机关和事业单位占 3.62%,国有企业占 3.17%,城镇集体企业占 0.19%,外商投资企业占 29.92%,城镇私营企业及其他城镇企业占 59.98%,民办非企业单位和社会团体占 2.31%,其他占 0.81%;中、低收入占 99.81%,高收入占 0.19%。

(二) 提取业务:2017 年,26.56 万名缴存职工提取住房公积金 45.90 亿元。

提取金额中,住房消费提取占 78.79%(购买、建造、翻建、大修自住住房占 27.45%,偿还购房贷款本息占 50.43%,租赁住房占 0.21%,其他占 0.70%);非住房消费提取占 21.21%(离休和退休提取占 8.31%,完全丧失劳动能力并与单位终止劳动关系提取占 0.00%,户口迁出本市或出境定居占 12.64%,其他占 0.27%)。

提取职工中,中、低收入占 97.21%,高收入占 2.79%。

(三) 贷款业务:

1. **个人住房贷款**:2017 年,支持职工购建房 49.45 万平方米,年末个人住房贷款市场占有率为 4.95%,比上年减少 2.05 个百分点。通过申请住房公积金个人住房贷款,可节约职工购房利息支出 46200.00 万元。

职工贷款笔数中,购房建筑面积 90(含)平方米以下占 36.00%,90~144(含)平方米占 47.01%,144 平方米以上占 16.99%。购买新房占 71.00%(其中购买保障性住房占 0.24%),购买存量商品住房占 23.14%,建造、翻建、大修自住住房占 0.00%,其他占 5.85%。

职工贷款笔数中,单缴存职工申请贷款占 62.01%,双缴存职工申请贷款占 37.99%,三人及以上缴存职工共同申请贷款占 0.00%。

贷款职工中,30 岁(含)以下占 35.00%,30 岁~40 岁(含)占 39.00%,40 岁~50 岁(含)占 21.00%,50 岁以上占 5.00%;首次申请贷款占 85.96%,二次及以上申请贷款占 14.04%;中、低收入占 97.82%,高收入占 2.18%。

2. **异地贷款**:2017 年,发放异地贷款 297.00 笔 9298.00 万元。2017 年末,发放异地贷款总额 58466.00 万元,异地贷款余额 48595.00 万元。

(四)住房贡献率：2017年，个人住房贷款发放额、公转商贴息贷款发放额、项目贷款发放额、住房消费提取额的总和与当年缴存额的比率为78.57%，比上年减少26.02个百分点。

六、其他重要事项

(一)机构及职能调整情况、缴存贷款业务金融机构变更情况：

1. **机构职能调整情况**：2017年，我市未调整住房公积金管理机构及职能，住房公积金管理中心内设综合计划、归集督查、支取贷款3个科和惠城管理部，下设博罗、惠阳、惠东、龙门、大亚湾、仲恺6个县区派出分支结构（管理部）。

2. **缴存贷款业务金融机构变更情况**：缴存贷款业务金融机构数量无增减，受委托办理住房公积金缴存业务的银行和受委托办理住房公积金个人住房贷款业务的银行分别有10家和18家，承办住房公积金缴存和贷款业务。

(二)当年住房公积金政策调整及执行情况：

1. **住房公积金缴存基数限额的确定方法、缴存比例调整情况**：缴存基数限额按不高于市统计部门公布的上一年度职工月平均工资的三倍，缴存比例不高于12%（见粤建金〔2016〕126号、惠府〔2016〕55号）。

2. **住房公积金存贷款利率调整及执行情况**：2017年住房公积金贷款利率未调整。按人民银行2016年2月21日公布的职工住房公积金账户存款利率，按一年期定期存款基准利率执行。

(三)当年服务改进情况：

1. **调整业务政策**。当年未调整业务政策。

2. **优化服务环境**。

（1）实行机关服务标准化。改造办事大厅，科学区分功能区域，优化流程，公开统一标准化的服务指南和业务手册，统一各承办网点的服务方式和服务流程，建立不动产登记、律师事务所、银行等多方合作的公积金贷款抵押登记一站式服务，为职工提供标准、高效的住房公积金服务。

（2）增长住房公积金逐月划扣对接的银行。2017年未增长住房公积金逐月划扣对接的银行。现有中、农、工、建、广发、交通、中信、博罗农商银行8家作为办理逐月划扣的签约银行，做好惠民便民服务。

（3）开展住房公积金员工培训。开展以服务礼仪和业务政策为主要内容的培训，重点强调在日常生活工作和窗口服务中的沟通和业务政策熟悉度的重要性，同时利用生动的实例，分析窗口服务的待人接物、语言表述、群众特殊需求等方面应该注意的细节。通过精心的培训，深入地学习，提高广大窗口服务工作人员的责任意识，促进窗口服务规范。

（4）进一步加强中心门户网站建设。调整优化门户网站栏目设置，对门户网站进行全面的整改升级，杜绝链接不成功、信息更新慢的现象，整体提高门户网站的质量。完善政务公开栏目，修订完善政府办事指南，按规定时限公开政务公开年度报告，方便职工群众获取政府信息。

(四)当年信息化建设情况：积极推进公积金运营与监管系统运维，全力推进"双贯标"项目建设。主动多方协调，组织专家论证，并经2017年市住房公积金管理委员会审议通过了《关于惠州市住房公积金运营与监管系统升级改造的请示》，全面启动信息化系统升级改造工作。

(五)当年对违反《住房公积金管理条例》和相关法规行为进行行政处罚和申请人民法院强制执行情况：2017年，对40起职工投诉单位少缴、未缴住房公积金的情况进行立案处理。按照国家供给侧结构性改革精神，配合推进企业减负，对违反《住房公积金管理条例》和相关法规行为的企业主要以政策宣讲为主，纠正企业违规行为。2017年，我市发出《责令限期改正住房公积金违规行为通知书》7份，行政处罚1份，发生申请人民法院强制执行情况0起。

梅州市住房公积金2017年年度报告

一、机构概况

（一）**住房公积金管理委员会**：住房公积金管理委员会有23名委员，2017年召开1次会议，审议通过的事项主要包括：调整了市直住房公积金的贷款最高额度，规范失信职工使用住房公积金情形。

（二）**住房公积金管理中心**：住房公积金管理中心为设区城市政府不以营利为目的的设区城市中心事业单位，设3个处（科），8个管理部，0个分中心。从业人员105人，其中，在编61人，非在编44人。

二、业务运行情况

（一）**缴存**：2017年，新开户单位294家，实缴单位3523家，净增单位294家；新开户职工2.51万人，实缴职工22.52万人，净增职工0.84万人；缴存额27.29亿元，同比增加16.41%。2017年末，缴存总额159.03亿元，同比增加20.71%；缴存余额68.02亿元，同比增加14.11%。

受委托办理住房公积金缴存业务的银行8家，比上年增加0家。

（二）**提取**：2017年，提取额18.87亿元，同比增加22.08%；占当年缴存额的69.17%，比上年增加3.22个百分点。2017年末，提取总额91.01亿元，同比增加26.16%。

（三）**贷款**：

个人住房贷款：个人住房贷款最高额度40万元，其中，单缴存职工最高额度30万元，双缴存职工最高额度40万元。

2017年，发放个人住房贷款0.48万笔12.38亿元，同比分别减少12.76%、减少15.55%。其中，市中心发放个人住房贷款0.11万笔3.33亿元，梅江区发放个人住房贷款0.01万笔0.29亿元，梅县区发放个人住房贷款0.07万笔2.15亿元，兴宁市发放个人住房贷款0.09万笔2.03亿元，大埔县发放个人住房贷款0.05万笔1.15亿元，丰顺县发放个人住房贷款0.05万笔1.00亿元，五华县发放个人住房贷款0.05万笔1.18亿元，蕉岭县发放个人住房贷款0.03万笔0.71亿元，平远县发放个人住房贷款0.02万笔0.54亿元。

2017年，回收个人住房贷款7.39亿元。其中，市中心2.8亿元，梅江区0.3亿元，梅县区0.94亿元，兴宁市0.84亿元，大埔县0.63亿元，丰顺县0.61亿元，五华县0.49亿元，蕉岭县0.44亿元，平远县0.34亿元。

2017年末，累计发放个人住房贷款5.04万笔95.44亿元，贷款余额59.24亿元，同比分别增加

10.52%、增加 14.91%、增加 9.20%。个人住房贷款余额占缴存余额的 87.09%，比上年减少 3.92 个百分点。

受委托办理住房公积金个人住房贷款业务的银行 8 家，比上年增加 0 家。

（四）**融资**：2017 年，融资 0.00 亿元，归还 0.45 亿元。2017 年末，融资总额 1.45 亿元，融资余额 1.00 亿元。

（五）**资金存储**：2017 年末，住房公积金存款 9.51 亿元。其中，活期 6.13 亿元，1 年（含）以下定期 3.38 亿元，1 年以上定期 0.00 亿元，其他（协定、通知存款等）0.00 亿元。

（六）**资金运用率**：2017 年末，住房公积金个人住房贷款余额、项目贷款余额和购买国债余额的总和占缴存余额的 87.09%，比上年减少 3.92 个百分点。

三、主要财务数据

（一）**业务收入**：2017 年，业务收入 19699.63 万元，同比增加 11.47%。其中，市中心 7618.29 万元，梅江区 820.39 万元，梅县区 2357.61 万元，兴宁市 2194.60 万元，大埔县 1304.14 万元，丰顺县 1513.86 万元，五华县 1626.90 万元，蕉岭县 1373.95 万元，平远县 889.89 万元；存款利息 1211.35 万元，委托贷款利息 18488.28 万元，国债利息 0.00 万元，其他 0.00 万元。

（二）**业务支出**：2017 年，业务支出 13567.39 万元，同比增加 26.36%。其中，市中心 5920.35 万元，梅江区 598.39 万元，梅县区 1678.80 万元，兴宁市 1158.28 万元，大埔县 736.24 万元，丰顺县 895.48 万元，五华县 1088.10 万元，蕉岭县 893.95 万元，平远县 597.80 万元；支付职工住房公积金利息 9883.19 万元，归集手续费 812.15 万元，委托贷款手续费 886.22 万元，其他 1985.83 万元。

（三）**增值收益**：2017 年，增值收益 6132.25 万元，同比减少 11.59%。其中，市中心 1697.93 万元，梅江区 222.01 万元，梅县区 678.81 万元，兴宁市 1036.31 万元，大埔县 567.91 万元，丰顺县 618.39 万元，五华县 538.80 万元，蕉岭县 480.00 万元，平远县 292.09 万元；增值收益率 0.95%，比上年减少 0.22 个百分点。

（四）**增值收益分配**：2017 年，提取贷款风险准备金 1513.99 万元，提取管理费用 1491.66 万元，提取城市廉租住房（公共租赁住房）建设补充资金 3126.59 万元。

2017 年，上交财政管理费用 1632.29 万元。上缴财政城市廉租住房（公共租赁住房）建设补充资金 3471.69 万元。其中，市中心上缴（梅州市财政局）1663.87 万元，梅江区上缴（梅江区财政局）104.54 万元，梅县区上缴（梅县区财政局）679.92 万元，兴宁市上缴（兴宁市财政局）164.28 万元，大埔县上缴（大埔县财政局）126 万元，丰顺县上缴（丰顺县财政局）179 万元，五华县上缴（五华县财政局）165.08 万元，蕉岭县上缴（蕉岭县财政局）384 万元，平远县上缴（平远县财政局）5 万元。

2017 年末，贷款风险准备金余额 10852.61 万元。累计提取城市廉租住房（公共租赁住房）建设补充资金 35375.33 万元。其中，市中心提取 21151.75 万元，梅江区提取 822.24 万元，梅县区提取 4915.51 万元，兴宁市提取 2511.82 万元，大埔县提取 1116.45 万元，丰顺县提取 1256.68 万元，五华县提取 1625.47 万元，蕉岭县提取 1913.76 万元，平远县提取 61.65 万元。

（五）**管理费用支出**：2017 年，管理费用支出 1406.41 万元，同比增加 29.48%。其中，人员经费 627.18 万元，公用经费 258.77 万元，专项经费 520.46 万元。

市中心管理费用支出 653.54 万元，其中，人员、公用、专项经费分别为 194.26 万元、50.52 万元、408.76 万元；梅江区管理费用支出 79.91 万元，其中，人员、公用、专项经费分别为 66.74 万元、13.16 万元、0 万元；梅县区管理费用支出 122.65 万元，其中，人员、公用、专项经费分别为 103.34 万元、3.24 万元、43.09 万元；兴宁市管理费用支出 157.34 万元，其中，人员、公用、专项经费分别为 98.70 万元、15.55 万元、43.09 万元；大埔县管理费用支出 85.26 万元，其中，人员、公用、专项经费分别为 55.85 万元、15.67 万元、13.74 万元；丰顺县管理费用支出 48.79 万元，其中，人员、公用、专项经费分别为 15.79 万元、30.03 万元、2.97 万元；五华县管理费用支出 48.00 万元，其中，人员、公用、专项经费分别为 11.30 万元、34 万元、2.70 万元；蕉岭县管理费用支出 116.21 万元，其中，人员、公用、专项经费分别为 48.42 万元、59.79 万元、8 万元；平远县管理费用支出 94.72 万元，其中，人员、公用、专项经费分别为 32.78 万元、36.80 万元、25.14 万元。

四、资产风险状况

个人住房贷款：2017 年末，个人住房贷款逾期额 1.99 万元，逾期率 0.003‰。其中，市中心 0.003‰。

个人贷款风险准备金按（贷款余额或增值收益）的 1.00% 提取。2017 年，提取个人贷款风险准备金 1513.99 万元，使用个人贷款风险准备金核销呆坏账 0.00 万元。2017 年末，个人贷款风险准备金余额 10852.61 万元，占个人住房贷款余额的 1.83%，个人住房贷款逾期额与个人贷款风险准备金余额的比率为 0.02%。

五、社会经济效益

（一）**缴存业务**：2017 年，实缴单位数、实缴职工人数和缴存额同比分别增加 8.43%、增加 3.89% 和增加 16.41%。缴存单位中，国家机关和事业单位占 68.29%，国有企业占 9.35%，城镇集体企业占 9.08%，外商投资企业占 3.29%，城镇私营企业及其他城镇企业占 9.42%，民办非企业单位和社会团体占 0.06%，其他占 0.51%。

缴存职工中，国家机关和事业单位占 68.30%，国有企业占 9.34%，城镇集体企业占 9.07%，外商投资企业占 3.29%，城镇私营企业及其他城镇企业占 9.43%，民办非企业单位和社会团体占 0.05%，其他占 0.53%；中、低收入占 92.80%，高收入占 7.20%。

新开户职工中，国家机关和事业单位占 68.30%，国有企业占 9.33%，城镇集体企业占 9.07%，外商投资企业占 3.29%，城镇私营企业及其他城镇企业占 9.43%，民办非企业单位和社会团体占 0.04%，其他占 0.53%；中、低收入占 92.80%，高收入占 7.20%。

（二）**提取业务**：2017 年，5.52 万名缴存职工提取住房公积金 18.87 亿元。

提取金额中，住房消费提取占 76.12%（购买、建造、翻建、大修自住住房占 34.88%，偿还购房贷款本息占 39.95%，租赁住房占 0.04%，其他占 1.25%）；非住房消费提取占 23.88%（离休和退休提取占 16.06%，完全丧失劳动能力并与单位终止劳动关系提取占 5.44%，户口迁出本市或出境定居占 1.71%，其他占 0.67%）。

提取职工中，中、低收入占 92.80%，高收入占 7.20%。

(三) 贷款业务：

1. **个人住房贷款**：2017年，支持职工购建房366.74万平方米，年末个人住房贷款市场占有率为63.66%，比上年减少36.34个百分点。通过申请住房公积金个人住房贷款，可节约职工购房利息支出2042.83万元。

职工贷款笔数中，购房建筑面积90（含）平方米以下占6.87%，90～144（含）平方米占71.68%，144平方米以上占21.45%。购买新房占90.08%（其中购买保障性住房占0.00%），购买存量商品住房占9.92%，建造、翻建、大修自住住房占0.00%，其他占0.00%。

职工贷款笔数中，单缴存职工申请贷款占16.03%，双缴存职工申请贷款占83.97%，三人及以上缴存职工共同申请贷款占0.00%。

贷款职工中，30岁（含）以下占22.19%，30岁～40岁（含）占35.04%，40岁～50岁（含）占35.06%，50岁以上占7.71%；首次申请贷款占90.08%，二次及以上申请贷款占9.92%；中、低收入占84.89%，高收入占15.11%。

2. **异地贷款**：2017年，发放异地贷款279.00笔5066.50万元。2017年末，发放异地贷款总额17062.2万元，异地贷款余额15940.17万元。

3. **公转商贴息贷款**：2017年，发放公转商贴息贷款317笔8434.30万元，支持职工购建住房面积4.19万平方米，当年贴息额1306.85万元。2017年末，累计发放公转商贴息贷款3246笔99622.70万元，累计贴息1774.59万元。

(四) **住房贡献率**：2017年，个人住房贷款发放额、公转商贴息贷款发放额、项目贷款发放额、住房消费提取额的总和与当年缴存额的比率为101.12%，比上年减少13.94个百分点。

六、其他重要事项

(一) 住房公积金政策调整及执行情况：

1. **缴存基数限额、缴存比例调整情况**。一是继续执行《省市供给侧结构性改革总体方案及五个行动计划》精神，"按市统计局公布的2016年梅州市在岗职工（含劳务派遣人员）平均工资核算出住房公积金缴存基数上限和严格执行本地区最低工资基数为住房公积金缴存基数下限。二是继续规范缴存比例。继续对缴存比例高于12%的单位予以规范调整，执行最低为5%缴存比例，最高为12%缴存比例。

2. **个人住房贷款最高贷款额度、贷款条件等贷款政策调整情况**。为进一步加强住房公积金资金风险防控，确保住房公积金资金安全，我市住房公积金管理委员会结合我市实际，自2017年4月1日起，调整了市直住房公积金的贷款最高额度和规范失信职工使用住房公积金情形：一是市直单方缴存、夫妻双方缴存的职工申请住房公积金贷款最高贷款限额重新调整至30万元、40万元。二是参照本省其他地市做法，把缴存职工的诚信记录作为提取使用住房公积金重要审批依据，对于出现下列情况的职工提取使用住房公积金予以规范：

（1）人民银行征信记录显示贷记卡累计逾期6期（含）以上的，还清逾期金额2年后才可申请住房公积金贷款。

（2）人民银行征信记录显示商用房贷款、消费贷款、助学贷款或任意种类贷款累计逾期6期（含）以上的，贷款结清5年后才可申请住房公积金贷款。

（3）实施骗提骗贷行为的职工（含已遂和未遂）列入住房公积金系统黑名单，五年内不得使用住房公积金（包括提取个人账户内住房公积金及申请住房公积金贷款）。

3. **调整住房公积金存贷款利率调整情况**：根据中国人民银行、住房城乡建设部、财政部《关于完善职工住房公积金账户存款利率形成机制的通知》（银发〔2016〕43号），将职工住房公积金账户存款利率，由按照归集时间执行活期、三个月存款基准利率，调整为统一按一年期定期存款基准利率执行。

2017年，我市住房公积金个人住房贷款利率没有调整，继续执行《广东省住房和城乡建设厅转发住房城乡建设部关于按照中国人民银行规定实施住房公积金存款利率调整的通知》（粤建金〔2015〕215）精神，5年期（含）以下贷款年利率为2.75%，5年期以上至30年（含）的贷款年利率为3.25%。首套房贷款利率按照中国人民银行公布的基准利率执行，第二套房贷款年利率按照同期首套房贷款利率上浮10%执行。

（二）当年服务改进情况：我中心2017年大力推进办事流程简化优化和服务方式创新，依照规范权力运行和便民高效的要求，一是先后制订相关简政配套措施，压缩办理时限，减少办事环节，取消提取、贷款申请表格，开展住房公积金异地转移接续业务等，进一步提高了住房公积金服务效率及职工满意度。二是对缴存、提取、贷款公积金业务采取集中统一窗口办结的"一站式"服务，深受缴存职工的好评。全市多个办事窗口及人员被评为"文明窗口"、"文明之星"称号。三是我中心于5月份对市直近700个单位进行为期3天的住房公积金网上营业厅单位用户版经办人员培训并免费发放U-KEY，缴存单位住房公积金经办人员自2017年6月1日起可在本单位自行登录梅州市住房公积金网站进入梅州市住房公积金网上营业厅进行缴存、增减员、封存等住房公积金业务操作，经上传后经我中心工作人员核对确认后便可完成办理住房公积金缴存相关业务，无须提供纸质材料到我中心与承办银行，进一步简化了办事流程。

（三）当年信息化建设情况：根据住房城乡建设厅转发住房公积金监管司《关于贯彻落实住房公积金基础数据标准的通知》（粤建金〔2015〕7号）、《关于推广住房公积金银行结算数据应用系统的通知》（粤建金函〔2015〕591号）及广东省住房城乡建设厅《关于加快推进住房公积金信息化"双贯标"工作的通知》（粤建金函〔2017〕163号）要求，我中心"双贯标"系统已于2017年11月27日成功上线。我中心综合服务平台系统开发项目于2017年11月3日以公开招标形式确定项目中标供应商，借助综合服务平台建设我中心将实现我市住房公积金管理由委托管理模式向自主管理模式的转换。

（四）当年获奖情况：2017年住房公积金管理中心（分理处）及职工多次获得"文明窗口"及"文明之星"称号荣誉。

汕尾市住房公积金2017年年度报告

一、机构概况

（一）住房公积金管理委员会：住房公积金管理委员会有21名委员，2017年召开1次会议，审议通

过的事项主要包括：（全市住房公积金管理机构调整）。

（二）住房公积金管理中心：住房公积金管理中心为汕尾市人民政府办公室不以营利为目的的事业单位事业单位，设 0 个处（科），0 个管理部，4 个分中心。从业人员 53 人，其中，在编 26 人，非在编 27 人。

二、业务运行情况

（一）缴存：2017 年，新开户单位 81 家，实缴单位 1369 家，净增单位 77 家；新开户职工 1.11 万人，实缴职工 9.31 万人；缴存额 10.48 亿元，同比减少 5.55%。2017 年末，缴存总额 60.61 亿元，同比增加 20.91%；缴存余额 21.92 亿元，同比增加 16.96%。

受委托办理住房公积金缴存业务的银行 5 家，比上年增加 0 家。

（二）提取：2017 年，提取额 7.30 亿元，同比减少 18.39%；占当年缴存额的 69.67%，比上年减少 10.96 个百分点。2017 年末，提取总额 38.69 亿元，同比增加 23.28%。

（三）贷款：个人住房贷款：个人住房贷款最高额度 50.00 万元，其中，单缴存职工最高额度 30.00 万元，双缴存职工最高额度 50.00 万元。

2017 年，发放个人住房贷款 0.24 万笔 5.34 亿元，同比分别增加 3.20%、增加 10.50%。

2017 年，回收个人住房贷款 0.50 亿元。

2017 年末，累计发放个人住房贷款 0.59 万笔 12.32 亿元，贷款余额 11.48 亿元，同比分别增加 67.26%、增加 76.48%、增加 72.94%。个人住房贷款余额占缴存余额的 52.38%，比上年增加 16.95 个百分点。

受委托办理住房公积金个人住房贷款业务的银行 5 家，比上年增加 2 家。

（四）资金存储：2017 年末，住房公积金存款 3.44 亿元。其中，活期 0.43 亿元，1 年（含）以下定期 2.03 亿元，1 年以上定期 0.50 亿元，其他（协定、通知存款等）0.48 亿元。

（五）资金运用率：2017 年末，住房公积金个人住房贷款余额、项目贷款余额和购买国债余额的总和占缴存余额的 52.38%，比上年增加 16.95 个百分点。

三、主要财务数据

（一）业务收入：2017 年，业务收入 4901.73 万元，同比减少 37.93%。其中，市中心万元，分中心 1 万元，分中心 2 万元；存款利息 1931.95 万元，委托贷款利息 2968.47 万元，国债利息 0.00 万元，其他 1.31 万元。

（二）业务支出：2017 年，业务支出 3225.30 万元，同比增加 2.06%。其中，市中心万元，分中心 1 万元，分中心 2 万元；支付职工住房公积金利息 3034.62 万元，归集手续费 76.79 万元，委托贷款手续费 104.86 万元，其他 9.04 万元。

（三）增值收益：2017 年，增值收益 1676.43 万元，同比减少 64.61%。其中，市中心万元，分中心 1 万元，分中心 2 万元；增值收益率 0.52%，比上年增加 0.52 个百分点。

（四）增值收益分配：2017 年，提取贷款风险准备金 1095.98 万元，提取管理费用 272.14 万元，提取城市廉租住房（公共租赁住房）建设补充资金 323.53 万元。

2017年，上交财政管理费用347.00万元。上缴财政城市廉租住房（公共租赁住房）建设补充资金324.81万元。其中，市中心上缴万元，分中心1上缴（收缴单位）万元，分中心2上缴（收缴单位）万元。

2017年末，贷款风险准备金余额5058.20万元。累计提取城市廉租住房（公共租赁住房）建设补充资金1219.98万元。其中，市中心提取万元，分中心1提取万元，分中心2提取万元。

（五）管理费用支出：2017年，管理费用支出464.62万元，同比增加39.40%。其中，人员经费271.10万元，公用经费175.52万元，专项经费18.00万元。

四、资产风险状况

个人住房贷款：2017年末，个人住房贷款逾期额0.00万元，逾期率0。2017年，提取个人贷款风险准备金1095.98万元，使用个人贷款风险准备金核销呆坏账0.00万元。2017年末，个人贷款风险准备金余额5058.20万元，占个人住房贷款余额的4.40%。

五、社会经济效益

（一）缴存业务：2017年，实缴单位数、实缴职工人数和缴存额同比分别增加6.79%、增加6.71%和减少5.55%。

缴存单位中，国家机关和事业单位占71.44%，国有企业占20.67%，城镇集体企业占1.61%，外商投资企业占0.58%，城镇私营企业及其他城镇企业占3.87%，民办非企业单位和社会团体占1.68%，其他占0.15%。

缴存职工中，国家机关和事业单位占75.74%，国有企业占18.70%，城镇集体企业占0.61%，外商投资企业占1.68%，城镇私营企业及其他城镇企业占2.44%，民办非企业单位和社会团体占0.75%，其他占0.08%；中、低收入占88.94%，高收入占11.06%。

新开户职工中，国家机关和事业单位占33.52%，国有企业占62.21%，城镇集体企业占0.87%，外商投资企业占0.24%，城镇私营企业及其他城镇企业占2.35%，民办非企业单位和社会团体占0.51%，其他占0.30%；中、低收入占98.13%，高收入占1.87%。

（二）提取业务：2017年，2.90万名缴存职工提取住房公积金7.30亿元。

提取金额中，住房消费提取占84.17%（购买、建造、翻建、大修自住住房占42.79%，偿还购房贷款本息占37.48%，租赁住房占2.57%，其他占1.32%）；非住房消费提取占15.83%（离休和退休提取占10.90%，完全丧失劳动能力并与单位终止劳动关系提取占0.33%，户口迁出本市或出境定居占0.07%，其他占4.53%）。

提取职工中，中、低收入占92.15%，高收入占7.85%。

（三）贷款业务：

1. **个人住房贷款**：2017年，支持职工购建房17.27万平方米，年末个人住房贷款市场占有率为53.88%，比上年增加41.65个百分点。通过申请住房公积金个人住房贷款，可节约职工购房利息支出2235.75万元。

职工贷款笔数中，购房建筑面积90（含）平方米以下占3.98%，90～144（含）平方米占54.47%，144平方米以上占41.55%。购买新房占90.90%（其中购买保障性住房占0.00%），购买存量商品住房占

3.52%，建造、翻建、大修自住住房占 0.00%，其他占 5.58%。

职工贷款笔数中，单缴存职工申请贷款占 44.78%，双缴存职工申请贷款占 55.22%，三人及以上缴存职工共同申请贷款占 0.00%。

贷款职工中，30 岁（含）以下占 11.91%，30~40 岁（含）占 45.95%，40~50 岁（含）占 32.58%，50 岁以上占 9.56%；首次申请贷款占 100.00%，二次及以上申请贷款占 0.00%；中、低收入占 92.83%，高收入占 7.17%。

2. **异地贷款**：2017 年，发放异地贷款 52.00 笔 758.00 万元。2017 年末，发放异地贷款总额 1560.00 万元，异地贷款余额 1334.25 万元。

（四）住房贡献率：2017 年，个人住房贷款发放额、公转商贴息贷款发放额、项目贷款发放额、住房消费提取额的总和与当年缴存额的比率为 109.57%，比上年增加 15.73 个百分点。

河源市住房公积金 2017 年年度报告

一、机构概况

（一）住房公积金管理委员会：住房公积金管理委员会有 30 名委员，2017 年召开 1 次会议，审议通过的事项主要包括：《河源市 2016 年住房公积金归集、使用及增值收益使用情况的报告》、《河源市住房公积金 2016 年年度报告》、《关于解决市直住房公积金资金流动性紧张的方案》。

（二）住房公积金管理中心：住房公积金管理中心为设区城市政府不以营利为目的的设区城市中心参公管理事业单位，设 4 个科，6 个分中心。从业人员 104 人，其中，在编 71 人，非在编 33 人。

二、业务运行情况

（一）缴存：2017 年，新开户单位 355 家，实缴单位 2620 家，净增单位 368 家；新开户职工 2.39 万人，实缴职工 15.19 万人，净增职工 1.56 万人；缴存额 18.82 亿元，同比增加 11.22%。2017 年末，缴存总额 114.43 亿元，同比增加 19.68%；缴存余额 39.50 亿元，同比增加 13.19%。

受委托办理住房公积金缴存业务的银行 5 家。

（二）提取：2017 年，提取额 14.22 亿元，同比增加 13.45%；占当年缴存额的 75.54%，比上年增加 1.49 个百分点。2017 年末，提取总额 74.93 亿元，同比增加 23.41%。

（三）贷款：个人住房贷款：个人住房贷款最高额度 40.00 万元，其中，单缴存职工最高额度 30.00 万元，双缴存职工最高额度 40.00 万元。

2017 年，发放个人住房贷款 2763 笔 7.44 亿元，同比分别减少 7.90%、减少 11.44%。其中，市中心发放个人住房贷款 816 笔 2.65 亿元，源城区发放个人住房贷款 124 笔 0.39 亿元，东源县发放个人住房贷款 269 笔 0.74 亿元，和平县发放个人住房贷款 487 笔 1.14 亿元，龙川县发放个人住房贷款 478 笔 1.19

亿元，紫金县发放个人住房贷款 191 笔 0.46 亿元，连平县发放个人住房贷款 398 笔 0.87 亿元。

2017 年，回收个人住房贷款 4.13 亿元。其中，市中心 1.54 亿元，源城区 0.26 亿元，东源县 0.33 亿元，和平县 0.45 亿元，龙川县 0.63 亿元，紫金县 0.36 亿元，连平县 0.56 亿元。

2017 年末，累计发放个人住房贷款 3.24 万笔 57.53 亿元，贷款余额 32.10 亿元，同比分别增加 9.32%、增加 14.85%、增加 11.48%。个人住房贷款余额占缴存余额的 81.26%，比上年减少 1.25 个百分点。

受委托办理住房公积金个人住房贷款业务的银行 5 家。

（四）**资金存储**：2017 年末，住房公积金存款 6.55 亿元。其中，活期 1.91 亿元，1 年（含）以下定期 1.37 亿元，1 年以上定期 0.50 亿元，其他（协定、通知存款等）2.77 亿元。

（五）**资金运用率**：2017 年末，住房公积金个人住房贷款余额、项目贷款余额和购买国债余额的总和占缴存余额的 81.26%，比上年减少 1.25 个百分点。

三、主要财务数据

（一）**业务收入**：2017 年，业务收入 11010.95 万元，同比增加 10.54%。其中，市中心 4372.76 万元，源城区 766.57 万元，东源县 985.99 万元，和平县 1145.30 万元，龙川县 1336.87 万元，紫金县 1391.33 万元，连平县 1012.13 万元；存款利息 826.29 万元，委托贷款利息 10184.66 万元。

（二）**业务支出**：2017 年，业务支出 6041.50 万元，同比增加 4.83%。其中，市中心 2680.91 万元，源城区 446.50 万元，东源县 512.04 万元，和平县 567.92 万元，龙川县 941.47 万元，紫金县 441.33 万元，连平县 451.33 万元；支付职工住房公积金利息 5033.35 万元，归集手续费 539.29 万元，委托贷款手续费 468.70 万元，其他 0.16 万元。

（三）**增值收益**：2017 年，增值收益 4969.45 万元，同比增加 18.37%。其中，市中心 1691.85 万元，源城区 320.08 万元，东源县 473.95 万元，和平县 577.38 万元，龙川县 395.40 万元，紫金县 950 万元，连平县 560.79 万元；增值收益率 1.33%，比上年增加 0.07 个百分点。

（四）**增值收益分配**：2017 年，提取贷款风险准备金 438.76 万元，提取管理费用 3070.80 万元，提取城市廉租住房（公共租赁住房）建设补充资金 3620.97 万元。

2017 年，上交财政管理费用 2908.31 万元。其中，市中心上缴 1600 万元，源城区上缴 100 万元，和平县上缴 500 万元，龙川县上缴 58.31 万元，紫金县上缴 650 万元。上缴财政城市廉租住房（公共租赁住房）建设补充资金 1513.90 万元。其中，源城区上缴 250.54 万元，东源县上缴 400 万元，龙川县上缴 213.36 万元，紫金县上缴 150 万元，连平县上缴 500 万元。

2017 年末，贷款风险准备金余额 5775.02 万元。提取城市廉租住房（公共租赁住房）建设补充资金 9510.05 万元。其中，市中心提取 3255.44 万元，源城区提取 992.29 万元，东源县提取 1879.93 万元，和平县提取 514.62 万元，龙川县提取 682.37 万元，紫金县提取 666 万元，连平县提取 1519.40 万元。

（五）**管理费用支出**：2017 年，管理费用支出 3710.76 万元，同比增加 271.24%。其中，人员经费 761.53 万元，公用经费 256.93 万元，专项经费 2692.30 万元。

市中心管理费用支出 2811.14 万元，其中，人员、公用、专项经费分别为 169.28 万元、42.42 万元、2599.74 万元；源城区管理费用支出 213.32 万元，其中，人员、公用、专项经费分别为 157.96 万元、20.36 万元、35 万元；东源县管理费用支出 156.66 万元，其中，人员、公用、专项经费分别为 84.80 万元、26.86万元、45万元；和平县管理费用支出157.20万元，其中，人员、公用、专项经费分别为135.80万元、11.40万元、10万元；龙川县管理费用支出58.31万元，其中，人员、公用经费分别为36.98万元、21.33万元；紫金县管理费用支出153.30万元，其中，人员、公用、专项经费分别为129.51万元、20.93万元、2.86万元；连平县管理费用支出160.83万元，其中，人员、公用经费分别为47.20万元、113.63万元。

四、资产风险状况

个人住房贷款：2017年末，个人住房贷款逾期额259.01万元，逾期率0.81‰。其中，市中心0.11‰，东源县0.14‰，和平县2.30‰，龙川县2.67‰，紫金县0.34‰，连平县0.51‰。

个人贷款风险准备金按贷款余额的1.00%提取。2017年，提取个人贷款风险准备金438.76万元。2017年末，个人贷款风险准备金余额5775.02万元，占个人住房贷款余额的1.80%，个人住房贷款逾期额与个人贷款风险准备金余额的比率为4.64%。

五、社会经济效益

（一）缴存业务：2017年，实缴单位数、实缴职工人数和缴存额同比分别增加16.34%、增加11.52%和增加11.22%。

缴存单位中，国家机关和事业单位占59.47%，国有企业占5.73%，城镇集体企业占5.27%，外商投资企业占1.98%，城镇私营企业及其他城镇企业占21.37%，民办非企业单位和社会团体占5.15%，其他占1.03%。

缴存职工中，国家机关和事业单位占55.35%，国有企业占16.36%，城镇集体企业占5.96%，外商投资企业占7.55%，城镇私营企业及其他城镇企业占13.14%，民办非企业单位和社会团体占1.13%，其他占0.51%；中、低收入占93.09%，高收入占6.91%。

新开户职工中，国家机关和事业单位占28.25%，国有企业占11.42%，城镇集体企业占4.72%，外商投资企业占8.10%，城镇私营企业及其他城镇企业占43.11%，民办非企业单位和社会团体占3.64%，其他占0.76%；中、低收入占91.11%，高收入占8.89%。

（二）提取业务：2017年，4.63万名缴存职工提取住房公积金14.22亿元。

提取金额中，住房消费提取占81.82%（购买、建造、翻建、大修自住住房占37.09%，偿还购房贷款本息占43.62%，租赁住房占1.09%，其他占0.02%）；非住房消费提取占18.18%（离休和退休提取占11.06%，完全丧失劳动能力并与单位终止劳动关系提取占5.27%，户口迁出本市或出境定居占0.85%，其他占1.00%）。

提取职工中，中、低收入占84.36%，高收入占15.64%。

（三）贷款业务：

1. **个人住房贷款**：2017年，支持职工购建房55.35万平方米，年末个人住房贷款市场占有率为8.37%，比上年减少3.11个百分点。通过申请住房公积金个人住房贷款，可节约职工购房利息支出1227.40万元。

职工贷款笔数中，购房建筑面积90（含）平方米以下占6.88%，90~144（含）平方米占71.84%，

144平方米以上占21.28％。购买新房占77.13％（其中购买保障性住房占8.61％），购买存量商品住房占18.75％，建造、翻建、大修自住住房占4.12％。

职工贷款笔数中，单缴存职工申请贷款占32.47％，双缴存职工申请贷款占67.17％，三人及以上缴存职工共同申请贷款占0.36％。

贷款职工中，30岁（含）以下占22.37％，30岁～40岁（含）占46.91％，40岁～50岁（含）占22.58％，50岁以上占8.14％；首次申请贷款占70.94％，二次及以上申请贷款占29.06％；中、低收入占86.43％，高收入占13.57％。

2. **异地贷款**：2017年，发放异地贷款47笔1130.00万元。2017年末，发放异地贷款总额1484.00万元，异地贷款余额1136.69万元。

（四）**住房贡献率**：2017年，个人住房贷款发放额、公转商贴息贷款发放额、项目贷款发放额、住房消费提取额的总和与当年缴存额的比率为101.34％，比上年减少9.59个百分点。

六、其他重要事项

（一）**简化提取流程**：取消职工办理住房公积金提取业务的单位盖章环节。目前，住房公积金提取业务采用初审、复核、审批同时进行的三级审批制度，取消了单位盖章环节后，职工可直接到银行办理转账手续，为职工办事提供了更加便利的条件。

（二）**接入全国异地转移接续平台**：严格按照住房城乡建设部工作要求，于今年7月1日正式接入全国住房公积金异地转移接续平台，通过平台开始办理住房公积金异地转移接续业务。

（三）**做好催建催缴执法**：2017年，市直开展住房公积金行政执法检查6次，执法检查企业25家，发出《关于限期改正住房公积金违规行为通知书》3份，企业落实整改6家，营造了很好的缴存扩面氛围，有力维护了广大职工合法权益。

（四）**加快信息系统建设**：市直住房公积金管理类信息系统自17年3月启动以来，已经完成需求调研、硬件集成、功能开发、用户测试等工作，正在与业务承办银行进行数据移植校验，预计在今年上半年上线运行，将通过信息化管理手段加强资金管理，防范资金风险。

（五）2017年1月，和平县缴存比例由9％提高到12％。

阳江市住房公积金2017年年度报告

一、机构概况

（一）**住房公积金管理委员会**：住房公积金管理委员会有28名委员，2017年召开1次全体会议，审议通过2017年度住房公积金归集、使用计划执行情况，并对其他重要事项进行决策，主要包括审议通过《阳江市住房公积金2016年内年度报告》、全面开展异地公积金贷款业务、规范2017年贷款额缴存基数工资标准的有关问题等。

（二）住房公积金管理中心：住房公积金管理中心为阳江市人民政府（由阳江市住房和城乡规划建设局代管）不以营利为目的的公益一类事业单位，设5个部门，3个管理部。从业人员44人，其中，在编28人，非在编16人。

二、业务运行情况

（一）缴存：2017年，新开户单位206家，实缴单位2505家，净增单位206家；新开户职工1.98万人，实缴职工13.41万人，净增职工1.13万人；缴存额17.41亿元，同比增长11.79%。2017年末，缴存总额99.35亿元，同比增长21.25%；缴存余额41.84亿元，同比增长11.99%。

受委托办理住房公积金缴存业务的银行25家，比上年增加4家。

（二）提取：2017年，提取额12.92亿元，同比增长21.55%；占当年缴存额的74.21%，比上年增加5.94个百分点。2017年末，提取总额57.50亿元，同比增长28.98%。

（三）贷款：

个人住房贷款：个人住房贷款最高额度35万元，其中，单缴存职工最高额度25万元，双缴存职工最高额度35万元。

2017年，发放个人住房贷款0.30万笔7.95亿元，同比分别增长11.11%、22.31%。其中，市中心发放个人住房贷款0.15万笔4.01亿元，阳春管理部发放个人住房贷款0.09万笔2.35亿元，阳东管理部发放个人住房贷款0.03万笔0.64亿元，阳西管理部发放个人住房贷款0.03万笔0.95亿元。

2017年，回收个人住房贷款3.88亿元。其中，市中心2.27亿元，阳春管理部0.96亿元，阳东管理部0.44亿元，阳西管理部0.21亿元。

2017年末，累计发放个人住房贷款0.30万笔7.95亿元，贷款余额36.83亿元，同比分别增长11.11%、22.31%、12.39%。个人住房贷款余额占缴存余额的88.03%，比上年增加0.32个百分点。

受委托办理住房公积金个人住房贷款业务的银行27家，比上年增加4家。

（四）资金存储：2017年末，住房公积金存款5.84亿元。其中，活期0.04亿元，1年（含）以下定期1.30亿元，1年以上定期1.50亿元，其他（协定、通知存款等）3.00亿元。

（五）资金运用率：2017年末，住房公积金个人住房贷款余额、项目贷款余额和购买国债余额的总和占缴存余额的88.03%，比上年增加0.32个百分点。

三、主要财务数据

（一）业务收入：2017年，业务收入12095.43万元，同比增长12.01%。其中，市中心6862.56万元，阳春管理部2816.88万元，阳东管理部1522.20万元，阳西管理部893.79万元；存款利息741.19万元，委托贷款利息11291.95万元，增值收益利息收入59.17万元，国债利息0万元，其他3.12万元。

（二）业务支出：2017年，业务支出7155.48万元，同比下降0.73%。其中，市中心3982.04万元，阳春管理部1629.29万元，阳东管理部857.57万元，阳西管理部686.58万元；支付职工住房公积金利息5966.68万元，归集手续费684.76万元，委托贷款手续费503.33万元，其他0.71万元。

（三）增值收益：2017年，增值收益4939.94万元，同比增长37.61%。其中，市中心2880.52万元，阳春管理部1187.59万元，阳东管理部664.63万元，阳西管理部207.20万元；增值收益率1.24%，比上年增加0.22个百分点。

（四）增值收益分配：2017年，提取贷款风险准备金406.94万元，提取管理费用839.42万元，提取城市廉租住房（公共租赁住房）建设补充资金3693.58万元。

2017年，上交财政管理费用839.42万元。上缴财政城市廉租住房（公共租赁住房）建设补充资金4533万元。

2017年末，贷款风险准备金余额3683.47万元。累计提取城市廉租住房（公共租赁住房）建设补充资金220060.40万元。

（五）管理费用支出：2017年，管理费用支出875.74万元，同比增长74.02%。其中，人员经费418.93万元，公用经费59.30万元，专项经费397.51万元。

四、资产风险状况

个人住房贷款：2017年末，个人住房贷款逾期额万元，逾期率0‰。

个人贷款风险准备金按（贷款余额）的1%提取。2017年，提取个人贷款风险准备金406.94万元，使用个人贷款风险准备金核销呆坏账0万元。2017年末，个人贷款风险准备金余额3683.47万元，占个人住房贷款余额的1%，个人住房贷款逾期额与个人贷款风险准备金余额的比率为0%。

五、社会经济效益

（一）缴存业务：2017年，实缴单位数、实缴职工人数和缴存额同比分别增长8.96%、5.84%和11.82%。

缴存单位中，国家机关和事业单位占54.25%，国有企业占16.01%，城镇集体企业占1.92%，外商投资企业占2.04%，城镇私营企业及其他城镇企业占21.56%，民办非企业单位和社会团体占2.55%，其他占1.68%。

缴存职工中，国家机关和事业单位占56.95%，国有企业占26.04%，城镇集体企业占0.97%，外商投资企业占2.50%，城镇私营企业及其他城镇企业占12.43%，民办非企业单位和社会团体占0.83%，其他占0.28%；中、低收入占44.11%，高收入占55.89%。

新开户职工中，国家机关和事业单位占8.61%，国有企业占20.10%，城镇集体企业占6.77%，外商投资企业占2.40%，城镇私营企业及其他城镇企业占48.41%，民办非企业单位和社会团体占3.32%，其他占10.38%；中、低收入占45.02%，高收入占54.98%。

（二）提取业务：2017年，3.96万名缴存职工提取住房公积金12.92亿元。

提取金额中，住房消费提取占77.89%（购买、建造、翻建、大修自住住房占25.12%，偿还购房贷款本息占51.83%，租赁住房占0.94%，其他占0%）；非住房消费提取占22.11%（离休和退休提取占11.05%，完全丧失劳动能力并与单位终止劳动关系提取占4.01%，户口迁出本市或出境定居占0.53%，其他占6.53%）。

提取职工中，中、低收入占39.68%，高收入占60.32%。

（三）贷款业务：

1. **个人住房贷款**：2017年，支持职工购建房63.99万平方米，年末个人住房贷款市场占有率为

9.53%，比上年减少 1.36 个百分点。通过申请住房公积金个人住房贷款，可节约职工购房利息支出 23611 万元。

职工贷款笔数中，购房建筑面积 90（含）平方米以下占 9.75%，90~144（含）平方米占 67.78%，144 平方米以上占 22.47%。购买新房占 88.18%（其中购买保障性住房占 0%），购买存量商品住房占 10.47%，建造、翻建、大修自住住房占 1.35%，其他占 0%。

职工贷款笔数中，单缴存职工申请贷款占 24.86%，双缴存职工申请贷款占 72.24%，三人及以上缴存职工共同申请贷款占 2.90%。

贷款职工中，30 岁（含）以下占 31.83%，30 岁~40 岁（含）占 41.01%，40 岁~50 岁（含）占 24.22%，50 岁以上占 2.91%；首次申请贷款占 84.01%，二次及以上申请贷款占 15.99%；中、低收入占 97.26%，高收入占 2.74%。

2. 异地贷款：2017 年，发放异地贷款 156 笔 3816.20 万元。2017 年末，发放异地贷款总额 4162.30 万元，异地贷款余额 4082.40 万元。

（四）住房贡献率：2017 年，个人住房贷款发放额、住房消费提取额的总和与当年缴存额的比率为 103.48%，比上年增加 7.78 个百分点。

六、其他重要事项

（一）当年机构及职能调整情况、受委托办理缴存贷款业务金融机构变更情况：2017 年，一是我市未调整住房公积金管理机构及职能，住房公积金管理中心内设综合部、会计核算部、资金管理部、贷款管理部、稽核部，下设阳春、阳东、阳西 3 各县区派出分支机构（管理部）；二是根据阳江市住房公积金管理委员会批准，阳江市增加了 4 家商业银行的县（市）区支行办理住房公积金的缴存、提取、贷款业务。

（二）当年住房公积金政策调整及执行情况

1. 当年缴存基数限额及确定方法、缴存比例等缴存政策调整情况：2017 年调整住房公积金缴存基数，缴存基数以职工上年度月平均工资为标准（阳江市统计局公布的 2016 年在岗职工月平均工资 4520 元/月）。职工个人缴存和单位为职工缴存的住房公积金最高缴存额各不得超过 2712 元。困难企业的缴存基数可按广东省公布的三、四类城市最低工资标准 1210 元执行，最低缴存额各不得低于 60.50 元。缴存比例为 5%~12%。

2. 当年贷款额度调整情况：（1）个人贷款最高额度为 25 万元，夫妻双方同时申请贷款最高额度为 35 万元。（2）根据阳江市统计局公布的 2016 年全市在岗职工月平均工资 4520 元/月的标准，凡职工月缴存额低于 452 元（含 452 元）以下的，个人贷款最高额度 20 万元，夫妻双方同时申请贷款最高额度 30 万元。（3）根据广东省 2017 年公布的四类城市最低工资标准 1210 元/月，对职工月缴存额在 121 元（含 121 元）以下的，个人贷款最高额度 15 万元，夫妻双方同时申请贷款最高额度 25 万元。

夫妻双方申请公积金贷款，公积金月缴额不一致的，以最高一方月缴额为标准审批贷款额。

3. 全面开展异地公积金贷款业务：2017 年全面开展异地贷款业务，异地住房公积金缴存职工在本地申请住房公积金贷款，贷款优惠政策与本地缴存职工一致。如因贷款资金紧张，贷款需要轮候的，异地贷款职工与本地贷款职工一并轮候。

4. 当年住房公积金存贷款利率执行标准：2017年我市住房公积金个人住房贷款利率没有调整，5年期（含）以下贷款年利率为2.75%；6年期（含）以上贷款年利率为3.25%。首套房贷款利率按照中国人民银行公布的基准利率执行，第二套房贷款年利率按照同期首套房贷款利率上浮10%执行。

（三）**当年服务改进情况**：我中心不断推出便民利民措施，一是2017年1月开通公积金中心微信平台；二是全年为职工提供"12329"热线电话服务8300人次，网上答复咨询信件300多件；三是通过广播电台"公积金之声"、阳江日报"公积金知识"、公积金中心网站等渠道加强宣传，推动归集扩面，提高职工对住房公积金政策及公积金业务的认识。

（四）**当年信息化建设情况**：根据住建部的文件要求，借鉴了其他兄弟市的系统建设招标方案，结合阳江市的实际情况，对阳江市住房公积金管理中心的住房公积金数据贯标、公积金结算应用系统接入、公积金按月还贷提取系统、搭建双机热备系统、补充存储系统等进行招标建设，于2018年1月8日建设完成并上线运营。

（五）**当年住房公积金管理中心及职工所获荣誉情况**：2017年，阳江市中心服务窗口荣获阳江市总工会授予"巾帼文明岗"称号。

清远市住房公积金2017年年度报告

一、机构概况

（一）**住房公积金管理委员会**：住房公积金管理委员会有30名委员，2017年召开1次会议，审议通过的事项主要包括：审议2016年住房公积金运作情况以及2017年工作计划、审议2016年住房公积金增值收益分配方案、审议住房公积金管理中心拟向社会公布的2016年住房公积金年度公报、通报我市住房公积金归集委托银行及贷款委托银行情况、讨论降低住房公积金最高贷款额度等。

（二）**住房公积金管理中心**：住房公积金管理中心为市财政局不以营利为目的的参公事业单位，设6个科，8个管理部，0个分中心。从业人员79人，其中，在编61人，非在编18人。

二、业务运行情况

（一）**缴存**：2017年，新开户单位248家，实缴单位2937家，净增单位158家；新开户职工3.51万人，实缴职工21.94万人，净增职工2.93万人；缴存额34.76亿元，同比增长13.19%。2017年末，缴存总额221.76亿元，同比增长18.59%；缴存余额76.34亿元，同比增长11.94%。

受委托办理住房公积金缴存业务的银行5家，与上年一致。

（二）**提取**：2017年，提取额26.62亿元，同比增长22.45%；占当年缴存额的76.58%，比上年增加5.79个百分点。2017年末，提取总额145.41亿元，同比增长22.41%。

（三）**贷款**：

个人住房贷款：个人住房贷款最高额度40万元，其中，单缴存职工最高额度30万元，双缴存职工最

高额度 40 万元。

2017 年，发放个人住房贷款 0.55 万笔 17.87 亿元，同比分别下降 0.78%、增长 5.19%。其中，市中心发放个人住房贷款 0.21 万笔 6.76 亿元，清城管理部发放个人住房贷款 0.06 万笔 2.03 亿元，清新管理部发放个人住房贷款 0.05 万笔 1.68 亿元，英德管理部发放个人住房贷款 0.09 万笔 3.25 亿元，佛冈管理部发放个人住房贷款 0.03 万笔 0.97 亿元，阳山管理部发放个人住房贷款 0.03 万笔 0.75 亿元，连州管理部发放个人住房贷款 0.04 万笔 1.32 亿元，连南管理部发放个人住房贷款 0.02 万笔 0.61 亿元，连山管理部发放个人住房贷款 0.02 万笔 0.50 亿元。

2017 年，回收个人住房贷款 8.01 亿元。其中，市中心 2.59 亿元，清城管理部 0.74 亿元，清新管理部 0.82 亿元，英德管理部 1.61 亿元，佛冈管理部 0.66 亿元，阳山管理部 0.49 亿元，连州管理部 0.66 亿元，连南管理部 0.21 亿元，连山管理部 0.23 亿元。

2017 年末，累计发放个人住房贷款 4.55 万笔 109.20 亿元，贷款余额 72.48 亿元，同比分别增长 13.72%、19.57%、15.75%。个人住房贷款余额占缴存余额的 94.94%，比上年增加 3.13 个百分点。

受委托办理住房公积金个人住房贷款业务的银行 11 家，比上年增加 1 家。

（四）融资：2017 年，融资 2.1 亿元，归还 0.9 亿元。2017 年末，融资总额 2.94 亿元，融资余额 2.04 亿元。

（五）资金存储：2017 年末，住房公积金存款 7.45 亿元。其中，活期 5.79 亿元，1 年（含）以下定期 0 亿元，1 年以上定期 1.66 亿元，其他（协定、通知存款等）0 亿元。

（六）资金运用率：2017 年末，住房公积金个人住房贷款余额、项目贷款余额和购买国债余额的总和占缴存余额的 94.94%，比上年增加 3.13 个百分点。

三、主要财务数据

（一）业务收入：2017 年，业务收入 24841.80 万元，同比增长 22.63%。其中，市中心 8500.60 万元，清城管理部 2393.09 万元，清新管理部 2501.03 万元，英德管理部 4589.23 万元，佛冈管理部 1636.23 元，阳山管理部 1523.48 万元，连州管理部 1770.01 万元，连南管理部 872.13 万元，连山管理部 1056.00 万元；存款利息 1976.38 万元，委托贷款利息 22424.71 万元，国债利息 0 万元，其他 440.70 万元。

（二）业务支出：2017 年，业务支出 13624.06 万元，同比增长 23.26%。其中，市中心 4557.75 万元，清城管理部 1302.60 万元，清新管理部 1499.52 万元，英德管理部 2516.32 万元，佛冈管理部 923.51 万元，阳山管理部 834.65 万元，连州管理部 986.34 万元，连南管理部 554.54 万元，连山管理部 448.83 万元；支付职工住房公积金利息 10195.18 万元，归集手续费 1348.50 万元，委托贷款手续费 1118.83 万元，其他 961.54 万元。

（三）增值收益：2017 年，增值收益 11217.74 万元，同比增长 21.87%。其中，市中心 3942.84 万元，清城管理部 1090.50 万元，清新管理部 1001.51 万元，英德管理部 2072.91 万元，佛冈管理部 712.72 万元，阳山管理部 688.83 万元，连州管理部 783.67 万元，连南管理部 317.59 万元，连山管理部 607.16 万元；增值收益率 1.53%，比上年增加 0.18 个百分点。

（四）增值收益分配：2017 年，提取贷款风险准备金 6730.64 万元，提取管理费用 1533.93 万元，提取城市廉租住房（公共租赁住房）建设补充资金2953.16万元。

2017年，上交财政管理费用1617.37万元。上缴财政城市廉租住房（公共租赁住房）建设补充资金1878.88万元。其中，市中心上缴886.29万元，清城管理部上缴（清城区财政局）210.67万元，清新管理部上缴（清新区财政局）235.79万元，英德管理部上缴（英德市财政局）161.79万元，佛冈管理部上缴（佛冈县财政局）118.74万元，阳山管理部上缴（阳山县财政局）64.36万元，连州管理部上缴（连州市财政局）69.83万元，连南管理部上缴（连南县财政局）106.30万元，连山管理部上缴（连山县财政局）25.12万元。

2017年末，贷款风险准备金余额42567.06万元。累计提取城市廉租住房（公共租赁住房）建设补充资金14273.50万元。其中，市中心提取6218.07万元，清城管理部提取1440.52万元，清新管理部提取1261.68万元，英德管理部提取1888.47万元，佛冈管理部提取1237.67万元，阳山管理部提取563.35万元，连州管理部提取769.32万元，连南管理部提取541.16万元，连山管理部提取353.26万元。

（五）管理费用支出：2017年，管理费用支出1825.20万元，同比增长30.55%。其中，人员经费765.77万元，公用经费172.53万元，专项经费886.90万元。市中心管理费用支出1063.82万元，其中，人员、公用、专项经费分别为381.9万元、58.32万元、626.5万元。

四、资产风险状况

个人住房贷款：2017年末，个人住房贷款逾期额0万元，逾期率0‰。

个人贷款风险准备金按增值收益的60%提取。2017年，提取个人贷款风险准备金6730.64万元，使用个人贷款风险准备金核销呆坏账0万元。2017年末，个人贷款风险准备金余额42567.06万元，占个人住房贷款余额的5.87%，个人住房贷款逾期额与个人贷款风险准备金余额的比率为0%。

五、社会经济效益

（一）缴存业务：2017年，实缴单位数、实缴职工人数和缴存额同比分别增长5.69%、15.42%和13.19%。

缴存单位中，国家机关和事业单位占51.28%，国有企业占2.28%，城镇集体企业占0.57%，外商投资企业占1.50%，城镇私营企业及其他城镇企业占28.53%，民办非企业单位和社会团体占2.66%，其他占13.18%。

缴存职工中，国家机关和事业单位占46.23%，国有企业占2.43%，城镇集体企业占0.50%，外商投资企业占5.35%，城镇私营企业及其他城镇企业占34.98%，民办非企业单位和社会团体占1.09%，其他占9.42%；中、低收入占96.74%，高收入占3.26%。

新开户职工中，国家机关和事业单位占15.24%，国有企业占1.32%，城镇集体企业占0.33%，外商投资企业占8.53%，城镇私营企业及其他城镇企业占60.28%，民办非企业单位和社会团体占1.82%，其他占12.47%；中、低收入占99.76%，高收入占0.24%。

（二）提取业务：2017年，7.92万名缴存职工提取住房公积金26.62亿元。

提取金额中，住房消费提取占85.28%（购买、建造、翻建、大修自住住房占5.38%，偿还购房贷款本息占76.99%，租赁住房占0.05%，其他占2.86%）；非住房消费提取占14.72%（离休和退休提取占

10.59%，完全丧失劳动能力并与单位终止劳动关系提取占0%，户口迁出本市或出境定居占0.04%，其他占4.09%）。

提取职工中，中、低收入占94.38%，高收入占5.62%。

（三）贷款业务：

1. **个人住房贷款**：2017年，支持职工购建房61万平方米，年末个人住房贷款市场占有率为10.87%，比上年减少2.99个百分点。通过申请住房公积金个人住房贷款，可节约职工购房利息支出31460.02万元。

职工贷款笔数中，购房建筑面积90（含）平方米以下占10.92%，90~144（含）平方米占72.85%，144平方米以上占16.23%。购买新房占94.28%（其中购买保障性住房占0%），购买存量商品住房占5.72%，建造、翻建、大修自住住房占0%，其他占0%。

职工贷款笔数中，单缴存职工申请贷款占71.95%，双缴存职工申请贷款占28.03%，三人及以上缴存职工共同申请贷款占0.02%。

贷款职工中，30岁（含）以下占31.27%，30~40岁（含）占35.51%，40~50岁（含）占26.63%，50岁以上占6.59%；首次申请贷款占71.74%，二次及以上申请贷款占28.26%；中、低收入占98.07%，高收入占1.93%。

2. **异地贷款**：2017年，发放异地贷款979笔28260.40万元。2017年末，发放异地贷款总额48409.40万元，异地贷款余额43330.72万元。

（四）住房贡献率：2017年，个人住房贷款发放额、公转商贴息贷款发放额、项目贷款发放额、住房消费提取额的总和与当年缴存额的比率为116.72%，比上年增加3.34个百分点。

六、其他重要事项

（一）当年管委会决策事宜：2017年3月我市召开了住房公积金管理委员会全体会议，审议通过了2016年住房公积金运作情况、增值收益分配方案以及拟向社会公布的2016年住房公积金年度公报，并对降低我市住房公积金最高贷款额度以及开展住房公积金转商业贷款贴息工作等重大问题进行了决策表决。7月以书面征求意见的形式向管委会提交了两项议题，一是2017年度住房公积金缴存基数不作调整的方案，二是清城区管理部提请释放贷款风险准备金用于发放职工购房贷款，两项议题均达到全体委员三分之二以上通过，切实发挥了住房公积金管理委员会的决策作用。

（二）当年住房公积金贷款政策调整情况：根据广东省住房和城乡建设厅关于降低我市住房公积金贷款风险的要求和我市住房公积金管理委员会2017年第一次全体会议决议精神，调整我市住房公积金个人住房贷款额度，由原来个人最高可贷款金额由原来的40万元调整为30万元，夫妻双方最高可贷款金额由原来的50万元调整为40万元。

（三）当年住房公积金内控机制建设情况：一方面理顺制度建设，规范业务流程，完善内部管理制度。一是完善住房公积金管理委员会各项规章制度及议事规则。二是汇编住房公积金归集缴存、提取转移、贷款等各项业务的管理实施细则、流程与指南。三是按照《住房公积金财务管理办法》等规定，完善我市住房公积金财务管理制度，做好财务管理基础工作，规范财务人员会计账务处理方式。四是完善我市公积金部门内部各项管理制度及规定，包含公文处理规定、印章管理规定、信息化管理办法以及档案管理制度和操作规程等。目前各项内部管理制度已挂在中心各科室对应职责人办公区域的墙上，起到提醒及监督作用。

二方面健全内控机制，严格内部审计，开展住房公积金财务管理专项检查。一是今年我中心着重推进对全市住房公积金资金大检查，聘请了会计师事务所对全市住房公积金自成立以来的财务情况进行全面彻底的清查，包括公积金归集情况、贷款发放回收情况、提取情况、会计核算情况、增值收益业务情况等，对发现的问题、隐患等进行彻底的纠正、消除。二是建立长效机制，成立市住房公积金财务管理检查组，采用定期或不定期等方式，由检查组自行组织人员或聘请第三方审计机构对全市公积金管理机构进行财务检查、审计，及时发现、排除财务风险。

（四）当年信息化建设情况：为使我市住房公积金业务的对外服务方式更加智能化、便利化、互联网化，今年我中心积极重点推进"互联网＋"住房公积金综合服务平台建设。该综合服务平台于12月正式上线，包含住房公积金门户网站、个人网上办事大厅、单位网上办事大厅、微信系统以及短信服务平台等外围服务系统，打造线上公积金业务大厅。广大市民可直接通过微信和网站查询公积金缴存余额、提取和贷款进度、下载业务表格等，还可通过手机短信接收各类信息推送，如汇缴信息、提取结果信息、贷款流程变化信息、年度结息信息等，真正提升住房公积金服务水平，为缴存单位和缴存职工提供更加便捷、高效、安全的服务。同时在窗口服务大厅还增设了智能机器人"佳佳"，为前来办理业务的广大群众提供智慧咨询服务之余，还能愉悦服务大厅气氛，提升我中心服务形象。

东莞市住房公积金2017年年度报告

一、机构概况

（一）住房公积金管理委员会：住房公积金管理委员会有25名委员，2017年召开1次会议，审议通过的事项主要包括：《东莞市住房公积金2016年执行情况和2017年预算草案的报告》（送审稿）、《东莞市住房公积金2016年年度报告》（送审稿）、《2017年度住房公积金归集使用计划》（送审稿），以及审议修订《东莞市住房公积金管理委员会章程》。

（二）住房公积金管理中心：住房公积金管理中心为直属东莞市政府不以营利为目的的公益一类事业单位，设6个科，5个办事处。从业人员77人，其中，在编64人，非在编13人。

二、业务运行情况

（一）缴存：2017年，新开户单位8631家，实缴单位33492家，净增单位7780家；新开户职工41.56万人，实缴职工151.74万人，净增职工18.51万人；缴存额108.90亿元，同比增长10.99％。2017年末，缴存总额729.75亿元，同比增长17.54％；缴存余额273.02亿元，同比增长14.40％。

受委托办理住房公积金缴存业务的银行8家，比上年增加6家。

（二）提取：2017年，提取额74.55亿元，同比下降9.81％；占当年缴存额的68.45％，比上年减少15.79个百分点。2017年末，提取总额456.74亿元，同比增长19.51％。

（三）贷款：

个人住房贷款：个人住房贷款最高额度 80 万元，其中，单缴存职工最高额度 50 万元，双缴存职工最高额度 80 万元。

2017 年，发放个人住房贷款 0.44 万笔 22.74 亿元，同比分别下降 34.91%、27.86%。

2017 年，回收个人住房贷款 18.03 亿元。

2017 年末，累计发放个人住房贷款 7.64 万笔 270.79 亿元，贷款余额 148.55 亿元，同比分别增长 6.04%、9.17%、3.28%。个人住房贷款余额占缴存余额的 54.41%，比上年减少 5.86 个百分点。

受委托办理住房公积金个人住房贷款业务的银行 17 家，比上年增加 1 家。

（四）资金存储： 2017 年末，住房公积金存款 127.78 亿元。其中，活期 0.10 亿元，1 年（含）以下定期 63.28 亿元，1 年以上定期 44.65 亿元，其他（协定、通知存款等）19.75 亿元。

（五）资金运用率： 2017 年末，住房公积金个人住房贷款余额、项目贷款余额和购买国债余额的总和占缴存余额的 54.41%，比上年减少 5.86 个百分点。

三、主要财务数据

（一）业务收入： 2017 年，业务收入 74122.36 万元，同比增长 6.49%。其中：存款利息 26098.70 万元，委托贷款利息 47572.33 万元，国债利息 0 万元，其他 451.33 万元。

（二）业务支出： 2017 年，业务支出 49116.17 万元，同比增长 3.57%。其中：支付职工住房公积金利息 41604.53 万元，归集手续费 5124.78 万元，委托贷款手续费 2379.23 万元，其他 7.63 万元。

（三）增值收益： 2017 年，增值收益 25006.19 万元，同比增长 12.72%。增值收益率 0.97%，比上年增加 0.01 个百分点。

（四）增值收益分配： 2017 年，提取贷款风险准备金 485.91 万元，提取管理费用 3799.80 万元，提取城市廉租住房（公共租赁住房）建设补充资金 20720.48 万元。

2017 年，上交财政管理费用 3369.07 万元。上缴财政城市廉租住房（公共租赁住房）建设补充资金 17573.87 万元。

2017 年末，贷款风险准备金余额 14855.35 万元。累计提取城市廉租住房（公共租赁住房）建设补充资金 189900.31 万元。

（五）管理费用支出： 2017 年，管理费用支出 3328.63 万元，同比下降 4.51%。其中，人员经费 1741.81 万元，公用经费 239.96 万元，专项经费 1346.86 万元。

四、资产风险状况

个人住房贷款：2017 年末，个人住房贷款逾期额 469.84 万元，逾期率 0.32‰。

个人贷款风险准备金按贷款余额的 1% 提取。2017 年，提取个人贷款风险准备金 485.91 万元，使用个人贷款风险准备金核销呆坏账 14.43 万元。2017 年末，个人贷款风险准备金余额 14855.35 万元，占个人住房贷款余额的 1%，个人住房贷款逾期额与个人贷款风险准备金余额的比率为 3.16%。

五、社会经济效益

（一）缴存业务： 2017 年，实缴单位数、实缴职工人数和缴存额同比分别增长 30.26%、13.89%

和10.99%。

缴存单位中，国家机关和事业单位占7.93%，国有企业占0.87%，城镇集体企业占1.03%，外商投资企业占11.48%，城镇私营企业及其他城镇企业占64.77%，民办非企业单位和社会团体占4.86%，其他占9.06%。

缴存职工中，国家机关和事业单位占12.06%，国有企业占4.34%，城镇集体企业占1.43%，外商投资企业占29.10%，城镇私营企业及其他城镇企业占45.05%，民办非企业单位和社会团体占2.97%，其他占5.05%；中、低收入占96.57%，高收入占3.43%。

新开户职工中，国家机关和事业单位占3.40%，国有企业占3.54%，城镇集体企业占1.07%，外商投资企业占29.38%，城镇私营企业及其他城镇企业占56.60%，民办非企业单位和社会团体占3.24%，其他占2.77%；中、低收入占99.50%，高收入占0.50%。

（二）**提取业务**：2017年，52.15万名缴存职工提取住房公积金74.55亿元。

提取金额中，住房消费提取占87.81%（购买、建造、翻建、大修自住住房占2.18%，偿还购房贷款本息占52.33%，租赁住房占19.91%，其他占13.39%）；非住房消费提取占12.19%（离休和退休提取占5.29%，完全丧失劳动能力并与单位终止劳动关系提取占1.17%，户口迁出本市或出境定居占4.58%，其他占1.15%）。

提取职工中，中、低收入占94.38%，高收入占5.62%。

（三）**贷款业务**：

1. **个人住房贷款**：2017年，支持职工购建房43.89万平方米，年末个人住房贷款市场占有率为4.27%，比上年减少1.41个百分点。通过申请住房公积金个人住房贷款，可节约职工购房利息支出46393.74万元。

职工贷款笔数中，购房建筑面积90（含）平方米以下占33.17%，90～144（含）平方米占60.63%，144平方米以上占6.20%。购买新房占51.83%（其中购买保障性住房占0%），购买存量商品住房占17.55%，建造、翻建、大修自住住房占0%，其他占30.62%。

职工贷款笔数中，单缴存职工申请贷款占16.74%，双缴存职工申请贷款占83.26%，三人及以上缴存职工共同申请贷款占0%。

贷款职工中，30岁（含）以下占22.42%，30岁～40岁（含）占58.06%，40岁～50岁（含）占17.23%，50岁以上占2.29%；首次申请贷款占93.45%，二次及以上申请贷款占6.55%；中、低收入占82.29%，高收入占17.71%。

2. **异地贷款**：2017年，发放异地贷款611笔29077.90万元。2017年末，发放异地贷款总额101686.96万元，异地贷款余额82246.05万元。

（四）**住房贡献率**：2017年，个人住房贷款发放额、公转商贴息贷款发放额、项目贷款发放额、住房消费提取额的总和与当年缴存额的比率为80.99%，比上年减少22.46个百分点。

六、其他重要事项

（一）**当年机构及职能调整情况、受委托办理缴存贷款业务金融机构变更情况**：2017年，我中心机构及职能未发生调整。当年我市新增归集银行6家，分别是：东莞银行股份有限公司东莞分行、中国农业银行股份有限公司东莞分行、中国银行股份有限公司东莞分行、东莞农村商业银行股份有限公司、上海浦东发展银行股份有限公司东莞分行、招商银行股份有限公司东莞分行；

新增贷款银行1家，即中国光大银行股份有限公司东莞分行。

（二）当年住房公积金政策调整及执行情况：根据《东莞市住房公积金缴存管理办法》（东府〔2013〕103号）第十二条"职工住房公积金缴存基数上限和下限由公积金中心适时调整并公布"、第十三条"住房公积金缴存基数每年只能调整一次"的规定，以及统计部门通常每年年中公布上一年度职工月平均工资的工作实际，为适应单位需要并规范缴存管理，避免出现单位年度内两次调整基数的情况，我市年度缴存基数上下限执行期间调整为每年1月1日至12月31日，单位可根据自身需要灵活选择时间调整基数。

（三）当年服务改进情况：

1. 2017年，我市商贷信息互通银行增至10家。

2. 根据《关于正式启用全国住房公积金异地转移接续平台的通知》（建金服函〔2017〕23号）要求，2017年5月22日，我中心正式启用全国住房公积金异地转移接续平台办理异地转移业务。截至2017年底，通过该平台办理异地转移接续业务量达3845笔，其中外市转入我市的有1280笔，我市转出外市的有2565笔。

3. 2017年6月，调整了住房公积金贷款评估做法，实现了网上申请评估。

4. 2017年，我市归集银行由2家增至8家，服务网点增至1005个；所有银行服务网点加挂统一的公积金服务标识。

（四）当年信息化建设情况：

1. 2017年5月，资金管理系统上线投用。

2. 2017年6月，评估管理、网上申请等相关功能投用，同月完成全国住房公积金异地转接平台的Web端上线和数据备份系统项目投用。

3. 2017年7月，行政执法系统投用。

4. 2017年9月，按照住建部数据贯标要求完成系统改造并顺利上线。

5. 2017年11月，按照住建部要求完成综合服务平台开发并成功上线。

6. 2017年12月，完成住建部结算平台接入改造并成功上线。

除了内部信息化项目建设外，2017年还加强了与外联单位信息化合作。2017年1月、8月先后协助农业银行、中国银行公积金网络消费贷项目上线。联合建设银行开发建行智慧机公积金业务办理项目，已于2017年底投用。

（五）当年住房公积金管理中心及职工所获荣誉情况：2017年度东莞市预防职务犯罪工作"先进单位"；2017年度全市保密工作先进单位（综合科）；2017年度全市保密工作先进工作者（个人）。

（六）当年对违反《住房公积金管理条例》和相关法规行为进行行政处罚和申请人民法院强制执行情况：2017年共对6家企业作出行政处罚，合计27万元，其中2家已缴交罚款，共收缴9万元；申请人民法院强制执行135宗，其中21宗执行完毕。

中山市住房公积金 2017 年年度报告

一、机构概况

（一）住房公积金管理委员会：住房公积金管理委员会有 17 名委员，2017 年召开 1 次会议，审议通过的事项主要包括：《关于审议 2016 年度住房公积金财务情况、住房公积金决算、增值收益分配方案及 2017 年度住房公积金预算、归集使用计划等的请示》、《中山市住房公积金 2016 年年度报告（信息披露）》、《中山市住房公积金归集业务银行考核评分结果（2016 年度）》、《中山市住房公积金贷款业务银行考核评分结果（2016 年度）》、《关于奖励住房公积金归集银行的请示》。

（二）住房公积金管理中心：住房公积金管理中心为直属市政府不以营利为目的的公益一类事业单位，设 4 个内设科室 5 个直属办事处，0 个管理部，0 个分中心。从业人员 81 人，其中，在编 26 人，非在编 55 人。

二、业务运行情况

（一）缴存：2017 年，新开户单位 1343 家，实缴单位 5536 家，净增单位 1092 家；新开户职工 9.54 万人，实缴职工 40.62 万人，净增职工 4.34 万人；缴存额 41.50 亿元，同比增长 7.94%。2017 年末，缴存总额 273.72 亿元，同比增长 17.87%；缴存余额 97.67 亿元，同比增长 16.85%。

受委托办理住房公积金缴存业务的银行 8 家，比上年增加 3 家。

（二）提取：2017 年，提取额 27.42 亿元，同比下降 6.04%；占当年缴存额的 66.06%，比上年减少 9.83 个百分点。2017 年末，提取总额 176.04 亿元，同比增长 18.45%。

（三）贷款：

个人住房贷款：个人住房贷款最高额度 96 万元，其中，单缴存职工最高额度 40 万元，双缴存职工最高额度 80 万元，属于中山市高层次人才或"新三百"计划培育的骨干企业中，属于中委〔2010〕7 号文列入《中山市培养引进人才紧缺适用人才导向目录》，具有大学本科及以上学历的人员；取得中级及以上专业技术职称的人员；获得高级工及以上职业资格证书的人员；具有特殊技能、在我市工作满 1 年（以在我市参加社会保险时间为准）且表现优秀的人员，凭市人力资源和社会保障局开具的《中山市紧缺适用高层次人才证》或《中山市紧缺适用人才证明》，申请首套住房贷款时，最高可上浮 20% 的贷款额度。

2017 年，发放个人住房贷款 0.13 万笔 4.92 亿元，同比分别下降 65.79%、61.06%。

2017 年，回收个人住房贷款 8.36 亿元。

2017 年末，累计发放个人住房贷款 3.84 万笔 103.73 亿元，贷款余额 55.31 亿元，同比分别增长 3.50%、4.98%、−5.86%。个人住房贷款余额占缴存余额的 56.63%，比上年减少 13.67 个百分点。

受委托办理住房公积金个人住房贷款业务的银行 16 家，比上年减少 1 家。

（四）资金存储：2017 年末，住房公积金存款 42.91 亿元。其中，活期 0 亿元，1 年（含）以下定期 0.65 亿元，1 年以上定期 41.16 亿元，其他（协定、通知存款等）1.1 亿元。

（五）资金运用率：2017 年末，住房公积金个人住房贷款余额、项目贷款余额和购买国债余额的总和占缴存余额的 56.63%，比上年减少 13.67 个百分点。

三、主要财务数据

（一）业务收入：2017 年，业务收入 30287.42 万元，同比增长 10.37%。存款利息 11515.07 万元，委托贷款利息 18772.35 万元，国债利息 0 万元，其他 0 万元。

（二）业务支出：2017 年，业务支出 16059.44 万元，同比下降 1.02%。支付职工住房公积金利息 13649.07 万元，归集手续费 1610.01 万元，委托贷款手续费 800.21 万元，其他 0.15 万元。

（三）增值收益：2017 年，增值收益 14227.97 万元，同比增长 26.85%。增值收益率 1.57%，比上年增加 0.16 个百分点。

（四）增值收益分配：2017 年，提取贷款风险准备金－344.68 万元，提取管理费用 2336.92 万元，提取城市廉租住房（公共租赁住房）建设补充资金 12235.74 万元。

2017 年，上交财政管理费用 2215.82 万元。上缴财政城市廉租住房（公共租赁住房）建设补充资金 8613.60 万元。

2017 年末，贷款风险准备金余额 5531.43 万元。累计提取城市廉租住房（公共租赁住房）建设补充资金 62094.71 万元。

（五）管理费用支出：2017 年，管理费用支出 2293.07 万元，同比增长 15.01%。其中，人员经费 892.49 万元，公用经费 227.10 万元，专项经费 1173.48 万元。

四、资产风险状况

个人住房贷款：2017 年末，个人住房贷款逾期额 69.06 万元，逾期率 0.12‰。

个人贷款风险准备金按贷款余额的 1% 提取。2017 年，提取个人贷款风险准备金－344.68 万元，使用个人贷款风险准备金核销呆坏账 0 万元。2017 年末，个人贷款风险准备金余额 5531.43 万元，占个人住房贷款余额的 1%，个人住房贷款逾期额与个人贷款风险准备金余额的比率为 1.25%。

五、社会经济效益

（一）缴存业务：2017 年，实缴单位数、实缴职工人数和缴存额同比分别增长 24.57%、11.96% 和 7.94%。

缴存单位中，国家机关和事业单位占 14.09%，国有企业占 4.71%，城镇集体企业占 1.26%，外商投资企业占 11.87%，城镇私营企业及其他城镇企业占 54.55%，民办非企业单位和社会团体占 4.52%，其他占 9%。

缴存职工中，国家机关和事业单位占 19.95%，国有企业占 13.86%，城镇集体企业占 0.94%，外商投资企业占 28.01%，城镇私营企业及其他城镇企业占 33.90%，民办非企业单位和社会团体占 1.87%，其他占 1.47%；中、低收入占 77.91%，高收入占 22.09%。

新开户职工中，国家机关和事业单位占 31.24%，国有企业占 5.84%，城镇集体企业占 0.33%，外商投资企业占 22.76%，城镇私营企业及其他城镇企业占 37.18%，民办非企业单位和社会团体占 1.26%，其他占 1.39%；中、低收入占 96.30%，高收入占 3.70%。

（二）提取业务：2017年，13.21万名缴存职工提取住房公积金27.42亿元。

提取金额中，住房消费提取占88.14%（购买、建造、翻建、大修自住住房占6.8%，偿还购房贷款本息占77.17%，租赁住房占3.13%，其他占1.04%）；非住房消费提取占11.86%（离休和退休提取占7.74%，完全丧失劳动能力并与单位终止劳动关系提取占0.47%，户口迁出本市或出境定居占1.09%，其他占2.56%）。

提取职工中，中、低收入占58.23%，高收入占41.77%。

（三）贷款业务：

1. **个人住房贷款**：2017年，支持职工购建房13.58万平方米，年末个人住房贷款市场占有率为3.65%，比上年减少0.79个百分点。通过申请住房公积金个人住房贷款，可节约职工购房利息支出8589.58万元。

职工贷款笔数中，购房建筑面积90（含）平方米以下占26.69%，90~144（含）平方米占72.69%，144平方米以上占0.62%。购买新房占35.08%（其中购买保障性住房占0%），购买存量商品住房占64.92%，建造、翻建、大修自住住房占0%，其他占0%。

职工贷款笔数中，单缴存职工申请贷款占77.08%，双缴存职工申请贷款占22.92%，三人及以上缴存职工共同申请贷款占0%。

贷款职工中，30岁（含）以下占42.15%，30岁~40岁（含）占43.31%，40岁~50岁（含）占13.85%，50岁以上占0.69%；首次申请贷款占85.54%，二次及以上申请贷款占14.46%；中、低收入占54.08%，高收入占45.92%。

2. **异地贷款**：2017年，发放异地贷款221笔7900.90万元。2017年末，发放异地贷款总额83922.57万元，异地贷款余额54709.91万元。

（四）住房贡献率：2017年，个人住房贷款发放额、公转商贴息贷款发放额、项目贷款发放额、住房消费提取额的总和与当年缴存额的比率为70.07%，比上年减少31.80个百分点。

六、其他重要事项

（一）当年机构及职能调整情况、受委托办理缴存贷款业务金融机构变更情况：中心机构及职能并无调整的情况。

本年住房公积金缴存业务受委托银行增至8家，分别是建设银行中山分行、工商银行中山分行、农业银行中山分行、交通银行中山分行、中山农商银行、中国银行中山分行、广发银行中山分行和浦发银行中山分行；贷款业务受委托银行减至16家，分别为建设银行中山分行、工商银行中山分行、农业银行中山分行、交通银行中山分行、中山农商银行、中国银行中山分行、中信银行中山分行、广发银行中山分行、中国邮储银行中山分行、广州银行中山分行、浦发银行中山分行、兴业银行中山分行、东莞银行中山分行、民生银行中山分行、招商银行中山分行、渤海银行中山分行。

（二）当年住房公积金政策调整及执行情况：为完善住房公积金提取政策，减轻我市低收入群体的生活压力，经市住房公积金管委会审议批准，中心自2017年11月20日起增加本市户籍家庭享受最低生活保障的职工提取住房公积金政策。其他政策维持不变。

住房公积金缴存和贷款利率按照央行个人住房公积金贷款基准利率执行。

(三)当年服务改进情况:

1. 为提高住房公积金使用效率,中心开展贷款审批综合服务工作,具体内容有:一是设立贷款审批综合服务大厅,共有15家受委托贷款银行派员进驻,统一专门受理住房公积金贷款业务;二是设立住房公积金贷款抵押登记业务收件专窗,由中心工作人员进驻市不动产登记中心统一办理涉公积金贷款的抵押登记收发件工作;三是开展贷款预审批服务,在一手楼等待备案期间提前完成贷款资料录入和审批。通过全程派专人负责跟进贷款审批全流程,实现贷款审批业务一次受理、一站办结,减少各个环节之间的时间损耗,免去贷款职工多次到现场办理的麻烦,极大提高贷款审批效率。

2. 中心依托新系统建成的综合服务平台,提供了包含微信、微博、官方网站、网上办事大厅、手机APP、12329服务热线、短信平台、自助查询终端等8个服务渠道,职工可方便地通过新渠道实时查询和办理业务。2017年12月,综合服务平台通过省住建厅检查验收,成为省内首批通过综合服务平台验收的管理机构。

3. 创新上线公积金云培训项目平台。中山公积金云培训平台是顺应互联网新媒体时代的新尝试,该平台集成在线客服、办事指引视频点播、政策宣讲视频直播等功能,自7月上线以来,根据热点咨询上传了153个视频,进行了6次云直播,成功吸引超过30000人次浏览和关注,有效地解决了办理住房公积金业务中遇到的问题,为广大缴存单位和职工提供更高效的沟通渠道。

(四)当年信息化建设情况:

1. 中心从新一代信息系统设计之初谋划布局,经过一年时间的更新升级,于2017年11月27日提前上线住房公积金"双贯标"项目并持续正常运转。2017年12月25日,中心"双贯标"通过住建部和省住建厅的联合检查验收,成为全省第二家全面落实住建部"双贯标"工作验收的机构。

2. 新管理信息系统获得了公安部国家信息安全等级保护三级认证备案,相当于国有四大银行的安全评级,有效保障信息安全。

3. 借助新媒体支持不断提升服务。截至2017年底,中山公积金微信公众号关注达12.5万人,提供包括租房提取、退休销户提取和贷款资格认证等五项业务办理功能,公众号月均访问和使用量超15万人次;短信服务平台为职工发送提醒短信364万条;12329服务热线月均咨询量约6000人次,在中山政务服务热线中咨询量稳居第二;全年超过82%的缴存业务通过网厅自助办结;超过93%的提取业务通过网厅或后台自动审批。

(五)当年住房公积金管理中心及职工所获荣誉情况:2017年,中心瑞景大厦办事大厅(东区办事处办事大厅)荣获省级"青年文明号"荣誉,东区办事处成功争创省级"巾帼文明岗"荣誉称号,审批服务办公室成功争创市级"巾帼文明岗"荣誉称号。

(六)当年对违反《住房公积金管理条例》和相关法规行为进行行政处罚和申请人民法院强制执行情况:2017年,我中心受理了职工投诉单位要求缴存和补缴住房公积金的案件共计2021个;共发出《责令缴存住房公积金决定书》共1155份;向法院提出强制申请的案件214件。

潮州市住房公积金2017年年度报告

一、机构概况

(一)住房公积金管理委员会:住房公积金管理委员会有24名委员,2017年召开1次会议,审议通

过的事项主要包括：

1. 关于我市住房公积金增值收益的分配方案
2. 2016 年度商业银行住房公积金业务考核情况的通报

（二）**住房公积金管理中心**：住房公积金管理中心为隶属于潮州市人民政府不以营利为目的的参照公务员法管理事业单位，设 4 个科室，2 个管理部。从业人员 33 人，其中，在编 21 人，非在编 12 人。

二、业务运行情况

（一）**缴存**：2017 年，新开户单位 103 家，实缴单位 1860 家，净增单位 102 家；新开户职工 1.33 万人，实缴职工 9.19 万人，净增职工 0.35 万人；缴存额 12.77 亿元，同比增长 12.88%。2017 年末，缴存总额 87.73 亿元，同比增长 17.03%；缴存余额 30.30 亿元，同比增长 22.70%。

受委托办理住房公积金缴存业务的银行 5 家，比上年无新增减。

（二）**提取**：2017 年，提取额 7.16 亿元，同比下降 27.38%；占当年缴存额的 56.09%，比上年减少 31.09 个百分点。2017 年末，提取总额 57.43 亿元，同比增长 14.25%。

（三）**贷款**：

个人住房贷款：个人住房贷款最高额度 60.00 万元，其中，单缴存职工最高额度 60.00 万元，双缴存职工最高额度 60.00 万元。

2017 年，发放个人住房贷款 0.16 万笔 6.60 亿元，同比分别增长 33.00%、36.70%。

2017 年，回收个人住房贷款 1.78 亿元。

2017 年末，累计发放个人住房贷款 0.83 万笔 28.21 亿元，贷款余额 22.18 亿元，同比分别增长 23.74%、30.55%、27.78%。个人住房贷款余额占缴存余额的 73.21%，比上年增加 2.91 个百分点。

受委托办理住房公积金个人住房贷款业务的银行 9 家，比上年增加 1 家。

（四）**购买国债**：2017 年，购买记账式国债 0 亿元，收回国债 0.65 亿元。2017 年末，国债余额 0.25 亿元，比上年减少 0.65 亿元。

（五）**资金存储**：2017 年末，住房公积金存款 7.87 亿元。其中，活期 0 亿元，1 年（含）以下定期 6.00 亿元，1 年以上定期 1.20 亿元，其他（协定、通知存款等）0.67 亿元。

（六）**资金运用率**：2017 年末，住房公积金个人住房贷款余额、项目贷款余额和购买国债余额的总和占缴存余额的 74.02%，比上年增加 0.10 个百分点。

三、主要财务数据

（一）**业务收入**：2017 年，业务收入 10436.08 万元，同比增长 31.42%。存款利息 3904.29 万元，委托贷款利息 6213.58 万元，国债利息 318.21 万元，其他 0 万元。

（二）**业务支出**：2017 年，业务支出 7266.78 万元，同比增长 30.64%。支付职工住房公积金利息 6602.18 万元，归集手续费 460.28 万元，委托贷款手续费 203.90 万元，其他 0.42 万元。

（三）**增值收益**：2017 年，增值收益 3169.30 万元，同比增长 33.24%。增值收益率 1.14%，比上年增加 0.22 个百分点。

（四）**增值收益分配**：2017 年，提取贷款风险准备金 660.24 万元，提取管理费用 455.54 万元，提取城市廉租住房（公共租赁住房）建设补充资金2053.51万元。

2017年，上交财政管理费用455.54万元。上缴财政城市廉租住房（公共租赁住房）建设补充资金1486.97万元。

2017年末，贷款风险准备金余额3046.04万元。累计提取城市廉租住房（公共租赁住房）建设补充资金8614.09万元。

（五）管理费用支出： 2017年，管理费用支出446.02万元，同比增长8.36%。其中，人员经费313.04万元，公用经费54.24万元，专项经费78.73万元。

四、资产风险状况

个人住房贷款：2017年末，个人住房贷款逾期额0万元，逾期率0‰。

个人贷款风险准备金按贷款余额的1‰提取。2017年，提取个人贷款风险准备金660.24万元，使用个人贷款风险准备金核销呆坏账0万元。2017年末，个人贷款风险准备金余额3046.04万元，占个人住房贷款余额的1.37%，个人住房贷款逾期额与个人贷款风险准备金余额的比率为0%。

五、社会经济效益

（一）缴存业务： 2017年，实缴单位数、实缴职工人数和缴存额同比分别增长5.80%、4.01%和12.88%。

缴存单位中，国家机关和事业单位占53.92%，国有企业占13.01%，城镇集体企业占23.98%，外商投资企业占3.98%，城镇私营企业及其他城镇企业占4.89%，民办非企业单位和社会团体占0.22%，其他占0%。

缴存职工中，国家机关和事业单位占51.74%，国有企业占15.52%，城镇集体企业占25.92%，外商投资企业占0.97%，城镇私营企业及其他城镇企业占5.73%，民办非企业单位和社会团体占0.12%；中、低收入占96.98%，高收入占3.02%。

新开户职工中，国家机关和事业单位占33.70%，国有企业占15.60%，城镇集体企业占28.12%，外商投资企业占1.19%，城镇私营企业及其他城镇企业占21.25%，民办非企业单位和社会团体占0.14%，其他占0%；中、低收入占99.18%，高收入占0.82%。

（二）提取业务： 2017年，2.15万名缴存职工提取住房公积金7.16亿元。

提取金额中，住房消费提取占75.14%（购买、建造、翻建、大修自住住房占29.49%，偿还购房贷款本息占41.08%，租赁住房占0.25%，其他占4.32%）；非住房消费提取占24.86%（离休和退休提取占17.18%，完全丧失劳动能力并与单位终止劳动关系提取占4.39%，户口迁出本市或出境定居占1.50%，其他占1.79%）。

提取职工中，中、低收入占94.68%，高收入占5.32%。

（三）贷款业务：

1. **个人住房贷款：** 2017年，支持职工购建房29.19万平方米，年末个人住房贷款市场占有率为37.74%，比上年增加5.38个百分点。通过申请住房公积金个人住房贷款，可节约职工购房利息支出16988.40万元。

职工贷款笔数中,购房建筑面积 90（含）平方米以下占 8.65%,90~144（含）平方米占 65.28%,144 平方米以上占 26.07%。购买新房占 91.98%,其他占 8.02%。

职工贷款笔数中,单缴存职工申请贷款占 50.06%,双缴存职工申请贷款占 49.94%。

贷款职工中,30 岁（含）以下占 25.00%,30 岁~40 岁（含）占 38.78%,40 岁~50 岁（含）占 29.32%,50 岁以上占 6.90%;首次申请贷款占 98.87%,二次及以上申请贷款占 1.13%;中、低收入占 97.31%,高收入占 2.69%。

2. **异地贷款**：2017 年,发放异地贷款 139.00 笔 5227.00 万元。2017 年末,发放异地贷款总额 10158.00 万元,异地贷款余额 8763.00 万元。

（四）**住房贡献率**：2017 年,个人住房贷款发放额、公转商贴息贷款发放额、项目贷款发放额、住房消费提取额的总和与当年缴存额的比率为 93.86%,比上年减少 23.12 个百分点。

六、其他重要事项

1. 2017 年无机构及职能调整情况、新增受委托办理住房公积金个人住房贷款业务银行 1 个,为潮州市潮安区农村信用合作联社。

2. 2017 年,我市继续执行住房公积金月缴存基数不得超过市统计部门公布的 2016 年度在岗职工月平均工资的 3 倍,缴存比例最低 5% 最高 12%。

3. 我市住房公积金目前已实现了门户网站、网上业务大厅及 12329 服务热线 3 种服务渠道。

4. 根据国家住建部及省住建厅双贯标工作要求。第一阶段数据标准贯标工作在 2016 年已完成,中心原有的数据信息系统已改造升级,形成了适用的公积金数据,覆盖了住建部要求的住房公积金基础数据表。第二阶段接入结算系统工作也已于 2017 年 12 月完成测试并正式申请上线。

5. 为进一步简化住房公积金贷款业务流程,加快住房公积金个人按揭贷款的放款时间,经潮州市住房公积金管理委员会同意,2017 年 9 月份起,我市开始实施《住房公积金个人按揭贷款快速放款暂行规定》,期房贷款采用在房地产交易所出具《按揭备案证明书》后即予放款;已确权楼盘,在房地产交易所出具《潮州市房地产交易成交证明书》后即予放款。

揭阳市住房公积金 2017 年年度报告

一、机构概况

（一）**住房公积金管理委员会**：住房公积金管理委员会有 23 名委员,管委会审核同意 2017 年度住房公积金归集、使用计划执行情况,并对其他重要事项进行决策,主要包括：住房公积金归集、使用和增值收益分配情况。

（二）**住房公积金管理中心**：住房公积金管理中心为（直属市人民政府,委托市住建局管理）不以营利为目的的（参照公务员管理）事业单位,主要负责全市住房公积金的归集、管理、使用和会计核算。中心设 3 个部，4 个管理部。从业人员 44 人，其中，在编 31 人，非在编 13 人。

二、业务运行情况

（一）**缴存**：2017 年，实缴单位 1,769 家，新开户单位 112 家，净增单位 69 家；实缴职工 15.41 万人，新开户职工 1.31 万人，净增职工 0.15 万人；当年缴存额 19.63 亿元，同比增长 6.64%。2017 年末，缴存总额 125.15 亿元，同比增加 19.00%；缴存余额 55.76 亿元，同比增加 15.94%。

受委托办理住房公积金缴存业务的银行 3 家，与上年相同。

（二）**提取**：2017 年，当年提取额 11.96 亿元，同比增加 5.07%；占当年缴存额的比率 60.94%，比上年同期减少 0.91% 个百分点。2017 年末，提取总额 69.38 亿元，同比增长 20.83%。

（三）**贷款**：个人住房贷款：个人住房贷款最高额度 30 万元，其中，双职工家庭最高额度 45 万元，单职工家庭最高额度 30 万元。

2017 年，发放个人住房贷款 0.36 万笔 12.67 亿元，同比增长 27.17%、33.73%。

2017 年末，回收个人住房贷款 3.19 亿元。

2017 年末，累计发放个人住房贷款 1.81 万笔 50.24 亿元，贷款余额 39.44 亿元，同比分别增长 24.74%、33.73%、31.67%。个人住房贷款率为 70.72%，比上年同期增加 8.44 个百分点。

受委托办理住房公积金个人住房贷款业务的银行 6 家，比上年增加 1 家。

（四）**资金存储**：2017 年末，住房公积金存款额 17.73 亿元。其中，活期 0.88 亿元，1 年（含）以下定期 14.27 亿元，1 年以上定期 1.05 亿元，其他（协定、通知存款等）1.54 亿元。

（五）**资金运用率**：截至 2017 年末，住房公积金个人贷款余额占缴存余额 70.72%，比上年增加 8.44%。

三、主要财务数据

（一）**业务收入**：2017 年，业务收入 14464.44 万元，同比增长 11.50%。其中，存款利息收入 3607.53 万元，委托贷款利息收入 10831.87 万元，其他收入 25.04 万元。

（二）**业务支出**：2017 年，业务支出 7240.98 万元，同比增长 7%。其中，支付职工住房公积金利息 6203.76 万元，归集手续费用（含支付上年未支付手续费）750.31 万元，委托贷款手续费 270.14 万元，其他 16.77 万元。

（三）**增值收益**：2017 年，增值收益 7223.46 万元，同比增长 16%。增值收益率 1.37%，与上年同期持平。

（四）**增值收益分配**：2017 年，提取贷款风险准备金 948.83 万元，提取管理费用 690.00 万元，提取城市廉租住房（公共租赁住房）建设补充资金 5584.63 万元。

2017 年，上交财政管理费用 690.00 万元。上缴财政城市廉租住房（公共租赁住房）建设补充资金 5013.60 万元。

2017 年末，贷款风险准备金余额 6585.32 万元。累计提取城市廉租住房（公共租赁住房）建设补充资金 20472.27 万元（其中，已上缴 19618.33 万元）。

（五）**管理费用支出**：2017 年，管理费用支出 725.53 万元，同比增长 47.20%。其中，人员经费 293.50 万元，公用经费（含公务费、业务劳务费、办公购置等）282.45 万元，专项经费（含系统网络建设等）149.58万元。

四、资产风险状况

个人住房贷款：2017年末，没有逾期个人住房贷款。个人住房贷款逾期率0‰。

个人贷款风险准备金按新增贷款余额的1%提取。2017年，提取个人贷款风险准备金948.83万元，使用个人贷款风险准备金核销0万元。2017年末，个人贷款风险准备金余额为6585.32万元，占个人住房贷款余额的1.67%，个人贷款逾期额与个人贷款风险准备金余额的比率为0%。

五、社会经济效益

（一）缴存业务：2017年，实缴单位数、实缴职工人数和缴存额增长率分别为3.88%、1.40%和6.64%。

缴存单位中，国家机关和事业单位占63.99%，国有企业占9.21%，城镇集体企业占1.30%，外商投资企业占0.11%，城镇私营企业及其他城镇企业占7.69%，民办非企业单位和社会团体占1.02%，其他占16.68%。

缴存职工中，国家机关和事业单位占67.33%，国有企业占10.09%，城镇集体企业占1.87%，外商投资企业占0.10%，城镇私营企业及其他城镇企业占3.70%，民办非企业单位和社会团体占0.43%，其他占16.46%；中、低收入占94.67%，高收入占5.33%。

新开户职工中，国家机关和事业单位占28.87%，国有企业占13.50%，城镇集体企业占0.85%，外商投资企业占0.69%，城镇私营企业及其他城镇企业占14.30%，民办非企业单位和社会团体占0.64%，其他占41.15%；中、低收入占99.04%，高收入占0.96%。

（二）提取业务：2017年，提取住房公积金2.49万笔11.96亿元。

提取的金额中，住房消费提取占76.02%（购买、建造、翻建、大修自住住房占51.31%，偿还购房贷款本息占23.42%，租赁住房占1.29%）；非住房消费提取占23.98%（离休和退休提取占11.65%，与单位终止劳动关系提取占1.54%，户口迁出本市或出境定居占8.54%，其他占2.25%）。

提取职工中，中、低收入占85.89%，高收入占14.11%。

（三）贷款业务：

1. 个人住房贷款：2017年，支持职工购建房54.84万平方米，年末个人住房贷款市场占有率为21.82%，比上年同期减少7.76个百分点。通过申请住房公积金个人住房贷款，可节约职工购房利息支出22379.58万元。

职工贷款所购住房套数中，90（含）平方米以下占1.92%，90～144（含）平方米占40.56%，144平方米以上占57.52%；新房占95.88%，二手房占4.12%。

职工贷款笔数中，单职工申请贷款占47.37%，双职工申请贷款占52.41%，三人及以上共同申请贷款占0.22%。

贷款职工中，30岁（含）以下占17.80%，30岁～40岁（含）占37.77%，40岁～50岁（含）占32.63%，50岁以上占11.80%；首次申请贷款占98.22%，二次及以上申请贷款占1.78%；中、低收入群体占61.36%，高收入群体占38.64%。

2. 异地贷款：2017年，发放异地贷款203笔6415万元。2017年末，发放异地贷款总额10094万元，异地贷款余额9557.86万元。

（四）住房贡献率：2017年，个人住房贷款发放额、住房消费提取额的总和与当年缴存额的比率为110.89%，比上年同期增加9.86个百分点。

六、其他重要事项

（一）机构及职能调整情况、缴存贷款业务金融机构变更情况：2017年，揭阳市住房公积金管理中心延续上年的机构及职能设置，没有作出调整；归集银行没有变化，贷款银行新增1家。

（二）当年住房公积金政策调整及执行情况：

1. 缴存基数调整和缴存比例情况：自2017年7月1日起，单位和职工缴存住房公积金的月工资基数上限12039元；经济效益好的单位，缴存基数最高不得超过20065元。月工资未超过以上限额的，缴存住房公积金按实际工资额和规定的比例执行。调整后的缴存住房公积金的月工资基数下限原则上不得低于1210元；住房公积金缴存比例上限12%，下限为5%。

2. 当年住房公积金存贷款利率及执行情况：根据中国人民银行、住房城乡建设部、财政部印发的《关于完善职工住房公积金账户存款利率形成机制的通知》（银发〔2016〕43号）规定，职工住房公积金账户存款利率统一按一年期定期存款基准利率执行。

根据中国人民银行人民币存贷款利率的规定，住房公积金存贷款利率为：五年以下（含五年）为2.75%，五年以上为3.25%。

3. 当年住房公积金个人住房贷款最高贷款额度情况：对职工连续足额缴存住房公积金2年以上，首次使用住房公积金贷款购买普通商品住房的职工，公积金贷款个人最高可贷额度30万元、二人45万元。

4. 修订《揭阳市个人住房公积金贷款管理办法》：加强住房公积金贷款风险防范，住房公积金贷款以职工的诚信记录作为重要审批依据，对于出现下列情况之一的，不予贷款或限制贷款：

（1）以欺骗手段提取本人住房公积金账户内存款余额的；

（2）提供虚假资料骗取贷款的；

（3）存在信用不良被起诉记录的；

（4）个人信用记录不符合委托人或者受委托贷款机构规定的其他条件。

（三）当年服务改进情况：

1. 开通全国住房公积金转移接续平台。职工只需向转入地中心提出申请，不用到转出地办理，即可轻松实现住房公积金"账随人走，钱随账走"，更好地便民利民。

2. 初步建成了以门户网站、网上办事大厅、自助终端为载体的综合服务平台，提供业务咨询、个人账户信息查询等服务。

3. 支持改善性购房需求。在异地就业缴存住房公积金在揭阳市辖区内购买自住住房的，符合我市贷款条件，可持就业地住房公积金中心开具的缴存证明，向我市公积金管理中心申请住房公积金个人住房贷款。

（四）当年信息化建设情况：贯彻落实《住房公积金基础数据标准》，对系统进行升级改造；财务结算应用系统按程序正在测试阶段。

（五）当年获得荣誉：住房公积金管理中心获得"不忘初心勇担当"党员先锋岗光荣称号。

云浮市住房公积金 2017 年年度报告

一、机构概况

(一) 住房公积金管理委员会：住房公积金管理委员会有 25 名委员，2017 年，召开 1 次全体会议，审议通过的事项主要包括：《关于聘任云浮市第四届住房公积金管理委员会委员的通知》。会议听取了市中心 2017 年上半年工作情况以及下半年工作计划情况报告。会议审议并通过了《云浮市 2016 年度住房公积金归集和使用计划执行情况》、《云浮市 2016 年度城市廉租住房建设补充资金分配方案》、《云浮市 2016 年度住房公积金增值收益分配方案》、《2017 年度住房公积金归集和使用计划》等 4 项议题。

(二) 住房公积金管理中心：住房公积金管理中心为市人民政府下属不以营利为目的的参照公务员法管理的事业单位，设 3 个处（科）4 个管理部，0 个分中心。从业人员 63 人，其中，在编 29 人，非在编 34 人。

二、业务运行情况

(一) 缴存：2017 年，新开户单位 207 家，实缴单位 2847 家，净增单位 219 家；新开户职工 0.76 万人，实缴职工 11.63 万人，净增职工 0.75 万人；缴存额 15.22 亿元，同比下降 1.75%。2017 年末，缴存总额 104.7 亿元，同比增长 17.01%；缴存余额 42.49 亿元，同比增长 7.9%。

受委托办理住房公积金缴存业务的银行 4 家，比上年增加 0 家。

(二) 提取：2017 年，提取额 12.11 亿元，同比增长 15.47%；占当年缴存额的 79.55%，比上年增加 11.87 个百分点。2017 年末，提取总额 62.21 亿元，同比增长 24.17%。

(三) 贷款：个人住房贷款：个人住房贷款最高额度 35 万元，其中，单缴存职工最高额度 25 万元，双缴存职工最高额度 35 万元。

2017 年，发放个人住房贷款 0.30 万笔 7.41 亿元，同比分别下降 9.94%、增加 4.51%。

2017 年，回收个人住房贷款 3.64 亿元。

2017 年末，累计发放个人住房贷款 2.59 万笔 53.76 亿元，贷款余额 37.67 亿元，同比分别增长 12.95%、15.99%、11.12%。个人住房贷款余额占缴存余额的 88.65%，比上年增加 2.57 个百分点。

受委托办理住房公积金个人住房贷款业务的银行 6 家，比上年增加 0 家。

(四) 资金存储：2017 年末，住房公积金存款 6.59 亿元。其中，活期 0.03 亿元，1 年（含）以下定期 0.3 亿元，1 年以上定期 0 亿元，其他（协定等）6.26 亿元。

(五) 资金运用率：2017 年末，住房公积金个人住房贷款余额、项目贷款余额和购买国债余额的总和占缴存余额的 88.65%，比上年增加 2.57 个百分点。

三、主要财务数据

(一) 业务收入：2017 年，业务收入 12447.75 万元，同比增长 6.35%。其中，存款利息 881.59 万元，委托贷款利息 11565.24 万元，国债利息 0 万元，其他 0.92 万元。

（二）业务支出：2017年，业务支出7531.96万元，同比增长1.36%。其中，支付职工住房公积金利息6226.68万元，归集手续费726.54万元，委托贷款手续费578.24万元，其他0.5万元。

（三）增值收益：2017年，增值收益4915.79万元，同比增长15.02%。增值收益率1.19%，比上年减少0.04个百分点。

（四）增值收益分配：2017年，提取贷款风险准备金741万元，提取管理费用756.71万元，提取城市廉租住房（公共租赁住房）建设补充资金3418.08万元。

2017年，上交财政管理费用756.71万元。上缴财政城市廉租住房（公共租赁住房）建设补充资金3418.08万元。

2017年末，贷款风险准备金余额5568.18万元。累计提取城市廉租住房（公共租赁住房）建设补充资金28097.13万元。

（五）管理费用支出：2017年，管理费用支出1043.55万元，同比增长22.99%。其中，人员经费422.32万元，公用经费42.16万元，专项经费579.07万元。

四、资产风险状况

个人住房贷款：2017年末，个人住房贷款逾期额14.28万元，逾期率0.04‰。

个人贷款风险准备金按贷款余额的1%提取。2017年，提取个人贷款风险准备金741万元，使用个人贷款风险准备金核销呆坏账0万元。2017年末，个人贷款风险准备金余额5568.18万元，占个人住房贷款余额的1.48%，个人住房贷款逾期额与个人贷款风险准备金余额的比率为0.26%。

五、社会经济效益

（一）缴存业务：2017年，实缴单位数、实缴职工人数和缴存额同比分别增长8.33%、6.93%和-1.75%。

缴存单位中，国家机关和事业单位占48.23%，国有企业占2.59%，城镇集体企业占0.25%，外商投资企业占3.48%，城镇私营企业及其他城镇企业占26.69%，民办非企业单位和社会团体占2.92%，其他占15.84%。

缴存职工中，国家机关和事业单位占49.29%，国有企业占15.32%，城镇集体企业占0.97%，外商投资企业占4.86%，城镇私营企业及其他城镇企业占0.08%，民办非企业单位和社会团体占0.09%，其他占29.39%；中、低收入占96.43%，高收入占3.57%。

新开户职工中，国家机关和事业单位占3.25%，国有企业占2.14%，城镇集体企业占6.03%，外商投资企业占3.75%，城镇私营企业及其他城镇企业占84.83%，民办非企业单位和社会团体占0%，其他占0%；中、低收入占97.16%，高收入占2.84%。

（二）提取业务：2017年，3.76万名缴存职工提取住房公积金12.11亿元。

提取金额中，住房消费提取占90.77%（购买、建造、翻建、大修自住住房占26.73%，偿还购房贷款本息占64.01%，租赁住房占0%，其他占0.03%）；非住房消费提取占9.23%（离休和退休提取占5.44%，完全丧失劳动能力并与单位终止劳动关系提取占1.59%，户口迁出本市或出境定居占0.59%，其他占1.61%）。

提取职工中，中、低收入占 94.23%，高收入占 5.77%。

（三）**贷款业务**：

1. **个人住房贷款**：2017 年，支持职工购建房 35.49 万平方米，年末个人住房贷款市场占有率为 17.71%，比上年减少 2.67 个百分点。通过申请住房公积金个人住房贷款，可节约职工购房利息支出 1222.65 万元。

职工贷款笔数中，购房建筑面积 90（含）平方米以下占 3.97%，90～144（含）平方米占 75.84%，144 平方米以上占 20.19%。购买新房占 99.83%（其中购买保障性住房占 0%），购买存量商品住房占 0.07%，建造、翻建、大修自住住房 0%，其他占 0.1%。

职工贷款笔数中，单缴存职工申请贷款占 54.01%，双缴存职工申请贷款占 45.59%，三人及以上缴存职工共同申请贷款占 0.4%。

贷款职工中，30 岁（含）以下占 28.23%，30 岁～40 岁（含）占 39.10%，40 岁～50 岁（含）占 25.82%，50 岁以上占 6.85%；首次申请贷款占 94.27%，二次及以上申请贷款占 5.73%；中、低收入占 66.19%，高收入占 33.81%。

2. **异地贷款**：2017 年，发放异地贷款 314 笔 7299.6 万元。2017 年末，发放异地贷款总额 7863.6 万元，异地贷款余额 7724.12 万元。

（四）**住房贡献率**：2017 年，个人住房贷款发放额、公转商贴息贷款发放额、项目贷款发放额、住房消费提取额的总和与当年缴存额的比率为 120.9%，比上年增加 13.47 个百分点。

六、其他重要事项

（一）**当年缴存基数限额及确定方法、缴存比例调整情况**：2017 年 7 月，市中心发布了《关于做好 2017 年度云浮市住房公积金缴存调整工作的通知》（云房金〔2017〕26 号），公布了当年缴存基数限额及确定方法，规定云浮市辖区内所有单位和职工的住房公积金缴存比例为 5%～12%，同一单位执行一个比例，单位和职工的比例相同。职工住房公积金的月缴存基数不得超过当地 2016 年度在岗职工月均工资的 3 倍；超过的 3 倍的，按照当地 2016 年度在岗职工月均工资的 3 倍执行。

（二）**当年住房公积金个人住房贷款最高贷款额度调整情况**：2016 年 12 月 28 日，市中心印发了《关于调整云浮市住房公积金个人住房贷款有关政策规定的通知》（云房金管〔2016〕26 号），自 2017 年 1 月 1 日起，我市住房公积金个人住房贷款单职工最高额度由 20 万元调整为 25 万元，双职工最高额度由 30 万元调整为 35 万元。

（三）**当年发放异地贷款和贴息贷款情况**：

1. 2017 年，我市共发放住房公积金异地贷款 314 笔，合计 7299.6 万元；

2. 贴息贷款未开展。

（四）**当年服务改进情况**：

1. **住房公积金信息化建设有新进展**。根据国家住房城乡建设部和省住房公积金监管处的部署安排，结合本地实际，市中心于 2017 年 1 月全面启动实施信息系统"双贯标"及核心业务系统改造建设项目，该建设项目总费用预算 684.8 万元。目前，该项目一期工程已于 12 月 15 日上线运行，并于 12 月 27 日顺利通过国家住房城乡建设部、省住房城乡建设厅的"双贯标"检查验收。系统升级改造完成后，可实现与相关部门信息平台的深度对接，将进一步提高我市住房公积金信息化管理服务水平。

2. 住房公积金服务水平有新提升。一是贷款办理有效提速。今年3月，我市召开了全市住房公积金工作会议，专题研究个人住房贷款审批流程优化提速问题。会议要求住房公积金管理部门、住房城乡建设部门、不动产登记部门和住房公积金个人住房贷款委托承办金融部门要加强协作，结合部门职能明确具体工作，以方便群众办事为宗旨，积极开设住房公积金个人住房贷款受理、审批、登记、办证"绿色通道"，并明确相关手续的提速办结时限，进一步提高公积金贷款发放工作效率。优化提速后，我中心审批办结一笔公积金贷款仅需7个工作日，大幅减少了审批环节，缩短了办理时限，切实提高了办事效率和服务水平。二是服务环境有效优化。为优化服务环境，提供安全优质服务。2017年，市中心根据国家住房公积金服务场所建设标准规范，先后对市中心机关、新兴管理部两个服务场所进行规范化建设，完善服务设施配置。现中心机关服务场所规范化建设已基本完成，新兴服务场所规范化建设正在有条不紊地进行中，预计2018年3月底前完成建设。三是公积金信息查询渠道有效拓展。为方便职工查询公积金信息，今年以来，我中心在市行政服务中心一楼服务大厅设置自助查询机，进一步方便缴存职工查询公积金信息；开设微信公众号，定期发布住房公积金信息公告，方便缴存职工了解我市的住房公积金政策业务；开通住房公积金网上自助查询系统，让缴存职工登录查询系统后输入身份证号码和密码，即可查询到住房公积金个人实时账户余额、缴存明细和贷款明细等信息。四是公积金转移手续有效简化。接入全国住房公积金异地转移接续平台，跨省、市转移公积金的职工在转入地直接办理即可，大大地方便跨省、市就业职工办理转移接续业务。

3. 住房公积金扩面有新举措。2017年，采取多层次多种方式加大政策宣传力度，助力公积金归集扩面。一是在市区繁华路段设置大型户外广告，宣传住房公积金制度；二是与云浮广播电视台合作，通过拍摄住房公积金贷款系列专题报道，播放政策法规滚动标语，在微信公众号平台发布重要事项通知公告等方式，宣传住房公积金政策业务知识，营造良好的社会舆论氛围；三是与云浮日报社合作，以政策知识专版解读、定期版面刊登、官方微信、官方网站、户外电子屏等方式，推广住房公积金政策业务知识；四是通过上门走访、电话回访等方式，向企业和职工宣传住房公积金政策，调动单位和职工自觉缴存住房公积金的积极性，推动非公企业建立住房公积金制度，切实维护广大职工的合法权益。

4. 住房公积金政策措施有新亮点。一是完善市直属单位住房公积金缴存调整方案。根据《住房公积金管理条例》和《关于工资总额构成的规定》等规定，结合我市实际情况，在通过电话沟通、实地走访等方式，深入了解广东省其他地市直属单位住房公积金缴存基数的组成范围和各级别缴存金额情况，并征询市财政局、市人社局和市住建局等部门的意见的基础上，2017年，市中心完善市直属单位住房公积金缴存调整方案，进一步完善了住房公积金的计缴工资的项目，规范了市直属单位住房公积金缴存基数计算办法，进一步推进我市的住房公积金缴存工作。二是规范市、区月缴存额标准相同的政策。自2017年度起，全面规范市直、云城区、云安区月缴存额标准一致的政策，将有利于云安区吸引高层次人才和稳定干部职工队伍、促使云城、云安区同城化及产业集聚和谐发展。

2017 全国住房公积金年度报告汇编

广西壮族自治区

南宁市
柳州市
桂林市
梧州市
北海市
防城港市
钦州市
贵港市
玉林市
百色市
贺州市
河池市
来宾市
崇左市

广西壮族自治区住房公积金2017年年度报告

一、机构概况

（一）**住房公积金管理机构**：全区共设14个设区城市住房公积金管理中心、1个独立设置的分中心（南宁住房公积金管理中心区直分中心隶属广西壮族自治区政府办公厅）。从业人员1341人，其中，在编人员726人，非在编人员615人。

（二）**住房公积金监管机构**：广西壮族自治区住房和城乡建设厅、财政厅和中国人民银行南宁中心支行负责对全区住房公积金管理运行情况进行监督。广西壮族自治区住房和城乡建设厅设立住房公积金监管处，负责全区住房公积金日常监管工作。

二、业务运行情况

（一）**缴存**：2017年全区住房公积金新开户单位4267家，实缴单位50543家，净增单位482家；新开户职工32.47万人，实缴职工279.82万人，净增职工14.05万人；缴存额377.65亿元，同比增长11.90%。截至2017年末，累计缴存总额2503.18亿元，同比增长17.77%；累计缴存余额995.93亿元，同比增长13.38%。

（二）**提取**：2017年全区住房公积金提取额260.12亿元，同比增长5.89%，占当年缴存额的68.88%，比上年减少3.91个百分点。截至2017年末，累计提取总额1507.25亿元，同比增长20.86%。

（三）**贷款**：

1. **个人住房贷款**：2017年全区发放住房公积金个人住房贷款6.7万笔、224.85亿元，同比分别增长0.44%和6.30%。回收个人住房贷款72.14亿元。

截至2017年末，累计发放个人住房贷款61.68万笔、1280.44亿元，贷款余额879.24亿元，同比分别增长12.18%、21.30%和21.02%。个人住房贷款余额占缴存余额的88.28%，比上年增加5.57个百分点。

2. **住房公积金支持保障性住房建设项目贷款**：2017年全区住房公积金未发放支持保障性住房建设项目贷款，回收项目贷款0.11亿元。截至2017年末，累计发放支持保障性住房建设项目贷款2.26亿元，项目贷款余额为零。

（四）**购买国债**：2017年全区住房公积金未购买国债，兑付、转让、收回国债为零。截至2017年末，累计国债余额为零，同上年无变化。

（五）**融资**：2017年全区住房公积金融资7.5亿元，归还1.5亿元。截至2017年末，累计融资总额9亿元，融资余额7.5亿元。

（六）**资金存储**：截至2017年末，全区住房公积金存款152.65亿元。其中，活期19.97亿元，1年（含）以下定期46.87亿元，1年以上定期34.03亿元，其他（协定、通知存款等）51.77亿元。

（七）**资金运用率**：截至2017年末，住房公积金个人住房贷款余额、项目贷款余额和购买国债余额的总和占缴存余额的88.28%，比上年增加5.56个百分点。

三、主要财务数据

（一）业务收入：2017年全区住房公积金业务收入30.31亿元，同比增长10.27%。其中，存款利息4.51亿元，委托贷款利息25.79亿元，国债利息为零，其他106.31万元。

（二）业务支出：2017年全区住房公积金业务支出14.8亿元，同比增长10.75%。其中，支付职工住房公积金利息13.11亿元，归集手续费2170.48万元，委托贷款手续费1.27亿元，其他1989.77万元。

（三）增值收益：2017年全区住房公积金增值收益15.52亿元，同比增长9.83%；增值收益率1.65%，比上年减少0.04个百分点。

（四）增值收益分配：2017年全区住房公积金提取贷款风险准备金4.19亿元，提取管理费用2.81亿元，提取城市廉租住房（公共租赁住房）建设补充资金8.52亿元。

2017年全区住房公积金上缴财政管理费用2.86亿元，上缴财政城市廉租住房（公共租赁住房）建设补充资金8.55亿元。

截至2017年末，贷款风险准备金余额2.87亿元，累计提取城市廉租住房（公共租赁住房）建设补充资金61.34亿元。

（五）管理费用支出：2017年全区住房公积金管理费用支出2.67亿元，同比增长3.63%。其中，人员经费9586.15万元，公用经费2055.02万元，专项经费1.5亿元。

四、资产风险状况

（一）个人住房贷款：截至2017年末，全区住房公积金个人住房贷款逾期额5753万元，逾期率为0.65‰。

2017年全区住房公积金提取个人贷款风险准备金4.19亿元，使用个人贷款风险准备金核销呆坏账为零。截至2017年末，个人贷款风险准备金余额28.66亿元，占个人贷款余额的3.26%，个人贷款逾期额与个人贷款风险准备金余额的比率为2.01%。

（二）住房公积金支持保障性住房建设项目贷款：截至2017年末，逾期项目贷款为零。

2017年全区住房公积金提取项目贷款风险准备金为零，使用项目贷款风险准备金核销呆坏账为零。截至2017年末，项目贷款风险准备金余额451万元，占项目贷款余额比率为零，项目贷款逾期额与项目贷款风险准备金余额的比率为零。

（三）历史遗留风险资产：全区住房公积金无历史遗留风险资产。

五、社会经济效益

（一）缴存业务：2017年全区住房公积金实缴单位数、实缴职工人数和缴存额增长率分别为0.96%、5.29%和11.9%。

缴存单位中，国家机关和事业单位占57.83%，国有企业占14.35%，城镇集体企业占1.76%，外商投资企业占1.61%，城镇私营企业及其他城镇企业占19.76%，民办非企业单位和社会团体占2.48%，其他占2.22%。

缴存职工中，国家机关和事业单位占53.02%，国有企业占25.49%，城镇集体企业占1.56%，外商

投资企业占 3.37%，城镇私营企业及其他城镇企业占 13.65%，民办非企业单位和社会团体占 0.65%，其他占 2.25%；中、低收入群体占 98.51%，高收入群体占 1.49%。

新开户职工中，国家机关和事业单位占 32.49%，国有企业占 20.83%，城镇集体企业占 1.28%，外商投资企业占 6.05%，城镇私营企业及其他城镇企业占 34.12%，民办非企业单位和社会团体占 1.30%，其他占 3.94%；中、低收入群体占 99.59%，高收入群体占 0.41%。

（二）提取业务：2017 年全区共有 91.54 万名缴存职工提取住房公积金 260.12 亿元。

提取金额中，住房消费提取占 79.28%（购买、建造、翻建、大修自住住房占 34.71%，偿还购房贷款本息占 37.43%，租赁住房占 3.21%，其他占 3.93%）；非住房消费提取占 20.72%（离休和退休提取占 15.17%，完全丧失劳动能力并与单位终止劳动关系提取占 2.88%，户口迁出所在市或出境定居占 0.91%，其他占 1.76%）。

提取职工中，中、低收入群体占 97.7%，高收入群体占 2.3%。

（三）贷款业务：

1. 个人住房贷款：2017 年全区住房公积金支持职工购建房 828.38 万平方米。年末个人住房贷款市场占有率为 15.47%，比上年同期减少 0.73 个百分点。通过申请住房公积金个人住房贷款，可节约职工购房利息支出 50.7 亿元。

职工贷款笔数中，购房建筑面积 90（含）平方米以下占 20.02%，90～144（含）平方米占 70.12%，144 平方米以上占 9.87%。购买新房占 82.1%（其中购买保障性住房占 5.3%），购买存量商品房占 16.48%，建造、翻建、大修自住住房占 1.18%，其他占 0.24%。单缴存职工申请贷款占 39.96%，双缴存职工申请贷款占 56.91%，三人及以上缴存职工共同申请贷款占 3.13%。

贷款职工中，30 岁（含）以下占 30.85%，30 岁～40 岁（含）占 41.84%，40 岁～50 岁（含）占 21.41%，50 岁以上占 5.9%；首次申请贷款占 88.93%，二次及以上申请贷款占 11.07%；中、低收入群体占 96.91%，高收入群体占 3.09%。

2. 异地贷款：2017 年全区住房公积金发放异地贷款 4829 笔、15.25 亿元。截至 2017 年末，累计发放异地贷款总额 28.84 亿元，异地贷款余额 26.24 亿元。

3. 公转商贴息贷款：2017 年全区住房公积金发放公转商贴息贷款 636 笔、2.01 亿元，支持职工购建房面积 7.6 万平方米，贴息额 261.7 万元。截至 2017 年末，累计发放公转商贴息贷款 1875 笔、4.31 亿元，累计贴息 1006.02 万元。

4. 住房公积金支持保障性住房建设项目贷款：截至 2017 年末，全区共有住房公积金支持保障性住房建设试点城市 3 个，试点项目 4 个，贷款额度 2.26 亿元，建筑面积 21.33 万平方米，可解决 1993 户中低收入职工家庭的住房问题。4 个试点项目贷款资金已发放并还清贷款本息。

（四）住房贡献率：2017 年全区住房公积金个人住房贷款发放额、公转商贴息贷款发放额、项目贷款发放额、住房消费提取额的总和与当年缴存额的比率为 114.68%，比上年减少 6.72 个百分点。

六、其他重要事项

（一）年内调整住房公积金政策情况：

1. 自治区住房城乡建设厅、财政厅、人民银行南宁中心支行于 2017 年 5 月 2 日联合印发《关于适时调整住房公积金政策确保房地产市场平稳健康发展的通知》（桂建金管〔2017〕11号），要求各地充分结合当地房地产市场形势和住房公积金使用情况，因地制宜、因城施策调整住房公积金政策，对商品住房库存消化周期较长的城市，可适当放宽政策，支持住房消费；对房价上涨过快的城市，可适当调整贷款条件、首付比例、贷款额度和利率，实施差别化的住房信贷政策，采取有效措施遏制投资投机性购房贷款需求。

2.自治区住房城乡建设厅、财政厅于2017年5月22日联合印发《广西住房公积金内部控制规范（试行）》（桂建金管〔2017〕14号），自2017年7月1日起实施。

3.自治区住房城乡建设厅于2017年8月1日印发《转发住房城乡建设部办公厅关于保持住房公积金业务平稳运行有关问题的通知》（桂建金管〔2017〕18号），要求各地建立住房公积金风险定期评估和专项评估机制，并及时报备风险评估报告，加大新闻发言人制度建设力度，把新闻发布、信息公开、舆论引导、突发事件报告等工作纳入制度化、规范化轨道。

4.自治区住房城乡建设厅、财政厅、人民银行南宁中心支行于2017年8月25日联合印发《广西个人自愿缴存住房公积金管理办法》（桂建发〔2017〕9号），允许年满18周岁且未达到国家法定退休年龄的城镇个体工商户及其雇用人员、自由职业者等灵活形式就业的人员，在居住地自愿缴存住房公积金，享有提取、贷款等权益。

5.自治区住房城乡建设厅于2017年9月21日印发《转发住房城乡建设部住房公积金监管司关于浙江衢州市住房公积金"最多跑一次"改革情况调研报告的通知》（桂建金管〔2017〕23号），要求各地进一步梳理公积金贷款流程，实现职工办理贷款业务时贷款受理、抵押合同签订、借款合同预签等手续一次办结；加快住房公积金信息化建设，开通多种服务渠道，做到面谈面签业务网上预审"最多跑一次"，力争非面谈面签业务"最好不要跑"。

（二）年内开展专项监督检查情况：

1.2017年6~8月，自治区住房城乡建设厅通过政府采购，以委托会计师事务所进行审计检查的方式，对全区15个住房公积金管理中心（分中心，以下简称"中心"）2016年度住房公积金管理情况开展现场监督。审计组对住房公积金的内部控制、缴存使用、财务管理等情况进行了全面审计。针对审计发现的问题，自治区住房城乡建设厅下发了监督检查意见书，提出整改意见。此外，自治区住房城乡建设厅和自治区财政厅对各中心2016年度业务和管理情况进行了考核，全面、客观地评价各中心业务发展和管理情况。

2.自治区住房城乡建设厅于2017年9月13日印发了《关于核查骗提住房公积金案件的通知》（桂建金管〔2017〕22号），要求各地按照住房城乡建设部公积金监管司《关于核查骗提住房公积金案件的通知》（建金综函〔2017〕104号）要求，对涉案人员名单进行调查核实，确认缴存、提取情况，复核相关材料。

3.2017年11月，自治区住房城乡建设厅派出5个督查组对全区15个中心住房公积金支持住房消费、住房公积金信息化建设推进情况及2016年度住房公积金管理情况监督检查发现问题整改工作情况等进行督查。督查组听取了各中心工作情况汇报，现场查阅了相关文件资料、业务办理凭证以及整改材料，实地查看了业务管理和服务开展等情况，并就发现的问题逐项提出整改意见和要求。

（三）年内改进服务情况：

1.2017年全区15个中心全部通过自治区统一的12329短信平台开通短信服务业务。截至2017年底，短信平台共发送信息793.4万条，为缴存职工掌握住房公积金情况、及时跟进公积金业务办理进度、准确掌握最新公积金政策提供了优质高效的服务。

2. 自治区住房城乡建设厅于2017年11月16日印发《关于开展住房公积金综合服务平台评价验收工作的通知》（桂建金管〔2017〕26号），部署开展全区住房公积金综合服务平台评价和验收工作。截至2017年底，贵港、河池、区直中心已基本建成综合服务平台，南宁、防城港、钦州、贵港、河池中心全部开通《住房公积金综合服务平台建设导则》中的8种服务服务渠道；贺州、来宾、区直中心开通7种服务渠道，北海、崇左中心开通5种服务渠道。2017年全区通过综合服务平台共为缴存职工提供服务2629万次，推进公积金缴存基数调整、缴存清册变更、汇缴补缴等单位业务，以及租房、偿还住房公积金贷款本息、离退休提取等个人业务网上办理。

3. 2017年全区15个中心已全部接入全国住房公积金异地转移接续平台并上线运行，与全国各城市住房公积金管理中心实现了无障碍转移接续。截至2017底，已有超过1.15万名职工受惠，全区通过全国住房公积金异地转移接续平台累计转出住房公积金5228笔、资金1.42亿元；累计转入住房公积金6315笔、资金1.71亿元。

4. 2017年全区已通过"双贯标"验收的防城港、钦州、贵港、贺州、河池、区直6个中心和已上线试运行的玉林、百色、崇左等中心通过全国住房公积金结算应用系统实现实时结算，实现了住房公积金提取业务实时到账，大大提高了业务办理效率。

（四）年内信息化建设情况：

1. 2017年3月，自治区住房城乡建设厅在贵港市召开全区住房公积金"双贯标"工作现场会，组织与会代表学习了贵港中心信息化建设情况和"双贯标"工作经验，现场观摩了贵港中心综合服务管理系统、绩效管理系统等，互相交流了推进"双贯标"工作的心得体会。各地按照自治区住房城乡建设厅《转发住房城乡建设部办公厅关于贯彻落实住房公积金基础数据标准的通知》（桂建金管〔2015〕1号）要求，加快公积金信息化建设转型升级。截至2017年底，防城港、钦州、贺州、区直4个中心已通过"双贯标"验收；玉林、百色、崇左中心已上线试运行。

2. 2017年，自治区住房城乡建设厅积极协调人民银行南宁中心支行和各有关中心集中申请征信接入和征信测试，协调和督促建设单位按计划完成住房公积金贷款征信数据报送系统开发工作，建立月报制度，及时掌握各方建设进展情况，确保相关系统建设工作顺利推进。截至2017年底，区直分中心已通过中国人民银行征信中心验收，正式上线报送住房公积金贷款征信数据；防城港、贵港中心正在进行数据测试，将根据测试情况对系统进行修改完善。

3. 2017年12月，自治区住房城乡建设厅按照住房城乡建设部《关于开展贯标检查验收备选专家培训工作的函》（建金信函〔2017〕151号）的要求，派出贵港、河池中心信息化建设骨干力量，积极参与全国住房公积金"双贯标"验收工作，对云南省4个中心、贵州省9个中心开展"双贯标"验收工作。

（五）年内住房公积金机构及从业人员所获荣誉情况： 2017年，全区有5个中心获得"文明单位"（行业、窗口）称号，其中，1个获得国家级称号、1个获得省部级称号、3个获得地市级称号；1个中心获得"青年文明号"（省部级）称号；2个中心获得"三八红旗手"（巾帼文明岗，地市级）称号。共有22个集体和个人获得先进集体和个人称号，其中，国家级1个，省部级6个，地市级15个。此外，全区15个中心共获得其他荣誉14项，其中，省部级荣誉7项，地市级荣誉7项。

南宁住房公积金 2017 年年度报告

一、机构概况

(一) 住房公积金管理委员会：

1. **南宁住房公积金管理委员会**：南宁住房公积金管理委员会有 29 名委员，2017 年召开 1 次会议，审议通过的事项主要包括：审批南宁市 2016 年度住房公积金制度执行情况报告、审议 2016 年度住房公积金财务收支决算和 2017 年度财务收支预算报告、审批 2017 年住房公积金归集运用计划、审批做好南宁住房公积金归集和运用计划工作的请示、审批调整住房公积金贷款政策的请示。

2. **南宁住房公积金管理中心区直分中心管理委员会**：区直单位住房公积金管理委员会职能分别由自治区人民政府办公厅和自治区住房城乡建设厅、财政厅、审计厅、人力资源和社会保障厅、人民银行等有关部门承担。自治区直属单位住房制度改革委员会于 2014 年 2 月 24 日下文增补我中心为区直房委会成员单位，我中心主任为区直房委会委员。区直房委会现有 19 名委员。2017 年，审议通过住房公积金归集使用计划执行情况报告、住房公积金年度报告、年度财务报告、增值收益分配方案、中心年度管理经费预算决算，并对住房公积金归集使用计划、住房公积金管理工作业务考核指标计划、单位降低缴存比例或缓缴申请、调整住房公积金贷款有关政策、住房公积金缴存基数上下限、住房公积金贷款转商业贷款贴息业务等重要事项进行决策。

(二) 住房公积金管理中心：

1. **南宁住房公积金管理中心**：南宁住房公积金管理中心为直属南宁市人民政府不以营利为目的的参照公务员管理的事业单位，设 8 个科、6 个营业部、6 个管理部、1 个分中心（铁路分中心）。从业人员 193 人，其中，在编 113 人，非在编 80 人。

2. **南宁住房公积金管理中心区直分中心**：南宁住房公积金管理中心区直分中心是直属自治区人民政府办公厅管理的公益二类事业单位，主要负责区直和中直驻邕单位住房公积金的归集、管理、使用和会计核算。中心内设 5 个科和 2 个服务部，即综合科、业务科、财务科、稽核科、信息科和政务中心服务部、东葛服务部。从业人员 105 人，其中，在编人员 30 人，非在编人员 75 人。

二、业务运行情况

(一) 缴存：

1. **南宁住房公积金管理中心缴存**：2017 年，新开户单位 1481 家，实缴单位 9021 家，净增单位 894 家；新开户职工 10.03 万人，实缴职工 58.23 万人，净增职工 1.24 万人；缴存额 73.62 亿元，同比增长 13.81%。2017 年末，缴存总额 494.01 亿元，同比增长 17.51%；缴存余额 201.13 亿元，同比增长 13.14%。

受委托办理住房公积金缴存业务的银行 7 家，与上年相同。

2. **南宁住房公积金管理中心区直分中心缴存**：2017 年，新开户单位 208 家，实缴单位 2,280 家，净增实缴单位 146 家；新开户职工 2.93 万人，实缴职工 22.07 万人，净增实缴职工 1.06 万人；缴存额

47.72亿元，同比增长15.14%。截至2017年底，缴存总额319.81亿元，同比增长17.54%；缴存余额127.01亿元，同比增长12.74%。

受委托办理住房公积金缴存业务的银行9家，与上年相同。

(二) 提取：

1. 南宁住房公积金管理中心提取： 2017年，提取额50.26亿元，同比增长7.96%；占当年缴存额的68.26%，比上年减少3.7个百分点。2017年末，提取总额292.87亿元，同比增长20.71%。

2. 南宁住房公积金管理中心区直分中心提取： 2017年，提取额33.37亿元，同比增长11.24%；占当年缴存额的69.93%，比上年减少2.45个百分点。截至2017年底，提取总额192.8亿元，同比增长20.93%。

(三) 贷款：

1. 个人住房贷款：

(1) 南宁住房公积金管理中心个人住房贷款：个人住房贷款最高额度60万元，其中，单缴存职工最高额度60万元，双缴存职工最高额度60万元。

2017年，发放个人住房贷款0.93万笔43.24亿元，同比分别减少9.71%和增长0.70%。其中，市中心发放个人住房贷款0.76万笔36.21亿元，铁路分中心发放个人住房贷款0.17万笔7.03亿元。

2017年，回收个人住房贷款13.70亿元。其中，市中心11.37亿元，铁路分中心2.33亿元。

2017年末，累计发放个人住房贷款11.05万笔243.39亿元，贷款余额167.02亿元，同比分别增长9.19%、21.61%、21.49%。个人住房贷款余额占缴存余额的83.04%，比上年增加5.7个百分点。

受委托办理住房公积金个人贷款业务的银行7家，与上年相比无变化。

(2) 南宁住房公积金管理中心区直分中心个人住房贷款：个人住房贷款最高额度为60万元，其中，单缴存职工最高额度60万元，双缴存职工最高额度60万元。2017年，发放个人住房贷款5,283笔22.82亿元，同比分别下降32.7%、26.89%。回收个人住房贷款8.77亿元。截至2017年底，累计发放个人住房贷款5.54万笔160.33亿元，贷款余额115.88亿元，同比分别增长10.54%、16.6%和13.8%。个人住房贷款余额占缴存余额的91.24%，比上年增加0.86个百分点。受委托办理住房公积金个人住房贷款业务的银行9家，与上年相同。

2. 住房公积金支持保障性住房建设项目贷款：

(1) 南宁住房公积金管理中心住房公积金支持保障性住房建设项目贷款：2017年，未发放支持保障性住房建设项目贷款，无回收项目贷款。2017年末，累计发放项目贷款1.1亿元，项目贷款余额0亿元。

(2) 南宁住房公积金管理中心区直分中心住房公积金支持保障性住房建设试点项目贷款：截至2017年底，无保障性住房建设试点项目贷款。

(四) 资金存储：

1. 2017年末，南宁住房公积金管理中心住房公积金存款40.72亿元。其中，活期0.94亿元，1年（含）以下定期23.7亿元，1年以上定期10.2亿元，其他（协定、通知存款等）5.88亿元。

2. 截至2017年底，南宁住房公积金管理中心区直分中心住房公积金存款额14.088亿元。其中，活期0.009亿元，1年以内定期（含）0亿元，1年以上定期0.86亿元，其他（协议、协定、通知存款等）13.219亿元。

（五）资金运用率：

1. 2017年末，南宁住房公积金管理中心住房公积金个人住房贷款余额、项目贷款余额和购买国债余额的总和占缴存余额的83.04%，比上年增加5.7个百分点。

2. 截至2017年，南宁住房公积金管理中心区直分中心住房公积金个人住房贷款余额、项目贷款余额和购买国债余额的总和占缴存余额的91.24%，比上年增加0.86个百分点。

三、主要财务数据

（一）业务收入：

1. 2017年，南宁住房公积金管理中心业务收入61314.32万元，同比增长5.06%。其中，市中心48959.70万元，铁路分中心12354.62万元；存款利息11616.84万元，委托贷款利息49695.74万元，国债利息0万元，其他1.74万元。

2. 2017年，南宁住房公积金管理中心区直分中心业务收入共计37851.53万元，同比增长4.32%。存款利息收入2792.3万元，委托贷款利息收入35053.3万元，国债利息收入0万元，其他收入5.93万元。

（二）业务支出：

1. 2017年，南宁住房公积金管理中心业务支出23450.28万元，同比增长4.21%。其中，市中心17681.89万元，铁路分中心5768.39万元；支付职工住房公积金利息20942.94万元，归集手续费0万元，委托贷款手续费2484.81万元，其他22.53万元。

2. 2017年，南宁住房公积金管理中心区直分中心业务支出共计21075.27万元，同比增长0.37%。住房公积金利息支出17948.65万元，归集手续费用支出1372.82万元，委托贷款手续费支出1752.96万元，其他支出0.84万元。

（三）增值收益：

1. 2017年，南宁住房公积金管理中心增值收益37864.04万元，同比增长5.59%。其中，市中心31277.81万元，铁路分中心6586.23万元；增值收益率1.99%，比上年减少0.15个百分点。

2. 2017年，南宁住房公积金管理中心区直分中心增值收益16776.26万元，同比增长9.74%。增值收益率1.4%，比上年同期降低0.04个百分点。

（四）增值收益分配：

1. 2017年，南宁住房公积金管理中心提取贷款风险准备金2966.87万元，提取管理费用5232.84万元，提取城市廉租住房（公共租赁住房）建设补充资金29664.33万元。

2017年，上交财政管理费用6000万元。上缴财政城市廉租住房（公共租赁住房）建设补充资金27741.04万元。其中，市中心上缴21606.86万元，铁路分中心上缴南宁铁路局6134.18万元。

2017年末，贷款风险准备金余额29111.09万元。累计提取城市廉租住房（公共租赁住房）建设补充资金179100.54万元。其中，市中心提取140637.12万元，铁路分中心提取38463.42万元。

2. 2017年，南宁住房公积金管理中心区直分中心提取贷款风险准备金4215.7万元，提取管理费用2529.7万元，提取城市廉租住房（公共租赁住房）建设补充资金10030.86万元。2017年，上交财政管理费用2529.7万元，上缴财政的城市廉租住房（公共租赁住房）建设补充资金14270.93万元。截至2017

年底，贷款风险准备金余额 34763.97 万元，累计提取城市廉租住房（公共租赁住房）建设补充资金 99062.55 万元。

（五）管理费用支出：

1. 2017 年，南宁住房公积金管理中心管理费用支出 6661.83 万元，同比增长 12.01%。其中，人员经费 1312.22 万元，公用经费 243.50 万元，专项经费 5106.11 万元。

市中心管理费用支出 4261.71 万元，其中，人员、公用、专项经费分别为 982.31 万元、185.43 万元、3093.97 万元；铁路分中心管理费用支出 2400.12 万元，其中，人员、公用、专项经费分别为 329.91 万元、58.07 万元、2012.14 万元。

2. 2017 年，南宁住房公积金管理中心区直分中心管理费用支出 2453.96 万元，同比下降 8%。其中，人员经费 814.5 万元，公用经费 625.98 万元，专项经费 1013.48 万元。

四、资产风险状况

个人住房贷款：

1. 2017 年末，南宁住房公积金管理中心个人住房贷款逾期额 778.14 万元，逾期率 0.47‰。其中，市中心 0.51‰，铁路分中心 0.21‰。

个人贷款风险准备金按贷款余额本年度增加额的 1% 提取。2017 年，提取个人贷款风险准备金 2966.87 万元，未使用个人贷款风险准备金核销呆坏账。2017 年末，个人贷款风险准备金余额 28671.09 万元，占个人住房贷款余额的 1.72%，个人住房贷款逾期额与个人贷款风险准备金余额的比率为 2.71%。

2. 截至 2017 年底，南宁住房公积金管理中心区直分中心逾期个人住房贷款 600.12 万元，个人住房贷款逾期率 0.52‰。个人贷款风险准备金按贷款余额的 3% 提取。当年使用个人贷款风险准备金核销 0 万元，个人贷款风险准备金余额为 34763.97 万元，个人贷款风险准备金余额与个人贷款余额的比率为 3%，个人贷款逾期额与个人贷款风险准备金余额的比率为 1.73%。

五、社会经济效益

（一）缴存业务：

1. 2017 年，南宁住房公积金管理中心实缴单位数、实缴职工人数和缴存额同比分别增长 11.00%、2.18% 和 13.81%。

缴存单位中，国家机关和事业单位占 44.58%，国有企业占 10.17%，城镇集体企业占 1.18%，外商投资企业占 2.80%，城镇私营企业及其他城镇企业占 39.02%，民办非企业单位和社会团体占 1.77%，其他占 0.48%。

缴存职工中，国家机关和事业单位占 37.64%，国有企业占 29.40%，城镇集体企业占 1.32%，外商投资企业占 7.43%，城镇私营企业及其他城镇企业占 23.27%，民办非企业单位和社会团体占 0.77%，其他占 0.17%；中、低收入占 99.00%，高收入占 1.00%。

新开户职工中，国家机关和事业单位占 21.09%，国有企业占 15.10%，城镇集体企业占 0.78%，外商投资企业占 9.84%，城镇私营企业及其他城镇企业占 51.41%，民办非企业单位和社会团体占 1.70%，其他占 0.08%；中、低收入占 99.65%，高收入占 0.35%。

2. 2017年，南宁住房公积金管理中心区直分中心实缴单位数、实缴职工人数和缴存额增长率分别为6.84%、5.04%和15.14%。

缴存单位中，国家机关和事业单位占29.69%，国有企业占36.45%，城镇集体企业占1.97%，外商投资企业占1.49%，城镇私营企业及其他城镇企业占24.26%，民办非企业单位和社会团体占5.44%，其他占0.7%。缴存职工中，国家机关和事业单位占44.24%，国有企业占36.83%，城镇集体企业占1.18%，外商投资企业占1.42%，城镇私营企业及其他城镇企业占15.55%，民办非企业单位和社会团体占0.68%，其他占0.1%。中、低收入占96.8%，高收入占3.2%。

新开户职工中，国家机关和事业单位占27.4%，国有企业占39.49%，城镇集体企业占1.13%，外商投资企业占1.64%，城镇私营企业及其他城镇企业占28.95%，民办非企业单位和社会团体占0.76%，其他占0.63%；中、低收入占99.33%，高收入占0.67%。

（二）提取业务：

1. 2017年，南宁住房公积金管理中心有19.85万名缴存职工提取住房公积金50.26亿元。

提取金额中，住房消费提取占77.63%（购买、建造、翻建、大修自住住房占32.76%，偿还购房贷款本息占37.69%，租赁住房占5.64%，其他占1.54%）；非住房消费提取占22.37%（离休和退休提取占16.80%，完全丧失劳动能力并与单位终止劳动关系提取占3.54%，户口迁出本市或出境定居占0.01%，其他占2.02%）。

提取职工中，中、低收入占98.57%，高收入占1.43%。

2. 2017年，南宁住房公积金管理中心区直分中心有7.69万名缴存职工提取住房公积金33.37亿元。提取金额中，住房消费提取占81.95%（购买、建造、翻建、大修自住住房占37.64%，偿还购房贷款本息占39.79%，租赁住房占0.92%，其他占3.6%）；非住房消费提取占18.05%（离休和退休提取占13.2%，完全丧失劳动能力并与单位终止劳动关系提取占3.05%，户口迁出本市或出境定居占1.37%，其他占0.43%）。提取职工中，中、低收入占96.13%，高收入占3.87%。

（三）贷款业务：

1. 个人住房贷款：

（1）2017年，南宁住房公积金管理中心支持职工购建房89.09万平方米，年末个人住房贷款市场占有率为6.92%，比上年减少0.68个百分点。通过申请住房公积金个人住房贷款，可节约职工购房利息支出108,707.04万元。

职工贷款笔数中，购房建筑面积90（含）平方米以下占41.00%，90~144（含）平方米占52.75%，144平方米以上占6.25%。购买新房占59.09%（其中购买保障性住房占16.59%），购买存量商品住房占38.99%，建造、翻建、大修自住住房占1.92%，其他占0%。

职工贷款笔数中，单缴存职工申请贷款占40.35%，双缴存职工申请贷款占47.64%，三人及以上缴存职工共同申请贷款占12.01%。

贷款职工中，30岁（含）以下占20.97%，30岁~40岁（含）占53.62%，40岁~50岁（含）占18.43%，50岁以上占6.98%；首次申请贷款占77.99%，二次及以上申请贷款占22.01%；中、低收入占91.03%，高收入占8.97%。

（2）2017年，南宁住房公积金管理中心区直分中心支持职工购建房59.53万平方米，年末个人住房贷款市场占有率为5.04%，比上年减少0.58个百分点。通过申请住房公积金个人住房贷款，可节约职工购房利息支出56,998.01万元。

职工贷款笔数中，购房建筑面积90（含）平方米以下占26.08%，90~144（含）平方米占68.18%，144平方米以上占5.74%。购买新房占86.73%（其中购买保障性住房占27.39%），购买存量商品住房占13.25%，建造、翻建、大修自住住房占0.02%。

职工贷款笔数中，单缴存职工申请贷款占64.94%，双缴存职工申请贷款占35.06%。

贷款职工中，30岁（含）以下占30.4%，30岁~40岁（含）占46.91%，40岁~50岁（含）占17.43%，50岁以上占5.26%；首次申请贷款占89.29%，二次及以上申请贷款占10.71%；中、低收入占99.87%，高收入占0.13%。

2. 异地贷款：

（1）2017年，南宁住房公积金管理中心发放异地贷款298笔13347万元。2017年末，发放异地贷款总额36,597.20万元，异地贷款余额30419.6万元。

（2）2017年，南宁住房公积金管理中心区直分中心发放异地贷款41笔1823.5万元。2017年末，发放异地贷款总额17186.6万元，异地贷款余额14603.04万元。

3. 公转商贴息贷款：

（1）截至2017年末，南宁住房公积金管理中心未发放公转商贴息贷款。

（2）2017年，南宁住房公积金管理中心区直分中心受理公转商贴息贷款2笔83.4万元，支持职工购建住房面积183.89平方米，当年贴息额0万元。截至2017年底，累计发放公转商贴息贷款0笔0万元，累计贴息0万元。

4. 支持保障性住房建设试点项目贷款：

（1）2017年末，南宁住房公积金管理中心累计试点项目1个，贷款额度1.1亿元，建筑面积13万平方米，可解决1081户中低收入职工家庭的住房问题。1个试点项目贷款资金已发放并还清贷款本息。

（2）截至2017年底，南宁住房公积金管理中心区直分中心无保障性住房建设项目贷款。

(四)住房贡献率：

（1）2017年，南宁住房公积金管理中心个人住房贷款发放额43.24亿元、公转商贴息贷款发放额0亿元、项目贷款发放额0亿元、住房消费提取额39.02亿元的总和与当年缴存额73.62亿元的比率为111.74%，比上年减少9.95个百分点。

（2）2017年，南宁住房公积金管理中心区直分中心因住房贷款率较高，为防范流动性风险，当年个人住房贷款发放额、公转商贴息贷款发放额、项目贷款发放额、住房消费提取额的总和与当年缴存额的比率为105.12%，比上年减少29.85个百分点。

六、其他重要事项

(一)当年机构及职能调整情况、受委托办理缴存贷款业务金融机构变更情况：

1. 2017年度，南宁住房公积金管理中心、南宁住房公积金管理中心区直分中心无机构与职能调整事项。

2. 南宁住房公积金管理中心上林县管理部因业务需要，在建设银行增设一个住房公积金存款归集专户，用于住房公积金归集放贷等业务的结算。

(二) 当年住房公积金政策调整及执行情况：

1. 南宁住房公积金管理中心当年缴存基数限额及确定方法、缴存比例调整及执行情况：2017年住房公积金月缴存工资基数，不应超过职工工作所在设区城市统计部门公布的上一年度职工月平均工资的3倍。据此，以南宁市统计局公布的南宁市2016年度在岗职工月平均工资5713元为基准数值，确定2017年度住房公积金月缴存基数最高不得超过17140元。2017年南宁市单位和职工个人住房公积金缴存比例分别为12%，单位和职工个人住房公积金月缴存额上限各为2057元，月缴存额下限各为70元。

2. 南宁住房公积金管理中心当年住房公积金存款利率调整及执行情况：根据中国人民银行、住房城乡建设部、财政部印发《关于完善职工住房公积金账户存款利率形成机制的通知》，职工住房公积金账户存款利率统一按一年期定期存款基准利率执行。

3. 南宁住房公积金管理委员会印发《南宁住房公积金管理委员会关于调整我市住房公积金贷款政策的通知》(南金管规〔2017〕1号)，并于5月1日起正式执行。停止向购买第三套及以上住房的职工发放住房公积金贷款；暂停受理住房公积金异地贷款；调整购买第二套住房或第二次申请住房公积金贷款的最高额度至45万元；调整购买第二套或第二次申请住房公积金贷款的最低首付比例至50%；调整购买第二套住房或第二次申请住房公积金贷款的贷款利率至统计基准利率的1.1倍。

4. 南宁住房公积金管理委员会印发《南宁住房公积金管理委员会关于阶段性调整住房公积金贷款及提取政策政策的通知》(南金管〔2017〕2号)，并于9月30日起正式执行。暂停向购买第二套及以上住房或申请第二次及以上住房公积金贷款的职工发放住房公积金贷款。

5. 南宁住房公积金管理中心区直分中心缴存基数限额及确定方法、缴存比例调整按照《广西住房公积金业务管理规范》(桂建金管〔2011〕26号)和《自治区住房城乡建设厅发展改革委财政厅中国人民银行南宁中心支行关于印发贯彻住房城乡建设部等四部门规范和阶段性适当降低住房公积金缴存比例政策实施意见的通知》(桂建金管〔2016〕17号)等有关规定执行，职工缴存住房公积金的月工资基数不超过单位所在设区城市统计部门公布的上一年度职工月平均工资的3倍，缴存比例最高不超过12%。根据有关规定及南宁市统计局提供的数据，并经报自治区人民政府同意，我中心确定2017年度缴存基数上限为24081元，缴存基数下限为1400元，缴存比例最高为12%，最低为5%。

6. 根据《自治区住房城乡建设厅财政厅中国人民银行南宁中心支行关于适时调整住房公积金政策确保房地产市场平稳健康发展的通知》(桂建金管〔2017〕11号)要求，为确保房地产市场平稳健康发展，经报自治区人民政府审批同意，南宁住房公积金管理中心区直分中心从2017年9月1日起，住房公积金贷款实行认房认贷，贷款次数认定由按住房公积金贷款使用次数认定调整为按在南宁市区拥有的住房套数和住房公积金贷款使用次数认定，属购买第二套住房或第二次申请住房公积金贷款的，首付比例不低于40%。为进一步帮助缴存职工解决购房资金困难，开展了住房公积金贷款转商业贷款贴息业务。我中心个人住房公积金贷款最高额度为60万元。住房公积金存贷款利率按中国人民银行挂牌利率执行。职工住房公积金账户存款利率按一年期定期存款基准利率执行，现行利率为1.5%。个人住房公积金贷款利率，五年期（含）以下现行贷款利率为2.75%，五年期以上现行贷款利率为3.25%。

(三)当年服务改进情况：

1. 南宁住房公积金管理中心当年服务改进情况：

(1) 委贷银行进驻网点一站式服务。2017年7月，武鸣管理部搬迁至新办公地点后，即按照住房公积金个贷业务"集中管理，统一考核，专业指导，整体联动"的原则，联系相关委贷银行（工、中、农、建四家银行）进驻业务大厅开展一站式业务办理服务工作，住房公积金贷款受理及发放效率进一步提高。

(2) 完成转移接续平台建设工作情况。管理中心从2017年6月30日正式接入使用全国住房公积金异地转移接续平台。平台上线以来，职工办理异地转移不再需要两地奔波，极大地简化了办理流程和办理时限，截至2017年末，通过异地转移接续平台正常办结转入业务1944笔，正常办结转出业务1689笔。

(3) 做好12329热线、微信及网站业务预约服务。全年共成功受理各项业务预约2445人/次，其中提取预约2315人/次，贷款预约130人/次，方便了广大职工办理住房公积金业务。

(4) 建立业务窗口服务满意度回访制度。为提高管理中心服务质量，加强群众监督，利用12329热线定期对已办理业务职工进行回访，对各服务网点的工作效率、服务态度、业务熟练程度等方面进行满意度抽查。认真梳理汇总受访职工提出的意见和建议，并及时进行整改。2017年6月实行该制度以来，共回访职工520人/次，被抽查服务网点的满意度均达99.5%以上。

(5) 积极回应职工投诉事项。2017年，管理中心认真做好职工投诉事项的处理工作，做到有诉必应。特别是针对电视问政节目中，职工反映较多的房地产开发企业拒绝住房公积金贷款的问题，管理中心出台了《关于规范对房地产开发企业使用公积金贷款管理有关问题的通知》（南金通〔2017〕31号），进一步规范和简化投诉流程，明确房地产开发企业的责任和义务。2017年共受理职工投诉房地产开发企业拒贷112人/次，涉及楼盘65个，除与开发企业沟通协调处理外，还组织行政执法人员开展专项清查工作，现场核查在售楼盘46个，对其中的3个楼盘启动了行政执法程序，处理回复率达100%，切实维护了职工合法权益。

(6) 综合服务平台建设情况。2017年综合服务平台继续以"互联网＋"为导向，以互联网和移动终端为主要载体，增加了个人版网厅、单位版网厅、手机APP、微信等渠道向缴存单位和职工提供综合服务。

(7) 其他网络载体建设服务情况。一是12329服务热线开通自助服务渠道，方便缴存职工了解相关业务办理流程和政策法规，避免多次跑腿的情况。二是升级业务系统，开通业务网络办理渠道。尽可能的实现广大缴存单位和职工"足不出户，业务办结"的服务模式。三是在网络和安全方面，多渠道依托南宁市发改委的云平台，实现云服务管理和运行的模式，结合当前"互联网＋政务云"的技术和手段，实现业务和数据的安全管理及业务拓展应用。

2. 南宁住房公积金管理中心区直分中心当年服务改进情况：

(1) 创新业务模式，提供便民服务。我中心充分发挥服务窗口"一条龙服务，一站式办结"特色服务，设立业务查询综合窗口，方便职工随时查询、打印各类住房公积金业务证明。

(2) 倡导文明风尚，优化服务环境。完善办事大厅各类服务设施，增设了"梦想书吧"阅读区和母婴休息区，免费提供手机充电服务，更新添置了宣传板报、字画和绿色植物。

(3) 建设综合服务平台，拓宽服务渠道。积极开展综合服务平台建设工作，与广西金融电子结算服务中心联合开发网上业务大厅平台。综合服务平台管理系统、内外网数据交换平台已上线运行并已建成开通门户网站、自助查询机、网上服务大厅、"12329"热线平台、"12329"短信平台、官方微博6个住房公积金服务渠道。

（4）开展上门服务和预约服务，方便职工群众。主动到基层单位和社区开展便民服务活动，为职工解读住房公积金政策，服务群众约2,500多人次，获广西壮族自治区第一强制隔离戒毒所等多家单位致信感谢。

（四）当年信息化建设情况：

1. 南宁住房公积金管理中心当年信息化建设情况：

（1）信息系统升级改造情况。稳步推进住房公积金业务系统的升级改造，网厅单位版开通了业务变更、在线汇补缴业务等服务，实现单位专管员在线进行业务申请和办结；网厅个人版实现了租房提取、离退休提取、约定提取申请、贷款申请、预约办理等服务。按照信息系统建设计划，已完成系统升级改造的第一期建设和上线投产工作，主要是多渠道服务平台的投产运行。

（2）基础数据标准贯彻落实和结算应用系统接入情况。管理中心信息系统的升级改造建设完全按照《住房公积金基础数据标准》进行开发设计，并按照《住房公积金银行结算数据采集系统-与银行公共接口标准》开发设计与银行之间的结算平台，实现业务系统与住房城乡建设部统一结算平台的无缝对接。目前，管理中心已完成与五大银行的接口联调测试，确保下一步实现基础数据标准贯彻和结算应用系统的接入工作。

2. 南宁住房公积金管理中心区直分中心当年信息化建设情况：

（1）积极贯彻落实住房城乡建设部提出的住房公积金基础数据标准和接入全国统一结算应用系统"双贯标"工作，已顺利通过验收。

（2）按时接入全国住房公积金异地转移接续平台，规范开展异地转移接续业务，提高服务效率。

（3）推进异地数据备份建设，定期进行应急演练，保障数据安全和提高应急处置能力。

（4）开展电子档案系统建设工作，由事后监督、事后稽核向事中监督、事中稽核转变，实现业务流程再造。

（五）当年住房公积金管理中心及职工所获荣誉情况：

1. 2017年9月，南宁住房公积金管理中心法规稽核科及科室一名同志被广西内部审计师协会分别授予2014至2016年全区内部审计先进集体和先进工作者称号。

2. 2017年，南宁住房公积金管理中心区直分中心荣获"第五届全国文明单位"、"自治区学雷锋活动示范点"、"2016度全区直属企事业工会目标管理考核一等奖"、"自治全区住房城乡建设系统模范职工小家"、"广西区直机关共青团员先锋岗"、"广西壮族自治区巾帼文明岗"及"全区内部审计先进集体"等荣誉称号，在自治区财政厅2016年度区直部门整体支出绩效考评中获评为优秀等次，在自治区档案局2017年档案检查工作中获评为优秀等次。有16名同志获得上级表彰奖励。其中1名同志获优秀党支部书记称号，5名同志获自治区人民政府办公厅2016年度民主评议优秀党员称号，1名同志获2016年度广西优秀共青团干部称号，1名同志获全区住建系统工会优秀工作者称号，1名同志获广西维护妇女儿童权益先进个人称号，1名同志获自治区政务服务中心政务服务先进工作者称号，4名同志撰写回乡调研报告获奖，2名同志获评自治区人民政府办公厅2015-2017年度无道路违章司机。

（六）当年对违反《住房公积金管理条例》和相关法规行为进行行政处罚和申请人民法院强制执行

情况：

1. 2017年，南宁住房公积金管理中心继续加强行政执法力度。对不建立住房公积金账户的单位依法做出行政处罚案件1件，罚款1万元，已经执行到位。对逾期不执行管理中心做出的补缴住房公积金行政处理决定的，管理中心依法向有管辖权的人民法院申请强制执行的案件1件，涉及补缴职工人数为3人，申请执行标的金额为32607元，已经将补缴资金执行到位。

2. 2017年11月26日，南宁住房公积金管理中心区直分中心依法对违反《住房公积金管理条例》和相关法规行为的广西南宁建兴物业服务有限责任公司向南宁市青秀区人民法院申请强制执行，并递交《执行申请书》和相关证据材料，南宁市青秀区人民法院已受理。

（七）当年对住房公积金管理人员违规行为的纠正和处理情况： 2017年度，南宁住房公积金管理中心、南宁住房公积金管理中心区直分中心无住房公积金管理人员因存在违规行为被纠正与处理情况发生。

柳州市住房公积金2017年年度报告

一、机构概况

（一）住房公积金管理委员会： 住房公积金管理委员会有24名委员，2017年召开2次会议，审议通过的事项主要包括：柳州市住房公积金管理中心2016年度工作报告、柳州市住房公积金管理中心2016年度预算执行情况及2017年度预算编制情况报告、2016年度住房公积金增值收益分配方案、柳州市住房公积金2016年年度报告、2017年住房公积金归集和资金使用计划、关于住房公积金政策调整的请示。

（二）住房公积金管理中心： 住房公积金管理中心为直属柳州市人民政府不以营利为目的的独立的参公事业单位，设9个处（科），6个管理部，0个分中心。从业人员124人，其中，在编82人，非在编42人。

二、业务运行情况

（一）缴存： 2017年，新开户单位355家，实缴单位4608家，净增单位241家；新开户职工3.9万人，实缴职工32.16万人，净增职工1.33万人；缴存额45.54亿元，同比增长11.89%。2017年末，缴存总额346.58亿元，同比增长15.12%；缴存余额114.29亿元，同比增长10.15%。

受委托办理住房公积金缴存业务的银行9家，比上年增加（减少）0家。

（二）提取： 2017年，提取额35亿元，同比增长10.55%；占当年缴存额的76.86%，比上年减少0.94个百分点。2017年末，提取总额232.29亿元，同比增长17.74%。

（三）贷款：

1. 个人住房贷款： 个人住房贷款最高额度70万元，其中，单缴存职工最高额度40万元，双缴存职工最高额度70万元。

2017年，发放个人住房贷款0.71万笔25.55亿元，同比分别增长1.43%、5.93%。

2017年，回收个人住房贷款8.34亿元。

2017年末，累计发放个人住房贷款7.65万笔152.16亿元，贷款余额97.59亿元，同比分别增长10.23%、20.18%、21.43%。个人住房贷款余额占缴存余额的85.39%，比上年增加7.93个百分点。

受委托办理住房公积金个人住房贷款业务的银行6家，比上年增加（减少）0家。

2. **住房公积金支持保障性住房建设项目贷款**：2017年，发放支持保障性住房建设项目贷款0亿元，回收项目贷款0亿元。2017年末，累计发放项目贷款1.009亿元，项目贷款余额0亿元。

（四）**资金存储**：2017年末，住房公积金存款18.1亿元。其中，活期0.1亿元，1年（含）以下定期0亿元，1年以上定期9.55亿元，其他（协定、通知存款等）8.45亿元。

（五）**资金运用率**：2017年末，住房公积金个人住房贷款余额、项目贷款余额和购买国债余额的总和占缴存余额的85.39%，比上年增加7.93个百分点。

三、主要财务数据

（一）**业务收入**：2017年，业务收入36510.95万元，同比增长7.95%。存款利息7527.90万元，委托贷款利息28983.05万元，国债利息0万元，其他0万元。

（二）**业务支出**：2017年，业务支出16950.61万元，同比增长44.70%。支付职工住房公积金利息15249.11万元，归集手续费0万元，委托贷款手续费1451.73万元，其他249.77万元。

（三）**增值收益**：2017年，增值收益19560.34万元，同比下降11.53%。增值收益率1.77%，比上年减少0.44个百分点。

（四）**增值收益分配**：2017年，提取贷款风险准备金2555万元，提取管理费用3142.74万元，提取城市廉租住房（公共租赁住房）建设补充资金13862.60万元。

2017年，上交财政管理费用3142.74万元。上缴财政城市廉租住房（公共租赁住房）建设补充资金16410.15万元。

2017年末，贷款风险准备金余额21916.19万元。累计提取城市廉租住房（公共租赁住房）建设补充资金101403.62万元。

（五）**管理费用支出**：2017年，管理费用支出2157.39万元，同比下降26.80%。其中，人员经费1112.82万元，公用经费131.37万元，专项经费913.20万元。

四、资产风险状况

个人住房贷款：2017年末，个人住房贷款逾期额170.04万元，逾期率0.17‰。

个人贷款风险准备金按发放个人贷款额的1%提取。2017年，提取个人贷款风险准备金2554.99万元，使用个人贷款风险准备金核销呆坏账0万元。2017年末，个人贷款风险准备金余额21916.19万元，占个人住房贷款余额的2.25%，个人住房贷款逾期额与个人贷款风险准备金余额的比率为0.78%。

五、社会经济效益

（一）**缴存业务**：2017年，实缴单位数、实缴职工人数和缴存额同比分别增长5.52%、4.31%和11.89%。

缴存单位中，国家机关和事业单位占40.3%，国有企业占27.71%，城镇集体企业占1.17%，外商投资企业占1.67%，城镇私营企业及其他城镇企业占19.92%，民办非企业单位和社会团体占3.04%，其他占6.18%。

缴存职工中，国家机关和事业单位占37.51%，国有企业占38.30%，城镇集体企业占0.46%，外商投资企业占2.48%，城镇私营企业及其他城镇企业占12.45%，民办非企业单位和社会团体占0.56%，其他占8.24%；中、低收入占97.66%，高收入占2.34%。

新开户职工中，国家机关和事业单位占28.24%，国有企业占25.21%，城镇集体企业占0.28%，外商投资企业占4.10%，城镇私营企业及其他城镇企业占32.31%，民办非企业单位和社会团体占0.84%，其他占9.02%；中、低收入占99.76%，高收入占0.24%。

（二）**提取业务**：2017年，11.60万名缴存职工提取住房公积金35亿元。

提取金额中，住房消费提取占80.08%（购买、建造、翻建、大修自住住房占34.95%，偿还购房贷款本息占40.02%，租赁住房占0.63%，其他占4.48%）；非住房消费提取占19.92%（离休和退休提取占12.5%，完全丧失劳动能力并与单位终止劳动关系提取占4.62%，户口迁出本市或出境定居占1.8%，其他占1%）。

提取职工中，中、低收入占96.04%，高收入占3.96%。

（三）**贷款业务**：

1. **个人住房贷款**：2017年，支持职工购建房77.57万平方米，年末个人住房贷款市场占有率为12.59%，比上年减少1.88个百分点。通过申请住房公积金个人住房贷款，可节约职工购房利息支出62402.77万元。

职工贷款笔数中，购房建筑面积90（含）平方米以下占31.00%，90～144（含）平方米占62.85%，144平方米以上占6.15%。购买新房占79.51%（其中购买保障性住房占1.29%），购买存量商品住房占20.35%，建造、翻建、大修自住住房占0.10%，其他占0.04%。

职工贷款笔数中，单缴存职工申请贷款占59.80%，双缴存职工申请贷款占40.20%，三人及以上缴存职工共同申请贷款占0%。

贷款职工中，30岁（含）以下占33.80%，30岁～40岁（含）占39.24%，40岁～50岁（含）占21.75%，50岁以上占5.21%；首次申请贷款占85.94%，二次及以上申请贷款占14.06%；中、低收入占99.75%，高收入占0.25%。

2. **异地贷款**：2017年，发放异地贷款486笔18246.10万元。2017年末，发放异地贷款总额30002.70万元，异地贷款余额28612.30万元。

3. **支持保障性住房建设试点项目贷款**：2017年末，累计试点项目2个，贷款额度1.27亿元，建筑面积7.17万平方米，可解决748户中低收入职工家庭的住房问题。2个试点项目贷款资金已发放并还清贷款本息。

（四）**住房贡献率**：2017年，个人住房贷款发放额、公转商贴息贷款发放额、项目贷款发放额、住房消费提取额的总和与当年缴存额的比率为117.66%，比上年减少4.40个百分点。

六、其他重要事项

（一）**当年住房公积金政策调整及执行情况**：

1. 2017年，柳州市职工住房公积金月缴存额上限由2016年的3254元调整为3614元，月缴存额下限为140元（市区）、100元（五县）。全市所有单位（含中直企业、区直企业以及区外企业驻柳分支机构）均须在上述限额标准内缴交。

2. 2017年度柳州市企业职工正常住房公积金缴存比例为5%～12%，其他单位正常住房公积缴存比例仍为8%～12%，具体缴存比例由各单位根据实际情况在上述标准范围内自行确定。

3. 本年度贷款利率未发生调整。

（二）当年服务改进情况：经过前期调试、对接，我市从2017年7月1日起，通过全国住房公积金异地转移接续平台办理住房公积金异地转移业务，当年共办理异地转出、转入业务1500多笔，减少了职工往返奔波，提升了住房公积金服务效率；引进了建行、交行进驻中心办事大厅，办理住房公积金个人贷款"一站式"便捷服务，整合贷款受理、面谈、初审、面签等流程，申请人只要符合贷款条件、资料齐全，贷款相关人员到场，可一次性办结贷款申办、委托银行借款合同预签、抵押表格填报等事项；优化了住房公积金提取业务流程，对缴存人办理住房公积金提取业务所需填写的表格和清单及材料要求进行简化，简化职工提取住房公积金手续。

（三）当年信息化建设情况：中心按照信息化项目审批流程，将《柳州市住房公积金信息管理系统项目可行性报告》向市发改委申报审批，中心根据市发改委的意见对项目设计方案作了相应调整，拟于2018年重新申报审批后，开展项目招投标、建设工作。

桂林市住房公积金2017年年度报告

一、机构概况

（一）住房公积金管理委员会：住房公积金管理委员会有24名委员，2017年召开2次会议，审议通过的事项主要包括：《桂林市住房公积金管理中心2016年工作总结及2017年工作计划》、《桂林市住房公积金管理中心2016年决算情况报告》、《2017年住房公积金年度预算编报说明》、《桂林市住房公积金2016年年度报告》、《2016年度广西住房公积金业务管理工作考核表》、《桂林市住房公积金管理委员会关于人事调整的议案》、《桂林市住房公积金管理中心2017年1-8月工作汇报及下步工作计划》、《关于调整桂林市住房公积金贷款政策的通知》、《桂林市住房公积金管理中心关于取消放宽购建房提取住房公积金条件的通知》、《公积金管理中心开展融资工作情况及下步融资计划》、《临桂新区办公大楼-金融大厦建设进程及中心搬迁进驻情况》、《管理中心信息化建设方案》。

（二）住房公积金管理中心：住房公积金管理中心为直属于桂林市人民政府不以营利为目的的参照公务员法管理的事业单位，设7个处（科），15个管理部，0个分中心。从业人员119人，其中，在编73人，非在编46人。

二、业务运行情况

（一）缴存：2017年，新开户单位277家，实缴单位5636家，净增单位141家；新开户职工2.69万人，实缴职工 27.63 万人，净增职工 1.22 万人；缴存额 37.38 亿元，同比增长 9.73%。2017 年末，缴存总额 280.63 亿元，同比增长 15.37%；缴存余额 113.6 亿元，同比增长 10.44%。

受委托办理住房公积金缴存业务的银行 9 家，比上年增加 1 家。

（二）提取：2017 年，提取额 26.64 亿元，同比增长 16.3%；占当年缴存额的 71.27%，比上年增加 4.06 个百分点。2017 年末，提取总额 167.03 亿元，同比增长 18.98%。

（三）贷款：个人住房贷款：个人住房贷款最高额度 40 万元，其中，单缴存职工最高额度 40 万元，双缴存职工最高额度 40 万元。

2017 年，发放个人住房贷款 1.12 万笔 32.53 亿元，同比分别增长 62.17%、66.85%。

2017 年，回收个人住房贷款 10.69 亿元。

2017 年末，累计发放个人住房贷款 9.48 万笔 178.49 亿元，贷款余额 111.14 亿元，同比分别增长 13.4%、22.29%、24.46%。个人住房贷款余额占缴存余额的 97.83%，比上年增加 11.01 个百分点。

受委托办理住房公积金个人住房贷款业务的银行 8 家，比上年增加 1 家。

（四）融资：2017 年，融资 6 亿元，归还 0 亿元。2017 年末，融资总额 6 亿元，融资余额 6 亿元。

（五）资金存储：2017 年末，住房公积金存款 10.96 亿元。其中，活期 0.09 亿元，1 年（含）以下定期 0.03 亿元，1 年以上定期 0 亿元，其他（协定、通知存款等）10.84 亿元。

（六）资金运用率：2017 年末，住房公积金个人住房贷款余额、项目贷款余额和购买国债余额的总和占缴存余额的 97.83%，比上年增加 11.01 个百分点。

三、主要财务数据

（一）业务收入：2017 年，业务收入 34202.97 万元，同比增长 9.7%。其中，存款利息 1726.68 万元，委托贷款利息 32449.69 万元，国债利息 0 万元，其他 26.6 万元。

（二）业务支出：2017 年，业务支出 18141.33 万元，同比增长 3.12%。其中，支付职工住房公积金利息 15987.71 万元，归集手续费 0 万元，委托贷款手续费 1619.96 万元，其他 533.66 万元。

（三）增值收益：2017 年，增值收益 16061.65 万元，同比增长 18.22%。增值收益率 1.49%，比上年增加 0.09 个百分点。

（四）增值收益分配：2017 年，提取贷款风险准备金 0 万元，提取管理费用 1424.95 万元，提取城市廉租住房（公共租赁住房）建设补充资金 14650.81 万元。

2017 年，上交财政管理费用 1532.89 万元。上缴财政城市廉租住房（公共租赁住房）建设补充资金 12053.14 万元。

2017 年末，贷款风险准备金余额 12969.7 万元。累计提取城市廉租住房（公共租赁住房）建设补充资金 107817.46 万元。

（五）管理费用支出：2017 年，管理费用支出 1424.95 万元，同比下降 7.04%。其中，人员经费 839.62 万元，公用经费 147.97 万元，专项经费 437.36 万元。

四、资产风险状况

个人住房贷款：2017 年末，个人住房贷款逾期额 39.3 万元，逾期率 0.035‰。

个人贷款风险准备金按贷款余额的1%提取。2017年，提取个人贷款风险准备金0万元，使用个人贷款风险准备金核销呆坏账0万元。2017年末，个人贷款风险准备金余额12969.7万元，占个人住房贷款余额的1.17%，个人住房贷款逾期额与个人贷款风险准备金余额的比率为0.3%。

五、社会经济效益

（一）缴存业务：2017年，实缴单位数、实缴职工人数和缴存额同比分别增长0.30%、3.20%和9.73%。

缴存单位中，国家机关和事业单位占53.88%，国有企业占10.42%，城镇集体企业占2.41%，外商投资企业占0.78%，城镇私营企业及其他城镇企业占29.33%，民办非企业单位和社会团体占0.94%，其他占2.24%。

缴存职工中，国家机关和事业单位占54.63%，国有企业占20.96%，城镇集体企业占2.67%，外商投资企业占2.33%，城镇私营企业及其他城镇企业占17.56%，民办非企业单位和社会团体占0.61%，其他占1.24%；中、低收入占98.65%，高收入占1.35%。

新开户职工中，国家机关和事业单位占28.03%，国有企业占21.90%，城镇集体企业占2.56%，外商投资企业占5%，城镇私营企业及其他城镇企业占37.82%，民办非企业单位和社会团体占1.63%，其他占3.06%；中、低收入占99.73%，高收入占0.27%。

（二）提取业务：2017年，9.6万名缴存职工提取住房公积金26.64亿元。

提取金额中，住房消费提取占75.46%（购买、建造、翻建、大修自住住房占37.13%，偿还购房贷款本息占37.68%，租赁住房占0.17%，其他占0.48%）；非住房消费提取占24.54%（离休和退休提取占19.48%，完全丧失劳动能力并与单位终止劳动关系提取占1.43%，户口迁出本市或出境定居占0.79%，其他占2.84%）。

提取职工中，中、低收入占97.8%，高收入占2.2%。

（三）贷款业务

1. 个人住房贷款：2017年，支持职工购建房132.02万平方米，年末个人住房贷款市场占有率为20.51%，比上年减少4.53个百分点。通过申请住房公积金个人住房贷款，可节约职工购房利息支出72566.97万元。

职工贷款笔数中，购房建筑面积90（含）平方米以下占21.35%，90～144（含）平方米占68.59%，144平方米以上占10.06%。购买新房占81.76%（其中购买保障性住房占0.42%），购买存量商品住房占16.25%，建造、翻建、大修自住住房占1.99%，其他占0%。

职工贷款笔数中，单缴存职工申请贷款占34.01%，双缴存职工申请贷款占59.65%，三人及以上缴存职工共同申请贷款占6.34%。

贷款职工中，30岁（含）以下占31.19%，30岁～40岁（含）占40.13%，40岁～50岁（含）占22.89%，50岁以上占5.79%；首次申请贷款占87.42%，二次及以上申请贷款占12.58%；中、低收入占98.17%，高收入占1.83%。

2. 异地贷款：2017年，发放异地贷款220笔6242.8万元。2017年末，发放异地贷款总额6242.8万元，异地贷款余额6083.44万元。

(四)住房贡献率：2017年，个人住房贷款发放额、公转商贴息贷款发放额、项目贷款发放额、住房消费提取额的总和与当年缴存额的比率为140.8%，比上年增加16.35个百分点。

六、其他重要事项

(一)当年机构及职能调整情况、受委托办理缴存贷款业务金融机构变更情况：

1. 当年中心内设机构及职能无调整；
2. 2017年11月缴存业务新增一家金融机构：民生银行。

(二)当年住房公积金政策调整及执行情况：

1. 当年缴存基数限额及确定方法、缴存比例等缴存政策调整情况：2017年6月19日公布《关于调整2017年度桂林市住房公积金缴存基数及月缴存额上限的通知》（市公积金〔2017〕12号）文件，对我市2017年度调整住房公积金缴存基数及月缴存额上限等有关事项作了具体调整规定：2017年度我市住房公积金月缴存基数上限为14782元，2017年度本市单位和个人月缴存额上限各为1774元，合计为3548元。住房公积金缴存比例不得低于月平均工资的5%，不得高于12%。

2. 当年提取政策调整情况：从2017年5月11日起，根据《桂建金管〔2017〕11》号文件精神，暂停装修提取住房公积金。2017年9月6日，根据桂建金管〔2017〕11号文件精神，经管委会决议，发布市公积金〔2017〕2号文件，取消市公积金字〔2015〕13号文件中第一条，执行桂金管〔2017〕26号中第4.1.2条的规定，即："缴存人购买、建造自住住房的可按规定申请办理非销户提取。"

3. 当年个人住房贷款最高贷款额度、贷款条件等贷款政策调整情况：

(1) 调整职工贷款申请要求：职工在申请住房公积金贷款时，应已连续正常缴存住房公积金24个月（含）以上。

(2) 调整职工二套房贷款首付比例：职工个人及家庭第二次申请住房公积金贷款购买商品房、经济适用房、集资房、危改（棚改）房、房改房，首付比例不低于30%；二手房、自建房首付比例不低于40%。不受理第三次及以上住房的缴存职工家庭住房公积金贷款的申请。

(3) 调整贷款额度计算公式：由原来按贷款职工（夫妻双方及共有人可合并计算）住房公积金账户余额的2倍加上从贷款之日起至法定退休年限止缴存住房公积金总额计算调整为：按贷款职工（夫妻双方及共有人可合并计算）住房公积金账户余额的3.5倍加上从贷款之日起至法定退休年限止缴存住房公积金总额（按贷款当时缴存标准）的0.5倍核定可贷额度。

(4) 暂停受理住房公积金异地贷款申请。

4. 当年住房公积金存贷款利率执行标准：

申请贷款年限在5年内：贷款利率2.75%；申请贷款年限在5年以上：贷款利率3.25%；当年无调整。

(三)当年服务改进情况：2017年中心已开通门户网站、12329热线、12329短信三项服务渠道。桂林市住房公积金管理中心信息化建设项目于2017年8月报桂林市工信委备案申请，至今未得到批复。由于中心信息化建设推进缓慢，综合服务平台建设和其他网络载体建设服务暂无法进一步拓展。

(四)当年信息化建设情况：

桂林市住房公积金管理中心信息化建设于2017年8月8日、9月1日根据市工信委的要求两次报送信息化建设方案,9月26日工信委组织专家对项目进行评审,专家组未对该项目提出任何修改意见或建议。期间中心与工信委多次电话、上门沟通、协调,请市工信委给予明确的解决方案;并多次发函催促工信委对项目建设予以批复,至今未果。基础数据标准贯彻工作暂不能开展,结算应用系统暂未接入。

梧州市住房公积金2017年年度报告

一、机构概况

(一)住房公积金管理委员会:住房公积金管理委员会有25名委员,2017年召开三次会议,审议通过的事项主要包括:

1. 《2016年度住房公积金增值收益分配方案》;
2. 《2016年度住房公积金归集使用计划》;
3. 《梧州市住房公积金管理委员会议事规则(修改稿)》;
4. 《关于在龙圩区购置业务用房的请示》;
5. 《梧州市住房公积金2016年年度报告》;
6. 《梧州市2016年度住房公积预算》;
7. 《2017年度住房公积金归集使用计划》;
8. 《2017年度住房公积金增值收益分配方案》;
9. 《柳州银行梧州分行关于办理住房公积金业务的请示》;
10. 《2017年度公积金预算》。

(二)住房公积金管理中心:住房公积金管理中心为直属梧州市人民政府不以营利为目的的财政全额拨款事业单位,设8个科,4个管理部,0个分中心。从业人员85人,其中在编42人,非在编43人。

二、业务运行情况

(一)缴存:2017年,新开户单位221家,实缴单位3025家,净增单位146家;新开户职工1.77万人,实缴职工16.90万人,净增职工0.53万人;缴存额15.78亿元,同比增长10.81%。

2017年末,缴存总额104.68亿元,同比增长17.75%;缴存余额44.92亿元,同比增长15.30%。

受委托办理住房公积金缴存业务的银行9家,比上年增加(减少)0家。

(二)提取:2017年,提取额9.82亿元,同比增长5.03%;占当年缴存额的62.23%,比上年减少3.43个百分点。

2017年末,提取总额59.76亿元,同比增长19.69%。

(三)贷款:个人住房贷款:个人住房贷款最高额度32万元,其中,单缴存职工最高额度32万元,双缴存职工最高额度32万元。

2017年,发放个人住房贷款0.32万笔7.73亿元,同比分别增长23.08%、39.53%。

2017年，回收个人住房贷款3.02亿元。

2017年末，累计发放个人住房贷款3.79万笔62.17亿元，贷款余额35.49亿元，同比分别增长9.22%、14.20%、15.26%。个人住房贷款余额占缴存余额的79.01%，与上年持平。

受委托办理住房公积金个人住房贷款业务的银行9家，比上年增加2家。

（四）**资金存储**：2017年末，住房公积金存款9.98亿元。其中，活期0.26亿元，1年（含）以下定期5.02亿元，1年以上定期0.73亿元，其他（协定、通知存款等）3.97亿元。

（五）**资金运用率**：2017年末，住房公积金个人住房贷款余额、项目贷款余额和购买国债余额的总和占缴存余额的79.01%，与上年持平。

三、主要财务数据

（一）**业务收入**：2017年，业务收入12573.55万元，同比增长12.06%。其中，存款利息1824万元，委托贷款利息10717.10万元，国债利息0万元，其他32.45万元。

（二）**业务支出**：2017年，业务支出7490.89万元，同比增长6.06%。其中，支付职工住房公积金利息6173.54万元，归集手续费439.62万元，委托贷款手续费521.92万元，其他355.81万元。

（三）**增值收益**：2017年，增值收益5082.66万元，同比增长22.26%。增值收益率1.3%，比上年增加0.14个百分点。

（四）**增值收益分配**：银行减免费用，2017年冲回2010年在待分配增值收益中提取的应付银行公积金联名卡年费92.8万元，2017年可供分配的增值收益为5175.46万元。2017年，提取贷款风险准备金470.84万元，提取管理费用1340.87万元，提取城市廉租住房（公共租赁住房）建设补充资金3363.75万元。

2017年，上交财政管理费用1707.87万元（含历年已提取的业务用房建设专项资金367万元）。上缴财政城市廉租住房（公共租赁住房）建设补充资金3082.53万元。

2017年末，贷款风险准备金余额9238.03万元。累计提取城市廉租住房（公共租赁住房）建设补充资金17323.23万元。

（五）**管理费用支出**：2017年，管理费用支出1273.81万元，同比增长19.67%。其中，人员经费388.31万元，公用经费33.35万元，专项经费852.15万元。

四、资产风险状况

个人住房贷款：2017年末，个人住房贷款逾期额173.97万元，逾期率0.49‰。

个人贷款风险准备金按贷款余额增量的1%提取。2017年，提取个人贷款风险准备金470.84万元，使用个人贷款风险准备金核销呆坏账0万元。2017年末，个人贷款风险准备金余额9238.03万元，占个人住房贷款余额的2.60%，个人住房贷款逾期额与个人贷款风险准备金余额的比率为1.88%。

五、社会经济效益

（一）**缴存业务**：2017年，实缴单位数、实缴职工人数和缴存额同比分别增长5.07%、3.24%和10.81%。

缴存单位中，国家机关和事业单位占65.72%，国有企业占9.85%，城镇集体企业占1.52%，外商

投资企业占 1.22%，城镇私营企业及其他城镇企业占 19.04%，民办非企业单位和社会团体占 1.09%，其他占 1.56%。

缴存职工中，国家机关和事业单位占 53.86%，国有企业占 15.91%，城镇集体企业占 1.30%，外商投资企业占 5.07%，城镇私营企业及其他城镇企业占 18.97%，民办非企业单位和社会团体占 0.28%，其他占 4.61%；中、低收入占 98.84%，高收入占 1.16%。

新开户职工中，国家机关和事业单位占 52.29%，国有企业占 8.61%，城镇集体企业占 0.92%，外商投资企业占 7.02%，城镇私营企业及其他城镇企业占 25.92%，民办非企业单位和社会团体占 0.37%，其他占 4.87%；中、低收入占 99.49%，高收入占 0.51%。

（二）**提取业务**：2017 年，4.16 万名缴存职工提取住房公积金 9.82 亿元。

提取金额中，住房消费提取占 77.78%（购买、建造、翻建、大修自住住房占 30.26%，偿还购房贷款本息占 40.63%，租赁住房占 0.88%，其他占 6.01%）；非住房消费提取占 22.22%（离休和退休提取占 15.84%，完全丧失劳动能力并与单位终止劳动关系提取占 2.17%，户口迁出本市或出境定居占 2.77%，其他占 1.44%）。

提取职工中，中、低收入占 97.80%，高收入占 2.20%。

（三）**贷款业务**：

1. **个人住房贷款**：2017 年，支持职工购建房 39.72 万平方米，年末个人住房贷款市场占有率为 17.13%，比上年减少 1.37 个百分点。通过申请住房公积金个人住房贷款，可节约职工购房利息支出 16939.79 万元。

职工贷款笔数中，购房建筑面积 90（含）平方米以下占 13.15%，90~144（含）平方米占 75.07%，144 平方米以上占 11.78%。购买新房占 90.91%（其中购买保障性住房占 0%），购买存量商品住房占 7.93%，建造、翻建、大修自住住房占 1.16%。

职工贷款笔数中，单缴存职工申请贷款占 23.31%，双缴存职工申请贷款占 73.23%，三人及以上缴存职工共同申请贷款占 3.46%。

贷款职工中，30 岁（含）以下占 28.71%，30 岁~40 岁（含）占 38.80%，40 岁~50 岁（含）占 25.05%，50 岁以上占 7.44%；首次申请贷款占 94.22%，二次及以上申请贷款占 5.78%；中、低收入占 90.47%，高收入占 9.53%。

2. **异地贷款**：2017 年，发放异地贷款 305 笔 7258.60 万元。2017 年末，发放异地贷款总额 9595.30 万元，异地贷款余额 9291.20 万元。

（四）**住房贡献率**：2017 年，个人住房贷款发放额、公转商贴息贷款发放额、项目贷款发放额、住房消费提取额的总和与当年缴存额的比率为 97.40%，比上年增加 6.6 个百分点。

六、其他重要事项

（一）**当年机构及职能调整情况、受委托办理缴存贷款业务金融机构变更情况**：

1. 新增两个办理住房公积金个人住房贷款受托银行，分别是广西北部湾银行股份有限公司梧州分行和桂林银行股份有限公司梧州分行。

2. 对业务量占比超 20% 的广西建设银行股份有限公司梧州分行，要求进驻中心办事大厅，实现受理审批签约一条龙服务。

(二) 当年住房公积金政策调整及执行情况：

当年缴存基数限额及确定方法、缴存比例调整情况：我中心根据国务院《住房公积金管理条例》、广西住房制度改革委员会《对住房公积金管理若干具体安排问题的实施意见》（桂房改字〔2005〕64号）的精神，以及梧州市人力资源和社会保障局《关于调整全市职工最低工资标准的通知》（梧人社字〔2005〕42号）公布的 2015 年梧州市（全辖区）最低保障工资（2016 年最低工资标准与 2015 年一致）、梧州市统计局提供的 2016 年梧州市（全辖区）职工平均工资，计算出我市公积金缴存基数限额。详见表1、表2。

我市 2017 年度职工住房公积金缴存工资基数上限及月缴存额上限调整表　　表 1

属地	职工年平均工资(元)	住房公积金月缴存基数上限(元)	住房公积金缴存比例上限	住房公积金个人月缴存额上限(元)	住房公积金单位月缴存额上限(元)	住房公积金单位和个人月缴存额上限合计(元)
市本级	53827	13456.75	12%	1615	1615	3230
苍梧县	61439	15359.75	12%	1844	1844	3688
岑溪市	45193	11298.25	12%	1356	1356	2712
藤县	54619	13654.75	12%	1639	1639	3278
蒙山县	61534	15383.50	12%	1846	1846	3692

我市 2017 年度职工住房公积金缴存工资基数下限及月缴存额下限调整表　　表 2

属地	最低保障工资(元)	住房公积金月缴存基数下限(元)	住房公积金缴存比例下限	住房公积金个人月缴存下限(元)	住房公积金单位月缴存额下限(元)	住房公积金单位、个人月缴存额下限合计(元)
市本级	1400	1400	5%	70	70	140
苍梧县	1000	1000	5%	50	50	100
岑溪市	1085	1085	5%	55	55	110
藤县	1000	1000	5%	50	50	100
蒙山县	1000	1000	5%	50	50	100

(三) 当年服务改进情况：

归集方面服务改进情况：

1. 与梧州市房地产交易中心达成业务信息共享意向。为简化我市住房公积金提取要件，防范利用虚假购房资料套取住房公积金的行为，我中心根据《住房城建建设部财政部人民银行关于放宽提取住房公积金支付房租条件的通知》（建金〔2015〕19号）的相关规定，我中心与梧州市房地产交易中心进行了协商，达成了建立业务信息共享机制的意向，现正在进行前期筹备工作，2017 年 12 月进入试运行阶段。此举使我中心通过查询房地产交易中心的职工购房信息，减少了职工提取住房公积金所需提交的资料，亦有效防范了利用虚假购房资料套取住房公积金的行为，提高了业务办理效率。

2. 清理无依据的手续和证明材料，简化提取流程。中心根据《梧州市人民政府办公室关于印发清理规范基层证明工作实施方案的通知》文件精神及清理原则，经中心与行政审批局讨论后，取消申请提取住房公积金时需由职工原单位或居住地所属社区管理单位或当地派出所提供无工作单位证明，取消后由职工本人提交书面签字声明自证其无工作单位。

3. 按住房城乡建设部要求，我中心上线了12329热线服务平台，并通过此平台对缴存单位专管员、职工发送业务办结、业务通知、个人住房公积金账户明细对账等短信，使我中心工作更为透明，提高了职工知情权。

4. 2017年9月，中心通过人民银行征信系统对异地购房并办理住房贷款情形提取的提取资料进行核实，加强对职工提取购房资料的真实性核查，加大防范、查处利用虚假材料骗提住房公积金行为的力度。

（四）当年信息化建设情况：2017年我中心"双贯标"系统升级项目（整合综合服务平台网站、微信、app、业务系统、监管系统升级一体化）已通过了投资评审和确定了项目监理的中标单位。下一步我中心将抓紧进行"双贯标"项目建设单位的招标投标工作，按《住房公积金综合服务平台建设导则》要求实现基本功能，争取早日通过上线验收。

（五）当年对违反《住房公积金管理条例》和相关法规行为进行行政处罚和申请人民法院强制执行情况：2017年中心对全辖区尚未建立住房公积金制度的36家企业发出了《办理住房公积金缴存登记建议书》，并对其中20家发出了《限期办理通知书》；对已建立住房公积金制度但逾期不缴或者少缴的163家企业发出《缴存住房公积金建议书》，并对其中30家发出了《限期缴存通知书》。全年共对50家企业进行了立案处理，向其中3家未按规定缴存住房公积金的企业发出了《行政处理决定书》，并向梧州市长洲区人民法院申请对1家企业强制执行。

北海市住房公积金2017年年度报告

一、机构概况

（一）住房公积金管理委员会：住房公积金管理委员会有21名委员，2017年召开3次会议，审议通过的事项主要包括：《北海市2016年住房公积金归集使用计划执行情况及2017年住房公积金归集使用计划》《2016年住房公积金增值收益分配方案执行情况及2017年增值收益分配计划方案》《北海市住房公积金管理中心2016年度住房公积金财务报告》《北海市住房公积金2016年年度报告》《关于暂停办理异地贷款业务的通知》《关于调整住房公积金贷款政策的通知》以及回拨公共租赁住房补充资金专项用于公共租赁住房建设等。

（二）住房公积金管理中心：住房公积金管理中心为直属市人民政府不以营利为目的的副县（处）级参公管理事业单位，设5个科，2个管理部。从业人员58人，其中，在编40人，非在编18人。

二、业务运行情况

（一）缴存：2017年，新开户单位136家，实缴单位1989家，净增单位11家；新开户职工1.10万人，实缴职工9.29万人，净增职工0.35万人；缴存额11.32亿元，同比增长12.37%。2017年末，缴存总额79.42亿元，同比增长16.62%；缴存余额33.82亿元，同比增长14.30%。

受委托办理住房公积金缴存业务的银行 6 家，比上年增加（减少）0 家。

（二）提取：2017 年，提取额 7.08 亿元，同比增长 3.21%；占当年缴存额的 62.54%，比上年减少 5.56 个百分点。2017 年末，提取总额 45.60 亿元，同比增长 18.41%。

（三）贷款：个人住房贷款：个人住房贷款最高额度 50 万元，其中，单缴存职工最高额度 50 万元，双缴存职工最高额度 50 万元。

2017 年，发放个人住房贷款 2461 笔 7.43 亿元，同比分别增长 19.58%、24.51%。

2017 年，回收个人住房贷款 2.45 亿元。

2017 年末，累计发放个人住房贷款 21009 笔 44.26 亿元，贷款余额 29.48 亿元，同比分别增长 13.27%、20.17%、20.28%。个人住房贷款余额占缴存余额的 87.16%，比上年增加 4.32 个百分点。

受委托办理住房公积金个人住房贷款业务的银行 5 家，比上年增加（减少）0 家。

（四）资金存储：2017 年末，住房公积金存款 4.44 亿元。其中，活期 0.01 亿元，1 年（含）以下定期 0.1 亿元，1 年以上定期 3 亿元，其他（协定、通知存款等）1.33 亿元。

（五）资金运用率：2017 年末，住房公积金个人住房贷款余额、项目贷款余额和购买国债余额的总和占缴存余额的 87.16%，比上年增加 4.32 个百分点。

三、主要财务数据

（一）业务收入：2017 年，业务收入 10968.54 万元，同比增长 12.66%。存款利息 2227.75 万元，委托贷款利息 8740.79 万元，国债利息 0 万元，其他 0 万元。

（二）业务支出：2017 年，业务支出 5540.56 万元，同比增长 13.55%。支付职工住房公积金利息 4752.15 万元，归集手续费 0 万元，委托贷款手续费 437.02 万元，其他 351.39 万元。

（三）增值收益：2017 年，增值收益 5427.99 万元，同比增长 11.77%。增值收益率 1.70%，比上年减少 0.03 个百分点。

（四）增值收益分配：2017 年，提取贷款风险准备金 3528.19 万元，提取管理费用 1267.53 万元，提取城市廉租住房（公共租赁住房）建设补充资金 632.27 万元。

2017 年，上交财政管理费用 1230 万元。上缴财政城市廉租住房（公共租赁住房）建设补充资金 438.11 万元。

2017 年末，贷款风险准备金余额 23382.80 万元。累计提取城市廉租住房（公共租赁住房）建设补充资金 2820.39 万元。

（五）管理费用支出：2017 年，管理费用支出 1099.21 万元，同比下降 11.21%。其中，人员经费 548.45 万元，公用经费 84.70 万元，专项经费 466.06 万元。

四、资产风险状况

个人住房贷款：2017 年末，个人住房贷款逾期额 331.73 万元，逾期率 1.13‰。

个人贷款风险准备金按（贷款余额或增值收益）的 65% 提取。2017 年，提取个人贷款风险准备金 3528.19 万元，使用个人贷款风险准备金核销呆坏账 0 万元。2017 年末，个人贷款风险准备金余额 23382.80 万元，占个人住房贷款余额的 7.93%，个人住房贷款逾期额与个人贷款风险准备金余额的比率为1.42%。

五、社会经济效益

（一）**缴存业务**：2017年，实缴单位数、实缴职工人数和缴存额同比分别增长0.56%、3.87%和12.37%。

缴存单位中，国家机关和事业单位占61.64%，国有企业占10.41%，城镇集体企业占1.41%，外商投资企业占2.06%，城镇私营企业及其他城镇企业占16.24%，民办非企业单位和社会团体占1.31%，其他占6.93%。

缴存职工中，国家机关和事业单位占51.83%，国有企业占16.92%，城镇集体企业占2.15%，外商投资企业占5.28%，城镇私营企业及其他城镇企业占16.54%，民办非企业单位和社会团体占0.64%，其他占6.64%；中、低收入占98.32%，高收入占1.68%。

新开户职工中，国家机关和事业单位占27.39%，国有企业占12.71%，城镇集体企业占1.44%，外商投资企业占10.42%，城镇私营企业及其他城镇企业占36.04%，民办非企业单位和社会团体占1.77%，其他占10.23%；中、低收入占99.52%，高收入占0.48%。

（二）**提取业务**：2017年，2.6万名缴存职工提取住房公积金7.08亿元。

提取金额中，住房消费提取占74.51%（购买、建造、翻建、大修自住住房占32.24%，偿还购房贷款本息占39.34%，租赁住房占2.07%，其他占0.86%）；非住房消费提取占25.49%（离休和退休提取占20.24%，完全丧失劳动能力并与单位终止劳动关系提取占4.23%，户口迁出本市或出境定居占0.57%，其他占0.45%）。

提取职工中、低收入占99.58%，高收入占0.42%。

（三）**贷款业务**：

1. **个人住房贷款**：2017年，支持职工购建房22.04万平方米，年末个人住房贷款市场占有率为9.07%，比上年减少0.23个百分点。通过申请住房公积金个人住房贷款，可节约职工购房利息支出16131.72万元。

职工贷款笔数中，购房建筑面积90（含）平方米以下占37.22%，90~144（含）平方米占54.57%，144平方米以上占8.21%。购买新房占81.76%（其中购买保障性住房占0.49%），购买存量商品住房占17.84%，建造、翻建、大修自住住房占0.40%，其他占0%。

职工贷款笔数中，单缴存职工申请贷款占57.25%，双缴存职工申请贷款占42.71%，三人及以上缴存职工共同申请贷款占0.04%。

贷款职工中，30岁（含）以下占36.65%，30岁~40岁（含）占34.66%，40岁~50岁（含）占23.69%，50岁以上占5.00%；首次申请贷款占92.56%，二次及以上申请贷款占7.44%；中、低收入占98.13%，高收入占1.87%。

2. **异地贷款**：2017年，发放异地贷款324笔9835.07万元。2017年末，发放异地贷款总额13687.87万元，异地贷款余额12867.27万元。

3. **公转商贴息贷款**：2017年，发放公转商贴息贷款0笔0万元，支持职工购建住房面积0万平方米，当年贴息额237.77万元。2017年末，累计发放公转商贴息贷款847笔16108.90万元，累计贴息946.30

万元。

（四）住房贡献率：2017年，个人住房贷款发放额、公转商贴息贷款发放额、项目贷款发放额、住房消费提取额的总和与当年缴存额的比率为112.21%，比上年减少0.38个百分点。

六、其他重要事项

（一）当年住房公积金政策调整及执行情况：

1. 2017年缴存基数限额为13875元，按统计部门公布的上一年度职工月平均工资的3倍确定。

2. 2017年企业缴存比例调整情况：中心继续认真贯彻落实自治区及北海市关于降低实体经济企业成本工作的部署要求，根据《广西壮族自治区关于降低实体经济企业成本若干措施的意见》（桂政发〔2016〕20号）、《北海市人民政府进一步做好北海市降低实体经济企业成本工作的通知》（北政发〔2016〕32号）相关规定，将住房公积金缴存企业的最低缴存比例降至5%。

3. 2017年住房公积金提取政策无调整。

4. 2017年个人住房贷款最高贷款额度无调整。2017年5月1日起暂停受理住房公积金异地贷款申请；2017年10月1日起停止向购买第三套及以上住房的职工个人及家庭发放住房公积金贷款，职工个人及家庭购买首套住房申请住房公积金贷款，最低首付比例为20%，购买第二套住房申请住房公积金贷款，最低首付比例为40%。

5. 按当年人民银行通知的住房公积金存贷款利率执行。

（二）当年服务改进情况：稳步推进综合服务平台建设，2016年初开通12329服务热线，年末开通12329短信服务业务。2017年，12329服务热线累计收到信息查询、政策咨询和其他互动交流约1.68万人次，12329短信平台共推送消息约34.4万条。住房公积金专线开通和短信平台的建成为缴存职工及时掌握住房公积金账户情况，准确了解最新公积金政策提供了优质高效的服务。

（三）当年信息化建设情况：2017年1月，经过长时间的开发筹备和运行测试，住房公积金新核心业务系统正式上线运行，优化了业务流程，加强对重点业务、重点环节的把控和监督，提高了风险控制能力。

（四）当年住房公积金管理中心及职工所获荣誉情况：2017年，北海市住房公积金管理中心服务窗口被继续认定为广西壮族自治区级青年文明号。

（五）当年对违反《住房公积金管理条例》和相关法规行为进行行政处罚和申请人民法院强制执行情况：严格按照《广西住房公积金业务管理规范》的规定程序受理投诉，及时解释跟踪落实，对于干部职工提出的合法权益，能积极与单位沟通，尽力做好协调工作，努力化解社会矛盾，全年接待、处理来访来电20余次。2017年接到投诉举报1件，目前仍有2件投诉案件按规定程序进行处理当中。对不按时缴存或少缴住房公积金的单位及时发出《限期缴存通知书》29份，对尚未建立住房公积金制度的单位发出《限期办理通知书》34份，并对在限期内未前来办理登记手续的单位通过市政府门户网站中心站点予以公示。2017年度通过行政执法促建单位有1个，促建人数3人。本年度没有申请人民法院强制执行的案件。

对部分单位职工违反《住房公积金管理条例》规定，通过提交虚假材料等不正当手段骗提住房公积金的情况，中心依据与市监察局、市纠风办联合下发的《关于防范和严厉打击住房公积金骗取、骗贷行为有关事项的通知》，及时遏制公积金骗提、骗贷的违规行为。2017年，对已确认的骗提职工发出退款通知40

份，截至年底共有 26 人退回骗提款项 222.49 万元。

防城港市住房公积金 2017 年年度报告

一、机构概况

（一）住房公积金管理委员会：2017年本市住房公积金管委会有24名成员，2017年召开2次全体会议，审议通过2017年度住房公积金归集、使用计划执行情况，并对其他重要事项进行决策，主要包括2017年防城港市住房公积金增值收益分配方案、2017年防城港市住房公积金财务报告、2017年防城港市住房公积金年度报告、2017年自治区住房城乡建设厅审计报告存在问题整改情况的报告等。

（二）住房公积金管理中心：防城港市住房公积金管理中心为直属防城港市人民政府不以营利为目的的参照公务员管理的副处级事业单位，主要负责全市住房公积金的归集、管理、使用和会计核算。中心内设4个科室，分别为综合科、财务科、归集管理科、计划信贷科；下设东兴管理部和上思管理部2个管理部，防城办事处和港口办事处2个办事处。从业人员57人，其中，在编19人，非在编38人。

二、业务运行情况

（一）缴存：2017年，新开户单位45家，实缴单位1712家，净增单位14家；新开户职工0.3919万人，实缴职工6.0283万人，净增职工0.0092万人；缴存额7.53亿元，同比下降5.62%。2017年末，缴存总额53.09亿元，同比增长16.52%；缴存余额18.41亿元，同比增长9.95%。

受委托办理住房公积金缴存业务的银行6家，与上年持平。

（二）提取：2017年，提取额5.86亿元，同比下降3.64%；占当年缴存额的77.86%，比上年增加1.6个百分点。2017年末，提取总额34.69亿元，同比增长20.33%。

（三）贷款：个人住房贷款：个人住房贷款最高额度48万元，其中，单缴存职工最高额度和双缴存职工最高额度均为48万元。

2017年，发放个人住房贷款0.1475万笔4.02亿元，同比分别增长4.39%、16.09%。2017年，回收个人住房贷款1.27亿元。

2017年末，累计发放个人住房贷款1.1284万笔21.85亿元，贷款余额14.99亿元，同比分别增长15.04%、22.54%、22.46%。个人住房贷款余额占缴存余额的81.43%，比上年增加8.31个百分点。

受委托办理住房公积金个人住房贷款业务的银行5家，比上年增加1家。

（四）资金存储：2017年末，住房公积金存款3.60亿元。其中，活期0.16亿元，1年（含）以下定期3.01亿元，1年以上定期0亿元，其他（协定）0.43亿元。

（五）资金运用率：2017年末，住房公积金个人住房贷款余额、项目贷款余额和购买国债余额的总和占缴存余额的81.43%，比上年增加8.31个百分点。

三、主要财务数据

（一）业务收入：2017年，业务收入5311.62万元，同比增长6.78%。存款利息892.03万元，委托贷款利息4415.46万元，国债利息0万元，其他4.13万元。

（二）业务支出：2017年，业务支出2863.37万元，同比增长91.37%。支付职工住房公积金利息2638.44万元，归集手续费0.78万元，委托贷款手续费224.15万元，其他0万元。

（三）增值收益：2017年，增值收益2448.25万元，同比下降42.06%。增值收益率1.4%，比上年减少0.77个百分点。

（四）增值收益分配：2017年，提取贷款风险准备金1498.98万元，提取管理费用800.6万元，提取城市廉租住房（公共租赁住房）建设补充资金148.67万元。

2017年，上交财政管理费用0万元。上缴财政城市廉租住房（公共租赁住房）建设补充资金726.87万元。2017年末，贷款风险准备金余额8485.58万元。累计提取城市廉租住房（公共租赁住房）建设补充资金3714.44万元。

（五）管理费用支出：2017年，管理费用支出886.06万元，同比下降13.30%。其中，人员经费233.40元，公用经费18.09万元，专项经费634.57万元。

四、资产风险状况

个人住房贷款：2017年末，个人住房贷款逾期额2309.88万元，逾期率15.41‰。

个人贷款风险准备金按贷款余额的1%提取。2017年，提取个人贷款风险准备金1498.98万元，使用个人贷款风险准备金核销呆坏账0万元。2017年末，个人贷款风险准备金余额8485.58万元，占个人住房贷款余额的5.66%，个人住房贷款逾期额与个人贷款风险准备金余额的比率为27.22%。

五、社会经济效益

（一）缴存业务：2017年，实缴单位数、实缴职工人数和缴存额同比分别增长0.82%、0.15%和减少5.62%。

缴存单位中，国家机关和事业单位占69.80%，国有企业占16.53%，城镇集体企业占0%，外商投资企业占0.70%，城镇私营企业及其他城镇企业占11.45%，民办非企业单位和社会团体占0.53%，其他占0.99%。

缴存职工中，国家机关和事业单位占53.57%，国有企业占35.16%，城镇集体企业占0%，外商投资企业占2.30%，城镇私营企业及其他城镇企业占7.71%，民办非企业单位和社会团体占0.13%，其他占1.13%；中、低收入占99.55%，高收入占0.45%。

新开户职工中，国家机关和事业单位占37.48%，国有企业占24.45%，城镇集体企业占0%，外商投资企业占2.53%，城镇私营企业及其他城镇企业占30.47%，民办非企业单位和社会团体占0.64%，其他占4.44%；中、低收入占99.87%，高收入占0.13%。

（二）提取业务：2017年，0.9861万名缴存职工提取住房公积金5.86亿元。

提取金额中，住房消费提取占83.91%（购买、建造、翻建、大修自住住房占19.36%，偿还购房贷

款本息占37.88%，租赁住房占9.15%，其他占17.52%）；非住房消费提取占16.09%（离休和退休提取占10.18%，完全丧失劳动能力并与单位终止劳动关系提取占3.60%，户口迁出本市或出境定居占0.02%，其他占2.29%）。

提取职工中，中、低收入占99.30%，高收入占0.70%。

（三）贷款业务

1. **个人住房贷款**：2017年，支持职工购建房11.54万平方米，年末个人住房贷款市场占有率为10.37%，比上年增加0.51个百分点。通过申请住房公积金个人住房贷款，可节约职工购房利息支出8003.55万元。

职工贷款笔数中，购房建筑面积90（含）平方米以下占11.39%，90~144（含）平方米占74.78%，144平方米以上占13.83%。购买新房占87.86%（其中购买保障性住房占0%），购买存量商品住房占11.80%，建造、翻建、大修自住住房占0.34%，其他占0%。

职工贷款笔数中，单缴存职工申请贷款占38.71%，双缴存职工申请贷款占59.73%，三人及以上缴存职工共同申请贷款占1.56%。

贷款职工中，30岁（含）以下占39.39%，30岁~40岁（含）占37.63%，40岁~50岁（含）占17.63%，50岁以上占5.36%；首次申请贷款占97.69%，二次及以上申请贷款占2.31%；中、低收入占99.19%，高收入占0.81%。

2. **异地贷款**：2017年，发放异地贷款224笔6994万元。2017年末，发放异地贷款总额11807万元，异地贷款余额10748.45万元。

（四）住房贡献率：2017年，个人住房贷款发放额、公转商贴息贷款发放额、项目贷款发放额、住房消费提取额的总和与当年缴存额的比率为118.74%，比上年增加8.94个百分点。

六、其他重要事项

（一）机构及职能调整情况、缴存贷款业务金融机构变更情况：2017年，防城港市住房公积金管理中心机构及职能未调整，2017年7月第二次管委会审议通过了广西北部湾银行防城港支行申请承办住房公积金委托贷款业务。

（二）当年住房公积金政策调整及执行情况：

1. **当年缴存基数限额及确定方法、缴存比例调整情况：**

根据防城港市住房公积金管理中心《关于设定防城港市2017年度住房公积金月缴存额上、下限的通知》（防金管通〔2017〕20号）的规定。

（1）最高缴存额：2017年住房公积金最高缴存比例为12%，防城港市统计部门公布的2016年防城港市辖区内在岗职工年平均工资为55404元，根据职工月缴存住房公积金基数上限为统计部门公布的上年度在岗职工月平均工资3倍的规定，2017年度防城港市单位、个人月缴存住房公积金缴存额上限为1662元，两部分合计为3324元。

（2）最低缴存额：根据国务院《住房公积金管理条例》和《广西住房公积金业务管理规范》规定，住房公积金的最低缴存比例为5%。防城港市2016年职工最低工资标准为1400元，据此设定防城港市2017年度单位和个人住房公积金月缴存下限各为70元，两项合计为140元。

(3) 其他：确因经济效益不佳的单位，单位职工上一年度月平均工资低于防城港市上一年度月平均工资的 70% 的或单位职工上一年度月平均工资低于防城港市上一年度职工月平均工资的 50% 的，经单位职工代表大会或工会讨论通过，并经市住房公积金管理中心审核，报市住房公积金管理委员会批准后，可以降低缴存比例或缓缴住房公积金。降低缴存比例或缓缴住房公积金的期限一次不能超过一年。当单位经济效益好转时，应补缴所欠的住房公积金。

2. **当年住房公积金存贷款利率调整及执行情况：**

(1) 2017 年存款利率没有调整，继续执行中国人民银行、住房城乡建设部、财政部《关于完善职工住房公积金账户存款利率形成机制的通知》（银发〔2016〕43 号）要求，防城港市职工住房公积金账户存款统一按一年期定期存款基准利率执行。当年归集存款利率、上年结转存款利率和以前年度存款利率均为 1.5%。

(2) 贷款利率调整：2017 年度，个人住房公积金贷款利率未进行调整，其中五年期以上个人住房公积金贷款利率 3.25%；五年期以下（含五年）个人住房公积金贷款利率 2.75%。

3. **调整我市住房公积金贷款、提取政策**。根据《自治区住房城乡建设厅财政厅中国人民银行南宁中心支行〈关于适时调整住房公积金政策确保房地产市场平稳健康发展的通知〉》（桂建金管〔2017〕11 号）精神，经市住房公积金管理委员会研究决定，2017 年 8 月印发《关于调整我市住房公积金贷款、提取政策的通知》（防金委通〔2017〕2 号）对我市住房公积金贷款、提取有关政策做出以下调整：

(1) 贷款政策调整：

1) 不再执行《关于防城港市贯彻落实提高住房公积金使用效率的实施意见》（防金管通〔2015〕30 号）文件规定的上浮条件，但仍继续保留贷款最高额度为 48 万元。

2) 除北部湾经济合作组织成员的湛江、北海、钦州、海口、儋州、茂名、阳江及南宁市等签定异地贷款合作协议的城市外，当我市住房公积金个贷率高于 85%（以市住房公积金管理中心向社会公布上月的住房公积金个贷率为准）时暂停办理住房公积金异地贷款业务，住房公积金个贷率低于 80% 时恢复办理。

3) 第二次申请住房公积金贷款的职工家庭，最低首付比例调整为 30%。

4) 在测算借款人还款能力时，以借款人住房公积金月缴存额推算月收入，不再认定家庭成员的出租房屋收入等其他收入。

(2) 提取政策调整：当我市住房公积金个贷率高于 85% 时（以住房公积金管理中心向社会公布上月的住房公积金个贷率为准），对于住房公积金贷款本息尚未还清的缴存职工，暂停办理装修自住住房提取住房公积金申请业务。

(三) 当年服务改进情况：一是根据我市"一照通"登记制度改革工作要求，通过"一窗受理、内部流转、同步审核、信息互认、多证合一"的模式，我市率先在全国发放 34 证合一的"一照通"营业执照，是全区首个将公积金缴存登记纳入商事主体的地市。二是 2017 年 4 月启用住房公积金自助查询机，2017 年 10 月开通全国住房公积金专用服务热线 12329。三是为给缴存职工提供更多缴存公积金实惠，经中心对快贷的社会效益、数据共享后的个人信息安全和资金安全开展调研，联合建行开展住房公积金快贷业务。

(四) 当年信息化建设情况：一是我市住房公积金网上业务大厅 2017 年 5 月正式启动试运行，让职工更加方便快捷的查询公积金缴存、贷款信息，实时在线办理单位信息修改、个人开户等业务，提升公积金整体服务水平。二是按照住房城乡建设部统一部署和安排，我市作为第一批上线城市于 2017 年 3 月接入全国住房公积金异地转移接续平台。三是网上大厅提取业务开通。充分发挥公积金网上业务大厅作用，进一步提升服务质量，方便群众办理业务。

（五）当年对违反《住房公积金管理条例》和相关法规行为进行行政处罚和申请人民法院强制执行情况：防城港市林业开发公司未依法办理住房公积金缴存登记手续，防城港市住房公积金管理中心于 2017 年 9 月按照程序向港口区人民法院申请对防城港市林业开发公司强制执行，该公司于 2018 年 8 月办理补缴欠缴公积金相关手续，诉讼目的达到，已撤诉。2017 年未发生行政处罚情况。

（六）其他需要披露的情况：现将 2017 年腾飞广场楼盘公积金贷款贷后管理情况予以披露。

1. 借款人出现大量贷款逾期。截至 2017 年 12 月底，腾飞广场楼盘借款人贷款逾期 64 户，其中 6 期及以上 57 户，贷款逾期金额共计高达 1876.07 万元，逾期率为 29.02%（住房城乡建设部、财政部《住房公积金管理中心业务管理工作考核办法》要求，住房公积金贷款逾期率不宜高于 0.15%）。腾飞广场楼盘借款人贷款逾期累计已达 114 户。

2016 年以来，公积金中心严格按照市委市政府的要求，加强对腾飞广场贷款的贷后管理，根据《广西住房公积金业务管理规范》的规定，督促受托银行对贷款逾期 6 期以上的借款人向法院提起诉讼，累计诉讼已达 81 户（包括 5 名台湾籍借款人）。

2. 借款人拖欠缴存公积金情况严重。截至 2017 年 12 月底拖欠缴存公积金 206 户，拖欠金额高达 2365 万元。

3. 下一步工作。一是继续加大对腾飞广场楼盘逾期贷款催收和拖欠缴存公积金催缴工作力度；二是继续委托律师事务所开展逾期贷款催收和拖欠缴存公积金催缴工作；三是根据诉讼资金回收情况，继续加大对腾飞广场楼盘逾期贷款诉讼回收工作力度；四是根据法院判决结果，收不回全部贷款本金的依法追究腾飞龙公司阶段性担保连带责任。

钦州市住房公积金 2017 年年度报告

一、机构概况

（一）住房公积金管理委员会：住房公积金管理委员会有 22 名委员，2017 年召开 1 次会议，审议通过的事项主要包括：《关于适时调整住房公积金政策的请示》、《关于要求审批广西玉柴石油化工有限公司等 5 家单位降低缴存比例或缓缴住房公积金的请示》、《2016 年住房公积金增值收益计提公共租赁住房补助资金分配方案》。

（二）住房公积金管理中心：住房公积金管理中心为钦州市人民政府直属的、不以营利为目的的、参照公务员法管理的事业单位，设 5 个科，5 个管理部。从业人员 62 人，其中，在编 35 人，非在编 27 人。

二、业务运行情况

（一）缴存：2017年，新开户单位180家，实缴单位2383家，净增单位-190家；新开户职工1.67万人，实缴职工12.71万人，净增职工1.41万人；缴存额14.95亿元，同比增长10.01%。2017年末，缴存总额86.48亿元，同比增长20.91%；缴存余额39.02亿元，同比增长15.66%。

受委托办理住房公积金缴存业务的银行8家，比上年增加0家。

（二）提取：2017年，提取额9.67亿元，同比增长19.54%；占当年缴存额的64.67%，比上年增加19.54个百分点。2017年末，提取总额47.46亿元，同比增长25.59%。

（三）贷款：

个人住房贷款：个人住房贷款最高额度35万元，其中，单缴存职工最高额度28万元，双缴存职工最高额度35万元。

2017年，发放个人住房贷款0.34万笔8.72亿元，同比分别下降10.05%、7.30%。

2017年，回收个人住房贷款2.45亿元。2017年末，累计发放个人住房贷款2.43万笔47.84亿元，贷款余额37.11亿元，同比分别增长16.02%、22.30%、20.35%。个人住房贷款余额占缴存余额的95.10%，比上年增加3.70个百分点。

受委托办理住房公积金个人住房贷款业务的银行8家，比上年增加0家。

（四）资金存储：2017年末，住房公积金存款4.21亿元。其中，活期3.76亿元，1年（含）以下定期0亿元，1年以上定期0.45亿元，其他（协定、通知存款等）0亿元。

（五）资金运用率：2017年末，住房公积金个人住房贷款余额、项目贷款余额和购买国债余额的总和占缴存余额的95.10%，比上年增加3.70个百分点。

三、主要财务数据

（一）业务收入：2017年，业务收入12918.22万元，同比增长15.31%。存款利息1985.73万元，委托贷款利息10929.38万元，国债利息0万元，其他3.11万元。

（二）业务支出：2017年，业务支出5881.69万元，同比下降0.33%。支付职工住房公积金利息5284.16万元，归集手续费75.00万元，委托贷款手续费518.98万元，其他3.55万元。

（三）增值收益：2017年，增值收益7036.53万元，同比增长32.73%。增值收益率1.90%，比上年增加0.25个百分点。

（四）增值收益分配：2017年，提取贷款风险准备金3711.64万元，提取管理费用883.90万元，提取城市廉租住房（公共租赁住房）建设补充资金2441.00万元。

2017年，上交财政管理费用820.00万元。上缴财政城市廉租住房（公共租赁住房）建设补充资金1398.00万元。

2017年末，贷款风险准备金余额16808.03万元。累计提取城市廉租住房（公共租赁住房）建设补充资金12602.95万元。

（五）管理费用支出：2017年，管理费用支出1098.13万元，同比增长14.29%。其中，人员经费461.16万元，公用经费51.90万元，专项经费585.07万元。

四、资产风险状况

个人住房贷款：2017 年末，个人住房贷款逾期额 116.66 万元，逾期率 0.31‰。

个人贷款风险准备金按贷款余额的 1% 提取。2017 年，提取个人贷款风险准备金 3711.64 万元，使用个人贷款风险准备金核销呆坏账 0 万元。2017 年末，个人贷款风险准备金余额 16808.03 万元，占个人住房贷款余额的 4.53%，个人住房贷款逾期额与个人贷款风险准备金余额的比率为 0.69%。

五、社会经济效益

（一）**缴存业务**：2017 年，实缴单位数、实缴职工人数和缴存额同比分别增长-7.38%、12.43% 和 10.01%。

缴存单位中，国家机关和事业单位占 67.77%，国有企业占 5.79%，城镇集体企业占 3.73%，外商投资企业占 0.13%，城镇私营企业及其他城镇企业占 19.81%，民办非企业单位和社会团体占 2.10%，其他占 0.67%。

缴存职工中，国家机关和事业单位占 65.88%，国有企业占 14.11%，城镇集体企业占 3.13%，外商投资企业占 0.79%，城镇私营企业及其他城镇企业占 15.13%，民办非企业单位和社会团体占 0.38%，其他占 0.58%；中、低收入占 98.81%，高收入占 1.19%。

新开户职工中，国家机关和事业单位占 43.94%，国有企业占 7.55%，城镇集体企业占 4.74%，外商投资企业占 2.07%，城镇私营企业及其他城镇企业占 31.50%，民办非企业单位和社会团体占 0.64%，其他占 9.56%；中、低收入占 99.69%，高收入占 0.31%。

（二）**提取业务**：2017 年，3.91 万名缴存职工提取住房公积金 9.67 亿元。

提取金额中，住房消费提取占 78.88%（购买、建造、翻建、大修自住住房占 35.24%，偿还购房贷款本息占 39.36%，租赁住房占 3.07%，其他占 1.2%）；非住房消费提取占 21.12%（离休和退休提取占 12.65%，完全丧失劳动能力并与单位终止劳动关系提取占 5.22%，户口迁出本市或出境定居占 0.93%，其他占 2.32%）。

提取职工中，中、低收入占 98.38%，高收入占 1.62%。

（三）**贷款业务**：

1. 个人住房贷款：2017 年，支持职工购建房 41.55 万平方米，年末个人住房贷款市场占有率为 18.31%，比上年降低 8 个百分点。通过申请住房公积金个人住房贷款，可节约职工购房利息支出 18762.40 万元。

职工贷款笔数中，购房建筑面积 90（含）平方米以下占 9.59%，90～144（含）平方米占 82.34%，144 平方米以上占 8.07%。购买新房占 97.02%（其中购买保障性住房占 3.30%），购买存量商品住房占 2.95%，建造、翻建、大修自住住房占 0.03%，其他占 0%。

职工贷款笔数中，单缴存职工申请贷款占 32.18%，双缴存职工申请贷款占 67.82%，三人及以上缴存职工共同申请贷款占 0%。

贷款职工中，30 岁（含）以下占 41.26%，30 岁～40 岁（含）占 34.74%，40 岁～50 岁（含）占 20.01%，50 岁以上占 3.99%；首次申请贷款占 97.59%，二次及以上申请贷款占 2.41%；中、低收入占

98.78%，高收入占 1.22%。

2. **异地贷款**：2017 年，发放异地贷款 194 笔 4981.20 万元。2017 年末，发放异地贷款总额 12825.75 万元，异地贷款余额 8946.10 万元。

（四）**住房贡献率**：2017 年，个人住房贷款发放额、公转商贴息贷款发放额、项目贷款发放额、住房消费提取额的总和与当年缴存额的比率为 109.35%，比上年增加 5.66 个百分点。

六、其他重要事项

（一）当年住房公积金政策调整及执行情况：

1. **当年缴存基数限额及确定方法、缴存比例调整情况**：2017 年 7 月 10 日，根据《关于印发〈广西住房公积金业务管理规范〉的通知》（桂建金管〔2011〕26 号）第 3.1.3 条"缴存基数不应超过设区城市统计部门公布的上一年度职工月平均工资的 3 倍，缴存比例最高不得高于经批准的本城市的最高缴存比例"规定，出台《关于调整钦州市 2017 年住房公积金月缴存额上下限的通知》（钦市金管字〔2017〕30 号），调整住房公积金缴存基数上限为 13119 元；缴存基数下限按上年度本市最低工资标准 1400 元执行；缴存比例为 5%~12%。

2. **住房公积金存贷款利率调整及执行情况**：根据中国人民银行、住房城乡建设部、财政部《关于完善职工住房公积金账户存款利率形成机制的通知》（银发〔2016〕43 号），自 2016 年 2 月 21 日起，将职工住房公积金账户存款利率，由按归集时间执行活期、三个月存款基准利率，调整为统一按一年期定期存款基准利率执行；5 年期（含）以下的住房公积金个人贷款年利率为 2.75%，5 年期以上至 30 年（含）的贷款年利率为 3.25%。

3. **住房公积金个人住房贷款最高贷款额度调整情况**：根据钦州市住房公积金管理委员会《关于调整住房公积金政策支持职工住房消费的通知》（钦市金管委字〔2014〕2 号），借款人及其配偶双方均正常缴存住房公积金的，最高贷款额度为 35 万元；单方正常缴存住房公积金的，最高贷款额度为 28 万元。

4. **当年住房公积金政策调整情况**：

（1）2017 年 7 月 28 日，发布《关于调整住房公积金贷款业务有关事项的通告》，于钦州市"住房公积金互联网＋"信息系统上线之际简化住房公积金贷款受理材料，不再要求申请人提供个人收入证明和工资流水（组合贷款的按银行规定），职工家庭收入以该职工及配偶月缴存住房公积金的工资基数核定，新业务系统自动关联并计算贷款额度；

（2）2017 年 8 月 21 日，根据《住房城乡建设部办公厅关于做好全国住房公积金异地转移接续平台建设使用准备工作的通知》（建办金〔2016〕49 号）和《关于做好全国住房公积金异地转移接续平台接入准备工作的通知》（建办金〔2017〕11 号）精神，出台《钦州市使用全国住房公积金异地转移接续平台办理住房公积金异地转移接续业务操作细则》（钦市金管字〔2017〕36 号）；

（3）2017 年 12 月 29 日，出台《钦州市住房公积金对冲还贷业务试行操作细则》（钦市金管规〔2017〕1 号）。

（二）当年服务改进情况：

1. 贯彻落实国家和自治区政策。继续贯彻住房城乡建设部规范和阶段性适当降低住房公积金缴存比例的政策，经报住房公积金管委审议通过分别为4个单位办理降低缴存比例和1个单位办理缓缴手续。执行进一步加大住房公积金使用力度政策，支持农民工等新市民购买新建普通商品住房，住房公积金贷款审批时间压缩至7个工作日。继续受理异地贷款业务，发放异地贷款194笔4981.20万元。自8月份起，8家受委托银行全部进驻公积金中心业务大厅办理个贷业务，全面实行"一站式"服务。

2. 加强建缴催缴。4月18日至5月31日，以"钦州党旗红·机关走前头"和"圆梦百姓安居，服务钦州建设"为主题在全市范围开展住房公积金政策法规宣传活动，邀请受托银行和房地产企业参与，在乡镇、社区、园区举行宣传座谈会56场，发放宣传资料15000多份、宣传环保袋5000个、小扇子3000把，35个银行网点电子屏幕滚动播放宣传标语142条，13家房地产企业悬挂宣传横幅15条，期间全市新增缴存单位25个，新开户缴存职工2385人，社区建缴住房公积金实现新突破。5月18日参加钦州市第五届政务公开日，设置咨询台和宣传展板，接待群众咨询30多人次，发放宣传资料150份。年内发出催建通知书27份，催缴通知书51份。

3. 自2017年6月20日起，企业类的住房公积金缴存登记业务列入钦州市"多证合一"登记制度，由钦州市民服务中心"多证合一"窗口统一受理申请，通过钦州市"多证合一"协同审批平台推送并联审批。

4. 自2017年7月起接入全国住房公积金异地转移接续平台办理住房公积金异地转移业务，年内办理转出业务409笔1011.11万元，转入348笔1016.65万元。

5. 建设完善综合服务平台。自2017年7月起，陆续改版住房公积金信息网、12329热线、12329短信和自助终端，推出个人版网厅、微信、微博和手机APP。截至2017年末，住房公积金信息网访问量50多万人次，阅读量122多万人次；微信公众号关注人数5.54万人，阅读量21多万人次；微博关注人数53人；12329短信发送27多万条；12329热线接入3.37万通；手机APP自12月13日启动，办理253笔525.20万元。

6. 2017年，通过钦州市政务信息公开平台、住房公积金网站、微信、微博、手机APP等途径主动公开政府信息638条，主动向钦州市民服务中心、档案馆、图书馆等政府信息查阅场所推送政府信息48条。

7. 2017年钦州市住房公积金信息推送在其他媒体登载的记录为：中国建设报5次，广西日报2次，钦州日报18次，北部湾晨报17次；住房城乡建设部官网1次，自治区住房城乡建设厅官网6次；钦州电视台8次。

（三）当年信息化建设情况：2017年1启动钦州市"住房公积金互联网＋"信息系统建设，系统平台采用政务云服务方式进行搭建，服务器、负载均衡、存储、操作系统等依托电子政务外网和华为云计算中心建设。7月归集、提取、信贷、财务等核心子系统上线运行，与各受托银行实现实时结算，外围子系统和综合服务平台8大渠道陆续投产并持续优化。

钦州市"住房公积金互联网＋"信息系统采取"全流程管理"的模式，集核心业务处理、资金管理、稽核审计、决策分析、综合服务平台（网上业务大厅、门户网站、12329热线、12329短信平台、自助终端、手机客户端、官方微信和微博）、电子档案、资金结算平台、OA办公自动化于一体，实现住房城乡建设部《住房公积金基础数据标准》、《住房公积金银行结算数据应用系统银行接口标准》和自治区住房公积金监督管理信息系统的工作要求。12月28日，钦州市住房公积金"双贯标"工作通过住房城乡建设部和自治区住房城乡建设厅联合验收组的验收。

（四）当年住房公积金管理中心及职工所获荣誉情况：钦州市住房公积金管理中心公积金提取窗口荣

获 2017 年度钦州市"巾帼文明岗"称号。

贵港市住房公积金 2017 年年度报告

一、机构概况

（一）住房公积金管理委员会：住房公积金管理委员会有 20 名委员，2017 年召开三次会议，审议通过的事项主要包括：

2017 年 2 月 17 日，第一次会议：

1. 审议贵港市住房公积金管理中心 2016 年工作总结及 2017 年工作思路（含 2016 年归集使用计划执行情况报告）的议题；

2. 审议贵港市住房公积金管理中心 2016 年年度报告（已包含 2016 年度财务报告及增值收益分配情况）的议题；

3. 审批贵港市 2017 年住房公积金归集使用计划的议题；

4. 审定贵港市 2017 年度住房公积金月缴存额上下限的议题；

5. 审定调整我市住房公积金贷款政策的议题；

6. 审定调整我市住房公积金贷款政策具体方案的议题。

2017 年 7 月 3 日，第二次会议：

1. 审议关于暂停装修提取的议题；

2. 审议关于请求变更二手房因"公转商"住房贷款办理模式的议题。

2017 年 7 月 31 日，第三次会议：

1. 审议关于以基准利率的九五折或基准利率继续开办"公转商"贷款业务的议题；

2. 审议关于贵钢集团申请降低缴存比例的议题。

（二）住房公积金管理中心：住房公积金管理中心为（隶属于市政府）不以营利为目的的（参公）事业单位，设 7 个处（科），4 个管理部，0 个分中心。从业人员 62 人，其中，在编 46 人，非在编 16 人。

二、业务运行情况

（一）缴存：2017 年，新开户单位 287 家，实缴单位 2791 家，净增单位 216 家；新开户职工 1.32 万人，实缴职工 13.64 万人，净增职工 0.79 万人；缴存额 16.08 亿元，同比增长 12.84%。2017 年末，缴存总额 92.86 亿元，同比增长 20.94%；缴存余额 40.0 亿元，同比增长 13.51%。

受委托办理住房公积金缴存业务的银行 6 家，比上年增加 0 家。

（二）提取：2017 年，提取额 11.32 亿元，同比增长 15.04%；占当年缴存额的 70.40%，比上年增加 1.3 个百分点。2017 年末，提取总额 52.86 亿元，同比增长 27.25%。

（三）贷款：个人住房贷款：个人住房贷款最高额度 40 万元，其中，单缴存职工最高额度 40 万元，双缴存职工最高额度40万元。

2017年，发放个人住房贷款0.192万笔6.01亿元，同比分别下降43.76%、36.94%。

2017年，回收个人住房贷款2.87亿元。

2017年末，累计发放个人住房贷款2.47万笔48.46亿元，贷款余额34.43亿元，同比分别增长8.33%、14.16%、10.04%。个人住房贷款余额占缴存余额的86.09%，比上年减少2.70个百分点。

受委托办理住房公积金个人住房贷款业务的银行5家，比上年增加0家。

（四）资金存储： 2017年末，住房公积金存款7.66亿元。其中，活期2.56亿元，1年（含）以下定期3.51亿元，1年以上定期1.59亿元，其他（协定、通知存款等）0亿元。

（五）资金运用率： 20住17年末，房公积金个人住房贷款余额、项目贷款余额和购买国债余额的总和占缴存余额的86.09%，比上年减少2.70个百分点。

三、主要财务数据

（一）业务收入： 2017年，业务收入12945.19万元，同比增长25.26%。其中，存款利息1845.45万元，委托贷款利息11099.31万元，国债利息0万元，其他0.43万元。

（二）业务支出： 2017年，业务支出7374.55万元，同比增长73.09%。其中，支付职工住房公积金利息6495.15万元，归集手续费214.15万元，委托贷款手续费640.66万元，其他24.59万元。

（三）增值收益： 2017年，增值收益5570.64万元，同比下降8.29%。其中，增值收益率1.45%，比上年减少0.33个百分点。

（四）增值收益分配： 2017年，提取贷款风险准备金3443.16万元，提取管理费用1972.85万元，提取城市廉租住房（公共租赁住房）建设补充资金154.63万元。

2017年，上交财政管理费用1144.14万元。上缴财政城市廉租住房（公共租赁住房）建设补充资金1800.93万元。

2017年末，贷款风险准备金余额20792.08万元。累计提取城市廉租住房（公共租赁住房）建设补充资金7076.2万元。

（五）管理费用支出： 2017年，管理费用支出1773.44万元，同比下降27.69%。其中，人员经费543.15万元，公用经费20.47万元，专项经费1209.82万元。

四、资产风险状况

个人住房贷款：2017年末，个人住房贷款逾期额9.14万元，逾期率0.027‰。

个人贷款风险准备金按贷款余额的1%提取。2017年，提取个人贷款风险准备金3443.16万元，使用个人贷款风险准备金核销呆坏账0万元。2017年末，个人贷款风险准备金余额20792.08万元，占个人住房贷款余额的6.04%，个人住房贷款逾期额与个人贷款风险准备金余额的比率为0.044%。

五、社会经济效益

（一）缴存业务： 2017年，实缴单位数、实缴职工人数和缴存额同比分别增长－27.39%、12.79%和12.84%。

缴存单位中，国家机关和事业单位占75.10%，国有企业占6.27%，城镇集体企业占1.90%，外商投资企业占0.68%，城镇私营企业及其他城镇企业占9.57%，民办非企业单位和社会团体占1.43%，其他占5.05%。

缴存职工中，国家机关和事业单位占70.45%，国有企业占10.22%，城镇集体企业占3.69%，外商投资企业占2.67%，城镇私营企业及其他城镇企业占3.89%，民办非企业单位和社会团体占1.07%，其他占8.01%；中、低收入占98.58%，高收入占1.42%。

新开户职工中，国家机关和事业单位占36.43%，国有企业占6.29%，城镇集体企业占1.11%，外商投资企业占15.07%，城镇私营企业及其他城镇企业占14.88%，民办非企业单位和社会团体占2.46%，其他占23.76%；中、低收入占99.87%，高收入占0.13%。

（二）提取业务： 2017年，5.16万名缴存职工提取住房公积金11.32亿元。

提取金额中，住房消费提取占81.60%（购买、建造、翻建、大修自住住房占36.32%，偿还购房贷款本息占38.32%，租赁住房占6.52%，其他占0.44%）；非住房消费提取占18.40%（离休和退休提取占13.61%，完全丧失劳动能力并与单位终止劳动关系提取占2.18%，户口迁出本市或出境定居占0.56%，其他占2.05%）。

提取职工中，中、低收入占95.04%，高收入占4.96%。

（三）贷款业务：

1. **个人住房贷款：** 2017年，支持职工购建房30.12万平方米，年末个人住房贷款市场占有率为14.90%，比上年增加0.76个百分点。通过申请住房公积金个人住房贷款，可节约职工购房利息支出14827.08万元。

职工贷款笔数中，购房建筑面积90（含）平方米以下占11.30%，90～144（含）平方米占83.28%，144平方米以上占5.42%。购买新房占94.95%（其中购买保障性住房占0%），购买存量商品住房占4.84%，建造、翻建、大修自住住房占0.21%，其他占0%。

职工贷款笔数中，单缴存职工申请贷款占23.39%，双缴存职工申请贷款占74.78%，三人及以上缴存职工共同申请贷款占1.83%。

贷款职工中，30岁（含）以下占28.18%，30岁～40岁（含）占43.59%，40岁～50岁（含）占22.86%，50岁以上占5.37%；首次申请贷款占100%，二次及以上申请贷款占0%；中、低收入占98.23%，高收入占1.77%。

2. **异地贷款：** 2017年，发放异地贷款290笔9286.20万元。2017年末，发放异地贷款总额15786.00万元，异地贷款余额13210.77万元。

3. **公转商贴息贷款：** 2017年，发放公转商贴息贷款636笔20138.30万元，支持职工购建住房面积7.6万平方米，当年贴息额23.93万元。2017年末，累计发放公转商贴息贷款1028笔27004.10万元，累计贴息59.72万元。

（四）住房贡献率： 2017年，个人住房贷款发放额、公转商贴息贷款发放额、项目贷款发放额、住房消费提取额的总和与当年缴存额的比率为120.36%，比上年减少2.34个百分点。

六、其他重要事项

（一）当年缴存基数限额及确定方法、缴存比例调整情况： 本市当年公积金缴存基数限额及确定方法，根据《关于设定贵港市 2017 年住房公积金月缴存额上下限的通知》（贵金管字〔2017〕26 号）的规定：一是 2017 年度，贵港市住房公积金缴存比例最高为 12%，职工住房公积金月缴存工资基数上限额度为贵港市统计部门公布的上年度贵港市在岗职工月平均工资的 3 倍，（计算公式如下：55121 元÷12 个月×3≈13780 元，13780 元×12%≈1654 元，1654 元×2＝3308 元），故设定贵港市 2017 年单位和个人月住房公积金缴存基数上限为 13780 元；2017 年单位和个人月住房公积金缴存额上限各为 1654 元；月缴存额合计上限为 3308 元。二是确定 2017 年度贵港市职工住房公积金缴存基数下限为：贵港市为 1210 元、桂平市为 1085 元、平南县为 1000 元。

（二）当年住房公积金存贷款利率调整及执行情况：

1. 2017 年 1 月 1 日执行国家最新调整的住房公积金个人贷款利率。即，期限在 5 年以下的（含 5 年），年利率为 2.75%（月利率为 2.29167‰）；期限在 5 年以上的，年利率为 3.25%（月利率为 2.70833‰）。

2. 遇人民银行调整贷款利率时，住房公积金贷款期限在一年以内的，仍按合同利率执行，不分段计息；贷款期限在一年以上的，利率实行一年一定，对于利率调整前已发放的贷款，于次年 1 月 1 日起按人民银行调整后的相应档次利率确定当年利率水平。

（三）当年住房公积金个人住房贷款最高贷款额度调整情况： 本年度住房公积金个人住房贷款最高贷款额度为 40 万元。在执行上级部门相关个贷政策，保持政策延续性基础上，2017 年 2 月 20 日起，我市住房公积金个人住房委托贷款政策作相应微调：

1. 根据贷款职工（共同借款人可合并计算）从贷款之日起至法定退休年限止缴存住房公积金总额（按照贷款当时缴存标准）加上其住房公积金账户余额之和的 2 倍计算个人住房公积金贷款的额度。该额度不能超过最高额度的有关规定。具体的计算为：

最高住房公积金贷款金额＝（住房公积金月缴存额×12 个月×距法定退休年限＋住房公积金账户余额）×2 倍

2. 职工申请第二次住房公积金贷款实行轮候。

3. 异地缴存职工在本市购房申请住房公积金贷款实行轮候。

4. 住房公积金个贷发放率下降到 85% 以下时，中心根据资金供应状况优先对已申请第二次住房公积金贷款职工的排队轮候的先后顺序依次受理；待满足申请第二次住房公积金贷款轮候的职工贷款需求后，再对异地缴存职工在本市购房的住房公积金贷款申请按排队轮候的先后顺序依次受理。

5. 申请住房公积金贷款的月还款额和其他所有债务支出之和与月收入比由原来的 60% 调整为 50%。

6. 住房公积金个贷发放率超过 90% 时，暂停办理住房公积金贷款业务和"商转公"贷款业务，启动"公转商贷款"业务；待住房公积金个贷发放率下降到 85%，可以停办"公转商贷款"业务或根据资金供求情况将"公转商贷款"转回为住房公积金贷款。

如人民银行或银监部门对商业银行执行公积金贷款政策办理"公转商贷款"业务有异议，管理中心可以管委会名义进行解释。

（四）当年住房公积金其他业务政策调整情况： 在改进住房公积金提取政策方面，根据《广西壮族自治区建设厅财政厅人民银行南宁中心支行关于适时调整住房公积金政策确保房地产市场平稳健康发展的通知》（桂建金管〔2017〕11 号）精神，经我市住房公积金管委会第二次会议决定，从 2017 年 8 月 1 日起我市暂停住房公积金装修提取，待我市住房公积金个贷发放率下降到85%以后，再适时进行恢复。

（五）当年服务改进情况：在归集业务方面：中心新一代住房公积金综合业务系统上线运行以来，接入了住房城乡建设部实时结算平台，实现了公积金汇缴和补缴业务实时到账。对账的前置，方便了缴存单位专管员办理缴存业务，降低的错误的发生率，提高了办事效率。

在贷款业务方面：一是于处于个贷率过高，结余资金不足的情况下，中心于2017年2月20日第二次开办"公转商贴息"贷款业务，共审批贴息贷款46541.7万元，保持了住房公积金贷款业务的延续性。二是总结各合作银行（工、农、中、建、交）进驻中心业务大厅办理个贷业务经验，加强对合作银行的考核，不断提高办事效率，压缩贷款时间，为贷款职工提供更高效服务。

在提取业务方面：（1）接入住房城乡建设部实时结算平台，实现实时到账；（2）新系统的上线使用，实现自动计算，大大提高工作效率，办理时间比以前缩短一半左右；（3）多举措解决年初、年底提取业务的高峰期。在每天的提取高峰时段，增设临时窗口，加快办事效率，缩短排队等候时间；（4）采取审核前置措施。与客服中心咨询总台紧密联系，让职工在等候过程中由客服工作人员进行初核，资料不齐的，一次性告知职工，避免职工长时间排队等候又办不成事情；延时服务，急群众所急。

（六）当年获得荣誉称号情况：2017年3月，荣获"全区住建系统模范职工之家"称号；2017年6月，获全区住房公积金管理中心业务管理工作考核优秀等次；2017年12月，荣获"全国住建系统先进集体"称号；2017年12月，获2016年度档案工作优秀单位称号；2017年12月，获2016年度市直部门决算工作考评二等奖。

（七）当年对违反《住房公积金管理条例》和相关法规行为进行行政处罚和申请人民法院强制执行情况：2017年，中心开展住房公积金行政执法检查，对1个违法单位依法进行了立案处理，通过执法为该单位103名职工办理了住房公积金缴存登记及账户设立手续。

玉林市住房公积金2017年年度报告

一、机构概况

（一）住房公积金管理委员会：玉林市住房公积金管理委员会共有委员25名，2017年3月27日，召开1次全体会议，审议通过2017年度住房公积金归集、使用计划执行情况，并对其他重要事项进行决策，主要包括：

1. 原则通过《玉林市住房公积金管理中心2016年度增值收益分配方案》；
2. 原则通过《玉林市住房公积金管理委员会2017年经费预算方案》；
3. 原则通过《玉林市住房公积金管理中心2017年经费预算方案》；
4. 同意《玉林市住房公积金2017年年度预算方案》；
5. 同意《关于编制2017年住房公积金归集使用计划的请示》；
6. 讨论通过《玉林市房公积金2016年年度报告》；

7. 讨论通过《玉林市房公积金 2016 年年度财务报告》；

8. 讨论通过《玉林市房公积金 2016 年制度执行工作报告》；

9. 讨论通过《玉林市住房公积金管理中心 2017 年住房公积金融资方案》。

（二）住房公积金管理中心：市住房公积金管理中心为玉林市政府不以营利为目的的参照公务员法管理事业单位，主要负责全市住房公积金的归集、管理、使用和会计核算。中心内设综合科、归集管理科、信贷科、财务科、网络信息科、法规稽核科、资金提取管理科七个科室，下设玉州管理部、北流管理部、容县管理部、博白管理部、陆川管理部、兴业管理部、福绵管理部（还没正式挂牌成立）七个管理部。从业人员 90 人，其中，在编 45 人，非在编 45 人。

二、业务运行情况

（一）缴存：2017 年，新开户单位 170 家，实缴单位 3555 家，净增单位 170 家；新开户职工 1.73 万人，实缴职工 22.54 万人，净增职工（与去年同口径相比）0.88 万人；缴存额 25.22 亿元，同比增长 4.76%。2017 年末，缴存总额 149.51 亿元，同比增长 20.29%；缴存余额 69.93 亿元，同比增长 14.26%。

受委托办理住房公积金缴存业务的银行 7 家，比上年增加（减少）0 家。

（二）提取：2017 年，提取额 16.49 亿元，同比增长 2.73%；占当年缴存额的 65.37%，比上年减少 1.3 个百分点。2017 年末，提取总额 79.58 亿元，同比增长 26.14%。

（三）贷款：

个人住房贷款：个人住房贷款最高额度 40 万元，其中，单缴存职工最高额度 40 万元，双缴存职工最高额度 40 万元。

2017 年，发放个人住房贷款 0.52 万笔 16.87 亿元，同比分别下降 8.6%、增长 1.76%。

2017 年，回收个人住房贷款 4.45 亿元。

2017 年末，累计发放个人住房贷款 3.56 万笔 84.01 亿元，贷款余额 65.13 亿元，同比分别增长 17.11%、25.13%、23.56%。个人住房贷款余额占缴存余额的 93.13%，比上年增加 7.01 个百分点。

受委托办理住房公积金个人住房贷款业务的银行 6 家，比上年增加（减少）0 家。

（四）资金存储：2017 年末，住房公积金存款 8.50 亿元。其中，活期 0.10 亿元，1 年（含）以下定期 0.73 亿元，1 年以上定期 0 亿元，其他（协定）7.67 亿元。

（五）资金运用率：2017 年末，住房公积金个人住房贷款余额、项目贷款余额和购买国债余额的总和占缴存余额的 93.13%，比上年增加 7.01 个百分点。

三、主要财务数据

（一）业务收入：2017 年，业务收入 21612.20 万元，同比增长 13.05%。其中，存款利息 2263.56 万元，委托贷款利息 19348.64 万元，国债利息 0 万元，其他 0 万元。

（二）业务支出：2017 年，业务支出 11043.76 万元，同比增长 9.90%。其中，支付职工住房公积金利息 10073.00 万元，归集手续费 0 万元，委托贷款手续费 961.22 万元，其他 9.54 万元。

（三）增值收益：2017 年，增值收益 10568.44 万元，同比增长 16.55%。其中，增值收益率 1.58%，比上年增加 0.02 个百分点。

（四）增值收益分配：2017 年，提取贷款风险准备金 6341.06 万元，提取管理费用 1176.61 万元，提取城市廉租住房（公共租赁住房）建设补充资金 3050.76 万元。

2017 年，上交财政管理费用 1207.49 万元。上缴财政城市廉租住房（公共租赁住房）建设补充资金 2623.05 万元。

2017 年末，贷款风险准备金余额 38586.53 万元。累计提取城市廉租住房（公共租赁住房）建设补充资金 19463.87 万元。

（五）管理费用支出：2017 年，管理费用支出 1176.61 万元，同比增长 17.18%。其中，人员经费 631.53 万元，公用经费 78.82 万元，专项经费 466.26 万元。

四、资产风险状况

个人住房贷款：2017 年末，个人住房贷款逾期额 82.56 万元，逾期率 0.13‰。

个人贷款风险准备金按增值收益的 60% 提取。2017 年，提取个人贷款风险准备金 6341.06 万元，使用个人贷款风险准备金核销呆坏账 0 万元。2017 年末，个人贷款风险准备金余额 38586.53 万元，占个人住房贷款余额的 5.92%，个人住房贷款逾期额与个人贷款风险准备金余额的比率为 0.21%。

五、社会经济效益

（一）缴存业务：2017 年，实缴单位数、实缴职工人数和缴存额同比分别增长 5.02%、4.04% 和 4.76%。

缴存单位中，国家机关和事业单位占 66.16%，国有企业占 26.1%，城镇集体企业占 1.91%，外商投资企业占 0.51%，城镇私营企业及其他城镇企业占 2.14%，民办非企业单位和社会团体占 1.49%，其他占 1.69%。

缴存职工中，国家机关和事业单位占 62.72%，国有企业占 31.49%，城镇集体企业占 2.17%，外商投资企业占 1.96%，城镇私营企业及其他城镇企业占 0.98%，民办非企业单位和社会团体占 0.14%，其他占 0.54%；中、低收入占 98.04%，高收入占 1.96%。

新开户职工中，国家机关和事业单位占 47.91%，国有企业占 44.57%，城镇集体企业占 1.45%，外商投资企业占 3.99%，城镇私营企业及其他城镇企业占 1.00%，民办非企业单位和社会团体占 0.52%，其他占 0.56%；中、低收入占 98.48%，高收入占 1.52%。

（二）提取业务：2017 年，5.6128 万名缴存职工提取住房公积金 16.49 亿元。

提取金额中，住房消费提取占 79.02%（购买、建造、翻建、大修自住住房占 39.96%，偿还购房贷款本息占 34.13%，租赁住房占 0.48%，其他占 4.45%）；非住房消费提取占 20.98%（离休和退休提取占 14.05%，完全丧失劳动能力并与单位终止劳动关系提取占 2.94%，户口迁出本市或出境定居占 2.49%，其他占 1.5%）。

提取职工中，中、低收入占 97.83%，高收入占 2.17%。

（三）贷款业务：

1. **个人住房贷款**：2017 年，支持职工购建房 63.37 万平方米，年末个人住房贷款市场占有率为

18.66%，比上年减少 2.3 个百分点。通过申请住房公积金个人住房贷款，可节约职工购房利息支出 37240.21 万元。

职工贷款笔数中，购房建筑面积 90（含）平方米以下占 5.11%，90~144（含）平方米占 88.68%，144 平方米以上占 6.21%。购买新房占 93.40%（其中购买保障性住房占 0%），购买存量商品住房占 4.89%，建造、翻建、大修自住住房占 0.53%，其他占 1.18%。

职工贷款笔数中，单缴存职工申请贷款占 26.30%，双缴存职工申请贷款占 73.56%，三人及以上缴存职工共同申请贷款占 0.14%。

贷款职工中，30 岁（含）以下占 28.53%，30 岁~40 岁（含）占 40.78%，40 岁~50 岁（含）占 24.96%，50 岁以上占 5.73%；首次申请贷款占 96.64%，二次及以上申请贷款占 3.36%；中、低收入占 99.67%，高收入占 0.33%。

2. **异地贷款**：2017 年，发放异地贷款 794 笔 25827.90 万元。2017 年末，发放异地贷款总额 48770.60 万元，异地贷款余额 47174.49 万元。

（四）住房贡献率：2017 年，个人住房贷款发放额、公转商贴息贷款发放额、项目贷款发放额、住房消费提取额的总和与当年缴存额的比率为 118.53%，比上年减少 4.93 个百分点。

六、其他重要事项

（一）机构及职能调整情况、缴存贷款业务金融机构变更情况：2017 年单位法定代表人变更为何健同志。2017 年 6 月新增玉林市区农村信用合作联社为新的业务金融机构。

（二）当年住房公积金政策调整及执行情况：

1. **缴存基数及上下限额情况**。据统计部门公布的 2016 年玉林市城区在岗职工年平均工资 52771 元，确定 2017 年度玉林市辖区单位职工住房公积金月缴存工资基数上限为 13193 元（52771÷12×3≈13193），个人和单位最高月缴存额均为 1583 元（13193×12%≈1583），合计为 3166 元。根据国务院《住房公积金管理条例》的规定住房公积金最低缴存比例为 5% 和《广西壮族自治区人民政府关于调整全区职工最低工资标准的通知》（桂政发〔2015〕13 号），2015 年玉林市最低工资标准为 1210 元，（2016 年没有调整最低工资）因此，设定单位和职工住房公积金月缴存额下限各为 61 元（1210×5%≈61），合计不低于 122 元。

2. **提取政策调整情况**。根据《自治区住房城乡建设厅财政厅中国人民银行南宁中心支行关于适时调整住房公积金政策确保房地产市平稳发展的通知》（桂建金管〔2017〕11 号）："对住房公积金个人住房贷款率超过 85% 的，可以暂停装修提取"的规定，我市 2017 年 4 月 30 日开始，住房公积金个人住房贷款率已超过 85%，达到 87.19%。为进一步用好用足住房公积金，有效防范流动性风险，保持我市房地产市场平稳健康发展。经玉林市住房公积金管理委员会同意，我管理中心从 2017 年 6 月 1 日起，停止办理装修自住住房提取住房公积金业务。

3. **缴存比例政策调整情况**。根据桂建金管〔2016〕25 号文件精神我中心严格执行：（1）全市各类企业缴存住房公积金比例，单位缴存部分可根据企业经营状况自行确定，但不得高于 12%，不低于 5%；（2）生产经营困难企业可以降低或申请缓缴住房公积金，待企业经济效益好转后，再恢复缴存或补缴的住房公积金；（3）企业调整住房公积金缴存比列的，需由职工代表大会或工会讨论通过，经市住房公积金管理中心审核，报市住房公积金管委会批准后实施。

4. 个人住房贷款最高贷款额度情况。2017年个人住房贷款最高贷款额度40万，贷款条件等贷款政策没有调整。

5. 住房公积金存贷款利率执行标准情况。2016年2月17日，中国人民银行、住房城乡建设部、财政部印发《关于完善职工住房公积金账户存款利率形成机制的通知》（银发〔2016〕43号），决定自2016年2月21日起，将职工住房公积金账户存款利率，由原按照归集时间执行活期和三个月存款基准利率，统一上调为按一年期定期存款基准利率执行。目前一年期定期存款基准利率为1.50%。2017年个人住房公积金贷款利率为五（含）年期以下2.75%，五年期以上3.25%。目前没有进行调整。

（三）当年服务改进情况：

1. 开展党员干部职工"转变作风、优化服务大行动"。6月18日管理中心党支部开展动员会，同时管理中心党支部、工会开展争创"广西党员先锋岗"和"广西工人先锋号"的"岗号联创"活动。对服务窗口的综合大厅按照"优化办事流程，贴近办事群众"的要求，重新调整，精心布局，增设了排号机、复印机、休息区、座椅等设施，并摆放井井有条，面貌焕然一新，业务办理流程井然有序。党员干部职工按照优化服务流程，提升服务质量，为争创共产党员先锋岗和广西工人先锋号营造良好氛围。坚持以民为本的理念，进一步提高服务意识、服务水平，设置了共产党员服务台和实行值班长制度，由党员干部佩戴"共产党员红布带"在大厅带头服务，冲锋在前，极大方便了群众对业务咨询需求，也提高了柜台业务办理速度，进一步规范了征信查询程序与管理，方便了职工贷款，树立了文明服务、热情服务的政府服务形象，赢得了广大缴存群众的认可与赞誉。玉林电视台在"两会一节"前，作为玉林政府服务形象，对我中心业务大厅进行了"党建促服务提升满意度"专题报道，我中心工作在广大范围获得了认可及好评。9月11日，玉林日报"为玉林市住房公积金管理中心的服务点赞"。"转变优化服务大行动"正不断影响其他单位其他地市中心。我管理中心将以此为契机，不断总结不断完善，将这一系列措施规范化、制度化、常态化。

2. 开展"优化服务流程，提升服务质量"大讨论。9月5、11、12日连续三天组织各管理部、各科室负责人、业务骨干大讨论动员会，严格按照《自治区住房城乡建设厅关于印发广西住房城乡建设系统编制和优化行政权力运行流程工作实施方案的通知》（桂建人〔2017〕55号）的要求，经过三天大讨论，达成了共识，理顺压缩了相关服务程序，提出了"创新住房公积金业务服务理念"，对我市住房公积金管理业务中存在的问题进行讨论，立足公积金业务工作实际，从缩短公积金审批时间、精简业务办理流程和材料、全面推行综合服务大厅建设等具体措施入手，提出了系列优化措施，取得了较好的效果，服务效率不断提高，群众满意度不断提升。

3. 坚持党建为导向联合市委组织部开拓共建我市非公经济商业圈党委平台，以解决住房公积金覆盖归集面大难题为切入点，进行大胆探索，不断拓展住房公积金的覆盖面，此行动得到了自治区住房城乡建设厅监管处的高度赞扬，准备以公积金管理亮点在全区推开。

4. 共建党建结对示范点。我管理中心转化作风，服务质量和群众满意度不断提升，中共玉林市直属机关工作委员会和金融合作单位的高度肯定，11月14日中国建设银行广西区分行副行长黄诚东一行到我中心调研，并代表建行总行赠予我管理中心"精诚合作伙伴"牌匾，此牌匾全国为数不多，全区仅有三个单位获得。中共玉林市直属机关工作委员会唐青莉书记、市住房公积金管理中心何健主任、建行玉林分行王宇行长在我管理中心共建"党建结对共建示范点"。我管理中心党建工作又上一个新台阶。12月15日，玉林日报对"党建结对共建示范点"做了报道。

（四）当年信息化建设情况：一是按要求，我中心于6月19日正式接入住房城乡建设部组建的全国住房公积金异地转移接续平台，并已正常进行业务操作。大大提升了异地转移工作的效率。二是根据住房和城乡建设部《关于加快建设住房公积金综合服务平台的通知》（建金〔2016〕14号）及《关于印发住房公积金信息化建设导则的通知》的要求，我中心于11月下旬完成了新一代"住房公积金互联网＋"综合信息管理系统的招标投标工作，并于2018年1月8日正式启动建设。

百色市住房公积金2017年年度报告

一、机构概况

（一）**住房公积金管理委员会**：住房公积金管理委员会有12名委员，2017年，召开4次全体会议，会议审议并通过：2016年市住房公积金管理工作报告、2017年度住房公积金缴存最高上下限额度、2017年度住房公积金归集、使用计划、2016年住房公积金增值收益分配方案、市住房公积金管理中心2015年决算批复情况及2017年度部门预算草案、市住房公积金2016年度报告、关于建设住房公积金综合服务平台的请示、关于开展贯彻住房公积金基础数据标准和银行结算数据应用系统接口标准工作请示、关于请求增加住房公积金联名卡发卡银行的请示、关于审议2016年出台贯彻落实"去库存"工作要求相关文件的请示、关于将广西北部湾银行百色分行、柳州银行百色分行纳入个人住房委托贷款资格银行的请示、关于公布2017年度住房公积金缴存最高上下限额度的请示、关于调整住房公积金政策的请示（2017年6月30日）、关于住房公积金贷款资金缺口的解决措施决定实行贷款轮候制并对现行贷款政策进行适当调整（2017年11月17日）、关于楼盘天地楼性质及准入住房公积金贷款资格问题的请示、关于因机构改革提前退休职工要求续缴公积金问题的请示、关于原电化厂梁建军等35名职工要求补缴住房公积金问题的请示、市住房公积金管理中心2018年度预算草案。

（二）**住房公积金管理中心**：百色市住房公积金管理中心为直属市人民政府不以营利为目的的独立的参照公务员法管理的事业单位，主要负责全市住房公积金的归集、管理、使用和会计核算。目前中心内设综合科、归集管理科、计划信贷科、财务科、档案信息管理科、法规稽查科、资金提取科7个科，下设右江、田阳、田东、平果、德保、靖西、那坡、凌云、乐业、田林、隆林、西林、平果铝等13个管理部。从业人员98人，其中，在编46人，非在编52人。

二、业务运行情况

（一）**缴存**：2017年，实缴单位3509家，新开户单位302家，净增单位127家；实缴职工16.67万人，新开户职工0.96万人，净增职工0.82万人；当年缴存额24.44亿元，同比增长9.65%。

截至2017年底，缴存总额151.14亿元，缴存余额58.62亿元，同比分别增长19.29%、15.29%。

受委托办理住房公积金缴存业务的银行8家，比上年增加0家。

（二）提取：2017年，当年提取额16.66亿元，同比减少12.66%，降低的主要原因是2017年7月起暂停了装修提取业务；占当年缴存额的比率68.18%，比上年同期减少17.41个百分点。

截至2017年底，提取总额92.52亿元，同比增长21.96%。

（三）贷款：

1. **个人住房贷款**：个人住房贷款最高额度45万元，其中，双职工家庭最高额度45万元，单职工家庭最高额度45万元。

2017年，发放个人住房贷款0.5278万笔18.26亿元，同比增长30.26%、38.62%。

2017年，回收个人住房贷款3.62亿元。

截至2017年底，累计发放个人住房贷款3.0339万笔68.98亿元，贷款余额53.34亿元，同比分别增长21.06%、36%、37.83%。个人住房贷款率为90.98%，比上年同期增加14.88个百分点。

受委托办理住房公积金个人住房贷款业务的银行7家，比上年增加1家。

2. **住房公积金支持保障性住房建设项目贷款**：2017年，发放支持保障性住房建设项目贷款0亿元，应收贷款本金0.11亿元，实收贷款本金0.11亿元。

截至2017年底，累计发放项目贷款0.15亿元，项目贷款余额0亿元。

（四）资金存储：截至2017年底，住房公积金存款额6.44亿元。其中，活期4.47亿元，1年以内定期（含）0.89亿元，1年以上定期1.08亿元，其他（协议、协定、通知存款等）0亿元。

（五）其他：截至2017年底，资金运用率90.98%，比上年同期增加14.66个百分点。

三、主要财务数据

（一）业务收入：2017年，业务收入17408.01万元，同比增长23.70%。存款利息3025.10万元，委托贷款利息14376.33万元，国债利息0万元，其他6.58万元。

（二）业务支出：2017年，业务支出8412.44万元，同比下降8.41%。支付职工住房公积金利息7980.87万元，归集手续费64.48万元，委托贷款手续费359.30万元，其他7.79万元。

（三）增值收益：2017年，增值收益8995.57万元，同比增长84.04%。增值收益率1.65%，比上年增加0.66个百分点。

（四）增值收益分配：2017年，提取贷款风险准备金1453.04万元，提取管理费用2800万元，提取城市廉租住房（公共租赁住房）建设补充资金4742.53万元。

2017年，上交财政管理费用3643.17万元。上缴财政的城市廉租房（公共租赁住房）建设补充资金0.2812亿元。

截至2017年底，贷款风险准备金余额5333.69万元。累计提取城市廉租住房（公共租赁住房）建设补充资金34578.03万元。

（五）管理费用支出：2017年，管理费用支出1678.25万元，同比增长11.65%。其中，人员经费741.93万元，公用经费356.92万元，专项经费579.40万元。

四、资产风险状况

（一）个人住房贷款：截至2017年底，个人住房贷款逾期额997.29万元，逾期率1.87‰。

个人贷款风险准备金按贷款余额的1%提取。当年使用个人贷款风险准备金核销0万元,个人贷款风险准备金余额5322.69万元。个人贷款风险准备金余额与个人贷款余额的比率为1%,个人贷款逾期额与个人贷款风险准备金余额的比率为18.74%。

(二)**项目贷款**:2017年,提取项目贷款风险准备金0万元,使用项目贷款风险准备金核销呆坏账0万元,项目贷款风险准备金余额11万元。

五、社会经济效益

(一)**缴存业务**:2017年,实缴单位数、实缴职工人数和缴存额增长率分别为3.76%、5.15%和9.65%。

缴存单位中,国家机关和事业单位占75.41%,国有企业占10.15%,城镇集体企业占1.03%,外商投资企业占0.23%,城镇私营企业及其他城镇企业占10.15%,民办非企业单位和社会团体占1.60%,其他占1.45%。

缴存职工中,国家机关和事业单位占70.84%,国有企业占19.60%,城镇集体企业占0.69%,外商投资企业占0.46%,城镇私营企业及其他城镇企业占6.50%,民办非企业单位和社会团体占1.60%,其他占0.31%;中、低收入占98.22%,高收入占1.78%。

新开户职工中,国家机关和事业单位占44.58%,国有企业占23.81%,城镇集体企业占0.49%,外商投资企业占0.79%,城镇私营企业及其他城镇企业占22.83%,民办非企业单位和社会团体占2.80%,其他占4.70%;中、低收入占99.78%,高收入占0.22%。

(二)**提取业务**:2017年,提取住房公积金6.13万笔16.66亿元。提取的金额中,住房消费提取占82.11%(购买、建造、翻建、大修自住住房占37.15%,偿还购房贷款本息占31.85%,租赁住房占3.02%,其他占10.09%);非住房消费提取占17.89%(离休和退休提取占16.26%,完全丧失劳动能力并与单位终止劳动关系提取占0.08%,户口迁出本市或出境定居占0%,其他占1.55%)。

提取职工中,中、低收入占97.55%,高收入占2.45%。

(三)**贷款业务**:

1. **个人住房贷款**:2017年,支持职工购建房61.44万平方米,年末个人住房贷款市场占有率为27.36%,比上年增加2.91个百分点。通过申请住房公积金个人住房贷款,可节约职工购房利息支出35974.80万元。

职工贷款笔数中,购房建筑面积90(含)平方米以下占5.66%,90~144(含)平方米占81.49%,144平方米以上占12.85%。购买新房占93.39%(其中购买保障性住房占4.64%),购买存量商品住房占6.16%,建造、翻建、大修自住住房占0.45%,其他占0%。

职工贷款笔数中,单缴存职工申请贷款占37.25%,双缴存职工申请贷款占62.75%,三人及以上缴存职工共同申请贷款占0%。

贷款职工中,30岁(含)以下占37.44%,30岁~40岁(含)占32.89%,40岁~50岁(含)占24.10%,50岁以上占5.57%;首次申请贷款占93.67%,二次及以上申请贷款占6.33%;中、低收入占91.49%,高收入占8.51%。

2. **异地贷款**:2017年,发放异地贷款426笔14565.10万元。

截至2017年底，发放异地贷款总额24097.10万元，异地贷款余额22292.10万元。

3. 住房公积金支持保障性住房建设项目贷款：截至2017年底，本市累计有住房公积金试点项目1个，贷款额度0.15亿元，建筑面积共1.4万平方米，可解决164户中低收入职工家庭的住房问题。其中，经济适用房项目1个、额度0.15亿元，棚户区改造安置用房项目0个、额度0亿元，公共租赁住房项目0个、额度0亿元。1个试点项目贷款资金已发放并还清贷款本息。

（四）住房贡献率：2017年，个人住房贷款发放额、公转商贴息贷款发放额、项目贷款发放额、住房消费提取额的总和与当年缴存额的比率为130.70%，比上年同期减少2.53个百分点。

六、其他重要事项

（一）2017年缴存基数限额及确定方法、缴存比例调整情况：为加强住房公积金缴存管理，严格执行国家"控高保低"政策，依据住房公积金有关政策规定，出台了《百色市住房公积金管理委员会关于公布2017年度住房公积金缴存最高上下限额度的通知》（百金管委〔2017〕2号）文件。

一是单位和职工缴存住房公积金以职工本人上一年度月平均工资作为缴存工资基数。百色市2016年在岗职工月平均工资为4613元，单位和个人缴存额上限各为1661元。职工上一年度月均工资达不到1210元的职工，缴存工资基数最低按1210元扣缴。即：单位和个人月缴存额下限各为61元。二是住房公积金缴存基数每年调整一次，每年7月开始进行调整（当年7月1日至次年6月30日为一个公积金年度）。

（二）2017年住房公积金存贷款利率调整及执行情况：2017年，职工个人及家庭首次申请住房公积金贷款，贷款利率按同期中国人民银行公布的住房公积金个人住房贷款利率执行；第二次申请住房公积金贷款，贷款利率调整为同期住房公积金个人住房贷款利率的1.1倍。

（三）2017年住房公积金其他业务政策调整情况：2017年6月，为进一步用足用好住房公积金，有效防范资金流动性风险，确保我市房地产市场平稳健康发展，结合我市实际，印发了《百色市住房公积金管理委员会关于调整住房公积金政策的通知》，从2017年6月30日起，百色市停止办理装修自住住房提取住房公积金业务、暂停受理住房公积金异地贷款申请。

（四）2017年住房公积金个人住房贷款最高贷款额度、首付比例及贷款条件调整情况：2017年6月，百色市提高住房公积金二套房首付比例及利率：职工个人及家庭首次申请住房公积金贷款，首付比例应不低于20%，第二次申请住房公积金贷款，首付比例应不低于30%。2017年11月，职工个人及家庭首次申请住房公积金贷款，首付比例应不低于30%，第二次申请住房公积金贷款，首付比例应不低于40%。百色市住房公积金个人住房委托贷款最高贷款额度由60万元调整为45万元。

适当调整贷款条件。职工在申请住房公积金贷款时，应已连续正常缴存住房公积金12个月（含）以上；职工个人及家庭申请住房公积金贷款，月还款额应不低于家庭月工资收入的20%，不超过家庭月工资收入的50%；借款申请人贷款偿还期限为申请贷款时年龄至法定退休年龄，最长贷款期限为30年；购买一手房的可在购房合同登记备案两年内提出贷款申请，购买二手房的可在取得房屋不动产权证两年内提出贷款申请，建造住房的可在取得住房城乡建设部门批准的《建设工程规划许可证》并办理房屋不动产权证五年内提出贷款申请。

（五）2017年业务服务用房落实情况：为给全市广大缴存职工营造一个良好的服务环境，确保住房公积金各项工作正常、高效运转，更好地发展我市住房公积金的事业，提升住房公积金行业形象，按照住房城乡建设部"形象统一、制度统一、流程统一"的标准化管理要求，管理中心按先易后难的顺序逐步解决13个管理部业务服务用房问题。2017年，解决了靖西、乐业管理部的业务用房问题。截止2017年底，百色市住房公积金管理中心已解决6个管理部的业务用房问题。

（六）2017年信息化建设情况： 2017年，百色市住房公积金管理中心按照"互联网＋公积金"的模式，不断加快信息化建设步伐，按照住房城乡建设部住房公积金基础数据标准，全面完成了综合业务信息系统升级改造，信息技术支撑能力和服务水平得到明显提升；按照住房城乡建设部的统一要求，完成住房公积金业务系统基础数据贯标及正式接入全国住房公积金银行结算数据应用系统；扎实推进综合服务平台建设，拓展服务绿色通道，开通12329服务热线、短信平台、自助查询终端，全面完成门户网站、微信平台、自助终端、网上业务大厅、手机APP等服务渠道的建设。同时，全面推进联网结算系统上线运行，目前已在7家受托银行13个管理部40个账户运行银企直联资金结算业务。缩短业务运转流程，降低对人工对账的依赖，提升业务精准度和资金安全度，极大提高了办事效率。推行档案电子化、进一步简化提取手续。首次建立电子档案后，职工办理购房、还贷提取时不用再重复提供提取材料，既节约资源又减少职工办理提取公积金时产生的复印成本。

贺州市住房公积金2017年年度报告

一、机构概况

（一）住房公积金管理委员会： 住房公积金管理委员会有24名委员，2017年召开2次全体会议，审议通过《贺州市住房公积金2016年年度报告》、《2016年贺州市住房公积金增值收益分配方案》和2017年度住房公积金归集、使用计划情况，以及桂林银行贺州支行、广西桂东农村合作银行请求开立住房公积金账户的事项。

（二）住房公积金管理中心： 住房公积金管理中心为市人民政府直属的不以营利为目的的参照公务员管理事业单位，主要负责全市住房公积金的归集、管理、使用和会计核算。中心设7个科，5个管理部。从业人员58人，其中，在编29人，非在编29人。

二、业务运行情况

（一）缴存： 2017年，新开户单位292家，实缴单位2203家，净增单位275家；新开户职工1.28万人，实缴职工8.68万人，净增职工0.13万人；缴存额12.31亿元，同比增长24.89%。2017年末，缴存总额64.14亿元，同比增长23.75%；缴存余额31.11亿元，同比增长25.14%。

受委托办理住房公积金缴存业务的银行6家，比上年增加2家。

（二）提取： 2017年，提取额6.06亿元，同比下降10.75%；占当年缴存额的比率49.23%，比上年减少19.66个百分点。2017年末，提取总额33.03亿元，同比增长22.47%。

（三）**贷款**：个人住房贷款：个人住房贷款最高额度 35 万元，其中，单职工家庭最高额度 35 万元，双职工家庭最高额度 35 万元。

2017 年，发放个人住房贷款 0.24 万笔 6.87 亿元，同比降低 7.69%、增长 2.69%。

2017 年，回收个人住房贷款 2.56 亿元。

2017 年末，累计发放个人住房贷款 2.24 万笔 38.67 亿元，贷款余额 25.61 亿元，同比分别增长 12.00%、21.55%、20.18%。个人住房贷款余额占缴存余额的 82.31%，比上年减少 3.40 个百分点。

受委托办理住房公积金个人住房贷款业务的银行 4 家，比上年增加 0 家。

（四）**资金存储**：2017 年末，住房公积金存款 7.15 亿元。其中，活期 1.98 亿元，1 年以内定期（含）2.25 亿元，1 年以上定期 2.92 亿元，其他（协议、协定、通知存款等）0 亿元。

（五）**资金运用率**：2017 年末，住房公积金个人住房贷款余额、项目贷款余额和购买国债余额的总和占缴存余额的 82.31%，比上年减少 3.40 个百分点。

三、主要财务数据

（一）**业务收入**：2017 年，业务收入 10167.06 万元，同比增长 14.75%。存款利息收入 4459.14 万元，委托贷款利息收入 5688.60 万元，国债利息收入 0 万元，其他收入 19.32 万元。

（二）**业务支出**：2017 年，业务支出 4402.33 万元，同比增长 2.14%。其中，支付职工住房公积金利息 3714.99 万元，归集手续费用支出 0 万元，委托贷款手续费支出 379.74 万元，其他支出 307.60 万元。

（三）**增值收益**：2017 年，增值收益 5764.73 万元，同比增长 26.69%。增值收益率 2.06%，比上年增长 0.11 个百分点。

（四）**增值收益分配**：2017 年，提取贷款风险准备金 3458.84 万元，提取管理费用 1329.34 万元，提取城市廉租房（公共租赁住房）建设补充资金 976.55 万元。

2017 年，上交财政管理费用 1329.34 万元。上缴财政的城市廉租房（公共租赁住房）建设补充资金 1336.79 万元。

2017 年末，贷款风险准备金余额 16759.46 万元。累计提取城市廉租房（公共租赁住房）建设补充资金 5405.34 万元。

（五）**管理费用支出**：2017 年，管理费用支出 1333.38 万元，同比增长 77.40%。其中，人员经费 487.02 万元，公用经费 55.14 万元，专项经费 791.22 万元。

四、资产风险状况

个人住房贷款：2017 年末，个人住房贷款逾期额 13.46 万元，个人住房贷款逾期率 0.053‰。

个人贷款风险准备金按增值收益的 60% 提取。2017 年，提取个人贷款风险准备金 3458.84 万元，使用个人贷款风险准备金核销呆坏账 0 万元，2017 年末，个人贷款风险准备金余额为 16759.46 万元，占个人住房贷款余额的 6.54%，个人贷款逾期额与个人贷款风险准备金余额的比率为 0.08%。

五、社会经济效益

（一）**缴存业务**：2017 年，实缴单位数、实缴职工人数和缴存额同比分别增长 14.26%、1.52%

和24.85%。

缴存单位中，国家机关和事业单位占57.78%，国有企业占14.16%，城镇集体企业占0.45%，外商投资企业占1.09%，城镇私营企业及其他城镇企业占21.61%，民办非企业单位和社会团体占2.27%，其他占2.64%。

缴存职工中，国家机关和事业单位占65.22%，国有企业占17.43%，城镇集体企业占1.06%，外商投资企业占2.92%，城镇私营企业及其他城镇企业占10.98%，民办非企业单位和社会团体占1.96%，其他占0.43%；中、低收入占99.94%，高收入占0.06%。

（二）提取业务：2017年，2.57万名缴存职工提取住房公积金6.06亿元。

提取的金额中，住房消费提取占75.55%（购买、建造、翻建、大修自住住房占32.29%，偿还购房贷款本息占32.90%，租赁住房占6.70%，其他3.66%）；非住房消费提取占24.45%（离休和退休提取占18.44%，完全丧失劳动能力并与单位终止劳动关系提取占2.54%，户口迁出本市或出境定居占2.00%，其他1.47%）。提取职工中，中、低收入占99.98%，高收入占0.02%。

（三）贷款业务：

1. 个人住房贷款：2017年，支持职工购建房37.89万平方米，年末个人住房贷款市场占有率为46.00%，比上年增加5.39个百分点。通过申请住房公积金个人住房贷款，可节约职工购房利息支出12143.64万元。

职工贷款笔数中，购房建筑面积90（含）平方米以下占3.84%，90～144（含）平方米占69.24%，144平方米以上占26.92%。购买新房占88.55%（其中购买保障性住房占2.24%），购买存量商品房占10.14%，建造、翻建、大修自住住房占1.13%，其他占0%。

职工贷款笔数中，单缴存职工申请贷款占64.55%，双缴存职工申请贷款占35.45%，三人及以上缴存职工共同申请贷款占0%。

贷款职工中，30岁（含）以下占32.70%，30岁～40岁（含）占37.98%，40岁～50岁（含）占22.69%，50岁（含）以上占6.63%；首次申请贷款占92.23%，二次及以上申请贷款占7.77%；中、低收入占99.24%，高收入占0.76%。

2. 异地贷款：2017年，发放异地贷款257笔7775.60万元。

截至2017年底，发放异地贷款总额14776.30万元，异地贷款余额13959.77万元。

（四）住房贡献率：2017年，个人住房贷款发放额、公转商贴息贷款发放额、项目贷款发放额、住房消费提取额的总和与当年缴存额的比率为92.96%，比上年减少32个百分点。

六、其他重要事项

（一）机构及职能调整情况、缴存贷款业务金融机构变更情况：2017住房公积金机构及职能没有调整变化。

2017年缴存业务金融机构增加2家，为桂林银行贺州支行、广西贺州桂东农村合作银行。

（二）当年住房公积金政策调整及执行情况：

1. 当年住房公积金政策调整及执行情况：

（1）印发《关于提高住房公积金缴存职工账户保留额度的通知》（贺金管发〔2017〕3号），从2017

年 3 月起，我市享受住房公积金贷款的缴存职工（含配偶）在办理非销户提取时，其账户余额必须保留一年的住房公积金缴存额。

（2）印发《关于进一步规范装修自住住房提取业务的通知》（贺金管发〔2017〕4 号），从 2017 年 3 月起，对办理装修提取住房公积金的业务，除缴存职工提供装修提取所需的材料外，一律到房屋装修现场进行实地核查，经实地核查情况属实的，方可办理提取业务。

（3）印发《委托按月提取住房公积金还贷操作规程（试行）的通知》（贺金管发〔2017〕19 号），市本级、八步区、平桂区委托按月提取住房公积金还贷业务从 2017 年 5 月 1 日起试行，钟山县、富川瑶族自治县、昭平县委托按月提取住房公积金还贷业务从 2017 年 7 月 1 日起试行。

2. **当年缴存基数限额及确定方法**。按照市统计部门公布的 2016 年贺州市辖区内城镇非私营单位在岗职工年平均工资为 62559 元，确定 2017 年贺州市单位和职工个人住房公积金月缴存额上限各为 1877 元，合计为 3754 元。按照贺州市 2017 年职工最低工资标准 1210 元，确定贺州市 2017 年度单位和职工个人住房公积金月缴存额下限各为 61 元，合计为 122 元。

3. **当年缴存比例调整情况**。我市经批准的住房公积金缴存比例为 5％～12％，没有调整。

4. **当年住房公积金存贷款利率调整及执行情况**。职工住房公积金账户存款按结息日挂牌公告的 1 年期定期存款基准利率计息执行。住房公积金贷款基准利率五年以下（含五年）年利率 2.75％，五年以上年利率 3.25％。

5. **当年住房公积金个人住房贷款最高贷款额度调整情况**。2017 年住房公积金个人住房贷款最高贷款额度为 35 万元，没有调整。

（三）当年服务改进情况：

1. **服务设施情况**。2017 年，对中心本级提取、信贷业务大厅，以及八步、平桂、钟山、富川管理部营业大厅的柜台服务功能进行了改善，进一步优化服务环境。

2. **服务手段改进情况**。强化与受托银行的业务合作，从 2017 年 4 月起，受托银行派出 17 名工作人员进驻中心信贷大厅、归集服务大厅和管理部营业大厅承办信贷、归集业务，提供"一条龙"服务，信贷实现一站式办理，全面提高了服务效率。

3. **综合服务平台建设情况**。2017 年，基本建成住房公积金综合服务平台，以推进互联网和移动终端服务为重点，构建了网站、服务热线、短信、自助终端、微信、网上业务大厅、手机 APP 等 7 种服务渠道。

4. **其他网络载体建设服务情况**。2017 年，中心门户网站荣获 2016 年度全区住房城乡建设系统政府网站绩效评估第二名。中心网站共发布信息 253 条，其中：中心动态 132 条，业内动态 236 条，党建新闻 231 条，政策法规 12 条，业务指南 12 条，公告通知 7 条，为广大缴存职工提供了快捷的信息服务。

5. **12329 短信平台建设情况**。2017 年 3 月，顺利开通 12329 短信平台并在全市全面启用。

（四）当年信息化建设情况：2017 年 12 月，成功通过住房城乡建设部"双贯标"验收。

（五）当年住房公积金管理中心及职工所获荣誉情况：2017 年，中心获评 2017 年市直单位档案年检优秀等级，中心党支部被命名为市直机关"共产党员先锋号"，中心工会荣获 2016 年度全区住建系统模范职工之家称号；杨海同志被命名为市直机关"共产党员先锋岗"，李政同志荣获 2016 年度全区住建系统优秀工会工作者称号，邓晓冰同志被评为 2017 年度优秀档案员。

(六）当年对违反《住房公积金管理条例》和相关法规行为进行行政处罚和申请人民法院强制执行情况：2017年，共发出《催建通知书》20份、《催缴通知书》20份，通过催建催缴新增缴存金额217万元；对1家公司申请法院强制执行。

河池市住房公积金2017年年度报告

一、机构概况

（一）**住房公积金管理委员会**：河池住房公积金管理委员会有22名委员，2017年召开1次会议，审议通过的事项主要包括：(1)《2016年全市住房公积金管理工作完成情况和2017年工作计划报告》；(2)《2016年度住房公积金财务预算执行情况和2017年住房公积金财务预算报告》；(3)《河池住房公积金管理中心2016年增值收益分配方案》；(4)《河池住房公积金管理中心2017年住房公积金归集、使用计划的报告》；(5)《河池市住房公积金2016年年度报告》。

（二）**住房公积金管理中心**：河池住房公积金管理中心为隶属于河池市人民政府不以营利为目的的参照公务员管理事业单位，设7个科科室，11个管理部，0个分中心。从业人员90人，其中，在编54人，非在编36人。

二、业务运行情况

（一）**缴存**：2017年，新开户单位134家，实缴单位2968家，与去年同口径相比净增单位78家；新开户职工1.37万人，实缴职工14.52万人，净增职工0.94万人；缴存额21.18亿元，同比增长16.69%。2017年末，缴存总额120.72亿元，同比增长21.28%；缴存余额48.03亿元，同比增长18.56%。

（二）**提取**：2017年，提取额13.66亿元，同比增长0.07%；占当年缴存额的64.49%，比上年减少10.72个百分点。2017年末，提取总额72.69亿元，同比增长23.14%。

（三）**贷款**：

个人住房贷款：个人住房贷款最高额度50万元，其中，单缴存职工最高额度40万元，双缴存职工最高额度50万元。

2017年，发放个人住房贷款0.3717万笔10.22亿元，同比分别下降4.74%、2.85%。

2017年，回收个人住房贷款3.59亿元。

2017年末，累计发放个人住房贷款2.9274万笔57.91亿元，贷款余额40.94亿元，同比分别增长14.54%、21.43%、19.32%。个人住房贷款余额占缴存余额的85.24%，比上年增加0.54个百分点。

受委托办理住房公积金个人住房贷款业务的银行4家，比上年增加0家。

（四）**资金存储**：2017年末，住房公积金存款9.29亿元。其中，活期1.66亿元，1年（含）以下定期6.88亿元，1年以上定期0.75亿元，其他（协定、通知存款等）0亿元。

（五）**资金运用率**：2017年末，住房公积金个人住房贷款余额、项目贷款余额和购买国债余额的总和占缴存余额的 85.24%，比上年增加 0.54 个百分点。

三、主要财务数据

（一）业务收入：2017 年，业务收入 13722.57 万元，同比增长 10.32%。其中，存款利息 1586.72 万元（其中：住房公积金利息收入 1341.34 万元，增值收益利息收入 245.38 万元），委托贷款利息 12134.90 万元，国债利息 0 万元，其他 0.95 万元。

（二）业务支出：2017 年，业务支出 6878.40 万元，同比增长 13.99%。其中，支付职工住房公积金利息 6184.66 万元，归集手续费 3.63 万元，委托贷款手续费 690.11 万元。

（三）增值收益：2017 年，增值收益 6844.17 万元，同比增长 6.86%。增值收益率 1.51%，比上年同期减少 0.15 个百分点。

（四）增值收益分配：2017 年，提取贷款风险准备金 4093.77 万元，提取管理费用 2200.32 万元，提取城市廉租房（公共租赁住房）建设补充资金 550.08 万元。

2017 年，上交财政 2016 年度提取的管理费用 2379.08 万元，上缴财政城市廉租住房（公共租赁住房）建设补充资金 594.77 万元。

2017 年末，贷款风险准备金余额 18711.73 万元。累计提取城市廉租住房（公共租赁住房）建设补充资金 5987.12 万元。

（五）管理费用支出：2017 年，中心市本级及 11 个县（区）管理费用支出 1485.56 万元，同比减少 31.69%。其中，人员经费 521.49 万元，公用经费 98.27 万元，专项经费 865.80 万元。

四、资产风险状况

个人住房贷款：2017 年末，个人住房贷款逾期额 15.91 万元，逾期率 0.0389‰。

个人贷款风险准备金按贷款余额的 1% 提取。2017 年，提取个人贷款风险准备金 4093.77 万元，使用个人贷款风险准备金核销呆坏账 0 万元。2017 年末，个人贷款风险准备金余额 18711.73 万元，占个人住房贷款余额的 4.57%，个人住房贷款逾期额与个人贷款风险准备金余额的比率为 0.085%。

五、社会经济效益

（一）缴存业务：2017 年，实缴单位数、实缴职工人数和缴存额与去年同口径相比分别增长 2.70%、6.92% 和 16.69%。

缴存单位中，国家机关和事业单位占 76.89%，国有企业占 8.93%，城镇集体企业占 0.64%，外商投资企业占 0.13%，城镇私营企业及其他城镇企业占 10.95%，民办非企业单位和社会团体占 1.52%，其他占 0.94%。

缴存职工中，国家机关和事业单位占 72.21%，国有企业占 16.63%，城镇集体企业占 0.12%，外商投资企业占 0.32%，城镇私营企业及其他城镇企业占 9.46%，民办非企业单位和社会团体占 0.36%，其他占 0.90%；中、低收入占 99.41%，高收入占 0.59%。

新开户职工中，国家机关和事业单位占 34.22%，国有企业占 38.01%，城镇集体企业占 0.50%，外商投资企业占 0.68%，城镇私营企业及其他城镇企业占 23.94%，民办非企业单位和社会团体占 0.61%，

其他占2.04%；中、低收入占99.91%，高收入占0.09%。

（二）提取业务：2017年，4.97万名缴存职工提取住房公积金13.66亿元。

提取的金额中，住房消费提取占81.86%（购买、建造、翻建、大修自住住房占38.19%，偿还购房贷款本息占35.28%，租赁住房占5.55%，其他占2.84%）；非住房消费提取占18.14%（离休和退休提取占14.65%，完全丧失劳动能力并与单位终止劳动关系提取占1.16%，户口迁出本市或出境定居占0%，其他占2.33%）。

提取职工中，中、低收入占99.14%，高收入占0.86%。

（三）贷款业务：

1. **个人住房贷款**。2017年，支持职工购建房52.13万平方米，年末个人住房贷款市场占有率为30.18%，比上年同期增加0.41个百分点。通过申请住房公积金个人住房贷款，可节约职工购房利息支出17683.94万元。

职工贷款笔数中，购房建筑面积90（含）平方米以下占9.42%，90~144（含）平方米占69.20%，144平方米以上占21.38%。购买新房占78.26%（其中购买保障性住房占0%），购买存量商品住房占13.24%，建造、翻建、大修自住住房占6.19%，其他占2.31%。

职工贷款笔数中，单缴存职工申请贷款占23.49%，双缴存职工申请贷款占74.90%，三人及以上缴存职工共同申请贷款占1.61%。

贷款职工中，30岁（含）以下占23.57%，30岁~40岁（含）占43.02%，40岁~50岁（含）占24.21%，50岁以上占9.20%；首次申请贷款占95.72%，二次及以上申请贷款占4.28%；中、低收入占99.84%，高收入占0.16%。

2. **异地贷款**。2017年，发放异地贷款321笔8924.80万元。2017年末，发放异地贷款总额15701.30万元，异地贷款余额14711.56万元。

（四）住房贡献率：2017年，个人住房贷款发放额、公转商贴息贷款发放额、项目贷款发放额、住房消费提取额的总和与当年缴存额的比率为101.04%，比上年减少21.05个百分点。

六、其他重要事项

（一）当年住房公积金政策调整及执行情况：

1. **2017年河池市住房公积金缴存基数上限**。根据广西壮族自治区住房制度改革委员会《关于调整住房公积金缴存政策的通知》（桂房改〔2011〕50号）规定，单位和职工住房公积金缴存基数最高不能超过职工工作所在城市统计部门公布的上一年度职工月均工资的3倍，住房公积金缴存比例最高不能超过12%。2017年全市住房公积金月缴存工资基数上限为15315元，单位和个人的住房公积金月缴存额上限各为1838元，合计不能超过3676元。

2. **2017年河池市住房公积金缴存基数下限**。根据广西壮族自治区人民政府《关于调整全区职工最低工资标准的通知》（桂政发〔2015〕13号）和自治区住房制度改革委员会《关于调整住房公积金缴存政策的通知》（桂房改〔2011〕50号）规定，2017年河池市本级和金城江区住房公积金月缴存工资基数下限为1210元，单位和个人的住房公积金月缴存额下限各为61元，合计不能低于122元；宜州市住房公积金月缴存工资基数下限为1085元，单位和个人的住房公积金月缴存额下限各为54元，合计不能低于108元；

其他县为1000元，单位和个人的住房公积金月缴存额下限各为50元，合计不能低于100元。

3. 缴存比例调整情况。2017年，我市住房公积金缴存比例政策没有调整，单位和职工的住房公积金缴存比例最低为5%，最高为12%。

4. 当年提取政策调整情况。2017年3月21日，我中心下发了《关于住房装修提取住房公积金执行现场核验的通知》（河金管〔2017〕16号），对办理装修提取住房公积金业务，除审核按规定装修住房提取应提供的材料外，一律到房屋装修现场进行实地核验，经实地核查装修行为属实的，方可办理提取业务。

2017年5月17日，河池住房公积金管理委员会下发了《转发自治区住房城乡建设厅财政厅中国人民银行南宁中心支行关于适时调整住房公积金政策确保房地产市场平稳健康发展的通知》（河金管委〔2017〕3号），自文件下发之日起暂停办理提取住房公积金用于住房装修和偿还住房装修贷款业务。

5. 当年个人住房贷款最高贷款额度、贷款条件等贷款政策调整情况。2017年9月5日，河池住房公积金管理委员会下发了《关于调整个人住房公积金贷款期限和额度的通知》（河金管委〔2017〕6号），对我市个人住房公积金贷款期限和额度进行调整，具体如下：

（1）个人住房公积金贷款最长期限从原来的22年调整为30年。

（2）借款人有共同申请人且共同申请人正常缴存住房公积金的，贷款最高额度从原来的40万元提高到50万元；借款申请人无共同申请人或共同申请人不缴存住房公积金的，贷款最高额度从原来的32万元提高到40万元。

6. 当年住房公积金存贷款利率执行标准等。2017年，国家没有对个人住房公积金存款、贷款利率进行调整，我中心按照中国人员银行最新公布的住房公积金存款、贷款利率执行，其中：个人住房公积金存款年利率为1.50%；个人住房公积金贷款利率五年以下（含五年）年利率为2.75%，五年以上年利率为3.25%。

（二）当年服务改进情况：

1. 服务网点和服务设施建设情况。2017年9月，按照宜州撤市设区工作的统一安排，我中心宜州管理部从原宜州市行政中心办公楼搬迁到宜州移民局办公楼进行办公。同时，我中心进一步完善宜州管理部的服务设施，增设了视频监控、自助查询终端、办事群众休息桌椅等服务设施，大大改善了宜州管理部的服务环境和服务能力。

2. 综合服务平台建设情况。根据住房城乡建设部《关于加快建设住房公积金综合服务平台的通知》（建金〔2016〕14号）要求，我中心在2017年6月基本完成了住房公积金综合服务平台的建设工作。2017年7月5日，正式开通了住房公积金手机客户端（手机APP）服务，为缴存职工提供工作动态、政策法规等信息查阅服务和住房公积金账户明细、贷款还款明细等个人信息查询服务。9月14日，正式开通了网上服务大厅，实现了单位、个人住房公积金业务的网上办理。目前，我中心已完成住房公积金综合服务平台门户网站、网上业务大厅、自助终端、手机客户端、官方微信等七大服务渠道建设。

（三）当年信息化建设情况：

1. 信息化建设情况。2017年6月，我中心的住房公积金综合服务平台和异地容灾系统建设工作全面完成，推出了手机客户端和网上服务大厅等新的服务渠道，进一步提高了中心的服务水平和服务质量，大大减轻了前台服务压力，为广大缴存单位和缴存职工提供了更方便、快捷的服务；同时，消除了数据安全隐患，保证了信息数据安全，降低了系统运行风险。

2. **基础数据标准贯彻落实和结算应用系统接入情况**。我中心已于2016年4月27日全面完成基础数据标准贯彻落实和结算应用系统接入工作，并通过了住房城乡建设部和自治区住房城乡建设厅的联合验收，是全国第14个、广西第1个通过"双贯标"工作验收的中心。

（四）**当年住房公积金管理中心及职工所获荣誉情况**：2017年，我中心被市政务服务中心评为2017年度第一、第四季度政务服务示范分厅；被河池市妇联评为2016年"河池市三八红旗集体"；被自治区住房和城乡建设厅、自治区财政厅评为2016年度全区住房公积金业务管理工作优秀单位（已连续8年被评为全区住房公积金业务管理工作优秀单位）；获得河池市2016年度绩效考评一等奖。

（五）**当年对违反《住房公积金管理条例》和相关法规行为进行行政处罚和申请人民法院强制执行情况**：

1. 督促华锡集团按照"属地原则"完成移交下属企业五千多名职工1.49亿元住房公积金缴存登记工作，并且完成资金移交工作。
2. 督促河池市金城江区市场开发服务中心为40名聘用职工办理缴存登记。

来宾市住房公积金2017年年度报告

一、机构概况

（一）**住房公积金管理委员会**：住房公积金管理委员会有21名委员，2017年召开1次会议，审议通过的事项主要包括：《来宾市2016年度住房公积金归集、使用计划执行情况的报告》、《市公积金中心2016年度住房公积金财务报告》、《来宾市2016年度住房公积金增值收益分配实施情况》、《来宾市2017年度住房公积金归集及使用计划》、《市住房公积金中心2017年度财务预算收支计划》、《关于柳州银行来宾分行申请开办公积金住房按揭贷款业务的请示》、《关于土地在押的商品房办理公积金贷款业务的请示》、《关于来宾市住房公积金管理中心开展办理授信融资5亿元的请示》、《来宾市住房公积金管理中心关于落实住房公积金廉政风险防控专项检查发现问题整改落实情况的报告》。

（二）**住房公积金管理中心**：住房公积金管理中心为来宾市人民政府不以营利为目的的参公事业单位，设6个科，6个管理部。从业人员74人，其中，在编34人，非在编40人。

二、业务运行情况

（一）**缴存**：2017年，新开户单位167家，实缴单位2310家，与去年同口径相比净增单位325家；新开户职工0.76万人，实缴职工9.2万人，与去年同口径相比净增职工0.4万人；缴存额12.64亿元，同比增长8.3%。2017年末，缴存总额86.02亿元，同比增长17.26%；缴存余额28.49亿元，同比增长8.7%。

受委托办理住房公积金缴存业务的银行24家，比上年减少1家。

（二）**提取**：2017年，提取额10.36亿元，同比增长5.28%；占当年缴存额的81.96%，比上年减少

2.36个百分点。2017年末，提取总额57.53亿元，同比增长21.96%。

（三）贷款：

个人住房贷款：个人住房贷款最高额度30万元，其中，单缴存职工最高额度30万元，双缴存职工最高额度30万元。

2017年，发放个人住房贷款0.24万笔5.91亿元，同比分别下降14.29%、7.08%。

2017年，回收个人住房贷款2.32亿元。

2017年末，累计发放个人住房贷款2.26万笔35.04亿元，贷款余额23.99亿元，同比分别增长11.88%、20.29%、17.60%。个人住房贷款余额占缴存余额的84.20%，比上年增加6.36个百分点。

受委托办理住房公积金个人住房贷款业务的银行19家，比上年增加（减少）0家。

（四）资金存储：2017年末，住房公积金存款4.98亿元。其中，活期1.59亿元，1年（含）以下定期0.7亿元，1年以上定期2.69亿元，其他（协定、通知存款等）0亿元。

（五）资金运用率：2017年末，住房公积金个人住房贷款余额、项目贷款余额和购买国债余额的总和占缴存余额的84.20%，比上年增加6.36个百分点。

三、主要财务数据

（一）业务收入：2017年，业务收入8501.26万元，同比增长12.12%。存款利息1372.90万元，委托贷款利息7123.30万元，国债利息0万元，其他5.06万元。

（二）业务支出：2017年，业务支出4366.70万元，同比增长3.83%。支付职工住房公积金利息3994.91万元，归集手续费0万元，委托贷款手续费355.59万元，其他16.20万元。

（三）增值收益：2017年，增值收益4134.56万元，同比增长22.45%。增值收益率1.52%，比上年增加0.19个百分点。

（四）增值收益分配：2017年，提取贷款风险准备金2398.23万元，提取管理费用1250.54万元，提取城市廉租住房（公共租赁住房）建设补充资金485.79万元。

2017年，上交财政管理费用1258.86万元。上缴财政城市廉租住房（公共租赁住房）建设补充资金26.73万元。

2017年末，贷款风险准备金余额13042.67万元。累计提取城市廉租住房（公共租赁住房）建设补充资金11162.59万元。

（五）管理费用支出：2017年，管理费用支出956.61万元，同比下降8.85%。其中，人员经费502.85万元，公用经费59.38万元，专项经费394.38万元。

四、资产风险状况

个人住房贷款：2017年末，个人住房贷款逾期额75.36万元，逾期率0.314‰。

个人贷款风险准备金按贷款余额的1%提取。2017年，提取个人贷款风险准备金2398.23万元，使用个人贷款风险准备金核销呆坏账0万元。2017年末，个人贷款风险准备金余额13042.67万元，占个人住房贷款余额的5.42%，个人住房贷款逾期额与个人贷款风险准备金余额的比率为0.58%。

五、社会经济效益

（一）**缴存业务**：2017年，实缴单位数、实缴职工人数与去年同口径相比分别同比增长16.37%、4.55%，缴存额同比增长8.3%。

缴存单位中，国家机关和事业单位占75.20%，国有企业占11.99%，城镇集体企业占1.17%，外商投资企业占0.43%，城镇私营企业及其他城镇企业占8.18%，民办非企业单位和社会团体占0.48%，其他占2.55%。

缴存职工中，国家机关和事业单位占64.24%，国有企业占26.34%，城镇集体企业占0.78%，外商投资企业占1.25%，城镇私营企业及其他城镇企业占5.39%，民办非企业单位和社会团体占0.08%，其他占1.92%；中、低收入占99.19%，高收入占0.81%。

新开户职工中，国家机关和事业单位占56.35%，国有企业占15.09%，城镇集体企业占1.48%，外商投资企业占1.61%，城镇私营企业及其他城镇企业占21.65%，民办非企业单位和社会团体占0.05%，其他占3.77%；中、低收入占99.75%，高收入占0.25%。

（二）**提取业务**：2017年，3.29万名缴存职工提取住房公积金10.36亿元。

提取金额中，住房消费提取占80.47%（购买、建造、翻建、大修自住住房占28.34%，偿还购房贷款本息占31.67%，租赁住房占6.76%，其他占13.70%）；非住房消费提取占19.53%（离休和退休提取占13.40%，完全丧失劳动能力并与单位终止劳动关系提取占3.94%，户口迁出本市或出境定居占1.07%，其他占1.12%）。

提取职工中，中、低收入占99.01%，高收入占0.99%。

（三）**贷款业务**：

1. **个人住房贷款**：2017年，支持职工购建房31.48万平方米，年末个人住房贷款市场占有率为32.32%，比上年增加9.27个百分点。通过申请住房公积金个人住房贷款，可节约职工购房利息支出10,679.88万元。

职工贷款笔数中，购房建筑面积90（含）平方米以下占7.61%，90～144（含）平方米占77.38%，144平方米以上占15.01%。购买新房占76.67%（其中购买保障性住房占0%），购买存量商品住房占22.29%，建造、翻建、大修自住住房占0.58%，其他占0.46%。

职工贷款笔数中，单缴存职工申请贷款占29.69%，双缴存职工申请贷款占68.73%，三人及以上缴存职工共同申请贷款1.58%。

贷款职工中，30岁（含）以下占33.35%，30岁～40岁（含）占39.33%，40岁～50岁（含）占22.04%，50岁以上占5.28%；首次申请贷款占95.84%，二次及以上申请贷款占4.16%；中、低收入占99.75%，高收入占0.25%。

2. **异地贷款**：2017年，发放异地贷款396笔9367.10万元。2017年末，发放异地贷款总额20423万元，异地贷款余额19002.26万元。

（四）**住房贡献率**：2017年，个人住房贷款发放额、公转商贴息贷款发放额、项目贷款发放额、住房消费提取额的总和与当年缴存额的比率为112.67%，比上年减少12.48个百分点。

六、其他重要事项

1. 根据住房城乡建设部住房公积金司廉政风险防控专项检查组下发的《关于对广西自治区住房公积金廉政风险防控重点抽查情况反馈意见的函》意见，对我中心在中国农业发展银行来宾分行开立的缴存账户于 11 月销户。

2. 根据来宾市统计局提供的来宾市职工 2016 年度月平均工资确定 2017 年度的最高缴存基数为 1799 元，缴存比例为 5%～12%；根据《中国人民银行南宁中心支行、广西壮族自治区住房城乡建设厅、广西壮族自治区财政厅转发中国人民银行、住房城乡建设部、财政部关于完善职工住房公积金账户存款利率形成机制的通知》（南宁银发〔2016〕40 号）文件精神，2017 年度职工住房公积金账户存款利率调整为统一按一年定期存款基准利率执行。

3. 为提高工作效率，改进服务，我中心驻政务大厅兴宾区管理部窗口配置了一台排队取号机，大大方便了办事群众。忻城县管理部窗口也进驻了县政务大厅，提供了更为有效的服务。为方便职工就近、高效办理住房公积金异地转移业务，我中心于 5 月 18 日成功接入全国住房公积金异地接续平台，在平台上正常办理异地转移业务。12329 短信、微信、手机 APP 于 11 月初上线试运行，职工可以通过微信、手机 APP 对个人的住房公积金缴存和个人贷款情况进行查询。此外，为了进一步强化对外宣传工作，保障住房公积金缴存职工利益，我中心对公积金门户网站在百度"官网"完成认证申报。

4. 我中心于 2017 年 9 月完成监管系统前置端平台建设和数据整理工作，月底经监管系统技术支持工程师确认已成功接入自治区住房公积金监管系统，可正常提供数据。我中心住房公积金管理信息系统贷款子系统程序升级已完成，将能自主发放和管理住房公积金贷款。但各住房公积金贷款业务相关委托银行将自开展住房公积金委托贷款业务以来的数据明细尚未收集齐全。另外，贯彻住房公积金基础数据标准，住房公积金结算数据应用系统接入这两项工作，我中心方面信息系统程序已经基本完成改造，并于 2017 年 12 月底向住房城乡建设部申请测试。

5. 2017 年度，我中心荣获市级文明单位，驻市政务大厅公积金业务窗口多次荣获"红旗窗口"，窗口工作人员多次荣获"服务标兵""服务之星""党员先锋岗"等荣誉称号。

6. 2017 年度，我中心对来宾市不足额、不按时或不缴存住房公积金的单位发出了《限期缴存通知书》，各单位在接到通知书后都能积极进行整改，我中心未申请人民法院强制执行。

崇左市住房公积金 2017 年年度报告

一、机构概况

（一）**住房公积金管理委员会**：崇左市住房公积金管理委员会有 27 名委员，2017 年召开 2 次会议，审议通过的事项主要包括：

1.《崇左市 2016 年住房公积金归集、使用计划执行情况》；

2. 《崇左市 2017 年住房公积金归集、使用计划》；
3. 《崇左市 2016 年住房公积金增值收益分配方案》；
4. 《崇左市住房公积金 2016 年年度报告》；
5. 《崇左市住房公积金 2016 年年度财务报告》；
6. 《关于住房公积金信息管理系统升级改造问题》；
7. 《关于市住房公积金管理中心融资解决资金流动性紧张问题》；
8. 《关于调整崇左市部分住房公积金政策的问题》；
9. 《关于崇左市住房公积金约定提取业务实施细则》。

（二）住房公积金管理中心：住房公积金管理中心为直属市人民政府不以营利为目的的参照公务员管理的事业单位，设 5 个科，6 个管理部。从业人员 62 人，其中，在编 35 人，非在编 27 人。

二、业务运行情况

（一）缴存：2017 年，新开户单位 12 家，实缴单位 2553 家，净增单位 11 家；新开户职工 0.58 万人，实缴职工 9.54 万人，净增职工 832 人；缴存额 11.94 亿元，同比增长 14.48％。2017 年末，缴存总额 74.08 亿元，同比增长 19.21％；缴存余额 27.53 亿元，同比增长 17.35％。

受委托办理住房公积金缴存业务的银行 6 家，比上年增加 0 家。

（二）提取：2017 年，提取额 7.87 亿元，同比下降 11.57％；占当年缴存额的 65.91％，比上年减少 19.50 个百分点。2017 年末，提取总额 46.55 亿元，同比增长 20.35％。

（三）贷款：

个人住房贷款：个人住房贷款最高额度 45 万元，其中，单缴存职工最高额度 45 万元，双缴存职工最高额度 45 万元。

2017 年，发放个人住房贷款 0.27 万笔共 8.66 亿元，同比分别增长 17.80％、32.82％。

2017 年，回收个人住房贷款 2.03 亿元。

2017 年末，累计发放个人住房贷款 2.00 万笔共 36.89 亿元，贷款余额 27.10 亿元，同比分别长 15.83％、30.69％、32.69％。个人住房贷款余额占缴存余额的 98.44％，比上年增加 11.19 个百分点。

受委托办理住房公积金个人住房贷款业务的银行 5 家。

（四）融资：2017 年，融资 1.5 亿元，归还 0 亿元。2017 年末，融资总额 1.5 亿元，融资余额 1.5 亿元。

（五）资金存储：2017 年末，住房公积金存款 2.53 亿元。其中，活期 2.26 亿元，1 年（含）以下定期 0.05 亿元，1 年以上定期 0.22 亿元，其他（协定、通知存款等）0 亿元。

（六）资金运用率：2017 年末，住房公积金个人住房贷款余额、项目贷款余额和购买国债余额的总和占缴存余额的 98.44％，比上年增加 11.19 个百分点。

三、主要财务数据

（一）业务收入：2017 年，业务收入 7131.09 万元，同比增长 24.88％。其中，存款利息-40.58 万元，委托贷款利息 7171.67 万元，国债利息 0 万元，其他 0 万元。

（二）业务支出：2017年，业务支出4116.82万元，同比增长19.70%。其中，支付职工住房公积金利息3719.12万元，归集手续费0万元，委托贷款手续费291.21万元，其他106.49万元。

（三）增值收益：2017年，增值收益3014.27万元，同比增长32.73%。其中，增值收益率1.19%，比上年增加0.19个百分点。

（四）增值收益分配：2017年，提取贷款风险准备金1808.57万元，提取管理费用793万元，提取城市廉租住房（公共租赁住房）建设补充资金412.71万元。

2017年，上交财政管理费用720万元，上缴财政城市廉租住房（公共租赁住房）建设补充资金188.37万元。

2017年末，贷款风险准备金余额17165.26万元。累计提取城市廉租住房（公共租赁住房）建设补充资金5914.01万元。

（五）管理费用支出：2017年，管理费用支出1208.40万元，同比增长55.57%。其中，人员经费447.70万元，公用经费49.16万元，专项经费711.54万元。

四、资产风险状况

个人住房贷款：2017年末，个人住房贷款逾期额39.45万元，逾期率0.15‰。

个人贷款风险准备金按增值收益的60%提取。2017年，提取个人贷款风险准备金1,808.57万元，使用个人贷款风险准备金核销呆坏账0万元。2017年末，个人贷款风险准备金余额17,165.26万元，占个人住房贷款余额的6.33%，个人住房贷款逾期额与个人贷款风险准备金余额的比率为0.23%。

五、社会经济效益

（一）缴存业务：2017年，实缴单位数、实缴职工人数和缴存额同比分别增长1.23%、0.85%和14.48%。

缴存单位中，国家机关和事业单位占47.94%，国有企业占15.79%，城镇集体企业占6.78%，外商投资企业占9.01%，城镇私营企业及其他城镇企业占3.37%，民办非企业单位和社会团体占15.75%，其他占1.37%。

缴存职工中，国家机关和事业单位占67.07%，国有企业占17.67%，城镇集体企业占3.64%，外商投资企业占5.01%，城镇私营企业及其他城镇企业占5.82%，民办非企业单位和社会团体占0.4%，其他占0.39%；中、低收入占98.80%，高收入占1.20%。

新开户职工中，国家机关和事业单位占64.56%，国有企业占20.14%，城镇集体企业占6.66%，外商投资企业占7.01%，城镇私营企业及其他城镇企业占1.28%，民办非企业单位和社会团体占0.35%，其他占0%；中、低收入占98.39%，高收入占1.61%。

（二）提取业务：2017年，3.39万名缴存职工提取住房公积金7.87亿元。

提取金额中，住房消费提取占79.18%（购买、建造、翻建、大修自住住房占29.83%，偿还购房贷款本息占39.16%，租赁住房占8.69%，其他占3.50%）；非住房消费提取占20.82%（离休和退休提取占14.70%，完全丧失劳动能力并与单位终止劳动关系提取占0%，户口迁出本市或出境定居占0%，其他占6.12%）。

提取职工中，中、低收入占 97.35%，高收入占 2.65%。

(三) 贷款业务：

1. **个人住房贷款**：2017 年，支持职工购建房 49.29 万平方米，年末个人住房贷款市场占有率为 23.81%，比上年增加 1.76 个百分点。通过申请住房公积金个人住房贷款，可节约职工购房利息支出 17,932.45 万元。

职工贷款笔数中，购房建筑面积 90（含）平方米以下占 14.05%，90～144（含）平方米占 78.25%，144 平方米以上占 7.7%。购买新房占 80.40%（其中购买保障性住房占 0%），购买存量商品住房占 19.60%，建造、翻建、大修自住住房占 0%，其他占 0%。

职工贷款笔数中，单缴存职工申请贷款占 29.74%，双缴存职工申请贷款占 70.26%，三人及以上缴存职工共同申请贷款占 0%。

贷款职工中，30 岁（含）以下占 31.31%，30 岁～40 岁（含）占 50.04%，40 岁～50 岁（含）占 13.65%，50 岁以上占 5%；首次申请贷款占 65%，二次及以上申请贷款占 35%；中、低收入占 96.53%，高收入占 3.47%。

2. **异地贷款**：2017 年，发放异地贷款 253 笔 8,061.40 万元。2017 年末，发放异地贷款总额 10,921.70 万元，异地贷款余额 10,520.92 万元。

(四) **住房贡献率**：2017 年，个人住房贷款发放额、公转商贴息贷款发放额、项目贷款发放额、住房消费提取额的总和与当年缴存额的比率为 124.71%，比上年减少 8.29 个百分点。

六、其他重要事项

(一) 当年住房公积金政策调整及执行情况：

1. **确定缴存上、下限额**：根据《广西壮族自治区住房制度改革委员会关于调整住房公积金比例的通知》（桂房改〔2011〕50 号）的规定，最高缴存基数不应超过当地统计部门公布的上年度职工平均工资的 3 倍，最低缴存基数不得低于上年度当地人社部门公布的月最低工资标准。按照崇左市统计部门公布的 2016 年崇左市城镇单位在岗职工年平均工资为 63945 元，2016 年当地人社部门公布的月最低工资标准为 1210 元，确定 2016 年我市住房公积金月缴存基数上限是 15986 元（63945/12×3＝15986），月缴存基数下限是 1210 元，缴存比例未进行调整，最高缴存比例 12%，最低缴存比例 5%。按照缴存基数和缴存比例计算，我市 2017 年住房公积金的个人部分和单位部分月缴存额上限各为 1918 元（15986×12%＝1918，合计 3836 元；个人部分和单位部分月缴存额下限各为 60 元（1210×5%＝60），合计 120 元。

2. **政策调整**：根据《自治区住房城乡建设厅、财政厅和中国人行银行南宁中心支行关于适时调整住房公积金政策确保房地产市场平稳健康发展的通知》（桂建金管〔2017〕17 号）的规定，对住房公积金个人住房贷款率超过 85% 的，可以暂停装修提取；超过 90% 的，可以适当收紧贷款条件。我市的住房公积金政策作出以下调整：一是住房公积金装修提取政策暂停一年，自 2017 年 7 月 1 日起调整；二是在南宁市购房的最高贷款额度由 55 万元调整为 40 万元，在崇左市购房的最高贷款额度与上年一样，仍是 45 万元。

3. **当年住房公积金存贷款利率执行标准**：2017 年，应付给职工的住房公积金利率（当年缴存和上年结转）仍是 1.5%；住房公积金 5 年（含）以下贷款年利率 2.75%，5 年以上贷款年利率 3.25%。

(二)当年服务改进情况：2017年，我中心以政务公开活动、上门为企业服务方式宣传住房公积金政策，同时通过网站、手机APP、微信公众号等服务手段进一步扩大宣传公积金信息。2017年12月我中心新增个人自助查询终端，正在进行调试，预计2018年3月启用。2017年我中心已开通12329热线、12329短信、网站、手机APP、微信公众号、自助终端等综合服务平台渠道，微博和网厅服务渠道暂未开通。

(三)当年信息化建设情况：经过市住房公积金管理委员会批准，我中心投入418.36万元对旧住房公积金信息系统进行升级改造，并于2017年12月18日正式启用新的业务系统，同时开始银行结算数据应用系统接入和基础数据标准贯标验收工作。目前，工商银行、农业银行、建设银行、中国银行以及北部湾银行5家银行已接入住房城乡建设部联网结算系统并正常运行。广西崇左桂南农村商业银行因未完成签订住房城乡建设部联网结算协议，暂时未能及时上线。

(四)其他需要披露的情况：

1. **灵活采取融资措施，有效化解流动性风险**：2017年来，针对全市公积金住房贷款规模加速发展现状，我中心审时度势，准确分析和研判全市房产市场形势和资金运行状况，加强风险科学管控，将融资作为一项重点保障措施全力推进。在对暂停装修提取、降低购买南宁住房申请公积金贷款额度政策的基础上，积极争取金融机构信贷支持，采取商业授信融资方式，灵活运用融资手段，有效缓解资金流动性紧张问题。1～12月，我中心通过在商业银行以授信融资方式，完成期限为1年的融资资金1.5亿元，满足了广大职工购房贷款需求，降低流动性风险，确保资金安全运行。

2. **夯实内部管理，提高风险防控能力和管理水平**：2017年来，中心始终将防范风险工作作为第一要务，健全完善内控管理机制，夯实内控管理基础，全面提高风险防御能力。一是持续实施法律顾问制度。坚持聘请专业法律顾问参与涉法事务、提供决策咨询意见，为资金安全运行提供有力保障。年内，大腾律师事务所依法推进贷款逾期催收工作，20多名逾期户全部履行还款，参与审查法律文书、合同等30余件次，提供各种决策意见建议及法律咨询60多次，各项工作推进有序。二是加强信贷管理，确保资金运行安全。加大清收逾期贷款收缴力度，通过电话、上门家访、面谈和寄发《逾期贷款催收通知书》等方式告知借款人及其担保人，按合同约定履行还款义务，督促借款人尽快还款。年内，以电话等方式催收600多人次，寄发《逾期贷款催收通知书》57份，通过法院强制执行逾期扣款34.58万元，确保了资金运行安全。

2017 全国住房公积金年度报告汇编

海南省

海南省住房公积金2017年年度报告

一、机构概况

（一）住房公积金管理机构：全省共设1个住房公积金管理局，没有独立设置的分中心。有从业人员263人，其中，在编223人，非在编40人。

（二）住房公积金监管机构：省住房城乡建设厅、财政厅、人民银行海口中心支行和中国银监会海南监管局负责对本省住房公积金管理运行情况进行监督。省住房城乡建设厅设立住房公积金监管处，负责辖区住房公积金日常监管工作。

二、业务运行情况

（一）缴存：2017年，新开户单位4406家，实缴单位23615家，净增单位2311家；新开户职工14.99万人，实缴职工99.58万人，实缴职工减少1.31万人；缴存额110.83亿元，同比增长7.50%。2017年末，缴存总额704.91亿元，同比增长18.65%；缴存余额339.40亿元，同比增长8.70%。

（二）提取：2017年，提取额83.65亿元，同比增长29.99%；占当年缴存额的75.48%，比上年增加13个百分点。2017年末，提取总额365.52亿元，同比增长29.68%。

（三）贷款：

1. 个人住房贷款：2017年，发放个人住房贷款1.90万笔79.53亿元，同比下降3.60%、增长6.57%。回收个人住房贷款25.97亿元。

2017年末，累计发放个人住房贷款15.13万笔403.29亿元，贷款余额304.85亿元，同比分别增长14.38%、24.57%、21.31%。个人住房贷款余额占缴存余额的89.82%，比上年增加9.34个百分点。

2. 住房公积金支持保障性住房建设项目贷款：2017年，未发放支持保障性住房建设项目贷款。我省项目贷款已全部回收结清。

（四）购买国债：2017年，未购买（记账式、凭证式）国债。无当年（兑付、转让、收回）国债，无国债余额。

（五）融资：2017年，当年未融资，无当年归还。截至2017年底，无融资总额，无融资余额。

（六）资金存储：2017年末，住房公积金存款47.64亿元。其中，活期0.20亿元，1年（含）以下定期17.85亿元，1年以上定期15.56亿元，其他（协定、通知存款等）14.03亿元。

（七）资金运用率：2017年末，住房公积金个人住房贷款余额、项目贷款余额和购买国债余额的总和占缴存余额的89.82%，比上年增加9.34个百分点。

三、主要财务数据

（一）业务收入：2017年，业务收入103471.90万元，同比增长2.08%。其中，存款利息15727.82万元，委托贷款利息86746.98万元，无国债利息收入，其他997.10万元。

（二）业务支出：2017年，业务支出52109.71万元，同比增长11.85%。其中，支付职工住房公积金利息48140.94万元，归集手续费645.77万元，委托贷款手续费2214.84万元，其他1108.16万元。

（三）增值收益：2017年，增值收益51362.19万元，同比下降6.23%；增值收益率1.60%，比上年减少0.25个百分点。

（四）增值收益分配：2017年，提取贷款风险准备金30817.31万元，提取管理费用6317.83万元，提取城市廉租住房建设补充资金14227.05万元。

2017年，上交财政管理费用6192.30万元，上缴财政城市廉租住房建设补充资金20192.12万元。

2017年末，贷款风险准备金余额119564.21万元，自2011年起累计提取城市廉租房建设补充资金100998.90万元。

（五）管理费用支出：2017年，管理费用支出6110.49万元，同比下降0.76%。其中，人员经费3136.96万元，公用经费408.76万元，专项经费2564.77万元。

四、资产风险状况

（一）个人住房贷款：2017年末，个人住房贷款逾期额197.60万元，逾期率0.065‰。

2017年，提取个人贷款风险准备金30817.31万元，未使用个人贷款风险准备金核销呆坏账。2017年末，个人贷款风险准备金余额118768.21万元，占个人贷款余额的3.90%，个人贷款逾期额与个人贷款风险准备金余额的比率为0.17%。

（二）住房公积金支持保障性住房建设项目贷款：截至2017年底，无逾期项目贷款。

2017年末，未使用项目贷款风险准备金核销，项目贷款风险准备金余额796.00万元。

（三）历史遗留风险资产：2017年末，无历史遗留风险资产。

五、社会经济效益

（一）缴存业务：2017年，实缴单位数、实缴职工人数和缴存额增长率分别为10.74%、-1.30%和7.50%。

缴存单位中，国家机关和事业单位占31.28%，国有企业占6.75%，城镇集体企业占1.82%，外商投资企业占0.85%，城镇私营企业及其他城镇企业占52.18%，民办非企业单位和社会团体占6.10%，其他占1.02%。

缴存职工中，国家机关和事业单位占45.33%，国有企业占14.23%，城镇集体企业占1.65%，外商投资企业占1.91%，城镇私营企业及其他城镇企业占33.06%，民办非企业单位和社会团体占3.11%，其他占0.71%；中、低收入占97.49%，高收入占2.51%。

新开户职工中，国家机关和事业单位占30.57%，国有企业占9.15%，城镇集体企业占1.18%，外商投资企业占1.85%，城镇私营企业及其他城镇企业占50.44%，民办非企业单位和社会团体占5.05%，其他占1.76%；中、低收入占99.56%，高收入占0.44%。

（二）提取业务：2017年，57.90万名缴存职工提取住房公积金83.65亿元。

提取金额中，住房消费提取占77.26%（购买、建造、翻建、大修自住住房占41.81%，偿还购房贷款本息占32.70%，租赁住房占15.71%，其他占9.78%）；非住房消费提取占22.74%（离休和退休提取占 63.81%，完全丧失劳动能力并与单位终止劳动关系提取占 0.006%，户口迁出所在市或出境定居占 0.81%，其他占 35.37%）。

提取职工中，中、低收入占 93.63%，高收入占 6.37%。

（三）**贷款业务**：

1. **个人住房贷款**：2017 年，支持职工购建房 194.44 万平方米。年末个人住房贷款市场占有率为 11.96%，比上年同期减少 12.40 个百分点。通过申请住房公积金个人住房贷款，可节约职工购房利息支出 26.80 亿元。

职工贷款笔数中，购房建筑面积 90（含）平方米以下占 39.91%，90～144（含）平方米占 54.40%，144 平方米以上占 5.69%。购买新房占 93.47%（其中购买保障性住房占 14.58%），购买存量商品房占 6.26%，建造、翻建、大修自住住房占 0.27%，无其他占比。

职工贷款笔数中，单缴存职工申请贷款占 29.87%，双缴存职工申请贷款占 68.98%，三人及以上缴存职工共同申请贷款占 1.15%。

贷款职工中，30 岁（含）以下占 33.74%，30 岁～40 岁（含）占 37.62%，40 岁～50 岁（含）占 21.31%，50 岁以上占 7.33%；首次申请贷款占 95.35%，二次及以上申请贷款占 4.65%；中、低收入占 91.73%，高收入占 8.27%。

2. **异地贷款**：2017 年，发放异地贷款 267 笔 10422.30 万元。2017 年末，发放异地贷款总额 1.93 亿元，异地贷款余额 1.59 亿元。

3. **公转商贴息贷款**：无。

4. **住房公积金支持保障性住房建设项目贷款**：无。

（四）**住房贡献率**：2017 年，个人住房贷款发放额、公转商贴息贷款发放额、项目贷款发放额、住房消费提取额的总和与当年缴存额的比率为 126.05%，比上年增加 6.50 个百分点。

六、其他重要事项

（一）**当年住房公积金政策调整情况**：为贯彻落实住房城乡建设部 2017 年在全国住房公积金监管工作会议"要管控好资金流动风险，规范提取，大病、上学、装修等以及各地为用足用好住房公积金而出台的政策要调整，要突出以贷款为主提取为辅，首套为主改善为辅"的精神，体现住房公积金支持缴存职工解决基本住房需求的政策宗旨，下发《关于进一步规范和加强住房公积金提取业务管理工作的通知》（琼公积金归〔2017〕50 号），取消重大疾病及支付学费提取住房公积金的规定；根据《海南省人民政府关于废止一批省政府文件的决定》（琼府〔2017〕90 号）及海南住房公积金管理委员会会议纪要（第十三期）的文件要求，停止执行住房装修提取政策；为方便职工偿还住房公积金贷款，简化贷款流程，出台《住房公积金对冲还贷暂行规定》，推行对冲还贷业务；为进一步保障职工基本需求，配合我省房地产市场调控，印发《关于暂停个人商业性住房按揭贷款转住房公积金贷款的通知》（琼公积金贷〔2017〕182 号），暂停"商转公"政策。

（二）**当年开展专项监督检查情况**：为确保党风廉政建设责任制各项规定有效落实，进一步加强住房公积金管理，我局结合住房公积金"互联网＋"信息系统及业务管理模式转变的实际，对原《海南省住房公积金管理局直属管理局考核暂行办法》（琼公积金法〔2016〕90 号）进行修订，于 2017 年 11 月 7 日印发,并在 2017 年 12 月 11 日至 20 日组织开展直属局年度考核工作,对党风廉政建设、制度执行、业务工作、文明服务等情况进行现场检查评分;全年完成定安、琼海、澄迈、乐东和昌江 5 个直属局的内部审计工作,规范财务、缴存、提取、贷款等业务行为,筑牢廉政风险防线。

(三)当年服务改进情况:我局以 5 月 8 日上线的住房公积金"互联网+"信息系统为支撑,重点推进十一项业务管理综合改革,建立住房公积金自主核算体系,实行资金账户核算集中统一管理,制定资金调度管理规定;调整委贷模式,推行对冲还贷业务,方便职工还贷,降低逾期风险,实施半年来,全省已有 4.3 万名贷款职工使用对冲还贷业务偿还本息,占全省贷款职工 3 成;建立一人一户账户体系,职工省内调动或单位变更归集行不再需要迁户和并账;全面推行收支电子结算,率先推行全业务档案电子化,实现档案科学保管和有效利用,避免办事群众反复提供纸质档案材料来回跑;建成全业务网络化办理,集网厅、手机 APP、微信、短信、热线电话、门户网站、自助终端机、柜面八大平台于一体,为缴存单位和职工提供多元化服务渠道;继续推动业务简化材料优化流程,进一步减少了审批层级和工作环节,除需要查核的业务外,提取、汇缴、变更、转移等业务由原来规定的 3 个工作日内提速为即日办结,贷款审批速度由原来的 10 个工作日提速为 3 个工作日办结、放款速度由原来的 5 个工作日提速为即日办结;实现住房公积金 56%的业务"不见面审批",梳理规范各业务办理 43 个事项,进一步简化办理流程,优化审批程序,提高管理效能。

(四)当年信息化建设情况:我局住房公积金"互联网+"信息系统于 2017 年 5 月上线运行,部署有柜面、网厅、APP、微信、热线、短信、门户网站、自助终端机共 8 个业务办理和咨询渠道,整个信息系统依托我省统一建设的"电子政务云平台"进行部署,满足住房城乡建设部最新提出的一系列技术规范和监管要求。2017 年 8 月,我局信息系统以 115.50 分(满分 120 分)高分通过住房城乡建设部组织的"双贯标"验收。

2017 全国住房公积金年度报告汇编

重庆市

重庆市住房公积金2017年年度报告

一、机构概况

（一）**住房公积金管理委员会**：住房公积金管理委员会有38名委员，2017年召开1次全体会议，审议通过了《关于调整住房公积金管委会委员的请示》、《2016年度住房公积金管理工作情况报告》、《重庆市审计局关于2013~2015年度住房公积金审计及整改情况报告》、《住房公积金廉政风险防控重点抽查整改工作情况报告》、《2016年度住房公积金缴存使用计划执行情况及2017年度缴存使用计划》、《重庆市住房公积金2016年年度报告》、《重庆市住房公积金管理委员会关于住房公积金贷款政策有关问题的通知》。

（二）**市住房公积金管理中心**：市住房公积金管理中心为隶属于重庆市国土资源和房屋管理局的不以营利为目的的公益性事业单位。中心设10个处室，4个主城办事处，31个分中心。从业人员569人，其中，在编326人，非在编243人。

二、业务运行情况

（一）**缴存**：2017年，新开户单位4025家，实缴单位32095家，净增单位1773家；新开户职工30.20万人，实缴职工246.40万人，净增职工8.69万人；缴存额337.68亿元，同比增长9.03%。2017年末，缴存总额2103.34亿元，同比增长19.12%；缴存余额893.12亿元，同比增长13.46%。

受委托办理住房公积金缴存业务的银行5家，相比上年无增减。

（二）**提取**：2017年，提取额231.75亿元，同比增长21.73%；占当年缴存额的68.63%，比上年增加7.16个百分点。2017年末，提取总额1210.22亿元，同比增长23.68%。

（三）**贷款**：

1. **个人住房贷款**：个人住房贷款最高额度60万元，其中，单缴存职工最高额度40万元，双缴存职工最高额度60万元。

2017年，发放个人住房贷款7.95万笔283.54亿元（其中，自有资金发放个人住房贷款5.82万笔203.95亿元，利用银行资金发放住房公积金贴息贷款2.13万笔79.59亿元），同比分别下降1.36%、增长3.86%。

2017年，回收个人住房贷款84.99亿元。

2017年末，累计发放个人住房贷款54.34万笔1432.72亿元（其中，自有资金累计发放个人住房贷款48.78万笔1240.39亿元，利用银行资金累计发放住房公积金贴息贷款5.56万笔192.33亿元），贷款余额1047.84亿元（其中，自有资金贷款余额871.70亿元，住房公积金贴息贷款余额176.14亿元），同比分别增长17.14%、24.67%、21.93%。个人住房贷款余额占缴存余额的97.60%，比上年增加1.98个百分点。

受委托办理住房公积金个人住房贷款业务的银行16家，相比上年减少1家。

2. **住房公积金支持保障性住房建设项目贷款**：2017年，未发放、回收保障性住房建设项目贷款。

2017 年末，累计发放项目贷款 30 亿元，无项目贷款余额。

（四）**购买国债**：2017 年，未购买国债。2017 年末，无国债余额。

（五）**融资**：2017 年，融资 20 亿元，无融资归还。2017 年末，融资总额 33.46 亿元，融资余额 20 亿元。

（六）**资金存储**：2017 年末，住房公积金存款 41.42 亿元。其中，活期存款 0.02 亿元，协定存款 41.40 亿元。

（七）**资金运用率**：2017 年末，住房公积金个人住房贷款余额、项目贷款余额和购买国债余额的总和占缴存余额的 97.60%，比上年增加 1.98 个百分点。

三、主要财务数据

（一）**业务收入**：2017 年，业务收入 277190.79 万元，同比增长 15.77%。存款利息 13892.35 万元，委托贷款利息 263272.85 万元，其他 25.59 万元。

（二）**业务支出**：2017 年，业务支出 164924.83 万元，同比增长 9.57%。支付职工住房公积金利息 147600.19 万元，归集手续费 1861.92 万元，委托贷款手续费 15462.72 万元。

（三）**增值收益**：2017 年，增值收益 112265.96 万元，同比增长 26.26%。增值收益率 1.33%，比上年增加 0.11 个百分点。

（四）**增值收益分配**：2017 年，提取贷款风险准备金 11925.75 万元，提取管理费用 27028.00 万元，提取城市廉租住房建设补充资金 73312.21 万元。

2017 年，上交财政管理费用 29773.61 万元（清缴 2016 年度增值收益分配的管理费用 4773.61 万元；预交 2017 年增值收益分配的管理费用 25000 万元）。上缴财政的城市廉租建设补充资金 43803.43 万元（其中，清缴 2016 年度增值收益分配的廉租房建设补充资金 3803.43 万元，预缴 2017 年增值收益分配的廉租房建设补充资金 40000 万元）。

2017 年末，贷款风险准备金余额 296870.22 万元。累计提取城市廉租住房建设补充资金 411807.70 万元。

（五）**管理费用支出**：2017 年，管理费用支出 17145.32 万元，同比下降 16.79%。其中，人员经费 5015.40 万元，公用经费 2348.29 万元，专项经费 9781.63 万元。

四、资产风险状况

（一）**个人住房贷款**：2017 年末，个人住房贷款逾期额 2189.43 万元，逾期率 0.25‰。

个人贷款风险准备金按贷款余额的 1% 提取。2017 年，提取个人贷款风险准备金 11925.75 万元，当年无个人贷款核销。2017 年末，个人贷款风险准备金余额 296870.22 万元，占个人住房贷款余额的 3.41%，个人住房贷款逾期额与个人贷款风险准备金余额的比率为 0.74%。

（二）**支持保障性住房建设试点项目贷款**：2017 年末，项目贷款已全部回收，无逾期，无核销，贷款风险准备金为 0。

（三）**历史遗留风险资产**：2017 年末，无历史遗留风险资产。

五、社会经济效益

(一) 缴存业务：2017年，实缴单位数、实缴职工人数和缴存额同比分别增长5.85%、3.66%和9.03%。

缴存单位中，国家机关和事业单位占39.63%，国有企业占13.88%，城镇集体企业占1.59%，外商投资企业占5.65%，城镇私营企业及其他城镇企业占32.15%，民办非企业单位和社会团体占1.94%，其他占5.16%。

缴存职工中，国家机关和事业单位占32.02%，国有企业占24.16%，城镇集体企业占0.83%，外商投资企业占4.88%，城镇私营企业及其他城镇企业占28.44%，民办非企业单位和社会团体占1.16%，其他占8.51%；中、低收入占99.78%，高收入占0.22%。

新开户职工中，国家机关和事业单位占12.70%，国有企业占14.32%，城镇集体企业占1.11%，外商投资企业占7.00%，城镇私营企业及其他城镇企业占60.85%，民办非企业单位和社会团体占1.48%，其他占2.54%；中、低收入占99.96%，高收入占0.04%。

(二) 提取业务：2017年，72.82万名缴存职工提取住房公积金231.75亿元。

提取金额中，住房消费提取占78.62%（购买、建造、翻建、大修自住住房占8.17%，偿还购房贷款本息占69.79%，租赁住房占0.66%）；非住房消费提取占21.38%（离休和退休提取占12.29%，完全丧失劳动能力并与单位终止劳动关系提取占2.12%，户口迁出本市或出境定居占0.29%，其他占6.68%）。

提取职工中，中、低收入占99.58%，高收入占0.42%。

(三) 贷款业务：

1. 个人住房贷款：2017年，支持职工购建房836.19万平方米（其中，住房公积金自有资金贷款支持职工购建房596.43万平方米，贴息贷款支持职工购建房239.76万平方米），年末个人住房贷款市场占有率为13.47%（其中，住房公积金自有资金市场占有率为11.20%，贴息贷款市场占有率为2.27%），比上年增加0.27个百分点。通过申请住房公积金个人住房贷款，可节约职工购房利息支出65亿元（其中，住房公积金自有资金个贷节约46亿元，贴息贷款节约19亿元）。

职工贷款笔数中，购房建筑面积90（含）平方米以下占37.76%，90~144（含）平方米占57.39%，144平方米以上占4.85%。购买新房占88.85%（其中购买保障性住房占1.03%），购买存量商品住房占11.15%。

职工贷款笔数中，单缴存职工申请贷款占86.84%，双缴存职工申请贷款占13.16%。

贷款职工中，30岁（含）以下占42.92%，30岁~40岁（含）占31.53%，40岁~50岁（含）占20.40%，50岁以上占5.15%；首次申请贷款占94.77%，二次及以上申请贷款占5.23%；中、低收入占99.88%，高收入占0.12%。

2. 异地贷款：2017年，发放异地贷款3368笔130969.30万元。2017年末，发放异地贷款总额286391.60万元，异地贷款余额243901.73万元。

3. 公转商贴息贷款：2017年，发放公转商贴息贷款21300笔795882.51万元，支持职工购建住房面积239.76万平方米，当年贴息额20403.90万元。2017年末，累计发放公转商贴息贷款55607笔1923343.23万元，累计贴息39492.81万元。

4. 支持保障性住房建设试点项目贷款：2017年末，累计试点项目4个，贷款额度30亿元，建筑面积459万平方米，可解决7.4万户中低收入职工家庭的住房问题。4个试点项目贷款资金已发放并还清贷款本息。

（四）住房贡献率：2017年，个人住房贷款发放额、公转商贴息贷款发放额、项目贷款发放额、住房消费提取额的总和与当年缴存额的比率为137.92%，比上年增加2.49个百分点。

六、其他重要事项

（一）当年住房公积金政策调整情况：

1. 当年缴存基数限额及确定方法调整情况：2017年度月缴存基数上限不超过市统计局2017年公布的2016年度城镇非私营单位在岗职工平均月工资3倍，月缴存基数下限不得低于重庆市人力资源和社会保障局公布的我市现行最低工资标准。

2. 当年住房公积金贷款政策调整情况：2017年5月9日起市住房公积金管理中心在主城区实施暂停受理二套房及以上住房公积金贷款，优先保障职工家庭首套住房公积金贷款需求。

3. 当年住房公积金存贷款利率执行标准：根据《中国人民银行关于下调金融机构人民币贷款和存款基准利率并进一步推进利率市场化改革的通知》（银发〔2015〕325号）规定，本年个人住房公积金贷款利率，五年以下（含五年）为2.75%，5年以上利率为3.25%。根据《中国人民银行、住房城乡建设部、财政部关于完善职工住房公积金账户存款利率形成机制的通知》（银发〔2016〕43号）规定，本年职工住房公积金账户存款利率，按一年期定期存款基准利率即1.5%执行。

（二）当年服务改进情况：市住房公积金管理中心以"缴存人满意"为目标，利用互联网、大数据等技术，多角度持续改进和完善服务。一是优化业务流程。定期分析研究群众咨询、反映较多问题，不断精简优化业务流程；率先使用全国住房公积金异地转移接续平台，职工住房公积金异地转移实现"账随人走，钱随账走"，全年办理异地转移业务6681笔，其中转出2013笔，转入4668笔。二是建立数据共享平台。建立与市民政局、人社局、公安局等多个政务部门和受托银行的数据共享和联网协查平台，提高审核服务效率。三是进一步丰富和拓展综合服务平台建设。12329热线咨询更畅通，实现业务数据时时查询等多个功能；12329短信实时主动推送缴存、提取、贷款信息等，信息服务更加及时；微信公众号实现政策宣传、信息查询等多项服务功能，截至2017年底有26万人关注微信公众号。四是多方式开展服务监督。常态化开展了服务考核、服务巡查、服务满意度调查、服务暗访等系列服务监督检查工作，并配合推行一线岗位津贴考核，通报批评、扣发绩效等措施从严整治各类慵懒散慢拖瞒行为，有效改进服务作风。五是开展服务明星、标兵和示范窗口评选表彰活动，提升榜样带动作用；开展服务礼仪和业务技能比赛，营造了"练技能、强业务、促服务"的服务氛围。

（三）当年信息化建设情况：市住房公积金管理中心以提高信息化综合服务和安全管理水平为工作导向，稳步推进新一代信息系统建设，保障现有系统平稳运行。一是高标准完成新系统需求分析和系统设计工作，首次引入云计算、大数据、人工智能等先进技术，以科技创新引领住房公积金管理、服务水平的全面提升。二是对现有系统进行全面持续的性能调优，系统运行状态和效率得到明显改善。三是深化信息共享协查工作，加大协查范围，简化个人业务办理手续；完成黑名单系统建设，实现住房公积金诚信黑名单管理；及时调整贷款审核程序，支撑了关于优先保障职工家庭首套住房公积金贷款需求的政策调整。四是组织信息安全专项检查和应急演练，强化信息安全意识，提高应急处置能力。

（四）当年市住房公积金管理中心及职工所获荣誉情况： 2017年市住房公积金管理中心获国家级"巾帼文明岗"2个、重庆市"巾帼文明岗"8个、重庆市"青年文明号"2个、重庆市"工人先锋号"1个、重庆市"三八红旗集体"1个、重庆市"三八红旗单位"1个、重庆市"卫生单位"1个、重庆市"巾帼建功标兵"4人，区（县）级"文明单位"2个、区（县）级先进集体16个、先进个人2人。

（五）当年对违反《住房公积金管理条例》和相关法规行为进行行政处罚和申请人民法院强制执行情况： 2017年市住房公积金管理中心共受理违反《住房公积金管理条例》和相关法规行为的案件409件，其中，立案前处理整改364件，立案查处45件，均已纠正违法行为。

2017 全国住房公积金年度报告汇编

四川省

成都市	眉山市
自贡市	宜宾市
攀枝花市	广安市
泸州市	达州市
德阳市	雅安市
绵阳市	巴中市
广元市	资阳市
遂宁市	阿坝州
内江市	甘孜藏族自治州
乐山市	凉山州
南充市	

四川省住房公积金 2017 年年度报告

一、机构概况

（一）住房公积金管理机构：全省共设 21 个设区城市住房公积金管理中心，3 个独立设置的分中心（其中，四川省省级住房公积金管理中心隶属省机关事务管理局，四川石油管理局住房公积金管理中心隶属四川石油管理局，中国工程物理研究院住房公积金管理中心隶属中国工程物理研究院）。从业人员 2316 人，其中，在编 1321 人，非在编 995 人。

（二）住房公积金监管机构：省住房城乡建设厅、财政厅和人民银行成都分行负责对本省住房公积金管理运行情况进行监督。省住房城乡建设厅设立住房公积金监管处，负责辖区住房公积金日常监管工作。

二、业务运行情况

（一）缴存：2017 年，新开户单位 13932 家，实缴单位 103677 家，净增单位 8256 家；新开户职工 79.32 万人，实缴职工 598.08 万人，净增职工 40.12 万人；缴存额 878.01 亿元，同比增长 14.23%。2017 年末，缴存总额 5417.74 亿元，同比增长 19.34%；缴存余额 2422.48 亿元，同比增长 14.84%。

（二）提取：2017 年，提取额 564.91 亿元，同比增长 17.44%；占当年缴存额的 64.34%，比上年增加 1.76 个百分点。2017 年末，提取总额 2995.26 亿元，同比增长 23.24%。

（三）贷款：

1. 个人住房贷款：2017 年，发放个人住房贷款 14.20 万笔 464.62 亿元，同比下降 16.19%、15.61%。回收个人住房贷款 223.35 亿元。

2017 年末，累计发放个人住房贷款 135.41 万笔 3079.93 亿元，贷款余额 2071.41 亿元，同比分别增长 11.72%、17.77%、13.18%。个人住房贷款余额占缴存余额的 85.54%，比上年减少 1.25 个百分点。

2. 住房公积金支持保障性住房建设项目贷款：2017 年，发放支持保障性住房建设项目贷款 0 亿元，回收项目贷款 4.93 亿元。2017 年末，累计发放项目贷款 32.69 亿元，项目贷款余额 0.98 亿元。

（四）购买国债：2017 年，无新购国债，兑付国债 0.2 亿元。2017 年末，国债余额 0 亿元，比上年减少 0.2 亿元。

（五）融资：2017 年，融资 31.05 亿元，归还 29.35 亿元。2017 年末，融资总额 119.70 亿元，融资余额 35.09 亿元。

（六）资金存储：2017 年末，住房公积金存款 427.56 亿元。其中，活期 19.17 亿元，1 年（含）以下定期 126.37 亿元，1 年以上定期 176.08 亿元，其他（协定、通知存款等）105.94 亿元。

（七）资金运用率：2017 年末，住房公积金个人住房贷款余额、项目贷款余额和购买国债余额的总和占缴存余额的 85.55%，比上年减少 1.50 个百分点。

三、主要财务数据

（一）业务收入：2017 年，业务收入 749487.46 万元，同比增长 7.52%。其中，存款利息 113445.74

万元，委托贷款利息 635037.72 万元，国债利息 88.20 万元，其他 915.80 万元。

（二）**业务支出**：2017 年，业务支出 366575.99 万元，同比增长 10.07%。其中，支付职工住房公积金利息 333319.48 万元，归集手续费－12.37 万元，委托贷款手续费 22933.19 万元，其他 10335.69 万元。

（三）**增值收益**：2017 年，增值收益 382911.47 万元，同比增长 5.19%；增值收益率 1.69%，比上年减少 0.17 个百分点。

（四）**增值收益分配**：2017 年，提取贷款风险准备金 98930.21 万元，提取管理费用 68568.56 万元，提取城市廉租住房（公共租赁住房）建设补充资金 215412.70 万元。

2017 年，上交财政管理费用 69145.95 万元，上缴财政城市廉租住房（公共租赁住房）建设补充资金 228641.28 万元。

2017 年末，贷款风险准备金余额 706247.80 万元，累计提取城市廉租住房（公共租赁住房）建设补充资金 1289528.17 万元。

（五）**管理费用支出**：2017 年，管理费用支出 65354.74 万元，同比增长 17.30%。其中，人员经费 27218.35 万元，公用经费 5547.86 万元，专项经费 32588.53 万元。

四、资产风险状况

（一）**个人住房贷款**：2017 年末，个人住房贷款逾期额 1553.34 万元，逾期率 0.07‰。

2017 年，提取个人贷款风险准备金 98930.20 万元，使用个人贷款风险准备金核销呆坏账 0 万元。2017 年末，个人贷款风险准备金余额 697533.40 万元，占个人贷款余额的 3.37%，个人贷款逾期额与个人贷款风险准备金余额的比率为 1.57%。

（二）**住房公积金支持保障性住房建设项目贷款**：2017 年末，逾期项目贷款 0 万元，逾期率为 0‰。

2017 年，提取项目贷款风险准备金 0 万元，使用项目贷款风险准备金核销呆坏账 0 万元。2017 年末，项目贷款风险准备金余额 8714.40 万元，占项目贷款余额的 88.92%，项目贷款逾期额与项目贷款风险准备金余额的比率为 0%。

（三）**历史遗留风险资产**：2017 年末，历史遗留风险资产余额 0 万元，比上年减少 0 万元，历史遗留风险资产回收率为 0%。

五、社会经济效益

（一）**缴存业务**：2017 年，实缴单位数、实缴职工人数和缴存额增长率分别为 8.65%、7.19% 和 14.23%。

缴存单位中，国家机关和事业单位占 45.24%，国有企业占 8.80%，城镇集体企业占 0.99%，外商投资企业占 1.39%，城镇私营企业及其他城镇企业占 37.35%，民办非企业单位和社会团体占 2.35%，其他占 3.88%。

缴存职工中，国家机关和事业单位占 39.53%，国有企业占 18.40%，城镇集体企业占 1.62%，外商投资企业占 4.22%，城镇私营企业及其他城镇企业占 31.90%，民办非企业单位和社会团体占 1.30%，其他占 3.03%；中、低收入占 95.64%，高收入占 4.36%。

新开户职工中，国家机关和事业单位占 21.30%，国有企业占 9.74%，城镇集体企业占 0.61%，外

商投资企业占 7.00%，城镇私营企业及其他城镇企业占 53.59%，民办非企业单位和社会团体占 2.16%，其他占 5.60%；中、低收入占 99.15%，高收入占 0.85%。

（二）提取业务：2017 年，193.90 万名缴存职工提取住房公积金 564.91 亿元。

提取金额中，住房消费提取占 78.51%（购买、建造、翻建、大修自住住房占 28.94%，偿还购房贷款本息占 47.48%，租赁住房占 1.18%，其他占 0.91%）；非住房消费提取占 21.49%（离休和退休提取占 13.86%，完全丧失劳动能力并与单位终止劳动关系提取占 2.29%，户口迁出所在市或出境定居占 2.02%，其他占 3.32%）。

提取职工中，中、低收入占 91.89%，高收入占 8.11%。

（三）贷款业务：

1. **个人住房贷款**：2017 年，支持职工购建房 1554 万平方米。年末个人住房贷款市场占有率为 19.17%，比上年同期增加 4.29 个百分点。通过申请住房公积金个人住房贷款，可节约职工购房利息支出 812113.04 万元。

职工贷款笔数中，购房建筑面积 90（含）平方米以下占 32.63%，90～144（含）平方米占 62.67%，144 平方米以上占 4.70%。购买新房占 72.50%（其中购买保障性住房占 1.49%），购买存量商品房占 24.74%，建造、翻建、大修自住住房占 1.22%，其他占 1.54%。

职工贷款笔数中，单缴存职工申请贷款占 35.87%，双缴存职工申请贷款占 63.59%，三人及以上缴存职工共同申请贷款占 0.54%。

贷款职工中，30 岁（含）以下占 37.98%，30 岁～40 岁（含）占 34.57%，40 岁～50 岁（含）占 22.13%，50 岁以上占 5.32%；首次申请贷款占 84.43%，二次及以上申请贷款占 15.57%；中、低收入占 97.21%，高收入占 2.79%。

2. **异地贷款**：2017 年，发放异地贷款 16499 笔 550431.03 万元。2017 年末，发放异地贷款总额 1706342.66 万元，异地贷款余额 1306448.60 万元。

3. **公转商贴息贷款**：2017 年，发放公转商贴息贷款 427 笔 13618.30 万元，支持职工购建房面积 4.34 万平方米。当年贴息额 2669.84 万元。2017 年末，累计发放公转商贴息贷款 5964 笔 185611.49 万元，累计贴息 4213.02 万元。

4. **住房公积金支持保障性住房建设项目贷款**：2017 年末，全省（区）有住房公积金试点城市 4 个，试点项目 43 个，贷款额度 32.69 亿元，建筑面积 284.26 万平方米，可解决 37276 户中低收入职工家庭的住房问题。41 个试点项目贷款资金已发放并还清贷款本息。

（四）住房贡献率：2017 年，个人住房贷款发放额、公转商贴息贷款发放额、项目贷款发放额、住房消费提取额的总和与当年缴存额的比率为 103.59%，比上年减少 16.98 个百分点。

六、其他重要事项

（一）当年住房公积金政策调整情况：

1. 认真贯彻落实《住房城乡建设部、财政部、中国人民银行、国务院港澳事务办公室、国务院台湾事务办公室关于在内地（大陆）就业的港澳台同胞享有住房公积金待遇有关问题的意见》（建金〔2017〕237 号）文件要求，保障港澳台同胞同等享有住房公积金待遇。

2. 2017年5月3日，四川省住房和城乡建设厅、四川省农村信用社联合社印发《关于搭建信贷平台推进支持农民进城购房贷款有关事项的通知》（川建房发〔2017〕284号），为农民提供延伸至镇（乡）的住房金融服务。

3. 2017年7月21日，四川省住房和城乡建设厅印发《关于进一步做好自主择业军转干部缴存使用住房公积金工作的通知》（川建金发〔2017〕536号），进一步贯彻落实中央和省关于自主择业军队转业干部缴存住房公积金、享受住房公积金优惠政策的要求。

（二）当年开展专项监督检查情况：3月，对住房城乡建设部指出的成都、宜宾市住房公积金管理中心住房公积金廉政风险防控整改问题，进行了督促整改和检查，并报送整改落实情况。

（三）当年服务改进情况：认真贯彻落实《住房城乡建设部、财政部、中国人民银行、国土资源部关于维护住房公积金缴存职工购房贷款权益的通知》（建金〔2017〕246号）文件要求，积极开展相关工作，切实维护缴存职工合法权益。

通过信息化建设，优化业务流程，简化办理材料，丰富服务渠道，服务工作成效明显。网上汇缴率达90%以上，贷款放发缩短至3至5个工作日办结，提取基本实现实时到账。

（四）当年信息化建设情况：

1. 3月，各市（州）公积金中心接入住房公积金异地转移接续平台并正式运行。全省截至年末，转入11686笔、金额3.34亿元；转出9355笔、2.61亿元。

2. 各城市完成住房公积金具有8个服务渠道的综合服务平台建设，分三批通过部省两级检查验收。

3. 11月，各市（州）公积金中心接入省政府一体化政务服务平台，实现了全省缴存单位和个人统一身份认证和查询。

（五）当年住房公积金机构及从业人员所获荣誉情况：文明单位（行业、窗口）28个，青年文明号2个、工人先锋号1个、三八红旗手（巾帼文明岗）4个、先进集体和个人143个，其他荣誉称号34个。

成都住房公积金2017年年度报告

一、机构概况

（一）住房公积金管理委员会：成都住房公积金管理委员会有30名委员，2017年召开1次全体会议，审议通过的事项主要包括：《成都住房公积金管理中心关于成都住房公积金2016年年度报告的审议事项》《成都住房公积金管理中心2016年计划执行及增值收益分配情况和2017年资金计划及增值收益分配预案的审议事项》《成都住房公积金管理中心增加贷款委托合作银行相关事项的审议事项》《成都住房公积金管理中心〈成都住房公积金骗提套取行为处理暂行办法（修订稿）〉的审议事项》《成都住房公积金管理中心开展住房公积金增值服务的审议事项》《成都住房公积金管理中心省级分中心关于2016年计划执行情况及2017年计划的报告的审议事项》。此外，通过书面征求全体委员意见的方式表决通过了《成都住房公积金管理中心关于住房公积金贷款担保服务相关事宜的请示》。

（二）住房公积金管理中心：成都住房公积金管理中心（以下简称"市中心"）为成都市政府直属不以营利为目的的正局级公益二类事业单位，设11个内设机构，下辖20个业务经办机构。从业人员412人，其中，在编153人，非在编259人。四川省省级住房公积金管理中心（以下简称"省级分中心"）、四川石油管理局住房公积金管理中心（以下简称"石油分中心"）加挂成都住房公积金管理中心分中心牌子，独立运作。省级分中心设6个科，从业人员45人，其中，在编23人，非在编22人。石油分中心设2个科，从业人员13人，均为在编人员。

二、业务运行情况

（一）缴存：2017年，新开户单位9672家，实缴单位43852家，净增单位6892家；新开户职工49.35万人，实缴职工289.98万人，净增职工25.05万人；缴存额396.29亿元，同比增长16.62%。2017年末，缴存总额2505.47亿元，同比增长18.79%；缴存余额1027.06亿元，同比增长14.72%。

受委托办理住房公积金缴存业务的银行6家，与上年相比无变化。

（二）提取：2017年，提取额264.52亿元，同比增长23.76%；占当年缴存额的66.75%，比上年增加3.85个百分点。2017年末，提取总额1478.42亿元，同比增长21.79%。

（三）贷款：

1. **个人住房贷款**：个人住房贷款最高额度70万元，其中，单缴存职工最高额度40万元，双缴存职工最高额度70万元。

2017年，发放个人住房贷款3.38万笔122.63亿元，同比分别下降44.41%、46.33%。其中，市中心发放个人住房贷款2.89万笔101.79亿元，省级分中心发放个人住房贷款0.49万笔20.84亿元，石油分中心发放个人住房贷款0万笔0亿元。

2017年，回收个人住房贷款95.28亿元。其中，市中心82.27亿元，省级分中心12.84亿元，石油分中心0.17亿元。

2017年末，累计发放个人住房贷款47.01万笔1312.80亿元，贷款余额881.33亿元，同比分别增长7.75%、10.30%、3.20%。个人住房贷款余额占缴存余额的85.81%，比上年减少9.58个百分点。

受委托办理住房公积金个人住房贷款业务的银行13家，与上年相比无变化。

2. **住房公积金支持保障性住房建设项目贷款**：2017年，发放支持保障性住房建设项目贷款0亿元，回收项目贷款4.36亿元。2017年末，累计发放项目贷款8.98亿元，项目贷款余额0.98亿元。

（四）融资：2017年，融资0亿元，归还9.5亿元。2017年末，融资总额34亿元，融资余额0亿元。

（五）资金存储：2017年末，住房公积金存款159.05亿元。其中，活期0.17亿元，1年（含）以下定期68.41亿元，1年以上定期41.09亿元，其他（协定、通知存款等）49.38亿元。

（六）资金运用率：2017年末，住房公积金个人住房贷款余额、项目贷款余额和购买国债余额的总和占缴存余额的85.91%，比上年减少10.07个百分点。

三、主要财务数据

（一）业务收入：2017年，业务收入309550.97万元，同比增长10.58%。其中，市中心261496.10万元，省级分中心41987.20万元，石油分中心6067.67万元；存款利息24579.33万元，委托贷款利息

284933.39万元，国债利息0万元，其他38.25万元。

（二）**业务支出**：2017年，业务支出154977.74万元，同比增长9.65%。其中，市中心129647.96万元，省级分中心21742.40万元，石油分中心3587.38万元；支付职工住房公积金利息145567.80万元，归集手续费227.40万元，委托贷款手续费6608.59万元，个人贷款担保费1875.08万元，短期贷款融资利息597.88万元，公转商贷款贴息92.28万元，其他8.71万元。

（三）**增值收益**：2017年，增值收益154573.23万元，同比增长11.54%。其中，市中心131848.14万元，省级分中心20244.80万元，石油分中心2480.29万元；增值收益率1.60%，比上年减少0.08个百分点。

（四）**增值收益分配**：2017年，提取贷款风险准备金14226.87万元，提取管理费用17122.00万元，提取城市廉租住房（公共租赁住房）建设补充资金123224.36万元。

2017年，上交财政管理费用17122.00万元。上缴财政城市廉租住房（公共租赁住房）建设补充资金145162.91万元。其中，市中心上缴139037.26万元，省级分中心上缴财政6125.65万元，石油分中心上缴0万元。

2017年末，贷款风险准备金余额187743.66万元。累计提取城市廉租住房（公共租赁住房）建设补充资金692633.21万元。其中，市中心提取634214.91万元，省级分中心提取50126.07万元，石油分中心提取8292.23万元。

（五）**管理费用支出**：2017年，管理费用支出16845.72万元，同比增长29.78%。其中，人员经费9331.83万元，公用经费1623.34万元，专项经费5890.55万元。

市中心管理费用支出15329.12万元，其中，人员、公用、专项经费分别为8698.66万元、1529.83万元、5100.63万元；省级分中心管理费用支出1516.60万元，其中，人员、公用、专项经费分别为633.17万元、93.51万元、789.92万元；石油分中心管理费用支出0万元，其中，人员、公用、专项经费分别为0万元、0万元、0万元。

四、资产风险状况

（一）**个人住房贷款**：2017年末，个人住房贷款逾期额819.72万元，逾期率0.09‰。其中，市中心0.09‰，省级分中心0.1‰，石油分中心0‰。

个人贷款风险准备金市中心按当年新增个人贷款余额的1%提取，省级分中心按增值收益的60%提取，石油分中心按年度贷款余额的1%提取。2017年，提取个人贷款风险准备金14226.87万元，使用个人贷款风险准备金核销呆坏账0万元。2017年末，个人贷款风险准备金余额184255.66万元，占个人住房贷款余额的2.09%，个人住房贷款逾期额与个人贷款风险准备金余额的比率为0.44%。

（二）**支持保障性住房建设试点项目贷款**：2017年，提取项目贷款风险准备金0万元，使用项目贷款风险准备金核销呆坏账0万元，项目贷款风险准备金余额3488万元，占项目贷款余额的35.59%，项目贷款逾期额与项目贷款风险准备金余额的比率为0%。

五、社会经济效益

（一）**缴存业务**：2017年，实缴单位数、实缴职工人数和缴存额同比分别增长18.65%、9.46%

和 16.62%。

缴存单位中，国家机关和事业单位占 13.24%，国有企业占 3.92%，城镇集体企业占 0.47%，外商投资企业占 1.95%，城镇私营企业及其他城镇企业占 74.24%，民办非企业单位和社会团体占 3.03%，其他占 3.15%。

缴存职工中，国家机关和事业单位占 18.72%，国有企业占 13.57%，城镇集体企业占 0.61%，外商投资企业占 6.96%，城镇私营企业及其他城镇企业占 56.13%，民办非企业单位和社会团体占 1.64%，其他占 2.37%；中、低收入占 94.38%，高收入占 5.62%。

新开户职工中，国家机关和事业单位占 6.16%，国有企业占 5.75%，城镇集体企业占 0.17%，外商投资企业占 9.92%，城镇私营企业及其他城镇企业占 72.16%，民办非企业单位和社会团体占 2.02%，其他占 3.82%；中、低收入占 99.13%，高收入占 0.87%。

（二）提取业务：2017 年，95.43 万名缴存职工提取住房公积金 264.52 亿元。

提取金额中，住房消费提取占 81.05%（购买、建造、翻建、大修自住住房占 30.59%，偿还购房贷款本息占 50.14%，租赁住房占 0.32%，其他占 0%）；非住房消费提取占 18.95%（离休和退休提取占 10.63%，完全丧失劳动能力并与单位终止劳动关系提取占 1.47%，户口迁出本市或出境定居占 3.72%，其他占 3.13%）。

提取职工中，中、低收入占 89.81%，高收入占 10.19%。

（三）贷款业务：

1. 个人住房贷款：2017 年，支持职工购建房 332.61 万平方米，年末个人住房贷款市场占有率为 13.99%，比上年减少 1.51 个百分点。通过申请住房公积金个人住房贷款，可节约职工购房利息支出 267634.04 万元。

职工贷款笔数中，购房建筑面积 90（含）平方米以下占 44.13%，90～144（含）平方米占 51.39%，144 平方米以上占 4.48%。购买新房占 55.28%（其中购买保障性住房占 1.26%），购买存量商品住房占 44.72%，建造、翻建、大修自住住房占 0%，其他占 0%。

职工贷款笔数中，单缴存职工申请贷款占 34.57%，双缴存职工申请贷款占 64.83%，三人及以上缴存职工共同申请贷款占 0.6%。

贷款职工中，30 岁（含）以下占 45.68%，30 岁～40 岁（含）占 36.95%，40 岁～50 岁（含）占 15.16%，50 岁以上占 2.21%；首次申请贷款占 92.63%，二次及以上申请贷款占 7.37%；中、低收入占 95.51%，高收入占 4.49%。

2. 异地贷款：2017 年，发放异地贷款 1600 笔 62982.53 万元。2017 年末，发放异地贷款总额 463371.01 万元，异地贷款余额 292183.27 万元。

3. 公转商贴息贷款：2017 年，发放公转商贴息贷款 340 笔 10914.80 万元，支持职工购建住房面积 3.38 万平方米，当年贴息额 92.28 万元。2017 年末，累计发放公转商贴息贷款 419 笔 13352.20 万元，累计贴息 92.77 万元。

4. 支持保障性住房建设试点项目贷款：2017 年末，累计试点项目 7 个，贷款额度 8.98 亿元，建筑面积 76.85 万平方米，可解决 12945 户中低收入职工家庭的住房问题。5 个试点项目贷款资金已发放并还清贷款本息。

(四) 住房贡献率： 2017年，个人住房贷款发放额、公转商贴息贷款发放额、项目贷款发放额、住房消费提取额的总和与当年缴存额的比率为85.32%，比上年减少32.36个百分点。

六、其他重要事项

(一) 当年机构及职能调整情况、受委托办理缴存贷款业务金融机构变更情况：

市中心：2017年，城区管理一部、城区管理二部、铁路分中心（城北分中心）分别更名为第一分中心、第二分中心、第三分中心（铁路分中心）；郫县管理部更名为郫都管理部。

石油分中心：根据中国石油集团全面深化改革工作部署，6月由公司机关附属调整为公司直属单位，管理职能和管理界面不变。

受委托办理缴存贷款业务金融机构未变更。

(二) 当年住房公积金政策调整及执行情况：根据国务院《住房公积金管理条例》和《成都住房公积金缴存管理办法》规定，发布了《关于2017年住房公积金缴存比例及缴存基数执行标准的通知》，对2017年度本市住房公积金缴存基数的确定方法及缴存限额、缴存比例进行了明确。

2017年，市中心调整期房、现房、再交易房公积金贷款担保方式，均由担保公司承担连带责任保证担保，保证期间为自借款合同签订之日起至主债务履行期届满后两年止。

(三) 当年服务改进情况：

市中心：一是完善住房公积金在线服务体系，建成住房公积金综合服务平台并在全国首家通过部省两级检查验收，通过平台可在线办理10余种业务。二是新增两个服务大厅，实现主城区住房公积金服务网点的全覆盖和合理布局。三是实现城东、城西、城南、都江堰4个服务大厅的智能化改造。四是积极提升窗口服务，规范窗口服务标准。五是积极延伸服务终端，在中心各服务大厅部署"查打一体机"，并在建设银行STM机、成华区"市民驿站"自助服务机实现部分业务办理和查询功能。

省级分中心：一是落实"放管服"改革。不断优化办事流程，精简手续资料；认真做好与省政府一体化政务服务平台对接工作，全面公开服务事项；积极落实"租购并举"住房政策，加大对职工合理住房消费的支持力度。二是布局新型服务模式。通过开通"月对冲"还贷款业务、全面开展异地贷款、推出网上预约服务、开展异地转移接续、与商业银行合作开展"信用消费贷"等方式，推动服务更加便捷、高效。三是完善综合服务平台建设。整合平台统一管理，实现信息化服务渠道的全面覆盖。2017年上半年该平台在全国首批通过部省两级检查验收。四是注重行业宣传。不断拓展宣传工作新途径；加大政务公开力度，提高公积金管理透明度。

石油分中心：加强综合服务平台建设，当年通过了部省两级检查验收。实现异地公积金缴存证明网上打印，实现与四川省政务服务平台无缝对接，实现单位网上缴存归集全覆盖。按时在油气田互联网平台披露年度报告。

(四) 当年信息化建设情况：

市中心：一是实现信息互通，与市人社局、市房管局等部门的相关信息联通，夯实了"数据多跑路、群众少跑腿"的工作基础。二是支持异地接续，成功接入全国住房公积金异地转移接续平台，方便职工跨区域办理住房公积金业务。三是落实贯标整改，精简资金账户，提高会计核算水平。四是加强技术开发与保障，加强业务发展保障力，完成贷后管理、贷款自主核算、三级组织架构等系统功能开发，加强部署运维监管系统、优化配电系统和完成"三级等保"测试,在确保了系统稳定性的基础上,加强了网络设备和数据的安全。

省级分中心:一是推动大数据应用和创新。主动对接省社会保险管理局携手打造大数据共享平台;与省质监局、中国人民银行扩大信息互联互通、资源共享的合作范围。二是利用信息化技术做好风险防控。利用计算机技术和信息技术建立起内部控制管理系统,实现业务审批流程的系统控制。

石油分中心:信息系统升级改造初步完成,"双贯标"工作已通过部省两级检查验收,当年按时接入全国住房公积金异地转移接续平台,实现资金归集、支付实时结算,职工异地转移接续实时办理,跨设区城市油气田单位和职工住房公积金业务的办理更便捷。

(五)当年住房公积金管理中心及职工所获荣誉情况:

市中心:获得四川省住房和城乡建设厅"2017年度住房城乡建设工作目标绩效考核先进单位公积金管理类一等奖";获得成都市大数据和电子政务管理办公室(成都市人民政府政务服务中心)"2017年政务服务先进窗口";获得成都市人民政府办公厅"2017年全市网络理政工作先进单位"。

省级分中心:获得四川省机关事务管理局"2016年度目标考核先进单位";获得四川省住房和城乡建设厅"2016年度住房城乡建设工作目标绩效考核先进单位公积金管理类一等奖";在全省2016年行政事业单位国有资产报告工作中获财政厅书面通报表扬;获得四川省财政厅颁发的"2016年度省级部门决算工作二等奖";获得四川省直机关工会"2014～2016年度模范职工之家"。

石油分中心:职工1人获得油气田公司级劳动模范称号,2人获公司先进个人表彰,1人获四川省房协表彰。

(六)当年对违反《住房公积金管理条例》和相关法规行为进行行政处罚和申请人民法院强制执行情况:2017年,市中心对违反《住房公积金管理条例》和《成都住房公积金行政执法管理办法》(成公积金委〔2015〕4号)规定,未建立住房公积金缴存登记手续,不为本单位职工办理住房公积金账户设立手续及单位逾期不缴或少缴住房公积金的单位开展执法,共立案76件,结案32件。未发生行政处罚和申请人民法院强制执行情况。

自贡市住房公积金2017年年度报告

一、机构概况

(一)**住房公积金管理委员会**:住房公积金管理委员会有18名委员,2017年召开1次会议,审议通过的事项主要包括:1.自贡市住房公积金2016年年度报告;2.关于调整住房公积金贷款风险准备金计提办法;3.关于采用银行贷款方式融资解决公积金流动性紧张问题;4.自贡市住房公积金管理中心2016年度公积金归集使用计划及财务收支预算执行情况和2017年度归集使用计划及财务收支预算;5.关于调整住房公积金使用政策相关问题;6.关于调整住房公积金贷款审批流程相关问题;7.关于支持受委托银行对住房公积金缴存职工开展信用消费贷款服务相关问题;8.关于与自贡农村商业银行股份有限公司开展业务合作相关问题。

（二）**住房公积金管理中心**：住房公积金管理中心为市政府直属的、不以营利为目的的公益二类事业单位，设6个科（室），5个管理部。从业人员91人，其中，在编45人，非在编46人。

二、业务运行情况

（一）**缴存**：2017年，新开户单位274家，实缴单位2305家，净增单位141家；新开户职工1.22万人，实缴职工12.65万人，净增职工0.25万人；缴存额19.92亿元，同比增长22.32%。2017年末，缴存总额120.71亿元，同比增长19.77%；缴存余额58.5亿元，同比增长14.45%。

受委托办理住房公积金缴存业务的银行2家，比上年增加0家。

（二）**提取**：2017年，提取额12.54亿元，同比增长9.25%；占当年缴存额的62.94%，比上年减少7.52个百分点。2017年末，提取总额62.21亿元，同比增长25.25%。

（三）**贷款**：

个人住房贷款：个人住房贷款最高额度50万元，其中，单缴存职工最高额度40万元，双缴存职工最高额度50万元。

2017年，发放个人住房贷款0.5万笔16.98亿元，同比分别增长4.55%、13.47%。

2017年，回收个人住房贷款6.92亿元。

2017年末，累计发放个人住房贷款4.9万笔94.06亿元，贷款余额59.77亿元，同比分别增长11.34%、22.03%、20.24%。个人住房贷款余额占缴存余额的102.16%，比上年增加4.92个百分点。

受委托办理住房公积金个人住房贷款业务的银行4家，比上年增加0家。

（四）**融资**：2017年，融资额1.45亿元，归还1.64亿元。2017年末，融资总额3.54亿元，融资余额1.45亿元。

（五）**资金存储**：2017年末，住房公积金存款额0.2亿元。其中，活期0.02亿元，其他（协定、通知存款等）0.18亿元。

（六）**资金运用率**：2017年末，住房公积金个人住房贷款余额、项目贷款余额和购买国债余额的总和占缴存余额的102.16%，比上年增加4.92个百分点。

三、主要财务数据

（一）**业务收入**：2017年，业务收入19989.14万元，同比增长7.73%。其中，存款利息1976.93万元，委托贷款利息18009.53万元，其他2.68万元。

（二）**业务支出**：2017年，业务支出9272.21万元，同比增长12.7%。其中，支付职工住房公积金利息7677.96万元，委托贷款手续费857.68万元，其他736.57万元。

（三）**增值收益**：2017年，增值收益10716.93万元，同比增长3.77%。增值收益率1.95%，比上年减少0.16个百分点。

（四）**增值收益分配**：2017年，提取贷款风险准备金1006.11万元，提取管理费用1389.01万元，提取城市廉租住房（公共租赁住房）建设补充资金8321.81万元。

2017年，上交财政管理费用1389.01万元。上缴财政城市廉租住房（公共租赁住房）建设补充资金

4038.45万元。

2017年末，贷款风险准备金余额20886.92万元。累计提取城市廉租住房（公共租赁住房）建设补充资金47864.12万元。

（五）管理费用支出：2017年，管理费用支出1356.49万元，同比增长3.59%。其中，人员经费774.53万元，公用经费75.93万元，专项经费506.03万元。

四、资产风险状况

个人住房贷款：2017年末，个人住房贷款逾期额13.61万元，逾期率0.023‰。

个人贷款风险准备金按当年新增贷款余额的1%提取。2017年，提取个人贷款风险准备金1006.11万元，使用个人贷款风险准备金核销呆坏账0万元。2017年末，个人贷款风险准备金余额20886.92万元，占个人住房贷款余额的3.49%，个人住房贷款逾期额与个人贷款风险准备金余额的比率为0.07%。

五、社会经济效益

（一）缴存业务：2017年，实缴单位数、实缴职工人数和缴存额同比分别增长6.52%、2.01%和22.32%。

缴存单位中，国家机关和事业单位占64.43%，国有企业占7.33%，城镇集体企业占1.08%，外商投资企业占1.17%，城镇私营企业及其他城镇企业占11.41%，民办非企业单位和社会团体占1.74%，其他占12.84%。

缴存职工中，国家机关和事业单位占54.87%，国有企业占17.67%，城镇集体企业占1%，外商投资企业占1.59%，城镇私营企业及其他城镇企业占11.91%，民办非企业单位和社会团体占0.56%，其他占12.4%；中、低收入占98.9%，高收入占1.1%。

新开户职工中，国家机关和事业单位占51.43%，国有企业占8.46%，城镇集体企业占0.11%，外商投资企业占2.76%，城镇私营企业及其他城镇企业占13.65%，民办非企业单位和社会团体占2.1%，其他占21.49%；中、低收入占99.82%，高收入占0.18%。

（二）提取业务：2017年，4.3万名缴存职工提取住房公积金12.54亿元。

提取金额中，住房消费提取占70.44%（购买、建造、翻建、大修自住住房占20.92%，偿还购房贷款本息占49.31%，租赁住房占0.21%）；非住房消费提取占29.56%（离休和退休提取占17.75%，户口迁出本市或出境定居占0.52%，其他占11.29%）。

提取职工中，中、低收入占98.17%，高收入占1.83%。

（三）贷款业务：

1. **个人住房贷款**：2017年，支持职工购建房50.82万平方米，年末个人住房贷款市场占有率为23.72%，比上年减少1.56个百分点。通过申请住房公积金个人住房贷款，可节约职工购房利息支出27952.4万元。

职工贷款笔数中，购房建筑面积90（含）平方米以下占29.68%，90~144（含）平方米占67.83%，144平方米以上占2.49%。购买新房占85.14%（其中购买保障性住房占0.24%），购买存量商品住房占14.86%。

职工贷款笔数中，单缴存职工申请贷款占 60.59%，双缴存职工申请贷款占 39.41%。

贷款职工中，30 岁（含）以下占 37.71%，30 岁～40 岁（含）占 31.31%，40 岁～50 岁（含）占 23.4%，50 岁以上占 7.58%；首次申请贷款占 69.78%，二次及以上申请贷款占 30.22%；中、低收入占 99.76%，高收入占 0.24%。

2. **异地贷款**：2017 年，发放异地贷款 328 笔 10399.7 万元。2017 年末，发放异地贷款总额 21991.4 万元，异地贷款余额 20231.62 万元。

（四）住房贡献率：2017 年，个人住房贷款发放额、公转商贴息贷款发放额、项目贷款发放额、住房消费提取额的总和与当年缴存额的比率为 129.55%，比上年减少 13.33 个百分点。

六、其他重要事项

（一）当年住房公积金政策调整及执行情况：

1. 缴存政策调整情况

按照《自贡市住房公积金缴存管理实施细则》规定，2017 年缴存基数限额：上限为 15409 元；下限为 1380 元。全市缴存比例为 7%～12%，无变化。

2. 提取政策调整情况

（1）延长"购房父母子女互提"政策执行时间至 2017 年 12 月 31 日。

（2）偿还贷款提取间隔时间必须 12 个月。

（3）不再执行"使用贷款购买自住住房的缴存职工，对该套住房曾经办理过一次性提取的，在提前还清贷款时，可以申请提取本人及配偶余额内的住房公积金用于还清贷款"政策。

（4）增加市外购房提取户籍或工作地限制。

（5）调整购房一次性提取金额时间限定。

3. 贷款政策调整情况

（1）下调公积金最高贷款额度，调整后双职工最高贷款额度 50 万元，单职工最高贷款额度 40 万元。

（2）增加异地贷款对象户籍限制。

（3）上调住房公积金二套房贷款首付款比例。

（4）执行贷款额度与缴存余额挂钩政策。贷款额度不得超过借款人及配偶住房公积金账户缴存余额的 20 倍。

（5）取消贷款担保人规定。

（6）根据借款人家庭个人征信实行差别化贷款政策。

（7）贷款发放实行轮候制。

4. 住房公积金存贷款利率执行标准

（1）存款利率。职工住房公积金账户存款利率为一年期定期存款基准利率，目前为 1.5%。

（2）贷款利率。2017 年个人住房公积金贷款利率年内未调整，即：五年以下（含五年）为 2.75%，五年以上为 3.25%。

（二）当年服务改进情况：

1. 管理服务水平有效提升：一是优化业务流程。调整贷款审批流程，公积金受委托银行全面进驻贷款大厅，全市公积金窗口实现了贷款"一站式"服务；并将还清贷款需临柜终止委托提取协议调整为系统自动解除。二是推进减证便民。简化贷款手续，推出取消贷款担保人资料、缴存职工收入证明材料等"四取消、四便利"便民新举措，将贷款申请资料由18页简化为13页，借款人签字由4次减少为2次。三是完善服务设施。全市7个公积金服务网点全部更换新版自助服务终端，查询内容更加全面、详细，并采取芯片读取用户身份证进行身份识别，安全性进一步提升。四是开展业务培训。举办了全市缴存单位经办人网厅业务专题培训和房屋开发企业经办人员贷款新政培训，保障贷款新政有序实施和便民措施落地落实。五是强化政策宣传。在自贡日报设立"源之于民用之于民聚焦自贡住房公积金"专栏，登载6期专刊；门户网站、微信发布动态信息312条；推送自媒体信息28条。

2. **服务手段更加便民高效**：一是拓宽渠道优服务。中心作为我省综合服务平台建设试点单位，建成了集业务咨询、业务办理、信息发布和互动交流等功能于一体的住房公积金综合服务平台八大服务渠道，并在全国首批通过部、省专家组检查验收，建立起"7窗口＋8平台"线上线下服务体系，实现了"足不出户"办理公积金业务。公积金微信公众号关注人数达4万余人；全年网站访问量5.28万人次；7月起向职工推送账户变动通知短信和年度结息对账单70余万条；自助服务终端全年访问量5.5万余人次；12329服务热线共受理4072笔业务咨询，满意率为100%；已有2208家缴存单位（占全市缴存单位数的95.79%）使用网厅方便、快捷地办理公积金汇缴、补缴等业务，服务手段更加智能、高效。二是转移接续可"漫游"。自贡中心作为全国16家公积金异地转移接续平台建设试点单位之一，在省内率先正式接入全国住房公积金异地转移接续平台，实现了公积金转移"户随人走"、全国"漫游"。全年通过转移接续平台办理公积金异地转移接续业务285笔，其中转出104笔，转入181笔。

（三）**当年信息化建设情况**：

1. **统筹谋划系统升级改造**：开展业务系统功能需求研讨，制定业务系统升级改造方案，积极谋划业务软件升级工作，探索房产信息共享查询、商贷委托按年或按月定额提取和公积金贷款按月对冲等新功能。

2. **继续深化"贯标"工作成果**：公积金综合服务平台建设过程中所有数据字段命名及设置均严格落实《公积金基础数据标准》，有效规范数据标准，便于数据采集及分析。

3. **全面使用结算应用系统**：住房城乡建设部结算应用系统运行平稳，可实现银行账户余额查询、提取和贷款资金划转、对公转账等功能，提高了资金结算效率，有力保障了资金安全。

（四）**当年住房公积金管理中心及职工所获荣誉情况**：自贡公积金中心荣获2017年全省目标绩效考核第一名，成功创建自贡市基层党建示范单位、市直机关基层党建示范点，获2016年度部门决算工作一等奖。归集管理科荣获政务中心"特色服务窗口"称号，归集管理科一名职工荣获"政务服务系统先进个人"称号。

攀枝花市住房公积金2017年年度报告

一、机构概况

（一）**住房公积金管理委员会**：住房公积金管理委员会有25名委员，2017年召开1次会议，审议通

过的事项主要包括：审议通过2016年度住房公积金归集、使用计划执行情况及2017年工作计划，并对其他重要事项进行决策，主要包括调整住房公积金使用办法、增值收益分配等议案。

（二）**住房公积金管理中心**：攀枝花市住房公积金管理中心为直属于攀枝花市人民政府不以营利为目的的全额拨款事业单位，主要负责全市住房公积金的归集、管理、使用和会计核算。设7个科（室），5个管理部。从业人员56人，其中，在编46人，非在编10人。

二、业务运行情况

（一）**缴存**：2017年，新开户单位154家，实缴单位1685家，净增单位379家；新开户职工1.01万人，实缴职工15.14万人，净增职工4.36万人；缴存额19.84亿元，同比增长18.45%。2017年末，缴存总额175.51亿元，同比增长12.74%；缴存余额72.24亿元，同比增长5.8%。

受委托办理住房公积金缴存业务的银行7家，比上年增加（减少）0家。

（二）**提取**：2017年，提取额15.88亿元，同比下降11.92%；占当年缴存额的80.04%，比上年减少27.60个百分点。2017年末，提取总额103.27亿元，同比增长18.17%。

（三）**贷款**：

1. **个人住房贷款**：个人住房贷款最高额度60万元，其中，单缴存职工最高额度40万元，双缴存职工最高额度60万元。

2017年，发放个人住房贷款0.4247万笔12.51亿元，同比分别增长6.39%、16.80%。

2017年，回收个人住房贷款6.43亿元。2017年末，累计发放个人住房贷款5.03万笔88.11亿元，贷款余额52.56亿元，同比分别增长9.21%、16.54%、13.08%。个人住房贷款余额占缴存余额的72.76%，比上年增加4.66个百分点。

受委托办理住房公积金个人住房贷款业务的银行8家，比上年增加（减少）0家。

2. **住房公积金支持保障性住房建设项目贷款**：2017年，发放支持保障性住房建设项目贷款0亿元，回收项目贷款0亿元。2017年末，累计发放项目贷款9.66亿元，项目贷款余额0亿元。

（四）**资金存储**：2017年末，住房公积金存款19.91亿元。其中，活期0亿元，1年（含）以下定期1.55亿元，1年以上定期14.58亿元，其他（协定、通知存款等）3.78亿元。

（五）**资金运用率**：2017年末，住房公积金个人住房贷款余额、项目贷款余额和购买国债余额的总和占缴存余额的72.76%，比上年增加4.66个百分点。

三、主要财务数据

（一）**业务收入**：2017年，业务收入26110.75万元，同比下降11.91%。其中，存款利息9982.48万元，委托贷款利息16124.89万元，国债利息0万元，其他3.38万元。

（二）**业务支出**：2017年，业务支出11805.34万元，同比下降7.6%。其中，支付职工住房公积金利息10444.31万元，归集手续费150.20万元，委托贷款手续费541.95万元，其他668.88万元。

（三）**增值收益**：2017年，增值收益14305.41万元，同比下降15.11%。增值收益率2.07%，比上年减少0.38个百分点。

（四）**增值收益分配**：2017年，提取贷款风险准备金8583.24万元，提取管理费用1169.18万元，提取城市廉租住房（公共租赁住房）建设补充资金 4552.99 万元。

2017 年，上交财政管理费用 1698.25 万元。上缴财政城市廉租住房（公共租赁住房）建设补充资金 5042.95 万元。2017 年末，贷款风险准备金余额 65747.15 万元。累计提取城市廉租住房（公共租赁住房）建设补充资金 30688.36 万元。

（五）管理费用支出： 2017 年，管理费用支出 1421.37 万元，同比增长 8.44％。其中，人员经费 799.32 万元，公用经费 107.46 万元，专项经费 514.59 万元。

四、资产风险状况

（一）个人住房贷款： 2017 年末，个人住房贷款逾期额 132.93 万元，逾期率 0.25‰。

个人贷款风险准备金按增值收益的 60％提取。2017 年，提取个人贷款风险准备金 8583.24 万元，使用个人贷款风险准备金核销呆坏账 0 万元。2017 年末，个人贷款风险准备金余额 64340.76 万元，占个人住房贷款余额的 12.23％，个人住房贷款逾期额与个人贷款风险准备金余额的比率为 0.2％。

（二）支持保障性住房建设试点项目贷款： 2017 年，提取项目贷款风险准备金 0 万元，使用项目贷款风险准备金核销呆坏账 0 万元，项目贷款风险准备金余额 1406.4 万元，项目贷款逾期额与项目贷款风险准备金余额的比率为 0％。

五、社会经济效益

（一）缴存业务： 2017 年，实缴单位数、实缴职工人数和缴存额同比分别增长 29.02％、40.47％和 18.45％。

缴存单位中，国家机关和事业单位占 54.12％，国有企业占 13.18％，城镇集体企业占 0.77％，外商投资企业占 0.24％，城镇私营企业及其他城镇企业占 16.26％，民办非企业单位和社会团体占 1.89％，其他占 13.54％。

缴存职工中，国家机关和事业单位占 37.90％，国有企业占 50.50％，城镇集体企业占 0.34％，外商投资企业占 0.1％，城镇私营企业及其他城镇企业占 7.8％，民办非企业单位和社会团体占 0.29％，其他占 3.07％；中、低收入占 99.35％，高收入占 0.65％。

新开户职工中，国家机关和事业单位占 32.43％，国有企业占 14.58％，城镇集体企业占 1.42％，外商投资企业占 0.18％，城镇私营企业及其他城镇企业占 32.65％，民办非企业单位和社会团体占 1.28％，其他占 17.46％；中、低收入占 99.89％，高收入占 0.11％。

（二）提取业务： 2017 年，4.4298 万名缴存职工提取住房公积金 15.88 亿元。

提取金额中，住房消费提取占 61.70％（购买、建造、翻建、大修自住住房占 26.25％，偿还购房贷款本息占 34.11％，租赁住房占 1.14％，其他占 0.2％）；非住房消费提取占 38.30％（离休和退休提取占 19.85％，完全丧失劳动能力并与单位终止劳动关系提取占 0％，户口迁出本市或出境定居占 0.05％，其他占 18.40％）。

提取职工中，中、低收入占 90.62％，高收入占 9.38％。

（三）贷款业务：

1. 个人住房贷款： 2017 年，支持职工购建房 45.27 万平方米，年末个人住房贷款市场占有率为

58.01%，比上年减少7.96个百分点。通过申请住房公积金个人住房贷款，可节约职工购房利息支出18226.92万元。

职工贷款笔数中，购房建筑面积90（含）平方米以下占26.86%，90~144（含）平方米占67.37%，144平方米以上占5.76%。购买新房占84.93%（其中购买保障性住房占1.3%），购买存量商品住房占15.07%，建造、翻建、大修自住住房占0%，其他占0%。

职工贷款笔数中，单缴存职工申请贷款占63.42%，双缴存职工申请贷款占36.46%，三人及以上缴存职工共同申请贷款占0.12%。

贷款职工中，30岁（含）以下占26.34%，30岁~40岁（含）占35.62%，40岁~50岁（含）占31.66%，50岁以上占6.38%；首次申请贷款占88.09%，二次及以上申请贷款占11.91%；中、低收入占99.53%，高收入占0.47%。

2. **异地贷款**：2017年，发放异地贷款424笔12413万元。2017年末，发放异地贷款总额25761万元，异地贷款余额21318.88万元。

3. **支持保障性住房建设试点项目贷款**：2017年末，累计试点项目17个，贷款额度9.66亿元，建筑面积78.25万平方米，可解决9393户中低收入职工家庭的住房问题。17个试点项目贷款资金已发放并还清贷款本息。

（四）**住房贡献率**：2017年，个人住房贷款发放额、公转商贴息贷款发放额、项目贷款发放额、住房消费提取额的总和与当年缴存额的比率为112.43%，比上年减少17.36个百分点。

六、其他重要事项

（一）**当年住房公积金政策调整及执行情况：**

1. 住房公积金政策调整情况：2017年5月对住房公积金使用办法进行了调整。一是在计算可贷款额度时，取消"缴存余额不足1万元的按1万元计算"的规定；二是取消"商转公"业务；三是明确因特殊原因（包括退休、完全丧失劳动能力、出国（境）定居、判刑、死亡5种情形）与单位终止劳动关系，且无住房公积金债务的，可以办理销户提取。

2. 2017年全市单位和职工个人住房公积金缴存比例为各5%~12%。单位和职工个人月缴存上限2415元，月缴存下限是69元。

3. 2017年个人住房贷款最高额度60万元，其中，单缴存职工最高额度40万元，双缴存职工最高额度60万元。

4. 2017年，职工住房公积金账户存款按一年期定期基准利率1.5%计息；贷款5年期以内（含5年）利率2.75%，5年期以上利率是3.25%。

（二）**推出系列便民措施**：改变公积金提取方式，将原来的现金提取变为转账提取，确保提取的便捷性和安全性；办理还贷逐月委托提取，将借款职工一年一取的提取方式改为按月自动提取，取得公积金贷款的职工当月实际支付的还款本息在次月从职工公积金账户直接划到指定还款账户；系统中能查询到的信息，包括缴存、提取、还款等信息和以前业务办理中已经扫描录入系统的材料等，不必再提供；借款人、购房人、租房人提取本人住房公积金不再提供婚姻状况证明，申请还贷提取不再提供银行打印的还款明细清单，申请住房公积金贷款不再提供房产查询信息；取消住房公积金贷款的中间费用，将向个人收取的评估费、公证费、期房阶段性担保费、担保公司的服务费改由攀枝花市住房公积金管理中心承担，不再向借款人收取；实行全市全域统筹，职工不受地域限制，可在任何一个公积金窗口办理提取业务，并将提取资金转入职工指定的任一银行卡上。开通网上营业厅，职工、单位专管员、房地产开发企业可以网上办理相关公积金业务；开通12329服务热线，在线接听职工咨询；开通手机短信服务平台、微信和手机APP，实现缴存、提取、贷款信息的及时发送。

（三）**信息化建设情况**：攀枝花市公积金中心从2014年11月开始，按等保三级标准设计和建设一套全新的住房公积金管理信息系统。2015年12月完成了机房改造、硬件设备采购、安装调试和系统集成工作。2016年12月，通过了住房城乡建设部、省住房城乡建设厅对贯彻《住房公积金基础数据标准》和接入住房公积金结算应用系统的检查验收。2017年10月，通过了攀枝花市经信委组织的信息化项目竣工验收。2017年11月，通过了住房城乡建设部、四川省住房城乡建设厅组织的公积金综合服务平台检查验收，一个全新、安全、高效、便民的住房公积金管理信息系统全面建成。

泸州市住房公积金2017年年度报告

一、机构概况

（一）**住房公积金管理委员会**：住房公积金管理委员会有20名委员，2017年召开2次会议，审议通过的事项主要包括：《泸州市住房公积金2016年计划执行情况与2017年计划安排的报告（草案）》、《关于住房公积金新政到期后贷款政策调整的议案》等。

（二）**住房公积金管理中心**：住房公积金管理中心为泸州市财政局下属不以营利为目的的全额拨款事业单位，设7个部室，6个管理部，0个分中心。从业人员105人，其中，在编53人，非在编52人。

二、业务运行情况

（一）**缴存**：2017年，新开户单位303家，实缴单位3188家，净增单位291家；新开户职工3.8万人，实缴职工21.97万人，净增职工2.32万人；缴存额31.36亿元，同比增长21.69%。2017年末，缴存总额174.34亿元，同比增长21.93%；缴存余额73.17亿元，同比增长24.31%。

受委托办理住房公积金缴存业务的银行10家，比上年增加3家。

（二）**提取**：2017年，提取额17.05亿元，同比增长9.72%；占当年缴存额的54.37%，比上年减少5.93个百分点。2017年末，提取总额101.17亿元，同比增长20.27%。

（三）**贷款**：

个人住房贷款：个人住房贷款最高额度40万元，其中，单缴存职工最高额度30万元，双缴存职工最高额度40万元。

2017年，发放个人住房贷款0.76万笔28.57亿元，同比分别增长28.81%、31.6%。

2017年，回收个人住房贷款6.5亿元。

2017年末，累计发放个人住房贷款4.24万笔109.11亿元，贷款余额89.37亿元，同比分别增长22.19%、35.47%、32.77%。个人住房贷款余额占缴存余额的122.14%，比上年增加7.79个百分点。

受委托办理住房公积金个人住房贷款业务的银行7家，比上年减少0家。

（四）融资：2017年，融资11.6亿元，归还5.57亿元。2017年末，融资总额42.83亿元，融资余额20.89亿元。

（五）资金存储：2017年末，住房公积金存款6.78亿元。其中，活期0.19亿元，1年（含）以下定期0亿元，1年以上定期0亿元，其他（协定存款）6.59亿元。

（六）资金运用率：2017年末，住房公积金个人住房贷款余额、项目贷款余额和购买国债余额的总和占缴存余额的122.14%，比上年增加7.79个百分点。

三、主要财务数据

（一）业务收入：2017年，业务收入28520.88万元，同比增长24.42%。其中，存款利息2657.99万元，委托贷款利息25848.05万元，国债利息0万元，其他14.84万元。

（二）业务支出：2017年，业务支出10051.8万元，同比增长21.31%；支付职工住房公积金利息8732.83万元，归集手续费0万元，委托贷款手续费1306.61万元，其他12.35万元。

（三）增值收益：2017年，增值收益18469.08万元，同比增长26.18%。增值收益率2.81%，比上年增加0.01个百分点。

（四）增值收益分配：2017年，提取贷款风险准备金2206.51万元，提取管理费用13000.69万元（含融资费用10206.1万元），提取城市廉租住房（公共租赁住房）建设补充资金3261.88万元。

2017年，上交财政管理费用13000.69万元（含融资费用10206.1万元）。上缴财政城市廉租住房（公共租赁住房）建设补充资金3261.88万元。

2017年末，贷款风险准备金余额20820.09万元。累计提取城市廉租住房（公共租赁住房）建设补充资金24150.68万元。

（五）管理费用支出：2017年，管理费用支出13000.69万元，同比增长13.69%。其中，人员经费645.46万元，公用经费484.97万元，专项经费11870.26万元（含融资费用支出10206.1万元，其中信用借款利息支出8032.33万元，贴息贷款贴息支出2173.77万元）。

四、资产风险状况

个人住房贷款：2017年末，个人住房贷款逾期额3.86万元，逾期率0.004‰。个人贷款风险准备金按当年新增贷款余额的1%提取。2017年，提取个人贷款风险准备金2206.51万元，使用个人贷款风险准备金核销呆坏账0万元。2017年末，个人贷款风险准备金余额20820.09万元，占个人住房贷款余额的2.33%，个人住房贷款逾期额与个人贷款风险准备金余额的比率为0.02%。

五、社会经济效益

（一）缴存业务：2017年，实缴单位数、实缴职工人数和缴存额同比分别增长10.04%、11.83%和21.69%。

缴存单位中，国家机关和事业单位占50.5%，国有企业占12.27%，城镇集体企业占1.66%，外商投资企业占0.47%，城镇私营企业及其他城镇企业占31.05%，民办非企业单位和社会团体占1.73%，其他占2.32%。

缴存职工中，国家机关和事业单位占56.19%，国有企业占22.40%，城镇集体企业占4.45%，外商投资企业占0.12%，城镇私营企业及其他城镇企业占14.46%，民办非企业单位和社会团体占1.21%，其他占1.17%；中、低收入占90.67%，高收入占9.33%。

新开户职工中，国家机关和事业单位占42.09%，国有企业占19.39%，城镇集体企业占0.65%，外商投资企业占0.27%，城镇私营企业及其他城镇企业占30.3%，民办非企业单位和社会团体占1.71%，其他占5.59%；中、低收入占97.73%，高收入占2.27%。

（二）**提取业务**：2017年，6.03万名缴存职工提取住房公积金17.05亿元。

提取金额中，住房消费提取占75.81%（购买、建造、翻建、大修自住住房占25.74%，偿还购房贷款本息占49.10%，租赁住房占0.36%，其他占0.61%）；非住房消费提取占24.19%（离休和退休提取占15.29%，完全丧失劳动能力并与单位终止劳动关系提取占3.26%，户口迁出本市或出境定居占3.03%，其他占2.61%）。

提取职工中，中、低收入占86.19%，高收入占13.81%。

（三）**贷款业务**：

1. **个人住房贷款**：2017年，支持职工购建房81.46万平方米，年末个人住房贷款市场占有率为21.45%，比上年减少11.66个百分点。通过申请住房公积金个人住房贷款，可节约职工购房利息支出13122.86万元。

职工贷款笔数中，购房建筑面积90（含）平方米以下占23.48%，90～144（含）平方米占73.47%，144平方米以上占3.05%。购买新房占80.5%（其中购买保障性住房占0%），购买存量商品住房占11.39%，建造、翻建、大修自住住房占0%，其他占8.11%。

职工贷款笔数中，单缴存职工申请贷款占30.57%，双缴存职工申请贷款占68.36%，三人及以上缴存职工共同申请贷款占1.07%。

贷款职工中，30岁（含）以下占39.1%，30岁～40岁（含）占31.92%，40岁～50岁（含）占22.16%，50岁以上占6.82%；首次申请贷款占95.10%，二次及以上申请贷款占4.90%；中、低收入占94.73%，高收入占5.27%。

2. **异地贷款**：2017年，发放异地贷款869笔30912.9万元。2017年末，发放异地贷款总额76702.3万元，异地贷款余额70020万元。

3. **公转商贴息贷款**：2017年，发放公转商贴息贷款87笔2703.5万元，支持职工购建住房面积0.96万平方米，当年贴息额2173.77万元。2017年末，累计发放公转商贴息贷款3802笔139213.4万元，累计贴息3320.48万元。

（四）**住房贡献率**：2017年，个人住房贷款发放额、公转商贴息贷款发放额、项目贷款发放额、住房消费提取额的总和与当年缴存额的比率为133.16%，比上年减少63.89个百分点。

六、其他重要事项

（一）当年机构及职能调整情况、受委托办理缴存贷款业务金融机构变更情况：当年机构及职能情况未作调整，新增天津银行泸州分行、招商银行泸州分行和邮政储蓄银行泸州分行受委托办理住房公积金缴存业务。

（二）当年住房公积金政策调整及执行情况：

1. 当年缴存基数限额：职工住房公积金缴存基数上限为 22013 元，缴存基数下限为 1380 元，当年缴存基数限额确定方法：上限计算口径经泸州市住房公积金管理委员会通过，按泸州市统计部门公布的 2016 年度江阳区国有经济在岗职工人均月平均工资的 3 倍计算，下限按《泸州市人民政府关于调整全市最低工资标准的通知》（泸市府发〔2015〕39 号）规定执行；当年缴存比例、提取政策没有调整。

2. 当年个人住房贷款最高贷款额度、贷款条件等贷款政策调整有以下几个方面：

（1）调整最高贷款额度。借款人夫妻双方均连续、足额缴存住房公积金且贷款购买同一套自住住房，最高贷款额度为 40 万元；单方连续、足额缴存住房公积金，最高贷款额度为 30 万元。单笔贷款最高贷款额度与缴存月系数挂钩。计算公式为"最高贷款额度×缴存月系数"。

（2）实行差别化贷款政策。缴存职工家庭使用住房公积金贷款购买首套普通自住房，贷款首付款比例不得低于 25%；所购住房为再交易房（二手房）的，贷款首付款比例不得低于 40%。缴存职工家庭购买改善性住房的，贷款首付款比例不得低于 40%，贷款利率不得低于同期首套住房公积金个人住房贷款利率的 1.1 倍。

（3）规范异地贷款。职工在就业地缴存住房公积金，在户籍所在地购买自住住房的，可持就业地住房公积金管理中心出具的缴存证明，向户籍所在地住房公积金管理中心申请住房公积金个人住房贷款。

（4）开展组合贷款。组合贷款指符合个人住房商业性贷款条件的借款人又同时缴存住房公积金的，在办理个人住房商业贷款的同时还可以申请个人住房公积金贷款，即借款人以所购本市城镇自住住房，作为抵押可同时向银行申请个人住房公积金贷款和个人住房商业性贷款。

（5）根据公积金中心资金流动情况，启动住房公积金贷款发放轮候制度。

3. 本年公积金职工存款利率按年利率 1.5% 执行，五年以上公积金贷款利率为 3.25%，五年以下公积金贷款年利率为 2.75%。

（三）当年服务改进情况：当年维护和完善中心网站、网上公积金查询、网上问政等综合服务平台各服务渠道；至 2017 年底，网站访问量累计达 40 多万人次；网站收到投诉建议类问题累计 164 人次；宣传部下属"泸州新闻网"（即网络问政）的网友问政累计达 866 条，满意度五年平均 99% 以上，中心获得"2017 年度网络问政优秀单位"奖；2017 年 11 月综合服务平台上线以来，微信累计关注 3 万多条、微博累计关注 85 条、手机 APP 累计注册达 3 万多人次、12329 短信累计发送 6.5 万多条；网上服务大厅累计 1.5 万多职工注册查询个人公积金；12329 热线电话至年底累计达 6 万多人次。

（四）当年信息化建设情况：

1. **信息系统等级改造情况：**一是督促硬件中标公司实施业务系统的硬件环境建设，保障新业务系统的高效、稳定和安全运行；二是各业务部室用大量的精力和时间与中标软件公司进行协调、沟通，根据招标文件的设计框架和指导思想，实施业务系统归集、信贷、财务等核心模块的开发和测试上线；三是督促软件公司完成 2010 年起的历史数据移植工作，为业务系统顺利上线提供数据支持；四是通过不断与软件公司沟通、协调，于 2017 年 11 月初试运行门户网站、12329 热线、自助终端、网上业务大厅、手机短信、微信、微博、APP 等八大服务渠道，完成综合服务平台八大服务渠道的上线，并以高分通过部省两级联合检查组验收。

2. **基础数据标准贯彻落实情况**：在 2016 年完成基础数据库贯标工作的基础上，不断完善、补充历史基础数据信息。

3. **结算应用系统接入情况**：在 2016 年完成国有股份制银行的资金实时结算业务的基础上，增加泸州市商业银行、邮储银行等银行接入资金实时结算业务；逐步开展银行直联接口结算和其他关联业务，以补充住房城乡建设部结算系统，目前部分银行已进入测试阶段。

（五）**当年住房公积金管理中心及职工所获荣誉情况**：当年取得了 2017 年度住房城乡建设目标绩效考核一等奖；2017 年度网络问政优秀单位；2017 年区级政务中心年度窗口服务标兵 1 名，区级政务中心季度窗口服务明星 17 名。

德阳市住房公积金 2017 年年度报告

一、机构概况

（一）**住房公积金管理委员会**：住房公积金管理委员会有 21 名委员，2017 年 3 月召开四届一次会议，审议通过的事项主要包括：《德阳市住房公积金 2016 年年度报告》、《德阳市 2016 年度住房公积金财务收支决算和 2017 年度住房公积金财务收支预算编制情况的报告》、《2016 年度城市廉租住房建设补充资金分配方案》等。2017 年 8 月召开四届二次会议，审议通过的事项主要包括：《德阳市住房公积金提取管理暂行办法》等。

（二）**住房公积金管理中心**：住房公积金管理中心为政府直属的不以营利为目的的自收自支事业单位，中心设七个科室，六个管理部。从业人员 131 人，其中，在编 75 人，非在编 56 人。

二、业务运行情况

（一）**缴存**：2017 年，新开户单位 369 家，实缴单位 2926 家，净增单位 316 家；新开户职工 2.43 万人，实缴职工 20.33 万人，净增职工 -0.16 万人；缴存额 32.03 亿元，同比增长 12.32%。2017 年末，缴存总额 252.08 亿元，同比增长 14.56%；缴存余额 102.04 亿元，同比增长 9.09%。

受委托办理住房公积金缴存业务的银行 4 家，和上年一致。

（二）**提取**：2017 年，提取额 23.53 亿元，同比增长 7.78%；占当年缴存额的 73.46%，比上年减少 3 个百分点。2017 年末，提取总额 150.03 亿元，同比增长 18.60%。

（三）**贷款**：

1. **个人住房贷款**：个人住房贷款最高额度 50 万元，其中，单缴存职工最高额度 50 万元，双缴存职工最高额度 50 万元。

2017 年，发放个人住房贷款 0.66 万笔 19.73 亿元，同比分别下降 18.24%、11.11%。

2017 年，回收个人住房贷款 8.92 亿元。

2017年末，累计发放个人住房贷款6.11万笔124.33亿元，贷款余额84.49亿元，同比分别增长12.02%、18.86%、14.68%。个人住房贷款余额占缴存余额的82.80%，比上年增加4.04个百分点。

受委托办理住房公积金个人住房贷款业务的银行5家，和上年一致。

2. **住房公积金支持保障性住房建设项目贷款**：2017年，未发放支持保障性住房建设项目贷款，回收项目贷款0.57亿元。2017年末，累计发放项目贷款9.85亿元，项目贷款余额0亿元。

（四）**融资**：2017年，未融资。2017年末，融资总额3.8亿元，已于2016年底全部还清，融资余额0亿元。

（五）**资金存储**：2017年末，住房公积金存款18.03亿元。其中，活期0.14亿元，1年（含）以下定期6.34亿元，1年以上定期8.79亿元，其他（协定、通知存款等）2.76亿元。

（六）**资金运用率**：2017年末，住房公积金个人住房贷款余额、项目贷款余额和购买国债余额的总和占缴存余额的82.80%，比上年增加3.43个百分点。

三、主要财务数据

（一）**业务收入**：2017年，业务收入31727.72万元，同比下降6.84%。存款利息6168.76万元，委托贷款利息25556.52万元，国债利息0万元，其他2.44万元。

（二）**业务支出**：2017年，业务支出15652.35万元，同比增长10.31%。支付职工住房公积金利息14344.16万元，归集手续费0万元，委托贷款手续费1275.69万元，其他32.50万元。

（三）**增值收益**：2017年，增值收益16075.37万元，同比下降19.09%。增值收益率1.65%，比上年减少0.57个百分点。

（四）**增值收益分配**：2017年，提取贷款风险准备金0万元，提取管理费用1986.63万元，提取城市廉租住房（公共租赁住房）建设补充资金14088.74万元。

2017年，上交财政管理费用1986.63万元。上缴财政城市廉租住房（公共租赁住房）建设补充资金11000万元。

2017年末，贷款风险准备金余额43551.26万元。累计提取城市廉租住房（公共租赁住房）建设补充资金70237.92万元。

（五）**管理费用支出**：2017年，管理费用支出1986.63万元，同比增长9.01%。其中，人员经费1603.45万元，公用经费150.32万元，专项经费232.86万元。

四、资产风险状况

（一）**个人住房贷款**：2017年末，个人住房贷款逾期额0.57万元，逾期率0.0007‰。

个人贷款风险准备金按贷款余额的1%提取。2017年，提取个人贷款风险准备金0万元，使用个人贷款风险准备金核销呆坏账0万元。2017年末，个人贷款风险准备金余额39731.26万元，占个人住房贷款余额的4.70%，个人住房贷款逾期额与个人贷款风险准备金余额的比率为0%。

（二）**支持保障性住房建设试点项目贷款**：2017年，提取项目贷款风险准备金0万元，使用项目贷款风险准备金核销呆坏账0万元，项目贷款风险准备金余额3820万元，项目贷款逾期额与项目贷款风险准备金余额的比率为0%。

五、社会经济效益

（一）**缴存业务**：2017年，实缴单位数、实缴职工人数和缴存额同比分别增长12.11%、-0.76%和12.17%。

缴存单位中，国家机关和事业单位占55.50%，国有企业占11.35%，城镇集体企业占0.99%，外商投资企业占2.26%，城镇私营企业及其他城镇企业占24.20%，民办非企业单位和社会团体占2.05%，其他占3.66%。

缴存职工中，国家机关和事业单位占42.18%，国有企业占29.33%，城镇集体企业占1.64%，外商投资企业占3.98%，城镇私营企业及其他城镇企业占17.01%，民办非企业单位和社会团体占1.04%，其他占4.82%；中、低收入占93.63%，高收入占6.37%。

新开户职工中，国家机关和事业单位占35.24%，国有企业占10.04%，城镇集体企业占0.74%，外商投资企业占4.23%，城镇私营企业及其他城镇企业占41.90%，民办非企业单位和社会团体占1.71%，其他占6.13%；中、低收入占99.60%，高收入占0.40%。

（二）**提取业务**：2017年，8.63万名缴存职工提取住房公积金23.53亿元。

提取金额中，住房消费提取占76.75%（购买、建造、翻建、大修自住住房占32.92%，偿还购房贷款本息占64.87%，租赁住房占2.21%，其他占0%）；非住房消费提取占23.25%（离休和退休提取占79.39%，完全丧失劳动能力并与单位终止劳动关系提取占0.30%，户口迁出本市或出境定居占16.16%，其他占4.15%）。

提取职工中，中、低收入占96.76%，高收入占3.24%。

（三）**贷款业务**：

1. **个人住房贷款**：2017年，支持职工购建房75.55万平方米，年末个人住房贷款市场占有率为31.90%，比上年减少0.3个百分点。通过申请住房公积金个人住房贷款，可节约职工购房利息支出32338.55万元。

职工贷款笔数中，购房建筑面积90（含）平方米以下占19.11%，90~144（含）平方米占72.61%，144平方米以上占8.28%。购买新房占78.21%（其中购买保障性住房占2.36%），购买存量商品住房占21.79%。

职工贷款笔数中，单缴存职工申请贷款占32.75%，双缴存职工申请贷款占67.25%。

贷款职工中，30岁（含）以下占35.18%，30岁~40岁（含）占33.01%，40岁~50岁（含）占25.07%，50岁以上占6.74%；首次申请贷款占74.46%，二次及以上申请贷款占25.54%；中、低收入占97.58%，高收入占2.42%。

2. **异地贷款**：2017年，发放异地贷款870笔25300万元。2017年末，发放异地贷款总额75434.9万元，异地贷款余额52804.43万元。

3. **支持保障性住房建设试点项目贷款**：2017年末，累计试点项目15个，贷款额度9.85亿元，建筑面积82万平方米，可解决9262户中低收入职工家庭的住房问题。15个试点项目贷款资金已发放并还清贷款本息。

（四）**住房贡献率**：2017年，个人住房贷款发放额、公转商贴息贷款发放额、项目贷款发放额、住房消费提取额的总和与当年缴存额的比率为117.99%，比上年增加10.37个百分点。

六、其他重要事项

（一）当年住房公积金缴存政策调整及执行情况：根据《四川省住房公积金缴存管理办法》（川建发〔2007〕72号）、《四川省人民政府关于调整德阳市住房公积金缴存比例和基数的批复》（川府函〔2009〕214号）以及《德阳市统计局关于2016年就业人员平均工资的公告》（德统计发〔2017〕17号）、《德阳市人民政府关于调整全市最低工资标准的通知》（德府发〔2015〕38号）等文件精神，将2017年度全市住房公积金月缴存基数上限调整为17395元，下限调整为1380元。住房公积金缴存比例为5%至12%，单位与职工个人按相同比例缴存。

（二）当年提取政策调整情况：2017年8月25日，市住房公积金管理委员会四届二次会议审议通过了《德阳市住房公积金提取管理暂行办法》，该《办法》对原有提取政策进行了调整，简化了租房提取手续，提高了审批的规范化水平。《办法》明确了缴存职工购买第三套住房，购房提取住房公积金及偿还住房按揭贷款本息提取住房公积金，均不予支持。为方便办事群众，取消退休、离职、死亡、转移和合户提取业务中的住房公积金提取证明要件。

（三）当年住房公积金存贷款利率执行标准：根据中国人民银行、住房城乡建设部、财政部印发《关于完善职工住房公积金账户存款利率形成机制的通知》（银发〔2016〕43号），我市职工住房公积金账户存款利率，统一按一年期定期存款基准利率1.5%执行。根据人民银行公布的基准利率，住房公积金五年期及以下贷款年利率为2.75%，五年期以上贷款年利率为3.25%。

（四）当年信息化建设情况与服务改进情况：今年以来，中心认真贯彻落实住房城乡建设部发布的《住房公积金综合服务平台建设导则》和省住房城乡建设厅对综合服务平台建设要求，建设实现了包括网上业务大厅、移动终端、微信、12329短信、12329热线在内的多渠道综合服务平台，该平台于12月底顺利通过部省两级检查验收。按照住房城乡建设部统一部署和安排，我市于2017年6月1日接入住房公积金异地转移接续平台，缴存职工办理公积金转移接续手续，无需再两地来回奔波，实现了"账随人走、钱随账走"，切实保障了缴存职工合法权益。

（五）普惠金融推进情况：我市积极拓宽住房公积金信息用途，与上海浦东发展银行成都分行签署协议，由其推出网络信用消费贷款，更好地服务缴存职工。在我市缴存住房公积金且征信记录良好的缴存职工，均可免抵押免担保申请浦发银行"点贷业务"，为提取或信贷业务受限的职工提供了更多的融资选择。

（六）当年住房公积金管理中心及职工所获荣誉情况：2017年，"中心"获得国家级"巾帼文明岗"、刘克学获得"2017年四川省房地产行业协会先进个人"、戴艳获得"四川省巾帼建功标兵"、审批服务科获得"德阳市级文明窗口"、徐晓丽获得"德阳市巾帼建功标兵"、王霞获得"德阳市级文明标兵"。

绵阳市住房公积金2017年年度报告

一、机构概况

（一）住房公积金管理委员会：住房公积金管理委员会有27名委员，2017年召开第十五次会议，审议通过的事项主要包括:《关于 2016 年住房公积金执行情况和 2017 年计划的报告》、《绵阳市住房公积金 2016 年年度报告》(含中物院,向社会公开)、《绵阳市农民工及个体从业人员缴存使用住房公积金管理办法》(草案)、《绵阳市住房公积金失信行为处理办法(暂行)》(草案)、《关于规范住房公积金贷款政策的意见》(草案)和《绵阳市住房公积金增值收益分配暂行办法》(草案)。

(二)住房公积金管理中心:住房公积金管理中心为不以营利为目的事业单位,设 7 个科,9 个管理部,1 个分中心。从业人员 150 人,其中,在编 108 人,非在编 42 人。

二、业务运行情况

(一)缴存:2017 年,新开户单位 455 家,实缴单位 4654 家,净增单位 358 家;新开户职工 4.02 万人,实缴职工 27.94 万人,净增职工 0.71 万人;缴存额 46.78 亿元,同比增长 14.68%。2017 年末,缴存总额 283.73 亿元,同比增长 19.74%;缴存余额 136.83 亿元,同比增长 14.65%。

受委托办理住房公积金缴存业务的银行 12 家,比去年增加 4 家。

(二)提取:2017 年,提取额 29.30 亿元,同比增长 8.28%;占当年缴存额的 62.63%,比上年减少 3.95 个百分点。2017 年末,提取总额 146.89 亿元,同比增长 24.92%。

(三)贷款:

个人住房贷款:个人住房贷款最高额度 60 万元,其中,单缴存职工最高额度 60 万元,双缴存职工最高额度 60 万元。

2017 年,发放个人住房贷款 1.01 万笔 31.52 亿元,同比分别增长 21.69%、31.01%。其中,绵阳市中心发放个人住房贷款 0.98 万笔 30.09 亿元,第 1 分中心发放个人住房贷款 0.03 万笔 1.43 亿元。

2017 年,回收个人住房贷款 10.65 亿元。其中,绵阳市中心回收个人住房贷款 10.52 亿元,第 1 分中心 0.13 亿元。

2017 年末,累计发放个人住房贷款 7.77 万笔 149.93 亿元,贷款余额 93.62 亿元,同比分别增长 14.94%、26.63%、28.7%。个人住房贷款余额占缴存余额的 68.42%,比上年增加 7.47 个百分点。

受委托办理住房公积金个人住房贷款业务的银行 12 家,比上年增加 1 家。

(四)购买国债:2017 年,购买(记账式、凭证式)国债 0 亿元,兑付国债 0.2 亿元。2017 年末,国债余额 0 亿元,比上年减少 0.2 亿元。

(五)资金存储:2017 年末,住房公积金存款 48.30 亿元。其中,活期 1.47 亿元,1 年(含)以下定期 4.79 亿元,1 年以上定期 35.13 亿元,其他(协定) 6.91 亿元。

(六)资金运用率:2017 年末,住房公积金个人住房贷款余额、项目贷款余额和购买国债余额的总和占缴存余额的 68.42%,比上年增加 7.30 个百分点。

三、主要财务数据

(一)业务收入:2017 年,业务收入 39907.24 万元,同比下降 2.40%。其中绵阳中心业务收入 35640.75 万元,第 1 分中心业务收入 4266.49 万元。存款利息 12328.10 万元,增值收益利息 646.30 万元,委托贷款利息 26793.28 万元,国债利息 88.20 万元,其他 51.36 万元。

(二)业务支出:2017 年,业务支出 18052.17 万元,同比下降 7.39%。其中绵阳中心业务支出

16272.58万元，第1分中心业务支出1779.59万元。支付职工住房公积金利息17161.47万元，归集手续费－392.02万元，委托贷款手续费1257.14万元，其他25.58万元。

（三）增值收益： 2017年，增值收益21855.07万元，同比增长2.15%。其中绵阳中心增值收益19368.17万元，第1分中心增值收益2486.90万元。增值收益率1.73%，比上年减少0.22个百分点。

（四）增值收益分配： 2017年，提取贷款风险准备金10569.87万元，提取管理费用2,660.00万元，提取城市廉租住房（公共租赁住房）建设补充资金8625.20万元。

2017年，上交财政管理费用3383.26万元。上缴财政城市廉租住房（公共租赁住房）建设补充资金7,652.55万元。其中绵阳中心上缴7652.55万元，第1分中心上缴0万元。

2017年末，贷款风险准备金余额57201.76万元。累计提取城市廉租住房（公共租赁住房）建设补充资金37478.04万元。其中绵阳中心累计提取30155.69万元，第1分中心累计提取7322.35万元。

（五）管理费用支出： 2017年，管理费用支出3084.22万元，同比增长51.46%。其中，人员经费1742.12万元，公用经费555.84万元，专项经费786.26万元。

绵阳中心管理费用支出2908.30万元，其中人员、公用、专项经费分别为1593.19万元、528.85万元、786.26万元；第1分中心管理费用支出175.92万元，其中人员、公用、专项经费分别为148.93万元、26.99万元、0万元。

四、资产风险状况

个人住房贷款：2017年末，个人住房贷款逾期额98.20万元，逾期率0.1‰。其是绵阳中心逾期率0.1‰，第1分中心逾期率0‰。

个人贷款风险准备金按贷款余额的1%提取。2017年，提取个人贷款风险准备金10,569.87万元，使用个人贷款风险准备金核销呆坏账0万元。2017年末，个人贷款风险准备金余额57,201.76万元，占个人住房贷款余额的6.11%，个人住房贷款逾期额与个人贷款风险准备金余额的比率为1.72‰。

五、社会经济效益

（一）缴存业务： 2017年，实缴单位数、实缴职工人数和缴存额同比分别增长8.33%、2.61%和14.68%。

缴存单位中，国家机关和事业单位占62.18%，国有企业占9.78%，城镇集体企业占0.99%，外商投资企业占0.75%，城镇私营企业及其他城镇企业占12.61%，民办非企业单位和社会团体占1.31%，其他占12.38%。

缴存职工中，国家机关和事业单位占49.28%，国有企业占29.12%，城镇集体企业占0.86%，外商投资企业占1.2%，城镇私营企业及其他城镇企业占10.30%，民办非企业单位和社会团体占0.86%，其他占8.38%；中、低收入占98.01%，高收入占1.99%。

新开户职工中，国家机关和事业单位占39.99%，国有企业占15.25%，城镇集体企业占0.73%，外商投资企业占1.61%，城镇私营企业及其他城镇企业占23.13%，民办非企业单位和社会团体占1.08%，其他占18.21%；中、低收入占99.6%，高收入占0.4%。

（二）提取业务： 2017年，8.02万名缴存职工提取住房公积金29.30亿元。

提取金额中，住房消费提取占77.17%（购买、建造、翻建、大修自住住房占41.24%，偿还购房贷款本息占33.92%，租赁住房占2.01%，其他占0%）；非住房消费提取占22.83%（离休和退休提取占16.73%，完全丧失劳动能力并与单位终止劳动关系提取占3.84%，户口迁出本市或出境定居占1.02%，其他占1.24%）。

提取职工中，中、低收入占97%，高收入占3%。

（三）贷款业务：

1. **个人住房贷款：** 2017年，支持职工购建房140.6万平方米，年末个人住房贷款市场占有率为26.33%，比上年增加4.59个百分点。通过申请住房公积金个人住房贷款，可节约职工购房利息支出47070.57万元。

职工贷款笔数中，购房建筑面积90（含）平方米以下占31.15%，90～144（含）平方米占64.07%，144平方米以上占4.78%。购买新房占74.86%（其中购买保障性住房占1.34%），购买存量商品住房占25.14%，建造、翻建、大修自住住房占0%，其他占0%。

职工贷款笔数中，单缴存职工申请贷款占32.94%，双缴存职工申请贷款占67.06%，三人及以上缴存职工共同申请贷款占0%。

贷款职工中，30岁（含）以下占39.28%，30岁～40岁（含）占35.82%，40岁～50岁（含）占20.89%，50岁以上占4.01%；首次申请贷款占90.28%，二次及以上申请贷款占9.72%；中、低收入占97.81%，高收入占2.19%。

2. **异地贷款：** 2017年，发放异地贷款1699笔54,717.5万元。2017年末，发放异地贷款总额120,071.16万元，异地贷款余额104,423.06万元。

（四）住房贡献率： 2017年，个人住房贷款发放额、公转商贴息贷款发放额、项目贷款发放额、住房消费提取额的总和与当年缴存额的比率为115.71%，比上年增长8.02个百分点。

六、其他重要事项

（一）当年住房公积金政策调整及执行情况：

1. 报请市住房公积金管委会出台《关于规范住房公积金贷款政策的意见》，调整住房公积金贷款条件、贷款首付款比例和可贷额度、再交易房贷款年限、贷款额度计算公式；明确商业贷款转公积金贷款政策；对符合政策高校毕业生来绵创新创业，放宽贷款审批额度和房屋套数认定。

2. 现有4654家缴存单位均严格执行国务院《住房公积金管理条例》规定，单位和个人缴存比例均未超过12%，没有低于5%的情况，2017年住房公积金月缴存基数下限为1380元，上限为15906元。

3. 当年住房公积金存贷款利率执行标准：未发生变动，与上年相同。

（二）当年服务改进情况： 启用了新的贷款业务大厅，配备了咨询服务台、滚动电子屏幕、自动查询机和排队叫号系统等服务设备，并引进工行、建行和中行进驻政务中心住房公积金窗口全面推开公积金贷款预签合同业务，让职工享受一站式服务。制定出台了贯彻落实建设服务型政府实施方案，开通绿色通道，开展"延时服务"和构建节假日服务体系，全面执行服务指南标准化，受理审查标准化，全面提升住房公积金服务水平。

（三）当年信息化建设情况： 根据住房城乡建设部建设综合服务平台的要求，中心建成集12329住房公积金服务热线、门户网站、微信公众号、微博、网上业务大厅、自助服务终端、手机客户端、免费短信于一体的服务体系，并顺利通过部省综合服务平台检查验收。重新升级了业务操作系统，实现与受托银行实时结算。按要求接入全国住房公积金异地转移接续平台和省政府一体化服务平台，提高了服务效能和管理水平。

（四）当年住房公积金管理中心及职工所获荣誉情况：中心荣获四川省住房和城乡建设厅"2016年度住房城乡建设工作目标绩效考核二等奖"、省房协住房公积金分会"2016年度住房公积金优质服务窗口"、"2011—2015全市法治宣传教育先进集体"、"2016年度全市党委系统信息工作先进单位"、"2016年度全市政务服务工作先进单位"、"2016年度全市政府系统办公室工作绩效评价表扬单位"、"2016年度政务信息目标任务完成工作先进单位"、"全市机关驻村帮扶'双争'活动先进单位"、"市直机关先进党支部、优秀党支部书记"、"2017年度电子政务建设工作先进集体"、绵阳市"巾帼文明岗"。

（五）当年对违反《住房公积金管理条例》和相关法规行为进行行政处罚和申请人民法院强制执行情况：向个人和所在单位寄送了《逾期贷款催收函》，对个别逾期严重的及时送达律师函，并做好法律诉讼准备，坚决杜绝不良贷款的发生。

（六）其他需要披露的情况：为进一步增强住房公积金制度吸引力，破解中小企业"融资难融资贵"等难题，中心与建行绵阳分行、工行绵阳分行合作在全省率先推出"住房公积金信用贷"项目，经市政府第29次常务会议审议通过。2017年共授信科技型中小企业27户，共计3040万元，其中工行绵阳分行已向5户中小企业发放"住房公积金信用贷"430万元，建行绵阳分行已向12户中小企业发放"住房公积金信用贷"1450万元；发放个人住房消费延伸贷款100户，899万元。通过"住房公积金信用贷"项目，已有18户企业办理了住房公积金缴存，另有10余户企业表示将尽快为职工建立住房公积金制度。

广元市住房公积金2017年年度报告

一、机构概况

（一）**住房公积金管理委员会**：住房公积金管理委员会有28名委员，2017年召开1次会议，审议通过的事项主要包括：市住房公积金管理中心工作报告、2016年度住房公积金增值收益分配方案、关于本市促进房地产市场平稳健康发展35条措施到期后涉及住房公积金有关条款调整的议案和关于建立住房公积金失信黑名单制度的议案。

（二）**住房公积金管理中心**：住房公积金管理中心为市政府直属不以营利为目的的正县级事业单位，设6个科室，8个管理部。从业人员74人，其中，在编52人，非在编22人。

二、业务运行情况

（一）**缴存**：2017年，新开户单位132家，实缴单位2738家，净增单位－299家；新开户职工1.20万人，实缴职工13.06万人，净增职工－0.23万人；缴存额19.14亿元，同比增长20.54%。2017年末，缴存总额102.41亿元，同比增长22.98%；缴存余额65.60亿元，同比增长20.04%。

受委托办理住房公积金缴存业务的银行8家，比上年增加0家。

（二）**提取**：2017年，提取额8.19亿元，同比增长20.14%；占当年缴存额的42.78%，比上年减少0.14个百分点。2017年末，提取总额36.81亿元，同比增长28.60%。

（三）**贷款**：

个人住房贷款：个人住房贷款最高额度100万元，其中，单缴存职工最高额度60万元，双缴存职工最高额度100万元。

2017年，发放个人住房贷款0.38万笔11.19亿元，同比分别增长3.02%、8.75%。

2017年，回收个人住房贷款4.65亿元。

2017年末，累计发放个人住房贷款2.63万笔57.49亿元，贷款余额41.33亿元，同比分别增长17.02%、24.16%、18.80%。个人住房贷款余额占缴存余额的63%，比上年减少0.65个百分点。

受委托办理住房公积金个人住房贷款业务的银行4家，比上年增加0家。

（四）**资金存储**：2017年末，住房公积金存款24.81亿元。其中，活期3.05亿元，1年（含）以下定期6.92亿元，1年以上定期14.84亿元，其他（协定、通知存款等）0亿元。

（五）**资金运用率**：2017年末，住房公积金个人住房贷款余额、项目贷款余额和购买国债余额的总和占缴存余额的63%，比上年减少0.65个百分点。

三、主要财务数据

（一）**业务收入**：2017年，业务收入15464.97万元，同比增长0.06%。其中，存款利息3311.6万元，委托贷款利息12149.76万元，国债利息0万元，其他3.55万元。

（二）**业务支出**：2017年，业务支出8719.10万元，同比增长23.52%。其中，支付职工住房公积金利息8355.70万元，归集手续费0万元，委托贷款手续费357.06万元，其他6.34万元。

（三）**增值收益**：2017年，增值收益6745.87万元，同比下降19.66%。其中，增值收益率1.13%，比上年减少0.55个百分点。

（四）**增值收益分配**：2017年，提取贷款风险准备金4133.09万元，提取管理费用1333万元，提取城市廉租住房（公共租赁住房）建设补充资金1279.78万元。

2017年，上交财政管理费用1520万元。上缴财政城市廉租住房（公共租赁住房）建设补充资金3398.16万元。

2017年末，贷款风险准备金余额19682.68万元。累计提取城市廉租住房（公共租赁住房）建设补充资金21980.62万元。

（五）**管理费用支出**：2017年，管理费用支出1485.61万元，同比增长28.38%。其中，人员经费671.05万元，公用经费75.86万元，专项经费738.70万元（含信息系统双贯标及综合服务平台建设经费373万元）。

四、资产风险状况

个人住房贷款：2017年末，个人住房贷款逾期额8.84万元，逾期率0.03‰。

个人贷款风险准备金按贷款余额的1%提取。2017年，提取个人贷款风险准备金4133.09万元，使用个人贷款风险准备金核销呆坏账 0 万元。2017 年末，个人贷款风险准备金余额 19682.68 万元，占个人住房贷款余额的 4.76%，个人住房贷款逾期额与个人贷款风险准备金余额的比率为 0.04%。

五、社会经济效益

（一）缴存业务：2017 年，实缴单位数、实缴职工人数和缴存额同比分别增长－9.85%、－1.73% 和 20.54%。

缴存单位中，国家机关和事业单位占 74.69%，国有企业占 13.51%，城镇集体企业占 1.02%，外商投资企业占 0.44%，城镇私营企业及其他城镇企业占 6.39%，民办非企业单位和社会团体占 1.13%，其他占 2.82%。

缴存职工中，国家机关和事业单位占 63.58%，国有企业占 25.20%，城镇集体企业占 1.92%，外商投资企业占 0.55%，城镇私营企业及其他城镇企业 4.08%，民办非企业单位和社会团体占 1%，其他占 3.67%；中、低收入占 99.33%，高收入占 0.67%。

新开户职工中，国家机关和事业单位占 52.74%，国有企业占 19.66%，城镇集体企业占 1.90%，外商投资企业占 0.75%，城镇私营企业及其他城镇企业占 12.64%，民办非企业单位和社会团体占 4.13%，其他占 8.18%；中、低收入占 99.33%，高收入占 0.67%。

（二）提取业务：2017 年，2.32 万名缴存职工提取住房公积金 8.19 亿元。

提取金额中，住房消费提取占 60.36%（购买、建造、翻建、大修自住住房占 18.06%，偿还购房贷款本息占 39.38%，租赁住房占 0.78%，其他占 1.75%）；非住房消费提取占 39.64%（离休和退休提取占 27.19%，完全丧失劳动能力并与单位终止劳动关系提取占 5.85%，户口迁出本市或出境定居占 0.92%，其他占 6.07%）。

提取职工中，中、低收入占 99.18%，高收入占 0.82%。

（三）贷款业务：

1. **个人住房贷款**：2017 年，支持职工购建房 95.41 万平方米，年末个人住房贷款市场占有率为 36.08%，比上年增加 6.62 个百分点。通过申请住房公积金个人住房贷款，可节约职工购房利息支出 20210.31 万元。

职工贷款笔数中，购房建筑面积 90（含）平方米以下占 19.23%，90～144（含）平方米占 75.54%，144 平方米以上占 5.23%。购买新房占 82.63%（其中购买保障性住房占 4.0%），购买存量商品住房占 9.11%，建造、翻建、大修自住住房占 0%，其他占 8.26%。

职工贷款笔数中，单缴存职工申请贷款占 65.07%，双缴存职工申请贷款占 34.93%，三人及以上缴存职工共同申请贷款占 0%。

贷款职工中，30 岁（含）以下占 35.24%，30 岁～40 岁（含）占 29.33%，40 岁～50 岁（含）占 28.13%，50 岁以上占 7.30%；首次申请贷款占 98.90%，二次及以上申请贷款占 1.02%；中、低收入占 99.27%，高收入占 0.73%。

2. **异地贷款**：2017 年，发放异地贷款 566 笔 6631 万元。2017 年末，发放异地贷款总额 26662 万元，异地贷款余额 16356.23 万元。

（四）住房贡献率：2017 年，个人住房贷款发放额、公转商贴息贷款发放额、项目贷款发放额、住房消费提取额的总和与当年缴存额的比率为 84.29%，比上年减少 5.53 个百分点。

六、其他重要事项

（一）当年住房公积金政策调整及执行情况： 2017 年，全市各行政、企、事业单位住房公积金缴交工资基数上限不超过上一年度全市城镇全部就业人员月平均工资（以市统计局公布标准）3 倍，即为：14827 元；缴存基数下限按上一年度最低工资标准执行，即为：1380 元；缴存比例为 5%~12%，单位和个人为 1∶1 同比例缴存。严格遵照并执行中国人民银行存款利率 1.5%。住房公积金贷款利率仍然保持不变，5 年期（含）以下贷款年利率为 2.75%，5 年期以上至 30 年（含）的贷款利率为 3.25%。取消按公积金缴存余额倍数核定贷款金额，明确异地缴存职工在我市购房享有本地缴存职工同等条件，新增等额本息还款方式，装修贷款年限由原来 5 年调整为 8 年，开展提取公积金支付物管费业务。

（二）当年服务改进情况： 2017 年，服务窗口认真落实"马上办、认真办、限时办"工作制度，严格执行首问责任制和限时办结制，公开效能服务承诺，优化办事流程，及时更新办事指南；继续深化"热心、公心、细心、耐心、诚心"的"五心"服务理念，开展好"预约服务"、"上门服务""延时服务"；综合服务平台 12329 电话热线、短信、网厅、网站、微信、微博、手机 APP、自助查询等八个渠道平台全面开通。在全省率先运用人脸识别登录技术，全市公积金缴存职工可通过手机 APP 以刷脸的方式认证个人身份以及办理有关业务。公积金业务承办银行入驻政务大厅，实现"一站式"办理，彻底打通服务群众"最后一公里"。

（三）当年信息化建设情况： 2017 年，公积金信息化建设取得突破性进展。对中心数据机房进行了标准化改造。配备了安全网闸、数据库审计、入侵监测、专业防火墙等一系列网络安全设备，有效防范了网络攻击的危害。"双贯标"业务信息系统于 2017 年 5 月正式上线运行，11 月顺利通过部、省两级专家组验收。8 家合作银行按要求接入住房城乡建设部结算平台，业务信息系统实现了"数据多跑路、群众少跑路、最多跑一次"，提取业务实现实时到账，极大方便了办事群众。

（四）当年住房公积金管理中心及职工所获荣誉情况： 通过省级复查继续保持"省级文明单位"称号、全省 2017 年度住房公积金"缴存扩面先进单位""逾期管理先进单位""统计工作先进单位""综合服务平台建设工作先进单位"以及"信息报送工作先进单位"，广元市"六五"普法先进集体、广元市政务服务工作先进集体等。

遂宁市住房公积金 2017 年年度报告

一、机构概况

（一）住房公积金管理委员会： 住房公积金管理委员会有 25 名委员，2017 年召开 2 次会议，审议通过的事项主要包括：《2016 年遂宁市住房公积金归集使用计划执行情况和增值收益分配方案》、《2017 年遂宁市住房公积金归集使用计划》、《2016 年遂宁市住房公积金年度公报》、《2016 年度遂宁市住房公积金稽核工作报告》、《四川省农村信用社联合社遂宁办事处关于批准辖区内农商行（农信社）成为住房公积金贷款受托行的请示》、《关于适当调整我市住房公积金贷款政策的建议》。

（二）**住房公积金管理中心**：住房公积金管理中心为市政府办代管的不以营利为目的的财政全额拨款事业单位，设6个科室，5个管理部。从业人员41人，其中，在编27人，非在编14人。

二、业务运行情况

（一）**缴存**：2017年，新开户单位135家，实缴单位2029家，净增单位－526家；新开户职工2.22万人，实缴职工11.91万人，净增职工0.17万人；缴存额15.29亿元，同比增长8.13%。2017年末，缴存总额75.67亿元，同比增长25.32%；缴存余额43.54亿元，同比增长17.20%。

受委托办理住房公积金缴存业务的银行6家，比上年增加1家。

（二）**提取**：2017年，提取额8.9亿元，同比增长39.21%；占当年缴存额的58.21%，比上年增加12.99个百分点。2017年末，提取总额32.12亿元，同比增长38.31%。

（三）**贷款**：

个人住房贷款：个人住房贷款最高额度40万元，其中，单缴存职工最高额度35万元，双缴存职工最高额度40万元。

2017年，发放个人住房贷款0.48万笔14.27亿元，同比分别增长11.40%、10.41%。

2017年，回收个人住房贷款4.97亿元。

2017年末，累计发放个人住房贷款2.93万笔61.97亿元，贷款余额41.76亿元，同比分别增长19.6%、29.92%、28.65%。个人住房贷款余额占缴存余额的95.91%，比上年增加8.52个百分点。

受委托办理住房公积金个人住房贷款业务的银行7家，比上年增加1家。

（四）**融资**：2017年，融资1.8亿元，归还1.6亿元。2017年末，融资总额2.6亿元，融资余额1亿元。

（五）**资金存储**：2017年末，住房公积金存款3.65亿元。其中，活期0.51亿元，1年以上定期1.33亿元，其他（协定）1.81亿元。

（六）**资金运用率**：2017年末，住房公积金个人住房贷款余额、项目贷款余额和购买国债余额的总和占缴存余额的95.91%，比上年增加8.52个百分点。

三、主要财务数据

（一）**业务收入**：2017年，业务收入13468.18万元，同比增长7.21%。存款利息1334.94万元，委托贷款利息12119.78万元，其他13.46万元。

（二）**业务支出**：2017年，业务支出6909.48万元，同比下降7.27%。支付职工住房公积金利息5927.92万元，委托贷款手续费605.99万元，其他375.57万元。

（三）**增值收益**：2017年，增值收益6558.7万元，同比增长28.32%。增值收益率1.65%，比上年增加0.32个百分点。

（四）**增值收益分配**：2017年，提取贷款风险准备金3360.7万元，提取管理费用398万元，提取城市廉租住房（公共租赁住房）建设补充资金2800万元。

2017年，上交财政管理费用310万元。上缴财政城市廉租住房（公共租赁住房）建设补充资金2000万元。

2017年末，贷款风险准备金余额14363.62万元。累计提取城市廉租住房（公共租赁住房）建设补充资金17550.18万元。

（五）管理费用支出：2017年，管理费用支出310万元，同比下降50.60%。其中，人员经费45.5万元，公用经费172.34万元，专项经费92.16万元。

四、资产风险状况

个人住房贷款：2017年末，个人住房贷款逾期额15万元，逾期率0.03‰。

个人贷款风险准备金按年度贷款余额的3.62%提取。2017年，提取个人贷款风险准备金3360.7万元，当年未使用个人贷款风险准备金核销呆坏账。2017年末，个人贷款风险准备金余额14363.62万元，占个人住房贷款余额的3.44%，个人住房贷款逾期额与个人贷款风险准备金余额的比率为0.1%。

五、社会经济效益

（一）缴存业务：2017年，实缴单位数同比下降20.59%、实缴职工人数和缴存额同比分别增长1.49%、8.13%。

缴存单位中，国家机关和事业单位占73.19%，国有企业占8.53%，城镇集体企业占0.79%，外商投资企业占0.74%，城镇私营企业及其他城镇企业占10.94%，民办非企业单位和社会团体占2.37%，其他占3.44%。

缴存职工中，国家机关和事业单位占62.1%，国有企业占17.89%，城镇集体企业占1.1%，外商投资企业占1.57%，城镇私营企业及其他城镇企业占12.78%，民办非企业单位和社会团体占1.51%，其他占3.05%；中、低收入占98.64%，高收入占1.36%。

新开户职工中，国家机关和事业单位占47.8%，国有企业占13.02%，城镇集体企业占1.85%，外商投资企业占1.92%，城镇私营企业及其他城镇企业占26.01%，民办非企业单位和社会团体占2.94%，其他占6.46%；中、低收入占100%，高收入占0%。

（二）提取业务：2017年，2.31万名缴存职工提取住房公积金8.9亿元。

提取金额中，住房消费提取占77.83%（购买、建造、翻建、大修自住住房占33.83%，偿还购房贷款本息占42.18%，租赁住房占1.82%）；非住房消费提取占22.17%（离休和退休提取占14.83%，完全丧失劳动能力并与单位终止劳动关系提取占0.04%，户口迁出本市或出境定居占1.29%，其他6.01%）。

提取职工中，中、低收入占99.99%，高收入占0.01%。

（三）贷款业务：

1. **个人住房贷款**：2017年，支持职工购建房57.71万平方米，年末个人住房贷款市场占有率为22.53%，比上年增加0.84个百分点。通过申请住房公积金个人住房贷款，可节约职工购房利息支出49452万元。

职工贷款笔数中，购房建筑面积90（含）平方米以下占37.28%，90~144（含）平方米占59.66%，144平方米以上占3.06%。购买新房79.98%，购买存量商品住房占20.02%。

职工贷款笔数中，单缴存职工申请贷款占29.65%，双缴存职工申请贷款占70.33%，三人及以上缴存职工共同申请贷款占0.02%。

贷款职工中，30 岁（含）以下占 35.02%，30 岁~40 岁（含 40）占 37.51%，40 岁~50 岁（含 50）占 21.92%，50 岁以上占 5.55%；首次申请贷款占 93.91%，二次及以上申请贷款占 6.09%；中、低收入占 99.17%，高收入占 0.83%。

2. **异地贷款**：2017 年，发放异地贷款 537 笔 15168.2 万元。2017 年末，发放异地贷款总额 58028.8 万元，异地贷款余额 49815.21 万元。

（四）**住房贡献率**：2017 年，个人住房贷款发放额、公转商贴息贷款发放额、项目贷款发放额、住房消费提取额的总和与当年缴存额的比率为 138.65%，比上年增加 14.32 个百分点。

六、其他重要事项

（一）**当年缴存贷款业务金融机构变更情况**：2017 年我市新增 1 家（遂宁农商银行）委托银行办理缴存贷款业务。

（二）**当年住房公积金政策调整及执行情况**：2017 年，我市住房公积金最高缴存基数为 13820 元/月，根据我市市平工资 4607 元/月的三倍来确定的，最低缴存基数为 1380 元/月，根据我市人力资源和社会保障局公布的最低工资标准来确定的，最高缴存比例为单位与个人各 12%，最低缴存比例为单位与个人各 5%；从 2017 年 8 月 1 日起，我市适当调整了贷款政策，根据遂宁市房金管函〔2017〕6 号通知要求，一是在房屋套数认定上，实行"认贷又认房；二是在贷款额度确定上，实行"贷款额度与职工家庭住房公积金账户余额挂钩"；三是适当降低异地缴存职工最高贷款限额；四是不向近五年内第三次及以上使用住房公积金贷款的职工家庭发放住房公积金贷款；五是对备案时间超过 12 个月的购房合同，不再受理住房公积金贷款申请。

（三）**当年服务改进情况**：2017 年，我市公积金贷款业务流程调整为银行网点受理。贷款人直接到相关委托银行提交申请资料，资料由银行进行初审后，通过网络系统发送到公积金中心复审，真正实现"一站式"服务。2017 年，中心建成集 12329 热线、短信、自助终端、门户网站、网上业务大厅、手机 APP、官方微信、微博八大渠道于一体的住房公积金综合服务平台，并顺利通过了部省两级检查验收，极大方便缴存职工足不出户办理公积金业务。

（四）**当年信息化建设情况**：2017 年，中心住房公积金业务系统在"贯标"基础上再次进行改造升级，基础数据进一步完善，各项功能进一步加强；中心官方网站重新改版，增设便民服务、党建工作栏目，完善政策法规介绍、及时更新工作动态，进一步推动政务公开，接受社会监督。

内江市住房公积金 2017 年年度报告

一、机构概况

（一）**住房公积金管理委员会**：住房公积金管理委员会有 17 名委员，2017 年召开 1 次会议，审议通过的事项主要包括：审议 2016 年年度报告、审议关于分配 2016 年增值收益的通知、审议关于下达 2017 年管理费用支出预算的通知。

（二）住房公积金管理中心：住房公积金管理中心为市政府委托财政局代管不以营利为目的的副县级事业单位，设4个处（科），5个管理部，0个分中心。从业人员80人，其中，在编50人，非在编30人。

二、业务运行情况

（一）缴存：2017年，新开户单位82家，实缴单位1980家，净增单位-33家；新开户职工0.9067万人，实缴职工12.50万人，净增职工0.4646万人；缴存额16.59亿元，同比下降10.43%。2017年末，缴存总额107.5亿元，同比增长18.26%；缴存余额58.36亿元，同比增长12.46%。

受委托办理住房公积金缴存业务的银行7家，比上年增加（减少）0家。

（二）提取：2017年，提取额10.13亿元，同比增长21.47%；占当年缴存额的61.05%，比上年增加16.03个百分点。2017年末，提取总额49.14亿元，同比增长25.98%。

（三）贷款：

个人住房贷款：个人住房贷款最高额度60万元，其中，单缴存职工最高额度40万元，双缴存职工最高额度60万元。

2017年，发放个人住房贷款0.4167万笔13.2亿元，同比分别下降10.79%、3.66%。2017年，回收个人住房贷款4.67亿元。

2017年末，累计发放个人住房贷款2.79万笔70.02亿元，贷款余额55.16亿元，同比分别增长17.56%、23.23%、18.29%。个人住房贷款余额占缴存余额的94.52%，比上年增加4.66个百分点。

受委托办理住房公积金个人住房贷款业务的银行5家，比上年增加0家。

（四）资金存储：2017年末，住房公积金存款6.85亿元。其中，活期2.35亿元，1年（含）以下定期4.32亿元，1年以上定期0.18亿元，其他（协定、通知存款等）0亿元。

（五）资金运用率：2017年末，住房公积金个人住房贷款余额、项目贷款余额和购买国债余额的总和占缴存余额的94.52%，比上年增加4.66个百分点。

三、主要财务数据

（一）业务收入：2017年，业务收入17433.08万元，同比增长3.93%。存款利息1040.89万元，委托贷款利息16390.96万元，国债利息0万元，其他1.23万元。

（二）业务支出：2017年，业务支出8788.04万元，同比增长26.99%。支付职工住房公积金利息7966.09万元，归集手续费2.05万元，委托贷款手续费819.9万元，其他0万元。

（三）增值收益：2017年，增值收益8645.04万元，同比增长0.02%。增值收益率1.56%，比上年减少0.51个百分点。

（四）增值收益分配：2017年，提取贷款风险准备金852.79万元，提取管理费用6600万元，提取城市廉租住房（公共租赁住房）建设补充资金1192.25万元。

2017年，上交财政管理费用6400万元。上缴财政城市廉租住房（公共租赁住房）建设补充资金1166.42万元。

2017年末，贷款风险准备金余额5516.22万元。累计提取城市廉租住房（公共租赁住房）建设补充资金3835.69万元。

（五）管理费用支出：2017年，管理费用支出2428.44万元，同比下降22.51%。其中，人员经费712.01万元，公用经费77.9万元，专项经费1638.53万元。

四、资产风险状况

个人住房贷款：2017年末，个人住房贷款逾期额0万元，逾期率0‰。

个人贷款风险准备金按贷款余额的1%提取。2017年，提取个人贷款风险准备金852.79万元，使用个人贷款风险准备金核销呆坏账0万元。2017年末，个人贷款风险准备金余额5516.22万元，占个人住房贷款余额的1%，个人住房贷款逾期额与个人贷款风险准备金余额的比率为0%。

五、社会经济效益

（一）缴存业务：2017年，实缴单位数、实缴职工人数和缴存额同比分别增长－1.64%、3.86%和－10.43%。

缴存单位中，国家机关和事业单位占76.62%，国有企业占2.83%，城镇集体企业占0.25%，外商投资企业占0.30%，城镇私营企业及其他城镇企业占11.62%，民办非企业单位和社会团体占1.52%，其他占6.86%。

缴存职工中，国家机关和事业单位占70.68%，国有企业占4.38%，城镇集体企业占0.03%，外商投资企业占1.22%，城镇私营企业及其他城镇企业占15.83%，民办非企业单位和社会团体占0.52%，其他占7.34%；中、低收入占90.87%，高收入占9.13%。

新开户职工中，国家机关和事业单位占54.49%，国有企业占2.78%，城镇集体企业占0.12%，外商投资企业占2.39%，城镇私营企业及其他城镇企业占14.8%，民办非企业单位和社会团体占2.09%，其他占23.33%；中、低收入占99.53%，高收入占0.47%。

（二）提取业务：2017年，3.8255万名缴存职工提取住房公积金10.13亿元。

提取金额中，住房消费提取占71.48%（购买、建造、翻建、大修自住住房占9.65%，偿还购房贷款本息占60.35%，租赁住房占1.48%，其他占0%）；非住房消费提取占28.52%（离休和退休提取占24.43%，完全丧失劳动能力并与单位终止劳动关系提取占0.1%，户口迁出本市或出境定居占1.48%，其他占2.51%）。

提取职工中，中、低收入占98.78%，高收入占1.22%。

（三）贷款业务：

1. **个人住房贷款**：2017年，支持职工购建房42.22万平方米，年末个人住房贷款市场占有率为19.62%，比上年减少10.38个百分点。通过申请住房公积金个人住房贷款，可节约职工购房利息支出19800万元。

职工贷款笔数中，购房建筑面积90（含）平方米以下占30.26%，90～144（含）平方米占67.43%，144平方米以上占2.31%。购买新房占90.06%（其中购买保障性住房占0%），购买存量商品住房占7.66%，建造、翻建、大修自住住房占0%，其他占2.28%。

职工贷款笔数中，单缴存职工申请贷款占33.07%，双缴存职工申请贷款占65.85%，三人及以上缴存职工共同申请贷款占1.08%。

贷款职工中，30岁（含）以下占36.67%，30岁～40岁（含）占29.93%，40岁～50岁（含）占

25.17%，50岁以上占8.23%；首次申请贷款占94.34%，二次及以上申请贷款占5.66%；中、低收入占99.52%，高收入占0.48%。

2. **异地贷款**：2017年，发放异地贷款106笔3274.3万元。2017年末，发放异地贷款总额12041.2万元，异地贷款余额10835.34万元。

（四）住房贡献率：2017年，个人住房贷款发放额、公转商贴息贷款发放额、项目贷款发放额、住房消费提取额的总和与当年缴存额的比率为123.17%。

六、其他重要事项

1. 2017年，内江市住房公积金管理中心机构职能无调整，内江市住房公积金管理中心于2017年1月调整住房公积金缴存基数，确定缴存基数上限为14979元/月，缴存基数下限为1380元/月，缴存比例为5%～12%，今年住房公积金贷款利率五年以下为2.75%，五年以上为3.25%。

2. 2017年，根据住房城乡建设部与省住房城乡建设厅的要求，综合服务平台八大渠道建设完成并逐步投入使用，顺利通过住房城乡建设部、住房城乡建设厅综合服务平台建设专家组的检查验收。优化了服务流程：服务平台上线运行后，客户资料的申报只需在各个楼盘或申请人家中，从网络终端便可自行申报填写，达到了足不出户就能在网上进行贷款申请资料的填报；贷款审批网络化：随着新平台的应用，中心个人贷款申请资料的审批流程达到了网络办公化，所有贷款申请的审批均在系统流程上完结，改变了原来的手工审批、来回跑路的办公现象，为办理贷款的人员提供了更大的便利；查询、咨询多样化：新平台开通了贷款流程网络自主查询功能，申请人可在家通过网络终端查询申请贷款的审批流程和还款情况，同时，贷款申请人也可以通过12329服务热线和微信公众号了解自己的相关信息。随着综合服务平台的上线，极大地提高了贷款业务的工作效率，优化了群众贷款流程，使贷款流程更加公开透明，提升中心的服务质量。

3. 按照省监管处要求，我市住房公积金管理中心异地转移业务成功接入住房城乡建设部组织开发的全国住房公积金异地转移接续平台，今后职工住房公积金由外地转入我市，或由我市转入异地无需职工个人再两地往返，实现了"账随人走、钱随账走"。

4. 新增三家商业银行通过住房城乡建设部结算应用平台与中心实现实时结算。

5. 内江市住房公积金管理中心2017年获得以下奖项："荣获省住房城乡建设厅2016年度住房城乡建设工作目标绩效考核二等奖"、"荣获省住房城乡建设厅2016年住房公积金缴存工作先进单位"、"荣获省住房城乡建设厅2016年住房公积金贷款无逾期先进单位"、"荣获省房协2016年度优秀管理部（威远县管理部）"、"荣获省房协2016年度优质服务窗口（市本级提取窗口）"

乐山市住房公积金2017年年度报告

一、机构概况

（一）住房公积金管理委员会：住房公积金管理委员会有19名委员，2017年召开1次会议。会议听取并审议通过了市住房公积金管理中心《关于 2016 年工作情况和 2017 年重点工作的报告》、《乐山市住房公积金 2016 年年度报告》、《2017 年乐山市住房公积金归集、使用、增值收益计划》；

（二）住房公积金管理中心：住房公积金管理中心为直属于市人民政府不以营利为目的的独立的事业单位，设 6 个科，11 个管理部，0 个分中心。从业人员 158 人，其中，在编 46 人，非在编 112 人。

二、业务运行情况

（一）缴存：2017 年，新开户单位 208 家，实缴单位 4757 家，净增单位 204 家；新开户职工 1.6341 万人，实缴职工 21.2788 万人，净增职工 0.5122 万人；缴存额 31.4142 亿元，同比增长 16.29%。2017 年末，缴存总额 205.8138 亿元，同比增长 18.01%；缴存余额 87.7861 亿元，同比增长 15.94%。

受委托办理住房公积金缴存业务的银行 9 家，比上年增加（减少）0 家。

（二）提取：2017 年，提取额 19.3463 亿元，同比增长 9.62%；占当年缴存额的 61.58%，比上年减少 3.77 个百分点。2017 年末，提取总额 118.0277 亿元，同比增长 19.60%。

（三）贷款：

个人住房贷款：个人住房贷款最高额度 50 万元，其中，单缴存职工最高额度 40 万元，双缴存职工最高额度 50 万元。

2017 年，发放个人住房贷款 0.5587 万笔 16.1110 亿元，同比分别下降 18.27%、5.69%。

2017 年，回收个人住房贷款 10.2451 亿元。

2017 年末，累计发放个人住房贷款 6.4478 万笔 127.4322 亿元，贷款余额 79.3083 亿元，同比分别增长 9.49%、14.47%、7.99%。个人住房贷款余额占缴存余额的 90.34%，比上年减少 6.65 个百分点。

受委托办理住房公积金个人住房贷款业务的银行 7 家，比上年增加（减少）0 家。

（四）资金存储：2017 年末，住房公积金存款 13.0060 亿元。其中，活期 0 亿元，1 年（含）以下定期 7.7000 亿元，1 年以上定期 0 亿元，其他（协定、通知存款等）5.3060 亿元。

（五）资金运用率：2017 年末，住房公积金个人住房贷款余额、项目贷款余额和购买国债余额的总和占缴存余额的 90.34%，比上年减少 6.65 个百分点。

三、主要财务数据

（一）业务收入：2017 年，业务收入 25756.52 万元，同比增长 8.51%。其中，存款利息 1007.57 万元，委托贷款利息 24748.02 万元，国债利息 0 万元，其他 0.93 万元。

（二）业务支出：2017 年，业务支出 13663.20 万元，同比增长 5.83%。其中，支付职工住房公积金利息 12266.08 万元，归集手续费 0 万元，委托贷款手续费 1255.91 万元，其他 141.21 万元。

（三）增值收益：2017 年，增值收益 12093.31 万元，同比增长 11.72%。增值收益率 1.47%，比上年减少 0.06 个百分点。

（四）增值收益分配：2017 年，提取贷款风险准备金 1759.78 万元，提取管理费用 2946.10 万元，提取城市廉租住房（公共租赁住房）建设补充资金 7387.43 万元。

2017 年，上交财政管理费用 2946.10 万元。上缴财政城市廉租住房（公共租赁住房）建设补充资金 7387.43 万元。

2017年末，贷款风险准备金余额16381.40万元。累计提取城市廉租住房（公共租赁住房）建设补充资金48318.17万元。

（五）管理费用支出：2017年，管理费用支出3467.18万元，同比增长60.25%。其中，人员经费1596.75万元，公用经费365.14万元，专项经费1505.29万元。

四、资产风险状况

个人住房贷款：2017年末，个人住房贷款逾期额20.29万元，逾期率0.026‰。

个人贷款风险准备金按当年增加贷款余额的3%提取。2017年，提取个人贷款风险准备金1759.78万元，使用个人贷款风险准备金核销呆坏账0万元。2017年末，个人贷款风险准备金余额16381.40万元，占个人住房贷款余额的2.07%，个人住房贷款逾期额与个人贷款风险准备金余额的比率为0.12%。

五、社会经济效益

（一）缴存业务：2017年，实缴单位数、实缴职工人数和缴存额同比分别增加4.48%、2.47%和16.29%。

缴存单位中，国家机关和事业单位占55.18%，国有企业占22.05%，城镇集体企业占1.05%，外商投资企业占4.75%，城镇私营企业及其他城镇企业占12.34%，民办非企业单位和社会团体占3.93%，其他占0.70%。

缴存职工中，国家机关和事业单位占48.80%，国有企业占22.62%，城镇集体企业占3.45%，外商投资企业占7.12%，城镇私营企业及其他城镇企业占14.64%，民办非企业单位和社会团体占2.08%，其他占1.29%；中、低收入占98.98%，高收入占1.02%。

新开户职工中，国家机关和事业单位占31.92%，国有企业占23.00%，城镇集体企业占3.51%，外商投资企业占7.56%，城镇私营企业及其他城镇企业占30.85%，民办非企业单位和社会团体占1.72%，其他占1.44%；中、低收入占99.27%，高收入占0.73%。

（二）提取业务：2017年，9.3907万名缴存职工提取住房公积金19.3463亿元。

提取金额中，住房消费提取占77.24%（购买、建造、翻建、大修自住住房占11.60%，偿还购房贷款本息占63.98%，租赁住房占1.15%，其他占0.51%）；非住房消费提取占22.76%（离休和退休提取占17.82%，完全丧失劳动能力并与单位终止劳动关系提取占3.54%，户口迁出本市或出境定居占0.66%，其他占0.74%）。

提取职工中，中、低收入占82.87%，高收入占17.13%。

（三）贷款业务：

1. 个人住房贷款：2017年，支持职工购建房55.61万平方米，年末个人住房贷款市场占有率为24.85%，比上年减少0.92个百分点。通过申请住房公积金个人住房贷款，可节约职工购房利息支出2675.20万元。

职工贷款笔数中，购房建筑面积90（含）平方米以下占40.79%，90～144（含）平方米占46.91%，144平方米以上占12.30%。购买新房占85.68%（其中购买保障性住房占0%），购买存量商品住房占14.30%，建造、翻建、大修自住住房占0%，其他占0.02%。

职工贷款笔数中，单缴存职工申请贷款占28.76%，双缴存职工申请贷款占67.85%，三人及以上缴存职工共同申请贷款占3.39%。

贷款职工中，30岁（含）以下占30.54%，30岁～40岁（含）占30.62%，40岁～50岁（含）占25.76%，50岁以上占13.08%；首次申请贷款占86.86%，二次及以上申请贷款占13.14%；中、低收入占98.76%，高收入占1.24%。

2. **异地贷款**：2017年，发放异地贷款556笔15412.80万元。2017年末，发放异地贷款总额62171.48万元，异地贷款余额52108.86万元。

(四) 住房贡献率：2017年，个人住房贷款发放额、公转商贴息贷款发放额、项目贷款发放额、住房消费提取额的总和与当年缴存额的比率为98.86%，比上年减少12.11个百分点。

六、其他重要事项

(一) 2017年住房公积金政策调整及执行情况：

1. **继续实行宽松的公积金贷款政策和开放异地贷款政策**。连续足额缴存公积金满六个月的职工可申请住房公积金个人住房贷款，最高贷款额度单职工为40万元、双职工为50万元。

2. **住房公积金存贷款利率仍然保持不变**：存款利率1.5%；贷款利率五年期以上为3.25%，五年期以下（含五年）为2.75%。

(二) 2017年推出便民新举措：

1. **进一步优化服务、简化手续**。公积金缴存单位经办人按月缴存公积金后可不再手工填制汇缴书，新系统可自动打印收缴通知书作为缴款凭证。

2. **开通"通兑"业务**。凡符合提取条件的职工，持本人身份证和提取手续到我市范围内的任意一个公积金办事窗口均可办理住房公积金提取业务；停止使用《乐山市住房公积金支取使用审批表》。

3. **开通住房公积金贷款"按月对冲还贷"新业务**。我市范围内任意一个公积金贷款窗口均可受理公积金贷款提前还款申请、银行账号变更、签订"按月对冲还贷协议"、变更共同还贷人等业务。

(三) 加快信息系统建设：住房公积金基础数据标准和接入全国住房公积金银行结算应用系统（简称"双贯标"）、综合服务平台建设通过了部、省检查验收。乐山公积金八个服务渠道已经全部升级上线运行（门户网站、网上业务大厅、12329服务热线、短信平台、手机APP、微信公众平台、自主终端、微博），基本实现了公积金业务的网络化管理。

(四) 持续开展打击骗提套取住房公积金行为的工作：在中心网站、微信公众号、官方微博上对经查实有骗提行为的数名职工进行了处理通报，并将涉嫌制造假资料骗提公积金的违法中介提交执法部门处理。

南充市住房公积金2017年年度报告

一、机构概况

(一) 住房公积金管理委员会：住房公积金管理委员会有26名委员，2017年召开一次会议，审议通过的事项主要包括：《南充市住房公积金 2016 年年度报告》、《关于县（市、区）参与住房公积金增值收益分配的报告》、《关于 2017 年度住房公积金缴存和使用计划的报告》、《关于 2016 年机构经费决算及 2017 年度机构经费预算的报告》等。

（二）**住房公积金管理中心**：住房公积金管理中心为直属市人民政府不以营利为目的的独立的全额拨款事业单位，设 7 个科，9 个管理部，从业人员 94 人，其中，在编 80 人，非在编 14 人。

二、业务运行情况

（一）**缴存**：2017 年，新开户单位 363 家，实缴单位 4672 家，净增单位 39 家；新开户职工 1.94 万人，实缴职工 21.65 万人，净增职工 0.65 万人；缴存额 32.35 亿元，同比增长 10.48%。2017 年末，缴存总额 177.37 亿元，同比增长 22.31%；缴存余额 77.95 亿元，同比增长 19.12%。

受委托办理住房公积金缴存业务的银行 6 家，比上年增加（减少）0 家。

（二）**提取**：2017 年，提取额 19.84 亿元，同比下降 3.97%；占当年缴存额的 61.33%，比上年减少 9.23 个百分点。2017 年末，提取总额 99.42 亿元，同比增长 24.93%。

（三）**贷款**：

1. **个人住房贷款**：个人住房贷款最高额度 40 万元，其中，单缴存职工最高额度 35 万元，双缴存职工最高额度 40 万元。

2017 年，发放个人住房贷款 0.56 万笔 15.98 亿元，同比分别下降 20.00%、18.84%。

2017 年，回收个人住房贷款 7.36 亿元。

2017 年末，累计发放个人住房贷款 5.29 万笔 103.85 亿元，贷款余额 71.78 亿元，同比分别增长 11.84%、18.19%、13.65%。个人住房贷款余额占缴存余额的 92.08%，比上年减少 4.44 个百分点。

受委托办理住房公积金个人住房贷款业务的银行 4 家，比上年增加（减少）0 家。

2. **住房公积金支持保障性住房建设项目贷款**：2017 年，发放支持保障性住房建设项目贷款 0 亿元，回收项目贷款 0 亿元。2017 年末，累计发放项目贷款 4.20 亿元，项目贷款余额 0 亿元。

（四）**资金存储**：2017 年末，住房公积金存款 7.31 亿元。其中，活期 0.03 亿元，1 年（含）以下定期 0 亿元，1 年以上定期 0 亿元，其他（协定、通知存款等）7.28 亿元。

（五）**资金运用率**：2017 年末，住房公积金个人住房贷款余额、项目贷款余额和购买国债余额的总和占缴存余额的 92.08%，比上年减少 4.44 个百分点。

三、主要财务数据

（一）**业务收入**：2017 年，业务收入 23420.47 万元，同比增长 13.93%。其中，存款利息 1132.23 万元，委托贷款利息 22286.17 万元，国债利息 0 万元，其他 2.07 万元。

（二）**业务支出**：2017 年，业务支出 10633.83 万元，同比增长 11.21%。其中，支付职工住房公积金利息 9589.75 万元，归集手续费 0 万元，委托贷款手续费 993.64 万元，其他 50.44 万元。

（三）**增值收益**：2017 年，增值收益 12786.64 万元，同比增长 16.29%。增值收益率 1.84%，比上年减少 0.03 个百分点。

（四）**增值收益分配**：2017年，提取贷款风险准备金7671.98万元，提取管理费用2333.23万元，提取城市廉租住房（公共租赁住房）建设补充资金2781.43万元。

2017年，上交财政管理费用2333.23万元。上缴财政城市廉租住房（公共租赁住房）建设补充资金0万元。

2017年末，贷款风险准备金余额35069.54万元。累计提取城市廉租住房（公共租赁住房）建设补充资金30067.11万元。

（五）**管理费用支出**：2017年，管理费用支出2047.50万元，同比增长18.16%。其中，人员经费1225.64万元，公用经费98.26万元，专项经费723.60万元。

四、资产风险状况

个人住房贷款：2017年末，个人住房贷款逾期额79.26万元，逾期率0.11‰。

个人贷款风险准备金按增值收益的60%提取。2017年，提取个人贷款风险准备金7671.98万元，使用个人贷款风险准备金核销呆坏账0万元。2017年末，个人贷款风险准备金余额35069.54万元，占个人住房贷款余额的4.89%，个人住房贷款逾期额与个人贷款风险准备金余额的比率为0.23%。

五、社会经济效益

（一）**缴存业务**：2017年，实缴单位数、实缴职工人数和缴存额同比分别增长0.84%、3.10%和10.48%。

缴存单位中，国家机关和事业单位占76.71%，国有企业占8.01%，城镇集体企业占0.41%，外商投资企业占0.68%，城镇私营企业及其他城镇企业占10.12%，民办非企业单位和社会团体占2.29%，其他占1.78%。

缴存职工中，国家机关和事业单位占69.55%，国有企业占17.72%，城镇集体企业占0.79%，外商投资企业占1.92%，城镇私营企业及其他城镇企业占7.65%，民办非企业单位和社会团体占0.64%，其他占1.73%；中、低收入占95.80%，高收入占4.20%。

新开户职工中，国家机关和事业单位占48.89%，国有企业占10.61%，城镇集体企业占0.99%，外商投资企业占4.79%，城镇私营企业及其他城镇企业占29.18%，民办非企业单位和社会团体占2.03%，其他占3.51%；中、低收入占99.34%，高收入占0.66%。

（二）**提取业务**：2017年，6.91万名缴存职工提取住房公积金19.84亿元。

提取金额中，住房消费提取占81.48%（购买、建造、翻建、大修自住住房占30.58%，偿还购房贷款本息占45.65%，租赁住房占2.25%，其他占3.00%）；非住房消费提取占18.52%（离休和退休提取占14.23%，完全丧失劳动能力并与单位终止劳动关系提取占3.03%，户口迁出本市或出境定居占0.57%，其他占0.69%）。

提取职工中，中、低收入占94.23%，高收入占5.77%。

（三）**贷款业务**：

1. **个人住房贷款**：2017年，支持职工购建房56.64万平方米，年末个人住房贷款市场占有率为17.75%，比上年减少0.58个百分点。通过申请住房公积金个人住房贷款，可节约职工购房利息支出

28276.93万元。

职工贷款笔数中,购房建筑面积90(含)平方米以下占29.90%,90~144(含)平方米占66.48%,144平方米以上占3.62%。购买新房占81.54%(其中购买保障性住房占0%),购买存量商品住房占18.46%,建造、翻建、大修自住住房占0%,其他占0%。

职工贷款笔数中,单缴存职工申请贷款占67.99%,双缴存职工申请贷款占32.01%,三人及以上缴存职工共同申请贷款占0%。

贷款职工中,30岁(含)以下占40.63%,30岁~40岁(含)占33.36%,40岁~50岁(含)占21.26%,50岁以上占4.75%;首次申请贷款占93.96%,二次及以上申请贷款占6.04%;中、低收入占97.11%,高收入占2.89%。

2. **异地贷款**:2017年,发放异地贷款701笔19042.90万元。2017年末,发放异地贷款总额73172.20万元,异地贷款余额61085.28万元。

3. **支持保障性住房建设试点项目贷款**:2017年末,累计试点项目4个,贷款额度4.20亿元,建筑面积47.60万平方米,可解决5676户中低收入职工家庭的住房问题。4个试点项目贷款资金已发放并还清贷款本息。

(四)**住房贡献率**:2017年,个人住房贷款发放额、公转商贴息贷款发放额、项目贷款发放额、住房消费提取额的总和与当年缴存额的比率为99.39%,比上年减少25.13个百分点。

六、其他重要事项

(一)**当年住房公积金政策调整及执行情况**:

1. **缴存比例及缴存基数限额**。全市住房公积金缴存比例为5%~12%,单位和个人同比例缴存。

最低限额不得低于本市上一年度职工最低月工资标准1380元。最高限额不得超过本市上一年度职工月平均工资的三倍,即13800元。

2. **当年提取政策调整**。2017年6月1日起停止执行《关于完善部分提取住房公积金业务操作的通知》(南公积金〔2015〕43号)"正常缴存10年以上,且从未使用住房公积金(提取、贷款)的缴存职工,为满足养房需求提取公积金"政策。

3. **当年贷款政策调整**。

(1)调整最高贷款额度:双缴存职工最高贷款限额为40万元;单缴存职工最高贷款限额为35万元。

(2)实行缴存时间和贷款额度挂钩:可贷额度=正常贷款额度×缴存时间系数。

(3)调整再次贷款间隔时间:再次申请住房公积金贷款时间必须与前次住房公积金贷款结清时间间隔一年(含一年)以上。

(4)调整提取和贷款额度挂钩:缴存职工本人及配偶可在贷款前提取住房公积金,提取的金额和申请的贷款金额之和不超过相应的贷款成数。

(5)调整最长贷款年限:住房公积金个人住房贷款最长贷款期限不超过30年。借款人申请贷款期限原则上不得超过其法定退休年限。

(6)停止商转公贷款业务:停止个人住房商业贷款转住房公积金个人贷款业务。

(二)当年服务改进情况：

1. **有效落实减证便民**。认真落实中央"放管服"精神，全面清理、精简相关证明材料。取消公积金提取和申请贷款由单位盖章，取消单身职工申请贷款的未婚证明，取消租房提取的收入证明等。

2. **搭建综合服务平台**。按照住房公积金综合服务平台建设要求，顺利通过部、省综合服务平台建设检查验收。按照市政府要求，将"12329"服务热线并入"12345"市民服务热线；开通手机APP、自助终端机、银行网银自助终端等多种查询方式；提供手机短信服务推送；开通微信公众号、政务微博，积极为民排忧解难，努力为缴存职工提供优质高效服务。

3. **统一中心对外标识**。为优化服务、提升形象，根据中心职能特点，设计制作了logo标识。

(三)当年信息化建设情况：

1. 大力推进中心正版化软件管理，积极改造更新软硬件，确保中心内网、与监管系统联网正常运行。全面完成中心业务系统改造升级。

2. 全面接入全国住房公积金异地转移接续平台，实现了"账随人走、钱随账走"，全年办结异地转移接续业务433笔。

3. 网上业务大厅建设取得实质性进展，10个试点单位通过网上大厅办理基数变更和日常缴存，所有缴存和贷款职工可通过网上大厅查询数据，下载和打印个人公积金信息。

(四)当年对违反《住房公积金管理条例》和相关法规行为进行行政处罚和申请人民法院强制执行情况：2017年强力开展打击遏制骗提套取专项整治活动，全年查实骗提行为50多人次，全部列入住房公积金失信"黑名单"，取消当事人五年内提取公积金和贷款申请资格，分别通过中心网站、媒体曝光，追回骗提资金160.80万元。当年向人民法院提起借贷民事诉讼12笔；当年共收回逾期贷款10笔182.80万元。

眉山市住房公积金2017年年度报告

一、机构概况

(一)**住房公积金管理委员会**：住房公积金管理委员会共25名委员，2017年召开两次会议，审议通过的事项主要包括：《眉山市住房公积金管理中心关于2016年工作情况和2017年工作计划的报告》、《2016年度收支情况报告》、《2016年增值收益分配方案报告》、《眉山市住房公积金2016年年度报告》、《关于增加成都农商银行眉山分行为业务合作银行的请示》、《关于2017年上半年工作情况和下半年工作计划的报告》、《关于对我市住房公积金政策进行部分调整的请示》、《关于增加仁寿农商银行和青神农商银行为业务合作银行的请示》。

(二)**住房公积金管理中心**：住房公积金管理中心为市政府直属不以营利为目的的自收自支事业单位，

设8个科室，7个管理部。从业人员83人，其中，在编48人，非在编35人。

二、业务运行情况

（一）**缴存**：2017年，新开户单位205家，实缴单位2938家，净增单位183家；新开户职工1.91万人，实缴职工13.25万人，净增职工1.6万人；缴存额20.76亿元，同比增长14.71%。2017年末，缴存总额110.42亿元，同比增长23.15%；缴存余额49.21亿元，同比增长12.85%。

受委托办理住房公积金缴存业务的银行2家，比上年增加（减少）0家。

（二）**提取**：2017年，提取额15.16亿元，同比增长32.52%；占当年缴存额的73.01%，比上年增加9.81个百分点。2017年末，提取总额61.21亿元，同比增长32.91%。

（三）**贷款**：

个人住房贷款：个人住房贷款最高额度35万元，其中，单缴存职工最高额度35万元，双缴存职工最高额度35万元。

2017年，发放个人住房贷款0.72万笔18.96亿元，同比分别增长12.73%、21.84%。

2017年，回收个人住房贷款6.34亿元。

2017年末，累计发放个人住房贷款4.00万笔81.82亿元，贷款余额59.51亿元，同比分别增长21.81%、30.16%、26.90%。个人住房贷款余额占缴存余额的120.93%，比上年增加13.39个百分点。

受委托办理住房公积金个人住房贷款业务的银行12家，比上年增加3家。

（四）**融资**：2017年，融资15.2亿元，归还8.5亿元。2017年末，融资总额22.55亿元，融资余额11.75亿元（未包含公转商融资额）。

（五）**资金存储**：2017年末，住房公积金存款1.48亿元。其中，活期0.03亿元，其他（协定、通知存款等）1.45亿元。

（六）**资金运用率**：2017年末，住房公积金个人住房贷款余额、项目贷款余额和购买国债余额的总和占缴存余额的120.93%，比上年增加13.39个百分点。

三、主要财务数据

（一）**业务收入**：2017年，业务收入17522.33万元，同比增长26.96%。其中，存款利息223.87万元，委托贷款利息17297.19万元，其他1.27万元。

（二）**业务支出**：2017年，业务支出10394.39万元，同比增长46.04%。其中，支付职工住房公积金利息6987.49万元，委托贷款手续费699.82万元，其他2707.08万元。

（三）**增值收益**：2017年，增值收益7127.94万元，同比增长6.65%。其中，增值收益率1.53%，比上年增加（减少）0个百分点。

（四）**增值收益分配**：2017年，提取贷款风险准备金1261.39万元，提取管理费用2696.89万元，提取城市廉租住房（公共租赁住房）建设补充资金3169.66万元。

2017年，上交财政管理费用2698.36万元。上缴财政城市廉租住房（公共租赁住房）建设补充资金4263.42万元。

2017年末，贷款风险准备金余额5950.95万元。累计提取城市廉租住房（公共租赁住房）建设补充

资金 25514.71 万元。

（五）管理费用支出：2017 年，管理费用支出 3049.62 万元，同比增长 46.07%。其中，人员经费 992.32 万元，公用经费 179 万元，专项经费 1878.30 万元。

四、资产风险状况

个人住房贷款：2017 年末，个人住房贷款逾期额 32.95 万元，逾期率 0.055‰。

个人贷款风险准备金按贷款余额的 1% 提取。2017 年，提取个人贷款风险准备金 1261.39 万元，使用个人贷款风险准备金核销呆坏账 0 万元。2017 年末，个人贷款风险准备金余额 5950.95 万元，占个人住房贷款余额的 1%，个人住房贷款逾期额与个人贷款风险准备金余额的比率为 0.55%。

五、社会经济效益

（一）缴存业务：2017 年，实缴单位数、实缴职工人数和缴存额同比分别增长 6.64%、13.69% 和 14.71%。

缴存单位中，国家机关和事业单位占 66.30%，国有企业占 8.24%，城镇集体企业占 0.85%，外商投资企业占 0.99%，城镇私营企业及其他城镇企业占 17.36%，民办非企业单位和社会团体占 2.14%，其他占 4.12%。

缴存职工中，国家机关和事业单位占 52.21%，国有企业占 19.74%，城镇集体企业占 1.82%，外商投资企业占 2.21%，城镇私营企业及其他城镇企业占 20.34%，民办非企业单位和社会团体占 1.15%，其他占 2.53%；中、低收入占 98.52%，高收入占 1.48%。

新开户职工中，国家机关和事业单位占 42.69%，国有企业占 10.07%，城镇集体企业占 1.42%，外商投资企业 2.87%，城镇私营企业及其他城镇企业占 36.83%，民办非企业单位和社会团体占 2.47%，其他占 3.65%；中、低收入占 99.58%，高收入占 0.42%。

（二）提取业务：2017 年，5.00 万名缴存职工提取住房公积金 15.16 亿元。

提取金额中，住房消费提取占 83.49%（购买、建造、翻建、大修自住住房占 36.08%，偿还购房贷款本息占 46.23%，租赁住房占 1.18%）；非住房消费提取占 16.51%（离休和退休提取占 12.09%，完全丧失劳动能力并与单位终止劳动关系提取占 2.88%，户口迁出本市或出境定居占 0.76%，其他占 0.78%）。

提取职工中，中、低收入占 99.91%，高收入占 0.09%。

（三）贷款业务：

1. 个人住房贷款：2017 年，支持职工购建房 69.63 万平方米，年末个人住房贷款市场占有率为 22.11%，比上年减少 10.13 个百分点。通过申请住房公积金个人住房贷款，可节约职工购房利息支出 31898.31 万元。

职工贷款笔数中，购房建筑面积 90（含）平方米以下占 46.08%，90～144（含）平方米占 48.8%，144 平方米以上占 5.12%。购买新房占 78.91%（其中购买保障性住房占 0%），购买存量商品住房占 21.09%。

职工贷款笔数中，单缴存职工申请贷款占 31.73%，双缴存职工申请贷款占 68.27%。

贷款职工中，30岁（含）以下占39.93%，30岁～40岁（含）占33.46%，40岁～50岁（含）占22.52%，50岁以上占4.09%；首次申请贷款占86.24%，二次及以上申请贷款占13.76%；中、低收入占99.46%，高收入占0.54%。

2. **异地贷款**：2017年，发放异地贷款1217笔31838.5万元。2017年末，发放异地贷款总额135855.30万元，异地贷款余额109365.60万元。

3. **公转商贴息贷款**：2017年未发放公转商贴息贷款，当年贴息额403.79万元。2017年末，累计发放公转商贴息贷款1743笔33045.89万元，累计贴息799.77万元。

（四）**住房贡献率**：2017年，个人住房贷款发放额、公转商贴息贷款发放额、项目贷款发放额、住房消费提取额的总和与当年缴存额的比率为152.29%，比上年增加6.79个百分点。

六、其他重要事项

（一）**当年机构及职能调整情况、受委托办理缴存贷款业务金融机构变更情况**：2017年，眉山市住房公积金管理中心贷款管理科正式成立，主要负责拟办理公积金贷款合作楼盘资料的审查、现场察看，负责贷后管理和逾期贷款的催收等工作；原东坡管理部更名为直属管理部，新增对全市住房公积金的归集、提取、贷款类业务进行统一审批的职能。

2017年新增加了成都农村商业银行股份有限公司眉山分行、四川仁寿农村商业银行股份有限公司、四川青神农村商业银行股份有限公司为住房公积金贷款业务经办银行。

（二）**当年住房公积金政策调整及执行情况**：

1. **当年缴存政策调整情况**：根据眉山市统计局提供的相关数据，2017年眉山市住房公积金缴存基数上限为上一年度全市城镇职工平均工资的3倍，即14223.75元/月，缴存基数下限1380元。缴存比例继续执行5%至12%不变，但经营困难的单位由职工代表大会或者工会讨论通过，经管理中心审核并报管委会批准后，可降低缴存比例，待经济效益好转后再恢复到原缴存比例。

2. **当年提取政策调整情况**：经眉山市住房公积金管理委员会2017年第二次全会审议通过，眉山市住房公积金管理中心印发《关于对住房公积金政策进行部分调整的通知》，从2017年10月1日起对提取政策作了两项调整：一是将"既提又贷"调整为"提或贷二选一"（职工在购房时只能在提取住房公积金付首付或申请住房公积金贷款上二选一）；二是取消除重大疾病提取外的非住房消费类提取（包括：缴存人及配偶、子女和双方父母遭遇重大自然灾害或交通事故，造成家庭严重生活困难的和职工享受眉山市城市居民最低生活保障二项提取）。

3. **当年贷款政策调整情况**：从2017年10月1日起，将住房公积金贷款政策"统一首付20%"调整为"差别化首付"：首套房期房和现房执行首付比例不低于20%；首套房是二手房的和二套房首付比例不低于30%；二套房是二手房的，首付比例不低于40%。

（三）**当年服务改进情况**：

1. **服务手段的变化**：继续深入推行网上缴存和按月提取。截至2017年年底，网厅业务缴存单位1980个，占全部缴存单位的67.4%；签订对冲还贷业务13868人次，签订商业贷款委托提取业务5930人次；成立审批中心，对全市业务进行集中审批，实现了全市范围内的通缴、通取、通贷。

2. **综合服务平台建设情况**：2017年3月初，住房公积金综合服务平台正式上线运行，6月下旬通过部省两级验收。截至 2017 年年底，官方微信关注人数 27059 人，官方微博关注数 242 人，微信公众号注册 14099 人，网厅注册 18076 人，手机 APP 注册 1119 人，12329 服务热线咨询总量 37558 个，其中人工接听 9826 人次。

3. **其他网络载体建设情况**：顺利接入全国住房公积金异地转移接续平台，并办理 276 笔异地转移接续业务；顺利接入省政府一体化政务服务平台并实现了信息查询。

（四）**当年信息化建设情况**：2017 年，对综合业务管理系统进行了进一步完善优化，上线了办公 OA、移动办公 APP、工单、稽核审计、决策分析等子系统和模块。按照人民银行征信管理有关要求，完成征信查询前置系统采购和安装，进一步规范了中心征信查询管理。

（五）**当年住房公积金管理中心及职工所获荣誉情况**：

1. **眉山市住房公积金管理中心所获荣誉情况**：眉山市住房公积金管理中心被四川省人社厅、四川省财政厅评为四川省会计工作先进集体；被四川省住房城乡建设厅评为 2016 年度住房城乡建设目标绩效考核公积金管理类一等奖；被眉山市委、市政府评为 2016 年度城镇化工作先进集体、第八届中国泡菜博览会先进集体、2016 年度建设"四支队伍"服务群众先进集体、2016 年度党务政务服务热线工作先进集体、2016 年"百园之市"大会战工作先进集体；中心党总支（原党支部）被眉山市直机关工委 2016 年度先进基层党组织。

2. **眉山市住房公积金管理中心职工所获荣誉情况**：李能辉、宋雅被市委、市政府评为 2016 年度主动作为创一流先进个人；王杰、胡迅被市委、市政府评为 2016 年度城镇化工作先进个人；陶炯嫦被市委、市政府评为 2016 年度统战工作先进个人；童斌被市委办、市政府办评为 2016 年度"走基层"暨干部直接联系服务群众工作先进个人；宋雅被市委办、市政府办评为 2016 年度审计工作先进个人；尹碧文被市政府办评为 2016 年度全市政府系统办公室工作先进个人。

宜宾市住房公积金 2017 年年度报告

一、机构概况

（一）**住房公积金管理委员会**：住房公积金管理委员会有 25 名委员，2017 年召开 1 次会议，审议通过《关于 2016 年度宜宾住房公积金制度执行情况报告》。

（二）**住房公积金管理中心**：住房公积金管理中心为直属宜宾市人民政府的不以营利为目的的自收自支事业单位，设 7 个科，11 个管理部，0 个分中心。从业人员 120 人，其中，在编 72 人，非在编 48 人。

二、业务运行情况

（一）**缴存**：2017 年，新开户单位 397 家，实缴单位 4281 家，净增单位 252 家；新开户职工 2.12 万人，实缴职工 23.76 万人，净增职工 0.39 万人；缴存额 39 亿元，同比增长 6.62%。2017 年末，缴存总额 245.36 亿元，同比增长 18.90%；缴存余额 116.59 亿元，同比增长 12.25%。

受委托办理住房公积金缴存业务的银行 9 家，比上年增加（减少）0 家。

（二）提取：2017 年，提取额 26.27 亿元，同比增长 25.80%；占当年缴存额的 67.36%，比上年增加 10.27 个百分点。2017 年末，提取总额 128.77 亿元，同比增长 25.63%。

（三）贷款：

个人住房贷款：个人住房贷款最高额度 50 万元，其中，单缴存职工最高额度 30 万元，双缴存职工最高额度 50 万元。

2017 年，发放个人住房贷款 0.97 万笔 30.60 亿元，同比分别增长 10.75%、16%。

2017 年，回收个人住房贷款 15.32 亿元。

2017 年末，累计发放个人住房贷款 10.02 万笔 181.25 亿元，贷款余额 111.07 亿元，同比分别增长 10.72%、20.32%、15.95%。个人住房贷款余额占缴存余额的 95.26%，比上年增加 3.03 个百分点。

受委托办理住房公积金个人住房贷款业务的银行 7 家，比上年减少 2 家。

（四）资金存储：2017 年末，住房公积金存款 7.74 亿元。其中，活期 0.11 亿元，1 年（含）以下定期 2.5 亿元，1 年以上定期 2.3 亿元，其他（协定、通知存款等）2.83 亿元。

（五）资金运用率：2017 年末，住房公积金个人住房贷款余额、项目贷款余额和购买国债余额的总和占缴存余额的 95.26%，比上年增加 3.03 个百分点。

三、主要财务数据

（一）业务收入：2017 年，业务收入 36370.82 万元，同比增长 6.14%。存款利息 3271.57 万元，委托贷款利息 33086.16 万元，国债利息 0 万元，其他 13.09 万元。

（二）业务支出：2017 年，业务支出 18471.07 万元，同比增长 3.04%。支付职工住房公积金利息 16779.73 万元，归集手续费 0 万元，委托贷款手续费 1656.23 万元，其他 35.11 万元。

（三）增值收益：2017 年，增值收益 17899.75 万元，同比增长 9.53%。增值收益率 1.62%，比上年减少 0.01 个百分点。

（四）增值收益分配：2017 年，提取贷款风险准备金 11107.22 万元，提取管理费用 3259.77 万元，提取城市廉租住房（公共租赁住房）建设补充资金 3532.76 万元。

2017 年，上交财政管理费用 3259.77 万元。上缴财政城市廉租住房（公共租赁住房）建设补充资金 3532.76 万元。

2017 年末，贷款风险准备金余额 61883.56 万元。累计提取城市廉租住房（公共租赁住房）建设补充资金 37733.85 万元。

（五）管理费用支出：2017 年，管理费用支出 3259.77 万元，同比增长 49.51%。其中，人员经费 1470.33 万元，公用经费 86.24 万元，专项经费 1703.20 万元。

市中心管理费用支出 3259.77 万元，其中，人员、公用、专项经费分别为 1470.33 万元、86.24 万元、1703.20 万元。

四、资产风险状况

个人住房贷款：2017 年末，个人住房贷款逾期额 12.97 万元，逾期率 0.02‰。

个人贷款风险准备金按贷款余额的1‰提取。2017年，提取个人贷款风险准备金11107.22万元，使用个人贷款风险准备金核销呆坏账0万元。2017年末，个人贷款风险准备金余额61883.56万元，占个人住房贷款余额的5.56%，个人住房贷款逾期额与个人贷款风险准备金余额的比率为0.02%。

五、社会经济效益

（一）**缴存业务**：2017年，实缴单位数、实缴职工人数和缴存额同比分别增长6.25%、1.69%和6.62%。

缴存单位中，国家机关和事业单位占50.22%，国有企业占40.27%，城镇集体企业占0.51%，外商投资企业占0%，城镇私营企业及其他城镇企业占1.40%，民办非企业单位和社会团体占1.10%，其他占6.50%。

缴存职工中，国家机关和事业单位占51.01%，国有企业占42.88%，城镇集体企业占0.29%，外商投资企业占0%，城镇私营企业及其他城镇企业占1.04%，民办非企业单位和社会团体占0.92%，其他占3.86%；中、低收入占99.50%，高收入占0.5%。

新开户职工中，国家机关和事业单位占51.01%，国有企业占42.88%，城镇集体企业占0.29%，外商投资企业占0%，城镇私营企业及其他城镇企业占1.03%，民办非企业单位和社会团体占0.94%，其他占3.85%；中、低收入占99.88%，高收入占0.12%。

（二）**提取业务**：2017年，9.5万名缴存职工提取住房公积金26.27亿元。

提取金额中，住房消费提取占78.57%（购买、建造、翻建、大修自住住房占16.22%，偿还购房贷款本息占75.66%，租赁住房占2.35%，其他占5.77%）；非住房消费提取占21.43%（离休和退休提取占65.29%，完全丧失劳动能力并与单位终止劳动关系提取占0%，户口迁出本市或出境定居占2.92%，其他占31.79%）。

提取职工中，中、低收入占99.54%，高收入占0.46%。

（三）**贷款业务**：

1. **个人住房贷款**：2017年，支持职工购建房100.17万平方米，年末个人住房贷款市场占有率为26.14%，比上年减少2.2个百分点。通过申请住房公积金个人住房贷款，可节约职工购房利息支出80385.20万元。

职工贷款笔数中，购房建筑面积90（含）平方米以下占27.75%，90~144（含）平方米占69.18%，144平方米以上占3.07%。购买新房占87.02%（其中购买保障性住房占3.08%），购买存量商品住房占12.98%，建造、翻建、大修自住住房占0%，其他占0%。

职工贷款笔数中，单缴存职工申请贷款占26.73%，双缴存职工申请贷款占73.27%，三人及以上缴存职工共同申请贷款占0%。

贷款职工中，30岁（含）以下占36.29%，30岁~40岁（含）占32.45%，40岁~50岁（含）占25.67%，50岁以上占5.59%；首次申请贷款占26.71%，二次及以上申请贷款占73.29%；中、低收入占99.96%，高收入占0.04%。

2. **异地贷款**：2017年，发放异地贷款143笔4013.10万元。2017年末，发放异地贷款总额41836.10万元，异地贷款余额6573.42万元。

(四) **住房贡献率**：2017年，个人住房贷款发放额、公转商贴息贷款发放额、项目贷款发放额、住房消费提取额的总和与当年缴存额的比率为131.38%，比上年增加15.58个百分点。

六、其他重要事项

(一) **住房公积金存贷业务金融机构变化情况**：2017年撤销住房公积金金融机构账户3个，分别是邮储银行结算账户、兴业银行结算账户、交通银行结算账户。暂停兴业银行、交通银行贷款业务的办理。归集业务仍由9家银行办理，无改变，分别是工商银行、农业银行、建设银行、中国银行、商业银行、兴业银行、交通银行、中信银行、邮储银行。

(二) **当年住房公积金政策调整及执行情况**：

1. **缴存比例及缴存基数限额**。现有4281个缴存单位均严格执行《住房公积金管理条例》的规定，单位和个人缴存比例均未超过12%，没有低于5%的情况。我市最高月缴存基数为16982元，最低为1380元。

2. **提取政策调整情况**。目前提取业务种类16种，2017年11月新增"既有住宅增设电梯提取住房公积金"业务，2018年正式执行。

3. **个人住房贷款最高贷款额度、贷款条件等贷款政策调整情况**。住房公积金最高贷款额度，双职工50万，单职工30万。连续正常足额缴存6个月，可申请公积金贷款，最长贷款年限不超过30年。

4. **住房公积金存贷款利率执行标准**。严格执行人民银行、住房城乡建设部、财政部《关于完善职工住房公积金账户存款利率形成机制通知》，公积金存款利率统一按一年定期存款基准利率执行，目前为1.5%。个人住房公积金贷款利率五年以下（含五年）2.75%，五年以上3.25%。

(三) **当年服务改进情况**：按照住房城乡建设部和省住房城乡建设厅的要求，有序推进我市综合服务平台建设工作。中心对照《住房公积金综合服务平台建设导则》，在全面查找服务渠道、业务功能、管理等方面差距的基础上，明确住房公积金综合服务平台建设以服务缴存职工为宗旨，以提高服务质量、依托"互联网"与"移动互联网"拓展服务渠道为目标，新建网上办事大厅、手机APP、微信、微博4个服务渠道，完成了对8个服务渠道的统一管理，实现了数据共享。住房公积金综合服务平台的建设运用"互联网+公积金"技术，拓展了服务渠道，方便了群众办事，提高了服务效能和管理水平，使我市住房公积金管理有了较大的提升，社会效益初步体现。

(四) **信息化建设情况**：

1. **信息系统升级改造情况**。市公积金中心信息系统升级改造按照统一规划、分步实施的原则，于2016年9月正式上线运行，综合服务平台于2017年12月初步建成。新一代住房公积金信息管理系统上线运行，使我市住房公积金管理有了较大的提升，实现单位、职工、社会"三满意"，社会效益初步显现。

2. **基础数据标准贯彻落实和结算应用系统接入情况**。市公积金中心信息系统按照住房城乡建设部《住房公积金基础数据标准》进行开发，并成功接入全国"住房公积金银行结算数据应用系统"，于2016年12月通过部、省两级检查验收。

(五) **当年住房公积金管理中心及职工所获荣誉情况**：当年主要获得以下荣誉：

1. 市公积金中心继续保持省级文明单位称号。

2. 市公积金中心业务大厅继续保持省级、市级青年文明号称号。

3. 市公积金中心获得市委表彰的县级党政领导班子落实党风廉政建设责任制考核先进单位、省房协住房公积金分会优质服务窗口、市政府12345市民服务平台办理工作先进单位、市委党委信息工作优秀单位、市政府政务信息工作先进单位等市级以上先进集体称号12项，19人被评为先进个人。

（六）当年对违反《住房公积金管理条例》和相关法规行为进行行政处罚和申请人民法院强制执行情况： 2017年，中心向207家非公企业寄送了《催建催缴》及《整改通知书》。中心大力打击骗提、骗贷、套取住房公积金行为，全市查处公积金骗提87笔，涉及金额191.88万元。按照规定，对发现的骗提、骗贷、套取住房公积金行为，除责令退回所提款项外，通报有关单位，并移送执法执纪机关处理。

广安市住房公积金2017年年度报告

一、机构概况

（一）住房公积金管理委员会： 住房公积金管理委员会有24名委员，2017年召开2次会议，审议通过2017年度住房公积金归集、使用计划执行情况，并对其他重要事项进行决策，主要包括（审议通过《广安市住房公积金2016年年度报告》和调整广安市住房公积金管理委员会组成人员。

（二）住房公积金管理中心： 住房公积金管理中心为直属于市政府不以营利为目的的独立的事业单位，设4个科，6个管理部。从业人员48人，其中，在编32人，非在编16人。

二、业务运行情况

（一）缴存： 2017年，新开户单位168家，实缴单位2764家，净增单位156家；新开户职工0.27万人，实缴职工10.42万人，净增职工0.22万人；缴存额15.87亿元，同比增长14.97%。2017年末，缴存总额79.86亿元，同比增长24.80%；缴存余额31.81亿元，同比增长28.26%。

受委托办理住房公积金缴存业务的银行7家，较上年无变化。

（二）提取： 2017年，提取额8.86亿元，同比增长83.14%；占当年缴存额的55.83%，比上年增加20.78个百分点。2017年末，提取总额48.05亿元，同比增长22.61%。

（三）贷款：

个人住房贷款：个人住房贷款最高额度50万元，其中，单缴存职工最高额度50万元，双缴存职工最高额度50万元。

2017年，发放个人住房贷款0.27万笔8.68亿元，同比分别增长1.97%、8.39%。

2017年，回收个人住房贷款2.27亿元。

2017年末，累计发放个人住房贷款1.46万笔34.28亿元，贷款余额26.22亿元，同比分别增长23.19%、33.92%、32.34%。个人住房贷款余额占缴存余额的82.43%，比上年增加2.54个百分点。

受委托办理住房公积金个人住房贷款业务的银行 4 家,较上年无变化。

(四)**资金存储**:2017 年末,住房公积金存款 9.93 亿元。其中,活期 0.28 亿元,1 年(含)以下定期 4.1 亿元,1 年以上定期 0.81 亿元,其他(协定、通知存款等)4.74 亿元。

(五)**资金运用率**:2017 年末,住房公积金个人住房贷款余额、项目贷款余额和购买国债余额的总和占缴存余额的 82.43%,比上年增加 2.54 个百分点。

三、主要财务数据

(一)**业务收入**:2017 年,业务收入 8495.50 万元,同比增长 37.75%。其中,存款利息 1160.60 万元,委托贷款利息 7333.16 万元,国债利息 0 万元,其他 1.74 万元。

(二)**业务支出**:2017 年,业务支出 5264.06 万元,同比增长 35.17%。其中,支付职工住房公积金利息 4866.99 万元,归集手续费 0 万元,委托贷款手续费 358.8 万元,其他 38.27 万元。

(三)**增值收益**:2017 年,增值收益 3231.44 万元,同比增长 42.17%。其中,增值收益率 1.15%,比上年减少 0.03 个百分点。

(四)**增值收益分配**:2017 年,提取贷款风险准备金 1281.56 万元,提取管理费用 858.39 万元,提取城市廉租住房(公共租赁住房)建设补充资金 1091.49 万元。

2017 年,上交财政管理费用 621.02 万元。上缴财政城市廉租住房(公共租赁住房)建设补充资金 157.18 万元。

2017 年末,贷款风险准备金余额 6591.52 万元。累计提取城市廉租住房(公共租赁住房)建设补充资金 12129.08 万元。

(五)**管理费用支出**:2017 年,管理费用支出 930.55 万元,同比增长 151.52%。其中,人员经费 333.74 万元,公用经费 107.54 万元,专项经费 489.27 万元。

四、资产风险状况

个人住房贷款:2017 年末,个人住房贷款逾期额 74.83 万元,逾期率 0.28‰。

个人贷款风险准备金按(贷款余额 64078.03)的 2% 提取。2017 年,提取个人贷款风险准备金 1281.56 万元,使用个人贷款风险准备金核销呆坏账 0 万元。2017 年末,个人贷款风险准备金余额 6591.52 万元,占个人住房贷款余额的 2.51%,个人住房贷款逾期额与个人贷款风险准备金余额的比率为 1.14%。

五、社会经济效益

(一)**缴存业务**:2017 年,实缴单位数、实缴职工人数和缴存额同比分别增长 5.98%、2.15% 和 14.97%。

缴存单位中,国家机关和事业单位占 80.32%,国有企业占 11.18%,城镇集体企业占 0.47%,外商投资企业占 1.66%,城镇私营企业及其他城镇企业占 5.47%,民办非企业单位和社会团体占 0.91%,其他占 0%。

缴存职工中,国家机关和事业单位占 72.89%,国有企业占 14.90%,城镇集体企业占 0.45%,外商投资企业占3.50%,城镇私营企业及其他城镇企业占7.82%,民办非企业单位和社会团体占0.44%,其他占0%;中、低收入占92.00%,高收入占8.00%。

新开户职工中,国家机关和事业单位占70.43%,国有企业占12.54%,城镇集体企业占0.67%,外商投资企业占2.24%,城镇私营企业及其他城镇企业占7.62%,民办非企业单位和社会团体占6.49%,其他占0%;中、低收入占93.23%,高收入占6.77%。

(二)提取业务:2017年,3.54万名缴存职工提取住房公积金8.86亿元。

提取金额中,住房消费提取占85.62%(购买、建造、翻建、大修自住住房占45.33%,偿还购房贷款本息占34.04%,租赁住房占6.26%,其他占0%);非住房消费提取占14.38%(离休和退休提取占11.46%,完全丧失劳动能力并与单位终止劳动关系提取占1.55%,户口迁出本市或出境定居占0.29%,其他占1.08%)。

提取职工中,中、低收入占58.77%,高收入占41.23%。

(三)贷款业务:

1. 个人住房贷款:2017年,支持职工购建房27.13万平方米,年末个人住房贷款市场占有率为9.48%,比上年减少1.37个百分点。通过申请住房公积金个人住房贷款,可节约职工购房利息支出1782.36万元。

职工贷款笔数中,购房建筑面积90(含)平方米以下占21.60%,90~144(含)平方米占74.70%,144平方米以上占2.70%。购买新房占81.73%(其中购买保障性住房占0.59%),购买存量商品住房占18.27%,建造、翻建、大修自住住房占0%,其他占0%。

职工贷款笔数中,单缴存职工申请贷款占39.91%,双缴存职工申请贷款占58.41%,三人及以上缴存职工共同申请贷款占1.68%。

贷款职工中,30岁(含)以下占25.21%,30岁~40岁(含)占47.87%,40岁~50岁(含)占26.19%,50岁以上占0.6%;首次申请贷款占89.14%,二次及以上申请贷款占10.86%;中、低收入占78.27%,高收入占21.73%。

2. 异地贷款:2017年,发放异地贷款779笔21954万元。2017年末,发放异地贷款总额32,497万元,异地贷款余额20,169.38万元。

(四)住房贡献率:2017年,个人住房贷款发放额、公转商贴息贷款发放额、项目贷款发放额、住房消费提取额的总和与当年缴存额的比率为102.52%,比上年增加18.75个百分点。

六、其他重要事项

(一)缴存贷款业务金融机构变更情况:本市受委托办理住房公积金缴存业务的银行7家,受委托办理住房公积金个人住房贷款业务的银行4家,与上年无变化。2017年按照省市"零余额存款账户,资金集中管理"要求,对管理部开设的银行存款账户再次进行清理销户,由市中心集中管理资金,统筹安排。

(二)当年缴存基数限额及确定方法、缴存比例调整情况:2017年度,广安市缴存基数限额是根据广安市统计局公布的2016年就业人员平均工资的公告确定,最低限额为1380元,最高限额为12014元;缴存基数的确定以本市统计局发布的《关于工资总额组成的规定》中相关内容为准;缴存比例为12%。

(三)当年住房公积金存贷款利率调整及执行情况:2017年,我市住房公积金贷款利率延续按照住房城乡建设部《关于按照中国人民银行规定实施住房公积金存贷款利率调整的通知》（川建金发〔2015〕606号）的文件规定执行：五年期（含）以下住房公积金贷款利率2.75%、五年期以上住房公积金贷款利率3.25%。存款利率按照中国人民银行、住房城乡建设部、财政部印发《关于完善职工住房公积金账户存款利率形成机制的通知》执行：职工住房公积金账户存款利率，按一年期定期存款基准利率1.5%执行。

（四）当年住房公积金政策调整及执行情况：2017年7月，中心按照省住房城乡建设厅整改要求和管委会（广金管函〔2017〕54号）文件决定，自2017年8月1日起，全市取消装修提取政策。

（五）服务改进情况：按照"工业流程"工作法，对公积金归集、提取、贷款按业务办理的先后顺序制作流程图，明确每一环节具体要求，确保每一步骤操作规程一目了然，高效推进。一是采取多种宣传措施，加强住房公积金的归集。二是按规定提取，有效地释放住房消费刚性需求，减轻公积金缴存户的购房和还贷压力。三是委托银行发放住房公积金贷款，满足缴存职工的购房资金需求，推动广安房地产市场健康平稳发展。四是强化中心服务窗口建设，以专业的工作标准为群众提供优良服务，大力弘扬创先争优意识，把服务作为一种责任，把优秀作为一种习惯。强化中心咨询处理能力。完善来电咨询处理流程，强化主任信箱、市长信箱等网上信访系统及政府服务热线来电的办理，持续保持办结率、满意率100%，做到事事有落实、件件有回音。

（六）信息化建设情况：紧紧围绕党的十九大提出的新思想、新目标，增进民生福祉，创新工作方式，努力实现"让数据多跑路，群众少跑腿"的工作目标，贯彻共享发展理念的时代要求，深化"互联网＋住房公积金服务"，开通了12329热线、短信、网厅、微信、手机APP、查询机等多种服务平台，广安公积金已于今年7月正式接入全国公积金异地转移接续平台，实现了信息实时传递。2017年12月，中心"贯标"工作、综合服务平台建设工作顺利通过住房城乡建设部、省住房城乡建设厅检查组验收，标志着我市住房公积金信息化建设基本达到国家行业标准规范，公积金管理工作迈上新台阶。

（七）中心获得荣誉情况：2017年，中心成功创建广安市市级"青年文明号"、成功申报"巾帼文明岗"殊荣。

达州市住房公积金2017年年度报告

一、机构概况

（一）住房公积金管理委员会：达州市住房公积金管理委员会有25名委员，2017年召开2次会议，审议通过的事项主要包括：《达州市住房公积金2016年年度报告》《关于规范和阶段性适当降低住房公积金缴存比例的实施意见的请示》《达州市住房公积金失信黑名单管理办法》和部分缴存单位调整缴存比例、暂缓缴存住房公积金的请示等内容。

（二）住房公积金管理中心：达州市住房公积金管理中心为市政府直属的不以营利为目的的自收自支事业单位，设7个科室，6个管理部。从业人员81人，其中，在编51人，非在编30人。

二、业务运行情况

（一）**缴存**：2017年，新开户单位137家，实缴单位3701家，净增单位137家；新开户职工0.10万人，实缴职工17.96万人，净增职工0.07万人；缴存额28.07亿元，同比增长17.30%。2017年末，缴存总额150.03亿元，同比增长23.02%；缴存余额75.83亿元，同比增长18.48%。

受委托办理住房公积金缴存业务的银行9家，比上年增加0家。

（二）**提取**：2017年，提取额16.24亿元，同比增长7.05%；占当年缴存额的57.86%，比上年（减少）5.53个百分点。2017年末，提取总额74.20亿元，同比增长28.02%。

（三）**贷款**：

个人住房贷款最高额度50万元，其中，单缴存职工最高额度40万元，双缴存职工最高额度50万元。

2017年，发放个人住房贷款0.67万笔19.80亿元，同比分别增长11.34%、14.19%。2017年，回收个人住房贷款4.63亿元。

2017年末，累计发放个人住房贷款3.16万笔73.72亿元，贷款余额58.13亿元，同比分别增长26.91%、36.72%、35.31%。个人住房贷款余额占缴存余额的76.66%，比上年增加9.54个百分点。

受委托办理住房公积金个人住房贷款业务的银行9家，比上年增加0家。

（四）**融资**：2017年，融资1.00亿元，归还1.00亿元。2017年末，融资总额2.599亿元，融资余额0亿元。

（五）**资金存储**：2017年末，住房公积金存款18.75亿元。其中，活期1.00亿元，1年（含）以下定期11.71亿元，1年以上定期2.98亿元，其他（协定、通知存款等）3.06亿元。

（六）**资金运用率**：2017年末，住房公积金个人住房贷款余额、项目贷款余额和购买国债余额的总和占缴存余额的76.66%，比上年增加9.54个百分点。

三、主要财务数据

（一）**业务收入**：2017年，业务收入20841.14万元，同比增长4.22%。其中，存款利息4764.96万元，委托贷款利息16074.65万元，国债利息0万元，其他1.54万元。

（二）**业务支出**：2017年，业务支出10588.02万元，同比增长28.06%。支付职工住房公积金利息9601.72万元，归集手续费0万元，委托贷款手续费802.55万元，其他183.75万元。

（三）**增值收益**：2017年，增值收益10253.12万元，同比下降12.59%。增值收益率1.48%，比上年减少0.55个百分点。

（四）**增值收益分配**：2017年，提取贷款风险准备金1517.40万元，提取管理费用1499.90万元，提取城市廉租住房（公共租赁住房）建设补充资金7235.83万元。

2017年，上交财政管理费用1499.90万元。上缴财政城市廉租住房（公共租赁住房）建设补充资金6333.62万元。

2017年末，贷款风险准备金余额14762.99万元。累计提取城市廉租住房（公共租赁住房）建设补充资金43879.40万元。

（五）**管理费用支出**：2017年，管理费用支出1366.73万元，同比增长26.02%。其中，人员经费

622.09万元,公用经费115.32万元,专项经费629.32万元。

四、资产风险状况

个人住房贷款:2017年末,个人住房贷款逾期额0万元,逾期率0‰。

个人贷款风险准备金按当年新增贷款余额的1‰提取。2017年,提取个人贷款风险准备金1517.40万元,使用个人贷款风险准备金核销呆坏账0万元。2017年末,个人贷款风险准备金余额14762.99万元,占个人住房贷款余额的2.54%,个人住房贷款逾期额与个人贷款风险准备金余额的比率为0%。

五、社会经济效益

(一)缴存业务:2017年,实缴单位数、实缴职工人数和缴存额同比分别增长3.84%、0.39%和17.30%。

缴存单位中,国家机关和事业单位占84.89%,国有企业占3.5%,城镇集体企业占5.58%,外商投资企业占0.06%,城镇私营企业及其他城镇企业占3.05%,民办非企业单位和社会团体占0.9%,其他占2.02%。

缴存职工中,国家机关和事业单位占70.93%,国有企业占6.59%,城镇集体企业占18.49%,外商投资企业占0.11%,城镇私营企业及其他城镇企业占2.45%,民办非企业单位和社会团体占0.37%,其他占1.06%;中、低收入占98.27%,高收入占1.73%。

新开户职工中,国家机关和事业单位占64.62%,国有企业占3.45%,城镇集体企业占18.03%,外商投资企业占0.22%,城镇私营企业及其他城镇企业占8.67%,民办非企业单位和社会团体占1.99%,其他占3.02%;中、低收入占100%,高收入占0%。

(二)提取业务:2017年,5.37万名缴存职工提取住房公积金16.24亿元。

提取金额中,住房消费提取占72.43%(购买、建造、翻建、大修自住住房占18.72%,偿还购房贷款本息占45.34%,租赁住房占3.61%,其他占4.76%);非住房消费提取占27.57%(离休和退休提取占17.12%,完全丧失劳动能力并与单位终止劳动关系提取占3.30%,户口迁出本市或出境定居占1.15%,其他占6.00%)。

提取职工中,中、低收入占97.89%,高收入占2.11%。

(三)贷款业务:

1. 个人住房贷款:2017年,支持职工购建房64.29万平方米,年末个人住房贷款市场占有率为19.86%,比上年减少11.19个百分点。通过申请住房公积金个人住房贷款,可节约职工购房利息支出28272.92万元。

职工贷款笔数中,购房建筑面积90(含)平方米以下占40.12%,90~144(含)平方米占57.87%,144平方米以上占2.01%。购买新房占59.58%(其中购买保障性住房占0%),购买存量商品住房占14.51%,建造、翻建、大修自住住房(改善性)占24.56%,其他占1.35%。

职工贷款笔数中,单缴存职工申请贷款占29.89%,双缴存职工申请贷款占70.11%,三人及以上缴存职工共同申请贷款占0%。

贷款职工中,30岁(含)以下占34.73%,30岁~40岁(含)占34.49%,40岁~50岁(含)占

24.73%，50岁以上占6.05%；首次申请贷款占96%，二次及以上申请贷款占4%；中、低收入占99%，高收入占1%。

2. **异地贷款**：2017年，发放异地贷款693笔20101.10万元。2017年末，发放异地贷款总额62263.8万元，异地贷款余额50851.12万元。

（四）住房贡献率：2017年，个人住房贷款发放额、公转商贴息贷款发放额、项目贷款发放额、住房消费提取额的总和与当年缴存额的比率为112.43%，比上年降低10.09个百分点。

六、其他重要事项

（一）当年住房公积金政策执行情况：

1. **缴存**。当年职工缴存基数按其本人上一年度的月平均工资计算，住房公积金最低缴存基数不得低于1380元，最高不能超过11571元，单位与职工个人应为同比例缴存，缴存比例范围为5～12%之间。

2. **提取**。继续执行上年相关政策，可办理"购买、建造、翻建、大修自住住房的；偿还购房贷款余额本息的；租住住房的；享受城镇最低生活保障的；缴存人本人、配偶及其直属亲属因重大疾病或其它突发事件等造成家庭生活严重困难的；旧房安装电梯的；子女购房的；缴存职工家庭困难，子女当年考取国家承认学历的高等院校的；支付购房首付款的；离（退）休的；出国（境）定居的；死亡或者被宣告死亡的；与所在单位终止或者解除劳动关系的；缴存人调离本市的"等14项提取。

3. **贷款**。继续执行上年相关政策，支持办理达州购新建商品房、异地购新建商品房、达州市购再交易房、异地购再交易房、商业贷款转公积金贷款等五个贷款品种。购买商品房、再交易房贷款最高限额为40万元，夫妻双方均按时足额缴存住房公积金且贷款购买同一套住房的，贷款最高限额放宽到50万元。

4. **存贷款利率执行标准**。缴存职工公积金按一年期定期存款基准利率1.5%执行，贷款利率1～5年（含5年）的按2.75%执行，5～30年（含30年）的按3.25%执行。

（二）当年服务改进情况：

1. **增加自助服务终端**。提供自助办理查询住房公积金个人信息、向公积金中心提建议、重置住房公积金查询密码等服务。

2. **启用电子印章**。通过自助服务终端、网厅等服务端自助打印的个人住房公积金明细、缴存证明等均带电子印章，职工无需再到中心盖鲜章。

3. **放宽办理提取业务提供的银行卡类型**。不再限制只能使用住房公积金联名卡办理提取转账，职工只需提供与我中心签约合作的任何一家本地银行办理的Ⅰ类卡即可办理转账。

4. **开通网上服务大厅**。缴存单位、缴存职工、开发商可在服务大厅直接办理部分业务。

5. **接入全国住房公积金异地转移接续平台**。缴存职工可直接通过该平台在我市住房公积金中心办理跨省、跨市公积金转入和转出，无需再前往原单位所在省、市住房公积金中心，打破传统住房公积金跨省、跨市转移地域限制。

6. **综合服务平台建成**。综合服务平台八大服务渠道相继开通，于当年11月通过部、省两级检查验收。

（三）当年住房公积金管理中心及职工所获荣誉情况：获得省级表彰13个，其中：先进单位3项、先进个人7名、优秀管理部1个、优质服务窗口1个、优秀专家1名；获得市级表彰9个，其中先进窗口1

个、先进个人 8 名。

（四）当年对违反《住房公积金管理条例》和相关法规行为进行行政处罚和申请人民法院强制执行情况：2017 年，共查处利用虚假购房合同、住院费用发票、火灾事故鉴定等骗提行为 48 起，追回资金 221.51 万元。

（五）其他需要披露的情况：为积极推进达州市住房公积金诚信制度化建设，进一步规范住房公积金管理，防范骗提、骗贷行为，我市出台了《达州市住房公积金失信黑名单暂行管理办法》。

雅安市住房公积金 2017 年年度报告

一、机构概况

（一）住房公积金管理委员会：住房公积金管理委员会有 23 名委员，2017 年召开 1 次会议，审议通过的事项主要包括：审议通过了《关于对促进住房消费相关政策予以延期的请示》、《关于 2016 年度住房公积金增值收益分配方案的请示》、《关于住房公积金 2016 年年度报告披露的请示》、《关于 2017 年住房公积金财务收支、管理费用预算情况的请示》。

（二）住房公积金管理中心：雅安市政府不以营利为目的的公益一类事业单位，主要负责全市住房公积金的归集、管理、使用和会计核算。中心设 5 个科，8 个管理部，0 个分中心。从业人员 71 人，其中，在编 43 人，非在编 28 人。

二、业务运行情况

（一）缴存：2017 年，新开户单位 111 家，实缴单位 1999 家，净减单位 424 家；新开户职工 0.79 万人，实缴职工 8.63 万人，净增职工 0.97 万人；缴存额 14.61 亿元，同比增长 11.35%。2017 年末，缴存总额 89.60 亿元，同比增长 19.48%；缴存余额 37.98 亿元，同比增长 11.02%。

受委托办理住房公积金缴存业务的银行 6 家，比上年增加 0 家。

（二）提取：2017 年，提取额 10.84 亿元，同比增长 25.88%；占当年缴存额的 74.21%，比上年增加 8.57 个百分点。2017 年末，提取总额 51.62 亿元，同比增长 26.59%。

（三）贷款：

个人住房贷款：个人住房贷款最高额度 60 万元，其中，单缴存职工最高额度 45 万元，双缴存职工最高额度 60 万元。

2017 年，发放个人住房贷款 0.30 万笔 10.56 亿元，同比分别增长 56.89%、55.61%。

2017 年，回收个人住房贷款 2.69 亿元。

2017 年末，累计发放个人住房贷款 1.56 万笔 39.90 亿元，贷款余额 30.74 亿元，同比分别增长 23.81%、36%、34.42%。个人住房贷款余额占缴存余额的 80.95%，比上年增加 14.1 个百分点。

受委托办理住房公积金个人住房贷款业务的银行 6 家，比上年增加 0 家。

（四）资金存储：2017 年末，住房公积金存款 8.05 亿元。其中，活期 3 亿元，1 年（含）以下定期 0 亿元，1 年以上定期 5.05 亿元，其他（协定、通知存款等）0 亿元。

（五）资金运用率：2017 年末，住房公积金个人住房贷款余额、项目贷款余额和购买国债余额的总和占缴存余额的 80.95%，比上年增加 14.09 个百分点。

三、主要财务数据

（一）业务收入：2017 年，业务收入 12357.88 万元，同比增长 3.21%。存款利息 3725.67 万元，委托贷款利息 8628.08 万元，国债利息 0 万元，其他 4.13 万元。

（二）业务支出：2017 年，业务支出 5874.79 万元，同比下降 1.91%。支付职工住房公积金利息 5446.9 万元，归集手续费 0 万元，委托贷款手续费 388.21 万元，其他 39.68 万元。

（三）增值收益：2017 年，增值收益 6483.09 万元，同比增长 8.34%。增值收益率 1.79%，比上年减少 0.05 个百分点。

（四）增值收益分配：2017 年，提取贷款风险准备金 3074.28 万元，提取管理费用 1032.23 万元，提取城市廉租住房（公共租赁住房）建设补充资金 2376.58 万元。

2017 年，上交财政管理费用 1032.23 万元。上缴财政城市廉租住房（公共租赁住房）建设补充资金 2727.70 万元。

2017 年末，贷款风险准备金余额 14350.34 万元。累计提取城市廉租住房（公共租赁住房）建设补充资金 19440.41 万元。

（五）管理费用支出：2017 年，管理费用支出 1307.45 万元，同比增长 15.80%。其中，人员经费 527.14 万元，公用经费 117.83 万元，专项经费 662.48 万元。

四、资产风险状况

个人住房贷款：2017 年末，个人住房贷款逾期额 34.54 万元，逾期率 0.11‰。

个人贷款风险准备金按贷款余额的 1% 提取。2017 年，提取个人贷款风险准备金 3074.28 万元，使用个人贷款风险准备金核销呆坏账 0 万元。2017 年末，个人贷款风险准备金余额 14350.34 万元，占个人住房贷款余额的 4.67%，个人住房贷款逾期额与个人贷款风险准备金余额的比率为 0.24%。

五、社会经济效益

（一）缴存业务：2017 年，实缴单位数、实缴职工人数和缴存额同比分别增长 -17.5%、12.68% 和 11.35%。

缴存单位中，国家机关和事业单位占 75.74%，国有企业占 10.76%，城镇集体企业占 1.1%，外商投资企业占 0.25%，城镇私营企业及其他城镇企业占 10.05%，民办非企业单位和社会团体占 1.25%，其他占 0.85%。

缴存职工中，国家机关和事业单位占 61.73%，国有企业占 24.52%，城镇集体企业占 0.89%，外商投资企业占 0.73%，城镇私营企业及其他城镇企业占 10.43%，民办非企业单位和社会团体占 1.18%，

其他占 0.52%；中、低收入占 95.37%，高收入占 4.63%。

新开户职工中，国家机关和事业单位占 41.13%，国有企业占 20.08%，城镇集体企业占 1.56%，外商投资企业占 2.92%，城镇私营企业及其他城镇企业占 27.42%，民办非企业单位和社会团体占 5.92%，其他占 0.97%；中、低收入占 99.38%，高收入占 0.62%。

（二）提取业务：2017 年，3.57 万名缴存职工提取住房公积金 10.84 亿元。

提取金额中，住房消费提取占 79.02%（购买、建造、翻建、大修自住住房占 40.42%，偿还购房贷款本息占 56.45%，租赁住房占 3.13%，其他占 0%）；非住房消费提取占 20.98%（离休和退休提取占 76.68%，完全丧失劳动能力并与单位终止劳动关系提取占 15.75%，户口迁出本市或出境定居占 3.72%，其他占 3.85%）。

提取职工中，中、低收入占 93.54%，高收入占 6.46%。

（三）贷款业务：

1. **个人住房贷款**：2017 年，支持职工购建房 32.85 万平方米，年末个人住房贷款市场占有率为 38.84%，比上年增加 1.96 个百分点。通过申请住房公积金个人住房贷款，可节约职工购房利息支出 19464.92 万元。

职工贷款笔数中，购房建筑面积 90（含）平方米以下占 14.11%，90～144（含）平方米占 81.26%，144 平方米以上占 4.63%。购买新房占 87.71%（其中购买保障性住房占 0%），购买存量商品住房占 12.29%，建造、翻建、大修自住住房占 0%，其他占 0%。

职工贷款笔数中，单缴存职工申请贷款 30.05%，双缴存职工申请贷款占 63.91%，三人及以上缴存职工共同申请贷款占 6.04%。

贷款职工中，30 岁（含）以下占 35.65%，30 岁～40 岁（含）占 35.48%，40 岁～50 岁（含）占 21.68%，50 岁以上占 7.19%；首次申请贷款占 95.95%，二次及以上申请贷款占 4.05%；中、低收入占 95.31%，高收入占 4.69%。

2. **异地贷款**：2017 年，发放异地贷款 214 笔 7281.3 万元。2017 年末，发放异地贷款总额 19518.3 万元，异地贷款余额 16500.65 万元。

（四）住房贡献率：2017 年，个人住房贷款发放额、公转商贴息贷款发放额、项目贷款发放额、住房消费提取额的总和与当年缴存额的比率为 130.92%，比上年增加 13.55 个百分点。

六、其他重要事项

（一）机构及职能调整情况、受委托办理缴存贷款业务金融机构变更情况：2017 年，市住房公积金管理委员会办公室对部分因工作变动的委员进行了调整。2017 年中心完成事业单位分类改革。2017 年，受委托办理缴存贷款业务金融机构无变更。

（二）当年住房公积金政策调整及执行情况：经管委会审议通过，《关于印发〈雅安市住房公积金提取实施细则〉的补充通知》（雅住金发〔2015〕6 号）延期执行一年、《关于鼓励公积金缴存人员购买自住住房促进住房消费有关问题的通知》（雅住金发〔2015〕30 号）延期执行一年；2017 年 7 月，印发了《关于 2017 年住房公积金缴存基数上限执行标准的通知》（雅住金发〔2017〕36 号），规定我市 2017 年住房公积金最高缴存基数为 15116 元/月，最低缴存基数为 1380 元/月；缴存比例不得低于 5%，不得高于 12%。

2017年，住房公积金个人贷款利率五年以上为3.25%，五年以下（含五年）为2.75%，采用住房公积金购买第二套住房的按基准利率上浮10%执行。

（三）**当年服务改进情况**：2017年11月完成综合服务平台的八大服务渠道的建设；启动网上服务大厅归集功能，推进网上自主缴存，截至12月底，全市已有863家单位开通了住房公积金网上服务大厅业务；推出"对冲还贷"业务，截至12月底，全市共7886名缴存职工办理了"对冲还贷"业务；接入全国住房公积金异地转移接续平台，全年办理异地转出业务191笔，转出金额850万元，办理异地转入业务155笔，转入金额296万元。

（四）**当年信息化建设情况**：综合业务系统升级改造后，确立了全辖区受理、中心统一审批的全域通办模式；以直联的方式与中国人民银行征信中心对接，实现缴存、贷款征信数据的报送；接入省政府"互联网＋政务服务"一体化政务服务平台，在平台实现身份认证和查询功能；将综合服务平台应用迁移至西部云谷云计算中心，委托雅安云谷信息技术有限公司提供运维服务。

（五）**当年住房公积金管理中心及职工所获荣誉情况**：2017年，市政务中心窗口连续获得"先进服务窗口"、"劳动竞赛先进集体"荣誉称号，其中两位职工荣获"服务标兵"称号。

（六）**当年对违反《住房公积金管理条例》和相关法规行为进行行政处罚和申请人民法院强制执行情况**：2017年11月，天全县法院和雨城区法院分别对中心的2起贷款逾期案件进行了开庭审理，并已判决中心胜诉，正在执行中。中心通过雅安日报对此进行了曝光。

（七）**其他需要披露的情况**：2017年5月起开展全市资金集中统一管理、集中核算工作；开展公积金个人缴存账户清理，对同一职工多账户的情况进行核查合并，全年共合并身份信息4937条，合并账户信息723条。

巴中市住房公积金2017年年度报告

一、机构概况

（一）**住房公积金管理委员会**：住房公积金管理委员会有17名委员，2017年召开一次会议，审议通过的事项主要包括：

1.《关于2016年度住房公积金归集和使用计划执行情况的报告》。

2.《关于2017年度住房公积金归集和使用计划的请示》。

3.《关于2017年度住房公积金增值收益预算及分配方案的请示》。

4.《关于进一步规范住房公积金提取相关政策的请示》。

5.《关于审定〈巴中市住房公积金诚信黑名单管理办法〉的请示》。

6.《关于审定〈巴中市城镇个体工商户、自由职业人员和有稳定就业的进城务工人员住房公积金缴存、提取和贷款管理办法〉（试行）的请示》。

7.《关于审定〈巴中市城镇个体工商户、自由职业人员和有稳定就业的进城务工人员个人住房贷款实施细则〉（试行）的请示》。

8.《关于进一步规范住房公积金贷款审核工作的请示》。

（二）住房公积金管理中心：住房公积金管理中心为巴中市人民政府直属的不以营利为目的的自收自支事业单位，设8个科，5个管理部。从业人员61人，其中，在编33人，非在编28人。

二、业务运行情况

（一）缴存：2017年，新开户单位138家，实缴单位3090家，净增单位135家；新开户职工0.82万人，实缴职工11.64万人，净增职0.43万人；缴存15.48亿元，同比增长13.31%。2017年末，缴存总额72.83亿元，同比增长26.99%；缴存余额52.02亿元，同比增长19.47%。

受委托办理住房公积金缴存业务的银行7家，比上年增加1家。

（二）提取：2017年，提取额7.00亿元，同比增长47.70%；占当年缴存额的45.23%，比上年增加10.53个百分点。2017年末，提取总额20.81亿元，同比增长50.71%。

（三）贷款：

个人住房贷款：个人住房公积金贷款最高额度没有限额。

2017年，发放个人住房贷款0.44万笔11.95亿元，同比分别下降13.64%、4.93%。全年回收个人住房贷款3.98亿元。

2017年末，累计发放个人住房贷款2.84万笔56.90亿元，贷款余额42.32亿元，同比分别增长18.36%、26.59%、23.21%。个人住房贷款余额占缴存余额的81.34%，比上年增加2.46个百分点。

受委托办理住房公积金个人住房贷款业务的银行5家，比上年增加0家。

（四）资金存储：2017年末，住房公积金存款10.15亿元。其中，活期1.82亿元，1年（含）以下定期7.98亿元，1年以上定期亿元，其他（协定、通知存款等）0.35亿元。

（五）资金运用率：2017年末，住房公积金个人住房贷款余额、项目贷款余额和购买国债余额的总和占缴存余额的81.34%，比上年增加2.46个百分点。

三、主要财务数据

（一）业务收入：2017年，业务收入13740.19万元，同比增长22.05%。存款利息1718.96万元，委托贷款利息12021.23万元。

（二）业务支出：2017年，业务支出6883.79万元，同比增长27.94%。支付职工住房公积金利息6284.27万元，委托贷款手续费597.95万元，其他1.57万元。

（三）增值收益：2017年，增值收益6856.40万元，同比增长16.66%。增值收益率1.47%，比上年减少0.08个百分点。

（四）增值收益分配：2017年，提取贷款风险准备金5333.90万元，提取管理费用805.00万元，提取城市廉租住房（公共租赁住房）建设补充资金717.50万元。

2017年，上交财政管理费用805.00万元。上缴财政城市廉租住房（公共租赁住房）建设补充资金

717.50万元。

2017年末，贷款风险准备金余额15389.10万元。累计提取并上缴财政城市廉租住房（公共租赁住房）建设补充资金10531.37万元。

（五）管理费用支出：2017年，管理费用支出981.32万元，同比下降13.46%。其中，人员经费328.26万元，公用经费84.80万元，专项经费568.26万元。

四、资产风险状况

个人住房贷款：2017年个人住房贷款逾期额17.53万元，逾期率0.041‰。

个人贷款风险准备金按增值收益的60%提取。2017年，提取个人贷款风险准备金4113.84万元，补提2016年个人贷款风险准备金1220.06万元。2017年末，个人贷款风险准备金余额15389.10万元，占个人住房贷款余额的3.64%，个人住房贷款逾期额与个人贷款风险准备金余额的比率为0.11%。

五、社会经济效益

（一）缴存业务：2017年，实缴单位数、实缴职工人数和缴存额同比分别增长4.57%、3.81%和13.31%。

缴存单位中，国家机关和事业单位占85.08%，国有企业占7.35%，城镇集体企业占0.65%，外商投资企业占0.32%，城镇私营企业及其他城镇企业占2.46%，民办非企业单位和社会团体占1.33%，其他占2.81%。

缴存职工中，国家机关和事业单位占76.04%，国有企业占15.16%，城镇集体企业占0.72%，外商投资企业占0.68%，城镇私营企业及其他城镇企业占1.13%，民办非企业单位和社会团体占1.24%，其他占5.03%；中、低收入占98.87%，高收入占1.13%。

新开户职工中，国家机关和事业单位占69.38%，国有企业占9.17%，城镇集体企业占0.88%，外商投资企业占1.29%，城镇私营企业及其他城镇企业占5.86%，民办非企业单位和社会团体占5.07%，其他占8.35%；中、低收入占98.87%，高收入占1.13%。

（二）提取业务：2017年，2.07万名缴存职工提取住房公积金7.00亿元。

提取金额中，住房消费提取占71.94%（购买、建造、翻建、大修自住住房占30.45%，偿还购房贷款本息占37.32%，租赁住房占4.17%）；非住房消费提取占28.06%（离休和退休提取占22.87%，完全丧失劳动能力并与单位终止劳动关系提取占2.39%，户口迁出本市或出境定居占1.48%，其他占1.32%）。提取职工中，中、低收入占99.32%，高收入占0.68%。

（三）贷款业务：

1.个人住房贷款：2017年，支持职工购建房49.96万平方米，新增住房贷款市场占有率为39.10%，比上年增加5.69个百分点，年末个人住房贷款余额市场占有率为25.62%，比上年减少7.79个百分点。通过申请住房公积金个人住房贷款，可节约职工购房利息支出18669.63万元。

职工贷款笔数中，购房建筑面积90（含）平方米以下占15.02%，90~144（含）平方米占79.25%，144平方米以上占5.73%。购买新房占80.55%，购买存量商品住房占6.21%，建造、翻建、大修自住住房占0.02%，其他占13.22%。

职工贷款笔数中，单缴存职工申请贷款占28.31%，双缴存职工申请贷款占71.69%。

贷款职工中，30岁（含）以下占40.63%，30岁～40岁（含）占28.72%，40岁～50岁（含）占24.38%，50岁以上占6.27%；首次申请贷款占87.43%，二次及以上申请贷款占12.57%；中、低收入占95.77%，高收入占4.23%。

2. **异地贷款**：2017年，发放异地贷款467笔12630万元。2017年末，发放异地贷款总额27838万元，异地贷款余额26102.61万元。

(四) 住房贡献率：2017年，个人住房贷款发放额、公转商贴息贷款发放额、项目贷款发放额、住房消费提取额的总和与当年缴存额的比率为109.75%，比上年减少5.07个百分点。

六、其他重要事项

(一) 当年机构及职能调整变化情况：新增受委托办理缴存业务金融机构1家长城华西银行巴中分行。

(二) 当年住房公积金政策调整及执行情况：

1. 2017年，缴存基数按照市统计局公布的2016年度统计数据确定为最高不超过全市城镇全部单位在岗职工平均工资3倍11712元，最低不得低于城镇最低工资标准1380元。缴存比例为5%～12%；将巴中市城镇个体工商户、自由职业人员和有稳定就业的进城务工人员纳入住房公积金缴存范围进行缴存。

2. 提取政策调整情况，一是新增了巴中市城镇个体工商户、自由职业人员和有稳定就业的进城务工人员可以正常提取本人及配偶的住房公积金账户内的余额；二是新增了领取城镇居民最低生活保障金提取、异地缴存转移销户提取、非配偶缴存人购买同一自住住房按份额提取；三是放宽了重大疾病和异地购房提取时限；四是明确了提取应优先偿还住房公积金贷款、不在同一缴存地的夫妻双方购房、偿还住房贷款名义不能跨月提取，再次提取必须间隔12个月，解除劳动关系需销户封存6个月后才能销户提取。

3. 贷款政策调整情况，完善了父母为子女买房、子女为父母买房、非配偶关系共同购房以及城镇个体工商户、自由职业人员和有稳定就业的进城务工人员使用住房公积金贷款购房的操作细则。同时，于2017年7月31日起停止办理装修贷款，不再受理装修贷款申请业务。

4. 存贷款利率没有调整，职工住房公积金账户存款利率统一按一年期定期利率1.50%执行；住房公积金贷款五年以上利率为3.25%，五年期以下利率为2.75%，二套房贷款利率执行基准利率的1.1倍。

(三) 当年服务改进情况：2017年11月21日，综合服务平台建设通过部省两级检查验收合格，开通了门户网站、网上服务大厅、12329服务热线、12329服务短信、手机客户端、微信、微博和自助服务终端八大服务渠道。

(四) 当年信息化建设情况：

1. 根据住房城乡建设部和省住房城乡建设厅的要求，使用VPN专线接入全国住房公积金异地转移接续平台和省政府一体化政务服务平台，予以保障平台稳定运行。

2. 根据市政府要求，直接将12329服务热线整合到市政府"12345"市民服务热线运行，实现了12329与"12345"双线并行。

(五) 当年住房公积金管理中心及职工所获荣誉情况：2017年，我中心贷款受理窗口获得市政务服务和公共资源交易服务中心授予的"政务服务工作先进集体"荣誉称号。

（六）当年执法情况：2017 年共申请人民法院强制执行个人住房公积金逾期贷款 2 笔，金额 100303.15 元。

资阳市住房公积金 2017 年年度报告

一、机构概况

（一）住房公积金管理委员会：住房公积金管理委员会有 26 名委员，2017 年召开 2 次全体会议，审议通过的事项主要包括：1. 审议通过 2016 年全市住房公积金运行管理情况和 2017 年工作计划；2. 审议通过资阳市住房公积金管理中心 2016 年度增值收益分配方案；3. 审议通过《资阳市住房公积金 2016 年年度报告》；4. 审议通过《2017 年资阳市住房公积金归集、使用计划》；5. 审议通过《资阳市住房公积金管理中心关于同意资阳农商银行办理住房公积金业务的请示》；6. 审议通过《资阳市住房公积金管理中心关于调整住房公积金使用相关政策的建议》等。

（二）住房公积金管理中心：资阳市住房公积金管理中心为直属于市人民政府的不以营利为目的的自收自支的事业单位，主要负责全市住房公积金的归集、管理、使用和会计核算，设 5 个科（室），2 个管理部，0 个分中心。现有从业人员 41 人，其中，在编 21 人，非在编 20 人。

二、业务运行情况

（一）缴存：2017 年，新开户单位 77 家，当年实缴单位 2592 家，净增单位 605 家；新开户职工 1.06 万人，实缴职工 10.3456 万人，净增职工 0.1456 万人；缴存额 13.05 亿元，同比减少 22.62%。2017 年末，缴存总额 74.74 亿元，同比增长 21.15%；缴存余额 36.64 亿元，同比增长 8.36%。

受委托办理住房公积金缴存业务的银行 10 家，比上年增加 1 家。

（二）提取：2017 年，提取额 10.22 亿元，同比增长 4.19%；占当年缴存额的 78.34%，比上年增加 20.16 个百分点。2017 年末，提取总额 38.10 亿元，同比增长 36.66%。

（三）贷款：

个人住房贷款：个人住房贷款最高额度 45 万元，其中，单缴存职工最高额度 35 万元，双缴存职工最高额度 45 万元。

2017 年，发放个人住房贷款 0.4402 万笔 11.82 亿元，同比分别减少 27.22%、24.33%。

2017 年，回收个人住房贷款 4.03 亿元。

2017 年末，累计发放个人住房贷款 3.9319 万笔 53.22 亿元，贷款余额 36.54 亿元，同比分别增长 12.61%、28.56%、27.12%。个人住房贷款余额占缴存余额的 99.73%，比上年增加 14.72 个百分点。

受委托办理住房公积金个人住房贷款业务的银行 10 家，比上年增加 2 家。

（四）资金存储：2017 年末，住房公积金存款 2.48 亿元。其中，活期 1.22 亿元，1 年（含）以下定期 0 亿元，1 年以上定期 1.26 亿元，其他（协定、通知存款等）0 亿元。

（五）资金运用率：2017 年末，住房公积金个人住房贷款余额、项目贷款余额和购买国债余额的总和占缴存余额的 99.73%，比上年增加 14.72 个百分点。

三、主要财务数据

（一）业务收入：2017 年，业务收入 13900.61 万元，同比增长 4.98%。其中，存款利息 2673.07 万元，委托贷款利息 10571.01 万元，国债利息 0 万元，其他 656.53 万元。

（二）业务支出：2017 年，业务支出 6601.57 万元，同比增长 19.89%。其中，支付职工住房公积金利息 6158.48 万元，归集手续费 0 万元，委托贷款手续费 399.12 万元，其他 43.97 万元。

（三）增值收益：2017 年，增值收益 7299.03 万元，同比减少 5.64%。增值收益率 2.16%，比上年增加 0.11 个百分点。

（四）增值收益分配：2017 年，提取贷款风险准备金 3654.27 万元，提取管理费用 640.91 万元，提取城市廉租住房（公共租赁住房）建设补充资金 3003.85 万元。

2017 年，上交财政管理费用 640.91 万元。上缴财政城市廉租住房（公共租赁住房）建设补充资金 5078.44 万元。

2017 年末，贷款风险准备金余额 15444.23 万元。累计提取城市廉租住房（公共租赁住房）建设补充资金 18681.7 万元。

（五）管理费用支出：2017 年，管理费用支出 640.91 万元，同比下降 35.9%。其中，人员经费 509.23 万元，公用经费 27.68 万元，专项经费 104 万元。

四、资产风险状况

个人住房贷款：2017 年末，个人住房贷款逾期额 0 万元，逾期率 0‰。

个人贷款风险准备金按增值收益的 1% 提取。2017 年，提取个人贷款风险准备金 3654.27 万元，使用个人贷款风险准备金核销呆坏账 0 万元。2017 年末，个人贷款风险准备金余额 15444.23 万元，占个人住房贷款余额的 4.23%，个人住房贷款逾期额与个人贷款风险准备金余额的比率为 0%。

五、社会经济效益

（一）缴存业务：2017 年，实缴单位数、实缴职工人数和缴存额同比分别增长 30.45%、1.42% 和 －22.62%。

缴存单位中，国家机关和事业单位占 63.23%，国有企业占 11.46%，城镇集体企业占 5.05%，外商投资企业占 1.04%，城镇私营企业及其他城镇企业占 9.84%，民办非企业单位和社会团体占 2.78%，其他占 6.60%。

缴存职工中，国家机关和事业单位占 60.47%，国有企业占 17.17%，城镇集体企业占 2.97%，外商投资企业占 3.63%，城镇私营企业及其他城镇企业占 8.39%，民办非企业单位和社会团体占 2.11%，其他占 5.26%；中、低收入占 92.94%，高收入占 7.06%。

新开户职工中，国家机关和事业单位占 48.79%，国有企业占 11.46%，城镇集体企业占 3.2%，外

商投资企业占 3.73%，城镇私营企业及其他城镇企业占 14.95%，民办非企业单位和社会团体占 6.86%，其他占 11.01%；中、低收入占 96.72%，高收入占 3.28%。

（二）**提取业务**：2017 年，3.28 万名缴存职工提取住房公积金 10.22 亿元。

提取金额中，住房消费提取占 78.89%（购买、建造、翻建、大修自住住房占 59.31%，偿还购房贷款本息占 37.97%，租赁住房占 2.73%，其他占 0%）；非住房消费提取占 21.11%（离休和退休提取占 65.74%，完全丧失劳动能力并与单位终止劳动关系提取占 17.13%，户口迁出本市或出境定居占 11.11%，其他占 6.02%）。

提取职工中，中、低收入占 98.17%，高收入占 1.83%。

（三）**贷款业务**：

1. **个人住房贷款**：2017 年，支持职工购建房 44.19 万平方米，年末个人住房贷款市场占有率为 39.6%，比上年增加 3.5 个百分点。通过申请住房公积金个人住房贷款，可节约职工购房利息支出 17818.54 万元。

职工贷款笔数中，购房建筑面积 90（含）平方米以下占 30.62%，90～144（含）平方米占 65.90%，144 平方米以上占 3.48%。购买新房占 79.94%（其中购买保障性住房占 0%），购买存量商品住房占 16.52%，建造、翻建、大修自住住房占 0%，其他占 3.54%。

职工贷款笔数中，单缴存职工申请贷款占 30.19%，双缴存职工申请贷款占 69.31%，三人及以上缴存职工共同申请贷款占 0.5%。

贷款职工中，30 岁（含）以下占 38.07%，30 岁～40 岁（含）占 32.05%，40 岁～50 岁（含）占 22.13%，50 岁以上占 7.75%；首次申请贷款占 89.82%，二次及以上申请贷款占 10.18%；中、低收入占 98.89%，高收入占 1.11%。

2. **异地贷款**：2017 年，发放异地贷款 668 笔 17793.5 万元。2017 年末，发放异地贷款总额 48909 万元，异地贷款余额 34882.3 万元。

（四）**住房贡献率**：2017 年，个人住房贷款发放额、公转商贴息贷款发放额、项目贷款发放额、住房消费提取额的总和与当年缴存额的比率为 152.43%，比上年增加 36.73 个百分点。

六、其他重要事项

（一）2017 年机构及职能调整情况、受委托办理缴存贷款业务金融机构变更情况：

1. 当年机构及职能未进行调整。

2. 缴存贷款业务金融机构变更情况。2017 年，本市缴存业务金融机构增加 1 家，共 10 家，贷款业务金融机构增加 2 家，共 10 家。

（二）2017 年住房公积金政策调整及执行情况：

1. 当年 7 月，中心出台《资阳市住房公积金管理中心关于 2017 年住房公积金缴存基数、缴存比例调整有关事项的通知》。规定自 2017 年 1 月 1 日起，职工住房公积金工资基数调整为 2016 年 1 月至 12 月职工本人月平均工资额。职工住房公积金月缴存工资基数最高限额不得高于当地月平均工资总额的三倍，即 17281 元，最低不得低于当地最低月工资标准 1380 元。缴存比例不低于 5%，不得高于 12%。缴存单位与职工个人应同比例缴存。

2. 当年 10 月，出台《关于调整住房公积金使用相关政策的通知》，调整最高贷款额，实行存贷挂钩机制，实行差别化贷款政策，调整提取、贷款申请时限，调整贷款最长期限，实行"提取、贷款二选一"政策，规范家庭代际间互助政策，规范异地公积金贷款，严格提取使用政策等。

3. 当年 12 月，出台《关于规范"商转公"贷款有关政策的通知》，进一步规范"商转公"政策、明确办理"商转公"贷款的必要条件。

4. 住房公积金存贷款严格按国家规定利率执行。2017 年，职工缴存的住房公积金按一年定期计息，职工住房公积金贷款，5 年内贷款年息 2.75%，5 年以上贷款年息 3.25%。还清住房公积金贷款的职工购买第二套住房贷款利率提高 10%。

（三）2017 年服务改进情况：

1. 进一步完善全面综合柜员制。建立完善综合性群众服务窗口，每个服务窗口、每个柜员独立办理住房公积金归集、提取、贷款各项业务，办事更加方便快捷。

2. 改善服务环境，完善便民服务窗口。中心各管理部全部入驻有自有产权的服务大厅，市本级和雁江区公积金业务全部入驻政务服务中心，并由市政务服务中心统一考核，统一服务制度、服务标准、服务时限，规范管理。服务窗口配备排号叫号机、扫描仪、身份证识别器，服务场所配备查询机、自助服务终端、服务评价器等。中心服务环境进一步改善。

3. 实行委托按年提取住房公积金偿还住房公积金贷款。借款职工与中心签订《资阳市委托按年提取住房公积金偿还住房公积金贷款协议书》，职工还款满 12 个月，中心自动将职工住房公积金贷款还款额打入借款职工签约账户，不需职工再到柜台办理，方便群众办事，提高服务效率。

4. 接入并运行住房公积金异地转移接续平台，服务职工职工跨行政区域流动性就业需要。

5. 建成住房公积金综合服务平台，实现在线业务办理、信息咨询、信息发布、互动交流各项功能正常运行。

6. 加强业务培训，提高服务能力。按照"提升服务，增强效能"的要求，围绕公积金政策法规和新业务系统开展业务培训，提高职工业务操作技能；围绕业务规范和窗口服务标准开展服务培训，规范服务行为，提升服务质量。

（四）2017 年信息化建设情况：贯彻落实《国务院关于加快推进"互联网＋政务服务"工作的指导意见》文件精神，以加强内部管控为核心，以服务公众为根本，结合中心的实际情况，搭建"互联网＋公积金"综合服务平台，提升服务水平。综合服务平台由门户网站、网上政务大厅、12329 服务热线、12329 短消息服务、手机应用软件（APP）、微博、微信、自助服务终端八个服务渠道组成，具备业务办理、信息咨询、信息发布、互动交流四类服务功能，满足缴存单位、缴存职工、开发企业、贷款职工和管理人员五种对象的不同服务和管理需求，形成了"一个中心，两个平台，多个渠道"的服务格局。公积金服务实现了从线下到线上、从局部到整体、从被动到主动的转变。我市综合服务平台于 11 月底顺利通过部、省联合验收。

（五）当年住房公积金管理中心及职工所获荣誉情况：

1. 中心获 2017 年度省住建系统目标绩效考核二等奖。

2. 中心获 2017 年度资阳市三八红旗集体荣誉称号。

**（六）2017 年对违反《住房公积金管理条例》和相关法规行为进行行政处罚和申请人民法院强制执行

情况：2017年，申请人民法院强制执行贷款职工5户，追回涉险资金本息25.6万元。

（七）其他需要说明的情况：因区划调整，2016年7月，原资阳市住房公积金管理中心简阳管理部划归成都公积金管理中心。我中心2016年各业务数据包括原简阳管理部2016年1~6月的业务数据。

阿坝州住房公积金2017年年度报告

一、机构概况

（一）住房公积金管理委员会：住房公积金管理委员会有30名委员，2017年召开1次会议，审议通过的事项主要包括：

1. 阿坝州住房公积金管理中心2016年工作总结及2017年工作计划；
2. 阿坝州住房公积金2016年年度报告；
3. 阿坝州住房公积金管理委员会办公室关于增加住房公积金委托银行的请示；
4. 阿坝州住房公积金管理委员会办公室关于建立短期融资机制的请示；
5. 阿坝州财政局关于2016年度住房公积金提取保障性住房补充资金分配方案的通报。

（二）住房公积金管理中心：住房公积金管理中心为阿坝州人民政府直属的不以营利为目的事业单位，设5个科，14个管理部。从业人员87人，其中，在编67人，非在编20人。

二、业务运行情况

（一）缴存：2017年，新开户单位118家，实缴单位1914家，净增单位100家，新开户职工0.51万人；年内缴存职工总人数7.70万人，较上年增加0.77万人；全年缴存额16.30亿元，同比增长23.48%。2017年末，缴存总额86.09亿元，同比增长23.33%；缴存余额42.12亿元，同比增长18.29%。

受委托办理住房公积金缴存业务的银行6家，比上年增加3家。

（二）提取：2017年，提取额9.78亿元，同比下降7.57%；占当年缴存额的60.03%，比上年减少20.13个百分点。2017年末，提取总额43.97亿元，同比增长28.61%。

（三）贷款：

个人住房贷款：贷款最高额度为"三个不超过"（即不超过购房总价款的80%、不超过抵押房屋评估价值的70%、月还款额不超过家庭收入的60%）后确定的数额。

2017年，发放个人住房贷款0.26万笔9.98亿元，同比分别下降4.87%、0.64%。

2017年，回收个人住房贷款2.93亿元。

2017年末，累计发放个人住房贷款1.40万笔39.05亿元，贷款余额29.47亿元，同比分别增长22.37%、34.34%、31.50%。个人住房贷款余额占缴存余额的69.96%，比上年增加7.03个百分点。

受委托办理住房公积金个人住房贷款业务的银行4家,比上年增加1家。

(四)**资金存储**:2017年末,住房公积金存款12.49亿元。其中,活期1.28亿元,1年以上定期11.21亿元。

(五)**资金运用率**:2017年末,住房公积金个人住房贷款余额、项目贷款余额和购买国债余额的总和占缴存余额的69.96%,比上年增加7.03个百分点。

三、主要财务数据

(一)**业务收入**:2017年,业务收入13700.94万元,同比增长13.14%。存款利息5335.26万元,委托贷款利息8365.42万元,其他0.26万元。

(二)**业务支出**:2017年,业务支出7933.04万元,同比增长9.37%。支付职工住房公积金利息5377.15万元,委托贷款手续费380.63万元,其他2175.26万元(含孳息分配金额2169.19万元)。

(三)**增值收益**:2017年,增值收益5767.90万元,同比增长18.77%。增值收益率1.48%,比上年下降0.44个百分点。

(四)**增值收益分配**:2017年,提取贷款风险准备金2946.60万元,提取管理费用652.11万元,提取城市廉租住房(公共租赁住房)建设补充资金2169.19万元。

2017年,上交财政管理费用594.89万元。上缴财政城市廉租住房(公共租赁住房)建设补充资金2019.91万元。

2017年末,贷款风险准备金余额12198.36万元。累计提取城市廉租住房(公共租赁住房)建设补充资金17342.47万元。

(五)**管理费用支出**:2017年,管理费用支出447万元,同比下降29.70%。其中,人员经费184万元,公用经费247.14万元,专项经费15.86万元。

四、资产风险状况

个人住房贷款:2017年末,个人住房贷款逾期额0万元,逾期率0‰。

个人贷款风险准备金按(贷款余额)的1%提取。2017年,提取个人贷款风险准备金2946.60万元,个人贷款风险准备金未核销呆坏账。2017年末,个人贷款风险准备金余额12198.36万元,占个人住房贷款余额的4.14%,个人住房贷款逾期额与个人贷款风险准备金余额的比率为0%。

五、社会经济效益

(一)**缴存业务**:2017年,实缴单位数、实缴职工人数和缴存额同比分别增长5.51%、11.18%和23.43%。

缴存单位中,国家机关和事业单位占80.20%,国有企业占7.37%,城镇集体企业占1.52%,外商投资企业占0.10%,城镇私营企业及其他城镇企业占2.77%,民办非企业单位和社会团体占4.81%,其他占3.23%。

缴存职工中,国家机关和事业单位占79.26%,国有企业占13%,城镇集体企业占1.84%,外商投资企业占0.02%,城镇私营企业及其他城镇企业占3.04%,民办非企业单位和社会团体占1.66%,其他占1.18%；中、低收入占97.93%，高收入2.07%。

新开户职工中，国家机关和事业单位占68.75%，国有企业占14.23%，城镇集体企业占1.07%，外商投资企业占0.18%，城镇私营企业及其他城镇企业占7.48%，民办非企业单位和社会团体占4.18%，其他占4.11%；中、低收入占97.97%，高收入占2.03%。

（二）提取业务：2017年，2.42万名缴存职工提取住房公积金9.78亿元。

提取金额中，住房消费提取占85.72%（购买、建造、翻建、大修自住住房占45.90%，偿还购房贷款本息占33.63%，租赁住房占6.19%）；非住房消费提取占14.28%（离休和退休提取占10.30%，完全丧失劳动能力并与单位终止劳动关系提取占0.08%，户口迁出本市或出境定居占1.65%，其他占2.25%）。

提取职工中，中、低收入占97.22%，高收入占2.78%。

（三）贷款业务：

1. **个人住房贷款**：2017年，支持职工购建房26.53万平方米，年末个人住房贷款市场占有率为98.00%，比上年增加（减少）1.2个百分点。通过申请住房公积金个人住房贷款，可节约职工购房利息支出23000.00万元。

职工贷款笔数中，购房建筑面积90（含）平方米以下占18.13%，90～144（含）平方米占76.30%，144平方米以上占5.57%。购买新房占75.40%（其中购买保障性住房占4.76%），购买存量商品住房占17.35%，建造、翻建、大修自住住房占1.44%，其他占5.81%。

职工贷款笔数中，单缴存职工申请贷款占23.31%，双缴存职工申请贷款占76.69%。

贷款职工中，30岁（含）以下占30.68%，30岁～40岁（含）占38.52%，40岁～50岁（含）占25.81%，50岁以上占4.99%；首次申请贷款占87.76%，二次及以上申请贷款占12.24%；中、低收入占98.22%，高收入占1.78%。

2. **异地贷款**：2017年，发放异地贷款1649笔71412.7万元。2017年末，发放异地贷款总额202469.71万元，异地贷款余额180125.19万元。

（四）住房贡献率：2017年，个人住房贷款发放额、公转商贴息贷款发放额、项目贷款发放额、住房消费提取额的总和与当年缴存额的比率为114.06%，比上年减少35.02个百分点。

六、其他重要事项

（一）当年机构及职能调整情况、受委托办理缴存贷款业务金融机构变更情况：一是将中心政策法规科更名为政策法规稽核科；二是减少中心监察室；三是增加阿坝州农村信用联社股份有限公司、中国邮储银行股份有限公司阿坝藏族羌族自治州分行和成都银行阿坝分行为我州住房公积金委托银行。

（二）当年住房公积金政策调整及执行情况：修订出台了《阿坝州人民政府办公室关于印发〈阿坝藏族羌族自治州住房公积金缴存管理办法、阿坝藏族羌族自治州住房公积金提取管理办法和阿坝藏族羌族自治州住房公积金贷款管理办法（修订）〉》；根据《住房公积金管理条例》规定，按照阿坝州人民政府公布的2017年度全州最低工资标准和阿坝州统计部门公布的2016年度全州在岗职工平均工资的三倍，确定2017年度住房公积金缴存基数下限和上限，执行5%～12%的缴存比例。当年执行住房公积金存款利率为一年期定期存款基准利率1.5%；贷款利率为5年及以下2.75%，5年以上3.25%。

(三)当年服务改进情况：增设了住房公积金双语、绿色和延时服务窗口；接通了全国异地转移接续平台；完成了阿坝州住房公积金管理中心综合服务平台建设工作，并通过住房城乡建设部和四川省检查验收；完善了门户网站、12329短信、手机APP等服务渠道和方式。

(四)当年住房公积金管理中心及职工所获荣誉情况：2017年，阿坝州住房公积金管理中心被中共阿坝州委、阿坝州人民政府评为州级最佳文明单位；阿坝州住房公积金管理中心州政务中心窗口被四川省房协住房公积金管理分会评为2016年度优质服务窗口；阿坝州住房公积金管理中心被四川省住房和城乡建设厅评为2016年全省住房公积金贷款无逾期单位；阿坝州住房公积金管理中心缴存工作获得2016年全省住房公积金缴存第八名；阿坝州住房公积金管理中心个贷率获得2016年度全省住房公积金个贷率第五名；荣获四川省住房和城乡建设厅2017年度住房城乡建设工作目标绩效考核二等奖；中心主任胡培柱同志被四川省房协评为全省先进个人，中心信贷科王维桥同志荣获四川省巾帼建功标兵称号，阿坝州住房公积金管理中心易志勇等14名同志被四川省房协评为先进工作者；理县管理部何林莲同志在阿坝州2017年"七一"表彰中荣获"优秀共产党员"荣誉称号。

甘孜藏族自治州住房公积金2017年年度报告

一、机构概况

(一)住房公积金管理委员会：住房公积金管理委员会有25名委员，2017年召开2次会议，一是审议通过2017年度住房公积金归集、使用计划执行情况，并对其他重要事项进行决策，主要包括《关于2017年住房公积金缴存比例及缴存基数执行标准的通知》和《2017年住房公积金增值收益分配方案》等事项；二是审议综合服务平台建设相关事宜，主要审议通过了《住房公积金信息化综合服务平台"互联互通"合作框架协议》。

(二)住房公积金管理中心：住房公积金管理中心为州人民政府不以营利为目的的自收自支正县级事业单位，设六个处（科），19个管理部。从业人员91人，其中，在编67人，非在编24人。

二、业务运行情况

(一)缴存：2017年，新开户单位101家，实缴单位2012家，净增单位-27家；新开户职工0.53万人，实缴职工7.28万人，净增职工0.09万人；缴存额17.83亿元，同比增长15.55%。2017年末，缴存总额104.63亿元，同比增长20.54%；缴存余额59.05亿元，同比增长15.42%。

受委托办理住房公积金缴存业务的银行3家，比上年增加0家。

(二)提取：2017年，提取额9.94亿元，同比增长22.48%；占当年缴存额的55.75%，比上年增加3.13个百分点。2017年末，提取总额45.58亿元，同比增长27.90%。

(三)贷款：

个人住房贷款：个人住房贷款最高额度50万元，其中，单缴存职工最高额度50万元，双缴存职工最高额度50万元。

2017年，发放个人住房贷款0.37万笔15.29亿元，同比分别下降7.26%、10.40%。

2017年，回收个人住房贷款7.77亿元。

2017年末，累计发放个人住房贷款4.85万笔105.75亿元，贷款余额57.20亿元，同比分别增长8.29%、16.89%、15.14%。个人住房贷款余额占缴存余额的96.86%，比上年减少0.24个百分点。

受委托办理住房公积金个人住房贷款业务的银行2家，比上年增加0家。

（四）**资金存储**：2017年末，住房公积金存款2.44亿元。其中，活期2.35亿元，1年（含）以下定期0.06亿元，1年以上定期0.03亿元，其他（协定、通知存款等）0亿元。

（五）**资金运用率**：2017年末，住房公积金个人住房贷款余额、项目贷款余额和购买国债余额的总和占缴存余额的96.86%，比上年减少0.24个百分点。

三、主要财务数据

（一）**业务收入**：2017年，业务收入18977.92万元，同比增长5.63%。；存款利息1605.70万元，委托贷款利息17359.68万元，国债利息0万元，其他12.54万元。

（二）**业务支出**：2017年，业务支出9751.72万元，同比增长6.04%。支付职工住房公积金利息8435.47万元，归集手续费0万元，委托贷款手续费868.62万元，其他447.63万元。

（三）**增值收益**：2017年，增值收益9226.2万元，同比增长5.21%。增值收益率1.65%，比上年减少0.15个百分点。

（四）**增值收益分配**：2017年，提取贷款风险准备金6160.24万元，提取管理费用2665.95万元，提取城市廉租住房（公共租赁住房）建设补充资金400万元。

2017年，上交财政管理费用2665.95万元。上缴财政城市廉租住房（公共租赁住房）建设补充资金0万元。

2017年末，贷款风险准备金余额39940.9万元。累计提取城市廉租住房（公共租赁住房）建设补充资金3371.34万元。

（五）**管理费用支出**：2017年，管理费用支出2665.95万元，同比下降4.17%。其中，人员经费1388.54万元，公用经费311.78万元，专项经费965.63万元。

四、资产风险状况

个人住房贷款：2017年末，个人住房贷款逾期额149.1万元，逾期率0.26‰。

个人贷款风险准备金按增值收益的66.77%提取。2017年，提取个人贷款风险准备金6160.24万元，使用个人贷款风险准备金核销呆坏账0万元。2017年末，个人贷款风险准备金余额39940.9万元，占个人住房贷款余额的6.98%，个人住房贷款逾期额与个人贷款风险准备金余额的比率为0.37%。

五、社会经济效益

（一）**缴存业务**：2017年，实缴单位数、实缴职工人数和缴存额同比分别增长-1.32%、1.29%

和 15.55%。

缴存单位中，国家机关和事业单位占 87.72%，国有企业占 9.44%，城镇集体企业占 0%，外商投资企业占 0%，城镇私营企业及其他城镇企业占 0.44%，民办非企业单位和社会团体占 0.3%，其他占 2.1%。

缴存职工中，国家机关和事业单位占 84.06%，国有企业占 14.1%，城镇集体企业占 0%，外商投资企业占 0%，城镇私营企业及其他城镇企业占 0.28%，民办非企业单位和社会团体占 0.03%，其他占 1.53%；中、低收入占 99.52%，高收入占 0.48%。

新开户职工中，国家机关和事业单位占 78.87%，国有企业占 15.6%，城镇集体企业占 0%，外商投资企业占 0%，城镇私营企业及其他城镇企业占 0.63%，民办非企业单位和社会团体占 0.21%，其他占 4.69%；中、低收入占 100%，高收入占 0%。

（二）**提取业务**：2017 年，1.94 万名缴存职工提取住房公积金 9.94 亿元。

提取金额中，住房消费提取占 78.4%（购买、建造、翻建、大修自住住房占 25.14%，偿还购房贷款本息占 51.8%，租赁住房占 1.46%，其他占 0%）；非住房消费提取占 21.6%（离休和退休提取占 14.63%，完全丧失劳动能力并与单位终止劳动关系提取占 2.7%，户口迁出本市或出境定居占 2.08%，其他占 2.19%）。

提取职工中，中、低收入占 99.46%，高收入占 0.54%。

（三）**贷款业务**：

1. **个人住房贷款**：2017 年，支持职工购建房 44.56 万平方米，年末个人住房贷款市场占有率为 95.85%，比上年减少 2.65 个百分点。通过申请住房公积金个人住房贷款，可节约职工购房利息支出 28997.74 万元。

职工贷款笔数中，购房建筑面积 90（含）平方米以下占 15.39%，90～144（含）平方米占 76.14%，144 平方米以上占 8.47%。购买新房占 48.75%（其中购买保障性住房占 0.05%），购买存量商品住房占 50.52%，建造、翻建、大修自住住房占 0.73%，其他占 0%。

职工贷款笔数中，单缴存职工申请贷款占 38.15%，双缴存职工申请贷款占 61.85%，三人及以上缴存职工共同申请贷款占 0%。

贷款职工中，30 岁（含）以下占 29.81%，30 岁～40 岁（含）占 37.18%，40 岁～50 岁（含）占 25.77%，50 岁以上占 7.24%；首次申请贷款占 52.78%，二次及以上申请贷款占 47.22%；中、低收入占 99.57%，高收入占 0.43%。

2. **异地贷款**：2017 年，发放异地贷款 2165 笔 97423 万元。2017 年末，发放异地贷款总额 97423 万元，异地贷款余额 89679.82 万元。

（四）**住房贡献率**：2017 年，个人住房贷款发放额、公转商贴息贷款发放额、项目贷款发放额、住房消费提取额的总和与当年缴存额的比率为 129.45%，比上年减少 33.74 个百分点。

六、其他重要事项

（一）**当年住房公积金政策调整及执行情况**：

1. **缴存基数和月缴存额上限**：根据甘孜州统计局提供的 2016 年度城镇非私营单位在岗职工月平均工

资6265.92元，我州2017年度（2017年7月1日至2018年6月30日）住房公积金缴存基数最高不得超过18798元/月（3倍平均工资），即个人和单位的月缴存额分别不得高于2255.76元。

2. **缴存基数和月缴存额下限**：因州政府未公布2016年最低工资标准，我州住房公积金2017年缴存基数和月缴存额下限执行2015年标准。

石渠、色达、理塘、稻城等四县2017年度（2017年7月1日至2018年6月30日）缴存基数下限为1500元/月，即个人和单位的月缴存额分别不得低于75.00元；其他各县缴存基数下限为1380元/月，即个人和单位的月缴存额分别不得低于69.00元。

（二）**当年服务改进情况**：经过近一年的努力，我中心综合服务平台已于2017年10月按照既定计划建成使用，开通了网站、网厅、微信、"12329"服务热线、短信平台、官方微博、手机APP、自助查询8个服务渠道。实现了信息发布、业务查询、业务办理、互动交流4大类业务，提高了效率。现在基本实现了"不论是在农区，还是在牧区，只要有网络信号，拿出手机，打开电脑，动动手指，就办好了公积金网厅业务"的目标。

1. **信息查询功能**：实现14项可通过网站、微信、手机APP、短信等多种渠道自助查询，数据实时更新，与业务系统一致。职工可查询到个人账户信息、缴存明细、提取明细、贷款信息等；缴存单位可查询单位基本信息、职工信息、业务办理情况；房地产开发企业可查询项目申请、个贷预约记录、客户还款情况等；

2. **业务办理功能**：缴存业务实现16项可网上办理，提取业务13项可网上办理，贷款业务15项可网上办理。中心管理和业务经办将逐步实现"无纸化"；业务档案也已经实现了电子化，经办人员可随时调取相应的电子档案，使业务工作更加高效运行。

3. **信息发布功能**：通过微信、短信推送、网站，可进行政策发布、业务指南、业务问答、合作楼盘、办理网点等15项信息发布，让职工随时随地可以了解相关政策、业务流程、楼盘信息、业务办理网点信息，达到政策及业务公开透明。

4. **互动交流功能**：通过主任信箱、在线问答的方式实现政策业务咨询、投诉建议及网上调查。网上申请、网上预约、网上办结，让职工、单位、开发商足不出户就实现了"脚尖"到"指尖"的转变。

（三）**当年信息化建设情况**：2017年，我中心与四川久远银海软件股份公司合作完成了信息系统升级改造，并于12月通过部、省两级"双贯标"验收。通过接入住房城乡建设部和银行结算应用系统，实现了与工、农、建三家公积金业务承办银行的实时结算，目前系统运行稳定，资金交易安全可靠。

（四）**当年住房公积金管理中心及职工所获荣誉情况**：2017年"七一"表彰中，我中心两名党员干部分别荣获全州"优秀共产党员"和"优秀党务工作者"荣誉称号。

凉山州住房公积金2017年年度报告

一、机构概况

（一）**住房公积金管理委员会**：住房公积金管理委员会有25名委员，2017年召开17次会议，审议通

过的事项主要包括：会议审议通过了《凉山州住房公积金管理中心关于2016年度住房公积金管理工作总结暨2017年工作要点的报告》、《凉山州住房公积金管理中心关于2016年度住房公积金归集、使用计划执行情况及增值收益分配方案的报告》、《凉山州住房公积金2016年年度报告》。《凉山州住房公积金管理中心关于表扬住房公积金管理先进县市和部门的请示》，《凉山州住房公积金管理中心关于授权州中心履行审批住房公积金降低缴存比例或缓缴职责的请示》。

（二）住房公积金管理中心：住房公积金管理中心为州人民政府不以营利为目的的正县级自收自支事业单位，设6个科，16个管理部，1个分中心。从业人员183人，其中，在编116人，非在编67人。

二、业务运行情况

（一）缴存：2017年，新开户单位333家，实缴单位3600家，净增单位-623家；新开户职工1.4864万人，实缴职工18.6650万人，净增职工1.3044万人；缴存额36.02亿元，同比增长15.56%。2017年末，缴存总额223.56亿元，同比增长19.21%；缴存余额118.14亿元，同比增长14.16%。

受委托办理住房公积金缴存业务的银行11家，与上年一致。

（二）提取：2017年，提取额21.37亿元，同比增长10.73%；占当年缴存额的59.33%，比上年减少2.59个百分点。2017年末，提取总额105.42亿元，同比增长25.41%。

（三）贷款：

个人住房贷款：个人住房贷款最高额度60万元，其中，单缴存职工最高额度50万元，双缴存职工最高额度60万元。

2017年，发放个人住房贷款0.6475，万笔24.28亿元，同比分别下降15.38%、4.41%。

2017年，回收个人住房贷款6.79亿元。

2017年末，累计发放个人住房贷款7.0349万笔，114.94亿元，贷款余额69.73亿元，同比分别增长10.14%、26.78%、33.51%。个人住房贷款余额占缴存余额的59.02%，比上年增加8.55个百分点。

受委托办理住房公积金个人住房贷款业务的银行7家，比上年增加1家。

（四）资金存储：2017年末，住房公积金存款46.15亿元。其中，活期0.17亿元，1年（含）以下定期0亿元，1年以上定期36.5亿元，其他（协定、通知存款等）9.48亿元。

（五）资金运用率：2017年末，住房公积金个人住房贷款余额、项目贷款余额和购买国债余额的总和占缴存余额的59.02%，比上年增加8.55个百分点。

三、主要财务数据

（一）业务收入：2017年，业务收入42230.2万元，同比增长2.49%。其中：存款利息22798.91万元，委托贷款利息19340.77万元，国债利息0万元，其他90.52万元。

（二）业务支出：2017年，业务支出16288.24万元，同比增长14.16%。支付职工住房公积金利息15344.98万元，委托贷款手续费908.11万元，其他35.15万元。

（三）增值收益：2017年，增值收益25941.96万元，同比下降3.69%。增值收益率2.37%，比上年减少0.15个百分点。

（四）增值收益分配：2017年，提取贷款风险准备金8222.38万元，提取管理费用3519.58万元，提取城市廉租住房（公共租赁住房）建设补充资金14200万元。

2017年，上交财政管理费用3238.75万元。上缴财政城市廉租住房（公共租赁住房）建设补充资金13700万元。

2017年末，贷款风险准备金余额32771.54万元。累计提取城市廉租住房（公共租赁住房）建设补充资金76099.74万元。

（五）管理费用支出：2017年，管理费用支出3271.58万元，同比增长9.16%。其中，人员经费1715.04万元，公用经费483.16万元，专项经费1073.38万元。

四、资产风险状况

个人住房贷款：2017年末，个人住房贷款逾期额39.13万元，逾期率0.06‰。

个人贷款风险准备金按贷款余额的4.7%提取。2017年，提取个人贷款风险准备金8222.38万元，使用个人贷款风险准备金核销呆坏账0万元。2017年末，个人贷款风险准备金余额32771.54万元，占个人住房贷款余额的4.7%，个人住房贷款逾期额与个人贷款风险准备金余额的比率为0.12%。

五、社会经济效益

（一）缴存业务：2017年，实缴单位数、实缴职工人数和缴存额同比分别增长－14.75%、7.51%和15.57%。

缴存单位中，国家机关和事业单位占76.94%，国有企业占9.42%，城镇集体企业占1.94%，外商投资企业占0.53%，城镇私营企业及其他城镇企业占6.33%，民办非企业单位和社会团体占1.44%，其他占3.4%。

缴存职工中，国家机关和事业单位占68.52%，国有企业占21.04%，城镇集体企业占3.17%，外商投资企业占0.7%，城镇私营企业及其他城镇企业占3.66%，民办非企业单位和社会团体占0.78%，其他占2.13%；中、低收入占98.73%，高收入占1.27%。

新开户职工中，国家机关和事业单位占57.97%，国有企业占16.64%，城镇集体企业占3.79%，外商投资企业占1.37%，城镇私营企业及其他城镇企业占10.6%，民办非企业单位和社会团体占4.04%，其他占5.59%；中、低收入占99.85%，高收入占0.15%。

（二）提取业务：2017年，5.61万名缴存职工提取住房公积金21.37亿元。

提取金额中，住房消费提取占74.81%（购买、建造、翻建、大修自住住房占35.28%，偿还购房贷款本息占37.93%，租赁住房占1.54%，其他占0.06%）；非住房消费提取占25.19%（离休和退休提取占19.55%，完全丧失劳动能力并与单位终止劳动关系提取占3.68%，户口迁出本市或出境定居占1%，其他占0.96%）。

提取职工中，中、低收入占98.5%，高收入占1.5%。

（三）贷款业务：

1. **个人住房贷款**：2017年，支持职工购建房67.58万平方米，年末个人住房贷款市场占有率为53.98%，比上年增加3.84个百分点。通过申请住房公积金个人住房贷款，可节约职工购房利息支出35063.64万元。

职工贷款笔数中，购房建筑面积 90（含）平方米以下占 33.73%，90～144（含）平方米占 61.13%，144 平方米以上占 5.14%。购买新房占 58.87%（其中购买保障性住房占 11.52%），购买存量商品住房占 37.84%，建造、翻建、大修自住住房占 0.42%，其他占 2.87%。

职工贷款笔数中，单缴存职工申请贷款占 25.2%，双缴存职工申请贷款占 74.8%，无三人及以上缴存职工共同申请贷款。

贷款职工中，30 岁（含）以下占 29.85%，30 岁～40 岁（含）占 36.15%，40 岁～50 岁（含）占 27.43%，50 岁以上占 6.57%；首次申请贷款占 83.2%，二次及以上申请贷款占 16.8%；中、低收入占 98.86%，高收入占 1.14%。

2. **异地贷款**：2017 年，发放异地贷款 248 笔 9729 万元。2017 年末，发放异地贷款总额 22325 万元，异地贷款余额 21026.33 万元。

（四）住房贡献率：2017 年，个人住房贷款发放额、公转商贴息贷款发放额、项目贷款发放额、住房消费提取额的总和与当年缴存额的比率为 111.77%，比上年增加 11.39 个百分点。

六、其他重要事项

（一）当年缴存基数限额及确定办法、缴存比例调整情况：2017 年，缴存基数限额为上限 17409 元，下限 1380 元。缴存基数：国家机关事业单位按工资性收入为基数，企业人员按基本工资＋奖金为缴存基数。缴存比例按 5%至 12%。当年机构及职能无变化，委托办理贷款业务的金融机构增加 1 家，金信村镇银行。

（二）当年存贷款利率执行情况：存款利率：一年期 1.5%；贷款利率：五年期以下 2.75%，五年期以上 3.25%。

（三）当年服务改进情况：综合服务平台通过部省验收，中心业务系统正式接入异地转移平台和四川省政务服务网，网上办理业务内容更加丰富，信息系统风险管控能力进一步增强。

（四）获奖情况：凉山州住房公积金管理中心获四川省住房和城乡建设厅 2016 年住房公积金贷款工作先进单位，2016 年住房公积金缴存工作先进单位，2016 年度住房城乡建设工作目标绩效考核公积金管理类二等奖。

凉山州住房公积金管理中心喜德县管理部获共青团四川省委 2016 年度四川省五四红旗团支部。

凉山州住房公积金管理中心获中共凉山州委，凉山州人民政府第一批全州民族团结进步创建活动示范单位。2016 年度州级平安建设先进单位。2016 年发展建筑业工作先进单位。推进县市防震减灾目标管理工作先进单位。

凉山州住房公积金管理中心获凉山州人民政府 2016 年全州住房公积金管理工作先进单位。2016 年度人口和计划生育工作合格单位。2016 年度全州档案工作先进单位。2016 年度金融工作先进单位。

凉山州住房公积金管理中心喜德县管理部主任卢华同志获省委、省政府 2016 年脱贫攻坚"五个一"驻村帮扶先进个人。

凉山州住房公积金管理中心会理县管理部被会理县委、县政府命名为"2016 年度县级文明单位。"

凉山州住房公积金管理中心雷波县管理部严晴同志家庭荣获凉山州 2017 年度"最美家庭"荣誉称号。

2017 全国住房公积金年度报告汇编

贵州省

贵阳市
六盘水市
遵义市
安顺市
毕节市
铜仁市
黔西南州
黔东南州
黔南州

贵州省住房公积金 2017 年年度报告

一、机构概况

（一）住房公积金管理机构：全省共设 9 个设区城市住房公积金管理中心，1 个国家级新区（贵安新区）住房公积金管理中心，1 个独立设置的省直中心。从业人员 919 人，其中，在编 657 人，非在编 262 人。

（二）住房公积金监管机构：贵州省住房城乡建设厅、贵州省财政厅和人民银行贵阳中心支行负责对本省住房公积金管理运行情况进行监督。省住房城乡建设厅设立住房公积金监管处，负责辖区住房公积金日常监管工作。

二、业务运行情况

（一）缴存：2017 年，新开户单位 5330 家，实缴单位 38721 家，净增单位 3441 家；新开户职工 33.57 万人，实缴职工 238.04 万人，净增职工 21.48 万人；缴存额 315.99 亿元，同比增长 15.63%。2017 年末，缴存总额 1695.15 亿元，同比增长 22.91%；缴存余额 865.91 亿元，同比增长 19.51%。

（二）提取：2017 年，提取额 174.60 亿元，同比增长 13.08%；占当年缴存额的 55.26%，比上年减少 1.24 个百分点。2017 年末，提取总额 829.24 亿元，同比增长 26.67%。

（三）贷款：

1. **个人住房贷款**：2017 年，发放个人住房贷款 6.42 万笔 198.87 亿元，同比下降 15.19%、8.00%。回收个人住房贷款 82.84 亿元。

2017 年末，累计发放个人住房贷款 59.31 万笔 1233.34 亿元，贷款余额 840.78 亿元，同比分别增长 12.14%、19.22%、16.01%。个人住房贷款余额占缴存余额的 97.10%，比上年减少 2.93 个百分点。

2. **住房公积金支持保障性住房建设项目贷款**：2017 年，发放支持保障性住房建设项目贷款 0 亿元，回收项目贷款 1.31 亿元。2017 年末，累计发放项目贷款 14.32 亿元，项目贷款余额 2.80 亿元。

（四）购买国债：2017 年，未购买国债，未兑付、转让、收回国债。2017 年末，无国债余额。

（五）融资：2017 年，融资 9.48 亿元，归还 16.79 亿元。2017 年末，融资总额 47.66 亿元，融资余额 26.35 亿元。

（六）资金存储：2017 年末，住房公积金存款 47.54 亿元。其中，活期 4.82 亿元，1 年（含）以下定期 10.14 亿元，1 年以上定期 4.00 亿元，其他（协定、通知存款等）28.58 亿元。

（七）资金运用率：2017 年末，住房公积金个人住房贷款余额、项目贷款余额和购买国债余额的总和占缴存余额的 97.42%，比上年减少 3.15 个百分点。

三、主要财务数据

（一）业务收入：2017 年，业务收入 255710.08 万元，同比增长 16.61%。其中，存款利息 7935.57

万元，委托贷款利息 245007.60 万元，国债利息 0 万元，其他 2766.91 万元。

（二）**业务支出**：2017 年，业务支出 147217.51 万元，同比增长 19.75%。其中，支付职工住房公积金利息 120390.27 万元，归集手续费 6056.15 万元，委托贷款手续费 9459.13 万元，其他 11311.96 万元。

（三）**增值收益**：2017 年，增值收益 108492.57 万元，同比增长 12.62%；增值收益率 1.35%，比上年减少 0.1 个百分点。

（四）**增值收益分配**：2017 年，提取贷款风险准备金 11012.91 万元，提取管理费用 32863.83 万元，提取城市廉租住房（公共租赁住房）建设补充资金 64615.84 万元。

2017 年，上交财政管理费用 29444.57 万元，上缴财政城市廉租住房（公共租赁住房）建设补充资金 60031.70 万元。

2017 年末，贷款风险准备金余额 96857.67 万元，累计提取城市廉租住房（公共租赁住房）建设补充资金 418704.14 万元。

（五）**管理费用支出**：2017 年，管理费用支出 32190.42 万元，同比增长 90.10%。其中，人员经费 9160.43 万元，公用经费 2199.88 万元，专项经费 20830.11 万元。

四、资产风险状况

（一）**个人住房贷款**：2017 年末，个人住房贷款逾期额 2026.77 万元，逾期率 0.241‰。

2017 年，提取个人贷款风险准备金 11012.91 万元，使用个人贷款风险准备金核销呆坏账 0 万元。2017 年末，个人贷款风险准备金余额 95287.59 万元，占个人贷款余额的 1.13%，个人贷款逾期额与个人贷款风险准备金余额的比率为 2.13%。

（二）**住房公积金支持保障性住房建设项目贷款**：2017 年末，逾期项目贷款 0 万元，逾期率为 0‰。

2017 年，提取项目贷款风险准备金 0 万元，使用项目贷款风险准备金核销呆坏账 0 万元。2017 年末，项目贷款风险准备金余额 1570.08 万元，占项目贷款余额的 5.62%，项目贷款逾期额与项目贷款风险准备金余额的比率为 0%。

（三）**历史遗留风险资产**：2017 年末，无历史遗留风险资产。

五、社会经济效益

（一）**缴存业务**：2017 年，实缴单位数、实缴职工人数和缴存额增长率分别为 9.75%、9.92% 和 15.63%。

缴存单位中，国家机关和事业单位占 52.38%，国有企业占 12.98%，城镇集体企业占 1.77%，外商投资企业占 0.84%，城镇私营企业及其他城镇企业占 27.06%，民办非企业单位和社会团体占 2.02%，其他占 3.04%。

缴存职工中，国家机关和事业单位占 48.36%，国有企业占 27.76%，城镇集体企业占 1.63%，外商投资企业占 1.08%，城镇私营企业及其他城镇企业占 14.06%，民办非企业单位和社会团体占 1.45%，其他占 5.67%；中、低收入占 96.15%，高收入占 3.85%。

新开户职工中，国家机关和事业单位占 24.69%，国有企业占 13.97%，城镇集体企业占 2.45%，外商投资企业占 1.67%，城镇私营企业及其他城镇企业占 46.16%，民办非企业单位和社会团体占 1.62%，

其他占 9.45%；中、低收入占 97.35%，高收入占 2.65%。

（二）**提取业务**：2017 年，85.64 万名缴存职工提取住房公积金 174.60 亿元。

提取金额中，住房消费提取占 75.29%（购买、建造、翻建、大修自住住房占 16.87%，偿还购房贷款本息占 52.45%，租赁住房占 3.88%，其他占 2.08%）；非住房消费提取占 24.71%（离休和退休提取占 15.07%，完全丧失劳动能力并与单位终止劳动关系提取占 5.78%，户口迁出所在市或出境定居占 1.01%，其他占 2.85%）。

提取职工中，中、低收入占 95.81%，高收入占 4.19%。

（三）**贷款业务**：

1. **个人住房贷款**：2017 年，支持职工购建房 762.67 万平方米。年末个人住房贷款市场占有率为 25.20%，比上年同期减少 0.82 个百分点。通过申请住房公积金个人住房贷款，可节约职工购房利息支出 336383.10 万元。

职工贷款笔数中，购房建筑面积 90（含）平方米以下占 10.70%，90~144（含）平方米占 80.48%，144 平方米以上占 8.82%。购买新房占 90.12%（其中购买保障性住房占 1.03%），购买存量商品房占 9.03%，建造、翻建、大修自住住房等其他贷款占 0.85%。

职工贷款笔数中，单缴存职工申请贷款占 42.41%，双缴存职工申请贷款占 56.80%，三人及以上缴存职工共同申请贷款占 0.78%。

贷款职工中，30 岁（含）以下占 40.37%，30 岁~40 岁（含）占 34.13%，40 岁~50 岁（含）占 18.41%，50 岁以上占 7.09%；首次申请贷款占 87.88%，二次及以上申请贷款占 12.12%；中、低收入占 93.83%，高收入占 6.17%。

2. **异地贷款**：2017 年，发放异地贷款 1434 笔 41908.90 万元。2017 年末，发放异地贷款总额 81407.00 万元，异地贷款余额 73655.56 万元。

3. **公转商贴息贷款**：2017 年，发放公转商贴息贷款 1121 笔 38686.90 万元，支持职工购建房面积 9.82 万平方米。当年贴息额 4930.71 万元。2017 年末，累计发放公转商贴息贷款 12315 笔 359120.00 万元，累计贴息 12655.92 万元。

4. **住房公积金支持保障性住房建设项目贷款**：2017 年末，全省有住房公积金试点城市 2 个，试点项目 14 个，贷款额度 14.32 亿元，建筑面积 107.12 万平方米，可解决 11936 户中低收入职工家庭的住房问题。8 个试点项目贷款资金已发放并还清贷款本息。

（四）**住房贡献率**：2017 年，个人住房贷款发放额、公转商贴息贷款发放额、项目贷款发放额、住房消费提取额的总和与当年缴存额的比率为 105.76%，比上年减少 22.88 个百分点。

六、其他重要事项

（一）**开展住房公积金督查**：按照《贵州省住房公积金督查工作暂行办法》（黔建房资监通〔2014〕146 号）要求，分别对安顺、毕节、贵安、六盘水、遵义、黔东南等 6 个中心开展了督查，重点对以往年度督查整改落实情况、住房公积金政策制定与执行、财务管理、账户设立、风险防控、信息化建设等内容进行了督查。

（二）**加强信息化建设，全面提升服务效率**：以"全面提升服务效率，更好服务缴存职工"为目的，积极推进住房公积金信息化建设工作。一是顺利完成贯彻落实《住房公积金基础数据标准》并接入全国统一的银行结算平台工作（简称"双贯标"工作）。截至 2017 年 12 月，我省各市州、贵安新区、省直等 11 个中心全部通过住房城乡建设部"双贯标"工作达标验收；二是完成住房公积金异地转移接续平台的建设接入工作。自 2017 年 7 月 1 日起，各地均通过平台办理异地转移接续业务，避免缴存职工在转入地和转出地往返奔波办理情况，并确保了缴存职工公积金账户信息准确和资金安全；三是督促各地搭建包括网站、网厅、12329 热线、微信和综合管理系统等渠道的综合服务平台。

（三）住房公积金机构及从业人员获荣誉情况：

1. 六盘水市住房公积金管理中心李进同志、毕节市住房公积金管理中心吴军同志、黔东南州住房公积金管理中心周芹同志获住房城乡建设部"全国城乡住房系统先进工作者"荣誉称号；

2. 黔西南州人民政府政务服务中心住房公积金分厅获全国妇联授予"全国巾帼文明岗"称号；

3. 黔西南州住房公积金管理中心王官文同志被贵州省总工会命名为贵州省第四届"行业道德标兵"，并授予"贵州省五一劳动奖章"。

贵阳住房公积金 2017 年年度报告

一、机构概况

（一）**住房公积金管理委员会**：住房公积金管理委员会有 29 名委员，2017 年召开 1 次会议，审议通过的事项主要包括：

1. 审议通过 2016 年度贵阳住房公积金年度报告。
2. 审议通过适当调整贵阳市住房公积金贷款政策。
3. 审议通过支付贵阳置业担保公司 2015 年 6 月至 2016 年 10 月担保费用。
4. 审议通过《贵阳市 2016 年住房公积金财务收支决算（草案）的报告和 2017 年市住房公积金管理中心部门预算（草案）审核意见》。

（二）**住房公积金管理中心**：贵阳市住房公积金管理中心为贵阳市人民政府不以营利为目的的参公事业单位，设 7 个处室，9 个管理部，1 个分中心。从业人员 84 人，其中，在编 84 人。贵州省住房资金管理中心未移交贵阳市统一管理，为贵州省住房和城乡建设厅不以营利为目的的公益二类事业单位，设 3 个科，从业人员 12 人，其中，在编 9 人，非在编 3 人。

二、业务运行情况

（一）**缴存**：2017 年，新开户单位 2636 家，实缴单位 14084 家，净增单位 1600 家；新开户职工 15.88 万人，实缴职工 86.63 万人，净增职工 7.30 万人；缴存额 97.34 亿元，同比增长 16.39%。2017 年末，缴存总额 561.53 亿元，同比增长 20.97%；缴存余额 254.13 亿元，同比增长 15.14%。

受委托办理住房公积金缴存业务的银行 3 家，比上年无增减。

（二）提取：2017年，提取额63.92亿元，同比增长22.45%；占当年缴存额的65.67%，比上年增加3.25个百分点。2017年末，提取总额307.40亿元，同比增长26.25%。

（三）贷款：

1. **个人住房贷款**：个人住房贷款最高额度50万元，其中，单缴存职工最高额度50万元，双缴存职工最高额度50万元。

2017年，发放个人住房贷款1.46万笔52.95亿元，同比分别下降16.57%、10.51%。其中，市中心发放个人住房贷款1.22万笔43.79亿元，省直中心发放个人住房贷款0.24万笔9.16亿元。

2017年，回收个人住房贷款23.72亿元。其中，市中心20.28亿元，省直中心3.44亿元。

2017年末，累计发放个人住房贷款14.90万笔373.31亿元，贷款余额254.99亿元，同比分别增长10.86%、16.53%、12.95%。个人住房贷款余额占缴存余额的100.34%，比上年减少1.95个百分点。

受委托办理住房公积金个人住房贷款业务的银行8家，比上年无增减。

2. **住房公积金支持保障性住房建设项目贷款**：2017年，未发放支持保障性住房建设项目贷款，无项目贷款回收。2017年末，累计发放项目贷款6.39亿元，无项目贷款余额。

（四）融资：2017年，无新增融资，归还1亿元。2017年末，融资总额8.97亿元，融资余额4.99亿元。

（五）资金存储：2017年末，住房公积金存款6.44亿元。其中，活期0.11亿元，其他（协定、通知存款等）6.33亿元。

（六）资金运用率：2017年末，住房公积金个人住房贷款余额、项目贷款余额和购买国债余额的总和占缴存余额的100.34%，比上年减少1.95个百分点。

三、主要财务数据

（一）业务收入：2017年，业务收入76553.20万元，同比增长14.82%。其中，市中心63176.71万元，省直中心13376.49万元；存款利息1168.24万元，委托贷款利息75381.55万元，其他3.41万元。

（二）业务支出：2017年，业务支出48095.10万元，同比增长25.87%。其中，市中心37370.95万元，省直中心10724.15万元；支付职工住房公积金利息36508.23万元，归集手续费3307.03万元，委托贷款手续费3373.58万元，其他4906.26万元。

（三）增值收益：2017年，增值收益28458.10万元，同比降低0.01%。其中，市中心25805.76万元，省直中心2652.34万元；增值收益率1.18%，比上年减少0.19个百分点。

（四）增值收益分配：2017年，提取贷款风险准备金2338.72万元，提取管理费用16358.09万元，提取城市廉租住房（公共租赁住房）建设补充资金9761.28万元。

2017年，上交财政管理费用16268.09万元。上缴财政城市廉租住房（公共租赁住房）建设补充资金35728.93万元。其中，市中心上缴市财政23008.09万元，省直中心上缴省财政12720.84万元。

2017年末，贷款风险准备金余额25499.45万元。累计提取城市廉租住房（公共租赁住房）建设补充资金153865.44万元。其中，市中心提取125760.88万元，省直中心提取28104.56万元。

（五）管理费用支出：2017年，管理费用支出17168.20万元，同比增长585.42%（增长原因是贵阳市中心购置住房公积金业务、信息、档案等综合业务用房使用专项经费）。其中，人员经费1018.74万元，公用经费 315.87 万元，专项经费 15833.59 万元。

市中心管理费用支出 16927.20 万元，其中，人员、公用、专项经费分别为 828.74 万元、264.87 万元、15833.59 万元；省直中心管理费用支出 241 万元，其中，人员、公用分别为 190 万元、51 万元。

四、资产风险状况

2017 年末，个人住房贷款逾期额 375.58 万元，逾期率 0.15‰。其中，市中心 0.11‰，省直中心 0.35‰。

个人贷款风险准备金按贷款余额的 1% 提取。2017 年，提取个人贷款风险准备金 2338.72 万元，未使用个人贷款风险准备金核销呆坏账。2017 年末，个人贷款风险准备金余额 25499.45 万元，占个人住房贷款余额的 1%，个人住房贷款逾期额与个人贷款风险准备金余额的比率为 1.47%。

五、社会经济效益

（一）**缴存业务**：2017 年，实缴单位数、实缴职工人数和缴存额同比分别增长 12.82%、9.20% 和 16.39%。

缴存单位中，国家机关和事业单位占 20.38%，国有企业占 9.92%，城镇集体企业占 2.25%，外商投资企业占 1.53%，城镇私营企业及其他城镇企业占 60.22%，民办非企业单位和社会团体占 3.40%，其他占 2.30%。

缴存职工中，国家机关和事业单位占 21.74%，国有企业占 34.22%，城镇集体企业占 2.04%，外商投资企业占 1.93%，城镇私营企业及其他城镇企业占 35.96%，民办非企业单位和社会团体占 1.77%，其他占 2.34%；中、低收入占 96.89%，高收入占 3.11%。

新开户职工中，国家机关和事业单位占 7.71%，国有企业占 26.00%，城镇集体企业占 2.44%，外商投资企业占 2.37%，城镇私营企业及其他城镇企业占 55.73%，民办非企业单位和社会团体占 2.54%，其他占 3.21%；中、低收入占 99.35%，高收入占 0.65%。

（二）**提取业务**：2017 年，29.01 万名缴存职工提取住房公积金 63.92 亿元。

提取金额中，住房消费提取占 75.50%（购买、建造、翻建、大修自住住房占 13.01%，偿还购房贷款本息占 60.07%，租赁住房占 2.31%，其他占 0.11%）；非住房消费提取占 24.50%（离休和退休提取占 14.95%，完全丧失劳动能力并与单位终止劳动关系提取占 7.61%，户口迁出本市或出境定居占 1.23%，其他占 0.71%）。

提取职工中，中、低收入占 94.81%，高收入占 5.19%。

（三）**贷款业务**：

1. **个人住房贷款**：2017 年，支持职工购建房 165.89 万平方米，年末个人住房贷款市场占有率为 18.40%，比上年减少 1.15 个百分点。通过申请住房公积金个人住房贷款，可节约职工购房利息支出 91911.10 万元。

职工贷款笔数中，购房建筑面积 90（含）平方米以下占 17.74%，90～144（含）平方米占 73.62%，144 平方米以上占 8.64%。购买新房占 95.33%（其中购买保障性住房占 0.28%），购买存量商品住房占 4.67%。

职工贷款笔数中,单缴存职工申请贷款占 74.03%,双缴存职工申请贷款占 25.97%。

贷款职工中,30 岁(含)以下占 48.35%,30 岁~40 岁(含)占 30.60%,40 岁~50 岁(含)占 17.74%,50 岁以上占 3.31%;首次申请贷款占 93.15%,二次及以上申请贷款占 6.85%;中、低收入占 95.16%,高收入占 4.84%。

2. 异地贷款: 2017 年,发放异地贷款 116 笔 4330.30 万元。2017 年末,发放异地贷款总额 8270.90 万元,异地贷款余额 7888.99 万元。

3. 公转商贴息贷款: 2017 年,发放公转商贴息贷款 1017 笔 36749.80 万元,支持职工购建住房面积 8.58 万平方米,当年贴息额 3882.53 万元。2017 年末,累计发放公转商贴息贷款 8923 笔 278642.70 万元,累计贴息 10228.78 万元。

4. 支持保障性住房建设试点项目贷款: 2017 年末,累计试点项目 2 个,贷款额度 6.39 亿元,建筑面积 28.92 万平方米,可解决 4128 户中低收入职工家庭的住房问题。2 个试点项目贷款资金已发放并还清贷款本息。

(四)住房贡献率: 2017 年,个人住房贷款发放额、公转商贴息贷款发放额、项目贷款发放额、住房消费提取额的总和与当年缴存额的比率为 107.62%,比上年减少 24.41 个百分点。

六、其他重要事项

(一)当年住房公积金政策调整及执行情况

1. 下发《关于贵阳市住房公积金部分提取使用政策调整的通知》(筑公积金通字〔2017〕29 号)。调整提取住房公积金用于购买贵阳市行政区域外自住住房、购买二手房,职工或配偶、未成年子女患重大疾病申请提取住房公积金有关使用政策,及住房公积金贷款的房屋套数认定标准,职工家庭累计有过两次或两次以上住房贷款记录的,认定为三套或以上住房贷款,停止办理住房公积金贷款。

2. 下发《关于调整贵阳市 2017 年住房公积金月缴存额上、下限标准的通知》(筑公积金通字〔2017〕48 号)。

根据贵州省统计局公布的 2016 年度我市在岗职工平均工资标准测算,确定本市 2017~2018 年度住房公积金月缴存额(单位及个人应缴合计)上限标准最高不得超过 5134 元。根据贵阳市人力资源和社会保障局公布的 2017 年度我市企业最低工资标准测算,确定本市 2017~2018 年度住房公积金月缴存额(单位及个人应缴合计)下限标准不得低于 168 元。

3. 下发《关于住房公积金二手房贷款调整事宜的通知》(筑公积金通字〔2017〕79 号)。为进一步规范贵阳市住房公积金二手房贷款业务、防范二手房贷款风险,二手房贷款相关事宜调整为:(1)二手房房龄不得超过 25 年。(2)二手房贷款期限须同时符合以下条件:1)最长不超过 30 年;2)不超过借款人自申请之日起距法定退休年龄止的年限(男 60 岁,女 55 岁);3)房龄与贷款年限之和不超过土地证使用年限。

4. 出台《贵阳市住房公积金管理中心个人住房公积金贷款楼盘管理办法》(筑公积金字〔2017〕23 号),进一步规范我市住房公积金贷款楼盘管理,防范和控制个人住房公积金贷款风险。

(二)当年服务改进情况:

1. **建成并投入使用贵阳市住房公积金管理中心"数据铁笼"系统。**该系统涵盖廉政教育、廉政风险防控、业务风险防控等模块,将中心各处室权责事项管理、中心业务风险分析、信访投诉、廉政约谈等纳入统一管理,使业务监督与行政监察有机融合,有效保证权力运行处处有痕迹,权力监管时时阳光化。

2. **接入全国住房公积金异地转移接续平台**。通过该平台,避免缴存职工在转入地和转出地往返奔波办理转移业务,确保缴存职工装公积金账户信息准确和资金安全,解决不同缴存地住房公积金中心互信互认,进一步支持缴存职工跨地区购买住房的资金使用需求。

3. **进一步优化完善信息化服务渠道**。整合贵阳市住房公积金门户网站、手机网站、微信、微博、支付宝、筑民生、多彩宝、贵州通等信息化服务渠道,实现数据共建共享,将公积金缴存、账户查询、职工信息变更、政策宣传等"一网打尽",推进公积金服务再升级。

4. **推出门户网站及自助终端自助打印服务**。自助打印服务提供了包括《职工开户证明》、《个人缴存证明》、《职工流水账(近一年)》、《职工综合情况》、《公积金贷款还款计划书(未来一年)》、《公积金年度结息单》以及《公积金贷款还款流水账(近一年)》一共七个常用证明和表单,所有表单均加盖贵阳市住房公积金管理中心业务审核的专用电子章,同时提供扫描二维码及输入鉴真码验证服务。

5. **持续深入开展网上业务系统推广工作**。截至2017年12月底,中心开通网上业务系统单位累计9307个,开通率达60.41%,比上年增加21.37个百分点。通过网上业务系统办理公积金业务的单位达到8280个,比上年末增长107.31%,占开通单位的88.97%,占比较上年末增加11.27个百分点,占状态正常单位的53.75%,超过半数的缴存单位通过中心网上业务系统办理单位缴存变更业务。

(三) **当年信息化建设情况**:2017年通过了住房城乡建设部"双贯标"(住房公积金基础数据标准和住房公积金银行结算应用系统)验收。

六盘水市住房公积金2017年年度报告

一、机构概况

(一) **住房公积金管理委员会**:住房公积金管理委员会有24名委员,2017年召开2次会议,审议通过的事项主要包括:《2016年六盘水住房公积金归集使用计划执行情况和2017年工作计划的报告》、《2016年住房公积金增值收益分配方案》和《六盘水市住房公积金管理实施办法(试行)》。

(二) **住房公积金管理中心**:住房公积金管理中心为直属于六盘水市人民政府的不以营利为目的的参公管理事业单位,主要负责全市住房公积金的归集、管理、使用和会计核算。设11个科室,8个管理部。从业人员61人,其中,在编61人,非在编0人。

二、业务运行情况

(一) **缴存**:2017年,新开户单位126家,实缴单位1393家,净增单位93家;新开户职工1.28万人,实缴职工15.90万人,净增职工1.49万人;缴存额21.73亿元,同比增长32.26%。2017年末,缴存总额130.95亿元,同比增长19.91%;缴存余额56.83亿元,同比增长21.54%。

受委托办理住房公积金缴存业务的银行3家，比上年减少2家。

（二）**提取**：2017年，提取额11.66亿元，同比增长16.83%，占当年缴存额的53.66%，比上年减少7.11个百分点。2017年末，提取总额74.12亿元，同比增长18.67%。

（三）**贷款**：

1. **个人住房贷款**：个人住房贷款最高额度50万元，其中，单缴存职工最高额度50万元，双缴存职工最高额度50万元。

2017年，发放个人住房贷款0.34万笔10.01亿元，同比分别下降33.33%、29.71%。其中，直属管理部（含市直、钟山、水钢、水矿）0.15万笔4.66亿元、盘州管理部（含盘江煤电管理部）0.08万笔2.20亿元、六枝管理部（含六枝工矿管理部）0.06万笔1.53亿元、水城管理部0.05万笔1.62亿元。2017年，回收个人住房贷款5.08亿元。其中，直属管理部（含市直、钟山、水钢、水矿）2.66亿元、盘州管理部（含盘江煤电管理部）1.01亿元、六枝管理部（含六枝工矿管理部）0.75亿元、水城管理部0.66亿元。

2017年末，累计发放个人住房贷款3.91万笔73.20亿元，贷款余额47.66亿元，同比分别增长9.52%、15.84%、11.54%。个人住房贷款余额占缴存余额的83.86%，比上年减少7.53个百分点。

受委托办理住房公积金个人住房贷款业务的银行5家，比上年增加1家。

2. **住房公积金支持保障性住房建设项目贷款**：2017年，发放支持保障性住房建设项目贷款0亿元，回收项目贷款1.13亿元。2017年末，累计发放项目贷款7.93亿元，项目贷款余额2.80亿元。

（四）**资金存储**：2017年末，住房公积金存款8.19亿元。其中，活期3.15亿元，1年（含）以下定期5.04亿元，1年以上定期0亿元，其他（协定、通知存款等）0亿元。

（五）**资金运用率**：2017年末，住房公积金个人住房贷款余额、项目贷款余额和购买国债余额的总和占缴存余额的88.79%，比上年减少11个百分点。

三、主要财务数据

（一）**业务收入**：2017年，业务收入16780.83万元，同比增长15.28%。其中，存款利息835.10万元，委托贷款利息15934.67万元，国债利息0万元，其他11.06万元。

（二）**业务支出**：2017年，业务支出9775.55万元，同比增长27.69%。其中，支付职工住房公积金利息7947.98万元，归集手续费1027.02万元，委托贷款手续费796.63万元，其他3.92万元。

（三）**增值收益**：2017年，增值收益7005.28万元，同比增长1.52%。增值收益率1.32%，比上年减少0.25个百分点。

（四）**增值收益分配**：2017年，提取贷款风险准备金492.70万元，提取管理费用1302.95万元，提取城市廉租住房（公共租赁住房）建设补充资金5209.63万元。

2017年，上交财政管理费用1269.12万元。上缴财政城市廉租住房（公共租赁住房）建设补充资金5991.44万元。

2017年末，贷款风险准备金余额6335.87万元。累计提取城市廉租住房（公共租赁住房）建设补充资金19855.39万元。

（五）**管理费用支出**：2017年，管理费用支出1302.95万元，同比增长2.67%。其中，人员经费

769.38万元，公用经费93.65万元，专项经费439.92万元。

四、资产风险状况

（一）个人住房贷款：2017年末，个人住房贷款逾期额209.32万元，逾期率0.4392‰。其中，市中心（市直、钟山、水钢、水矿）0.61‰，盘州市（盘州、盘江）0.07‰，六枝特区（六枝、六枝工矿）0.31‰，水城县0.48‰。

个人贷款风险准备金按贷款余额的1%提取。2017年，提取个人贷款风险准备金492.70万元，使用个人贷款风险准备金核销呆坏账0万元。2017年末，个人贷款风险准备金余额4765.79万元，占个人住房贷款余额的1%，个人住房贷款逾期额与个人贷款风险准备金余额的比率为4.39%。

（二）支持保障性住房建设试点项目贷款：2017年，提取项目贷款风险准备金0万元，使用项目贷款风险准备金核销呆坏账0万元，项目贷款风险准备金余额1570.08万元，占项目贷款余额的5.61%，项目贷款逾期额与项目贷款风险准备金余额的比率为0%。

五、社会经济效益

（一）缴存业务：2017年，实缴单位数、实缴职工人数和缴存额同比分别增长7.15%、10.34%和32.26%。

缴存单位中，国家机关和事业单位占59.73%，国有企业占27.85%，城镇集体企业占1.37%，外商投资企业占0.86%，城镇私营企业及其他城镇企业占6.17%，民办非企业单位和社会团体占0.72%，其他占3.30%。缴存职工中，国家机关和事业单位占46.75%，国有企业占48.17%，城镇集体企业占0.81%，外商投资企业占0.51%，城镇私营企业及其他城镇企业占2.19%，民办非企业单位和社会团体占0.16%，其他占1.41%；中、低收入占97.48%，高收入占2.52%。新开户职工中，国家机关和事业单位占31.48%，国有企业占43.29%，城镇集体企业占0.77%，外商投资企业占2.10%，城镇私营企业及其他城镇企业占14.98%，民办非企业单位和社会团体占0.85%，其他占6.53%；中、低收入占99.39%，高收入占0.61%。

（二）提取业务：2017年，5.02万名缴存职工提取住房公积金11.66亿元。

提取金额中，住房消费提取占74.22%（购买、建造、翻建、大修自住住房占20.92%，偿还购房贷款本息占34.98%，租赁住房占18.32%，其他占0%）；非住房消费提取占25.78%（离休和退休提取占16.46%，完全丧失劳动能力并与单位终止劳动关系提取占6.46%，户口迁出本市或出境定居占1.13%，其他占1.73%）。提取职工中，中、低收入占92.88%，高收入占7.12%。

（三）贷款业务：

1. 个人住房贷款：2017年，支持职工购建房40.73万平方米，年末个人住房贷款市场占有率为34.43%，比上年减少15.95个百分点。通过申请住房公积金个人住房贷款，可节约职工购房利息支出17609.27万元。

职工贷款笔数中，购房建筑面积90（含）平方米以下占6.85%，90~144（含）平方米占82.87%，144平方米以上占10.28%。购买新房占89.22%（其中购买保障性住房占1.56%），购买存量商品住房占7.11%，建造、翻建、大修自住住房占0%，其他占3.67%。

职工贷款笔数中，单缴存职工申请贷款占 32.76%，双缴存职工申请贷款占 66.72%，三人及以上缴存职工共同申请贷款占 0.52%。

贷款职工中，30 岁（含）以下占 42.42%，30 岁～40 岁（含）占 34.40%，40 岁～50 岁（含）占 19.30%，50 岁以上占 3.88%；首次申请贷款占 92.22%，二次及以上申请贷款占 7.78%；中、低收入占 88.81%，高收入占 11.19%。

2. **异地贷款**：2017 年，发放异地贷款 260 笔 8014.70 万元。2017 年末，发放异地贷款总额 15142.10 万元，异地贷款余额 13900.92 万元。

3. **支持保障性住房建设试点项目贷款**：2017 年末，累计试点项目 12 个，贷款额度 7.93 亿元，建筑面积 78.2 万平方米，可解决 7808 户中低收入职工家庭的住房问题。6 个试点项目贷款资金已发放并还清贷款本息。

（四）**住房贡献率**：2017 年，个人住房贷款发放额、公转商贴息贷款发放额、项目贷款发放额、住房消费提取额的总和与当年缴存额的比率为 85.87%，比上年减少 47.24 个百分点。

六、其他重要事项

（一）**统筹协调，实施住房公积金"管办分离"改革**：全面建立"管理部＋银行"的业务运行体系，健全"业务管理监督、稽核审计监督、财务核算监督和信息系统监督"四大监督体系，改进强化执法职能，落实对外监督专职化执法体系。一是调整内部管理科室，明确管理职责。撤销贷款管理科、归集管理科、支取管理科，组建业务管理科、缴存督查科、服务指导科等三个管理科室，分别负责业务管理、缴存执法和服务指导等管理工作。当前内设科室 11 个，分别是办公室、人事教育科、计划财务科、信息技术科、贷款风险管理科、业务管理科、项目贷款管理科、缴存督查科、稽核科、服务指导科和监察室。二是调整内设分支机构，明确业务审批职责。将原来的 2 个分中心（六枝分中心、盘县分中心）调整为管理部，当前分支机构为 8 个管理部，负责住房公积金业务审批，分别是直属管理部（钟山管理部）、水矿管理部、水钢管理部（以上 3 个管理部合署办公，负责中心城区、钟山区以及水钢集团公司、水城矿业集团公司住房公积金业务审批）、盘江煤电管理部、盘州管理部（以上 2 个管理部合署办公，负责盘州市、盘江煤电集团公司公积金业务审批）、六枝管理部、六枝工矿管理部（以上 2 个管理部合署办公，负责六枝特区、六枝工矿集团公积金业务审批）和水城管理部（负责水城县公积金业务审批）。三是规范调整公积金业务委托银行，明确委托业务职责。调整减少 2 个缴存业务委托银行（农业银行、中国银行）；增加 1 个贷款业务委托银行（六盘水农商银行）。当前综合业务委托银行 3 个，分别是建设银行、工商银行和贵州银行，负责住房公积金缴存、提取、贷款等综合业务办理。贷款专项业务委托银行 2 个，分别是农业银行和六盘水农商银行，专项办理住房公积金贷款业务。

（二）**推进制度建设，强化政策执行和业务管理**：一是推进制度建设，规范业务管理。出台试行《六盘水市住房公积金管理实施办法》及《六盘水市住房公积金业务规范》配套制度，取消"装修贷款"制度，优化业务审批和办理流程，管理和服务效率进一步提高。二是严格执行住房公积金缴存基数标准。根据贵州省人力资源和社会保障厅、贵州省统计局公布的六盘水市 2016 年城镇单位从业人员平均工资和 2017 年六盘水市最低工资标准，明确向社会公布本市住房公积金缴存基数标准，上限为 13304 元、下限为 1570 元，缴存比例未调整，仍为 5%～12%。

（三）加强财务管理，财务监管效率进一步提高：调整取消管理部财务管理职能，强化财务管理监督职能，统一财务核算、资金调度和账户结算，变分散管理为集中管理；严格执行"三重一大"规定，坚持资金调度集体决策制度，杜绝了无审批的资金调度；落实定期存款投资收益量化措施，促进沉淀资金管理和投资收益最大化。财务监督职能进一步强化，财务管理职能进一步明晰。

（四）改善服务环境，改进服务方式，服务效率明显提升：一是整合资源，扩大服务网点，方便群众办事。将业务受理机构从原来单一的4个管理部扩展延伸为包括管理部、受委托银行业务网点在内的业务受理网点并向社会公布，其中综合业务受理网点11个，贷款专项业务受理网点3个，职工可根据需要，就近选择业务办理网点。二是全面施行"综合柜员制"，实现了服务模式"综合化"。打破按业务性质设置服务窗口和配备人员的常规做法，对窗口业务种类进行大综合，每个窗口岗位均可独立办理公积金缴存、提取、贷款、还款等各项业务，办事效率和服务质量明显提高。三是简化业务手续，优化服务流程。充分利用业务系统基础数据，简化业务办理要件，凡业务系统可以查询利用的办理要件无需职工另行提供。四是拓展网上便民渠道。完善门户网站，开通微信、微博公众号等服务渠道，职工可根据自身情况，选择网络服务渠道咨询相关政策及业务流程，下载业务表格，查询住房公积金缴存信息、贷款信息和业务办理进度等。

（五）加强沟通，创新管理服务方法，切实保障维护职工合法权益：一是针对大企业因短期生产经营困难欠缴住房公积金的问题，创新公积金缴存新思路，通过与企业和银行三方沟通，协调商业银行提供商业贷款帮助企业补缴单位欠缴住房公积金，职工权益得到了切实维护。二是改革职工个人账户转移制度，实行单位账户管理与职工账户相分离，用制度保证职工账户自由转移，不因单位未履行缴存公积金义务而受影响。三是开展预约服务、上门服务和集中办理服务，对行动不便和有特殊困难的职工开展上门服务，对不能在工作时间办理业务的单位和个人开展预约服务，对业务相对集中的单位职工开展集中办理服务。

（六）推进业务系统建设：按照住房城乡建设部《住房公积金基础数据标准》贯彻落实和结算应用系统接入（以下简称"双贯标"）工作要求，结合本市住房公积金业务规范管理和贷款自主核算要求，修复完善住房公积金基础数据，全面推进业务系统建设工作并顺利通过"双贯标"验收。结算应用系统在缴存、提取、贷款和资金调拨等业务中的应用实现业务全覆盖和账户全覆盖；全面建立业务驱动资金结算，根据资金结算结果自动生成财务凭证的财务管理机制，实现业务账、资金账和财务账三账匹配相符；全面开展提取业务资金实时结算"秒级"到账、按月提取住房公积金对冲购房贷款和异地转移接续等便捷服务。

（七）加强精神文明建设和干部队伍建设：获得六盘水市文明单位称号，1名干部获全国住建系统先进个人称号。

遵义市住房公积金2017年年度报告

一、机构概况

（一）**住房公积金管理委员会**：住房公积金管理委员会有27名委员，2017年召开一次会议，审议通

过的事项主要包括：

1. 会议审议并通过《遵义市住房公积金 2016 年年度报告》。

2. 会议审议并通过《遵义市住房公积金管理中心关于 2017 年住房公积金归集、使用计划及管理费用预算的报告》。

3. 会议审议并原则上通过《遵义市住房公积金管理中心关于调整部分住房公积金业务政策的报告》，会议明确要充分吸纳各位委员意见，作适当修改后下发执行。

4. 会议审议并通过《住房公积金 2017 年度融资计划》，同意 2017 年向国有商业银行公转商融资 18 亿元。

5. 会议审议并通过《关于补审住房公积金业务委托银行的报告》，同意招商银行、贵阳银行、中信银行三家银行成为我市住房公积金业务的委托银行。

6. 会议审议并通过《关于贷款申请人免交不动产抵押登记经费的请示》，同意从 2017 年元月 1 日起，申请住房公积金贷款办理房屋抵押登记产生的登记费用统一由抵押权人住房公积金管理中心承担。

（二）住房公积金管理中心：住房公积金管理中心为直属遵义市人民政府不以营利为目的的正县级参照公务员法管理事业单位，设 6 个科室，14 个管理部。从业人员 116 人，其中，在编 67 人，非在编 49 人。

二、业务运行情况

（一）缴存：2017 年，新开户单位 570 家，实缴单位 4361 家，净增单位 530 家；新开户职工 3.71 万人，实缴职工 34.32 万人，净增职工 2.26 万人；缴存额 53.74 亿元，同比增长 15.57%。2017 年末，缴存总额 266.62 亿元，同比增长 25.24%；缴存余额 134.65 亿元，同比增长 25.44%。

受委托办理住房公积金缴存业务的银行 3 家，比上年增加 0 家。

（二）提取：2017 年，提取额 26.43 亿元，同比下降 23.19%；占当年缴存额的 49.18%，比上年减少 24.82 个百分点。2017 年末，提取总额 131.97 亿元，同比增长 25.04%。

（三）贷款：个人住房贷款：个人住房贷款最高额度 45 万元，（单缴存职工最高额度 35 万元，双缴存职工最高额度 45 万元）。

2017 年，发放个人住房贷款 1.22 万笔 36.22 亿元，同比分别下降 10.29%、6.04%，回收个人住房贷款 13.11 亿元。

2017 年末，累计发放个人住房贷款 10.76 万笔 203.34 亿元，贷款余额 142.82 亿元，同比分别增长 12.79%、21.67%、19.30%。个人住房贷款余额占缴存余额的 106.06%，比上年减少 5.46 个百分点。

受委托办理住房公积金个人住房贷款业务的银行 15 家，比上年增加（减少）0 家。

（四）融资：2017 年，融资 4 亿元，归还 9.07 亿元。2017 年末，融资总额 20.19 亿元，融资余额 10.93 亿元。

（五）资金存储：2017 年末，住房公积金存款 6.75 亿元。其中，活期 0.07 亿元，1 年（含）以下定期 1.1 亿元，1 年以上定期 0 亿元，其他（协定、通知存款等）5.58 亿元。

（六）资金运用率：2017 年末，住房公积金个人住房贷款余额、项目贷款余额和购买国债余额的总和占缴存余额的 106.06%，比上年减少 5.46 个百分点。

三、主要财务数据

（一）**业务收入**：2017 年，业务收入 39774.93 万元，同比增长 20.2%。存款利息 914.67 万元，委托贷款利息 38852.25 万元，国债利息 0 万元，其他 8.01 万元。

（二）**业务支出**：2017 年，业务支出 22670.54 万元，同比增长 10.74%。支付职工住房公积金利息 18306.48 万元，归集手续费 1039.85 万元，委托贷款手续费 1684.44 万元，其他 2548.08 万元。

（三）**增值收益**：2017 年，增值收益 17104.39 万元，同比增长 35.56%。增值收益率 1.41%，比上年增加 0.13 个百分点。

（四）**增值收益分配**：2017 年，提取贷款风险准备金 2310.92 万元，提取管理费用 2591.00 万元，提取城市廉租住房（公共租赁住房）建设补充资金 12202.47 万元。

2017 年，上交财政管理费用 0 万元。上缴财政城市廉租住房（公共租赁住房）建设补充资金 5064.46 万元。

2017 年末，贷款风险准备金余额 14281.98 万元。累计提取城市廉租住房（公共租赁住房）建设补充资金 66347.95 万元。

（五）**管理费用支出**：2017 年，管理费用支出 2453.38 万元，同比下降 4.93%。其中，人员经费 1379.99 万元，公用经费 268.03 万元，专项经费 805.36 万元。

四、资产风险状况

个人住房贷款：2017 年末，个人住房贷款逾期额 279.50 万元，逾期率 0.19‰。

个人贷款风险准备金按贷款余额的 1% 提取。2017 年，提取个人贷款风险准备金 2310.92 万元，使用个人贷款风险准备金核销呆坏账 0 万元。2017 年末，个人贷款风险准备金余额 14281.98 万元，占个人住房贷款余额的 1%，个人住房贷款逾期额与个人贷款风险准备金余额的比率为 1.96%。

五、社会经济效益

（一）**缴存业务**：2017 年，实缴单位数、实缴职工人数和缴存额同比分别增长 12.22%、6.86% 和 15.57%。

缴存单位中，国家机关和事业单位占 60.24%，国有企业占 16.9%，城镇集体企业占 0.53%，外商投资企业占 0.66%，城镇私营企业及其他城镇企业占 18.94%，民办非企业单位和社会团体占 2.41%，其他占 0.32%。

缴存职工中，国家机关和事业单位占 54.77%，国有企业占 33.27%，城镇集体企业占 0.13%，外商投资企业占 0.55%，城镇私营企业及其他城镇企业占 10.85%，民办非企业单位和社会团体占 0.39%，其他占 0.04%；中、低收入占 98.04%，高收入占 1.96%。

新开户职工中，国家机关和事业单位占 31.5%，国有企业占 36.5%，城镇集体企业占 0.6%，外商投资企业占 0.8%，城镇私营企业及其他城镇企业占 29.5%，民办非企业单位和社会团体占 0.8%，其他占 0.3%；中、低收入占 99.7%，高收入占 0.3%。

（二）**提取业务**：2017 年，12.04 万名缴存职工提取住房公积金 26.43 亿元。

提取金额中，住房消费提取占 77.64%（购买、建造、翻建、大修自住住房占 13.77%，偿还购房贷款本息占 84.39%，租赁住房占 1.84%，其他占 0%）；非住房消费提取占 22.36%（离休和退休提取占

63.45%，完全丧失劳动能力并与单位终止劳动关系提取占 20.33%，户口迁出本市或出境定居占 0.25%，其他占 15.97%）。

提取职工中，中、低收入占 98%，高收入占 2%。

（三）贷款业务：

1. **个人住房贷款**：2017 年，支持职工购建房 143.27 万平方米，年末个人住房贷款市场占有率为 25.98%，比上年减少 0.82 个百分点。通过申请住房公积金个人住房贷款，可节约职工购房利息支出 95961.06 万元。

职工贷款笔数中，购房建筑面积 90（含）平方米以下占 11%，90～144（含）平方米占 81%，144 平方米以上占 8%。购买新房占 89%（其中购买保障性住房占 2%），购买存量商品住房占 9%，建造、翻建、大修自住住房占 0%，其他占 0%。

职工贷款笔数中，单缴存职工申请贷款占 34%，双缴存职工申请贷款占 66%，三人及以上缴存职工共同申请贷款占 0%。

贷款职工中，30 岁（含）以下占 42%，30 岁～40 岁（含）占 32%，40 岁～50 岁（含）占 20%，50 岁以上占 6%；首次申请贷款占 92%，二次及以上申请贷款占 8%；中、低收入占 99%，高收入占 1%。

2. **异地贷款**：2017 年，发放异地贷款 341 笔 9419.20 万元。2017 年末，发放异地贷款总额 22345.30 万元，异地贷款余额 20858.55 万元。

（四）住房贡献率：2017 年，个人住房贷款发放额、公转商贴息贷款发放额、项目贷款发放额、住房消费提取额的总和与当年缴存额的比率为 105.58%，比上年减少 42.33 个百分点。

六、其他重要事项

（一）当年住房公积金政策调整及执行情况：

一是 2017 年度缴存基数上限为 17592.00 元，下限为 1600.00 元；上限的确定方法是按照我市统计局提供的 2016 年度全市从业人员月平均工资的 3 倍计算，下限的确定方法是按照我市人社局提供的 2016 年度我市一类地区最低工资标准计算。

二是我市住房公积金缴存比例最低为 5%，最高为 12%，最低和最高比例均未发生调整。

三是从 2017 年 7 月 1 日起，取消父母、子女家庭成员之间相互提取使用；取消子女上大专院校等非住房消费提取（重大事件造成家庭生活困难提取除外）；取消用作购房首付款的补充资金的提取，购房提取仅限于一次性付款购房或分期付款购房提取（提取时限为备案登记表登记日期起一年（含）以内）；职工年租金超出家庭年收入（职工年收入参照公积金缴存基数×12）30%的才能办理租房提取业务，提取额度不得超出当年年租金总额减去职工家庭年收入总额 30%后的差额。

四是商品房在 2017 年 7 月 1 日及以后登记备案的（二手房在 7 月 1 日及以后正式过户的），按以下政策执行：（1）申请住房公积金贷款的职工需连续、足额缴存住房公积金达 12 个月（含）以上；缴存职工因购房或还贷（含对冲还贷）等提取使用公积金后，也须再连续、足额缴存住房公积金达 12 个月（含）后才能申请公积金贷款。（2）购买首套普通自住住房且建筑面积在 120 平方米（含）以下的，首付款比例不得低于 20%；购买首套住房且建筑面积在 120 平方米（不含）以上的，首付款比例不得低于 30%。（3）购买第二套改善型普通自住住房的，首付款比例不得低于 40%。

五是从2017年7月1日起，向同一缴存职工发放住房公积金贷款的次数不超过2次。禁止向购买第三套及以上住房的家庭发放住房公积金个人住房贷款。

六是我中心严格执行央行关于住房公积金存贷款利率的规定，其中，住房公积金存款利率为1.5%；住房公积金贷款利率为贷款期限在5年及以下的执行2.75%，贷款期限在5年以上的执行3.25%。

七是我中心在2016年未对住房公积金个人住房贷款最高贷款额度作调整。

（二）当年服务改进情况：全市住房公积金业务网点81个，其中银行网点68个，银行柜员204人。11月，中心在已有门户网站、网上业务大厅、自助终端、服务热线、手机短信、手机客户端、官方微信等7种电子服务渠道的基础上，按照《住房公积金综合服务平台建设导则》要求，建设完成可扩展的"住房公积金综合服务平台"，统一集中管理服务渠道，统一数据接口，统一数据交互。

12329客服人员通过综合服务平台及时回复中心门户网站留言531条，回复率100%；12329服务热线总呼入电话53342人次，平均时长2.7分钟；手机APP登录使用19968人次；自助终端查询使用18648人次；微信公众号关注人数25.9万余人，人工接入在线咨询9871人次；向已完善手机号码的住房公积金缴存职工主动推送手机短信4650942次，共计8827153条；绥阳县119家单位通过网上业务大厅即时归集住房公积金1642.24万元。

（三）信息化建设情况：2017年，中心在实施完成并通过验收的"双贯标"项目上，紧扣政策方向，把握项目建设重点，重视特色性和融合性，率先在核心业务系统内，通过接口直联方式全面无缝对接上线全国住房公积金异地转移接续平台，做到信息与资金的同步转移；着力打造了具有自主性和自助性的"零材料、零距离"网上业务大厅，以绥阳县为试点，在实现同行实时缴存的基础上，做到了跨行的住房公积金实时缴存分配，对住房公积金缴存职工离退休销户提取、提前偿还住房公积金贷款、偿还商业住房贷款等业务提供直接线上办结；在与委托银行开展公积金缴存人网络信用消费贷款业务中，全省率先实现数据脱敏，从网络、传输、使用等各方面切实保护了缴存职工个人隐私；为增强网络安全，控制数据传输风险，通过第三方权威机构对中心物理、网络、主机、应用、数据、管理、安全、运维等十多个纬度进行充分测评，按要求整改，购置堡垒机、流量控制、入侵检测、安全终端等软硬件设备，做到核心业务系统三级等保备案和门户网站二级等保备案，全市12个管理部服务大厅安装了具备微信、手机等认证方式的无线安全设备。

（四）当年住房公积金管理中心及职工所获荣誉情况：

1. 桐梓县管理部获遵义市级"巾帼文明岗"称号。
2. 信息技术科科长王小驹同志获遵义市2013～2017年度市直机关优秀共产党员称号。
3. 2016年接入并通过住房城乡建设部验收的"双贯标"项目，在遵义市财政局财政支出项目绩效评估的百分制考核中，以满分成绩荣获"优秀"等次。

安顺市住房公积金2017年年度报告

一、机构概况

（一）住房公积金管理委员会：住房公积金管理委员会有21名委员，2017年召开3次会议。审议通过的事项主要包括：《安顺市住房公积金管理中心 2016 年归集使用计划执行情况及 2017 年归集使用计划草案》、《关于对安顺市住房公积金 2016 年度财务收支决算审核及 2017 年财务收支预算草案》、《安顺市住房公积金 2016 年年度报告》、《关于调整住房公积金提取使用政策的通知（送审稿）》、《安顺市住房公积金管理中心 2016 年度增值收益分配草案报告》、《安顺市住房公积金管理中心关于"双贯标"工作情况的通报》。

（二）住房公积金管理中心：住房公积金管理中心为直属于市人民政府的不以营利为目的的正县级参公管理事业单位，设综合科、资金管理科、计划信贷科、稽核执法科及信息技术科五个内设科室，下设西秀区、平坝区、普定县、镇宁自治县、关岭自治县、紫云自治县、经济技术开发区、黄果树风景名胜区及黎阳航空发动机公司九个管理部。从业人员 76 人，其中，在编 47 人，非在编 29 人。

二、业务运行情况

（一）缴存：2017 年，新开户单位 263 家，实缴单位 1972 家，净增单位 188 家；新开户职工 1.05 万人，实缴职工 10.92 万人，净增职工 0.25 万人；缴存额 16.77 亿元，同比增长 14.61%。2017 年末，缴存总额 95.09 亿元，同比增长 21.42%；缴存余额 43.62 亿元，同比增长 18.52%。

受委托办理住房公积金缴存业务的银行共 2 家，比上年减少 1 家。

（二）提取：2017 年，提取额 9.96 亿元，同比增长 1.91%，占当年缴存额的比率 59.36%，比上年减少 7.39 个百分点。2017 年末，提取总额 51.46 亿元，同比增长 23.98%。

（三）贷款：个人住房贷款最高额度为 30 万元，其中，单缴存职工家庭最高额度 25 万元，双缴存职工家庭最高额度 30 万元。

2017 年，发放个人住房贷款 0.37 万笔 8.62 亿元，同比分别降低 35.94%、36.20%。

2017 年，回收个人住房贷款 4.46 亿元。

2017 年末，累计发放个人住房贷款 3.96 万笔 67.75 亿元，贷款余额 45.90 亿元，同比分别增长 10.19%、14.57%、9.95%。个人住房贷款余额占缴存余额的 105.22%，比上年同期减少 8.2 个百分点。

受委托办理住房公积金个人住房贷款业务的银行 8 家，比上年增加 1 家。

（四）资金存储：2017 年末，住房公积金存款 2.72 亿元。其中，活期 0.01 亿元，1 年（含以下）定期 0.3 亿元，其他（协定存款）2.41 亿元。

（五）资金运用率：2017 年末，住房公积金个人住房贷款余额、项目贷款余额和购买国债余额的总和占缴存余额的 105.22%，比上年减少 8.2 个百分点。

三、主要财务数据

（一）业务收入：2017 年，业务收入 14870.35 万元，同比增长 22.15%。存款利息 362.07 万元，委托贷款利息 12715.47 万元，其他 1792.81 万元。

（二）业务支出：2017 年，业务支出 8825.53 万元，同比增长 34.75%。支付职工住房公积金利息 5555.31 万元，委托贷款手续费 457.47 万元，其他 2812.75 万元。

（三）增值收益：2017 年，增值收益 6044.82 万元，同比增长 7.47%。增值收益率 1.49%，比上年降低 0.14 个百分点。

（四）增值收益分配：2017年，提取贷款风险准备金415.38万元，提取管理费用1968.25万元，提取城市廉租住房（公共租赁住房）建设补充资金3661.19万元。

2017年，上交财政管理费用1262.27万元。上缴财政城市廉租住房（公共租赁住房）建设补充资金3367.45万元。

2017年末，贷款风险准备金余额4589.92万元，累计提取城市廉租住房（公共租赁住房）建设补充资金25923.54万元。

（五）管理费用支出：2017年，管理费用支出1482.03万元，同比增长10.83%。其中：人员经费626.43万元，公用经费63.53万元，专项经费792.07万元（含工作经费、办公场地租赁费、系统网络维护费、县区大厅运行费、桌面虚拟化建设）。

四、资产风险状况

2017年，个人住房贷款逾期额17.24万元，个人住房贷款逾期率0.038‰。

个人贷款风险准备金按贷款余额的1%提取。2017年，提取个人贷款风险准备金415.38万元，使用个人贷款风险准备金核销呆坏账0万元。个人贷款风险准备金余额4589.92万元，占个人贷款余额的1%，个人住房贷款逾期额与个人贷款风险准备金余额的比率为0.38%。

五、社会经济效益

（一）缴存业务：2017年，实缴单位数、实缴职工人数和缴存额增长率分别为10.54%、2.32%、和14.61%。

缴存单位中，国家机关和事业单位占64.20%，国有企业占17.19%，城镇集体企业占0.86%，外商投资企业占0.41%，城镇私营企业及其他城镇企业占8.72%，民办非企业单位和社会团体占4.31%，其他占4.31%。

缴存职工中，国家机关和事业单位占60.86%，国有企业占29.61%，城镇集体企业占1.23%，外商投资企业占1.10%，城镇私营企业及其他城镇企业占5.23%，民办非企业单位和社会团体占0.48%，其他占1.49%。

缴存职工中，中、低收入占99.71%，高收入占0.29%。

新开户职工中，国家机关和事业单位占36.43%，国有企业占27.03%，城镇集体企业占1.57%，外商投资企业占2.19%，城镇私营企业及其他城镇企业占24.43%，民办非企业单位和社会团体占3.31%，其他占5.04%；中、低收入占99.89%，高收入占0.11%。

（二）提取业务：2017年，4.03万名缴存职工提取住房公积金9.96亿元。

提取金额中，住房消费提取占73.6%（购买、建造、翻建、大修自住住房占23.22%，偿还购房贷款本息占49.87%，租赁住房占0.18%，其他占0.33%）；非住房消费提取占26.4%（离休和退休提取占15.09%，完全丧失劳动能力并与单位终止劳动关系提取占4.1%，户口迁出本市或出境定居占6.28%，其他占0.93%）。

（三）贷款业务：

1. **个人住房贷款**：2017年，支持职工购建房45.15万平方米，年末个人住房贷款市场占有率为

39.21%，比上年减少 0.61 个百分点。通过申请住房公积金个人住房贷款，可节约职工购房利息支出 1.49 亿元。

职工贷款笔数中，购房建筑面积 90（含）平方米以下占 7.46%，90～144（含）平方米占 86.03%，144 平方米以上占 6.51%。购买新房占 91.8%（其中购买保障性住房占 8.11%），购买存量商品住房占 7.38%，建造、翻建、大修自住住房占 0.22%，其他占 0.6%。

职工贷款笔数中，单缴存职工申请贷款占 30.85%，双缴存职工申请贷款占 67.30%，三人及以上缴存职工共同申请贷款占 1.85%。

贷款职工中，30 岁（含）以下占 37.35%，30 岁～40 岁（含）占 28.58%，40 岁～50 岁（含）占 25.05%，50 岁以上占 9.02%；首次申请贷款占 91.89%，二次及以上申请贷款占 8.11%；中、低收入占 99.62%，高收入占 0.38%。

2. **异地贷款**：2017 年，发放异地贷款 60 笔 1426.30 万元。2017 年末，发放异地贷款总额 4569.70 万元，异地贷款余额 4277.95 万元。

（四）**住房贡献率**：2017 年，个人住房贷款发放额、住房消费提取额的总和与当年缴存额的比率为 95.06%，比上年减少 43.96 个百分点。

六、其他重要事项

（一）**受委托办理缴存贷款业务金融机构变更情况**：2017 年元月起中心财务管理改革各管理部分账套核算为"大账套"集中核算模式，为统一管理和核算需要，将原工、农、建三家缴存银行减少为工行和建行两家归集银行；根据 2016 年 7 月 21 日安顺市住房公积金管理委员会 2016 年第三次全体会议审议通过的《安顺市住房公积金管理中心关于增加住房公积金贷款业务承办银行的请示》，2017 年新增紫云县农村商业银行成为住房公积金贷款业务承办银行。

（二）**住房公积金政策调整情况**：根据 2017 年 4 月 28 日安顺市住房公积金管理委员会 2017 年第二次全体会议审议通过的《关于调整住房公积金提取使用政策的通知（送审稿）》，制定了取消重大疾病及遇突发事件造成家庭生活严重困难的提取、调整"又提又贷"、公积金贷款首付比例从 20% 调整至 30%、确定房屋套数认定标准、简化公积金贷款手续等政策，充分发挥住房公积金互助性的民生保障功能，重点支持职工基本住房消费，保障公积金事业健康发展。

（三）**住房公积金缴存基数调整情况**：根据 2017 年安顺市统计局公布的上年在岗职工平均工资，向社会发布新的住房公积金缴存基数上下限标准，自 2017 年 7 月 1 日起，各缴存单位调整后的缴存基数上限不超过 16686 元，职工月缴存额上限统一为 4004 元；缴存基数下限不得低于安顺市劳动部门公布的职工月最低工资标准，其中：西秀区 1600 元，市直、开发区参照西秀区标准执行；平坝区为 1500 元，黎阳公司参照平坝区标准执行；普定县、关岭县、镇宁县及紫云县均为 1400 元，黄果树参照镇宁县标准执行，职工月缴存下限分别为：市直、西秀区、开发区 160 元；平坝区 150 元；普定县、关岭县、镇宁县及紫云县 140 元。

（四）**信息化建设情况**：为贯彻落实住房城乡建设部制定的《住房公积金基础数据标准》和《住房公积金银行结算应用系统标准》，同时为了进一步提高公积金管理信息化水平，中心于 6 月推进电子影像业务系统，11 月实现全中心"云桌面"运行模式，11 月 27 日中心正式接入住房城乡建设部资金结算平台，

12月21日正式通过住房城乡建设部、省住房城乡建设厅"双贯标"工作联合验收。

（五）存量补息贷款业务开展情况： 2017年，中心在资金压力逐步缓解的情况下，赎回存量补息贷款522笔8567.15万元，截至2017年12月31日存量补息贷款余额42282.68万元，全年补息支出994.41万元。

毕节市住房公积金2017年年度报告

一、机构概况

（一）住房公积金管理委员会： 住房公积金管理委员会有26名委员，2017年召开一次会议，审议通过的事项主要包括：市住房公积金管理委员会办公室《关于调整毕节市住房公积金管理委员会部分委员的建议》、市审计局《关于2016年度毕节市市直住房公积金审计报告》、人民银行毕节市中心支行《关于2016年度受托银行办理住房公积金金融业务的通报》、市财政局关于对毕节市住房公积金管理中心（含九县区管理部）2017年管理经费预算的审核意见、市住房公积金管理中心关于对《毕节市住房公积金大数据综合云平台项目经费预算安排的报告》、2016年度毕节市住房公积金增值收益分配方案、毕节市住房公积金2016年度报告、2017年度住房公积金归集、使用计划、市住房公积金管理中心《关于增加贵州银行毕节分行作为住房公积金业务受托银行的报告》。

（二）住房公积金管理中心： 住房公积金管理中心为市人民政府直属不以营利为目的的正县级参公事业单位，主要负责全市住房公积金的归集、管理、使用和会计核算。目前中心内设5个科室，综合科、业务科、会计科、监督科和信息科，下设市直、七星关区、大方县、黔西县、金沙县、织金县、纳雍县、威宁县、赫章县、百管委10个管理部。从业人员84人，其中，在编62人，非在编22人。

二、业务运行情况

（一）缴存： 2017年，新开户单位195家，实缴单位3627家，净增单位195家；新开户职工2.01万人，实缴职工23.43万人，净增职工1.17万人；缴存额24.93亿元，同比增长4.59%。2017年末，缴存总额135.04亿元，同比增长22.64%；缴存余额75.72亿元，同比增长16.30%。

受委托办理住房公积金缴存业务的银行包括毕节市建设银行、毕节市农业银行、毕节市工商银行共计三家，与上年保持不变。

（二）提取： 2017年，提取额14.32亿元，同比增长5.06%；占当年缴存额的57.44%，比上年增加0.24个百分点。2017位年末，提取总额59.32亿元，同比增长31.82%。

（三）贷款：

个人住房贷款：个人住房贷款最高额度40万元，其中，单缴存职工最高额度40万元，双缴存职工最高额度40万元。

2017年，发放个人住房贷款0.61万笔18.78亿元，同比分别下降8.96%、增长2.51%。

2017年，回收个人住房贷款10.25亿元。

2017年末，累计发放个人住房贷款5.45万笔114.56亿元，贷款余额69.60亿元，同比分别增长12.60％、19.61％、13.97％。个人住房贷款余额占缴存余额的91.92％，比上年减少1.87个百分点。

受委托办理住房公积金个人住房贷款业务的银行包括毕节市建设银行、毕节市农业银行、毕节市工商银行、毕节市中国银行、毕节市交通银行，共计五家，与上年保持不变。

（四）资金存储：2017年末，住房公积金存款7.39亿元。其中，活期0.02亿元，1年（含）以下定期1.60亿元，1年以上定期0亿元，其他（协定、通知存款等）5.77亿元。

（五）资金运用率：2017年末，住房公积金个人住房贷款余额、项目贷款余额和购买国债余额的总和占缴存余额的91.92％，比上年减少1.87个百分点。

三、主要财务数据

（一）业务收入：2017年，业务收入22120.75万元，同比增长13.43％。其中，存款利息1154.37万元，委托贷款利息20927.64万元，国债利息0万元，其他38.74万元。

（二）业务支出：2017年，业务支出12094.58万元，同比增长9.23％。其中，支付职工住房公积金利息11678.31万元，归集手续费7.28万元，委托贷款手续费408.99万元，其他0万元。

（三）增值收益：2017年，增值收益10026.17万元，同比增长18.94％。其中，增值收益率1.32％，比上年增加0.03个百分点。

（四）增值收益分配：2017年，提取贷款风险准备金852.81万元，提取管理费用1094.64万元，提取城市廉租住房（公共租赁住房）建设补充资金8078.72万元。

2017年，上交财政管理费用2347.26万元。上缴财政城市廉租住房（公共租赁住房）建设补充资金5211.29万元。

2017年末，贷款风险准备金余额6107.12万元。累计提取城市廉租住房（公共租赁住房）建设补充资金37980.86万元。

（五）管理费用支出：2017年，管理费用支出2011.87万元，同比增长71.69％。其中，人员经费898.02万元，公用经费377.66万元，专项经费736.19万元。

四、资产风险状况

个人住房贷款：2017年末，个人住房贷款逾期额488.19万元，逾期率0.70‰。

个人贷款风险准备金按贷款余额的1％提取。2017年，提取个人贷款风险准备金871.35万元，使用个人贷款风险准备金核销呆坏账0万元。2017年末，个人贷款风险准备金余额6107.12万元，占个人住房贷款余额的0.88％，个人住房贷款逾期额与个人贷款风险准备金余额的比率为7.99％。

五、社会经济效益

（一）缴存业务：2017年，实缴单位数和实缴职工人数同比分别增长5.68％、5.26％，缴存额同比下降0.92％。

缴存单位中，国家机关和事业单位占80.38％，国有企业占13.52％，城镇集体企业占1.54％，外商投资企业占 0.75%，城镇私营企业及其他城镇企业占 1.13%，民办非企业单位和社会团体占 0.93%，其他占 1.75%。

缴存职工中，国家机关和事业单位占 83.31%，国有企业占 10.16%，城镇集体企业占 1.43%，外商投资企业占 0.45%，城镇私营企业及其他城镇企业占 3.02%，民办非企业单位和社会团体占 0.51%，其他占 1.12%；中、低收入占 97.57%，高收入占 2.43%。

新开户职工中，国家机关和事业单位占 68.50%，国有企业占 22.12%，城镇集体企业占 3.58%，外商投资企业占 0.75%，城镇私营企业及其他城镇企业占 1.35%，民办非企业单位和社会团体占 1.80%，其他占 1.90%；中、低收入占 99.44%，高收入占 0.56%。

（二）提取业务：2017 年，4.87 万名缴存职工提取住房公积金 14.32 亿元。

提取金额中，住房消费提取占 77.67%（购买、建造、翻建、大修自住住房占 7.27%，偿还购房贷款本息占 57.74%，租赁住房占 12.66%，其他占 0%）；非住房消费提取占 22.33%（离休和退休提取占 12.23%，完全丧失劳动能力并与单位终止劳动关系提取占 3.19%，户口迁出本市或出境定居占 0.01%，其他占 6.9%）。

提取职工中，中、低收入占 91.98%，高收入占 8.02%。

（三）贷款业务：

1. **个人住房贷款**：2017 年，支持职工购建房 73.76 万平方米，年末个人住房贷款市场占有率为 48.52%（69.60/143.46），比上年减少 2.94 个百分点。通过申请住房公积金个人住房贷款，可节约职工购房利息支出 42760.89 万元。

职工贷款笔数中，购房建筑面积 90（含）平方米以下占 5.7%，90～144（含）平方米占 86.87%，144 平方米以上占 7.43%。购买新房占 98.12%（其中购买保障性住房 0%），购买存量商品住房占 1.88%，建造、翻建、大修自住住房占 0%，其他占 0%。

职工贷款笔数中，单缴存职工申请贷款占 64.82%，双缴存职工申请贷款占 35.18%，三人及以上缴存职工共同申请贷款占 0%。

贷款职工中，30 岁（含）以下占 44.56%，30 岁～40 岁（含）占 33.49%，40 岁～50 岁（含）占 16.00%，50 岁以上占 5.95%；首次申请贷款占 95.75%，二次及以上申请贷款占 4.25%；中、低收入占 96.40%，高收入占 3.60%。

2. **异地贷款**：2017 年，发放异地贷款 49 笔 1623.50 万元。2017 年末，发放异地贷款总额 1827.80 万元，异地贷款余额 1758.98 万元。

3. **公转商贴息贷款**：2017 年，发放公转商贴息贷款 0 笔 0 万元，支持职工购建住房面积 0 万平方米，当年贴息额 879.24 万元。2017 年末，累计发放公转商贴息贷款 2759 笔 69747.60 万元，累计贴息 2211.67 万元。

（四）住房贡献率：2017 年，个人住房贷款发放额、公转商贴息贷款发放额、项目贷款发放额、住房消费提取额的总和与当年缴存额的比率为 126.39%，比上年减少 3.01 个百分点。

六、其他重要事项

（一）组建毕节市住房公积金管理中心市直管理部：为适应住房公积金信息化建设和"管办分离"的

需要，根据市编委的批复，中心 2017 年组建市住房公积金管理中心市直管理部，选拔配备市直管理部主任 1 名，调整充实市直管理部人员 5 名。

（二）当年住房公积金缴存基数限额及确定方法、缴存比例调整情况： 根据省人社厅、省统计局《关于公布 2016 年贵州省城镇单位从业人员平均工资和企业离退休人员平均基本养老金的通知》（黔人社厅发〔2017〕9 号）毕节市 2016 年在岗职工年平均工资 54875 元，建设部《关于住房公积金管理若干具体问题的指导意见》第二条"单位和职工缴存比例不应低于 5%，原则上不高于 12%"、第三条"缴存住房公积金的月工资基数，原则上不应超过职工工作地所在设区城市统计部门公布的上一年月平均工资的 2 倍或 3 倍"，根据省人力资源和社会保障厅《关于调整 2017 年贵州省最低工资标准的通知》（黔人社厅发〔2017〕23 号），确定我市 2017 年缴存住房公积金的月工资基数最高限额为 13719 元，月工资基数最低限额为 1470 元，住房公积金月最高缴存额为 3293 元，最低缴存额为 147 元。

（三）组织实施住房公积金"双贯标"工作： 根据《住房城乡建设部办公厅关于贯彻落实住房公积金基础数据标准通知》（建办金〔2014〕51 号）文件要求，中心认真贯彻落实住房城乡建设部《住房公积金基础数据标准》、《住房公积金银行结算数据应用系统与公积金中心接口标准》（即"双贯标"）工作，住房公积金"双贯标"对促进我市住房公积金业务数据体系的科学化、标准化、规范化建设，提升住房公积金信息化建设水平和风险防控能力，提高住房公积金服务水平和管理效率，加快推进"互联网＋住房公积金"建设具有非常重要的意义和作用。在做好"双贯标"工作的同时，开发其他部门数据平台接口，实现与委贷银行的数据互联互通。目前，毕节市住房公积金"双贯标"工作取得明显成效，住房城乡建设部、省住房城乡建设厅联合检查验收专家组已于 2017 年 12 月 22 日对我市住房公积金"双贯标"工作进行检查考评，并顺利验收。

（四）注重典型的培育和宣传： 一年来，中心以"两学一做"学习教育常态化制度化为契机，注重培养、树立和宣传先进典型，发挥榜样的力量和作用，在全市住房公积金管理系统开展向先进学习活动，激励广大党员干部学先进、赶先进、树正气、讲奉献，进一步发挥党支部和党员的先锋模范带头作用，推动了全市住房公积金管理工作健康快速发展。2017 年 12 月，人力资源社会保障部、住房城乡建设部印发《关于表彰全国住房城乡建设系统先进集体先进工作者和劳动模范的决定》（人社部发〔2017〕174 号），其中，七星关区管理部主任吴军荣获先进工作者称号。2018 年元月，中心党组作出在全市公积金系统开展向吴军同志学习的决定，下步中心将召开吴军同志先进事迹报告会，掀起全系统向先进学习的热潮。

铜仁市住房公积金 2017 年年度报告

一、机构概况

（一）住房公积金管理机构： 铜仁市住房公积金管理中心为铜仁市政府直属不以营利为目的全额拨款事业单位，主要负责全市住房公积金的归集、管理、使用和会计核算。中心设 9 个科室，11 个管理部，没有分中心。从业人员 107 人，其中，在编 77 人，非在编 30 人。

（二）住房公积金监管机构：市住房公积金管委会、市住房城乡建设局、市财政局和人民银行铜仁中心支行负责对本市住房公积金管理运行情况进行监督。省住房公积金监管处，负责市住房公积金日常监管工作。

二、业务运行情况

（一）缴存：2017年，新开户单位139家，实缴单位2999家，净增单位155家；新开户职工1.3166万人，实缴职工15.41万人，净增职工2.018万人；缴存额24.63亿元，同比增长13.09%。2017年末，缴存总额111.38亿元，同比增长28.39%；缴存余额71.96亿元，同比增长21.58%。

（二）提取：2017年，提取额11.85亿元，同比增长35.58%；占当年缴存额的48.11%，比上年增加7.98个百分点。2017年末，提取总额39.42亿元，同比增长42.98%。

（三）贷款：2017年，发放个人住房贷款0.5122万笔12.48亿元，同比下降23.13%、14.81%。回收个人住房贷款6.64亿元。

2017年末，累计发放个人住房贷款4.883万笔88.41亿元，贷款余额60.98亿元，同比分别增长11.65%、16.44%、10.59%。个人住房贷款余额占缴存余额的84.74%，比上年减少8.42个百分点。

我中心没有开展住房公积金支持保障性住房建设项目贷款、购买国债、融资业务。

（四）资金存储：2017年末，住房公积金存款11.81亿元。其中，活期7.85亿元，没有定期存款，其他（协定、通知存款等）3.96亿元。

（五）资金运用率：2017年末，住房公积金个人住房贷款余额、项目贷款余额和购买国债余额的总和占缴存余额的84.74%，比上年减少8.42个百分点。

三、主要财务数据

（一）业务收入：2017年，业务收入20214.82万元，同比增长21.84%。其中，存款利息574.63万元，委托贷款利息18739.43万元，其他900.76万元。

（二）业务支出：2017年，业务支出10039.6万元，同比增长26.6%。其中，支付职工住房公积金利息8927.85万元，委托贷款手续费936.97万元，没有发生归集手续费，其他174.78万元。

（三）增值收益：2017年，增值收益10175.22万元，同比增长17.48%；增值收益率1.54%，比上年增加0.08个百分点。

（四）增值收益分配：2017年，提取贷款风险准备金584.95万元，提取管理费用2668.41万元，提取城市廉租住房（公共租赁住房）建设补充资金6921.86万元。

2017年，上交财政管理费用2425.83万元，上缴财政城市廉租住房（公共租赁住房）建设补充资金5301.38万元。

2017年末，贷款风险准备金余额6098.47万元，累计提取城市廉租住房（公共租赁住房）建设补充资金26656.01万元。

（五）管理费用支出：2017年，管理费用支出1793.39万元，同比增长45.45%。其中，人员经费1354.84万元，公用经费356.64万元，专项经费81.91万元。

四、资产风险状况

个人住房贷款：2017年末，个人住房贷款逾期额312.04万元，逾期率0.51‰。

2017年，提取个人贷款风险准备金584.95万元，没有使用个人贷款风险准备金核销呆坏账。2017年末，个人贷款风险准备金余额6098.47万元，占个人贷款余额的1%，个人贷款逾期额与个人贷款风险准备金余额的比率为5.12%。

我中心没有住房公积金支持保障性住房建设项目贷款，没有历史遗留风险资产。

五、社会经济效益

（一）**缴存业务**：2017年，实缴单位数、实缴职工人数和缴存额增长率分别为5.50%、14.02%和13.09%。

缴存单位中，国家机关和事业单位占78.56%，国有企业占9.64%，城镇集体企业占0.47%，外商投资企业占0.20%，城镇私营企业及其他城镇企业占4.33%，民办非企业单位和社会团体占2.80%，其他占4%。

缴存职工中，国家机关和事业单位占80.97%，国有企业占12.34%，城镇集体企业占0.97%，外商投资企业占0.20%，城镇私营企业及其他城镇企业占2.23%，民办非企业单位和社会团体占1.60%，其他占1.69%；中、低收入占72.92%，高收入占27.08%。

新开户职工中，国家机关和事业单位占63.25%，国有企业占25.10%，城镇集体企业占0.65%，外商投资企业占0%，城镇私营企业及其他城镇企业占3.80%，民办非企业单位和社会团体占2.30%，其他占4.90%；中、低收入占75.50%，高收入占24.50%。

（二）**提取业务**：2017年，7.29万名缴存职工提取住房公积金11.85亿元。

提取金额中，住房消费提取占77.52%（购买、建造、翻建、大修自住住房占38.27%，偿还购房贷款本息占34.94%，租赁住房占4.22%，其他占0.09%）；非住房消费提取占22.48%（离休和退休提取占14.31%，完全丧失劳动能力并与单位终止劳动关系提取占1.29%，户口迁出所在市或出境定居占0.55%，其他占6.33%）。

提取职工中，中、低收入占86.59%，高收入占13.41%。

（三）**贷款业务**：

1. **个人住房贷款**：2017年，支持职工购建房54.90万平方米。年末个人住房贷款市场占有率为52.37%，比上年同期增加2.04个百分点。通过申请住房公积金个人住房贷款，可节约职工购房利息支出2058.84万元。

职工贷款笔数中，购房建筑面积90（含）平方米以下占10.98%，90～144（含）平方米占82.79%，144平方米以上占6.23%。购买新房占90.23%（其中购买保障性住房占5.17%），购买存量商品房占1.28%，建造、翻建、大修自住住房占0.85%，其他占7.64%。

职工贷款笔数中，单缴存职工申请贷款占32.68%，双缴存职工申请贷款占67.32%。

贷款职工中，30岁（含）以下占17.72%，30岁～40岁（含）占52.24%，40岁～50岁（含）占20.36%，50岁以上占9.68%；首次申请贷款占73.18%，二次及以上申请贷款占26.82%；中、低收入占 95.14%，高收入占 4.86%。

2. **异地贷款**：2017 年，发放异地贷款 81 笔 2134.4 万元。2017 年末，发放异地贷款总额 4162 万元，异地贷款余额 3938.88 万元。

3. **公转商贴息贷款**：2017 年，发放公转商贴息贷款 104 笔 1937.1 万元，支持职工购建房面积 1.2356 万平方米。当年贴息额 168.94 万元。2017 年末，累计发放公转商贴息贷款 664 笔 11813.40 万元，累计贴息 215.47 万元。

（四）**住房贡献率**：2017 年，个人住房贷款发放额、公转商贴息贷款发放额、项目贷款发放额、住房消费提取额的总和与当年缴存额的比率为 88.73%，比上年减少 18.61 个百分点。

六、其他重要事项

（一）**当年住房公积金政策调整情况**：为进一步满足缴存职工的购房需求，保障缴存职工合法权益，促进我市房地产市场发展，2017 年，铜仁市住房公积金中修订出台了《铜仁市住房公积金缴存管理办法》（铜公积金委〔2017〕1 号）、《铜仁市住房公积金提取管理办法》（铜公积金委〔2017〕2 号）《铜仁市住房公积金贷款管理办法》（铜公积金委〔2017〕3 号）文件，将贷款最高额度从 30 万元调增到 40 万元。结合实际，制订出台了《铜仁市住房公积金异地贷款管理办法》（铜公积金委〔2017〕4 号）和《铜仁市住房公积金在建房抵押贷款履约保证金管理办法》（铜公积金委〔2017〕5 号）文件。

（二）**当年开展专项监督检查情况**：2017 年，铜仁市公积金管理中心组建内审、稽核组对全市 11 个区（县）管理部综合业务进行内部审计和稽核，加强风险防控，严格住房公积金提取审查工作，防止骗提、套取住房公积金等违规行为，确保了全市住房公积金管理规范、安全运行，全年共开展监督检查 2 次。

（三）**当年服务改进情况**：2017 年，铜仁市公积金管理中心进一步改进工作作风，不断完善制度，优化服务，提高服务质量。积极开展上门服务、延时服务和预约服务，方便缴存职工，提高缴存职工满意度。同时，以公积金综合信息化系统为平台，开通了公积金贷款月对冲业务、支付宝查询公积金业务和铜仁市范围内缴存职工在缴存地或购房地申请公积金贷款业务，精减了办事环节，优化了服务流程，为广大缴存职工提供了更为便捷、高效的服务，做到了"让数据多跑路，让职工少跑腿"。

（四）**当年信息化建设情况**：2017 年，铜仁市公积金管理中心在全体干部职工、委托合作银行和软件研发公司的共同努力下，公积金综合业务系统一期工程提前完成，于 2017 年 7 月 24 日上线，12 月 18 日，顺利通过住房城乡建设部信息系统"双贯标"检查验收。新系统上线后，铜仁市公积金中心积极开展"互联网＋公积金"业务，进一步提升管理效率和服务水平，为全市公积金风险管控、管理效率、服务水平、数据监管提供了信息管理平台。

（五）**当年住房公积金机构及从业人员所获荣誉情况**：2017 年，市公积金中心铜仁管理部、沿河管理部分别被市政务中心和沿河县政务中心授予文明服务窗口称号，各管理部工作人员获得服务标兵称号 3 人次。中心机关党委三支部在"五好基层党组织"创建中，被市直机关工委评定为"五好基层党组织"。在参加市委宣传部组织铜仁市社区教育征文活动中我中心一名干部职工获得二等奖，在参加市直机关党的十九大精神演讲比赛中我中心一名干部职工获二等奖。

黔西南州住房公积金 2017 年年度报告

一、机构概况

（一）住房公积金管理委员会：住房公积金管理委员会有 27 名委员，2017 年召开 1 次会议，审议通过的事项主要包括：《黔西南州 2016 年住房公积金制度运行情况及 2017 年住房公积金归集使用计划（草案）报告》、《黔西南州住房公积金管理中心 2016 年度财务决算和 2017 年度计划（草案）的报告》、《黔西南州住房公积金管理暂行办法（修订）》，并对其他重要事项进行决策。

（二）住房公积金管理中心：黔西南州住房公积金管理中心为黔西南州人民政府不以营利为目的的参照公务员法管理的事业单位，主要负责全州住房公积金的归集、管理、使用和会计核算。中心设 6 个科室，9 个管理部。从业人员 89 人，其中，在编 48 人，非在编 41 人。

二、业务运行情况

（一）缴存：2017 年，新开户单位 215 家，实缴单位 1825 家，净增单位 74 家；新开户职工 1.47 万人，实缴职工 13.83 万人，净增职工 0.79 万人；缴存额 19.69 亿元，同比增长 13.87%。

2017 年末，缴存总额 102.26 亿元，同比增长 23.85%；缴存余额 56.1 亿元，同比增长 25%。

受委托办理住房公积金缴存业务的银行 2 家，比上年增加（减少）0 家。

（二）提取：2017 年，提取额 8.46 亿元，同比增长 13.91%；占当年缴存额的 42.98%，比上年增加 0.01 个百分点。2017 年末，提取总额 46.15 亿元，同比增长 22.45%。

（三）贷款：

个人住房贷款：个人住房贷款最高额度 40 万元，其中，单缴存职工最高额度 40 万元，双缴存职工最高额度 40 万元。

2017 年，发放个人住房贷款 0.4760 万笔 17 亿元，同比分别增长 5.08%、3.39%。

2017 年，回收个人住房贷款 5.3 亿元。

2017 年末，累计发放个人住房贷款 3.7424 万笔 82.12 亿元，贷款余额 55.2 亿元，同比分别增长 14.57%、26.13%、26.9%。个人住房贷款余额占缴存余额的 98.40%，比上年增加 1.46 个百分点。

受委托办理住房公积金个人住房贷款业务的银行 3 家，比上年增加（减少）0 家。

（四）资金存储：2017 年末，住房公积金存款 2.55 亿元。其中，活期 0.024 亿元，1 年（含）以下定期 0 亿元，1 年以上定期 0 亿元，其他（协定、通知存款等）2.526 亿元。

（五）资金运用率：2017 年末，住房公积金个人住房贷款余额、项目贷款余额和购买国债余额的总和占缴存余额的 98.4%，比上年增加 1.46 个百分点。

三、主要财务数据

（一）业务收入：2017 年，业务收入 15982.88 万元，同比增长 24.44%。其中，存款利息 308.15 万元，委托贷款利息 15674.62 万元，其他 0.11 万元。

（二）业务支出：2017 年，业务支出 9585.01 万元，同比增长 52.28%。其中，支付职工住房公积金利息 8002.70 万元，归集手续费 867.63 万元，委托贷款手续费 714.24 万元，其他 0.44 万元。

（三）增值收益：2017 年，增值收益 6397.87 万元，同比下降 2.31%。增值收益率 1.25%，比上年减少 0.39 个百分点。

（四）增值收益分配：2017 年，提取贷款风险准备金 1170.23 万元，提取管理费用 1421.68 万元，提取城市廉租住房（公共租赁住房）建设补充资金 3805.96 万元。

2017 年，上交财政管理费用 1266.42 万元。上缴财政城市廉租住房（公共租赁住房）建设补充资金 4440.10 万元。

2017 年末，贷款风险准备金余额 5520.33 万元。累计提取城市廉租住房（公共租赁住房）建设补充资金 12100.75 万元。

（五）管理费用支出：2017 年，管理费用支出 1158.99 万元，同比增长 25.31%。其中，人员经费 849.31 万元，公用经费 165.09 万元，专项经费 144.59 万元。

四、资产风险状况

个人住房贷款：2017 年末，个人住房贷款逾期额 0 万元，逾期率 0‰。

个人贷款风险准备金按（贷款余额或增值收益）的 1% 提取。2017 年，提取个人贷款风险准备金 1170.23 万元，使用个人贷款风险准备金核销呆坏账 0 万元。2017 年末，个人贷款风险准备金余额 5520.33 万元，占个人住房贷款余额的 1%，个人住房贷款逾期额与个人贷款风险准备金余额的比率为 0%。

五、社会经济效益

（一）缴存业务：2017 年，实缴单位数、实缴职工人数和缴存额同比分别增长 4.23%、13.83% 和 13.87%。

缴存单位中，国家机关和事业单位占 88.14%，国有企业占 7.51%，城镇集体企业占 0.96%，外商投资企业占 0.87%，城镇私营企业及其他城镇企业占 1.78%，民办非企业单位和社会团体占 0.32%，其他占 0.42%。

缴存职工中，国家机关和事业单位 76.54%，国有企业占 17.28%，城镇集体企业占 1.47%，外商投资企业占 0.39%，城镇私营企业及其他城镇企业占 3.52%，民办非企业单位和社会团体占 0.1%，其他占 0.7%；中、低收入占 93%，高收入占 7%。

新开户职工中，国家机关和事业单位占 67.88%，国有企业占 17.2%，城镇集体企业占 3.58%，外商投资企业占 0.8%，城镇私营企业及其他城镇企业占 5.61%，民办非企业单位和社会团体占 3.41%，其他占 1.52%；中、低收入占 89%，高收入占 11%。

（二）提取业务：2017 年，3.97 万名缴存职工提取住房公积金 8.46 亿元。

提取金额中，住房消费提取占 59.13%（购买、建造、翻建、大修自住住房占 19.24%，偿还购房贷款本息占 38.71%，租赁住房占 1.18%，其他占 0%）；非住房消费提取占 40.87%（离休和退休提取占 14.95%，完全丧失劳动能力并与单位终止劳动关系提取占 4.79%，户口迁出本市或出境定居占 1.61%，其他占19.52%）。

提取职工中，中、低收入占94%，高收入占6%。

（三）贷款业务：

1. **个人住房贷款**：2017年，支持职工购建房76.17万平方米，年末个人住房贷款市场占有率为41.45%，比上年增加0.76个百分点。通过申请住房公积金个人住房贷款，可节约职工购房利息支出3638.67万元。

职工贷款笔数中，购房建筑面积90（含）平方米以下占3.36%，90～144（含）平方米占64.26%，144平方米以上占32.38%。购买新房占95.47%（其中购买保障性住房占0%），购买存量商品住房占2.41%，建造、翻建、大修自住住房占1.82%，其他占0.3%。

职工贷款笔数中，单缴存职工申请贷款占23.49%，双缴存职工申请贷款占76.14%，三人及以上缴存职工共同申请贷款占0.37%。

贷款职工中，30岁（含）以下占41.23%，30岁～40岁（含）占34.04%，40岁～50岁（含）占18.87%，50岁以上占5.86%；首次申请贷款占78.54%，二次及以上申请贷款占21.46%；中、低收入占83.1%，高收入占16.9%。

2. **异地贷款**：2017年，发放异地贷款72笔2265.9万元。2017年末，发放异地贷款总额2880.1万元。

（四）住房贡献率：2017年，个人住房贷款发放额、公转商贴息贷款发放额、项目贷款发放额、住房消费提取额的总和与当年缴存额的比率为111.75%，比上年减少12.16个百分点。

六、其他重要事项

（一）当年机构及职能调整情况，受委托办理缴存贷款业务金融机构变更情况：根据《关于撤销州直部分单位纪检监察室等事项的通知》（州机编字〔2017〕31号）、《关于增设州住房公积金管理中心内设机构的通知》（州机编字〔2017〕59号）文件，撤销黔西南州住房公积金管理中心监察室，增设人事教育科。2017年，受委托办理缴存贷款业务金融机构无变化。

（二）当年住房公积金政策调整及执行情况：2017年我州公积金政策严格按照《住房公积金管理条例》执行。2017年3月，中心修改《州住房公积金管理暂行办法（试行）》第六章第四十七条："住房公积金增值收益计提住房公积金个人贷款风险准备金后，余额的80%用于州住房公积金管理中心的管理费用和业务用房建设、信息化建设等费用，20%用于建立城市廉租住房制度的补充资金。"修改为：住房公积金增值收益的使用，按照《住房公积金财务管理办法》（财综字〔1999〕59号）第二十七条"住房公积金增值收益在建立住房公积金贷款风险准备金和上交财政管理费用后的余额，作为城市廉租住房建设的补充资金"的规定执行。2017年8月，中心印发《州住房公积金中心关于调整2017年住房公积金缴存基数上下限标准的通知》（州公通〔2017〕18号），对我州单位职工缴存住房公积金基数上下限进行明确。2017年单位职工缴存住房公积金的工资基数上线为14737.25元，月缴存额上限为3536元（个人缴存额14737.25
12%＋单位缴存额14737.25
12%）；黔西南州住房公积金的缴存工资基数下限分别为：一类区为1680元，二类区为1570元，三类地区1470元。住房公积金月缴存额下限：一类区为168元，二类区为156元，三类地区146元。

当年住房公积金存贷款利率调整及执行情况：2017年严格按照央行住房公积金贷款利率执行。

当年提取政策调整情况：2017年12月，中心印发《黔西南州住房公积金按月对冲还贷暂行办法》，住房公积金借款人可以申请用住房公积金对冲还贷，一次申请直至借款人公积金账户不能足额偿还当月应还款项时，按月对冲还贷自动解除。

当年住房公积金个人住房贷款最高贷款额度调整情况：2017年未对个人贷款额度进行调整，仍然执行购、建自住住房最高贷款限额40万元，大修自住住房最高贷款限额15万元。

（三）当年服务改进情况：中心按照住房城乡建设部《关于加快建设住房公积金综合服务平台的通知》（建金〔2016〕14号）的要求，现已开通网上服务大厅（个人版、单位版、开发商版）、自助查询终端、公积金城市服务（支付宝）服务渠道，在2018年逐步建设完成门户网站、12329短信、12329热线、官方微信、官方微博等服务渠道。

（四）当年信息化建设情况：经过全力奋战，2017年7月24日州住房公积金信息管理系统成功上线运行，并于2017年12月19日以112.3分高分顺利通过住房城乡建设部、省住房城乡建设厅"双贯标"联合验收专家组的验收，形成了"互联网＋公积金"的服务体系，实现了资金独立自主核算，实时交易，职工申请资金"秒级"到账，资金安全实时监控，风险防控更加严密有力。同时，充分运用"互联网＋公积金服务"技术，打造综合服务平台，目前开通了网厅、手机APP支付宝城市服务、自主查询机等多种服务平台，职工可随时自助查询本人公积金及贷款信息。下一步，我们将开通网上业务，部分住房公积金业务职工足不出户就可以办理，逐步将前台柜面向互联网、自助查询机等介质延伸，探索开创"零柜员"的"互联网＋"业务办理模式。

（五）当年住房公积金管理中心及职工所获荣誉情况：2017年4月，全国妇联授予黔西南州人民政府政务服务中心住房公积金分厅"全国巾帼文明岗"称号；2017年11月，黔西南州住房公积金管理中心兴义管理部主任王官文同志被贵州省总工会命名为贵州省第四届"行业道德标兵"并授予"贵州省五一劳动奖章"；2017年3月，被黔西南州直属机关工委授予先进"四型党组织"称号；被黔西南州总工会授予"五一劳动奖状"。

黔东南州住房公积金2017年年度报告

一、机构概况

（一）**住房公积金管理委员会**：住房公积金管理委员会有26名委员，2017年召开1次会议，审议通过的事项主要包括：一是审议并通过州住房公积金管理中心所作的《2016年度黔东南州住房公积金管理工作报告》，并批准黔东南州住房公积金管理中心2017年工作安排意见。二是审议并通过州财政局所作的《2016年度黔东南州住房公积金财务收支决算、2017年度黔东南州住房公积金归集使用预算和2017年度黔东南州住房公积金管理中心部门预算审核意见》的报告。三是审议并通过《黔东南州住房公积金2016年年度报告》。四是审议并通过《关于住房城乡建设部〈关于对黔东南州住房公积金廉政风险防控专项检查的反馈意见〉的整改报告》。五是审议并通过《黔东南州住房公积金管理委员会第二届第十八次全体会议决议》。

（二）住房公积金管理中心：住房公积金管理中心为黔东南州人民政府直属的不以营利为目的的正县级参公管理事业单位，设7个科（室），17个管理部，州监察局派驻州住房公积金管理中心监察室。从业人员155人，其中，在编114人，非在编41人。

二、业务运行情况

（一）缴存：2017年，新开户单位218家，实缴单位4375家，净减少单位174家；新开户职工1.74万人，实缴职工16.37万人，净增职工0.31万人；缴存额28.20亿元，同比增长11.77%。2017年末，缴存总额150.93亿元，同比增长22.98%；缴存余额95.40亿元，同比增长19.86%。

受委托办理住房公积金缴存业务的银行3家，比上年增加0家。

（二）提取：2017年，提取额12.40亿元，同比增长84.84%；占当年缴存额的43.97%，比上年增加17.38个百分点。2017年末，提取总额55.53亿元，同比增长28.75%。

（三）贷款：

个人住房贷款：个人住房贷款最高额度50万元，其中，单缴存职工最高额度50万元，双缴存职工最高额度50万元。

2017年，发放个人住房贷款0.65万笔20.40亿元，同比分别下降9.16%、5.86%。

2017年，回收个人住房贷款7.28亿元。

2017年末，累计发放个人住房贷款5.99万笔122.96亿元，贷款余额86.59亿元，同比分别增长12.17%、19.88%、17.86%。个人住房贷款余额占缴存余额的90.77%，比上年减少1.54个百分点。

受委托办理住房公积金个人住房贷款业务的银行8家，与上年没有发生变化。

（四）资金存储：2017年末，住房公积金存款11.17亿元。其中，活期0.17亿元，1年（含）以下定期0亿元，1年以上定期4亿元，其他（协定、通知存款等）7亿元。

（五）资金运用率：2017年末，住房公积金个人住房贷款余额、项目贷款余额和购买国债余额的总和占缴存余额的90.77%，比上年减少1.54个百分点。

三、主要财务数据

（一）业务收入：2017年，业务收入27692.70万元，同比增长8.27%。其中，存款利息1987.87万元，委托贷款利息25694.96万元，国债利息0万元，其他9.87万元。

（二）业务支出：2017年，业务支出15024.47万元，同比增长6.81%。其中，支付职工住房公积金利息13057.43万元，归集手续费913.66万元，委托贷款手续费1050.34万元，其他3.04万元。

（三）增值收益：2017年，增值收益12668.23万元，同比增长10.04%，增值收益率1.45%，比上年减少0.17个百分点。

（四）增值收益分配：2017年，提取贷款风险准备金1312.10万元，提取管理费用3732.83万元，提取城市廉租住房（公共租赁住房）建设补充资金7623.30万元。

2017年，上交财政管理费用2835.18万元。上缴财政城市廉租住房（公共租赁住房）建设补充资金

5332.85万元。

2017年末，贷款风险准备金余额19873.88万元。累计提取城市廉租住房（公共租赁住房）建设补充资金31251.90万元。

（五）管理费用支出：2017年，管理费用支出3732.83万元，同比下降19.47%。其中，人员经费1409.47万元，公用经费695.36万元，专项经费1628万元。

四、资产风险状况

个人住房贷款：2017年末，个人住房贷款逾期额282.08万元，逾期率0.326‰。

个人贷款风险准备金按贷款余额的1%提取。2017年，提取个人贷款风险准备金1312.10万元，使用个人贷款风险准备金核销呆坏账0万元。2017年末，个人贷款风险准备金余额19873.88万元，占个人住房贷款余额的2.30%，个人住房贷款逾期额与个人贷款风险准备金余额的比率为1.42%。

五、社会经济效益

（一）缴存业务：2017年，实缴单位数、实缴职工人数和缴存额同比分别增长－3.83%、1.93%和11.77%。

缴存单位中，国家机关和事业单位占78.79%，国有企业占11.57%，城镇集体企业占2.50%，外商投资企业占0%，城镇私营企业及其他城镇企业占6.06%，民办非企业单位和社会团体占0.69%，其他占0.39%。

缴存职工中，国家机关和事业单位占78.24%，国有企业占12.69%，城镇集体企业占2.30%，外商投资企业占0%，城镇私营企业及其他城镇企业占3.31%，民办非企业单位和社会团体占0.25%，其他占3.21%；中、低收入占100%，高收入占0%。

新开户职工中，国家机关和事业单位占51.16%，国有企业占12.77%，城镇集体企业占15.82%，外商投资企业占0%，城镇私营企业及其他城镇企业占0%，民办非企业单位和社会团体占0%，其他占20.25%；中、低收入占100%，高收入占0%。

（二）提取业务：2017年，2.78万名缴存职工提取住房公积金12.40亿元。

提取金额中，住房消费提取占74.48%（购买、建造、翻建、大修自住住房占22.98%，偿还购房贷款本息占21.71%，租赁住房占4.67%，其他占25.12%）；非住房消费提取占25.52%（离休和退休提取占18.35%，完全丧失劳动能力并与单位终止劳动关系提取占2.79%，户口迁出本市或出境定居占4.10%，其他占0.28%）。

提取职工中，中、低收入占100%，高收入占0%。

（三）贷款业务：

1. **个人住房贷款**：2017年，支持职工购建房65.51万平方米，年末个人住房贷款市场占有率为60.44%，比上年增加21.81个百分点。通过申请住房公积金个人住房贷款，可节约职工购房利息支出6431.56万元。

职工贷款笔数中，购房建筑面积90（含）平方米以下占8.09%，90～144（含）平方米占80.36%，144平方米以上占11.55%。购买新房占82.27%（其中购买保障性住房占0%），购买存量商品住房占

17.73%，建造、翻建、大修自住住房占0%，其他占0%。

职工贷款笔数中，单缴存职工申请贷款占13.75%，双缴存职工申请贷款占86.25%，三人及以上缴存职工共同申请贷款占0%。

贷款职工中，30岁（含）以下占41.67%，30岁～40岁（含）占34.02%，40岁～50岁（含）占18.22%，50岁以上占6.09%；首次申请贷款占99.15%，二次及以上申请贷款占0.85%；中、低收入占100%，高收入占0%。

2. 异地贷款： 2017年，发放异地贷款150笔4205万元。2017年末，发放异地贷款总额7376.5万元，异地贷款余额6898.48万元。

(四) 住房贡献率： 2017年，个人住房贷款发放额、公转商贴息贷款发放额、项目贷款发放额、住房消费提取额的总和与当年缴存额的比率为105.07%，比上年减少24.35个百分点。

六、其他重要事项

(一) 当年住房公积金政策调整及执行情况：

1. 当年住房公积金缴存基数限额及确定方法、缴存比例调整情况。 2017年，本州职工和单位住房公积金个人缴存基数以2016年度职工个人月平均工资确定，但最高不得超过我州在职职工月平均工资的3倍，即：最高缴存基数上限为14815元，最低缴存基数下限为1680元。职工和单位住房公积金缴存比例均不低于5%，不高于12%，按1:1的比例缴存公积金。

2. 当年提取政策调整情况。 2017年，本州提取政策未作调整，仍执行2016年出台的《黔东南州住房公积金管理中心行政权力清单和责任清单指南（暂行）》的通知相关规定类型提取业务。

(二) 当年服务改进情况

1. 建成数据托管机房一套，托管power架构小型计算机3台、X86架构服务器13台，双工阵列1台、NAS网络存储设备2台；建设包含核心网闸1台、防火墙3台、核心交换2台等设备的核心网络1套。

2. 业务网络的升级优化，结合新系统对数据传输和流量的需求，对现有网络进行优化并新建冗余线路，冗余线路覆盖17个管理部及州中心信息数据中心。

3. 继续推进州中心前台业务大委托的工作，截至2017年底全州17个管理部均覆盖委托银行业务，委托银行涵盖了本地八大主要银行及其他股份制银行，业务办理总网点数达到69个。

(三) 当年信息化建设情况：

1. 通过对业务信息系统的升级改造，以及对州中心数据及业务和委托银行的贷款历史明细数据的移植。于2017年12月20日，国家住房城乡建设部住房公积金"双贯标"检查验收组对州中心贯彻落实住房城乡建设部《住房公积金基础数据标准》和《住房公积金银行结算数据应用系统与公积金中心接口标准》（简称"双贯标"）工作情况进行检查验收。州中心获得基础分96.76分，加分16.50，总分112.26，高分顺利通过国家住房城乡建设部住房公积金"双贯标"工作达标验收。

2. 完成了住房城乡建设部银行结算数据应用系统接入工作，完成了与州中心有资金结算业务的18个银行专户进行签约工作，做到了资金划转实时到账，提取业务一站式办理现场到账，真正实现了"让数据多跑路、办事群众少跑路"。

（四）当年住房公积金管理中心及职工所获荣誉情况：2017年，州住房公积金中心党总支获"2013-2017"年度"五好"基层党组织称号，获得州、县评选"红旗窗口"8次、"服务之星"20人次，岑巩县管理部周芹同志获得住房城乡建设部《全国城乡住房系统先进工作者》荣誉称号，州直管理部孙广慧同志获得州政务服务中心"优秀共产党员"和"巾帼文明优秀示范岗"称号。

（五）当年对住房公积金管理人员违规行为的纠正和处理情况：2017年，对某县管理部负责人在原单位时因履行职责不到位出现的违规问题进行了问责，给予该同志行政警告处分。

黔南州住房公积金2017年年度报告

一、机构概况

（一）住房公积金管理委员会：住房公积金管理委员会有33名委员，2017年，召开1次全体会议，审议通过2016年度住房公积金归集、使用计划执行情况，并对其他重要事项进行决策，主要包括：

1. 《黔南州2016年全州住房公积金计划执行情况与2017年计划草案的报告》；
2. 《黔南州住房公积金2016年年度报告》；
3. 《黔南州住房公积金管理中心关于扩大委托银行开办住房公积金归集业务的请示》；
4. 《黔南州住房公积金管理中心关于提取个人住房公积金专项使用的请示》；
5. 《黔南州住房公积金管理中心关于贵州银行黔南分行承办住房公积金贷款委托业务的请示》；
6. 《黔南州住房公积金管理中心关于申请商业银行贴息贷款规模的请示》；
7. 《黔南州住房公积金管理中心关于调整住房公积金有关政策的请示》。

（二）住房公积金管理中心：住房公积金管理中心为州人民政府不以营利为目的的参公管理正县级事业单位，主要负责全州住房公积金的归集、管理、使用和会计核算。中心设综合科、计划统计与会计核算科、信贷管理科、信息技术科、审计监察科、归集管理科6个科室，1个直属业务部，下设福泉市、独山县、平塘县、荔波县、三都县、瓮安县、贵定县、龙里县、惠水县、长顺县、罗甸县11个管理部。从业人员110人，其中，在编77人，非在编33人。

二、业务运行情况

（一）缴存：2017年，新开户单位429家，实缴单位3214家，净增单位241家；新开户职工1.86万人，实缴职工15.61万人，净增职工0.95万人；当年缴存额27.13亿元，同比增长18.67%。2017年末，缴存总额136.97亿元，同比增长24.7%；缴存余额73.82亿元，同比增长19.31%。

受委托办理住房公积金缴存业务的银行9家，比上年增加5家。

（二）提取：2017年，当年提取额15.17亿元，同比增长33.99%；占当年缴存额的比率55.92%，比上年同期增加6.4个百分点。2017年末，提取总额63.15亿元，同比增长31.64%。

（三）贷款：

个人住房贷款：个人住房贷款最高额度40万元，其中，双职工家庭最高额度40万元，单职工家庭最高额度40万元。

2017年，发放个人住房贷款7,850笔22.13亿元，同比增长5.1%、12.25%。

2017年，回收个人住房贷款7亿元。

2017年末，累计发放个人住房贷款5.7万笔107.39亿元，贷款余额76.73亿元，同比分别增长15.85%、25.96%、24.56%。个人住房贷款率为103.94%，比上年同期增加4.37个百分点。

受委托办理住房公积金个人住房贷款业务的银行9家，比上年增加1家。

（四）融资： 2017年，当年融资额5.48亿元，当年归还2亿元。

截至2017年底，融资总额8.48亿元，融资余额6.19亿元。

（五）资金存储： 2017年末，住房公积金存款额4.05亿元。其中，活期0.97亿元，1年以内定期（含）0亿元，1年以上定期0亿元，其他（协议、协定、通知存款等）3.08亿元。

（六）其他： 2017年末，住房公积金个人住房贷款余额、项目贷款余额和购买国债余额的总和占缴存余额的103.94%，比上年同期增加4.37个百分点。

三、主要财务数据

（一）业务收入： 2017年，业务收入21353.62万元，同比增长18.79%。其中：存款利息288.41万元，委托贷款利息21063.07万元，其他2.14万元。

（二）业务支出： 2017年，业务支出10763.15万元，同比增长2.53%。其中：支付职工住房公积金利息10062.09万元，归集手续费－1106.33万元，委托贷款手续费944.79万元，其他支出862.6万元（其中含贴息贷款利息支出521.15万元）。

（三）增值收益： 2017年，增值收益10590.47万元，同比增长41.62%。增值收益率1.50%，比上年同期增加0.14个百分点。

（四）增值收益分配： 2017年，提取贷款风险准备金1513.07万元，提取管理费用1725.98万元，提取城市廉租房（公共租赁住房）建设补充资金7351.42万元。

2017年，上交财政管理费用1725.98万元。上缴财政的城市廉租房（公共租赁住房）建设补充资金5843.22万元，其中含2016年计提未交的3043.22万元和2017年按财政要求先预缴入国库的2800万元整。

2017年末，贷款风险准备金余额7672.99万元。累计提取城市廉租房（公共租赁住房）建设补充资金36398.23万元。

（五）管理费用支出： 2017年，管理费用支出1351.66万元，同比增长5.84%。其中，人员经费758.94万元，公用经费194.32万元，专项经费398.4万元。

四、资产风险状况

个人住房贷款：2017年末，逾期个人住房贷款62.82万元。个人住房贷款逾期率0.081‰。

个人贷款风险准备金按年度贷款余额的1%补足提取。2017年，提取贷款风险准备金1513.07万元，使用个人贷款风险准备金核销0万元，2017年末，个人贷款风险准备金余额为7672.99万元，占个人贷款余额的1%，个人贷款逾期额与个人贷款风险准备金余额的比率为0.82%。

五、社会经济效益

（一）**缴存业务**：2017年，实缴单位数、实缴职工人数和缴存额增长率分别为8.11%、6.48%和18.67%。

缴存单位中，国家机关和事业单位占70.12%，国有企业占20.02%，城镇集体企业占3.25%，外商投资企业占0.2%，城镇私营企业及其他城镇企业占2.8%，民办非企业单位和社会团体占0.23%，其他占3.38%。

缴存职工中，国家机关和事业单位占66.39%，国有企业占19.35%，城镇私营企业及其他城镇企业占9.29%，民办非企业单位和社会团体占0.22%，其他占4.75%。

缴存职工中，低收入群体占29.25%，中等收入群体占70.37%，高收入群体占0.38%。

新开户职工中，国家机关和事业单位占43%，国有企业占22%，城镇私营企业及其他城镇企业占25%，民办非企业单位和社会团体占1%，其他占9%；低收入占95%，高收入占5%。

（二）**提取业务**：2017年，17.6万名缴存职工提取住房公积金15.17亿元。

提取的金额中，住房消费提取占78.32%（购买、建造、翻建、大修自住住房占22.96%，偿还购房贷款本息占54.13%，租赁住房占1.23%）；非住房消费提取占21.68%（离休和退休提取占16.91%，完全丧失劳动能力并与单位终止劳动关系提取占3.17%，户口迁出本市或出境定居占0.87%，其他占0.73%）。

提取职工中，中、低收入占92.36%，高收入占7.64%。

（三）**贷款业务**：

1. **个人住房贷款**：2017年，支持职工购建房96.59万平方米，年末个人住房贷款市场占有率为42.88%，比上年同期增加8.47个百分点。通过申请住房公积金个人住房贷款，可节约职工购房利息支出60,749.68万元。

职工贷款笔数中，90（含）平方米以下占11.52%，90~144（含）平方米占79.16%，144平方米以上占9.32%；购买新房占71.6%，购买存量商品房占27.97%，建造、翻建、大修自住住房占0.15%，其他占0.28%。

职工贷款笔数中，单职工申请贷款占35%，双职工申请贷款占61%，三人及以上共同申请贷款占4%。

贷款职工中，30岁（含）以下占34%，30岁~40岁（含）占35%，40岁~50岁（含）24占%，50岁以上占7%；首次申请贷款占68%，二次及以上申请贷款占32%；中、低收入群体占82%，高收入群体占18%。

2. **异地贷款**：2017年，发放异地贷款310笔8684.5万元。

2017年末，发放异地贷款总额15127.7万元，异地贷款余额14473.99万元。

（四）**住房贡献率**：2017年，个人住房贷款发放额、公转商贴息贷款发放额、项目贷款发放额、住房消费提取额的总和与当年缴存额的比率为137.49%，比上年同期增加1.71个百分点。

六、其他重要事项

(一) 机构及职能调整情况、缴存贷款业务金融机构变更情况：

1. **机构及职能调整情况。** 为抓好州委十一次党代会报告中"推进住房公积金制度全覆盖"和州"十三五"规划纲要中"建立住房公积金保障计划，开展全民"五险一金"登记行动，积极拓展住房公积金缴存覆盖面，使住房公积金政策更大限度惠及广大人民群众"的落实，根据《住房公积金管理条例》第十一条"住房公积金管理中心履行下列职责"中第一点"编制、执行住房公积金归集、使用计划"的职能职责要求，以及州人民政府办公室《关于印发黔南州全面推进住房公积金制度实施方案的通知》中住房公积金归集是实施该《实施方案》的源头的实际情况，中心向州编委办申请增加1个业务科室（归集管理科）并得到批准，为有效推进和专业管理住房公积金制度的归集工作提供了组织保障。

2. **缴存贷款业务金融机构变更情况。** 开放委托办理住房公积金缴存、贷款的银行业金融机构。充分利用金融机构营业网点布局的优势，利用政策杠杆的调节，有效拓展单位、个人缴存公积金的覆盖面，更大限度的惠及广大缴存职工。

(二) 当年住房公积金政策调整及执行情况：

1. **当年缴存基数限额及确定方法。** 2017年，根据人力资源和社会保障部门、统计部门公布的2016年度我州城镇职工平均工资等相关数据，调整2017年度缴存住房公积金基数的上限和下限，即：上限为不得超过在岗职工月平均工资（57967元÷12个月＝4830.58元）的3倍，即14492元；下限为2016年度我州各县（市）最低工资标准。

2. **建立健全降低缴存比例和缓缴、补助审批制度。** 按照中央"三降一去一补"的重大工作任务要求，通过对我州企业实际调研后提出了切实可行的补助制度，提出符合"缓""补"条件的企业，在既不损害职工合法权益的基础上对缴存住房公积金进行缓、补的政策支撑，以此切实解决企业实际困难，扩大和稳定就业，实现推动"大众创业、万众创新"的就业局面。

3. **调整住房公积金有关政策。** 为充分发挥住房公积金的住房保障功能，加快城镇化建设步伐，切实解决进城务工人员和城镇灵活就业人员的住房问题，推进供给侧结构性改革，根据有关政策规定，结合我州实际，对现有住房公积金缴存、提取、贷款等使用政策作适当调整，出台《黔南州住房公积金管理中心关于调整住房公积金有关政策的通知》，明确了：缴存方面，扩大缴存范围，确定进城务工人员和城镇灵活就业人员缴存登记及计缴方式，简化职工办理个人账户转移程序等；提取方面，房款提取使用政策，精简审批要件，优化业务流程等；贷款方面，调整贷款延长年限，对最低缴存职工贷款给予可贷资金15%的上浮照顾，明确贷款的权力和义务规定，有效防范公积金安全风险。

(三) 当年服务改进情况： 一是在全州公积金系统内提出"内强素质外树形象"活动。以深化住房公积金制度改革为契机，中心进一步强化机关党建工作和效能建设工作，中心党组提出开展"内强素质、外树形象"活动，即组织开展业务知识、服务水平、廉政教育培训，提高职工内在修养，开展以服务大厅悬挂统一标识，服务人员统一着装、佩戴统一胸牌等为主题，楼廊文化建设为展示的文化提升活动，从而以党建工作促工作作风转变，促工作效能提升，鼓干部职工士气，提振干部职工干事创业的精气神，全面提升住房公积金整体形象。二是中心积极与新闻媒体沟通合作，利用官方网站、黔南日报、微信公众号和邮寄公积金对账单时加装政策宣传册等多种形式宣传公积金惠民政策，持续提升社会认知度和群众关注度，仅今年初在邮寄缴存职工个人账户对账单的同时，加装中心自行编印的《黔南州住房公积金政策问答》近15万册，广泛宣传公积金制度、政策，缴存职工普遍知晓公积金新政的实施。同时，加大工作力度，采取上门宣讲、服务进企业、现场咨询、举办专项活动等多种形式进行宣传。

（四）当年信息化建设情况：按照住房城乡建设部《关于贯彻落实住房公积金基础数据标准的通知》建办金〔2014〕51号文件及住房城乡建设部《关于推广住房公积金银行结算数据应用系统的通知》建金信函〔2015〕5号文件要求，积极贯彻落实"住房公积金基础数据标准"和"住房公积金银行结算数据应用系统公积金中心接口标准"（简称"双贯标"），2016年6月，州中心开始启动住房公积金业务综合管理系统建设项目，通过成立信息化建设领导小组、外出考察学习、制定工作方案推进建设工作的有序开展。至2017年初，建设方案获州政府批准后，通过政府采购程序顺利完成公开招投标工作。在州发改委、州财政局、州建设银行等部门和公积金中心全体干部职工的共同努力下，经过两个多月的人机磨合，10月10日新系统正式上线运行，支付宝、网上办事大厅、手机APP及微信公众号等"互联网＋公积金"服务平台也于11月开始提供查询服务。新的业务综合管理系统运行正常、平稳，符合住房城乡建设部"双贯标"建设要求，2017年12月11日中心以112.64分顺利通过了住房城乡建设部与省住房城乡建设厅专家组的联合验收。

（五）当年住房公积金管理中心及职工所获荣誉情况：2017年6月，黔南州住房公积金管理中心被命名为黔南州民族团结进步创建活动示范单位；2017年3月，中心直属业务部李红梅同志荣获黔南州巾帼行业之星称号。

（六）逾期贷款管理方面申请法院强制执行情况：2017年，继续执行已生效判决2起、向州人民法院提起诉讼6起，上诉1起，申请执行强制执行6起，共计收回逾期贷款本息101.9万元。

2017 全国住房公积金年度报告汇编

云南省

昆明市	楚雄州
曲靖市	红河哈尼族彝族自治州
玉溪市	文山州
保山市	西双版纳州
昭通市	大理州
丽江市	德宏州
普洱市	怒江州
临沧市	迪庆州

云南省住房公积金 2017 年年度报告

一、机构概况

（一）**住房公积金管理机构**：全省共设 16 个设区城市住房公积金管理中心，1 个独立设置的分中心。从业人员 1407 人，其中，在编 1024 人，非在编 383 人。

（二）**住房公积金监管机构**：云南省住房和城乡建设厅、财政厅和人民银行昆明中心支行负责对本省住房公积金管理运行情况进行监督。省住房城乡建设厅设立住房公积金监管处，负责辖区住房公积金日常监管工作。

二、业务运行情况

（一）**缴存**：2017 年，新开户单位 5137 家，实缴单位 47607 家，净增单位 4716 家；新开户职工 21.56 万人，实缴职工 257.2 万人，净增职工 16.08 万人；缴存额 465.45 亿元，同比增长 28.82%。2017 年末，缴存总额 2947.37 亿元，同比增长 18.75%；缴存余额 1297.34 亿元，同比增长 15.01%。

（二）**提取**：2017 年，提取额 296.18 亿元，同比增长 15.88%；占当年缴存额的 63.65%，比上年减少 4.91 个百分点。2017 年末，提取总额 1650.03 亿元，同比增长 21.88%。

（三）**贷款**：

1. **个人住房贷款**：2017 年，发放个人住房贷款 9.02 万笔，同比下降 7.12%，发放个人住房贷款 328.38 亿元，同比增长 1.48%。回收个人住房贷款 155.6 亿元。

2017 年末，累计发放个人住房贷款 110.82 万笔、2010.38 亿元，贷款余额 1105.96 亿元，同比分别增长 8.34%、19.52%、18.52%。个人住房贷款余额占缴存余额的 85.24%，比上年增加 2.53 个百分点，见图 1。

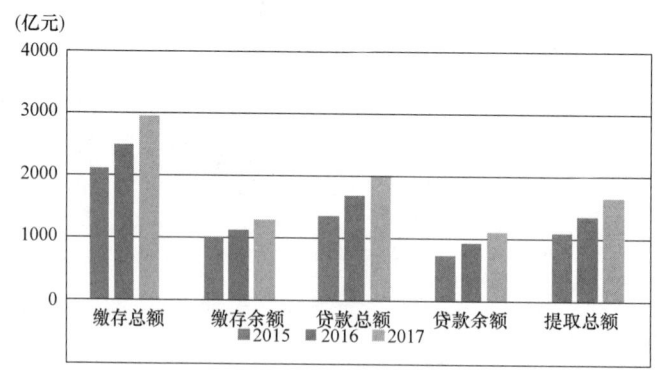

图 1　2015~2017 年缴存、贷款、提取情况比较

2. **住房公积金支持保障性住房建设项目贷款**：2017 年，发放支持保障性住房建设项目贷款 0

亿元,回收项目贷款 0.46 亿元。2017 年末,累计发放项目贷款 7.45 亿元,项目贷款余额 2.01 亿元。

(四) 融资:2017 年,融资 13.05 亿元,归还 5.05 亿元。2017 年末,融资总额 16.05 亿元,融资余额 11 亿元。

(五) 资金存储:2017 年末,住房公积金存款 222.88 亿元。其中,活期 46.15 亿元,1 年(含)以下定期 83.41 亿元,1 年以上定期 62.8 亿元,其他(协定、通知存款等)30.32 亿元。

(六) 资金运用率:2017 年末,住房公积金个人住房贷款余额、项目贷款余额和购买国债余额的总和占缴存余额的 85.4%,比上年增加 2.46 个百分点。

三、主要财务数据

(一) 业务收入:2017 年,业务收入 396042.74 万元,同比增长 3.09%。其中,存款利息 63372.58 万元,委托贷款利息 332468.73 万元,其他 201.43 万元。

(二) 业务支出:2017 年,业务支出 197814.3 万元,同比增长 3.09%。其中,支付职工住房公积金利息 180093.28 万元,归集手续费 4443.06 万元,委托贷款手续费 11390.95 万元,其他 1887.01 万元。

(三) 增值收益:2017 年,增值收益 198228.44 万元,同比增长 15.72%;增值收益率 1.63%,比上年增加 0.03 个百分点。

(四) 增值收益分配:2017 年,提取贷款风险准备金 20584.82 万元,提取管理费用 47295.13 万元,提取城市公租房建设补充资金 130459.83 万元。

2017 年,上交财政管理费用 45661.67 万元,按财务管理规定实行"收支两条线管理",用于保障各地中心机构运转支出;上缴财政城市公租房建设补充资金 95838.49 万元。

2017 年末,贷款风险准备金余额 152577.77 万元,累计提取城市廉租住房(公共租赁住房)建设补充资金 757057.47 万元。

(五) 管理费用支出:2017 年,管理费用支出 35023.16 万元,同比增长 15.5%。其中,人员经费 18900.15 万元,公用经费 3121.47 万元,专项经费 13001.56 万元。

四、资产风险状况

(一) 个人住房贷款:2017 年末,个人住房贷款逾期额 3158.36 万元,逾期率 0.28‰。

2017 年,提取个人贷款风险准备金 20584.82 万元,使用个人贷款风险准备金核销呆坏账 1781.98 万元。2017 年末,个人贷款风险准备金余额 151379.77 万元,占个人贷款余额的 1.37%,个人贷款逾期额与个人贷款风险准备金余额的比率为 1.79%。

(二) 住房公积金支持保障性住房建设项目贷款:2017 年末,逾期项目贷款 0 万元,逾期率为 0‰。

2017 年,提取项目贷款风险准备金 0 万元,使用项目贷款风险准备金核销呆坏账 0 万元。2017 年末,项目贷款风险准备金余额 1198 万元,占项目贷款余额的 5.96%,项目贷款逾期额与项目贷款风险准备金余额的比率为 0%。

(三) 历史遗留风险资产：2017年末，历史遗留风险资产余额2700万元，比上年减少1781.98万元，历史遗留风险资产回收率为39.76%。丽江中心将认真落实丽江市人民政府的处置要求，计划在2018年度完成遗留风险资产处置工作。

五、社会经济效益

(一) 缴存业务：2017年，实缴单位数、实缴职工人数和缴存额增长率分别为10.99%、6.67%和24.82%。

缴存单位中，国家机关和事业单位占55.06%，国有企业占10.37%，城镇集体企业占1.41%，外商投资企业占0.73%，城镇私营企业及其他城镇企业占22.59%，民办非企业单位和社会团体占2.28%，其他占7.56%。

缴存职工中，国家机关和事业单位占50.29%，国有企业占23.49%，城镇集体企业占1.49%，外商投资企业占1.45%，城镇私营企业及其他城镇企业占15.32%，民办非企业单位和社会团体占2.4%，其他占5.56%；中、低收入占97.06%，高收入占2.94%。

新开户职工中，国家机关和事业单位占32.82%，国有企业占15.72%，城镇集体企业占1.96%，外商投资企业占2.48%，城镇私营企业及其他城镇企业占34.91%，民办非企业单位和社会团体占3.19%，其他占8.92%；中、低收入占99.51%，高收入占0.49%。

(二) 提取业务：2017年，108.07万名缴存职工提取住房公积金296.18亿元。

提取金额中，住房消费提取占80.22%（购买、建造、翻建、大修自住住房占31.34%，偿还购房贷款本息占44.44%，租赁住房占1.21%，其他占3.23%）；非住房消费提取占19.78%（离休和退休提取占13.66%，完全丧失劳动能力并与单位终止劳动关系提取占4.12%，户口迁出所在市或出境定居占0.26%，其他占1.74%）。

提取职工中，中、低收入占94.94%，高收入占5.06%。

(三) 贷款业务：

1. 个人住房贷款：2017年，支持职工购建房1494.42万平方米。年末个人住房贷款市场占有率为27.89%，比上年同期减少0.15个百分点。通过申请住房公积金个人住房贷款，节约职工购房利息支出693484.33万元。

职工贷款笔数中，购房建筑面积90（含）平方米以下占13.61%，90～144（含）平方米占54.87%，144平方米以上占31.52%。购买新房占48.39%（其中购买保障性住房占1.98%），购买存量商品房占27.47%，建造、翻建、大修自住住房占3.93%，其他占20.21%。

职工贷款笔数中，单缴存申请贷款占职工26.41%，双缴存职工申请贷款占69.7%，三人及以上缴存职工共同申请贷款占3.89%。

贷款职工中，30岁（含）以下占28.85%，30岁～40岁（含）占37%，40岁～50岁（含）占26%，50岁以上占8.15%；首次申请贷款占76.88%，二次及以上申请贷款占23.12%；中、低收入占97.48%，高收入占2.52%，见图2。

2. 异地贷款：2017年，发放异地贷款1513笔、61363.3万元。2017年末，发放异地贷款总额114636.9万元，异地贷款余额104786.6万元。

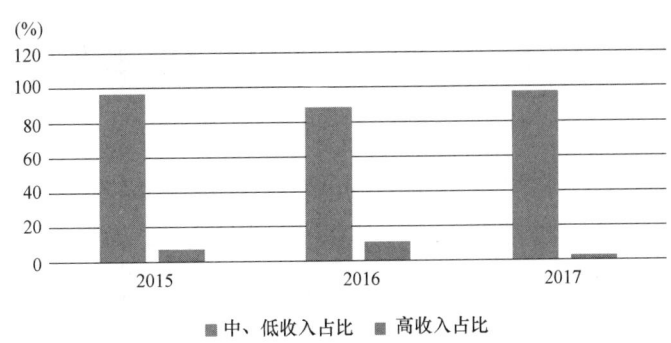

图 2 2015～2017 年贷款职工按收入情况占比

3. 住房公积金支持保障性住房建设项目贷款： 2017 年末，全省有住房公积金试点城市 1 个，试点项目 1 个，贷款额度 3 亿元，建筑面积 24.45 万平方米，可解决 2840 户中低收入职工家庭的住房问题。2 个试点项目贷款资金已发放并还清贷款本息。

（四）住房贡献率： 2017 年，个人住房贷款发放额、公转商贴息贷款发放额、项目贷款发放额、住房消费提取额的总和与当年缴存额的比率为 121.36%，比上年减少 21.7 个百分点。

六、其他重要事项

2017 年全省公积金行业按照住房城乡建设部、省委、省政府工作部署，认真落实"放管服"的要求，大力提升服务质量和服务水平。

（一）认真落实"放管服"的要求。 云南省住房和城乡建设厅印发了《关于进一步落实住房公积金便民服务有关工作的通知》（云建金〔2017〕369 号）全面落实住房公积金便民服务有关工作。

（二）积极开展廉政风险防控专项检查。 按照《云南省住房和城乡建设厅、云南省财政厅、中国人民银行昆明中心支行关于开展全省住房公积金廉政风险防控专项检查工作的通知》（云建金函〔2017〕180 号）《云南省住房和城乡建设厅、云南省财政厅关于全省住房公积金廉政风险防控专项检查有关工作的通知》（云建金函〔2017〕226 号）要求，2017 年 6～7 月，省住房城乡建设厅、省财政厅组成检查组，分别对全省 15 个州（市）管委会、公积金中心住房公积金廉政风险防控工作开展、长效机制建设、防控措施执行情况及有关的工作进行了全面检查，对检查发现的问题，督促各州（市）公积金管委会和公积金中心采取有效措施进行了整改。

（三）积极推动住房公积金异地转移接续工作。 2017 年 1 月举办全省异地转移接续培训；2017 年 6 月底各中心全部完成住房公积金异地转移接续平台连接工作。职工异地就业可以通过信息网络办理公积金账户变更，和资金划转，实现了"信息多跑路、老百姓少跑腿"的工作目标。

（四）各中心全面开展了住房公积金贯标工作。 到 12 月底基本完成贯标任务，统一了各中心信息业务系统建设标准，促进了住房公积金管理服务标准化建设和风险防控体系建设。

（五）有序推进综合服务平台建设。 各中心均不同程度开通了手机 APP、12329 电话和短信、门户网站、网上营业大厅、自助终端、微信、微博等服务渠道，可以通过互联网办理查询、提取、缴存等公积金业务。昆明、省直中心、保山已全面建成综合服务平台，其他中心正在积极建设。

昆明市住房公积金 2017 年年度报告

一、机构概况

（一）**住房公积金管理委员会**：住房公积金管理委员会有 30 名委员，2017 年召开 2 次会议，书面征求全体委员意见 5 次，审议通过的事项主要包括：《昆明市住房公积金 2016 年年度报告》、《昆明市住房公积金管理中心资金流动性风险管理应急预案》、《昆明市住房公积金管理中心关于下调住房公积金归集、贷款手续费率的请示》、《昆明市住房公积金管理中心关于对全省住房公积金廉政风险防控专项检查反馈意见的整改落实情况报告》、《昆明市住房公积金管理中心关于购置主城区城西管理部业务用房的请示》、《云南红塔银行关于开立住房公积金专用账户及开通信息技术系统的请示》、《昆明市住房公积金管理中心关于2017年度继续执行提取住房公积金支付物业管理费相关政策的请示》、《昆明市住房公积金管理中心关于调整住房公积金个人住房贷款申请条件的请示》、《关于执行〈关于进一步改进服务优化流程加强住房公积金提取管理工作有关事项的通知〉的请示》、《昆明市住房公积金管理中心 2017 年工作总结及 2018 年工作计划》等事项。

（二）**昆明市住房公积金管理中心**：昆明市住房公积金管理中心（以下简称昆明中心）为隶属昆明市人民政府不以营利为目的的全额拨款事业单位，设 10 个处室，16 个管理部，1 个分中心。从业人员 184 人，其中，在编 168 人，非在编 16 人。

（三）**云南省省级职工住房资金管理中心**：云南省省级职工住房资金管理中心（以下简称省级中心）为隶属于云南省住房和城乡建设厅不以营利为目的的自收自支事业单位，设 7 个科。从业人员 57 人，其中，在编 27 人，非在编 30 人。

二、业务运行情况

（一）**缴存**：2017 年，新开户单位 2122 家，实缴单位 14212 家，净增单位 1494 家；新开户职工 10.44 万人，实缴职工 96.46 万人，净增职工 4.27 万人；缴存额 163.52 亿元，同比增长 16.97%。2017 年末，缴存总额 1130.31 亿元，同比增长 16.88%；缴存余额 430.98 亿元，同比增长 11.57%。

昆明中心受委托办理住房公积金缴存业务的银行 5 家，比上年增加 0 家；省级中心受委托办理住房公积金缴存业务的银行 4 家，比上年增加 0 家。

（二）**提取**：2017 年，提取额 118.84 亿元，同比增长 19.50%；占当年缴存额的 72.56%，比上年增加 1.42 个百分点。2017 年末，提取总额 699.59 亿元，同比增长 20.46%。

（三）**贷款**：个人住房贷款最高额度 80 万元，其中，单缴存职工最高额度 40 万元，双缴存职工最高额度 80 万元。

2017 年，发放个人住房贷款 2.01 万笔 90.09 亿元，同比分别下降 14.47%、7.62%。其中，昆明中心发放个人住房贷款 1.66 万笔 73.75 亿元，省级中心发放个人住房贷款 0.32 万笔 14.84 亿元，铁路分中心发放个人住房贷款 0.03 万笔 1.50 亿元。

2017 年，回收个人住房贷款 39.66 亿元。其中，昆明中心 30.65 亿元，省级中心 8.09 亿元，铁路分中心 0.92 亿元。

2017 年末，累计发放个人住房贷款 22.88 万笔 576.50 亿元，贷款余额 370.72 亿元，同比分别增长 8.95%、18.52%、15.75%。个人住房贷款余额占缴存余额的 86.02%，比上年增加 3.11 个百分点。

昆明中心受委托办理住房公积金个人住房贷款业务的银行 18 家，比上年增加 1 家；省级中心受委托办理住房公积金个人住房贷款业务的银行 14 家，比上年增加 0 家。

（四）**资金存储**：2017 年末，住房公积金存款 64.20 亿元。其中，活期 19.31 亿元，1 年（含）以下定期 10.71 亿元，1 年以上定期 27.60 亿元，协定存款 6.58 亿元。

（五）**资金运用率**：2017 年末，住房公积金个人住房贷款余额、项目贷款余额和购买国债余额的总和占缴存余额的 86.02%，比上年增加 3.11 个百分点。

三、主要财务数据

（一）**业务收入**：2017 年，业务收入 128906.40 万元，同比增长 10.41%。其中，昆明中心 92089.14 万元，省级中心 28430.84 万元，铁路分中心 8386.40 万元；存款利息 15517.73 万元，委托贷款利息 113374.30 万元，其他 14.37 万元。

（二）**业务支出**：2017 年，业务支出 67623.57 万元，同比下降 7.35%。其中，昆明中心 49090.51 万元，省级中心 14106.04 万元，铁路分中心 4427.02 万元；支付职工住房公积金利息 61513.86 万元，归集手续费 2151.48 万元，委托贷款手续费 3958.22 万元，其他 0 万元。

（三）**增值收益**：2017 年，增值收益 61282.81 万元，同比增长 40.02%。其中，昆明中心 42998.63 万元，省级中心 14324.80 万元，铁路分中心 3959.38 万元；增值收益率 1.51%，比上年增加 0.30 个百分点。

（四）**增值收益分配**：2017 年，提取贷款风险准备金 5043.86 万元，提取管理费用 7443.09 万元，提取城市廉租住房（公共租赁住房）建设补充资金 48795.87 万元。

2017 年，上交财政管理费用 7443.09 万元。上缴财政城市廉租住房（公共租赁住房）建设补充资金 19076.52 万元。其中，昆明中心上缴 13739.52 万元，省级中心上缴 5337.00 万元，铁路分中心上缴 0 万元。

2017 年末，贷款风险准备金余额 47079.78 万元。累计提取城市廉租住房（公共租赁住房）建设补充资金 322260.89 万元。其中，昆明中心提取 236330.40 万元，省级中心提取 60688.63 万元，铁路分中心提取 25241.86 万元。

（五）**管理费用支出**：2017 年，管理费用支出 7084.31 万元，同比增长 5.47%。其中，人员经费 3925.64 万元，公用经费 428.97 万元，专项经费 2729.70 万元。

昆明中心管理费用支出 4898.74 万元，其中，人员、公用、专项经费分别为 2771.19 万元、168.16 万元、1959.39 万元；省级中心管理费用支出 1818.23 万元，其中，人员、公用、专项经费分别为 891.51 万元、253.08 万元、673.64 万元；铁路分中心管理费用支出 367.34 万元，其中，人员、公用、专项经费分别为 262.94 万元、7.73 万元、96.67 万元。

四、资产风险状况

个人住房贷款：2017 年末，个人住房贷款逾期额 775.65 万元，逾期率 0.21‰。其中，昆明中心

0.23‰，省级中心 0.12‰，铁路分中心 0‰。

个人贷款风险准备金按当年贷款余额的 1‰ 提取。2017 年，提取个人贷款风险准备金 5043.85 万元，使用个人贷款风险准备金核销呆坏账 0 万元。2017 年末，个人贷款风险准备金余额 47079.78 万元，占个人住房贷款余额的 1.27%，个人住房贷款逾期额与个人贷款风险准备金余额的比率为 1.65%。

五、社会经济效益

（一）缴存业务：2017 年，实缴单位数、实缴职工人数和缴存额同比分别增长 11.75%、4.63% 和 17.16%。

缴存单位中，国家机关和事业单位占 24.73%，国有企业占 12.15%，城镇集体企业占 0.80%，外商投资企业占 1.53%，城镇私营企业及其他城镇企业占 46.12%，民办非企业单位和社会团体占 1.63%，其他占 13.04%。

缴存职工中，国家机关和事业单位占 26.30%，国有企业占 32.37%，城镇集体企业占 0.72%，外商投资企业占 2.47%，城镇私营企业及其他城镇企业占 28.24%，民办非企业单位和社会团体占 1.07%，其他占 8.84%；中、低收入占 95.98%，高收入占 4.02%。

新开户职工中，国家机关和事业单位占 9.48%，国有企业占 18.68%，城镇集体企业占 1.53%，外商投资企业占 3.35%，城镇私营企业及其他城镇企业占 54.41%，民办非企业单位和社会团体占 3.93%，其他占 8.62%；中、低收入占 99.52%，高收入占 0.48%。

（二）提取业务：2017 年，45.75 万名缴存职工提取住房公积金 118.84 亿元。

提取金额中，住房消费提取占 79.98%（购买、建造、翻建、大修自住住房占 30.68%，偿还购房贷款本息占 44.76%，租赁住房占 1.10%，其他占 3.44%）；非住房消费提取占 20.02%（离休和退休提取占 13.10%，完全丧失劳动能力并与单位终止劳动关系提取占 5.29%，户口迁出本市或出境定居占 0.19%，其他占 1.44%）。

提取职工中，中、低收入占 94.71%，高收入占 5.29%。

（三）贷款业务：

1. 个人住房贷款：2017 年，支持职工购建房 235.13 万平方米，年末个人住房贷款市场占有率为 17.63%，比上年减少 1.52 个百分点。

2017 年，获得住房公积金个人住房贷款的职工，通过申请住房公积金个人住房贷款，在整个贷款期内所需支付贷款利息总额与申请商业性个人住房贷款所需支付贷款利息总额的差额（商业性个人住房贷款利率按基准利率计算）为 267770.93 万元。即可节约利息支出 267770.93 万元。

职工贷款笔数中，购房建筑面积 90（含）平方米以下占 28.62%，90～144（含）平方米占 56.44%，144 平方米以上占 14.94%。购买新房占 61.79%（其中购买保障性住房占 4.16%），购买存量商品住房占 38.20%，建造、翻建、大修自住住房占 0.01%，其他占 0%。

职工贷款笔数中，单缴存职工申请贷款占 29.35%，双缴存职工申请贷款占 67.66%，三人及以上缴存职工共同申请贷款占 2.99%。

贷款职工中，30 岁（含）以下占 42.29%，30 岁～40 岁（含）占 36.32%，40 岁～50 岁（含）占 17.91%，50 岁以上占 3.48%；首次申请贷款占 93.03%，二次及以上申请贷款占 6.97%；中、低收入占

99.00%，高收入占 1.00%。

2. **异地贷款**：2017 年，发放异地贷款 594 笔 32014.10 万元。2017 年末，发放异地贷款总额 49827.30 万元，异地贷款余额 47313.30 万元。

（四）**住房贡献率**：2017 年，个人住房贷款发放额、公转商贴息贷款发放额、项目贷款发放额、住房消费提取额的总和与当年缴存额的比率为 130.42%，比上年增加 3.14 个百分点。

六、其他重要事项

（一）**缴存贷款业务金融机构变更情况**：昆明中心受委托办理住房公积金缴存业务的银行 5 家，比去年增加 0 家；省级中心受委托办理住房公积金缴存业务的银行 3 家，比去年增加 0 家。

昆明中心受委托办理住房公积金个人住房贷款业务的银行有 18 家，比去年增加 1 家；省级中心受委托办理住房公积金个人住房贷款业务的银行有 14 家，比去年增加 0 家。

（二）**2016 年缴存基数限额及确定方法、缴存比例调整情况**：根据昆明市统计局提供的数据，2016 年昆明市城镇非私营单位在岗职工年平均工资为 68375.00 元，月平均工资为 5698.00 元。2017 年，昆明市单位职工缴存住房公积金的工资基数上限仍按统计部门公布上一年度职工月平均工资的 3 倍执行，缴存基数上限为 17094.00 元，凡月工资收入超过 17094.00 元的职工，以 17094.00 元为缴存基数缴存住房公积金；月工资收入低于 17094.00 元的职工，以实际工资收入为缴存基数缴存住房公积金。2017 年昆明市职工缴存住房公积金的最高比例仍然为 12%。2017 年，昆明市住房公积金的缴存工资基数下限分别为：一类区为 1570.00 元/月，二类区为 1400.00 元/月。

（三）**当年住房公积金存贷款利率调整及执行情况**：根据中国人民银行、住房城乡建设部、财政部《关于完善职工住房公积金账户存款利率形成机制的通知》（银发〔2016〕43 号），自 2016 年 2 月 21 日起，将职工住房公积金账户存款利率，由按照归集时间执行活期、三个月存款基准利率，调整为统一按一年期定期存款基准利率执行；2017 年未进行住房公积金账户存款利率调整。

根据中国人民银行《关于下调金融机构人民币贷款及存款基准利率并进一步推进利率市场化改革的通知》（银发〔2015〕265 号），从 2015 年 8 月 26 日起，下调住房公积金个人贷款利率 0.25 个百分点。调整后，5 年期（含）以下贷款年利率为 2.75%，5 年期以上至 30 年（含）的贷款年利率为 3.25%，5 年期以上公积金贷款年利率比商业贷款年利率低 1.65 个百分点；2017 年未进行住房公积金贷款利率调整。

（四）**当年住房公积金个人住房贷款最高贷款额度调整情况**：2017 年，住房公积金个人住房贷款最高额度为单职工 40 万元，双职工 80 万元。

（五）**当年住房公积金政策调整情况**：

1. 印发《关于调整住房公积金个人住房贷款、提取部分政策的通知》（昆公积金〔2017〕104 号），调整贷款受理条件，将缴存职工足额缴存住房公积金 3 个月且开户满 3 个月以上可以申请贷款调整为缴存职工足额缴存住房公积金 6 个月且开户满 6 个月以上可以申请贷款；暂停户籍不在昆明市，在云南省其他州市缴存住房公积金的职工在昆明市行政辖区内购房贷款申请；调整借款申请人的还贷年限，借款申请人的还贷年限调整至法定退休年龄，不超过最高的贷款期限，即男 60 岁，女 55 岁，贷款期限最长 30 年；暂停特殊情况提取。

2. 印发《关于2017年度提取住房公积金支付物业管理费相关事项的通知》（昆公积金〔2017〕194号），缴存职工每人每年可申请提取不超过2500元的住房公积金支付物管费。

3. 印发《关于调整住房公积金个人住房贷款申请条件的通知》（昆公积金〔2017〕195号），将"缴存职工足额缴存住房公积金6个月且开户满6个月以上可以申请贷款"调整为"缴存职工足额缴存住房公积金12个月且开户满12个月以上可以申请贷款"。

（六）当年服务改进情况：按照住房城乡建设部《关于加快建设住房公积金综合服务平台的通知》（建金〔2016〕14号），云南省住房城乡建设厅结合实际，决定以昆明中心为试点，建设支持多中心的综合服务平台。接到试点任务后，经多方调研，昆明中心确定以按年购买服务方式运作该项目。2016年10月28日昆明中心完成多中心综合服务平台建设并正式接入平台上线运行。平台包括12329公益专用号、门户网站、网上业务大厅、微信、手机APP、自助终端、12329短信、微博八个渠道，实现了部分归集业务、部分提取业务线上自助办理，为缴存单位及职工提供安全可靠的线上业务。平台运行一年来，安全平稳高效，得到住房城乡建设部、省住房城乡建设厅及广大缴存单位和职工的充分认可。综合服务平台建设和服务水平在全国公积金行业走在前列。截至2017年12月31日，微信公众号"昆明公积金"关注人数53.20万人，八大渠道注册用户43.80万人，分别占全市缴存职工（含省级中心）87.81万人的60.59%、49.88%，对住房公积金政策的精准宣传起到积极良好的作用，同时，也为线上业务的拓展打下了坚实的用户基础。截至2017年12月31日，线上服务渠道（网厅、微信、APP）办理资金类业务共计186855笔，金额为8.49亿元。其中物业费提取166441笔，金额4.12亿元；离退休提取56笔，金额545.42万元；公积金偿还商贷提取324笔，金额675.24万元；公积金转账还款19399笔，金额4.00亿元；银行转账还款提取635笔，金额2509.62万元。

（七）当年信息化建设情况：按照住房城乡建设部办公厅《关于做好全国住房公积金异地转移接续平台建设使用准备工作的通知》（建办金〔2016〕49号），昆明中心积极开展全国住房公积金异地转移接续平台建设工作，于2017年3月31日作为首批上线机构接入平台，提升了住房公积金异地转移接续服务效率，大大缩短了办理时限，极大方便了缴存职工。

按照住房城乡建设部《关于贯彻落实住房公积金基础数据标准的通知》（建办金〔2014〕51号）《关于推广住房公积金银行结算数据应用系统的通知》（建金信函〔2015〕5号），昆明中心积极开展"住房公积金基础数据"和"住房公积金银行结算数据应用系统"建设工作，2017年7月24日系统建设完成并正式上线，12月26日通过住房城乡建设部系统建设验收。系统上线后，实现了部、省、市三级连通的住房公积金运行监管平台。

曲靖市住房公积金2017年年度报告

一、机构概况

（一）住房公积金管理委员会：住房公积金管理委员会有28名委员，2018年3月通过书面征求意见，审议通过 2017 年度住房公积金归集、使用计划执行情况,并对其他重要事项进行决策,主要包括《曲靖市住房公积金 2017 年年度报告》、《曲靖市住房公积金 2017 年归集使用执行报告》、《曲靖市住房公积金 2018 年归集使用计划报告》、《曲靖市住房公积金 2017 年度增值收益分配方案》、《曲靖市住房公积金管理中心个人购房按揭贷款管理办法(讨论稿)》。

(二)**住房公积金管理中心**:住房公积金管理中心为曲靖市人民政府不以营利为目的的财政全额拨款事业单位,主要负责全市住房公积金的归集、管理、使用和会计核算。内设 7 个科室,下设 8 个分中心。从业人员 94 人,其中,在编 71 人,非在编 23 人。

二、业务运行情况

(一)**缴存**:2017 年,新开户单位 173 家,实缴单位 2951 家,净减单位 511 家;新开户职工 1.45 万人,实缴职工 20.89 万人,净减职工 3.89 万人;缴存额 45.39 亿元,同比增长 52.52%。2017 年末,缴存总额 268.22 亿元,同比增长 20.36%,缴存余额 117.7 亿元,同比增长 17.16%。

受委托办理住房公积金缴存业务的银行 6 家。

(二)**提取**:2017 年,提取额 28.14 亿元,同比增长 23.36%;占当年缴存额的 61.99%,比上年同期减少 14.65 个百分点。2017 年末,提取总额 150.52 亿元,同比增长 23%。

(三)**贷款**:个人住房贷款最高额度为 80 万元,其中,单缴存职工最高额度 40 万元,双缴存职工最高额度 80 万元。

2017 年,发放个人住房贷款 6296 笔 22.99 亿元,同比下降 25.41%、19.86%。其中,市中心发放个人住房贷款 2131 笔 7.99 亿元,沾益分中心发放个人住房贷款 355 笔 1.21 亿元,宣威分中心发放个人住房贷款 541 笔 1.71 亿元,会泽分中心发放个人住房贷款 1393 笔 5.5 亿元,马龙分中心发放个人住房贷款 326 笔 1.29 亿元,富源分中心发放个人住房贷款 413 笔 1.37 亿元,陆良分中心发放个人住房贷款 438 笔 1.25 亿元,师宗分中心发放个人住房贷款 226 笔 0.76 亿元,罗平分中心发放个人住房贷款 473 笔 1.91 亿元。

2017 年,回收个人住房贷款 12.83 亿元,其中,市中心 4.52 亿元,沾益分中心 0.63 亿元,宣威分中心 1.46 亿元,会泽分中心 2.1 亿元,马龙分中心 0.7 亿元,富源分中心 0.93 亿元,陆良分中心 0.83 亿元,师宗分中心 0.58 亿元,罗平分中心 1.08 亿元。

2017 年末,累计发放个人住房贷款 15.85 万笔 186.28 亿元,贷款余额 93.68 亿元,同比增长 4.13%、14.07%、12.16%。个人住房贷款余额占缴存余额的 79.59%,比上年减少 3.55 个百分点。

受委托办理住房公积金个人住房贷款业务的银行 6 家。

(四)**资金存储**:2017 年末,住房公积金存款 27.09 亿元。其中,活期 0.55 亿元,1 年以内定期(含)22.31 亿元,1 年以上定期 3.15 亿元,其他(协议、协定、通知存款等)1.08 亿元。

(五)**资金运用率**:2017 年末,住房公积金个人住房贷款余额占缴存余额的 79.59%,比上年减少 3.55 个百分点。

三、主要财务数据

(一)**业务收入**:2017 年,业务收入 40044.64 万元,同比增长 5.28%。其中,存款利息收入 11889.54 万元,委托贷款利息收入 28136.5 万元,其他收入 18.60 万元。

（二）业务支出：2017年，业务支出18619.53万元，同比下降15.6%。其中，住房公积金利息支出18570.03万元，其他支出49.5万元。

（三）增值收益：2017年，增值收益21425.11万元，同比增长34.13%；增值收益率1.94%。

（四）增值收益分配：2017年，提取贷款风险准备金1015.9万元，提取管理费用1579万元，提取城市廉租房（公共租赁住房）建设补充资金18830.21万元。

2017年，上交财政2016年度提取的管理费用1271.05万元。上缴财政2016年度提取的城市廉租房（公共租赁住房）建设补充资金12981.62万元。

2017年末，贷款风险准备金余额9970.18万元。累计提取城市廉租房（公共租赁住房）建设补充资金89972.4万元。

（五）管理费用支出：2017年，管理费用支出2295.86万元，同比增长11.41%。其中，人员经费1005.87万元，公用经费443.54万元，专项经费846.45万元。

市中心管理费用支出2133.34万元，其中，人员、公用、专项经费分别为1005.87万元、281.02万元、846.45万元；各县（市、区）分中心管理费用支出162.52万元，全部为公用经费。其中，沾益分中心14.26万元，宣威分中心13.03万元，会泽分中心37.88万元，马龙分中心23.54万元，富源分中心20.69万元，陆良分中心管22.58万元，师宗分中心10.71万元，罗平分中心19.83万元。

四、资产风险状况

个人住房贷款：2017年末，个人住房贷款逾期额676.48万元，逾期率0.72‰。其中，市中心1.3‰，沾益分中心0.38‰，宣威分中心0.87‰，会泽分中心0.41‰，马龙分中心0.1‰，富源分中心0.23‰，陆良分中心0.04‰，师宗分中心1.02‰。

个人贷款风险准备金按当年贷款净余额的1%提取。2017年，提取个人贷款风险准备金1015.9万。2017年末，个人贷款风险准备金余额9970.18万元，占个人住房贷款余额的1.06%，个人贷款逾期额与个人贷款风险准备金余额的比率为6.78%。

五、社会经济效益

（一）缴存业务：2017年，实缴单位数、实缴职工人数同比分别下降14.76%、15.69%，缴存额同比增长52.52%。

缴存单位中，国家机关和事业单位占62.15%，国有企业占9.35%，城镇集体企业占0.78%，外商投资企业占0.51%，城镇私营企业及其他城镇企业占4.71%，民办非企业单位和社会团体占13.49%，其他占9.01%。

缴存职工中，国家机关和事业单位占43.52%，国有企业占22.63%，城镇集体企业占0.44%，外商投资企业占0.87%，城镇私营企业及其他城镇企业占1.99%，民办非企业单位和社会团体占22.47%，其他占8.08%；中、低收入占99.95%，高收入占0.05%。

新开户职工中，国家机关和事业单位占24.04%，国有企业占30.64%，城镇集体企业占0.35%，外商投资企业占2.24%，城镇私营企业及其他城镇企业占5.7%，民办非企业单位和社会团体占12.07%，

其他占 24.96%；中、低收入占 99.68%，高收入占 0.32%。

（二）提取业务：2017 年，8.84 万名缴存职工提取住房公积金 28.14 亿元。

提取金额中，住房消费提取占 80.1%（购买、建造、翻建、大修自住住房占 33.29%，偿还购房贷款本息占 43.92%，租赁住房占 0.47%，其他占 2.42%）；非住房消费提取占 19.9%（离休和退休提取占 12.46%，完全丧失劳动能力并与单位终止劳动关系提取占 2.84%，户口迁出本市或出境定居占 0.42%，其他占 4.18%）。提取职工中，中、低收入占 94.17%，高收入占 5.83%。

（三）贷款业务

1. **个人住房贷款**：2017 年，支持职工购建房 103.08 万平方米，年末个人住房贷款市场占有率为 35.63%，比上年增加 1.63 个百分点。通过申请住房公积金个人住房贷款，可节约职工购房利息支出 37054 万元。

职工贷款笔数中，购房建筑面积 90（含）平方米以下占 6.69%，90～144（含）平方米占 56.4%，144 平方米以上占 36.91%；购买新房占 16.07%（其中无购买保障性住房），购买存量商品住房占 81.31%，建造、翻建、大修自住住房占 2.54%，其他占 0.08%。

职工贷款笔数中，单缴存职工申请贷款占 53.51%，双缴存职工申请贷款占 46.49%。

贷款职工中，30 岁（含）以下占 22.08%，30 岁～40 岁（含）占 42.12%，40 岁～50 岁（含）占 27.43%，50 岁以上占 8.37%；首次申请贷款占 76.56%，二次及以上申请贷款占 23.44%；中、低收入占 95.82%，高收入占 4.18%。

2. **异地贷款**：2017 年，发放异地贷款 216 笔 7381.70 万元。

2017 年末，发放异地贷款总额 26650.60 万元，异地贷款余额 22084.92 万元。

（四）**住房贡献率**：2017 年，个人住房贷款发放额、住房消费提取额的总和与当年缴存额的比率为 112.67%，比上年减少 45.33 个百分点。

六、其他重要事项

（一）当年缴存基数限额及确定方法、缴存比例调整情况：根据曲靖市统计局公布的 2016 年曲靖市在岗职工月平均工资基数 4439 元，核定 2017 年 1 月 1 日至 2017 年 12 月 31 日住房公积金月缴存基数上限为 13317 元和月缴存额上限为 3196 元。曲靖市个体工商户和农民工住房公积金缴存基数调整为 4439 元，缴存比例为 5%，月缴存额为 444 元。2017 年曲靖市住房公积金的缴存比例仍按不低于 5%、不高于 12% 的标准执行。

（二）当年住房公积金政策调整及执行情况：

1. **继续放宽贷款政策**。一是继续执行宽松的贷款政策。贷款职工缴存时限和提取后申请贷款间隔时限仍执行 3 个月；继续执行缴存双职工 80 万元、缴存单职工 40 万元的贷款上限额度；继续取消贷款住房面积限制，贷款额度统一按所购建房价值的 80% 测算；继续支持异地缴存住房公积金职工在本地购房贷款，继续支持曲靖缴存职工异地购房申请住房公积金贷款；继续取消第二次住房公积金贷款利率上浮 10% 的规定。二是开展个体工商户和农民工贷款业务。为解决个体工商户和农民工基本住房需求，自 2017 年 3 月起，个体工商户和农民工缴存住房公积金的，可以申请住房公积金贷款，其中，夫妻双方正常缴存的贷款额度上限 40 万元，一方正常参缴的，贷款额度上限 20 万元。三是开展住房按揭贷款试点。

为减轻职工负担,解决无抵押担保不能贷款的难题,开展了按揭贷款试点工作,得到了贷款职工的好评。

2. **继续扩大住房公积金使用范围**。一是继续支持职工住房装修提取住房公积金;二是继续支持无房职工提取本人及配偶的公积金支付住房租赁费用及职工每年提取本人公积金2000元支付物业管理费等;三是开展异地贷款提取住房公积金业务。为支持在曲靖缴存住房公积金到异地办理住房公积金贷款的职工提取住房公积金偿还贷款本息,根据住房城乡建设部《关于住房公积金异地个人住房贷款若干具体问题的通知》(建金〔2016〕230号),自2017年2月起,异地职工每年可以提取1次本人及配偶住房公积金用于偿还住房公积金贷款本金和利息。申请人夫妻双方当次提取金额不超过1年内偿还的贷款本息。

(三)当年服务改进及信息化建设情况:

1. **简化业务流程,提高服务效率**。一是公开办事指引、业务流程,推行当场告知、现场受理、现场审批。二是取消贷款、提取的证明、材料共计9项,包括工资证明、未婚证明、公安部门提供的父母与子女的关系证明、公积金冲还贷款提取公积金的单位证明、私营企业注销解散证明文件、解除劳动关系文件、网签购房合同复印件、首付款证明复印件、曲靖市住房公积金个人住房贷款申请表。三是缩短借款合同签订时间,合同部分填写内容由系统自动生成,提高了服务效率。

2. **进一步提升服务管理水平**。一是坚决整治"不作为、乱作为"。加大督查检查和问责力度,对部分窗口部门的业务办理、财务收支、制度落实等情况进行了专项稽核,发出纪律作风通报4期,专项稽核通报5期,对乱作为的干部职工分别进行了诫勉谈话、调整岗位、解除劳动合同等处理,收到了明显效果,有效纠正了"不想为""慢作为"问题,行业风气明显好转。二是加强社会监督。建立和完善网络、电话、信箱等多渠道举报制度,及时受理群众举报案件,做到有报必查、件件有落实、事事有回音。三是广泛开展"3.29"住房公积金宣传日活动,组织志愿者宣传队67人次,深入20余个社区、企业、学校、医院等,发放宣传册2356份,问卷调查513份,现场解答政策咨询521次,受益群众达9989人,住房公积金政策更加深入人心。四是把"狠抓落实年"、"基层党建提升年"要求落实在每位党员干部职工的具体行动中,开展各具特色的"微笑服务",从我做起、从小事做起,转作风、提效率、优质量,打造了"便民、利民、亲民"服务窗口。

3. **推进信息系统建设**。一是建成集12329热线、短信、微信、手机APP、网上业务大厅等八大便民利民功能为一体的住房公积金综合服务平台,被关注、访问、咨询达50万人次,短信发送量超过1000万条,服务更加高效便捷,管理更加规范透明。二是在建成公积金实时结算支付系统,实现资金直接划转到个人银行卡,减少了中间环节,方便了职工。三是顺利接入全国住房公积金异地转移接续平台,住房公积金实现"账随人走、钱随账走",管理更加规范、高效。四是按照住房城乡建设部要求,完成了住房公积金基础数据和实时结算应用系统的"双贯标"任务,推行了标准化管理,为实现全国住房公积金互联互通奠定了基础。五是在全市范围内推广应用住房公积金电子档案审批系统,进一步规范了业务办理流程,提高了档案管理效率。

(四)**其他需要披露的情况**:2017年,曲靖市住房公积金管理中心严格按照中央、省、市的工作部署,落实全面从严治党要求,扎实推进党风廉政建设各项工作。

1. **落实责任**。将党风廉政建设工作与业务工作同部署、同检查、同落实、同考核,层层签订并落实《党风廉政建设责任书》,用责任抓落实,以实效促发展。

2. **筑牢思想防线**。认真学习习近平总书记系列讲话精神，学习"两准则两条例"，广泛开展廉政谈话、警示教育和专题讲座，干部职工爱岗敬业、廉洁奉公的意识得到加强。

3. **扎紧制度笼子**。全面开展风险评估，查缺补漏，制定了《曲靖市住房公积金贷款、提取操作规范》《曲靖市住房公积金业务档案管理办法》《曲靖市住房公积金业务管理责任追究办法》，明确岗位职责，实行"谁审批谁负责、终身责任追究"。

4. **开展风险大排查、问题大整改**。在全系统开展"风险大排查、问题大整改"，深入查找出在做合格党员合格干部方面、工作纪律执行方面、经费及后勤管理方面、业务及信息化管理等方面的问题38个，实行即查即改。已整改36个，整改率94.7%。

七、2018年工作重点

（一）**以深入学习贯彻党的十九大精神为契机，切实加强党的建设**：一是进一步加强学习党的十九大精神，学习习近平总书记新时代中国特色社会主义思想，贯彻落实市委五届四次会议精神，提升新时代引领住房公积金事业发展能力和水平。二是认真贯彻十九届中纪委二次全会精神，坚持从严治党再出发，坚持党要管党全面从严治党，认真落实党风廉政建设责任，坚持将党风廉政建设和反腐败工作与业务工作同研究、同部署、同检查、同落实，采取管用措施筑牢党风廉政建设思想、制度、科技防线，以党建和党风廉政建设助推住房公积金事业。三是全面加强干部队伍的政治建设、思想建设、组织建设、作风建设、纪律建设，努力打造一支政治强、懂专业、善管理、敢担当、作风正的干部队伍。

（二）**以优化政策为抓手，充分发挥住房公积金的保障惠民作用**：一是继续推进符合条件的个体工商户、农民工建立住房公积金制度，积极落实国务院推动1亿非户籍人口在城市落户方案的通知精神，扩大住房公积金政策覆盖面；二是认真落实党的十九大关于"房子是用来住的不是用来炒的"政策定位，推行按揭贷款，及时调整贷款政策，加大住房公积金使用向刚需、改善性需求群体倾斜，严禁向第三套及以上住房发放贷款；三是加大对租房提取的支持力度，支持推动房地产市场建立多主体供给、多渠道保障、租购并举的住房制度落实。

（三）**以继续深入开展风险大排查问题大整改工作为手段，防范和化解风险**：把防范和化解住房公积金管理风险作为重要任务，坚持"贷前严审，贷中规范，贷后跟进"，提高初审复核、动态监测、实时预警能力，加大骗提骗贷的打击力度和逾期贷款的催收力度，严格落实内部牵制制度，扎实开展风险大排查问题大整改，严防死守，把各种业务资金风险处置在萌芽状态，确保资金运行安全、有序、高效。

（四）**以信息化建设为引领，进一步提升服务水平**：一是完善集12329热线、微信、手机APP、网上业务大厅等八大功能于一体的综合服务平台，拓展服务渠道，让缴存人"多走网路、少走马路"，提升管理服务的便捷性、时效性、安全性。二是积极推进公积金数据共享平台建设，逐步与相关部门实现数据互联互通，资源共享。三是按公安部、国家保密局要求，完成信息安全等级保护三级测评和门户网站改版升级工作。四是按照住房城乡建设部贯彻住房公积金基础数据标准、接入住房公积金结算应用系统要求，继续优化完善信息系统。

（五）**以提升效能为目标，进一步改善工作作风**：一是加强培训，提高人员素质。采取多种方式，继续加大业务培训力度，不断提升干部队伍的履职能力和团队精神。二是完善制度，加强管理创新。完善住房公积金管理与业务发展相适应的制度机制，健全内部控制制度，完善各项业务流程、工作标准、风险控制和监管措施,推动住房公积金精细化管理向深层次发展。三是强化稽核,促进履职尽责。坚持定期不定期稽查和周五自检自查相结合,明察和暗访相结合,严格绩效考核,加大问责力度,坚决整治"不作为、乱作为"。四是规范管理,切实改善服务。规范服务行为,严格执行首问责任制、一次性告知制,积极推行"一站式""一条龙"服务,继续深入开展"三亮三比三评"和"微笑服务"。

玉溪市住房公积金2017年年度报告

一、机构概况

(一)住房公积金管理委员会:住房公积金管理委员会有24名委员,2017年召开两次会议,审议通过的事项主要包括:《关于修改和完善住房公积金政策的规定》、《关于农行玉溪市分行开办住房公积金的建议报告》、《关于申请使用中国银行玉溪市分行流动资金贷款的报告》、《关于富滇银行玉溪分行开办住房公积金业务的建议报告(审议稿)》。

(二)住房公积金管理中心:住房公积金管理中心为玉溪市人民政府不以营利为目的的财政全额拨款事业单位,设8个处(科),8个管理部,0个分中心。从业人员93人,其中,在编68人,非在编25人。

二、业务运行情况

(一)缴存:2017年,新开户单位371家,实缴单位3317家,净增单位226家;新开户职工1.46万人,实缴职工12.77万人,净增职工0.46万人;缴存额26.68亿元,同比增长20.14%。2017年末,缴存总额188.37亿元,同比增长16.51%;缴存余额68.91亿元,同比增长16.78%。

受委托办理住房公积金缴存业务的银行7家,比上年增加0家。

(二)提取:2017年,提取额16.77亿元,同比增长13.24%;占当年缴存额的62.86%,比上年减少3.84个百分点。2017年末,提取总额119.46亿元,同比增长16.34%。

(三)贷款:

1. **个人住房贷款**:个人住房贷款最高额度100万元,其中,单缴存职工最高额度100万元,双缴存职工最高额度100万元。

2017年,发放个人住房贷款0.51万笔20.72亿元,同比分别下降7.27%、6%。其中,市中心发放个人住房贷款0.51万笔20.72亿元。

2017年,回收个人住房贷款7.84亿元。其中,市中心7.84亿元。

2017年末,累计发放个人住房贷款6.71万笔122.83亿元,贷款余额67.65亿元,同比分别增长8.23%、20.29%、23.49%。个人住房贷款余额占缴存余额的98.18%,比上年增加5.34个百分点。

受委托办理住房公积金个人住房贷款业务的银行6家,比上年变化0家。

2. **住房公积金支持保障性住房建设项目贷款**:2017年,发放支持保障性住房建设项目贷款0亿元,回收项目贷款 0.46 亿元。2017 年末，累计发放项目贷款 3 亿元，项目贷款余额 2.01 亿元。

（四）融资：2017 年，融资 1.55 亿元，归还 3.05 亿元。2017 年末，融资总额 4.55 亿元，融资余额 1.50 亿元。

（五）资金存储：2017 年末，住房公积金存款 2.24 亿元。其中，活期 0.08 亿元，1 年（含）以下定期 0 亿元，1 年以上定期 0.30 亿元，其他（协定、通知存款等）1.86 亿元。

（六）资金运用率：2017 年末，住房公积金个人住房贷款余额、项目贷款余额和购买国债余额的总和占缴存余额的 101.09%，比上年增加 4.07 个百分点。

三、主要财务数据

（一）业务收入：2017 年，业务收入 22047.60 万元，同比增长 19.32%。存款利息 1308.12 万元，委托贷款利息 20738.91 万元，国债利息 0 万元，其他 0.57 万元。

（二）业务支出：2017 年，业务支出 11553.69 万元，同比增长 10.77%。支付职工住房公积金利息 10755.05 万元，归集手续费 -26.22 万元，委托贷款手续费 792.26 万元，其他 32.60 万元。

（三）增值收益：2017 年，增值收益 10493.91 万元，同比增长 30.41%。增值收益率 1.63%，比上年增加 0.17 个百分点。

（四）增值收益分配：2017 年，提取贷款风险准备金 1287.49 万元，提取管理费用 3148.17 万元，提取城市廉租住房（公共租赁住房）建设补充资金 6058.25 万元。

2017 年，上交财政管理费用 0 万元。上缴财政城市廉租住房（公共租赁住房）建设补充资金 0 万元。

2017 年末，贷款风险准备金余额 15314.74 万元。累计提取城市廉租住房（公共租赁住房）建设补充资金 36200.24 万元。

（五）管理费用支出：2017 年，管理费用支出 2310.36 万元，同比增长 49%。其中，人员经费 1172.9 万元，公用经费 92.61 万元，专项经费 1044.85 万元。

市中心管理费用支出 1397.03 万元，其中，人员、公用、专项经费分别为 439.12 万元、33.1 万元、924.81 万元。

四、资产风险状况

（一）个人住房贷款：2017 年末，个人住房贷款逾期额 2.87 万元，逾期率 0.004%。

个人贷款风险准备金按（贷款余额或增值收益）的 1% 提取。2017 年，提取个人贷款风险准备金 1287.49 万元，使用个人贷款风险准备金核销呆坏账 0 万元。2017 年末，个人贷款风险准备金余额 14116.74 万元，占个人住房贷款余额的 2.09%，个人住房贷款逾期额与个人贷款风险准备金余额的比率为 0.02%。

（二）支持保障性住房建设试点项目贷款：2017 年，提取项目贷款风险准备金 0 万元，使用项目贷款风险准备金核销呆坏账 0 万元，项目贷款风险准备金余额 1198 万元，占项目贷款余额的 5.96%，项目贷款逾期额与项目贷款风险准备金余额的比率为 0%。

五、社会经济效益

（一）缴存业务：2017 年，实缴单位数、实缴职工人数和缴存额同比分别增长 7.31%、3.74%

和 20.14%。

缴存单位中，国家机关和事业单位占 60.78%，国有企业占 9.62%，城镇集体企业占 2.35%，外商投资企业占 0.3%，城镇私营企业及其他城镇企业占 24.35%，民办非企业单位和社会团体占 0.87%，其他占 1.69%。

缴存职工中，国家机关和事业单位占 57.74%，国有企业占 21.6%，城镇集体企业占 2.57%，外商投资企业占 1%，城镇私营企业及其他城镇企业占 16.57%，民办非企业单位和社会团体占 0.24%，其他占 0.27%；中、低收入占 96.95%，高收入占 3.05%。

新开户职工中，国家机关和事业单位占 65.85%，国有企业占 8.25%，城镇集体企业占 0.64%，外商投资企业占 1.19%，城镇私营企业及其他城镇企业占 22.7%，民办非企业单位和社会团体占 0.76%，其他占 0.6%；中、低收入占 99.53%，高收入占 0.47%。

（二）提取业务：2017 年，8.39 万名缴存职工提取住房公积金 16.77 亿元。

提取金额中，住房消费提取占 82.28%（购买、建造、翻建、大修自住住房占 38.92%，偿还购房贷款本息占 38.46%，租赁住房占 0.15%，其他占 4.75%）；非住房消费提取占 17.72%（离休和退休提取占 13.66%，完全丧失劳动能力并与单位终止劳动关系提取占 2.85%，户口迁出本市或出境定居占 0.45%，其他占 0.76%）。

提取职工中，中、低收入占 99.25%，高收入占 0.75%。

（三）贷款业务：

1. 个人住房贷款：2017 年，支持职工购建房 81.17 万平方米，年末个人住房贷款市场占有率为 45.13%，比上年增加 3.95 个百分点。通过申请住房公积金个人住房贷款，可节约职工购房利息支出 59175.04 万元。

职工贷款笔数中，购房建筑面积 90（含）平方米以下占 10.80%，90～144（含）平方米占 51.76%，144 平方米以上占 37.44%。购买新房占 54%（其中购买保障性住房占 0%），购买存量商品住房占 43.22%，建造、翻建、大修自住住房占 2.78%，其他占 0%。

职工贷款笔数中，单缴存职工申请贷款占 19.10%，双缴存职工申请贷款占 80.18%，三人及以上缴存职工共同申请贷款占 0.72%。

贷款职工中，30 岁（含）以下占 25.38%，30 岁～40 岁（含）占 35.57%，40 岁～50 岁（含）占 29.73%，50 岁以上占 9.32%；首次申请贷款占 80.32%，二次及以上申请贷款占 19.68%；中、低收入占 96.71%，高收入占 3.29%。

2. 异地贷款：2017 年，发放异地贷款 183 笔 5875.20 万元。2017 年末，发放异地贷款总额 7690.20 万元，异地贷款余额 7423.80 万元。

3. 支持保障性住房建设试点项目贷款：2017 年末，累计试点项目 1 个，贷款额度 3 亿元，建筑面积 24.45 万平方米，可解决 2840 户中低收入职工家庭的住房问题。0 个试点项目贷款资金已发放并还清贷款本息。

（四）住房贡献率：2017 年，个人住房贷款发放额、公转商贴息贷款发放额、项目贷款发放额、住房消费提取额的总和与当年缴存额的比率为 140.52%，比上年减少 25.42 个百分点。

六、其他重要事项

（一）当年机构及职能调整情况、受委托办理缴存贷款业务金融机构变更情况：机构及职能未进行调整；经管委会审议，同意新增农行玉溪市分行、富滇银行玉溪分行两家银行办理缴存贷款业务。

（二）当年住房公积金政策调整及执行情况：

1.2017年1月13日玉溪市住房公积金管理委员会发文《玉溪市住房公积金管理委员会关于调整住房公积金个人贷款政策的通知》（玉市管发〔2017〕1号），对全市公积金政策进行调整。一是将"单职工住房公积金个人住房贷款最高额度从35万元提高到50万元，夫妻（家庭户）住房公积金个人住房贷款最高额度从50万元提高到100万元，正常缴存公积金的父母和子女双方共同购买住房的可以按照人均50万元累计计算贷款额度"的规定调整为"夫妻（家庭户）购买住房，住房公积金个人贷款最高额度为100万元；单职工住房公积金个人贷款最高额度为50万元"；二是将"公积金个人住房贷款期限最长为30年，根据借款人意愿，贷款偿还期限可延长至借款人法定退休年龄后最长不超过20年"的规定调整为"公积金个人住房贷款期限最长为30年，贷款偿还期限可延长至借款人法定退休年龄后5年"；三是将"购买库存商品房，放宽住房公积金贷款次数限制，公积金贷款总额度控制人均50万元以内。在此贷款额度内，再次购房可再次申请贷款，贷款额小于（或等于）贷款总额减去贷款余额"的规定调整为"已经有一笔住房公积金贷款的，再次申请住房公积金贷款必须结清该笔住房公积金贷款后方可申请"；四是当住房公积金存贷比达到85%，暂停办理商业住房贷款置换住房公积金贷款。

2.玉溪市住房公积金管理中心按照《住房公积金管理条例》的规定，2017年6月进行年度审批企业及非财政供养事业单位的公积金缴存基数，2017年7月进行审批国家机关及财政供养事业单位缴存基数，7月执行新的缴存基数，执行时间为2017年7月至2018年6月。住房公积金工资基数的上限不得超过玉溪市统计部门公布的上年度在岗职工月平均工资的3倍为14628元，下限为现行劳动保障部门公布的最低工资标准，即红塔区不低于1400元，其他县区不低于1180元；企业和非财政全额供养事业单位缴存比例为5%～12%，国家机关及财政供养事业单位以所在县域报经省住房城乡建设厅、财政厅批准的缴存比例12%执行。

3.个人住房公积金账户存款利率按一年期定期存款基准利率执行，即1.5%；五年期以下（含五年）个人住房公积金贷款利率执行2.75%；五年以上个人住房公积金贷款利率执行3.25%；试点项目贷款利率3.575%。

（三）当年服务改进情况：

1.一是不断优化审批流程、减少审批时限，方便缴存职工办理业务；二是组织服务礼仪培训，增强窗口人员服务沟通技巧，提高服务效率和质量；三是借助玉溪日报、中心网站等媒介及走进"民情之声"节目直播室，及时同群众交流沟通，接受社会各界监督。缴存职工可通过营业大厅、玉溪政务信息公开网、玉溪公积金网站、玉溪市政府微信平台、全国住房公积金热线12329、云南省政务查询专项96128、玉溪住房公积金查询专线8889123和短信推送等渠道及时了解我市住房公积金政策和工作动态信息，实现公积金管理运行的公开、透明、规范、高效。

2.继续发挥原来建设的电话查询、网站查询界面、微信数据查询等渠道作用，借助联通公司的平台按月向缴存职工发送缴存短信，实时推送公积金提取及贷款资金到账短信。

(四)当年信息化建设情况：

1. 按照住房城乡建设部《关于贯彻落实住房公积金基础数据标准的通知》、《住房公积金银行结算数据应用系统与公积金中心接口标准》文件要求，玉溪市住房公积金管理中心自2016年正式启动"双贯标"工作，通过认真研究、精心组织、周密部署、循序渐进、各级联动，于2017年4月14日通过省级专家组初验，12月13日通过住房城乡建设部验收，实现归集、提取、贷款、财务直连收付全面上线，资金秒级到账。

2. 加强网络安全建设和防范，确保了公积金业务数据的安全，采用公开招标方式进行数据灾备软硬件采购，通过部署必要的网络防火墙设备，进行终端设备和服务器设备间的业务隔离。

保山市住房公积金2017年年度报告

一、机构概况

（一）住房公积金管理委员会：保山市住房公积金管理委员会有28名委员，2017年召开了4次会议，审议通过的重要事项主要包括：保山市住房公积金2016年年度报告；保山市住房公积金管理中心2016年工作总结暨2017年工作意见的报告；保山市住房公积金管理中心2016年财务收支情况；保山市住房公积金管理中心2017年度住房公积金财务收支及管理费用预算；保山市2017年度住房公积金缴存工资基数实行限高保底有关事项；保山市住房公积金管理中心向受委托银行申请使用流动资金贷款；保山市调整住房公积金贷款提取使用政策。

（二）住房公积金管理中心：保山市住房公积金管理中心（以下简称中心）为直属保山市人民政府公益二类经费自理事业单位，主要负责全市住房公积金的归集、管理、使用和会计核算。设办公室、稽核执法科、计划财务科、信息技术科、贷款管理科5个科室，下设隆阳、腾冲、昌宁县、龙陵县、施甸县5个管理部。从业人员69人，其中，在编27人，非在编42人。

二、业务运行情况

（一）缴存：2017年，新开户单位533家，实缴单位2097家，净增单位475家；新开户职工1.81万人，实缴职工10.43万人，净增职工1.37万人；缴存额17.01亿元，同比增长16.53%。2017年末，缴存总额93.66亿元，同比增长22.20%；缴存余额57.39亿元，同比增长14.79%。

受委托办理住房公积金缴存业务的银行7家，比上年增1家。

（二）提取：2017年，提取额9.62亿元，同比增长30.46%；占当年缴存额的56.53%，比上年增加6.04个百分点。2017年末，提取总额36.27亿元，同比增长36.08%。

（三）贷款：

个人住房贷款：个人住房贷款最高额度60万元，其中，单缴存职工最高额度40万元，双缴存职工最

高额度 60 万元。

2017 年，发放个人住房贷款 5169 笔 23.13 亿元，同比分别增长 29.58%、37.84%。

2017 年，回收个人住房贷款 6.38 亿元。

2017 年末，累计发放个人住房贷款 43343 笔 93.23 亿元，贷款余额 62.07 亿元，同比分别增长 13.54%、33.00%、36.95%。个人住房贷款余额占缴存余额的 108.15%，比上年增加 17.5 个百分点。

受委托办理住房公积金个人住房贷款业务的银行 5 家，比上年无增减。

(四) **融资**：2017 年，融资 5.5 亿元，尚未归还。2017 年末，融资总额 5.5 亿元，融资余额 5.5 亿元。

(五) **资金存储**：2017 年末，住房公积金存款 2.33 亿元。其中，活期 0.01 亿元，其他（协定、通知存款等）2.32 亿元。

(六) **资金运用率**：2017 年末，住房公积金个人住房贷款余额（无项目贷款余额和购买国债余额）占缴存余额的 108.15%，比上年增加 17.5 个百分点。

三、主要财务数据

(一) **业务收入**：2017 年，业务收入 20592.71 万元，同比增长 9.96%。其中：存款利息 3481.49 万元（其中：增值收益利息收入 506.69 万元），委托贷款利息 17111.22 万元。

(二) **业务支出**：2017 年，业务支出 9472.61 万元，同比增长 17.93%；支付职工住房公积金利息 8932.35 万元，委托贷款手续费 540.26 万元。

(三) **增值收益**：2017 年，增值收益 11120.10 万元，同比增长 3.97%；增值收益率 2.07%，比上年减少 0.01 个百分点。

(四) **增值收益分配**：2017 年，提取贷款风险准备金 1674.70 万元，提取管理费用 3336.03 万元，提取城市廉租住房（公共租赁住房）建设补充资金 6109.37 万元。

2017 年，上交财政管理费用 3208.58 万元。上缴财政城市廉租住房（公共租赁住房）建设补充资金 6303.89 万元。

2017 年末，贷款风险准备金余额 6905.87 万元。累计提取城市廉租住房（公共租赁住房）建设补充资金 23434.66 万元。

(五) **管理费用支出**：2017 年，管理费用支出 1574.99 万元，同比增长 20.03%。其中，人员经费 1029.43 万元，公用经费 358.03 万元，专项经费 187.53 万元。

四、资产风险状况

个人住房贷款：2017 年末，个人住房贷款逾期额 6 万元，逾期率 0.01‰。

个人贷款风险准备金按新增贷款余额的 1% 提取。2017 年，提取个人贷款风险准备金 1674.70 万元，全年未使用个人贷款风险准备金核销呆坏账。2017 年末，个人贷款风险准备金余额 6905.87 万元，占个人住房贷款余额的 1.11%，个人住房贷款逾期额与个人贷款风险准备金余额的比率为 0.09‰。

五、社会经济效益

(一) **缴存业务**：2017 年，实缴单位数 2097 个、实缴职工人数 104272 人和缴存额 170127.49 万元，同比分别增长 29.28%、15.07% 和 16.53%。

缴存单位中，国家机关和事业单位占 69.00%，国有企业占 14.40%，城镇集体企业占 0.86%，外商投资企业占 0.67%，城镇私营企业及其他城镇企业占 10.87%，民办非企业单位和社会团体占 3.39%，个体工商户和自由职业者占 0.52%，其他占 0.29%。

缴存职工中，国家机关和事业单位占 69.67%，国有企业占 18.85%，城镇集体企业占 1.04%，外商投资企业占 1.18%，城镇私营企业及其他城镇企业占 8.34%，民办非企业单位和社会团体占 0.45%，个体工商户和自由职业者占 0.42%，其他占 0.05%；中、低收入占 97.64%，高收入占 2.36%。

新开户职工中，国家机关和事业单位占 65.45%，国有企业占 14.26%，城镇集体企业占 0.27%，外商投资企业占 1.40%，城镇私营企业及其他城镇企业占 16.29%，民办非企业单位和社会团体占 0.57%，个体工商户和自由职业者占 1.61%，其他占 0.15%；中、低收入占 99.95%，高收入占 0.05%。

（二）提取业务：2017 年，3.67 万名缴存职工提取住房公积金 9.62 亿元。

提取金额中，住房消费提取占 81.54%（购买、建造、翻建、大修自住住房占 17.57%，偿还购房贷款本息占 60.50%，租赁住房占 0.97%，支付物业管理费占 0.98%，其他占 1.52%）；非住房消费提取占 18.46%（离休和退休提取占 13.38%，完全丧失劳动能力并与单位终止劳动关系提取占 3.41%，户口迁出本市或出境定居占 0.82%，死亡或宣告死亡占 0.85%）。

提取职工中，中、低收入占 99.17%，高收入占 0.83%。

（三）贷款业务：

1. **个人住房贷款**：2017 年，支持职工购建房 97.39 万平方米，年末个人住房贷款市场占有率为 77.70%，比上年增加 2.61 个百分点。通过申请住房公积金个人住房贷款，可节约职工购房利息支出 51897.71 万元。

职工贷款笔数中，购房建筑面积 90（含）平方米以下占 2.71%，90～144（含）平方米占 42.99%，144 平方米以上占 54.30%。购买新房占 77.60%，购买存量商品住房占 22.38%，建造、翻建、大修自住住房占 0.02%。

职工贷款笔数中，单缴存职工申请贷款占 16.17%，双缴存职工申请贷款占 77.73%，三人及以上缴存职工共同申请贷款占 6.10%。

贷款职工中，30 岁（含）以下占 31.24%，30 岁～40 岁（含）占 38.07%，40 岁～50 岁（含）占 25.52%，50 岁以上占 5.17%；首次申请贷款占 43.43%，二次及以上申请贷款占 56.57%；中、低收入占 98.84%，高收入占 1.16%。

2. **异地贷款**：2017 年，发放异地贷款 71 笔 2489.90 万元。2017 年末，发放异地贷款总额 4617.70 万元，异地贷款余额 4393.84 万元。

（四）住房贡献率：2017 年，个人住房贷款发放额、住房消费提取额的总和与当年缴存额的比率为 182.05%，比上年增加 26.89 个百分点。

六、其他重要事项

（一）当年机构及职能调整情况、受委托办理缴存贷款业务金融机构变更情况：

1. **当年机构及职能调整情况**：2017 年 8 月，《中共保山市委机构编制办公室关于对〈保山市住房公积金管理中心关于要求增加领导职数的请示〉的批复》保山市住房公积金管理中心为直属市人民政府公益二类经费自理事业单位,增加中心副主任领导职数一名。

2. **受委托办理缴存贷款业务金融机构变更情况**:2017年,受委托办理住房公积金缴存业务的银行7家,分别是中国工商银行、建设银行、农业银行、中国银行、云南农村信用合作联社、富滇银行、上海浦东发展银行;受委托办理住房公积金个人住房贷款业务的银行5家,分别是中国工商银行、建设银行、农业银行、中国银行、云南农村信用合作联社。

(二)**当年住房公积金政策调整及执行情况**:单位和职工当年住房公积金的月缴存基数为职工上年度月平均工资,本市行政、事业单位及企业最高月缴存基数不得超过市统计部门公布的上年度在岗职工月平均工资的3倍13296.00元,中央、省属驻我市行政、事业单位及企业最高月缴存工资基数可参照昆明市标准17094.00元执行,最低月缴存基数统一按不低于本市上年度城镇在岗职工养老保险月最低缴费基数2751.00元执行。我市住房公积金缴存比例为12%;符合条件的企业经批准可适当降低缴存比例,最低为5%。

(三)**当年服务改进情况**:2017年保山中心为进一步提升住房公积金窗口服务水平,积极推进"互联网+住房公积金"的探索研究。

1. **加快综合服务平台建设**。中心于6月完成了综合服务平台建设工作,实现统一管控门户网站、网上办事大厅、自助查询终端、12329热线、短信平台、微信、微博、手机APP八大服务渠道。平台依托全国住房公积金银行结算系统,为在线业务提供7×24h结算支持,实现了职工提取住房公积金支付物业管理费业务和单位90%正常缴存业务的在线自助办结,同时引入专业的客服坐席,为公众提供更加高效、准确的咨询服务。2017年中心通过网站、微信、手机APP发布信息289条,发送手机短信114万条,接听(含自助)12329热线电话11220次,网站访问点击145万人次,实现网上互动交流2017人次,网上自助办理缴存业务20734笔、提取业务6039笔。

综合服务平台的建设,进一步深化了"放管服"改革工作,基本实现职工办理业务"最多跑一次"和部分业务"一次不跑"办结。

2. **积极探索"互联网+住房公积金"增值服务**。10月,中心与浦发银行合作,在全省率先推出了面向住房公积金缴存人的"公积金点贷"消费贷款产品,该普惠金融产品的推出延伸了住房公积金信息数据利用,更好地满足缴存职工的不同消费需求,社会反映良好。

(四)**当年信息化建设情况**:

1. **接入全国个人征信系统**。为进一步推进社会信用体系建设,中心向人民银行申请接入个人征信系统,12月11日,中心通过了人民银行的贷款征信测试,中国人民银行昆明市中心支行批准以直连方式接入云南省金融城域网,接入工作已经通过了人民银行的验收并开始实施。

2. **持续优化核心业务系统**。被住房城乡建设部列为全国住房公积金异地转移接续平台14家试点中心后,持续优化业务系统,开展业务操作培训,积极配合上线测试工作,并于3月27日顺利完成首批试点接入工作。

3. **加强信息安全建设**。购买防火墙、病毒库序列号对设备软件进行定期升级,对原厂维保服务到期的设备及时进行续保;进一步加强数据传输安全管理,购买SSL数字证书置于网上办事大厅、微信公众号端,使用加密的协议传输数据,保证数据在传输过程中的安全性和保密性。

昭通市住房公积金 2017 年年度报告

一、机构概况

（一）住房公积金管理委员会：住房公积金管理委员会有 25 名委员，2017 年召开 1 次会议，主要通过的议案包括：更换、选举了管委会主任 1 名、副主任 2 名，改选减少了委员 4 名（含主任、副主任）；审议并通过了《昭通市住房公积金管理委员会三届二次全会主任委员、副主任委员、委员改选办法》、《昭通市住房公积金管理委员会三届二次全会表决办法》、《昭通市住房公积金管理中心 2016 年工作报告》、《昭通市住房公积金管理中心 2016 年度住房公积金归集使用执行情况及管理费用决算、增值收益分配报告》、《昭通市住房公积金管理中心 2017 年度住房公积金归集、使用计划和增值收益及管理费用预算报告》，签订了《昭通市住房公积金管理中心 2017 年工作目标责任书》。

（二）住房公积金管理中心：住房公积金管理中心为直属于昭通市政府不以营利为目的的公益一类事业单位，设 10 个处（科），0 个管理部，12 个分中心。从业人员 154 人，其中，在编 110 人，非在编 44 人。

二、业务运行情况

（一）缴存：2017 年，新开户单位 152 家，实缴单位 2439 家，净增单位 21 家；新开户职工 0.89 万人，实缴职工 14.69 万人，净增职工 0.33 万人；缴存额 28.38 亿元，同比增长 33.18％。2017 年末，缴存总额 164.87 亿元，同比增长 20.79％；缴存余额 96.24 亿元，同比增长 12.68％。

受委托办理住房公积金缴存业务的银行 6 家，比上年增加（减少）0 家。

（二）提取：2017 年，提取额 17.56 亿元，同比增长 16.83％；占当年缴存额的 61.87％，比上年减少 8.66 个百分点。2017 年末，提取总额 68.64 亿元，同比增长 34.38％。

（三）贷款：

个人住房贷款：个人住房贷款最高额度 50 万元，其中，单缴存职工最高额度 40 万元，双缴存职工最高额度 50 万元。

2017 年，发放个人住房贷款 1.33 万笔 34.82 亿元，同比分别增长 52.62％、85.81％。其中，市直分中心发放个人住房贷款 0.27 万笔 8.15 亿元，昭阳区分中心发放个人住房贷款 0.21 万笔 5.94 亿元，鲁甸分中心发放个人住房贷款 0.09 万笔 2.11 亿元，巧家分中心发放个人住房贷款 0.11 万笔 3.01 亿元，镇雄分中心发放个人住房贷款 0.15 万笔 3.80 亿元，彝良分中心发放个人住房贷款 0.07 万笔 1.71 亿元，威信分中心发放个人住房贷款 0.08 万笔 2.00 亿元，盐津分中心发放个人住房贷款 0.06 万笔 1.40 亿元，大关分中心发放个人住房贷款 0.07 万笔 1.52 亿元，永善分中心发放个人住房贷款 0.09 万笔 2.03 亿元，绥江分中心发放个人住房贷款 0.08 万笔 2.10 亿元，水富分中心发放个人住房贷款 0.05 万笔 1.05 亿元。

2017 年，回收个人住房贷款 11.79 亿元。其中，市直分中心 2.22 亿元，昭阳区分中心 1.46 亿元，鲁甸分中心 0.68 亿元，巧家分中心 0.83 亿元，镇雄分中心 1.65 亿元，彝良分中心 0.82 亿元，威信分中心 0.71 亿元，盐津分中心 0.71 亿元，大关分中心 0.71 亿元，永善分中心 0.81 亿元，绥江分中心 0.67

亿元，水富分中心 0.52 亿元。

2017 年末，累计发放个人住房贷款 7.30 万笔 129.76 亿元，贷款余额 75.45 亿元，同比分别增长 22.27%、36.67%、43.93%。个人住房贷款余额占缴存余额的 78.40%，比上年增加 17.02 个百分点。

受委托办理住房公积金个人住房贷款业务的银行 5 家，比上年增加（减少）0 家。

(四) 资金存储：2017 年末，住房公积金存款 22.42 亿元。其中，活期 1.66 亿元，1 年（含）以下定期 5.59 亿元，1 年以上定期 15.17 亿元，其他（协定、通知存款等）0 亿元。

(五) 资金运用率：2017 年末，住房公积金个人住房贷款余额、项目贷款余额和购买国债余额的总和占缴存余额的 78.40%，比上年增加 17.02 个百分点。

三、主要财务数据

(一) 业务收入：2017 年，业务收入 29423.19 万元，同比下降 0.48%。其中，存款利息 9265.98 万元，委托贷款利息 20157.21 万元，国债利息 0 万元，其他 0 万元。

(二) 业务支出：2017 年，业务支出 14337.11 万元，同比增长 6.39%。其中，支付职工住房公积金利息 13732.39 万元，归集手续费 0 万元，委托贷款手续费 604.72 万元，其他 0 万元。

(三) 增值收益：2017 年，增值收益 15086.08 万元，同比下降 6.23%。其中，增值收益率 1.57%，比上年减少 0.22 个百分点。

(四) 增值收益分配：2017 年，计划提取贷款风险准备金 2302.77 万元，计划提取管理费用 5370.77 万元，计划提取城市廉租住房（公共租赁住房）建设补充资金 7523.87 万元。

2017 年，上交财政管理费用 5370.77 万元。上缴财政城市廉租住房（公共租赁住房）建设补充资金 15573.17 万元。

2017 年末，贷款风险准备金余额 18183.40 万元。累计提取城市廉租住房（公共租赁住房）建设补充资金 37785.25 万元。

(五) 管理费用支出：2017 年，管理费用支出 5264.81 万元，同比增长 6.39%。其中，人员经费 3368.05 万元，公用经费 711.49 万元，专项经费 1185.27 万元。

四、资产风险状况

个人住房贷款：2017 年末，个人住房贷款逾期额 25.00 万元，逾期率 0.033‰。其中，鲁甸县分中心贷款逾期额 24.00 万元，逾期率 0.032‰，巧家县分中心贷款逾期额 1.00 万元，逾期率 0.001‰。

个人贷款风险准备金按新增贷款余额的 1% 提取。2017 年，计划提取个人贷款风险准备金 2302.77 万元，使用个人贷款风险准备金核销呆坏账 0 万元。2017 年末，个人贷款风险准备金余额 18183.40 万元，占个人住房贷款余额的 2.41%，个人住房贷款逾期额与个人贷款风险准备金余额的比率为 0.14%。

五、社会经济效益

(一) 缴存业务：2017 年，实缴单位数、实缴职工人数和缴存额同比分别增长 8.68%、2.36% 和 33.18%。

缴存单位中，国家机关和事业单位占 74.13%，国有企业占 10.29%，城镇集体企业占 3.94%，外商投资企业占 0.53%，城镇私营企业及其他城镇企业占 8.45%，民办非企业单位和社会团体占 2.95%，其他占 0.33%。

缴存职工中，国家机关和事业单位占78.86%，国有企业占14.08%，城镇集体企业占2.46%，外商投资企业占1.43%，城镇私营企业及其他城镇企业占2.64%，民办非企业单位和社会团体占0.48%，其他占0.04%；中、低收入占99.98%，高收入占0.02%。

新开户职工中，国家机关和事业单位占66.23%，国有企业占10.67%，城镇集体企业占3.6%，外商投资企业占1.85%，城镇私营企业及其他城镇企业占14.39%，民办非企业单位和社会团体占2.91%，其他占0.35%；中、低收入占100%。

（二）提取业务： 2017年，3.58万名缴存职工提取住房公积金17.56亿元。

提取金额中，住房消费提取占80.03%（购买、建造、翻建、大修自住住房占59.36%，偿还购房贷款本息占34.41%，租赁住房占5.57%，其他占0.66%）；非住房消费提取占19.97%（离休和退休提取占75.49%，完全丧失劳动能力并与单位终止劳动关系提取占15.7%，户口迁出本市或出境定居占1.33%，其他占7.48%）。

提取职工中，中、低收入占99.31%，高收入占0.69%。

（三）贷款业务：

1. **个人住房贷款：** 2017年，支持职工购建房125.01万平方米，年末个人住房贷款市场占有率为50.01%，比上年增加6.33个百分点。通过申请住房公积金个人住房贷款，可节约职工购房利息支出62840.48万元（注：按商业性个人住房贷款基准利率计算，当年获得住房公积金个人住房贷款的职工在整个贷款期内所需支付贷款利息总额与申请商业性个人住房贷款所需支付贷款利息总额的差额）。

职工贷款笔数中，购房建筑面积90（含）平方米以下占5.45%，90~144（含）平方米占63.37%，144平方米以上占31.18%。购买新房占6.91%（其中购买保障性住房占0%），购买存量商品住房占34.86%，建造、翻建、大修自住住房占1.84%，其他占56.39%。（说明：其他占比中住房消费贷款占54.77%、二手房贷款占1.62%）

职工贷款笔数中，单缴存职工申请贷款占17.10%，双缴存职工申请贷款占82.90%，三人及以上缴存职工共同申请贷款占0%。

贷款职工中，30岁（含）以下占24.86%，30岁~40岁（含）占37.03%，40岁~50岁（含）占28.68%，50岁以上占9.43%；首次申请贷款占65.21%，二次及以上申请贷款占34.79%；中、低收入占99.99%，高收入占0.01%。

2. **异地贷款：** 2017年，发放异地贷款3笔80万元。2017年末，发放异地贷款总额80万元，异地贷款余额74.61万元。

（四）住房贡献率： 2017年，个人住房贷款发放额、公转商贴息贷款发放额、项目贷款发放额、住房消费提取额的总和与当年缴存额的比率为184.57%，比上年增加38.37个百分点。

六、其他重要事项

（一）当年缴存基数限额及确定方法、缴存比例等缴存政策调整情况：

1. 昭通市2017年缴存基数上限为14918元。
2. 缴存基数限额确定方式：根据昭通市统计局出具的《2016年昭通市城镇非私营单位在岗职工年平均工资证明》，2016年昭通市在岗职工年平均工资为59674.00元，月平均工资为4972.83元，月平均工资的三倍为14918.50元，按照最高缴存比例12%计算，个人和单位最高月缴存额分别为1790.00元，个人和单位月缴存额合计最高不超过3580.00元。

（二）当年提取政策调整情况：本年度，昭通市住房公积金提取政策调整情况：将租房提取金额由9000元/年，调整为30000元/年。

（三）当年服务改进情况：

1. 昭通市住房公积金管理中心"昭管系统"建设上线运行；综合服务平台已建设，目前正在测试中，综合服务平台包含了12329热线、网上服务大厅、微信服务平台、12329短信、门户网站、手机APP、前台自助查询终端7个子系统。

2. 全年着力打造"一站式"服务平台。梳理业务办理流程，减少办理环节，确保各项自主业务实现"一站式受理，一条龙办结"；服务大厅建立咨询导办、自助服务、协作查询认证、业务办理、银行服务等五大服务区域，实现多功能、"一体化"办公服务；醒目位置制作工作人员形象公示栏，对带班领导和工作人员姓名、职责进行公示公开，主动接受缴存职工的监督；住房公积金政策和规定用LED屏幕进行全屏滚动播放，所有工作人员统一着工作服装到岗上班，为缴存人提供政策答疑一口清，业务办理一条龙的优质服务；大厅摆放服务流程指示牌、工作人员岗位台签、写字台、饮水机、制作温馨提示卡、自助医药箱等，着力让缴存职工在服务大厅享受到温馨、和谐的服务环境。

（四）当年信息化建设情况：

1. 综合服务平台建设情况：当前昭通中心开通了门户网站、微信公众号，手机APP三个服务渠道。网厅、12329热线、12329短信等渠道建设及手机APP、微信公众号的功能优化正在进行中。

2. 信息化建设情况：自2016年9月26日昭通市住房公积金管理信息系统上线，同步接入了住房城乡建设部结算应用系统；2017年2月以直联的方式接入了全国住房公积金转移接续平台，是全国第一家以直联接口接入的中心；为全面贯彻落实住房城乡建设部基础数据标准，昭通市住房公积金管理信息系统于2017年4月启动系统升级工作，于2017年8月18日完成生产系统升级；2017年12月15日通过了住房城乡建设部及云南省住房城乡建设厅组织的"双贯标"验收。

（五）当年住房公积金管理中心及职工所获荣誉情况：

1. 集体荣誉：2017年，昭通市住房公积金管理中心被国家住房城乡建设部评为全国先进单位；成功创建了市级文明单位；在市委党风廉政建设责任制考核、管委会考核、基层党建目标责任制考核中均被考核为"优秀"；团支部工作被团市委评定为优秀。

2. 个人荣誉：昭通市住房公积金管理中心白群同志被昭通市市直工委评为"优秀共产党员"、铁泽宇同志被团市委评为"昭通市优秀共青团员"。

丽江市住房公积金2017年年度报告

一、机构概况

（一）住房公积金管理委员会：住房公积金管理委员会有21名委员，2017年召开一次会议，审议通过的事项主要包括：审议通过 2016 年度住房公积金归集、使用计划执行情况，并对其他重要事项进行了决策，主要包括听取了 2016 年度丽江市住房公积金管理运行工作情况汇报，研究确定了本市 2017 年度管理运行目标任务，研究确定了本市住房公积金管理机构 2016 年度绩效考核奖励资金，研究确定了 2017 年度国债资金缺口弥补方案，研究讨论了应上报本市研究和法制办公室备案审查的《关于丽江市城镇灵活务工人员纳入住房公积金制度覆盖范围的实施办法》。

（二）住房公积金管理中心：住房公积金管理中心为直属于丽江市人民政府的不以营利为目的的经费自理事业单位，设 6 个处（科），6 个管理部，0 个分中心。从业人员 50 人，其中，在编 50 人，非在编 0 人。

二、业务运行情况

（一）缴存：2017 年，新开户单位 88 家，实缴单位 1605 家，净增单位 88 家；新开户职工 0.38 万人，实缴职工 7.08 万人，净增职工 0.22 万人；缴存额 12.18 亿元，同比增长 43.63%。2017 年末，缴存总额 67.52 亿元，同比增长 22.01%；缴存余额 26.51 亿元，同比增长 22.45%。

受委托办理住房公积金缴存业务的银行 8 家，比上年增加（减少）0 家。

（二）提取：2017 年，提取额 7.32 亿元，同比增长 16.38%；占当年缴存额的 60.10%，比上年减少 14.07 个百分点。2017 年末，提取总额 41.01 亿元，同比增长 21.73%。

（三）贷款：

个人住房贷款：个人住房贷款最高额度 80 万元，其中，单缴存职工最高额度 40 万元，双缴存职工最高额度 80 万元。

2017 年，发放个人住房贷款 0.24 万笔 8.44 亿元，同比分别增长 4.35%、28.66%。

2017 年，回收个人住房贷款 4.48 亿元。

2017 年末，累计发放个人住房贷款 5.17 万笔 57.26 亿元，贷款余额 23.22 亿元，同比分别增长 4.87%、17.29%、20.56%。个人住房贷款余额占缴存余额的 87.59%，比上年减少 1.37 个百分点。

受委托办理住房公积金个人住房贷款业务的银行 5 家，比上年增加（减少）0 家。

（四）资金存储：2017 年末，住房公积金存款 3.42 亿元。其中，活期 0.11 亿元，1 年（含）以下定期 0.46 亿元，1 年以上定期 0 亿元，其他（协定、通知存款等）2.85 亿元。

（五）资金运用率：2017 年末，住房公积金个人住房贷款余额、项目贷款余额和购买国债余额的总和占缴存余额的 87.59%，比上年减少 1.37 个百分点。

三、主要财务数据

（一）业务收入：2017 年，业务收入 7929.11 万元，同比增长 16.21%。其中：存款利息 547.34 万元，委托贷款利息 7377.64 万元，国债利息 0 万元，其他 4.13 万元。

（二）业务支出：2017 年，业务支出 3299.60 万元，同比下降 0.32%。其中：支付职工住房公积金利息 3235.57 万元，归集手续费 0 万元，委托贷款手续费 18.35 万元，其他 45.68 万元。

（三）增值收益：2017年，增值收益4629.51万元，同比增长31.79%。增值收益率1.86%，比上年增加0.20个百分点。

（四）增值收益分配：2017年，提取贷款风险准备金395.97万元，提取管理费用3770.59万元，提取城市廉租住房（公共租赁住房）建设补充资金462.95万元。

2017年，上交财政管理费用2875.61万元。上缴财政城市廉租住房（公共租赁住房）建设补充资金351.27万元。

2017年末，贷款风险准备金余额558.84万元。累计提取城市廉租住房（公共租赁住房）建设补充资金2465.48万元。

（五）管理费用支出：2017年，管理费用支出1630.40万元，同比增长20.97%。其中，人员经费812.7万元，公用经费130.59万元，专项经费687.11万元。

四、资产风险状况

（一）个人住房贷款：2017年末，个人住房贷款逾期额12.34万元，逾期率0.053‰。

个人贷款风险准备金按年度贷款余额的1%提取。2017年，提取个人贷款风险准备金395.97万元，使用个人贷款风险准备金核历史遗留国债资金缺口1781.98万元。2017年末，个人贷款风险准备金余额558.84万元，占个人住房贷款余额的0.24%，个人住房贷款逾期额与个人贷款风险准备金余额的比率为2.21%。

（二）历史遗留风险资产：2004年4月至2005年3月，我市住房公积金管理中心先后违规划出12015.3万元住房公积金到中国科技证券公司，其中购买国债2015.3万元，备购国债资金10000万元，并违规签订委托理财协议，造成巨额资金无法收回形成风险。风险发生以后，丽江市委市政府高度重视，采取一切必要和可能措施，竭尽全力挽回资金损失，力图将资金损失程度降到最低。至2007年9月7日北京市第二中级人民法院公告宣布"中科证券"进入破产程序时，先后收回资金3330.71万元，国债资金账目损失缺口达8684.59万元。2008年至2017年12月31日，我市累计收回破产清算资金2302.61万元。在巨额资金损失的情况下，2011年3月丽江市政府常务会议讨论通过了丽江公积金国债资金弥补方案，下决心逐步解决弥补损失的国债资金，保护缴存职工的合法权益。2011年至今，丽江市财政局及丽江市住房公积金管理中心已累计弥补国债资金1900万元；依据《丽江市人民政府关于丽江市住房公积金涉险国债资金催收和资金损失弥补情况的函》（丽政函〔2017〕3号）的精神，丽江市财政局和丽江市住房公积金管理中心2017年5月份将住房公积金贷款风险准备金1781.98万元划拨到位，用于弥补历史遗留的涉险国债资金缺口。

截至2017年底，丽江市尚有2700万元国债资金损失无法收回和弥补，比去年同期减少1781.98万元（全部为住房公积金贷款风险准备金弥补），历史遗留风险资产回收率为39.76%。

在下一步工作中，丽江市在继续加大破产清算和催收涉险资金工作力度的同时，将严格按照住房城乡建设部要求丽江住房公积金必须在2018年度内将涉险国债资金缺口2700万元全部弥补到位的精神，认真按照丽江市人民政府对《丽江市财政局丽江市住房公积金管理中心关于请求批准住房公积金国债资金损失缺口资金弥补方案的请示》（丽财综〔2018〕4号）的批示精神进行办理，确保在2018年度内把国债资金缺口弥补完毕。

五、社会经济效益

（一）缴存业务：2017年，实缴单位数、实缴职工人数和缴存额同比分别增长5.8%、3.21%和43.63%。

缴存单位中，国家机关和事业单位占69.49%，国有企业占8.88%，城镇集体企业占0.07%，外商投资企业占0.27%，城镇私营企业及其他城镇企业占18.1%，民办非企业单位和社会团体占0.95%，其他占2.24%。

缴存职工中，国家机关和事业单位占64.76%，国有企业占16.59%，城镇集体企业占0.3%，外商投资企业占1.13%，城镇私营企业及其他城镇企业占15.99%，民办非企业单位和社会团体占0.2%，其他占1.03%；中、低收入占99.02%，高收入占0.98%。

新开户职工中，国家机关和事业单位占95.38%，国有企业占1.3%，城镇集体企业占0%，外商投资企业占0%，城镇私营企业及其他城镇企业占2.37%，民办非企业单位和社会团体占0.12%，其他占0.83%；中、低收入占100%，高收入占0%。

（二）提取业务：2017年，1.56万名缴存职工提取住房公积金7.32亿元。

提取金额中，住房消费提取占89.18%（购买、建造、翻建、大修自住住房占10.43%，偿还购房贷款本息占33.96%，租赁住房占0.14%，其他占44.65%）；非住房消费提取占10.82%（离休和退休提取占6.89%，完全丧失劳动能力并与单位终止劳动关系提取占2.76%，户口迁出本市或出境定居占0%，其他占1.17%）。

提取职工中，中、低收入占98.7%，高收入占1.3%。

（三）贷款业务

1. 个人住房贷款：2017年，支持职工购建房77.27万平方米，年末个人住房贷款市场占有率为28.81%，比上年增加1.12个百分点。通过申请住房公积金个人住房贷款，经测算预计可节约职工购房利息支出12694万元。

职工贷款笔数中，购房建筑面积90（含）平方米以下占5.96%，90~144（含）平方米占46.79%，144平方米以上占47.25%。购买新房占28.20%（其中购买保障性住房占0%），购买存量商品住房占19.89%，建造、翻建、大修自住住房占5.92%，其他占45.99%。

职工贷款笔数中，单缴存职工申请贷款占19.81%，双缴存职工申请贷款占79.48%，三人及以上缴存职工共同申请贷款占0.71%。

贷款职工中，30岁（含）以下占27.61%，30岁~40岁（含）占39.95%，40岁~50岁（含）占25.81%，50岁以上占6.63%；首次申请贷款占68.61%，二次及以上申请贷款占31.39%；中、低收入占98.95%，高收入占1.05%。

2. 异地贷款：2017年，发放异地贷款16笔525万元。2017年末，发放异地贷款总额965万元，异地贷款余额916.51万元。

（四）住房贡献率：2017年，个人住房贷款发放额、公转商贴息贷款发放额、项目贷款发放额、住房消费提取额的总和与当年缴存额的比率为129.39%，比上年减少22.14个百分点。

六、其他重要事项

（一）当年住房公积金政策调整及执行情况：2017年度住房公积金月缴存基数，按照职工2016年度月平均工资确定，不得高于2016年度职工月平均工资的3倍，且不得低于丽江市统计部门公布的2016年度职工月平均工资的60%。单位和职工住房公积金缴存比例均按照5%～12%标准执行。

依据丽江市统计部门公布的《2016年度劳动统计年报对比分析表》，丽江市在岗职工年平均工资为64304元。根据上述规定计算，单位及职工2017年度月缴存额合计最高不得超过3858元，最低不得低于322元。

当年提取政策、个人住房贷款最高贷款额度、贷款条件等贷款政策、当年住房公积金存贷款利率执行标准均未做调整。

（二）当年服务改进情况：

1. 丽江住房公积金全面构建起了集丽江公积金网站、微信公众服务平台、QQ互动资讯平台、12329服务热线为一体的信息查询、咨询、投诉、反馈意见和政策发布、宣传公共综合服务平台，为缴存职工及社会公众提供更加便捷高效优质的服务。

2. 目前已经通过住房公积金银行结算数据应用系统与工、建、农、中、信用社、邮储、招商等7家银行开办公积金相关业务。

3. 改善为民服务环境。2017年2月份华坪管理部搬入新的综合业务用房，2018年3月份永胜管理部搬入新的综合业务用房。至此，丽江市住房公积金管理中心各科室、各管理部全部搬入新的综合业务用房开展工作，业务网点均设置了自助查询终端和自动叫号系统，配备了休息座椅、饮水机、书写台和意见箱等服务设施，张贴和放置了住房公积金政策规定、业务流程、服务热线等宣传和服务资料。服务环境得到极大改善，服务功能得到较大提升。

（三）当年信息化建设情况：

1. 实现与邮政储蓄银行结算数据应用系统对接并于2017年3月份开办公积金相关业务。与招商银行结算数据应用系统对接工作已经完成，2018年3月份开办公积金相关业务。

2. 为了给住房公积金业务办理提供丰富档案信息储量，极大方便业务办理人员快速准确查找档案，有效地为住房公积金业务办理做好后勤保障，2017年着手开展住房公积金业务档案信息化建设工作，预计在2018年投入使用。

3. 自2016年3月23日住房公积金银行结算数据应用系统直联贯标达标工作顺利通过了由住房城乡建设部和省住房城乡建设厅组成的联合检查组的验收后，丽江市住房公积金管理中心继续不断完善住房公积金银行结算数据应用系统功能，进一步发挥住房公积金银行结算数据应用系统直联的作用，不断提高住房公积金精细化管理水平，严格防范资金风险，积极为缴存职工提供优质高效便捷的服务，真正让群众少跑腿、让数据多跑路。

4. 根据《云南省住房和城乡建设厅关于加快推进住房公积金综合服务平台建设的通知》要求，确保2018年底前建成住房公积金综合服务平台投入使用。

普洱市住房公积金 2017 年年度报告

一、机构概况

（一）住房公积金管理委员会：住房公积金管理委员会有 30 名委员，2017 年召开 1 次会议，审议通过的事项主要包括：普洱市住房公积金 2016 年年度报告，普洱市住房公积金 2016 年度归集、使用执行情况和 2017 年度归集、使用计划草案的报告，关于普洱市住房公积金 2016 年度财务收支决算和 2017 年度财务收支预算草案的报告，关于普洱市住房公积金管理中心 2016 年工作情况报告及 2017 年工作计划，关于普洱市 2017 年住房公积金缴存基数核定标准的汇报。

（二）住房公积金管理中心：住房公积金管理中心为直属市人民政府不以营利为目的的自收自支事业单位，主要负责全市住房公积金的归集、管理、使用和会计核算。中心设 6 个科，9 个管理部，1 个市直营业部。从业人员 85 人，其中，在编 54 人，非在编 31 人。

二、业务运行情况

（一）缴存：2017 年，新开户单位 291 家，实缴单位 2446 家，净增单位 223 家；新开户职工 0.48 万人，实缴职工 9.71 万人，净增职工 0.01 万人；缴存额 19.78 亿元，同比增长 38.64％。2017 年末，缴存总额 106.81 亿元，同比增长 22.72％；缴存余额 56.98 亿元，同比增长 16.58％。

受委托办理住房公积金缴存业务的银行 6 家，比上年增加 1 家。

（二）提取：2017 年，提取额 11.67 亿元，同比增长 25.06％；占当年缴存额的 59.03％，比上年减少 6.41 个百分点。2017 年末，提取总额 49.84 亿元，同比增长 30.59％。

（三）贷款：

个人住房贷款：个人住房贷款最高额度 60 万元，其中，单缴存职工最高额度 50 万元，双缴存职工最高额度 60 万元。

2017 年，发放个人住房贷款 0.4724 万笔 17.31 亿元，同比分别下降 7.30％、增长 7.19％。其中，市中心（市直营业部）发放个人住房贷款 0.2205 万笔 8.98 亿元，9 县管理部发放个人住房贷款 0.2519 万笔 8.33 亿元。

2017 年，回收个人住房贷款 8.24 亿元。其中，市中心（市直营业部）2.67 亿元，9 县管理部 5.57 亿元。

2017 年末，累计发放个人住房贷款 7.14 万笔 105.59 亿元，贷款余额 52.30 亿元，同比分别增长 7.08％、19.60％、20.96％。个人住房贷款余额占缴存余额的 91.80％，比上年增加 3.33 个百分点。

受委托办理住房公积金个人住房贷款业务的银行 7 家，比上年增加 1 家。

（四）资金存储：2017 年末，住房公积金存款 5.80 亿元。其中，活期 5.71 亿元，1 年（含）以下定期 0.09 亿元，1 年以上定期 0 亿元，其他（协定、通知存款等）0 亿元。

（五）资金运用率：2017 年末，住房公积金个人住房贷款余额占缴存余额的 91.80％，比上年增加

3.33个百分点。

三、主要财务数据

（一）业务收入：2017年，业务收入16691.39万元，同比增长13.55%。其中，市中心（市直营业部）6779万元，9县管理部9912.39万元；存款利息428.65万元，委托贷款利息16239.89万元，其他22.85万元。

（二）业务支出：2017年，业务支出7316.19万元，同比增长33.16%。其中，市中心（市直营业部）2214万元，9县管理部5102.19万元；支付职工住房公积金利息6501.01万元，归集手续费2.05万元，委托贷款手续费813.13万元。

（三）增值收益：2017年，增值收益9375.19万元，同比增长1.85%。其中，市中心（市直营业部）4565万元，9县管理部4810.19万元；增值收益率1.6%，比上年减少0.22个百分点。

（四）增值收益分配：2017年，提取贷款风险准备金906.41万元，提取管理费用1369.84万元，提取城市廉租住房（公共租赁住房）建设补充资金7098.94万元。

2017年，上交财政管理费用1369.84万元。上缴财政城市廉租住房（公共租赁住房）建设补充资金7045.57万元。

2017年末，贷款风险准备金余额7100.94万元。累计提取城市廉租住房（公共租赁住房）建设补充资金39792.65万元。

（五）管理费用支出：2017年，管理费用支出1391.55万元，同比增长15.24%。其中，人员经费998.13万元，公用经费337.36万元，专项经费56.06万元。

四、资产风险状况

个人住房贷款：2017年末，个人住房贷款逾期额44.42万元，逾期率0.08‰。

个人贷款风险准备金按当年新增贷款额的1%提取。2017年，提取个人贷款风险准备金906.41万元，使用个人贷款风险准备金核销呆坏账0万元。2017年末，个人贷款风险准备金余额7100.94万元，占个人住房贷款余额的1.36%，个人住房贷款逾期额与个人贷款风险准备金余额的比率为0.63%。

五、社会经济效益

（一）缴存业务：2017年，实缴单位数、实缴职工人数和缴存额同比分别减少0.24%、增长0.19%和38.64%。

缴存单位中，国家机关和事业单位占65.82%，国有企业占12.18%，城镇集体企业占4.01%，外商投资企业占0.49%，城镇私营企业及其他城镇企业占14.06%，民办非企业单位和社会团体占2.25%，其他占1.19%。

缴存职工中，国家机关和事业单位占64.99%，国有企业占20.42%，城镇集体企业占3.75%，外商投资企业占0.36%，城镇私营企业及其他城镇企业占8.87%，民办非企业单位和社会团体占0.94%，其他占0.67%；中、低收入占87.27%，高收入占12.73%。

新开户职工中，国家机关和事业单位占 34.10%，国有企业占 2.16%，城镇集体企业占 3.72%，外商投资企业占 0.74%，城镇私营企业及其他城镇企业占 54.37%，民办非企业单位和社会团体占 3.22%，其他占 1.69%；中、低收入占 93.67%，高收入占 6.33%。

（二）提取业务：2017 年，2.64 万名缴存职工提取住房公积金 11.67 亿元。

提取金额中，住房消费提取占 84.59%（购买、建造、翻建、大修自住住房占 39.51%，偿还购房贷款本息占 43.09%，租赁住房占 1.33%，自住住房物业费占 0.66%）；非住房消费提取占 15.41%（离休和退休提取占 11.92%，完全丧失劳动能力并与单位终止劳动关系提取占 1.81%，户口迁出本市或出境定居占 0%，其他占 1.68%）。

提取职工中，中、低收入占 71.39%，高收入占 28.61%。

（三）贷款业务：

1. **个人住房贷款**：2017 年，支持职工购建房 70.51 万平方米，年末个人住房贷款市场占有率为 51.37%，比上年减少 14.65 个百分点。通过申请住房公积金个人住房贷款，可节约职工购房利息支出 481.06 万元。

职工贷款笔数中，购房建筑面积 90（含）平方米以下占 9.36%，90～144（含）平方米占 62.66%，144 平方米以上占 27.98%。购买新房占 77.88%（其中购买保障性住房占 0%），购买存量商品住房占 17.46%，建造、翻建、大修自住住房占 4.66%，其他占 0%。

职工贷款笔数中，单缴存职工申请贷款占 21.36%，双缴存职工申请贷款占 78.64%，三人及以上缴存职工共同申请贷款占 0%。

贷款职工中，20 岁（含）以下占 0.02%，30 岁（含）以下占 19.56%，30 岁～40 岁（含）占 37.09%，40 岁～50 岁（含）占 31.52%，50 岁以上占 11.81%；首次申请贷款占 64.42%，二次及以上申请贷款占 35.58%；中、低收入占 62.16%，高收入 37.84%。

2. **异地贷款**：2017 年，发放异地贷款 5 笔 220 万元。2017 年末，发放异地贷款总额 220 万元，异地贷款余额 216.15 万元。

（四）住房贡献率：2017 年，个人住房贷款发放额、公转商贴息贷款发放额、项目贷款发放额、住房消费提取额的总和与当年缴存额的比率为 137%，比上年减少 29.96 个百分点。

六、其他重要事项

（一）当年机构及职能调整情况、受委托办理缴存贷款业务金融机构变更情况：2017 年中心机构及职能无调整情况。受委托办理缴存业务金融机构新增 1 家，共 6 家，分别为中国工商银行、中国建设银行、中国银行、中国农业银行、中国邮政储蓄银行、云南省农村信用社。受委托办理贷款业务金融机构新增 1 家，共 7 家，分别为中国工商银行、中国建设银行、中国银行、中国农业银行、中国邮政储蓄银行、云南省农村信用社、富滇银行。

（二）当年缴存基数限额及确定方法、缴存比例调整情况：

1. 职工住房公积金的月缴存工资基数按照国家统计部门规定的工资总额计算口径核定。
2. 职工住房公积金缴存比例不得低于上述工资总额的 5%，最高不得超过 12%。
3. 职工住房公积金的月缴存工资基数，最低不得低于本市上一年度统计部门规定的职工最低月工资标准，最高不得超过本市统计部门公布的上一年度职工平均货币工资的3倍。

本市2017年度职工住房公积金月缴存工资基数下限不得低于1400元，月缴存额不得低于140元（按个人5%、单位5%、合计10%计算，其中：个人缴70元，单位缴70元）。执行时间为2017年1月1日至12月31日。

本市2017年度职工住房公积金月缴存工资基数上限不得高于16510元，月缴存额不得高于3962.4元（按个人12%、单位12%、合计24%计算，其中：个人缴1981.2元，单位缴1981.2元）。执行时间为2017年1月1日至12月31日。

（三）当年住房公积金存贷款利率调整及执行情况：2017年中心按照中国人民银行2015年、2016年最后一次调整的有关规定执行住房公积金存贷款利率。

1. 根据中国人民银行、住房城乡建设部、财政部印发《关于完善职工住房公积金账户存款利率形成机制的通知》（银发〔2016〕43号），决定自2016年2月21日起，将职工住房公积金账户存款利率，由原来按照归集时间执行活期和三个月存款基准利率，调整为统一按一年期定期存款基准利率执行。

2. 根据《中国人民银行关于下调金融机构人民币贷款和存款基准利率并进一步推进利率市场化改革的通知》（银发〔2015〕265号）的规定，自2015年8月26日起，调整住房公积金存贷款利率，当年缴存存款年利率不变，仍为0.35%，上年结转部分存款年利率从原1.60%调整为1.35%。住房公积金贷款利率下降0.25%，五年以下（含5年）贷款年利率从3.00%调整到2.75%；五年以上贷款年利率从3.50%调整到3.25%。

（四）当年住房公积金政策调整及执行情况：2017年住房公积金政策无调整，和2016年调整后执行情况一致；当年提取政策、个人住房贷款最高贷款额度、贷款条件等贷款政策也无调整，和2016年调整后执行情况一致。

（五）当年服务改进情况：2017年结合普洱市创建全国文明城市工作，中心服务大厅设立党员示范窗口和志愿服务点，业务人员佩戴微笑标志轮流值班，推行"微笑服务"承诺制；通过网上公告、印发业务指南、完善微信公众平台等形式，公开政策规定和缴存、提取、贷款业务流程，向社会和公众公开承诺，为广大缴存职工提供便捷优质服务，接受群众监督。完善服务大厅休息座椅、饮水机、书写台和意见箱等服务设施；向公众提供免费wifi服务，全面排查整治中心内外办公环境，时刻保持干净整洁。同时密切关注国家改革动向，认真分析形势，对楼盘情况进行前期摸底，提前做好公积金贷款、提取等政策储备工作，更好为缴存职工服务。

（六）当年信息化建设情况：以完善信息化为引领，促进管理水平上台阶。根据住房城乡建设部《关于做好全国住房公积金异地转移接续平台接入准备工作的通知》要求，顺利完成相关各项工作，成功上线，实现了"账随人走、钱随账走"。按照住房城乡建设部数据贯标、结算贯标"双贯标"要求，以构建互联网时代公积金新体系、提升用信息化技术运作管理资金的能力为目标，扎实做好上线前的准备工作。同时启动12329短信平台建设，全力打造"互联网＋公积金"智慧服务平台。

（七）当年住房公积金管理中心及职工所获荣誉情况：2017年中心获"工人先锋号"荣誉。

临沧市住房公积金 2017 年年度报告

一、机构概况

（一）**住房公积金管理委员会**：住房公积金管理委员会有 23 名委员，2017 年，召开 3 次全体会议，审议通过《临沧市住房公积金 2016 年收支预算执行情况和 2017 年预算（草案）》，并对其他重要事项进行决策，主要包括：审议修订《临沧市住房公积金管理委员会章程》；审议《临沧市住房公积金 2016 年年度报告》；审议部分放宽住房公积金贷款和提取使用条件的规定；审议《临沧市住房公积金失信行为管理暂行办法》；审议《临沧市进一步扩大住房公积金制度覆盖面的实施意见》。

（二）**住房公积金管理中心**：临沧市住房公积金管理中心为隶属于市人民政府不以营利为目的事业单位，主要负责全市住房公积金的归集、管理、使用和会计核算。中心设 8 个科（室），9 个管理部。从业人员 82 人，其中，在编 62 人，非在编（劳务派遣人员）20 人。

二、业务运行情况

（一）**缴存**：临沧市住房公积金管理中心自主办理住房公积金缴存业务。2017 年，实缴单位 1873 家，实缴职工 8.84 万人，缴存额 15.40 亿元，同比增长 36.49%；当年新开户单位 148 家，新开户职工 0.75 万人，净增单位 131 家，净增职工 0.43 万人。2017 年末，缴存总额 80.94 亿元，同比增长 23.49%；缴存余额 49.88 亿元，同比增长 22.68%。

（二）**提取**：2017 年，提取额 6.17 亿元，同比增长 24.74%；占当年缴存额的比率为 40.11%，比上年同期减少 3.77 个百分点。2017 年末，提取总额 31.06 亿元，同比增长 24.81%。

（三）**个人住房贷款**：个人住房贷款最高额度 70 万元，其中，双职工家庭最高额度 70 万元，单职工家庭最高额度 70 万元。

2017 年，发放个人住房贷款 0.34 万笔 13.00 亿元，发放笔数同比持平、发放额增长 31.34%。

2017 年，回收个人住房贷款 4.98 亿元。

2017 年末，累计发放个人住房贷款 3.11 万笔 61.81 亿元，贷款余额 37.18 亿元，同比分别增长 12.41%、26.64%、27.26%。个人住房贷款余额占缴存余额的 74.54%，比上年同期增加 2.83 个百分点。

受委托办理住房公积金个人住房贷款业务的银行 6 家，同上年持平。

（四）**资金存储**：截至 2017 年末，住房公积金存款额 12.42 亿元。其中，活期 3.66 亿元，1 年以上定期 8.75 亿元。

（五）**资金运用率**：2017 年末，住房公积金个人住房贷款余额占缴存余额的 74.54%（无项目贷款和国债），比上年同期增加 2.83 个百分点。

三、主要财务数据

（一）**业务收入**：2017 年，业务收入 15805 万元，同比增长 18.23%。其中，存款利息收入 5060 万元,同比下降3.55%;委托贷款利息收入10744万元,同比增长27.57%。

(二)业务支出:2017年,业务支出7281万元,同比增长22.12%。其中,住房公积金利息支出6743万元,同比增长21.69%;委托贷款手续费支出537万元,同比增长27.55%。

(三)增值收益:2017年,增值收益8524万元,同比增长10.60%。增值收益率1.86%,比上年同期减少0.17个百分点。

(四)增值收益分配:2017年,提取贷款风险准备金802万元,提取管理费用2159万元,提取公共租赁住房资金5563万元。

2017年,上交财政管理费用2159万元。上缴财政公共租赁住房资金5563万元。

截至2017年末,贷款风险准备金余额3724万元。累计提取公共租赁住房资金23864万元。

(五)管理费用支出:2017年,管理费用支出2157万元,同比增长58.14%。其中,人员经费734万元,公用经费46万元,专项经费1376万元。

四、资产风险状况

2017年末,无逾期个人住房贷款。

个人贷款风险准备金按年度贷款余额的1%提取。2017年,提取贷款风险金802万元,当年未使用个人贷款风险准备金核销,个人贷款风险准备金余额为3724万元,占个人贷款余额的1%。

五、社会经济效益

(一)缴存业务:2017年,实缴单位数、实缴职工人数和缴存额同比分别增长7.52%、5.08%和36.49%。

缴存单位中,国家机关和事业单位占64.71%,国有企业占6.78%,城镇集体企业占2.08%,外商投资企业占0.53%,城镇私营企业及其他城镇企业占21.14%,民办非企业单位和社会团体占2.24%,其他占2.51%。

缴存职工中,国家机关和事业单位占71.45%,国有企业占6.18%,城镇集体企业占2.96%,外商投资企业占0.32%,城镇私营企业及其他城镇企业占17.55%,民办非企业单位和社会团体占0.38%,其他占1.16%;中、低收入占98.4%,高收入占1.6%。

新开户职工中,国家机关和事业单位占66.7%,国有企业占7%,城镇集体企业占1.2%,外商投资企业占0.9%,城镇私营企业及其他城镇企业占19.7%,民办非企业单位和社会团体占0.5%,其他占4%;中、低收入占99.6%,高收入占0.4%。

(二)提取业务:2017年,2.39万名缴存职工提取住房公积金6.17亿元。

提取的金额中,住房消费提取占76.51%(购买、建造、翻建、大修自住住房占9.93%,偿还购房贷款本息占64.96%,租赁住房占1.12%,其他占0.50%);非住房消费提取占23.49%(离休和退休提取占17.62%,完全丧失劳动能力并与单位终止劳动关系提取占3.53%,户口迁出本市或出境定居占0.96%,其他占1.38%)。

提取职工中,中、低收工占98.4%,高收入占1.6%。

(三)贷款业务:

1. 个人住房贷款:2017年,支持职工购建房58.88万平方米,年末个人住房贷款市场占有率为59.67%,

比上年同期增加6.67个百分点。通过申请住房公积金个人住房贷款，可节约职工购房利息支出34000万元。

职工贷款笔数中，购房建筑面积90（含）平方米以下占4.95%，90～144（含）平方米占48.63%，144平方米以上占46.42%。购买新房占30.91%，购买存量房占52.21%，建造、翻建、大修自住住房占13.14%，其他占3.73%。

职工贷款笔数中，单职工申请贷款占16.67%，双职工申请贷款占83.33%。

贷款职工中，30岁（含）以下占22.03%，30岁～40岁（含）占37.94%，40～50岁（含）占30.07%，50岁以上占9.96%；首次申请贷款占73%，二次及以上申请贷款占27%；中、低收入群体占97.61%，高收入群体占2.39%。

2. 异地贷款：2017年，发放异地贷款8笔301万元。2017年底，发放异地贷款总额593万元，异地贷款余额547万元。

(四) 住房贡献率：2017年，个人住房贷款发放额、住房消费提取额的总和与当年缴存额的比率为120.03%，比上年同期减少1.31个百分点。

六、其他重要事项

(一) 缴存基数、比例限额情况：2017年住房公积金缴存工资基数下限为临沧市各县最低工资标准1180元，上限为临沧市社均工资的3倍14808元；缴存比例下限为5%，上限为12%。

(二) 住房公积金其他业务政策调整情况：

1. 经临沧市住房公积金管理委员会2017年第1次会议审议通过、市人民政府印发《临沧市人民政府办公室关于放宽两项住房公积金使用政策的通知》（临政办发〔2017〕20号），主要内容为：从2017年2月起，贷款最高额度由50万元提高至70万元，偿还贷款提取额度可按还款额与账户余额进行确定；

2. 经临沧市住房公积金管理委员会2017年第3次会议审议、市人民政府同意印发了《临沧市人民政府办公室关于进一步扩大住房公积金制度覆盖面的实施意见》（临政办发〔2017〕253号），对扩大住房公积金制度覆盖面工作进行了全面系统安排；

3. 经临沧市住房公积金管理委员会2017年第3次会议审议、市人民政府同意印发了《临沧市人民政府办公室关于印发临沧市住房公积金失信行为管理暂行办法的通知》（临政办发〔2017〕254号），对住房公积金失信行为的认定、惩戒及管理进行了全面系统的规定。

(三) 住房公积金存贷款利率执行情况：存款利率执行《中国人民银行住房建设部财政部关于完善职工住房公积金账户存款利率形成机制的通知》（银发〔2016〕43号）规定，当年归集及上年结转的个人住房公积金存款利率均为一年期定期存款利率1.5%；当前贷款利率五年期以下（含五年）为2.75%，五年期以上为3.25%。

(四) 服务改进情况：进一步推进"放管服"改革，充分发挥临沧市政务服务中心住房公积金分中心作用，结合信息化建设和综合服务平台建设工作推进，全面提升住房公积服务水平。

(五) 信息化建设情况：为全面完成住房城乡建设部"双贯标"和住房公积金综合服务平台建设工作要求，报经市人民政府同意，临沧市住房公积金管理中心信息化建设于2017年9月正式启动，于2017年12月10上线试运行，基本完成核心业务系统建设，为全市缴存职工提供便捷高效、通存通兑通贷的全新服务。

(六) 其他情况：本市无住房公积金支持保障性住房建设项目贷款，无公转商贴息贷款，无国债资产，无融资业务。

楚雄州住房公积金 2017 年年度报告

一、机构概况

（一）**住房公积金管理委员会**：住房公积金管理委员会有 27 名委员，2017 年 6 月 19 日召开楚雄州第三届住房公积金管理委员会第五次全体会议，审议通过的事项主要包括：《2016 年楚雄州住房公积金管理工作报告》、《2016 年楚雄州住房公积金增值收益分配方案的报告》、《2017 年楚雄州住房公积金归集使用计划和增值收益计划的报告》、《关于调整我州住房公积金个人住房贷款政策的报告》、《关于 2017 年信息化建设的报告》。

（二）**住房公积金管理中心**：住房公积金管理中心为直属于楚雄州人民政府不以营利为目的的全额拨款事业单位，设 8 个科室，9 个管理部。从业人员 80 人，其中，在编 59 人，非在编 21 人。

二、业务运行情况

（一）**缴存**：2017 年，新开户单位 116 家，实缴单位 2418 家，净增单位－69 家；新开户职工 0.7 万人，实缴职工 11.36 万人，净增职工－0.51 万人；缴存额 20.42 亿元，同比增长 23.83%。2017 年末，缴存总额 133.72 亿元，同比增长 18.02%；缴存余额 41.42 亿元，同比增长 15.73%。

受委托办理住房公积金缴存业务的银行 4 家，与上年相比无变化。

（二）**提取**：2017 年，提取额 14.79 亿元，同比增长 8.19%；占当年缴存额的 72.43%，比上年减少 10.46 个百分点。2017 年末，提取总额 92.3 亿元，同比增长 19.08%。

（三）**贷款**：个人住房贷款：个人住房贷款最高额度 30 万元，其中，单缴存职工最高额度 15 万元，双缴存职工最高额度 30 万元。

2017 年，发放个人住房贷款 0.47 万笔 12.86 亿元，同比分别下降 3.82%、0.01%。回收个人住房贷款 5.19 亿元。2017 年末，累计发放个人住房贷款 4.1 万笔 72.15 亿元，贷款余额 42.8 亿元，同比分别增长 12.64%、21.69%、21.83%。个人住房贷款余额占缴存余额的 103.33%，比上年增加 5.17 个百分点。

受委托办理住房公积金个人住房贷款业务的银行 9 家，与上年相比无变化。

（四）**融资**：2017 年，融资 6 亿元，归还 2 亿元。2017 年末，融资总额 6 亿元，融资余额 4 亿元。

（五）**资金存储**：2017 年末，住房公积金存款 3.3 亿元。其中，活期 0.03 亿元，1 年（含）以下定期 2.61 亿元，其他（协定、通知存款等）0.66 亿元。

（六）**资金运用率**：2017 年末，住房公积金个人住房贷款余额、项目贷款余额和购买国债余额的总和占缴存余额的 103.34%，比上年增加 5.17 个百分点。

三、主要财务数据

（一）**业务收入**：2017 年，业务收入 13530.4 万元，同比增长 25.29%。存款利息 821.91 万元，委托贷款利息 12708.49 万元。

（二）**业务支出**：2017 年，业务支出 7469.34 万元，同比增长 50.21%。支付职工住房公积金利息 5475.56 万元，委托贷款手续费 601.08 万元，其他 1392.7 万元。

（三）**增值收益**：2017 年，增值收益 6061.06 万元，同比增长 4%。增值收益率 1.57%，比上年减少 0.13 个百分点。

（四）**增值收益分配**：2017 年，提取贷款风险准备金 767 万元，提取管理费用 1600 万元，提取城市廉租住房（公共租赁住房）建设补充资金 3694.06 万元。

2017 年，上交财政管理费用 1600 万元。上缴财政城市廉租住房（公共租赁住房）建设补充资金 3894.24 万元。

2017 年末，贷款风险准备金余额 4620.99 万元。累计提取城市廉租住房（公共租赁住房）建设补充资金 30030.37 万元。

（五）**管理费用支出**：2017 年，管理费用支出 1277.75 万元，同比增长 22.49%。其中，人员经费 748.9 万元，公用经费 11.8 万元，专项经费 517.05 万元。

四、资产风险状况

个人住房贷款：2017 年末，个人住房贷款逾期为零。

个人贷款风险准备金按（贷款新增余额）的 1% 提取。2017 年，提取个人贷款风险准备金 767 万元，使用个人贷款风险准备金核销呆坏账零万元。2017 年末，个人贷款风险准备金余额 4620.99 万元，占个人住房贷款余额的 1.08%，个人住房贷款逾期额与个人贷款风险准备金余额的比率为零。

五、社会经济效益

（一）**缴存业务**：2017 年，实缴单位数、实缴职工人数和缴存额同比分别增长 -2.77%、-4.28% 和 23.83%。

缴存单位中，国家机关和事业单位占 68.4%，国有企业占 7.53%，城镇集体企业占 0.62%，外商投资企业占 0.2%，城镇私营企业及其他城镇企业占 5.67%，民办非企业单位和社会团体占 2.15%，其他占 15.43%。

缴存职工中，国家机关和事业单位占 65.87%，国有企业占 11.75%，城镇集体企业占 0.74%，外商投资企业占 0.18%，城镇私营企业及其他城镇企业占 2.04%，民办非企业单位和社会团体占 0.4%，其他占 19.02%；中、低收入占 88.38%，高收入占 11.62%。

新开户职工中，国家机关和事业单位占 28.71%，国有企业占 10.22%，城镇集体企业占 0.29%，外商投资企业占 0.63%，城镇私营企业及其他城镇企业占 8.59%，民办非企业单位和社会团体占 1.55%，其他占 50.01%；中、低收入占 98.25%，高收入占 1.75%。

（二）**提取业务**：2017 年，5.36 万名缴存职工提取住房公积金 14.79 亿元。

提取金额中，住房消费提取占 86.23%（购买、建造、翻建、大修自住住房占 36.61%，偿还购房贷款本息占 46.61%，租赁住房占 0.91%，其他占 2.1%）；非住房消费提取占 13.77%（离休和退休提取占 9.01%，完全丧失劳动能力并与单位终止劳动关系提取占 3.78%，户口迁出本市或出境定居占 0.4%，其他占0.58%）。提取职工中，中、低收入占87.24%，高收入占12.76%。

（三）贷款业务

1. **个人住房贷款**：2017年，支持职工购建房67.73万平方米，年末个人住房贷款市场占有率为43.48%，比上年减少2.36个百分点。通过申请住房公积金个人住房贷款，可节约职工购房利息支出11631.46万元。

职工贷款笔数中，购房建筑面积90（含）平方米以下占6.36%，90～144（含）平方米占68.89%，144平方米以上占24.75%。购买新房占77.96%（其中购买保障性住房占20.2%），购买存量商品住房占0.04%，建造、翻建、大修自住住房占1.48%，其他占20.52%。

职工贷款笔数中，单缴存职工申请贷款占21.25%，双缴存职工申请贷款占76.7%，三人及以上缴存职工共同申请贷款占2.05%。

贷款职工中，30岁（含）以下占25.11%，30岁～40岁（含）占32.56%，40岁～50岁（含）占33.29%，50岁以上占9.04%；首次申请贷款占84.6%，二次及以上申请贷款占15.4%；中、低收入占92.44%，高收入占7.56%。

2. **异地贷款**：2017年，发放异地贷款182笔5054万元。2017年末，发放异地贷款总额8104.9万元，异地贷款余额7621.62万元。

（四）住房贡献率：2017年，个人住房贷款发放额、住房消费提取额的总和与当年缴存额的比率为125.41%，比上年减少35.94个百分点。

六、其他重要事项

（一）当年住房公积金政策调整及执行情况：

1. **当年缴存基数限额及确定方法、缴存比例调整情况**：2017年，按照单位和职工缴存住房公积金的工资基数不得超过州统计局公布的上一年度职工平均工资总额的3倍的规定，根据州统计局提供的楚雄州2016年城镇单位在岗职工年平均工资64754元的基数标准计算，我州2017年度住房公积金最高月缴存额为1943元，缴存比例仍按不得低于工资总额的5%，不得超过12%的规定执行。

2. **当年住房公积金个人住房贷款条件和最高贷款额度调整情况**：《关于调整我州住房公积金住房公积金贷款受理条件和贷款最高额度有关问题通知》（楚公积金发〔2017〕22号），对我州的住房公积金贷款政策作了调整。一是调整贷款受理条件。职工连续足额缴存住房公积金满12个月以上且开户时间满12个月以上方可申请贷款。二是调整贷款最高额度。贷款最高额度由原来的40万元降至30万元，贷款政策按照单、双职工分开。即：在楚雄州行政辖区内配偶双方缴存住房公积金的职工家庭贷款最高额度由原来的40万元降至30万元；在楚雄州行政辖区内单方缴存住房公积金的职工家庭贷款最高额度由原来的30万元降至15万元。三是调整贷款购房最低首付款比例。缴存职工家庭申请贷款购买首套住房和购买第二套改善型住房最低首付款比例不低于30%。停止向已有2次及以上购房贷款记录的缴存职工家庭发放贷款。四是调整异地贷款条件。暂停受理不在楚雄州行政辖区内缴存住房公积金的职工贷款申请。自2017年7月1日起执行。

（二）当年服务改进情况：

1. **中心高度重视，投入大量人力物力推进综合服务平台建设和服务渠道开通**。全面提高信息化服务水平，努力为广大缴存职工提供方便、快捷、高效服务。中心新一代信息系统全面建成，相继开通中心网站和多媒体查询系统、12329热线、短信服务系统等多渠道服务，职工可通过网络、多媒体查询机、手机短信等多种渠道查询到住房公积金信息，受到广大职工好评。

2. **加强政务公开，主动接受监督**。一是注重听取各方面对住房公积金服务质量的意见和建议，不断改进服务的质量和效率。二是强化政府信息公开和政务公开工作，制定2017年度政务公开工作要点、政府信息公开和政务公开工作管理办法、政府信息公开指南、政务信息公开保密审查制度、保密工作制度、门户网站管理办法等6个制度，对2016年度政务公开第三方评估发现问题进行了整改，严防比特勒索病毒。拓宽信息公开渠道，在州中心、各县管理部政务服务窗口、业务大厅设立政府信息查阅点10个，设立意见箱。通过门户网站、短信推送、12329热线电话、自助查询机、宣传册、服务指南等公开住房公积金缴存、提取、贷款需提交材料、办理时限和办理程序。并及时将相关政策、业务指标完成情况、按揭楼盘、住房公积金年度报告等在门户网站对外公开。在门户网站增设服务意见征集、满意度调查、部门文件、政策解读等栏目，增加缴存单位和职工知情权。发布工作信息223条，回复网上信访件13件，网站留言293条，云南政务信息在线解答63条，回复率100%。实时推送短信168.75万条；12329热线拨打4747人次；自助终端查询2681人次；门户网站访问量985.02万人次。公开"三公经费"使用情况，部门决算情况，主动接受社会监督，提高管理透明度。

3. **强化服务意识，确保工作有质有量**。一是加强作风建设，确保服务工作质量有较大提升。从严治理"庸懒散慢拖滑"行为，持续开展"不作为乱作为"专项整治工作，坚持问题导向，注重监督检查结果运用，建立QQ工作群，微信工作报告群，实行每周工作报告制度，形成长效工作机制，真正使各项制度严起来、紧起来、实起来、硬起来，进一步强化工作作风，促进服务工作规范化、制度化。二是全面实行服务承诺、首问负责、限时办结、一次性告知、一个电话号码答复等服务制度，严格实行一站式办结，一条龙服务，坚持优化服务和创新服务，惠民政策内容与便民服务形式紧密结合，实现住房公积金优质高效的服务目标，展现了良好的住房公积金窗口形象。推进"放管服"工作，修订完善服务指南，及时发布最新政策调整解读，编辑《楚雄州住房公积金管理中心文件汇编（2010—2016）》，为全州住房公积金工作者提供了据实、完整的政策查询工具书。举办文明礼仪和心理健康培训班，进一步提升服务技能和水平。三是强化廉洁服务，杜绝吃拿卡要等情况。要求各科室、各县管理部廉洁自律从政、洁身自好办事，严禁在办理业务中重重设卡，刁难办事群众，把办事流程全部公开透明，杜绝腐败行为的发生。

4. **抓学习培训，提升综合素质**。坚持"请进来，走出去"的管理理念，首次举办文明礼仪心理健康辅导培训班，请云南大学、州委党校、州文明办的教授专家专题辅导讲授。组织11名干部到厦门大学参加行政能力提升班学习；组织1名干部到江西井冈山红色文化教育学院参加党务干部提升班学习；组织1名干部到吉林长春参加住房城乡建设部信息统计班学习；组织1名干部参加由省住房城乡建设厅带队到河南省焦作市公积金中心学习；安排副主任带队到西双版纳州公积金中心学习征信和贷款管理工作。在州政府分管领导的关心支持下，组织科以上干部及纪委、财政、工行、农行、建行相关领导到成都、武汉、广州公积金中心学习先进管理理念。有效提升了干部队伍履职能力及懂规矩、守纪律、尽职责自觉性，夯实了事业发展基础，增强了全系统的发展活力和动力。

（三）**当年信息化建设情况**：2017年6月启动《住房公积金基础数据标准》和接入住房公积金银行结算数据应用系统标准工作，12月12日通过住房城乡建设部的检查验收，中心信息系统功能得到了进一步完善，信息化服务能力得到了进一步提升。

(四) 当年住房公积金管理中心及职工所获荣誉情况：

1. 楚雄州住房公积金管理中心 2015 年至 2017 年被命名为省级"文明单位"。
2. 楚雄州住房公积金管理中心荣获省级"巾帼文明岗"称号。
3. 楚雄州住房公积金管理中心信贷科职工黄艳同志荣获"楚雄州十大孝星"提名奖。
4. 双柏、大姚管理部荣获州级"巾帼文明岗"称号。
5. 双柏县管理部评定为"云南省党政机关社会团体档案管理工作规范化管理示范单位"。

红河哈尼族彝族自治州住房公积金 2017 年年度报告

一、机构概况

(一) **住房公积金管理委员会**：住房公积金管理委员会有 32 名委员，2017 年召开 1 次会议，审议通过 2017 年度住房公积金归集、使用计划执行情况，并对其他重要事项进行决策，主要包括：

1. 审议管委会委员变动情况。
2. 《红河州住房公积金 2016 年年度报告》。
3. 《红河州住房公积金 2017 年度归集、使用和增值收益计划》。
4. 《红河州住房公积金 2017 年度增值收益分配方案》。
5. 《红河州住房公积金管理中心关于建立银行授信融资机制的请示》。

(二) **住房公积金管理中心**：住房公积金管理中心为直属于州人民政府不以营利为目的财政全额拨款的事业单位，主要负责全州住房公积金的归集、管理、使用和会计核算。中心设 6 个科室，14 个管理部。从业人员 97 人，其中，在编 96 人，非在编 1 人。

二、业务运行情况

(一) **缴存**：2017 年，新开户单位 246 家，实缴单位 4204 家，净增单位 103 家；新开户职工 0.23 万人，实缴职工 19.4 万人，净减职工 0.28 万人；缴存额 35.1 亿元，同比增长 18.62%。2017 年末，缴存总额 242.09 亿元，同比增长 16.96%；缴存余额 108.55 亿元，同比增长 14.41%。

受委托办理住房公积金缴存业务的银行 15 家，比上年无增减。

(二) **提取**：2017 年，提取额 21.43 亿元，同比下降 3.12%；占当年缴存额的 61.05%，比上年减少 13.7 个百分点。2017 年末，提取总额 133.54 亿元，同比增长 19.12%。

(三) **贷款**：个人住房贷款：个人住房贷款最高额度 80 万元，其中，单缴存职工最高额度 80 万元，双缴存职工最高额度 80 万元。

2017 年，发放个人住房贷款 0.94 万笔 28.24 亿元，同比分别下降 33.33%、20.92%。

2017年，回收个人住房贷款18.49亿元。

2017年末，累计发放个人住房贷款11.88万笔209.6亿元，贷款余额86.17亿元，同比分别增长8.59%、15.57%、12.76%。个人住房贷款余额占缴存余额的79.38%，比上年减少1.16个百分点。

受委托办理住房公积金个人住房贷款业务的银行15家，比上年无增减。

（四）**资金存储**：2017年末，住房公积金存款27.7亿元。其中，活期0.02亿元，1年（含）以下定期20.07亿元，1年以上定期4.2亿元，其他（协定、通知存款等）3.41亿元。

（五）**资金运用率**：2017年末，住房公积金个人住房贷款余额占缴存余额的79.38%，比上年减少1.16个百分点。

三、主要财务数据

（一）**业务收入**：2017年，业务收入35683.63万元，同比增长1.44%。存款利息9110.1万元，委托贷款利息26570.7万元，其他2.83万元（罚息）。

（二）**业务支出**：2017年，业务支出18085.52万元，同比增长9.29%。支付职工住房公积金利息15373万元，归集手续费1346.48万元，委托贷款手续费1328.54万元，其他37.5万元（抵押登记费）。

（三）**增值收益**：2017年，增值收益17598.11万元，同比下降5.53%。增值收益率1.72%，比上年减少0.34个百分点。

（四）**增值收益分配**：2017年，提取贷款风险准备金974.62万元，提取管理费用5279.43万元，提取城市廉租住房（公共租赁住房）建设补充资金11344.06万元。

2017年，上交财政管理费用5279.43万元。上缴财政城市廉租住房（公共租赁住房）建设补充资金11344.06万元。

2017年末，贷款风险准备金余额10575.29万元。累计提取城市廉租住房（公共租赁住房）建设补充资金71647.19万元。

（五）**管理费用支出**：2017年，管理费用支出2361.64万元，同比增长30.09%。其中，人员经费1280.14万元，公用经费129.42万元，专项经费952.08万元。

四、资产风险状况

个人住房贷款：2017年末，个人住房贷款逾期额129.83万元，逾期率0.15‰。

个人贷款风险准备金按年度贷款余额（即当年个人住房贷款发放额减去个人住房贷款回收额）的1%提取。2017年，提取个人贷款风险准备金974.62万元，使用个人贷款风险准备金核销呆坏账0万元。2017年末，个人贷款风险准备金余额10575.29万元，占个人住房贷款余额的1.23%，个人住房贷款逾期额与个人贷款风险准备金余额的比率为1.23%。

五、社会经济效益

（一）**缴存业务**：2017年，实缴单位数、实缴职工人数和缴存额同比分别增长2.51%、下降1.41%和增长18.62%。

缴存单位中,国家机关和事业单位占79.52%,国有企业占16.53%,城镇集体企业占0%,外商投资企业占0.02%,城镇私营企业及其他城镇企业占0.36%,民办非企业单位和社会团体占0.12%,其他占3.45%。

缴存职工中,国家机关和事业单位占84.57%,国有企业占13.95%,城镇集体企业占0%,外商投资企业占0.08%,城镇私营企业及其他城镇企业占0.12%,民办非企业单位和社会团体占0.02%,其他占1.26%;中、低收入占99.76%,高收入占0.24%。

新开户职工中,国家机关和事业单位占22.58%,国有企业占2.93%,城镇集体企业占0%,外商投资企业占0%,城镇私营企业及其他城镇企业占44.06%,民办非企业单位和社会团体占0.52%,其他占29.91%;中、低收入占100%,高收入占0%。

(二)提取业务:2017年,5.28万名缴存职工提取住房公积金21.43亿元。

提取金额中,住房消费提取占74.81%(购买、建造、翻建、大修自住住房占30.19%,偿还购房贷款本息占62.88%,租赁住房占0.62%,其他占6.31%);非住房消费提取占25.19%(离休和退休提取占77.6%,完全丧失劳动能力并与单位终止劳动关系提取占15.85%,户口迁出本市或出境定居占2.25%,其他占4.3%)。

提取职工中,中、低收入占99.82%,高收入占0.18%。

(三)贷款业务:

1. 个人住房贷款:2017年,支持职工购建房94.31万平方米,年末个人住房贷款市场占有率为36.33%,比上年减少1.93个百分点。通过申请住房公积金个人住房贷款,可节约职工购房利息支出68230.66万元。

职工贷款笔数中,购房建筑面积90(含)平方米以下占14.61%,90～144(含)平方米占58.01%,144平方米以上占27.38%。购买新房占56.79%(其中购买保障性住房占0%),建造、翻建、大修自住住房占0.71%,其他占42.5%(含二手房与修缮贷款)。

职工贷款笔数中,单缴存职工申请贷款占23.37%,双缴存职工申请贷款占75.23%,三人及以上缴存职工共同申请贷款占1.4%。

贷款职工中,30岁(含)以下占24.94%,30岁～40岁(含)占32.75%,40岁～50岁(含)占29.46%,50岁以上占12.85%;首次申请贷款占98.33%,二次及以上申请贷款占1.67%;中、低收入占99.61%,高收入占0.39%。

2. 异地贷款:2017年,发放异地贷款179笔5486.4万元。2017年末,发放异地贷款总额12521.2万元,异地贷款余额11497.71万元。

(四)住房贡献率:2017年,个人住房贷款发放额、公转商贴息贷款发放额、项目贷款发放额、住房消费提取额的总和与当年缴存额的比率为141.5%,比上年减少37.66个百分点。

六、其他重要事项

当年住房公积金存贷款利率调整及执行均按照人民银行规定执行,目前贷款利率五年期以内(含五年)年息2.75%、五年期以上年息3.25%。

文山州住房公积金 2017 年年度报告

一、机构概况

(一) 住房公积金管理委员会：住房公积金管理委员会有 17 名委员，2017 年，召开 1 次全体会议，审议通过《文山州住房公积金 2016 年年度报告》；听取全州 2017 年 1~10 月住房公积金运行管理情况汇报；审议《文山州住房公积金中心 2016 年度运行管理情况的审计报告》；审议《文山州住房公积金管理委员会议事规则（修订稿）》；审议《文山州住房公积金异地贷款实施细则（修订稿）》；听取财政部门监督情况、人行对受托商业银行监管情况、审计部门审计情况的通报。

(二) 住房公积金管理中心：文山州住房公积金管理中心为直属于州人民政府不以营利为目的公益一类的事业单位，主要负责全州住房公积金的归集、管理、使用和会计核算。中心内设 5 个科室，8 个管理部。从业人员 116 人，其中：在编 57 人，编外 59 人。

二、业务运行情况

(一) 缴存：2017 年，新开户单位 534 家，实缴单位 2808 家，净增单位 161 家；新开户职工 0.73 万人，实缴职工 12.42 万人，减少职工 0.09 万人；缴存额 20.61 亿元，同比增长 18.58%。2017 年末，缴存总额 119.26 亿元，同比增长 20.88%；缴存余额 58.77 亿元，同比增长 16.38%。

受委托办理住房公积金缴存业务的银行 5 家，比上年增加 0 家。

(二) 提取：2017 年，提取额 12.34 亿元，同比增长 18.20%；占当年缴存额的 59.87%，比上年减少 0.2 个百分点。2017 年末，提取总额 60.49 亿元，同比增长 25.60%。

(三) 贷款：

个人住房贷款：个人住房贷款最高额度 50 万元，其中，单缴存职工最高额度 50 万元，双缴存职工最高额度 50 万元。

2017 年，发放个人住房贷款 0.59 万笔 19.26 亿元，同比分别增长 5.36%、14.03%。2017 年，回收个人住房贷款 13.90 亿元。

2017 年末，累计发放个人住房贷款 6.62 万笔 123.98 亿元，贷款余额 50.84 亿元，同比分别增长 9.78%、18.38%、11.79%。个人住房贷款余额占缴存余额的 86.5%，比上年减少 3.55 个百分点。

受委托办理住房公积金个人住房贷款业务的银行 5 家，比上年增加 0 家。

(四) 资金存储：2017 年末，住房公积金存款 7.93 亿元。其中，活期 6.34 亿元，1 年（含）以下定期 1.59 亿元，1 年以上定期 0 亿元，其他（协定、通知存款等）0 亿元。

(五) 资金运用率：2017 年末，住房公积金个人住房贷款余额、项目贷款余额和购买国债余额的总和占缴存余额的 86.50%，比上年减少 3.55 个百分点。

三、主要财务数据

(一) 业务收入：2017 年，业务收入 15359.78 万元，同比增长 2.25%。存款利息 652.54 万元，委托贷款利息14703.99万元，国债利息0万元，其他3.25万元。

（二）**业务支出**：2017年，业务支出4096.97万元，同比下降18.30%。支付职工住房公积金利息3947.35万元，归集手续费0万元，委托贷款手续费146.91万元，其他2.71万元。

（三）**增值收益**：2017年，增值收益11262.81万元，同比增长12.54%。增值收益率2.05%，比上年减少0.07个百分点。

（四）**增值收益分配**：2017年，提取贷款风险准备金535.99万元，提取管理费用3378.84万元，提取城市廉租住房（公共租赁住房）建设补充资金7347.98万元。

2017年，上交财政管理费用3002.26万元。上缴财政城市廉租住房（公共租赁住房）建设补充资金6548.89万元。2017年末，贷款风险准备金余额5301.74万元。累计提取城市廉租住房（公共租赁住房）建设补充资金30551.39万元。

（五）**管理费用支出**：2017年，管理费用支出2213.15万元，同比下降3.95%。其中，人员经费969.25万元，公用经费86.12万元，专项经费1157.78万元。

四、资产风险状况

个人住房贷款：2017年末，个人住房贷款逾期额59.52万元，逾期率0.12‰。

个人贷款风险准备金按贷款净增额的1‰提取。2017年，提取个人贷款风险准备金535.99万元，使用个人贷款风险准备金核销呆坏账0万元。2017年末，个人贷款风险准备金余额5301.74万元，占个人住房贷款余额的1.04%，个人住房贷款逾期额与个人贷款风险准备金余额的比率为1.12%。

五、社会经济效益

（一）**缴存业务**：2017年，实缴单位数、实缴职工人数和缴存额同比分别增长6.08%、-0.72%和18.58%。

缴存单位中，国家机关和事业单位占74.33%，国有企业占9.72%，城镇集体企业占0.53%，外商投资企业占0.11%，城镇私营企业及其他城镇企业占14.78%，民办非企业单位和社会团体占0.53%，其他占0%。

缴存职工中，国家机关和事业单位占73.72%，国有企业占18.75%，城镇集体企业占0.54%，外商投资企业占0.18%，城镇私营企业及其他城镇企业占6.74%，民办非企业单位和社会团体占0.07%，其他占0%；中、低收入占99.10%，高收入占0.90%。

新开户职工中，国家机关和事业单位占46.69%，国有企业占25.41%，城镇集体企业占0.30%，外商投资企业占2.20%，城镇私营企业及其他城镇企业占24.99%，民办非企业单位和社会团体占0.41%，其他占0%；中、低收入占99.79%，高收入占0.21%。

（二）**提取业务**：2017年，4.83万名缴存职工提取住房公积金12.34亿元。

提取金额中，住房消费提取占82.60%（购买、建造、翻建、大修自住住房占16.81%，偿还购房贷款本息占65.65%，租赁住房占0.13%，其他占0.01%）；非住房消费提取占17.40%（离休和退休提取占12.07%，完全丧失劳动能力并与单位终止劳动关系提取占3.13%，户口迁出本市或出境定居占

0.25%，其他占 1.95%）。

提取职工中，中、低收入占 99%，高收入占 1%。

（三）贷款业务

1. **个人住房贷款**：2017 年，支持职工购建房 62.90 万平方米，年末个人住房贷款市场占有率为 30.66%，比上年增加 5.04 个百分点。通过申请住房公积金个人住房贷款，可节约职工购房利息支出 47715.20 万元。

职工贷款笔数中，购房建筑面积 90（含）平方米以下占 17.66%，90～144（含）平方米占 35.94%，144 平方米以上占 46.40%。购买新房占 28.79%（其中购买保障性住房占 0%），购买存量商品住房占 54.63%，建造、翻建、大修自住住房占 16.58%，其他占 0%。

职工贷款笔数中，单缴存职工申请贷款占 47.83%，双缴存职工申请贷款占 51.95%，三人及以上缴存职工共同申请贷款占 0.22%。

贷款职工中，30 岁（含）以下占 27.50%，30 岁～40 岁（含）占 39.50%，40 岁～50 岁（含）占 26.18%，50 岁以上占 6.82%；首次申请贷款占 75.92%，二次及以上申请贷款占 24.08%；中、低收入占 99.15%，高收入占 0.85%。

2. **异地贷款**：2017 年，发放异地贷款 1 笔 40 万元。2017 年末，发放异地贷款总额 114 万元，异地贷款余额 108.70 万元。

（四）住房贡献率：2017 年，个人住房贷款发放额、公转商贴息贷款发放额、项目贷款发放额、住房消费提取额的总和与当年缴存额的比率为 142.89%，比上年减少 3.2 个百分点。

六、其他重要事项

（一）当年住房公积金政策调整及执行情况：

1. **当年缴存基数限额及确定方法、缴存比例等缴存政策调整情况**：2017 年单位及职工个人住房公积金月缴存基数上限为 16746 元，下限为 1180 元。缴存比例及缴存政策没有调整情况。

2. **当年提取政策调整情况**：根据《文山州住房公积金管理中心关于按年冲还贷和按月冲还贷有关的通知》（文住金发〔2017〕21 号）规定：可以按月提取公积金冲还公积金贷款贷。

3. **当年个人住房贷款最高贷款额度、贷款条件等贷款政策调整情况**：一是根据文山州住房公积金管理委员会《关于提高住房公积贷款额度的批复》（文住公管复〔2017〕10 号）："一是从 2017 年 9 月 21 日起，将我州住房公积金最高贷款额度提高为 50 万元，最长贷款期限为 25 年（法定退休年龄顺延 5 年）"；二是贷款授权管理：从 2017 年 10 月起，贷款授权各管理部负责人审批；三是贷款申请条件：2012 年 1 月 1 日以后的购建房行为可以向中心申请个人住房公积金贷款；四是新增贷款资料要件：借款人（夫妻双方）户口簿。

（二）当年服务改进情况：2017 年我中心对综合服务平台建设进行了招标、开发、施实工作，计划于 2018 年 3 月投入使用，目前中心开通了：网站、网上服务大厅、微信、手机 APP 业务。

（三）当年信息化建设情况：2017 年 4 月接入住房城乡建设部的结算应用系统，并对于当月向住房城乡建设部提出基础数据贯标验收申请，待住房城乡建设部安排组织验收。

西双版纳州住房公积金 2017 年年度报告

一、机构概况

(一) 住房公积金管理委员会：住房公积金管理委员会有 24 名委员，2017 年召开 1 次会议，审议通过的事项主要包括：《西双版纳州住房公积金管委会 2017 年第一次全体会议关于州住房公积金 2016 年度预算执行情况和 2017 年度预算报告的决议》（西住公积委发〔2017〕3 号）。

(二) 住房公积金管理中心：住房公积金管理中心为（隶属关系）不以营利为目的的（机构属性）事业单位，设 5 个处（科），3 个管理部。从业人员 44 人，其中，在编 24 人，非在编 20 人。

二、业务运行情况

(一) 缴存：2017 年，新开户单位 106 家，实缴单位 1471 家，净增单位 55 家；新开户职工 0.6 万人，实缴职工 6.22 万人，净增职工 0.3 万人；缴存额 10.97 亿元，同比增长（下降）35.77%。2017 年末，缴存总额 65.74 亿元，同比增长 20.03%；缴存余额 39.44 亿元，同比增长（下降）14.65%。

受委托办理住房公积金缴存业务的银行 5 家，比上年增加（减少）0 家。

(二) 提取：2017 年，提取额 5.97 亿元，同比增长（下降）44.9%；占当年缴存额的 54.42%，比上年增加（减少）3.43 个百分点。2017 年末，提取总额 26.3 亿元，同比增长 29.37%。

(三) 贷款：

个人住房贷款：个人住房贷款最高额度 80 万元，其中，单缴存职工最高额度 80 万元，双缴存职工最高额度 80 万元。

2017 年，发放个人住房贷款 0.22 万笔 8.19 亿元，同比分别增长（下降）15.79%、39.29%。

2017 年，回收个人住房贷款 5.42 亿元。

2017 年末，累计发放个人住房贷款 3.52 万笔 60.60 亿元，贷款余额 29.98 亿元，同比分别增长 8.31%、15.63%、10.22%。个人住房贷款余额占缴存余额的 76.01%，比上年增加（减少）-2.98 个百分点。

受委托办理住房公积金个人住房贷款业务的银行 5 家。

(四) 资金存储：2017 年末，住房公积金存款 10.33 亿元。其中，活期 0.64 亿元，1 年（含）以下定期 3.87 亿元，1 年以上定期 0.64 亿元，其他（协定、通知存款等）5.18 亿元。

(五) 资金运用率：2017 年末，住房公积金个人住房贷款余额、项目贷款余额和购买国债余额的总和占缴存余额的 76.01%，比上年减少 2.98 个百分点。

三、主要财务数据

(一) 业务收入：2017 年，业务收入 10606.25 万元，同比增长 3.36%。存款利息 999.13 万元，委托贷款利息 9519.76 万元，国债利息 0 万元，其他 87.36 万元。

(二) 业务支出：2017 年，业务支出 6443.31 万元，同比增长 53.78%。支付职工住房公积金利息

5642.71万元，归集手续费0万元，委托贷款手续费475.85万元，其他324.75万元。

（三）**增值收益**：2017年，增值收益4162.94万元，同比下降31.43%。增值收益率1.22%，比上年减少0.63个百分点。

（四）**增值收益分配**：2017年，提取贷款风险准备金2497.77万元，提取管理费用1248.88万元，提取城市廉租住房（公共租赁住房）建设补充资金416.29万元。

2017年，上交财政管理费用5323.40万元。上缴财政城市廉租住房（公共租赁住房）建设补充资金607.12万元。

2017年末，贷款风险准备金余额5218.14万元。累计提取城市廉租住房（公共租赁住房）建设补充资金3392.89万元。

（五）**管理费用支出**：2017年，管理费用支出739.19万元，同比增长29.27%。其中，人员经费475.57万元，公用经费45.19万元，专项经费218.43万元。

四、资产风险状况

个人住房贷款：2017年末，个人住房贷款逾期额64.38万元，逾期率0.21‰。

个人贷款风险准备金按（贷款余额或增值收益）的60%提取。2017年，提取个人贷款风险准备金2497.77万元，使用个人贷款风险准备金核销呆坏账0万元。2017年末，个人贷款风险准备金余额5218.14万元，占个人住房贷款余额的1.74%，个人住房贷款逾期额与个人贷款风险准备金余额的比率为1.23%。

五、社会经济效益

（一）**缴存业务**：2017年，实缴单位数、实缴职工人数和缴存额同比分别增长3.88%、5.07%和35.77%。

缴存单位中，国家机关和事业单位占64.31%，国有企业占9.58%，城镇集体企业占1.9%，外商投资企业占1.16%，城镇私营企业及其他城镇企业占16.86%，民办非企业单位和社会团体占0.82%，其他占5.37%。

缴存职工中，国家机关和事业单位占56.24%，国有企业占18.17%，城镇集体企业占1.65%，外商投资企业占4.02%，城镇私营企业及其他城镇企业占16.81%，民办非企业单位和社会团体占0.1%，其他占3.01%；中、低收入占99.99%，高收入占0.01%。

新开户职工中，国家机关和事业单位占30.71%，国有企业占16.48%，城镇集体企业占1.57%，外商投资企业占9.6%，城镇私营企业及其他城镇企业31.64%，民办非企业单位和社会团体占0.3%，其他占9.7%；中、低收入占100%，高收入占0%。

（二）**提取业务**：2017年，1.44万名缴存职工提取住房公积金5.97亿元。

提取金额中，住房消费提取占66.35%（购买、建造、翻建、大修自住住房占37.67%，偿还购房贷款本息占62.25%，租赁住房占0.08%，其他占0%）；非住房消费提取占33.65%（离休和退休提取占53.9%，完全丧失劳动能力并与单位终止劳动关系提取占38.89%，户口迁出本市或出境定居占2.5%，其他占4.71%）。

提取职工中，中、低收入占99.99%，高收入占0.01%。

(三) 贷款业务

1. **个人住房贷款**：2017年，支持职工购建房30.99万平方米，年末个人住房贷款市场占有率为30.22%，比上年减少2.34个百分点。通过申请住房公积金个人住房贷款，可节约职工购房利息支出11125.98万元。

职工贷款笔数中，购房建筑面积90（含）平方米以下占16.42%，90-144（含）平方米占55.86%，144平方米以上占27.72%。购买新房占64.99%（其中购买保障性住房占0%），购买存量商品住房占11.08%，建造、翻建、大修自住住房占3.44%，其他占20.49%。

职工贷款笔数中，单缴存职工申请贷款占29.22%，双缴存职工申请贷款占70.78%，三人及以上缴存职工共同申请贷款占0%。

贷款职工中，30岁（含）以下占29.62%，30岁~40岁（含）占33.15%，40岁~50岁（含）占26.46%，50岁以上占10.77%；首次申请贷款占67.62%，二次及以上申请贷款占32.38%；中、低收入占100%，高收入占0%。

2. **异地贷款**：2017年，发放异地贷款22笔693万元。2017年末，发放异地贷款总额949万元，异地贷款余额852.16万元。

（四）住房贡献率

2017年，个人住房贷款发放额、公转商贴息贷款发放额、项目贷款发放额、住房消费提取额的总和与当年缴存额的比率为76.01%，比上年减少2.98个百分点。

六、其他重要事项

（一）**当年住房公积金政策调整及执行情况**：2017年度缴存基数上限为社会平均工资的三倍，缴存比例不得超过12%，下限为社会平均工资，缴存比例不得低于5%；2017年住房公积金存款利率按1年期1.5%计息；贷款利率按5年（含5年）以下为2.75%，5年以上为3.25%执行；2017年住房公积金个人住房贷款最高额度80万元，最长年限不超过30年，不再区分单职工和双职工的贷款额度。贷款其他条件不变。

（二）**当年服务改进情况**：2017年7月25日数据贯标并接入结算系统，实现住房公积金管理中心与相关业务银行直接进行银行结算交易，大大提升了服务效率。

（三）**当年信息化建设情况**：按照国家住房城乡建设部、省住房城乡建设厅指示精神，投入资金累计113.8万元，建设公积金基础数据标准和银行结算应用系统的"双贯标"工作。通过不断的升级完善"双贯标"工作于7月24日正式上线运行，2017年12月12日正式通过了住房城乡建设部、云南省住房城乡建设厅住房公积金贯标工作检查组的验收。

大理州住房公积金2017年年度报告

一、机构概况

（一）**住房公积金管理委员会**：住房公积金管理委员会有25名委员，2017年召开1次会议，审议通

过的事项主要包括：《大理州住房公积金 2016 年度归集使用计划执行情况及 2017 年度归集使用计划报告》、《大理州住房公积金 2016 年度增值收益分配方案》、《大理州住房公积金 2016 年年度报告》、《住房公积金基础数据标准贯标和银行结算数据应用系统上线项目建设实施方案》。

（二）住房公积金管理中心：大理州住房公积金管理中心为大理州人民政府下属的不以营利为目的的参照公务员法管理的事业单位，设 5 个科，12 个管理部。从业人员 93 人，其中，在编 56 人，非在编 37 人。

二、业务运行情况

（一）缴存：2017 年，新开户单位 126 家，实缴单位 3164 家，净增单位 46 家；新开户职工 1.05 万人，实缴职工 14.65 万人，净增职工 0.44 万人；缴存额 25.85 亿元，同比增长 23.68%。2017 年末，缴存总额 155.18 亿元，同比增长 20%；缴存余额 67.24 亿元，同比增长 18.46%。

受委托办理住房公积金缴存业务的银行 7 家，比上年增加 1 家。

（二）提取：2017 年，提取额 15.37 亿元，同比增长 21.21%；占当年缴存额的 59.46%，比上年减少 1.21 个百分点。2017 年末，提取总额 87.93 亿元，同比增长 21.18%。

（三）贷款：

个人住房贷款：个人住房贷款最高额度 70 万元，其中，单缴存职工最高额度 60 万元，双缴存职工最高额度 70 万元。

2017 年，发放个人住房贷款 0.33 万笔 14.22 亿元，同比分别下降 13.16%、7.90%。2017 年，回收个人住房贷款 6.77 亿元。2017 年末，累计发放个人住房贷款 5.17 万笔 95.27 亿元，贷款余额 56.21 亿元，同比分别增长 6.81%、17.54%、15.28%。个人住房贷款余额占缴存余额的 83.60%，比上年减少 2.31 个百分点。

受委托办理住房公积金个人住房贷款业务的银行 7 家，比上年增加 1 家。

（四）资金存储：2017 年末，住房公积金存款 12.15 亿元。其中，活期 0.12 亿元，1 年（含）以下定期 7.71 亿元，其他（协议、协定、通知存款等）4.32 亿元。

（五）资金运用率：2017 年末，住房公积金个人住房贷款余额、项目贷款余额和购买国债余额的总和占缴存余额的 83.60%，比上年减少 2.31 个百分点。

三、主要财务数据

（一）业务收入：2017 年，业务收入 18148.23 万元，同比增长 14.52%。存款利息 1347.40 万元，委托贷款利息 16795.11 万元，其他 5.72 万元。

（二）业务支出：2017 年，业务支出 11100.32 万元，同比增长 21.66%。支付职工住房公积金利息 9320.47 万元，归集手续费 969.28 万元，委托贷款手续费 810.07 万元，其他 0.5 万元。

（三）增值收益：2017 年，增值收益 7047.91 万元，同比增长 4.82%。增值收益率 1.13%，比上年减少 0.15 个百分点。

（四）增值收益分配：2017 年，提取贷款风险准备金 744.24 万元，提取管理费用 2114.37 万元，提取城市廉租住房（公共租赁住房）建设补充资金 4189.30 万元。

2017年，上交财政管理费用2114.37万元。上缴财政城市廉租住房（公共租赁住房）建设补充资金4189.30万元。

2017年末，贷款风险准备金余额5618.35万元。累计提取城市廉租住房（公共租赁住房）建设补充资金30612.29万元。

（五）管理费用支出：2017年，管理费用支出1709.70万元，同比增长8.04%。其中，人员经费1145.65万元，公用经费97.76万元，专项经费466.29万元。

四、资产风险状况

个人住房贷款：2017年末，个人住房贷款逾期额23.39万元，逾期率0.04‰。全部是时点逾期，没有整体逾期贷款。

个人贷款风险准备金按（年度贷款余额）的1%提取。2017年，提取个人贷款风险准备金744.24万元，没有使用个人贷款风险准备金。2017年末，个人贷款风险准备金余额5618.35万元，占个人住房贷款余额的1%，个人住房贷款逾期额与个人贷款风险准备金余额的比率为0.42%。

五、社会经济效益

（一）缴存业务：2017年，实缴单位数、实缴职工人数和缴存额同比分别增加1.48%、3.10%和23.68%。

缴存单位中，国家机关和事业单位占71.15%，国有企业占10.34%，城镇集体企业占4.3%，外商投资企业占0.82%，城镇私营企业及其他城镇企业占8.5%，民办非企业单位和社会团体占1.2%，其他占3.69%。

缴存职工中，国家机关和事业单位占63.54%，国有企业占19.2%，城镇集体企业占5.66%，外商投资企业占1.71%，城镇私营企业及其他城镇企业占5.31%，民办非企业单位和社会团体占0.19%，其他占4.39%；中、低收入占97.34%，高收入占2.66%。

新开户职工中，国家机关和事业单位占42.98%，国有企业占11.88%，城镇集体企业占15.09%，外商投资企业占4.2%，城镇私营企业及其他城镇企业占12.81%，民办非企业单位和社会团体占0.32，其他占12.72%；中、低收入占97.34%，高收入占2.66%。

（二）提取业务：2017年，3.12万名缴存职工提取住房公积金15.37亿元。

提取金额中，住房消费提取占84.36%（购买、建造、翻建、大修自住住房占45.30%，偿还购房贷款本息占32.66%，租赁住房占0.08%，其他占6.32%）；非住房消费提取占15.64%（离休和退休提取占11.65%，完全丧失劳动能力并与单位终止劳动关系提取占3.43%，户口迁出本市或出境定居占0.1%，其他占0.46%）。

提取职工中，中、低收入占95.78%，高收入占4.22%。

（三）贷款业务

1. **个人住房贷款**：2017年，支持职工购建房51.73万平方米，年末个人住房贷款市场占有率为28.69%，比上年减少2.41个百分点。通过申请住房公积金个人住房贷款，可节约职工购房利息支出

14912.26万元。

职工贷款笔数中,购房建筑面积90(含)平方米以下占13.64%,90~144(含)平方米占56.09%,144平方米以上占30.27%。购买新房占66.47%,购买存量商品住房占26.58%,建造、翻建、大修自住住房占6.95%。

职工贷款笔数中,单缴存职工申请贷款占18.29%,双缴存职工申请贷款占78.38%,三人及以上缴存职工共同申请贷款占3.33%。

贷款职工中,30岁(含)以下占25.73%,30岁~40岁(含)占38.80%,40岁~50岁(含)占25.43%,50岁以上占10.04%;首次申请贷款占79.71%,二次及以上申请贷款占20.29%;中、低收入占98.82%,高收入占1.18%。

2. **异地贷款**:2017年,发放异地贷款19笔633万元。2017年末,发放异地贷款总额1197万元,异地贷款余额1162.30万元。

(四)住房贡献率:2017年,个人住房贷款发放额、公转商贴息贷款发放额、项目贷款发放额、住房消费提取额的总和与当年缴存额的比率为118.36%,比上年减少6.86个百分点。

六、其他重要事项

1. 完成了住房公积金业务管理系统基础数据标准贯标和银行业务系统接口标准的双贯标工作,建立了科学、规范的住房公积金业务数据体系。顺利接入公积金结算数据应用系统,实现了住房公积金基础数据传输、交换、使用的标准化,住房公积金业务通过与银行结算数据应用系统直连,实现线上发起收、付业务,完成了资金的实时结算。

2. 接入全国住房公积金异地转移接续平台。实现全国所有住房公积金异地转移接续业务均通过平台受理办结,在全国范围内实现了"账随人走,钱随账走"。

3. 对"大理住房公积金网"进行了提升改造,完成了住房公积金自助查询终端建设,实现服务渠道的多元化。

4. 建立科学合理的内控体系。通过公积金管理系统建设,科学合理设置岗位、业务流程,分解业务,分工协作,用科技手段支撑风险防控体系。

5. 增加受托银行。2017年增加了中国邮政储蓄银行大理州分行为公积金受托银行。

6. 统一了全州住房公积金运管模式。实现了全州统一归集,完成了归集、提取、贷款等各项业务的上线工作,做到了各项业务的全程自行管理。同时,精简资料,简化手续,优化服务流程,实现了归集、提取等业务的实时办结,提升了住房公积金管理水平和服务效率。

7. 规范农村宅基地建房使用公积金政策。在农村宅基地建房时,职工贷款或提取公积金需提供宅基地使用证(或用地批复)、乡村建设规划许可证。

8. 切实落实住房城乡建设部文件精神,全面降低了按揭贷款保证金比例,适当降低了部分困难企业的缴存比例,减轻了房地产企业和困难企业的负担。

9. 2015~2017年获"云南省省级文明单位"称号;2017~2019年获"大理市市级文明单位"称号。

德宏州住房公积金 2017 年年度报告

一、机构概况

（一）**住房公积金管理委员会**：住房公积金管理委员会有 21 名委员，2017 年召开 1 次会议，审议通过的事项主要包括：《德宏住房公积金 2016 年年度报告》、《德宏州住房公积金 2016 年度增值收益分配方案报告》、《德宏州住房公积金 2016 年度财务报告》、关于调整住房公积金贷款政策、关于德宏州住房公积金综合业务管理信息系统更新方案选定、关于制定出台提供虚假购房手续骗取骗贷住房公积金处置办法、关于搭建住房公积金跨部门信息共享平台等议题。

（二）**住房公积金管理中心**：住房公积金管理中心为州人民政府直属不以营利为目的的公益一类事业单位，设 6 个科室，5 个管理部，0 个分中心。从业人员 43 人，其中，在编 43 人，非在编 0 人。

二、业务运行情况

（一）**缴存**：2017 年，新开户单位 57 家，实缴单位 1187 家，净增单位 55 家；新开户职工 0.0517 万人，实缴职工 6.04 万人，净增职工 0.0084 万人；缴存额 10.85 亿元，同比增长 29.94%。2017 年末，缴存总额 57.77 亿元，同比增长 23.12%；缴存余额 34.71 亿元，同比增长 23.87%。

受委托办理住房公积金缴存业务的银行 7 家，比上年增加（减少）0 家。

（二）**提取**：2017 年，提取额 4.17 亿元，同比增加 21.57%；占当年缴存额的 39.94%，比上年减少 1.13 个百分点。2017 年末，提取总额 23.06 亿元，同比增长 22.07%。

（三）**贷款**：

个人住房贷款：个人住房贷款最高额度 60 万元，其中，单缴存职工最高额度 40 万元，双缴存职工最高额度 60 万元。

2017 年，发放个人住房贷款 0.2028 万笔 7.79 亿元，同比分别下降 20%、16.28%。

2017 年，回收个人住房贷款 3.31 亿元。

2017 年末，累计发放个人住房贷款 3.2863 万笔 51.02 亿元，贷款余额 29.76 亿元，同比分别增长 6.57%、15.7%、17.72%。个人住房贷款余额占缴存余额的 85.74%，比上年减少 4.48 个百分点。

受委托办理住房公积金个人住房贷款业务的银行 7 家，比上年增加（减少）0 家。

（四）**资金存储**：2017 年末，住房公积金存款 6.26 亿元。其中，活期 2.62 亿元，1 年（含）以下定期 3.64 亿元，1 年以上定期 0 亿元，其他（协定、通知存款等）0 亿元。

（五）**资金运用率**：2017 年末，住房公积金个人住房贷款余额、项目贷款余额和购买国债余额的总和占缴存余额的 85.74%，比上年减少 4.48 个百分点。

三、主要财务数据

（一）**业务收入**：2017 年，业务收入 9902.37 万元，同比增长 9.52%；存款利息 602.53 万元，委托贷款利息 9298.50 万元，国债利息 0 万元，其他 1.34 万元。

（二）业务支出：2017年，业务支出5072.89万元，同比增长17.19%；支付职工住房公积金利息4719万元，归集手续费0万元，委托贷款手续费353.89万元，其他0万元。

（三）增值收益：2017年，增值收益4829.48万元，同比增长2.47%；增值收益率1.39%，比上年增加0.01个百分点。

（四）增值收益分配：2017年，提取贷款风险准备金447.98万元，提取管理费用3898.55万元，提取城市廉租住房（公共租赁住房）建设补充资金482.95万元。

2017年，上交财政管理费用3322.49万元。上缴财政城市廉租住房（公共租赁住房）建设补充资金471.28万元。

2017年末，贷款风险准备金余额2542.28万元。累计提取城市廉租住房（公共租赁住房）建设补充资金2636.95万元。

（五）管理费用支出：2017年，管理费用支出1797万元，同比增长115.98%。其中，人员经费608.20万元，公用经费171.65万元，专项经费1017.17万元。

四、资产风险状况

个人住房贷款：2017年末，个人住房贷款逾期额0万元，逾期率0‰。

个人贷款风险准备金按年度贷款余额（净增额）的1%提取。2017年，提取个人贷款风险准备金471.28万元，使用个人贷款风险准备金核销呆坏账0万元。2017年末，个人贷款风险准备金余额2542.28万元，占个人住房贷款余额的0.48%，个人住房贷款逾期额与个人贷款风险准备金余额的比率为0%。

五、社会经济效益

（一）缴存业务：2017年，实缴单位数、实缴职工人数和缴存额同比分别增长4.85%、0.14%和30.34%。

缴存单位中，国家机关和事业单位占66.64%，国有企业占8.67%，城镇集体企业占0.08%，外商投资企业占0%，城镇私营企业及其他城镇企业占19.38%，民办非企业单位和社会团体占1.35%，其他占3.88%。

缴存职工中，国家机关和事业单位占71.48%，国有企业占15.05%，城镇集体企业占0.16%，外商投资企业占0%，城镇私营企业及其他城镇企业占11.91%，民办非企业单位和社会团体占0.17%，其他占1.23%；中、低收入占85%，高收入占15%。

新开户职工中，国家机关和事业单位占10.44%，国有企业占9.67%，城镇集体企业占0%，外商投资企业占0%，城镇私营企业及其他城镇企业占45.26%，民办非企业单位和社会团体占0%，其他占34.63%；中、低收入占90.33%，高收入占9.67%。

（二）提取业务：2017年1.14万名缴存职工提取住房公积金4.17亿元。

提取金额中，住房消费提取占76.84%（购买、建造、翻建、大修自住住房占17.30%，偿还购房贷款本息占79.86%，租赁住房占0.35%，其他占2.49%）；非住房消费提取占23.16%（离休和退休提取占53.26%，完全丧失劳动能力并与单位终止劳动关系提取占33.87%，户口迁出本市或出境定居占

5.61%，其他占 7.26%）。

提取职工中，中、低收入占 92.46%，高收入占 7.54%。

(三) 贷款业务：

1. **个人住房贷款：** 2017 年，支持职工购建房 38.42 万平方米，年末个人住房贷款市场占有率为 40.93%，比上年增加 2.87 个百分点。通过申请住房公积金个人住房贷款，可节约职工购房利息支出 1325 万元。

职工贷款笔数中，购房建筑面积 90（含）平方米以下占 3.35%，90~144（含）平方米占 47.14%，144 平方米以上占 49.51%。购买新房占 33.28%（其中购买保障性住房占 0%），购买存量商品住房占 63.12%，建造、翻建、大修自住住房占 3.60%，其他占 0%。

职工贷款笔数中，单缴存职工申请贷款占 28.71%，双缴存职工申请贷款占 55.11%，三人及以上缴存职工共同申请贷款占 16.18%。

贷款职工中，30 岁（含）以下占 19.92%，30 岁~40 岁（含）占 43.88%，40 岁~50 岁（含）占 24.35%，50 岁以上占 11.85%；首次申请贷款占 11.93%，二次及以上申请贷款占 88.07%；中、低收入占 85.11%，高收入占 14.89%。

2. **异地贷款：** 2017 年，发放异地贷款 2 笔 80 万元。2017 年末，发放异地贷款总额 80 万元，异地贷款余额 0 万元。

(四) 住房贡献率： 2017 年，个人住房贷款发放额、公转商贴息贷款发放额、项目贷款发放额、住房消费提取额的总和与当年缴存额的比率为 110.19%，比上年减少 30.77 个百分点。

六、其他重要事项

(一) 当年住房公积金政策调整及执行情况：

1. **缴存比例及缴存基数限额执行情况：** 严格执行"控高保低"缴存政策，全州住房公积金缴存比例为 5%~12%，单位和个人同比例缴存。最低缴存基数按不得低于德宏州统计局及人力资源和社会保障部门公布的上一年度在岗职工最低月工资标准 2963 元执行，最高缴存基数按不得超过德宏州统计部门公布的上一年度在岗职工月平均工资的三倍，即 14814 元执行。

2. **当年贷款政策调整情况：** 调整贷款准入条件，将住房公积金个贷准入条件由取得 5 年权证手续时间调整为 3 年。

(二) 当年服务改进情况：

1. **积极落实减证便民：** 认真落实中央和省、州"放管服"精神，全面清理、精简相关证明材料，建立了 32 项公共服务清单。

2. **优化服务环境：** 州中心综合业务用房、梁河管理部便民服务中心经过装修改造于 2017 年 9 月份投入使用，住房公积金的基础设施进一步夯实。

(三) 当年信息化建设情况： 2017 年 9 月启动了住房公积金信息系统改造升级工作 2017 年底完成了"双贯标"系统上线工作，待上报住房城乡建设部验收。2017 年 7 月上线了全国异地转移接续平台。

(四) 当年对违反《住房公积金管理条例》和相关法规行为进行行政处罚和申请人民法院强制执行情

况：加大骗提套取打击力度，全年查实骗提行为10人次。积极配合公安机关做好骗提住房公积金案件核查工作，追回骗提资金48.6万元。当年向人民法院提起借贷民事诉讼2件。

怒江州住房公积金2017年年度报告

一、机构概况

（一）住房公积金管理委员会：住房公积金管理委员会有23名委员，2017年进行2次会签，审议通过的事项主要包括：通过2016年年度报告；通过调整住房公积金提取政策的建议。

（二）住房公积金管理中心：住房公积金管理中心为怒江州人民政府不以营利为目的的公益一类事业单位，设6个科，4个管理部，0个分中心。从业人员43人，其中，在编28人，非在编15人。

二、业务运行情况

（一）缴存：2017年，新开户单位24家，实缴单位673家，净增单位27家；新开户职工0.079万人，实缴职工3.25万人，净增职工0.21万人；缴存额6.57亿元，同比增长29.77%。2017年末，缴存总额37.68亿元，同比增长21.11%；缴存余额15.52亿元，同比增长23.27%。

受委托办理住房公积金缴存业务的银行5家，比上年增加（减少）0家。

（二）提取：2017年，提取额3.64亿元，同比下降51.89%；占当年缴存额的55.42%，比上年减少94.08个百分点。2017年末，提取总额22.16亿元，同比增长19.65%。

（三）贷款：

个人住房贷款：个人住房贷款最高额度50万元，其中，单缴存职工最高额度30万元，双缴存职工最高额度50万元。

2017年，发放个人住房贷款0.0788万笔2.546亿元，同比分别下降58.24%、56.22%。

2017年，回收个人住房贷款3.11亿元。

2017年末，累计发放个人住房贷款2.19万笔32.12亿元，贷款余额10.59亿元，同比分别增长3.7%、8.6%、-5%。个人住房贷款余额占缴存余额的68.24%，比上年减少20.35个百分点。

受委托办理住房公积金个人住房贷款业务的银行5家，比上年增加（减少）0家。

（四）资金存储：2017年末，住房公积金存款5.23亿元。其中，活期5.23亿元，1年（含）以下定期0亿元，1年以上定期0亿元，其他（协定、通知存款等）0亿元。

（五）资金运用率：2017年末，住房公积金个人住房贷款余额、项目贷款余额和购买国债余额的总和占缴存余额的68.24%，比上年减少20.35个百分点。

三、主要财务数据

（一）业务收入：2017年，业务收入3763.35万元，同比下降2.01%。存款利息63.25万元，委托贷款利息 3626.91 万元，国债利息 0 万元，其他 73.19 万元。

（二）**业务支出**：2017 年，业务支出 2046.03 万元，同比下降 10.76%。支付职工住房公积金利息 1903.08 万元，归集手续费 0 万元，委托贷款手续费 142.15 万元，其他 0.8 万元。

（三）**增值收益**：2017 年，增值收益 1717.32 万元，同比增长 10.95%。增值收益率 1%，比上年减少 0.09 个百分点。

（四）**增值收益分配**：2017 年，提取贷款风险准备金 1030.39 万元，提取管理费用 515.20 万元，提取城市廉租住房（公共租赁住房）建设补充资金 171.73 万元。

2017 年，上交财政管理费用 464.35 万元。上缴财政城市廉租住房（公共租赁住房）建设补充资金 154.78 万元。

2017 年末，贷款风险准备金余额 8017.76 万元。累计提取城市廉租住房（公共租赁住房）建设补充资金 968.63 万元。

（五）**管理费用支出**：2017 年，管理费用支出 71.58 万元，同比增长 46.71%。其中，人员经费 45.39 万元，公用经费 0 万元，专项经费 26.19 万元。

四、资产风险状况

个人住房贷款：2017 年末，个人住房贷款逾期额 885.35 万元，逾期率 8.36‰。

个人贷款风险准备金按（增值收益）的 60% 提取。2017 年，提取个人贷款风险准备金 1030.39 万元，使用个人贷款风险准备金核销呆坏账 0 万元。2017 年末，个人贷款风险准备金余额 8017.76 万元，占个人住房贷款余额的 7.57%，个人住房贷款逾期额与个人贷款风险准备金余额的比率为 11.04%。

五、社会经济效益

（一）**缴存业务**：2017 年，实缴单位数、实缴职工人数和缴存额同比分别增长 4%、7% 和 30%。

缴存单位中，国家机关和事业单位占 80%，国有企业占 10.4%，城镇集体企业占 3.9%，外商投资企业占 0%，城镇私营企业及其他城镇企业占 3.4%，民办非企业单位和社会团体占 1.9%，其他占 0.4%。

缴存职工中，国家机关和事业单位占 72.48%，国有企业占 10.46%，城镇集体企业占 15.12%，外商投资企业占 0%，城镇私营企业及其他城镇企业占 1.57%，民办非企业单位和社会团体占 0.3%，其他占 0.07%；中、低收入占 99.42%，高收入占 0.58%。

新开户职工中，国家机关和事业单位占 96.7%，国有企业占 2.7%，城镇集体企业占 0.2%，外商投资企业占 0%，城镇私营企业及其他城镇企业占 0%，民办非企业单位和社会团体占 0.2%，其他占 0%；中、低收入占 99.87%，高收入占 0.13%。

（二）**提取业务**：2017 年，0.76 万名缴存职工提取住房公积金 3.64 亿元。

提取金额中，住房消费提取占 88.8%（购买、建造、翻建、大修自住住房占 52.08%，偿还购房贷款本息占 36.72%，租赁住房占 0%，其他占 0%）；非住房消费提取占 11.2%（离休和退休提取占 8.68%，完全丧失劳动能力并与单位终止劳动关系提取占 1.14%，户口迁出本市或出境定居占 0.37%，其他占 1.01%）。

提取职工中，中、低收入占99.36%，高收入占0.64%。

（三）贷款业务：

1. **个人住房贷款**：2017年，支持职工购建房14.03万平方米，年末个人住房贷款市场占有率为46.7%，比上年减少10.3个百分点。通过申请住房公积金个人住房贷款，可节约职工购房利息支出2825万元。

职工贷款笔数中，购房建筑面积90（含）平方米以下占3.81%，90～144（含）平方米占51.9%，144平方米以上占44.29%。购买新房占50.63%（其中购买保障性住房占50.63%），购买存量商品住房占17.64%，建造、翻建、大修自住住房占30.21%，其他占1.52%。

职工贷款笔数中，单缴存职工申请贷款占18.53%，双缴存职工申请贷款占81.35%，三人及以上缴存职工共同申请贷款占0.12%。

贷款职工中，30岁（含）以下占18.78%，30岁～40岁（含）占39.85%，40岁～50岁（含）占29.95%，50岁以上占11.42%；首次申请贷款占58.12%，二次及以上申请贷款占41.88%；中、低收入占98.73%，高收入占1.27%。

2. **异地贷款**：2017年，发放异地贷款12笔495万元。2017年末，发放异地贷款总额1027万元，异地贷款余额608.43万元。

（四）**住房贡献率**：2017年，个人住房贷款发放额、公转商贴息贷款发放额、项目贷款发放额、住房消费提取额的总和与当年缴存额的比率为87.96%，比上年减少188.04个百分点。

六、其他重要事项

（一）**当年机构及职能调整情况、受委托办理缴存贷款业务金融机构变更情况**：根据住房城乡建设部"双贯标"工作的要求，为了完成基础数据标准贯标和结算应用系统正式接入做前期准备，我中心于2017年10月31日终止与各委托银行签订的住房公积金贷款委托协议，并于11月6日正式上线运行住房公积金银行结算应用系统开始，我中心进行公积金贷款扣款和现金还款的办理。

（二）**当年住房公积金政策调整及执行情况**：经管委会委员会签，从2017年5月10日起，我州公积金提取政策调整为：公积金缴存职工因购买、建造、翻修、大修自住住房或交付房租的，最高提取额度为个人存储余额的50%，偿还住房公积金贷款本息的，最高提取金额到个人存储余额千元位整数。职工每间隔1年可提取一次。

（三）**服务改进情况**：

1. 按照州政府政务服务中心的要求，为做好政务服务工作，已将中心面积为112平方米的服务大厅作为分中心政务服务窗口大厅使用。且同意合理布局，规划整齐，设有办事群众休息等候的区域、文印、查询、电传、卫生间等方便群众的公共设施。窗口工作人员实行挂牌上岗，设有窗口公示牌，公开窗口办理事项、窗口工作人员休息。连接了互联网、电子政务服务外网，并实现了分中心服务窗口与部门内设科室网络的联网对接。中心所有审批服务事项向网上大厅集中，所有审批服务事项在分中心大厅中公开、实施受理和办结。

2. 中心按照上级要求，及时接入电子政务外网，实现了与云南省政务电子政务外网对接。同时，分中心按照相关要求，认真清理修订了不适应互联网＋政务服务的规章和规范性文件，及时制定了"互联

＋政务服务工作"实施方案。

3. 正式运行公积金微信公众平台和中心网站，并制定专人负责网站清理工作，保证网站的最新动态，并及时对问题及情况进行处理。更新应用后台管理系统信息，及时回复社会公众的咨询、投诉和意见建议。

（四）信息化建设情况：根据住房城乡建设部"双贯标"工作的要求，我中心银行结算应用系统经过前期的开发和联网交易测试，各项功能已通过检验，经报住房城乡建设部批准，先于7月初接入异地转移接续平台，后于11月6日正式上线运行住房公积金银行结算应用系统，完成了基础数据标准贯标和结算应用系统接入工作。

（五）其他需要披露的情况：管理中心一直以来认真开展"挂包帮""转走访"，全力做好脱贫攻坚工作。一是年初，管理中心按照相关要求，派出中心2名副科级党员干部开展驻村脱贫攻坚工作，11月又选派6名脱贫攻坚和基层党建实战队员，目前管理中心共派出8名工作人员驻村开展脱贫攻坚工作。二是管理中心领导带领管理中心职工多次入村开展脱贫攻坚工作，积极宣传十九大精神及中央、省委省政府和州委州政府的帮扶政策，引导贫困群众转变观念，摆脱意识贫困和思路贫困，增强脱贫致富的信心和决心。三是做实事好事，解决困难问题。管理中心每年都为补久娃村党支部订购《怒江报》《云岭先锋》《云南日报》等党报党刊，进一步丰富党员文化生活，提升党员理论素质。同时中心领导深入扶贫挂钩村为党员干部上党课，宣讲习近平系列重要讲话精神和宣传相关法律法规及实时政策。

迪庆州住房公积金2017年年度报告

一、机构概况

（一）住房公积金管理委员会：住房公积金管理委员会有18名委员，2017年召开1次会议，审议通过的事项主要包括：《迪庆州住房公积金廉政风险防控工作整改方案》、《迪庆州住房公积金管理中心关于从管理费用中拨付三江并流梅里雪山景区保护性基础设施建设项目缺口资金及升平镇科普中心资产移交登记费用的请示》、《迪庆州住房公积金管理中心关于调整住房公积金部分资金存款的请示》。

（二）住房公积金管理中心：住房公积金管理中心为隶属州住房和城乡建设局的不以营利为目的的公益性一类事业单位，设4个科室，3个管理部。从业人员34人，其中，在编25人，非在编9人。

二、业务运行情况

（一）缴存：2017年，新开户单位49家，实缴单位742家，净增单位47家；新开户职工0.32万人，实缴职工3万人，净增职工0.13万人；缴存额6.73亿元，同比增长25.90%。2017年末，缴存总额34.95亿元，同比增长23.82%；缴存余额27.11亿元，同比增长19.15%。

受委托办理住房公积金缴存业务的银行3家，比上年增加（减少）0家。

（二）提取：2017年，提取额2.37亿元，同比增长50.62%；占当年缴存额的35.22%，比上年增加

5.78个百分点。2017年末，提取总额7.85亿元，同比增长43.24%。

（三）贷款：

个人住房贷款：个人住房贷款最高额度50万元，其中，单缴存职工最高额度30万元，双缴存职工最高额度50万元。

2017年，发放个人住房贷款0.13万笔4.77亿元，同比分别下降12%、9.13%。

2017年，回收个人住房贷款3.19亿元。

2017年末，累计发放个人住房贷款1.55万笔32.37亿元，贷款余额17.33亿元，同比分别增长20.90%、44.82%、10.02%。个人住房贷款余额占缴存余额的63.95%，比上年减少5.31个百分点。

受委托办理住房公积金个人住房贷款业务的银行3家，比上年增加（减少）0家。

（四）资金存储：2017年末，住房公积金存款10.06亿元。其中，活期0.02亿元，1年（含）以下定期4.75亿元，1年以上定期3亿元，其他（协定、通知存款等）2.29亿元。

（五）资金运用率：2017年末，住房公积金个人住房贷款余额、项目贷款余额和购买国债余额的总和占缴存余额的63.95%，比上年减少5.13个百分点。

三、主要财务数据

（一）业务收入：2017年，业务收入7608.95万元，同比增长16.75%。存款利息2226.66万元，委托贷款利息5365.60万元，国债利息0万元，其他16.69万元。

（二）业务支出：2017年，业务支出3997.08万元，同比增长9.26%。其中，支付职工住房公积金利息3728.55万元，归集手续费0万元，委托贷款手续费268.28万元，其他0.25万元。

（三）增值收益：2017年，增值收益3611.86万元，同比增长26.34%。其中，增值收益率1.3%，比上年增加0.07个百分点。

（四）增值收益分配：2017年，提取贷款风险准备金157.58万元，提取管理费用1083.56万元，提取城市廉租住房（公共租赁住房）建设补充资金2370.72万元。

2017年，上交财政管理费用857.64万元。上缴财政城市廉租住房（公共租赁住房）建设补充资金1735.53万元。2017年末，贷款风险准备金余额1845.84万元。累计提取城市廉租住房（公共租赁住房）建设补充资金11441.82万元。

（五）管理费用支出：2017年，管理费用支出1143.87万元，同比增长45.06%。其中，人员经费579.33万元，公用经费30.94万元，专项经费533.6万元。

四、资产风险状况

个人住房贷款：2017年末，个人住房贷款逾期额453.13万元，逾期率0.18‰。

个人贷款风险准备金按（贷款余额或增值收益）的1%提取。2017年，提取个人贷款风险准备金157.58万元，使用个人贷款风险准备金核销呆坏账0万元。2017年末，个人贷款风险准备金余额1845.84万元，占个人住房贷款余额的1.07%，个人住房贷款逾期额与个人贷款风险准备金余额的比率为0.02%。

五、社会经济效益

（一）**缴存业务**：2017 年，实缴单位数、实缴职工人数和缴存额同比分别增长 4.36%、45% 和 25.90%。

缴存单位中，国家机关和事业单位占 67.93%，国有企业占 11.05%，城镇集体企业占 0%，外商投资企业占 0%，城镇私营企业及其他城镇企业占 0%，民办非企业单位和社会团体占 2.02%，其他占 19%。

缴存职工中，国家机关和事业单位占 71.82%，国有企业占 17.75%，城镇集体企业占 0%，外商投资企业占 0%，城镇私营企业及其他城镇企业占 0%，民办非企业单位和社会团体占 1.23%，其他占 9.2%；中、低收入占 99.5%，高收入占 0.5%。

新开户职工中，国家机关和事业单位占 95.78%，国有企业占 0.88%，城镇集体企业占 0%，外商投资企业占 0%，城镇私营企业及其他城镇企业占 0%，民办非企业单位和社会团体占 0.09%，其他占 3.25%；中、低收入占 100%，高收入占 0%。

（二）**提取业务**：2017 年，0.26 万名缴存职工提取住房公积金 2.37 亿元。

提取金额中，住房消费提取占 58.41%（购买、建造、翻建、大修自住住房占 20.08%，偿还购房贷款本息占 37.9%，租赁住房占 0.43%，其他占 0%）；非住房消费提取占 41.59%（离休和退休提取占 23.77%，完全丧失劳动能力并与单位终止劳动关系提取占 0%，户口迁出本市或出境定居占 1.87%，其他占 15.95%）。

提取职工中，中、低收入占 99.92%，高收入占 0.08%。

（三）**贷款业务**：

个人住房贷款：2017 年，支持职工购建房 27.64 万平方米，年末个人住房贷款市场占有率为 91.70%，比上年增加 1.95 个百分点。通过申请住房公积金个人住房贷款，可节约职工购房利息支出 8613.49 万元。

职工贷款笔数中，购房建筑面积 90（含）平方米以下占 2.08%，90～144（含）平方米占 23.92%，144 平方米以上占 74%。购买新房占 40.03%（其中购买保障性住房占 0%），购买存量商品住房占 4.55%，建造、翻建、大修自住住房占 46.33%，其他占 9.09%。

职工贷款笔数中，单缴存职工申请贷款占 24.08%，双缴存职工申请贷款占 74.48%，三人及以上缴存职工共同申请贷款占 1.44%。

贷款职工中，30 岁（含）以下占 33.57%，30 岁～40 岁（含）占 36.20%，40 岁～50 岁（含）占 23.92%，50 岁以上占 6.13%；首次申请贷款占 75.44%，二次及以上申请贷款 22.81%；中、低收入占 99.68%，高收入占 0.32%。

（四）**住房贡献率**：2017 年，个人住房贷款发放额、公转商贴息贷款发放额、项目贷款发放额、住房消费提取额的总和与当年缴存额的比率为 91.53%，比上年增加 8.83 个百分点。

六、其他重要事项

（一）**缴存基数、比例限额情况**：2017 年住房公积金缴存工资基数下限为迪庆州人力资源和社会保障局公布的最低工资标准1180元，上限为迪庆州统计局公布的上一年度在岗职工社平月工资的3倍24708元，缴存比例下限为10%（个人5%，单位或财政5%），上限为24%（个人12%，单位或财政12%）。

（二）归集扩面情况：从2017年3月起，把缴纳"五险"的机关事业单位聘用人员、公益性岗位人员、社区工作人员、大学生村干部、劳务派遣人员纳入了住房公积金的缴存范围，是制度的惠及人群向非"在职职工"拓展。

（三）信息化建设情况：为加大公积金管理系统软件的升级和信息系统技术支撑工作，中心积极向州编办请示增设信息科。年内，通过住房公积金微信公众平台、住房公积金门户网站和手机短信推送服务平台等服务渠道的开通，全面增强了我州住房公积金管理与服务的透明度；按期完成异地转移接续平台的建设，并随着"双贯标"建设顺利通过住房城乡建设部的验收，我州住房公积金管理模式从委托管理开始向自营转变。

（四）获得荣誉情况：2017年4月26日，中心总会计师彭映昌同志被州人民政府授予"迪庆州第六届先进工作者"荣誉称号。

2017 全国住房公积金年度报告汇编

西藏自治区

拉萨市
日喀则市
昌都市
山南市
那曲地区
阿里地区
林芝市

西藏自治区住房公积金2017年年度报告

一、机构概况

（一）住房公积金管理机构：全区共设7个设区城市住房公积金管理机构和1个区直住房公积金管理机构（8个中心均为参公管理的事业单位），从业人员58人，其中，在编39人，非在编19人。

（二）住房公积金监管机构：西藏自治区住房和城乡建设厅、财政厅和人民银行拉萨中心支行负责对全区住房公积金管理运行情况进行监督。西藏自治区住房和城乡建设厅设立住房公积金监管处，负责辖区住房公积金日常监管工作。

二、业务运行情况

（一）缴存：2017年，新开户单位135家，实缴单位4124家，净增单位87家；新开户职工1.95万人，实缴职工32.6万人，净增职工1.7万人；缴存额73.7亿元，同比增长2.5%。2017年末，缴存总额407.31亿元，同比增长22.1%；缴存余额220.62亿元，同比增长16.79%。

（二）提取：2017年，提取额42.07亿元，同比增长22.65%；占当年缴存额的57.08%，比上年增加9.38个百分点。2017年末，提取总额186.79亿元，同比增长29.09%。

（三）贷款：2017年，发放个人住房贷款1.03万笔56.96亿元，同比分别下降8.04%、增长11.52%。回收个人住房贷款19.1亿元。2017年末，累计发放个人住房贷款7.08万笔226.56亿元，贷款余额138.47亿元，同比分别增长17.02%、33.58%、37.65%。个人住房贷款余额占缴存余额的62.76%，比上年增加9.46个百分点。

（四）资金存储：2017年末，住房公积金存款86.23亿元（含贷款风险准备金）。其中，活期21.06亿元，1年（含）以下定期52.66亿元，1年以上定期7.55亿元，其他（协定、通知存款等）4.96亿元。

（五）资金运用率：2017年末，住房公积金个人住房贷款余额、项目贷款余额和购买国债余额的总和占缴存余额的62.8%，比上年增加9.46个百分点。

三、主要财务数据

（一）业务收入：2017年，业务收入39081.27万元，同比增长10.11%。其中，存款利息15105.97万元，委托贷款利息23395.06万元，其他580.24万元。

（二）业务支出：2017年，业务支出29502.99万元，同比增长18.74%。其中，支付职工住房公积金利息28369.07万元，归集手续费1.09万元，委托贷款手续费1102.67万元，其他30.16万元。

（三）增值收益：2017年，增值收益9578.27万元，同比下降10%；增值收益率0.47%，比上年减少0.3个百分点。

（四）增值收益分配：2017年，提取贷款风险准备金5747.69万元，提取管理费用1028.52万元，提取城市廉租住房（公共租赁住房）建设补充资金2802.03万元。

2017年，上交财政管理费用1028.52万元，上缴财政城市廉租住房（公共租赁住房）建设补充资金

2802.03万元。

2017年末，贷款风险准备金余额31771.19万元，累计提取城市廉租住房（公共租赁住房）建设补充资金15480.34万元。

（五）管理费用支出：2017年，管理费用支出506.03万元，同比增长55.2%。其中，人员经费97.23万元，公用经费154.93万元，专项经费253.87万元。

四、资产风险状况

2017年末，个人住房贷款逾期额719.9万元，逾期率0.52‰。

2017年，提取个人贷款风险准备金5747.69万元，未使用个人贷款风险准备金核销呆坏账。2017年末，个人贷款风险准备金余额31771.19万元，占个人贷款余额的2.29%，个人贷款逾期额与个人贷款风险准备金余额的比率为2.26%。

五、社会经济效益

（一）缴存业务：2017年，实缴单位数、实缴职工人数和缴存额增长率分别为13.22%、25.87%和2.01%。

缴存单位中，国家机关和事业单位占74.47%，国有企业占13.72%，外商投资企业占0.1%，城镇私营企业及其他城镇企业占0.1%，民办非企业单位和社会团体占0.17%，其他占11.44%。

缴存职工中，国家机关和事业单位占78.01%，国有企业占18.02%，外商投资企业占0.05%，城镇私营企业及其他城镇企业占0.02%，其他占3.9%；中、低收入占95.3%，高收入占4.7%。

新开户职工中，国家机关和事业单位占46.88%，国有企业占28.41%，外商投资企业占0.14%，城镇私营企业及其他城镇企业占0.07%，其他占24.5%；中、低收入占96.3%，高收入占3.7%。

（二）提取业务：2017年，4.58万名缴存职工提取住房公积金42.07亿元。

提取金额中，住房消费提取占75%（购买、建造、翻建、大修自住住房占48.4%，偿还购房贷款本息占16.4%，租赁住房占0.5%，其他占9.7%）；非住房消费提取占25%（离休和退休提取占12.3%，完全丧失劳动能力并与单位终止劳动关系提取占5%，户口迁出所在市或出境定居占0.4%，其他占7.3%）。

提取职工中，中、低收入占95.7%，高收入占4.3%。

（三）贷款业务：

1. 个人住房贷款：2017年，支持职工购建房808.96万平方米。年末个人住房贷款市场占有率为67%，比上年同期增加4个百分点。通过申请住房公积金个人住房贷款，可节约职工购房利息支出40491.14万元。

职工贷款笔数中，购房建筑面积90（含）平方米以下占36%，90~144（含）平方米占42%，144平方米以上占22%。购买新房占58%，购买存量商品房占10%，建造、翻建、大修自住住房占28%，其他占4%。

职工贷款笔数中，单缴存职工申请贷款占62%，双缴存职工申请贷款占38%。

贷款职工中，30岁（含）以下占30%，30岁~40岁（含）占44%，40岁~50岁（含）占15%，50

岁以上占11%；首次申请贷款占72.4%，二次及以上申请贷款占27.6%；中、低收入占95.3%，高收入占4.7%。

2. **异地贷款**：2017年，发放异地贷款72笔3978万元。2017年末，发放异地贷款总额5217万元，异地贷款余额4925万元。

（四）住房贡献率：2017年，个人住房贷款发放额、公转商贴息贷款发放额、项目贷款发放额、住房消费提取额的总和与当年缴存额的比率为120.44%，比上年增加1.44个百分点。

六、其他重要事项

（一）2017年度下发的住房公积金政策性文件：

1. 2017年1月20日，西藏自治区住房和城乡建设厅下发了《关于住房公积金财政配套资金拨付方式变化后有关具体业务处理的通知》（藏建金监管函〔2017〕32号），自2017年起，以往直接拨付给各住房资金管理中心变更为直接拨付给缴存单位，再由缴存单位自行将个人扣缴资金和财政配套资金一并缴至住房资金管理中心。

2. 2017年2月9日，西藏自治区住房和城乡建设厅、西藏自治区财政厅、人民银行拉萨中心支行下发了《关于进一步加强住房公积金财务管理的通知》（藏建金监管〔2017〕24号），进一步完善财务制度，健全内控机制，严格内部审核，加强外部监督，强化防控措施，提高资金效益，确保资金安全和有效使用，维护缴存职工合法权益。

3. 2017年3月15日，西藏自治区住房和城乡建设厅下发了《关于对住房城乡建设部住房公积金廉政风险防控专项检查中发现的问题进行整改落实的通知》（藏建金监管函〔2017〕86号），要求拉萨市、日喀则市住房资金管理中心对照存在的问题，认真整改落实。

4. 2017年6月4日，中共西藏自治区委员会、西藏自治区人民政府印发了《关于促进高校毕业生就业创业的若干意见》（藏党发〔2017〕9号），出台了高校毕业生区内自主创业政策支持。对高校毕业生自主创业1年以上的，给予社会保险和住房公积金补贴，其中创办企业的，按企业为其缴纳的数额给予补贴；创办个体经济，按其以个体身份缴纳的数额给予补贴。补贴时间10年，其中1～5年期间给予100%补贴，6～8年期间给予50%补贴，9～10年期间给予30%补贴。

5. 2017年7月26日，西藏自治区人民政府办公厅印发了《关于全面推进"多证合一"改革工作实施方案的通知》（藏政办发〔2017〕104号），"住房公积金缴存登记"符合整合对象，与工商营业执照合并。

6. 2017年9月7日，西藏自治区人力资源和社会保障厅、西藏自治区财政厅、西藏自治区住房和城乡建设厅、西藏自治区卫生和计划生育委员会下发了《关于〈印发西藏自治区自主择业军队转业干部按月住房补贴及独生子女保健费实施意见〉的通知》（藏人社发〔2017〕147号），按照国家政策，自主择业军队转业干部根据本人愿意，可以在安置地住房资金管理中心建立住房资金账户，并将部队一次性发放的住房公积金转移到地方账户，以此作为办理住房公积金贷款依据，但安置地政府不再续缴自主择业军队转业干部自主择业以后的住房公积金。自主择业军队转业干部住房公积金账户转移手续及账户资金管理参照机关事业单位干部职工住房公积金账户转移管理办法，履行相关手续，转移相关资金。

7. 2017年9月22日，西藏自治区住房和城乡建设厅、西藏自治区财政厅、人民银行拉萨中心支行下发了《关于进一步加强我区住房公积金有关具体业务管理的补充通知》（藏建金监管〔2017〕284号），主要内容有：一是严厉查处骗取骗贷住房公积金行为，对提交虚假材料，发现后管理中心要依法追回骗取骗贷资金，将该职工纳入不良信用记录，三年内取消住房公积金提取和贷款的资格，并将失信行为通报其所在单位；二是加强对失信行为的惩戒管理，对近三年内，夫妻一方连续3次逾期还贷，或者累计6次逾期还贷的，又无法证明其特殊情况的，则视为恶意拖欠贷款，将不予办理住房公积金贷款；三是调整部分提取和贷款条件；四是建立住房公积金贷款催收机制。

（二）有关利率政策：职工住房公积金个人账户存款统一按一年期定期存款基准利率执行（一年期定期存款利率为1.5%）；我区住房公积金5年（含）以下贷款利率为1.76%，5年以上贷款利率为2.08%。

（三）信息化建设情况：

1. 开通了我区住房公积金12329全国统一服务热线电话，查询个人住房公积金余额及贷款等信息。

2. 开通了全国住房公积金异地转移接续平台业务，方便了跨设区城市从业人员办理住房公积金异地转移接续。

3. 完成了住房公积金基础数据贯标工作和搭建银行结算数据应用系统项目建设，并于2017年12月18日正式上线试运行。

（四）当年住房公积金机构及从业人员所获荣誉情况：

1. 西藏自治区住房和城乡建设厅住房公积金监管处卓玛群措、尼玛江才、江波同志分别获得西藏自治区住房和城乡建设厅系统2017年度优秀公务员和先进工作者荣誉称号。

2. 西藏自治区住房资金管理中心被评为西藏自治区住房和城乡建设厅系统2017年度先进集体；阿珍、李东莉、梁磊、贾佳同志分别获得西藏自治区住房和城乡建设厅系统2017年度优秀公务员和先进工作者荣誉称号。

3. 拉萨市住房资金管理中心次白、于春喜、刘亚鹏同志分别获得拉萨市住房和城乡建设局2017年度优秀公务员和先进工作者荣誉称号。

4. 山南市住房资金管理中心王瑛同志获得山南市住房和城乡建设局2017年度优秀党务工作者荣誉称号。

5. 昌都市住房资金管理中心德西同志获得昌都市住房和城乡建设局2017年度优秀公务员荣誉称号。

6. 林芝市住房资金管理中心刘红梅同志获得林芝市住房和城乡建设局2017年度优秀党务工作者荣誉称号。

7. 阿里地区住房资金管理中心尼玛卓玛、韦涛同志分别获得阿里地区住房和城乡建设局2017年度优秀公务员和优秀共产党员荣誉称号。

拉萨市住房公积金2017年年度报告

一、机构概况

（一）住房公积金管理委员会：住房公积金管理委员会有13名委员，2017年召开2次会议，审议通

过的事项主要包括：

1. 审定《拉萨市住房公积金管理委员会章程》及《拉萨市住房公积金管理委员会议事规则》；
2. 审定《2016年年度报告》；
3. 审定《2016年度住房公积金增值收益分配方案》；
4. 审定《2017年度管理费用使用计划》。

（二）住房公积金管理中心：住房资金管理中心为拉萨市住房和城乡建设局不以营利为目的的参公事业单位。中心设5个前台窗口，受理拉萨市及十县（区）住房公积金业务。从业人员8人，其中在编4人，非在编4人。

二、业务运行情况

（一）缴存：2017年，实缴单位495家，新开户单位98家，净增单位95家；实缴职工3.97万人，新开户职工0.66万人，净增职工0.61万人；当年缴存额10.16亿元，同比增长12%。2017年末，缴存总额54.93亿元，缴存余额31.47亿元，同比分别增长22.69%、14.94%。

受委托办理住房公积金缴存业务的银行5家。

（二）提取：2017年，当年提取额6.07亿元，同比增长20.44%；占当年缴存额的59.74%，比上年同期增长4.18个百分点。2017年末，提取总额23.46亿元，同比增长34.91%。

（三）贷款：

个人住房贷款：个人住房贷款最高额度70万元。

2017年，发放个人住房贷款0.17万笔、8.56亿元，同比减少5.56%、同比增长0.59%。

2017年，回收个人住房贷款3.92亿元。

2017年末，累计发放个人住房贷款1.23万笔、39.21亿元，贷款余额23.17亿元，同比分别增长17.18%、27.93%、25.04%。个人住房贷款余额占缴存余额的73.63%，比上年增加5.93个百分点。

受委托办理住房公积金个人住房贷款业务的银行3家。

（四）资金存储：2017年末，住房公积金存款9.03亿元。其中，活期1.51亿元，1年以内定期（含）7.52亿元。

（五）资金运用率：截至2017年末，住房公积金个人住房贷款余额、项目贷款余额和购买国债余额的总和占缴存余额的73.63%，比上年增加5.93个百分点。

三、主要财务数据

（一）业务收入：2017年，业务收入5725.34万元，同比增长3.18%。其中，存款利息1593.56万元，委托贷款利息4131.78万元。

（二）业务支出：2017年，业务支出5109.93万元，同比增长7.84%。其中，支付职工住房公积金利息4915.14万元，委托贷款手续费184.57万元，其他10.22万元。

（三）增值收益：2017年，增值收益615.42万元，同比减少24.06%。增值收益率0.21%，比上年同期减少0.11个百分点。

（四）增值收益分配：2017年，提取贷款风险准备金370万元，提取管理费用120万元，提取城市廉租住房（公共租赁住房）建设补充资金 125.42 万元。

2017 年，上缴财政管理费用 557.42 万元，其中包括 2016 年度管理费用 312 万元。

2017 年末，贷款风险准备金余额 3244.01 万元。累计提取城市廉租住房（公共租赁住房）建设补充资金 1046.56 万元。

（五）管理费用支出：2017 年，管理费用支出 70.52 万元，同比降低 14.86%。其中，人员经费 33.55 万元，公用经费 26.47 万元，专项经费 10.50 万元。

四、资产风险状况

个人住房贷款：2017 年末，无个人住房贷款逾期。

个人贷款风险准备金按增值收益的 60% 提取。2017 年，提取个人贷款风险准备金 370 万元，未使用个人贷款风险准备金核销呆坏账。2017 年末，个人贷款风险准备金余额 3244.01 万元，占个人住房贷款余额的 1.40%。

五、社会经济效益

（一）缴存业务：2017 年，实缴单位数、实缴职工人数和缴存额同比分别增长 25.67%、14.1% 和 12%。

缴存单位中，国家机关和事业单位占 35.26%，企业占 64.74%。

缴存职工中，国家机关和事业单位占 71.83%，企业占 28.17%。

新开户职工中，国家机关和事业单位占 90%，企业占 10%；中、低收入占 96.41%，高收入占 3.59%。

（二）提取业务：2017 年，7748 名缴存职工提取住房公积金 6.07 亿元。

提取的金额中，住房消费提取占 64.25%（购买、建造、翻建、大修自住住房占 31.13%，偿还购房贷款本息占 24.38%，其他占 8.74%）；非住房消费提取占 35.75%（离休和退休提取占 14.15%，完全丧失劳动能力并与单位终止劳动关系提取占 2.82%，其他占 18.78%）。

（三）贷款业务：

个人住房贷款：2017 年，支持职工购建房 37.02 万平方米，年末个人住房贷款市场占有率为 31.09%，比上年同期增加 9.85 个百分点。通过申请住房公积金个人住房贷款，可节约职工购房利息支出 1001.52 万元。

职工贷款笔数中，购房建筑面积 90（含）平方米以下占 15.72%，90～144（含）平方米占 61.26%，144 平方米以上占 23.02%。购买新房占 75.63%，购买存量商品住房占 15.24%，建造、翻建、大修自住住房占 9.13%。

职工贷款笔数中，单缴存职工申请贷款占 93.21%，双缴存职工申请贷款占 6.79%。

贷款职工中，30 岁（含）以下占 26.41%，30 岁～40 岁（含）占 58.32%，40 岁～50 岁（含）占 13.81%，50 岁以上占 1.46%；首次申请贷款占 59.67%，二次及以上申请贷款占 40.33%；中、低收入占 95%，高收入占 5%。

（四）住房贡献率：2017 年，个人住房贷款发放额、公转商贴息贷款发放额、项目贷款发放额、住房消费提取额的总和与当年缴存额的比率为144%，比上年增加9.39个百分点。

六、其他重要事项

（一）**当年缴存基数限额及缴存比例情况**：职工住房公积金缴存基数最高限额为当地统计部门上一年度社会平均工资的三倍，拉萨市住房资金管理中心公积金缴存比例与自治区缴存比例同步，缴存比例总和不能超过24%。

（二）**缴存、提取、贷款业务金融机构执行情况**：拉萨市住房资金管理中心支持农行、建行、中行办理缴存、提取、贷款业务。

（三）**当年住房公积金存贷款利率执行情况**：拉萨市住房资金管理中心严格落实人行拉萨市中心支行关于《实施住房公积金存贷款基准利率的调整》文件精神，并及时按照现行利率办理住房公积金贷款。2017年住房公积金贷款1~5年利率为1.76%，6~20年利率为2.08%，最高年限为20年。

（四）**当年住房公积金个人住房贷款最高贷款额度执行情况**：拉萨市住房资金管理中心严格按照自治区最高贷款额度执行公积金贷款，2017年住房公积金最高贷款额度为70万元。

（五）**当年住房公积金政策调整及执行情况**：拉萨市住房资金管理中心进一步规范公积金提取、贷款流程，严格按照《关于进一步加强我区住房公积金有关具体业务管理的补充通知》（藏建金监管〔2017〕284号）的精神，严格审批住房公积金提取、贷款手续，严禁弄虚作假，严防骗取、骗贷住房公积金的违法行为。

根据自治区《关于进一步加强我区住房公积金有关具体业务管理的补充通知》（藏建金监管〔2017〕284号）的精神，建造（翻修、大修）自住住房申请住房公积金贷款的，最高贷款额度=住房建筑面积（建筑面积不超过我区普通商品住房最大标准面积144平方米，超出面积则按144平方米计算）×每平方建筑造价（不超过当地住房城乡建设部门公布的建筑业平均造价），同时，贷款金额按建造（翻修、大修）住房总价的80%且不超过住房公积金现行最高贷款额度。

（六）**当年服务改进情况**：2017年，拉萨市住房资金管理中心不断加强自身干部队伍建设，开展了"假如我是服务对象"、"以我心换你心"、"作风建设我改什么，提质增效我做什么"、"作风建设我改了什么，提质增效我做了什么"主题讨论交流活动，凝聚了共识，增强了服务意识。同时积极协调拉萨市财政局，为业务大厅购置了叫号机，设置了职工等候区，有效解决了干部职工前拥后挤、无序混乱的问题，提升了服务效率。

日喀则市住房公积金2017年年度报告

一、机构概况

（一）**住房公积金管理委员会**：住房公积金管理委员会有13名委员，2017年召开1次会议，审议通过的事项主要包括：

1. 审定《2016 年年度报告》；
2. 审定《2016 年度住房公积金增值收益分配方案》；
3. 审定《2017 年度管理费用使用计划》。

（二）住房资金管理中心：住房资金管理中心为市住房和城乡建设局不以营利为目的的参公事业单位。中心设 8 个前台窗口及各（区）县 18 个业务受理点。从业人员 5 人，其中，在编 3 人，非在编 2 人。

二、业务运行情况

（一）缴存：2017 年，实缴单位 224 家，新开户单位 1 家，净增单位 1 家；实缴职工 4.08 万人，新开户职工 0.24 万人，净增职工 0.24 万人；当年缴存额 11.49 亿元，同比减少 6.05%。2017 年末，缴存总额 60.53 亿元，缴存余额 41.74 亿元，同比分别增长 23.43%、20.29%。

受委托办理住房公积金缴存业务的银行 2 家。

（二）提取：2017 年，当年提取额 4.45 亿元，同比增长 5.2%；占当年缴存额的比率 38.73%，比上年同期增加 4 个百分点。2017 年末，提取总额 18.79 亿元，同比增长 31.03%。

（三）贷款：

个人住房贷款：个人住房贷款最高额度 70 万元。

2017 年，发放个人住房贷款 2132 笔 13.52 亿元，同比减少 3.09%、同比增长 0.52%。

2017 年，回收个人住房贷款 4 亿元。

2017 年末，累计发放个人住房贷款 17536 笔 55.32 亿元，贷款余额 35.96 亿元，同比分别增长 13.84%、32.35%、36%。个人住房贷款余额占缴存余额的 86.15%，比上年增加 10 个百分点。

受委托办理住房公积金个人住房贷款业务的银行 2 家。

（四）资金存储：2017 年末，住房公积金存款 6.87 亿元。其中，活期 2.87 亿元，1 年以内定期（含）4 亿元。

（五）资金运用率：2017 年末，住房公积金个人住房贷款余额、项目贷款余额和购买国债余额的总和占缴存余额的 86.15%，比上年增加 10 个百分点。

三、主要财务数据

（一）业务收入：2017 年，业务收入 6999.26 万元，同比增长 4.59%。其中，存款利息 671.03 万元，委托贷款利息 6328.23 万元。

（二）业务支出：2017 年，业务支出 6492.42 万元，同比增长 4.66%。其中，支付职工住房公积金利息 6198.75 万元，委托贷款手续费 292.87 万元，其他 0.8 万元。

（三）增值收益：2017 年，增值收益 506.84 万元，同比增长 3.69%。增值收益率 1.38%，比上年同期增长 1.22 个百分点。

（四）增值收益分配：2017 年，提取贷款风险准备金 304.1 万元，提取管理费用 101.37 万元，提取城市廉租住房（公共租赁住房）建设补充资金 101.37 万元。

2017 年，上交财政管理费用和城市廉租住房（公共租赁住房）建设补充资金共计 202.74 万元。

2017 年末，贷款风险准备金余额 2408.57 万元。累计提取城市廉租住房（公共租赁住房）建设补充资金 725.22 万元。

（五）管理费用支出：2017 年，管理费用支出 63.47 万元，同比增加 118.22%。其中，人员经费 8.4 万元，公用经费 28.65 万元，专项经费 26.42 万元。

四、资产风险状况

个人住房贷款：2017 年末，个人住房贷款逾期额 250 万元。逾期率 0.69‰。

个人贷款风险准备金按增值收益的 60% 提取。2017 年，提取个人贷款风险准备金 304.1 万元，未使用个人贷款风险准备金核销呆坏账。2017 年末，个人贷款风险准备金余额 2408.57 万元，占个人住房贷款余额的 0.67%，个人住房贷款逾期额与个人贷款风险准备金余额的比率为 10.38%。

五、社会经济效益

（一）缴存业务：2017 年，实缴单位数、实缴职工人数和缴存额同比分别增长 0.45%、－1.45% 和 －6.05%。

缴存单位中，国家机关和事业单位占 78%，国有企业占 22%。

缴存职工中，国家机关和事业单位占 91%，国有企业占 9%。

新开户职工中，国家机关和事业单位占 90%，国有企业占 10%；中、低收入占 99%，高收入占 1%。

（二）提取业务：2017 年，4216 名缴存职工提取住房公积金 4.7 亿元。

提取的金额中，住房消费提取占 61%（购买、建造、翻建、大修自住住房占 24%，偿还购房贷款本息占 17%，其他占 20%）；非住房消费提取占 39%（离休和退休提取占 19%，完全丧失劳动能力并与单位终止劳动关系提取占 4%，其他占 16%）。

（三）贷款业务：

个人住房贷款：2017 年，支持职工购建房 60.87 万平方米，年末个人住房贷款市场占有率为 86%，比上年同期减少 8 个百分点。通过申请住房公积金个人住房贷款，可节约职工购房利息支出 2281.91 万元。

职工贷款笔数中，购房建筑面积 90（含）平方米以下占 73%，90～144（含）平方米占 4%，144 平方米以上占 23%。购买新房占 55%，购买存量商品住房占 10%，建造、翻建、大修自住住房占 30%，其他占 5%。

职工贷款笔数中，单缴存职工申请贷款占 66%，双缴存职工申请贷款占 34%。

贷款职工中，30 岁（含）以下占 29%，30 岁～40 岁（含）占 21%，40 岁～50 岁（含）占 14%，50 岁以上占 36%；首次申请贷款占 85%，二次及以上申请贷款占 15%；中、低收入占 99.5%，高收入占 0.5%。

（四）住房贡献率：2017 年，个人住房贷款发放额、公转商贴息贷款发放额、项目贷款发放额、住房消费提取额的总和与当年缴存额的比率为 130%，比上年增加 58 个百分点。

六、其他重要事项

（一）当年缴存基数限额及缴存比例情况：职工住房公积金缴存基数最高限额为当地统计部门上一年

度社会平均工资的三倍，日喀则市住房资金管理中心公积金缴存比例与自治区缴存比例同步，缴存比例总和不能超过24%。

（二）缴存、贷款业务金融机构执行情况：日喀则市公积金支持中行、建行办理缴存、贷款业务。

（三）当年住房公积金存贷款利率执行情况：日喀则市住房资金管理中心严格落实人行拉萨中心支行，关于《实施住房公积金存贷款基准利率的调整》，并及时按照现行利率办理住房公积金贷款。2017年住房公积金贷款1~5年利率为1.76%，6~20年利率为2.08%，最高年限为20年。

（四）当年住房公积金个人住房贷款最高贷款额度执行情况：日喀则市住房资金管理中心严格按照自治区最高贷款额度执行公积金贷款，2017年住房公积金最高贷款额度为70万元。

（五）当年住房公积金政策调整及执行情况：日喀则市住房资金管理中心为了严厉打击骗贷骗提住房公积金行为专门下发了《关于严厉打击骗提骗贷住房公积金行为的通知》（日建金发〔2017〕3号），《关于开立增值收益专户的函》（日建金函〔2017〕215号），《关于落实增资计提住房公积金财配部分的通知》（日建金发〔2017〕242号），《关于报送和完善住房公积金基础资料的通知》（日建金发〔2017〕268号），《关于请求协助办理骗贷住房公积金案件的函》（日建金发〔2017〕296号），《关于解决住房公积金新系统上线所需设备资金的函》（日建金发〔2017〕308号），严格审批住房公积金提取、贷款手续，严禁弄虚作假，严防骗取、骗贷住房公积金的违法行为，进一步规范公积金提取、贷款流程。

根据自治区《关于进一步加强我区住房公积金有关具体业务管理的补充通知》（藏建金监管〔2017〕284号）的精神，建造（翻修、大修）自住住房申请住房公积金贷款的，最高贷款额度＝住房建筑面积（建筑面积不超出我区普通商品住房最大标准面积144平方米，超出面积则按144平方米计算）×每平方米建筑造价（不超过当地住房城乡建设部门公布的建筑业平均造价），同时，贷款金额按建造（翻修、大修）住房总价的80%且不超过住房公积金现行最高贷款额度。

（六）当年服务改进情况：2017年4月起从委托银行借调了三名业务精干人员到中心协助办理业务，极大提高了我中心的办事效率，做到了当天前来办理业务当天能完成的进度，给广大住房公积金办理职工带来很大的方便。同时进一步规范业务流程，强化了工作准则。坚持将"服务百姓、情筑家园"的口号打响，树立寓管理于服务的理念，优化业务流程，简化办理手续。

昌都市住房公积金2017年年度报告

一、机构概况

（一）住房公积金管理委员会：住房公积金管理委员会有17名委员，2017年召开0次会议。

（二）住房资金管理中心：住房资金管理中心为昌都市住房和城乡建设局不以营利为目的的参公事业单位，中心设5个前台窗口及各县、区8个业务受理点。从业人员8人，其中，在编4人，非在编4人。

二、业务运行情况

（一）缴存：2017年，本市受委托办理住房公积金缴存业务的银行共计3家，比上年新增0家。全市实缴单位812家,实缴职工3.5万人,缴存8.60亿元,同比下降4.12%。当年新开户单位18家,新开户职工0.0093万人,净增单位18家;净增职工0.0093万人。截止2017年底,缴存总额45.06亿元,缴存余额23.94亿元,分别同比增长23.59%、8.23%。

(二)提取:2017年,提取额6.79亿元,同比增长70%;占当年缴存额的78.95%,比上年增加34.47个百分点。2017年末,提取总额21.13亿元,同比增长47.35%。

(三)贷款:

个人住房贷款:个人住房贷款最高额度70万元。

2017年,发放个人住房贷款920笔4.56亿元,同比分别增长10.71%、14%。

2017年,回收个人住房贷款1.67亿元。

2017年末,累计发放个人住房贷款5369笔17.35亿元,贷款余额10.55亿元,同比分别增长20.68%、35.55%、37.73%。个人住房贷款余额占缴存余额的44.07%,比上年增加9.44个百分点。

受委托办理住房公积金个人住房贷款业务的银行2家。

(四)资金存储:2017年末,住房公积金存款13.53亿元。其中,活期7.33亿元,1年(含)以下定期5.80亿元,1年以上定期0.4亿元,其他(协定、通知存款等)0亿元。

(五)资金运用率:2017年末,住房公积金个人住房贷款余额、项目贷款余额和购买国债余额的总和占缴存余额的44.07%,比上年增加9.44个百分点。

三、主要财务数据

(一)业务收入:2017年,业务收入共计3918.42万元,同比下降3.38%。其中,存款利息2050.52万元,委托贷款利息1840.49万元。

(二)业务支出:2017年,业务支出共计3285.75万元,同比增长47.72%。其中,支付职工住房公积金利息3285.33万元,归集手续费0万元,委托贷款手续费0万元,其他0.43万元。

(三)增值收益:2017年,增值收益632.67万元,同比下降65.46%。增值收益率0.28%,比上年下降0.66个百分点。

(四)增值收益分配:2017年,提取贷款风险准备金379.60万元,提取管理费用126.53万元,提取城市廉租住房(公共租赁住房)建设补充资金126.53万元。

预计2018年4月上交2016~2017年财政管理费用492.84万元.上缴财政城市廉租住房(公共租赁住房)建设补充资金126.53万元。

2017年末,贷款风险准备金余额2677.45万元。累计提取城市廉租住房(公共租赁住房)建设补充资金892.49万元。

(五)管理费用支出:2017年,管理费用支出37.68万元,同比下降31.76%。其中,人员经费9.72万元,公用经费20.41万元,专项经费7.55万元。

四、资产风险状况

个人住房贷款:2017年末,个人住房贷款逾期额239.46万元,逾期率1‰。

个人贷款风险准备金按增值收益的60%提取。2017年,提取个人贷款风险准备金379.60万元,使用个人贷款风险准备金核销呆坏账 0 万元。2017 年末，个人贷款风险准备金余额 2677.45 万元，占个人住房贷款余额的 3.55%，个人住房贷款逾期额与个人贷款风险准备金余额的比率为 0。

五、社会经济效益

（一）缴存业务：2017 年，实缴单位数、实缴职工人数和缴存额同比分别增长 5.26%、1.79% 和 5.12%。

缴存单位中，国家机关和事业单位占 90%，国有企业占 10%。

缴存职工中，国家机关和事业单位占 90%，国有企业占 10%；中、低收入占 96%，高收入占 4%。

新开户职工中，国家机关和事业单位占 90%，国有企业占 10%；中、低收入占 98%，高收入占 2%。

（二）提取业务：2017 年，8144 名缴存职工提取住房公积金 6.79 亿元。

提取金额中，住房消费提取占 87%（购买、建造、翻建、大修自住住房占 60%，偿还购房贷款本息占 21%，租赁住房占 2%，其他占 4%）；非住房消费提取占 16%（离休和退休提取占 7%，完全丧失劳动能力并与单位终止劳动关系提取占 5%，户口迁出本市或出境定居占 0%，其他占 4%）。

提取职工中，中、低收入占 95%，高收入占 5%。

（三）贷款业务：

个人住房贷款：2017 年，支持职工购建房 89.98 万平方米，年末个人住房贷款市场占有率为 89%，比上年减少 10 个百分点。通过申请住房公积金个人住房贷款，可节约职工购房利息支出 3251.71 万元。

职工贷款笔数中，购房建筑面积 90（含）平方米以下占 20%，90~144（含）平方米占 49%，144 平方米以上占 10%。购买新房占 60%（其中购买保障性住房占 0%），购买存量商品住房占 15%，建造、翻建、大修自住住房占 25%，其他占 5%。

职工贷款笔数中，单缴存职工申请贷款占 37%，双缴存职工申请贷款占 63%，三人及以上缴存职工共同申请贷款占 0%。

贷款职工中，30 岁（含）以下占 35%，30 岁~40 岁（含）占 50%，40 岁~50 岁（含）10%，50 岁以上占 5%；首次申请贷款占 86%，二次及以上申请贷款占 14%；中、低收入占 85%，高收入占 15%。

（四）住房贡献率：2017 年，个人住房贷款发放额、公转商贴息贷款发放额、项目贷款发放额、住房消费提取额的总和与当年缴存额的比率为 132%，比上年增加 43 个百分点。

六、其他重要事项

（一）当年住房公积金政策调整及执行情况：昌都市住房资金管理中心进一步规范公积金提取、贷款流程，严格按照《关于进一步加强我区住房公积金有关具体业务管理的补充通知》（藏建金监管〔2017〕284 号）文件精神，严格审批住房公积金提取、贷款手续，严禁弄虚作假，严防骗取、骗贷住房公积金的违法行为。

根据自治区《关于进一步加强我区住房公积金有关具体业务管理的补充通知》（藏建金监管〔2017〕284 号）文件精神，建造（翻修、大修）自住住房申请住房公积金贷款的，最高贷款额度＝住房建筑面积（建筑面积不超出我区普通商品住房最大标准面积 144 平方米，超出面积则按 144 平方米计算）×每平方米建筑造价（不超过当地住房城乡建设部门公布的建筑业平均造价），同时，贷款金额按建造（翻修、大修）住房总价的80％且不超过住房公积金现行最高贷款额度。

昌都市住房资金管理中心严格落实人行拉萨中心支行，关于《实施住房公积金存贷款基准利率的调整》，并及时按照现行利率办理住房公积金贷款。2017年住房公积金贷款1～5年利率为1.76％，6～20年利率为2.08％，最高年限为20年。

职工住房公积金缴存基数最高限额为当地统计部门上一年度社会平均工资的三倍，昌都市住房资金管理中心公积金缴存比例与自治区缴存比例同步，缴存比例总和不能超过24％。

（二）当年服务改进情况：

1. **规范操作流程**。在缴存业务方面，由原先的特殊缴存报盘表缴存改成汇缴系统自动测算各单位缴存金额，从而避免人工手动输入职工缴存金额，有效地规避职工缴存金额错位问题等；在提取业务方面，要求将职工提取资料进行粘贴，并省去职工个人申请，以及购房合同只需复印重要内容的几部分即可；在贷款方面，增加了保证手写承诺书及借款人手写第一条承诺规定，尽量避免保证人事后不认账的法律纠纷，减少借款人贷款逾期的现象。通过学习参观，我中心将自己与其他中心比较，调整自身不足只处，发扬自身优点，例如缴存方面，我中心于2009年前就已经开始实行单位财政配套部分由各单位财务向财政局申请，财政局直接划拨到各单位，再由各单位财务人员将个人和单位缴存部分上缴至我中心。

2. **贷款金额创历史新高**。今年4月份，我中心积极响应市委市政府号召，尽最大程度为购买拉萨退休基地的干部职工提供公积金贷款服务，为此，我中心在市图书馆连续进行2周的宣传活动，现场为广大职工办理贷款和提取业务进行排忧解难，采取一对一的答疑服务模式，让干部职工清楚了解到住房公积金贷款比任何形式的贷款都优惠，增强职工充分利用自身住房公积金的意识。为了更好地服务于广大干部职工，我中心主任积极与开发商协商由开发商为贷款职工提供阶段性担保，减轻借款人寻找担保人难的问题，但由于种种原因，最终没有协商下来。截至目前，针对拉萨退休基地的住房，我中心共发放贷款227笔10490万元，提取公积金776笔7390.80万元。

3. **加大了各县催缴力度**。由于地理环境因素，各县负责住房公积金专人半年来市中心缴存一次，加之人员变动频繁，工作交接不到位，导致职工住房公积金漏缴、欠缴。为此，针对这个问题，我中心给各县管住房公积金业务人员发函，清理本县漏缴、欠缴、拖缴的情况，对发现有此类现象进行补缴，并取得很好的成效。从2016年至今，催回拖缴、欠缴、漏缴金额6.29亿元。

4. **启动农业银行公积金联名卡业务，实现一人一张住房公积金联名卡全覆盖**。为进一步丰富我去住房公积金服务手段，更好地服务广大缴存职工特别是基层干部职工，让他们少走冤枉路、回头路，提供更加高效便捷的服务，依托农业银行网点覆盖面广的资源优势，于2017年正式开通住房公积金联名卡业务。住房公积金联名卡作用是实现住房公积金余额和明细查询、提取入卡以及个人储蓄、结算等住房公积金服务功能的银行卡。主要功能除住房公积金账户余额和使用情况的查询、申请提取住房公积金、申请办理住房公积金贷款、办理住房公积金账户转移等相关公积金业务。符合提取办理条件的职工可通过递交申请表，绑定联名卡方式实现定日定额定期将提取的个人住房公积金通过提取系统对应转划至个人联名卡，免除开支票跑银行环节。我中心将给各县下通知，要求县里干部职工一律办理农行联名卡。为了方便县上干部职工办理联名卡绑定业务，我中心与市农行协商后各县农行网点均可以办理。目前我中心12月份农行联名卡提取3012笔金额5407.81万元。

（三）当年信息化建设情况：建立了微信公众平台、各县微信业务交流群、各县QQ业务交流群等。

（四）当年住房公积金管理中心及职工所获荣誉情况：昌都市住房资金管理中心2017年度，1名同志获得优秀公务员荣誉称号。

山南市住房公积金 2017 年年度报告

一、机构概况

（一）住房公积金管理委员会：山南市住房公积金管理委员会有17名委员，2017年召开1次会议，审议通过的事项主要包括：一是审定《山南市住房公积金2016年年度和2017年1-10月运行情况报告及2017年度管理费使用计划》；二是审定《调整山南市住房公积金管理委员会组成人员建议名单》；三是审定《山南市住房资金管理中心2018年度管理费用使用计划》；四是审定《山南市住房资金管理中心聘用人员方案》。

（二）住房资金管理中心：山南市住房资金管理中心为山南市住房和城乡建设局不以营利为目的的参公事业单位。中心设8个前台窗口。从业人员10人，其中，在编2人，非在编8人。

二、业务运行情况

（一）缴存：2017年，实缴单位810家，新开户单位49家，净增单位23家；实缴职工2.97万人，新开户职工0.012万人，净增职工0.01万人；当年缴存额7.55亿元，同比减少9.5%。2017年末，缴存总额41.75亿元，缴存余额20.6亿元，同比分别增长22.08%、17%。

受委托办理住房公积金缴存业务的银行3家。

（二）提取：2017年，当年提取额4.57亿元，同比增长15%；占当年缴存额的比率60.53%，比上年同期增加12.53个百分点。2017年末，提取总额21.15亿元，同比增长27.56%。

（三）贷款：

个人住房贷款：个人住房贷款最高额度70万元。

2017年，发放个人住房贷款1595笔9.07亿元，同比增长82%、98%，创历史新高。

2017年，回收个人住房贷款1.89亿元。

2017年末，累计发放个人住房贷款6719笔22.8亿元，贷款余额14.14亿元，同比分别增长24%、66%、103%。个人住房贷款余额占缴存余额的68.64%，比上年增加近28.64个百分点。

受委托办理住房公积金个人住房贷款业务的银行3家。

（四）资金存储：2017年末，住房公积金存款6.62亿元。其中，活期0.86亿元，1年（含）以下定期1.6亿元，1年以上定期0.5亿元，其他（协定、通知存款等）3.66亿元。

（五）资金运用率：2017年末，住房公积金个人住房贷款余额占缴存余额的69%。

三、主要财务数据

（一）业务收入：2017年，业务收入3397.08万元，同比增长10%。其中，存款利息1462.25万元，委托贷款利息1934.83万元。

（二）业务支出：2017年，业务支出2873.21万元，同比增长10%。其中，支付职工住房公积金利息2776.21万元，委托贷款手续费95.62万元，其他1.37万元。

（三）增值收益：2017年，增值收益523.87万元，同比增长14.4%。增值收益率0.28%，比上年同期增长0.08个百分点。

（四）增值收益分配：2017年，提取贷款风险准备金314.32万元，提取管理费用86万元，提取城市廉租住房（公共租赁住房）建设补充资金123.55万元。

2017年，上交财政2016年管理费用60.6万元；2017年管理费用预计在2018年4月底前上交财政。

2017年末，贷款风险准备金余额3717.32万元。累计提取城市廉租住房（公共租赁住房）建设补充资金1147.55万元。

（五）管理费用支出：2017年，管理费用支出60.6万元，同比增加29%。其中，人员经费0.9万元，公用经费39.1万元，专项经费20.6万元。

四、资产风险状况

个人贷款风险准备金按增值收益的60%提取。2017年，提取个人贷款风险准备金314.32万元，未使用个人贷款风险准备金核销呆坏账。2017年末，个人贷款风险准备金余额3717.32万元，占个人住房贷款余额的3%。

五、社会经济效益

（一）缴存业务：2017年，实缴单位数、实缴职工人数同比分别增长6%、5%，缴存额同比减少11%。

缴存单位中，国家机关和事业单位占88%，国有企业占7%。

缴存职工中，国家机关和事业单位占89%，国有企业占11%。

新开户职工中，国家机关和事业单位占22%，国有企业占65%；中、低收入占97%，高收入占3%。

（二）提取业务：2017年，29710名缴存职工提取住房公积金4.57亿元。

提取的金额中，住房消费提取占69%（购买、建造、翻建、大修自住住房占59%，偿还购房贷款本息占10%）；非住房消费提取占31%（离休和退休提取占10%，完全丧失劳动能力并与单位终止劳动关系提取占1%，其他占9%）。

（三）贷款业务：

个人住房贷款：2017年，支持职工购建房365.78万平方米，年末个人住房贷款市场占有率为91%（指年度末住房公积金个人住房贷款余额占当地商业性和住房公积金个人住房贷款余额总和的比率），比上年同期增加2个百分点。通过申请住房公积金个人住房贷款，可节约职工购房利息支出15471万元。

职工贷款笔数中，购房建筑面积90（含）平方米以下占10%，90～144（含）平方米占30%，144平方米以上占60%。购买新房占4%，购买存量商品住房占4%，建造、翻建、大修自住住房占87%，其他占5%。

职工贷款笔数中，单缴存职工申请贷款占 83%，双缴存职工申请贷款占 17%。

贷款职工中，30 岁（含）以下占 33%，30 岁~40 岁（含）占 29%，40 岁~50 岁（含）占 19%，50 岁以上占 20%；首次申请贷款占 40%，二次及以上申请贷款占 60%；中、低收入占 99%，高收入占 1%。

（四）**住房贡献率**：2017 年，个人住房贷款发放额、住房消费提取额的总和与当年缴存额的比率为 173.8%，比上年增加 9 个百分点。

六、其他重要事项

（一）**当年缴存基数限额及缴存比例情况**：职工住房公积金缴存基数最高限额为当地统计部门上一年度社会平均工资的三倍，山南市住房资金管理中心公积金缴存比例与自治区缴存比例同步，缴存比例总和不能超过 24%。

（二）**缴存、贷款业务金融机构执行情况**：山南市公积金支持农行、建行、中行办理缴存、贷款业务。

（三）**当年住房公积金存贷款利率执行情况**：山南市公积金住房资金管理中心严格落实人行拉萨中心支行关于《实施住房公积金存贷款基准利率的调整》，并及时按照现行利率办理住房公积金贷款。2017 年住房公积金贷款 1~5 年利率为 1.76%，6~20 年利率为 2.08%，最高年限为 20 年。

（四）**当年住房公积金个人住房贷款最高贷款额度执行情况**：山南市公积金住房资金管理中心严格按照自治区最高贷款额度执行公积金贷款，2017 年住房公积金最高贷款额度为 70 万元。

（五）**当年住房公积金政策调整及执行情况**：山南市住房资金管理中心进一步规范公积金提取、贷款流程，严格按照自治区住房城乡建设厅、财政厅、中国人民银行拉萨中心支行《关于进一步加强我区住房公积金有关具体业务管理的补充通知》（藏建金监管〔2017〕284 号）、山南市住建局《关于审核住房公积金缴存基数及变更缴存比例的通知》和山南市住建局、财政局、人行山南支行《关于进一步加强

山南市住房公积金业务管理有关事宜的通知》（山建发〔2017〕300 号）精神，严格审批住房公积金提取、贷款手续，严禁弄虚作假，严防骗取、骗贷住房公积金的违法行为。

根据自治区《关于进一步加强我区住房公积金有关具体业务管理的补充通知》的精神，建造（翻修、大修）自住住房申请住房公积金贷款的，最高贷款额度=住房建筑面积（建筑面积不超出我区普通商品住房最大标准面积 144 平方米，超出面积则按 144 平方米计算）×每平方建筑造价（不超过当地住房城乡建设部门公布的建筑业平均造价；经山南市住建局研究并结合山南实际，每平方米建筑造价一律均按 2500 元的标准执行），同时，贷款金额按建造（翻修、大修）住房总价的 80% 且不超过住房公积金现行最高贷款额度。

那曲地区住房公积金 2017 年年度报告

一、机构概况

（一）**住房公积金管理委员会**：住房公积金管理委员会有 12 名委员，2017 年召开 1 次会议，审议通过的事项主要包括：

1. 审定《2016年年度报告》；
2. 审定《2016年度住房公积金增值收益分配方案》；
3. 审定《2017年度管理费用使用计划》。

(二)**住房资金管理中心**：住房资金管理中心为地区住房和城乡建设局的参照公务员管理的事业部门，受委托办理住房公积金个人住房贷款业务的银行有两家。中心设5个前台窗口。从业人员9人，其中，在编3人，非在编6人。其中3名聘用工、2名银行派驻中心业务员、1名安保人员。

二、业务运行情况

(一)**缴存**：2017年，实缴单位146家，当年新开户单位8家，销户5家，净增单位3家；实缴职工3.06万人，新开户职工1655人，净增职工343人；2017年末，缴存总额42.14亿元，同比增长24.34%、当年缴存额8.25亿元，同比下降7.3%，缴存余额25.64亿元，同比分别增长22.62%，其原因为往年财配部分是由中心在单位汇缴时直接配套给各汇缴单位，自2017年起财配部分由财政直接转划给各汇缴单位，由于有些汇缴单位路途遥远，不能完全完成按时足额缴交公积金。

(二)**提取**：2017年，当年提取额3.53亿元，同比增长35.24%；占当年缴存额的比率42.79%，比上年同期增长13.79个百分点。2017年末，提取总额16.50亿元，同比增长27.22%。

(三)**贷款**：

个人住房贷款：个人住房贷款最高额度70万元。

2017年，发放个人住房贷款0.0455万笔4.34亿元，分别同比下降52.1，18.11%，2017年，回收个人住房贷款1.98亿元。

2017年末，累计发放个人住房贷款0.5895万笔21.52亿元，贷款余额12.79亿元，同比分别增长8.36%、25.26%、18.21%。个人住房贷款余额占缴存余额的49.88%。

受委托办理住房公积金个人住房贷款业务的银行有2家。

(四)**资金存储**：2017年末，住房公积金存款13.82亿元。其中，活期1.42亿元，1年及以内定期(含)12.4亿元。

三、主要财务数据

(一)**业务收入**：2017年，业务收入4681.7万元，同比增长55.25%。其中，住房公积金利息收入2693.13万元，增值收益利息收入7.67万元，委托贷款利息收入1980.29万元，其他收入0.6万元。

(二)**业务支出**：2017年，业务支出4464.2万元，同比增长96.59%。其中，住房公积金利息支出4291.5万元，委托贷款手续费支出157.6万元，住房公积金归集手续费支出0.4万元，其他支出14.7万元。当年结余资金217.5万为增值收益，同比下降27.5%。

(三)**增值收益**：2017年，住房公积金增值收益217.51万元，同比下降27.5。增值收益率0.09%，比上年同期下降0.08百分点。

(四)**增值收益分配**：2017年，提取贷款风险准备金130.5万元，提取管理费用60万元，提取城市廉租住房(公共租赁住房)建设补充资金27万元。

2017年末，贷款风险准备金余额1424.5万元。累计提取城市廉租住房(公共租赁住房)建设补充资金418万元。

（五）中心管理费用支出：中心管理费由局机关财务管理，2017年，中心管理费用支出共32.5万元，同比增长195.45%。其中，人员经费18.6万元（含聘用工工资），公用经费13.9万元（中心房租租金、网络维护费等）。

四、资产风险状况

2017年末，个人贷款风险准备金余额1424.5万元，当年风险准备金130.5万元，占总额的9.1%。

五、社会经济效益

（一）**缴存业务**：2017年，住房公积金缴存单位、人数和缴存额同比分别增长2%、5.51%和下降6.7%。缴存职工的构成情况：

缴存单位中，国家机关和事业单位占78%，国有企业占15%，非公企业占7%；

缴存职工中，国家机关和事业单位占85%，国有企业占15%，非公企业占5%；

新开户职工中，国家机关和事业单位占79%，国有企业占17%，非公企业占4%。

（二）**提取业务**：2017年，3400名缴存职工提取住房公积金3.53亿元。

提取的金额中，住房消费提取占77%（购买、建造、翻建、大修自住住房占65%，偿还购房贷款本息10%，其他占2%）；非住房消费提取占23%（离休和退休提取占19%，完全丧失劳动能力并与单位终止劳动关系提取占3%，其他占1%）。

（三）**贷款业务**：职工贷款笔数中，单缴存职工申请贷款占41%，双缴存职工申请贷款占59%。

贷款职工中，30岁（含）以下占23%，30岁～40岁（含）占45%，40岁～50岁（含）占20%，50岁以上占12%；首次申请贷款占85%，二次及以上申请贷款占15%；中、低收入占94%，高收入占6%。

（四）**住房贡献率**：2017年，个人住房贷款发放额、住房消费提取额的总和与当年缴存额的比率为95.39%。

六、其他重要事项

（一）**当年缴存基数限额及缴存比例情况**：职工住房公积金缴存基数最高限额为当地统计部门上一年度社会平均工资的三倍，那曲地区住房资金管理中心公积金缴存比例与自治区缴存比例同步。

（二）**缴存、贷款业务金融机构执行情况**：那曲地区公积金委托农行、建行办理贷款业务，其他银行委托业务正在推进。

（三）**当年住房公积金存贷款利率执行情况**：那曲地区住房资金管理中心严格落实人行拉萨中心支行，关于《实施住房公积金存贷款基准利率的调整》，并及时按照现行利率办理住房公积金贷款。2017年住房公积金贷款1～5年利率为1.76%，6～20年利率为2.08%，最高年限为20年。

（四）**当年住房公积金个人住房贷款最高贷款额度执行情况**：那曲地区住房资金管理中心严格按照自治区最高贷款额度执行公积金贷款，2017年住房公积金最高贷款额度为70万元。

（五）**当年住房公积金政策调整及执行情况**：那曲地区住房资金管理中心进一步规范公积金提取、贷款流程，严格按照那曲地区住房和城乡建设局《关于防止住房公积金虚假材料的通知》（那建字〔2017〕

69号)、《关于调整住房公积金部分支取、贷款条件的紧急通知》(那建字〔2017〕183号)和《关于进一步加强我区住房公积金有关具体业务管理的补充通知》(藏建金监管〔2017〕284号)的要求,严格审批住房公积金提取、贷款手续,严禁弄虚作假,严防骗取、骗贷住房公积金的违法行为。

根据自治区《关于进一步加强我区住房公积金有关具体业务管理的补充通知》(藏建金监管〔2017〕284号)的精神,建造(翻修、大修)自住住房申请住房公积金贷款的,最高贷款额度=住房建筑面积(建筑面积不超出我区普通商品住房最大标准面积144平方米,超出面积则按144平方米计算)×每平方建筑造价(不超过当地住房城乡建设部门公布的建筑业平均造价),同时,贷款金额按建造(翻修、大修)住房总价的80%且不超过住房公积金现行最高贷款额度。

阿里地区住房公积金2017年年度报告

一、机构概况

(一)**住房公积金管理委员会**:住房公积金管理委员会有17名委员,2017年召开1次会议,审议通过的事项主要包括:

1. 审定《2016年年度报告》;
2. 审定《2016年度住房公积金增值收益分配方案》;
3. 审定《2017年度管理费用使用计划》。

(二)**住房资金管理中心**:住房资金管理中心为阿里地区住房和城乡建设局不以营利为目的的参公事业单位,中心设5个前台窗口及各县、拉萨阿里高中8个业务受理点。从业人员6人,其中,在编4人,非在编2人。

二、业务运行情况

(一)**缴存**:2017年,新开户单位3家,实缴单位136家,净增单位3家;新开户职工0.0995万人,实缴职工1.28万人,净增职工0.0567万人;缴存额4.22亿元,同比增长18.21%。2017年末,缴存总额20.50亿元,同比增长25.89%;缴存余额10.76亿元,同比增长29.38%。

受委托办理住房公积金缴存业务的银行2家。

(二)**提取**:2017年,提取额1.77亿元,同比增长1.72%;占当年缴存额的41.94%,比上年减少6.06个百分点。2017年末,提取总额9.74亿元,同比增长22.24%。

(三)**贷款**:

个人住房贷款:个人住房贷款最高额度70万元。

2017年,发放个人住房贷款663笔3.72亿元,同比分别增长8.69%、17.72%。

2017年,回收个人住房贷款0.91亿元。

2017年末,累计发放个人住房贷款3629笔10.92亿元,贷款余额8.11亿元,同比分别增长

22.35%、51.67%、52.73%。个人住房贷款余额占缴存余额的75%，比上年增加11个百分点。

受委托办理住房公积金个人住房贷款业务的银行2家。

（四）资金存储：2017年末，住房公积金存款2.80亿元。其中，活期0.75亿元，1年（含）以下定期2.05亿元，1年以上定期0亿元，其他（协定、通知存款等）0亿元。

（五）资金运用率：2017年末，住房公积金个人住房贷款余额、项目贷款余额和购买国债余额的总和占缴存余额的75%，比上年增加11个百分点。

三、主要财务数据

（一）业务收入：2017年，业务收入2691.87万元，同比增长105.33%。其中，存款利息1319.78万元，委托贷款利息1372.09万元。

（二）业务支出：2017年，业务支出1206.41万元，同比增长1.32%。其中，支付职工住房公积金利息1117.99万元，归集手续费0万元，委托贷款手续费87.02万元，其他1.40万元。

（三）增值收益：2017年，增值收益1485.45万元，同比增长12.35倍。增值收益率1.6%，比上年增加1.44个百分点。

（四）增值收益分配：2017年，提取贷款风险准备金891.27万元，提取管理费用294.18万元，提取城市廉租住房（公共租赁住房）建设补充资金300万元。

2017年，上交财政管理费用294.18万元。上缴财政城市廉租住房（公共租赁住房）建设补充资金300万元。

2017年末，贷款风险准备金余额2880.78万元。累计提取城市廉租住房（公共租赁住房）建设补充资金1262.99万元。

（五）管理费用支出：2017年，管理费用支出37.63万元，同比下降31.76%。其中，人员经费7.76万元，公用经费23.41万元，专项经费6.46万元。

四、资产风险状况

个人住房贷款：2017年末，个人住房贷款逾期额0万元，逾期率0。

个人贷款风险准备金按增值收益的60%提取。2017年，提取个人贷款风险准备金891.27万元，使用个人贷款风险准备金核销呆坏账0万元。2017年末，个人贷款风险准备金余额2880.78万元，占个人住房贷款余额的3.55%，个人住房贷款逾期额与个人贷款风险准备金余额的比率为0。

五、社会经济效益

（一）缴存业务：2017年，实缴单位数、实缴职工人数和缴存额同比分别增长2.26%、0.79%和18.21%。

缴存单位中，国家机关和事业单位占90%，国有企业占10%。

缴存职工中，国家机关和事业单位占92%，国有企业占8%；中、低收入占96%，高收入占4%。

新开户职工中，国家机关和事业单位占90%，国有企业占10%；中、低收入占99%，高收入占1%。

（二）提取业务：2017年，1755名缴存职工提取住房公积金1.77亿元。

提取金额中，住房消费提取占84%（购买、建造、翻建、大修自住住房占52%，偿还购房贷款本息占21%，租赁住房占0%，其他占11%）；非住房消费提取占16%（离休和退休提取占6%，完全丧失劳动能力并与单位终止劳动关系提取占4%，户口迁出本市或出境定居占0%，其他占6%）。

提取职工中，中、低收入占94%，高收入占6%。

（三）贷款业务：

个人住房贷款：2017年，支持职工购建房60.87万平方米，年末个人住房贷款市场占有率为85%，比上年减少8个百分点。通过申请住房公积金个人住房贷款，可节约职工购房利息支出2281.91万元。

职工贷款笔数中，购房建筑面积90（含）平方米以下占40%，90～144（含）平方米占50%，144平方米以上占10%。购买新房占55%（其中购买保障性住房占0%），购买存量商品住房占10%，建造、翻建、大修自住住房占30%，其他占5%。

职工贷款笔数中，单缴存职工申请贷款占40%，双缴存职工申请贷款占60%，三人及以上缴存职工共同申请贷款占0%。

贷款职工中，30岁（含）以下占30%，30岁～40岁（含）占50%，40岁～50岁（含）占10%，50岁以上占10%；首次申请贷款占85%，二次及以上申请贷款占15%；中、低收入占94%，高收入占6%。

（四）住房贡献率： 2017年，个人住房贷款发放额、公转商贴息贷款发放额、项目贷款发放额、住房消费提取额的总和与当年缴存额的比率为130%，比上年增加58个百分点。

六、其他重要事项

（一）当年住房公积金政策调整及执行情况： 阿里地区住房资金管理中心进一步规范公积金提取、贷款流程，严格按照阿里地区住房和城乡建设局《关于进一步做好阿里地区住房公积金管理工作的通知》（阿建字〔2015〕474号）、《关于按月及时缴存职工住房公积金的通知》（阿建字〔2016〕160号），《关于规范和阶段性适当降低住房公积金缴存比例的通知》（阿建字〔2016〕161号）和《关于进一步加强我区住房公积金有关具体业务管理的补充通知》（藏建金监管〔2017〕284号）文件精神，严格审批住房公积金提取、贷款手续，严禁弄虚作假，严防骗取、骗贷住房公积金的违法行为。

根据自治区《关于进一步加强我区住房公积金有关具体业务管理的补充通知》（藏建金监管〔2017〕284号）文件精神，建造（翻修、大修）自住住房申请住房公积金贷款的，最高贷款额度＝住房建筑面积（建筑面积不超出我区普通商品住房最大标准面积144平方米，超出面积则按144平方米计算）×每平方建筑造价（不超过当地住房城乡建设部门公布的建筑业平均造价），同时，贷款金额按建造（翻修、大修）住房总价的80%且不超过住房公积金现行最高贷款额度。

阿里地区住房资金管理中心严格落实人行拉萨中心支行，关于《实施住房公积金存贷款基准利率的调整》，并及时按照现行利率办理住房公积金贷款。2017年住房公积金贷款1～5年利率为1.76%，6～20年利率为2.08%，最高年限为20年。

职工住房公积金缴存基数最高限额为当地统计部门上一年度社会平均工资的三倍，阿里地区住房资金管理中心公积金缴存比例与自治区缴存比例同步，缴存比例总和不能超过24%。

（二）当年服务改进情况： 2017年6月至7月初，阿里住房公积金管理中心办事大厅完成装修改造。此次办事大厅装修改造历时1个月，资金来源于2016年度增值收益上缴本级财政后，经过层层审批财政拨付款项。装修改造办事大厅是由局党组研究决定,管理中心具体实施,设计理念多为客户考虑,站在客户的角度思考。管理中心继续秉承,坚持将"服务百姓、倩筑家园"的口号打响,树立寓管理于服务的理念,优化业务流程,简化办理手续。

(三)当年住房公积金管理中心及职工所获荣誉情况:阿里住房资金管理中心2017年度有2名同志分别获得优秀公务员和优秀共产党员荣誉称号。

林芝市住房公积金2017年年度报告

一、机构概况

(一)**住房公积金管理委员会**:住房公积金管理委员会有29名委员,2017年召开2次会议,审议通过的事项主要包括:审议通过2017年贷款指标2亿元。

(二)**住房资金管理中心**:住房资金管理中心隶属于林芝市住房和城乡建设局,是不以营利为目的参照公务员管理的事业科室。从业人员7人,其中,在编4人,非在编3人。

二、业务运行情况

(一)**缴存**:2017年,实缴单位602家,新开户单位15家,净增单位14家;新开户职工0.17万人,实缴职工2.29万人,净增职工0.077万人;缴存额6.39亿元,同比增长27.04%。2017年末,缴存总额32.61亿元,同比增长24.37%;缴存余额14.27亿元,同比增长17.26%。

受委托办理住房公积金缴存业务的银行5家。

(二)**提取**:2017年,提取额4.29亿元,同比增长34.48%;占当年缴存额的67.14%,比上年增加9.33个百分点。2017年末,提取总额18.34亿元,同比增长30.54%。

(三)**贷款**:

个人住房贷款:个人住房贷款最高额度70万元。

2017年,发放个人住房贷款495笔2.24亿元,同比分别增长18.71%、31.77%。

2017年,回收个人住房贷款1.16亿元。

2017年末,累计发放个人住房贷款4282笔12.64亿元,贷款余额6.45亿元,同比分别增长13.07%、21.54%、20.11%。个人住房贷款余额占缴存余额的45.2%,比上年增加1.09个百分点。

受委托办理住房公积金个人住房贷款业务的银行3家。

(四)**资金存储**:2017年末,住房公积金存款8.3亿元。其中,活期1.77亿元,1年(含)以下定期2.58亿元,1年以上定期3.65亿元,其他(协定、通知存款等)0.3亿元。

(五)**资金运用率**:2017年末,住房公积金个人住房贷款余额占缴存余额的45.2%,比上年增加1.09个百分点。

三、主要财务数据

（一）**业务收入**：2017年，业务收入3215.1万元，同比增长64.33%。其中存款利息2060.15万元，委托贷款利息1152.27万元，其他2.67万元。

（二）**业务支出**：2017年，业务支出2686.3万元，同比增长58.72%。其中，支付职工住房公积金利息2633.47万元，归集手续费0.69万元，委托贷款手续费52.14万元。

（三）**增值收益**：2017年，增值收益528.8万元，同比增长100.32%。其中，增值收益率0.4%，比上年增加0.14个百分点。

（四）**增值收益分配**：2017年，提取贷款风险准备金317.28万元，提取管理费用105.76万元，提取城市廉租住房（公共租赁住房）建设补充资金105.76万元。

2017年，上交财政管理费用105.76万元。上缴财政城市廉租住房（公共租赁住房）建设补充资金105.76万元（于2018年3月20日上交财政）。

2017年末，贷款风险准备金余额1398.34万元。累计提取城市廉租住房（公共租赁住房）建设补充资金466.11万元。

（五）**管理费用支出**：2017年，管理费用支出15万元，同比下降29.24%。其中，人员经费4.2万元，公用经费3.7万元，专项经费7.1万元。

四、资产风险状况

个人住房贷款：2017年末，个人住房贷款逾期额101.54万元，逾期率1.57‰。

个人贷款风险准备金按增值收益的60%提取。2017年，提取个人贷款风险准备金317.28万元，未使用个人贷款风险准备金核销呆坏账。2017年末，个人贷款风险准备金余额1398.34万元，占个人住房贷款余额的2.17%，个人住房贷款逾期额与个人贷款风险准备金余额的比率为7.26%。

五、社会经济效益

（一）**缴存业务**：2017年，实缴单位数、实缴职工人数和缴存额同比分别增长2.38%、3.46%和24.76%。缴存单位中，国家机关和事业单位占92%，民办非企业单位和社会团体占7%，其他占1%。缴存职工中，国家机关和事业单位占89%，国有企业占10%，城镇私营企业及其他城镇企业占1%。新开户职工中，国家机关和事业单位占20%，民办非企业单位和社会团体占74%，其他占6%。

（二）**提取业务**：2017年，5661万名缴存职工提取住房公积金4.29亿元。

提取金额中，住房消费提取占85.41%（购买、建造、翻建、大修自住住房占68.39%，偿还购房贷款本息占16.48%，其他占0.54%）；非住房消费提取占14.59%（离休和退休提取占9.96%，完全丧失劳动能力并与单位终止劳动关系提取占4.63%）。

（三）**贷款业务**：

个人住房贷款：2017年，支持职工购建房45万平方米，年末个人住房贷款市场占有率为70.53%，比上年增加20.23个百分点。通过申请住房公积金个人住房贷款，可节约职工购房利息支出2072.13万元。

职工贷款笔数中，购房建筑面积90（含）平方米以下占10.5%，90~144（含）平方米占61%，144

平方米以上占 28.5%。购买新房占 89.6%，建造、翻建、大修自住住房占 7.6%，其他占 2.8%。

（四）**住房贡献率**：2017 年，个人住房贷款发放额、住房消费提取额的总和与当年缴存额的比率为 102.19%，比上年增加 5.18 个百分点。

六、其他重要事项

（一）**2017 年住房公积金贷款利率执行情况**：2017 年，继续执行西藏住房公积金利率政策，5 年以下利率 1.76%，5 年以上利率 2.08%。

（二）**2017 年住房公积金个人住房贷款最高额度情况**：2017 年我中心严格按照自治区规定，个人住房公积金最高贷款额度为 70 万元。

（三）**2017 年住房公积金结息情况**：2017 年，根据《住房公积金管理条例》的规定，住房公积金自存入职工个人账户之日起按照国家规定的利率计息，每年 6 月 30 日为结息日，结息后本息自动转存。2017 年，中心继续按照《中国人民银行、住房和城乡建设部、财政部关于完善职工住房公积金账户存款利率形成机制的通知》（银发〔2016〕43 号）的规定，按一年定期利率 1.50% 对职工住房公积金存款进行计息，相较于 2016 年 2 月 21 日以前按照当年归集资金执行活期 0.35% 和以前年度归集资金执行三个月定期 1.1% 利率，今年职工住房公积金账户存款结息额继续大幅增长。

（四）**实施"黑名单"管理，加强对失信行为的惩戒管理**：根据《关于进一步加强我区住房公积金有关具体业务管理的补充通知》（藏建金监管〔2017〕284 号）文件精神，为切实增强职工诚信意识，促进全社会诚信体系的建立，良好的信用记录是获得贷款的先决条件，2017 年，我中心根据人民银行征信系统个人信用报告决定是否发放住房公积金贷款。

同时，进一步加强对逾期还贷等失信行为的惩戒管理，实施住房公积金领域"黑名单"管理制度，对近三年内，夫妻一方连续三次逾期还贷或累计 6 次逾期还贷，又无法证明其特殊情况的，视为恶意拖欠贷款，不予办理住房公积金贷款。

（五）**2017 年住房公积金政策调整**：根据《关于进一步加强我区住房公积金有关具体业务管理的补充通知》（藏建金监管〔2017〕284 号）文件精神，对我市住房公积金部分提取和贷款条件进行了微调。

1. 经当地住房资金管理中心同意，缴存单位可适当缓期缴存住房公积金。无特殊情况未正常、连续、足额缴存住房公积金 6 个月（含）以上的，不予办理住房公积金提取业务。

2. 建造（翻修、大修）自住住房申请住房公积金贷款的，最高贷款额度＝住房建筑面积（建筑面积不超出我区普通商品住房最大标准面积 144 平方米，超出面积则按 144 平方米计算）×每平方米建筑造价（不超过当地住房城乡建设部门公布的建筑业平均造价），同时，贷款金额按建造（翻修、大修）住房总价的 80% 且不超过住房公积金现行最高贷款额度。

公寓住宅楼不得以建造（翻修、大修）住房名义申请住房公积金贷款。

3. 申请住房公积金贷款采用住房抵押，或者房地产开发商提供阶段性担保的，可不再出具借款人单位协助扣款承诺书。

4. 我区缴存职工在区内跨地（市）异地购房的，原则上可采用所购住房抵押的方式申请住房公积金贷款，也可采用放贷中心所在地有稳定收入的自然人担保的方式申请住房公积金贷款；

区外缴存职工在我区购房的，以住房抵押方式申请住房公积金异地贷款。

2017 全国住房公积金年度报告汇编

甘肃省

兰州市

嘉峪关市

金昌市

白银市

天水市

武威市

张掖市

平凉市

酒泉市

庆阳市

定西市

陇南市

临夏回族自治州

甘南州

甘肃省住房公积金2017年年度报告

一、机构概况

(一) **住房公积金管理机构**：全省共设14个设区城市住房公积金管理中心，9个独立设置的分中心（其中，甘肃省住房资金管理中心隶属甘肃省住房和城乡建设厅，甘肃矿区分中心隶属甘肃矿区，甘肃省电力公司房改与住房公积金管理中心隶属甘肃省电力公司，窑街煤电办事处隶属于窑街煤电集团有限公司，靖远煤业分中心隶属靖远煤业集团有限责任公司，华亭煤业分中心隶属华亭煤业集团有限责任公司，酒钢集团分中心隶属酒钢集团有限责任公司，玉门油田分中心隶属中国石油天然气股份有限公司玉门油田分公司，金川公司分中心隶属金川集团股份有限公司）。从业人员1752人，其中，在编1158人，非在编594人。

(二) **住房公积金监管机构**：省住房和城乡建设厅会同省财政厅、人民银行兰州中心支行负责对甘肃省住房公积金管理运行情况进行监督。

二、业务运行情况

(一) **缴存**：2017年，新开户单位1972家，实缴单位30850家，净增单位659家；新开户职工8.12万人，实缴职工181.89万人，净增职工3.2万人；缴存额249.87亿元，同比增长9.37%。2017年末，缴存总额1686.23亿元，同比增长17.39%；缴存余额882.17亿元，同比增长12.57%。

(二) **提取**：2017年，提取额151.37亿元，同比增长0.34%；占当年缴存额的60.58%，比上年减少5.35个百分点。2017年末，提取总额804.05亿元，同比增长23.19%。

(三) **贷款**：

1. **个人住房贷款**：2017年，发放个人住房贷款5.64万笔182.82亿元，同比分别下降23.47%、18.19%。回收个人住房贷款86.98亿元。

2017年末，累计发放个人住房贷款67.08万笔1088.03亿元，贷款余额661.52亿元，同比分别增长9.81%、20.19%、16.94%。个人住房贷款余额占缴存余额的74.98%，比上年增加2.8个百分点。

2. **住房公积金支持保障性住房建设项目贷款**：2017年，发放支持保障性住房建设项目贷款0亿元，回收项目贷款0.72亿元。2017年末，累计发放项目贷款14.28亿元，项目贷款余额0亿元。

(四) **购买国债**：2017年，购买国债0亿元，兑付国债1.03亿元。2017年末，国债余额0亿元，比上年减少1.03亿元。

(五) **融资**：2017年，融资9.5亿元，归还13.18亿元。2017年末，融资总额19.18亿元，融资余额4亿元。

(六) **资金存储**：2017年末，住房公积金存款225.33亿元。其中，活期27.21亿元，1年（含）以下定期86.61亿元，1年以上定期92.2亿元，其他（协定、通知存款等）19.31亿元。

(七) **资金运用率**：2017年末，住房公积金个人住房贷款余额、项目贷款余额和购买国债余额的总和占缴存余额的74.98%，比上年增加2.8个百分点。

三、主要财务数据

(一) 业务收入：2017年，业务收入300876.37万元，同比增长24.7%。其中，存款利息101741.12万元，委托贷款利息198492.53万元，国债利息474.08万元，其他168.64万元。

(二) 业务支出：2017年，业务支出164999.98万元，同比增长23.32%。其中，支付职工住房公积金利息146322.30万元，归集手续费5393.92万元，委托贷款手续费9342.02万元，其他3941.74万元。

(三) 增值收益：2017年，增值收益135876.39万元，同比增长26.42%；增值收益率1.63%，比上年增加0.19个百分点。

(四) 增值收益分配：2017年，提取贷款风险准备金27954.93万元，提取管理费用40128.46万元，提取城市廉租住房（公共租赁住房）建设补充资金67793万元。

2017年，上交财政管理费用40054.85万元，上缴财政城市廉租住房（公共租赁住房）建设补充资金62762.43万元。

2017年末，贷款风险准备金余额98814.31万元，累计提取城市廉租住房（公共租赁住房）建设补充资金408072.67万元。

(五) 管理费用支出：2017年，管理费用支出39088.26万元，同比增长38.4%。其中，人员经费17449.11万元，公用经费3626.5万元，专项经费18012.65万元。

四、资产风险状况

(一) 个人住房贷款：2017年末，个人住房贷款逾期额1901.4万元，逾期率0.29‰。

2017年，提取个人贷款风险准备金27954.93万元，使用个人贷款风险准备金核销呆坏账0万元。2017年末，个人贷款风险准备金余额97534.31万元，占个人贷款余额的1.47%，个人贷款逾期额与个人贷款风险准备金余额的比率为1.95%。

(二) 住房公积金支持保障性住房建设项目贷款：2017年末，逾期项目贷款0万元，逾期率为0‰。

2017年，提取项目贷款风险准备金0万元，使用项目贷款风险准备金核销呆坏账0万元。2017年末，项目贷款风险准备金余额1280万元，占项目贷款余额的0%，项目贷款逾期额与项目贷款风险准备金余额的比率为0%。

五、社会经济效益

(一) 缴存业务：2017年，实缴单位数、实缴职工人数和缴存额增长率分别为2.18%、1.79%和9.53%。

缴存单位中，国家机关和事业单位占64.54%，国有企业占12.48%，城镇集体企业占1.82%，外商投资企业占0.87%，城镇私营企业及其他城镇企业占16.03%，民办非企业单位和社会团体占1.3%，其他占2.96%。

缴存职工中，国家机关和事业单位占53.44%，国有企业占32.97%，城镇集体企业占0.88%，外商投资企业占0.56%，城镇私营企业及其他城镇企业占8.5%，民办非企业单位和社会团体占2.6%，其他占1.05%；中、低收入占96.25%，高收入占3.75%。

新开户职工中，国家机关和事业单位占48.54%，国有企业占27.44%，城镇集体企业占1.38%，外商投资企业占0.13%，城镇私营企业及其他城镇企业占15.95%，民办非企业单位和社会团体占0.97%，其他占5.59%；中、低收入占97.27%，高收入占2.73%。

（二）**提取业务**：2017年，36.12万名缴存职工提取住房公积金151.37亿元。

提取金额中，住房消费提取占69.66%（购买、建造、翻建、大修自住住房占61.31%，偿还购房贷款本息占34.77%，租赁住房占2.04%，其他占1.88%）；非住房消费提取占30.34%（离休和退休提取占67.55%，完全丧失劳动能力并与单位终止劳动关系提取占6.5%，户口迁出所在市或出境定居占2.6%，其他占23.35%）。

提取职工中，中、低收入占95.63%，高收入占4.37%。

（三）**贷款业务**：

1. **个人住房贷款**：2017年，支持职工购建房683.63万平方米。年末个人住房贷款市场占有率为34.35%，比上年同期减少2.87个百分点。通过申请住房公积金个人住房贷款，可节约职工购房利息支出267558.12万元。

职工贷款笔数中，购房建筑面积90（含）平方米以下占16.77%，90~144（含）平方米占75.07%，144平方米以上占8.16%。购买新房占78.8%（其中购买保障性住房占12.55%），购买存量商品房占19.23%，建造、翻建、大修自住住房占1.22%，其他占0.75%。

职工贷款笔数中，单缴存职工申请贷款占52.29%，双缴存职工申请贷款占46.36%，三人及以上缴存职工共同申请贷款占1.35%。

贷款职工中，30岁（含）以下占32.45%，30岁~40岁（含）占35.23%，40岁~50岁（含）占23.24%，50岁以上占9.08%；首次申请贷款占85.55%，二次及以上申请贷款占14.45%；中、低收入占96.66%，高收入占3.34%。

2. **异地贷款**：2017年，发放异地贷款4331笔、162675.9万元。2017年末，发放异地贷款总额1087254.26万元，异地贷款余额879443.59万元。

3. **公转商贴息贷款**：2017年，发放公转商贴息贷款535笔23706.50万元，支持职工购建住房面积5.54万平方米，当年贴息额186.12万元。2017年末，累计发放公转商贴息贷款565笔25172.30万元，累计贴息186.60万元。

4. **住房公积金支持保障性住房建设项目贷款**：2017年末，全省共有住房公积金试点城市4个，试点项目17个，贷款额度14.28亿元，建筑面积156.59万平方米，可解决18825户中低收入职工家庭的住房问题。17个试点项目贷款资金均已发放并还清贷款本息。

（四）**住房贡献率**：2017年，个人住房贷款发放额、公转商贴息贷款发放额、项目贷款发放额、住房消费提取额的总和与当年缴存额的比率为163%，比上年增加12个百分点。

六、其他重要事项

（一）**住房公积金监督管理情况**：

1. 省政府继续与市州政府签订目标责任书，对住房公积金新增缴存职工人数、缴存额、贷款发放额、个贷率、逾期率等主要指标和日常管理情况实行目标责任考核。同时，省住房城乡建设厅组织各行业分中心与所属集团公司签订《住房公积金目标责任书》，加强规范性管理。

2. 省住房城乡建设厅印发《2017年全省住房公积金管理工作要点》，指导各地认真贯彻落实中央和甘肃省经济工作会议、全国和甘肃省住房城乡建设工作会议精神，抢抓全面深化改革新机遇，推进住房公积金制度改革发展，支持缴存职工合理住房消费，改善城镇职工居住条件，实现"住有所居"。

3. 省住房城乡建设厅下发《关于规范住房公积金信息使用的通知》（甘建金〔2017〕249号），进一步规范住房公积金信息使用行为，保护信息主体合法权益，促进住房公积金行业健康发展。

（二）当年开展专项监督检查情况：

1. 根据《甘肃省住房和城乡建设厅关于对2017年上半年住房公积金工作开展重点抽查的通知》（甘建函〔2017〕378号），省建设厅于2017年7月中下旬至8月初，组织对天水市、庆阳市等12个住房公积金管理中心（含分中心）2017年上半年住房公积金目标任务完成情况和日常管理情况进行了重点抽查，书面反馈存在的不足和问题，并提出具体整改工作要求。

2. 根据《甘肃省住房和城乡建设厅关于对住房公积金管理中心业务管理进行审计的通知》（甘建金〔2017〕407号）要求，组织采取向社会购买服务方式聘请会计师事务所对兰州、庆阳住房公积金中心进行业务审计。通过审计检查，促进各地管理能力不断提升，风险防控意识显著增强。

3. 根据《甘肃省住房和城乡建设厅关于开展2017年住房公积金工作目标任务年终考核的通知》（甘建金〔2018〕34号），组织对全省2017年度住房公积金归集、贷款和安全风险等主要指标完成情况和相关政策执行情况进行了全面考核。

（三）当年服务改进情况：

1. 不断优化业务流程，推行标准化服务，实行综合柜员制，加大网点基础设施建设，提升行业服务形象和环境。

2. 12329热线和短信发挥积极作用，服务渠道不断扩展。在全省12329热线的基础上建成省级12329短信平台，由被动服务向主动服务延伸。2017年，12329热线总接听量104.7万人次，同比增长22.15%，服务满意率达到99.8%。

3. 以信息化建设为契机，组织各市（州）建设集门户网站、网上业务大厅、自助终端等多种方式为一体的综合服务平台，构筑全方位、多渠道的公积金服务体系。目前，全省有17个中心开通门户网站，9个中心开通手机APP，16个中心开通微信公众号，10个中心设立网上业务大厅。

4. 完成全国住房公积金转移接续平台接入工作。组织开展业务培训，指导测试运行，2017年6月前接入全国住房公积金异地转移接续平台，实现了全国范围内"账随人走，钱随账走"。

（四）当年信息化建设情况：根据住房城乡建设部要求，对公积金基础数据贯标和银行结算系统接入（简称"双贯标"）两项重点工作全面部署、周密安排、强化培训、督导落实。2017年，全省有12个市（州）、甘肃矿区住房公积金管理中心和5个行业中心通过部省验收并达标。实现"双贯标"对公积金事业意义重大，不仅从根本上保障了资金安全运行，而且有效发挥了"互联网＋公积金服务"的作用，极大提高了办事效率和群众满意度。

（五）当年住房公积金机构及从业人员所获荣誉情况：兰州住房公积金管理中心：新区分中心被甘肃团省委授予省级"青年文明号"荣誉称号。

甘肃省住房资金管理中心：荣获省级"青年文明号"荣誉称号，东岗大厅获得省级"巾帼文明岗"荣誉称号。

张掖市住房公积金管理中心：市级"文明单位"称号。

定西市住房公积金管理：授予"第十三批市级文明单位"称号。

甘南州住房公积金中心：曹建军同志荣获"省级精神文明建设工作先进工作者"荣誉称号。

兰州市住房公积金2017年年度报告

一、机构概况

（一）住房公积金管理委员会：兰州住房公积金管理委员会有29名委员，2017年召开1次会议，审议通过的事项主要包括：《关于2016年度住房公积金归集计划和使用计划执行情况的报告》、《关于2017年度住房公积金归集计划和使用计划的报告》、《关于2016年度财务预算执行情况的报告》、《关于2016年度住房公积金增值收益分配方案的报告》、《关于2017年度财务预算的报告》和《兰州住房公积金管理中心2016年年度报告》。

（二）住房公积金管理中心：本市目前共有4家住房公积金管理机构。

兰州住房公积金管理中心（以下简称兰州中心）为市属不以营利为目的的参照公务员管理的事业单位，主要负责全市住房公积金的归集、管理、使用和会计核算。中心设10个处（室），8个管理部，2个分中心。从业人员175人，其中，在编93人，非在编82人。

甘肃省住房资金管理中心（以下简称省资金中心）为甘肃省住房和城乡建设厅下属的不以营利为目的的自收自支事业单位，主要负责省属和中央驻兰单位住房公积金的归集、管理、使用和会计核算。设6个科（室），5个管理部。从业人员124人，其中，在编19人，非在编105人。

甘肃省电力公司房改与住房公积金管理中心（以下简称省电力中心）为国网甘肃省电力公司不以营利为目的的企业后勤服务机构，设2个处，69个业务受理处。从业人员223人，其中，在编223人，非在编0人。

兰州住房公积金管理中心窑街煤电办事处（以下简称窑街煤电办事处）为窑街煤电集团公司所属的办事机构，主要负责该集团公司住房公积金的归集、管理、使用和会计核算。办事处设3个科（室）。从业人员45人，其中，在编12人，非在编33人。

二、业务运行情况

（一）缴存：2017年，新开户单位966家，实缴单位7833家，净增单位172家；新开户职工1.90万人，实缴职工64.96万人，净增职工1.72万人；缴存额92.64亿元，同比增长10.52%。2017年末，缴存总额726.83亿元，同比增长14.60%；缴存余额321.66亿元，同比增长9.58%。

受委托办理住房公积金缴存业务的银行，兰州中心3家，省资金中心10家，省电力中心2家，窑街煤电办事处6家，其中，省资金中心和窑街煤电办事处各比上年增加1家，其他机构未发生变化。

（二）**提取**：2017年，当年提取额64.51亿元，同比增长7.53%；占当年缴存额的比率69.64%，比上年同期减少1.93个百分点。2017年底，提取总额405.19亿元，同比增长18.94%。

（三）**贷款**：

个人住房贷款：兰州中心和省资金中心个人住房贷款最高额度60万元，其中，单缴存职工最高额度50万元，双缴存职工最高额度60万元。省电力中心个人住房贷款最高额度80万元，其中，单缴存职工最高额度60万元，双缴存职工最高额度80万元。窑街煤电办事处个人住房贷款最高额度30万元，其中，单缴存职工最高额度20万元，双缴存职工最高额度30万元。

2017年，发放个人住房贷款1.43万笔56.56亿元，同比分别下降41.14%、39.29%。其中，兰州中心发放个人住房贷款0.97万笔36.80亿元，省资金中心发放个人住房贷款0.36万笔15.78亿元，省电力中心发放个人住房贷款0.09万笔3.91亿元，窑街煤电办事处发放个人住房贷款0.01万笔0.07亿元。

2017年，回收个人住房贷款29.64亿元。其中，兰州中心20.22亿元，省资金中心8.01亿元，省电力中心1.07亿元，窑街煤电办事处0.34亿元。

2017年末，累计发放个人住房贷款17.07万笔405.02亿元，贷款余额270.07亿元，同比分别增长9.07%、16.23%、11.07%。个人住房贷款余额占缴存余额的83.96%，比上年增加1.12个百分点。

受委托办理住房公积金个人住房贷款业务的银行，兰州中心12家，省资金中心13家，省电力中心6家，窑街煤电办事处1家。其中，省电力中心比去年增加2家，其他机构均未发生变化。

（四）**融资**：2017年，融资8.5亿元，归还11亿元。2017年末，融资总额17亿元，融资余额4亿元。

（五）**资金存储**：2017年末，住房公积金存款61.97亿元。其中，活期2.94亿元，1年（含）以下定期16.55亿元，1年以上定期30.75亿元，其他（协定、通知存款等）11.73亿元。

（六）**资金运用率**：2017年末，住房公积金个人住房贷款余额、项目贷款余额和购买国债余额的总和占缴存余额的83.96%，比上年增加1.12个百分点。

三、主要财务数据

（一）**业务收入**：2017年，业务收入130373.83万元，同比增长45.96%。其中，兰州中心64256.19万元，省资金中心32939.11万元，省电力中心31907.87万元，窑街煤电办事处1270.66万元；存款利息46739.47万元，委托贷款利息83611.66万元，国债利息0万元，其他22.70万元。

（二）**业务支出**：2017年，业务支出72396.10万元，同比增长35.17%。其中，兰州中心39774.42万元，省资金中心26031.90万元，省电力中心6102.74万元，窑街煤电办事处487.04万元；支付职工住房公积金利息60287.60万元，归集手续费4518.64万元，委托贷款手续费4474.83万元，其他3115.03万元。

（三）**增值收益**：2017年，增值收益57977.73万元，同比增长62.11%。其中，兰州中心24481.77万元，省资金中心6907.21万元，省电力中心25805.13万元，窑街煤电办事处783.62万元；增值收益率1.88%，比上年增加0.61个百分点。

（四）增值收益分配：2017年，提取贷款风险准备金19035.97万元，提取管理费用16575.99万元，提取城市廉租住房（公共租赁住房）建设补充资金22365.77万元。

2017年，上交财政管理费用12100万元。上缴财政城市廉租住房（公共租赁住房）建设补充资金21489.96万元。其中，兰州中心上缴16966.04万元，省资金中心上缴4523.92万元，省电力中心上缴0万元，窑街煤电办事处上缴0万元。

2017年末，贷款风险准备金余额49163.71万元。累计提取城市廉租住房（公共租赁住房）建设补充资金209440.18万元。其中，兰州中心提取123125.63万元，省资金中心提取72708.57万元，省电力中心提取11014.10万元，窑街煤电办事处提取2591.88万元。

（五）管理费用支出：2017年，管理费用支出13112.98万元，同比增长25.78%。其中，人员经费7890.86万元，公用经费1071.96万元，专项经费4150.16万元。

兰州中心管理费用支出4327.84万元，其中，人员、公用、专项分别为1835.57万元、465.89万元、2026.38万元；省资金中心管理费用支出2263.36万元，其中，人员、公用、专项分别为950.10万元、341.99万元、971.27万元；省电力中心管理费用支出5649.53万元，其中，人员、公用、专项分别为4894.10万元、49.66万元、705.77万元；窑街煤电办事处管理费用支出872.25万元，其中，人员、公用、专项分别为211.09万元、214.42万元、446.74万元。

四、资产风险状况

个人住房贷款：2017年末，个人住房贷款逾期额818.50万元，逾期率0.30‰。

个人贷款风险准备金按贷款余额的1%提取。2017年，提取个人贷款风险准备金19035.97万元，使用个人贷款风险准备金核销呆坏账0万元。2017年末，个人贷款风险准备金余额49163.71万元，占个人住房贷款余额的1.82%，个人住房贷款逾期额与个人贷款风险准备金余额的比率为1.66%。

五、社会经济效益

（一）缴存业务：2017年，实缴单位数、实缴职工人数和缴存额增长率分别为2.25%、2.72%和10.52%。

缴存单位中，国家机关和事业单位占32.57%，国有企业占17.36%，城镇集体企业占1.50%，外商投资企业占1.20%，城镇私营企业及其他城镇企业占45.95%，民办非企业单位和社会团体占1.39%，其他占0.03%。

缴存职工中，国家机关和事业单位占27.60%，国有企业占52.25%，城镇集体企业占0.98%，外商投资企业占1.24%，城镇私营企业及其他城镇企业占17.14%，民办非企业单位和社会团体占0.35%，其他占0.44%。中、低收入占98.50%，高收入占1.50%。

新开户职工中，国家机关和事业单位占24.18%，国有企业占42.24%，城镇集体企业占0.06%，外商投资企业占0.17%，城镇私营企业及其他城镇企业占31.20%，民办非企业单位和社会团体占1.01%，其他占1.14%；中、低收入占99.44%，高收入占0.56%。

（二）提取业务：2017年，13.84万名缴存职工提取住房公积金64.51亿元。

提取的金额中，住房消费提取占71.28%（购买、建造、翻建、大修自住住房占57.05%，偿还购房贷款本息占37.54%，租赁住房占1.57%，其他占3.84%）；非住房消费提取占28.72%（离休和退休提取占81.46%，完全丧失劳动能力并与单位终止劳动关系提取占4.85%，户口迁出本市或出境定居占0.52%，其他占13.17%）。

提取职工中，中、低收入占98.21%，高收入占1.79%。

（三）**贷款业务**：

1. **个人住房贷款**：2017年，支持职工购建房148.84万平方米，年末个人住房贷款市场占有率为29.44%，比上年减少4.63个百分点。通过申请住房公积金个人住房贷款，可节约职工购房利息支出119573.29万元。

职工贷款笔数中，购房建筑面积90（含）平方米以下占26.67%，90～144（含）平方米占66.88%，144平方米以上占6.45%。购买新房占74.29%（其中购买保障性住房占11.05%），购买存量商品住房占25.71%，建造、翻建、大修自住住房占0%，其他占0%。

职工贷款笔数中，单缴存职工申请贷款占51.21%，双缴存职工申请贷款占48.79%，三人及以上缴存职工共同申请贷款占0%。

贷款职工中，30岁（含）以下占31.84%，30岁～40岁（含）占33.45%，40岁～50岁（含）占24.95%，50岁以上占9.76%；首次申请贷款占91.07%，二次及以上申请贷款占8.93%；中、低收入占98.90%，高收入占1.10%。

2. **异地贷款**：2017年，发放异地贷款2473笔100597.8万元。2017年末，发放异地贷款总额948743.56万元，异地贷款余额768948.99万元。

3. **公转商贴息贷款**：2017年，发放公转商贴息贷款535笔23706.50万元，支持职工购建住房面积5.54万平方米，当年贴息额186.12万元。2017年末，累计发放公转商贴息贷款565笔25172.30万元，累计贴息186.60万元。

4. **支持保障性住房建设试点项目贷款**：2017年末，累计试点项目11个，贷款额度9.5亿元，建筑面积100.65万平方米，可解决11841户中低收入职工家庭的住房问题。11个试点项目贷款资金已发放并还清贷款本息。

（四）**住房贡献率**：2017年，个人住房贷款发放额、公转商贴息贷款发放额、项目贷款发放额、住房消费提取额的总和与当年缴存额的比率为113.26%，比上年减少51.18个百分点。

六、其他重要事项

（一）当年机构及职能调整情况、受委托办理缴存贷款业务金融机构变更情况

兰州住房公积金管理中心：无变更事项。

甘肃省住房资金管理中心：当年新增缴存银行1家，兰州银行。

甘肃省电力公司房改与住房公积金管理中心：2017年，电力分中心依据《住房公积金条例》，进一步理顺管理机构，规范业务受理机构。2017年3月，成立甘肃省电力行业住房公积金管理委员会，管委会委员23人，设主任委员1人，副主任委员2人，委员20人。管委会行使原甘肃省电力公司房改领导小组全部职责。2017年5月，根据当年度管委会决议，为进一步夯实基础，提升管理水平，提高工作效率，

电力分中心加强了中心组织机构建设,设立68个业务受理处,变编制定员标准。借用工作人员223人,并由中心承担相关成本费用。2017年度,中心新增组合贷款业务受托银行2家,分别是中信银行、兰州银行,组合贷款业务受托银行拓展至6家,进一步方便缴存职工办理贷款业务。

兰州住房公积金管理中心窑街煤电办事处:当年新增缴存银行1家,邮储银行。

(二) 当年住房公积金政策调整及执行情况

兰州住房公积金管理中心:

1. **缴存基数**:根据兰州市统计局的统计数据,2016年兰州市城镇非私营单位在岗职工年平均工资为67011元,月平均工资为5584.25元。按照《关于住房公积金若干具体问题的指导意见》(建金管〔2005〕5号)规定,自2017年7月1日起,兰州市的住房公积金缴存基数和缴存比例按以下标准执行:住房公积金缴存基数调整为职工本人上年度的月平均工资,且最高不得超过我市城镇非私营单位在岗职工月平均工资的3倍,即:16752.75元;最低不得低于所在县区2016年最低工资标准,即:兰州新区以及城关区等五区均为1620元,永登县等三县为1570元。按照《住房公积金管理条例》和《兰州市城镇自由职业者个人缴存和使用住房公积金管理办法(2015年修订)》(兰住管〔2015〕1号)规定,自2017年7月1日起,我市自由职业者住房公积金缴存基数统一调整为:最低不低于5584.25元,最高不得超过16752.75元。

2. **缴存比例本年度未作调整**:住房公积金基本缴存比例为:单位12%,个人9%,且单位和职工个人住房公积金缴存比例均最高不得超过12%;各缴存单位可以根据自身生产经营情况,阶段性适当降低住房公积金缴存比例,但最低缴存比例不得低于5%。自由职业缴存者缴存比例在10%~21%之间自行选择确定。

3. **贷款政策调整**:根据市政府《关于进一步加强房地产市场调控强化房地产市场监管的意见》(兰政发〔2017〕19号)和兰州市住房保障和房产管理局关于参照执行《关于进一步加强房地产市场调控强化房地产市场监管的意见》相关政策的函,对贷款政策进行调整,实行区域差别化住房信贷政策。具体为:(1)缴存职工家庭在兰州市限购区域购买首套住房的,首付款比例由不低于20%提高至不低于30%;在兰州市非限购区域购买首套住房的,首付款比例仍按不低于20%的政策执行。(2)兰州市户籍的缴存职工家庭已有一套住房,为改善居住条件在兰州市限购区域购买第二套住房的,首付款比例由不低于20%提高至不低于40%;兰州市户籍及非兰州市户籍的缴存职工家庭已有一套住房,为改善居住条件在兰州市非限购区域购买第二套住房的,首付款比例仍按不低于20%的政策执行。

根据《兰州市人民政府关于进一步加强房地产市场调控的补充通知》(兰政发〔2017〕48号)要求,调整区域差别化住房信贷政策。具体为:(1)在城关区(含九州开发区、高新区、不包括高新区榆中园区)、七里河区、安宁区(含经济区)的基础上,将西固区也纳入限贷政策适用范围。(2)兰州户籍的缴存职工家庭已有一套住房,为改善居住条件在兰州市限购区域购买第二套住房的,首付款比例由不低于40%提高至不低于50%;兰州市户籍及非兰州市户籍的缴存职工家庭已有一套住房,为改善居住条件在兰州市非限购区域购买第二套住房的,首付款比例仍按不低于20%的政策执行。

4. **贷款利率**:严格执行人民银行住房公积金贷款基准利率。执行贷款利率与上年一致。

5. **贷款额度**:当年最高贷款额度未作调整,仍为双职工家庭60万元,单职工家庭50万元。

甘肃省住房资金管理中心:

2017年，中心对住房公积金提取、缴存政策进行了优化调整。一是拟定了《关于调整个体工商户、自由职业人员住房公积金归集业务政策的通知》（甘房资发〔2017〕70号），优化了个体工商户、自由职业人员住房公积金缴存、提取政策。二是拟定了《关于进一步规范住房公积金归集业务的通知》（甘房资发〔2017〕72号），重点对各受托银行办理汇补缴业务、外部转入业务的记账时限作了进一步的规范要求。三是拟定了《关于规范住房公积金补缴业务的通知》（甘房资发〔2017〕80号），明确了可以办理住房公积金补缴业务的8种情形，规范补缴业务。认真贯彻落实《住房公积金管理条例》和国务院办公厅《关于印发推动1亿非户籍人口在城市落户方案的通知》（国发〔2016〕72号）等文件精神，将进城务工农民纳入住房公积金制度，拟定了《关于印发〈甘肃省住房资金管理中心关于将进城务工农民纳入住房公积金制度覆盖范围的暂行规定（试行）〉的通知》（甘房资发〔2017〕64号），文件被各大媒体机构转载。

当年住房公积金贷款利率严格执行人民银行规定，1～5年贷款利率2.75%，6～30年贷款利率3.25%。

甘肃省电力公司房改与住房公积金管理中心：

2017年度，依据《住房公积金管理条例》，结合甘肃省电力行业住房公积金管委会成立和中心的机构规范相关工作，中心对管理办法中的业务流程，管理职责进行了明确和分工，并对部分政策进行了调整。一是依据相关规定，对住房公积金异地转移的业务流程进行了规范；二是依托住房公积金综合服务平台，进一步简化手续，优化流程，提高服务效率；三是进一步依法依规放宽住房公积金提取条件，购房提取材料时限由原来的二年放宽至五年；四是进一步规范贷款条件，连续缴存实现由三个月调整至六个月，贷款额度为单职工60万元，双职工80万元，未进行调整。

住房公积金贷款利率为五年以内2.75%，五年以上3.25%。

兰州住房公积金管理中心窑街煤电办事处：

按照住房城乡建设部、国家发改委、财政部、人民银行等四部委《关于规范和阶段性适当降低住房公积金缴存比例的通知》精神，阶段性调整住房公积金缴存比例，单位和个人缴存比例均降低为5%，执行期限暂定为2年。按照财政部《关于加强住房公积金管理等有关问题的通知》（财综〔2006〕38号）规定和兰州市统计局公布的2016年在岗职工平均工资，将住房公积金缴存基数上限调整为16752.75元。个人和单位月最高缴存限额调整为838元。三是按照甘肃省住房公积金"控高保低"的规定，住房公积金缴存基数下限调整为1620元。个人和单位月最低缴存限额调整为81元。

（三）当年服务改进情况

兰州住房公积金管理中心：

1. 综合服务平台功能日趋完善。不断加快网上业务大厅的推广，已有91%的缴存单位开通了网上业务大厅，缴存单位和职工办理业务更加便捷高效；新设了微信公众号、手机APP等线上服务渠道，城关管理部还设计制作了二维码宣传展板和便利贴，让新媒体新服务更贴近缴存职工。目前，中心基本建成集12329服务热线、短信、微信、手机APP、网站、网上业务大厅等服务渠道于一体的综合服务平台，为缴存职工提供多方位、立体式服务。

2. 服务水平持续提升。坚持推进服务标准化，修订了《窗口规范化服务标准》，积极开展规范化服务培训，对工作人员仪容仪表、服务语言、服务环境提出更高要求，使服务更加规范。认真开展服务标兵评选，共评选出年度服务标兵12名，充分发挥模范先进引领作用，调动了广大干部职工自觉服务的积极性。

认真解决群众诉求，对 12345 民情通热线、12329 甘肃省住房公积金热线、政府部门网站等渠道转办的群众诉求逐一进行答复，群众满意率达到 100%。认真落实"四办四清单"制度，所涉提取业务审批事项均能在规定时间内办结。

3. 硬件设施进一步加强。红古管理部服务大厅搬迁新址，服务环境更加优质。新购置的榆中管理部服务大厅即将装修改造。完成了视频会议系统的升级改造工作。

甘肃省住房资金管理中心：

不断提高窗口服务，一是在完善内控制度的同时，积极落实"放、管、服"和"三纠三促"要求，简化大厅业务办理流程，删减各种要件、凭证、证明近 20 项，简化优化办事流程近 10 项，减少相关单位盖章及合并有关签字手续近 10 处；二是业务受理大厅推行延时服务、周六正常上班营业，方便了职工办事；三是拓宽服务渠道，深化金融合作。与建设银行等 6 家银行合作，推出住房公积金网络信用消费贷款业务，解决缴存职工资金周转燃眉之急。

甘肃省电力公司房改与住房公积金管理中心：

为进一步提升服务质量，规范管理中心机构建设，中心 2017 年度成立 67 个住房公积金业务受理处，借用工作人员 212 人，由管理中心承担所有借用人员人工成本，在中心管理费中列支。按照 2017 年度甘肃电力行业住房公积金管委会相关决议，2017 年中心住房公积金综合服务平台各个模块陆续建成并上线运行。目前已经上线的有中心门户网站、短信平台、微信客户端、网上营业大厅、12329 服务热线；手机 APP 和移动办公审批系统已经具备上线条件。

兰州住房公积金管理中心窑街煤电办事处：

研究制定并下发了《关于住房公积金支持中低收入家庭购房有关问题的通知》，为中低收入家庭职工购买集团公司自建住房提供更加宽松的住房公积金支持，同时，强化了贷款风险防控机制，完善了公积金贷款担保方式，明确了单位和部门住房公积金贷款风险防控责任，制定了责任认定和处理办法，完善了职能部门协作联动工作机制。

（四）当年信息化建设情况

兰州住房公积金管理中心：

2017 年 10 月，高分通过了住房城乡建设部"双贯标"验收；完成了稽核和电子档案系统的开发，已进入测试阶段；加大信息系统运行维护工作，出台了《系统运维工作联席会议制度》，每周组织系统开发公司召开 1 次专门会议，会诊分析系统运行中存在的隐患和问题，提出解决方案，确保系统安全平稳运行。

甘肃省住房资金管理中心：

完成住房城乡建设部住房公积金管理系统"双贯标"工作任务。在基础数据贯标方面，严格按部颁标准完成了数据清理工作。建立了科学、合理、规范、实用的住房公积金业务数据体系；在银行结算数据应用系统贯标方面，业务系统提取和贷款发放全部做到实时交易，客户申请资金当场"秒级"到账，冲还贷业务功能的实现满足了客户签约按年冲还或随时冲还贷款本金的需求，减轻了还款压力。完成住房公积金异地转移接续平台接入工作，实现了职工个人住房公积金"账随人走、钱随账走"，方便了跨城市离职再就业职工在转入地就近办理业务。同时，通过住房城乡建设部结算平台，实现资金账户余额实时查询，以及财务、业务、银行三账自动平衡匹配功能，实时监控账户动态，大大降低了传统业务模式下产生的大量未达账项，为中心实现日清月结提供了系统保障。

甘肃省电力公司房改与住房公积金管理中心：

2016年底正式启动住房公积金"互联网＋"信息系统建设项目，经过6个月的开发建设，2017年6月15日正式上线运行，实现了信息系统开发和"双贯标"工作的同步落地。通过贯彻落实"双贯标"工作，中心实现独立自主核算，能够借助结算系统，运用高科技手段，实现了住房公积金资金管理"三统一"（统一银行账户管理、统一资金调拨、统一资金结算）、业务办理"六实时"（汇缴实时分配、提取实时入卡、贷款实时发放、资金实时调拨、账户实时监控、业务实时结账），真正达到了"让信息多跑路，群众少跑腿"的目标。2017年10月24日，住房和城乡建设部住房公积金监管司与省住房城乡建设厅组成联合验收组，对公司综服中心上线运行的住房公积金"互联网＋"信息系统贯彻落实住房城乡建设部《住房公积金基础数据标准》及接入全国住房公积金银行结算数据应用系统工作情况（以下简称"双贯标"工作）进行检查验收。验收组检查了数据项对照表等验收资料，并现场利用检查工具检验了基础数据标准执行情况，一致性达到了95％以上。经过专家合议，一致同意中心通过"双贯标"验收。

兰州住房公积金管理中心窑街煤电办事处：

年初进行了双贯标建设招标工作，并与建设银行签订合作协议，使用建设银行G系统进行业务系统升级改造，并基本完成各项准备工作。

（五）当年住房公积金管理中心及职工所获荣誉情况

兰州住房公积金管理中心：新区分中心被甘肃团省委授予省级"青年文明号"荣誉称号。

甘肃省住房资金管理中心：2017年，中心荣获省级"青年文明号"荣誉称号，东岗大厅获得省级"巾帼文明岗"荣誉称号。

（六）当年对违反《住房公积金管理条例》和相关法规行为进行行政处罚和申请人民法院强制执行情况

兰州住房公积金管理中心：

2017年对人民法院判决生效但未主动还款的14名逾期贷款人申请了强制执行。

甘肃省住房资金管理中心：

建立房地产估价机构《失信名单》制度，对损害中心利益、造成风险隐患的房地产估价机构，列入《失信名单》，并在中心官网及微信平台进行公示。积极联系公安、民政等部门联查联动，同时建立黑名单制度，将有骗贷行为的贷款申请人记录在册，五年不予提取和办理公积金贷款。共查处骗贷行为4起，均在审核过程中发现贷款申请人提供了虚假材料，未发放贷款。较好地维护了公积金贷款制度的严肃性，较2016年骗贷数量减少了63.64％。

甘肃省电力公司房改与住房公积金管理中心：

2017年度，我中心协助法院完成1人次住房公积金个人账户强制执行；2人次住房公积金个人账户冻结。

嘉峪关市住房公积金2017年年度报告

一、机构概况

（一）住房公积金管理委员会：住房公积金管理委员会有19名委员，2017年召开四届二次管委会会议，审议通过了 2017 年度住房公积金归集、使用计划，并对其他重要事项进行决策，主要包括《关于调整住房公积金贷款政策的请示》、《关于调整住房公积金业务办理时间的请示》、《嘉峪关市住房公积金贷款管理办法》、《嘉峪关市住房公积金提取管理办法》、《嘉峪关市住房公积金归集管理办法》。

甘肃矿区住房公积金管理委员会有 23 名委员，2017 年召开 1 次全体会议，审议通过 2017 年度住房公积金归集、使用计划执行情况，并对其他重要事项进行决策，主要包括《甘肃矿区住房公积金管理中心 2016 年度工作报告》、《甘肃矿区住房公积金 2016 年度报告》。

（二）住房公积金管理中心：嘉峪关市住房公积金管理中心（以下简称"市中心"）为直属嘉峪关市人民政府不以营利为目的参照国家公务员管理的副县级事业单位，主要负责全市住房公积金的归集、管理、使用和会计核算，目前中心内设 3 个科室，从业人员 20 人，其中在编 7 人，非在编 13 人。嘉峪关市住房公积金管理中心酒钢（集团）公司分中心（以下简称"酒钢分中心"）负责该公司住房公积金的归集、管理、使用和会计核算，酒钢分中心从业人员 13 人，其中在编 13 人。

甘肃矿区住房公积金管理中心（以下简称"矿区中心"）主要负责甘肃矿区住房公积金的归集、管理、使用和会计核算，中心设 1 个科室。从业人员 8 人，其中在编 8 人。

二、业务运行情况

（一）**缴存**：2017 年，新开户单位 20 家，实缴单位 634 家，净增单位 20 家；新开户职工 0.36 万人，实缴职工 5.73 万人，净增职工 0.15 万人；缴存额 8.06 亿元，同比增长 0.37%。2017 年末，缴存总额 61.11 亿元，同比增长 15.19%；缴存余额 27.28 亿元，同比增长 12.49%。

受委托办理住房公积金缴存业务的银行 3 家，与上年相比无变化。

（二）**提取**：2017 年，提取额 5.03 亿元，同比下降 47.22%；占当年缴存额的 62.41%，比上年减少 56.29 个百分点。2017 年末，提取总额 33.82 亿元，同比增长 17.47%。

（三）**贷款**：市中心和酒钢分中心个人住房贷款最高额度 50 万元，其中，双职工家庭最高额度 50 万元，单职工家庭最高额度 40 万元。矿区中心个人住房贷款不区分单双职工家庭最高额度为 50 万元。

2017 年，发放个人住房贷款 0.11 万笔 2.89 亿元，同比分别增长 22.22%、29.6%。其中，市中心发放个人住房贷款 0.03 万笔 0.8 亿元，酒钢分中心发放个人住房贷款 0.04 万笔 0.82 亿元，矿区中心发放个人住房贷款 0.04 万笔 1.27 亿元。

2017 年，回收个人住房贷款 1.13 亿元。其中，市中心 0.31 亿元，酒钢分中心 0.53 亿元，矿区中心 0.29 亿元。

2017 年末，累计发放个人住房贷款 1.51 万笔 17.34 亿元，贷款余额 7.57 亿元，同比分别增长 7.86%、20.08%、30.29%。个人住房贷款余额占缴存余额的 27.75%，比上年增加 3.79 个百分点。

受委托办理住房公积金个人住房贷款业务的银行 3 家，与上年相比无变化。

（四）**资金存储**：2017 年末，住房公积金存款 18.99 亿元。其中，活期 1.48 亿元，1 年（含）以下定期 0.35 亿元，1 年以上定期 16.93 亿元，其他（协定、通知存款等）0.23 亿元。

（五）**资金运用率**：2017 年末，住房公积金个人住房贷款余额、项目贷款余额和购买国债余额的总和占缴存余额的 27.75%，比上年增加 3.79 个百分点。

三、主要财务数据

（一）业务收入：2017年，业务收入8886.36万元，同比下降8.23%。其中，市中心2343.13万元，酒钢分中心5328.25万元，矿区中心1214.98万元；存款利息6747.46万元，委托贷款利息2138.85万元，其他0.05万元。

（二）业务支出：2017年，业务支出3917.22万元，同比下降1.41%。其中，市中心1007.19万元，酒钢分中心2257.53万元，矿区中心652.5万元；支付职工住房公积金利息3860.24万元，委托贷款手续费54.44万元，其他2.54万元。

（三）增值收益：2017年，增值收益4969.14万元，同比下降12.98%。其中，市中心1335.94万元，酒钢分中心3070.72万元，矿区中心562.48万元；增值收益率1.9%，比上年减少0.27个百分点。

（四）增值收益分配：2017年，提取贷款风险准备金175.64万元，提取管理费用1128.53万元，提取城市廉租住房（公共租赁住房）建设补充资金3664.97万元。

2017年，上交财政管理费用628.7万元。上缴财政城市廉租住房（公共租赁住房）建设补充资金4972.84万元。其中，市中心上缴1467.69万元，酒钢分中心上缴3364.54万元，矿区中心上缴140.61万元。

2017年末，贷款风险准备金余额756.77万元。累计提取城市廉租住房（公共租赁住房）建设补充资金26709.12万元。其中，市中心提取6415.53万元，酒钢分中心提取18538.44万元，矿区中心提取1755.15万元。

（五）管理费用支出：2017年，管理费用支出698.68万元，同比增长181.85%。其中，人员经费135.37万元，公用经费84.74万元，专项经费478.57万元。

市中心管理费用支出219.33万元，其中，人员、公用、专项经费分别为25.04万元、35.21万元、159.08万元；酒钢分中心管理费用支出274.14万元，其中，人员、公用、专项经费分别为110.33万元、14.37万元、149.44万元；矿区中心管理费用支出205.21万元，其中，人员、公用、专项经费分别为0万元、35.16万元、170.05万元。

四、资产风险状况

2017年末，个人住房贷款逾期额0.57万元，逾期率0.008‰。其中，酒钢分中心0.03‰。

个人贷款风险准备金按贷款余额的1%提取。2017年，提取个人贷款风险准备金175.64万元，未使用个人贷款风险准备金核销呆坏账。2017年末，个人贷款风险准备金余额756.77万元，占个人住房贷款余额的1%，个人住房贷款逾期额与个人贷款风险准备金余额的比率为0.08‰。

五、社会经济效益

（一）缴存业务：2017年，实缴单位数、实缴职工人数和缴存额同比分别增长3.76%、5.72%和0.37%。

缴存单位中，国家机关和事业单位占41.96%，国有企业占44.95%，城镇集体企业占1.1%，外商

投资企业占 0.32%，城镇私营企业及其他城镇企业占 6.78%，民办非企业单位和社会团体占 0.79%，其他占 4.1%。

缴存职工中，国家机关和事业单位占 14.41%，国有企业占 74.91%，城镇集体企业占 0.17%，外商投资企业占 0.13%，城镇私营企业及其他城镇企业占 6.07%，民办非企业单位和社会团体占 0.03%，其他占 4.28%；中、低收入占 95.95%，高收入占 4.05%。

新开户职工中，国家机关和事业单位占 4.69%，国有企业占 55.29%，城镇集体企业占 0%，外商投资企业占 0.17%，城镇私营企业及其他城镇企业占 18.84%，民办非企业单位和社会团体占 0.48%，其他占 20.53%；中、低收入占 99.78%，高收入占 0.22%。

（二）提取业务：2017 年，2.34 万名缴存职工提取住房公积金 5.03 亿元。

提取金额中，住房消费提取占 76.25%（购买、建造、翻建、大修自住住房占 49.45%，偿还购房贷款本息占 26.23%，租赁住房占 0.51%，其他占 0.06%）；非住房消费提取占 23.75%（离休和退休提取占 16.57%，完全丧失劳动能力并与单位终止劳动关系提取占 3.56%，户口迁出本市或出境定居占 0.55%，其他占 3.07%）。

提取职工中，中、低收入占 96.63%，高收入占 3.37%。

（三）贷款业务：

1. **个人住房贷款**：2017 年，支持职工购建房 14.19 万平方米，年末个人住房贷款市场占有率为 20.28%，比上年增加 2.59 个百分点。通过申请住房公积金个人住房贷款，可节约职工购房利息支出 3232.59 万元。

职工贷款笔数中，购房建筑面积 90（含）平方米以下占 9.27%，90~144（含）平方米占 79.91%，144 平方米以上占 10.82%。购买新房占 88%（其中购买保障性住房 34.55%），购买存量商品住房占 11.91%，建造、翻建、大修自住住房占 0.09%，其他占 0%。

职工贷款笔数中，单缴存职工申请贷款占 53.09%，双缴存职工申请贷款占 46.91%，三人及以上缴存职工共同申请贷款占 0%。

贷款职工中，30 岁（含）以下占 30.91%，30 岁~40 岁（含）占 32.46%，40 岁~50 岁（含）占 30.36%，50 岁以上占 6.27%；首次申请贷款占 86.36%，二次及以上申请贷款占 13.64%；中、低收入占 89.73%，高收入占 10.27%。

2. **异地贷款**：2017 年，发放异地贷款 17 笔 382.8 万元。2017 年末，发放异地贷款总额 1018.7 万元，异地贷款余额 860.25 万元。

（四）住房贡献率：2017 年，个人住房贷款发放额、公转商贴息贷款发放额、项目贷款发放额、住房消费提取额的总和与当年缴存额的比率为 83.47%，比上年减少 44.41 个百分点。

六、其他重要事项

（一）当年机构及职能调整情况：市中心及酒钢分中心当年机构及职能未发生调整，缴存贷款业务金融机构未发生变更。

甘肃矿区受委托办理住房公积金缴存业务的银行包括建设银行甘肃矿区支行、工商银行甘肃矿区分行、中国银行嘉峪关核城支行。

(二)当年住房公积金政策调整及执行情况:

1. **当年缴存基数限额及确定方法、缴存比例调整情况:** 市中心2017年1月调整住房公积金缴存基数,缴存基数上限不得高于统计部门公布的上一年度职工月平均工资的3倍,缴存基数下限按上年度社会保险最低缴纳基数标准执行,缴存比例单位和个人分别为5%~12%。

酒钢分中心2016年7月调整住房公积金缴存基数,缴存基数上限不得高于统计部门公布的上一年度职工月平均工资的3倍,缴存基数下限按上年度社会保险最低缴纳基数标准执行,缴存比例单位和个人分别为5%~12%。

矿区中心2016年最低缴存基数限额不得低于社保平均工资,最高缴存基数限额不得高于社保平均工资的3倍,缴存比例仍按单位缴纳12%,个人缴纳12%。

2. **当年住房公积金贷款利率调整及执行情况:** 住房公积金贷款利率随央行利率调整而调整,从利率调整当日起新发放的贷款执行新利率,利率调整前发放的贷款,于次年的1月1日起执行新的利率标准。现行利率为首套房1~5年(含5年)2.75%,5年以上3.25%;二套房上浮10%。

3. **当年住房公积金政策调整及执行情况:** 市中心全面落实《甘肃省去房地产库存实施方案》(甘政办发〔2016〕22号)文件精神,将住房公积金制度实施范围逐步扩大到进城务工人员。积极支持非公有制企业和重点招商引资企业发展,实行"宽进宽出"政策,先后为广银铝业、一特汽车制造有限公司等一大批招商引资重点企业建立住房公积金制度,为留住人才、稳定职工队伍提供了住房资金支持。

市中心和酒钢分中心坚持"房住不炒"的定位,加大对中低收入家庭购买首套住房和改善性购房需求的支持力度,进一步放宽住房公积金提取和贷款条件,全面推行异地贷款业务,支持缴存职工合理住房消费。认真完成人大代表关于住房公积金"月冲还贷"的提案,10月份起开展按月提取个人账户住房公积金偿还贷款业务,有效降低了借款职工的还款压力,解决了缴存职工家庭购房困难,提高了资金使用效率。

市中心和酒钢分中心住房公积金支持棚户区改造工作成效显著。适时调整住房公积金使用政策,主动担当作为,先后与房管局、不动产登记管理局、公安局等部门协商,为棚户区改造中涉及的缴存职工及其直系亲属办理住房公积金提取和贷款业务疏通障碍,有力的促进了棚户区改造工作顺利完成。

4. **当年住房公积金个人住房贷款最高贷款额度情况:** 市中心及酒钢分中心继续执行单缴存职工公积金贷款额度最高不超过40万元,双职工缴存家庭公积金贷款额度最高不超过50万元。贷款期限最长不超过30年,且不超过法定退休年龄后5年,同时借款人月还款额不超过职工月工资收入的60%。

矿区中心继续执行最高贷款额度不得高于50万元,个人公积金贷款年限最长不超过30年,且不得超过本人的退休年龄后5年。

(三)当年服务改进情况:

1. **市中心和酒钢分中心服务改进情况:**

一是市中心和酒钢分中心按要求做好政务公开,在门户网站上向社会公布住房公积金年度报告,利用门户网站,手机APP,官方微信等媒体渠道大力宣传公积金政策,提高住房公积金社会知晓率。

二是市中心和酒钢分中心住房公积金"放管服"改革和"互联网+政务服务"工作取得新成效。完成了集门户网站、网上业务大厅、"12329"服务热线、短信、官方微信、手机APP、终端查询七大功能为一体的综合服务平台建设,目前进入试运行阶段。拓宽了服务渠道,提高了服务效率,满足了缴存单位和缴存职工的多元化、个性化服务需求,深入推进"互联网+政务服务",实现了住房公积金服务事项在网上办理,为实现"只进一扇门、最多跑一次"的服务目标奠定了坚实的基础,让群众享受更多优质公共服务。

三是市中心和酒钢分中心进一步加强内控制度建设,完善各项规章制度,先后修订了《规章制度汇编》、《内部控制制度汇编》、《政策法规汇编》3大类130余项规章制度。与公安部门联合发文,严厉打击骗提骗贷住房公积金、扰乱住房公积金管理秩序的行为,维护了缴存职工的权益。办事流程在网站、业务大厅全程公开,实现了公积金业务公开化、透明化、流程化、精细化、规范化管理。

四是市中心和酒钢分中心在支持棚改房交付使用的过程中,面对棚改房因土地问题无法办理贷款抵押、房屋交工时间与"双贯标"项目施工时间冲突、各街区交工时间比较集中等实际困难,积极制定应对措施,多方沟通协调,通过与相关部门共同努力,集中两个月时间为2017年交付使用的2906套棚改房办理了公积金提取和贷款手续,有力地促进了棚改工作顺利推进。

五是2017年,酒钢分中心将公积金存款与银行对集团公司融资挂钩,促使银行提升对集团公司的融资支持度,有效提高酒钢分中心存款利率上浮比例。

六是酒钢分中心在集团公司的大力支持和协调下,利用现有场地有效扩充,对办公场所投资26.50万元进行了装修改造。新的办公场所增加了咨询引导台、客户等候区,安装了监控、叫号机和终端查询机等设备,利用LED显示屏滚动播出业务办理指南,为缴存职工提供了整洁有序的办事环境。

2. 矿区中心服务改进情况:2017年矿区中心完成办事大厅装修、搬迁工作,进一步完善办事大厅基础服务功能。

矿区中心深入开展党的十九大精神和"两学一做"学习教育活动,切实加强对干部职工的勤政廉政和作风纪律教育,严格工作纪律和廉洁自律要求,切实规范服务行为,不断提升为民服务的能力和效率,创建党员示范窗口。同时积极做好矿区办事处布置的各项工作,确保规定时间及时完成。

(四)当年信息化建设情况:

1. 市中心和酒钢分中心信息化建设情况:

一是市中心和酒钢分中心按照住房城乡建设部要求,《住房公积金基础数据标准》和《住房公积金银行结算数据应用系统》(简称"双贯标")工作高分通过了建设部检查验收,标志着我市住房公积金信息化建设达到国家行业标准。依托新系统的功能,建立了电子凭证档案。对符合条件的公积金缴存、提取、贷款,从受理、审核、审批全部实现网上申报办理,通过银行结算系统将资金直接划入开发商账户或申请人银行卡,资金划转实现了"秒"到,缩短了办理时限,极大地提高了住房公积金管理各环节的工作效率和资金安全性。

二是市中心和酒钢分中心积极推进"互联网+政务服务"。完成了门户网站、网上业务大厅、"12329"服务热线、手机短信、官方微信、手机APP、终端查询七大功能一体的综合服务平台建设,目前进入试运行阶段。综合服务平台的建设,拓宽了服务渠道,提高了服务效率,满足了缴存单位和缴存职工的多元化、个性化服务需求,实现了"让信息多跑路,让群众少跑腿"的目标。

三是市中心和酒钢分中心加强参数设置与管理,建立了信息系统灾难防范和应急处理机制和信息化操作流程。建立了对病毒防范、权限认证、密码管理、系统日志备份、多介质备份与异地备份机制,数据系统安全。

四是市中心和酒钢分中心加快与人民银行、不动产登记部门、房管局、民政局信息互联互通,目前人行征信已进入数据试报阶段,其他部门已初步达成数据共享协议。

2. 矿区中心信息化建设情况:

矿区中心与郑州基正科技有限公司、受托银行团结协作,积极推动"双贯标"项目实施。完成新旧软件数据移植、核对,并在生产环境下正式运行。于2018年1月17日以基础分94.57的优异成绩通过住房城乡建设部、省住房城乡建设厅检查验收。标志着我地区住房公积金信息化建设达到国家标准。依托新系统的功能,从受理、审核、审批全部实现网上申报办理,通过银行结算系统将资金直接划入开发商账户或申请人银行卡,资金划转实现了"秒"到,缩短了办理时限,极大地提高了住房公积金管理各环节的工作效率和资金安全性。

(五)当年住房公积金管理中心及职工所获荣誉情况:

一是市中心积极开展精神文明创建活动,时刻将政治理论学习,提高思想认识放在首位,认真学习贯彻党的十九大精神、习近平新时代中国特色社会主义思想和习近平总书记关于甘肃工作的重要指示精神特别是"八个着力"重要精神,不断推进"两学一做"学习教育常态化、制度化,牢固树立"四个意识",牢牢把握正确的政治方向,不断增强政治自觉。

二是市中心文化建设扎实推进,学习先进,培育典型,2017年3月市中心被市城乡岗位建功协调领导小组授予"巾帼文明岗";10月市中心组织参加维护职工合法权益劳动法律知识竞赛活动中被评为"优秀组织奖";2017年全市党政机关考核,市中心被评为优秀班子。

三是市中心积极完成创建文明城市和全域全城无垃圾工作任务,组织市中心全体干部职工参加美丽雄关万人清洁行动,积极践行社会主义核心价值观,倡导文明新风,树立良好风尚,争创文明单位,制作了社会主义核心价值观、嘉峪关市文明公约20条、雄关好人、"六倡导六抵制"、尊德守礼等内容的展板40余条,通过LED显示屏滚动播放等形式进行广泛宣传。

四是市中心加强岗位技能培训,提升业务技能和服务水平,对全体干部职工进行了住房公积金缴存、支取、贷款业务流程及电子档案、计算机操作技能和办公软件、公文处理等培训,举办了文明礼仪培训班1次,开展了住房公积金业务知识讲座9期,业务知识测试1次,公文处理竞赛1期,坚持每周一的晨会学法规、讲政策、学业务、晒业绩活动,进一步提升了职工的业务技能和服务水平。通过学习培训活动,有效促进了我中心人员综合素质的提高,各项工作稳步走上科学、公正、文明、高效的轨道。

金昌市住房公积金2017年年度报告

一、机构概况

(一)金昌市住房公积金管理委员会:金昌市住房公积金管理委员会有25名委员,2017年召开1次会议,审议通过的事项主要包括:一是《关于聘任徐中彪等九位同志为管委会委员的请示》;二是2016年度住房公积金管理中心工作报告;三是《关于2016年度住房公积金归集使用计划执行情况的报告》和《关于2017年度住房公积金归集使用计划的报告》;四是《关于调整住房公积金贷款额度的请示》;五是

《关于进城务工人员、个体工商户和自由职业者建立住房公积金制度的暂行规定（草案）》；六是关于中国农业银行金昌分行为信息系统（软件）建设提供服务的请示；七是《关于金昌市住房公积金管理中心金川集团股份有限公司分中心在农行金昌分行开立公积金存款账户的请示》。

（二）金昌市住房公积金管理中心： 金昌市住房公积金管理中心为隶属金昌市人民政府不以营利为目的的（参公）事业单位，下设5个科室、3个管理部、1个分中心（金川公司分中心）。从业人员54人，其中，在编39人，非在编15人。

二、业务运行情况

（一）缴存： 2017年，新开户单位36家，实缴单位652家，净增单位23家；新开户职工0.16万人，实缴职工6.35万人，净增职工0.03万人；缴存额8.47亿元，同比下降1.40%。2017年末，缴存总额83.08亿元，同比增长11.37%；缴存余额37.58亿元，同比增长8.98%。

中心归集业务全部自主办理。住房公积金存款结算银行共7家，与上年一致。

（二）提取： 2017年，提取额5.38亿元，同比下降44.48%；占当年缴存额的63.46%，比上年减少49.42个百分点。2017年末，提取总额45.50亿元，同比增长13.41%。

（三）贷款：

1. 个人住房贷款： 个人住房贷款最高额度60万元，其中，单缴存职工最高额度50万元，双缴存职工最高额度60万元。

2017年，发放个人住房贷款0.11万笔3.05亿元，同比分别下降31.25%、18.23%。其中，市中心发放个人住房贷款0.09万笔2.55亿元，金川公司分中心发放个人住房贷款0.02万笔0.50亿元。

2017年，回收个人住房贷款1.73亿元。其中，市中心1.25亿元，金川公司分中心0.48亿元。

2017年末，累计发放个人住房贷款1.52万笔21.60亿元，贷款余额10.10亿元，同比分别增长7.80%、16.38%、15.03%。个人住房贷款余额占缴存余额的26.88%，比上年增加1.41个百分点。

受委托办理住房公积金个人住房贷款业务的银行3家，比上年减少1家。

2. 住房公积金支持保障性住房建设项目贷款： 2017年，发放支持保障性住房建设项目贷款0亿元，回收项目贷款0.72亿元。2017年末，累计发放项目贷款2.5亿元，项目贷款余额0亿元。

（四）购买国债： 2017年，购买国债0亿元，兑付国债0.5亿元。2017年末，国债余额0亿元，比上年减少0.5亿元。

（五）资金存储： 2017年末，住房公积金存款27.85亿元。其中，活期0.44亿元，1年（含）以下定期20.66亿元，1年以上定期3.07亿元，其他（协定、通知存款等）3.68亿元。

（六）资金运用率： 2017年末，住房公积金个人住房贷款余额、项目贷款余额和购买国债余额的总和占缴存余额的26.88%，比上年减少2.13个百分点。

三、主要财务数据

（一）业务收入： 2017年，业务收入9385.94万元，同比下降18.02%。其中，市中心4397.13万元，金川公司分中心4988.81万元；存款利息6046.79万元，委托贷款利息3105.80万元，国债利息223.00万元，其他10.35万元。

（二）业务支出：2017年，业务支出5957.50万元，同比下降1.04%。其中，市中心2696.57万元，金川公司分中心3260.93万元，支付职工住房公积金利息5784.43万元，归集手续费0万元，委托贷款手续费171.08万元，其他1.99万元。

（三）增值收益：2017年，增值收益3428.44万元，同比下降36.84%。其中，市中心1700.56万元，金川公司分中心1727.88万元；增值收益率0.94%（市中心1.01%，金川公司分中心0.89%），比上年减少0.56个百分点。

（四）增值收益分配：2017年，提取贷款风险准备金131.95万元，提取管理费用1601.77万元，提取城市廉租住房（公共租赁住房）建设补充资金1694.72万元。

2017年，上交管理费用857.40万元。（市中心上缴市财政管理费用507.40万元，金川公司分中心上缴金川公司财务部350万元），上缴财政城市廉租住房（公共租赁住房）建设补充资金3071.06万元。其中，市中心上缴财政1695.43万元，金川公司分中心上缴金川公司财务部1375.63万元。

2017年末，贷款风险准备金余额1810.21万元。累计提取城市廉租住房（公共租赁住房）建设补充资金20140.54万元。其中，市中心提取5619.42万元，金川公司分中心1提取14521.12万元。

（五）管理费用支出：2017年，管理费用支出970.46万元，同比增长59.05%。其中，人员经费404.70万元，公用经费72.43万元，专项经费493.33万元。

市中心管理费用支出761.37万元，其中，人员、公用、专项经费分别为306.64万元、54.33万元、400.40万元；金川公司分中心管理费用支出209.09万元，其中，人员、公用、专项经费分别为98.06万元、18.10万元、92.93万元。

四、资产风险状况

（一）个人住房贷款：2017年末，个人住房贷款逾期额26.42万元，逾期率0.262‰。其中，市中心0.317‰，金川公司分中心0.00‰。

个人贷款风险准备金按当年新增贷款余额的1%提取。2017年，提取个人贷款风险准备金131.95万元，使用个人贷款风险准备金核销呆坏账0万元。2017年末，个人贷款风险准备金余额1010.21万元，占个人住房贷款余额的1%，个人住房贷款逾期额与个人贷款风险准备金余额的比率为2.62%。

（二）支持保障性住房建设试点项目贷款：2017年，提取项目贷款风险准备金0万元，使用项目贷款风险准备金核销呆坏账0万元，项目贷款风险准备金余额800万元，项目贷款逾期额与项目贷款风险准备金余额的比率为0%。

五、社会经济效益

（一）缴存业务：2017年，实缴单位数、实缴职工人数同比分别增长3.66%、0.47%，缴存金额下降1.40%。

缴存单位中，国家机关和事业单位占62.58%，国有企业占23.31%，城镇集体企业占1.99%，外商投资企业占0.15%，城镇私营企业及其他城镇企业占10.13%，民办非企业单位和社会团体占1.69%，其他占0.15%。

缴存职工中，国家机关和事业单位占27.80%，国有企业占67.81%，城镇集体企业占1.25%，外商

投资企业占0.03%，城镇私营企业及其他城镇企业占2.98%，民办非企业单位和社会团体占0.12%，其他占0.01%；中、低收入占99.51%，高收入占0.49%。

新开户职工中，国家机关和事业单位占27.38%，国有企业占45.99%，城镇集体企业占5.58%，外商投资企业占0.06%，城镇私营企业及其他城镇企业占20.80%，民办非企业单位和社会团体占0.19%，其他占0.00%；中、低收入占100.00%，高收入占0.00%。

（二）**提取业务**：2017年，0.89万名缴存职工提取住房公积金5.38亿元。

提取金额中，住房消费提取占67.03%（购买、建造、翻建、大修自住住房占75.55%，偿还购房贷款本息占24.35%，租赁住房占0.10%，其他占0%）；非住房消费提取占32.97%（离休和退休提取占77.39%，完全丧失劳动能力并与单位终止劳动关系提取占5.82%，户口迁出本市或出境定居占1.83%，死亡或宣告死亡的占2.53%，其他占12.43%）。

提取职工中，中、低收入占98.77%，高收入占1.23%。

（三）**贷款业务**：

1. **个人住房贷款**：2017年，支持职工购建房13.31万平方米，年末个人住房贷款市场占有率为23.86%（其中：市中心19.67%，金川公司分中心4.19%），比上年减少0.29个百分点。通过申请住房公积金个人住房贷款，可节约职工购房利息支出4673.23万元。

职工贷款笔数中，购房建筑面积90（含）平方米以下占9.98%，90~144（含）平方米占75.94%，144平方米以上占14.08%。购买新房占74.60%（其中购买保障性住房占0.62%），购买存量商品住房占23.08%，建造、翻建、大修自住住房占2.32%，其他占0.00%。

职工贷款笔数中，单缴存职工申请贷款占25.13%，双缴存职工申请贷款占74.87%，三人及以上缴存职工共同申请贷款占0.00%。

贷款职工中，30岁（含）以下占29.77%，30岁~40岁（含）占29.68%，40岁~50岁（含）占26.29%，50岁以上占14.26%；首次申请贷款占88.15%，二次及以上申请贷款占11.85%；中、低收入占99.47%，高收入占0.53%。

2. **异地贷款**：2017年，发放异地贷款135笔5291万元。2017年末，发放异地贷款总额14349.10万元，异地贷款余额12039.30万元。

3. **支持保障性住房建设试点项目贷款**：2017年末，累计试点项目2个，贷款额度2.5亿元，建筑面积40.55万平方米，可解决5130户中低收入职工家庭的住房问题。2个试点项目贷款资金已发放并还清贷款本息。

（四）**住房贡献率**：2017年，个人住房贷款发放额、公转商贴息贷款发放额、项目贷款发放额、住房消费提取额的总和与当年缴存额的比率为78.50%，比上年减少53.29个百分点。

六、其他重要事项

（一）当年住房公积金政策调整及执行情况：

1. 当年度住房公积金最高缴存基数不超过上一年度月平均工资的3倍13130元，最低缴存基数不低于养老金缴费最低基数2977元。

2. 当年度单职工住房公积金最高贷款额度由45万元调整至50万元，双职工最高贷款额度不变，仍为60万元。

3. 当年度住房公积金上年结转及本年缴交利率均执行央行公布的一年期定期存款基准利率1.50%。当年度住房公积金个人贷款利率执行央行公布利率，1～5年住房公积金个人贷款利率2.75%，6～30年住房公积金个人贷款利率3.25%。

（二）当年服务改进情况：

1. 当年中心河西堡管理部网点服务网点变更，办公面积增加、服务环境进一步改善，方便了办事职工。

2. 邀请商业银行服务人员对营业厅职工进行服务礼仪培训和指导，进一步提高了中心服务质量。

（三）当年信息化建设情况：

1. **信息系统升级改造情况**。已基本完成机房重新建设及硬件升级改造。系统软件方面，进行了数据移植模拟工作，并按计划完成了数据结构分析、移植程序编写等工作。

2. **结算应用系统接入情况**。协调住房城乡建设部结算系统项目组、建行金昌分行及其他业务委托银行，按时完成了住房城乡建设部结算系统的测试环境申请、网络调试、系统测试、上线申请等一系列工作，接入结算应用系统。

（四）当年住房公积金管理中心及职工所获荣誉情况：本年度中心获得市厅级先进个人7人次。

白银市住房公积金2017年年度报告

一、机构概况

（一）**住房公积金管理委员会**：住房公积金管理委员会有22名委员，2017年，召开一次会议，对住房公积金管理重要事项进行决策，审议通过了《2016年住房公积金年度报告（草案）》和《2016年住房公积金归集使用计划执行情况的报告》、《2017年住房公积金归集使用计划的报告》、《2016年度住房公积金财务收支决算的报告》和《2017年度住房公积金财务收支预算的报告》、《关于调整2017年住房公积金月缴存额上下限的报告》等事项。

（二）**住房公积金管理中心**：白银市住房公积金管理中心为直属白银市人民政府不以营利为目的的参公管理事业单位，主要负责全市住房公积金的归集、管理、使用和会计核算。目前中心内设办公室、归集管理科、贷款管理科、核算科、审计稽核科、计算机室、营业部、保障性住房建设项目贷款管理科8个科室，下设会宁管理部、靖远管理部、景泰管理部、平川管理部和靖远煤业分中心（以下简称"靖煤分中心"）。从业人员81人，其中：白银市中心从业人员71人，（在编43人，非在编28人），靖煤分中心从业人员10人（均为集团公司在册干部）。

二、业务运行情况

（一）**缴存**：2017年，新开户单位88家，实缴单位1295家，净增单位48家；新开户职工0.65万

人,实缴职工11.63万人,净增职工0.09万人;缴存额12.65亿元,同比增长7%。

截至2017年末,缴存总额96.08亿元,同比增长15%;缴存余额50.8亿元,同比增长8%。其中,市中心缴存总额69.81亿元,缴存余额37.88亿元,同比分别增长19%、14%;靖煤分中心缴存总额26.27亿元、缴存余额12.92亿元,同比分别增长7%、-6%。

受委托办理住房公积金缴存业务的银行4家,其中:市中心为2家;靖煤分中心为4家,与上年相比均无变化。

(二)**提取**:2017年,提取额8.91亿元,同比下降4%;占当年缴存额的70%,比上年减少9个百分点。其中:市中心提取额6.44亿元,同比降低1%,占当年缴存额的59%,比上年同期减少6个百分点,靖煤分中心提取2.47亿元,同比下降12%,占当年缴存额的148%。

截至2017年底,提取总额45.28亿元,同比增长24%。

(三)**贷款**:

1. **个人住房贷款**:个人住房贷款最高额度40万元,其中,市中心住房最高贷款额度为40万元,靖煤分中心住房最高贷款额度为20万元,不区分单双职工家庭。

2017年,发放个人住房贷款0.37万笔11.32亿元,同比分别增长-4%、1%。其中,市中心发放个人住房贷款3690笔112722.80万元,靖煤分中心发放个人住房贷款27笔463.5万元。

2017年末,累计发放个人住房贷款3.94万笔64.32亿元,贷款余额36.08亿元,同比分别增长11%、24%、22%。个人住房贷款余额占缴存余额的71%,比上年增加8个百分点。

受委托办理住房公积金个人住房贷款业务的银行2家,与上年无变化。

2. **住房公积金支持保障性住房建设项目贷款**:2017年,未发生保障性住房建设项目贷款。2017年末,累计发放项目贷款1.2亿元,项目贷款余额0亿元。

(四)**购买国债**:2017年,未发生购买(记账式、凭证式)国债业务。

(五)**融资**:2017年,融资1亿元,累计融资总额3.18亿元,2017年归还3.18亿元,融资余额0亿元。

(六)**资金存储**:2017年末,住房公积金存款12.24亿元。其中,活期3.04亿元,1年以上定期0.5亿元,1年(含)以下定期6.85亿元,其他(协定、通知存款等)1.85亿元。

(七)**资金运用率**:2017年末,住房公积金个人住房贷款余额、项目贷款余额和购买国债余额的总和占缴存余额的71%,比上年增加8个百分点。

三、主要财务数据

(一)**业务收入**:2017年,业务收入17143.01万元,同比增长22%。其中,市中心14450.28万元,分中心2692.73万元;存款利息6443.61万元,委托贷款利息10695.11万元,其他4.29万元。

(二)**业务支出**:2017年,业务支出9858.74万元,同比增长26%。其中,市中心7958.07万元,靖煤分中心1900.67万元;支付职工住房公积金利息8767.63万元,归集手续费440.35万元,委托贷款手续费298.01万元,其他352.75万元。

(三)**增值收益**:2017年,增值收益7284.27万元,同比增长17%。其中,市中心6492.21万元,靖煤分中心792.06万元;增值收益率1.83%,比上年增加0.46个百分点。

(四) 增值收益分配：2017年，提取贷款风险准备金1238.16万元，提取管理费用1109.4万元，提取城市廉租住房（公共租赁住房）建设补充资金4936.71万元。

2017年，上交财政管理费用709.4万元。上缴财政城市廉租住房（公共租赁住房）建设补充资金523.87万元。

2017年末，贷款风险准备金余额6798.34万元。累计提取城市廉租住房（公共租赁住房）建设补充资金25297.39万元。其中，市中心提取22626.46万元，靖煤分中心提取2670.93万元。

(五) 管理费用支出：2017年，管理费用支出910.36万元，同比增长3%。其中，人员经费616.19万元，公用经费104.81万元，专项经费189.36万元。

市中心管理费用支出729.82万元，其中，人员、公用、专项经费分别为495.01万元、91.68万元、143.13万元；靖煤中心管理费用支出180.54万元，其中，人员、公用、专项经费分别为121.18万元、13.13万元、46.23万元。

四、资产风险状况

(一) 个人住房贷款：2017年末，个人住房贷款逾期额110.49万元，逾期率0.3‰。其中，市中心0.3‰，分中心2.24‰。

个人贷款风险准备金按新发放贷款额的1%提取。2017年，提取个人贷款风险准备金1131.87万元，未使用个人贷款风险准备金。2017年末，个人贷款风险准备金余额6318.34万元，占个人住房贷款余额的1.75%，个人住房贷款逾期额与个人贷款风险准备金余额的比率为1.75%。

(二) 支持保障性住房建设试点项目贷款：2017年末，项目贷款无逾期金额。

项目贷款风险准备金按贷款发放额的4%提取。2017年，项目贷款风险准备金余额480万元。

五、社会经济效益

(一) 缴存业务：2017年，实缴单位数、实缴职工人数和缴存额同比分别增长4.18%、1.48%和7.11%。

缴存单位中，国家机关和事业单位占70.4%，国有企业占12.8%，城镇集体企业占1.2%，外商投资企业占0.5%，城镇私营企业及其他城镇企业占14.1%，民办非企业单位和社会团体占0.5%，其他占0.5%。

缴存职工中，国家机关和事业单位占55%，国有企业占39.6%，城镇集体企业占0.5%，外商投资企业占0.1%，城镇私营企业及其他城镇企业占4.6%，民办非企业单位和社会团体占0.1%，其他占0.1%；中、低收入占96.81%，高收入占3.19%。

新开户职工中，国家机关和事业单位占53.9%，国有企业占24.9%，城镇集体企业占0.4%，城镇私营企业及其他城镇企业占20.4%，民办非企业单位和社会团体占0.4%；中、低收入占99.7%，高收入占0.3%。

(二) 提取业务：2017年，2.37万名缴存职工提取住房公积金8.91亿元。

提取金额中，住房消费提取占71%（购买、建造、翻建、大修自住住房占55.7%，偿还购房贷款本息占36.7%，租赁住房占7.6%）；非住房消费提取占29%（离休和退休提取占75.3%，完全丧失劳动能力并与单位终止劳动关系提取占 8.9%,户口迁出本市或出境定居占 10.8%,其他占 5%)。

提取职工中,中、低收入占 98.9%,高收入占 1.1%。

（三）**贷款业务**：

1. **个人住房贷款**：2017 年,支持职工购建房 54.22 万平方米,年末个人住房贷款市场占有率为 42%,比上年减少 2 个百分点。通过申请住房公积金个人住房贷款,可节约职工购房利息支出 22933 万元。

职工贷款笔数中,购房建筑面积 90（含）平方米以下占 8.7%,90～144（含）平方米占 83%,144 平方米以上占 8.3%。购买新房占 94.5%（其中购买保障性住房占 0.1%）,购买存量商品住房占 5.2%,其他占 0.3%。

职工贷款笔数中,单缴存职工申请贷款占 73%,双缴存职工申请贷款占 27%。

贷款职工中,30 岁（含）以下占 39.8%,30 岁～40 岁（含）占 32.9%,40 岁～50 岁（含）占 19.7%,50 岁以上占 7.6%;首次申请贷款占 94.3%,二次及以上申请贷款占 5.7%;中、低收入占 99.9%,高收入占 0.1%。

2. **异地贷款**：2017 年,发放异地贷款 421 笔 13589.7 万元。2017 年末,发放异地贷款总额 38525.5 万元,异地贷款余额 23471.8 万元。

3. **支持保障性住房建设试点项目贷款**：2017 年末,累计试点项目 1 个,贷款额度 1.2 亿元,建筑面积 7.25 万平方米,可解决 864 户中低收入职工家庭的住房问题。试点项目贷款资金已还清贷款本息。

（四）**住房贡献率**：2017 年,个人住房贷款发放额、公转商贴息贷款发放额、项目贷款发放额、住房消费提取额的总和与当年缴存额的比率为 168%,比上年增长 8 个百分点。

六、其他重要事项

（一）**机构及职能调整情况、缴存贷款业务金融机构变更情况**：中心当年管理机构和业务职能、缴存贷款业务委托承办机构均未调整。其中：市中心委托银行为建设银行、工商银行、甘肃银行；靖煤分中心比市中心多一家农业银行。

（二）**当年住房公积金政策调整及执行情况**：

市中心：

1. 制定白银市住房公积金管理中心自动划转公积金存储余额冲还贷款政策,发布了《白银市住房公积金管理中心自动划转公积金存储余额冲还贷款公告》,对住房公积金冲还贷款政策及业务办理进行调整规范。

2. 经管委会批准,调整了 2017 年住房公积金缴存上下线,印发了《白银市住房公积金管理中心关于调整 2017 年住房公积金月缴存额上下限的通知》（市房委会发〔2017〕18 号）。

（1）职工住房公积金月缴存额上限：单位和职工缴存住房公积金基数最高不得超过 2016 年度职工月平均工资（4487 元）的 3 倍,即 2017 年缴存最高基数为 13462 元。单位和职工缴存比例最高不得分别超过 12%,核定职工每月住房公积金最高缴存额单位和个人分别为 1615 元,比 2016 年增加 119 元,增长 7.9%。

（2）职工住房公积金月缴存额下限：2017 年我市最低工资标准未做调整,最低缴存基数仍为 1420 元。单位和职工缴存比例分别不低于 5%。最低缴存额执行 2016 年度标准,单位和个人分别为 71 元。调整后的月缴存额上下限从 2017 年 1 月起执行。

3. 当年住房公积金存贷款利率调整及执行情况。当年住房公积金存贷款利率按国家规定执行，个人住房公积金存款按一年期定期存款利率 1.5% 结息，结息计入职工个人公积金账户；五年期以上个人住房贷款利率为 3.25%，五年期以下（含五年）个人住房贷款利率为 2.75%。

（三）当年服务改进情况：

1. 会宁管理部于 2017 年 6 月份进驻会宁县政务大厅，将缴存、提取、贷款、担保等全部集结于大厅，实现全面一站式服务。2017 年 9 月份中心委托银行工商银行入驻市本级营业大厅，方便职工办理各项业务。

2. 2017 年 6 月份，中心公积金 G 系统上线后，中心归集方式由委托归集转变为自主归集，核算方式由银行核算转变为中心核算，资金管理水平进一步提高。

3. 在便民服务方面，进一步简化办事要件，公积金提取业务中取消了工作单位出具《甘肃省公积金支取申请书》手续；贷款业务中取消了借款申请表中加盖单位公章的手续，方便了办事职工。

（四）当年信息化建设情况：

市中心 G 系统和转移接续平台于 2017 年 6 月 27 日上线运行，2017 年 10 月通过国家住房城乡建设部和省住房城乡建设厅住房公积金业务系统"双贯标"考核验收。G 系统的上线成功提升了我市住房公积金信息化建设水平和风险防控能力，促进中心住房公积金业务数据体系的科学化、标准化、规范化建设，为提高我市住房公积金服务水平和管理效率提供了技术支持。

靖煤分中心根据住房城乡建设部《住房公积金基础数据标准》和住房公积金银行结算应用系统建设相关要求，中心积极和有关部门进行洽谈协商工程立项事宜，并筹集资金接入直达建行白银分行的光纤专线，计划于 2018 年 2 月完成"双贯标"工程。

天水市住房公积金 2017 年年度报告

一、机构概况

（一）住房公积金管理委员会： 住房公积金管理委员会有 23 名委员，2017 年召开 1 次会议，审议通过的事项主要包括：改选天水市住房公积金管理委员会；关于调整住房公积金个人住房贷款事宜；关于调整住房公积金提取使用事宜。

（二）住房公积金管理中心： 住房公积金管理中心为直属天水市人民政府不以营利为目的的自收自支事业单位，设 7 个（科），7 个管理部，从业人员 96 人，其中，在编 56 人，非在编 40 人。

二、业务运行情况

（一）缴存： 2017 年，新开户单位 64 家，实缴单位 2461 家，净增单位 64 家；新开户职工 7824 人，实缴职工 132364 人，净增职工 -0.69 万人；缴存额 19.51 亿元，同比增长 24.74%。2017 年末，缴存总额 90.77 亿元,同比增长 27.37%;缴存余额 50.40 亿元,同比增长 22.48%。

受委托办理住房公积金缴存业务的银行 6 家,比上年增加 1 家。

(二) 提取:2017 年,提取额 10.26 亿元,同比增长 9.50%;占当年缴存额的 52.59%,比上年(减少)7.33 个百分点。2017 年末,提取总额 40.37 亿元,同比增长 34.03%。

(三) 贷款:

个人住房贷款:个人住房贷款最高额度 60 万元,其中,单缴存职工最高额度 45 万元,双缴存职工最高额度 60 万元。

2017 年,发放个人住房贷款 0.45 万笔 16.77 亿元,同比分别增长 −6.25%、0.18%。2017 年,回收个人住房贷款 3.98 亿元。

2017 年末,累计发放个人住房贷款 2.25 万笔 57.01 亿元,贷款余额 44.51 亿元,同比分别增长 24.56%、41.20%、40.36%。个人住房贷款余额占缴存余额的 88.31%,比上年增加 11.24 个百分点。

受委托办理住房公积金个人住房贷款业务的银行 10 家。

(四) 购买国债:2017 年,购买国债 0 亿元,兑付国债 0.05 亿元。2017 年末,国债余额 0 亿元,比上年减少 0.05 亿元。

(五) 资金存储:2017 年末,住房公积金存款 6.94 亿元。其中,活期 2.69 亿元,1 年(含)以下定期 2.30 亿元,1 年以上定期 0.60 亿元,其他(协定、通知存款等)1.35 亿元。

(六) 资金运用率:2017 年末,住房公积金个人住房贷款余额、项目贷款余额和购买国债余额的总和占缴存余额的 88.31%,比上年增加 11.12 个百分点。

三、主要财务数据

(一) 业务收入:2017 年,业务收入 16250.95 万元,同比增长 18.54%。存款利息 3355.56 万元,委托贷款利息 12738.57 万元,国债利息 153.75 万元,其他 3.07 万元。

(二) 业务支出:2017 年,业务支出 7947.03 万元,同比增长 28.69%。支付职工住房公积金利息 6935.31 万元,归集手续费 377.91 万元,委托贷款手续费 632.94 万元,其他 0.87 万元。

(三) 增值收益:2017 年,增值收益 8303.92 万元,同比增长 10.22%。增值收益率 1.81%,比上年(减少)0.19 个百分点。

(四) 增值收益分配:2017 年,提取贷款风险准备金 1223.80 万元,提取管理费用 3050 万元,提取城市廉租住房(公共租赁住房)建设补充资金 4030.13 万元。

2017 年,上交财政管理费用 3050 万元。上缴财政城市廉租住房(公共租赁住房)建设补充资金 3818.16 万元。2017 年末,贷款风险准备金余额 4450.80 万元。累计提取城市廉租住房(公共租赁住房)建设补充资金 15929.05 万元。

(五) 管理费用支出:2017 年,管理费用支出 3357.37 万元,同比增长 45.51%。其中,人员经费 990.91 万元,公用经费 292.67 万元,专项经费 2073.79 万元。

四、资产风险状况

个人住房贷款:2017 年末,个人住房贷款逾期额 14.39 万元,逾期率 0.032‰。

个人贷款风险准备金按（贷款余额或增值收益）的1%提取。2017年，提取个人贷款风险准备金1223.80万元。2017年末，个人贷款风险准备金余额4450.80万元，占个人住房贷款余额的1%，个人住房贷款逾期额与个人贷款风险准备金余额的比率为0.32%。

五、社会经济效益

（一）**缴存业务**：2017年，实缴单位数、实缴职工人数和缴存额同比分别增长2.67%、－4.94%和24.74%。

缴存单位中，国家机关和事业单位占62.78%，国有企业占14.06%，城镇集体企业占9.96%，外商投资企业占5.61%，城镇私营企业及其他城镇企业占2.19%，民办非企业单位和社会团体占4.14%，其他占1.26%。

缴存职工中，国家机关和事业单位占53.50%，国有企业占14.96%，城镇集体企业占0.80%，外商投资企业占0.27%，城镇私营企业及其他城镇企业占0.23%，民办非企业单位和社会团体占0.23%，其他占30.01%；中、低收入占99.77%，高收入占0.23%。

新开户职工中，国家机关和事业单位占34.85%，国有企业占48.26%，城镇集体企业占5.38%，外商投资企业占0.15%，城镇私营企业及其他城镇企业占1.57%，民办非企业单位和社会团体占2.52%，其他占7.27%；中、低收入占99.02%，高收入占0.98%。

（二）**提取业务**：2017年，2.88万名缴存职工提取住房公积金10.26亿元。

提取金额中，住房消费提取占78.07%（购买、建造、翻建、大修自住住房占68.16%，偿还购房贷款本息占25.59%，租赁住房占6.25%）；非住房消费提取占21.93%（离休和退休提取占77.33%，完全丧失劳动能力并与单位终止劳动关系提取占11.56%，户口迁出本市或出境定居占3.25%，其他占7.86%）。

提取职工中，中、低收入占99.34%，高收入占0.66%。

（三）**贷款业务**：

1. **个人住房贷款**：2017年，支持职工购建房53.02万平方米，年末个人住房贷款市场占有率为34.45%，比上年增加－4.49个百分点。通过申请住房公积金个人住房贷款，可节约职工购房利息支出2795.10万元。

职工贷款笔数中，购房建筑面积90（含）平方米以下占26.35%，90～144（含）平方米占70.97%，144平方米以上占2.68%。购买新房占81.19%（其中购买保障性住房占9.04%），购买存量商品住房占18.81%。

职工贷款笔数中，单缴存职工申请贷款占29.64%，双缴存职工申请贷款占70.36%。

贷款职工中，30岁（含）以下占24%，30岁～40岁（含）占39.60%，40岁～50岁（含）占34.65%，50岁以上占1.75%；首次申请贷款占69.55%，二次及以上申请贷款占30.45%；中、低收入占79.58%，高收入占20.42%。

2. **异地贷款**：2017年，发放异地贷款214笔8612.50万元。2017年末，发放异地贷款总额21368.50万元，异地贷款余额17820.14万元。

3. **支持保障性住房建设试点项目贷款**：2017年末，累计试点项目3个，贷款额度1.08亿元，建筑面积 8.14 万平方米，可解决 990 户中低收入职工家庭的住房问题。3 个试点项目贷款资金已发放并还清贷款本息。

（四）住房贡献率：2017 年，个人住房贷款发放额、公转商贴息贷款发放额、项目贷款发放额、住房消费提取额的总和与当年缴存额的比率为 136.80%，比上年（减少）16.89 个百分点。

六、其他重要事项

（一）当年住房公积金政策调整及执行情况

1. 个人贷款调整事宜

（1）公积金联保贷款额度为公积金联保人公积金余额的两倍，且不超过 20 万元，贷款期限不超过 20 年。

（2）公积金贷款申请人夫妻双方都缴存公积金的，两区公积金贷款最高额度 60 万元，五县公积金贷款最高额度 50 万元；单方缴存公积金的，两区公积金贷款最高额度 45 万元，五县公积金贷款最高额度 35 万元。

（3）取消凭一年以内新房产证、完税发票申请公积金贷款的业务。

（4）取消行政、企事业单位为职工提供担保申请公积金贷款业务。

（5）公积金贷款逾期六期（含）的，在公积金中心网站公布逾期贷款人的信息，逾期十期（含）的直接进入法律诉讼程序。

2. 个人提取使用调整事宜

（1）购房提取公积金，同一套房可以支取两次。凭购房合同和房款收据可提取一次；凭不动产权证书（房产证）和交税发票可提取一次。

（2）购买商品住房提取公积金，在本人及配偶正常提取的基础上，直系血亲（父母或子女）在同一个户口本上的可提取公积金。

（3）离、退休提取公积金，经本人确认退休时间及缴存金额无误，凭个人居民身份证和公积金支取表直接办理公积金提取。

（4）办理公积金提取必须与上次支取时间间隔 12 个月以上。

（二）当年服务改进情况

一是网上服务大厅正式上线运行，为单位客户和合作楼盘开发商提供公积金业务网上自助办理功能，与临柜办理同时并存，形成业务办理的补充渠道，实现足不出户就可以达到业务查询、网上资金划转及管理。

二是开通了微信公众号、天水公积金 APP、自助终端查询等服务，方便广大客户及时了解公积金政策，办理公积金业务流程，查询公积金账户信息。这些平台的建成，丰富了服务渠道，满足了缴存职工多元化、个性化的服务需求，使得移动互联网用户能够随时随地得到服务，提升了服务的便捷度。"让信息多走路，让群众少跑腿"，尽力扩大服务覆盖面和受益人群。

三是接入全国住房公积金异地转移接续平台，真正实现"账随人走，钱随账走"，让职工少跑路，让数据多跑路，提升服务效能，方便职工办理住房公积金贷款、缴存和提取等业务的同时，实现信息实时传递，保证数据资金安全，防止骗取骗贷事件发生。

(三) 当年信息化建设情况

一是基础数据双贯标工作已率先完成。2016 年于省内率先完成了基础数据双贯标工作。通过统一数据标准，中心在资金核算上，与各委托银行的数据进行无缝对接，实行全面自主核算。

二是全面接入银行结算应用系统。我中心在保留现有银行结算渠道的同时，接入了全国统一的住房公积金银行结算应用系统。截止 2017 年末，我市公积金业务承办银行除农村信用合作银行外，已经全面接入全国住房公积金结算应用系统。并对各相关银行贷款数据进行了全面迁移和转自主核算的相关工作。通过接入住房公积金银行结算系统，有效的提高了中心资金管理和使用效率，更便捷地实现了中心对账户的综合监管。能够进行安全、稳定的进行数据交互，实现资金实时结算。

三是提出了系统升级方案。根据我中心公积金系统 1.0 版本的具体使用情况，结合我中心实际需求和发展要求，经过严密的调查、论证，中心于 2017 年末提出了公积金系统 2.0 升级方案，于 2018 年进行核心系统升级改造，进一步提高线上业务数据交换能力，提高精细化管理水平。

(四) 当年住房公积金管理中心及职工所获荣誉情况

我中心张家川管理部获得共青团张家川县委授予的 2015—2016 年度"青年文明号"称号、武山管理部获得共青团武山县委授予的 2015—2016 年度"青年文明号"称号；武山管理部获得 2016 年度市级"先进单位"荣誉称号；市公积金中心在省住房城乡建设厅 2017 年目标责任考核中表现优良受到表彰。

武威市住房公积金 2017 年年度报告

一、机构概况

(一) 住房公积金管理委员会：住房公积金管理委员会有 25 名委员，2017 年召开 1 次会议，审议通过的事项主要包括：《武威市住房公积金 2016 年年度报告》、《2017 年度武威市住房公积金归集使用计划》。

(二) 住房公积金管理中心：住房公积金管理中心为武威市政府直属不以营利为目的的参照公务员管理正县级事业单位，主要负责管理全市住房公积金的归集、使用和会计核算。中心内设综合科、归集支取科、信贷科、会计核算科、稽核信息科 5 个职能科室和凉州区、民勤县、古浪县、天祝县 4 个管理部。从业人员 53 人，其中，在编 35 人，非在编 18 人。

二、业务运行情况

(一) 缴存：2017 年，新开户单位 107 家，实缴单位 1474 家，净增单位－543 家；新开户职工 0.5341 万人，实缴职工 6.95 万人，净增职工－1.37 万人；缴存额 11.7 亿元，同比增长 8%。2017 年末，缴存总额 69.38 亿元，同比增长 20%；缴存余额 40.51 亿元，同比增长 12%。

受委托办理住房公积金缴存业务的银行 12 家。

(二) 提取：2017 年，提取额 7.33 亿元，同比增长 10%；占当年缴存额的 62%，比上年增加 1 个百分点。2017年末,提取总额28.87亿元,同比增长34%。

(三)贷款:

个人住房贷款:个人住房贷款最高额度60万元,其中,单缴存职工最高额度45万元,双缴存职工最高额度60万元。

2017年,发放个人住房贷款0.3115万笔9.79亿元,同比分别下降19.98%、13.60%。2017年,回收个人住房贷款4.79亿元。截止2017年底,累计发放个人住房贷款2.7684万笔50.61亿元,贷款余额30.90亿元,同比分别增长12.68%、23.99%、19.28%。个人住房贷款余额占缴存余额的76.29%,比上年同期增加4.61个百分点。

受委托办理住房公积金个人住房贷款业务的银行4家。

(四)资金存储:2017年末,住房公积金存款10.53亿元。其中,活期1.88亿元,1年(含)以下定期3.69亿元,1年以上定期4.96亿元。

(五)资金运用率:2017年末,住房公积金个人住房贷款余额占缴存余额的76.29%,比上年增加4.61个百分点。

三、主要财务数据

(一)业务收入:2017年,业务收入11672.50万元,同比下降2.20%。其中,存款利息2729.09万元,委托贷款利息8926.16万元,其他收入17.25万元。

(二)业务支出:2017年,业务支出6235.17万元,同比增长10.27%。其中,支付职工住房公积金利息5753.23万元,委托贷款手续费481万元,归集手续费0.94万元。

(三)增值收益:2017年,增值收益5437.33万元,同比下降13.42%。增值收益率1.4%,比上年同期减少0.49个百分点。

(四)增值收益分配:2017年,提取贷款风险准备金501.62万元,提取管理费用和城市廉租住房(公共租赁住房)建设补充资金4935.71万元。

2017年,上交财政管理费用5483.33万元,上缴财政城市廉租住房(公共租赁住房)建设补充资金4700万元。

2017年末,贷款风险准备金余额4831.77万元。累计提取城市廉租住房(公共租赁住房)建设补充资金15754万元。

(五)管理费用支出:2017年,管理费用支出2770.71万元,同比增长170.87%。其中,人员经费387.15万元,公用经费205.3万元,专项经费2178.26万元。

四、资产风险状况

个人住房贷款:2017年末,个人住房贷款逾期额26.42万元,逾期率0.09‰。

个人贷款风险准备金按当年贷款余额的1%提取。2017年,提取个人贷款风险准备金501.62万元,当年未使用个人贷款风险准备金核销呆坏账。2017年末,个人贷款风险准备金余额4831.77万元,占个人住房贷款余额的1.56%,个人住房贷款逾期额与个人贷款风险准备金余额的比率为0.55%。

五、社会经济效益

(一) **缴存业务**：2017年，实缴单位数、实缴职工人数和缴存额同比分别增长－26％、－16％和8％。

缴存单位中，国家机关和事业单位占77.6％，国有企业占8.1％，城镇私营企业及其他城镇企业占9％，民办非企业单位和社会团体占0.8％，其他占4.5％。

缴存职工中，国家机关和事业单位占82.4％，国有企业占11.7％，城镇私营企业及其他城镇企业占5％，民办非企业单位和社会团体占0.1％，其他占0.8％；中、低收入占99％，高收入占1％。

新开户职工中，国家机关和事业单位占39.2％，国有企业占15.6％，城镇私营企业及其他城镇企业占35％，民办非企业单位和社会团体占0.7％，其他占9.5％；中、低收入占99.87％，高收入占0.13％。

(二) **提取业务**：2017年，1.3881万名缴存职工提取住房公积金7.33亿元。

提取金额中，住房消费提取占78.9％（购买、建造、翻建、大修自住住房占65.7％，偿还购房贷款本息占33.3％，租赁住房占0.9％，其他占0.1％）；非住房消费提取占21.1％（离休和退休提取占73.5％，完全丧失劳动能力并与单位终止劳动关系提取占8.7％，户口迁出本市或出境定居占4.2％，其他占13.6％）。

提取职工中，中、低收入占99.4％，高收入占0.6％。

(三) **贷款业务**：

1. **个人住房贷款**：2017年，支持职工购建房34.92万平方米，年末个人住房贷款市场占有率为38.45％，比上年减少2.35个百分点。通过申请住房公积金个人住房贷款，可节约职工购房利息支出14170.6万元。

职工贷款笔数中，购房建筑面积90（含）平方米以下占12.84％，90~144（含）平方米占81.93％，144平方米以上占5.23％。购买新房占56.24％（其中购买保障性住房占2％），购买存量商品住房占34.38％，其他占9.37％。

职工贷款笔数中，单缴存职工申请贷款占68.6％，双缴存职工申请贷款占20.93％，三人及以上缴存职工共同申请贷款占10.47％。

贷款职工中，30岁（含）以下占22.31％，30岁~40岁（含）占34.38％，40岁~50岁（含）占27.48％，50岁以上占15.83％；首次申请贷款占86.52％，二次及以上申请贷款占13.48％；中、低收入占91.94％，高收入占8.06％。

2. **异地贷款**：2017年，发放异地贷款299笔11110.7万元。2017年末，发放异地贷款总额23532.1万元，异地贷款余额19825.6万元。

(四) **住房贡献率**：2017年，个人住房贷款发放额、住房消费提取额的总和与当年缴存额的比率为146.32％，比上年减少16.68个百分点。

六、其他重要事项

(一) **调整贷款政策，确保惠民政策落实到位**。2017年6月对《武威市住房公积金异地个人住房贷款业务细则》及《武威市无雇工的个体工商户、农民工、非全日制就业人员以及其他灵活就业人员缴存使用住房公积金管理办法》进行了修订，确保异地贷款职工与本地贷款职工享有同等贷款权益。

（二）**深化简政放权，优化贷款审批流程。** 为进一步贯彻落实国务院深入推进简政放权、放管结合、提高服务效能，中心制订下发了《武威市住房公积金管理中心关于调整公积金个人住房贷款审批流程的通知》，实现了住房公积金个人贷款三级审批制度，减少了审批环节，缩短了办结时限。

（三）**实现系统升级，确保数据真实完整。** 在系统升级改造前，原系统中缴存职工工作调动账户无法合并到新单位，导致重复开立个人账户，致使新建个人账户数虚增。系统升级后，缴存职工工作调动，可以合并账户，新建个人账户数为实际新增人数。故而统计数据显示，2017年缴存净增单位与净增职工减少。

（四）**完成异地灾备，保障系统数据安全。** 通过数据备份软件的定时任务将每天的业务数据备份到灾备服务器，提升了业务数据的安全性；完成住房公积金基础数据标准化和银行结算数据应用系统标准化建设，于2017年10月成功通过部、省两级检查验收，系统运行稳定。

（五）**完善信息建设，全方位服务缴存职工。** 进一步完善了12329服务热线和"三网合一"短信平台，拓展了门户网站、自助查询终端、手机短信、手机APP、微信等6种电子服务渠道，满足缴存职工多样化服务需求，网上业务大厅、微博等综合服务平台建设有序推进；人民银行征信系统联网完成，减少公积金贷款风险；住房城乡建设部住房公积金异地转移接续平台并入业务管理系统，方便了办事群众；与不动产部门协商达成一致，使用专线连接，不动产部门为中心配置专用账户查询房产登记、交易等信息，杜绝提交虚假资料骗提骗贷公积金的现象。让数据多跑路，让群众少跑路的服务目标逐步实现。

张掖市住房公积金2017年年度报告

一、机构概况

（一）**住房公积金管理委员会：** 张掖市住房公积金管理委员会共有25名委员，2017年，召开1次管委会委员会议，审议通过了《张掖市住房公积金2016年年度报告》《2016年度住房公积金归集、使用计划执行情况的报告》《2017年度全市住房公积金归集、使用计划的报告》，并进一步明确和规范了阶段性适当降低住房公积金缴存比例的意见，重申了"控高保低"的缴存政策。

（二）**住房公积金管理中心：** 住房公积金管理中心为隶属市政府不以营利为目的的参照《公务员法》管理的事业单位，主要负责全市住房公积金的归集、管理、使用和会计核算，目前中心内设8个科（室），下设市直、甘州、临泽、高台、山丹、民乐、肃南7个管理部。从业人员113人，其中：在编85人，非在编临聘人员28人。

二、业务运行情况

（一）**缴存：** 2017年，新开户单位183家，实缴单位1943家，净增单位92家；新开户职工0.4万人，实缴职工6.49万人，净增职工0.42万人，缴存额10.51亿元，同比增长5.69%。2017末，缴存总额61.96亿元，同比增长20.42%，缴存余额37.94亿元，同比增长9.87%。

受委托办理住房公积金缴存业务的银行8家,与上年相同。

(二)**提取**:2017年,提取额7.1亿元,同比下降5.72%;占当年缴存额的67.58%,比上年减少8.18个百分点。2017年末,提取总额24.02亿元,同比增长41.98%。

(三)**贷款**:个人住房贷款最高额度40万元,其中:单缴存职工最高额度40万元,双缴存职工最高额度40万元。

2017年,发放个人住房贷款0.41万笔9.59亿元,同比分别下降27.09%、14.26%。2017年,回收个人住房贷款4.84亿元。

2017年末,累计发放个人住房贷款8.91万笔65.21亿元,贷款余额30.4亿元,同比分别增长4.87%、17.24%、18.49%。个人住房贷款余额占缴存余额的80.13%,比上年增加5.84个百分点。

受委托办理住房公积金个人住房贷款业务的银行3家,与上年相同。

(四)**购买国债**:2017年,兑付国债0.03亿元,2017年末,国债余额为0,比上年减少0.03亿元。

(五)**资金存储**:2017年末,住房公积金存款7.94亿元。其中:活期0.17亿元,1年(含)以下定期0.73亿元,1年以上定期7.04亿元。

(六)**资金运用率**:2017年末,住房公积金个人住房贷款余额、项目贷款余额和购买国债余额的总和占缴存余额的80.13%,比上年增加5.74个百分点。

三、主要财务数据

(一)**业务收入**:2017年,业务收入17535.7万元,同比增长40.14%。其中,存款利息8444.13万元,委托贷款利息8994.24万元,国债利息97.33万元。

(二)**业务支出**:2017年,业务支出7300.1万元,同比增长30.96%。其中,支付职工住房公积金利息6850.05万元,委托贷款手续费450.05万元。

(三)**增值收益**:2017年,增值收益10235.60万元,同比增长47.52%。增值收益率2.81%,比上年增加0.73个百分点。

(四)**增值收益分配**:2017年,提取贷款风险准备金474.39万元,提取管理费用1700万元,提取城市廉租住房(公共租赁住房)建设补充资金8061.21万元。

2017年,上交财政管理费用1700万元。上缴财政城市廉租房(公共租赁住房)建设补充资金8061.21万元。

2017年末,贷款风险准备金余额3040.06万元。累计提取城市廉租住房(公共租赁住房)建设补充资金21924.15万元。

(五)**管理费用支出**:2017年,管理费用支出1675.22万元,同比增长24.2%。其中,人员经费932.68万元,公用经费341.6万元,专项经费400.94万元。

四、资产风险状况

个人住房贷款:2017年末,个人住房贷款逾期额250.34万元。逾期率0.8‰。

个人贷款风险准备金按贷款余额的1%提取。2017年,提取个人贷款风险准备金474.39万元,没有使用个人贷款风险准备金核销呆坏账。2017年末,个人贷款风险准备金余额3040.06万元,占个人住房贷款余额的1%，个人住房贷款逾期额与个人贷款风险准备金余额的比率为8.23%。

五、社会经济效益

（一）**缴存业务**：2017年，实缴单位数、实缴职工人数和缴存额同比分别增长4.97%、6.91%和5.69%。

缴存单位中，国家机关和事业单位占61.19%，国有企业占13.32%，城镇集体企业占0.09%，外商投资企业占0.18%，城镇私营企业及其他城镇企业占9.09%，民办非企业单位和社会团体占0.95%，其他占15.18%。

缴存职工中，国家机关和事业单位占76.4%，国有企业占13.6%，城镇集体企业占0.42%，外商投资企业占0.18%，城镇私营企业及其他城镇企业占5.39%，民办非企业单位和社会团体占0.21%，其他占3.8%；中、低收入占99.81%，高收入占0.19%。

新开户职工中，国家机关和事业单位占38.67%，国有企业占13.13%，城镇集体企业占2.29%，外商投资企业占0.05%，城镇私营企业及其他城镇企业占14.47%，民办非企业单位和社会团体占0.83%，其他占30.56%；中、低收入占99.83%，高收入占0.17%。

（二）**提取业务**：2017年，2.54万名缴存职工提取住房公积金7.1亿元。

提取的金额中，住房消费提取占72.64%（购买、建造、翻建、大修自住住房占46.72%，偿还购房贷款本息占52.56%，租赁住房占0.07%，其他占0.65%）；非住房消费提取占27.36%（离休和退休提取占64.28%，完全丧失劳动能力并与单位终止劳动关系提取占20.84%，户口迁出本市或出境定居占5%，其他占9.88%）。提取职工中，中、低收入占99.87%，高收入占0.13%。

（三）**贷款业务**：

1. **个人住房贷款**：2017年，支持职工购建房46.65万平方米，年末个人住房贷款市场占有率为30.5%，比上年减少0.24个百分点。通过申请住房公积金个人住房贷款，可节约职工购房利息支出15252.15万元。

职工贷款笔数中，购房建筑面积90（含）平方米以下占11.08%，90～144（含）平方米占84.33%，144平方米以上占4.59%；购买新房占98.43%（其中购买保障性住房占0.05%），购买存量商品住房（二手房）占1.57%。

职工贷款笔数中，单缴存职工申请贷款占64.69%，双缴存职工申请贷款占35.31%。无三人及以上缴存职工共同申请贷款情况。

贷款职工中，30岁（含）以下占30.15%，30岁～40岁（含）占35.44%，40岁～50岁（含）占22.88%，50岁以上占11.53%；首次申请贷款占66.45%，二次及以上申请贷款占33.55%；中、低收入占99.78%，高收入占0.22%。

2. **异地贷款**：2017年，发放异地贷款193笔5289.7万元。2017年末，发放异地贷款总额9103.5万元，异地贷款余额8663.12万元。

（四）**住房贡献率**：2017年，个人住房贷款发放额、住房消费提取额的总和与当年缴存额的比率为140.25%，比上年减少31.98个百分点。

六、其他重要事项

（一）**当年住房公积金政策调整及执行情况**：2017年，认真贯彻住房城乡建设部、财政部、中国人民银行《关于切实提高住房公积金使用效率的通知》和甘肃省人民政府《关于促进房地产业持续稳定健康发展的意见》等文件精神，落实张掖市住房公积金提取、贷款管理办法和《张掖市住房公积金管理委员会关于进一步提高住房公积金使用效率的实施意见》，积极推行购买同一套住房，缴存人及其配偶均可先申请办理购房提取，再办理购房贷款，实现了"既提又贷"。贷款职工可以用自己和配偶的公积金可用缴存余额一次性还清贷款本息及按月划扣住房公积金用于偿还当月应还贷款本息，有力促进了住房公积金使用效率的提高。同时，积极开展住房公积金异地贷款、商转公贷款业务，积极开展在个体工商户、自由职业者及进城务工人员中建立住房公积金制度，切实为个体工商户、自由职业者、进城务工人员搭建住房公积金缴存、贷款平台，解决社会创业就业群体购房资金问题，为房地产去库存工作发挥了积极的作用。

（二）**当年缴存基数限额及确定方法、缴存比例调整情况**：按照住房城乡建设部、财政部、中国人民银行《关于住房公积金管理若干具体问题的指导意见》及《张掖市住房公积金归集管理办法》的有关规定，根据市统计部门公布的2015年度我市在岗职工年平均工资相关数据，市住房公积金管理委员会办公室及时下发了《关于调整2016年度住房公积金缴存基数的通知》，自2016年10月1日起，职工住房公积金月缴存工资基数最高不超过16350元，最低月缴存基数执行省政府规定的1320元，单位和个人缴存比例按各不高于12%、不低于5%执行。

（三）**当年住房公积金存贷款利率调整及执行情况**：央行自2015年10月24日下调金融机构人民币贷款和存款基准利率后，我市住房公积金新发放的贷款利率5年期以内（含）执行2.75%，5年期以上贷款利率执行3.25%，自2016年1月1日起执行新利率标准，中国人民银行再未做调整。缴存职工住房公积金贷款最高额度40万元。根据中国人民银行、住房城乡建设部、财政部《关于完善职工住房公积金账户存款利率形成机制的通知》，自2016年2月21日起，将职工住房公积金账户存款利率，统一按一年期定期存款基准利率1.5%执行，再未做调整。

（四）**当年服务工作改进情况**：2017年，根据国务院和省、市政府关于推进简政放权放管结合、优化服务改革的精神，全面推行综合柜员制服务模式，切实提高公积金管理服务水平。进一步扩展综合服务平台服务渠道，在12329热线、中心门户网站、网上业务大厅、短信服务正常运营后又相继开通了微信、手机APP服务渠道，为广大缴存职工提供了全方位多渠道的查询办理业务线上服务等平台。9月份，中心视频会议系统完成上线测试投入使用，切实提升了服务水平，全面实现办事程序规范化。突出服务特色，创建了预约错时、延时特色服务模式。

（五）**不断提升住房公积金信息化建设水平**：根据住房城乡建设部住房公积金基础数据标准和银行结算平台接口标准，8月份中心对公积金业务系统进行全新改版，以高标准建设要求，成功接入全国住房公积金银行结算平台，实现了业务、资金、财务三账匹配，实现了全市资金由市中心集中统一管理、统一结算、统一核算，各类资金业务已实现直联直付，并于10月顺利通过住房城乡建设部和省住房城乡建设厅的联合验收。"双贯标"工作顺应了信息技术发展的时代要求，有效推进了住房公积金各项业务的发展，中心数据质量有效提高，资金管控全面加强，核算效率大幅提升，服务能力明显增强。

（六）当年所获荣誉情况：2017年，张掖市住房公积金管理中心继续保持市级文明单位称号。2017年经省住房城乡住房城乡建设厅考核，张掖市住房公积金管理工作受到省住房和城乡建设厅通报表扬（甘建金〔2018〕86号）。中心党组书记、主任殷占军同志2014~2016年度连续3年考核为"优秀"等次，被中共张掖市委、张掖市人民政府记"三等功"1次；中心科级干部张国平、李晓霞、黄建东、李玉来、靳玉萍、彭勇6人被中共张掖市委组织部、张掖市人力资源和社会保障局考核为2016年度"优秀"；中心科级干部刘永华同志被中共张掖市直机关工委给予"市直机关优秀共产党员"称号。

（七）当年对违反《住房公积金管理条例》和相关法规行为进行行政处罚的情况：中心不断加强《住房公积金条例》宣传工作，坚持文明执法、宣传先行，通过建立单位督建督缴工作台账长期跟进，有效促进了归集扩面工作，形成了归集扩面工作良好工作机制。进一步强化住房公积金贷款风险管理，建立了借款人履约按时偿还贷款的贷后管理机制，采取向违约借款人发放律师函、律师约谈违约借款人、通过中心官网分批次对外发布催收公告等举措，取得了较好的成效，逾期贷款风险可控。积极出台了《张掖市住房公积金管理中心关于加强住房公积金失信行为管理有问题的通知》，进一步加强了住房公积金失信行为惩戒力度，为营造良好的住房公积金诚信环境奠定了基础。

平凉市住房公积金2017年年度报告

一、机构概况

（一）住房公积金管理委员会：本市住房公积金管理委员会有25名委员，2017年召开1次会议，审议通过的事项主要包括：市住房公积金管理中心《2016年年度工作报告》、《2016年度住房公积金财务决算》和《2017年度住房公积金财务预算》、《2016年度全市住房公积金归集使用计划执行情况》和《2017年度全市住房公积金归集使用计划》等。

（二）住房公积金管理中心：本市目前有两家住房公积金管理机构。

平凉市住房公积金管理中心（以下简称"平凉中心"）为平凉市政府不以营利为目的的参公管理事业单位，设5个处（科），8个管理部。从业人员102人，其中，在编59人，非在编53人。

华亭煤业集团公司住房公积金管理中心（以下简称"华煤分中心"）为华亭煤业集团公司不以营利为目的的职能部门，设业务科。从业人员5人，在编5人。

二、业务运行情况

（一）缴存：2017年，本市新开户单位93家，实缴单位2476家，净增单位69家；新开户职工8952人，实缴职工10.4万人，净增职工0.39万人；缴存额14.98亿元，同比增长7.69%。2017年末，本市缴存总额94.3亿元，同比增长19.23%；缴存余额63.73亿元，同比增长16.42%。

受委托办理住房公积金缴存业务的银行，平凉中心7家，华煤分中心5家，当年均无变化。

（二）提取：2017年，本市提取额5.98亿元，同比增长0.68%；占当年缴存额的39.72%，比上年增加 2.76 个百分点。2017 年末，本市提取总额 30.57 亿元，同比增长 25.65%。

（三）贷款：

个人住房贷款：平凉中心个人住房贷款最高额度 40 万元，华煤分中心个人住房贷款最高额度 50 万元，不区分单双缴存职工家庭。

2017 年，本市发放个人住房贷款 4463 笔 12.76 亿元。其中，平凉中心发放个人住房贷款 3902 笔 11.36 亿元，同比分别下降 8.90%、5.25%；华煤分中心发放个人住房贷款 561 笔 1.4 亿元，同比分别下降 24.80%、18.34%。

2017 年，本市回收个人住房贷款 6.43 亿元。其中，平凉中心回收个人住房贷款 5.77 亿元华煤分中心 0.66 亿元。

2017 年末，本市累计发放个人住房贷款 7.86 万笔 83.12 亿元，贷款余额 44.7 亿元。其中，平凉中心累计发放个人住房贷款 7.41 万笔 76.61 亿元，贷款余额 41.28 亿元，同比分别增长 3.54%、17.14%、15.66%。个人住房贷款余额占缴存余额的 82.91%，比上年减少 2.29 个百分点；华煤分中心累计发放个人住房贷款 4526 笔 6.51 亿元，贷款余额 3.42 亿元。个人住房贷款余额占缴存余额的 24.52%，比上年增加 3.72 个百分点。

受委托办理住房公积金个人住房贷款业务的银行平凉中心 7 家，华煤分中心 2 家，当年均无变化。

（四）资金存储： 2017 年末，本市住房公积金存款 21.34 亿元。其中，活期 2.14 亿元，1 年（含）以下定期 17.4 亿元，1 年以上定期 1.80 亿元。

（五）资金运用率： 2017 年末，住房公积金个人住房贷款余额、项目贷款余额和购买国债余额的总和占缴存余额的 70.14%，同比增加 0.06 个百分点。

三、主要财务数据

（一）业务收入： 2017 年，本市业务收入 17817.11 万元，同比增长 20.32%。其中，平凉中心业务收入 13558.55 万元，华煤分中心业务收入 4258.56 万元。其中，存款利息 4907.92 万元，委托贷款利息 12853.4 万元，增值收益利息收入 4.51 万元，其他 51.28 万元。

（二）业务支出： 2017 年，本市业务支出 12026.87 万元，同比增长 5.27%。其中，平凉中心业务支出 10131.31 万元；华煤分中心业务支出 1895.56 万元。其中，支付职工住房公积金利息 11422.2 万元，归集手续费 0 万元，委托贷款手续费 603.86 万元，其他 0.81 万元。

（三）增值收益： 2017 年，本市增值收益 5790.24 万元，同比增长 19.55%。其中，平凉中心增值收益 3427.24 万元，华煤分中心增值收益 2363 万元。增值收益率 1.38%，比上年增加 0.25 个百分点。

（四）增值收益分配： 2017 年，本市提取贷款风险准备金 1976.76 万元，提取管理费用 1617.47 万元，提取城市廉租住房（公共租赁住房）建设补充资金 2196 万元。其中，平凉中心提取贷款风险准备金 558.96 万元，提取管理费用 1417.47 万元，提取城市廉租住房（公共租赁住房）建设补充资金 1450.80 万元；华煤分中心提取贷款风险准备金 1417.80 万元，提取管理费用 200 万元，提取城市廉租住房（公共租赁住房）建设补充资金 745.20 万元。

2017 年，本市上交管理费用 1617.47 万元。其中，平凉中心上交财政管理费用 1417.47 万元，华煤分中心上交集团公司管理费用 200 万元。上缴城市廉租住房（公共租赁住房）建设补充资金 1798.65 万元。其中，平凉中心上缴财政城市廉租住房（公共租赁住房）建设补充资金1053.45万元，华煤分中心上缴集团公司城市廉租住房（公共租赁住房）建设补充资金745.20万元

2017年末，本市贷款风险准备金余额6856.25万元。其中，平凉中心贷款风险准备金余额4128.38万元，华煤分中心贷款风险准备金余额2727.87万元。累计提取城市廉租住房（公共租赁住房）建设补充资金12625.82万元。其中，平凉中心累计提取8559.55万元，华煤分中心累计提取4066.27万元。

（五）管理费用支出：2017年，管理费用支出1080.43万元，同比增长10.17%。其中，平凉中心管理费用支出1006.3万元，同比增长4.71%。人员经费748.7万元，公用经费140.6万元，专项经费117万元；华煤分中心管理费用支出74.13万元，同比增长276.68%。其中，公用经费9.09万元，专项经费65.04万元。

四、资产风险状况

个人住房贷款：2017年末，个人住房贷款逾期额37.61万元。其中，平凉中心逾期额36.85万元，逾期率0.089‰；华煤分中心逾期额0.76万元，逾期率0.02‰。

平凉中心个人贷款风险准备金按贷款余额的1%提取。2017年，提取个人贷款风险准备金558.96万元，使用个人贷款风险准备金核销呆坏账0万元。2017年末，个人贷款风险准备金余额4128.38万元，占个人住房贷款余额的1%，个人住房贷款逾期额与个人贷款风险准备金余额的比率为0.89%。

华煤分中心个人贷款风险准备金按增值收益的60%提取。2017年，提取个人贷款风险准备金1417.80万元，使用个人贷款风险准备金核销呆坏账0万元。2017年末，个人贷款风险准备金余额2727.87万元，占个人住房贷款余额的7.98%，个人住房贷款逾期额与个人贷款风险准备金余额的比率为0.02%。

五、社会经济效益

（一）缴存业务：2017年，实缴单位数、实缴职工人数和缴存额同比分别增长24.55%、4%和7.69%。

缴存单位中，国家机关和事业单位占83.68%，国有企业占2.18%，城镇集体企业占2.14%，外商投资企业占0%，城镇私营企业及其他城镇企业占0.2%，民办非企业单位和社会团体占0.29%，其他占11.51%。

缴存职工中，国家机关和事业单位占76.58%，国有企业占14.8%，城镇集体企业占1.14%，外商投资企业占0%，城镇私营企业及其他城镇企业占0.03%，民办非企业单位和社会团体占0.04%，其他占7.41%；中、低收入占99.85%，高收入占0.15%。

新开户职工中，国家机关和事业单位占85.75%，国有企业占9.16%，城镇集体企业占0.3%，外商投资企业占0%，城镇私营企业及其他城镇企业占0.41%，民办非企业单位和社会团体占0%，其他占4.38%；中、低收入占99.94%，高收入占0.06%。

（二）提取业务：2017年，8646名缴存职工提取住房公积金5.98亿元。

提取金额中，住房消费提取占66.72%（购买、建造、翻建、大修自住住房占27.14%，偿还购房贷款本息占72.21%，租赁住房占0.4%，其他占0.25%）；非住房消费提取占33.28%（离休和退休提取占

72.72%，完全丧失劳动能力并与单位终止劳动关系提取占 7.93%，户口迁出本市或出境定居占 4.65%，其他占 14.7%)。

提取职工中，中、低收入占 99.9%，高收入占 0.1%。

（三）**贷款业务**：

1. **个人住房贷款**：2017 年，支持职工购建房 51.09 万平方米，年末个人住房贷款市场占有率为 46.4%，比上年减少 6.43 个百分点。通过申请住房公积金个人住房贷款，可节约职工购房利息支出 2155.33 万元。

职工贷款笔数中，购房建筑面积 90（含）平方米以下占 15.21%，90～144（含）平方米占 78.98%，144 平方米以上占 5.81%。购买新房占 68.33%（其中购买保障性住房占 86.72%），购买存量商品住房占 31.67%。

职工贷款笔数中，单缴存职工申请贷款占 58.03%，双缴存职工申请贷款占 29.6%，三人及以上缴存职工共同申请贷款占 12.37%。

贷款职工中，30 岁（含）以下占 39.66%，30 岁～40 岁（含）占 34.37%，40 岁～50 岁（含）占 17.5%，50 岁以上占 8.47%；首次申请贷款占 81.94%，二次及以上申请贷款 18.06%；中、低收入占 99.06%，高收入占 0.94%。

2. **异地贷款**：2017 年，本市发放异地贷款 116 笔 3451.5 万元。2017 年末，本市发放异地贷款总额 3451.5 万元，异地贷款余额 3370.37 万元。

（四）**住房贡献率**：2017 年，本市个人住房贷款发放额、住房消费提取额的总和与当年缴存额的比率为 124.90%，比上年减少 16.22 个百分点。

六、其他重要事项

（一）**当年机构及职能调整情况、受委托办理缴存贷款业务金融机构变更情况**：经市政府 2017 年 4 月 5 日常务会议研究决定：聘任黄继宗等 25 名同志为第四届市住房公积金管理委员会委员。

（二）**当年住房公积金政策调整及执行情况**：

1. **住房公积金缴存基数**。全市住房公积金缴存基数原则以缴存职工月工资总额为基数，最高按市统计局提供的 2016 年在岗职工月平均工资 4641 元的 3 倍，即 13923 元执行，最低按《平凉市人民政府关于调整全市最低工资标准的通知》文件中明确的最低月工资标准执行（崆峒区和工业园区为二类区，月最低工资标准为 1420 元，其余 6 县为三类区，月工资标准为 1370 元）。

2. **住房公积金月缴存额**。住房公积金月缴存额＝月缴存基数×职工个人缴存比例＋月缴存基数×单位缴存比例。月最高缴存比例为单位和个人各 12%，月最低缴存比例为单位和个人各 5%。2017 年度全市住房公积金月缴存额上限为 3341 元（13923×12%＋13923×12%＝3341 元）。月缴存额下限分为两类：崆峒区和工业园区为 142 元（1420×5%＋1420×5%＝142 元），其余 6 县区为 137 元（1370×5%＋1370×5%＝137 元）。

（三）**当年服务改进情况**：在正常开展提取和贷款业务的基础上，新增了异地购房提取和异地购房贷款的新政策，进一步支持广大干部职工的公积金使用需求，有效提高了资金使用率。2017 年，中心重点对泾川管理部服务大厅、庄浪管理部服务大厅进行了改造装修，并要求各管理部结合实际，美化服务环境，逐步提升服务功能和社会形象。

（四）当年信息化建设情况： 我市住房公积金"双贯标"项目于2016年7月公开招标，10月完成基础数据标准贯彻工作，2017年5月完成银行结算系统的前期准备工作，9月份完成新老数据移植，10月8日新系统正式上线运行。对比原系统，新系统在多个方面实现了颠覆性的改变，不仅规范了住房公积金信息系统数据，满足了归集提取、贷款管理、会计核算、资金管理、影像档案等重要功能和个性需求，而且进一步优化了业务流程，提高了信息资源的组织和利用水平，搭建了与全国其他中心互联互通的平台。依托新系统，市住房公积金管理中心在实现提取、贷款实时交易的基础上，相继开通了门户网站、网上业务大厅、微信公众号、手机APP、短信平台、12329热线等便民服务渠道，预留了证件核查系统、不动产、房管、民政等部门联网端口。

下一步，市住房公积金管理中心将充分利用新系统，将窗口服务进一步向互联网、自助终端、手机等介质扩展延伸，探索互联网＋与公积金业务的融合，开创"智慧公积金"新时代，让广大缴存人享受到更加高效、便捷、安全的公积金服务。

（五）其他需要披露的情况： 2017年，市中心深入贯彻党的十八大和十八届三中、四中、五中、六中全会精神，全力落实好省、市经济工作和住房城乡建设工作会议精神，坚持稳中求进工作总基调，主动适应新常态，建立公开规范的住房公积金制度，扩大住房公积金制度覆盖面，加大对个人住房消费支持力度，持续推动住房公积金规范化运转和信息化管理水平，切实提升服务能力。通过六个方面：（1）持续抓归集，努力提高住房公积金缴存水平。（2）持续抓使用，充分发挥住房公积金"去库存"功能。（3）持续抓营运，着力提高住房公积金增值效益。（4）持续抓完善，切实提升信息化服务水平。（5）持续抓效能，全面改进服务手段和工作作风。（6）持续抓廉政，不断加强党风廉政和行风建设。全面圆满完成了省、市年初下达的相关任务指标。

酒泉市住房公积金2017年年度报告

一、机构概况

（一）住房公积金管理委员会： 住房公积金管理委员会有25名委员，2017年召开1次会议，审议通过的事项主要包括：

1. 酒泉市住房公积金管理中心所做的《关于2016年度全市住房公积金归集、使用计划执行情况及2017年度全市住房公积金归集、使用计划预算报告》；

2. 《酒泉市住房公积金2016年年度报告》；

3. 酒泉市住房公积金管理中心提交的《关于取消非重大疾病者提取住房公积金等决策事项》的报告；

4. 酒泉市住房公积金管理中心《关于调整公积金贷款月还款额与月收入比的上限的事项》；

5. 酒泉市住房公积金管理中心《关于开展"以存定贷"政策的事项》。

（二）住房公积金管理中心： 住房公积金管理中心为直属人民政府不以营利为目的，独立的事业单位，设5个科，7个分中心，1个行业分中心。机构共有人员101人，其中，在编干部职工70人，非在编31人。

二、业务运行情况

（一）**缴存**：2017年，新开户单位134家，实缴单位2029家，净增单位134家；新开户职工0.64万人，实缴职工7.27万人，净增职工0.32万人；缴存额11.92亿元，同比增长1.97%。2017年末，缴存总额96.07亿元，同比增长14.18%；缴存余额44.13亿元，同比增长6.96%。

受委托办理住房公积金缴存业务的银行8家，与上年一致，没有增加。

（二）**提取**：2017年，提取额9.05亿元，同比增长2.61%；占当年缴存额的75.92%，比上年增加0.48个百分点。2017年末，提取总额51.92亿元，同比增长21.08%。

（三）**贷款**：个人住房贷款，市中心个人住房贷款最高额度50万元，其中，单缴存职工最高额度50万元，双缴存职工最高额度50万元；玉门油田分中心最高额度60万元，单缴存职工最高额度60万元，双缴存职工最高额度60万元。

2017年，发放个人住房贷款0.39万笔10.86亿元，同比分别下降2.27%、7.50%。其中，市中心发放个人住房贷款0.35万笔9.92亿元，玉门油田分中心发放个人住房贷款0.04万笔0.94亿元。

2017年，回收个人住房贷款4.55亿元。其中：市中心4亿元，玉门油田分中心0.55亿元。

2017年末，累计发放个人住房贷款3.55万笔49.67亿元，贷款余额26.53亿元，同比分别增长12.34%、27.98%、31.21%。个人住房贷款余额占缴存余额的60.12%，比上年增加11.10个百分点。

受委托办理住房公积金个人住房贷款业务的银行5家，比上年增加0家。

（四）**资金存储**：2017年末，住房公积金存款17.86亿元。其中，活期0.45亿元，1年（含）以下定期9.80亿元，1年以上定期7.61亿元。

（五）**资金运用率**：2017年末，住房公积金个人住房贷款余额、项目贷款余额和购买国债余额的总和占缴存余额的60.12%，比上年增加11.11个百分点。

三、主要财务数据

（一）**业务收入**：2017年，业务收入12556.08万元，同比增长0.79%。其中：市中心7922.68万元，玉门油田分中心4633.4万元；存款利息5329.86万元，委托贷款利息7218.46万元，其他7.76万元。

（二）**业务支出**：2017年，业务支出6602.33万元，同比增长3.62%。其中，市中心4416.22万元，玉门油田分中心2186.11万元；支付职工住房公积金利息6066.60万元，委托贷款手续费83.19万元，其他452.54万元。

（三）**增值收益**：当年实现增值收益5953.76万元，同比下降2.17%。其中：市中心3506.47万元，玉门油田分中心2447.29万元；增值收益率1.43%，比上年减少0.13个百分点。

（四）**增值收益分配**：当年提取贷款风险准备金545.88万元，提取管理费用2672.36万元，提取城市廉租住房（公共租赁住房）建设补充资金2735.52万元。

当年市中心向财政上交管理费用1358.86万元，上缴城市廉租住房（公共租赁住房）建设补充资金1641.14万元；玉门油田分中心向公司上交管理费用975.25万元，上缴城市廉租住房（公共租赁住房）

建设补充资金1010.68万元。

2017年末，贷款风险准备金余额3830.96万元。累计提取城市廉租住房（公共租赁住房）建设补充资金13952.07万元。其中，市中心提取9205.69万元，油田分中心提取4746.38万元。

（五）管理费用支出：2017年，管理费用支出3486.28万元，同比增长18.44%。其中，人员经费1594.03万元，公用经费260.80万元，专项经费1631.45万元。

市中心管理费用支出2172.78万元，其中，人员、公用、专项经费分别为800.51万元、85.06万元、1287.21万元；油田分中心管理费用支出1313.50万元，其中，人员、公用、专项经费分别为793.52万元、175.74万元、344.24万元。

四、资产风险状况

个人住房贷款：2017年末，个人住房贷款逾期额44.71万元，逾期率0.18‰。其中，市中心0.18‰，玉门油田分中心0‰。

个人贷款风险准备金按贷款余额的1%提取。2017年，提取个人贷款风险准备金545.88万元。2017年末，个人贷款风险准备金余额3830.96万元，占个人住房贷款余额的1.44%，个人住房贷款逾期额与个人贷款风险准备金余额的比率为1.17%。

五、社会经济效益

（一）缴存业务：2017年，实缴单位数、实缴职工人数和缴存额同比分别增长7.07%、4.60%和1.97%。

缴存单位中，国家机关和事业单位占66.49%，国有企业占11.14%，城镇集体企业占1.87%，外商投资企业占0.94%，城镇私营企业及其他城镇企业占10.30%，民办非企业单位和社会团体占1.53%，其他占7.73%。

缴存职工中，国家机关和事业单位占59.37%，国有企业占27.89%，城镇集体企业占0.56%，外商投资企业占0.65%，城镇私营企业及其他城镇企业占4.32%，民办非企业单位和社会团体占0.38%，其他占6.83%；中、低收入占79.86%，高收入占20.14%。

新开户职工中，国家机关和事业单位占56.39%，国有企业占37.19%，城镇集体企业占4.69%，外商投资企业占0.16%，城镇私营企业及其他城镇企业占1.56%，民办非企业单位和社会团体占0.01%；中、低收入占95.51%，高收入占4.49%。

（二）提取业务：2017年，2.46万名缴存职工提取住房公积金9.05亿元。

提取金额中，住房消费提取占76.46%（购买、建造、翻建、大修自住住房占46.85%，偿还购房贷款本息占28.72%，租赁住房占0.66%，其他占23.77%）；非住房消费提取占23.54%（离休和退休提取占60.91%，完全丧失劳动能力并与单位终止劳动关系提取占30.39%，户口迁出本市或出境定居占5.25%，其他占3.45%）。

提取职工中，中、低收入占89.41%，高收入占10.59%。

（三）贷款业务：

1. **个人住房贷款**：2017年，支持职工购建房43.10万平方米，年末个人住房贷款市场占有率为

33.37％，比上年增加1.39个百分点。通过申请住房公积金个人住房贷款，可节约职工购房利息支出27307万元。

职工贷款笔数中，购房建筑面积90（含）平方米以下占14.87％，90～144（含）平方米占79.28％，144平方米以上占5.85％。购买新房占84.37％，购买存量商品住房占15.63％。

职工贷款笔数中，单缴存职工申请贷款占46.28％，双缴存职工申请贷款占53.72％。

贷款职工中，30岁（含）以下占28.98％，30岁～40岁（含）占35.15％，40岁～50岁（含）占22.1％，50岁以上占13.77％；首次申请贷款占86.93％，二次及以上申请贷款占13.07％；中、低收入占91.92％，高收入占8.08％。

2．**异地贷款**：2017年，发放异地贷款130笔3773.20万元。2017年末，发放异地贷款总额8720万元，异地贷款余额8193.86万元。

（四）住房贡献率：2017年，个人住房贷款发放额、住房消费提取额的总和与当年缴存额的比率为121.73％，比上年减少21.7个百分点。

六、其他重要事项

（一）当年住房公积金政策调整及执行情况：

1．根据《住房公积金管理条例》（国务院令第350号）及我市有关政策规定，自2017年7月1日起，酒泉市住房公积金缴存基数由2015年职工个人月平均工资总额，调整为2016年职工个人月平均工资总额。2017年度住房公积金缴存基数：最低月工资标准从1470元调整到1620元，最高月工资标准不得超过本市上一年度在岗职工月平均工资的3倍（14036元）。单位和个人缴存比例按各不低于5％，不高于12％执行。

2．2017年3月28日，酒泉市住房公积金管理委员会审议通过，自2017年4月1日起停止办理非重大疾病提取住房公积金。

3．2017年3月28日酒泉市住房公积金管理委员会审议通过，取消现行被纳入本市城镇居民最低生活保障范围子女上大学提取住房公积金的规定。

4．2017年3月28日酒泉市住房公积金管理委员会审议通过，自2017年4月1日起我市住房公积金个人住房贷款月还款额与月收入比上限按60％执行。

5．2017年3月28日酒泉市住房公积金管理委员会审议通过，自2017年4月1日起我市住房公积金个人住房贷款新增"以存定贷"规定。

（二）当年服务改进情况：

1．按照住房城乡建设部建设导则的要求，建成市中心门户网站、服务热线、短信、自助终端、微信、网上业务大厅、手机APP 7种服务渠道，形成了综合服务平台管理系统，并运行正常，实现了对服务渠道的统一管理。

2．按照《关于加强和改进住房公积金服务工作的通知》（建金〔2011〕9号）要求，2017年我中心为敦煌市分中心购置办公用房537平方米，敦煌分中心的服务水平和环境将得到极大改善。

（三）当年信息化建设情况：市中心采购北京安泰伟奥4.0版的操作系统为新的操作软件和信息服务平台。严格按《住房公积金基础数据标准》规定进行应用系统和数据库开发建设，于6月份成功上线、运行平稳，全市公积金财务实行统一核算，全面接入了全国统一的住房公积金银行结算应用系统。

庆阳市住房公积金 2017 年年度报告

一、机构概况

（一）**住房公积金管理委员会**：住房公积金管理委员会有 23 名委员，2017 年召开 2 次会议，审议通过的事项主要包括：①审批通过了《关于 2016 年住房公积金归集运营情况和 2017 年归集运营计划的报告》；②专题审议了《庆阳市住房公积金管理委员会章程》《庆阳市住房公积金管理委员会议事规则》和《镇原县人民政府关于申请降低镇原县住房公积金个人缴存和财政补贴比例的报告》《庆阳市住房公积金管理中心关于调整住房公积金提取贷款政策的请示》。

（二）**住房公积金管理中心**：住房公积金管理中心为庆阳市人民政府不以营利为目的的正县级参照公务员管理事业单位，设 5 个处（科），9 个管理部。从业人员 91 人，其中，在编 85 人，非在编 6 人。

二、业务运行情况

（一）**缴存**：2017 年，新开户单位 76 家，实缴单位 2366 家，净增单位 17 家；新开户职工 0.33 万人，实缴职工 11.97 万人，净增职工 1.38 万人；缴存额 13.11 亿元，同比增长 3.31%。2017 年末，缴存总额 72.97 亿元，同比增长 21.90%；缴存余额 47.70 亿元，同比增长 19.37%。

受委托办理住房公积金缴存业务的银行 9 家，较上年无变化。

（二）**提取**：2017 年，提取额 5.36 亿元，同比增长 0.19%；占当年缴存额的 40.88%，比上年减少 1.28 个百分点。2017 年末，提取总额 25.27 亿元，同比增长 26.98%。

（三）**贷款**：

个人住房贷款：个人住房贷款最高额度 50 万元，其中，单缴存职工最高额度 40 万元，双缴存职工最高额度 50 万元。

2017 年，发放个人住房贷款 0.29 万笔 9.13 亿元，同比分别下降 38.29%、38.97%。

2017 年，回收个人住房贷款 4.57 亿元。

2017 年末，累计发放个人住房贷款 4.80 万笔 66.24 亿元，贷款余额 40.25 亿元，同比分别增长 6.43%、16.01%、12.78%。个人住房贷款余额占缴存余额的 84.38%，比上年减少 4.94 个百分点。

受委托办理住房公积金个人住房贷款业务的银行 9 家，较上年无变化。

（四）**资金存储**：2017 年末，住房公积金存款 7.80 亿元。其中，活期 2.92 亿元，1 年（含）以下定期 4.88 亿元。

（五）**资金运用率**：2017 年末，住房公积金个人住房贷款余额、项目贷款余额和购买国债余额的总和占缴存余额的 84.38%，比上年减少 4.94 个百分点。

三、主要财务数据

（一）业务收入：2017年，业务收入13192.15万元，同比增长29.46%。存款利息735.79万元，委托贷款利息12379.93万元，增值收益利息50.98万元，其他25.45万元。

（二）业务支出：2017年，业务支出7156.51万元，同比增长11.39%。支付职工住房公积金利息6510.08万元，归集手续费0.52万元，委托贷款手续费645.91万元。

（三）增值收益：2017年，增值收益6035.64万元，同比增长60.29%。增值收益率1.40%，比上年增加0.33个百分点。

（四）增值收益分配：2017年，提取贷款风险准备金456.14万元，提取管理费用1000万元，提取城市廉租住房（公共租赁住房）建设补充资金4579.50万元。

2017年，上交财政管理费用1000万元。上缴财政城市廉租住房（公共租赁住房）建设补充资金4579.50万元。

2017年末，贷款风险准备金余额4025.23万元。累计提取城市廉租住房（公共租赁住房）建设补充资金13954.20万元。

（五）管理费用支出：2017年，管理费用支出1020.59万元，同比下降23.45%。其中，人员经费485.54万元，公用经费166.35万元，专项经费368.70万元。

四、资产风险状况

个人住房贷款：2017年末，个人住房贷款逾期额286.32万元，逾期率0.71‰。

个人贷款风险准备金按贷款余额的1%提取。2017年，提取个人贷款风险准备金456.14万元，使用个人贷款风险准备金核销呆坏账0万元。2017年末，个人贷款风险准备金余额4025.23万元，占个人住房贷款余额的1%，个人住房贷款逾期额与个人贷款风险准备金余额的比率为7.11%。

五、社会经济效益

（一）缴存业务：2017年，实缴单位数、实缴职工人数和缴存额同比分别增长0.72%、13.03%和3.31%。

缴存单位中，国家机关和事业单位占77.26%，国有企业占6.51%，城镇集体企业占0.80%，城镇私营企业及其他城镇企业占13.31%，民办非企业单位和社会团体占1.99%，其他占0.13%。

缴存职工中，国家机关和事业单位占78.33%，国有企业占7.66%，城镇集体企业占0.25%，城镇私营企业及其他城镇企业占13.37%，民办非企业单位和社会团体占0.31%，其他占0.08%；中、低收入占99.55%，高收入占0.45%。

新开户职工中，国家机关和事业单位占50.05%，国有企业占11.57%，城镇私营企业及其他城镇企业占36.02%，民办非企业单位和社会团体占0.61%，其他占1.75%；中、低收入占99.91%，高收入占0.09%。

（二）提取业务：2017年，1.38万名缴存职工提取住房公积金5.36亿元。

提取金额中，住房消费提取占72.26%（购买、建造、翻建、大修自住住房占50.93%，偿还购房贷

款本息占41.43%,租赁住房占6.11%,其他占1.53%);非住房消费提取占27.74%(离休和退休提取占86.92%,完全丧失劳动能力并与单位终止劳动关系提取占6%,户口迁出本市或出境定居占0.87%,其他占6.21%)。

提取职工中,中、低收入占99.64%,高收入占0.36%。

(三)贷款业务:

1. 个人住房贷款: 2017年,支持职工购建房32.05万平方米,年末个人住房贷款市场占有率为43.27%,比上年减少0.06个百分点。通过申请住房公积金个人住房贷款,可节约职工购房利息支出4105.07万元。

职工贷款笔数中,购房建筑面积90(含)平方米以下占11.24%,90~144(含)平方米占80.51%,144平方米以上占8.25%。购买新房占96.25%,其他占3.75%。

职工贷款笔数中,单缴存职工申请贷款占64.38%,双缴存职工申请贷款占35.62%。

贷款职工中,30岁(含)以下占41.10%,30岁~40岁(含)占37.57%,40岁~50岁(含)占15.99%,50岁以上占5.34%;首次申请贷款占89.42%,二次及以上申请贷款占10.58%;中、低收入占99.93%,高收入占0.07%。

2. 异地贷款: 2017年,发放异地贷款61笔1731万元。2017年末,发放异地贷款总额3303万元,异地贷款余额3064.76万元。

(四)住房贡献率: 2017年,个人住房贷款发放额、公转商贴息贷款发放额、项目贷款发放额、住房消费提取额的总和与当年缴存额的比率为99.24%,比上年减少48.95个百分点。

六、其他重要事项

(一)住房公积金政策调整及执行情况:

1. 住房公积金缴存基数限额及确定方法

根据庆阳市住房公积金管理中心《关于贯彻落实住房公积金缴存"控高保低"政策的通知》规定,缴存基数限额及确定方法,依据庆阳市统计局2017年公布的2016年度全市在岗职工年平均工资61668元(月平均工资为5139元)的数据,2017年度全市职工住房公积金月缴存基数最高不得超过2016年度本地在岗职工月平均工资5139元的三倍,按照甘肃省人民政府《关于调整全省最低工资标准的通知》(甘政发〔2015〕34号)规定的最低工资标准,2017年度职工住房公积金最低缴存基数为1370元。

2. 提取贷款政策调整情况

市中心在充分调研、多方论证、广泛征求意见建议的基础上,综合考虑资金流动性、房价上涨、贷款风险等因素,经市住房公积金管理委员会全体会议审议,下发了《关于调整住房公积金提取贷款政策的批复》,主要内容:一是对房租提取额度调整,市直、西峰区租住单间房年提取额度不得超过3600元,租住套房年提取额度不得超过20000元;各县租住单间房年提取额度不得超过2400元,租住套房年提取额度不得超过15000元。二是对全市住房公积金贷款额度、还款期限、首付比例作了部分调整,凡夫妇双方一方正常缴存住房公积金的,贷款最高额度由50万元调整为40万元;贷款最长使用期限由25年调整为20年,且不得超过法定退休年龄;首套房首付比例由20%调整为30%,二套房首付比例由20%调整为50%。

3. 住房公积金存贷款利率执行标准

当年住房公积金存贷款利率按国家规定执行，个人住房公积金存款按一年期定期存款利率1.5%结息；五年期以上个人住房贷款利率为3.25%，五年期以下（含五年）个人住房贷款利率为2.75%。

（二）服务改进情况：

1. **服务设施逐步改善**。年初，按照市政府要求，市直管理部服务大厅入驻市政务服务中心办理业务，增加了办理窗口，并协调9家委托银行驻厅，为职工提供便利高效的服务。市直、西峰区、镇原县、庆城县四个管理部归集、提取、贷款业务全部入驻市、县政务大厅落实一站式受理办理。同时，市中心集中力量对华池县、正宁县业务大厅进行了改造，服务条件得到较大改善。

2. **加快综合服务平台建设**。按照住房公积金综合服务平台建设导则，结合我市实际，正在加快建设网站、网上营业厅、微信、手机APP等服务渠道，为职工提供更加优质、高效的服务。

（三）信息化建设情况： 根据住房城乡建设部要求，全力推进"双贯标"工作，积极争取财政部门支持，与软硬件技术单位密切配合，完成了硬件设备安装调试和银行结算应用系统接入工作。并安排两次专项行动，按基础数据标准规定修正、补充完善了相关基础信息，提升数据质量。重新梳理了业务流程，对软件系统进行了改造，正在测试当中，提高业务办理标准化、规范化程度。实现业务办理明细、资金结算明细和财务核算明细三账联动，确保了资金安全高效运营。

定西市住房公积金2017年年度报告

一、机构概况

（一）住房公积金管理委员会： 住房公积金管理委员会有22名委员，2017年4月13日召开了第十二次会议，审议通过的事项主要包括：市住房公积金管理中心《关于2016年全市住房公积金管理工作完成情况和2017年工作打算的报告》，市财政局《关于定西住房公积金管理中心2016年度管理费用决算和2017年度管理费用预算审核情况的报告》、市住房公积金管理中心《关于对贷款、提取管理办法部分条款进行修改的意见》、《关于2016年全市住房公积金归集使用计划执行情况和2017年住房公积金归集使用计划的报告》、《关于确定2017年全市住房公积金缴存比例、基数和月缴存限额的建议》等。

（二）住房公积金管理中心： 住房公积金管理中心为隶属于市政府不以营利为目的的参照公务员法管理事业单位，设6个科（室），9个管理部。从业人员89人，其中，在编76人，非在编13人。

二、业务运行情况

（一）缴存： 2017年，新开户单位52家，实缴单位1788家，净增单位92家；新开户职工0.42万人，实缴职工11.23万人，净增职工0.89万人；缴存额14.46亿元，同比增长14.19%。2017年末，缴存总额70.93亿元，同比增长25.61%；缴存余额49.35亿元，同比增长14.85%。

受委托办理住房公积金缴存业务的银行7家，与上年无变化。

(二)提取：2017年，提取额8.08亿元，同比增长38.66%；占当年缴存额的55.88%，比上年增加9.83个百分点。2017年末，提取总额21.58亿元，同比增长59.84%。

(三)贷款：

个人住房贷款：个人住房贷款最高额度40万元，其中，单缴存职工最高额度40万元，双缴存职工最高额度40万元。

2017年，发放个人住房贷款0.4万笔11.6亿元，同比分别下降10.25%、增长1.89%。

2017年，回收个人住房贷款5.75亿元。

2017年末，累计发放个人住房贷款5.03万笔68.36亿元，贷款余额37.53亿元，同比分别增长8.67%、20.43%、18.46%。个人住房贷款余额占缴存余额的76.06%，比上年增加2.32个百分点。

受委托办理住房公积金个人住房贷款业务的银行5家，与上年无变化。

(四)资金存储：2017年末，住房公积金存款12.19亿元。其中，活期1.78亿元，1年（含）以下定期9.76亿元，1年以上定期0.35亿元，其他（协定、通知存款等）0.3亿元。

(五)资金运用率：2017年末，住房公积金个人住房贷款余额、项目贷款余额和购买国债余额的总和占缴存余额的76.06%，比上年增加2.32个百分点。

三、主要财务数据

(一)业务收入：2017年，业务收入14136.08万元，同比增长11.2%。其中：存款利息2549.18万元，委托贷款利息11580.37万元，其他6.53万元。

(二)业务支出：2017年，业务支出7621.99万元，同比增长10.66%。其中：支付职工住房公积金利息7046.84万元，归集手续费1.18万元，委托贷款手续费573.97万元。

(三)增值收益：2017年，增值收益6514.09万元，同比增长11.84%。增值收益率1.39%，比上年减少0.05个百分点。

(四)增值收益分配：2017年，提取贷款风险准备金584.78万元，提取管理费用1780.84万元，提取城市廉租住房（公共租赁住房）建设补充资金4148.47万元。

2017年，上交财政管理费用3634.93万元。上缴财政城市廉租住房（公共租赁住房）建设补充资金3840.56万元。

2017年末，贷款风险准备金余额3753.21万元。累计提取城市廉租住房（公共租赁住房）建设补充资金18355.27万元。

(五)管理费用支出：2017年，管理费用支出1515.77万元，同比增长5.02%。其中，人员经费682.2万元，公用经费194.23万元，专项经费639.34万元。

四、资产风险状况

个人住房贷款：2017年末，个人住房贷款逾期额5.89万元，逾期率0.02‰。

个人贷款风险准备金按贷款余额的1%提取。2017年，提取个人贷款风险准备金584.78万元，使用个人贷款风险准备金核销呆坏账0万元。2017年末，个人贷款风险准备金余额3753.21万元，占个人住房贷款余额的1%，个人住房贷款逾期额与个人贷款风险准备金余额的比率为0.16%。

五、社会经济效益

(一) **缴存业务**：2017年，实缴单位数、实缴职工人数和缴存额同比分别增长5.42%、8.59%和14.19%。

缴存单位中，国家机关和事业单位占79.81%，国有企业占10.01%，城镇集体企业占0.78%，外商投资企业占0.22%，城镇私营企业及其他城镇企业占6.04%，民办非企业单位和社会团体占1.29%，其他占1.85%。

缴存职工中，国家机关和事业单位占81.59%，国有企业占11.60%，城镇集体企业占1.26%，外商投资企业占0.64%，城镇私营企业及其他城镇企业占3.98%，民办非企业单位和社会团体占0.21%，其他占0.72%；中、低收入占100%，高收入占0%。

新开户职工中，国家机关和事业单位占57.07%，国有企业占13.85%，城镇集体企业占0.52%，外商投资企业占0.98%，城镇私营企业及其他城镇企业占15.40%，民办非企业单位和社会团体占0.21%，其他占11.97%；中、低收入占100%，高收入占0%。

(二) **提取业务**：2017年，1.6万名缴存职工提取住房公积金8.08亿元。

提取金额中，住房消费提取占80.50%（购买、建造、翻建、大修自住住房占60.11%，偿还购房贷款本息占39.35%，租赁住房占0.54%，其他占0%）；非住房消费提取占19.50%（离休和退休提取占80.54%，完全丧失劳动能力并与单位终止劳动关系提取占5.79%，户口迁出本市或出境定居占7.94%，其他占5.73%）。

提取职工中，中、低收入占100%，高收入占0%。

(三) **贷款业务**：

1. **个人住房贷款**：2017年，支持职工购建房46.11万平方米，年末个人住房贷款市场占有率为38.06%，比上年减少0.66个百分点。通过申请住房公积金个人住房贷款，可节约职工购房利息支出31225.48万元。

职工贷款笔数中，购房建筑面积90（含）平方米以下占7.24%，90~144（含）平方米占88.05%，144平方米以上占4.71%。购买新房占71.82%（其中购买保障性住房占0.02%），购买存量商品住房占24.89%，建造、翻建、大修自住住房占3.14%，其他占0.15%。

职工贷款笔数中，单缴存职工申请贷款占64.08%，双缴存职工申请贷款占35.92%，三人及以上缴存职工共同申请贷款占0%。

贷款职工中，30岁（含）以下占28.33%，30岁~40岁（含）占35.13%，40岁~50岁（含）占21.98%，50岁以上占14.56%；首次申请贷款占91.54%，二次及以上申请贷款占8.46%；中、低收入占100%，高收入占0%。

2. **异地贷款**：2017年，发放异地贷款95笔2834.9万元。2017年末，发放异地贷款总额4849.3万元，异地贷款余额4606.76万元。

(四) **住房贡献率**：2017年，个人住房贷款发放额、公转商贴息贷款发放额、项目贷款发放额、住房消费提取额的总和与当年缴存额的比率为125.18%，比上年减少0.86个百分点。

六、其他重要事项

(一)当年机构及职能调整情况、受委托办理缴存贷款业务金融机构变更情况:当年机构及职能调整、受委托办理缴存贷款业务金融机构没有变化。按照定西市住房公积金管理委员会第十一次会议审议确定的"工商银行、农业银行、建设银行、中国银行、兰州银行、甘肃银行、定西农商银行等七家商业银行在定西市分支金融机构承办我市住房公积金委托业务"执行。

(二)当年住房公积金政策调整及执行情况:

1. 当年缴存基数限额及确定方法等缴存政策调整情况:经定西市住房公积金管理委员会第十二次会议审议,确定我市 2017 年缴存基数限额和月缴存限额。根据我市统计部门公布的 2016 年度在岗职工月平均工资标准为 4441.42 元,经计算,确定我市 2017 年住房公积金月缴存基数最低应为 4441.42 元,最高应为 13324.26 元;职工个人月缴存额最低为 202 元,最高为 1599 元。单位为职工缴存的住房公积金月缴存额按照职工个人月缴存额同一标准执行。此外,鼓励进城务工人员缴纳住房公积金。

2. 当年提取政策调整情况:经定西市住房公积金管理委员会第十二次会议审议决定,取消职工物业费提取,新增住房公积金担保人购房提取。

3. 当年住房公积金个人住房贷款最高贷款额度调整情况:当年住房公积金个人住房贷款最高贷款额度没有调整,按照 2015 年 5 月 8 日定西市住房公积金管理委员会第十次会议审议确定最高贷款额度(每笔 40 万元)执行。

4. 当年住房公积金存贷款利率调整及执行情况:按照人民银行公布的住房公积金存贷款挂牌利率调整并执行。

(三)当年服务改进情况:一是优化服务环境,增设服务设施。重点对渭源管理部服务大厅进行了装修改造,对安定、通渭、陇西、临洮、漳县管理部进行了局部维修,并增设了叫号机、自助查询机、服务等待座椅、饮水机等便民服务设施。二是改进服务手段,提升服务效率。通过双贯标工作实现了各类业务现场申请,当场审批,资金实时到账,提升了服务效率,获得了缴存人的好评。三是拓宽服务渠道,实现综合服务。积极建立综合服务平台,结合已建成的 12329 服务热线、中心门户网站、微信、微博、自助查询机等服务渠道,全面实现一站式服务。加大投入力度,促进网上服务大厅、12329 服务平台及异地转移接续平台的上线工作,最终构建"八位一体"、"互联网+"服务的新模式。

(四)当年信息化建设情况:10 月 25 日双贯标工作顺利通过验收,达到了预期建设目标。一是通过落实基础数据标准,中心"双贯标"新系统实现了数据标准的建立和接口规范的统一。二是通过接入银行结算数据应用系统,实现了资金的实时拨付和回收,缴存资金及时入账,提取业务秒级到账,贷款业务及时发放,扣收实时到账。三是实现了业务账、财务账、资金账三账联动、三账合一。其中业务流水对应中心业务账,结算流水对应银行资金账,财务流水对应中心财务账,基本涵盖了中心的缴存、提取、放贷、还贷等核心业务。四是资金管理实现了统一银行账户管理、统一资金调拨、实时结算,提取实时到账,贷款实时发放,资金实时调拨,账户实时监控,人工无法进行干预,有效杜绝了操作风险。

(五)当年住房公积金管理中心及职工所获荣誉情况:定西市住房公积金管理中心在省住房城乡建设厅 2017 年度全省住房公积金工作考核中名列第二名;中心被市委市政府授予"第十三批市级文明单位"称号;中心党支部在市住建党工委 2017 年度基层党建工作考核中荣获"第一名";中心档案工作在市直单

位档案工作考核中评定为"优秀等次";中心通渭管理部被通渭县委县政府评为"支援地方经济建设先进驻通单位"。

（六）当年对违反《住房公积金管理条例》和相关法规行为进行行政处罚和申请人民法院强制执行情况：制定了《个人住房公积金违约贷款催收办法》，主要通过短信服务平台、人工电话、上门催收、发律师函、公告催收、强制扣收、法律诉讼等手段进行催收。

（七）其他需要披露的情况：

1. **住房公积金政策宣传情况**：2017年，全市公积金系统采取多种方式和渠道，积极宣传国家、省、市有关住房公积金方面的政策，努力形成社会各界和广大干部职工助推公积金事业发展的良好态势。通过及时在《定西日报》发布《定西市2016年住房公积金年度报告》、在定西党政网及中心网站发布相关信息、刊发简报、寄送结息对账单等形式，及时宣传住房公积金政策调整及管理工作情况。同时，在各业务大厅张贴业务办理条件、悬挂业务流程、制作宣传牌、编印宣传资料向各缴存单位和缴存人散发等方式，尽可能让各级缴存职工了解到有关住房公积金业务办理的新规定、新政策。

2. **内控制度建设情况**：坚持从健全完善制度入手，在原有建立各项内控管理制度的基础上，先后新讨论制定了《住房公积金管理责任追究办法》、《住房公积金财务管理办法》、《委托银行承办住房公积金业务考核办法》、《异地互认贷款实施细则》等制度，规范了《住房公积金业务委托协议》和《住房公积金借款/担保合同》，促使各项业务办理更加精准便民、合理规范，确保各项重点工作开展有规可依、违规必究，进一步扎紧织牢了业务运行管理制度笼子。积极贯彻国家、省市"放管服"相关政策要求，创新管理机制，把贷款、提取、资金调拨、业务核算等一系列由中心审批管理的权限，一律下放到各县，从而压缩了公积金业务办理时间，提高了公积金管理效率，实现了公积金业务"管办分离"运行新模式。

陇南市住房公积金2017年年度报告

一、机构概况

（一）**住房公积金管理委员会**：住房公积金管理委员会有27名委员，2017年召开1次会议，审议通过的事项主要包括：原则同意提高缴存比例、增加贷款额度的议题；原则同意建立住房公积金管理站、公开招聘专业人才的议题；原则同意陇南市住房公积金管理中心2016年度经费预算执行情况和2017年经费预算编制情况的议题。

（二）**住房公积金管理中心**：陇南市住房公积金管理中心为直属陇南市政府不以营利为目的的自收自支事业单位，设6个科室，9个管理部。从业人员152人，其中，在编102人，非在编50人。

二、业务运行情况

（一）**缴存**：2017年，新开户单位99家，实缴单位2503家，净增单位23家；新开户职工0.23万人，实缴职工10.51万人，净增职工0.07万人；缴存额12.39亿元，同比增长7.18%。2017年末，缴存总额 61.72 亿元，同比增长 25.14%；缴存余额 51.13 亿元，同比增长 21.65%。

受委托办理住房公积金缴存业务的银行 7 家，比上年新增 1 家。

(二) 提取：2017 年，提取额 3.29 亿元，同比增长 55.19%；占当年缴存额的 26.55%，比上年增加 8.15 个百分点。2017 年末，提取总额 10.59 亿元，同比增长 45.27%。

(三) 贷款：

个人住房贷款：个人住房贷款最高额度 50 万元，其中，单缴存职工最高额度 50 万元，双缴存职工最高额度 50 万元。

2017 年，发放个人住房贷款 2652 笔 8.97 亿元，同比分别下降 35%、27%。

2017 年，回收个人住房贷款 3.6 亿元。

2017 年末，累计发放个人住房贷款 27199 笔 51.58 亿元，贷款余额 35.52 亿元，同比分别增长 10.8%、21.05%、17.81%。个人住房贷款余额占缴存余额的 69.47%，比上年减少 2.26 个百分点。

受委托办理住房公积金个人住房贷款业务的银行 7 家，与上年相同。

(四) 资金存储：2017 年末，住房公积金存款 15.71 亿元。其中，活期 0.65 亿元，1 年（含）以下定期 0.2 亿元，1 年以上定期 14.86 亿元，其他（协定、通知存款等）0 亿元。

(五) 资金运用率：2017 年末，住房公积金个人住房贷款余额、项目贷款余额和购买国债余额的总和占缴存余额的 69.47%，比上年减少 2.26 个百分点。

三、主要财务数据

(一) 业务收入：2017 年，业务收入 15160.41 万元，同比增长 11%。存款利息 4752.43 万元，委托贷款利息 10386.3 万元，增值收益利息收入 21.15 万元，其他 0.53 万元。

(二) 业务支出：2017 年，业务支出 7348.5 万元，同比增长 24.52%。支付职工住房公积金利息 6972.61 万元，归集手续费 0 万元，委托贷款手续费 373.21 万元，其他 2.68 万元。

(三) 增值收益：2017 年，增值收益 7811.91 万元，同比增长 0.9%。增值收益率 1.5%，比上年减少 0.16 个百分点。

(四) 增值收益分配：2017 年，提取贷款风险准备金 523.22 万元，提取管理费用 3288.68 万元，提取城市廉租住房（公共租赁住房）建设补充资金 4000 万元。

2017 年，上交财政管理费用 3000 万元。上缴财政城市廉租住房（公共租赁住房）建设补充资金 3808.98 万元。

2017 年末，贷款风险准备金余额 3551.59 万元。累计提取城市廉租住房（公共租赁住房）建设补充资金 10175.8 万元。

(五) 管理费用支出：2017 年，管理费用支出 6515.22 万元，同比增长 53%。其中，人员经费 1229.4 万元，公用经费 235.3 万元，专项经费 5050.52 万元。

四、资产风险状况

个人住房贷款：2017 年末，个人住房贷款逾期额 0 万元，逾期率 0‰。

个人贷款风险准备金按（贷款余额或增值收益）的 1% 提取。2017 年，提取个人贷款风险准备金

523.22万元，使用个人贷款风险准备金核销呆坏账0万元。2017年末，个人贷款风险准备金余额3551.59万元，占个人住房贷款余额的1%，个人住房贷款逾期额与个人贷款风险准备金余额的比率为0%。

五、社会经济效益

（一）缴存业务：2017年，实缴单位数、实缴职工人数和缴存额同比分别增长4.12%、0.61%和21.65%。

缴存单位中，国家机关和事业单位占83.7%，国有企业占15.4%，城镇集体企业占0.2%，外商投资企业占0.1%，城镇私营企业及其他城镇企业占0.2%，民办非企业单位和社会团体占0.2%，其他占0.2%。

缴存职工中，国家机关和事业单位占84.06%，国有企业占14.93%，城镇集体企业占0.2%，外商投资企业占0.1%，城镇私营企业及其他城镇企业占0.31%，民办非企业单位和社会团体占0.25%，其他占0.15%；中、低收入占83.25%，高收入占16.75%。

新开户职工中，国家机关和事业单位占63.29%，国有企业占13.48%，城镇集体企业占0.2%，外商投资企业占0%，城镇私营企业及其他城镇企业占9.36%，民办非企业单位和社会团体占10.4%，其他占3.27%；中、低收入占94.6%，高收入占5.4%。

（二）提取业务：2017年，7590名缴存职工提取住房公积金3.29亿元。

提取金额中，住房消费提取占63.37%（购买、建造、翻建、大修自住住房占65.61%，偿还购房贷款本息占31.24%，租赁住房占3.15%，其他占0%）；非住房消费提取占36.63%（离休和退休提取占66.29%，完全丧失劳动能力并与单位终止劳动关系提取占9.76%，户口迁出本市或出境定居占8.74%，其他占15.21%）。

提取职工中，中、低收入占80.15%，高收入占19.85%。

（三）贷款业务：

1. 个人住房贷款：2017年，支持职工购建房52.16万平方米，年末个人住房贷款市场占有率为47%，比上年增加0.8个百分点。通过申请住房公积金个人住房贷款，可节约职工购房利息支出1233.6万元。

职工贷款笔数中，购房建筑面积90（含）平方米以下占6.89%，90~144（含）平方米占69.67%，144平方米以上占23.44%。购买新房占84.67%（其中购买保障性住房占0%），购买存量商品住房占2.41%，建造、翻建、大修自住住房占12.92%，其他占0%。

职工贷款笔数中，单缴存职工申请贷款占37.24%，双缴存职工申请贷款占62.76%，三人及以上缴存职工共同申请贷款占0%。

贷款职工中，30岁（含）以下占34%，30岁~40岁（含）占37%，40岁~50岁（含）占20%，50岁以上占9%；首次申请贷款占90.1%，二次及以上申请贷款占9.9%；中、低收入占98.8%，高收入占1.2%。

2. 异地贷款：2017年，发放异地贷款12笔372万元。2017年末，发放异地贷款总额532.5万元，异地贷款余额513.57万元。

（四）住房贡献率：2017 年，个人住房贷款发放额、公转商贴息贷款发放额、项目贷款发放额、住房消费提取额的总和与当年缴存额的比率为 99.03%，比上年减少 25.45 个百分点。

六、其他重要事项

（一）当年机构及职能调整情况、受委托办理缴存贷款业务金融机构变更情况：陇南市住房公积金管理中心为直属陇南市政府不以营利为目的的自收自支事业单位，主要负责全市住房公积金的归集、管理、使用和会计核算。目前中心内设办公室等六科室，下设武都区等九管理部。

缴存：本市受委托办理住房公积金缴存业务的银行包括：甘肃银行、建设银行、中国银行、邮政银行、甘肃农商行、工商银行、农业银行。

贷款：本市受委托办理住房公积金个人住房贷款业务的银行包括：甘肃银行、建设银行、中国银行、工商银行、农业银行、邮政银行、甘肃农商行。

（二）当年住房公积金政策调整及执行情况：根据 2017 年陇南市统计局公布的城镇职工平均工资为 4350 元/月，陇南市住房公积金缴存基数按以下标准执行：

住房公积金缴存基数上限：4350×3＝13050 元/月，月缴存额双向不超过 3132 元/月；缴存基数下限：4350 元，月缴存额双向不低于 435 元/月。缴存比例武都管理部 12%；成县 11%；西和 8%；徽县 9%；宕昌 11%；礼县 8%；康县由 11%提高至 12%；两当由 10%提高至 11%；文县由 10%提高至 12%。

2017 年，陇南市住房公积金提取政策未变化，贷款首付比例为 20%，将贷款最高额度有 40 万元提高到 45 万元（武都区城区最高额度为 50 万元），贷款最长期限由 25 年延长到 30 年；个贷率由去年底的 71.73%降低为 69.47%，住房公积金贷款量占全市住房贷款的 47%。

2017 年陇南市住房公积金存款利率统一按一年期定期存款 1.50%基准利率执行。

2017 年陇南市住房公积金五年期以上个人住房公积金贷款利率为 3.25%；五年期以下（含五年）个人住房公积金贷款利率为 2.75%。二套房年利率为同等贷款利率的 1.1 倍。

（三）当年服务改进情况：2017 年，我中心在各县区管理部营业大厅新增了抽号机等设施，更加方便了职工办理业务。综合服务平台已开通六大渠道，远程异地备份、异地转移接续平台等系统相继建成并投入运行。

（四）当年信息化建设情况：2017 年，我中心信息系统成功从 3.5 版本升级到 4.0 版本，并完成了"双贯标"数据整改工作。

（五）当年住房公积金管理中心及职工所获荣誉情况：2017 年 6 月获得陇南市《2017 年全市青年干部大数据知识竞赛》优秀奖。

临夏回族自治州住房公积金 2017 年年度报告

一、机构概况

（一）住房公积金管理委员会：住房公积金管理委员会有 27 名委员，2018 年召开第一次会议，审议通过的事项主要包括：《临夏州住房公积金2017年年度报告》《2017年全州住房公积金廉租房补充资金分配方案》《临夏州住房公积金归集、提取、个人贷款暂行办法》《关于州级机关单位住房公积金实行财政按月代扣代缴的请示》《关于临夏州住房公积金管理信息系统双贯标二期建设资金的请示》等。

（二）住房公积金管理中心：住房公积金管理中心为临夏州政府直属不以营利为目的的正县级（参照公务员管理）事业单位，设4个处（科），8个管理部，从业人员75人，其中，在编44人，非在编31人。

二、业务运行情况

（一）缴存：2017年，新开户单位33家，实缴单位1849家；新开户职工6357人，实缴职工93074人；缴存额9.54亿元，同比增长15.91%。2017年末，缴存总额46.78亿元，同比增长25.62%；缴存余额29.26亿元，同比增长19.43%。

受委托办理住房公积金缴存业务的银行6家，与上年持平。

（二）提取：2017年，提取额4.79亿元，同比下降9.96%；占当年缴存额的50.21%，比上年减少14.43个百分点。2017年末，提取总额17.52亿元，同比增长37.63%。

（三）贷款：

个人住房贷款：个人住房贷款最高额度40万元，其中，单缴存职工最高额度35万元，双缴存职工最高额度40万元。

2017年，发放个人住房贷款2429笔7.48亿元，同比分别下降14.20%、6.62%。其中，州直管理部发放个人住房贷款754笔2.46亿元，永靖县管理部发放个人住房贷款357笔1.04亿元，临夏县管理部发放个人住房贷款317笔1亿元，和政县管理部发放个人住房贷款192笔0.47亿元，康乐县管理部发放个人住房贷款155笔0.42亿元，积石山县管理部发放个人住房贷款241笔0.76亿元，东乡县管理部发放个人住房贷款249笔0.82亿元，广河县管理部发放个人住房贷款164笔0.51亿元。

2017年，回收个人住房贷款3.38亿元。其中，州直管理部0.97亿元，永靖县管理部0.67亿元，临夏县管理部0.40亿元，和政县管理部0.33亿元，康乐县管理部0.21亿元，积石山县管理部0.43亿元，东乡县管理部0.24亿元，广河县管理部0.13亿元。

2017年末，累计发放个人住房贷款1.83万笔33.85亿元，贷款余额21.76亿元，同比分别增长43.91%、28.41%、23.15%。个人住房贷款余额占缴存余额的74.36%，比上年增加2.36个百分点。

受委托办理住房公积金个人住房贷款业务的银行6家，与上年持平。

（四）资金存储：2017年末，住房公积金存款9.30亿元。其中，活期4.73亿元，1年（含）以下定期0.82亿元，1年以上定期3.75亿元。

（五）资金运用率：2017年末，住房公积金个人住房贷款余额、项目贷款余额和购买国债余额的总和占缴存余额的74.36%，比上年增加2.36个百分点。

三、主要财务数据

（一）业务收入：2017年，业务收入8475.40万元，同比增长40.54%。存款利息2248.29万元，委托贷款利息6209.09万元，增值收益利息收入7.95万元，其他10.07万元。

（二）**业务支出**：2017年，业务支出6327.11万元，同比增长49.61%。支付职工住房公积金利息5997.56万元，归集手续费0万元，委托贷款手续费318.56万元，其他10.99万元。

（三）**增值收益**：2017年，增值收益2148.28万元，同比增长19.25%。增值收益率0.73%，与去年持平。

（四）**增值收益分配**：2017年，提取贷款风险准备金748.29万元，提取管理费用800万元，提取城市廉租住房（公共租赁住房）建设补充资金600万元。

2017年，上交财政管理费用800万元。上缴财政城市廉租住房（公共租赁住房）建设补充资金600万元。

2017年末，贷款风险准备金余额3386.93万元。累计提取城市廉租住房（公共租赁住房）建设补充资金3108万元。

（五）**管理费用支出**：2017年，管理费用支出716.64万元，同比增长24.62%。其中，人员经费337.82万元，公用经费230.36万元，专项经费148.46万元。

四、资产风险状况

个人住房贷款：2017年末，个人住房贷款逾期额184.45万元，逾期率0.847‰。

个人贷款风险准备金按（当年贷款余额）的1%提取。2017年，提取个人贷款风险准备金748.29万元，未使用个人贷款风险准备金核销呆坏账。2017年末，个人贷款风险准备金余额3386.93万元，占个人住房贷款余额的1.56%，个人住房贷款逾期额与个人贷款风险准备金余额的比率为5.45%。

五、社会经济效益

（一）**缴存业务**：2017年，实缴单位数、实缴职工人数同比分别下降0.91%、4.15%和缴存额增长15.91%。下降原因是根据住房城乡建设部双贯标要求，对中心实缴单位和缴存职工基础数据进行了规范。

缴存单位中，国家机关和事业单位占94.38%，国有企业占2.75%，城镇集体企业占1.30%，城镇私营企业及其他城镇企业占1.30%，民办非企业单位和社会团体占0.27%。

缴存职工中，国家机关和事业单位占84.51%，国有企业占11.64%，城镇集体企业占2.72%，城镇私营企业及其他城镇企业占0.74%，民办非企业单位和社会团体占0.39%；中、低收入占91.23%，高收入占8.77%。

新开户职工中，国家机关和事业单位占95.85%，国有企业占3.04%，城镇集体企业占0.57%，城镇私营企业及其他城镇企业占0.28%，民办非企业单位和社会团体占0.26%；中、低收入占86.90%，高收入占13.10%。

（二）**提取业务**：2017年，16380名缴存职工提取住房公积金4.79亿元。

提取金额中，住房消费提取占70.98%（购买、建造、翻建、大修自住住房占35.29%，偿还购房贷款本息占64.42%，租赁住房占0.29%）；非住房消费提取占29.02%（离休和退休提取占58.99%，完全丧失劳动能力并与单位终止劳动关系提取占3.60%，户口迁出本市或出境定居占2.88%，死亡或宣告死亡占0.72%，其他占33.81%）。

提取职工中，中、低收入占92%，高收入占8%。

(三) 贷款业务：

1. 个人住房贷款： 2017年，支持职工购建房32.88万平方米，年末个人住房贷款市场占有率为35.21%，比上年增加0.34个百分点。通过申请住房公积金个人住房贷款，可节约职工购房利息支出9600万元。

职工贷款笔数中，购房建筑面积90（含）平方米以下占3.50%，90~144（含）平方米占78.76%，144平方米以上占17.74%。购买新房占97.20%，购买存量商品住房占3.80%。

职工贷款笔数中，单缴存职工申请贷款占54.51%，双缴存职工申请贷款占45.49%。

贷款职工中，30岁（含）以下占32.85%，30岁~40岁（含）占40.43%，40岁~50岁（含）占20.96%，50岁以上占5.76%；首次申请贷款占94.73%，二次及以上申请贷款占5.27%；中、低收入占99.05%，高收入占0.95%。

2. 异地贷款： 2017年，发放异地贷款42笔1245万元。2017年末，发放异地贷款总额2036万元，异地贷款余额1917.93万元。

(四) 住房贡献率： 2017年，个人住房贷款发放额、公转商贴息贷款发放额、项目贷款发放额、住房消费提取额的总和与当年缴存额的比率为128%，比上年减少33个百分点。

六、其他重要事项

1. 当年缴存基数限额及确定方法、缴存比例调整情况：2017年度住房公积金的缴存基数由临夏州住房公积金管理中心各县管理部（营业室）年初进行核定。缴交基数不得低于当地最低工资标准，不得高于当地统计部门公布的上年度职工月平均工资的3倍。

2. 2017年住房公积金存款利率按银行一年定期存款利率1.5%结息，贷款五年以下（含五年）利率为2.75%，五年以上利率为3.25%。

3. 公积金归集、提取、贷款政策调整情况：

《临夏州住房公积金归集管理暂行办法》第五章第十六条新增第3款：单位新调入的职工从调入单位发放工资之日起缴存住房公积金，月缴存额为职工个人当月应发工资乘以职工住房公积金缴存比例。

《临夏州住房公积金提取管理暂行办法》第二章第三条第1款修改为：购买自住住房的，可提取本人、配偶、父母、子女的住房公积金。建造、翻建、大修自住住房的，可提取本人、配偶的住房公积金。提取后不能贷款。第二章第三条新增第6款：本人、配偶及未成年子女患重大疾病的可提取公积金。

《临夏州住房公积金贷款管理暂行办法》第二章第八条第2款修改为：具有合法有效的购买住房的合同或协议后补充贷款合同新购房为2年内网签合同，二手房为1年内合同或协议。第六章新增第二十九条：借款人在贷款一年后可以提取其配偶、父母和子女的住房公积金账户存储余额用于偿还贷款。

4. 继续推行"五个零"服务工作标准，进一步完善服务承诺、首问负责、一次告知、限时办结、信息公开和服务回访、上门服务等服务制度，强化服务意识，规范办理行为，努力做到提取住房公积金办理业务"最多跑一次"的目标，坚持住房公积金惠民导向，进一步增强群众获得感。

5. "双贯标"信息化建设顺利完成，公积金管理和服务水平进一步提升。一是中心根据住房城乡建设部下发的《关于贯彻落实住房公积金基础数据标准的通知》和《关于推广住房公积金银行结算数据应用系统的通知》要求（简称"双贯标"），中心于去年11月份完成了住房城乡建设部结算数据应用平台顺利上线工作,"双贯标"新系统正式完成测试上线,12月上旬通过对中心和受托银行全体业务人员开展业务培训、业务理论和上机操作考试,保证了新系统顺利运行,很好地做到了老系统向新系统的过渡。2018年1月16日顺利通过住房城乡建设部的验收,标志着我州住房公积金业务系统达到了国家行业标准规范的要求。

甘南州住房公积金2017年年度报告

一、机构概况

(一)住房公积金管理委员会:住房公积金管理委员会有18名委员,2017年召开2次会议,审议通过的事项主要包括:听取了州住房公积金管理中心2016年度工作完成情况暨2017年度工作打算;会议审议了《甘南州住房公积金管理中心2016年度年度报告》;审议州住房公积金管理中心2016年度住房公积金增值收益分配方案;听取了州住房公积金管理中心《2017年度工作目标责任书完成情况汇报》。

(二)住房公积金管理中心:住房公积金管理中心为州政府直属部门,不以营利为目的的参照公务员管理的事业单位,设6个科室,8个管理部。从业人员123人,其中,在编76人,非在编47人。

二、业务运行情况

(一)缴存:2017年,新开户单位21家,实缴单位1547家,净增单位-37家;新开户职工0.19万人,实缴职工5.86万人,净增职工-0.04万人;缴存额9.94亿元,同比增长18.74%。2017年末,缴存总额54.25亿元,同比增长22.43%;缴存余额30.70亿元,同比增长13.56%。

受委托办理住房公积金缴存业务的银行6家,较上年无增减变化。

(二)提取:2017年,提取额6.28亿元,同比增长34%;占当年缴存额的63.14%,比上年增加7.64个百分点。2017年末,提取总额23.55亿元,同比增长36.32%。

(三)贷款:

个人住房贷款:个人住房贷款最高额度60万元。

2017年,发放个人住房贷款0.38万笔11.04亿元,同比分别增长12.80%、20.65%。

2017年,回收个人住房贷款6.82亿元。

2017年末,累计发放个人住房贷款3.29万笔54.11亿元,贷款余额25.61亿元,同比分别增长13.2%、25.64%、19.72%。个人住房贷款余额占缴存余额的83.44%,比上年增加4.44个百分点。

受委托办理住房公积金个人住房贷款业务的银行5家,较上年无增减变化。

(四)资金存储:2017年末,住房公积金存款5.97亿元。其中,活期3.25亿元,1年(含)以下定期2.72亿元,1年以上定期0亿元,其他(协定、通知存款等)0亿元。

(五)资金运用率:2017年末,住房公积金个人住房贷款余额、项目贷款余额和购买国债余额的总和占缴存余额的83.44%,比上年增加4.44个百分点。

三、主要财务数据

（一）业务收入：2017年，业务收入8290.83万元，同比增长16.20%。存款利息582.28万元，委托贷款利息7661.61万元，国债利息0万元，其他46.94万元。

（二）业务支出：2017年，业务支出4304.82万元，同比增长14.14%。支付职工住房公积金利息4067.94万元，归集54.29万元，委托贷款手续费180.97万元，其他1.62万元。

（三）增值收益：2017年，增值收益3986.01万元，同比增长18.33%。增值收益率1.39%，比上年增加0.19个百分点。

（四）增值收益分配：2017年，提取贷款风险准备金338.31万元，提取管理费用3567.7万元，提取城市廉租住房建设补充资金80万元。

2017年，上交财政管理费用2851.16万元。上缴财政城市廉租住房建设补充资金80万元。

2017年末，贷款风险准备金余额2561.48万元。累计提取城市廉租住房建设补充资金707.09万元。

（五）管理费用支出：2017年，管理费用支出1139.78万元，同比下降4.45%。其中，人员经费884.43万元，公用经费255.35万元，专项经费0万元。

四、资产风险状况

个人住房贷款：2017年末，个人住房贷款逾期额95.34万元，逾期率0.37‰。

个人贷款风险准备金按贷款余额的1%提取。2017年，提取个人贷款风险准备金338.31万元，使用个人贷款风险准备金核销呆坏账0万元。2017年末，个人贷款风险准备金余额2561.48万元，占个人住房贷款余额的1%，个人住房贷款逾期额与个人贷款风险准备金余额的比率为3.72%。

五、社会经济效益

（一）缴存业务：2017年，实缴单位数、实缴职工人数和缴存额同比分别增长－2.33%、－0.64%和18.74%。

缴存单位中，国家机关和事业单位占89.33%，国有企业占7.18%，城镇集体企业占0.45%，外商投资企业占0%，城镇私营企业及其他城镇企业占1.81%，民办非企业单位和社会团体占1.23%，其他占0%。

缴存职工中，国家机关和事业单位占85.44%，国有企业占11.99%，城镇集体企业占1.16%，外商投资企业占0%，城镇私营企业及其他城镇企业占1.04%，民办非企业单位和社会团体占0.37%，其他占0%；中、低收入占99.76%，高收入占0.24%。

新开户职工中，国家机关和事业单位占84.33%，国有企业占9.53%，城镇集体企业占5.33%，外商投资企业占0%，城镇私营企业及其他城镇企业占0%，民办非企业单位和社会团体占0.81%，其他占0%；中、低收入占100%，高收入占0%。

（二）提取业务：2017年，1.12万名缴存职工提取住房公积金6.28亿元。

提取金额中，住房消费提取占85.24%（购买、建造、翻建、大修自住住房占55.56%，偿还购房贷款本息占44.29%，租赁住房占%，其他占0.15%）；非住房消费提取占14.76%（离休和退休提取占

66.85%，完全丧失劳动能力并与单位终止劳动关系提取占 3.78%，户口迁出本市或出境定居占 16.44%，其他占 12.93%）。

提取职工中，中、低收入占 99.77%，高收入占 0.23%。

（三）贷款业务：

1. **个人住房贷款**：2017 年，支持职工购建房 40.52 万平方米，年末个人住房贷款市场占有率为 85.45%，比上年增加 1.97 个百分点。通过申请住房公积金个人住房贷款，可节约职工购房利息支出 9301.58 万元。

职工贷款笔数中，购房建筑面积 90（含）平方米以下占 23.92%，90～144（含）平方米占 59.99%，144 平方米以上占 16.09%。购买新房占 57%（其中购买保障性住房占 40%），购买存量商品住房占 38%，建造、翻建、大修自住住房占 5.0%，其他占 0%。

职工贷款笔数中，单缴存职工申请贷款占 29%，双缴存职工申请贷款占 71%，三人及以上缴存职工共同申请贷款占 0%。

贷款职工中，30 岁（含）以下占 35%，30 岁～40 岁（含）占 40%，40 岁～50 岁（含）占 20%，50 岁以上占 5%；首次申请贷款占 77.56%，二次及以上申请贷款占 22.44%；中、低收入占 99.71%，高收入占 0.29%。

2. **异地贷款**：2017 年，发放异地贷款 253 笔 8171 万元。2017 年末，发放异地贷款总额 16441 万元，异地贷款余额 14341 万元。

（四）**住房贡献率**：2017 年，个人住房贷款发放额、公转商贴息贷款发放额、项目贷款发放额、住房消费提取额的总和与当年缴存额的比率为 165%，比上年增加 16 个百分点。

六、其他重要事项

（一）当年住房公积金政策调整及执行情况：及时研究制定《住房公积金缴存政策及流程》，增加非公企业、个体工商户、自由职业者缴存业务。根据甘南州统计局公布数据，2016 年全州城镇非私营单位在岗职工年平均工资 64392 元。按照缴存住房公积金的月工资基数最高不得超过职工工作地所在设区城市统计部门公布的上一年度职工月平均工资的 3 倍的要求。2017 年职工/单位住房公积金月最高缴存限额为 1932 元。缴存比例已达到最高比例双 12，未做调整。

积极规范住房公积金提取业务，制定出台《住房公积金提取政策及流程》。坚持以人为本的理念，在不违背国家政策和规定的前提下，积极拓展业务，优化统一业务流程，开展人性化服务。在同一户口簿下的家庭成员，任一成员购房，其他成员均可提取住房公积金。增加了住房公积金"提取还贷"业务。研究制定了《职工重大疾病提取住房公积金操作细则》，增加了住房公积金大病医疗提取。

制定出台《住房公积金个人贷款政策及流程》。增加了房产抵押贷款业务，主要包括期房抵押、现房抵押和他人房产抵押三种。根据所购房屋所在地和贷款担保方式的不同实行差别化的贷款政策，房产抵押贷款最高限额 60 万元，最高贷款期限 20 年；公积金质押贷款最高限额为 40 万元，最高贷款期限 10 年。住房公积金缴存、提取、个贷方式灵活多样，快捷高效，住房公积金政策工具得到了充分发挥，极大地提升了便民利民服务。

认真执行中国人民银行、住房和城乡建设部公布的住房公积金存贷款利率。2017 年 6 月 30 日，年度结息时职工住房公积金账户存款利率采用一年期定期存款基准利率。贷款利率严格执行五年以内（含）为2.75%，五年以上为3.25%，二次贷款上浮10%的规定。

（二）当年服务改进情况：

一是年初全面启动住房公积金试点改革，学习和借鉴先进经验，以"六室一厅"为主攻方向，创新性地制定和落实了"十九项"规章制度，从缴存、提取、个贷各业务环节统一制度、统一审批流程、统一责任标准、统一服务规范。以《管理部工作规则》《"一站式服务大厅"服务规范》等制度为抓手，初步建成了8个住房公积金"一站式服务"大厅，并且统一设立3个综合服务窗口，实行窗口工作人员、大厅主任、管理部副主任现场三级审批，做到了"随来随办、成熟一个即办一个"工作新目标，积极树立"取消行政心态，提高服务水平"的服务理念和"少一份私心，多一份服务"的作风品质，提高了窗口服务水平，转变了行业作风，全面提升了住房公积金行业新形象。二是立足国务院"放管服"政策和"三纠三促"专项行动，积极简化办事手续，降低办事门槛。三是建立住房公积金受委托业务银行"办件积压沟通函"机制，及时向受委托银行告知银行柜台业务办理积压情况，促进银行柜台"随来随办"，规范和提升了银行公积金柜台服务。

（三）当年信息化建设情况：根据住房城乡建设部"双贯标"及综合服务信息化平台建设工作新要求，住房公积金服务既要立足现实继续传统服务，更要面对新时代、面向新未来进行信息科技服务。为贯彻落实好住房城乡建设部正在推动的"双贯标"及综合服务信息化平台建设，一年来，中心积极成立了"双贯标"及综合服务信息化平台建设领导小组及其办公室，研究制定《甘南州住房公积金管理中心"互联网＋公积金"信息系统建设实施方案》，目前已全面完成了各项基础工作，预期明年全面实现。建成后力争实现全藏区第一、全省一流、全国同步，为甘南经济社会发展进一步贡献应有的力量。

（四）当年住房公积金管理中心及职工所获荣誉情况：2017年甘南州住房公积金中心曹建军同志荣获省级精神文明建设工作先进工作者荣誉称号。

（五）其他需要披露的情况：健全资金防控机制。一是严格落实内部审计制度，形成在一个财务年度内，必须进行两次内部审计的长效机制，以内审促规范、防风险。6月下旬，研究制定《内部审计监察规则》，结合住房城乡建设部住房公积金"双贯标"工作和住房公积金信息化上线系统工作任务要求，实行全州统一账户，资金实时结算，由中心审计监察科、会计稽核科在州审计局的业务指导下对8个管理部进行了业务和财务审计，并形成了《内部审计报告》，对发现的问题限期进行了整改。二是为充分提高住房公积金使用率，满足广大缴存职工提取和个贷需求，研究制定《住房公积金统一核算规则》，做到了资金统筹统管，实现了全州住房公积金统一核算。全面清理不合规住房公积金账户和委贷账户33个，进一步优化了财务流程和管理，有效防范了资金风险。三是积极落实国家房地产和住房公积金政策，进一步释放住房公积金存量，调整存贷款比例，定期分析公积金业务运行和资金收支情况，做好资金使用情况预测，实时调整资金使用计划。

2017 全国住房公积金年度报告汇编

陕西省

西安市
铜川市
宝鸡市
咸阳市
渭南市
延安市
汉中市
榆林市
安康市
商洛市

陕西省住房公积金 2017 年年度报告

一、机构概况

（一）住房公积金管理机构：全省共设 11 个设区城市住房公积金管理中心，2 个独立设置的分中心（其中，省直、长庆分中心隶属西安中心）。从业人员 1637 人，其中，在编 945 人，非在编 692 人。

（二）住房公积金监管机构：陕西省住房和城乡建设厅、财政厅和人民银行西安分行负责对本省住房公积金管理运行情况进行监督。

省住房和城乡建设厅住房公积金监管处主要负责拟定全省住房公积金政策、办法和发展规划并监督实施，监督全省住房公积金的管理、使用和安全。

省财政厅综合处主要负责国家住房公积金财政政策的贯彻落实。

人民银行西安分行货币信贷管理处主要负责陕西省住房公积金金融政策的贯彻落实。

二、业务运行情况

（一）缴存：2017 年，新开户单位 6027 家，实缴单位 52705 家，净增单位 3800 家；新开户职工 37.59 万人，实缴职工 367.74 万人，净减职工 35.93 万人（主要原因为合并账户）；缴存额 400.13 亿元，同比增长 12.90%。2017 年末，缴存总额 2777.21 亿元，同比增长 17.14%；缴存余额 1148.40 亿元，同比增长 19.15%。

（二）提取：2017 年，提取额 220.52 亿元，同比下降 21.25%；占当年缴存额的 55.11%，比上年减少 23.93 个百分点。2017 年末，提取总额 1628.80 亿元，同比增长 15.77%。

（三）贷款：

1. 个人住房贷款：2017 年，发放个人住房贷款 7.58 万笔 240.78 亿元，同比下降 3.93%、2.06%。回收个人住房贷款 82.94 亿元。

2017 年末，累计发放个人住房贷款 62.84 万笔 1280 亿元，贷款余额 872.94 亿元，同比分别增长 13.61%、23.15%、22.38%。个人住房贷款余额占缴存余额的 76.01%，比上年增加 2 个百分点。

2. 住房公积金支持保障性住房建设项目贷款：2017 年，发放支持保障性住房建设项目贷款 0 亿元，回收项目贷款 21.43 亿元。2017 年末，累计发放项目贷款 83.10 亿元，项目贷款余额 12.80 亿元。

（四）购买国债：2017 年，购买（记账式、凭证式）国债 0 亿元，（兑付、转让、收回）国债 0.02 亿元。2017 年末，国债余额 1.76 亿元，比上年减少 0.02 亿元。

（五）融资：2017 年，融资 2 亿元，归还 8.28 亿元。2017 年末，融资总额 23.03 亿元，融资余额 1.70 亿元。

（六）资金存储：2017 年末，住房公积金存款 292.42 亿元。其中活期 35.70 亿元、1 年（含）以下定期 92.58 亿元、1 年以上定期 82.52 亿元、其他（协定、通知存款等）81.62 亿元。

（七）资金运用率：2017 年末，住房公积金个人住房贷款余额、项目贷款余额和购买国债余额的总和占缴存余额的 77.46%，比上年减少 0.29 个百分点。

三、主要财务数据

（一）**业务收入**：2017 年，业务收入 335989.37 万元，同比增长 9.60%。其中，存款利息 71846.35 万元，委托贷款利息 263315.10 万元，国债利息 578.52 万元，其他 249.40 万元。

（二）**业务支出**：2017 年，业务支出 174200.20 万元，同比增长 1.3%。其中，支付职工住房公积金利息 154901.20 万元，归集手续费 6716.18 万元，委托贷款手续费 11480.15 万元，其他 1102.67 万元。

（三）**增值收益**：2017 年，增值收益 161789.16 万元，同比增长 20.19%；增值收益率 1.53%，比上年增加 0.09 个百分点。

（四）**增值收益分配**：2017 年，提取贷款风险准备金 28537.84 万元，提取管理费用 35756.93 万元，提取城市廉租住房（公共租赁住房）建设补充资金 97009.67 万元。

2017 年，上交财政管理费用 27059.38 万元，上缴财政城市廉租住房（公共租赁住房）建设补充资金 65180.16 万元。

2017 年末，贷款风险准备金余额 205764.96 万元，累计提取城市廉租住房（公共租赁住房）建设补充资金 567665.91 万元。

（五）**管理费用支出**：2017 年，管理费用支出 25279.50 万元，同比增长 0.23%。其中，人员经费 13510.05 万元，公用经费 3827 万元，专项经费 7942.45 万元。

四、资产风险状况

（一）**个人住房贷款**：2017 年末，个人住房贷款逾期额 2054.86 万元，逾期率 0.24‰。

2017 年，提取个人贷款风险准备金 28537.84 万元，使用个人贷款风险准备金核销呆坏账 50 万元。2017 年末，个人贷款风险准备金余额 184870.96 万元，占个人贷款余额的 2.12%，个人贷款逾期额与个人贷款风险准备金余额的比率为 1.11%。

（二）**住房公积金支持保障性住房建设项目贷款**：2017 年末，逾期项目贷款 0 万元，逾期率为 0‰。

2017 年，提取项目贷款风险准备金 0 万元，使用项目贷款风险准备金核销呆坏账 0 万元。2017 年末，项目贷款风险准备金余额 20894 万元，占项目贷款余额的 16.32%，项目贷款逾期额与项目贷款风险准备金余额的比率为 0%。

（三）**历史遗留风险资产**：2017 年末，历史遗留风险资产余额 0 万元，比上年减少 100 万元，历史遗留风险资产回收率为 100%。

五、社会经济效益

（一）**缴存业务**：2017 年，实缴单位数、实缴职工人数和缴存额增长率分别为 7.31%、-8.47% 和 12.94%。

缴存单位中，国家机关和事业单位占 52.90%，国有企业占 17.10%，城镇集体企业占 1.51%，外商投资企业占 2.31%，城镇私营企业及其他城镇企业占 16.76%，民办非企业单位和社会团体占 2.20%，其他占 7.22%。

缴存职工中，国家机关和事业单位占37.49%，国有企业占34.35%，城镇集体企业占2.15%，外商投资企业占4.31%，城镇私营企业及其他城镇企业占12.66%，民办非企业单位和社会团体占1.83%，其他占7.21%；中、低收入占97.45%，高收入占2.55%。

新开户职工中，国家机关和事业单位占20.10%，国有企业占26.10%，城镇集体企业占1.23%，外商投资企业占7.57%，城镇私营企业及其他城镇企业占35.13%，民办非企业单位和社会团体占4.18%，其他占5.69%；中、低收入占99.48%，高收入占0.52%。

（二）提取业务：2017年，87.33万名缴存职工提取住房公积金220.52亿元。

提取金额中，住房消费提取占76.40%（购买、建造、翻建、大修自住住房占34.53%，偿还购房贷款本息占34.96%，租赁住房占2.41%，其他占4.50%）；非住房消费提取占23.60%（离休和退休提取占15.82%，完全丧失劳动能力并与单位终止劳动关系提取占1.95%，户口迁出所在市或出境定居占1.78%，其他占4.05%）。

提取职工中，中、低收入占96.67%，高收入占3.33%。

（三）贷款业务：

1. 个人住房贷款：2017年，支持职工购建房946.82万平方米。年末个人住房贷款市场占有率为17.30%，比上年同期增加0.07个百分点。通过申请住房公积金个人住房贷款，可节约职工购房利息支出305946.20万元。

职工贷款笔数中，购房建筑面积90（含）平方米以下占18.60%，90～144（含）平方米占70.08%，144平方米以上占11.32%。购买新房占74.20%（其中购买保障性住房占2.18%），购买存量商品房占14.58%，建造、翻建、大修自住住房占0.52%，其他占10.7%。

职工贷款笔数中，单缴存职工申请贷款占55.26%，双缴存职工申请贷款占44.70%，三人及以上缴存职工共同申请贷款占0.04%。

贷款职工中，30岁（含）以下占34.48%，30岁～40岁（含）占40.51%，40岁～50岁（含）占19.60%，50岁以上占5.41%；首次申请贷款占90.18%，二次及以上申请贷款占9.82%；中、低收入占97.11%，高收入占2.89%。

2. 异地贷款：2017年，发放异地贷款9460笔338241.8万元。2017年末，发放异地贷款总额1068641.36万元，异地贷款余额858106.77万元。

3. 公转商贴息贷款：2017年，发放公转商贴息贷款0笔0万元，支持职工购建房面积0万平方米。当年贴息额0万元。2017年末，累计发放公转商贴息贷款0笔0万元，累计贴息0万元。

4. 住房公积金支持保障性住房建设项目贷款：2017年末，全省（区）有住房公积金试点城市4个，试点项目27个，贷款额度83.1亿元，建筑面积629.83万平方米，可解决66542户中低收入职工家庭的住房问题。16个试点项目贷款资金已发放并还清贷款本息。

（四）住房贡献率：2017年，个人住房贷款发放额、公转商贴息贷款发放额、项目贷款发放额、住房消费提取额的总和与当年缴存额的比率为115.29%，比上年减少12.72个百分点。

六、其他重要事项

（一）当年住房公积金政策调整情况：为支持基本住房消费需求，6月份制定下发了《陕西省住房和城乡建设厅关于进一步扩大住房公积金制度覆盖面工作的指导意见》（陕建发〔2017〕244号），引入自主缴存机制，重点将非公单位和新市民纳入覆盖范围。鼓励扶持非全日制工作的进城务工人员、个体工商户、自由职业者、新进城农业转移人口以及已获得《外国人永久居留证》的外国人按照自愿原则申请建立住房公积金账户，自主缴存住房公积金。8月份制定下发了《关于进一步规范住房公积金个人住房贷款业务的通知》（陕建发〔2017〕341号），进一步规范住房公积金个人住房贷款业务，满足缴存职工贷款需求，保障贷款职工的权益。

（二）当年开展专项监督检查情况： 全年组织开展了多次专项督查。一是开展利用住房公积金支持保障性住房建设试点督查，确保西安、咸阳、延安、汉中4个城市试点工作稳步运行，贷款本息按时足额回收。二是对历史遗留涉险资金清收工作下发督查意见书，督促整改。历史遗留涉险资金全额清收。三是开展个人住房贷款逾期清收督查。对部分逾期率偏高地区下发督察意见书、限期整改，全面清收逾期贷款。

（三）当年服务改进情况： 切实落实"放管服"工作要求，各地中心进一步优化业务流程、简化办理手续。提取业务全面面向职工办理，多数中心提取即时支付到账。个人住房贷款业务进一步简化办理环节、要件、担保方式、楼盘备案手续，尽可能方便企业和缴存职工办理。多地中心开通了微信、网站、电话、短信等服务方式，有效提高住房公积金服务能力，全省住房公积金规范化管理水平显著提升。

（四）当年信息化建设情况： 大力推进住房公积金信息化建设，在年初部署、持续督导、年中检查的基础上，于9月份举办全省住房公积金"双贯标"工作推进暨信息化建设培训班，以实施"双贯标"（住房公积金基础数据标准贯彻，全国住房公积金结算应用系统上线）和异地转移接续平台建设工作为重点，以现场指导、发函督办等形式，督促各地加快推进业务系统升级改造工作。截至2017年末，各地市住房公积金异地转移接续平台已全部建成上线运行，2个地市中心已开通综合服务平台，10个地市中心"双贯标"工作已通过住房城乡建设部检查验收。实施"双贯标"后，各市普遍实现资金、业务、财务三账实时同步匹配入账，开通了网上查询、受理、办理业务以及短信息提醒等综合服务功能。住房公积金管理能力和服务效率全面提升。

（五）当年住房公积金机构及从业人员所获荣誉情况： 2017年全省住房公积金系统共获得地市级以上文明单位9个、青年文明号3个、三八红旗手3个、先进集体8个、先进个人2个。其中铜川住房公积金管理中心获得省部级文明单位称号、咸阳住房公积金管理中心获得省部级先进集体称号、汉中住房公积金管理中心获得省级青年岗位能手称号。获得其他荣誉称号12个，其中西安住房公积金管理中心获得中国政务服务优秀实践案例奖、汉中住房公积金管理中心获得省级诚信服务先进单位称号。

西安住房公积金2017年年度报告

一、机构概况

（一）住房公积金管理委员会： 住房公积金管理委员会有30名委员，2017年召开2次会议，审议通过的事项主要包括：《西安住房公积金2016年年度报告》、《西安住房公积金管理中心关于2016年度住房公积金计划执行情况及 2017 年度计划编制情况的报告》、《西安住房公积金管理中心关于住房公积金 2016 年度财务收支预算执行情况及 2017 年度财务收支预算建议和编制说明的报告》、《西安住房公积金管理中心 2016 年度增值收益分配方案》、《西安住房公积金管理中心关于调整住房公积金提取政策的请示》、《西安住房公积金管理工作报告》、《关于西安铁路局利用保障性住房建设补充资金新建公共租赁住房的请示》、《西安住房公积金管理中心关于调整 2017 年度住房公积金缴存基数有关情况的报告》、《西安住房公积金管理中心关于调整住房公积金贷款政策有关情况的报告》。

（二）住房公积金管理中心：住房公积金管理中心为市政府直属不以营利为目的的参公管理事业单位，设 10 个处，13 个管理部，2 个分中心（西铁分中心和西咸分中心），从业人员 249 人，其中，在编 172 人，非在编 77 人。另有省直分中心为省住房和城乡建设厅直属的事业单位，从业人员 50 人，其中，在编 27 人，非在编 23 人；长庆油田分中心为长庆石油勘探局有限公司管理的企业单位，从业人员 10 人，其中在编 10 人，非在编 0 人。目前，全部从业人员 309 人，其中，在编 209 人，非在编 100 人。

二、业务运行情况

（一）**缴存**：2017 年，新开户单位 3150 家，实缴单位 17124 家，净增单位 2675 家；新开户职工 24.49 万人，实缴职工 184.20 万人，净减职工 31.16 万人；缴存额 213.27 亿元，同比增长 11.94%。2017 年末，缴存总额 1512.54 亿元，同比增长 16.41%；缴存余额 621.74 亿元，同比增长 19.28%。

受委托办理住房公积金缴存业务的银行 18 家，相比上年无增减。

（二）**提取**：2017 年，提取额 112.76 亿元，同比下降 10.66%；占当年缴存额的 52.87%，比上年减少 13.38 个百分点。2017 年末，提取总额 890.80 亿元，同比增长 14.49%。

（三）**贷款**：

1. **个人住房贷款**：个人住房贷款最高额度 65 万元，其中，单缴存职工最高额度 50 万元，双缴存职工最高额度 65 万元。

2017 年，发放个人住房贷款 3.64 万笔，同比增长 4.30%，发放个人住房贷款金额 134.31 亿元，同比下降 1.93%。其中，市中心（含西铁分中心、西咸分中心，下同）发放个人住房贷款 2.76 万笔 107.32 亿元，省直分中心发放个人住房贷款 0.33 万笔 15.17 亿元，长庆油田分中心发放个人住房贷款 0.55 万笔 11.82 亿元。

2017 年，回收个人住房贷款 38.82 亿元。其中，市中心 32.09 亿元，省直分中心 5.98 亿元，长庆油田分中心 0.75 亿元。

2017 年末，累计发放个人住房贷款 26.83 万笔 693.77 亿元，贷款余额 503.37 亿元，同比分别增长 15.70%、24.01%、23.41%。个人住房贷款余额占缴存余额的 80.96%，比上年增加 2.71 个百分点。

受委托办理住房公积金个人住房贷款业务的银行 18 家，相比上年无增减。

2. **住房公积金支持保障性住房建设项目贷款**：2017 年，未发放支持保障性住房建设项目贷款，回收项目贷款 18.81 亿元。2017 年末，累计发放项目贷款 67.20 亿元，项目贷款余额 5.50 亿元。

（四）**购买国债**：2017 年，未购买国债，兑付国债 0.02 亿元。2017 年末，国债余额 1.76 亿元，比上年减少 0.02 亿元。

（五）**资金存储**：2017 年末，住房公积金存款 124.61 亿元。其中，活期 9.08 亿元，1 年（含）以下定期11.90亿元，1年以上定期56.72亿元，其他（协定、通知存款等）46.91亿元。

（六）资金运用率：2017年末，住房公积金个人住房贷款余额、项目贷款余额和购买国债余额的总和占缴存余额的82.13%，比上年减少1.13个百分点。

三、主要财务数据

（一）业务收入：2017年，业务收入180733.24万元，同比增长13.33%。其中，市中心139234.96万元，省直分中心31582.82万元，长庆油田分中心9915.46万元；存款利息26818.79万元，委托贷款利息153246.05万元，国债利息578.52万元，其他89.88万元。

（二）业务支出：2017年，业务支出98846.31万元，同比增长2.06%。其中，市中心77155.28万元，省直分中心16746.01万元，长庆油田分中心4945.02万元；支付职工住房公积金利息84077.95万元，归集手续费6609.14万元，委托贷款手续费7160.09万元，其他999.13万元。

（三）增值收益：2017年，增值收益81886.93万元，同比增长30.75%。其中，市中心62079.68万元，省直分中心14836.81万元，长庆油田分中心4970.44万元；增值收益率1.43%，比上年增加0.19个百分点。

（四）增值收益分配：2017年，提取贷款风险准备金9547.74万元，提取管理费用11391.02万元，提取城市廉租住房（公共租赁住房）建设补充资金60948.17万元。

2017年，上交财政管理费用9273.66万元。上缴财政城市廉租住房（公共租赁住房）建设补充资金44552.04万元。其中，市中心上缴37947.76万元，省直分中心上缴（陕西省财政厅）6604.28万元。

2017年末，贷款风险准备金余额75467.86万元。累计提取城市廉租住房（公共租赁住房）建设补充资金440083.31万元。其中，市中心提取331251.50万元，省直分中心提取65254.32万元，长庆油田分中心提取43577.49万元。

（五）管理费用支出：2017年，管理费用支出6584.98万元，同比下降21.22%。其中，人员经费4012.44万元，公用经费908.11万元，专项经费1664.43万元。

市中心管理费用支出4916.42万元，其中，人员、公用、专项经费分别为3097.86万元、290.90万元、1527.66万元；省直分中心管理费用支出1223.46万元，其中，人员、公用、专项经费分别为681.98万元、519.71万元、21.77万元；长庆油田分中心管理费用支出445.10万元，其中，人员、公用、专项经费分别为232.60万元、97.50万元、115.00万元。

四、资产风险状况

（一）个人住房贷款：2017年末，个人住房贷款逾期额1361.39万元，逾期率0.27‰。其中，市中心0.33‰，省直分中心0.08‰，长庆油田分中心无逾期贷款。

个人贷款风险准备金按贷款余额增量的1%提取。2017年，提取个人贷款风险准备金9547.74万元，省直分中心使用个人贷款风险准备金核销呆坏账50万元。2017年末，个人贷款风险准备金余额65743.86万元，占个人住房贷款余额的1.31%，个人住房贷款逾期额与个人贷款风险准备金余额的比率为2.07%。

（二）支持保障性住房建设试点项目贷款：2017年末，无逾期项目贷款。

项目贷款风险准备金按贷款余额的4%提取。2017年，未提取项目贷款风险准备金，未使用项目贷款风险准备金核销呆坏账，项目贷款风险准备金余额9724.00万元，占项目贷款余额的17.68%。

（三）历史遗留风险资产：2017年末，历史遗留风险资产余额0万元，比上年减少100.00万元，历史遗留风险资产回收率100%。

五、社会经济效益

（一）缴存业务：2017年，实缴单位数和缴存额同比分别增长18.51%、11.94%，实缴职工人数同比减少14.47%。

缴存单位中，国家机关和事业单位占25.34%，国有企业占17.90%，城镇集体企业占1.49%，外商投资企业占4.98%，城镇私营企业及其他城镇企业占42.97%，民办非企业单位和社会团体占3.00%，其他占4.32%。

缴存职工中，国家机关和事业单位占19.69%，国有企业占46.06%，城镇集体企业占0.90%，外商投资企业占6.85%，城镇私营企业及其他城镇企业占21.94%，民办非企业单位和社会团体占1.94%，其他占2.62%；中、低收入占98.12%，高收入占1.88%。

新开户职工中，国家机关和事业单位占9.64%，国有企业占28.64%，城镇集体企业占0.74%，外商投资企业占10.05%，城镇私营企业及其他城镇企业占46.06%，民办非企业单位和社会团体占3.05%，其他占1.82%；中、低收入占99.53%，高收入占0.47%。

（二）提取业务：2017年，42.96万名缴存职工提取住房公积金112.76亿元。

提取金额中，住房消费提取占77.38%（购买、建造、翻建、大修自住住房占36.16%，偿还购房贷款本息占37.76%，租赁住房占0.87%，其他占2.59%）；非住房消费提取占22.62%（离休和退休提取占16.36%，完全丧失劳动能力并与单位终止劳动关系提取占0.18%，户口迁出本市或出境定居占2.91%，其他占3.17%）。

提取职工中，中、低收入占97.00%，高收入占3.00%。

（三）贷款业务：

1. 个人住房贷款：2017年，支持职工购建房413.63万平方米，年末个人住房贷款市场占有率为14.08%，比上年减少0.2个百分点。通过申请住房公积金个人住房贷款，可节约职工购房利息支出234574.75万元。

职工贷款笔数中，购房建筑面积90（含）平方米以下占28.59%，90～144（含）平方米占62.71%，144平方米以上占8.70%。购买新房占64.28%（其中购买保障性住房占3.17%），购买存量商品住房占22.41%，无建造、翻建、大修自住住房，其他占13.31%。

职工贷款笔数中，单缴存职工申请贷款占59.68%，双缴存职工申请贷款占40.32%，无三人及以上缴存职工共同申请贷款。

贷款职工中，30岁（含）以下占36.69%，30岁～40岁（含）占42.24%，40岁～50岁（含）占17.90%，50岁以上占3.17%；首次申请贷款占95.19%，二次及以上申请贷款占4.81%；中、低收入占97.32%，高收入占2.68%。

2. 异地贷款：2017年，发放异地贷款4379笔193880.00万元。2017年末，发放异地贷款总额832604.46万元，异地贷款余额634182.92万元。

3. 支持保障性住房建设试点项目贷款：2017年末，累计试点项目19个，贷款额度67.20亿元，建筑面积485.79万平方米，可解决51607户中低收入职工家庭的住房问题。14个试点项目贷款资金已发放并还清贷款本息。

（四）住房贡献率：2017年，个人住房贷款发放额、公转商贴息贷款发放额、项目贷款发放额、住房消费提取额的总和与当年缴存额的比率为103.89%，比上年减少9.18个百分点。

六、其他重要事项

（一）当年机构及职能调整情况：2017年，中心组建成立西咸新区分中心，户县管理部变更为鄠邑区管理部。

（二）当年住房公积金政策调整及执行情况：

1. 当年缴存基数限额及确定方法、缴存比例调整情况：

缴存基数：2017年度职工住房公积金缴存基数调整为职工本人2016年（自然年度）月平均工资。缴存基数最高上限不得超过2016年西安市城镇非私营单位在岗职工月平均工资的三倍17403元/月，最低下限不得低于上一年度的西安市最低工资标准。

缴存比例：单位和职工缴存比例分别不低于5%，不得高于12%。

2. 当年提取政策调整情况：2017年，经西安住房公积金管理委员会二届十次会议审议，西安法制办备案（登记号：西规〔2017〕002_公积金中心001），中心修订并发布《西安市住房公积金提取实施细则》，对提取政策调整如下：

（1）职工购买、建造、翻建、大修自住住房的，申请提取时限为自合同签订之日或事项发生之日起三年内调整为五年内。

（2）租住商品住房的，个人提取额最高不超过15000元调整为20000元。

（3）购买现售商品房和二手房的，提供的资料中取消提供购房发票一项。职工因办理购房贷款而无法提供房产证原件的，增加可以提供房产证复印件并加盖抵押登记机关公章。

（4）职工在职去世，有继承人或受遗赠人领取的，取消书面申请中需由去世职工所在单位加盖公章和提供去世职工与继承人关系证明的规定。

（5）凡提取政策中规定需提供与单位终止劳动关系的证明的，可用本人书面声明代替与单位终止劳动关系证明。

（6）《提取细则》中提取条件第十项"连续失业两年以上，家庭人均月收入低于本地区最低工资收入，家庭生活严重困难的，职工本人可以提取"调整为"连续失业两年以上的，职工本人可以提取"，须提供的证明材料中取消家庭成员所在单位人事劳资部门出具的工资收入证明。

（7）职工在农村建造、翻建自住住房的，取消要求提供户主的农业户口簿的规定。

3. 当年个人住房贷款最高贷款额度、贷款条件等贷款政策调整情况：按照市政府《关于进一步加强管理保持房地产市场平稳健康发展的若干意见》（〔2017〕23号）文件要求，经西安住房公积金管理委员会二届十一次会议审议，对公积金个贷首付比例进行了调整：缴存职工家庭首次使用住房公积金贷款购买自住住房，面积在144m²（含）以内的首付比例不低于25%，面积在144m²以上的首付比例不低于30%；对结清首次住房公积金贷款后，再次申请使用住房公积金贷款购买自住住房，面积在144m²（含）

以内的首付比例不低于30%，面积在144m² 以上的首付比例不低于35%；第三次及以上申请住房公积金贷款的不予受理。购买精装修房屋首付款比例不低于40%。

按照市政府《关于进一步稳定住房市场发展有关问题的通知》（市政发〔2017〕51号）精神，经报管委会主任委员审批同意，对住房公积金贷款政策进行如下调整：

（1）调整住房公积金缴存时间条件：将住房公积金缴存时间，由连续足额缴存6个月以上调整为连续足额缴存1年以上，可申请住房公积金贷款。

（2）适当降低贷款最高额度：将住房公积金个人贷款最高额度由75万元调整为65万元。

（3）暂停办理试行的个人住房"商转公"贷款业务。

4. 当年住房公积金存贷款利率执行标准：职工住房公积金账户存款利率统一按一年期定期存款基准利率执行，目前为1.50%。五年期以下（含五年）个人住房公积金贷款基准利率为2.75%；五年期以上个人住房公积金贷款基准利率为3.25%。第二套房使用住房公积金贷款购买住房的，贷款利率在当年基准利率的基础上上浮1.1倍。

（三）当年服务改进情况：

在服务网点方面：设立西咸分中心，在西咸新区综合政务大厅和沣东新城政务大厅开设公积金业务办理窗口。

在便民利民、减轻职工负担方面：2017年，中心稳步推进"最多跑一次"改革，向社会公布了35项"最多跑一次"事项清单，占中心全部服务事项的70%以上，把服务事项清单以及办事指南等内容通过门户网站和主流媒体向社会公示。

为进一步发挥住房公积金制度的保障作用，减轻缴存职工购房成本，落实市政府办公厅下发的《关于开展"减证便民"专项行动的通知》，中心出台了《西安住房公积金管理中心关于调整个人二手房公积金贷款评估事项的通知》（西房金发〔2017〕110号），与地税系统联网，使用税评系统进行二手房价值评估，降低群众购房成本。

中心出台了《西安住房公积金管理中心关于简化住房公积金个贷收入证明的通知》（西房金发〔2017〕93号），借款人及配偶正常缴存住房公积金的，个人收入以住房公积金缴存基数为准，不再提供单位出具的收入证明。

在简化手续、优化流程方面：按照"放管服"和"最多跑一次"改革要求，中心出台《西安住房公积金管理中心关于住房公积金贷款个人信息变更相关操作的通知》（西房金发〔2017〕85号），下放贷款个人信息变更审批业务操作权限，借款人需要变更个人相关信息的，可持相关资料直接到其贷款发放银行办理变更手续，无须再前往中心办理。同时，借款人可通过微信和支付宝进行贷款信息查询并接收还款提醒。

按照省住房城乡建设厅《关于我省进一步规范住房公积金个人住房贷款业务的通知》（陕建房〔2017〕341号）要求，出台《西安住房公积金管理中心关于个人住房公积金贷款楼盘项目备案有关事项的通知》（西房金发〔2017〕104号），取消了楼盘项目备案时建设进度需"多层封顶、高层过半"的要求，凡"五证"齐全的楼盘开发企业均可申请楼盘项目备案。

网络载体建设服务方面：采用微信公众号、支付宝城市服务等第三方服务公共接口构建多元化服务体系，打造支付宝城市服务平台、微信二期平台，目前个人账户查询、冲还贷签约/解约、提前还款预约功能已上线使用。

（四）当年信息化建设情况：2017年，中心在上年基础数据贯标完成的基础上，完成结算应用系统接入，"双贯标"工作通过部省联合验收。成功接入全国异地转移接续平台，在全国范围内实现了公积金"账随人走，钱随账走"。完成了西铁分中心系统联网，方便了广大铁路缴存职工。

（五）当年住房公积金管理中心及职工所获荣誉情况：2017年，中心获地市级文明单位5个，被国家大数据专业委员会评为"中国政务服务优秀实践案例奖"，获得市级先进集体共5个，其他类地市级奖项3个。

（六）当年对违反《住房公积金管理条例》和相关法规行为进行行政处罚情况：2017年中心对1家单位违反《住房公积金管理条例》行为进行行政处罚。

铜川市住房公积金2017年年度报告

一、机构概况

（一）住房公积金管理委员会：住房公积金管理委员会有23名委员，2017年召开二次会议，审议通过的事项主要包括：

1. 审议通过了《关于调整2017年公积金缴存基数和缴存比例的意见》；
2. 审议通过了《关于对5户困难企业缓缴住房公积金和1户困难企业注销公积金中行户的申请的处理意见》；
3. 审议通过了《铜川市住房公积金2017年增值收益分配意见》；
4. 审议通过了《关于审理4户困难企业申请缓缴2018年住房公积金的意见》。

（二）住房公积金管理中心：住房公积金管理中心为铜川市政府不以营利为目的的（机构属性）事业单位，设3个科，5个管理部。从业人员64人，其中，在编20人，非在编44人。

二、业务运行情况

（一）缴存：2017年，新开户单位112家，实缴单位1774家，净增单位111家；新开户职工0.37万人，实缴职工7.73万人，清理僵尸户和退休等销户0.59人，净减职工0.22万人；缴存额5.98亿元，同比增7.17%。2017年末，缴存总额43.58亿元，同比增长15.94%；缴存余额18.74亿元，同比增长5.58%。

受委托办理住房公积金缴存业务的银行8家，比上年增加（减少）0家。

（二）提取：2017年，提取额4.99亿元，同比增16.04%；占当年缴存额的83.44%，比上年增加6.38个百分点。2017年末，提取总额24.84亿元，同比增长25.14%。

（三）贷款：

个人住房贷款：个人住房贷款最高额度40万元，其中，单缴存职工最高额度40万元，双缴存职工最

高额度 40 万元。

2017 年，发放个人住房贷款 0.10 万笔 2.43 亿元，同比分别增长 36.53%、35%。

2017 年，回收个人住房贷款 1.53 亿元。

2017 年末，累计发放个人住房贷款 1.75 万笔 21.11 亿元，贷款余额 11.84 亿元，同比分别增长 5.93%、12.95%、8.13%。个人住房贷款余额占缴存余额的 63.20%，比上年增加 1.51 个百分点。

受委托办理住房公积金个人住房贷款业务的银行 4 家，比上年增加 1 家。

（四）资金存储：2017 年末，住房公积金存款 6.90 亿元。其中，活期 0.85 亿元，1 年（含）以下定期 2.75 亿元，1 年以上定期 3.30 亿元。

（五）资金运用率：2017 年末，住房公积金个人住房贷款余额、项目贷款余额和购买国债余额的总和占缴存余额的 63.20%，比上年增加 1.51 个百分点。

三、主要财务数据

（一）业务收入：2017 年，业务收入 6056.41 万元，同比下降 9.57%。其中，存款利息 2059.49 万元，委托贷款利息 3996.92 万元。

（二）业务支出：2017 年，业务支出 3002.30 万元，同比增长 8.74%。其中，支付职工住房公积金利息 2898.38 万元，委托贷款手续费 103.66 万元，其他 0.26 万元。

（三）增值收益：2017 年，增值收益 3054.11 万元，同比下降 22.40%（下降主要因素是存款利率下调）。增值收益率 1.65%，比上年减少 0.57 个百分点。

（四）增值收益分配：2017 年，提取贷款风险准备金 0 元，提取管理费用 2854.11 万元，提取城市廉租住房（公共租赁住房）建设补充资金 200 万元。

2017 年，上交财政 2016 年剩余管理费用 1239.98 万元。上缴财政 2016 年城市廉租住房（公共租赁住房）建设补充资金 200 万元。

2017 年末，贷款风险准备金余额 3953.00 万元。累计提取城市廉租住房（公共租赁住房）建设补充资金 1805.5 万元。

（五）管理费用支出：2017 年，管理费用支出 221 万元，同比增长 26.29。其中，劳务派遣人员工资及养老等个人费用支出 165.82 万元，公用经费 55.18 万元。公积金信息化二期工程建设等专项经费 696.86 万元。

四、资产风险状况

个人住房贷款：2017 年末，个人住房贷款逾期额 4.93 万元，逾期率 0.04‰。

个人贷款风险准备金按贷款余额 1% 提取。2017 年，提取个人贷款风险准备金 0 元，使用个人贷款风险准备金核销呆坏账 0 万元。2017 年末，个人贷款风险准备金余额 3953.00 万元，占个人住房贷款余额的 3.34%，个人住房贷款逾期额与个人贷款风险准备金余额的比率为 0.12%。

五、社会经济效益

（一）缴存业务：2017 年，实缴单位数、实缴职工人数和缴存额同比分别增长 6.67%、－2.15%

和7.17%。

缴存单位中，国家机关事业单位占69.62%，国有企业占28.13%，城镇私营企业及其他城镇企业占2.20%，其他占0.05%。

缴存职工中，国家机关和事业单位占37.69%，国有企业占56.54%，城镇私营企业及其他城镇企业占5.72%，其他占0.05%；月缴存基数6000元以下（含6000元）中、低收入占78.43%，月缴存基数6000元以上高收入占21.57%。

新开户职工中，国家机关和事业单位占41.90%、国有企业占49.32%，城镇私营企业及其他城镇企业占7.72%，其他占1.06%；月缴存基数6000元以下（含6000元）的中、低收入占94.61%，月缴存基数6000元以上高收入占5.39%。

（二）提取业务：2017年，中心共为2.22万名缴存职工提取住房公积金4.99亿元。

提取金额中，住房消费提取占82.14%、其中翻建、大修自住住房占23.13%，偿还购房贷款本息占32.53%，租赁住房占14.23%，其他占12.25%；非住房消费提取占17.86%，其中离休和退休提取占13.51%，完全丧失劳动能力并与单位终止劳动关系提取占2.24%，户口迁出本市或出境定居占0.36%，其他占1.75%。

提取职工中，月缴存基数6000元以下（含6000元）中、低收入占78.55%，月缴存基数6000元以上高收入占21.45%。

（三）贷款业务：

1. **个人住房贷款**：2017年，支持职工购建房11.60万平方米，年末个人住房贷款市场占有率为35.89%，比上年增长0.41个百分点。通过申请住房公积金个人住房贷款，可节约职工购房利息支出4479.95万元。

职工贷款笔数中，购房建筑面积90（含）平方米以下占2.95%，90~144（含）平方米占88.10%，144平方米以上占8.95%。购买新房占62.26%，购买存量商品住房占28.59%，建造、翻建、大修自住住房占6.61%，其他占2.54%。

职工贷款笔数中，单缴存职工申请贷款占31.84%，双缴存职工申请贷款占68.16%。

贷款职工中，30岁（含）以下占38.05%，30岁~40岁（含）占28.59%，40岁~50岁（含）占25.74%，50岁以上占7.62%；首次贷款占90.95%，二次及以上申请贷款占9.05%；月缴存基数6000元以下（含6000元）中、低收入占83.93%，月缴存基数6000元以上高收入占16.07%。

2. **异地贷款**：2017年，发放异地贷款91笔1914.7万元。2017年末，发放异地贷款总额3152.7万元，异地贷款余额3034.83万元。

（四）住房贡献率：2017年，个人住房贷款发放额、住房消费提取额的总和与当年缴存额的比率为109.60%，比上年增加22.44个百分点。

六、其他重要事项

1. 2017年中心撤销耀州新华村镇银行公积金归集、提取和贷款业务，新增西安银行股份有限公司铜川分行归集、提取和贷款业务。

2. 2017年铜川市住房公积金缴存基数调整为职工本人2016年度月平均工资。计算缴存基数的工资项目以国家统计局《关于工资总额组成的规定》(统制字〔1990〕1号) 文件为准。2017 年度职工住房公积金月缴存基数最高不超过 2016 年度铜川市在岗职工月平均工资 4192 元的三倍，最低不得低于铜川市政府规定的本地区最低月工资标准 1380 元，以本地区最低月工资标准作为职工 2017 年度住房公积金缴存基数。职工月平均工资高于本地区最低标准，低于 2017 年度住房公积金月缴存基数最高限额的，以职工实际月平均工资作为职工本年度住房公积金缴存基数。住房公积金缴存比例个人部分和单位补贴部分均不得低于 5%，不得高于 12%。

2017 年度，严格执行中国人民银行、住房城乡建设部、财政部印发《关于完善职工住房公积金账户存款利率机制的通知》(银发〔2016〕43 号) 的规定，2016 年 2 月 21 日以后缴存职工住房公积金账户存款利率将统一按一年期定期存款基准利率 1.5% 计息。公积金贷款五年以下（含五年）利率 2.75%，公积金贷款五年以上利率 3.25%；如果中国人民银行调整贷款利率，调整利率后新增贷款执行新贷款利率，调整前的贷款次年执行新利率。

铜川市中心 2017 年修订了《铜川市住房公积金贷款实施细则》，公积金贷款最高限额 40 万元。贷款期限最长不超过 30 年，原则上不超过借款人法定退休年龄内的剩余工作年限。职工确需延长贷款期限的，经市公积金中心审核批准，贷款期限可延长至法定退休年龄后 5 年，但不能超过规定最长贷款年限。购买二手房、翻建或大修自住住房贷款期限不得超过房屋使用年限。

同时修订了《铜川市住房公积金提取和转移实施细则》，并制定了《铜川市住房公积金贷款保证人担保实施细则（试行）》和《铜川市灵活就业人员住房公积金缴存与使用办法（试行）》。截止 2017 年底共为 40 名自由职业者建缴公积金。

3. 2017 年中心继续推出便民服务"十二"条，中心各管理部开通 WiFi，绿色服务窗口，集中上门服务，预约上门服务等。在各管理部安装公积金政策和公积金余额查询一体机。12329 客服热线开通语音自助服务和人工服务，运行平稳。

4. 2017 年完成公积金信息化二期建设，包括综合服务平台建设，诚信系统建设，异地备灾系统建设，灾备机房建设。

5. 2017 年铜川市中心新区管理部荣获陕西省青年文明号。

宝鸡市住房公积金 2017 年年度报告

一、机构概况

（一）住房公积金管理委员会：住房公积金管理委员会有 19 名委员，2017 年召开两次会议，审议通过的事项主要包括：审议通过了 2017 年度归集使用计划及 2016 年度归集使用计划执行情况；审议通过了 2016 年度增值收益分配方案、县区管理部办公设施购置方案、劳务派遣人员用工规模及增加恒丰银行为公积金委托业务办理行等议案。

（二）住房公积金管理中心：住房公积金管理中心为直属市人民政府的不以营利为目的的参公管理事

业单位，设3个处（科），13个管理部。从业人员137人，其中，在编79人，非在编58人。

二、业务运行情况

（一）**缴存**：2017年，新开户单位368家，实缴单位4090家，净增单位213家；新开户职工2.27万人，实缴职工27.38万人，净增职工0.20万人；缴存额25.89亿元，同比增长26.73%。2017年末，缴存总额205.02亿元，同比增长18.63%；缴存余额78.20亿元，同比增长25.54%。

受委托办理住房公积金缴存业务的银行13家，比上年增加2家。

（二）**提取**：2017年，提取额14.94亿元，同比增长5.81%；占当年缴存额的57.71%，比上年减少11.40个百分点。2017年末，提取总额126.82亿元，同比增长14.73%。

（三）**贷款**：

个人住房贷款：个人住房贷款最高额度40万元，其中，单缴存职工最高额度40万元，双缴存职工最高额度40万元。

2017年，发放个人住房贷款0.6972万笔18.78亿元，同比分别增长36.28%、46.60%。

2017年，回收个人住房贷款4.10亿元。

2017年末，累计发放个人住房贷款3.72万笔73.07亿元，贷款余额55.44亿元，同比分别增长21.17%、34.30%、42.19%。个人住房贷款余额占缴存余额的70.90%，比上年增加8.31个百分点。

受委托办理住房公积金个人住房贷款业务的银行11家，比上年增加0家。

（四）**资金存储**：2017年末，住房公积金存款22.26亿元。其中，活期0.74亿元，1年（含）以下定期16.16亿元，1年以上定期2.57亿元，其他（协定、通知存款等）2.79亿元。

（五）**资金运用率**：2017年末，住房公积金个人住房贷款余额、项目贷款余额和购买国债余额的总和占缴存余额的70.90%，比上年增加8.31个百分点。

三、主要财务数据

（一）**业务收入**：2017年，业务收入22390.83万元，同比增长38.36%。存款利息7262.54万元，委托贷款利息15122.42万元，国债利息0.00万元，其他5.87万元。

（二）**业务支出**：2017年，业务支出11083.83万元，同比增长36.41%。支付职工住房公积金利息10577.23万元，归集手续费0.00万元，委托贷款手续费504.01万元，其他2.59万元。

（三）**增值收益**：2017年，增值收益11307.00万元，同比增长37.52%。增值收益率1.68%，比上年增加0.23个百分点。

（四）**增值收益分配**：2017年，提取贷款风险准备金0.00万元，提取管理费用4240.00万元，提取城市廉租住房（公共租赁住房）建设补充资金7067.00万元。

2017年末，贷款风险准备金余额26346.64万元。累计提取城市廉租住房（公共租赁住房）建设补充资金21540.34万元。

（五）**管理费用支出**：2017年，管理费用支出2565.40万元，同比增长234.37%。其中，人员经费838.50万元，公用经费14.50万元，专项经费1712.40万元。

四、资产风险状况

个人住房贷款：2017年末，个人住房贷款逾期额55.46万元，逾期率0.10‰。

个人贷款风险准备金按（贷款余额或增值收益）的1.00%提取。2017年，提取个人贷款风险准备金0.00万元，使用个人贷款风险准备金核销呆坏账0.00万元。2017年末，个人贷款风险准备金余额26346.64万元，占个人住房贷款余额4.75%，个人住房贷款逾期额与个人贷款风险准备金余额的比率为0.21%。

五、社会经济效益

（一）**缴存业务**：2017年，实缴单位数、实缴职工人数和缴存额同比分别增长5.49%、0.74%和26.73%。

缴存单位中，国家机关和事业单位占43.79%，国有企业占43.30%，城镇集体企业占1.69%，外商投资企业占3.25%，城镇私营企业及其他城镇企业占0.71%，民办非企业单位和社会团体占6.16%，其他占1.10%。

缴存职工中，国家机关和事业单位占32.57%，国有企业占48.85%，城镇集体企业占4.36%，外商投资企业占5.75%，城镇私营企业及其他城镇企业占0.07%，民办非企业单位和社会团体占7.10%，其他占1.30%；中、低收入占98.88%，高收入占1.12%。

新开户职工中，国家机关和事业单位占22.23%，国有企业占33.35%，城镇集体企业占4.36%，外商投资企业占5.38%，城镇私营企业及其他城镇企业占0.86%，民办非企业单位和社会团体占31.80%，其他占2.02%；中、低收入占99.29%，高收入占0.71%。

（二）**提取业务**：2017年，8.27万名缴存职工提取住房公积金14.94亿元。

提取金额中，住房消费提取占81.10%（购买、建造、翻建、大修自住住房占32.09%，偿还购房贷款本息占48.69%，租赁住房占0.31%，其他占0.01%）；非住房消费提取占18.90%（离休和退休提取占11.78%，完全丧失劳动能力并与单位终止劳动关系提取占3.03%，户口迁出本市或出境定居占0.00%，其他占4.09%）。

提取职工中，中、低收入占98.33%，高收入占1.67%。

（三）**贷款业务**：

1. **个人住房贷款**：2017年，支持职工购建房72.55万平方米，年末个人住房贷款市场占有率为32.23%，比上年增加6.28个百分点。通过申请住房公积金个人住房贷款，可节约职工购房利息支出4770万元。

职工贷款笔数中，购房建筑面积90（含）平方米以下占7.75%，90～144（含）平方米占84.43%，144平方米以上占7.82%。购买新房占87.70%（其中购买保障性住房占0.29%），购买存量商品住房占6.50%，建造、翻建、大修自住住房占0.00%，其他占5.80%。

职工贷款笔数中，单缴存职工申请贷款占32.52%，双缴存职工申请贷款占67.48%，三人及以上缴存职工共同申请贷款占0%。

贷款职工中，30岁（含）以下占41.02%，30岁～40岁（含）占34.26%，40岁～50岁（含）占18.99%，50岁以上占5.73%；首次申请贷款占97.50%，二次及以上申请贷款占2.50%；中、低收入占

96.79%，高收入占 3.21%。

2. **异地贷款**：2017 年，发放异地贷款 1016 笔 29566.30 万元。2017 年末，发放异地贷款总额 51018.00 万元，异地贷款余额 48538.34 万元。

（四）住房贡献率：2017 年，个人住房贷款发放额、公转商贴息贷款发放额、项目贷款发放额、住房消费提取额的总和与当年缴存额的比率为 119.35%，比上年减少 4.93 个百分点。

六、其他重要事项

（一）当年机构及职能调整情况、受委托办理缴存贷款业务金融机构变更情况：

当年机构及职能调整情况：2017 年，宝鸡中心根据市委关于机构改革的实施方案，将 12 县区原有的住房公积金管理中心统一调整为市住房公积金管理中心的管理部，承办辖区内住房公积金业务，实现了市县统一管理运行模式。同时县区管理部作为市住房公积金中心的内设科室，人、财、物及经费管理由市中心统一调配。同时在 16 个科室总数不变的情况下，为加强服务窗口工作力量，经市编办同意，将原归集科更名为市直属管理部，承担市属全额单位、企事业单位、中省驻宝等单位的公积金归集、提取、信贷发放工作，将原信贷科更名为业务科，具体承担住房公积金政策调整、行政执法、楼盘准入、逾期管理等工作。

受委托办理缴存贷款业务金融机构变更情况：2017 年新增两家受委托办理缴存业务的银行：邮政储蓄、恒丰银行。

（二）当年住房公积金政策调整及执行情况：

缴存基数限额及确定方法：2017 年住房公积金缴存基数调整如下：月缴存基数下限不得低于我市 2016 年度最低工资标准即 1580 元/月。上限不得高于我市 2016 年度社会平均工资的 3 倍，即 12870 元/月。缴存比例：最低不能低于 5%；最高不能超过 12%。

当年提取政策调整如下：（1）对于新开户的职工，不再提供银行卡个人证明及单位承诺书；（2）办理住房公积金提取业务不再提供个人业务授权书，二手房提取不再提供二手房买卖协议。集资建房提取不再提供集资建房合同；（3）离休、退休提取只需要提供离退休证或退休批文。

当年个人住房最高贷款额度：即最高贷款额度不超过 40 万元。

贷款条件及贷款政策调整：（1）个人申请住房公积金贷款不再提供户籍证明；（2）个人申请住房公积金贷款不再提供借款人及配偶的收入证明。工资收入以借款人及配偶的缴存基数认定。

当年利率执行标准：五年以下（含五年）2.75%；五年以上 3.25%

（三）当年服务改进情况：加强了全行业工作人员业务技能培训和服务标准提升，提高人员办事效率，提升了服务形象。为太白、岐山、眉县、凤县、陇县 5 个管理部新购置了业务用房，提升服务场所的硬件水平。拓展服务渠道，增加办事网点的服务手段。主要是为各网点配备自助终端，开放了微信、网站、电话、短信等服务方式。2017 年宝鸡中心接入全国异地转移接续平台，提高缴存职工异地办理公积金业务的效率。

（四）当年信息化建设情况：根据住房城乡建设部相关文件要求，2017 年经过项目立项、资金申请、招投标等环节，中心完成了公积金基础数据标准化和结算应用系统接入工作，并于 2017 年 10 月 18 日通过住房城乡建设部、住房城乡建设厅、市级专家组"双贯标"验收。为提高中心与各管理部的办公效率，建设了视频会议系统。

（五）当年住房公积金管理中心及职工所获荣誉情况：2017 年，宝鸡中心先后荣获"人民满意公务员示范岗"、"巾帼文明岗"、"青年文明号"、"2017年度政风行风建设优秀单位"、"基层先进党组织"、"文明机关"、"2017年度市级部门社会信用体系建设优秀单位"。麟游管理部张美华同志家庭荣获市妇联评选的宝鸡市"最美家庭"称号，任宇飞同志荣获"2017年度市级部门社会信用体系建设先进个人"。

（六）当年对违反《住房公积金管理条例》和相关法规行为进行行政处罚和申请人民法院强制执行情况： 法院强制执行情况：对侯珊珊、赵海涛、田超三人因长期拖欠公积金贷款、违反《宝鸡市住房公积金委托贷款个人购房合同》约定，现已履行法律程序。

咸阳市住房公积金2017年年度报告

一、机构概况

（一）**住房公积金管理委员会**：住房公积金管理委员会有13名委员，2017年召开4次会议，审议通过的事项主要包括：《咸阳市2016年度住房公积金归集使用计划执行情况报告》、《咸阳市2017年度住房公积金归集使用计划的报告》、《咸阳市2016年住房公积金年度报告》、《关于利用住房公积金增值收益归还住房公积金试点项目贷款2016年使用情况及2017年使用计划》、《关于整合原住房公积金委托银行账户的报告》、《关于支持职工使用住房公积金贷款购买装配式住宅的汇报》、《自主缴存者住房公积金缴存、使用实施意见》。

（二）**住房公积金管理中心**：住房公积金管理中心为市政府直属的不以营利为目的的参公管理事业单位，设7个科室，13个管理部。从业人员127人，其中，在编96人，非在编31人。

二、业务运行情况

（一）**缴存**：2017年，新开户单位195家，实缴单位5123家，净增单位253家；新开户职工23514，实缴职工36.28万人，净增职工-69790人；缴存额26.97亿元，同比增长2.86%。2017年末，缴存总额177.15亿元，同比增长18%；缴存余额74.57亿元，同比增长14.7%。

受委托办理住房公积金缴存业务的银行14家，比上年增加1家。

（二）**提取**：2017年，提取额17.39亿元，同比下降26.84%；占当年缴存额的64.5%，比上年减少26.19个百分点。2017年末，提取总额102.58亿元，同比增长20.41%。

（三）**贷款**：

1. **个人住房贷款**：个人住房贷款最高额度40万元，其中，单缴存职工最高额度40万元，双缴存职工最高额度40万元。

2017年，发放个人住房贷款0.65万笔16.55亿元，同比分别下降14.47%、4.89%。

2017年，回收个人住房贷款5.07亿元。

2017年末，累计发放个人住房贷款3.93万笔84.27亿元，贷款余额61.12亿元，同比分别增长19.82%、24.44%、23.13%。个人住房贷款余额占缴存余额的81.96%，比上年增加5.58个百分点。

受委托办理住房公积金个人住房贷款业务的银行12家，比上年增加1家。

2. **住房公积金支持保障性住房建设项目贷款**：2017年，发放支持保障性住房建设项目贷款0亿元，回收项目贷款2.61亿元。2017年末，累计发放项目贷款9.5亿元，项目贷款余额4.5亿元。

（四）**资金存储**：2017年末，住房公积金存款10.13亿元。其中，活期3.08亿元，1年（含）以下定期7.05亿元，1年以上定期0亿元，其他（协定、通知存款等）0亿元。

（五）**资金运用率**：2017年末，住房公积金个人住房贷款余额、项目贷款余额和购买国债余额的总和占缴存余额的87.99%，比上年增加0.65个百分点。

三、主要财务数据

（一）**业务收入**：2017年，业务收入23487.22万元，同比增长20.96%。存款利息4210.85万元，委托贷款利息19265.49万元，国债利息0万元，其他10.88万元。

（二）**业务支出**：2017年，业务支出9901.93万元，同比下降11.24%。支付职工住房公积金利息9662.58万元，归集手续费0万元，委托贷款手续费238.28万元，其他1.07万元。

（三）**增值收益**：2017年，增值收益13585.29万元，同比增长64.47%。增值收益率1.9%，比上年增加0.66个百分点。

（四）**增值收益分配**：2017年，提取贷款风险准备金6112.07万元，提取管理费用300万元，提取城市廉租住房（公共租赁住房）建设补充资金7173.21万元。

2017年，上交财政管理费用300万元。上缴财政城市廉租住房（公共租赁住房）建设补充资金2300万元。

2017年末，贷款风险准备金余额28388.34万元。累计提取城市廉租住房（公共租赁住房）建设补充资金23188.82万元。

（五）**管理费用支出**：2017年，管理费用支出1342.06万元，同比增长7.94%。其中，人员经费1029.64万元，公用经费256.52万元，专项经费55.9万元。

四、资产风险状况

（一）**个人住房贷款**：2017年末，个人住房贷款逾期额0万元，逾期率0。

个人贷款风险准备金按（贷款余额或增值收益）的1%提取。2017年，提取个人贷款风险准备金6112.07万元，使用个人贷款风险准备金核销呆坏账0万元。2017年末，个人贷款风险准备金余额19058.34万元，占个人住房贷款余额的3.1%，个人住房贷款逾期额与个人贷款风险准备金余额的比率为0%。

（二）**支持保障性住房建设试点项目贷款**：2017年，提取项目贷款风险准备金0万元，使用项目贷款风险准备金核销呆坏账0万元，项目贷款风险准备金余额9330万元，占项目贷款余额的20.73%，项目贷款逾期额与项目贷款风险准备金余额的比率为0%。

五、社会经济效益

（一）**缴存业务**：2017年，实缴单位数、实缴职工人数和缴存额同比分别增长5.2%、-16.1%和2.86%。

缴存单位中，国家机关和事业单位占44.03%，国有企业占1.48%，城镇集体企业占0.55%，外商

投资企业占 0.68%，城镇私营企业及其他城镇企业占 1.65%，民办非企业单位和社会团体占 0.17%，其他占 51.44%。

缴存职工中，国家机关和事业单位占 35.4%，国有企业占 5%，城镇集体企业占 0.6%，外商投资企业占 1.7%，城镇私营企业及其他城镇企业占 1.4%，民办非企业单位和社会团体占 0.4%，其他占 55.5%；中、低收入占 99.7%，高收入占 0.3%。

新开户职工中，国家机关和事业单位占 26.1%，国有企业占 8%，城镇集体企业占 0.6%，外商投资企业占 4.6%，城镇私营企业及其他城镇企业占 7.4%，民办非企业单位和社会团体占 0.7%，其他占 52.6%；中、低收入占 90.5%，高收入占 9.5%。

（二）提取业务：2017 年，6.29 万名缴存职工提取住房公积金 17.39 亿元。

提取金额中，住房消费提取占 68.15%（购买、建造、翻建、大修自住住房占 26.8%，偿还购房贷款本息占 30.3%，租赁住房占 1.87%，其他占 9.18%）；非住房消费提取占 31.85%（离休和退休提取占 18.51%，完全丧失劳动能力并与单位终止劳动关系提取占 6.02%，户口迁出本市或出境定居占 0.96%，其他占 6.36%）。

提取职工中，中、低收入占 97.54%，高收入占 2.46%。

（三）贷款业务：

1. **个人住房贷款**：2017 年，支持职工购建房 94.29 万平方米，年末个人住房贷款市场占有率为 12.16%，比上年减少 10 个百分点。通过申请住房公积金个人住房贷款，可节约职工购房利息支出 4353.1 万元。

职工贷款笔数中，购房建筑面积 90（含）平方米以下占 15.47%，90～144（含）平方米占 81.21%，144 平方米以上占 3.32%。购买新房占 94.7%（其中购买保障性住房占 1.72%），购买存量商品住房占 2.12%，建造、翻建、大修自住住房占 0%，其他占 3.18%。

职工贷款笔数中，单缴存职工申请贷款占 100%，双缴存职工申请贷款占 0%，三人及以上缴存职工共同申请贷款占 0%。

贷款职工中，30 岁（含）以下占 43.15%，30 岁～40 岁（含）占 35.7%，40 岁～50 岁（含）占 16.7%，50 岁以上占 4.45%；首次申请贷款占 99.89%，二次及以上申请贷款占 0.11%；中、低收入占 100%，高收入占 0%。

2. **异地贷款**：2017 年，发放异地贷款 2099 笔 63360.1 万元。2017 年末，发放异地贷款总额 100498.6 万元，异地贷款余额 98768.8 万元。

3. **支持保障性住房建设试点项目贷款**：2017 年末，累计试点项目 2 个，贷款额度 9.5 亿元，建筑面积 49.8 万平方米，可解决 8611 户中低收入职工家庭的住房问题。1 个试点项目贷款资金已发放并还清贷款本息。

（四）住房贡献率：2017 年，个人住房贷款发放额、公转商贴息贷款发放额、项目贷款发放额、住房消费提取额的总和与当年缴存额的比率为 105.3%，比上年减少 33.9 个百分点。

六、其他重要事项

（一）当年机构及职能调整情况：2017 年 4 月根据公积金新业务系统需求，为了提高资金运用率，加强资金监管，经咸阳市住房公积金管委会审议同意，实行一行一户，将全市原46个住房公积金银行账户撤销合并为14个，解决了资金运用及监管难题。

（二）当年政策调整及执行情况：

1. **住房公积金缴存**：2017年6月，按照国务院《住房公积金管理条例》及省、市有关文件的规定，中心印发了《关于调整2017年度住房公积金缴存基数的通知》（咸房金发〔2017〕50号），将住房公积金缴存基数调整为职工本人2016年度月平均工资，计算缴存基数的工资项目以国家统计局《关于工资总额组成的规定》（统制字〔1990〕1号）文件为准。缴存基数不得超过2016年度咸阳市城镇非私营单位在岗职工月平均工资4093元的三倍，即12279元，不得低于咸阳市政府规定的本地区最低工资标准。单位及个人缴存比例均为5%至12%。

2. **住房公积金提取**：简化了住房公积金提取手续，提取公积金只保留提取资料原件的电子档案，不再提供提取资料复印件；职工本人因偿还咸阳市住房公积金贷款提取公积金时，不再提供银行还款明细；职工死亡提取公积金时，继承人书面申请不用再加盖死者单位公章；购房合同上写明共同买受人的，一方买受人提取时，不再提供与另一方买受人之间的关系证明；共同买受人申请提取的总额度，不得超过购房总价款；提取转账由原来的三日到账调整为即时到账。

3. **住房公积金贷款**：积极落实陕西省住房和城乡建设厅《关于使用住房公积金贷款购买装配式建筑商品房最高贷款额度的通知》文件精神，全力支持职工使用住房公积金贷款购买装配式住宅，装配式住宅贷款最高额度在住房公积金贷款最高额度（现为40万元）基础上上浮20%。

（三）**当年服务改进情况**：2017年6月28日，在全省率先推出了住房公积金"刷脸"认证功能，缴存职工无需输入登录户名和密码，只需通过人脸眨眼认证即可登录，并通过支付宝城市服务模块查询个人公积金信息。为13个县市区管理部及市中心业务大厅配备了自助触摸屏查询机，方便群众在办理业务的时候进行查询。

（四）**当年信息化建设情况**：认真贯彻《住房公积金基础数据标准》，积极申请接入银行结算数据应用系统，2017年10月，顺利通过了国家住房城乡建设部"双贯标"验收。

（五）**其他重要事项**：被称为2017年陕西省住房和城乡建设系统政风行风建设工作先进单位。

渭南市住房公积金2017年年度报告

一、机构概况

（一）**住房公积金管理委员会**：住房公积金管理委员会有21名委员，2017年召开2次会议，审议通过的事项主要包括：2017年度住房公积金归集、使用计划执行情况，并对其他重要事项进行决策。

1. 会议审议通过了《渭南市2016年住房公积金计划执行情况和2017年计划编制草案情况报告》。

2. 会议审议通过了渭南市住房公积金缴存基数与比例。

（二）**住房公积金管理中心**：住房公积金管理中心为直属渭南市政府管理的不以营利为目的的正县级

事业单位，设 7 个科室，12 个管理部。从业人员 158 人，其中，在编 63 人，非在编 95 人。

二、业务运行情况

（一）缴存：2017 年，新开户单位 318 家，实缴单位 3525 家，净增单位 351 家；新开户职工 1.84 万人，实缴职工 24.70 万人，净增职工 2.97 万人；缴存额 21.94 亿元，同比增长 19.56%。2017 年末，缴存总额 160.99 亿元，同比增长 15.78%；缴存余额 59.64 亿元，同比增长 18.43%。

受委托办理住房公积金缴存业务的银行 11 家，比上年增加 1 家。

（二）提取：2017 年，提取额 12.66 亿元，同比下降 54.80%；占当年缴存额的 57.70%，比上年减少 94.94 个百分点。2017 年末，提取总额 101.35 亿元，同比增长 14.27%。

（三）贷款：

个人住房贷款：个人住房贷款最高额度 50 万元，其中，单缴存职工最高额度 50 万元，双缴存职工最高额度 50 万元。

2017 年，发放个人住房贷款 0.46 万笔 11.37 亿元，同比分别下降 9.80%、1.13%。其中，市中心发放个人住房贷款 0.42 万笔 10.21 亿元，韩城中心发放个人住房贷款 0.04 万笔 1.16 亿元。

2017 年，回收个人住房贷款 3.43 亿元。其中，市中心 3.15 亿元，韩城中心 0.28 亿元。

2017 年末，累计发放个人住房贷款 2.60 万笔 49.43 亿元，贷款余额 35.40 亿元，同比分别增长 21.50%、29.87%、28.91%。个人住房贷款余额占缴存余额的 59.36%，比上年增加 4.83 个百分点。

受委托办理住房公积金个人住房贷款业务的银行 9 家。

（四）资金存储：2017 年末，住房公积金存款 31.58 亿元。其中，活期 13.07 亿元，1 年（含）以下定期 11.80 亿元，1 年以上定期 6.71 亿元，其他（协定、通知存款等）0 亿元。

（五）资金运用率：2017 年末，住房公积金个人住房贷款余额、项目贷款余额和购买国债余额的总和占缴存余额的 59.36%，比上年增加 4.83 个百分点。

三、主要财务数据

（一）业务收入：2017 年，业务收入 16633.35 万元，同比下降 23.35%。其中，市中心 14861.08 万元，韩城中心 1772.27 万元；存款利息 6588.78 万元，委托贷款利息 9994.12 万元，国债利息 0 万元，其他 50.45 万元。

（二）业务支出：2017 年，业务支出 6187.76 万元，同比下降 52.95%。其中，市中心 5116.31 万元，韩城中心 1071.45 万元；支付职工住房公积金利息 5741.90 万元，归集手续费 0 万元，委托贷款手续费 434.49 万元，其他 11.37 万元。

（三）增值收益：2017 年，增值收益 10445.59 万元，同比增长 23.87%。其中，市中心 9744.77 万元，韩城中心 700.82 万元；增值收益率 1.91%，比上年增加 0.34 个百分点。

（四）增值收益分配：2017 年，提取贷款风险准备金 6760.96 万元，提取管理费用 1883.46 万元，提取城市廉租住房建设补充资金 1801.17 万元。

2017 年，上交财政管理费用 1542 万元。上缴财政城市廉租住房建设补充资金 0 万元。

2017 年末，贷款风险准备金余额 18608.92 万元。累计提取城市廉租住房建设补充资金 7074.42 万元。其中，市中心提取 7074.42 万元，韩城中心提取 0 万元。

（五）管理费用支出：2017 年，管理费用支出 1694.55 万元，同比增长 27.42%。其中，人员经费 1444.21 万元，公用经费 246.16 万元，专项经费 4.18 万元。

市中心管理费用支出 1628.21 万元，其中，人员、公用、专项经费分别为 1403.01 万元、221.02 万元、4.18 万元；韩城中心管理费用支出 66.34 万元，其中，人员、公用、专项经费分别为 41.20 万元、25.14 万元、0 万元。

四、资产风险状况

个人住房贷款：2017 年末，个人住房贷款逾期额 15.60 万元，逾期率 0.04‰。其中，市中心 0.04‰。

个人贷款风险准备金渭南中心按年末住房公积金贷款余额的 2% 提取，韩城中心按年末住房公积金贷款余额的 1% 提取。2017 年，提取个人贷款风险准备金 6760.96 万元，使用个人贷款风险准备金核销呆坏账 0 万元。2017 年末，个人贷款风险准备金余额 18608.92 万元，占个人住房贷款余额的 5.26%，个人住房贷款逾期额与个人贷款风险准备金余额的比率为 0.08%。

五、社会经济效益

（一）缴存业务：2017 年，实缴单位数、实缴职工人数和缴存额同比分别增长 11.06%、13.67% 和 19.56%。

缴存单位中，国家机关和事业单位占 81.73%，国有企业占 8.48%，城镇集体企业占 0.40%，外商投资企业占 0.54%，城镇私营企业及其他城镇企业占 2.52%，民办非企业单位和社会团体占 2.13%，其他占 4.20%。

缴存职工中，国家机关和事业单位占 65.89%，国有企业占 19.12%，城镇集体企业占 12.88%，外商投资企业占 0.28%，城镇私营企业及其他城镇企业占 0.47%，民办非企业单位和社会团体占 0.03%，其他占 1.33%；中、低收入占 99.67%，高收入占 0.33%。

新开户职工中，国家机关和事业单位占 63.31%，国有企业占 28.94%，城镇集体企业占 1.02%，外商投资企业占 1.49%，城镇私营企业及其他城镇企业占 2.75%，民办非企业单位和社会团体占 1.11%，其他占 1.38%；中、低收入占 99.67%，高收入 0.33%。

（二）提取业务：2017 年，4.17 万名缴存职工提取住房公积金 12.66 亿元。

提取金额中，住房消费提取占 75.53%（购买、建造、翻建、大修自住住房占 21.50%，偿还购房贷款本息 41.14%，租赁住房占 8.50%，其他占 4.39%）；非住房消费提取占 24.47%（离休和退休提取占 15.64%，完全丧失劳动能力并与单位终止劳动关系提取占 3.93%，户口迁出本市或出境定居占 1.94%，其他占 2.96%）。

提取职工中，中、低收入占 99.67%，高收入占 0.33%。

（三）贷款业务：

1. 个人住房贷款：2017 年，支持职工购建房 55.53 万平方米，年末个人住房贷款市场占有率为 17.44%，比上年增加 2.02 个百分点。通过申请住房公积金个人住房贷款，可节约职工购房利息支出 12873.53 万元。

职工贷款笔数中,购房建筑面积 90（含）平方米以下占 8.84%,90~144（含）平方米占 81.59%,144 平方米以上占 9.57%。购买新房占 95.45%（其中购买保障性住房占 0%）,购买存量商品住房占 0%,建造、翻建、大修自住住房占 0%,其他占 4.55%。

职工贷款笔数中,单缴存职工申请贷款占 60.88%,双缴存职工申请贷款占 39.12%,三人及以上缴存职工共同申请贷款占 0%。

贷款职工中,30 岁（含）以下占 36.95%,30 岁~40 岁（含）占 40.44%,40 岁~50 岁（含）占 17.26%,50 岁以上占 5.35%;首次申请贷款占 94.35%,二次及以上申请贷款占 5.65%;中、低收入占 96.06%,高收入占 3.94%。

2. **异地贷款**：2017 年,发放异地贷款 1251 笔 32247.10 万元。2017 年末,发放异地贷款总额 49402.50 万元,异地贷款余额 44261.99 万元。

（四）住房贡献率：2017 年,个人住房贷款发放额、公转商贴息贷款发放额、项目贷款发放额、住房消费提取额的总和与当年缴存额的比率为 95.58%,比上年减少 95.05 个百分点。

六、其他重要事项

（一）当年住房公积金政策调整及执行情况：

1. 我市当年缴存住房公积金的月工资基数,不超过市统计部门公布的上一年度职工月平均工资的 3 倍。单位和职工缴存比例不低于 5%不高于 12%,凡住房公积金缴存比例高于 12%的,一律予以规范调整,不得超过 12%。另外,2017 年度职工住房公积金缴存基数调整为职工本人 2016 年度月平均工资,计算缴存基数的工资项目以国家统计局《关于工资总额组成的规定》（统制字〔1990〕1 号）为准。2017 年度渭南市住房公积金缴存基数最高限额不超过市统计局公布的 2016 年渭南市城镇非私营单位在岗职工月平均工资 4115 元的三倍,即 12345 元/月。执行时间从 2017 年 7 月~2018 年 6 月底。以后由市住房公积金管理中心依据市统计部门公布的上年度职工月平均工资标准,发布当年公积金缴存基数及最高限额。

2. 通过了国家住房城乡建设部和省住房城乡建设厅"双贯标"信息系统工作验收,依托新系统的功能,建立了电子影像档案,实行无纸化办公,取消了单位证明,使原来提取业务从最短 3 天最长一个礼拜缩短到申请人不离柜台资金即时到账。

3. 我市个人住房公积金贷款单笔最高额度 50 万元,贷款期限最长 30 年。贷款期限原则上不得超过借款人法定退休年龄的剩余工作年限,借款人确需延长贷款期限的,经借款人申请、市公积金中心审核,贷款期限可延长至法定退休年龄后 5 年,但贷款最长期限不得超过 30 年。装修自住住房时可申请住房公积金贷款,贷款最高额度不超过 20 万元,最长期限不超过 10 年。

4. 渭南市住房公积金管理中心依据《住房公积金管理条例》及中国人民银行、住房城乡建设部、财政部联合下发《关于完善职工住房公积金账户存款利率形成机制的通知》要求,自 2016 年 2 月 21 日起,将职工住房公积金账户存款利率按照归集时间执行活期和三个月存款基准利率调整为统一按 1 年期定期存款基准利率执行（现行 1 年期定期存款基准利率为 1.50%）。

（二）当年服务改进情况：

1. 为了完善系统数据,迎接部、省"双贯标"验收工作,我们组织相关科室及管理部及时清理数据库中"一人多户"销户、转移的整合工作及所有缴存职工个人关联信息的核对工作,确保了职工个人信息的唯一性和准确性。

2. 完成了新老系统无缝衔接和切换，系统后台机房、机关各科室外网和内网的网络线路排查整合，12345语音线路、互联网宽带网络及相关服务器的更换安装等工作。

3. 完成了人行征信查询系统、民政信息系统数据接口程序的开发工作，数据平台基础工作已基本搭建到位，待后期完成测试后进行对接。

4. 分批次完成了机关各科室、各县（市、区）管理部计算机系统的更新维护及扫描仪、打印机的安装、调试等工作，目前均可正常使用。

5. 继续修订完善了《中心网站信息发布流程》、《中心网站在线咨询回复流程》，并对中心网站历史发布信息进行了重新梳理审定。对市中心门户网站相关政策、官方微博、"短信通"、"12345服务热线—公积金业务知识库"等业务板块进行了维护、更新。

(三) 当年信息化建设情况：

1. **信息系统升级情况**：渭南市住房公积金管理中心公积金信息管理系统于2017年8月28日正式上线运行，并于2017年10月19日以高分优异成绩通过国家住房城乡建设部和省住房城乡建设厅"双贯标"检查验收。并及时上报了验收整改意见，完成了资料、数据的收集、整理及备份工作。

2. **基础数据标准贯标情况**：在基础数据贯标方面，渭南市住房公积金业务管理系统严格遵照住房城乡建设部颁布的基础数据标准进行设计，库表以29张基础数据表、394个基础数据项为核心进行扩展设计，数据项名称、数据类型、长度以及取值范围均与标准一致，确保了所有基础数据表、数据项均以物理表方式存在。

3. **结算应用系统接入情况**：住房公积金结算应用系统于2017年8月5日正式上线运行。新系统的上线运行，实现了归集、提取、贷款业务实时结算，中心的资金运营和资金风险管理智能化风险防控。

4. **异地转移接续平台工作情况**：按照年初住房城乡建设部及省住房城乡建设厅的安排部署，于2017年6月9日成功测试接入住房公积金异地转移接续平台。2017年8月2日向住房城乡建设厅提交了《关于直连接入全国住房公积金异地转移接续平台的上线申请》以及相应的测试报告，现已直连接入住房公积金管理信息系统。

(四) **当年住房公积金管理中心及职工所获荣誉情况**：获得2017年度《环境热线》人民群众满意"三十佳"单位同行业第一名；被中国建设银行授予"精诚合作伙伴"荣誉称号；被市政府表彰为"政务公开暨网站管理优秀单位"；获得"不忘初心、牢记使命，做新时代政务服务标兵"演讲比赛和"澳瑞特杯"渭南市迎新年越野赛优秀组织奖。

延安市住房公积金2017年年度报告

一、机构概况

(一) **住房公积金管理委员会**：住房公积金管理委员会有27名委员，2017年召开1次会议，审议通过 2016 年度住房公积金归集、使用计划及执行情况，并对其他重要事项进行决策，主要包括：

1. 审议《延安市住房公积金 2016 年度报告》。
2. 审议《延安市住房公积金管理中心关于 2017 年度住房公积金归集、使用计划的报告》。
3. 审议《延安市住房公积金管理中心关于上调个人住房公积金单笔贷款额度的意见》。
4. 审议《延安市住房公积金管理中心关于开展装配式住宅住房公积金贷款业务的意见》。
5. 审议《关于进一步放宽提取住房公积金条件的实施意见》。

（二）**住房公积金管理中心**：住房公积金管理中心为延安市人民政府不以营利为目的的参照公务员管理事业单位，主要负责全市住房公积金的归集、管理、使用和会计核算。中心内设 5 个科室，下设一个项目贷款经办处，驻派 13 个管理部。从业人员 156 人，其中，在编 75 人，非在编 81 人。

二、业务运行情况

（一）**缴存**：2017 年，新开户单位 573 家，实缴单位 5571 家，净增单位 573 家；新开户职工 1.61 万人，实缴职工 20.96 万人，净增职工 0.5 万人；缴存额 23.41 亿元，同比增长 6.17%。2017 年末，缴存总额 199.06 亿元，同比增长 13.33%；缴存余额 68.28 亿元，同比增长 17.28%。

受委托办理住房公积金缴存业务的银行 9 家，比上年增加（减少）0 家。

（二）**提取**：2017 年，提取额 13.36 亿元，同比下降 5.92%；占当年缴存额的 57.07%，比上年减少 7.33 个百分点。2017 年末，提取总额 130.78 亿元，同比增长 11.38%。

（三）**贷款**：

1. **个人住房贷款**：个人住房贷款最高额度 75 万元，其中，单缴存职工最高额度 50 万元，双缴存职工最高额度 75 万元。

2017 年，发放个人住房贷款 0.57 万笔 16.60 亿元，同比分别增长 32.56%、55.29%。其中，市中心发放个人住房贷款 0.23 万笔 7.83 亿元。

2017 年，回收个人住房贷款 5.32 亿元。其中，市中心 0.95 亿元。

2017 年末，累计发放个人住房贷款 6.04 万笔 83.16 亿元，贷款余额 47.94 亿元，同比分别增长 10.42%、24.94%、30.77%。个人住房贷款余额占缴存余额的 70.21%，比上年增加 7.24 个百分点。

受委托办理住房公积金个人住房贷款业务的银行 6 家，比上年增加（减少）0 家。

2. **住房公积金支持保障性住房建设项目贷款**：2017 年，发放支持保障性住房建设项目贷款 0 亿元，回收项目贷款 0 亿元。2017 年末，累计发放项目贷款 4.6 亿元，项目贷款余额 2 亿元。

（四）**资金存储**：2017 年末，住房公积金存款 22.20 亿元。其中，活期 7.14 亿元，1 年（含）以下定期 13.37 亿元，1 年以上定期 1.69 亿元，其他（协定、通知存款等）0 亿元。

（五）**资金运用率**：2017 年末，住房公积金个人住房贷款余额、项目贷款余额和购买国债余额的总和占缴存余额的 73.14%，比上年增加 6.74 个百分点。

三、主要财务数据

（一）**业务收入**：2017 年，业务收入 17569.37 万元，同比增长 4.99%。其中，市中心 4299.63 万元；存款利息 4370.09 万元，委托贷款利息 13199.28 万元，国债利息 0 万元，其他 0 万元。

（二）**业务支出**：2017年，业务支出9896.93万元，同比增长20.32%。其中，市中心3106.23万元；支付职工住房公积金利息9337.29万元，归集手续费0.28万元，委托贷款手续费554.71万元，其他4.65万元。

（三）**增值收益**：2017年，增值收益7672.44万元（其中延长油矿的增值收益为531.42万元），同比下降9.83%。其中，市中心1193.40万元；增值收益率1.20%，比上年减少0.35个百分点。

（四）**增值收益分配**：2017年，参与分配的增值收益为7141.02万元（延长油矿的增值收益不参与分配）。其中，提取贷款风险准备金1125.98万元，提取管理费用4812.03万元，提取城市廉租住房（公共租赁住房）建设补充资金1203.01万元。

2017年，上交财政管理费用4800万元。上缴财政城市廉租住房（公共租赁住房）建设补充资金1466.48万元。其中，市中心上缴1466.48万元。

2017年末，贷款风险准备金余额6094.81万元。累计提取城市廉租住房（公共租赁住房）建设补充资金8776.09万元。其中，市中心提取8776.09万元。

（五）**管理费用支出**：2017年，管理费用支出1242.29万元，同比下降15.58%。其中，人员经费823.87万元，公用经费151.93万元，专项经费266.49万元。（我中心经费为全额财政拨款单位，数据为总数据）

市中心管理费用支出1242.29万元，其中，人员、公用、专项经费分别为823.87万元、151.93万元、266.49万元（包括下设的项目贷款经办处的管理费用）。

四、资产风险状况

（一）**个人住房贷款**：2017年末，个人住房贷款逾期额2.6万元，逾期率0.005‰。其中，市中心0‰。

个人贷款风险准备金按贷款余额的1%提取。2017年，提取个人贷款风险准备金1125.98万元，使用个人贷款风险准备金核销呆坏账0万元。2017年末，个人贷款风险准备金余额5054.81万元，占个人住房贷款余额的1.05%，个人住房贷款逾期额与个人贷款风险准备金余额的比率为0.05%。

（二）**支持保障性住房建设试点项目贷款**：2017年，提取项目贷款风险准备金0万元，使用项目贷款风险准备金核销呆坏账0万元，项目贷款风险准备金余额1040万元，占项目贷款余额的5.2%，项目贷款逾期额与项目贷款风险准备金余额的比率为0%。

五、社会经济效益

（一）**缴存业务**：2017年，实缴单位数、实缴职工人数和缴存额同比分别增长11.47%、15.61%和6.17%。

缴存单位中，国家机关和事业单位占81.04%，国有企业占12.33%，城镇集体企业占0.14%，外商投资企业占0.07%，城镇私营企业及其他城镇企业占6.22%，民办非企业单位和社会团体占0.09%，其他占0.11%。

缴存职工中，国家机关和事业单位占78.45%，国有企业占14.80%，城镇集体企业占0.007%，外商投资企业占0.006%，城镇私营企业及其他城镇企业占6.72%，民办非企业单位和社会团体占

0.007%，其他占 0.01%；中、低收入占 93.18%，高收入占 6.82%。

新开户职工中，国家机关和事业单位占 7.23%，国有企业占 12.50%，城镇集体企业占 0%，外商投资企业占 0%，城镇私营企业及其他城镇企业占 61.25%，民办非企业单位和社会团体占 0%，其他占 19.02%；中、低收入占 100%，高收入占 0%。

（二）提取业务：2017 年，3.74 万名缴存职工提取住房公积金 13.36 亿元。

提取金额中，住房消费提取占 75.20%（购买、建造、翻建、大修自住住房占 48.45%，偿还购房贷款本息占 11.87%，租赁住房占 0.62%，其他占 14.26%）；非住房消费提取占 24.80%（离休和退休提取占 15.30%，完全丧失劳动能力并与单位终止劳动关系提取占 1.45%，户口迁出本市或出境定居占 2.10%，其他占 5.95%）。

提取职工中，中、低收入占 90%，高收入占 10%。

（三）贷款业务：

1. 个人住房贷款：2017 年，支持职工购建房 72.84 万平方米，年末个人住房贷款市场占有率为 58.28%，比上年增加 12.83 个百分点。通过申请住房公积金个人住房贷款，可节约职工购房利息支出 8377 万元。

职工贷款笔数中，购房建筑面积 90（含）平方米以下占 8.72%，90～144（含）平方米占 62.23%，144 平方米以上占 29.05%。购买新房占 91.05%（其中购买保障性住房占 2.16%），购买存量商品住房占 8.95%，建造、翻建、大修自住住房占 0%，其他占 0%。

职工贷款笔数中，单缴存职工申请贷款占 33.47%，双缴存职工申请贷款占 66.53%，三人及以上缴存职工共同申请贷款占 0%。

贷款职工中，30 岁（含）以下占 21.66%，30 岁～40 岁（含）占 47.01%，40 岁～50 岁（含）占 24.49%，50 岁以上占 6.84%；首次申请贷款占 42.27%，二次及以上申请贷款占 57.73%；中、低收入占 94.15%，高收入占 5.85%。

2. 异地贷款：2017 年，发放异地贷款 38 笔 1274 万元。2017 年末，发放异地贷款总额 1876 万元，异地贷款余额 1844.74 万元。

3. 支持保障性住房建设试点项目贷款：2017 年末，累计试点项目 3 个，贷款额度 4.6 亿元，建筑面积 74.21 万平方米，可解决 4386 户中低收入职工家庭的住房问题。1 个试点项目贷款资金已发放并还清贷款本息。

（四）住房贡献率：2017 年，个人住房贷款发放额、公转商贴息贷款发放额、项目贷款发放额、住房消费提取额的总和与当年缴存额的比率为 128%，比上年增加 32 个百分点。

六、其他重要事项

（一）机构及职能调整情况：延安市住房公积金管理中心成立于 2004 年 6 月，为市政府直属事业机构，县级建制，主要职责是负责全市住房公积金的管理和运作。中心内设 5 个科，13 个县区管理部为中心派出机构。下设 1 个保障性住房项目贷款经办处，核定编制 77 名，实有工作人员 156 人（其中：带编人员 75 人，空编 2 名，非在编人员 81 人）。缴存贷款业务金融机构变更情况：无变化。

（二）当年住房公积金政策调整及执行情况：

1. 依据市住房公积金管理委员会会议精神，上调双职工缴存住房公积金家庭单笔住房公积金贷款上限至 75 万元，单职工缴存家庭单笔住房公积金贷款上限维持 50 万元不变。

2. 根据省住房城乡建设厅下发的《关于使用住房公积金贷款购买装配式建筑商品房最高贷款额度的通知》（陕建发〔2017〕143 号）精神，市住房公积金管理委员会决定，我市将开展装配式住宅住房公积金贷款业务，贷款额度（贷款比例、单笔限额）最高可上浮 20%，其他条件不变。

3. 为了进一步支持干部职工自住和改善住房需求，保障住房公积金缴存职工合法权益，改进住房公积金提取机制，在已经放开父母子女互提、租房提取、大病就医、困难子女上大学、突发事件造成家庭困难等条件的基础上，进一步在购建房提取时限、职工装修自住住房和缴纳大修基金等领域上继续放宽提取条件。

（三）改进服务情况：

一是按照我市深化"放管服"改革要求，简政放权，将公积金开户登记等 16 项业务纳入我市市级部门"最多跑一次"事项清单，提高了办事效率。二是先后出台了《服务大厅综合管理办法》，《大厅服务窗口及业务科室工作人员行为规范》，落实了大厅工作人员请销假制度、责任追究制度和检查监督制度，规范了窗口工作人员的行为，强化了窗口一线工作人员的服务意识。三是中心实行了政务大厅窗口岗位"双岗制"、不定期轮岗制，并增设了会计核算岗，实现了一站式服务。综合服务平台正在建设中。

（四）当年信息化建设情况： 年内，我中心按照住房城乡建设部对信息化建设的相关要求，参照《住房公积金信息化建设导则》及《住房公积金信息系统技术规范》，编制了《延安市住房公积金管理中心综合业务系统可行性研究报告》，通过了市网信办的技术评审，市发改委对该报告予以批复，同意立项，并委托市政府财政投资项目评审中心审定《延安市住房公积金管理中心双贯标及综合服务平台建设初步设计》的概算，概算审定后整体项目由市财政局委托市财政投资评审中心对预算进行了审定，进入招标投标阶段。

（五）获奖情况： 中心驻为民服务中心业务大厅窗口获得 2017 年度信息报送优秀单位、"红旗窗口"单位，黄陵县管理部获得 2017 年度市级文明标兵单位。

汉中市住房公积金 2017 年年度报告

一、机构概况

（一）住房公积金管理委员会： 住房公积金管理委员会有 24 名委员，2017 年召开 1 次会议，审议通过的事项主要包括：《汉中市住房公积金管理中心 2016 年年度报告》、《汉中市住房公积金增值收益分配方案》（建议方案）和《汉中市住房公积金管理中心 2017 年工作要点》。

（二）住房公积金管理中心： 住房公积金管理中心为汉中市人民政府的不以营利为目的的正县级直属事业机构，主要负责全市住房公积金的归集、管理、使用和会计核算。中心内设 6 个科，11 个管理部。从业人员 147 人，其中，在编 87 人，非在编 60 人。

二、业务运行情况

（一）**缴存**：2017 年，新开户单位 822 家，实缴单位 3492 家，净增单位-366 家；新开户职工 13578 人，实缴职工 16.20 万人，净增职工－2.59 万人；当年缴存额 20.35 亿元，同比增长 19.57％。2017 年末，缴存总额 128.73 亿元，同比增长 18.78％；缴存余额 55.97 亿元，同比增长 12.14％。

受委托办理住房公积金缴存业务的银行 7 家，比上年增加（减少）0 家。

（二）**提取**：2017 年，提取额 14.29 亿元，同比增长 24.05％；占当年缴存额的 70.22％，比上年增加 2.53 个百分点。2017 年末，提取总额 72.76 亿元，同比增长 24.44％。

（三）**贷款**：

1. **个人住房贷款**：个人住房贷款最高额度 50 万元，其中，单缴存职工最高额度 50 万元，双缴存职工最高额度 50 万元。

2017 年，发放个人住房贷款 0.65 万笔 15.13 亿元，同比分别增长－7.14％、5.07％。

2017 年，回收个人住房贷款 5.40 亿元。

2017 年末，累计发放个人住房贷款 3.84 万笔 68.40 亿元，贷款余额 47.62 亿元，同比分别增长 20％、28.40％、25.68％。个人住房贷款余额占缴存余额的 85.09％，比上年增加 9.17 个百分点。

受委托办理住房公积金个人住房贷款业务的银行 7 家，比上年增加（减少）0 家。

2. **住房公积金支持保障性住房建设项目贷款**：2017 年，发放支持保障性住房建设项目贷款 0 亿元，回收项目贷款 0 亿元。2017 年末，累计发放项目贷款 1.8 亿元，项目贷款余额 0.8 亿元。

（四）**融资**：2017 年，融资 2.00 亿元，归还 8.28 亿元。2017 年末，融资总额 23.03 亿元，融资余额 1.7 亿元。

（五）**资金存储**：2017 年末，住房公积金存款 9.98 亿元。其中，活期 1.28 亿元，1 年（含）以下定期 2.2 亿元，1 年以上定期 6.5 亿元，其他（协定、通知存款等）0 亿元。

（六）**资金运用率**：2017 年末，住房公积金个人住房贷款余额、项目贷款余额和购买国债余额的总和占缴存余额的 86.52％，比上年增加 8.99 个百分点。

三、主要财务数据

（一）**业务收入**：2017 年，业务收入 23259.46 万元，同比增长 16.05％。存款利息 9763.50 万元，委托贷款利息 13495.55 万元，国债利息 0 万元，其他 0.41 万元。

（二）**业务支出**：2017 年，业务支出 10472.61 万元，同比增长 31.85％。支付职工住房公积金利息 10017.15 万元，归集手续费 0 万元，委托贷款手续费 440 万元，其他 15.46 万元。

（三）**增值收益**：2017 年，增值收益 12786.85 万元，同比增长 5.68％。增值收益率 2.43％，比上年减少 0.07 个百分点。

（四）**增值收益分配**：2017 年，提取贷款风险准备金 1948 万元，提取管理费用 3000.00 万元，提取城市廉租住房（公共租赁住房）建设补充资金 7838.85 万元。

2017 年，上交财政管理费用 2500 万元。上缴财政城市廉租住房（公共租赁住房）建设补充资金 5105.27 万元。

2017年末，贷款风险准备金余额26893.37万元。累计提取城市廉租住房（公共租赁住房）建设补充资金21063.12万元。

（五）管理费用支出：2017年，管理费用支出2469万元，同比增长9.68%。其中，人员经费916万元，公用经费780万元，专项经费773万元。

四、资产风险状况

（一）个人住房贷款：2017年末，个人住房贷款逾期额10.00万元，逾期率0.02‰。

个人贷款风险准备金按当年新增贷款余额的2%提取。2017年，提取个人贷款风险准备金1948万元，使用个人贷款风险准备金核销呆坏账0万元。2017年末，个人贷款风险准备金余额26093.37万元，占个人住房贷款余额的5.48%，个人住房贷款逾期额与个人贷款风险准备金余额的比率为0.04‰。

（二）支持保障性住房建设试点项目贷款：2017年，提取项目贷款风险准备金0万元，使用项目贷款风险准备金核销呆坏账0万元，项目贷款风险准备金余额800万元，占项目贷款余额的10%，项目贷款逾期额与项目贷款风险准备金余额的比率为0%。

五、社会经济效益

（一）缴存业务：2017年，实缴单位数、实缴职工人数和缴存额同比分别增长－9.49%、－13.78%和19.57%。

缴存单位中，国家机关和事业单位占88.23%，国有企业占3.58%，城镇集体企业占1.55%，外商投资企业占0.34%，城镇私营企业及其他城镇企业占4.44%，民办非企业单位和社会团体占1.06%，其他占0.8%。

缴存职工中，国家机关和事业单位占73.82%，国有企业占16.84%，城镇集体企业占0.55%，外商投资企业占0.52%，城镇私营企业及其他城镇企业占6.86%，民办非企业单位和社会团体占0.87%，其他占0.54%；中、低收入占96.65%，高收入占3.35%。

新开户职工中，国家机关和事业单位占62.36%，国有企业占13.79%，城镇集体企业占0.23%，外商投资企业占0.31%，城镇私营企业及其他城镇企业占21.21%，民办非企业单位和社会团体占1.97%，其他占0.13%；中、低收入占99.17%，高收入占0.83%。

（二）提取业务：2017年，84625名缴存职工提取住房公积金14.29亿元。

提取金额中，住房消费提取占68.23%（购买、建造、翻建、大修自住住房占36.43%，偿还购房贷款本息占20.90%，租赁住房占1.56%，其他占9.34%）；非住房消费提取占31.77%（离休和退休提取占22.57%，完全丧失劳动能力并与单位终止劳动关系提取占5%，户口迁出本市或出境定居占0.04%，其他占4.16%）。

提取职工中，中、低收入占95.54%，高收入占4.46%。

（三）贷款业务：

1. 个人住房贷款：2017年，支持职工购建房75万平方米，年末个人住房贷款市场占有率为33.28%，比上年减少19.51个百分点。通过申请住房公积金个人住房贷款，可节约职工购房利息支出31454.1万元。

职工贷款笔数中，购房建筑面积90（含）平方米以下占8.60%，90～144（含）平方米占80.29%，144平方米以上占11.11%。购买新房占63.37%（其中购买保障性住房占1.12%），购买存量商品住房占4.24%，建造、翻建、大修自住住房占2.15%，其他占30.24%。

职工贷款笔数中，单缴存职工申请贷款占59.71%，双缴存职工申请贷款占40.29%，三人及以上缴存职工共同申请贷款占0%。

贷款职工中，30岁（含）以下占26.23%，30岁～40岁（含）占38.69%，40岁～50岁（含）占24.63%，50岁以上占10.45%；首次申请贷款占86.31%，二次及以上申请贷款占13.69%；中、低收入占98.55%，高收入占1.45%。

2. **异地贷款**：2017年，发放异地贷款285笔8217万元。2017年末，发放异地贷款总额10712万元，异地贷款余额10611万元。

3. **支持保障性住房建设试点项目贷款**：2017年末，累计试点项目3个，贷款额度1.8亿元，建筑面积20.03万平方米，可解决1938户中低收入职工家庭的住房问题。0个试点项目贷款资金已发放并还清贷款本息。

（四）**住房贡献率**：2017年，个人住房贷款发放额、公转商贴息贷款发放额、项目贷款发放额、住房消费提取额的总和与当年缴存额的比率为122.27%，比上年减少19.77个百分点。

六、其他重要事项

（一）**当年机构及职能调整情况、受委托办理缴存贷款业务金融机构变更情况**：按照市政府深化行政审批制度改革的精神，实施"管办分离"改革。将中心原有二个业务科室整合为业务经办科，并于11月6日率先建成汉中市行政服务中心住房公积金分中心业务经办大厅并正式挂牌对外办公；成立政策法规科，负责公积金政策的制定，业务的指导、监督、检查；增设信息技术科，负责全市住房公积金信息化建设。

受委托办理住房公积金缴存贷款业务的银行无变化，包括中国银行股份有限公司汉中分行、中国建设银行股份有限公司汉中分行、中国工商银行股份有限公司汉中分行、中国农业银行股份有限公司汉中分行、中国邮政储蓄银行股份有限公司汉中市分行、陕西省农村信用社联合社汉中办事处、长安银行股份有限公司汉中分行。

（二）**当年住房公积金政策调整及执行情况**：

1. **当年缴存基数限额及确定方法、缴存比例调整情况**。严格按照《汉中市住房公积金缴存提取业务办理指引》执行，政策无变化。单位和职工住房公积金缴存比例分别不低于5%，不高于12%。

2. **当年提取政策调整情况**。严格按照《汉中市住房公积金缴存提取业务办理指引》执行，政策无变化。分为住房消费提取、销户提取、特殊情况提取三大类。

3. **当年住房公积金个人住房贷款最高贷款额度、贷款条件等贷款政策调整情况**。严格按照《汉中市个人住房公积金贷款业务办理指引》执行，政策无变化。自贷款申请前连续足额缴存住房公积金6个月（含）以上且具有完全民事行为能力的缴存人，在本人或直系亲属购买、建造、翻建、大修住房时，可申请个人住房公积金贷款，贷款单笔最高额度为50万元（含）、贷款期限最高不超过30年。

4. **当年住房公积金存贷款利率调整及执行情况**。根据中国人民银行、住房城乡建设部、财政部《关于完善职工住房公积金账户存款利率形成机制的通知》（银发〔2016〕43号）的规定严格执行，目前无变化。职工住房公积金账户存款利率按一年期定期存款基准利率执行，个人住房公积金贷款利率保持不变（1～5年（含）2.75%、5年以上3.25%）。

（三）**当年服务改进情况**：2017年7月，我市新一代住房公积金管理信息系统全面上线运行，通过接入住房城乡建设部银行结算平台，实行账户集中管理和资金统一核算模式，实现公积金汇缴实时分解、提取实时入卡、贷款实时发放、资金实时调拨、账户实时监控、业务实时结算和信息实时查询等功能，住房公积金管理水平和服务方式得到全面提升。同时，依据新系统上线运行情况，及时修订完善了《汉中市住房公积金提取及个人住房贷款业务指引》（试行），进一步规范了业务办理流程，精简要件资料和审批环节，提高了办事效率和服务质量。11月6日，汉中市行政服务中心住房公积金分中心正式对外挂牌办公，成为我市首批设立并第一个运行的行政服务中心分中心，彰显出我中心在加强市级行政服务能力建设、深化行政审批制度改革方面的积极决心。深入拓展"互联网＋住房公积金服务"理念，为每个业务网点配置了公积金自助服务终端，重新改版了中心门户网站，开通网上服务大厅，开发制定了微信公众号查询功能和公积金手机APP，联合阿里巴巴旗下蚂蚁金服公司在全省率先推出了支付宝公积金"刷脸"查询服务，每月连续更新和发布住房公积金相关政策信息，官方网站和微信公众号浏览关注人数持续增加，运用新媒体等网络手段进一步拓宽住房公积金对外服务渠道。

（四）**当年信息化建设情况**：2017年，我中心全力推进住房公积金信息化建设，顺利完成公积金信息系统升级改造工作，高分通过住房城乡建设部和陕西省住房城乡建设厅组织的"双贯标"验收，建立起科学、合理、规范、实用的住房公积金数据体系和银行结算数据应用系统，进一步提高住房公积金信息资源的组织利用水平和整体服务能力。

（五）**当年住房公积金管理中心及职工所获荣誉情况**：2017年我中心所获荣誉包括：省级青年岗位能手、省财贸系统窗口服务行业"诚信服务先进单位"、市级青年文明号、市级巾帼文明岗（南郑区、勉县、镇巴县管理部）、市级住房保障工作先进个人等。

（六）**2017年重点工作及特色亮点**：

1. **持续加强政策宣传工作**。中心通过新媒体开展多渠道、全方位的住房公积金宣传工作，不断提升我市住房公积金政策知晓度和整体影响力。2017年，我中心凭借微信公众号等创新宣传在全国住房公积金宣传工作会议上获得监管司领导肯定；中心官方网站日访问量达4000余次，微信公众号入选市级政务微信矩阵，关注粉丝达5万人，信息辐射20万名缴存职工；多篇通信信息被《中国建设报》、《陕西建设》、《汉中日报》和新浪、腾讯等媒体平台刊登。

2. **高质量完成信息系统建设**。中心于2017年7月建成新一代住房公积金信息系统并顺利通过部省两级验收，将"双贯标"工作同信息系统建设、公积金管理和服务等工作紧密结合，实现"管办分离"，规范了内部运转机制；实行账户统一管理，提高了资金结算效率；建成综合服务平台，提升了服务水平。

3. **强化年度信息披露工作**。中心高度重视住房公积金年度信息披露制度，努力提升公积金年报的编写质量，并从回应缴存职工关切的视角进行了年报解读，2016年公积金年度公告解读作为西北地区唯一一例入选全国20个市级年报解读范例。

4. **不断创新服务方式方法**。联合阿里巴巴旗下蚂蚁金服在西北五省区率先推出了支付宝平台公积金查询服务，我市缴存职工通过登录手机支付宝以"刷脸"的方式快速查询个人公积金账户信息；开通了住房公积金手机 APP 和个人网上服务大厅功能；与中国银行实现信息共享合作，为广大公积金缴存人提供住房公积金增值服务。

5. **全面加强干部队伍建设**。中心高度重视"三项机制"的贯彻落实，建立干部能上能下、高效激励的管理机制。今年通过民主推荐、组织考察，新提拔 12 名正、副科级干部，免职 2 名正科级干部，对 6 名正科级干部进行了交流轮岗，进一步优化了干部结构，增强了干部队伍的生机与活力，激发了干事创业的热情。

6. **深入开展精神文明建设**。中心积极组织开展精神文明建设创建，不断丰富工作内涵。2017 年，市中心被评为全市"双创"工作"先进单位"；业务经办科被省总工会、市妇联分别授予全省"五一巾帼标兵岗"和汉中市"三八红旗集体"荣誉称号；计划财务科、镇巴管理部、洋县管理部被共青团汉中市委评为"青年文明标兵岗"；宁强县管理部被评为市级"文明单位"。通过这些活动的开展，促使干部队伍保持了良好的精神风貌，凝聚力和战斗力不断加强，在社会上树立了公积金系统的良好形象。

榆林市住房公积金 2017 年年度报告

一、机构概况

（一）**住房公积金管理委员会**：住房公积金管理委员会有 20 名委员，2017 年召开 3 次全体会议，审议通过 2017 年度住房公积金归集、使用计划执行情况，并对其他重要事项进行决策，主要包括关于审议中心 2016 年工作和 2017 年工作计划、核定 2017 年度住房公积金缴存基数和比例、调整住房公积金管理委员会组成人员等。

（二）**住房公积金管理中心**：住房公积金管理中心为隶属市政府不以营利为目的的独立事业单位，主要负责全市住房公积金的归集、管理、使用和会计核算。中心设 11 个处（科）（七个科室，四个服务厅），13 个管理部。从业人员 287 人，其中，在编 91 人，非在编 196 人。

二、业务运行情况

（一）**缴存**：2017 年，新开户单位 267 家，实缴单位 5944 家，净增单位 213 家；新开户职工 1.41 万人，实缴职工 28.12 万人，净增职工 0.35 万人；缴存额 37.31 亿元，同比增长 12.28%。2017 年末，缴存总额 198.95 亿元，同比增长 23.08%；缴存余额 90.70 亿元，同比增长 29.50%。

受委托办理住房公积金缴存业务的银行 9 家，比上年增加 1 家。

（二）**提取**：2017 年，提取额 16.65 亿元，同比下降 59.44%；占当年缴存额的 44.63%，比上年减少 78.9 个百分点。2017 年末，提取总额 108.25 亿元，同比增长 18.18%。

（三）**贷款**：

个人住房贷款：个人住房贷款最高额度 50 万元，其中，单缴存职工最高额度 50 万元，双缴存职工最高额度 50 万元。

2017年，发放个人住房贷款0.26万笔9.39亿元，同比分别下降54.39%、49.81%。

2017年，回收个人住房贷款8.54亿元。

2017年末，累计发放个人住房贷款4.13万笔86.22亿元，贷款余额49.74亿元，同比分别增长6.72%、12.22%、1.74%。个人住房贷款余额占缴存余额的54.84%，比上年减少14.96个百分点。

受委托办理住房公积金个人住房贷款业务的银行8家，比上年增加0家。

(四) **资金存储**：2017年末，住房公积金存款42.67亿元。其中，活期0.23亿元，1年（含）以下定期16.8亿元，1年以上定期0亿元，其他（协定、通知存款等）25.64亿元。

(五) **资金运用率**：2017年末，住房公积金个人住房贷款余额、项目贷款余额和购买国债余额的总和占缴存余额的54.84%，比上年减少14.96个百分点。

三、主要财务数据

(一) **业务收入**：2017年，业务收入21675.46万元，同比下降6.50%。存款利息5611.36万元，委托贷款利息16026.63万元，国债利息0万元，其他37.47万元。

(二) **业务支出**：2017年，业务支出13250.99万元，同比增长0.42%。支付职工住房公积金利息11917.44万元，归集手续费0万元，委托贷款手续费1332.18万元，其他1.37万元。

(三) **增值收益**：2017年，增值收益8424.47万元，同比下降15.64%。增值收益率1.07%，比上年减少0.21个百分点。

(四) **增值收益分配**：2017年，提取贷款风险准备金85.11万元，提取管理费用3800万元，提取城市廉租住房（公共租赁住房）建设补充资金4586.07万元。

2017年，上交财政管理费用3800万元。上缴财政城市廉租住房（公共租赁住房）建设补充资金5202万元。

2017年末，贷款风险准备金余额5090.11万元。累计提取城市廉租住房（公共租赁住房）建设补充资金19844万元。

(五) **管理费用支出**：2017年，管理费用支出4198万元，同比下降34.87%。其中，人员经费1648万元，公用经费952万元，专项经费1598万元。

四、资产风险状况

个人住房贷款：2017年末，个人住房贷款逾期额376万元，逾期率0.75‰。

个人贷款风险准备金按贷款余额的1%提取。2017年，提取个人贷款风险准备金85.11万元，使用个人贷款风险准备金核销呆坏账0万元。2017年末，个人贷款风险准备金余额5090.11万元，占个人住房贷款余额的1.02%，个人住房贷款逾期额与个人贷款风险准备金余额的比率为7.39%。

五、社会经济效益

(一) **缴存业务**：2017年，实缴单位数、实缴职工人数和缴存额同比分别降低0.23%、增长1.26%和增长12.28%。

缴存单位中，国家机关和事业单位占66%，国有企业占22%，城镇集体企业占3%，外商投资企业占 2%，城镇私营企业及其他城镇企业占 5%，民办非企业单位和社会团体占 1%，其他占 1%。

缴存职工中，国家机关和事业单位占 65%，国有企业占 24%，城镇集体企业占 3%，外商投资企业占 2%，城镇私营企业及其他城镇企业占 4%，民办非企业单位和社会团体占 1.5%，其他占 0.5%；中、低收入占 95%，高收入占 5%。

新开户职工中，国家机关和事业单位占 64.3%，国有企业占 26.6%，城镇集体企业占 3.7%，外商投资企业占 0.7%，城镇私营企业及其他城镇企业占 3.2%，民办非企业单位和社会团体占 0.5%，其他占 1%；中、低收入占 99%，高收入占 1%。

（二）提取业务：2017 年，4.68 万名缴存职工提取住房公积金 16.65 亿元。

提取金额中，住房消费提取占 76.69%（购买、建造、翻建、大修自住住房占 36.47%，偿还购房贷款本息占 26.89%，租赁住房占 10.50%，其他占 2.83%）；非住房消费提取占 23.31%（离休和退休提取占 10.33%，完全丧失劳动能力并与单位终止劳动关系提取占 5.22%，户口迁出本市或出境定居占 0.46%，其他占 7.30%）。

提取职工中，中、低收入占 98%，高收入占 2%。

（三）贷款业务：

1. 个人住房贷款：2017 年，支持职工购建房 35.3 万平方米，年末个人住房贷款市场占有率为 31.7%，比上年减少 18.7 个百分点。通过申请住房公积金个人住房贷款，可节约职工购房利息支出 154.8 万元。

职工贷款笔数中，购房建筑面积 90（含）平方米以下占 3.2%，90～144（含）平方米占 70%，144 平方米以上占 26.8%。购买新房占 32.5%（其中购买保障性住房占 0.5%），购买存量商品住房占 47.1%，建造、翻建、大修自住住房占 0.95%，其他占 19.45%。

职工贷款笔数中，单缴存职工申请贷款占 20.9%，双缴存职工申请贷款占 78.2%，三人及以上缴存职工共同申请贷款占 0.9%。

贷款职工中，30 岁（含）以下占 31.7%，30 岁～40 岁（含）占 43.6%，40 岁～50 岁（含）占 18.9%，50 岁以上占 5.8%；首次申请贷款占 85%，二次及以上申请贷款占 15%；中、低收入占 99.9%，高收入占 0.1%。

2. 异地贷款：2017 年，发放异地贷款 14 笔 471 万元。2017 年末，发放异地贷款总额 1594 万元，异地贷款余额 1525.39 万元。

（四）住房贡献率：2017 年，个人住房贷款发放额、公转商贴息贷款发放额、项目贷款发放额、住房消费提取额的总和与当年缴存额的比率为 59.39%，比上年减少 111.36 个百分点。

六、其他重要事项

（一）当年住房公积金政策调整及执行情况：2017 年榆林市统计局公布 2016 年我市职工平均工资为 5439 元，据此确认住房公积金最高缴存基数为 16317 元，各缴存单位进行了年度调整，缴存比例严格执行个人和单位分别不低于 5%、不高于 12%。

中国人民银行、住房城乡建设部、财政部印发《关于完善职工住房公积金账户存款利率形成机制的通知》（银发〔2016〕43 号），我中心严格执行通知精神，将职工住房公积金账户存款利率由原来按照归集时间执行的活期和三个月存款基准利率调整为统一按一年定期存款基准利率执行，至2016年2月21日起执行1.5%新利率为缴存职工账户计息。根据《住房公积金管理条例》规定我中心于2017年6月30日完成对全市5818个住房公积金缴存单位和279295个住房公积金个人账户结息工作，共结算利息11274万元，当日已全部记入缴存职工住房公积金存款账户。

为了进一步提升便民、利民、惠民的服务水平，2017年在原有贷款种类基础上，结合我市实际情况，逐步开展了组合贷款业务。当年贷款额度最高为50万元。

（二）当年服务改进情况：我中心五个服务大厅和县区管理部都已建立"一站式"服务场所，为9家管理部购置了办公场所，并已完成装修进行工程验收阶段，已有一家进驻办公。业务涉及到的评估、公证、银行"一厅式办公、一站式服务、一网式运作"的"窗口"服务模式，使前来咨询和办理业务的职工，"足不出户"即可完成住房公积金各项业务。通过授权银行办理公积金联名卡，推进了职工及时掌握个人账户缴存信息变动情况和还贷业务短信提醒服务等，并完善了12329热线功能，有效提高了住房公积金的管理水平和住房公积金系统的服务能力。

（三）当年信息化建设情况：2017年，完成了住房公积金业务自主稽核系统，增强内控管理提升风险防控。完成了全国住房公积金异地转移接续平台工作，准确、快捷地方便职工办理住房公积金转移事项。完成了托收和网厅系统的上线运营，极大方便了缴存单位的缴交工作，减少了中心服务窗口的柜面业务。中心不断优化服务，提升服务水平，优化整合，增加服务整体性，提升信息服务，进一步强化智慧公积金建设，"门户网站"、"网上办事大厅"、"服务热线"、"短信平台"、自助终端，微信平台、APP服务为一体的全方位综合服务平台。

（四）当年住房公积金管理中心及职工所获荣誉情况：2017年我中心有一名干部获得了市级"青年文明号"的荣誉称号。

（五）当年对违反《住房公积金管理条例》和相关法规行为进行行政处罚和申请人民法院强制执行情况：中心2017年度重点加强对不还贷款的依法诉讼和清收工作力度，对逾期拖欠不还、催缴无效的借款人，分类分批采取冻结夫妻双方住房公积金账户资金扣还提起诉讼，向法院申请强制执行等一系列措施（中心自行扣划248笔，申请法院强制执行54笔，还有部分逾期贷款正在执行阶段），中心建立贷款逾期黑名单，对进入黑名单的借款人将取消再次使用住房公积金贷款的资格。

（六）当年对住房公积金管理人员违规行为的纠正和处理情况等：自2016年出台了《榆林市住房公积金管理中心工作人员轻微违规行为积分管理办法绩效考核办法及评分标准》以来，2017年中心完善了各项规章制度，进一步明确岗位目标责任、考核与奖罚多项管理制度，制定了严格的住房公积金运行监督机制，随着制度逐步健全，2017年度中心无工作人员无一例违规行为而受处理。

（七）其他需要披露的情况：2017年中心将政策宣传工作纳入中心全体整体工作布局，通过开展形式多样的宣传活动，不断提升制度影响力和政策知晓度。利用广播电台、电视台、报纸等新闻媒体，向社会公开各项政策规定、业务流程和要件；中心网站及时更新政策动态，做好在线咨询答复，"榆林市住房公积金"微信公众号已正式上线运行，中心通过开通移动互联网服务平台，及时向缴存职工推送各项服务举措、重要通知及政策法规，大力宣传制度优越性。坚持以缴存职工为中心，缴存单位为核心，为缴存职工提供优质的服务。

安康市住房公积金 2017 年年度报告

一、机构概况

（一）住房公积金管理委员会：住房公积金管理委员会有 25 名委员，2017 年，召开 1 次全体会议，审议通过 2017 年度住房公积金归集、使用计划执行情况，并对其他重要事项进行决策，主要包括 2016 年度全市住房公积金管理工作考核实施方案、2016 年度全市住房公积金增值收益分配方案。

（二）住房公积金管理中心：住房公积金管理中心为市政府直属不以营利为目的的全额拨款事业单位，中心设 5 个科，12 个管理部。从业人员 108 人，其中，在编 85 人，非在编 23 人。

二、业务运行情况

（一）缴存：2017 年，新开户单位 113 家，实缴单位 2781 家，净增单位－89 家；新开户职工 0.78 万人，实缴职工 10.67 万人，净增职工 0.12 万人；缴存额 13.12 亿元，同比增长 25.55%。2017 年末，缴存总额 78.41 亿元，同比增长 20.09%；缴存余额 42.06 亿元，同比增长 16.62%。

受委托办理住房公积金缴存业务的银行 6 家，比上年度减少 1 家。

（二）提取：2017 年，提取额 7.12 亿元，同比下降 27.79%；占当年缴存额的 54.30%，比上年减少 40.05 个百分点。2017 年末，提取总额 36.35 亿元，同比增长 24.40%。

（三）贷款：

个人住房贷款：个人住房贷款最高额度 60 万元，其中，单缴存职工最高额度 50 万元，双缴存职工最高额度 60 万元。

2017 年，发放个人住房贷款 0.30 万笔 8.87 亿元，同比分别下降 14.29%、3.69%。

2017 年，回收个人住房贷款 6.48 亿元。

2017 年末，累计发放个人住房贷款 5.81 万笔 66.73 亿元，贷款余额 33.26 亿元，同比分别增长 5.44%、15.33%、7.74%。个人住房贷款余额占缴存余额的 79.09%，比上年减少 6.49 个百分点。

受委托办理住房公积金个人住房贷款业务的银行 6 家，比上年减少 1 家。

（四）资金存储：2017 年末，住房公积金存款 9.56 亿元。其中，活期 0.22 亿元，1 年（含）以下定期 8.20 亿元，1 年以上定期 0 亿元，其他（协定、通知存款等）1.14 亿元。

（五）资金运用率：2017 年末，住房公积金个人住房贷款余额、项目贷款余额和购买国债余额的总和占缴存余额的 79.09%，比上年减少 6.49 个百分点。

三、主要财务数据

（一）业务收入：2017 年，业务收入 12054.81 万元，同比增长 3.31%。其中，存款利息 1791.02 万元，委托贷款利息 10216.54 万元，国债利息 0 万元，其他 47.25 万元。

（二）业务支出：2017 年，业务支出 6000.02 万元，同比增长 11.65%。其中，支付职工住房公积金利息 5371.99 万元，归集手续费 106.76 万元，委托贷款手续费 458.46 万元，其他 62.81 万元。

(三)增值收益：2017年，增值收益6054.78万元，同比下降3.82%。增值收益率1.55%，比上年减少0.14个百分点。

(四)增值收益分配：2017年，提取贷款风险准备金239.87万元，提取管理费用1200.00万元，提取城市廉租住房（公共租赁住房）建设补充资金4614.90万元。

2017年，上交财政管理费用1200.00万元。上缴财政城市廉租住房（公共租赁住房）建设补充资金4614.90万元。

2017年末，贷款风险准备金余额5081.06万元。累计提取城市廉租住房（公共租赁住房）建设补充资金16738.07万元。

(五)管理费用支出：2017年，管理费用支出2273.46万元，同比增长69.87%。其中，人员经费1119.32万元，公用经费175.83万元，专项经费978.31万元。

市中心管理费用支出2273.46万元，其中，人员、公用、专项经费分别为1119.32万元、175.83万元、978.31万元。

四、资产风险状况

个人住房贷款：2017年末，个人住房贷款逾期额36.82万元，逾期率0.11‰。

个人贷款风险准备金按（当年新增贷款余额）的1%提取。2017年，提取个人贷款风险准备金239.87万元，使用个人贷款风险准备金核销呆坏账0万元。2017年末，个人贷款风险准备金余额5081.06万元，占个人住房贷款余额的1.53%，个人住房贷款逾期额与个人贷款风险准备金余额的比率为0.72%。

五、社会经济效益

(一)缴存业务：2017年，实缴单位数、实缴职工人数和缴存额同比分别增长-3.10%、1.23%和25.55%。

缴存单位中，国家机关和事业单位占76.50%，国有企业占4.23%，城镇集体企业占2.21%，城镇私营企业及其他城镇企业占8.40%，民办非企业单位和社会团体占3.68%，其他占4.98%。

缴存职工中，国家机关和事业单位占76.30%，国有企业占6.80%，城镇集体企业占1.86%，城镇私营企业及其他城镇企业占7.89%，民办非企业单位和社会团体占2.23%，其他占4.92%；中、低收入占97.26%，高收入占2.74%。

新开户职工中，国家机关和事业单位占56.98%，国有企业占6.56%，城镇集体企业占6.99%，城镇私营企业及其他城镇企业占24.56%，民办非企业单位和社会团体占1.44%，其他占3.47%；中、低收入占98.69%，高收入占1.31%。

(二)提取业务：2017年，4.97万名缴存职工提取住房公积金7.12亿元。

提取金额中，住房消费提取占76.54%（购买、建造、翻建、大修自住住房占20.36%，偿还购房贷款本息占51.13%，租赁住房占0.38%，其他占4.67%）；非住房消费提取占23.46%（离休和退休提取占18.78%，完全丧失劳动能力并与单位终止劳动关系提取占1.09%，户口迁出本市或出境定居占0.08%，其他占3.51%）。

提取职工中，中、低收入占 94.93%，高收入占 5.07%。

（三）贷款业务：

1. **个人住房贷款：** 2017 年，支持职工购建房 34.34 万平方米，年末个人住房贷款市场占有率为 42.27%，比上年增加 7.12 个百分点。通过申请住房公积金个人住房贷款，可节约职工购房利息支出 1465.20 万元。

职工贷款笔数中，购房建筑面积 90（含）平方米以下占 16.64%，90～144（含）平方米占 68.36%，144 平方米以上占 15.00%。购买新房占 96.36%（其中购买保障性住房占 0.03%），购买存量商品住房占 3.04%，建造、翻建、大修自住住房占 0.53%，其他占 0.07%。

职工贷款笔数中，单缴存职工申请贷款占 26.23%，双缴存职工申请贷款占 73.61%，三人及以上缴存职工共同申请贷款占 0.16%。

贷款职工中，30 岁（含）以下占 23.96%，30 岁～40 岁（含）占 37.52%，40 岁～50 岁（含）占 24.02%，50 岁以上占 14.50%；首次申请贷款占 95.26%，二次及以上申请贷款占 4.74%；中、低收入占 92.58%，高收入占 7.42%。

2. **异地贷款：** 2017 年，发放异地贷款 81 笔 2472.60 万元。2017 年末，发放异地贷款总额 4339.10 万元，异地贷款余额 3926.25 万元。

（四）住房贡献率： 2017 年，个人住房贷款发放额、公转商贴息贷款发放额、项目贷款发放额、住房消费提取额的总和与当年缴存额的比率为 109.21%，比上年减少 56.20 个百分点。

六、其他重要事项

（一）委托银行调整情况。 按照住房城乡建设部"双贯标"信息系统要求，结合安康受委托银行实际，将原来 7 家受委托银行调整为 6 家。

（二）政策执行情况。 一是支持中心城市重心北移。下发了《关于调整住房公积金使用政策支持城市重心北移的通知》（安房金委办发〔2017〕4 号）。简化提取资料，放宽提取范围，在高新区行政区划内购买自住住房，双职工缴存住房公积金的贷款最高限额提高到 60 万元，单职工缴存住房公积金的最高限额提高到 50 万元。没有住房公积金贷款或住房公积金贷款已还清的缴存职工，可以申请住房公积金贷款用于本人或直系亲属自住住房装修。二是实行按月冲还贷款。制定出台了《关于按月冲抵住房公积金贷款有关事项的通知》（安房金管字〔2017〕77 号），自 2017 年 11 月 14 日开始首次冲抵还款。三是严格存贷款利率标准。住房公积金存款执行标准为 1.5%，住房公积金贷款利率执行标准 5 年以上为 3.25%（5 年以内执行标准为 2.75%）。

（三）信息化建设情况。 按照"双贯标"信息化建设要求，中心周密部署、精心安排、加班加点、通力合作。2 月 24 日公开招标，9 月中旬上线试运行，10 月 9 日正式运行，10 月 26 日邀请省住房城乡建设厅领导和专家，对新系统进行了初步检测，并相应进行完善提升系统。12 月 19 日，住房城乡建设部专家组来安验收通过，并出具了达标验收意见书。

（四）单位获得奖励情况。 2017 年先后获得市级档案管理、信访、双创、帮扶茶叶产业示范园、联校支教工作先进单位。

（五）依法逾期追缴情况。 法院起诉 4 起，向公安机关报案 5 起，依法追缴 31.3 万元。

商洛市住房公积金 2017 年年度报告

一、机构概况

(一) **住房公积金管理委员会**：本市住房公积金管理委员会有 19 名成员。2017 年 3 月 27 日召开的商洛市住房公积金管理委员会审议表决通过了《商洛市住房公积金管理中心 2017 年年度报告》、《商洛市住房公积金管理中心 2017 年住房公积金财务报告》、《商洛市 2016 年度住房公积金归集、运用计划执行情况及 2017 年度归集、运用计划的（草案）》、《关于住房公积金呆账核销的报告》。

(二) **住房公积金管理中心**：商洛市住房公积金管理中心是直属于市政府不以营利为目的的正县级参照公务员管理的事业单位，主要负责全市住房公积金的归集、管理、使用和会计核算。中心设 3 个科，8 个管理部。从业人员 130 人，其中，在编 130 人，非在编 0 人。

二、业务运行情况

(一) **缴存**：2017 年，新增开户单位 69 家，实缴单位 2820 家，净增单位－174 家（由于系统上线，对以前年度长期未使用账户进行了清理，导致缴存单位减少）；新开户职工 0.77 万人，实缴职工 9.65 万人，净增职工 0.16 万人；缴存额 9.2 亿元，同比增长 9.77%。2017 年末，缴存总额 57.08 亿元，同比增长 19.29%，缴存余额 32.72 亿元，同比增长 15.87%。

受委托办理住房公积金缴存业务的银行 7 家，与上年同期相同。

(二) **提取**：2017 年，提取 4.75 亿元，同比下降 7.02%；占当年缴存额的 51.42%。2017 年末，提取总额 24.36 亿元，同比增长 24.20%。

(三) **贷款**：

个人住房贷款：最高贷款额度为 55 万元。其中，购房贷款 40 万元，装修贷款 15 万元。

2017 年，发放个人住房贷款 0.2 万笔 5.68 亿元，分别同比下降 50.15%、46.09%。

2017 年，回收个人住房贷款 3.74 亿元。

2017 年末，累计发放个人住房贷款 3.59 万笔 45.62 亿元，贷款余额 22.08 亿元，同比分别增长 5.92%、14.22%、9.62%。个人住房贷款余额占缴存余额的 67.46%，比上年同期下降 3.85 个百分点。

受委托办理住房公积金个人委托贷款业务的银行 7 家，与上年同期相同。

(四) **资金存储**：2017 年末，住房公积金存款 11.85 亿元。其中，协定存款 4.68 亿元，一年以内定期（含）2.34 亿元，一年以上定期 4.83 亿元。

(五) **资金运用率**：2017 年末，住房公积金个人住房贷款余额、项目贷款余额和购买国债余额的总和占缴存余额的 67.46%，比上年同期下降 3.85 个百分点。

三、主要财务数据

(一) **业务收入**：2017 年，业务收入 10484.11 万元，同比增长 7.21%。其中，存款利息收入 3187.60 万元，委托贷款利息收入 7289.33 万元，其他收入 7.18 万元。

(二) 业务支出：2017 年，住房公积金业务支出 4811.86 万元，同比增长 15.31%。支付缴存职工住房公积金利息 4554.24 万元，委托贷款手续费支出 254.28 万元，归集手续费支出 0 万元，其他支出（职工提取公积金转账手续费、账户维护费、购买支票等支出）3.34 万元。

(三) 增值收益：2017 年，住房公积金增值收益 5672.24 万元，同比增长 1.19%。增值收益率 1.82%，比上年同期下降 0.21 个百分点。

(四) 增值收益分配：2017 年，提取贷款风险准备金 2205.50 万元，提取中心管理费用 1966.74 万元，提取城市廉租房（公共租赁住房）建设补充资金 1500 万元。

2017 年，上交财政管理费用 1966.74 万元，上缴财政 2016 年度提取的城市廉租房（公共租赁住房）建设补充资金 1500 万元。

2017 年末，贷款风险准备金余额 7342.25 万元，累计提取城市廉租房建设补充资金 6700 万元，上缴城市廉租房（公共租赁住房）建设补充资金 5200 万元。

(五) 管理费用支出：2017 年，管理费用支出 1785.11 万元，同比增长 29.56%。其中，人员经费 1322.21 万元，公用经费 276.3 万元，专项经费 186.60 万元。

四、资产风险状况

(一) 个人住房贷款：2017 年末，逾期个人住房贷款 192.06 万元，个人住房贷款逾期率 0.87‰。

个人贷款风险准备金按贷款余额的 1% 提取。2017 年，提取个人贷款风险准备金 2205.50 万元，当年使用个人贷款风险准备金核销 0 万元。2017 年末，个人贷款风险准备金余额 7342.25 万元，个人贷款风险准备金余额与个人贷款余额的比率为 3.33%，个人贷款逾期额与个人贷款风险准备金余额的比率为 2.62%。

(二) 历史遗留风险资产：2017 年末，历史遗留风险资产余额 15.71 万元（丹凤管理部历史遗留风险资产 15.71 万元分别产生于 1995 年 5 万元因借款人病故无法收回该笔借款；2010 年 10.71 万元借款人因经济犯罪处于服刑期无力偿还该笔借款），与上年同期持平。

五、社会经济效益

(一) 缴存业务：2017 年，实缴单位数、实缴职工人数和缴存额增长率分别为 -5.81%、1.64% 和 9.77%。

缴存单位中，国家机关和事业单位 1476 个，占 52.34%；国有企业 969 个，占 34.36%；城镇集体企业 150 个，占 5.32%；外商投资企业 43 个，占 1.52%；城镇私营企业及其他城镇企业 99 个，占 3.51%；民办非企业单位和社会团体 79 个，占 2.80%；其他 4 个，占 0.15%。

缴存职工中，国家机关和事业单位 49588 人，占 51.39%；国有企业 33155 人，占 34.36%；城镇集体企业 5143 人，占 5.33%；外商投资企业 1486 人，占 1.54%；城镇私营企业及其他城镇企业 3377 人，占 3.50%；民办企业单位和社会团体 2888 人，占 2.99%；其他 857 人，占 0.89%。

缴存职工中，中等收入群体占 100%。

(二) 提取业务：2017 年，1.03 万名缴存职工提取住房公积金 4.75 亿元。

提取金额中，住房消费提取占 91%（购买、建造、翻建、大修自住住房占 49.60%，偿还购房贷款本息占39.60%，租赁住房占1.80%）；非住房消费提取占9%（离休和退休提取占4.99%，完全丧失劳动能力并与单位终止劳动关系提取占1.92%，户口迁出本市或出境定居占1.81%，其他占0.28%）。

（三）贷款业务：

1. **个人住房贷款**：2017年，支持职工购建房81.04万平方米，年末个人住房贷款市场占有率为48.45%，比上年下降18.54个百分点。通过申请住房公积金个人住房贷款，可节约职工购房利息支出1133万元。

职工贷款所购住房套数中，90平方米（含）以下71笔，占3.54%；90~144平方米（含）1457笔，占72.67%；144平方米以上477笔，占23.79%。购买新房1604笔，占80.00%（其中购买保障性住房占13.03%）；购买存量商品住房119笔，占5.94%；其他282笔，占14.06%。

职工贷款笔数中，单缴存职工申请贷款1174笔，占58.55%；双缴存职工申请贷款831笔，占41.45%。

贷款职工中，30岁（含）以下占21.40%，30岁~40岁（含）占40.90%，40岁~50岁（含）占25.83%，50岁以上占11.87%；首次申请贷款占76.81%，二次及以上申请贷款占23.19%。

2. **异地贷款**：2017年，发放异地贷款7笔187万元。2017年末，发放异地贷款总额437万元，异地贷款余额374.94万元。

（四）**住房贡献率**：当年个人住房贷款发放额、项目贷款发放额、住房消费提取额的总和与当年缴存额的比率为108.34%，比上年同期下降56.37%。

六、其他重要事项

1. 2017年11月8日发文《关于印发〈商洛市住房公积金提取实施细则〉（试行）》（商政金发〔2017〕111号），对不同情况提取进行了规范；2017年12月7日函发了缴存单位对2017至2018年度住房公积金缴存基数上限、下限的通知（商政金函〔2017〕17号），规范缴存基数，确保职工合法权益。

2. 按照市政府的要求，2017年11月市直管理部进驻市政府政务服务大厅，解决了服务窗口滞后的问题，方便了缴存职工。

3. 2017年3月15日与建行商洛市分行签订了住房公积金信息系统建设合作协议，对住房城乡建设部提出的基础数据标准和结算应用系统接入进行升级改造，系统于2017年11月10日正式上线运行，实现了三账合一、三账匹配、合规提取人不离柜，资金实时到账；12月21日以较高的分数通过住房城乡建设部贯标验收，信息化管理水平进一步提高。

4. 2017年市中心机关被评为市级文明单位；山阳管理部被评为市级文明标兵单位。

2017 全国住房公积金年度报告汇编

青海省

西宁市

海东市

海北州

黄南州

海南州

果洛州

玉树州

海西州

青海省住房公积金 2017 年年度报告

一、机构概况

（一）住房公积金管理机构：全省共设 8 个设区城市住房公积金管理中心，1 个独立设置的分中心和 1 个行业中心。从业人员 382 人，其中，在编 204 人，非在编 178 人。

（二）住房公积金监管机构：省住房城乡建设厅、财政厅和人民银行西宁中心支行负责对本省住房公积金管理运行情况进行监督。省住房城乡建设厅设立住房公积金监管处，负责辖区住房公积金日常监管工作。

二、业务运行情况

（一）缴存：2017 年，新开户单位 567 家，实缴单位 8440 家，净增单位 168 家；新开户职工 5.30 万人，实缴职工 49.64 万人，净增职工 2.67 万人；缴存额 94.82 亿元，同比增长 16.34%。2017 年末，缴存总额 656.32 亿元，同比增长 16.89%；缴存余额 288.73 亿元，同比增长 9.82%。

（二）提取：2017 年，提取额 69.00 亿元，同比增长 16.18%；占当年缴存额的 72.77%，比上年减少 0.1 个百分点。2017 年末，提取总额 367.59 亿元，同比增长 23.11%。

（三）贷款：

1. **个人住房贷款**：2017 年，发放个人住房贷款 1.92 万笔 66.80 亿元，同比分别增长 4.35%、19.63%。回收个人住房贷款 29.67 亿元。

2017 年末，累计发放个人住房贷款 23.33 万笔 374.94 亿元，同比分别增长 8.97%、21.68%，贷款余额 167.23 亿元，同比增长 28.54%。个人住房贷款余额占缴存余额的 57.92%，比上年增加 8.44 个百分点。

2. **住房公积金支持保障性住房建设项目贷款**：2017 年，未发放支持保障性住房建设项目贷款，回收项目贷款 0.15 亿元。2017 年末，累计发放项目贷款 2.07 亿元，项目贷款余额 0.29 亿元。

（四）购买国债：2017 年，购买国债 0 亿元，兑付国债 0.23 亿元。2017 年末，国债余额 0 亿元，比上年减少 0.23 亿元。

（五）融资：2017 年，融资 0.1 亿元，归还 0.1 亿元。2017 年末，融资总额 0.1 亿元，融资余额 0 亿元。

（六）资金存储：2017 年末，住房公积金存款 131 亿元。其中，活期 6.34 亿元，1 年（含）以下定期 60.15 亿元，1 年以上定期 60.37 亿元，其他（协定、通知存款等）4.14 亿元。

（七）资金运用率：2017 年末，住房公积金个人住房贷款余额、项目贷款余额和购买国债余额的总和占缴存余额的 58.02%，比上年增加 8.28 个百分点。

三、主要财务数据

（一）**业务收入**：2017年，业务收入109586.69万元，同比增长15.10%。其中，存款利息61214.59万元，委托贷款利息47429.70万元，国债利息707.25万元，其他235.15万元。

（二）**业务支出**：2017年，业务支出66236.99万元，同比增长11.63%。其中，支付职工住房公积金利息60404.99万元，归集手续费3689.86万元，委托贷款手续费1663.12万元，其他479.02万元。

（三）**增值收益**：2017年实现增值收益43349.70万元，同比增长20.85%；增值收益率1.56%，比上年增加0.13个百分点。

（四）**增值收益分配**：2017年，提取贷款风险准备金23641.46万元，提取管理费用6601.88万元，提取城市廉租住房（公共租赁住房）建设补充资金12524.61万元。另外，果洛中心弥补上年损失514.90万元，待分配增值收益66.85万元。

2017年，上交财政管理费用6513.03万元，上缴财政城市廉租住房（公共租赁住房）建设补充资金5274.65万元。

2017年末，贷款风险准备金余额104849.71万元，累计提取城市廉租住房（公共租赁住房）建设补充资金57627万元。

（五）**管理费用支出**：2017年，管理费用支出6192.17万元，同比下降1.96%。其中，人员经费4192.54万元，公用经费1238.90万元，专项经费760.73万元。

四、资产风险状况

（一）**个人住房贷款**：2017年末，个人住房贷款逾期额672.79万元，逾期率0.40‰。

2017年，提取个人贷款风险准备金24911.66万元，使用个人贷款风险准备金核销呆坏账0万元。2017年末，个人贷款风险准备金余额104849.71万元，占个人贷款余额的6.27%，个人贷款逾期额与个人贷款风险准备金余额的比率为0.64%。

（二）**住房公积金支持保障性住房建设项目贷款**：2017年末，逾期项目贷款0万元，逾期率为0‰。

2017年，西宁中心项目贷款全部收回后冲回项目贷款风险准备金1270.20万元，使用项目贷款风险准备金核销呆坏账0万元。2017年末，项目贷款风险准备金余额0万元，占项目贷款余额的0%，项目贷款逾期额与项目贷款风险准备金余额的比率为0%。

（三）**历史遗留风险资产**：无。

五、社会经济效益

（一）**缴存业务**：2017年，实缴单位数、实缴职工人数和缴存额增长率分别为20.31%、5.68%和16.34%。

缴存单位中，国家机关和事业单位占69.31%，国有企业占12.09%，城镇集体企业占1.95%，外商投资企业占0.37%，城镇私营企业及其他城镇企业占11.88%，民办非企业单位和社会团体占1.45%，其他占2.95%。

缴存职工中，国家机关和事业单位占49.23%，国有企业占39.08%，城镇集体企业占1.85%，外商

投资企业占 0.43%，城镇私营企业及其他城镇企业占 6.40%，民办非企业单位和社会团体占 0.43%，其他占 2.58%；中、低收入占 98.44%，高收入 1.56%。

新开户职工中，国家机关和事业单位 36.46%，国有企业占 30.30%，城镇集体企业占 4.94%，外商投资企业占 0.88%，城镇私营企业及其他城镇企业占 17.25%，民办非企业单位和社会团体占 0.63%，其他占 9.54%；中、低收入占 99.52%，高收入占 0.48%。

（二）提取业务：2017 年，20.61 万名缴存职工提取住房公积金 69.00 亿元。

提取金额中，住房消费提取占 75.00%（购买、建造、翻建、大修自住住房占 40.73%，偿还购房贷款本息占 28.61%，租赁住房占 1.98%，其他占 3.68%）；非住房消费提取占 25.00%（离休和退休提取占 16.87%，完全丧失劳动能力并与单位终止劳动关系提取占 4.68%，户口迁出所在市或出境定居占 0.86%，其他占 2.59%）。

提取职工中，中、低收入占 99.31%，高收入占 0.69%。

（三）贷款业务：

1. **个人住房贷款**：2017 年，支持职工购建房 305.05 万平方米。年末个人住房贷款市场占有率为 43.25%，比上年同期增加 1.68 个百分点。通过申请住房公积金个人住房贷款，可节约职工购房利息支出 104588.88 万元。

职工贷款笔数中，购房建筑面积 90（含）平方米以下占 17.41%，90～144（含）平方米占 69.37%，144 平方米以上占 13.22%。购买新房占 82.67%（其中购买保障性住房占 0.33%），购买存量商品房占 16.22%，建造、翻建、大修自住住房占 1.05%，其他占 0.06%。

职工贷款笔数中，单缴存职工申请贷款占 50.21%，双缴存职工申请贷款占 49.74%，三人及以上缴存职工共同申请贷款占 0.05%。

贷款职工中，30 岁（含）以下占 38.74%，30 岁～40 岁（含）占 36.29%，40 岁～50 岁（含）占 20.50%，50 岁以上占 4.47%；首次申请贷款占 80.75%，二次及以上申请贷款占 19.25%；中、低收入占 98.91%，高收入占 1.09%。

2. **异地贷款**：2017 年，发放异地贷款 1387 笔 49040.00 万元。2017 年末，发放异地贷款总额 319050.64 万元，异地贷款余额 124237.25 万元。

3. **公转商贴息贷款**：无。

4. **住房公积金支持保障性住房建设项目贷款**：2017 年末，全省有住房公积金试点城市 2 个，试点项目 4 个，贷款额度 2.07 亿元，建筑面积 11.17 万平方米，可解决 1613 户中低收入职工家庭的住房问题。3 个试点项目贷款资金已发放并还清贷款本息。

（四）**住房贡献率**：2017 年，个人住房贷款发放额、公转商贴息贷款发放额、项目贷款发放额、住房消费提取额的总和与当年缴存额的比率为 125.03%，比上年增加 4.10 个百分点。

六、其他重要事项

（一）**当年开展专项监督检查情况**：根据青海省住房和城乡建设厅《关于开展住房公积金专项检查的通知》（青建房〔2017〕78 号）要求，重点对各地住房公积金缴存使用政策执行、改进服务、廉政风险防控、"双贯标"等工作落实情况，以及 2016 年全国住房公积金廉政风险防控抽查发现问题的整改情况进行了检查，现场反馈意见，指出发现的问题，提出具体整改工作要求。检查来看，各地认真贯彻落实《住房公积金管理条例》、《关于加强住房公积金廉政风险防控工作的通知》（建金〔2011〕170号）、《住房公积金廉政风险防控指引》及《住房公积金服务指引》等要求，坚决执行缴存使用政策，提高住房公积金服务质量，全面排查风险隐患，制定风险防控措施，加快信息化建设，落实"双贯标"要求，各项工作取得较好成效。

（二）当年服务改进情况：

1. 根据住房城乡建设部《关于正式启用全国住房公积金异地转移接续平台的通知》（建金服函〔2017〕23号）要求，我省成功接入全国住房公积金异地转移接续平台。缴存职工跨地区调动或再就业时，无需往返两地办手续，在调入地即可办理完成公积金转移手续，方便了缴存职工办理转移业务，为缴存职工节省了时间、资金、精力。

2. 推进综合服务平台建设。开通了门户网站、网上业务大厅、自助终端、12329服务热线、官方微信、短信多服务渠道，完善了省级住房公积金综合服务平台。西宁住房公积管理中心上线运行"互联网＋公积金"综合服务系统，实行"7×24小时"全天候受理，缴存单位和职工利用电脑、手机等终端，通过网上业务大厅、手机APP及微信渠道申请办理业务，不受时间和场所限制，极大的提高了服务效率。

（三）当年信息化建设情况：按照住房城乡建设部要求，我省各住房公积金管理中心完成了"双贯标"建设工作，目前，除西宁住房公积金管理中心外，其他住房公积金管理中心因与省住房资金管理中心采用同一系统，住房城乡建设部已认定为通过"双贯标"验收。

（四）当年住房公积金机构及从业人员所获荣誉情况：西宁住房公积金管理中心获得2017年西宁市市级文明单位称号。

省直分中心2017年5月连续第九次被共青团中央、住房城乡建设部授予"全国青年文明号"荣誉称号；8月被评为"住房城乡建设系统全国文明单位"；10月被评为全国行政服务大厅"百优十佳"标准化优秀单位；12月被评为"全国住房城乡建设系统先进集体"。

海北州住房公积金管理中心被海北州人民政府授予"2017年度优秀窗口单位"称号；苏玉婷同志被海北州直属机关工委授予"党员示范岗"称号。

海南州住房公积金管理中心被共青团青海省委授予"青海高原青年文明号"称号。

黄南州住房公积金管理中心被共青团青海省委授予"青年文明号"称号，并荣获2017年度省级文明单位。

海西州住房公积金管理中心被评为2017年海西州创建民族团结进步示范州优秀单位、州级文明单位、州级定点扶贫先进单位，中心驻村书记被评为优秀第一书记。

西宁住房公积金2017年年度报告

一、机构概况

（一）住房公积金管理委员会：住房公积金管理委员会有18名委员，2017年召开1次会议，审议通

过的事项主要包括：《西宁住房公积金管理中心 2016 年度工作报告》、《西宁住房公积金管理中心关于 2016 年住房公积金归集使用计划完成情况及 2017 年归集使用计划的报告》和《西宁住房公积金管理中心关于 2016 年住房公积金增值收益分配情况及 2017 年增值收益分配计划的报告》。

（二）**住房公积金管理中心**：西宁住房公积金管理中心为直属于西宁市人民政府不以营利为目的的自收自支事业单位，设 8 个科，5 个管理部，2 个分中心。从业人员 153 人，其中，在编 84 人，非在编 69 人（含银行驻点人员 35 人）。

其中，省直分中心为公益一类事业单位。

二、业务运行情况

（一）**缴存**：2017 年，新开户单位 378 家，实缴单位 3405 家，净增单位 98 家；新开户职工 3.56 万人，实缴职工 29.21 万人，净增职工 1.30 万人；缴存额 51.35 亿元，同比增长 16.86%。2017 年末，缴存总额 353.37 亿元，同比增长 17.01%；缴存余额 149.16 亿元，同比增长 9.77%。

受委托办理住房公积金缴存业务的银行 5 家，比上年增加 0 家。

（二）**提取**：2017 年，提取额 38.08 亿元，同比增长 17.57%；占当年缴存额的 74.16%，比上年增加 0.45 个百分点。2017 年末，提取总额 204.21 亿元，同比增长 22.92%。

（三）**贷款**：

个人住房贷款：个人住房贷款最高额度 50 万元，其中，双职工家庭最高额度 50 万元，单职工家庭最高额度 50 万元。对信用状况良好的职工其贷款额度可在最高额度的基础上适度上浮，上浮比例控制在 20% 以内，最高可达 60 万元。

2017 年，发放个人住房贷款 1.14 万笔 42.60 亿元，同比分别增长 0.88%、16.97%。其中，市中心发放个人住房贷款 0.58 万笔 20.84 亿元，铁路分中心发放个人住房贷款 0.08 万笔 2.56 亿元，省直分中心发放个人住房贷款 0.48 万笔 19.20 亿元。

2017 年，回收个人住房贷款 13.38 亿元。其中，市中心 6.94 亿元，铁路分中心 1.29 亿元。省直分中心 5.15 亿元。

2017 年末，累计发放个人住房贷款 11.33 万笔 199.33 亿元，贷款余额 101.01 亿元，同比分别增长 11.19%、27.18%、40.70%。个人住房贷款余额占缴存余额的 67.72%，比上年增加 14.89 个百分点。

受委托办理住房公积金个人住房贷款业务的银行 13 家，比上年增加 1 家。

（四）**购买国债**：2017 年，购买（记账式、凭证式）国债 0 亿元，兑付国债 0.23 亿元。2017 年末，国债余额 0 亿元，比上年减少 0.23 亿元。

（五）**资金存储**：2017 年末，住房公积金存款 54.33 亿元。其中，市中心和铁路分中心共计 32.43 亿元，省直分中心 21.90 亿元；活期 0.56 亿元，1 年（含）以下定期 29.44 亿元，1 年以上定期 22.48 亿元，其他（协定、通知存款等）1.85 亿元。

（六）**资金运用率**：2017 年末，住房公积金个人住房贷款余额、项目贷款余额和购买国债余额的总和占缴存余额的 67.72%，比上年增加 14.72 个百分点。

三、主要财务数据

（一）**业务收入**：2017 年，业务收入 69202.61 万元，同比增长 26.39%。其中，市中心和铁路分中心共计 27140.40 万元，省直分中心 42062.21 万元；存款利息 41070.54 万元，委托贷款利息 27417.42 万元，国债利息 707.25 万元，其他 7.40 万元。

（二）**业务支出**：2017 年，业务支出 46922.82 万元，同比增长 17.02%。其中，市中心和铁路分中心共计 18918.26 万元，省直分中心 28004.56 万元；支付职工住房公积金利息 42736.00 万元，归集手续费 2508.93 万元，委托贷款手续费 1459.80 万元，其他 218.09 万元。

（三）**增值收益**：2017 年，增值收益 23956.14 万元（含上年增值收益本年调整额 1676.35 万元），同比增长 63.48%。其中市中心和铁路分中心共计 9898.49 万元，省直分中心 14057.65 万元；增值收益率 1.67%，比上年增加 0.54 个百分点。

（四）**增值收益分配**：2017 年，提取贷款风险准备金 14366.97 万元，提取管理费用 2602.08 万元，提取城市廉租住房（公共租赁住房）建设补充资金 6987.09 万元。

2017 年，上交财政管理费用 2602.08 万元，上缴财政城市廉租住房（公共租赁住房）建设补充资金 3690.77 万元。2017 年市中心和铁路分中心共计提城市廉租住房建设补充资金 2058.86 万元，当年上缴 1797.51 万元（含 2016 年增加部分 556.51 万元），剩余 817.86 万元于 2018 年 2 月上缴；省直分中心上缴 1893.26 万元。

2017 年末，贷款风险准备金余额 62597.68 万元。累计提取城市廉租住房（公共租赁住房）建设补充资金 25276.82 万元。其中，市中心和铁路分中心共计提取 12197.97 万元，省直分中心提取 13,078.85 万元。

（五）**管理费用支出**：2017 年，管理费用支出 2637.71 万元，同比下降 9.83%。其中，人员经费 1726.56 万元，公用经费 299.76 万元，专项经费 611.39 万元。

市中心和铁路分中心管理费用支出合计 1942.88 万元（含上年结余 13.89 万元，上级财政补助 21.74 万元），其中，人员、公用、专项经费分别为 1332.81 万元、222.96 万元、387.11 万元；省直分中心管理费用支出 694.83 万元，其中，人员、公用、专项经费分别为 393.75 万元、76.80 万元、224.28 万元。

四、资产风险状况

（一）**个人住房贷款**：2017 年末，个人住房贷款逾期额 218.66 万元，逾期率 0.22‰。其中，市中心 0.27‰，铁路分中心 0.85‰，省直分中心 0.08‰。

市中心和铁路分中心个人贷款风险准备金按贷款余额的 1% 提取，省直分中心个人贷款风险准备金按当年实现增值收益的 60% 提取。2017 年，提取个人贷款风险准备金 14366.97 万元，使用个人贷款风险准备金核销呆坏账 0 万元。2017 年末，个人贷款风险准备金余额 62597.68 万元，占个人住房贷款余额的 6.20%，个人住房贷款逾期额与个人贷款风险准备金余额的比率为 0.35%。

（二）**支持保障性住房建设试点项目贷款**：2017 年末，逾期项目贷款 0 万元，逾期率 0‰。

项目贷款风险准备金按贷款余额的 4% 提取。2017 年，提取项目贷款风险准备金 -1270.20 万元，使用项目贷款风险准备金核销呆坏账 0 万元，项目贷款风险准备金余额 0 万元，占项目贷款余额的 0%，项目贷款逾期额与项目贷款风险准备金余额的比率为 0%。

五、社会经济效益

（一）**缴存业务**：2017 年，实缴单位数、实缴职工人数和缴存额同比分别增长 2.96%、4.66%

和 16.86%。

缴存单位中，国家机关和事业单位占 49.43%，国有企业占 17.59%，城镇集体企业占 2.47%，外商投资企业占 0.79%，城镇私营企业及其他城镇企业占 25.67%，民办非企业单位和社会团体占 1.76%，其他占 2.29%。

缴存职工中，国家机关和事业单位占 40.02%，国有企业占 45.75%，城镇集体企业占 1.80%，外商投资企业占 0.46%，城镇私营企业及其他城镇企业占 9.20%，民办非企业单位和社会团体占 0.42%，其他占 2.35%；中、低收入占 97.87%，高收入占 2.13%。

新开户职工中，国家机关和事业单位占 23.84%，国有企业占 34.91%，城镇集体企业占 5.50%，外商投资企业占 1.09%，城镇私营企业及其他城镇企业占 24.60%，民办非企业单位和社会团体占 0.67%，其他占 9.39%；中、低收入占 99.38%，高收入占 0.62%。

(二) 提取业务：2017 年，12.79 万名缴存职工提取住房公积金 38.08 亿元。

提取金额中，住房消费提取占 74.48%（购买、建造、翻建、大修自住住房占 39.59%，偿还购房贷款本息占 27.92%，租赁住房占 1.53%，其他占 5.44%）；非住房消费提取占 25.52%（离休和退休提取占 16.91%，完全丧失劳动能力并与单位终止劳动关系提取占 6.15%，户口迁出本市或出境定居占 0.10%，其他占 2.36%）。

提取职工中，中、低收入占 99.28%，高收入占 0.72%。

(三) 贷款业务：

1. 个人住房贷款：2017 年，支持职工购建房 125.52 万平方米，年末个人住房贷款市场占有率为 32.14%，比上年增加 0.72 个百分点，当年发放个人住房贷款市场占有率为 54.30%。通过申请住房公积金个人住房贷款，可节约职工购房利息支出 73030.96 万元。

职工贷款笔数中，购房建筑面积 90（含）平方米以下占 21.93%，90～144（含）平方米占 68.03%，144 平方米以上占 10.04%。购买新房占 77.26%（其中购买保障性住房占 0.56%），购买存量商品住房占 22.74%，建造、翻建、大修自住住房占 0%，其他占 0%。

职工贷款笔数中，单缴存职工申请贷款占 58.70%，双缴存职工申请贷款占 41.29%，三人及以上缴存职工共同申请贷款占 0.01%。

贷款职工中，30 岁（含）以下占 40.43%，30 岁～40 岁（含）占 37.59%，40 岁～50 岁（含）占 18.18%，50 岁以上占 3.80%；首次申请贷款占 87.14%，二次及以上申请贷款占 12.86%；中、低收入占 98.61%，高收入占 1.39%。

2. 异地贷款：2017 年，发放异地贷款 991 笔 38956.90 万元。2017 年末，发放异地贷款总额 273198.44 万元，异地贷款余额 99080.38 万元。

3. 支持保障性住房建设试点项目贷款：2017 年末，累计试点项目 3 个，贷款额度 1.34 亿元，建筑面积 8.27 万平方米，可解决 1113 户中低收入职工家庭的住房问题。3 个试点项目贷款资金已发放并还清贷款本息。

(四) 住房贡献率：2017 年，个人住房贷款发放额、公转商贴息贷款发放额、项目贷款发放额、住房消费提取额的总和与当年缴存额的比率为 138.19%，比上年增加 0.71 个百分点。

六、其他重要事项

(一)当年机构及职能调整情况、受委托办理缴存贷款业务金融机构变更情况:2017年,省直分中心单位性质由自收自支事业单位调整为公益一类事业单位;受委托办理缴存业务金融机构未发生变化;受委托办理贷款业务金融机构增加1家为中国光大银行西宁分行。

(二)当年住房公积金政策调整及执行情况:

西宁市中心及铁路分中心:

1. 根据国务院办公厅《关于印发推动1亿非户籍人口在城市落户方案的通知》(国办发〔2016〕72号)精神及住房城乡建设部和青海省人民政府、西宁市人民政府的相关要求,结合西宁市实际,就农业转移人员、个体工商户、自由职业者(以下简称"灵活就业人员")实行住房公积金制度的相关问题进行了调研,进一步完善了《西宁住房公积金灵活就业人员缴存住房公积金细则(草案)》《西宁住房公积金灵活就业人员贷款细则(草案)》和《灵活就业人员住房公积金缴存协议》等。

2. 严格执行国务院《住房公积金管理条例》和住房城乡建设部、财政部、人民银行《关于住房公积金管理若干具体问题的指导意见》(建金管〔2005〕5号)。2017年度,西宁地区缴存单位和缴存职工的住房公积金缴存比例最低为5%,最高为12%。2017年度职工住房公积金缴存最高基数为青海省统计局公布的全省在岗职工月平均工资5621元的3倍,即16863元。

3. 根据住房城乡建设部、财政部、发改委、人民银行《关于规范和阶段性适当降低住房公积金缴存比例的通知》,受理了3家缴存单位降低住房公积金缴存比例业务,5家缴存单位申请的缓交住房公积金业务。

4. 当年住房公积金提取政策,个人住房贷款最高贷款额度、贷款条件等贷款政策未作调整。

5. 2017年度住房公积金存贷款利率没有调整,仍执行原存贷款利率,即住房公积金存款利率为1.5%的一年期定期存款利率,五年以内(含)贷款利率为2.75%,五年以上贷款利率为3.25%。

省直分中心:

住房公积金缴存基数为职工本人上一年度月平均工资。缴存基数上限按青海省统计局发布的2016年度全省在岗职工月平均工资3倍的要求确定为16863.00元;缴存基数下限按全省在岗职工月平均工资的60%确定为3373.00元。行政、全额和差额预算事业单位职工个人住房公积金缴存比例为10%,单位缴存比例为12%;企业单位(含自收自支事业单位)职工个人和单位缴存比例均为12%。

(三)当年服务改进情况:

西宁市中心及铁路分中心:

1. **调整了业务模式**。继2016年在实现自主归集后,2017年又实现了自主贷款,贷款业务从审核审批到发放回收全部由中心自主办理,中心成为全省唯一归集、贷款业务自主办理的管理中心。贷款的发放和回收做到了实时到账,切实摆脱了对银行的依赖,做到了效率高、差错小、账务少,极大地提高了贷款业务的管理水平和服务能力。

2. **上线了异地转移接续平台**。为便于跨省、市就业职工办理相关业务,中心及时上线了全国住房公积金异地转移接续平台,使缴存职工跨地区调动或再就业时,无需两地往返办手续,在调入地即可办理完成公积金转移手续,方便了缴存职工办理转移业务,为缴存职工节省了时间、资金、精力。

3. **开办了线上业务**。上线运行了"互联网+公积金"综合服务系统,综合服务系统上线后,除单位开（销）户和职工死亡提取两项必须现场办理的业务外，其他所有业务均可在线上申请办理，实现了线上业务的全覆盖，打通了服务缴存职工（单位）的"最后一公里"，做到了"数据多跑路，职工少跑腿"。单位汇缴补缴、缴存状态变更、基数调整和账户转移等12项归集业务，离退休等3项提取业务实现了系统实时自动审批。购房提取、自建房提取、租房提取、偿还商贷提取等7项提取业务实现了线上申请，在业务要件真实无误的情况下，中心在1～3个工作日内对相关业务完成审批，以上22项业务均实现了"零跑路"。住房公积金贷款业务实现了线上申请、后台审批，待中心审批通过后，除不动产抵押外，职工仅需到中心签订相关借款合同后，再无需跑路，实现了"最多跑一次"。无论职工采取哪种渠道办理完住房公积金业务后，会第一时间收到业务办理相关短信、微信信息，便于职工及时掌握个人公积金变动情况。

自10月9日综合服务系统上线至年底，通过"两个平台"办理业务7693笔，共结算资金5967.73万元。其中：提取6250笔2961.43万元，占同时段提取业务量的35.38%；提前还贷业务1443笔回收资金3006.30万元，占同时段提前还贷业务量的42.73%。这不仅方便了缴存职工和缴存单位，也极大地缓解了中心前后台的工作压力。线上开办仅三个月，西宁中心提取业务离柜率即超过30%，提前还贷业务离柜率超过40%。

4. **全面实现了业务的通存、通提、通贷**。依托核心业务系统建成了统一的信息和资金平台，下设的分中心、各管理部之间实现了通存、通提、通贷，只要是中心的缴存单位和缴存职工，即可通过中心设在市区、三县或青藏铁路公司及格尔木市和拉萨市的任一网点办理住房公积金缴存、提取和贷款业务。

省直分中心：

依托信息技术，提升服务效能，综合服务平台开通后，得到了广大缴存单位和职工好评，微信平台已关注全省缴存职工27万余人，占全省缴存职工63%，日均增长300余人，日均查询10余万次，月推送20余篇各中心政策和宣传类文章，推出账户查询、政策发布、账户变动通知、万元表、贷款试算工具等一系列便民服务；网站日均访问量8000余次，进入全省政务网站访问量TOP前20榜单，缴存单位通过网上业务大厅足不出户即可办理单位公积金业务。

（四）当年信息化建设情况：

西宁市中心及铁路分中心：

按照住房城乡建设部"双贯标"要求，完成了基础数据贯标和结算系统贯标工作，开通了门户网站、网上业务大厅、自助终端、12329服务热线、手机客户端、官方微信、官方微博7种服务渠道，建成了综合服务平台。高度重视信息安全工作，把防范信息系统风险与防范资金风险和流动性风险放在同等重要位置。为了确保在互联网线上办理公积金业务的安全，切实加强了网络和信息安全建设。2017年3月，完成了网络安全建设项目，达到了等保三级水平（银行金融机构网络安全标准）。建立了安全保障机制，把网络区域分为核心区、隔离区和外联区，各区域之间部署多道防火墙等安全设备。中心系统和外部系统之间设置了数据交换区（DMZ），避免外部系统直接访问中心数据库，防止中心数据被非法抓取和篡改。并将引入第三方专业检测机构，对系统进行安全检测。构建了"两地三中心"的灾备格局，相继建成了生产数据中心、异地实时灾备中心和同城灾备中心。通过网络安全建设和"三个中心"建设，为各项住房公积金业务线上运行构筑了安全环境，为数据提供了安全保障，提高中心信息系统抵御风险的能力。

上线运行了"互联网+公积金"综合服务系统，该系统由核心业务系统和互联网业务系统两大部分组成。在开发建设中，西宁中心注重增强核心业务系统对互联网业务系统及各项住房公积金业务的支撑保障作用。核心业务系统在优化常规业务操作的同时，主要实现了自主贷款，通存、通提、通贷；增强了对资金的监管、财务自动核算 4 个方面的功能。

西宁中心"互联网＋公积金"综合服务系统中的互联网业务系统即为线上业务系统，包括网上业务平台和移动业务平台（以下简称"两个平台"）。线上业务实行"7×24 小时"受理制，全天候受理住房公积金各项业务，缴存职工（单位）利用电脑、手机等终端，通过网上业务大厅、手机 APP 及微信渠道申请办理住房公积金业务时既不受时间限制，也不受场所限制，达到了单位、职工随时随地申请，中心随时随地办理的效果。网上业务大厅、手机 APP 及微信公众号注册信息共享，职工可在任一渠道进行注册后使用全部平台。"网上业务平台"包括网上服务大厅个人版、单位版和开发商版。个人版主要用于职工办理个人业务，单位版主要用于缴存单位办理住房公积金汇（补）缴、变更等归集业务，开发商版主要用于开发商报送楼盘贷款准入信息和为购房职工集中代办公积金贷款。三个版本分别对应不同服务对象，体现了服务的精准性。"移动业务平台"包括手机 APP、微信公众号和移动办公系统，主要作用是打破时间、地点限制，便于职工申请和中心内部审批。在开发建设中，西宁中心注重缴存职工（单位）的用户体验感、操作主导感和办理即时感，着力突出线上业务系统方便、快捷、有效、安全等特点。"两个平台"的上线运行，使住房公积金"推、查、签、批、缴、提、贷、还"等业务实现了互联网移动化。

省直分中心：

省内 12 家公积金经办银行全部与省直分中心互联，公积金中心所有资金调拨和使用，均通过结算应用系统实时拨付，确保资金安全。同时，规范会计基础工作，精简公积金财务科目级次，提高公积金核算效率，整体提升公积金管理水平；2017 年省中心被住房城乡建设部列为全国住房公积金异地转移接续平台试点单位，参与该平台测试和部署工作，负责各市、州公积金中心异地转移接续平台网络搭建和维护，协助各市、州公积金中心在要求时间内完成全国异地转移接续平台上线运行。

（五）当年住房公积金管理中心及职工所获荣誉情况：

西宁市中心及铁路分中心：

西宁中心 2017 年获得"西宁市市级文明单位"、近四年三次被评为全市党风廉政建设优秀等次。

省直分中心：

2017 年 5 月连续第九次被共青团中央，住房城乡建设部授予"全国青年文明号"荣誉称号；8 月被评为"住房城乡建设系统全国文明单位"；10 月被评为全国行政服务大厅"百优十佳"标准化优秀单位；12 月被评为"全国住房城乡建设系统先进集体"。

海东市住房公积金 2017 年年度报告

一、机构概况

（一）住房公积金管理委员会：住房公积金管理委员会有 25 名委员，2017 年召开一次会议，审议通过的事项主要包括：《海东市住房公积金管理中心关于 2017 年全市住房公积金归集使用收支预算的报告》、《海东市住房公积金归集管理办法》、《海东市住房公积金提取管理办法》、《海东市住房公积金贷款管理暂行办法》。

(二)住房公积金管理中心:住房公积金管理中心为隶属于海东市政府不以营利为目的的自收自支事业单位,设6个科,5个管理部。从业人员40人,其中,在编29人,非在编11人。

二、业务运行情况

(一)缴存:2017年,新开户单位59家,实缴单位1122家,净增单位-119家;新开户职工0.27万人,实缴职工4.61万人,净增职工-0.04万人;缴存额9.98亿元,同比增长29.78%。2017年末,缴存总额64.45亿元,同比增长18.32%;缴存余额29.24亿元,同比增长12.29%。

受委托办理住房公积金缴存业务的银行4家,比上年增加0家。

(二)提取:2017年,提取额6.79亿元,同比增长31.33%;占当年缴存额的68.04%,比上年增加0.81个百分点。2017年末,提取总额35.21亿元,同比增长23.85%。

(三)贷款:

个人住房贷款:个人住房贷款最高额度60万元,其中,单缴存职工最高额度50万元,双缴存职工最高额度60万元。

2017年,发放个人住房贷款1656笔4.71亿元,同比分别下降3.61%、增长1.07%。

2017年,回收个人住房贷款4.48亿元。

2017年末,累计发放个人住房贷款3.70万笔47.76亿元,贷款余额13.61亿元,同比分别增长4.52%、10.94%、1.6%。个人住房贷款余额占缴存余额的46.55%,比上年减少4.87个百分点。

受委托办理住房公积金个人住房贷款业务的银行7家,比上年增加1家。

(四)资金存储:2017年末,住房公积金存款15.90亿元。其中,活期1.56亿元,1年(含)以下定期13.19亿元,1年以上定期1.15亿元。

(五)资金运用率:2017年末,住房公积金个人住房贷款余额、项目贷款余额和购买国债余额的总和占缴存余额的46.55%,比上年减少4.87个百分点。

三、主要财务数据

(一)业务收入:2017年,业务收入7172.61万元,同比增长8.66%。存款利息2518.21万元,委托贷款利息4586.61万元,国债利息0万元,其他67.79万元。

(二)业务支出:2017年,业务支出4584.85万元,同比增长45.68%。支付职工住房公积金利息4132.13万元,归集手续费303.65万元,委托贷款手续费149.07万元,其他0万元。

(三)增值收益:2017年,增值收益2587.76万元,同比下降25.08%。增值收益率0.92%,比上年减少0.49个百分点。

(四)增值收益分配:2017年,提取贷款风险准备金1552.66万元,提取管理费用785.10万元,提取城市廉租住房(公共租赁住房)建设补充资金250万元。

2017年,上交财政管理费用950.68万元。上缴财政城市廉租住房(公共租赁住房)建设补充资金250万元。

2017年末,贷款风险准备金余额14184.42万元。累计提取城市廉租住房(公共租赁住房)建设补充资金1456.86万元。

（五）管理费用支出：2017 年，管理费用支出 756.04 万元，同比增长 19.82%。其中，人员经费 534.59 万元，公用经费 175.74 万元，专项经费 45.71 万元。

四、资产风险状况

个人住房贷款：2017 年末，个人住房贷款逾期额 120.57 万元，逾期率 0.89‰。

个人贷款风险准备金按增值收益的 60% 提取。2017 年，提取个人贷款风险准备金 1552.66 万元，使用个人贷款风险准备金核销呆坏账 0 万元。2017 年末，个人贷款风险准备金余额 14184.42 万元，占个人住房贷款余额的 10.42%，个人住房贷款逾期额与个人贷款风险准备金余额的比率 0.09%。

五、社会经济效益

（一）缴存业务：2017 年，实缴单位数、实缴职工人数和缴存额同比分别减少 9.59%、减少 0.86% 和增加 29.78%。

缴存单位中，国家机关和事业单位占 83.16%，国有企业占 6.59%，城镇集体企业占 2.14%，外商投资企业占 0%，城镇私营企业及其他城镇企业占 5.79%，民办非企业单位和社会团体占 1.96%，其他占 0.36%。

缴存职工中，国家机关和事业单位占 84.33%，国有企业占 7.73%，城镇集体企业占 1.22%，外商投资企业占 0%，城镇私营企业及其他城镇企业占 5.84%，民办非企业单位和社会团体占 0.38%，其他占 0.49%；中、低收入占 99.89%，高收入占 0.11%。

新开户职工中，国家机关和事业单位占 83.24%，国有企业占 8.19%，城镇集体企业占 1.54%，外商投资企业占 0%，城镇私营企业及其他城镇企业占 7.03%，民办非企业单位和社会团体占 0%，其他占 0%；中、低收入占 100%，高收入占 0%。

（二）提取业务：2017 年，1.36 万名缴存职工提取住房公积金 6.78 亿元。

提取金额中，住房消费提取占 83.21%（购买、建造、翻建、大修自住住房占 33.1%，偿还购房贷款本息占 44.45%，租赁住房占 0.25%，其他占 5.41%）；非住房消费提取占 16.79%（离休和退休提取占 13.43%，完全丧失劳动能力并与单位终止劳动关系提取占 1.84%，户口迁出本市或出境定居占 0.87%，其他占 0.65%）。

提取职工中，中、低收入占 99.51%，高收入占 0.49%。

（三）贷款业务：

1. **个人住房贷款**：2017 年，支持职工购建房 20.72 万平方米，年末个人住房贷款市场占有率为 37.34%，比上年减少 8.86 个百分点。通过申请住房公积金个人住房贷款，可节约职工购房利息支出 7030.42 万元。

职工贷款笔数中，购房建筑面积 90（含）平方米以下占 5.13%，90~144（含）平方米占 79.47%，144 平方米以上占 15.4%。购买新房占 94.08%（其中购买保障性住房占 0%），购买存量商品住房占 5.92%，建造、翻建、大修自住住房占 0%，其他占 0%。

职工贷款笔数中，单缴存职工申请贷款占 28.38%，双缴存职工申请贷款占 71.5%，三人及以上缴存职工共同申请贷款占 0.12%。

贷款职工中，30 岁（含）以下占 34.36%，30 岁~40 岁（含）占 28.93%，40 岁~50 岁（含）占

26.51%，50岁以上占10.20%；首次申请贷款占73.19%，二次及以上申请贷款占26.81%；中、低收入占99.94%，高收入占0.06%。

2. **异地贷款**：2017年，发放异地贷款112笔3044.4万元。2017年末，发放异地贷款总额5590.4万元，异地贷款余额4916.18万元。

（四）住房贡献率：2017年，个人住房贷款发放额、公转商贴息贷款发放额、项目贷款发放额、住房消费提取额的总和与当年缴存额的比率为103.71%，比上年减少8.72个百分点。

六、其他重要事项

（一）机构变更情况：

（1）根据海东市机构编制管理办公室《关于确定海东市教研室等11个事业单位机构类别的通知》（东编办发〔2017〕64号），海东市住房公积金管理中心由自收自支事业单位变更为公益一类事业单位。

（2）增加青海海东平安农村商业银行股份有限公司为我中心委托贷款业务银行。

（二）住房公积金贷款利率：根据中国人民银行于2015年10月23日公布的利率执行，即五年以下年利率2.75%，五年以上年利率3.25%。住房公积金职工个人利息按中国人民银行、住房城乡建设部、财政部印发《关于完善职工住房公积金账户存款利率形成机制的通知》（银发〔2016〕43号）文执行，将职工住房公积金账户存款利率，由现行按照归集时间执行活期和三个月存款基准利率，调整为统一按一年期定期存款基准利率执行，即1.5%计息。

（三）当年服务改进情况：

（1）由省住房城乡建设厅搭建的省级住房公积金综合服务平台自开通以来运行良好。综合服务平台包括青海住房公积金门户网站、12329语音热线、手机短信和官方微信等服务功能。

（2）根据住房城乡建设部《关于正式启用全国住房公积金异地转移接续平台的通知》（建金服函〔2017〕23号），海东市住房公积金管理中心按要求已顺利接入全国住房公积金异地转移接续平台，并成为第4批接入全国住房公积金异地转移接续平台的城市之一。异地转移接续平台的接入将极大方便跨省就业职工就近、高效办理公积金异地转移接续业务。

（3）为提高住房公积金资金使用率，减轻购房职工还贷压力，方便缴存职工利用缴存的住房公积金偿还住房公积金贷款本息，海东市住房公积金管理中心于2017年7月开展按月对冲还贷业务。

（四）2017年完成信息系统升级改造工作：新系统于2017年4月1号正式上线运行，目前运行稳定。升级改造后的系统达到住房城乡建设部基础数据标准并接入住房城乡建设部结算应用系统。

海北州住房公积金2017年年度报告

一、机构概况

（一）住房公积金管理委员会：住房公积金管理委员会有21名委员，2017年召开2次会议，审议通

过的事项主要包括：审核2017年度归集使用计划；审议年度报告以及是否增加中国农业银行海晏县支行办理归集业务。

（二）住房公积金管理中心：住房公积金管理中心为隶属海北州住房和城乡建设局不以营利为目的的公益一类事业单位，设3个科，从业人员12人，其中，在编10人，非在编2人。

二、业务运行情况

（一）缴存：2017年，新开户单位16家，实缴单位587家，净增单位12家；新开户职工0.14万人，实缴职工1.57万人，净增职工0.12万人；缴存额3.12亿元，同比增长18.63%。2017年末，缴存总额21.47亿元，同比增长17%；缴存余额8.84亿元，同比增长7.15%。

受委托办理住房公积金缴存业务的银行2家，比上年增加（减少）0家。

（二）提取：2017年，提取额2.53亿元，同比增长18.22%；占当年缴存额的81.09%，比上年减少0.28个百分点。2017年末，提取总额12.63亿元，同比增长25.05%。

（三）贷款：

个人住房贷款：个人住房贷款最高额度50万元，其中，单缴存职工最高额度50万元，双缴存职工最高额度50万元。

2017年，发放个人住房贷款1120笔3.77亿元，同比分别增长37.76%、57.08%。

2017年，回收个人住房贷款1.64亿元。

2017年末，累计发放个人住房贷款11015笔17.73亿元，贷款余额8.03亿元，同比分别增长11.32%、27.01%、36.1%。个人住房贷款余额占缴存余额的90.84%，比上年增加19.32个百分点。

受委托办理住房公积金个人住房贷款业务的银行2家，比上年增加（减少）0家。

（四）融资：2017年，融资0.1亿元，归还0.1亿元。2017年末，融资总额0.1亿元，融资余额0亿元。

（五）资金存储：2017年末，住房公积金存款0.79亿元。其中，活期0.13亿元，1年（含）以下定期0.66亿元。

（六）资金运用率：2017年末，住房公积金个人住房贷款余额、项目贷款余额和购买国债余额的总和占缴存余额的90.84%，比上年增加19.32个百分点。

三、主要财务数据

（一）业务收入：2017年，业务收入3293.12万元，同比增长10.12%。存款利息1100.38万元；委托贷款利息2191.64万元，其他1.10万元。

（二）业务支出：2017年，业务支出1946.01万元，同比下降10.48%。支付职工住房公积金利息1774.67万元，归集手续费97.28万元，委托贷款手续费72.03万元，其他2.03万元。

（三）增值收益：2017年，增值收益1347.11万元（不含上年增值收益本年调整额2819.73万元），同比增长64.96%。增值收益率1.59%，比上年增加0.59个百分点。

（四）增值收益分配：2017年，提取贷款风险准备金802.66万元，提取管理费用215万元，提取城市廉租住房（公共租赁住房）建设补充资金329.45万元，上年末未分配增值收益2819.73万元（全部分配到城市廉租住房建设补充资金，本年共计增加城市廉租住房建设补充资金3149.18万元）。

2017年，上交财政管理费用215万元。上缴财政城市廉租住房（公共租赁住房）建设补充资金525万元。

2017年末，贷款风险准备金余额3998.51万元。累计提取城市廉租住房（公共租赁住房）建设补充资金3404.18万元。

（五）管理费用支出：2017年，管理费用支出227.94万元，同比增长20.83%。其中，人员经费204.58万元，公用经费10.85万元，专项经费12.51万元。

四、资产风险状况

个人住房贷款：2017年末，无个人住房贷款逾期额。

个人贷款风险准备金按贷款余额的1%提取。2017年，提取个人贷款风险准备金802.66万元，使用个人贷款风险准备金核销呆坏账0万元。2017年末，个人贷款风险准备金余额3998.51万元，占个人住房贷款余额的4.98%，个人住房贷款逾期额与个人贷款风险准备金余额的比率为0%。

五、社会经济效益

（一）缴存业务：2017年，实缴单位数、实缴职工人数和缴存额同比分别增长2.09%、8.28%和18.63%。

缴存单位中，国家机关和事业单位占87.1%，国有企业占5.62%，城镇集体企业占1.02%，外商投资企业占0%，城镇私营企业及其他城镇企业占3.41%，民办非企业单位和社会团体占2.85%，其他占0%。

缴存职工中，国家机关和事业单位占80.98%，国有企业占12.89%，城镇集体企业占1.51%，外商投资企业占0%，城镇私营企业及其他城镇企业占3.94%，民办非企业单位和社会团体占0.68%，其他占0%；中、低收入占99.98%，高收入占0.02%。

新开户职工中，国家机关和事业单位占50.88%，国有企业占18.64%，城镇集体企业占14.93%，外商投资企业占0%，城镇私营企业及其他城镇企业占12.89%，民办非企业单位和社会团体占2.66%，其他占0%；中、低收入占100%，高收入占0%。

（二）提取业务：2017年，0.52万名缴存职工提取住房公积金2.53亿元。

提取金额中，住房消费提取占81.14%（购买、建造、翻建、大修自住住房占49.72%，偿还购房贷款本息占31.01%，租赁住房占0.2%，其他占0.21%）；非住房消费提取占18.86%（离休和退休提取占9.68%，完全丧失劳动能力并与单位终止劳动关系提取占1.32%，户口迁出本市或出境定居占1.16%，其他占6.7%）。

提取职工中，中、低收入占99.99%，高收入占0.01%。

（三）贷款业务：

1. **个人住房贷款**：2017年，支持职工购建房13.08万平方米，年末个人住房贷款市场占有率为74%，比上年减少2.62个百分点。通过申请住房公积金个人住房贷款，可节约职工购房利息支出3923.28万元。

职工贷款笔数中，购房建筑面积90（含）平方米以下占9.91%，90～144（含）平方米占81.79%，144平方米以上占8.3%。购买新房占91.79%（其中购买保障性住房占0%），购买存量商品住房占8.21%，建造、翻建、大修自住住房占0%，其他占0%。

职工贷款笔数中，单缴存职工申请贷款占26.07%，双缴存职工申请贷款占73.75%，三人及以上缴存职工共同申请贷款占0.18%。

贷款职工中，30岁（含）以下占32.32%，30岁～40岁（含）占38.13%，40岁～50岁（含）占25.98%，50岁以上占3.57%；首次申请贷款占65.63%，二次及以上申请贷款占34.37%；中、低收入占99.02%，高收入占0.98%。

2. **异地贷款**：2017年，发放异地贷款58笔1365.1万元。2017年末，发放异地贷款总额1968.8万元，异地贷款余额1764.21万元。

（四）住房贡献率：2017年，个人住房贷款发放额、公转商贴息贷款发放额、项目贷款发放额、住房消费提取额的总和与当年缴存额的比率为186.54%，比上年增加31.03个百分点。

六、其他重要事项

（一）当年机构及职能调整情况、受委托办理缴存贷款业务金融机构变更情况：根据《海北州机构编制管理办公室关于确定海北州住房公积金管理中心事业单位类别的通知》（北编办发〔2017〕52号），2017年6月16日起海北州住房公积金管理中心事业单位类别由原来自收自支事业单位变更为公益一类事业单位；

新增中国农业银行海晏县支行作为委托银行，并于2017年5月2日开办海晏县住房公积金归集、提取业务。

（二）当年住房公积金政策调整及执行情况：2017年，海北州住房公积金管理中心严格执行住房公积金各项政策，严格执行《关于规范和阶段性降低住房公积金缴存比例的意见》的通知（青建房〔2016〕139号）的文件要求，基数调整限额为不得超过我省统计部门公布的上一年度社会平均工资的3倍；缴存比例确定为在5%～12%之间。

2017年个人住房贷款最高额度为50万，对信用状况良好，有住房需求的职工，在最高额度的基础上可上浮20%。

2017年严格按人民银行规定的住房公积金存贷款利率执行。

（三）当年服务改进情况：服务平台更完善。开通12329微信服务平台等服务体系，让缴存职工足不出户体验公积金便利。通过绑定缴存职工个人账号，利用微信公众号发布公积金电子缴存、贷款等账单，实时告之缴存情况。2017年4月，异地转移接续平台正式接通，实现资金在行业系统内流转，转移接入时间短、效率高，避免职工在转入地和转出地往返奔波。

（四）当年信息化建设情况：启动公积金综合业务系统"双贯标"，建设住房公积金与受托银行金融合作结算平台，做到公积金提取即时办结、资金结算实时到账，提高公积金金融服务效率。

（五）当年住房公积金管理中心及职工所获荣誉情况：2017年，我中心被海北州人民政府授予"2017年度优秀窗口单位"称号；2017年11月，苏玉婷同志被海北州直属机关工委授予"党员示范岗"称号。

黄南州住房公积金 2017 年年度报告

一、机构概况

（一）**住房公积金管理委员会**：住房公积金管理委员会有 25 名委员，2017 年召开 1 次会议，审议通过 2017 年度住房公积金归集、贷款、提取及使用计划执行情况。

（二）**住房公积金管理中心**：住房公积金管理中心为黄南州人民政府直属的不以营利为目的自收自支事业单位，设 3 个科。从业人员 14 人，其中，在编 10 人，非在编 4 人。

二、业务运行情况

（一）**缴存**：2017 年，新开户单位 3 家，实缴单位 621 家，净增单位 19 家；新开户职工 848 人，实缴职工 1.24 万人，缴存额 2.78 亿元，同比增长 21.39%。2017 年末，缴存总额 18.83 亿元，同比增长 17.32%；缴存余额 10.55 亿元，同比增长 13.32%。

受委托办理住房公积金缴存业务的银行 3 家。

（二）**提取**：2017 年，提取额 1.53 亿元，同比增长 0.60%；占当年缴存额的 55.39%，比上年减少 11.42 个百分点。2017 年末，提取总额 8.28 亿元，同比增长 22.85%。

（三）**贷款**：

个人住房贷款：个人住房贷款最高额度 60 万元，其中，单缴存职工最高额度 60 万元，双缴存职工最高额度 60 万元。

2017 年，发放个人住房贷款 524 笔 1.65 亿元，同比分别下降 16.02%、7.30%。

2017 年，回收个人住房贷款 1.27 亿元。

2017 年末，累计发放个人住房贷款 11582 笔 14.84 亿元，贷款余额 5.16 亿元，同比分别增长 4.73%、12.51%、7.9%。个人住房贷款余额占缴存余额的 48.90%，比上年减少 2.44 个百分点。

受委托办理住房公积金个人住房贷款业务的银行 3 家。

（四）**资金存储**：2017 年末，住房公积金存款 5.39 亿元。其中，活期 0.72 亿元，1 年（含）以下定期 3.22 亿元，1 年以上定期 1.45 亿元。

（五）**资金运用率**：2017 年末，住房公积金个人住房贷款余额、项目贷款余额和购买国债余额的总和占缴存余额的 48.90%，比上年减少 2.44 个百分点。

三、主要财务数据

（一）**业务收入**：2017 年，业务收入 2636.88 万元，同比下降 11.78%。其中，存款利息 1035.84 万元，委托贷款利息 1569.58 万元，国债利息 0 万元，其他 31.46 万元。

（二）**业务支出**：2017 年，业务支出 1845.28 万元，同比增长 4.30%。其中，支付职工住房公积金利息 1684.12 万元，归集手续费 77.81 万元，委托贷款手续费 62.88 万元，其他 20.47 万元。

（三）**增值收益**：2017 年，增值收益 791.60 万元，同比下降 35.14%。增值收益率 0.75%，比上年减少 0.60 个百分点。

（四）增值收益分配：2017 年，提取贷款风险准备金 510 万元，提取管理费用 229.31 万元，提取城市廉租住房（公共租赁住房）建设补充资金 52.29 万元。

2017 年，上交财政管理费用 229.31 万元。上缴财政城市廉租住房（公共租赁住房）建设补充资金 52.30 万元。2017 年末，贷款风险准备金余额 5616.64 万元。累计提取城市廉租住房（公共租赁住房）建设补充资金 336.30 万元。

（五）管理费用支出：2017 年，管理费用支出 267.48 万元，同比下降 6.57%。其中，人员经费 208.69 万元，公用经费 56.79 万元，专项经费 2 万元。

四、资产风险状况

个人住房贷款：2017 年末，个人住房贷款逾期额 70.1 万元，逾期率 1.35‰。

个人贷款风险准备金按增值收益的 60% 提取。2017 年，提取个人贷款风险准备金 510 万元，使用个人贷款风险准备金核销呆坏账 0 万元。2017 年末，个人贷款风险准备金余额 5616.64 万元，占个人住房贷款余额的 10.88%，个人住房贷款逾期额与个人贷款风险准备金余额的比率为 1.24%。

五、社会经济效益

（一）缴存业务：2017 年，实缴单位数、实缴职工人数和缴存额同比分别增长 3.16%、－0.55% 和 21.4%。

缴存单位中，国家机关和事业单位占 87%，国有企业占 12%，城镇集体企业占 1%。

缴存职工中，国家机关和事业单位占 97%，国有企业占 2.20%，城镇集体企业占 0.80%，外商投资企业占 0%，城镇私营企业及其他城镇企业占 0%，民办非企业单位和社会团体占 0%，其他占 0%；中、低收入占 99.86%，高收入占 0.14%。

新开户职工中，国家机关和事业单位占 91.50%，国有企业占 7.40%，城镇集体企业占 1.10%，外商投资企业占 0%，城镇私营企业及其他城镇企业占 0%，民办非企业单位和社会团体占 0%，其他占 0%；中、低收入占 99.89%，高收入占 0.11%。

（二）提取业务：2017 年，2068 名缴存职工提取住房公积金 1.54 亿元。

提取金额中，住房消费提取占 70.77%（购买、建造、翻建、大修自住住房占 55.84%，偿还购房贷款本息占 14.48%，租赁住房占 0.05%，其他占 0.40%）；非住房消费提取占 29.23%（离休和退休提取占 25.19%，完全丧失劳动能力并与单位终止劳动关系提取占 0.70%，户口迁出本市或出境定居占 2.66%，其他占 0.68%）。

提取职工中，中、低收入占 99.81%，高收入占 0.19%。

（三）贷款业务：

1. 个人住房贷款：2017 年，支持职工购建房 32.03 万平方米，年末个人住房贷款市场占有率为 96.56%，比上年增加 39.33 个百分点。通过申请住房公积金个人住房贷款，可节约职工购房利息支出 1938.57 万元。

职工贷款笔数中，购房建筑面积 90（含）平方米以下占 6.30%，90～144（含）平方米占 71.75%，

144平方米以上占21.95%。购买新房占66.25%（其中购买保障性住房占0%），购买存量商品住房占33.71%，建造、翻建、大修自住住房占0.04%，其他占0%。

职工贷款笔数中，单缴存职工申请贷款占48.79%，双缴存职工申请贷款占51.21%，三人及以上缴存职工共同申请贷款占0%。

贷款职工中，30岁（含）以下占36.77%，30岁~40岁（含）占40.12%，40岁~50岁（含）占21.16%，50岁以上占1.95%；首次申请贷款占76%，二次及以上申请贷款占24%；中、低收入占100%，高收入占0%。

2. 异地贷款：2017年，发放异地贷款3笔90万元。2017年末，发放异地贷款总额431.90万元，异地贷款余额405.19万元。

（四）住房贡献率：2017年，个人住房贷款发放额、公转商贴息贷款发放额、项目贷款发放额、住房消费提取额的总和与当年缴存额的比率为98.92%，比上年减少22.04个百分点。

六、其他重要事项

1. 一是优化公积金提取，坚持应提尽提。陆续出台公积金惠民新政，简化办理手续，放宽提取条件，职工在提供有关材料真实合法的情况下，支付租房、物业管理费、办证费、为子女（父母）购置房屋互取。二是服务平台更加完善。公积金系统升级后建立了公积金与受托银行信息数据库直联系统，建设住房公积金与受托银行金融合作结算平台，做到公积金提取即时办结、资金结算实时到账，提高公积金金融服务效率。三是优化个贷服务流程，放宽贷款政策，切实减轻职工负担。简化业务审批要件，放宽住房公积金贷款购买商品房最低首付比例；放宽条件，将贷款额度从50万提高至60万元，贷款期限延长到25年；提取从去年职工缴存余额的80%提取提高到了职工缴存余额的90%提取。减少个贷审批环节，同步办理个贷审批和房产抵押手续，使个贷办结时限比上年提速50%。简少职工因退休、支付房租和物业管理费等提取要件，让职工少跑路。推行贷前提取、一次性还贷提取、提前偿还部分贷款等多种提取还贷方式，减缓职工还贷压力。实行服务"零收费"，免费提供表格合同和宣传资料，免费为缴存职工复印证件，切实让利于民。

2. 顺利完成"双贯标"工作。2017年6月，中心完成贯标数据和原系统数据的比对，顺利实现了新老数据的迁移转换。8月下旬，承载双贯标核心的新系统正式上线运行。

3. 2017年度团省委授予"青年文明号"称号。荣获2017年度省级文明单位。

海南州住房公积金2017年年度报告

一、机构概况

（一）住房公积金管理委员会：住房公积金管理委员会有25名委员，2017年召开1次会议，审议通过的事项主要包括：审议通过2017年度住房公积金归集、使用计划执行情况，通过了2016年年度报告。

（二）住房公积金管理中心： 海南州住房公积金管理中心为海南州州政府下属不以营利为目的的财政全额拨款事业单位，主要负责全州住房公积金的归集、管理、使用和会计核算。中心设3个科（综合科、会计科、信贷科），无管理部，无分中心。从业人员15人，其中，在编9人，非在编6人。

二、业务运行情况

（一）缴存： 2017年，新开户单位23家，实缴单位673家，净增单位13家；新开户职工0.12万人，实缴职工1.86万人，净增职工0.04万人；缴存额4.30亿元，同比增长16.85%。2017年末，缴存总额30.68亿元，同比增长16.30%；缴存余额13.42亿元，同比增长7.88%。

受委托办理住房公积金缴存业务的银行2家，比上年增加0家。

（二）提取： 2017年，提取额3.32亿元，同比增长25.28%；占当年缴存额的77.21%，比上年增加5.20个百分点。2017年末，提取总额17.26亿元，同比增长23.91%。

（三）贷款：

个人住房贷款：个人住房贷款最高额度60万元，其中，单缴存职工最高额度50万元，双缴存职工最高额度60万元。

2017年，发放个人住房贷款0.11万笔3.78亿元，同比分别增长37.50%、60.85%。

2017年，回收个人住房贷款1.74亿元。

2017年末，累计发放个人住房贷款1.38万笔21.73亿元，贷款余额8.33亿元，同比分别增长8.66%、21.06%、32.43%。个人住房贷款余额占缴存余额的62.07%，比上年增加11.49个百分点。

受委托办理住房公积金个人住房贷款业务的银行4家，比上年增加0家。

（四）资金存储： 2017年末，住房公积金存款5.67亿元。其中，活期0.84亿元，1年（含）以下定期4.43亿元，1年以上定期0.4亿元，其他（协定、通知存款等）0亿元。

（五）资金运用率： 2017年末，住房公积金个人住房贷款余额、项目贷款余额和购买国债余额的总和占缴存余额的62.07%，比上年增加11.51个百分点。

三、主要财务数据

（一）业务收入： 2017年，业务收入3961.55万元，同比增长3.19%。存款利息1249.21万元，委托贷款利息2681.36万元，国债利息0万元，其他30.98万元。

（二）业务支出： 2017年，业务支出2269.54万元，同比增长206.99%。支付职工住房公积金利息2072.38万元，归集手续费123.47万元，委托贷款手续费73万元，其他0.69万元。

（三）增值收益： 2017年，增值收益1692.01万元，同比下降71.61%。增值收益率1.31%，比上年减少3.64个百分点。

（四）增值收益分配： 2017年，提取贷款风险准备金832.70万元，提取管理费用800.02万元，提取城市廉租住房（公共租赁住房）建设补充资金59.29万元。

2017年，上交财政管理费用1340万元。上缴财政城市廉租住房（公共租赁住房）建设补充资金0万元。

2017年末，贷款风险准备金余额2922.29万元。累计提取城市廉租住房（公共租赁住房）建设补充资金759.58万元。

（五）管理费用支出：2017年，管理费用支出217.35万元，同比增长14.12%。其中，人员经费138.56万元，公用经费16.91万元，专项经费61.88万元。

四、资产风险状况

个人住房贷款：2017年末，个人住房贷款逾期额44.19万元，逾期率0.53‰。

个人贷款风险准备金按（贷款余额）的1%提取。2017年，提取个人贷款风险准备金832.70万元，使用个人贷款风险准备金核销呆坏账0万元。2017年末，个人贷款风险准备金余额2922.29万元，占个人住房贷款余额的3.51%，个人住房贷款逾期额与个人贷款风险准备金余额的比率为1.51%。

五、社会经济效益

（一）缴存业务：2017年，实缴单位数、实缴职工人数和缴存额同比分别增长8.94%、18.68%和16.85%。

缴存单位中，国家机关和事业单位占81.50%，国有企业占3.06%，城镇集体企业占1.67%，外商投资企业占0%，城镇私营企业及其他城镇企业占1.53%，民办非企业单位和社会团体占0.28%，其他占11.96%。

缴存职工中，国家机关和事业单位占87.82%，国有企业占3.59%，城镇集体企业占2.57%，外商投资企业占0%，城镇私营企业及其他城镇企业占1.75%，民办非企业单位和社会团体占0.09%，其他占4.18%；中、低收入占99.98%，高收入占0.02%。

新开户职工中，国家机关和事业单位占79.22%，国有企业占5.76%，城镇集体企业占4.38%，外商投资企业占0%，城镇私营企业及其他城镇企业占2.35%，民办非企业单位和社会团体占0%，其他占8.28%；中、低收入占100%，高收入占0%。

（二）提取业务：2017年，0.72万名缴存职工提取住房公积金3.32亿元。

提取金额中，住房消费提取占81.43%（购买、建造、翻建、大修自住住房占48.21%，偿还购房贷款本息占28.75%，租赁住房占3.50%，其他占0.97%）；非住房消费提取占18.57%（离休和退休提取占14.67%，完全丧失劳动能力并与单位终止劳动关系提取占0.86%，户口迁出本市或出境定居占2.33%，其他占0.71%）。

提取职工中，中、低收入占99.92%，高收入占0.08%。

（三）贷款业务：

1. **个人住房贷款**：2017年，支持职工购建房13.08万平方米，年末个人住房贷款市场占有率为84.48%，比上年增加17.09个百分点。通过申请住房公积金个人住房贷款，可节约职工购房利息支出4626.48万元。

职工贷款笔数中，购房建筑面积90（含）平方米以下占10.04%，90～144（含）平方米占78.01%，144平方米以上占11.95%。购买新房占79.01%（其中购买保障性住房占0%，购买存量商品住房占20.99%，建造、翻建、大修自住住房占0%，其他占0%）。

职工贷款笔数中，单缴存职工申请贷款占66.06%，双缴存职工申请贷款占33.85%，三人及以上缴存职工共同申请贷款占0.09%。

贷款职工中，30岁（含）以下占25.46%，30岁～40岁（含）占34.40%，40岁～50岁（含）占32.76%，50岁以上占7.38%；首次申请贷款占69.98%，二次及以上申请贷款占30.02%；中、低收入占99.91%，高收入占0.09%。

2. **异地贷款**：2017年，发放异地贷款49笔1267.10万元。2017年末，发放异地贷款总额2304.80万元，异地贷款余额2101万元。

（四）**住房贡献率**：2017年，个人住房贷款发放额、公转商贴息贷款发放额、项目贷款发放额、住房消费提取额的总和与当年缴存额的比率为150.80%，比上年增加30.69个百分点。

六、其他重要事项

（一）**当年服务改进情况**：为进一步提升住房公积金行业服务水平和服务效率，提高住房公积金制度的社会影响力和知晓率，中心送服务进单位、进企业，深入宣传公积金政策为载体在全州范围内集中开展了住房公积金政策宣传活动，深入各县行政服务大厅、行政企事业单位、学校一线教师、过往职工和群众发放宣传册和办事指南等相关资料1.5万余份，悬挂横幅60条次，展板60块次，接受1000余人次关于住房公积金相关政策和业务方面的解答，现场办公69人次，积极配合做好海南州电视台和海南报记者的采访，报送简报21份，并分别在《中国建设报》、海南电视台、《海南报》、12329微信平台发表中心稿件各4份，通过电视、报纸、微信平台等多渠道让广大群众了解公积金惠民政策。通过宣传活动，有效提高了群众对住房公积金制度的认知度，增强了对住房公积金政策的了解，为公积金发展营造出良好的舆论氛围。

加强协调，推进州、县直机关事业单位的编外聘用人员建立起住房公积金制度；积极引导非公单位建立住房公积金制度。

（二）**当年信息化建设情况**：我中心于2016年7月23日，正式接入全国住房公积金结算应用系统；并于当年9月19日，通过住房城乡建设部和省住房城乡建设厅组成的部、省两级联合验收。

（三）**当年住房公积金管理中心及职工所获荣誉情况**：2017年度我中心荣获青海省团委"青海高原青年文明号"称号。2017年度我中心吉毛同志荣获海南州政府办党组"优秀党员"。2017年度我中心宋积虎同志荣获海南州政府办"先进个人"。

果洛州住房公积金2017年年度报告

一、机构概况

（一）**住房公积金管理委员会**：住房公积金管理委员会有15名委员，2017年召开1次会议，审议通过的事项主要包括：审议通过2017年度住房公积金归集、使用计划执行情况，并对其他重要事项进行决策，主要包括 2017 年度住房公积金缴存使用、异地贷款、贷款发放及回收工作执行情况。

（二）住房公积金管理中心：住房公积金管理中心为果洛藏族自治州住房和城乡建设局直属不以营利为目的的财政全额拨款事业单位，设 1 个科。从业人员 8 人，其中，在编 3 人，非在编 5 人。

二、业务运行情况

（一）缴存：2017 年，新开户单位 1 家，实缴单位 281 家，净增单位 0 家；新开户职工 708 人，实缴职工 1.01 万人，净增职工 0.04 万人；缴存额 2.51 亿元，同比下降 8.06%。2017 年末，缴存总额 13.38 亿元，同比增长 23.09%；缴存余额 6.24 亿元，同比增长 17.96%。

受委托办理住房公积金缴存业务的银行 1 家，比上年增加 0 家。

（二）提取：2017 年，提取额 1.56 亿元，同比增长 13.87%；占当年缴存额的 62.15%，比上年增加 11.97 个百分点。2017 年末，提取总额 7.14 亿元，同比增长 27.96%。

（三）贷款：

个人住房贷款：个人住房贷款最高额度 50 万元，其中，单缴存职工最高额度 50 万元，双缴存职工最高额度 50 万元。

2017 年，发放个人住房贷款 90 笔 0.27 亿元，同比分别下降 17.43%、10%。

2017 年，回收个人住房贷款 0.1 亿元。

2017 年末，累计发放个人住房贷款 1881 笔 3.01 亿元，贷款余额 1.51 亿元，同比分别增长 5.02%、9.85%、13.53%。个人住房贷款余额占缴存余额的 24.20%，比上年减少 0.94 个百分点。

受委托办理住房公积金个人住房贷款业务的银行 1 家，比上年增加 0 家。

（四）资金存储：2017 年末，住房公积金存款 7.35 亿元。其中，活期 1.46 亿元，1 年（含）以下定期 2.61 亿元，1 年以上定期 3.28 亿元，其他（协定、通知存款等）0 亿元。

（五）资金运用率：2017 年末，住房公积金个人住房贷款余额、项目贷款余额和购买国债余额的总和占缴存余额的 24.20%，比上年减少 0.94 个百分点。

三、主要财务数据

（一）业务收入：2017 年，业务收入 715.38 万元，同比增长 162.25%。存款利息 510.34 万元，委托贷款利息 205.04 万元，国债利息 0 万元，其他 0 万元。

（二）业务支出：2017 年，业务支出 133.63 万元，同比下降 85.95%。支付职工住房公积金利息 30.88 万元，归集手续费 102.75 万元，委托贷款手续费 0 万元，其他 0 万元。

（三）增值收益：2017 年，增值收益 581.75 万元，增值收益率 1.03%。

（四）增值收益分配：2017 年，弥补以往年度损失 514.90 万元，当年可供分配增值收益 66.85。当年未进行分配。

（五）管理费用支出：2017 年，管理费用支出 12.22 万元，同比下降 81.20%。其中，人员经费 5.70 万元，公用经费 6.52 万元，专项经费 0 万元。

四、资产风险状况

个人住房贷款：2017 年末，个人住房贷款逾期额 40.90 万元，逾期率 2.71‰。

五、社会经济效益

（一）**缴存业务**：2017年，实缴单位数、实缴职工人数和缴存额同比分别增长0、4.12%和−8.06%。缴存单位中，国家机关和事业单位占97.86%，国有企业占2.14%。

缴存职工中，国家机关和事业单位占95.51%，国有企业占4.49%；中、低收入占100%，高收入占0%。

新开户职工中，国家机关和事业单位占90%，国有企业占10%；中、低收入占100%，高收入占0%。

（二）**提取业务**：2017年，0.13万名缴存职工提取住房公积金1.56亿元。

提取金额中，住房消费提取占72.77%（购买、建造、翻建、大修自住住房占70.51%，偿还购房贷款本息占1.27%，租赁住房占0.91%，其他占0.08%）；非住房消费提取占27.23%（离休和退休提取占16.74%，完全丧失劳动能力并与单位终止劳动关系提取占0.81%，户口迁出本市或出境定居占5.99%，其他占3.69%）。

提取职工中，中、低收入占100%，高收入占0%。

（三）**贷款业务**：

个人住房贷款：2017年，支持职工购建房1.62万平方米，年末个人住房贷款市场占有率为6.32%，比上年减少0.79个百分点。通过申请住房公积金个人住房贷款，可节约职工购房利息支出344.29万元。

职工贷款笔数中，购房建筑面积90（含）平方米以下占10.42%，90～144（含）平方米占76.04%，144平方米以上占13.54%。购买新房占98%（其中购买保障性住房占0%），购买存量商品住房占96.87%，建造、翻建、大修自住住房占0%，其他占3.13%。

职工贷款笔数中，单缴存职工申请贷款占27%，双缴存职工申请贷款占73%，三人及以上缴存职工共同申请贷款占0%。

贷款职工中，30岁（含）以下占31%，30岁～40岁（含）占48%，40岁～50岁（含）占21%，50岁以上占0%；首次申请贷款占100%，二次及以上申请贷款占0%；中、低收入占100%，高收入占0%。

（四）**住房贡献率**：2017年，个人住房贷款发放额、公转商贴息贷款发放额、项目贷款发放额、住房消费提取额的总和与当年缴存额的比率为55.98%，比上年增加22.28个百分点。

六、其他重要事项

（一）**当年住房公积金政策调整及执行情况**：当年住房公积金存贷款利率按照中国人民银行对住房公积金存贷款利率的规定执行。当年住房公积金个人住房贷款单缴存职工和双缴存职工最高贷款额度调整至50万元，适当放宽贷款条件。职工连续足额缴存住房公积金6个月（含）以上，可申请住房公积金贷款。对曾经异地缴存住房公积金、在现缴存地缴存不满6个月的，缴存时间可根据原缴存住房公积金管理中心出具的缴存证明合并计算。对拥有一套住房并已经还清相应购房贷款的家庭，为改善居住条件再次申请住房公积金贷款购买普通商品住房，执行首套房住房公积金贷款政策。发展异地贷款业务。开通异地贷款业务，在本省范围内异地购房的家庭，缴存职工可在购买住房所在地公积金管理中心申请住房公积金贷款。放款住房公积金提取条件。缴存职工未成年子女购买住房时缴存职工可以申请提取本人名下住房公积金

（所需要件：审批表、亲属关系证明、有效期限购房合同首付款票据）；缴存职工可以申请提取本人名下住房公积金偿还直系亲属的住房公积金贷款（所需要件：审批表、亲属关系证明、公积金贷款余额证明、还款账号、贷款时的银行卡）。

（二）当年服务改进情况：开通微信公众号平台"12329"、负责接听解答客服热线0975－12329关于住房公积金相关政策、提取及贷款等程序解答。

（三）当年住房公积金管理中心及职工所获荣誉情况：州住房公积金办公室窗口在2017年度工作中被果洛州行政服务和公共资源交易中心评为"优秀窗口"。

玉树州住房公积金2017年年度报告

一、机构概况

（一）住房公积金管理委员会：住房公积金管理委员会有22名委员，2017年共召开两次全体会议，审议通过2016年度住房公积金归集、使用计划执行情况，并对其他重要事项进行决策，主要包括：

1. 审议《玉树州2016年度住房公积金归集使用情况及2017年使用计划报告》；
2. 审议《玉树州住房公积金2016年度增值收益分配方案》；
3. 审议《玉树州住房公积金2016年年度报告》；
4. 审议《2016年住房公积金管理工作报告》；
5. 审议《玉树州住房公积金贷款管理办法》；
6. 审议《玉树州住房公积金提取管理办法》。

（二）住房公积金管理中心：住房公积金管理中心为玉树州人民政府直属的不以营利为目的的副县级全额拨款事业单位，主要负责全州住房公积金的归集、管理、使用和会计核算。中心设5个科，5个管理部。从业人员32人，其中，在编15人，非在编17人。

二、业务运行情况

（一）缴存：2017年，新开户单位14家，实缴单位574家，净增单位14家；新开户职工0.15万人，实缴职工1.45万人，净增职工－0.01万人；当年缴存额4.12亿元，同比增长9.57%。2017年末，缴存总额26.09亿元，同比增长18.75%，缴存余额14.78亿元，同比增长8.28%

受委托办理住房公积金缴存业务的银行2家，比上年增加0家。

（二）提取：2017年，提取额3.00亿元，同比增长2.74%；占当年缴存额的72.81%，比上年同期减少4.85个百分点。2017年末，提取总额11.31亿元，同比增加36.1%。

（三）贷款：

个人住房贷款：个人住房贷款最高额度60万元，其中，单职工家庭最高额度60万元，双职工家庭最高额度60万元。

2017年，发放个人住房贷款958笔4.17亿元，同比降低12.73%、增加25.60%。

2017年，回收个人住房贷款3.40亿元。

2017年末，累计发放个人住房贷款1.72万笔30.14亿元，贷款余额12.86亿元，同比分别增长4.88%、17.91%、6.46%。个人住房贷款余额占缴存余额的87%，比上年同期减少1.5个百分点。

受委托办理住房公积金个人住房贷款业务的银行5家，比上年增加1家。

（四）资金存储：2017年末，住房公积金存款额2.27亿元。其中，活期0.82亿元，1年以内定期（含）1.45亿元。

（五）资金运用率：2017年末，个人住房公积金个人住房贷款余额、项目贷款余额和购买国债余额的总和占缴存余额的87%，比上年同期减少1.5个百分点。

三、主要财务数据

（一）业务收入：2017年，业务收入4159.81万元，同比降低35.60%。存款利息收入489.00万元，委托贷款利息收入3577.01万元，国债利息收入0万元，其他收入93.80万元。

（二）业务支出：2017年，业务支出2515.94万元，同比增加4.91%。住房公积金利息支出2267.76万元，归集手续费用支出114.10万元，委托贷款手续费支出135.97万元，其他支出－1.89万元。

（三）增值收益：2017年，增值收益1643.87万元，同比降低59.52%。增值收益率1.15%，比上年同期降低2.01个百分点。

（四）增值收益分配：2017年，提取贷款风险准备金986.32万元，提取管理费用395.97万元，提取城市廉租房（公共租赁住房）建设补充资金261.58万元。

2017年，上交财政管理费用395.97万元。上缴财政的城市廉租房（公共租赁住房）建设补充资金261.58万元。

2017年末，贷款风险准备金余额5910.57万元。累计提取城市廉租房（公共租赁住房）建设补充资金933.83万元。

（五）管理费用支出：2017年，管理费用支出507.8万元（其中上年结转163.63万元），同比减少19.58%，其中，人员经费273.27万元，公用经费234.53万元，专项经费0万元。

四、资产风险状况

个人住房贷款：2017年末，逾期个人住房贷款131.41万元。个人住房贷款逾期率1.02‰。

个人贷款风险准备金按增值收益额的60%提取。2017年，提取个人贷款风险准备金986.32万元，使用个人贷款风险准备金核销呆坏账0万元，2017年末，个人贷款风险准备金余额为5910.57万元，占个人贷款余额的4.59%，个人逾期额与个人贷款风险准备金余额的比率为2.37%。

五、社会经济效益

（一）缴存业务：2017年，实缴单位数、实缴职工人数和缴存额增长率分别为2.44%、－0.69%和8.74%

缴存单位中，国家机关和事业单位占93.95%，国有企业占4.70%，城镇集体企业占0%，外商投资企业占 0%，城镇私营企业及其他城镇企业占 1.35%，民办非企业单位和社会团体占 0%，其他占 0%。

缴存职工中，国家机关和事业单位占 91.51%，国有企业占 6.59%，城镇集体企业占 0%，外商投资企业占 0%，城镇私营企业及其他城镇企业占 1.90%，民办非企业单位和社会团体占 0%，其他占 0%。中、低收入群体占 97.55%，高收入群体占 2.45%。

新开户职工中，国家机关和事业单位占 87.52%，国有企业占 5.12%，城镇集体企业占 0%，外商投资企业占 0%，城镇私营企业及其他城镇企业占 7.36%，民办非企业单位和社会团体占 0%，其他占 0%；中、低收入占 100%，高收入占 0%。

（二）提取业务：2017 年，0.47 万名缴存职工提取住房公积金 3.00 亿元。

提取的金额中，住房消费提取占 77.75%（购买、建造、翻建、大修自住住房占 14.67%，偿还购房贷款本息占 61.34%，租赁住房占 0.20%，其他占 1.54%）；非住房消费提取占 22.25%（离休和退休提取占 15.67%，完全丧失劳动能力并与单位终止劳动关系提取占 4.38%，户口迁出本市或出境定居占 0%，其他占 2.20%）。

提取职工中，中、低收入占 100%，高收入占 0%。

（三）贷款业务

1. 个人住房贷款：2017 年，支持职工购建房 71.63 万平方米，年末个人住房贷款市场占有率为 97%，比上年同期减少 2 个百分点，通过申请住房公积金个人住房贷款，可节约职工购房利息支出 6992.31 万元。

职工贷款笔数中，购房建筑面积 90（含）平方米以下占 9%，90～144（含）平方米占 86%，144 平方米以上占 5%；购买新房占 32%，（其中购买保障性住房占 0%），购买存量商品住房占 24%，建造、翻修、大修自住住房占 44%，其他占 0%。

职工贷款笔数中，单职工申请贷款占 83%，双职工申请贷款占 17%，三人及以上共同申请贷款占 0%。

贷款职工中，30 岁（含）以下占 13%，30 岁～40 岁（含）占 36%，40 岁～50 岁（含）占 42%，50 岁以上的占 9%，首次申请贷款占 12%，二次及以上申请贷款占 88%，中、低收入占 100%，高收入占 0%。

2. 异地贷款：2017 年，发放异地贷款 2 笔 80 万元。

截至 2017 年底，发放异地贷款总额 377 万元，异地贷款余额 347.7 万元。

（四）住房贡献率：2017 年，个人住房贷款发放额、公转商贴息贷款发放额、项目贷款发放额、住房消费提取额的总和与当年缴存额的比率为 157.76%，比上年同期减少 19.73 个百分点。

六、其他重要事项

（一）当年机构及职能调整情况、受委托办理缴存贷款业务金融机构变更情况：

1. 我中心为政府直属的全额拨款的副县级事业单位，2017 年机构职能未调整。

2. 玉树州住房公积金缴存贷款业务金融机构共有中国农业银行玉树州分行、中国建设银行玉树州支行、中国邮储银行玉树州支行、青海银行玉树州支行四家。根据业务发展需要，经管委会批准，于 2017 年底新增加了青海玉树农村商业银行股份有限公司 1 家贷款业务金融机构，现共有 5 家贷款业务金融机构。

（二）当年住房公积金政策调整及执行情况：

1. 根据住房建设部、财政部、人民银行《关于进一步发展住房公积金个人住房贷款业务的通知》（建金〔2014〕148号）和《关于放宽提取住房公积金支付房租条件的通知》（建金〔2015〕19号）以及省住房和城乡建设厅、财政厅、人民银行西宁中心支行《关于进一步提高住房公积金使用效率的通知》（青建房〔2015〕52号）、《关于进一步改进住房公积金服务的通知》（青建房〔2015〕361号）要求和结合当地实际情况经2017年管委会第二次会议审议通过修改了贷款和提取部分政策。2017年，全州住房公积金缴存基数限额控制在省统计局公布的2016年度职工月平均工资的3倍确定（注：①青海省统计局公布的2016年度全省在岗职工月平均工资3倍，即16863.00元确定；低于全省在岗职工月平均工资的按60%，即3373.00元确定。②职工工资由6部分组成，分别为：计时工资、计件工资、奖金、津贴和补贴、加班工资、特殊情况下支付的工资）。单位住房公积金缴存比例最低不得低于5%，最高不得超过12%，2017年度最高缴存基数为16863元。

2. 2017年提取政策调整情况：为提高我州住房公积金使用效率，最大限度满足职工提取需求，在原来规定的14项提取范围的基础上，扩大2项提取内容。即：职工缴纳逐月购房配套支出费用提取、逐月还贷委托提取两项提取范围。原提取范围中缴存职工给未成年子女购买自住住房时可使用职工名下的公积金，改为购买直系亲属购买自住住房时可使用职工名下的公积金。在办理提取业务时取消了《玉树州住房公积金提取审批表》和单位盖章等环节，提高公积金提取办事效率，为广大缴存职工减轻了负担。

3. 2017年贷款政策调整情况：调整行政事业单位和企业贷款最高额度为50万元，对信用状况良好、有贷款需求的借款申请人，可在个人住房公积金贷款最高额度基础上上浮20%；对非恶意欠款产生不良信用记录的职工，可在个人住房公积金贷款最高额度基础上下浮10%。增加了异地贷款，其中异地是指在青海省以外购房；结合玉树地区实际增加自建房贷款，在办理时要出具相关部门证明及文件，抵押直系亲属住房，其中直系亲属规定为贷款职工父母或子女；为减轻还款职工商业住房贷款高额利息，开通了商业贷款转住房公积金贷款。

4. 根据中国人民银行、住房城乡建设部、财政部印发的《关于完善职工住房公积金账户存款利率形成机制的通知》（银发〔2016〕43号），全州缴存职工住房公积金账户存款利率，由现行按照归集时间执行活期、三个月存款基准利率，调整为统一按一年期定期存款基准利率执行。个人住房公积金贷款利率保持不变。

（三）当年服务改进情况： 2017年，玉树州住房公积金管理中心在州委、州政府的正确领导下，在省厅公积金监管处的大力指导和州管委会的决策部署下，以"改革、创新、协调、共享、提升"为主线，坚持"四个持续"，业务指标稳步增长，创新能力不断增强，服务效能显著提高，整体建设迈上新台阶，实现公积金"十三五"良好开局，根据《关于加强和改进住房公积金服务工作的通知》精神，突出窗口单位服务承诺，本着为广大缴存职工提供热情、便捷高效服务的基础上，进一步优化改进了缴存、提取、贷款、划款、查询等业务流程，全面推行服务承诺、首问负责、一次告知、限时办结等服务制度。

（四）当年信息化建设情况： 2017年8月全州公积金信息系统成功升级，发挥了科技创新引领作用，正式开启了互联网+公积金业务办理模式，玉树住房公积金信息化建设水平达到了与全省同步水平。州中心借助系统来优化业务流程，简化办理环节，加强非现场服务，实现了让信息多跑路、让群众少跑腿，更好为群众服务，为单位缴存公积金提供方便。2018年中心将全力以赴完成信息系统"双贯标"全国验收工作。

海西州住房公积金2017年年度报告

一、机构概况

（一）住房公积金管理委员会：住房公积金管理委员会有35名委员，2017年召开1次会议，审议通过2017年度住房公积金归集、使用计划执行情况，并对其他重要事项进行决策，主要包括：调整州住房公积金管理委员会委员；推举产生主任委员、副主任委员；审议通过2017年度住房公积金归集、使用计划报告；审议通过2017年度财务收支计划报告；审议通过2016年年度报告。

（二）住房公积金管理中心：住房公积金管理中心为州政府直属不以营利为目的的全额拨款事业单位，设6个（科），1个分中心。从业人员83人，其中，在编19人，非在编64人（含银行驻点人员25名）。

二、业务运行情况

（一）缴存：2017年，新开户单位73家，实缴单位1120家，净增单位131家；新开户职工0.87万人，实缴职工6.45万人，净增职工1.35万人；缴存额9.79亿元，同比增长24.40%。2017年末，缴存总额61.79亿元，同比增长18.83%；缴存余额30.68亿元，同比增长14.39%。

受委托办理住房公积金缴存业务的银行4家，比上年增加0家。

（二）提取：2017年，提取额5.93亿元，同比增长0.51%；占当年缴存额的60.57%，比上年（减少）14.4个百分点。2017年末，提取总额31.12亿元，同比增长23.59%。

（三）贷款：

1. **个人住房贷款**：个人住房贷款最高额度50万元（信用等级良好，连续足额缴纳住房公积金的，贷款额度可上浮20%），其中，单缴存职工最高额度40万元，双缴存职工最高额度50万元。

2017年，发放个人住房贷款0.14万笔4.05亿元，同比分别增长-12.5%、4.11%。其中，州中心发放个人住房贷款0.07万笔2.01亿元，格尔木分中心发放个人住房贷款0.07万笔2.04亿元。

2017年，回收个人住房贷款2.6亿元。其中，州中心1.4亿元，分中心1.2亿元。

2017年末，累计发放个人住房贷款2.04万笔30.56亿元，贷款余额12.96亿元，同比分别增长7.37%、15.28%、12.60%。个人住房贷款余额占缴存余额的42.24%，比上年减少0.68个百分点。

受委托办理住房公积金个人住房贷款业务的银行4家，比上年增加0家。

2. **住房公积金支持保障性住房建设项目贷款**：2017年，发放支持保障性住房建设项目贷款0亿元，回收项目贷款0.15亿元。2017年末，累计发放项目贷款0.73亿元，项目贷款余额0.29亿元。

（四）资金存储：2017年末，住房公积金存款18.83亿元。其中，活期0.07亿元，1年（含）以下定期4.90亿元，1年以上定期11.66亿元，协定存款2.20亿元。

（五）资金运用率：2017年末，住房公积金个人住房贷款余额、项目贷款余额和购买国债余额的总和占缴存余额的43.19%，比上年减少1.63个百分点。

三、主要财务数据

（一）业务收入：2017年，业务收入9406.03万元，同比增长14.50%。存款利息5191.36万元，委托贷款利息4212.74万元，国债利息0万元，其他1.93万元。

（二）业务支出：2017年，业务支出5355.03万元，同比下降19.29%。支付职工住房公积金利息4637.69万元，归集手续费361.87万元，委托贷款手续费116.51万元，其他238.96万元。

（三）增值收益：2017年，增值收益4051万元，同比增长156.47%。增值收益率1.42%，比上年增加0.8个百分点。

（四）增值收益分配：2017年，提取贷款风险准备金2771万元，提取管理费用780万元，提取城市廉租住房（公共租赁住房）建设补充资金500万元。

2017年，上交财政管理费用780万元。上缴财政城市廉租住房（公共租赁住房）建设补充资金500万元。

2017年末，贷款风险准备金余额4794.97万元。累计提取城市廉租住房（公共租赁住房）建设补充资金5858.92万元。

（五）管理费用支出：2017年，管理费用支出780万元，同比下降1.27%。其中，人员经费551.25万元，公用经费201.51万元，专项经费27.24万元。

州中心管理费用支出510万元，其中，人员、公用、专项经费分别为377.32万元、111.10万元、21.58万元；分中心管理费用支出270万元，其中，人员、公用、专项经费分别为173.93万元、90.41万元、5.66万元。

四、资产风险状况

个人住房贷款：2017年末，个人住房贷款逾期额35.36万元，逾期率0.27‰。其中，州中心0.45‰，分中心0.15‰。

个人贷款风险准备金按增值收益的60%以上提取。2017年，提取个人贷款风险准备金2771万元，使用个人贷款风险准备金核销呆坏账0万元。2017年末，个人贷款风险准备金余额4794.97万元，占个人住房贷款余额的3.70%，个人住房贷款逾期额与个人贷款风险准备金余额的比率为0.74%。

五、社会经济效益

（一）缴存业务：2017年，实缴单位数、实缴职工人数和缴存额同比分别增长13.25%、26.47%和24.40%。

缴存单位中，国家机关和事业单位占63.75%，国有企业占16.79%，城镇集体企业占3.13%，外商投资企业占0.36%，城镇私营企业及其他城镇企业占2.23%，民办非企业单位和社会团体占2.05%，其他占11.69%。

缴存职工中，国家机关和事业单位占36.56%，国有企业占47.30%，城镇集体企业占3.85%，外商

投资企业占 1.26%，城镇私营企业及其他城镇企业占 2.06%，民办非企业单位和社会团体占 1.01%，其他占 7.96%；中、低收入占 99.44%，高收入占 0.56%。

新开户职工中，国家机关和事业单位占 47.59%，国有企业占 31.12%，城镇集体企业占 3.05%，外商投资企业占 0.87%，城镇私营企业及其他城镇企业占 1.51%，民办非企业单位和社会团体占 1.00%，其他占 14.86%；中、低收入占 99.75%，高收入占 0.25%。

（二）提取业务：2017年，2.6万名缴存职工提取住房公积金5.93亿元。

提取金额中，住房消费提取占67.78%（购买、建造、翻建、大修自住住房占36.95%，偿还购房贷款本息占20.08%，租赁住房占10.54%，其他占0.21%）；非住房消费提取占32.22%（离休和退休提取占19.87%，完全丧失劳动能力并与单位终止劳动关系提取占7.48%，户口迁出本市或出境定居占4.15%，其他占0.72%）。

提取职工中，中、低收入占99.57%，高收入占0.43%。

（三）贷款业务：

1. **个人住房贷款**：2017年，支持职工购建房15.37万平方米，年末个人住房贷款市场占有率为90.05%，比上年增加0.42个百分点。通过申请住房公积金个人住房贷款，可节约职工购房利息支出5420.57万元。

职工贷款笔数中，购房建筑面积90（含）平方米以下占16.86%，90～144（含）平方米占78.64%，144平方米以上占5.00%。购买新房占99.93%（其中购买保障性住房占0%），购买存量商品住房占0%，建造、翻建、大修自住住房占0%，其他占0.07%。

职工贷款笔数中，单缴存职工申请贷款占25.36%，双缴存职工申请贷款占74.43%，三人及以上缴存职工共同申请贷款占0.21%。

贷款职工中，30岁（含）以下占52.07%，30岁～40岁（含）占26.64%，40岁～50岁（含）占17.72%，50岁以上占3.57%；首次申请贷款占88.29%，二次及以上申请贷款占11.71%；中、低收入占99.60%，高收入占0.40%。

2. **异地贷款**：2017年，发放异地贷款29笔1031.23万元。2017年末，发放异地贷款总额2503万元，异地贷款余额2463.99万元。

3. **支持保障性住房建设试点项目贷款**：2017年末，累计试点项目1个，贷款额度0.73亿元，建筑面积2.9万平方米，可解决500户中低收入职工家庭的住房问题。

（四）住房贡献率：2017年，个人住房贷款发放额、公转商贴息贷款发放额、项目贷款发放额、住房消费提取额的总和与当年缴存额的比率为82.33%，比上年减少16.78个百分点。

六、其他重要事项

（一）当年住房公积金政策调整及执行情况：缴存住房公积金的月工资基数不得超过州统计部门2016年度全州在岗职工月均工资的3倍，即19189元；最低不得低于青海省人力资源和社会保障局确定的最低工资标准，即1270元。单位和职工缴存比例未调整。

（二）当年服务改进情况：推动服务便民化，持续提升办事效能。中心结合"巩固提升年"活动，进一步创新服务举措，提升办事效能和服务水平。一是鉴于海西东部三县和西部三行委的缴存职工以往办理住房公积金业务"两头往返"现象,中心积极推进"互联网+"住房公积金业务发展,借助受委托银行网银平台,开通了海西地区异地支取"实时提"新业务,大大节约了缴存职工办理公积金提取的时间,提高了办事效率,切实解决缴存职工"最后一公里"的问题。二是为更好的服务广大缴存职工,增设了天峻县住房公积金服务网点,实现了全州各县、行委住房公积金业务全覆盖。三是结合"最多跑一次"改革工作,积极协调各受委托银行在中心业务大厅设立金融自助服务区,多渠道多角度为缴存职工提供便捷服务。

(三)当年信息化建设情况:今年以来,中心对全州缴存单位、职工基础信息数据进行了全面核查,共核查缴存单位基础数据 1000 余条,缴存职工基础数据 5 万余条,核查贷款数据 1 万余条,确保单位缴存职工的基础数据的准确完整,为各项业务的顺利开展奠定了坚实基础。一是"双贯标"新系统如期顺利上线。双贯标新系统的上线,实现了全省公积金集中运行,支持各中心独立核算,跨地区业务协同在线办理的新模式,凸显住房公积金管理与时俱进的前进步伐。6月1日,海西州住房公积金"双贯标"新系统顺利通过前期测试,正式上线运行。6月30日圆满完成新系统上线后首次年度结息工作。二是成功接入全国住房公积金异地转移接续平台。按照住房城乡建设部统一部署和安排,中心于2017年5月17日接入全国住房公积金异地转移接续平台。至此,在全国上线城市之间办理职工住房公积金异地转移接续业务,均统一在该平台上操作。三是及时对住房公积金系统安全防御系统进行升级。通过前期的对接,中心及时对天融信安全设备进行升级,包括防病毒网关、入侵防御系统、防火墙等,并录入中心全体工作人员信息,按工作实际和分工,明确设置各人员的操作权限。

(四)当年住房公积金管理中心及职工所获荣誉情况:州级文明单位;民族团结创建优秀单位;脱贫攻坚工作先进集体和先进个人。

2017 全国住房公积金年度报告汇编

宁夏回族自治区

银川市
石嘴山市
吴忠市
固原市
中卫市

宁夏回族自治区住房公积金 2017 年年度报告

一、机构概况

（一）住房公积金管理机构：全区共设 5 个设区城市住房公积金管理中心，1 个独立设置的分中心，分中心隶属银川市。从业人员 310 人，其中，在编 198 人，非在编 112 人。

（二）住房公积金监管机构：宁夏回族自治区住房城乡建设厅、财政厅和人民银行银川中心支行负责对本区住房公积金管理运行情况进行监督。区住房城乡建设厅设立住房公积金监管处，负责辖区住房公积金日常监管工作。

二、业务运行情况

（一）缴存：2017 年，新开户单位 1083 家，实缴单位 9424 家，净增单位 495 家；新开户职工 7.40 万人，实缴职工 59.57 万人，净增职工 4.08 万人；缴存额 95.25 亿元，同比增长 11.72%。2017 年末，缴存总额 688.97 亿元，同比增长 16.04%；缴存余额 264.56 亿元，同比增长 8.45%。

（二）提取：2017 年，提取额 74.54 亿元，同比增长 10.46%；占当年缴存额的 78.26%，比上年减少 0.89 个百分点。2017 年末，提取总额 424.41 亿元，同比增长 21.31%。

（三）贷款：

1. **个人住房贷款**：2017 年，发放个人住房贷款 2.01 万笔 66.92 亿元，同比下降 2.90%、增长 3.56%。回收个人住房贷款 30.78 亿元。

2017 年末，累计发放个人住房贷款 24.67 万笔 450.67 亿元，贷款余额 216.78 亿元，同比分别增长 8.87%、17.44%、20%。个人住房贷款余额占缴存余额的 81.94%，比上年增加 7.86 个百分点。

2. **住房公积金支持保障性住房建设项目贷款**：无。

（四）购买国债：无。

（五）融资：无。

（六）资金存储：2017 年末，住房公积金存款 56.39 亿元。其中，活期 4.7 亿元，1 年（含）以下定期 34.06 亿元，1 年以上定期 12.22 亿元，其他（协定、通知存款等）5.41 亿元。

（七）资金运用率：2017 年末，住房公积金个人住房贷款余额、项目贷款余额和购买国债余额的总和占缴存余额的 81.94%，比上年增加 2.79 个百分点。

三、主要财务数据

（一）业务收入：2017 年，业务收入 82526.94 万元，同比增长 0.63%。其中，存款利息 18383.09 万元，委托贷款利息 64110.10 万元，国债利息 0 万元，其他 33.75 万元。

（二）业务支出：2017 年，业务支出 43596.39 万元，同比增长 16.23%。其中，支付职工住房公积金利息 40161.19 万元，归集手续费 897 万元，委托贷款手续费 2149.14 万元，其他 389.06 万元。

（三）**增值收益**：2017 年，增值收益 38930.55 万元，同比下降 12.52%；增值收益率 1.53%，比上年减少 0.36 个百分点。

（四）**增值收益分配**：2017 年，提取贷款风险准备金 3976.87 万元，提取管理费用 7194.76 万元，提取城市廉租住房（公共租赁住房）建设补充资金 27758.92 万元。

2017 年，上交财政管理费用 6592.08 万元，上缴财政城市廉租住房（公共租赁住房）建设补充资金 33939.40 万元。

2017 年末，贷款风险准备金余额 24110.78 万元，累计提取城市廉租住房（公共租赁住房）建设补充资金 170005.59 万元。

（五）**管理费用支出**：2017 年，管理费用支出 7109.55 万元，同比增长 0.3%。其中，人员经费 3303.90 万元，公用经费 776.65 万元，专项经费 3029.00 万元。

四、资产风险状况

（一）**个人住房贷款**：2017 年末，个人住房贷款逾期额 299.01 万元，逾期率 0.13‰。

2017 年，提取个人贷款风险准备金 3976.87 万元，使用个人贷款风险准备金核销呆坏账 0 万元。2017 年末，个人贷款风险准备金余额 24110.78 万元，占个人贷款余额的 1.11%，个人贷款逾期额与个人贷款风险准备金余额的比率为 1.24%。

（二）**住房公积金支持保障性住房建设项目贷款**：无。

（三）**历史遗留风险资产**：无。

五、社会经济效益

（一）**缴存业务**：2017 年，实缴单位数、实缴职工人数和缴存额增长率分别为 5.54%、7.35% 和 11.72%。

缴存单位中，国家机关和事业单位占 45.41%，国有企业占 12.27%，城镇集体企业占 1.70%，外商投资企业占 0.47%，城镇私营企业及其他城镇企业占 36.11%，民办非企业单位和社会团体占 2.66%，其他占 1.38%。

缴存职工中，国家机关和事业单位占 38.76%，国有企业占 31.21%，城镇集体企业占 2.86%，外商投资企业占 0.76%，城镇私营企业及其他城镇企业占 24.92%，民办非企业单位和社会团体占 0.84%，其他占 0.65%；中、低收入占 98.96%，高收入占 1.04%。

新开户职工中，国家机关和事业单位占 20.41%，国有企业占 13.54%，城镇集体企业占 2.17%，外商投资企业占 1.47%，城镇私营企业及其他城镇企业占 58.96%，民办非企业单位和社会团体占 1.35%，其他占 2.10%；中、低收入占 99.54%，高收入占 0.46%。

（二）**提取业务**：2017 年，19.01 万名缴存职工提取住房公积金 74.54 亿元。

提取金额中，住房消费提取占 82.57%（购买、建造、翻建、大修自住住房占 32.16%，偿还购房贷款本息占 46.98%，租赁住房占 1.90%，其他占 1.53%）；非住房消费提取占 17.43%（离休和退休提取占 11.54%，完全丧失劳动能力并与单位终止劳动关系提取占 2.02%，户口迁出所在市或出境定居占 1.81%，其他占 2.06%）。

提取职工中，中、低收入占 99.35%，高收入 0.65%。

（三）贷款业务：

1. 个人住房贷款： 2017 年，支持职工购建房 244.50 万平方米。年末个人住房贷款市场占有率为 29.04%，比上年同期减少 6.94 个百分点。通过申请住房公积金个人住房贷款，可节约职工购房利息支出 109398.20 万元。

职工贷款笔数中，购房建筑面积 90（含）平方米以下占 10.41%，90~144（含）平方米占 78.59%，144 平方米以上占 11%。购买新房占 83.15%（其中购买保障性住房占 0.4%），购买存量商品房占 16.25%，建造、翻建、大修自住住房 0%，其他占 0.60%。

职工贷款笔数中，单缴存职工申请贷款占 46.46%，双缴存职工申请贷款占 53.03%，三人及以上缴存职工共同申请贷款占 0.51%。

贷款职工中，30 岁（含）以下占 36.09%，30 岁~40 岁（含）占 35.45%，40 岁~50 岁（含）占 20.67%，50 岁以上占 7.79%；首次申请贷款占 86.64%，二次及以上申请贷款占 13.36%；中、低收入占 97.29%，高收入占 2.71%。

2. 异地贷款： 2017 年，发放异地贷款 2371 笔 79407.50 万元。2017 年末，发放异地贷款总额 310690.50 万元，异地贷款余额 187316.63 万元。

3. 公转商贴息贷款： 2017 年全区各管理中心均未发放公转商贴息贷款。

4. 住房公积金支持保障性住房建设项目贷款： 无。

（四）住房贡献率： 2017 年，个人住房贷款发放额、公转商贴息贷款发放额、项目贷款发放额、住房消费提取额的总和与当年缴存额的比率为 134.88%，比上年减少 20.06 个百分点。

六、其他重要事项

（一）当年住房公积金政策调整情况： 2017 年，我区未统一调整、出台新的住房公积金政策。

（二）当年开展专项监督检查情况：

1. 2017 年 6 月，自治区住房城乡建设厅组织开展全区住房公积金廉政风险防控、政策执行及信息化建设工作专项检查，现场通报检查结果，督促整改落实。

2. 2017 年 12 月，自治区住房城乡建设厅组织开展全区住房公积金业务管理工作年度检查及考核。

3. 根据住房城乡建设部要求，组织全区住房公积金管理部门开展涉嫌骗提行为核查，对经核实已发生骗提行为的 13 名人员相应采取了列入黑名单、限期退回骗提资金、通报工作单位等措施。

（三）当年服务改进情况： 各级深入开展窗口服务规范化系列活动，完善首问负责、一次性告知、限时办结、责任追究等制度措施，进一步梳理和优化业务流程，压缩办理环节、要件和时限，积极推行综合柜员制，推进"一窗受理"和"一站式服务"，扎实开展"岗位练兵"、"知识竞赛"等活动提升业务素质，住房公积金系统服务能力和水平得到有效提升。

（四）当年信息化建设情况：

1. 组织召开全区"双贯标"工作推进会，指导全区 6 个中心年内全部完成"双贯标"（贯彻基础数据标准和接入全国住房公积金资金结算平台）并通过住房城乡建设部验收，为行业信息化建设奠定基础，并实现资金划拨秒级到账。

2. 全区持续深化省级住房公积金综合服务平台建设，不断推进网站、网上业务大厅、手机APP、微信公众号、短信、热线等渠道应用，用户量、使用率和群众满意度均大幅提升，积极探索实践借助支付宝城市服务等第三方平台丰富业务应用场景。

3. 全区各中心全部接入全国住房公积金异地转移接续平台，实现"账随人走、钱随账走"目标。

4. 着眼数据多跑路、群众少路腿，引导全区住房公积金系统结合行业信息化建设深入实施业务流程优化再造，不断提升业务办理效率，同时积极推进跨部门、跨领域信息共享和业务协同，多家中心接入人民银行征信查询管理系统并嵌入业务系统，方便了缴存职工业务办理，目前住房公积金业务已实现全业务网上办理，并逐步向全流程办结迈进。

5. 承接全国住房公积金省级综合服务平台课题研究启动会和全国手机公积金建设工作座谈会，牵头组织课题研究。

（五）获得荣誉情况：据统计，2017年，全区各住房公积金管理中心共获得以下荣誉：

1. 创建文明单位（行业、窗口）：国家级1个、省部级1个、地市级3个；

2. 青年文明号：国家级1个、地市级1个；

3. 工人先锋号：地市级1个；

4. 先进集体和个人：省部级2个、地市级11个；

5. 其他类：国家级1个、省部级2个。

（六）其他需要披露的情况：一是坚持以保障缴存职工特别是中低收入缴存职工"住有所居"为目标，紧盯形势发展，适时调整出台阶段性政策措施，加强督导检查，建立政策备案制度，推动政策落实，有效支持全区住房消费。二是进一步细化风险类型和风险点，并通过加大日常监管，组织专项检查，督促各级健全内控制度等，切实增强廉政风险防控，确保资金运行安全。三是立足新型城镇化和农村转移人口市民化需求，采取将"扩面"成效纳入年度考核目标，加大典型宣传，有效推进新市民住房公积金政策覆盖面。

银川住房公积金2017年年度报告

一、机构概况

（一）住房公积金管理委员会：住房公积金管理委员会有28名委员，2017年召开1次会议，审议通过的事项主要包括：《银川市住房公积金管委会办公室关于调整市住房公积金管委会部分委员的请示》、《银川住房公积金管理中心2016年度工作报告》、《市财政局关于银川住房公积金管理中心2016年度财务收支情况的报告》、《银川住房公积金管理中心关于2016年度增值收益分配的报告》、《银川住房公积金管理中心关于调整住房公积金个人住房贷款有关政策的请示》、《银川住房公积金管理中心关于调整银川滨河新区景程安置区贷款首付款比例的请示》。

（二）住房公积金管理中心：银川住房公积金管理中心（以下简称银川中心）为市政府直属的不以营

利为目的的自收自支事业单位,设 7 个处(科),0 个管理部,6 个分中心。从业人员 103 人,其中,在编 39 人,非在编 64 人。宁夏住房资金管理中心(银川住房公积金管理中心区直分中心)为隶属于宁夏住房和城乡建设厅的公益一类事业单位,设 5 个科。从业人员 31 人,其中,在编 30 人,非在编 1 人。

二、业务运行情况

(一)**缴存**:2017 年,全市新开户单位 737 家,其中银川中心新开户单位 620 家;全市实缴单位 5164 家,其中银川中心实缴单位 4350 家;全市净增单位 430 家,其中银川中心净增单位 400 家;全市新开户职工 4.68 万人,其中银川中心新开户职工 4.16 万人;全市实缴职工 37.37 万人,其中银川中心实缴职工 28.58 万人;全市净增职工 4.12 万人,其中银川中心净增职工 3.97 万人;全市缴存额 60.22 亿元,同比增长 12%,其中银川中心缴存额 41.23 亿元,同比增长 15.9%。2017 年末,全市缴存总额 453.38 亿元,同比增长 15.0%,其中银川中心缴存总额 295.27 亿元,同比增长 16.2%;全市缴存余额 161.28 亿元,同比增长 8.0%,其中银川中心缴存余额 110.34 亿元,同比增长 10.4%。

受委托办理住房公积金缴存业务的银行 6 家,比上年增加(减少)0 家。

(二)**提取**:2017 年,全市当年提取额 47.71 亿元,同比增长 8.6%,占当年缴存额的 79.2%,比上年减少 3.7 个百分点,其中银川中心当年提取额 30.81 亿元,同比增长 5.7%,占当年缴存额的 74.7%,比上年减少 7.2 个百分点。2017 年末,全市提取总额 292.1 亿元,同比增长 19.5%,其中银川中心提取总额 184.93 亿元,同比增长 20%。

(三)**贷款**:

1. **个人住房贷款**:个人住房贷款最高额度 70 万元,其中,单缴存职工最高额度 55 万元,双缴存职工最高额度 70 万元。

2017 年,全市共发放个人住房贷款 1.2151 万笔、43.43 亿元,同比分别下降 7.0%、1.0%。

银川中心发放个人住房贷款 0.8989 万笔、30.84 亿元,同比分别增长 4.9%、9.1%。其中,银川本部发放个人住房贷款 0.5554 万笔、19.31 亿元,永宁分中心发放个人住房贷款 0.0454 万笔、1.24 亿元,贺兰分中心发放个人住房贷款 0.0368 万笔、1.20 亿元,灵武分中心发放个人住房贷款 0.0297 万笔、0.99 亿元,宁煤分中心发放个人住房贷款 0.1604 万笔、5.68 亿元,铁路分中心发放个人住房贷款 0.0638 万笔、2.16 亿元,宁东分中心发放个人住房贷款 0.0074 万笔、0.27 亿元。

2017 年,全市回收个人住房贷款 20.65 亿元。

银川中心回收个人住房贷款 13.85 亿元,其中,银川本部 8.85 亿元,永宁分中心 0.59 亿元,贺兰分中心 0.55 亿元,灵武分中心 0.65 亿元,宁煤分中心 2.03 亿元,铁路分中心 1.14 亿元,宁东分中心 0.04 亿元。

2017 年末,全市累计发放个人住房贷款 13.53 万笔、299.12 亿元,贷款余额 147.86 亿元,同比分别增长 10.0%、17.0%、18.0%。

银川中心全年累计发放个人住房贷款 9.61 万笔、203.91 亿元,贷款余额 95.59 亿元,同比分别增长 10.3%、17.8%、21.6%,个人住房贷款余额占缴存余额的 87.0%,比上年增加 10.1 个百分点。

受委托办理住房公积金个人住房贷款业务的银行 6 家,比上年增加(减少)0 家。

2. **住房公积金支持保障性住房建设项目贷款**:2017 年,发放支持保障性住房建设项目贷款 0 亿元,回收项目贷款 0 亿元。2017 年末，累计发放项目贷款 8.74 亿元，项目贷款余额 0 亿元。

（四）**资金存储**：2017 年末，全市住房公积金存款 19.95 亿元。其中，活期 0.018 亿元，1 年（含）以下定期 12.54 亿元，1 年以上定期 1.98 亿元，其他（协定、通知存款等）5.41 亿元。

银川中心住房公积金存款 19.06 亿元。其中，活期 0.01 亿元，1 年（含）以下定期 12.54 亿元，1 年以上定期 1.98 亿元，其他（协定、通知存款等）4.53 亿元。

（五）**资金运用率**：2017 年末，住房公积金个人住房贷款余额、项目贷款余额和购买国债余额的总和占缴存余额的 91.7%，比上年增加 7.6 个百分点。

银川中心住房公积金个人住房贷款余额、项目贷款余额和购买国债余额的总和占缴存余额的 87.0%，比上年增加 8 个百分点。

三、主要财务数据

（一）**业务收入**：2017 年，全市住房公积金业务收入 51804.26 万元，同比下降 2.0%。存款利息 7412.29 万元，委托贷款利息 44364.18 万元，国债利息 0 万元，其他 27.79 万元。

银川中心业务收入 34601.33 万元，同比下降 8.0%。存款利息 6404.24 万元，委托贷款利息 28175.8 万元，国债利息 0 万元，其他 21.29 万元。

（二）**业务支出**：2017 年，全市住房公积金业务支出 27858.08 万元，同比增长 21.0%。支付职工住房公积金利息 25211.64 万元，归集手续费 888.02 万元，委托贷款手续费 1574.06 万元，其他 184.36 万元。

银川中心业务支出 19317.03 万元，同比增长 7.6%，支付职工住房公积金利息 17748.99 万元，归集手续费 699.06 万元，委托贷款手续费 808.69 万元，其他 60.29 万元。

（三）**增值收益**：2017 年，全市住房公积金增值收益 23946.18 万元，同比下降 20.0%，增值收益率 1.5%，比上年减少 0.4 个百分点。

银川中心增值收益 15284.30 万元，同比下降 20.5%。增值收益率 1.5%，比上年减少 0.5 个百分点。

（四）**增值收益分配**：2017 年，全市提取贷款风险准备金 2278.32 万元，提取管理费用 2679.13 万元，提取城市廉租住房（公共租赁住房）建设补充资金 18988.72 万元。

银川中心提取贷款风险准备金 1698.76 万元，提取管理费用 1621.11 万元，提取城市廉租住房（公共租赁住房）建设补充资金 11964.42 万元。

2017 年，全市上交财政管理费用 2345.18 万元，上缴财政城市廉租住房（公共租赁住房）建设补充资金 25020.34 万元。

银川中心上交财政管理费用 1621.11 万元，上缴财政城市廉租住房（公共租赁住房）建设补充资金 16548.40 万元。其中，银川本部上缴 10073.50 万元，永宁分中心上缴 757.22 万元，贺兰分中心上缴 575.48 万元，灵武分中心上缴 1008.36 万元，宁煤分中心上缴 2834.60 万元，铁路分中心上缴 1093.53 万元，宁东分中心上缴 205.71 万元。

2017 年末，全市贷款风险准备金余额 14785.47 万元，累计提取城市廉租住房（公共租赁住房）建设补充资金 114315.67 万元。

银川中心贷款风险准备金余额 9558.67 万元，累计提取城市廉租住房（公共租赁住房）建设补充资金

66288.42 万元。其中，银川本部提取 41514.08 万元，永宁分中心提取 2786.48 万元，贺兰分中心提取 2106.51 万元，灵武分中心提取 3657.63 万元，宁煤分中心提取 12674.81 万元，铁路分中心提取 2995.57 万元，宁东分中心提取 553.34 万元。

（五）**管理费用支出**：2017 年，全市管理费用支出 2395.79 万元，同比下降 32.0%。其中，人员经费 1151.77 万元，公用经费 249.49 万元，专项经费 994.53 万元。

银川中心管理费用支出 1706.21 万元，同比增长 1.8%。其中，人员经费 655.61 万元，公用经费 84.57 万元，专项经费 966.03 万元。其中，银川本部管理费用支出 1563.63 万元，其中，人员、公用、专项经费分别为 654.89 万元、32.25 万元、876.49 万元；永宁分中心管理费用支出 17.87 万元，其中，人员、公用、专项经费分别为 0.72 万元、17.15 万元、0 万元；贺兰分中心管理费用支出 11.65 万元，其中，人员、公用、专项经费分别为 0 万元、11.65 万元、0 万元；灵武分中心管理费用支出 23.11 万元，其中，人员、公用、专项经费分别为 0 万元、14.9 万元、8.21 万元；宁煤分中心管理费用支出 33.44 万元，其中，人员、公用、专项经费分别为 0 万元、3.77 万元、29.67 万元；铁路分中心管理费用支出 56.21 万元，其中，人员、公用、专项经费分别为 0 万元、4.85 万元、51.36 万元；宁东分中心管理费用支出 0.3 万元，其中，人员、公用、专项经费分别为 0 万元、0 万元、0.3 万元。

四、资产风险状况

个人住房贷款：2017 年末，全市个人住房贷款逾期额 269.03 万元，逾期率 0.04‰。

银川中心个人住房贷款逾期额 153.63 万元，逾期率 0.2‰。其中，银川本部 0.23‰，永宁分中心 0.02‰，贺兰分中心 0‰，灵武分中心 0‰，宁煤分中心 0.13‰，铁路分中心 0.08‰，宁东分中心 0‰。

个人贷款风险准备金按（贷款余额或增值收益）的 1% 提取。2017 年，全市提取个人贷款风险准备金 2278.32 万元，使用个人贷款风险准备金核销呆坏账 0 万元。其中，银川中心提取个人贷款风险准备金 1698.76 万元，使用个人贷款风险准备金核销呆坏账 0 万元。2017 年末，个人贷款风险准备金余额 14785.47 万元，占个人住房贷款余额的 1%，个人住房贷款逾期额与个人贷款风险准备金余额的比率为 0.2%。其中，银川中心个人贷款风险准备金余额 9558.67 万元，占个人住房贷款余额的 1.0%，个人住房贷款逾期额与个人贷款风险准备金余额的比率为 0.2%。

五、社会经济效益

（一）**缴存业务**：2017 年，全市实缴单位数、实缴职工人数和缴存额同比分别增长 9%、12.4% 和 12.3%。其中，银川中心实缴单位数、实缴职工人数和缴存额同比分别增长 10.0%、16.0% 和 15.9%。

缴存单位中，国家机关和事业单位占 28.2%，国有企业占 12.2%，城镇集体企业占 2.1%，外商投资企业占 0.5%，城镇私营企业及其他城镇企业占 53.0%，民办非企业单位和社会团体占 3.6%，其他占 0.4%。

银川中心国家机关和事业单位占 23.0%，国有企业占 8.1%，城镇集体企业占 2.4%，外商投资企业占 0.6%，城镇私营企业及其他城镇企业占 61.6%，民办非企业单位和社会团体占 3.7%，其他占 0.6%。

缴存职工中，国家机关和事业单位占 26.3%，国有企业占 37.7%，城镇集体企业占 4.0%，外商投资企业占 0.8%，城镇私营企业及其他城镇企业占 29.8%，民办非企业单位和社会团体占 1.2%，其他占

0.2%，中、低收入占 99.7%，高收入占 0.3%。

银川中心国家机关和事业单位占 19.0%，国有企业占 35.3%，城镇集体企业占 5.0%，外商投资企业占 1.0%，城镇私营企业及其他城镇企业占 38.0%，民办非企业单位和社会团体占 1.2%，其他占 0.5%；中、低收入占 99.4%，高收入占 0.6%。

新开户职工中，国家机关和事业单位占 14.4%，国有企业占 13.7%，城镇集体企业占 2.6%，外商投资企业占 1.7%，城镇私营企业及其他城镇企业占 65.2%，民办非企业单位和社会团体占 1.5%，其他占 0.9%；中、低收入占 99.7%，高收入占 0.3%。

银川中心国家机关和事业单位占 10.2%，国有企业占 10.4%，城镇集体企业占 2.9%，外商投资企业占 1.9%，城镇私营企业及其他城镇企业占 72.3%，民办非企业单位和社会团体占 1.5%，其他占 0.8%；中、低收入占 99.7%，高收入占 0.3%。

（二）提取业务：2017 年，全市共计 11.69 万名缴存职工提取住房公积金 47.71 亿元。其中，银川中心有 8.22 万名缴存职工提取住房公积金 30.81 亿元。

提取金额中，住房消费提取占 84.1%（购买、建造、翻建、大修自住住房占 35%，偿还购房贷款本息占 46.9%，租赁住房占 1.1%，其他占 1.1%）；非住房消费提取占 15.9%（离休和退休提取占 10.7%，完全丧失劳动能力并与单位终止劳动关系提取占 1.0%，户口迁出本市或出境定居占 2.1%，其他占 2.1%）。

银川中心住房消费提取占 84.0%（购买、建造、翻建、大修自住住房占 34.4%，偿还购房贷款本息占 46.5%，租赁住房占 1.4%，其他占 1.7%）；非住房消费提取占 16.0%（离休和退休提取占 10.5%，完全丧失劳动能力并与单位终止劳动关系提取占 1.6%，户口迁出本市或出境定居占 2.4%，其他占 1.5%）。

提取职工中，中、低收入占 99.7%，高收入占 0.3%。其中，银川中心提取职工中，中、低收入占 99.6%，高收入占 0.4%。

（三）贷款业务：

1. **个人住房贷款：** 2017 年，支持职工购建房 145.3 万平方米，年末个人住房贷款市场占有率为 20.0%，比上年增加 2 个百分点。

银川中心支持职工购建房 105.62 万平方米，年末个人住房贷款市场占有率为 15.0%，比上年增加 1 个百分点。通过申请住房公积金个人住房贷款，可节约职工购房利息支出 72393.74 万元。

职工贷款笔数中，购房建筑面积 90（含）平方米以下占 12.6%，90～144（含）平方米占 74.9%，144 平方米以上占 12.5%。购买新房占 84.5%（其中购买保障性住房占 0.03%），购买存量商品住房占 14.9%，建造、翻建、大修自住住房占 0%，其他 0.6%。

银川中心职工贷款笔数中，购房建筑面积 90（含）平方米以下占 13.7%，90～144（含）平方米占 77.1%，144 平方米以上占 9.2%。购买新房占 85.2%（其中购买保障性住房占 0.02%），购买存量商品住房占 14.6%，建造、翻建、大修自住住房占 0%，其他 0.2%。

职工贷款笔数中，单缴存职工申请贷款占 38.3%，双缴存职工申请贷款占 60.9%，三人及以上缴存职工共同申请贷款占 0.8%。

银川中心职工贷款笔数中，单缴存职工申请贷款占 41.4%，双缴存职工申请贷款占 58.6%，三人及以上缴存职工共同申请贷款占0%。

贷款职工中，30岁（含）以下占35.8%，30岁~40岁（含）占37.0%，40岁~50岁（含）占20.0%，50岁以上占7.2%；首次申请贷款占89.4%，二次及以上申请贷款占10.6%；中、低收入占99.6%，高收入占0.4%。

银川中心贷款职工中，30岁（含）以下占36.1%，30岁~40岁（含）占36.7%，40岁~50岁（含）占20.4%，50岁以上占6.8%；首次申请贷款占89.2%，二次及以上申请贷款占10.8%；中、低收入占99.5%，高收入占0.5%。

2. **异地贷款**：2017年，发放异地贷款1223笔45969.3万元。2017年末，发放异地贷款总额178351.7万元，异地贷款余额100321.25万元。

3. **支持保障性住房建设试点项目贷款**：2017年末，累计试点项目7个，贷款额度8.74亿元，建筑面积59.60万平方米，可解决8286户中低收入职工家庭的住房问题。7个试点项目贷款资金已发放并还清贷款本息。

（四）住房贡献率：2017年，全市个人住房贷款发放额、公转商贴息贷款发放额、项目贷款发放额、住房消费提取额的总和与当年缴存额的比率为138.7%，比上年减少18.6个百分点。其中，银川中心个人住房贷款发放额、公转商贴息贷款发放额、项目贷款发放额、住房消费提取额的总和与当年缴存额的比率为137.0%，比上年减少11个百分点。

六、其他重要事项

（一）住房公积金政策调整及执行情况：

1. 住房公积金个人住房贷款只能用于缴存职工购买、建造、翻建、大修自住住房，以支持缴存职工基本住房需求。第一次使用住房公积金个人住房贷款的缴存职工优先保证其购房贷款需求，贷款政策按银川住房公积金管理中心《关于进一步扩大住房公积金使用促进住房消费的实施意见》（银公积金发〔2016〕41号）规定执行。

2. 第二次使用住房公积金个人住房贷款的职工（含夫妻双方），首付款比例为30%，贷款利率按同期住房公积金个人住房贷款基准利率的1.1倍执行。

3. 对已使用过两次及两次以上住房公积金个人住房贷款（包含异地贷款）的职工（含夫妻双方），无论贷款是否结清，均不得受理。住房公积金中心不再出具异地缴存证明。

4. 没有使用过住房公积金贷款的缴存职工（含夫妻双方），异地住房公积金贷款在银川住房公积金管理中心只能受理一次。

5. 住房公积金管理中心和公积金贷款业务委托银行要加强住房公积金个人住房贷款的调查、审核、抵押、发放、回收等工作，切实加强贷款风险管理，保障资金安全。

（二）服务改进情况：

1. 深入开展"三有三优三公开"窗口服务规范化活动，严格执行首问负责、一次性告知、限时办结、责任追究等制度，推动柜台窗口服务质量和水平全面提升。

2. 积极建设公积金网上营业厅、手机APP及微信系统、短信服务系统"四位一体"的综合服务平台，不断完善服务功能，努力开展培训工作，并在中心大厅、各分中心办事窗口进行宣传、指导职工使用。

（三）信息化建设情况：

1. 按照银川市网安支队等部门的要求进行 2017 年系统安全评测，逐步对公积金信息系统和网络进行安全加固。

2. 探索数据共享。研究使用智慧城市数据中心房产、公安、社保、工商、税务等部门的数据信息，根据中心现有业务情况制定公积金业务软件程序的改造升级计划。

3. 落实住房城乡建设部"双贯标"工作，顺利通过国家检查验收组验收。目前系统已全部上线。

4. 广泛使用信息化手段，利用微信、微博、网站、短信、12345 服务平台，同时协调 12329 声讯热线、公积金综合服务平台等，实现多渠道多类型的宣传、咨询工作。

（四）住房公积金管理中心及职工所获荣誉情况："中心"服务大厅被评为"国家巾帼文明岗"，基金核算处被评为"自治区巾帼文明岗"。

（五）对违反《住房公积金管理条例》和相关法规行为进行行政处罚和申请人民法院强制执行情况：加大了骗提骗贷住房公积金违法行为的打击和查处力度，共查处骗提公积金案件 97 起，均列入"中心"公积金黑名单，并针对伪造假手续情况分析归类通报识别假手续的方式方法。

石嘴山市住房公积金 2017 年年度报告

一、机构概况

（一）住房公积金管理委员会：2017 年，本市住房公积金管理委员会有 19 名委员。年内召开住房公积金管委会会议 2 次，会议审议通过的事项主要包括：审议《关于调整住房公积金管理委员会组成人员的建议》、《关于 2016 年度住房公积金归集使用计划执行情况的报告》、《关于 2016 年度住房公积金增值收益分配方案的报告》、《石嘴山市住房公积金 2016 年年度报告》、《关于 2017 年度全市住房公积金归集使用计划的报告》、《关于住房公积金呆账核销的请示》、《关于支付公积金贷款抵押登记费的请示》、《关于在建行惠农区支行开立公积金专户的请示》、《关于石嘴山市在校大学生建立住房公积金制度的请示》、《关于在外市县购房贷款政策调整的请示》。

（二）住房公积金管理中心：石嘴山市住房公积金管理中心为直属石嘴山市人民政府管理不以营利为目的公益一类事业单位，主要负责全市住房公积金的归集、管理、缴存、使用和会计核算。目前中心内设 4 个科，下设 3 个管理部。从业人员 39 人，其中在编 26 人，非在编 13 人。

二、业务运行情况

（一）缴存：2017 年，新开户单位 78 家，实缴单位 1004 家，净减单位 71 家；新开户职工 0.53 万人，实缴职工 5.34 万人，净减职工 0.51 万人；缴存 7.94 亿元，同比增长 9.82%。2017 年末缴存总额 59.77 亿元，同比增长 15.32%；缴存余额 24.83 亿元，同比增长 5.79%。

受委托办理住房公积金缴存业务的银行共计 5 家，与上年一致。

（二）提取：全年提取 6.59 亿元，同比增长 19.17%；占当年缴存额的 83%，比上年增加 6.51 个百分点。截至 2017 年底，提取总额 34.94 亿元，同比增长 23.2%。

（三）贷款：

个人住房贷款：个人住房贷款最高贷款额度 70 万元。其中，单职工缴存最高贷款额度 55 万元，双职工缴存最高贷款额度 70 万元。

2017 年，发放个人住房贷款 0.18 万笔 4.89 亿元，同比分别增长 36.74%、49.09%。其中，大武口管理部发放个人住房贷款 0.11 万笔 2.93 亿元，平罗管理部发放个人住房贷款 0.04 万笔 0.94 亿元，惠农管理部发放个人住房贷款 0.03 万笔 1.02 亿元。

2017 年，回收个人住房贷款 1.86 亿元，其中，大武口管理部 1.07 亿元，平罗管理部 0.44 亿元，惠农管理部 0.35 亿元。

2017 年末，全市累计发放住房贷款 2.91 万笔 32.88 亿元，贷款余额 12.96 亿元，同比分别增长 6.59%、17.47%、30.51%。个人住房贷款余额占缴存余额的 52.21%，比上年同期增加 9.9 个百分点。

受委托办理住房公积金个人住房贷款业务的银行共计 3 家，与上年一致。

（四）资金存储：2017 年末，全市住房公积金存款为 11.94 亿元。其中，活期 1.22 亿元，1 年以内定期（含）5.1 亿元，1 年以上定期 5.62 亿元.

（五）资金运用率：2017 年末，住房公积金个人住房贷款余额、项目贷款余额和购买国债余额的总和占缴存额的 52.21%，比上年同期增加 9.9 个百分点。

三、主要财务数据

（一）业务收入：2017 年，住房公积金业务收入共计 7130.77 万元，同比增长 5.38%。其中：大武口管理部 4630.51 万元，平罗管理部 1284.64 万元，惠农管理部 1215.62 万元。存款利息收入 3531.42 万元，委托贷款利息收入 3598.29 万元，其他收入 1.06 万元。

（二）业务支出：2017 年，住房公积金业务支出共计 3827.61 万元，同比增长 25.48%。其中：大武口管理部 2192.65 万元，平罗管理部 819.26 万元，惠农管理部 815.71 万元。缴存职工账户余额的利息支出 3675.46 万元，归集手续费支出 6.83 万元，委托贷款手续费支出 113.92 万元，其他支出 31.41 万元。

（三）增值收益：2017 年，住房公积金增值收益 3303.16 万元，同比降低 11.12%。其中：大武口管理部 2437.86 万元，平罗管理部 465.38 万元，惠农管理部 399.91 万元。增值收益率（增值收益与月均缴存余额的比率）为 1.38%，比上年同期减少 0.25 个百分点。

（四）增值收益分配：2017 年，提取贷款风险准备金 522.53 万元（调增 83.5 万元），提取管理费用 1032.63 万元，提取城市廉租房（公共租赁住房）建设补充资金 1748 万元（调减 83.5 万元）。

2017 年，上交财政管理费用 1003.75 万元，上缴财政的城市廉租房（公共租赁住房）建设补充资金 2394.41 万元。

2017 年末，贷款风险准备金余额为 2509.24 万元（调增 83.5 万元），累计提取城市廉租房（公共租赁住房）建设补充资金 12104.07 万元（调减 83.5 万元）。

（五）管理费用支出：2017 年，管理费用支出 974.54 万元，同比下降 3.23%。其中，人员经费

631.95万元，公用经费97.72万元，网络运行、系统维护、专项业务、12329热线等专项经费244.87万元。

四、资产风险状况

个人住房贷款：截至2017年底，全市个人住房贷款逾期额1.57万元，个人住房贷款逾期率0.012‰。其中：大武口管理部0.012‰，平罗管理部0，惠农管理部0。

个人贷款风险准备金按贷款余额的2%提取。2017年，提取个人贷款风险准备金522.53万元（调增83.5万元），使用个人贷款风险准备金核销呆坏账0万元。2017年末，个人贷款风险准备金余额为2509.24万元（调增83.5万元），占个人住房贷款余额的1.94%，个人住房贷款逾期额与个人贷款风险准备金余额的比率为0.06%。

五、社会经济效益

（一）**缴存业务**：2017年末，实缴单位数、实缴职工人数同比分别下降6.61%和8.66%。缴存额同比增长9.82%。

缴存单位中，国家机关和事业单位占54.78%，国有企业占17.13%，城镇集体企业占2.49%，外商投资企业占1.39%，城镇私营企业及其他城镇企业占16.14%，民办非企业单位和社会团体占2.89%，其他占5.18%。

缴存职工中，国家机关和事业单位职工占46.78%，国有企业职工占35.38%，城镇集体企业职工占1.28%，外商投资企业职工占2.64%，城镇私营企业及其他城镇企业职工占10.02%，民办非企业单位和社会团体职工占1.06%，其他占2.84%；按收入情况划分，中、低收入群体占95.31%，高等收入群体占4.69%。

新开户职工中，国家机关和事业单位职工占33.6%，国有企业职工占19.3%，城镇集体企业职工占1.4%，外商投资企业职工占5.57%，城镇私营企业及其他城镇企业职工占26.19%，民办非企业单位和社会团体职工占3.48%，其他占10.46%；中、低收入群体占98.71%，收入群体占1.29%。

（二）**提取业务**：2017年，2.65万名缴存职工提取住房公积金6.59亿元。

提取的金额中，住房消费提取占74.78%（其中购买、建造、翻建、大修自住住房占36.68%，偿还购房贷款本息占34.21%，租赁住房占1.81%，其他占2.08%）；非住房消费提取25.22%（离休和退休提取占14.82%，解除劳动合同提取5.85%，户口迁出所在市或出境定居等其他提取占4.55%）。

提取职工中，中、低收入占94.59%，高收入占5.41%。

（三）**贷款业务**：

1. **个人住房贷款**：全年支持职工购建房21.17万平方米。年末，个人住房贷款市场占有率为34%，比上年同期增加6.25个百分点。通过申请住房公积金个人住房贷款，可节约职工购房利息支出7686.9万元。

职工贷款笔数中，购房建筑面积90（含）平方米以下占13.98%，90~144（含）平方米占75.64%，144平方米以上占10.38%；购买新房占67.07%（其中购买保障性住房占2.02%），购买存量商品房占32.93%。

职工贷款笔数中，单缴存职工申请贷款占 68.71%，双缴存职工申请贷款占 31.29%，三人及以上缴存职工共同申请贷款占比为零。

贷款职工中，30 岁（含）以下占 40.96%，30 岁～40 岁（含）占 30.42%，40 岁～50 岁（含）占 21.74%，50 岁以上 6.88%。中、低收入群体占 96.34%，高收入群体占 3.66%。

2. **异地贷款**：2017 年，发放异地贷款 83 笔 1663.4 万元，2017 年末，发放异地贷款总额 6362.2 万元，异地贷款余额 3972.16 万元。

（四）住房贡献率：当年个人住房贷款发放额、项目贷款发放额、住房消费提取额的总和与当年缴存额的比率为 123.56%。

六、其他重要事项

（一）当年缴存基数限额及确定方法、缴存比例调整情况：根据国务院《住房公积金管理条例》和国家住房城乡建设部、财政部、中国人民银行《关于住房公积金管理若干具体问题的指导意见》（建金管〔2005〕5 号），以及《石嘴山市统计局数据资料告知函》关于 2016 年全市在岗职工年平均工资统计数据，确定 2017 年度我市职工住房公积金月缴存基数为职工本人 2016 年度月平均工资（在岗职工），最高月缴存工资基数不得超过 2016 年度全市在岗职工月平均工资 4749 元的三倍，即 14247 元。住房公积金最高缴存比例为单位和个人各 12%，职工住房公积金单位和个人最高月缴存总额不超过 3420 元。

（二）当年住房公积金政策调整及执行情况：

1. **住房公积金归集政策**

（1）扩大住房公积金缴存使用范围：为进一步扩大石嘴山市住房公积金制度覆盖面，鼓励在校大学生在我市创业就业，更好的吸引和留住人才，根据住房城乡建设部、财政部、中国人民银行《关于住房公积金管理若干具体问题的指导意见》（建金管〔2005〕5 号）文件精神，在做好个体工商户缴存扩面的基础上，允许年满 18 周岁的石嘴山市辖区内的在校大学生，以个人名义自愿缴存和使用住房公积金。

（2）延长企业缓缴、降比业务办理期限：严格执行自治区住房城乡建设厅《关于转发住房城乡建设部等四部门规范和阶段性适当降低住房公积金缴存比例的通知》（宁建发〔2016〕52 号）"连续 6 个月亏损生产经营困难的企业，可以申请降低缴存比例或缓缴，从 2016 年 5 月 1 日起实施，暂按两年执行"的政策规定。2017 年，按照《石嘴山市落实自治区降低实体经济企业成本实施意见工作方案》的通知要求，将缓缴降比的办理期限延长至 2019 年 12 月 31 日。

2. **住房公积金贷款政策**：为深入贯彻落实国家、自治区关于商品房去库存的政策措施，依据《石嘴山市辖区房地产去库存实施意见》文件精神，对在外市县购房申请公积金贷款有关政策进行了调整：

（1）调整期房首付款比例。在我市申请住房公积金贷款到外市县购买商品房的，首付比例由原来最低 20% 调至最低 30%。

（2）调整二手房贷款额度。在我市申请住房公积金贷款到外市县购买二手房的，申请住房公积金贷款额度由原购房总价的 60% 调至 50%。

（3）限制贷款次数。在我市申请住房公积金贷款到外市县购房的申请借款人，已使用过 2 次（含 2 次）住房公积金个人住房贷款的职工，不再受理住房公积金个人住房贷款，对符合异地贷款政策的，出具《异地缴存证明》和缴存明细到购房所在地住房公积金申请贷款。

（三）当年服务改进情况：

1. 优化流程、简化手续、提升服务水平：

一是优化业务办理流程。全面梳理和整合业务流程，取消不必要的审批环节，压缩了审批和办理时间，提高了办事效率；二是推行通存通兑通贷。在全市任意管理部均可完成归集缴存、提取和贷款申请等业务，方便缴存单位和职工；三是实行综合柜员制。在管理部大厅各个综合柜台均可完成各项业务的办理，减少缴存职工排队等候时间；四是实行信息资源共享。引入人民银行征信、房产交易所、身份证查询系统，方便职工核查信息；五是开展"岗位大练兵"、"知识竞赛"、辩论赛等各项活动，提高工作人员综合素质，提升服务能力；六是开展"文明单位"、"巾帼文明岗"、"青年先锋岗"等活动，进一步改善办事大厅环境，配备便民设施，营造良好的政务服务环境。

2. 高标准建设住房公积金信息系统：

（1）信息化建设水平位居全区前列。一是率先在全区实现住房公积金基础数据标准和银行结算数据接口"双贯标"，实现了各项业务的规范化、科学化、流程化。二是率先在全区接入全国住房公积金异地转移接续平台，实现了住房公积金"全国漫游"。三是实现了同全区综合服务平台12329热线、短信、微信、网站、手机APP等渠道的无缝对接，缴存职工可实时查询公积金相关信息。2017年，全区住房公积金"双贯标"推进会在我市召开，中心信息化建设方面的经验给全区住房公积金工作起到了示范引领作用。

（2）公积金网上办事大厅构建"零上门"服务通道。按照"互联网＋公积金"的发展思路，在全区首家研发上线了住房公积金网上办事大厅，目前，全市已有490个缴存单位开通了单位网厅，有2776个缴存职工开通了个人网厅，网上办理业务达17000多笔。网上大厅的开通，使70％的业务实现了"零上门"、"零等待"、"零场所"。

（四）2017年取得荣誉：

1. 2017年度全区住房公积金业务管理工作考核全区第一名。
2. 2018年1月，荣获2017年度石嘴山市目标考核二等奖。
3. 2017年5月，荣获市级"青年文明号"称号。
4. 荣获石嘴山市"三八"红旗集体荣誉称号。
5. 大武口管理部被市直机关工委评为"五星级文明科室"。
6. 平罗管理部被市直机关工委评为"四星级文明科室"。
7. 惠农管理部被市直机关工委评为"三星级文明科室"。
8. 中心办公室被市直机关工委评为"一星级文明科室"。

吴忠市住房公积金2017年年度报告

一、机构概况

（一）住房公积金管理委员会： 住房公积金管理委员会有23名委员，2017年召开1次会议，审议通过的事项主要包括：主要包括《关于 2016 年住房公积金归集管理使用情况和 2017 年归集使用计划情况的报告》、《关于 2016 年度住房公积金业务收支决算和增值收益分配方案及 2017 年度住房公积金业务收支预算的报告》、《吴忠市住房公积金 2016 年年度报告》等。

（二）住房公积金管理中心：住房公积金管理中心为直属市人民政府的不以营利为目的的独立的事业单位，设 5 个科室，4 个分中心。从业人员 58 人，其中，在编 52 人，非在编 6 人。

二、业务运行情况

（一）缴存：2017 年，新开户单位 73 家，实缴单位 1199 家，净增单位 59 家；新开户职工 0.69 万人，实缴职工 6.37 万人，净增职工 0.03 万人；缴存额 9.75 亿元，同比增长 6.67%。2017 年末，缴存总额 71.81 亿元，同比增长 15.71%；缴存余额 31.7 亿元，同比增长 8.04%。

受委托办理住房公积金缴存业务的银行 5 家，比上年增加（减少）0 家。

（二）提取：2017 年，提取额 7.39 亿元，同比增长 15.83%；占当年缴存额的 75.79%，比上年增加 5.99 个百分点。2017 年末，提取总额 40.12 亿元，同比增长 22.58%。

（三）贷款：

个人住房贷款：个人住房贷款最高额度 50 万元，其中，单缴存职工最高额度 50 万元，双缴存职工最高额度 50 万元。

2017 年，发放个人住房贷款 0.22 万笔 6.45 亿元，同比分别下降 8.33%、0.62%。其中，市中心发放个人住房贷款 0.13 万笔 3.67 亿元，红寺堡分中心发放个人住房贷款 0.01 万笔 0.37 亿元，青铜峡分中心发放个人住房贷款 0.03 万笔 0.82 亿元，盐池分中心发放个人住房贷款 0.02 万笔 0.65 亿元，同心分中心发放个人住房贷款 0.03 万笔 0.94 亿元。

2017 年，回收个人住房贷款 3.46 亿元。其中，市中心 1.77 亿元，红寺堡分中心 0.17 亿元，青铜峡分中心 0.69 亿元，盐池分中心 0.38 亿元，同心分中心 0.45 亿元。

2017 年末，累计发放个人住房贷款 4.19 万笔 51.17 亿元，贷款余额 20.58 亿元，同比分别增长 5.54%、14.42%、17%。个人住房贷款余额占缴存余额的 64.92%，比上年增加 4.97 个百分点。

受委托办理住房公积金个人住房贷款业务的银行 4 家，比上年增加（减少）0 家。

（四）资金存储：2017 年末，住房公积金存款 12.14 亿元。其中，活期 1.85 亿元，1 年（含）以下定期 8.13 亿元，1 年以上定期 2.16 亿元，其他（协定、通知存款等）0 亿元。

（五）资金运用率：2017 年末，住房公积金个人住房贷款余额、项目贷款余额和购买国债余额的总和占缴存余额的 64.93%，比上年增加 4.97 个百分点。

三、主要财务数据

（一）业务收入：2017 年，业务收入 9776.2 万元，同比增长 13.42%。其中，市中心 4675.4 万元，红寺堡分中心 505.8 万元，青铜峡分中心 2239.59 万元，盐池分中心 1031.61 万元，同心分中心 1323.8 万元；存款利息 3623.2 万元，委托贷款利息 6153 万元，国债利息 0 万元，其他 0 万元。

（二）业务支出：2017 年，业务支出 4675.72 万元，同比增长 11.1%。其中，市中心 1790.49 万元，红寺堡分中心 249.85 万元，青铜峡分中心 1280.54 万元，盐池分中心 571.59 万元，同心分中心 783.25

万元；支付职工住房公积金利息4574.58万元，归集手续费2.15万元，委托贷款手续费98.99万元，其他0万元。

（三）**增值收益**：2017年，增值收益5100.48万元，同比增长15.62%。其中，市中心2884.91万元，红寺堡分中心255.95万元，青铜峡分中心959.05万元，盐池分中心460.02万元，同心分中心540.55万元；增值收益率1.64%，比上年增加0.07个百分点。

（四）**增值收益分配**：2017年，提取贷款风险准备金421.78万元，提取管理费用1373万元，提取城市廉租住房（公共租赁住房）建设补充资金3305.7万元。

2017年，上交财政管理费用1575万元。上缴财政城市廉租住房（公共租赁住房）建设补充资金2324.65万元。其中，市中心上缴878.65万元，红寺堡分中心上缴125万元，青铜峡分中心上缴652万元，盐池分中心上缴284万元，同心分中心上缴385万元。

2017年末，贷款风险准备金余额3087.02万元。累计提取城市廉租住房（公共租赁住房）建设补充资金19929.45万元。

（五）**管理费用支出**：2017年，管理费用支出1365.74万元，同比增长39.96%。其中，人员经费763.19万元，公用经费149.66万元，专项经费452.89万元。

市中心管理费用支出936.33万元，其中，人员、公用、专项经费分别为479.99万元、55.12万元、401.22万元；红寺堡分中心管理费用支出51.29万元，其中，人员、公用、专项经费分别为28.28万元、17.11万元、5.9万元；青铜峡分中心管理费用支出220.59万元，其中，人员、公用、专项经费分别为168.28万元、35.11万元、17.2万元；盐池分中心管理费用支出82.02万元，其中，人员、公用、专项经费分别为46.74万元、22.18万元、13.1万元；同心分中心管理费用支出75.51万元，其中，人员、公用、专项经费分别为39.9万元、20.14万元、15.47万元。

四、资产风险状况

个人住房贷款：2017年末，个人住房贷款逾期额0万元，逾期率0‰。

个人贷款风险准备金按（贷款余额）的1.5%提取。2017年，提取个人贷款风险准备金421.78万元，使用个人贷款风险准备金核销呆坏账0万元。2017年末，个人贷款风险准备金余额3087.02万元，占个人住房贷款余额的1.5%，个人住房贷款逾期额与个人贷款风险准备金余额的比率为0%。

五、社会经济效益

（一）**缴存业务**：2017年，实缴单位数、实缴职工人数和缴存额同比分别增长5.18%、0.41%和6.67%。

缴存单位中，国家机关和事业单位占63.39%，国有企业占14.6%，城镇集体企业占1.33%，外商投资企业占0.25%，城镇私营企业及其他城镇企业占18.26%，民办非企业单位和社会团体占0.17%，其他占2%。

缴存职工中，国家机关和事业单位占61.24%，国有企业占23.58%，城镇集体企业占0.6%，外商投资企业占0.05%，城镇私营企业及其他城镇企业占14.16%，民办非企业单位和社会团体占0.07%，其他占0.3%；中、低收入占96%，高收入占4%。

新开户职工中，国家机关和事业单位占 35.04%，国有企业占 21.6%，城镇集体企业占 0.91%，外商投资企业占 0.37%，城镇私营企业及其他城镇企业占 38.2%，民办非企业单位和社会团体占 0.84%，其他占 3.04%；中、低收入占 98.2%，高收入占 1.8%。

（二）提取业务：2017 年，1.6 万名缴存职工提取住房公积金 7.39 亿元。

提取金额中，住房消费提取占 80.66%（购买、建造、翻建、大修自住住房占 28.96%，偿还购房贷款本息占 51.56%，租赁住房占 0.14%，其他占 0%）；非住房消费提取占 19.34%（离休和退休提取占 12.98%，完全丧失劳动能力并与单位终止劳动关系提取占 2.71%，户口迁出本市或出境定居占 3.11%，其他占 0.54%）。

提取职工中，中、低收入占 97.8%，高收入占 2.2%。

（三）贷款业务：

1. 个人住房贷款：2017 年，支持职工购建房 27.11 万平方米，年末个人住房贷款市场占有率为 31.54%，比上年减少 15.86 个百分点。通过申请住房公积金个人住房贷款，可节约职工购房利息支出 1063.97 万元。

职工贷款笔数中，购房建筑面积 90（含）平方米以下占 5.57%，90~144（含）平方米占 87.52%，144 平方米以上占 6.91%。购买新房占 83.21%（其中购买保障性住房占 1.8%），购买存量商品住房占 16.57%，建造、翻建、大修自住住房占 0%，其他占 0.22%。

职工贷款笔数中，单缴存职工申请贷款占 71.71%，双缴存职工申请贷款占 28.29%，三人及以上缴存职工共同申请贷款占 0%。

贷款职工中，30 岁（含）以下占 30.94%，30 岁~40 岁（含）占 34.84%，40 岁~50 岁（含）占 24.25%，50 岁以上占 9.97%；首次申请贷款占 99.78%，二次及以上申请贷款占 0.22%；中、低收入占 82.08%，高收入占 17.92%。

2. 异地贷款：2017 年，发放异地贷款 460 笔 12760.4 万元。2017 年末，发放异地贷款总额 54609.9 万元，异地贷款余额 33982.8 万元。

（四）住房贡献率：2017 年，个人住房贷款发放额、公转商贴息贷款发放额、项目贷款发放额、住房消费提取额的总和与当年缴存额的比率为 141.74%，比上年增加 16.13 个百分点。

六、其他重要事项

（一）当年服务改进情况。 一是推出"五个取消"，分别取消缴存职工申请提取住房公积金的单位盖章。取消缴存职工正常退休时提供的退休证及退休批准文件。取消辖区内缴存职工办理转移业务时提供的调令、调函、调动呈批表及任职文件。取消缴存职工申请贷款时提供的售房单位账号证明。取消缴存职工申请贷款时提供的收入证明。二是开通资金结算平台实现资金划拨"秒"到账。三是接入全国住房公积金异地转移接续平台，实现了"账随人走、钱随账走"。四是开通贷款异地抵押业务，最大限度满足住房消费需求。

（二）当年信息化建设情况。 一是对信息系统进行全面升级改造。二是基础数据标准贯彻落实和结算应用系统全部接入。"双贯标"工作顺利通过省级部级验收。三是打造住房公积金门户网站、12329 住房公积金服务热线、12329 短消息服务平台、官方微信、手机 APP、网上业务大厅等综合服务平台。

（三）当年住房公积金管理中心及职工所获荣誉情况。荣获吴忠市级文明单位，住房和城乡建设厅先进集体。

固原市住房公积金 2017 年年度报告

一、机构概况

（一）住房公积金管理委员会：固原市住房公积金管委会有 27 名委员。2018 年召开三届五次全体会议，审议通过 2017 年度住房公积金归集、使用计划执行情况，并对其他重要事项进行决策，听取了 2017 年度住房公积金归集管理使用情况审计报告，审议批准了 2017 年度住房公积金增值收益分配方案。

（二）住房公积金管理中心：固原市住房公积金管理中心为固原市人民政府直属全额拨款事业法人单位，主要负责全市住房公积金的归集、管理、使用和会计核算。中心内设办公室、归集管理科、住房信贷科、审计稽核科，下设西吉、隆德、泾源、彭阳四个分中心。其中，从业人员 37 人，在编 23 人，非在编 14 人。

二、业务运行情况

（一）缴存：2017 年，新开户单位 158 家，实缴单位 1164 家，净增单位 40 家；新开户职工 0.33 万人，实缴职工 5.18 万人，净增职工 0.04 万人；当年缴存额 10.07 亿元，同比增长 12.99%。2017 年末，缴存总额 61.15 亿元，同比增长 19.71%；缴存余额 27.25 亿元，同比增长 8.39%。

受委托办理住房公积金缴存业务的银行 10 家，与上年保持不变。

（二）提取：2017 年，提取额 7.96 亿元，同比增长 6.42%；占当年缴存额的 79.03%，比上年下降 4.88 个百分点。2017 年末，提取总额 33.89 亿元，同比增长 30.7%。

（三）贷款：个人住房贷款最高额度为 70 万元，其中，单缴存职工最高额度 55 万元，双缴存职工最高额度 70 万元。

2017 年，发放个人住房贷款 0.19 万笔 6 亿元，同比分别下降 11.18% 和增长 4.39%。其中，市中心发放个人住房贷款 0.12 万笔 3.98 亿元，西吉分中心发放个人住房贷款 0.02 万笔 0.66 亿元，隆德分中心发放个人住房贷款 0.01 万笔 0.36 亿元，泾源分中心发放个人住房贷款 0.01 万笔 0.20 亿元，彭阳分中心发放个人住房贷款 0.03 万笔 0.80 亿元。

2017 年，回收个人住房贷款 2.79 亿元，其中，市中心 1.54 亿元，西吉分中心 0.59 亿元，隆德分中心 0.21 亿元，泾源分中心 0.18 亿元，彭阳分中心 0.27 亿元。

2017 年末，累计发放个人住房贷款 2.41 万笔 37.99 亿元，贷款余额 19.37 亿元，同比分别增长 8.65%、18.75%、19.86%。个人住房贷款余额占缴存余额的 71.06%，比上年增长 6.79 个百分点。

受委托办理住房公积金贷款业务的银行 10 家，与上年保持不变。

（四）资金存储：2017年末，住房公积金存款8.21亿元。其中：活期0.97亿元，1年（含）以内定期7.04亿元，1年以上定期0.20亿元。

（五）资金运用率：截至2017年底，个人住房贷款余额占缴存余额的71.06%，比上年增长6.79个百分点。

三、主要财务数据

（一）业务收入：2017年，业务收入7383.73万元，同比降低4.06%。其中：存款利息1677.82万元，委托贷款利息5701.1万元，其他4.81万元。

（二）业务支出：2017年，业务支出4257.91万元，同比降低5.05%。支付职工住房公积金利息3919.32万元，委托贷款手续费支出281.77万元，其他支出56.82万元。

（三）增值收益：2017年，增值收益3125.82万元，同比减少2.73%。增值收益率为1.21%，同比减少0.11个百分点。

（四）增值收益分配：2017年，提取贷款风险准备金325.82万元；提取管理费用1000.00万元；提取城市廉租住房（公共租赁住房）建设补充资金1800.00万元。

2017年，上交财政管理费用800万元。上缴财政城市廉租住房（公共租赁住房）建设补充资金2200.00万元。2017年末，贷款风险准备金余额1971.19万元；累计提取城市廉租住房（公共租赁住房）建设补充资金14053.90万元。其中，市中心提取8029.04万元，西吉分中心提取2379.89万元，隆德分中心提取1489.31万元，泾源分中心提取905.39万元，彭阳分中心提取1637.27万元。

（五）管理费用支出：2017年，管理费用支出1160.47万元，同比增长147.12%。其中：人员经费295.24万元，公用经费79.3万元，专项经费785.93万元。

四、资产风险状况

2017年末，个人住房贷款逾期额28.41万元，逾期率0.15‰。其中，市中心0.10‰，西吉分中心0.32‰，隆德分中心0.15‰，泾源分中心0.12‰，彭阳分中心0.21‰。

个人贷款风险准备金按贷款余额的1%提取，提取个人贷款风险准备金325.82万元，余额为1971.19万元，个人贷款风险准备金余额与个人贷款余额的比率为1.02%，个人贷款逾期额与个人贷款风险准备金余额的比率为1.44%。

五、社会经济效益

（一）缴存业务：2017年，实缴单位数、实缴职工人数和缴存额增长率分别为3.56%、0.87%和12.99%。

缴存单位中，国家机关和事业单位占78.04%，国有企业占7.89%，城镇集体企业占0.92%，城镇私营企业及其他城镇企业占10.27%，民办非企业单位和社会团体占2.88%。

缴存职工中，国家机关和事业单位占84.18%，国有企业占12.11%，城镇集体企业占1.39%，城镇私营企业及其他城镇企业占1.75%，民办非企业单位和社会团体占0.57%。低收入占97.65%，高收入占0.35%。

（二）提取业务：2017年，1.67万名缴存职工提取住房公积金7.96亿元。

提取金额中，住房消费提取占83.13%（购买、建造、翻建、大修自住住房占25.37%，偿还购房贷款本息占49.53%，租赁住房占7.46%、其他占0.77%）；非住房消费提取占16.87%（离休和退休提取占12.18%，完全丧失劳动能力并与单位终止劳动关系等提取占0.34%，户口迁出本市或出境定居占0.39%，其他占3.96%）。提取职工中，低收入占29.53%，高收入占0.35%。

（三）贷款业务：

1. 个人住房贷款：2017年，支持职工购建房29.60万平方米，年末个人住房贷款市场占有率为36.39%，比上年增加2.26个百分点。通过申请住房公积金个人住房贷款，可节约职工购房利息支出8821.4万元。

职工贷款笔数中，购房面积90（含）平方米以下占3.24%，90~144（含）平方米占88.2%，144平方米以上占8.56%。购买新房占92.53%（其中购买保障性住房为零），购买存量商品住房占7.47%，建造、翻建、大修自住住房为零，其他为零。

职工贷款笔数中，单缴存职工申请贷款占63.07%，双缴存职工申请贷款占36.93%，三人及以上缴存职工共同申请贷款为零。

贷款职工笔数中，低收入群体占42.58%，中等收入群体占55.91%，高收入群体占1.51%。

贷款职工中，30岁（含）以下占29.05%，30岁~40岁（含）占37.99%，40岁~50岁（含）占23.62%，50岁以上占9.34%；首次申请贷款占58%，二次及以上申请贷款占42%；中、低收入占98.49%，高收入占1.51%。

2. 异地贷款：2017年，发放异地贷款242笔6923.3万元。2017年末，发放异地贷款总额27794.1万元，异地贷款余额18539.6万元。

（四）住房公积金贡献率：2017年，个人住房贷款发放额、住房消费提取额的总和与当年缴存额的比率为125.25%，比上年下降9.22个百分点。

六、其他重要事项

（一）当年住房公积金政策调整情况及执行情况：缴存比例和缴存限额：2017年度职工住房公积金缴存基数以固原市统计局公布的在岗职工平均工资为标准确定，缴存比例为5%~12%，最高缴存额4269.60元（个人和单位），最低缴存额355.80元（个人和单位）。职工缴存的住房公积金均按一年期存款利率1.50%计息。单缴存职工最高额度55万元，双缴存职工最高额度70万元。最长年限30年。5年以下（含）年利率2.75%，5年以上年利率3.25%。

（二）当年服务改进情况：进一步优化业务流程，取消和精简部分证明材料；12329服务热线满意率不断提高；缩短了住房公积金提取和贷款办理时限，提取资金实现了即时到账；职工办理住房公积金提取、贷款业务更加优质、高效、快捷。综合服务平台建设初见成效。住房公积金贷款采取自主发放，银行人员全面进驻中心服务窗口，实现了住房公积金贷款"一站式"服务。

（三）当年信息化建设情况：住房公积金信息管理系统全面升级；基础数据标准贯彻落实和结算应用系统接入工作得到住房城乡建设部的验收。

中卫市住房公积金 2017 年年度报告

一、机构概况

(一) 住房公积金管理委员会：住房公积金管理委员会有 27 名委员，2017 年召开 1 次会议，审议通过的事项主要包括：一是审议《关于全市 2016 年住房公积金归集使用计划完成情况暨 2017 年归集使用计划的报告（草案）》；二是审议《关于全市 2016 年住房公积金业务收支决算暨 2017 年业务收支预算的报告（草案）》；三是审议《中卫市 2016 年住房公积金年度报告（草案）》。

(二) 住房公积金管理中心：住房公积金管理中心为直属市人民政府的正处级全额拨款事业单位，设 5 个科室，2 个管理部（分中心）。从业人员 42 人，其中，在编 28 人，非在编 14 人。

二、业务运行情况

(一) 缴存：2017 年，新开户单位 37 家，实缴单位 893 家，净增单位 37 家；新开户职工 1.17 万人，实缴职工 5.31 万人，净增职工 0.4 万人；缴存额 7.26 亿元，同比增长 14.15％。2017 年末，缴存总额 42.86 亿元，同比增长 20.39％；缴存余额 19.50 亿元，同比增长 13.84％。

受委托办理住房公积金缴存业务的银行 14 家，比上年增加 1 家。

(二) 提取：2017 年，提取额 4.90 亿元，同比增长 17.79％；占当年缴存额的 67.49％，比上年增加 2.08 个百分点。2017 年末，提取总额 23.36 亿元，同比增长 26.48％。

(三) 贷款：

个人住房贷款：个人住房贷款最高额度 70 万元，其中，单缴存职工最高额度 55 万元，双缴存职工最高额度 70 万元。

2017 年，发放个人住房贷款 1980 笔 6.15 亿元，同比分别增长 6.45％、16.92％。其中，市中心发放个人住房贷款 1424 笔 4.58 亿元，中宁分中心发放个人住房贷款 339 笔 0.95 亿元，海原分中心发放个人住房贷款 217 笔 0.62 亿元。

2017 年，回收个人住房贷款 2.02 亿元。其中，市中心 1.38 亿元，中宁分中心 0.37 亿元，海原分中心 0.27 亿元。

2017 年末，累计发放个人住房贷款 16212 笔 29.50 亿元，贷款余额 16.02 亿元，同比分别增长 13.91％、26.34％、34.74％。个人住房贷款余额占缴存余额的 82.15％，比上年增加 12.73 个百分点。

受委托办理住房公积金个人住房贷款业务的银行 9 家，比上年减少 4 家。

(四) 资金存储：2017 年末，住房公积金存款 4.15 亿元。其中，活期 0.64 亿元，1 年（含）以下定期 1.25 亿元，1 年以上定期 2.26 亿元。

(五) 资金运用率：2017 年末，住房公积金个人住房贷款余额、项目贷款余额和购买国债余额的总和占缴存余额的 82.15％，比上年增加 12.73 个百分点。

三、主要财务数据

（一）业务收入：2017年，业务收入6431.98万元，同比增长7.05%。其中，市中心3905.38万元，中宁分中心1723.43万元，海原分中心803.17万元；存款利息2138.36万元，委托贷款利息4293.53万元，其他0.09万元。

（二）业务支出：2017年，业务支出2977.06万元，同比增长7.08%。其中，市中心1290.03万元，中宁分中心924.32万元，海原分中心762.71万元；支付职工住房公积金利息2780.19万元，委托贷款手续费80.40万元，其他116.47万元。

（三）增值收益：2017年，增值收益3454.92万元，同比增长7.03%。其中，市中心2615.34万元，中宁分中心799.12万元，海原分中心40.46万元；增值收益率1.76%，比上年减少0.28个百分点。

（四）增值收益分配：2017年，提取贷款风险准备金344.92万元，提取管理费用1110万元，提取城市廉租住房（公共租赁住房）建设补充资金2000万元。

2017年，上交财政管理费用868.15万元。上缴财政城市廉租住房（公共租赁住房）建设补充资金2000万元。其中，市中心上缴830万元，中宁分中心上缴640万元，海原分中心上缴530万元。

2017年末，贷款风险准备金余额1674.36万元。累计提取城市廉租住房（公共租赁住房）建设补充资金9686万元。其中，市中心提取4091.19万元，中宁分中心提取2967.85万元，海原分中心提取2626.96万元。

（五）管理费用支出：2017年，管理费用支出1213.01万元，同比增长120.03%。其中，人员经费461.75万元，公用经费200.48万元，专项经费550.78万元。

四、资产风险状况

个人住房贷款：2017年末，个人住房贷款逾期额、逾期率均为零。

个人贷款风险准备金按贷款余额的1%提取。2017年，提取个人贷款风险准备金344.92万元，没有使用个人贷款风险准备金核销呆坏账。2017年末，个人贷款风险准备金余额1674.36万元，占个人住房贷款余额的1.05%，个人住房贷款逾期额与个人贷款风险准备金余额的比率为0.27%。

五、社会经济效益

（一）缴存业务：2017年，实缴单位数、实缴职工人数和缴存额同比分别增长4.32%、8.15%和14.15%。

缴存单位中，国家机关和事业单位占67.53%，国有企业占9.52%，城镇集体企业占0.90%，城镇私营企业及其他城镇企业占18.37%，民办非企业单位和社会团体占1.34%，其他占2.24%。

缴存职工中，国家机关和事业单位占46.81%，国有企业占8.88%，城镇集体企业占1.24%，城镇私营企业及其他城镇企业占41.74%，民办非企业单位和社会团体占0.15%，其他占1.18%；低收入者占66.30%，中收入占33.70%。

新开户职工中，国家机关和事业单位占17.87%，国有企业占3.59%，城镇集体企业占1.51%，城镇私营企业及其他城镇企业占74.14%，民办非企业单位和社会团体占0.17%，其他占2.72%；低收入者占 95.25%，中收入者占 4.75%。

（二）提取业务：2017 年，14020 名缴存职工提取住房公积金 4.90 亿元。

提取金额中，住房消费提取占 80.89%（购买、建造、翻建、大修自住住房占 19.59%，偿还购房贷款本息占 53.88%，租赁住房占 3.06%，其他占 4.36%）；非住房消费提取占 19.11%（离休和退休提取占 11.63%，完全丧失劳动能力并与单位终止劳动关系提取占 4.49%，户口迁出本市或出境定居占 1.63%，其他占 1.36%）。

提取职工中，低收入占 62.86%，中收入占 37.14%。

（三）贷款业务：

1. 个人住房贷款：2017 年，支持职工购建房 21.32 万平方米，年末个人住房贷款市场占有率为 27.25%，比上年增加 4.59 个百分点。通过申请住房公积金个人住房贷款，可节约职工购房利息支出 19432.16 万元。

职工贷款笔数中，购房建筑面积 90（含）平方米以下占 6.11%，90～144（含）平方米占 84.55%，144 平方米以上占 9.34%。购买新房占 80.56%，购买存量商品住房占 17.32%，其他占 2.12%。

职工贷款笔数中，单缴存职工申请贷款占 31.52%，双缴存职工申请贷款占 68.48%。

贷款职工中，30 岁（含）以下占 46.36%，30 岁～40 岁（含）占 29.09%，40 岁～50 岁（含）占 17.17%，50 岁以上占 7.38%；首次申请贷款占 91.87%，二次及以上申请贷款占 8.13%；低收入占 82.83%，中收入占 17.17%。

2. 异地贷款：2017 年，发放异地贷款 363 笔 12091.10 万元。2017 年末，发放异地贷款总额 43572.60 万元，异地贷款余额 30500.82 万元。

（四）住房贡献率：2017 年，个人住房贷款发放额、公转商贴息贷款发放额、项目贷款发放额、住房消费提取额的总和与当年缴存额的比率为 140.22%，比上年增加 2.51 个百分点。

六、其他重要事项

1. 印发《中卫市灵活就业人员缴存及使用住房公积金管理办法》，凡在中卫市辖区范围内的、在城市就业且收入稳定、个人信用情况良好、具备完全民事行为能力的人员（男性未满 55 周岁，女性未满 50 周岁），均可申请缴存住房公积金并享有《住房公积金管理条例》及相关文件规定的权利。

2. 印发《关于进一步规范住房公积金缴存业务的通知》，信息管理新系统运行后，单位单边缴存系统不能计入职工账户。财政拨款的行政事业单位，要按照财政代扣"个人缴存部分"金额按月及时上缴"单位配套部分"的住房公积金（如有变动，年末统一调整）。每月"个人缴存部分"暂作挂账处理，待"单位配套部分"到账后一并记入职工账户。从 5 月份开始，各财政拨款单位月初到公积金服务大厅对本单位本月缴存进行核定，并上报本月职工变更清册，清册报电子版和纸制版各一份，纸制清册加盖单位印章并制表人签字。各单位必须在每月 5 日前将"单位配套部分"公积金缴存到账，如不按时缴存，给职工计息和业务办理造成影响的，由本单位负责。

3. 当年最高缴存基数调整。全市城镇在岗职工 2016 年社会平均工资为 61689 元（5141 元/月），按照国家和自治区规定，我市 2017 年单位和职工公积金月缴存最高基数确定为：$61689 \times 3 \div 12 = 15422$ 元，月缴存最高额为：$15422 \times 12\% \times 2 = 3701$ 元。

4.当年最低缴存基数。根据中卫市人民政府办公室《关于进一步加强住房公积金归集扩面工作的通知》（卫政办发〔2014〕93号）文件："最低缴存基数不得低于当地最低工资标准"。据此确定沙坡头区、中宁县的最低缴存基数为1390元/月、海原县的最低缴存基数为1320元/月。

5.完成对住房公积金信息系统的升级改造，"双贯标"工作当年通过住房城乡建设部和区住房城乡建设厅的验收，达到合格标准。异地转移接续平台也已经开始正式办理住房公积金异地转移业务。

6.当年市住房公积金管理中心继续保持"区级文明单位"、"市级文明单位"称号，先后再次获得"市级工人先锋号"、"全区住建系统先进单位"荣誉；一名职工获得"全区住建系统先进个人"荣誉。

2017 全国住房公积金年度报告汇编

新疆维吾尔自治区

乌鲁木齐市

克拉玛依市

吐鲁番市

哈密市

昌吉州

博尔塔拉蒙古自治州

巴音郭楞蒙古自治州

阿克苏地区

克孜勒苏柯尔克孜自治州

喀什地区

和田地区

伊犁哈萨克自治州

塔城地区

阿勒泰地区

新疆维吾尔自治区住房公积金 2017 年年度报告

一、机构概况

（一）住房公积金管理机构：全区共设 14 个设区城市住房公积金管理中心，2 个独立设置的分中心（其中，塔里木油田分中心隶属巴音郭楞蒙古自治州住房公积金管理中心，吐哈油田分中心隶属哈密市住房公积金管理中心）。从业人员 1082 人，其中，在编 772 人，非在编 310 人。

（二）住房公积金监管机构：自治区住房城乡建设厅、自治区财政厅和中国人民银行乌鲁木齐中心支行负责对本区住房公积金管理运行情况进行监督。

自治区住房城乡建设厅内设住房公积金监管处，负责辖区住房公积金日常监管工作。联系电话：0991-2823933。

自治区财政厅综合处，主要职责是监督全区住房公积金管理、使用和安全。联系电话：0991-2359219。

中国人民银行乌鲁木齐中心支行货币信贷处，主要职责是监督全区住房公积金管理、使用和安全。联系电话：0991-2373583。

二、业务运行情况

（一）缴存：2017 年，新开户单位 2138 家，实缴单位 31510 家，净增单位 2551 家；新开户职工 18.50 万人，实缴职工 177.65 万人，净增职工 9.11 万人；缴存额 337.05 亿元，同比增长 7.15%。2017 年末，累计缴存总额 2352.43 亿元，同比增长 16.63%；累计缴存余额 970.87 亿元，同比增长 14.43%。

（二）提取：2017 年，提取额 214.63 亿元，同比下降 6.78%；占当年缴存额的 63.68%，比上年减少 9.51 个百分点。2017 年末，累计提取总额 1381.56 亿元，同比增长 18.24%。

（三）贷款：

1. 个人住房贷款：2017 年，发放个人住房贷款 5.24 万笔 152.12 亿元，同比分别下降 28.02%、21.89%。回收个人住房贷款 98.65 亿元。

2017 年末，累计发放个人住房贷款 80.61 万笔 1298.82 亿元，贷款余额 712.33 亿元，同比分别增长 6.95%、13.27%、8.12%。个人住房贷款余额占缴存余额的 73.37%，比上年减少 4.28 个百分点。

2. 住房公积金支持保障性住房建设项目贷款：2017 年，发放支持保障性住房建设项目贷款 0 亿元（利用住房公积金贷款支持保障性住房建设，贷款发放工作已经结束），回收项目贷款 4.15 亿元。2017 年末，累计发放项目贷款 44.05 亿元，项目贷款余额 0.37 亿元。

（四）购买国债：2017 年，购买（记账式、凭证式）国债 0 亿元，转让、兑付、收回国债 0.44 亿元。2017 年末，国债余额 1.10 亿元，比上年减少 0.44 亿元。

（五）融资：2017 年，融资 2.95 亿元，归还 3.65 亿元。2017 年末，融资总额 5.95 亿元，融资余额 2.30 亿元。

（六）资金存储：2017 年末，住房公积金存款 273.33 亿元。其中，活期 45.62 亿元，1 年（含）以下定期 69.76 亿元，1 年以上定期 139.63 亿元，其他（协定、通知存款等）18.32 亿元。

（七）资金运用率：2017 年末，住房公积金个人住房贷款余额、项目贷款余额和购买国债余额的总和占缴存余额的 73.52%，比上年减少 4.85 个百分点。

三、主要财务数据

（一）业务收入：2017 年，业务收入 285323.89 万元，同比增长 8.96%。其中，存款利息 63319.23 万元，委托贷款利息 221359.70 万元，国债利息 439.42 万元，其他 205.54 万元。

（二）业务支出：2017 年，业务支出 145881.46 万元，同比增长 6.10%。其中，支付职工住房公积金利息 135436.72 万元，归集手续费 1244.79 万元，委托贷款手续费 7381.89 万元，其他 1818.06 万元。

（三）增值收益：2017 年，增值收益 139442.43 万元，同比增长 12.12%；增值收益率 1.53%，比上年减少 0.02 个百分点。

（四）增值收益分配：2017 年，提取贷款风险准备金 23010.02 万元，提取管理费用 30246.49 万元，提取城市廉租住房（公共租赁住房）建设补充资金 85600.90 万元。

2017 年，上交财政管理费用 27535.59 万元，上缴财政城市廉租住房（公共租赁住房）建设补充资金 99269.37 万元。

2017 年末，累计贷款风险准备金余额 160473.11 万元，累计提取城市廉租住房（公共租赁住房）建设补充资金 541956.07 万元。

（五）管理费用支出：2017 年，管理费用支出 22855.88 万元，同比下降 8.39%。其中，人员经费 14129.57 万元，公用经费 2849.36 万元，专项经费 5876.95 万元。

四、资产风险状况

（一）个人住房贷款：2017 年末，个人住房贷款逾期额［即截至本期末借款合同约定到期 3 个月（含）以上、6 个月（不含）以内应还未还贷款本金额与合同约定到期 6 个月（含）以上未归还贷款的本金余额之和］7687.84 万元，逾期率 1.10‰。

2017 年，提取个人贷款风险准备金 23010.02 万元，使用个人贷款风险准备金核销呆坏账 2.25 万元。2017 年末，累计个人贷款风险准备金余额 153188.76 万元，占个人贷款余额的 2.15%，个人贷款逾期额与个人贷款风险准备金余额的比率为 0.84%。

（二）住房公积金支持保障性住房建设项目贷款：2017 年末，逾期项目贷款 0 万元，逾期率为 0‰。

2017 年，提取项目贷款风险准备金 0 万元，使用项目贷款风险准备金核销呆坏账 0 万元。2017 年末，累计项目贷款风险准备金余额 7284.35 万元，占项目贷款余额的 196.87%，项目贷款逾期额与项目贷款风险准备金余额的比率为 0%。

（三）历史遗留风险资产：2017 年末，历史遗留风险资产余额 0 万元，比上年减少 0 万元，历史遗留风险资产回收率为 0%。

五、社会经济效益

（一）缴存业务：2017 年，实缴单位数、实缴职工人数和缴存额增长率分别为 7.56%、8.17% 和 7.15%。

缴存单位中，国家机关和事业单位占62.71%，国有企业占18.11%，城镇集体企业占2.22%，外商投资企业占0.57%，城镇私营企业及其他城镇企业占11.81%，民办非企业单位和社会团体占1.43%，其他占3.15%。

缴存职工中，国家机关和事业单位占56.57%，国有企业占26.67%，城镇集体企业占1.23%，外商投资企业占0.63%，城镇私营企业及其他城镇企业占9.09%，民办非企业单位和社会团体占1.45%，其他占4.36%；中、低收入占91.57%，高收入占8.43%。

新开户职工中，国家机关和事业单位占46.63%，国有企业占21.35%，城镇集体企业占3.12%，外商投资企业占0.89%，城镇私营企业及其他城镇企业占19.00%，民办非企业单位和社会团体占3.16%，其他占5.85%；中、低收入占97.82%，高收入占2.18%。

（二）提取业务：2017年，227.43万名缴存职工提取住房公积金214.63亿元。

提取金额中，住房消费提取占76.06%（购买、建造、翻建、大修自住住房占33.16%，偿还购房贷款本息占39.65%，租赁住房占1.40%，其他占1.85%）；非住房消费提取占23.94%（离休和退休提取占15.64%，完全丧失劳动能力并与单位终止劳动关系提取占4.43%，户口迁出所在市或出境定居占0.50%，其他占3.37%）。

提取职工中，中、低收入占81.76%，高收入占18.24%。

（三）贷款业务：

1. 个人住房贷款：2017年，支持职工购建房575.04万平方米。年末个人住房贷款市场占有率为63.90%，比上年同期增加26.17个百分点。通过申请住房公积金个人住房贷款，可节约职工购房利息支出254298.44万元。

职工贷款笔数中，购房建筑面积90（含）平方米以下占20.13%，90~144（含）平方米占71.34%，144平方米以上占8.53%。购买新房占71.09%（其中购买保障性住房占4.41%），购买存量商品房占25.13%，建造、翻建、大修自住住房占0.68%，其他占3.10%。

职工贷款笔数中，单缴存职工申请贷款占45.45%，双缴存职工申请贷款占54.55%，三人及以上缴存职工共同申请贷款占0%。

贷款职工中，30岁（含）以下占38.78%，30岁~40岁（含）占32.87%，40岁~50岁（含）占23.08%，50岁以上占5.27%；首次申请贷款占78.72%，二次及以上申请贷款占21.28%；中、低收入占92.92%，高收入占7.08%。

2. 异地贷款：2017年，发放异地贷款1391笔38494.98万元。2017年末，累计发放异地贷款总额288554.04万元，异地贷款余额178319.72万元。

3. 公转商贴息贷款：2017年，发放公转商贴息贷款0笔0万元，支持职工购建房面积0万平方米。当年贴息额246万元。2017年末，累计发放公转商贴息贷款688笔17000万元，累计贴息691.42万元。

4. 住房公积金支持保障性住房建设项目贷款：截至2017年末，国家批准全区住房公积金支持保障性住房建设试点城市4个，试点项目32个，发放贷款44.05亿元，建筑面积573.20万平方米，可解决52687户中低收入职工家庭的住房问题。30个试点项目贷款资金已发放并还清贷款本息。

（四）住房贡献率：2017年，个人住房贷款发放额、公转商贴息贷款发放额、项目贷款发放额、住房消费提取额的总和与当年缴存额的比率为93.56%，比上年减少36.00个百分点。

六、其他重要事项

（一）当年住房公积金政策调整情况：印发《2017年新疆住房公积金监管工作要点》（新建金函〔2017〕4号），要求各地对现有政策进行清理，严格执行国家住房公积金缴存使用相关政策，坚决纠正政策执行偏差。

（二）当年开展专项监督检查情况：

1. 组织14个地、州、市住房公积金管理中心开展了廉政风险防控自查，骗提骗贷专项核查。

2. 对全区14个地、州、市住房公积金管理中心住房公积金业务信息系统"双贯标"（贯彻落实住房公积金基础数据标准，接入全国统一的住房公积金银行结算数据应用系统）工作、落实自治区综合服务平台建设任务等进行了专项督导检查，加快推进全区住房公积金信息化建设。

（三）当年服务改进情况：

1. 全区14个地、州、市住房公积金管理中心进一步整合服务窗口，转变业务受理方式，增加咨询台服务功能，进一步优化业务流程，减少了审批环节，降低了办理成本，提高了服务效率。

2. 全面开通运行12329服务热线，逐步完善网上业务大厅、手机APP、微信公众号、手机短信等服务渠道，公开办事流程，推送政策信息，扩大业务范围，为缴存单位、职工提供全方位便捷服务。

3. 根据《关于印发2017年新疆住房公积金监管工作要点的通知》（新建金函〔2017〕4号），阿勒泰、博州、喀什、和田、塔城、伊犁等地、州、市针对"访惠聚"驻村人员及因重病、残疾等无法到中心办理业务的人群，提供预约上门服务，极大地方便了办事群众。

（四）当年信息化建设情况：

1. 12329住房公积金服务热线稳定运行，全年累计提供咨询服务155万人次，群众满意率99.67%，坐席投诉率为零。

2. 全区14个地、州、市住房公积金管理中心正在推进基于云平台的业务信息系统升级工作，其中克拉玛依市已顺利通过住房城乡建设部"双贯标"验收，阿勒泰、博州、塔城已通过自治区"双贯标"初验。

3. 结合"互联网+"技术，制定了自治区综合服务平台建设方案，拓宽住房公积金管理部门和缴存职工信息互动渠道。

4. 加快建设全区住房公积金监管信息系统，进一步提高住房公积金信息化监管水平，为实现住房公积金安全运行、监管有力、群众满意奠定基础。

（五）当年住房公积金机构及从业人员所获荣誉情况：全区各地、州、市住房公积金管理中心共获得13项行业、窗口文明单位称号，6项青年文明号称号，1项工人先锋号称号，1项三八红旗手称号，10项先进集体和个人称号，其中1人被住房城乡建设部评为住房城乡建设系统先进工作者。

乌鲁木齐市住房公积金2017年年度报告

一、机构概况

（一）住房公积金管理委员会：住房公积金管理委员会有29名委员，2017年召开2次会议，审议通

过的事项主要包括：

1. 《乌鲁木齐住房公积金 2016 年年度报告》。
2. 《2016 年度住房公积金各项计划完成情况暨 2017 年度归集、使用、收益分配计划》。
3. 《乌鲁木齐住房公积金管理中心信息系统升级改造方案》。
4. 《关于对接收昌吉州住房公积金管理中心原米泉管理部个人住房公积金贷款有关问题的请示》。
5. 《关于对部分住房公积金政策进行调整的建议》。
6. 《关于调整乌鲁木齐住房公积金管理委员会委员的建议》。
7. 《乌鲁木齐住房公积金管理中心关于信息系统建设方案的请示》。
8. 《乌鲁木齐住房公积金管理中心关于对自治区住房公积金信息化建设项目政府统一采购工作的请示》。
9. 《乌鲁木齐住房公积金管理中心关于管理部服务大厅业务用房购置方案的请示》。
10. 《乌鲁木齐住房公积金管理中心关于对国家开发银行、兴业银行住房公积金存款专用账户销户的报告》。
11. 《乌鲁木齐住房公积金管理中心关于聘用人员实行劳务派遣制的请示》。
12. 《乌鲁木齐住房公积金管理中心关于暂停受理住房置业担保公司个人住房公积金贷款担保业务有关情况的报告》。
13. 《乌鲁木齐住房公积金管理中心关于优化流程简化手续工作方案的请示》。

（二）**住房公积金管理中心**：住房公积金管理中心为政府直属不以营利为目的的自收自支事业单位，设 9 个处（科），8 个管理部，2 个分中心。从业人员 148 人，其中，在编 127 人，非在编 21 人。

二、业务运行情况

（一）**缴存**：2017 年，新开户单位 731 家，实缴单位 5945 家，净增单位 211 家；新开户职工 7.19 万人，实缴职工 47.36 万人，净减职工 2.21 万人；缴存额 106.26 亿元，同比增长 6.11%。2017 年末，缴存总额 769.52 亿元，同比增长 16.02%；缴存余额 312.08 亿元，同比增长 10.19%。

受委托办理住房公积金缴存业务的银行 5 家，同上年保持一致。

（二）**提取**：2017 年，提取额 77.42 亿元，同比增长 11.24%；占当年缴存额的 72.70%，比上年增加 3.60 个百分点。2017 年末，提取总额 457.44 亿元，同比增长 20.38%。

（三）**贷款**：

1. **个人住房贷款**：个人住房贷款最高额度 50 万元，其中，单缴存职工最高额度 50 万元，双缴存职工最高额度 50 万元。

2017 年，发放个人住房贷款 1.66 万笔 59.23 亿元，同比分别下降 26.87%、15.09%。其中，市中心发放个人住房贷款 1.16 万笔 41.02 亿元，自治区机关事业单位分中心发放个人住房贷款 0.31 万笔 11.42 亿元，铁路局分中心发放个人住房贷款 0.19 万笔 6.79 亿元。

2017 年，回收个人住房贷款 32.12 亿元。其中，市中心 23.32 亿元，自治区机关事业单位分中心 5.19 亿元，铁路局分中心 3.61 亿元。

2017 年末，累计发放个人住房贷款 19.60 万笔 434.40 亿元，贷款余额 273.50 亿元，同比分别增长 9.25%、15.50%、11.00%。个人住房贷款余额占缴存余额的 87.64%，比上年增加 0.06 个百分点。

受委托办理住房公积金个人住房贷款业务的银行7家，比上年增加1家。

2. **住房公积金支持保障性住房建设项目贷款**：2017年，发放支持保障性住房建设项目贷款0亿元，回收项目贷款3.81亿元。2017年末，累计发放项目贷款20.06亿元，项目贷款余额0亿元。

（四）**资金存储**：2017年末，住房公积金存款41.28亿元。其中，活期0亿元，1年（含）以下定期0.89亿元，1年以上定期33.78亿元，其他（协定、通知存款等）6.61亿元。

（五）**资金运用率**：2017年末，住房公积金个人住房贷款余额、项目贷款余额和购买国债余额的总和占缴存余额的87.64%，比上年减少0.30个百分点。

三、主要财务数据

（一）**业务收入**：2017年，业务收入112366.93万元，同比增长23.65%。其中，市中心75794.34万元，自治区机关事业单位分中心16651.72万元，铁路局分中心19920.87万元；存款利息26875.77万元，委托贷款利息85491.16万元，国债利息0万元，其他0万元。

（二）**业务支出**：2017年，业务支出48782.69万元，同比增长10.58%。其中，市中心33534.62万元，自治区机关事业单位分中心7817.43万元，铁路局分中心7430.64万元；支付职工住房公积金利息46699.23万元，归集手续费0万元，委托贷款手续费2083.46万元，其他0万元。

（三）**增值收益**：2017年，增值收益63584.24万元，同比增长36%。其中，市中心42259.73万元，自治区机关事业单位分中心8834.29万元，铁路局分中心12490.22万元；增值收益率1.96%，比上年增加0.38个百分点。

（四）**增值收益分配**：2017年，提取贷款风险准备金2491.86万元，提取管理费用4058.59万元，提取城市廉租住房（公共租赁住房）建设补充资金57033.79万元。

2017年，上交财政管理费用3901.52万元。上缴财政城市廉租住房（公共租赁住房）建设补充资金65298.87万元。其中，市中心上缴37544.64万元，自治区机关事业单位分中心上缴11116.03万元，铁路局分中心上缴16638.20万元。

2017年末，贷款风险准备金余额32067.54万元。累计提取城市廉租住房（公共租赁住房）建设补充资金281417.13万元。其中，市中心提取197060.93万元，自治区分中心提取40741.92万元，铁路局分中心提取43614.28万元。

（五）**管理费用支出**：2017年，管理费用支出4200.47万元，同比下降0.80%。其中，人员经费3021.46万元（其中清算2014年10月至2016年9月养老金、职业年金639.38万元，维稳经费42.45万元），公用经费318.27万元，专项经费860.74万元。

市中心管理费用支出3227.60万元，其中，人员、公用、专项经费分别为2291.85万元、235.07万元、701.10万元；自治区机关事业单位分中心管理费用支出404.76万元，其中，人员、公用、专项经费分别为306.08万元、26.91万元、71.77万元；铁路局分中心管理费用支出567.69万元，其中，人员、公用、专项经费分别为423.53万元、56.29万元、87.87万元。

四、资产风险状况

（一）**个人住房贷款**：2017年末，个人住房贷款逾期额80.39万元，逾期率0.029‰。其中，市中心

0.032‰，自治区机关事业单位分中心 0.022‰，铁路局分中心 0.023‰。

个人贷款风险准备金按（贷款余额或增值收益）的1%提取。2017年，提取个人贷款风险准备金 2491.86 万元，使用个人贷款风险准备金核销呆坏账 0 万元。2017 年末，个人贷款风险准备金余额 27350.22 万元，占个人住房贷款余额的 1%，个人住房贷款逾期额与个人贷款风险准备金余额的比率为 0.28%。

（二）支持保障性住房建设试点项目贷款：2017 年，提取项目贷款风险准备金 0 万元，使用项目贷款风险准备金核销呆坏账 0 万元，项目贷款风险准备金余额 4717.32 万元。

五、社会经济效益

（一）缴存业务：2017 年，实缴单位数、实缴职工人数和缴存额同比分别增长 3.68%、4.46% 和 6.11%。

缴存单位中，国家机关和事业单位占 33.92%，国有企业占 43.11%，城镇集体企业占 5.86%，外商投资企业占 1.41%，城镇私营企业及其他城镇企业占 12.44%，民办非企业单位和社会团体占 1.25%，其他占 2.01%。

缴存职工中，国家机关和事业单位占 34.40%，国有企业占 42.97%，城镇集体企业占 4.92%，外商投资企业占 1.63%，城镇私营企业及其他城镇企业占 11.95%，民办非企业单位和社会团体占 1.36%，其他占 2.77%；中、低收入占 95.28%，高收入占 4.72%。

新开户职工中，国家机关和事业单位占 29.30%，国有企业占 33.18%，城镇集体企业占 9.24%，外商投资企业占 2.07%，城镇私营企业及其他城镇企业占 23.56%，民办非企业单位和社会团体占 0.86%，其他占 1.79%；中、低收入占 99.37%，高收入占 0.63%。

（二）提取业务：2017 年，160.32 万名缴存职工提取住房公积金 77.42 亿元。

提取金额中，住房消费提取占 77.05%（购买、建造、翻建、大修自住住房占 33.63%，偿还购房贷款本息占 43.06%，租赁住房占 0.36%，其他占 0%）；非住房消费提取占 22.95%（离休和退休提取占 17.01%，完全丧失劳动能力并与单位终止劳动关系提取占 4.62%，户口迁出本市或出境定居占 0.86%，其他占 0.46%）。

提取职工中，中、低收入占 96.12%，高收入占 3.88%。

（三）贷款业务：

1. 个人住房贷款：2017 年，支持职工购建房 174.41 万平方米，年末个人住房贷款市场占有率为 14.57%，比上年减少 0.45 个百分点。通过申请住房公积金个人住房贷款，可节约职工购房利息支出 123963.83 万元。

职工贷款笔数中，购房建筑面积 90（含）平方米以下占 27.95%，90~144（含）平方米占 67.25%，144 平方米以上占 4.8%。购买新房占 70.4%，购买存量商品住房占 26.65%，建造、翻建、大修自住住房占 0%，其他占 2.95%。

职工贷款笔数中，单缴存职工申请贷款占 40.28%，双缴存职工申请贷款占 59.72%，三人及以上缴存职工共同申请贷款占 0%。

贷款职工中，30 岁（含）以下占 44.31%，30 岁~40 岁（含）占 31.63%，40 岁~50 岁（含）占

20.60%，50 岁以上占 3.46%；首次申请贷款占 85.55%，二次及以上申请贷款占 14.45%；中、低收入占 98.88%，高收入占 1.12%。

2. **异地贷款**：2017 年，发放异地贷款 368 笔 10125.78 万元。2017 年末，发放异地贷款总额 106147.17 万元，异地贷款余额 64484.73 万元。

3. **支持保障性住房建设试点项目贷款**：2017 年末，累计试点项目 4 个，贷款额度 20.06 亿元，建筑面积 254.83 万平方米，可解决 14325 户中低收入职工家庭的住房问题。4 个试点项目贷款资金已发放并还清贷款本息。

（四）**住房贡献率**：2017 年，个人住房贷款发放额、公转商贴息贷款发放额、项目贷款发放额、住房消费提取额的总和与当年缴存额的比率为 110.70%，比上年下降 12.34 个百分点。

六、其他重要事项

（一）**当年机构及职能调整情况、受委托办理缴存贷款业务金融机构变更情况**：根据《关于印发乌鲁木齐住房公积金管理中心主要职责内设机构和人员编制方案的通知》（乌政办〔2017〕313 号）文件、《关于市纪委向市一级党和国家机关派驻纪检机构有关机构编制事项的通知》（乌编委〔2017〕47 号）文件，中心纪检监察室不再保留，增加政策法规科。原个人贷款管理科、项目贷款管理科合并为贷款管理科。

（二）**当年住房公积金政策调整及执行情况**：

1. 根据住房城乡建设部《关于对新疆自治区住房公积金廉政风险防控重点抽查情况反馈意见的函》（建金督函〔2017〕14 号）的反馈意见，一是停止办理缴存职工子女考取大专院校，因家庭生活困难，无力缴纳学费可提取住房公积金的业务，二是停止办理在可贷额度内职工同时办理两笔公积金贷款的业务。

2. 2017 年缴存基数限额及确定方法、缴存比例：

（1）按照乌鲁木齐市统计部分公布的上一年度职工平均工资的 3 倍确定，当年缴存基数上限 14352 元；

（2）按照乌鲁木齐市上一年度职工最低工资标准确定，当年缴存基数下限 1470 元；

（3）缴存比例等缴存政策调整：无；

（4）最高贷款额度 50 万元；

（5）贷款利率：5 年以内（含）2.75%，5 年以上 3.25%。

（三）**当年服务改进情况**：一是经 2017 年住房公积金管理委员会二次会议审议通过对沙依巴克区管理部和高新技术开发区（新市区）管理部服务大厅的购置方案；二是按照国家、自治区双贯标工作要求，加快推进信息系统建设工作。

（四）**当年信息化建设情况**：乌鲁木齐住房公积金管理中心积极开展信息系统双贯标工作，目前已初步完成该项工作，等待验收组验收。

（五）**当年住房公积金管理中心及职工所获荣誉情况**：

1. 乌鲁木齐住房公积金管理中心被评为 2017 年度"群众满意好班子"；

2. 乌鲁木齐住房公积金管理中心荣获 2017 年度依法行政考核优秀单位；

3. 乌鲁木齐住房公积金管理中心荣获 2017 年度精神文明建设先进单位；

4. 乌鲁木齐住房公积金管理中心官网荣获"2017年度中国政务网站优秀奖";
5. 乌鲁木齐住房公积金微信公众号荣获"2017年度中国优秀政务新媒体(微博微信)"奖;
6. 乌鲁木齐住房公积金管理中心水磨沟区管理部荣获"2017年度服务行业文明示范窗口";
7. 乌鲁木齐住房公积金管理中心3名职工分别荣获"全国文明城市创建先进个人"、"民族团结先进个人"和"2017年度市政务服务中心优秀进驻人员优秀个人"称号。

克拉玛依市住房公积金2017年年度报告

一、机构概况

(一)住房公积金管理委员会：住房公积金管理委员会有29名委员，2017年召开2次会议，审议通过的事项主要包括：住房公积金2016年年度报告、关于取消住房公积金经办员劳务费的建议、关于规范调整住房公积金使用政策的建议、关于独山子分中心办公场所装修的建议、关于修订《克拉玛依市住房公积金自然人与社会法人失信惩戒实施细则》的建议。

(二)住房公积金管理中心：住房公积金管理中心为克拉玛依市政府不以营利为目的的公益一类事业单位，设5个科，2个分中心、2个管理部。从业人员37人，其中，在编35人，非在编2人。

二、业务运行情况

(一)缴存：2017年，新开户单位204家，实缴单位1309家，净增单位232家；新开户职工1.28万人，实缴职工16.11万人，净增职工1.22万人；缴存额32.51亿元，同比下降4.58%（原因是涉油企业职工收入整体下降，导致缴存基数下降）。2017年末，缴存总额322.69亿元，同比增长11.20%；缴存余额81.34亿元，同比增长6.87%。

受委托办理住房公积金缴存业务的银行3家，与上年相比无变化。

(二)提取：2017年，提取额27.28亿元，同比下降20.9%（主要原因：一是去年购房提取政策更加规范，由系统控制提取额加贷款额不超过购房总额，使得提取总额明显下降；二是支取账户由原来保留一个月缴存额调整为三个月缴存额），占当年缴存额的83.91%，比上年减少17.29个百分点。2017年末，提取总额241.35亿元，同比增长12.74%。

(三)贷款：

个人住房贷款：个人住房贷款最高额度85万元，其中，单缴存职工最高额度85万元，双缴存职工最高额度85万元。

2017年，发放个人住房贷款0.48万笔15.85亿元，同比分别下降22.02%、16.23%。其中，市直分中心发放个人住房贷款0.4万笔13.30亿元，独山子分中心发放个人住房贷款0.05万笔1.14亿元。准东、明园管理部发放个人住房贷款0.03万笔1.41亿元（贷款发放下降的主要原因：一是经济适用房停止开发，市场房源减少；二是改善性住房高峰期已过，购房人数减少；三是二手房市场价格走低，贷款金额降低。）

2017年，回收个人住房贷款9.67亿元。其中，市直分中心6.66亿元，独山子分中心1.71亿元。准东、明园管理部1.3亿元。

2017年末，累计发放个人住房贷款7.42万笔126.2亿元，贷款余额66.74亿元，同比分别增长6.92％、14.36％、10.20％。个人住房贷款余额占缴存余额的82.05％，比上年增加2.48个百分点。

受委托办理住房公积金个人住房贷款业务的银行5家，与上年相比无变化。

（四）**资金存储**：2017年末，住房公积金存款16.33亿元。其中，活期0.43亿元，1年（含）以下定期5.79亿元，1年以上定期4.47亿元，其他（协定、通知存款等）5.64亿元。

（五）**资金运用率**：2017年末，住房公积金个人住房贷款余额、项目贷款余额和购买国债余额的总和占缴存余额的82.05％，比上年79.57％增加2.48个百分点。

三、主要财务数据

（一）**业务收入**：2017年，业务收入26320.02万元，同比下降6.38％。其中，存款利息5739.12万元，委托贷款利息20577.58万元，国债利息0万元，其他3.32万元。

（二）**业务支出**：2017年，业务支出13389.34万元，同比下降5.61％。其中，支付职工住房公积金利息11951.72万元，归集手续费392.12万元，委托贷款手续费1028.47万元，其他17.03万元。

（三）**增值收益**：2017年，增值收益12930.68万元，同比下降7.17％。增值收益率1.64％，比上年减少0.17个百分点（增值收益下降的主要原因是住房公积金存款减少、增值收益存款减少、利息收入减少）。

（四）**增值收益分配**：2017年，提取贷款风险准备金6674.07万元，提取管理费用1357万元，提取城市廉租住房（公共租赁住房）建设补充资金4899.61万元。

2017年，上交财政管理费用2943.35万元。上缴财政城市廉租住房（公共租赁住房）建设补充资金13656.17万元。2017年末，贷款风险准备金余额32365.32万元。累计提取城市廉租住房（公共租赁住房）建设补充资金87544.87万元。

（五）**管理费用支出**：2017年，管理费用支出1480.26万元，同比增长19.5％。其中，人员经费824.96万元，公用经费106.8万元，专项经费548.5万元（管理费用支出增加的主要原因：一是独山子分中心改善办公环境购置办公楼费用增加。二是安保设施费用增加）。

四、资产风险状况

个人住房贷款：2017年末，个人住房贷款逾期额130.44万元，逾期率0.20‰。其中，市直分中心0.19‰，独山子分中心和明园管理部0.01‰。

个人贷款风险准备金按贷款余额的1％提取。2017年，提取个人贷款风险准备金6674.07万元，使用个人贷款风险准备金核销呆坏账0万元。2017年末，个人贷款风险准备金余额32365.32万元，占个人住房贷款余额的4.85％，个人住房贷款逾期额与个人贷款风险准备金余额的比率为0.4％。

五、社会经济效益

（一）**缴存业务**：2017年，实缴单位数、实缴职工人数和缴存额同比分别增长18.46％、增长8.43％

和下降 4.64%。

缴存单位中，国家机关和事业单位占 13.52%，国有企业占 19.02%，城镇集体企业占 3.36%，外商投资企业占 0.08%，城镇私营企业及其他城镇企业占 52.03%，民办非企业单位和社会团体占 2.90%，其他占 9.09%。

缴存职工中，国家机关和事业单位占 14.54%，国有企业占 59.51%，城镇集体企业占 4.23%，外商投资企业占 0%，城镇私营企业及其他城镇企业占 21.00%，民办非企业单位和社会团体占 0.20%，其他占 0.52%；中、低收入占 99.62%，高收入占 0.38%。

新开户职工中，国家机关和事业单位占 24.62%，国有企业占 24.00%，城镇集体企业占 5.60%，外商投资企业占 0%，城镇私营企业及其他城镇企业占 43.12%，民办非企业单位和社会团体占 0.51%，其他占 2.15%；中、低收入占 99.83%，高收入占 0.17%。

（二）提取业务：2017 年，7.19 万名缴存职工提取住房公积金 27.28 亿元。

提取金额中，住房消费提取占 77.35%（购买、建造、翻建、大修自住住房占 36.69%，偿还购房贷款本息占 38.76%，租赁住房占 0.47%，其他占 1.43%）；非住房消费提取占 22.65%（离休和退休提取占 15.06%，完全丧失劳动能力并与单位终止劳动关系提取占 2.24%，户口迁出本市或出境定居占 1.00%，其他占 4.35%）。

提取职工中，中、低收入占 99.60%，高收入占 0.40%。

（三）贷款业务：

1. 个人住房贷款：2017 年，支持职工购建房 61.77 万平方米，年末个人住房贷款市场占有率为 92.49%，比上年减少 1.7 个百分点。通过申请住房公积金个人住房贷款，可节约职工购房利息支出 23614.89 万元。

职工贷款笔数中，购房建筑面积 90（含）平方米以下占 23.39%，90～144（含）平方米占 53.03%，144 平方米以上占 23.58%。购买新房占 60.71%（其中购买保障性住房占 17.69%），购买存量商品住房占 38.86%，建造、翻建、大修自住住房占 0%，其他占 0.43%。

职工贷款笔数中，单缴存职工申请贷款占 50.74%，双缴存职工申请贷款占 49.26%，三人及以上缴存职工共同申请贷款占 0%。

贷款职工中，30 岁（含）以下占 25.41%，30 岁～40 岁（含）占 34.42%，40 岁～50 岁（含）占 31.28%，50 岁以上占 8.89%；首次申请贷款占 79.44%，二次及以上申请贷款占 20.56%；中、低收入占 99.11%，高收入占 0.89%。

2. 异地贷款：2017 年，发放异地贷款 96 笔 3188 万元。2017 年末，发放异地贷款总额 32688.6 万元，异地贷款余额 14812.35 万元。

（四）住房贡献率：2017 年，个人住房贷款发放额、公转商贴息贷款发放额、项目贷款发放额、住房消费提取额的总和与当年缴存额的比率为 113.54%，比上年减少 20.85 个百分点（贡献率下降的主要原因：项目贷款结束、住房消费提取额和贷款发放额下降）。

六、其他重要事项

（一）当年机构及职能调整情况、受委托办理缴存贷款业务金融机构变更情况：2017 年，编制部门下达中心编制文件。单位类别为公益一类事业单位，人员编制45名，中心内设综合科（人事科）、计划财务科、业务科（行政执法科）、内部审计科、科技信息科5个职能科室，下设市直分中心、独山子分中心、明园管理部、准东管理部。将住房公积金管理委员会日常会议的筹办和决策事项的督办工作，交由市住建局承担。实现了克拉玛依住房公积金管办分离，进一步提高了行政管理效能和水平。

（二）当年住房公积金政策调整及执行情况：

1. 住房公积金缴存基数确定标准为：职工月住房公积金缴存基数最低不得低于克拉玛依市政府发布的最低工资标准1670元，最高不得超过克拉玛依市统计部门发布的社平工资的3倍21750元。住房公积金个人账户存款利率按一年期定期存款基准年利率1.5%执行。

2. 调整了大病提取政策：将医疗支付凭证中的个人支付额作为大病提取公积金的限额（2017年底出台政策，2018年初执行）。

3. 实行了差别化贷款政策：购买首套住房的，贷款最低首付比例为30%；购买改善性住房的，贷款首付比例不得低于40%（2017年底出台政策，2018年初执行）。

4. 住房公积金存贷款利率执行标准：1～5年：2.75%；5年以上：3.25%

（三）**当年服务改进情况**：2017年，为方便群众办理住房公积金相关业务，中心在市政务服务中心开设了4个公积金服务窗口，与大厅内房地产交易中心、不动产办理等窗口进行有效衔接，实现一站式服务，缩短办事时间，提升服务质量。同时，中心利用"互联网＋住房公积金"技术支持增加了服务渠道。网站、12329服务热线、短信、自助终端、微信、网上业务大厅、手机APP7种服务渠道相继建成并投入使用，不同人群可以根据需求自主选择不同服务渠道，极大地方便了群众办理公积金业务。

（四）**当年信息化建设情况**：2017年3月，中心接入结算应用系统。5月，新一代住房公积金核心业务系统成功上线运行，实现了住房公积金自主归集、管办分离、收支两条线管理、资金实时结算"秒级"到账，实现了全国公积金异地转移接续，"让信息多跑路，群众少跑腿"的目标。9月，全疆住房公积金管理工作座谈会暨住房公积金信息化建设推进会在克拉玛依举行，我市顺利通过住房城乡建设部"双贯标"验收，成为全疆首家通过验收的城市，为缴存职工提供了更加方便快捷的服务。

（五）**其他需要披露的情况**：2017年，中心根据市政府相关要求，修订了《克拉玛依住房公积金个人失信惩戒实施细则》，加大对住房公积金领域骗提骗贷行为的甄别、惩治力度，对失信行为进行部门之间联合惩戒，让失信主体"一处失信，处处受限"。目前有多人因交通违章、欠交暖气费等原因进入住房公积金黑名单，提取住房公积金和申请住房公积金贷款均受到限制。

吐鲁番市住房公积金2017年年度报告

一、机构概况

（一）**住房公积金管理委员会**：住房公积金管理委员会有22名委员，2017年召开1次会议，审议通过的事项主要包括：《吐鲁番市住房公积金2016年年度报告》、《2017年度归集使用计划》、《2017年度管理经费使用计划》、《关于提高住房公积金贷款额度的请示》、《关于申请业务管理系统软件升级购置资金的请示》、《关于申请政务服务大厅建设资金的请示》等。

（二）住房公积金管理中心：住房公积金管理中心为隶属于吐鲁番市人民政府不以营利为目的的自收自支事业单位，设6个科室，3个管理部。从业人员37人，其中，在编18人，非在编19人。

二、业务运行情况

（一）缴存：2017年，新开户单位68家，实缴单位1030家，净增单位62家；新开户职工0.42万人，实缴职工4.74万人，净增职工0.31万人；缴存额7.09亿元，同比增长16.61%。2017年末，缴存总额44.37亿元，同比增长18.95%；缴存余额17.90亿元，同比增长21.77%。

受委托办理住房公积金缴存业务的银行3家，同上年保持一致。

（二）提取：2017年，提取额3.89亿元，同比下降13.56%；占当年缴存额的54.87%，比上年减少19.13个百分点。2017年末，提取总额26.47亿元，同比增长17.12%。

（三）贷款：

个人住房贷款：个人住房贷款最高额度50万元，其中，单缴存职工最高额度50万元，双缴存职工最高额度50万元。

2017年，发放个人住房贷款0.12万笔2.59亿元，同比分别下降29.41%、33.59%。

2017年，回收个人住房贷款2.20亿元。

2017年末，累计发放个人住房贷款2.12万笔27.94亿元，贷款余额12.63亿元，同比分别增长6%、10.43%、3.52%。个人住房贷款余额占缴存余额的70.6%，比上年减少12个百分点。

受委托办理住房公积金个人住房贷款业务的银行5家，同上年保持一致。

（四）购买国债：2017年，购买国债0亿元，（兑付、转让、收回）国债0亿元。2017年末，国债余额0.06亿元，比上年减少0亿元。

（五）资金存储：2017年末，住房公积金存款5.37亿元。其中，活期0.13亿元，1年（含）以下定期5.24亿元。

（六）资金运用率：2017年末，住房公积金个人住房贷款余额、项目贷款余额和购买国债余额的总和占缴存余额的70.89%，比上年减少13.11个百分点。

三、主要财务数据

（一）业务收入：2017年，业务收入4950.8万元，同比增长9.95%。存款利息874.27万元，委托贷款利息4057.16万元，国债利息19.26万元，其他0.11万元。

（二）业务支出：2017年，业务支出1834.12万元，同比增长31.25%。支付职工住房公积金利息1700.03万元，归集手续费0万元，委托贷款手续费134.09万元，其他0万元。

（三）增值收益：2017年，增值收益3116.68万元，同比增长0.37%。增值收益率1.91%，比上年增加0.04个百分点。

（四）增值收益分配：2017年，提取贷款风险准备金1262.74万元，提取管理费用353.94万元，提取城市廉租住房（公共租赁住房）建设补充资金1500万元。

2017年，上交财政管理费用353.94万元。上缴财政城市廉租住房（公共租赁住房）建设补充资金1500万元。

2017年末，贷款风险准备金余额6809.2万元。累计提取城市廉租住房（公共租赁住房）建设补充资金3900万元。

（五）管理费用支出： 2017年，管理费用支出886万元，同比增长123.57%。其中，人员经费340.30万元，公用经费226万元，专项经费319.70万元。

四、资产风险状况

个人住房贷款：2017年末，个人住房贷款逾期额13.49万元，逾期率0.11‰。

个人贷款风险准备金按贷款余额的1%提取。2017年，提取个人贷款风险准备金1262.74万元，使用个人贷款风险准备金核销呆坏账0万元。2017年末，个人贷款风险准备金余额6809.2万元，占个人住房贷款余额的5.39%，个人住房贷款逾期额与个人贷款风险准备金余额的比率为0.2%。

五、社会经济效益

（一）**缴存业务：** 2017年，实缴单位数、实缴职工人数和缴存额同比分别增长6.4%、7%和16.61%。

缴存单位中，国家机关和事业单位占66.02%，国有企业占11.65%，城镇集体企业占0%，外商投资企业占0.3%，城镇私营企业及其他城镇企业占9.51%，民办非企业单位和社会团体占0.1%，其他占12.42%。

缴存职工中，国家机关和事业单位占65.19%，国有企业占13.29%，城镇集体企业占0%，外商投资企业占0.21%，城镇私营企业及其他城镇企业占4.85%，民办非企业单位和社会团体占4.64%，其他占11.82%；中、低收入占86.5%，高收入占13.5%。

新开户职工中，国家机关和事业单位占45.24%，国有企业占2.38%，城镇集体企业占0%，外商投资企业占0.24%，城镇私营企业及其他城镇企业占4.76%，民办非企业单位和社会团体占0.95%，其他占46.43%；中、低收入占95.24%，高收入占4.76%。

（二）**提取业务：** 2017年，1.47万名缴存职工提取住房公积金3.89亿元。

提取金额中，住房消费提取占78.35%（购买、建造、翻建、大修自住住房占32.47%，偿还购房贷款本息占39.17%，租赁住房占2.5%，其他占4.21%）；非住房消费提取占21.65%（离休和退休提取占13.92%，完全丧失劳动能力并与单位终止劳动关系提取占5.67%，户口迁出本市或出境定居占0.08%，其他占1.98%）。

提取职工中，中、低收入占81.80%，高收入占18.20%。

（三）**贷款业务：**

1. **个人住房贷款：** 2017年，支持职工购建房13.41万平方米，年末个人住房贷款市场占有率为58%，比上年减少14个百分点。通过申请住房公积金个人住房贷款，可节约职工购房利息支出359.20万元。

职工贷款笔数中，购房建筑面积90（含）平方米以下占16.67%，90～144（含）平方米占75%，144平方米以上占8.33%。购买新房占71.67%（其中购买保障性住房占0.92%），购买存量商品住房占

14.7%，建造、翻建、大修自住住房占 0%，其他占 13.63%。

职工贷款笔数中，单缴存职工申请贷款占 41.67%，双缴存职工申请贷款占 58.33%，三人及以上缴存职工共同申请贷款占 0%。

贷款职工中，30 岁（含）以下占 23.33%，30 岁～40 岁（含）占 31.25%，40 岁～50 岁（含）占 31.33%，50 岁以上占 14.09%；首次申请贷款占 64.5%，二次及以上申请贷款占 35.5%；中、低收入占 79.75%，高收入占 20.25%。

2. 异地贷款：2017 年，发放异地贷款 84 笔 2201.4 万元。2017 年末，发放异地贷款总额 22120 万元，异地贷款余额 11875.7 万元。

（四）住房贡献率：2017 年，个人住房贷款发放额、公转商贴息贷款发放额、项目贷款发放额、住房消费提取额的总和与当年缴存额的比率为 79.63%，比上年减少 47.26 个百分点。

六、其他重要事项

（一）机构及职能调整情况：为加强住房公积金管理中心工作，根据第一届市委第 5 次财经领导小组会议精神，经 2017 年吐鲁番市机构编委员会第 1 次会议研究，对中心机构编制进行了调整，2017 年增加自收自支事业编制 20 名，核增科级领导职数 6 名，调整后中心核定编制 39 名，核定副县级领导职数 1 名，科级领导职数 12 名（其中：中心副主任 2 名）。内设 9 个科室：办公室、财务科、稽核监督科、归集科、贷款科、信息技术科、高昌区管理部、鄯善县管理部、托克逊县管理部。

（二）住房公积金政策调整及执行情况：2017 年度，吐鲁番市住房公积金月缴存基数上线不超过全市在岗职工月平均工资 6062 元的 3 倍，即 18186 元；下线不低于自治区人民政府规定的最低工资标准，即高昌区、鄯善县为 1390 元，托克逊县为 1310 元。

2017 年住房公积金缴存比例最高单位和个人为 12%，最低为 5%。

（三）个人住房贷款额度调整情况：2017 年 1 月 22 日，经吐鲁番市住房公积金委员会批准，将我市住房公积金个人贷款最高额度由原来的 35 万元调整到 50 万元。

（四）住房公积金存贷款利率执行情况：个人住房公积金存款利率按一年期定期存款基准利率执行。（一年定期存款利率为 1.5%）

个人住房贷款利率执行五年以下（含五年）为 2.75%，五年期以上贷款利率为 3.25%。

（五）服务改进情况：全面实行限时办结制、考勤制度、AB 岗工作制、首问责任制，对外公布投诉电话、设立投诉箱，聘用行风监督员、对服务满意度进行电话回访。

住房公积金业务大厅实现综合窗口服务，大厅每个窗口可以独立受理归集、提取、贷款等各类业务，方便了群众，提高了工作效率。

（六）信息化建设情况：2017 年初，中心正式启动住房公积金管理信息系统升级改造工程。在各方的支持和配合下，住房公积金管理信息系统升级改造工程得以有序组织实施。中心同步推进贯彻落实《住房公积金基础数据标准》及《住房公积金银行结算数据应用系统与公积金中心接口标准》（简称住房公积金"双贯标"）工作。

2017 年 12 月 5 日，吐鲁番市住房公积金管理云平台系统正式上线运行服务，办事流程得以简化，服务效率进一步提高，实现了真正意义上的自主核算，极大的方便广大缴存职工和缴存单位办理业务。

（七）住房公积金管理中心及职工所获荣誉情况：2017年，吐鲁番市住房公积金中心荣获2017年度市级精神文明单位。

哈密市住房公积金2017年年度报告

一、机构概况

（一）住房公积金管理委员会。住房公积金管理委员会有22名委员，2017年召开1次会议，审议通过的事项主要包括：

1. 审定《关于调整管委会组成人员的报告》；

2. 听取并审议《关于2016年住房公积金业务运行情况和2017年住房公积金归集使用预算安排建议的报告》；

3. 审定《关于补充工作人员的请示》；

4. 审定《关于申请改造哈密市住房公积金管理中心服务大厅的请示》；

5. 审定《关于潞安新疆煤化工集团有限公司继续缓缴住房公积金的请示》；

6. 审定《关于中电投新疆能源化工集团哈密碱业有限公司和徐矿集团哈密能源有限公司降低公积金缴存比例的请示》。

（二）住房公积金管理中心。住房公积金管理中心为隶属哈密市政府管理的不以营利为目的的自收自支事业单位，内设8个科，4个管理部，下设1个分中心。从业人员111人，其中，在编37人，非在编74人。

二、业务运行情况

（一）缴存。2017年，新开户单位58家，实缴单位1348家，净增单位196家；新开户职工0.1万人，实缴职工7.02万人，净减职工0.69万人；缴存额15.82亿元，同比增长5.3%。2017年末，缴存总额124.16亿元，同比增长14.6%；缴存余额54.37亿元，同比增长10.12%。

受委托办理住房公积金缴存业务的银行2家，比上年增加0家。

（二）提取。2017年，提取额10.83亿元，同比下降18.32%；占当年缴存额的68.45%，比上年增加4.67个百分点。2017年末，提取总额69.79亿元，同比增长18.36%。

（三）贷款：

1. **个人住房贷款**：个人住房贷款最高额度60万元，其中，单缴存职工最高额度60万元，双缴存职工最高额度60万元。

2017年，发放个人住房贷款0.25万笔6.74亿元，同比分别增长0.96%、14.62%。其中，市中心发放个人住房贷款0.23万笔6.14亿元，吐哈石油分中心发放个人住房贷款0.02万笔0.6亿元。

2017年，回收个人住房贷款3.11亿元。其中，市中心2.24亿元，吐哈石油分中心0.87亿元。

2017年末，累计发放个人住房贷款3.01万笔45.82亿元，贷款余额24.87亿元，同比分别增长

9.05%、17.24%、17.09%。个人住房贷款余额占缴存余额的 45.74%，比上年增加 2.72 个百分点。

受委托办理住房公积金个人住房贷款业务的银行 6 家，比上年减少 1 家。

2. 住房公积金支持保障性住房建设项目贷款：2017 年末，累计发放项目贷款 2.94 亿元，项目贷款余额 0 亿元。

（四）**资金存储**。2017 年末，住房公积金存款 29.83 亿元。其中，活期 3.85 亿元，1 年（含）以下定期 1.68 亿元，1 年以上定期 24.2 亿元，其他（协定、通知存款等）0.1 亿元。

（五）**资金运用率**。2017 年末，住房公积金个人住房贷款余额、项目贷款余额和购买国债余额的总和占缴存余额的 45.74%，比上年增加 2.74 个百分点。

三、主要财务数据

（一）**业务收入**。2017 年，业务收入 15657.58 万元，同比下降 1.26%。其中，市中心 9230.97 万元，吐哈石油分中心 6426.61 万元；存款利息 8014.7 万元，委托贷款利息 7571.55 万元，国债利息 0 万元，其他 71.33 万元。

（二）**业务支出**。2017 年，业务支出 8284.36 万元，同比下降 13.39%。其中，市中心 4791.93 万元，吐哈石油分中心 3492.43 万元；支付职工住房公积金利息 7789.57 万元，归集手续费 0 万元，委托贷款手续费 489.23 万元，其他 5.56 万元。

（三）**增值收益**。2017 年，增值收益 7373.22 万元，同比下降 17.2%。其中，市中心 4439.04 万元，吐哈石油分中心 2934.18 万元；增值收益率 1.42%，比上年增加 0.19 个百分点。

（四）**增值收益分配**。2017 年，提取贷款风险准备金 816.14 万元，提取管理费用 2455 万元，提取城市廉租住房（公共租赁住房）建设补充资金 4102.08 万元。

2017 年，上交财政管理费用 1195 万元。上缴财政城市廉租住房（公共租赁住房）建设补充资金 2000 万元。其中，市中心上缴 2000 万元，吐哈石油分中心上缴 0 万元。

2017 年末，贷款风险准备金余额 7790.25 万元。累计提取城市廉租住房（公共租赁住房）建设补充资金 17723.6 万元。其中，市中心提取 16251.18 万元，吐哈石油分中心提取 1472.42 万元。

（五）**管理费用支出**。2017 年，管理费用支出 2396.64 万元，同比增长 1.73%。其中，人员经费 1329.32 万元，公用经费 390.51 万元，专项经费 676.81 万元。

市中心管理费用支出 1136.64 万元，其中，人员、公用、专项经费分别为 669.32 万元、202.51 万元、264.81 万元；吐哈石油分中心管理费用支出 1260 万元，其中，人员、公用、专项经费分别为 660 万元、188 万元、412 万元。

四、资产风险状况

（一）**个人住房贷款**。2017 年末，个人住房贷款逾期额 40.87 万元，逾期率 0.2‰。其中，市中心 0.2‰，吐哈石油分中心 0‰。

个人贷款风险准备金按贷款余额的 1% 提取。2017 年，提取个人贷款风险准备金 816.14 万元，使用个人贷款风险准备金核销呆坏账 2.25 万元。2017 年末，个人贷款风险准备金余额 6771.22 万元，占个人住房贷款余额的 2.72%，个人住房贷款逾期额与个人贷款风险准备金余额的比率为 0.6%。

（二）**支持保障性住房建设试点项目贷款**。2017 年，提取项目贷款风险准备金 0 万元，使用项目贷款风险准备金核销呆坏账 0 万元，项目贷款风险准备金余额 1019.03 万元。

五、社会经济效益

（一）**缴存业务**。2017 年，实缴单位数、实缴职工人数和缴存额同比分别下降 3.29%、下降 13.22% 和增长 5.32%。

缴存单位中，国家机关和事业单位占 64.69%，国有企业占 19.44%，城镇集体企业占 3.12%，外商投资企业占 0.3%，城镇私营企业及其他城镇企业占 11.42%，民办非企业单位和社会团体占 0.22%，其他占 0.81%。

缴存职工中，国家机关和事业单位占 34.1%，国有企业占 56.52%，城镇集体企业占 0.58%，外商投资企业占 0.26%，城镇私营企业及其他城镇企业占 8.12%，民办非企业单位和社会团体占 0.25%，其他占 0.17%；中、低收入占 98.6%，高收入占 1.4%。

新开户职工中，国家机关和事业单位占 50.92%，国有企业占 12.49%，城镇集体企业占 0%，外商投资企业占 0%，城镇私营企业及其他城镇企业占 33.59%，民办非企业单位和社会团体占 0%，其他占 2.70%；中、低收入占 100%，高收入占 0%。

（二）**提取业务**。2017 年，2.87 万名缴存职工提取住房公积金 10.83 亿元。

提取金额中，住房消费提取占 71%（购买、建造、翻建、大修自住住房占 33.98%，偿还购房贷款本息占 31.13%，租赁住房占 3.14%，其他占 2.76%）；非住房消费提取占 29%（离休和退休提取占 19.90%，完全丧失劳动能力并与单位终止劳动关系提取占 6.43%，户口迁出本市或出境定居占 0.36%，其他占 2.31%）。

提取职工中，中、低收入占 99.3%，高收入占 0.7%。

（三）**贷款业务**：

1. **个人住房贷款**：2017 年，支持职工购建房 28.32 万平方米，年末个人住房贷款市场占有率为 47.88%，比上年增加（减少）2.89 个百分点。通过申请住房公积金个人住房贷款，可节约职工购房利息支出约 12120 万元（2017 年当年发放额整期测算）。

职工贷款笔数中，购房建筑面积 90（含）平方米以下占 20.42%，90~144（含）平方米占 72.82%，144 平方米以上占 6.75%。购买新房占 77.2%（其中购买保障性住房占 4.8%），购买存量商品住房占 22.8%，建造、翻建、大修自住住房占 0%，其他占 0%。

职工贷款笔数中，单缴存职工申请贷款占 65.2%，双缴存职工申请贷款占 34.8%，三人及以上缴存职工共同申请贷款占 0%。

贷款职工中，30 岁（含）以下占 25.27%，30 岁~40 岁（含）占 20.5%，40 岁~50 岁（含）占 42.99%，50 岁以上占 11.24%；首次申请贷款占 98.97%，二次及以上申请贷款占 1.03%；中、低收入占 100%，高收入占 0%。

2. **异地贷款**：2017 年，发放异地贷款 264 笔 7732.6 万元。2017 年末，发放异地贷款总额 13881.5 万元，异地贷款余额 10638.89 万元。

3. **支持保障性住房建设试点项目贷款**：2017 年末，累计试点项目 13 个，贷款额度 2.94 亿元，建筑面积 27.5 万平方米，可解决 4143 户中低收入职工家庭的住房问题。13 个试点项目贷款资金已发放并还清贷款本息。

（四）住房贡献率。 2017年，个人住房贷款发放额、公转商贴息贷款发放额、项目贷款发放额、住房消费提取额的总和与当年缴存额的比率为91.2%，比上年减少16个百分点。

六、其他重要事项

（一）当年缴存基数、月缴存额限额和缴存比例执行情况： 缴存基数方面：2017年度，哈密市住房公积金月缴存工资基数上限标准为16404元，月缴存额上限为3936元。缴存比例方面：哈密市住房公积金缴存比例执行上限为单位和职工本人各为12%，下限为单位和职工本人各为5%。

（二）当年职工住房公积金账户存款利率执行情况： 2017年，根据人民银行、住房城乡建设部、财政部印发《关于完善职工住房公积金账户存款利率形成机制的通知》，职工住房公积金账户存款利率统一按一年期定期存款基准利率1.5%执行。根据规定，2017年6月30日为职工住房公积金账户存款计息7242.89万元。

（三）当年个人住房贷款最高贷款额度及执行情况： 2017年，哈密市住房公积金管理中心继续执行个人贷款最高发放额度60万元。在区分首套和二套购房的前提下，严格执行住房城乡建设部还款能力的计算比例为每月还本额占工资基数不超过40%。

（四）当年住房公积金政策执行情况：

提取政策执行方面：

1. 职工购买自住住房，持房管部门备案的商品房买卖合同或契税发票，可提取本人和配偶住房公积金账户内余额支付首付款。

2. 职工购买自住住房，可同时申请提取父母或子女的住房公积金，提取额不得超过总房款。

3. 职工连续足额缴存住房公积金满三个月，本人及配偶在缴存城市无自有住房，一年可提取一次夫妻双方的住房公积金支付房租，提取额最高不超过1.5万元；承租公共租赁住房的职工，按每年租赁费用实际发生额提取一次公积金。

4. 职工购买普通自住住房，未使用过公积金的自签订购房合同之日起五年内，持房产主管部门备案的房屋买卖合同、契税发票可提取一次本人及配偶住房公积金账户内余额，提取额不得超过总房款。

5. 正常缴存职工每年可以提取一次本人及其配偶的住房公积金，用于支付普通自住住房的物业管理费，提取额度不得高于需要交纳的物业管理费。

6. 已办理住房公积金贷款的职工，在正常还款的前提下，允许一年提取一次本人及配偶公积金偿还贷款。提取额为已还住房公积金贷款本息或贷款余额。

贷款政策执行方面：

1. 职工首次贷款购买住房或首次贷款本息全部归还后再次贷款，可按首套住房办理；职工首次购买住房贷款额度未达到本人最高贷款额度虽首贷未还清，仍可以申请第二次贷款，但两次贷款额度之和不得超过本人最高贷款额度。

2. 职工在就业地缴存住房公积金，在异地购买普通自住住房，可持缴存地住房公积金管理中心出具的相关证明，向购房所在地住房公积金管理中心申请住房公积金个人贷款；也可直接向缴存地住房公积金管理中心申请个人贷款，可直接将所购买房屋在购房地房产管理部门办理抵押手续。

3. 购房合同签订三年以内的从未使用过住房公积金的缴存职工，可凭购房合同及相关资料申请个人住房公积金贷款。

4. 取消申请住房公积金贷款过程中的公证、保险和机构强制担保手续。

(五) 当年优化服务情况：

1. 进一步增加账户查询和服务渠道。一是为管理部增设自助查询设备，免去职工柜面办理排队等候时间，提高柜面办事效率；二是进一步增加银行自助机提供自助查询服务，目前本市已有4大国有商业银行提供查询和其他金融服务。

2. 提升网上综合服务功能。一是开通门户网站、推进12329热线、12329APP、微信公众平台、支付宝城市服务、短信平台功能建设等，打造多维一体的公积金管理系统；二是改进住房公积金年度结存单发放方式，缴存职工和单位可通过哈密市公积金网和自助终端查询和验证个人住房公积金电子结存单。

3. 进一步优化服务网点建设。一是完成三道岭管理部的新址搬迁，将原营业部由楼中楼三楼搬迁至临街独立营业场所，解决了营业时间、缴存职工进入不便等多重问题；二是对伊州区管理部进行改扩建，扩建后营业部面积增加了两倍，窗口增加了一倍，服务功能建设更加便民。

(六) 加强风险防范建设情况：

1. 以廉政风险防范为抓手，有针对性地建立健全内部控制体系，建立廉政风险防控手册，排查廉政风险点，规范内部控制，加强对权力运行的监督与制约。

2. 加强信息共享，提高业务审核和外部风险识别力。进一步加强与房产、税务、社保、人民银行等部门的信息互通互联，通过信息共享提高对业务办理材料真实性的审核能力。

(七) 当年信息化建设情况：

1. 以双贯标和综合服务平台建设为目标，完成住房公积金管理系统由V3.5到V4.0的升级改造。在已有自主归集公积金管理模式下，进一步优化和完善公积金个人贷款发放、回收等自主管理模式，使自主模式下住房公积金管理和服务流程更规范。

2. 完成了基础数据和结算系统双贯标基础工作。按照住房城乡建设部和自治区住房城乡建设厅统一部署，中心"双贯标"基础工作已完成，资金核算实现了三联动，业务办理实现了六实时，着力突出了线上业务方便、快捷、有效、安全等特点。下一步将配合上级验收组做好验收工作。

3. 完成了住房城乡建设部要求的住房公积金异地转移接续平台建设。可以线上线下完成全国异地转移接续转入转出业务。

4. 强化用户认证。加强个人信息安全认证，缴存人注册必须与系统信息严格一致，通过身份证或银行卡校验进一步明确用户身份，涉及资金方面的，通过职工预留的手机号实时推送资金收付信息。

(八) 当年中心及职工所获荣誉情况：2017年度，中心连续荣获自治区级文明单位和自治区政风行风示范窗口；被市委办评为党风廉政建设优秀单位；绩效考核"好"的领导班子；综合治理"良好"单位；获机关工委先进基层党组织；职工周晓婧荣获市总工会三好职工。

昌吉州住房公积金2017年年度报告

一、机构概况

(一) 住房公积金管理委员会：住房公积金管理委员会有17名委员，2017年召开一次会议，审议通过的事项主要包括：《2016年度住房公积金工作报告》、《昌吉州住房公积金2016年度归集使用计划执行情况及2017年归集使用计划的报告》、《昌吉州住房公积金管理中心2016年度增值收益分配和管理费用决算及2017年增值收益预算情况说明和管理费用预算的报告》。

（二）住房公积金管理中心：住房公积金管理中心为州人民政府不以营利为目的的自收自支事业单位，设9个科室，7个管理部。从业人员134人，其中，在编78人，非在编56人。

二、业务运行情况

（一）缴存：2017年，新开户单位151家，实缴单位2537家，净增单位136家；新开户职工1.49万人，实缴职工13.27万人，净增职工1.42万人；缴存额22.23亿元，同比增长11.15%。2017年末，缴存总额147亿元，同比增长17.82%；缴存余额73.93亿元，同比增长12.51%。

受委托办理住房公积金缴存业务的银行2家。

（二）提取：2017年，提取额14亿元，同比增长9.2%；占当年缴存额的62.98%，比上年减少1.12个百分点。2017年末，提取总额73.07亿元，同比增长23.7%。

（三）贷款（个人住房贷款）：个人住房贷款最高额度50万元，其中，单缴存职工最高额度50万元，双缴存职工最高额度50万元。

2017年，发放个人住房贷款0.48万笔14.57亿元，同比分别下降10.82%、5.27%。

2017年，回收个人住房贷款8.47亿元。

2017年末，累计发放个人住房贷款7.68万笔125.21亿元，贷款余额67.98亿元，同比分别增加19.1%、7.6%、1%。个人住房贷款余额占缴存余额的91.95%，比上年增加2.23个百分点。

受委托办理住房公积金个人住房贷款业务的银行6家。

（四）融资：2017年，融资0亿元，归还3亿元。2017年末，融资总额3亿元，融资余额0亿元。

（五）资金存储：2017年末，住房公积金存款6.29亿元。其中，活期5.79亿元，1年（含）以下定期0.5亿元，1年以上定期0亿元，其他（协定、通知存款等）0亿元。

（六）资金运用率：2017年末，住房公积金个人住房贷款余额、项目贷款余额和购买国债余额的总和占缴存余额的91.95%，比上年减少2.23个百分点。

三、主要财务数据

（一）业务收入：2017年，业务收入22406.5万元，同比增长8.2%。存款利息1845.26万元，委托贷款利息20550.99万元，国债利息0万元，其他10.25万元。

（二）业务支出：2017年，业务支出10808.41万元，同比下降9.6%。支付职工住房公积金利息8838.35万元，归集手续费0万元，委托贷款手续费616.84万元，其他1353.22万元。

（三）增值收益：2017年，增值收益11598.10万元，同比增长32.52%。增值收益率1.66%，比上年增加0.26个百分点。

（四）增值收益分配：2017年，提取贷款风险准备金6798.10万元，提取管理费用4200万元，提取城市廉租住房（公共租赁住房）建设补充资金600万元。

2017年，上交财政管理费用4200万元。上缴财政城市廉租住房（公共租赁住房）建设补充资金600

万元。

2017年末，贷款风险准备金余额26450.55万元。累计提取城市廉租住房（公共租赁住房）建设补充资金8000万元。

（五）管理费用支出：2017年，管理费用支出3235.41万元，同比增长9.66%（增长的主要原因是支付双贯标政府电子办平台扩容设备款和支付"访汇聚"驻村工作经费）。其中，人员经费1895.55万元，公用经费488.73万元，专项经费851.13万元。

四、资产风险状况

2017年末，个人住房贷款逾期额409.9万元，逾期率0.6‰。

个人贷款风险准备金按贷款余额的1‰提取。2017年，提取个人贷款风险准备金6798.10万元，使用个人贷款风险准备金核销呆坏账0万元。2017年末，个人贷款风险准备金余额26450.55万元，占个人住房贷款余额的3.89%，个人住房贷款逾期额与个人贷款风险准备金余额的比率为1.28%。

五、社会经济效益

（一）缴存业务：2017年，实缴单位数、实缴职工人数和缴存额同比分别增长45.5%、42.44%和11.15%。

缴存单位中，国家机关和事业单位占47.54%，国有企业占23.48%，城镇集体企业占1.55%，外商投资企业占0.54%，城镇私营企业及其他城镇企业占23.92%，民办非企业单位和社会团体占1.25%，其他占1.72%。

缴存职工中，国家机关和事业单位占48.27%，国有企业占30.76%，城镇集体企业占1.38%，外商投资企业占1.36%，城镇私营企业及其他城镇企业占17.37%，民办非企业单位和社会团体占0.4%，其他占0.45%；中、低收入占100%，高收入占0%。

新开户职工中，国家机关和事业单位占37.75%，国有企业占33.77%，城镇集体企业占0%，外商投资企业占0%，城镇私营企业及其他城镇企业占19.21%，民办非企业单位和社会团体占3.31%，其他占5.96%；中、低收入占100%，高收入占0%。

（二）提取业务：2017年，9.17万名缴存职工提取住房公积金14亿元。

提取金额中，住房消费提取占70.61%（购买、建造、翻建、大修自住住房占14.90%，偿还购房贷款本息占55.40%，租赁住房占0.1%，其他占0.21%）；非住房消费提取占29.39%（离休和退休提取占18.7%，完全丧失劳动能力并与单位终止劳动关系提取占9.98%，户口迁出本市或出境定居占0%，其他占0.71%）。

提取职工中，中、低收入占100%，高收入占0%。

（三）贷款业务：

1. 个人住房贷款：2017年，支持职工购建房50.55万平方米，年末个人住房贷款市场占有率为11.32%，比上年增加1.27个百分点。通过申请住房公积金个人住房贷款，可节约职工购房利息支出22233万元。

职工贷款笔数中，购房建筑面积90（含）平方米以下占17%，90~144（含）平方米占72%，144平方米以上占11%。购买新房占55%（其中购买保障性住房占0%），购买存量商品住房占44.1%，建造、翻建、大修自住住房占0%，其他占0.9%。

职工贷款笔数中，单缴存职工申请贷款占74%，双缴存职工申请贷款占26%，三人及以上缴存职工共同申请贷款占0%。

贷款职工中，30岁（含）以下占44%，30岁~40岁（含）占31%，40岁~50岁（含）占20%，50岁以上占5%；首次申请贷款占76%，二次及以上申请贷款占24%；中、低收入占82%，高收入占18%。

2. 异地贷款：2017年，发放异地贷款45笔1435万元。2017年末，发放异地贷款总额1435万元，异地贷款余额1169.14万元。

3. 公转商贴息贷款：2017年，发放公转商贴息贷款0笔0万元，支持职工购建住房面积0万平方米，当年贴息额246.2万元。2017年末，累计发放公转商贴息贷款688笔17000万元，累计贴息691.62万元。

（四）**住房贡献率**：2017年，个人住房贷款发放额、公转商贴息贷款发放额、项目贷款发放额、住房消费提取额的总和与当年缴存额的比率为65.71%，比上年减少11.19个百分点。

六、其他重要事项

（一）**当年住房公积金政策调整及执行情况**：2017年，昌吉住房公积金管理中心贷款利率仍按照人民银行公布的贷款利率严格执行，未进行调整，五年及以下公积金贷款利率为2.75%、五年以上公积金贷款利率为3.25%。存贷款利率执行央行2016年2月21日发布的统一按一年期定期存款基准利率1.50%执行。当年住房公积金个人住房贷款最高额度为50万元。

新增和调整的贷款政策：

1. 新增异地购房贷款规定。一是异地购房贷款：贷款申请人本人或配偶一方户籍或工作地必须在购房所在地。二是异地个人贷款：外中心缴存职工本人或配偶方至少有一方拥有昌吉州辖区城市户籍，且在户籍所在地城市购房可向当地县市管理部申请异地个人住房贷款（按《昌吉回族自治州住房公积金异地个人住房贷款暂行规定》执行）。

2. 修订了逾期不良贷款的再次贷款时限：一是逾期贷款本息还清当月时间距申请贷款时间达两年以上，需提供中国人民银行出具的个人征信报告，若申请人及其配偶在征信报告中近两年内征信情况良好，无一期违约记录，可给予办理；二是若逾期贷款本息还清当月时间距申请贷款时间在两年以内的，不给予办理；三是若逾期贷款本息还清当月时间距申请贷款时间达五年（含）以上的，无需提供征信报告，可给予正常办理。

3. 修订了不予贷款规定：一是前次贷款未结清的不能申请二次购房贷款（集资统建房除外）；二是同一套住房不能申请二次贷款；三是以非夫妻关系的共有权人身份购房并贷款的；四是购买商业用房、别墅、办公用房、车库及装修、投资等用途的；五是三次（含）以上购房贷款的（集资统建房除外）。

4. 在贷款额度里新增二手房贷款额度70%的规定和二次以上贷款不高于申请人及其配偶公积金账户余额之和的10倍的规定。

5. 在质押担保的规定中新增了公积金质押担保。

2017年缴存基数限额及确立方法：根据2016年度昌吉州统计部门公布的职工年均工资总额为

69471 元。缴存比例执行最低 5%，最高 12%。职工月缴存基数最高上限额不得超过月平均工资的 3 倍，为 17368 元。最低下限额不得低于月平均工资的 60%，为 3474 元。职工月缴存额最高上限为 4168（其中：个人缴存 2084 元，单位缴存 2084 元）；最低下限为 348 元（其中：个人缴存 174 元，单位缴存 174 元）。

2017 年提取政策调整情况：新增如下五项政策。

1. 一次性清偿自住住房贷款本息，提取金额不超过最后一次结清的贷款本息余额；

2. 无自住住房支付房租，提取金额不超过职工当年实际应付房屋租金，且在 1 万元范围之内；

3. 支付自住住房物业管理费，提取金额不超过职工当年实际应付物业管理费用，且在 3000 元范围之内；

4. 从未使用过公积金的缴存职工，支付自住住房装修费用，70m^2（含）以内提取标准最高为 3 万元；70~100m^2（含）提取标准最高为 5 万元；100m^2 以上提取标准最高为 7 万元；

5. 职工及配偶首次使用公积金购房提取，不申请贷款，可同时申请提取从未使用过公积金的配偶、双方父母、子女账户内余额支付房款，申请贷款的，只能提取夫妻双方账户内公积金余额。

（二）**当年服务改进情况**：按照群众的需要持续不断的修改完善《昌吉回族自治州住房公积金提取、贷款管理办法》和《实施细则》，优化业务流程，减少审批程序，将购房支取、偿还贷款夫妻双方支取、廉（公）租房租金支取、房屋装修支取等支取政策按照不同条件全部放开。与银行试点办理了组合贷款，解决职工贷款额度问题。叫停 3 次以上住房公积金贷款。贯彻落实国务院"放管服"工作要求，将"审批权"下放至管理部，提高了工作效率。探索住房公积金异地贷款业务，研究出台《昌吉州住房公积金异地个人住房贷款暂行规定》。为两县市管理部购置办公场所，改善办公环境，在硬件建设上满足业务发展的需要。举办业务系统升级、服务礼仪培训，强调微笑服务、有效服务，努力在软环境建设上实现突破。

（三）**当年信息化建设情况**：按照住房城乡建设部信息化建设相关要求，于 2017 年 9 月底全面启动"双贯标"工作，投入 290 余万元资金搭建了电子政务平台建设和营业网点硬件设施建设；11 月 27 日正式上线试运行，系统实现了归集、贷款、提取等业务的实时结算，目前已成功接入住房城乡建设部资金结算平台，上线运行情况良好。

（四）**当年住房公积金管理中心及职工所获荣誉情况**：

2017 年昌吉州住房公积金中心荣获昌吉州州直单位文件材料立卷归档先进单位。

2017 年昌吉州住房公积金中心职工马新治荣获"民族团结一家亲"和民族团结联谊活动州级先进个人。

2017 昌吉州住房公积金管理中心呼图壁管理部、吉木萨尔县管理部荣获自治州"三年届满、零基启动"州级民族团结进步模范单位。

（五）**当年对违反《住房公积金管理条例》和相关法规行为进行行政处罚和申请人民法院强制执行情况**：2017 年昌吉州住房公积管理中心严格按照《住房公积金管理条例》和相关法规开展各项业务，本年度在催建、催缴住房公积金过程中没有行政处罚，申请人民法院强制执行案件 5 件，结案 4 件，收回案款 110.4 万元情况，逾期贷款催还移交当地法院立案的 3 件。

博尔塔拉蒙古自治州住房公积金 2017 年年度报告

一、机构概况

（一）住房公积金管理委员会：住房公积金管理委员会有 23 名委员，2017 年，召开 1 次全体会议，审议通过 2016 年度住房公积金归集、使用计划执行情况，并对其他重要事项进行决策，主要包括：2016 年住房公积金归集使用计划草案的报告、博州住房公积金 2016 年年度报告、《博州关于调整住房公积金使用政策的意见》。

（二）住房公积金管理中心：博州住房公积金管理中心是直属于自治州人民政府的不以营利为目的的自收自支事业单位，主要负责全州住房公积金的归集、管理、使用和会计核算。中心设 3 个科室，4 个管理部。从业人员 40 人，其中，在编 27 人，非在编 13 人。

二、业务运行情况

（一）缴存：2017 年，新开户单位 55 家，实缴单位 906 家，净增单位 42 家；新开户职工 0.49 万人，实缴职工 3.59 万人，净增职工 0.32 万人；缴存额 6.11 亿元，同比增长 14.21％。2017 年末，缴存总额 37.40 亿元，同比增长 19.55％；缴存余额 15.61 亿元，同比增长 19.08％。

受委托办理住房公积金缴存业务的银行 4 家，同上年保持一致。

（二）提取：2017 年，提取额 3.61 亿元，同比增长 19.37％；占当年缴存额的 59.08％，比上年增加 19.14 个百分点。2017 年末，提取总额 21.78 亿元，同比增长 20.60％。

（三）贷款：

个人住房贷款：个人住房贷款最高额度 40 万元，其中，单缴存职工最高额度 30 万元，双缴存职工最高额度 40 万元。

2017 年，发放个人住房贷款 0.09 万笔 2.13 亿元，同比分别下降 48.84％、50.54％。

2017 年，回收个人住房贷款 2.76 亿元。

2017 年末，累计发放个人住房贷款 2.16 万笔 27.74 亿元，贷款余额 11.17 亿元，同比分别增长 4.28％、8.3％、同比减少 5.36％。个人住房贷款余额占缴存余额的 71.54％，比上年减少 18.47 个百分点。

受委托办理住房公积金个人住房贷款业务的银行 4 家，同上年保持一致。

（四）资金存储：2017 年末，住房公积金存款 4.72 亿元。其中，活期 0.96 亿元，1 年（含）以下定期 3.06 亿元，1 年以上定期 0 亿元，其他（协定、通知存款等）0.7 亿元。

（五）资金运用率：2017 年末，住房公积金个人住房贷款余额、项目贷款余额和购买国债余额的总和占缴存余额的 71.54％，比上年减少 18.47 个百分点。

三、主要财务数据

（一）业务收入：2017 年，业务收入 3951.53 万元，同比增长 1.58％。存款利息 184.07 万元，委托贷款利息 3764.26 万元，国债利息 0 万元，其他 3.20 万元。

（二）业务支出：2017 年，业务支出 2245.28 万元，同比增长 12.31%。支付职工住房公积金利息 2200.41 万元，归集手续费 25.60 万元，委托贷款手续费 17.87 万元，其他 1.4 万元。

（三）增值收益：2017 年，增值收益 1706.25 万元，同比下降 9.77%。增值收益率 1.18%，比上年减少 0.40 个百分点。

（四）增值收益分配：2017 年，提取贷款风险准备金 668.62 万元，提取管理费用 831.13 万元，提取城市廉租住房（公共租赁住房）建设补充资金 206.50 万元。

2017 年，上交财政管理费用 485 万元。上缴财政城市廉租住房（公共租赁住房）建设补充资金 336.37 万元。

2017 年末，贷款风险准备金余额 7006.21 万元。累计提取城市廉租住房（公共租赁住房）建设补充资金 1485.70 万元。

（五）管理费用支出：2017 年，管理费用支出 485.93 万元，同比下降 46%。其中，人员经费 394.85 万元，公用经费 76.28 万元，专项经费 14.8 万元。

四、资产风险状况

个人住房贷款：2017 年末，个人住房贷款逾期额 12.31 万元，逾期率 0.1‰。

个人贷款风险准备金按（贷款余额或增值收益）的 3% 提取。2017 年，提取个人贷款风险准备金 668.62 万元，使用个人贷款风险准备金核销呆坏账 0 万元。2017 年末，个人贷款风险准备金余额 7006.21 万元，占个人住房贷款余额的 6.27%，个人住房贷款逾期额与个人贷款风险准备金余额的比率为 0.17%。

五、社会经济效益

（一）缴存业务：2017 年，实缴单位数、实缴职工人数和缴存额同比分别增长 4.86%、11.18% 和 14.21%。

缴存单位中，国家机关和事业单位占 71.83%，国有企业占 13.18%，城镇集体企业占 1.60%，外商投资企业占 0.30%，城镇私营企业及其他城镇企业占 11.19%，民办非企业单位和社会团体占 1.10%，其他占 0.80%。

缴存职工中，国家机关和事业单位占 78.61%，国有企业占 15.38%，城镇集体企业占 0.81%，外商投资企业占 0.19%，城镇私营企业及其他城镇企业占 4.50%，民办非企业单位和社会团体占 0.49%，其他占 0.02%；中、低收入占 99.49%，高收入占 0.51%。

新开户职工中，国家机关和事业单位占 88.07%，国有企业占 4.39%，城镇集体企业占 0.33%，外商投资企业占 0.71%，城镇私营企业及其他城镇企业占 6.30%，民办非企业单位和社会团体占 0%，其他占 0.20%；中、低收入占 100%，高收入占 0%。

（二）提取业务：2017 年，1.2659 万名缴存职工提取住房公积金 3.61 亿元。

提取金额中，住房消费提取占 85.69%（购买、建造、翻建、大修自住住房占 13.68%，偿还购房贷款本息占 65.96%，租赁住房占 6.05%，其他占 0%）；非住房消费提取占 14.31%（离休和退休提取占 7.00%，完全丧失劳动能力并与单位终止劳动关系提取占 3.47%，户口迁出本市或出境定居占 1.03%，其他占 2.81%）。

提取职工中，中、低收入占99.75%，高收入占0.25%。

（三）贷款业务：

1. **个人住房贷款**：2017年，支持职工购建房10.71万平方米，年末个人住房贷款市场占有率为57.65%，比上年增加16.53个百分点。通过申请住房公积金个人住房贷款，可节约职工购房利息支出3098.29万元。

职工贷款笔数中，购房建筑面积90（含）平方米以下占8.35%，90～144（含）平方米占82.28%，144平方米以上占9.37%。购买新房占78.78%（其中购买保障性住房占0%），购买存量商品住房占21.22%，建造、翻建、大修自住住房占0%，其他占0%。

职工贷款笔数中，单缴存职工申请贷款占57.90%，双缴存职工申请贷款占42.10%，三人及以上缴存职工共同申请贷款占0%。

贷款职工中，30岁（含）以下占38.94%，30岁～40岁（含）占31.38%，40岁～50岁（含）占21.90%，50岁以上占7.78%；首次申请贷款占48.19%，二次及以上申请贷款占51.81%；中、低收入占100%，高收入占0%。

2. **异地贷款**：2017年，发放异地贷款24笔561.50万元。2017年末，发放异地贷款总额13474.47万元，异地贷款余额4686.47万元。

（四）**住房贡献率**：2017年，个人住房贷款发放额、公转商贴息贷款发放额、项目贷款发放额、住房消费提取额的总和与当年缴存额的比率为81.38%，比上年减少44.61个百分点。

六、其他重要事项

（一）**当年住房公积金政策调整及执行情况**：2017年11月底提请自治州管委会审议通过了《博州关于调整住房公积金使用政策的意见》，继续执行职工购房"可提可贷"政策；单职工最高贷款额度由25万元提高至30万元；贷款额度的存储余额倍数由18倍提高至25倍等政策进行及时调整，同时根据博州统计部门提供的上年度工资信息，博州住房公积金单位和职工月缴存额合计最高上限由2016年的3400元提高到4150元，职工个人和单位住房公积金缴存比例执行最低不得低于5%，最高不得高于12%；职工公积金账户存款利率统一执行一年期1.5%。职工个人住房公积金贷款利率执行五年以上年利率3.25%，五年以下年利率2.75%。

（二）**当年服务改进情况**：

一是推行综合柜员制、月对冲还贷、异地转移接续、网上预约、延时服务等9项便民举措，进一步深化"放管服"改革，促进住房公积金服务提速增效，真正实现了"让系统数据多跑路，缴存职工少跑路"的目标；

二是大力推进综合服务平台建设。完成了网站、微信、微博、手机APP、短信、12329服务热线等服务渠道建设工作。服务大厅的叫号机、触摸屏查询等设施让职工业务办理更加有序、办理途径更加多样化。身份证扫描检测系统，对办理人的身份信息、业务办理信息进行智能识别，强化了风险防控，提升业务办理效率和准确度。

三是通过参加行风热线、专题访谈节目和采访报道，全方面深入宣传住房公积金各项便民政策，全年上报各类宣传稿件80余篇，分别被中国建设报、博州政府门户网站、博尔塔拉报等主要新闻媒体采用40余篇次。并及时向社会公布住房公积金管理年度报告、办理住房公积金贷款的在售楼盘、服务指南、政策法规等信息。不断扩大群众的知情权、提升服务满意度。

（三）当年信息化建设情况：为进一步规范住房公积金各项业务、提升信息化水平、更好服务缴存职工，我中心结合住房城乡建设部制定的《住房公积金基础数据标准》和《住房公积金资金结算应用系统接口规范》（简称"双贯标"）要求，博州住房公积金新一代住房公积金业务信息系统完成了硬件设备安装调试、业务系统需求确认、历史数据整理移植等大量基础工作。于7月25日全面上线试运行，成为全区第三家完成信息化升级工作的地州，实现了资金管理"三统一"、业务办理"六实时"功能，使业务办理更方便、高效、快捷，受到广大缴存职工点赞。

（四）当年住房公积金管理中心及职工所获荣誉情况：博州住房公积金管理中心荣获自治区级"文明单位"、自治区级"政风行风示范窗口单位"、自治区级"民族团结进步示范单位"。

巴音郭楞蒙古自治州住房公积金 2017 年年度报告

一、机构概况

（一）2017年住房公积金管理委员会会议情况：住房公积金管理委员会有17名委员，2017年召开1次全体会议，审议通过：

1. 2016年巴州住房公积金归集、使用情况及2017年归集、使用计划报告；
2. 2016年管理费执行情况和2017管理费预算安排；
3. 2016年增值收益分配方案的报告。
4. 关于调整巴州住房公积金提取及贷款管理办法。

（二）住房公积金管理中心概况：住房公积金管理中心为隶属州人民政府不以营利为目的正县级自收自支事业单位，主要负责全州住房公积金的归集、管理、使用和会计核算。中心设6个科室，10个管理部，1个分中心（塔里木油田分中心）。从业人员97人，其中：在编61人，非在编36人。

二、业务运行情况

（一）缴存：2017年，新开户单位117家，实缴单位3460家，净增单位114家；新开户职工1.12万人，实缴职工13.53万人，净增职工1.3万人；缴存额23.62亿元，同比增长12.26%。2017年末，缴存总额156.86亿元，同比增长17.73%；缴存余额61.36亿元，同比增长10.88%。

受委托办理住房公积金缴存业务的银行4家，同上年保持一致。

（二）提取：2017年，提取额12.74亿元，同比下降29.14%；占当年缴存额的53.93%，比上年减少31.52个百分点。2017年末，提取总额95.5亿元，同比增长15.38%。

（三）贷款：

1. **个人住房贷款**：个人住房贷款最高额度50万元，其中，单、双缴存职工最高额度均为50万元。

2017年，发放个人住房贷款0.26万笔6.63亿元，同比分别下降42.64%、41.17%。其中，州中心发放个人住房贷款0.25万笔6.09亿元，塔里木油田分中心发放个人住房贷款0.01万笔0.54亿元。

2017年，回收个人住房贷款4.37亿元。其中，州中心4.16亿元，塔里木油田分中心0.21亿元。

2017年末，累计发放个人住房贷款4.42万笔71.13亿元，贷款余额38.37亿元，同比分别增长6.35%、10.29%、6.26%。个人住房贷款余额占缴存余额的62.53%，比上年减少9个百分点。

受委托办理住房公积金个人住房贷款业务的银行8家，同上年保持一致。

2. 住房公积金支持保障性住房建设项目贷款：2017年发放支持保障性住房建设项目贷款0亿元，回收项目贷款0.34亿元。2017年末，累计发放项目贷款3.87亿元，项目贷款余额0.37亿元。

（四）购买国债：2017年购买（记账式、凭证式）国债0亿元，收回国债0.1亿元。2017年末，国债余额0.12亿元，比上年减少0.1亿元。

（五）资金存储：2017年末，住房公积金存款24.73亿元。其中，活期5.03亿元，1年（含）以下定期7.5亿元，1年以上定期12.1亿元，其他（协定、通知存款等）0.1亿元。

（六）资金运用率：2017年末，住房公积金个人住房贷款余额、项目贷款余额和购买国债余额的总和占缴存余额的63.33%，比上年减少10.05个百分点。

三、主要财务数据

（一）业务收入：2017年，业务收入15119.62万元，同比增长9.91%。其中：州中心13271.97万元，塔里木油田分中心1847.65万元；存款利息3542.65万元，委托贷款利息11489.28万元，国债利息80.9万元，其他6.79万元。

（二）业务支出：2017年，业务支出7694.34万元，同比下降26.15%。其中，州中心6755.16万元，塔里木油田分中心939.17万元；支付职工住房公积金利息7217.08万元，归集手续费0万元，委托贷款手续费473.23万元，其他4.03万元。

（三）增值收益：2017年，增值收益7425.28万元，同比增长122.49%（增长原因是：塔里木油田分中心2017年合理安排定期存款实现收益最大化）。其中，州中心6516.80万元，塔里木油田分中心908.48万元；增值收益率1.33%，比上年增加0.63个百分点。

（四）增值收益分配：2017年，提取贷款风险准备金1386.99万元，提取管理费用2422.27万元，提取城市廉租住房（公共租赁住房）建设补充资金3031万元。

2017年，上交财政管理费用1345.74万元。上缴财政城市廉租住房（公共租赁住房）建设补充资金2999.92万元。其中，州中心上缴2999.92万元，塔里木油田分中心上缴（收缴单位）0万元。

2017年末，贷款风险准备金余额11579.98万元。累计提取城市廉租住房（公共租赁住房）建设补充资金16669.12万元。其中：州中心提取16669.12万元，塔里木油田分中心提取0万元。

（五）管理费用支出：2017年，管理费用支出1493万元，同比增长24%。其中：人员经费1160万元，公用经费211万元，专项经费122万元。

州中心管理费用支出1203万元，其中，人员、公用、专项经费分别为976万元、143万元、84万元；塔里木油田分中心管理费用支出290万元，其中，人员、公用、专项经费分别为184万元、68万元、38万元。

四、资产风险状况

（一）个人住房贷款：2017 年末，个人住房贷款逾期额 76 万元，逾期率 0.20‰。其中：州中心 0.20‰，分中心 0‰。

个人贷款风险准备金按贷款余额的 0.36% 提取。2017 年，提取个人贷款风险准备金 1386.99 万元，使用个人贷款风险准备金核销呆坏账 0 万元。2017 年末，个人贷款风险准备金余额 10031.98 万元，占个人住房贷款余额的 2.61%，个人住房贷款逾期额与个人贷款风险准备金余额的比率 0.76%。

（二）支持保障性住房建设试点项目贷款：2017 年，提取项目贷款风险准备金 0 万元，使用项目贷款风险准备金核销呆坏账 0 万元，项目贷款风险准备金余额 1548 万元，占项目贷款余额的 41.84%。

五、社会经济效益

（一）缴存业务：2017 年，实缴单位数、实缴职工人数和缴存额同比分别增长 3.41%、10.63% 和 12.26%。

缴存单位中，国家机关和事业单位占 84.62%，国有企业占 11.16%，城镇集体企业占 0%，外商投资企业占 0%，城镇私营企业及其他城镇企业占 3.01%，民办非企业单位和社会团体占 1.21%，其他占 0%。

缴存职工中，国家机关和事业单位占 71.77%，国有企业占 20.97%，城镇集体企业占 0%，外商投资企业 0%，城镇私营企业及其他城镇企业占 3.79%，民办非企业单位和社会团体占 3.47%，其他占 0%；中、低收入占 80.81%，高收入占 19.19%。

新开户职工中，国家机关和事业单位占 36.45%，国有企业占 53.46%，城镇集体企业占 0%，外商投资企业占 0%，城镇私营企业及其他城镇企业占 0%，民办非企业单位和社会团体占 10.09%，其他占 0%；中、低收入占 82.12%，高收入占 17.88%。

（二）提取业务：2017 年，3.67 万名缴存职工提取住房公积金 12.74 亿元。

提取金额中，住房消费提取占 79.66%（购买、建造、翻建、大修自住住房占 54.27%，偿还购房贷款本息占 24.59%，租赁住房占 0.80%，其他占 0%）；非住房消费提取占 20.34%（离休和退休提取占 12.99%，完全丧失劳动能力并与单位终止劳动关系提取占 6.74%，户口迁出本市或出境定居占 0%，其他占 0.61%）。

提取职工中，中、低收入占 80.63%，高收入占 19.37%。

（三）贷款业务：

1. 个人住房贷款：2017 年，支持职工购建房 27 万平方米，年末个人住房贷款市场占有率为 26.03%，比上年减少 23.07 个百分点。通过申请住房公积金个人住房贷款，可节约职工购房利息支出 10638 万元。

职工贷款笔数中，购房建筑面积 90（含）平方米以下占 13.58%，90～144（含）平方米占 74.63%，144 平方米以上占 11.79%。购买新房占 51.69%（其中购买保障性住房占 0%），购买存量商品住房占 48.31%，建造、翻建、大修自住住房占 0%，其他占 0%。

职工贷款笔数中，单缴存职工申请贷款占 46.82%，双缴存职工申请贷款占 53.18%，三人及以上缴

存职工共同申请贷款占 0%。

贷款职工中，30 岁（含）以下占 31.34%，30 岁～40 岁（含）占 39.44%，40 岁～50 岁（含）占 22.45%，50 岁以上占 6.77%；首次申请贷款占 82.69%，二次及以上申请贷款占 17.31%；中、低收入占 80.44%，高收入占 19.56%。

2. **异地贷款**：2017 年，发放异地贷款 21 笔 614.20 万元。2017 年末，发放异地贷款总额 17541.8 万元，异地贷款余额 13736.34 万元。

3. **支持保障性住房建设试点项目贷款**：2017 年末，累计试点项目 7 个，贷款额度 3.87 亿元，建筑面积 14.17 万平方米，可解决 3663 户中低收入职工家庭的住房问题。5 个试点项目贷款余额 0.37 亿元。

（四）**住房贡献率**：2017 年，个人住房贷款发放额、公转商贴息贷款发放额、项目贷款发放额、住房消费提取额的总和与当年缴存额的比率为 71.04%，比上年减少 67.98 个百分点。

六、其他重要事项

（一）2017 年住房公积金业务调整情况：

1. 住房公积金提取方面：取消重大疾病支取；取消因家庭生活严重困难支取；取消用于自住住房装修支取。

2. 住房公积金贷款方面：取消二套房以上贷款。

（二）当年住房公积金政策调整及执行情况：

1. 缴存基数方面：按规定调整 2017 年度住房公积金最高月缴存额为 3986 元，最低月缴存额为 284 元。

2. 缴存比例：2017 年巴州住房公积金最高缴存比例执行上线为单位和职工各 12%，下线为单位和职工各 5%，当年住房公积金存贷利率没有调整。

（三）当年服务改进情况：

1. 加大政策宣传力度、提升服务群众水平。通过参加"新广行风热线"、政府门户网站"在线访谈"节目和中心官方微博、微信与公众进行互动交流，建立"便民服务微信群"等多形式的业务咨询服务平台，进行政策宣传，解答职工关心的热点、难点问题。

2. 推广便民服务。中心完成了线上线下全国异地转移接续转入转出业务，实现了"账随人走，钱随账走"，达到了让信息多跑路、群众少跑腿的目标，提升了住房公积金服务效率。

3. 推进 12329 服务热线，热线拥有自动语音服务和人工服务两大系统功能，客户可通过自助选择和语音提示查询公积金信息，咨询公积金业务。

（四）**加强风险防范建设**：中心加强风险防控，加大了骗取骗贷打击力度，查处涉案 32 人利用虚假资料套取金额 199.09 万元，已全部追回。并建议涉案人员单位对其进行党纪、政纪处理、经济处罚有效地维护了广大缴存职工的合法利益。

（五）信息化建设情况：

1. 根据住房城乡建设部住房公积金管理规范要求，我州完成住房公积金管理系统由 V3.0 到 V4.0 的升级改造工作。

2. 结合"双贯标"和综合服务平台建设，充分运用大数据先进理念、技术和资源，实现了住房公积金的自主结算及资金账户统一管理。新系统上线后缴存职工办理住房公积金提取、贷款的资金实时到账。

目前业务正在不断推进,力争在 6 月底完成"双贯标"验收工作。

阿克苏地区住房公积金 2017 年年度报告

一、机构概况

(一)**住房公积金管理委员会**:阿克苏地区住房公积金管理委员会有 25 名委员,2017 年召开 1 次住房公积金管理委员会全体会议,审议通过的事项主要包括:地区住房公积金管理中心 2016 年住房公积金归集、使用情况决算以及 2017 年住房公积金归集、使用和收益分配计划(预算)报告,关于逐步取消住房公积金个人贷款保证金的建议,同意中国银行阿克苏地区分行开办公积金归集贷款业务,向社会公布地区住房公积金 2016 年年度报告,调整住房公积金大额资金调配审批限额,关于住房公积金管理中心提取绩效工资等事宜。

(二)**住房公积金管理中心**:阿克苏地区住房公积金管理中心为行署直属不以营利为目的的自收自支事业单位,设 5 科 1 室,9 个管理部。从业人员 92 人,其中,在编 78 人,非在编 14 人。

二、业务运行情况

(一)**缴存**:2017 年,新开户单位 161 家,实缴单位 2633 家,净增单位 20 家;新开户职工 1.02 万人,实缴职工 11.45 万人,净增职工 0.01 万人;缴存额 21.28 亿元,同比增长 17.89%。2017 年末,缴存总额 127.28 亿元,同比增长 19.78%;缴存余额 52.11 亿元,同比增长 22.73%。

受委托办理住房公积金缴存业务的银行 5 家,比上年增加 1 家。

(二)**提取**:2017 年,提取额 11.63 亿元,同比下降 18.33%;占当年缴存额的 54.65%,比上年减少 18.08 个百分点。2017 年末,提取总额 75.17 亿元,同比增长 18.30%。

(三)**贷款**:

个人住房贷款:个人住房贷款最高额度 50 万元,其中,单缴存职工最高额度 50 万元,双缴存职工最高额度 50 万元。

2017 年,发放个人住房贷款 0.26 万笔 6.10 亿元,同比分别下降 31.29%、24.81%。2017 年,回收个人住房贷款 4.44 亿元。2017 年末,累计发放个人住房贷款 4.92 万笔 60.75 亿元,贷款余额 29.20 亿元,同比分别增长 7.66%、12.67%、6%。个人住房贷款余额占缴存余额的 56.03%,比上年减少 8.83 个百分点。

受委托办理住房公积金个人住房贷款业务的银行 4 家,同上年保持一致。

(四)**资金存储**:2017 年末,住房公积金存款 24.03 亿元。其中,活期 8.48 亿元,1 年(含)以下定期 9.85 亿元,1 年以上定期 5.7 亿元,其他(协定、通知存款等)0 亿元。

(五)**资金运用率**:2017 年末,住房公积金个人住房贷款余额、项目贷款余额和购买国债余额的总和占缴存余额的 56.03%，比上年减少 8.83 个百分点。

三、主要财务数据

（一）业务收入：2017 年，业务收入 12380.57 万元，同比增长 11.53%。存款利息 3430.50 万元，委托贷款利息 8944.77 万元，其他 5.30 万元。

（二）业务支出：2017 年，业务支出 7781.66 万元，同比增长 20.45%。支付职工住房公积金利息 7122.71 万元，归集手续费 231.11 万元，委托贷款手续费 427.84 万元。

（三）增值收益：2017 年，增值收益 4598.91 万元，同比下降 0.87%。增值收益率 0.98%，比上年减少 0.21 个百分点。

（四）增值收益分配：2017 年，提取贷款风险准备金 215.17 万元，提取管理费用 1533.74 万元，提取城市廉租住房（公共租赁住房）建设补充资金 2850 万元。

2017 年，上交财政管理费用 1533.74 万元。上缴财政城市廉租住房（公共租赁住房）建设补充资金 2850 万元。

2017 年末，贷款风险准备金余额 3795.63 万元。累计提取城市廉租住房（公共租赁住房）建设补充资金 24156.86 万元。

（五）管理费用支出：2017 年，管理费用支出 1446.07 万元，同比增长 7.07%（增长原因：2017 年信息化建设软件升级费和人员工资增加）。其中，人员经费 839.87 万元，公用经费 315.90 万元，专项经费 290.30 万元。

四、资产风险状况

个人住房贷款：2017 年末，个人住房贷款逾期额 68.46 万元，逾期率 0.2‰。

个人贷款风险准备金按贷款余额的 1.3% 提取。2017 年，提取个人贷款风险准备金 215.18 万元，使用个人贷款风险准备金核销呆坏账 0 万元。2017 年末，个人贷款风险准备金余额 3795.63 万元，占个人住房贷款余额的 1.3%，个人住房贷款逾期额与个人贷款风险准备金余额的比率为 1.1%。

五、社会经济效益

（一）缴存业务：2017 年，应缴单位数、应缴职工人数和缴存额同比分别增长 2.2%、2.6% 和 14.45%。

缴存单位中，国家机关和事业单位占 81.02%，国有企业占 4.10%，城镇集体企业占 1.62%，外商投资企业占 0.8%，城镇私营企业及其他城镇企业占 4.14%，民办非企业单位和社会团体占 6.80%，其他占 1.52%。

缴存职工中，国家机关和事业单位占 74.29%，国有企业占 10.27%，城镇集体企业占 4.03%，外商投资企业占 5.76%，城镇私营企业及其他城镇企业占 5.57%，民办非企业单位和社会团体占 0.07%，其他占 0.01%；中、低收入占 96.4%，高收入占 3.6%。

新开户职工中，国家机关和事业单位占 62.32%，国有企业占 17.10%，城镇集体企业占 6.53%，外商投资企业占 2.46%，城镇私营企业及其他城镇企业占 11.47%，民办非企业单位和社会团体占 0.09%，

其他占0.03%；中、低收入占97.62%，高收入占2.38%。

（二）提取业务：2017年，4.15万名缴存职工提取住房公积金11.63亿元。

提取金额中，住房消费提取占57.63%（购买、建造、翻建、大修自住住房占17.58%，偿还购房贷款本息占37.68%，租赁住房占2.27%，其他占0.1%）；非住房消费提取占42.37%（离休和退休提取占13.88%，完全丧失劳动能力并与单位终止劳动关系提取占3.26%，户口迁出本市或出境定居占1.63%，其他占23.6%）。提取职工中，中、低收入占89%，高收入占11%。

（三）贷款业务

1. **个人住房贷款**：2017年，支持职工购建房28.99万平方米，年末个人住房贷款市场占有率为40.45%，比上年减少4.37个百分点。通过申请住房公积金个人住房贷款，可节约职工购房利息支出6803.93万元。

职工贷款笔数中，购房建筑面积90（含）平方米以下占13.94%，90~144（含）平方米占82.95%，144平方米以上占3.11%。购买新房占88.1%（其中购买保障性住房占4.5%），购买存量商品住房占3.2%，其他占8.7%。

职工贷款笔数中，单缴存职工申请贷款占38.37%，双缴存职工申请贷款占61.63%。

贷款职工中，30岁（含）以下占48.40%，30岁~40岁（含）占34.10%，40岁~50岁（含）占15.50%，50岁以上占2%；首次申请贷款占99.73%，二次及以上申请贷款占0.27%；中、低收入占95%，高收入占5%。

2. **异地贷款**：2017年，发放异地贷款31笔798.30万元。2017年末，发放异地贷款总额8662.60万元，异地贷款余额4139.27万元。

（四）**住房贡献率**：2017年，个人住房贷款发放额、住房消费提取额的总和与当年缴存额的比率为62.19%，比上年减少23.79个百分点。

六、其他重要事项

1. 当年机构及职能未调整，增加一家受委托办理缴存业务承办银行。

2. 缴存比例调整情况，根据地区统计局提供的2016年度全地区在岗职工年平均工资数据为60871元，经测算2016年度地区职工月平均工资5072.58元的3倍基数上限为15218元，缴存比例上限为单位和个人各12%，下限为单位和个人各5%。

3. 当年个人住房贷款最高贷款额度、贷款条件等贷款政策调整情况，当年住房公积金存贷款利率执行标准：当年个人住房贷款最高贷款额度为50万元，当年住房公积金存贷款利率严格执行人民银行公布的标准利率1~5年为2.75%，6~30年为3.25%执行。为做好贷款服务，缩短审批时限，开展贷款"三级审批"试点工作，积极宣传落实住房公积金按月冲还贷业务，方便职工偿还贷款，减轻还款压力。2017年，全地区共签订按月冲还贷协议4305笔，累计签订9454笔，有效解决了以往贷款职工提取住房公积金偿还贷款难的问题。

4. 持续推进地区住房公积金信息化建设，全面落实国务院"放管服"工作要求，从根本上解决百姓对民生问题的基本诉求，用适度超前的发展理念加强大数据、云平台运用提高住房公积金运用效率，运用信息化技术和资源加强服务和监管，提升信息化建设水平，实现住房公积金安全运作，真正做到"信息多跑路，群众少跑腿"。一是按期完成异地转移接续平台建设任务。按照住房城乡建设部《关于正式启用全国住房公积金异地转移接续平台的通知》要求，按时开展异地转移接续平台系统框架的搭建和网络链接工作，按要求于2017年7月1日实现了与全国同步正式运行。

二是按照自治区住房建设和城乡建设厅的统一安排部署，在2017年底，顺利完成地区住房公积金信息系统"双贯标"上线工作。

5. 深化财务核算改革，实现地区住房公积金增值收益最大化。一是推行财务核算"日清日结"工作，各管理部业务窗口在营业终了时对当天发生的全部业务进行日终结算，核对各类数据，与银行对账，确保中心与银行的账目核对无误。二是中心历年将沉淀资金办理的定期存款期限均为一年期，为了使资金产生最大收益中心决定办理三年期定期存款，存款利率上浮40%，要求银行按年计息或到期计息。三是资金由中心统一调拨使用，在保证留足各县（市）管理部正常办理业务资金的情况下，中心统一集中办理定期存款。

6. 认真开展住房公积金廉政风险防控工作，保证资金安全。重视内部审计和稽查工作，对全地区公积金归集使用、信贷业务办理、财务核算等方面工作不定期的开展现场稽查，全面排查风险隐患，发现问题及时整改。在2017年3月阿克苏地区审计局对中心的审计过程中，未发现资金挪用、超比例缴存、违规放贷等问题。

7. 把开展"学转促"专项活动与业务工作结合起来。以整治"四风""四气"为重点，自觉转变工作作风，狠抓优质服务，积极打造群众满意服务窗口。一是在服务窗口投入查询机、叫号机、电子大屏等硬件设施，方便办事群众，提高服务质量和办事效率。二是每天在服务窗口开展"晨会""夕会"活动，进行文明礼貌用语和"双语"的学习，提高窗口服务水平，努力实现地区住房公积金服务"零投诉"的目标。

8. 加大住房公积金监管力度，为保证住房公积金资金安全，保障缴存职工的合法权益，严厉打击地区骗提骗贷住房公积金的行为。针对2017年上半年在各县陆续发现通过假房产证、假发票等假手续骗提骗贷住房公积金的现象，中心主动出击，多次调查取证，积极采取应对措施完善业务审查手续，加大对房产证、发票等业务受理要件的验视，对骗提骗贷行为进行打击，协调相关部门对责任人进行处罚，并及时制定了《阿克苏地区住房公积金管理中心对遏制骗提骗贷住房公积金行为的处罚规定》，以遏制骗提骗贷行为多发频发的势头，进一步杜绝此类现象的再次发生。2017年共发生通过假手续骗提住房公积金案件45笔、总金额229.85万元，经努力已追回30笔、追回资金165.12万元。

9. 中心继续保持自治区文明单位称号，地（市）直、乌什和拜城管理部荣获自治区政风行风建设示范窗口。

克孜勒苏柯尔克孜自治州住房公积金2017年年度报告

一、机构概况

（一）住房公积金管理委员会：住房公积金管理委员会有23名委员，2017年未召开会议。

（二）住房公积金管理中心：住房公积金管理中心为隶属于克州人民政府不以营利为目的全额财政拨款参照公务员法管理的事业单位，设4个科室，4个管理部。从业人员32人，其中，在编21人，非在编11人。

二、业务运行情况

（一）缴存：2017年，新开户单位39家，实缴单位950家，净增单位13家；新开户职工0.57万人，实缴职工4.69万人，净增职工0.51万人；缴存额7.82亿元，同比增长8.31%。2017年末，缴存总额44.50亿元，同比增长21.32%；缴存余额24.84亿元，同比增长19.02%。

受委托办理住房公积金缴存业务的银行3家，与上年保持一致。

（二）提取：2017年，提取额3.85亿元，同比下降32.10%；占当年缴存额的49.23%，比上年减少29.30个百分点。2017年末，提取总额19.66亿元，同比增长24.35%。

（三）贷款：

个人住房贷款：个人住房贷款最高额度30万元，其中，单缴存职工最高额度30万元，双缴存职工最高额度30万元。

2017年，发放个人住房贷款0.10万笔2.16亿元，同比分别下降58.33%、56.10%。2017年，回收个人住房贷款3.20亿元。

2017年末，累计发放个人住房贷款3.31万笔32.82亿元，贷款余额11.15亿元，同比分别增长3.12%、7.05%、下降8.53%。个人住房贷款余额占缴存余额的44.89%，比上年减少13.52个百分点。

受委托办理住房公积金个人住房贷款业务的银行3家，与上年保持一致。

（四）资金存储：2017年末，住房公积金存款13.90亿元。其中，活期8.20亿元，1年（含）以下定期5.70亿元，1年以上定期0亿元，其他（协定、通知存款等）0亿元。

（五）资金运用率：2017年末，住房公积金个人住房贷款余额、项目贷款余额和购买国债余额的总和占缴存余额的44.89%，比上年减少13.52个百分点。

三、主要财务数据

（一）业务收入：2017年，业务收入4822.04万元，同比增长5.27%。存款利息1151.29万元，委托贷款利息3585.44万元，国债利息0万元，其他85.31万元。

（二）业务支出：2017年，业务支出3181.89万元，同比增长6.96%。支付职工住房公积金利息3165.13万元，归集手续费5.40万元，委托贷款手续费9.60万元，其他1.76万元。

（三）增值收益：2017年，增值收益1640.15万元，同比增长2.15%。增值收益率0.72%，比上年减少0.10个百分点。

（四）增值收益分配：2017年，提取贷款风险准备金0万元，提取管理费用495.62万元，提取城市廉租住房（公共租赁住房）建设补充资金1144.53万元。

2017年，上交财政管理费用339.80万元。上缴财政城市廉租住房（公共租赁住房）建设补充资金1129.67万元。

2017年末，贷款风险准备金余额1219.31万元。累计提取城市廉租住房（公共租赁住房）建设补充

资金 8599.50 万元。

（五）管理费用支出：2017 年，管理费用支出 423.34 万元，同比下降 44.27%。其中，人员经费 215.69 万元，公用经费 192.85 万元，专项经费 14.80 万元。

四、资产风险状况

个人住房贷款：2017 年末，个人住房贷款逾期额 53.43 万元，逾期率 0.48‰。

个人贷款风险准备金按贷款余额的 1‰提取。2017 年，提取个人贷款风险准备金 0 万元，使用个人贷款风险准备金核销呆坏账 0 万元。2017 年末，个人贷款风险准备金余额 1219.31 万元，占个人住房贷款余额的 1.09%，个人住房贷款逾期额与个人贷款风险准备金余额的比率为 4.38%。

五、社会经济效益

（一）缴存业务：2017 年，实缴单位数、实缴职工人数和缴存额同比分别增长 1.39%、12.20% 和 8.31%。

缴存单位中，国家机关和事业单位占 86.63%，国有企业占 8.53%，城镇集体企业占 0.84%，外商投资企业占 0%，城镇私营企业及其他城镇企业占 2.63%，民办非企业单位和社会团体占 0%，其他占 1.37%。

缴存职工中，国家机关和事业单位占 91.17%，国有企业占 6.01%，城镇集体企业占 0.66%，外商投资企业占 0%，城镇私营企业及其他城镇企业占 1.86%，民办非企业单位和社会团体占 0%，其他占 0.30%；中、低收入占 99.51%，高收入占 0.49%。

新开户职工中，国家机关和事业单位占 87.07%，国有企业占 6.40%，城镇集体企业占 1.01%，外商投资企业占 0%，城镇私营企业及其他城镇企业占 3.88%，民办非企业单位和社会团体占 0%，其他占 1.64%；中、低收入占 99.77%，高收入占 0.23%。

（二）提取业务：2017 年，0.88 万名缴存职工提取住房公积金 3.85 亿元。

提取金额中，住房消费提取占 78.85%（购买、建造、翻建、大修自住住房占 20.45%，偿还购房贷款本息占 28.36%，租赁住房占 1.33%，其他占 28.71%）；非住房消费提取占 21.15%（离休和退休提取占 13.24%，完全丧失劳动能力并与单位终止劳动关系提取占 3.07%，户口迁出本市或出境定居占 1.96%，其他占 2.88%）。

提取职工中，中、低收入占 99.42%，高收入占 0.58%。

（三）贷款业务：

1. 个人住房贷款：2017 年，支持职工购建房 12.43 万平方米，年末个人住房贷款市场占有率为 81.11%，比上年减少 6.65 个百分点。通过申请住房公积金个人住房贷款，可节约职工购房利息支出 1867.91 万元。

职工贷款笔数中，购房建筑面积 90（含）平方米以下占 15.08%，90～144（含）平方米占 79.35%，144 平方米以上占 5.57%。购买新房占 46.97%（其中购买保障性住房 17.77%），购买存量商品住房占 29.11%，建造、翻建、大修自住住房占 0%，其他占 23.92%。

职工贷款笔数中，单缴存职工申请贷款占 22.29%，双缴存职工申请贷款占 77.71%，三人及以上缴

存职工共同申请贷款占0%。

贷款职工中，30岁（含）以下占40.06%，30岁～40岁（含）占38.23%，40岁～50岁（含）占19.88%，50岁以上占1.83%；首次申请贷款占79.06%，二次及以上申请贷款占20.94%；中、低收入占100%，高收入占0%。

2. **异地贷款**：2017年，发放异地贷款67笔1419.10万元。2017年末，发放异地贷款总额8593.10万元，异地贷款余额6517.22万元。

（四）住房贡献率：2017年，个人住房贷款发放额、公转商贴息贷款发放额、项目贷款发放额、住房消费提取额的总和与当年缴存额的比率为66.43%，比上年减少66个百分点。

六、其他重要事项

（一）当年住房公积金政策调整及执行情况：

1. 缴存比例。根据自治区住房和城乡建设厅、财政厅联合下发《关于调整全区行政事业单位住房公积金缴存比例的通知》（新建金管〔2014〕4号）精神，2017年度，克州机关事业单位住房公积金缴存比例仍执行单位、个人各12%标准。各类企业参照此标准执行，但缴存比例不得低于单位、个人各5%。

2. 缴存基数限额及确定方法。住房公积金缴存基数为职工本人2016年度的月平均工资。住房公积金缴存月工资基数上限额按不超过克州统计部门公布的上一年度职工月平均工资总额的3倍的标准确定为16263元（65049元÷12×3倍＝16263元），月缴存基数下限按上年度最低工资标准1310元执行。按执行12%缴存比例计算，职工月缴存额上限为3904元（单位缴16263×12%＝1952元，个人缴存1952元），职工月缴存额下限为132元（单位缴1310×5%＝66元，个人缴存66元）。

3. 克州提取政策、住房公积金个人住房贷款最高贷款额、贷款条件等贷款政策2017年未做调整。贷款额度仍为30万元，最长贷款期限仍为20年。

4. 当年住房公积金存贷款利率执行标准等。2017年住房公积金贷款利率未进行调整，五年（含）及以下公积金贷款利率为2.75%、五年以上公积金贷款利率为3.25%，仍按照人民银行公布的贷款利率严格执行

（二）当年服务改进情况：

1. 优化服务环境，提高服务水平。三县一市管理部对办公场所进行了装修，办公环境有了较大改观。阿克陶县管理部搬迁到新办公场所发展大厦6层，服务大厅宽敞，办公现场配备了休息座椅、书写台、饮水机等服务设施，职工办事时等候有位坐，咨询有人答，服务有人引，住房公积金服务软环境建设达到新的水平。

2. 简化办理流程，提升服务效能。为方便办事群众，中心重新梳理业务流程，实行综合柜员制，实现了住房公积金各项业务在一楼服务大厅"一条龙"服务、"一站式"办结。为提高工作效率，中心下放了三县一市管理部的贷款审批权限，大大减少了贷款审批从县级管理部到地州住房公积金中心送审等候时间，提高了服务效率。

（三）当年信息化建设情况：为提升住房公积金管理水平和服务能力，按照住房和城乡住房城乡建设部统一部署，贯彻落实自治区住房和城乡建设厅推进全区住房公积金"双贯标"信息化建设工作。克州中心领导高度重视，认真部署，中心工作人员全力以赴，大力推进"双贯标"工作。2017年12月28日我

中心完成贯彻住房公积金基础数据和接入银行结算数据应用系统并上线运行,新的住房公积金管理系统进入试运行阶段,成功办理各类公积金提取、贷款业务,实现资金实时到账。新系统上线后,真正做到了"数据多跑路,群众少跑腿"的目标,缴存职工真正体验了资金秒到账的感觉,享受到"互联网+"带给人们高效快捷的服务效率,得到广大缴存职工的一致好评,"双贯标"工作成果赢得百姓认可。

喀什地区住房公积金 2017 年年度报告

一、机构概况

(一)**住房公积金管理委员会**:住房公积金管理委员会有 27 名委员,2017 年未召开会议。

(二)**住房公积金管理中心**:住房公积金管理中心为直属喀什地区行政公署不以营利为目的的参照公务员法管理的事业单位,设 6 个科(室),12 个管理部。从业人员 93 人,其中,在编 73 人,非在编 20 人。

二、业务运行情况

(一)**缴存**:2017 年,新开户单位 109 家,实缴单位 2580 家,净增单位 15 家;新开户职工 2.51 万人,实缴职工 19.26 万人,净增职工 1.34 万人;缴存额 33.06 亿元,同比增长 8.36%。2017 年末,缴存总额 185.47 亿元,同比增长 21.69%;缴存余额 95.40 亿元,同比增长 18.54%。

受委托办理住房公积金缴存业务的银行 4 家(即:工商银行、建设银行、农业银行、中国银行),比上年没有变动。

(二)**提取**:2017 年,提取额 15.37 亿元,同比下降 20.77%;占当年缴存额的 46.49%,比上年减少 17.11 个百分点。2017 年末,提取总额 90.07 亿元,同比增长 20.58%。

(三)**贷款**:

个人住房贷款:个人住房贷款最高额度 40 万元,其中,单缴存职工最高额度 40 万元,双缴存职工最高额度 40 万元。

2017 年,发放个人住房贷款 0.39 万笔 8.96 亿元,同比分别下降 41.79%、36.18%。

2017 年,回收个人住房贷款 7.54 亿元。

2017 年末,累计发放个人住房贷款 7.3 万笔 91.98 亿元,贷款余额 43.18 亿元,同比分别增长 5.64%、10.79%、3.37%。个人住房贷款余额占缴存余额的 45.26%,比上年减少 8.49 个百分点。

受委托办理住房公积金个人住房贷款业务的银行 3 家(即:工商银行、建设银行、农业银行),比上年没有变动。

(四)**购买国债**:2017 年,没有购买国债,兑付国债 0.24 亿元。2017 年末,国债余额 0.72 亿元,比上年减少 0.24 亿元。

（五）融资：2017年，融资2.95亿元，归还0.65亿元。2017年末，融资总额2.95亿元，融资余额2.30亿元。

（六）资金存储：2017年末，住房公积金存款56.26亿元。其中，活期7.74亿元，1年（含）以下定期6.46亿元，1年以上定期42.06亿元。

（七）资金运用率：2017年末，住房公积金个人住房贷款余额、项目贷款余额和购买国债余额的总和占缴存余额的46.02%，比上年减少8.97个百分点。

三、主要财务数据

（一）业务收入：2017年，业务收入18962.11万元，同比下降7.52%。其中：存款利息4906.18万元，委托贷款利息13802.86万元，国债利息253.06万元，其他收入0.01万元。

（二）业务支出：2017年，业务支出14156.49万元，同比增长26.60%。其中：支付职工住房公积金利息13813.34万元，委托贷款手续费341.65万元，其他1.50万元。

（三）增值收益：2017年，增值收益4805.62万元，同比下降48.45%。增值收益率0.56%，比上年减少0.76个百分点。

（四）增值收益分配：2017年，没有提取贷款风险准备金，提取管理费用2000万元，提取城市廉租住房（公共租赁住房）建设补充资金2805.63万元。

2017年，上交财政管理费用3865.13万元。

2017年末，贷款风险准备金余额14430.77万元。累计提取城市廉租住房（公共租赁住房）建设补充资金20481.19万元。

（五）管理费用支出：2017年，管理费用支出1315.36万元，同比增长16.70%。其中：人员经费930.57万元，公用经费43.81万元，专项经费340.98万元。

中心管理费用支出1315.36万元，其中，人员、公用、专项经费分别为930.57万元、43.81万元、340.98万元。

四、资产风险状况

个人住房贷款：2017年末，个人住房贷款逾期额424.26万元，逾期率0.41‰。

2017年，没有使用个人贷款风险准备金核销呆坏账。2017年末，个人贷款风险准备金余额14430.77万元，占个人住房贷款余额的3.34%，个人住房贷款逾期额与个人贷款风险准备金余额的比率为2.94%。

五、社会经济效益

（一）缴存业务：2017年，实缴单位数、实缴职工人数和缴存额同比分别增长1.53%、7.12%和8.36%。

缴存单位中，国家机关和事业单位占82.55%，国有企业占10.97%，城镇集体企业占1.05%，外商投资企业占0.35%，城镇私营企业及其他城镇企业占3.80%，民办非企业单位和社会团体占0.31%，其他占0.97%。

缴存职工中，国家机关和事业单位占88.20%，国有企业占9.16%，城镇集体企业占0.69%，外商

投资企业占 0.06%，城镇私营企业及其他城镇企业占 1.61%，民办非企业单位和社会团体占 0.05%，其他占 0.23%；中、低收入占 99.98%，高收入占 0.02%。

新开户职工中，国家机关和事业单位占 90.20%，国有企业占 5.83%，城镇集体企业占 0.44%，外商投资企业占 0.17%，城镇私营企业及其他城镇企业占 2.64%，民办非企业单位和社会团体占 0.06%，其他占 0.66%；中、低收入占 100%，高收入占 0%。

（二）提取业务：2017 年，3.63 万名缴存职工提取住房公积金 15.37 亿元。

提取金额中，住房消费提取占 71.84%（购买、建造、翻建、大修自住住房占 43.39%，偿还购房贷款本息占 28.36%，租赁住房占 0.09%，其他占 0%）；非住房消费提取占 28.16%（离休和退休提取占 13.43%，完全丧失劳动能力并与单位终止劳动关系提取占 1.75%，户口迁出本市或出境定居占 0.76%，其他占 12.22%）。

提取职工中，中、低收入占 100%，高收入占 0%。

（三）贷款业务：

1. 个人住房贷款：2017 年，支持职工购建房 44.56 万平方米，年末个人住房贷款市场占有率为 60%，比上年减少 32.40 个百分点。通过申请住房公积金个人住房贷款，可节约职工购房利息支出 10453.93 万元。

职工贷款笔数中，购房建筑面积 90（含）平方米以下占 15.25%，90～144（含）平方米占 78.20%，144 平方米以上占 6.55%。购买新房占 73.57%（其中：购买保障性住房占 10.50%），购买存量商品住房占 16.50%，建造、翻建、大修自住住房占 0%，其他占 9.93%。

职工贷款笔数中，单缴存职工申请贷款占 29.14%，双缴存职工申请贷款占 70.86%，三人及以上缴存职工共同申请贷款占 0%。

贷款职工中，30 岁（含）以下占 43.85%，30 岁～40 岁（含）占 36.28%，40 岁～50 岁（含）占 16.42%，50 岁以上占 3.45%；首次申请贷款占 90.46%，二次及以上申请贷款占 9.54%；中、低收入占 100%，高收入占 0%。

2. 异地贷款：2017 年，发放异地贷款 3 笔 73.80 万元。2017 年末，发放异地贷款总额 73.80 万元，异地贷款余额 71.76 万元。

（四）住房贡献率：2017 年，个人住房贷款发放额、公转商贴息贷款发放额、项目贷款发放额、住房消费提取额的总和与当年缴存额的比率为 60.50%，比上年减少 32.71 个百分点。

六、其他重要事项

（一）当年机构及职能调整情况：

1. 按照"住房公积金业务操作规程"，建立各管理部办理业务、业务科室监督、核算科结算资金的管理机制，确保了住房公积金主业的顺畅开展和资金的安全防范。

2. 推行综合柜员制，实行办理与管理分离、资金收支两条线管理、住房公积金自主核算，实现档案管理电子化。

（二）当年服务改进情况：

1. 充分实行月供业务，减轻职工还贷压力。

2. 岳普湖县管理部办公场所得以改善，在工作环境面貌、服务群众能力等方面大有提高。

(三) 当年信息化建设情况：根据国家住房城乡建设部和自治区住房城乡建设厅"双贯标"相关工作要求，领导高度重视，高位推动协调，及时安排部署我中心"双贯标"工作，积极解决有关问题，从2017年12月8日起，通过领导亲自指导、大家共同努力下，12月22日内部上线，小范围接受进一步检验后，于12月25日正式对外全面上线运行。

(四) 其他需要披露的情况：

1. 中心加强与各承办银行的沟通协作联动，对各承办银行将贷款由委托模式转为中心自住模块设计的数据移交问题，多次召开座谈会，敦促并顺利完成贷款数据提供和系统接入工作。

2. 开办两期培训班，讲解新系统操作规范，提高业务人员工作能力和操作水平。

和田地区住房公积金 2017 年年度报告

一、机构概况

(一) 住房公积金管理委员会：住房公积金管理委员会有18名委员，2017年召开1次会议，审议通过的事项主要包括：一是审批和田地区2016年住房公积金归集使用计划执行情况的报告；二是审议和田地区2016年住房公积金增值收益分配（草案）；三是审议和田地区住房公积金管理中心2016年预算执行情况及2017年住房公积金管理中心管理费用预算（草案）；四是审议和田地区住房公积金2016年年度报告；五是审批和田地区2017年住房公积金归集、使用计划（草案）。

(二) 住房公积金管理中心：住房公积金管理中心为隶属于和田地区行署的不以营利为目的的自收自支事业单位，设5个科室，6个管理部。从业人员57人，其中在编43人，非在编14人。

二、业务运行情况

(一) 缴存：2017年，新开户单位40家，实缴单位1801家，净增单位5家；新开户职工0.67万人，实缴职工8.46万人，净增职工0.31万人；缴存额15.04亿元，同比下降4.51%。2017年末，缴存总额94.73亿元，同比增长18.87%；缴存余额45.13亿元，同比增长19.87%。

受委托办理住房公积金缴存业务的银行4家。

(二) 提取：2017年，提取额7.56亿元，同比下降20.50%；占当年缴存额的50.27%，比上年减少10.11个百分点。2017年末，提取总额49.60亿元，同比增长17.98%。

(三) 贷款：

个人住房贷款：个人住房贷款最高额度40万元，其中，单缴存职工最高额度35万元，双缴存职工最高额度40万元。

2017年，发放个人住房贷款0.12万笔2.92亿元，同比分别下降45.45%、38.72%。贷款下降原因主要包括：一是房地产市场低迷缴存职工购房欲望不强，二是集资建房未办理房产证导致无法上市交易而影响缴存职工多渠道购；三是卫生系统、教育系统和乡镇工作的缴存职工城区购房的欲望不强；四是和田本地区近几年集资建房大大满足城区缴存职工的住房需求，和田地区商品住房增值空间较小，不能有效刺激缴存职工在本地投资房产欲望。

2017年，回收个人住房贷款4.11亿元。

2017年末，累计发放个人住房贷款3.07万笔41.83亿元，贷款余额18.40亿元，同比分别增长4.42%、7.5%、降低6.07%。个人住房贷款余额占缴存余额的40.77%，比上年减少11.25个百分点。受委托办理住房公积金个人住房贷款业务的银行3家，与上年相同。

（四）资金存储：2017年末，住房公积金存款26.89亿元。其中，活期2.26亿元，1年（含）以下定期15.70亿元，1年以上定期8.93亿元。

（五）资金运用率：2017年末，住房公积金个人住房贷款余额、项目贷款余额和购买国债余额的总和占缴存余额的40.77%，比上年减少11.25个百分点。

三、主要财务数据

（一）业务收入：2017年，业务收入7891.33万元，同比下降26.68%。存款利息2238.85万元，委托贷款利息5652.48万元，国债利息0万元，其他0万元。

（二）业务支出：2017年，业务支出6310.04万元，同比增长0.78%。支付职工住房公积金利息6169.27万元，归集手续费0万元，委托贷款手续费140.72万元，其他0.05万元。

（三）增值收益：2017年，增值收益1581.29万元，同比下降64.87%。增值收益下降的原因：一是2017年度发放贷款量减少38.72%，导致委托贷款利息收入大幅度减少；二是给职工年度结息无论本年归集还是上年结转一律按1.5%的利率结息，利息支出大幅度增加。增值收益率0.38%，比上年减少0.82个百分点。

（四）增值收益分配：2017年，提取贷款风险准备金0万元，提取管理费用1340万元，提取城市廉租住房建设补充资金241.29万元。

2017年，上交财政管理费用1054万元。上缴财政城市廉租住房建设补充资金3398.37万元。2017年末，贷款风险准备金余额1958.73万元。累计提取城市廉租住房建设补充资金18318.47万元。

（五）管理费用支出：2017年，管理费用支出748万元，同比下降21%。其中，人员经费616万元，公用经费70万元，专项经费（政府采购）62万元。

四、资产风险状况

个人住房贷款：2017年末，个人住房贷款逾期额77.47万元，逾期率0.42‰。个人贷款风险准备金按贷款余额的1%提取。2017年，提取个人贷款风险准备金0万元，使用个人贷款风险准备金核销呆坏账0万元。2017年末，个人贷款风险准备金余额1958.73万元，占个人住房贷款余额的1.06%，个人住房贷款逾期额与个人贷款风险准备金余额的比率为3.96%。

五、社会经济效益

（一）缴存业务：2017年，实缴单位数、实缴职工人数和缴存额同比分别增长4.41%、2.79%和下降 4.51%。

缴存单位中，国家机关和事业单位占 88.67%，国有企业占 7.61%，城镇集体企业占 1.94%，外商投资企业占 0%，城镇私营企业及其他城镇企业占 1.39%，民办非企业单位和社会团体占 0.39%，其他占 0%。

缴存职工中，国家机关和事业单位占 90.82%，国有企业占 4.66%，城镇集体企业占 2.99%，外商投资企业占 0%，城镇私营企业及其他城镇企业占 1.46%，民办非企业单位和社会团体占 0.07%，其他占 0%；中、低收入占 99.47%，高收入占 0.53%。

新开户职工中，国家机关和事业单位占 86.99%，国有企业占 4.88%，城镇集体企业占 2.39%，外商投资企业占 0%，城镇私营企业及其他城镇企业占 4.97%，民办非企业单位和社会团体占 0.77%，其他占 0%；中、低收入占 99.76%，高收入占 0.24%。

（二）提取业务：2017 年，4.23 万名缴存职工提取住房公积金 7.56 亿元。

提取金额中，住房消费提取占 86.53%（购买、建造、翻建、大修自住住房占 15.79%，偿还购房贷款本息占 33.41%，租赁住房占 16.42%，其他占 20.91%）；非住房消费提取占 13.47%（离休和退休提取占 8.41%，完全丧失劳动能力并与单位终止劳动关系提取占 1.81%，户口迁出本市或出境定居占 1.76%，其他占 1.49%）。

提取职工中，中、低收入占 99.60%，高收入占 0.4%。

（三）贷款业务：

1. **个人住房贷款**：2017 年，支持职工购建房 14.43 万平方米，年末个人住房贷款市场占有率为 68.20%，比上年增加 4.1 个百分点。通过申请住房公积金个人住房贷款，可节约职工购房利息支出 3200 万元。

职工贷款笔数中，购房建筑面积 90（含）平方米以下占 9.03%，90～144（含）平方米占 78.46%，144 平方米以上占 12.20%。购买新房占 91.24%（其中购买保障性住房占 18.26%），购买存量商品住房占 8.76%，建造、翻建、大修自住住房占 0%，其他占 0%。

职工贷款笔数中，单缴存职工申请贷款占 26.45%，双缴存职工申请贷款占 73.55%，三人及以上缴存职工共同申请贷款占 0%。

贷款职工中，30 岁（含）以下占 37.76%，30 岁～40 岁（含）占 42.34%，40 岁～50 岁（含）占 17.77%，50 岁以上占 2.13%；首次申请贷款占 99.09%，二次及以上申请贷款占 0.91%；中、低收入占 97.87%，高收入占 2.13%。

2. **异地贷款**：2017 年，发放异地贷款 27 笔 675.80 万元。2017 年末，发放异地贷款总额 6365.10 万元，异地贷款余额 3869.07 万元。

（四）住房贡献率：2017 年，个人住房贷款发放额、公转商贴息贷款发放额、项目贷款发放额、住房消费提取额的总和与当年缴存额的比率为 62.93%，比上年减少 19.32 个百分点。

六、其他重要事项

（一）当年住房公积金政策调整及执行情况：

1. 职工缴存住房公积金的工资基数按职工上一年度月平均工资计算。
2. 职工公积金缴存基数上限不得超过地区统计部门提供的上一年度全地区在岗职工月平均工资总额

的3倍，即4754×3=14262元。凡缴存基数低于本地区最低工资标准的在职职工，其缴存基数按本地区最低工资标准1310元计算。

3. 2017年新参加工作和新调入的职工住房公积金基数，以职工个人当月工资总额为计算依据。内部封存职工不进行缴存基数调整，不计入汇缴人数及金额的合计。

4. 基数调整过程中，各单位职工的缴存额应严格执行下限不低于66元（按上年度和田地区最低工资标准计算），上限不超过1711元（按上年度和田地区在岗职工年平均工资的3倍计算）的规定，对违反规定并拒不纠正的将不予调整。

（二）服务改进情况：住房公积金窗口通过系统升级改造实现住房公积金支取秒到账。办理住房公积金提取业务只要携带本人身份证、银行卡和必备的办理要件一次就可以办结成功，大大简化了办事流程，提高了办事效率。中心重新设置自动查询机、在办事窗口发放12329宣传折页，拓展畅通信息查询渠道。

（三）当年信息化建设情况：顺利接入全国住房公积金银行结算数据应用系统，实现资金管理"三统一"（统一银行账户管理、统一资金调拨管理、统一资金结算管理）和业务办理"六实时"（汇缴实时分配、提取实时入卡、贷款实时发放、资金实时调拨、账户实时监控、业务实时结账）；实现了"让信息多跑路，群众少跑路"的目标，极大提升了工作效率；实现财务核算和资金管理自动化；实现了在线审批，打破了地域限制；实现了全地区公积金业务统一办理、资金统一结算，各项规章制度和业务流程通过系统控制；实现系统对人员管理的权限控制、业务管理的自动推送和财务核算的实时监控。中心内部管理模式和服务形式发生了质的变化，借助系统的严谨性与非随意性，由原来的"制度管人、管钱、管事"转变为"系统管人、管钱、管事"。实现互联网+公积金的服务模式，提取和贷款发放做到实时交易，实现资金"秒到账"。

（四）当年住房公积金管理中心及职工所获荣誉情况：2017年住房公积金管理中心1名同志荣获自治区级驻村管寺优秀人员，年度考核优秀人员7名。

（五）对违反《住房公积金条例》和相关法规行为进行行政处罚和申请人民法院强制执行情况：为维护住房公积金管理的严肃性、合法性、规范性，严厉打击利用虚假资料骗提住房公积金的行为，及时成立和田地区住房公积金核查骗提骗贷工作领导小组，对2013年以来所有支取、贷款业务进行全面自查，重点对2015年10月新政出台以后办理的住房公积金支取、贷款业务资料真实性进行全面核查。通过核查发现个别缴存户利用虚假办理要件骗提住房公积金11笔，总金额58.7万元，中心及时下发整改核查函8份，狠抓整改落实。已全额追回骗提资金，并责成相关单位对涉事人员进行严厉追责，有利遏制和打击了骗提住房公积金的违法行为。

伊犁哈萨克自治州住房公积金2017年年度报告

一、机构概况

（一）住房公积金管理委员会：住房公积金管理委员会有14名委员，2017年召开2次会议，审议通

过的事项主要包括：

1. 《2016 年住房公积金决算情况报告》；
2. 《2017 年住房公积金预算报告》；
3. 《关于增加委托昆仑银行伊犁分行承办住房公积金贷款业务的请示》；
4. 《伊犁州住房公积金资金供求预警机制管理办法》；
5. 《关于调整自治州住房公积金管理委员会组成人员的请示》；
6. 《关于明确州直行政事业单位及企业单位住房公积金最高缴存上限的请示》；
7. 《关于 2016 年增值收益暂缓转入财政专户和增值收益存款专户的请示》；
8. 《关于申请信息化建设专项费用的请示》；
9. 《关于伊犁州住房公积金管理中心购买业务信息系统申请竞争性谈判的请示》；
10. 《关于解决伊宁市管理部办公装修及办公设备等经费的请示》。

（二）**住房公积金管理中心**：住房公积金管理中心为隶属于伊犁哈萨克自治州政府管理的不以营利为目的自收自支事业单位，设 6 个科室，10 个管理部，1 个分中心。从业人员 105 人，其中，在编 65 人，非在编 40 人。

二、业务运行情况

（一）**缴存**：2017 年，新开户单位 146 家，实缴单位 3270 家，净增单位 495 家；新开户职工 0.3 万人，实缴职工 15.52 万人，净增职工 0.68 万人；缴存额 24.94 亿元，同比增长 16.22%。2017 年末，缴存总额 158.28 亿元，同比增长 18.70%；缴存余额 79.09 亿元，同比增长 17.03%。

受委托办理住房公积金缴存业务的银行 5 家。

（二）**提取**：2017 年，提取额 13.43 亿元，同比下降 6.28%；占当年缴存额 53.85%，比上年减少 12.92 个百分点。2017 年末，提取总额 79.19 亿元，同比增长 20.42%。

（三）**贷款**：

个人住房贷款：个人住房贷款最高额度 45 万元，其中，单缴存职工最高额度 45 万元，双缴存职工最高额度 45 万元。

2017 年，发放个人住房贷款 0.5 万笔 11.75 亿元，同比分别下降 40.24%、43.45%（下降的主要原因为国家宏观政策调控影响）。其中，市中心发放个人住房贷款 0.451 万笔 10.6 亿元，分中心发放个人住房贷款 0.049 万笔 1.15 亿元。

2017 年，回收个人住房贷款 9.1 亿元。其中，市中心 8.42 亿元，分中心 0.68 亿元。

2017 年末，累计发放个人住房贷款 8.39 万笔 121.91 亿元，贷款余额 72.61 亿元，同比分别增长 7.69%、10.67%、3.79%。个人住房贷款余额占缴存余额的 91.81%，比上年减少 11.71 个百分点。

受委托办理住房公积金个人住房贷款业务的银行 9 家，比上年增加 1 家。

（四）**资金存储**：2017 年末，住房公积金存款 8.42 亿元。其中，活期 0.079 亿元，1 年（含）以下定期 7.38 亿元，1 年以上定期 0 亿元，其他（协定存款）0.97 亿元。

（五）**资金运用率**：2017 年末，住房公积金个人住房贷款余额、项目贷款余额和购买国债余额的总和占缴存余额的 91.81%，比上年减少 11.71 个百分点。

三、主要财务数据

（一）业务收入：2017年，业务收入23775.97万元，同比增长13.10%。其中，市中心22438.02万元，分中心1337.95万元；存款利息595.11万元，委托贷款利息23164.26万元，国债利息0万元，其他16.6万元。

（二）业务支出：2017年，业务支出13700.47万元，同比增长24.66%（增长的主要原因为归还了银行借款利息）。其中，市中心12565.26万元，分中心1135.21万元；支付职工住房公积金利息12153.53万元，归集手续费0万元，委托贷款手续费1144.86万元，其他402.08万元。

（三）增值收益：2017年，增值收益10075.50万元，同比增长0.43%。其中，市中心9872.76万元，分中心202.74万元；增值收益率1.37%，比上年减少0.2个百分点。

（四）增值收益分配：2017年，提取贷款风险准备金1716.98万元，提取管理费用6358.52万元，提取城市廉租住房（公共租赁住房）建设补充资金2000万元。

2017年，上交财政管理费用3246.24万元（上交的是2016年管理费用）。上缴财政城市廉租住房（公共租赁住房）建设补充资金5500万元（上交的是2016年廉租房补充资金）。

2017年末，贷款风险准备金余额8713.47万元。累计提取城市廉租住房（公共租赁住房）建设补充资金17556万元。其中，市中心提取16923万元，分中心提取633万元。

（五）管理费用支出：2017年，管理费用支出1784万元，同比下降58.28%（下降的主要原因为2016年购置了中心新办事大厅及管理部的办公场所）。其中，人员经费1005万元，公用经费142万元，专项经费637万元。

市中心管理费用支出1642万元，其中，人员、公用、专项经费分别为899万元、115万元、628万元；分中心管理费用支出142万元，其中，人员、公用、专项经费分别为107万元、27万元、8万元。

四、资产风险状况

个人住房贷款：2017年末，个人住房贷款逾期额4.3万元，逾期率0.059‰。其中，市中心0.059‰，分中心0‰。

个人贷款风险准备金按贷款余额的1.2%提取。2017年，提取个人贷款风险准备金1716.98万元，使用个人贷款风险准备金核销呆坏账0万元。2017年末，个人贷款风险准备金余额8713.47万元，占个人住房贷款余额的1.2%，个人住房贷款逾期额与个人贷款风险准备金余额的比率为0.05%。

五、社会经济效益

（一）缴存业务：2017年，实缴单位数、实缴职工人数和缴存额同比分别增长17.83%、4.6%和16.22%。

缴存单位中，国家机关和事业单位占66.80%，国有企业占13.79%，城镇集体企业占1.22%，外商投资企业占1.22%，城镇私营企业及其他城镇企业占14.56%，民办非企业单位和社会团体占1.16%，其他占1.25%。

缴存职工中，国家机关和事业单位占75.28%，国有企业占15.54%，城镇集体企业占0.57%，外商

投资企业占 0.24%，城镇私营企业及其他城镇企业占 7.97%，民办非企业单位和社会团体占 0.32%，其他占 0.08%；中、低收入占 99.91%，高收入占 0.09%。

新开户职工中，国家机关和事业单位占 60.89%，国有企业占 8.89%，城镇集体企业占 1.56%，外商投资企业占 7.17%，城镇私营企业及其他城镇企业占 17.88%，民办非企业单位和社会团体占 2.44%，其他占 1.17%；中、低收入占 100%，高收入占 0%。

（二）提取业务：2017 年，4.1 万名缴存职工提取住房公积金 13.43 亿元。

提取金额中，住房消费提取占 78.48%（购买、建造、翻建、大修自住住房占 32.32%，偿还购房贷款本息占 45.87%，租赁住房占 0.19%，其他占 0.1%）；非住房消费提取占 21.52%（离休和退休提取占 15.86%，完全丧失劳动能力并与单位终止劳动关系提取占 2.23%，户口迁出本市或出境定居占 2.45%，其他占 0.98%）。

提取职工中，中、低收入占 99.83%，高收入占 0.17%。

（三）贷款业务：

1. 个人住房贷款：2017 年，支持职工购建房 51.29 万平方米，年末个人住房贷款市场占有率为 36.9%，比上年减少 13.33 个百分点。通过申请住房公积金个人住房贷款，可节约职工购房利息支出 19000 万元。

职工贷款笔数中，购房建筑面积 90（含）平方米以下占 16.04%，90～144（含）平方米占 77.38%，144 平方米以上占 6.58%。购买新房占 73.10%（其中购买保障性住房占 0%），购买存量商品住房占 25.53%，建造、翻建、大修自住住房占 1.37%，其他占 0%。

职工贷款笔数中，单缴存职工申请贷款占 36.10%，双缴存职工申请贷款占 63.9%，三人及以上缴存职工共同申请贷款占 0%。

贷款职工中，30 岁（含）以下占 43.07%，30 岁～40 岁（含）占 35.33%，40 岁～50 岁（含）占 18.22%，50 岁以上占 3.38%；首次申请贷款占 89.4%，二次及以上申请贷款占 10.60%；中、低收入占 99.84%，高收入占 0.16%。

2. 异地贷款：2017 年，发放异地贷款 44 笔 1169.7 万元。2017 年末，发放异地贷款总额 8230.7 万元，异地贷款余额 5804.02 万元。

（四）住房贡献率：2017 年，个人住房贷款发放额、公转商贴息贷款发放额、项目贷款发放额、住房消费提取额的总和与当年缴存额的比率为 89.39%，比上年减少 61.82 个百分点（减少的主要原因为缴存额增长同时提取和贷款额都大幅下降）。

六、其他重要事项

（一）当年机构及职能调整情况：当年增设一个科室：归集科，一个管理部：伊宁市管理部。受委托办理缴存贷款业务金融机构增加昆仑银行伊犁分行。

（二）当年住房公积金政策调整及执行情况：

1. 当年缴存基数限额计算方法缴存基数上限为当地统计部门公布的上一年度职工月平均工资的三倍，下限为当地统计部门公布的最低工资标准。计算出 2017 年缴存上限为 3226 元，下限为 132 元。

2. 2017 年下半年，中心取消了子女上大学、重大疾病、最低生活保障及突发事件的提取。

(三)当年服务改进情况：

1. 整合服务窗口，转变业务受理方式，取消限号规定。一是整合伊宁市管理部服务大厅窗口功能，把对缴存单位办理业务从原来大厅综合柜台分离出来；二是增加咨询台服务功能，把当场能解决的问题放到咨询台当场解决，加快柜台业务办理速度；三是引进八家受委托银行进伊宁市管理部服务大厅，实行一站式服务，减少办事职工中心、银行两头跑，银行放款时间由原来的5个工作日缩短到1个工作日；四是取消了限号规定，方便了群众办事。

2. 坚持上门服务，增开绿色通道。一是针对"特殊人群"开展上门服务；为公安干警和"访惠聚"驻村工作队员办理购房贷款等业务，为因病不能亲自到中心的退休职工办理公积金提取；二是设立专柜，为州直重点企业员工办理公积金转移提供绿色通道。

3. 建立"公积金微信群"。建立了"公积金专管员微信群"，宣传政策、业务交流、经验分享、意见反馈、工作通知等，均可通过快速发送文字、图片或语音对讲的形式实现。

(四)当年信息化建设情况：根据《住房城乡建设部办公厅关于贯彻落实住房公积金基础数据标准的通知》文件要求，2017年10月22日，自治州住房公积金管理委员会2017年第二次会议对"双贯标"进行研究，成立"双贯标"领导小组。为更好地完成项目实施，中心抽调8名专职人员负责"双贯标"工作的具体工作，并与软件公司制订了《项目实施方案》，梳理了详细的项目推进时间表，分步推进贯标工作。新系统通过反复测试，于2017年12月30日正式上线。上线后的新系统完善了住房公积金的基础数据，接入了住房城乡建设部结算平台，实现了与8家银行的实时结算与数据互联互通，实现了我州住房公积金资金统一管理、业务资金划转实时到账。

塔城地区住房公积金2017年年度报告

一、机构概况

(一)**住房公积金管理委员会**：住房公积金管理委员会有22名委员，2017年召开1次会议，审议通过的事项主要包括：2016年度住房公积金归集、使用计划情况；塔城地区住房公积金贷款管理办法；2016年度信息披露和年度报告。

(二)**住房公积金管理中心**：住房公积金管理中心为直属行署不以营利为目的的自收自支事业单位，设7个科室，8个管理部。从业人员74人，其中，在编47人，非在编27人。

二、业务运行情况

(一)**缴存**：2017年，新开户单位84家，实缴单位1729家，较上年减少43家；新开户职工0.8万人，实缴职工6.91万人，净增职工0.18万人；缴存额11.38亿元，同比增长15.28%。2017年末，缴存总额75.04亿元，同比增长17.89%；缴存余额30.52亿元，同比增长19.22%。

受委托办理住房公积金缴存业务的银行6家。

（二）提取：2017年，提取额6.46亿元，同比增长12.94%；占当年缴存额的56.77%，比上年减少1.12个百分点。2017年末，提取总额44.51亿元，同比增长16.98%。

（三）贷款：

个人住房贷款：个人住房贷款最高额度40万元，其中，单缴存职工最高额度40万元，双缴存职工最高额度40万元。

2017年，发放个人住房贷款0.21万笔4.83亿元，同比分别下降22.22%、17.86%。

2017年，回收个人住房贷款3.66亿元。

2017年末，累计发放个人住房贷款3.54万笔42.8亿元，贷款余额20.04亿元，同比分别增长6.63%、12.72%、6.2%。个人住房贷款余额占缴存余额的65.66%，比上年减少8.05个百分点。

受委托办理住房公积金个人住房贷款业务的银行6家。

（四）资金存储：2017年末，住房公积金存款10.49亿元。其中，活期2.14亿元，1年以上定期4.45亿元，协定存款3.90亿元。

（五）资金运用率：2017年末，住房公积金个人住房贷款余额、项目贷款余额和购买国债余额的总和占缴存余额的65.64%，比上年减少8.05个百分点。

三、主要财务数据

（一）业务收入：2017年，业务收入8282.81万元，同比增长2.91%。存款利息2100.50万元，委托贷款利息6182.31万元。

（二）业务支出：2017年，业务支出4723.57万元，同比增长19.04%。支付职工住房公积金利息3812.23万元，归集手续费590.57万元，委托贷款手续费319.19万元，其他1.58万元。

（三）增值收益：2017年，增值收益3559.24万元，同比下降12.78%。增值收益率1.27%，比上年减少了0.73个百分点。

（四）增值收益分配：2017年，提取贷款风险准备金117.09万元，提取管理费用1655.68万元，提取城市廉租住房（公共租赁住房）建设补充资金1786.47万元。

2017年，上交财政管理费用1400万元。上缴财政城市廉租住房（公共租赁住房）建设补充资金0万元。

2017年末，贷款风险准备金余额2003.73万元。累计提取城市廉租住房（公共租赁住房）建设补充资金22273.63万元。

（五）管理费用支出：2017年，管理费用支出1342.77万元，同比增长16.95%。其中，人员经费807.1万元，公用经费126.86万元，专项经费408.81万元。

四、资产风险状况

个人住房贷款：2017年末，个人住房贷款逾期额为0.4万元，逾期率为0.002‰。

个人贷款风险准备金按贷款余额的1%提取。2017年，提取个人贷款风险准备金117.09万元，使用个人贷款风险准备金核销呆坏账0万元。2017年末，个人贷款风险准备金余额2003.73万元，占个人住房贷款余额的 1%，个人住房贷款逾期额与个人贷款风险准备金余额的比率为 0.02%。

五、社会经济效益

（一）**缴存业务**：2017 年，实缴单位数、实缴职工人数和缴存额同比分别增长 6.15%、0.1% 和 15.18%。

缴存单位中，国家机关和事业单位占 72.18%，国有企业占 13.53%，城镇集体企业占 1.04%，外商投资企业占 0.12%，城镇私营企业及其他城镇企业占 11.22%，民办非企业单位和社会团体占 0.17%，其他占 1.74%。

缴存职工中，国家机关和事业单位占 75.59%，国有企业占 16.11%，城镇集体企业占 1.12%，外商投资企业占 0.55%，城镇私营企业及其他城镇企业占 4.25%，民办非企业单位和社会团体占 0.01%，其他占 2.37%；中、低收入占 99.55%，高收入占 0.45%。

新开户职工中，国家机关和事业单位占 66.95%，国有企业占 16.36%，城镇集体企业占 0.76%，外商投资企业占 0.17%，城镇私营企业及其他城镇企业占 13.56%，民办非企业单位和社会团体占 0%，其他占 2.2%；中、低收入占 98.77%，高收入占 1.23%。

（二）**提取业务**：2017 年，2.02 万名缴存职工提取住房公积金 6.46 亿元。

提取金额中，住房消费提取占 68.20%（购买、建造、翻建、大修自住住房占 32.27%，偿还购房贷款本息占 34.01%，租赁住房占 1.92%，其他占 0%）；非住房消费提取占 31.80%（离休和退休提取占 17.37%，完全丧失劳动能力并与单位终止劳动关系提取占 5.82%，户口迁出本市或出境定居占 0.26%，其他占 8.35%）。

提取职工中，中、低收入占 99.54%，高收入占 0.46%。

（三）**贷款业务**：

1. **个人住房贷款**：2017 年，支持职工购建房 21 万平方米，年末个人住房贷款市场占有率为 46.76%，比上年减少 0.53 个百分点。通过申请住房公积金个人住房贷款，可节约职工购房利息支出 7359.40 万元。

职工贷款笔数中，购房建筑面积 90（含）平方米以下占 17.45%，90～144（含）平方米占 74.43%，144 平方米以上占 8.12%。购买新房占 83.20%，购买存量商品住房占 16.80%。

职工贷款笔数中，单缴存职工申请贷款占 65.37%，双缴存职工申请贷款占 34.63%。

贷款职工中，30 岁（含）以下占 31.35%，30 岁～40 岁（含）占 32.75%，40 岁～50 岁（含）占 28.20%，50 岁以上占 7.70%；首次申请贷款占 99.48%，二次及以上申请贷款占 0.52%；中、低收入占 99.95%，高收入占 0.05%。

2. **异地贷款**：2017 年，发放异地贷款 183 笔 4722.9 万元。2017 年末，发放异地贷款总额 25169.6 万元，异地贷款余额 16800.03 万元。

（四）**住房贡献率**：2017 年，个人住房贷款发放额、住房消费提取额的总和与当年缴存额的比率为 81.18%，比上年减少 19.83 个百分点。

六、其他重要事项

（一）**缴存基数限额及确定方法、缴存比例调整情况**：2017 年根据统计部门提供我区上年职工月平均工资基数，按《塔城地区住房公积金归集管理办法》规定，住房公积金最高缴存额不超过月平均工资的3倍，确定我区职工月缴存住房公积金最高上限为1643元，即个人1643元，单位1643元。

2017年住房公积金缴存比例仍按照《塔城地区住房公积金归集管理办法》规定执行，不高于12%，不低于5%。

（二）住房公积金贷款还贷业务调整情况：一是由银行代扣偿还贷款转变为由中心计算机管理系统联网银行自动扣划；二是实现了"月对冲"业务，由过去职工往返于中心与银行之间办理还款手续，转变为由我中心直接从主借款人及配偶的住房公积金账户余额中对冲其月还款额。

（三）服务网点改进情况：为适应当前维稳工作需要，同时方便干部职工办理业务，目前有三个县（市）管理部已搬迁至当地行政服务中心，其他五个县（市）管理部也正在积极与当地政府沟通，若条件允许争取整体搬迁至当地行政服务中心，与房管、不动产、税务等相关部门联合办公，进一步提升服务水平和工作效率。

（四）信息化建设情况：一是"双贯标"及住房公积金管理系统上线，根据国家关于"双贯标"的要求，我中心于2017年9月成功接入全国住房公积金银行结算数据应用系统，2017年10月新一代核心业务系统成功上线，总体运行平稳，显著提升了我区住房公积金的管理和服务水平，得到了群众的认可，进一步提升了群众的获得感和满意度。2017年11月，完成内部"双贯标"自检整改，11月3日，中心向自治区住房城乡建设厅住房公积金监管处递交报告，申请"双贯标"验收。二是住房公积金综合服务平台建设已初步完成，按照自治区监管部门要求，于2017年12月签订了委托招标协议，同时将原来的2名12329热线座席，又新增3名综合服务座席。

（五）获得荣誉情况：2017年度塔城地区住房公积金管理中心被评为"自治区级文明单位"；管理中心党组成员、副主任刁文峰同志被授予"全国住房城乡建设系统先进工作者"荣誉称号。

阿勒泰地区住房公积金2017年年度报告

一、机构概况

（一）住房公积金管理委员会：住房公积金管理委员会有25名委员，2017年召开1次会议，审议通过的事项主要包括：一是审议通过2017年度住房公积金归集、使用计划执行情况，并对其他重要事项进行决策，主要包括：（1）地区住房公积金计划归集额8.77亿元，同比上年增长13.9%；（2）地区住房公积金个人住房贷款计划发放6.48亿元，逾期率控制在0.3‰以内；（3）2017年住房公积金收支预算计划。二是报告中心"双贯标"建设工作及2017年度住房公积金基数调整情况。

（二）住房公积金管理中心：住房公积金管理中心为阿勒泰行署不以营利为目的的自收自支事业单位，设4个科室，8个管理部。从业人员64人，其中，在编33人，非在编31人。

二、业务运行情况

（一）**缴存**：2017年，新开户单位175家，实缴单位2012家，净增单位80家；新开户职工0.51万人，实缴职工5.73万人，净增职工0.19万人；缴存额9.88亿元，同比增长18.04%。2017年末，缴存总额65.14亿元，同比增长17.88%；缴存余额27.19亿元，同比增长14.00%。

受委托办理住房公积金缴存业务的银行4家，比上年增加1家。

（二）**提取**：2017年，提取额6.55亿元，同比增长15.32%；占当年缴存额的66.30%，比上年减少1.56个百分点。2017年末，提取总额37.96亿元，同比增长20.89%。

（三）**贷款**：

个人住房贷款：个人住房贷款最高额度40万元，其中，单缴存职工最高额度30万元，双缴存职工最高额度40万元。2017年，发放个人住房贷款0.31万笔7.65亿元，同比分别增长7.63%、25.62%。2017年，回收个人住房贷款3.89亿元。2017年末，累计发放个人住房贷款3.66万笔48.28亿元，贷款余额22.48亿元，同比分别增长8.93%、18.83%、20.09%。个人住房贷款余额占缴存余额的82.68%，比上年增加4.19个百分点。受委托办理住房公积金个人住房贷款业务的银行4家。

（四）**购买国债**：2017年，兑付国债0.1亿元。2017年末，国债余额0.2亿元，比上年减少0.1亿元。

（五）**资金存储**：2017年末，住房公积金存款4.76亿元。其中，活期0.53亿元，1年（含）以下定期0亿元，1年以上定期3.93亿元，其他（协定、通知存款等）0.3亿元。

（六）**资金运用率**：2017年末，住房公积金个人住房贷款余额、项目贷款余额和购买国债余额的总和占缴存余额的83.44%，比上年增加3.70个百分点。

三、主要财务数据

（一）**业务收入**：2017年，业务收入8436.06万元，同比增长1.30%。存款利息1820.95万元，委托贷款利息6525.59万元，国债利息86.2万元，其他3.32万元。

（二）**业务支出**：2017年，业务支出2988.80万元，同比下降7.68%。支付职工住房公积金利息2804.13万元，归集手续费0万元，委托贷款手续费154.84万元，其他29.83万元。

（三）**增值收益**：2017年，增值收益5447.26万元，同比增长6.61%。增值收益率2.12%，比上年减少0.14个百分点。

（四）**增值收益分配**：2017年，提取贷款风险准备金862.26万元，提取管理费用1185.00万元，提取城市廉租住房（公共租赁住房）建设补充资金3400万元。

2017年，上交财政管理费用66万元。上缴财政城市廉租住房（公共租赁住房）建设补充资金0万元。

2017年末，贷款风险准备金余额4282.42万元。累计提取城市廉租住房（公共租赁住房）建设补充资金13820万元。

（五）**管理费用支出**：2017年，管理费用支出1619.05万元，同比增长44.05%（增长主要原因是中心系统升级专项经费增大）。其中，人员经费748.90万元，公用经费140.35万元，专项经费729.80

万元。

四、资产风险状况

个人住房贷款：2017 年末，个人住房贷款逾期额 22.34 万元，逾期率 0.099‰。

个人贷款风险准备金按不低于贷款的 1% 提取。2017 年，提取个人贷款风险准备金 862.26 万元，使用个人贷款风险准备金核销呆坏账 0 万元。2017 年末，个人贷款风险准备金余额 4282.42 万元，占个人住房贷款余额的 1.9%，个人住房贷款逾期额与个人贷款风险准备金余额的比率为 0.52%。

五、社会经济效益

（一）缴存业务：2017 年，实缴单位数、实缴职工人数和缴存额同比分别增长 10.13%、3.43% 和 18.40%。

缴存单位中，国家机关和事业单位占 72.56%，国有企业占 8.90%，城镇集体企业占 1.79%，外商投资企业占 0%，城镇私营企业及其他城镇企业占 14.61%，民办非企业单位和社会团体占 0.3%，其他占 1.84%。

缴存职工中，国家机关和事业单位占 73.32%，国有企业占 14.52%，城镇集体企业占 1.69%，外商投资企业占 0%，城镇私营企业及其他城镇企业占 9.17%，民办非企业单位和社会团体占 0.05%，其他占 1.25%；中、低收入占 99.18%，高收入占 0.82%。

新开户职工中，国家机关和事业单位占 52.34%，国有企业占 12.89%，城镇集体企业占 1.91%，外商投资企业占 0%，城镇私营企业及其他城镇企业占 24.65%，民办非企业单位和社会团体占 0.57%，其他占 7.64%；中、低收入占 99.71%，高收入占 0.29%。

（二）提取业务：2017 年，1.56 万名缴存职工提取住房公积金 6.55 亿元。

提取金额中，住房消费提取占 82.55%（购买、建造、翻建、大修自住住房占 25.60%，偿还购房贷款本息占 54.4%，租赁住房占 0.68%，其他占 1.87%）；非住房消费提取占 17.45%（离休和退休提取占 7.72%，完全丧失劳动能力并与单位终止劳动关系提取占 8.38%，户口迁出本市或出境定居占 0.42%，其他占 0.93%）。

提取职工中，中、低收入占 99.3%，高收入占 0.7%。

（三）贷款业务

1. **个人住房贷款**：2017 年，支持职工购建房 36.62 万平方米，年末个人住房贷款市场占有率为 41.30%，比上年增加 9.91 个百分点。通过申请住房公积金个人住房贷款，可节约职工购房利息支出 9586.06 万元。

职工贷款笔数中，购房建筑面积 90（含）平方米以下占 10.75%，90~144（含）平方米占 77.52%，144 平方米以上占 11.73%。购买新房占 62.19%（其中购买保障性住房占 18.37%），购买存量商品住房占 34.38%，建造、翻建、大修自住住房占 0%，其他占 3.43%。

职工贷款笔数中，单缴存职工申请贷款占 43.50%，双缴存职工申请贷款占 56.50%，三人及以上缴存职工共同申请贷款占 0%。

贷款职工中，30 岁（含）以下占 29.58%，30 岁~40 岁（含）占 32.55%，40 岁~50 岁（含）占

30.39%，50岁以上占7.48%；首次申请贷款占58.71%，二次及以上申请贷款占41.29%；中、低收入占99.18%，高收入占0.82%。

2. **异地贷款**：2017年，发放异地贷款134笔3776.90万元。2017年末，发放异地贷款总额26349万元，异地贷款余额19714.73万元。

（四）**住房贡献率**：2017年，个人住房贷款发放额、公转商贴息贷款发放额、项目贷款发放额、住房消费提取额的总和与当年缴存额的比率为130.87%，比上年增加4.23个百分点。

六、其他重要事项

（一）2017年中心住房公积金业务管理调整情况：一是业务操作模式实行中心自主，取消委托银行办理模式，所有承办银行不再作二级单位账户和三级个人明细账户登记。二是财务实行统一核算，由中心资金管理科统一管理，实行收支两条线，各管理部不再进行财务核算。三是所有资金流转均通过统一银行资金账户结算管理，全业务、全账户通过住房城乡建设部结算平台进行结算，职工无需再到银行提款。四是中心实行日清月结。

（二）2017年缴存基数限额及确定方法、缴存比例调整情况：2017年，中心根据地区统计部门上一年度在岗职工月平均工资基数，确定单位和个人月最高缴存额为3596元，月最低缴存额为132元。

（三）2017年住房公积金贷款还贷业务调整情况：一是过去由银行代扣偿还贷款变成由中心自主扣划；二是申请了"月对冲业务的"职工，由过去打款给职工后再由职工自行去银行偿还贷款，变为由我中心直接从主借款人及配偶的住房公积金账户余额中对冲其月还款额。

（四）信息化建设情况：按照住房城乡建设部和自治区住房城乡建设厅《基础数据标准》、《住房公积金银行结算数据应用系统公积金中心接口标准》、《信息化建设导则》的建设要求，我中心经过近一年的努力，在7月17日实现业务系统升级和"双贯标"工作，率先在克拉玛依之后第二个实现业务系统升级。

一是住房公积金异地转移接续平台建成并投入使用。7月1日，中心接入全国住房公积金异地转移接续平台，使住房公积金在全国范围内实现了"账随人走，钱随账走"，即通过平台办理异地转移接续业务，解决了过去职工往返奔波、手续复杂、时间过长等问题，提高了服务的便捷性和有效性。

二是住房公积金业务系统和"双贯标"工作。7月17日，经过近一年的安装和调试，住房公积金新系统正式上线运行，开通了微信公众号、手机APP客户端、手机短信、12329住房公积金服务热线、门户网站等服务功能，为地区缴存单位和职工提供了更加便捷优质的信息化服务，实现了"让信息多跑路、职工少跑腿"。主要体现在：

1. 住房公积金归集业务更加优化。地区缴存单位无需再到银行提供各种数据，中心与银行之间减少了对账、数据交换等繁琐程序。

2. 职工办理贷款、提取、提前还贷、"月对冲还贷"等主要业务更加便捷，基本实现了中心"一站式"办理，无需再到银行排队办理提现业务，资金实现即时到达个人卡内。

3. 通过业务流程化管理，一个窗口办理所有业务模式，提高办事效率。

4. 完成了住房公积金业务档案的电子化管理。实现信息数字化，简化办事手续，极大减少职工办理业务所提供的纸质材料数量。

（五）获得荣誉：中心先后荣获"自治区级精神文明单位"、"自治区级文明示范窗口单位"、"自治区政风行风示范窗口单位"、"自治区级卫生红旗单位"、"自治州五一文明岗"、"地区级精神文明单位"、"地区级民族团结进步模范单位"、"地区级文明示范窗口单位"、"地区青年文明号"、"花园式单位"、"地区级卫生红旗单位"、"地区级模范职工之家"、"计划生育先进单位"、"先进基层党组织"、"五好党支部"、"服务型机关建设青年示范岗"等自治区、地、市级三十多项荣誉。

ID# 2017 全国住房公积金年度报告汇编

新疆生产建设兵团

新疆生产建设兵团住房公积金 2017 年年度报告

一、机构概况

（一）住房公积金管理机构。全兵团共设 1 个住房公积金管理中心。从业人员 83 人，其中，在编 64 人，非在编 19 人。

（二）住房公积金监管机构。兵团住房城乡建设局、兵团财政局、人民银行乌鲁木齐中心支行负责对兵团住房公积金管理运行情况进行监督。兵团住房城乡建设局设立住房公积金管理委员会办公室，负责辖区住房公积金日常监管工作。

二、业务运行情况

（一）缴存。2017 年，新开户单位 223 家，实缴单位 2758 家，净增单位 195 家；新开户职工 2.99 万人，实缴职工 26.59 万人，净增职工 1.34 万人；缴存额 35.52 亿元，同比增长 11.49%。2017 年末，缴存总额 212.79 亿元，同比增长 20.03%；缴存余额 112.64 亿元，同比增长 14.34%。

（二）提取。2017 年，提取额 21.39 亿元，同比增长 22.93%；占当年缴存额的 60.21%，比上年增加 5.6 个百分点。2017 年末，提取总额 100.15 亿元，同比增长 27.15%。

（三）贷款：

1. **个人住房贷款**。2017 年，发放个人住房贷款 0.46 万笔 12.49 亿元，同比增长 4.98%、14.60%。回收个人住房贷款 5.15 亿元。

2017 年末，累计发放个人住房贷款 4.65 万笔 70.94 亿元，贷款余额 37.80 亿元，同比分别增长 11.10%、21.37%、24.06%。个人住房贷款余额占缴存余额的 33.56%，比上年增加 2.63 个百分点。

2. **住房公积金支持保障性住房建设项目贷款**。2017 年，发放支持保障性住房建设项目贷款 0 亿元，回收项目贷款 0.94 亿元。2017 年末，累计发放项目贷款 3.94 亿元，项目贷款余额 0 亿元。

（四）资金存储。2017 年末，住房公积金存款 75.90 亿元。其中，活期 3.71 亿元，1 年（含）以下定期 4.80 亿元，1 年以上定期 67.39 亿元，其他（协定、通知存款等）0 亿元。

（五）资金运用率。2017 年末，住房公积金个人住房贷款余额、项目贷款余额和购买国债余额的总和占缴存余额的 33.56%，比上年增加 2.63 个百分点。

三、主要财务数据

（一）业务收入。2017 年，业务收入 37063.73 万元，同比增长（下降）0%。其中，存款利息 25764.99 万元，委托贷款利息 11298.30 万元，国债利息 0 万元，其他 0.44 万元。

（二）业务支出。2017 年，业务支出 17807.41 万元，同比下降 5.00%。其中，支付职工住房公积金利息17618.34万元，归集手续费0.66万元，委托贷款手续费184.55万元，其他3.86万元。

（三）增值收益。2017年，增值收益19256.32万元，同比增长5.00%；增值收益率1.92%，比上年增加0.06个百分点。

（四）增值收益分配。2017年，提取贷款风险准备金2200.18万元，提取管理费用2371.37万元，提取城市廉租住房（公共租赁住房）建设补充资金14684.77万元。

2017年，上交财政管理费用5058.19万元，上缴财政城市廉租住房（公共租赁住房）建设补充资金11481.42万元。

2017年末，贷款风险准备金余额12257.83万元，累计提取城市廉租住房（公共租赁住房）建设补充资金64213.78万元。

（五）管理费用支出。2017年，管理费用支出4025.78万元，同比增长（下降）86.35%。其中，人员经费1146.71万元，公用经费225.08万元，专项经费2650.55万元，其他资本性支出3.44万元。

四、资产风险状况

（一）个人住房贷款。2017年末，个人住房贷款逾期额0.56万元，逾期率0.001‰。

2017年，提取个人贷款风险准备金2200.18万元，使用个人贷款风险准备金核销呆坏账0万元。2017年末，个人贷款风险准备金余额10681.83万元，占个人贷款余额的2.82%，个人贷款逾期额与个人贷款风险准备金余额的比率为0.005%。

（二）住房公积金支持保障性住房建设项目贷。2017年，提取项目贷款风险准备金0万元，使用项目贷款风险准备金核销呆坏账0万元。2017年末，项目贷款风险准备金余额1576.00万元，占项目贷款余额的4.00%。

五、社会经济效益

（一）缴存业务。2017年，实缴单位数、实缴职工人数和缴存额增长率分别为－16.77%、－10.33%和11.49%。

缴存单位中，国家机关和事业单位占48%，国有企业占35%，城镇集体企业占2%，外商投资企业占0%，城镇私营企业及其他城镇企业占4%，民办非企业单位和社会团体占2%，其他占9%。

缴存职工中，国家机关和事业单位占49%，国有企业占34%，城镇集体企业占1%，外商投资企业占%，城镇私营企业及其他城镇企业占4%，民办非企业单位和社会团体占2%，其他占10%；中、低收入占100%，高收入占0%。

新开户职工中，国家机关和事业单位占47%，国有企业占35%，城镇集体企业占2%，外商投资企业占%，城镇私营企业及其他城镇企业占3%，民办非企业单位和社会团体占2%，其他占11%；中、低收入占100%，高收入占0%。

（二）提取业务。2017年，15.42万名缴存职工提取住房公积金21.39亿元。

提取金额中，住房消费提取占69%（购买、建造、翻建、大修自住住房占47%，偿还购房贷款本息占34%，租赁住房占3%，其他占16%）；非住房消费提取占31%（离休和退休提取占63%，完全丧失劳动能力并与单位终止劳动关系提取占19%，户口迁出所在市或出境定居占3%，其他占15%）。

提取职工中，中、低收入占100%，高收入占0%。

（三）贷款业务：

1. **个人住房贷款**。2017年，支持职工购建房41.86万平方米。年末个人住房贷款市场占有率为%，比上年同期增加（减少）个百分点。通过申请住房公积金个人住房贷款，可节约职工购房利息支出1988.85万元。

职工贷款笔数中，购房建筑面积90（含）平方米以下占16%，90~144（含）平方米占76%，144平方米以上占8%。购买新房占78%（其中购买保障性住房占6%），购买存量商品房占22%，建造、翻建、大修自住住房占0%，其他占0%。

职工贷款笔数中，单缴存职工申请贷款占38%，双缴存职工申请贷款占62%，三人及以上缴存职工共同申请贷款占0%。

贷款职工中，30岁（含）以下占16%，30岁~40岁（含）占34%，40岁~50岁（含）占41%，50岁以上占9%；首次申请贷款占92%，二次及以上申请贷款占8%；中、低收入占100%，高收入占0%。

2. **异地贷款**。2017年，发放异地贷款26笔715万元。2017年末，发放异地贷款总额1957万元，异地贷款余额767万元。

3. **住房公积金支持保障性住房建设项目贷款**。2017年末，全省（区）有住房公积金试点城市个，试点项目个，贷款额度亿元，建筑面积万平方米，可解决户中低收入职工家庭的住房问题。1个试点项目贷款资金已发放并还清贷款本息。

（四）住房贡献率。2017年，个人住房贷款发放额、公转商贴息贷款发放额、项目贷款发放额、住房消费提取额的总和与当年缴存额的比率为76.69%，比上年增加7个百分点。

六、其他重要事项

（一）当年住房公积金政策调整情况：

1. 根据兵团住房公积金管委会三届五次会议的批复《关于调整兵团住房公积金贷款额度的批复》（新兵房积金委〔2018〕5号），在兵团住房公积金管理中心缴存住房公积金的双职工（夫妻）家庭，住房公积金个人贷款额度由50万元提高到70万元。其他住房公积金个人贷款条件不变。

2. 当年缴存基数限额及确定方法、缴存比例调整情况。

（1）2017年基数调整上下限确定。兵团驻乌鲁木齐单位住房公积金缴存基数下限按乌鲁木齐市上一年最低工资标准执行即为1470元。

兵团驻乌鲁木齐单位住房公积金缴存基数上限按乌鲁木齐市上一年全市在岗职工年平均工资总额的3倍执行即为14352元。

兵团各师执行属地化管理原则，其缴存基数上下限执行驻地标准。

（2）2017年缴存比例。住房公积金缴存比例为各5%至12%，具体比例由各单位根据实际情况确定。

（3）最高贷款额度。单职工：50万；双职工：70万。

（4）当年住房公积金存贷款利率调整及执行情况。2017年存贷款利率无调整。贷款利率：5年以内（含）2.75%，5年以上3.25%。存款利率：一年期存款基准利率执行：1.50%

(二)当年开展专项监督检查情况：

1. 2017年9月接受中国人民银行乌鲁木齐中心支行现场监督检查征信工作。

2. 2017年3月接受兵团财政局委托中介机构对2016年的住房公积金年度决算和管理费用年度决算进行审计。

(三)当年服务改进情况：

1. 经兵团住房公积金管委会三届委员审议通过对兵团中心本级、直属管理部、八师分中心、二师管理部、十三师管理部业务用房的购置方案。

2. 按照住房城乡建设部"双贯标"工作要求，加快推进信息系统建设。

(四)当年信息化建设情况： 兵团住房公积金管理中心积极开展信息系统"双贯标"工作，目前已进入测试阶段。

索 引

A

阿坝州	1165
阿克苏地区	1505
阿拉善盟	176
阿勒泰地区	1525
阿里地区	1298
安徽省	480
安康市	1406
安庆市	511
安顺市	1191
安阳市	739
鞍山市	202

B

巴彦淖尔市	162
巴音郭楞蒙古自治州	1501
巴中市	1157
白城市	277
白山市	269
白银市	1327
百色市	1063
蚌埠市	492
包头市	141
宝鸡市	1382
保定市	54
保山市	1234
北海市	1041
北京市	16
本溪市	210
毕节市	1195
滨州市	706
亳州市	532
博尔塔拉蒙古自治州	1498

C

沧州市	68
昌都市	1289

地名	页码
昌吉州	1493
长春市	249
长沙市	872
长治市	101
常德市	895
常州市	365
朝阳市	238
潮州市	1004
郴州市	905
成都市	1099
承德市	65
池州市	537
赤峰市	148
崇左市	1078
滁州市	518
楚雄州	1253
重庆市	1090

D

地名	页码
达州市	1150
大理州	1265
大连市	198
大庆市	310
大同市	94
大兴安岭地区	333
丹东市	214
德宏州	1269
德阳市	1116
德州市	698
迪庆州	1275
定西市	1353
东莞市	997
东营市	660

E

地名	页码
鄂尔多斯市	154
鄂州市	824
恩施土家族苗族自治州	850

F

防城港市	1045
佛山市	954
福建省	548
福州市	551
抚顺市	206
抚州市	629
阜新市	225
阜阳市	522

G

甘南州	1364
甘肃省	1306
甘孜藏族自治州	1168
赣州市	618
固原市	1465
广安市	1147
广东省	928
广西壮族自治区	1016
广元市	1123
广州市	932
贵港市	1054
贵阳市	1179
贵州省	1176
桂林市	1033
果洛州	1435

H

哈尔滨市	291
哈密市	1489
海北州	1426
海东市	1423
海南省	1084
海南州	1432
海西州	1442
邯郸市	46
汉中市	1397
杭州市	419

合肥市	483
和田地区	1515
河北省	30
河池市	1071
河南省	716
河源市	986
菏泽市	710
贺州市	1067
鹤壁市	744
鹤岗市	302
黑河市	328
黑龙江省	286
衡水市	77
衡阳市	884
红河哈尼族彝族自治州	1257
呼和浩特市	137
呼伦贝尔市	158
葫芦岛市	241
湖北省	800
湖南省	868
湖州市	444
怀化市	914
淮安市	388
淮北市	504
淮南市	495
黄冈市	837
黄南州	1430
黄山市	514
黄石市	807
惠州市	975

J

鸡西市	298
吉安市	622
吉林省	246
吉林市	255
济南市	643

济宁市	675
济源市	795
佳木斯市	317
嘉兴市	440
嘉峪关市	1317
江门市	959
江苏省	346
江西省	590
焦作市	753
揭阳市	1007
金昌市	1323
金华市	453
锦州市	217
晋城市	107
晋中市	115
荆门市	827
荆州市	835
景德镇市	597
九江市	604
酒泉市	1346

K

喀什地区	1512
开封市	728
克拉玛依市	1482
克孜勒苏柯尔克孜自治州	1508
昆明市	1220

L

拉萨市	1283
来宾市	1075
莱芜市	691
兰州市	1310
廊坊市	73
乐山市	1132
丽江市	1241
丽水市	472
连云港市	384

凉山州	1171
辽宁省	184
辽阳市	228
辽源市	263
聊城市	701
林芝市	1301
临沧市	1250
临汾市	125
临夏回族自治州	1360
临沂市	694
柳州市	1030
六安市	528
六盘水市	1183
龙岩市	580
陇南市	1357
娄底市	919
泸州市	1112
吕梁市	129
洛阳市	731
漯河市	765

M

马鞍山市	499
满洲里市	179
茂名市	968
眉山市	1139
梅州市	979
绵阳市	1119
牡丹江市	323

N

那曲地区	1295
南昌市	593
南充市	1135
南京市	349
南宁市	1021
南平市	576
南通市	380

南阳市	774
内江市	1129
内蒙古自治区	134
宁波市	428
宁德市	584
宁夏回族自治区	1448
怒江州	1272

P

攀枝花市	1108
盘锦市	232
平顶山市	735
平凉市	1342
萍乡市	601
莆田市	560
濮阳市	757
普洱市	1246

Q

七台河市	320
齐齐哈尔市	295
潜江市	856
黔东南州	1205
黔南州	1209
黔西南州	1202
钦州市	1049
秦皇岛市	43
青岛市	647
青海省	1414
清远市	993
庆阳市	1350
曲靖市	1224
衢州市	458
全国	2
泉州市	568

R

| 日喀则市 | 1286 |
| 日照市 | 687 |

S

三门峡市	770
三明市	564
山东省	638
山南市	1293
山西省	82
陕西省	1370
汕头市	950
汕尾市	983
商洛市	1409
商丘市	778
上海市	338
上饶市	632
韶关市	937
邵阳市	887
绍兴市	448
深圳市	940
神农架林区	862
沈阳市	187
十堰市	811
石家庄市	33
石嘴山市	1457
双鸭山市	306
朔州市	111
四川省	1096
四平市	260
松原市	274
苏州市	369
宿迁市	409
宿州市	525
绥化市	330
随州市	846
遂宁市	1126

T

塔城地区	1522
台州市	468

太原市	85
泰安市	679
泰州市	404
唐山市	39
天津市	24
天门市	859
天水市	1331
铁岭市	235
通化市	266
通辽市	151
铜川市	1379
铜陵市	507
铜仁市	1198
吐鲁番市	1485

W

威海市	683
潍坊市	671
渭南市	1389
温州市	434
文山州	1260
乌海市	145
乌兰察布市	166
乌鲁木齐市	1477
无锡市	355
芜湖市	487
吴忠市	1461
梧州市	1037
武汉市	803
武威市	1335

X

西安市	1373
西藏自治区	1280
西宁市	1417
西双版纳州	1263
锡林郭勒盟	172
厦门市	556

仙桃市	853
咸宁市	842
咸阳市	1386
湘潭市	880
湘西自治州	923
襄阳市	820
孝感市	831
忻州市	122
新疆生产建设兵团	1531
新疆维吾尔自治区	1474
新乡市	749
新余市	610
信阳市	784
兴安盟	169
邢台市	51
徐州市	361
许昌市	761
宣城市	540

Y

雅安市	1154
烟台市	667
延安市	1393
延边州	281
盐城市	391
扬州市	396
阳江市	989
阳泉市	97
伊春市	313
伊犁哈萨克自治州	1518
宜宾市	1143
宜昌市	816
宜春市	625
益阳市	902
银川市	1451
鹰潭市	613
营口市	221

永州市	909
榆林市	1402
玉林市	1058
玉树州	1438
玉溪市	1230
岳阳市	891
云浮市	1011
云南省	1216
运城市	118

Z

枣庄市	656
湛江市	964
张家界市	899
张家口市	61
张掖市	1338
漳州市	572
昭通市	1238
肇庆市	972
浙江省	416
镇江市	399
郑州市	719
中山市	1001
中卫市	1468
舟山市	463
周口市	788
珠海市	946
株洲市	876
驻马店市	792
资阳市	1161
淄博市	652
自贡市	1104
遵义市	1187